Glanegger/Güroff
Gewerbesteuergesetz

Gewerbesteuergesetz

Kommentar

von

Georg Güroff
Vors. Richter am Finanzgericht a. D.

Dr. Gerhard Specker
Referent in den Wissenschaftlichen Diensten des Deutschen Bundestages,
Fachbereich Haushalt und Finanzen

Dr. Ludwig Wagner
Vors. Richter am Finanzgericht a. D.
Rechtsanwalt und Steuerberater

12., völlig neubearbeitete Auflage
2026

C.H.BECK

Es haben bearbeitet:
Georg Güroff
§§ 1–3, 6, 7a–13, 16–34
Dr. Gerhard Specker
§§ 4, 5, 7, 14–15, 35a–36
Dr. Ludwig Wagner
§ 7 Anhang (Umwandlungsvorgänge)

Zitiervorschlag:
Glanegger/Güroff/Bearbeiter GewStG § … Rn. …

beck.de

ISBN PRINT 978 3 406 83776 0

Wilhelmstraße 9, 80801 München
info@beck.de
Druck und Bindung: Friedrich Pustet GmbH & Co. KG
Gutenbergstraße 8, 93051 Regensburg

Satz: Meta Systems Publishing & Printservices GmbH, Wustermark

chbeck.de/nachhaltig
produktsicherheit.beck.de

Gedruckt auf säurefreiem, alterungsbeständigem Papier
(hergestellt aus chlorfrei gebleichtem Zellstoff)

Vorwort zur 12. Auflage

Diese Auflage widmen wir gerne der Erinnerung an unseren Kollegen und Mitbegründer dieses Kommentars, Dr. Peter Glanegger, der am 1.2.2024 verstorben ist. Dr. Glanegger war in der Gründungsphase des Kommentars der Motor, der trotz mancher Schwierigkeiten, die sich der Entstehung des Werks entgegengestellt hatten, das Unterfangen am Laufen hielt, trotz aller Unkenrufe, die uns damals das binnen Kurzem bevorstehende Ende der Gewerbesteuer prophezeit hatten. In der Folgezeit zeigte er sich als engagierter Kommentator, der auch den Stil des Werks positiv beeinflusste und mitprägte. Wir werden ihm ein ehrendes Andenken bewahren.

Zur Sache:

Auch seit Erscheinen der 11. Auflage ist der **Gesetzgeber** zur Bereicherung des Gewerbesteuerrechts tätig gewesen, mit

- Gesetz v. 27.3.2024 (BGBl. 2024 I Nr. 108) zur Option nach § 1a KStG (ua eingetragene GbR, Antragsfrist bei Neugründung und Formwechsel),
- Gesetz v. 23.10.2024 (BGBl. 2024 I Nr. 323) zur Berücksichtigung von besonderen Gründen für die Notlage bei der Anerkennung von mildtätigen Zwecken nach § 53 Nr. 3 AO,
- Jahressteuergesetz v. 2.12.2024 (BGBl 2024 I Nr. 387) zur Einführung der wohngemeinnützigen Zwecke, Neufassung des § 7 S. 8 GewStG und Aufhebung des § 7 S. 9 GewStG, Neuregelung des § 9 Nr. 1 S. 1 GewStG (Kürzung um die tatsächlich als BA erfasste Grundsteuer), Einführung einer Zerlegungsregelung für Energiespeicheranlagen nach § 29 Abs. 1 Nr. 3 GewStG, Zuordnung von Vergütungen bei gewerbesteuerbefreiten Betrieben,
- Gesetz v. 22.12.2025 (BGBl. 2025 I Nr. 363) ua zur Gemeinnützigkeit des E-Sports, Unschädlichkeit der Verwendung von Mitteln für erneuerbare Energien nach § 58 Nr. 11 AO, zur Prüfungsfreiheit von wirtschaftlichen Geschäftsbetrieben mit Einnahmen unter 50.000 EUR,
- Gesetz v. 29.6.2026 (BGBl. 2026 I Nr. 197) zur Anhebung des Mindesthebesatzes auf 280 %.

Zur **Rechtsprechung:**

zum Besteuerungsgegenstand:

- Inlandsbesteuerung und Hebeberechtigung eines Bundeslandes in gemeindefreien Gebieten, BFH IV R 5/22, BStBl. II 2025, 596; Territorialitätsprinzip, BFH I R 20/22, BStBl. II 2026, 178;
- (Ketten)Zusammenfassung von Betrieben der öffentlichen Hand, BFH V R 43/21, BStBl. II 2025, 460;
- BSt und GewStPflicht eines Kartenspielers, BFH X R 8/21, BStBl. II 2023, 811;
- Totalgewinnprognose mit Veräußerungs- bzw. Aufgabegewinn, BFH III R 45/22, BStBl. II 2025, 961;
- Grundstückshandel: Wirkung der Fünf-Jahresfrist BFH III R 14/23, BStBl. II 2025, 566; en-bloc-Veräußerung von mehreren Mietshäusern, BFH III R 12/22, BStBl. II 2025, 749;

- gemeinschaftliche Tierzucht, BFH VI R 6/22, BStBl. II 2024, 734;
- freiberufliche Mitunternehmerschaft: Tätigkeitsumfang des Gesellschafters, BFH VIII R 4/22, BFH/NV 2025, 578; Tätigkeit eines Nicht-Mitunternehmer-Gesellschafters, FG Köln 12 K 1189/22, EFG 2026, 600, Rev. VIII R 16/25; fehlende Aufwärtsabfärbung bei verfassungskonformer Auslegung, BFH VIII R 1/22, BFH/NV 2025, 513;
- Aufsichtsratstätigkeit als selbstständige Arbeit, BFH VIII R 9/21, BStBl. II 2026, 143;
- der originäre kapitaldisproportionale Gewinnanteil beim Carried Interest, BFH VIII R 3/21, BStBl. II 2024, 902;
- Mitunternehmerschaft in einer juristischen Sekunde, BFH IV R 30/19, BStBl. II 2023, 1050;
- Überlagerung der gewerblichen Prägung durch originäre gewerbliche Tätigkeit, BFH IV R 5/21, BStBl. II 2024, 845;
- Organschaft: geschäftsleitende Holding-Personengesellschaft als OT, BFH I R 23/21, BFH/NV 2025, 774; stille Beteiligung und Tracking-Stock-Strukturen, BFH I R 17/21, BFH/NV 2025, 779; finanzielle Eingliederung und qualifizierte Stimmenmehrheit, BFH I R 50/20, BStBl. II 2024, 131; „Fußstapfentheorie" und Beginn des Wj. der OG, BFH I R 21/20, BStBl. II 2024, 413; I R 36/20, BStBl. II 2024, 419; I R 40/20, BStBl. II 2024, 434; I R 45/20, BStBl. II 2024, 438; „gelebte" Organschaft, BFH I R 26/19, BStBl. II 2024, 134; organschaftsübergreifende Steuerfreistellung und Quellensteuer, BFH I R 16/20, BStBl. II 2025, 301;
- Umfang des wirtschaftlichen Geschäftsbetriebs, BFH III R 16/25, BFH/NV 2026, 265.

Zu den Steuerbefreiungen:

- § 51 Abs. 3 AO und die Erwähnung als extremistische Organisation im Verfassungsschutzbericht, BFH V R 15/22, BStBl. II 2025, 72; V R 36/21, BStBl. II 2025, 26;
- § 55 Abs. 1 Nr. 1 AO und (nicht erforderliche) Erhaltung des Stiftungsvermögens, BFH V R 11/24, BFH/NV 2026, 753;
- § 57 Abs. 3 AO: Ausschluss von KödöR als Empfängerkörperschaft, BFH V R 23/23, BFH/NV 2026, 612; EuGH-Vorlage zu „Servicekörperschaften" und Beihilfe, BFH V R 22/23, BFH/NV 2025, 1205;
- § 3 Nr. 13 GewStG: zum (nicht definierten) Begriff der Einrichtung, BFH VR 33/23, BStBl. II 2026, 436.

Zu § 7 GewStG:

- Gewerbeertrag aus der Veräußerung eines Mitunternehmeranteils durch eine Kapitalgesellschaft, BFH III R 38/22, BFH/NV 2026, 785; Zurechnung bei Anteilsveräußerung auf Ebene der Obergesellschaft, keine Durchstockung, BFH IV R 40/22, BStBl. II 2025, 603; IV R 9/23, BStBl. II 2025, 610; Veräußerung eines mit einer atypisch stillen Unterbeteiligung belasteten Mitunternehmeranteils, BFH IV R 26/22, BStBl. II 2025, 246;
- zur Tonnagebesteuerung nach § 7 S. 3 GewStG, BFH IV R 14/21, BStBl. II 2024, 408; IV R 22/23, BStBl. II 2024, 880.

Zum Sanierungsertrag nach § 7b GewStG:

Antrag als Tatbestandselement für die rückwirkende Anwendung, BFH IV R 1/22, BStBl. II 2025, 294; zur Sanierung bei Mitunternehmerschaften, BFH IV R 23/23, BStBl. II 2026, 30.

Vorwort zur 12. Auflage

Zu den Hinzurechnungen:
– bei Zins-Swap-Entgelten keine Hinzurechnung, BFH III R 27/21, BStBl. II 2024, 292;
– zum fiktionalen AV bei § 8 Nr. 1 Buchst. d/e, BFH III R 39/21, BStBl. II 2024, 67; III R 59/20, BStBl. II 2024, 70; III R 36/22, BStBl. II 2025, 88; III R 28/44, BFH/NV 2026, 993;
– Wasserbezugsrecht als Recht (Konzession) bei § 8 Nr. 1 Buchst. f GewStG?, BFH IV R 26/23, BFH/NV 2026, 714.

Zu den Kürzungen:
– Organschaft und Weitervermietungsmodell bei § 9 Nr. 1 S. 1 GewStG, BFH III R 41/22, BStBl. II 2024, 772;
– bei § 9 Nr. 1 S. 2 GewStG bestimmte Betriebsverpachtungen unschädlich, BFH IV R 5/21, BStBl. II 2024, 845; IV R 31/23, BStBl. II 2026, 68; Grundstücksveräußerungen und (unerhebliche) Nachhaltigkeit, BFH III R 12/22, BStBl. II 2025, 749; Ausschließlichkeit unabhängig von Entgeltlichkeit, BFH III R 23/23, BFH/NV 2026, 71; keine Ausschließlichkeit bei „Lücke" von 1 Tag, BFH III R 1/23, BStBl. II 2025, 158; zur Schädlichkeit/Unschädlichkeit der Mitvermietung von Betriebsvorrichtungen, BFH IV R 31/23, BStBl. II 2026, 68; IV R 9/24, BFH/NV 2026, 129; zur Unschädlichkeit der umgekehrten Betriebsaufspaltung, BFH 13/23, BStBl. II 2024, 487;
– zu § 9 Nr. 2a/Nr. 7 GewStG zur Stichtagsbezogenheit gegen die Anwendung von § 4 Abs. 2 S. 3 UmwStG, BFH I R 9/23, BStBl. II 2026, 468;
– zu § 9 Nr. 3 GewStG Unzulässigkeit der Aufhebung des Inlandsbezugs durch DBA, BFH I R 32/20, BStBl. II 2024, 875; Betrieb von Handelsschiffen und doppelstöckige Personengesellschaft, BFH IV R 9/23, BStBl. II 2025, 610; Betrieb von gecharterten Handelsschiffen, BFH IV R 30/23, BStBl. II 2026, 505.

Zu § 10 GewStG:
Zuordnung des GewErtrags zwischen Ende des abw. Wj. und Ende des Kj., BFH IV R 21/22, BStBl. II 2025, 727.

Zu § 10a GewStG:
Verfassungsgemäßheit der Mindestgewinnbesteuerung, BVerfG 2 BvL 19/14, DStR 2025, 2000; Spartenrechnung bei Kapitalgesellschaften der öffentlichen Hand, BFH V R 51/20, BFH/NV 2024, 1092; Verlustnutzung durch Personengesellschaft nach „Totaleinbringung" durch eine Kapitalgesellschaft, BFH IV R 26/21, BStBl. II 2025, 51; Verlustnutzung durch eine Kapitalgesellschaft nach Übergang des Betriebs von einer Personengesellschaft, BFH III R 30/21, BStBl. II 2025, 56; XI R 2/23, BStBl. II 2025, 862; Verlustabzug auch bei Gewerbeertrag unter Freibetrag nach § 11 Abs. 1 S. 3 Nr. 1 GewStG.

Zu § 28 GewStG:
kein Zerlegungsanteil bei einer von mehreren (auch mehrgemeindlichen) BSt ohne Zahlung von Arbeitslohn; Klarstellung zur Ausnahme nach § 28 Abs. 2 GewStG, BFH IV R 21/21, BFH/NV 2024, 1156.

Zu § 30 GewStG:
mehrgemeindliche BSt durch technischen Zusammenhang, BFH IV R 2/21, BStBl. II 2024, 481; IV R 3/21, BFH/NV 2024, 667; IV R 4/21, BFH/NV 2024, 673.

Die **Finanzverwaltung** ist insbesondere hervorgetreten mit
– Schreiben v. 12.11.2024, BStBl. I 2024, 1640: Nichtanwendung des BFH-Beschlusses I B 74/22 (AdV), BStBl. II 2024, 912 zur AdV bei schädlichem Beteiligungserwerb,

Vorwort zur 12. Auflage

- Schreiben v. 5.11.2025, BStBl. I 2025, 1838: Anwendung v. BFH IV R 30/16 (BStBl. II 2020, 649) zur verfassungskonformen Einschränkung der Aufwärtsabfärbung bei der GewSt,
- Schreiben v. 25.11.2025, BStBl. I 2025, 1497: zur erweiterten Kürzung nach § 9 Nr. 1 S. 2 GewStG bei Unterbringung von Kriegsflüchtlingen aus der Ukraine;
- Schreiben v. 2.1.2025, BStBl. I 2025, 92: zur Änderung des Anwendungserlasses zum UmStG, sowie weiteres Änderungsschreiben v. 1.8.2025, BStBl. I 2025, 1591;
- Schreiben v. 29.4.2026, BStBl. I 2026, 824: zur Sanierungsklausel nach § 8c Abs. 1a KStG.

Ihnen, verehrte Leserin und verehrter Leser, danken wir – wie immer – für Ihr Interesse an diesem Kommentar. Wir hoffen, dass wir Ihre Erwartungen erfüllen konnten, und freuen uns weiterhin über Ihre Anregungen und Hinweise.

Und schließlich danken wir – abermals ganz besonders herzlich – den Mitarbeitern des Verlags, allen voran Herrn Franz Greiling als Lektor und Frau Corinna Steiner, die auch die Lektorentätigkeit mit Verve übernommen hat, für ihre unermüdliche, kompetente und charmante Unterstützung beim Zustandekommen dieser Auflage.

München, im Juli 2026 *Die Verfasser*

Vorwort zur 1. Auflage

Ihre Verwegenheit, dem geneigten Publikum einen neuen Kommentar anzubieten, sei rational kaum zu erklären, so die Verfasser des von L. Schmidt herausgegebenen Kommentars zum EStG vor sechs Jahren, wiewohl ihnen auf zukunftssicherem Terrain ein großer Wurf gelungen war. Aberwitzige Kühnheit, so scheint es, muß dann wohl im Spiele sein, wagt sich in diesen Tagen jemand noch an die Neukommentierung des GewStG heran. Denn von der Parteien Gunst und Haß gebeutelt blickt die Gewerbesteuer ungewiß nur in die Zukunft (vgl. die neueren Meldungen in der Süddeutschen Zeitung: Bangemann kündigt Abschaffung der Gewerbesteuer nach 1990 an [4.2.1988]; Späth kritisiert dies als nicht ungefährlichen Schnellschuß [5.2.1988]; Apel kritisiert die Ankündigung als Konjunkturhindernis; Schmalstieg nennt sie ungeheuerlich [8.2.1988]; Kohl erneuert vorläufige Gewerbesteuer-Garantie [12.2.1988]; Strauß hält Bangemanns Äußerungen für völlig verfehlt [25.2.1988]; DGB will Gewerbesteuer erhalten [26.2.1988] …). Wenn wir uns dennoch in ein solches Unterfangen verstiegen haben, so gründet dies auf dem vorsichtigen Optimismus, dass der Gewerbesteuer noch einige Jahre beschieden sein werden, und auf der festen Überzeugung, dass im gegenwärtigen System der öffentlichen Finanzen und Finanzverfassung auf die Gewerbesteuer – wenn auch in veränderter Gestalt – letztlich nicht verzichtet werden kann.

Vor diesem Hintergrund war es unser Anliegen, eine Handkommentierung zum GewStG zu erstellen, die in übersichtlicher Form seine Probleme und die Möglichkeiten ihrer Lösungen so knapp wie möglich und so ausführlich wie zum Verständnis nicht nur des Fachmannes nötig aufzeigt. Hierbei haben wir uns bemüht, die Rechtsprechung insbesondere des Bundesfinanzhofs und die einschlägige Literatur möglichst erschöpfend zu erfassen und darzustellen. Dabei wird allerdings auch mit kritischen Anmerkungen nicht völlig hinterm Berg gehalten.

Gewisse Schwerpunkte bei der Bearbeitung und damit verbunden umfangreichere Darstellungen waren wegen der Bedeutung einzelner Vorschriften oder wegen der ihnen immanenten Probleme unumgänglich. Sie liegen insbesondere bei den Vorschriften über die Gewerbesteuerpflicht von Gewerbebetrieben, über die Freistellung von der Gewerbesteuer vor allem der gemeinnützigen Vereinigungen sowie der Pensions- und Unterstützungskassen sowie über die Ermittlung des Gewerbeertrags und hier insbesondere über die Hinzurechnung von Dauerschulden und Dauerschuldzinsen sowie von Miet- und Pachtzinsen. Um dem Benutzer die Arbeit mit dem Kommentar zu erleichtern, werden eine Reihe von Erläuterungen in ABC-Form dargestellt, zB für Abgrenzungsfragen der gewerblichen Tätigkeit, des Betriebs gewerblicher Art, der Gemeinnützigkeit, der Dauerschulden, der Miet- und Pachtzinsen etc.

Die Abschnitte bei § 7 über die Grundzüge des Umwandlungssteuergesetzes und der Mitunternehmerschaft sowie Hinweise zur Unternehmensform und zur Vertragsgestaltung sind nicht nur wegen ihrer gewerbesteuerrechtlichen Bezüge, sondern auch zu dem Zweck eingefügt worden, dem Berater bei Vertragsabschlüssen eine Hilfe zu sein.

In einem eigenen Anhang werden die Änderungen des GewStG, die der kürzlich veröffentlichte Entwurf des Steuerreformgesetzes 1990 vorsieht, kurz dargestellt.

Vorwort zur 1. Auflage

Nie völlig zu vermeidende Schwachstellen bitten wir mit Nachsicht zu bedenken. Für Anregungen und Hinweise zur Vervollkommnung des Konzepts und seiner Ausführung sind wir jederzeit dankbar.

Dankbar sind wir dem Verleger, der die Kommentierung ermöglicht hat, sowie den Mitarbeitern des Verlags für ihre tatkräftige Unterstützung, insbesondere Herrn Theismann. Nicht vergessen wollen wir mit unserem Dank unsere Ehefrauen, die an der Last der Gewerbesteuer mitgetragen haben.

München, im März 1988 *Die Verfasser*

Inhaltsverzeichnis

Abkürzungsverzeichnis

aA (AA)	anderer Ansicht
aaO	am angegebenen Ort
ABl.	Amtsblatt
abl.	ablehnend
Abs.	Absatz
Abschn.	Abschnitt
abw.	abweichend
AdV	Aussetzung der Vollziehung
aE	am Ende
AEAO	Anwendungserlass zur AO vom 31.1.2014 (BStBl. I 2014, 290), zuletzt geändert durch BMF 2.7.2026 (BStBl. I 2026, 950)
AEUV	Vertrag über die Arbeitsweise der Europäischen Union, zuletzt idF vom 9.5.2008 (ABl. 2008 C 115, 47, ber. Abl. C 400, 1) mit nachfolgenden Änderungen
aF	alte Fassung
AfA	Absetzung für Abnutzung
AG	Aktiengesellschaft; mit Ortsbezeichnung: Amtsgericht; mit anderen Gesetzesabkürzungen: Ausführungsgesetz
ähnl.	ähnlich
AK	Anschaffungskosten
AktG	Aktiengesetz vom 6.9.1965 (BGBl. 1965 I 1089) mit nachfolgenden Änderungen
ALG	Gesetz über die Alterssicherung der Landwirte vom 29.7.1994 (BGBl. 1994 I 1890) mit nachfolgenden Änderungen
Allg. (allg.)	Allgemein(es)
allgM	allgemeine Meinung
aM	anderer Meinung
Anh.	Anhang
Anl.	Anlage
Anm.	Anmerkung
AO	Abgabenordnung, zuletzt idF vom 23.1.2025 (BGBl. 2025 I Nr. 24, S. 5) mit nachfolgenden Änderungen
Arch.	Archiv
arg.	argumentum (Argument)
ARGE	Arbeitsgemeinschaft
Art.	Artikel
AStG	Außensteuergesetz vom 8.9.1972 (BGBl. 1972 I 1713) mit nachfolgenden Änderungen
ATG	Altersteilzeitgesetz vom 23.7.1996 (BGBl. 1996 I 1078) mit nachfolgenden Änderungen
aufgeh.	aufgehoben
Aufl.	Auflage
ausl.	ausländisch
AuslInvG	Auslandinvestitionsgesetz vom 18.8.1969 (BGBl. 1969 I 1214) mit nachfolgenden Änderungen
AV	Anlagevermögen
AWG	Außenwirtschaftsgesetz vom 6.6.2013 (BGBl. 2013 I 1482) mit nachfolgenden Änderungen

Abkürzungsverzeichnis

AWZ	Ausschließliche Wirtschaftszone
Az.	Aktenzeichen
BaFin	Bundesanstalt für Finanzdienstleistungsaufsicht
BAG	Bundesarbeitsgericht
BAnz.	Bundesanzeiger
BauGB	Baugesetzbuch, zuletzt idF vom 3.11.2017 (BGBl. 2017 I 3634) mit nachfolgenden Änderungen
Bay., bay.	Bayern, bayerisch
BBbg	Berlin-Brandenburg
Bbg.	Brandenburg
Bd.	Band
BeckRS	Beck-Rechtsprechung (Elektronische Entscheidungsdatenbank in beck-online)
BeckVerw	Verwaltungsanweisungen-Datenbank beck-online
BEG	Bundesentschädigungsgesetz, zuletzt idF vom 29.6.1956 (BGBl. 1956 I 559) mit nachfolgenden Änderungen
Begr.	Begründung
Beil.	Beilage
ber.	berichtigt
Beschw.	Beschwerde
Bespr.	Besprechung
best.	bestätigt
betr.	betrifft, betreffend
BetrAVG	Gesetz zur Verbesserung der betrieblichen Altersversorgung vom 19.12.1974 (BGBl. 1974 I 3610) mit nachfolgenden Änderungen
BetrVG	Betriebsverfassungsgesetz, zuletzt idF vom 25.9.2001 (BGBl. 2011 I 2518) mit nachfolgenden Änderungen
BewG	Bewertungsgesetz, zuletzt idF vom 1.2.1991 (BGBl. 1991 I 230) mit nachfolgenden Änderungen
BFH	Bundesfinanzhof
BgA	Betrieb gewerblicher Art
BGB	Bürgerliches Gesetzbuch, zuletzt idF vom 2.1.2002 (BGBl. 2002 I 42; 2003 I 738) mit nachfolgenden Änderungen
BGBl. I/II	Bundesgesetzblatt Teil I/Teil II
BGBl. III	Bereinigte Sammlung des Bundesrechts, abgeschlossen am 28.12.1968 (in Nachweisform fortgeführt durch FNA)
BGH	Bundesgerichtshof
BilMoG	Bilanzrechtsmodernisierungsgesetz vom 25.5.2009 (BGBl. 2009 I 1102)
BKGG	Bundeskindergeldgesetz, zuletzt idF vom 28.1.2009 (BGBl. 2009 I 142, ber. S. 3177) mit nachfolgenden Änderungen
Bln.	Berlin
Bln-Bbg	Berlin-Brandenburg
BMF	Bundesminister(ium) der Finanzen
Bp.	Betriebsprüfung
BPflV	Bundespflegesatzverordnung vom 26.9.1994 (BGBl. 1994 I 2750) mit nachfolgenden Änderungen
BpO	Betriebsprüfungsordnung vom 15.3.2000 (BStBl. I 2000, 368) mit nachfolgenden Änderungen
BRD	Bundesrepublik Deutschland
BR-Drs.	Bundesratsdrucksache
BReg.	Bundesregierung

Brem.	Bremen
BRH	Bundesrechnungshof
Bsp.	Beispiel
BSt.	Betriebsstätte
BStBl. I/II/III	Bundessteuerblatt Teil I/Teil II/Teil III (bis 1967)
BT-Drs.	Bundestagsdrucksache
Buchst.	Buchstabe
BV	Betriebsvermögen
BVerfG	Bundesverfassungsgericht
BVerfSchG	Bundesverfassungsschutzgesetz vom 20.12.1990 (BGBl. 1990 I 2954) mit nachfolgenden Änderungen
BVerwG	Bundesverwaltungsgericht
BVG	Bundesversorgungsgesetz, zuletzt idF vom 22.1.1982 (BGBl. 1982 I 21), aufgehoben mit Ablauf des 31.12.2023
BVS	Bundesanstalt für vereinigungsbedingte Sonderaufgaben
BW	Baden-Württemberg
BWL	Betriebswirtschaftslehre
bzgl.	bezüglich
bzw.	beziehungsweise
d.	der/s
DBA	Abkommen zur Vermeidung der Doppelbesteuerung (Doppelbesteuerungsabkommen)
DDR	Deutsche Demokratische Republik
dgl.	dergleichen
dh	das heißt
DIHK	Deutscher Industrie- und Handelskammertag
DM	Deutsche Mark
Drs.	Drucksache
dt.	deutsch
DV, DVO	Durchführungsverordnung
EEG	Gesetz für den Ausbau erneuerbarer Energien vom 21.7.2014 (BGBl. 2014 I 1066)
EFH	Einfamilienhaus
EG	Europäische Gemeinschaft(en)
eG	eingetragene Genossenschaft
EGAO	Einführungsgesetz zur AO vom 14.12.1976 (BGBl. 1976 I 3341) mit nachfolgenden Änderungen
EGBGB	Einführungsgesetz zum Bürgerlichen Gesetzbuch, zuletzt idF vom 21.9.1994 (BGBl. 1994 I 2494, ber. 1997 I 1061) mit nachfolgenden Änderungen
eGbR	eingetragene Gesellschaft bürgerlichen Rechts
eGf	einheitliche (und gesonderte) Gewinnfeststellung
EGV	Vertrag zur Gründung der Europäischen Gemeinschaft, aufgehoben mWv 30.11.2009
Einf.	Einführung
Einl.	Einleitung
einschr.	einschränkend
EK	Eigenkapital
ENeuOG	Eisenbahnneuordnungsgesetz vom 27.12.1993 (BGBl. 1993 I 2378) mit nachfolgenden Änderungen
E	Entwurf
ErbStG	Erbschaftsteuer- und Schenkungsteuergesetz, zuletzt idF vom 27.2.1997 (BGBl. 1997 I 378) mit nachfolgenden Änderungen

Abkürzungsverzeichnis

ErbStR	Erbschaftssteuer-Richtlinien 2019 vom 16.12.2019 (BStBl. I 2019, Sondernummer 1, S. 2)
Erl.	Erlass; Erläuterung
ERP	European Recovery Program
ESt	Einkommensteuer
EStDV	Einkommensteuer-Durchführungsverordnung 2000, zuletzt idF vom 10.5.2000 (BGBl. 2000 I 717) mit nachfolgenden Änderungen
EStG	Einkommensteuergesetz, zuletzt idF vom 8.10.2009 (BGBl. 2009 I 3366, ber. 2009 I 3862) mit nachfolgenden Änderungen
EStH	Einkommensteuer-Hinweise 2024 (falls nicht abweichend angegeben)
EStR	Einkommensteuer-Richtlinien 2012 vom 16.12.2005 (BStBl. I, Sondernummer S. 1)
etc	et cetera (und so weiter)
ETW	Eigentumswohnung
EU	Europäische Union
EURLUmsG	EU-Richtlinien-Umsetzungsgesetz vom 9.12.2004 (BGBl. 2004 I 3310)
EUV	Vertrag über die Europäische Union vom 13.12.2007 (ABl. 2007 C 306, 1, ber. ABl. 2008 C 111, 56, ABl. 2009 C 290, 1, ABl. 2011 C 378, 3) mit nachfolgenden Änderungen
e.V.	eingetragener Verein
evtl.	eventuell
EW	Einheitswert
EWBV	Einheitswert des Betriebsvermögens
EWG	Europäische Wirtschaftsgemeinschaft
EWIV	Europäische wirtschaftliche Interessenvereinigung
EZ	Erhebungszeitraum
f., ff.	(fort)folgend(e)
FA (FÄ)	Finanzamt (Finanzämter)
FAG	Finanzausgleichsgesetz vom 20.12.2001 (BGBl. 2001 I 3955) mit nachfolgenden Änderungen
FBeh	Finanzbehörde
Ffm	Frankfurt am Main
FG	Finanzgericht
FGO	Finanzgerichtsordnung, zuletzt idF vom 28.3.2001 (BGBl. 2001 I 442, ber. S. 2262, ber. 2002 I 679) mit nachfolgenden Änderungen
FinA	Finanzausschuss
FVerw	Finanzverwaltung
FM	Finanzministerium, Finanzminister
Fn.	Fußnote
FNA	Bundesgesetzblatt Teil I, Fundstellennachweis A (Bundesrecht ohne völkerrechtliche Vereinbarungen)
FS	Festschrift; Festlandsockel
FSen	Finanzsenator (Senatsverwaltung für Finanzen)
FSt	(Institut) Finanzen und Steuern
FusRL	Fusions-Richtlinie
FVG	Finanzverwaltungsgesetz, zuletzt idF vom 4.4.2006 (BGBl. 2006 I 846, ber. S. 1202) mit nachfolgenden Änderungen
G.	Gesetz
GAV	Gewinnabführungsvertrag
GBl.	Gesetzblatt
GbR	Gesellschaft des bürgerlichen Rechts

gem.	gemäß
GenG	Genossenschaftsgesetz, zuletzt idF vom 16.10.2006 (BGBl. 2006 I 2230) mit nachfolgenden Änderungen
Ges.	Gesellschaft
GesSt	Gesellschaftsteuer
GewErtrSt	Gewerbeertragsteuer
GewKapitalSt	Gewerbekapitalsteuer
GewSt	Gewerbesteuer
GewStÄndG	Gesetz zur Änderung des Gewerbesteuerrechts vom 27.12.1951 (BGBl. 1951 I 996)
GewStDV	Gewerbesteuer-Durchführungsverordnung, zuletzt idF vom 15.10.2002 (BGBl. 2002 I 4180) mit nachfolgenden Änderungen
GewStG	Gewerbesteuergesetz, zuletzt idF vom 15.10.2002 (BGBl. 2002 I 4180) mit nachfolgenden Änderungen
GewStH	Gewerbesteuer-Hinweise 2024 (falls nicht abweichend angegeben)
GewStR	Gewerbesteuer-Richtlinien vom 28.4.2010 (BStBl. I 2010, Sondernummer 1, S. 2)
GG	Grundgesetz vom 23.5.1949 (BGBl. 1949, 1) mit nachfolgenden Änderungen
ggf.	gegebenenfalls
ggü.	gegenüber
GHV	Gesamthandsvermögen
glA	gleicher Ansicht
GmbH	Gesellschaft mit beschränkter Haftung
GmbHG	Gesetz betreffend die GmbH (GmbH-Gesetz), zuletzt idF vom 20.5.1898 (RGBl. S. 846) mit nachfolgenden Änderungen
GmbH iL	Gesellschaft mit beschränkter Haftung in Liquidation
GO	Gemeindeordnung
GOÄ	Gebührenordnung für Ärzte
GoB	Grundsätze ordnungsgemäßer Buchführung
GrESt	Grunderwerbsteuer
GrEStG	Grunderwerbsteuergesetz, zuletzt idF vom 26.2.1997 (BGBl. 1997 I 418, ber. S. 1804) mit nachfolgenden Änderungen
GrS	Großer Senat
GrStG	Grundsteuergesetz vom 7.8.1973 (BGBl. 1973 I 965) mit nachfolgenden Änderungen
GrStRefG	Gesetz zur Reform des Grundsteuer- und Bewertungsrechts vom 26.11.2019 (BGBl. 2019 I 1794) mit nachfolgenden Änderungen
GrundSt	Grundsteuer
GuV-Rechnung ..	Gewinn- und Verlustrechnung
GVBl., GVOBl. ..	Gesetz- und Verordnungsblatt
GWB	Gesetz gegen Wettbewerbsbeschränkungen, zuletzt idF vom 26.6.2013 (BGBl. 2013 I 1750, ber. S. 3245) mit nachfolgenden Änderungen
GwG	Geldwäschegesetz vom 23.6.2017 (BGBl. 2017 I 1822) mit nachfolgenden Änderungen
GWG	geringwertige Wirtschaftsgüter
H	Hinweis (der Einkommensteuer-, Gewerbesteuer-, Körperschaftsteuer-, Lohnsteuer-, Erbschaftsteuer-Hinweise)
ha	Hektar
HAG	Heimarbeitsgesetz vom 14.3.1951 (BGBl. 1951 I 191) mit nachfolgenden Änderungen

Abkürzungsverzeichnis

Hann .... Hannover
HBeglG .... Haushaltsbegleitgesetz
HdB .... Handbuch
Hess., hess. .... Hessen, hessisch
HGA .... Hypothekengewinnabgabe
HGB .... Handelsgesetzbuch vom 10.5.1897 (RGBl. 1897, 219)
hL .... herrschende Lehre
hM .... herrschende Meinung
Hmb. .... Hamburg
HR .... Handelsregister
HRG .... Hochschulrahmengesetz, zuletzt idF vom 19.1.1999 (BGBl. 1999 I 18) mit nachfolgenden Änderungen
Hrsg., hrsg. .... Herausgeber, herausgegeben
Hs. .... Halbsatz
idF .... in der Fassung
idR .... in der Regel
idS .... in diesem Sinne
IdW .... Institut der Wirtschaftsprüfer
iE .... im Ergebnis
ieS .... im engeren Sinne
iFd .... in Form der/s
iFe .... in Form einer/s
IFSt .... Institut für Finanzen und Steuern
iF(v) .... in Form (von)
IHK .... Industrie- und Handelskammer
IHKG .... Gesetz zur vorläufigen Regelung des Rechts der Industrie und Handelskammern vom 18.12.1956 (BGBl. 1956 I 920) mit nachfolgenden Änderungen
insb. .... insbesondere
InsO .... Insolvenzordnung vom 5.10.1994 (BGBl. 1994 I 2866) mit nachfolgenden Änderungen
InstFSt .... Institut Finanzen und Steuern
InvStG .... Investmentsteuergesetz vom 19.7.2016 (BGBl. 2016 I 1730, geänd. durch G. v. 20.12.2016, BGBl. 2016 I 3000 und G. v. 23.6.2017, BGBl. 2017 I 1682) mit nachfolgenden Änderungen
InvZulG .... Investitionszulagengesetz vom 7.12.2008 (BGBl. 2008 I 2350) mit nachfolgenden Änderungen
iR .... im Rahmen
iRd .... im Rahmen der/s
iRe .... im Rahmen einer/s
iSd(v) .... im Sinne des (von)
iSe .... im Sinne einer/s
iÜ .... im Übrigen
iVm .... in Verbindung mit
iW .... im Wesentlichen
iwS .... im weiteren Sinne
iZm .... im Zusammenhang mit
JStErgG .... Jahressteuer-Ergänzungsgesetz
JStG .... Jahressteuergesetz
KAG .... Kommunalabgabengesetz
KAGG .... Gesetz über Kapitalanlagegesellschaften vom 9.9.1998 (BGBl. 1998 I 2726), aufgehoben mWv 1.1.2004

Kap.	Kapitel
KapErtrSt	Kapitalertragsteuer
KapGes	Kapitalgesellschaft
KapverwGes	Kapitalverwaltungsgesellschaft
KBV	Kleinbetragsverordnung vom 19.12.2000 (BGBl. 2000 I 1790 (1805)) mit nachfolgenden Änderungen
KG	Kammergericht; Kommanditgesellschaft
KGaA	Kommanditgesellschaft auf Aktien
KHEntgG	Krankenhausentgeltgesetz vom 23.4.2002 (BGBl. 2002 I 1412) mit nachfolgenden Änderungen
KHG	Krankenhausfinanzierungsgesetz, zuletzt idF vom 10.4.1991 (BGBl. 1991 I 886) mit nachfolgenden Änderungen
KiSt	Kirchensteuer
Kj.	Kalenderjahr
KleinUntFG	Kleinunternehmerförderungsgesetz vom 31.7.2003 (BGBl. 2003 I 1550)
KO	Konkursordnung vom 20.5.1898 (RGBl. 1898, 612), aufgehoben mWv 1.1.1999
krit.	kritisch
KSt	Körperschaftsteuer
KStDV	Körperschaftsteuer-Durchführungsverordnung 1994, zuletzt idF vom 22.2.1996 (BGBl. 1996 I 365) mit nachfolgenden Änderungen
KStG	Körperschaftsteuergesetz, zuletzt idF vom 15.10.2002 (BGBl. 2002 I 4144) mit nachfolgenden Änderungen
KStH	Körperschaftsteuer-Hinweise 2022 (falls nicht abweichend angegeben)
KStR	Körperschaftsteuer-Richtlinien 2022 vom 13.4.2022 (BStBl. I 2022, Sondernummer 1, S. 2)
KSVG	Künstlersozialversicherungsgesetz vom 27.7.1981 (BGBl. 1981 I 705) mit nachfolgenden Änderungen
KVSt	Kapitalverkehrsteuer
KVStG	Kapitalverkehrsteuergesetz vom 17.11.1972 (BGBl. 1972 I 2129), aufgehoben mWv 1.1.1992
KWG	Gesetz über das Kreditwesen, zuletzt idF vom 9.9.1988 (BGBl. 1998 I 2776) mit nachfolgenden Änderungen
LAG	Lastenausgleichsgesetz, zuletzt idF vom 2.6.1993 (BGBl. 1993 I 845, ber. 1995, 248) mit nachfolgenden Änderungen
Lfg.	Lieferung
LfSt Bay	Bayerisches Landesamt für Steuern
LG	Landgericht
LPartG	Gesetz über die Eingetragene Lebenspartnerschaft vom 16.2.2001 (BGBl. 2001 I 266) mit nachfolgenden Änderungen
LPG	Landwirtschaftliche Produktionsgenossenschaft
Ls.	Leitsatz
LSA	Land Sachsen-Anhalt
LSF Sachs	Sächsisches Landesamt für Steuern und Finanzen
LSt	Lohnsteuer
LStH	Lohnsteuer-Hinweise 2026 (soweit nicht anders angegeben)
LStR	Lohnsteuer-Richtlinien 2023 vom 5.12.2022 (BStBl. I 2022, Sondernummer 2, S. 2)
lt.	laut
LuF	Land- und Forstwirtschaft
LwAnpG	Landwirtschafts-Anpassungsgesetz vom 3.7.1991 (BGBl. 1991 I 1418) mit nachfolgenden Änderungen

Abkürzungsverzeichnis

maW	mit anderen Worten
mE (ME)	meines Erachtens
MFH	Mehrfamilienhaus
ModBestVerfG	Gesetz zur Modernisierung des Besteuerungsverfahrens vom 18.7.2016 (BGBl. 2016 I 1679) mit nachfolgenden Änderungen
mögl.	möglich
MTR	Mutter-Tochter-Richtlinie
MU	Mitunternehmer
MV	Mecklenburg-Vorpommern
mwN	mit weiteren Nachweisen
MwSt	Mehrwertsteuer
mWv	mit Wirkung vom
NAnwErl	Nichtanwendungserlass
Nbg	Nürnberg
Nds., nds.	Niedersachsen, niedersächsisch
nF	neue(r) Fassung, neue(r) Folge
Nr.(n.)	Nummer(n)
nrkr	nicht rechtskräftig
NRW	Nordrhein-Westfalen
nv	nicht (im Druck) veröffentlicht
NZB	Nichtzulassungsbeschwerde
oa	oben angeführt
oÄ	oder ähnlich
obj.	objektiv
OECD-MA	OECD-Musterabkommen
OFD	Oberfinanzdirektion
öffentl.	öffentlich
OFH	Oberster Finanzgerichtshof
OG	Organgesellschaft
OHG	Offene Handelsgesellschaft
OLG	Oberlandesgericht
OT	Organträger
oV	ohne (benannten) Verfasser
OVG	Oberverwaltungsgericht
OWiG	Ordnungswidrigkeitengesetz, zuletzt idF vom 19.2.1987 (BGBl. 1987 I 602) mit nachfolgenden Änderungen
PersGes	Personengesellschaft
PersHandels-Ges.	Personenhandelsgesellschaft
phG	persönlich haftender Gesellschafter
preuß.	preußisch
PrOVG	Preußisches Oberverwaltungsgericht
PSG III	Drittes Gesetz zur Stärkung der pflegerischen Versorgung und zur Änderung weiterer Vorschriften vom 23.12.2016 (BGBl. 2016 I 3191) mit nachfolgenden Änderungen
PV	Privatvermögen
qm	Quadratmeter
R	Recht; Einzelrichtlinie der Einkommensteuer-, Gewerbesteuer-, Körperschaftsteuer-, Lohnsteuer-, Erbschaftsteuer-Richtlinien
RA	Rechtsanwalt(-anwälte)
RdErl.	Runderlass
RdVfg	Rundverfügung
RegE	Regierungsentwurf

REITG	Gesetz über deutsche Immobilien-Aktiengesellschaften mit börsennotierten Anteilen vom 28.5.2007 (BGBl. 2007 I 914) mit nachfolgenden Änderungen
Rev.	Revision (eingelegt)
RFH	Reichsfinanzhof
RG	Reichsgericht
RGBl.	Reichsgesetzblatt
RhPf.	Rheinland-Pfalz
rkr.	rechtskräftig
Rn.	Randnummer
Rspr.	Rechtsprechung
RStBl.	Reichssteuerblatt
RVO	Reichsversicherungsordnung
S., s.	Satz; Seite; siehe
s. auch	siehe auch
Sachs	Sachsen
sächs	sächsisch(es)
Saarl.	Saarland
LSA	Sachsen-Anhalt
sc	scilicet (= nämlich)
SCE	Societas Cooperativa Europaea (Europäische Genossenschaft)
SchädlStPraktG	Gesetz gegen schädliche Steuerpraktiken im Zusammenhang mit Rechteüberlassungen vom 27.6.2017 (BGBl. 2017 I 2074) mit nachfolgenden Änderungen
SchlH	Schleswig-Holstein
SE	Societas Europaea (Europäische (Aktien-)Gesellschaft)
SEEG	Gesetz zur Einführung der Europäischen (Aktien-)Gesellschaft vom 22.12.2004 (BGBl. 2004 I 3675) mit nachfolgenden Änderungen
SEStEG	Gesetz über steuerliche Begleitmaßnahmen zur Einführung der Europäischen (Aktien-)Gesellschaft vom 7.12.2006 (BGBl. 2006 I 2782, ber. 2007, 68)
SGB III	Sozialgesetzbuch, Drittes Buch, Arbeitsförderung vom 24.3.1997 (BGBl. 1997 I 594) mit nachfolgenden Änderungen
SGB V	Sozialgesetzbuch, Fünftes Buch, Gesetzliche Krankenversicherung vom 20.12.1988 (BGBl. 1988 I 2477) mit nachfolgenden Änderungen
SGB VI	Sozialgesetzbuch, Sechstes Buch, Gesetzliche Rentenversicherung, zuletzt idF vom 19.2.2002 (BGBl. 2002 I 754, ber. S. 1404, 3384) mit nachfolgenden Änderungen
SGB VIII	Sozialgesetzbuch, Achtes Buch, Kinder- und Jugendhilfe, zuletzt idF vom 11.9.2012 (BGBl. 2012 I 2022) mit nachfolgenden Änderungen
SGB IX	Sozialgesetzbuch, Neuntes Buch, Rehabilitation und Teilhabe von Menschen mit Behinderungen vom 23.12.2016 (BGBl. 2016 I 3234) mit nachfolgenden Änderungen
SGB XI	Sozialgesetzbuch, Elftes Buch, Soziale Pflegeversicherung vom 26.5.1994 (BGBl. 1994 I 1014) mit nachfolgenden Änderungen
SGB XII	Sozialgesetzbuch, Zwölftes Buch, Sozialhilfe vom 27.12.2003 (BGBl. 2003 I 3022) mit nachfolgenden Änderungen
sog.	sogenannt(e)
SortSchG	Sortenschutzgesetz, zuletzt idF vom 19.12.1997 (BGBl. 1997 I 3164) mit nachfolgenden Änderungen
Sp.	Spalte

SRÜ	Seerechtsübereinkommen der Vereinten Nationen vom 2.9.1994 (BGBl. 1994 II 1798, 1799; 1995 II 602)
St.	Steuer
StÄndG	Steueränderungsgesetz
StandOG	Standortsicherungsgesetz vom 13.9.1993 (BGBl. 1993 I 1569)
StAnpG	Steueranpassungsgesetz
StB	Steuerbilanz
StBereinG	Steuerbereinigungsgesetz
StBerG	Steuerberatungsgesetz, zuletzt idF vom 4.11.1975 (BGBl. 1975 I 2735) mit nachfolgenden Änderungen
StEntlG	Steuerentlastungsgesetz
StPfl., Stpfl., stpfl.	Steuerpflicht(iger), steuerpflichtig
str.	strittig
StRefG	Steuerreformgesetz
stRspr	ständige Rechtsprechung
StUmgBG	Gesetz zur Bekämpfung der Steuerumgehung und zur Änderung weiterer steuerlicher Vorschriften vom 23.6.2017 (BGBl. 2017 I 1682)
StVergAbG	Steuervergünstigungsabbaugesetz vom 16.5.2003 (BGBl. 2003 I 660)
subj.	subjektiv(e)
T	Tausend
teilw.	teilweise
Thür.	Thüringen
TVG	Tarifvertragsgesetz, zuletzt idF vom 25.8.1969 (BGBl. 1969 I 1323) mit nachfolgenden Änderungen
TWA	Teilwertabschreibung
Tz.	Textziffer
u.	und
ua	unter anderem
uä/uÄ	und ähnlich/und Ähnliche(s)
UBGG	Gesetz über Unternehmensbeteiligungsgesellschaften vom 9.9.1998 (BGBl. 1998 I 2765) mit nachfolgenden Änderungen
UmwG	Umwandlungsgesetz vom 28.10.1994 (BGBl. 1994 I 3210, ber. 1995 I 428) mit nachfolgenden Änderungen
UmwStE	Umwandlungssteuererlass vom 2.1.2025 (BStBl. I 2025, 92)
UmwStG	Umwandlungssteuergesetz vom 7.12.2006 (BGBl. 2006 I 2782 (2791)) mit nachfolgenden Änderungen
UntStRefG	Gesetz zur Fortsetzung der Unternehmenssteuerreform vom 14.8.2007 (BGBl. 2007 I 1912)
Urt.	Urteil
USt	Umsatzsteuer
UStAE	Umsatzsteuer-Anwendungserlass vom 1.10.2010 (BStBl. I 2010, 846) mit nachfolgenden Änderungen
UStDB	Umsatzsteuer-Durchführungsbestimmungen
UStDV	Umsatzsteuer-Durchführungsverordnung, zuletzt idF vom 21.2.2005 (BGBl. 2005 I 434) mit nachfolgenden Änderungen
UStG	Umsatzsteuergesetz, zuletzt idF vom 21.2.2005 (BGBl. 2005 I 386) mit nachfolgenden Änderungen
UStR	Umsatzsteuer-Richtlinien (ersetzt durch den UStAE)
usw	und so weiter
uU	unter Umständen
UV	Umlaufvermögen

VA	Verwaltungsakt
VAG	Versicherungsaufsichtsgesetz vom 1.4.2015 (BGBl. 2015 I 434) mit nachfolgenden Änderungen
VB	Verfassungsbeschwerde
VEB	Volkseigener Betrieb
VerfGH	Verfassungsgerichtshof
VerglO	Vergleichsordnung vom 26.2.1935 (RGBl. 1935 I 321, ber. S. 356), aufgehoben mWv 1.1.1999
VerkFlBerG	Verkehrsflächenbereinigungsgesetz vom 26.10.2001 (BGBl. 2001 I 2716) mit nachfolgenden Änderungen
VermBG	Vermögensbildungsgesetz
vESt	veranlagte Einkommensteuer
Vfg.	Verfügung
VG	Verwaltungsgericht
vGA	verdeckte Gewinnausschüttung
VGG	Verwertungsgesellschaftengesetz vom 24.5.2016 (BGBl. 2016 I 1190) mit nachfolgenden Änderungen
VGH	Verwaltungsgerichtshof
vgl.	vergleiche
vH	vom Hundert
VO	Verordnung
Vorb.	Vorbemerkung
VSt	Vermögensteuer
vT	vom Tausend
VVaG	Versicherungsverein auf Gegenseitigkeit
VVG	Gesetz über den Versicherungsvertrag vom 23.11.2007 (BGBl. 2007 I 2631) mit nachfolgenden Änderungen
VwZG	Verwaltungszustellungsgesetz vom 12.8.2005 (BGBl. 2005 I 2354) mit nachfolgenden Änderungen
VZ	Veranlagungszeitraum
WEG	Wohnungseigentumsgesetz vom 15.3.1951 (BGBl. 1951 I 175) mit nachfolgenden Änderungen
Wft	Wirtschaft
WG	Wirtschaftsgut
WiGBl.	Gesetzblatt der Verwaltung des Vereinigten Wirtschaftsgebiets
Wj.	Wirtschaftsjahr
wN	weitere Nachweise
WoBauG	II. Wohnungsbaugesetz vom 19.8.1994 (BGBl. 1994 I 2137), aufgehoben mWv 1.1.2002
WpHG	Wertpapierhandelsgesetz, zuletzt idF vom 9.9.1998 (BGBl. 1998 I 2708) mit nachfolgenden Änderungen
WRV	Weimarer Reichsverfassung
zB	zum Beispiel
ZFH	Zweifamilienhaus
Ziff.	Ziffer
zit.	zitiert
ZivilR	Zivilrecht
ZollkodexAnpG	Gesetz zur Anpassung der Abgabenordnung an den Zollkodex der Union und zur Änderung weiterer steuerlicher Vorschriften vom 22.12.2014 (BGBl. 2014 I 2417)
ZPO	Zivilprozessordnung, zuletzt idF vom 5.12.2005 (BGBl. 2005 I 3202, ber. 2006 I 431 und 2007 I 1781) mit nachfolgenden Änderungen

Abkürzungsverzeichnis

zT	zum Teil
zust.	zustimmend
zutr.	zutreffend
zzt.	zur Zeit
zzgl.	zuzüglich

Literaturverzeichnis

AG .... Die Aktiengesellschaft (Zeitschrift)
AktStR .... Aktuelles Steuerrecht (Zeitschrift)
AmtlSlg .... Amtliche Sammlung der Entscheidungen des RFH
AO-StB .... AO-Steuerberater (Zeitschrift)
BB .... Betriebs-Berater (Zeitschrift)
BBEK BayKommG .... Bauer/Böhle/Ecker/Kuhne (Hrsg.), Bayerische Kommunalgesetze (Loseblatt)
BeckOK AO .... Pfirrmann/Rosenke/Wagner (Hrsg.), Beck'scher Online-Kommentar zur Abgabenordnung, 35. Ed. 2026
BeckOK EStG .... Kirchhof/Kulosa/Ratschow (Hrsg.), Beck'scher Online-Kommentar zum Einkommensteuergesetz, 24. Ed. 2026
BeckOK GewStG .... Jahndorf/Oellerich/Weiss (Hrsg.), Beck'scher Online-Kommentar zum Gewerbesteuergesetz, 17. Ed. 2026
BeckRS .... Beck-Rechtsprechung (Elektronische Entscheidungsdatenbank in beck-online)
BeckVerw .... Verwaltungsanweisungen-Datenbank beck-online
Bergemann/Wingler .... Bergemann/Wingler, Kommentar zum Gewerbesteuergesetz: GewStG (eBook 2012)
BeSt .... Beratersicht zur Steuerrechtsprechung (Zeitschrift)
BFH/PR .... Entscheidungen des Bundesfinanzhofs für die Steuerpraxis der Steuerberatung
BFHE .... Sammlung der Entscheidungen des Bundesfinanzhofs
BFH/NV .... Sammlung amtlich nicht veröffentlichter Entscheidungen des BFH (Zeitschrift)
BGHZ .... Sammlung von Entscheidungen des Bundesgerichtshofs in Zivilsachen
Bott/Walter .... Bott/Walter, Kommentar zum Körperschaftsteuergesetz; KStG mit Nebenbestimmungen (Loseblatt)
Brandis/Heuermann .... Brandis/Heuermann, Ertragsteuerrecht (Loseblatt)
BRO .... Blomeyer/Rolfs/Otto (Hrsg.), Betriebsrentengesetz: BetrAVG (8. Aufl. 2022)
BVerfGE .... Sammlung von Entscheidungen des Bundesverfassungsgerichts
BVerwGE .... Sammlung von Entscheidungen des Bundesverwaltungsgerichts
DB .... Der Betrieb (Zeitschrift)
Deloitte .... Deloitte, Kommentar zum Gewerbesteuergesetz: GewStG (Onlinebuch, 2009)
Desens/Tappe .... Desens/Tappe, Kommentar zum Gewerbesteuergesetz: GewStG (2024)
DGStZ .... Deutsche Gemeindesteuer-Zeitung (Zeitschrift)
DHS .... Dürig/Herzog/Scholz (Hrsg.), Kommentar zum Grundgesetz: GG (Loseblatt)
DJZ .... Deutsche Juristenzeitung (Zeitschrift)
DK .... Der Konzern (Zeitschrift)
DNotZ .... Deutsche Notar-Zeitschrift (Zeitschrift)
DPM .... Dötsch/Pung/Möhlenbrock (Hrsg.), Kommentar zum Körperschaftsteuergesetz (Loseblatt)

Literaturverzeichnis

DÖV	Die Öffentliche Verwaltung (Zeitschrift)
DR	Deutsches Recht (Zeitschrift)e
DStBTag	Deutscher Steuerberatertag (Protokolle)
DStJG	Jahrbuch der Deutschen Steuerjuristischen Gesellschaft e.V.
DStR	Deutsches Steuerrecht (Zeitschrift)
DStRE	Deutsches Steuerrecht – Entscheidungsdienst (Zeitschrift)
DStRK	Deutsches Steuerrecht – Steuerrechtliche Rechtsprechung kurzgefaßt (Zeitschrift)
DStZ	Deutsche Steuerzeitung (Zeitschrift)
DStZ/A	Deutsche Steuerzeitung Ausgabe A (Zeitschrift)
DStZ/E	Deutsche Steuerzeitung/Eildienst (Zeitschrift)
DVBl.	Deutsches Verwaltungsblatt (Zeitschrift)
EFG	Entscheidungen der Finanzgerichte (Zeitschrift)
EStB	Der Einkommensteuerberater (Zeitschrift)
EWiR	Entscheidungen zum Wirtschaftsrecht (Zeitschrift)
EWS	Europäisches Wirtschafts- und Steuerrecht (Zeitschrift)
FGS UmwStE 2011	Flick/Gocke/Schaumburg (Hrsg.), Der Umwandlungssteuer-Erlass 2011 – Erläuterungen aus Unternehmens- und Beratungspraxis, Online
FR	Finanz-Rundschau (Zeitschrift)
Frotscher/Drüen	Frotscher/Drüen, Kommentar zum Körperschaft-, Gewerbe- und Umwandlungsteuergesetz: KStG, GewStG, UmwStG (Loseblatt)
GmbHR	GmbH-Rundschau (Zeitschrift)
gmbhstb	Der GmbH-Steuer-Berater (Zeitschrift)
Gosch AO/FGO	Gosch, Kommentar zur Abgabenordnung und Finanzgerichtsordnung (Loseblatt)
Gosch KStG	Gosch, Kommentar zum Körperschaftsteuergesetz: KStG (4. Aufl. 2020)
grds.	grundsätzlich
Grüneberg	Grüneberg, Kommentar zum Bürgerlichen Gesetzbuch: BGB (85. Aufl. 2026)
GStB	Gestaltende Steuerberatung (Zeitschrift)
GVBl., GVOBl.	Gesetz- und Verordnungsblatt
HFR	Höchstrichterliche Finanzrechtsprechung (Zeitschrift)
HHR	Herrmann/Heuer/Raupach (Hrsg.), Kommentar zum Einkommensteuer- und Körperschaftsteuergesetz: EStG, KStG (Loseblatt)
HHS	Hübschmann/Hepp/Spitaler (Hrsg.), Kommentar zur Abgabenordnung und Finanzgerichtsordnung: AO, FGO (Loseblatt)
HMB	Haritz/Menner/Bilitewski (Hrsg.), Kommentar zum Umwandlungssteuergesetz: UmwStG (6. Aufl. 2024)
HPS GewSt	Hidien/Pohl/Schnitter (Hrsg.), Gewerbesteuer (16. Aufl. 2020)
Inf	Die Information über Steuer und Wirtschaft; seit 2003: Die Information für Steuerberater und Wirtschaftsprüfer (Zeitschrift)
IStR	Internationales Steuerrecht (Zeitschrift)
IWB	Internationale Wirtschaftsbriefe (Zeitschrift)

JbDStJG	Jahrbuch der Deutschen Steuerjuristischen Gesellschaft e.V.
JbFfSt	Jahrbuch der Fachanwälte für Steuerrecht
JR	Juristische Rundschau (Zeitschrift)
jurisPR-SteuerR	JurisPR Steuerrecht (Zeitschrift)
JuS	Juristische Schulung (Zeitschrift)
JW	Juristische Wochenschrift (Zeitschrift)
JZ	Juristenzeitung
Kirchhof/Seer	Kirchhof/Seer, Kommentar zum Einkommensteuergesetz: EStG (25. Aufl. 2026)
KKM	Kirchhof/Kube/Mellinghoff (Hrsg.), Kommentar zum Einkommensteuergesetz: EStG (Loseblatt)
Klein	Klein, Kommentar zur Abgabenordnung: AO (19. Aufl. 2025)
Knobbe-Keuk BilanzR/UnternehmensSteuerR	Knobbe-Keuk, Bilanz- und Unternehmenssteuerrecht (9. Aufl. 1993)
Koch/Scholtz	Koch/Scholtz, Kommentar zur Abgabenordnung: AO (5. Aufl. 1996)
Kölner Handbuch	Kölner Trainingstagungen zur Betriebsaufspaltung, Protokoll 14
KÖSDI	Kölner Steuerdialog (Zeitschrift)
KStZ	Kommunale Steuer-Zeitschrift (Zeitschrift)
LBP	Littmann/Bitz/Pust (Hrsg.), Das Einkommensteuerrecht, Kommentar (Loseblatt)
Leingärtner	Leingärtner, Besteuerung der Landwirte (Loseblatt)
Lenski/Steinberg	Lenski/Steinberg, Kommentar zum Gewerbesteuergesetz (Loseblatt)
LSW	Lexikon des Steuer- und Wirtschaftsrechts
MPW	Meyer-Scharenberg/Popp/Woring (Hrsg.), Gewerbesteuer-Kommentar (4. Aufl. 2001)
MüKoBGB	Säcker/Rixecker/Oetker/Limperg/Schubert (Hrsg.), Münchener Kommentar zum Bürgerlichen Gesetzbuch (Bd. 6, 9. Aufl. 2023)
NJW	Neue Juristische Wochenschrift (Zeitschrift)
npor	Zeitschrift für das Recht der Non Profit Organisationen (Zeitschrift)
NSt	Neues Steuerrecht von A bis Z (Zeitschrift), eingestellt 2002
NVwZ	Neue Zeitschrift für Verwaltungsrecht (Zeitschrift)
NWB	Neue Wirtschaftsbriefe (Zeitschrift)
NWVBl.	Nordrhein-Westfälische Verwaltungsblätter
NZI	Neue Zeitschrift für das Recht der Insolvenz und Sanierung (Zeitschrift)
RFHE	Sammlung der Entscheidungen des Reichsfinanzhofs
RGZ	Amtliche Sammlung von Entscheidungen des Reichsgerichts in Zivilsachen
RIW	Recht der internationalen Wirtschaft (Zeitschrift)
Roth, Zulässigkeit einer Umweltabgabe durch Kultureinrichtungen nach den §§ 51 ff. AO	in: Pöllmann/Risch-Kerst/Röckrath/Scheytt (Hrsg.), Handbuch Kulturmanagement. Recht, Politik & Praxis, K-E 3.8, S. 89 ff.

Schmidt	Schmidt, Kommentar zum Einkommensteuergesetz: EStG (45. Aufl. 2026)
Schmitt/Schloßmacher UmwStE 2011	Schmitt/Schloßmacher, Umwandlungssteuererlass UmwStE 2011, 2012
Sölch/Ringleb	Sölch/Ringleb, Kommentar zum Umsatzsteuergesetz: UStG (Loseblatt)
StatJb	Statistisches Jahrbuch, hrsg. vom Statistischen Landesamt
Stbg	Die Steuerberatung (Zeitschrift)
StbJb	Steuerberater-Jahrbuch
StbKRep	Steuerberaterkongress-Report
StBp	Die steuerliche Betriebsprüfung (Zeitschrift)
StBW	Steuerberater Woche (Zeitschrift)
StC	SteuerConsultant (Zeitschrift)
StEd	Steuereildienst
StEK	Steuererlasse in Karteiform, hrsg. von Felix † und Carlé
SteuK	Steuerrecht kurzgefaßt (Zeitschrift)
StG	Stadt und Gemeinde (Zeitschrift)
Stöckler/Karst SteuerR Betriebl. Altersversorgung	Stöckler/Karst, Steuerrecht der betrieblichen Altersversorgung, Handbuch (Loseblatt)
StRK	Steuerrechtsprechung in Karteiform, hrsg. von Weiß
StRKAnm	Anmerkungen zur Steuerrechtsprechung in Karteiform
StStud	Steuer und Studium (Zeitschrift)
StuB	Steuern und Bilanzen (Zeitschrift)
StuW	Steuer und Wirtschaft (Zeitschrift)
StWa	Steuerwarte (Zeitschrift)
StZBl	Steuer- und Zollblatt (Zeitschrift)
Tipke/Kruse	Tipke/Kruse, Kommentar zur Abgabenordnung und Finanzgerichtsordnung: AO, FGO (Loseblatt)
Tipke/Lang SteuerR	Tipke/Lang, Steuerrecht (25. Aufl. 2024)
Ubg	Die Unternehmensbesteuerung (Zeitschrift)
Wassermeyer	Wassermeyer, Doppelbesteuerung: DBA (Loseblatt)
WiGBl.	Gesetzblatt der Verwaltung des Vereinigten Wirtschaftsgebiets
WM	Wertpapiermitteilungen (Zeitschrift)
WPg	Die Wirtschaftsprüfung (Zeitschrift)
WSMH	Wendt/Suchanek/Möllmann/Heinemann (Hrsg.), Kommentar zum Gewerbesteuergesetz: GewStG (3. Aufl. 2025)
ZfIR	Zeitschrift für Immobilienrecht (Zeitschrift)
ZGR	Zeitschrift für Unternehmens- und Gesellschaftsrecht (Zeitschrift)
ZIP	Zeitschrift für Wirtschaftsrecht (Zeitschrift)
Zitzelsberger Grundlagen GewSteuer	Zitzelsberger, Grundlagen der Gewerbesteuer (1990)
ZKF	Zeitschrift für Kommunalfinanzen (Zeitschrift)
ZRP	Zeitschrift für Rechtspolitik (Zeitschrift)

Gewerbesteuergesetz (GewStG)

In der Fassung der Bekanntmachung vom 15.10.2002
(BGBl. 2002 I 4167)

BGBl. III/FNA 611-5

Geändert durch Art. 4 Steuervergünstigungsabbaugesetz vom 16.5.2003 (BGBl. 2003 I 660), Art. 3 Kleinunternehmerförderungsgesetz vom 31.7.2003 (BGBl. 2003 I 1550), Art. 7 Förderbankenneustrukturierungsgesetz vom 15.8.2003 (BGBl. 2003 I 1657), Art. 4 Steueränderungsgesetz vom 15.12.2003 (BGBl. 2003 I 2645), Art. 4 Gesetz zur Umsetzung der Protokollerklärung der Bundesregierung zur Vermittlungsempfehlung zum Steuervergünstigungsabbaugesetz vom 22.12.2003 (BGBl. 2003 I 2840), Art. 2 Gesetz zur Änderung des Gewerbesteuergesetzes und anderer Gesetze vom 23.12.2003 (BGBl. 2003 I 2922), Art. 50 Gesetz zur Einordnung des Sozialhilferechts in das Sozialbuch vom 27.12.2003 (BGBl. 2003 I 3022), Art. 12 Haushaltsbegleitgesetz 2004 vom 29.12.2003 (BGBl. 2003 I 3076), Art. 32 Gesetz zur Organisationsreform in der gesetzlichen Rentenversicherung vom 9.12.2004 (BGBl. 2003 I 3242), Art. 4 Richtlinien-Umsetzungsgesetz vom 9.12.2004 (BGBl. 2204 I 3310, ber. 2004 I 3834), Art. 4 Gesetz zum Dritten Zusatzprotokoll zum DBA Deutschland – Niederlande vom 15.12.2004 (BGBl. 2004 II 1653), Art. 4 SEStEG vom 7.12.2006 (BGBl. 2006 I 2782, ber. 2007 I 68), Art. 5 Jahressteuergesetz 2007 vom 13.12.2006 (BGBl. 2006 I 2878), Art. 3 Unternehmensteuerreformgesetz 2008 vom 14.8.2007 (BGBl. 2007 I 1912), Art. 4 Gesetz zur weiteren Stärkung des bürgerschaftlichen Engagements vom 10.10.2007 (BGBl. 2007 I 2332), Art. 5 Jahressteuergesetz 2008 vom 20.12.2007 (BGBl. 2007 I 3150), Art. 5 Gesetz zur Modernisierung der Rahmenbedingungen für Kapitalbeteiligungen vom 12.8.2008 (BGBl. 2008 I 1672), Art. 4 Jahressteuergesetz 2009 vom 19.12.2008 (BGBl. 2008 I 2794), Art. 7 Steuerbürokratieabbaugesetz vom 20.12.2008 (BGBl. 2008 I 2850), Art. 6a Drittes Mittelstandsentlastungsgesetz vom 17.3.2009 (BGBl. 2009 I 550), Art. 3 Wachstumsbeschleunigungsgesetz vom 22.12.2009 (BGBl. 2009 I 3950), Art. 3 Gesetz zur Umsetzung steuerlicher EU-Vorgaben sowie zur Änderung steuerlicher Vorschriften vom 8.4.2010 (BGBl. 2010 I 386), Art. 3 Jahressteuergesetz 2010 vom 8.12.2010 (BGBl. 2010 I 1768), Art. 5 Beitreibungsrichtlinie-Umsetzungsgesetz vom 7.12.2011 (BGBl. 2011 I 2592), Art. 4 Gesetz zur Änderung und Vereinfachung der Unternehmensbesteuerung und des steuerlichen Reisekostenrechts vom 20.2.2013 (BGBl. 2013 I 285, Art. 5 Ehrenamtsstärkungsgesetz vom 21.3.2013 (BGBl. 2013 I 556), Art. 4 Amtshilferichtlinie-Umsetzungsgesetz vom 26.6.2013 (BGBl. 2013 I 1809), Art. 5 Gesetz zur Anpassung des nationalen Steuerrechts an den Beitritt Kroatiens zur EU und zur Änderung weiterer steuerlicher Vorschriften vom 25.7.2014 (BGBl. 2014 I 1266), Art. 7 Gesetz zur Anpassung der Abgabenordnung an den Zollkodex der Union und zur Änderung weiterer steuerlicher Vorschriften vom 22.12.2014 (BGBl. 2014 I 2417), Art. 2 Gesetz zur Modernisierung der Finanzaufsicht über Versicherungen vom 1.4.2015 (BGBl. 2015 I 434), Art. 5 Steueränderungsgesetz 2015 vom 2.11.2015 (BGBl. 2015 I 1834), Art. 2 zur Weiterentwicklung der steuerlichen Verlustverrechnung bei Körperschaften vom 20.12.2016 (BGBl. 2016 I 2998), Art. 16 Gesetz zur Umsetzung der Änderungen der EU-Amtshilferichtlinie und von weiteren Maßnahmen gegen Gewinnkürzungen und -verlagerungen vom 20.12.2016 (BGBl. 2016 I 3000), Art. 10 Gesetz zur Stärkung der pflegerischen Versorgung und zur Änderung weiterer Vorschriften vom 23.12.2016 (BGBl. 2016 I 3191), Art. 4 Gesetz gegen schädliche Steuerpraktiken im Zusammenhang mit Rechteüberlassungen vom 27.6.2017 (BGBl. 2017 I 2074), Art. 8 Gesetz zur Vermeidung von Umsatzsteuerausfällen beim Handel mit Waren im Internet und zur Änderung weiterer steuerlicher Vorschriften vom 11.12.2018 (BGBl. 2018 I 2338), Art. 10 Gesetz zur Reform des Grundsteuer- und Bewertungsrechts vom 26.11.2019 (BGBl. 2019 I 1794), Art. 8 und 9 Gesetz zur weiteren steuerlichen Förderung der Elektromobilität und zur Änderung weiterer steuerlicher Vorschriften vom 12.12.2019 (BGBl. 2019 I 2451), Art. 5 Zweites Corona-Steuerhilfegesetz vom 29.6.2020 (BGBl. 2020 I 1512), Art. 14 Wohnungseigentumsmodernisierungsgesetz vom

16.10.2020 (BGBl. 2020 I 2187), Art. 9 Jahressteuergesetz 2020 vom 21.12.2020 (BGBl. 2020 I 3096), Art. 7 Abs. 26 Gesetz zur Umsetzung der Richtlinie (EU) 2019/2034 über die Beaufsichtigung von Wertpapierinstituten vom 12.5.2021 (BGBl. 2021 I 990), Art. 9 Fondsstandortgesetz vom 3.6.2021 (BGBl. 2021 I 1498), Art. 3 ATAD-Umsetzungsgesetz vom 25.6.2021 (BGBl. 2021 I 2035), Art. 2 Gesetz zur Modernisierung des Körperschaftsteuerrechts vom 25.6.2021 (BGBl. 2021 I 2050), Art. 5 Viertes Corona-Steuerhilfegesetz vom 19.6.2022 (BGBl. 2022 I 911), Art. 10 Jahressteuergesetz 2022 vom 16.12.2022 (BGBl. 2022 I 2294), Art. 22 Kreditzweitmarktförderungsgesetz vom 22.12.2023 (BGBl. 2023 I Nr. 411), Art. 19 Wachstumschancengesetz vom 27.3.2024 (BGBl. 2024 I Nr. 108), Art. 9 Jahressteuergesetz 2024 vom 2.12.2024 (BGBl. 2024 I Nr. 387), Art. 4 Gesetz für dringliche Änderungen im Finanzmarkt- und Steuerbereich vom 28.2.2025 (BGBl. 2025 I Nr. 69), Art. 8 Neuntes Gesetz zur Änderung von Vorschriften im Steuerberatungsrecht sowie im Steuerrecht vom 29.6.2026 (BGBl. 2026 I Nr. 197).

Gewerbesteuer-Durchführungsverordnung (GewStDV)

In der Fassung der Bekanntmachung vom 15.10.2002
(BGBl. 2002 I 4180)

BGBl. III/FNA 611-5-1

Geändert durch Art. 5 Steuervergünstigungsabbaugesetz (StVergAbG) vom 16.5.2003 (BGBl. 2003 I 660), Art. 4 Kleinunternehmerförderungsgesetz vom 31.7.2003 (BGBl. 2003 I 1550), Art. 5 Gesetz über steuerliche Begleitmaßnahmen zur Einführung der Europäischen Gesellschaft und zur Änderung weiterer steuerrechtlicher Vorschriften (SEStEG) vom 7.12.2006 (BGBl. 2006 I 2782), Art. 6 Jahressteuergesetz 2007 (JStG 2007) vom 13.12.2006 (BGBl. 2006 I 2878), Art. 4 Unternehmensteuerreformgesetz 2008 vom 14.8.2007 (BGBl. 2007 I 1912), Art. 6 Jahressteuergesetz 2008 (JStG 2008) vom 20.12.2007 (BGBl. 2007 I 3150), Art. 5 Jahressteuergesetz 2009 (JStG 2009) vom 19.12.2008 (BGBl. 2008 I 2794), Art. 6b Drittes Gesetz zum Abbau bürokratischer Hemmnisse insbesondere in der mittelständischen Wirtschaft (Drittes Mittelstandsentlastungsgesetz) vom 17.3.2009 (BGBl. 2009 I 550), Art. 17 Gesetz zur verbesserten steuerlichen Berücksichtigung von Vorsorgeaufwendungen (Bürgerentlastungsgesetz Krankenversicherung) vom 16.7.2009 (BGBl. 2009 I 1959), Art. 4 Gesetz zur Umsetzung steuerlicher EU-Vorgaben sowie zur Änderung steuerlicher Vorschriften vom 8.4.2010 (BGBl. 2010 I 386), Art. 4 Verordnung zur Änderung steuerlicher Verordnungen vom 17.11.2010 (BGBl. 2010 I 1544), Art. 5 Amtshilferichtlinie-Umsetzungsgesetz vom 26.6.2013 (BGBl. 2013 I 1809), Art. 2 Abs. 13 Gesetz zur Modernisierung der Finanzaufsicht über Versicherungen vom 1.4.2015 (BGBl. 2015 I 434), Art. 10 Gesetz zur Reform des Grundsteuer- und Bewertungsrechts vom 26.11.2019 (BGBl. 2019 I 1794), Art. 10 Gesetz zur weiteren steuerlichen Förderung der Elektromobilität und zur Änderung weiterer steuerlicher Vorschriften vom 12.12.2019 (BGBl. 2019 I 2451), Art. 3 Fünfte Verordnung zur Änderung steuerlicher Verordnungen vom 25.6.2020 (BGBl. 2020 I 1495), Art. 7 Abs. 8 Gesetz zur Umsetzung der Richtlinie (EU) 2019/2034 über die Beaufsichtigung von Wertpapierinstituten vom 12.5.2021 (BGBl. 2021 I 990), Art. 34 Abs. 7 Kreditzweitmarktförderungsgesetz vom 22.12.2023 (BGBl. 2023 I Nr. 411), Art. 10 Jahressteuergesetz 2024 vom 2.12.2024 (BGBl. 2024 I Nr. 387).

Gewerbesteuer-Richtlinien 2009 (GewStR 2009)

vom 28.4.2010 (BStBl. I 2010 Sondernr. 1, S. 2)

mit den Gewerbesteuer-Hinweisen 2024 (GewStH 2024)

Abschnitt I. Allgemeines

§ 1 Steuerberechtigte

Die Gemeinden erheben eine Gewerbesteuer als Gemeindesteuer.

Gewerbesteuer-Richtlinien 2009: GewStR 1.1–1.9/GewStH 1.1–1.8

Literatur: Haensel, Zur Theorie der Kommunalbesteuerung, FS v. Schanz, 1928, II, 402; Klein, Die Realsteuergarantie der Gemeinden im Grundgesetz, Schriftenreihe der Verwaltungsakademie Ostwestfalen/Lippe, 1959, Teil I; Haller, Die Bedeutung des Äquivalenzprinzips für die öffentliche Finanzwirtschaft, 1961; Oswald, Wie sichern die Gemeinden ihr Aufkommen an Realsteuern, KStZ 1963, 173; Ossenbühl, Die gerechte Steuerlast, 1972; InstFSt Brief 206, Zur Begrenzung des Realsteuer-Hebesatzes der Gemeinden; Karrenberg, Die Bedeutung der GewSt für die Städte 1985; Schnädter, Ist die Beschränkung der Gewerbesteuerpflicht auf die Gewerbetreibenden verfassungsgemäß?, KStZ 1986, 141; Wendt, Zur Vereinbarkeit der Gewerbesteuer mit dem Gleichheitsgrundsatz und dem Prinzip der Besteuerung nach der Leistungsfähigkeit, BB 1987, 1257; Zitzelsberger, Grundlagen der Gewerbesteuer, 1990 (zugleich Habilitation Regensburg 1989); Zimmermann, Versuch zur Klassifizierung der unternehmensbezogenen Steuern in finanzwissenschaftlicher Sicht, StuW 1993, 231; Gosch, Einige aktuelle und zugleich grundsätzliche Bemerkungen zur Gewerbesteuer, DStZ 1998, 327; Gröning/Siegmund, Aushöhlung des Objektsteuerprinzip der Gewerbesteuer: Dauerschuldzinsaufwendungen für Streubesitzbeteiligungen, DStR 2003, 617; Hey, Gewerbesteuer zwischen Bundesverfassungsgericht und Gesetzgeber, FR 2004, 876; Schmidt, Auswirkungen des GewStÄG auf Unternehmen und die GewSt-Hebesätze der Gemeinden, StuB 2004, 249; Jochum, Das Bundesverfassungsgericht als Hüter der Gewerbesteuer?, StuB 2005, 254; Kasper, Haftung für Gemeindesteuern, DStZ 2006, 509; Heger, Körperschaft- und Gewerbesteuer und objektives Nettoprinzip, DStR-Beih. 2009, 117; Hey, Körperschaft- und Gewerbesteuer und objektives Nettoprinzip, DStR-Beih. 2009, 109; Loritz, Die Besteuerung des unternehmerischen Einsatzes von Kapital und Arbeit, Kernfragen des Unternehmenssteuerrechts 2010, 31; Loritz, Verfassungsmäßigkeit der Gewerbesteuer und der Einkommensteuer § 15 Abs. 3 Nr. 1 EStG, WuB X 3 15 1.09; Roser, Kritische Bestandsaufnahme der Gewerbesteuer, Kommunalsteuern und -abgaben 2012, 189; Schulte, Gewerbesteuer, in Leitgedanken des Rechts (P. Kirchhof zum 70. Geb.) 2013, 2057; Hüttemann, Besteuerung von Unternehmen – Entwicklungen und Ausdifferenzierung, StuW 2014, 58; Selder, Verfassungsrechtliche Aspekte der Gewerbesteuer als Objektsteuer, FR 2014, 174; Westermann/Beuschel, Teilnahmeberechtigung von Gemeindebediensteten an Außenprüfungen auf Grundlage von § 21 Abs. 3 FVG, ZKF 2014, 217; Drüen, Leitlinien des Unternehmenssteuerrechts, DStR 2014, 564, JbFfSt 2014/2015, XI; Hageböke, Verfassungsrechtliche Kompetenzfragen bei der Gewerbesteuer – kritische Anmerkungen zur Erweiterung von § 184 Abs. 2 S. 1 AO durch das ZollKodexAnpG, FR 2015, 539; Bodden, Aktuelle Brennpunkte der GewSt, KÖSDI 2018, 20683; Blumers, GewSt – Minimierung bei hohen Hebesätzen, Ubg 2021, 711; Brinkmann, Zur Rechtfertigung der Gewerbesteuer im aktuellen Steuersystem, DStR 2021, 579; Seer, Steuervereinfachung – Postulat des Rechts, BB 2021, 1433; Heutz, Bedeutung und Umsetzung des sog. „Objektsteuerprinzips" im Rahmen des § 8 Nr. 1 Buchst. f GewStG. Zugleich ein Beitrag zur Realitätsgerechtigkeit der gesetzlichen Pauschalierung (§ 8 Nr. 1 Buchst. f GewStG), StuW 2023, 260; Hidien, Methodologische Anomalien in der Auslegungspraxis des Gewerbesteuerrechts, Ubg 2023, 165; Schneider, Die Gewerbesteuer, Rechtsschutz statt Reform, DStR 2023, 366; L.-E. Bodden, Die Hinzurechnung von Miet- und Pachtzinsen nach § 8 Nr. 1 Buchst. e GewStG – Systematische Einordnung und verfassungsrechtliche Würdigung im Lichte des Art. 3 Abs. 1 GG, FR 2024, 943; Dietz, Die Bandbreite des Begriffs der „wirtschaftskraftbezogenen Steuerquelle", StuW 2025, 215;

Schwarting, Wohin steuert die Gewerbesteuer? Das Dilemma der Kommunalfinanzierung in Zeiten ökonomischer Turbulenzen, ZKF 2026, 1.

Zur Kritik und Reformdiskussion vor → Rn. 57.

Übersicht

I. Gewerbesteuer als Gemeindesteuer

1. Entstehungsgeschichte

a) Früheste Ansätze einer Gewerbesteuer. Sie finden sich bereits in einigen mittelalterlichen Stadtgemeinden, wo gewisse SonderGewSt zu Grundvermögen-Ertragsteuern hinzutreten und sich von diesen abspalten. Entsprechendes findet sich in einigen Territorialstaaten des 17./18. Jahrhundert in Form der Übertragung des für die GrundSt eingeführten Katastralverfahrens auf solche GewSt. Erst zu Beginn des 19. Jahrhunderts hält in den deutschen Staaten eine allg. GewSt nach dem Vorbild der französischen Revolutionsgesetzgebung als Staatssteuer Einzug. Die heutige GewSt beruht auf preußischem Vorbild. Nach dem 1. GewStEdikt (1810) erfasste sie jede selbstständige auf Einnahmeerzielung gerichtete Tätigkeit einschließlich der Selbstständigen (ausgenommen durch GewStG von 1820), jedoch ohne LuF, nach zunächst 6 Steuerklassen (ab 1820 Klassen A–L). Allerdings wies die GewSt noch Merkmale einer Gebühr auf, da mit der Zahlung die Berechtigung zur Erlangung eines GewScheins/der Gewerbefreiheit verbunden war. Erst ab 1820 hatte sie den deutlichen Charakter einer Steuer verbunden mit einer enumerativen Aufzählung der Steuergegenstände. Als Merkmalgrößen für die Besteuerung wurden herangezogen das fixe Kapital, der Rohstoffeinsatz, der Ausstoß an Fertigprodukten, der Umsatz und die Arbeitnehmerzahl. Nach der Miquel'schen Reform 1891 wurden alle stehenden GewBetriebe (ohne Selbstständige und LuF) unter Berücksichtigung von Freigrenzen erfasst. Die Merkmalbesteuerung wich der Besteuerung nach Ertrag und Betriebskapital in 4 Steuerklassen. Durch KommunalabgabenG v. 14.7.1893 trat die GewSt als Staatssteuer zum 1.4.1895 außer Hebung und wurde den Gemeinden überlassen. Bayern ist bis zum 1. Weltkrieg bedeutsam, weil es das Ertragsteuerkonzept am nachhaltigsten ausgestaltet hatte. Hier findet sich die Besonderheit der sog. RepartitionsSt; dh Verteilung eines staatlichen Steuerkontingents durch örtliche Steuergemeinschaften (vgl. zu allem Zitzelsberger Grundlagen GewSteuer S. 9 ff.; Hüttemann StuW 2014, 58). In den verschiedenen Ländern bestanden uneinheitliche Regelungen in Bezug auf die Steuergläubigerschaft, den Steuergegenstand, die Bemessungsgrundlage, die Steuerbefreiungen und den Tarif. Eine weitere Änderung ergab sich durch das LandessteuerG v. 30.3.1920. Zwar war die GewSt als GemeindeSt grundsätzlich anerkannt. Doch stand die Anerkennung unter dem Vorbehalt einer reichsgesetzlichen Regelung und einer Konkurrenzklausel zugunsten der Länder, denen die Ertragsteuern vom Gewerbe praktisch zustanden. Daran änderte sich durch das Reichsfinanzausgleichsgesetz v. 27.4.1926 (RGBl. 1926 I 203) grundsätzlich nichts. Die Länder waren aber berechtigt, von der Erhebung der GewSt abzusehen und sie ganz oder zum Teil den Gemeinden zu überlassen. Die landesrechtlichen Bestimmungen zur GewSt wichen zum Teil stark voneinander ab, insb. zur Frage, wem die Steuer zufließen sollte (Steuerberechtigung). In Hamburg, Lübeck und Bremen war die GewSt eine reine Landessteuer, in Preußen reine Gemeindesteuer; in Baden, Bayern und Württemberg war sie als Landessteuer ausgestaltet, zu der die Gemeinden Zuschläge erhoben (vgl. Anlage 1 zur Begründung zum GewStG v. 1.12.1936, RStBl. 1937, 699). 1

2 **b) Gemeindesteuer.** Praktisch reine Gemeindesteuer wurde die GewSt durch die **Realsteuerreform 1936** (§§ 1 und 27 EinfRealStG v. 1.12.1936, RGBl. 1936 I 961; GewStG v. 1.12.1936, RGBl. 1936 I 979). Zwar ging bereits durch GewSt-VereinfVO v. 31.3.1943 (RGBl. 1943 I 237) die gesamte Verwaltung der GewSt einschließlich Festsetzung und Erhebung auf das Reich über. Dieses war auch Steuergläubiger. Doch floss das gesamte Aufkommen der GewSt nach dem Gewerbeertrag und Gewerbekapital den Gemeinden nach ihrem Anteil am Aufkommen zu. Nur die GewSt nach der Lohnsumme blieb als Gemeindesteuer erhalten. Durch Art. 106 GG in seiner ursprünglichen Fassung veränderte sich diese Lage insoweit, als das Aufkommen an den Realsteuern grundsätzlich den Ländern zustand. Doch überließen die Länder die GewSt übereinstimmend den Gemeinden. Im Jahr 1951 nahm der Bund sein **konkurrierendes Gesetzgebungsrecht** (Art. 105 Abs. 2 Nr. 3 GG aF iVm Art. 72 Abs. 2 GG aF) in Anspruch und erließ das Gesetz zur Änderung des GewStRechts v. 27.12.1951 (BGBl. 1951 I 996). Auf Grund dessen wurde das GewStG 1950 (v. 30.4.1952, BGBl. 1952 I 270) bekanntgemacht. In § 1 desselben ist – wie im GewStG 1936 – ausdrücklich festgelegt, dass die GewSt eine Gemeindesteuer ist. Seine **jetzige Fassung** erhielt § 1 durch Art. 2 Nr. 1 GewStÄndG v. 23.12.2002 (BGBl. 2003 I 2922): ab EZ 2004 sind die **Gemeinden verpflichtet,** GewSt nach dem GewStG zu erheben (→ Rn. 16).

2. Begriff der Gemeinde

3 **a) Gebietskörperschaft.** Gemeinde ist die **kleinste** öffentlich-rechtliche mit Gebietshoheit ausgestattete **Gebietskörperschaft** innerhalb des Organisationsaufbaus verfasster öffentlicher Verwaltung, bei denen sich die Zugehörigkeit aus dem Wohnsitz in ihrem Gebiet ergibt (vgl. BVerfG 2 BvK 1/78, BVerfGE 52, 95 (117)). Der heute gültige Begriff der Gemeinde geht wohl auf die Deutsche Gemeindeordnung v. 30.1.1935 (RGBl. 1935 I 49) zurück. Allerdings hatten die Gemeindeordnungen der Länder den Begriff der Gemeinde bereits als Körperschaft des öffentl. Rechts mit dem Recht der Selbstverwaltung definiert (vgl. Bay. Gemeindeordnung, Bezirksordnung und Landkreisordnung v. 1927). Die heutigen Gemeindeordnungen der Länder definieren den Begriff redaktionell unterschiedlich. Sie sprechen von Gebietskörperschaften, ursprünglichen Gebietskörperschaften, öffentlichen Gebietskörperschaften und öffentlich-rechtlichen Körperschaften, ohne dass sich hieraus Wesensunterschiede ableiten ließen. Auch der in Art. 1 S. 1 der BayGO verwendete Begriff der „ursprünglichen" Gebietskörperschaft dient im Wesentlichen allein der Beschreibung einer soziologischen Tatsache („älter … als der Staat", BayVGH Vf-97, 114, 117-VII-56, BayGVBl. 1958, 13 (18)) und der in Art. 1 S. 2 BayGO zum Ausdruck kommenden programmatischen Idee, dass die Gemeinden die Grundlagen des Staates und des demokratischen Lebens bilden. Im Übrigen hat er rechtshistorische Bedeutung. Er soll insb. das Verhältnis zu den jüngeren Gebilden der Landkreise und Bezirke sowie des Staates selbst hervorheben.

4 **b) Das Wesen der Gebietskörperschaft.** Es besteht darin, dass ein **mit Rechtspersönlichkeit ausgestattetes Gemeinwesen** in einem ihm zugewiesenen Bereich des Staatsgebietes auf der dinglichen Grundlage des Gemeindebezirks Aufgaben auf dem Gebiet des öffentlichen Rechts eigenverantwortlich wahrnimmt und regelt. Hierbei handelt es sich um Aufgaben der „örtlichen Gemeinschaft". Allerdings sind auch dies letztlich staatliche Aufgaben, die den Gemeinden

übertragen und im Hinblick auf deren Erledigung die Gemeinden der Staatsaufsicht unterworfen sind. Zum Wesen der (auch: ursprünglichen) Gebietskörperschaft gehört nicht die Unantastbarkeit des Gemeindegebietes; derlei positivrechtliche Folgerungen lassen sich aus ihrem Begriff nicht ableiten (vgl. BBEK BayKommG Art. 1 Rn. 16c ff. mwN; → Rn. 6).

c) Gemeindeeinteilung. Welche örtliche Gemeinschaft im Einzelfall als Gemeinde anzusehen ist, bestimmte sich ursprünglich nach historischen Gegebenheiten. In Bayern etwa geht die derzeit maßgebende Gemeindeeinteilung in ihren Grundzügen zurück auf das Edikt v. 28.7.1808 über die Bildung der Gemeinden und auf das Gemeindeedikt v. 1818. Nachfolgend war der unveränderte Fortbestand anzunehmen, sofern nicht eine Änderung mit Genehmigung des Staatsministeriums des Innern (§ 5 des Gemeindeedikts v. 1818, Art. 4 GO 1869, Art. 5 GO 1927) oder nach Maßgabe der §§ 13, 15 Deutsche GO, der Art. 11–14 BayGO oder der VO der Staatsregierung v. 27.12.1971 (GVBl. 1971, 495) eintrat. Eine Vermutung für das Bestehen einer Gemeinde gab es nicht. Die Existenz war im Streitfall zu dokumentieren durch den Nachweis des Vorhandenseins eines bestimmten abgegrenzten Gemeindegebiets (BayVGHE 4, 554; BayVGHE 14, 148). Nach den Gemeindereformen von 1972 und 1978 hat sich der Gemeindebestand jedoch erheblich verändert (vgl. Bek. über das Verzeichnis der Gemeinden und Verwaltungsgemeinschaften in Bayern nach dem Stand v. 1.1.1986, v. 21.10.1985 MABl. 1985, 569). Änderungen erfolgen durch rechtgestaltenden Verwaltungsakt der zuständigen Behörde (vgl. Art. 12 BayGO; hierzu BayVGH 17 IV 58, BayVGHE nF 14, 92). 5

d) Verfassungsrecht. Das gültige **verfassungsrechtliche Fundament** der Gemeinden ist **in Art. 28 GG** angelegt: „In den … Gemeinden muß das Volk eine Vertretung haben, die aus allgemeinen, unmittelbaren, freien, gleichen und geheimen Wahlen hervorgegangen ist“ (Art. 28 Abs. 1 S. 2 GG). Außerdem „muß das Recht gewährleistet sein, alle Angelegenheiten der örtlichen Gemeinschaft im Rahmen der Gesetze in eigener Verantwortung zu regeln“ (Art. 28 Abs. 2 S. 1 GG). Diese Garantie der Selbstverwaltung der Gemeinden ist eine **institutionelle Garantie.** Sie erhält **keine individuelle Garantie.** Daher verstoßen Gemeindeauflösungen, Umgemeindungen oder sonstige Gebietsveränderungen nicht gegen Art. 28 GG (vgl. BVerfG 2 BvR 165/75, BVerfGE 50, 50; 2 BvR 470, 650, 707/90, BVerfGE 86, 90). 6

Die institutionelle Garantie schließt die Garantie der **Finanzhoheit** ein. Nach Art. 28 Abs. 3 GG gewährleistet der Bund, dass die verfassungsmäßigen Ordnungen der Länder das Selbstverwaltungsrecht und die Finanzhoheit der Gemeinden beachten. Der Begriff der Finanzhoheit bezeichnet die Möglichkeit, eine eigenständige Einnahmen- und Ausgabenwirtschaft zu betreiben. Das ist nunmehr ausdrücklich geregelt in Art. 28 Abs. 2 S. 3 GG (→ Rn. 9).

e) Besonderheiten. Keine Gemeinden sind die **Gemeindeverbände,** wie sich aus der gesonderten Erwähnung in Art. 28 Abs. 2 S. 2 GG ergibt (BVerfG 2 BvK 1/78, BVerfGE 52, 95 (110)). Sie sind also nicht zur Erhebung von GewSt berechtigt/verpflichtet. Entsprechendes gilt für **Gemeindebezirke** (BVerfG 2 BvF 3/89, BVerfGE 83, 60). 7

Für Betriebsstätten in **gemeindefreien Gebieten** gilt ab 1.1.1974 (G. v. 17.4.1974, BGBl. 1974 I 949) § 4 Abs. 2. Danach bestimmt die Landesregierung durch VO, wer dort die Befugnisse nach dem Gesetz ausübt. Zu den gemeindefreien Gebieten gehören auch die der Bundesrepublik Deutschland zustehenden Anteile an der ausschließlichen Wirtschaftszone und am Festlandsockel (→ § 2 Rn. 640 ff.; → § 4 Rn. 3).

3. Verfassungsrechtliche Grundlagen der Gewerbesteuer

8 **a) Ursprünglich fehlende verfassungsrechtliche Garantie.** Eine **GewSt-Garantie** bestand für die Gemeinden **zunächst** durch die am 1.4.1957 in Kraft getretene Fassung des **Art. 106 Abs. 6 S. 1 GG** (G. v. 24.12.1956, BGBl. 1956 I 1077), die das Aufkommen der Realsteuern (→ Rn. 14) den Ländern und nach Maßgabe der LandesG den Gemeinden zuwies, **nicht unmittelbar.** Nach der Rspr. des BVerfG hatten die Gemeinden kein verfassungsmäßiges Recht auf Realsteueraufkommen nach den realsteuerlichen Vorschriften bei Inkrafttreten des Art. 106 Abs. 6 GG (BVerfG 2 BvR 480/61, BVerfGE 26, 172 (180)). Art. 28 Abs. 3 GG verpflichte den Bund lediglich zur Sorge um eine dem Selbstverwaltungsrecht der Gemeinden nach Art. 28 Abs. 2 GG entsprechende verfassungsmäßige Ordnung. Allerdings legte der Bund unter Inanspruchnahme seiner Gesetzgebungskompetenz nach Art. 105 Abs. 2 GG iVm Art. 72 Abs. 2 GG in § 1 einfachgesetzlich fest, dass die GewSt eine Gemeindesteuer ist.

9 **b) Verfassungsrechtliche Absicherung.** Eine gewisse Absicherung erfolgte mit der **Änderung des Art. 106 Abs. 6 S. 2 GG** iZm der Abschaffung der GewKapitalSt ab EZ 1998 durch die Nennung der GewErtragSt und des Hebesatzrechts der Gemeinden (G. v. 20.10.1997, BGBl. 1997 I 2470). Hierin lag aber lediglich die Sicherung des Hebesatzrechts, nicht jedoch seines Gegenstandes (BVerfG 2 BvR 2185, 2189/04, BVerfGE 125, 141).

Die Sicherung einer eigenen Steuerquelle der Gemeinden erfolgte mit der **Ergänzung des Art. 28 Abs. 2 S. 3 GG** um einen Hs. 2, wonach zu den Grundlagen der finanziellen Eigenverantwortung der Gemeinden eine diesen mit Hebesatzrecht zustehende **wirtschaftskraftbezogene Steuerquelle** gehört (ebenfalls durch G. v. 20.10.1997, BGBl. 1997 I 2470). Diese Bestimmung gewährleistet immerhin, dass die wirtschaftskraftbezogene GewSt nicht abgeschafft werden kann, ohne dass die Gemeinden an ihrer Stelle eine andere wirtschaftskraftbezogene Steuerquelle mit Hebesatzrecht erhalten (BVerfG 2 BvR 2185, 2189/04, BVerfGE 125, 141; hierzu Wendt BB 1987, 1677; Dietz StuW 2025, 215). Ein unmittelbarer Durchgriff auf die Gemeinden ist dem Bund wegen der landesstaatlichen Ordnung nicht gestattet (BVerfG 2 BvR 480/61, BVerfGE 26, 172 (181)). Gleichwohl ist der Gesetzgeber befugt, Rechte und Pflichten auch der Gemeinden iZm der GewSt zu bestimmen (auch → Rn. 16 f.). Insbesondere müssen die Gemeinden die Möglichkeiten des Finanzausgleichs (→ Rn. 56) beachten (vgl. BVerfG 2 BvL 2/61, BVerfGE 23, 353).

Nach dem **Beitritt der neuen Bundesländer** ist die Fortgeltung des GG und die Rechtmäßigkeit des Erlasses von Gesetzen auf seiner Grundlage nicht zweifelhaft (BFH VI B 167/09, BStBl. II 2010, 747). Der StPfl. kann sich daher nicht mit Erfolg auf die Position zurückziehen, die Bundesrepublik sei als Staat nicht existent (zB FG Münster 1 K 3123/14 F, BeckRS 2015, 95269 mwN). Entsprechendes gilt selbstverständlich für die vom Stpfl. behauptete Zugehörigkeit zu einem **Phantasiestaat** („Germanitien", FG Hmb 3 K 94/14, EFG 2014, 1805).

10 **c) Verteilung.** Eine **andere Verteilung** mit Ausgleich des Steueraufkommens wurde ab 1.1.1970 durch die weitere Neufassung des **Art. 106 Abs. 5 und 6 GG** (Finanzreformgesetz v. 12.5.1969, BGBl. 1969 I 359) ermöglicht. Danach ist vorgesehen, dass die Gemeinden am Aufkommen der ESt beteiligt werden und Bund und Länder am GewStAufkommen beteiligt werden können. Dies ist durch **§ 6 Gemeindefinanzreformgesetz** v. 8.9.1969 (BGBl. 1969 I 1587) in Form der **Gemeindeumlage** (krit. Stephani in Lenski/Steinberg § 1 Rn. 45: „widersprüchlich") geschehen (vgl. iE → Rn. 56). Grund hierfür war der Umstand, dass das GewStAufkommen von jeher ungleichmäßig verteilt war. Der GewStErtrag ist in Zahl und Größe von den in einer Gemeinde ansässigen GewBetrieben abhängig. Da die größeren Betriebe vielfach standortgebunden sind, ergeben sich hierdurch stets Benachteiligungen der Gemeinden, in deren Gebiet keine oder nur wenige kleine Wirtschaftsunternehmen arbeiten (Kommission für die Finanzreform, Gutachten über die Finanzreform in der BRD 1966, 27; Drüen DStZ 2014, 564: „staatszentrierte Finanzausgleichsfunktion").

Die GewSt ist danach **keine ausschließliche Gemeindesteuer** mehr (BVerfG 1 BvR 15/75, BStBl. II 1978, 125), auch wenn Bund und Länder nur mittelbar an ihr beteiligt sind. Gleichwohl ist der Charakter der GewSt als **Gemeindesteuer** iW nicht verändert worden (vgl. BVerfG BvR 2185, 2189/04, BVerfGE 125, 141). Denn nach Art. 106 Abs. 6 S. 1 GG als Teil der in Art. 104a ff GG niedergelegten Finanzverfassung (zu ihrer Ordnungs- sowie Schutz- und Begrenzungsfunktion BFH IV R 5/22, BStBl. II 2025, 596) steht das Aufkommen (unter anderem) an der GewSt (grundsätzlich) den Gemeinden zu; zudem haben die Gemeinden das verfassungsmäßig garantierte und verbliebene Recht, die Höhe der GewSt durch Festsetzung und Anwendung der Hebesätze „im Rahmen der Gesetze" zu bestimmen. **Bundesländer** (mit Ausnahme der Stadtstaaten) haben **keine Ertragshoheit** für die GewSt, etwa wenn ein Teil der BSt in einem gemeindefreien Gebiet liegt; dieser wird nach § 4 Abs. 1 S. 1 GewStG der Gemeinde zugeordnet, in der sich eine BSt des GewBetriebs befindet (BFH IV R 5/22, BStBl. II 2025, 596).

4. Zweck der Gewerbesteuer

11 **a) Äquivalenzprinzip.** Nach der **Begründung zum GewStG 1936** (RStBl. 1937, 699) besteht der Grund für die den Gemeinden eingeräumte Möglichkeit, eine GewSt zu erheben, darin, dass die GewBetriebe nach dem sog. **Äquivalenzprinzip** zum Ausgleich der Lasten beitragen sollen, die den Gemeinden insb. durch ihre Existenz entstehen, etwa für den Bau und die Unterhaltung von Straßen und Wegen, der Kanalisation, der öffentlichen Verkehrsmittel, von Schulen, Krankenhäusern usw (vgl. auch BVerfG 1 BvR 33/64, BVerfGE 21, 54 (61); 1 BvR 25/65, BVerfGE 26, 1; erweiternd Stephani in Lenski/Steinberg § 1 Anm. 14 f.: Ausgleich für Opfer der Gemeindebürger). Allerdings bedeutet das Äquivalenzprinzip nicht Belastungs(Kosten)-Nutzen-Äquivalenz (so aber Haller, vor Anm. 1, S. 248; Ossenbühl, vor Anm. 1, S. 24), sondern ist in einer weiteren Fassung dahin zu verstehen, dass das Interesse der Besteuerten insb. an der gemeindlichen Infrastruktur die Steuer begründet und die Gemeinde als Partner der örtlichen Produktionsprozesse erscheint (Zitzelsberger Grundlagen GewSteuer S. 150 (155)). Als unmittelbare Grundlegung für die Gewerbebesteuerung nach dem Ertrag und (bis EZ 1997) dem Kapital ist es sicher ungeeignet, weil diese Faktoren wenig über die von dem Betrieb ausgehende Belastung aussagen (InstFSt Brief 208, 28 ff.). Da die durch den Betrieb verursachten Lasten nicht feststellbar sind,

kann von einem individuellen Lastenausgleich keine Rede sein (Milbradt DVBl. 1981, 522). Zudem ist die GewSt durch Festsetzung von Freibeträgen beim GewErtrag und (bis 31.12.1997:) GewKapital weitgehend denaturiert. Nur etwa 35 % aller GewBetriebe unterliegen der GewSt. Das Äquivalenzprinzip stellt demnach nur eine **innere** bzw. **pauschale Rechtfertigung** für die GewSt dar, derer es nach der Verankerung der GewSt in Art. 106 Abs. 6 GG (→ Rn. 8 f.) in finanzverfassungsrechtlicher Sicht nicht mehr bedarf (BVerfG 1 BvR 15/75, BStBl. II 1978, 125; 1 BvL 2/04, BVerfGE 120, 1; BFH IV R 19/30, BStBl. II 2023, 1050; hierzu auch Brinkmann DStR 2021, 579). Es lässt den Umstand unberührt, dass die GewSt eine allgemeine Geldquelle für die Gemeinden darstellt. Häufig wird daher angeführt, die GewSt basiere auf dem sog. fundierten Einkommen, also dem als besonders sicher und ertragreich angesehenen Einkommen, das durch Nutzung des Betriebskapitals erwirtschaftet wird (**Fundustheorie,** vgl. BVerfG 1 BvR 845/58, BVerfGE 13, 331 (348); 1 BvR 528/72, BVerfGE 40, 109; Grass StbKRep 1965, 116). Diese Theorie ist unhaltbar, zumal sie nicht erklärt, warum nur die gewerblich „fundierten" Einkünfte zur GewSt herangezogen werden. Finanzwissenschaftlich ist die GewSt Unternehmenssteuer (Zimmermann StuW 1993, 231) in Gestalt einer Ertragsteuer (Zitzelsberger Grundlagen GewSteuer S. 99). Am Einkommen setzt die GewSt weder beim GewErtrag (s. § 8) noch (bis EZ 1997) beim GewKapital an. Was sie berührt, ist der Einkommensentstehungsprozess (Zitzelsberger Grundlagen GewSteuer S. 164 f.).

12 **b) Kritik am Äquivalenzprinzip.** Die Rechtfertigung der GewSt in der heutigen Gestalt auf der Grundlage des Äquivalenzprinzips ist nach allem umstritten (zB Tipke, Die Steuerrechtsordnung, 1993, Bd. 2, 385 f.; Wendt BB 1987, 1257; Jochum StuB 2005, 254; Roser, Kommunalsteuern und -abgaben 2012, 189; Schulte StuW 2014, 58; Selder FR 2014, 174; Drüen in Brandis/Heuermann § 1 Rn. 9). Auch dieser Umstand trägt die jahrzehntelange Diskussion um die Reform der GewSt (→ Rn. 57 ff.). Insbesondere scheint in weiten Bereichen eine Unterscheidung zwischen GewBetrieben, Freiberuflern und sonstigen Selbstständigen nicht mehr gerechtfertigt. Betriebsgrößen von Freiberuflern erreichen nicht selten ein Mehrfaches derjenigen von (Klein-)Gewerbetreibenden. Auch ist die Wirkung freiberuflicher Betriebe auf die Einwohnerzahl der Gemeinden und die dadurch ausgelösten Anforderungen an die Gemeinde-Infrastruktur – zumal in ihrer Vielzahl – nicht anders zu beurteilen als diejenigen kleinerer GewBetriebe, insb. derjenigen, die sich in zahllosen Verfahren immer wieder darum bemühen, als ähnlicher Beruf iSd § 18 Abs. 1 EStG anerkannt zu werden. Auch ist die GewSt durch die besondere Ausgestaltung längst zu einer **Sondersteuer für mittlere und Großbetriebe** geworden. Gleichwohl ist mE der Grundgedanke einer auf dem Äquivalenzprinzip beruhenden Gemeindesteuer nach wie vor der richtige. Worum es mE geht, ist jedoch, ihn „reiner", insb. durch einen umfassenderen Kosten- und Interessenausgleich unter Beteiligung von Freiberuflern und sonstigen Selbstständigen sowie Land- und Forstwirten durchzuführen (iE ähnlich Gosch DStZ 1998, 327). Das gilt umso mehr, als die GewSt mit der Abschaffung der GewKapitalSt eine **Wandlung** hin **zur** reinen, **objektivierten ErtragSt** bzw. ertragsorientierten Objektsteuer (→ Rn. 14) erfahren hat.

5. GewSt als Steuer ieS

13 **a) Steuerbegriff.** Sie erfüllt den Begriff der **Steuer iSd § 3 Abs. 1 AO:** Geldleistung, die nicht Gegenleistung für eine besondere Leistung darstellt und

von öffentlich-rechtlichen Gemeinwesen zur Erzielung von Einnahmen auferlegt wird. Trotz ihres in → Rn. 11 dargestellten finanzpolitischen Zwecks hat die GewSt nicht den Charakter eines Beitrages. Von einem Beitrag wird gesprochen, wenn er erbracht wird für Gegenleistungen und wirtschaftliche Vorteile, die dem Leistenden unmittelbar zu Gute kommen. Das ist bei der GewSt nicht der Fall. Sie wird nicht für die Gewährung eines Vorteils erhoben, sondern weil der Betrieb in besonderem Maße für das Entstehen von Aufgaben und Kosten einzustehen hat. Auch die nicht reine Durchführung des Äquivalenzprinzips (→ Rn. 11) spricht gegen den Beitragsgedanken.

b) GewSt als Objektsteuer. Der **Begriff der Objektsteuer** bedeutet, dass Anknüpfungspunkt für ihre Erhebung ein Gegenstand oder Inbegriff von Gegenständen ist. Man findet auch den Begriff der **Sach-** oder **Realsteuer** (zur Problematik dieses Begriffes Zitzelsberger Grundlagen GewSteuer S. 101 ff.). Im Gegensatz hierzu stehen Steuern, die an die Existenz oder wirtschaftliche Leistungsfähigkeit einer Rechtsperson oder an einen rechtlichen oder tatsächlichen Vorgang anknüpfen. § 3 Abs. 2 AO zählt mit der GrundSt und der GewSt die derzeit erhobenen Realsteuern lediglich auf, ohne eine nähere Begriffsbestimmung zu geben. § 2 kennzeichnet als Gegenstand der GewSt den GewBetrieb. Das sind gewerbliche Unternehmen iSd Einkommensteuerrechts (§ 2 Abs. 1) und die rechtsformabhängigen Unternehmen des § 2 Abs. 2 und 3. 14

Sachlich steuerpflichtig ist demnach nicht der Gewerbetreibende, sondern **der jeweilige GewBetrieb,** im Falle der Mehrheit von Betrieben in der Hand eines Unternehmers jeder einzelne für sich (→ § 2 Rn. 16 ff.). Nach Abschaffung der GewKapitalSt und der Wandlung der GewSt zur **objektivierten ErtragSt** (vgl. BVerfG 2 BvL 2/99, BVerfGE 116, 164; 1 BvL 2/04, BVerfGE 120, 1; BFH I R 102/06, BFH/NV 2010, 462) bzw. **ertragsorientierten Objektsteuer** (BVerfG 1 BvL 8/12, BStBl. II 2016, 557; 2 BvL 19/14, DStR 2025, 2000, Rn. 73; BFH I R 70/12, BStBl. II 2015, 289; hierzu Schneider DStR 2023, 366; krit.; L.-E. Bodden FR 2024, 943) betrifft diese Aussage jedoch weniger den Besteuerungsgrund als die Besteuerungsmaßstäbe (Gosch DStZ 1998, 327).

Schuldner der GewSt ist der Inhaber des GewBetriebs (§ 5 Abs. 1 S. 1). Bei der gewerblichen Tätigkeit einer PersGes schuldet diese selbst, und schulden nicht die einzelnen Mitunternehmer die GewSt (§ 5 Abs. 1 S. 3). Zur Innengesellschaft und atypisch stillen Gesellschaft → § 2 Rn. 414, → § 5 Rn. 10.

Der allerdings nur unvollkommen ausgeprägte Objektsteuercharakter der GewSt gebietet es an sich, den Gewerbeertrag ohne Rücksicht auf die persönlichen Verhältnisse und Beziehungen des Inhabers zum Gegenstand der Besteuerung zu erfassen (BVerfG 1 BvR 25/65, BStBl. II 1969, 424; BFH X R 64/89, BStBl. II 1991, 358; III R 20/19, BStBl. II 2022, 83). Abgebildet werden sollte demnach die **objektive Ertragskraft** des jeweiligen Gewerbebetriebs (hierzu etwa BFH III R 33/17, BFH/NV 2020, 781; Hey DStR-Beih. 2009, 109; Heger DStR-Beih. 2009, 117). Unter anderem hierauf basieren die Hinzurechnungs- und Kürzungsvorschriften der §§ 8, 9 (zweifelnd Selder FR 2014, 174: Verstetigung des GewSt-Aufkommens; krit. zu § 8 Nr. 1 Buchst. f GewStG Heutz StuW 2023, 260) sowie der beim Verlustabzug des § 10a bedeutsame Grundsatz der Unternehmensidentität (vgl. BVerfG 1 BvL 2/04, BVerfGE 120, 1; BFH I R 165/80, BStBl. II 1985, 403). Im Übrigen kann der Objektsteuercharakter der GewSt **Rechtswirkungen** nur insoweit entfalten, als diesbezügliche Rechtsvorschriften hierfür Raum lassen (vgl. BFH GrS 3/92, BStBl. II 1993, 616; V R 33/23, BFH/NV 2025, 1679): 14a

Allerdings hindert der Objektsteuercharakter der GewSt nach hM nicht eine **Einbeziehung personaler Elemente** (krit. zB Roser, Kommunalsteuern und -abgaben, 2012, 189; Drüen DStZ 2014, 564 (567)). Danach ist etwa für den Verlustabzug nach § 10a die sog. Unternehmeridentität Voraussetzung (→ § 10a Rn. 90 ff.). Andererseits ist der Gesetzgeber nicht gehalten, bei Personenunternehmen eine Kürzung des GewErtrags um einen kalkulatorischen Unternehmerlohn vorzusehen (BVerfGE 1 BvR 15/75, BStBl. II 1978, 125).

14b Wegen der Eigenschaft als Objektsteuer kann es zu **Abweichungen von dem** das EStR prägenden **Prinzip der Besteuerung nach der Leistungsfähigkeit** kommen, das bei der GewSt nur eingeschränkt gilt (BVerfG 1 BvL 8/12, BStBl. II 2016, 557; BFH IV R 36/10, BStBl. II 2013, 498). Das kann dazu führen, dass ein Betrieb ohne Gewinn, jedoch mit einem sich nur durch Hinzurechnungen ergebenden GewErtrag GewSt zahlen muss, sogar wenn es dadurch zu einer Substanzbesteuerung kommt (BFH III R 35/14, BStBl. II 2017, 757; krit. Drüen DStZ 2014, 564 (567); Hey DStR-Beih. 2009, 109; Gosch DStZ 1998, 327) oder der Inhaber mehrerer Betriebe mit positiven und negativen Ergebnissen, die gewerbesteuerlich nicht saldiert werden dürfen, auch dann mit GewSt belastet wird, wenn das Gesamtergebnis negativ ist (BFH III R 35/15, BStBl. II 2018, 662).

15 **c) GewSt als Kostensteuer. Betriebswirtschaftlich** ist die GewSt **Kostenbestandteil.** Sie wird als auf dem GewBetrieb lastende Steuer durch diesen veranlasst. **Steuerrechtlich** ist sie an sich **Betriebsausgabe** iSd § 4 Abs. 4 EStG (BFH IV R 8/13, BStBl. II 2015, 1046) und führte daher systemgerecht **bis EZ 2007** zu einer Verminderung der GewSt selbst (→ § 7 Rn. 13).

Ab EZ 2008 darf die GewSt zzgl. Nebenleistungen **systemwidrig** den Gewinn nicht mindern (§ 4 Abs. 5b EStG); ein Ausgleich erfolgt über die Anhebung des Anrechnungsfaktors nach § 35 EStG auf 3,8. Die Vorschrift ist verfassungskonform (BFH I R 21/12, BStBl. II 2014, 531; IV R 8/13, BStBl. II 2015, 1046; krit. zB Quinten/Anton NWB 2012, 4227). Trotz des Abzugsverbots ist in der Steuerbilanz eine GewStRückstellung zu bilden, deren Gewinnauswirkung außerbilanziell zu neutralisieren ist (EStR 5.7 Abs. 1); die GewSt ist jedoch nicht mehr den HK zuzuordnen (R 6.3 Abs. 6 S. 2 EStR 2021).

6. Erhebungspflicht

16 **a) Entwicklung. Bis einschließlich EZ 2003** hatten die Gemeinden lediglich das **Recht,** nicht die Pflicht, GewSt zu erheben. Der Gesetzgeber ging davon aus, es liege im Wesen ihrer verfassungsrechtlich garantierten Finanzhoheit, keinen Gebrauch von der ihnen eröffneten Möglichkeit zu machen. Allerdings wurden nur wenige Fälle bekannt, in denen kleinere Gemeinden tatsächlich auf die Erhebung von GewSt verzichtet hatten. Die vielfältigen und kostenintensiven Aufgaben der Gemeinden bedeuten grds. ebenso einen faktischen Zwang zur Erhebung der GewSt wie die nach § 16 Abs. 5 zulässigen Länderregelungen zur Koppelung der Hebesätze bei der Grund- und GewSt.

Ab EZ 2004 besteht die gesetzliche **Verpflichtung** für alle Gemeinden, die GewSt zu erheben. Diese Regelung dient dem Ziel, GewSt-Oasen, die nach Auffassung des Gesetzgebers zu einem nicht akzeptablen Steuerwettbewerb zulasten der anderen Gemeinden geführt hatten, auszutrocknen und die Bildung weiterer zu verhindern (BT-Drs. 15/1517, 17). Diesem gesetzgeberischen Ziel dient auch die Einführung eines **Mindesthebesatzes** nach § 16 Abs. 4 S. 2 von zunächst 200 %, ab EZ 2027 von 280 %.

Diese Regelungen sind trotz des mit ihnen verbundenen Eingriffs in die durch Art. 28 Abs. 2 S. 3 und Art. 106 Abs. 6 S. 2 GG garantierte Finanzhoheit der Gemeinden (→ Rn. 6, 22) **verfassungsgemäß.** Die bezeichneten Verfassungsartikel stehen schon prinzipiell einer Beschränkung des Hebesatzrechts nicht entgegen („im Rahmen der Gesetze"). Der Gesetzesvorbehalt bedeutet, dass eine gesetzliche Eingrenzung der Hebesätze zum Zwecke einer allgemeinen Steuersenkung nicht ausgeschlossen ist (vgl. InstFSt Brief 206, 14 ff.). Zudem dient § 16 Abs. 4 S. 2 unter Wahrung des Gebots der Verhältnismäßigkeit dem Interesse der Allgemeinheit, tiefgreifende Nachteile einer wettbewerbsverzerrenden Steuerkonkurrenz zu vermeiden (BVerfG 2 BvR 2185/04, 2189/04 ua, BVerfGE 125, 141; BFH I B 87/04, BStBl. II 2005, 143; **aA** Schmidt StuB 2004, 249; Jochum StB 2005, 254).

b) Bindung an das Gesetz. Bei der Erhebung sind die **Gemeinden** an die Vorschriften des Gesetzes **gebunden** (vgl. Art. 28 Abs. 2 GG). Dieses enthält eine abschließende Regelung der Rechte und Pflichten der Gewerbetreibenden. Auf keinen Fall können die Gemeinden eigene GewStOrdnungen erlassen, in eigener Zuständigkeit die gewstpfl. von nicht gewstpfl. Betrieben abgrenzen oder anstelle bzw. neben der Gewerbebesteuerung nach diesem Gesetz eine eigene Art von GewSt erheben. Auch durch **Vereinbarung** können keine im Gesetz nicht enthaltenen Steuertatbestände geschaffen werden (vgl. allgemein BVerwG VII C 83.57, BVerwGE 8, 329; BFH VIII R 131/76, BStBl. II 1985, 354; VIII R 44/92, BStBl. II 1995, 900). Ebenso wenig dürfen die Gemeinden im Wege des Privatrechts besondere Pflichten der GewStpfl. begründen, die über solche des Gesetzes hinausgehen, insb. den Steuertatbestand erst herbeiführen sollen. Auflagen und vertragliche Vereinbarungen über das Bestehenbleiben des Betriebes oder der betrieblichen Verhältnisse in der Gemeinde zur Sicherung des GewStAufkommens sind daher unwirksam (BGH II ZR 253/74, BB 1976, 783). Unzulässig ist auch die Umkehrung solcher Vereinbarungen, nämlich eine Beschränkung der Stpfl. mit privatrechtlichen Mitteln (RG Rep VII. 32/13, RGZ 82, 326). 17

Nach Art. 108 Abs. 5 S. 2 GG ist der **Bund** als Gesetzgeber befugt, **Verfahrensvorschriften** zur Verwaltung der GewSt zu erlassen. Auch solche Vorschriften sind für die Gemeinden verbindlich. Zudem kann nach Art. 108 Abs. 7 GG die BReg, soweit die Verwaltung den Landesfinanzbehörden oder den Gemeinden obliegt, mit Zustimmung des BRates allgemeine Verwaltungsvorschriften erlassen. Die **GewStR** erfüllen diese Voraussetzungen nicht.

II. Verfassungsmäßigkeit der Gewerbesteuer/Europarecht

1. Allgemeines

Die **GewSt als Ganzes** (zur Verfassungsmäßigkeit von Einzelvorschriften s. die dortigen Erl.) ist nach stRspr des BVerfG **verfassungsgemäß.** Die ausdrückliche Erwähnung in Art. 106 GG bedeutet, dass der Verfassungsgeber die Steuer in ihrer üblichen Ausgestaltung und historisch gewachsenen Bedeutung billigt und als zulässige Form des Steuereingriffs anerkennt (vgl. BVerfG 1 BvR 845/58, BVerfGE 13, 331 (348); 1 BvR 25/65, BVerfGE 26, 1 (8); 1 BvR 15/75, BVerfGE 46, 224 (236); 2 BvR 2185, 2189/04, BVerfGE 125, 141; BFH X R 2/00, 18

BStBl. II 2004, 17; X R 74/01, BFH/NV 2005, 2195; zust. Kirchhof StuW 1996, 3 (7); Wieland KStZ 2003, 81 f.; **aA** Tipke BB 1994, 437; Jachmann BB 2000, 1432, DStJG 25 (2002), 195 (212); Gosch DStZ 1998, 327; Seer FR 1998, 1022; Jochum StB 2005, 254).

2. Einzelheiten

19 **a) Gleichheitssatz. aa) Die herrschende Rspr.** Der Gleichheitssatz des **Art. 3 GG** sei **nicht verletzt,** obwohl nur Gewerbetreibende, nicht auch Land- und Forstwirte, Freiberufler und sonstige Selbstständige herangezogen werden (BVerfG 1 BvR 845/58, BVerfGE 13, 331 (345); 1 BvR 33/64, BVerfGE 21, 54 (69) zur LohnsummenSt; 1 BvR 25/65, BStBl. II 1969, 424; 1 BvR 15/75, BVerfGE 46, 224; 1 BvL 10–98, BStBl. II 1999, 509; krit. zB Orth StuW 1979, 77; Wendt BB 1987, 1677; Gosch DStZ 1998, 327; Tipke FR 1999, 532; Jachmann BB 2000, 1432; Loritz WuB § 15 EStG 1.09; Hey DStR-Beih. 2009, 109; Selder FR 2014, 174; Schwarting ZKF 2026, 1). Der Gesetzgeber dürfe die Sachverhalte auswählen, an die er die Rechtsfolge Steuer knüpfen wolle, wenn nur die gewählten Differenzierungen auf sachgerechten Erwägungen beruhten. Die Kombination der Produktionsfaktoren Boden, Arbeit und Kapital sei aber bei Landwirtschaft, freien Berufen auf der einen Seite und Gewerbetreibenden auf der anderen Seite grundlegend bzw. in der Typik verschieden; so abermals BVerfG 1 BvL 2/04, BVerfGE 120, 1 (zust. Günther EStB 2008, 232) und BVerfG 1 BvL 8/12, BStBl. II 2016, 557, letztere auch zur Tragweite des Leistungsfähigkeits- und Nettoprinzips im GewStR. Zum weiten gesetzgeberischen Ermessen vgl. auch BVerfG 1 BvR 1236/11, BStBl. II 2018, 303 (zu § 7 S. 2 Nr. 2). Insbesondere bei der **Ausgestaltung des Gesetzes** im Einzelnen, insb. der Hinzurechnungs- und Kürzungsvorschriften, bestehen engere sachliche Erfordernisse im Hinblick auf die Folgerichtigkeit und Belastungsgleichheit (BVerfG 1 BvL 8/12, BStBl. II 2016, 557; BFH III R 35/15, BStBl. II 2018, 662; hierzu auch BVerfG 2 BvL 19/14, DStR 2025, 2000, Rn. 74 ff.).

19a **bb) Kritik.** Meines Erachtens befriedigt diese Begründung nicht (aA zB Schnädter KStZ 1986, 14; Zitzelsberger Grundlagen GewSteuer S. 176 (183 f.)). **(1.)** Ob zu differenzierten Rechtsfolgen führende Erwägungen des Gesetzgebers sachgerecht sind, bestimmt sich mE allein nach dem **Zweck des Gesetzes.** Dieser aber besteht in dem Ausgleich von Kosten, die sich durch Anforderungen an und Auswirkungen auf die gemeindliche Infrastruktur ergeben (→ Rn. 11). Insofern bestehen keine begrifflichen oder typischen Unterschiede zwischen den genannten Gruppen. Die einen tragen zur Notwendigkeit, die gemeindliche Infrastruktur auszubauen und zu unterhalten, ebenso bei wie die anderen. Nicht schlüssig daher Zitzelsberger Grundlagen GewSteuer S. 185 f., der meint, die Äquivalenzbeziehung zwischen Gemeinde und ortsansässigem Gewerbe liefere, weil es an einer konkreten Gegenleistungsrelation fehle, keinen verfassungsrechtlich verwertbaren Anhaltspunkt für die Außenabgrenzung der GewSt. Auch die Behauptung des BVerfG (1 BvR 33/64, BVerfGE 21, 54 (69); 1 BvL 2/04, BVerfGE 120, 1), die Kombination der Produktionsfaktoren Boden, Arbeit und Kapital sei bei Landwirtschaft, freien Berufen und Gewerbe nach der Typik grundverschieden, ist in dieser Allgemeinheit sicher nicht richtig. Sie trifft eben keine typischerweise vorliegenden Verhältnisse. Das BVerfG übersieht, dass ein Großteil der GewSt zahlenden GewBetriebe typischerweise aus Handwerks- und kleinen Dienstleistungsbetrieben besteht, die insoweit den freien Berufen vergleichbar sind (vgl. zum

Handelsvertreter BFH IV R 50/72, BStBl. II 1977, 201), und dass freiberufliche „Betriebe" auch in Ansehung von Arbeit und Kapital häufig erheblich größer sind als kleine Gewerbebetriebe (Stichworte „Kanzleifabrik", Apparatemedizin; vgl. Knobbe-Keuk DB 1989, 1303). Umgekehrt lässt auch der GewErtrag keinen Schluss auf die Betriebsfaktoren oder die verursachten Infrastrukturlasten zu (Selder FR 2014, 174). Nach allem ist die vom BVerfG bemühte Typisierung sachfremd, weil sie nicht auf dem Boden von Rechtstatsachen steht.

(2.) Die Schwäche der gängigen Argumentation tritt mE noch deutlicher zutage, vergegenwärtigt man sich, dass der **Katalog der freien Berufe** in § 18 Abs. 1 Nr. 1 EStG nach keinerlei sachgerechten Gesichtspunkten insb. im Hinblick auf die Kombination von Arbeit und Kapital willkürlich zusammengewürfelt ist, abermals verdeutlicht an der Nicht-/Berücksichtigung bestimmter Berufe (zB Mathematiker, Physiker auf der einen, Ingenieure, Handelschemiker auf der anderen Seite) sowie am allmählichen „Wachstum" des Katalogs, das ja nicht auf der Veränderung des Erscheinungsbildes eines zunächst nicht berücksichtigten Berufs im Hinblick auf die „Typik" beruht. Der Gesetzgeber hat im Laufe der Zeit bestimmte Berufsgruppen – offenbar nicht nach Sachgesichtspunkten – handverlesen; andere mussten – ebenso sachwidrig – draußen bleiben (ähnl. Seer BB 2021, 1433). **19b**

Verstärkt wird der Wildwuchs durch eine in sich unstimmige und methodenfehlerhafte Rspr. des BFH, durch die **im Bereich der ähnlichen Berufe** (→ § 2 Rn. 247 ff.) einigen Berufsgruppen (zB Heilhilfsberufe) entgegen den vom BFH selbst geprägten Grundsätzen willkürlich eine **Sonderbehandlung** als ähnlicher Beruf gewährt wird (→ § 2 Rn. 258).

Unabhängig von diesen Unstimmigkeiten ist gerade bei den ähnlichen Berufen für den StPfl. idR die **Rechtsfolge nicht vorhersehbar,** ob er letztendlich als Freiberufler oder Gewerbetreibender eingestuft wird – abhängig von dem Maße der Bereitschaft des Gutachters/des FG zu einer großzügigen Betrachtung (die idR vom BFH als mögliche Würdigung gehalten wird). Es sind also **nicht sachliche Erwägungen** tragende **Fakten,** sondern häufig genug von den Fakten losgelöste, idR voluntaristische Wertungen, die zu der unterschiedlichen steuerlichen Behandlung führen. Das ebenfalls nicht auf Fakten gestützte und in den Abgrenzungsstreitigkeiten idR nicht einschlägige Postulat von der besonderen Kombination von Arbeit und Kapital wird zur verfassungsrechtlichen Legitimation ergebnisorientiert angehängt. Solche **Qualifikationskonflikte** als permanenter Systembruch sind in dem in sich unstimmigen System angelegt.

In Anbetracht solcher Unstimmigkeiten und der Tatsache, dass seit Inkrafttreten des GewStG 1936 die nach der Vorstellung des Gesetzgebers vorhandenen typischen Gegebenheiten (hier eigene Arbeitsleistung, dort Kapital und fremde Arbeitskraft) und die tatsächlichen Verhältnisse sich deutlich auseinander entwickelt haben, erscheinen Betrachtungen, wie sie das BVerfG immer wieder anstellt, nicht gerechtfertigt.

b) Freie Berufswahl, Eigentum. Auch die Grundrechte der **freien Berufswahl** und **-ausübung (Art. 12 GG)** und des **Eigentums (Art. 14 GG)** sind nicht verletzt. Beide hindern den Gesetzgeber nicht, an die Tätigkeit und an dessen betriebliches Substrat Steuerfolgen zu knüpfen, weil (und soweit) nur der daraus fließende Gewinn gemindert wird. Die nach dem Objektsteuerprinzip möglichen negativen Folgen sind hinzunehmen (→ Rn. 14). Ein Verstoß gegen Art. 14 GG kommt nur dann in Betracht, wenn Geldleistungspflichten den StPfl. **20**

übermäßig belasten und seine Vermögensverhältnisse grundlegend beeinträchtigen (vgl. BVerfG 1 BvR 559/70 ua, BVerfGE 29, 402 (413); 2 BvR 326/69 ua, BVerfGE 30, 250 (271); BFH IV R 215/71, BStBl. II 1973, 739; VIII R 95/72, BStBl. II 1974, 572; zu den rechtstheoretischen Problemen s. Zitzelsberger Grundlagen GewSteuer S. 198 ff.). Ein Erlassgrund kann daher anzunehmen sein, wenn bei einer über Jahre dauernden Verlustperiode hinweg GewSt aus der Substanz geleistet werden muss und dies – ggf. im Zusammenwirken mit anderen Steuern – existenzgefährdend oder gar -vernichtend wirkt (BFH I R 21/13, BStBl. II 2015, 293; III R 35/14, BStBl. II 2017, 757).

Für die Berufsausübung gelten ähnliche Erwägungen, die mit dem Begriff der „Erdrosselungssteuer" (vgl. BVerfG 1 BvR 51/69 ua, BVerfGE 38, 61) gekennzeichnet werden können (hierzu Scholz in DHS, 101. EL 2023, GG Art. 12 Rn. 427). Die sich aus den zur Vermögensteuer ergangenen Ausführungen des BVerfG zum „Halbteilungsgrundsatz" (BVerfG 2 BvL 37/91, BStBl. II 1995, 655) ergebende Problematik darf als erledigt gelten. Denn weder das BVerfG (BVerfG 2 BvR 2194/99, BVerfGE 115, 97) noch der BFH (BFH XI R 77/97, BStBl. II 1999, 771; X R 2/00, BStBl. II 2004, 17; IV B 91/04, BStBl. II 2005, 647; X B 104/12, BFH/NV 2013, 559; III R 35/14, BStBl. II 2017, 757) sind dem im Hinblick auf die Belastung mit Einkommen- und Gewerbesteuer gefolgt. Aus Art. 14 Abs. 1 S. 1, Abs. 2 GG („zugleich") ist danach eine Höchstbelastungsgrenze bei einer ca. 50%igen Teilung des Gewinns bzw. Einkommens zwischen Bürger und öffentl. Hand nicht herzuleiten (Anm. Kanzler FR 2006, 635). Durch die Anrechnung von Gewerbesteuer (§ 35 EStG) wird die Problematik mE jedoch weitgehend entschärft.

21 **c) Sozialstaatsprinzip.** Auch das **Sozialstaatsprinzip** ist insb. bei Inanspruchnahme sozial schwächerer Gewerbetreibender (Handelsvertreter!) nicht verletzt. Der Gesetzgeber kann der sozialen Schutzbedürftigkeit des jeweils in Rede stehenden Berufsstandes durch je verschiedene gesetzliche Regelungen Rechnung tragen (BVerfG 1 BvR 15/75, BStBl. II 1978, 125).

22 **d) Finanzverfassung/Objektsteuerprinzip.** Grundsätze der **Finanzverfassung,** insb. Art. 105 Abs. 2 Nr. 3 GG aF und Art. 106 Abs. 6 GG aF, sind durch die Fassungen des GewStG bis einschließlich 1997 nicht verletzt. Die GewSt gehört zwar zu den dort genannten Realsteuern. Sie ist auch als Realsteuer (Objektsteuer) nicht rein durchgeführt (→ Rn. 14). Doch verpflichtet das GG den Gesetzgeber nicht zu einer „reinen Durchführung des **Objektsteuerprinzips**" (BVerfG 1 BvR 845/58, BVerfGE 13, 331 (345); 1 BvR 136/62, BVerfGE 25, 28 (38); 1 BvR 25/65, BStBl. II 1969, 424). Das hat mE Bedeutung für die Gestaltung der GewSt nach Abschaffung der GewKapitalSt ebenso wie für eine weitere Aushöhlung des Objektsteuerprinzips durch veränderte Hinzurechnungsvorschriften; nach BVerfG und BFH besteht jedoch keine Weiterentwicklung zur reinen Ertragsteuer (BVerfG 1 BvL 8/12, BStBl. II 2016, 557; BFH I R 70/12, BStBl. II 2015, 289).

23 **e) Europarecht.** Die GewSt als Ganzes verstößt auch nicht gegen **Europarecht,** insb. nicht gegen den Grundsatz des freien Warenverkehrs bzw. der Niederlassungs- oder der Dienstleistungsfreiheit (vgl. BFH X R 2/00, BStBl. II 2004, 17; Anm. Keß FR 2004, 82; Kulosa HFR 2004, 144). Im Feuer stehen lediglich Einzelvorschriften, insb. Hinzurechnungs- oder Kürzungsvorschriften (§§ 8, 9),

soweit sie den Steuerinländer günstiger stellen als den Steuerausländer (iE hierzu Stapperfend FR 2003, 165). Siehe jedoch → § 8 Nr. 1 Buchst. a Rn. 3a.

III. Besteuerungsverfahren und Verwaltung der Gewerbesteuer

Literatur: Hatopp, Das Recht der Gemeinden zur Teilnahme an Außenprüfungen nach § 21 Abs. 3 FVG, DGStZ 1979, 150; Moll, Zur Teilnahmebefugnis der Gemeinden nach § 21 Abs. 3 FVG, KStZ 1979, 81; Deparieux, Dürfen die Gemeinden Satzungen über Hebesätze erlassen?, BB 1983, 436; Söhn, Klagerecht der Gemeinden im Steuermeßverfahren, StuW 1993, 354; Pump, Die Verwirkung der Gewerbesteuer aufgrund fehlerhafter Einkommensteuerveranlagungen, StBp 1995, 39; Suck, Das Auskunfts- und Teilnahmerecht der Gemeinden nach § 21 Abs. 3 FVG am Beispiel der Gewerbesteuer, DStZ 2009, 402; Braun/Spannbrucker, Gewerbesteuerverfahren – ein haftungsfreier Raum im Verhältnis Gemeinde und Finanzverwaltung?, NVwZ 2011, 82; Hagemann, Zu den Auskunftspflichten des Finanzamts gegenüber der Gemeinde, KKZ 2011, 60; Drüen, Kommunale Informationsrechte im staatlichen Besteuerungsverfahren, DÖV 2012, 493; Kamps/Werl, Erlass der auf einem Sanierungsgewinn beruhenden Gewerbesteuer durch die Gemeinde, FR 2014, 913; Westermann/Beuschel, Teilnahmeberechtigung von Gemeindebediensteten an Außenprüfungen der Landesfinanzbehörden auf der Grundlage von § 21 Abs. 3 FVG, ZKF 2014, 217; Hageböke, Verfassungsrechtliche Kompetenzfragen bei der Gewerbesteuer – kritische Anmerkungen zur Erweiterung von § 184 Abs. 2 S. 1 AO durch das ZollKodexAnpG, FR 2015, 539; Schöneborn, StWa 2015, 71; Wiese/Lukas, Sanierungsgewinne und Gewerbesteuer – Zuständigkeit der Finanzämter für Billigkeitsmaßnahmen nach § 184 AO idF ZKAnpG, DStR 2015, 1222; Bahn, Einwirkungsmöglichkeiten der Kommune bei der GewSt, NWB 2016, 1367; Buschendorf/Vogel, Der Anspruch auf Billigkeitserlass bei Sanierungsgewinnen, DB 2016, 676; Tietze, Sanierungsgewinn und GewSt, DStR 2016, 1306; Wagschal/Wolfersdorff/Andrae, Update Gewerbesteuer und Grundsteuer: Steuerentwicklung, Steuerwettbewerb und Reformblockaden, ifst-Schrift 508 (2016); Härtwig, Steuergeheimnis innerhalb der Gemeinde, FR 2018, 871; Blumers, Gewerbesteuer-Hebesätze steigen überdurchschnittlich, BB 2021, 2006; Blumers, GewSt – Minimierung bei hohen Hebesätzen, Ubg 2021, 711; Haase, Anrechnung ausländischer Steuern auf die deutsche Gewerbesteuer, JM 2021, 344; Weiss, Zur Anrechnung ausländischer Steuern auf die Gewerbesteuer, IWB 2021, 246; Cloer/Kozlowski, Die gewerbesteuerliche Anrechnung ausländischer Steuern durch den Lauf der Zeit? – Kritische Überlegungen zu § 34c Abs. 1 EStG analog im Rahmen des GewStG, FR 2022, 193.

1. Besteuerungsverfahren

a) Allgemeines. Das **Besteuerungsverfahren** wird von den FÄ und den Gemeinden durchgeführt. Die Gemeinden sind nur **zur Erhebung** der GewSt verpflichtet. Erhebung ist an sich nur die Einziehung des Steuerbetrags und nach BFH VII R 89/88, BStBl. II 1989, 537 (mE die Tragweite des § 85 Abs. 1 AO verkennend) auch die Beitreibung, mE nicht jedoch die Festsetzung. Das ergibt sich aus § 16 Abs. 1, wo in Übereinstimmung mit § 85 Abs. 1 AO zwischen Festsetzung und Erhebung unterschieden wird. Die Befugnis der Gemeinden auch zur Festsetzung der GewSt beruht auf den wiederum auf Art. 108 Abs. 4 S. 2 GG beruhenden Landesgesetzen, mit denen die Länder die Verwaltung der RealSt zT den Gemeinden übertragen haben (vgl. Art. 18 bay. KAG idF der Bek. v. 4.4.1993, BayGVBl. 1993, 264). Kritisch zur Übertragung Fest NZI 2011, 345. 24

Anmeldung des Betriebes. Das Verfahren beginnt idR mit der Anmeldung eines GewBetriebes/einer Betriebsstätte bei der zuständigen Gemeindebehörde, 25 in dessen Bezirk der Betrieb oder die Betriebsstätte eröffnet wird (§ 14 GewO, § 138 AO). Zur Anmeldung ist der Inhaber des GewBetriebs verpflichtet, bei einem Strohmannverhältnis auch der Scheininhaber (OLG Köln 2 W 156/88, BB 1988, 1993). Die Fortführung durch den Rechtsnachfolger und Erwerber gilt als Eröffnung. Das gilt auch für eine Religionsgemeinschaft, die sich wirtschaftlich betätigt (BVerwG 1 B 114-97, NJW 1999, 3279). Auch die Betriebsaufgabe ist anzuzeigen. Finanzämter und Gemeinden unterrichten sich gegenseitig über die bei ihnen eingegangenen Anzeigen. Anmeldung und Ummeldung können vom Finanzamt nach § 328 AO und von den Gemeindebehörden nach Landesrecht erzwungen werden. Für den Schadensersatzanspruch der Gemeinde gegen den Stpfl., der die Eröffnung einer Betriebsstätte in der Gemeinde nicht angezeigt hat, wegen des Ausfalls an GewSt ist nicht der Zivilrechtsweg, sondern der Verwaltungsrechtsweg gegeben (BGH VI ZR 34/67, NJW 1968, 1675).

26 **Zweiteilung des Besteuerungsverfahrens.** Das Besteuerungsverfahren selbst wird regelmäßig durch Abgabe einer GewStErklärung idR nach amtlich vorgeschriebenem Datensatz (§ 14a) in Gang gesetzt. Es zerfällt in die Ermittlung und Festsetzung der Besteuerungsgrundlagen durch einen sog. GewStMessbescheid durch das Finanzamt und der hierauf beruhenden Festsetzung der GewSt selbst durch die Gemeinde. Im Einzelnen sind folgende Verfahrensabschnitte zu unterscheiden:

– das GewStMessbetragsverfahren (§ 14; → Rn. 27);
– das Zerlegungs-, ggf. auch Zuteilungsverfahren (§§ 28 ff.; → Rn. 32);
– das GewStFestsetzungsverfahren (§ 16; → Rn. 37 ff.);
– das GewStErhebungsverfahren (§ 16; → Rn. 44 ff.);
– das GewStVorauszahlungsverfahren (§ 19; → Rn. 43).

Die Festsetzung von **Hinterziehungszinsen** erfolgt nicht im zweigeteilten Verfahren, da es einen Hinterziehungs-Messbetrag nicht gibt (aA Fuchsen DStR 1992, 1307).

27 **b) Das GewStMessbetragsverfahren.** Mit dem **GewStMessbescheid** setzt das Finanzamt den **GewStMessbetrag** fest. Es handelt sich um einen auf den **einzelnen GewBetrieb bezogenen** StBescheid (→ § 2 Rn. 16). Bereits in diesem Kontext muss ein Bemühen um **Minimierung der GewSt** ansetzen, zB durch Gestaltungen mit Betriebsstätten (Blumers Ubg 2021, 711; BB 2021, 2006). Besteuerungsgrundlage für die GewSt ist der GewErtrag (§ 6). Das ist der nach den Vorschriften des EStG oder des KStG zu ermittelnde Gewinn aus dem GewBetrieb, vermehrt oder vermindert um die in den §§ 8, 9 bezeichneten (Hinzurechnungs- oder Kürzungs-)Beträge (§ 7 S. 1), s. iE § 7. Der Messbetrag ergibt sich durch Anwendung eines Prozentsatzes (Steuermesszahl) auf den abgerundeten und – bei natürlichen Personen/Personengesellschaften sowie bestimmten Unternehmen – um einen Freibetrag geminderten GewErtrag (§ 11 Abs. 1).

28 Die **Ermittlung des GewErtrags** ist nach § 7 nach den Vorschriften des EStG oder KStG durchzuführen. Das Verfahren ist jedoch **unabhängig vom ESt- oder KSt-Verfahren** bzw. vom Verfahren der **Gewinnfeststellung;** dh der dort ermittelte Gewinn bindet trotz Anwendung derselben Ermittlungsgrundsätze bei der Ermittlung des GewErtrags nicht (BFH X R 48/91, BStBl. II 1992, 351; XI R 83/00, BStBl. II 2004, 699; III R 22/06, BFH/NV 2009, 1087; IV R 48/07, BStBl. II 2010, 799; X R 34/10, BStBl. II 2012, 647; IV R 39/10, BStBl. II 2019, 77; IV R 50/16, BStBl. II 2020, 57). Der ESt/KSt- oder Gewinnfeststellungsbescheid ist also **nicht Grundlagenbescheid** für den GewStMessbescheid

(BFH X B 222/10, BFH/NV 2011, 1843). Auch ein in solchen Verfahren ergangenes Urteil hat **keine Rechtskraftwirkung** für die GewSt (BFH X B 214/11, BFH/NV 2013, 85). Die Ergebnisse können in der Praxis voneinander abweichen. Der Stpfl. kann sich in den jeweiligen Verfahren auf unterschiedliche Einwendungen berufen, und zwar auch dann, wenn der ESt- oder KSt-Bescheid rechtskräftig ist (BFH I 139/54, BStBl. III 1956, 4; I 194/56 U, BStBl. III 1957, 105). Im Extremfall können Einkünfte, die bei der ESt oder KSt einer anderen Einkunftsart zugeordnet worden sind, bei der Festsetzung des GewErtrags als solche aus GewBetrieb angesehen werden (BFH IV 336/59 U, BStBl. III 1961, 281; IV R 13/07, BFH/NV 2010, 652).

Eine **beschränkte Bindung** bewirkt **§ 35b Abs. 1.** Hiernach ist ein **29**
GewStMessbescheid *von Amts wegen aufzuheben oder zu ändern,* wenn der ESt-, KSt- oder ein Feststellungsbescheid aufgehoben oder geändert worden ist und hierdurch die Höhe des Gewinns berührt wird (hierzu BFH VI 341/62 U, BStBl. III 1964, 581; I 175/64 S, BStBl. III 1965, 228). § 35b Abs. 1 enthält eine selbstständige Rechtsgrundlage zur Aufhebung oder Änderung von GewStMessbescheiden und Verlustfeststellungsbescheiden; das gilt auch für eine Gewinnänderung bei der Organgesellschaft (BFH I R 29/09, BStBl. II 2010, 644). Sie erlaubt jedoch nur eine punktuelle Änderung (BFH IV R 11/20) und greift nicht beim erstmaligen Erlass eines solchen Bescheides (BFH I R 28/88, BStBl. II 1991, 244), zumal nicht nach Ablauf der Festsetzungsfrist (BFH IV R 99/06, BStBl. II 2010, 593). § 35b Abs. 1 ist eine Vereinfachungsvorschrift, die es dem Stpfl. erspart, bei einem Angriff gegen einen ESt-, KSt- oder Feststellungsbescheid auch den GewStMessbescheid anzufechten. Eine absolute Bindung des GewStMessbescheids durch den ESt-, KSt- oder Feststellungsbescheid ergibt sich also nicht (BFH IV 336/59 U, BStBl. III 1961, 281).

Aber auch verfahrensrechtlich bestehen **Grenzen der Vereinfachungswirkung,** zB wenn das FG rechtskräftig über den GewStMessbescheid entschieden hat und der Stpfl. nur noch seine Klage gegen den ESt-Bescheid weiterverfolgt (BFH I S 8/79, BStBl. II 1980, 104; BVerwG 9 B 72/15, BFH/NV 2016, 1423). Eine Beschwer durch den ESt/KSt-Bescheid lässt sich aus den Wirkungen des § 35b nicht herleiten (BFH X B 222/10, BFH/NV 2011, 1843). Insbesondere wenn das FA einen ESt-, Gewinnfeststellungs- oder KSt-Bescheid aus rein verfahrensrechtlichen Gründen aufgehoben hat, erzeugt dies keine Bindungswirkung für den GewStMessbescheid (BFH X R 48/91, BStBl. II 1992, 351; X R 36/06, BStBl. II 2010, 171; IV R 34/13, BStBl. II 2017, 175). Vielmehr setzt die Änderung gem. § 35b Abs. 1 eine Änderung der Höhe des Gewinns aus Gewerbebetrieb voraus (BFH XI R 28/98, BStBl. II 1999, 475). Hierfür genügt, wenn die vorausgegangene Änderung oder Aufhebung des ESt-Bescheides darauf beruht, dass die Tätigkeit des Stpfl. nicht mehr wie bisher als gewerbliche qualifiziert, sondern einer anderen Einkunftsart zugeordnet wird (BFH X R 59/01, BStBl. II 2004, 901) und umgekehrt, oder ein bisher als Veräußerungsgewinn aus Gewerbebetrieb nunmehr als laufender Gewinn behandelt wird (BFH X R 14/03, BStBl. II 2005, 184; zu beiden Fällen OFD Hannover 21.12.2004, DB 2005, 137); nicht jedoch, wenn lediglich einzelne Gewinnanteile ohne Änderung der (des) Gewinnfeststellung(sbescheids) umqualifiziert werden (BFH VIII B 150/02, BFH/NV 2004, 226). Zu den Tücken der Vorschrift Streck/Mack/Schwedhelm Stbg 1991, 457; 1994, 379.

Der **GewStMessbescheid ist Steuerbescheid** iSd Vorschriften der AO (§ 184 **30**
Abs. 1 S. 3 AO iVm § 155 Abs. 1 AO). Damit gelten für ihn die Vorschriften

der AO, insb. über den Inhalt und die Bestimmtheit, die **Bekanntgabe** und **Bestandskraft** von Steuerbescheiden. Ein GewStMessbescheid kann nach Eröffnung des Konkurs-/Insolvenzverfahrens bis zum Prüfungstermin nicht mehr ergehen (BFH I R 11/97, BStBl. II 1998, 428; Änderungen von BFH I R 117/84, BStBl. II 1985, 650; I R 155/84, BFH/NV 1987, 564); wird die GewStForderung im Prüfungstermin bestritten, ist ein GewStMessbescheid gegen den Konkurs-/Insolvenzverwalter zu erlassen (BFH I R 11/97, BStBl. II 1998, 428). Im Liquidationsstadium hat die Bekanntgabe an den Liquidator zu erfolgen (vgl. BFH V R 64/94, BStBl. II 1996, 256; FG Brem I 20–22/91 K, EFG 1994, 862 rkr.). Bei Adressierung des GewStMessbescheids an eine Personengesellschaft, deren Gesellschafter teilweise nicht als Mitunternehmer behandelt werden, ist der Bescheid unwirksam (BFH VIII R 260/84, BStBl. II 1987, 768). Ein an beide Ehegatten gerichteter GewStMessbescheid ist unwirksam, wenn nur ein Ehegatte eine gewerbliche Tätigkeit entfaltet (BFH VIII R 82/87, BFH/NV 1988, 216). Zur Adressierung bei einer atypischen stillen Gesellschaft vgl. BFH I R 20/93, BStBl. II 1994, 327; IV R 85/88, BFH/NV 1990, 591; FG BW 6 K 193/92, EFG 1993, 335 rkr.

Der GewStMessbescheid ist **Grundlagenbescheid für den GewStBescheid** der Gemeinde (§ 184 Abs. 1 S. 4 AO iVm § 182 Abs. 1 AO; BFH IV R 22/23, BStBl. II 2024, 880; → Rn. 42). Die durch jenen bewirkte Bindung bedeutet, dass der Stpfl. bei Einwendungen gegen den Messbetrag auch dann (nur) den GewStMessbescheid anfechten muss, wenn das FA GewStMessbescheid und GewStBescheid erlassen hat (BFH I R 301/83, BStBl. II 1987, 816; BVerwG 8 C 20/90, NJW 1993, 2453).

30a Die **Anrechnung ausländischer Quellensteuer** kennt das GewStMessbetrags- und Besteuerungsverfahren nicht – dies trotz des Umstandes, dass verschiedene DBA (zB Kanada) sich im Sinne einer Anrechnung auslegen lassen (so Kessler/Dietrich IStR 2011, 108; 2011, 953; aA Eglmaier IStR 2011, 951; 2011, 955). ME ist das konsequent, denn die Anrechnung ist mit dem Grundgedanken der GewSt, wie er im Äquivalenzprinzip zum Ausdruck kommt, nicht vereinbar und auch im Besteuerungsverfahren ein systemwidriger Fremdkörper, insb. wenn/da es sich bei der ausländischen Quellensteuer nicht um eine der GewSt vergleichbare Steuer handelt. ME besteht daher insofern keine Gesetzeslücke und sollte der GewTreibende auf die Möglichkeiten des EStG und des KStG verwiesen bleiben (vgl. Haase JM 2021, 344; Cloer/Kozlowski FR 2022, 193). Dagegen hält das FG Hessen (8 K 1860/16, EFG 2021, 779, rkr.; zust. Weiss IWB 2021, 246; Micker ISR 2021, 428) im Wege der **Lückenausfüllung** eine Anrechnung für geboten, und zwar durch eine mit dem GewStMessbescheid verbundene und die Gemeinde bindende Feststellung des Anrechnungsbetrages (zur Anrechnung auch Becker/Loose IStR 2012, 57; Weiss gmbhstb 2015, 63; Prinz/Otto DB 2017, 1988; Spek/Schumacher Ubg 2021, 340). Dafür besteht allerdings keine hinreichende Rechtsgrundlage (vgl. BFH I R 16/20, BStBl. II 2025, 301 Rn. 24). Zu den Besonderheiten bei der **Organschaft** → § 2 Rn. 523a, bei der Hinzurechnung von **Streubesitzdividenden** → § 8 Nr. 5 Rn. 12 aE.

31 Nach § 184 Abs. 3 AO ergeht eine **Mitteilung des GewStMessbetrags** durch das FA an die Gemeinde, der die Steuerfestsetzung obliegt (§ 184 Abs. 3 AO; zur Unzulässigkeit einer abwehrenden Leistungsklage BFH I R 85/13, BFH/NV 2016, 854). Die Vorschrift gibt der Gemeinde jedoch kein subjektives Recht (FG Münster 7 K 2828/16 G, EFG 2017, 1571; → Rn. 49a).

In der Praxis bedienen sich die FÄ der Gemeinden in der Weise, dass sie diesen den Messbescheid übersenden und diese die Bekanntgabe an den Stpfl. vornehmen. Die Gemeinden können auch an der Herstellung der Messbescheide selbst mitwirken (GewStR 1.4), wenn hierfür eine wirksame landesrechtliche Übertragung der Verwaltungskompetenz auf die Gemeinden besteht (BFH I R 178/82, BStBl. II 1986, 880; I R 28/88, BStBl. II 1991, 244). Entsprechendes gilt mE, wenn die Gemeinde, ohne an der Herstellung des Bescheides mitzuwirken, dessen Bekanntgabe besorgt (vgl. BFH XI B 69/92, BStBl. II 1993, 263; → § 4 Rn. 9; aA zB FG BW XII K 683/85, EFG 1989, 327: Amtshilfe). Auf jeden Fall ist aber Heilung anzunehmen, wenn die Einspruchsentscheidung durch das FA fehlerfrei zugestellt wird (BFH XI B 69/92, BStBl. II 1993, 263).

Wenn ein GewStMessbetrag nicht festzusetzen ist, dann erhalten die Beteiligten einen **Freistellungsbescheid** (hierbei besteht keine Bindung an eine Freistellung von der ESt, BFH IV 336/59 U, BStBl. III 1961, 281). Dieser wird dem Stpfl. nur bekannt gegeben, wenn er es beantragt oder Vorauszahlungen geleistet hat.

Ist der GewStMessbetrag zu **zerlegen** (→ Rn. 32), dann wird der Bescheid nur dem Stpfl. zusammen mit dem Zerlegungsbescheid bekanntgegeben. Die Gemeinden erhalten in diesem Falle nur eine Ausfertigung des Zerlegungsbescheides (§ 185 AO iVm § 184 Abs. 3 AO). Doch können die obersten Landesfinanzbehörden anordnen, dass der GewStMessbescheid auch der Gemeinde bekannt zu geben ist, in deren Bezirk sich die Geschäftsleitung des Unternehmens befindet.

c) Zerlegung. Sind in einem EZ Betriebsstätten zur Ausübung des Gewerbes in mehreren Gemeinden unterhalten worden, so ist der einheitliche GewStMessbetrag in die auf die einzelnen Gemeinden entfallenden Anteile **(Zerlegungsanteile)** zu zerlegen. Das gilt auch in den Fällen, in denen eine Betriebsstätte sich über mehrere Gemeinden erstreckt hat oder eine Betriebsstätte innerhalb eines Erhebungszeitraums von einer Gemeinde in eine andere Gemeinde verlegt worden ist (§ 28 Abs. 1). Über die Zerlegung ergeht ein schriftlicher **Zerlegungsbescheid** (§ 188 Abs. 1 AO). Er ist bindend für die Festsetzung der GewSt (→ § 28 Rn. 12), auch wenn er noch nicht bestandskräftig ist (VG Gelsenkirchen 5 K 4357/09, BeckRS 2010, 50680). Besteht jedoch Streit darüber, wem der Steuermessbetrag in voller Höhe zusteht, dann entscheidet das FA durch **Zuteilungsbescheid** (§ 190 AO). Die Vorschriften über die Steuerbescheide sind anzuwenden (§ 185 AO). 32

Hat das Land nicht von seiner Befugnis nach Art. 108 Abs. 2 GG zur Übertragung der Verwaltung der GewSt auf die Gemeinde Gebrauch gemacht, ist die Gemeinde nicht zum Rechtsbehelfsverfahren hinzuziehen/beizuladen (BFH I R 18/08, BFH/NV 2010, 941).

d) Verwirkung/Verjährung. Wenn nach allem die Festsetzung des einheitlichen GewStMessbetrags durch das FA nur ein gesonderter Teil des Besteuerungsverfahrens ist, so unterliegt dennoch der Anspruch des FA auf Erlass eines GewStMessbescheids der **Verwirkung** (BFH IV R 180/81, BStBl. II 1984, 780). Das setzt allerdings die Schaffung eines Vertrauenstatbestandes durch das FA dahin voraus, es werde künftig nicht von einem Gewerbebetrieb und damit der GewStPfl. ausgehen. Hierfür genügt das bloße Nichttätigwerden des FA ebenso wenig (BFH VII B 102/10, BFH/NV 2011, 740) wie ein unter Nachprüfungsvorbehalt stehender ESt-Bescheid (BFH IV B 7/01, BFH/NV 2002, 1612) oder wenn das FA die Einkünfte in dem dem EZ entsprechenden Veranlagungszeitraum als nichtgewerblich behandelt hat (BFH VIII 23/65, BStBl. II 1971, 749; IV R 33

112/94, BFH/NV 1996, 449; IV B 149/00, BFH/NV 2001, 1527). Verwirkung tritt jedoch ein, wenn die Einkunftsart streitig gewesen ist, die GewSt nach Prüfung der Frage auf 0 EUR herabgesetzt und aus späteren ESt-Veranlagungen deutlich ist, dass das FA die Tätigkeit als freiberuflich beurteilt, insb. wenn für das Folgejahr ebenfalls ein ESt-Bescheid mit als solchen aus freiberuflicher Tätigkeit qualifizierten Einkünften ergangen ist (BFH IV 213/65, BStBl. II 1970, 793; XI B 150/00, BFH/NV 2003, 505 Ls.). Das soll auch gelten, wenn ein vorläufig ergangener ESt-/Gewinnfeststellungsbescheid (Einkünfte aus selbstständiger Arbeit) für endgültig erklärt wird (SächsFG K 1417/09, EFG 2010, 1146; K 1087/09, EFG 2010, 1147, rkr.; Anm. Matthes EFG 2010, 1147).

34 Auch unterliegt nicht nur die Festsetzung der GewSt selbst, sondern auch des GewStMessbetrages der (Festsetzungs-)**Verjährung** (§§ 169 ff. AO). Für den Beginn des Laufs der grundsätzlich vierjährigen Verjährungsfrist kommt es nicht darauf an, ob der StPfl. annehmen durfte, zur Abgabe einer Steuererklärung nicht verpflichtet zu sein (BFH IV R 112/94, BFH/NV 1996, 449; XI B 166/02, BFH/NV 2005, 504). Der Ablauf der Verjährungsfrist wird nicht durch Abgabe der GewStErklärung (etwa im Sinne eines Antrags auf Steuerfestsetzung nach § 171 Abs. 3 AO) gehemmt (BFH VIII R 54/89, BStBl. II 1992, 124).

35 **e) Zuständigkeit. Sachlich zuständig** für die Festsetzung des einheitlichen GewStMessbetrags und die Zerlegung ist das FA (§ 17 Abs. 2 S. 1 FVG). **Örtlich zuständig** ist das BetriebsFA, dh das FA, in dessen Bezirk sich die Geschäftsleitung befindet (§ 18 Abs. 1 Nr. 2 AO). Fehlt es an einer Geschäftsleitung im Inland, so ist das FA zuständig, in dessen Bezirk sich die BSt. oder – wenn das Unternehmen mehrere Betriebsstätten hat – die wirtschaftlich bedeutendste BSt. befindet (§ 18 Abs. 1 Nr. 2 AO). Der Erlass eines GewStMessbescheids durch das örtlich unzuständige FA führt nach § 127 AO nicht zu dessen Unwirksamkeit, wenn keine andere Entscheidung in der Sache hätte getroffen werden können (FG München I 25/83 G, EFG 1988, 381; vgl. hierzu aber BFH I R 151/80, BStBl. II 1985, 607).

36 **Mitwirkungsrechte der Gemeinden** bestehen jedoch auch in den vorbezeichneten Verfahrensabschnitten (hierzu Hagemann KKZ 2011, 60; Bahn NWB 2016, 1367; Habighorst FR 2019, 839). Nach § 21 Abs. 3 FVG iVm § 21 Abs. 1 FVG haben sie das Recht, sich über die für die Realsteuern erheblichen Vorgänge bei den zuständigen Landesfinanzbehörden zu informieren. Hierzu gehört das Recht auf Akteneinsicht sowie auf mündliche und schriftliche Auskunft. Außerdem sind die Gemeinden nach § 21 Abs. 3 FVG berechtigt, durch Gemeindebedienstete **an Betriebsprüfungen teilzunehmen,** wenn der Stpfl. in der Gemeinde eine Betriebsstätte oder Grundbesitz hat und die Betriebsprüfung im Gemeindebezirk erfolgt (interne Befugnis im Verhältnis zur Staatlichen FVerw, BFH III R 9/18, BStBl. II 2020, 436; Drüen DÖV 2012, 493), jedoch nicht, wenn die Prüfung außerhalb des Gemeindebezirks erfolgt (FG Köln 13 K 1398/13, EFG 2016, 737, nachfolgend BFH IV B 8/16, BFH/NV 2017, 1323: NZB unbegründet; aA Stephani in Lenski/Steinberg § 1 Rn. 136; Schöneborn StWa 2015, 71). Deswegen dürfte auch das sog. Kooperationsmodell zwischen mehreren Gemeinden (BR in BT-Drs. 18/3158 zu Nr. 4) nach der bisherigen Gesetzeslage nicht zulässig sein (hierzu Härtwig FR 2018, 871).

Der Gemeindebedienstete hat jedoch nur ein durch Nennung in der Prüfungsanordnung entsprechend § 197 AO zu verwirklichendes Anwesenheits- und Informationsrecht, seine Teilnahme darf weder durch VA der Gemeinde angeordnet werden noch darf er selbst als Prüfer auftreten (vgl. BVerwG 8 C 30/92, BStBl. II 1995, 522; BFH III R 9/18, BStBl. II 2020, 436; GewStR 1.2 Abs. 3; Klos Inf 1996, 138; Suck DStZ 2009, 402; Westermann/Beuschel ZKF 2014, 217; Pieske-Kontny KStZ 2018, 147; aA FG Düsseldorf 10 V 3186/16 A (AO), EFG 2017, 543).

Unterhält das geprüfte Unternehmen **Geschäftsbeziehungen mit der Gemeinde,** ist das Teilnahmerecht der Gemeinde grundsätzlich nicht beschränkt. Das Interesse des geprüften Betriebs an der Nichtoffenlegung relevanter Unterlagen ist durch Einzelfallentscheidung des Prüfers (ggf. durch VA) darüber zu schützen, welche Informationen er an den Gemeindeprüfer gibt (BFH III R 25/21, BStBl. II 2023, 619, zu FG Düsseldorf 7 K 656/18 AO, EFG 2021, 1964, aufgeh.; Härtwig FR 2018, 871).

f) Die Steuerfestsetzung. Nach Art. 108 Abs. 2 S. 1 GG steht die Verwaltung der GewSt an sich den **Landesfinanzbehörden** zu. Sie kann nach Art. 108 Abs. 4 S. 2 GG jedoch den Gemeinden (Gemeindeverbänden) überlassen werden. Hierfür ist ein Landesgesetz erforderlich (BVerwG 8 C 48/82, BStBl. II 1984, 236). Sämtliche Bundesländer, mit Ausnahme der Stadtstaaten, haben hiervon Gebrauch gemacht (→ Rn. 24). Bei letzteren sind die FÄ für das gesamte Verfahren zuständig. 37

Die **Höhe der Steuer** ergibt sich mathematisch als Produkt durch Anwendung eines sog. **Hebesatzes** (Prozentsatz; § 16 Abs. 1) auf den GewStMessbetrag. Der jeweilige Hebesatz wird von der hebeberechtigten Gemeinde (§§ 4, 35a) bestimmt, und zwar grundsätzlich durch Gemeindesatzung. In der Bestimmung der Höhe des Hebesatzes sind die Gemeinden im Wesentlichen frei. Gewisse **faktische Beschränkungen** bestehen jedoch durch die gesetzliche Bestimmung eines Mindesthebesatzes (→ Rn. 16), durch bestimmte nach § 16 Abs. 5 dem Landesrecht vorbehaltenen Regelungen sowie durch die Möglichkeiten der staatlichen Kommunalaufsicht im Hinblick auf die Einhaltung des Normsetzungsermessens der Gemeinde (zu Einzelheiten → § 16 Rn. 1 ff.). Zur Frage, ob allgemein gesetzliche Beschränkungen der Hebeberechtigung erforderlich sind, vgl. InstFSt Brief 206, 42 ff.; 208, 47 (50). 38

Nach den Erhebungen des DIHK und des Statistischen Bundesamtes haben sich die GewSt-Hebesätze der Gemeinden wie folgt entwickelt:

Übersicht 1: Streuung nach GewStHebesatzgruppen 39

Hebesatz in %	Gemeinden	
	2021	
	Anzahl	%
200–250	31	0,29
251–300	392	3,63
301–350	3350	31,05
351–400	6031	55,73
über 400	1002	9,28

Hierbei wird der niedrigste Hebesatz von 200 % von zwei Gemeinden (2023 von nur einer!) und der höchste Hebesatz von 600 % (700 %; inzwischen 900 %) von einer Gemeinde angesetzt. Der Mindesthebesatz zur Bekämpfung von Steueroasen und Begrenzung des Steuerwettbewerbs beträgt ab 1.1.2027 280 % (→ § 16

Rn. 13). Von der landesrechtlich gegebenen Möglichkeit der Festlegung eines GewSt-Höchsthebesatzes wird offenbar kein Gebrauch gemacht.

40 **Übersicht 2: Durchschnittliche GewStHebesatzanspannung für Gemeinden mit mehr als 20.000 Einwohnern nach Ländern**

Rangfolge (nach Hebesatz 2015)	Bundesland	Hebesätze in %	
		2024	2025
1.	Brandenburg	384	386
2.	Baden-Württemberg	398	400
3.	Berlin	410	410
4.	Rheinland-Pfalz	398	424
5.	Schleswig-Holstein	419	419
6.	Hessen	419	421
7.	Sachsen-Anhalt	422	422
8.	Niedersachesen	430	430
9.	Bayern	425	425
10.	Thüringen	438	439
11.	Mecklenburg-Vorpommern	442	443
11.	Sachsen	441	441
13.	Saarland	461	461
14.	Bremen	460	460
15.	Nordrhein-Westfalen	472	474
16.	Hamburg	470	470

41 **Übersicht 3: GewStHebesätze in Großstädten mit 500.000 und mehr Einwohnern**

Rangfolge (nach Hebesatz 2017)	Stadt	Einwohner (30.6.2021)	Hebesatz in % 2025	Veränderung gegen Vorjahr in %-Punkten
1.	Berlin	3.664.128	410	0
2.	Stuttgart	625.834	420	0
3.	Düsseldorf	618.023	440	0
4.	Dresden	554.800	450	0
5.	Frankfurt aM	755.166	460	0
6.	Leipzig	597.121	460	0
7.	Bremen	566.101	460	0
8.	Nürnberg	513.452	467	0
9.	Hamburg	1.850.246	470	0
10.	Köln	1.073.426	475	0
11.	Hannover	534.147	480	0
12.	Essen	579.9548	480	0
13.	Dortmund	585.972	485	0
14.	München	1.487.560	490	0

42 Die **Festsetzung der GewSt** erfolgt auf der Grundlage des GewStMessbescheides und durch Anwendung des gemeindlichen Hebesatzes ebenfalls **durch Steuerbescheid** (§ 155 Abs. 1 AO). GewStMessbescheid und GewStBescheid

stehen im Verhältnis von **Grundlagen- und Folgebescheid** zueinander (→ Rn. 47). Entscheidungen im GewStMessbescheid sind daher im Hinblick auf den GewStMessbetrag, der sachlichen und persönlichen Steuerpflicht bindend (zB VGH BW 2 S 733/12, KStZ 2012, 793; BFH IV R 22/23, BStBl. II 2024, 880). Dagegen ist die Bestimmung des Steuergläubigers und damit die Hebeberechtigung der Gemeinde regelmäßig nicht (bindender) Bestandteil des GewStMessbescheids (BFH I R 88/02, BStBl. II 2004, 751; I B 64/11, BFH/NV 2012, 452).

Vorauszahlungen. Auf die festzusetzende GewSt hat der Steuerschuldner (§ 5) an vier Terminen Vorauszahlungen zu entrichten (vgl. §§ 19–21). 43

2. Erhebung und Verwaltung

Alle weiteren Maßnahmen der **Erhebung** und **Verwaltung der GewSt** obliegen nach Art. 108 Abs. 2 GG an sich den Landesfinanzbehörden. Die Länder sind nach Art. 108 Abs. 2 GG berechtigt, die Verwaltung ganz oder zT **den Gemeinden** bzw. Gemeindeverbänden, und zwar durch LandesG (→ Rn. 37) zu übertragen. Da die meisten Länder von dieser Befugnis Gebrauch gemacht haben (Ausnahmen sind die Stadtstaaten), fallen diese Maßnahmen grundsätzlich in den Zuständigkeitsbereich der Gemeinden (für eine Zuständigkeitsverlagerung de lege ferenda auf den Bund Fest NZI 2011, 345). Hierher gehören insb. die Fälligkeitsbestimmung, die Abrechnung mit Vorauszahlungen, die Stundung, die Beitreibung und die Niederschlagung (vgl. jedoch → § 16 Rn. 6). Durch Vorauszahlungen überzahlte Beträge sind unverzüglich zu erstatten; sie werden mit der Bekanntgabe des GewSt-Bescheides fällig (§ 20 Abs. 3). Zur Zulässigkeit einer Verrechnungsvereinbarung vgl. BayVGH 4 BV 15.1540, BeckRS 2016, 50126. 44

Umstritten war die Rechtslage im Hinblick auf den **Erlass von GewSt** (vgl. iE → § 16 Rn. 3). Grundsätzlich zuständig hierfür sind die Gemeinden (Art. 108 Abs. 4 S. 2 GG; BVerfG 1 BvR 479/83, BStBl. II 1984, 249; HessVGH 5 A 1043/10, HGZ 2010, 358; BMF 27.3.2003, BStBl. I 2003, 240 Rn. 15). Die Landesfinanzbehörden waren nach BFH I 101/60 S, BStBl. III 1962, 238 nicht befugt, **bei der Festsetzung des GewStMessbetrags** einzelne steuererhöhende Besteuerungsgrundlagen nicht anzusetzen, wenn die Festsetzung und Erhebung der GewSt den Gemeinden übertragen war. Eine Ausnahme galt, wenn die Gemeinden sich mit der Nichtberücksichtigung einzelner Besteuerungsgrundlagen im Billigkeitswege einverstanden erklärt hatten (BFH IV 162/62 S, BStBl. III 1963, 143; VIII R 32/67, BStBl. II 1973, 233). 45

Diese Rechtslage hat sich mit Erlass der AO 1977 nicht verändert (SächsOVG 5 A 847/10; FG Düsseldorf 11 K 83/12 AO, EFG 2014, 813). Die FÄ sind grundsätzlich nicht befugt, einzelne Besteuerungsgrundlagen nach **§ 163 Abs. 1 S. 1 AO** außer Betracht zu lassen, es sei denn, die Gemeinde hat der Maßnahme zugestimmt (GewStH 1.5 Abs. 1).

Allerdings sind die **FÄ** nach **§ 184 Abs. 2 S. 1 AO** befugt, ohne Beteiligung der Gemeinden bei der Festsetzung des einheitlichen GewStMessbetrags Billigkeitsmaßnahmen nach § 163 Abs. 1 S. 1 AO zu treffen, wenn in einer allgemeinen Verwaltungsvorschrift die Bundesregierung, die oberste Bundesfinanzbehörde (mWv EZ 2014) oder die obersten Landesfinanzbehörden Richtlinien hierfür gegeben haben (AEAO zu § 163 Nr. 5). Jedoch erscheint die nach Ergehen von BFH I R 24/11, BFH/NV 2012, 1516 erfolgte Ausdehnung des § 184 Abs. 2 S. 1 AO auf den BMF ab EZ 2014 wegen der Kompetenzzuweisung in Art. 108 46

Abs. 2 u. 7 GG verfassungsrechtlich zweifelhaft (Sarrazin in Lenski/Steinberg § 1 Rn. 81 f.; Hageböke FR 2015, 539). Danach verbliebe die Zuständigkeit auch für einen **Erlass des Sanierungsgewinns** bei den Gemeinden (Tietze DStR 2016, 1306; für eine Reduzierung ihres Ermessens auf Null Kamps/Werl FR 2014, 913); es sei denn, die Gemeinde hat einer Maßnahme des FA zugestimmt (→ Rn. 45).

Unabhängig hiervon kommen nach **§ 184 Abs. 2 S. 2 AO** Maßnahmen nach § 163 Abs. 1 S. 2 AO in Betracht, die auch der sog. **Sanierungserlass** des BMF 27.3.2003, BStBl. I 2003, 240 (zur fehlenden Gesetzmäßigkeit BFH GrS 1/15, BStBl. II 2017, 393; I R 52/14, BStBl. II 2018, 232; X R 38/15, BStBl. II 2018, 236; X B 13/18, BFH/NV 2018, 817; XI R 33/16, BFH/NV 2018, 1299; **aA** BMF 27.4.2017, BStBl. I 2017, 741 u. BMF 29.3.2018, BStBl. I 2018, 588; Wiese/Lukas DStR 2015, 1222; s. **nunmehr § 7b**) vorsieht. Die danach in Betracht kommende vorrangige Verlustverrechnung beeinflusst jedoch den GewErtrag, nicht – wie erforderlich – die gewerblichen Einkünfte als Grundlage für die Festsetzung der ESt/KSt, sodass der Sanierungserlass gewstrechtlich ohnehin weitgehend ins Leere geht (hierzu LfSt Bay 8.8.2006, FR 2006, 900; OFD Nordrhein-Westfalen 6.2.2015, FR 2015, 296; Stephani in Lenski/Steinberg § 1 Rn. 123 ff.). Zu den Auslegungsfragen Buschendorf/Vogel DB 2016, 676.

Maßnahmen der genannten Art sind nach § 184 Abs. 3 AO den Gemeinden mit dem GewStMessbetrag mitzuteilen (GewStR 1.5 Abs. 3).

3. Rechtsschutz

47 **a) Finanzrechtsweg.** Gegen Entscheidungen im **GewStMessbescheid** ist der **Einspruch** gegen eben diesen zum FA gegeben (§ 347 Abs. 1 Nr. 1 AO). Der GewStBescheid der Gemeinde als Folgebescheid (→ Rn. 34) kann also mit Einwendungen gegen Entscheidungen im GewStMessbescheid nicht angefochten werden (BVerwG 8 C 20/90, NJW 1993, 2453; BFH I R 301/83, BStBl. II 1987, 816; SächsOVG 5 B 264/08, BeckRS 2010, 46547). Bei einem Rechtsmittel gegen den Folgebescheid ist aber zu prüfen, ob überhaupt und – wenn ja – in welchem Umfang eine Bindungswirkung eingetreten ist (BFH I R 162/84, BStBl. II 1988, 142; IV R 22/23, BStBl. II 2024, 880).

Das FA kann **Aussetzung der Vollziehung** (§ 361 AO) auf Antrag gewähren, und zwar auch dann, wenn der aufgrund des GewStMessbescheids erlassene Steuerbescheid rechtskräftig ist (BFH I 126/59 S, BStBl. III 1960, 393) oder wenn die Steuer schon bezahlt ist (BFH III B 34/74, BStBl. II 1977, 838). Eine Aussetzung der Vollziehung des bestandskräftigen GewStMessbescheids kommt sogar in Betracht, wenn die Vollziehung des EStBescheids wegen Streits um die Einkünfte aus GewBetrieb ausgesetzt wird (BFH I B 1/66, BStBl. III 1966, 651; VI R 278/67, BStBl. II 1968, 350). Aussetzung der Vollziehung eines bestandskräftigen GewStMessbescheids wegen ernsthafter Zweifel an seiner Rechtmäßigkeit setzt voraus, dass die Aussetzung der Vollziehung des EStBescheids gewährt wird oder nur deshalb nicht möglich ist, weil die EStSchuld bezahlt ist (BFH III B 49/71, BStBl. II 1972, 955; vgl. hierzu BFH IV B 72/74, BStBl. II 1977, 367). Ein AdV-Antrag ist dann nicht statthaft, wenn das FG in der GewStMessbetragssache rechtskräftig entschieden hat und der Stpfl. nur die ESt-Sache weiter verfolgt (BFH I S 8/79, BStBl. II 1980, 104). Auch aus § 35b ergibt sich nichts anderes (vgl. BFH IV S 17/74, BStBl. II 1974, 639). Der AdV-Antrag ist aber dann zulässig, wenn er mit Zweifeln an der Rechtmäßigkeit eines Feststellungsbescheids begründet wird, dessen Änderung nach § 35b zu einer Änderung des GewStMessbescheids führen würde (BFH VIII B 107/93, BStBl. II 1994, 300).

Im Rahmen der Entscheidung über den AdV-Antrag kann das FA die Anordnung einer Sicherheitsleistung durch die Gemeinde ausdrücklich ausschließen (hierzu AEAO zu § 361 Tz. 9.2.4); jedoch darf es die Anordnung nicht selbst treffen (§ 361 Abs. 3 S. 3 AO; hierzu Knackstedt DStR 1996, 953). Eine Sicherheitsleistung ist unzumutbar, wenn mit Gewissheit oder großer Wahrscheinlichkeit ein für den StPfl günstiger Ausgang des Rechtsstreits zu erwarten ist (BFH V B 115, 116/69, BStBl. II 1970, 127).

Nach erfolglosem Einspruch ist die **Anfechtungsklage** im Finanzrechtsweg (vor den Finanzgerichten) statthaft (§ 33 Abs. 1 Nr. 1 FGO); zur Zulässigkeit bei einem 0-Bescheid BFH I R 79/15, BStBl. II 2019, 173, zu FG Hmb 6 K 285/13, EFG 2016, 133 (best). Nach dem Tode des Unternehmers kann ein GewStProzess nicht allein von dem Miterben, der Unternehmensnachfolger geworden ist, sondern nur von allen Erben fortgeführt werden (BFH X R 76/87, BFH/NV 1990, 303). Ein atypisch stiller Gesellschafter kann nicht Beteiligter an einem GewStProzess sein (BFH VIII B 90/87, BStBl. II 1989, 145).

Den **Gemeinden als Steuergläubiger** steht im **GewStMessverfahren** idR **48**
kein förmlicher Rechtsbehelf (Einspruch oder Klage) zu (BVerwG 8 C 30/92, BStBl. II 1995, 522); eine Hinzuziehung oder Beiladung im Rechtsbehelfsverfahren des Steuerschuldners erfolgt nicht (Hagemann KKZ 2011, 60). Sie sind nicht unmittelbar in ihren rechtlich geschützten Interessen beschwert (§ 40 Abs. 2 FGO), sondern nur mittelbar wirtschaftlich betroffen (BFH I B 43/55 U, BStBl. III 1956, 44; IV B 8/18, BFH/NV 2017, 1323; vgl. zur Grundsteuer BFH III R 60/74, BStBl. II 1976, 426 mwN). Eine Klagebefugnis nach **§ 40 Abs. 3 FGO** ergibt sich nur dann, wenn der Bund oder das Land aufgrund öffentlichen Rechts die GewSt unmittelbar, zB für einen BgA, oder mittelbar, dh aufgrund Öffentlichen Rechts für einen Dritten, schulden würde; eine faktische Verpflichtung genügt nicht (vgl. BFH I B 6/01, BStBl. II 2002, 91; krit. Stephani in Lenski/Steinberg § 1 Rn. 165). Dieser grundsätzliche Ausschluss der Gemeinden verstößt nicht gegen Verfassungsrecht (BFH IV B 8/16, BFH/NV 2017, 1323). Insbesondere Art. 19 Abs. 4 GG hilft nicht weiter, weil die Gemeinden dem FA auch nicht dadurch gewaltunterworfen sind, dass sie bei der Erhebung der GewSt an den GewStMessbescheid gebunden sind.

Für einen Antrag auf **Aussetzung der Vollziehung** fehlt der Gemeinde idR ebenfalls das Rechtsschutzbedürfnis (BFH I B 54/06, BStBl. II 1997, 136).

Auch in **Willkürfällen** kommt eine Rechtsbehelfsbefugnis der Gemeinden nicht in Betracht. Die frühere gegenteilige Rspr. ist überholt (BFH I R 81, 82, 92-94/68, BStBl. II 1971, 30). Aus Vorstehendem ergibt sich auch, dass die Gemeinde eine Feststellungsklage nach § 41 Abs. 1 FGO nicht erheben kann, weil sie ein berechtigtes Interesse an einer baldigen Feststellung nicht hat (BFH I R 81, 82, 92–94/68, BStBl. II 1971, 30).

Der Gemeinde bleibt bei Willkürakten also nur der Weg, den Amtsträger wegen Amts- oder Dienstpflichtverletzung **zivilrechtlich** in Anspruch zu nehmen. Hierfür besteht jedoch nach § 32 AO eine Haftungsbeschränkung auf Pflichtverletzungen, die mit einer Strafe bedroht sind. Im Übrigen haftet der Dienstherr des mit der Festsetzung des GewStMessbetrags befassten Amtsträgers wegen fehlender Drittgerichtetheit der Amtshandlung nicht nach § 839 Abs. 1 S. 1 BGB iVm Art. 34 S. 1 GG gegenüber der Gemeinde (BGH III ZR 362/02, DStR 2003, 1940; hierzu Braun/Spannbrucker NVwZ 2011, 82).

49 Im **Zerlegungsverfahren** hingegen sind die **Gemeinden** als Steuergläubiger selbst Beteiligte (§ 186 AO). Sie können unmittelbar in ihrem Recht auf Zuteilung des GewStMessbetrages beschwert sein. Daher stehen ihnen Einspruch und Klage zu (vgl. BFH VIII R 13/97, BStBl. II 1999, 542; zur Akteneinsicht BFH I R 111/98, BFH/NV 2000, 346). Die am Zerlegungsverfahren ebenfalls beteiligten und durch eine andere Zerlegung betroffenen Gemeinden sind im Einspruchsverfahren nach § 360 Abs. 3 AO hinzuzuziehen und im Klageverfahren nach § 60 Abs. 3 FGO beizuladen (BFH IV R 197/71, BStBl. II 1975, 828). Der **Stpfl.** ist dann nicht notwendig beizuladen, wenn die GewStHebesätze der beteiligten Gemeinden gleich hoch sind (FG Nürnberg 4 K 1962/2008, EFG 2011, 559).

49a Will die Gemeinde einen **Folgenentschädigungsanspruch** wegen Verstoßes gegen § 184 Abs. 3 AO (→ Rn. 31) geltend machen, ist hierfür der Finanzrechtsweg gegeben (VG Münster 8 K 2614/14, BeckRS 2016, 51368). Jedoch besteht ein solcher idR nicht (FG Münster 7 K 2828/16 G, EFG 2017, 1571 rkr.). Für den Sonderfall einer **Organschaft** hat die Gemeinde jedoch kein Klagerecht mit dem Vorbringen, das FA habe zu Unrecht eine Organschaft nicht berücksichtigt (FG Münster 7 K 3613/92 G, EFG 1998, 226 rkr.).

50 **b) Verwaltungsrechtsweg.** Gegen den **gemeindlichen GewStBescheid** ist nach § 40 Abs. 1 VwGO, § 33 Abs. 1 Nr. 4 FGO der Verwaltungsrechtsweg gegeben (BFH I B 18/71, BStBl. II 1971, 738). Anstelle des Einspruchs ist, sofern in einem Gesetz nichts Anderes bestimmt ist (zB Art. 15 BayAGVwGO), **Widerspruch** (§§ 68, 69 VwGO) und nach Erfolglosigkeit **Anfechtungsklage** (§ 42 Abs. 1 Alt. 1 VwGO) vor den Verwaltungsgerichten statthaft und geboten. Zu den möglichen Einwendungen → Rn. 47.

Entsprechendes gilt für die **Aussetzung der Vollziehung** des GewStBescheides. Sie wird nach § 80 Abs. 4 VwGO durch die Widerspruchsbehörde gewährt und kann iÜ nach § 80 Abs. 5 S. 3 VwGO nur vor den Verwaltungsgerichten beantragt werden. Die Einleitung eines Zwangsvollstreckungsverfahrens hindert die Aussetzung der Vollziehung nicht. Zur **Anordnung einer Sicherheitsleistung** ist nur die Gemeinde bzw. Widerspruchsbehörde befugt (§ 361 Abs. 3 S. 3 AO).

51 Wird **Stundung** oder **Erlass** der GewSt von der Gemeinde versagt, so ist ebenfalls der **Verwaltungsrechtsweg** zu den Verwaltungsgerichten eröffnet (§ 40 Abs. 1 VwGO; BVerfG 1 BvR 479/83, BStBl. II 1984, 249). Die erstrebte Billigkeitsmaßnahme lässt die Festsetzung des GewStMessbetrages grundsätzlich unberührt. Der Finanzrechtsweg ist nur eröffnet, wenn und soweit die Abgaben durch Bundes- oder Landesbehörden verwaltet werden (§ 33 Abs. 1 Nr. 1 FGO). Auch wenn das FA nach § 163 Abs. 1 S. 1 AO mit Zustimmung der Gemeinden einzelne Besteuerungsgrundlagen aus Billigkeitsgründen unberücksichtigt lassen soll, so ist die Zustimmung der Gemeinden nur auf dem Verwaltungsrechtsweg erzwingbar.

Etwas **anderes gilt** in den Stadtstaaten, bei denen nicht die Notwendigkeit bestand, die Verwaltung der GewSt durch nachkonstitutionelles Gesetz auf die Gemeinden zu übertragen (BVerwG 8 C 48/92, BStBl. II 1984, 236). Ebenso in den Fällen des § 184 Abs. 2 AO, wenn die FÄ also ohne die Gemeinden berechtigt sind, bei der Festsetzung des GewStMessbetrags Billigkeitsmaßnahmen nach § 163 Abs. 1 S. 1 AO zu treffen (→ Rn. 46). In diesen Fällen ist bei Ablehnung des Antrags **Einspruch** nach § 347 Abs. 1 Nr. 1 AO und bei Ablehnung **Verpflichtungsklage** nach § 40 Abs. 1 Alt. 2 FGO auf dem **Finanzrechtsweg** (§ 33 Abs. 1 Nr. 1 FGO) geboten. Denn insoweit wird die Steuer von Landesbehörden verwaltet.

Für die Gemeinden bestehen auch im **Verwaltungsrechtsweg** weder mit einem Anspruch auf Folgenbeseitigung noch über die sinngemäße Anwendung des vertraglichen Schuldrechts auf öffentlich-rechtliche Sonderbeziehungen Möglichkeiten, vom Land als Träger der Finanzverwaltung **Schadensersatz** für den durch einen fehlerhaften GewSt-Messbescheid verursachten Schadens zu verlangen (BVerwG 9 C 4/10, BVerwGE 140, 34). **52**

(frei) **53, 54**

IV. Finanzwirtschaftliche Bedeutung der Gewerbesteuer

Literatur: Elsner/Schüler, Das Gemeindefinanzreformgesetz, 1970; Schmidt, Gemeindefinanzreformgesetz, 1970; Hidien, Zehn Thesen zur Gewerbesteuerumlage, 2000, 157; Heine, Neue Bundesregierung – Gewerbesteuer quo vadis?, KStZ 2009, 186; Kirchhof, Die Erneuerung der Gemeindesteuer, FR 2010, 861; Salzer, Der Bundes- und Länderanteil an der Gewerbesteuer, StWa 2010, 84; Broer, Eine Gemeindefinanzreform jenseits der Gewerbesteuerdiskussion – Abschaffung der Gewerbesteuerumlage und Erhöhung der Grundsteuermesszahlen, DStZ 2014, 352.

1. Grundsätzliches

Die GewSt ist die bedeutendste der den Gemeinden unmittelbar zufließenden Steuern. Sie betrug 2024 brutto 68,2 Mrd. EUR bei einer an Bund und Länder abzuführenden Umlage von 6,1 Mrd. EUR. Sie war um 34,7 % höher als die zweitwichtigste Einnahme, der Einkommensteuer-Anteil iHv 46,1 Mrd. EUR. Die Einnahmen der Gemeinden haben sich nach dem Finanzbericht 2020 (hrsg. v. BMF), Abschn. 8.3.5 seit 2020 wie folgt entwickelt: **55**

lfd. Nr.	Steuerart	2020 Mio. EUR	2021 Mio. EUR	2022 Mio. EUR	2023 Mio. EUR	2024 Mio. EUR (geschätzt)
1	Grundsteuer	13,2	13,4	13,7	13,9	14,5
2	Gewerbe-steuer (netto)	37,6	50,6	57,7	62,0	62,1
3	Gewerbe-steuerumlage	3,7	4,8	5,8	5,7	6,1
4	Gemeinde-anteil an LSt, von ESt usw	38,1	40,1	41,0	45,2	46,1
5	Gemeinde-anteil an Umsatzsteuer	8,3	8,2	7,4	7,5	7,6
6	Gebühren und Beiträge	20,6	21,1	22,8	24,0	25,5
7	Steuereinnah-men der Gemeinden	98,4	113,4	121,5	130,2	132,1

2. Die Gemeindefinanzreform/Gemeindeumlage

56 Nach **§ 6 GemFinRefG** idF v. 10.3.2009 (BGBl. 2009 I 502), zuletzt geändert durch G. v. 4.12.2022 (BGBl. 2022 I 2142) haben die Gemeinden eine **Umlage** aus ihrem Aufkommen an GewSt an Bund und Länder abzuführen (krit. Hidien ZG 2000, 157; Kirchhof FR 2010, 961). Im Austausch werden sie mit 15 % an der LohnSt und der veranlagten ESt auf der Grundlage eines plafondierten örtlichen Aufkommens sowie mit 12 % des Aufkommens an Kapitalertragsteuer nach § 43 Abs. 1 S. 1 Nr. 5, 7 und 8–12 sowie S. 2 EStG beteiligt (§ 1 GemFinRefG). Zudem sind die Gemeinden in den Jahren 2023 und 2024 mit 1,99594395 % minus 2,4 Mrd. EUR am USt-Aufkommen beteiligt (§ 1 Abs. 1 u. 2 FAG v. 20.12.2001 BGBl. 2001 I 3955, zuletzt geändert durch G. v. 20.12.2022 BGBl. 2022 I 2791).

Die Umlage ist entsprechend dem Verhältnis von Bundes- und Landesvervielfältiger auf den Bund und das Land aufzuteilen (§ 6 Abs. 1 GemFinRefG). Sie steht einem Land zu, soweit sie in diesem vereinnahmt worden ist (§ 3 FAG ab 1.1.2005).

Die Umlage wird nach § 6 Abs. 2 GemFinRefG in der Weise ermittelt, dass das Istaufkommen der Gewerbesteuer im Erhebungsjahr durch den von der Gemeinde für dieses Jahr festgesetzten Hebesatz der Steuer geteilt und mit dem Vervielfältiger nach Abs. 3 multipliziert wird. Das Istaufkommen entspricht den Isteinnahmen nach der Jahresrechnung gem. § 3 Abs. 2 Nr. 1 FPStatG.

Der Vervielfältiger ist die Summe eines Bundes- und Landesvervielfältigers für das jeweilige Land. Der Bundesvervielfältiger beträgt ab dem Jahr 2010 14,5 %. Der Landesvervielfältiger beträgt ab dem Jahr 2020 einheitlich 20,5 % (vgl. zu allem Salzer StWa 2010, 84).

Übersteigen in einer Gemeinde die Erstattungen an Gewerbesteuer in einem Jahr die Einnahmen aus dieser Steuer, so erstattet das Finanzamt der Gemeinde einen Betrag, der sich durch Anwendung der Bemessungsgrundlage des Abs. 2 auf den Unterschiedsbetrag ergibt (§ 6 Abs. 6 GemFinRefG).

Die Umlage ist bis zum 1.2. des auf den EZ folgenden Jahres an das FA abzuführen. Zum 1.5., 1.8. und 1.11. des EZ sind Abschlagszahlungen für das vorhergehende Kalendervierteljahr zu leisten (§ 6 Abs. 7 GemFinRefG).

V. Diskussion, Ausblick und neuere Entwicklungen

Literatur: Grass, Unruhige Gewerbesteuer – Theorie und Praxis eines unzeitgemäßen Steuergesetzes, StbKRep 1965, 116; Milbradt, Überlegungen zu einer Reform des kommunalen Steuersystems aus ökonomischer Sicht, DVBl. 1981, 522; Karl-Bräuer-Institut, Kommunale Steuerautonomie und Gewerbesteuerabbau, Heft 94; InstFSt, Vorschläge zur weiteren Strukturverbesserung der GewSt, Brief 208; InstFSt, Modell für die Ablösung der GewSt durch einen Gemeindeanteil an der Umsatzsteuer, Brief 211; Küffner, Die Zukunft der Gewerbesteuer, Stbg 1982, 51; L-v.-Stein-Institut für Verwaltungswissenschaften, Arbeitspapier Nr. 11, GewSt-Reform; Wissenschaftl Beirat beim BMF, Gutachten zur Reform der Gemeindesteuern, Heft 31 der Schriftenreihe des BMF, 1982; Spitzenverbände der Deutschen Wirtschaft, Kommunale Wertschöpfungssteuer der falsche Weg, Köln 1984; Zitzelsberger, Neuerliche Entwicklungstendenzen der GewSt und Reformvorschläge, 1985; Klaus-Dieter Arndt-Stiftung, Zur Revitalisierung der GewSt, Grundlegung eines Modells; Schriftenreihe Heft 8, 1986; Wendt, Abschaffung und Ersetzung der Gewerbesteuer aus verfassungsrechtlicher und verfassungspolitischer Sicht, BB 1987, 1677; Fuest/Willemsen (Institut der deutschen Wirtschaft), Alte Steuer – gute Steuer? 1988; Kronberger Kreis, Die Reform des Gemeindesteuersystems, 1988; Schult, Ausdehnung der GewSt (Wertschöpfungssteuer) auch auf die Freiberufler?, DB 1988, 769; Barth, Die Höhe der Unternehmensbesteuerung im politischen Meinungsstreit, BB 1989, 1237; Feldhoff, Die Cash-Flow-Steuer und deren Problematik, StuW 1989, 53; Knobbe-Keuk, Möglichkeiten und Grenzen einer Unternehmenssteuerreform, DB 1989, 1303; Lang, Reform der Unternehmensbesteuerung, StuW 1989, 3; Cansier, Ersatz der Gewerbesteuer durch die Cash-Flow-Steuer?, BB 1990, 253; InstFSt, Verfassungsrechtliche Vorgaben für eine Reform der Gewerbesteuer, Brief 299, 1990; Richter/Wiegand, Cash-Flow-Steuern: Ersatz für die Gewerbesteuer, StuW 1990, 40; Wissenschaftlicher Beirat beim BMF, Gutachten zur Reform der Unternehmensbesteuerung, BMF-Schriftenreihe Heft 43, 1990; Schneider, Zwei Gutachten zur Reform der Unternehmensbesteuerung, StuW 1991, 354; Wendt, Reform der Unternehmensbesteuerung aus europäischer Sicht, StuW 1992, 66; Ritter, Steuerrechtliche Rahmenbedingungen für den Wirtschaftsstandort Deutschland, BB 1993, 297; Tipke, Vom Konglomerat herkömmlicher Steuern zum System gerechter Steuern, BB 1994, 437; Dziadkowski, Reformüberlegungen zur GewSt, FR 1995, 425; Kirchhof, Die Steuerrechtsordnung als Wertordnung, StuW 1996, 3; Wosnitza, Konsequenzen der BVerfG-Beschlüsse v. 22.6.1995 für die Diskussion um die Reform der Gewerbeertragsteuer, BB 1996, 1465; Bonk, Verfassungsrechtliche Aspekte der GewSt im Rahmen der Unternehmenssteuerreform, FR 1999, 443; Jachmann, Ansätze zu einer gleichheitsgerechten Ersetzung der GewSt, BB 2000, 1432; Keß, Unternehmensteuerreform: Ohne Reform der Gewerbesteuer?, FR 2000, 695; Broer, Ersatz der Gewerbesteuer durch ein kommunales Zuschlagsrecht zur Einkommen- und Körperschaftsteuer, DStZ 2001, 622; Hey, Von der Verlegenheitslösung des § 35 EStG zur Reform der GewSt, FR 2001, 870; Bundesverband der Deutschen Industrie eV/Verband der Chemischen Industrie eV, Verfassungskonforme Reform der Gewerbesteuer. Konzept einer kommunalen Einkommen- und Gewinnsteuer, Köln 2001 (BDI/VCI); Hey, Kommunale Einkommen- und Körperschaftsteuer, StuW 2002, 314; Homburg, Kommunalzuschlag statt Gewerbesteuer, BB 2002, Heft 7 I; Bertelsmann-Stiftung, Reform der Gemeindefinanzen – ein Vorschlag der Bertelsmann Stiftung, 2003; Broer, Der Kabinettsentwurf zur Gemeindewirtschaftsteuer, BB 2003, 1930; Djanani/Brähler/Lösel, Die Anrechnung der Gewerbeertragsteuer auf die Einkommensteuer, BB 2003, 1254; Fromme, Nachfolgeregelung für die GewSt, ZRP 2003, 198; Keß, Entwicklungen und Kritik der geplanten Gemeindewirtschaftsteuer, FR 2003, 959; Schnittker/Welling, 7. Berliner Steuergespräch: „Reform der Gemeindefinanzen – die Gewerbesteuer auf dem Prüfstand", FR 2003, 990; Wiese/Klass, Der Gesetzentwurf zur Ablösung der GewSt durch die neue Gemeindewirtschaftsteuer, GmbHR 2003, 1101; Henckel, Ein Konsensvorschlag zur Reform der kommunalen Wirtschaftsbesteuerung und zur Substitution der GewSt, DStZ 2004, 570; Homburg, BB-Forum: Die Steuerreformvorschläge der Stiftung Marktwirtschaft, BB 2005, 2382; Otten, Die Grundmodelle der Alternativen zur Gewerbesteuer: Vereinbarkeit mit dem Grundgesetz und Europarecht, 2005; Jachmann, Eine neue Qualität der kommunalen Steuerfinanzierung: Das Vier-Säulen-Modell der Kommission Steuergesetzbuch, StuW 2006, 115; Otten, Die Zukunft der Gewerbesteuer, Der Gemeindehaushalt 2006, 76; Birk, „… dass unser Staat auch in seinem Steuerrecht wieder ein Rechtsstaat, ein Staat des Rechts werden wird.", Münchener Schriften zum Internationalen Steuerrecht, Heft 29, 17; Bunzeck, Gewerbesteuer – Der Weg der kleinen Schritte, DB 2010, H 39, M 1; Deubel, Durch mehr kommunale Selbstverwaltung aus der Krise – Den Art. 28 GG wirklich mit Leben füllen, FS J. Lang, 2010, 423; Fahrenschon, Kommunale Steuerfinanzierung, FR 2010, 975; Jonas, Reformnotwendigkeit der Gewerbesteuer, FS N. Herzig, 2010, 336; Jonas, Gewerbesteuer – eine schlechte Gemeindesteuer, FR 2010, 976; Kuban, Gewerbesteuer – eine gute Gemeindesteuer, FR 2010, 978; Kirchhof, Die Erneuerung der Gemeindesteuer, FR 2010, 961; J. Lang, Auf der Suche nach einer rechtsformneutralen Besteuerung der Unternehmen, FS N. Herzig, 2010, 323; Merz, Vom Bierdeckel zur Reform – der lange Weg zur Vereinfachung des Steuerrechts, FS J. Lang, 2010, 367; Oestreicher, Die Reform der kommunalen Steuerfinanzierung, FR 2010, 965; Solms, Die Ersetzung der Gewerbesteuer – (K)eine unüberwindbare

Hürde für eine große Steuerreform, FS J. Lang, 2010, 439; Brügelmann/Fuest, Reform der Gemeindefinanzen, Köln 2011; Däke, Die Gewerbesteuer – eine Sonder- und Altlast, Kreditwesen 2011, 35; Geberth, Die Hinzurechnungen bei der Gewerbesteuer – steuerunsystematisch und verzichtbar, DStR 2011, 151; Hey, Perspektiven der Unternehmensbesteuerung, StuW 2011, 131; Ondracek, Steuerreform ist machbar – aber wie und wann?, DStR 2011, 1; Bier, Die Gewerbesteuer aus Sicht der Unternehmen, Kommunalsteuern und -abgaben 2012, 219; Feld/Fritz, Das Finanzsystem der Kommunen aus ökonomischer Sicht, Kommunalsteuern und -abgaben 2012, 61; Lang, Bestandsaufnahme der kommunalsteuerlichen Reformmodelle, Kommunalsteuern und -abgaben 2012, 307; Neugebauer/Schneider, Kommunalmodell bei der GewSt: Keine gute Idee, FR 2012, 1144; Roser, Kritische Bestandsaufnahme der Gewerbesteuer, Kommunalsteuern und -abgaben 2012, 189; Seer, Kommunalsteuern und -abgaben – Einführung und Rechtfertigung des Themas, Kommunalsteuern und -abgaben 2012, 1; Neugebauer/Schneider, Gewerbesteuerpflicht auch für Selbstständige? – Eine Simulation der Belastungs- und Aufkommenseffekte am Beispiel der Ärzte, BFuP 2014, 531; Schulte StuW 2014, 58; Vöcking, Möglichkeiten und Chancen der Rückführung des Gewerbeertrags auf gewinnabhängige Elemente bei Einsatz des Bundesanteils an der Gewerbesteuerumlage, Stbg 2014, 170; Hasse, Forderungen an die künftige deutsche Steuerpolitik im deutschen internationalen Steuerrecht, IStR 2015, 313; Wagschal/Wolfersdorff/Andrae, Update Gewerbesteuer und Grundsteuer, Steuerentwicklung, Steuerwettbewerb und Reformblockaden, ifst-Schrift 508 (2016); Brinkmann, Zur Rechtfertigung der Gewerbesteuer im aktuellen Steuersystem, DStR 2021, 579; Seer, Steuervereinfachung – Postulat des Rechts, BB 2021, 1433; Schneider, Die GewSt, Rechtsschutz statt Reform, DStR 2023, 366; van Lieshaut, „Vereinfachte Unternehmenssteuer"? Analyse des Berichts der Expertenkommission vom 12.7.2024 an den BMF, FR 2024, 825; Dietz, Die Bandbreite des Begriffs der „wirtschaftskraftbezogenen Steuerquelle", StuW 2025, 215; Schwarting, Wohin steuert die Gewerbesteuer? Das Dilemma der Kommunalfinanzierung in Zeiten ökonomischer Turbulenzen, ZKF 2026, 1.

57 Die **ständige Kritik** an der GewSt bezieht sich auf ihre Existenz überhaupt wie auf ihre gegenwärtige Ausgestaltung (zB Wissenschaftlicher Beirat beim BMF, Gutachten zur Reform der Unternehmensbesteuerung, BMF-Schriftenreihe Heft 43, 1990; Tipke, Die Steuerrechtsordnung, Bd. II, S. 821 ff., 845; Dziadkowski FR 1995, 425; Bunzeck DB 2010, H 39 I; Roser, Kommunalsteuern und -abgaben, 2012, 189; Schneider DStR 2023, 366). „Fremdkörper im Steuersystem der BRD" (InstFSt Briefe 211, 306), „wirtschaftstheoretisches Denken, das im Mittelalter vertreten wurde" (Schneider Grundzüge S. 184 ff.) oder „gesamtwirtschaftliches Unding" (Küffner Stbg 1982, 51) sind nur wenige der zugkräftigen Schlagwörter. Sachlich geht es im Wesentlichen um die Benachteiligung des unternehmerischen Einsatzes von Kapital und Arbeit sowie das überholte Äquivalenzdenken (Loritz Kernfragen 2010, 31), Eingriffe in die Unternehmenssubstanz, standortbedingte Belastungsgefälle (Lang StuW 1989, 3) sowie Wettbewerbsverzerrungen im nationalen und internationalen Vergleich (Barth BB 1989, 1237; Klein StuW 1990, 390), mögliche Doppelbesteuerungen bei internationalen Verflechtungen (Haase IStR 2015, 313), prozyklische Effekte, Volatilität der GewSt (Jonas FR 2010, 976; FS Herzig, 2010, 336), allokative Verwerfungen, die mit ihr einhergehen (vgl. L-v.-Stein-Institut Arbeitspapier Nr. 11, GewSt-Reform; Knobbe-Keuk DB 1989, 1303; hierzu auch Wendt StuW 1992, 66) sowie den „ressourcenfressenden Streit" um die Einkunftsart Gewerbebetrieb (Seer BB 2021, 1433). – Dagegen stehen nur vereinzelte Stimmen, die nicht nur – wie die Kritiker auch – die finanzwirtschaftliche Bedeutung der GewSt für die Kommunen hervorheben (zB Brinkmann DStR 2021, 579), sondern auch die gemeinhin als substanz-

besteuernd eingestuften Elemente (insb. die Hinzurechnungen nach § 8) aus Gründen der Finanzneutralität bejahen und eine Wachstumsdynamik der GewSt erkennen (zB Kuban FR 2010, 978). Vergleiche die **Bestandsaufnahme** von Seer, Kommunalsteuern und -abgaben 2012, 1; Bier, Die Gewerbesteuer aus Sicht der Unternehmen, Kommunalsteuern und -abgaben 2012, 219; J. Lang, Bestandsaufnahme der kommunalsteuerlichen Reformmodelle, Kommunalsteuern und -abgaben, 2012, 307; ifst-Schrift 508 (2016), 54.

Die meisten **Reformmodelle** befassen sich nach allem vorwiegend mit der 58
Ersetzung der GewSt durch andere Geldquellen (vgl. dazu die folgende Darstellung), aber auch mit Strukturverbesserungen, ggf. unter Einbeziehung der freien Berufe und sonstigen Selbständigen. (vgl. Bunzeck DB 2010, H 39 I; Geberth DStR 2012, 51; Feld/Fritz, Kommunalsteuern und -abgaben 2012, 61; Schwarting ZKF 2026, 1). In letzter Zeit werden im Wesentlichen noch folgende Modelle erörtert (zu den verfassungsrechtlichen Vorgaben vgl. InstFSt Brief 299; Wendt BB 1987, 1677; Bonk FR 1999, 443; Dietz StuW 2025, 215):

– Ersetzung der GewSt durch eine **„WertschöpfungsSt"** für GewTreibende sowie Freiberufler und andere Selbstständige (mit verschiedenen Varianten); hierbei wird als Wertschöpfung der Beitrag einer Wirtschaftseinheit zur Herstellung von Gütern und Dienstleistungen verstanden; ihre Größe ergibt sich aus der Addition von Löhnen, Mieten, Pachten, Zinsen und Gewinnen (Wissenschaftl Beirat beim BMF 1982 u. 1990; abl. Spitzenverbände der dt. Wirtschaft, Köln 1984; Schult DB 1988, 769). Das Konzept der Wertschöpfungssteuer taucht auch in der Form einer „Gemeindewirtschaftsteuer" (hierzu ebenfalls → Rn. 58) auf; auch eine „kommunale Wirtschaftsteuer" knüpft an das Konzept der Wertschöpfung an, ergänzt durch Abschaffung der Grundsteuer A, Veränderungen bei der Grundsteuer B sowie Einführung einer Bürgersteuer (Bertelsmann-Stiftung);
– Ersetzung der GewSt durch eine **GemeindeSt,** die aus durch einheitliche Hebesätze verknüpften BetriebsSt, EinwohnerSt und GrundSt besteht (Kronberger Kreis, vor Rn. 57; Sachverständigenrat zur Begutachtung der gesamtwirtschaftlichen Entwicklung 1989/1990, Ziff. 342 ff.);
– **„Revitalisierung"** der GewSt durch Ausweitung auf alle Unternehmen iSv § 2 UStG mit eng begrenzten Befreiungen, Ansatz von Schuld-, Miet- und Pachtzinsen sowie der Löhne (Dt. Städtetag 1986, 775; Klaus-Dieter-Arndt-Stiftung, vor Rn. 57); in modifizierter Form tauchte dieser Vorschlag wieder als **„Kommunalmodell"** in der Diskussion auf (Bundesvereinigung der kommunalen Spitzenverbände, Mitteilung v. 28.2.2003; hierzu Oestreicher FR 2010, 965; krit. Neugebauer/Schneider FR 2012, 1144);
– Ersetzung der KSt und GewSt durch eine nur am Einkommen (Gewinn ohne Hinzurechnungen und Abrechnungen) orientierte **einheitliche Unternehmenssteuer** (Tipke BB 1994, 437; Kirchhof StuW 1996, 3; ähnlich Wosnitza BB 1996, 1465; Jachmann BB 2000, 1432); auch als „integrierte Unternehmenssteuer" – mit Hebesatzrecht ausgestatteter Gemeindezuschlag zur Unternehmenssteuer – gedacht (hierzu Henckel DStZ 2004, 570; Otten GHH 2006, 76);
– Ersetzung der GewSt durch eine politisch diskutierte **„Gemeindewirtschaftsteuer",** die Gewerbebetriebe und Selbstständige nach § 18 EStG betraf. Sie orientierte sich weitgehend an der Struktur der GewSt, jedoch ohne die Hinzurechnung von Dauerschuldentgelten, Renten und dauernden Lasten, Mieten und Pachten sowie Gewinnanteilen bei Streubesitz; eingeführt werden sollte

eine Hinzurechnung von Schuldzinsen an den Gesellschafter einer Kapitalgesellschaft oder nahestehende Personen. Entfallen sollte die Kürzung des Ertrags bei zum Betriebsvermögen rechnendem Grundbesitz, von Miet- und Pachtzinsen sowie Zinsen für Gesellschafterfremdkapital. Ein entsprechender von der BReg im Jahr 2003 auf den Gesetzgebungsweg gebrachter Gesetzentwurf wurde jedoch nicht Gesetz (zu Einzelheiten und zur Kritik Broer BB 2003, 1930; Keß FR 2003, 959; Wiese/Klass GmbHR 2003, 1101; Fromme ZRP 2003, 198);

- Ersetzung der GewSt durch ein **„Konsensmodell"**, in dem sich objektive und subjektive Steuerpflicht nach dem Erfolg (Gewinn/Einkommen), die Steuerverteilung (Zerlegung) hingegen nach der Wertschöpfung richtet (Henckel DStZ 2004, 570);
- Ersetzung der GewSt durch ein **„Vier-Säulen-Modell"**, in dem die Kommunalfinanzen durch eine reformierte GrundSt, eine BürgerSt (mit Hebesatzrecht versehener ESt-Anteil der Gemeinden), eine kommunale UnternehmensSt (Hebesatz auf den einbehaltenen Gewinn) und einen Anteil an der LSt gespeist werden (Kommission „Steuergesetzbuch" der Stiftung Marktwirtschaft (Frankfurter Institut), vgl. Homburg BB 2005, 2382; Jachmann StuW 2006, 115; Lang FS Herzig, 2010, 323).
  Varianten hierzu:
  - eine Art **Drei-Säulen-Modell** mit einer die Gemeindeeinwohner treffenden GewErtragSt, einer betrieblichen ZuschlagSt sowie einem Gemeindeanteil an der ESt und USt (Kirchhof FR 2010, 961);
  - eine Art **Zwei-Säulen-Modell** mit einer mit Hebesatzrecht versehenen ZuschlagSt zur ESt und KSt sowie einer Erhöhung des Gemeindeanteils an der USt (so schon Karl-Bräuer-Institut, Heft 94; Solms FS J. Lang, 2010, 439; Däke Kreditwesen 2011, 35); Variante hierzu: ohne BetriebSt, aber mit GrundSt (Deubel FS J. Lang, 2010, 423);
  - das **„Prüfmodell"** (eine Art Eine-Säule-Modell) als ZuschlagSt zur ESt und KSt (Broer DStZ 2001, 622; Hey StuW 2001, 870; 2002, 314; 2011, 131, auch zur Frage der Verfassungsmäßigkeit einer reinen GewinnSt; Schulte StuW 2014, 58); als Vorläufervariante kann das früher schon diskutierte Modell der **Gemeinde-ESt** (ggf. als mit Hebesatzrecht versehene AnnexSt) gelten (zB Wendt BB 1987, 1677; StuW 1992, 66 (79); Schneider StuW 1991, 354; Djanani/Brähler/Lösel BB 2003, 1254; hierzu auch Dietz StuW 2025, 215); zur Empfehlung des dt. StBverbandes (ua Nutzung des Bundesanteils an der GewStUmlage) Vöcking Stbg 2014, 170;
- Erhalt der **GewSt als GewinnSt,** also ohne Hinzurechnungen und Kürzungen, ggf. mit Erhöhung des Gemeindeanteils an der USt (Fahrenschon FR 2010, 975; Ondracek DStZ 2011, 1);
- **Erhöhung des USt-Anteils** für die Kommunen sowie Neuverteilung des Aufkommens der verschiedenen Steuerarten zwischen Bund, Ländern und Gemeinden (Brügelmann/Fuest Reform der Gemeindefinanzen);
- **Abschaffung der GewSt-Umlage** bei aufkommens- und belastungsneutraler Minderung der GewSt(messzahlen) und gleichzeitiger Erhöhung der GrundSt (Broer DStZ 2014, 352).
- Erledigt zu sein scheint die Diskussion um eine **Cash-Flow-Steuer** (hierzu Feldhoff StuW 1989, 53; Richter/Wiegand StuW 1990, 40; Cansier BB 1990, 253).

Sicher darf sein, dass das Problem GewSt allein im Rahmen einer **grundlegenden Neugestaltung** der Steuererhebung durch Bund, Länder und Gemeinden und der Finanzbeziehungen zwischen ihnen gelöst werden kann. Denn es geht um ein Konzept für eine **Gemeindesteuerreform,** das von allen Beteiligten gemeinsam getragen wird (vgl. BReg in BT-Drs. 10/952), ausgeklammert jedoch noch von der Kommission zur Reform der Unternehmensbesteuerung in den „Brühler Empfehlungen“ (s. BB 1999, 1188; hierzu Reiß DStR 1999, 2011; Hey BB 1999, 1192). Ein Schritt in die richtige Richtung war die Abschaffung der GewKapitalSt mit Wirkung ab EZ 1998. Es folgte ein Schlingerkurs, gekennzeichnet durch die Erhöhung von Freibeträgen und die Senkung der StMesszahlen mit Einführung eines Staffeltarifs, und schließlich (durch G. v. 14.8.2007 BGBl. 2007 I 1912) die Ausweitung der Hinzurechnungstatbestände (§ 8 Nr. 1) sowie die Abschaffung des Staffeltarifs – obwohl noch wenige Jahre zuvor die Abschaffung der GewSt im (politischen) Raum stand. 59

Indes gibt es wohl kein Modell, das nicht **unerwünschte Begleiterscheinungen** zeitigen würde (zur Reformkommission Schnittker/Welling FR 2003, 990; zur Kommission Steuergesetzbuch Hey „Verschiedene Wege diskutieren“ 2007, 119). Das gilt insb. für die Beteiligung am Umsatzsteueraufkommen (vgl. Richter/Wiegand StuW 1990, 40; Zitzelsberger s. Literatur vor Anm. 1, S. 292 ff.), aber auch für eine Cash-Flow-Steuer (Feldhoff StuW 1989, 53). Eine Gemeinde-Einkommensteuer schließlich würde den Anreiz zur Ansiedlung von Industriebetrieben nehmen und birgt die Gefahr einer Überbesteuerung. Bedenkenswert ist das „Vier-Säulen-Modell“, zumal es eine Senkung der Unternehmensbelastungs auf 25–30 % verspricht (Jachmann StuW 2006, 115). Allerdings erscheint fraglich, ob es trotz seiner Komplexität im Ergebnis größere Vorteile bringt als das Modell einer revitalisierten GewSt unter Einbeziehung der Selbstständigen (zu einem *Belastungsvergleich* mit Bsp. der Ärzte Neugebauer/Schneider BFuP 2014, 531) sowie land- und forstwirtschaftlichen Großbetriebe und Einschränkung substanzbesteuernder Elemente sowie Senkung der StMesszahl. Insbesondere dem aus der Sicht des internationalen Wettbewerbs dringenden Hauptanliegen, die Grenzbelastung der Gewinne zu senken (vgl. Klein StuW 1990, 390; Wendt StuW 1992, 66; Schneider StuW 1991, 354; Wittmann StuW 1993, 35; Ritter BB 1993, 297), ist mE nach Senkung des KSt-Satzes auf 15 % (§ 23 Abs. 1 KStG) und der Anrechnung der GewSt auf die ESt (§ 35 EStG), auch wenn unvollständig (zur Wirkung BFH II R 63/15, BFH/NV 2020, 259, VBZ BvR 1421/19; zu Anrechnungsüberhängen BFH X R 32/06, BStBl. II 2009, 7; Herzig/Lochmann DB 2007, 1037; Förster DB 2007, 760; Wendt FR 2014, 896), Genüge getan. 60

§ 2 Steuergegenstand

(1) **[1]Der Gewerbesteuer unterliegt jeder stehende Gewerbebetrieb, soweit er im Inland betrieben wird. [2]Unter Gewerbebetrieb ist ein gewerbliches Unternehmen im Sinne des Einkommensteuergesetzes zu verstehen. [3]Im Inland betrieben wird ein Gewerbebetrieb, soweit für ihn im Inland oder auf einem in einem inländischen Schiffsregister eingetragenen Kauffahrteischiff eine Betriebsstätte unterhalten wird.**

(2) **[1]Als Gewerbebetrieb gilt stets und in vollem Umfang die Tätigkeit der Kapitalgesellschaften (insbesondere Europäische Gesellschaften, Aktiengesellschaften, Kommanditgesellschaften auf Aktien, Gesellschaften**

mit beschränkter Haftung), Genossenschaften einschließlich Europäischer Genossenschaften sowie der Versicherungs- und Pensionsfondsvereine auf Gegenseitigkeit. [2]Ist eine Kapitalgesellschaft Organgesellschaft im Sinne der § 14 oder § 17 des Körperschaftsteuergesetzes, so gilt sie als Betriebsstätte des Organträgers.

(3) **Als Gewerbebetrieb gilt auch die Tätigkeit der sonstigen juristischen Personen des privaten Rechts und der Vereine ohne Rechtspersönlichkeit, soweit sie einen wirtschaftlichen Geschäftsbetrieb (ausgenommen Land- und Forstwirtschaft) unterhalten.**

(4) **Vorübergehende Unterbrechungen im Betrieb eines Gewerbes, die durch die Art des Betriebs veranlasst sind, heben die Steuerpflicht für die Zeit bis zur Wiederaufnahme des Betriebs nicht auf.**

(5) **[1]Geht ein Gewerbebetrieb im Ganzen auf einen anderen Unternehmer über, so gilt der Gewerbebetrieb als durch den bisherigen Unternehmer eingestellt. [2]Der Gewerbebetrieb gilt als durch den anderen Unternehmer neu gegründet, wenn er nicht mit einem bereits bestehenden Gewerbebetrieb vereinigt wird.**

(6) **Inländische Betriebsstätten von Unternehmen, deren Geschäftsleitung sich in einem ausländischen Staat befindet, mit dem kein Abkommen zur Vermeidung der Doppelbesteuerung besteht, unterliegen nicht der Gewerbesteuer, wenn und soweit**

1. **die Einkünfte aus diesen Betriebsstätten im Rahmen der beschränkten Einkommensteuerpflicht steuerfrei sind und**
2. **der ausländische Staat Unternehmen, deren Geschäftsleitung sich im Inland befindet, eine entsprechende Befreiung von den der Gewerbesteuer ähnlichen oder ihr entsprechenden Steuern gewährt, oder in dem ausländischen Staat keine der Gewerbesteuer ähnlichen oder ihr entsprechenden Steuern bestehen.**

(7) **Zum Inland im Sinne dieses Gesetzes gehört auch der der Bundesrepublik Deutschland zustehende Anteil**

1. **an der ausschließlichen Wirtschaftszone, soweit dort**
   a) **die lebenden und nicht lebenden natürlichen Ressourcen der Gewässer über dem Meeresboden, des Meeresbodens und seines Untergrunds erforscht, ausgebeutet, erhalten oder bewirtschaftet werden,**
   b) **andere Tätigkeiten zur wirtschaftlichen Erforschung oder Ausbeutung der ausschließlichen Wirtschaftszone ausgeübt werden, wie beispielsweise die Energieerzeugung aus Wasser, Strömung und Wind oder**
   c) **künstliche Inseln errichtet oder genutzt werden und Anlagen und Bauwerke für die in den Buchstaben a und b genannten Zwecke errichtet oder genutzt werden, und**
2. **am Festlandsockel, soweit dort**
   a) **dessen natürliche Ressourcen erforscht oder ausgebeutet werden; natürliche Ressourcen in diesem Sinne sind die mineralischen und sonstigen nicht lebenden Ressourcen des Meeresbodens und seines Untergrunds sowie die zu den sesshaften Arten gehörenden Lebewesen, die im nutzbaren Stadium entweder unbeweglich auf oder unter dem Meeresboden verbleiben oder sich nur in ständigem**

körperlichen Kontakt mit dem Meeresboden oder seinem Untergrund fortbewegen können; oder

b) künstliche Inseln errichtet oder genutzt werden und Anlagen und Bauwerke für die in Buchstabe a genannten Zwecke errichtet oder genutzt werden, und

3. der nicht zur Bundesrepublik Deutschland gehörende Teil eines grenzüberschreitenden Gewerbegebiets, das nach den Vorschriften eines Abkommens zur Vermeidung der Doppelbesteuerung als solches bestimmt ist.

(8) **Für die Anwendung dieses Gesetzes sind eine optierende Gesellschaft im Sinne des § 1a des Körperschaftsteuergesetzes als Kapitalgesellschaft und ihre Gesellschafter wie die nicht persönlich haftenden Gesellschafter einer Kapitalgesellschaft zu behandeln.**

Gewerbesteuer-Durchführungsverordnung

§ 1 GewStDV Stehender Gewerbebetrieb

Stehender Gewerbebetrieb ist jeder Gewerbebetrieb, der kein Reisegewerbebetrieb im Sinne des § 35a Abs. 2 des Gesetzes ist.

§ 2 GewStDV Betriebe der öffentlichen Hand

(1) [1]Unternehmen von juristischen Personen des öffentlichen Rechts sind gewerbesteuerpflichtig, wenn sie als stehende Gewerbebetriebe anzusehen sind; für den Umfang des Unternehmens ist § 4 Abs. 6 Satz 1 des Körperschaftsteuergesetzes entsprechend anzuwenden. [2]Das gilt auch für Unternehmen, die der Versorgung der Bevölkerung mit Wasser, Gas, Elektrizität oder Wärme, dem öffentlichen Verkehr oder dem Hafenbetrieb dienen.

(2) [1]Unternehmen von juristischen Personen des öffentlichen Rechts, die überwiegend der Ausübung der öffentlichen Gewalt dienen (Hoheitsbetriebe), gehören unbeschadet der Vorschrift des Absatzes 1 Satz 2 nicht zu den Gewerbebetrieben. [2]Für die Annahme eines Hoheitsbetriebs reichen Zwangs- oder Monopolrechte nicht aus.

***§ 3 GewStDV** (weggefallen)*

§ 4 GewStDV Aufgabe, Auflösung und Insolvenz

(1) Ein Gewerbebetrieb, der aufgegeben oder aufgelöst wird, bleibt Steuergegenstand bis zur Beendigung der Aufgabe oder Abwicklung.

(2) Die Gewerbesteuerpflicht wird durch die Eröffnung des Insolvenzverfahrens über das Vermögen des Unternehmers nicht berührt.

§ 5 GewStDV Betriebsstätten auf Schiffen

Ein Gewerbebetrieb wird gewerbesteuerlich insoweit nicht im Inland betrieben, als für ihn eine Betriebsstätte auf einem Kauffahrteischiff unterhalten wird, das im sogenannten regelmäßigen Liniendienst ausschließlich zwischen ausländischen Häfen verkehrt, auch wenn es in einem inländischen Schiffsregister eingetragen ist.

§ 6 GewStDV Binnen- und Küstenschifffahrtsbetriebe

Bei Binnen- und Küstenschifffahrtsbetrieben, die feste örtliche Anlagen oder Einrichtungen zur Ausübung des Gewerbes nicht unterhalten, gilt eine Betriebsstätte in dem Ort als vorhanden, der als Heimathafen (Heimatort) im Schiffsregister eingetragen ist.

***§ 7 GewStDV** (weggefallen)*

§ 8 GewStDV Zusammenfassung mehrerer wirtschaftlicher Geschäftsbetriebe

Werden von einer sonstigen juristischen Person des privaten Rechts oder einem Verein ohne Rechtspersönlichkeit (§ 2 Abs. 3 des Gesetzes) mehrere wirtschaftliche Geschäftsbetriebe unterhalten, so gelten sie als ein einheitlicher Gewerbebetrieb.

***§ 9 GewStDV** (weggefallen)*

Gewerbesteuer-Richtlinien 2009: GewStR 2.1–2.9/GewStH 2.1–2.9

Übersicht

A. Allgemeines

I. Steuergegenstand/Objektsteuercharakter (§ 2 Abs. 1)

1. Objektsteuercharakter

1 Der Objektsteuercharakter der Gewerbesteuer (→ § 1 Rn. 14) verlangt zwar prinzipiell, dass der Gewerbebetrieb **ohne** Rücksicht auf **die persönlichen Verhältnisse** der Beteiligten und ihre persönliche Beziehung zum Besteuerungsgegenstand erfasst werden soll (BVerfG 1 BvR 25/65, BStBl. II 1969, 424). Die Hinzurechnungs- und Kürzungsvorschriften der §§ 8 und 9 verdeutlichen dies. Gleichwohl enthält das GewStG nach hM mehrere Einbrüche in dieses Prinzip, so die Beurteilung des Übergangs eines GewBetriebs auf einen anderen Unternehmer (BFH IV 666/55 U, BStBl. III 1958, 210) oder eines Mitunternehmeranteils als partielle Betriebsbeendigung (BFH VIII R 41/95, BStBl. II 1997, 179; VIII R 1/00, BStBl. II 2001, 114; VIII R 7/01, BStBl. II 2004, 754). Meines Erachtens wahren solche Qualifikationen jedoch das Objektsteuerprinzip. Denn nach der für die GewSt maßgeblichen Legaldefinition des § 15 Abs. 2 EStG (→ Rn. 50) ist GewBetrieb die qualifizierte Tätigkeit; die aber wechselt mit dem Unternehmer ganz oder teilweise. Die Beschränkung des gewstlichen Verlustabzugs auf die Unternehmergleichheit (→ § 10a Rn. 90 ff.) ist insofern konsequent.

1a Der GewBetrieb als **Steuergegenstand endet nicht** durch den **Eintritt eines Befreiungsgrundes** nach § 3 GewStG. Ein solcher bewirkt bei einem bestehenden GewBetrieb lediglich das (vorläufige) Ende der GewStPfl, nicht jedoch den Wegfall des GewStObjekts. Deswegen kann nach **Wegfall des Befreiungsgrundes** die Unternehmens- und Unternehmeridentität (§ 10a) gewahrt sein, sofern ein Gewerbebetrieb (auch kraft Rechtsform, § 2 Abs. 2 S. 1) unterhalten wird (vgl. BFH I R 92/98, BStBl. II 1999, 733).

2. Betriebsbegriff

2 **Oberbegriff** des Gewerbebetriebs ist der des **wirtschaftlichen Geschäftsbetriebs** (§ 14 AO; BFH GrS 2/71, BStBl. II 1972, 63). Nach § 2 Abs. 1 S. 2 ist Gewerbebetrieb ein gewerbliches Unternehmen iSd EStRechts (Gewinnerzielungsabsicht!). Der Beschluss des Großen Senats des BFH (GrS 4/82, BStBl. II 1984, 751, C III 3b, aa) spricht von einem Unternehmen im funktionellen Sinn, das BFH-Urteil II R 177/81 (BStBl. II 1984, 804) von einer wirtschaftlichen Einheit iS eines betriebswirtschaftlichen Organismus. Zutreffend ist mE ein zumindest auch **tätigkeitsbezogener Gewerbebetriebsbegriff** (vgl. den Wortlaut des § 15 Abs. 2 EStG; BFH X R 234/93, BStBl. II 1996, 503). Nach der gewstrechtlichen Rspr. des BFH sind mit dem Begriff des „gewerblichen Unternehmens“ nicht nur die sachlichen Grundlagen des Betriebes und die mit ihnen ausgeübte Tätigkeit, sondern auch deren Beziehung zu der Person/den Personen, auf deren Rechnung und Gefahr sie ausgeübt wird (→ Rn. 53, 400), angesprochen (BFH GrS 3/92, BStBl. II 1993, 616; VIII R 84/90, BStBl. II 1994, 764; IV R 26/07, BStBl. II 2010, 751; IV R 8/16, BStBl. II 2018, 484; IV R 8/17, BStBl. II 2020, 401). Zur sachlichen Selbstständigkeit → Rn. 16 ff.

Objektbesteuerung verlangt ein Anknüpfen ebenso an einen **wirtschaftlichen Betriebsbegriff.** Danach bestimmt sich die Unternehmensgleichheit und der damit zusammenhängende Beginn und das Ende der sachlichen Steuerpflicht vor allem bei natürlichen Personen und Personengesellschaften (anschaulich BFH XI R 63/96, BStBl. II 1997, 573). Auch für den gewerbesteuerrechtlichen Verlustabzug (§ 10a) ist die wirtschaftliche Unternehmensgleichheit ebenso von Gewicht (BFH VIII R 424/83, BFH/NV 1991, 804) wie die Tatsache, dass bei verschiedenartigen Tätigkeiten eine gewerbliche Tätigkeit eine sonstige (auch: Liebhaber-)Tätigkeit nicht „infiziert" (vgl. BFH VIII R 28/94, BStBl. II 1997, 202; XI B 41/00, BFH/NV 2001, 204; auch → Rn. 94).

Bei den gewerblich geprägten Personengesellschaften (→ Rn. 430 ff.) und Kapitalgesellschaften (→ Rn. 456 ff.) berücksichtigt die Besteuerung zwar ebenfalls die wirtschaftliche Einheit Betrieb (zB § 10a GewStG, § 16 EStG), knüpft aber auch an das Tätigwerden überhaupt an (vgl. BFH I R 98/87, BStBl. II 1990, 1073).

3. Besteuerung des laufenden Gewinns

Wirkungen kann das Objektsteuerprinzip an sich nur insoweit entfalten, als 3
konkrete gesetzliche Vorschriften hierfür Raum lassen (BFH IV R 26/07, BStBl. II 2010, 751). Es bedingt jedoch, dass grundsätzlich nur das Ergebnis der Ertragskraft des werbenden Betriebs, also der **laufende Gewinn** der GewSt unterliegt (BFH III R 23/89, BStBl. II 1994, 709; IV R 52/09, BFH/NV 2011, 1247; IV R 19/11, BFH/NV 2014, 75) einschließlich des nach § 16 Abs. 2 S. 3 EStG als laufenden zu erfassenden Gewinns (BFH VIII R 7/01, BStBl. II 2004, 754; IV R 59/11, BFH/NV 2015, 520), nicht jedoch das Ergebnis der Aufdeckung stiller Reserven anlässlich seiner Beendigung (stRspr, vgl. BFH VIII R 7/01, BStBl. II 2004, 754; IV R 3/05, BStBl. II 2007, 777, jeweils mwN). Deren Nichtbesteuerung dient also nicht dem Zweck, die Folge ihrer Zusammenballung zu mildern (BFH IV R 41/07, BStBl. II 2010, 977).

Zum laufenden Gewinn gehört der **Gewinn aus der Veräußerung** einer 4
100%igen Beteiligung an einer Kapitalgesellschaft (vgl. BFH I R 5/92, BStBl. II 1993, 131; IV R 75/99, BFHE 194, 421; VIII B 95/01, BFH/NV 2002, 811); nicht jedoch der Gewinn aus der Veräußerung oder Aufgabe eines Teilbetriebs (BFH IV R 17/12, BFH/NV 2016, 209), Gewerbebetriebs oder (bis EZ 2001:) eines Mitunternehmeranteils, sofern diese Vorgänge nicht dem § 16 Abs. 2 S. 3 EStG unterfallen (vgl. BFH VIII R 7/01, BStBl. II 2004, 754 mwN; zur Behandlung als BV bei einem gewerblichen Grundstückshändler jedoch BFH X R 39/07, BFH/NV 2012, 16), ebenso bei Entnahme von Sonderbetriebsvermögen durch den Rechtsnachfolger in einen Anteil (BFH VIII R 51/98, BStBl. II 2000, 316), auch bei sog. einbringungsgeborenen Anteilen (BFH I R 89/95, BStBl. II 1997, 224). Voraussetzung war zunächst die Veräußerung sämtlicher wesentlicher Betriebsgrundlagen (BFH IV R 51/98, BStBl. II 2005, 173; zum umgekehrten Fall der gewstpfl. Entnahme eines Grundstücks ohne Veräußerung eines Mitunternehmeranteils vgl. BFH XI B 3/01, BFH/NV 2002, 373). Jedoch ist ein Veräußerungsgewinn nicht nur dann nicht gewerbesteuerbar, wenn sämtliche stillen Reserven aufgedeckt werden, sondern bereits dann, wenn die Veräußerung zu einer endgültigen Einstellung der werbenden Tätigkeit (→ Rn. 569 f.) führt; maßgebend ist nicht allein der zeitliche Zusammenhang, sondern der Charakter des Geschäftsvorfalls als nicht betriebsgewöhnlich (BFH IV R 49/04, BStBl. II 2009, 289; IV R 6/19, BStBl. II 2023, 756; hierzu Perschon AktStR 2022, 569).

Durch G. v. 20.12.2001 (BGBl. 2001 I 3858) ist jedoch insofern eine **Rechtsänderung ab EZ 2002** eingetreten, als nach § 7 S. 2 zum Gewerbeertrag auch der Gewinn aus der Veräußerung oder Aufgabe **(1.)** des (Teil-)Betriebs einer Mitunternehmerschaft, **(2.)** des Mitunternehmeranteils (hierzu Füger/Rieger DStR 2002, 933; Neyer BB 2005, 577) und **(3.)** des Anteils des persönlich haftenden Gesellschafters einer KGaA gehört, soweit er nicht auf eine natürliche Person als unmittelbar beteiligter Mitunternehmer entfällt; betroffen ist somit neben der juristischen Person, insb. Kapitalgesellschaft, als Mitunternehmer (→ Rn. 475) auch eine als Mitunternehmerin beteiligte PersGes selbst dann, wenn an ihr nur natürliche Personen beteiligt sind (BFH IV R 39/10, BStBl. II 2019, 77; IV R 50/16, BStBl. II 2020, 57). Einzelheiten → § 7 Rn. 70 ff.; 124 ff.

4. Abgrenzung

5 Die erforderliche Abgrenzung vom laufenden Ertrag erfolgt nach dem **Charakter des Vorfalls.** So hängt die **Beendigung einer Vertragsbeziehung** über einen laufenden Leistungsaustausch gegen Entschädigungszahlung (BFH X B 142/15, BFH/NV 2016, 1030) mit dem laufenden Betrieb zusammen. Das gilt insb. für den **Handelsvertreteranspruch** nach § 89b HGB; die Ausgleichszahlung unterfällt der GewSt selbst dann, wenn die Beendigung des Vertragsverhältnisses mit der Betriebsveräußerung oder -aufgabe zusammenfällt (BFH X R 111/88, BStBl. II 1991, 218; XI R 73/95, BFH/NV 1997, 377; IV R 37/08, BFH/NV 2011, 1120; X B 56/11, BFH/NV 2012, 1331). Gleiches gilt etwa für die Veräußerung des letzten zum Umlaufvermögen gehörenden Grundstücks beim Grundstückshandel (→ Rn. 204). Anders ist zu entscheiden bei einer sog. Provisionsrente (BFH XI R 63/96, BStBl. II 1997, 573) sowie Abfindungen und Entschädigungen (BFH X R 56/95, BFH/NV 1998, 1354). Auch der Gewinn aus der Liquidation eines Betriebes unterfällt bereits nach § 2 Abs. 1 nicht der GewSt (BFH IV R 68/77, BStBl. II 1980, 658). Zur Behandlung von **Übernahmegewinnen** und **-verlusten** nach § 18 Abs. 2 UmwStG vgl. BFH VIII R 5/99, BStBl. II 2001, 35; klargestellt durch die Neufassung der Vorschrift durch G. v. 24.3.1999 (BGBl. 1999 I 402; hierzu BFH III R 12/13, BStBl. II 2016, 420).

II. Gesetzesaufbau

1. Stehender Gewerbebetrieb/Reisegewerbe

6 Der **stehende Gewerbebetrieb** in § 2 Abs. 1 S. 1 ist durch das **Vorhandensein einer BSt.** (→ Rn. 611 ff.) gekennzeichnet. Denn die GewStPfl. knüpft beim stehenden Gewerbebetrieb an das Vorhandensein einer (inländischen) BSt. an (§ 2 Abs. 1 S. 3). Das gilt auch für einen Berufskartenspieler (BFH III R 67/18, BFH/NV 2021, 1070; → Rn. 72). Das Bemühen der **Minimierung der GewSt** muss neben der Aufteilung der gewerblichen Tätigkeit auf verschiedene Rechtsträger (→ Rn. 16 ff.) die Vermeidung einer inländischen BSt. einschließen (Blumers Ubg 2021, 711).

Dagegen verfügt der **Reisegewerbetreibende** idR über keine solche (→ Rn. 614). Es fehlt deshalb idR das herkömmliche Merkmal für die Gewerbesteuerberechtigung der Gemeinde und für eine Zerlegung nach § 29 Abs. 1 und die sachliche Steuerpflicht im Inland (§ 2 Abs. 7). Aus diesem Grunde finden sich die Sonderregelungen für das Reisegewerbe in § 35a und § 35 GewStDV.

2. Rechtsform

§ 2 unterscheidet die **rechtsformunabhängigen** von den **rechtsformabhängigen** Gewerbebetrieben.

a) Rechtsformunabhängige Gewerbebetriebe. Für diese gilt nach § 2 Abs. 1 S. 2 die **Legaldefinition** des § 15 Abs. 2 EStG (→ Rn. 50 f.). Mit Ausnahme der Betriebsverpachtung und des Beginns und der Beendigung des gewerbesteuerrechtlichen Objekts Gewerbebetrieb bestehen einkommen- und gewerbesteuerrechtlich inhaltsgleiche Grundsätze. Verfahrensrechtlich ist allerdings getrennt darüber zu befinden (§ 7). 7

b) Rechtsformabhängige Gewerbebetriebe. Hier **typisiert** der Gesetzgeber. Die Regelungen werden deshalb kritisch gesehen (vgl. Seer StuW 1993, 114). Am weitesten gehen sie für die **Kapitalgesellschaft,** deren Tätigkeit unabhängig von der Art stets und in vollem Umfang als GewBetrieb gilt, und zwar auch dann, wenn sie keine Einkunftsart iSv § 2 Abs. 1 EStG verwirklicht (BFH I R 67/88, BStBl. II 1991, 250; → Rn. 467). 8

c) Personengesellschaft. Für die Personengesellschaft, bei der die Gesellschafter als Mitunternehmer anzusehen sind, gilt dieser **Grundsatz nur eingeschränkt** (s. § 15 Abs. 3 EStG iVm § 2 Abs. 1 S. 2 GewStG). Bei ihr findet sich gegenüber dem Einzelunternehmer lediglich die Besonderheit, dass estrechtlich und gewstrechtlich nicht innerhalb der Betätigung der Personengesellschaft differenziert wird (→ Rn. 26 ff.). Dass der Gesetzgeber damit für die Kapitalgesellschaft in vollem Umfang und für die Personenhandelsgesellschaft in beschränktem Maße der Ordnungsstruktur des Handelsrechts folgt und insb. bei der Kapitalgesellschaft den Gewerbebetrieb an die gesellschaftsrechtliche Organisation knüpft (vgl. § 6 HGB), ist verfassungsrechtlich unbedenklich (BFH I R 196/79, BStBl. II 1983, 77). Eine besondere gesetzliche Regelung (§ 15 Abs. 3 Nr. 2 EStG) hat die **gewerblich geprägte Personengesellschaft** gefunden (→ Rn. 430 ff.). 9

d) Organgesellschaft. Mit der Behandlung einer als **Organgesellschaft** tätigen Kapitalgesellschaft als Betriebsstätte in § 2 Abs. 2 S. 2 berücksichtigt der Gesetzgeber dagegen nicht zivilrechtliche Vorgaben, sondern räumt gerade einem die Gesellschaftstypen überschreitenden wirtschaftlichen Unternehmensverbund iS eines einheitlichen wirtschaftlichen Organismus den Vorzug ein. 10

e) Juristische Personen des privaten Rechts. Für diese und die **nichtrechtsfähigen Vereine** genügt für die Annahme eines Gewerbebetriebs ein wirtschaftlicher Geschäftsbetrieb (ausgenommen bei Land- und Forstwirtschaft). Gewinnerzielungsabsicht und eine Teilnahme am allgemeinen wirtschaftlichen Verkehr sind nicht erforderlich. 11

f) Juristische Personen des öffentlichen Rechts. Sie sind nach **§ 2 Abs. 1 GewStDV** gewstpfl, wenn sie einen stehenden Gewerbebetrieb iSd § 2 Abs. 1 GewStG iVm § 15 Abs. 2 EStG unterhalten. Hoheitsbetriebe begründen dagegen keine gewerbliche Tätigkeit (§ 2 Abs. 2 GewStDV). 12

3. Inland

Das GewStRecht ist durch einen **strikten strukturellen Inlandsbezug** gekennzeichnet (BFH I R 30/13, BFH/NV 2015, 270; I R 10/14, BStBl. II 2015, 1049; I R 32/20, BStBl. II 2024, 875). Im **Inland** (→ Rn. 640) betrieben 13 wird nach der **Legaldefinition** des **§ 2 Abs. 1 S. 3** ein Gewerbebetrieb, **soweit** für ihn im Inland (oder auf einem in einem inländischen Schiffsregister eingetragenen Kauffahrteischiff) eine **BSt. unterhalten** wird (zum Begriff → Rn. 610 ff.). Wegen der Verwendung des Wortes „soweit" besteht mE gewstrechtlich eine beschränkte Steuerpflicht (zur ausländischen Kapitalgesellschaft FG BW 10 K 3268/10, EFG 2010, 2111; zur Abgrenzung BFH I R 43/18, BFH/NV 2022, 1383, zu HessFG 8 K 1279/16, EFG 2019, 199: Geschäftsleitung im Inland genügt). Besteht eine inländische BSt., so unterliegt das Unternehmen (nur) mit dem auf die inländische BSt. entfallenden Teil des GewErtrags (BFH I R 165/90, BStBl. II 1993, 577 (580) der GewSt, jedoch nicht auch mit dem Teil des GewErtrags, der im Rahmen der Gesamtbetätigung durch die ausländische Betriebsstätte erzielt worden und ihr zuzurechnen ist (BFH I R 200/67, BStBl. II 1971, 743; I R 32/20, BStBl. II 2024, 875). Ein Teil des vom Unternehmen erzielten GewErtrags muss regelmäßig der **BSt. der Geschäftsleitung** zugerechnet werden (BFH I R 4/02, BFH/NV 2004, 83).

Kürzungen treten daher nach **§ 9 Nr. 3 bei ausländischen BSt.** ein, soweit ein Teil des GewErtrags idS auf sie entfällt. Dieser Grundsatz darf nicht zuungunsten des inländischen GewBetriebs durch DBA oder eine Verständigung zwischen dem inländischen und dem ausländischen FA verändert werden (→ § 9 Nr. 3 Rn. 1a).

Die Besteuerung knüpft also an einen Gewerbebetriebsbegriff an, dessen Merkmale **auch im Ausland verwirklicht** werden können. Besteht dort keine BSt., der diese zugeordnet werden können, greift bei Bestehen einer inländischen BSt. die inländische GewSt ein (keine isolierende Betrachtungsweise), zB bei im Ausland erbrachten Leistungen (BFH IV R 80/82, BStBl. II 1985, 405, zu Reiseleistungen). Eine gesonderte Zuordnung zu der inländischen BSt. ist in diesem Fall nicht erforderlich (BFH I R 98/15, BFH/NV 2018, 497 – Fußball-Schiedsrichter). Eine ausländische Gesellschaft, die einer inländischen Kapitalgesellschaft entspricht, begründet einen Gewerbebetrieb iSd § 2 Abs. 2 und ist bei einer inländischen BSt. im Inland gewstpfl. (BFH I R 196/79, BStBl. II 1983, 77). Die Vorschriften der §§ 8, 9 (Ausnahmen § 9 Nr. 7 u. 8, § 8 Nr. 8) beziehen sich auf die danach der inländischen Besteuerung unterliegenden Gewinne (BFH I R 248/71, BStBl. II 1974, 752).

§ 2 Abs. folgt demnach einem strikten **Territorialitätsprinzip** nur insoweit, als es den gewstlichen Zugriff auf inländische BSt beschränkt (BFH I R 20/22, BStBl. II 2026, 178, Rn. 20 f.). Daher ist es zweifelhaft, ob die Zuordnungsvorschriften des § 7 S. 7 u. 8 eine Verletzung dieses Prinzips darstellen (hierzu etwa Adrian/Rautenstrauch/Sterner DStR 2017, 1457; Kollruss IStR 2017, 522).

14 **Ausnahmen** von dem Vorgesagten bringt der Absatz 6 für Nicht-DBA-Länder (→ Rn. 641).

15 *(frei)*

III. Mehrheit von sachlich selbstständigen Gewerbebetrieben

1. Allgemeines

16 Die **sachliche Selbstständigkeit** hat Bedeutung für die Besteuerung als solche, weil **jeder Gewerbebetrieb** auch in einer Hand ein **eigener Steuergegenstand** ist (BFH I 375/62, HFR 1965, 224; X R 36/06, BStBl. II 2010, 171);

im Weiteren für den Verlustausgleich zwischen den einzelnen Bereichen, den Verlustabzug nach § 10a oder die Freibeträge nach § 11 Abs. 1, aber auch hinsichtlich aller Vorschriften, die an den Betrieb als Einheit anknüpfen. Eine Trennung eigenständiger Betriebe ist nach hM auch dann erforderlich, wenn sie einem Unternehmer zuzuordnen sind (BFH III R 8/19, BStBl. II 2021, 627 mwN). § 2 enthält keine Aussage darüber, wie mehrere Gewerbebetriebe in der Hand desselben Unternehmers voneinander abzugrenzen sind, wenn es sich um rechtsformunabhängige Gewerbebetriebe handelt. Eindeutig ist die Beurteilung dagegen bei **Kapitalgesellschaften,** deren gesamte Tätigkeit als Gewerbebetrieb gilt (§ 2 Abs. 2; aber → Rn. 41) und bei Gewerbebetrieben kraft wirtschaftlichen Geschäftsbetriebs (§ 2 Abs. 3), bei denen § 8 GewStDV eine Zusammenfassung vorsieht. Bei **Personengesellschaften** und sonstigen Formen der Mitunternehmerschaft ist zweifelhaft, inwieweit die gesellschaftsrechtliche Organisation den wirtschaftlich aufzufassenden Betriebsbegriff im Sinne eines sachlich selbstständigen Besteuerungsgegenstandes bestimmt oder umgekehrt dieser den Umfang der Mitunternehmerschaft (→ Rn. 26 ff.).

2. Einzelunternehmen

a) Sachliche Selbstständigkeit. Gemäß dem wirtschaftlichen Betriebsbegriff 17
(→ Rn. 2) bestimmt sich die sachliche Selbstständigkeit **des Gesamtbetriebs** zunächst durch eine **eigenständige wirtschaftliche Organisation** interner und externer Beziehungen, insb. einer Mehrheit von miteinander **funktional in Zusammenhang** stehenden materiellen und immateriellen Wirtschaftsgütern sowie danach, ob die fraglichen Betätigungen **wirtschaftliche Eigenständigkeit** besitzen (vgl. BFH I R 95/76, BStBl. II 1980, 465; XI R 63/96, BStBl. II 1997, 573). Maßgebend ist ein nicht alle gewerblichen Tätigkeiten des Einzelunternehmers zusammenfassender weiter, sondern ein **enger Betriebsbegriff** (vgl. BFH IV R 206/67, BStBl. II 1971, 485; IV R 136/85, BStBl. II 1989, 7).

Dagegen ist ein **Teilbetrieb** ein organisch geschlossener, mit einer **gewissen** 17a
Selbstständigkeit ausgestatteter Teil des Gesamtbetriebes, der für sich allein funktions- bzw. lebensfähig ist und selbstständig geführt werden könnte. Ob dies der Fall ist, ist nach dem Gesamtbild der Verhältnisse anhand einer räumlichen Trennung vom Hauptbetrieb, einer gesonderten Buchführung, eigenen Personals, einer selbstständigen Organisation, eigenen Anlagevermögens, eigener Verwaltung, einer Ungleichartigkeit der Tätigkeiten und eines eigenen Kundenstammes zu bestimmen (vgl. BFH GrS 2/98, BStBl. II 2000, 123; IV R 18/02, BStBl. II 2003, 838; X R 49/06, BStBl. II 2007, 772; IV R 86/05, BStBl. II 2012, 145; Menner/Broer BB 2003, 229); allerdings müssen diese Elemente nicht sämtlich vorliegen, da der Teilbetrieb nur durch eine gewisse Selbstständigkeit gekennzeichnet ist (BFH VIII R 31/95, BFH/NV 1998, 1209; IV R 17/12, BFH/NV 2016, 209). Im Falle der Veräußerung kommt es für die Frage der Existenz eines Teilbetriebs auf die **Verhältnisse beim Veräußerer** an (zB BFH X B 148/21, BFH/NV 2022, 1176 mwN).

b) Merkmale sachlicher Selbstständigkeit beim Einzelunternehmer. 18
Bestimmend sind wegen des Objektsteuercharakters der GewSt **allein objektive Merkmale.** Umstände, die lediglich durch die besondere Beziehung des Inhabers zum Betrieb begründet sind, bleiben außer Betracht. Insbesondere organisatorische und finanzielle Verbindungen dürfen nicht gewertet werden, soweit sie auf der **Identität des Unternehmers** beruhen (vgl. BFH I 64/63 U, BStBl. III 1965,

656; I 375/62, HFR 1965, 224; X R 36/10, BFH/NV 2013, 252). Dem Willen und der Rechtsauffassung des Geschäftsinhabers kommt nur durch die Gestaltung der objektiven Verhältnisse – auch im Rahmen eines beträchtlichen Gestaltungsspielraums – Bedeutung zu (BFH X R 36/10, BFH/NV 2013, 252; X R 38/11, BFH/NV 2013, 1125). Das gilt auch für die subjektive Überlegung, ob der Inhaber durch die Tätigkeit seinen Lebensunterhalt verdient (BFH X B 234/08, BFH/NV 2009, 1145).

Kriterium ist zunächst, ob **gleichartige oder ungleichartige** Betätigungen vorliegen. In beiden Fällen ist zudem zu würdigen, ob ein **organisatorischer, wirtschaftlicher** und/oder **finanzieller Zusammenhang** zwischen diesen Betätigungen besteht (BFH X R 15/18, BStBl. II 2021, 157). **Merkmale hierfür** sind die räumliche Trennung bzw. Verbindung, der Kunden- und Lieferantenkreis, die Geschäftsleitung, die Arbeitnehmerschaft, die Betriebsstätte(n) sowie die Zusammensetzung und Finanzierung des Aktivvermögens (BFH IV R 177/80, BStBl. II 1983, 425; X R 130/87, BStBl. II 1989, 901; XI R 63/96, BStBl. II 1997, 573; VIII R 294/84, BFH/NV 1990, 261; XI B 23/04, BFH/NV 2005, 1134; X R 36/10, BFH/NV 2013, 252). Der **persönliche Einsatz** des Unternehmers, dh die Unternehmeridentität bei mehrfacher branchengleicher Betätigung, wird nur dann funktionale Bedeutung haben, wenn dem Arbeitseinsatz des Geschäftsinhabers, wie zB bei einem Handelsvertreter, besonderes Gewicht im Rahmen der betrieblichen Organisation zukommt.

Ob hiernach ein einheitlicher Gewerbebetrieb oder mehrere selbstständige Gewerbebetriebe vorliegen, ist aufgrund der **Gesamtwürdigung der Verhältnisse** (BFH X R 15/18, BStBl. II 2021, 157) zu entscheiden. Die Gewichtung der einzelnen Merkmale kann je nach Sachlage unterschiedlich sein. Die Bedeutung des einzelnen Merkmals im Rahmen der Gesamtwürdigung lässt sich nicht generell abstrakt bestimmen (vgl. BFH II B 57/98, BFH/NV 1999, 1455 mwN).

Zu den einzelnen Merkmalen:

19 **aa) Organisatorischer Zusammenhang.** Er besteht etwa, wenn die Unternehmensbereiche in demselben Geschäftslokal untergebracht sind, dieselben Arbeitnehmer eingesetzt werden und die Waren bzw. Betriebsmittel gemeinsam angeschafft und bezahlt werden (BFH VIII R 149/81, BStBl. II 1983, 278; XI R 63/96, BStBl. II 1997, 573; X R 15/18, BStBl. II 2021, 157). Zur Indizwirkung der räumlichen Nähe vgl. auch GewStR 2.4 Abs. 2 S. 2, GewStH 2.4 (2).

20 **bb) Wirtschaftlicher Zusammenhang.** Er besteht etwa, wenn zwei oder mehrere Unternehmensbereiche sich **gegenseitig stützen und ergänzen,** insbesondere wenn sie nur **miteinander wirtschaftlich betrieben** werden können (BFH XI R 63/96, BStBl. II 1997, 573; X R 38/11, BFH/NV 2013, 1125). Das gilt ua dann, wenn das Angebot der einen Betätigung das der anderen ergänzt oder Kunden des einen Bereichs erforderlichenfalls an den anderen weitergeleitet werden (BFH VIII R 149/81, BStBl. II 1983, 278; X R 15/18, BStBl. II 2021, 157). Besondere Bedeutung hat auch die Gleichartigkeit bzw. Ungleichartigkeit der Betätigung (→ Rn. 22). Der BFH behandelt mE unnötig das Moment des Ergänzens als ein (mögliches) Element der Gleichartigkeit (→ Rn. 22).

21 **cc) Finanzieller Zusammenhang.** Er besteht etwa bei **Ausgleich von Verlusten** in einem Bereich durch Gewinne des anderen Bereichs (BFH I 64/63 U, BStBl. III 1965, 656; X R 15/18, BStBl. II 2021, 157). Das kann auch gelten, wenn **gemeinsame Aufzeichnungen** geführt, **gemeinsame Bankkonten**

unterhalten, gemeinsame Kassenabrechnungen vorgenommen oder gemeinsame Gewinn- und Verlustrechnungen sowie Bilanzen erstellt werden (BFH XI R 63/96, BStBl. II 1997, 573); jedoch nicht, wenn dies Ausdruck der Rechtsauffassung des Unternehmers (→ Rn. 18) oder außerbetrieblicher Interessen ist (vgl. FG Düsseldorf 15 K 1186/21 G, E, EFG 2024, 660, Rev. X R 8/23).

dd) Gleichartigkeit/Ungleichartigkeit der Betätigungen. Wann eine **Gleichartigkeit** der Betätigungen besteht, lässt sich angesichts der Vielgestaltigkeit des Wirtschaftslebens nicht anhand einer allgemein gültigen abstrakten Definition festlegen; maßgebend sind die besonderen Umstände des Einzelfalls (BFH X R 15/18, BStBl. II 2021, 157). Liegt sie vor, lässt dies nach der bisherigen Rspr. regelmäßig auf einen einheitlichen Betrieb schließen, wenn nicht besondere Umstände dagegen sprechen, insbesondere wenn kein organisatorischer, wirtschaftlicher oder finanzieller Zusammenhang zwischen ihnen besteht (BFH IV 426/60, HFR 1961, 272; VIII R 310/83, BStBl. II 1986, 719; VIII R 294/84, BFH/NV 1990, 261). Solche Zusammenhänge müssen aber nicht kumulativ gegeben sein (BFH XI B 23/04, BFH/NV 2005, 1134). Gleichartigkeit wird **nicht nur** dann angenommen, wenn die Tätigkeiten **demselben Gewerbezweig** zuzurechnen sind, sondern auch, wenn sie sich unterscheiden, aber einander ergänzen, zB bei verschiedenen Produktionsstufen (BFH X R 130/87, BStBl. II 1989, 901). 22

Bei **Ungleichartigkeit** stellt sich dieses Regel-Ausnahme-Verhältnis umgekehrt dar. Sie indiziert selbstständige Betriebe (BFH I 64/63 U, BStBl. III 1965, 656), wenn nicht ein – mE intensiver – organisatorischer, wirtschaftlicher oder finanzieller Zusammenhang die Einheitlichkeit des Betriebes kennzeichnet (BFH VIII R 310/83, BStBl. II 1986, 719). Insbesondere dem wirtschaftlichen Zusammenhang kommt dann eine besondere Bedeutung zu; fehlt auch dieser, kann ein einheitlicher Betrieb nur bei einer außergewöhnlich hohen Intensität des organisatorischen und finanziellen Zusammenhangs angenommen werden (BFH X R 38/11, BFH/NV 2013, 1125).

Für **„Grenzfälle"** zwischen gleichartig und nicht gleichartig (im Streitfall Grillimbiss und Eiscafe!?) postuliert der X. BFH-Senat unter (mE nicht zutreffender) Bezugnahme auf BFH VIII R 149/81 (BStBl. II 1983, 278) neuerdings für eine zutreffende Würdigung ein „Kontinuum" allmählich zunehmender Anforderungen an den Grad des organisatorischen, wirtschaftlichen und finanziellen Zusammenhangs in Abhängigkeit vom zunehmenden Grad der Verschiedenartigkeit der Betätigungen (BFH X R 15/18, BStBl. II 2021, 157; hierzu Kulosa HFR 2021, 189; Nöcker FR 2021, 94). Allerdings fragt sich, ob es dessen angesichts der in → Rn. 23 wiedergegebenen Grundsätze bedarf. 22a

c) Mehrere Betriebe. Nach der bisherigen Rspr. sind **mehrere eigenständige GewBetriebe** nur **bei vollkommener Eigenständigkeit** der Betriebsteile anzunehmen; eine Verbindung darf im Wesentlichen nur in der Person des Betriebsinhabers bestehen. Sobald er die Aktivitäten mit dem Ziel einer größeren Marktwirksamkeit bündelt, ist eine Wirtschaftseinheit gegeben (BFH X R 130/87, BStBl. II 1989, 901). Allerdings zeigen nicht alle BFH-Senate eine konsequente Übereinstimmung mit diesem Grundsatz. So verlangt BFH III B 29/05 (BFH/NV 2006, 1152) bei ungleichartigen Tätigkeiten über den wirtschaftlichen, organisatorischen und finanziellen Zusammenhang hinaus, dass sie einander ergänzen (was allerdings Gleichartigkeit bedeutet, → Rn. 22). **Räumlich getrennte,** also in verschiedenen politischen Gemeinden, und **ungleichartige** 23

Tätigkeiten stellen idR getrennte Gewerbebetriebe dar (BFH X R 130/87, BStBl. II 1989, 901); eine **räumliche Nähe** allein stellt ebenfalls keine Einheit her (BFH X R 36/10, BFH/NV 2013, 252). Die **Ungleichartigkeit** der Betätigung indiziert – Sonderfälle einer wesentlichen wirtschaftlichen Ergänzung ausgenommen – selbstständige Betriebe (BFH I 64/63 U, BStBl. III 1965, 656), auch wenn bestimmte Räume (Lager, Geschäftsleitung) gemeinsam genutzt werden (BFH X B 182/09, BFH/NV 2010, 1658). Umgekehrt indiziert die **Gleichartigkeit** der Tätigkeit die wirtschaftliche Identität (BFH XI R 73/95, BFH/NV 1997, 377). Insbesondere folgt aus der **gezielten Auffächerung** gleichartiger Leistungen (zB Edeka-Lebensmittelmärkte) in ein und derselben Gemeinde idR die – widerlegbare – Vermutung des wirtschaftlichen, finanziellen oder organisatorischen Zusammenhangs der Betriebsteile (BFH X R 130/87, BStBl. II 1989, 901), wenngleich nach dem Gesamtbild auch bei **gleichartiger Tätigkeit in derselben Gemeinde** eine sachliche Selbstständigkeit gegeben sein kann (BFH VIII R 294/84, BFH/NV 1990, 261).

Ob die Zusammenhänge **nach außen erkennbar** sind, ist nicht entscheidend: Ein einheitlicher Betrieb besteht nicht schon bei einheitlicher Firmierung und einheitlichen Angebots- und Rechnungsformularen (vgl. BFH I 375/62, HFR 1965, 224); anders dagegen, wenn sich daraus ein einheitlicher Kundenstamm als wesentliche Verknüpfung der Betriebsteile ergibt (zB Kaufhaus).

24 **d) Zeitfragen.** Die vorstehenden Abgrenzungsmerkmale haben Bedeutung sowohl für ein zeitliches **Nebeneinander** wie für ein zeitliches **Nacheinander** von Betrieben (BFH XI R 63/96, BStBl. II 1997, 573; XI R 73/95, BFH/NV 1997, 377).

e) Beispiele aus der Rechtsprechung (ABC).

25 – Zwei **Bäckereibetriebe** in verschiedenen Vororten, deren Nebeneinanderbestehen nur auf kurze Zeit angelegt war, wurden als getrennte Betriebe behandelt (BFH StRK § 2 GewStG Abs. 1 R 142).
- **Bahnhofswirtschaft und Hotel:** Einheitlichkeit bejaht bei wirtschaftlicher Abhängigkeit beider Unternehmen (RFH VI 730/38, RStBl. 1939, 372).
- **Baugeschäft und Kunststeinwerk:** selbstständige Betriebe wegen Ungleichartigkeit, wirtschaftliche Unabhängigkeit trotz teilweise einheitlicher Kundenkreise und gewisser Lieferbeziehungen zwischen beiden Unternehmen bejaht (FG Karlsruhe I 24–25/61, EFG 1962, 156 rkr.).
- **Beratungstätigkeit,** einheitlicher Betrieb, auch wenn die eigene GmbH teilweiser Leistungsempfänger ist (BFH X R 108/87, BStBl. II 1989, 572).
- **Bohr-, Bergbau- und Tiefbauunternehmen** und **Anlagenbau für Wasseraufbereitung:** zwei selbstständige Betriebe wegen der Ungleichartigkeit der Betätigung, obwohl gewisse Zusammenhänge organisatorischer und finanzieller Art bestanden hatten (BFH I 64/63 U, BStBl. III 1965, 656).
- **Busunternehmen,** bei 20 km voneinander entfernten Filialen trotz getrennter Buchführung einheitlicher Betrieb (vgl. BFH III B 266/08, BFH/NV 2010, 642).
- **Campingplatz** und darauf betriebener **Kiosk** als einheitlicher Betrieb, weil sich beides ergänzte (NdsFG IX 62/79, EFG 1982, 360 rkr.).
- **Edeka-Lebensmittelgeschäfte** in derselben Gemeinde, einheitlicher Betrieb angenommen (BFH X R 130/87, BStBl. II 1989, 901).
- **Einzelhandel mit Lebensmitteln** und ein **Versandhaus** mit anderen Waren: zwei Betriebe wegen Unterschieden vor allem in der Vertriebsart. Der innere

Zusammenhang beider Unternehmen durch die Unternehmeridentität und Mitarbeit der Ehefrau wurde als unmaßgeblich erachtet (BFH I 375/62, HFR 1965, 224).

- **Einzelhandel mit Lebensmitteln, Haushalt und Küchengeräten und Installationsgeschäft:** als einheitlicher Gewerbebetrieb wegen einheitlicher Bilanzierung und finanzieller Verflechtung durch einheitliche Kassen- und Buchführung, mE bedenklich, FG Karlsruhe II 274/56, EFG 1957, 56 rkr. Die in GewStR 2.4 Abs. 1 zitierten Beispiele wie Metzgerei und Speisewirtschaft reflektieren die Verkehrsauffassung.
- **Einzelhandel mit Zeitschriften** und **Tabakwaren** und eine **Toto-Lotto-Annahmestelle:** Einheitlichkeit bejaht bei Verkauf idR anderen GewBetriebs (BFH VIII R 310/83, BStBl. II 1986, 719; FG Köln 3 K 4023/90, EFG 1993, 594 rkr.; GewStH 2.4 (1)); auch bei Verbindung mit Großhandel (FG Bln-Bbg 13 K 324/08, EFG 2010, 1148). Ebenso für die Kombination mit Textileinzelhandel, FG Bln VI 186/80, EFG 1982, 91 (dazu allerdings → Rn. 275 Stichwort „Lotterieeinnehmer").
- **Eiscafe und Grillimbiss** beruhen auf nicht vollständig ungleichartigen Betätigungen; daher können gewisse organisatorische, wirtschaftliche und finanzielle Zusammenhänge für die Annahme eines einheitlichen Betriebs ausreichen (BFH X R 15/18, BStBl. II 2021, 157, zu FG Münster 7 K 3662/14 G, EFG 2018, 1281, aufgeh.).
- **Fleischerei** und **Handel mit Heilpflanzen,** zwei selbstständige Betriebe (BFH X R 38/11, BFH/NV 2013, 1125).
- **Flugzeugmotorenentwicklung** s. „Waschsalon".
- **Foto-Fachgeschäft** und in demselben Geschäftsraum betriebene **Lotto-Toto-Annahmestelle:** als selbstständige Gewerbebetriebe, weil ungleichartige Betätigung mit unterschiedlichen Kundenkreisen (FG Münster I 1368/77 G, EFG 1981, 191 rkr.).
- **Friseurmeister** mit **zwei Geschäften:** sie wurden trotz seiner Mitarbeit in beiden Geschäften als selbstständig beurteilt (FG Düsseldorf V 18/62 G, EFG 1963, 259 rkr.).
- **Franchisebetrieb.** Einheitlichkeit der Geschäftsidee und deren technische und organisatorische Durchführung deuten auf einheitlichen Betrieb hin (BFH XI B 23/04, BFH/NV 2005, 1134; anders BFH VIII R 23/05, BStBl. II 2007, 723).
- **Gaststättenbetriebe,** können auch dann einen einheitlichen Betrieb darstellen, wenn die Andersartigkeit der Leistungen **(Großgaststätte und Imbissstube)** durch „in gewisser Weise" organisatorische Verflechtungen aufgewogen wird (BFH IV R 177/80, BStBl. II 1983, 425). Dagegen wurden eine **Speisegaststätte und eine Schankwirtschaft** auch bei räumlicher Nähe der Betriebsstätten nicht als einheitlicher Gewerbebetrieb behandelt, weil keine organisatorischen, finanziellen und wirtschaftlichen Zusammenhänge bestanden hatten und kein Personalaustausch stattfand (FG Hmb I 173/78, EFG 1981, 32 rkr.). BFH VIII R 100/86, BFH/NV 1990, 102 verneint einheitlichen Betrieb für **Brauerei und Gaststätte.**
- **Getränkegroßhandel** mit einem **Gastronomiebereich** als einheitlicher Betrieb, keine Teilbetriebe (BFH IV R 17/12, BFH/NV 2016, 209).
- **Großhandel mit Zeitungen und Zeitschriften** und Briefmarkeneinzelhandel kein einheitlicher Gewerbebetrieb (FG Nürnberg III/II 50/53, EFG 1955, 42 rkr.).

- **Grundstückshandel.** Der Verkauf von Grundstücken kann sich iR eines eigenständigen gewerblichen Grundstückshandels oder eines davon getrennten bereits bestehenden GewBetriebs abspielen (BFH IX R 39/01, BFH/NV 2004, 622; X B 116/10, BFH/NV 2012, 577).
- **Handel mit Farben und Tapeten** in verschiedenen Gemeinden als einheitlicher Gewerbebetrieb (RFH VI611/38, RStBl. 1938, 1117).
- **Handels- und Produktionsbetriebe** können bei erheblichem Zukauf getrennte Unternehmen sein (FG München VII (XIII) 195/84 G, EFG 1987, 367 rkr.).
- **Handelsvertretung** für bestimmte Lebensmittel und **Fabrikation** für Zucker- und Backwaren: wegen ungleichartiger Betätigung zwei selbstständige Betriebe, obwohl beide Betriebe von einer Stelle aus geleitet wurden, einheitliches Büropersonal hatten und der eine der beiden Betriebe den anderen finanziell stützen musste (FG Karlsruhe I 20/61, EFG 1961, 496 rkr.).
- **Handelsvertretung** mit **Anzeigenakquise, Unternehmensberatung/Versicherungsvermittlung** und **Werbeberatung** wegen finanziellen Zusammenhangs, einheitlicher Anschaffungen und Verflechtung durch die Akquise trotz unterschiedlicher Kundenkreise ein einheitlicher Gewerbebetrieb (SächsFG 4 K 363/12, BeckRS 2014, 96502).
- **Kioskbetriebe,** an derselben S-Bahn-Linie unmittelbar hintereinander liegend, sind ein einheitlicher Betrieb (FG Hmb 3 K 99/14, BeckRS 2015, 94080).
- **Kosmetikinstitut und Apotheke** als einheitlicher Gewerbebetrieb (BFH VIII R 149/81, BStBl. II 1983, 278).
- **Maklertätigkeit und Spirituosengeschäft,** keine Unternehmensgleichheit (BFH IV 353/60 U, BStBl. III 1961, 65).
- **Medizinische Fußpflege und Handel mit Fußpflegemitteln,** orthopädischen Schuhen etc, der im selben Geschäftslokal, wenn auch in gesonderten Räumen, betrieben wird, als einheitlicher Gewerbebetrieb und zwar mit Rücksicht auf den sachlichen und wirtschaftlichen Zusammenhang zwischen beiden Tätigkeiten (FG Brem II 47/82 K, EFG 1984, 133 rkr.).
- **Metzgerei/Gaststätte,** von in Gütergemeinschaft lebenden Ehegatten nebeneinander betrieben, ist einheitlicher GewBetrieb trotz getrennter Buchführung und Abschlüsse (FG Saarl 1 K 119/04, EFG 2004, 1472 rkr.; s. auch GewStR 2.4 Abs. 1 S. 3).
- **Photovoltaikanlage** und Elektroinstallationsbetrieb trotz fehlenden Eigentums einheitlicher Betrieb (BFH X R 21/08, BFH/NV 2011, 235); selbstständig bei einem artverschiedenen Einzelhandel (BFH X R 36/10, BFH/NV 2013, 252; FG Nürnberg 5 K 842/14, EFG 2015, 2050; hierzu BFH X B 130, 131/15, BFH/NV 2016, 915). Zur **Teilbetriebseigenschaft** von an verschiedenen Orten befindlichen Photovoltaikanlagen FG München 2 K 2628/20 (nachgehend BFH X B 148/21, BFH/NV 2022, 1176). Zum Problem LfSt Nds 7.11.2022 – S 2240-St 222/St 221-2473/2022.
- **Recycling und Schrotthandel** stellen nach den vorstehenden Grundsätzen nur einen einheitlichen GewBetrieb dar (FG Düsseldorf 15 K 1186/21 G, E, EFG 2024, 660, Rev. X R 8/23).
- **Reisebüro,** sachliche Selbstständigkeit zweier Reisebüros bei getrenntem Auftreten nach außen und fehlenden finanziellen Verflechtungen bejaht (SchlHFG III 129/70, EFG 1973, 395 rkr.).
- **Reisegewerbe** s. § 35a Abs. 2 S. 2 (→ § 35 Rn. 2).

- **Rohproduktenhandel und Automatengeschäft:** als ungleichartig und deshalb trotz einheitlicher Buchführung als zwei selbstständige Betriebe behandelt: NdsFG VII 208-209/60, EFG 1963, 313 rkr.
- **Rohrbiegerei,** s. „Waschsalon".
- **Spielhallen und Automatenaufstellung:** Einheitlichkeit wegen gleichartiger Unternehmen bejaht, obwohl diese wirtschaftlich, finanziell und organisatorisch getrennt geführt wurden (FG Bln VI 296/79, EFG 1980, 245 rkr.).
- Zwei **Tankstellen** in derselben Gemeinde als zwei Gewerbebetriebe (BFH VIII R 294/84, BFH/NV 1990, 261; s. auch BFH X R 62/87, BStBl. II 1989, 973). Dagegen wegen organisatorischen und wirtschaftlichen Zusammenhangs ein einheitlicher Gewerbebetrieb (FG Düsseldorf 10 K 197/17 G, EFG 2020, 1258).
- **Vermietung** von **Grundstücken** und **Fluggeräten** sind verschiedenartige Tätigkeiten (in den entschiedenen Streitfällen war die Vermietung von Fluggeräten mangels Sonderleistungen jedoch nicht gewerblich (BFH VIII R 28/94, BStBl. II 1997, 202; XI B 41/00, BFH/NV 2001, 204).
- **Versicherungsdirektor** übt nach seinem Ausscheiden aus der Versicherungsgesellschaft, Aufgabe des Geschäftslokals sowie Entlassung der Arbeitnehmer mit der gelegentlichen Vermittlung von Versicherungen eine andere Tätigkeit aus als zuvor (BFH XI R 63/96, BStBl. II 1997, 573).
- **Werkstatt** und **Fuhrbetrieb** sind zwei selbstständige GewBetriebe (vgl. BFH X B 156/14, BFH/NV 2015, 1087).
- **Waschsalon.** Betreiben mehrerer Münzwaschsalons, einer Rohrbiegerei und der Entwicklung von Flugzeugmotoren sind verschiedene GewBetriebe (BFH III B 29/05, BFH/NV 2006, 1152).
- **Windkraftanlage** und **Elektrobetrieb** sind zwei getrennte Betriebe (FG Nürnberg 3 K 1631/14, EFG 2016, 203).

3. Mitunternehmerschaften

a) Allgemeines. Nach **§ 15 Abs. 3 Nr. 1 EStG** iVm § 2 Abs. 1 S. 2 GewStG gilt auch für die Gewerbebesteuerung als **Gewerbebetrieb in vollem Umfang** die mit der Einkünfteerzielungsabsicht unternommene Tätigkeit einer Personengesellschaft, wenn die Gesellschaft auch iSd § 15 Abs. 1 S. 1 Nr. 1 EStG gewerblich tätig wird. Ebenso unterhält eine gewerblich geprägte Personengesellschaft (§ 15 Abs. 3 Nr. 2 EStG, → Rn. 15) nur einen Gewerbebetrieb. 26

Die Einheitsbeurteilung knüpft jedoch an die Rechts- und Organisationsform der PersGes und nicht an das Bestehen eines einheitlichen wirtschaftlichen Organismus an. Der Umfang des GewBetriebs einer PersGes wird demnach durch das Zivilrecht begrenzt (BFH III R 8/19, BStBl. II 2021, 627). Eine PersGes kann daher wie der Einzelunternehmer **nacheinander mehrere GewBetriebe** unterhalten (BFH IV R 12/10, BStBl. II 2014, 1000; IV R 10/12, BFH/NV 2015, 678; IV R 21/13, BStBl. II 2017, 475; IV R 49/15, BFH/NV 2017, 1129; IV R 2/14, BStBl. II 2017, 1138; IV R 59/16, BStBl. II 2020, 147; IV R 6/19, BStBl. II 2023, 756; IV R 14/21, BStBl.II 2024, 408). Zu den **gesellschafteridentischen** Personengesellschaften → Rn. 27, 28.

§ 15 Abs. 3 Nr. 1 EStG betrifft neben OHG und KG andere **PersGes,** also auch die BGB-Gesellschaft und Innengesellschaften (BFH I R 133/93, BStBl. II 1995, 171), jedoch **nicht sonstige** Formen der Mitunternehmerschaften, wie zB Erbengemeinschaften (BFH IV R 214/84, BStBl. II 1987, 120, auch soweit mitunternehmerschaftlich überlagert, BFH GrS 4/82, BStBl. II 1984, 751 (768)) und eheliche Gütergemeinschaften, soweit sie sich gewerblich betätigen (ähnlich GewStR 2.1 Abs. 2 und GewStR 2.4 Abs. 3). Auch die **ausländische** (Außen-)PersGes fällt in den Anwendungsbereich des § 15 Abs. 3 Nr. 1 EStG, soweit sie im Inland gewerblich tätig wird (vgl. EStH 15.8 Abs. 3; RFH VI A 899/27, RStBl. 1930, 444). Im Einzelnen gilt Folgendes:

27 **b) Personenhandelsgesellschaft.** Für die Personenhandelsgesellschaft (§ 105 Abs. 1 HGB) ist stets ein **einheitlicher GewBetrieb** anzunehmen (BFH VIII R 28/94, BStBl. II 1997, 202; IV R 31/13, BStBl. II. 2017, 482; IV R 2/14, BStBl. II 2017, 1138; IV R 49/15, BFH/NV 2017, 1129), auch wenn sie gleichzeitig sachlich selbstständige Tätigkeiten ausübt. Die Rechtszuständigkeit der Personenhandelsgesellschaft erstreckt sich auf den gesamten von ihr unterhaltenen Bereich.

Umgekehrt können auch **gesellschafteridentische Personengesellschaften** nicht zu einer Einheit zusammengefasst werden (Aufgabe der Theorie von der sog. Unternehmenseinheit, BFH I R 95/76, BStBl. II 1980, 465; vgl. III R 34/01, BStBl. II 2003, 700). Verschiedene Gewerbebetriebe sind dann anzunehmen, wenn der **Rechtsfolgewille** der Gesellschafter auf die Begründung von verschiedenen Gesellschaften gerichtet war, worauf insb. Verschiedene Bezeichnungen (jedoch nicht notwendig, BFH IV B 153/96, BFH/NV 1998, 847), getrennte Gesellschaftsvermögen und getrennte Ergebnisermittlungen hinweisen können (BFH IV R 86/80, BStBl. II 1984, 152; IV R 43/88, BStBl. II 1989, 797; IV R 73/93, BStBl. II 1995, 589; VIII R 52/91, BFH/NV 1993, 684). Die zweite Gesellschaft muss **nach außen erkennbar** geworden sein (BFH IV R 11/97, BStBl. II 1998, 603; XI R 21/99, BFH/NV 2002, 1554; IV R 42/19, BStBl. II 2023, 118). Der Gewerbebetrieb als Steuergegenstand ist das in dieser Rechtsform betriebene Unternehmen (BFH VIII R 23/89, BStBl. II 1992, 375; IV S 1/94, BStBl. II 1994, 398). An sich verschiedene Tätigkeiten sind dementsprechend bei Fehlen eines abweichenden Rechtsfolgewillens einheitlich als gewerblich zu behandeln (BFH VIII R 28/94, BStBl. II 1997, 202).

28 **c) BGB-Gesellschaft.** Auch bei der BGB-Gesellschaft nimmt die Rspr. (BFH IV R 43/88, BStBl. II 1989, 797) idR einen **einheitlichen GewBetrieb** an. Entscheidend ist der **Gesellschaftszweck** (§ 705 BGB) entsprechend dem Rechtsfolgewillen der Gesellschafter (BFH VIII R 28/94, BStBl. II 1997, 202). Der Zweck bestimmt die Beitragsverpflichtung und damit das Betriebsvermögen der BGB-Gesellschaft. Ähnlich wie bei der Personenhandelsgesellschaft können Mitunternehmer mit weiteren Zusammenschlüssen derselben Personengruppe bei entsprechendem Rechtsfolgewillen eigenständige Zwecke verfolgen. In diesem Fall setzt die Annahme verschiedener Mitunternehmerschaften voraus, dass die zweite Gesellschaft nach außen erkennbar geworden ist (BFH I B 153/96, BFH/NV 1998, 847; IV R 42/19, BStBl. II 2023, 118). Weitere Beweisanzeichen (zB getrennte Kassen und Konten sowie Buchführungen, eigene Rechnungsvordrucke) müssen die Ausübung abgrenzbarer Tätigkeiten ergeben (BFH IV R 11/97, BStBl. II 1998, 603). Auch auf den Gesellschaftsvertrag kann es ankommen (s. auch BFH IV R 86/80, BStBl. II 1984, 152; VIII R 52/91, BFH/NV 1993, 684 sowie IV R 152/76, BStBl. II 1981, 602).

29 **d) Partenreederei.** Die Partenreederei (§ 489 HGB aF) hat gesetzlich festgelegt den **Betrieb eines Schiffes** zum Gegenstand (BFH IV R 50/90, BStBl. II

1992, 380). Sie ist „andere Gesellschaft" iSv § 15 Abs. 1 S. 1 Nr. 2 EStG und daher der OHG/KG weitgehend gleichgestellt (vgl. BFH IV R 12/80, BStBl. II 1981, 90; XI R 50/88, BStBl. II 1994, 364; → Rn. 407). Sie bezieht sich nach § 489 Abs. 1 HGB aF nur auf **ein** Schiff. Dessen Verkauf bedeutet idR Betriebsveräußerung. Betreibt dieselbe Personengruppe mehrere Schiffe, so bestehen mehrere Mitunternehmerschaften (BFH VIII R 257/80, BStBl. II 1986, 53; IV R 50/90, BStBl. II 1992, 380). Der Gewerbebetrieb beginnt bei einem Ein-Schiff-Unternehmen erst mit Indienststellung des Schiffes (BFH IV R 100/84, BStBl. II 1986, 527). Ab Inkrafttreten des SeehandelsrechtsRefG v. 25.4.2013 (BGBl. 2013 I 831) kann eine Partenreederei nicht mehr gegründet werden und gelten für die bis dahin entstandenen Partenreedereien die überholten HGB-Vorschriften weiter (Art. 71 EGHGB).

Der **Korrespondentreeder** (§§ 492 ff. HGB aF) kann Mitunternehmer sein, aber auch einen eigenständigen GewBetrieb führen (BFH IV R 65/85, BStBl. II 1987, 564).

e) Atypische stille Gesellschaft. Bei ihr (→ Rn. 414) ist entscheidend der **Bezug der Mitunternehmerschaft** auf den *jeweiligen Betrieb*, ggf. *mehrere Betriebe* oder *einen Betriebszweig* des Geschäftsinhabers (BFH I R 133/93, BStBl. II 1995, 171). Allerdings können mehrere Betriebe auch dann nicht ohne Weiteres zusammengefasst werden, wenn an allen Betrieben derselbe/dieselben Geschäftspartner atypisch still beteiligt sind. Die Beteiligung mehrerer Personen(gruppen) kann ein einziger Gewerbebetrieb sein, wenn der Zweck aller Beteiligungen in der gemeinsamen Ausübung der gesamten gewerblichen Tätigkeit des Geschäftsinhabers besteht (BFH I R 127/93, BStBl. II 1995, 764; IV R 18/98, BStBl. II 1999, 286; VIII R 81/96, BFH/NV 1999, 355; IV B 42/02, BFH/NV 2002, 1447; **aA** Lindwurm DStR 2000, 53). Mehrere Gewerbebetriebe können anzunehmen sein, wenn die jeweiligen Beteiligungen an getrennten Geschäftsbeziehungen nicht identisch sind (BFH IV R 18/98, BStBl. II 1998, 685). 30

f) Andere Innengesellschaften/Unterbeteiligungsverhältnisse. Gewerbesteuerrechtlich (auch → Rn. 404) stehen **sonstige Innengesellschaften** der atypischen stillen Gesellschaft nahe (→ Rn. 30; vgl. auch BFH VIII R 364/83, BStBl. II 1986, 311; IV R 79/94, BStBl. II 1996, 269). Je nach Vertragsgestaltung kann nur ein Gewerbebetrieb selbst dann vorliegen, wenn der nach außen tätige Gesellschafter mehrere Gesellschaftsverträge zur Realisierung des Projekts des gesamten Betriebs abgeschlossen hat (BFH VIII R 81/96, BFH/NV 1999, 355). Hiervon abzugrenzen sind Beteiligungen an einzelnen in sich geschlossenen und von anderen Unternehmensteilen unabhängigen, auf je bestimmte Projekte bezogenen Geschäftszweigen (tracking stock), die zu selbstständigen GewBetrieben führen (BFH IV R 73/06, BStBl. II 2010, 40 mwN). 31

Bei **Unterbeteiligungen** bezieht sich Mitunternehmerschaft auf den vom Hauptgesellschafter gehaltenen Gesellschaftsanteil; insoweit stellen sie eigenständige Mitunternehmerschaften dar (vgl. BFH IV R 5/86, BStBl. II 1990, 168; IV R 135/92, BStBl. II 1995, 531).

g) Arbeitsgemeinschaften. Für sie gilt § 2a. Nach dessen Grundsätzen sollte mE bei **Meta-Gesellschaften** und **Konsortien** verfahren werden, wenn sie Mitunternehmerschaften sind (zur Meta-Gesellschaft → § 7 Rn. 217). 32

Die an einer **Interessengemeinschaft** Beteiligten bleiben jeweils selbstständige Gewerbesteuerpflichtige; die Interessengemeinschaft wird idR nicht als solche gewerblich tätig (RFH VI A 833/33, RStBl. 1934, 658).

33 **h) Erbengemeinschaften.** Die ungeteilte Erbengemeinschaft unterhält, soweit gewerblich tätig, **einen Gewerbebetrieb.** Die Erben sind Mitunternehmer (BFH GrS 2/89, BStBl. II 1990, 837; X R 72/89, BStBl. II 1991, 350); anders jedoch, wenn ein durch Vermächtnis Begünstigter schon vor Erfüllung des Vermächtnisses als Inhaber des Gewerbebetriebes anzusehen ist (BFH VIII R 349/83, BStBl. II 1992, 330). Die Erbengemeinschaft ist jedoch keine Personengesellschaft iSd § 15 Abs. 3 Nr. 1 EStG. Die Gesamtrechtsnachfolge lässt die sachliche Selbstständigkeit mehrerer vom Erblasser gehaltener Gewerbebetriebe unberührt. Wird der Betrieb von den mitunternehmerischen Erben fortgeführt (möglicherweise durch Zeitablauf, vgl. BFH IV R 133/68, BStBl. II 1974, 84), dann ist die Selbstständigkeit wirtschaftlich nicht zusammenhängender Betriebe ebenso zu beachten (BFH IV R 214/84, BStBl. II 1987, 120), anders bei der OHG (→ Rn. 407).

34 **i) Ehegatten.** Die **Gütergemeinschaft** führt, wenn ein Ehegatte einen zum Gesamtgut gehörenden GewBetrieb hält, angesichts der Teilhabe an den Erträgen, der dinglichen Mitberechtigung und der Haftung des anderen Ehegatten idR zu einer **Mitunternehmerschaft der Ehegatten,** auch wenn der andere nicht in Erscheinung tritt und nur geringfügige Kontrollrechte hat (vgl. BFH GrS 4/82, BStBl. II 1984, 751 (768); IV R 37/04, BStBl. II 2006, 165; VI R 39/18, BStBl. II 2021, 532 mwN). Deren Beendigung erfolgt nicht bereits mit der Trennung der Eheleute oder der Scheidung der Ehe, sondern erst mit der Abwicklung der Gütergemeinschaft (BFH IV B 66/10, BFH/NV 2012, 411). Keine Mitunternehmerschaft entsteht, wenn im Betrieb die persönliche Arbeitsleistung des Ersteren entscheidend in den Vordergrund tritt und kein nennenswertes Kapital eingesetzt wird (BFH VIII R 18/95, BStBl. II 1999, 384). Für diese mitunternehmerischen Gemeinschaften gilt § 15 Abs. 3 Nr. 1 EStG nicht (vgl. zur Erbengemeinschaft BFH IV R 214/84, BStBl. II 1987, 120).

Ehegattenpersonengesellschaften. In der Regel werden eigenständige wirtschaftliche Organismen wegen der unterschiedlichen Zwecke des jeweiligen Zusammenschlusses zu mehreren Mitunternehmerschaften (Gesellschaften) zwischen den Ehegatten führen, wenn die Regeln über die Klarheit und Eindeutigkeit von Vereinbarungen und deren tatsächlicher Durchführung beachtet werden (vgl. BFH IV R 206/80, BStBl. II 1983, 636). Der konkludente Abschluss einer Vereinbarung soll ausreichen (BFH VIII R 21/04, BFH/NV 2006, 1839), der aber nicht vorliegt, wenn die Ehefrau auf ihren Namen das Gewerbe sowie Firmenkonten an- und ummeldet und vorträgt, nur „pro forma" für ihren Ehemann aufgetreten zu sein (BFH VIII R 61/02, BFH/NV 2004, 27). Einen unternehmerischen Zusammenschluss hält die Rspr. zB auch bei Ehegatten für möglich, die teilweise getrennt und teilweise gemeinsam Grundstücksgeschäfte betreiben (vgl. BFH I R 28/75, BStBl. II 1977, 552). Auf die gemeinsamen Geschäfte kann jedoch nicht verzichtet werden, weil gleichartige Gewerbebetriebe in der Hand von Ehegatten nicht ohne Weiteres zusammenzufassen sind (vgl. zum Gesamtgut bei Errungenschaftsgemeinschaft BFH IV R 50/72, BStBl. II 1977, 201).

35 **j) Eheähnliche Lebensgemeinschaften.** Für sie gelten mE die allgemeinen Grundsätze. Die zu Verträgen zwischen nahen Angehörigen geltenden Grundsätze sind nicht anzuwenden (BFH IV R 225/85, BStBl. II 1988, 670).

36 **k) Eingetragene Lebenspartnerschaften.** Für sie gelten die Grundsätze zu Ehegatten: sie leben grds. Im Güterstand der Zugewinngemeinschaft (§ 6 LpartG)

und können ihre güterrechtlichen Verhältnisse durch Lebenspartnerschaftsvertrag (§ 7 LpartG) regeln (Beachtung der Verträge zwischen nahen Angehörigen, vgl. Kanzler FR 2000, 859 (965)).

4. Sonstige Fälle

a) Verbundene Gesellschaften. Es gilt der Grundsatz, dass der **Umfang** des jeweiligen GewBetriebs **durch das Zivilrecht begrenzt** wird. Bei **Beteiligung** einer KapGes an einer PersGes (BFH III R 8/19, BStBl. II 2021, 627) bildet deren Betätigung regelmäßig einen eigenen Gewerbebetrieb. Das gilt entsprechend bei der Beteiligung einer Personenhandelsgesellschaft I an einer anderen Personenhandelsgesellschaft II selbst dann, wenn Komplementärin der Gesellschaft I eine GmbH ist, die von den Gesellschaftern der Gesellschaft II beherrscht wird (vgl. BFH IV R 56/80, BStBl. II 1984, 150). Einen Sonderfall bei **Schwestergesellschaften** behandelt BFH VIII R 16/01, BFH/NV 2003, 81: Verkauf des Betriebsgrundstücks durch Gesellschaft I an einen Dritten und des beweglichen Anlagevermögens an die Gesellschaft II, die – selbst produzierend – die Produktion von I übernimmt, führt zur Unternehmensidentität; mE schon deswegen zweifelhaft, weil der BFH sich über die Eigenständigkeit von Rechtspersonen hinwegsetzt und im Streitfall nur Teile der Betriebsmittel übernommen wurden, nicht aber das Unternehmen als solches. 37

b) Priorität von Sondervergütungen. Für BGB-Gesellschaften oder andere mitunternehmerische Gemeinschaften besteht **Priorität des § 15 Abs. 1 S. 1 Nr. 2 EStG** zugunsten der gewerblich tätigen Personengesellschaft, wenn die an ihr beteiligte Gesellschaft II keine eigenständigen gewerblichen Einkünfte erzielt (vgl. dazu BFH IV R 36/82, BStBl. II 1985, 622). Die BGB-Gesellschaft kann an einer Gesamthand beteiligt sein (BFH GrS 7/89, BStBl. II 1991, 691). Einigkeit besteht in Lit. und Rspr., dass die Beteiligungsergebnisse den Gesellschafter einer Personengesellschaft auch dann unmittelbar über das einheitliche Gewinnfeststellungsverfahren (§ 180 AO) treffen, wenn die *Beteiligung in einem Betriebsvermögen* gehalten wird (BFH IV R 254/84, BStBl. II 1986, 182; IV R 42/02, BStBl. II 2004, 353). Gegebenenfalls sind die Kürzungs- und Hinzurechnungsvorschriften der § 9 Nr. 2 und § 8 Nr. 8 zu beachten. Sie sollen gewährleisten, dass die Gewinn- bzw. Verlustanteile nur bei der Beteiligungspersonengesellschaft erfasst werden. Deren Tätigkeit gilt stets und in vollem Umfang als eigenständiger Gewerbebetrieb (vgl. BFH I R 85/79, BStBl. II 1983, 427). 38

c) Vermögensverwaltende BGB-Gesellschaften. Für Zwecke der Gewerbesteuer unbeachtet bleibt dagegen die einheitliche Gewinnfeststellung für eine vermögensverwaltende BGB-Gesellschaft. Ist an ihr eine gewerblich tätige Personenhandelsgesellschaft beteiligt, so erzielt diese gewerbliche Gewinne auch aus ihrer Beteiligung. Für die Gewerbesteuer ist dann der Gewerbeertrag der Personenhandelsgesellschaft in der Weise eigenständig zu ermitteln, dass ihr die Anteile an den Wirtschaftsgütern der BGB-Gesellschaft zuzurechnen sind (vgl. BFH GrS 2/02, BStBl. II 2005, 679). 39

d) Betriebsaufspaltung. Bei der Betriebsaufspaltung bestehen hinsichtlich der Bestimmung des Gewerbebetriebs **besondere Grundsätze.** Betriebs- und Besitzunternehmen werden formal als eigenständige Gewerbebetriebe behandelt (vgl. iE → Rn. 296 ff.). 40

41 **e) Kapitalgesellschaften.** Mehrere sachlich selbstständige Betriebe in der Hand einer Kapitalgesellschaft gibt es nicht. Diese gilt stets und in vollem Umfang als **ein Gewerbebetrieb.** Die Gründe dafür sind im Wesentlichen dieselben, die bei einer Personenhandelsgesellschaft für einen sachlich einheitlichen Gewerbebetrieb sprechen. Im Gegensatz zu den Personengesellschaften erzielt die Kapitalgesellschaft **stets gewerbliche Einkünfte.** Diese Typisierung des Gesetzgebers ist mit dem Grundgesetz vereinbar, obgleich sie die Kapitalgesellschaften insoweit wesentlich schlechter stellt als natürliche Personen (BFH I R 40/75, BStBl. II 1977, 668; → Rn. 468).

Das bedeutet allerdings nicht, dass die wirtschaftlichen Geschäftsbetriebe einer KapGes und einer PersGes, an der die KapGes beteiligt ist, zu einem einheitlichen Geschäftsbetrieb zusammenzufassen wären; vielmehr wird der jeweilige Umfang durch das Zivilrecht begrenzt (BFH III R 8/19, BStBl. II 2021, 627).

42 **f) Wirtschaftliche Geschäftsbetriebe.** Mehrere wirtschaftliche Geschäftsbetriebe, die von sonstigen juristischen Personen oder nichtrechtsfähigen Vereinen unterhalten werden, gelten als **einheitlicher Gewerbebetrieb** (§ 8 GewStDV).

43 **g) Unternehmen der öffentlichen Hand.** Sie sind gewerbesteuerpflichtig, soweit sie die Merkmale des allgemeinen Gewerbebetriebs nach § 2 Abs. 1 S. 2 erfüllen (→ Rn. 380).

Körperschaften des öffentlichen Rechts können wie natürliche Personen **mehrere sachlich selbstständige** Gewerbebetriebe führen. Für die Bestimmung gelten mE zunächst die allgemeinen Grundsätze (→ Rn. 16 ff.; vgl. FG Münster 13 K 3663/18 K, G, EFG 2021, 1140). Im Hinblick auf deren Zusammenfassung sind die für die Betriebe gewerblicher Art geltenden kstrechtlichen Grundsätze maßgebend (→ Rn. 44).

Sachlich selbstständig sind grundsätzlich die **Hoheitsbetriebe,** also Betriebe, die überwiegend der Ausübung der öffentlichen Gewalt dienen (§ 2 Abs. 2 S. 1 GewStDV; → Rn. 382), gegenüber den GewBetrieben der öffentlichen Hand. Zwar nimmt die GewStDV insofern nicht Bezug auf § 4 Abs. 6 S. 2 KStG, doch ergibt sich mE die dargestellte Rechtsfolge aus der Herausnahme der Hoheitsbetriebe aus der GewStPfl., was darauf beruht, dass beide Betriebsarten „grundverschieden" (BFH I 164/59 S, BStBl. III 1962, 448) sind. Tatsächlich nicht trennbare Vorgänge werden bei überwiegender Ausübung öffentlicher Gewalt als Hoheitsbetriebe eingestuft (§ 2 Abs. 2 GewStDV).

44 Die **Zusammenfassung von mehreren GewBetrieben** (gewerblicher Art) ist zulässig, wenn sie **(1.)** gleichartig sind oder **(2.)** zwischen ihnen nach dem Gesamtbild der tatsächlichen Verhältnisse objektiv eine enge wechselseitige technisch-wirtschaftliche Verflechtung von einigem Gewicht besteht oder **(3.),** wenn es sich um Versorgungsbetriebe (§ 4 Abs. 3 KStG) handelt (§ 4 Abs. 6 S. 1 KStG iVm § 2 Abs. 1 S. 1 GewStDV; s. auch KStR 4.2). Erforderlich ist eine organisatorische Zusammenfassung (mE zutr. aA BMF BStBl. I 2009, 1303 Rn. 1), die auch durch eine PersonenhandelsGes erfolgen kann (BFH I R 9/19, BFH/NV 2023, 828).

Gleichartig sind in *tätigkeitsbezogener Auslegung* (vgl. BFH I R 83/15, BStBl. II 2018, 495; vgl. zu § 8 Abs. 9 S. 3 KStG BFH V R 51/20, BFH/NV 2024, 1092) die Betriebe, wenn sie im gleichen GewZweig betrieben werden oder sich – auch auf unterschiedlichen Produktions- und Vertriebsstufen – gegenseitig ergänzen (BFH X R 130/87, BStBl. II 1989, 901; I R 161/94, BFH/NV 1997, 625). Ein notwendiger Funktionszusammenhang muss nicht vorliegen (BFH GrS 4/

66, BStBl. III 1967, 240); jedoch ist bei unterschiedlichen Produktions- oder Vertriebsstufen eine funktionelle Verbindung erforderlich (BFH I R 42/01, BFH/NV 2003, 511). Abzustellen ist auf das äußere Erscheinungsbild der BgA, nicht auf die von der Trägerkörperschaft verfolgten übergeordneten Ziele. Beim Kurbetrieb und einem Verkaufsstand genügt der **gemeinsame Zweck** der Touristenwerbung nicht für die Annahme von Gleichartigkeit (BFH I R 49/20, BFH/NV 2023, 962, zu FG München 6 K 2916/17, EFG 2021, 1748, aufgeh.).

Eine wechselseitige **technisch-wirtschaftliche Verflechtung** setzt eine sachliche Beziehung der jeweiligen Betätigungen im Sinne eines wirtschaftlichen Zusammenhangs voraus (BFH I R 42/01, BFH/NV 2003, 511). Sie kann durch gemeinsame Betriebsmittel und funktional aufeinander abgestimmte Betriebsvorgänge (zB Doppelfunktion eines Wasserturms) sowie Personalaustausch bewirkt werden (BFH III 50/61, BStBl. III 1967, 510). Das gilt etwa für die Abfallverbrennung und Energieerzeugung, nicht jedoch im Weiteren für Verkehr und Versorgung (BFH I R 9/19, BFH/NV 2023, 828, zu SchlHFG 1 K 116/13, EFG 2019, 1458, best.). Die Belieferung mit den wichtigsten Betriebsstoffen reicht nicht aus (BFH GrS 4/66, BStBl. III 1967, 240), umso weniger die Belieferung mit Handelsware (SchlHFG 1 K 116/13, EFG 2019, 1458, nachgehend BFH I R 9/19, BFH/NV 2023, 828). Auch eine abgestufte **Kettenzusammenfassung** ist unzulässig, wenn eine an sich ausreichende Verflechtung nur zwischen dem einen und einem von den weiteren BgA besteht; erforderlich sind die Voraussetzungen für eine Zusammenfassung zwischen allen zusammenzufassenden BgA. Das ist nicht der Fall bei kleinem Blockheizkraftwerk, Freibad und Wasserversorgung (BFH V R 43/21, BStBl. II 2025, 460, zu SchlHFG 1 K 115/17, EFG 2022, 265, aufgeh. und gegen BMF 14.11.2009, BStBl. I 2009, 1303, Rn. 5; aA Göbel/Westermann DStR 2024, 1637)

Bei **Versorgungsbetrieben** genügte stets ein einheitlicher Versorgungszweck (BFH GrS 4/66, BStBl. III 1967, 240), insb. wenn ein einheitlicher Kundenstamm existiert, zB Bäderbetrieb und Strom-/Wasserversorgung (BFH I R 187/85, BStBl. II 1990, 242; I R 74/89, BStBl. II 1992, 432; HessFG 4 K 1060/13, EFG 2017, 1544). Jedoch sind sie nach Einführung des § 4 Abs. 6 S. 1 KStG durch das JStG 2009 nicht per se als gleichartig einzustufen (BFH V R 51/20, BFH/NV 2024, 1092, zu Hess FG 4 K 1112/18, EFG 2020, 1526, aufgeh.), sondern nur die in § 4 Abs. 3 KStG genannten Versorgungsbetriebe (BMF 12.11.2009, BStBl. I 2009, 1303, Rn. 4). Zum einheitlichen Wirtschaftsgut Leitungsnetz s. BFH V R 126/80, BFH/NV 1987, 269. Speziell zum **Blockheizkraftwerk** vgl. BMF 11.5.2016, BStBl. I 2016, 479. Die Zusammenfassung ist zulässig ab dem Zeitpunkt, ab dem die Verflechtung tatsächlich besteht (BFH I R 74/89, BStBl. II 1992, 432). **Hallenbad** und EDV-Dienstleistungen, vermittelt durch eine KG, sind keine Versorgungsbetriebe (BFH I R 16/19, BFH/NV 2023, 917, zu FG Nürnberg 1 K 723/18 best.). Zum **Breitbandausbau** s. BMF 9.9.2019 – IV C 2-S 2706/16/10002, (hierzu ua Deckers 2020, 460; Schiffers DStZ 2020, 183). Zur **Beendigung** der Zusammenfassung durch Begründung eines **Stand-by-Betriebs** BFH I R 41/17, BStBl. II 2021, 872.

Betätigt sich die öffentliche Hand in der Rechtsform einer **Handels-, BGB-** **45**
oder **Kapitalgesellschaft,** so gelten die für diese Zusammenschlüsse entwickelten Grundsätze. Die Zusammenfassung von BgA in Kapitalgesellschaften ist grundsätzlich (Ausnahme Missbrauch) zulässig (arg.: KStR 4.2), nicht jedoch die Zusammenfassung eines BgA mit einem kommunalen Eigenbetrieb, zB in der Rechtsform einer KapitalGes (FG Düsseldorf 6 K 2990/07 K, EFG 2010, 1732).

46 **h) Zusammentreffen von stehendem Gewerbebetrieb und Reisegewerbe.** Wird im Rahmen eines einheitlichen Gewerbebetriebs sowohl ein stehendes als auch ein Reisegewerbe betrieben, so ist der Betrieb **in vollem Umfang** als **stehendes Gewerbe** zu behandeln (§ 35a Abs. 2 S. 2). Die Voraussetzungen eines einheitlichen Betriebs bestimmen sich nach den vorstehenden Erläuterungen (vgl. insb. → Rn. 16 ff.). Es kommt also auch hier auf die organisatorischen, wirtschaftlichen und finanziellen Beziehungen zwischen beiden Betätigungen an.

5. Objektbezogener Steuerbescheid

47 Für jeden GewBetrieb hat ein **eigenständiger GewStMessbescheid** zu ergehen, auch wenn sich mehrere GewBetriebe in nur einer Hand befinden (BFH X R 38/11, BFH/NV 2013, 1125). **Verfahrensrechtlich** ist bedeutsam, dass das FG die für jeden Betrieb ergangenen Gewerbesteuermessbescheide nicht abzuändern, sondern aufzuheben hat, wenn es im Gegensatz zu der Auffassung des Finanzamts die Einheitlichkeit des Gewerbebetriebs bejaht. Der Grund liegt darin, dass sich Bescheide auf einen unzutreffenden Steuergegenstand beziehen (BFH VIII R 149/81, BStBl. II 1983, 278). Entsprechendes gilt, wenn das FA zu Unrecht selbstständige Betriebe zusammengefasst hat (vgl. BFH XI R 63/96, BStBl. II 1997, 573).

48, 49 *(frei)*

B. Rechtsformunabhängiges gewerbliches Unternehmen iSd Einkommensteuerrechts (§ 2 Abs. 1 S. 2)

I. Rechtsgrundlagen

1. Definition des Gewerbebetriebs

50 § 15 Abs. 2 EStG idF des Steuerentlastungsgesetzes 1984 v. 22.12.1983 (BGBl. 1983 I 1583) hat die früher nur in § 1 GewStDV gegebene Definition des Gewerbebetriebs in das EStG übernommen. Sie kennzeichnet auch den Begriff des Gewerbebetriebs iSd des GewStG (§ 2 Abs. 1 S. 2; BFH X R 110/87, BStBl. II 1990, 195).

Insoweit zuletzt geändert durch G. v. 8.12.2010 (BGBl. 2010 I 1768) lautet **§ 15 Abs. 1 mit 3 EStG:**

§ 15 EStG Einkünfte aus Gewerbebetrieb

(1) [1]Einkünfte aus Gewerbebetrieb sind

1. **Einkünfte aus gewerblichen Unternehmen. [2]Dazu gehören auch Einkünfte aus gewerblicher Bodenbewirtschaftung, z.B. aus Bergbauunternehmen und aus Betrieben zur Gewinnung von Torf, Steinen und Erden, soweit sie nicht land- oder forstwirtschaftliche Nebenbetriebe sind;**
2. **die Gewinnanteile der Gesellschafter einer Offenen Handelsgesellschaft, einer Kommanditgesellschaft und einer anderen Gesellschaft, bei der der Gesellschafter als Unternehmer (Mitunternehmer) des Betriebs anzusehen ist, und die Vergütungen, die der Gesellschafter von der Gesellschaft für seine Tätigkeit im Dienst der Gesellschaft oder für die Hingabe von Darlehen oder für die Überlassung von Wirtschaftsgütern bezogen hat. [2]Der mit-**

telbar über eine oder mehrere Personengesellschaften beteiligte Gesellschafter steht dem unmittelbar beteiligten Gesellschafter gleich; er ist als Mitunternehmer des Betriebs der Gesellschaft anzusehen, an der er mittelbar beteiligt ist, wenn er und die Personengesellschaften, die seine Beteiligung vermitteln, jeweils als Mitunternehmer der Betriebe der Personengesellschaften anzusehen sind, an denen sie unmittelbar beteiligt sind;
3. die Gewinnanteile der persönlich haftenden Gesellschafter einer Kommanditgesellschaft auf Aktien, soweit sie nicht auf Anteile am Grundkapital entfallen, und die Vergütungen, die der persönlich haftende Gesellschafter von der Gesellschaft für seine Tätigkeit im Dienst der Gesellschaft oder für die Hingabe von Darlehen oder für die Überlassung von Wirtschaftsgütern bezogen hat.

[2]Satz 1 Nummer 2 und 3 gilt auch für Vergütungen, die als nachträgliche Einkünfte (§ 24 Nummer 2) bezogen werden. [3]§ 13 Absatz 5 gilt entsprechend, sofern das Grundstück im Veranlagungszeitraum 1986 zu einem gewerblichen Betriebsvermögen gehört hat.

(1a) [1]In den Fällen des § 4 Absatz 1 Satz 5 ist der Gewinn aus einer späteren Veräußerung der Anteile ungeachtet der Bestimmungen eines Abkommens zur Vermeidung der Doppelbesteuerung in der gleichen Art und Weise zu besteuern, wie die Veräußerung dieser Anteile an der Europäischen Gesellschaft oder Europäischen Genossenschaft zu besteuern gewesen wäre, wenn keine Sitzverlegung stattgefunden hätte. [2]Dies gilt auch, wenn später die Anteile verdeckt in eine Kapitalgesellschaft eingelegt werden, die Europäische Gesellschaft oder Europäische Genossenschaft aufgelöst wird oder wenn ihr Kapital herabgesetzt und zurückgezahlt wird oder wenn Beträge aus dem steuerlichen Einlagenkonto im Sinne des § 27 des Körperschaftsteuergesetzes ausgeschüttet oder zurückgezahlt werden.

(2) [1]Eine selbständige nachhaltige Betätigung, die mit der Absicht, Gewinn zu erzielen, unternommen wird und sich als Beteiligung am allgemeinen wirtschaftlichen Verkehr darstellt, ist Gewerbebetrieb, wenn die Betätigung weder als Ausübung von Land- und Forstwirtschaft noch als Ausübung eines freien Berufs noch als eine andere selbständige Arbeit anzusehen ist. [2]Eine durch die Betätigung verursachte Minderung der Steuern vom Einkommen ist kein Gewinn im Sinne des Satzes 1. [3]Ein Gewerbebetrieb liegt, wenn seine Voraussetzungen im Übrigen gegeben sind, auch dann vor, wenn die Gewinnerzielungsabsicht nur ein Nebenzweck ist.

(3) Als Gewerbebetrieb gilt in vollem Umfang die mit Einkünfteerzielungsabsicht unternommene Tätigkeit
1. einer offenen Handelsgesellschaft, einer Kommanditgesellschaft oder einer anderen Personengesellschaft, wenn die Gesellschaft auch eine Tätigkeit im Sinne des Absatzes 1 Satz 1 Nummer 1 ausübt oder gewerbliche Einkünfte im Sinne des Absatzes 1 Satz 1 Nummer 2 bezieht. [2]Dies gilt unabhängig davon, ob aus der Tätigkeit im Sinne des Absatzes 1 Satz 1 Nummer 1 ein Gewinn oder Verlust erzielt wird oder ob die gewerblichen Einkünfte im Sinne des Absatzes 1 Satz 1 Nummer 2 positiv oder negativ sind;
2. einer Personengesellschaft, die keine Tätigkeit im Sinne des Absatzes 1 Satz 1 Nummer 1 ausübt und bei der ausschließlich eine oder mehrere Kapi-

talgesellschaften persönlich haftende Gesellschafter sind und nur diese oder Personen, die nicht Gesellschafter sind, zur Geschäftsführung befugt sind (gewerblich geprägte Personengesellschaft). [2]Ist eine gewerblich geprägte Personengesellschaft als persönlich haftender Gesellschafter an einer anderen Personengesellschaft beteiligt, so steht für die Beurteilung, ob die Tätigkeit dieser Personengesellschaft als Gewerbebetrieb gilt, die gewerblich geprägte Personengesellschaft einer Kapitalgesellschaft gleich.

(4) …

Wegen der verschiedenartigen Normzwecke sind die **Begriffe** Gewerbebetrieb iSd Einkommensteuerrechts und des HGB oder auch der GewO **nicht inhaltsgleich** (VGH BW 14 S 2402/94, BB 1995, 1262). Die Besteuerung folgt selbstständigen Prinzipien, die dem Handelsrecht fremd sind, etwa dem Postulat der wettbewerbsneutralen Besteuerung (vgl. dazu allg. Kirchhof StuW 1984, 297 (305)). Der Eigenständigkeit des steuerrechtlichen Gewerbebetriebsbegriffes steht die trotz der verschiedenartigen Interessenlage bestehende gewisse Ähnlichkeit der Begriffsmerkmale nicht entgegen.

Unterschiede bestehen aber vor allem bei der Land- und Forstwirtschaft und der Vermögensverwaltung, die zwar steuerrechtlich nicht, wohl aber handelsrechtlich (§§ 2, 3 HGB) als Gewerbe, zB in der Form einer OHG, betrieben werden kann (zB Wacker in Schmidt EStG § 15 Rn. 181). Umgekehrt rechnet das Besitzunternehmen einer Betriebsaufspaltung nur steuerrechtlich (→ Rn. 200, 203), nicht aber handelsrechtlich zum Gewerbe (vgl. zur nicht gewerblich tätigen Personengesellschaft Groh JbFfSt 1979/1980, 209 (215); DB 1984, 2373). Allerdings tendiert ein Teil der handelsrechtlichen Lehre dahin, das Handelsrecht auch auf solche Besitzunternehmen anzuwenden, die das am Markt tätige Betriebsunternehmen beherrschen (Hopt ZGR 1987, 145 (176 ff.); **aA** K. Schmidt DB 1988, 897). Zur Wirkung der Eintragung nach §§ 2, 105 HGB K. Schmidt DB 1998, 61; Schön DB 1998, 1169.

2. Steuerrechtlicher Begriff

51 Der steuerrechtliche Begriff des rechtsformunabhängigen Gewerbebetriebs ist ein **offener Typusbegriff** (zB BFH X R 14/10, BStBl. II 2012, 511). Das besagt, dass sich der Begriff des Gewerbebetriebs und die Subsumtion im Einzelfall nicht anhand festumrissener Merkmale abschließend bestimmen lassen. Vielmehr ist auf die Gesamtverhältnisse abzustellen (BFH VIII R 14/99, BStBl. II 2002, 811; I R 46/10, BStBl. II 2014, 764) und in Zweifelsfällen auf die – angeblich – gerichtsbekannte und nicht beweisbedürftige Auffassung darüber, ob die Tätigkeit dem Bild entspricht, das nach der Verkehrsanschauung einen Gewerbebetrieb ausmacht (BFH GrS 1/98, BStBl. II 2002, 291; X R 183/96, BStBl. II 2003, 238; X R 7/99, BStBl. II 2004, 408; X R 9/17, BStBl. II 2021, 418; III R 67/18, BFH/NV 2021, 1070). Am deutlichsten wird die **begriffliche Offenheit** an der judikativen Einführung des negativen Tatbestandsmerkmals „Überschreiten der privaten Vermögensverwaltung" (→ Rn. 100 ff.) sowie an der Methode, für die Abgrenzung im Einzelfall auf das nach der Verkehrsauffassung bestehende **Erscheinungsbild „typischer" Gewerbetreibender** (Produzent, Dienstleister, Händler) zurückzugreifen (zB BFH X R 255/93, BStBl. II 1996, 303; X R 183/96, BStBl. II 1998, 332; X R 55/97, BStBl. II 2001, 809; IV R 94/99, BStBl. II 2002, 565; X R

37/00, BStBl. II 2003, 464; X R 21/00, BStBl. II 2003, 520) oder das „Bild des Gewerbebetriebs" durch Orientierung an unmittelbar der Lebenswirklichkeit entlehnten Berufsbildern „zu konturieren" (BFH X R 40/03, BStBl. II 2005, 35; IV R 10/21, BStBl. II 2025, 937). Das ist naturgemäß nicht für alle Wirtschaftsgüter (Tätigkeiten) nach einheitlichen Maßstäben durchführbar; vielmehr sind artspezifische Besonderheiten zu beachten (BFH X R 37/00, BStBl. II 2003, 464; X R 7/99, BStBl. II 2004, 408; IV R 32/10, BStBl. II 2013, 538; IV R 50/14, BStBl. II 2017, 456): die Gewerblichkeit bestimmt sich etwa beim Grundstückshandel anders als beim Wertpapierhandel (→ Rn. 100 ff.).

Erfüllt die Tätigkeit die Begriffsmerkmale des GewBetriebs, macht es keinen Unterschied, ob sie mit **eigenen oder fremden WG** ausgeübt wird (BFH X R 35/19, BStBl. II 2025, 768).

Gleichwohl unterliegt die Vorstellung des offenen Typus als zu rationaler 52
Rechtsanwendung untauglich **wachsender Kritik** (Weber-Grellet FS Beisse, 1997, 551, FR 1998, 313; Fischer DStZ 2000, 885, FR 2002, 597 (600); Mössner FS Kruse, 2001, 161; Kempermann StbJb 2002/03, 419 (436); Groh DB 2001, 2569; Kratzsch Inf 2005, 378; Florstedt StuW 2007, 314 wie hier: Zugmaier FR 1999, 997) – **mE zu Unrecht:** denn dem Problem liegt lediglich die strukturell bedingte Unschärfe zugrunde, die sich notwendig einstellt, wenn ontische Mannigfaltigkeit auf den Begriff gebracht werden soll und dies nur durch – unausgesprochene – Bezugnahme auf ein typisches Erscheinungsbild (einen Typus) erfolgen kann, wie offensichtlich auch mit der Beschreibung des Gewerbebetriebs durch den Gesetzgeber in § 15 Abs. 2 EStG geschehen. Gerade die juristische Normsetzung, -interpretation und -anwendung ist (notwendig) durch eine solche strukturelle Offenheit gekennzeichnet. Das ist keine Besonderheit des Typusbegriffs. Die Rechtsstaatlichkeit steht mE so lange nicht in Frage, als Normsetzung, -interpretation und -anwendung zu rational nachvollziehbaren Ergebnissen führen kann – und sei es durch Typenvergleich (ähnl. iE BFH X R 21/00, BStBl. II 2003, 520; X R 40/03, BStBl. II 2005, 35).

3. Zurechnungssubjekt

Zurechnungssubjekt gewerblicher Tätigkeit ist der **Urheber** des Inbegriffs **der-** 53
jenigen Tätigkeiten (Handel, Produktion, Dienstleistungen), die Gegenstand des als rechtliche und/oder organisatorische Wirkungseinheit verfassten Betriebs sind, also derjenige, auf dessen Rechnung und Gefahr die Tätigkeiten ausgeführt werden. Maßgebend ist weder (allein) die von den Beteiligten gewählte Bezeichnung ihrer Rechtsbeziehung noch der durch eine HR-Eintragung oder gewerbepolizeiliche Anmeldung gesetzte Rechtsschein, sondern die Entfaltung von Unternehmerinitiative und Übernahme des Unternehmerrisikos (vgl. BFH III R 21/02, BStBl. II 2005, 168; X R 21–22/17, BFH/NV 2020, 177). Bei einem verdeckten Treuhandverhältnis (im eigenen Namen für fremde Rechnung) kann dies der Treuhänder sein (BFH X B 106/09, BFH/NV 2010, 601). Anders bei mittelbarer Tatbestandsverwirklichung, wenn der Unternehmer eine in seinem Betrieb erwirtschaftete Erwerbschance aus privaten Gründen einem anderen überlässt (zB ein Grundstück zur Veräußerung, BFH X R 39/03, BStBl. II 2005, 817; aA Söffing BB 2005, 2101), auch bei Einschaltung eines Kommissionärs (BFH I R 173/83, BStBl. II 1991, 66; IV R 50/13, BFH/NV 2017, 751) oder einer nahestehenden Personen- oder Kapitalgesellschaft (vgl. BFH X R 24/11, BStBl. II 2012, 865; X R 25/13, BStBl. II 2015, 897). Entsprechendes gilt bei einem

„Strohmann"-Verhältnis (BFH III R 21/02, BStBl. II 2005, 168; FG Düsseldorf 2 K 2104/19, E, EFG 2022, 569). Wer ein Grundstück zur gewerblichen Vermietung überlässt, ist ohne Bestehen eines Vertretungs- oder Treuhandverhältnisses nicht Zurechnungssubjekt für die vom Mieter erzielten Einkünfte (FG Hmb 6 K 125/13, BeckRS 2004, 95867).

II. Begriffsmerkmale

1. Selbstständige Tätigkeit (§ 15 Abs. 2 EStG)

54 Es wird zwischen **persönlicher** und **sachlicher Selbstständigkeit** unterschieden. Die sachliche Selbstständigkeit ist vor allem für die Gewerbesteuer iSd Eigenständigkeit des Betriebs als Objekt der Gewerbebesteuerung von Bedeutung (vgl. BFH IV R 152/76, BStBl. II 1981, 602, iE → Rn. 16, 47). Für die Einkommensteuer interessiert sie nur insofern, als die nach der Verkehrsauffassung zu beurteilende Selbstständigkeit des Betriebs und seine Unterscheidbarkeit von anderen auch darüber entscheidet, für welche betriebliche Einheit(en) der Unternehmer seine Gewinnermittlung vorzunehmen hat. Nach dem hier abgelehnten (→ Rn. 17) weiten und deshalb alle Gewerbebetriebe zusammenfassenden Betriebsbegriff spielt die sachliche Selbstständigkeit keine Rolle. Besonderheiten bestehen insoweit bei Personengesellschaften wegen der in der Rspr. vorherrschenden Ansicht, § 15 Abs. 1 S. 1 Nr. 2 EStG als Zuordnungsnorm bzw. als Norm zur Bestimmung der Einkunftsart aufzufassen (→ § 7 Rn. 160).

55 **a) Persönliche Selbstständigkeit, Grundsatz.** Diese folgt im ESt-, USt- und GewStRecht denselben Kriterien (BFH XI R 71/93, BStBl. II 1995, 559; V R 2/95, BStBl. II 1996, 493; VIII R 34/08, BFH/NV 2011, 585). Die **arbeits- und sozialversicherungsrechtliche** Beurteilung muss sich nicht mit dem **steuerrechtlichen Arbeitnehmerbegriff** decken (vgl. auch BFH I R 121/76, BStBl. II 1979, 188; VI R 50/05, BStBl. II 2008, 868; zum Vorstandsmitglied einer AG BFH VI R 86/77, BStBl. II 1980, 393; VI R 168/83, BFH/NV 1987, 574; XI R 38/99, BFH/NV 2000, 820). Nach diesem ist Arbeitnehmer, wer einem Anderen (Arbeitgeber) seine Arbeitskraft schuldet (s. auch § 1 LStDV; EStR 15.1; BMF 5.10.1990, BStBl. I 1990, 638). Der faktische Zwang zur Annahme von Angeboten genügt nicht für die Annahme von Nichtselbstständigkeit (BFH I R 98/15, BFH/NV 2018, 497).

Die **persönliche Selbstständigkeit** bedeutet ein Handeln auf eigene Rechnung und Gefahr (BFH I R 186/78, BStBl. II 1980, 106; VIII R 2/92, BFH/NV 1996, 325; FG Bbg 6 K 1892/01, EFG 2002, 1598 rkr.) und unabhängig von (arbeitsrechtlichen) Weisungen (BFH X R 163, 164/87, BStBl. II 1991, 802). Das damit verbundene **Unternehmerrisiko,** insb. das Ausfallrisiko (BFH X R 83/96, BStBl. II 1999, 534), und die **Unternehmerinitiative** sind wesentliches Merkmal (BFH III R 43, 44/85, BStBl. II 1988, 497; X R 14/10, BStBl. II 2012, 511; I R 98/15, BFH/NV 2018, 497).

56 **b) Nichtselbstständigkeit, Einzelnes.** Für Nichtselbstständigkeit (zur Abgrenzung nach der Rspr. Demme BB 2008, 1540) spricht idR die organisatorische Eingliederung in den Betrieb eines Unternehmers, gekennzeichnet durch die **Weisungsgebundenheit** nach Zeit, Ort und Inhalt der Tätigkeit (BFH X R 83/96, BStBl. II 1999, 534; VI R 50/05, BStBl. II 2008, 868). Entscheidend ist

das **Gesamtbild der Verhältnisse,** insb. das äußere Erscheinungsbild (BFH VI R 11/07, BStBl. II 2008, 933; VI R 5/06, BStBl. II 2009, 931). Bei der Entscheidung sind die Umstände, die jeweils für bzw. gegen die Selbstständigkeit sprechen, im Rahmen einer **Gesamtwürdigung** zu gewichten und abzuwägen (BFH XI R 70/07, BStBl. II 2008, 912; V R 37/08, BStBl. II 2009, 873; V B 22/03, BFH/NV 2003, 1615; VI B 53/03, BFH/NV 2004, 42 mwN). Bei zeitlich nur **kurzer Berührung** mit dem Betrieb des Auftraggebers lässt sich nach BFH aus einem technisch notwendigen Eingliedern noch nicht die Arbeitnehmereigenschaft folgern (vgl. zum Synchronsprecher BFH IV R 1/77, BStBl. II 1981, 706; mE jedoch fraglich, vielmehr ist umgekehrt die Arbeitnehmereigenschaft nicht von der Dauer der Eingliederung abhängig). Anspruch auf bezahlten Urlaub und Lohnfortzahlung kann das Fehlen eines typischen Unternehmerrisikos und damit Arbeitnehmereigenschaft anzeigen. Auch kann trotz Vereinbarung von „freier Mitarbeit" Nichtselbstständigkeit vorliegen (BFH VI R 126/88, BStBl. II 1993, 155), insb. wenn nicht der Arbeitserfolg, sondern die Arbeitskraft geschuldet wird (vgl. zum **Scheinselbstständigen** FG München 10 K 3854/09, BeckRS 2013, 94554; Laber DStR 2000, 114). Keine ausschlaggebende Bedeutung kommt der Abführung von LSt sowie von Sozialversicherungsbeiträgen zu (BFH IV 162/63, BStBl. III 1967, 598; FG Saarl 1 K 53/94, EFG 1994, 751 rkr.). Siehe zur Übersicht geeigneter Indizien BFH VI R 150, 152/82, BStBl. II 1985, 661; zur Überlassung von Kräften BFH VI R 122/87, BStBl. II 1991, 409.

c) Selbstständigkeit, Einzelnes. Im Einzelfall kann gleichwohl trotz Vorliegens solcher Merkmale Selbstständigkeit bejaht werden (vgl. BFH IV R 131/82, BStBl. II 1985, 51: Selbstständigkeit, obwohl Lohnfortzahlung im Krankheitsfall vereinbart war), zumal wenn nicht die Arbeitsleistung als solche, sondern der Arbeitserfolg im Vordergrund steht (BFH VI R 94/93, BStBl. II 1994, 944; IV R 60-61/94, BStBl. II 1995, 888). Selbstständigkeit aber bei Abhängigkeit des wirtschaftlichen Erfolges von der eigenen Tätigkeit (BFH I R 121/76, BStBl. II 1979, 188) sowie der Möglichkeit, Arbeit zu delegieren (BFH XI R 71/93, BStBl. II 1995, 559). Nicht entscheidend ist die Art der Tätigkeit (BFH VI R 150, 152/82, BStBl. II 1985, 661 – Werbedamen), wenngleich eine einfache Tätigkeit eher für Unselbstständigkeit spricht (BFH VI R 126/88, BStBl. II 1993, 155). 57

d) Nebenpflichten. Besteht bei Nebenpflichten – insb. eines Arbeitnehmers – ein **sachlicher und wirtschaftlicher Zusammenhang** der Einzeltätigkeit zur Haupttätigkeit/zum Beschäftigungsverhältnis (Nebentätigkeit gegenüber demselben Auftraggeber/Arbeitgeber unter denselben organisatorischen Bedingungen), ist diese für die Einordnung der Nebentätigkeit von Bedeutung; bei Arbeitnehmern liegt auch insoweit Unselbstständigkeit vor (BFH X R 94/96, BStBl. II 1998, 619; XI R 32/00, BStBl. II 2001, 496; VI R 152/01, BStBl. II 2006, 94). Jedoch kann der Dienstleistende auch im Verhältnis zum selben Auftraggeber **zum Teil** selbstständig, zum Teil nichtselbstständig sein (BFH X R 163, 164/87, BStBl. II 1991, 802). Werden Angestellte nur zum Teil auf eigene Rechnung tätig, dann sind sie nur insoweit selbstständig (BFH X R 39/88, BStBl. II 1991, 631). 58

Auch bei einer **GbR,** sogar als **beliehener Unternehmer,** kann Unselbstständigkeit vorliegen, weil ihre Einheit dem Durchgriff auf ihre Gesellschafter nicht entgegensteht (BFH VIII R 2/92, BFH/NV 1996, 325 mwN). Auch eine sog. **„Ich-AG"** kann mE nach allgemeinen Grundsätzen selbstständig oder nichtselbstständig sein (vgl. Greiner DB 2003, 1058 (1063)).

e) Rechtsprechungsbeispiele zur Frage der Nichtselbstständigkeit (ABC).

59 – **Abonnentenwerbung** (hier: durch Zeitungsausträger) selbstständig, da nicht Nebenpflicht der Haupttätigkeit des Arbeitnehmers (vgl. BFH VI R 59/96, BStBl. II 1997, 254).

– **Agent,** auch Generalagent, je nach Einzelfall gewerblich oder nichtselbstständig (BFH I 200/59 S, BStBl. III 1961, 567; IV 194/64, BStBl. III 1967, 398; VIII R 50, 51/66, 162/70, BStBl. II 1972, 624; I R 110/76, BStBl. II 1978, 137).

– **Amateursportler** kann Arbeitnehmer sein, wenn die Vergütung des Vereins nicht nur unwesentlich den eigenen Aufwand des Sportlers übersteigt (BFH VI R 59/91, BStBl. II 1993, 303). Bei der Werbung kommt es auf das Maß der Eingliederung in den Vereinsbetrieb bzw. die Vermarktungsgesellschaft an (BFH VIII R 104/85, BStBl. II 1986, 424).

– **Anzeigenwerber** können auch bei Übernahme eines gewissen Unternehmerrisikos nach dem Gesamtbild der Verhältnisse unselbstständig sein (BFH V R 98/76, DB 1977, 2170).

– **Apotheker-Vertreter** ist idR nichtselbständig tätig (BFH VIII R 52/77, BStBl. II 1979, 414).

– **Arbeitnehmerähnliche** Person, idR selbstständig (s. EStR 15.1 Abs. 3).

– **Artist** ist bei längerem Engagement idR nichtselbstständig, ansonsten gewerblich tätig (BFH IV 197/50 U, BStBl. III 1951, 97; IV 77/53 S, BStBl. III 1955, 100).

– **Arzt.** Als *Krankenhausarzt* nichtselbstständig auch hinsichtlich wahlärztlicher Leistungen (BFH VI R 152/01, BStBl. II 2006, 94; VI B 46/08, BFH/NV 2009, 1814). Darf er **ambulant** mit eigenem Liquidationsrecht behandeln, ist er insoweit selbstständig (zur Abgrenzung FVerw 24.4.2006, DStR 2006, 1041). Bei **Gutachten** ist entscheidend, ob dieses als Leistung des Krankenhauses erscheint (nichtselbstständig) oder nicht (dann selbstständig; BFH IV 88/56 U, BStBl. III 1956, 187). Der Oberarzt als Vertreter des Chefarztes bei dessen Privatpatienten ist dessen Arbeitnehmer (BFH IV R 241/70, BStBl. II 1972, 213; IV R 186/82, BStBl. II 1985, 286; **aA** FG BW IV 284/77, EFG 1978, 462 rkr.).

– **Ärztepropagandist** (BFH IV 329/58 U, BStBl. III 1961, 315).

– **AStA-**Mitglieder sind Arbeitnehmer der Studentenschaft (BFH VI R 51/05, BStBl. II 2008, 981).

– **Aufsichtsratsmitglied,** idR selbstständig nach § 18 Abs. 1 Nr. 3 EStG (BFH V R 136/71, BStBl. II 1972, 810; IV R 81/76, BStBl. II 1981, 29).

– **Au-pair-Mädchen,** idR nicht aufgrund eines entgeltlichen Arbeitsverhältnisses tätig (FG Hmb VI 198/79, EFG 1983, 21, rkr.).

– **Aushilfstätigkeit.** Bindung an Zeit und Ort sowie Einfachheit der Leistung sprechen für Eingliederung (zB BFH VI 73/58 U, BStBl. III 1959, 354 – Erntehelfer; BFH VI 183/59 S, BStBl. III 1962, 37 – Kohlenhandlung; BFH VI R 221/69, BStBl. II 1974, 301 – Verladearbeiten); anders, jedoch unsystematisch, in Einzelfällen (BFH VI 87/60 U, BStBl. III 1962, 69 – Hopfentreter; BFH StRK EStG § 19 Abs. 1 Nr. 1 R 136, Ausschachtungsarbeiten).

– **Beratung** des Arbeitgebers durch den Arbeitnehmer beim Verkauf des Betriebs gehört noch zur nichtselbstständigen Tätigkeit (BFH XI R 32/00, BStBl. II 2001, 496).

– **Berufssportler,** wiederholte Mitwirkung bei industriellen Werbeveranstaltungen ist gewerbliche Tätigkeit (BFH I R 39/80, BStBl. II 1983, 182). Es kommt auf das Maß der Eingliederung in Vereinsbetrieb bzw. Vermarktungsgesellschaft an (vgl. „Amateursportler"). Der DFB-Musterarbeitsvertrag für **Bundesliga-Fußballspieler** verpflichtet nicht zur Teilnahme an Werbeveranstaltungen (BFH X R 14/10, BStBl. II 2012, 511; hierzu Kanzler FR 2012, 738; Becker/Figura BB 2012, 3046). *Berufsringer* sind bei Turnieren nicht selbstständig tätig (BFH I R 159/76, BStBl. II 1979, 182); ebenso **Radrennfahrer** (BFH IV 77/53 S, BStBl. III 1955, 100; I 398/60 U, BStBl. III 1964, 207). Auch → Rn. 275 „Berufssportler".

- **Buchführungshelfer,** je nach dem Maße der Eingliederung (vgl. Traxel DStZ 1996, 364).
- **Buchhalter,** entsprechend.
- **Buchmacher,** gewerblich (BFH IV R 49/78, BStBl. II 1982, 650).
- **Dienstmann** trotz bestimmter Verpflichtungen gegenüber Bahnverwaltung gewerblich (RFH RStBl. 1942, 572).
- **Dolmetscher,** tageweise (beim Europarat) tätig, ist selbständig tätig (vgl. BFH VIII R 33/19, BStBl. II 2022, 552, mwN).
- **Erziehungshelfer,** es kommt Selbstständigkeit und Unselbstständigkeit in Betracht (OFD Frankfurt aM 30.6.2000, DB 2000, 1735).
- **Fernsehfahnder** wie Rundfunkermittler *(s. dort)*.
- **Filmautoren, -komponisten, -regisseure,** im Allgemeinen selbstständig (BMF 5.10.1990, BStBl. I 1990, 638), nach allgemeinen Grundsätzen im Einzelfall selbstständig (BFH VI R 19/07, BFH/NV 2008, 1485).
- **Filmschauspieler,** idR Arbeitnehmer (BFH I R 207/66, BStBl. II 1972, 88; vgl. VI R 212/75, BStBl. II 1979, 131).
- **Fotomodell,** gewerblich (BFH IV 62/65, BStBl. III 1967, 618), auch wenn kurzfristig eingesetzt (BFH VI R 5/06, BStBl. II 2009, 931).
- **Frachtführer** ist nichtselbstständig, wenn auf Fahrzeugen des Auftraggebers eingesetzt (FG Münster 15 K 4362/95 U, EFG 1999, 1046 rkr.); ansonsten, wenn auf eigene Rechnung tätig, mE selbstständig (ebenso Linnenkohl BB 2002, 622).
- **Franchisenehmer** ist selbstständig (BFH VIII R 88/87, BStBl. II 1993, 89).
- **Fremdenführer,** idR gewerblich (BFH I R 85/83, BStBl. II 1986, 851); unselbstständig jedoch bei Burg- und Museumsführungen (FG RhPf 2 K 1644/90, EFG 1991, 321).
- **Fußball-Schiedsrichter,** ist selbstständig tätig; insb. sind Unternehmerrisiko und -initiative hinreichend ausgeprägt (BFH I R 98/15, BFH/NV 2018, 497; gegen FG RhPf 1 K 2552/11, EFG 2014, 2065, aufgeh.).
- **GEMA**-Beauftragter ist idR Arbeitnehmer (OFD Hannover 21.2.2000, DStZ 2000, 426 = DB 2000, 549).
- **Gepäckträger,** bei eigenem Risiko selbstständig; jedoch nach FG Münster I 158/71 G, EFG 1971, 596 rkr., nicht auf Bahnhöfen der Bahn.
- **Gesellschafter-Geschäftsführer** einer Kapitalgesellschaft kann je nach Gestaltung als Arbeitnehmer tätig sein (vgl. BFH I R 138/70, BStBl. II 1972, 949; VI R 81/06, BStBl. II 2012, 262, trotz erfolgsbezogener Honorierung; BFH VI R 16/03, BFH/NV 2006, 544; krit. Seer JbFfSt 2014/2015, 61); s. zum gesetzlichen Vertreter BFH XI R 47/96, BStBl. II 1997, 255, zum ehrenamtlich tätigen, ehemaligen Geschäftsführer FG RhPf 1 K 1422/93, EFG 1995, 29 rkr. Abzugrenzen ist zwischen der **Organstellung** und dem zugrundeliegenden **Anstellungsverhälnis.** Daher kommt auch eine selbstständige Tätigkeit in Betracht, insb. wenn der Geschäftsführer mindestens 50 % des Stammkapitals

hält und dienstvertragliche Vereinbarungen fehlen (vgl. BFH VIII R 34/08, BFH/NV 2011, 585; VI R 22/19, BStBl. II 2022, 562; hierzu Titgemeyer BB 2007, 189; Seer GmbHR 2012, 563; krit. Schothöfer GmbHR 2012, 559). Trotz Mehrheitsbeteiligung sind die für und gegen eine Selbstständigkeit sprechenden Umstände (→ Rn. 55 ff.) gegeneinander abzuwägen (BFH I R 48/16, BFH/NV 2017, 1316, gegen FG RhPf 1 K 1944/13, EFG 2016, 1429, aufgeh.).

- **Gutachter** in Gutachterausschüssen sind mE regelmäßig selbstständig tätig; anders bei entsandten Beamten (FM NRW 5.8.1987, DB 1987, 2285).
- **Handelsvertreter.** Je nach Gestaltung und Arbeitszeit selbstständig oder nichtselbstständig (vgl. § 84 Abs. 1 S. 2 HGB; BFH IV R 98/71, BStBl. II 1975, 115). Entlohnung auf Provisionsbasis muss nicht gegen Nichtselbstständigkeit sprechen (BFH V 139/59 U, BStBl. III 1962, 149). Die vertragliche Bezeichnung als Handelsvertreter hat kein ausschlaggebendes Gewicht (BFH IV R 1/69, BStBl. II 1972, 214). Von Bedeutung sind Unternehmerrisiko und Unternehmerinitiative. Vorhandensein eines selbstständigen wirtschaftlichen Organismus, Beschäftigung eigener Arbeitskräfte, erhebliche eigene Bürokosten, provisionsabhängige Bezüge (BFH I 200/59 S, BStBl. III 1961, 567). Fixum und Spesenersatz können Unternehmerwagnis einschränken und Nichtselbstständigkeit annehmen lassen (BFH V R 150/66, BStBl. II 1970, 474).
- **Hausgehilfe/-gehilfin,** idR Arbeitnehmer, jedoch bei entsprechender Gestaltung im Einzelfall selbstständig (vgl. BFH VI R 28/77, BStBl. II 1979, 326; ThürFG II 227/97, EFG 1999, 235 rkr.); nichtselbstständig bei bestimmten regelmäßigen **Reinigungsarbeiten** (s. FG BW VI 259/75, EFG 1979, 238 rkr.).
- **Hausgewerbetreibende/Heimarbeiter: Hausgewerbetreibende** (§ 2 Abs. 2 HAG, hierzu → § 11 Rn. 5 f.; BFH I R 67/80, BStBl. II 1984, 534; III R 223/83, BStBl. II 1987, 719) sind idR selbstständig und unterliegen der Gewerbesteuer (BFH IV 186/65, BStBl. II 1972, 385; I R 101/77, BStBl. II 1983, 200; zur Abgrenzung FG BW II K 86/86, EFG 1991, 38). Im Gegensatz dazu erzielen **Heimarbeiter** Einkünfte aus nichtselbstständiger Tätigkeit (BFH I R 17/78, BStBl. II 1980, 303; zur Abgrenzung EStR 15.1). Selbstständigkeit und Nichtselbstständigkeit bestimmt sich auch bei diesem Personenkreis nach allgemeinen steuerrechtlichen Kriterien. Gleichwohl bieten die im Heimarbeitsgesetz (HAG v. 14.3.1951 (BGBl. 1951 I 191), zuletzt geändert durch G. v. 20.11.2015 (BGBl. 2015 I 2010)) vorgesehenen Begriffsbestimmungen wichtige Hinweise für die Beurteilung als Gewerbetreibender oder Lohnempfänger. Den **Heimarbeitern gleichgestellt** werden nach § 1 Abs. 2 Buchst. a HAG solche Personen, „die idR allein oder mit ihren Familienangehörigen in eigener Wohnung oder selbst gewählter Betriebsstätte eine sich in regelmäßigen Arbeitsvorgängen wiederholende Arbeit im Auftrag eines anderen gegen Entgelt ausüben, ohne dass ihre Tätigkeit als gewerblich anzusehen oder dass der Auftraggeber ein Gewerbetreibender oder Zwischenmeister ist". **Selbstständige Gewerbetreibende** sind dagegen idR die den Hausgewerbetreibenden nach § 1 Abs. 2 Buchst. b–d gleichgestellten Personen. Über ihre Gleichstellung entscheiden die Heimarbeitsausschüsse bei den Arbeitsbehörden. **Zwischenmeister** ist nach § 2 Abs. 3 HAG, „wer, ohne Arbeitnehmer zu sein, die ihm vom Gewerbetreibenden übertragene Arbeit an Heimarbeiter oder Hausgewerbetreibende weitergibt".

- **Hausmeister/Hausverwalter** je nach Gestaltung Arbeitnehmer oder selbstständig (FVerw 3.3.1999, DB 1999, 1298).
- **Herbergsvater,** mE nichtselbstständig, nicht jedoch in Bezug auf den Getränkeverkauf in eigener Regie.
- **Hopfentreter,** gewerblich (BFH VI 87/60 U, BStBl. III 1962, 69).
- **Kassierer** von Vereinen (BFH VI 143/56 U, BStBl. III 1958, 15), Gewerkschaften (BFH IV 127/53 U, BStBl. III 1954, 374), Ersatzkassen (BFH VI 208/61 U, BStBl. III 1962, 125) nach BFH mangels Eingliederung nicht Arbeitnehmer; mE sehr fraglich.
- **Kettenhonorarverträge** können zB bei einem Redakteur einer Rundfunkanstalt zu einer nichtselbstständigen Tätigkeit führen, FG RhPf EFG 1989, 22.
- **Künstler.** Für die Frage der Eingliederung in den Betrieb (Theater, Oper, Filmproduktion, Konzertveranstaltung usw) stellt der BFH auf die Verfügbarkeit (Einbringung) nicht in das künstlerische Umfeld (zB Ensemble/Opernaufführung), sondern in den davon angeblich abweichenden Gesamtbetrieb (zB Theater, Gaststätte) ab (BFH IV R 118/72, BStBl. II 1973, 636; vgl. BMF 9.7.2014, BStBl. I 2014, 1103). Deswegen sei der Künstler je nach Zeitdauer oder Häufigkeit des Engagements selbstständig oder nichtselbstständig (zust. Wolf FR 2002, 202; krit. Güroff in LBP EStG § 18 Rn. 60a). Diese Unterscheidung ist gekünstelt: Produktion von Kunst ist betrieblicher Zweck des Theaters, Konzertveranstalters usw, nicht anders als die Produktion von Autos bei einem Autohersteller; weder bei dem einen noch bei dem anderen hat die betriebliche Organisation einen Selbstzweck (auch bei einem Gaststättenbetrieb oÄ steht etwa eine Musikgruppe eindeutig im Dienst des Betriebszwecks). Darüber hinaus ist die Rspr. widersprüchlich. Denn wenn es nicht auf die Verfügbarkeit im künstlerischen Umfeld ankommt, ändern auch längere Dauer oder größere Häufigkeit von Engagements nichts an der fehlenden Eingliederung in den abweichend verstandenen Betrieb. ME sind Schauspieler und Musiker daher idR nichtselbstständig tätig.
- **Mannequin,** bei freier beruflicher Gestaltung gewerblich (BFH VI R 56/67, BStBl. II 1969, 71).
- **Masseuse** im Massagesalon, idR Arbeitnehmer (FG Düsseldorf XVII (XII) 84/73 L, EFG 1979, 239 rkr.).
- **Museumsführer,** idR Arbeitnehmer (FG RhPf EFG 1991, 321 rkr.).
- **Musiker,** s. zunächst bei „Künstler"; bei nebenberuflichen Auftritten (Ausnahmen: nur gelegentlich) wird idR Nichtselbstständigkeit angenommen (BFH VI R 80/74, BStBl. II 1977, 178; OFD Frankfurt aM 26.6.1996, DStR 1996, 1407), eine Ebenenverwechslung, denn die Eingliederung besteht unabhängig von der Haupt- bzw. Nebenberuflichkeit der Tätigkeit; gleichwohl mag das Ergebnis im Einzelfall zutreffen. Wegen der Eingliederung ist die Aushilfe in einem Sinfonieorchester mE nichtselbstständig (**aA** FG Köln II (XIV) 405/79 E, EFG 1982, 345 rkr.); entsprechend die Zweitbesetzung in einem (Theater)Orchester (FG Hmb I 122/94, EFG 1995, 1079). Ist dagegen Selbstständigkeit anzunehmen, so stellt sich die Frage nach der künstlerischen Tätigkeit (§ 18 EStG; hierzu → Rn. 185).
- **Opernsänger,** s. zunächst bei „Künstler"; im Einzelfall selbstständig (BFH IV R 118/72, BStBl. II 1973, 636; zur USt: BFH V R 2/95, BStBl. II 1996, 493).
- **Prostituierte** in Bar/Bordell können je nach Gestaltung Arbeitnehmer sein (vgl. BFH VII B 5/00, BFH/NV 2000, 552; IV B 111/06, BFH/NV 2008, 949), aber auch selbstständig (vgl. BFH V B 31/09, BFH/NV 2010, 959), zB

wenn sie das Leistungsentgelt selbst behalten dürfen (FG München 15 K 2482/06, EFG 2010, 50).

- **Redakteur,** je nachdem, ob Produktion auf eigenes Risiko, selbstständig (HessFG 1 K 1799/88, EFG 1990, 310 rkr.) oder unselbstständig (FG RhPf 5 K 532/87, EFG 1989, 22 rkr.).
- **Reinigungsarbeiter,** idR nichtselbstständig tätig (FM NRW 7.8.1995, FR 1995, 717).
- **Reiseleiter,** idR selbstständig (FG Hmb II 39/85, EFG 1988, 120 rkr.).
- **Rettungswache,** im entschiedenen Fall BFH VIII R 2/92, BFH/NV 1996, 325 selbstständig.
- **Rundfunkermittler,** selbstständig und daher gewerblich (BFH VIII R 184/75, BStBl. II 1979, 53; I R 121/76, BStBl. II 1979, 188; X R 83/96, BStBl. II 1999, 534; V R 73/01, BStBl. II 2003, 217).
- **Rundfunk- und Fernsehmitarbeiter** (auch **Ansager** oder **Sprecher**) kann bei freier Gestaltung selbstständig sein (BFH IV 359/61 U, BStBl. III 1962, 385; V 52/61, BStBl. III 1963, 589), aber auch bei dauernder „freier Mitarbeit" Arbeitnehmer (BFH V R 137/73, BStBl. II 1977, 50; VI R 49/02, BStBl. II 2006, 917; VI B 250/07, BFH/NV 2009, 394). Regelmäßig Nichtselbstständigkeit nimmt BMF 5.10.1990, BStBl. I 1990, 638 an.
- **Schauspieler** s. „Künstler".
- **Schwarzarbeiter.** Entscheidend ist das Gesamtbild der Verhältnisse, insb. die Frage der Eingliederung (BFH VI R 60/73, BStBl. II 1975, 513).
- **Sportler.** Bei längerfristigem Engagement, insb. Fehlen des Unternehmerrisikos wird Nichtselbstständigkeit angenommen (BFH IV 197/50 U, BStBl. III 1951, 97, Ringer; BFH IV 77/53 S, BStBl. III 1955, 100; V 182/58 U, BStBl. III 1960, 376; I 398/60 U, BStBl. III 1964, 207, Boxer; BFH I R 159/76, BStBl. II 1979, 182, Catcher; BFH StRK EStG § 15 R 120, Sechstagefahrer; FG Düsseldorf 1 K 352/85 G, EFG 1991, 192, Werks-Motocross-Fahrer), nicht dagegen wenn er selbst eine Veranstaltung organisiert (FG Köln 5 K 4500/98, EFG 2003, 80 rkr.); vgl. zu allem Enneking/Denk DStR 1996, 450; Lutz DStZ 1998, 279. Bei **Werbetätigkeit** hängt die Entscheidung vom Maß der Eingliederung ab (BFH I R 39/80, BStBl. II 1983, 182; VIII R 104/85, BStBl. II 1986, 424; GewBetrieb *bejaht* von BFH X R 14/10, BStBl. II 2012, 511).
- **Stromableser** kann Arbeitnehmer sein, auch wenn „freie Mitarbeit" vereinbart und Vertretung in Ausnahmefällen zulässig ist (BFH VI R 126/88, BStBl. II 1993, 155; FG München 10 K 4566/02, EFG 2004, 1050 rkr.; aA FG Bbg 2 K 1792/02, EFG 2004, 34 rkr.).
- **Subunternehmer.** Zur Abgrenzung BFH VI R 122/87, BStBl. II 1991, 409; NdsFG 11 K 130/01, DStRE 2005, 20 rkr.
- **Synchronsprecher,** idR selbstständig, BFH VI R 212/75, BStBl. II 1979, 131; IV R 1/77, BStBl. II 1981, 706.
- **Telearbeit** am eigenen Arbeitsplatz, insb. mittels Internetverbindung, kann mE immer noch nichtselbstständig sein, wenn nach Einzelweisung und ohne Unternehmerrisiko gearbeitet wird.
- **Trainer** im Nebenberuf mit nicht mehr als sechs Wochenstunden Tätigkeit ist regelmäßig kein Arbeitnehmer des Vereins (HessFG 4 K 2744/92, EFG 1994, 396 rkr.).
- **Treuhänder** kann auch dann selbstständig sein, wenn er iÜ Angestellter des betreuten Unternehmens ist (BFH V 213/56 U, BStBl. III 1957, 430).

- **Überlassungsverträge** („Arbeitnehmer-Überlassung") können je nach Gestaltung zur Annahme von Arbeitnehmer- oder aber (Sub-)Unternehmereigenschaft führen (BFH VI R 122/87, BStBl. II 1991, 409).
- **Urlaubsvertreter,** zB bei Apotheken, auch dann Arbeitnehmer, wenn es sich um einen Selbstständigen mit weitgehender fachlicher Entscheidungsfreiheit handelt (BFH IV R 241/70, BStBl. II 1972, 213; VIII R 52/77, BStBl. II 1979, 414).
- **Vermittlungen.** Die Einordnung hängt davon ab, ob der Auftraggeber in das Geschäft eingeschaltet ist, dann nichtselbstständig (BFH VI 120/61 U, BStBl. III 1962, 490; FG RhPf III 158/68, EFG 1972, 584); wenn nicht, dann selbstständig (FG Nürnberg III 321/77, EFG 1979, 30 zur Bedeutung der Dienstzeit; FG Düsseldorf 18 K 2524/97 G, EFG 2002, 96; zur Bedeutung der Unternehmerinitiative vgl. BFH III R 21/02, BStBl. II 2005, 168).
- **Versicherungsvertreter,** je nach Gestaltung von Tätigkeit und Arbeitszeit selbstständig oder nichtselbstständig (zB NdsFG XV 478/96, EFG 1999, 130 rkr.; FG Düsseldorf 18 K 2524/97 G, EFG 2002, 96 rkr.).
- **Werbedamen** können gewerblich tätig sein (BFH VI R 150, 152/82, BStBl. II 1985, 661).
- **Werbefilme.** Hier eingesetztes Model nach BFH VI R 5/06, BStBl. II 2009, 931 idR selbstständig; mE fraglich (s. Künstler).
- **Werbeprospekt-/Zeitschriftenverteiler** können je nach Umfang und Organisation ihrer Tätigkeit Arbeitnehmer oder Gewerbetreibende sein (BFH VI B 53/03, BFH/NV 2004, 42; FG Münster 8 K 158/98 L, EFG 2001, 1200).
- **Werks-Motocross-Fahrer** s. „Sportler".
- **Zeitungsausträger** ist regelmäßig Arbeitnehmer (NdsFG XI 679/97, EFG 1999, 1015 rkr.), kann jedoch je nach Gestaltung der Umstände selbstständig sein (BFH VI R 29/68, BStBl. II 1969, 103; VI B 53/03, BFH/NV 2004, 42; VI B 150/03, BFH/NV 2005, 347).
- **Zwangsverpflichteter** (Wehrpflichtiger, Strafgefangener, Asylbewerber) ist regelmäßig Arbeitnehmer (vgl. OFD Erfurt 15.3.1999, DStR 1999, 852; zT aA FG Düsseldorf VIII 613/75 E ua, EFG 1979, 75 rkr.; Geserich in Brandis/Heuermann EStG § 19 B „Bundeswehr"). Zahlungen an ehemalige Zwangsarbeiter ergehen nicht in einer Einkunftsart (OFD München 4.2.2000, DB 2000, 398).

2. Nachhaltige Betätigung (§ 15 Abs. 2 EStG)

Dieses Begriffsmerkmal dient dem **Zweck,** einerseits eine nur gelegentliche 60
Tätigkeit auszuschließen, andererseits aber auch anfängliche Tätigkeiten einzubeziehen. Es bezieht sich **im Wesentlichen** auf die **Veräußerungsseite,** sodass es auf die Betätigung auf der Beschaffungsseite grundsätzlich nicht ankommt (BFH XI R 43-45/89, BStBl. II 1996, 232; IV R 28/92, BFH/NV 1993, 728) und beim Erwerb keine Veräußerungsabsicht bestanden haben muss (zur USt BFH V R 2/11, BStBl. II 2012, 634). Doch ist **bei bestimmten Tätigkeiten,** zB beim Forderungskauf, die **Beschaffungsseite** maßgebend (BFH IV R 34/15, BFH/NV 2018, 24; BFH IV R 10/21, BStBl. II 2025, 937, zu FG Bln-Bbg 6 K 6322/17, EFG 2021, 2065, best.). Daher kann bei nur einem Beschaffungsvorgang Nachhaltigkeit gegeben sein kann (BFH III R 28/87, BStBl. II 1990, 1057; III R 59/89, BFH/NV 1992, 464).

Nachhaltig ist die Tätigkeit, wenn sie **auf Wiederholung angelegt** ist, also mit einer Wiederholungsabsicht ausgeübt wird (vgl. BFH I R 39/80, BStBl. II 1983, 182; IV R 2/92, BStBl. II 1996, 369; III R 61/97, BStBl. II 1999, 390). Bei zwei Absatzgeschäften wird die Wiederholungsabsicht vermutet (BFH IV R 30/14, BStBl. II 2017, 1061). Fragwürdig ist der Zusatz in einigen BFH-Entscheidungen (zB BFH III R 37/02, BStBl. II 2004, 950) „wenn sie sich – idR durch Wiederholung – als gewerblich darstellt"; die Nachhaltigkeit ist Definitionsmerkmal der Gewerblichkeit, nicht umgekehrt. Unscharf ist die Formulierung, für die Annahme der Wiederholungsabsicht hätten die „tatsächlichen Umstände" besondere Bedeutung; auch die Absicht ist eine Tatsache – gemeint sind offenbar äußerlich erkennbare (objektive) Tatsachen (vgl. BFH III R 47/88, BStBl. II 1992, 143).

Ein **Veräußerungsgeschäft** hat eine sachliche, den Gegenstand betreffende, und eine personelle, den Käufer betreffende Komponente. Nachhaltigkeit ist sicher gegeben, wenn beide Komponenten mehrfach berührt werden (BFH X R 25/13, BStBl. II 2015, 897; hierzu Carlé DStZ 2015, 808; Heinmüller BB 2015, 2850; Siebenhüter EStB 2015, 390). Wird jeweils nur eine Komponente berührt, kann trotzdem Nachhaltigkeit gegeben sein (s. hierzu die → Rn. 61 ff.),

61 **a) Tatsächliche Wiederholung.** Die **tatsächliche Wiederholung** von Geschäften über einen bestimmten Zeitraum ist, sofern (nachvollziehbare, wie auch immer dokumentierte) Wiederholungsabsicht gegeben ist, **nicht erforderlich** (BFH III R 275/83, BStBl. II 1988, 293; XI R 4345/89, BStBl. II 1996, 232 (238); IV R 54/02, BStBl. II 2004, 868; X R 39/09, BStBl. II 2005, 817; Kempermann DStR 2006, 265; krit. Hornig DStR 2005, 1719; Moritz DStR 2005, 2010; Söffing BB 2005, 2101); **ebenso wenig** eine **bestimmte Dauer** der Tätigkeit (BFH I R 60/80, BStBl. II 1986, 88), zeitliche **Kontinuität** (BFH I R 173/83, BStBl. II 1991, 66) oder wirtschaftliche **Intensität** (BFH XI R 22/90, BFH/NV 1992, 238; aA V R 86/87, BStBl. II 1991, 776, → Rn. 66). Die tatsächliche Wiederholung bietet immerhin Beweisanzeichen (BFH III R 275/83, BStBl. II 1988, 293). Zehn von einer einheitlichen Wiederholungsabsicht getragene Wertpapiergeschäfte können ausreichen (BFH I R 173/83, BStBl. II 1991, 66); ebenso der Verkauf eines Warenlagers innerhalb eines Monats (NdsFG VIII (II) 202/90, EFG 1993, 722).

62 **b) Zeitlicher Zusammenhang.** Doch erfordert der Begriff der Nachhaltigkeit einen gewissen zeitlichen Zusammenhang zwischen den einzelnen Maßnahmen. Er ist beim **Grundstückshandel** (→ Rn. 140 ff.) gegeben, wenn innerhalb von fünf Jahren mind. vier Objekte verkauft werden. Die sog. Drei-Objekt-Grenze stellt aber keine Mindestgrenze für die Nachhaltigkeit dar (vgl. BFH III R 37/02, BStBl. II 2004, 950; X R 40/03, BStBl. II 2005, 35 mwN); zwei Verkäufe können genügen (BFH GrS 1/98, BStBl. II 2002, 291; X R 183/96, BStBl. II 2003, 238; X R 108/96, BFH/NV 2003, 455; X R 53/01, BFH/NV 2003, 1291); auch nach Ablauf von 5 Jahren veräußerte Objekte können zu berücksichtigen sein (BFH X R 107-108/89, BStBl. II 1990, 1060; XI R 23/90, BStBl. II 1992, 135). Der Annahme von Nachhaltigkeit steht in solchen Fällen nicht entgegen, dass alle verkauften Objekte durch ein einziges Kaufgeschäft angeschafft worden sind (BFH III R 28/87, BStBl. II 1990, 1057; III R 59/89, BFH/NV 1992, 464). Unter der Voraussetzung, dass weitere Grundstücksgeschäfte zumindest geplant sind, gilt entsprechendes auch für ein einziges Verkaufsgeschäft (BFH XI R 38, 39/91, BFH/NV 1994, 20; X R 112, 153/94, BFH/NV 1998,

853). Zur **Zurechnung der Wiederholungsabsicht** des Geschäftsführers eines Imobilienkonzerns bei Einschaltung von Objektgesellschaften FG Bln-Bbg 8 K 8008/21 (EFG 2022, 706, nachgehend BFH III R 12/22, BStBl. II 2025, 749, krit. Pieske-Kontny StBp 2022, 293; Groll/Rösen NWB 2022, 1418).

c) Einmaliger Entschluss. Nachhaltigkeit ist aber auch gegeben, wenn die 63
Tätigkeit auf einem **einmaligen Entschluss** bzw. **Vertrag** (mit nur einer Person) beruht, zur Durchführung aber eine Vielzahl von Einzelhandlungen erforderlich sind (BFH X R 39/03, BStBl. II 2005, 817; IV R 65/04, BStBl. II 2006, 259; X R 4/04, BStBl. II 2007, 885; IV R 10/06, BStBl. II 2009, 533; X B 225/10, BFH/NV 2011, 2083), insb. wenn sie die Einnahmen bzw. den Verkaufspreis erhöhen sollen (BFH I R 191/72, BStBl. II 1973, 260; I R 60/80, BStBl. II 1986, 88; VIII R 40/01, BStBl. II 2003, 294; IV R 62/07, BFH/NV 2010, 2261). In Vermietungsabsicht getätigte Maßnahmen bleiben jedoch unberücksichtigt (BFH IV R 54/02, BStBl. II 2004, 868; IV R 27/03, BStBl. II 2005, 164). Davon abgesehen gilt der oa Grundsatz (beim Grundstückshandel) bei der Veräußerung mehrerer Parzellen (BFH I R 214/71, BStBl. II 1974, 6) bzw. Miteigentumsanteile in verschiedenen Verträgen (BFH IV R 112/92, BStBl. II 1996, 367; III R 37/02, BStBl. II 2004, 950; IV B 47/06, BFH/NV 2007, 234) oder wenn der Verkäufer eines noch unbebauten Grundstücks sich verpflichtet, auf diesem ein Wohnhaus zu errichten, oder im Hinblick auf Nutzungsvorstellungen des Käufers eine Vielzahl von Aktivitäten entfaltet (BFH VIII R 40/01, BStBl. II 2003, 294). Zur **Abgrenzung** → Rn. 48.

d) Aktivitäten selbstständiger Rechtssubjekte. Aktivitäten einer **Perso-** 64
nengesellschaft, an denen der StPfl. beteiligt ist, können ihm zuzurechnen sein (BFH X R 25/13, BStBl. II 2015, 897, → Rn. 182 ff., 189 ff.). Zudem können nach einer (en-bloc-)Veräußerung an eine nahestehende Person/Personengesellschaft oder Kapitalgesellschaft deren Tätigkeiten dem Veräußerer unter dem Gesichtspunkt des Scheingeschäfts oder Gestaltungsmissbrauchs zuzurechnen sein, wenn zB die Gesellschaft nur zum Zwecke der Weiterveräußerung gegründet worden ist und einen nur eine schmale Gewinnmarge erwarten lassenden Erwerbspreis zahlt, die Mittel für den Erwerb vom Veräußerer oder erst aus dem Weiterverkauf erhält, oder der Verkäufer aufgrund eigenen Entschlusses die Geschäftschance eröffnet hat (vgl. BFH III R 47/88, BStBl. II 1992, 143; IV R 28/92, BFH/NV 1993, 728; X R 68/95, BStBl. II 1998, 667; X R 25/13, BStBl. II 2015, 897; → Rn. 192, 193).

Davon abgesehen können die Handlungen einer Person **dem Anderen zugerechnet** werden, wenn sie sich **gegenseitig bedingen** und im Interesse desselben Ziels miteinander **verflochten** sind (BFH X R 4/04, BStBl. II 2007, 885); das gilt insb. für Handlungen eines Generalunternehmers (BFH IV R 10/06, BStBl. II 2009, 533; Kempermann DStR 2009, 1725; Weber-Grellet NWB 2009, 3404), jedenfalls dann, wenn der StPfl. die Wirksamkeit des Generalunternehmervertrags vom Grundstücksverkauf abhängig macht (BFH X R 41/08, BFH/NV 2011, 245). Aktivitäten nach Veräußerung können zu beachten sein (zB bei Rückkaufsrecht zur Verhinderung des Bedingungseintritts, BFH X R 4/04, BStBl. II 2007, 885).

e) Gewinnerzielungsabsicht. Bei mehreren Einzelhandlungen ist **nicht** 65
erforderlich, dass **hinsichtlich jeder einzelnen Gewinnerzielungsabsicht** vorliegt (BFH XI R 28/94, BFH/NV 1995, 787). Nachhaltigkeit kann auch nicht

mit dem Hinweis verneint werden, es habe sich um Gefälligkeiten gehandelt (BFH V R 25/94, BStBl. II 1996, 109).

66 **f) Keine nachhaltige Tätigkeit.** Nachhaltige Tätigkeit ist dann nicht gegeben, wenn es sich nur um ein **gelegentliches Geschäft** handelt, bei dem keine Wiederholungs- oder Verkaufsabsicht besteht (BFH X R 108/91, BStBl. II 1994, 96; IV R 102/86, BFH/NV 1989, 101; IV R 130, 131/86, BFH/NV 1989, 102; → Rn. 61) bzw. die Wiederholung nicht mit Sicherheit vorgesehen ist (BFH IV R 98/73, BStBl. II 1977, 728; IV R 28/92, BFH/NV 1993, 728; IV R 34/15, BFH/NV 2018, 24, zum Forderungskauf durch einen einzigen Vertrag). Das gilt beim Grundstückshandel zB für Erwerb, Sanierung und Veräußerung eines Kaufhauses (FG Amb 5 K 89/22, EFG 2023, 698) und auch dann, wenn mehrere Objekte durch einen einzigen Vertrag an denselben Erwerber veräußert werden (BFH X R 17/96, BFH/NV 1998, 1467; III R 37/02, BStBl. II 2004, 950; offen gelassen in BFH X R 40/03, BStBl. II 2005, 35; IV R 27/03, BStBl. II 2005, 164), es sei denn, besondere weitere Umstände (zB Bemühen um Einzelverkäufe; Branchennähe, Verhältnisse der Gesellschaft; Errichtung nach Veräußerung) lassen auf Wiederholungsabsicht schließen (zB BFH III R 47/88, BStBl. II 1992, 143; VIII R 40/01, BStBl. II 2003, 294; IV R 54/02, BStBl. II 2004, 868; IV R 17/04, BStBl. II 2005, 606; IV R 65/04, BStBl. II 2006, 259; s. aber IV R 8, 9/07, BFH/NV 2009, 923). Aktivitäten zur Errichtung eines ZFH genügen nicht; anders nur, wenn iZm dem Verkauf Aktivitäten entwickelt werden, die zur Errichtung mehrerer Objekte notwendig sind (BFH IV R 85/06, BStBl. II 2009, 795; X R 49/09, BFH/NV 2011, 245).

Bei einem nicht jährlich stattfindenden Verkauf von **Jahreswagen** liegt mangels wirtschaftlicher Intensität keine Nachhaltigkeit vor (BFH V R 86/87, BStBl. II 1991, 776); ebenso wenig bei Erwerb von **Rundholz** in der Absicht der späteren Veräußerung in zwei Partien (HessFG 10 K 1915/09, EFG 2011, 621).

67 **g) Verfassungsrecht/Feststellungslast.** Die oa Rspr. ist **verfassungsrechtlich unbedenklich** (BVerfG 2 BvR 629/03, HFR 2006, 395). Die **Feststellungslast** für die einen Gewerbebetrieb begründende nachhaltige Betätigung hat das Finanzamt (BFH I R 60/80, BStBl. II 1986, 88).

3. Beteiligung am allgemeinen wirtschaftlichen Verkehr (§ 15 Abs. 2 EStG)

68 **Zweck** dieses Merkmals ist die Abgrenzung des Markteinkommens von sonstigen Vermögensmehrungen (Schön FS Vogel, 2000, 661). Es sollen solche Tätigkeiten ausgeklammert werden, die zwar von Gewinnabsicht getragen, aber nicht auf einen **Leistungs- und Güteraustausch** auch immaterieller Art gerichtet sind (BFH IV R 112/92, BStBl. II 1996, 367; IV R 2/92, BStBl. II 1996, 369; XI R 80/97, BStBl. II 1999, 448; X R 83/96, BStBl. II 1999, 534; I R 98/15, BFH/NV 2018, 497). Geschäfte **ausschließlich auf der Erwerbsseite** und nicht auf der Absatzseite sind nicht geeignet, eine Teilnahme am Wirtschaftsverkehr zu begründen (BFH XI R 43-45/89, BStBl. II 1996, 232; X R 17/21, BStBl. II 2023, 396).

Der **Beginn der Beteiligung** am allgemeinen wirtschaftlichen Verkehr kann nicht allgemein definiert werden (→ Rn. 569a); er ist entsprechend der Verkehrsauffassung nach den jeweiligen Umständen zu ermitteln (BFH IV R 52/09, BStBl. II 2011, 929; **typusbezogene Auslegung:** BFH III R 30/10, BStBl. II

2012, 661; aA Weber-Grellet DStR 1999, 716). Bei einem gewerblichen **Grundstückshändler** beginnt die Teilnahme frühestens mit dem Abschluss eines (wirksamen) Kaufvertrages über eine erste Immobilie (BFH IV R 13/20, BFH/NV 2022, 1393), mE jedoch nur, wenn noch andere marktbezogene Aktivitäten hinzukommen.

a) Allgemeines. Das Merkmal liegt vor, wenn sich der Steuerpflichtige **an den Markt wendet** und erkennbar Güter oder Leistungen gegen Entgelt der Allgemeinheit anbietet (BFH I R 191/72, BStBl. II 1973, 260; I R 85/83, BStBl. II 1986, 851; III R 58/85, BStBl. II 1989, 24; XI R 53/95, BStBl. II 1997, 295; III R 61/97, BStBl. II 1999, 390; III R 37/02, BStBl. II 2004, 950). Eigenes Zur-Kenntnis-Geben im Sinne einer Werbung ist nicht erforderlich (BFH X R 14/10, BStBl. II 2012, 511; I R 98/15, BFH/NV 2018, 497). Ein „grauer Markt" genügt (BFH VI R 149/67, BStBl. II 1971, 620; X R 39/88, BStBl. II 1991, 631). Auch ein Handeln über einen Strohmann (Beauftragten) reicht aus (BFH V B 23/71, BStBl. II 1971, 562; I R 173/83, BStBl. II 1991, 66). Allgemeine Erkennbarkeit für das Publikum (zB Werbung) ist nicht erforderlich (BFH VIII R 266/84, BStBl. II 1989, 621), ebenso wenig Teilnahme am allgemeinen Wettbewerb (BFH VI 313/62 U, BStBl. III 1964, 137; IV 179/64 U, BStBl. III 1965, 261). Es genügt die Erkennbarkeit für die beteiligten Kreise (RStBl. 1939, 578 (579); BFH VI R 149/67, BStBl. II 1971, 620; I R 39/80, BStBl. II 1983, 182), ebenso die Einschaltung von am allgemeinen wirtschaftlichen Verkehr Beteiligten (zB Banken, I R 173/83, BStBl. II 1991, 66) und ein Verhalten gem. der von diesen getroffenen Absprachen (BFH X R 14/10, BStBl. II 2012, 511, vom Fußballbund vereinbarte Werbung durch Spieler). Daher ist die Leitungstätigkeit einer geschäftsleitenden Holding-PersGes Beteiligung am allgemeinen wirtschaftlichen Verkehr (BFH I R 23/21, BFH/NV 2025, 774, zur Geeignetheit als OT; siehe auch → Rn. 492). 69

Auch genügt die Bereitschaft, mit jedem Interessenten, der zur Zahlung eines marktüblichen Entgelts bereit ist, zu verhandeln (zu Markenrechten und Internetdomains FG Münster 13 K 3818/18 E, EFG 2022, 106), ebenso wenn der Verkäufer seine Verkaufsabsicht in der Weise bekanntgibt, dass er damit rechnet, seine Verkaufsabsicht werde sich bei einem unabgeschlossenen Personenkreis herumsprechen (BFH I R 120/80, BStBl. II 1984, 137; III R 275/83, BStBl. II 1988, 293; III R 47/88, BStBl. II 1992, 143; IV R 66, 67/91, BStBl. II 1994, 463; XI R 22/90, BFH/NV 1992, 238; III B 122/94, BFH/NV 1997, 477). Daher kann auch eine **verschleierte (kriminelle) Tätigkeit** ausreichen (BFH X R 163, 164/87, BStBl. II 1991, 802, Untreue eines Bankangestellten; FG Köln II K 50/80, EFG 1986, 350 rkr., Rauschgifthandel).

b) Größe/Beschaffenheit des Abnehmerkreises. Geschäftsbeziehungen mit mehreren, womöglich wechselnden Kunden sprechen zwar im Allgemeinen für das Teilhaben am Marktgeschehen, sind aber **kein unerlässliches Erfordernis** (BFH XI R 43, 45/89, BStBl. II 1996, 232; IV R 112/92, BStBl. II 1996, 367; IV R 44/88, BFH/NV 1990, 798). Auch Leistungen **nur an einen Abnehmer** können Teilnahme am Wirtschaftsverkehr sein, wenn die zu berücksichtigende Tätigkeit nach Art und Umfang dem Bild einer unternehmerischen Marktteilnahme entspricht, insb. bei einer typisch kfm. Tätigkeit (BFH I R 16/99, BStBl. II 2000, 404; IV R 94/99, BStBl. II 2002, 565; X R 37/00, BStBl. II 2003, 464; IV R 65/04, BStBl. II 2006, 259; IV R 10/06, BStBl. II 2009, 533; X R 38/11, BFH/NV 2013, 1125; I R 98/15, BFH/NV 2018, 497) bzw. wenn die Tätigkeit 70 des StPfl. für einen interessierten Dritten erkennbar ist (BFH X R 9/17, BStBl. II 2021, 418). Insbesondere beim Grundstücksverkauf ist nicht erforderlich, dass jedes einzelne Grundstück einer Mehrzahl von Personen angeboten wird (BFH IV R 66, 67/91, BStBl. II 1994, 463; IV R 44/08, BStBl. II 2011, 645). Ein **Tätigwerden für nur einen Geschäftspartner** schließt eine Beteiligung am allgemeinen wirtschaftlichen Verkehr nicht aus, wenn der StPfl. bereit gewesen ist, bei Scheitern dieses Geschäfts auch an einen anderen zu verkaufen (BFH I R 182/79, BStBl. II 1984, 722; III R 220/83, BStBl. II 1987, 711; III R 209/83, BStBl. II 1988, 277; III R 47/88, BStBl. II 1992, 143; IV R 2/92, BStBl. II 1996, 369); ebenso wenig, wenn sich der StPfl. eines Maklers/Vermittlers bedient (BFH VIII R 74/87, BStBl. II 1991, 844; IV R 112/92, BStBl. II 1996, 367; I R 148/83, BFH/NV 1987, 646; IX B 47/99, BFH/NV 2000, 185, verdeckte Stellvertretung) oder nur ein einziges Geschäft mit einem Dritten abschließt, sich dieser aber nach außen erkennbar nach Bestimmung des StPfl. an den allgemeinen Markt wendet (BFH XI R 43, 45/89, BStBl. II 1996, 232), bzw. der Erwerber bereits bekannt war (BFH IV B 44/02, BFH/NV 2002, 1559). Die Verhandlungen eines Dritten mit einem/den Geschäftspartner(n) genügen, wenn der StPfl. sich im Folgenden „absprachegemäß verhält" (BFH X R 10/14, BStBl. II 2012, 511).

Entsprechendes gilt bei Tätigwerden nur gegenüber einem **eingeschränkten Personenkreis,** zB beim Verkauf im Rahmen eines Grundstückshandels bzw. bei sonstigen Leistungen nur an Mieter, Angehörige und/oder Nachbarn (BFH IV R 10/00, BStBl. II 2002, 338; VIII R 14/99, BStBl. II 2002, 811; X R 15/11, BFH/NV 2013, 1545; BMF 26.3.2004, BStBl. I 2004, 434 Rn. 4), Verkauf an eine vom StPfl. beherrschte GmbH (BFH IV R 62/07, BFH/NV 2010, 2261; aber → Rn. 71) bzw. Einbringung in „seine" Personengesellschaft (FG Hmb 2 K 158/08, EFG 2009, 1934). Entsprechendes gilt, wenn der StPfl. vertraglich an Geschäftsbeziehungen zu weiteren Personen gehindert ist, sofern sich seine Tätigkeit (nur seinem Kunden gegenüber) nach Art und Umfang als unternehmerische Tätigkeit darstellt (BFH I R 16/99, BStBl. II 2000, 404; X B 182/03, BFH/NV 2005, 1068; X R 41/08, BFH/NV 2011, 245) oder wenn er nur an bestimmte Personen auf deren Wunsch veräußert (BFH III R 10/01, BStBl. II 2003, 510). Dritten Geschäftspartnern des Auftraggebers muss nicht deutlich sein, dass die zu beurteilende Tätigkeit selbstständig oder nichtselbstständig erbracht wird (BFH IV R 94/99, BStBl. II 2002, 565).

71 **c) Einzelheiten. Keine Beteiligung** am allgemeinen wirtschaftlichen Verkehr ist gegeben, wenn **Leistungen nicht angeboten,** sondern nur angenommen werden (BFH I R 133/68, BStBl. II 1970, 865, Glücksspiele; BFH I R 98/87, BStBl. II 1990, 1073, Verwaltung von Stammkapital). Das gilt auch, wenn der Stpfl. **für Geschäfte mit anderen nicht offen** ist (vgl. BFH III R 47/88, BStBl. II 1992, 143 unter 1d), zB bei **konzerninternen Geschäften** (vgl. BFH I R 68/81, BStBl. II 1985, 120; IV R 80/05, BStBl. II 2009, 266), insb. bei der Darlehenshingabe allein im Hinblick auf eine unmittelbare oder mittelbare Beteiligung an einer GmbH (BFH X R 9/17, BStBl. II 2021, 418; *anders* für allgemeine (Beratungs-)Leistungen bei einer nur geringen Beteiligung an einer GmbH, FG Düsseldorf 14 K 2347/15 G, EFG 2018, 1287); für die wirtschaftliche Rückabwicklung des Erwerbs an den Veräußerer (BFH X R 17/96, BFH/NV 1998, 1467); die Vermietung von Pkw an Angestellte (BFH VI R 387/69, BStBl. II 1971, 173); die Bürgschaftsübernahme durch Gesellschafter (BFH X B 58/06, BFH/NV 2006, 1837) sowie bei einem **hoheitlichen Tätigwerden** (BFH III R 241/84, BStBl. II 1988, 615: Präsident einer Berufskammer).

Hierdurch ist indessen eine **Marktteilnahme nicht ausgeschlossen** bei einer Person, der öffentlich-rechtliche Aufgaben übertragen wurden (vgl. BFH I R 121/76, BStBl. II 1979, 188; X R 83/96, BStBl. II 1999, 534, Rundfunkermittler; BFH XI R 53/95, BStBl. II 1997, 295, Kaminkehrer), und auch nicht, wenn eine Person als sog. beliehener Unternehmer öffentliche Befugnisse ausübt (s. zur Künstler- und Artisten- bzw. Bühnenvermittlung BFH I 157/63 U, BStBl. III 1966, 36 sowie I R 107/68, BStBl. II 1970, 517).

d) Leistungsbeziehung. Die Beteiligung am allgemeinen wirtschaftlichen 72 Verkehr ist auch gegeben bei einem **Güteraustausch ohne festes Entgelt** (BFH X R 43/12, BStBl. II 2016, 48), bei einem **leistungsabhängigen Entgelt** (BFH XI R 48/91, BFH/NV 1994, 622), bei **Zahlung durch einen Dritten** (BFH I R 110/76, BStBl. II 1978, 137).

Das gilt – im Unterschied zu reinen Glücksspielen – wegen der überwiegenden Geschicklichkeitskomponente ebenso für den **Berufs(karten)spieler,** und zwar im Hinblick auf Gewinne (BFH XI R 48/91, BFH/NV 1994, 622) wie im Hinblick auf Preisgelder (BFH X R 43/12, BStBl. II 2016, 48; X R 34/16, BFH/NV 2019, 686). Es genügt die Leistungsbeziehung zwischen den jeweiligen Mitspielern in der gegenseitigen Zusage, bei verlorenem Spiel den Einsatz zu erbringen und bei Gewinn den Einsatz der Mitspieler beanspruchen zu können (BFH X R 8/21, BStBl. II 2023, 811, zu FG Münster 11 K 3030/15, E, G, EFG 2021, 1208, gleichzeitig zur planmäßigen Marktteilnahme). Das gilt auch für **Online-Einzelpokerspiele** (sog. Cash-Games; BFH X R 8/21, BStBl. II 2023, 811, zu „Texas Hold'em"; BFH X R 26/21, BFH/NV 2025, 1168, zu „Pot Limit Omaha", FG Bln-Bbg 11 K 11043/20, best.).

Gewerbesteuerpflicht erfordert die **Feststellung einer BSt.,** die insbesondere bei einem „Präsenzspieler" (Casino-, Turnierspieler) nicht zwingend erforderlich ist (BFH III R 67/18, BFH/NV 2021, 1070, zu FG Münster 14 K 799/11, E, G, EFG 2018, 2019, zurückverwiesen zur Feststellung einer BSt.). Dagegen kann bei einem Onlinespieler seine Wohnung (BFH X R 26/21, BFH/NV 2025, 1168) oder das von ihm ständig bewohnte „Kinderzimmer" eine BSt. sein (BFH X R 8/21, BStBl.II 2023, 811).

Anderes gilt, wenn eine Tätigkeit **nicht** auf einen **Leistungsaustausch,** son- 72a dern nur auf die Differenz zwischen Ankaufs- und Verkaufskurs gerichtet ist und den Teilnehmern somit zu Spieleinnahmen verholfen wird (BFH IV R 220/85, BStBl. II 1989, 39; EStH 15.4); Entsprechendes gilt bei „privatem" An- und Verkauf von Wertpapieren und Briefmarken (BFH XI R 80/97, BStBl. II 1999, 448).

Gelegentlich lässt sich die Rspr. bzgl. des Merkmals der Beteiligung am allgemeinen wirtschaftlichen Verkehr weniger von allgemeinen Aussagen als vom **Fallvergleich** leiten: Das Einsammeln von leeren Coca-Cola-Flaschen wurde als nicht typisch iS einer gewerblichen Tätigkeit angesehen (vgl. BFH I R 203/71, BStBl. II 1973, 727); dagegen die Entscheidung in BFH VIII R 172/83, BStBl. II 1984, 132; III R 9/89, BFH/NV 1994, 80: Börsentermingeschäfte als gewerbliche Tätigkeit denkbar.

4. Gewinnerzielungsabsicht

a) Subjektives Tatbestandselement. Die Gewinnerzielungsabsicht ist **sub-** 73 **jektives Tatbestandselement,** dessen Bestimmung durch **objektive Kriterien** („Hilfstatsachen") und Würdigungen zu erfolgen hat (BFH GrS 4/82, BStBl. II

1984, 751 (767); X R 48/99, BStBl. II 2003, 282; X R 33/03, BStBl. II 2004, 1063; X R 33/04, BStBl. II 2007, 874; X R 27/16, BFH/NV 2018, 36; zum Meinungsstreit über die Bedeutung subjektiver und objektiver Merkmale vgl. Falkner DStR 2010, 788; Wüllenkemper EFG 2010, 1413; Ismer/Riemer FR 2011, 455). Die **Hilfstatsachen** können auch **nachträglich** entstehen und zu einer entsprechenden Würdigung führen (BFH IX R 11/91, BStBl. II 1995, 192; IV R 1/07, BStBl. II 2009, 335).

Die **Motive** des Gewinnstrebens sind **unbeachtlich** (BFH I R 186/78, BStBl. II 1980, 106; VIII R 74/87, BStBl. II 1991, 844). Die Gewinnerzielung genügt als Nebenzweck (§ 15 Abs. 2 S. 3 EStG; BFH IV B 203/03, BStBl. II 2004, 355). Auch auf die Gewissheit des finanziellen Erfolges kommt es nicht an (BFH IV R 8/84, BStBl. II 1985, 424; IV R 82/89, BStBl. II 1991, 333); eine nur theoretische, glücksspielartige Gewinnchance reicht jedoch nicht aus (BFH VIII R 59/92, BStBl. II 1996, 219). Hat sich der StPfl. noch nicht entschlossen, fehlt die Gewinnerzielungsabsicht ebenfalls (BFH XI R 8/02, BFH/NV 2003, 1315).

Bei **Fehlen der Gewinnerzielungsabsicht** liegt ein est- und gewstrechtlich irrelevanter Betrieb vor. Das gilt auch dann, wenn in einzelnen Jahren unvorhergesehen **tatsächliche Gewinne** (→ Rn. 89) anfallen (vgl. BFH IV R 43/10, BFH/NV 2013, 408).

74 **b) Totalgewinn/Prognose.** Das Merkmal der Gewinnerzielungsabsicht betrifft nicht den (durchschnittlichen) Periodengewinn (§ 4 Abs. 1, § 5 Abs. 1 EStG), sondern den sog. **Totalgewinn** (BFH IV R 30/87, BStBl. II 1989, 718) iS einer voraussichtlichen Betriebsvermögensvermehrung von der Gründung bis zur Aufgabe oder Liquidation (BFH GrS 4/82, BStBl. II 1984, 751 (765 ff.); IV R 2/92, BStBl. II 1997, 369; X R 33/03, BStBl. II 2004, 1063). Zu berücksichtigen ist ein möglicher zukünftiger Veräußerungs- oder Aufgabegewinn (BFH VI R 3/22, BStBl. II 2024, 823; III R 45/22, BStBl. II 2025, 961). Auf das Vorhandensein von durch die aufgelaufenen Verluste nicht überstiegenen **stillen Reserven** kommt es nicht an (BFH X B 186/10, BFH/NV 2011, 1137).

Es entscheidet das Urteil aus der Sicht des an objektiven Gegebenheiten orientierten StPfl. im jeweiligen Besteuerungszeitraum (BFH VIII R 4/83, BStBl. II 1986, 289 aufgrund einer in die Zukunft gerichteten **langfristigen Prognose,** für die die Verhältnisse eines abgelaufenen Zeitraums wichtige Anhaltspunkte bieten (BFH VIII R 59/92, BStBl. II 1996, 219; XI R 64/97, BStBl. II 1998, 727; IV R 8/03, BFH/NV 2005, 854). Eine retrospektive Beurteilung ist insb. dann angezeigt, wenn sie die im VZ objektiv bestehenden Anhaltspunkte besser beleuchtet (BFH X R 109/87, BStBl. II 1990, 278; VIII R 28/94, BStBl. II 1997, 202 (205); X R 10/88, BFH/NV 1992, 108). Eine **Mindestverzinsung** des eingesetzten Kapitals ist nicht erforderlich; es muss jedoch ein ins Gewicht fallender Betrag verbleiben (BFH IV R 149/83, BStBl. II 1985, 549; zur Ermittlung Groh DStR 1992, 561 (602); Lüdicke FR 1994, 110).

Nicht ausreichend ist die Prognose lediglich bescheidener Gewinne in der Zukunft, wenn ein Ausgleich der bisherigen Verluste damit nicht möglich ist (BFH X B 60/00, BFH/NV 2001, 1381). Ebenso wenig reicht eine nur theoretische Gewinnchance (BFH IV R 33/99, BStBl. II 2000, 227). Entsprechendes gilt für das Streben nach einem finanzwirtschaftlichen Überschuss (Cash-Flow; BFH X B 86/07, BFH/NV 2009, 18). Auch die **Deckung von Selbstkosten** allein genügt nicht. Hierzu gehört neben der Erwirtschaftung der laufenden Kosten auch die Erhaltung des Vermögens (BFH IV R 31/94, BStBl. II 1995, 718). Keine Deckung nur der Selbstkosten liegt vor, wenn (zusätzliches) Eigenkapital zB für Erweiterungsinvestitionen, Schuldentilgung uÄ erwirtschaftet werden soll, es sei denn, dies soll später durch Kostenunterdeckung wieder aufgezehrt werden (BFH I R 36/98, BStBl. II 1999, 366; I R 137/97, BFH/NV 1999, 1250).

c) Steuerrechtliche Grundsätze. Die Gewinnerzielungsabsicht ist **nach steuerrechtlichen Grundsätzen** zu beurteilen (vgl. BFH GrS 4/82, BStBl. II 1984, 751; XI R 64/97, BStBl. II 1998, 727; X B 86/07, BFH/NV 2009, 18; Drüen AG 2006, 707; Fuhrmann KÖSDI 2003, 13994; krit. Theisen StuW 1999, 255 (260): betriebswirtschaftliche Beurteilungsgröße); auch für beschränkt StPfl. (BFH I R 14/01, BStBl. II 2002, 861; Gosch/Lüdicke DStR 2002, 671). Steuerbare, aber steuerbefreite Einkünfte sind einzubeziehen (BFH I R 69/95, BFH/NV 1997, 408). Die Prüfung der **zutreffenden Gewinnermittlungsart** hat Vorrang (BFH IV R 60/07, BFH/NV 2010, 1446). 75

Für die Bestimmung der Gewinnerzielungsabsicht aufgrund des **Veranlassungsprinzips** Schuck DStR 1993, 975; Littwein BB 1996, 243; Schuhmann StBp 2000, 357; ähnl. Westerfelhaus DStZ 2005, 585: § 12 EStG erfasse den „zugrunde liegenden Sachverhalt per se“; mE zu Unrecht, denn § 12 EStG setzt eine Qualität voraus, die mit der Erörterung der Gewinnerzielungsabsicht erst bestimmt werden soll.

aa) Tatsächliche Erträge und Aufwendungen. Nur diese, **nicht kalkulatorische Größen** sind maßgebend (Groh DStR 1992, 561 (602)). Eine nur durch Geldentwertung eingetretene Vermögensmehrung genügt nicht (BFH IV R 88/86, BFH/NV 1989, 771), wohl aber vorhersehbare Wechselkursschwankungen (BFH IV B 31/96, BFH/NV 1997, 478), direkte stpfl. und stfreie Subventionen (BMF 4.3.1999, StEK § 15 EStG Nr. 272; FR 1999, 827; Pferdmenges FR 1990, 700) sowie Sponsorengelder (NdsFG 11 K 556/07, EFG 2010, 1016); nicht jedoch eine Minderung der Steuern vom Einkommen (§ 15 Abs. 2 S. 2 EStG). Doch kann zu berücksichtigen sein, ob die für die Tätigkeit verwendeten Gegenstände erneuert werden müssen (BFH IX B 111/97, BFH/NV 1998, 843). Steuerpflichtige Veräußerungsgewinne und ähnliche Vorgänge sind einzubeziehen (BFH III R 41/85, BStBl. II 1988, 778). Reine Buchgewinne, bei denen – handelsrechtlich bedingt – lediglich der Veräußerungsgewinn in Höhe des negativen Kapitalkontos eintritt, stellen keine echte Betriebsvermögensmehrung dar. 76

bb) Nicht abziehbare Betriebsausgaben; Subventions-/Vereinfachungsvorschriften. Nicht abziehbare BA sind **nicht zu berücksichtigen.** Das gilt sowohl für unstreitig entstandene, aber unter § 160 AO fallende (BFH X R 99/92, BFH/NV 1996, 891) als auch für Aufwendungen nach § 4 Abs. 5 EStG (BFH X R 40/11, BFH/NV 2014, 1359). Subventionsnormen sind im Gegensatz zu Vereinfachungsnormen nicht anzuwenden: § 6b Abs. 2 EStG ist zu berücksichtigen (BFH IV B 8/05, BFH/NV 2007, 231), nicht aber Sonderabschreibungen (BFH IX R 97/00, BStBl. II 2002, 726; Stuhrmann StB 2003, 82). 77

Bei **Verlustzuweisungsgesellschaften** ist zu vermuten (widerlegbare tatsächliche Vermutung wie bei einem Anscheins- oder Indizienbeweis, BFH I B 160/93, BFH/NV 1995, 221), dass sie zunächst keine Gewinnerzielungsabsicht haben, sondern lediglich die Möglichkeit einer späteren Gewinnerzielung in Kauf nehmen (BFH VIII R 25/86, BStBl. II 1991, 564; VIII R 39/86, BStBl. II 1992, 328; VIII R 59/92, BStBl. II 1996, 219; IX R 2/96, BStBl. II 2001, 789; FG

BW 8 K 1456/12, BeckRS 2015, 94451; krit. Pezzer DStR 1995, 1853; Uhländer FR 1996, 301; Kohlhaas DStR 1996, 209; 1996, 945; 1999, 504 zu § 2b EStG; FR 2003, 598; Lüdicke/Pannen DStR 2000, 2109; Lang FR 1997, 201; zur Prognose Ross DStZ 1998, 717; Drüen FR 1999, 1097). Die Vermutung ist jedoch widerlegt, wenn sich nach einer realistischen betriebswirtschaftlichen Erfolgsprognose ein steuerlicher Totalgewinn ergibt (zu Filmfonds BMF 23.2.2001, BStBl. I 2001, 175 Rn. 32; Podewils DStZ 2014, 480).

78 **cc) Einkunftsübergreifender Totalgewinn.** Zur **einkunftsübergreifenden Realisierung** des Totalgewinns BFH VIII R 234/84, BStBl. II 1986, 596 (Berücksichtigung einer Einkunft nach § 17 EStG iRd § 20 EStG) sowie BFH XI R 46/01, BStBl. II 2003, 602 (teils selbstständig, teils nichtselbstständig). ME sind die dort bezeichneten Grundsätze für die GewSt als ObjektSt nicht einschlägig; vielmehr ist es für die Totalgewinnprognose unerheblich, ob in einem anderen **rechtlich selbstständigen** Unternehmen ein Gewinn erzielt werden kann (FG Münster 2 K 188/97 F, EFG 2001, 564 rkr.).

79 **d) Negative Prognose und persönliche Neigung.** Eine **negative Prognose** allein **reicht nicht** für die Annahme fehlender Gewinnerzielungsabsicht (BFH X R 62/01, BStBl. II 2005, 336), ebenso wenig langjährige Verluste (BFH XI R 18, 19/92, BFH/NV 1993, 475; III R 49/95, BFH/NV 1996, 812; FG BW 1 K 851/15, EFG 2017, 913, rkr.). Bei länger aufrechterhaltenen Verlustbetrieben muss zu den über die betriebsspezifischen Anlaufzeiten (→ Rn. 85) hinausreichenden Verlustperioden als weiteres Beweisanzeichen die Feststellung möglich sein, dass der Steuerpflichtige die verlustbringende Tätigkeit nur aus Gründen seiner **Lebensführung** oder **Neigungen** ausübt (BFH III R 41/85, BStBl. II 1988, 778; IV R 40/06, BFH/NV 2009, 1115; IV B 96/08, BFH/NV 2010, 207: „Beweggründe"). Das gilt nach der höchstrichterlichen Rspr. insb. für Tätigkeiten, die nicht typischerweise dazu bestimmt und geeignet sind, der Befriedigung persönlicher Neigungen oder Erlangung wirtschaftlicher Vorteile außerhalb der Einkunftssphäre zu dienen (BFH IV R 60/01, BStBl. II 2003, 85; IV R 43/02, BStBl. II 2004, 455; X B 57/11, BFH/NV 2012, 1307; IV R 43/10, BFH/NV 2013, 408; zur Photovoltaikanlage BFH X B 46/22, BFH/NV 2023, 118; ThürFG 3 K 59/18, EFG 2021, 32) – eine **auf Richterrecht beruhende Einschränkung,** die das G nicht hergibt und wohl auf einer Vermischung mit den Grundsätzen zu § 12 EStG beruht.

80 **aa) Typische persönliche Neigungen.** Ist die Tätigkeit **typischerweise** zur Befriedigung persönlicher Neigungen usw geeignet und/oder bestimmt, sind an die oa Feststellungen keine hohen Anforderungen zu stellen (BFH IV R 81/99, BStBl. II 2002, 276; XI R 46/01, BStBl. II 2003, 602; IV B 93/02, BFH/NV 2004, 1396). Die Neigung kann sich auch auf den Beruf selbst beziehen (BFH IV R 60/01, BStBl. II 2003, 85; IV B 168/01, BFH/NV 2003, 896). Ist dies der Fall, muss der StPfl. zu Beginn seiner Tätigkeit ein schlüssiges, die Möglichkeit eines Totalgewinns ergebendes Betriebskonzept erstellt haben (BFH X R 33/04, BStBl. II 2007, 874; X R 27/16, BFH/NV 2018, 36). Das gilt auch bei der Vermietung einer Ferienwohnung/eines Ferienhauses, bei der/dem sich der StPfl. eine bestimmte Zeit der Selbstnutzung vorbehalten hat (BFH IX R 48/06, BFH/NV 2008, 34; IX R 26/11, BStBl. II 2013, 613).

81 **bb) Kein Freizeitvergnügen erforderlich.** Persönliche Neigung im vorstehenden Zusammenhang (→ Rn. 79 f.) bedeutet jedoch **nicht Freizeitvergnü-**

gen (BFH III B 30/06, BFH/NV 1997, 571 mwN); es genügt jedes einkommensteuerrechtlich unbeachtliche Motiv, also auch das idealistische Motiv des Klimaschutzes (BFH X B 46/22, BFH/NV 2023, 118, zur Photovoltaikanlage), das Vorhaben, Angehörigen eine wohnungsnahe Beschäftigung zu ermöglichen (BFH X B 4/12, BFH/NV 2013, 370), Gehaltszahlungen an nahe Angehörige (BFH IV R 43/02, BStBl. II 2004, 455; X R 106/97, BFH/NV 2001, 160) geltend zu machen oder erhöhte Werbeaufwendungen abzusetzen (BFH I R 92/00, BFH/NV 2002, 1538), einen unrentablen Betrieb bis zur Übernahme durch den Sohn fortzuführen (BFH IV R 81/99, BStBl. II 2002, 276), Steuern zu sparen, soweit es darum geht, Kosten der privaten Lebensführung in den steuerlich relevanten Bereich zu verlagern (BFH IV R 43/02, BStBl. II 2004, 455; X R 149/95, BFH/NV 2000, 23; X R 33/03, BFH/NV 2004, 1063 mwN).

Das gilt trotz StMinderung **nicht** für die **Verrechnung „echter Verluste“** (BFH IV B 81/01, BStBl. II 2003, 804; X R 33/03, BStBl. II 2004, 1063; X R 27/16, BFH/NV 2018, 36), was mE auch dann gilt, wenn sich Feststellungen zur persönlichen Neigung treffen lassen, sofern ein schlüssiges Betriebskonzept vorhanden ist (vgl. BFH X R 33/04, BStBl. II 2007, 874) und/oder der StPfl. im Hinblick auf das operative Geschäft (Lage des Ladenlokals, Personaleinsatz) ernsthafte unternehmerische Entscheidungen trifft (FG Düsseldorf 10 K 546/12 E, EFG 2015, 1608); allein die Möglichkeit der Steuerersparnis reicht dann nicht, die Tätigkeit als „Liebhaberei“ einzustufen (vgl. FG BW 8 K 1493/13, EFG 2016, 276).

Meines Erachtens ist „persönliche Neigung“ **jede** die Gewinnerzielung betreffende **indifferente Haltung** (ebenso Wüllenkemper Anm. zu FG Köln 10 K 3679/08, EFG 2010, 1411 rkr.; zum Nebenberuf SächsFG 8 K 877/13, BeckRS 2015, 95946), weswegen BFH XI R 10/97, BStBl. II 1998, 663 (zum Rechtsanwalt) trotz deutlicher auf Indifferenz beruhender Dauerverluste völlig zu Unrecht die Gewinnerzielungsabsicht bejaht hat (zutr. jedoch BFH XI R 6/02, BStBl. II 2005, 392). **81a**

e) Indizien. Das **Fehlen** der Gewinnerzielungsabsicht **wird indiziert,** wenn nach dem Urteil eines Sachkundigen **der Betrieb** nach Wesensart und/oder Bewirtschaftung **objektiv ungeeignet** ist für die Erzielung eines Totalgewinns (BFH IV R 4/95, BFH/NV 1998, 947; IV R 33/99, BStBl. II 2000, 227; X R 62/01, BStBl. II 2005, 336; IV B 139/10, BFH/NV 2012, 263; X B 57/11, BFH/NV 2012, 1307; VI R 6/15, BStBl. II 2019, 601; VIII B 37/23, BFH/NV 2024, 944); sie muss aber nicht gesichert sein (NdsFG 3 K 304/14, EFG 2016, 916). Ein Indiz für das Fehlen besteht insb., wenn langjährige Verluste erklärt und mit positiven Einkünften (ggf. des Ehepartners) verrechnet werden (FG Köln 10 K 3679/08, EFG 2010, 1411 rkr.) bzw. die Aufwendungen „in der Familie“ bleiben (FG RhPf 6 K 1486/11, BeckRS 2014, 95509). An die Feststellung persönlicher Motive für die Hinnahme der (Dauer)Verluste sind dann keine hohen Anforderungen zu stellen (BFH X R 33/04, BStBl. II 2007, 874; IV R 40/06, BFH/NV 2009, 1115). In einem gewissen Gegensatz zu diesem Grundsatz steht BFH IV R 37/85, BFH/NV 1989, 574, wonach es nicht darauf ankomme, dass der StPfl. die aufgelaufenen Verluste erkannt hat, sofern er nur bestrebt gewesen sei, sie wettzumachen oder möglichst gering zu halten (s. auch BFH IV R 109/87, BFH/NV 1989, 692). Ähnlich FG BW 1 K 851/15, (EFG 2017, 913, rkr.), wonach eine negative Totalprognose unschädlich ist, wenn der StPfl. sich wie ein GewTreibender verhält. **82**

83 **aa) Umstrukturierung.** In diesem Zusammenhang ist jedoch zu prüfen, ob der StPfl. bei Dauerverlusten durch geeignete **Umstrukturierungsmaßnahmen** korrigierend zur Herstellung der Rentabilität eingegriffen hat (BFH X R 109/87, BStBl. II 1990, 278; VIII R 25/86, BStBl. II 1991, 564; VIII R 68/93, BStBl. II 1995, 722; X R 33/03, BStBl. II 2004, 1063; X R 62/01, BStBl. II 2005, 336; IV R 6/05, BFH/NV 2007, 1492; X B 86/07, BFH/NV 2009, 18). Maßgebend ist der Erkenntnishorizont zum Zeitpunkt der Maßnahmen. Erscheinen sie danach Erfolg versprechend, ist dieses ein gewichtiges Indiz für die Gewinnerzielungsabsicht (BFH X B 159/10, BFH/NV 2011, 1865). Entsprechendes gilt bei einer **Einstellung der Tätigkeit** angesichts der Dauerverluste (FG Düsseldorf 10 K 546/12 E, EFG 2015, 1608).

84 **bb) Geeignete Maßnahmen.** Das **Fehlen** von geeigneten Maßnahmen zur Gesundung des Betriebs bei langjährigen Verlusten **indiziert persönliche Gründe** und Neigungen (BFH IV R 27/97, BStBl. II 1999, 638; X R 33/03, BStBl. II 2004, 1063; X R 62/01, BStBl. II 2005, 336; IV R 40/06, BFH/NV 2009, 1115; IV R 36/09, BFH/NV 2011, 2092; IV R 43/10, BFH/NV 2013, 408, keine hohen Anforderungen an die Feststellung der Motive; aA BFH IV R 60/01, BStBl. II 2003, 85; ebenfalls anders in dem Fall BFH III B 73/01, BFH/NV 2002, 1025: Vercharterung von sechs Yachten; zu den offenen Fragen Paus DStZ 2005, 668). Ungeeignete Maßnahmen genügen also nicht (FG Hmb VII 207/99, EFG 2003, 994 rkr.). **Geeignete Maßnahmen** sind solche, die nach dem zu ihrer Zeit gegebenen Erkenntnishorizont aus der Sicht des wirtschaftlich vernünftig denkenden Betriebsinhabers eine hinreichende Wahrscheinlichkeit boten, innerhalb eines überschaubaren Zeitraums (der abhängig ist von Gegenstand und Art des Betriebs) in die Gewinnzone zu führen. Nach BFH X R 33/03 (BStBl. II 2004, 1063) reicht hierfür die **reine Kostensenkung** aus, wenn sie ohne die Zinsen aus früheren Fehlmaßnahmen zu künftig positiven Ergebnissen führt – was mE einen Verstoß gegen den Totalgewinngrundsatz (→ Rn. 74) sowie fundamentale Erfordernisse betriebswirtschaftlichen Denkens darstellt.

85 **cc) Anfangsverluste.** Sie sprechen nicht stets gegen Gewinnerzielungsabsicht (BFH X R 106/95, BFH/NV 1999, 1081; VIII B 160/05, BFH/NV 2006, 1477), zumal dann, wenn sie einen angemessenen zeitlichen Rahmen nicht überschreiten; dieser ist nicht allgemein, sondern berufsspezifisch zu bestimmen, liegt aber nur in Ausnahmefällen unter **fünf Jahren.** Die Einstellung der Tätigkeit in der Phase der Anfangsverluste beweist noch nicht die Gewinnerzielungsabsicht (BFH X R 33/04, BStBl. II 2007, 874; X B 98/11, BFH/NV 2013, 924). Allerdings sprechen Anfangsverluste dann gegen Gewinnerzielungsabsicht, wenn feststeht, dass der Betrieb so, wie er geführt wird, von vornherein nicht in der Lage war, nachhaltige Gewinne (einen Totalgewinn) zu erzielen (BFH VIII R 28/94, BStBl. II 1997, 202 (206); X B 106/12, BFH/NV 2013, 1090), insb. für den Beginn der Tätigkeit ein schlüssiges Betriebskonzept fehlt (BFH IV R 33/99, BStBl. II 2000, 227; X B 60/00, BFH/NV 2001, 1381), oder wenn die Betätigung geeignet und bestimmt ist, persönlichen Neigungen zu dienen (BFH X B 150/12, BFH/NV 2013, 1784).

86 **f) Anscheinsbeweisgrundsätze.** Sie sind **anwendbar** (vgl. BFH GrS 4/82, BStBl. II 1984, 751 (767); krit. Weber-Grellet DB 2002, 2568; FR 2003, 142; Gosch StBp 2003, 60; Schmidt-Liebig FR 2003, 273: reine Rechtsanwendung und Subsumtion; mE jedoch zu Unrecht wegen der bipolaren Natur von Beweis-

anzeichen, Heuermann DStZ 2004, 9). Der Anscheinsbeweis kann durch einzelne objektive Umstände geführt, aber durch die ernsthafte Möglichkeit des Gegenteils entkräftet werden (BFH VIII R 93/73, BStBl. II 1980, 69; GrS 4/82, BStBl. II 1984, 751 (767); VIII R 4/83, BStBl. II 1986, 289). Ist der zulässige Gegen- oder Erschütterungsbeweis geführt, darf die (fehlende) Gewinnerzielungsabsicht nicht mehr vermutet werden; es kommt auf die objektive Beweislast (→ Rn. 96) an (BFH VIII R 4/83, BStBl. II 1986, 289; VIII R 59/92, BStBl. II 1996, 221; VIII R 28/94, BStBl. II 1997, 202). Für die Beurteilung eines Vorläufigkeitsvermerks wirkt ein möglicher Anscheinsbeweis nicht so weit, dass die Ungewissheit iSd § 165 Abs. 1 S. 1 AO nicht bestünde (BFH X B 23/24, BFH/NV 2025, 294).

aa) Neu gegründete Handels- und Fertigungsbetriebe. Hier spricht der Beweis des ersten Anscheins für das Vorliegen von Gewinnerzielungsabsicht (BFH VIII R 4/83, BStBl. II 1986, 289; X B 83/95, BFH/NV 1996, 206; FG BW 1 K 851/15, EFG 2017, 913, rkr.), insb. bei einem größeren Unternehmen (zur Druckerei BFH IV R 79/88, BFH/NV 1991, 364), aber auch bei einer Photovoltaikanlage (ThürFG 3 K 59/18, EFG 2021, 32); es sei denn, die Art des Betriebes bzw. seine Bewirtschaftung oder die Marktverhältnisse sprechen nach der Lebenserfahrung dagegen, dass der Betrieb geeignet oder bestimmt ist, dauerhaft mit Gewinn zu arbeiten (BFH VIII R 25/86, BStBl. II 1991, 564; VIII R 55/93, BFH/NV 1995, 866; III R 49/95, BFH/NV 1996, 812; X B 156/98, BFH/NV 1999, 1204; X B 60/00, BFH/NV 2001, 1381). 87

bb) Entkräftung. Zur Entkräftung des Anscheinsbeweises reichen dauerhafte Verluste allein nicht aus (BFH VIII R 4/83, BStBl. II 1986, 289). Ein Beweis des ersten Anscheins dahin, dass jedwedes neu gegründete Unternehmen mit Gewinnerzielungsabsicht betrieben wird, besteht aber nicht (BFH X B 237/94, BFH/NV 1995, 1062). Ist der Betrieb die **alleinige Existenzgrundlage,** scheidet also die Möglichkeit der steuerwirksamen Verlustverrechnung aus, ist idR keine Liebhaberei anzunehmen (BFH XI B 23/97, BFH/NV 1998, 845). Zu berücksichtigen ist auch, ob etwa eine Krankheit (BFH IV R 113/73, BStBl. II 1976, 485; IV B 130/01, BFH/NV 2003, 1303) oder vom StPfl. nicht zu vertretende widrige Marktverhältnisse für die Verluste ursächlich waren (BFH IV B 200/02, BFH/NV 2003, 625), er also nicht sehenden Auges am Markt vorbei produziert hat. 88

cc) Tatsächliche Gewinne. In erheblichem Umfang über Jahre hinweg **erzielte Gewinne** sind ein kaum zu widerlegendes Anzeichen für das Vorliegen von Gewinnerzielungsabsicht (BFH I R 102/81, BStBl. II 1985, 61; IV R 82/89, BStBl. II 1991, 333; III R 193/81, BFH/NV 1986, 278; IV R 4/95, BFH/NV 1998, 947 (950); III B 107/09, BFH/NV 2011, 804; Ismer FR 2011, 455), auch bei **intermittierenden Verlusten** aus einzelnen Geschäften (BFH IV R 2/92, BStBl. II 1996, 369). Das gilt auch bei Tätigkeiten in der **Nähe zum Hobbybereich** (BFH X R 26/18, BFH/NV 2021, 314). Zur Entkräftung müssen gewichtige außergewöhnliche Umstände des Einzelfalles dargelegt und ggf. bewiesen werden, nach denen die Gewinnerzielung nach objektiven Kriterien unvorhersehbar war (BFH IV R 53/98, BFH/NV 2000, 1090; vgl. auch IV B 203/03, BStBl. II 2004, 355). **Umgekehrt** rechtfertigen Gewinne aus einzelnen Geschäften bei einem Verlustbetrieb nicht den Schluss auf Gewinnerzielungsabsicht (BFH I R 33/02, BFH/NV 2004, 445); ebenso wenig bei einem Gewinn, 89 der allein auf der Verjährung einer Verbindlichkeit beruht (BFH IV R 43/10, BFH/NV 2013, 408).

90 **g) Zeitlicher Rahmen.** Der **zeitliche Rahmen** der erforderlichen Prüfung lässt sich jedoch **nicht allgemein** festlegen (vgl. BFH IV R 8/84, BStBl. II 1985, 424; X R 10/88, BFH/NV 1992, 108), wenngleich bei Fehlen von Besonderheiten ein Zeitraum von **30 Jahren** angesprochen wird (BFH X R 48/99, BStBl. II 2003, 282; X B 146/05, BFH/NV 2007, 1125). Letztlich maßgebend ist die **angestrebte Gesamtdauer** der Betätigung (→ Rn. 91). Durch bloße Umstrukturierungsmaßnahmen (zB Kauf bisher gepachteter WG) verändert sich der Beurteilungszeitraum nicht (BFH X R 20/10, BFH/NV 2014, 524).

Auch für die **Anlaufperiode** lässt sich eine allgemein gültige Zeitgrenze nicht festlegen (BFH IV B 207/99, BFH/NV 2000, 1094; X B 60/00, BFH/NV 2001, 1381; X B 106/12, BFH 2013, 1090; krit. Hartmann StBp 2000, 27; s. aber BFH X R 33/04, BStBl. II 2007, 874: idR nicht unter fünf Jahren). Insbesondere sind **berufstypische Besonderheiten** zu berücksichtigen (BFH VIII R 59/82, BStBl. II 1985, 455, Gästehaus; BFH III R 273/83, BStBl. II 1988, 10, Erfinder; BFH VIII R 28/94, BStBl. II 1997, 202, Vercharterung; BFH VIII R 55/93, BFH/NV 1995, 866, Erweiterung einer Tennisanlage).

91 **aa) Begrenzung.** Eine **Begrenzung** erfährt der Prognosezeitraum dadurch, dass der StPfl. sich vertraglich bindet oder sich die Möglichkeit verschafft, den Gegenstand der Einkunftserzielung innerhalb einer bestimmten Frist zu verkaufen (BFH IX R 33/97, BStBl. II 2000, 676). Besteht eine Verpflichtung zur entgeltlichen Übertragung eines Verlustbetriebs zu einem bestimmten Zeitpunkt, bis zu dem der Totalgewinn nicht möglich ist, dann fehlt (zumindest) ab dem Zeitpunkt der Verpflichtung die Gewinnerzielungsabsicht (BFH X R 48/99, BStBl. II 2003, 282; Anm. Kanzler FR 2003, 358; OFD Koblenz 5.12.2004, DStR 2005, 379). Ist ein großzügiger zeitlicher Rahmen für die Anerkennung von Anlaufverlusten angezeigt (zB bei der Erfindertätigkeit), kann trotzdem vor Zeitablauf aufgrund einzelner Umstände (zB Marktverhältnisse) auf das Fehlen von Gewinnerzielungsabsicht geschlossen werden (BFH IV R 8/84, BStBl. II 1985, 424).

92 **bb) Umstellung der Berufstätigkeit.** Bei Umstellung der Betriebsführung am Ende der Berufstätigkeit umfasst die Prüfung des Totalgewinns nur die **verbleibenden Jahre.** In der Vergangenheit erzielte Gewinne sind dann ohne Bedeutung (BFH IV R 43/02, BStBl. II 2004, 455).

93 **cc) Generationenbetrieb.** Hierfür gelten hinsichtlich der Anforderungen an den Aufweis der Gewinnerzielungsabsicht **keine Besonderheiten.** Gewinnerzielungsabsicht kann auch unter Einbeziehung der Rechtsnachfolge zu begründen sein; das erfordert jedoch Unentgeltlichkeit der Rechtsnachfolge (BFH IX R 97/00, BStBl. II 2002, 726; X R 48/99, BStBl. II 2003, 282; Credo DStZ 2005, 74; zT **aA** Valentin DStR 2001, 545). Handelt der Rechtsnachfolger in einem (bisherigen) Liebhabereibetrieb wieder mit Gewinnerzielungsabsicht, so sind die von ihm erzielten Verluste als Anfangsverluste in einem neu errichteten Gewerbebetrieb anzuerkennen (BFH IV R 46/99, BStBl. II 2000, 674).

94 **h) Verschiedenartige Aktivitäten.** Bei verschiedenartigen selbstständigen Aktivitäten, die nicht bloße Hilfsgeschäfte einer Haupttätigkeit darstellen, ist eine **Segmentierung** erforderlich; danach sind **getrennte Prüfungen** für die einzelnen Geschäftsbereiche, auch für den Hobbybereich, durchzuführen. Gewinne der

gewinnbringenden Teile dürfen nicht durch die Liebhaberei neutralisiert werden (BFH IV R 178/83, BStBl. II 1986, 293, Pferdezucht und sonstige LuF; BFH IV R 31/94, BStBl. II 1995, 718, Tanzschule und Getränkeverkauf; BFH VIII R 28/94, BStBl. II 1997, 202, Besitzgesellschaft/Betriebsaufspaltung und Hubschraubervermietung; BFH X R 106/95, BFH/NV 1999, 1081, verschiedene Vermietungen; BFH XI R 58/04, BFH/NV 2007, 434, Klinik/Gästehaus und ärztliche Tätigkeit; BFH X R 27/16, BFH/NV 2018, 36, Handel und Yachtbetrieb; BFH III R 45/22, BStBl. II 2025, 961, Vermietung einer Burg).

Eine einheitliche Beurteilung dagegen erfolgt bei **Hilfsgeschäften** uÄ (zB BFH IV R 45/89, BStBl. II 1991, 625, Fleischfabrik und Rinderzucht; BFH VIII R 73/06, BStBl. II 2009, 647, Halten von Beteiligungen und Managementholding; FG RhPf 2 K 1611/13, BB 2014, 2966, verschiedene Dienstleistungen im Wellness-/Schönheitsbereich).

i) Beginn/Wegfall. Eine steuerrechtlich relevante Tätigkeit kann **zu einem** 95
anderen Zeitpunkt beginnen oder wegfallen als dem des tatsächlichen Betriebsbeginns oder -endes (BFH IV R 138/78, BStBl. II 1982, 381; VIII R 25/86, BStBl. II 1991, 564; X R 3/99, BStBl. II 2002, 809; IV B 155/11, BFH/NV 2012, 950; hierzu Bolz AktStR 2012, 405). Führt eine Prognose anhand der Erkenntnismöglichkeiten zum Zeitpunkt des Beginns der Tätigkeit zur Annahme von Gewinnerzielungsabsicht, dann sind spätere unvorhersehbare negative Einflüsse unschädlich (vgl. Meyer-Scharenberg DStR 2000, 670). Reagiert der StPfl. hierauf nicht angemessen, kann dies ein Zeichen dafür sein, dass die Gewinnerzielungsabsicht entfallen ist (vgl. BFH IV R 27/97, BStBl. II 1999, 638; X B 118/99, BFH/NV 2000, 1333). Das gilt insb. für die Fortsetzung der verlustbringenden Tätigkeit über die Anlaufzeit hinaus (BFH VIII R 4/83, BStBl. II 1986, 289; X R 62/01, BStBl. II 2005, 336).

Bei einer **qualitativen Veränderung** der Arbeitsweise soll aber nach NdsFG 2 K 707/99, EFG 2004, 111 rkr., eine neue Anlaufphase beginnen (was mE nur zutreffend ist bei einer entsprechenden Totalgewinnprognose); bei einer Einbringung des Verlustbetriebs gilt dies jedoch nicht (BFH VIII R 54/01, BFH/NV 2003, 1298). Zieht der Steuerpflichtige aus der Verlustträchtigkeit seines Unternehmens die Konsequenzen und versucht, den Betrieb zu veräußern oder mangels Veräußerungsmöglichkeit vorübergehend zu verpachten, so handelt es sich um steuerrechtlich anzuerkennende Abwicklungsverluste bzw. erfolglose Aufwendungen (vgl. dazu allg. BFH GrS 4/82, BStBl. II 1984, 751 (767); IV R 139/81, BStBl. II 1985, 205). Eine von Anfang an gegebene Gewinnerzielungsabsicht wirkt idR fort (BFH VIII R 68/93, BStBl. II 1995, 722), doch kann bei einem (nicht erkannten) Grundstückshandel die von Anfang an bestehende Gewinnerzielungsabsicht fortfallen, wenn erkennbar wird, dass die Grundstücke nur mit Verlust zu veräußern sind (BFH X R 30/06, BFH/NV 2009, 1790), etwa weil sich ursprüngliche Planungen zerschlagen haben (BFH X R 6/15, BStBl. II 2017, 1130). Für den Fortfall der Gewinnerzielungsabsicht kommt es nicht darauf an, dass die aufgelaufenen Verluste die stillen Reserven übersteigen (vgl. BFH X B 186/10, BFH/NV 2011, 1137 zum Hotelbetrieb).

Der **Strukturwandel** hin zur Liebhaberei führt nicht zu einer gewinnrealisierenden Betriebsaufgabe (BFH X R 61/14, BFH/NV 2016, 1371; X R 6/15, BStBl. II 2017, 1130, „eingefrorenes BV").

j) Feststellungslast. Die Feststellungslast für das Vorliegen von Gewinnerzie- 96
lungsabsicht trägt derjenige, der sich zu seinen Gunsten auf sie beruft (BFH VIII

R 25/86, BStBl. II 1991, 564; VIII R 59/92, BStBl. II 1996, 219; VIII R 28/94, BStBl. II 1997, 202; XI R 18, 19/92, BFH/NV 1993, 475; III R 49/95, BFH/NV 1996, 812; XI S 5/99, BFH/NV 2001, 12). Die Beweislast wirkt sich jedoch erst dann aus, wenn eine weitere Aufklärung ergebnislos ist (hierzu BFH VIII R 4/83, BStBl. II 1986, 289; IV R 178/83, BStBl. II 1986, 293).

97 **k) Rechtsprechungsbeispiele** für **Gewinnerzielungsabsicht.** *(bejahend: +; verneinend: –):*

- **Amway-Fälle** s. „Strukturvertrieb".
- **Anlaufverluste** allein begründen nicht den Beweis des ersten Anscheins für das Fehlen von Gewinnerzielungsabsicht (BFH GrS 4/82, BStBl. II 1984, 751). Sind sie nach Sachlage nicht ausgleichbar, ist Liebhaberei indiziert (vgl. BFH IV R 25/82, BStBl. II 1985, 399; X R 62/01, BStBl. II 2005, 336); zur Nichtberücksichtigung von (unschädlichen) Anlaufverlusten → Rn. 85.
- **Automatenaufsteller,** BFH XI R 18, 19/92, BFH/NV 1993, 475; IV R 40/06, BFH/NV 2009, 1115; FG München 7 K 1101/12, BeckRS 2015, 94598 (–).
- **Devisentermingeschäfte,** BFH VIII R 63/96, BStBl. II 1999, 466 (+), IV R 87/05, BFH/NV 2009, 1650 (+).
- **Druckerei,** BFH IV R 79/88, BFH/NV 1991, 364 (+).
- **Ehegatten-Arbeitsverhältnis** im Rahmen eines Nebenberufes, das fortlaufend Verluste verursacht, FG BW 12 K 386/87, EFG 1992, 458 rkr. (–).
- **Erfindertätigkeit** auch bei längeren Verlustphasen, BFH IV R 8/84, BStBl. II 1985, 424; III R 273/83, BStBl. II 1988, 10 (+), auch bei längeren Verlustperioden; das Fehlen der Gewinnabsicht kann aber aus anderen Umständen (zB den Marktverhältnissen) erschlossen werden (BFH II R 49/03, BFH/NV 2005, 1566).
- **Ferienhausvermietung,** BFH IV R 6/05, BFH/NV 2007, 1492 (–); zu Ferienwohnungen vgl. BFH IV R 6/91, BFH/NV 1994, 240.
- **Frachtschiffbetrieb,** der missglückt, BFH VIII B 52/90, BFH/NV 1994, 293 (–).
- **Friseursalon** (-), weil die Aufwendungen „in der Familie" bleiben (FG RhPf 6 K 1486/11, BeckRS 2014, 95509).
- **Fußballtrainer,** BFH IV R 131/92, BFH/NV 1994, 93 (+).
- **Gartenbaubetrieb** (Pflanzenzucht und -handel), FG Köln 2 K 2875/09, EFG 2014, 2120 (–).
- **Gaststätte,** aus Gründen der Familientradition verlustträchtig geführt, NdsFG VI 255/89, EFG 1992, 329 (–).
- **Gästehaus,** BFH VIII R 59/82, BStBl. II 1985, 455 (+); zust. Müller Stbg 1996, 381.
- **Gebrauchtwagenhandel,** der nach der Art der Bewirtschaftung nicht nachhaltig Gewinn erbringen kann, BFH X B 156/98, BFH/NV 1999, 1204 (–).
- **Geschenkartikel,** Herstellung in Handarbeit und Handel, BFH X B 25/08, BFH/NV 2008, 1673 (–).
- **Getränkegroßhandel** ebenso, BFH VIII R 4/83, BStBl. II 1986, 289 (–).
- **Golfhotel,** BFH X B 86/07, BFH/NV 2009, 18 (–).
- **Grundstückshandel** ebenso, BFH IV B 203/03, BStBl. II 2004, 356 (–).
- **Handelsgeschäfte** mit jahrelangen Verlusten, BFH VIII R 4/83, BStBl. II 1986, 289; FG BW 6 K 195/93, EFG 1995, 713; HessFG VIII 228/80, EFG 1987, 303 (–); abgrenzend FG Düsseldorf 10 K 317/90 E, EFG 1995, 618.

- **Hotelbetrieb,** s. NdsFG 15 K 14150/08, BeckRS 2011, 96259 (–), hierzu BFH X B 186/10, BFH/NV 2011, 1137; vgl. auch IV R 43/10, BFH/NV 2013, 408.
- **Kosmetikbetrieb,** FG Düsseldorf 8 K 1480/93 E, EFG 1995, 166 rkr. (+).
- **Kleintierzucht** (Wellensittiche), BFH X R 10/88, BFH/NV 1992, 108 (+).
- **Kraftsportler,** s. BFH X R 40/11, BFH/NV 2014, 1359 (+).
- **Kraftwerksbetrieb,** BFH III 90/96, BFH/NV 1997, 571 (–).
- **Kunsthandel,** s. BFH X B 75/99, BFH/NV 2000, 1458 (–); FG Düsseldorf 17 K 131/85 E, EFG 1992, 522 (–); 17 K 639/91 E, EFG 1995, 23 (–); 8 K 7224/94 E, EFG 1996, 751 (–); nicht anerkannt für **künstlerische** Betätigung im Nebenberuf (FG BW 6 K 122/90, EFG 1993, 514).
- **Laborgemeinschaften** fehlt bei entsprechender vertraglicher Gestaltung die Gewinnerzielungsabsicht (OFD Frankfurt aM 14.6.1996, BB 1996, 1703 = DStR 1996, 1484).
- **Mietkaufmodell** s. BFH XI R 15/91, BFH/NV 1994, 301 (–).
- **Minibarvermietung,** BFH IV R 97/86, BFH/NV 1991, 432 (+).
- **Möbeleinzelhandel,** BFH X R 62/01, BStBl. II 2005, 336 (–).
- **Modellbaubetrieb,** BFH X B 60/00, BFH/NV 2001, 1381.
- **Motorboot,** Verpachtung nicht gewerblich (BFH X R 106/95, BFH/NV 1999, 1081).
- **Motorsportverein** mit nachhaltigen Verlusten, BFH I R 33/02, BFH/NV 2004, 445.
- **Musikproduzent,** FG BW 2 K 246/00, EFG 2002, 17 rkr. (–).
- **Pferdezucht** s. BFH IV B 168/01, BFH/NV 2003, 896; IV B 96/08, BFH/NV 2010, 207 (–).
- **Photovoltaikanlage.** Die Hinnahme von Verlusten aus Klimaschutzgründen spricht gegen Gewinnerzielungsabsicht (BFH X B 46/22, BFH/NV 2023, 118 (-)). Davon abgesehen sind keine persönlichen Motive für die Hinnahme von langjährigen Verlusten anzunehmen (FG BW 1 K 841/15, EFG 2017, 913 (+)); zudem rechtfertigt ihr Betrieb den Beweis des ersten Anscheins für Gewinnerzielungsabsicht auch ohne und sogar bei negativer Wirtschaftlichkeitsprognose (ThürFG 3 K 59/18, EFG 2021, 32 (+)).
- **Porzellanmanufaktur,** FG Münster 2 K 188/97 F, EFG 2001, 564, rkr. (–).
- **Rallye„sport“,** zur Teilnahme s. NdsFG VII 572-573/88, EFG 1992, 67 (–).
- **Reiki-Lebensberater,** FG BW 6 K 97/07, EFG 2011, 231.
- **Reithalle,** FG Münster 13 K 3811/19 E, EFG 2022, 746 (-).
- **Reitschule,** BFH IV R 139/81, BStBl. II 1985, 205 (+).
- **Restaurant,** FG Bln IV 301/91, EFG 1994, 927 (+).
- **Schriftstellertätigkeit** als Liebhaberei bei Verlusten über die Dauer von zehn Jahren (BFH IV R 25/82, BStBl. II 1985, 399; IV R 84/82, BStBl. II 1985, 515; XI B 42/99, BFH/NV 2000, 1200), anders wenn die Vermarktung des Konzepts aus unvorhersehbaren Gründen scheitert (BFH IV B 200/02, BFH/NV 2003, 625).
- **Skilehrer,** FG München 13 K 2020/88, EFG 1991, 320 (–).
- **Springreiter,** NdsFG 11 K 556/07, EFG 2010, 1016 (+).
- **Steuerberaterin** mit Dauerverlusten, FG Köln 10 K 3679/08, EFG 2010, 1411 rkr. (–).
- **Strukturvertrieb,** ThürFG II 215/00, EFG 2002, 691; FG MV 2 K 399/00, EFG 2003, 532; HessFG 1 K 2505/01, EFG 2006, 268; FG LSA 5 K 893/09, EFG 2014, 1955: (–) keine Vermutung für Gewinnerzielungsabsicht.

- **Tennishallenrestaurant,** BFH VIII R 55/93, BFH/NV 1995, 866 (+).
- **Tierzucht** mit wenigen Tieren, BFH X B 214/09, BFH/NV 2010, 1811 (–).
- **Tonstudio** eines Komponisten und Produzenten, BFH VIII B 37/33, BFH/NV 2024, 944 (–).
- **Trabergestüt,** BFH IV R 82/89, BStBl. II 1991, 333; IV R 109/87, BFH/NV 1989, 692; IV R 53/98, BFH/NV 2000, 1090 (+).
- **Trachyon-Produkte-Vertrieb,** BFH X B 67/05, BFH/NV 2006, 742 (–).
- **Vercharterung** bzw. **Vermietung** insb. von Yachten, Wohnmobilen und Fluggerät s. BFH III R 273/83, BStBl. II 1988, 10; VIII R 28/94, BStBl. II 1997, 202; I R 22/88, BFH/NV 1990, 768; VIII R 30/97, BFH/NV 1999, 771; X R 106/95, BFH/NV 1999, 1081; X B 118/99, BFH/NV 2000, 1333; X B 150/12, BFH/NV 2013, 1784; FG Hmb 6 K 222/14, BeckRS 2015, 95540; SächsFG 8 K 877/13, BeckRS 2015, 95946 (–); s. aber XI R 26/99, BFH/NV 2002, 625; NdsFG 2 K 912/99, EFG 2002, 534 rkr. (+); allerdings kommen bei gelegentlicher Vermietung von einem oder wenigen Objekten Einkünfte nach § 22 Nr. 3 EStG in Betracht (BFH IX R 77/98, BFH/NV 2000, 1081; Hoffmann Inf 1997, 362; Ritzrow StWu 2006, 232).
- **Verlagstätigkeit,** BFH X R 33/04, BStBl. II 2007, 874, (+).
- **Verlustzuweisungsgesellschaften** s. BFH GrS 4/82, BStBl. II 1984, 751 (767); VIII R 25/86, BStBl. II 1991, 564; VIII R 39/86, BStBl. II 1992, 328; VIII R 59/92, BStBl. II 1996, 219; IX R 2/96, BStBl. II 2001, 789.
- **Vermietung einer Burg,** ggf. Berücksichtigung von Veräußerungs- oder Aufgabegewinn, BFH III R 45/22, BStBl. II 2025, 961, zu FG MV 3 K 10/19, EFG 2022, 594, aufgeh.
- **Versicherungsagentur** nebenberuflich, FG RhPf 3 K 2649/92, EFG 1998, 364 (–).
- **Wasserverband,** BFH I R 79-80/86, BStBl. II 1990, 452 (+).
- **Weinverkauf,** BFH X R 62/06, nv (–).

98 **l) Personengesellschaften.** Bei **Personengesellschaften** ist für die Anerkennung einer steuerrechtlich relevanten Tätigkeit, insb. eines Gewerbebetriebs, die Gewinnerzielungsabsicht **zweistufig** auf der Ebene der **Gesellschafter (Mitunternehmer)** und auf der Ebene der **Gesellschaft** zu prüfen (BFH VIII B 59/00, BFH/NV 2001, 895; VIII R 38/01, BFH/NV 2004, 1372). Das bedeutet, auch die Beteiligten als gesellschaftlich Verbundene müssen in Gewinnerzielungsabsicht handeln (BFH IV R 31/94, BStBl. II 1995, 718; IV B 149/98, BFH/NV 1999, 1336). Die Absicht muss auf eine Mehrung des Betriebsvermögens einschließlich des Sonderbetriebsvermögens der Gesellschafter gerichtet sein (BFH VIII R 25/86, BStBl. II 1991, 564; VIII R 55/93, BFH/NV 1995, 866; I R 69/95, BFH/NV 1997, 408). Das gilt auch für eine **GmbH & atypisch Still** (BFH VIII B 112/97, BFH/NV 1999, 169; VIII B 59/00, BFH/NV 2001, 895; FG Hmb V 299/99, EFG 2002, 391). Fehlt es bei einzelnen Gesellschaftern hieran, sind sie keine Mitunternehmer (BFH XI R 45/88, BStBl. II 1993, 538 (541); vgl. BFH IV B 38/05, BFH/NV 2007, 231 zu NdsFG 12 K 383/98, EFG 2005, 770, rkr.). Die Grundsätze zum Generationenbetrieb (→ Rn. 93) können anwendbar sein (BFH IV B 63/13, BFH/NV 2014, 512). Zweifelhaft ist die Gewinnerzielungsabsicht bei einer (gewerblich geprägten) Vorrats-(Projekt-)Gesellschaft (bejahend FG Bln-Bbg 6 K 6203/08, EFG 2012, 39).

99 Da bei einer Personengesellschaft grundsätzlich von einem einheitlichen Gewerbebetrieb auszugehen ist, sind an sich **gemischte Tätigkeiten** zunächst

insgesamt als gewerblich zu behandeln. Erst nach dieser **vorrangigen „Färbung"** ist für die jeweils verschiedenen selbstständigen Tätigkeitsbereiche (→ Rn. 94) das Vorliegen der Gewinnerzielungsabsicht zu prüfen; hierdurch ergeben sich andere Bezugsgrößen. Ertrag und Aufwand einer privat veranlassten Tätigkeit sind nicht in die steuerrechtliche Gewinnermittlung einzubeziehen (BFH IV R 31/94, BStBl. II 1995, 718; VIII R 28/94, BStBl. II 1997, 202 mit ausführlichen Hinweisen zum Meinungsstreit). Abzugrenzen ist nach dem Förderungs- und Sachzusammenhang, in dem die zu beurteilende Tätigkeit mit der betrieblichen Haupttätigkeit steht. Hierdurch wird zugleich eine weitreichende **Segmentierung** von isoliert betrachtet verlustbringenden Tätigkeiten **vermieden.**

III. Abgrenzung Gewerbebetrieb/Vermögensverwaltung

1. Allgemeines

Da **private Vermögensverwaltung** auch dann noch vorliegen kann, wenn 100
ein Stpfl. sich selbstständig, nachhaltig und mit Gewinnabsicht am allgemeinen wirtschaftlichen Verkehr beteiligt, setzt der Gewerbebetriebsbegriff **als negatives Tatbestandsmerkmal** das Fehlen privater Vermögensverwaltung voraus (BFH I R 191/72, BStBl. II 1973, 260; GrS 4/82, BStBl. II 1984, 751 (762); GrS 1/93, BStBl. II 1995, 617; X R 255/93, BStBl. II 1996, 303; IV R 75/00, BStBl. II 2003, 467; IV R 50/14, BStBl. II 2017, 456). Insofern verhält es sich ähnlich wie bei dem wirtschaftlichen Geschäftsbetrieb (§ 14 AO) als Oberbegriff (→ Rn. 2). Ein Gewerbebetrieb erfordert also, dass die Betätigung über den Rahmen einer Vermögensverwaltung hinausgeht.

Die **Abgrenzung** lässt sich **nicht nach einheitlichen Merkmalen** für alle Tätigkeiten vornehmen; artspezifische Besonderheiten sind zu berücksichtigen (BFH XI R 80/97, BStBl. II 1999, 448; X R 37/00, BStBl. II 2003, 464, X R 40/43, BStBl. II 2005, 35; IV R 17/05, BStBl. II 2007, 768; X R 14/07, BFH/NV 2008, 2012; krit. Hartrott FR 2008, 1095). Für sie ist aber bedeutsam, dass der Gesetzgeber bestimmte Tätigkeiten (verzinsliche Kapitalanlagen; Grundstücksvermietung) jedenfalls in ihren **typischen Erscheinungsformen** als Vermögensverwaltung (§ 14 AO) beurteilt. In diesen Fällen erlauben nur **besondere Umstände** die Annahme, dass der Rahmen der Vermögensverwaltung überschritten ist (zB → Rn. 106, 108, 136).

2. Gemischte Tätigkeiten

Tätigkeiten von originär **gewerblicher** und **vermögensverwaltender** Natur 101
sind einheitlich gewerblich, wenn sie eng verflochten sind und nach der Verkehrsanschauung als Einheit erscheinen (BFH IV R 5/02, BStBl. II 2004, 464; IV B 44/02, BFH/NV 2002, 1559; FG Hmb III 440/01, EFG 2004, 353 rkr.); → Rn. 110.

3. Abgrenzungsgrundsätze

a) Allgemeines. Nach stRspr wird die Grenze zur privaten **Vermögensver-** 102
waltung überschritten, wenn die Ausnutzung substantieller Vermögenswerte durch Umschichtung gegenüber der Nutzung von Vermögen iS einer Fruchtziehung aus zu erhaltenden Substanzwerten entscheidend in den Vordergrund tritt

(zB BFH III R 10/01, BStBl. II 2003, 510; III R 37/02, BStBl. II 2004, 950; X R 40/43, BStBl. II 2005, 35; X R 26/17, BFH/NV 2018, 1255; krit. Fischer FR 2002, 597; Hartrott FR 2008, 1095). Bei der Entscheidung sind alle Umstände des Einzelfalles nicht nur des jeweiligen Gewinnermittlungszeitraums, sondern der gesamten Dauer eines überschaubaren Mehrjahreszeitraums zu berücksichtigen und gegeneinander abzuwägen (BFH GrS 1/98, BStBl. II 2002, 291; X R 39/03, BStBl. II 2005, 817; X R 7/15, BFH/NV 2018, 325; X R 26/18, BFH/NV 2021, 314). In **Zweifelsfällen,** insbesondere wenn es nicht um Vermögensnutzungen und -umschichtungen geht, ist darauf abzustellen, ob **strukturell-gewerbliche Aspekte** in den Vordergrund treten (BFH X R 43/12, BStBl. II 2016, 48; X R 26/21, BFH/NV 2025, 1168, zum Berufskartenspieler) bzw. die Tätigkeit **dem Bild entspricht,** das nach der Verkehrsauffassung einen Gewerbebetrieb ausmacht (BFH GrS 1/92, BStBl. II 1995, 617 unter C I; GrS 1/98, BStBl. II 2002, 291 unter C. II.; X R 18, 19/18, BStBl. II 2020, 538; hierzu → Rn. 51 f.), oder ob An- u. Verkauf Beginn und Ende einer auf Fruchtziehung gerichteten Tätigkeit darstellen (BFH IV R 49/04, BStBl.II 2009, 289) und lediglich aus vorhandenem Vermögen höhere Erträge erzielt werden sollen (BFH I R 120/80, BStBl. II 1984, 137; zum Quellengedanken als Abgrenzungsmerkmal insb. beim Grundstückshandel Beater StuW 1991, 33; Schmidt-Liebig BB 1993, 904; zur Wertschöpfung als Abgrenzungsmerkmal Schnorr NJW 2004, 3214). Jedoch ist nicht erforderlich, dass die fragliche Tätigkeit einem bereits bekannten Berufsbild zugeordnet werden kann (BFH X R 43/12, BStBl. II 2016, 48, zum Berufskartenspieler; X R 26/18, BFH/NV 2021, 314, zum Internethandel).

103 **b) Betriebliche Organisation. Überholt** ist die ältere Rspr., die gelegentlich für das Überschreiten der Vermögensverwaltung eine **besondere betriebliche Organisation** gefordert hatte (zB BFH VIII R 172/83, BStBl. II 1984, 132; VIII R 27/72, BStBl. II 1977, 244). Eine solche kann ein Indiz von mehreren (ua auch der beruflichen Erfahrung) für das Vorliegen eines GewBetriebs sein, so insb. beim Wertpapierhandel (→ Rn. 136) und bei der Kreditgewährung (→ Rn. 126a), mehr aber nicht. Entsprechendes gilt für eine **Gewerbeanmeldung** (hierzu BFH X R 25/06, BStBl. II 2009, 965 zum Grundstückshandel).

104 **c) Rechtsanwendung.** Die Würdigung betrifft eine Frage **revisibler Rechtsanwendung** (BFH XI R 43-45/89, BStBl. II 1996, 232).

4. Einzelheiten

105 **a) Verhalten wie ein Händler oder Dienstleister.** Das **Verhalten wie ein Händler** kennzeichnet idR gewerbliche Tätigkeit. Das „Bild des Handels" ist durch ein planmäßiges und dauerhaftes auf Güterumschlag gerichtetes Tätigwerden gekennzeichnet (BFH IV R 49/04, BStBl. II 2009, 289; IV R 34/15, BFH/NV 2018, 24); die Ausnutzung substantieller Vermögenswerte (→ Rn. 102) unterscheidet sich von der Vermögensumschichtung im Rahmen der Vermögensverwaltung durch den marktmäßigen Umschlag von Sachwerten: Das gilt zB beim Handel mit Edelmetallen/Gold (BFH IV R 50/14, BStBl. II 2017, 456) ebenso wie bei **An- und Verkauf** von Hausrat (BFH I R 173/85, BFH/NV 1991, 685) und sonstigen Gebrauchsgegenständen, wie Antiquitäten, auch über eBay (BFH X R 26/18, BFH/NV 2021, 314, zu HessFG 2 K 1835/16, EFG 2019, 777, insoweit best.), Handel (Sammlung und Veräußerung) von Oldtimer-Fahrzeugen (SchlHFG IV 649/96, EFG 1997, 1018 rkr.), Verkauf von Rechten aus einer

nachhaltigen Erfindertätigkeit (BFH IV R 29/97, BStBl. II 1998, 567; **aA** Jakob DStZ 2000, 317), aber auch bei Kauf und Veräußerung von Wertpapieren (BFH I R 46/10, BFH/NV 2011, 2165).

Zu berücksichtigen ist jedoch, ob die verkauften Gegenstände **Privatvermögen** gewesen waren, weil die Veräußerung zum Bild der Vermögensverwaltung gehören kann, und zwar auch dann, wenn sie über einen längeren Zeitraum und unter Verwendung einer auch von Händlern genutzten Internetplattform (eBay) erfolgt (zu Gegenständen aus einer Sammlung BFH X R 18/19, BStBl. II 2021, 213, zu FG RhPf 4 K 1593/16, EFG 2019, 1192, aufgeh.; krit. Zawodsky/Daase StuB 2021, 321: Rechtsunsicherheit; zur Problematik Pieske-Kontny StBp 2021, 258; Brunckhorst EStB 2021, 485).

Subjektive Elemente, insb. **Zwecke, Planungen** und eine auf Güterumschlag gerichtete **Absicht** sind zu berücksichtigen (vgl. BFH X R 55/97, BStBl. II 2001, 809).

Das **Bild des gewerblichen Dienstleisters** ist geprägt durch ein Tätigwerden für Andere, insbesondere für fremde Rechnung (BFH XI R 80/97, BStBl. II 1999, 448; X R 1/97, BStBl. II 2001, 706; BFH IV R 10/21, BStBl. II 2025, 937). Das Tätigwerden ausschließlich für eigene Rechnung spricht daher für Vermögensverwaltung (BFH X R 24/06, BFH/NV 2008, 774). Die Rechtsfigur der Fruchtziehung aus zu erhaltenden Vermögenswerten hat für die Abgrenzung keine rechtliche Bedeutung. Erwerb und Nutzung von „gebrauchten" Lebensversicherungen ist nicht ohne Weiteres gewerblich (BFH IV R 32/10, BStBl. II 2013, 538, → Rn. 130).

Zur **Verklammerung** mit Vermietungsleistungen → Rn. 111.

b) Vermietung von Grundstücken. Zu anderen als beherbergungsähnlichen **106** (dazu → Rn. 122) Zwecken ist **Grundstücksvermietung** grundsätzlich private Vermögensverwaltung (BFH IX R 71/96, BStBl. II 2000, 467; IV R 50/15, BStBl. II 2018, 89). Dies gilt selbst bei umfangreichem Grundvermögen, dessen Vermietung einen erheblichen Einsatz an Arbeitskraft oder Personal mit sich bringt. Für eine gewerbliche Vermietung sprechen ein **häufiger Mieterwechsel** (BFH XI B 158/01, BFH/NV 2003, 152) oder besondere **Zusatzleistungen,** die das Risiko des Vermieters verändern und die Tätigkeit nach der Verkehrsauffassung dem das GewBetriebs angleichen (BFH X R 7/02, BFH/NV 2004, 945; IX R 70/02, BFH/NV 2005, 1040; FG BW 4 K 150/02, DStRE 2006, 1183, aus verfahrensrechtlichen Gründen aufgeh.: BFH IV R 91/05, BFH/NV 2008, 1289). Hierzu zählen **nicht übliche Sonderleistungen,** die im (zumindest) überwiegenden wirtschaftlichen Interesse des Vermieters erbracht werden (BFH IV R 34/13, BStBl. II 2017, 175). Auch fakultativ annehmbare Beratungsleistungen im Rahmen von *betreutem Wohnen* genügen nicht (FG BW 4 K 1349/15, EFG 2016, 820). Lediglich indiziell von Bedeutung ist mE die vom Steuerpflichtigen bereitgehaltene **Organisation.** Diese darf sich aber nicht nur aus dem Umfang des vermieteten Grundbesitzes ergeben. Sie muss vielmehr durch die Zusatzleistungen bedingt sein (BFH I 53/60 S, BStBl. III 1961, 233; IV 136/61 S, BStBl. III 1964, 364; IV R 196/71, BStBl. II 1973, 561; IV R 21/96, BFH/NV 1997, 762). Die Vermietung kann aber durch eine **enge Verbindung mit einem GewBetrieb** Teil eines solchen sein, wenn sie ohne diesen nicht denkbar wäre (BFH X R 18/12, BStBl. II 2017, 450).

Danach kann noch **vermögensverwaltend** sein die Vermietung von *Verkaufsständen* (BFH IV 141/60 U, BStBl. III 1964, 367), die Vermietung eines *Shopping-* **106a** *centers* mit erheblichen Sonderleistungen (BFH IV R 34/13, BStBl. II 2017, 175) und die Vermietung von *Ladenlokalen* und *Lagerräumen* (BFH X R 29/15, BFH/NV 2017, 1597).

Dagegen ist **Gewerblichkeit** angenommen worden für die Vermietung im Rahmen von *Asylbewerber-* und *Aussiedlerbeherbergung* (BFH XI B 158/01, BFH/NV 2003, 152; IV B 29/02, BFH/NV 2004, 330; vgl. FG München 13 K 3521/95, EFG 2000, 127), die Vermietung von *Flüchtlingsunterkünften* im Rahmen einer bestimmten Kapazität (ThürFG 1 K 743/16, StEd 2019, 136), die Vermietung von *Parkplätzen* an Kurzparker (idR Nebenleistungen, wie zB die Bewachung, BFH X R 21/00, BStBl. II 2003, 520), die Vermietung von *Tennisplätzen* (BFH VIII R 262/80, BStBl. II 1989, 291), *Campingplätzen* (BFH I R 7/79, BStBl. II 1983, 80), *Messeständen* (vgl. EStR 15.7 Abs. 2), *Liegeplätzen* für Sportboote (FG Bln 6 K 6386/98, EFG 1999, 1185) sowie einer Vielzahl von mit Bettwäsche, Handtüchern, Haushaltsgeräten usw ausgestatteten *Unterkunftsplätzen* unter gezielter Ausnutzung von Marktchanchen an Subunternehmer (FG Münster 10 K 1207/13E G, EFG 2015, 1435; krit. Wendt EFG 2015, 1437). Die Vermietung von Zimmern an *Prostituierte* ist gewerblich, wenn der Vermieter den Kontakt mit Prostituierten durch organisatorische Maßnahmen erleichtert oder fördert (BFH VIII R 256/81, BFH/NV 1989, 44; HessFG 4 K 3611/88, EFG 1995, 711).

107 **c) Möblierte Zimmer.** Die Vermietung von *möblierten Zimmern* an Dauermieter führt auch bei üblichen Zusatzleistungen (Frühstück, Reinigung) nicht zur Gewerblichkeit (BFH IX R 109/84, BStBl. II 1989, 922; EStH 15.7 Abs. 2); ebenso bei *Ferienzimmern* in Privathäusern (BFH IV R 150/82, BStBl. II 1985, 211) und in einem *„Boardinghouse"* mit 19 Zimmern mit Küche (FG Köln 15 K 2394/19, EFG 2021, 633); mE nicht zutr., wenn eine *bestimmte Anzahl* überschritten wird, denn anders liegt der Verstoß gegen den Gleichbehandlungsgrundsatz auf der Hand. In jedem Fall führen Sonderleistungen zu einem (ggf. getrennt zu erfassenden) GewBetrieb (BFH VIII R 27/72, BStBl. II 1977, 244). Zur *Ferienwohnung* → Rn. 121.

108 **d) Bewegliche Gegenstände.** Die Vermietung einzelner **beweglicher Gegenstände** allein geht idR nicht über **Vermögensverwaltung** hinaus, es sei denn, dass *Zusatzleistungen* der Gesamttätigkeit das Gepräge geben (BFH VIII R 263/81, BStBl. II 1986, 359: Autovermietung gewerblich; BFH III R 65/97, BStBl. II 1999, 619; III R 38/97, BFH/NV 1999, 1510; X B 82/99, BFH/NV 2000, 1186; X B 118/99, BFH/NV 2000, 1333, zur Segelyacht; BFH III B 202/96, BFH/NV 1999, 1077; FG Düsseldorf 11 K 3321/17 F, EFG 2021, 1128, Vermietung eines Hausbootes nicht gewerblich). Mit der Verpachtung von **Know-how und Patenten** betätigt sich ein Steuerpflichtiger dann gewerblich, wenn er diese „Pachtgegenstände" vertragsgemäß ständig auf dem neuesten Stand halten muss (BFH VI R 185/66, BStBl. III 1967, 674).

Ankauf, Vermietung und Veräußerung auch vor Ablauf der betriebsgewöhnlichen Nutzungsdauer überschreiten die Vermögensverwaltung nicht, wenn diese Vorgänge den Beginn und das Ende einer in erster Linie auf Fruchtziehung gerichteten Tätigkeit sind (zB BFH IV R 17/05, BStBl. II 2007, 768 zum nichtgewerblichen Verkauf von Maschinen). Die **Vermietung von Flugzeugen** führt bei Eintragung in die Luftfahrtrolle und Fehlen von Sonderleistungen zu Einkünften nach § 21 EStG (BFH IX R 71/96, BStBl. II 2000, 467; Anm. Rößler BB 2001, 240), bei **kurzfristigen Vermietungen** ggf. zur Gewerblichkeit (BFH IV B 44/02, BFH/NV 2002, 1559). Die Vermietung von sonstigen Fluggeräten ohne

Übernahme weiterer Leistungspflichten ist idR (aber → Rn. 109) als vermögensverwaltende Tätigkeit und nach § 22 Nr. 3 EStG zu besteuern (vgl. BFH IX R 71/96, BStBl. II 2000, 467; XI B 41/00, BFH/NV 2001, 204; Höhmann DStR 1997, 601).

Gewerblichkeit ergibt sich bei Fehlen von besonderen Zusatzleistungen in allen Fällen nur bei Hinzutreten besonderer Umstände, wie die nach dem Betriebskonzept bestehende **Verklammerung der Teilakte** (→ Rn. 111).

e) Leasing. Auch die Gebrauchsüberlassung auf der Grundlage von **Leasingverträgen** ist mE wegen der damit verbundenen Zusatzleistungen gewerbliche Tätigkeit. Zwar gehen die damit verbundenen Nebenpflichten, wie zB Wartung, Instandhaltung und Erneuerung, nicht über typische Vermieterleistungen hinaus. Doch beschreibt die Vielfalt der Vertragsangebote bei einem Leasinggeber einschließlich der Regelung von Finanzierungsfragen ein typisches Unternehmerrisiko. Siehe dazu auch BFH I R 115/85, BStBl. II 1986, 362. 109

f) Nebentätigkeit. Eine **brancheneinschlägige/branchentypische** (Neben-)Tätigkeit wird idR der Haupttätigkeit zugerechnet (BFH I R 225/73, BStBl. II 1975, 850; I R 10/74, BStBl. II 1977, 287). Zwar kann trotz der §§ 343 Abs. 1, 344 HGB ein Gewerbetreibender sich in „seiner Branche" privat betätigen. Ein privates Geschäft wird nicht allein deswegen gewerblich, weil der Stpfl. berufliche Kenntnisse und Erfahrungen einsetzt (vgl. BFH IV 139/63, BStBl. II 1968, 775, Börsenmakler; BFH X R 39/88, BStBl. II 1991, 631). Doch bedarf die steuerliche Zuordnung eines solchen Geschäfts zur Privatsphäre einer auch durch den Stpfl. durchgeführten klaren und eindeutigen Abgrenzung von der betrieblichen Sphäre (BFH III R 20/01, BStBl. II 2003, 297; X R 51/03 B, BFH/NV 2005, 1532; FG Düsseldorf 14 K 4944/02 E, F, EFG 2006, 1511 rkr.; Weber-Grellet BB 2004, 35; zum Grundstückshandel → Rn. 140 ff.). 110

g) Spezialität Verklammerung. Außerhalb des Vorstehenden steht die (mögliche) einheitliche **Gewerblichkeit durch Verklammerung** von Ankauf, Vermietung und Verkauf durch ein einheitliches Betriebskonzept. Sie ist anzunehmen, wenn bereits bei Aufnahme der Tätigkeit feststeht, dass sich das erwartete positive Gesamtergebnis nur unter Einbeziehung des eingeplanten Verkaufs der vermieteten WG erzielen lässt. Nur in diesem Fall wird die Grenze der privaten Vermögensverwaltung überschritten (BFH IV R 6/14, BStBl. II 2017, 1053; IV R 30/14, BStBl. II 2017, 1061). Das gilt auch, wenn die Vermietungsdauer über die Haltefristen des § 23 Abs. 1 S. 1 EStG hinaus gehen. 111

Entwickelt hat der BFH diese Rspr. zunächst für **bewegliche Sachen** (BFH X R 37/00, BStBl. II 2003, 464; X B 173/08, BFH/NV 2009, 1260 zu *Wohnmobilen;* BFH IV R 49/04, BStBl. II 2009, 289; IV B 34/10, BFH/NV 2011, 241; IV R 18/11, BStBl. II 2013, 910; IV R 19/11, BFH/NV 2014, 75, zu *Flugzeugen;* BFH IV R 30/14, BStBl. II 2017, 1061; III R 35/22, BFH/NV 2025, 147, zu *Containern;* hierzu BMF 1.4.2009, BStBl. I 2009, 515; Lüdicke/Rode BB 2008, 2552).

Diese Rspr. fortentwickelnd hat der BFH klargestellt, dass auch bei **unbeweglichen WG** die Verklammerung im vorbezeichneten Sinn ein Überschreiten der privaten Vermögensverwaltung bedingt. Auch eine langjährige Vermietung (im Streitfall 20 Jahre) hindert diese Bewertung nicht. Auf die **3-Objekt-Grenze** (→ Rn. 148) kommt es nicht an (BFH IV R 50/15, BStBl. II 2018, 89; hierzu Wagner/Brüggen DB 2018, 408: Sonderrechtsprechung für Fälle mit von Anfang an bestimmbarer Haltedauer; mE unzutreffend, weil es allein auf das zumindest erschließbare Konzept ankommt; krit. auch Spohn/Lipps DStR 2018, 605).

Es kommt nicht darauf an, dass die Umstände der Beendigung der Geschäftstätigkeit schon im Detail feststehen (BFH IV R 19/11, BFH/NV 2014, 75), insb. die Veräußerung bei Ende der Vermietung/des Leasingvertrags „fest vereinbart" worden ist (BFH IV B 17/10, BFH/NV 2010, 2268). Ergibt aber die Prognose bereits einen **Totalüberschuss durch Vermietung** (§ 21 Abs. 1 Nr. 1 EStG), ist nicht von einer Verklammerung auszugehen (vgl. BFH IV R 18/11, BStBl. II 2013, 910; IV R 30/14, BStBl. II 2017, 1061). Dabei kommt dem Anlageprospekt (zB einer Fondsgesellschaft) eine gewichtige, aber durch gegenläufige Fakten aufhebbare Indizwirkung zu (BFH IV R 6/14, BStBl. II 2017, 1053; Anm. Wendt FR 2018, 270).

112 Verklammerung im vorstehenden Sinne, also beabsichtigte Umschichtung von Vermögenswerten durch Veräußerung, allein besagt nicht, dass die betreffenden WG als **Umlaufvermögen** einzuordnen wären (BFH III R 35/22, BFH/NV 2025, 147).

113, 114 *(frei)*

5. ABC Vermögensverwaltung/Gewerbebetrieb

115 – **Beteiligungshandel.** Der Handel mit GmbH-Geschäftsanteilen ist gewerblicher Natur (BFH X R 55/97, BStBl. II 2001, 809; vgl. BFH IX R 3/17, BFH/NV 2018, 20, zu NdsFG 8 K 123/16, EFG 2017, 462, best.; Anm. Wendt FR 2002, 31; Fischer FR 2002, 597; Wiese GmbHR 2002, 293; krit. Groh DB 2001, 2569; Blumers/Witt DB 2002, 60; Hey BB 2002, 870). Zu „Venture Capital Fonds" und „Private Equity Fonds" → Rn. 130 aE.

116 – **Briefmarkensammler,** bei Überschreiten der üblichen Sammleraktivitäten gewerblich (FG Düsseldorf XI 12/81 A (E), EFG 1983, 20).

117 – **Campingplatzinhaber** sind gewerbesteuerpflichtig entweder aufgrund häufiger Mieterwechsel oder bei zur Verfügung gestellten sanitären Anlagen, ihrer Reinigung, Stromversorgung, Instandhaltung, Pflege und Überwachung des Platzes sowie Müllbeseitigung, soweit dafür ein Personal- und Sachaufwand erforderlich ist, der einen Vergleich mit einer Fremdenpension oder einem Hotelbetrieb zulässt (BFH I R 7/79, BStBl. II 1983, 80). Dies gilt auch bei der Vermietung von Standplätzen an Dauercamper (BFH IV R 215/80, BStBl. II 1983, 426).

118 – **Devisengeschäfte** können je nach Umfang (200 Geschäfte im Umfang von mehreren Mio. US-Dollar) gewerblich sein, wenn eine Bank für Rechnung des StPfl. am allgemeinen Devisenmarkt tätig wird; nicht jedoch, wenn es sich lediglich um sog. „Leergeschäfte" handelt (BFH IX B 47/99, BFH/NV 2000, 185).

119 – **Differenzgeschäfte** über Devisen oder Edelmetalle führen schon mangels Teilnahme am Wirtschaftsverkehr idR nicht zu einer gewerblichen Tätigkeit (BFH IV R 220/85, BStBl. II 1989, 39; XI R 1/96, BStBl. II 1997, 399; offen geblieben in BFH X R 1/97, BStBl. II 2001, 706).

120 – Der Handel mit **Edelmetallen** (Goldhandel) ist anhand der arteigenen Besonderheiten zu beurteilen; die Grundsätze zum Wertpapierhandel lassen sich nicht auf den Handel mit *physischem* Edelmetall (Gold) übertragen. Maßgebliche Beurteilungskriterien sind ua die Umschlagshäufigkeit, die Volumina der einzelnen Geschäfte sowie der Einsatz von Fremdmitteln; unmaßgeblich ist das

Handeln für fremde Rechnung (s. im Einzelnen BFH IV R 50/14, BStBl. II 2017, 456; IV R 50/13, BFH/NV 2017, 751; BFH I R 34/14, nv; FG Bbg 7 K 7270/14, EFG 2017, 1897, aus anderen Gründen aufgeh. durch BFH IV R 20/17, BFH/NV 2021, 1191; s. auch Hechtner NWB 2013, 196; Reuß EFG 2014, 183; Schulte-Frohlinde BB 2015, 287; Preißer DB 2015, 1558; Formel EStB 2017, 175). Die Grundsätze zum Handel mit physischem Gold gelten auch zum Handel **in verbriefter Form** über ein sog. Metallkonto (FG München 7 K 770/18, EFG 2020, 1679, nachgehend BFH I R 39/21, BFH/NV 2025, 937). Anders jedoch bei einem „unprofessionellen", händleruntypischen Verhalten im Nebenberuf (FG Hmb 5 K 115/12, BeckRS 2015, 95187; mE angesichts des im Urteil angegebenen geschäftsmäßigen Vorgehens und der auf gewerbliches Handeln abzielenden sonstigen Überlegungen und Planungen fraglich).

Die entgeltliche Übertragung und Rückübertragung von Edelmetall aus dem Privatvermögen im Wege eines echten **Edelmetall-Pensionsgeschäfts** führt zu Einkünften nach § 22 Nr. 3 EStG (BFH IX R 20/19, BStBl. II 2021, 687).

– **Erbbaurechtsveräußerungen** können nach den für Grundstücksgeschäfte geltenden Grundsätzen (→ Rn. 160) eine gewerbliche Betätigung darstellen (Schmidt-Liebig FR 1998, 177). **121**

– **Ferienwohnungen.** Die Rspr. unterscheidet zwischen einem hotelmäßigen Angebot und der hotelmäßigen Nutzung (zum Problem Becker/Urbahns DStZ 1998, 863; Inf 1999, 673; StBp 2000, 177 (180); Schmitz/Hildesheim DStZ 2001, 413). – **(1.)** Beim **hotelmäßigen Angebot** mit häufigem Mieterwechsel und einem dadurch verursachten, einem Hotel vergleichbaren, sachlichen und personellen (Organisations-)Aufwand liegt auch bei einer geringen Anzahl von vermieteten Objekten Gewerblichkeit vor (BFH IX R 26/11, BStBl. II 2013, 613). Auch die Vermietung nur einer Wohnung ist gewerblich, wenn etwa die Wohnung in einem Feriengebiet im Verbund mit einer Vielzahl gleichartig an laufend wechselnde Kunden vermieteter Wohnungen liegt, mehrere Wohnungseigentümer sich zusammengeschlossen und die organisatorischen Aufgaben einem Dritten **(Feriendienstorganisation)** übertragen haben (BFH III R 167/73, BStBl. II 1976, 728; III R 31/87, BStBl. II 1990, 383; XI R 31/95, BStBl. II 1997, 247; IX R 52/97, BFH/NV 2001, 752; IV B 52/08, BFH/NV 2009, 1114; EStR 15.7 Abs. 3). – **(2.)** Bei einer Vermietung **ohne Feriendienstorganisationen** nimmt die Rspr. bei drei zur Vermietung bereitgehaltenen Ferienwohnungen noch kein hotelmäßiges Angebot an. Gleichwohl kann sich aus der Überlassung der Wohnung zur **hotelmäßigen Nutzung** ebenfalls eine gewerbliche Tätigkeit ergeben, wenn der Vermieter **Zusatzleistungen** erbringt, das erzielte Entgelt (Unternehmerrisiko) einer Fremdenpension vergleichbar von diesen Zusatzleistungen abhängt (vgl. zB Gewährung von Verpflegung, Wäschedienst etc), die Zusatzleistungen für den Mieter ins Gewicht fallen und nicht nur im Haushalt mitzuerledigen sind. Das gilt auch, wenn sie vom Vermieter in eigener Person, dh ohne die Beschäftigung von Angestellten erbracht werden (vgl. BFH IV R 150/82, BStBl. II 1985, 211; I R 182/79, BStBl. II 1984, 722; XI R 31/95, BStBl. II 1997, 247; XI B 158/01, BFH/NV 2003, 152; IX B 23/03, BFH/NV 2003, 1425; X R 7/02, BFH/NV 2004, 945; IX R 69/02, BFH/NV 2004, 1640). Zur Unschädlichkeit bestimmter Zusatzleistungen BFH III R 37/86, BFH/NV 1990, 36; IX R 58/97, BFH/NV 2001, 752. Die **Einschaltung eines Vermittlers** führt nicht dazu, dass dessen Gewerblichkeit dem Vermieter zugerechnet wird; das ist nur **122** dann der Fall, wenn der Vermittler Zusatzleistungen für den Vermieter erbringt (BFH VII R 125/73, BStBl. II 1976, 778; III R 65/97, BStBl. II 1999, 619; IX R 69/02, BFH/NV 2004, 1640); jedoch nicht, wenn der Vermittler ein eigenes wirtschaftliches Interesse an seiner (Treuhand-)Stellung hat und die Zusatzleistungen auf eigene Rechnung oder für Rechnung Dritter erbringt (BFH IV R 10/18, BStBl. II 2023, 739, zu FG MV 3 K 342/14, EFG 2018, 1172, aufgeh.). **(3.)** Die nachrangige **Privatnutzung** der Wohnung, zB außerhalb der Saison, steht der Gewerblichkeit nicht entgegen (BFH III R 31/87, BStBl. II 1990, 383).

123 – Eine **Fondsgesellschaft** (Container-, Schiffs-, Lebensversicherungsfonds) kann je nach Konzept nach den Grundsätzen von BFH IV R 17/05, BStBl. II 2007, 768; IV R 49/04, BStBl. II 2009, 289; IV R 6/14, BStBl. II 2017, 1053; IV R 30/14, BStBl. II 2017, 1061 (→ Rn. 111) gewerblich oder vermögensverwaltend tätig sein (Hensell/Reibis DStR 2008, 87).

124 – Erwerb und Veräußerung von (notleidenden) **Forderungen** sind gewerblich, wenn nicht Fruchtziehung, sondern Verwertung im Vordergrund steht (FG Bbg 6 K 6138/12, EFG 2015, 1802; allerdings wegen Zweifeln an der Nachhaltigkeit aufgeh. durch BFH IV R 34/15, BFH/NV 2018, 24; krit. auch Baldauf EFG 2015, 1804). Vermögensverwaltung unter anderem wegen durch persönliche Nähe zwischen Erwerber und Schuldner indizierten Fehlens von Veräußerungsabsicht anerkannt durch BFH IV R 10/21, BStBl. II 2025, 937, zu FG Bln-Bbg 6 K 6322/17 (EFG 2021, 2065, best.).

125 – **„Gaststättenhandel".** Die häufige Verpachtung und Veräußerung von (Teil-)Betrieben (Gaststätten) begründet nicht ohne Weiteres einen Gewerbebetrieb „Gaststättenhandel" (BFH IV R 56/97, BStBl. II 1998, 735).

126 – **Grundstückshandel** → Rn. 140 ff.

126a – **Kartenspieler** (nachhaltig) überschreitet idR die private Vermögensverwaltung (vgl. BFH X R 43/12, 2016, 48; X R 34/16, BFH/NV 2019, 686; X R 8/21, BStBl. II 2023, 811; auch → Rn. 72).

126b – Die **Komplementärtätigkeit** für mehrere Kommanditgesellschaften ist nicht gewerblich (BFH I R 301/83, BStBl. II 1987, 816).

127 – **Kreditgewährung** kann, wenn wiederholt an verschiedene Kreditnehmer, bankähnlich und damit gewerblich werden (FG Köln 2 K 997/92, EFG 1995, 1019 rkr.). Das gilt jedoch dann nicht, wenn es an einer Büroorganisation fehlt (die Mitnutzung eines aus anderen Gründen zur Verfügung stehenden Büros genügt nicht) bzw. einer solchen in Anbetracht der Geschäfte nicht bedarf (BFH X R 9/17, BStBl. II 2021, 418).

128 – **Kryptowährungen,** insb. **Bitcoin.** Die Anschaffung und Veräußerung unterliegen dem § 23 Abs. 1 S. 1 Nr. 2 EStG (BFH IX R 3/22, zu FG Köln 14 K 1178/20, EFG 2022, 677, best.). Mining und Verkauf sind wegen der hohen Anfangsinvestitionen idR GewBetrieb (OFD Nordrhein-Westfalen 20.4.2018, DB 2018, 1185). Der Handel kann, wohl nach den Grundsätzen zum Wertpapierhandel (→ Rn. 136) ebenfalls gewerblich sein (zB Krüger BB 2018, 1887; Moritz/Strohm DB 2018, 3012; Albrecht/John FR 2013, 393).

129 – Der Ankauf von gewerblichen **Kundenforderungen** ist idR gewerblich (BFH III B 61/02, BFH/NV 2003, 470).

130 – **Lebensversicherungen.** (Erwerb und) Verwertung gebrauchter Lebensversicherungen ist Vermögensverwaltung, sofern Fruchtziehung im Vordergrund steht bzw. nicht ein händlertypischer Umschlag vorliegt (BFH IV R 32/10, BStBl. II 2013, 538; FVerw 23.8.2013, DB 2013, 2119; zu Folgerungen Heuer-

mann StBp 2013, 87; Schulze HFR 2013, 217; Kanzler FR 2013, 423; Egner/Kohl NWB 2013, 2546).

- **Liebhabereiartikel** können Gegenstand von händlertypischem Verhalten sein (zur USt FG Köln 14 K 188/13, EFG 2015, 1103). 131
- Handel mit selbstgeschaffenen **Markenrechten** und Internetdomains überschreitet auch bei einer geringen Anzahl von Verkäufen den Bereich der Vermögensverwaltung (FG Münster 13 K 3818/18 E, EFG 2022, 112) 131a
- **Optionshandel.** Die Einräumung von Optionen für eigene Rechnung ist idR privater Natur und nach § 22 Nr. 3, 23 EStG steuerbar (BFH X R 40/06, BStBl. II 2007, 608; IX R 11/14, BFH/NV 2016, 1691); s. aber BFH X R 24/06, BFH/NV 2008, 774: gewerblich bei Bank- bzw. händlertypischem Verhalten. 132
- **Photovoltaikanlage,** gewerblich (BFH III R 27/12, BStBl. II 2014, 372; FG Münster 14 V 508/24 G, EFG 2024, 1425, sowie → Rn. 25; Fromm DStR 2010, 207). Zur Gewinnerzielungsabsicht → Rn. 79, 81, 97. 133
- Sog. **„Private Equity Fonds"** oder **„Venture Capital Fonds"** können je nach Organisationsstruktur, Einsatz von Bankkrediten, Angeboten gegen*über der breiten* Öffentlichkeit, *Dauer* der Beteiligungen, *Reinvestitionen* und *unternehmerischem Tätigwerden* in Portfolio-*Gesellschaften* gewerblich (BFH I R 46/10, BStBl. II 2014, 764) oder *vermögens*verwaltend sein (Einzelheiten: BMF 16.12.2003, BStBl. I 2004, 40; s. auch DStR 2006, 1505, DB 2007, 135; OFD Magdeburg 5.4.2006, DStR 2006, 1505; hierzu zT krit. Bärenz/Veith BB 2004, 251; Veith/Bärenz DB 2004, 103; Rodin/Veith/Bärenz DStR 2004, 103; Wiese/Klass FR 2004, 324; Bauer/Gemmeke DStR 2004, 580; Milatz/Ehlers DB 2002, 2291, Schuhmann StB 2005, 144; Friedrichs/Köhler DB 2006, 1396; Elser/Dürrschmidt FR 2010, 1075). Der BFH hat die Abgrenzung durch BMF 16.12.2003, BStBl. I 2004, 40 in Frage gestellt (BFH I R 46/10, BFH/NV 2011, 2165; hierzu Süß/Mayer DStR 2011, 2276). Einzelheiten → Rn. 267 ff. 134

  Zu den **vermögensverwaltenden Gesellschaften** iSd § 18 Abs. 1 Nr. 4 EStG gehören weder originär gewerbliche noch gewerblich infizierte oder geprägte Gesellschaften. Eine Umqualifizierung der Gewinnanteile aus der Beteiligung an einer gewerblich tätigen oder infizierten bzw. geprägten Gesellschaft scheidet demnach aus (BFH VIII R 11/16, BFH/NV 2019, 756; aA Plewka/Schienke DB 2005, 1076; Ernst BB 2005, 2213; Figna/Goldacker/Mayta DB 2005, 966). Zum WagniskapitalbeteiligungsG Helios/Wiesbrok DStR 2007, 1793; Möller BB 2006, 971; zur Attraktivität für den Mittelstand Breuninger/Ernst FR 2008, 659.
- **Termingeschäfte** sind nur bei Vorliegen besonderer Umstände – wie dem Unterhalten einer Büroorganisation, dem regelmäßigen Besuch der Börse, Ausnutzung eines bestimmten Markts unter Einsatz beruflicher Erfahrung – gewerblicher Natur (BFH VIII R 172/83, BStBl. II 1984, 132; s. auch *Differenzgeschäfte;* vgl. zur buchmäßigen Behandlung von Goldtermingeschäften BFH IV R 94/78, BStBl. II 1981, 658; zur Abgrenzung von privaten Wertpapierdepots und Termingeschäften Weber DStZ 1991, 353). 135
- **Wertpapierhandel** wird als gewerblich gekennzeichnet bei Verhalten *„wie ein Händler"* bzw. durch Merkmale der Professionalität (vgl. BFH X R 1/97, BStBl. II 2001, 706; I R 46/10, BFH/NV 2011, 2165), zu beurteilen nicht isoliert anhand einzelner Merkmale, sondern nach dem Gesamtbild der Verhältnisse (vgl. BFH I R 46/10, BStBl. II 2014, 764). – **(1.) Normative Vorgaben** 136

für die Qualifizierung als gewerblich entnimmt der BFH (BFH X R 7/99, BStBl. II 2004, 408; IX R 35/01, BStBl. II 2005, 26; X B 209/05, BFH/NV 2006, 1461; X R 14/07, BFH/NV 2008, 2012) dem Bild (→ Rn. 51) eines **„Wertpapier-Handelsunternehmens"** iSv § 1 Abs. 3d S. 2 KWG (Handeln für fremde Rechnung) oder eines **„Finanzunternehmens"** iSv § 1 Abs. 3 KWG (Handel mit institutionellen Partnern, nicht nur zur Abwicklung über die depotführende Bank); krit. ua Weber-Grellet FR 2004, 596; Schuhmann StBp 2004, 331). – **(2.)** Dagegen ist ein Wertpapierhandel auch im erheblichen Umfang **ohne Hinzutreten weiterer Umstände** (uÄ) **nicht gewerblich,** wie sich schon aus § 23 EStG ergibt (BFH XI R 1/96, BStBl. II 1997, 399; X R 55/97, BStBl. II 2001, 809; X R 24/06, BFH/NV 2008, 774; zust. Milatz/Ehlers DB 2002, 2291). Hierzu gehört etwa eine *Büroorganisation* (jedoch geringe Indizwirkung, BFH X R 1/97, BStBl. II 2001, 706; X R 7/99, BStBl. II 2004, 408), Verhalten *wie ein Händler* (BFH X R 1/97, BStBl. II 2001, 706; X R 67/98, BFH/NV 2001, 1015); der einem gewerblichen Unternehmen entsprechende *Umfang der Tätigkeit* (vgl. BFH XI R 80/97, BStBl. II 1999, 448; IX R 162/83, BFH/NV 1988, 230). Auch bei der privaten Vermögensverwaltung gehört die Veränderung des Bestands zur Natur der Sache (BFH IV 139/63, BStBl. II 1968, 775; VI R 149/67, BStBl. II 1971, 620; I R 191/72, BStBl. II 1973, 260; VIII B 94/95, BFH/NV 1997, 235; X S 22/96, BFH/NV 1998, 703). Das gilt auch für einen Gewerbetreibenden (BFH VIII R 150/76, BStBl. II 1980, 389; IV R 183/78, BStBl. II 1982, 587). Demnach ist auch das Handeln für andere noch nicht gewerblich, wenn es ohne kontinuierliche Werbemaßnahmen für eine/n Verwandte/n (Mutter) durchgeführt wird mit nur einem geringen Anteil am eigenen Depot (BFH III R 31/07, BFH/NV 2010, 844). Auch der An- und Verkauf von Optionskontrakten uÄ *iHv ca. 520.000 DM* allein reicht nicht (offen gelassen in BFH X R 1/97, BStBl. II 2001, 706; vgl. aber X R 24/06, BFH/NV 2008, 774); ebenso wenig der *fremdfinanzierte Kauf* von Aktien im Wert von 8 Mio. DM (BFH XI R 80/97, BStBl. II 1999, 448); anders bei einem Umfang von *An- und Verkauf iHv 98 Mio. DM* in wenigen Wochen (BFH I R 173/83, BStBl. II 1991, 66). Auch der (hohe) **Finanzierungsgrad** steht der Annahme von Vermögensverwaltung nicht entgegen (BFH X R 7/99, BStBl. II 2004, 408; anders noch BFH III R 9/89, BFH/NV 1994, 80). – **(3.) Einschlägige Erfahrungen** sprechen für Gewerblichkeit, wenn sie im Hauptberuf gewonnen worden sind (BFH X R 7/99, BStBl. II 2004, 408). Bei branchenüblichen Wertpapiergeschäften *eines Bankiers* kann Betriebszugehörigkeit beim Hauptbetrieb (BFH I R 10/74, BStBl. II 1977, 287) oder eigenständiger Gewerbebetrieb angenommen werden. An- und Verkäufe von Wertpapieren können gewerblich sein, wenn diese zur Schaffung einer *Dauerkapitalanlage* bei bestimmendem Einfluss auf die Geschäftsführung einer Kapitalgesellschaft vorgenommen werden (BFH VIII S 15/76, BStBl. II 1977, 726). Bankgeschäfte eines **Bankangestellten** unter Ausnutzung seiner Vertrauensstellung zulasten der Bank sind gewerblich (BFH X R 163-164/87, BStBl. II 1991, 802; vgl. aber XI R 1/96, BStBl. II 1997, 399). Auch ein **Rentenhändler,** der unter Ausschaltung des Kursrisikos taggleich „durchhandelt", erzielt Einkünfte aus Gewerbebetrieb (BFH X R 39/88, BStBl. II 1991, 631). Die Teilnahme an einem „grauen Markt" genügt (BFH VI R 149/67, BStBl. II 1971, 620). – **(4.)** Die oa Grundsätze gelten auch für **Investmentclubs** (idR nicht gewerblich, OFD Hannover 19.8.2002, BB 2002, 2368).

– Die Vermietung von nur einem **Wohnmobil** stellt keine gewerbliche Tätigkeit dar, sondern führt zu Einkünften nach § 22 Nr. 3 EStG (BFH XI R 44/95, BStBl. II 1998, 774; XI R 44/95, BFH/NV 1998, 831; s. aber X R 37/00, BStBl. II 2003, 464; X B 173/08, BFH/NV 2009, 1260). **137**

(frei) **138, 139**

IV. Gewerblicher Grundstückshandel

1. Allgemeines

a) Grundsatz. Veräußerungen können im Rahmen eines bestehenden GewBetriebs (BFH XI R 39/01, BFH/NV 2004, 622), der Vermögensverwaltung, aber auch eines **eigenständigen gewerblichen Grundstückshandels** erfolgen. Ist Ersterer nicht gegeben, erfordert die **Zuordnung** von Grundstücksgeschäften zu Letzterem, dass bei der Veräußerung die Substanzverwertung durch Umschichtung in den Vordergrund tritt (→ Rn. 102; stRspr, vgl. BFH XI R 47, 48/03, BStBl. II 2005, 41; IV R 25/08, BStBl. II 2010, 622). Zu fragen ist demnach, ob Verwaltung und Nutzung als Haupttätigkeit vorliegt, auf die sich das Grundstücksgeschäft wie ein Nebengeschäft günstig auswirkt (vgl. BFH I R 174/69, BStBl. II 1971, 338; I R 120/80, BStBl. II 1984, 137). Die Beurteilung erfolgt allein aufgrund objektiver Umstände unter Berücksichtigung aller Aktivitäten des StPfl. auf dem Grundstücksmarkt bis zum verbindlichen Abschluss der zu prüfenden Veräußerungsverträge (BFH III R 9/98, BStBl. II 2002, 571), wobei die Identität des Betriebes ebenso wenig von Bedeutung ist wie die der Nutzungsart des Grundstücks (BFH III B 38/96, BFH/NV 1997, 229). **140**

b) Gewinnerzielungsabsicht. Die Qualifikation als GewBetrieb setzt **Gewinnerzielungsabsicht** voraus (BFH IX R 35/04, HFR 2006, 575). Sie kann (im Unterschied zu den Gestaltungen nach → Rn. 154) insgesamt gegeben sein, wenn einzelne Geschäfte ohne Gewinn oder gar mit Verlust abgewickelt werden (vgl. BFH IV R 2/92, BStBl. II 1996, 369; X R 28/00, BStBl. II 2003, 133; X R 4/02, BFH/NV 2003, 457; III B 174/01, BFH/NV 2003, 1166). Andererseits kann sie trotz einer zunächst vorhandenen Absicht insgesamt **fehlen** bzw. **wegfallen,** wenn bei Beginn der Veräußerungen erkennbar wird, dass sie nur mit Verlusten möglich sind (BFH X R 39/06, BFH/NV 2009, 1790) oder wenn ein Entwicklungs- und Bebauungsvorhaben sich zerschlägt, ohne dass der StPfl. auf die sich ergebenden Vermarktungsschwierigkeiten angemessen reagiert (BFH X R 6/15, BStBl. II 2017, 1130). **141**

c) Zurechnung. Die **Zurechnung des Handelns** erfolgt nach allgemeinen Grundsätzen (→ Rn. 53). Aktivitäten eines Dritten können dem StPfl. zuzurechnen sein, wenn sie mit denen des StPfl. so eng verflochten sind, dass sie nach der Verkehrsanschauung als zusammen gehörend anzusehen sind (BFH X R 4/04, BStBl. II 2007, 885). Ein Grundstücksverkauf kann – auch ohne Rückgriff auf § 42 AO (→ Rn. 192) – dem StPfl. zuzurechnen sein, wenn er die bereits ausgehandelte Geschäftschance einem nahen Angehörigen überlässt, der sie ohne weitere Betätigung unternehmerischer Art nutzt (BFH X R 39/03, BStBl. II 2005, 817; aA Söffing BB 2005, 2101; Hornig DStR 2005, 1719). Auch → Rn. 53. **142**

2. Fallgruppen

Folgende Fallgruppen lassen sich unterscheiden:

143 **a) Langjährige Vermietung oder Selbstnutzung.** Diese führt unabhängig von der Zahl der nachfolgenden Verkaufsfälle ohne weitere die Gewerblichkeit anzeigenden Maßnahmen **nicht über den Rahmen der Vermögensverwaltung** hinaus (BFH I R 120/80, BStBl. II 1984, 137; III R 28/87, BStBl. II 1990, 1057). **Langjährigkeit** idS ist noch nicht gegeben bei einer etwas mehr als dreijährigen Vermietung (BFH III R 275/83, BStBl. II 1988, 293), wohl aber ab fünf Jahren (BFH VIII R 46/84, BStBl. II 1988, 65). Eine langjährige Selbstnutzung oder Vermietung steht der Annahme von Gewerblichkeit nicht grundsätzlich entgegen (BFH VIII R 266/84, BStBl. II 1989, 621; X R 107, 108/89, BStBl. II 1990, 1060; III R 47/88, BStBl. II 1992, 143; XI R 23/90, BStBl. II 1992, 135; X R 255/93, BStBl. II 1996, 303; VIII R 96/84, BFH/NV 1989, 784; X R 18, 19/18, BStBl. II 2020, 538). Die Frage ist höchstrichterlich geklärt (BFH IV B 119/97, BFH/NV 1998, 1475). Gleichwohl kann bei nachweisbaren außerbetrieblichen Gründen für die Anschaffung und kurze Vermietung Privatvermögen anzunehmen sein (BFH X R 105, 107/88, BStBl. II 1991, 519). Zu den Besonderheiten bei der LuF, → Rn. 200.

144 **b) Erwerb/Bebauung und Veräußerung. Erwirbt/bebaut** und veräußert der Stpfl. Grundstücke im **engen zeitlichen Zusammenhang,** qualifiziert die Rspr. die Tätigkeit unter der Voraussetzung einer zumindest bedingten Veräußerungsabsicht (→ Rn. 145) selbst dann als gewerblichen Grundstückshandel, wenn der Stpfl. ursprünglich in der Absicht gehandelt hat, das Gebäude durch Vermietungstätigkeit zu nutzen (BFH X R 1/96, BStBl. II 1998, 346; X R 40/03, BStBl. II 2005, 35; XI R 47, 48/03, BStBl. II 2005, 41; X R 44/08, BStBl. II 2011, 645; X R 18, 19/18, BStBl. II 2020, 538, jeweils mwN). **Erwerb und Bebauung** markieren für die Frage des zeitlichen Zusammenhangs einen je **gleichwertigen Ausgangspunkt** (BFH GrS 1/98, BStBl. II 2002, 291; III R 1/05, BStBl. II 2007, 375; X R 41/08, BFH/NV 2011, 245). Die **Grundstücksaktivitäten müssen** auch im Übrigen nach Art und Durchführung **nicht vergleichbar sein;** der sachliche Zusammenhang wird durch die einen Gewerbebetrieb kennzeichnenden Merkmale nach § 15 Abs. 2 EStG hergestellt (BFH X R 18, 19/18, BStBl. II 2020, 538 mwN).

145 **c) Zumindest bedingte Veräußerungsabsicht.** Die Gewerblichkeit ist nach dieser Rspr. aber nur dann indiziert, wenn diese Maßnahmen schon von einer – wenn auch nur bedingten – **Veräußerungsabsicht** getragen sind oder jedenfalls damit und nicht mit einer privaten Vermögensverwaltung wirtschaftlich zusammenhängen (BFH IX R 140/92, BStBl. II 1995, 838; XI R 43, 45/89, BStBl. II 1996, 232; III R 20/01, BStBl. II 2003, 297; III R 37/02, BStBl. II 2004, 950). Dieses subjektive Tatbestandsmerkmal ist nur anhand objektiver Merkmale zu bestimmen (BFH VIII R 317/82, BStBl. II 1988, 244). Hierbei ist die Branchennähe allein nur ein schwaches Indiz, dem nur iVm anderen Indizien Bedeutung zukommt (BFH X R 41/06, BFH/NV 2010, 38; X R 26/17, BFH/NV 2018, 1255).

Nach BFH GrS 1/98, BStBl. II 2002, 291; III R 20/01, BStBl. II 2003, 297, soll es auf **äußere Indizien** nicht ankommen, wenn sich aus „ganz besonderen Umständen" zweifelsfrei eine von Anfang an bestehende oder fehlende Veräußerungsabsicht ergibt – das ist nicht recht logisch, denn diese besonderen Umstände sind nichts anderes als äußere Indizien (zur grundsätzlichen Begriffsverwirrung durch den BFH in Sachen Indizien vgl. Schmidt-Liebig Inf 2002, 673 (709); FR 2003, 273).

Zur Konkretisierung der notwendigen Abgrenzungen (Vermögensverwaltung, Veräußerungsabsicht) hat BFH VIII R 317/82 (BStBl. II 1988, 244) die sog. **Drei-Objekt-Grenze** eingeführt (→ Rn. 148 ff.). Ihrer Indizwirkung bedarf es allerdings nicht, wenn aufgrund besonderer Umstände feststeht, dass der StPfl. in **unbedingter Verkaufsabsicht** (→ Rn. 194) gehandelt hat (BFH X R 14/05, BFH/NV 2009, 1204). **Beweisanträge** in diesem Zusammenhang müssen sich also auf objektive Gegebenheiten beziehen. „Kenntnisse" subjektiver Natur genügen nicht (BFH VIII R 9/90, BFH/NV 1993, 656; VIII B 87/95, BFH/NV 1996, 897).

Kritik in der Lit. am Erfordernis der bedingten Veräußerungsabsicht („obsolet") geht dahin, es gehe „zumeist" nicht um Tatsachenfeststellung, sondern um Rechtsanwendung (vgl. Weber-Grellet FR 2000, 826; DStR 2002, 492; Bloehs BB 2002, 1068; Fischer FR 2002, 597; Gosch StBp 2003, 124; Schmidt-Liebig, Gewerbliche und private Grundstücksgeschäfte, 2002, Rn. 582; Söffing/Seitz DStR 2007, 1841). Diese Kritik ist mE unbegründet. Rechtsanwendung geschieht notwendig auf der Grundlage von (festzustellenden) Tatsachen. Das subjektive Element wiederum ist (auch) der Abgrenzung der Vermögensverwaltung (→ Rn. 100 ff.) immanent.

d) Erwerb. Unter dem Aspekt des händlertypischen Verhaltens (→ Rn. 105) **146** ist Erwerb die **(entgeltliche) Anschaffung,** nicht die **Erbschaft** oder eine sonstige **unentgeltliche Übertragung.** Sie bekommt **Bedeutung durch** nachfolgende erhebliche **Aktivitäten** zur Verbesserung der Verwertungsmöglichkeiten, was den Fristbeginn (Anm. 167 f.) markiert (BFH III R 1/05, BStBl. II 2007, 375; X R 7/15, BFH/NV 2018, 325). Entsprechendes gilt für die ohne zusätzliche Ausgleichszahlung erfolgte **Realteilung** einer Bruchteils- oder Gesamthandsgemeinschaft (vgl. BFH IV R 74/95, BStBl. II 1996, 599); anders jedoch für die Übernahme von durch eine GbR zum Zwecke auch des Verkaufs errichteter ETW im Wege der Realteilung (BFH X R 160/97, BFH/NV 2003, 890).

Einschlägig ist nach BMF der Erwerb durch **vorweggenommene Erbschaft** (vgl. BMF 26.3.2004, BStBl. I 2004, 434 Rn. 9; aA Söffing DStR 2004, 793; Engelsing/Wassermeyer StuB 2004, 433; Köster FR 2026, 12), des anderen Teils durch **Teilungs-** oder **Zwangsversteigerung** (BFH XI R 47, 48/03, BStBl. II 2005, 41) oder der Erwerb im Rahmen eines Bauherrenmodells (BFH IX R 140/92, BStBl. II 1995, 838).

e) Veräußerung. Veräußerung ist grundsätzlich der **händlertypische Ver-** **147** **kauf** (→ Rn. 105), nicht der selbstlose Eigentumsübergang. Abzustellen ist auf das obligatorische Geschäft (BFH IV R 57/01, BStBl. II 2003, 291). Ein Veräußerungsversuch indiziert auch dann eine (bedingte) Veräußerungsabsicht, wenn er letztlich scheitert (BFH X B 183/05 B, BFH/NV 2007, 232).

Veräußerung ist aber auch die **Einbringung** in eine **Kapitalgesellschaft** (BFH X R 51/98, BStBl. II 2003, 394; BMF 26.3.2004, BStBl. I 2004, 434 Rn. 7) oder eine **Personengesellschaft** (BFH X R 21/13, BFH/NV 2016, 405; X R 18, 19/18, BStBl. II 2020, 538; FG Hmb 2 K 158/08, EFG 2009, 1934).

Keine Veräußerung idS sind die *Realteilung* (aber → Rn. 186), *Schenkung* (aber → Rn. 154), ggf. die *teilentgeltliche Übertragung* (→ Rn. 154), Übertragung im *Umlegungsverfahren* (→ Rn. 158). Die schlichte *Bestellung eines Erbbaurechts* ist keine Veräußerung (BFH XI R 28/97, BStBl. II 1998, 665; X R 4/04, BStBl. II 2007, 885; Tiedtke/Wälzholz DB 2002, 652; Kanzler FR 2008, 127); das gilt mE auch für die Bestellung eines *Dauerwohnrechts;* anders ist dies jedoch bei Verbindung mit einem Ankaufsrecht (BFH IV R 2/85, BFH/NV 1989, 580); doch kann das *bestellte Erbbaurecht* bei Veräußerung Objekt sein (→ Rn. 160). Bei **Aufhebung des schuldrechtlichen Vertrags** noch vor dem dinglichen Vollzug liegt keine Veräußerung im oa Sinne vor (NdsFG 2 K 757/00, EFG 2005, 424 rkr.). Zur **Zwangsversteigerung,** die wegen der besonderen Umstände des Falles nicht für eine bedingte Veräußerungsabsicht spricht, FG Bln-Bbg 7 K 9207/04 B, EFG 2008, 1972.

3. Anzahl der Objekte

148 **a) 3-Objekt-Grenze.** Werden innerhalb eines überschaubaren **Zeitraums von fünf Jahren** (→ Rn. 173 ff.) nicht mehr als **drei Objekte** veräußert, dann nimmt die Rspr. **grundsätzlich Vermögensverwaltung** an (BFH XI R 23/90, BStBl. II 1992, 135; XI R 17/90, BStBl. II 1992, 1007; XI R 43-45/89, BStBl. II 1996, 232; GrS 1/98, BStBl. II 2002, 291; X R 40/03, BStBl. II 2005, 35; XI R 47, 48/03, BStBl. II 2005, 41; IV B 3/03, BFH/NV 2004, 781; X R 74/01, BFH/NV 2005, 2195; X B 131/07, BFH/NV 2008, 960; X R 74/01, BStBl. II 2007, 375; X R 7/15, BFH/NV 2018, 325; krit. zB Paus DStZ 2002, 715; Lüdicke/Naujok DB 2004, 1796; Lammersen DStZ 2004, 549; Anzinger FR 2010, 526). Die Objektgrenze gilt auch für **Angehörige der Branche** (vgl. BFH VIII R 373/83, BStBl. II 1990, 1053; X R 100/88, BStBl. II 1990, 1060).

Allerdings ist die Drei-Objekt-Grenze **nicht Tatbestandsmerkmal oder Beweisregel;** Bedeutung kommt ihr nur als **Indiz** zu (→ Rn. 152). Damit hat sie die Wirkung einer **Richtgröße,** an der sich zusammen mit den weiteren Einzelumständen eines Falles die Entscheidung ausrichtet (vgl. BFH III R 10/01, BStBl. II 2003, 510). Zu den Ausnahmen → Rn. 173 ff., 194 ff.

149 **b) Mehr als 3 Objekte.** Besteht der **zeitliche Zusammenhang** von **Kauf/Errichtung** und **Veräußerung** von mind. **vier Objekten,** dann ist regelmäßig der Rahmen der privaten Vermögensverwaltung überschritten (BFH III R 10/01, BStBl. II 2003, 510). Mit dieser Formel sind mE jedoch **zwei ineinandergreifende Zeiträume** angesprochen, nämlich die das einzelne Objekt betreffende Haltefrist zur Frage der bedingten Veräußerungsabsicht (→ Rn. 155, 167 ff.) und der zeitliche Zusammenhang zwischen den Verkäufen zur Frage der Überschreitung der Vermögensverwaltung (→ Rn. 148, 173 ff.). Für die Erstere kommt es auf den Abschluss des (obligatorischen) Geschäfts, nicht auf die Realisierung des Gewinns an (BFH IV R 57/01, BStBl. II 2003, 291; X R 74/01, BFH/NV 2005, 2195; III R 1/05, BStBl. II 2007, 375). Unerheblich ist, ob bei Erwerb/Bebauung eine feste, „planmäßige" Verkaufsabsicht bestanden hat oder ob die Absicht auf eine anderweitige Nutzung gerichtet war (BFH III R 28/87, BStBl. II 1990, 1057; X R 107-108/89, BStBl. II 1990, 1060; VIII R 74/87, BStBl. II 1991, 844; III R 59/89, BFH/NV 1992, 464); es genügt, wenn die Umschichtungsabsicht beim ersten bedeutsamen Veräußerungsvorgang nachweisbar ist (BFH X R 139/90, BFH/NV 1993, 474).

150 **c) Ehegatten.** Verkäufe von Grundstücken im **Alleineigentum von Ehegatten** werden nicht zusammengerechnet (BFH I R 28/75, BStBl. II 1977, 552; IV R 98-99/85, BStBl. II 1986, 913; IV R 160/85, BFH/NV 1987, 767; BMF

26.3.2004, BStBl. I 2004, 434 Rn. 12), es sei denn, sie haben im Hinblick auf diese eine Mitunternehmerschaft (Innengesellschaft) gegründet (BFH VIII R 100/90, BFH/NV 1993, 538).

d) Keine Drei-Erwerbe-Grenze. Die Drei-Objekt-Grenze ist **keine Drei-Erwerbe-Grenze** (BFH GrS 1/98, BStBl. II 2002, 291; IV B 3/03, BFH/NV 2004, 781 mwN). Der Annahme des gewerblichen Grundstückshandels steht nicht entgegen, dass die Anzahl der Objekte bei Erwerb/Modernisierung nicht der Anzahl der aus ihnen entstandenen und veräußerten Objekten entspricht: Die Aufteilung eines Mietwohngrundstücks in ETW und der Verkauf von mehr als drei Objekten an verschiedene Erwerber erfüllt den Tatbestand (BFH III R 28/87, BStBl. II 1990, 1057; IV R 28/95, BFH/NV 1996, 747; IV R 57/01, BStBl. II 2003, 291; XI R 47/03, BStBl. II 2005, 41; IV B 107/10, BFH/NV 2010, 414). Errichtet eine GbR aber fünf Mehrfamilienhäuser und veräußert sie im zeitlichen Zusammenhang nur drei Objekte, so liegt kein Gewerbebetrieb vor (BFH VIII B 72/02, BFH/NV 2002, 1445). 151

e) Indizielle Bedeutung. Der Drei-Objekt-Grenze kommt in beiden Richtungen nur **indizielle Bedeutung** zu, dh mit ihrem Nicht-/Überschreiten muss die Entscheidung, ob gewerblich oder nicht, noch nicht feststehen (BFH III R 1/05, BStBl. II 2007, 375). Die Drei-Objekt-Grenze ist also **keine Freigrenze** (BFH X B 15/03, BFH/NV 2003, 1419 (1423)). Ihre **Abgrenzungsfunktion** wird in der Rspr. verstärkt vom Tatbestandsmerkmal der Nachhaltigkeit (→ Rn. 60 ff.) übernommen (Fischer FR 2005, 991). **Keine Indizwirkung** besteht vornehmlich bei Gestaltungen des StPfl., die eine spätere Veräußerung wesentlich erschweren oder unwirtschaftlich machen (BFH III R 101/06, BStBl. II 2010, 541; III R 19/11, BStBl. II 2013, 433), wie etwa eine langfristige Vermietung oder eine auf Dauer angelegte Eigennutzung des Objekts (→ Rn. 155 f.). 152

Aber auch ein **erfolgloser Verkaufsversuch** kann indizielle Bedeutung haben (BFH IV R 57/01, BStBl. II 2003, 291; X B 183/05, BFH/NV 2007, 232; FG Köln 12 K 1849/01, EFG 2007, 920 rkr.), ebenso wie – in umgekehrter Richtung – „ungenügende Verkaufsbemühungen" (BFH X B 165/10, BFH/NV 2011, 985). Auch bei der **Rückübertragung** des in Veräußerungsabsicht erworbenen Grundstücks bleibt es bei der Indizwirkung (vgl. BFH X R 130/97, BStBl. II 2001, 530, allerdings zur Nachhaltigkeit).

4. Besondere Übertragungsfälle

Einzubeziehen sind auch solche Grundstücke, die von vornherein zum **Verkauf an konkrete Personen bestimmt** waren (BFH IV R 66–67/91, BStBl. II 1994, 463), zB an Mieter oder Angehörige (BFH III R 28/87, BStBl. II 1990, 1057; VIII R 184/84, BFH/NV 1989, 726; IV B 64/99, BFH/NV 2000, 1329), wenn der StPfl. bei Erwerb die bedingte Veräußerungsabsicht auch im Hinblick auf diese Objekte hatte (BFH VIII R 14/99, BStBl. II 2002, 811; X R 183/96, BStBl. II 2003, 238). Ebenso sind nach der Rspr. (BFH IV R 2/92, BStBl. II 1996, 369; X R 28/00, BStBl. II 2003, 133; X R 4/02, BFH/NV 2003, 457; III B 174/01, BFH/NV 2003, 1166) auch die **ohne Gewinn/mit Verlust** verkauften Objekte einzubeziehen, sofern nicht schon bei Erwerb insofern die Gewinnerzielungsabsicht fehlte. 153

154 **Nicht einzubeziehen** als **Zählobjekt** sind Grundstücke, die gem. einer schon bei Erwerb bestehenden Absicht insb. an Angehörige/Freunde **ohne Gewinn veräußert** werden (BFH VIII R 373/83, BStBl. II 1990, 1053; IV R 2/92, BStBl. II 1996, 369; IV R 74/95, BStBl. II 1996, 599; VIII R 14/99, BStBl. II 2002, 811; X R 183/96, BStBl. II 2003, 238; X R 39/03, BStBl. II 2005, 817; BMF 26.3.2004, BStBl. I 2004, 434 Rn. 9). Meines Erachtens gilt das für **Schenkungen** nur dann, wenn es sich um eine in jeder Hinsicht selbstlose Übertragung handelt; tritt ein Gewinn in **mittelbarem Zusammenhang** mit der Übertragung ein (der Übernehmer beauftragt eine GmbH, an der der Übertragende beteiligt ist, mit der Bebauung), dann ist das Objekt mitzuzählen.

Allerdings kommt eine **Einbeziehung verschenkter Objekte** beim Schenker (als gewinnrealisierende Entnahme) in Betracht, wenn er vor der Schenkung die zumindest bedingte Verwertungsabsicht hatte (X R 183/96, BStBl. II 2003, 238; X R 7/15, BFH/NV 2018, 325; X R 8/15, BStBl. II 2018, 340; BMF 26.3.2004, BStBl. I 2004, 434 Tz. 11). Entsprechendes gilt, wenn der Schenker das weitere Geschehen beherrscht (BFH X B 13/02, BFH/NV 2003, 162; X R 39/93, BStBl. II. 2005, 817; X B 146/04, BFH/NV 2005, 1559).

Ist das nicht der Fall, kann es zu einer **doppelten Erfassung** des verschenkten und vom Beschenkten veräußerten Grundstücks kommen, ua als bloßes Zählobjekt beim Schenker sowie Zähl- und Zurechnungsobjekt beim Beschenkten (so BMF 26.3.2004, BStBl. I 2004, 434 Rn. 9, S. 3).

154a Davon abgesehen kann bei Schenkungen, aber auch bei entgeltlichen Veräußerungen, wenn der Schenker/Veräußerer den Verkauf durch den Begünstigten beherrscht, **Missbrauch gem. § 42 AO** angenommen werden mit der Folge der steuerlichen **Erfassung beim Schenker/Veräußerer** im Jahr der Veräußerung (BFH X R 68/95, BStBl. II 1998, 667; III R 227/94, BFH/NV 1999, 302; VIII R 19/01, BFH/NV 2002, 1571). Das erfordert einen durch den Veräußerer abgeschlossenen Wertschöpfungsprozess (BFH X R 21–22/17, BFH/VN 2020, 177). Auch bei Verstoß gegen die Grundsätze zu **Verträgen zwischen nahen Angehörigen, Scheingeschäften** und **Strohmanngeschäften** ist eine Schenkung nicht anzuerkennen mit der Folge der Zählung dieses Objekts beim Schenker/Veräußerer (vgl. BFH X R 183/96, BStBl. II 2003, 238 mwN).

154b **Teilentgeltliche Übertragungen** (Veräußerung unter Preis) sind nicht zu berücksichtigen, wenn das Entgelt die Selbstkosten nicht übersteigt (BFH X R 39/03, BStBl. II 2005, 817; VI B 155/99, BFH/NV 2002, 1572); verbleibt ein Gewinn oder ein sonstiger (auch mittelbarer) Vorteil, ist das Objekt mitzuzählen (BFH X B 24/02, BFH/NV 2003, 165; VIII R 15/00, BFH/NV 2005, 1033).

5. Nutzung

155 **a) Privatvermögen.** Dem StPfl. ist der **Nachweis** nicht verwehrt, bestimmte Objekte seien **Privatvermögen** (BFH GrS 1/93, BStBl. II 1995, 617; X R 98/91, BFH/NV 1994, 627; III B 38/96, BFH/NV 1997, 229) bzw. es habe von Anfang an eine (bedingte) Verkaufsabsicht gefehlt (BFH GrS 1/98, BStBl. II 2002, 291). Das gilt für Angehörige einschlägiger Berufsgruppen (zB BFH VIII R 60/70, BStBl. II 1976, 152, Architekt; BFH X R 107, 108/89, BStBl. II 1990, 1060, Bauunternehmer; X R 26/17, BFH/NV 2018, 1255, Grundstücksgesellschafter) wie für einen (gelegentlichen) Grundstückshändler (BFH X B 37/05, BFH/NV 2005, 1802). Die unterschiedlichen Vermögenszugehörigkeiten müssen unabhängig vom Anlass für die Veräußerung aufgrund von objektiven Tatsachen **klar**

erkennbar sein; es müssen plausible Gegebenheiten von solchem Gewicht erkennbar sein, die der an sich stets vorhandenen bedingten **Veräußerungsabsicht keine Bedeutung** mehr zukommen lassen (BFH GrS 1/98, BStBl. II 2002, 291; IV R 44/08, BStBl. II 2011, 645) und das Grundstück der privaten Sphäre zuweisen, weil das Grundstück aus außerbetrieblichen Gründen veräußert worden ist (BFH X B 37/05, BFH/NV 2005, 1802), und zwar aus offenkundigen Sachzwängen (BFH X R 36/04, BFH/NV 2005, 1535; X B 21/05, BFH/NV 2005, 1806).

b) Dauerhafte Selbstnutzung/Vermietung. Erheblich ist die **nachweisbare Bestimmung** des Objekts **zur dauerhaften Selbstnutzung** (idR **fünf Jahre;** BFH VIII R 27/94, BFH/NV 1997, 170; X R 28/00, BStBl. II 2003, 133; X R 74/99, BStBl. II 2003, 245; X R 22/02, BFH/NV 2004, 1629), ggf. nur zur Hälfte (BFH X R 36/04, BFH/NV 2005, 1535), was **auch für einen Grundstückshändler** gilt (BFH XI R 68/00, BFH/NV 2003, 891). Hinweise hierauf können eine auf die individuellen Bedürfnisse zugeschnittene Baugestaltung, eine Nutzung zu anderweitigen beruflichen Zwecken oder eine langfristige **Fremdfinanzierung** (zB BFH III R 20/01, BStBl. II 2003, 279; siehe jedoch zur vollständigen Fremdfinanzierung von 26 Objekten BFH XI R 34/99, BFH/NV 2001, 1545) ergeben. Das gilt selbst bei einem im Übrigen umfangreichen Grundstückshandel; zu beachten ist hier der jeweils anders geartete sachliche Zusammenhang (BFH X R 26/17, BFH/NV 2018, 1255). Doch kann der Zusammenhang mit dem Betrieb nicht dadurch gelöst werden, dass der Stpfl. das zur Veräußerung bestimmte Grundstück nur vorübergehend mit seiner Familie bezieht (BFH X R 105, 107/88, BStBl. II 1991, 519). 156

Es ist also **im Einzelfall zu prüfen,** ob die vorzeitige Beendigung der Eigennutzung auf einer von vornherein bestehenden Verkaufsabsicht oder auf außerbetrieblichen Gründen **(„offensichtlichen Sachzwängen")** beruht (BFH X R 98/91, BFH/NV 1994, 627; VIII R 27/94, BFH/NV 1997, 170; IX B 39/02, BFH/NV 2003, 479, Familienzuwachs; X R 68/00, BFH/NV 2003, 891; X B 37/05, BFH/NV 2005, 1802; X R 36/04, BFH/NV 2005, 1535, Umzug; fraglich jedoch bei einem Feriengrundstück, FG Hmb 3 K 284/17, rkr.). Sind solche nicht vorhanden, ist das Grundstück BV des gewerblichen Grundstückshandels (BFH X B 67/02, BFH/NV 2003, 161).

Erschüttert wird die Indizwirkung auch bei einer von vornherein **langfristig vereinbarten Vermietung** (mehr als fünf Jahre) **von Wohnobjekten** (BFH X R 28/00, BStBl. II 2003, 133; X R 74/99, BStBl. II 2003, 245; III R 20/01, BStBl. II 2003, 297; XI R 7/02, BStBl. II 2004, 738; X R 26/17, BFH/NV 2018, 1255; s. jedoch BFH XI B 150/02, BFH/NV 2005, 197; X B 49/04, BFH/NV 2005, 698: langjährig feste Vermietung wegen rascher Verkäufe unerheblich!). Die Vermietungsdauer von fünf Jahren korrespondiert mit der Haltefrist von fünf Jahren (BFH VIII R 27/94, BFH/NV 1997, 170). Daher genügt eine Vermietung auf unbestimmte Zeit nicht (BFH X B 118/08, BFH/NV 2009, 152); ebensowenig die bloße Behauptung der Vermietungsabsicht (BFH III R 10/01, BStBl. II 2003, 510). 156a

Die **zumindest bedingte Veräußerungsabsicht** ist (mE auch bei langfristigen Mietverträgen) **nicht widerlegt,** wenn dem Mieter ein unbedingtes Ankaufsrecht eingeräumt wird (BFH X B 48/04, BFH/NV 2005, 698), der Veräußerer in die Mietverträge eingetreten war (BFH XI R 35/02, BFH/NV 2005, 1267) oder die zu veräußernden Grundstücke in einer Objektgesellschaft zusammengefasst worden sind (FG Bln-Bbg 8 K 8008/21, EFG 2022, 706, nachgehend BFH III R 12/22, BStBl. II 2025, 749).

Bei **Gewerbeobjekten** ist auch eine **langfristige Vermietung unerheblich,** zumal wenn ein sachlicher Zusammenhang mit anderen Grundstücksgeschäften besteht (BFH X R 234/93, BStBl. II 1996, 503; X B 185/03, BFH/NV 2005, 1060; X R 51/03, BFH/NV 2005, 1532).

156b Auch ein langjährig durch Vermögensverwaltung genutztes Grundstück kann Teil eines gewerblichen Grundstückshandels werden, wenn der StPfl. **im Hinblick auf eine Veräußerung** so **umfassende Baumaßnahmen** ergreift, dass hierdurch ein neues WG Gebäude hergestellt wird (BFH X R 18, 19/18, BStBl. II 2020, 538; Einzelheiten → Rn. 160 „Erweiterungsbau").

6. Veräußerungsmotive

157 **a) Unbeachtlichkeit.** Die **Motive** für die Veräußerung behandelt der BFH unterschiedlich danach, ob es sich um ein selbstgenutztes oder vermietetes Grundstück handelt. Da das Wohnen im eigenen Grundstück zur „ureigenen Privatsphäre" gehört, führt ein vorzeitiger Verkauf der **eigengenutzten Immobilie** bei „offensichtlichen Sachzwängen" nicht zur Zuordnung zum BV (→ Rn. 156). Dagegen sind bei einer **vermieteten Immobilie** auch drängende Motive (Finanzierungsschwierigkeiten, Wegzug, Scheidung, Entwicklung am Wohnungsmarkt, Trennung von Objekten, Notsituation) – wenn von einer zumindest bedingten Veräußerungsabsicht auszugehen ist – **grds. Unbeachtlich** (stRspr, zB BFH X R 74/99, BStBl. II 2003, 245; X R 28/00, BStBl. II 2003, 133; III R 10/01, BStBl. II 2003, 510; III R 37/02, BStBl. II 2004, 950; III R 1/05, BStBl. II 2007, 375; BMF 26.3.2004, BStBl. I 2004, 434 Rn. 21, 30). Das gilt auch bei Finanzierung eigengenutzter Wohnungen aus dem Verkaufserlös (BFH IV R 23/88, BStBl. II 1990, 637), bei unvorhergesehenem Finanzbedarf (BFH XI R 34/99, BFH/NV 2001, 1545; verfassungsgemäß BVerfG 2 BvR 1572/01, DStRE 2005, 698), bei schlechter Vermietbarkeit der veräußerten Wohnung (BFH IV B 2/98, BFH/NV 1999, 1320 mwN), bei Beschaffung von Ersatzwohnraum (BFH IV B 203/03, BStBl. II 2004, 356), bei Krankheit des Veräußerers und Verlusten aus dem betreffenden Geschäft (Verkauf unter Preis, BFH XI R 58/97, BFH/NV 1999, 766; VIII R 15/00, BFH/NV 2005, 1033), bei Druck der finanzierenden Bank (BFH III R 101/06, BStBl. II 2010, 541, gegen FG Köln 6 K 394/04, EFG 2007, 185; krit. Anzinger FR 2010, 526; Figgener/Kiesel/Haug DStR 2010, 1324) und Androhung der Zwangsversteigerung (BFH III R 19/11, BStBl. II 2013, 433). Anders für eine hohe Anzahl (13) von Verkäufen nach Ablauf der Fünf-Jahres-Frist (→ Rn. 174) bei Tod des Gesellschafter-Geschäftsführers BFH III R 14/23, BStBl. II 2025, 566, zu FG Münster 13 K 3367/20, G (EFG 2024, 1093, best.).

158 **b) Zwangsweise Veräußerung.** Grundstücke, die nach dem VerkFlBerG **zwangsweise an die öffentliche Hand** veräußert werden, sind nicht mitzuzählen (OFD Hannover 19.2.2004, DStZ 2004, 693; vgl. FG Münster 12 K 484/01, EFG 2004, 1116 rkr., zum Umlegungsverfahren). Auch ist ein gewerblicher Grundstückshandel nicht schon deswegen anzunehmen, wenn der StPfl. Grundstücke zur Erstellung von Straßen an die Gemeinde abtritt (BFH X B 26/99, BFH/NV 2000, 557). Zu städtebaulichen Verträgen s. OFD Niedersachsen 11.4.2011, DB 2011, 2119.

7. Der Begriff des Objekts

a) Selbstständige Nutzbarkeit. Objekt ist grds. Jedes Immobilienstück, das **selbstständig veräußert** und **genutzt** werden kann, und zwar unabhängig von Größe, Wert und anderen Umständen, wie zB die Nutzungsart (BFH GrS 1/98, BStBl. II 2002, 291; III R 9/98, BStBl. II 2002, 571; X R 108/96, BFH/NV 2003, 455; IX R 56/99, BStBl. II 2004, 227; IV R 54/02, BStBl. II 2004, 868; III R 37/02, BStBl. II 2004, 950; X R 56, 57/14, BFH/NV 2017, 481; BMF 26.3.2004, BStBl. I 2004, 434 Rn. 16). Denn die selbstständige Veräußerbarkeit **folgt grundsätzlich dem Sachenrecht** (BFH IV R 62/07, BFH/NV 2010, 2261), allerdings geprägt durch die **Verkehrsanschauung** (BFH X R 40/03, BStBl. II 2005, 35; IV R 44/08, BStBl. II 2011, 645). Zu Großobjekten → Rn. 165 f. **159**

b) Wirtschaftliche Einheit. Auch sachenrechtlich selbstständige Grundstücke in ihrer Zusammenfassung als **wirtschaftliche Einheit iSd Bewertungsrechts** können ein einziges Objekt darstellen (BFH III R 61/97, BStBl. II 1999, 390; IV R 62/07, BFH/NV 2010, 2261); maßgeblich ist die Verkehrsauffassung, regional geprägte Usancen sind unbeachtlich (BFH X R 40/03, BStBl. II 2005, 35). **Objekte sind Einfamilienhaus, Zweifamilienhaus, Mehrfamilienhaus,** *Eigentumswohnung* – **ETW** – und **Gewerbebauten** (BFH VIII R 74/87, BStBl. II 1991, 844; VIII R 373/83, BStBl. II 1990, 1053; III R 56/85, BStBl. II 1990, 1054; XI R 38, 39/91, BFH/NV 1994, 20; X R 12/92, BFH/NV 1996, 676; XI R 83/00, BStBl. II 2004, 699; X R 40/03, BStBl. II 2005, 35). **160**

Auch ein **Erweiterungsbau** an einem bestehenden Gebäude kommt in Betracht; Voraussetzung ist, dass das Gebäude nicht nur erweitert oder über seinen ursprünglichen Zustand hinaus wesentlich verbessert wird, sondern ein **neues WG** „Gebäude", sei es als selbstständiges neben den Altbau tretendes Gebäude, sei es als nach bautechnischen Kriterien (eigene statische Standfestigkeit, nicht bloße Verschachtelung) selbstständiger Gebäudeteil, sei es als neues mit dem Altbau entstehendes Gesamtgebäude (Prägung, Flächenvermehrung von 150 %), hergestellt wird. Im letzteren Fall kann auch das Altgebäude in den Grundstückshandel einzubeziehen sein. Eine veränderte Marktgängigkeit ist in diesem Fall nicht erforderlich (BFH X R 18, 19/18, BStBl. II 2020, 538; hierzu Pflüger GStB 2021, 007).

Objekt ist auch die einzelne **Parzelle** eines aufgeteilten unbebauten Grundstücks (BFH IV R 112/92, BStBl. II 1996, 367; XI R 22/90, BFH/NV 1992, 238; X R 12/92, BFH/NV 1996, 608; IV R 39, 40/05, BFH/NV 2007, 221), auch ein durchgehandeltes und erschlossenes Objekt (BFH III R 1/05, BStBl. II 2007, 375) sowie der Miteigentumsanteil an solchen Objekten (BFH X B 157/00, BFH/NV 2002, 330; III R 1/05, BStBl. II 2007, 375), insb. an einem ungeteilten Grundstück (BFH X R 36/06, BStBl. II 2010, 171; IV B 3/10, BStBl. II 2012, 740). Mehrere **zusammenhängende Parzellen** können eine wirtschaftliche Einheit (1 Objekt) darstellen (BFH IV R 54/02, BStBl. II 2004, 868), ebenso ein **mehrere Flurnummern** umfassendes Grundstück (FG BBbg 8 K 8183/21, EFG 2025, 404).

Trotzdem bleibt ein **ungeteiltes Grundstück** mit mehreren Mehrfamilienhäusern/Gewerbeobjekten nur ein Objekt (BFH IV R 77/06, BStBl. II 2009, 791; IV R 34/08, BStBl. II 2011, 787). Auch ein bereits bestelltes **Erbbaurecht** ist Objekt idS (BFH X R 31/99, BFH/NV 2002, 1559), jedoch nicht die Bestellung eines solchen (BFH X R 4/04, BStBl. II 2007, 885).

161 **c) Eigentumswohnungen.** Auch bei **ETW** ist zwar **grundsätzlich jedes Wohnungseigentum** als selbstständiges Objekt anzusehen (§ 93 Abs. 1 BewG). Eine ungeteilt erworbene, später in **mehrere Wohnungen aufgeteilte** ETW ist grundsätzlich nur ein Objekt; für die Qualifizierung als mehrere Objekte ist die Aufteilung mit Vollzug nach dem WEG erforderlich (BFH X R 36/06, BStBl. II 2010, 171). **Umgekehrt** können **mehrere Wohnungen,** die aufgrund eines einheitlichen Wohnungseigentumsrechts errichtet werden, selbstständige wirtschaftliche Einheiten bilden, wenn sie sich räumlich nicht bzw. kaum berühren (BFH II R 82/88, BStBl. II 1991, 503 mwN). Dagegen kann **eine Wohnung,** die **unter Inanspruchnahme von mehreren Wohnungseigentumsrechten** entstanden ist, nur ein Objekt darstellen, wenn sie durch Anordnung neben- oder übereinander einen einheitlichen Raumkörper ergibt (BFH IX R 137/86, BStBl. II 1991, 872; VIII R 10/92, BFH/NV 1994, 94; X B 183/03, BFH/NV 2005, 1274), ohne dass es auf die zeitliche Reihenfolge von Übertragung der Rechte und Fertigstellung ankäme (BFH XI R 17/90, BStBl. II 1992, 1007). Erforderlich ist bei Verkauf vor Fertigstellung jedoch, dass der StPfl. sich schon mit Abschluss der Kaufverträge zur (Errichtung und) Übertragung einer mehrere Wohnungseigentumsrechte umfassenden Wohnung verpflichtet; nach Abschluss geäußerte und berücksichtigte Wünsche nach Zusammenlegung wirken nicht zurück (dann mehrere Objekte, BFH III R 9/98, BStBl. II 2002, 571).

Wirtschaftliche Einheit („Zubehör"-Räume) besteht mit den **zugehörigen Garagen-Stellplätzen;** sie zählen auch dann nicht als Objekt, wenn sie nicht an den Erwerber der entsprechenden ETW veräußert werden (BFH X R 183/96, BStBl. II 1998, 332; X R 183/96, BStBl. II 2003, 238; FG München 10 K 3596/08, EFG 2010, 1205; 11 K 2166/07, EFG 2011, 142; krit. Kempermann FR 2003, 247; Kempermann StBJb 2002/03, 419).

162 **d) Aufteilung/Zusammenfassung von Objekten/wirtschaftliche Betrachtungsweise.** Werden zwei **Mehrfamilienhäuser in ETW** aufgeteilt und diese veräußert, so liegen so viele Objekte vor wie ETW (BFH III R 37/02, BStBl. II 2004, 950; I R 143/83, BFH/NV 1987, 646), auch wenn sie mit einem einzigen Vertrag **an nur einen Erwerber** veräußert werden und keine Modernisierung erfolgt war (BFH IV B 2/98, BFH/NV 1999, 1320; IV R 57/01, BStBl. II 2003, 291; XI R 47, 48/03, BStBl. II 2005, 41; IV R 28/95, BFH/NV 1996, 747; XI R 35/02, BFH/NV 2005, 1267). Werden fünf sachenrechtlich noch nicht getrennte ETW an ebensoviele Erwerber veräußert, handelt es sich um fünf Objekte (BFH X B 71/14, BFH/NV 2015, 834). Entsprechendes gilt für einen ungeteilten **Miteigentumsanteil,** der in der Kaufvertragsurkunde in mehrere Wohn- und Gewerbeobjekte aufgeteilt wird, von denen einem Erwerber mehr als drei zugewiesen werden (BFH IV R 44/08, BStBl. II 2011, 645); ähnlich die taggleiche Aufteilung eines Miteigentumsanteils und des Kaufpreises in/auf mehrere Miteigentumsanteile/ETW (BFH X R 56, 57/14, BFH/NV 2017, 481, zu FG BW 11 K 1355/12, BeckRS 2015, 95024). Es handelt sich um rechtlich und wirtschaftlich selbstständige Verkäufe (BFH III R 9/98, BStBl. II 2002, 571). Die Anzahl der Verkaufsakte berührt das Tatbestandsmerkmal der Nachhaltigkeit (BFH IV R 27/03, BStBl. II 2005, 164).

Liegen eine wirtschaftliche Einheit begründende Umstände nicht vor, wird die Selbstständigkeit von Grundstücken auch nicht durch die **unmittelbare räumliche Nähe** aufgehoben (BFH X R 40/03, BStBl. II 2005, 35, angrenzende Mehrfamilienhäuser; krit. Söffing DStR 2005, 1930; FG Düsseldorf 16 K 3895/15 F,

EFG 2017, 127: auch dann nicht, wenn sie grundbuchrechtlich eine Einheit bilden).

e) Gundstücksgeschäft/Art und Durchführung. Die Grundstücksgeschäfte müssen nach Art und Durchführung **nicht vergleichbar** sein (BFH VIII R 9/90, BFH/NV 1993, 656; die einzelnen Objekte können unterschiedlichen Nutzungsarten zuzuordnen sein (BFH XI R 21/91, BStBl. II 1993, 668; III B 38/96, BFH/NV 1997, 229). Die verkauften Objekte werden **einzeln gezählt,** und zwar auch dann, wenn sie in einem Vertrag **an denselben Käufer** abgesetzt werden (BFH IV R 57/01, BStBl. II 2003, 291; X R 40/03, BStBl. II 2005, 35; III R 12/22, BStBl. II 2025, 749, fünf Mehrfamiliengrundstücke en bloc). Die oa Grundsätze gelten auch, wenn ein StPfl. Wohneinheiten im Rahmen eines Bauherrenmodells erwirbt und veräußert (BFH IX R 140/92, BStBl. II 1995, 838). Auch ein Anteil von einer Grundstücksgesellschaft kann ein Objekt sein (→ Rn. 189 ff.). 163

f) Ausland. Grundstücke im **Ausland** sind mangels ausländischer BSt. (→ Rn. 13) mE zu berücksichtigen, in einem DBA-Ausland jedoch nur mittelbar als Zählobjekt (OFD Nürnberg 15.7.1993, DStR 1993, 1481; krit. Prinz DStR 1996, 1145; Bornheim DStR 1998, 1773). 164

g) Großobjekte. Auf die **Größe des Objekts** kommt es grds. Nicht an. Der **GrS des BFH** (BFH GrS 1/98, BStBl. II 2002, 291) hat entschieden, die **Errichtung von Wohnobjekten,** deren **Aufteilung** in (zehn) ETW sowie deren **Veräußerung** stelle nicht unabhängig von der Drei-Objekt-Grenze etwa wegen der Ähnlichkeit mit dem Typus des Bauunternehmers/Bauträgers eine gewerbliche Betätigung dar. Immerhin lässt der GrS weiterhin die Möglichkeit zu, dass weitere Umstände (Verkauf vor Bebauung; Errichtung nach Wünschen oder auf Rechnung des Erwerbers; keine Abrechnung zwischen StPfl. und Bauunternehmer wie zwischen Fremden üblich; → Rn. 194 f.; Übergangsregelung durch BMF 26.3.2004, BStBl. I 2004, 434 Rn. 36) trotz Nichtüberschreitens der Drei-Objekt-Grenze zur Gewerblichkeit führen (krit. Hartrott BB 2010, 2271 (2274)). 165

Das bedeutet zum einen, dass sog. **Großobjekte** ***nur*** **ein Objekt** iSd Objektrechtsprechung darstellen können (BFH X R 53/01, BFH/NV 2003, 1291). Das betrifft nicht nur Mehrfamilienhäuser, sofern nicht in ETW aufgeteilt (BFH III R 37/02, BStBl. II 2002, 950), und Doppelhaushälften auf ungeteiltem Grundstück (BFH I R 118/97, BStBl. II 2000, 28; X R 130/97, BStBl. II 2001, 530; IX R 56/99, BStBl. II 2004, 277; VIII B 159/02, BFH/NV 2003, 1062; VIII B 141/05, BFH/NV 2006, 1465), fünf Mehrfamilienhäuser auf einem ungeteilten Grundstück (BFH IV R 34/08, BStBl. II 2011, 787), sondern auch gewerblich genutzte Objekte. Zum anderen kommt bei ihnen eher als bei einfachen Objekten (zumal Wohnobjekten) die Möglichkeit in Betracht, ihre Errichtung und Veräußerung **unabhängig von der Anzahl der Objekte** nach den unter → **Rn. 194 ff.** aufgezeigten Kriterien als gewerblich einzuordnen (vgl. die dort angegebene Rspr.; aA Söffing DStR 2004, 793; FR 2006, 485). 166

8. Zeitlicher Zusammenhang

Für die **Erschließung der zumindest bedingten Verkaufsabsicht** bei Erwerb/Bebauung des Grundstücks ist der **zeitliche Zusammenhang** mit dem Verkauf von Bedeutung (BFH GrS 1/98, BStBl. II 2002, 291; X R 40/03, BStBl. II 2005, 35; XI R 38, 39/91, BFH/NV 1994, 20; VIII R 10/92, BFH/ 167

NV 1994, 94; X R 60/93, BFH/NV 1996, 202; IV R 44/08, BFH/NV 2011, 1212). Je kürzer der Zeitraum zwischen Erwerb bzw. Bebauung und Veräußerung, desto unwahrscheinlicher ist die ursprüngliche Absicht der Vermietung oder Eigennutzung (BFH X R 1/96, BStBl. II 1998, 346; III R 37/02, BStBl. II 2004, 950; II B 121/04, BFH/NV 2005, 197).

168 **a) Beginn.** Der zu beurteilende **Zeitraum beginnt** bei Veräußerung unbebauter Grundstücke mit dem Erwerb, bei der Veräußerung bebauter Grundstücke mit dem Erwerb bzw. mit der Bebauung (vgl. BFH III R 275/83, BStBl. II 1988, 293; IV R 23/88, BStBl. II 1990, 637), auch wenn das Grundstück vor der Bebauung längere Zeit im Eigentum des StPfl. gestanden hatte (BFH VIII R 46/84, BStBl. II 1988, 65); bei Verkauf nach Sanierungs- bzw. Modernisierungsarbeiten mit deren Abschluss (BFH IV R 66-67/91, BStBl. II 1994, 463; IV R 57/01, BStBl. II 2003, 291; FG Köln 11 K 1103/99, EFG 2005, 451; FG Münster 4 K 4918/07 F, EFG 2011, 454; BMF 26.3.2004, BStBl. I 2004, 434 Rn. 24). Auf den zeitlichen Zusammenhang mit dem Erwerb des Grundstücks kommt es dann nicht an (BFH IV R 23/88, BStBl. II 1990, 637), auch wenn das Grundstück vorübergehend selbstgenutzt war (BFH VIII R 266/84, BStBl. II 1989, 621; X R 105, 107/88, BStBl. II 1991, 519; IV R 79/91, BFH/NV 1992, 809; VIII R 9/90, BFH/NV 1993, 656).

Die Überführung eines Grundstücks des BV ins PV durch Entnahme oder Betriebsaufgabe gilt nicht als Erwerb im obigen Sinne (keine entsprechende Anwendung des § 23 Abs. 1 S. 2 EStG). Bei der Entnahme eines unbebauten land- und forstwirtschaftlichen Grundstücks (Anm. 200) ist der Zeitraum, in dem es sich im Betriebsvermögen befunden hat, einzubeziehen (BFH X R 26/17, BFH/NV 2018, 1255; BMF 26.3.2004, BStBl. II 2004, 434 Tz. 27).

169 **b) Zeitspanne.** Ein **enger zeitlicher Zusammenhang** wird noch angenommen, wenn die Zeitspanne bis zu den ersten Veräußerungen **nicht mehr als fünf Jahre** beträgt (zB BFH III R 47/88, BStBl. II 1992, 143; X R 74/99, BStBl. II 2003, 245; III R 10/01, BStBl. II 2003, 510; XI R 25/03, BFH/NV 2004, 1399). Hierbei kommt es auf den Abschluss des (obligatorischen) Geschäfts, nicht auf die Realisierung des Gewinns an (BFH IV R 57/01, BStBl. II 2003, 291; X R 74/01, BFH/NV 2005, 2195; III R 1/05, BStBl. II 2007, 375).

In diesen Fällen wird mangels gegenteiliger Anhaltspunkte nach der „Lebenserfahrung" angenommen, dass bei Kauf/Bebauung zumindest eine bedingte Verkaufsabsicht bestanden hat (BFH III R 10/01, BStBl. II 2003, 510; X R 53/01, BFH/NV 2003, 1291). Unerheblich ist, ob eine feste, „planmäßige" Verkaufsabsicht bestanden hat oder ob die Absicht – auch bzw. zunächst – auf eine anderweitige Nutzung gerichtet war (BFH III R 28/87, BStBl. II 1990, 1057; X R 107, 108/89, BStBl. II 1990, 1060; VIII R 74/87, BStBl. II 1991, 844; III R 59/89, BFH/NV 1992, 464).

Allerdings ist schon dieser Fünf-Jahres-Zeitraum **keine starre Grenze** (im Übrigen → Rn. 173 ff.). Auch für ein erst nach 5–10 Jahren veräußertes Grundstück kann sich die bedingte Veräußerungsabsicht durch weitere Anhaltspunkte ergeben, insb. Wenn der StPfl. neben diesem Objekt in der fraglichen Zeit weitere Immobilien, diese innerhalb von jeweils fünf Jahren, veräußert (Verklammerungswirkung, BFH X R 74/99, BStBl. II 2003, 245) oder wenn sich deutlich vor Ablauf der Fünf-Jahres-Frist Anhaltspunkte dafür ergeben, dass das Grundstück bei sich bietender Gelegenheit verkauft werden soll (BFH VIII R 7/22, BStBl. II 2004, 914). Jedoch ergibt sich insb. hieraus **kein Grundsatz des Inhalts,** dass das Fehlen von Indizien für eine bedingte Veräußerungsabsicht vor Ablauf des Fünf-Jahres-Zeitraums durch eine hohe Anzahl von Verkäufen danach kompensiert werden könne (BFH III R 14/23, BStBl. II 2025, 566, zu FG Münster 13 K 3367/20 G, EFG 2023, 1094, best.; Abgrenzung zu BFH VIII R 7/02, BStBl. II 2004, 914; hierzu Messner AktStR 2025, 449). Zu berücksichtigen bleiben sonstige Indizien auch für das Nichtbestehen einer bedingten Veräußerungsabsicht (→ Rn. 155 ff.).

9. Nur Beweisanzeichen

Doch ist der zeitliche Zusammenhang **nur ein Beweisanzeichen,** das durch eindeutige Anhaltspunkte, die gegen eine von Anfang an bestehende Verkaufsabsicht sprechen, erschüttert werden kann (auch → Rn. 155 f.). An die Widerlegung der Vermutung sind aber strenge Anforderungen zu stellen (BFH III R 47/88, BStBl. II 1992, 143; IV R 2/92, BStBl. II 1996, 369; XI R 47, 48/03, BStBl. II 2005, 41). Die Gegenindizien müssen so gewichtig sein, dass der (im Grunde stets vorhandenen) bedingten Veräußerungsabsicht keine Bedeutung mehr zukommt (BFH X R 44/08, BFH/NV 2011, 1212). Es sind umso strengere Anforderungen zu stellen, je enger der zeitliche Zusammenhang ist (BFH X R 255/93, BStBl. II 1996, 303). Erforderlich ist eine Gesamtwürdigung der in Betracht kommenden Umstände (BFH GrS 1/98, BStBl. II 2002, 291; III R 27/98, BStBl. II 2002, 537). In der Regel wird die Indizwirkung widerlegt durch Gestaltungen des StPfl., die eine Veräußerung wesentlich erschweren oder unwirtschaftlich erscheinen lassen (BFH III R 101/06, BStBl. II 2010, 541; X B 225/10, BFH/NV 2011, 2083; III R 19/11, BStBl. II 2013, 433). 170

a) Einzelfälle. Zugunsten des StPfl. kann von Bedeutung etwa sein, dass der StPfl. bei Umwandlung von 4 Eigentumswohnungen nach langjähriger Vermietung oder Eigennutzung nicht der Branche angehört (BFH VIII R 46/84, BStBl. II 1988, 65; IV R 102/86 und IV R 130-131/86, BFH/NV 1989, 101 und 102; VIII R 27/94, BFH/NV 1997, 170), wobei Langjährigkeit ebenfalls erst ab einem Zeitraum von 5 Jahren angenommen wird (BFH III R 275/83, BStBl. II 1988, 293; VIII R 266/84, BStBl. II 1989, 621; XI R 23/90, BStBl. II 1992, 135; XI R 21/91, BStBl. II 1993, 668; X B 155/98, BFH/NV 1999, 1209); ähnlich wenn der StPfl. das Haus vor Abriss und Neugestaltung zu einem Haus mit mehreren Eigentumswohnungen noch zum Zwecke der Eigennutzung renoviert hat (BFH X R 34, 35/93, BFH/NV 1996, 302). Auch die Langfristigkeit der Finanzierung kann (zugunsten des StPfl.) zu berücksichtigen sein (BFH III R 20/01, BStBl. II 2003, 297; IX R 88/00, BFH/NV 2004, 1089). 171

b) Annahme der Gewerblichkeit. Eine zumindest bedingte **Veräußerungsabsicht** und damit **Gewerblichkeit** ist nach der Rspr. anzunehmen bei Aufteilung eines MFH in ETW und Verkauf auch an nur einen Erwerber, wenn der Stpfl. schon zuvor ein Gebäude veräußert hat (BFH XI R 35/02, BFH/NV 2005, 1267). Auch genügt nicht die Zwischenvermietung an einen gewerblichen Zwischenmieter (BFH IV R 79/91, BFH/NV 1992, 809), der Verkauf eines Grundstücks aus einer Notlage heraus (BFH III B 75/99, BFH/NV 2000, 1340) oder gar die einfache Behauptung der Vermietungsabsicht (BFH III R 47/88, BStBl. II 1992, 143; III R 37/02, BStBl. II 2004, 950). Letzteres schließt eine Beweisführung durch Vernehmung von Zeugen, die ihre „Kenntnisse" nur aus Gesprächen mit dem StPfl. haben können, aus (BFH III R 37/02, BStBl. II 2004, 172

950; VIII B 87/95, BFH/NV 1996, 897). Gleichwohl hat BFH VIII R 46/84, BStBl. II 1988, 65 bei (Vereinbarung der) Vermietung auf eine feste Dauer von fünf bis zehn Jahren durch einen Branchenfremden und gleichwohl nach zwei Jahren seit Errichtung erfolgter Aufteilung in Eigentumswohnungen noch eine private Vermögensverwaltung angenommen (zust. BFH X R 107-108/89, BStBl. II 1990, 1060; III R 10/01, BStBl. II 2003, 510; VIII R 10/92, BFH/NV 1994, 94). Allerdings erscheint die Begründung, wegen der langfristigen Vermietung sei ein Wohn-Grundstück nur eingeschränkt verwertbar, nicht tragfähig. Im Übrigen gilt diese Begründung nicht bei Gewerbeobjekten (→ Rn. 156 aE). Ebenso genügen auf unbestimmte Zeit geschlossene Mietverträge nicht (BFH VIII R 27/94, BFH/NV 1997, 170) sowie das Vorhaben, durch Erwerb von Renditeobjekten die Altersversorgung zu sichern (BFH X R 28/00, BStBl. II 2003, 133; III R 37/02, BStBl. II 2004, 950; IV R 28/95, BFH/NV 1996, 747).

10. Keine starre zeitliche Grenze

173 Der **5-Jahres-Zeitraum,** der sich sowohl auf die Zeitspanne zwischen Anschaffung/Errichtung und Veräußerung des einzelnen Objekts (→ Rn. 167 ff.) als auch auf die Zeit zwischen den einzelnen Verkäufen (→ Rn. 148) bezieht, ist nach allem **keine starre zeitliche Grenze** iS eines Tatbestandsmerkmals (BFH X R 18, 19/18, BStBl. II 2020, 538). Eine geringfügige Überschreitung (zB von bis zu neun Monaten) kann unerheblich sein, wenn andere Umstände auf eine bedingte Veräußerungsabsicht hinweisen (BFH III R 27/98, BStBl. II 2002, 537; III R 37/02, BStBl. II 2004, 950; X R 47/06, BFH/NV 2010, 400; IV R 44/08, BStBl. II 2011, 645). **Je länger die Zeitgrenze überschritten** ist, desto mehr **verringert sich die Indizwirkung** solcher Umstände (BFH X B 118/08, BFH/NV 2009, 152).

174 **a) 5-Jahres-Zeitraum.** Auch wenn **innerhalb von 5 Jahren weniger** als 4 Objekte, jedoch danach in kürzerer Zeit weitere Objekte verkauft werden, ist der enge zeitliche Zusammenhang mit den letzten Verkäufen noch gewahrt (BFH XI R 7/02, BStBl. II 2004, 738; XI R 47, 48/03, BStBl. II 2005, 41; X B 71/01, BFH/NV 2002, 527; X R 108/96, BFH/NV 2003, 455, VIII R 70/98, BFH/NV 2003, 742, IX R 77/99, BFH/NV 2003, 911, X R 53/01, BFH/NV 2003, 1291; X B 30/03, BFH/NV 2004, 194). In einem solchen Fall sind auch nach Ablauf des Fünfjahreszeitraums erfolgende Verkäufe in die Beurteilung einzubeziehen (BFH III R 75/85, BStBl. II 1990, 747; XI B 150/02, IV B 104/03, BFH/NV 2005, 197; VII R 38/04, BFH/NV 2006, 1541). So wenn der StPfl. in sechs Jahren fünf Objekte, in siebeneinhalb Jahren sieben Objekte oder in knapp 8 Jahren 11 Objekte anschafft und veräußert (BFH X R 160/97, BFH/NV 2003, 890; XI R 25/03, BFH/NV 2004, 1399; X R 47/06, BFH/NV 2010, 400); ähnlich zur Veräußerung von Anteilen an Immobilien-GbR HessFG 8 K 3380/07, EFG 2011, 658 rkr. **Beurteilungskriterien** sind – wie vor – hohe Verkaufszahlen, Branchennähe bzw. Insiderwissen (BFH X B 141/01, BFH/NV 2002, 1453; X R 4/02, X R 160/97, BFH/NV 2003, 457; X R 160/97, BFH/NV 2003, 890; XI R 25/03, BFH/NV 2004, 1399; IV B 74/09, BFH/NV 2009, 919; nicht von Schwester-Gesellschaften: BFH III R 14/23, BStBl. II 2025, 566, zu FG Münster 13 K 3367/20 G, EFG 2023, 1094, best.; hierzu Küspert DStR 2024, 2740), die Art der Finanzierung, zusätzliche Aktivitäten wie Modernisierung und Erschließung, Aufteilung in ETW bei Erwerb, die Dauer der Vermietung (BFH X B 185/03, BFH/NV 2005, 1060: nicht bei Langfristigkeit bei Wohnraum).

b) 10-Jahres-Zeitraum. Unter Einschluss der Frage der Nachhaltigkeit (→ Rn. 60 ff.) kann sich die Notwendigkeit ergeben, die Verhältnisse in einem **10-Jahres-Zeitraum** zu prüfen (BFH XI R 23/90, BStBl. II 1992, 135; XI R 24/90, BFH/NV 1992, 235; X R 74/99, BStBl. II 2003, 245). Auch Verkäufe in festsetzungsverjährter Zeit sind einzubeziehen (BFH X B 149/10, BFH/NV 2011, 1348). Je länger der Zeitraum, desto geringer ist jedoch die Indizwirkung für den Erwerb in (bedingter) Verkaufsabsicht; umso gewichtiger müssen weitere Anhaltspunkte sein, damit auf einen einheitlichen Betätigungswillen geschlossen werden werden kann (zB höhere Anzahl von Verkäufen; Branchennähe, BFH VIII R 16/93, BFH/NV 1996, 466; IX R 77/99, BFH/NV 2003, 911; XI R 7/02, BStBl. II 2004, 738; X B 118/08, BFH/NV 2009, 152; X R 26/17, BFH/NV 2018, 1255; BMF 26.3.2004, BStBl. I 2004, 434). Insbesondere Häufigkeit und Dichte der Veräußerungen können ein Indiz für eine von vornherein bestehende Veräußerungsabsicht gewinnen (vgl. BFH X R 107, 108/89, BStBl. II 1990, 1060, wo bei zwölf Objekten in insgesamt neun Jahren GewBetrieb angenommen wird). 175

c) Noch längerer Zeitraum. Beträgt der Zeitraum **mehr als zehn Jahre,** dann liegt grundsätzlich Vermögensverwaltung vor (BFH I R 153/71, BStBl. II 1973, 661). Gleichwohl ist auch die Zehn-Jahres-Grenze nicht starr zu handhaben (BFH X R 108/90, BFH/NV 1994, 84 für den Fall eines laufenden Verkaufs unbebauter Grundstücke). Befand sich das Grundstück **über 20 Jahre im Eigentum** des StPfl., kommt bei **Schaffung eines neuen WG** durch Umbaumaßnahmen Grundstückshandel in Betracht (BFH X R 18, 19, DStR K 2020, 1555). Doch ist die nachfolgende Veräußerung außer Betracht zu lassen, auch wenn der StPfl. 2 Jahre nach dieser Veräußerung in einem anderen Zusammenhang einen gewerblichen Grundstückshandel aufnimmt (BFH X R 241/93, BFH/NV 1997, 396). 176

d) Rechtsnachfolge. Bei **Rechtsnachfolge,** insb. Im Falle der **Erbschaft,** sind die Vorbesitzzeiten beim Erblasser grds. Nicht zu berücksichtigen; auch liegt kein erheblicher Erwerb vor (→ Rn. 146; sowie BFH X R 130/97, BStBl. II 2001, 530). Ererbte Grundstücke sind nur dann Objekt, wenn der StPfl. im Hinblick auf sie zusätzliche verkaufsfördernde bzw. wertsteigernde Aktivitäten entfaltet (BFH III R 1/05, BStBl. II 2007, 375). Das gilt mE auch für **andere unentgeltliche Erwerbsvorgänge,** zB vorweggenommene Erbfolge, Schenkung (vgl. BFH III R 1/05, BStBl. II 2007, 375; aA BMF 26.3.2004, BStBl. I 2004, 434 Rn. 9, S. 2; krit. M. Söffing/Klümper-Neusel DStR 2000, 1753; M. Söffing DStR 2004, 793). 177

11. Planmäßiger Zusammenhang

Die **5-Jahres-Zeiträume** (→ Rn. 148, → Rn. 167 ff.) sind also maßgeblich für den Erwerb/die Errichtung und Veräußerung des einzelnen Objekts sowie für den Zeitraum zwischen Erwerb/Errichtung des ersten und Veräußerung des vierten Objekts (BFH X R 74/99, BStBl. II 2003, 245; X R 165/87, BFH/NV 1991, 381; X R 108/90, BFH/NV 1994, 84; XI R 25/03, BFH/NV 2004, 1399). 178

a) Gesamtbild. Werden die jeweiligen Fünf-Jahres-Zeiträume nicht eingehalten, kann es ausreichen, wenn die An- und Verkäufe, die in einem planmäßigen Zusammenhang stehen, **nur zT in** dem auf die gesamte Betätigung bezogenen 179

5-Jahres-Zeitraum getätigt werden (BFH III R 27/98, BStBl. II 2002, 537; IV R 58/01, BFH/NV 2003, 588; X R 53/01, BFH/NV 2003, 1291). Ist dies nach dem Gesamtbild der Verhältnisse nicht der Fall, so wird die Veräußerung nicht dadurch (etwa gar nachträglich) gewerblich, dass der StPfl. in einem anderen Zusammenhang planmäßig einen Grundstückhandel beginnt (BFH X R 241/93, BFH/NV 1997, 396). Auch ist geklärt, dass eine längerfristige Unterbrechung der Verkaufstätigkeit, eine inaktive Phase, den Fortbestand des gewerblichen Grundstückshandels unberührt lässt (BFH IV R 39/94, BStBl. II 1996, 276; III R 1/05, BStBl. II 2007, 375; III B 47/99, BFH/NV 2000, 1451; IX R 77/99, BFH/NV 2003, 911). Denn ein Gesamtplan ist andererseits nicht erforderlich (BFH III R 1/05, BStBl. II 2007, 375; IV B 47/06, BFH/NV 2007, 234); es genügt ein einheitlicher Betätigungswille (BFH X B 26/99, BFH/NV 2000, 557). **Großzügig** FG Brem (1 K 90/07 G, EFG 2009, 743): Verkauf von drei Grundstücken und 21 ETW durch einen Arzt innerhalb von fünf Jahren (→ Rn. 148), wobei der Zeitraum zwischen An- und Verkauf nur bei einem Objekt weniger als fünf Jahre, iÜ zwischen sieben und elf Jahre betrug, sei kein gewerblicher Grundstückshandel.

180 **b) Umlaufvermögen.** Ein sachlicher Zusammenhang wird nicht dadurch berührt, dass ein Teil der Objekte bereits Umlaufvermögen eines anderen Gewerbebetriebs war (BFH X R 51/03, BFH/NV 2005, 1532).

181 *(frei)*

12. Personenmehrheiten

182 **a) Ebene der Gesellschaft.** Bei Personengesellschaften, Gemeinschaften, Güter-, Erbengemeinschaften sind auf der Ebene der Gesellschaft/Gemeinschaft die oa Grundsätze anzuwenden, wenn und soweit die Gesellschafter in ihrer gesamthänderischen Verbundenheit **im Grundstückshandel tätig** werden (BFH GrS 4/82, BStBl. II 1984, 751 (762); VIII R 14/99, BStBl. II 2002, 811; IV R 76/92, BFH/NV 1996, 678); das gilt entsprechend für Bruchteilsgemeinschaften (BFH GrS 1/93, BStBl. II 1995, 617; IV B 32/06, BFH/NV 2007, 2095). Hierbei sind auch solche Grundstücke in die Objekt- und Zeitberechnung einzubeziehen, die zum Sonderbetriebsvermögen des StPfl. gehören (BFH I R 28/75, BStBl. II 1977, 552; VIII R 7/02, BStBl. II 2004, 914), innerhalb der Personenmehrheit oder an eine Schwestergesellschaft veräußert werden (BFH VIII R 15/00, BFH/NV 2005, 1033; IV B 144/06, BFH/NV 2008, 1134), nicht dagegen solche, die im Wege der **Realteilung** einer vermögensverwaltenden PersGes/Bruchteilsgemeinschaft übertragen werden, und zwar weder als Anschaffungs- noch als Veräußerungsgeschäft (BFH IV R 74/95, BStBl. II 1996, 599; Vogelgesang DB 2003, 844; aber → Rn. 146, 186).

183 **aa) Keine „Infektion".** Es erfolgt **keine „Infektion"** durch die Tätigkeit der Gesellschafter (BFH VIII R 7/02, BStBl. II 2004, 914); dh auf der Ebene der Gesellschaft werden deren Verkäufe nicht mit denen der Gesellschafter zusammengerechnet (BFH IX R 114/82, BStBl. II 1987, 810; IV R 66, 67/91, BStBl. II 1994, 463; GrS 1/93, BStBl. II 1995, 617; X R 44/93, BStBl. II 1996, 676; BMF 26.3.2004, BStBl. I 2004, 434 Rn. 14).

184 **bb) Ausnahmen.** Doch können ausnahmsweise verschiedene **beteiligungsidentische** und für sich genommen vermögensverwaltende **Personenmehrheiten nur einen GewBetrieb** darstellen (BFH VIII R 100/90, BFH/NV

1993, 538; IV B 44/02, BFH/NV 2002, 1559; IV R 39/05, BFH/NV 2007, 221; IV R 80/05, BStBl. II 2009, 266; aA FG Bln-Bbg 1 K 32/92/02 B, EFG 2010, 323 rkr.); das gilt nicht für eine, für sich betrachtet, gewerblich tätige Gesellschaft (BFH IV R 72/07, BStBl. II 2009, 529; IV R 85/06, BFH/NV 2009, 795). Werden nicht mehr als drei Objekte veräußert und sprechen auch sonstige erhebliche Gründe nicht für Gewerblichkeit, dann schadet auch die *Branchennähe* der Gesellschafter nicht (BFH VIII R 19/01, BFH/NV 2002, 1571; IV R 12/07, BFH/NV 2009, 926). Das gilt auch für sog. Großobjekte (→ Rn. 165), es sei denn, sonstige Aktivitäten weisen die Geschäfte als gewerbliche aus (→ Rn. 194 ff.). Beschränkt sich die Gesellschaft auf die Vermögensverwaltung, **entsteht** die **GewSt** (nur) beim Gesellschafter (BFH III R 62/97, BFH/NV 1999, 1067; FG München 1 V 1228/01, EFG 2002, 420).

b) Ebene der Gesellschafter. Hier besteht grundsätzlich **keine Abschirmwirkung,** dh die Aktivitäten der Gesellschaft/Gemeinschaft werden den Geschäften des Gesellschafters hinzugezählt (BFH GrS 1/93, BStBl. II 1995, 617; X R 18, 19/18, BStBl. II 2020, 538; zur Obergesellschaft von mehreren KG FG Hmb 7 K 19/04, EFG 2009, 557 rkr.). Das kommt *gleichermaßen* in Betracht bei Verkäufen durch *eine* vermögensverwaltende Ges. (BFH III R 14/96, BStBl. II 1999, 401), aber auch bei Verkäufen durch *mehrere* dieser Ges. (BFH IV R 2/92, BStBl. II 1996, 369) und bei Verkäufen durch eine den Grundstückshandel betreibende Ges. (BFH GrS 1/93, BStBl. II 1995, 617; X R 22/13, BStBl. II 2016, 95). 185

Umgekehrt ist auch die *Einbringung von Grundstücken* in eine PersGes jeweils als Veräußerung durch den Gesellschafter anzusehen (BFH X R 22/13, BStBl. II 2016, 95; X R 18, 19/18, BStBl. II 2020, 538).

Im Übrigen ist die **Berücksichtigung unabhängig** davon, ob der StPfl. ohne die Ges. schon am Grundstücksmarkt tätig geworden ist (BFH X R 24/11, BStBl. II 2012, 865; Anm. Hartrott FR 2013, 126) und ob der Grundstückshandel der Ges. zum Zeitpunkt der Aktivitäten des Gesellschafters schon bestand (BFH X R 18, 19/18, BStBl. II 2020, 538).

aa) Sachzusammenhang. Erforderlich ist jedoch ein **Sachzusammenhang** zwischen beiden Bereichen (BFH IV R 27/03, BStBl. II 2005, 164; IV B 44/02, BFH/NV 2002, 1559; X B 109/02, BFH/NV 2003, 1082), der bei einer vermögensverwaltenden Gesellschaft idR anzunehmen ist. Bei einer zu einem anderen Zweck gegründeten, originär gewerblich tätigen Gesellschaft findet eine Zusammenrechnung mit den Geschäften der Gesellschaft idR mangels Sachzusammenhang nicht statt (BFH GrS 1/93, BStBl. II 1995, 617). 186

Grundstücke, die zum Zwecke der Veräußerung und Vermietung bebaut, jedoch im Wege der **Realteilung** übertragen werden, sind dann einzubeziehen, wenn der StPfl. sie alsbald, insb. In zeitlichem Zusammenhang mit anderen Grundstücksverkäufen veräußert (BFH X R 160/97, BFH/NV 2003, 890; auch → Rn. 146).

bb) Mindestbeteiligung. BMF 26.3.2004, BStBl. I 2004, 434 Rn. 14 rechnet die Grundstücksgeschäfte nur den Personengesellschaften zu, an denen der Gesellschafter mit **mind. 10 % beteiligt** ist, bzw. wenn der Verkehrswert des Gesellschaftsanteils oder Anteils am veräußerten Grundstück mehr als **250.000 EUR** beträgt. Der Große Senat des BFH hat dies bestätigt (BFH GrS 1/93, BStBl. II 1995, 617). Auch bei einer geringeren Beteiligung kann eine Zurechnung dann erfolgen, wenn der Gesellschafter über eine Generalvollmacht oder aus anderen 187

Gründen die Geschäfte der Gesellschaft maßgebend bestimmt (BFH X R 4/04, BStBl. II 2007, 885). Das trifft nicht zu bei einer **Fondsgesellschaft** für die Veräußerung von Grundstücken durch den **Zielfonds** (FG München 8 K 1418/21, EFG 2025, 487, Rev. IV R 15/24).

188 **cc) Rechtsfolgen.** Überschreiten die Verkäufe **in beiden Bereichen zusammen** also die Drei-Objekt-Marke (zB GbR 4, Gesellschafter 0), dann liegt auch auf der Ebene des Gesellschafters ein (weiterer) gewerblicher Grundstückshandel vor (BFH GrS 2/02, BStBl. II 2005, 679; X R 4/02, BFH/NV 2003, 457; IX R 80/98, BFH/NV 2006, 1247; X B 165/05, BFH/NV 2007, 42; X R 24/11, BStBl. II 2012, 865; BMF 26.3.2004, BStBl. I 2004, 434 Rn. 17; Figgener/von der Tann DStR 2012, 2579; Hartrott FR 2013, 126). Entsprechendes kann gelten, wenn ein Gesellschafter das letzte einer den Grundstückshandel betreibenden GbR verbliebene Grundstück übernimmt (BFH X B 165/11, BFH/NV 2012, 1593). Die Einkünftequalifikation bei einer **Zebra-Gesellschaft** erfolgt für den Gesellschafter durch sein WohnsitzFA (BFH GrS 2/02, BStBl. II 2005, 679). Ist der Gesellschafter an mehreren Gesellschaften beteiligt, sind ihm alle durch diese getätigten Verkäufe zuzurechnen, mit der Folge eines gewerblichen Grundstückshandels auch dann, wenn sich nur durch die Zusammenrechnung auf seiner Ebene mehr als drei Verkäufe ergeben (BMF 26.3.2004, BStBl. I 2004, 434 Rn. 18).

Im Übrigen gelten die oa Grundsätze für **Erbengemeinschaften** (BFH IV R 23/88, BStBl. II 1990, 637) und für Bruchteilsgemeinschaften (BFH IV R 111/90, BStBl. II 1992, 283; GrS 1/93, BStBl. II 1995, 617; XI R 21/91, BFH/NV 1996, 478; BMF 26.3.2004, BStBl. I 2004, 434).

13. Anteilsverkauf bei Immobilien-Personengesellschaft

189 **a) Vermögensverwaltende Gesellschaft. aa) Grundsatz.** Auch der **Verkauf von Anteilen** an (einer) vermögensverwaltenden Immobilien-Personengesellschaft(en) kann zu gewerblichem Grundstückshandel führen, weil er die Übertragung ideeller Anteile an den einzelnen gesamthänderisch gebundenen Wirtschaftsgütern des Gesellschaftsvermögens darstellt. Die Gewerblichkeit auf Ebene des Gesellschafters kann sich aus der Zusammenrechnung mit eigenen Grundstücksgeschäften, aber auch aus der Anzahl der veräußerten Anteile bzw. der durch sie verkörperten ideellen Grundstücksanteile ergeben (vgl. BFH IV R 2/92, BStBl. II 1996, 369; III R 1/01, BStBl. II 2003, 250; III R 62/97, BFH/NV 1999, 1067; X R 23/05, BStBl. II 2009, 407; IV R 81/06, BStBl. II 2010, 974; HessFG 8 K 3380/07, EFG 2011, 658 rkr.; ebenso bei Anteil über 10 % BMF 26.3.2004, BStBl. I 2004, 434 Rn. 18). Das gilt auch für **gewerblich geprägte Personengesellschaften** (BFH X R 23/05, BStBl. II 2009, 407; IV R 81/06, BStBl. II 2010, 974; IV B 46/10, BFH/NV 2011, 244; X R 39/07, BFH/NV 2012, 16).

Ein im **Gewinnfeststellungsbescheid** als Veräußerungsgewinn qualifizierter Gewinn kann bei der GewStVeranlagung gleichwohl **als laufender Gewinn** im Rahmen eines gewerblichen Grundstückshandels **umqualifiziert** werden (BFH X R 34/10, BStBl. II 2012, 647; Wendt FR 2012, 925).

190 **bb) Dauer und Höhe der Beteiligung.** Abzustellen ist mE zunächst auf die **Dauer der Beteiligung** und sodann (wenn diese 5 Jahre überschritten hat) auf die der Zugehörigkeit der Grundstücke zum Betriebsvermögen. Bei Verkauf von vier Beteiligungen in fünf Jahren entsteht also ein gewstpfl. Gewerblicher Grund-

stückshandel beim Gesellschafter (BFH III R 61/97, BStBl. II 1999, 390; III R 62/97, BFH/NV 1999, 1067; zum Verkauf von Anteilen an gewerblich geprägter GbR BFH III R 81/06, BStBl. II 2010, 974; **aA** Fratz/Löhr DStR 2005, 1044). Nach den Grundsätzen zu → Rn. 173 f. ist Grundstückshandel anzunehmen bei Verkauf von Anteilen an drei Gesellschaften innerhalb von fünf Jahren und weiteren drei Anteilen innerhalb von siebeneinhalb Jahren (HessFG 8 K 3380/07, EFG 2011, 658).

Die FVerw wendet die oa Grundsätze nur bei einer **Mindestbeteiligung von 10 %** an; liegt sie darunter, genügt ein Verkehrswert der Beteiligung bzw. des Anteils am verkörperten Grundstück von **250.000 EUR** (BMF 26.3.2004, BStBl. I 2004, 434 Rn. 14, 18). Das FG München (8 K 1418/21, EFG 2025, 487, Rev. IV R 15/24) hält diese Grenze als „volatil" nicht für bindend und stellt auf die Verhältnisse des Einzelfalls ab. Demnach können Verkäufe von **Anteilen an sog. Zielfonds** durch eine Fondsgesellschaft angesichts fehlender Einwirkungsmöglichkeiten nicht als Grundstücksverkäufe zugerechnet werden.

Die Veräußerung allerdings einer 50%igen Beteiligung bedeutet anteilige Übertragung so vieler Objekte, wie sich im Gesamthandseigentum befinden (BFH III R 1/01, BStBl. II 2003, 250; IV B 71/08, BFH/NV 2009, 930). ME gelten diese Grundsätze auch für **nach dem EZ 2001** verwirklichte Fälle; angesichts des Eigenlebens des (auch über Mitunternehmerschaften gestalteten) Gewerbebetriebs besteht mE für diesen ein **Vorrang vor § 7 S. 2 Nr. 2,** nicht umgekehrt (zweifelnd Behrens/Schmitt BB 2008, 2332).

b) Grundstückshandelsgesellschaft. Betreibt die Gesellschaft den gewerblichen Grundstückshandel, ist der GewErtrag aus der Anteilsveräußerung unabhängig von den oa Grundsätzen ein laufender und daher gewstpfl. (BFH IV R 3/05, BStBl. II 2007, 777; IV B 71/08, BFH/NV 2009, 930). Gegebenenfalls muss er auf Grundstücke im UV bzw. AV aufgeteilt werden (vgl. BFH IV R 75/05, DStRE 2008, 341; IV R 69/04, BStBl. II 2010, 973). **191**

14. Zwischengeschaltete Person/Personengesellschaft

Die **Zwischenschaltung** einer für den Handlungserfolg **funktionslosen Person** kann rechtsmissbräuchlich (§ 42 AO) sein (BFH X R 39/03, BStBl. II 2015, 817; zur **Abgrenzung** BFH X R 21–22/17, BFH/NV 2020, 177, zu NdsFG 6 K 11029/14, EFG 2018, 221; aufgeh.). Das gilt auch für die Zwischenschaltung einer nur zum Zweck des Kaufs und Weiterverkaufs dem StPfl. gehörender Wohnungen gegründeten und nur aus nahestehenden Personen gebildeten **Personengesellschaft rechtsmissbräuchlich** (§ 42 AO) sein (BFH IV R 28/92, BFH/NV 1993, 728). Das gilt insb., wenn sie an den StPfl. einen so hohen Kaufpreis zahlt, dass sie keinen (namhaften) Gewinn erwarten kann oder wenn die Mittel zum Ankauf der Wohnungen vom StPfl. selbst stammen oder erst nach Weiterverkauf der Kaufpreis aus dem Erlös zu zahlen ist (BFH III R 47/88, BStBl. II 1992, 143; X R 1/96, BStBl. II 1998, 346; einschränkend FG Münster 6 K 1584/02 G, EFG 2004, 1830 rkr., trotz Auseinandersetzung der Gesamthand noch am Tag der Veräußerung). Zum Problem Kempermann StbJB 2002/03, 419 (432); Vogelgesang BB 2004, 183. **192**

15. Kapitalgesellschaft

Ob **Verkäufe durch Kapitalgesellschaften** den Gesellschaftern zuzurechnen sind, ist **umstritten** (**abl.** BFH III R 25/02, BStBl. II 2004, 787; IV R 76/92, **193**

BFH/NV 1996, 678; X R 36/06, BStBl. II 2010, 171; X R 48/07, BFH/NV 2010, 212; FG Münster 10 K 1121/05 E, EFG 2005, 953; Tiedtke/Wälzholz DB 2002, 652; Carlé DStZ 2003, 413, KÖSDI 2003, 13653; BeSt 2005, 38; M. Söffing DStR 2004, 793; Söffing BB 2005, 2101; Moritz DStR 2005, 201; **zust.** BFH XI R 4345/89, BStBl. II 1996, 232; VIII B 50/95, BFH/NV 1996, 746; X R 27/03, BFH/NV 2007, 412; X B 192/06, BFH/NV 2008, 68; X R 25/13, BStBl. II 2015, 897; Weber-Grellet DStR 1995, 1341, FR 1998, 955; Gosch StBp 1996, 135; 1998, 276; 2003, 124; Altfelder FR 2000, 349; Valentin EFG 2003, 100).

Meines Erachtens ist die Frage wegen der mit dem Durchgriffsverbot einhergehenden Abschirmwirkung der Tätigkeit der Kapitalgesellschafter zu verneinen. Doch kann die **Zwischenschaltung** einer im Hinblick auf das Veräußerungsgeschäft funktionslosen Kapitalgesellschaft **rechtsmissbräuchlich** sein (BFH VIII B 50/95, BFH/NV 1996, 746; X R 68/95, BStBl. II 1998, 667; III B 9/98, BStBl. II 1998, 721; III R 25/02, BStBl. II 2004, 787). Das gilt insb., wenn der an den Anteilseigner zu entrichtende Kaufpreis erst aus den Erlösen aus der Weiterveräußerung zu entrichten ist (BFH III R 25/02, BStBl. II 2004, 787; III B 35/97, BFH/NV 2001, 138); nicht jedoch, wenn die GmbH nicht funktionslos, sondern wertschöpfend (zB als Bauunternehmen) tätig ist (BFH IV R 25/08, BStBl. II 2010, 622). Auch Gründung/Erwerb von mehreren TochterGes durch eine KapitalGes, deren Ausstattung mit je einem bereits bestehenden Mietgrundstück und schließlich Verkauf der TochterGes an die eigenen Gesellschafter bzw. nahe stehenden Personen soll nicht rechtsmissbräuchlich sein (FG BBbg 8 K 8162/21, EFG 2024, 56, Rev. III R 29/23).

16. Ausnahmen von der Drei-Objekt-Theorie

194 **a) Grundsatz.** Unabhängig von der mittels der Drei-Objekt-Theorie zu ermittelnden bedingten Veräußerungsabsicht kann sich die **Gewerblichkeit** des Grundstückshandels auch **aus anderen Merkmalen** ergeben. Erforderlich ist eine **unbedingte Verkaufsabsicht,** gekennzeichnet durch „das typusprägende Händlerbild, das das Gesamtspektrum des Grundstücksumschlags (Erwerb und Veräußerung) umfasst", schon bei der maßgebenden Maßnahme (Erwerb, Erschließung, Bebauung, Abschluss der Sanierung; BFH GrS 1/98, BStBl. II 2002, 291; IV R 65/04, BStBl. II 2006, 259; IV R 3/05, BStBl. II 2007, 777; X R 4/04, BStBl. II 2007, 885; IV R 44/08, BStBl. II 2011, 645; für unbebaute Parzellen schon BFH X B 148/00, BFH/NV 2002, 192). Sie erschließt sich aufgrund **objektiver Umstände** als **Indizien;** subjektive Vorstellungen, ebenso wie ggf. durch eine Gewerbeanmeldung gestützte Behauptungen des StPfl. genügen nicht (BFH X R 25/06, BStBl. II 2009, 965; X S 31/09, BFH/NV 2011, 1178; s. aber XI S 31/04, BFH/NV 2005, 1344; ebenfalls aA Sommer DStR 2010, 1405). Die **Würdigung** kann auf Umstände gestützt werden, die erst nach Baubeginn eingetreten oder zutage getreten sind (BFH IV R 77/08, BStBl. II 2009, 791).

Einer stets vorhandenen **bedingten Verkaufsabsicht** kommt **keine Bedeutung** zu (BFH GrS 1/98, BStBl. II 2002, 291; IV R 54/02, BStBl. II 2004, 868). Das Gleiche gilt für den Anlass der Veräußerung (BFH III R 1/05, BStBl. II 2007, 375). Ebenso wenig genügt allein der **Umfang der Wertsteigerungs- und Verwertungsmaßnahmen** (so noch BFH IV R 20/78, BStBl. II 1982, 700; IV R 112/92, BStBl. II 1996, 367; X R 255/93, BStBl. II 1996, 303; X R 1/

96, BStBl. II 1998, 346; VIII B 58/94, BFH/NV 1995, 974; IV R 78, 81/94, BFH/NV 1996, 535; Söffing DStZ 1996, 455). **Abzustellen ist** vielmehr **auf deren Art und Weise** sowie den Umfang der Aktivitäten (vgl. BFH IV R 44/08, BStBl. II 2011, 645; hierzu Schubert DStR 2003, 573). Zum Problem BMF 26.3.2004, BStBl. I 2004, 434 Rn. 29; Blusz NWB 2017, 172.

b) Indizien. In Betracht kommen **Aktivitäten zur Erhöhung des Grundstückswerts,** wenn bereits feststeht, dass es aus dem Vermögen des Stpfl. ausscheiden wird bzw. ausgeschieden ist (BFH GrS 1/98, BStBl. II 2002, 291; VIII R 40/01, BStBl. II 2003, 294; X B 7/03, BFH/NV 2003, 1423; IV R 44/08, BStBl. II 2011, 645), zB nach einer Veräußerung im Hinblick auf die Nutzungsvorstellungen des Käufers (BFH VIII R 40/01, BStBl. II 2003, 294; Anm. Kempermann FR 2003, 457), dessen maßgeblicher Einfluss auf die Bauplanung und Finanzierung (vgl. schon BFH IV R 133/85, BStBl. II 1986, 666; VIII R 74/84, BStBl. II 1991, 844), Erbringung von Zusatzleistungen (Vermittlung, Garantie, SchlHFG I 333/01 (V), EFG 2002, 456), Bebauung des Grundstücks nach Veräußerung (BFH GrS 1/98, BStBl. II 2002, 291; VIII R 14/99, BStBl. II 2002, 811; XI R 22/02, BFH/NV 2004, 1629) bzw. nach Vereinbarung eines unbedingten Ankaufsrechts (BFH X B 48/04, BFH/NV 2005, 698), auch ein Grundstückstausch zum Zwecke der Erhöhung des zu nutzenden Grundstücks, damit zusammenhängend eine Bauvoranfrage und schließlich Schaffung eines Grundstücks anderer Marktgängigkeit sind hinreichende Indizien (BFH IV R 34/05, BStBl. II 2008, 231). 195

Der **Verkauf vor Fertigstellung allein** ist **kein hinreichendes Indiz;** es bedarf weiterer Anhaltspunkte für den Schluss auf eine unbedingte Verkaufsabsicht (BFH X R 14/05, BFH/NV 2009, 1244; X R 41/05, BFH/NV 2010, 38; X R 36/06, BFH/NV 2010, 171; IV R 38/06, BStBl. II 2009, 278; III B 253/08, BFH/NV 2010, 643; anders X R 35/07, BFH/NV 2009, 1249), zB die vollständige Umgestaltung des Gebäudes auf Wunsch des Erwerbers (BFH IV R 10/08, BFH/NV 2011, 1666) oder sonstige grundstücksbezogene Aktivitäten (BFH X R 48/06, BFH/NV 2008, 1463). Entsprechendes gilt für den **engen zeitlichen Zusammenhang** zwischen den einzelnen Hauptaktivitäten Erwerb, Bebauung/Sanierung und Veräußerung (BFH IV R 38/06, BStBl. II 2009, 278; X R 14/05, BFH/NV 2009, 1244; IV R 8, 9/07, BFH/NV 2009, 923; IV R 12/07, BFH/NV 2009, 926; X R 48/07, BFH/NV 2010, 212; IV R 10/08, BFH/NV 2011, 1666); insb. Bei einer Veräußerung erst nach zwei Jahren (BFH IV R 72/07, BStBl. II 2009, 529); zur Problematik Kempermann DStR 2009, 1725. Daher kann (Bemühung um den) **Verkauf vor Bebauung** auf unbedingte Veräußerungsabsicht hinweisen (FG BW 13 K 3148/11, BeckRS 2015, 95719; aufgeh. durch BFH X R 6/15, BStBl. II 2017, 1130 mangels Gewinnerzielungsabsicht; → Rn. 141).

In Betracht kommt eine **Zusammenschau** der genannten Anhaltspunkte, ggf. auch mit einer kurzfristigen Finanzierung; oder einer „langfristigen Finanzierung" mit dem Recht auf Sondertilgungen in unbeschränkter Höhe ohne Vorfälligkeitsgebühren oÄ (zB BFH X R 41/06, BFH/NV 2010, 38; X R 36/06, BFH/NV 2010, 171); s. aber IV R 10/08, BFH/NV 2011, 1666 zur von vornherein beabsichtigten Ablösung des kurzfristigen Darlehens durch ein langfristiges. Diese Grundsätze gelten auch bei **Branchennähe** des StPfl. (BFH IV R 38/06, BStBl. II 2009, 278; hierzu Carlé KÖSDI 2003, 13653).

Weitere Indizien sind Maßnahmen zur Veräußerung (Zeitungsanzeigen), Einschaltung eines Maklers in der Bauphase (BFH X R 183/96, BStBl. II 2003, 238;

FG RhPf 6 K 1740/03, EFG 2005, 1191), insbesondere wenn der Veräußerer Arbeiten zur Baureifmachung und Erschließung veranlasst (FG Düsseldorf 14 K 1546/22 G, EFG 2024, 858), erst recht die Bebauung von fremdem Grund und Boden (BFH VIII R 53/97, BFH/NV 2002, 1586; XI S 21/02, BFH/NV 2003, 1555), planungsgemäße Bebauung und Veräußerung von nur 2 Objekten unmittelbar nach dem Ankauf (BFH X R 5/00, BStBl. II 2003, 286; krit. Weber-Grellet FR 2003, 301), Bebauung nach Wünschen und auf Rechnung des Erwerbers, die Erschließung nach Art eines Unternehmers (BMF 26.3.2004, BStBl. I 2004, 434 Rn. 28), Abrechnung von Leistungen nicht wie unter fremden Dritten (BMF BStBl. I 2004, 434), Bau und Veräußerung von einem Supermarkt/Einkaufszentrum (→ Rn. 165), zeitnaher Verkauf von drei Gewerbeobjekten an VerwaltungsKG bei kurzfristiger Finanzierung (FG Nürnberg 4 K 857/15, EFG 2018, 639, rkr.). Auch der Antrag auf Abgeschlossenheitsbescheinigung alsbald nach Erwerb spricht für Veräußerungsabsicht (BFH III R 47/88, BStBl. II 1992, 143). Diese Grundsätze gelten auch, wenn ein Stpfl. ein schadstoffbelastetes Grundstück erwirbt und Sanierungsmaßnahmen durchführt (BFH IV R 54/02, BStBl. II 2004, 868).

196 **Ausnahmen** bestehen für unvorhergesehene, die beabsichtigte Vermietung vereitelnde Ereignisse zwischen Beauftragung der Handwerker und Beginn der Bauarbeiten (BFH IV R 17/04, BStBl. II 2005, 606; hierzu Hornig DStR 2005, 1719). Eine gesellschaftsvertragliche Bindung der Gesellschafter, ein Grundstück im Gesellschaftsvermögen zu halten, kann ein Indiz (ggf. von mehreren) für das Fehlen von der Veräußerungsabsicht sein (vgl. BFH IV R 200/83, BFH/NV 1988, 154). Entsprechendes gilt für eine langfristige Vermietung von Wohnraum (BFH IV R 77/08, BStBl. II 2009, 791; X B 192/06, BFH/NV 2008, 68). Ebenso genügt nicht die Parzellierung und Bauvoranfrage (BFH IV R 286/66, BStBl. II 1971, 456).

197 **c) Zeitpunkt der Gewerblichkeit.** Die entsprechenden **Gegebenheiten markieren** den **Zeitpunkt,** in dem das Grundstück gewerblich geworden ist. Liegen Indizien der vorbezeichneten Art vor, ist die auf sie zu gründende Würdigung (unbedingte Veräußerungsabsicht) nicht durch eine „Indizwirkung" der geringen Zahl der Objekte korrigieren (BFH X R 1/96, BStBl. II 1998, 346); vielmehr genügen Aktivitäten auch in Bezug auf nur **1 Objekt** (BFH IV R 17/04, BStBl. II 2005, 606; IV R 65/04, BStBl. II 2006, 259; IV R 3/05, BStBl. II 2007, 777; X R 4/04, BStBl. II 2007, 885; VII R 70/98, BFH/NV 2003, 742; IV B 96/05, BFH/NV 2007, 30; krit. Weber-Grellet DB 2002, 2568; Kratzsch Inf 2004, 618; Vogelgesang BB 2004, 183; FS Korn, 2005, 187 (208); Hoffmann EFG 2006, 430; Kempermann DStR 2005, 265: „Nichtaufgriffsgrenze" 2,5 Mio. EUR).

Umso mehr gilt das für Erwerb und Veräußerung von drei unbebauten Grundstücken (BFH X R 39/03, BStBl. II 2005, 817; IV B 59/05, BFH/NV 2006, 2063) oder der Erwerb eines Grundstücks, die Errichtung eines Gebäudes mit drei ETW und deren Veräußerung im zeitlichen Zusammenhang (BFH XI S 31/04, BFH/NV 2005, 1344); Veräußerung an nur einen Erwerber genügt, wenn bereits zuvor ein Gebäude veräußert worden war (BFH XI R 35/02, BFH/NV 2005, 1267). Aber auch ohne einen Verkauf kann sich aufgrund eindeutiger Maßnahmen (Indizien) deren Gewerblichkeit ergeben (FG BW 11 K 40/04, EFG 2005, 1191 rkr.). Das betreffende Objekt wird damit notwendiges BV bis zur Betriebsaufgabe, Veräußerung oder Entnahme (BFH XI R 7/02, BStBl. II 2004, 738).

d) Unzureichende Maßnahmen. Ohne (weitere) Indizien für eine unbedingte Verkaufsabsicht genügt für sich genommen nicht, wenn durch die Maßnahmen (zB Sanierung) im eigenen Interesse ein **„Objekt anderer Marktgängigkeit"** geschaffen wird (BFH IV R 54/02, BStBl. II 2004, 868: Sanierung eines schadstoffbelasteten Grundstücks), also weder die Herbeiführung der Baureife (so noch BFH IV R 20/78, BStBl. II 1982, 700; XI R 43–45/89, BStBl. II 1996, 232; IV R 28/92, BFH/NV 1993, 728) noch die Bebauung mit *einem* Wohnhaus und dessen Aufteilung in Eigentumswohnungen (so noch BFH IV B 81/96, BFH/NV 1998, 317), noch der Erwerb eines Grundstücks sowie dessen Bebauung mit einem Mehrfamilienhaus und Veräußerung innerhalb von fünf Jahren (so noch BFH X R 1/96, BStBl. II 1998, 345, wo allerdings der Schwerpunkt auf dem Gesichtspunkt „Produktion für den Markt" lag). Entsprechendes gilt wohl für erhebliche Modernisierungsmaßnahmen mit anschließendem Verkauf (so noch BFH I R 120/80, BStBl. II 1984, 137; X B 91/01, BFH/NV 2002, 775; zum Kaufhaus FG Hmb 5 K 89/22, EFG 2023, 698: fehlende Nachhaltigkeit). Die Parzellierung/Umwandlung in Eigentumswohnungen allein ohne vorherigen Ankauf in zeitlichem Zusammenhang war schon nach der bisherigen Rechtsauffassung kein Indiz für Gewerblichkeit (vgl. BFH I R 210/71, BStBl. II 1973, 642; IV R 130, 131/86, BFH/NV 1989, 102); umso mehr gilt dies nach neuerer Auffassung (vgl. BFH X R 130/97, BStBl. II 2001, 530; XI R 47, 48/03, BStBl. II 2005, 41). Ob sie – wie bisher – schädlich sein kann im Rahmen einer planmäßigen, auf Dauer angelegten Maßnahme (so BFH I R 23/73, BStBl. II 1975, 44; VIII R 60/70, BStBl. II 1976, 152; III R 196/81, BFH/NV 1986, 279; IV R 28/95, BFH/NV 1996, 747), hängt mE vom Gewicht der übrigen Aktivitäten ab. 198

Doch können auch die vorbezeichneten Maßnahmen dann für Gewerblichkeit sprechen, wenn die übrigen äußeren Umstände gegen einen Vorrang der Fruchtziehung sprechen, also Grundstücke wie von einem Generalübernehmer oder Baubetreuer errichtet und veräußert werden.

17. Weitere Beispiele für die Annahme von Gewerblichkeit

Sie sind mE nach wie vor von Bedeutung: Bau und Verkauf von 82 Bungalows (BFH VI R 26/67, BStBl. III 1967, 677); Vermietung und Veräußerung von Kaufeigenheimen im sog. Baupatenverfahren (BFH GrS 10/70, BStBl. II 1972, 700); Übernahme der Erschließung bei der Gemeinde (BFH I R 210/71, BStBl. II 1973, 642); Einbringung in eine Erschließungsgesellschaft (BFH IV R 133/85, BStBl. II 1986, 666; hierzu Jäksche DStR 2006, 1349); Errichtung einer Wohnanlage mit 41 bzw. 42 ETW (BFH IV R 153/66, BStBl. III 1967, 337; VIII R 1/71, BStBl. II 1972, 360) bzw. von 34 ETW nach Aufgabe der Vermietungsabsicht (BFH I R 179/68, BStBl. II 1972, 279) und sogar beivier ETW (BFH I R 49/70, BStBl. II 1972, 291; I R 186/78, BStBl. II 1980, 106); Bau und Verkauf von vier Reihenhäusern und acht ETW (BFH I R 191/72, BStBl. II 1973, 260); Erschließung und Veräußerung von zwölf unbebauten und vier bebauten Grundstücken (BFH I R 90, 91/71, BStBl. II 1973, 682). 199

18. LuF-Grundstücke

Veräußert ein **Landwirt** bisher **luf genutzte Grundstücke** als Bauland, so ist **nach vorstehenden Grundsätzen** zu entscheiden, ob ein gewerblicher Grundstückshandel oder ein luf Hilfsgeschäft vorliegt (BFH IV R 133/85, BStBl. II 200

1986, 666; IV R 38/03, BStBl. II 2006, 166; VI R 9/23, BStBl. II 2025, 895; BMF 26.3.2004, BStBl. I 2004, 434 Rn. 27; EStH 15.5). **GewBetrieb** bei nachhaltiger Veräußerung (BFH IV R 156/81, BStBl. II 1984, 798), bei Beantragung eines Bebauungsplans (BFH IV R 47, 48/00, BStBl. II 2002, 289), bei aktiver Mitwirkung an der Erschließung (BFH IV R 156/81, BStBl. II 1984, 798) auch unter Einschaltung eines eigengewerblich handelnden Dritten (BFH VIII R 71/72, BStBl. II 1973, 239; IV R 35/06, BStBl. II 2008, 359) und sonstigen über die Parzellierung und Veräußerung hinaus gehenden auf Schaffung eines Objekts **anderer Marktgängigkeit** gerichteten (zusätzlichen) Aktivitäten (BFH IV R 38/03, BStBl. II 2006, 166; IV R 34/05, BStBl. II 2008, 231: optimierender Hinzukauf/-tausch und Bauantrag; s. auch BFH IV B 147/10, BFH/NV 2012, 432: mit Kosten verbundene Bauvoranfrage im eigenen Interesse). Folge ist der Ausschluss der Reinvestitionsvergünstigung der §§ 6b und 6c EStG (Kanzler DStZ 2013, 822).

200a Erfolgen solche weiteren Aktivitäten nicht (zu den unschädlichen Aktivitäten s. BFH VIII R 306/84, BFH/NV 1988, 301; IV R 133/85, BStBl. II 1986, 666), ist noch ein **luf Hilfsgeschäft** anzunehmen (BFH IV R 22/07, BFH/NV 2011, 31). Das gilt insb., wenn die werterhöhenden Maßnahmen nicht auf die Initiative des StPfl., sondern auf durchführende Bauunternehmer oder die Erwerber auf deren eigenes Risiko zurückgehen (BFH VIII R 306/84, BFH/NV 1988, 301; IV R 35/06, BStBl. II 2008, 359). Auch die Übernahme der Erschließungskosten aufgrund Vertrages mit dem von der Gemeinde beauftragten Erschließungsträger führt nicht zur Gewerblichkeit (BFH VI R 9/23, BStBl. II 2025, 895, zu FG Münster 8 K 666/21 E, G, best.; VI R 8/23, BFH/NV 2025, 1449, zu FG Münster 8 K 823/21 E, EFG 2023, 1136, best.), selbst wenn Ausgleichsflächen für den Naturschutz und die Abwasserentsorgung zur Verfügung gestellt werden (BFH IV R 38/03, BStBl. II 2006, 166). Ebenso ist die zunächst erfolgte Überführung in das PV mit nach vier Jahren erfolgter Veräußerung nicht ohne Weiteres eine Einlage in das BV eines Grundstückshandels (BFH X R 26/17, BFH/NV 2018, 1255). Verkauf nach jahrzehntelanger parzellenweise Verpachtung von luf Betriebsgrundstücken ist noch LuF (FG Nbg 3 K 847/20, EFG 2024, 1211, rkr.).

19. Einzelfragen zum gewerblichen Grundstückshandel

201 **a) Einlagezeitpunkt/Beginn der Gewerbesteuerpflicht/Beurteilungszeitraum.** In ein **Betriebsvermögen** eingelegt (als Umlaufvermögen vgl. BFH III R 27/98, BStBl. II 2002, 537, zugleich zur Umqualifizierung als Anlagevermögen im Falle einer Betriebsaufspaltung; BFH X R 28/00, BStBl. II 2003, 133, zugleich zur möglichen Buchwertfortführung; zur Zuordnung BFH VII B 357/06, BFH/NV 2008, 113) werden die zur Veräußerung bestimmten Objekte dann, wenn der Steuerpflichtige mit Tätigkeiten beginnt, die objektiv erkennbar auf die Grundstücksgeschäfte gerichtet sind (BFH I R 29/79, BStBl. II 1983, 451; X R 26/17, BFH/NV 2018, 1255; vgl. zur LuF BFH IV R 34/05, BStBl. II 2008, 231). Den GewBetrieb, dh die werbende Tätigkeit, nimmt der Grundstückshändler **frühestens mit der Anschaffung der ersten Immobilie** auf (BFH IV R 13/20, BFH/NV 2022, 1393), zB durch Kauf von unbebauten Grundstücken. In Betracht kommen auch die Errichtung von Wohnungen usw in zumindest bedingter Veräußerungsabsicht (BFH III R 275/83, BStBl. II 1988, 293; IV R 66-67/91, BStBl. II 1994, 463; III R 27/98, BStBl. II 2002, 537; zum Erwerb durch Erbfall BFH V R 47/07, BFH/NV 2010, 400) und Erwerbshandlungen, die auf eine unbedingte Veräußerungsabsicht hinweisen (→ Rn. 194 ff.; BFH X R 60/93, BFH/NV 1996, 202; X R 48/07, BFH/NV 2010, 212). Das gilt auch für ein Grundstück, das der StPfl. nach der Schaffung anderer Marktgängigkeit (dieses in zumindest bedingter Veräußerungsabsicht zusammen mit anderen Grundstücken) verschenkt (BFH X R 7/15, BFH/NV 2018, 325).

Nicht genügen auch eindeutig auf den erstmaligen Grundstückserwerb zielende **Vorbereitungshandlungen** (→ Rn. 566), wie Beauftragung eines Maklers, Grundstückbesichtigung, Vertragsverhandlungen und Beauftragung eines Notars (BFH IV R 13/20, BStBl. II 2024, 121, zu FG LSA 1 K 462/15, EFG 2021, 290, aufgeh.).

Die **Beurteilung** stellt notwendig auf einen **Mehrjahreszeitraum** ab (BFH X R 12/02, BStBl. II 2004, 722). Der Verkauf eines vierten Objekts stellt **kein rückwirkendes Ereignis** iSv § 175 Abs. 1 S. 1 Nr. 2 AO dar, weil hierdurch der bisherige Sachverhalt nicht rückwirkend gestaltet, sondern nur abweichend gewürdigt wird (BFH VIII R 17/97, BStBl. II 2000, 306). Meines Erachtens ist aber § 173 Abs. 1 Nr. 1 AO wegen **nachträglichen Bekanntwerdens** einer neuen (Hilfs-)Tatsache zu prüfen, denn sie sind Indizien für die innere Tatsache „bedingte Verkaufsabsicht" (ebenso BFH IV R 58/01, BFH/NV 2003, 588; BMF 26.3.2004, BStBl. I 2004, 434 Rn. 33; Apitz StBp 2000, 146; Vogelgesang DB 2004, 183; **aA** Söffing DStR 2000, 916). Das vierte Objekt ist auf jeden Fall zu erfassen (BFH III R 1/05, BStBl. II 2007, 375). 201a

b) Umfang des Betriebsvermögens. Er bestimmt sich **bei weiteren Objekten** nach dem sachlichen und zeitlichen Zusammenhang mit den den Gewerbebetrieb begründenden Geschäften (BFH XI R 7/02, BStBl. II 2003, 297; XI R 7/02, BStBl. II 2004, 738; III R 37/02, BStBl. II 2004, 950; X B 30/03, BFH/NV 2004, 194; vgl. Paus FR 2004, 1268; Kratzsch Inf 2005, 898). Aber auch nicht im zeitlichen Zusammenhang hiermit (bei Überschreiten der Fünf-Jahres-Frist) veräußerte Objekte gehören zum Betriebsvermögen, wenn sie von vornherein zur Veräußerung bestimmt waren (BFH IX R 33/03, BStBl. II 2004, 750; X B 140/04, BFH/NV 2005, 1794; X R 22/13, BStBl. II 2016, 95; FG Hmb 2 K 4/13, rkr., vgl. BFH III B 62/15, BFH/NV 2016, 1293). Steht die Absicht nicht fest, sind die Objekte einzubeziehen, bei denen der zeitliche Zusammenhang zwischen Anschaffung/Errichtung und Veräußerung die Veräußerungsabsicht indiziert und die Veräußerungen von einem einheitlichen Betätigungswillen (indiziert durch den zeitlichen Zusammenhang zwischen den Veräußerungen) umfasst werden (BFH X R 74/99, BStBl. II 2003, 245; III R 10/01, BStBl. II 2003, 510; X R 14/05, BFH/NV 2009, 1244; X R 48/07, BFH/NV 2010, 212). Auch insofern ist der **Fünf-Jahres-Zeitraum** keine starre Grenze, sondern kann je nach Gewicht der die Gewerblichkeit indizierenden Umstände verlängert werden (→ Rn. 173 ff.). Nicht zum Betriebsvermögen gehören die nachweisbar zur Privatnutzung/Vermögensanlage erworbenen Objekte (BFH III R 20/01, BStBl. II 2003, 297; XI B 221/02, BFH/NV 2004, 486; BMF 26.3.2004, BStBl. I 2004, 434 Rn. 32). Übt aber eine Gesellschaft mit dem Grundstückshandel eine gewerbliche Tätigkeit aus, werden auch lediglich vermietete Grundstücke notwendiges Betriebsvermögen (BFH XI R 7/02, BStBl. II 2004, 738; IX R 77/99, BFH/NV 2003, 911; VIII R 15/00, BFH/NV 2005, 1033), und zwar als Anlagevermögen (BFH IV R 2/92, BStBl. II 1996, 369). Ein durch eine Betriebsaufspaltung verstricktes Objekt ist auch nach deren Beendigung durch seinen Verkauf nicht in einen gewerblichen Grundstückshandel einzubeziehen (BFH III R 64/05, BFH/NV 2007, 1659). 202

Gehört das Grundstück zum AV eines anderen Betriebes (Gewerbe, LuF), dann gehört es erst dann zum UV eines gewerblichen Grundstückshandels, wenn der Stpfl. es durch entsprechende (zusätzliche) Aktivitäten zum Zwecke der Veräußerung (unbedingte Veräußerungsabsicht) zu einem Objekt anderer Marktgängigkeit gemacht hat (BFH IV R 38/03, BStBl. II 2006, 166; IV R 3/05, BStBl. II 2007, 777; hierzu Kempermann DStR 2006, 265).

203 **c) Gewinnverwirklichung.** Sie liegt bei der Veräußerung schlüsselfertiger Wohnungen regelmäßig erst im Zeitpunkt des Übergangs der bezugsfertigen Wohnungen vor (BFH IV R 13/76, BStBl. II 1980, 318). Die **Gewinnermittlungsart** dürfte in den typischen Problemfällen die Einnahmen-Überschussrechnung nach § 4 Abs. 3 EStG sein, da der Händler idR kein Vollkaufmann nach § 1 HGB ist (hierzu Kohlhaas DStR 2000, 1249; Carlé KÖSDI 2003, 13653; Vogelgesang BB 2004, 183; Drüen/Krumm FR 2004, 685; **aA** BFH VIII R 15/00, BFH/NV 2005, 1033; Apitz StBp 2001, 344); iÜ – bei Erfordernis eines in kaufmännischer Weise eingerichteten Gewerbebetriebs – Bestandsvergleich nach § 4 Abs. 1, § 5 Abs. 1 EStG (BMF 26.3.2004, BStBl. I 2004, 434 Rn. 33). Zur Wahl der Gewinnermittlungsart vgl. BFH X R 28/06, BFH/NV 2009, 1979 und BMF 26.3.2004, BStBl. I 2004, 434 Rn. 33).

204 **d) Ende der Gewerbesteuerpflicht/Betriebsaufgabe.** Das **Ende der GewStPfl.** Tritt bei ausschließlichem Grundstückshandel von natürlichen Personen und Personengesellschaften wohl zusammen mit der einkommensteuerrechtlichen Betriebsaufgabe durch Beendigung des Grundstückshandels ein (BFH VIII R 15/00, BFH/NV 2005, 1033), die durch den letzten Verkauf gekennzeichnet ist. Dieser gehört jedoch idR noch zum laufenden Geschäftsverkehr (BMF 26.3.2004, BStBl. I 2004, 434 Rn. 35). Da der Betrieb auf die Veräußerung von Grundstücken (Umlaufvermögen) gerichtet ist, kann nach der Rspr. der Gewinn aus dem Verkauf der letzten Grundstücke nicht zu einem einkommensteuerbegünstigten und gewerbesteuerfreien Betriebsaufgabegewinn führen (BFH I R 49/70, BStBl. II 1972, 291; IV R 30/92, BStBl. II 1994, 105; IV R 112/92, BStBl. II 1997, 367; IV R 72/84, BFH/NV 1988, 28; X R 22/13, BStBl. II 2016, 95; dazu auch → § 7 Rn. 28). Das gilt auch dann, wenn der gesamte Grundstücksbestand an ein oder zwei (auch gewerbliche) Erwerber veräußert wird (BFH V R 76, 77/92, BStBl. II 1995, 388; XI B 19/01, BFH/NV 2002, 783) und auch bei Aufgabe der Bebauungsabsicht im Zusammenhang mit der Betriebsaufgabe (BFH VIII R 65/02, BStBl. II 2006, 160); anders – begünstigt – bei Übernahme ins Privatvermögen (BFH IV R 2/85, BFH/NV 1989, 590) sowie bei Ausbleiben geplanter Aktivitäten zwischen Erwerb und Verkauf des einzigen Grundstücks (BFH VIII R 19/85, BFH/NV 1990, 625).

Der **Verkauf eines Anteils** an einer Immobilien-Personengesellschaft durch eine natürliche Person führt zu einem stpfl. GewErtrag jedenfalls dann, wenn das BV (fast) ausschließlich aus zum Umlaufvermögen zählenden Grundstücken besteht (BFH IV R 3/05, BStBl. II 2007, 777 mwN; IV R 35/05, BFH/NV 2007, 692; FG Münster 13 K 3102/05 G, EFG 2008, 59; aA Fratz/Löhr DStR 2005, 1044). Zur Notwendigkeit der Aufteilung des Veräußerungsentgelts auf die WG der Gesellschaft BFH IV R 3/05, BFH/NV 2007, 601; IV R 69/04, BStBl. II 2010, 973.

Keine Betriebsaufgabe, sondern lediglich **Betriebsunterbrechung** liegt vor, wenn das Grundstückshandelsunternehmen nur noch Grundstücksvermietung betreibt (BFH IV R 39/94, BStBl. II 1996, 276; XI R 7/02, BStBl. II 2004, 738;

IX R 77/99, BFH/NV 2003, 911). Sie ist ohne Aufgabeerklärung estrechtlich unschädlich für den Fortbestand des gewerblichen Grundstückshandels. GewStPfl. Besteht jedoch nicht mehr (→ Rn. 577). Nach der Weiterführung werden die zum Anlagevermögen gehörenden Grundstücke Umlaufvermögen (BFH III B 47/99, BFH/NV 2000, 1451).

e) Rücklagen nach § 6b EStG/AfA. Da für Veräußerungszwecke in ein Grundstücksverwertungsunternehmen eingelegte Grundstücke zum Umlaufvermögen gehören, kommt eine Rücklage nach § 6b EStG/AfA nach § 7 Abs. 4 EStG nicht in Betracht. Anderes gilt, wenn das Grundstück dauerhaft vermietet wird (BFH VIII R 149/78, BStBl. II 1981, 522; X B 138/16, BFH/NV 2017, 579). Zudem bestehen Zweifel für die Fälle, in denen zB ein Wohnungsbauunternehmen oder ein Landwirt vorhandenes betriebliches Anlagevermögen parzelliert und bei seiner Veräußerung eine Rücklage bilden will. Maßgebend ist, ob nach den Kriterien insb. Zu → Rn. 195 ff., 200 vor der Veräußerung eine **Umqualifizierung von AV in UV** stattgefunden hat, zB durch zusätzlich werterhöhende Maßnahmen zur Schaffung eines Grundstücks anderer Marktgängigkeit (vgl. BFH IV R 47, 48/00, BStBl. II 2002, 289; IV R 22/07, BFH/NV 2011, 31). Bei Umqualifizierung von Umlauf- in Anlagevermögen des Besitzunternehmens im Rahmen einer Betriebsaufspaltung sind Afa (und Rücklagen) zu gewähren (BFH III R 27/98, BStBl. II 2002, 537). **205**

(frei) **206–209**

V. Abgrenzung land- und forstwirtschaftliche/gewerbliche Einkünfte

1. Allgemeines

Die Einkünfte aus Land- und Forstwirtschaft sind geregelt in **§ 13 EStG.** **210**

§ 13 EStG Einkünfte auf Land- und Forstwirtschaft

(1) Einkünfte aus Land- und Forstwirtschaft sind

1. Einkünfte aus dem Betrieb von Landwirtschaft, Forstwirtschaft, Weinbau, Gartenbau und aus allen Betrieben, die Pflanzen und Pflanzenteile mit Hilfe der Naturkräfte gewinnen. [2]Zu diesen Einkünften gehören auch die Einkünfte aus der Tierzucht und Tierhaltung, wenn im Wirtschaftsjahr

für die ersten 20 Hektar	**nicht mehr als 10 Vieheinheiten,**
für die nächsten 10 Hektar	**nicht mehr als 7 Vieheinheiten,**
für die nächsten 20 Hektar	**nicht mehr als 6 Vieheinheiten,**
für die nächsten 50 Hektar	**nicht mehr als 3 Vieheinheiten,**
und für die weitere Fläche	**nicht mehr als 1,5 Vieheinheiten**

je Hektar der vom Inhaber des Betriebs regelmäßig landwirtschaftlich genutzten Fläche erzeugt oder gehalten werden. [3]Die Tierbestände sind nach dem Futterbedarf in Vieheinheiten umzurechnen. [4]§ 241 Absatz 2 bis 5 des Bewertungsgesetzes ist anzuwenden. [5]Die Einkünfte aus Tierzucht und Tierhaltung einer Gesellschaft, bei der die Gesellschafter als Unternehmer (Mitunternehmer) anzusehen sind, gehören zu den Einkünften im Sinne des Satzes 1, wenn die Voraussetzungen des § 13b erfüllt sind und andere Einkünfte der Gesellschafter aus dieser Gesellschaft zu den Einkünften aus Land- und Forstwirtschaft gehören;

2. Einkünfte aus sonstiger land- und forstwirtschaftlicher Nutzung (§ 242 Bewertungsgesetz);
3. Einkünfte aus Jagd, wenn diese mit dem Betrieb einer Landwirtschaft oder einer Forstwirtschaft im Zusammenhang steht;
4. Einkünfte von Hauberg-, Wald-, Forst- und Laubgenossenschaften und ähnlichen Realgemeinden im Sinne des § 3 Absatz 2 des Körperschaftsteuergesetzes.

(2) Zu den Einkünften im Sinne des Absatzes 1 gehören auch
1. Einkünfte aus einem land- und forstwirtschaftlichen Nebenbetrieb. [2]Als Nebenbetrieb gilt ein Betrieb, der dem land- und forstwirtschaftlichen Hauptbetrieb zu dienen bestimmt ist;
2. der Nutzungswert der Wohnung des Steuerpflichtigen, wenn die Wohnung die bei Betrieben gleicher Art übliche Größe nicht überschreitet und das Gebäude oder der Gebäudeteil nach den jeweiligen landesrechtlichen Vorschriften ein Baudenkmal ist;
3. die Produktionsaufgaberente nach dem Gesetz zur Förderung der Einstellung der landwirtschaftlichen Erwerbstätigkeit.

(3) [1]Die Einkünfte aus Land- und Forstwirtschaft werden bei der Ermittlung des Gesamtbetrags der Einkünfte nur berücksichtigt, soweit sie den Betrag von 900 Euro übersteigen. [2]Satz 1 ist nur anzuwenden, wenn die Summe der Einkünfte 30 700 Euro nicht übersteigt. [3]Im Fall der Zusammenveranlagung von Ehegatten verdoppeln sich die Beträge der Sätze 1 und 2.

(4) [1]Absatz 2 Nummer 2 findet nur Anwendung, sofern im Veranlagungszeitraum 1986 bei einem Steuerpflichtigen für die von ihm zu eigenen Wohnzwecken oder zu Wohnzwecken des Altenteilers genutzte Wohnung die Voraussetzungen für die Anwendung des § 13 Absatz 2 Nummer 2 des Einkommensteuergesetzes in der Fassung der Bekanntmachung vom 16. April 1997 (BGBl. I S. 821) vorlagen. [2]Der Steuerpflichtige kann für einen Veranlagungszeitraum nach dem Veranlagungszeitraum 1998 unwiderruflich beantragen, dass Absatz 2 Nummer 2 ab diesem Veranlagungszeitraum nicht mehr angewendet wird. [3]§ 52 Absatz 21 Satz 4 und 6 des Einkommensteuergesetzes in der Fassung der Bekanntmachung vom 16. April 1997 (BGBl. I S. 821) ist entsprechend anzuwenden. [4]Im Fall des Satzes 2 gelten die Wohnung des Steuerpflichtigen und die Altenteilerwohnung sowie der dazugehörende Grund und Boden zu dem Zeitpunkt als entnommen, bis zu dem Absatz 2 Nummer 2 letztmals angewendet wird. [5]Der Entnahmegewinn bleibt außer Ansatz. [6]Werden
1. die Wohnung und der dazugehörende Grund und Boden entnommen oder veräußert, bevor sie nach Satz 4 als entnommen gelten, oder
2. eine vor dem 1. Januar 1987 einem Dritten entgeltlich zur Nutzung überlassene Wohnung und der dazugehörende Grund und Boden für eigene Wohnzwecke oder für Wohnzwecke eines Altenteilers entnommen,

bleibt der Entnahme- oder Veräußerungsgewinn ebenfalls außer Ansatz; Nummer 2 ist nur anzuwenden, soweit nicht Wohnungen vorhanden sind, die Wohnzwecken des Eigentümers des Betriebs oder Wohnzwecken eines Altenteilers dienen und die unter Satz 4 oder unter Nummer 1 fallen.

(5) Wird Grund und Boden dadurch entnommen, dass auf diesem Grund und Boden die Wohnung des Steuerpflichtigen oder eine Altenteilerwohnung

errichtet wird, bleibt der Entnahmegewinn außer Ansatz; der Steuerpflichtige kann die Regelung nur für eine zu eigenen Wohnzwecken genutzte Wohnung und für eine Altenteilerwohnung in Anspruch nehmen.

(6) [1]Werden einzelne Wirtschaftsgüter eines land- und forstwirtschaftlichen Betriebs auf einen der gemeinschaftlichen Tierhaltung dienenden Betrieb im Sinne des § 13b einer Genossenschaft oder eines Vereins gegen Gewährung von Mitgliedsrechten übertragen, so ist die auf den dabei entstehenden Gewinn entfallende Einkommensteuer auf Antrag in jährlichen Teilbeträgen zu entrichten. [2]Der einzelne Teilbetrag muss mindestens ein Fünftel dieser Steuer betragen.

(7) § 15 Absatz 1 Satz 1 Nummer 2, Absatz 1a, Absatz 2 Satz 2 und 3, §§ 15a und 15b sind entsprechend anzuwenden.

Grundsatz. Die Erzielung von land- und forstwirtschaftlichen Einkünften bedeutet **originäre Fruchtziehung mit Hilfe der Naturkräfte** sowie Beteiligung am allgemeinen wirtschaftlichen Verkehr (BFH IV R 86/99, BStBl. II 2002, 80; IV R 45/02, BStBl. II 2004, 512; IV R 62/99, BFH/NV 2001, 1248), jedoch unter der Voraussetzung, dass der Bewirtschaftende Eigentümer der Früchte wird (BFH IV R 96/87, BStBl. II 1989, 504). **Landwirtschaft ist die planmäßige Nutzung** der natürlichen Kräfte des Bodens zur Erzeugung und Verwertung von lebenden Pflanzen und Tieren; das bloße Abmähen von Grünflächen und die Verwendung des Schnittguts für im Privatbereich gehaltene Tiere ist keine „Verwertung" in diesem Sinne durch unternehmerische Marktteilnahme (BFH VI B 2/23, BFH/NV 2024, 13, Hinweis auf BFH VI R 8/17, BFH/NV 2019, 1332).

In **Abgrenzung** hierzu (→ Rn. 222, 229) besteht insoweit ein **Gewerbebetrieb,** als die luf Betätigung nur die untergeordnete Bedeutung einer Hilfstätigkeit hat und die gewerbliche Betätigung dem Betrieb das Gepräge gibt (BFH II R 55/11, BStBl. II 2013, 518, Biogasproduktion), oder wenn der Land-/Forstwirt eine an sich luf Betätigung ohne Beziehung zum eigenen Betrieb ausübt (BFH IV R 10/05, BStBl. II 2007, 516, Dienstleistungen; IV R 24/05, BStBl. II 2008, 356, Ausbringung von Klärschlamm). Das ist nicht nur der Fall, wenn nachhaltig fremde Erzeugnisse über den betriebsnotwendigen Umfang hinaus zugekauft werden, sondern auch, wenn die Fruchtziehung (Urproduktion) aufgrund eines mit einem anderen Landwirt geschlossenen Dienstvertrages erfolgt (BFH IV R 91/99, BStBl. II 2002, 221; zur Abgrenzung vgl. auch EStR 15.5); nicht jedoch, wenn (lediglich) die Erntearbeiten überlassen werden und auch keine Hofstelle vorhanden ist (BFH IV R 52/02, BFH/NV 2005, 674).

Liegen **teils gewerbliche, teils luf** Tätigkeiten vor, sind die **Tätigkeiten zu** **210a**
trennen, sofern nach der Verkehrsauffassung möglich wie im Fall der Erbringung von Dienstleistungen (BFH IV R 10/05, BStBl. II 2007, 516), der Ausbringung von Klärschlamm (BFH IV R 24/05, BStBl. II 2008, 356) oder bei nachhaltigem Verkauf fremder Erzeugnisse über die Umsatzgrenzen von EStR 15.5 Abs. 11 hinaus (BFH IV R 21/06, BStBl. II 2010, 113, Hofladen).

Keine Trennung erfolgt, wenn die Tätigkeiten, sich unlösbar gegenseitig bedingend, miteinander verflochten sind. Ist Letzteres der Fall, ist die einheitliche Tätigkeit danach zu qualifizieren, welches der Elemente überwiegt (vgl. BFH II R 55/11, BStBl. II 2013, 518, Gewerblichkeit von Biogasproduktion; EStR 15.5 Abs. 1).

Zur Infektionsgefahr durch Eintreten einer mitunternehmerischen Betriebsaufspaltung Gurn Inf 2005, 670.

210b **Luf Unternehmer** ist derjenige, der LuF betreibt, also auf dessen Rechnung und Gefahr der Betrieb geführt wird (BFH IV R 16/07, BStBl. II 2009, 989; VI R 45/16, BStBl. II 2019, 60). Das gilt auch für einen Betrieb auf gepachteten Flächen (vgl. BFH VI R 6/22, BStBl. II 2024, 734). Soweit der Betrieb auf Bodenbewirtschaftung (→ Rn. 211) gerichtet ist, ist es derjenige, dem die Nutzung durch Verwertung der Früchte zusteht (BFH IV R 186/79, BStBl. II 1983, 73; IV R 96/87, BStBl. II 1989, 504). Auch eine **Mitunternehmerschaft** kann Inhaberin eines luf Betriebes sein (BFH VI R 45/16, BStBl. II 2019, 60; VI R 39/18, BStBl. II 2021, 532). Zur gemeinschaftlichen Tierhaltung → Rn. 217.

2. Bodenbewirtschaftung

211 Beträgt der Nettoumsatzanteil aus dem dauernden und **nachhaltigen Zukauf** fremder Erzeugnisse einschließlich Nebenkosten **bis zu 1/3** des betrieblichen Gesamtumsatzes oder 51.500 EUR (ohne USt), so nimmt die FVerw (EStR 15.5 Abs. 11) und wohl auch die Rspr. (BFH IV R 21/06, BStBl. II 2010, 113, abw. von VIII R 254/71, BStBl. II 1975, 118) noch einen land- und forstwirtschaftlichen Betrieb an. Der Einkaufswert-Umsatz-Vergleich versagt jedoch, weil er an unterschiedliche Bewertungsgrößen anknüpft (so neuerdings auch EStR 15.5 Abs. 11).

3. Tierzucht und Tierhaltung

212 Sie führen trotz des offenen Wortlauts des § 13 Abs. 1 Nr. 1 S. 2 EStG nur dann zu LuF, wenn der Tierbestand nach der Verkehrsauffassung **typisch für** *(traditionelle)* **LuF** ist: Schwein, Rindvieh, Schaf, Ziege, Pferd, Geflügel, Damwild (EStR 13.2). Zucht und Haltung von anderen Tieren ist gewerblich (BFH IV R 4/04, BStBl. II 2005, 347).

a) Einzelfälle.

213
- **Brieftauben,** Zucht und Haltung gehören nicht zur typischen Landwirtschaft, daher gewerblich (BFH VII R 45/92, BStBl. II 1993, 200).
- **Fischzucht** in Stahlbehältern ist keine Teichwirtschaft (NdsFG V 210/91, EFG 1995, 232).
- **Hähnchenmast,** zum Überschreiten der zulässigen Vieheinheiten s. BFH I R 113/74, BStBl. II 1976, 423.
- **Haustierzucht,** insb. **Hundezucht und -haltung** ist keine typische landwirtschaftliche Tätigkeit und daher gewerblich (BFH VIII R 22/797, BStBl. II 1981, 210).
- **Kleintierzucht** ist ungeachtet einer vorhandenen Futtergrundlage gewerblich (BFH IV R 4/04, BStBl. II 2005, 347).
- **Kükenbrüterei** ist unabhängig von vorhandenen landwirtschaftlichen Nutzflächen gewerblich, wenn die Küken überwiegend verkauft werden (BFH IV R 88/88, BStBl. II 1990, 152); zur Putenbrüterei BFH IV B 64/07, BFH/NV 2008, 1474. Abgrenzend bei Erzeugung von Bruteiern im eigenen Betrieb und Verkauf von Küken BFH II R 38/96, BFH/NV 1998, 1338.
- **Pelztiere** gehören nur dann zur landwirtschaftlichen Tierhaltung, wenn das erforderliche Futter überwiegend von den vom Betriebsinhaber landwirtschaftlich genutzten Flächen gewonnen wird (§ 51 Abs. 5 S. 2 BewG). Das ist bei der Nerzzucht nicht der Fall (BFH IV R 47/01, BStBl. II 2003, 507; Abgrenzung zu BFH VIII R 272/83, BStBl. II 1988, 264).

- **Pferdezucht und -haltung** gehört bei ausreichender Futtergrundlage (→ Rn. 214 ff.) zur Land- und Forstwirtschaft. Das gilt auch für den Ankauf, die Ausbildung von Pferden zu Renn- und Turnierpferden, die nicht nur kurzfristig im Betrieb verbleiben und nach der Ausbildung an Dritte veräußert werden (BFH I R 71/03, BStBl. II 2004, 742; IV R 34/06, BStBl. II 2009, 453; hierzu EStH 13.2 „Pferdehaltung"). Fehlt die ausreichende Futtergrundlage, liegt gewerbliche Tierhaltung iSv § 15 Abs. 4 EStG vor (BFH VI R 26/19, BFH/NV 2022, 417).
- **Vogelzucht** (Singvögel, Brieftauben) ist gewerblich (BFH VIII R 22/79, BStBl. II 1981, 210; VII R 45/92, BStBl. II 1993, 200; X R 10/88, BFH/NV 1992, 108).

b) Ausreichende Nutzflächen. Die Qualifikation als LuF setzt voraus, dass die **Tierbestände** nach § 13 Abs. 1 EStG nicht überschritten werden und deshalb iS dieser Vorschriften ausreichende landwirtschaftliche Nutzflächen als **Futtergrundlage** zur Verfügung stehen (vgl. hierzu BFH IV R 88/88, BStBl. II 1990, 152; IV R 134/89, BStBl. II 1992, 378). Dies gilt auch für die Aufbauphase, wenn vorhandene wesentliche Grundlagen bei Verfolgung des Aufbauplans einen selbstständigen lebensfähigen Organismus erwarten lassen (BFH IV R 14/89, BStBl. II 1992, 134; IV R 110/91, BStBl. II 1993, 752). Eine ohne ausreichende Fläche betriebene Tierzucht oder Tierhaltung ist jedoch gewerblich iSv § 15 Abs. 4 EStG (BFH IV R 96/94, BStBl. II 1996, 85). Einen landwirtschaftlichen Betrieb führt auch der Erwerber von totem und lebendem Inventar eines Gestüts, wenn eine beabsichtigte Zusammenarbeit mit dem formal Nutzungsberechtigten der landwirtschaftlich genutzten Flächen scheitert, der Erwerber aber Pachtzahlungen für diese Flächen leistet, die auch tatsächlich die Futtergrundlage für die erworbenen Tiere bildet (BFH IV R 55/01, BStBl. II 2003, 13). **214**

Die Tierbestände werden nach dem Futterbedarf in **Vieheinheiten** umgerechnet (vgl. BFH V R 110, 112/84, BStBl. II 1989, 1036; IV R 134/89, BStBl. II 1992, 378). Die dazu ins Verhältnis zu setzende Fläche ist die regelmäßig landwirtschaftlich genutzte Fläche (§ 13 Abs. 1 Nr. 1 EStG) mit zugepachteten Flächen. Ein angefangener Hektar rechnet nicht voll (BFH V R 110, 112/84, BStBl. II 1989, 1036). Die FinV ist aus Gründen der Gesetzesbindung nicht befugt, hiervon abweichende Umrechnungsschlüsel (EStR 13.2 Abs. 1 S. 5 Nr. 2) vorzugeben (BFH VI R 49/16, BStBl. II 2020, 86). Der Umrechnungsschlüssel verstößt im Übrigen nicht gegen Verfassungsrecht (BFH II R 35/90, BStBl. II 1994, 152). Nicht dazu zählen forstwirtschaftliche und Sonderkulturflächen etc (vgl. Einzelheiten EStR 13.2 Abs. 3). Nicht erforderlich ist die tatsächliche Ernährung der Tiere mit Futter aus dem Betrieb (BFH X R 33/82, BStBl. II 1988, 922; V R 110, 112/84, BStBl. II 1989, 1036, auch zur Umrechnung bei Zucht- und Masthaltung); anders jedoch, wenn Tierhaltung und sonstiger Betrieb keine Berührungspunkte haben (SchlHFG II 150/83, EFG 1987, 117; NdsFG I 183/88, EFG 1994, 83: Entfernung 80 km). Insgesamt soll die Beurteilung aus der Sicht der Bodenproduktion (Nutzen für diese durch die Tierhaltung (?)) erfolgen (FG Münster 1 K 2332/12 F, EFG 2015, 907 rkr.); mE angesichts des Gesetzeswortlauts fraglich. **215**

Der über den gesetzlichen Höchstsatz hinausgehende Bestand ist **gewerbliche Tierzucht und Tierhaltung.** Damit wird zwar nicht der gesamte Tätigkeitsbereich zum Gewerbebetrieb; betroffen und gewerblich ist aber der Zweig, bei dem die Überbestände vorliegen, zB Masthühner. Als besondere Zweige gelten bei **216** jeder Tierart jeweils Zugvieh, Zuchtvieh, Mastvieh und das übrige Nutzvieh (EStH 13.2). Davon unabhängig kann die Tierhaltung uU gewerblichen Charakter annehmen (BFH VIII R 91/83, BStBl. II 1989, 416), zB wenn zusätzlich wesentliche weitere Leistungen gegenüber Dritten angeboten werden (BFH IV R 191/74, BStBl. II 1979, 246, Reitunterricht) – was jedoch bei Verkauf (Verwertung) der Produkte noch nicht der Fall ist (BFH IV R 156/76, BStBl. II 1981, 672) – oder wenn die Tierhaltung nur der Vorbereitung einer anderweitigen gewerblichen Tätigkeit dient (BFH IV R 82/89, BStBl. II 1991, 333; Teilnahme an Pferderennen); ebenso bei kurzfristigem Verbleiben der Tiere im Betrieb (= Handel; BFH I R 71/03, BStBl. II 2004, 742).

Für die Frage, ab wann landwirtschaftliche Tierzucht und Tierhaltung sich zur gewerblichen gewandelt hat bzw. in welchen Fällen von Beginn an eine gewerbliche Tätigkeit vorliegt, gelten ähnliche Grundsätze wie bei der Bodenbewirtschaftung (vgl. EStR 13.2 Abs. 2 S. 7; BFH I R 113/74, BStBl. II 1976, 423).

217 **c) Gemeinschaftliche Tierhaltung und Tierzucht.** Die Einkünfte aus Tierzucht und Tierhaltung einer **Gesellschaft,** bei der die Gesellschafter als Unternehmer **(Mitunternehmer)** anzusehen sind, gehören zu den landwirtschaftlichen Einkünften, wenn die Voraussetzungen des § 13b EStG (bis EZ 2024: § 51a BewG) erfüllt sind und andere Einkünfte der Gesellschafter aus dieser Gesellschaft zu den Einkünften aus Land- und Forstwirtschaft gehören (§ 13 Abs. 1 Nr. 1 S. 5 EStG). Dem Erfordernis der **Inhaberschaft eines luf Betriebes** auch durch eine *Mitunternehmerschaft* (→ Rn. 210b) mit selbst bewirtschafteten regelmäßig landwirtschaftlich genutzten Flächen ist kein „tatsächliches", sondern ein ertragsteuerliches Verständnis zugrundezulegen (BFH VI R 6/22, BStBl. II 2024, 734). Das Erfordernis der **hauptberuflichen luf Tätigkeit** des Mitunternehmers ist erfüllt, wenn er mindestens 50 % seiner Arbeitskraft der luf Tätigkeit (im eigenen Betrieb wie in der Gemeinschaft) widmet (FG Münster 7 K 896/19 F, EFG 2022, 471, nachgehend BFH VI R 6/22, BStBl. II 2024, 734). Die Beteiligung berufsfremder Personen oder einer KapGes ist schädlich (BFH IV R 13/07, BFH/NV 2010, 652).

217a Wird der luf Betrieb von einer **Personengesellschaft** oder einer wirtschaftlich vergleichbaren **Gemeinschaft** betrieben, ist nicht erforderlich, dass die Gesellschafter (Mitunternehmer) neben der Mitinhaberschaft/mitunternehmerschaftlichen luf Betätigung noch als Einzelunternehmer Inhaber eines (weiteren) luf Betriebes sind und in eigener Person über Vieheinheiten verfügten, die sie auf die Tierhaltungsgemeinschaft übertragen könnten (BFH VI R 6/22, BStBl. II 2024, 734, zu FG Münster 7 K 896/19 F, EFG 2022, 471, best.). Ebenso wenig ist erforderlich, dass sie in die Gesellschaft luf Grundstücke/Betriebe eingebracht haben. Jedoch müssen zwingend alle Mitunternehmer der Tierhaltungsgemeinschaft beitreten oder gemeinsam einen Anteil an ihr übernehmen (BFH VI R 6/22, BStBl. II 2024, 734). Daran fehlt es, wenn von **Ehegatten** im Güterstand der Gütergemeinschaft der/die eine der mit einem Dritten gegründeten Tierhaltungsgemeinschaft nicht beitritt (BFH VI R 39/18, BStBl. II 2021, 532). Zur sachlichen Steuerbefreiung → § 3 Rn. 400 ff.

217b Danach kann eine aus Landwirten bestehende Mitunternehmerschaft auch dann landwirtschaftliche Tierhaltung oder -zucht betreiben, **ohne selbst** regelmäßig landwirtschaftliche Nutzflächen **zu bewirtschaften** (§ 13b EStG; s. zu den Einzelheiten BFH V R 90/87, BStBl. II 1990, 802). Entsprechendes gilt bei Übertragung der Möglichkeit der landwirtschaftlichen Tierhaltung von einer (insofern transparenten) GbR auf eine personenidentische KG (BFH II R 43/16, BStBl. II 2020, 739).

Erzielen die Mitunternehmer aus ihrer **Beteiligung gewerbliche Einkünfte,** zB weil die von ihnen gebildete OHG einheitlich gewerbliche Einkünfte hat, so kann es gleichwohl von Bedeutung sein, ob für die von der OHG unterhaltene Tierzucht bzw. -haltung ausreichende selbstbewirtschaftete landwirtschaftliche Flächen iSv § 13 Abs. 1 EStG als Futtergrundlage zur Verfügung stehen. Ist dies zu bejahen, so gehören zwar die Erträgnisse aus der Tierhaltung und Tierzucht ebenfalls zum einheitlichen Gewerbebetrieb. Es handelt sich bei den daraus erzielten Verlusten aber nicht um solche Verluste aus gewerblicher Tierhaltung oder -zucht, für die das Ausgleichsverbot nach § 15 Abs. 4 EStG gilt (BFH IV R 195/83, BStBl. II 1985, 133, im Wege der teleologischen Interpretation). Auch bei gewerblicher Prägung iSv § 15 Abs. 3 Nr. 2 EStG liegt Gewerblichkeit der Tierhaltung vor (BFH IV R 45/89, BStBl. II 1991, 625). 217c

d) Pensionstierhaltung ua. In der **Pensionstierhaltung** ist das Unterstellen und Füttern **fremder Tiere** gegen Entgelt land- und forstwirtschaftliche Betätigung, wenn der in § 13 Abs. 1 EStG vorgesehene Flächenschlüssel eingehalten wird (vgl. BFH IV 191/74, BStBl. II 1979, 246; IV R 22/91, BFH/NV 1992, 655). Ob es sich beim Aufzüchter um fremde oder eigene Tiere handelt, spielt dabei keine Rolle (BFH IV R 191/74, BStBl. II 1979, 246). Die in Pension gegebenen Tiere können beim Eigentümer gehalten werden, wenn er das wirtschaftliche Risiko der Tierhaltung trägt, insb. die Futtergrundlage zur Verfügung stellt (BFH XI R 33/20, BStBl. II 2023, 578, zu NdsFG 6 K 337/18, EFG 2020, 1299, insofern best.). Die **Pensionsreitpferdehaltung** gehört auch dann zur landwirtschaftlichen Tierhaltung, wenn den Pferdeeinstellern Reitanlagen zur Verfügung gestellt werden (BFH III R 182/84, BStBl. II 1989, 111; IV R 49/05, BStBl. II 2008, 425; FM BW 1.4.2010, S 2236; LaFo-Kartei BW F 1 Nr. 1.4). Die **Vermietung von Reitpferden** an Feriengäste ist bei vorhandener flächenmäßiger Futtergrundlage landwirtschaftliche Tätigkeit, wenn keine gewichtigen Zusatzleistungen außerhalb der Landwirtschaft erbracht werden (BFH VIII R 91/83, BStBl. II 1989, 416; V R 34/89, BFH/NV 1992, 845). 218

4. Sonstige landwirtschaftliche Einkünfte

Einkünfte aus **Binnenfischerei, Teichwirtschaft, Fischzucht für Binnenfischerei und Teichwirtschaft, Imkerei und Wanderschäferei** sind landwirtschaftlich. Der Katalog ist abschließend. Es rechnen also nicht dazu Hochseefischerei sowie Fischzucht für andere Zwecke. Insb. die Aufzucht von Zierfischen in Teichen bedeutet keine Teichwirtschaft (vgl. BFH V R 55/77, BStBl. II 1987, 467; Kratzsch in Lenski/Steinberg § 2 Rn. 296). 219

5. Jagd

Einkünfte aus einer Jagd sind dann landwirtschaftlich, wenn sie mit dem Betrieb einer Landwirtschaft oder einer Forstwirtschaft **im Zusammenhang** stehen. Dieser Zusammenhang muss mE wirtschaftlicher Art sein. Besteht er, so wird die Jagd mE auch dann berücksichtigt, wenn sie vorübergehend Verluste aufweist (zur Liebhaberei → Rn. 73 ff.). Die Haltung eines **Wildparks** zählt mE nicht zur Land- und Forstwirtschaft. 220

6. Mindestgröße

221 Für die Mindestgröße eines land- oder forstwirtschaftlichen Betriebs lassen sich **keine allgemeingültigen Aussagen** machen. Immerhin hat aber die Rspr. gewisse Kriterien dazu entwickelt, die wesentlich mit der Möglichkeit eines nachhaltig erzielbaren Ertrags zusammenhängen. Aus bewertungsrechtlicher Sicht wurde für eine landwirtschaftliche Nebenerwerbsstelle ein angemessener jährlicher Rohertrag von 3.000 DM vorausgesetzt (BFH III R 122/71, BStBl. II 1973, 282). Nach der Entscheidung in BFH IV R 149/83, BStBl. II 1985, 549 ist es zweifelhaft, ob bei einem zu erwartenden Jahresgewinn von unter 1.000 DM (jetzt wohl 500 EUR) noch von einem Forstbetrieb gesprochen werden kann. Das Unterschreiten solcher Mindestgrößen wird im Allgemeinen weniger für die Abgrenzung zu gewerblichen Einkünften, sondern eher für die Frage einer privat motivierten Liebhaberei eine Rolle spielen. Ausnahmsweise kann es bei einem wirtschaftlichen Zusammenhang mit einem Gewerbebetrieb dafür sprechen, dass man es mit einer einheitlichen gewerblichen Betätigung zu tun hat.

7. Betriebseinheit/-vielheit/Nebenbetriebe

222 **a) Verschiedene Betätigungen.** Verschiedene Betätigungen des Land- und Forstwirts können zu **unterschiedlichen Folgen** führen: zwei selbstständige Betriebe (LuF und Gewerbebetrieb, BFH IV R 1/89, BStBl. II 1991, 452), ein gewerblicher Haupt- und ein luf Nebenbetrieb bzw. ein luf Hauptbetrieb und ein gewerblicher Nebenbetrieb oder ein einheitlicher Gewerbebetrieb (hierzu BFH II R 55/11, BStBl. II 2013, 518, Biogasproduktion). **Vorrangig** ist die **Prüfung,** ob es sich bei der fraglichen Tätigkeit um ein luf **Hilfsgeschäft** handelt, wie etwa bei der (einfachen) Parzellierung und Veräußerung von Grundstücken (BFH IV R 38/03, BStBl. II 2006, 166). Maßgebend ist, ob die verschiedenen Tätigkeiten sich gegenseitig bedingen und so miteinander verflochten sind, dass der gesamte Betrieb als einheitlicher Betrieb anzusehen ist. Ist dies der Fall, liegt je nach dem, welche Betätigung dem Betrieb das **Gepräge** gibt, ein einheitlicher luf Betrieb oder ein einheitlicher Gewerbebetrieb vor (BFH IV R 191/71, BStBl. II 1979, 246, Reiterhof als gewerblich). Fehlt es an der Verflechtung, erfolgt eine getrennte Beurteilung (BFH IV R 10/05, BStBl. II 2007, 516, Dienstleistungne; IV R 24/05, BStBl. II 2008, 356 mwN, Ausbringung von Klärschlamm; vgl. zu Pferdehaltung und Grünlandbewirtschaftung FG Münster 1 K 2332/12 F, EFG 2015, 907 rkr.).

Zum land- und forstwirtschaftlichen Hauptbetrieb gehören auch die **Nebenbetriebe,** die dem Hauptbetrieb zu dienen bestimmt sind (vgl. § 13 Abs. 2 Nr. 1 EStG; BFH III R 25/69, BStBl. II 1971, 287). Liegt diese Voraussetzung vor, kann auch eine, für sich betrachtet, gewerbliche Tätigkeit einen luf Nebenbetrieb darstellen (BFH IV R 78/95, BStBl. II 1997, 427; V R 78/93, BStBl. II 1998, 359). Dabei sind Substanzbetriebe und Be- oder Verarbeitungsbetriebe zu unterscheiden.

223 **b) Substanzbetriebe.** Als Nebenbetriebe kommen **Steinbrüche, Ziegeleien, Torfstechereien, Kiesvorkommen** etc in Betracht, die etwa als landwirtschaftlicher Nebenbetrieb für landwirtschaftliche Zwecke (zB Forststraßenbau, Baumaterial für Betriebsgebäude, vgl. BFH IV R 73/81, BStBl. II 1983, 106) verwendet werden (EStR 15.5 Abs. 3 S. 9). Bodenschätze sind erst dann als WG greifbar, wenn mit der Aufschließung (Antrag auf Abbaugenehmigung, Verwertung) begonnen wird (BFH GrS 1/05, BStBl. II 2007, 508). Der bloße Antrag auf Abbaugenehmigung begründet keine gewerbliche Tätigkeit; der Verkauf des Grundstücks nach der Bean-

tragung verlässt nicht den Rahmen eines luf Hilfsgeschäfts (BFH X R 10/07, BFH/NV 2010, 184). **Ausbeuteverträge mit Dritten** führen regelmäßig zu privaten Vermietungseinkünften (vgl. BFH IV R 19/79, BStBl. II 1983, 203). Kippgebühren für die Ablagerung von Bodenaushub sind land- und forstwirtschaftliche Einnahmen, wenn sie nicht zu den Erträgen zB eines gewerblichen Kiesausbeuteunternehmens gehören. Die Auffüllung des Geländes für die weitere landwirtschaftliche Nutzung bedeutet auch nicht den Betrieb einer gewerblichen Mülldeponie (BFH IV R 27/82, BFH/NV 1986, 85). Zur Einlagefähigkeit von Bodenschätzen BFH I R 197/83, BStBl. II 1987, 865; III R 58/89, BStBl. II 1994, 293; VIII R 75/91, BStBl. II 1994, 346. **Energieerzeugung** ist idR keine Land- und Forstwirtschaft, da keine planmäßige Nutzung des Bodens zur Aufzucht; daher auch kein Nebenbetrieb; Ausnahme ggf. Erzeugung von **Biogas** zur Verwendung im eigenen Betrieb, nicht jedoch bei Absatz von Strom und Wärme (EStR 15.5 Abs. 12; zu Einzelheiten s. BMF BStBl. I 2022, 633; Wiegand Inf 2006, 497); nicht jedoch, wenn diese dem Betrieb das Gepräge gibt, zB bei Einsatz der gesamten Ernte hierfür (BFH II R 55/11, BStBl. II 2013, 518). Zur **Entsorgung/Verwertung** organischer Abfälle s. R 15.5 Abs. 4 EStR 2012.

c) Be- oder Verarbeitungsbetrieb. Dieser ist **nach EStR 15.5 Abs. 3 S. 4** als land- und forstwirtschaftlicher **Nebenbetrieb** anzusehen, wenn **224**

- überwiegend im eigenen Hauptbetrieb erzeugte Rohstoffe be- und verarbeitet werden und die dabei gewonnenen Erzeugnisse überwiegend für den Verkauf bestimmt sind oder
- Umsätze aus der Übernahme von Rohstoffen (zB organische Abfälle) erzielt, diese be- und verarbeitet und die dabei gewonnenen Erzeugnisse nahezu ausschließlich im eigenen Betrieb der Land- und Forstwirtschaft verwendet werden und
- die Erzeugnisse im Rahmen der **1. Stufe der Be- und Verarbeitung,** die noch dem land- und forstwirtschaftlichen Bereich zuzuordnen ist, hergestellt werden. Die Ver- und Bearbeitungen der **2. Stufe** behandelt die FVerw als gewerblich, wenn die Umsatzgrenzen von EStR 15.5 Abs. 11 überschritten werden; Entsprechendes gilt für die Be- und Verarbeitung fremder Erzeugnisse (EStR 15.5 Abs. 3 S. 5 ff.). Der Absatz von Eigenerzeugnissen über ein eigenständiges Handelsgeschäft gehört noch zur LuF (EStR 15.5 Abs. 6).

In **Abweichung hiervon** (und von BFH IV R 86/80, BStBl. II 1984, 152) stellt BFH IV R 78/95, BStBl. II 1997, 427 dagegen auf den **Umfang der Veränderung** ab. Geringfügige Bearbeitung, wie Haltbarmachung von Milch, Verarbeitung zu Quark und Käse, ist Nebenbetrieb. Wertschöpfung, die sich traditionell außerhalb der Land- und Forstwirtschaft vollzieht, wie zB Herstellung von Wurst und Schinken, führt zu eigenständigem Gewerbebetrieb (zust. Zugmaier Inf 1997, 579; Schild DStR 1997, 642). Je weiter sich die Verarbeitung (Produktionsstufe) von der luf Urerzeugung entfernt, umso eher ist ein luf Nebenbetrieb zu verneinen und ist/sind je nach dem Maß der Verflechtung (vgl. BFH V R 78/93, BStBl. II 1998, 359) nur ein GewBetrieb oder mehrere GewBetriebe anzunehmen.

d) Einzelbeispiele. Ein **einheitlicher luf Betrieb** wurde angenommen: **225**

- Winzer mit Trauben aus Fremdproduktion (BFH III R 270/83, BFH/NV 1988, 85);
- Brutbetrieb, wenn die Küken im luf Betrieb weiter verwendet werden (BFH IV R 88/88, BStBl. II 1990, 152; IV B 64/07, BFH/NV 2008, 1474);

– Brennerei und LuF (BFH V R 78/93, BStBl. II 1998, 359); ggf. GewBetrieb (BFH III R 25/69, BStBl. II 1971, 287);
– Pilzzucht (FM Nds 27.7.1988, DB 1988, 1727).

Als **GewBetrieb** wurde angenommen:
– Verarbeitung von Schnittholz (BFH V 200/58 S, BStBl. III 1962, 298);
– Metzgerei/Gastwirtschaft mit LuF (BFH IV 299/61 U, BStBl. III 1966, 193);
– Weinbau mit Einkauf (BFH VIII R 419/83, BStBl. II 1989, 284);
– Rinderzucht und Wurstfabrik (BFH IV R 45/89, BStBl. II 1991, 625);
– Pferdezucht mit Trabrennstall (BFH IV R 82/89, BStBl. II 1991, 333);
– Direktvermarktung von Wurst (BFH IV R 78/95, BStBl. II 1997, 427; s. jedoch IV R 21/06, BStBl. II 2010, 113);
– Klärschlammtransporte (BFH IV R 24/05, BStBl. II 2008, 356).

226 **e) Absatz der Eigenerzeugnisse.** Der Absatz **dient dem Hauptbetrieb** der Landwirtschaft, wenn sich der Erzeuger im Groß- und Einzelhandel ohne Bearbeitung auf den Verkauf eigener Produkte beschränkt (BFH I 108/59 U, BStBl. III 1960, 460; IV 285/62 U, BStBl. III 1965, 90; zur Auslagerung Bolin Inf 2001, 305). Von einem **einheitlichen Betrieb (LuF)** ist idR dann auszugehen, wenn regelmäßig und nachhaltig im Handelsbetrieb nicht mehr als 1/3 des Gesamtumsatzes bzw. ein Betrag von nicht mehr als 51.500 EUR auf Fremderzeugnisse entfällt (EStR 15.5 Abs. 11). Ein **Handelsgeschäft** ist nach EStR 15.5 Abs. 6 ein selbstständiger Gewerbebetrieb, wenn **(1.)** nicht ausschließlich eigene Erzeugnisse des Betriebes der Land- und Forstwirtschaft abgesetzt werden, es sei denn, die oa Umsatzgrenzen werden nicht überschritten; **(2.)** ausschließlich fremde Erzeugnisse über das Handelsgeschäft abgesetzt werden (hierzu Wiegand NWB 2012, 460). **Naturalpacht** aus den Pachtgrundstücken wird zutreffend nicht als schädlicher Zukauf angesehen (für Weingut BFH III R 270/83, BFH/NV 1988, 85).

Ein **Hofladen** ist grds. genauso wie ein räumlich getrenntes Hilfsgeschäft Teil eines einheitlichen luf Betriebs, wenn darin ausschließlich Eigenerzeugnisse verkauft werden (BFH IV R 21/06, BStBl. II 2010, 113; hierzu Wiegand NWB 2012, 460). Es entsteht jedoch ein eigenständiger Gewerbebetrieb, wenn der Nettoumsatzanteil der zugekauften Produkte ein Drittel des Gesamtumsatzes des Hofladens oder 51.500 EUR nachhaltig übersteigt (keine Differenzierung nach Art der zugekauften Produkte; vgl. nunmehr EStR 15.5 Abs. 5, 6 und 11 mit Übergangsregelung in EStR 15.5 Abs. 14; hierzu Günther EStB 2009, 300; Wendt BFH/PR 2009, 367).

227 **f) Wirtschaftliche Eigenständigkeit.** Entscheidend ist die **wirtschaftliche Eigenständigkeit** der jeweiligen Unternehmen. So hat die Rspr. bei einer **Kombination landwirtschaftlicher Erzeugerbetrieb** *(zB Schäferei)* **und Verarbeitungsbetrieb** *(Großschlächterei)* in dem Umfang der zwischen beiden Betrieben bestehenden Lieferbeziehungen keinen ausreichenden Anhalt für ein einheitliches Unternehmen gesehen (BFH IV R 156, 157/67, BStBl. II 1972, 8). Der Verkehrsauffassung kommt für die Frage der Betriebsvielheit nur insoweit Gewicht zu, als das einheitliche Auftreten zweier Betriebszweige nach außen möglicherweise über einen einheitlichen Kundenstamm ua Geschäftsbeziehungen wirtschaftlich zum Tragen kommt. Regelmäßig wird die planmäßige wirtschaftliche Verbindung zwischen den Unternehmensteilen entscheiden, deren Wegfall von beträchtlicher Wirkung auf die Struktur des Gesamtbetriebs ist (s. für Landwirtschaft und Gasthof/Metzgerei BFH IV 299/61 U, BStBl. III 1966, 193).

g) Baumschulen. Sie sind **selbsterzeugende landwirtschaftliche Betriebe,** und zwar auch dann, wenn sie auf der Grundlage von sog. Kostverträgen Sämlinge bei anderen Unternehmen zur Aufzucht geben (BFH V R 115/71, BStBl. II 1977, 272). Im Allgemeinen wird das zur Aufzucht gebende Unternehmen auch in solchen Fällen das typisch landwirtschaftliche Risiko der Selbsterzeugung tragen. Die Erzeugnisse stellen aber keine Grundstücksfrüchte dar. Das hälftige Grundeigentum von Ehegatten gibt deshalb keinen Grund für eine Mitunternehmerschaft ab (BFH IV R 341/84, BStBl. II 1987, 23). 228

h) Dienst- bzw. Werkvertragsleistung. Ein **eigenständiger GewBetrieb** liegt vor, wenn der Stpfl. eine an sich luf Betätigung **ohne Beziehung zum eigenen luf Betrieb** für andere Land- und Forstwirte ausübt (BFH IV R 91/99, BStBl. II 2002, 221; IV R 45/02, BStBl. II 2004, 512; IV R 10/05, BStBl. II 2007, 516). **Zusatzleistungen** (zB Grabpflege, Gartengestaltung) kennzeichnen grundsätzlich einen eigenständigen Gewerbebetrieb. Bei Einsatz selbsterzeugter Produkte ist jedoch aus Vereinfachungsgründen ein einheitlicher land- und forstwirtschaftlicher Betrieb anzunehmen, wenn die Umsätze aus den Zusatzleistungen ⅓ des Gesamtumsatzes des Betriebs bzw. 51.500 EUR nicht übersteigen (vgl. EStR 15.5 Abs. 7 iVm Abs. 11). 229

Im Einzelnen: Eine **Friedhofsgärtnerei** mit eigenem Gartenbau erzielt mE einheitlich gewerbliche Umsätze, wenn nach dem jeweiligen Vertragsinhalt der Umsatz aus den Dienstleistungen und den fremden Erzeugnissen überwiegt (EStR 15.5 Abs. 7; zur früheren Rechtslage BFH IV 110/62 U, BStBl. III 1965, 147; VIII R 15/73, BStBl. II 1976, 492). **Gartenbauunternehmen** mit Landwirtschaftsgärtnerei sind unter den Voraussetzungen zur Friedhofsgärtnerei einheitliche Gewerbebetriebe (BFH I R 24/66, BStBl. III 1966, 678; V R 129/84, BStBl. II 1989, 432; Bracke Inf 1997, 389). Unter die **Vereinfachungsregelung** in EStR 15.5 Abs. 7 S. 3 fallen mE auch landschaftspflegerische Tätigkeiten eines LuF für Nichtlandwirte; hierzu gehört auch die Entsorgung von Gartenabfällen und Verwertung als Humuszusatz auf eigenen Feldern (OFD Frankfurt aM 2.12.1991, DStR 1992, 395). Zur Einheitlichkeit des Betriebs bei **Pferdepension,** Pferdeverleih und land- und forstwirtschaftlicher Betätigung sowie zur getrennten Beurteilung von Pensionstierhaltung und Reitunterricht vgl. BFH IV R 191/74, BStBl. II 1979, 246; zur Gewerblichkeit bei im Vordergrund stehenden Zusatzleistungen (Unterricht) BFH V R 22/78, BStBl. II 1988, 83; VIII R 91/83, BStBl. II 1989, 416; IV R 82/89, BStBl. II 1991, 333. Bei **Verwendung von Wirtschaftsgütern** außerhalb des luf Betriebes liegt ein Gewerbebetrieb vor, wenn jene eigens dafür angeschafft sind und im luf Betrieb nicht benötigt werden (BFH IV R 10/05, BStBl. II 2007, 516). Im Übrigen ist sie jedoch unbeachtlich, wenn die Umsatzgrenzen des EStR 15.5 Abs. 11 nicht überschritten werden und der Einsatz für den eigenen Betrieb 10 % nicht unterschreitet (EStR 15.5 Abs. 9). **Fuhrleistungen** können daher noch Teil des luf Betriebes, aber auch GewBetriebs sein (BFH IV R 45/02, BStBl. II 2004, 512; vgl. EStR 15.5 Abs. 10). **Holzrücktätigkeit** unter Einsatz eigens dazu angeschaffter Anlagegüter (Forstspezialschlepper) bildet trotz eingehaltener Umsatzgrenze einen eigenständigen Gewerbebetrieb (BFH IV R 19/90, BStBl. II 1992, 651). Zum **Absatz von selbsterzeugten Getränken** in Zusammenhang mit besonderen Leistungen, zB in einer Besen- und Straußwirtschaft, vgl. EStR 15.5 Abs. 8. **Klärschlammtransporte** sind keine luf Tätigkeiten (vgl. BFH IV R 24/05, BStBl. II 2008, 356). **Beherbergung** von Fremden ist idR gewerblich, kann unter Beachtung der

Umsatzgrenzen des EStR 15.5 Abs. 11 jedoch im Ganzen der LuF zugerechnet werden; aus Vereinfachungsgründen ist keine gewerbliche Tätigkeit anzunehmen, wenn weniger als vier Zimmer und sechs Betten bzw. außer dem Frühstück keine Hauptmahlzeiten angeboten werden (EStR 15.5 Abs. 12).

Vermietung/Verpachtung. Die *Unterverpachtung* von luf Flächen kann je nach Sachlage als Hilfsgeschäft zur luf Tätigkeit gehören, aber stattdessen auch zu Einkünften aus VuV (§ 21 Abs. 1 S. 1 Nr. 1 EStG) führen (BFH VI R 38/20, BFH/NV 2023, 1057). Die *Vermietung von Parkplätzen,* Liftanlagen, Campingplätzen, Golfplätzen uÄ ist idR GewBetrieb (BFH X R 21/00, BStBl. II 2003, 520). Ein mit einem Pachtvertrag gekoppelter Bewirtschaftungsvertrag führt zu gewerblichen Einkünften, wenn die Umstände nicht auf einen verdeckten Kaufvertrag schließen lassen (BFH IV R 91/99, BStBl. II 2002, 221).

Nicht zu den luf Einkünften – auch nicht über die Zurechnungsnorm des § 13 Abs. 2 Nr. 2 EStG – gehören Entgelte aus **Schlossbesichtigungen** (gewerbliche Tätigkeit, BFH VIII R 95/77, BStBl. II 1980, 633).

Zur **Abgrenzung** zwischen landwirtschaftlichem Hilfsgeschäft und gewerblichem **Grundstückshandel** → Rn. 200.

8. Strukturwandel

230 Der **Strukturwandel** vom Gewerbebetrieb **zur Landwirtschaft** stellt weder eine Entnahme noch eine einkommensteuerrechtliche Betriebsaufgabe iS einer Totalentnahme (vgl. BFH GrS 1/73, BStBl. II 1975, 168) dar. Er bedeutet allerdings ein Erlöschen der GewStPfl. und erfordert wie die Betriebsverpachtung, dass der StPfl. zum Betriebsvermögensvergleich übergeht. Der **umgekehrte Fall** ist ua gegeben, wenn durch auf Dauer angelegte Maßnahmen die Vieheinheitengrenze nachhaltig überschritten wird (ggf. – bei Überschreiten um nicht mehr als 10 % – Beobachtungszeitraum von drei Jahren, BFH IV R 18/06, BStBl. II 2009, 654, hierzu BMF 19.12.2011, BStBl. I 2011, 1249, gleichzeitig zur Anwendung von EStR 15.5). Er kann sich auch für einen Zeitpunkt ergeben, zu dem der StPfl. größere Investitionen und Vertragsabschlüsse mit entsprechenden Verpflichtungen für seinen künftigen Handelsbetrieb tätigt, die dem Bild des luf Betriebes nicht mehr entsprechen. Fehlt es daran, so kommt es idR auf das nachhaltige Überschreiten der Umsatzgrenzen von EStR 15.5 Abs. 11 an. Nachhaltigkeit wird angenommen bei einem Zeitraum von mehr als drei Jahren; der Zeitraum ist **objektbezogen** (EStR 15.5 Abs. 2).

231–234 *(frei)*

VI. Abgrenzung selbstständige Arbeit/Gewerbebetrieb

1. Allgemeines

235 Die Einkünfte aus selbstständiger Arbeit sind geregelt in **§ 18 EStG.**

§ 18 EStG [Einkünfte aus selbständiger Arbeit]

(1) Einkünfte aus selbständiger Arbeit sind

1. Einkünfte aus freiberuflicher Tätigkeit. [2]Zu der freiberuflichen Tätigkeit gehören die selbständig ausgeübte wissenschaftliche, künstlerische, schriftstellerische, unterrichtende oder erzieherische Tätigkeit, die selbstständige Berufstätigkeit der Ärzte, Zahnärzte, Tierärzte, Rechtsanwälte,

Notare, Patentanwälte, Vermessungsingenieure, Ingenieure, Architekten, Handelschemiker, Wirtschaftsprüfer, Steuerberater, beratenden Volks- und Betriebswirte, vereidigten Buchprüfer, Steuerbevollmächtigten, Heilpraktiker, Dentisten, Krankengymnasten, Journalisten, Bildberichterstatter, Dolmetscher, Übersetzer, Lotsen und ähnlicher Berufe. [3]Ein Angehöriger eines freien Berufs im Sinne der Sätze 1 und 2 ist auch dann freiberuflich tätig, wenn er sich der Mithilfe fachlich vorgebildeter Arbeitskräfte bedient; Voraussetzung ist, dass er auf Grund eigener Fachkenntnisse leitend und eigenverantwortlich tätig wird. [4]Eine Vertretung im Fall vorübergehender Verhinderung steht der Annahme einer leitenden und eigenverantwortlichen Tätigkeit nicht entgegen;

2. Einkünfte der Einnehmer einer staatlichen Lotterie, wenn sie nicht Einkünfte aus Gewerbebetrieb sind;

3. Einkünfte aus sonstiger selbständiger Arbeit, z.B. Vergütungen für die Vollstreckung von Testamenten, für Vermögensverwaltung und für die Tätigkeit als Aufsichtsratsmitglied;

4. Einkünfte, die ein Beteiligter an einer vermögensverwaltenden Gesellschaft oder Gemeinschaft, deren Zweck im Erwerb, Halten und in der Veräußerung von Anteilen an Kapitalgesellschaften besteht, als Vergütung für Leistungen zur Förderung des Gesellschafts- oder Gemeinschaftszwecks erzielt, wenn der Anspruch auf die Vergütung unter der Voraussetzung eingeräumt worden ist, dass die Gesellschafter oder Gemeinschafter ihr eingezahltes Kapital vollständig zurückerhalten haben; § 15 Absatz 3 ist nicht anzuwenden.

(2) Einkünfte nach Absatz 1 sind auch dann steuerpflichtig, wenn es sich nur um eine vorübergehende Tätigkeit handelt.

(3) [1]Zu den Einkünften aus selbständiger Arbeit gehört auch der Gewinn, der bei der Veräußerung des Vermögens oder eines selbständigen Teils des Vermögens oder eines Anteils am Vermögen erzielt wird, das der selbständigen Arbeit dient. [2]§ 16 Absatz 1 Satz 1 Nummer 1 und 2 und Absatz 1 Satz 2 sowie Absatz 2 bis 4 gilt entsprechend.

(4) [1]§ 13 Absatz 5 gilt entsprechend, sofern das Grundstück im Veranlagungszeitraum 1986 zu einem der selbständigen Arbeit dienenden Betriebsvermögen gehört hat. [2]§ 15 Absatz 1 Satz 1 Nummer 2, Absatz 1a, Absatz 2 Satz 2 und 3, §§ 15a und 15b sind entsprechend anzuwenden.

2. Freier Beruf

a) Kein einheitlicher Begriff. Dem geltenden Steuerrecht ist **kein einheitlicher Begriff** der freien Berufe eigen (vgl. BVerfG 1 BvR 15/75, BVerfGE 46, 224, BStBl. II 1978, 125 unter B II 3) – eine Tatsache, die der BFH dadurch verschärft, dass er bei der Anerkennung eines „ähnlichen Berufs" für unterschiedliche Berufsgruppen (zB Heilberufe) höchst unterschiedliche abstrakte Maßstäbe anlegt. Hinzu kommen weitere (unsachliche) Unterschiede auf der Ebene der Rechtsanwendung (Subsumtion), insb. zur Frage der Eigenverantwortlichkeit (→ Rn. 239 ff.). Die Folge ist eine über die berufsspezifischen Eigenarten hinausgehende **Zersplitterung des Bildes** der freien Berufe. Nimmt man die in → § 1 Rn. 11 angeführten Bedenken sowie die Tatsache der Entwicklung neuer Berufsbilder hinzu, so ergibt sich der unerfreuliche Befund, dass häufig genug die Frage 236 der GewStFreiheit im Einzelfall nicht mehr nach den Sachgesichtspunkten beantwortet wird, die der Privilegierung der freien Berufe ursprünglich zugrunde gelegen haben. Vorbei sind die Zeiten, in denen sich ihre Sonderstellung mit bestimmten idealtypischen Besonderheiten des Berufs begründen ließ (unmittelbarer, persönlicher individueller Einsatz; nur eingeschränkter Kapital- und Personaleinsatz; eingeschränktes Gewinnstreben uÄ; hierzu noch BFH VIII R 116/74, BStBl. II 1976, 155). Das gilt umso mehr, als sich auch im nichtsteuerlichen Bereich unablässig Veränderungen bei überlieferten Berufsbildern, insb. im Standesrecht (zB Lockerung bzw. Aufhebung von Werbe- und Gewerbeverboten bei rechtsberatenden Berufen), ergeben. Man muss an all dem fest vorbeisehen, um die Privilegierung der freien Berufe in der gegenwärtig praktizierten Form für unbedenklich zu halten (so letztmalig BVerfG 1 BvL 2/04, BVerfGE 120, 1).

237 **b) Katalog.** Statt einer Begriffsbestimmung des freien Berufs enthält das G also einen **Katalog,** der verschiedene **Tätigkeitsarten** („wissenschaftlich" usw) und **Berufe** („Ärzte …, Rechtsanwälte" usw sowie „ähnliche") aufzählt. Dieser Katalog wird für **verfassungsrechtlich unbedenklich** gehalten (vgl. BFH IV R 109/90, BStBl. II 1993, 235). Dem Gesetzgeber stehe es frei, Berufsbilder festzulegen (BVerfG 1 BvR 224/67, BVerfGE 25, 236 (247 mwN)), ein Satz, der – unbeabsichtigt – die Tatsache hervorhebt, dass der Katalog eine willkürliche Aufzählung von begünstigten Berufen enthält (ähnl. Seer BB 2021, 1433). Bei der Auslegung des § 18 EStG können diese zugrunde gelegt werden (BVerfG 1 BvR 15/75, BVerfGE 46, 224 (239), BStBl. II 1978, 125).

Die **Zugehörigkeit** zu einer der in § 18 Abs. 1 Nr. 1 EStG genannten Berufsgruppen ist **notwendiges,** aber **nicht hinreichendes Kriterium** für die Einordnung einer bestimmten Tätigkeit als freiberuflich (zB BFH XI R 56/00, BStBl. II 2002, 202; VIII R 27/17, BStBl. II 2020, 222; VIII B 2/22, BFH/NV 2023, 1186). Zu den einzelnen freiberuflichen Tätigkeitsarten und Katalogberufe s. das jeweilige Stichwort (→ Rn. 275).

238 **c) Tätigkeit nach Berufsbild.** Für die **Abgrenzung** von der gewerblichen Tätigkeit (vgl. die Darstellung der Rspr. bei Brandt Inf 2003, 57; Jahn DB 2015, 641) kommt es **nicht allein** auf die **Zugehörigkeit** zu bzw. **Ähnlichkeit** mit einem Katalogberuf an, sondern auch auf eine **entsprechende Tätigkeit,** die das Bild des jeweiligen Katalogberufs bestimmt. Nicht erforderlich ist die Betätigung auf dem Fachgebiet, auf dem die Berufsqualifikation erworben worden ist (FG Bbg 10 K 10056/09, EFG 2013, 1060; Claßen EFG 2013, 1062). Jedoch muss sie sich als unmittelbare, persönliche und individuelle Arbeitsleistung gegenüber dem Auftraggeber am einzelnen Werk darstellen (BFH VIII R 154/86, BStBl. II 1988, 40; X B 54/87, BStBl. II 1988, 17; IV R 299/83, BStBl. II 1989, 727; IV R 140/88, BStBl. II 1990, 507; XI R 85/93, BStBl. II 1995, 732; IV R 59/97, BStBl. II 1999, 167; IV R 21/02, BStBl. II 2003, 919; VIII R 74/05, BStBl. II 2009, 238). Aber auch dieser sinnvolle Grundsatz wird zunehmend aufgelöst: erfüllt der Betriebsinhaber die Erfordernisse des § 18 EStG (insb. Eigenverantwortlichkeit, → Rn. 239) nur zT, hilft die Rspr. inzwischen – ergebnisorientiert – mit der Aufteilung eines einheitlichen Betriebs in freiberuflich und gewerblich (BFH VIII R 53/07, BStBl. II 2009, 143; FG Hmb 3 K 80/13, BB 2014, 1174; hierzu → Rn. 241 aE; zu **Personengesellschaften** → Rn. 246).

Die **Vermittlung von Geschäftsabschlüssen** zur Absatzförderung ist auch bei einem Angehörigen eines Katalogberufs gewerblich (BFH I R 204/81, BStBl. II 1985, 15; XI R 91/94, BFH/NV 1996, 135; IV B 20/01, BFH/NV

2001, 1400); ebenso **Produktion und Absatz** wie durch GewTreibenden (BFH X R 10/06, BStBl. II 2008, 54: Errichtung schlüsselfertiger Gebäude durch Ingenieur/Architekt); ebenso die Tätigkeit eines Angehörigen eines Freiberufs (zB Ingenieur) in einem anderen Berufsfeld (zB Unternehmensberatung), für die ihm die (freiberufliche) Qualifikation fehlt (BFH III B 37/12, BFH/NV 2013, 368).

d) Feststellungslast. Die Feststellungslast trägt der StPfl., der geltend macht, einen Freiberuf auszuüben. Er verwirklicht die Grundvoraussetzungen des GewBetriebes, macht aber Voraussetzungen zu seinen Gunsten geltend. Nur wenn sich diese feststellen lassen, kann er Erfolg haben (BFH IV R 15/90, BStBl. II 1991, 889; IV R 65-67, BFH/NV 1993, 238; I R 53/93, BFH/NV 1995, 210). **238a**

3. Eigenverantwortliche Tätigkeit

a) Fachlich vorgebildete Arbeitskräfte. Nach **§ 18 Abs. 1 Nr. 1 S. 3 EStG** steht der freiberuflichen Tätigkeit nicht entgegen, wenn der Angehörige des freien Berufs **fachlich vorgebildete Arbeitskräfte** beschäftigt. Die sog. **Vervielfältigungstheorie** ist mit dem StÄG 1960 (BGBl. 1960 I 616) aufgehoben. **239**

Dies sind ua Mitarbeiter, die die **fachliche Qualifikation des Betriebsinhabers** aufweisen bzw. dessen Tätigkeit ausüben (BFH IV R 140/88, BStBl. II 1990, 507; X R 85/93, BStBl. II 1995, 732; IV R 80/94, BStBl. II 1995, 776; IV R 43/96, BStBl. II 1997, 681; VIII R 41/12, BStBl. II 2015, 216), aber auch Subunternehmer (BFH XI R 8/00, BStBl. II 2002, 478, mE fraglich) und solche Mitarbeiter, die nicht die fachliche Qualifikation des Berufsträgers haben, deren Tätigkeit jedoch die seine in Teilbereichen ersetzt und nicht von untergeordneter Bedeutung ist (zB BFH IV R 43/96, BStBl. II 1997, 681; XI R 8/00, BStBl. II 2002, 478). Unschädlich ist die Beschäftigung von Arbeitskräften ohne fachliche Vorbildung mit Aufgaben, die ihren Vorkenntnissen entsprechen (BFH III R 118/85, BStBl. II 1988, 782).

b) Leitung und Eigenverantwortung. Voraussetzung ist allerdings, dass der Freiberufler dann aufgrund eigener Fachkenntnisse **leitend und eigenverantwortlich** tätig wird. Diese Tatbestandsmerkmale stehen selbstständig nebeneinander (BFH VIII R 116/74, BStBl. II 1976, 155), müssen also beide erfüllt sein. Seine eigene Arbeit am Werk bzw. für den Auftraggeber muss „im ausreichenden Umfang" gewährleistet sein und es ihm ermöglichen, uneingeschränkt die **fachliche Verantwortung** auch für die von seinen Mitarbeitern erbrachten Leistungen zu übernehmen (BFH IV 373/60 U, BStBl. III 1963, 595; VIII R 116/74, BStBl. II 1976, 155; IV R 140/88, BStBl. II 1990, 507). Hierfür genügt nicht die Übernahme der Verantwortung nach außen. Vielmehr muss die Ausführung jedes einzelnen Auftrags ihm selbst, nicht jedoch den qualifizierten Mitarbeitern, den Hilfskräften, den technischen Hilfsmitteln oder dem Unternehmen im Ganzen zuzurechnen sein (BFH VIII R 116/74, BStBl. II 1976, 155; XI R 85/93, BStBl. II 1995, 732; ggf. aber Aufteilung; hierzu → Rn. 241 aE) – eine Anforderung, die mE idR schon bei einer von wenigen Mitarbeitern „vervielfältigten" Tätigkeit nicht zu erfüllen ist. Eine noch so **intensive leitende Tätigkeit** (Organisation des Sach- und Personalbereichs, Arbeitsplanung, Arbeitsverteilung, Aufsicht über Mitarbeiter und deren Anleitung, stichprobenweise Prüfung der Ergebnisse) genügt dem nicht (BFH X B 54/87, BStBl. II 1988, 17; VIII R 116/74, BStBl. II 1976, 155; IV R 43/96, BStBl. II 1997, 681; XI R 8/00, BStBl. II 2002, 478; Brandt Inf 2003, 57). Erforderlich, aber auch hinreichend ist die **240**

aufgrund von Fachkenntnis erfolgende Einflussnahme auf die Mitarbeitertätigkeit durch Planung, (fachliche) Überwachung und Kompetenz zur Entscheidung in Zweifelsfällen (vgl. BFH VIII R 50/09, BStBl. II 2011, 506; VIII R 41/12, BStBl. II 2015, 216; VIII R 6/12, BStBl. II 2015, 1002). ME ist unübersehbar, dass der BFH mit seinen neueren Entscheidungen den Begriff der Eigenverantwortlichkeit deutlich weiter fasst als die ältere Rspr., auch wenn er diese (mit ihren deutlich strengeren Anforderungen) in Bezug nimmt.

Auf keinen Fall genügt die eigenverantwortliche **Leitung einer Zweigstelle durch einen Angestellten** (BFH IV R 11/95, BFH/NV 1996, 464; aA Nebe Stbg 2013, 310); entsprechend die eigenverantwortliche Behandlung von Patienten durch angestellte Ärzte (BFH VIII R 62/13, BStBl. II 2016, 381, zu FG Düsseldorf 11 K 3969/11 G, EFG 2014, 840); anders im Fall einer „mobilen Praxis" für Anästhesie, bei der wöchentlich die „Behandlungsmethoden festgelegt" werden (BFH VIII R 41/12, BStBl. II 2015, 216); mE weltfremd, zumal gerade die Anästhesie situationsbedingte Entscheidungen erfordert. Gegebenenfalls wird in diesen Fällen nach neuerer Rspr. bei Einzelunternehmen eine Aufteilung angezeigt sein.

Auch die eigenständige Durchführung von Hauptuntersuchungen durch angestellte **Prüfingenieure** steht der Annahme von Eigenverantwortlichkeit des StPfl. entgegen, selbst wenn er deren Arbeiten stichprobenartig überwacht (BFH VIII R 35/16, BStBl. II 2019, 580).

241 **c) Prägung.** Die **Prägung jeder einzelnen Mitarbeiterleistung** durch die Eigenpersönlichkeit des Freiberuflers und seine fachliche Verantwortung für die von seinen Angestellten geleistete Arbeit spielt eine wesentliche Rolle (vgl. BFH IV R 140/88, BStBl. II 1990, 507; X R 8/00, BStBl. II 2002, 478). Die Leistung des Mitarbeiters muss den **„Stempel der Persönlichkeit"** des StPfl. tragen (vgl. BFH IV R 51/01, BStBl. II 2004, 509; XI R 59/05, BFH/NV 2007, 1319; VIII R 41/12, BStBl. II 2015, 216; zu dieser Metapher Kanzler FR 2015, 619). Das kann bei unterschiedlichen Berufsgruppen einen unterschiedlichen Inhalt haben (BFH IV 61/65 U, BStBl. III 1965, 557; XI B 227/03, BFH/NV 2006, 55). Unzureichend ist nach der früheren Rspr., wenn der Steuerpflichtige nur auf einen Teil seiner betrieblichen Leistung an Dritte persönlichen gestalterischen Einfluss hat (vgl. BFH IV R 125/66, BStBl. II 1969, 165).

BFH VIII R 53/07, BStBl. II 2009, 143 nimmt im Hinblick auf den Teil der Betriebsleistung, bei dem diese Voraussetzungen nicht erfüllt sind, eine **Trennung der Leistungen** in freiberufliche und gewerbliche vor, allerdings nach den zur Trennbarkeit nach dem Kriterium des geschuldeten Leistungserfolgs bei Mischtatbeständen geltenden und hier nicht einschlägigen Grundsätzen (→ Rn. 276). Eine Auseinandersetzung mit der Rspr., nach der bei nicht vollständiger Eigenverantwortlichkeit die gesamte betriebliche Tätigkeit als gewerblich qualifiziert wurde (trotz „Trennbarkeit"), unterbleibt völlig.

242 **d) Grenzziehung.** Eine **generelle, abstrakte Grenzziehung** zwischen Prägung und Nichtprägung im Hinblick auf die **Zahlen der Mitarbeiter** und Aufträge ist nach der Rspr. auch für den einzelnen Beruf nicht möglich (BFH IV B 29/01, BStBl. II 2002, 581). Sie ist jedoch **überschritten** bei:

- **Steuerbevollmächtigten** mit 20 fachlich vorgebildeten Mitarbeitern (FG Düsseldorf 14 K 112/86 G, EFG 1993, 512 rkr.); anders bei 25 Mitarbeitern (BFH StRK EStG § 18 R 258; **Steuerberater** in Buchstelle mit 53 Mitarbeitern (BFH IV 61/65 U, BStBl. III 1965, 557);

- **Laborärzten,** wenn täglich etwa 692–862 Untersuchungen bei täglich zwischen 277 und 345 Aufträgen erledigt werden (BFH IV R 140/88, BStBl. II 1990, 507; noch krasser im Fall BFH II R 6/94, BStBl. II 1995, 738); → Rn. 275 Stichwort „Laboratoriumsmedizin";
- 3 angestellten **Ärzten** und 63 sonstigen Mitarbeitern (BFH VIII R 116/74, BStBl. II 1976, 155; X B 54/87, BStBl. II 1988, 17); zur **Laborgemeinschaft** s. BMF 31.1.2003, BStBl. I 2003, 170; zur **pathologischen Praxis** FG Münster 1 K 2819/04 G, EFG 2006, 1913 rkr.: 74 Sek pro Untersuchung genügen!??
- **Krankenpfleger,** der wegen des Umfangs der zu erbringenden Leistungen diese weitgehend auf Mitarbeiter überträgt (BFH IV R 43/96, BStBl. II 1997, 681);
- **Masseur** mit zwei Betriebsstätten (BFH IV R 11/95, BFH/NV 1996, 464);
- **Kinderheim** mit mehreren Wohngruppen (NdsFG 14 K 98/03, EFG 2006, 1772 rkr.);
- **Krankengymnast** mit mehreren Angestellten, denen er Anamnese und Behandlung weitgehend überlässt (BFH IV B 205/03, BFH/NV 2006, 48);
- **Vermessungsingenieur** mit mehreren Angestellten (BFH XI B 227/03, BFH/NV 2006, 55);
- **Fahrschule** mit 14 Fahrlehrern (FG Brem II 96/82 K, EFG 1985, 498 rkr.; vgl. BFH V R 87/85, BFH/NV 1991, 848);
- **Privatschule** mit 30 Lehrkräften und 750 Wochen-Unterrichtsstunden (BFH IV R 125/66, BStBl. II 1969, 165; s. auch BFH IV R 127/68, BStBl. II 1970, 214);
- einem **Ingenieur** mit zwölf Fachkräften und 63 sonstigen Mitarbeitern (BFH I R 173/66, BStBl. II 1968, 820); ebenso bei Erledigung von 7.965 von 9.276 Prüffällen durch angestellte Prüfingenieure (BFH VIII R 35/16, BStBl. II 2019, 580, zu SächsFG 2 K 1479/15, EFG 2016, 1341; hierzu Urbach BeSt 2017, 4);
- anders bei einem **Sportlehrer** mit drei Lehrkräften (BFH IV R 130/79, BStBl. II 1982, 589; s. auch IV R 11/95, BFH/NV 1996, 464).

e) Vertretung. Eine Vertretung des Freiberuflers im Fall **vorübergehender Verhinderung** (zB Urlaub, Krankheit) steht der Annahme einer leitenden und eigenverantwortlichen Tätigkeit nicht entgegen (§ 18 Abs. 1 Nr. 1 S. 4 EStG), ebenso wenig der geringe eigene Einsatz aus besonderen Gründen im einzelnen Jahr (BFH XI R 53/91, BFH/NV 1995, 1048). Anders jedoch, wenn die Leitung und fachliche Verantwortung auf Dauer auf einen Vertreter übertragen wird (BFH IV R 11/95, BFH/NV 1996, 464). 243

f) Nutzung technischer Hilfsmittel. Bei (ständig verbesserten) Fähigkeiten **technischer Hilfsmittel** auf dem den Freiberuf bestimmenden Sachgebiet (insb. Computer-Programme) muss die einzelne Leistung in gleicher Weise von der individuellen Tätigkeit des Stpfl. geprägt sein, darf sich also nicht in der Anwendung technischer Vorgaben (zB StErklärung nach Programm) erschöpfen (vgl. BFH IV R 299/83, BStBl. II 1989, 727; IV R 80/94, BStBl. II 1995, 776; IV B 12/99, BFH/NV 2000, 837). 244

g) Berufsfremde Personen. Das Erfordernis des eigenverantwortlichen Tätigwerdens schließt **berufsfremde Personen** als Unternehmer oder Mitunternehmer von einer freiberuflichen Tätigkeit iSd § 18 EStG aus. Wird die Praxis eines Freiberuflers zB von einem berufsfremden **Erben** fortgeführt, so bezieht 245 dieser Einkünfte aus Gewerbebetrieb (BFH VIII R 43/70, BStBl. II 1977, 539; VIII R 13/93, BStBl. II 1994, 922; → Rn. 275 „Erben"). Das gilt nicht im Fall der sog. **gespaltenen Tatbestandsverwirklichung** (§ 24 Nr. 2 EStG; BFH GrS 2/04, BStBl. II 2008, 608), wenn der Freiberufler-Erblasser die freiberuflichen Tätigkeiten selbst vollständig erbracht hat und der Erbe nur noch die von jenem geschaffenen Werte realisiert, etwa zum Nachlass eines Kunstmalers gehörende Bilder veräußert (BFH IV R 16/92, BStBl. II 1993, 716) oder den freiberuflichen Betrieb nur abwickelt und Forderungen einzieht (BFH IV R 45/87, BStBl. II 1989, 509; VIII R 143/78, BStBl. II 1981, 665) oder Verwertungsrechte überträgt (FG Düsseldorf 13 K 472/12 E, EFG 2014, 266). Hiergegen FG Köln (14 K 1130/13, EFG 2015, 1923), wonach die vorstehende Rspr. durch BFH GrS 2/04 (BStBl. II 2008, 608) überholt sei: Der Erblasser müsse auch die **Verwertungshandlungen** durchgeführt haben und beim Erben dürfe nur die Gegenleistung zufließen.

Dagegen ist eine **Körperschaft des öffentlichen Rechts** dann gewerblich tätig, wenn sie nach Erbschaft einer Steuerberatungskanzlei Forderungen einzieht, aber auch in geringem Umfang eigene Leistungen erbringt und die Kanzlei nach 6 Monaten veräußert (BFH I R 19/87, BStBl. II 1990, 246).

4. Personengesellschaften

246 Bei ihnen ist zum einen erforderlich, dass die **Tätigkeit der Gesellschaft selbst** sich als freiberuflich darstellt (vgl. BFH XI 9/06, BStBl. II 2007, 266; Einzelheiten → Rn. 283 ff.). Zudem müssen **sämtliche Mitunternehmer** sowohl die Qualifikation eines freien Berufs aufweisen als auch die entsprechende Tätigkeit eigenverantwortlich ausführen (BFH IV R 235/84, BStBl. II 1987, 124; IV R 120/87, BFH/NV 1991, 319; VIII R 73/06, BStBl. II 2009, 647; VIII R 16/11, BStBl. II 2015, 996; VIII R 6/12, BStBl. II 2015, 1002; VIII R 62/13, BStBl. II 2016, 381; VIII R 45/13, BStBl. II 2018, 4; FG Köln 12 K 5606/03, EFG 2014, 1575 rkr.; zu den Problemen Pötsch KÖSDI 2012, 18177). **Dabei genügt es,** wenn der jeweilige Freiberuf-Gesellschafter auf seinem Tätigkeitsgebiet aufgrund eigener Fachkenntnisse oder aufgrund einer auftragsbezogenen oder generellen Aufteilung der Teamarbeit eigenverantwortlich tätig ist (BFH IV R 299/83, BStBl. II 1989, 727; VIII R 42/10, BStBl. II 2013, 79). Das gilt auch, wenn er die freiberufliche Tätigkeit nur im äußerst geringen Umfang und daneben vorwiegend organisatorische und administrative Aufgaben wahrnimmt (BFH VIII R 4/22, BStBl. II 2025, 450; zu FG RhPf 4 K 1270/19, EFG 2022, 490, aufgeh.). Das gilt auch für **Partnerschaftsgesellschaften** (→ Rn. 283) und **interprofessionelle** Gesellschaften (BFH IV R 48/99, BStBl. II 2001, 241; VI R 73/06, BStBl. II 2010, 40; Kempermann FR 2007, 577); auch bei nicht tätigkeitsbezogener Vergütung (FG Düsseldorf 16 K 4282/02, EFG 2005, 1350 rkr.; differenzierend OFD Hannover 1.7.2007, DB 2006, 73 = DStR 2007, 1628).

246a **Dagegen genügt es nicht,** wenn einer der Mitunternehmer sich nicht iSd freien Berufs betätigt, also **nur kapitalmäßig beteiligt** ist oder nur Aufgaben des Managements/der Organisation uÄ wahrnimmt bzw. nur Kapital zur Verfügung stellt/bzw. beschafft (vgl. BFH VIII R 69/06, BStBl. II 2009, 642). ME gilt dies auch für eine InnenGes (→ Rn. 287)

Ebenso wenig genügt es, wenn einer der Gesellschafter **nicht Mitunternehmer** ist und im Rahmen der Gesellschaft von den anderen Gesellschaftern nicht beeinflusst selbständig tätig wird (FG Münster 1 K 1193/18 G, F, EFG 2022, 411, zu einer Ärzte-GbR; FG Köln 12 K 1189/22, EFG 2026, 600, Rev. VIII R 16/25, zu einer Rechtsanwalts-Sozietät). Die Tätigkeit der Ges. ist insgesamt gewerblich.

Keinen Ausweg bietet insofern ein **Kooperationsvertrag** zwischen einer Partnerschaftsgesellschaft und eigenständig akquirierenden und arbeitenden Anwälten, weil es im Hinblick auf die betreffenden Einnahmen an der eigenverantwortlichen Tätigkeit der Partner fehlt; das führt zur „Infektion" (→ Rn. 287) der übrigen Einkünfte der PartnerschaftsGes (FG BBbg 1 K 1125/23, Rev. VIII R 12/25).

Bei einer **doppelstöckigen Gesellschaft** müssen zur Wahrung der Freiberuflichkeit der Untergesellschaft sämtliche Mitunternehmer der Obergesellschaft über die erforderliche Berufsqualifikation verfügen und zumindest in geringfügigem Umfang in der Untergesellschaft leitend und eigenverantwortlich mitarbeiten (BFH VIII R 69/06, BStBl. II 2009, 642; VIII R 24/17, BStBl. II 2021, 81; hierzu Korn BeSt 2021, 5; Schulze zur Wiesche StBp 2021, 163). 246b

5. Ähnliche Berufe

Zu den freiberuflichen Einkünften zählen auch die Tätigkeiten, die einem **Katalogberuf ähnlich** sind (§ 18 Abs. 1 Nr. 1 S. 2 EStG). Ähnlichkeit mit einer **künstlerischen, wissenschaftlichen, erzieherischen oder unterrichtenden** Tätigkeit ist im Gesetz nicht vorgesehen (BFH I R 109/77, BStBl. II 1981, 118). Die Entscheidung richtert sich nach ertragsteuerlichen, nicht nach den in Zusammenhang mit der richtlinienkonformen Auslegung des § 4 Nr. 14 UStG entwickelten Grundsätzen (BFH VIII R 24/14, BStBl. II 2017, 908; VIII R 26/15, BFH/NV 2019, 629). 247

a) Keine Gruppenähnlichkeit. Die **Rspr. verneint** eine sog. **„Gruppenähnlichkeit"**, also die Existenz von alle Katalogberufe umfassenden und den freien Beruf schlechthin kennzeichnenden Merkmalen (zB BFH IV R 74/00, BStBl. II 2003, 27; XI R 2/95, BStBl. II 1997, 687; VIII R 18/11, BStBl. II 2015, 128; VIII R 5/12, BStBl. II 2015, 217; VIII R 24/14, BStBl. II 2017, 908). Die gesetzlich geforderte *Eigenverantwortlichkeit* sei zwar ein tätigkeitsbezogenes Merkmal und deshalb einer der Gründe für die Besserstellung der selbstständigen Arbeit im Verhältnis zum Gewerbebetrieb. Sie sei aber ungeeignet, den ähnlichen Beruf allgemein zu bestimmen. Die Rspr. geht von einer **Ähnlichkeit** aus, wenn das typische Bild eines bestimmten Katalogberufs mit allen Einzelheiten oder zumindest mit den wesentlichen Merkmalen (BFH I R 122/81, BStBl. II 1984, 823) dem Gesamtbild der zu beurteilenden Tätigkeit vergleichbar ist (BFH I R 109/77, BStBl. II 1981, 118). Honorarordnungen werden zur Bestimmung des Leistungsbildes nur als ergänzendes Indiz herangezogen (BFH IV R 118, 119/87, BStBl. II 1990, 64; XI B 88/01, BFH/NV 2002, 1026). 247a

b) Merkmale. Ein Beruf ist einem Katalogberuf ähnlich, wenn er in **wesentlichen Punkten** mit diesem verglichen werden kann. Dazu gehört **kumulativ** die Vergleichbarkeit der *Ausbildung,* der *Kenntnisse,* der *Qualifikation* **und** der *Tätigkeit* (zB BFH XI R 47/98, BStBl. II 2000, 31; IV R 94/99, BStBl. II 2002, 261; IV R 45/00, BStBl. II 2003, 21; IV R 49/01, BStBl. II 2003, 721; IV R 51/01, BStBl. II 2004, 509; VIII R 4/13, BFH/NV 2016, 1275). 248

c) Schwierigkeitsgrad. Die **Tätigkeiten** müssen einen dem Katalogberuf **vergleichbaren Schwierigkeitsgrad** aufweisen und mit dieser Qualität den **Schwerpunkt der Tätigkeit** des StPfl. ausmachen, dh die Tätigkeit prägen (BFH 249

XI R 82/94, BStBl. II 1996, 518; IV R 19/97, BStBl. II 1998, 139; XI B 63/68, BFH/NV 2000, 424). Zum Fehlen von Ausarbeitungen: BFH VIII B 54/12, BFH/NV 2013, 1098. Spezialisierungen auf einen Hauptbereich (zB der Betriebswirtschaft) sind aber unschädlich (BFH IV R 74/00, BStBl. II 2003, 27; IV R 21/02, BStBl. II 2003, 919). Es genügt nicht, wenn die im Einzelfall zu beurteilende Tätigkeit die gleichen charakteristischen Merkmale aufweist, die für den Katalogberuf typisch sind (BFH IV R 127/70, BStBl. II 1971, 319). Nur wenn durch die **praktische Arbeit** die vergleichbaren Kenntnisse nach Tiefe und Breite nachgewiesen sind, darf sich die Tätigkeit auf Teilbereiche des Katalogberufs beschränken (BFH IV B 68/99, BFH/NV 2000, 705). Auch die Einheitlichkeit einer untrennbar gemischten Tätigkeit – → Rn. 278 – ist schädlich (BFH IV R 89/99, BStBl. II 2000, 625).

250 **d) Mehrere Berufsbilder.** Berührt ein Beruf **mehrere Berufsbilder nach Katalog,** ohne einem einzigen ähnlich zu sein, dann ist keine Freiberuflichkeit anzunehmen (BFH IV R 74/00, BStBl. II 2003, 27; IV R 34/01, BStBl. II 2003, 761); eine Ausnahme gilt, wenn der zu beurteilende Beruf eine Kombination zweier Katalogberufe darstellt, wie beim Diplom-Wirtschaftsingenieur (BFH IV R 21/02, BStBl. II 2003, 919; XI R 3/06, BStBl. II 2007, 118).

251 **e) Ausbildung.** Setzt der Katalogberuf eine qualifizierende Ausbildung voraus, dann muss der StPfl., der einen ähnlichen Beruf für sich reklamiert, eine **vergleichbare Ausbildung,** zumindest aber die entsprechenden – ggf. wissenschaftlichen – **Kenntnisse nach Breite und Tiefe** nachweisen (BFH IV R 154/86, BStBl. II 1990, 73; XI B 63/98, BFH/NV 2000, 424; XI R 5/06, BStBl. II 2007, 551). Selbst vertiefte Kenntnisse nur auf einem **Teilbereich** des Katalogberufs genügen nicht (BFH X R 11/06, BFH/NV 2007, 2091; XI R 29/06, BStBl. II 2007, 781). Insbesondere können fehlende Kenntnisse auf Kerngebieten nicht durch gute Kenntnisse in anderen Bereichen kompensiert werden (vgl. BFH III R 3/14, BFH/NV 2017, 732).

252 **aa) Fach-/Hochschulausbildung.** Der Kenntniserwerb muss bei einer für den Katalogberuf erforderlichen **Fach-** bzw. **Hochschulausbildung** aber nicht an den gleichen Lehranstalten, sondern kann auch durch **Fernkurse** und die Berufstätigkeit selbst oder in sonstiger Weise **autodidaktisch** geschehen (BFH I R 113/78, BStBl. II 1981, 121; IV R 63/86, BStBl. II 1989, 198; IV R 154/86, BStBl. II 1990, 73). Ein Autodidakt verfügt über die entsprechenden Kenntnisse, wenn es eine Hochschule, Fachhochschule, Berufsakademie oder (bei Betriebswirten) Fachschule gibt, mit deren Prüfungsanforderungen sich das Wissen des StPfl. vergleichen lässt (BFH IV R 21/02, BStBl. II 2003, 919; zur Kombination von Katalogberufen → Rn. 250). Genügen die Kenntnisse in nur einem Teilbereich dem Kenntnisstand, der für eine Abschlussprüfung im Vergleichsberuf verlangt wird, nicht, dann ist dies unschädlich, wenn der StPfl. mit den Kenntnissen in den übrigen Teilbereichen die Abschlussprüfung bestehen würde (BFH IV R 74/00, BStBl. II 2003, 27).

252a **bb) Nachweis.** Der Nachweis kann **anhand der praktischen Arbeit** geführt werden und muss den Schluss rechtfertigen, dass die Kenntnisse in ihrer Tiefe und Breite denen entsprechen, die ein Berufsangehöriger während seiner Ausbildung erwirbt, insb. wenn die berufliche Tätigkeit so geartet ist, dass sie ohne die entsprechenden Kenntnisse nicht ausgeübt werden kann (BFH IV B 68/99, BFH/NV 2000, 705; VI B 273/00, BFH/NV 2001, 893; VIII B 99/07, BFH/NV 2008,

940). In diesem Fall muss diese besonders anspruchsvoll sein und nach Tiefe und Breite zumindest das Wissen eines Kernbereichs eines Fachstudiums erfordern (BFH IV R 73/90, BStBl. II 1991, 878; IV R 116/90, BStBl. II 1993, 100; IV R 17/90, BStBl. II 1993, 324). Kenntnisse auf dem Hauptbereich, in dem der Stpfl. tätig ist, reichen jedoch nicht (BFH IV R 135/90, BStBl. II 1991, 769); ebenso wenig Erfahrungen unter Einsatz von Formelsammlungen (BFH IV R 73/90, BStBl. II 1991, 878). Nach BFH IV R 116/90, BStBl. II 1993, 100 muss die praktische Tätigkeit die **fachliche Breite des Katalogberufs** (hier: Ingenieur) abdecken (Abgrenzung zu BFH I R 113/78, BStBl. II 1981, 121), wenngleich eine Spezialisierung nicht schadet (BFH IV R 118, 119/87, BStBl. II 1990, 64). Auch Tätigkeiten in früheren Jahren können für den Nachweis der Kenntnisse herangezogen werden (BFH IV R 118, 119/87, BStBl. II 1990, 64; IV B 108/91, BFH/NV 1992, 821). Eine dem absolvierten Studium fremde Tätigkeit wird nicht allein aufgrund des Studienabschlusses freiberuflich (BFH IV R 27/05, BFH/NV 2006, 1270). Im Übrigen müssen die Kenntnisse entweder durch Zeugnisse, Zertifikate uÄ eines erfolgreich abgeschlossenen Selbststudiums nachgewiesen werden (BFH III R 43, 44/85, BStBl. II 1988, 497; I R 121/83, BStBl. II 1987, 116; IV R 63/86, BStBl. II 1989, 198; IV R 4/01, BStBl. II 2002, 475). Ein abgebrochenes Studium reicht idR als Nachweis nicht (BFH IV R 51/99, BStBl. II 2000, 616).

cc) Sachverständigengutachten. In der Regel wird – wenn der Kenntnisstand nicht schon wegen des Sachvortrags und der Zeugennachweise zur Überzeugung des FG feststeht – ein **Sachverständigengutachten** in Betracht kommen (hierzu BFH IV R 51/99, BStBl. II 2002, 475; IV B 112/93, BFH/NV 1995, 420; III B 244/11, BFH/NV 2012, 1119). Auch kann sich der StPfl. einer Wissensprüfung durch den Sachverständigen unterziehen (nur ergänzendes Beweismittel, BFH IV R 56/00, BStBl. II 2002, 768; XI R 62/04, BFH/NV 2006, 505; das seitens des StPfl. nicht an die Bedingung geknüpft werden darf, dass der fachkundige Prozessbevollmächtigte jederzeit Zwischenfragen stellen darf, BFH IV B 74/03, BFH/NV 2005, 1289). Das FG ist zu einer solchen Beweiserhebung nur verpflichtet, wenn sich aus dem Sachvortrag ergibt, dass der StPfl. über die entsprechenden Kenntnisse verfügen könnte, ein Nachweis anhand der praktischen Arbeiten aber nicht geführt werden kann und der StPfl. die Wissensprüfung beantragt (BFH IV R 56/00, BStBl. II 2002, 768; IV B 70/01, BFH/NV 2002, 644; III B 134/12, BFH/NV 2013, 930; hierzu Krömke EStB 2002, 314). Insgesamt darf aber das FG die Beurteilung der Sach- und Rechtslage nicht allein dem Sachverständigen überlassen (BFH I B 146/93, BFH/NV 1995, 217; XI B 88/01, BFH/NV 2002, 1026); vielmehr hat es ihm die Anknüpfungspunkte vorzugeben, für die eine besondere Sachkunde nicht erforderlich ist (BFH VIII B 224/09, BFH/NV 2010, 1650; VIII R 17/12, BeckRS 2015, 94885). Zur Ermittlung der Berufsmerkmale OFD Münster 22.4.2002, DB 2002, 1026 mit Hinweis auf **„BERUFEnet“.** 253

f) Stellungnahme. Die **Rspr. des BFH** (keine Gruppenähnlichkeit) ist mE **nicht schlüssig,** geschweige denn zwingend. Der Begriff „ähnlich“ hat eine andere Bedeutung als „vergleichbar“ oder „entsprechend“, worauf der BFH tatsächlich abstellt. Auch die bunte Mischung der Katalogberufe zeigt auf, dass es weder auf ein bestimmtes Tätigkeitsbild noch auf einen bestimmten Schwierigkeitsgrad bei Ausbildung und Tätigkeit ankommt. Zudem weisen die Katalogberufe – mit Ausnahme des persönlichen Einsatzes – keinerlei vergleichbare Tätig- 254 keiten auf. Bei einzelnen Berufsgruppen, zB bei den Heilberufen, hat der BFH – wenn auch verbal verdeckt – gleichwohl Ähnlichkeiten nach der hier vertretenen Auffassung begründet, obwohl Ähnlichkeiten iS seiner eigenen Rspr.-Grundsätze (und des Gebrauchs der deutschen Sprache) nicht vorhanden waren/sind: entstanden ist eine SGB-V-Ingroup. Auch die Entscheidung BFH XI R 5/06, BStBl. II 2007, 551 („Beratung" durch Betriebswirt und Umweltauditor) weist in diese Richtung. Schließlich zeigt die Entwicklung der Rspr. zur Tätigkeit von EDV-Fachleuten (→ Rn. 275 Stichwort „Datenverarbeitung") die Tendenz zur Gruppenbildung auf, bei der insb. die Prüfung der ingenieurmäßigen Kenntnisse nach Breite und Tiefe völlig in den Hintergrund tritt.

Der **Katalog** ist mE schon aus Gründen der Gleichmäßigkeit der Besteuerung (hierzu BFH XI R 5/06, BStBl. II 2007, 519) **tendenziell offen** im Hinblick auf eine Erweiterung zu Berufen, die sich durch einen persönlichen Arbeitseinsatz des StPfl. bei der Erfüllung des Auftrags auszeichnen (aA Bauhaus, Abgrenzungsprobleme bei den Einkünften aus freiberuflicher Tätigkeit, 1993, 166 ff.). Schließlich sollte nicht außer Betracht gelassen werden, dass § 18 EStG keine Norm darstellt, die als Sozialzwecknorm lediglich der Förderung der bestehenden freien Berufe dienen soll wegen allgemeiner nicht tätigkeitsbezogener Kennzeichen, wie etwa der für diesen Personenkreis typischen längeren Ausbildung (angedeutet im Beschluss des BVerfG 1 BvR 15/75, BStBl. II 1978, 125). Die Vorschrift dient vielmehr als Finanzzwecknorm einer an der Leistungsfähigkeit gemessenen Besteuerung. Dies bedeutet, dass berufsbeschreibende Merkmale, wie etwa Regelungen über die Berufszulassung und Ausbildung, nur dann Maßstäbe für den ähnlichen Beruf bieten, wenn sie das wirtschaftliche Tätigkeitsbild des Katalogberufs bestimmen und deshalb auch für den vergleichbaren Beruf Entsprechendes gefordert werden muss.

255 **g) Gesetzliche Regelungen. aa) Berufszulassungsvorschriften.** Ihre Erfüllung lässt regelmäßig schon einen Katalogberuf, wie zB den des Ingenieurs, annehmen, sie können für die Ähnlichkeit naturgemäß keine eigenständige Bedeutung haben (BFH I R 109/77, BStBl. II 1981, 118). Gleichwohl können sie und die damit verbundene staatliche Überwachung wesenstypisch für das Tätigkeitsbild sein, das auch den ähnlichen Beruf betreffen muss (glA BFH IV R 141/88, BFH/NV 1990, 438). Setzt die Ausübung des Katalogberufs eine **Erlaubnis** voraus, dann kann die als ähnlich reklamierte Tätigkeit, die ohne Erlaubnis ausgeübt wird, auch wenn diese nicht erforderlich ist, keine ähnliche Tätigkeit iSd Vorschrift sein (zB BFH IV R 43/96, BStBl. II 1997, 681; IV R 65/00, BStBl. II 2002, 149; IV R 51/01, BStBl. II 2004, 509; VIII R 24/14, BStBl. II 2017, 908). Denn aus der Existenz von Zulassungs- und Überwachungsvorschriften kann idR geschlossen werden, dass der Gesetzgeber den Zugang zu einem Tätigkeitsfeld wie dem der **Heilberufe** oder **Rechtsberater** einheitlich unter staatliche Aufsicht gestellt hat (vgl. BFH V R 144/74, BStBl. II 1977, 579; vgl. auch BFH IV R 117/87, BStBl. II 1990, 153; V R 97/84, BStBl. II 1990, 804; IV R 49/01, BStBl. II 2003, 721). Dies bedeutet, dass auch für den steuerberatenden Beruf (BFH IV R 235/84, BStBl. II 1987, 124; vgl. auch IV R 176/85, BStBl. II 1988, 273 zum Beratungsstellenleiter eines LSt-Hilfevereins), die rechtsberatenden Berufe (BFH IV R 117/87, BStBl. II 1990, 153; IV R 33/95, BFH/NV 1997, 751), die sog. Heilhilfsberufe grds. staatliche Erlaubnis und Überwachung mitentscheidend sind (vgl. zum medizinischen Fußpfleger BFH I R 218/74, BStBl. II 1976, 621; IV R 45/00, BStBl. II 2003, 21 zum Fußreflexzonenmasseur).

bb) Unerlaubte Ausübung. Eine unerlaubte Ausübung eines zulassungspflichtigen Berufs begründet mE keine freiberufliche Tätigkeit iSd § 18 EStG. Denn die Beachtung vorhandener Standesrichtlinien oder gesetzlicher Bestimmungen des Berufsrechts wird bei Angehörigen der Katalogberufe gemeinhin unterstellt und ist mit ein – wenn sich auch zunehmend verflüchtigender (→ Rn. 161) – Grund für die Befreiung von der GewSt (vgl. BFH IV R 43/96, BStBl. II 1997, 681; FG Köln 15 K 1555/05, EFG 2006, 511). 256

cc) Standesrecht/Berufsrecht. Verstöße gegen das Standesrecht können nach der Rspr. für Gewerblichkeit auch des Angehörigen eines Katalogberufs sprechen (BFH I R 204/81, BStBl. II 1985, 15; I R 114/85, BStBl. II 1989, 965). Das muss zwar nicht ausnahmslos so sein (BFH I R 1/66, BStBl. II 1969, 138; IV R 77/76, BStBl. II 1982, 340; IV R 86-88/91, BFH/NV 1992, 811) und ist aus § 18 Abs. 1 Nr. 1 EStG nicht begründbar. Allerdings soll standeswidriges Verhalten als Indiz dafür zu werten sein, dass die Tätigkeit auf Absatzförderung ausgerichtet ist (BFH IV R 131/90, BFH/NV 1992, 664; XI R 91/94, BFH/NV 1996, 135; IV B 36/95, BFH/NV 1996, 882; IV B 20/01, BFH/NV 2001, 1400). 257

Ein **Verstoß gegen Berufsrecht,** zB die fehlende Zulassung als Steuerberatungsgesellschaft, allein qualifiziert die Tätigkeit von in einer PersGes zusammengeschlossenen Freiberuflern nicht als gewerblich (FG Düsseldorf 16 K 4282/02 F, EFG 2005, 1350).

h) Sonderfall Ähnlichkeit eines Heilhilfsberufs. BFH IV R 69/00, BStBl. II 2004, 954; IV R 51/01, BStBl. II 2004, 509 (zust. BMF 22.10.2004, BStBl. I 2004, 1040) haben unter Vernachlässigung der selbstgesetzten Grundsätze (→ Rn. 247 ff.) für die Annahme von Ähnlichkeit bei Heilhilfsberufen abweichende Regelungen dekretiert. Hiernach sei bei ihnen **nicht** auf eine **staatliche Regelung,** die **Kenntnisse** und die mit dem Katalogberuf des Krankengymnasten **vergleichbaren Tätigkeiten** abzustellen; es reiche aus, wenn der StPfl. über die Erlaubnis seiner Berufsorganisation (!) verfüge, die wiederum Kenntnisse bescheinigt (!), die den Anforderungen einer staatlichen Prüfung für die Ausübung des Heilhilfsberufs vergleichbar seien (!); und: die **Zulassung** des jeweiligen StPfl. bzw. die regelmäßige Zulassung einer Berufsgruppe nach § 124 Abs. 2 SGB V **durch die gesetzlichen Krankenkassen** bzw. der Abschluss eines integrierten Versorgungsvertrags nach §§ 140a ff. SGB V mit einer solchen (so neuerdings BFH VIII R 26/15, BB 2019, 917) stelle ein ausreichendes (??) Indiz (??) für das Vorliegen einer dem Katalogberuf des Krankengymnasten ähnlichen Ausbildung, Erlaubnis und Tätigkeit dar (Leistungen nach § 36 SGB XI genügen nicht). 258

Aber es kommt noch ärger: fehle es an einer solchen Zulassung, haben (!) die FÄ und ggf. FG festzustellen, ob die Ausbildung, die Erlaubnis und die Tätigkeit des StPfl. mit den Erfordernissen des § 124 Abs. 2 S. 1 Nr. 1–3 SGB V vergleichbar (!) seien. Diese Rspr. ist **höchst bedenklich:** es mag noch angehen, die Zulassung nach § 124 Abs. 2 SGB V als ähnlichkeitsbegründend mit einer staatlichen Zulassung oder der Verleihung einer gesetzlich geschützten Berufsbezeichnung anzusehen (wenngleich der Begriff der Ähnlichkeit schon damit überstrapaziert wird); die Zulassung aber als ausreichendes Indiz für eine entsprechende Ausbildung bzw. entsprechende Kenntnisse und eine vergleichbare Tätigkeit anzusehen, hat mit Ähnlichkeit bzw. Analogie nichts zu tun. Diese Rspr. gründet auf formallogischen und methodologischen Mängeln mit der entsprechenden Folge: einander nicht ähnliche Berufe werden als einander ähnlich behandelt. Entsprechendes gilt für die Berücksichtigung einer Erlaubnis und Bescheinigung durch die Berufsorganisation. Noch luftiger wird es jedoch bei Fehlen der Zulassung: denn Ähnlichkeiten von Heilhilfsberufen lassen sich – Stichwort „staatliche Erlaubnis" – noch mit der Zulassung nach § 124 Abs. 2 SGB V begründen, nicht jedoch können die Voraussetzungen dieser Vorschrift Ähnlichkeit begründender Vergleichsmaßstab für Ausbildung, Kenntnisse und Tätigkeit eines nicht zugelassenen Berufs sein. Die oa Rspr. ist nicht Subsumtion und Deduktion, sondern Dekret, mit dem in Teilbereichen des § 18 Abs. 1 Nr. 1 EStG der Grundsatz der Einzelähnlichkeit zugunsten einer Teilgruppen-Ähnlichkeit aufgegeben wird – und das ausgerechnet bei Heil(hilfs)berufen!

259 *(frei)*

6. Lotterieeinnehmer

260 Zum Begriff des **Einnehmers staatlicher Lotterien** (§ 18 Abs. 1 Nr. 2 EStG) → Rn. 275 Stichwort „Lotterieeinnehmer".

7. Sonstige selbstständige Arbeit

261 **a) Begriff.** Das Gesetz enthält **keine Begriffsbestimmung;** es nennt den Testamentsvollstrecker, den Vermögensverwalter (→ Rn. 275 Stichwörter „Hausverwalter", „Zwangsverwalter", „Insolvenzverwalter") und das Aufsichtsratsmitglied (vgl. Stichwort). Der nur beispielhaften und nicht abschließenden Aufzählung ist zu entnehmen, dass noch **andere Berufe** unter § 18 Abs. 1 Nr. 3 EStG fallen können. Maßgebend ist nicht die Bezeichnung des Berufs, sondern die Art der Tätigkeit (BFH IV R 1/03, BStBl. II 2004, 112; VIII R 9/21, BStBl. II 2026, 143). Die Rspr. will darunter ein gelegentliches und nur ausnahmsweise nachhaltig ausgeübtes Tätigwerden verstehen (BFH IV 404/60 U, BStBl. III 1961, 306; IV R 1/03, BStBl. II 2004, 112). Nicht in § 18 Abs. 1 Nr. 3 EStG genannte Tätigkeiten sollen nur unter die Vorschrift fallen, wenn sie einem der genannten Berufe („ganz") ähnlich sind (BFH IV R 127/69, BStBl. II 1973, 730; I R 110/76, BStBl. II 1978, 137; IV R 43/88, BStBl. II 1989, 797; Grundsatz der sog. **„Gruppenähnlichkeit"**). Aus den aufgezählten Tätigkeiten folgte nach der älteren Rechtspraxis jedoch, dass es sich (ausschließlich) um vermögensverwaltende Tätigkeiten, also um die Betreuung fremder Vermögensinteressen handeln muss (BFH III R 58/85, BStBl. II 1989, 24; IV R 10/00, BStBl. II 2002, 338; IV R 26/03, BStBl. II 2005, 288).

262 **b) Neuere Rechtspraxis.** Diese **subsumiert** jedoch unter die Vorschrift auch solche Berufe, die den genannten Verwaltertätigkeiten insofern **nicht „ganz ähnlich"** sind, als sie einen „fremden Geschäftskreis" betreuen, also auch die **persönliche Betreuung** eines Menschen übernehmen, zB den Berufsbetreuer (BFH VIII R 10/09, BStBl. II 2010, 906; VIII R 14/09, BStBl. II 2010, 909; s. Stichwort → Rn. 275) oder zwar auch über fremde Mittel verfügen, jedoch nicht als Verwalter, sondern als Kommunalpolitiker (Kreistagsabgeordneter, Fraktionsvorsitzender; vgl. BFH VIII R 58/06, BStBl. II 2009, 405). Auch ein Oberbürgermeister in NRW bezieht Einkünfte nach § 18 Abs. 1 Nr. 3 EStG (BFH IV R 41/85, BStBl. II 1988, 266; III B 156/12, BFH/NV 2013, 1420). Jedoch ist geklärt, dass eine **Tätigkeit rein beratender Natur,** also ohne fremdnützige Tätigkeit im fremden Geschäftskreis (insb. Vermögensverwaltung), keine Tätigkeit iSd § 18

Abs. 1 Nr. 3 EStG ist (BFH VIII R 2/16, BStBl. II 2019, 528; VIII B 7/23, BFH/NV 2024, 915).

c) Einzelfälle. Der **Zwangs- und Insolvenzverwalter** ist auch dann nach § 18 Abs. 1 Nr. 3 EStG tätig, wenn es sich um einen **Rechtsanwalt** handelt (BFH VIII R 50/09, BStBl. II 2011, 506; VIII R 13/10, BFH/NV 2011, 1309; VIII R 6/12, BStBl. II 2015, 1002; vgl. zum Verwalter im Gesamtvollstreckungsverfahren BFH XI R 56/00, BStBl. II 2002, 202). **263**

Ein Mitglied eines **Aufsichtsrats** oder **Verwaltungsrats** ist idR mit der Überwachung der Geschäftsführung einer Körperschaft beauftragt. Der Begriff der Überwachung ist weit zu verstehen; wesentliches Merkmal hierfür ist das Recht und die Pflicht der Kontrolle der Geschäftsführung. Das betrifft auch eine kommunale GmbH (BFH VIII R 9/21, BStBl. II 2026, 143).

d) Unmittelbarkeit. Voraussetzung ist die **unmittelbare** Berechtigung und Verpflichtung des tätigen StPfl.; ein **Subunternehmer** erfüllt sie nicht (BFH IV R 41/03, BStBl. II 2005, 611). Das Erbringen einer höchstpersönlichen Arbeitsleistung anstelle des Einsatzes von Kapital ist zwar kein geeignetes Abgrenzungskriterium (BFH IV R 1/03, BStBl. II 2004, 112). Jedoch sprengt die Betreuung einer hohen Zahl von Auftraggebern den Rahmen der Verwaltungstätigkeit (BFH XI R 9/06, BStBl. II 2007, 266). **264**

e) Vervielfältigungsverbot. § 18 Abs. 1 Nr. 3 EStG wurde legislativ nicht wie § 18 Abs. 1 Nr. 1 EStG im Hinblick auf das **Vervielfältigungsverbot** abgemildert (vgl. BFH I R 123/69, BStBl. II 1971, 239). Gleichwohl hält es der BFH – wie einige FG – nunmehr auch für die sonstige selbstständige Arbeit **nicht** mehr für **einschlägig** (BFH VIII R 50/09, BStBl. II 2011, 506; VIII R 3/10, BStBl. II 2011, 498; hierzu Korn KÖSDI 2012, 17755; s. Stichwort „Insolvenzverwalter“), eine rechtspolitische Entscheidung, die mE – so sinnvoll sie im Ergebnis ist – die Grenzen zulässiger Rechtsauslegung überschreitet. Das bedeutet, dass § 18 Abs. 1 Nr. 1 S. 3 und 4 EStG auch bei den Einkünften aus sonstiger selbstständiger Arbeit anwendbar ist mit der weiteren Folge der Zulässigkeit der Mithilfe qualifizierter Mitarbeiter unter der Voraussetzung der eigenverantwortlichen Leitung (→ Rn. 239 ff.; BFH VIII R 6/12, BStBl. II 2015, 1002). Davon unberührt bleibt mE die Möglichkeit, dass der schiere Umfang der Aufträge, der beschäftigten Mitarbeiter und der damit einhergehenden betrieblichen Organisation die Tätigkeit als gewerblich qualifiziert (→ Rn. 264 aE). **265**

(frei) **266**

8. Gewinnvorzug (carried interest)

a) Regelung. Nach **§ 18 Abs. 1 Nr. 4 EStG** zählen Einkünfte, die ein Beteiligter an einer vermögensverwaltenden Gesellschaft oder Gemeinschaft, deren **Zweck im Erwerb, Halten und in der Veräußerung von Anteilen** an Kapitalgesellschaften besteht, als Vergütungen für Leistungen zur Förderung des Gesellschaftszwecks erzielt, zu den Einkünften aus nichtselbstständiger Arbeit, wenn der Anspruch auf Vergütung unter der Voraussetzung eingeräumt worden ist, dass die Gesellschafter oder Gemeinschafter ihr eingezahltes Kapital vollständig zurückerhalten haben; § 15 Abs. 3 EStG ist nicht anzuwenden (siehe die umfassende Darstellung von Töben/Schrepp DStR 2019, 526; Töben/Schrepp DStR 2019, 573). **267**

Die Vorschrift ist durch G. v. 30.7.2004 (BGBl. 2004 I 2013) eingefügt worden und ist – was die Qualifikation der Einkünfte betrifft – durchgängig **ab EZ 2004** anzuwenden.

268 **b) Voraussetzungen. aa) Beteiligung an einer Gesellschaft.** Bei ihr kann es sich auch um eine **Kapitalgesellschaft** handeln (Watrin/Struffert BB 2004, 1888, jedoch str.). Es muss sich wohl um eine kapitalmäßige Beteiligung handeln (aA Behrens FR 2004, 1211). Auf eine Mindestquote kommt es nicht an (Wacker in Schmidt EStG § 18 Rn. 286). Auch kommt es nicht auf die Bezeichnung als „Wagniskapital-Gesellschaft", „Venture Capital Fonds" oder „Private Equity Fonds" an (zu Begriff und Durchführung der Geschäftstätigkeit vgl. BMF 16.12.2003, BStBl. I 2004, 40).

269 **bb) Vermögensverwaltend.** Dies bedeutet Beachtung der **Grundsätze in → Rn. 100 ff.** (vgl. BMF 16.12.2003, BStBl. I 2004, 40). Eine originär gewerbliche Einkünfte erzielende Fondsgesellschaft erfüllt die Voraussetzungen nicht. Das Gleiche gilt, wenn sie neben dem Erwerb, Halten usw nach § 15 Abs. 3 Nr. 1 oder 2 EStG Einkünfte aus GewBetrieb (qua Abfärbung bzw. gewerblicher Prägung) bezieht; eine an sich denkbare tätigkeitsbezogene Auslegung (Töben/Schrepp DStR 2019, 573) lehnt der BFH ab (BFH VIII R 11/16, BFH/NV 2019, 746). Es kommt auf die Art der Tätigkeit, nicht auf die Organisationsstruktur an. „Händlertypisches Verhalten" ist schädlich, insb. kurze Beteiligungsdauer, häufige Beteiligungsumschichtung zur Ermöglichung eines Leverageeffekts (vgl. BFH I R 46/10, BStBl. II 2014, 764; Rodin/Veith/Bärenz DB 2004, 103; krit. Wiese/Klass FR 2004, 324).

§ 18 Abs. 1 Nr. 4 Hs. 2 EStG, wonach § 15 Abs. 3 EStG (Infektion bzw. Abfärbung) nicht anwendbar ist, soll nicht bewirken, dass eine gewerbliche Fondsgesellschaft kraft Abfärbung oder gewerblicher Prägung „entfärbt" oder „entprägt" würde. Auch eine Beteiligung an einer gewerblich tätigen oder geprägten Personengesellschaft ist somit schädlich (BFH VIII R 11/16, BFH/NV 2019, 746).

270 **cc) Gesellschaftszweck.** → Rn. 267; es muss sich mE nach dem Wortlaut der Vorschrift um den **alleinigen Zweck** handeln (Wacker in Schmidt EStG § 18 Rn. 286; Geerling/Ismer DStR 2005, 1596: **aA** Handzik in LBP EStG § 3 Rn. 1521a; Friederichs/Köhler DB 2004, 1638; Behrens FR 2004, 1211). Unschädlich sind daher nur Hilfsgeschäfte der Beteiligungsverwaltung.

271 **dd) Vergütung.** Sie ist **kapitaldisproportionaler originärer Gewinnanteil** und wird für materielle und immaterielle Gesellschafterbeiträge des Berechtigten zur Förderung des Fondszwecks (Gesellschaftszwecks), nicht der Portfoliogesellschaft, und auch nicht für Leistungen an die übrigen Gesellschafter gezahlt (BFH VIII R 3/21, BStBl. II 2024, 902, zu FG München 12 K 2334/18, EFG 2021, 755, aufgeh.). Auf der Fondsebene liegt eine Vergütung nur vor, wenn handelsrechtlich eine Ausgabe vorliegt, die auch zu leisten ist, wenn kein Gewinn erwirtschaftet worden ist (BFH VIII R 11/16, BFH/NV 2019, 746; Lauer/Dürr Ubg 2023, 435; aA BMF BStBl. I 2004, 40, Tz. 40). Der laufende Gewinnanteil stellt auch auf der Gesellschafterebene keine Vergütung iSd § 18 Abs. 1 Nr. 4 EStG dar (BFH VIII R 21/17, BStBl.II 2021, 609).

Die **Zahlung** darf erst nach vollständiger Kapitalrückzahlung erfolgen. Abschläge vor Rückzahlung sind mE schädlich (aA Behrens FR 2004, 1211). Auch soll unerheblich sein, aus welchen Mitteln die Vergütung gezahlt wird (BT-Drs. 15/3336; Bauer/Gemmeke DStR 2004, 1470; Handzik in LBP EStG § 3

Rn. 1521a). Das kann mE jedoch nur gelten, solange die Zeitfolge nach der Kapitalrückzahlung nachvollziehbar bleibt.

§ 15 Abs. 3 EStG ist nach § 18 Abs. 1 Nr. 4 S. 2 EStG nicht anwendbar; was sich nur auf die Initiatoren-Personengesellschaft bezieht; es soll verhindert werden, dass der Gewinnvorzug wegen einer anderweitigen gewerblichen Tätigkeit oder Prägung als gewerblich zu behandeln ist (BFH VIII R 11/16, BFH/NV 2019, 746; ebenso Wacker in Schmidt EStG § 18 Rn. 286; aA Friedrichs/Köhler DB 2004, 1638).

ee) Rechtsfolge. Qualifizierung des **Gewinnvorzugs** für die Förderung des **272** Gesellschaftszwecks als **Einkünfte aus selbstständiger Arbeit** nur auf der **Ebene des Gesellschafters,** nicht auf der Ebene der Fondsgesellschaft (BFH VIII R 3/21, BStBl. II 2024, 902, zu FG München 12 K 2334/18, EFG 2021, 755, aufgeh.; aA BMF BStBl. I 2004, 40, Tz. 24), und zwar im Hinblick auf alle Quellen der Vergütung innerhalb des Fonds (Töben/Schrepp DStR 2019, 526; Baumgartner DStR 2021, 1858; Lauer/Dürr Ubg 2023, 435). Daher (insofern) keine GewSt auch bei gewerblichen/gewerblich geprägten Initiatoren (→ Rn. 271), mE nicht jedoch bei Kapitalgesellschaften (vgl. § 8 Abs. 2 KStG, der mE dem § 8 Abs. 1 KStG insofern vorgeht; **aA** Watrin/Struffert BB 2004, 1888; Friedrichs/Köhler DB 2004, 1638; Bauer/Gemmeke DStR 2004, 1470; Lauer/Dürr Ubg 2023, 435; Wacker in Schmidt EStG § 18 Rn. 287). Werden die Voraussetzungen des § 18 Abs. 1 Nr. 4 EStG nicht erfüllt, unterfällt der Gewinnvorzug mE der GewSt (BMF 16.12.2003, BStBl. I 2004, 40; **aA** Friedrichs/Köhler DB 2006, 1396; s. jedoch → Rn. 423a; BFH IV R 30/16, BStBl. II 2020, 649); keine Anwendung des Halbeinkünfteverfahrens (LfSt Bay 29.8.2008, DB 2008, 2166). Die übrigen Anleger erzielen Einkünfte nach §§ 17, 20 Abs. 1 Nr. 1, 23 EStG, ggf. nach § 8b Abs. 1 KStG (Einzelheiten OFD Frankfurt aM 1.12.2006, DB 2007, 22). Zu **ausländischen** Carry-Holdern Geerling/Kost IStR 2005, 757.

(frei) **273, 274**

9. ABC Selbstständige Tätigkeit/Gewerbebetrieb

Vergleiche EStH 15.6; BERUFEnet, OFD Münster 22.4.2002, DB 2002, 1026. **275**

- **Abfallwirtschaftsberater** kann freiberuflich, weil ingenieurähnlich, tätig sein (BFH IV R 27/05, BFH/NV 2006, 1270).
- **Abgeordnete** (Kreistag, Stadt, Gemeinderat), § 18 Abs. 1 Nr. 3 EStG (BFH IV R 41/85, BStBl. II 1988, 266; IV R 15/95, BStBl. II 1996, 431); anders Parlamentsabgeordnete (BFH IX R 255/87, BStBl. II 1988, 435).
- **Altenpfleger** kann ein einem Heil(hilfs)beruf ähnlicher Beruf sein, nach BFH IV R 51/01, BStBl. II 2004, 509 jedoch nur, wenn die Ausbildung der des Krankengymnasten ähnlich ist. Werden hauswirtschaftliche Dienste geleistet, dann müssen sie getrennt abgerechnet werden (sonst insgesamt gewerblich, BMF 22.10.2004, BStBl. I 2004, 1030). Die Mithilfe qualifizierten Personals schadet nicht, wenn der StPfl. selbst einen wesentlichen Teil der Pflegeleistungen übernimmt, dh durch regelmäßige und eingehende Kontrolle maßgeblich auf die Pflegetätigkeit der Mitarbeit bei jedem einzelnen Patienten Einfluss nimmt („Stempel der Persönlichkeit“, vgl. BFH IV R 51/01, BStBl. II 2004, 509). S. auch „Ambulanter Pflegedienst“.
- **Ambulanter Pflegedienst,** der nur Leistungen der Grundpflege und der hauswirtschaftlichen Versorgung erbringt, fällt nicht unter § 18 Abs. 1 Nr. 1 oder Nr. 3 EStG (BFH VIII B 135/10, BFH/NV 2011, 2062).

– **Anlageberater,** idR gewerblich (BFH IV R 115/76, BStBl. II 1980, 336; III R 58/85, BStBl. II 1989, 24; VIII B 54/12, BFH/NV 2013, 1098); vgl. auch „Finanzanalyst".
– **Anlagenvermittlung,** gewerblich (BFH VIII R 92/83, BStBl. II 1984, 129; IV R 208/85, BFH/NV 1991, 435; X R 24/10, BStBl. II 2012, 498).
– **Apothekeninventurbüro,** gewerblich (BFH IV 283/63 U, BStBl. III 1965, 556).
– **Apothekenrezeptabrechner,** gewerblich (BFH IV R 153/73, BStBl. II 1974, 515).
– **Apotheker** ist kein Katalogberuf und auch kein dem Heilberuf ähnlicher Beruf; daher gewerblich (vgl. BFH IV B 48/97, BFH/NV 1998, 706; vgl. BFH VIII B 3/23, BFH/NV 2024, 942; BMF 22.10.2004, BStBl. I 2004, 1030).
– **Arbeiterwohnheim,** gewerblich (BFH IV R 196/71, BStBl. II 1973, 561).
– **Architekt.** Zu seinen Berufsaufgaben gehören die künstlerische, auf wirtschaftlichen und technischen Grundlagen beruhende Planung und Gestaltung von Bauwerken und Räumen, Garten-, Landes- und Regionalplanung (BFH IV R 86-88/91, BFH/NV 1992, 811), die Bearbeitung von Leitplänen, die Überwachung von Bauausführungen, die Vertretung des Bauherrn gegenüber Behörden und Handwerkern (BFH IV 336/64, BStBl. III 1965, 586; XI R 3/06, BStBl. II 2007, 118). Das **Berufsbild des Architekten** erfasst auch das sog. „Rendering" (Architekturvisualisierung), wenn der Architekt im Entwurfsstadium in die Planung eingebunden ist (FG Köln 9 K 2291/17, DStRE 2022, 721), nicht jedoch die Tätigkeit des sog. *Advokatenplaners* zur Durchführung der Bürgerbeteiligung an städtischen Bausanierungsmaßnahmen (wissenschaftliche Tätigkeit angenommen, BFH IV R 177/82, BeckRS 1983, 5235).
  Eine Spezialisierung ist unschädlich (BFH IV R 118, 119/87, BStBl. II 1990, 64). Übernimmt der Architekt/Ingenieur auch die Bauausführung, dann ist er insoweit gewerblich tätig (BFH XI R 10/06, BStBl. II 2008, 54, best. FG Münster 1 K 6112/02, EFG 2006, 585); ebenso bei Vermittlungstätigkeiten (FG BW 12 K 51/86, EFG 1992, 71) und sonstigen Tätigkeiten zur Absatzförderung (BFH I R 204/81, BStBl. II 1985, 15; XI R 91/94, BFH/NV 1996, 135); ein Erfolgshonorar kann hierfür Indiz sein (BFH IV B 20/01, BFH/NV 2001, 1400).
  Eine dem Architekten **ähnliche Tätigkeit** setzt nicht die befugte Führung dieser Berufsbezeichnungen voraus (BFH IV R 75/74, BStBl. II 1975, 558). Vergleiche zu Einzelheiten der architektenähnlichen Tätigkeit BFH I R 113/78, BStBl. II 1981, 121; I R 66/78, BStBl. II 1981, 121; VIII R 121/80, BStBl. II 1982, 492 (Handwerksmeister als Entwurfsverfasser); III R 43, 44/85, BStBl. II 1988, 497. Die qualifizierenden Merkmale müssen Schwerpunkt der Tätigkeit sein, quantitativ überwiegen und das Gepräge geben (BFH IV R 154/86, BStBl. II 1990, 73), zudem Kenntnisse der gesamten Breite, nicht nur eines Ausschnitts des Berufs erfordern (vgl. BFH XI R 47/98, BStBl. II 2001, 31). Für den Nachweis der Kenntnisse kann auch auf Tätigkeiten in früheren Jahren abgestellt werden (BFH IV R 118, 119/87, BStBl. II 1990, 64; IV B 108/91, BFH/NV 1992, 821).
– **Artist,** gewerblich (BFH IV 77/53 S, BStBl. III 1995, 100); ebenso **Artistenvermittler** (BFH I 157/63 U, BStBl. III 1966, 36).
– **Arzt.** Der Arztberuf ist **Heilberuf;** das Berufsbild wird bestimmt durch Tätigkeiten zur Vermeidung, Heilung und Linderung von Erkrankungen; dazu gehören auch Impfungen, Diagnose und Maßnahmen zur Prophylaxe (sowie die

laufende Erstellung von **Gutachten** (BFH IV R 20/76, BStBl. II 1977, 31; IV R 187/79, BStBl. II 1982, 253; vgl. V R 7/05, BStBl. II 2007, 412), auch bei Spezialisierung auf besondere Bereiche wie etwa erbbiologische Gutachten, insb. Gewebeuntersuchungen und Blutgruppengutachten (s. „Blutgruppengutachten" und „Laboratoriumsmedizin") sowie die **Medikamentenerprobung** im Zusammenhang mit einer Therapie (vgl. BFH IV R 202/79, BStBl. II 1982, 118) und isoliert hiervon an Probanden (vgl. BFH IV R 60/83, BFH/NV 1986, 274; FG Brem I 9/75, EFG 1977, 18). ME entsprechen Gutachten ohne therapeutischen Zusammenhang nicht dem Berufsbild des Arztes als Heilberuf iSd § 18 Abs. 1 Nr. 1 EStG (zutreffend FG Köln VIII 776/77 E, EFG 1982, 567; vgl. Güroff in LBP EStG § 18 Rn. 151a); ggf. wissenschaftlich, hierzu BFH IV R 20/76, BStBl. II 1977, 31). Die Ausübung der Tätigkeit ist auch als Nebenberuf Freiberuf (BFH IV R 20/76, BStBl. II 1977, 31). Die **Eigenverantwortlichkeit** ist noch gewahrt, wenn ein angestellter Arzt Behandlungen nach entsprechender Voruntersuchung und Festlegung des Behandlungsplans durch den Betriebsinhaber durchführt (BFH VIII R 41/12, BStBl. II 2015, 216). Dagegen führt die eigenverantwortliche Behandlung durch einen angestellten Arzt insoweit zur Gewerblichkeit (→ Rn. 240 aE). Die **Medikamentenabgabe** ist gewerbliche Tätigkeit, wenn sie nicht zwangsläufig mit der Behandlung verbunden ist (zB Praxisbedarf, Notfälle etc, s. BFH V R 95/76, BStBl. II 1977, 879; IV R 113/76, BStBl. II 1979, 574). Entsprechendes ist zu beachten für die Abgabe von Impfstoffen (BMF 17.2.2000, DB 2000, 648) sowie für den planmäßigen Verkauf von anderen Produkten, wie etwa den Absatz von Kontaktlinsen und Pflegemitteln bei Augenärzten (BMF 14.5.1997, BStBl. I 1997, 566 empfiehlt bei Gemeinschaftspraxen die Gründung verschiedener Gesellschaften; ebenso für Tierärzte FM Bbg 8.6.1993, FR 1993, 485), s. auch EStH 15.6. Nicht zur freiberuflichen Tätigkeit gehört die reine **Lagerung von kryokonservierten Samenzellen** bzw. Embryonen (FG Münster 12 K 168/17, G, F, EFG 2022, 1298) sowie die **wirtschaftliche Krankenhausberatung** (BFH XI B 63/98, BFH/NV 2000, 424) und die Arbeitssicherheit (BFH VI R 6/03, BFH/NV 2005, 1544). Zum **Krankenhaus** als ärztlichem Hilfsmittel s. „Krankenhausbetrieb" und „Kindererholungsheim". Siehe iÜ auch „Heilberufe".

- **Ärztepropagandist,** bei Selbstständigkeit gewerblich (BFH IV 329/58 U, BStBl. III 1961, 315); Absatzförderung, vgl. BFH I R 204/81, BStBl. II 1985, 15.
- **Arztvertretung,** idR freiberuflich mangels Weisungsgebundenheit (BFH IV 429/52 U, BStBl. III 1953, 142).
- **Astrologe,** gewerblich (FG Düsseldorf VII 425/66 G, EFG 1967, 522; 17 K 572/02 G, DStRE 2005, 824).
- **Audio-Psycho-Phonologe,** angeblich einem Krankengymnasten ähnlich (BFH IV R 69/00, BStBl. II 2004, 954; → Rn. 175).
- **Auditor,** gewerblich (HessFG 8 K 1909/99, DStRE 2005, 943 rkr.); s. aber „Umweltauditor".
- **Aufsichtsratsmitglied,** § 18 Abs. 1 Nr. 3 EStG, wenn er nicht mit Aufgaben der Geschäftsführung, sondern mit deren Überwachung betreut ist (BFH IV R 1/03, BStBl. II 2004, 112) und nicht nur Repräsentationsaufgaben wahrnimmt (BFH VIII R 159/73, BStBl. II 1978, 352). Nicht zu den Vergütungen nach § 18 Abs. 1 Nr. 3 EStG gehören Zahlungen für sonstige Leistungen (BFH IV R 1/03, BStBl. II 2004, 112).

- **Augenhersteller** von künstlichen Menschenaugen ist gewerblich tätig (BFH IV R 251/66, BStBl. II 1968, 662).
- **Auktionator,** gewerblich tätig einschließlich der weder künstlerischen noch wissenschaftlichen Tätigkeit als Sachverständiger für Möbel (BFH IV 317/52 U, BStBl. III 1953, 175; IV 697/54 U, BStBl. III 1957, 106).
- **Bademeister** (medizinischer), gewerblich, es sei denn, die Bäder sind Hilfsmaßnahmen einer iÜ freien Berufstätigkeit (BFH IV 60/65, BStBl. II 1971, 249). Nach BMF 22.10.2004, BStBl. I 2004, 1030 freiberuflich, „soweit" (also wohl gesonderte Abrechnung erforderlich) der Bademeister zur Feststellung des Krankheitsbildes oder iR einer Heilbehandlung tätig wird.
- **Baubetreuer,** nur wirtschaftliche Baubetreuung ist keine Architektentätigkeit, sondern gewerblich (BFH I R 35/71, BStBl. II 1973, 668; VIII R 55, 56/70, BStBl. II 1974, 447; X R 255/93, BStBl. II 1996, 303).
- **Bauleitung** eines Technikers idR gewerblich (BFH VIII R 121/80, BStBl. II 1982, 492; III R 43, 44/85, BStBl. II 1988, 497; zum Bauführer FG Bln VI 5/72, EFG 1972, 535), kann aber bei einem Hochbautechniker mit langjähriger praktischer Tätigkeit auf dem Gebiet der Bauplanung eine architektenähnliche Tätigkeit sein (BFH IV R 118, 119/87, BStBl. II 1990, 64).
- **Bausachverständiger** mit architektenähnlicher Vorbildung ist freiberuflich tätig (BFH IV 6/53 U, BStBl. III 1954, 147; IV 45/58 U, BStBl. III 1959, 267; IV R 244/84, BStBl. II 1986, 843). Anders, wenn nur Wertgutachten erstellt werden (BFH V R 70/73, BStBl. II 1974, 528; I R 26/82, BFH/NV 1986, 81).
- **Bausparkassenaktionsleiter,** gewerblich (BFH I R 114/85, BStBl. II 1989, 965; FG Düsseldorf 18 K 2524/97 G, EFG 2002, 96 rkr.).
- **Baustatiker,** freiberuflich, da architektenähnlich (BFH IV R 185/71, BStBl. II 1976, 380; IV R 146/75, BStBl. II 1979, 109).
- **Bauzeichner,** im Einzelfall architektenähnlich (FG Brem II 228/87 K, EFG 1991, 389).
- **Belastingadviseur-NL** ist gewerblich tätig, weil er weder in den Niederlanden noch in Deutschland einer Zulassung bedarf (vgl. BFH VII B 330/02, VII S 41/02, BStBl. II 2003, 422; II R 53/13, BFH/NV 2014, 1557; BVerfG StEd 2005, 655; BMF 4.5.1998, DStR 1998, 1054; Kempermann StbJb 2003/04, 387 (396); krit. Sauren DStR 1999, 1100; Korn EStG § 18 Rn. 39).
- **Beleuchtungskörper.** Ihre Einzelanfertigung kann künstlerisch sein (BFH IV 43/64, BStBl. II 1969, 70).
- **Belieferungsrechte.** Ihre Überlassung ist idR gewerblicher Natur (BFH X R 49/93, BFH/NV 1996, 133).
- **Beratender Betriebswirt.** Den Beruf übt aus, wer nach einem entsprechenden Studium mit den hauptsächlichen Bereichen der BWL (Unternehmensführung, Leistungserstellung, Materialwirtschaft, Finanzierung, Vertrieb, Verwaltungs-, Rechnungs- und Personalwesen) und nicht nur mit einzelnen Spezialgebieten vertraut ist und dieses Breitenwissen bei seiner Beratungstätigkeit einsetzen kann und auch einsetzt (s. BFH IV R 70/00, BStBl. II 2003, 25; VIII R 2/14, BStBl. II 2017, 882). Die **Beratungstätigkeit** in einem Hauptbereich der Betriebswirtschaftslehre genügt (BFH VIII R 69/06, BStBl. II 2009, 642). Eine weitergehende **Spezialisierung** ist jedoch schädlich (vgl. zur Schädlichkeit/Unschädlichkeit der Beschränkung der Beratungstätigkeit BFH IV R 74/00, BStBl. II 2003, 27; IV R 21/02, BStBl. II 2003, 919; VIII B 182/07, BFH/NV 2008, 1669). Nicht mehr beratend tätig ist,

wer unternehmerische Entscheidungen umsetzt (BFH IV R 135/90, BStBl. II 1991, 769; FG Düsseldorf 14 K 2347/15 G, EFG 2018, 1287) oder die kaufmännische Leitung des „beratenen" Betriebs selbst übernimmt (BFH VIII R 69/06, BStBl. II 2009, 642 mwN)

Der **ähnliche Beruf** setzt eine nach Tiefe und Breite vergleichbare Vorbildung in jedem Hauptbereich der BWL (s. oben) sowie die entsprechende Tätigkeit voraus (BFH IV R 70/00, BStBl. II 2003, 25; IV R 74/00, BStBl. II 2003, 27; IV R 34/01, BStBl. II 2003, 761; IV R 1/03, BStBl. II 2004, 112; IV B 52/01, BFH/NV 2003, 1413; VIII B 103/10, BFH/NV 2011, 1133). „Ausnahmsweise" ist die **Kombination zweier Katalogberufe** beim (Dipl.-)Wirtschafts-Ingenieur anzuerkennen (BFH IV R 21/02, BStBl. II 2003, 919; XI R 3/06, BStBl. II 2007, 118, zum Studium in der ehem. DDR).

Kenntnisse auf dem Niveau der Fachschule (BFH IV R 74/00, BStBl. II 2003, 27) genügen, müssen aber auf allen („klassischen") Hauptgebieten der BWL vorhanden sein (BFH IV B 52/01, BFH/NV 2003, 1413). Der **Qualifikationsnachweis** kann durch erfolgreich absolvierte Fortbildungsveranstaltungen, ein Selbststudium, die praktische, entsprechende Kenntnisse erfordernde Tätigkeit oder eine Art Wissensprüfung geführt werden (BFH IV R 56/00, BStBl. II 2002, 768; VIII R 2/14, BStBl. II 2017, 882). *Nicht ausreichend* ist die auf bestimmte Fachbereiche beschränkte Beratungstätigkeit (BFH IV R 135/90, BStBl. II 1991, 769), ebenso wenig ein abgebrochenes Studium (BFH IV R 51/99, BStBl. II 2000, 616). Eine Wissensprüfung kommt nur in Betracht, wenn sich im Übrigen ergibt, dass der StPfl. über die erforderlichen Kenntnisse verfügen könnte (BFH IV R 56/00, BStBl. II 2002, 768; VIII R 2/14, BStBl. II 2017, 882); sie muss – wenn gewollt – beantragt werden (BFH VIII R 43/08, BFH/NV 2009, 759; XI R 24/06, BFH/NV 2007, 1495). Ein Dipl-Bankbetriebswirt – Bankakademie – übt mangels Vorkenntnissen keinen ähnlichen Beruf aus (FG Münster 12 K 5349/04 G, EFG 2007, 1172).

Beratungstätigkeit auf dem Gebiet des *Marketing* (= Hauptbereich) kann ein ähnlicher Beruf sein. Werden daneben noch andere – isoliert betrachtet, gewerbliche – Leistungen erbracht, dann muss die Beratung den Schwerpunkt der Gesamttätigkeit bilden. Eine völlige Spezialisierung auf nur einen Fachbereich kennzeichnet Gewerblichkeit (BFH I R 106/72, BStBl. II 1974, 293; I R 63/75, BStBl. II 1977, 34; VIII R 149/74, BStBl. II 1978, 565). Siehe auch Stichwörter „Datenverarbeitung", „Unternehmensberater".

- **Beratungsstellenleiter** eines LSt-Hilfevereins, wenn nicht unselbstständig, dann gewerblich (vgl. BFH IV R 176/85, BStBl. II 1988, 273; zur Mitunternehmerschaft FG RhPf 1 K 2206/91, EFG 1995, 21).
- **Bergführer** kann freiberuflich tätig sein, wenn unterrichtend (ebenso März DStR 1994, 1177; **aA** Brandt in HHR § 18 Anm. 600).
- **Berufssportler,** gewerbliche Tätigkeit, soweit nicht nichtselbstständig (BFH I R 39/80, BStBl. II 1983, 182); auch bei Sportartikelwerbung (BFH VIII R 104/85, BStBl. II 1986, 424) oder einer Promotion(Werbe)veranstaltung (BFH X R 14/10, BStBl. II 2012, 511). Zur Frage der Selbstständigkeit → Rn. 59 „Sportler". Ein international tätiger **Berater von Berufsfußballern** ist gewerblich tätig (BFH IV R 59/97, BStBl. II 1999, 167).
- **Besamungstechniker,** gewerblich (BFH I R 96/66, BStBl. III 1966, 677).
- **Betreuer** iSv §§ 1896 ff. aF BGB (§§ 1814 ff., 1875 BGB nF) übt trotz seines über die Vermögensverwaltung hinaus gehenden Aufgabenkreises eine sonstige selbstständige Tätigkeit aus. Das gilt sowohl für den Berufsbetreuer (BFH VIII

R 10/09, BStBl. II 2010, 906; VIII R 14/09, BStBl. II 2010, 909; hierzu Kempermann FR 2010, 1048) als auch für den ehrenamtlichen Betreuer (BFH VIII R 57/09, BStBl. II 2013, 799).

- **Bezirkskaminkehrermeister** ist trotz Wahrnehmung hoheitlicher Aufgaben als beliehener Unternehmer gewerblich tätig (BFH IV 178/58 U, BStBl. II 1960, 209; IV 236/61 U, BStBl. II 1994, 99; XI R 53/95, BStBl. II 1997, 295).
- **Bilanzbuchhalter,** gewerblich, vgl. „Stundenbuchhalter".
- **Bildberichterstatter** ist freiberuflich tätig, wenn er an der Gestaltung des geistigen Inhalts publizistischer Medien insofern mitwirkt, als er über Zustände und Ereignisse politischer, wirtschaftlicher, gesellschaftlicher oder kultureller Art berichtet (BFH I R 78/69, BStBl. II 1971, 267; IV R 50/96, BStBl. II 1998, 441; VIII B 96/07, BFH/NV 2008, 1472). Auch eine GbR bestehend aus Kameramann und Tontechniker, die mit Originalton unterlegtes Bildmaterial über aktuelle Ereignisse herstellt, ist freiberuflich tätig. Gibt sie Aufträge an Dritte weiter, ohne auf die Gestaltung des Materials Einfluss zu nehmen, dann ist die GbR insgesamt (→ Rn. 100) gewerblich tätig (BFH XI R 8/00, BStBl. II 2002, 478).
- **Bildhauer,** kann auch dann freiberuflich tätig sein, wenn er Modelle für Serienprodukte entwirft (BFH StRK UStG § 4 Nr. 17 R 9).
- **Bildjournalist,** vgl. „Bildberichterstatter".
- **Biologe,** kann auch mit reinen Bestandsaufnahmen wissenschaftlich tätig sein (BFH IV R 64/91, BFH/NV 1993, 360).
- **Blindenführhundeschule,** gewerblich, da weder erzieherisch noch unterrichtend (BFH VIII R 11/15, BStBl. II 2017, 911, zu FG Münster 4 K 69/14 G, EFG 2014, 2063, best.).
- **Blutgruppengutachter,** dem Arzt ähnlich und daher freiberuflich (BFH IV R 102/83, BStBl. II 1985, 293; IV R 231/82, BFH/NV 1987, 367; IV R 218/82, BFH/NV 1987, 613).
- **Body-Builder** s. „Fitness-Studio".
- **Bordell** (Zimmervermietung), gewerblich (BFH IV 79/60 U, BStBl. III 1961, 518).
- **Buchhalter** ohne Qualifikation als Wirtschaftsprüfer oder Steuerberater ist gewerblich tätig (BFH VII R 107/83, BStBl. II 1984, 336; VIII B 46/07, BFH/NV 2008, 785).
- **Buchmacher,** gewerblich (BFH IV R 49/78, BStBl. II 1982, 650).
- **Bühnenvermittler,** gewerblich (BFH I R 107/68, BStBl. II 1970, 517; ebenso Künstlerbetreuer, FG Hmb I 495/86, EFG 1988, 429).
- **Büttenredner,** keine künstlerische Tätigkeit (BFH IV R 105/85, BStBl. II 1987, 376; die im Bezugsurteil genannten Anforderungen an die Darlegung eigener Sachkunde sind zT durch BFH IV B 200/04, BStBl. II 2006, 709 überholt); zur Abgrenzung zum „Humorist" s. dort.
- **Castingdirektor,** der Schauspieler nach den Anforderungen des Drehbuchs auswählt, soll eine künstlerische Tätigkeit ausüben (FG München 1 K 3200/09, EFG 2012, 159; zur Sachkunde Neu EFG 2012, 161), was den Kunstbegriff (s. Stichwort „Künstlerische Tätigkeit") insb. Im Hinblick auf die Elemente Werk, Ausdruck und Gestaltungshöhe überstrapaziert.
- **Chemiker,** arztähnliche Tätigkeit verneint BFH V R 144/74, BStBl. II 1977, 579; bei einem Sachverständigen für chemische Bodenanalysen ebenfalls Freiberuf verneint von FG Düsseldorf 1 V 8243/91 A(G), EFG 1992, 744; ustrecht-

lich heilberuflich nur im Rahmen einer Heilbehandlung der **klinische Chemiker** (UStAE 4.14.5 Abs. 8 f.).

- **Chiromant, Chirologe** (Handleser), mE gewerblich.
- **Choreograph,** freiberuflich, weil künstlerisch tätig (BMF 5.10.1990, BStBl. I 1990, 638).
- **Coaching** (hier: durch einen Off-Sprecher) im Rundfunk/Fernsehen auf Grundlage seines „Erfahrungsschatzes" soll ggf. unterrichtende Tätigkeit sein (FG Köln 2 K 553/18, EFG 2023, 130); mE fraglich, da im Widerspruch zu den zur unterrichtenden Tätigkeit (s. „Unterricht") geltenden Grundsätzen.
- **Consultant** als einem Aufsichtsratsmitglied ähnlicher Berater ist selbstständig tätig, wenn er nur mit der Überwachung der Geschäftsführung einer Gesellschaft beauftragt ist; nimmt er selbst wesentlich Geschäftsführungsaufgaben wahr, ist er gewerblich tätig (BFH IV R 1/03, BStBl. II 2004, 112).
- **Corona-Testzentrum,** Der Betrieb durch einen Nichtarzt ist gewerblich (FG Düsseldorf 14 V 907/25 A(G), EFG 2025, 1355).
- **Datenschutzbeauftragter** übt weder einen Katalogberuf noch eine ähnliche Tätigkeit aus (BFH IV R 34/01, BStBl. II 2003, 761; IV R 41/01, BFH/NV 2003, 1557). Das gilt auch für einen RA, der als Datenschutzbeauftragter bestellt ist (BFH VIII R 27/17, BStBl. II 2020, 222), mE nicht jedoch für einen lediglich in Datenschutzfragen beratenden (ggf. „zertifizierten") RA (ebenso OFD Karlsruhe 4.2.2021, DB 2021, 369).
- **Datenverarbeitung.** Zur Tätigkeit des Ingenieurs gehören neben der Entwicklung und Konstruktion von Hard- und Software die Entwicklung von Betriebssystemen und ihre Anpassung an die Bedürfnisse der Kunden, die rechnergestützte Steuerung, Überwachung und Optimierung industrieller Abläufe, der Aufbau und die Betreuung von Firmennetzwerken und -servern sowie die Bereitstellung qualifizierter Dienstleistungen. Ingenieurtätigkeit ist daher auch die *Systemadministration* (BFH VIII R 31/07, BStBl. II 2010, 467), die *IT-Projektleitung* (BFH VIII R 79/06, BStBl. II 2010, 404) und das *Software-Engineering* (BFH VIII R 63/06, BStBl. II 2010, 466; zur neueren Rspr. Moritz AktStR 2010, 242; Demuth BeSt 2010, 17; EStB 2010, 87; Pezzer BFH/PR 2010, 130; Steinhauff NWB 2010, 819; Brandt StBp 2010, 180; Korn KÖSDI 2012, 17755; Pfirrmann FR 2014, 162). Nicht aufrecht erhalten hat der BFH die frühere **Unterscheidung** *zwischen* **Systemsoftware- und Anwendersoftwareentwicklung** mit Ausnahme von „Trivialsoftware" (NdsFG 2 K 464/99, EFG 2004, 206 rkr.; FG München 8 K 2286/05, EFG 2006, 41 rkr.; Graf Inf 2005, 298). Die **ingenieurähnliche Tätigkeit** in diesen Bereichen erfordert den Nachweis der entsprechenden Ausbildung/Kenntnisse (BFH XI R 29/06, BStBl. II 2007, 781; XI B 153/05, BFH/NV 2006, 2255), ggf. mittels einer Wissensprüfung (BFH VIII R 27/07, HFR 2009, 898). Unter dieser Voraussetzung ist die Entwicklung und Anfertigung mathematischer Modelle für den Einsatz von Datenverarbeitung bei einem Dipl.-Mathematiker eine ingenieurähnliche Tätigkeit (BFH III R 175/80, BStBl. II 1986, 15), ebenso bei einem Dipl.-Informatiker (BFH IV R 115/87, BStBl. II 1990, 337). In Betracht kommt eine ingenieurähnliche Tätigkeit auch, wenn der StPfl. wie ein Dipl.-Informatiker tätig ist und die entsprechenden Kenntnisse aufweist (BFH IV B 120/01, BFH/NV 2003, 170; VIII R 63/06, BStBl. II 2010, 466; VIII R 4/13, BFH/NV 2016, 1275, hier jedoch abgelehnt); fehlende Kenntnisse in den Kernfächern (Mathematik, Statistik, Operations Research) können nicht durch gute Kenntnise in anderen Bereichen kompensiert werden (BFH

III R 3/14, BFH/NV 2017, 732). Demgegenüber werden sog. **Berater für Datenverarbeitung** regelmäßig als gewerblich Tätige beurteilt; eine einem *beratenden Betriebswirt ähnliche* Tätigkeit liegt nicht vor (BFH IV R 79/80, BStBl. II 1982, 267; zur Absatzförderung BFH XI R 57/05, BFH/NV 2007, 1854); vgl. zum Organisationsberater für Datenverarbeitung BFH I R 63/75, BStBl. II 1977, 34; I R 285/82, BStBl. II 1986, 484; für Software-Programme BFH VIII R 104/85, BStBl. II 1986, 424; VIII R 25/85, BStBl. II 1986, 520; für Software-Betreuer BFH IV R 60, 61/94, BStBl. II 1995, 888; für IT-Berater BFH IV B 244/11, BFH/NV 2012, 1119; vgl. auch IV B 89/91, BFH/NV 1993, 292; IV B 56/96, BFH/NV 1997, 399); selbst dann nicht, wenn der EDV-Berater über einen Hochschulabschluss verfügt (BFH IV R 60, 61/94, BStBl. II 1995, 888). Umso mehr gilt dies, wenn die entsprechende Ausbildung bzw. Kenntnis nicht nachgewiesen werden kann (BFH XI R 29/06, BStBl. II 2007, 781 zum Systemberater; FG Hmb 3 K 207/14, BeckRS 2015, 95895; 1 K 131/14, EFG 2016, 206). Zwar sind die entsprechenden Berufsbilder noch in der Entwicklung begriffen, doch scheint sich die Rspr. zur Beurteilung des EDV-Beraters als dem beratenden Betriebswirt (nicht) ähnlich (zB BFH IV R 60, 61/94, BStBl. II 1995, 888; Überblick bei OFD Koblenz 20.2.2004, DStR 2004, 1561) gefestigt zu haben. Ein **EDV-Schuler** kann als Unterrichtender freiberuflich tätig sein (vgl. BFH IV B 49/96, BFH/NV 1999, 462). Zum Verfassen eines Softwarelernprogramms s. „Schriftsteller".

- **Dekorateur,** gewerblich wie Werbefachleute (BFH V 134/56 S, BStBl. III 1957, 60).
- **Designer,** auch Fotodesigner und Industrie-Designer, kann bei entsprechender künstlerischer Gestaltungshöhe freiberuflich tätig sein (BFH VIII R 76/75, BStBl. II 1977, 474; IV R 61/89, BStBl. II 1991, 20).
- **Desinfektor,** gewerblich (RFH RStBl. 1938, 280).
- **Detektiv,** gewerblich (RFH VI 192/42, RStBl. 1942, 989).
- **Diätassistenten** sind, wenn nach dem DiätassistentenG ausgebildet, dem Krankengymnasten ähnlich (!?) und daher freiberuflich tätig (BMF 22.10.2004, BStBl. I 2004, 1030; OFD Hannover 19.1.2000, FR 2000, 282).
- **Discjockey (DJ)** soll unter bestimmten Voraussetzungen (Mischen von Musikstücken Anderer und Bearbeitung derselben durch Geräusche) künstlerisch tätig sein (FG Düsseldorf 11 K 2430/18 G, EFG 2021, 1727).
- **Dispacheur** ist gewerblich, da nicht wissenschaftlich tätig und nicht einem Katalogberuf (zB Wirtschaftsprüfer) ähnlich (BFH IV R 109/90, BStBl. II 1993, 235; VB vom BVerfG erfolglos; vgl. HFR 2001, 496).
- **Dokumentar** (auch Dipl-) ist idR nicht freiberuflich tätig; anders nur bei fachwissenschaftlicher Dokumentation (BFH IV R 48/99, BStBl. II 2001, 241).
- **Dolmetscher,** tageweise (beim Europarat) tätig, ist freiberuflich tätig (BFH VIII R 33/19, BStBl. II 2022, 552).
- **EDV-Berater** s. „Datenverarbeitung".
- **Ehevermittler,** gewerblich (BFH I R 167/66, BStBl. II 1970, 85; I 242/65, BStBl. II 1969, 145).
- **Eichaufnehmer.** Zunächst, wenn auf wissenschaftlicher Ausbildung beruhend, Freiberuflichkeit denkbar (BFH I 381/60 U, BStBl. III 1964, 273); sodann als ingenieurähnlich in Betracht kommend (BFH IV R 127/70, BStBl. II 1971, 319). Nach Änderung der Rspr. zum Ingenieur (BFH I R 109/77, BStBl. II 1981, 118) idR wohl nicht mehr freiberuflich tätig (vgl. BFH XI R 82/94, BStBl. II 1996, 518 (522)).

- **Elektroniktechniker,** bei Einstellung und Anpassung von Messmaschinen nach FG Saarl (1 K 105/90, EFG 1991, 475) ingenieurähnlich; mE angesichts des eingeschränkten Tätigkeitsbereichs in mehrfacher Hinsicht (Nachweis der Ausbildung; vergleichbare Tätigkeit) fraglich (vgl. BFH I R 113/78, BStBl. II 1981, 121; NdsFG VIII 118/93, EFG 1999, 975 rkr.).
- **Energieberater,** ggf. freiberuflich, weil bei entsprechender Ausbildung und Tätigkeit ingenieurähnlich; nicht jedoch bei erfolgsabhängiger Beratung (BFH IV B 20/01, BFH/NV 2001, 1400).
- **Entbindungspfleger** s. BFH I R 96/66, BStBl. III 1966, 677.
- **Erben** beziehen, sofern nicht lediglich Entgelte für im Rahmen der freiberuflichen Tätigkeit des Erblassers erbrachte Leistungen bezogen werden (BFH IV R 16/92, BStBl. II 1993, 716; → Rn. 245), keine Einkünfte aus einer ehemaligen Tätigkeit des Erblassers iSv § 24 Nr. 2 EStG, sondern verwirklichen einen eigenständigen, durch ihre Qualifikation und Tätigkeit gekennzeichneten Einkünftetatbestand (BFH GrS 2/89, BStBl. II 1990, 837 (842 f.)). Die Fortführung von freiberuflichem Büro/Praxis durch eine teilweise aus Berufsfremden bestehende Erbengemeinschaft führt zu einem Gewerbebetrieb, es sei denn, der Betrieb wird nur abgewickelt (BFH VIII R 13/93, BStBl. II 1994, 922; BMF 14.3.2006, BStBl. I 2006, 253 Rn. 5). Die Erbengemeinschaft wird erst beendet, wenn sich die Miterben hinsichtlich des gemeinsamen Vermögens nach den für Personengesellschaften geltenden Grundsätzen auseinandergesetzt haben (BFH GrS 2/89, BStBl. II 1990, 837).
- **Erbensucher,** gewerblich (BFH I 349/61 U, BStBl. III 1965, 263).
- **Erfindertätigkeit,** meistens selbstständige Arbeit (wissenschaftlich oder einem bereits ausgeübten Katalogberuf zugehörig; vgl. BFH I R 126/88, BStBl. II 1990, 377 mwN), idR auch vom **gleichzeitig ausgeübten Gewerbebetrieb** trennbar (Ausnahme einheitlich geschuldeter Erfolg, Patententwicklung von vornherein zum Einsatz im Betrieb bestimmt, vgl. BFH I R 20/74, BStBl. II 1976, 666; IV R 78/66, BStBl. II 1970, 319; IV R 160/67, BStBl. II 1970, 317; IV R 160/67, BStBl. II 1995, 776; IV R 223/85, BFH/NV 1988, 737 Ursprung oder Verwendung im Betrieb). Gewerbliche Tätigkeit auch dann, wenn Patente wesentliche Grundlage einer Betriebsgesellschaft im Rahmen einer **Betriebsaufspaltung** (vgl. dazu → Rn. 324) sind. Freiberufliche Einkünfte aus Lizenzvertrag selbst dann, wenn daneben die Erfindung im eigenen Gewerbebetrieb genutzt, weiterhin aber Betriebsvermögen nach § 18 EStG bleibt (BFH IV R 14/00, BStBl. II 2001, 798). Das gilt auch für die Nutzung im Rahmen eines Betriebs, den der Erfinder zusammen mit anderen in der Form einer Personengesellschaft oder einer GmbH betreibt. Die Lizenzvergabe stellt ein im freiberuflichen Betriebsvermögen verbliebenes Recht dar. Bei einer sog. **Zufallserfindung** fehlt es idR am Merkmal der Nachhaltigkeit, wenn der StPfl. seine Idee lediglich in einer Skizze niedergelegt hat. Auch in der Anmeldung zum Patent liegt noch keine Nachhaltigkeit (BFH IV R 29/97, BStBl. II 1998, 567; XI R 26/02, BStBl. II 2004, 218). Nachhaltigkeit aber, wenn bei einer „Blitzidee" weitere Tätigkeiten erforderlich sind, um die Erfindung der Verwertungsreife zuzuführen (BFH IV B 170/01, BFH/NV 2003, 1406; FG Düsseldorf 2 K 896/14 E, EFG 2017, 288; Rev. III 11/16 erledigt durch Löschung). Zudem steht der BFH der „Blitzidee" skeptischer gegenüber als die jeweiligen FG und einige Kommentatoren (insb. List DB 1999, 1085; 2004, 1172; 2006, 1291; Jakob DStZ 2000, 317; Zugmaier FR 1998, 946; wie BFH auch Güroff in LBP EStG § 18 Rn. 90). Siehe auch FG Hmb VI 18/04, EFG

2006, 661, das die Anfertigung einer Handskizze allein zutreffend nicht als nachhaltig wertet, jedoch unzutreffend eine Vielzahl von Arbeiten durch den Patentanwalt zur Umsetzung der Idee dem StPfl. nicht zurechnete, obwohl erst diese zur Erteilung des Schutzrechts führten; hierzu auch BFH VIII B 73/23, BFH/NV 2024, 1411, der zutreffend zwischen der typischen Tätigkeit des Patentanwalts und der Förderung der technischen Verwertungsreife durch ihn unterscheidet.

- **Ergotherapeut** nach BMF 22.10.2004, BStBl. I 2004, 1030 unter den in → Rn. 258 genannten Bedingungen freiberuflich.
- **Ernährungsberater** s. „Oecotrophologe".
- **Erzieherische Tätigkeit** (§ 18 Abs. 1 Nr. 1 S. 2 EStG) kann als freiberufliche auch ohne Ablegen einer fachlichen Prüfung, zB aufgrund eigener praktischer Erfahrung, ausgeübt werden (BFH VIII R 166/73, BStBl. II 1974, 642). Erziehung ist die planmäßige Tätigkeit zur körperlichen, geistigen und sittlichen Formung junger Menschen (nicht auch von Tieren, BFH VIII R 11/15, BStBl. II 2017, 911) – und zwar grds. Der ganzen Persönlichkeit (BFH XI R 2/95, BStBl. II 1997, 687) – zu tüchtigen und mündigen Menschen; dabei wird unter Mündigkeit die Fähigkeit verstanden, selbstständig und verantwortlich die Aufgaben des Lebens zu bewältigen (BFH II R 107/68, BStBl. II 1975, 389; IV R 14/87, BStBl. II 1990, 1018). Die (Management-)Beratung in Teilbereichen der zwischenmenschlichen Beziehungen (BFH XI R 2/95, BStBl. II 1997, 687) genügt nach der Rspr. ebenso wenig wie die Hilfe zur Überwindung bestimmter individueller Verhaltensprobleme und Perönlichkeitsdefekte (BFH XI R 38/98, BFH/NV 2000, 839), ebenso wie die Hilfestellung und Unterstützung bei der allgemeinen Lebensführung durch eine **(Diplom-)Sozialarbeiterin** (BFH VIII R 10/17, BStBl. II 2021, 387, zu FG Köln 15 K 243/14, EFG 2017, 1662, best.; ähnlich BFH VIII B 7/23, BFH/NV 2024, 915). ME ist die letztbezeichnete Rspr. zT zu eng und kommt als Erziehung auch die Hilfe an (zB gestrauchelten) **Erwachsenen** in Betracht, da sie idR auf Bildung der ganzen Persönlichkeit gerichtet ist. Zur erzieherischen Tätigkeit gehört auch die **Betreuung jüngerer und jüngster Menschen,** auch in Gruppen, wenn die Erziehung ihr insb.das Gepräge gibt (BFH IV R 4/02, BStBl. II 2004, 129; NdsFG 15 K 167/05, EFG 2007, 994; zur Kindertagesstätte FG Hmb EFG 2015, 912). Zur **Kindertagespflege** allgemein BMF 11.11.2016, BStBl. I 2016, 1236; Gragert NWB 2016, 3850; Apitz EStB 2017, 65. Wird die erzieherische Tätigkeit **iVm weiteren Leistungen** erbracht, wie allgemeine Betreuung, Beaufsichtigung, Verköstigung und Unterbringung, so bleibt der Charakter als freiberufliche Tätigkeit erhalten, wenn die Zusatzleistungen nur Hilfsmittel sind und die Erziehung der Gesamtbetätigung das Gepräge gibt (vgl. BFH IV R 26/96, BStBl. II 1997, 652).
- **Erzprobennehmer,** gewerblich, wenn die wissenschaftliche Analyse nicht von den übrigen Tätigkeiten trennbar ist, wie bei einer Personengesellschaft (vgl. BFH VIII R 18/67, BStBl. II 1973, 183; VIII R 314/82, BFH/NV 1987, 156; FG Düsseldorf 1 V 8243/91 A(G), EFG 1992, 744).
- **Fahrschule** s. „Schulen".
- **Fakir,** gewerblich (BFH I R 96/92, BFH/NV 1993, 716).
- **Fanartikel,** der Entwurf und die Vermarktung im entschiedenen Fall mangels künstlerischer Gestaltungshöhe nicht künstlerisch und daher gewerblich (FG BW 10 K 4781/09; nachgehend BFH VIII B 135/13, BFH/NV 2015, 19).

- **Fernsehen,** Überlassung einer im Ausland ausgearbeiteten und einstudierten **Show** an inländische Unternehmer ist gewerblich (BFH I R 191/70, BStBl. II 1973, 134). Ein **„Experte"** in einer Sendung vom Doku-Entertainment-Format, der unter Nutzung seiner persönlichen und fachlichen Autorität Menschen im Interesse der Verbesserung ihrer persönlichen Situation begleitet, ist nicht künstlerisch tätig (FG Düsseldorf 10 K 306/17 G, EFG 2023, 1015, rkr.).
- **Fernsehmoderatorin** für Verkaufssendungen, gewerblich, da weder schriftstellerisch noch journalistisch oder gar künstlerisch tätig (BFH VIII R 5/12, BStBl. II 2015, 217; Anm. Kanzler FR 2015, 290).
- **Fernsehsprecher** kann künstlerisch tätig sein, wenn er eigene Texte einbringt oder bei der Wiedergabe fremder Texte eine eigenschöpferische Leistung vollbringt (FG Köln 2 K 553/18, EFG 2023, 130 rkr.), nicht jedoch der Sprecher von Werbesendungen (vgl. auch FG Bln I 123/63, EFG 1967, 432).
- **Filmemacher.** Der Hersteller eines Films ist nur dann Künstler (§ 18 Abs. 1 Nr. 1 S. 2 EStG), wenn er an allen Tätigkeiten, die für die künstlerische Gestaltung des einzelnen Films bestimmend sind, selbst mitwirkt (BFH VIII R 32/75, BStBl. II 1981, 170). Sind für die Gesamttätigkeit nichtkünstlerische Elemente (Beratung, Management) prägend, ist sie gewerblich (FG Köln 3 K 265/15, EFG 2018, 1212). Zum **Cutter** vgl. FG Hmb VI 263/02, EFG 2005, 697 rkr.
- **Finanzanalyst,** gewerblich auch bei entsprechender wissenschaftlicher Ausbildung als Dipl.-Kfm. (BFH III R 58/85, BStBl. II 1989, 24).
- **Finanz- und Kreditberater** üben eine gewerbl. Tätigkeit aus (BFH I R 300/83, BStBl. II 1988, 666; X R 108/87, BStBl. II 1989, 572).
- **Fitness-Studio.** Abzustellen ist auf das Gesamtbild der Verhältnisse (BFH VIII B 50/94, BFH/NV 1995, 676); gewerblich, wenn die unterrichtende Tätigkeit (s. „Unterricht") den Kurs nur in der Anfangsphase prägt und iÜ dem Kunden die Sportgeräte zur freien Verfügung stehen (BFH IV R 79/92, BStBl. II 1994, 362; IV R 35/95, BStBl. II 1996, 573; FG Düsseldorf 15 K 74/88 G, EFG 1994, 836) bzw. wenn diese mit Nebenleistungen wie Sauna, Geräte- und Raumbenutzung untrennbar verbunden ist (FG Nürnberg II 167/83, EFG 1989, 543 rkr.). Die Rechtslage ist insoweit geklärt (BFH VIII B 50/94, BFH/NV 1995, 676).
- **Fleischbeschauer** kann als tierarztähnlich zu beurteilen sein (RFH VI 743/37, RStBl. 1938, 429, mit beschränktem Bild vom Tierarzt; s. daher BFH, StRK EStG § 18 R 400).
- **Fotograf,** keine künstlerische Tätigkeit bei der Fertigung von Fotografien auftragsgebundener Objekte, eigenschöpferische Tätigkeit als Künstler wurde verneint (BFH IV 321/61 U, BStBl. III 1963, 216; IV R 139/66, BStBl. II 1972, 335; I R 78/69, BStBl. II 1971, 267; VIII R 76/75, BStBl. II 1977, 474). **Modefotograf/Fotodesigner** kann künstlerische Tätigkeit ausüben, die Herstellung für Gebrauchszwecke soll keine Rolle spielen, serienmäßige Vervielfältigung aber für Gewerblichkeit sprechen (BFH VIII R 76/75, BStBl. II 1977, 474); wegen des Verwendungszwecks künstlerische Tätigkeit bei Mode-Werbefotograf verneinend BFH IV 321/61 U, BStBl. III 1963, 216. Wer für Zeitschriften **Objekte** auswählt und zum Zweck der Ablichtung **arrangiert,** um die von einem Fotografen dann hergestellten Aufnahmen zu veröffentlichen, ist gewerblich tätig (BFH IV R 50/96, BStBl. II 1998, 441); ebenso wenn auf fotografierte Produkte lediglich „gestalterisch Einfluss" genommen wird (BFH IV R 70/97, BFH/NV 1999, 456; ähnl. FG RhPf 6 K 1301/10, DStRE 2014, 1359).

- **Fotomodelle** für Werbeaufnahmen erzielen regelmäßig Einkünfte aus Gewerbebetrieb (BFH IV 62/65, BStBl. III 1967, 618; FG Hmb V 298/88, EFG 1992, 332).
- **Fotoreporter** können eine journalistische Tätigkeit ausüben (s. „Bildberichterstatter", „Journalist"), nicht jedoch beim Tätigwerden für eine Pressestelle eines gewerblichen Unternehmens, das die Fotos für Werbezwecke verwendet (BFH IV 238/61 U, BStBl. III 1965, 114).
- **Frachtenprüfer,** nach FG Bln VI 67/69, EFG 1970, 343 rkr. als rechtsanwaltsähnlich (wie das?) angeblich freiberuflich.
- **Frauenbeauftragte** einer Gemeinde nach OFD Hannover 10.3.1998, StEK EStG § 18 Nr. 211 selbstständig tätig iSv § 18 Abs. 1 Nr. 3 EStG; mE jedoch fraglich, weil ihre Aufgaben idR nicht die Vermögensverwaltung, sondern die Personenbetreuung betreffen, was bei Berufsbetreuern (s. Stichwort „Berufsbetreuer") immerhin auch der Fall ist.
- **Fremdenführer,** idR gewerblich (BFH I R 85/83, BStBl. II 1986, 851); anders für Burgbesichtigungen/Museumsführungen FG RhPf 2 K 1644/90, EFG 1991, 321 (unterrichtend!, jedoch fraglich).
- **Friedhofsgärtner,** gewerblich, wenn nicht im Rahmen von LuF tätig (BFH VIII R 15/73, BStBl. II 1976, 492).
- **Fußpfleger.** Erfüllt er die Voraussetzungen des G. v. 4.12.2001 (BGBl. 2001 I 3320) – Podologe – ist der Fußpfleger mE freiberuflich tätig (vgl. BMF 22.10.2004, BStBl. I 2004, 1030). Zudem ist mE die neue Rspr. zur Ähnlichkeit mit dem Beruf des Krankengymnasten (→ Rn. 258) auch hier einschlägig.
- **Fußreflexzonenmasseur,** mangels gesetzlicher Berufsregelung nicht freiberuflich (BFH IV R 45/00, BStBl. II 2003, 21; mE nicht überholt durch BFH IV R 69/00, BStBl. II 2004, 954; BMF 22.10.2004, BStBl. I 2004, 1030).
- **Gartenarchitekt,** jedenfalls dann gewerblich, wenn gleichzeitig auch die Ausführung der Gartenplanung übernommen wird (BFH IV 318/59 U, BStBl. III 1962, 302; VI 304/62 U, BStBl. III 1963, 537).
- **Generalbevollmächtigter** eines Testamentsvollstreckers angesichts eines erfolgsabhängigen Honorars gewerblich (BFH IV R 155/86, BFH/NV 1990, 372).
- **Geschäftsführer** ohne Anstellungsvertrag ist einem beratenden Betriebswirt nicht ähnlich (FG Saarl 1 K 64/91, EFG 1992, 70 rkr.).
- **Glücksspiele.** Die Veranstaltung ist gewerblich (BFH IV R 77/67, BStBl. II 1968, 718; X B 148/96, BFH/NV 1996, 750; X B 276/96, BFH/NV 1998, 854). Die Teilnahme ist mangels Leistungsbeziehung idR nicht gewerblich (vgl. BFH IV R 139/68, BStBl. II 1970, 411; I R 133/68, BStBl. II 1970, 865; XI R 48/91, BFH/NV 1994, 622).
- **Grafiker,** freiberuflich, wenn künstlerische Tätigkeit (BFH IV R 9/77, BStBl. II 1981, 21), und zwar auch der Gebrauchsgrafiker (BFH V 96/59 S, BStBl. III 1960, 453); sonst gewerblich (BFH VIII R 76/75, BStBl. II 1977, 474; V R 130/84, BFH/NV 1990, 232; zum **Perspektivgrafiker** FG Nürnberg V 7/76, EFG 1978, 33 rkr.). Auflagen bis 20 Exemplaren stehen der Annahme von Kunst nicht entgegen (BFH IV R 15/90, BStBl. II 1991, 889). Zum **Grafik-Designer** BFH IV R 105/85, BStBl. II 1987, 376; IV B 200/04, BStBl. II 2006, 709; FG Brem 1 91 175 K 1, EFG 1994, 928 (abgelehnt wegen Zerlegung des Rechnungsausweises in eine Vielzahl weiterer Einzelleistungen; vgl. BFH XI B 118/95 S, BFH/NV 1996, 806); desgleichen mangels

künstlerischer Qualität BFH IV B 200/04, BStBl. II 2006, 709. Siehe auch „Retuscheur".

- **Gutachtertätigkeit.** Eine einem Katalogberuf ähnliche Tätigkeit setzt vergleichbare Kenntnisse sowie die entsprechende Tätigkeit auf ihrer Grundlage voraus (vgl. BFH IV 6/53 U, BStBl. III 1954, 147; I R 109/77, BStBl. II 1981, 118; IV R 23/84, BFH/NV 1987, 508; IV B 95/96, BFH/NV 1998, 456). Eine ingenieurähnliche Tätigkeit kann bei Unfallursachenforschung auf Grundlage mathematischer Kenntnisse vorliegen (BFH IV R 63/86, BStBl. II 1989, 198); erforderlich ist aber, dass die praktische Tätigkeit die volle Breite des Ingenieurberufs abdeckt und ihr das Gepräge gibt (BFH IV R 116/90, BStBl. II 1993, 100; IV R 156/86, BFH/NV 1991, 359; IV R 65-67/89, BFH/NV 1993, 238). Die erforderlichen theoretischen Kenntnisse dürfen auch auf der praktischen Arbeit beruhen (BFH IV R 63/86, BStBl. II 1989, 198); die Anwendung von Formelsammlungen oder Berechnungsvordrucken genügt ebenso wenig (BFH IV R 73/90, BStBl. II 1991, 878) wie der Erwerb von praktischen Erfahrungen/Marktkenntnissen (BFH IV 353/58, HFR 1962, 340) oder die Bestellung zum Kfz-Sachverständigen (Schadensgutachter) durch die IHK (BFH IV B 153/91, BFH/NV 1993, 224; IV B 28/92, BFH/NV 1994, 629). Darüber hinaus kann Gutachtertätigkeit als selbstständige Arbeit gelten, wenn sie als wissenschaftlich oder künstlerisch anzusehen ist; verneint bei Schätzung von Kunst- und Einrichtungsgegenständen, auch wenn vereinzelt aufgrund von vertiefter Sachkenntnis (BFH IV 697/54 U, BStBl. III 1957, 106; VIII 23/65, BStBl. II 1971, 749).
- **Handaufleger,** mangels entsprechender Ausbildung und Kenntnisse mE gewerblich (vgl. FG BW 14 K 1338/15, BeckRS 2016, 95543).
- **Handelsvertreter,** soweit selbstständig, gewerbliche Tätigkeit (BFH I R 204/81, BStBl. II 1985, 15; IV R 131/90, BFH/NV 1992, 664; XI R 91/94, BFH/NV 1996, 135; I R 48/96, BFH/NV 1997, 802; X B 56/11, BFH/NV 2012, 1331; vgl. hierzu → § 1 Rn. 18 f.).
- **Hausgewerbetreibende** → Rn. 58.
- **Hausverwalter** (§ 18 Abs. 1 Nr. 3 EStG), sonstige selbstständige Tätigkeit, wenn sie nicht über die reine Vermögensverwaltung hinaus geht und keine qualifizierten Arbeiten auf Angestellte oder Subunternehmer übertragen werden (BFH IV R 5/98, BFH/NV 1999, 1456, zugleich zur getrennten Beurteilung). Sie ist dagegen gewerblich, wenn der Umfang der zu bewältigenden Verwaltungsarbeit die ständige Beschäftigung von Angestellten und sonstigen Hilfskräften erfordert (BFH IV 395/54 U, BStBl. III 1956, 45; VI 63/64, BStBl. III 1966, 489; I R 123/69, BStBl. II 1971, 239). Gewerblichkeit wurde angenommen bei der Verwaltung von 280 Wohneinheiten (BFH VIII R 67/92, BStBl. II 1994, 449; FG Brem II 15-16/82 K, EFG 1985, 357; krit. Sauren Inf 2000, 268).
- **Havariesachverständiger,** gewerblich (BFH I 347/60 U, BStBl. III 1965, 593).
- **Hebamme,** Entbindungshilfen sind unter den in → Rn. 175 bezeichneten Voraussetzungen freiberuflich (BMF 22.10.2004, BStBl. I 2004, 1030).
- **Heilberufe/Heilhilfsberufe.** Es handelt sich um Berufsgruppen, in der sich neue Berufe entwickeln, ohne dass sogleich staatliche Regelungen vorhanden sind. Deswegen ist BFH IV R 69/00, BStBl. II 2004, 954 bei der Beurteilung der **Ähnlichkeit** entsprechend großzügig (→ Rn. 258) – mE zu Unrecht, zumal Rechtspolitik in Form von Dekreten nicht Aufgabe der Rspr. ist. Zur

Abgrenzung allgemein BMF 20.11.2019, BStBl. I 2019, 1298. **Heilmasseur** ist dem Krankengymnasten (§ 18 Abs. 1 Nr. 1 S. 2 EStG) ähnlich, soweit heilberuflich tätig; auch insoweit, als er Fangopackungen ohne Massage verabreicht (BFH IV R 249/82, BStBl. II 1985, 676). Dies gilt nicht für überwiegend kosmetische und **Schönheitsmassagen** (BFH IV 60/65, BStBl. II 1971, 249). Heilmittelverkauf ist gewerblich, wenn nicht zwangsläufig mit der Heilbehandlung verbunden (BFH V R 95/76, BStBl. II 1977, 879; IV R 113/76, BStBl. II 1979, 574).

- **Heileurhythmist** gilt aufgrund eines integrierten Versorgungsvertrages iSv §§ 140a ff. SGB V (hierzu → Rn. 258) nach neuerer Rspr. des BFH als freiberuflich, weil dem Krankengymnasten/Physiotherapeuten ähnlich, tätig (BFH VIII R 26/15, BStBl. II 2019, 776, gegen NdsFG 13 K 50/14, EFG 2015, 1826, aufgeh.).
- **Heilpraktiker** sind ausdrücklich in § 18 Abs. 1 S. 2 EStG erwähnt. Ähnlichkeit setzt staatliche Erlaubnis voraus (BFH I R 218/74, BStBl. II 1976, 621; IV R 69/00, BStBl. II 2004, 954). Ein Unternehmen, das ambulantes betreutes Wohnen mit therapeutischen Gesprächen als Gesamtleistung anbietet, erfüllt nicht die Voraussetzungen eines Heilberufs (FG Köln 6 K 1883/21).
- **Hellseherin,** gewerbliche Tätigkeit (BFH VIII R 137/75, BStBl. II 1976, 464; vgl. FG Düsseldorf 17 K 572/02 G, DStRE 2005, 824 rkr.).
- **Hochbautechniker,** freiberuflich, wenn er die entsprechenden Kenntnisse erworben hat und nicht nur als Bauleiter tätig ist (BFH IV R 118, 119/87, BStBl. II 1990, 64; IV R 116/90, BStBl. II 1993, 100; einschr. jedoch XI R 47/98, BStBl. II 2000, 31).
- **Holzschnitzer** kann Künstler, also freiberuflich tätig sein (BFH IV R 15/90, BStBl. II 1991, 889).
- **Humorist,** in Abgrenzung zum bloßen Büttenredner freiberuflich (FG Düsseldorf 7 K 7162/01 G, EFG 2004, 1628).
- **Hypnotherapeut,** der keine dem Arzt vergleichbare wissenschaftliche Ausbildung hat, übt eine gewerbliche Tätigkeit aus (BFH XI R 38/98, BFH/NV 2000, 839); mE ist dies anders bei einem psychologischen Psychotherapeuten (s. „Psychotherapeuten").
- **Illustration** zB in medizinischen Fachbüchern durch Zeichnen und Malen von Organen usw kann künstlerische Tätigkeit sein (FG Hmb 294/86, EFG 1991, 124).
- **Influencer,** idR mE gewerblich tätig. In Betracht kommt jedoch eine künstlerische (zB schauspielerische) oder schriftstellerische Tätigkeit (ebenso Schmidt/Kollmann/Karl DStR 2021, 765; s. auch Höppner PiStB 2021, 022).
- **Informationsdienst,** juristischer, keine freiberufliche Tätigkeit, wenn sich Unternehmer nicht eigenverantwortlich betätigt (BFH VIII R 111/71, BStBl. II 1976, 641).
- **Ingenieur** ist grundsätzlich freiberuflich tätig, wenn er in (einem der) Kernbereiche(n) tätig ist; das sind: Forschung, Lehre, Versuchs- und Prüfungswesen, Projektierung, Berechnung, Konstruktion, Gestattung, Fertigung und Betrieb, Montage, Instandhaltung, Kundendienst, technische Verwaltung und Betriebsführung (BFH VIII R 254/80, BStBl. II 1985, 584; IV R 53/00, BFH/NV 2001, 1547). Nicht erforderlich ist die Betätigung auf dem Fachgebiet, auf dem die Berufsqualifikation erworben worden ist (FG Bbg 10 K 10056/09, EFG 2013, 1060). Im Übrigen ist kennzeichnend für seine Tätigkeit die Planung, Konstruktion und Überwachung der Fertigung von technischen Werken auf

der Grundlage von natur- und technikwissenschaftlichen Erkenntnissen (vgl. BFH IV 34/01, BStBl. II 2003, 761; XI R 9/03, BStBl. II 2004, 989). Es genügt jedoch die Beratung, ein konstruierendes Element ist nicht erforderlich (BFH IV R 27/05, BFH/NV 2006, 1270). Auch ein *Prüfingenieur* kann freiberuflich tätig sein (BFH VIII R 35/16, BStBl. II 2019, 580, zugleich zur Eigenverantwortlichkeit). Als Ingenieur kann nur angesehen werden, wer nach den Ingenieurgesetzen der Länder diese Bezeichnung führen darf (BFH I R 109/77, BStBl. II 1981, 118). Dafür genügt aber ohne nähere Prüfung der Tätigkeit nicht, dass der Steuerpflichtige die Berufsbezeichnung aufgrund einer Übergangsregelung weiterführt (BFH I R 121/83, BStBl. II 1987, 116; IV R 156/86, BFH/NV 1991, 359). Ein beratender Ingenieur oder Architekt wird (als Handelsvertreter) gewerblich tätig, wenn er an der Vermittlung von Geschäftsabschlüssen auch nur mittelbar beteiligt ist oder bei Absatzwerbung tätig wird (BFH I R 204/81, BStBl. II 1985, 15; IV R 131/90, BFH/NV 1992, 664). Ein Ingenieur, der schlüsselfertige Gebäude errichten lässt, erzielt (insoweit) gewerbliche Einkünfte (BFH XI R 10/06, BStBl. II 2008, 54). Zur **ingenieurähnlichen Tätigkeit** vgl. BFH IV R 154/86, BStBl. II 1990, 73; IV R 73/90, BStBl. II 1991, 878; XI B 223/03, BFH/NV 2005, 1284; sie erfordert vergleichbare *Kenntnisse* in Hauptbereichen des Ingenieurberufs (BFH IV R 63/86, BStBl. II 1989, 198; IV R 116/90, BStBl. II 1993, 100; zu den einem Diplom-Informatiker vergleichbaren Kenntnissen vgl. BFH VIII R 63/06, BStBl. II 2010, 466; zu einer GbR von Handwerksmeistern FG Bbg 1 K 1129/09, EFG 2014, 456); unverzichtbar sind ausreichende Kenntnisse im Fach Mathematik (BFH VIII B 39/07, BFH/NV 2008, 940). Großzügig zum **Nachweis** BFH VIII B 264/09, BFH/NV 2010, 1300. Die rechtliche Gleichstellung des Qualifikationsniveaus eines **Kfz-Meisters** mit einem *Bachelorabschluss* genügt nicht (BFH VIII B 88/24, BFH/NV 2025, 864; zu Sächs FG 8 K 868/23, best.). Erforderlich ist zudem die schwerpunktmäßige **Tätigkeit** insb. bei der Planung, Konstruktion und Überwachung von technischen Werken (BFH XI R 9/03, BStBl. II 2004, 989; XI R 29/06, BStBl. II 2007, 781); allerdings ist ein konstruierendes Element nicht erforderlich (BFH IX R 3/06, BStBl. II 2007. 118). Zur Ingenieurtätigkeit bzw. Ähnlichkeit im Rahmen der **Datenverarbeitung** s. dort. Zur nichttechnischen **Unternehmensberatung** s. dort.

- **Inkassobüro,** gewerblich (BFH I B 240/93, BFH/NV 1995, 501; FG RhPf 1 K 2852/93, EFG 1995, 222; ThürFGFG 4 K 1164/12, EFG 2014, 1653).
- **Innenarchitekt** ist freiberuflich tätig; schädlich ist jedoch die Absatzförderung zB von Mobiliar (BFH I R 204/81, BStBl. II 1985, 15). **Ähnlich** sein kann bei großzügigster Bewertung ein Innenraumgestalter (FG Hmb I 55/73 (III), EFG 1977, 15 rkr.) oder ein Planer von Großküchen (FG Hmb VI 202/77, EFG 1981, 154 rkr.).
- **Insolvenzverwalter** übt nach Änderung der Rspr. grundsätzlich eine sonstige selbstständige Arbeit iSv § 18 Abs. 1 Nr. 3 EStG aus. Die *Vervielfältigungstheorie* ist nicht mehr anzuwenden; vielmehr ist entspr. § 18 Abs. 1 Nr. 1 S. 3 EStG die Mithilfe fachlich vorgebildeter Mitarbeiter zulässig (BFH VIII R 50/09, BStBl. II 2011, 506; VIII R 3/10, BStBl. II 2011, 498; VIII R 37/09, BFH/NV 2011, 1303; VIII R 12/10, BFH/NV 2011, 1306; VIII R 13/10, BFH/NV 2010, 1309). Zur Eigenverantwortlichkeit s. BFH VIII R 6/12, BStBl. II 2015, 1002; FG Düsseldorf 9 K 97/13 G, F, BeckRS 2016, 94821.
- **Instrumentenbauer,** gewerblich (BFH V 23/61, HFR 1964, 104; zum **Geigenbauer** FG BW EFG 2005, 870 rkr.).

- **Internat** s. „Schulen".
- **Interviewer,** bei gelegentlicher Tätigkeit oa (→ Rn. 261) Grundsätzen widersprechend § 18 Abs. 1 Nr. 3 EStG angenommen, allerdings nur für die von statistischen Landesämtern Interviewer und die im Mikrozensus eingesetzten Erhebungsbeauftragten (OFD Magdeburg 20.12.2007, ESt-Kartei ST F 4 Karte 4).
- **Inventurbüro,** gewerblich (BFH IV R 240/67, BStBl. II 1969, 164; IV R 153/73, BStBl. II 1974, 515).
- **Journalist.** Zu seinem Berufsbild gehört die Befassung mit gegenwartsbezogenen Geschehnissen (BFH IV 330/75, BStBl. II 1971, 483; IV R 88/76, BStBl. II 1980, 152) auf zB politischem, gesellschaftlichem, wirtschaftlichem oder kulturellem Gebiet (BFH IV R 112/72, BStBl. II 1977, 459; VIII R 149/74, BStBl. II 1978, 565). Wesentlich ist, dass er sich mit seinen Arbeitsergebnissen unmittelbar oder (über Medien) mittelbar an die Öffentlichkeit wendet (BFH VIII R 18/11, BStBl. II 2015, 128; VIII R 5/12, BStBl. II 2015, 217) und somit an der Gestaltung des geistigen Inhalts publizistischer Medien mitwirkt (BFH XI R 8/00, BStBl. II 2002, 478). Eingeschränkt als Schlussredakteur Tätiger ist Journalist (FG BW II K 68/88, EFG 1989, 226 rkr.). Die Verwertung von **Urheberrechten** gehört zur selbstständigen Tätigkeit (HessFG 1 K 1799/88, EFG 1990, 310 rkr.).
- **Kameramann,** Tätigkeit kann im Einzelfall künstlerischer Art sein (BFH IV R 196/72, BStBl. II 1974, 383); erforderlich ist die eigenverantwortliche Erstellung des Bildmaterials (BFH XI R 8/00, BStBl. II 2002, 478); s. auch „Bildberichterstatter".
- **Kartenspieler** (beruflich) kann gewerblich tätig sein (BFH XI R 48/91, BFH/NV 1994, 622; X R 43/12, BStBl. II 2016, 48; vgl. → Rn. 72).
- **Kartograph,** ungelernter, ist gewerblich tätig, insb. wenn er auch den Vertrieb übernimmt (FG Hmb II 80-83/67 (VI), EFG 1971, 39; SchlHFG III 87/77, EFG 1981, 628; HessFG 8 K 3997/89, EFG 1992, 333). Der gelernte Kartograph, der **Schummerungskarten** auf Vorrat unter Mithilfe von Personal erstellt, ist freiberuflich tätig (BFH IV R 80/94, BStBl. II 1995, 776).
- **Kfz-Sachverständiger** s. „Gutachter".
- **Kindererholungsheim** ist ein Gewerbebetrieb, wenn der Unterbringung, Verköstigung und allgemeinen Betreuung der Kinder nicht nur die Bedeutung eines Hilfsmittels bei der erzieherischen Tätigkeit zukommt (BFH VIII R 229/71, BStBl. II 1974, 553; IV R 204/70, BStBl. II 1975, 147; III R 198/81, BFH/NV 1986, 358).
- **Kinderheim** ist nur dann kein Gewerbebetrieb, wenn die Kinder von der entsendenden Stelle in erster Linie nach erzieherischen Gesichtspunkten ausgewählt werden und die Heimunterbringung geeignet ist, die Erziehung der Kinder wesentlich zu fördern (BFH I R 107/73, BStBl. II 1975, 610). Der Leiter ist nicht freiberuflich tätig, wenn er sich im Wesentlichen auf Verwaltungsaufgaben beschränkt (BFH VIII 171/84, BFH/NV 1985, 70) oder die erzieherische Tätigkeit nicht eigenverantwortlich (Familienwohngruppen) ausübt (NdsFG 14 K 98/03, EFG 2006, 1772 rkr.).
- **Kindertagesstätte.** Die Gruppenerziehung von Kindern im Vorschulalter ist erzieherische Tätigkeit, bei der die Verköstigung nur Hilfstätigkeit ist. Trotz Beschäftigung von Hilfskräften kann der Inhaber eigenverantwortlich tätig sein, wenn er regelmäßig auf die Erziehungsarbeit Einfluss nimmt und darüber hinaus

eine persönliche Beziehung zu den einzelnen Kindern besteht (FG Hmb 3 K 157/14, EFG 2015, 912; s. auch BMF 11.11.2016, BStBl. I 2016, 1236).

- **Klavierstimmer,** nicht künstlerisch tätig, und zwar auch dann, wenn er nur für namhafte Künstler arbeitet (BFH IV R 145/88, BStBl. II 1990, 643).
- **Know-how-Überlassung** ist originäre gewerbliche Tätigkeit, wenn sie sich auf im eigenen Gewerbebetrieb gewonnene Erkenntnisse, Erfahrungen uÄ bezieht, nicht jedoch, wenn sie im Rahmen einer freiberuflichen Tätigkeit oder sonst außergewerblich gewonnen worden sind (BFH I R 140/66, BStBl. II 1970, 428; IV R 223/85, BFH/NV 1988, 737; FG Düsseldorf 13 K 4451/11 E, G, EFG 2014, 253).
- **Kommunalberater** kann einem beratenden Betriebswirt ähnlich tätig sein (FG Nürnberg II 87/78, EFG 1982, 379 rkr.).
- **Kommunikationstechnik.** Berater ist gewerblich tätig (NdsFG 2 K 793/98, EFG 2003, 1800 rkr.).
- **Komparse** kann künstlerisch tätig sein (BFH XI R 21/06, BStBl. II 2007, 702, allerdings zu § 3 Nr. 26 EStG).
- **Kompasskompensierer,** dem Ingenieur ähnlich freiberuflich tätig (BFH IV 84/57 U, BStBl. III 1958, 3).
- **Konstrukteur,** der überwiegend Bewehrungspläne fertigt, ist gewerblich tätig (BFH IV R 126/85, BStBl. II 1990, 155; IV R 154/86, BStBl. II 1990, 73); ebenso der Bauzeichner (FG BW VIII K 248/83, EFG 1988, 306 rkr.).
- **Konzertdirektion,** die im Ausland ihren Sitz hat und im Inland Künstler überlässt, übt schon nach den im Inland gegebenen Besteuerungsmerkmalen eine gewerbliche Tätigkeit aus (BFH I R 283/81, BStBl. II 1984, 828).
- **Kosmetikerin,** nicht freiberuflich, da nicht in einem Heilberuf tätig (vgl. BFH V R 47/09, BStBl. II 2011, 195; NdsFG V 88/75, EFG 1978, 50).
- **Krankengymnast,** freiberuflich (§ 18 Abs. 1 EStG) nur, wenn der Berufsträger die Qualifikation und Berechtigung zur Berufsausübung hat (BMF 22.10.2004, BStBl. I 2004, 1030). Ein medizinisches Gerätetraining genügt nicht (OFD München und OFD Nürnberg 11.6.2004, DStR 2004, 1963), ggf. aber eine **Hippotherapie** (zur USt: BFH XI R 53/06, BStBl. II 2008, 647). **Eigenverantwortlichkeit** setzt Einflussnahme auf die Pflegeleistungen bei jedem einzelnen Patienten durch regelmäßige eingehende Kontrolle voraus (BFH XI R 59/05, BFH/NV 2007, 1319). Dem ist nicht genügt, wenn der Krankengymnast den fachlich vorgebildeten Mitarbeitern die Anamnese und den Großteil der Behandlung überlässt (BFH IV B 205/03, BFH/NV 2006, 48). Zur **Ähnlichkeit** → Rn. 258.
- **Krankenhausberater** ohne vergleichbare qualifizierte Ausbildung bzw. Tätigkeit (zB einem Betriebswirt ähnlich) ist gewerblich tätig (zum Arzt: BFH XI B 63/98, BFH/NV 2000, 424; zum klinischen Monitor: FG München 6 K 86/03, EFG 2005, 382).
- **Krankenhausbetrieb** führt bei einem Arzt zur GewStPfl, wenn das Krankenhaus nicht ein notwendiges Hilfsmittel für die ärztliche Tätigkeit darstellt bzw. aus Beherbergung und Beköstigung ein besonderer Gewinn erzielt wird (RStBl. 1939, 853; BFH IV 285/62 U, BStBl. III 1965, 90). Bei getrennter Abrechnung lassen sich jedoch Beherbergung/Beköstigung vom freiberuflichen Bereich trennen (BFH IV R 43/00, BStBl. II 2002, 152; IV R 48/01, BStBl. II 2004, 363).
- **Krankenpfleger** ist einem Heilberuf ähnlich freiberuflich tätig (BFH IV 459/52 U, BStBl. III 1953, 269), es sei denn, die Pflegeleistungen werden weitge-

hend von den Mitarbeitern erbracht (BFH IV R 43/96, BStBl. II 1997, 681). Eine leitende und **eigenverantwortliche** Tätigkeit setzt voraus, dass der StPfl. aufgrund seiner Fachkenntnisse durch regelmäßige und eingehende Kontrollen maßgeblich auf die Pflegeleistungen seiner Mitarbeiter bei jedem einzelnen Patienten Einfluss nimmt (BFH IV R 51/01, BStBl. II 2004, 509). Es muss eine persönliche Beziehung zur weitaus überwiegenden Zahl der Patienten bestehen. Ein Erstgespräch allein genügt nicht (BFH IV B 89/03, BFH/NV 2005, 1865). Die Quantität der Patienten und Mitarbeiter lässt diesbezügliche Schlüsse zu (BFH IV B 171/01, BFH/NV 2003, 1414; IV B 135/01, BFH/NV 2004, 783; vgl. zur USt BFH V R 56/97, BFH/NV 2000, 284). Eine **hauswirtschaftliche Versorgung** schadet, wenn und soweit eine einheitliche Abrechnung erfolgt (BFH IV R 89/99, BStBl. II 2000, 625; IV R 51/01, BStBl. II 2004, 509; BMF 22.10.2004, BStBl. I 2004, 1030). Erfolgt sie getrennt, ist trotz überwiegenden hauswirtschaftlichen Tätigkeiten nicht der gesamte Dienst gewerblich, sondern ist auch eine Trennung der Einnahmen zu prüfen (BFH IV B 89/03, BFH/NV 2005, 1865); Einzelheiten: OFD Koblenz 12.5.2004, DStR 2004, 1339). Die **Krankenhaushygieneberatung** durch Fachpfleger ist – angeblich als dem Krankengymnasten ähnlich – freiberuflich (BFH XI R 64/05, BStBl. II 2007, 177); die Erstellung von **Pflegeversicherungsgutachten** ist gewerblich (BFH V R 72/99, BStBl. II 2000, 554). Der **Krankenpflegehelfer** ist ebenfalls gewerblich tätig (BFH V R 45/89, BStBl. II 1993, 887; IV R 51/01, BStBl. II 2004, 509).

- **Krankenschwester,** die Pflegeversicherungsgutachten erstellt, ist nicht freiberuflich tätig (zur USt: BFH V R 23/07, BStBl. II 2009, 429). Gleiches gilt für eine in der Planung, Durchführung und Evaluation von **klinischen Studien** tätige Fachkrankenschwester (BFH VIII R 24/14, BStBl. II 2017, 908).
- **Kreditberater** s. „Finanzberater".
- **Kreistagsabgeordneter** bezieht Einkünfte aus sonstiger selbstständiger Arbeit (BFH VIII R 58/06, BStBl. II 2009, 405).
- **Kükensortierer,** gewerblich (BFH I 237/54 U, BStBl. III 1955, 295).
- **Kulturwissenschaftler,** je nach Tätigkeitsbild freiberuflich – wissenschaftlich, unterrichtend – tätig; ggf. aber auch gewerblich, zB genealogische Recherchen (BMF 22.5.2006, DB 2006, 1348).
- **Künstleragent,** gewerblich (BFH VIII R 50-51/66, 162/70, BStBl. II 1972, 624).
- **Künstlerische Tätigkeit.** Auch wenn es nach der Rspr. keinen allgemeinen Kunstbegriff gibt (BFH IV R 64/79, BStBl. II 1983, 7), lässt sich das Wesen von Kunst doch bestimmen als eigenschöpferische Tätigkeit mit einer gewissen Gestaltungshöhe (BFH V 96/59 S, BStBl. III 1960, 453), dh eine Leistung, in der die individuelle Anschauungsweise und die besondere Gestaltungskraft des Schöpfers durch das Medium einer bestimmten Formensprache zum Ausdruck kommt (vgl. BVerfG 1 BvR 435/68, BVerfGE 30, 173 (189); 1 BvR 816/82, BVerfGE 67, 213 (216); BFH I R 183/79, BStBl. II 1982, 22; IV R 61/89, BStBl. II 1991, 20; IV R 15/90, BStBl. II 1991, 889; IV R 33/90, BStBl. II 1992, 353; IV R 102/90, BStBl. II 1992, 413; I R 54/93, BStBl. II 1994, 864; IV R 1/97, BFH/NV 1999, 465; VIII R 5/1, BStBl. II 2015, 217, jeweils mwN; krit. Heuer DStR 1983, 638; Kirchhof NJW 1985, 225 (228); Kempermann FR 1992, 250; Maaßen, Kunst oder Gewerbe?, 1991; Schneider DStZ 1993, 165; Birtel/Richter DStR 1993, Beihefter zu Heft 27). Allerdings kann bei der sog. **zweckfreien Kunst** auf die Feststellung der künstlerischen Gestal-

tungshöhe verzichtet werden, wenn den Werken nach der **allgemeinen Verkehrsauffassung** das Prädikat des Künstlerischen nicht abgesprochen werden kann und diese ausschließlich auf die Hervorbringung einer ästhetischen Wirkung gerichtet sind (BFH IV R 9/77, BStBl. II 1981, 21). Auch im Übrigen kann die Verkehrsauffassung für die Abgrenzung von Bedeutung sein (vgl. (BFH I R 96/92, BFH/NV 1993, 716 mwN, zum Fakir). Jedoch ist die zu beurteilende Arbeit nicht nach ihrem künstlerischen Niveau zu bewerten; dem stünde Art. 5 Abs. 3 S. 1 GG entgegen (BFH VIII R 16/11, BStBl. II 2015, 996). Ist dagegen ein Werk nicht um seiner selbst willen, sondern als Kopie der Wirklichkeit ohne künstlerische Aussage geschaffen, dann fehlt es an der künstlerischen Gestaltungshöhe (BFH IV R 70/97, BFH/NV 1999, 456). Unerheblich ist die Bewertung der Tätigkeit bei der Künstlersozialversicherung (BFH IV R 63/02, BStBl. II 2005, 362).

Auch eine reproduzierende Tätigkeit kann diesen Begriff erfüllen, zB Tanz- und Unterhaltungsorchester (BFH IV R 64/79, BStBl. II 1983, 7) oder ein Statist (SächsFG 3 K 370/04, EFG 2006, 1036). S. auch die einzelnen Stichworte: Büttenredner, Grafiker, Fernsehen, Fotograf, Holzschnitzer, Illustration, Kameramann, Maler, Musiker, Modeschöpfer, Restaurator, Werbung. In Betracht kommen nicht nur Herstellung eines Werkes, sondern auch andere Tätigkeiten, zB Musikunterricht (BFH IV R 97/81, BStBl. II 1984, 491), beratende Tätigkeit beim Modeschöpfer (s. dort).

Es gilt die **Dreiteilung Kunst, Kunstgewerbe** und **Kunsthandwerk** (BFH I R 183/79, BStBl. II 1982, 22); sie können nebeneinander vorliegen (BFH IV R 15/90, BStBl. II 1991, 889). Die Verwaltung eines künstlerischen Nachlasses führt zu Einkünften aus künstlerischer Tätigkeit (BFH IV R 16/92, BStBl. II 1993, 716).

Für die **Eigenverantwortlichkeit** ist erforderlich, dass der Künstler an allen relevanten Tätigkeiten mitwirkt und entscheidenden Einfluss auf die Gestaltung ausübt (BFH VIII R 32/75, BStBl. II 1981, 170). Ob eine Tätigkeit **insgesamt künstlerisch** ist, hängt von den Umständen des jeweiligen Falles ab (BFH XI B 118/95, BFH/NV 1996, 806). Macht der Auftraggeber dem StPfl. ins Einzelne gehende Vorgaben, die nicht hinreichend Spielraum für die eigenschöpferische Gestaltung lassen, ist keine künstlerische Tätigkeit gegeben (BFH IV R 102/90, BStBl. II 1992, 413; IV R 1/97, BFH/NV 1999, 465). Ist der künstlerische Bestandteil integriert in eine Vielzahl von nichtkünstlerischen Einzelhandlungen (von der Konzeption bis zur Terminüberwachung) und insb. nicht gesondert in Rechnung gestellt, so ist die Tätigkeit insgesamt nicht als künstlerisch anzusehen (BFH IV R 15/73, BStBl. II 1979, 236; IV R 102/90, BStBl. II 1992, 413; vgl. FG Köln 3 K 265/15, EFG 2018, 1212). Zu beurteilen ist nicht das einzelne Werk, sondern das Gesamtschaffen (BFH IV R 196/72, BStBl. II 1974, 383); entscheidend ist also die Tätigkeit im EZ (BFH IV 560/56 U, BStBl. III 1958, 182), was nach der neueren Trennbarkeits-Rspr. (→ Rn. 241 aE) fraglich erscheint. Zum **Nachweis** durch Gutachterausschüsse vgl. BFH VIII R 76/75, BStBl. II 1977, 474; OFD Erfurt 29.4.1999, DStR 1999, 1989; durch Parteigutachten SenVerw. Bremen 10.1.2002, DStR 2002, 544; DB 2002, 454; durch sonstige Sachverständige BFH XI B 61/98, BFH/NV 2000, 446; zur Überzeugungsbildung durch das FG vgl. BFH IV R 15/90, BStBl. II 1991, 889; IV B 200/04, BStBl. II 2006, 709; FG München 1 K 3200/09, EFG 2012, 161; zum Erfordernis der verfahrensrechtlichen Mitwirkung des StPfl. bei der Sachaufklärung BFH VIII B 30/20, BFH/NV 2021, 789.

Die oa Grundsätze gelten auch für die **Gebrauchskunst** (BFH IV R 9/77, BStBl. II 1981, 21). Bei ihr besteht die besondere Voraussetzung, dass der Kunstwert den Gebrauchswert übersteigen muss (BFH IV 43/64, BStBl. II 1969, 70, Beleuchtungskörper; BFH I R 1/66, BStBl. II 1969, 138, Modellkleider; zu Anforderungen an die Gestaltungshöhe BFH IV B 200/04, BStBl. II 2006, 709; FG Düsseldorf 1 K 3118/02 G, EFG 2007, 197 rkr.). Insbesesondere müssen die Vorgaben des Auftraggebers dem StPfl. hinreichend Freiraum für die künstlerische Gestaltung lassen (BFH IV R 1 K 3118/02 G, 1/97, BFH/NV 1999, 465).

– **Künstlermanager** ist kein Freiberufler (BFH IV B 2/90, BFH/NV 1992, 372).
– **Kurberatung,** gewerblich, insb. nicht einem Rechtsanwalt ähnlich (BFH VIII B 23/10, BFH/NV 2011, 46).
– **Kurheim,** gewerblich, auch wenn von einem Arzt betrieben; die Einnahmen aus ärztlichen Leistungen sind insoweit Einkünfte aus Gewerbebetrieb (BFH I 375/61, HFR 1963, 393; IV 285/62 U, BStBl. III 1965, 90).
– **Kurpackerin,** wenn selbstständig, dann gewerblich tätig (FG München XIV 166/86 Aus U, EFG 1988, 330 rkr.).
– **Kursmakler/Kursmaklerstellvertreter,** gewerblich (BFH I 250/54 U, BStBl. III 1955, 325; IV B 102/03, BStBl. II 2005, 864; X R 38/92, BFH/NV 1994, 850).
– **Laboratoriumsmedizin.** Aufgrund der wesensmäßigen Verschiedenheit zwischen den Tätigkeiten des Laborarztes und des „behandelnden" Arztes lässt sich nicht ableiten, dass – wie in BFH VIII R 41/12, BStBl. II 2015, 216 – in der Laboratoriumsmedizin bestimmte Standarduntersuchungen mit unauffälligem Befund vollständig auf fachlich vorgebildetes Personal delegiert werden könnten (BFH VIII B 154/17, BFH/NV 2018, 945). Vielmehr muss der Arzt in diesem Bereich nicht nur die organisatorische, sondern auch die personelle, rechtliche und ethische Verantwortung tragen (BFH X B 54/87, BStBl. II 1988, 17). Er muss jeden einzelnen Auftrag zur Kenntnis nehmen, die Untersuchungsmethoden bestimmen, Personal auswählen und das Untersuchungsergebnis (Befunderhebung und -auswertung) kontrollieren (BFH VIII R 116/74, BStBl. II 1976, 155). Das ist bei 277 Aufträgen (692 Untersuchungen) pro Tag nicht mehr möglich, daher in diesem Fall gewerbliche Tätigkeit (BFH IV R 140/88, BStBl. II 1990, 507); noch krasser in den Fällen BFH XI R 85/93, BStBl. II 1995, 732 und IV R 45/94, BFH/NV 1996, 463; NdsFG 13 K 179/15, EFG 2019, 179; nachgehend BFH VIII B 154/17, BFH/NV 2018, 945). Die Gewerblichkeit ergibt sich auch dann, wenn die überwiegende Zahl der Leistungen von Mitarbeiten selbstständig erbracht wird (BFH IV R 45/94, BFH/NV 1996, 463). Die Kürze der Zeit, die der Laborarzt selbst auf die einzelne Untersuchung verwendet, sowie die hohe Zahl fachlich vorgebildeter Angestellter begründen eine widerlegliche Vermutung dahin, dass die Tätigkeit nicht eigenverantwortlich ausgeübt wird (BFH IV B 12/99, BFH/NV 2000, 837, zugleich zur Entkräftung dieser Vermutung durch Sachverständigengutachten). Auch die Unterschrift des Arztes unter jeden Befundbericht ist ohne Aussagekraft (BFH XI R 85/93, BStBl. II 1995, 732). Jedoch bestehen keine absoluten Grenzen (BFH IV B 29/01, BStBl. II 2002, 581). Vergleiche auch „Zytologielabor". Lediglich kostendeckend arbeitenden **Laborgemeinschaften** fehlt idR die Gewinnerzielungsabsicht (BFH IV B 232/02, BFH/NV 2005, 352). Im

Übrigen gelten mE die oa Grundsätze (Einzelheiten bei BMF 12.2.2009, BStBl. I 2009, 398; OFD Frankfurt aM 7.12.2020 – S 2246 A-8-St 517).

- **Layouter** kann künstlerisch tätig sein (FG Hmb I 199/90, EFG 1993, 386).
- **Leichenfrau/-mann,** gewerblich (FG Nürnberg I 107-110/54, EFG 1959, 54; 12.10.1993 – I 49/93, nv).
- **Lexikograph** übt einen dem Übersetzer ähnlichen Beruf aus (FG RhPf II 241/66 ua, EFG 1972, 435 rkr.).
- **Logopäde** s. „Sprechtherapeut".
- **Lohnsteuer-Hilfeverein,** Ortsstellenleiter, gewerblich (BFH X R 13/86, BFH/NV 1989, 498).
- **Lotterieeinnehmer** für staatliche Lotterien haben Einkünfte aus sonstiger selbstständiger Arbeit, wenn diese nicht Einkünfte aus GewBetrieb sind (§ 18 Abs. 1 Nr. 2 EStG). Das ist der Fall, wenn die Lotterieeinnahme unselbstständiger Teil eines einheitlichen GewBetriebs ist oder für den Verkauf ein einheitlicher GewBetrieb unterhalten wird (BFH VIII R 310/83, BStBl. II 1986, 719). Jedoch greift insoweit die Befreiungsvorschrift des § 13 GewStDV ein. Die Vorschrift ist zu beachten (BFH I R 158/81, BStBl. II 1985, 223), und zwar trotz des Wegfalls reichsrechtlicher Ermächtigung (vgl. zur Rechtsentwicklung Eppler DStR 1987, 84). Sowohl § 18 EStG als auch § 13 GewStDV setzen voraus, dass es sich um einen Einnehmer für eine **staatliche Lotterie** handelt (BFH VIII R 310/83, BStBl. II 1986, 719; III B 64/12, BFH/NV 2013, 985). Der private Veranstalter fällt nicht unter die genannten Vorschriften (BFH IV R 18/09, BStBl. II 2011, 368; IV R 39/07, BFH/NV 2011, 482). Dazu muss der Staat selbst und nicht eine von ihm gehaltene Kapitalgesellschaft das Lotterieunternehmen betreiben (BFH GrS 1/62 S, BStBl. III 1964, 190). Die **Deutsche Klassenlotterie Berlin** erfüllt als Anstalt des öffentlichen Rechts diese Voraussetzungen (BFH I R 158/81, BStBl. II 1985, 223; ebenso für **Staatslotterie in Hessen** OFD Frankfurt aM 15.4.1987, BB 1987, 955), **nicht** die **Lotto Hamburg GmbH** (ab 1.1.2008, FBeh Hmb 7.1.2009). Zur steuerbefreiten Tätigkeit des Lotterieeinnehmers kann es auch gehören, dass der Lotterieeinnehmer **Lagerlose** vorrätig hält und hierdurch selbst an den einzelnen Losziehungen der Lotterie teilnimmt (BFH IV R 205/75, BStBl. II 1976, 576). Der **Bezirksstellenleiter** einer staatlichen Lotterie, der keine Lotteriegeschäfte mit Kunden abschließt, ist kein von der GewSt befreiter Lotterieeinnehmer iSd § 13 GewStDV (BFH IV R 77/67, BStBl. II 1968, 718; IV R 81/66, BStBl. II 1972, 801; GewStH 3.1 mwN).
- **Makler,** gewerblich (BFH I 250/54 U, BStBl. III 1955, 325; I R 107/68, BStBl. II 1970, 517; IV R 173/74, BStBl. II 1976, 643).
- **Maler,** selbstständige Arbeit, eine gewisse künstlerische Gestaltungshöhe muss nicht festgestellt werden, wenn die Produkte im Kunsthandel wie die Produkte anerkannter Künstler gehandelt werden (BFH IV R 9/77, BStBl. II 1981, 21).
- **Managementtrainer,** auch mit Ausbildung als Industriekaufmann einem beratenden Betriebswirt nicht ähnlich (BFH XI B 205/95, BFH/NV 1997, 559).
- **Manager** eines Künstlers gewerblich (BFH I B 2/90, BFH/NV 1992, 372).
- **Mannequin,** idR nicht freiberuflich (BFH VI R 56/67, BStBl. II 1969, 71; **aA** für ein sog. Starmannequin [??] FG Düsseldorf I 75-78/63 L, EFG 1964, 555 rkr.).
- **Marketingberater** kann einem beratenden Betriebswirt (s. dort) ähnlich sein (jedoch abgelehnt: BFH XI B 205/95, BFH/NV 1997, 559; IV B 86/99, BFH/NV 2000, 705; FG Münster 8 K 5350/95 G, EFG 2000, 744, rkr.).

– **Markscheider,** freiberuflich (BFH VI R 155/71, BStBl. II 1975, 290; IV R 23/94, BFH/NV 1996, 550).
– **Marktforscher/Marktforschungsberater,** keine dem beratenden Betriebswirt ähnliche Tätigkeit (BFH V R 73/83, BStBl. II 1989, 212; IV R 27/90, BStBl. II 1992, 826; V R 61/92, BFH/NV 1994, 89).
– **Maschinenbautechniker,** handwerklich und daher gewerblich tätig (HessFG 8 K 1819/88, EFG 1989, 346 rkr.).
– **Masseur,** unter der Voraussetzung der entsprechenden Qualifikation und Berechtigung zur Führung der Berufsbezeichnung freiberuflich, da dem Beruf des Krankengymnasten ähnlich (BFH IV 60/65, BStBl. II 1971, 249; hierzu BMF 22.10.2004, BStBl. I 2004, 1030), jedoch gewerblich, wenn er überwiegend kosmetische oder Schönheitsmassagen durchführt (BFH IV 60/65, BStBl. II 1971, 249; BMF 22.10.2004, BStBl. I 2004, 1030) oder wenn er eine zweite Betriebsstätte betreibt, die ein Angestellter eigenverantwortlich führt (BFH IV R 11/95, BFH/NV 1996, 464).
– **Mediator** ist vergleichbar mE mit einem Rechtsbeistand (s. Stichwort) nur dann freiberuflich tätig, wenn er Kenntnisse des Rechtsanwalts hat und die Tätigkeit nicht nur auf bestimmte Aspekte beschränkt ist. Zur EU-Mediationsrichtlinie Eidenmüller/Pause NJW 2008, 2737.
– **Medikamentenerprobung** soll zur ärztlichen Tätigkeit gehören (s. „Arzt") bzw. wissenschaftlicher Natur sein (zur Unterscheidung BFH IV R 51/82, BFH/NV 1986, 520).
– **Medizinisch-technische(r) Assistent(in),** freiberuflich nach BMF 22.10.2004, BStBl. I 2004, 1030; ebenso der **medizinisch-diagnostische Assistent** (BFH IV 459/52 U, BStBl. III 1953, 269).
– **Medizinphysiker** übt keine heilberufliche oder sonstige freiberufliche Tätigkeit aus (zur USt: BFH XI R 59/93, BFH/NV 1995, 647).
– **Militärberater,** nur freiberuflich, wenn einem beratenden Betriebswirt (hierzu s. Stichwort) ähnlich (FG BW 7 K 5850/08, EFG 2011, 1632).
– **Mitgliederwerber** auf Provisionsbasis, idR gewerblich (Felix DStR 1993, 1550).
– **Mitunternehmerschaft.** Wird eine an sich als selbstständige Arbeit zu bewertende Leistung an eine Gesellschaft erbracht, an der der Leistende beteiligt ist, und handelt es sich im weitesten Sinne um einen gesellschaftsrechtlich veranlassten Vorgang, so findet eine Umqualifizierung in gewerbliche Einkünfte statt (BFH I R 163/77, BStBl. II 1979, 757).
– **Modefotograf/Fotodesigner** kann künstlerische Tätigkeit ausüben, die Herstellung für Gebrauchszwecke soll keine Rolle spielen, serienmäßige Vervielfältigung aber für Gewerblichkeit sprechen (BFH VIII R 76/75, BStBl. II 1977, 474); unter Berücksichtigung des Verwendungszwecks künstlerische Tätigkeit bei Mode-Werbefotograf verneinend BFH IV 321/61 U, BStBl. III 1963, 216.
– **Modellbauer.** Bau von Architektenmodellen ist im Allgemeinen gewerbliche Tätigkeit (BFH IV 15/60 U, BStBl. III 1963, 598; vgl. auch IV R 73/90, BStBl. II 1991, 878; I B 125/93, BFH/NV 1994, 470).
– **Modeschöpfer,** künstlerische Tätigkeit, bejahend sogar für beratende Tätigkeit, wenn sich die gedankliche Leistung in der Gestaltung der Erzeugnisse niederschlägt (BFH I R 1/66, BStBl. II 1969, 138).
– **Modewerbeberater, -zeichner,** gewerblich (BFH IV 100/62, BStBl. III 1967, 371).

- **Motopädagoge** soll wie Krankengymnast freiberuflich sein (FG BW 10 K 26/01, EFG 2006, 773, von BFH V R 64/05, BFH/NV 2007, 1207 zurückverwiesen).
- **Musiker,** auch an Marktbedürfnissen orientierte Tanz- und Unterhaltungsmusik ist künstlerisch, wenn sie einen bestimmten Qualitätsstandard erreicht (BFH IV R 64/79, BStBl. II 1983, 7). Die Aushilfe in einem Orchester ohne feste Anstellung soll freiberuflich sein (FG Köln II (XIV) 405/79 E, EFG 1982, 345); mE verfehlt, weil dennoch eine Eingliederung vorliegt (unselbstständig!) und es an der Möglichkeit der gestalterischen Einflussnahme fehlt. Zur Einkünftequalifikation Wolf FR 2002, 202.
- **Musikinstrumentenbauer,** gewerblich (BFH V 23/61, HFR 1964, 104; FG Münster 13 K 7383/91 G, EFG 1993, 679).
- **Musiktherapeut.** Nach BFH V B 78/98, BFH/NV 1999, 528 keinem Heilhilfsberuf ähnlich; ggf. nach Änderung der Rspr. durch Kassenzulassung (→ Rn. 258) freiberuflich.
- **Nachlassabwickler,** gewerblich (FG Bln VII 90/83, EFG 1987, 119 rkr.).
- **Nachlassverwalter** ggf. Einkünfte nach § 18 Abs. 1 Nr. 3 EStG (BFH I R 122/81, BStBl. II 1984, 823; X R 56/00, BStBl. II 2002, 202).
- **Netzplantechniker,** wurde als ingenieurähnlicher Beruf gewertet (FG Düsseldorf VI 54/80 G, EFG 1987, 368).
- **Notenschreiber,** gewerblich (FG Hmb IV 253/65 (III), EFG 1967, 613 rkr.).
- **Oecotrophologe** (Dipl-): da weder eine berufsrechtliche Regelung besteht noch eine Kassenzulassung nach § 124 SGB V vorgesehen ist, dürfte es an der Vergleichbarkeit mit einem Heilberuf nach Katalog fehlen; daher gewerblich (BMF 17.4.2000, DB 2000, 1001).
- **Organisationsberater** für Datenverarbeitung, gewerblich (BFH I R 63/75, BStBl. II 1977, 34).
- **Orthoptist,** unter den in → Rn. 258 bezeichneten Voraussetzungen freiberuflich nach BMF 22.10.2004, BStBl. I 2004, 1030.
- **Outplacementberater,** gewerblich (FVerw 20.9.2004, DB 2004, 2073).
- **Patentberichterstatter,** gewerblich, soweit reine Ermittlungstätigkeit ohne Auswertung (BFH IV 465/54 U, BStBl. III 1956, 89; I R 23/67, BStBl. II 1971, 233).
- **Personalberater** übt – auch mit der Ausbildung zum Dipl-Kfm. – keine dem beratenden Betriebswirt ähnliche und damit keine freiberufliche Tätigkeit aus (BFH IV R 70/00, BStBl. II 2003, 25; IV R 12/02, BFH/NV 2004, 168; FG Köln 3 K 1384/14, EFG 2017, 1681). Beratungstätigkeit zur Lösung zwischenmenschlicher Beziehungen ist weder erzieherischer, unterrichtender noch wissenschaftlicher Natur (BFH XI R 2/95, BStBl. II 1997, 687).
- **Personalsachbearbeiter,** zB bei Insolvenzverfahren, ist gewerblich tätig (BFH IV R 152/86, BStBl. II 1989, 729).
- **Personalüberlassung** ist grundsätzlich gewerblich, insb. wenn das überlassene Personal im Kundenunternehmen weisungsgebunden ist (BFH VIII R 101/04, BFH/NV 2008, 1824).
- **Personalvermittler,** weder dem Ingenieur noch dem beratenden Betriebswirt ähnlich, also gewerblich (BFH IV R 12/02, BFH/NV 2004, 168).
- **Pflegedienst,** s. „Krankenpfleger" sowie § 3 Nr. 20 Buchst. d.
- **Pharmaberater,** gewerblich (FG Düsseldorf 8 K 6029/94 F, EFG 1996, 989 rkr.).

- **Physiotherapeut** bedarf nach dem G. v. 26.4.1994 (BGBl. 1994 I 1084) der Zulassung (hierzu OFD Magdeburg 17.12.1999, FR 2000, 284) und ist danach freiberuflich tätig (vgl. BMF 22.10.2004, BStBl. I 2004, 1030).
- **Pilot,** nicht dem Ingenieur oder dem Lotsen ähnlich und daher gewerblich (BFH IV R 94/99, BStBl. II 2002, 565).
- **Planungsberater** ohne wirtschaftswissenschaftliche Ausbildung ist kein beratender Betriebswirt (BFH IV R 51/99, BStBl. II 2000, 616).
- **Podcaster,** s. „Soziale Medien".
- **Podologe** s. „Fußpfleger".
- **Politikberater,** der Informationen zu Gesetzgebungsvorhaben beschafft und hierüber berichtet, ist gewerblich tätig (BFH VIII R 18/11, BStBl. II 2015, 128; hierzu Rogge BB 2015, 682; Kanzler FR 2015, 377).
- **Pornographie,** Herstellung von Filmen und Bildern gewerblich (HessFG VIII 66/82, EFG 1984, 296 rkr.).
- **PR-Berater/Werbeberater** sind, soweit nicht Werbekünstler, gewerblich tätig (BFH I R 106/72, BStBl. II 1974, 293; VIII R 149/74, BStBl. II 1978, 565). Das gilt ebenso für eine auch organisatorisch tätige Agentur für Presse- und Öffentlichkeitsarbeit (BFH IV R 16/98, BFH/NV 1999, 602).
- **Pressezeichner,** der statistische, grafische Darstellungen, Schaubilder oÄ herstellt, ist gewerblich tätig (BFH I 376/62, HFR 1965, 372); im Übrigen kommt Behandlung als Journalist (s. dort) in Betracht.
- **Produktschulung** ist keine unterrichtende Tätigkeit (s. Stichwort), wenn nicht auf einem allgemeinen Schulungsprogramm beruhend (FG Nürnberg 5 K 391/17, EFG 2018, 767, nachgehend BFH VIII B 44/18, BFH/NV 2019, 108).
- **Projektmanager,** gewerblich (NdsFG 13 K 15/96, EFG 2001, 1146 rkr.); offengeblieben (Zurückverweisung) durch BFH XI R 34/06, BFH/NV 2007, 1495.
- **Promotionsvermittler, -berater,** gewerblich (BFH VIII R 74/05, BStBl. II 2009, 238).
- **Prostituierte** werden abweichend von der früheren Rechtsauffassung (§ 22 Nr. 3 EStG; hierzu BFH VI R 164/68, BStBl. II 1970, 620) als gewerblich behandelt (BFH GrS 1/12, BStBl. II 2013, 441; III R 30/10, BFH/NV 2013, 1577; aA noch SächsFG 8 K 1846/07, EFG 2011, 318). Auch die **Zimmervermietung** an Prostituierte ist Gewerbebetrieb (BFH VIII R 256/81, BFH/NV 1989, 44; FG Saarl 1 K 259/91, EFG 1993, 332; HessFG 4 K 3611/88, EFG 1995, 711; abgrenzend FG Hmb 2 V 271/15, BeckRS 2016, 95024). Zur „mangelhaften Besteuerung" Kemper DStR 2005, 543.
- **Psychologe,** bei entsprechender wissenschaftlicher Ausbildung und Betätigung (Heilbehandlung) freiberuflich (BMF 27.12.1999, BStBl. I 2000, 42), iÜ gewerblich tätig (FG Münster VI 428/77 E, EFG 1979, 548, Gerichtsgutachten; BFH IV B 133/99, BFH/NV 2000, 1460; XI B 2/06, BFH/NV 2006, 1831 Unternehmensberatung).
- **Psychotherapeuten** bedürfen zur Aufnahme ihrer Tätigkeit nach dem G. v. 16.6.1998 (BGBl. 1998 I 1311, PsychotherapeutenG) der staatlichen Erlaubnis (Approbation). Das gilt auch für psychologische Psychotherapeuten, die somit eine dem Arzt vergleichbare Tätigkeit ausüben und daher freiberuflich tätig sind, sowie Kinder- und Jugendlichenpsychotherapeuten (BMF 22.10.2004, BStBl. I 2004, 1030). In Ausbildung befindliche StPfl. haben keine eigene

Abrechnungsmöglichkeit und sind nicht eigenverantwortlich tätig (OFD Koblenz 11.5.2004, DStZ 2004, 582).

- **Puppenhersteller** s. „Sammlerpuppen".
- **Rechtsanwalt.** Die Tätigkeit als Rechtsanwalt setzt seine Berufszulassung als Anwalt voraus (§§ 4, 6 ff. BRAO), sein zentraler Aufgabenbereich ist die Beratung in Rechtsangelegenheiten (Vertragsgestaltung, Rechtsverfolgung) und Vertretung vor Gericht, wohl auch Tätigkeiten nach § 18 Abs. 1 Nr. 3 EStG (Testamentsvollstrecker, BFH IV R 77/70, BStBl. II 1973, 729; IV R 125/89, BStBl. II 1990, 1028; Aufsichtsrat, RFH RStBl. 1932, 731), die Anfertigung von Rechtsgutachten (BFH IV R 111/69, BStBl. II 1971, 132) sowie die Tätigkeit als Schiedsrichter (BFH IV 135/58 U, BStBl. III 1961, 60; IV R 1/73, BStBl. II 1974, 568, mE zweifelhaft, da Rechtsanwalt grundsätzlich Parteivertreter ist). Doch nicht jede mit dem Berufsrecht des Rechtsanwalts vereinbare Tätigkeit ist auch als freiberuflich zu beurteilen (zB BFH VIII R 10/09, BStBl. II 2010, 906 zum Betreuer; BFH VIII R 27/17, BStBl. II 2020, 222 zum Datenschutzbeauftragten; BFH VIII B 22/22, BFH/NV 2023, 1186 zur maklertypischen Tätigkeit). Als Verwalter im **Zwangs- u. Vergleichsverfahren** sowie im **Insolvenzverfahren** erzielt der Rechtsanwalt Einkünfte nach § 18 Abs. 1 Nr. 3 EStG (vgl. BFH XI R 56/00, BStBl. II 2002, 202 mwN); die Vervielfältigungstheorie in ihrer strengen Ausprägung ist nicht mehr anwendbar (→ Rn. 265). Gleichwohl ist eine RA-GbR, die einem angestellten RA die eigenverantwortliche Durchführung von Insolvenzverfahren überlässt, gewerblich tätig (BFH VIII R 6/12, BStBl. II 2015, 1002). Die **treuhänderische Tätigkeit** eines Rechtsanwalts für Bauherrengemeinschaften ist weder als sonstige selbstständige Arbeit noch als freiberufliche Anwaltstätigkeit, sondern als gewerblich zu werten (BFH IV R 43/88, BStBl. II 1989, 797; IV R 42/89, BStBl. II 1990, 534); ebenso die **reine Inkassotätigkeit** durch seine Büroorganisation (BFH III B 246/11, BFH/NV 2012, 1959). Ein Hochschullehrer des Rechts, der in einem Verfassungsrechtsstreit vor Gericht auftritt, übt eine einem Rechtsanwalt ähnliche Tätigkeit aus (BFH IV R 194/70, BStBl. II 1971, 684). Bestimmte **Geldgeschäfte,** wie zB Darlehensgeschäfte, Bürgschaftsübernahmen, Vermittlung von Vermögensanlagen uÄ sind idR nicht zum Betrieb zu rechnen (BFH IV R 49/00, BStBl. II 2001, 828; IV R 208/85, BFH/NV 1991, 435; XI B 237/02, BFH/NV 2003, 1576; Ausnahmefall BFH VIII R 236/77, BStBl. II 1980, 571, Rettung einer Forderung; BFH IV R 80/88, BStBl. II 1990, 17, Rettung eines Mandats). Die Vereinbarung eines standeswidrigen Erfolgshonorars lässt Freiberuflichkeit nicht ohne Weiteres entfallen (vgl. BFH IV R 107/77, BStBl. II 1981, 564; IV R 77/76, BStBl. II 1982, 340).

  Die Tätigkeit des **Rechtsreferendars** soll eine **ähnliche** sein können (BFH IV R 7/72, BStBl. II 1972, 615), was mE gegen allgemeine Grundsätze (zB → Rn. 255) verstößt.
- **Rechtsbeistand,** vor allem wegen der nur für bestimmtes Aktenstudium zugelassenen Tätigkeit Ähnlichkeit mit Rechtsanwaltsberuf verneint (BFH I R 147/67, BStBl. II 1970, 455); ähnlich für ausschließliche Forderungseintreibung (BFH XI B 67/06, BFH/NV 2006, 2076); im Übrigen kommt freiberufliche Tätigkeit in Betracht (zB BFH I R 69/75, BStBl. II 1979, 64; IV R 19/97, BStBl. II 1998, 139), was mE gegen allgemeine Grundsätze (zB → Rn. 255) verstößt.

- **Rechtsberatung** ohne Anwaltszulassung ist gewerblich (FG Köln 15 K 1555/05, EFG 2006, 511 rkr.).
- **Rehabilitationstraining** (Funktionstraining) nach § 43 SGB V ist ustfrei (BFH V R 6/07, BStBl. II 2009, 679; UStAE 4.14.4 Abs. 9); mE gilt das nach der Rspr. zu den Heil(hilfs)berufen (s. dort) auch für die ESt bzw. GewSt.
- **Reiseleiter** nach FG Hmb II 402/93, DStRE 2005, 1442 freiberuflich (mE fragwürdig; zu Recht aA FG Nürnberg V 35/62, EFG 1963, 63).
- **Rennveranstaltungen** (Teilnahme an), gewerblich, da Erwerbschance (BFH IV R 82/89, BStBl. II 1991, 333).
- **Rentenberater,** obschon Diplom-Volkswirt, ist gewerblich tätig (BFH VIII R 2/16, BStBl. II 2019, 528, Vb 1 BvR 2127/19 nicht angenommen; BFH VIII R 26/16, BStBl. II 2019, 532, Vb 1 BvR 2278/19 nicht angenommen).
- **Restaurator,** künstlerisch tätig bei entsprechender Gestaltungsfreiheit (FG Nürnberg III 360/87, EFG 1993, 677 (678); bestätigt BFH I R 54/93, BStBl. II 1994, 864; IV R 63/02, BStBl. II 2005, 362; XI R 9/05, BFH/NV 2006, 2238; hierzu Kempermann FR 2005, 497).
- **Rettungsassistent,** unter den in → Rn. 258 genannten Voraussetzungen freiberuflich nach BMF 22.10.2004, BStBl. I 2004, 1030.
- **Rettungsschwimmer** (DLRG) ist weder nichtselbstständig noch gewerblich tätig, sondern erzielt Einkünfte nach § 22 Nr. 3 EStG (OFD Frankfurt aM 18.4.200, DB 2000, 1202).
- **Rettungswache,** gewerblich, da keinem Heilberuf ähnlich (BFH VIII R 2/92, BFH/NV 1996, 325).
- **Retuscheur,** gewerbliche Einkünfte (BFH V R 130/84, BFH/NV 1990, 232; FG Düsseldorf 1 K 3118/02 G, EFG 2007, 197).
- **Rezeptabrechner,** gewerblich (BFH IV R 153/73, BStBl. II 1974, 515).
- **Rundfunkberatung,** ohne entsprechende Ausbildung/Kenntnisse kein dem beratenden Betriebswirt ähnlicher Beruf (BFH VIII B 103/10, BFH/NV 2011, 1133).
- **Rundfunkermittler,** gewerblich (BFH VIII R 184/75, BStBl. II 1979, 53; I R 121/76, BStBl. II 1979, 188; X R 83/96, BStBl. II 1999, 534).
- **Rundfunksprecher,** gewerblich tätig, wenn er Programme ansagt oder Nachrichten uÄ verliest; journalistisch tätig, wenn er zB Gesprächsrunden leitet; und künstlerisch, wenn er Hörspielrollen spricht (BFH IV R 112/72, BStBl. II 1977, 459).
- **Rutengänger,** gewerblich (FG München 15 K 4994/03, EFG 2006, 1920).
- **Sammlerpuppen,** Herstellung und Vertrieb ist keine künstlerische Tätigkeit (FG Bln VIII 482/89, EFG 1992, 332).
- **Saucen-Designer** ist weder künstlerisch noch ähnlich einem Handelschemiker tätig, daher gewerblich (BFH X R 150/94, BFH/NV 1998, 956).
- **Sauna** ist idR gewerblich, es sei denn, sie dient der Vor- u. Nachbehandlung einer Massage (vgl. BFH V R 19/71, BStBl. II 1972, 78; XI R 90/92, BStBl. II 1995, 84).
- **Schadensgutachter bzw. -regulierer,** gewerblich (BFH I 21/61 U, BStBl. III 1961, 505; IV R 63/86, BStBl. II 1989, 198; XI R 82/94, BStBl. II 1996, 518; IV R 65-67/89, BFH/NV 1993, 238).
- **Schiffssachverständiger** ist gewerblich tätig, wenn er überwiegend reine Schadengutachten erstellt (BFH XI R 82/94, BStBl. II 1996, 518).
- **Schlossbesichtigung,** gewerblich (BFH VIII R 95/77, BStBl. II 1980, 633).

- **Schneeballsystem.** Die leitende Teilnahme hieran erfüllt mE die Voraussetzungen für die Annahme eines Gewerbebetriebs (nach BFH X B 148/96, BFH/NV 1996, 750 zweifelhaft).
- **Schönheitskönigin,** die ihren Titel durch entgeltliche Auftritte verwertet, ist gewerblich tätig (FG RhPf 1 K 2199/93, EFG 1996, 52).
- **Schriftsteller** ist, wer eigene Gedanken mit Mitteln der Sprache schriftlich für die Öffentlichkeit niederlegt (vgl. BFH I R 183/79, BStBl. II 1982, 22; VIII R 18/11, BStBl. II 2015, 128). Das Übersetzen von Werken der Weltliteratur ist schriftstellerische Tätigkeit. Im Übrigen stellt die Rspr. keine hohen Anforderungen an den **Ausdruck eigener Gedanken** (BFH IV R 142/72, BStBl. II 1976, 192). Es muss aber der Spielraum für eben den eigenen Gedanken gegeben sein (BFH IV 280/65, BStBl. II 1971, 703). Das **Verfassen** von **Anleitungen** zu technischen Geräten kann schriftstellerische Tätigkeit sein (BFH IV R 4/01, BStBl. II 2002, 475). Das soll beim Verfassen von **Newslettern im Interesse des Auftraggebers** im Zusammenhang mit Produktschulungen nicht der Fall sein (FG Nürnberg 5 K 391/17, EFG 2018, 767; nachgehend BFH VIII B 44/18, BFH/NV 2019, 108); mE in dieser allgemeinen Form nicht zutreffend, weil es auf das Maß an eigenen Gedanken und deren sprachliche Umsetzung ankommt. Das Verfassen eines **Softwarelernprogramms** kann schriftstellerische Tätigkeit sein (BFH IV R 16/97, BStBl. II 1999, 215; vgl. auch III B 89/97, BFH/NV 1999, 462), ebenso die Tätigkeit als **Drehbuchautor** (FG Hmb II 198/00, EFG 2001, 907 rkr.), oder Rätselhersteller (FG Düsseldorf X 68/69 E, EFG 1971, 229 rkr.), ggf. auch das Erstellen eines **Vorschriftensuchregisters** bei Nachschlagewerken (vgl. BFH IV 270/60 U, BStBl. III 1962, 131; VIII R 111/71, BStBl. II 1976, 641). Auch die Tätigkeit als **analytischer Parlamentsstenograph** (NdsFG 4 K 601/95, EFG 2004, 567 rkr.) und eines **Werbetexters** (FG RhPf 1 K 1305/96, EFG 1998, 1584 rkr.; FG Nürnberg V 193/79, EFG 1980, 599 rkr.) kommt in Betracht.
  Für die **Öffentlichkeit bestimmt** ist ein Schriftwerk, wenn es aus der Sicht des Autors einem zahlenmäßig nicht bestimmten Personenkreis verfügbar gemacht wird (BFH IV R 16/97, BStBl. II 1999, 215). Die Erstellung von Patientengutachten genügt dem nicht (NdsFG 14 K 21/19, EFG 2021, 191, nachgehend BFH VIII R 29/20, BStBl. II 2023, 1005).

Verlegerische Betreuung eigener Werke ist gewerbliche Tätigkeit (BFH I 389/61 U, BStBl. III 1965, 148; VIII R 111/71, BStBl. II 1976, 641).

- **Schulen.** Unternehmer muss aufgrund eigener Fachkenntnisse und eigenverantwortlich tätig sein (vgl. dazu allg. BFH I R 138/71, BStBl. II 1974, 213). Voraussetzung ist die charakteristische persönliche Beziehung zum Schüler (BFH V R 87/85, BFH/NV 1991, 848). Dies wurde bei 33 bzw. 54 beschäftigten Lehrern verneint (BFH IV R 127/68, BStBl. II 1970, 214). Sind Unterrichtsanstalten mit einem **Internat** verbunden, besteht schon dann Gewerbesteuerpflicht, wenn der Betrieb sein wirtschaftliches Gepräge durch das Internat erhält und das Internat nicht Hilfsmittel für die Erziehung ist (BFH VI 301/62 U, BStBl. III 1964, 630; s. auch Kinderheim). **Fahrschule:** Freiberuflichkeit setzt Eigenverantwortlichkeit und daher Unterrichtsmitwirkung voraus (BFH I 249/63, BStBl. III 1966, 685; IV R 16/97, BStBl. II 2003, 838; V R 87/85, BFH/NV 1991, 848). Die Einnahmen aus *Werbeflächen* auf Fahrzeugen sollen zu einer eigenständigen gewerblichen Tätigkeit führen; bei einer Personengesellschaft soll daher für Fahrlehrertätigkeit und Werbetätigkeit einheitlich gewerbliche Tätigkeit vorliegen (OFD Düsseldorf 7.11.1988, DStR 1989, 81);

mE kommt aber Vermögensverwaltung in Betracht (→ Rn. 108). **Sportschule:** zum Erfordernis der Eigenverantwortlichkeit, Beschäftigung von drei fremden Lehrkräften unschädlich bei wesentlicher Teilhabe des Inhabers an der Art und Weise des Unterrichts (BFH IV R 130/79, BStBl. II 1982, 589). **Reitunterricht** ist gewerblich, wenn der Inhaber nicht oder nur in Ausnahmefällen unterrichtet und auf unterrichtende Angestellte keinen Einfluss nimmt (BFH IV R 191/74, BStBl. II 1979, 246; IV R 127/68, BStBl. II 1970, 214). Zur teilweisen Gewerbesteuerbefreiung nach § 3 Nr. 13 und zur Aufteilung der Gewerbesteuermessbeträge s. BFH VIII R 149/76, BStBl. II 1981, 746). Auch eine **Yogaschule** kann mE unter den oa Voraussetzungen freiberuflich sein.

– **Sicherheitsberater** kann freiberuflich (unterrichtend) tätig sein, wenn er Wachmannschaften zusammenstellt und schult (FG RhPf 1 K 3046/94, EFG 1996, 712).
– **Soziale Medien.** Blogger, Podcaster, Youtuber uÄ kommen als künstlerisch, schiftstellerisch, erzieherisch oder unterrichtend (s. die jeweiligen Stichworte) in Betracht (vgl. Brunckhorst/Sterzinger DStR 2018, 1689).
– **Spielerberater/-vermittler,** gewerblich (BFH IV R 59/97, BStBl. II 1999, 167, Berufsfußballer).
– **Sprecher** (Off-Sprecher) in sog. Doku-Entertainment-Formaten im Rundfunk/Fernsehen ist nicht journalistisch, jedoch ggf. künstlerisch (s. die jeweiligen Stichworte) tätig (FG Köln 2 K 553/18, EFG 2023, 130).
– **Sprechtherapeut** mit der Berufsbezeichnung **Logopäde** ist freiberuflich tätig, wenn die Tätigkeit auf einer Erlaubnis nach dem LogopädenG (BGBl. 1980 I 529) beruht (BFH V R 195/83, BFH/NV 1989, 201; BMF 22.10.2004, BStBl. I 2004, 1030); nicht dagegen Atem-, Sprech- und Stimmlehrer ohne staatliche Erlaubnis (BVerfG 1 BvR 695/88, BStBl. II 1988, 975). In Nds. gibt es hierzu staatliche Regelungen (G. v. 2.3.1998, Nds. GVBl. 1998, 126). Vor deren Erlass war ein **Sprachheilpädagoge** nicht freiberuflich tätig; keine Rückwirkung; ggf. kam unterrichtende Tätigkeit in Betracht (BFH IV R 49/01, BStBl. II 2003, 721). Inzwischen dürfte die Problematik durch die geänderte Rspr. zu Heilshilfsberufen (→ Rn. 258) überholt sein (FG Düsseldorf 13 K 1030/01 G, EFG 2005, 958; Kempermann DStR 2003, 1433).
– **Steuerberater/Steuerbevollmächtigter** ist, wer nach §§ 40 ff. bzw. § 42 StBerG als solcher bestellt worden ist. Zentraler Aufgabenbereich ist die Hilfeleistung in Steuersachen. Die Vermittlung von Vermögensanlagen (BFH IV R 208/85, BFH/NV 1991, 435) und von Verträgen zB für Baubetreuungsfirmen und Interessenten für den Erwerb von Eigentumswohnungen ist getrennt von der freiberuflichen Tätigkeit zu beurteilende gewerbliche Tätigkeit (BFH VIII R 92/83, BStBl. II 1984, 129). Die **Treuhänderschaft** für eine Bauherrengemeinschaft ist gewerblich (BFH I R 133/93, BStBl. II 1995, 171), ausgenommen die abgrenzbare freiberufliche (Beratungs-)Leistung (BFH IV R 99/93, BStBl. II 1994, 650). Zur Eigenverantwortlichkeit → Rn. 239 f. Die **Aufgabe des sog. Buchführungsprivilegs** durch das BVerfG hat nichts daran geändert, dass die laufende Buchführung (einschließlich Kontieren, ohne Abschluss) und auch die Erstellung von Lohnsteuervoranmeldungen Hilfeleistung in Steuersachen ist (BVerfG-Beschlüsse 1 BvR 697/77, BStBl. II 1980, 706 sowie 1 BvR 807/80, BStBl. II 1982, 281). Dies führt indessen nicht dazu, dass die Ausübung dieser Tätigkeiten nun als eine dem Steuerberaterberuf **ähnliche** aufzufassen ist. Es handelt sich mE um eine schädliche Spezialisierung; auch liegen die

Voraussetzungen des § 18 Abs. 1 Nr. 3 EStG nicht vor (BFH IV R 10/00, BStBl. II 2002, 338). Die Fertigung von UStVoranmeldungen bleibt den Steuerberatern vorbehalten (BFH VII R 27/82, BStBl. II 1983, 318). Zum **Beratungsstellenleiter** s. dort; zum „Asesor-Fiscal" FG RhPf 5 K 1046/06, EFG 2006, 1541 rkr.

- **Stromableser,** gewerblich (FG Bbg 2 K 1792/02, EFG 2004, 34 rkr.).
- **Stundenbuchhalter,** wenn selbstständig, dann gewerblich (BFH IV R 10/00, BStBl. II 2002, 338).
- **Stuntman/Stuntkoordinator,** idR gewerblich (FG München 10 K 1534/00, EFG 2004, 333, rkr.).
- **Synchronsprecher** übt idR eine künstlerische Tätigkeit aus (BFH VI R 212/75, BStBl. II 1979, 131; IV R 1/77, BStBl. II 1981, 706).
- **Systemanalytiker,** idR gewerblich (BFH III R 31/00, BFH/NV 2002, 634; FG Brem II 76/76, EFG 1979, 185).
- **Tagesmütter** leisten erzieherische Tätigkeit nach § 18 Abs. 1 Nr. 1 EStG, wenn die Erziehung der Gesamttätigkeit das Gepräge gibt (s. „Erzieherische Tätigkeit", dort aE; zu Einzelheiten BMF 11.11.2016, BStBl. I 2016, 1236). Sie fallen nicht unter § 18 Abs. 1 Nr. 3 EStG (ebenso Korn § 18 Rn. 100; aA Brandt in HHR § 18 Rn. 280, 600).
- **Talkshow.** Honorare für die Teilnahme (zB von Künstlern) führen zu Einkünften nach § 22 Nr. 3 EStG (BFH I B 99/98, BStBl. II 2000, 254).
- **Tanzschule,** an sich freiberuflich, da unterrichtende Tätigkeit; auch dann, wenn Kurse teilweise an Mitarbeiter vergeben, diese aber überwacht werden (FG Düsseldorf 7 K 6425/04 G, EFG 2007, 689 rkr.); mit Gewinnerzielungsabsicht betriebener Getränkeverkauf einer GbR qualifiziert die gesamte Tätigkeit als gewerblich (BFH IV R 31/94, BStBl. II 1995, 718; VIII R 294/81, BFH/NV 1986, 79).
- **Techniker,** keine dem Ingenieur ähnliche Tätigkeit, wenn nicht umfangreiche mathematisch-technische Kenntnisse erforderlich sind (vgl. BFH VIII R 121/80, BStBl. II 1982, 492; IV R 73/90, BStBl. II 1991, 878; IV R 156/86, BFH/NV 1991, 359; IV B 156/99, BFH/NV 2001, 593; VIII B 264/09, BFH/NV 2010, 1300; zum Refa-Techniker vgl. NdsFG VI 273/88, EFG 1991, 388). Siehe auch „Tontechniker".
- **Telefonsex,** unter den Voraussetzungen des § 15 Abs. 2 EStG gewerblich (BFH X R 142/95, BStBl. II 2000, 610).
- **Telekommunikationsberater,** gewerblich (BFH I R 89/92, BFH/NV 1994, 460; NdsFG 2 K 793/93, EFG 2003, 1800 rkr.).
- **Testamentsvollstrecker** → Rn. 261. Freiberuflich evtl. die nach RVG abrechenbaren Tätigkeiten (BFH V R 30/86, BFH/NV 1991, 126). Nicht freiberuflich ist der Generalbevollmächtigte des Testamentsvollstreckers tätig, der Grundstücksverkäufe vermittelt (BFH IV R 155/86, BFH/NV 1990, 372). Nachhaltigkeit ist nicht deswegen zu verneinen, weil keine Verwertung, sondern eine Auseinandersetzungstestamentsvollstreckung durchgeführt wird (zur USt: BFH V R 26/93, BFH/NV 1996, 938). Abgrenzung zum Vermächtnis und zur umsatzsteuerlichen Problematik bei Handeln im eigenen Namen BFH V R 75/85, BStBl. II 1991, 191.
- **Textildesigner** kann bei entsprechender Gestaltungshöhe freiberuflich tätig sein (im Einzelfall abgelehnt durch BFH IV 352/60 U, BStBl. III 1964, 45; bejaht durch FG Düsseldorf II 9/65 G, EFG 1967, 287).

– **Tontechniker,** der Klangbilder aus musikalischen Darbietungen erstellt, kann künstlerisch tätig sein (FG Bln V 368/85, EFG 1987, 244).
– **Tourneeleiter,** der nicht nur für die künstlerische Betreuung zuständig ist, ist insgesamt gewerblich tätig (FG RhPf 1 K 2518/93, EFG 1995, 25).
– **Trabertrainer, Trabrennfahrer,** idR gewerblich (BFH VI R 60/67, BStBl. II 1970, 41).
– **Trainer** ist überwiegend unterrichtend tätig und daher idR freiberuflich (BFH IV R 131/92, BFH/NV 1994, 93; s. aber HessFG 4 K 2744/92, EFG 1994, 396: selbstständig); zum Trainer für Rennpferde s. BFH IV R 139/68, BStBl. II 1970, 411.
– **Trauerredner,** gewerblich und nicht künstlerisch, wenn mit Redeschablonen gearbeitet wird (BFH I R 183/79, BStBl. II 1982, 22; NdsFG 2 K 2/03, EFG 2004, 1314 rkr.).
– **Treuhänder** s. **„Rechtsanwalt"** und **„Steuerberater";** idR gewerblich tätig (BFH IV R 43/88, BStBl. II 1989, 797). Das gilt auch für einen Rechtsanwalt, soweit dieser als Treuhänder für Bauherrengemeinschaften tätig wird; eine enge Verflechtung mit seiner Tätigkeit als Anwalt, die eine einheitliche Beurteilung geböte, besteht nicht (BFH IV R 42/89, BStBl. II 1990, 534; vgl. I R 133/93, BStBl. II 1995, 171; XI R 9/06, BStBl. II 2007, 266; ebenso beim Steuerberater BFH IV R 99/93, BStBl. II 1994, 650). Eine KG aus **Wirtschaftsprüfern** und **Steuerberatern,** die auch die Treuhandtätigkeit ausübt, ist in vollem Umfang gewerblich; der Treugeber kann Mitunternehmer sein (BFH GrS 4/82, BStBl. II 1984, 751 (768)). Entsprechendes gilt für eine **Wirtschaftsprüfer-GbR** (BFH XI R 9/06, BStBl. II 2007, 266). In Betracht kommt auch eine Tätigkeit nach § 18 Abs. 1 Nr. 3 EStG (BFH IV R 7/03, BFH/NV 2004, 183).
– **Tutor** erzielt Einkünfte nach § 22 Nr. 1 S. 3 EStG (BFH VIII R 116/75, BStBl. II 1978, 387; Rössler DStZ 1979, 78; aA Weber-Grellet DStZ 1978, 453).
– **Übersetzer.** Das Tätigkeitsbild beinhaltet nicht nur wortgetreue, sondern auch sinnbetonte Textwiedergabe, auch mit schriftstellerischen Elementen (BFH VI R 38/83, BStBl. II 1985, 139 sowie BFH IV R 142/72, BStBl. II 1976, 192). Er ist nur dann freiberuflich tätig, wenn er aufgrund eigener Sprachkenntnisse in der Lage ist, die beauftragte Übersetzungsleistung entweder selbst zu erbringen oder im Rahmen der zulässigen Mitarbeit fachlich vorgebildeter Personen leitend und eigenverantwortlich tätig zu werden (BFH VIII R 45/13, BStBl. II 2018, 4).
– **Übersetzungsbüro,** gewerblich, wenn der Inhaber nicht selbst sämtliche Sprachen beherrscht, in die oder aus denen Übersetzungen gefertigt werden (BFH IV B 1/92, BFH/NV 1994, 168; IV B 121/95, BFH/NV 1997, 25; VIII R 45/13, BStBl. II 2018, 4, zu FG Köln 15 K 4041/10, EFG 2013, 1768, best.).
– **Umweltauditor** kann einem Handelschemiker ähnlich freiberuflich tätig sein (BFH XI R 5/06, BStBl. II 2007, 519; Vorinstanz FG Köln 10 K 3800/02, EFG 2006, 663: ingenieurähnlich).
– **Umweltberater,** nur dann freiberuflich, wenn bei entsprechender Vorbildung der Schwerpunkt der Tätigkeit mit zumindest einem Hauptbereich in der Betriebswirtschaft liegt (BFH IV R 74/00, BStBl. II 2003, 27; XI R 62/04, BFH/NV 2006, 505); weitergehend FG RhPf 6 K 2667/02, EFG 2004, 1835 rkr. zum Umweltmanagement. Zum Umweltgutachter s. auch „Umweltauditor".

– **Unternehmensberater.** Bei Vergleichbarkeit der Berufsausbildung bzw. des Kenntnisstandes kommt Ähnlichkeit mit einem beratenden Betriebswirt in Betracht (vgl. BFH IV R 56/00, BStBl. II 2002, 768; IV R 70/00, BStBl. II 2003, 25; XI B 121/99, BFH/NV 2000, 1470; IV B 52/01, BFH/NV 2003, 1413; offen gelassen noch durch BFH IV R 115/76, BStBl. II 1980, 336). Weitere Voraussetzung ist die entsprechende **Tätigkeit.** Ist sie auf die Betreuung von Einzelpersonen (entlassene Führungskräfte) gerichtet, liegt kein Freiberuf vor (HessFG 8 K 86/11, EFG 2006, 1619). Einzelfall bei einer EDV-orientierten Arbeitsweise die Anwendbarkeit der dafür geltenden Grundsätze (s. „Datenverarbeitung"). Liegt der Schwerpunkt der Beratung auf nichttechnischem Gebiet, liegt auch für einen **Ingenieur** keine Ingenieurstätigkeit und mangels Qualifikation als Betriebswirt kein Freiberuf vor (BFH III B 37/12, BFH/NV 2013, 368). Auch ein in der Unternehmensberatung tätiger **Diplom-Psychologe** muss, um freiberuflich tätig zu sein, die einem beratenden Betriebswirt (s. dort) vergleichbare Vorbildung haben und Tätigkeit ausüben (BFH IV B 133/99, BFH/NV 2000, 1460).
– **Unterricht** ist die auf einem schulmäßigen Programm beruhende Vermittlung von Wissen, Fähigkeiten, Fertigkeiten, Handlungsweisen und Einstellungen durch Lehrer an Schulen in organisierter und institutionalisierter Form (BFH IV R 35/95, BStBl. II 1996, 573; XI R 2/95, BStBl. II 1997, 687), allein gegenüber Menschen, nicht auch gegenüber Tieren (Dressur, BFH VIII R 11/15, BStBl. II 2017, 911). Der Unterricht muss von Dauer sein; nur kurzfristige Anleitungen genügen nicht (BFH IV R 79/92, BStBl. II 1994, 362; IV R 35/95, BStBl. II 1996, 573). Er setzt einen persönlichen Kontakt zu jedem Schüler voraus (s. „Schulen"); nach FG Düsseldorf 7 K 6425/04 G, EFG 2007, 689 rkr. genügt, wenn der Lehrer nur einen Teil der Kurse selbst hält, iÜ berät und überwacht (mE fraglich). Steuerlich wird jede Art von unterrichtenden Tätigkeiten zu den freien Berufen gerechnet (BFH IV R 79/92, BStBl. II 1994, 362). Der Gegenstand ist nicht von Bedeutung (BFH IV R 130/79, BStBl. II 1982, 589). Die Unterrichtung darf auch individuell erfolgen, wenn sie auf einem allgemeinen, lediglich auf den Einzelfall abwandlungsfähigen „schulmäßigen" Programm beruht (BFH XI R 2/95, BStBl. II 1997, 687); ein „Know-how-Mix", zB bei Marketingtraining oder Produktschulung, genügt nicht (FG Münster 4 K 3554/08 G, BeckRS 2011, 94306; FG Nürnberg 5 K 391/17, EFG 2018, 767, nachgehend BFH VIII B 44/18, BFH/NV 2019, 108). Eine auf spezielle Bedürfnisse eines Einzelnen zugeschnittene Beratung ist ebenfalls keine unterrichtende Tätigkeit (BFH IV R 35/95, BStBl. II 1996, 573; XI R 2/95, BStBl. II 1997, 687; XI R 38/98, BFH/NV 2000, 839; HessFG 8 K 86/11, EFG 2016, 1619); problematisch daher der Sprachheilpädagoge (BFH IV R 49/01, BStBl. II 2003, 721); zum EDV-Schüler s. Förster DStR 1998, 635. Werden im Zusammenhang hiermit andere Leistungen angeboten, so kann nach den in → Rn. 276 aufgezeigten Grundsätzen je nach Art und Umfang eine gewerbliche Tätigkeit vorliegen (BFH IV R 191/74, BStBl. II 1979, 246; I R 114/85, BStBl. II 1989, 965).
– **Urlaubsvertreter,** der selbst (als Arzt oder Rechtsanwalt) eine Praxis hat, ist idR selbstständig (freiberuflich) tätig (vgl. BFH VI 134/57 U, BStBl. III 1958, 384). Anders bei Abschluss eines Anstellungsvertrages; nach BFH VIII R 52/77, BStBl. II 1979, 414 schon bei Fehlen von Unternehmerrisiko (fraglich, weil deswegen noch keine Nichtselbstständigkeit vorliegt).

– **Verbands-/Vereinsgeschäftsführer bzw. -vorstand** kann selbstständig tätig sein (RFH RStBl. 1935, 1036; FG Köln VII (XIII) 275/77 K, EFG 1982, 494).
– **Verfahrenspfleger** s. „Berufsbetreuer".
– **Vergleichsverwalter,** erzielte Einkünfte aus sonstiger selbstständiger Tätigkeit (BFH IV R 127/69, BStBl. II 1973, 730).
– **Verkaufstrainer,** bei einer einem Betriebswirt vergleichbaren Ausbildung und Beschäftigung mit betrieblichem Hauptbereich freiberufliche Tätigkeit bejaht (Märkle DB 1980, 706), mE aber sehr zweifelhaft.
– **Versicherungsberater** übt keinen einem Katalogberuf iSv § 18 Abs. 1 Nr. 1 EStG (Rechtsanwalt, Patentanwalt, Wirtschaftsprüfer, Betriebswirt) ähnlichen Beruf aus (BFH IV R 19/97, BStBl. II 1998, 139).
– **Versicherungsmathematiker** übt wissenschaftliche, nicht einem Katalogberuf ähnliche Tätigkeit aus (BFH IV 196/62, HFR 1965, 265).
– **Versicherungsvertreter,** gewerbliche Tätigkeit, auch wenn nur für ein einziges Unternehmen tätig (BFH IV 194/64, BStBl. III 1967, 398; I R 110/76, BStBl. II 1978, 137).
– **Video-Cutter/-Editor,** idR gewerblich (FG Hmb VI 263/02, EFG 2005, 697 rkr.).
– **Viehkastrierer,** gewerblich (BFH I 203/54 U, BStBl. III 1956, 90).
– **Viehklauenpfleger,** gewerblich (BFH IV 246/63, BStBl. II 1968, 77).
– **Visagist** kann nach FG Hmb III 374/88, EFG 1993, 306 eine künstlerische Tätigkeit ausüben.
– **Vortragswerber,** gewerblich (BFH IV 617/54 U, BStBl. III 1956, 255).
– **Weinlabor,** gewerblich (FG RhPf 7 K 2768/89, EFG 1992, 89).
– **Werbeanzeigen.** Der entgeltliche Abdruck in Festschriften, Broschüren usw stellt eine gewerbliche Tätigkeit dar (vgl. BFH XI R 86/90, BStBl. II 1994, 274). Bei gemeinnützigen Körperschaften liegt idR ein wirtschaftlicher Geschäftsbetrieb, kein Zweckbetrieb vor (→ § 3 Rn. 242).
– **Werbeberater,** idR gewerblich, wenn nicht eine qualifizierende wissenschaftliche, künstlerische oder schriftstellerische (BFH I 206/53 U, BStBl. III 1955, 386; IV 560/56 U, BStBl. III 1958, 182; I R 106/72, BStBl. II 1974, 293) bzw. einem Betriebswirt ähnliche Tätigkeit vorliegt (BFH VIII R 149/74, BStBl. II 1978, 565). Besteht aufgrund von Vorgaben keine Möglichkeit, einen Werbetext individuell zu gestalten, ist die Bearbeitung von Werbetexten gewerblicher Natur (FG BW 13 K 140/01, EFG 2003, 770). Entsprechendes gilt bei Wahrnehmung journalistischer und organisatorischer Aufgaben (BFH IV R 16/98, BFH/NV 1999, 602).
– **Werbung** durch Künstler kann bei einer selbstständigen künstlerischen Leistung freiberuflich sein; nicht jedoch, wenn lediglich die Rolle des Produktbenutzers gesprochen oder das Produkt angepriesen wird (vgl. FG München 5 K 1166/00, DStRE 2004, 754, rkr.). Letzteres gilt auch bei Verwertung von Fotografien der eigenen Person (BFH IV R 33/90, BStBl. II 1992, 353; IV R 102/90, BStBl. II 1992, 413), und zwar auch dann, wenn der Schauspieler die Gestaltung der Fotografie beeinflussen konnte (BFH IV R 1/97, BFH/NV 1999, 465; III R 34/98, BFH/NV 1999, 1380; zur Mitwirkung eines Friseurs vgl. BFH XI R 71/97, BFH/NV 1999, 460). Das FG darf die Frage der Gestaltungshöhe nicht dahinstehen lassen, weil nur die Bekanntheit oder Beliebtheit des Künstlers ausgenutzt worden sei (BFH IV R 102/90, BStBl. II 1992, 413, zu FG Hmb V 342/87, DStR 1991, 744). Bei der Bewertung der künstlerischen Qualität ist der Verwendungszweck ebenso unbeachtlich wie das

Motiv des Auftraggebers (BFH IV R 9/77, BStBl. II 1981, 21; VIII R 76/75, BStBl. II 1977, 474; zum Problem Schneider DStZ 1993, 301). Zur Werbung durch Sportler s. „Berufssportler".

- **Wirtschaftsberater,** der nach einer Ingenieurausbildung in der Personalberatung tätig ist, ist idR Gewerbetreibender (BFH IV B 83/98, BFH/NV 1999, 1327).
- **Wirtschaftsingenieur** kann als beratender Betriebswirt freiberuflich tätig sein (BFH IV R 21/02, BStBl. II 2003, 919; XI R 3/06, BStBl. II 2007, 118).
- **Wirtschaftsprüfer,** zum Berufsbild vgl. BFH V R 120/73, BStBl. II 1981, 189. Zur **Treuhandtätigkeit** s. dort.
- **Wissenschaftliche Tätigkeit** ist nicht nur schöpferische oder forschende Arbeit (zB Grundlagenforschung), sondern auch Anwendung wissenschaftlicher Erkenntnisse auf konkrete Vorgänge (angewandte Wissenschaft). In jedem Fall ist erforderlich, dass grundsätzliche Fragen oder konkrete Vorgänge methodisch nach streng objektiven Gesichtspunkten hinsichtlich ihrer Ursachen erforscht, begründet und in einen Verständniszusammenhang gebracht werden (BFH VIII R 137/75, BStBl. II 1976, 464; IV R 109/90, BStBl. II 1993, 235; VIII R 18/11, BStBl. II 2015, 128; VIII R 24/14, BStBl. II 2017, 908). Sie ist im besonderen Maße mit den an den Universitäten gelehrten Disziplinen verbunden (BFH IV R 64/91, BFH/NV 1993, 360). Eine solche Tätigkeit wird regelmäßig auch eine Ausbildung voraussetzen, die ihrerseits wissenschaftliches Grundwissen vermittelt (BFH IV R 48/99, BStBl. II 2001, 241; IV B 45/96, BFH/NV 1998, 956). Die wissenschaftliche Tätigkeit setzt gewisse Mindestanforderungen nach Inhalt und Form voraus, die den Nachvollzug des Vorgehens ermöglichen (BFH IV R 61/92, BFH/NV 1994, 89). In welcher Form die Anforderungen zu erfüllen sind, hängt von dem jeweiligen Fachgebiet ab; bei Rechtsfragen (nur?) das Abwägen des Für und Wider der Argumente (BFH IV R 27/90, BStBl. II 1992, 826); zur biologischen Bestandsaufnahme vgl. BFH IV R 64/91, BFH/NV 1993, 360. Schwierig zu beurteilen bei erst im wissenschaftlichen Aufbau begriffenen Disziplinen (zB aus dem Bereich der Datenverarbeitung). Das Arbeiten auf wissenschaftlicher Grundlage, also die bloße Anwendung wissenschaftlicher Grundsätze und Methoden auf konkrete Verhältnisse, wird bei vielen Katalogberufen vorausgesetzt. Gleichwohl handelt es sich dann um die laufende Ausübung des Katalogberufs und nicht um eine gesonderte wissenschaftliche Betätigung (BFH IV R 20/76, BStBl. II 1977, 31; IV R 109/90, BStBl. II 1993, 235; I R 54/93, BStBl. II 1994, 864; IV R 133/99, BFH/NV 2000, 1460). Auch die laufende Erstellung von Sachverständigengutachten wird meistens Ausübung eines Katalogberufs oder jedenfalls eine dem ähnliche, aber keine wissenschaftliche Tätigkeit sein (vgl. „Arzt"). Unterrichtserteilung kann wissenschaftliche Tätigkeit sein (BFH IV R 99/78, BStBl. II 1980, 642). Das gilt auch für eine beratende Tätigkeit, wenn die gestellten Aufgaben einen Schwierigkeitsgrad oder eine Gestaltungshöhe aufweisen, wie sie wissenschaftliche Prüfungsarbeiten oder Veröffentlichungen erreichen (BFH VIII R 74/05, BStBl. II 2009, 238). Gleichwohl kann eine Tätigkeit nicht allein deswegen aus dem Bereich der wissenschaftlichen Tätigkeiten ausgeschieden werden, weil sie iZm mit einem Katalogberuf ausgeübt wird (BFH IV R 20/76, BStBl. II 1977, 31; I B 176/09, BFH/NV 2011, 255). **Keine wissenschaftliche Tätigkeit** liegt vor, wenn vermittels der auf wissenschaftlicher Grundlage erworbenen Kenntnisse und Erfahrungen lediglich Fragen der ökonomischen Zweckmäßigkeit und Notwendigkeit nach wirtschaftlichen Erfahrungswerten begutachtet

werden oder wenn Gutachten auf Marktkenntnissen oder gewerblichen und handwerklichen Erfahrungen beruhen (BFH IV 6/53 U, BStBl. III 1954, 147; IV 697/54 U, BStBl. III 1957, 106; VIII 23/65, BStBl. II 1971, 749). Zur wissenschaftlichen Tätigkeit von wissenschaftlich nicht Vorgebildeten (zB Managementberatung, Personalbeurteilung) vgl. BFH XI R 2/95, BStBl. II 1997, 687. Ein Dipl-Dokumentar ist idR nicht wissenschaftlich tätig (BFH IV R 48/99, BStBl. II 2001, 241).

- **Wohnheim** für Arbeiter, Asylanten, Schüler uä Personenkreise ist gewerblich (BFH III R 217/82, BFH/NV 1987, 441; HessFG 8 K 1578-1579/91, EFG 1994, 485 rkr.).
- **Zahnpraktiker,** unter den in → Rn. 258 bezeichneten Voraussetzungen freiberuflich nach BMF 22.10.2004, BStBl. I 2004, 1030.
- **Zahntechniker,** nur für Zahnärzte tätig, ist idR gewerblich tätig (BFH IV R 251/66, BStBl. II 1968, 662; vgl. I R 54/77, BStBl. II 1982, 189; IV B 232/02, BFH/NV 2005, 352).
- **Zauberei** ist keine Kunst (vgl. BFH I R 72/87, BFH/NV 1990, 146 für das Gemeinnützigkeitsrecht); die Einkünfte eines Zauberers sind daher gewerblich (**aA** FG RhPf 3 K 244/83, EFG 1985, 128: bei entsprechender Gestaltungshöhe Kunst).
- **Zollberater** ist gewerblich tätig, weil er weder einem beratenden Betriebswirt oder Volkswirt noch (ohne die entsprechende Zulassung) dem Steuerberater/Rechtsanwalt ähnlich tätig ist (BFH IV R 33/95, BFH/NV 1997, 751).
- **Zolldeklarant** ist gewerblich tätig, weil weder dem Rechtsanwalt noch dem Steuerberater ähnlich (BFH IV R 117/87, BStBl. II 1990, 153).
- **Zwangsverwalter** iSd §§ 146 ff. ZVG, idR sonstige selbstständige Arbeit iSd § 18 Abs. 1 Nr. 3 EStG (BFH I R 122/81, BStBl. II 1984, 823; I R 123/69, BStBl. II 1971, 239). Zur Änderung der Rspr. zur Vervielfältigungstheorie → Rn. 181 und „Insolvenzverwalter".
- **Zytologielabor,** angesichts eingeschränkter Kompetenzen der MTA Freiberuflichkeit bejaht von HessFG (8 V 6415/97, EFG 1998, 1009 unter Hinweis auf BFH III R 118/85, BStBl. II 1988, 782); bedenklich, zumal 97 % der Präparate ohne ärztlichen Befund blieben. Klarer im Grundsätzlichen NdsFG 13 K 179/15, EFG 2019, 179; nachgehend BFH VIII B 154/17, BFH/NV 2018, 945.

10. Mischtatbestände

276 **a) Grundsatz. aa) Freiberuflich und gewerblich.** Weist die Tätigkeit des Stpfl. neben freiberuflichen **auch gewerbliche Elemente** auf, gebieten es die Tatbestandsmäßigkeit und Gleichmäßigkeit der Besteuerung, Einkünfte aus unterschiedlichen Einkunftsarten jeweils für sich zu besteuern. Das gilt auch bei sachlichen und wirtschaftlichen Zusammenhängen (BFH IV R 196/72, BStBl. II 1974, 383; VIII R 116/74, BStBl. II 1976, 155; IV R 102/90, BStBl. II 1992, 413) und sogar dann, wenn eine an sich gleichartige Tätigkeit in demselben Betrieb erfolgt und zB wegen zT fehlender Eigenverantwortlichkeit unterschiedlich zu qualifizieren ist (→ Rn. 279 aE). Die Verflechtung kann aber im Einzelfall so eng sein, dass eine **Trennung gegen die Verkehrsauffassung** verstoßen würde; sie erfordert eine **einheitliche Qualifikation** (BFH VIII R 149/74, BStBl. II 1978, 565; IV R 15/73, BStBl. II 1979, 236; IV R 17/90, BStBl. II 1993, 324; II B 135/99, BFH/NV 2001, 204). Das ist der Fall, wenn die Tätigkeiten sich gegenseitig

unauflösbar bedingen (vgl. BFH IV R 63/02, BStBl. II 2005, 362; VIII B 153/07, BFH/NV 2009, 758), insb. wenn der StPfl. durch ein **einheitliches Vertragswerk** einen einheitlichen Erfolg schuldet (BFH IV R 42/89, BStBl. II 1990, 534). Bei der Frage der Trennbarkeit sind weniger die Dauer oder das Erfordernis einer betrieblichen Organisation als tätigkeitsbeschreibende Merkmale bestimmend (vgl. BFH IV R 194/70, BStBl. II 1971, 684; V R 106/78, BStBl. II 1986, 213).

bb) Getrennte Qualifikation. Diese erfordert vonseiten des Freiberuflers ein **Leistungsangebot,** das wirtschaftlich **eigenständige Bedeutung** und regelmäßig auch eine eigene vertragliche Grundlage hat (BFH IV R 42/89, BStBl. II 1990, 534). Gegebenenfalls ist in dem Kontext zu prüfen, ob eine bestimmte an sich gewerbliche Tätigkeit als Hilfsmittel der freiberuflichen Tätigkeit anzusehen ist (BFH IV 153/64 U, BStBl. III 1965, 90 zum Sanatorium; IV R 48/01, BStBl. II 2004, 363 zur Privatklinik; → Rn. 275 Stichworte: Krankenhaus, Kinderheim, Schulen). Ist dies nicht der Fall, dann liegt eine eigenständige gewerbliche Tätigkeit vor (vgl. BFH V R 95/76, BStBl. II 1977, 879; IV R 113/76, BStBl. II 1979, 574; s. auch BMF 14.5.1997, BStBl. I 1997, 566). **277**

b) Einzelfälle. aa) Keine Trennung. Arzt mit einem ganzheitlichen Heilverfahren (Kneipp-Sanatorium, BFH IV 153/64 U, BStBl. III 1965, 90), Schriftsteller als Selbstverleger (BFH IV R 15/73, BStBl. II 1979, 236), Herstellung von Filmen mit Originalton (BFH X R 8/00, BStBl. II 2002, 478), Schauspieler als Produzent sendefertiger Bänder (vgl. BFH IV B 15/00, BFH/NV 2001, 1280), Ingenieur als Bauunternehmer (BFH XI R 10/06, BStBl. II 2008, 54), Restaurator und GmbH „Kirchenmalerei" (BFH I R 54/93, BStBl. II 1994, 864), Marketingberater mit Schreiben von Fachartikeln (BFH IV R 74/00, BStBl. II 2003, 27), Vertrieb von Hard- und Software (BFH IV R 60/95, BStBl. II 1997, 567), fachliche Unterstützung von Kollegen durch einen „übergeordneten" Versicherungsvertreter (FG Münster 4 K 3554/08 G, BeckRS 2011, 94306). **278**

bb) Trennung möglich. Bei Architektenleistungen neben gesondert vereinbarten Grundstücksverkäufen (BFH VIII R 60/70, BStBl. II 1976, 152); bei einem Steuerberater, der die Vermittlung von Baubetreuung bzw. (Vermögens-)Anlagen betreibt (BFH VIII R 92/83, BStBl. II 1984, 129; XI B 100/01, BFH/NV 2002, 909); bei einem Arzt, der eine Privatklinik betreibt und stationäre Leistungen erbringt, wenn die Leistungen gesondert abgerechnet werden (BFH IV R 48/01, BStBl. II 2004, 363); ebenso bei einem Rechtsanwalt/Steuerberater als Treuhänder für Bauherrengemeinschaften (BFH IV R 42/89, BStBl. II 1990, 534; IV R 99/93, BStBl. II 1994, 650; vgl. auch VI R 105/92, BStBl. II 1994, 836; I R 133/93, BStBl. II 1995, 171; Schwendy Inf 1995, 75), bei einem Steuerberater mit einer durch Verpachtung eines Mandantenstamms bewirkten Betriebsaufspaltung (BFH VIII R 17/15, BFH/NV 2018, 522; Schulze zur Wiesche DStZ 2018, 472), bei der Abgabe von Präparaten zur Heimselbstbehandlung durch eine ärztliche (Gemeinschafts)Praxis (FG Düsseldorf 3 K 3295/15 F, G, EFG 2019, 607). Das gilt auch dann, wenn die Kontakte zu den freiberufsfremden Geschäften der freiberuflichen Tätigkeit entspringen: zB Softwareentwicklung durch Freiberufler (BFH IV R 17/90, BStBl. II 1993, 324; IV B 35/98, BFH/NV 1999, 1328); Personalüberlassung und Unternehmensberatung (BFH VIII R 101/04, BFH/NV 2008, 1824); Personalvermittlung durch Betriebswirt (BFH IV R 70/00, BStBl. II 2003, 25); Werbeagentur/Webdesign und Vermittlung von Druckaufträgen (BFH VIII R 41/11, BStBl. II 2015, 999); Publikation durch Hoch- **279**

schullehrer (FG Düsseldorf 3 K 3044/98 E, EFG 2002, 1227 rkr.); externe Wohngruppen und Kinderheim (NdsFG 14 K 98/03, EFG 2006, 1772 rkr.). Eine Trennung ist auch vorzunehmen, wenn der Betriebsinhaber einzelne Aufträge selbst durchführt, andere von einem Angestellten eigenverantwortlich erledigen lässt (BFH VIII R 53/07, BStBl. II 2009, 143; FG Hmb 3 K 80/13, BB 2014, 1174 (Ls.)).

280 **c) Rechtsfolgen.** Im Fall der **Trennung** sind die anderen Geschäfte als **gewerblich** zu behandeln. Erforderlichenfalls hat eine Trennung der gewerblichen Einnahmen und Ausgaben im Schätzungswege zu erfolgen (vgl. die oa Rspr.). Allerdings darf die Schätzung nicht dazu führen, miteinander verflochtene Geschäfte entgegen den oa Grundsätzen zu trennen.

281 Erfolgt aufgrund der Verflechtung der Tätigkeiten **keine Trennung,** so richtet sich die **Qualifizierung** danach, welche Elemente der Gesamttätigkeit das **Gepräge** geben (vgl. BFH IV R 102/90, BStBl. II 1992, 413; IV R 17/90, BStBl. II 1993, 324; I R 54/93, BStBl. II 1994, 864; IV R 74/00, BStBl. II 2003, 27). Zur Abgrenzung rechts- und wirtschaftsberatender Berufe von der Verwaltungstätigkeit vgl. BFH VI R 105/92, BStBl. II 1994, 836.

282 Im Übrigen kann sich bei bestimmten Tätigkeiten das Erfordernis der **Umqualifizierung** ergeben, wenn die **Verwertung** des Ergebnisses der an sich freiberuflichen Tätigkeit nicht vom StPfl. unmittelbar (an seinen Auftraggeber), sondern durch einen von ihm unterhaltenen Gewerbebetrieb (Schriftsteller betreibt Verlag; Ingenieur betreibt Baugeschäft) erfolgt (BFH IV R 160/67, BStBl. II 1970, 317; VIII R 111/71, BStBl. II 1976, 641; IV R 15/73, BStBl. II 1979, 236). Das wiederum ist nicht der Fall, wenn der Freiberufler auf Vorrat produziert und hieraus einzeln wie an einen Auftraggeber (Einzelinteressenten) veräußert (BFH IV R 16/92, BStBl. II 1993, 716; IV R 80/94, BStBl. II 1995, 776).

11. Mischtatbestände bei Personengesellschaften

283 **a) Tätigkeit, Qualifikation.** Die Freiberuflichkeit einer Personengesellschaft setzt auch bei Angehörigen eines Katalogberufs eine **entsprechende Tätigkeit** (BFH XI R 9/06, BStBl. II 2007, 266) sowie die **Qualifikation aller Gesellschafter** als freiberuflich voraus (§ 18 Abs. 4 S. 2 EStG iVm § 15 Abs. 1 Nr. 2 EStG; BFH GrS 4/82, BStBl. II 1984, 751 unter C II 3c, III 3a/5a; IV R 17/90, BStBl. II 1993, 324). Das gilt für die **GbR** (ggf. konkludenter Abschluss eines Gesellschaftsvertrages, zB BFH IV R 48/99, BStBl. II 2001, 241; I R 25/98, BFH/NV 2001, 154; Nutzungsüberlassung jedoch nicht ausreichend, BFH VIII R 18/95, BStBl. II 1999, 384); **Partnerschaften** nach § 7 Abs. 2 PartGG (BFH VIII R 154/97, BStBl. II 1998, 692: bei ihnen präjudiziert das Erfordernis der Zugehörigkeit zu einem Freiberuf nach § 1 Abs. 2 S. 1 und 2 PartGG nicht Freiberuflichkeit nach § 18 Abs. 1 Nr. 1 EStG; BFH IV B 18/97, BFH/NV 1998, 1206; FG RhPf 4 K 1270/19, EFG 2022, 490, aus anderen Gründen aufgehoben durch BFH VIII 4/22, BStBl. II 2025, 450; die fehlende Anerkennung als Steuerberatungsgesellschaft nach §§ 3 Nr. 2, 50 StBerG lässt die Freiberuflichkeit der qualifizierten Gesellschafter jedoch unberührt, FG Düsseldorf 16 K 4282/02 F, EFG 2005, 1350; zur gesellschaftsrechtlichen Abgrenzung Grunewald ZIP 2021, 1795); **OHG/KG:** lediglich widerlegbare Vermutung der Gewerblichkeit durch Eintragung (BFH IV R 17/90, BStBl. II 1993, 324; EStH 5.1); s. auch BFH IV R 26/99, BStBl. II 2000, 498 (Wirtschaftsprüfer/Steuerberater); IV R 67/96,

BStBl. II 1998, 254 (Betriebsaufspaltung); IV R 17/90, BStBl. II 1993, 324 (IngenieurKG); IV 60/65, BStBl. II 1971, 249 (MassageKG).

Bei **internationalen Partnerschaften** kommt es auf die Erlaubnis bzw. Überwachung durch die ausländischen Behörden/Berufsorganisationen an (vgl. Kempermann StbJb 2003/4, 379).

b) Abgrenzung. Bei oa Gesellschaften ist nach der Rspr. (BFH IV R 113/ 284
76, BStBl. II 1979, 574; IV R 43/88, BStBl. II 1989, 797) nach abweichenden Grundsätzen zu verfahren. Nach § 15 Abs. 3 Nr. 1 EStG gilt die **Tätigkeit** der Gesellschaft **in vollem Umfang als Gewerbebetrieb,** wenn die Gesellschaft auch Einkünfte nach § 15 Abs. 1 S. 1 Nr. 1 oder 2 EStG bezieht (Theorie von der Personengesellschaft als „Gewinnermittlungs- und Einkunftsbestimmungssubjekt", BFH GrS 4/82, BStBl. II 1984, 751 (761 f.)). Hierauf beruht die **Abfärbetheorie** (→ Rn. 287 f.; hierzu etwa Weiss EStB 2015, 179).

Allerdings hat der IV. BFH-Senat entschieden, § 2 Abs. 2 S. 1 sei dahin **verfassungskonform auszulegen,** dass ein gewerbliches Unternehmen iSv § 15 Abs. 3 Nr. 1 Alt. 2 EStG nicht als nach § 2 Abs. 1 S. 1 der GewStG unterliegender GewBetrieb gilt (BFH IV R 30/16, BStBl. II 2020, 649). Diese Entscheidung ist zu einer vermögensverwaltenden PersGes ergangen, doch ist mE die einschränkende Auslegung auch auf eine freiberuflich tätige Mitunternehmerschaft anzuwenden. Damit führen **Beteiligungseinkünfte** einer im Übrigen freiberuflichen PersGes iSv § 15 Abs. 3 Nr. 1 Alt. 2 iVm § 15 Abs. 1 Nr. 2 EStG nicht zur gewerbesteuerlichen Abfärbung (BFH VIII R 1/22, BFH/NV 2025, 513, zu FG Hmb 3 K 139/20, EFG 2021, 1564, best.; zu sog. Outboundfällen Häsner/Weinhold FR 2021, 723).

Zur Abfärbung bei **negativen gewerblichen Einkünften** → Rn. 424a.

aa) Ebene der Gesellschaft. Daher liegt bei Personengesellschaften eine frei- 285
berufliche Tätigkeit nur vor, wenn die **Tätigkeit der Gesellschaft** selbst keine trennbaren gewerblichen Leistungen umfasst (BFH IV R 63/02, BStBl. II 2005, 362; XI R 9/06, BStBl. II 2007, 362; VIII R 101/04, BFH/NV 2008, 1824) **und alle Gesellschafter** die qualifizierenden Elemente des Freiberufs aufweisen (BFH I R 133/93, BStBl. II 1995, 171), auch wenn sie unterschiedlichen freien Berufen angehören (BFH IV R 48/99, BStBl. II 2001, 241). **Unschädlich** sind Tätigkeitselemente gewerblichen Charakters, wenn sie mit den freiberuflichen untrennbar verflochten sind und diese der Gesamttätigkeit das Gepräge geben (→ Rn. 281). Ist ein **Berufsfremder** Mitunternehmer, bedeutet das Gewerblichkeit der Gesamtbetätigung (BFH IV R 235/84, BStBl. II 1987, 124; IV R 17/90, BStBl. II 1993, 324; IV R 48/99, BStBl. II 2001, 241; XI R 56/00, BStBl. II 2002, 202; IV R 33/95, BFH/NV 1997, 751; VIII R 77/05, BFH/NV 2008, 53; VIII B 220/08, BFH/NV 2009, 1429; krit. ua Demuth DStZ 2005, 73; Hild DB 2005, 1875). Entsprechendes gilt, wenn sich ein berufsangehöriger Mitunternehmer **berufsfremd betätigt** oder **nur kapitalistisch beteiligt** ist (→ Rn. 246) oder ein **Nichtgesellschafter** (Angestellter) die qualifizierten Tätigkeiten **eigenverantwortlich** durchführt (vgl. BFH VIII R 6/12, BStBl. II 2015, 1002). Ob der jeweilige Gesellschafter Mitunternehmer ist, bestimmt sich nach allgemeinen Grundsätzen (vgl. BFH XI R 82/03, BStBl. II 2005, 752; zum „Außensozius", nicht Mitunternehmer FG BW 3 K 101/01, EFG 2005, 1539 rkr.; iE → Rn. 408 f.).

Entsprechendes gilt für die **Beteiligung einer Kapitalgesellschaft** mit der 285a
Folge der GewStPfl. der Personengesellschaft (BFH IV B 192/03, BStBl. II 2004,

303; FG Düsseldorf 9 K 2236/18 F, EFG 2021, 204, Rev. VIII R 31/20); auch dann, wenn sämtliche Gesellschafter der GmbH und ihre Geschäftsführer ihrerseits Angehörige eines freien Berufs sind (BFH IV R 115/76, BStBl. II 1980, 336; VIII R 73/05, BStBl. II 2008, 681; BVerfG 1 BvR 1769/08, StEd 2008, 532; Best/Schmidt/Gröger Inf 2003, 673) und wenn die GmbH am Vermögen und Gewinn der KG nicht beteiligt ist und nur eine Haftungsvergütung erhält (BFH VIII R 42/10, BStBl. II 2013, 79, Einzelfallentscheidung; hierzu Röhrig EStB 2011, 339; Pezzer BFH/PR 2013, 79; Karl GmbHR 2013, 213; Kempermann FR 2013, 284). Als Alternativgestaltung wird die Nutzung einer PartGmbB (§ 8 Abs. 4 PartGG) vorgeschlagen (Kubata/Riegler/Straßen DStR 2014, 1949).

286 **bb) Ebene des Gesellschafters.** Liegt auf der **Ebene des Gesellschafters** ein Mischtatbestand vor, ist bei ihm nach den Grundsätzen in → Rn. 276, 281 zu verfahren (BFH IV R 17/90, BStBl. II 1993, 324; IV R 60/95, BStBl. II 1997, 567; IV R 63/02, BStBl. II 2005, 362; XI R 9/06, BStBl. II 2007, 266). Ist ein Gesellschafter gewerblich tätig oder erzielt die Gesellschaft auch Einkünfte aus berufsspezifischen Leistungen, die in nicht unerheblichem Umfang ohne leitende und eigenverantwotliche Beteiligung der Mitunternehmer- erbracht werden, führt dies zur Abfärbung iSd → Rn. 287 (BFH VIII R 62/13, BStBl. II 2016, 381).

Allerdings sind gewerbliche Einkünfte im **Sonderbereich** des Gesellschafters unschädlich (BFH XI R 31/05, BStBl. II 2007, 378; Demuth KÖSDI 2005, 14491 (14498); Schulze zur Wiesche BB 2006, 75; Söffing DB 2006, 2479; **aA** zB Schoor Inf 1997, 269).

287 **c) Abfärbetheorie.** Die **„Abfärbewirkung“,** dh Qualifikation der Gesamttätigkeit als gewerblich, tritt ein, wenn die Gesellschaft eine Leistung schuldet, der **gewerbliche Elemente das Gepräge** geben (BFH IV R 31/94, BStBl. II 1995, 718; XI R 56/00, BStBl. II 2002, 202; IV R 91/99, BStBl. II 2002, 221). Das gilt **auch bei Innengesellschaften,** insb. atypischen stillen Gesellschaften (BFH I R 133/93, BStBl. II 1995, 171; IV R 67/96, BStBl. II 1998, 254). Ebenso qualifiziert die Tätigkeit des Gesellschafters als gewerblich die gesamte Tätigkeit der Gesellschaft als gewerblich (zur Problematik s. Häsner/Weinhold FR 2021, 723). Bei nur **zeitweiser Abfärbung** im EZ besteht nur für diesen Zeitabschnitt GewStPfl. und ist der GewErtrag ggf. aufzuteilen (§ 10 Abs. 1; BFH XI R 8/00, BStBl. II 2002, 478).

Das **Verhältnis** der originär nicht gewerblichen zur gewerblichen Tätigkeit ist **grundsätzlich unbedeutend:** nach der Rspr. reicht eine **geringfügige** gewerbliche Tätigkeit für die Abfärbewirkung aus, auch eine **Beteiligung** an einer Kapitalgesellschaft oder an einer gewerblich tätigen/geprägten Personengesellschaft (BFH VIII R 68/98, BStBl. II 2001, 359; **jedoch → Rn. 284**) sowie gewerbliche Einkünfte durch **Betriebsaufspaltung** (BFH I R 133/93, BStBl. II 1995, 171; IV R 67/96, BStBl. II 1998, 254).

287a Eine **Einschränkung** erfährt dieser Grundsatz für eine **äußerst geringfügige gewerbliche Betätigung,** die der BFH zunächst auf jeden Fall bei einem gewerblichen Anteil von 1,25 % bzw. 1 % an der Gesamttätigkeit angenommen hat (BFH XI R 12/98, BStBl. II 2000, 229; VIII R 50/09, BStBl. II 2011, 506). Nach neuerer Rspr. wird die **Geringfügigkeitsgrenze** mit 3 % der Nettoerlöse aus der gewerblichen Betätigung an der Gesamttätigkeit bzw. bei einem Nettoerlös-Höchstbetrag von 24.500 EUR (in Anlehnung an den Freibetrag des § 11 Abs. 1 S. 3 Nr. 1) angegeben (BFH VIII R 16/11, BStBl. II 2015, 996; VIII R 41/11, BStBl. II 2015, 999; VIII R 6/12, BStBl. II 2015, 1002; zur Anwendung des Freibetrags schon NdsFG 3 K 447/10, EFG 2012, 625; Demuth KÖSDI 2005, 14491). Damit scheint die Unsicherheit bei der Anwendung der Abfärbetheorie beseitigt (hierzu Heuermann DB 2004, 2548). Insb. besteht mE kein Spielraum mehr dahin, die Geringfügigkeitsgrenze weiter nach oben zu verschieben (s. hierzu BFH VIII R 41/11, BStBl. II 2015, 999, wo Anteile von 4,27 % und 4,91 % als schädlich qualifiziert werden; **aA** Kanzler FR 2015, 512 bei geringfügigen oder kurzfristigen Überschreitungen, was zu neuen Unsicherheiten führen würde). Zur neueren Rspr. s. Korn BeSt 2015, 13; NWB 2015, 1042; Pezzer BFH/PR 2015, 149; krit. Tauser/Keller DB 2015, 648, für Gewinnanteil; Loll/Malzkorn BB 2015, 2204; v. Lersner DStR 2015, 2817, Verstoß gegen Gewaltenteilungsprinzip. Die an sich **„färbende" Betätigung** bleibt wegen der Freibetragsgrenze **gewstfrei.**

Für die **Beteiligung eines Berufsfremden** besteht jedoch keine Geringfügig- **287b**
keitsgrenze (BFH VIII R 69/06, BStBl. II 2009, 642).

Ist die gewerbliche Tätigkeit **von der GewSt befreit,** erstreckt sich die Befreiung auch auf die als gewerblich umqualifizierte freiberufliche Tätigkeit (BFH IV R 43/00, BStBl. II 2002, 152). Zur Gefahr der Abfärbung für Arztpraxen in den Fällen der integrierten Versorgung BMF 1.6.2006, DB 2006, 1763.

d) Keine Abfärbewirkung. Bei einer **Beteiligung** an einer gewerblich täti- **288**
gen/geprägten Personengesellschaft tritt die Abfärbewirkung nach der neueren Rspr. des BFH (→ Rn. 284) nicht ein. Ebenso, wenn die Beteiligung von dem/den Gesellschafter/n der Obergesellschaft persönlich gehalten wird (ebenso BMF 13.5.1996, BStBl. I 1996, 621; aA Wendt FR 1996, 265; Hiller Inf 1995, 388). Das Gleiche gilt bei einer **Auslagerung** der gewerblichen Leistungen auf eine andere, auch eine personenidentische Personengesellschaft (BFH IV R 7/92, BStBl. II 1996, 264; VIII R 28/94, BStBl. II 1997, 202; IV R 67/96, BStBl. II 1998, 254; IV R 11/97, BStBl. II 1998, 603; XI R 21/99, BFH/NV 2002, 1554; BMF 13.5.1996, BStBl. I 1996, 621; 1997, 566; Schild DStR 2000, 576; zugleich zu den hiermit verbundenen Schwierigkeiten: Priebe StBp 2001, 19). Schon deswegen ist die Abfärbetheorie **nicht verfassungswidrig** (BFH I R 133/93, BStBl. II 1995, 171; IV R 67/96, BStBl. II 1998, 254; Nichtannahmebeschluss BVerfG 2 BvR 246/98, DStRE 2005, 877).

e) Interprofessionelle Zusammenschlüsse. Besteht die Gesellschaft aus **289**
Angehörigen **verschiedener freier Berufe,** dann ist diese nicht allein deswegen gewerblich, vorausgesetzt jeder Gesellschafter betätigt sich allein auf seinem Fachgebiet; dann auch, wenn die einzelnen Arbeitsergebnisse (zB in einem Gutachten) zusammengefasst werden (BFH IV R 48/99, BStBl. II 2001, 241; IV R 73/06, BStBl. II 2010, 40). Das gilt auch für **Partnergesellschaften,** vorausgesetzt dass alle Gesellschafter leitend und eigenverantwortlich aufgrund eigener Fachkenntnisse tätig werden. Auch Kommanditisten dürfen nicht nur kapitalmäßig beteiligt sein oder Tätigkeiten ausüben, die nicht als freiberufliche zu werten sind (BFH IV 60/65, BStBl. II 1971, 249; OFD Hannover 1.7.2007, DStR 2007, 1628). Ein bloß standeswidriger Zusammenschluss ist unschädlich (FG Düsseldorf 16 K 4282/02 F, EFG 2005, 1350; OFD Hannover 1.7.2007, DStR 2007, 1628; Schulze zur Wiesche DStR 2001, 1589; Kempermann StbJb 2003/04, 379 (394)). Problematisch ist die Frage der **Tätigkeitsvergütung:** Die FVerw (DB 2006, 73) vertrat zunächst unter Hinweis auf BFH IV R 48/99, BStBl. II 2001, 241 die Auffassung, die Teilhabe des Berufsfremden am Erfolg einer ihm nicht erlaubten Tätigkeit widerspreche dem Grundsatz der „Höchstpersönlichkeit der Einkünfteerzielung",

FG Düsseldorf 16 K 4282/02 F (EFG 2005, 1350) ist dem nicht gefolgt (Anm. Trossen EFG 2005, 1353); auch die Finanzverwaltung (OFD Hannover 1.7.2007, DStR 2007, 1628) fordert dem folgend nurmehr eine angemessene Gewinnverteilung, bei der auch die Einbringung eines Einzelunternehmens oder eines Kundenstamms berücksichtigt werden darf.

290 **f) Kostengemeinschaften (Bürogemeinschaften).** Sog. **Kostengemeinschaften,** die lediglich kostendeckende Leistungen für beteiligte Freiberufler erbringen, sind mangels Gewinnerzielungsabsicht keine selbstständigen Gewinnermittlungssubjekte (BFH GrS 4/82, BStBl. II 1984, 751) und auch nicht Besteuerungsgegenstand für die Gewerbesteuer (vgl. BFH IV R 133/85, BStBl. II 1986, 666; XI R 82/03, BStBl. II 2005, 752); anders, wenn sie in der Form eines **Vereins** betrieben werden (BFH I R 138/79, BStBl. II 1984, 451). Dies hindert nicht, verfahrensrechtlich die Kostengemeinschaft nach § 180 Abs. 2 AO zu einer gesonderten Feststellung der Kosten zusammenzufassen (vgl. BMF 5.12.1990, BStBl. I 1990, 764 zur VO nach § 180 Abs. 2 AO; sowie BMF 31.1.2003, BStBl. I 2003, 170; ähnl. BFH IV R 87/85, BStBl. II 1988, 342; IV R 25/98, BStBl. II 1999, 545). Die Gewinne aus der Veräußerung des gemeinsamen Vermögens sind jedoch zu erfassen, weil es sich bei den einzelnen Mitgliedern um Betriebsvermögen handelt.

Entsprechendes gilt für **Labor- und Apparategemeinschaften** (BFH IV B 232/02, BFH/NV 2005, 352; OFD Nürnberg 4.11.1997, FR 1998, 79).

12. Feststellungslast

291 Die **Feststellungslast** für das Vorliegen einer selbstständigen Arbeit trägt der **StPfl.,** sowohl im Hinblick auf die qualifizierenden Merkmale seiner Tätigkeit (→ Rn. 238a) als auch auf deren Überwiegen bei Mischtatbeständen (BFH IV R 15/90, BStBl. II 1991, 889; I R 54/93, BStBl. II 1994, 864; IV R 65-67/89, BFH/NV 1993, 238).

292–294 *(frei)*

VII. Gewerbebetrieb durch Betriebsaufspaltung/ Unternehmensverbund

1. Begriff

295 **a) Organisatorisch.** Betriebsaufspaltung bedeutet die **Aufteilung eines einheitlichen Organismus** auf verschiedene für sich zu betrachtende Unternehmensträger (grundlegend BFH GrS 2/71, BStBl. II 1972, 63). Dies berührt eine **Vielzahl von Rechtsvorschriften,** angefangen von den Gründungsvorgängen bei der GmbH (§§ 2 ff. GmbHG) über die Pachtvorschriften des BGB, des Gewerbebegriffs des HGB (Schön DB 1998, 1169; K. Schmidt DB 1998, 61), ggf. Vorschriften des UmwG (§§ 123 Abs. 3, 124 Abs. 1, 152 UmwG) zB bei partieller Gesamtrechtsnachfolge (hierzu Patt DStR 1994, 1383; Kallmeyer ZIP 1994, 1746), bis hin zur Funktionsnachfolge in Arbeitsverhältnissen (§ 613a BGB; s. auch Moog DStR 1997, 457), zum Sozialversicherungsrecht (vgl. LSG BW L 11 KR 5353/11, DStR 2013, 664; Esskandari/Bick NWB 2013, 1584) sowie zur Haftung des GmbH-Geschäftsführers (Gosch StBp 2002, 392; Hinze BB 2002, 1011; Drygala GmbHR 2003, 729; Benecke BB 2003, 1190). Auch für die

Anwendbarkeit des Mitbestimmungsrechts und der Lohnfortzahlungsvorschriften kann die Aufspaltung Bedeutung haben (vgl. dazu Kaligin, Die Betriebsaufspaltung, 11. Aufl., S. 51 ff.; Hinweise zur Vertragsgestaltung in Brandmüller FR 1980, 83 (85)). Auch für staatliche Konzessionen kommt nach der Aufspaltung das Betriebsunternehmen in Betracht.

b) Ertragsteuerlich. Spezifisch ertragsteuerlich ist Betriebsaufspaltung die **Verpachtung** einer wesentlichen Betriebsgrundlage durch ein sog. Besitzunternehmen **an ein gewerblich tätiges Betriebsunternehmen** (sachliche Verflechtung, → Rn. 317 ff.) mit der Besonderheit der engen personellen Verflechtung (→ Rn. 326 ff.) beider Unternehmen (BFH GrS 2/71, BStBl. II 1972, 63; VIII R 36/91, BStBl. II 1993, 233; X R 25/93, BStBl. II 1997, 44; X R 9/17, BFH/NV 2020, 124). Die Verpachtung an ein nicht gewerblich tätiges, insb. freiberuflich tätiges Betriebsunternehmen (Mitunternehmerschaft) begründet daher keine (mitunternehmerische) Betriebsaufspaltung (BFH IV R 29/04, BStBl. II 2006, 173). **296**

Es genügt, dass das Betriebsunternehmen allein **aufgrund seiner Rechtsform** (§ 8 Abs. 2 KStG; § 2 Abs. 2) Gewerbebetrieb ist (BFH VIII R 53/02, BFH/NV 2005, 1624; IV R 11/13, BFH/NV 2015, 1398; X R 54/14, BStBl. II 2017, 529). Ohne Bedeutung ist eine **GewStBefreiung** der BetriebskapitalGes (BFH X R 42/16, BFH/NV 2019, 586). Auch ein Verlustübernahmevertrag beeinträchtigt daher die Betriebsaufspaltung nicht (BFH III R 68/06, BFH/NV 2010, 241).

Zusammen mit der **sachlichen Beziehung als Instrument der Beherrschung** (vgl. BFH X R 50/97, BStBl. II 2002, 363; IV R 59/16, BStBl. II 2020, 147) rechtfertigt die einen **einheitlichen Betätigungswillen** tragende **personelle Verflechtung** nach der stRspr des BFH (BFH IV R 29/04, BStBl. II 2006, 173), die Vermietungs- und Verpachtungstätigkeit des Besitzunternehmens als **Teilhabe am allgemeinen Wirtschaftsverkehr** und damit ebenfalls als **originär gewerblich** anzusehen (→ Rn. 308). Dabei geht die Rspr. nicht nur zivilrechtlich, sondern auch steuerrechtlich von **zwei gewerblichen Unternehmen** aus, gleichviel ob sich die Anteile am Betriebsunternehmen im BV der Gesellschafter oder der Personengesellschaft befinden (BFH I R 111/78, BStBl. II 1980, 77; I R 33/77, BStBl. II 1980, 356; → Rn. 372 ff.). Sie nimmt auch dann gewerbliche Besitzunternehmen an, wenn das Gesamtunternehmen **Einkünfte aus freiberuflicher Tätigkeit** hatte (BFH I R 77/77, BStBl. II 1981, 39; VIII R 240/81, BStBl. II 1986, 296; IV R 151/86, BStBl. II 1989, 455; III R 15/87, BFH/NV 1990, 58).

Verfassungsrechtlich sind die Grundsätze zur Betriebsaufspaltung nicht zu beanstanden (BVerfG 1 BvR 571/81 ua, BStBl. II 1985, 475; vgl. auch BFH XI B 71/00, BFH/NV 2001, 1560; IV R 44/07, BStBl. II 2012, 136).

c) Regelfall. Der häufigste Fall der Betriebsaufspaltung ist, dass es sich beim **Besitzunternehmen** um ein **Einzelunternehmen** (nur gegenüber KapitalGes, BFH III R 28/08, BFH/NV 2010, 1946; III R 28/08, BFH/NV 2010, 1946; VIII R 17/15, BFH/NV 2018, 522), eine **Bruchteilsgemeinschaft** (BFH IV R 36/34, BStBl. II 1989, 363; IV R 77/97, BStBl. II 1999, 279; IV R 59/04, BStBl. II 2005, 830; VIII R 34/00, BFH/NV 2002, 185; Stahl KÖSDI 2003, 13830; Weber FR 2006, 572), eine **GbR** (BFH IV R 29/04, BStBl. II 2006, 173) oder – bei entsprechender Gebrauchsregelung (§ 15 WEG) – eine **Wohnungseigentumsgemeinschaft** (BFH IV R 73/94, BStBl. II 1997, 569; teilrechtsfähig, BGH V ZB 32/05, DStR 2005, 1283) handelt und die Betriebsgesellschaft GmbH **297**

ist (zB BFH VIII R 57/99, BStBl. II 2002, 662; „klassische" Betriebsaufspaltung, Kessler/Teufel BB 2001, 17, bzw. „eigentliche" Betriebsaufspaltung, Kroschel/Wellisch DStZ 1999, 167). Als Besitzunternehmen kommt aber auch eine **Personenhandelsgesellschaft** sowie eine **Erbengemeinschaft** (BFH IV R 214/84, BStBl. II 1987, 120; III R 7/03, BFH/NV 2005, 1974; FG Köln 8 K 3086/16, EFG 2019, 602; nachgehend BFH IV R 5/19, BStBl. II 2023, 649) oder **Gütergemeinschaft** (BFH IV R 13/91, BStBl. II 1993, 134; IV R 15/91, BStBl. II 1993, 876; IV R 22/02, BFH/NV 2007, 149), ein **eingetragener** (auch gemeinnütziger) **Verein** (BFH I R 164/94, BFH/NV 1997, 825), eine **eingetragene Genossenschaft** (BFH IV R 44/07, BStBl. II 2012, 136; IV R 43/07, BFH/NV 2012, 222), eine (auch gemeinnützige) **Stiftung** (BFH I R 72/16, BStBl. II 2021, 484; Fichtelmann GStB 2012, 235) sowie eine **Körperschaft des öffentlichen Rechts** durch ihren Eigenbetrieb (BFH I B 8/23, BFH/NV 2025, 1027) in Betracht.

298 **d) Handelsrechtlich.** Danach ist das **Besitzunternehmen nicht** unbedingt **Istkaufmann** iSv § 1 Abs. 2 HGB (keine formwechselnde Umwandlung, BFH IV R 36/82, BStBl. II 1985, 622; Groh JbFfSt 1979/80, 209 (215); Tillmann StbKRep 1980, 265 (268); K. Schmidt DB 1988, 88; aA OLG München 19 W 2932/86, DB 1988, 902); allerdings ist § 105 Abs. 2 HGB zu beachten; hierzu K. Schmidt DB 1998, 61; Schön DB 1998, 1169). Das Fortbestehen einer stillen Gesellschaft am Besitzunternehmen (§ 355 HGB) setzt bei dieser ein Handelsgewerbe voraus. Eine Besitzgesellschaft kann auch zivilrechtlich ein verbundenes Unternehmen für die Frage sein, ob kapitalersetzende Darlehen der BetriebsGmbH (§ 30 GmbHG) vorliegen (BGH II ZR 58/86, NJW 1987, 1080).

299 **e) Echte/unechte Betriebsaufspaltung.** Von einer **echten Betriebsaufspaltung** wird dann gesprochen, wenn ein bereits bestehendes gewerbliches Unternehmen durch Übertragung eines Teils des BV und Nutzungsüberlassung einer wesentlichen Betriebsgrundlage in ein Betriebs- und ein Besitzunternehmen aufgespalten wird. Die Aufspaltung durch den Erblasser kann auch für die Erbengemeinschaft einen gewerblichen Betrieb ergeben (BFH IV R 214/84, BStBl. II 1987, 120; IV R 67/96, BStBl. II 1998, 254).

Eine **unechte Betriebsaufspaltung** liegt vor, wenn von vornherein getrennte Unternehmen bestanden haben oder gegründet wurden und zwischen diesen eine sachliche und personelle Verflechtung besteht (BFH X R 8/00, BStBl. II 2002, 527). Die **Gewerblichkeit** des Besitzunternehmens beginnt **einkommensteuerrechtlich** in dem Zeitpunkt, in dem der spätere Besitzunternehmer mit Tätigkeiten beginnt, die eindeutig auf die Vorbereitung der endgültigen Überlassung von wesentlichen Betriebsgrundlagen an die Betriebsgesellschaft gerichtet sind (BFH III R 39/86, BStBl. II 1991, 773). **Gewerbesteuerrechtlich** ist mE in Anlehnung an die in → Rn. 565 ff. dargestellten Grundsätze die tatsächliche Nutzungsüberlassung erforderlich, aber auch hinreichend.

In der **steuerlichen Behandlung** besteht zwischen den beiden Erscheinungsformen kein Unterschied (BFH GrS 2/71, BStBl. II 1972, 63; X R 8/00, BStBl. II 2002, 527; X R 5/14, BFH/NV 2017, 8).

299a **f) Gewinnerzielungsabsicht.** Die Betriebsaufspaltung setzt Gewinnerzielungsabsicht **des Besitzunternehmens** voraus (BFH IV R 67/96, BStBl. II 1998, 254; IV R 5/15, BFH/NV 2018, 881), die insb. bei einer teilentgeltlichen oder unentgeltlichen Vermietung/Verpachtung fehlen kann (→ Rn. 311, 313).

2. Rechtsentwicklung/Kritik

a) Rechtsentwicklung. Ursprünglich war die Figur der Betriebsaufspaltung als **Missbrauchsabwehr** (vgl. F. Reinhardt RStBl. 1936, 1041 (1051); dazu Groh BB 1984, 304; Knobbe-Keuk StbJb 1980/81, 335 (349)) gedacht, wenngleich die Aufspaltung eines Betriebes ursprünglich in erster Linie der Haftungsminderung und der Unternehmensführung diente (Weilbach BB 1990, 829). Gleichwohl hat sich der Gedanke der gewerblichen Betätigung kraft abgeleiteter Beteiligung am allgemeinen wirtschaftlichen Verkehr mit der typisierenden Einbeziehung der unechten Betriebsaufspaltung **dogmatisch verselbstständigt** (vgl. bereits RFH VI 96/42, RStBl. 1942, 1081; zur Entwicklung BFH I R 72/16, BStBl. II 2021, 484; krit. Groh DB 1989, 748). In früheren Entscheidungen wird daher (mE zutreffend) deutlich auf die bei **formal selbstständigen Betrieben** materiellrechtlich bedeutsame Verbundenheit beider Unternehmen zu einem einheitlichen Organismus abgehoben (zB BFH III R 27/71, BStBl. II 1973, 438; VIII R 57/70, BStBl. II 1974, 613; IV R 59/73, BStBl. II 1975, 700; vgl. auch BFH IV R 44/07, BStBl. II 2012, 136; IV R 43/07, BFH/NV 2012, 222). MaW nimmt das Besitzunternehmen mittels der personellen und sachlichen Verflechtung am allgemeinen wirtschaftlichen Verkehr teil (BFH I R 40/12, BStBl. II 2014, 272; s. auch Wacker FR 2021, 505). **300**

b) Kritik. Die **Kritik an diesen Grundsätzen** (zB Knobbe-Keuk BilanzR/UnternehmensSteuerR § 22 X 2; Janssen BB 1995, 25; Söffing DStR 1996, 1225; Felix StB 1997, 145; Mössner Stbg 1997, 1; Haritz/Wisniewski GmbHR 2000, 795; Kessler/Teufel BB 2001, 17; Crezelius DB 2012, 651; FR 2013, 1065: Subsystem), die Rspr. sei über die **Grenzen der richterlichen Rechtsfortbildung** hinausgegangen, ist mE unberechtigt (hierzu BVerfG 1 BvR 571/81, BStBl. II 1985, 475; 1 BvR 19/07, HFR 2008, 754; BFH IV R 44/07, BStBl. II 2012, 136; IV R 43/07, BFH/NV 2012, 222). Zumindest bei der echten Betriebsaufspaltung (→ Rn. 299) kann die Tätigkeit der Besitzperson(engruppe) im Wege der Auslegung des Begriffs Gewerbebetrieb (§ 15 Abs. 1 S. 1 Nr. 1, Abs. 2 EStG) und der Subsumtion (Würdigung) als gewerbliche Betätigung verstanden werden (BFH I R 98/88, BStBl. II 1992, 246; VIII R 57/99, BStBl. II 2002, 662; ähnl. Drüen GmbHR 2005, 69). Bei der unechten Betriebsaufspaltung (→ Rn. 299) führt die identische Struktur objektiver und subjektiver Gegebenheiten zu demselben Ergebnis. ME handelt es sich mithin nicht um ein *„Rechtsinstitut"* (so BFH VIII R 61/97, BStBl. II 1999, 483; **aA** StB 1997, 145), sondern um einen **Typus der gewerblichen Teilhabe** am allgemeinen Wirtschaftsverkehr (vgl. Kudert/Mroz StuW 2016, 146: derivative gewerbliche Einkünfte; Mitschke IStR 2021, 442). Auch der Vorwurf, die Grundsätze zur Betriebsaufspaltung enthielten in sich widersprüchlich Elemente der Einheits- und der Trennungstheorie (was an sich zutrifft; hierzu Schallmoser DStR 1997, 49), greift deswegen nicht, weil diese Elemente verschiedene Ebenen betreffen (Einkünftequalifikation; Gewinnermittlung). Der Vorwurf, die Grundsätze zur Betriebsaufspaltung widersprächen dem Beschluss des Großen Senats in BFH GrS 4/82, BStBl. II 1984, 751 (zB Söffing BB 2006, 1529), greift nicht, weil auch in der Besitzpersonengruppe das Handeln in gesamthänderischer Verbundenheit in Rede steht. Die Unsicherheit im Hinblick auf die Verwirklichung von Tatbestandsmerkmalen (Miesch/Wengert DB 1995, 111) ist charakteristisch für jede Rechtsanwendung, speziell für den offenen Typusbegriff (→ Rn. 51) und – wie etwa beim Begriff des Gewerbebetriebs selbst – hinzunehmen. Es handelt sich um ein „bewegliches System" (Petersen, **301**

Unternehmenssteuerrecht und bewegliches System …, 1999, 39 ff., 53 ff.). Eine Umqualifizierung lediglich auf der Ebene des „Sowohl-als-auch-Gesellschafters" (Söffing BB 2006, 1529) würde mE gegen § 15 Abs. 3 Nr. 1 EStG verstoßen.

3. Erscheinungsformen

302 **(1.) Klassische Betriebsaufspaltung,** → Rn. 297; – **(2.) Kapitalistische Betriebsaufspaltung:** Kapitalgesellschaft ist Besitzunternehmen (→ Rn. 349); – **(3.) Mitunternehmerische Betriebsaufspaltung,** → Rn. 309; – **(4.) Umgekehrte Betriebsaufspaltung:** Besitz-Kapitalgesellschaft wird von Betriebsunternehmen beherrscht (→ Rn. 350; BFH III R 45/92, BStBl. II 1995, 75; Kessler/Teufel DStR 2001, 869); – **(5.) Qualifizierte Betriebsaufspaltung:** Nutzungsüberlassung von *ausschließlich* wesentlichen Betriebsgrundlagen (BFH X R 8/00, BStBl. II 2002, 527); – **(6.) Überlagerte Betriebsaufspaltung:** Besitzunternehmen übt *originäre* gewerbliche Tätigkeit aus (hierzu Thiel/Rödder FR 1998, 401); – **(7.) Einheitliche Betriebsaufspaltung:** Besitzunternehmen ist selbst unmittelbar am Betriebsunternehmen beteiligt (BFH VIII R 31/04, BStBl. II 2006, 874); – **(8.) Gewerblich geprägte Betriebsaufspaltung:** Die BesitzPersGes erfüllt die Voraussetzungen des § 15 Abs. 3 Nr. 2 EStG; ihre gewerbliche Prägung wird durch die Betriebsaufspaltung überlagert (BFH IV R 26/13, BStBl. II 2016, 408).

4. Sachlicher Umfang der Betriebsaufspaltung

303 Der sachliche Umfang der Betriebsaufspaltung kann mE **nicht** gleich bleibend durch den **historischen Vorgang** der Aufspaltung selbst bestimmt werden. Entscheidend ist, dass die Rechtsbeziehungen zwischen Besitz- und Betriebsunternehmen ihre Grundlage in dem einheitlichen geschäftlichen Betätigungswillen haben (vgl. BFH VIII R 57/70, BStBl. II 1974, 613) und der betriebliche **Zweck der Besitzgesellschaft** ein von der Betriebsgesellschaft abgeleiteter ist.

304 **a) Voraussetzungen.** Ein **Gewerbebetrieb** schon **vor der Betriebsaufspaltung** ist nicht erforderlich. Auch muss das Betriebsunternehmen nicht originär gewerblich tätig sein; es genügt ein GewBetrieb kraft Rechtsform, zB bei der „gewerblich geprägten Betriebsaufspaltung" (§ 15 Abs. 3 Nr. 2 EStG) oder einer freiberuflich (BFH I R 77/77, BStBl. II 1981, 39; VIII R 240/81, BStBl. II 1986, 296; VIII R 151/85, BFH/NV 1990, 99) oder vermögensverwaltend tätigen Kapitalgesellschaft (§ 8 Abs. 2 KStG; hierzu BFH XI R 12/87, BStBl. II 1992, 415: Lizenzvergabe; BFH IV R 67/96, BStBl. II 1998, 254: Labor-GmbH; BFH VIII R 11/99, BStBl. II 2000, 621: Ingenieurbüro; BFH VIII R 24/01, BStBl. II 2003, 757: Steuerberatung; BFH VIII R 53/02, BFH/NV 2005, 1624: Vermietung).

305 **b) Bestimmung des sachlichen Umfangs.** Ausschlaggebend hierfür sind die **Vermietung oder Verpachtung** einer wesentlichen Betriebsgrundlage an die Betriebsgesellschaft und die damit **wirtschaftlich zusammenhängenden** Vorgänge. Regelmäßig, bei entsprechendem Veranlassungszusammenhang, werden die zwischen der Besitz- und der Betriebsgesellschaft **bestehenden Rechtsbeziehungen,** insb. Überlassung von weiteren WG, in die Betriebsaufspaltung einbezogen. Das gilt anteilig auch für solche WG, die von einer Eigentümergemeinschaft, an der der Besitz(einzel)unternehmer beteiligt ist, zur Weitervermietung an die

BetriebsGes überlassen weden (vgl. BFH III R 77/03, BStBl. II 2005, 340; I R 7/16, BFH/NV 2018, 810).

Anderes gilt, wenn die Leistungen mangels wirtschaftlichen Zusammenhangs nicht spezifisch auf der Betriebsaufspaltung beruhen (zB unmittelbar mit der Betriebskapitalgesellschaft geschlossene Lizenzverträge, BFH I R 33/77, BStBl. II 1980, 356; oder an sie im Rahmen selbstständiger oder nichtselbstständiger Arbeit erbrachte Leistungen, vgl. BFH IV R 16/69, BStBl. II 1970, 722).

c) Sonstige Rechtsbeziehungen. Daher können von der Betriebsaufspaltung 306 auch **sonstige Rechtsbeziehungen** (zB Darlehen, Bürgschaften, Lizenzen; → Rn. 324) zur Betriebsgesellschaft erfasst werden, sofern diese ihre Grundlage in dem einheitlichen geschäftlichen Betätigungswillen haben (BFH I R 33/77, BStBl. II 1980, 356). Ihr **sachlicher Umfang** wird danach bestimmt, ob die anderen Vorgänge bei der Besitzgesellschaft die Belange der Betriebsgesellschaft fördern, insb. dazu dienen, die Vermögens- und Ertragslage der Betriebsgesellschaft zu verbessern (BFH VIII R 36/91, BStBl. II 1993, 233; XI R 72/97, BStBl. II 1999, 281, Letzteres zu Lizenzeinnahmen).

Das ist etwa nicht der Fall bei einer selbstständigen Vermietungstätigkeit der Gesellschafter (vgl. BFH IV R 77/97, BStBl. II 1999, 279; zu den Gestaltungsmöglichkeiten Fichtelmann Inf 1999, 76). Vgl. auch → Rn. 363.

d) Eigenständigkeit des Gesellschaftszwecks. Die Eigenständigkeit des 307 Gesellschaftszwecks des Besitzunternehmens iSd bereits abgeschlossenen Vorgangs der Betriebsaufspaltung bedeutet bei einer vom Besitzgesellschafter persönlich im späteren Verlauf dem Betriebsunternehmen zur Verfügung gestellten wesentlichen Betriebsgrundlage (zB Erfindung) ein getrennt zu beurteilendes **neues Besitzunternehmen** (BFH I R 33/77, BStBl. II 1980, 356; vgl. hierzu auch IV R 89/73, BStBl. II 1975, 781), sofern dieser Gesellschafter in der Lage ist, das Betriebsunternehmen zu beherrschen. Im erstgenannten Urteil konnte eine Erfindung sinnvoll auch ohne die übrigen vom Besitzunternehmen an das Betriebsunternehmen verpachteten Wirtschaftsgüter verpachtet werden (kein Sonderbetriebsvermögen); im letztgenannten Urteil war dies nicht der Fall (Sonderbetriebsvermögen). Liegt nach diesen Grundsätzen kein Sonderbetriebsvermögen vor, kann sich gleichwohl die Überlassung als eigenständiger Gewerbebetrieb darstellen (BFH IV R 152/73, BStBl. II 1978, 545).

Davon abgesehen besteht die Möglichkeit der **Überlagerung mehrerer Bruchteilsgemeinschaften** durch eine GbR als Besitzunternehmen (BFH IV R 98, 99/85, BStBl. II 1986, 913); zum Vorliegen mehrerer Besitzpersonengesellschaften s. Fichtelmann GmbHR 1996, 580; Schallmoser GmbHR 1997, 49.

Die Vermietung eines Grundstücks durch eine **Grundstücksgemeinschaft,** an der der Besitz(einzel)unternehmer beteiligt ist, an die von Letzterem beherrschte BetriebsGes begründet eine **(weitere) Betriebsaufspaltung** nur dann, wenn die Gemeinschaft von diesem beherrscht wird (vgl. BFH III R 77/03, BStBl. II 2005, 340; I R 7/16, BFH/NV 2018, 810).

5. Besitz-Personengesellschaften

Für diese (oder Bruchteilsgemeinschaften) bedeutet Betriebsaufspaltung **in vollem Umfang originäre gewerbliche Einkünfte** (BFH IV R 86/80, BStBl. II 1984, 152; IV R 4/17, BStBl. II 2020, 710; IV R 31/19, BStBl. II 2021, 768; I R 72/16, BStBl. II 2021, 484; IV R 7/18, BStBl. II 2022, 767; III R 13/23, 308

BStBl. II 2024, 487; IV R 5/20, BFH/NV 2025, 149; IV B 125/15, BFH/NV 2026, 5; hierzu auch Bodden KÖSDI 2024, Nr. 4, 23686, jeweils mwN; § 15 Abs. 3 Nr. 1 EStG), sofern die Besitzgesellschaft Subjekt für die Bestimmung der Einkunftsart (BFH GrS 4/82, BStBl. II 1984, 751 (761)) ist. Die gewerbliche Tätigkeit der Betriebsgesellschaft bestimmt die Qualifikation der Verpachtungstätigkeit durch die sachliche und personelle Verflechtung (BFH III B 9/87, BStBl. II 1988, 537 mwN).

Daher werden auch gewerbliche Einkünfte der **Nurbesitzgesellschafter** begründet, soweit der Tatbestand der Besitzgesellschaft reicht (BFH IV R 67/96, BStBl. II 1998, 254; VIII R 61/97, BStBl. II 1999, 483; aA Micker FR 2009, 852: Anwendung der Grundsätze zur ZebraGes). Auch für die **Bruchteilsgemeinschaft** tritt diese Rechtsfolge wegen des Wortlauts des § 15 Abs. 3 Nr. 1 EStG ein (BFH VIII R 240/81, BStBl. II 1986, 296; IV R 73/94, BStBl. II 1997, 569 mit **Ausnahme,** soweit Sondereigentum separat vermietet wird). Bei einer betriebsaufspalterisch, aber auch **originär gewerblichen Personenhandelsgesellschaft** dürfte ein einheitlicher Gewerbebetrieb iSv § 15 Abs. 3 Nr. 1 EStG vorliegen, bei GbRs im Falle unterschiedlicher Gesellschaftszwecke idR mehrere Gesellschaften (→ Rn. 26 ff.).

6. Abgrenzung zur Mitunternehmerschaft

309 **a) Mitunternehmerische Betriebsaufspaltung.** Die **Überschneidung** des Tatbestands nach § 15 Abs. 1 S. 1 Nr. 2 Hs. 2 EStG mit der mitunternehmerischen Betriebsaufspaltung (Betriebspersonengesellschaft) wird von der Rspr. des BFH (BFH IV R 59/04, BStBl. II 2005, 830) wie folgt gelöst:

(1.) Ist derjenige (natürl Person, Personengesellschaft, Kapitalgesellschaft), der der Betriebspersonengesellschaft wesentliche Betriebsgrundlagen zur Nutzung überlässt, **selbst** an dieser beherrschend **beteiligt** (als Mitunternehmer), dann hat § 15 Abs. 1 S. 1 Nr. 2 Hs. 2 EStG **Vorrang vor der Betriebsaufspaltung,** dh die SonderBV-Eigenschaft bei der Betriebs-KG hat Vorrang vor der BV-Eigenschaft der überlassenen WG bei der überlassenden Person/Gesellschaft (BFH I R 114/97, BStBl. II 2000, 399; III R 35/98, BStBl. II 2001, 316; III R 50/96, BStBl. II 2003, 613; IV R 59/04, BStBl. II 2005, 830). Das gilt auch, wenn die natürliche Person „ihrer" GmbH, an der sie still beteiligt ist, wesentliche Betriebsgrundlagen vermietet (BFH III R 23/89, BStBl. II 1994, 709). Ebenso bei Vermietung durch eine weder gewerblich tätige noch geprägte Personengesellschaft unentgeltlich/teilentgeltlich ohne Gewinnabsicht an von ihren Gesellschaftern beherrschte Schwestergesellschaft (BMF 28.4.1998, BStBl. I 1998, 583; 2005, 458).

310 **(2.)** Überlässt eine Personengesellschaft wesentliche Betriebsgrundlagen an die Betriebspersonengesellschaft und ist nicht sie selbst, sondern ist/sind nur ihr(e) beherrschende(r) Gesellschaft(er) an dieser beherrschend beteiligt, dann hat die **Betriebsaufspaltung Vorrang** vor § 15 Abs. 1 S. 1 Nr. 2 Hs. 2 EStG (BFH VIII R 13/95, BStBl. II 1998, 325; VIII R 61/97, BStBl. II 1999, 483; VIII R 30/97, BFH/NV 1999, 771; IV R 99/06, BStBl. II 2010, 593; BMF 28.4.1998, BStBl. I 1998, 583; 2005, 458 Nr. 2–4). Es handelt sich mE um eine konsequente Fortentwicklung der zu originär gewerblich tätigen Personengesellschaften ergangenen Urteile in BFH IV R 48/93, BStBl. II 1996, 82; VIII R 63/93, BStBl. II 1996, 93 und III R 91/93, BStBl. II 1996, 428. Diese Rspr. bedeutet ua, dass der Nurbesitzgesellschafter nicht privat vermietet. Nach der Abfärbetheorie des BFH

(→ Rn. 424 ff.) ist er Mitunternehmer einer Personengesellschaft mit insgesamt (abgeleitet) gewerblichen Einkünften (BFH IV R 67/96, BStBl. II 1998, 254). Der Vorrang bedeutet jedoch nicht, dass die SonderBV-Eigenschaft gegenüber der Betriebsgesellschaft erlischt; sie besteht vielmehr latent weiter und lebt nach Beendigung der Betriebsaufspaltung mangels personeller Verflechtung wieder auf (BFH XI R 9/01, BStBl. II 2002, 737; IV R 50/05, BStBl. II 2008, 129; IV R 33/08, BStBl. II 2012, 10).

Entsprechendes gilt wohl bei einer vermietenden **Bruchteilsgemeinschaft** (OFD München 10.6.1999, DB 1999, 1878; Poll DStR 1999, 477; **aA** Stahl KÖSDI 1998, 11533; Meyer/Ball FR 1998, 1075; hierzu Brandenberg DB 1998, 2488; Neu Inf 1999, 492; Weber FR 2006, 572) – ggf. konkludente Begründung einer GbR (BFH VIII R 34/00, BFH/NV 2002, 185) – sowie bei einer **mittelbaren Beteiligung** an der Betriebspersonengesellschaft (BFH I R 118/80, BStBl. II 1982, 662; IV R 48/91, BFH/NV 1994, 265; BFH IV R 5/20, BFH/NV 2025, 149, zu FG BW 1 K 2182/18, EFG 2020, 1486, aus anderen Gründen aufgeh.) und der Beherrschung der Betriebspersonengesellschaft über eine Komplementär-GmbH (BFH I R 178/77, BStBl. II 1983, 136; **aA** Kroschel/Wellisch DStZ 1999, 167).

Vorausssetzung für die mitunternehmerische Betriebsaufspaltung ist **gewerbliche Tätigkeit der Betriebsgesellschaft.** Eine nichtgewerbliche, insb. freiberufliche Tätigkeit der Betriebsgesellschaft hindert eine mitunternehmerische Betriebsaufspaltung (BFH IV R 29/04, BStBl. II 2006, 173).

b) Gewinnerzielungsabsicht. Bei einer mitunternehmerischen Betriebsaufspaltung ist **Gewinnerzielungsabsicht** (→ Rn. 299a) nicht anzunehmen, wenn die Nutzungsüberlassung unentgeltlich oder teilentgeltlich erfolgt. Anders als bei der klassischen Betriebsaufspaltung (→ Rn. 313) kann ein höherer Gewinn der Betriebsgesellschaft nicht auf die Besitzgesellschaft durchschlagen (BFH IV R 67/96, BStBl. II 1998, 254; IV R 5/15, BStBl. II 2020, 118). 311

7. Verhältnis zur Betriebsverpachtung

Die **Betriebsverpachtung** (→ § 7 Rn. 72) ist dadurch gekennzeichnet, dass dazu **alle wesentlichen Betriebsgrundlagen** verpachtet werden müssen und bei Beendigung des Pachtverhältnisses der Betrieb in bisheriger Weise fortgesetzt werden kann (BFH IV R 36/84, BStBl. II 1989, 363). Bei der Betriebsaufspaltung genügt dagegen *eine* der Grundlagen. Werden im Rahmen einer „qualifizierten Betriebsaufspaltung" *alle* wesentlichen Betriebsgrundlagen insgesamt an die Betriebsgesellschaft verpachtet (BFH X R 8/00, BStBl. II 2002, 527), entfällt das dem Verpachtenden steuerrechtlich sonst eingeräumte Wahlrecht, bei Beginn der Verpachtung die Betriebsaufgabe zu erklären oder gewerbesteuerfrei den Betrieb als verpachteten fortzuführen (Nachrang der Betriebsverpachtungsgrundsätze, vgl. BFH VIII R 13/93, BStBl. II 1994, 922; XI R 8/99, BFH/NV 2000, 1135). Zur Fortsetzung einer aufgegebenen Betriebsaufspaltung als Verpachtungsbetrieb → Rn. 367. 312

8. Unentgeltliche Betriebsaufspaltung

Auch eine **unentgeltliche** schuldrechtliche **Nutzungsüberlassung** kann bei einer **klassischen Betriebsaufspaltung** genügen (BFH X R 84/88, BStBl. II 1991, 713; IV R 67/96, BStBl. II 1998, 254; VIII R 68/96, BFH/NV 2000, 313

1278; X R 22/07, BFH/NV 2010, 208; IV R 5/15, BStBl. II 2020, 118). Maßgebend ist hierbei die Austauschbarkeit von (höheren) Ausschüttungen zzgl. Wertsteigerungen des Anteils an der BetriebskapitalGes und der Nutzungsentgelte. Die Gewinnerzielungsabsicht des Besitzunternehmens fehlt erst, wenn der Gesellschafter mit den vereinbarten Entgelten und den tatsächlichen und möglichen Ausschüttungen auf Dauer keine Kostendeckung erwarten kann (BFH X R 84/88, BStBl. II 1991, 713; **aA** die Gewinnerzielungsabsicht bei den in Betracht kommenden verschiedenen Gestaltungen in Frage stellend Fichtelmann FR 1992, 442; EStB 2003, 223). Zur mitunternehmerischen Betriebsaufspaltung → Rn. 311.

9. Vor- und Nachteile der Betriebsaufspaltung

314 **a) Haftung.** Das vom Besitzunternehmen an die Betriebsgesellschaft verpachtete Vermögen ist grundsätzlich zivilrechtlich **von der Haftung** für Verbindlichkeiten der GmbH **ausgenommen.** Zur Behandlung eines Gesellschafter-Darlehens wie haftendes Eigenkapital BGH II ZR 104/77, GmbHR 1980, 28). Zur Existenzvernichtungshaftung des GmbH-Gesellschafters s. BGH II ZR 3/04, DStR 2007, 1586. Gehaftet wird zudem idR für Altverbindlichkeiten (zur Begrenzung der Haftung nach § 26 HGB s. Renaud/Markert BB 1988, 1060). Auch eine Haftung nach § 74 AO ist möglich (Jestädt DStR 1989, 243), jedoch nicht auf der Grundlage der Personengruppentheorie (BFH VII R 34/14, BStBl. II 2016, 375).

315 **b) Vermögensmäßige Teilhabe.** Die Möglichkeit der Betriebsaufspaltung auch bei fehlender Personenidentität (Beteiligungsidentität) lässt im Besitzunternehmen die vermögensmäßige Teilhabe insb. von Angehörigen zu, die andererseits von maßgeblichen Entscheidungen für das Betriebsunternehmen ausgeschlossen bleiben sollen. Siehe zu den Vor- und Nachteilen auch v. Randenborgh DStR 1998, 22; Kiesel DStR 1998, 962; Neufang Inf 1999, 13; Weilbach BB 1990, 829. Zu Möglichkeiten der Fremdfinanzierung Dörner Inf 2005, 867.

316 **c) Steuerlich. In steuerlicher Hinsicht** (vgl. zum Belastungsvergleich GmbH/Betriebsaufspaltung nach der Unternehmenssteuerreform Kessler/Teufel BB 2001, 17; DStR 2001, 689) kommt insb. in Betracht: Abzugsfähigkeit der Geschäftsführervergütung einschließlich Pensionsrückstellung (vgl. BFH X R 42/08, BStBl. II 2012, 188); Halbeinkünfteverfahren; günstiger KSt-Satz, ggf. KSt-Freistellung; Einsparung der KiSt bei der GmbH; Ausgleich der gewstpfl. Pachteinnehmen über § 35 EStG. Die betriebaufspalterische Besitzgesellschaft genießt auch die Steuersubventionen, die an ein gewerbliches Unternehmen anknüpfen (vgl. zur Investitionszulage → Rn. 376). **Nachteilig** ist die Besteuerung von realisierten Wertsteigerungen beim BV des Besitzunternehmers, das ohne (unechte) Betriebsaufspaltung PV wäre; ein gewisser Ausgleich besteht nach §§ 13a, 13b, 19a ErbStG für das BV (Braun Ubg 2009, 647). Soweit die Betriebs-GmbH selbst **Verluste** erzielt, können diese mit den Einkünften der am Besitzunternehmen beteiligten Personen **nicht saldiert** werden, auch nicht wie im Organkreis mit solchen aus dem Besitzunternehmen. **Gewerbesteuerrechtliche Doppelerfassungen** sind möglich (→ Rn. 373).

Schließlich kann das Besitzunternehmen als Personengesellschaft anders als die GmbH den **Freibetrag nach § 11 Abs. 1** in Anspruch nehmen; bei der mitunternehmerischen Betriebsaufspaltung zweimal. Nach Fichtelmann (GmbHR 1996,

580; **aA** Felix StB 1997, 145) soll der Freibetrag nach § 11 Abs. 1 mehrfach in Anspruch genommen werden können, wenn die Eigner der Grundstücke mehrere Mietverträge mit der Kapitalgesellschaft abschließen. Fraglich ist jedoch, ob jedes Mietverhältnis auf Seiten der Eigentümer einen eigenständigen Gewerbebetrieb begründet.

Die klassische Betriebsaufspaltung – → Rn. 297, 302 – hat im Belastungsvergleich ihre „Spitzenposition" gegenüber dem Einzelunternehmen und der GmbH verloren. Daran dürfte sich durch die Neuregelung der Hinzurechnung von Nutzungsentgelten (§ 8 Nr. 1 Buchst. d–f) nichts geändert haben. Gleichwohl stellt sie eine flexible Unternehmensform mit Vorteilen der Personengesellschaft und der Kapitalgesellschaft dar (Kußmaul/Schwarz GmbHR 2012, 1055). Zudem gewinnt die sog. „umgekehrte Betriebsaufspaltung" an Attraktivität (vgl. zu allem Kessler/Teufel BB 2001, 17; DStR 2001, 869; Strahl FS Schaumburg, 2009, 493; KÖSDI 2008, 16027).

10. Sachliche Voraussetzungen der Betriebsaufspaltung

Vgl. EStH 15.7 Abs. 5.

a) Nutzungsüberlassung. Nutzungsüberlassung von **wesentlichen** **317**
Betriebsgrundlagen in Gestalt von materiellen und immateriellen WG (vgl. BFH X R 22/02, BStBl. II 2006, 457; IV R 4/17, BStBl. II 2020, 710), sei es auf schuldrechtlicher, sei es auf dinglicher Grundlage (BFH VIII R 57/99, BStBl. II 2002, 662). Da die SteuerRspr entgeltliche Einräumung von dinglichen Nutzungsrechten, wie **Erbbaurecht** oder **Nießbrauch,** genau so wie Miete und Pacht, dh als schwebende Vertragsverhältnisse, behandelt, kann mE eine steuerliche Betriebsaufspaltung nicht durch den Austausch von Pacht und Miete gegen entgeltliche Nießbrauchsrechte oder Erbbaurechte vermieden werden (vgl. L. Schmidt DStR 1979, 699 (700); aA zB Kölner Handbuch Rn. 258). Die Verpachtung **nur einer** von mehreren Betriebsgrundlagen genügt (BFH VIII R 57/70, BStBl. II 1974, 613; XI R 8/99, BFH/NV 2000, 1135; IV R 37/10, BFH/NV 2013, 910; IV R 5/20, BFH/NV 2025, 149).

Es kommt **nicht** darauf an, dass die sachliche Verflechtung und ggf. ihre Beendigung auf einer dahin gehenden **Willensentscheidung** der an den Nutzungsüberlassungen beteiligten Personen beruht (BFH X R 5/14, BFH/NV 2017, 8).

Wesentliche Betriebsgrundlagen müssen **nicht notwendig im Eigentum** des **317a**
Besitzunternehmens stehen; die Nutzung durch das verpachtende Unternehmen und damit dessen Nutzungsüberlassung müssen aber aus eigenem Recht erfolgen (BFH IV 219/64, BStBl. III 1966, 601; II R 6/86, BStBl. II 1989, 54; IV R 135/86, BStBl. II 1989, 1014; X R 5/86, BStBl. II 1989, 152; IV R 49/91, BFH/NV 1993, 95; X R 22/07, BFH/NV 2010, 208; X R 5/14, BFH/NV 2017, 8; X R 34/15, BFH/NV 2018, 623); auch der (vorbehaltene) Nießbrauch genügt (BFH VIII R 25/01, BFH/NV 2002, 781; hierzu Schlegel NWB 2012, 1654).

Davon abgesehen kann auch eine **mittelbare Nutzungsüberlassung** (A ver- **317b**
mietet an B zum Zwecke der Weitervermietung an das von A beherrschte Betriebsunternehmen) eine Betriebsaufspaltung begründen (BFH X R 50/97, BStBl. II 2002, 363; X R 49/97, BFH/NV 2002, 631; hierzu Schloßmann/Wichmann StuB 2021, 200). **Anders** jedoch, wenn die der BetriebsGes überlassenen WG aufgrund der zivilrechtlichen Lage und der tatsächlichen Durchführung dem zwischengeschalteten Unternehmen zuzurechnen sind und von diesem aufgrund einer von vornherein geschlossenen klaren Vereinbarung die Nutzungs-

überlassung an die BetriebsGes erfolgt (vgl. BFH XI R 31/05, BStBl. II 2007, 378). Ebenso wenig genügt die Vermietung eines Gebäudes auf einem *Erbbaugrundstück* für eine sachliche Verflechtung zwischen Eigentümer und Mieter (BFH IV R 9/13, BStBl. II 2016, 154; Levedag EFG 2013, 945).

317c Auch eine nur **vorübergehende Vermietung** für eine zu überbrückende Zeit ist – je nach Fallgestaltung – geeignet, eine Betriebsaufspaltung zu begründen (vgl. BFH X B 103/02, BFH/NV 2004, 180), kann aber der Annahme einer wesentlichen Betriebsgrundlage entgegenstehen (BFH IV R 78/06, BStBl. II 2009, 803; IV R 11/13, BFH/NV 2015, 1398; Fichtelmann Inf 1997, 460).

318 **b) Wesentliche Betriebsgrundlage.** Was als solche beurteilt werden muss, hängt vom Einzelfall ab. Die Tatsache allein, dass eine Betriebskapitalgesellschaft nur kraft Rechtsform einen GewBetrieb unterhält, steht der Einordnung eines WG als wesentliche Betriebsgrundlage nicht entgegen (BFH IV 11/13, BFH/NV 2015, 1398; krit. Kesseler DStR 2015, 2427).

aa) Funktionale Bedeutung. Anders als bei der Betriebsveräußerung ist für die Wesentlichkeit die **funktionale Bedeutung** eines Wirtschaftsguts und weniger das Ausmaß seiner stillen Reserven maßgebend (→ § 7 Rn. 61; BFH IV R 135/86, BStBl. II 1989, 1014; IV R 84/96, BStBl. II 1998, 104; VIII R 24/01, BStBl. II 2003, 757; EStH 15.7 Abs. 5). Daher sind **funktional zusammenhängende** WG auch zusammen zu gewichten (BFH VIII R 77/87, BStBl. II 1992, 334). Es kommt nicht mehr darauf an, dass die WG, insb. **Gebäude und Grundstücke,** von der Besitzgesellschaft für die Zwecke der Betriebsgesellschaft **hergerichtet** worden sind (BFH IV R 25/05, BStBl. II 2006, 804; IV R 11/13, BFH/NV 2015, 1398).

319 **bb) Neuere Rechtsprechung.** Sie stellt verstärkt darauf ab, ob das Grundstück unabhängig von der besonderen Gestaltung für die Betriebsgesellschaft für die Erreichung des Betriebszwecks **erforderlich** ist (BFH III R 39/86, BStBl. II 1991, 773) und **besonderes Gewicht** hat (BFH XI R 23/96, BStBl. II 1997, 437 (439); IV R 73/94, BStBl. II 1997, 569; VIII R 11/99, BStBl. II 2000, 621; III R 86/96, BFH/NV 1999, 758; I R 7/16, BFH/NV 2018, 810). Maßgebend ist im Rahmen einer **Gesamtbildbetrachtung** die innere **Struktur des Betriebsunternehmens** (BFH X R 4/01, BFH/NV 2003, 41; IX R 43/01, BFH/NV 2003, 910; IV R 11/13, BFH/NV 2015, 1398; IV R 16/13, BFH/NV 2016, 19); hierfür sind nicht einzelne Teile, sondern ist das Grundstück im Ganzen zu beurteilen (BFH VIII R 304/84, BFH/NV 1991, 90; VIII R 77/87, BStBl. II 1992, 334). Für die Frage des Gewichts können verschiedene Gesichtspunkte von Bedeutung sein, ua die individuelle (BFH VIII R 342/82, BStBl. II 1986, 299; VIII R 240/81, BStBl. II 1986, 296; VIII R 339/82, BFHE 154, 539) oder branchenübliche (BFH VIII R 110/87, BStBl. II 1991, 336) Gestaltung, auch durch das Betriebsunternehmen selbst (BFH X R 47/87, BStBl. II 1991, 405), seine Anpassung an den Betriebsablauf (BFH X R 21/93, BStBl. II 1997, 565; III R 80/91, BFH/NV 1993, 160), seine auf den Betrieb bezogene Gliederung und Bauart (BFH IV R 135/86, BStBl. II 1989, 1014; XI R 22/89, BFH/NV 1992, 312), seine auf den Betrieb zugeschnittene Lage (BFH XI R 18/90, BStBl. II 1992, 723; III R 91/88, BFH/NV 1993, 167) und Größe (BFH VIII R 342/82, BStBl. II 1986, 299; VIII R 11/99, BStBl. II 2000, 621). Hierbei kann sich die besondere Gestaltung aus der räumlichen Zusammenfassung von Betriebsteilen (BFH VIII R 77/87, BStBl. II 1992, 334; VIII R 36/91, BStBl. II

1993, 233), aber auch aus der Struktur eines Filialunternehmens (→ Rn. 321) sowie dem zeitlichen Zusammenhang zwischen Errichtung des Betriebsgebäudes, der Vermietung und der Aufnahme des Betriebes in diesem Gebäude ergeben (BFH IV R 49/91, BFH/NV 1993, 95; III R 80/89, BFH/NV 1993, 169; IX E 64/88, BFH/NV 1993, 528).

cc) Grundlage der betrieblichen Organisation. Zum Teil wird darauf abgestellt, ob das Grundstück – wie das Geschäftslokal im Einzelhandel – die **örtliche** (BFH IV R 135/86, BStBl. II 1989, 1014) und **funktionale (sachliche) Grundlage** der betrieblichen Organisation bildet (BFH IV R 5/20, BFH/NV 2025, 149), und ob die Ausübung des Gewerbes ohne ein entsprechendes (nicht dieses!) Objekt nicht möglich ist (BFH XI R 18/90, BStBl. II 1992, 723; IV R 48/91, BFH/NV 1994, 265; X B 70/89, BFH/NV 1999, 39), bzw. dass das Grundstück die Ausübung des Betriebs ermöglicht (BFH X B 99/10, BFH/NV 2012, 1110). Das ist zB dann der Fall, wenn sich auf dem Grundstück sämtliche für den Betriebsablauf erforderlichen Räume befinden (BFH IV R 69/92, BFH/NV 1994, 15; XI R 30/05, BStBl. II 2007, 524). 320

c) Keine wesentliche Betriebsgrundlage. aa) Geringes Gewicht. Eine wesentliche Betriebsgrundlage **liegt nicht vor,** wenn das Grundstück für die Betriebsgesellschaft *qualitativ* (Betriebsablauf) oder *quantitativ* (Größe) **von geringem Gewicht** ist (BFH X R 21/93, BStBl. II 1997, 565; X B 70/98, BFH/NV 1999, 39; III R 96/96, BFH/NV 1999, 758). In Betracht kommt dies bei Nichtüberschreiten der in § 8 EStDV bezeichneten Größen (BFH IV R 78/06, BStBl. II 2009, 803), nicht jedoch bei einem Anteil von 22 % am gesamten Grundbesitz bei höherem Wert (BFH XI R 1/92, BStBl. II 1993, 245; XI R 22/89, BFH/NV 1992, 312; XI R 41/04, BFH/NV 2006, 1455). 321

Str. ist in **quantitativer Hinsicht** (mE nur bei höherem Wert) die **relative Grenze** (Weber-Grellet DStR 1993, 271: 20 %; Kempermann FR 1993, 593; 10 %); nach BFH XI R 45/04, BFH/NV 2006, 1453 ist ein Raum von 18,5 m² (7,45 %) keine wesentliche Betriebsgrundlage; dagegen ist das einzelne Ladenlokal eines Einzelhandelsunternehmens – **Filialunternehmen** – auch bei einem Anteil von weniger als 10 % wesentliche Betriebsgrundlage (BFH IV R 78/06, BStBl. II 2009, 803). Gegebenenfalls kann die **absolute Größe** zu beachten sein (offen in BFH IV R 25/05, BStBl. II 2006, 804). Die Frage nach dem Gewicht stellt sich nicht, wenn das gesamte Anlagevermögen des Besitzunternehmens verpachtet wird (qualifizierte Betriebsaufspaltung, BFH VIII R 57/92, BFH/NV 1994, 162; XI R 8/99, BFH/NV 2000, 1135).

In **qualitativer Hinsicht** kann der Umstand eine Rolle spielen, dass dem Grundstück eine funktional untergeordnete Bedeutung zukommt, wie zB bei einer nur kurzfristigen Nutzung zur Überbrückung bis zum endgültigen Bezug des Zielgrundstücks (vgl. BFH IV R 78/06, BStBl. II 2009, 803; IV R 11/13, BFH/NV 2015, 1398) oder bei der Nutzung von Dachflächen für eine Photovoltaikanlage mit nur 1 % des Gesamtumsatzes (FG Düsseldorf 5 K 814/22 G, F, EFG 2025, 1604, Rev. III R 12/25). Bei Büroräumen genügt allein die Tatsache, dass die Betriebskapitalgesellschaft in ihnen ihren Sitz hat, nicht für die Annahme der Wesentlichkeit (BFH IV R 16/13, BFH/NV 2016, 19).

bb) Austauschbarkeit. Aufgegeben hat der BFH das in früheren Entscheidungen herangezogene **Kriterium der Austauschbarkeit,** wonach keine wesentliche Betriebsgrundlage vorlag, wenn der Stpfl. jederzeit am Markt ein 321a gleichwertiges Grundstück erwerben kann (BFH VIII R 110/87, BStBl. II 1991, 336; VIII R 77/87, BStBl. II 1992, 334). Stattdessen hat der BFH wieder auf die Erforderlichkeit aus innerbetrieblichen Gründen abgestellt (BFH X R 78/91, BStBl. II 1993, 718; IV R 96/92, BFH/NV 1994, 15; IX R 43/01, BFH/NV 2003, 910; IV R 25/05, BStBl. II 2006, 804; IV R 78/06, BStBl. II 2009, 803), wofür bereits die Anmietung des Grundstücks spricht (BFH VIII R 68/96, BFH/NV 2000, 1278; VIII R 13/03, BFH/NV 2004, 1253; IV R 11/13, BFH/NV 2015, 1398), bzw. darauf, dass der Betrieb aus örtlichen oder sonstigen, innerbetrieblichen Gründen ohne das Grundstück nicht fortgeführt werden kann (BFH X R 21/93, BStBl. II 1997, 565; VIII R 11/99, BStBl. II 2000, 621; X R 4/01, BFH/NV 2003, 41; IX R 15/01, BFH/NV 2003, 1321). In der Regel dürfte es sogar so sein, dass ein Grundstück nicht ohne Weiteres problemlos ausgetauscht werden kann (BFH IV R 48/91, BFH/NV 1994, 265). Auch ein „Allerweltsgebäude" kann wesentliche Betriebsgrundlage sein (Patt EStB 2006, 454).

322 **d) Einzelfälle. aa) Wesentliche Betriebsgrundlage bejaht. (1) Gebäude bzw. Gebäudeteile.** Für eine **Fabrikationshalle,** auch wenn nur teilw. genutzt (BFH XI R 76/92, BFH/NV 1994, 303), **Fabrikgebäude** bzw. **-grundstücke** (BFH VIII R 77/87, BStBl. II 1992, 334; IV R 8/90, BStBl. II 1992, 347; IV R 113/90, BStBl. II 1992, 349; IV R 50/91, BStBl. II 1992, 830; I R 7/16, BFH/NV 2018, 810 jeweils mwN) sowie für **andere Gebäude,** die Lager-, Betriebs- und Verwaltungsräume umfassen (BFH IV B 34/99, BFH/NV 2000, 1084), **Allzweckhalle** eines Bäckereibetriebes (BFH XI R 15/92, BFH/NV 1993, 523), Ausstellungs- bzw. Lagerhalle im Möbeleinzelhandel (BFH VIII R 110/87, BStBl. II 1991, 336; X R 47/87, BStBl. II 1991, 405; IV R 48/91, BFH/NV 1994, 265; VIII R 75/93, BFH/NV 1995, 597), **Gastronomie-** und **Veranstaltungshalle** (BFH X R 5/14, BFH/NV 2017, 8), **Lagerhalle** eines Handelsbetriebs (BFH X R 74, 75/90, BStBl. II 1994, 15; VIII R 21/93, BStBl. II 1995, 890; IV B 111/00, BFH/NV 2001, 1252; IV R 37/10, BFH/NV 2013, 910), ebenso eines Fertigungsbetriebes (BFH X R 25/93, BStBl. II 1997, 44; XI B 150/02, BFH/NV 2005, 197), die Werkhalle eines Bauhofs (BFH XI R 23/96, BStBl. II 1997, 437), Werkstattgebäude (BFH X B 103/02, BFH/NV 2004, 180), **Hotelgrundstück** (BFH VIII R 57/70, BStBl. II 1974, 613), Gemeinschaftseinrichtungen und Appartements eines Hotels (BFH IV R 73/94, BStBl. II 1997, 569), Hotelgebäude (BFH IV R 135/86, BStBl. II 1989, 1014; IV R 13/91, BStBl. II 1993, 134), **Bürogebäude** und **-räume** (BFH IV R 41/69, BStBl. II 1973, 869; VIII B 21/93, BStBl. II 1997, 565; IV B 111/00, BFH/NV 2001, 1252; IX R 15/01, BFH/NV 2003, 1321, wenn für betriebliche Zwecke hergerichtet; **differenzierend** BFH I R 101/69, BStBl. II 1971, 61; VIII R 11/99, BStBl. II 2000, 621; VIII R 24/01, BStBl. II 2003, 757; IV R 7/05, BStBl. II 2006, 176; IV R 25/05, BStBl. II 2006, 804; III R 231/94, BFH/NV 1998, 1001; XI R 41/04, BFH/NV 2006, 1455; XI R 45/04, BFH/NV 2006, 1453 (→ Rn. 323); räumliche und funktionale Grundlage der Geschäftstätigkeit der Betriebsgesellschaft, BFH VIII B 18/99, BFH/NV 2001, 438; VIII R 71/98, BFH/NV 2001, 894; IV B 111/00, BFH/NV 2001, 1252; X R 118/98, BFH/NV 2002, 1130; X R 34/15, BFH/NV 2018, 623; s. aber BFH IV R 16/13, BFH/NV 2016, 19 zum Sitz einer AG; zweifelnd Märkle BB 2000, Beih. 7, S. 10; DStR 2002, 1109; Stahl KÖSDI 2003, 13796); das gilt nicht für SonderBV (BFH VIII R 79/05, BStBl. II 2008, 863); **Verbrauchermarktgrundstück** (BFH IV R 103/78, BStBl. II 1982, 60; zum Betrieb gewerblicher Art OFD Koblenz

19.1.2004, DStR 2004, 727), **Warenhausgrundstück** (BFH III R 121/76, BStBl. II 1979, 366), **Ladenlokal** eines Einzelhandelsbetriebes (BFH XI R 18/90, BStBl. II 1992, 723; XI R 1/92, BStBl. II 1993, 245); sind mehrere vorhanden, dann nur, wenn es den Betrieb eines der Filiale vergleichbaren eigenständigen Unternehmens gestattet, auch wenn auf es weniger als 10 % der gesamten Nutzfläche des Unternehmens entfällt (BFH IV R 78/06, BStBl. II 2009, 803; hierzu Strahl BeSt 2009, 22; Zimmers GmbH-StPr 2009, 297; Wacker HFR 2009, 876; Fehling NWB 2009, 2404); ggf. das zur Installation einer **Photovoltaikanlage** vermietete **Dach** (vgl. LfSt Nds 7.11.2022 – S 2240-St 222/St 221-2473/2022; s. jedoch FG Düsseldorf 5 K 814/22 G, F, EFG 2025, 1604, Rev. III R 12/25; aA überhaupt Böttcher GStB 2023, 58 unter Hinweis auf BFH III R 27/12, BStBl. II 2014, 372).

(2) Unbebaute Grundstücke. Sie können bei entsprechendem **Funktionszusammenhang** bzw. Betriebsnotwendigkeit wesentliche Betriebsgrundlage sein (BFH IV R 8/97, BStBl. II 1998, 478), was sich durch bedarfsentsprechende Gestaltung (BFH VIII R 57/99, BStBl. II 2002, 662) oder einen sonstigen Bezug (Abstellfläche vor Betriebsgebäude) dokumentieren kann (BFH IV R 59/04, BStBl. II 2005, 830; X R 54/14, BStBl. II 2017, 529).

(3) Erbbaurecht. Auch die Begründung und Überlassung eines **Erbbaurechts** zur betrieblichen Nutzung kann wesentliche Betriebsgrundlage sein (BFH VIII R 57/99, BStBl. II 2002, 662), jedoch nur wenn und solange das Grundstück selbst oder ein Nießbrauchsrecht hieran beim Erbbaurechtsbesteller (beherrschender Gesellschafter der Betriebsgesellschaft) verbleibt (Einzelheiten hierzu bei Meyer/Ball DB 2003, 1597).

bb) Wesentliche Betriebsgrundlage verneint. Verneint wurde eine wesent- 323
liche Betriebsgrundlage zB bei **nicht betriebsnotwendigen** fremdvermieteten (BFH IV R 116/77, BStBl. II 1981, 566; I R 39-40/74, BStBl. II 1978, 67), nur zu Vorratszwecken angeschafften Grundstücken bzw. bei nur vorübergehender Nutzung oder nur kurzzeitigem Eigentum des Gesellschafters (BFH I R 101/69, BStBl. II 1971, 61) oder ihrer Art nach nicht für gewerbliche Zwecke bestimmte Gebäude (ehemalige Schule, BFH VIII R 339/82, BFHE 154, 539). Bei Vermietung nur von **Gebäudeteilen** sollte nach ThürFG IV 118/98, EFG 2001, 687 keine sachliche Verflechtung bestehen, aufgeh. von BFH IX R 15/01, BFH/NV 2003, 1321: sachl Verflechtung wegen räumlicher und funktionaler Grundlage für die Betriebsgesellschaft); anders bei Büroräumen geringer Größe (7,45 % der Gesamtnutzfläche), zumal weitere, wesentlich größere Büroräume zur Verfügung stehen (BFH XI R 45/04, BFH/NV 2006, 1453).

e) Sonstiges Anlagevermögen. Dieses kann wesentliche Betriebsgrundlage 324
sein, wenn es dem Betrieb das **Gepräge** gibt bzw. für die Betriebsführung **wirtschaftliches Gewicht** besitzt (BFH I R 39, 40/74, BStBl. II 1978, 67). Dies gilt zB für **Produktionsanlagen,** Maschinen und anderes Inventar, jedoch abhängig von Branche und Eigenart des Betriebes (**bejaht:** BFH VIII R 33/85, BStBl. II 1989, 458 – Torfabbaumaschine; IV R 135/86, BStBl. II 1989, 1014 – Autowerkstatt; XI R 56/95, BStBl. II 1996, 527 – Fabrikation; X B 157/94, BFH/NV 1995, 385 – Dreschmaschine für Lohndrescherei; FG Düsseldorf 11 K 5608/01, EFG 2004, 41 rkr.; 2006, 264 rkr.; 13 K 4451/11 E G, EFG 2014, 253 – technische Werke; FG Bln-Bbg 5 K 5097/12, EFG 2015, 289 – Hotelinventar; **verneint:** BFH IV R 106/75, BStBl. II 1979, 300 – Metzgerei; VIII R 153/77, BStBl. II

1980, 181 – Bäckerei, Hotel; X R 101/90, BStBl. II 1993, 710; III R 77/03, BStBl. II 2005, 340 – kurzfristig wiederbeschaffbare **einzelne** Maschinen in Fabrikation; X B 167/03, BFH/NV 2004, 1262 entsprechend in Montage- bzw. Reparaturbetrieb; FG Düsseldorf 5 K 814/22 G, F, Rev. III R 12/25: Dachflächen zur Errichtung von Solaranlagen bei untergeordneter Bedeutung der Stromerzeugung; Abgrenzung zu FG SachsAnh 3 V 396/17. EFG 2019, 784).

Auch **Umlaufvermögen** im Rahmen eines gewerblichen Grundstückshandels kann zur wesentlichen Betriebsgrundlage (Anlagevermögen) einer unechten Betriebsaufspaltung werden (BFH III R 27/98, BFH/NV 2001, 1641).

Bei **immateriellen WG** ist die Rspr. uneinheitlich: **bejaht** für: gewerbliche Schutzrechte (BFH IV R 41/69, BStBl. II 1973, 869), Erfindungen (BFH IV R 152/73, BStBl. II 1978, 545; XI R 12/87, BStBl. II 1992, 415; IV R 142/88, BFH/NV 1990, 522; XI R 72/97, BStBl. II 1999, 281; X R 22/02, BStBl. II 2006, 457); Abgrenzung zum Patentkauf (BFH III B 9/87, BStBl. II 1988, 537); Firmenwert bzw. Kunden/Mandantenstamm (BFH XI R 45/04, BFH/NV 2006, 1453; IV R 79/05, BStBl. II 2009, 15; IV R 65/01, BStBl. II 2009, 699; VIII B 116/10, BFH/NV 2011, 1135; VIII R 17/15, BFH/NV 2018, 522), Werberechte (BFH I R 164/94, BFH/NV 1997, 825); ggf. ein Namensrecht (hierzu BFH I R 97/09, BFH/NV 2011, 312); **verneint** für die Übertragung von wirtschaftlichen Aktivitäten als Geschäftschance (BFH I R 97/09, BFH/NV 2011, 312), nichtpatentfähige Erfindungen (BFH VIII R 339/82, BFHE 154, 539); **mE aber zu bejahen** für ein ungeschütztes Erfinderrecht (vgl. BFH I R 86/92, BStBl. II 1994, 168). Maßgebend ist der für das Betriebsunternehmen erwirtschaftete Umsatz (BFH VIII R 151/85, BFH/NV 1990, 99). Zum Patent als wesentlicher Betriebsgrundlage bei Umsatzbeteiligung als Entgelt s. FG Saarl I 239/84, EFG 1987, 131 rkr. Dabei genügt es, wenn das betreffende Anlagevermögen wesentliche **Grundlage für einen** von **mehreren Funktionsbereichen** des Betriebsunternehmens ist (BFH III R 121/76, BStBl. II 1979, 366). Ein **Darlehen allein** ist idR keine wesentliche Betriebsgrundlage (BFH IV R 151/86, BStBl. II 1989, 455; X R 9/17, BFH/NV 2020, 124 mwN zur hM; **aA** Fichtelmann GmbHR 2006, 345).

11. Personelle Voraussetzungen

Vgl. EStH 15.7 Abs. 6–8.

325 **a) Allgemeines.** Bei einem **nicht in der Rechtsform einer KapGes** organisierten Besitzunternehmen (zu diesem → Rn. 349, 350) sind **eine oder mehrere Personen** zusammen (Personengruppe) in der Lage, sowohl das Besitzunternehmen als auch das Betriebsunternehmen in dem Sinne zu beherrschen, dass sie in beiden Unternehmen einen **einheitlichen geschäftlichen Betätigungswillen durchsetzen** können (BFH GrS 2/71, BStBl. II 1972, 63; VIII R 240/81, BStBl. II 1986, 296; VIII R 36/91, BStBl. II 1993, 233; VII R 82/98, BStBl. II 2002, 774; I R 20/14, BFH/NV 2015, 1109; IV R 4/17, BStBl. II 2020, 710; IV R 7/18, BStBl. II 2022, 767, jeweils mwN).

Beispiel 1:

A und B sind zu je 50 vH Gesellschafter einer BGB-Gesellschaft und einer GmbH. Die GmbH nutzt entgeltlich ein Werksgelände, das sich im Gesamthandsvermögen der BGB-Gesellschaft befindet. Die Voraussetzungen einer Betriebsaufspaltung sind erfüllt (BFH I R 117/71, BStBl. II 1973, 447; IV R 8/90, BStBl. II 1992, 347; IV R 113/90, BStBl. II 1992, 349).

Beispiel 2:

A ist Alleininhaber des Besitzunternehmens und beherrscht gleichzeitig die Betriebs-GmbH (ähnlich BFH I R 15/70, BStBl. II 1972, 634).

Es kommt also auf die **Möglichkeit der Durchsetzung,** nicht auf die tatsächliche Durchsetzung an (BFH VIII R 57/70, BStBl. II 1974, 613; IV R 100/78, BStBl. II 1982, 479; X R 56/04, BStBl. II 2006, 415; I B 8/23, BFH/NV 2025, 1027). Daher sind auch vorübergehende Verhältnisse – so lange sie währen – zu berücksichtigen (zum Erbfall BFH III R 7/03, BFH/NV 2005, 1974; aA Fichtelmann Inf 1997, 460). Eine Betriebsaufspaltung kommt auch mit einem **Verein** oder einer **eingetragenen Genossenschaft** als Mehrheitsgesellschafterin der Besitzpersonengesellschafterin und Rechtsträgerin der Betriebskapitalgesellschaft in Betracht (BFH I R 164/94, BFH/NV 1997, 825; IV R 44/07, BStBl. II 2012, 136; IV R 43/07, BFH/NV 2012, 222; krit. Stoschek/Sommerfeld DStR 2012, 215).

Eine Personenidentität bzw. **Beteiligungsidentität** der Organe bzw. der an **325a**
der Besitz- und Betriebsgesellschaft beteiligten Personen – als Idealfall – ist **nicht erforderlich;** es genügt **Beherrschungsidentität** (BFH I R 164/94, BFH/NV 1997, 825; IV R 4/17, BStBl. II 2020, 710; IV R 7/18, BStBl. II 2022, 767; IV R 5/20, BFH/NV 2025, 149, jeweils mwN). Sie ist nach oa Grundsätzen gegeben, wenn Gesellschafter oder Personengruppe seinen/ihren geschäftlichen Betätigungswillen zu den wesentlichen Fragen in beiden Unternehmen durchsetzen kann (BFH IV R 31/19, BStBl. II 2021, 768; krit. Binnewies gmbhstb 2022, 84: abstellen darauf, dass tatsächlich ein einheitlicher Betätigungswille gebildet wird). Zu den wesentlichen Fragen idS gehören insb. die Nutzungsüberlassungsverträge über die wesentlichen Betriebsgrundlagen (BFH IV R 4/17, BStBl. II 2020, 710; IV R 31/19, BStBl. II 2021, 768).

Prinzipiell ist Beherrschung aufgrund der **Mehrheitsverhältnisse** gegeben; allerdings können dem weitere **tatsächliche Verhältnisse** entgegenstehen. Das gilt etwa, wenn ein Beteiligter am Besitzunternehmen den Anteil an der Betriebsgesellschaft oder der Besitzgesellschaft **treuhänderisch** für den/einen anderen Beteiligten am Besitzunternehmen hält (BFH VIII R 36/84, BStBl. II 1987, 858; IV R 31/19, BStBl. II 2021, 768).

Ist der Inhaber des Besitzunternehmens nur mit 50 % am Betriebsunternehmen beteiligt, liegt keine personelle Verflechtung vor (BFH X R 32/05, BStBl. II 2009, 634, unter 2a).

b) Gleichgerichtete Interessen. Die Personengruppe darf **nicht nur zufäl- 326**
lig, sondern muss zweckgerichtet in Verfolgung wirtschaftlich gleichgerichteter Interessen zusammengekommen sein (BFH IV 87/65, BStBl. II 1972, 796; IV R 62/98, BStBl. II 2000, 417; IV R 96/92, BFH/NV 1994, 15; IV B 34/99, BFH/NV 2000, 1084; IV R 5/20, BFH/NV 2025, 149). Insofern wird von der **„Theorie der bewusst geplanten Doppelgesellschaft“** gesprochen (Kempermann DStR 2000, 818; Märkle DStR 2002, 1109; krit. Gosch StBp 2000, 185). Erwerb der Beteiligungen durch Erbgang steht dem nicht entgegen (BFH IX R 64/88, BFH/NV 1993, 528). Der **Beherrschungswille** muss sich auf jeden Fall auf das **Nutzungsverhältnis an den wesentlichen Betriebsgrundlagen,** aber auch auf die **laufenden Geschäfte** beziehen (BFH IV R 44/07, BStBl. II 2012, 136; IV R 5/20, BFH/NV 2025, 149). Ersteres darf nicht gegen den Willen der das Besitzunternehmen beherrschenden Personen(gruppe) aufgelöst werden können (BFH IV R 13/91, BStBl. II 1993, 134; IV R 4/17, BStBl. II 2020, 710). Der

Doppelgesellschafter fördert kraft seiner Mehrheitsbeteiligungen über die Betriebsgesellschaft seine verpachtende Tätigkeit (BFH IV R 135/86, BStBl. II 1989, 1014; X R 25/93, BStBl. II 1997, 44). Das gilt auch dann, wenn **ein Teil** der die Besitz-GbR beherrschenden Personengruppe die Betriebsgesellschaft **nur mittelbar** (→ Rn. 347) beherrscht (BFH IV R 5/20, BFH/NV 2025, 149, zu FG BW 1 K 2182/18, EFG 2020, 1486, insoweit best.).

Eine Betriebsaufspaltung liegt in Abweichung von der Fallgestaltung in BFH X R 25/93, BStBl. II 1997, 44 nicht vor, wenn nur einer der beiden Gesellschafter oder Geschäftsführer der BesitzGbR an der BetriebsGmbH beteiligt ist (BFH VIII R 82/98, BStBl. II 2002, 774) und die Beschlüsse in der GbR einstimmig gefasst werden müssen (BFH IV R 96/96, BStBl. II 2002, 771; VIII R 72/96, BStBl. II 2002, 722).

Die Möglichkeit der personellen Verflechtung ist nicht davon abhängig, dass die an die Betriebsgesellschaft überlassenen Wirtschaftsgüter im Eigentum des Besitzunternehmens stehen (BFH IV 219/64, BStBl. III 1966, 601; IV R 135/86, BStBl. II 1989, 1014; IV R 49/91, BFH/NV 1993, 95).

327 **c) Personengruppentheorie.** Personelle Verflechtung besteht nach der **Personengruppentheorie** aber auch dann, wenn der Gesellschafterbestand an Besitz- und Betriebsunternehmen nur teilweise identisch ist und eine Gruppe beherrschend tätig wird oder wenn die Mitglieder der (herrschenden) Gruppe an beiden Gesellschaften in unterschiedlicher Höhe beteiligt sind (BFH IV R 62/98, BStBl. II 2000, 417; VIII R 34/00, BFH/NV 2002, 185; IV R 54/11, BFH/NV 2013, 1557; IV R 4/17, BStBl. II 2020, 710; verfassungsgemäß, BVerfG 1 BvR 549/04, DStZ 2004, 458). Der Beherrschungsidentität vermittelnde einheitliche geschäftliche Betätigungswille ergibt sich aus der **bewussten Doppelkonstruktion,** die die Gesellschafter ungeachtet der entgegengesetzten Mehrheitsverhältnisse in beiden Unternehmen dazu zwingt, insgesamt zu gemeinsamen Entscheidungen zu gelangen (BFH IV 87/65, BStBl. II 1972, 796; IV R 41/69, BStBl. II 1973, 869; I R 260/72, BStBl. II 1975, 266; VIII R 34/00, BFH/NV 2002, 185; Märkle DStR 2002, 1109; *krit.* Gosch StBp 2000, 185).

328 **aa) Entgegengesetzte Beteiligungsverhältnisse. Ausnahmen** gelten bei extrem entgegengesetzten Beteiligungsverhältnissen am Besitzunternehmen und am Betriebsunternehmen (BFH X R 5/86, BStBl. II 1989, 152; IV R 5/20, BFH/NV 2025, 149), etwa wenn bei Beteiligungsidentität A am Besitzunternehmen mit 10 % und am Betriebsunternehmen mit 90 % beteiligt ist und B umgekehrt. Extrem unterschiedliche Beteiligungsverhältnisse werden noch nicht angenommen bei 10 % zu 90 % in der Betriebs-GmbH und 50 % zu 50 % in der Besitzgemeinschaft (BFH VIII R 36/84, BStBl. II 1987, 858), bei 50 % zu 50 % in der Personengesellschaft und 98 % zu 2 % in der Betriebsgesellschaft (BFH IV R 89/93, BStBl. II 1994, 466) sowie bei 60 : 40 in der BesitzGbR und 40 : 60 in der BetriebsGmbH (BFH IV R 62/98, BStBl. II 2000, 417).

329 **bb) Ständige Interessengegensätze.** Trotz geeigneter Mehrheitsverhältnisse ist allerdings keine Betriebsaufspaltung anzunehmen, wenn ständige, durch **konkrete Tatsachen belegte Interessengegensätze** bestehen (BFH IV R 89/73, BStBl. II 1975, 781; VIII B 129/95, BFH/NV 1997, 528; IV R 5/20, BFH/NV 2025, 149). Es muss nachvollziehbar sein, dass sich die an der Betriebsgesellschaft beteiligten Gesellschafter bei der Beschlussfassung im Besitzunternehmen durch ernsthafte Meinungsverschiedenheiten erkennbar blockieren, sodass der Wille, die

geschäftliche Betätigung durch die „Doppelkonstruktion" (→ Rn. 326, 328) zu verwirklichen, ausgeschlossen werden kann (BFH IV R 73/94, BStBl. II 1997, 569; IV B 24/07, BFH/NV 2008, 784). Das einfache Behaupten solcher Gegensätze reicht jedoch ebenso wenig (BFH I R 118/80, BStBl. II 1982, 662) wie das Bestehen unterschiedlicher Motive der Gesellschafter, gelegentliche Meinungsverschiedenheiten oder eine konträre Ausgestaltung von Stimmrechten (BFH IV B 120/00, BFH/NV 2001, 1561). Hieran kann im Einzelfall eine iÜ rechnerisch mögliche Betriebsaufspaltung mit mehreren Besitzpersonengesellschaften scheitern (Fichtelmann GmbHR 1996, 580).

Wird trotz bestehender Meinungsverschiedenheiten der gemeinsame Zweck **jahrelang weiterverfolgt,** wird auch die personelle Verflechtung fortgesetzt (FG LSA 6 K 1008/08, BeckRS 2015, 94550).

d) Besitzunternehmen. aa) Grundsatz. Beherrschung geschieht **grundsätzlich** (Ausnahme → Rn. 331) mit den **Mitteln des Gesellschaftsrechts** (BFH XI R 31/05, BStBl. II 2007, 378; IV R 54/11, BFH/NV 2013, 1557; XI R 23/96, BStBl. II 1997, 437). Ausschlaggebend ist die aus den **Mehrheitsverhältnissen** abzuleitende **Möglichkeit der tatsächlichen Beherrschung** beider Unternehmen (vgl. BFH IV R 44/07, BStBl. II 2012, 136; IV 54/11, BFH/NV 2013, 1557; IV R 4/17, BStBl. II 2020, 710; IV R 31/19, BStBl. II 2021, 768). Maßgebend ist das durch Gesetz (§ 745 BGB für die Bruchteilsgemeinschaft; §§ 116, 164 HGB für die OHG/KG) oder durch Gesellschaftsvertrag bestimmte **Mehrheitsprinzip** (BMF 7.10.2002, BStBl. I 2002, 1028). Stimmrechtsverbote und -vereinbarungen zur Nutzung des (gemeinschaftlichen) Grundbesitzes sind beachtlich und ggf. schädlich (BFH VIII R 240/81, BStBl. II 1986, 296; VIII R 5/87, BStBl. II 1989, 96; Natschke StBp 2000, 133), jedoch nur, wenn sie bei der Handhabung tatsächlich beachtet worden sind (vgl. BFH IV R 91/89, BFH/NV 1990, 562; zur Besonderheit bei Gütergemeinschaft, → Rn. 337). 330

bb) Mehrheitsverhältnisse. Hinreichend sind die **Mehrheitsverhältnisse,** sofern kraft Gesetzes (§ 745 BGB) oder Vertrags (§ 709 BGB) wenigstens für **Geschäfte des täglichen Lebens** das Mehrheitsprinzip maßgeblich ist, also der Gesellschaftsvertrag hierfür nicht eine qualifizierte Mehrheit bzw. Einstimmigkeit (→ Rn. 331) vorsieht (vgl. BFH IV R 73/94, BStBl. II 1997, 569; IV R 44/07, BStBl. II 2012, 136; IV 54/11, BFH/NV 2013, 1557). Ist dem so, dann ist trotz des Erfordernisses von Einstimmigkeit oder qualifizierter Mehrheit für besondere Fälle Beherrschung gegeben (BFH X R 25/93, BStBl. II 1997, 44; Kempermann GmbHR 2005, 317). Hierbei stellt die Entscheidung über die Verpachtung der (wesentlichen) Wirtschaftsgüter keine des gewöhnlichen Betriebs des Handelsgewerbes dar (vgl. SchlHFG 1 K 138/09, EFG 2011, 1433; offen gelassen in BFH IV R 4/17, BStBl. II 2020, 710; krit. Söffing/Micker, Die Betriebsaufspaltung, 7. Aufl., S. 74 f.; Gschwendtner DStR 2000, 1137; Rätke StuB 2000, 464). Auf sie muss sich das Mehrheitsprinzip nicht beziehen. Überlässt eine Bruchteilsgemeinschaft einem Miteigentümer eine Teilfläche, die dieser über eine GmbH gewerblich nutzt, ist Beherrschung gegeben, wenn er hinsichtlich dieses Teils über Geschäfte des täglichen Lebens bestimmen kann (BFH X R 22/07, BFH/NV 2010, 208). Zur beschränkenden Wirkung einer treuhänderisch gehaltenen Beteiligung s. BFH IV R 31/19 (BStBl. II 2021, 768; → Rn. 325a). 330a

cc) Geschäftsführungsbefugnis. Ist durch Gesellschaftsvertrag die **Geschäftsführungsbefugnis** im Besitzunternehmen (GbR) mit der Befugnis, über das ver- 330b mietete (verpachtete) WG zu verfügen, einem Gesellschafter allein übertragen, ist Beherrschung auch dann gegeben, wenn nach Gesetz oder Vertrag im Übrigen Gesellschafterbeschlüsse einstimmig zu fassen sind (vgl. BFH VIII R 24/01, BStBl. II 2003, 757; IV R 4/17, BStBl. II 2020, 710; SchlHFG 1 K 138/09, EFG 2011, 1433; hierzu Kempermann FR 2003, 965; Kempermann FR 2005, 317; krit. G. Söffing BB 2004, 1303; Gosch StBp 2003, 309; Kölpin StuB 2003, 980). Das gilt auch, wenn die Geschäftsführerbefugnis dem Minderheitsgesellschafter zusteht und ihm jederzeit entzogen werden kann (vgl. BFH IX R 52/04, BStBl. II 2007, 165; FG Hmb 3 K 90/13, BeckRS 2014, 94111). Zudem ist es für die personelle Verflechtung unschädlich, wenn sich eine gemeinsame Geschäftsführung bzw. Vertretung nur auf Abschluss/Beendigung der Nutzungsüberlassungsverträge bezieht und die laufende Verwaltung dem Nurbesitzgesellschafter überlassen bleibt (BFH IV R 44/07, BStBl. II 2012, 136; IV R 59/16; BStBl. II 2020, 147). Das Handeln durch einen Fremdgeschäftsführer steht der personellen Verflechtung nicht entgegen (BFH IV R 100/78, BStBl. II 1982, 479).

Sind **umgekehrt** im Besitz- und/oder Betriebsunternehmen die **Mehrheitsgesellschafter nicht geschäftsführungsbefugt,** kann dies im Rahmen der Gesamtwürdigung aller Umstände der Annahme der personellen Verflechtung entgegenstehen (BFH IV 54/11, BFH/NV 2013, 1557; zum Problem auch BFH X B 25/10, BFH/NV 2011, 1859). Das gilt auch, wenn die Geschäftsführung für den gewöhnlichen Betrieb zwar dem Kommanditisten obliegt, der nach dem GesVertrag ebenfalls geschäftsführende Komplementär jedoch ein Widerspruchsrecht (§ 115 Abs. 1 HGB) hat (BFH VIII R 50, 51/96, BFH/NV 2000, 601).

Das Fehlen der Befreiung des geschäftsführenden Besitzgesellschafters vom **Verbot des Selbstkontrahierens** (§ 181 BGB) hindert die personelle Verflechtung nicht, wenn jener aufgrund seiner beherrschenden Stellung in der Betriebsgesellschaft nicht selbst für diese auftreten muss (BFH IX R 52/04, BStBl. II 2007, 165). Das gilt umso mehr, wenn in der Besitz- und der Betriebsgesellschaft dieselbe Personengruppe die Geschäftsführer stellt (BFH IV R 4/17, BStBl. II 2020, 710; hierzu Pflügler GStB 2021, 086; Nöcker NWB 2021, 3868; krit. Wachter DB 2020, 2648).

331 **dd) Einstimmigkeitsprinzip.** Der BFH geht in stRspr (vgl. BFH VIII R 72/96, BStBl. II 2002, 722; IV R 96/96, BStBl. II 2002, 771; IV R 44/07, BStBl. II 2012, 136; IV R 43/07, BFH/NV 2012, 222) davon aus, dass bei **vorgeschriebener Einstimmigkeit** in der **Besitzgesellschaft** (§ 709 Abs. 1 und 2 BGB, §§ 119, 161 Abs. 2 HGB; vgl. zur Bruchteilsgemeinschaft § 745 BGB) die Besitz- oder Betriebsgesellschaft bei Teilidentität nicht beherrscht werden kann (vgl. auch BFH IV R 77/79, BStBl. II 1982, 476; IV R 91/89, BFH/NV 1998, 852). Die personelle Verflechtung ist also nicht gegeben, wenn der Besitzgesellschaft **Nur-Besitzgesellschafter** angehören und vertraglich einstimmige Beschlüsse vorgeschrieben sind (vgl. BFH IV R 96/96, BStBl. II 2002, 771; VIII R 72/96, BStBl. II 2002, 772; VIII R 82/98, BStBl. II 2002, 774; IV R 9/13, BStBl. II 2016, 154, auch zur Nichtberücksichtigung von nur hypothetischen Geschehensabläufen). Jahrelange konfliktfreie Zusammenarbeit mit ihnen reicht für die Annahme von Beherschung nicht aus (BFH VIII R 71/87, BFH/NV 1992, 551). Die Sperrwirkung des Einstimmigkeitsprinzips besteht jedenfalls dann, wenn es auch **die laufende Verwaltung** der vermieteten WG, die sog. „Geschäfte des täglichen Lebens", einschließt, wie regelmäßig bei der GbR, und die maßgebenden Nutzungsüberlassungsverträge nicht gegen den Willen der das Besitzunter-

nehmen beherrschenden Personengruppe aufgelöst werden können (BFH VIII R 72/96, BStBl. II 2002, 722; IV R 96/96, BStBl. II 2002, 771; IV R 4/17, BStBl. II 2020, 710; hierzu BMF 8.10.2002, BStBl. I 2002, 1018; Schoor StBp 2003, 42; Neufang DB 2004, 730; Kempermann GmbHR 2005, 317; krit. Neumann DB 2003, 2356). Allerdings ist es für die Annahme der personellen Verflechtung unschädlich, wenn sich die gemeinsame Geschäftsführungs- und Vertretungsbefugnis nur auf Abschluss und Beendigung der Nutzungsüberlassungsverträge bezieht und der Nur-Besitzgesellschafter hinsichtlich der laufenden Verwaltung allein geschäftsführungs- und vertretungsbefugt ist (BFH IV R 44/07, BStBl. II 2012, 136).

Entsprechende Grundsätze gelten bei Vereinbarung des Erfordernisses einer **qualifizierten Mehrheit** für den Fall, dass die Doppelgesellschafter diese nicht erreichen.

ee) Ausnahme. Beherrschung der Besitzgesellschaft ist **trotz Einstimmigkeitserfordernis** möglich, wenn im Gesellschaftsvertrag dem/den Mehrheitsgesellschafter(n) der BetriebsGmbH die Führung der Geschäfte überlassen wird (→ Rn. 330b). Problematisch ist, ob Beherrschung über eine von den Betriebsgesellschaftern beherrschte Kapitalgesellschaft möglich ist (hiergegen BFH wegen Durchgriffsverbot, → Rn. 347; aA zB Wacker in Schmidt EStG § 15 Rn. 835). 332

ff) Stimmrechtsausschluss/Rechtsmissbrauch. Nach der Rspr. des BFH ist ein zivilrechtlich allerdings zweifelhafter (s. BGH II ZR 246/88, DB 1989, 1715, BB 1990, 367) **Stimmrechtsausschluss** für den Gesellschafter einer PersGes ebenso wie für den Gemeinschafter einer Gemeinschaft nach Bruchteilen bei Vornahme eines Rechtsgeschäfts zwischen ihr und ihm bzw. einer von ihm beherrschten Kapitalgesellschaft beachtlich (vgl. BFH I R 174/79, BStBl. II 1984, 212). Entscheidend ist aber, ob die Gesellschafter/Gemeinschafter den Stimmrechtsausschluss tatsächlich praktizieren oder abbedungen haben. Wird er tatsächlich nicht praktiziert, steht er der Annahme der Beherrschung nicht entgegen (vgl. BFH VIII R 240/81, BStBl. II 1986, 296; IV R 91/89, BFH/NV 1990, 562). 333

Rechtsmissbrauch, der auch im Hinblick auf die Gestaltung von Stimmrechtsverhältnissen in Betracht kommt, wird **nicht angenommen,** wenn das gesetzliche Einstimmigkeitserfordernis nicht abbedungen wird (BFH VIII R 50, 51/96, BFH/NV 2000, 601).

e) Betriebsgesellschaft. Beherrschung geschieht grundsätzlich mit den **Mitteln des Gesellschaftsrechts.** Auf welchem gesellschaftsrechtlichen Weg der Besitzgesellschafter seinen Willen auch in die BetriebsGes durchsetzen kann, ist unerheblich (BFH IV R 151/86, BStBl. II 1989, 455). Es genügt, die durch die Anteile gegebene **einfache Mehrheit der Stimmen** (BFH IV R 15/91, BStBl. II 1993, 876; IV R 89/93, BStBl. II 1994, 466; XI R 23/96, BStBl. II 1997, 437). Das Erfordernis einer 75%igen Mehrheit ist überholt (BFH I R 141/75, BStBl. II 1980, 162). 334

Ein vertraglich bestimmtes **Einstimmigkeitserfordernis** hat nicht dieselbe Bedeutung wie in der Besitzgesellschaft. Können die das Besitzunternehmen als Eigentümer beherrschenden Mehrheitsgesellschafter und Geschäftsführer der Betriebsgesellschaft die das Nutzungsverhältnis betreffenden Geschäfte in der Betriebsgesellschaft ohne Zustimmung der Gesellschafterversammlung durchführen, ist auch in der Betriebsgesellschaft Beherrschung durch sie gegeben, wenn sie nicht gegen ihren Willen abgesetzt werden können (zB BFH X R 25/93, BStBl. II 1997, 44; X R 56/04, BStBl. II 2006, 415; IV B 15/03, BFH/NV 2005, 545). Entsprechendes gilt für das Erfordernis **qualifizierter Mehrheiten** (BFH XI R 25/88, BFH/NV 1991, 454; IV B 129/06, BFH/NV 2008, 363).

334a **aa) GmbH.** Bei einer GmbH genügt es, wenn die Doppelgesellschafter über die **einfache Mehrheit** der Anteile und damit der Stimmen verfügen (§ 47 Abs. 1 GmbHG; BFH IV R 15/91, BStBl. II 1993, 876; FG München 11 K 715/01, EFG 2003, 1535 rkr.), sofern nicht im Gesellschaftsvertrag eine qualifizierte Mehrheit vorgesehen ist (BFH XI R 25/88, BFH/NV 1991, 454). Exakt 50 % der Stimmen reichen nicht aus (BFH X R 32/05, BStBl. II 2009, 634; IV R 5/19, BStBl. II 2021, 851). Abzustellen ist auf die laufende Geschäftsführung bzw. die Geschäfte des täglichen Lebens (→ Rn. 330). Deswegen ist ein Einstimmigkeitserfordernis für darüber hinaus gehende seltene Geschäfte (zB Änderung der Überlassungsverträge) ebenso unerheblich (BFH X R 25/93, BStBl. II 1997, 44; III R 72/11, BStBl. II 2013, 684) wie ein Stimmrechtsausschluss (§ 47 Abs. 4 GmbHG) für Geschäfte mit dem Besitzunternehmen (BFH IV R 151/86, BStBl. II 1989, 455; FG Nürnberg I 320/2001, DStRE 2006, 671). Auch im Übrigen (zB fehlende Befreiung von § 181 BGB) kann zumindest durch die Bestellung/Abberufung von Geschäftsführern der Beherrschungswille durchgesetzt werden, was für die personelle Verflechtung ausreicht (BFH X R 25/93, BStBl. II 1997, 44). Entsprechendes gilt für die **Bestellung von Beiräten** (vgl. FG Nürnberg I 320/2001, DStRE 2006, 671; krit. Söffing BB 2006, 1529).

Für die Beherrschung genügt die **einfache Mehrheit** des **Gesellschafter-Geschäftsführers** statt der vorgeschriebenen **qualifizierten Mehrheit,** wenn er die laufenden Geschäfte beherrscht und ihm die Geschäftsführungsbefugnis nicht gegen seinen Willen entzogen werden kann (BFH X R 56/04, BStBl. II 2006, 415). Das gilt nicht, wenn er nur über 50 % der Stimmen verfügt (BFH IV R 5/19, BStBl. II 2021, 851).

334b **bb) Stimmrechtsvollmacht.** Die fehlende Mehrheit kann wegen der damit verbundenen tatsächlichen Machtstellung durch **Stimmrechtsvollmacht** hergestellt werden (BFH XI R 23/96, BStBl. II 1997, 437; Fichtelmann GmbHR 2006, 345 für Stimmrechtsbindungsvertrag). Zudem kann die Stimmrechtsvollmacht (insb.bei Übertragung mit **Vorbehaltsnießbrauch** am GmbH-Anteil) die personelle Verflechtung erhalten, weil entweder das Kausalgeschäft den Vollmachtnehmer bindet oder die Vollmacht frei widerruflich ist (BFH X B 230/08, BFH/NV 2009, 1647, mit Hinweis auf das Zivilrecht; BFH X R 45/14, BFH/NV 2017, 1039).

334c **cc) Stimmrechtsbindung.** Eine mit Übertragung der GmbH-Anteile (auf den minderjährigen Sohn) abgeschlossene Stimmrechtsvereinbarung ist geeignet, eine zuvor gegebene personelle Verflechtung zu erhalten; Sittenwidrigkeit unter dem Aspekt der Knebelung kommt nicht in Betracht, wenn weder die wirtschaftliche Entschließungsfreiheit des Übernehmers beschränkt noch dessen wirtschaftliche Existenz gefährdet wird (vgl. BFH III R 13/15, BFH/NV 2019, 1069, zu NdsFG 3 K 12341/12, BeckRS 2015, 95724; aufgeh.). Doch kann trotz einer an sich vorhandenen Stimmenmehrheit die Stimmrechtsbindung bewirken, dass keine Beherrschung in der Betriebsgesellschaft gegeben ist (BFH VIII B 22/97, BFH/NV 1998, 852, mit Hinweis auf BFH X R 25/93, BStBl. II 1997, 44, wo allerdings die Stimmrechtsbindung insofern wirkungslos war). Auch kann die

Stimmrechtsbindung (insb. bei Option auf Erwerb der Anteile an der Betriebsgesellschaft) zur Unterbrechung der Betriebsaufspaltung führen (BFH X R 37/07, BFH/NV 2010, 406). Zur Stimmrechtsbindung bei (behaupteter) **Treuhand** BFH VIII R 36/84, BStBl. II 1987, 858 (→ Rn. 325a).

dd) Personengesellschaft. Ist Betriebsgesellschaft eine Personengesellschaft, genügt für die Beherrschung grds. die **Mehrheit der Anteile,** wenn das Mehrheitsprinzip zumindest für die Geschäfte des täglichen Lebens gilt. Keine Beherrschung bei Einstimmigkeitsprinzip auch diesbezüglich oder Bestehen eines Vetorechts des Nur-Betriebsgesellschafters im Hinblick auf das Nutzungsverhältnis bei den wesentlichen Betriebsgrundlagen (BFH IV R 13/91, BStBl. II 1993, 134). **334d**

ee) Aktiengesellschaft. Bei der (auch börsennotierten) **AG** ist Voraussetzung, dass die das Besitzunternehmen beherrschenden Personen über eine **Mehrheit am Grundkapital** verfügen (BFH IV R 15/87, BFH/NV 1991, 439). Der BFH geht davon aus, dass der Mehrheitsaktionär seinen Willen zumindest mittelbar durchsetzen kann, sodass eine Betriebsaufspaltung zwischen ihm und seinem Besitzunternehmen nicht zweifelhaft ist (BFH IV R 100/78, BStBl. II 1982, 479, zur Befugnis, die Mitglieder der geschäftsführenden Organe zu bestellen und abzuberufen). Der Mitgliedschaft des Besitzunternehmers im Geschäftsführungsorgan der BetriebsGes bedarf es nicht (BFH X R 45/09, BStBl. II 2011, 778; hierzu Wachter DStR 2011, 1599; krit. Crezelius FR 2010, 297; Bode FR 2011, 1001). **334e**

ff) Partei kraft Amtes. Handeln zB Testamentsvollstrecker/Insolvenz- oder Zwangsverwalter **an Stelle einer Person(engruppe),** deren einer Teil das Betriebsunternehmen beherrscht, jedoch ohne hinreichenden Anteil an dem Besitzunternehmen, dann fehlt es an einem für die Begründung einer Betriebsaufspaltung erforderlichen einheitlichen Betätigungswillen (kein Ersatz des fehlenden einheitlichen Betätigungswillens durch den Testamentsvollstrecker, BFH VIII R 237/81, BStBl. II 1985, 657). Doch beeinflusst eine Testamentsvollstreckung eine unabhängig von ihr bestehende Betriebsaufspaltung nicht (treuhänderisches Wirken des Testamentsvollstreckers, BFH IV R 76/05, BStBl. II 2008, 858). **335**

f) Einheitlicher geschäftlicher Betätigungswille bei Ehegatten. aa) BVerfG-Rechtsprechung. Nach der Rspr. des BVerfG verbietet der Grundrechtsschutz der Art. 3 und 6 GG die Zusammenfassung der **Beteiligungen von Eheleuten,** wenn der eine *nur* in dem einen Unternehmen und der andere *nur* in dem anderen Unternehmen beteiligt ist oder wenn das andere Unternehmen nur zusammen mit dem Ehegatten beherrscht werden kann (vgl. BFH III R 13/15, BFH/NV 2019, 1069). Etwas anderes gilt nur, wenn sich anhand sonstiger Beweisanzeichen eine sich nicht nur durch die eheliche Lebensgemeinschaft ergebende **wirtschaftliche Interessengleichrichtung** feststellen lässt (BVerfG 1 BvR 571/81, BStBl. II 1985, 475). Der BFH ist dem gefolgt (BFH IV R 98, 99/85, BStBl. II 1986, 913; bestätigt BVerfG 1 BvR 1159/86, DStR 1988, 288; vgl. BFH X B 255/10, BFH/NV 2011, 1859). Die Rspr. des BVerfG **berührt nicht die Personengruppentheorie** (→ Rn. 327 ff.). Sind Ehegatten bzw. andere Familienangehörige beteiligt, beruht der vermutete Interessengleichklang auf dem zielgerichteten Zusammenschluss derselben Personen in beiden Unternehmen (BFH IV B 28/90, BStBl. II 1991, 801; IV R 89/93, BStBl. II 1994, 446). **336**

337 **bb) Gütergemeinschaft.** Daher ist eine personelle Verflechtung anzunehmen, wenn das Betriebsgrundstück und die Mehrheit der Anteile an der Betriebs-GmbH zum **Gesamtgut** einer ehelichen Gütergemeinschaft gehört. Das gilt auch, wenn bei Verwaltung des Gesamtguts durch einen Ehegatten dem anderen kein Stimmrecht in der GmbH zusteht (BFH IV R 15/91, BStBl. II 1993, 876) und sogar dann, wenn einer der Ehegatten alleiniger GmbH-Gesellschafter ist (Beteiligung als Gesamtgut: BFH IV R 22/02, BFH/NV 2007, 149; BVerfG 1 BvR 19/07, HFR 2008, 754, Nichtannahme) oder wenn Ehegatten ein Grundstück zu Bruchteilen erwerben, um es an eine GmbH zu vermieten, an der sie im umgekehrten Verhältnis beteiligt sind (BFH VIII R 34/00, BFH/NV 2002, 185). Formal ist damit Gleichbehandlung von Ehegatten und Dritten erreicht, wenngleich die bei Ehegatten gegebene Wirtschaftsgemeinschaft steuerliche Gestaltungen erleichtert (L. Schmidt DStR 1979, 699 (702)).

338 **cc) Zusätzliche Beweisanzeichen.** S. auch EStH 15.7 Abs. 7. Dies sind etwa unübliche Vertragsgestaltungen zwischen Besitz- und Betriebsunternehmen, ein Stimmrechtsbindungsvertrag oder eine unwiderrufliche Stimmrechtsvollmacht (BFH VIII R 151/85, BFH/NV 1990, 99), die planmäßige gemeinsame Gestaltung mehrerer Unternehmen (überlagernde Innengesellschaft BFH IV R 98, 99/85, BStBl. II 1986, 913). Solche **besonderen Umstände** werden **nicht** darin gesehen, dass einer der Ehegatten dem anderen einen Anteil an der Besitzgemeinschaft überträgt und gleichzeitig dessen Anteil an der Betriebsgesellschaft erwirbt (BFH VIII R 36/84, BStBl. II 1987, 858: keine planmäßige Gestaltung auf gesellschaftsrechtlicher Grundlage). Ferner reichen dafür nicht aus: jahrelanges konfliktfreies Zusammenwirken der Eheleute in der Gesellschaft, Herkunft der Mittel für die Beteiligung der Ehefrau vom Ehemann, Erbeinsetzung der Ehefrau als Alleinerbin, Beteiligung zur Alterssicherung, gemeinsame nicht gleichlaufende geschäftliche Interessen (BFH I R 115/85, BStBl. II 1986, 362; IV R 65/83, BStBl. II 1986, 364; VIII R 125/85, BStBl. II 1986, 611), Prägung der Betriebsgesellschaft durch den Ehemann, Schenkung der Mittel für GmbH-Beteiligung (BFH III R 94/87, BStBl. II 1990, 500).

339 **g) Wiesbadener Modell.** Bei diesem hält **ein Ehegatte** die Anteile an der Betriebsgesellschaft, während **der andere** Alleineigentümer einer wesentlichen Betriebsgrundlage (zB Grundstück) ist. Hier bilden die Ehegatten in keinem Unternehmen eine Personengruppe. Eine Betriebsaufspaltung ist deshalb nicht anzunehmen (BFH VIII R 263/81, BStBl. II 1986, 359; VIII R 198/84, BStBl. II 1987, 28; X R 5/86, BStBl. II 1989, 152 (155); Schoor StBp 2003, 42). Eine Scheidungs- oder Widerrufsklausel kann aber wirtschaftliches Eigentum des Ehegatten, der die wesentliche Betriebsgrundlage oder den GmbH-Anteil geschenkt hat, an diesem WG annehmen lassen (vgl. BFH VIII R 196/84, BStBl. II 1989, 877).

340 **h) Beteiligung minderjähriger Kinder.** Auch dabei (vgl. hierzu das frühere Urteil BFH I R 178/77, BStBl. II 1983, 136) ergeben sich Konsequenzen aus BVerfG 1 BvR 571/81 ua, BStBl. II 1985, 475 (481). Eine **Zusammenrechnung** ohne besondere Beweisanzeichen kann mE **nur** erfolgen, wenn beide Eltern an beiden Unternehmen und an einem Unternehmen das Kind (hier mit den Eltern mehrheitlich) beteiligt sind, vorausgesetzt beide Eltern sind sorgeberechtigt (EStR 15.7 Abs. 8 S. 1; krit. Binnewies gmbhstb 2022, 84). In anderen Fällen (zB am Besitzunternehmen ein Elternteil ohne Kind mehrheitlich, am Betriebsunterneh-

men dieser zu 50 %, das Kind zu 10 %) müssen zusätzliche Beweisanzeichen für eine Interessengleichrichtung sprechen. Erwirbt die Alleingesellschafterin der BesitzGes durch Erbfall einen Anteil von 50 % an der BetriebsGes neben ihren Söhnen (je 25 %), davon einer minderjährig, hat sie bei Bestellung eines **Ergänzungspflegers** trotz ihrer Sorgeberechtigung keine beherrschende Stellung in der BetriebsGes, wenn sie nicht von den Beschränkungen des § 181 BGB befreit ist (BFH IV R 5/19, BStBl. II 2021, 851, zu FG BW 11 K 1398/16, EFG 2019, 1770, best.).

Zu volljährigen Kindern vgl. BFH IV R 65/83, BStBl. II 1986, 364 (grundsätzlich keine Zusammenrechnung, BFH IV R 11/81, BStBl. II 1984, 714; VIII R 13/93, BStBl. II 1994, 922; III R 174/80, BFH/NV 1985, 49).

12. Faktische Beherrschung/Beherrschung ohne geeigneten Anteilsbesitz

a) Betriebsgesellschaft. Ausnahmsweise kann sich die Fähigkeit, den **341** geschäftlichen Betätigungswillen in der Betriebsgesellschaft durchzusetzen, auch aus einer rein **tatsächlichen Machtstellung** herleiten lassen (BFH VIII R 82/98, BStBl. II 2002, 774). Das ist insb. der Fall, wenn der/die Besitzgesellschafter aus fachlichen Gründen eine so eindeutige Vorrangstellung im Hinblick auf die geschäftliche Betätigung hat/haben, dass es für die Gesellschafter der Betriebsgesellschaft im eigenen wohlverstandenen wirtschaftlichen Interesse zwingend naheliegt, sich bei der Ausübung ihrer Rechte den Vorstellungen jener unterzuordnen (BFH IV R 145/72, BStBl. II 1976, 750) und mindestens ein Beteiligter von seinen gesellschaftsrechtlichen Einwirkungsmöglichkeiten keinen Gebrauch machen kann. Aufgrund dieser Vorrangstellung muss der Beherrschende in der Lage sein, faktisch auf die zur Beherrschung führenden Stimmrechte Einfluss zu nehmen (BFH VIII B 15/01, BFH/NV 2002, 185), auch über eine zwischengeschaltete GmbH (BFH X R 50/97, BStBl. II 2002, 363). Hypothetische bzw. rein theoretische Geschehensabläufe sind nicht zu berücksichtigen (BFH IV R 9/13, BFH/NV 2016, 297). Schuldrechtliche Rechtsbeziehungen allein führen nicht zur tatsächlichen Beherrschung, sondern erst dann, wenn der Vertragspartner die Geschäftsführung im Betriebsunternehmen an sich ziehen kann und im eigenen Interesse ausübt (BFH VIII R 198/84, BStBl. II 1987, 28).

aa) Bejaht. Verpachtung der wesentlichen Betriebsgrundlage durch den fach- **342** kundigen Ehegatten an eine Gesellschaft, an der (nur) der fachunkundige Ehegatte (beherrschend) beteiligt ist (BFH IV R 145/72, BStBl. II 1976, 750, aber relativiert durch BFH IV R 20/98, BStBl. II 1999, 445); Vermietung einer unverzichtbaren Betriebsgrundlage, die der Gesellschaft jederzeit wieder entzogen werden kann (vgl. BFH IV R 96/96, BStBl. II 2002, 771; BMF 7.10.2002, BStBl. I 2002, 1028); Beherrschung über eine Stiftung (BFH I R 118/80, BStBl. II 1982, 662); Besitzgesellschafter führt Betriebsgesellschaft und kann aufgrund von Option/Vollmacht jederzeit die Mehrheit an ihr erwerben (BFH XI R 23/96, BStBl. II 1997, 437; VIII B 45/01, BFH/NV 2002, 345).

bb) Verneint. Betriebsverpachtung an GmbH mit Ehefrau als „fachunkun- **343** dige" Alleingesellschafterin (BFH X R 5/86, BStBl. II 1989, 152; auch bei jahrelanger konfliktfreier Zusammenarbeit); umso weniger, wenn die Ehefrau und Gesellschafterin nicht vollständig „fachunkundig" ist (BFH VIII R 198/84, BStBl. II 1987, 28); Verpachtung an GmbH, der der Verpächter das „Gepräge" gibt und dessen Alleingesellschafterin dessen Ehefrau ist (BFH I R 228/84, BStBl. II 1989, 155), der eine Ehegatte die GmbH-Anteile dem Ehegatten geschenkt hatte, den Pachtvertrag kündigen konnte, Gläubiger der GmbH war und mit Ehegatten und Kindern Gesellschafter der GmbH war (BFH III R 94/87, BStBl. II 1990, 500 (502); s. auch VIII R 50, 51/96, BFH/NV 2000, 601); einer der Ehegatten erwirbt den Anteil des anderen Ehegatten an der Betriebsgesellschaft und überträgt ihm seinen Anteil an der Besitzgesellschaft (BFH VIII R 36/84, BStBl. II 1987, 858). Ein einfacher Vorteil aufgrund von beruflicher Vorbildung oder Erfahrung genügt auch dann nicht, wenn der Ehegatte die Besitzgesellschaft beherrscht, bei der GmbH angestellt ist und den Geschäftsanteil des anderen einziehen kann (BFH IV R 20/98, BStBl. II 1999, 445), bzw. die Eheleute zu je 50 % an der GmbH beteiligt sind (BFH XI R 25/88, BFH/NV 1991, 454) oder wenn für ein minderjähriges Kind ein Ergänzungspfleger bestellt worden ist (BFH IV R 5/19, BStBl. II 2021, 851); bei Einstimmigkeitsprinzip in Besitzgesellschaft trotz Mehrheit an beiden Gesellschaften und Anmietung des Grundstücks durch einen Ehegatten (BFH VIII R 82/98, BStBl. II 2002, 774); bei nicht vereinbarungsgemäßer Vertragsdurchführung (HessFG 8 K 8169/85, EFG 1992, 25); Vereinnahmung der Miete allein durch Alleingesellschafter der Betriebsgesellschaft (FG Münster 14 K 2519/01, EFG 2004, 329 rkr.); bei Begrenzung der Geschäftsführungsbefugnis in der BetriebsGmbH (FG Düsseldorf 16 K 5157/98, EFG 2004, 1632 rkr.); Geschäftsführung der GmbH durch den nicht an ihr, aber am Besitzunternehmen beherrschend beteiligten Eigentümer des Betriebsgrundstücks (BFH IV R 11/81, BStBl. II 1984, 714).

344 **cc) Großgläubiger.** Auch ein Großgläubiger, der die Geschäftsführung des Schuldner-Betriebsunternehmens vollständig an sich zieht, kann iSd Betriebsaufspaltung tatsächlich beherrschen (BFH IV R 13/91, BStBl. II 1993, 134). Das ist nicht der Fall, wenn ein weiterer (kompetenter) Geschäftsführer vorhanden ist. Auch die Möglichkeit, bestimmte Darlehen zurückzufordern, allein reicht nicht (BFH III R 94/87, BStBl. II 1990, 500 (502)).

345 **dd) Stimmrechtserwerb.** Beherrschenden Einfluss kann auch die **rechtliche Möglichkeit** vermitteln, jederzeit die für **die Stimmenmehrheit** erforderlichen Anteile zu erwerben (BFH IV R 117/80, BStBl. II 1983, 299; IV R 96/96, BStBl. II 2002, 771; VIII R 82/98, BStBl. II 2002, 774; VIII B 22/97, BFH/NV 1998, 852; VIII B 45/01, BFH/NV 2002, 345; anders jedoch FG Münster 4 K 6429/99 E, EFG 2001, 1035 und BFH IX B 117/01, BFH/NV 2002, 777), auch wenn sie auf einer jederzeit widerruflichen Vollmacht beruht (BFH XI R 23/96, BStBl. II 1997, 437), ebenso die Übertragung der Stimmrechtsmehrheit; nicht jedoch bei einer einfachen Scheidungsklausel (BFH IV R 20/98, BStBl. II 1999, 445).

346 **b) Besitzgesellschaft.** Die **faktische Beherrschung** der BesitzGbR durch den die BetriebsGes beherrschenden Gesellschafter (Geschäftsführer) **setzt voraus,** dass sich die anderen Gesellschafter (Nur-Besitz-Gesellschafter) dem von ihm **ausgeübten Druck beugen müssen** und bei der Beschlussfassung über Angelegenheiten der Gesellschaft keinen eigenen geschäftlichen Willen entfalten können (BFH VIII R 72/96, BStBl. II 2002, 722). Hypothetische bzw. rein theoretische Geschehensabläufe sind nicht zu berücksichtigen (BFH IV R 9/13, BFH/NV 2016, 297). Ein auf schuldrechtlicher Basis bestehender wirtschaftlicher Druck genügt nicht (BFH VIII R 82/98, BStBl. II 2002, 774), ebensowenig der

Umstand, dass de facto jahrelang alle Entscheidungen iS einer Personengruppe ausgefallen sind (BFH IX B 117/01, BFH/NV 2002, 777; Wendt FR 2000, 819). Dagegen liegt trotz Einstimmigkeitserfordernis Beherrschung vor, wenn im Gesellschaftsvertrag *einem* Gesellschafter die Führung der Geschäfte überlassen wird (BFH VIII R 24/01, BStBl. II 2003, 757; Anm. Kempermann FR 2003, 965; G. Söffing BB 2004, 1303).

13. Beherrschung durch mittelbare Beteiligung

a) Betriebsunternehmen. Mittelbar kann ein **Betriebsunternehmen** auch über eine zwischengeschaltete GmbH beherrscht werden, die Anteile an dem Betriebsunternehmen hält (BFH I R 136/70, BStBl. II 1975, 112; I R 178/77, BStBl. II 1983, 136; III B 9/87, BStBl. II 1988, 537; IV R 13/91, BStBl. II 1993, 134; IV R 48/91, BFH/NV 1994, 265; X R 50/97, BStBl. II 2002, 363; X R 22/02, BStBl. II 2006, 457; X R 8/16, BStBl. II 2018, 426; IV R 31/19, BStBl. II 2021, 768; IV R 7/18, BStBl. II 2022, 767). 347

Beispiel:

A vermietet der B-GmbH ein Grundstück, an der die ihm zu 100 % gehörende C-GmbH mehrheitlich beteiligt ist.

Dies gilt auch dann, wenn sich die Zwischengesellschaft **im Ausland** befindet (BFH I R 136/70, BStBl. II 1975, 112; IV R 103/78, BStBl. II 1982, 60; X R 22/02, BStBl. II 2006, 457). Entsprechendes gilt auch für eine zwischengeschaltete **rechtsfähige Stiftung** (BFH I R 118/80, BStBl. II 1982, 662). Ist Betriebsgesellschaft eine GmbH & Co KG, bei der die Kommanditisten über die Mehrheit des Kapitals und der Stimmen verfügen (sog. **mittelbare Betriebsaufspaltung;** hierzu → Rn. 309 ff.), dann übt der Alleingesellschafter der Komplementär-GmbH nicht ohne Weiteres die Herrschaft in der KG aus, weil die Auflösung des die sachliche Verflechtung begründenden Pachtverhältnisses über den gewöhnlichen Geschäftsbetrieb (§ 164 HGB) hinausgeht (BFH IV R 13/91, BStBl. II 1993, 134). Halten die Kommanditisten der Besitz-GmbH(1)&CoKG sämtliche Anteile an einer GmbH(2), die alleinige Kommanditistin der Betriebs-GmbH(3)&CO KG ist und sämtliche Anteile an der GmbH(3) hält, die erforderliche mittelbare Beherrschung gegeben (BFH IV R 7/18, BStBl. II 2022, 767, zu HessFG 8 K 2233/15, EFG 2019, 762, aufgeh.; Frantzmann EFG 2018, 766).

b) Besitzunternehmen. Auch im Hinblick auf eine **Besitz-PersGes** (zur BesitzKapGes → Rn. 349) genügt nach **Änderung der Rspr.** die Beherrschung durch **mittelbare Beteiligung** über eine KapGes durch denjenigen, der seinen Willen in der Betriebsgesellschaft (evtl. auch durch mittelbaren Anteilsbesitz) durchsetzen kann (BFH IV R 7/18, BStBl. II 2022, 767; Billigkeitserlass BMF BStBl. I 2022, 1515; hierzu Böttcher GStB 2022, 72; Broemel/Klein DStR 2022, 857; Winkler BeSt 2022, 23; krit. Heil/Pupeter DB 2022, 1091; Prinz FR 2025, 49). Diesem Ansatz stand **nach der bisherigen Rspr.** das sog. **„Durchgriffsverbot“** entgegen (BFH II R 59/73, BStBl. II 1979, 683; IV R 13/91, BStBl. II 1993, 134; IV R 11/98, BStBl. II 1999, 532; IV R 44/07, BStBl. II 2012, 136; IV R 59/16, BStBl. II 2020, 147). Die in der Person des Anteilseigners gegebene Beherrschung des Betriebsunternehmens konnte danach nicht der Besitzkapitalgesellschaft zugerechnet werden. Demgegenüber stellt der IV. BFH-Senat nunmehr allein darauf ab, dass eine KapGes auch in der Besitz-Personengellschaft wie in der Betriebsgesellschaft eine beherrschende Stellung vermitteln kann, ohne dass 348 hierbei ihrer rechtlichen Selbstständigkeit und damit dem Durchgriffsverbot Bedeutung zukäme. Damit ist der IV. BFH-Senat der gegen die bisherige Rspr. erhobenen Kritik (ua Kroschel/Wellisch DStR 1999, 167; Söffing FR 2002, 335; Stoschek/Sommerfeld DStR 2012, 215) gefolgt. **Unabhängig von dieser Neuerung** genügte es, wenn der die Betriebsgesellschaft beherrschende Gesellschafter unmittelbar als Kommanditist an der Personengesellschaft und zudem beherrschend an der Komplementär-GmbH beteiligt ist (BFH IV R 13/91, BStBl. II 1993, 134).

14. Besondere Erscheinungsformen der Betriebsaufspaltung

349 **a) Kapitalistische Betriebsaufspaltung.** Durch die höchstrichterliche Rspr. anerkannt ist die sog. kapitalistische Betriebsaufspaltung, bei der die **Besitzgesellschaft eine KapGes** oder eine andere Körperschaft und an der Betriebskapitalgesellschaft beherrschend (über 50 %) beteiligt ist (BFH III R 45/92, BStBl. II 1995, 75; I R 180/82, BStBl. II 1987, 117; I R 164/94, BFH/NV 1997, 826; zu den Gefahren Bitz DStR 2002, 752). Die Frage ist nicht nur theoretischer Natur: Zwar erzielt auch das Besitzunternehmen in der Form einer Kapitalgesellschaft kraft Gesetzes Einkünfte aus Gewerbebetrieb. Auch wenn die **Betriebs-GmbH** lediglich kraft Gesetzes Einkünfte aus Gewerbebetrieb erzielt, weil sie eine **vermögensverwaltende Tätigkeit** ausübt (§ 2 Abs. 2 GewStG; § 8 Abs. 2 KStG), kann im Verhältnis zu ihr eine Betriebsaufspaltung begründet werden (FG Münster XII-IX 4782/86 F, EFG 1988, 527 rkr.). Eine eigengewerbliche Tätigkeit der BesGes ist unschädlich (BFH III R 28/08, BStBl. II 2014, 194). Gleichwohl kann die Frage der Betriebsaufspaltung für die GewStBefreiung (→ Rn. 374) und die erweiterte Kürzung nach 9 Nr. 1 S. 2 von Bedeutung sein.

Erforderlich ist eine **Beteiligung der KapGes selbst,** sei es mittelbar (→ Rn. 347) oder unmittelbar; ein Durchgriff auf die hinter ihr stehenden Anteilseigner ist unzulässig, sog. **Durchgriffsverbot** (s. auch BFH III R 86/83, BStBl. II 1988, 739; I R 20/14, BFH/NV 2015, 1109; III R 13/23, BStBl. II 2024, 487 mwN). Das Erfordernis der beherrschenden Beteiligung (über 50 %) gilt auch dann, wenn an beiden KapGes dieselben Gesellschafter beteiligt sind (BFH III B 170/94, BFH/NV 1998, 1258). Eine Betriebsaufspaltung zwischen **Schwester-Kapitalgesellschaften** hat der BFH abgelehnt und die Kürzungsvorschrift des § 9 Nr. 1 S. 2 angewendet (BFH I R 111/78, BStBl. II 1980, 77; III S 42/92, BStBl. II 1993, 723; III R 45/92, BStBl. II 1995, 75 (78); I B 136/11, BFH/NV 2012, 1176).

Auch ein **eingetragener Verein** kann ein Besitzunternehmen abgeben (BFH I R 164/94, BFH/NV 1997, 825), nicht dagegen, wenn nur die Vereinsmitglieder an der Betriebs-GmbH beteiligt sind (FG Saarl 1 K 7/86, EFG 1988, 526 rkr.). Ist der beteiligte **Verein gemeinnützig,** dann stellt die Überlassung wesentlicher Betriebsgrundlagen an das Betriebsunternehmen einen wirtschaftlichen Geschäftsbetrieb (§ 14 AO) dar (BFH I R 187/81, BFH/NV 1986, 432; I R 164/94, BFH/NV 1997, 825).

350 **b) „Umgekehrte" Betriebsaufspaltung.** Diese wird dadurch gekennzeichnet, dass durch eine Besitzgesellschaft (Kapitalgesellschaft) wesentliche Betriebsgrundlagen **an das beherrschende Betriebsunternehmen vermietet** oder verpachtet werden (vgl. BFH III S 42/92, BStBl. II 1993, 723; III R 45/92, BStBl. II 1995, 75). Kennzeichnend für die Umkehrung ist also die Beherrschung der BesitzkapitalGes durch die BetriebsGes (BFH III R 13/23, BStBl. II 2024,

487). Das Betriebsunternehmen kann Personengesellschaft (Anteile der Gesellschafter an der Kapitalgesellschaft als SonderBV!), Eigentümergemeinschaft oder Kapitalgesellschaft (→ Rn. 349) sein. Eine „umgekehrte" Betriebsaufspaltung liegt nicht vor bei Beteiligung einer nicht beherrschten Personengesellschaft am Besitzunternehmen, wenn bei diesem umfassend das Einstimmigkeitsprinzip (→ Rn. 331) gilt (FG Hmb 6 K 70/20).

c) Mehrere Besitz-/Betriebsgesellschaften. Da die sachliche Verflechtung bereits mit der Überlassung nur einer wesentlichen Betriebsgrundlage entsteht (→ Rn. 317), ist eine Betriebsaufspaltung auch **mit mehreren Besitzpersonengesellschaften** möglich (BFH IV R 59/04, BStBl. II 2005, 830; IV R 11/13, BFH/NV 2015, 1398; krit. Kesseler DStR 2015, 2427). 351

Umgekehrt kann ein Besitzunternehmen mit **mehreren Betriebsgesellschaften** eine Betriebsaufspaltung begründen (BFH IV R 165, 166/77, BStBl. II 1981, 376; IV R 117/80, BStBl. II 1983, 299; XI R 6/93, BStBl. II 1994, 23; IV R 137/91, BStBl. II 1994, 477): unter Umständen Teilbetriebe der Besitzgesellschaft (BFH XI R 24/97, BFH/NV 1998, 690). Die Zuordnung von SonderBV im Falle einer **Bilanzierungskonkurrenz** richtet sich vorrangig nach der zeitlichen Abfolge des Entstehens der Voraussetzungen für die Annahme bzw. der zu Recht erfolgten Erfassung von Sonder BV; bei gleichzeitigem Entstehen (auch: erstmalige zutreffende Qualifikation) der BesitzGes richtet sie sich nach qualitativen Kriterien, also SonderBV I vor SonderBV II (BFH IV R 34/09, BStBl. II 2013, 471; krit. Knobbe EFG 2015, 478).

Bei Gründung einer **GmbH&Still** an der Komplementärin der Betriebs-GmbH&Co KG nach Entstehung der (mitunternehmerischen) Betriebsaufspaltung besteht in Bezug auf die GmbH-Anteile als SonderBV (→ Rn. 364) wegen der zeitlichen Rangfolge nach allgemeinen Grundsätzen kein Bilanzierungsvorrang für die GmbH&Still (BFH IV R 5/20, BFH/NV 2025, 149, zu FG BW 1 K 2182/18, EFG 2020, 1486, aufgeh.).

15. Gründungsphase

Ab EZ 1999 gilt Folgendes:

a) Betriebskapitalgesellschaft. Die **Übertragung einzelner Wirtschaftsgüter** auf eine **Betriebskapitalgesellschaft** zu Buchwerten scheitert an § 6 Abs. 6 S. 2 EStG, trotz der wirtschaftlichen Einheit der beiden Unternehmen (BT-Drs. 14/23; hierzu Kulemann/Harle GmbHR 2000, 972): idR Gewinnrealisierung durch Erhöhung der AK um den Teilwert bzw. Einlagenwert (§ 6 Abs. 1 Nr. 5 S. 1 Buchst. a EStG). Gestaltungsmöglichkeiten zur Verhinderung der Aufdeckung der stillen Reserven bietet trotz gewisser Risiken bei der echten Betriebsaufspaltung die Betriebsverpachtung (Wien DStZ 2001, 196; Hörger/Mentel/Schulz DStR 1999, 565 (572); Hoffmann GmbHR 1999, 452; Naufang DB 1999, 64; Strahl FR 1999, 628), evtl. iVm dem sog. „Schrumpfungsmodell" (Hörger DStR 1999, 565; Hörger/Förster DStR 2000, 401 (407); Hörger/Pauli GmbHR 2001, 1139; **aA** Frystanzki EStB 1999, 94). Erörtert werden iÜ die Einbringung eines Teilbetriebs nach § 20 UmwStG aF/nF (Lederle GmbHR 2004, 985 (989)); die Aufteilung einer GmbH & Co KG durch Ausscheiden der KomplementärGmbH, die nunmehr als Betriebsgesellschaft fungiert (zB Bitz in LBP EStG § 15 Rn. 158b); ggf. die Nutzung des § 6b EStG ab 1.1.2001 durch die Gesellschafter (Stahl KÖSDI 2003, 13796). 352

353 **b) Betriebspersonengesellschaft.** Bei **Übertragung einzelner Wirtschaftsgüter** auf eine **Betriebspersonengesellschaft nach dem 31.12.1998** und **vor dem 1.1.2001** war nach § 6 Abs. 5 S. 3 EStG der Teilwert anzusetzen. Nach dem 31.12.2000 sind nach § 6 Abs. 5 EStG (auch idF des G. v. 20.12.2001 (BGBl. 2001 I 3858), hierzu Mitsch Inf 2002, 77) die Buchwerte fortzuführen, sofern die (spätere) Besteuerung der stillen Reserven gesichert ist (Ausnahme: Beteiligung eines Nur-Betriebsgesellschafters oder Verkauf zu marktüblichen Bedingungen).

354 **c) Geschäftswert.** Dieser **verbleibt** grundsätzlich beim Besitzunternehmen, **kann** aber auf die Betriebsgesellschaft, zB bei langfristiger Verpachtung aller wesentlichen Betriebsgrundlagen, **übertragen werden** (BFH I R 42/00, BStBl. II 2001, 771; Märkle DStR 2002, 1153; Schulze zur Wiesche WPg 2003, 90; Schießl GmbHR 2006, 459; krit. Fichtelmann Inf 2002, 46) oder ihr zur Nutzung überlassen werden (vgl. BFH X R 32/05, BStBl. II 2009, 634; FG Düsseldorf 11 K 5608/11, EFG 2004, 41). Auch geht er bei Übertragung sämtlicher Aktiva und Passiva einschließlich der Firma und Überlassung der zurückbehaltenen Betriebsgrundstücke zur Nutzung grundsätzlich auf die Betriebsgesellschaft über (BFH X R 34/03, BStBl. II 2005, 378; IV R 79/05, BStBl. II 2009, 15). Zur Übertragung von wirtschaftlichem Eigentum und verdeckten Einlagen in die Betriebs-GmbH BFH X R 17/05, BStBl. II 2008, 579.

355 **d) LuF-Betrieb.** Die Begründung einer Betriebsaufspaltung schließt die **vorherige steuerbegünstigte Aufgabe** eines luf Betriebs nicht aus (BFH IV R 31/03, BStBl. II 2006, 652).

16. Gewinnermittlung, verdeckte Gewinnausschüttung

356 **a) Grundsatz der Selbstständigkeit/Wirtschaftsjahr.** Besitz- und Betriebsunternehmen bleiben zwar formal-rechtlich **selbstständige Unternehmen** (vgl. BFH IV R 10/01, BStBl. II 2004, 416; → Rn. 296, 300). Für die Anwendung des **§ 7g EStG** ist deswegen der Betriebsvermögenswert des Besitzunternehmens dem des Betriebsunternehmens nicht hinzuzurechnen (BFH I R 98/88, BStBl. II 1992, 246; BMF 8.5.2009, BStBl. I 2009, 633 Rn. 15).

Dennoch stellt die Festlegung des Wirtschaftsjahres durch die Besitzgesellschaft abweichend von dem der Betriebsgesellschaft ohne außersteuerliche Gründe mit der Wirkung einer Steuerpause für das Besitzunternehmen nach der Rspr. einen Missbrauch iSv § 42 AO dar (BFH VIII R 89/02, BFH/NV 2004, 936); nicht jedoch, wenn die Entstehung eines Rumpfwirtschaftsjahres vermieden wird (BFH IV R 21/05, BFH/NV 2007, 1002).

357 **b) Gewinnermittlung.** Für die eigenständigen Subjekte der Einkünfteerzielung erfolgt die **Gewinnermittlung unabhängig;** es gibt keinen Grundsatz der durchgängigen **Korrespondenz** (BFH I R 98/88, BStBl. II 1992, 246; VIII R 57/99, BStBl. II 2002, 662). Allerdings hat bei der Frage einer **Teilwertabschreibung** der Anteile sowie von eigenkapitalersetzenden Darlehen eine **Gesamtbetrachtung** beider Unternehmen zu erfolgen (BFH IV R 10/01, BStBl. II 2004, 416; einheitliche Maßstäbe: BFH X R 45/06, BStBl. II 2010, 274); ebenso für einen qualifizierten Rangrücktritt BFH IV R 13/04, BStBl. II 2006, 618 (krit. Wassermeyer DB 2006, 296).

c) Pachtzinsen. Die vom Betriebsunternehmen entrichteten **Pachtzinsen** 358
müssen **angemessen** sein, damit sie nicht zu einer verdeckten Gewinnausschüttung der Betriebs-GmbH führen (vgl. BFH I R 11/75, BStBl. II 1977, 679; hierzu Schulze zur Wiesche DStR 1991, 137 (141); zu den Gestaltungsmöglichkeiten Fichtelmann Inf 1994, 366 (396); Kessler/Teufel BB 2001, 17 (21)). Sind sie zu niedrig, kann mE nach BFH GrS 2/86, BStBl. II 1988, 348 keine verdeckte Einlage mehr angenommen werden; anders bei Verzicht auf eine werthaltige Pachtzinsforderung (vgl. BFH GrS 1/94, BStBl. II 1998, 307; VIII R 57/94, BStBl. II 1998, 652). Zur Problematik der Anwendung von § 3c Abs. 2 EStG vgl. BFH X R 17/11, BStBl. II 2013, 817.

d) Erfindervergütungen. Bei Zahlung von Erfindervergütungen wird keine 359
Verwertung im eigenen Betrieb angenommen, wenn ein freier Erfinder die Verwertung seiner Erfindung einer von ihm beherrschten Kapitalgesellschaft überlässt (BFH IV R 39/73, BStBl. II 1977, 821; I R 33/77, BStBl. II 1980, 356). Andererseits können Lizenzeinnahmen als Ergebnis einer Betriebsaufspaltung gewerbliche Einkünfte darstellen (BFH IV R 152/73, BStBl. II 1978, 545; VIII R 151/85, BFH/NV 1990, 99).

e) Buchführungsgrundsätze. Die **allgemeinen Buchführungsgrund-** 360
sätze gelten für die Rechtsbeziehungen zwischen dem Besitzunternehmen und dem Betriebsunternehmen **nur eingeschränkt,** zB das Imparitätsprinzip (vgl. zur korrespondierenden Bilanzierung der Warenrückgabe- und Pachterneuerungsverpflichtung bei Besitz- und Betriebsunternehmen BFH IV R 59/73, BStBl. II 1975, 700). Die **phasengleiche Aktivierung** der Gewinnansprüche aus der Beteiligung an der Betriebsgesellschaft ist nicht schon wegen des Bestehens der Betriebsaufspaltung zulässig, wenn zum Bilanzierungsstichtag noch kein Beschluss über die Gewinnverwendung bei der Betriebs-GmbH gefasst ist oder wenn in der Satzung der Betriebsgesellschaft bei Stimmengleichheit Gewinnthesaurierung vorgesehen ist und ihr Jahresabschluss nach dem der Besitzgesellschaft festgestellt worden ist (BFH IV R 52/96, BStBl. II 1999, 547). „Äußerst seltene Ausnahmefälle": **(1.)** am Bilanzstichtag besteht bereits eine Verpflichtung zu einer bestimmten Gewinnausschüttung oder **(2.)** die Meinungsbildung der Gesellschafter über die Höhe der späteren Ausschüttung ist am Bilanzstichtag abgeschlossen (BFH VIII R 85/94, BStBl. II 2001, 185; VIII R 19/94, BFH/NV 2001, 447; in Anwendung von BFH GrS 2/99, BStBl. II 2000, 632).

Anwartschaften auf Hinterbliebenenversorgung aus einer Pensionszusage gegenüber dem Geschäftsführer der Betriebskapitalgesellschaft sind auch dann nicht während der Anwartschaftszeit beim Besitzunternehmen zu aktivieren, wenn die Zuführungen zur Pensionsrückstellung bei jener zu vGA führen (BFH X R 42/08, BStBl. II 2012, 188).

f) Geschäftswert/vGA/Einlage. In der **Rückgabe des Geschäftswerts** 361
nach Beendigung der Betriebsaufspaltung liegt keine verdeckte Gewinnausschüttung (BFH I R 111/69, BStBl. II 1971, 536). Zur entgeltlichen *Rückgängigmachung* einer Betriebsaufspaltung vgl. auch BFH I R 13/73, BStBl. II 1975, 204. Dabei ist von einem verpachteten Geschäftswert auszugehen, der auch für die Pachthöhe zu berücksichtigen ist. Der Geschäftswert kann auch Gegenstand einer verdeckten Einlage (Ausschüttung) sein, zB bei Teilbetriebsübertragung (vgl. BFH I R 150/82, BStBl. II 1987, 455; I R 202/83, BStBl. II 1987, 705).

17. Betriebsvermögen des Besitzunternehmens

362 **a) Gesellschaftsanteile. Anteile an der Betriebs-GmbH** (BFH III R 47/98, BStBl. II 2000, 255) oder an einer *Zwischengesellschaft* (BFH X R 22/02, BStBl. II 2006, 457), die – ggf. mittelbar – der Durchsetzung des einheitlichen geschäftlichen Betätigungswillens in der Betriebsgesellschaft dienen, sind notwendiges BV. Eine Beteiligung ohne beherrschenden Einfluss auf eine als Kommanditistin an der Betriebspersonengesellschaft beteiligte GmbH erfüllt diese Voraussetzungen nicht (BFH IV R 103/78, BStBl. II 1982, 60). Besteht eine Betriebsaufspaltung mit mehreren Besitzpersonengesellschaften, sind die Gesellschaftsanteile an der Betriebs-GmbH mE bei der zuerst gegründeten Besitzpersonengesellschaft Sonderbetriebsvermögen (ebenso Schallmoser DStR 1997, 49). Eine Beteiligung **außerhalb der Betriebsaufspaltung** an einer Komplementär-GmbH ist notwendiges BV, wenn diese Beteiligung das operative Geschäft der BetriebsGes (zumindest mittelbar über den Einfluss in der BeteiligungsGes auf deren außergewöhnliche Geschäftsbeziehungen zur BetriebsGes) und damit die gewerbliche Betätigung der BesitzGes entscheidend fördert; übliche Geschäftsbeziehungen genügen nicht (BFH X R 2/10, BStBl. II 2013, 907; krit. Bode FR 2014, 67; Prinz JbFfSt 2014/2015, 438: Hinw auf BFH IV R 51/08, BFH/NV 2012, 723).

363 **b) Andere Wirtschaftsgüter.** Nicht nur die die **sachliche Verflechtung begründenden** wesentlichen Betriebsgrundlagen (zu einem Anteil eines bisher einem Grundstückshandel zugeordneten Grundstücks BFH III R 27/98, BStBl. II 2002, 537), sondern auch **andere Wirtschaftsgüter** gehören zum gewillkürten oder notwendigen Betriebsvermögen der Besitzgesellschaft, wenn ihre Überlassung an die Betriebsgesellschaft in einem **unmittelbaren Zusammenhang** mit der Betriebsaufspaltung steht (BFH I R 39, 40/74, BStBl. II 1978, 67; X R 47/87, BStBl. II 1991, 405; VIII R 36/91, BStBl. II 1993, 233; X R 58/04, BFH/NV 2005, 1774). Auch ein zur Fremdvermietung bestimmtes Grundstück kann zum (gewillkürten) BV gehören (BFH IV R 214/84, BStBl. II 1987, 120; anders im Fall FG Köln 8 K 3086/16, EFG 2019, 602, nachgehend BFH IV R 5/19, BStBl. II 2023, 649).

Betriebsvermögen ist auch die – ggf. mittelbare – **Beteiligung** an einer anderen Kapitalgesellschaft mit intensiven Geschäftsbeziehungen zur Betriebsgesellschaft (BFH X R 2/03, BStBl. II 2005, 694; X B 98/05, BStBl. II 2005, 833). Das kann jedoch bei einem Anteil an dem der Betriebs-GmbH überlassenen Grundstück angesichts der Umstände des Einzelfalles anders sein (BFH III R 77/03, BStBl. II 2005, 340; I R 7/16, BFH/NV 2018, 810; s. auch FG Düsseldorf 7 K 763/05, EFG 2006, 264). Auch **Darlehensforderungen** gegen die Betriebskapitalgesellschaft zählen bei betrieblicher Veranlassung zum notwendigen Betriebsvermögen der Besitzgesellschaft (BFH IV R 73/99, BStBl. II 2001, 335; IV R 13/04, BStBl. II 2006, 618). Auf die wirtschaftliche Verknüpfung des Darlehens mit der GmbH-Beteiligung kommt es nicht an (BFH VIII R 38/74, BStBl. II 1978, 378). Entsprechendes gilt für Darlehen an Geschäftspartner der Betriebsgesellschaft (BFH IV R 7/03, BStBl. II 2005, 354). **Erfindungen/Patente** sind ebenso BV des Besitzunternehmens (BFH XI R 72/97, BStBl. II 1999, 281) wie Verbindlichkeiten aus **Bürgschaften** für die Betriebsgesellschaft (BFH X R 104/98, BFH/NV 2002, 163), nicht jedoch der Anspruch auf die **GmbH-Geschäftsführervergütung** des Besitzunternehmers (BFH IV R 16/69, BStBl. II 1970, 722).

Ist das Besitzunternehmen eine Personengesellschaft, sind BV alle WG des **Gesamthandsvermögens** ohne Rücksicht auf deren Überlassung an die Betriebsgesellschaft (zB BFH VIII R 61/97, BStBl. II 1999, 483).

c) Sonderbetriebsvermögen. Sonderbetriebsvermögen I der Gesellschafter sind ua die der Besitzgesellschaft zur Überlassung an die Betriebsgesellschaft überlassenen WG (BFH IV R 59/04, BStBl. II 2005, 830; IV R 14/18, BFH/NV 2021, 406). In Betracht als **Sonderbetriebsvermögen II** kommen zB an die Betriebsgesellschaft im betrieblichen Interesse des Besitzunternehmens überlassene WG (betriebliche Veranlassung; vgl. BFH IV R 89/73, BStBl. II 1975, 781; I R 16/73, BStBl. II 1976, 188; VIII B 111/02, BFH/NV 2003, 1309; zur Abgrenzung BFH IV R 65/07, BStBl. II 2009, 371). Das gilt auch für Anteile an der Betriebskapitalgesellschaft (BFH III R 121/76, BStBl. II 1979, 366; X R 84/88, BStBl. II 1991, 713; VIII R 63/87, BStBl. II 1991, 832; VIII R 2/87, BStBl. II 1993, 328; IV R 21/98, BStBl. II 1999, 715; IV R 34/09, BStBl. II 2013, 471; IV R 14/18, BFH/NV 2021, 406). Maßgeblich ist der Veranlassungszusammenhang und hierbei grundsätzlich die Sicht des Gesellschafters; hat aber die GmbH daneben noch einen weiteren Geschäftsbetrieb von nicht ganz untergeordneter Bedeutung, scheidet die Annahme von Sonderbetriebsvermögen II aus (vgl. BFH IV R 15/19, BStBl. II. 2022, 651; hierzu Kahle/Kopp StuB 2021, 568), wie für Beteiligungen, die nur einen mittelbaren Einfluss auf die Betriebsgesellschaft ermöglichen (BFH IV R 103/78, BStBl. II 1982, 60), für Anteile an einer Kapitalgesellschaft mit intensiven Geschäftskontakten zur Betriebsgesellschaft (BFH IV R 7/03, BStBl. II 2005, 354), für Darlehen und Bürgschaften zu marktunüblichen Konditionen (BFH IV R 15/93, BStBl. II 1995, 452; IV R 73/99, BStBl. II 2001, 335; VIII R 27/00, BStBl. II 2002, 733; X R 60/99, BFH/NV 2003, 900; vgl. BFH VIII R 12/19, BStBl. II 2022, 260). Vermieten Gesellschafter einer Besitz-GbR als Bruchteilseigentümer ein Grundstück zu fremdüblichen Konditionen an die Betriebsgesellschaft (keine betriebliche Veranlassung), so begründet dies kein SonderBV II (BFH VIII R 44/95, BStBl. II 1997, 530), ebenso die Vermietung von Wohnungen an fremde Nutzer. Allerdings kommt ein Ausweis als **gewillkürtes Betriebsvermögen** in Betracht (BFH IV R 214/84, BStBl. II 1987, 120; vgl. VIII R 46/95, BStBl. II 1999, 357); Entsprechendes gilt für **gewillkürtes SonderBV** (BFH IV R 77/97, BStBl. II 1999, 279). Zur Frage der **Bilanzierungskonkurrenz** → Rn. 351. 364

d) Abspaltung von (Sonder-)Betriebsvermögen. Befinden sich bei einer **Abspaltung nach § 123 Abs. 2 Nr. 1 UmwG** die Anteile am übertragenden Rechtsträger im Sonderbetriebsvermögen II des Personengesellschafters und werden ihm Anteile am übernehmenden Rechtsträger zugeteilt, bleiben diese Anteile bis zu ihrer Entnahme Sonderbetriebsvermögen II (BFH IV R 17/17, BFH/NV 2020, 1401). **Überträgt ein Gesellschafter** der Besitzgesellschaft einen **Teil seines Anteils** an der Betriebskapitalgesellschaft (Sonderbetriebsvermögen) gegen Leistung einer Einlage, die niedriger ist als der Wert des übertragenen Anteils, dann liegt hierin eine Entnahme in Höhe der Wertdifferenz (BFH VIII R 63/87, BStBl. II 1991, 832; FG Köln 15 K 3293/98, EFG 2004, 880). Entsprechendes gilt bei einer **Kapitalerhöhung** in der Betriebsgesellschaft und Übernahme einer Stammeinlage durch einen Dritten zum Nennwert (BFH III R 8/03, BStBl. II 2006, 287; hierzu Söffing BB 2006, 1529; Mitsch Inf 2006, 749). 365

e) Disquotale Einlage. Bei einer zu einer **verdeckten Einlage** führenden Übertragung von WG mit stillen Reserven durch den Besitzgesellschafter an die 366 durch Bargründung errichtete Betriebsgesellschaft, in deren Genuss auch der Nur-Betriebsgesellschafter kommt (unentgeltliche Zuwendung), liegt ebenfalls eine Entnahme in Höhe der disquotalen Einlage vor (BFH X R 34/03, BStBl. II 2005, 378) und erhöhen sich die Anschaffungskosten des Ersteren nur entsprechend seiner Beteiligungsquote (Thiel FS Haas, 1996, 353 (359)).

18. Beendigung der Betriebsaufspaltung

367 **a) Sachliche/persönliche Voraussetzungen.** Beim **Entfallen der** sachlichen und/oder persönlichen **Voraussetzungen** einer Betriebsaufspaltung nimmt die Rechtsprechung eine Betriebsaufgabe des Besitzunternehmens mit der Folge an, dass die im Betriebsvermögen des Besitzunternehmens enthaltenen stillen Reserven aufzulösen sind (BFH X R 78/91, BStBl. II 1993, 718; XI R 6/93, BStBl. II 1994, 23; IV R 83/95, BStBl. II 1997, 287; IX R 52/04, BStBl. II 2007, 165; IV R 37/10, BFH/NV 2013, 910). Das gilt insb. bei Veräußerung der an die BetriebsGes überlassenen WG (BFH X R 45/14, BFH/NV 2017, 1039; VIII R 17/15, BFH/NV 2018, 522, zum Mandantenstamm; NdsFG 9 K 18/19, NZB III B 6/22, zum Betriebsgrundstück) sowie der Anteile an der BetriebskapitalGes (BFH X R 14/11, BStBl. II 2014, 158; X R 22/12, BStBl. II 2014, 388), mE jedoch nicht bei Übertragung unter Vorbehaltsnießbrauch (hierzu BFH X R 45/14, BFH/NV 2017, 1039), ebensowenig bei einer weiteren gewerblichen Betätigung neben der Verpachtung (vgl. BFH X R 36/17, BFH/NV 2019, 195; FG Düsseldorf 11 K 188/19 E).

Für **Zwecke der GewSt** endet der Gewerbebetrieb mit dem Ende der Betriebsaufspaltung, es sei denn, neben der Verpachtungstätigkeit besteht noch eine weitere gewerbliche Tätigkeit. Das gilt auch in den Fällen, in denen estrechtlich das Besitzunternehmen nach Beendigung einer qualifizierten Betriebsaufspaltung (BFH IV R 1/01, BStBl. II 2002, 519; X R 8/00, BStBl. II 2002, 527) als Verpachtungsbetrieb (BFH VIII R 80/03, BStBl. II 2006, 591; EStR 16 Abs. 2) fortgeführt wird (FG Köln 10 K 399/06, EFG 2009, 1244).

368 **b) Verschmelzung.** Die Beendigung der Betriebsaufspaltung durch **Verschmelzung** der BetriebsGmbH auf eine AG oder die Einbringung des Betriebsunternehmens in die AG kann nur dann gewinnneutral gestaltet werden, wenn das Besitzunternehmen nicht nur wegen der Betriebsaufspaltung gewerblich tätig war; andernfalls führt die Verschmelzung zur Aufgabe des Gewerbebetriebs mit der Folge, dass dieser nicht zu Buchwerten in die AG eingebracht werden kann (BFH VIII R 25/98, BStBl. II 2001, 321; hierzu Haritz BB 2001, 861; Serotzki StuB 2001, 552; zur Gestaltung Dörner Inf 2001, 397). Zur Einbringung der Besitzgesellschaft in die Betriebsgesellschaft (§§ 20 ff. bzw. § 24 UmwStG), bzw. Verschmelzung der BetriebsGmbH auf die Besitzpersonengesellschaft (§§ 3 ff. UmwStG) s. BMF 28.4.1998, BStBl. I 1998, 583 Rn. 5 (hierzu Wien DStZ 2001, 196; Märkle DStR 2002, 1153; Honert EStB 2003, 310).

369 **c) Realakt.** Zweifelhaft ist die **Annahme eines Entnahmevorgangs** und die Beendigung der Betriebsaufspaltung **durch einen Realakt** (zB Vernichtung der verpachteten wesentlichen Betriebsgrundlagen durch Einwirkung Dritter und ähnliche Vorgänge), weil es an Entnahmehandlungen fehlt. Die **Erbfolge** durch einen nicht am Besitzunternehmen beteiligten Erben soll nach BFH VIII R 90/81, BStBl. II 1984, 474 (479) li. Sp., wohl zu einer Entnahme führen (zu den Lösungsmöglichkeiten Fichtelmann GmbHR 1994, 583). Umgekehrt kann durch

den Erbfall eine Betriebsaufspaltung entstehen (zum Zeitpunkt Gosch BB 1995, 49). Zur **Schenkung des Besitzunternehmens** s. BFH VIII R 193/83, BStBl. II 1989, 414, wobei allerdings auch die GmbH-Anteile mit übertragen wurden und eine Betriebsaufgabe nicht angenommen werden konnte. Keine Betriebsaufgabe liegt vor, wenn die Eigentümer das an das Besitzunternehmen vermietete Grundstück unter Nießbrauchsvorbehalt an ihre Kinder verschenken (BFH VIII R 25/01, BFH/NV 2002, 781). Im Falle einer Teilbetriebsaufgabe müssen alle wesentlichen Betriebsgrundlagen veräußert oder in das Privatvermögen überführt werden (BFH XI R 24/97, BFH/NV 1998, 690). Umso mehr, wenn auch die GmbH-Anteile übertragen werden (NdsFG 2 K 562/05, EFG 2007, 1584 rkr.). Der **Strukturwandel** hin zu einem freiberuflichen Unternehmen, zB durch Erlöschen des Patentschutzes (hierzu kontrovers Paus DStZ 1990, 193; Fichtelmann GmbHR 2006, 345), löst gewstrechtlich bei einem Einzelunternehmen und einer Personengesellschaft eine Betriebsaufgabe aus (zur ESt evtl. anders: BFH XI B 91/05, BFH/NV 2006, 1266). Anders jedoch, wenn das Besitzunternehmen gewerblich tätig/geprägt war/ist.

d) Insolvenzverfahren. Die **Eröffnung des Insolvenzverfahrens** über das 370
Vermögen der Betriebsgesellschaft führt regelmäßig zur Beendigung der personellen Verflechtung und damit der Betriebsaufspaltung sowie Betriebsaufgabe der Besitzgesellschaft, es sei denn, das Insolvenzverfahren wird mit anschließender Fortführung der Betriebsgesellschaft aufgehoben oder eingestellt (zum Konkursverfahren: BFH XI R 2/96, BStBl. II 1997, 460; Fichtelmann DStZ 1991, 257). Zur Beendigung einer Betriebsaufspaltung durch Änderung der Rspr. vgl. Tiedtke/Heckel DStZ 1999, 725 (Aufschub der Versteuerung der stillen Reserven analog § 8 VO zu § 180 Abs. 2 AO).

e) Vorübergehende Betriebsaufspaltung/Beendigung. Der Annahme 371
einer Betriebsaufspaltung steht nicht entgegen, dass die sie begründenden Verhältnisse, zB personelle Verflechtung, **nur kurze Zeit** bestehen, etwa weil bis zur Eintragung der GmbH in das HR die Mehrheitsanteile an ihr an einen Dritten veräußert worden sind (FG Saarl 1 K 2455/06, EFG 2011, 2067). Bei einer **„missglückten Betriebsaufspaltung"** (keine personelle Verflechtung) soll nach BFH VIII R 72/96, BStBl. II 2002, 722 nur eine Betriebsunterbrechung vorliegen (zur Option auf Erwerb der Anteile an der BetriebsGmbH mit Stimmrechtsbindung BFH X R 37/07, BFH/NV 2010, 406); mE ist jedoch danach zu differenzieren, welchen Verlauf die Betriebsgestaltung im Folgenden nimmt (zu Recht krit. Natschke StBp 2000, 133).

Die **vorübergehende Beendigung** der Betriebsaufspaltung ist estrechtlich als Betriebsunterbrechung zu qualifizieren mit der Folge, dass auch die Aufdeckung der stillen Reserven unterbleibt (BFH XI R 2/96, BStBl. II 1997, 460 (466); VIII R 80/03, BStBl. II 2006, 591). Ob gewstrechtlich der Steuergegenstand erhalten bleibt, richtet sich nach § 2 Abs. 4 (hierzu → Rn. 577).

19. Gewerbesteuerrechtliche Folgen der Betriebsaufspaltung

a) Steuerpflicht. Das **Besitzunternehmen** unterliegt als solches ebenso wie 372
das Betriebsunternehmen der GewSt (BFH IV R 8/97, BStBl. II 1998, 478), und zwar sobald die sachliche und die personelle Verflechtung vorliegen (BFH VIII R 57/99, BStBl. II 2002, 662). Das gilt auch für eine **freiberufliche Betriebsaufspaltung** (BFH XI R 12/87, BStBl. II 1992, 415; IV R 67/96, BStBl. II

1998, 254; VIII R 24/01, BStBl. II 2003, 757); ebenso wenn Betriebskapitalgesellschaft iÜ nur **kraft Rechtsform** (zB § 2 Abs. 2 GewStG, § 8 Abs. 2 KStG) GewBetrieb ist. Es handelt sich rechtlich und wirtschaftlich **um zwei selbstständige,** sachliche GewStPfl. begründende Unternehmen (vgl. BFH IV R 8/97, BStBl. II 1998, 478; IV B 125/92, BFH/NV 1994, 617; VIII R 57/99, BStBl. II 2002, 662; I R 7/16, BFH/NV 2018, 810). Die Eigenständigkeit bedeutet, dass im Falle einer Besitz-Personengesellschaft diese vollumfänglich einen GewBetrieb führt; hierin sind die Nur-Besitzgesellschafter eingeschlossen (→ Rn. 308). Zur Bruchteilsgemeinschaft vgl. BFH VIII R 240/81, BStBl. II 1986, 296 und IV R 73/94, BStBl. II 1997, 569. Ein **Teilbetrieb** auf der Ebene der Betriebsgesellschaft hat diese Qualität nicht ohne Weiteres auf der Ebene der Besitzgesellschaft. Jedoch sind auch diese Teilbetriebe möglich, zB nach Rückübertragung eines Teils des operativen Betriebs auf sie (vgl. BFH IV R 14/03, BStBl. II 2005, 395).

Zum **GewErtrag des Besitzunternehmens** gehören die Erträgnisse, die sachlich mit der Betriebsaufspaltung zusammenhängen, insb. *Mieten und Pachten,* Erträgnisse aus originär gewerblicher Tätigkeit sowie Gewinnausschüttungen auf Anteile an der Kapitalgesellschaft (BFH III R 47/98, BStBl. II 2000, 255).

373 **b) Doppelbelastung.** Die Behandlung beider Unternehmen als eigenständige Objekte kann zu einer **Doppelbelastung** mit GewSt führen. Dies gilt zwar wegen des Schachtelprivilegs (§ 9 Nr. 2a; GewStR 9.3) idR nicht für die *Gewinnausschüttungen* der Betriebs-GmbH an das Besitzunternehmen. Deshalb unterliegen ausschüttungsbedingte *Teilwertabschreibungen* auch der Hinzurechnung nach § 8 Nr. 10. Die bei der Betriebsgesellschaft hinzuzurechnenden *Entgelte für (Dauer)Schulden* gegenüber dem Besitzunternehmen (§ 8 Nr. 1 aF, Nr. 1 Buchst. a nF) können zu einer Doppelbelastung führen (vgl. BFH XI R 65/03, BStBl. II 2005, 102); eine Saldierung wechselseitiger Darlehen findet nicht statt (BFH I R 119/04, BFH/NV 2006, 606). Weitere Hinzurechnungen kommen in Betracht für *Miet- und Pachtzinsen* für bewegliche WG (§ 8 Nr. 1 Buchst. d), unbewegliche WG (§ 8 Nr. 1 Buchst. e) sowie für die befristete Überlassung von Rechten (8 Nr. 1 Buchst. f); mE jedoch ohne die Überlassung des Geschäftswerts (→ § 8 Nr. 1 Buchst. d Rn. 9, gleichzeitig zur abw. Rechtslage nach § 8 Nr. 7 aF). Zur Anwendbarkeit von § 8 Nr. 7 aF und § 9 Nr. 4 aF s. BFH I R 76/96, BFH/NV 1998, 742 (hierzu Gabriel StuB 2002, 945; Kessler/Teufel BB 2001, 17, DStR 2001, 869).

Die **erweiterte Kürzung** nach § 9 Nr. 1 S. 2 ist nach stRspr für die Besitzgesellschaft nicht anwendbar (→ Rn. 374); auch dann nicht, wenn die BetriebskapitalGes vermögensverwaltend tätig ist (→ § 9 Nr. 1 Rn. 33; zT aA Stahl KÖSDI 2003, 13802). Zum **Verlustvortrag** → § 10a Rn. 15.

374 **c) Getrennte Besteuerung.** Die **getrennte Gewerbebesteuerung** von Besitz- und Betriebsunternehmen wird jedoch nicht mit der letzten Konsequenz durchgeführt. Die Rspr. gewährt in Übereinstimmung mit der hM in der Lit. (zB L. Schmidt FR 1984, 128; Seer BB 2002, 1833; Drüen GmbHR 2005, 69; Bitz GmbHR 2006, 778; Söffing BB 2006, 1529; Wendt FR 2016, 30; Schießl HFR 2015, 1148; Sarrazin in Lenski/Steinberg § 3 Rn. 11; **aA** Gschwendtner DStR 2002, 896; Böwing-Schmalenbrock in Brandis/Heuermann § 3 Rn. 13) die **Gewerbesteuerfreiheit** für das Besitzunternehmen, wenn diese nur für die eigentlichen betrieblichen Aktivitäten der Betriebsgesellschaft vorgesehen ist (BFH X R 59/00, BStBl. II 2006, 661; IV R 22/02, BFH/NV 2007, 149; I R 42/11, BFH/NV 2013, 589; IV R 26/13, BStBl. II 2016, 408; X R 42/16, BFH/

NV 2019, 586). Maßgebend ist in teleologischer und systematischer Auslegung des Instituts der Betriebsaufspaltung der Gedanke der **Merkmalübertragung** aufgrund der auch die Qualifizierung der Vermietungstätigkeit als gewerblich tragenden wirtschaftlichen Verflechtung zwischen beiden Unternehmen (zB BFH X R 59/00, BStBl. II 2006, 661), nicht ein Rückgriff die Vorstellung von der wirtschaftlichen Einheit (aA Wacker in Schmidt EStG § 15 Rn. 871). ME trägt das Argument auch eine Anwendung auf die Befreiungstatbestände, die ein unmittelbar zweckdienliches Tätigwerden des Begünstigten voraussetzen, wie zB § 3 Nr. 13 (aA Sarrazin in Lenski/Steinberg § 3 Rn. 11).

Der Kern des oa Gedankens liegt in der Rückführung der gewstrechtlichen Folgen der Betriebsaufspaltung auf ihren Zweck, die (gew)strechtliche Besserstellung eines Unternehmens durch (echte oder unechte) Aufspaltung zu verhindern (→ Rn. 300). Dennoch verweigert die hr Rspr. mE zu Unrecht auch eine andere steuerfreistellende Begünstigung der BetriebsGes, wie zB die **erweiterte Kürzung nach § 9 Nr. 1 S. 2,** auf die BesitzGes für den Fall, dass diese neben der Vermietung keine sonstigen gewerblichen Tätigkeiten ausübt, durchschlagen zu lassen (BFH I R 174/72, BStBl. II 1973, 686; IV R 80/06, BFH/NV 2009, 1279; X R 54/14, BStBl. II 2017, 529, zu FG München 13 K 2280/11, EFG 2014, 2069, aufgeh.; zum Problem Wüllenkemper EFG 2014, 2071; Demleitner BB 2016, 2784; Mroz FR 2017, 476).

Gleichviel: Merkmalübertragung bedeutet lediglich GewStBefreiung des Besitzunternehmens, jedoch **nicht Absehen von der Rechtsfigur der Betriebsaufspaltung** mit ihren sonstigen Folgen (zB Eigenschaft der überlassenen WG als BV, BFH X R 42/16, BFH/NV 2019, 586).

d) Gewerbesteuerrechtliche Organschaften. → Rn. 485 ff. **374a**

20. Betriebsaufspaltung über die Grenze

Hat nur die (inländische) **Besitzgesellschaft** eine **inländische BSt.** (§ 12 AO), die Betriebsgesellschaft nur eine BSt. im Ausland, liegt unabhängig von Abkommensrecht aus Gründen der dogmatischen Verselbstständigung des Rechtsinstituts (→ Rn. 300) eine Betriebsaufspaltung vor, sodass gewstrechtlich ein Gewerbebetrieb anzunehmen ist (BFH I R 72/16, BStBl. II 2021, 484, zu FG Köln 10 K 3550/14, EFG 2016, 1997, aus anderen Gründen aufgeh.; HessFG 10 K 2347/09, EFG 2015, 1454; wie hier zB Kaligin, Die Betriebsaufspaltung, 11. Aufl., S. 264 ff.; Ruf IStR 2006, 232; Schießl Inf 2006, 43; Haverkamp IStR 2008, 165; Kußmaul/Schwarz GmbHR 2012, 834; Schulze zur Wiesche BB 2013, 2463; Mitschke IStR 2021, 442; krit. zB Söffing/Micker, Die Betriebsaufspaltung, 7. Aufl., Rn. 938 ff.; Dehmer, Betriebsaufspaltung, 4. Aufl., § 9 Rn. 23; Carlé, Die Betriebsaufspaltung, 2. Aufl. Rn. 313; Baltromejus IWB 2016, 25; Wacker FR 2021, 544; Schade/Poerschke IWB 2021, 628; Binnewies gmbhstb 2022, 84). Ob eine inländische BSt. vorhanden ist, ist nach den Gegebenheiten des Besitzunternehmens zu entscheiden (FG BW 12 K 252/00, EFG 2004, 1384; hierzu → Rn. 610 ff.). Dabei ist von Bedeutung, dass die Besitzgesellschaft regelmäßig weder in dem verpachteten Grundstück (BFH I R 72/16, BStBl. II 2021, 484) noch in dem an die Betriebsgesellschaft verpachteten Betrieb oder Teilen davon eine Betriebsstätte hat; auch ist die Betriebskapitalgesellschaft nicht ohne Weiteres als ständiger Vertreter der Besitzgesellschaft anzusehen (BFH I R 196/79, BStBl. II 1983, 77). DBA-rechtlich schlägt die Umqualifizierung zum GewBetrieb jedoch idR nicht durch (vgl. BFH I R 95/10, BStBl. II 2014, 760 mwN; **375**

HessFG 10 K 2347/09, EFG 2015, 1454; BMF 19.12.2012, BStBl. I 2012, 1258 Rn. 4.2.1; Schulze zur Wiesche BB 2013, 2463).

Handelt es sich aber um ein **ausländisches Besitzunternehmen** und ein **inländisches Betriebsunternehmen,** dann besteht eine Betriebsaufspaltung unter der Voraussetzung, dass auch das Besitzunternehmen über eine inländische BSt. verfügt (s. auch BFH I R 196/79, BStBl. II 1983, 77; Haverkamp IStR 2008, 165), ggf. durch Bestellung eines Vertreters zur Erledigung der Verpächteraufgaben (hierzu FG BW 12 K 252/00, EFG 2004, 1384; krit. Piltz IStR 2005, 173).

21. Investitionszulage/Zonenrandförderung

376 Bei der Investitionszulage behandelt die Rspr. Besitz- und Betriebsunternehmen durch **Merkmalübertragung** wie einen einheitlichen Betrieb. Tatbestandsvoraussetzungen des InvZulG gelten daher auch dann als erfüllt, wenn das investierende Besitzunternehmen das Wirtschaftsgut dem Betriebsunternehmen zur Nutzung überlässt, allerdings nur unter der Voraussetzung, dass beide Unternehmen für die Dauer der (Verbleibens)Fristen des InvZulG auch betriebsvermögensmäßig miteinander verbunden sind, dh wenn sich die personelle Verflechtung aus den Beteiligungsverhältnissen und nicht nur aus rein tatsächlichen Machtverhältnissen ergibt (BFH III S 42/92, BStBl. II 1993, 723; III R 91/93, BStBl. II 1996, 428; III R 77/96, BStBl. II 1999, 610; III R 21/99, BStBl. II 2000, 700; IV R 27/06, BStBl. II 2009, 881; krit. Kanzler FR 1999, 707). Das gilt auch für die kapitalistische Betriebsaufspaltung (BFH III R 45/92, BStBl. II 1995, 75; III R 28/08, BFH/NV 2010, 1946). Zulagenrechtlich werden jedoch bei einer originär gewerblichen Betätigung der Besitzgesellschaft die Grundsätze zur Betriebsaufspaltung verdrängt, wenn das Wirtschaftsgut von ihr für die eigenwirtschaftlichen Zwecke angeschafft worden ist (BFH III R 28/08, BStBl. II 2014, 194 mwN; III R 16/15, BFH/NV 2018, 235, zu ThürFG 3 K 111/14, EFG 2015, 1743, best.).

Verpachtet die **unmittelbar** an der Betriebspersonengesellschaft beteiligte Besitzpersonengesellschaft eine Hotelanlage an jene, so ist ausschließlich die Betriebspersonengesellschaft für die bei ihr als Sonderbetriebsvermögen zu aktivierenden Wirtschaftsgüter anspruchsberechtigt (BFH III R 35/98, BStBl. II 2001, 316; BMF 20.1.2006, BStBl. I 2006, 119 Rn. 42).

Das Besitzunternehmen muss selbst keine Betriebsstätte im Fördergebiet haben (BFH III R 50/95, BStBl. II 1999, 607; IV R 33/01, BStBl. II 2003, 272; BMF 8.5.2008, BStBl. II 2008, 590).

22. Beginn und Ende der sachlichen Steuerpflicht

377 Für die **Betriebsgesellschaft** gelten die **allgemeinen Grundsätze** (→ Rn. 584 f. für Kapitalgesellschaften, → Rn. 569 ff. für Personengesellschaften). Die **Besitzgesellschaft** (das Besitzunternehmen) kann mE jedenfalls nicht zeitlich vor der Betriebsgesellschaft ihre sachliche Steuerpflicht begründen, weil ihr die Betriebsgesellschaft die Beteiligung am allgemeinen wirtschaftlichen Verkehr vermittelt. Im Übrigen beginnt die sachliche GewStPfl. des Besitzunternehmens, wenn die Voraussetzungen für die Annahme einer Betriebsaufspaltung (→ Rn. 317 ff., 325 ff.) erstmals vorliegen (BFH IV R 8/97, BStBl. II 1998, 478). Entsprechendes gilt für das Betriebsende (vgl. BFH XI R 6/93, BStBl. II 1994, 23).

378, 379 *(frei)*

VIII. Unternehmen der öffentlichen Hand

1. Betrieb gewerblicher Art und Gewerbebetrieb

a) Allgemeines. Gewstrechtlich betroffen sind aus Gründen der wettbewerbsneutralen Besteuerung die **Fiskalbetriebe,** mit deren Leistungen die öffentliche Hand sich, ohne eine hoheitliche Aufgabe zu erfüllen, an den allgemeinen Markt wendet. Eine **Abgrenzung zum sog. Hoheitsbetrieb** (→ Rn. 381 ff.) wird insb. erforderlich, wenn die öffentliche Hand ihre rein fiskalische Betätigung nicht in Gesellschaftsformen des Privatrechts, vor allem Kapitalgesellschaften, vornimmt (zu den verschiedenen Möglichkeiten BFH I R 158/81, BStBl. II 1985, 223), also unmittelbar gewerblich tätig wird. Das **Körperschaftsteuerrecht** bedient sich dafür der Rechtsfigur des **Betriebs gewerblicher Art** (§ 4 KStG; zum Begriff und seinem Verhältnis zu § 15 EStG vgl. BFH I R 25/81, BStBl. II 1984, 726; hierzu Kußmaul/Blasius Inf 2003, 21; Leippe DStZ 2014, 607). 380

Das **Gewerbesteuerrecht** knüpft für die sachliche Selbstständigkeit und den sachlichen Umfang des Gewerbebetriebs an diese Rechtsfigur an. Gewstpflichtig ist jedoch nur der BgA, der auch die Merkmale des stehenden GewBetriebs erfüllt (§ 2 Abs. 1 S. 1 GewStG, § 2 Abs. 1 S. 1 GewStDV; BFH I R 156/87, BStBl. II 1990, 866). Dadurch ergeben sich deutliche Abweichungen vom KStRecht (hierzu → Rn. 381).

b) Gewerbliches Tätigwerden. Erforderlich ist auch für die juristische Person des öffentlichen Rechts (Begriff s. KStR 4.1 Abs. 1) neben den allgemeinen Merkmalen des § 15 Abs. 2 EStG insb. **Beteiligung am allgemeinen wirtschaftlichen Verkehr** und (anders als nach § 4 Abs. 1 S. 2 KStG) **Gewinnerzielungsabsicht** (BFH I R 79, 80/86, BStBl. II 1990, 452; I R 264/83, BFH/NV 1989, 388; I B 52/02, BFH/NV 2002, 1341; I B 245/04, BFH/NV 2005, 1135; → Rn. 73 ff., 393 f.). Zudem muss die Tätigkeit über den Rahmen der **Vermögensverwaltung hinausgehen;** daher existiert auch für die jPöR gewstrechtlich (anders als nach § 4 Abs. 4 KStG) **kein Gewerbebetrieb durch schlichte Betriebsverpachtung.** 381

Für die Zuordnung entscheidend ist **nicht die Form** etwa des öffentlichen Rechts, derer sich die jPöR bedient (zB Satzung, Leistungsbescheid, Gebührenbescheid), sondern ob sie eine wirtschaftliche Leistung anbietet, die in gleicher Weise **auch von privaten Anbietern** erbracht werden könnte (BFH I R 102/74, BStBl. II 1976, 793; V R 3/88, BStBl. II 1993, 380; I R 22/11, BFH/NV 2012, 1334; Baldauf DStZ 2011, 35). Entsprechendes gilt für die gesetzliche Statuierung bestimmter **öffentlicher Aufgaben und Einrichtungen** (BFH I R 102/74, BStBl. II 1976, 793; anders für eine Musikschule in NRW BFH V R 141/68 ua, BStBl. II 1971, 645) oder die Zuweisung im **Interesse des Gemeinwohls** (BFH V R 89/85, BStBl. II 1990, 95).

Das Tätigwerden muss **sachliche Selbstständigkeit** aufweisen. § 4 Abs. 1 KStG setzt hierfür das unbestimmte Tatbestandselement der **„Einrichtung",** das vom BFH rein funktionell ausgelegt wird. Einrichtung ist demnach **jede Betätigung** zur Erzielung von Einnahmen, die sich von der sonstigen Tätigkeit der jPöR funktionell abgrenzen lässt. Eine funktionelle Einheit kann sich hierbei aus einer besonderen Leistung, einem geschlossenen Geschäftskreis, aus der Buchhaltung oder einem ähnlichen auf eine Einheit hindeutenden Merkmal ergeben (BFH V R 50/20, BStBl. II 2024, 693 mwN). Eine bestimmte betriebliche Orga- 381a nisation, etwa eine organisatorisch verselbstständigte Abteilung, verdeutlicht zwar das Vorhandensein einer Einrichtung idS (vgl. KStH 4.1 „Einrichtung"), ist jedoch nicht erforderlich (BFH I R 7/71, BStBl. II 1974, 391). Denn andernfalls stünde die Annahme eines BgA zur Disposition der jPöR. Die Einbeziehung der wirtschaftlichenTätigkeit in den mit überwiegend hoheitlichen Aufgaben betrauten Betrieb schließt es daher nicht aus, diese als eigenständige Einheit gesondert zu erfassen (BFH I R 166/85, BFH/NV 1991, 628; I R 8/09, BStBl. II 2010, 502, jeweils mwN).

Einrichtungen sind – auch gegeneinander – **abgrenzbar,** wenn die eine **nicht bloße Hilfstätigkeit** der anderen ist. Maßgebend ist der jeweilige Förderungs- und Sachzusammenhang, in dem die jeweiligen Tätigkeiten stehen (BFH I R 9/19, BFH/NV 2023, 828, zu SchlHFG 1 K 116/13, EFG 2019, 1458, best.).

381b Zudem ist erforderlich, dass die Einrichtung sich innerhalb der Gesamtbetätigung der jPöR **wirtschaftlich heraushebt** (vgl. GewStR 2.1 Abs. 6 unter Verweis auf § 4 KStG). Sie muss das äußere Bild eines GewBetriebs bieten (BFH I R 102/74, BStBl. II 1976, 793). **Feste Umsatzzahlen** sind zur Bestimmung der wirtschaftlichen Bedeutung **nach der Rspr. nicht heranzuziehen.** Die Unbestimmtheit des Rechtsbegriffs diene der Erfassung der Besonderheiten des Einzelfalles durch Vergleich mit dem Umfang der Gesamtverwaltung der Körperschaft (so BFH V R 26/74, BStBl. II 1979, 746) bzw. nur ihres betroffenen Bereichs (BFH V R 3/79, BStBl. II 1983, 491); Konkretisierungen hierfür fehlen allerdings (BFH I 327/56 U, BStBl. III 1957, 146 hatte auf die einer bescheidenen Existenz einer Privatperson genügenden Einnahmen abgestellt, was jedoch zu einer weiteren Unbestimmtheit führt). Die **FVerw** will **absolute Maßstäbe** entscheiden lassen: ab 130.000 EUR Jahresumsatz regelmäßig wirtschaftliche Selbstständigkeit (KStR 4.1 Abs. 4); übersteigt er 45.000 EUR, soll ein wichtiger Anhaltspunkt für die Annahme von wirtschaftlichem Gewicht bestehen (KStR 4.1 Abs. 5; hierzu Kronawitter KStZ 2011, 181); erreicht er 45.000 EUR nicht, wird ein BgA nur bei besonderen Gründen (zB Wettbewerb mit Privaten) angenommen (übereinstimmend mit BFH V R 111/85, BStBl. II 1990, 868). **ME** ist diese Regelung von KStR 4.1 Abs. 5 zumindest im Ansatz zutreffend; denn der vom BFH favorisierte innere Vergleich führt zur Gefahr unterschiedlicher Ergebnisse bei vergleichbarer Größenordnung wirtschaftlicher Betätigungen.

Zur **Betriebseinheit/-mehrheit** → Rn. 388.

2. Hoheitliches Tätigwerden

382 **a) Allgemeines.** Im Gegensatz zu dem Fiskalbetrieb steht – funktional bzw. zweckorientiert betrachtet – das **hoheitliche Tätigwerden.** Maßgebend für die Abgrenzug von hoheitlichem und fiskalischem Bereich ist gewstrechtlich nicht die Begrifflichkeit des öffentlichen Rechts. Denn hiernach zählt zur Hoheitsverwaltung auch die sog. Daseinsvorsorge, etwa in Gestalt der **Versorgungsbetriebe** (§ 2 Abs. 1 S. 2; Abs. 2 GewStDV), bei denen sich eine eigenständige Teilnahme am allgemeinen Wirtschaftsverkehr mit Gewinnerzielungsabsicht ergeben kann (vgl. obiter dictum in BVerfG 2 BvR 1/68 ua, BStBl. II 1971, 567, C I 3. aE; sowie BFH I R 255/72, BStBl. II 1975, 549, auch zur Entstehungsgeschichte; BFH I R 102/74, BStBl. II 1976, 793; VI R 171/74, BStBl. II 1975, 563).

Auch für das hoheitliche Tätigwerden ist entscheidend **nicht die Form,** in der es sich vollzieht, sondern allein der **Wesensgehalt** des mit ihr verfolgten Zwecks; die jPöR kann sich für die Erfüllung ihrer hoheitlichen Aufgaben auch privatrechtlicher Mittel bedienen (BFH I 274/64, BStBl. II 1968, 218). Umgekehrt sind nicht die Nutzung der Formen des öffentlichen Rechts, die gesetzliche Statuierung öffentlicher Aufgaben und Einrichtungen uÄ maßgebend für die Einordnung als hoheitliches Handeln (→ Rn. 381 aE).

b) Hoheitsbetriebe. Nach § 2 Abs. 2 GewStDV (vgl. § 4 Abs. 5 KStG) sind Betriebe, die **überwiegend** der **Ausübung der öffentlichen Gewalt** dienen **(Hoheitsbetriebe),** grundsätzlich (abgesehen von den Versorgungsbetrieben des § 2 Abs. 1 S. 2 GewStDV) keine Gewerbebetriebe. Die Vorschriften sind zwar unscharf gefasst („überwiegend"); dennoch lassen sie der öffentlichen Hand nicht ohne Weiteres Spielraum für eine steuerfreie Wirtschaftstätigkeit (so aber Wolf DB 2003, 849), wie die bisherige Rspr. zeigt (→ Rn. 381a). Maßgebend ist die **Trennbarkeit** der hoheitlichen von der wirtschaftlichen Tätigkeit (BFH I R 22/11, BFH/NV 2012, 1334). Allein die Verbindung gemischtgenutzter Betriebsmittel rechtfertigt nicht die Annahme einer einheitlichen Tätigkeit (BFH I R 83/15, BStBl. II 1983, 495; I R 50/17, BStBl. II 2021, 443). **383**

Unter **Ausübung öffentlicher Gewalt** sind Tätigkeiten zu verstehen, die der jPöR **vorbehalten und eigentümlich** sind. Kennzeichnend hierfür ist die Erfüllung spezifisch öffentlich-rechtlicher Aufgaben, die aus der Staatsgewalt abgeleitet sind und staatlichen Zwecken dienen (BFH I 274/64, BStBl. II 1968, 218; V R 3/79, BStBl. II 1983, 491; I R 63/03, BStBl. II 2005, 501; I R 106/10, BStBl. II 2012, 837; hierzu Damas DStZ 2005, 145; Baldauf DStZ 2011, 35). Das sind solche, bei denen nicht die auch einem privaten Anbieter mögliche Versorgungsleistung, sondern die dem Hoheitsträger zufallenden Aufgaben etwa sicherheits-, gesundheits- und polizeilicher Art (vgl. BFH I 327/56 U, BStBl. III 1957, 146) oder ein vergleichbar auf staatlichen Hoheitsakt angelegtes Handlungsbedürfnis bestimmend sind (vgl. BFH V R 89/85, BStBl. II 1990, 95; I R 156/87, BStBl. II 1990, 866; I R 1/94, BStBl. II 1997, 139; I R 166/85, BFH/NV 1991, 628; I R 42/01, BFH/NV 2003, 511; I R 63/03, BStBl. II 2005, 501). **Weiter jedoch das BVerfG** zur UStPfl. der **öffentl.-rechtlichen Rundfunkanstalten,** wo schlicht die Erfüllung einer öffentlichen Aufgabe genügt, einen BgA zu verneinen (BVerfG 2 BvR 1/68 ua, BStBl. II 1971, 567).

Die Ausübung öffentlicher Gewalt ist aber **insoweit ausgeschlossen,** als sich die KdöR durch eine Einrichtung in den **allgemeinen Wirtschaftsverkehr** einschaltet und eine Tätigkeit entfaltet, die sich von der eines privaten gewerblichen Unternehmens nicht wesentlich unterscheidet (BFH I R 52/06, BStBl. II 2009, 248; I R 51/07, BStBl. II 2009, 1022; → Rn. 381 ff.).

c) Annahmezwang. Zum Teil wird ergänzt, kennzeichnend für die Ausübung öffentlicher Gewalt sei ein gesetzlich oder behördlich angeordneter **Annahmezwang** (BFH I R 63/03, BStBl. II 2005, 501; I R 52/06, BStBl. II 2009, 248; I R 51/07, BStBl. II 2009, 1022; I R 22/11, BFH/NV 2012, 1334). Das hat seinen Grund darin, dass von jeher nur obrigkeitlich, also unter Einsatz von Befehl, Gebot und Zwang, nicht auch „schlicht hoheitlich" handelnde Verwaltung von der StPfl. ausgenommen ist (vgl. BVerfG 2 BvR 1/68 ua, BStBl. II 1971, 567, hier: 2. Abw. Meinung II 2.). Allerdings ist ein solcher idR weder ein notwendiges (zB Musikschule in NRW BFH V R 141/68 ua, BStBl. II 1971, 645) noch ein hinreichendes Kriterium (vgl. § 2 Abs. 2 S. 2 GewStDV) für die Annahme eines Hoheitsbetriebs. **384**

d) Wettbewerbsrelevanz. Durch einen (unbesteuerten) Wettbewerb der Einrichtungen der öffentlichen Hand mit der Privatwirtschaft darf diese nicht benach- **385**

teiligt werden (BFH I R 25/81, BStBl. II 1984, 726; I R 63/03, BStBl. II 2005, 501; I R 8/09, BStBl. II 2010, 509; V R 50/20, BStBl. II 2024, 693 mwN). Die **Abgrenzung zum Hoheitsbetrieb** sollte daher gegen § 2 Abs. 2 GewStDV (nur „überwiegend") teleologisch nach dem systemtragenden Grundsatz der Wettbewerbsneutralität erfolgen (Seer/Wendt DStR 2001, 825). Zu vermeiden sind wettbewerbsverzerrende und daher verfassungswidrige Ergebnisse (Wolf DB 2003, 849).

Erfüllt eine Einrichtung auch den oa Begriff der Ausübung öffentlicher Gewalt, schaltet sich aber die Körperschaft zur vorrangigen Erzielung von Einnahmen – wenn auch ungewollt – in den **allgemeinen Wettbewerb** ein, genügt allein die Zuweisung einer Aufgabe an die Körperschaft nicht für die Annahme eines Hoheitsbetriebs. Maßgeblich ist, ob die Tätigkeit, bliebe sie unbesteuert, zu Wettbewerbsbeeinträchtigungen der privaten Wirtschaft führen kann. Hierbei ist **nicht maßgebend der rechtliche Status** des Anbieters einer Leistung, sondern ob er nach dem konkreten Inhalt seines Angebots auf dem jeweils relevanten Markt in einen **potenziellen Wettbewerb** mit Privaten tritt, weil die betreffende Tätigkeit auch von einem privaten Unternehmer ausgeführt werden könnte (BFH V R 79/84, BStBl. II 1988, 910; I R 8/09, BStBl. II 2010, 502). Das ist nur dann zu verneinen, wenn sich die Angebote in der Bereitstellung von Infrastruktur erschöpfen (BFH V R 50/20, BStBl. II 2024, 693 mwN). Dienen Zwangs- oder Monopolrechte vorrangig dem **Schutz vor Konkurrenz,** gilt Entsprechendes (BFH I R 2/94, BStBl. II 1997, 139; I R 51/07, BStBl. II 2009, 1022).

386 **e) Mischtatbestände.** Von Mischtatbeständen, die wegen eines **überwiegenden hoheitlichen Anteils** nicht als Gewerbebetrieb behandelt werden, kann auch noch gesprochen werden, wenn ein Betrieb lediglich als **Hilfsmittel** zur Erfüllung des öffentlichen Zwecks beurteilt wird. Dies trifft beispielsweise zu auf Arbeitsbetriebe der Strafvollzugsanstalt und bei gleicher Beschäftigung auch der Untersuchungsgefängnisse (BFH I 80/62 U, BStBl. III 1965, 95). Problematisch ist die entsprechende Einordnung für *Schülerheime* (KStR 4.5 Abs. 2) und Veranstaltungen einer **freiwilligen Feuerwehr** (FG Düsseldorf 6 K 57/86 K, G, EFG 1991, 752), für **Arbeitsbetriebe** solcher Anstalten, die der Fürsorgetätigkeit dienen, sowie für die fürsorgende Unterbringung in **Behinderten-, Altenheimen** und ähnl. Einrichtungen (vgl. GewStH 2.1 Abs. 6). Es handelt sich bei diesen Beispielen um eine lediglich **betriebswirtschaftlich** orientierte Einheitsbetrachtung, die allein zu keiner steuerrechtlichen Zusammenfassung führen darf und dem Gebot der weitestgehenden Trennung und Ausgliederung gewerblicher Tätigkeiten (s. für *gewerbliche Grabpflege und Friedhofsverwaltung* BFH V R 15/74, BStBl. II 1977, 813; zur „Aufteilung" bei *Schulschwimmhalle* mit allgemeinem Badebetrieb BFH V R 26/74, BStBl. II 1979, 746) widerspricht.

387 **f) Hilfsgeschäfte.** Wie Hilfsmittel werden auch **Hilfsgeschäfte** dem hoheitlichen Bereich zugeordnet (KStR 4.4 Abs. 2; SchlHFG 1 K 116/13, EFG 2019, 1458 nachgehend BFH I R 9/19, BFH/NV 2023, 828). Schließen sich mehrere Körperschaften des öffentlichen Rechts mit ihren Hoheitsbetrieben zu einer **BGB-Gesellschaft** zusammen, so liegt mE gleichwohl noch ein Hoheitsbetrieb vor.

Zum „hoheitlichen Bereich" **bei öffentlich-rechtlichen Religionsgemeinschaften** vgl. OFD Koblenz 19.1.2004, DStZ 2004, 350.

3. Betriebseinheit/-mehrheit

Ob **gewstrechtlich** bei räumlich getrennten Betätigungen (zB mehrere Photovoltaikanlagen) ein **einheitlicher GewBetrieb** oder **mehrere GewBetriebe** vorliegen, ist nach allgemeinen Grundsätzen (→ Rn. 16 ff.), insb. nach ihrer Abgrenzbarkeit zueinander, zu entscheiden (zur KSt BFH I 29/19, BFH/NV 2023, 828, zu SchlHFG 1 K 116/13, EFG 2019, 1458, Abfallverbrennung und Energieerzeugung). Das gilt nach mE zutreffender Ansicht nicht nur für den kstrechtlichen BgA (FG Münster 13 K 3663/18 K, G, EFG 2021, 1140, zu Photovoltaikanlagen auf mehreren Gebäuden; FG Düsseldorf 7 K 2398/18 K, F, EFG 2022, 1877, zu mehreren Sportstätten; SchlHFG 1 K 15/17, EFG 2022, 265, Blockheizkraftwerk, Freibad, nachgehend BFH V R 43/21, BStBl. II. 2025, 460), sondern erst recht für den GewBetrieb der öffentlichen Hand. Missverständlich mE daher § 2 Abs. 1 S. 1 Hs. 2 GewStDV, der „für den Umfang des Unternehmens" auf § 4 Abs. 6 S. 1 KSt verweist. Diese Vorschrift betrifft aber die Zulässigkeit der **Zusammenfassung mehrerer Betriebe** (→ Rn. 43 f.), nicht die vorrangige Frage des Umfangs, also der Betriebseinheit bzw. -vielheit. 388

4. ABC Hoheitsbetrieb/Gewerbebetrieb

S. auch KStR 4.5. 389

- **Abfallberatung** nach § 6 Abs. 4 VerpackV im Dualen System ist Gewerbebetrieb (BFH I R 22/11, BFH/NV 2012, 1334; aA FG Bln-Bbg 12 K 8281/06, DStZ 2011, 423, aufgeh.).
- **Abfallentsorgung** s. „Müllbeseitigung".
- **Abfallwirtschaft** als Regiebetrieb einer Kommune ist Gewerbebetrieb (vgl. BFH I R 112/09, BFH/NV 2011, 1194).
- **Abwasserbeseitigung** (Klärwerk uÄ) ist hoheitliche Aufgabe der Daseinsvorsorge und daher kein BgA (§ 4 Abs. 5 KStG, BFH I R 82-8/00, BStBl. II 2001, 773).
- **Altenheime, Altenwohnheime** sind Betriebe gewerblicher Art, unter den Voraussetzungen des § 3 Nr. 20 allerdings von der Gewerbesteuer befreit.
- **Anschlagstellen.** Die Überlassung des Rechts, Anschlagsäulen auf öffentlichen Wegen und Plätzen zu errichten und zu nutzen, ist nur körperschaftsteuerrechtliche Betriebsverpachtung (§ 4 Abs. 4 KStG; BFH I R 100/79, BStBl. II 1983, 386). Für die GewSt gelten hinsichtlich der Verpachtung ohnehin besondere Grundsätze (Stichwort Betriebsverpachtung). Ein Hoheitsbetrieb kommt in jedem Fall nicht in Betracht (BFH I R 100/79, BStBl. II 1983, 386).
- **Bäderbetriebe** (Hallenbad, Freibad) sind Betriebe gewerblicher Art (vgl. BFH I R 74/89, BStBl. II 1992, 432).
- **Banken,** Betriebe gewerblicher Art, s. auch die partiellen Gewerbesteuerbefreiungen in § 3 Nr. 2.
- **Beliehener Unternehmer.** Die Tatsache, dass ein Privater mit der Ausübung öffentlicher Gewalt beliehen wird, steht der Beurteilung seiner Tätigkeit als gewerblich nicht entgegen (BFH I 157/63 U, BStBl. III 1966, 36). Daran ändert auch das bestehende öffentliche Gewaltverhältnis eigener Art nichts (BFH I R 107/68, BStBl. II 1970, 517). Bei der Eingriffsverwaltung kann das Gewaltverhältnis zu einer persönlichen und sachlichen Eingliederung des Privaten führen und auch eine Beteiligung am allgemeinen wirtschaftlichen Verkehr fehlen (vgl. RFH I 9/39, RStBl. 1940, 643).

- **Berufsorganisationen** können insb. bei Freiberuflern durch Gesetz die Ausübung hoheitlicher Befugnisse übertragen sein. Im Rahmen der ihnen zustehenden Ordnungsgewalt werden sie als Körperschaften des öffentlichen Rechts nicht gewerblich tätig (s. HHR KStG § 4 Rn. 65 zur *Kassenärztlichen Vereinigung* und *Ärztekammer* und Rn. 66 zur *Landwirtschaftskammer;* BFH V R 79/84, BStBl. II 1988, 910). Es können sich daraus aber auch Betriebe gewerblicher Art ergeben. Dies gilt zB für *Versorgungseinrichtungen des öffentlichen Rechts* von bestimmten freien Berufsgruppen (BFH I R 200/73, BStBl. II 1976, 355; IV R 160/71, BStBl. II 1974, 631). S. auch die Befreiungsvorschrift des § 3 Nr. 11.
- **Beteiligung.** Die mitunternehmerische Beteiligung einer juristischen Person des öffentlichen Rechts an einer **gewerblich tätigen Personengesellschaft** begründet einen BgA (zur KSt BFH I R 25/81, BStBl. II 1984, 726; zur KapErtrSt BFH I R 52/13, BStBl. II 2016, 172; VIII R 43/15, BFH/NV 2019, 1414, zu FG München 6 K 3113/11, EFG 2015, 1950, best.). Wesentlich hierbei ist nicht die Beteiligung, sondern die wirtschaftliche Betätigung, weswegen auch verschiedene Betätigungen der Personengesellschaft für die jPöR mehrere BgA darstellen können (BFH I R 9/19, BFH/NV 2023, 828, zu SchlHFG 1 K 116/13, EFG 2019, 1458, best.). Das gilt jedoch nicht für die durch eine Holding-PersGes begründeten Organschaftsverhältnisse (BFH I R 16/19, BStBl. II 2023, 1096). Die Beteiligung an einer **gewerblich geprägten vermögensverwaltenden PersGes** ist kein BgA (BFH I R 83/15, BStBl. II 2018, 495; I R 16/19, BStBl. II 2023, 1096). Für die Gewerbesteuer wird sie mE in beiden Fällen bei dem Objekt Gewerbebetrieb der Personengesellschaft erfasst (BFH III R 78/72, BStBl. II 1973, 616; Schiffers DStZ 2014, 675). § 2 GewStDV ist nicht anzuwenden. Die Beteiligung allein begründet keinen Betrieb der öffentlichen Hand, sie kann aber BV eines daneben bestehenden Betriebs der öffentlichen Hand sein mit der Folge des § 8 Nr. 8 bzw. § 9 Nr. 2 (BMF 21.6.2017, BStBl. I 2017, 880 Rn. 12; Schiffers DStZ 2017, 305 (311)). Die **Beteiligung an einer Kapitalgesellschaft** allein ist grundsätzlich keine wirtschaftliche Betätigung (BFH I R 83/15, BStBl. II 2018, 495); stellt mE aber einen GewBetrieb dar, wenn die Trägerkörperschaft entscheidenden Einfluss auf die Geschäftsführung der Gesellschaft nimmt (vgl. HessFG 4 K 890/19, EFG 2022, 352; KStR 4.1 Abs. 2 S. 2 ff.; zum wirtschaftlichen Geschäftsbetrieb → § 3 Nr. 6 Rn. 229). KSt-rechtlich – und mE gewstrechtlich – besteht auch dann ein Betrieb gewerblicher Art, wenn die Tätigkeit, falls von der juristischen Person allein ausgeübt, als hoheitlich zu beurteilen wäre (vgl. für die Beteiligung an einer Mitunternehmerschaft BMF 21.6.2017, BStBl. I 2017, 880 Rn. 2). Bei Beteiligung an einer gemeinnützigen Tochtergesellschaft liegt mE jedoch Vermögensverwaltung vor (Strahl FR 2002, 916).
- **Betriebsaufspaltung.** Ein GewBetrieb (BgA) kraft Betriebsaufspaltung ist möglich (BFH I B 8/23, BFH/NV 2025, 1027; GewStH 2.2, EStH 15.7 Abs. 4). Jedoch lehnt die Rspr. es ab, in der Vermietung oder Verpachtung wesentlicher Betriebsgrundlagen an den BgA bei seiner Trägerkörperschaft einen weiteren GewBetrieb nach Betriebsaufspaltungsgrundsätzen zu sehen (BFH I R 223/80, BStBl. II 1984, 496; I R 61/91, BStBl. II 1993, 459).
- **Betriebsverpachtung.** Zur kstrechtlichen Betriebsverpachtung vgl. BFH I R 58/17, BStBl. II 2021, 945. **Gewstrechtlich** liegt wie bei einem Privaten in der Verpachtung eines Gewerbebetriebs eine Betriebseinstellung (→ Rn. 579), es sei denn, sie stellt sich selbst als werbender Betrieb dar (GewStR 2.2, GewStH 2.2; Baldauf DStZ 2010, 523). Unter den Voraussetzungen des § 4 Abs. 4 KStG

ist auch gewstrechtlich kein Raum für ein Wahlrecht, die Betriebsaufgabe zu erklären. Das verpachtete Betriebsvermögen bleibt steuerrechtliches Betriebsvermögen bis zur tatsächlichen Aufgabe des Betriebs (BFH I R 106/76, BStBl. II 1979, 716).

- **Blockheizkraftwerk** ist BgA (vgl. § 4 Abs. 3 KStG; BFH I R 82-85/00, BStBl. II 2001, 773; SchlHFG 1 K 15/17, EFG 2022, 265, nachgehend BFH V R 43/21, BStBl. II 2025, 460).
- **Blutalkoholuntersuchung** stellt keine Ausübung hoheitlicher Gewalt dar (BFH V R 89/85, BStBl. II 1990, 95; I R 156/87, BStBl. II 1990, 866).
- **Bundeseisenbahnvermögen.** Es unterhält zwar einen Versorgungsbetrieb, ist aber im Rahmen seiner Zweckbestimmung von der GewSt freigestellt (§ 3 Nr. 1).
- **Campingplatz.** Die Verpachtung eines Campingplatzes wird als Betrieb gewerblicher Art iSd KStR angesehen, wenn die dafür wesentlichen Einrichtungen von der verpachtenden Körperschaft zur Verfügung gestellt werden. Gewstrechtlich gelten hinsichtlich der Verpachtung eigenständige Grundsätze (s. „Betriebsverpachtung"). Der Betrieb eines Campingplatzes durch die Gemeinde selbst ist regelmäßig Gewerbebetrieb (→ Rn. 106).
- **Drittmittelforschung** der Hochschulen. Zur Problematik vgl. Lang/Seer StuW 1993, 47; Seer/Klemke BB 2010, 2015; Stalleiken FR 2010, 929; BMF 17.4.1989, DB 1989, 857; OFD Rheinland 28.9.2009, BeckVerw 229756. Zur Steuerbefreiung nach § 68 Nr. 9 AO vgl. → § 3 Rn. 302 ff. und EuGH C-287/00, DStR 2002, 1172 mAnm Klenk.
- **Duales System.** Entgeltliche Leistungen gegenüber entsorgungsverpflichteten Unternehmen im Rahmen des Dualen System begründen einen BgA (BFH I R 72/06, BStBl. II 2009, 246). Siehe auch „Abfallberatung".
- **Faschingsbälle,** die von einer Universität veranstaltet werden, können nach FG München 14 K 1749/96, EFG 1997, 707 (rkr.) Betrieb gewerblicher Art sein (zweifelnd Olbertz UVR 1997, 1).
- **Forschungsanstalten** können als Hoheitsbetriebe anzusehen sein. Treten Universitätsinstitute durch die Erstellung wissenschaftlicher Einzelgutachten, zB über Stoffbeschaffenheit, in eine Konkurrenzlage zu Privatunternehmen, so liegt keine hoheitliche Tätigkeit mehr vor (BFH V 120/59 U, BStBl. III 1961, 298). Handelt es sich um eine gemeinnützige Körperschaft, so ist § 68 Nr. 9 AO (Drittmittelforschung als Zweckbetrieb, → § 3 Rn. 302 ff.) zu prüfen. Besteht bei der Körperschaft kein gewerbliches Unternehmen (Hilfsmittel oder keine Konkurrenzlage), so kann sie unabhängig hiervon einen unschädlichen Zweckbetrieb (§ 65 AO) haben.
- **Freibad** ist BgA (SchlHFG 1 K 15/17, EFG 2022, 265, nachgehend BFH V R 43/21, BStBl. II 2025, 460).
- **Freiwillige Feuerwehren** sind mit den Überschüssen aus Festveranstaltungen zur Selbstdarstellung und Mitgliederwerbung nicht gewerbesteuerpflichtig, wenn die Überschüsse für den hoheitlichen Zweck verwendet werden (FG Düsseldorf 6 K 57/86 K, G, EFG 1991, 752).
- **Friedhofsverwaltung** ist hoheitliche Tätigkeit (s. auch zur Abgrenzung von wirtschaftlich damit verbundenen gewerblichen Unternehmen: BFH V R 15/74, BStBl. II 1977, 813; V R 3/79, BStBl. II 1983, 491; KStH 4.5).
- **Fürsorgetätigkeit** zählt mE nicht zu den Betrieben gewerblicher Art.
- **Garagenablösung.** Verlangen Gemeinden Ablösungsbeträge für die Befreiung von der Pflicht zum Bau von Garagen, so liegt mE auch bei entsprechenden

organisatorischen Vorkehrungen kein Betrieb gewerblicher Art, sondern die Ausübung öffentlicher Gewalt vor. ME handeln die Gemeinden wie bei den sog. Baudispens- und Nachfolgelastenverträgen auch bei der vertraglichen Garagenablösung hoheitlich im Bereich der Eingriffsverwaltung. Das Verwaltungsverfahrensgesetz bestätigt in seinen §§ 54, 56 die Existenz solcher subordinationsrechtlicher Verträge.

– **Gaststätte.** Das Unterhalten einer Gaststätte ist ein Betrieb gewerblicher Art (BFH I 213/58 U, BStBl. III 1959, 339).
– **Gefangenenarbeitsbetriebe** sind Hoheitsbetriebe (BFH I 80/62 U, BStBl. III 1965, 95).
– **Gutachterausschüsse** nach § 192 BauGB sind Betriebe gewerblicher Art (vgl. FM Thür 4.1.1999, DStR 1999, 322; KStR 4.5 Abs. 9).
– **Industriegleisanlagen,** Betrieb gewerblicher Art (BFH I B 136/98, BFH/NV 2000, 894).
– **Kaminkehrer** sind trotz der ihnen übertragenen feuerpolizeilichen Befugnisse gewerblich tätig (s. auch „Beliehener Unternehmer").
– **Kanalbetrieb** wird ebenso wie Abwasser- und Abfallbeseitigung als Hoheitsbetrieb angesehen (BFH I 164/59 S, BStBl. III 1962, 448).
– **Kantinen.** Bei Kantinen, die nur für die Belegschaft eines Betriebs eingerichtet sind, soll es an einer Beteiligung am allgemeinen wirtschaftlichen Verkehr und damit an der Gewerbesteuerpflicht fehlen (GewStR 2.1 Abs. 6; s. aber für die Körperschaftsteuer KStH 4.4 „Hoheitsbetrieb" mit der Annahme eines Betriebs gewerblicher Art.
– **Kindergarten** (kommunal), trotz Anspruch der Kinder nach dem 3. Lebensjahr auf Förderung in Tageseinrichtungen nach dem SGB VIII Betrieb gewerblicher Art (BFH I R 106/10, BStBl. II 2012, 837; aA FG Düsseldorf 6 K 2138/08, EFG 2011, 482, aufgeh.); zu kirchlichem Kindergarten FG Hmb 3 K 74/12, EFG 2013, 956 zur GrESt: bejaht.
– **Kommunale Datenverarbeitungszentralen** üben mE weder in der Rechtsform einer BGB-Gesellschaft noch beim unmittelbaren Tätigwerden der öffentlichen Hand öffentliche Gewalt aus, sondern sind bei bestehender Gewinnerzielungsabsicht gewerbesteuerpflichtig.
– **Konzessionsvergabe** durch Gemeinde an Energieversorgungsunternehmen ist nicht gewerblich (BFH XI R 8/10, BFH/NV 2012, 1667 zu SächsFG 3 K 2115/05, ZKF 2010, 287, aufgeh.).
– **Krankenanstalten** sind zwar Betriebe gewerblicher Art (BFH I R 21/81, BStBl. II 1985, 162), aber unter den in § 3 Nr. 20 genannten Voraussetzungen von der Gewerbesteuer befreit (→ § 3 Rn. 431 ff.). Die Überlassung medizinischer Großgeräte an Gemeinschaftspraxis ist wirtschaftlicher Geschäftsbetrieb (BFH I R 85/04, BStBl. II 2005, 545).
– **Krankenversicherungen,** gesetzlich, werden durch Vermittlung von Zusatzleistungen gewerblich tätig (BFH I R 8/09, BStBl. II 2010, 502).
– **Krematorium** nebst Urnenversand ist gewerblich (BFH I B 245/04, BFH/NV 2005, 1135; I R 51/07, BStBl. II 2009, 1022).
– **Kurbetrieb bzw. -verwaltung** einer Gemeinde stellt einen Betrieb gewerblicher Art dar (BFH I 53/61 U, BStBl. III 1962, 542); erforderlich sind weder kurspezifische Einrichtungen noch ein breites Spektrum von differenziert einsetzbarer Therapieverfahren (BFH V R 50/20, BStBl. II 2024, 693 mwN, zu NdsFG 6 K 18/17, EFG 2020, 1870, aufgeh.; zur Problematik Schiffers DStZ 2021, 28). Eine Zuordnung von Parkanlagen hierzu ist zulässig (BFH V R 18/

83, BStBl. II 1988, 971), von dem öffentlichen Verkehr gewidmeten Straßen jedoch nicht (BFH V R 166/84, BStBl. II 1990, 799).

- **Landwirtschaftliche Unternehmen** begründen auch für juristische Personen des öffentlichen Rechts keine gewerblichen Einkünfte.
- **Leihanstalten** sind keine Hoheits-, sondern Gewerbebetriebe (RFH V 121/39, RStBl. 1940, 655).
- **Märkte,** die von Gemeinden auf öffentlichen Straßen und Plätzen abgehalten werden, begründen regelmäßig Betriebe gewerblicher Art (BFH I 145/60 U, BStBl. III 1961, 67).
- **Müllbeseitigung** (§§ 20 ff. KrWG) stellt keinen Betrieb gewerblicher Art dar, sondern einen Hoheitsbetrieb (BFH I R 1/94, BStBl. II 1997, 139; iÜ KStR 4.5 Abs. 6). Abgabe der Abfälle oder der aus diesen gewonnenen Stoffen oder Energie ist idR Hilfsgeschäft; BgA jedoch, wenn die veräußerten Stoffe oder die veräußerte Energie nicht überwiegend aus Abfällen gewonnen werden (KStR 4.5 Abs. 6 S. 3; Einzelheiten s. OFD Karlsruhe 3.7.2020 – S 270-6/256-St 213). Bei Wärmelieferung Betrieb gewerblicher Art verneint, FG Münster IX 3394/84 K, EFG 1986, 619 rkr.
  BgA auch, wenn die Müllverbrennung und Energieerzeugung von einer Personengesellschaft, an der die jPöR beteiligt ist, durchgeführt wird (BFH I R 9/19, BFH/NV 2023, 828, zu SchlHFG 1 K 116/13, EFG 2019, 1458, best.).
- **Parkhaus** ist idR Betrieb gewerblicher Art, und zwar auch dann, wenn die Benutzung durch öffentlich-rechtliche Satzung geregelt ist (BFH V R 3/88, BStBl. II 1993, 380; KStR 4.5 Abs. 4 S. 2).
- **Parkplatz.** Gebührenpflichtige Parkplätze, die Gemeinden auf eigenem oder gepachtetem Grund unterhalten, sind Betriebe gewerblicher Art (BFH I R 102/74, BStBl. II 1976, 793). Dagegen zählt der Betrieb von Parkuhren und Parkscheinautomaten zur Ausübung öffentlicher Gewalt (KStR 4.5 Abs. 4 S. 1; zT abweichend FG BW 10 K 1439/14, BeckRS 2016, 94933).
- **Pflegeheime** sind Betriebe gewerblicher Art, aber unter den Voraussetzungen des § 3 Nr. 20 steuerbefreit.
- **Photovoltaikanlage** einer Gemeinde auf öffentlichen Gebäuden ist gewerblich (FG Münster 13 K 3663/18 K, G, EFG 2021, 1140, gleichzeitig zur Zusammenfassung; vgl. NdsFG 16 K 11189/08, EFG 2010, 1263, zur USt).
- **Rundfunksendeanlagen und Rundfunksendungen.** Nach der Entscheidung des BVerfG (2 BvF 1/68, 2 BvR 702/68, BStBl. II 1971, 567) ist der Betrieb von Rundfunkanstalten keine Betätigung gewerblicher Art. Das gilt nicht für Werbesendungen. S. jetzt § 8 Abs. 1 S. 2 KStG iVm § 7 Abs. 1 S. 3 GewStG.
- **Schlachthöfe** stellen Hoheitsbetriebe dar (KStR 4.4 Abs. 1 S. 2).
- **Schulen** rechnen zum Hoheitsbereich (BFH V R 26/74, BStBl. II 1979, 746). Für den **Hochschulbereich** gilt mit Rücksicht auf das Staatsprüfungsmonopol nichts anderes. Dies hindert nicht die Annahme von Betrieben gewerblicher Art bei entgeltlicher Gutachtertätigkeit von Instituten (BFH V 120/59 U, BStBl. III 1961, 298). Zweifelhaft mE wegen möglicher Konkurrenzlage die Beurteilung einer allgemeinen Musikschule als Hoheitsbetrieb (s. BFH V R 141/68 ua, BStBl. II 1971, 645).
- **Schulschwimmen** ist hoheitliche Tätigkeit iSd § 4 Abs. 5 KStG (BFH I R 50/17, BStBl. II 2021, 443).
- **Schwimmbad.** Betrieb gewerblicher Art, soweit außerhalb schulischer Zwecke eingesetzt (BFH V R 26/74, BStBl. II 1979, 746). Zur Verpachtung von

Leerräumen zum Betrieb einer Gaststätte vgl. OFD Frankfurt aM 28.3.2000, DB 2000, 1050.

- **Skilift,** Betrieb gewerblicher Art (FG Nürnberg II 45/80, EFG 1984, 416).
- **Sparkassen** üben keine hoheitliche Tätigkeit aus, sondern stellen Betriebe gewerblicher Art dar (BFH VI R 391/69, BStBl. II 1971, 818).
- **Sportstätten.** Maßgebend für die Abgrenzung von der Vermögensverwaltung sind Zusatzleistungen sowie ein Jahresumsatz von mehr als 30.678 EUR, ab 1.1.2013 45.000 EUR (OFD Münster 2.3.2007, DStRE 2007, 295). Überlassung zum Zwecke des Sportunterrichts ist nicht gewerblich (SächsFG 5 K 1593/04, ZFK 2011, 119; Rang/Baldauf DStZ 2014, 38).
- **Steuerberaterkanzlei,** auch wenn im **Erbgang** von juristischer Person des öff Rechts erworben und zur Veräußerung bestimmt, ist ein Betrieb gewerblicher Art (BFH I R 19/87, BStBl. II 1990, 246).
- **Straßenreinigung** wird als hoheitliche Tätigkeit angesehen (KStR 4.4 Abs. 1 S. 2).
- **Tiefgarage,** Betrieb gewerblicher Art (BFH I R 187/85, BStBl. II 1990, 242; KStR 4.5 Abs. 4 S. 2).
- **Toilettenanlagen** gehören als Teil der Daseinsvorsorge zur öffentlichen Gewalt und können nicht (gewillkürtes) BV eines gewerblichen (Markt)Betriebs sein (BFH I R 52/06, BStBl. II 2009, 248).
- **Touristik** kann mit verschiedenen Aktivitäten ein einheitlicher BgA sein (NdsFG 6 K 18/17, EFG 2020, 1870, nachgehend BFH V R 50/20, BStBl. II 2024, 693).
- **Vermessungs- u. Katasteramt** ist hoheitlicher Natur und nicht BgA (BFH I R 63/03, BStBl. II 2005, 501).
- **Vermietung** von Einrichtungen ist Betrieb gewerblicher Art (BFH V R 95/86, BStBl. II 1992, 569, Mehrzweckhalle).
- **Verpachtung** einer Gaststätte ist Betrieb gewerblicher Art (BFH V R 111/85, BStBl. II 1990, 868), aber nicht ohne Weiteres GewBetrieb (s. auch „Betriebsverpachtung“).
- **Versicherungsanstalten** der öffentlichen Hand können einen GewBetrieb bilden, soweit das Unternehmen nicht dem Staat eigentümliche Aufgaben erfüllt. Entscheidend ist nicht die Form, sondern der Inhalt der Tätigkeit, also die Rechte und Pflichten aus dem öffentlich-rechtlichen Versicherungsverhältnis (BFH I R 157/67, BStBl. II 1970, 519; I B 134/94, BFH/NV 1996, 366). Die Betriebe der öffentlichen Träger der **Sozialversicherung** gelten nur dann als Hoheitsbetriebe, wenn in ihnen ihre Mitglieder behandelt werden (KStR 4.5 Abs. 1; mE aber typischer GewBetrieb).
- **Versorgungsbetriebe** werden größtenteils in Erfüllung einer öffentlichen Aufgabe eingerichtet. Das sind nach § 2 Abs. 1 GewStDV die Unternehmen, die der Versorgung der Bevölkerung mit Wasser (hierzu BFH I R 79, 80/86, BStBl. II 1990, 452; VI R 42/86, BStBl. II 1990, 679), Gas, Elektrizität (BFH I R 44/94, BStBl. II 1995, 742) oder Wärme, dem öffentlichen Verkehr oder dem Hafenbetrieb dienen (vgl. auch BFH I 82-85/00, BStBl. II 2001, 773). Es kommen aber nicht nur die dort aufgezählten Unternehmen als Versorgungsbetriebe in Frage (vgl. zB für Badebetriebe BFH GrS 4/66, BStBl. III 1967, 240; Tiefgarage BFH I R 187/85, BStBl. II 1990, 242).
- **Versorgungswerk** einer Berufskammer ist auch bei Investition von Beiträgen in gewerbliche Personengesellschaften nicht gewerblich tätig (BFH I R 47/09, BFH/NV 2011, 1257).

– **Wasserversorgungsbetriebe und -verbände** unterhalten, soweit sie mit Gewinnerzielungsabsicht betrieben werden, Gewerbebetriebe (BFH I R 79, 80/86, BStBl. II 1990, 452; VI R 42/86, BStBl. II 1990, 679; I R 108/95, BStBl. II 1997, 230; vgl. aber I R 232/71, BStBl. II 1972, 500; I R 58/75, BStBl. II 1977, 250). Zur **Gewinnerzielungsabsicht** eines gemeindlichen Wasserwerks s. BFH I R 264/83, BFH/NV 1989, 388; I B 9/12, BFH/NV 2013, 83. Vielfach sind die Versorgungsunternehmen Subventionsbetriebe (→ Rn. 281). Als Versorgungsbetriebe werden ferner behandelt: Wasserwerk (BFH I R 34/75, BStBl. II 1977, 251), Verkehrsbetriebe, Straßenbeleuchtung, Elektrizitäts- und Gasversorgung (BFH VI R 171/74, BStBl. III 1975, 563).
– **Wertstoffverwertung,** Betrieb gewerblicher Art (BFH I R 42/01, BFH/NV 2003, 511; KStR 4.5 Abs. 6 S. 4), s. auch „Müllbeseitigung".

5. Unternehmenszurechnung

Der Betrieb gewerblicher Art ist **für die Gewerbebesteuerung** ebenso wenig Besteuerungssubjekt und damit Steuerschuldner wie bei der Körperschaftsteuer. **390**
Zurechnungssubjekt für den je **einzelnen Betrieb** und damit **subjektiv steuerpflichtig** ist vielmehr die jeweilige Trägerkörperschaft in Gestalt der juristischen Person des öffentlichen Rechts (BFH I R 7/71, BStBl. II 1974, 391; I R 21/81, BStBl. II 1985, 162; I R 9/19, BFH/NV 2023, 828), auf deren Rechnung der Betrieb unterhalten wird (BFH I R 126/83, BStBl. II 1988, 70; I R 112/09, BFH/NV 2011, 1194); das gilt auch bei **Beteiligung an einer Mitunternehmerschaft** (BFH IV B 64/12, BFH/NV 2013, 514, gleichzeitig zur Gewinnfeststellung und Zurechnung). Der Betrieb als organisatorische Einheit ist jedoch Gegenstand der Gewinnermittlung (→ Rn. 391).

6. Gewinnermittlung

a) BgA und Trägerkörperschaft. Obwohl er kein Rechtssubjekt ist, wird er **391**
für die Zwecke der Gewinnermittlung im Verhältnis zur Trägerkörperschaft wie ein solches behandelt, und zwar **grds. jeder einzelne Betrieb** (BFH I R 161/94, BFH/NV 1997, 625; I R 42/01, BFH/NV 2003, 511; Ausnahme → Rn. 43 ff.). Dieser Umstand bedingt auch Besonderheiten bei der Bestimmung und Abgrenzung des **Betriebsvermögens** (hierzu BFH I R 20/01, BFH/NV 2002, 1260; Gastl DStZ 2004, 323: Vergleich mit Betriebsaufspaltung; ähnl. Wallenhorst DStZ 2002, 703). Für die Besteuerung als Betriebsvermögen angesehen werden vor allem die wesentlichen Grundlagen des Betriebs. **Gewillkürtes Betriebsvermögen** können nicht Gegenstände eines Hoheitsbetriebs sein (BFH I R 52/02, BStBl. II 2009, 248 zur Toilettenanlage); zum gewillkürten Betriebsvermögen eines BgA s. BMF 5.12.1988, DB 1988, 2602; FM BW 11.1.1989, BB 1989, 544. Zur Einlage von Wirtschaftsgütern mit dem Teilwert s. BFH I R 197/83, BStBl. II 1987, 865; zur Bildung von Rückstellungen für Pensionsverpflichtungen für im BgA eingesetzte Beamte vgl. BFH I R 46/04, BStBl. II 2006, 688.

Die **Beziehungen zwischen Trägerkörperschaft und BgA** werden denen **392**
zwischen Kapitalgesellschaft und Gesellschaftern gleichgesetzt. Dh grundsätzlich können Vereinbarungen zwischen ihnen steuerrechtlich anerkannt werden, obwohl der BgA kein eigenes Rechtssubjekt ist (BFH I R 44/78, BStBl. II 1982, 783), jedoch auch mit der Folge möglicher **verdeckter Gewinnausschüttungen** (BFH I R 4/84, BStBl. II 1990, 237; I R 61/91, BStBl. II 1993, 459; I R 108/95, BStBl. II 1997, 230; I R 20/01, BStBl. II 2003, 412; I R 47/02, BFH/NV

2004, 736); auch → Rn. 393. Das gilt insb. für **Miet- und Pachtzinsen** (BFH I R 223/80, BStBl. II 1984, 496; I R 50/98, BStBl. II 2001, 558), ggf. auch für die (Nach)Zahlung von **Konzessionsabgaben** (BFH I R 28/09, BFH/NV 2011, 850; zur Abziehbarkeit der Konzessionsabgaben bei Versorgungsbetrieben s. BMF 9.2.1998, BStBl. I 1998, 209; in den Fällen des Verbands oder der Organschaft s. BMF 16.12.1985, BStBl. I 1986, 13), nicht jedoch für **Sondernutzungsentgelte** aufgrund einer Gebührensatzung (BFH I R 72/06, BStBl. II 2009, 246). **Zinsen** für dem Betrieb gewährte **Darlehen** werden als verdeckte Gewinnausschüttungen behandelt, soweit der Betrieb, gemessen an der Kapitalstruktur gleichartiger Unternehmen, unzureichend mit Kapital ausgestattet ist (BFH I R 52/78, BStBl. II 1983, 147; I R 48/02, BStBl. II 2004, 425); ebenso wenn Darlehen zur Finanzierung der aus Eigenmitteln der Trägerkörperschaft bestittenen AK oder HK von wesentlichen Betriebsgrundlagen des BgA vereinbart sind (BFH I R 24/17, BFH/NV 2020, 1023).

393 **b) Gewinnerzielungsabsicht.** Die **nach allgemeinen Grundsätzen** erforderliche Gewinnerzielungsabsicht (→ Rn. 73) kann entsprechend den tatsächlichen Ergebnissen auch gegeben sein, wenn der Betrieb nach kommunalrechtlichen Vorgaben nicht darauf ausgerichtet ist (BFH I B 9/12, BFH/NV 2013, 83); anders wenn dauerhafte Verluste strukturell angelegt sind (SächsFG 3 K 605/12, BeckRS 2015, 94273). Auch kann sie sich allein unter Einbeziehung von **verdeckten Gewinnausschüttungen** ergeben (BFH I B 52/02, BFH/NV 2002, 1341), ebenso unter Einbeziehung von Kapitalerträgen aus von der Trägerkörperschaft eingelegten Aktien (BFH I B 52/02, BFH/NV 2002, 1341; FG Köln 10 K 2933/11, EFG 2014, 662; aA FG Düsseldorf 15 K 2567/03, BB, EFG 2006, 1769); anders für die **Beteiligung an einer OG** in Gestalt eines kommunalen Eigenbetriebs (FG Düsseldorf 6 K 2990/07 K, EFG 2010, 1732; 6 K 3493/11 K, EFG 2014, 1032, rkr.; Anm. Hennigfeld EFG 2014, 1032; aA HessFG 4 K 1060/13, EFG 2017, 1544, zur Gewinnabführung aufgrund GAV). Jedoch genügt nicht die beabsichtigte **Selbstkostendeckung** (BFH X R 84/88, BStBl. II 1991, 713). Diese liegt auch dann noch vor, wenn ein Gewinn nur zu dem Zweck der **Verlustausgleichung** (bereits eingetretene oder ernsthaft zu erwartende Vermögensverluste) erwirtschaftet werden soll (BFH I R 102/81, BStBl. II 1985, 61; s. auch I R 58/75, BStBl. II 1977, 250). Bei einer **Zusammenfassung von BgA** (→ Rn. 44) ist die Gewinnerzielungsabsicht für den zusammengefassten BgA zu prüfen (GewStR 2.1 Abs. 6 S. 3; BMF 12.11.2009, BStBl. I 2009, 1303 Rn. 98). Einer Verlustverrechnung zwischen verschiedenen Betrieben kann entgegenstehen, dass sie nach den Grundsätzen zu → Rn. 44 nicht zusammengefasst werden dürfen (vgl. BFH VIII R 43/15, BFH/NV 2019, 1414, zu FG München 6 K 3113/11, EFG 2015, 1950 best.). Auf die **erstmalige Erzielung** eines Gesamtgewinns kommt es aber nicht an (BFH I R 264/83, BFH/NV 1989, 388). Zum Problem des ohne Verlustausgleich **dauerdefizitären Betriebs** (vgl. noch BFH I R 8/04, BStBl. II 2006, 190) zu beachten ist § 8 Abs. 7 N. 1 KStG, ergangen als Reaktion auf die Rspr. des BFH zu dauerdefizitären Eigenbetrieben in Form von KapitalGes (BFH I R 32/06, BStBl. II 2007, 961), wonach in den in § 8 Abs. 7 S. 2 KStG bezeichneten privilegierten Fällen bei BgA (und von der jPöR gehaltenen KapGes) nicht allein deswegen die Rechtsfolgen einer vGA zu ziehen sind, weil diese eine Dauerverlustgeschäft betreiben (hierzu BMF 12.11.2009, BStBl. I 2009, 1303, und zum **Breitbandausbau** BMF 9.9.2019 – IV C 2-S 2706/16/10002). Zur Übergangsregelung des § 34 Abs. 6 S. 5 KStG 2009 BFH

V R 50/20, BStBl. II 2024, 693 (zur Problematik überhaupt Schiffers DStZ 2021, 28). Ein dauerdefizitärer gewerblicher Betrieb kann **kein tauglicher Organträger** sein (→ Rn. 491b; s. aber KStR 4.2 S. 4).

(frei) **394–399**

IX. Gewerbliche Mitunternehmerschaften

1. Allgemeines

a) Gewerbebetriebe. Zu den Steuergegenständen gehören auch die von **Personengesellschaften** und anderen **Mitunternehmerschaften unterhaltenen Gewerbebetriebe.** § 2 Abs. 1 S. 2 bestimmt durch Bezugnahme auf das EStG (§ 15 Abs. 1 S. 1 Nr. 1 und 2 EStG) für Personengesellschaften die allgemeinen Merkmale des Gewerbebetriebs und die gewerbliche Natur von Tätigkeiten (§ 15 Abs. 2 EStG) wie bei einem Einzelunternehmer. Im EStRecht knüpft hieran die These von der *Gleichstellung* an, wenn auch die **Einheit der Mitunternehmerschaft** dort zurücktreten muss, wo das Subjekt der ESt bzw. der Einkünfteerzielung (der Gesellschafter/Mitunternehmer), nicht der Gewinnermittlung und Einkünftequalifikation in Rede steht (vgl. BFH GrS 2/02, BStBl. II 2005, 679; IV R 72/02, BStBl. II 2008, 420; IV R 26/07, BStBl. II 2010, 751; VIII R 12/09, BStBl. II 2012, 207; IV R 32/10, BStBl. II 2013, 538; Kratzsch Inf 2005, 578; Pinkernell, Einkünfteerzielung bei Personengesellschaften, S. 182 ff.; krit. Bodden FR 2002, 559; DStZ 2002, 391). Der **Mitunternehmer unterscheidet sich** im Hinblick auf die Einkünfteerzielung vom Einzelunternehmer nur dadurch, dass er seine Tätigkeit zusammen mit anderen in gesellschaftsrechtlicher Verbundenheit ausübt (vgl. BFH GrS 3/92, BStBl. II 1993, 616). Es müssen sich **mindestens zwei Personen** zu gemeinschaftlicher gewerblicher Betätigung zusammengefunden haben (BFH I R 35/14, BStBl. II 2018, 33). Sind die (Mit-)Unternehmermerkmale (s. Anm. → Rn. 408 ff.) nur bei einer von ihnen gegeben, ist sie steuerrechtlich **Alleinunternehmer** (BFH IV R 34/16, BFH/NV 2019, 1078). Zur *Abgrenzung eigener betrieblicher Leistungen* eines Mitunternehmers vgl. BFH X R 24/10, BStBl. II 2012, 498. **400**

b) Rechtsformunabhängigkeit. Die Systematik der Darstellung folgt der stRspr, wonach PersGes und andere Mitunternehmerschaften **nicht schon kraft Rechtsform** gewstpfl sind (vgl. BFH IV R 2/14, BStBl. II 2017, 1138). Denn erst nach § 15 Abs. 3 Nr. 1 EStG gilt als **Gewerbebetrieb in vollem Umfang** die mit Einkünfteerzielungsabsicht unternommene Tätigkeit lediglich einer offenen Handelsgesellschaft, einer Kommanditgesellschaft oder einer anderen Personengesellschaft, wenn die Gesellschaft *auch* eine Tätigkeit iSd § 15 Abs. 1 S. 1 Nr. 1 EStG ausübt (gewerbliches Unternehmen) oder gewerbliche Einkünfte iSv § 15 Abs. 1 Nr. 2 EStG bezieht. **Anderes gilt** jedoch für die nach § 1a KStG zur Körperschaftsbesteuerung **optierende Personenhanels- und Partnerschaftsgesellschaften** (→ Rn. 650 ff.). Sie sind nach § 2 Abs. 8 **als KapGes zu behandeln,** gehören mithin zu den rechtsformabhängigen Besteuerungsgegenständen (→ Rn. 456 ff.). **401**

Als **gewerbesteuerlicher Unternehmer** (§ 5 Abs. 1 S. 2) wird gleichwohl nicht die Gesellschaft selbst (auch wenn sie nach § 5 Abs. 1 S. 3 Steuerschuldner ist), sondern (in Übereinstimmung mit dem EStRecht, BFH GrS 1/93, BStBl. II 1995, 617; XI R 44/05, BStBl. II 2006, 903) **der einzelne Gesellschafter** ange- **401a** sehen (vgl. BFH IV R 117/88, BStBl. II 1990, 436; GrS 3/92, BStBl. II 1993, 616; IV B 133/95, BStBl. II 1997, 82), mit Folgen für die Frage der Unternehmeridentität beim Verlustausgleich nach § 10a EStG. Das bedeutet indes nur, dass die Gesellschafter als (Mit-)Unternehmer eines einheitlichen Betriebs anzusehen sind. Der einheitliche Betrieb ist mit seinen sachlichen Grundlagen und Beziehungen zu den einzelnen (Mit-)Unternehmern der Gewerbebetrieb iSv § 2 Abs. 1 (BFH VIII R 13/94, BStBl. II 1994, 809; IV R 54/04, BStBl. II 2008, 742); und er ist dies (nur) insoweit, als der Gesellschafter auch Mitunternehmer im estrechtlichen Sinne ist, also auf Rechnung und Gefahr mehrerer (Mit-)Unternehmer geführt wird (zB BFH IV R 130/90, BStBl. II 1993, 574; IV R 26/07, BStBl. II 2010, 751).

402 **c) Liebhaberei/Vermögensverwaltung.** Sie sind **nicht einzubeziehen** („Einkünfteerzielungsabsicht"; hierzu BFH GrS 4/82, BStBl. II 1984, 751, V 3; hierzu → Rn. 73 ff.). Die **Gewinnerzielungsabsicht** ist **zweistufig,** auf der Ebene der Gesellschaft und des Gesellschafters zu prüfen (zB BFH IX R 2/96, BStBl. II 2001, 789; VIII R 38/01, BFH/NV 2004, 1372). Ihr Vorhandensein auf der Ebene des Gesellschafters genügt nicht (FG Düsseldorf 15 K 2037/18 G, DStRE 2021, 1508, mwN). Doch ist sie für ihn unter Einschluss eines Veräußerungsgewinns zu berücksichtigen (BFH IV R 42/13, BFH/NV 2018, 265). Die Grundsätze zum Generationenbetrieb (→ Rn. 93) können anwendbar sein (BFH IV B 63/13, BFH/NV 2014, 512).

Ebenfalls nicht einzubeziehen ist die **vermögensverwaltende Personengesellschaft,** auch wenn sie als OHG oder KG eingetragen ist (BFH GrS 2/02, BStBl. II 2005, 679; Bitz DStR 1998, 1742; Nöcker/Solfrian StuB 2002, 428; krit. Niehues DStR 2004, 143 (152)); jedoch widerlegbare Vermutung für Handelsgewerbe (BFH IV R 17/90, BStBl. II 1993, 324). Beteiligt sich eine vermögensverwaltende Personengesellschaft an einer gewerblich tätigen Personengesellschaft, so erzielt Erstere in vollem Umfang Einkünfte aus Gewerbebetrieb (→ Rn. 428).

2. Die Mitunternehmerschaften

403 **a) Personengesellschaften. § 15 Abs. 3 Nr. 1 EStG** (Einheitlichkeit des Betriebs und der gewerblichen Einkunftsart) erfasst **OHG** und **KG** sowie jede andere Personengesellschaft, wenn sie **(1.)** eine gewerbliche Tätigkeit (§ 15 Abs. 1 Nr. 1 EStG) ausübt, also auch **BGB-Gesellschaften** (BFH GrS 3/92, BStBl. II 1993, 616; VIII R 16/11, BStBl. II 2015, 996; I R 35/14, BStBl. II 2018, 33; IV R 14/21, BStBl.II 2024, 408), jeweils unter Beteiligung von Treugebern möglich (BFH IV R 47/85, BStBl. II 1989, 722; XI R 45/88, BStBl. II 1993, 538); oder **(2.)** gewerbliche Einkünfte aus einer gewerblichen **Mitunternehmerschaft** (§ 15 Abs. 1 Nr. 2 EStG) bezieht; zum Begriff → § 7 Rn. 103 ff. Auch eine **Partenreederei** ist Mitunternehmerschaft iSv § 15 Abs. 1 S. 1 Nr. 2 EStG sowie Personengesellschaft iSv § 15 Abs. 3 Nr. 1 EStG, da einer OHG/KG weitgehend gleichgestellt (→ Rn. 29). Für **Arbeitsgemeinschaften** gilt § 2a. **KGaA** werden als Kapitalgesellschaften behandelt.

404 **b) Innengesellschaften.** Von der Einheitlichkeit des Betriebs und der Einkunftsart werden auch **Innengesellschaften** erfasst (BFH VIII R 54/93, BStBl. II 1995, 794; VIII R 12/94, BStBl. II 1997, 272; VIII R 81/96, BFH/NV 1999, 355) – Gleichbehandlung wirtschaftlich gleichwertiger Gebilde (BFH I R 133/93,

BStBl. II 1995, 171). Voraussetzung ist ein zweckgerichtetes Zusammenwirken (Überlassung eines Grundstücks ist unzureichend, BFH IV R 79/05, BStBl. II 2009, 15). Sie kann vorliegen auch bei einer Gewinngemeinschaft (BFH I R 35/14, BStBl. II 2018, 33).

Es gelten ähnliche **Rechtsfolgen wie** für die **stille Gesellschaft** (→ Rn. 414 ff.): sachliche GewStPfl. der InnenGes, persönliche GewStPfl. des nach außen auftretenden InnenGes'ters, zB Inhabers des GewBetriebes (vgl. BFH X R 108/91, BStBl. II 1994, 96; IV R 73/06, BStBl. II 2010, 40); zur Segmentierung → Rn. 417.

c) Partnerschaftsgesellschaft. Mitunternehmerschaft ist auch eine **Partnerschaftsgesellschaft** nach dem PartGG (BGBl. 1994 I 1744), sofern nicht ausschließlich freiberufliche Tätigkeiten iSd § 18 Abs. 1 Nr. 1 EStG ausgeübt werden (hierzu vgl. BFH VII R 154/97, BStBl. II 1998, 692; IV B 18/97, BFH/NV 1998, 1206; VIII R 73/06, BStBl. II 2009, 647). Sie ist wie eine OHG namens-, grundbuch- und parteifähig (vgl. § 8 PartGG iVm §§ 129 f. HGB). Die Vorschriften der BGB-Gesellschaft (§§ 705 ff. BGB) finden nur Anwendung, soweit im PartGG nichts anderes bestimmt ist (§ 1 Abs. 4 PartGG). 405

d) Europäische wirtschaftliche Interessenvereinigung (EWIV). Sie ist eine **Gesellschaftsform des europäischen Binnenmarkts** (VO Nr. 2137/85; EWIV-AusfG, BGBl. 1988 I 514). Sie darf nur Hilfstätigkeiten ausführen, muss mind. zwei Gesellschafter aus verschiedenen EU-Mitgliedstaaten haben (zur Mitgliedschaft einer BGB-Gesellschaft Bach BB 1990, 1432; Authenrieth BB 1989, 305; Müller-Gugenberger NJW 1989, 1449) und dient der grenzüberschreitenden Kooperation von Freiberuflern und kleinen bis mittleren Unternehmen. Sie gilt für das Steuerrecht und Handelsrecht als OHG. Erforderlich ist Totalgewinnabsicht (Art. 40 VO Nr. 2137/85; vgl. Weimer/Delp WPg 1989, 89 (96)) und eine gewerbliche Tätigkeit nach allgemeinen Regeln, ggf. eine gewerbliche Prägung. Sie hat aber im **Regelfall** nicht den Zweck, Gewinne für sich selbst zu erzielen, und unterhält mE deshalb regelmäßig keine Tätigkeit iSd § 15 Abs. 3 EStG. Sie ist mit Kostengemeinschaften (→ Rn. 195, 298) zu vergleichen und **keine Mitunternehmerschaft** (diff. FG Bln-Bbg 13 K 13229/16, rkr.; aA Busl DStZ 1992, 773). Zu Einzelheiten der Feststellung nach der VO zu § 180 AO BMF 15.11.1988, DB 1989, 354. 406

e) Sonstige Mitunternehmerschaften. In Betracht kommen die den genannten **Gesellschaften wirtschaftlich ähnlichen** oder wegen der Mitunternehmermerkmale schlechthin gleichzusetzenden (BFH GrS 4/82, BStBl. II 1984, 751 unter C V 3; GrS 1/93, BStBl. II 1995, 617) anderen **Gemeinschaftsverhältnisse,** wie die mitunternehmerische **Erbengemeinschaft** (BFH GrS 2/89, BStBl. II 1990, 837), die sich durch die Besonderheit auch der Nachfolge in die Einkunftsart des Erblassers bis zur Erbauseinandersetzung auszeichnet (vgl. BFH IV R 214/84, BStBl. II 1987, 120; FG Köln 8 K 3086/16, EFG 2019, 602; nachgehend BFH IV R 5/19, BStBl. II 2023, 649; → Rn. 33); **Gütergemeinschaft** (BFH VIII R 18/95, BStBl. II 1999, 384 zur persönlichen Arbeitsleistung; BFH IV R 37/04, BStBl. II 2006, 165; IV B 66/10, BFH/NV 2012, 411; zur ausländischen Gütergemeinschaft BFH X R 163/09, BFH/NV 2010, 2082); mE auch **Vermögensgemeinschaft** nach § 6 Abs. 2 LPartG (→ Rn. 36) **und Bruchteilsgemeinschaft** (vgl. BFH IV R 42/89, BStBl. II 1993, 729; XI R 43–45/89, BStBl. II 1996, 232 (237); VIII R 100/90, BFH/NV 1993, 538; jeweils 407 mwN) sowie – bei Bestehen einer entsprechenden Gebrauchsregelung (§ 15 WEG) und Tätigkeit innerhalb des Verbandszwecks nach § 10 Abs. 6 S. 1 WEG – **Wohnungseigentümergemeinschaft** (BFH IV R 73/94, BStBl. II 1997, 569), auch ohne Annahme einer konkludent errichteten GbR (BFH IV R 6/16, BStBl. II 2019, 160). Auf die letztgenannten Gemeinschaften ist § 15 Abs. 3 Nr. 1 EStG nicht anwendbar, weil sie keine Personengesellschaften sind (vgl. BFH IV R 214/84, BStBl. II 1987, 120).

Keine Mitunternehmerschaften sind **Büro-** bzw. **Praxisgemeinschaften,** die lediglich den Zweck haben, bestimmte Kosten gemeinsam zu tragen und umzulegen. Gemeinsames Auftreten nach außen genügt für die Qualifizierung als Mitunternehmerschaft nicht (BFH XI R 82/03, BStBl. II 2005, 752).

3. Mitunternehmer

408 Mitunternehmer **(„Typusbegriff")** ist, wer **zivilrechtlich Gesellschafter** einer Personengesellschaft ist **oder** eine diesem **vergleichbare Stellung** einnimmt (BFH GrS 4/82, BStBl. II 1984, 751; VIII R 50/92, BStBl. II 1994, 282; zur Mitunternehmerschaft von Ehegatten bei Vereinbarung einer Gütergemeinschaft BFH IV R 130/90, BStBl. II 1993, 574; zum GesVertrag mit Familienangehörigen BFH IV R 27/13, BFH/NV 2016, 1559; zur Ausnahme der verdeckten Mitunternehmerschaft → Rn. 420), auch der **„wirtschaftliche Eigentümer"** eines Anteils (hierzu BFH VIII R 196/84, BStBl. II 1989, 877; VIII R 70/84, BFH/NV 1991, 223; VIII R 81/85, BStBl. II 1994, 645; IV R 34/93, BFH/NV 1996, 314; IV 15/15, BStBl. II 2018, 539) sowie der **Nießbraucher** (BFH IV R 36/22, BFH/NV 2025, 1562; IV R 37/22, BFH/NV 2025, 1570).

Erforderlich sind **Mitunternehmerinitiative** und **-risiko** (BFH GrS 4/82, BStBl. II 1984, 751; aA Kratzsch Inf 2005, 378: Mitunternehmerinitiative unerheblich), die auch für eine **kurze Frist** eine Mitunternehmerstellung vermitteln können (BFH IV R 42/13, BFH/NV 2018, 265, zu FG Hmb 6 K 175/11, EFG 2014, 360, best.), sofern der Gesellschafter nicht gegen seinen Willen aus der Gesellschaft herausgedrängt werden kann (vgl. BFH VIII R 166/84, BStBl. II 1989, 758; IV B 168/04, BFH/NV 2006, 1828). Danach kann der einzelne Gesellschafter Mitunternehmer und kann die Gesellschaft Mitunternehmerin in **nur einer juristischen Sekunde** sein (BFH IV R 30/19, BStBl.II 2023, 1050).

Sind die Voraussetzungen gegeben, so ändert eine Testamentsvollstreckung oder eine Belastung des Anteils mit einem (Unter-)Vermächtnis hieran nichts (BFH VIII R 18/93, BStBl. II 1995, 714; IV B 23/96, BFH/NV 1997, 393). Zum **Fiskalerben** vgl. BFH IV R 50/16, BStBl. II 2020, 57, zu FG Bln-Bbg 6 K 6066/13, EFG 2016, 1896 insoweit best.

409 **a) Mitunternehmerinitiative.** Sie bedeutet **Teilhabe an unternehmerischen Entscheidungen;** zu würdigen ist die rechtliche und wirtschaftliche Stellung des Betroffenen (BFH VIII R 12/94, BStBl. II 1997, 272). Für den phG bedeutet dies Befugnis zur Geschäftsführung oder Vertretung der Gesellschaft (BFH VIII R 252/80, BStBl. II 1987, 33; II R 44/08, BFH/NV 2010, 690). Sie ist auch aufgrund Vollmacht für den Treuhandkommanditisten möglich (BFH IV R 63/07, BFH/NV 2011, 214); ebenso auch durch Schenkung unter Nießbrauchs- und Stimmrechtsvorbehalt (BFH II R 44/08, BFH/NV 2010, 690; zur Abgrenzung: Gesellschafter-, insb. Stimmrechte beim Schenker BFH IV R 4/07, BStBl. II 2009, 312). Ein **Kommanditist** hat Mitunternehmerinitiative, wenn seine Stimm-, Kontroll- und Widerspruchsrechte und Pflichten dem Regelstatus

der KG nach §§ 164, 166 HGB bzw. § 716 Abs. 1 BGB wenigstens nahekommen (BFH GrS 4/82, BStBl. II 1984, 751 unter V. 3. c. cc; VIII R 16/97, BStBl. II 2001, 186; XI R 24/17, BFH/NV 2019, 597; IV R 19/20, BFH/NV 2023, 1062; Bodden FR 2002, 559 (563)). Entscheidungsbefugnisse im gewöhnlichen Geschäftsverkehr genügen nicht (BFH VII R 32/07, BFH/NV 2009, 355).

b) Mitunternehmerrisiko. Mitunternehmerrisiko bedeutet die objektive (gesellschaftsrechtliche oder wirtschaftlich vergleichbare) **Möglichkeit der Teilhabe an der Betriebsvermögensmehrung** (Gewinn und Verlust sowie stille Reserven). Es setzt einen **Gesellschafterbeitrag** voraus, durch den das Vermögen des Gesellschafters belastet werden kann (BFH IV R 41/14, BStBl. II 2017, 1133; IV R 19/20, BFH/NV 2023, 1062). Der Kommanditist trägt kein Mitunternehmerrisiko, wenn er tatsächlich oder rechtlich nicht in der Lage ist, an der Betriebsvermögensmehrung teilzunehmen; eine nur theoretische Möglichkeit genügt nicht (BFH IX R 100/06, BFH/NV 2010, 1056). Ist er nicht am Gewinn beteiligt, ist er auch kein Mitunternehmer, sondern ggf. Darlehensgeber oder typischer stiller Gesellschafter (BFH VIII R 66–70/97, BStBl. II 2000, 183). Fehlt im Gesellschaftsvertrag eine Regelung über die Teilhabe an den stillen Reserven, besteht auch kein Mitunternehmerrisiko (FG Bln-Bbg 6 K 6178/08, EFG 2010, 1127). Eine nur vorübergehende oder nur durch **außerordentliche Glücksfälle** eintretende Teilhabe am Geschäftswert genügt nicht (BFH IV R 1/92, BStBl. II 1994, 700; IV R 6/01, BFH/NV 2003, 36; VIII R 20/01, BFH/NV 2003, 601; OFD Erfurt 23.10.2003, FR 2003, 1299). Das gilt auch für die **Verzinsung** der Einlage (BFH IV R 1/92, BStBl. II 1994, 700) oder eine **Umsatzbeteiligung** (BFH VIII R 81/85, BStBl. II 1994, 645). Letztere kommt einer Gewinnbeteiligung gleich (BFH IV R 17/84, BStBl. II 1988, 62). Auch die Teilhabe aufgrund einer Lebensgemeinschaft ist nicht Mitunternehmerrisiko (BFH VII R 32/07, BFH/NV 2009, 355). Eine unbeschränkte **Außenhaftung,** wie im Falle der **GmbH & Co KG,** genügt (BFH IV R 8/17, BStBl. II 2020, 401), ist jedoch nicht erforderlich (BFH IV R 74/03, BStBl. II 2006, 595; IV R 26/07, BStBl. II 2010, 751). 410

Im Hinblick auf das Mitunternehmerrisiko selbst kann den **einzelnen Merkmalen** ein je **unterschiedliches Gewicht** zuzumessen sein (BFH VIII R 12/94, BStBl. II 1997, 272): die neben der Beteiligung am Gewinn und Verlust regelmäßig zu fordernde **Vermögensteilhabe** (BFH IV R 1/92, BStBl. II 1994, 700; VIII R 21/04, BFH/NV 2006, 1839) muss nicht vorliegen, wenn die Gesellschaft besonders risikoträchtige Geschäfte verfolgt (BFH I R 25/79, BStBl. II 1982, 186). Ist der **persönlich haftende Gesellschafter** vereinbarungsgemäß durch die anderen Gesellschafter von der **Außenhaftung freizustellen,** dann hat er bei Beteiligung am Gewinn gleichwohl Mitunternehmerrisiko (BFH VIII R 74/03, BStBl. II 2006, 595; VIII R 43/98, BFH/NV 1999, 1196; Kempermann FR 2006, 825). Für die rein kapitalistisch organisierte Mitunternehmerschaft gilt dies auch ohne Beteiligung der **Komplementär-GmbH** am Kapital (BFH R 74/03, BStBl. II 2006, 595; VIII R 42/10, BStBl. II 2013, 79). 410a

c) Ausprägung der Merkmale. Auch **iÜ** kann die Ausprägung der Merkmale **unterschiedlich** sein; es müssen aber beide Elemente vorliegen (BFH IV R 43/12, BStBl. II 2016, 517; IV R 41/14, BStBl. II 2017, 1133; IV R 19/20, BFH/NV 2023, 1062). 411

Bei einem **schwach ausgeprägten Risiko,** etwa bei fehlender Beteiligung am Verlust sowie an den stillen Reserven (BFH VIII R 42/90, BStBl. II 1994,

702; IV R 65/94, BStBl. II 1996, 66; VIII R 6/93, BFH/NV 2004, 1080; VIII R 63/13, BFH/NV 2016, 805), ebenso bei fehlender Vermögensteilhabe (BFH IV B 88/00, BFH/NV 2001, 1550; VIII R 20/01, BFH/NV 2003, 601) ist eine besonders **stark ausgeprägte Initiative** erforderlich. Sie ist gegeben bei gesellschaftsvertraglichen Weisungsbefugnissen, aber auch bei Übertragung von Aufgaben der Geschäftsführung (als Geschäftsführer, Prokurist oder leitender Angestellter) zur selbstständigen Ausübung (BFH IV R 41/14, BStBl. II 2017, 1133 mwN, zur GmbH & Still). Mitunternehmer ist auch, wer mit einer **hohen Vermögenseinlage** am Gewinn beteiligt ist und **wie ein Komplementär** auf das Schicksal des Unternehmens Einfluss nehmen kann (BFH VIII R 42/90, BStBl. II 1994, 712; VIII R 42/90, BStBl. II 1994, 712; VIII B 194/01, BFH/NV 2003, 1308, ebenfalls zur GmbH & Still).

Zur Mitunternehmerschaft einer GmbH trotz eingeschränkter Gesellschafterstellung BFH XI R 61/96, BStBl. II 1997, 170 mwN; zur Mitunternehmerschaft von minderjährigen Kindern BFH IV R 114/91, BStBl. II 1994, 635; VIII R 16/97, BStBl. II 2001, 186.

412 **d) Treuhandverhältnisse.** Bei einer steuerlich anzuerkennenden **fremdnützigen Treuhand** über einen KG-Anteil (hierzu BFH VIII R 56/93, BStBl. II 1998, 152) ist Zurechnungssubjekt und damit Mitunternehmer – bei Vorliegen der vorgenannten Merkmale in der Person des Treuhänders (zB BFH IV R 63/07, BFH/NV 2011, 214) – **allein der Treugeber** (BFH VIII R 18/93, BStBl. II 1995, 714; IV R 4/03, BFH/NV 2005, 1994). Das gilt auch, wenn der Treuhänder die Wirtschaftsweise bestimmt (BFH IV R 90/96, BFH/NV 1999, 754), sofern der Treugeber das Treuhandverhältnis beherrscht (BFH XI R 45/88, BStBl. II 1993, 538). Der Treuhandkommanditist ist idR nicht Mitunternehmer (BFH VIII R 67/88, BFH/NV 2000, 427).

Auch ein Treuhandverhältnis über den **Komplementäranteil für den Kommanditisten** schließt die Mitunternehmerstellung des Treugebers nicht aus, da er das Haftungsrisiko trägt und nicht von der Vertretung der KG ausgeschlossen werden kann (§ 170 HGB; BFH VIII R 83/84, BFHE 152, 230). Anders ist dies jedoch, wenn der **Kommanditanteil** treuhänderisch **für den Komplementär** gehalten wird, weil der Treuhandanteil keine Mitunternehmerstellung vermittelt (BFH IV R 130/90, BStBl. II 1993, 574; IV R 40/03, BFH/NV 2005, 1994). In diesem Fall sind die aus dem Kommanditanteil erzielten Einkünfte dem Komplementär nach § 39 Abs. 2 Nr. 2 AO zuzurechnen; das kann ggf. bei einer Vertretungsvollmacht anders sein (BFH IV R 63/07, BFH/NV 2011, 214). Bei dem sog. **„Treuhandmodell"** ist de facto nur die Muttergesellschaft Alleinunternehmerin (BFH IV R 26/07, BStBl. II 2010, 751; ebenso zB Tschesche/Hofmann BB 2010, 1453; Hubertus/Lüdemann BB 2010, 2474; Strahl BeSt 2010, 28; Viehbrock/Stegemann DStR 2013, 2375). Die FVerw (DB 2014, 687) folgt dieser Rspr. Zur steuerneutralen Beendigung durch **Option zur KSt** nach § 1a KStG vgl. Stegemann DStR 2024, 2410.

413 **e) Doppelstöckige Personengesellschaft.** Bei der doppelstöckigen Personengesellschaft ist unter den genannten Voraussetzungen Mitunternehmer **die beteiligte Personengesellschaft** (BFH GrS 3/92, BStBl. II 1993, 616) und unter den weiteren Voraussetzungen des § 15 Abs. 1 S. 1 Nr. 2 S. 2 EStG auch der an dieser beteiligte Gesellschafter (**aA** zB Wacker in Schmidt EStG § 15 Rn. 612: nur der Verbund der OberGes'ter). Die genannte Vorschrift strahlt zwar grundsätzlich auch auf die GewSt aus (Bordewin DStR 1996, 1595). Indes ist ihre Wirkung

auf den Sonderbetriebsbereich des mittelbar Beteiligten beschränkt (vgl. BFH IV R 69/99, BStBl. II 2001, 731), was Auswirkungen insb. für den Verlustabzug nach § 10a hat (BFH VIII B 74/99, BStBl. II 1999, 794; zur atypisch stillen Beteiligung des Kommanditisten an „seiner“ KG BFH IV R 34/10, BFH/NV 2014, 1303; Schulze zur Wiesche DB 2015, 1487).

4. Atypische stille Gesellschaft

Unter der Voraussetzung des **zweckgerichteten Zusammenwirkens** ist Mitunternehmerschaft auch die atypische stille Gesellschaft (zu Gestaltungen bei Familienunternehmen Frieling/Meyer DStR 2020, 569). Sie ist selbstständiges Subjekt der Gewinnermittlung und Einkünftequalifikation (zu ihrer „hybriden Struktur“ Roser FR 2022, 237). Dem folgt der BFH inzwischen geschlossen (vgl. BFH GrS 3/92, BStBl. II 1993, 616; VIII R 31/01, BStBl. II 2002, 464; VIII R 63/03, BFH/NV 2008, 194; IV R 34/10, BFH/NV 2014, 1303; I R 24/13, BStBl. II 2015, 141; IV R 48/11, BFH/NV 2015, 1075; III R 68/18, BStBl. II 2021, 869; **aA** FinV 23.10.2003, FR 2003, 1299). Die **Begründung einer stillen Gesellschaft** wird ertragsteuerlich wie eine **Einbringung iSd § 24 UmwStG** gewürdigt. Im Ergebnis wird die atypisch stille Gesellschaft wie eine im Innenverhältnis bestehende fiktive KG behandelt (BFH IV R 44/14, BFH/NV 2018, 407). Zwar hat sie **kein eigenständiges zivilrechtliches BV** (Gesamthandsvermögen); das BV des Geschäftsinhabers wird von diesem im eigenen Namen für Rechnung der stillen Gesellschaft verwaltet (BFH I R 20/93, BStBl. II 1994, 327; IV R 5/12, BStBl. II 2015, 935; IV R 8/14, BStBl. II 2017, 538; hierzu Suchanek GmbHR 2017, 292; Baltromejus Stbg 2017, 307) und für die Dauer des Bestehens der stillen Gesellschaft als deren mitunternehmerisches Vermögen angesehen. Das schließt jedoch nach BFH IV R 38/15 (BStBl. II 2018, 587) nicht aus, dass ihm ertragsteuerlich die WG dieses Vermögens entsprechend seinem Anteil zuzurechnen sind und daher von einem eigenen Vermögen des Inhabers neben dem Vermögen der stillen Gesellschaft auszugehen ist (hierzu Wendt FR 2018, 801; Weiss gmbhstb 2019, 1). 414

Ob im Einzelfall eine stille Gesellschaft vorliegt, hängt vom wirtschaftlich Gewollten ab (zu Einzelheiten Schulze zur Wiesche StBp 2015, 221); den Formulierungen der Vertragsparteien kommt indizielle Bedeutung zu (BFH VIII R 63/05, BStBl. II 2008, 852). Erforderlich ist eine Beteiligung mit einer **buchungsfähigen Einlage;** die Erbringung von über die GmbH-Stammeinlage hinaus gehenden Leistungen allein genügt ebenso wenig (BFH IV R 47/72, BStBl. II 1977, 155) wie die Verpflichtung zu einer Leistung (BFH IV R 73/06, BStBl. II 2010, 40). Auch die **Umwandlung einer wertlosen Forderung** in eine stille Beteiligung vermittelt kein Mitunternehmerrisiko (BFH IV R 40/09, BFH/NV 2012, 1440; NdsFG 13/K 145/11, EFG 2018, 1634; nachgehend BFH IV R 9/18, BFH/NV 2020, 338, aufgeh. aus anderen Gründen). **Abzugrenzen** ist das **partiarische Darlehen** bzw. ein ähnl. Rechtsverhältnis (BFH I R 48/04, BStBl. II 2006, 334). 414a

Im Falle der atypischen stillen Gesellschaft trifft die **sachliche GewStPflicht** die Mitunternehmerschaft, und zwar bezogen auf den **einen Betrieb.** Das gilt auch wenn sich **mehrere Personen** am gesamten Handelsgewerbe beteiligen, sofern nicht eine die Segmentierung (→ Rn. 417) erfordernde Sachlage besteht (BFH IV R 73/06, BStBl. II 2010, 40). Die **persönliche GewStPflicht** trifft den Inhaber des Betriebs (BFH VIII R 54/93, BStBl. II 1995, 794; VIII R 32/ 414b

90, BStBl. II 1998, 480; I R 109/94, BStBl. II 1998, 685; VIII R 22/98, BFH/NV 2000, 420; IV B 141/11, BFH/NV 2013, 574). Im Falle einer **doppelstöckigen Struktur** (→ Rn. 415) bestehen **zwei Gewerbebetriebe,** für die jeweils nach § 14a durch die Inhaberin des Betriebs eigenständige GewSt-Erklärungen abzugeben sind. Sie ist auch Adressatin des die stille Gesellschaft betreffenden GewStMessbescheids und Beteiligte eines Verfahrens gegen diesen (BFH IV R 8/14, BStBl. II 2017, 538; III R 68/18, BStBl. II 2021, 869; hierzu Baltromejus Stbg 2017, 30).

415 **a) Inhaber des Handelsgewerbes. Inhaber** kann eine natürliche Person, OHG, KG auch GmbH & Co KG (BFH VIII R 85/91, BStBl. II 1994, 243) oder eine Kapitalgesellschaft sein (BFH VIII B 62/97, BStBl. II 1998, 401; IV R 41/14, BStBl. II 2017, 1133; zur Ltd. & Still Kessler/Eicke DStR 2005, 2101). Ist diese nicht originär gewerblich tätig, hat die atypische stille Gesellschaft unabhängig von § 15 Abs. 3 Nr. 2 EStG keinen GewBetrieb (BFH X B 35/98, BFH/NV 1999, 169; Bodden FR 2002, 559; Suchanek FR 2004, 1149 (1153)). Liegen die Voraussetzungen eines Gewerbebetriebs vor, trägt der Inhaber des Betriebs schon wegen seiner unbeschränkten Außenhaftung **Mitunternehmerrisiko** (BFH IV R 2/05, BStBl. II 2007, 927).

Ist der **Inhaber eine OHG oder KG,** entsteht durch die Beteiligung **insgesamt** eine **doppelstöckige Struktur** durch Einbringung des Betriebs iSd § 24 UmwStG in die stille Gesellschaft (BFH IV R 20/14, BFH/NV 2017, 475). Der Unterbeteiligte ist nur mittelbar – über die UnterbeteiligungsGes – Mitunternehmer der Hauptgesellschaft (BFH IV R 26/22, BStBl. II 2025, 246). Das gilt auch bei **Beteiligung eines Kommanditisten** an „seiner" KG (BFH IV R 34/10, BStBl. II 2017, 233; IV R 8/14, BStBl. II 2017, 538). Dadurch verändert sich die für die Verlustverrechnung (§ 10a) bedeutsame Unternehmeridentität (hierzu BFH IV R 34/10, BFH/NV 2014, 1303). Zur **Beteiligung einer Mitunternehmerschaft** an einer GmbH BFH IV R 43/12, BStBl. II 2016, 517.

416 **b) Beteiligter.** Der **Beteiligte** trägt nach den Grundsätzen zu → Rn. 410 **Mitunternehmerrisiko,** wenn er am Gewinn und Verlust beteiligt ist und für den Fall der Auflösung der stillen Gesellschaft einen Anspruch auf Abfindung seiner Beteiligung (BFH VIII R 21/98, BFH/NV 2000, 554; IV B 124/08, BFH/NV 2009, 1981) sowie Zuwachs der stillen Reserven (bei wirtschaftl. Bedeutung) einschließlich des Zuwachses am Geschäftswert hat (BFH VIII 20/01, BFH/NV 2003, 801; IV R 41/14, BStBl. II 2017, 1133; VIII R 10/22, BFH/NV 2025, 373). **Mitunternehmerinitiative** setzt Rechte und Pflichten wie nach dem Regelstatus der §§ 164, 166 HGB voraus (BFH IV R 18/98, BStBl. II 1999, 286; IV R 26/22, BStBl. II BStBl. II 2025, 246; VIII R 10/22, BFH/NV 2025, 373). Allein das Risiko, keine Gewinnbeteiligung zu erhalten, genügt nicht (BFH IV R 24/23, BStBl. II 2026, 425). Liegt eine besonders stark ausgeprägte Mitunternehmerinitiative vor, ist ein geringes Mitunternehmerrisiko, zB mangels Beteiligung an den stillen Reserven oder am Geschäftswert, unschädlich (BFH VIII R 46/18, BStBl. II 2021, 614; VIII R 10/22, BFH/NV 2025, 373). Die besonders stark ausgeprägte Mitunternehmerinitiative muss in der rechtlichen Struktur der Gesellschaft angelegt sein und dem Stillen wie einem Unternehmer Einfluss auf die Geschäftsleitung einräumen. Sie kann sich bei einer GmbH & Still ebenso wie bei einer stillen Beteiligung an einer GmbH & Co KG aus der Stellung des stillen Gesellschafters als Geschäftsführer der GmbH bzw. der GmbH & Co KG als Inhaberin des Handelsgewerbes ergeben (BFH IV R 41/14, BStBl. II 2017,

1133; VIII R 10/22, BFH/NV 2025, 373). Umgekehrt genügen bei einem ausgeprägten Mitunternehmerrisiko Initiativrechte, die auf die des § 233 HGB beschränkt sind (BFH IV R 10/17, BFH/NV 2018, 1268).

c) Segmentierung. Besteht die Beteiligung nur **an einzelnen Unternehmensteilen,** so führt dies zu einem je eigenständigen Gewerbebetrieb, wenn der betreffende Geschäftsbereich als eine in sich geschlossene, von den anderen Unternehmensteilen unabhängige und auf ein bestimmtes Projekt bezogene Einheit von diesen abgegrenzt werden kann, zB „Schaffung und Verwertung der Marke A" (BFH X R 1/12, BStBl. II 2016, 567). Das gilt selbst dann, wenn der InnenGes'ter von der Teilhabe an den stillen Reserven der anderen Geschäftsbereiche und des Geschäftswerts des Gesamtunternehmens ausgeschlossen ist (zB BFH I R 25/79, BStBl. II 1982, 186). Eine nur an einzelnen Geschäftsvorfällen orientierte Beteiligung bzw. Gewinnverteilungsabrede oder die Akquisition von Aufträgen ist nicht ausreichend (BFH I R 109/94, BStBl. II 1998, 685; hierzu BFH IV R 73/06, BStBl. II 2010, 40); es verbleibt dann bei **nur einem** sachlich gewstpfl. Betrieb. 417

d) Atypische Unterbeteiligung. Auch im Falle einer **atypischen Unterbeteiligung** kann eine von der Hauptgesellschaft getrennt zu erfassende Mitunternehmerschaft entstehen (Hohaus GmbHR 2002, 883), wenn der Unterbeteiligte diesbezüglich Mitunternehmerinitiative hat (Kontrollrechte nach § 233 HGB genügen, BFH II R 10/06, BStBl. II 2008, 631) und Mitunternehmerrisiko trägt (BFH VIII R 51/84, BStBl. II 1992, 512; IV R 75/96, BStBl. II 1998, 137). Gegebenenfalls ist der Unterbeteiligte Mitunternehmer bei der Hauptgesellschaft (hierzu BFH IV R 79/94, BStBl. II 1996, 269; IV R 75/96, BStBl. II 1998, 137; krit. Bodden FR 2002, 559). Die oa Grundsätze gelten nicht für die Unterbeteiligung an einem GmbH-Anteil (BFH VIII R 34/01, BStBl. II 2005, 857; VIII R 1/02, BStBl. II 2006, 253; Martens BB 2005, 1668; Wacker HFR 2006, 42; Schulze zur Wiesche/Custodio GmbHR 2006, 630; Schulze zur Wiesche/Custodio GmbHR 2006, 910) sowie an einem Anteil an einer gewerblich geprägten Mitunterunternehmerschaft (Groh DB 1987, 1006; ggf. Einkünfte nach §§ 17, 20 Abs. 1 Nr. 1 EStG). 418

5. Faktische Mitunternehmerschaft

Die von der früheren Rspr. zugelassene faktische Mitunternehmerschaft wird seit BFH GrS 4/82, BStBl. II 1984, 751 **nicht mehr anerkannt** (vgl. BFH VIII R 12/94, BStBl. II 1997, 272; hierzu Fischer FR 1998, 813 (821); Bodden FR 2002, 559). 419

6. Verdeckte Mitunternehmerschaft

Anerkannt und abzugrenzen hiervon ist die sog. **verdeckte Mitunternehmerschaft,** die regelmäßig ein durch Mitunternehmerinitiative und -risiko gekennzeichnetes gemeinsames Handeln zu einem gemeinsamen Zweck voraussetzt (BFH II R 26/07, BStBl. II 2009, 602). Die Beurteilung erfolgt unabhängig von der formalen Rechtsbeziehung bzw. der vertraglichen Eigenqualifikation der Beteiligten zueinander nach den **mit Bindungswillen „wirklich gewollten"** Rechtswirkungen (BFH IV R 65/94, BStBl. II 1996, 66), die jedoch nicht bloß unterstellt werden dürfen, zB aufgrund bloßer tatsächlicher Einflussmöglichkeiten (vgl. auch BFH VIII R 2/03, BFH/NV 2003, 1564). 420

Erforderlich ist **eine Rechtsbeziehung,** die zivilrechtlich als Innengesellschaft zu werten ist (zB BFH IV R 1/92, BStBl. II 1994, 700; VIII B 62/97, BStBl. II 1998, 401; Zimmermann GmbHR 2006, 231); also Beteiligung am Gewinn aufgrund eines (Innen-)Gesellschaftsverhältnisses; eine Bündelung von Risiken aus Austauschverträgen (Dienst-, Pacht-) genügt nicht (BFH VIII R 50/92, BStBl. II 1994, 282). Allerdings können auch Austauschverträge eine Gewinnbeteiligung vermitteln (BFH IV R 94/96, BFH/NV 1999, 295).

Indizien für ein Gesellschaftsverhältnis sind unübliche/unangemessene Gegenleistungen (Entgelte), die sich durch Sachleistungen nicht erklären lassen; Unwirksamkeit/Nichtdurchführung des Austauschvertrages; tatsächliches Verhalten wie Gesellschafter (zB Entnahmen); ggf. Eigenart und Entstehung des Unternehmens (BFH VIII R 12/94, BStBl. II 1997, 272; VIII R 32/90, BStBl. II 1998, 480). Fehlt jedoch eine Gewinnbeteiligung, dann ist selbst bei hohem Kapitalverlustrisiko keine verdeckte Mitunternehmerschaft gegeben (BFH IV B 62/97, BFH/NV 1999, 167). Diese Grundsätze gelten auch bei Verträgen mit „Typenvermischung" (zur Automatenaufstellung BFH VIII R 68/98, BStBl. II 2001, 359). Bei **nahen Angehörigen** sind für die Annahme einer verdeckten Mitunternehmerschaft die Grundsätze zum Fremdvergleich nicht anzuwenden (BFH XI R 14/95, BStBl. II 1996, 133).

421 **a) Bejaht.** Gesellschafter-Geschäftsführer einer FamilienKG führt Austauschvertrag nicht durch, erhält gewinnabhängige Bezüge und tätigt Entnahmen und Einlagen (BFH VIII R 32/90, BStBl. II 1998, 480); Neugründung eines Betriebes durch Ehefrau, Anstellung des Ehemannes gegen hohe Provision (BFH IV B 51/85, BStBl. II 1986, 10); Übertragung des Betriebs auf FamilienKG mit faktischer Beherrschung, insb. Gewinnentnahmen durch den Übertragenden (BFH IV R 272/84, BStBl. II 1986, 802); Betriebsverpachtung gegen unübliche Konditionen an FamilienKG (BFH IV R 53/82, BStBl. II 1986, 798); FamilienKG, Ehemann Gesellschafter-Geschäftsführer der Komplementär-GmbH mit überhöhten gewinnabhängigen Bezügen, Ehefrau einzige Kommanditistin (BFH IV R 65/94, BStBl. II 1996, 66); Medienfonds mit unternehmerischem Einfluss sowie Beteiligung am Einspielergebnissen für nicht beteiligte Personen (BMF 23.2.2001, BStBl. I 2001, 175 Rn. 27). In Betracht kommt mE auch ein sog. *Joint-Venture,* wenn nicht nur eine Arbeitsgemeinschaft nach § 2a vorliegt, etwa wenn ein Partner für Rechnung aller Beteiligten handelt oder diese gemeinsam handeln (im Einzelfall verneint FG BW 12 K 247/88, EFG 1993, 225).

422 **b) Verneint.** Betriebsverpachtung durch Ehemann an FamilienKG, Geschäftsführung durch ihn über Komplementär-GmbH, Ehefrau als einzige Kommanditistin (in Varianten: BFH VIII R 303/81, BStBl. II 1985, 363; VIII R 335/82, BStBl. II 1986, 599; VIII R 259/84, BStBl. II 1987, 766; VIII R 81/85, BStBl. II 1994, 645); Übertragung des Betriebs durch Ehemann auf von ihm geführte GmbH der Ehefrau, Verpachtung des Betriebsgrundstücks durch ihn gegen umsatzabhängige Pacht (BFH IV R 17/84, BStBl. II 1988, 62); ähnl. für GmbH & Co KG trotz ungesicherter Darlehen und Bürgschaft (BFH VIII R 362/83, BStBl. II 1989, 705; XI R 61, 62/89, BFH/NV 1993, 14); Betriebsübertragung unter Vorbehalt der lebenslangen Verwaltungs- und Verfügungsbefugnis (BFH VIII R 193/83, BStBl. II 1989, 414); Betriebsverpachtung durch Ehemann an GmbH der Ehefrau, deren Geschäftsführer der Ehemann ist (BFH III R 94/87, BStBl. II 1990, 500); Verkauf des Betriebs durch Ehemann an von Ehefrau

beherrschter GmbH & Co KG trotz unüblicher Austauschverträge (BFH VIII R 50/92, BStBl. II 1994, 282).

7. Mischtatbestände

Angesprochen sind solche Fallgestaltungen, in denen die Mitunternehmerschaft **teils nicht gewerbliche, teils gewerbliche** Tätigkeiten entfaltet. Nicht angesprochen sind solche Fälle, in denen an einer nicht gewerblich tätigen Gesellschaft ein Gesellschafter beteiligt ist, für den aufgrund persönlicher Qualifikationsmerkmale die Einkünfte aus der Gesellschaft ganz oder teilw. gewerblicher Art sind (sog. *Zebragesellschaft*). In diesen Fällen ist die Gesellschaft zB nur vermögensverwaltend tätig und daher nicht gewstpfl. (vgl. BFH GrS 2/02, BStBl. II 2005, 679; X R 58/01, BFH/NV 2006, 230; III R 18/03, BFH/NV 2006, 235; Söffing DB 1998, 896; Schlagheck StBp 2000, 115; **aA** Niehues DStR 2004, 143). 423

Nicht angesprochen sind **Beteiligungseinkünfte** einer im Übrigen **vermögensverwaltenden PersGes** iSv § 15 Abs. 3 Nr. 1 Alt. 2 EStG iVm § 15 Abs. 1 Nr. 2 EStG, die nach neuerer Rspr. nicht zur Abfärbung führen (zur freiberuflich tätigen PersGes → Rn. 284). § 2 Abs. 2 S. 1 ist dahin **verfassungskonform auszulegen,** dass ein gewerbliches Unternehmen iSv § 15 Abs. 3 Nr. 1 Alt. 2 EStG nicht als nach § 2 Abs. 1 S. 1 der GewStG unterliegender GewBetrieb gilt (BFH IV R 30/16, BStBl. II 2020, 649; IV R 24/20, BStBl. II 2025, 778, zu FG Köln 4 K 3437/11, EFG 2021, 857, best.; IV R 10/21, BFH/NV 2024, 334, zu FG Bln-Bbg 6 K 6322/17, EFG 2021, 2065, best.; BFH IV B 13/24, BFH/NV 2025, 1023, zu FG Köln 12 K 2183/20, EFG 2025, 1539, best.). Nach Auffassung der **FVerw** ist das oa BFH-Urteil **allgemein anzuwenden** (FVerw BStBl. I 2025, 1838). Die Auslegung gilt nicht bei einer parallel bestehenden gewerblichen Prägung (FG Münster 15 K 1605/24 G, EFG 2026, 630, Rev. IV R 5/26). 423a

a) Abfärbung/Grundsatz. Wegen der Formulierung in § 15 Abs. 3 Nr. 1 EStG „in vollem Umfang" geht die Rechtsprechung (zB BFH IV R 86/80, BStBl. II 1984, 152; IV R 60/95, BStBl. II 1997, 567) davon aus, dass eine Personengesellschaft **einheitlich gewerbliche Einkünfte** hat, wenn sie **auch eine gewerbliche Tätigkeit** ausübt („Abfärbung" bzw. „Infektion"; Kempermann DStR 2002, 664; Groh DB 2005, 2430; Weiss EStB 2015, 179; krit. Stapperfend StuW 2006, 303; Böttcher GStB 2022, 309; zur freiberuflichen Tätigkeit → Rn. 287). Sie muss die Tätigkeit tatsächlich aufgenommen haben (BFH IV R 5/24), Vorbereitungshandlungen genügen nicht (→ Rn. 565 f., 569 f.). Erforderlich ist eine weitere, trennbare, bei isolierter Betrachtung zu einer anderen Einkunftsart führende Tätigkeit der Ges. (BFH IV R 34/13, BStBl. II 2017, 175). Diese Sachlage besteht auch dann, wenn die Tätigkeit der Ges. an sich eine vermögensverwaltende ist und die Qualifizierung als gewerblich nur über das Institut der **Betriebsaufspaltung** (BFH IV R 67/96, BStBl. II 1998, 254; IV R 37/10, BFH/NV 2013, 910) oder durch **Verklammerung** in einem einheitlichen Betriebskonzept (→ Rn. 108) erfolgt (BFH IV R 50/15, BStBl. II 2018, 89). Es genügt auch, dass sie ihre Leistungen teilweise freiberuflich, teilweise – mangels Eigenverantwortlichkeit – gewerblich erbringt (BFH VIII R 35/16, BStBl. II 2020, 211). Zur Gefahr der Infektion durch die **Stellung als OT** OFD Frankfurt aM S 2770 A-39-St51 (hierzu Weiss EStB 2015, 407). 424

Die „Infektion" tritt auch ein, wenn die Personengesellschaft **keine positiven gewerblichen Einkünfte** erzielt. Zwar hatte der IV. BFH-Senat die gegensätzliche Auffassung vertreten, weil eine Gefährdung von GewSt-Aufkommen, die 424a durch die Abfärberegelung vermieden werden solle, bei fehlenden positiven Einkünften nicht möglich sei (BFH IV R 5/15, BStBl. II 2020, 118). Der Gesetzgeber hat zügig reagiert: mit **G. v. 12.12.2019** (BGBl. 2019 I 2451; hierzu RegBegr BR-Drs. 356/19, 104) ist § 15 Abs. 3 Nr. 1 EStG durch einen Satz 2 dahin ergänzt worden, dass die Abfärbung unabhängig davon eintritt, ob aus der gewerblichen Tätigkeit ein Gewinn oder Verlust erzielt wird bzw. ob die Gewinnanteile positiv oder negativ sind. Diese GFassung ist auch für VZ vor 2019 anzuwenden (§ 52 Abs. 23 idF des oa G.; nach BFH IV R 42/19, BStBl. II 2023, 118 **verfassungsgemäß;** aA zB Stenert/Gravenhorst DStR 2020, 2505).

425 **aa) Mitunternehmerische Gesellschaften. Betroffen** sind auch mitunternehmerisch tätige Innengesellschaften (BFH IV R 73/06, BStBl. II 2010, 40), sofern die stille Beteiligung sich zivilrechtllich auf die nichtgewerbliche Betätigung erstreckt. Ist dies nicht der Fall, sind die Betätigungen getrennt zu beurteilen (BFH I R 133/93, BStBl. II 1995, 171). **Nicht betroffen** sind andere Rechtsgebilde zB in Form einer **Gemeinschaft,** die zwar Mitunternehmerschaft iSv § 15 Abs. 1 S. 1 Nr. 2 EStG sein können, aber eben nicht die Qualität einer (ggf. verdeckten) Personengesellschaft aufweisen. Insofern ist etwa bei der **Erbengemeinschaft** zu beachten, dass sich ihre gewerbliche Betätigung auf den zum Nachlass gehörenden Betrieb beschränkt (vgl. BFH IV R 214/84, BStBl. II 1987, 120; FG Köln 8 K 3086/16, EFG 2019, 602; nachgehend BFH IV R 5/19, BStBl. II 2023, 649).

426 **bb) Zweistufige Prüfung.** Die angegebene **Rechtsfolge** tritt bereits dann ein, wenn **nur einer der Gesellschafter** eine gewerbliche Tätigkeit ausübt (BFH IV R 17/90, BStBl. II 1993, 324; vgl. IV R 7/92, BStBl. II 1996, 264). Zunächst ist aber auf der **Ebene der Gesellschaft** zu prüfen **(1.)** ob überhaupt ein einheitlicher Betrieb vorliegt (26 f.); wenn ja, **(2.)** ob nach den Grundsätzen in → Rn. 283 die Tätigkeit wegen **untrennbarer Verflechtung** insgesamt als nichtgewerblich zu qualifizieren ist, wenn ja, findet keine Abfärbung statt (BFH IV R 60/95, BStBl. II 1997, 567; XI R 31/05, BStBl. II 2007, 378; XI R 32/00, BStBl. II 2001, 496; IV R 34/13, BStBl. II 2017, 175; vgl. Demuth KÖSDI 2005, 14491). Entsprechendes gilt auf der **Ebene des Gesellschafters.**

427 **cc) Ausgliederung.** Gegebenenfalls empfiehlt sich die **Gründung mehrerer Gesellschaften,** wenn auch Einkünfte anfallen, die für sich gesehen einer anderen Einkunftsart angehören (BVerfG 1 BvL 2/04, BVerfGE 120, 1, dortige Rn. 132 ff.; BFH IV R 67/96, BStBl. II 1998, 254; IV R 11/97, BStBl. II 1998, 603; VIII R 6/12, BStBl. II 2015, 1002; IV R 13/20, BFH/NV 2022, 1393). Das erfordert **Erkennbarkeit der zweiten Gesellschaft** nach außen (BFH IV R 42/19, BStBl. II 2023, 118), idR also unterschiedliche Bezeichnungen, getrennte Gesellschaftsvermögen und getrennte Einkünfteermittlung (vgl. BFH IV R 86/80, BStBl. II 1984, 152; IV R 120/87, BFH/NV 1991, 319; zu Tierärzten OFD Magdeburg 25.5.1993, FR 1993, 485). Eine Beteiligung der nicht gewerblichen Gesellschaft an der gewerblichen birgt die Gefahr der mitunternehmerischen Betriebsaufspaltung (→ Rn. 309; s. FG MV 3 K 180/13, EFG 2015, 421, nachgehend aus anderen Gründen aufgeh. durch BFH IV R 51/14, BStBl. II 2018, 78).

428 **b) Ausnahmen. (1)** Schon vor BFH IV R 30/16, BStBl. II 2020, 649 (→ Rn. 423a) galt: das bloße **Halten einer Beteiligung genügt nicht,** um die Abfärbung eintreten zulassen; erforderlich ist die **Zuweisung eines entsprechenden Gewinnanteils** in dem betreffenden EZ (BFH IV R 5/11, BStBl. II 2014, 972).

(2) Zudem ergibt sich **keine Abfärbewirkung** bei **geringfügigen positiven gewerblichen Einkünften,** wenn der Grenzanteil der Nettoerlöse aus der gewerblichen Tätigkeit an den Nettoerlösen aus der Gesamttätigkeit lediglich 3 % beträgt und ein absoluter Grenzbetrag von 24.500 EUR nicht überstiegen wird. Der IV. BFH-Senat hat es für zweckdienlich erachtet, die bereits für die Abfärbung bei freiberuflichen Einkünften bestehende Geringfügigkeitsgrenze (→ Rn. 287) auch bei Einkünften aus Vermögensverwaltung anzuwenden. Geklärt ist zudem, dass die Abfärbewirkung durch die oa Grenzbeträge überschreitenden gewerblichen Einkünfte **keinen längeren Beobachtungszeitraum** erfordert (BFH IV R 42/19, BStBl. II 2023, 118; noch offen geblieben durch BFH IV R 5/15, BStBl. II 2020, 118).

Allerdings ist problematisch, ob diese Auslegung des § 15 Abs. 3 Nr. EStG auch zu Lasten des StPfl. anzuwenden ist, der im Hinblick auf eine geplante gewerbliche Tätigkeit in hohem Maße investiert hat (verneint von FG Nbg 1 K 1572/20, EFG 2024, 1671, nachgehend jedoch BFH IV R 5/24)

c) Betroffene Tätigkeiten. Sachlich-gegenständlich gilt die Abfärbetheorie (1.) für gewerbliche Betätigungen einer **freiberuflichen Personengesellschaft** (BFH I R 133/93, BStBl. II 1996, 171; GewStR 2.4 Abs. 3; im Einzelnen → Rn. 284 ff.); **(2.)** für gewerblich tätige **luf Personengesellschaften** (BFH IV R 45/89, BStBl. II 1991, 625; IV R 7/92, BStBl. II 1996, 264; IV R 91/99, BStBl. II 2002, 221; **(3.)** für gewerbliche Betätigungen von **vermögensverwaltenden Personengesellschaften.** Zur Beteiligung einer vermögensverwaltenden Personengesellschaft (Obergesellschaft) **an einer gewerblich tätigen Personengesellschaft,** → Rn. 423a. Zur **Betriebsaufspaltung** BFH IV R 37/10, BFH/NV 2013, 910; IV R 5/15, BStBl. II 2020, 118. 429

Nicht betroffen von der Abfärbewirkung des § 15 Abs. 3 Nr. 1 EStG ist eine Personengesellschaft, die in der Kombination freiberuflich, vermögensverwaltend und/oder luf tätig ist (vgl. BFH XI R 31/05, BStBl. II 2007, 378).

X. Gewerblich geprägte Personengesellschaften (§ 15 Abs. 3 Nr. 2 S. 1 EStG)

1. Allgemeines

a) Gewerbebetrieb. Als solcher gilt **in vollem Umfang** die mit Einkünfteerzielungsabsicht unternommene Tätigkeit einer Personengesellschaft, die keine Tätigkeit iSd § 15 Abs. 1 S. 1 Nr. 1 EStG ausübt (gewerbliche Unternehmen) und bei der ausschließlich eine oder mehrere Kapitalgesellschaften persönlich haftende Gesellschafter sind und nur diese oder Personen, die nicht Gesellschafter sind, zur Geschäftsführung befugt sind. Es genügt Existenz für nur eine juristische Sekunde (BFH IVR 30/19, BStBl. II 2023, 1050). Eine GmbH & Co KG mit **originär gewerblichen Einkünften** konnte nach der gängigen Auffassung ebenso wenig eine gewerblich geprägte PersGes sein (BFH IV R 37/14, BStBl. II 2018, 227) wie eine **betriebsaufspalterische BesitzGes** (BFH IV R 59/16, BStBl. II 2020, 147) oder eine **Stiftung & Co KG** (BFH II R 9/20, BStBl. II 2022, 541, zu FG Münster 3 K 3593/16 F, EFG 2020, 831, best; so schon HessFG 10 K 625/08, DStR 2013, 1011). Nach neuerer Auffassung wird eine an sich bestehende gewerbliche Prägung durch eine originär gewerbliche Tätigkeit überlagert und lebt nach deren Ende sowie bei Unterbrechung und Ruhen der gewerblichen 430

Tätigkeit wieder auf (BFH IV R 5/21, BStBl. II 2024, 845; IV R 19/22, BFH/NV 2025, 271).

430a Ist eine gewerblich geprägte Personengesellschaft als persönlich haftender Gesellschafter an einer anderen Personengesellschaft beteiligt, so steht für die Beurteilung, ob die Tätigkeit dieser Personengesellschaft als Gewerbebetrieb gilt, die gewerblich geprägte Personengesellschaft einer Kapitalgesellschaft gleich **(§ 15 Abs. 3 Nr. 2 EStG).** Die Vorschrift korrigiert die **Aufgabe der Geprägerechtsprechung** (BFH GrS 4/82, BStBl. II 1984, 751; s. BR-Drs. 165/85, 6). Sie ist angesichts ihres Ausnahmecharakters und ihres Wortlauts **teleologisch nicht auslegbar** (Groh DB 1987, 1006; zur Kritik als Subsystem Crezelius FR 2013, 1065).

431 Die **Einkünfte** der *vermögensverwaltenden* PersGes sind im Wege der einheitlichen und gesonderten Gewinnfeststellung in gewerbliche **umzuqualifizieren** (BFH IV R 77/99, BFH/NV 2001, 254). Zu Vor- und Nachteilen sowie Fallstricken bei der Steuerplanung Pauli DB 2005, 1021.

432 **b) Gewerbesteuer.** Nach **einhelliger Auffassung** in Rspr. und Schrifttum ist der so umschriebene fiktive Gewerbebetrieb der gewerblich geprägten Personengesellschaft auch **Gewerbebetrieb iSv § 2 Abs. 1** (BFH IV R 35/94, BStBl. II 1996, 76; VIII R 68/98, BStBl. II 2001, 359; IV R 41/07, BStBl. II 2010, 977; IV R 30/15, BFH/NV 2017, 1191; IV R 5/21, BStBl. II 2024, 845; IV R 19/22, BFH/NV 2025, 271). Das gilt auch, wenn die eigentliche Unternehmenstätigkeit von der unbeschränkt haftenden und allein geschäftsführenden KapitalGes ausgeübt wird; die Gewerblichkeit der prägenden KapitalGes schlägt auf die PersGes durch (BFH VIII R 63/93, BStBl. II 1996, 93). Gegen **Verfassungsrecht** wird nicht verstoßen (BFH IV R 5/02, BStBl. II 2004, 464).

2. Anwendungsbereich

433 **a) Personengesellschaften.** Seinem *Wortlaut* nach erfasst § 15 Abs. 3 Nr. 2 **alle Arten** von Personengesellschaften: OHG, KG, BGB-Gesellschaft, auch Innengesellschaft, und stille Gesellschaft, ebenso die Schein-OHG und Schein-KG (BFH IV R 48/93, BStBl. II 1996, 82). Die Gesetzesauslegung kann sich an der (aufgegebenen) Gepräge-Rspr. orientieren (BFH IV R 222/84, BStBl. II 1987, 553; IV R 133/92, BFH/NV 1995, 290; III R 41/89, BFH/NV 1996, 360). Gleichwohl wird neben der **Außengesellschaft** (vgl. BFH VIII R 42/94, BStBl. II 1998, 328) auch die **Innengesellschaft** (trotz Fehlens von Gesellschaftsschulden) erfasst (vgl. BFH VIII R 42/94, BStBl. II 1998, 328; IV R 18/98, BStBl. II 1999, 286; VIII B 112/97, BFH/NV 1999, 169). Das G stellt weder auf das Auftreten einer betrieblichen Organisation nach außen noch auf damit vorhandene Wirkungen (zB Gesellschaftsschulden), sondern – gem. der GewBetriebsdefinition – auf die **Tätigkeit** ab. Auch eine nach **ausländischem Recht** organisierte PersGes kommt in Betracht (BFH I R 92/12, BFH/NV 2017, 685).

434 **b) Mitunternehmerschaft.** Da das Gesetz – wenn auch fiktiv – von einem Gewerbebetrieb der Gesellschaft ausgeht, bedarf es für die Zurechnung der Einkünfte der Rechtsfigur der **Mitunternehmerschaft** (vgl. Begr. des RegE BR-Drs. 165/85, 8; aA zB Groh DB 1987, 1006 (1008)). Dass die prägende Kapitalgesellschaft idR Mitunternehmerin ist, ergibt sich mE aus dem mit der Außenhaftung verbundenen Mitunternehmerrisiko (Autenrieth/Haug DStZ 1987, 279).

Die **GmbH & Still** fällt deshalb ebenfalls unter diese Regelung. Zur Begr. einer Gepräge-OHG durch **mehrere GmbH & Still** Felix NJW 1997, 1040.

c) Einkünfteerzielungsabsicht. Da § 15 Abs. 3 EStG auch für die gewerblich geprägte Personengesellschaft eine mit Einkünfteerzielungsabsicht unternommene Tätigkeit voraussetzt, scheiden steuerrechtlich irrelevante, insb. **Liebhabereitätigkeiten** aus (Begr. des RegE BR-Drs. 165/85, 8; BFH VIII B 112/97, BFH/NV 1999, 169). Für die Bestimmung der **Einkünfteerzielungsabsicht** (→ Rn. 73 ff.) kommt es mE maßgeblich auf die Verhältnisse **zur Zeit des Bestehens der Prägung** an (vgl. BFH IV R 6/91, BFH/NV 1994, 240; IV R 80/05, BStBl. II 2009, 266 zu Vorlaufverlusten; IV R 34/11, BStBl. II 2015, 380). Auch bei der Segmentierung von gefärbten Personengesellschaften stellt der BFH auf die Verhältnisse nach der Färbung ab (BFH VIII R 28/94, BStBl. II 1997, 202). Ob einer **Vorratsgesellschaft** die Gewinnerzielungsabsicht zuzusprechen ist, ist mE zw. (bejahend im Sinne einer Vermutung BFH IV R 34/11, BStBl. II 2015, 380). 435

3. Voraussetzungen

a) Beteiligung von Kapitalgesellschaften. Die **schlichte Beteiligung** einer Kapitalgesellschaft **genügt nicht;** vielmehr müssen ausschließlich eine oder mehrere Kapitalgesellschaften **persönlich haftende Gesellschafter** sein. Für anders geartete Beteiligungen einer Kapitalgesellschaft an vermögensverwaltenden Personengesellschaften (BFH I R 116/75, BStBl. II 1976, 480) stellt sich daher das Problem der Umqualifizierung bzw. Umrechnung der Einkünfte. 436

Nach dem geltenden Recht führt schon das Vorhandensein einer **natürlichen Person als persönlich haftender Gesellschafter** zum Wegfall der gewerblichen Prägung. Bei der Einmann-GmbH & Co KG kann davon nicht gesprochen werden. Sie ist wie die mehrgliedrige gewerblich (zB Herzig/Kessler DStR 1986, 643). Die **ausschließliche Beteiligung von Kapitalgesellschaften** erfüllt dagegen die Voraussetzungen (auch bei einer GbR, vgl. BFH IV R 222/84, BStBl. II 1987, 553; VIII R 63/93, BStBl. II 1996, 93). Es ist nicht erforderlich, dass jede Kapitalgesellschaft unbeschränkt haftet.

Der **Begriff der Kapitalgesellschaft** ist deckungsgleich mit § 1 Abs. 1 KStG, § 2 Abs. 2 (Europäische Gesellschaft, AG, GmbH, KGaA); hierzu zählen bei späterer Eintragung ins HR auch die Vorgesellschaft (→ Rn. 470 f.), **nicht die Stiftungen** (→ Rn. 430; ebenso Götz Inf 2004, 669; Wehrheim ua StuW 2005, 234), **Versicherungsvereine auf Gegenseitigkeit, Genossenschaften** und **sonstige juristische Personen.** Zum Problem der analogen Anwendung auf VVaG BFH III R 41/89, BFH/NV 1996, 360. Eine **GmbH & Co KG** ist, obwohl keine Kapitalgesellschaft, bei **doppelstöckigen Gesellschaften** nach § 15 Abs. 3 Nr. 2 S. 2 EStG der Kapitalgesellschaft für Zwecke der gewerblichen Prägung der Untergesellschaft gleichgestellt. Das gilt in Erweiterung des Wortlauts der Vorschrift auch für eine originär gewerblich tätige GmbH & Co KG, die im Übrigen die Voraussetzungen einer gewerblichen Prägung erfüllt (BFH IV R 37/99, BStBl. II 2001, 162; **aA** Felix NJW 1997, 1040; Söffing DB 2003, 905). Für eine nicht gewerblich geprägte GmbH & Co KG (zB Geschäftsführungsbefugnis eines nicht haftenden Gesellschafters) gilt das mE ebenso wenig (ebenso HessFG 8 K 1573/18, EFG 2021, 2057; Euhus DStR 2011, 1350) wie für eine gewerblich tätige OHG (Saarl FG 1 K 2455/06, EFG 2011, 2067).

Auch die Beteiligung einer **ausländischen Kapitalgesellschaft** führt zur gewerblichen Prägung (BFH I R 34/97, BStBl. II 1998, 296; XI R 15/05, BStBl. II 2007, 924 mwN; I R 92/12, BFH/NV 2017, 685). ME steht dem weder der Wortlaut noch die Systematik und Entstehungsgeschichte des § 15 Abs. 3 Nr. 2 EStG entgegen.

437 **b) Persönliche Gesellschafterhaftung.** § 15 Abs. 3 Nr. 2 EStG knüpft hinsichtlich der **persönlichen Gesellschafterhaftung,** für die nur Kapitalgesellschaften in Betracht kommen, **typisierend** an die gesellschaftsrechtliche Stellung des Gesellschafters an (BFH IV R 35/13, BStBl. II 2017, 116, Best von HessFG 8 K 2647/06, EFG 2013, 1912, mwN). Angesprochen ist das **Außenverhältnis** (§§ 161 Abs. 1, 128 HGB; Maßgeblichkeit des Regelstatuts). Ein nur im Innenverhältnis haftender Gesellschafter ist ebenso wenig persönlich haftender Gesellschafter wie der Kommanditist, auch bei Haftung durch Bürgschaft (vgl. Groh DB 1987, 1006) oder aufgrund von Krediten (BFH IV B 96/03, BFH/NV 2005, 1564). Umgekehrt bewirkt eine nur interne Haftungsfreistellung nicht, dass der Komplementär nicht persönlich haftender Gesellschafter wäre (ebenso Felix NJW 1997, 1040; Herzig/Kessler DStR 1996, 455).

Bei einer **GbR** kann entgegen früheren Auffassungen die Haftung der Gesellschafter nicht durch einen allgemeinen Hinweis beschränkt werden (zB BGH II ZR 371/98, DStR 1999, 1704). Eine „GmbH & Co GbR mbH", an der eine natürliche Person beteiligt ist, ist daher keine gewerblich geprägte Personengesellschaft (FG Hmb 1 K 36/07, EFG 2009, 589; FG München 11 K 1401/06, EFG 2009, 253; zust. Dornheim DStR 2014, 13). Das gilt auch für eine GbR mit individueller Haftungsbeschränkung der beteiligten natürlichen Personen (BFH IV R 35/13, BStBl. II 2017, 116). Jedoch entsteht mit der **HR-Eintragung** der Gesellschaft als KG nach §§ 2, 105 Abs. 2, 161 Abs. 2 HGB eine gewerblich geprägte PersGes (BFH I R 52/10, BFH/NV 2011, 1354; weiter die Übergangsregelung BMF 17.3.2014, BStBl. I 2014, 555; hierzu kk KÖSDI 2014, 18794).

438 **c) Geschäftsführung.** Zur Geschäftsführung der gewerblich geprägten Personengesellschaften dürfen **nur die persönlich haftenden Kapitalgesellschaften** oder **Personen** befugt sein, die **nicht Gesellschafter** sind. Die Prägung tritt – als Regelfall – durch die Geschäftsführung und persönliche Haftung durch eine Kapitalgesellschaft ein (vgl. schon BFH IV 233, 234/65, BStBl. III 1966, 171). Ob und inwieweit die zweite Alternative der Vorschrift zum Tragen kommen kann, erscheint ungewiss, weil der Ausschluss sämtlicher persönlich haftender Gesellschafter von der Geschäftsführung wohl nicht zulässig ist (str., Felix DStR 1987, 231; Breithecker/Zisowski BB 1998, 508); s. jedoch BGH II ZR 213/80, NJW 1982, 877 zur ausschließlichen Geschäftsführung durch Dritte (abgeleitete Befugnis).

Sind **natürliche Personen** (zB Kommanditisten) auch zur Geschäftsführung – ggf. beschränkt auf bestimmte Bereiche – berufen, entfällt die gewerbliche Prägung (sog. verfremdete GmbH & Co KG; vgl. BFH IV R 87/93, BStBl. II 1996, 523; IV R 32/10, BStBl. II 2013, 538; Crezelius NJW 1996, 2361; Felix NJW 1997, 1040; **aA** Stadie FR 1987, 485; Binzler/Buchbinder DB 1987, 503, die nur auf die Vertretungsbefugnis abstellen). Das gilt nach Sinn und Zweck sowie der Entstehungsgeschichte der Vorschrift **nicht** für die Übertragung der Geschäftsführungsbefugnisse von der Komplementärin auf den/die Kdtisten **in Bezug auf die Gesellschafterrechte** an/aus den von der KG gehaltenen Gesellschaftsanteilen an der KomplementärGmbH **(„Einheits-GmbH & Co KG");** die Kdtisten erlangen hierdurch keinen bestimmenden Einfluss auf die Geschäftsführung (BFH IV R 42/14, BStBl. II 2017, 1126, zu FG Münster 3 K 743/13, EFG 2015, 121, best.; zust. v. Proff DStR 2017, 2590; Wachter DB 2017, 2827; Frase BeSt 2018, 2; Wendt FR 2018, 87 (91), krit. Seidel BB 2017, 732)

Ist eine **nicht haftende Gesellschafter-Kapitalgesellschaft** (Kommanditistin) zur Geschäftsführung berufen, ist mE der insoweit eindeutige Wortlaut der Vorschrift nicht erfüllt (EStR 15.8 Abs. 6 S. 1, 2; Groh DB 1987, 1006 (1010); Hörger/Kemper DB 1987, 758; Felix NJW 1997, 1040; Pyszka DStR 2010, 1372; **aA** Wacker in Schmidt EStG § 15 Rn. 222 aE).

(1.) Maßgeblich ist die gesetzliche oder gesellschaftsvertragliche, also **organschaftliche Befugnis** iSv §§ 114–117, 164 HGB, §§ 709–713 BGB. Geschäftsführungsbefugnisse sind als dem Innenverhältnis zugehörend vertraglich gestaltbar (§ 114 Abs. 2 HGB; § 710 BGB; vgl. BGH II ZR 33/67, BGHZ 51, 198). Eine von einem Organ abgeleitete, zB dienstvertragliche Befugnis im Innenverhältnis der Gesellschafter zueinander zu einer auf Verwirklichung des Gesellschaftszwecks gerichteten Tätigkeit hindert die gewerbliche Prägung nicht. Auch auf die **Vertretungsmacht** (zB iSv §§ 125 ff. HGB) kommt es nicht an (BFH VIII R 63/93, BStBl. II 1996, 93; I R 52/10, BFH/NV 2011, 1354; Felix NJW 1997, 1040). 439

Die Geschäftsführungsbefugnis eines Kommanditisten in der Komplementär-GmbH bedeutet nicht dessen Geschäftsführungsbefugnis in der KG (BFH IV R 87/93, BStBl. II 1996, 523; Carlé GmbHR 2001, 100). Daraus ergibt sich weiter, dass es auf die aktuellen Geschäftsführungsbefugnisse ankommt (vgl. FG Hmb 2 K 353/16, BeckRS 2018, 34310, zum Treuhänder, NZB IV B 1/19). Unschädlich ist es, wenn mehrere Kapitalgesellschaften lediglich zur Gesamtgeschäftsführung befugt sind (BFH VIII R 63/93, BStBl. II 1996, 93). Nach dem Wortlaut des § 15 Abs. 3 Nr. 2 EStG müssen nicht alle persönlich haftenden Gesellschafter zur Geschäftsführung befugt sein.

(2.) Der Kommanditist als Geschäftsführer der Komplementär-GmbH – insb. bei der **Einmann-GmbH & Co KG** – handelt für die GmbH und beeinträchtigt deren Geschäftsführungsbefugnisse und die Gewerblichkeit nicht (BFH IV R 87/93, BStBl. II 1996, 523; FG Hmb V 317/88, EFG 1992, 666 rkr.). Das ist jedoch anders, wenn der Geschäftsführer nach dem Gesellschaftsvertrag der KG zur Geschäftsführung befugt ist (FG Bbg 1 K 455/98, EFG 2002, 265 rkr. Herzig/Kessler DStR 1986, 643; **aA** Felix NJW 1997, 1040). 440

(3.) Die Tätigkeit des **Kommanditisten als Prokurist** oder **Generalbevollmächtigter** steht der Prägung nicht entgegen, weil sich hiermit zwar die Vertretungs-, nicht jedoch die Geschäftsführungsbefugnis im organschaftlichen Sinne verbindet (vgl. BFH IV R 87/93, BStBl. II 1996, 523 (526)). Eine Tätigkeitsbefugnis, die sich allein aus einem **Dienst- oder Arbeitsvertrag** ergibt, ist keine Geschäftsführungsbefugnis iSd § 15 Abs. 3 Nr. 2 EStG (BFH IV R 87/93, BStBl. II 1996, 523). Auch schadet es nicht, wenn der Kommanditist Mitglied eines KG-Beirats mit Kontroll- und Einwirkungsmöglichkeiten ist (Groh DB 1987, 1010). 441

(4.) Ob **tatsächliches Verhalten** des Kommanditisten iSd Geschäftsführung prägeschädlich ist (so Groh DB 1987, 1010; **aA** Felix NJW 1997, 1040), hängt mE davon ab, ob es als Hinweis für eine in schlüssiger Weise erteilte Geschäftsführungsbefugnis im organschaftlichen Sinne zu werten ist. Auch wenn der an der KG still beteiligte Kommanditist **„als Stiller"** geschäftsführungsbefugt ist, ist das prägeschädlich (**aA** Felix NJW 1997, 1040), weil § 15 Abs. 3 Nr. 2 EStG perso- 442 nenbezogen darauf abstellt, dass die andere zur Geschäftsführung berufene Person nicht Gesellschafter ist.

4. Rechtsformen

443 Die Vorschrift erfasst **jede Form der Personengesellschaft.** Ob dies auch für *ausländische Gesellschaften* gilt, ist str. (**zust.** Groh DB 1987, 1006; Weßling ua Stbg 2004, 501; **aA** Lüdicke DStR 2002, 672), mE auf jeden Fall für Gesellschaftsformen der EU zu bejahen. DBA-Normen haben jedoch Vorrang (BFH I R 34/97, BStBl. II 1998, 296).

444 **a) Gepräge-KG.** Sie ist **Leitbild der Geprägegesellschaft** (vgl. BFH IV R 5/02, BStBl. II 2004, 464). Sie setzt voraus, dass keine Person, die nicht Kapitalgesellschaft ist, Komplementär ist. Ebenso wenig darf eine solche Person an der Geschäftsführung (→ Rn. 316) beteiligt sein. Umgekehrt liegt eine Gepräge-KG auch vor, wenn auch Kapitalgesellschaften Kommanditisten sind. Die Vorschrift setzt nicht voraus, dass jede beteiligte Kapitalgesellschaft unbeschränkt haftet (ebenso Felix NJW 1997, 1040).

445 **b) Schein-KG.** Auch diese fällt nunmehr unter die gewerblich geprägte Personengesellschaft (BFH IV R 222/84, BStBl. II 1987, 553; IV R 48/93, BStBl. II 1996, 82). Maßgeblich sind die Beteiligungs-, Haftungs- und Geschäftsführungsverhältnisse. Eine BGB-Gesellschaft in der Form der **Soll-KG** kann von § 15 Abs. 3 Nr. 2 EStG betroffen sein, wenn sie vor Eintragung ins Handelsregister auftritt (Groh DB 1987, 1006 (1008)).

446 **c) Gepräge-OHG.** Sie setzt voraus, dass **alle Gesellschafter Kapitalgesellschaften** sind (BFH I R 252/70, BStBl. II 1973, 405; VIII R 63/93, BStBl. II 1996, 93; IV R 51/00, BStBl. II 2002, 873). Die kraft Rechtsform eintretende Beschränkung der Haftung auf das Gesellschaftsvermögen ist insoweit ohne Bedeutung (vgl. BFH VIII R 63/93, BStBl. II 1996, 93). Werden einer oder mehrere Gesellschafter von der Geschäftsführung ausgeschlossen, entfällt die gewerbliche Prägung mE nicht (aA zur Bruchteilsgemeinschaft Felix NJW 1997, 1040). Das G verlangt nicht, dass alle persönlich haftenden Kapitalgesellschaften geschäftsführungsbefugt sein müssen. Eine OHG (oder GbR) aus Kapitalgesellschaften und natürlichen Personen ist mE nicht gewerblich geprägt.

447 **d) Gepräge-GbR.** Ihre **Anerkennung** ist damit vorgezeichnet (Bordewin FR 1987, 1; Felix NJW 1997, 1040), wenn mehrere Kapitalgesellschaften mit persönlicher Haftung beteiligt sind und zumindest eine von ihnen allein (oder mit einer gesellschaftsfremden Person) geschäftsführungsbefugt ist (vgl. BFH IV R 51/00, BStBl. II 2002, 873). Zur fehlenden Prägung bei Beteiligung einer natürlichen Person s. BFH IV R 35/13, BStBl. II 2017, 116. Entsprechendes gilt für die Innengesellschaft, insb. die stille Gesellschaft (→ Rn. 414 ff.).

5. Rechtsfolgen

448 **a) Fiktion des § 15 Abs. 3 Nr. 2 EStG.** Diese knüpft **zwingend** die gewerblichen Einkünfte an die Rechtsform der gewerblich geprägten Personengesellschaft (zu den Vorteilen Hennerkes/Binz BB 1985, 2161; 1986, 235). Sie gewährleistet, dass die von ihr erzielten Einkünfte immer als gewerbliche gelten (BFH VIII R 63/93, BStBl. II 1996, 93; I R 52/10, BFH/NV 2011, 1354). Das gilt auch für eine **ausländische Personengesellschaft,** die nach ihrer rechtlichen

und wirtschaftlichen Gestaltung einer inländischen (gewerblich geprägten) Personengesellschaft entspricht (BFH XI R 15/05, BStBl. II 2007, 924; Stahl/Mann FR 2013, 292).

b) Wegfall der Einkunftserzielungsabsicht. Er bedeutet für sich gesehen nach BFH IV R 138/81, BStBl. II 1982, 381 noch nicht eine gewinnrealisierende Betriebsaufgabe. Das erscheint zweifelhaft, zumal eine von Anfang estrechtlich irrelevant tätige Personengesellschaft keine gewerblich geprägte Personengesellschaft ist (→ Rn. 435). **449**

c) Betriebsaufgabe durch Rechtshandlungen. Diese müssen mE **vom Steuerpflichtigen ausgehen,** s. BFH VIII R 90/81, BStBl. II 1984, 474; die Betriebsaufgabe ist mE anzunehmen bei Wegfall der gesetzlichen Voraussetzungen (Haftungs- und Geschäftsführungsverhältnisse; BFH XI R 15/05, BStBl. II 2007, 924); Ausnahme: Aufnahme einer originär gewerblichen Tätigkeit oder Betriebsverpachtung. **450**

Der **Wechsel der Tätigkeiten** kann mE jedenfalls dann nicht zu einer gewinnrealisierenden Betriebsaufgabe führen, wenn sich die Gesellschaft immer nur vermögensverwaltend betätigt. Auch bei der GmbH & Co KG, die einen *eigenen originären Gewerbebetrieb* unterhält und deshalb nicht unter § 15 Abs. 3 Nr. 2 EStG, sondern unter Abs. 3 Nr. 1 fällt, bedeutet Zerstörung oder Aufgabe der wirtschaftlichen Identität des Betriebs (Teilbetriebs) wie bei der gewerblich geprägten Personengesellschaft nicht ohne Weiteres Betriebs-(Teilbetriebs-)Aufgabe (Veräußerung).

6. GewStPflicht

Sie besteht **aufgrund Rechtsform,** und zwar ab EZ 1986 (→ Rn. 453). Eine gegenteilige Aussage ist auch BFH VIII R 44/92, BStBl. II 1995, 900 nicht zu entnehmen. **451**

a) Beginn. Die GewStPfl. beginnt, wenn alle **Tatbestandsmerkmale des § 15 Abs. 3 Nr. 2 EStG** vorliegen, also mit Aufnahme einer von Einkünfteabsicht getragenen „werbenden" Tätigkeit unter Beteiligung am allgemeinen Wirtschaftsverkehr. Vorbereitungshandlungen genügen nicht (vgl. BFH VIII R 44/92, BStBl. II 1995, 900; IV R 23/97, BStBl. II 1998, 745; IV R 5/02, BStBl. II 2004, 464). Zur Umstellung des Gesellschaftszwecks BFH IV B 38/09, BFH/NV 2010, 1489, zu FG Hmb 2 K 124/07, EFG 2009, 950; zur Veräußerung einer Beteiligung mit anschließender Darlehensgewährung FG Köln 7 K 4997/06, EFG 2011, 905 (einheitlicher Betrieb). ME ist auch die **Eintragung im Handelsregister** erforderlich (BFH I R 52/10, BFH/NV 2011, 1354; vgl. zu § 13a ErbStG BFH II R 41/07, BStBl. II 2009, 600; hierzu BMF 28.1.2008, DB 2008, 323; Lühn BB 2009, 1792). Weitere Einzelheiten → Rn. 582. **451a**

b) Ende. Die **GewStPfl. endet** erst mit Einstellung jeglicher solcher Tätigkeiten (Fick StBp 1995, 88). Auch das Ausscheiden der prägenden Kapitalgesellschaft aus der Personengesellschaft führt zur Betriebsaufgabe (BFH XI R 15/05, BStBl. II 2007, 924). Eine **Betriebsverpachtung** führt anders als bei Einzelunternehmen und sonstigen Personengesellschaften (→ Rn. 442) weiterhin zur GewStPfl. (BFH IV B 9/95, BFH/NV 1996, 213; VIII R 3/03, BStBl. II 2005, 778 mwN). Weitere Einzelheiten → Rn. 582. **451b**

452 **c) GewStBelastung.** Der gewerblich geprägten Personengesellschaft steht die **erweiterte Kürzung** des § 9 Nr. 1 S. 2 zu (BFH IV R 97/72, BStBl. II 1973, 688; I R 50/75, BStBl. II 1977, 778; ebenso IV B 9/95, BFH/NV 1996, 213; Ausnahme vgl. IV R 51/00, BStBl. II 2002, 873). Umgekehrt entfällt das Kürzungsprivileg, wenn eine Grundstücksverwaltungsgemeinschaft eine Beteiligung an einer grundstücksverwaltenden Geprägegesellschaft erwirbt (BFH I R 61/90, BStBl. II 1992, 628). Ist sie als Unternehmenstochter vermögensverwaltend tätig, so sollen der Unternehmensmutter hinsichtlich der auf die Tochter ausgegliederten Vermögensteile die Korrekturen nach § 8 Nr. 8, § 9 Nr. 2, der Tochter die Kürzungsvorschrift des § 9 Nr. 1 S. 2 zukommen (Hennerkes/Binz BB 1985, 2161 (2164)). Bei gleichzeitiger Betriebsaufspaltung (umgekehrte Betriebsaufspaltung) ist die Anwendung des § 9 Nr. 1 S. 2 dagegen zweifelhaft. Der **Verlustabzug** nach § 10a erfordert Unternehmensidentität (BFH IV R 2/14, BStBl. II 2017, 1138).

7. Beteiligung von Kapitalgesellschaften an nicht gewerblich tätigen Personengesellschaften

453 Trotz Beteiligung einer Kapitalgesellschaft ist die Personengesellschaft nicht als gewerblich geprägt anzusehen, wenn etwa die Kapitalgesellschaft nicht persönlich Haftende ist oder neben ihr noch eine natürliche Person persönlich haftender oder/und geschäftsführungsbefugter Gesellschafter ist. Betreibt eine solche Gesellschaft **lediglich Vermögensverwaltung,** ohne dass § 15 Abs. 2 oder § 15 Abs. 3 Nr. 1 EStG eingreifen, unterhält sie keinen GewBetrieb (vgl. BFH I R 67/09, BStBl. II 2011, 367). Für die GmbH sind die Kürzungs- und Hinzurechnungsvorschriften des § 9 Nr. 2 und des § 8 Nr. 8 anwendbar, weil sie keine Beteiligung an einer gewstpfl Personengesellschaft des § 15 EStG voraussetzen (BFH IV R 319/84, BStBl. II 1987, 64).

454, 455 *(frei)*

C. Die rechtsformabhängigen Steuergegenstände

I. Die Tätigkeit der Kapitalgesellschaften, Genossenschaften, Versicherungs- und Pensionsfondsvereine auf Gegenseitigkeit (§ 2 Abs. 2)

1. Grundsatz

456 Das G enthält **für Zwecke der GewSt** eine **typisierende Fiktion:** nach § 2 Abs. 2 S. 1 gilt stets und in vollem Umfang die Tätigkeit der Kapitalgesellschaften, Genossenschaften sowie der Versicherungs- und Pensionsfondvereine auf Gegenseitigkeit. **Gegenstand der GewSt** ist demnach nicht der Betrieb als wirtschaftliche Einheit, sondern die in der bestimmten Rechtsform ausgeübte Aktivität (vgl. BFH IV R 26/21, BStBl. II 2025, 51, Rn. 42).

Als **Kapitalgesellschaften** nennt § 2 Abs. 2 insb. Europäische Gesellschaften, Aktiengesellschaften, Kommanditgesellschaften auf Aktien (zur Rechtsformwahl Kallmeyer DStR 1994, 977; zur gewstlichen Optimierung bei der GmbH & Co KGaA Kollruss Inf 2003, 347) und Gesellschaften mit beschränkter Haftung. Eine Kapitalgesellschaft ist auch dann eine juristische Person des privaten Rechts, wenn an ihr nur öffentlich-rechtliche Körperschaften beteiligt sind, kein Betrieb gewerblicher Art (BFH 5.10.1983 – I R 107–108/79, nv).

Die **rechtsfähige Stiftung** gehört nicht zu den GewBetrieben qua Rechtsform nach § 2 Abs. 2. Sie wird gewstpfl. nur durch Unterhaltung eines wirtschaftlichen Geschäftsbetriebs nach § 2 Abs. 3 (→ Rn. 540 ff.) oder eines GewBetriebs iSd § 2 Abs. 1 S. 2 (→ Rn. 50 ff.; BFH III R 16/25, BFH/NV 2026, 265).

Zum **Inlandsbezug** vgl. → Rn. 13 sowie → § 9 Nr. 2a Rn. 3.

2. Rechtsformen

a) Europäische Gesellschaft. Die Societas Europaea **(SE)** hat ihre Grundlage in der EG-VO Nr. 2157/2001 v. 8.10.2001 (ABl. 2001 L 294) – SEVO – (in Kraft seit 8.10.2004), der RL 2001/86/EG v. 8.10.2001 (ABl. 2001 L 294, 22), dem SEAG v. 29.12.2004 (BGBl. 2004 I 3675) und dem SEBG v. 29.12.2004 (BGBl. 2004 I 3686). Eingereiht in die rechtsformabhängigen Steuergegenstände des § 2 Abs. 2 S. 1 wurde sie durch SEStEG v. 7.12.2006 (BGBl. 2006 I 2782). Die **Gründung einer SE** erfolgt *ausschließlich* durch Kapitalgesellschaften (Verschmelzung, Gründung einer Tochtergesellschaft oder Holding, formwechselnde Umwandlung), von denen mind. zwei aus verschiedenen Mitgliedstaaten stammen oder seit mind. zwei Jahren eine Tochtergesellschaft oder Zweigniederlassung in einem anderen Mitgliedstaat haben; auch eine SE kann eine TochterSE gründen. Das Mindestkapital beträgt 120.000 EUR. Sitz und Hauptverwaltung müssen sich in demselben Mitgliedstaat, bei inländischen SE an demselben Ort befinden. Rechtspersönlichkeit erlangt eine SE im Inland mit Eintragung ins HR (§ 3 SEAG). Zu den Vorteilen auch für den Mittelstand Manz/Mayer Inf 2006, 833. **457**

b) Aktiengesellschaft. Die **AG** hat ihre normative Grundlage im AktG. Sie ist eine Gesellschaft mit eigener Rechtspersönlichkeit, für deren Verbindlichkeiten nur das Gesellschaftsvermögen haftet (§ 1 AktG). Ihr Grundkapital beträgt mind. 50.000 EUR. Sie kann durch eine einzelne Person gegründet werden und erlangt ihre Existenz und Rechtspersönlichkeit durch Eintragung in das HR (§§ 36, 41 Abs. 1 AktG). **458**

c) Kommanditgesellschaft auf Aktien. Die **KGaA** hat ihre Rechtsgrundlage in §§ 278 ff. AktG. Ihre Besonderheit besteht darin, dass ein Gesellschafter (Komplementär), der auch eine GmbH sein kann (BGH II ZB 11/96, DStR 1997, 1012; fraglich für eine Stiftung Wehrheim/Gehrke StuW 2005, 234), unbeschränkt haftet und die übrigen – nicht haftenden – Gesellschafter durch Erwerb von Aktien am Grundkapital beteiligt sind. Sie erlangt ebenfalls durch Eintragung in das HR Rechtspersönlichkeit. Gewstrechtlich (wie auch kst- und estrechtlich) unterliegt sie einer kombinierten Besteuerung: Sie ist Gegenstand der GewSt; der Gewinnanteil des Komplementärs wird bei der Ermittlung des Einkommens abgezogen (§ 9 Abs. 1 Nr. 1 KStG) und bei der Ermittlung des GewErtrages wieder hinzugerechnet (§ 8 Nr. 4). **459**

d) Gesellschaft mit beschränkter Haftung. Die **GmbH** hat ihre Rechtsgrundlage im GmbHG. Ihr Stammkapital beträgt mind. 25.000 EUR. Sie kann ebenfalls durch eine einzelne Person gegründet werden und erlangt Rechtspersönlichkeit mit Eintragung in das HR (§ 11 Abs. 1 GmbHG; BFH I R 174/86, BStBl. II 1990, 91). Entsprechendes gilt für die **UnternehmerGes** nach § 5a GmbHG (hierzu FG Brem 1 K 44/19 (3)). Die **GmbH & Co KG** ist keine Kapitalgesellschaft (BFH IV R 56/80, BStBl. II 1984, 150), sondern eine originär **460**

gewerbliche oder gewerblich geprägte Personengesellschaft (vgl. BFH VIII R 42/10, BStBl. II 2013, 79); sie steht lediglich für die Beurteilung der gewerblichen Prägung einer anderen (Unter)Gesellschaft nach § 15 Abs. 3 Nr. 2 S. 2 EStG einer Kapitalgesellschaft gleich (→ Rn. 436).

461 **e) Genossenschaften.** Es sind Vereinigungen mit nicht geschlossener Mitgliederzahl, die die **Förderung** des Erwerbs oder der Wirtschaft **ihrer Mitglieder** durch gemeinschaftlichen Geschäftsbetrieb oder deren sozialer oder kultureller Belange bezwecken (§ 1 Abs. 1 GenG), zB Produktions- und Absatzgenossenschaften, Kredit- und Konsumvereine. Ein Mindestkapital *kann* vorgesehen werden. Die Mindestzahl der Genossen ist drei. Rechtspersönlichkeit erlangt die Genossenschaft durch *Eintragung* ins Genossenschaftsregister (§§ 10, 13 GenG). Nicht eingetragene Genossenschaften, die durch Verleihung den Status einer juristischen Person erlangt haben (Art. 163 ff. EGBGB), sind den eingetragenen gleich zu behandeln.

Nichtrechtsfähige Vereinigungen, die die Voraussetzungen des GenG erfüllen, sind mE insoweit nach § 2 Abs. 3 gewstpfl., als sie einen wirtschaftlichen Geschäftsbetrieb unterhalten (zB Molkerei-, Keltergenossenschaft; zur Abgrenzung Glenk, Die eingetragene Genossenschaft, 1996, Rn. 25 ff.). **Öffentlich-rechtliche** Genossenschaften (zB Berufsgenossenschaften, Deich-, Fischereigenossenschaften) sind nicht Genossenschaften iSv § 2 Abs. 2. Entsprechendes gilt für die von alters her bestehenden nichtrechtsfähigen Hauberg-, Wald-, Forst- und Laubgenossenschaften und ähnl. **Realgemeinden** (RStBl. 1934, 1060); sie sind nach § 3 Nr. 5 nur mit einem Gewerbebetrieb steuerpflichtig, der über den Rahmen eines Nebenbetriebs hinausgeht.

462 **f) Europäische Genossenschaft.** Die Societas Corporativa Europaea **(SCE)** dient dem Zweck der Bedarfsdeckung bzw. der Förderung der wirtschaftlichen und/oder sozialen Tätigkeit der Mitglieder. Rechtsgrundlage ist die EG-VO Nr. 1435/2003 v. 22.7.2003 (ABl. L 207, 1) – SCE-VO –, die RL 2003/72/EG v. 22.7.2003 (ABl. L 207, 25), das SCEAG v. 14.8.2006 (BGBl. 2006 I 1911) und das SCEBG v. 14.8.2006 (BGBl. 2006 I 1917). Sie kann durch fünf natürl oder jur. Personen, Verschmelzung oder Formwechsel von nationalen Genossenschaften gegründet werden; es müssen Rechtsbeziehungen zu zwei Mitgliedstaaten bestehen. Das Mindestkapital beträgt 30.000 EUR. Rechtspersönlichkeit erlangt die SCE im Inland mit ihrer Eintragung ins Genossenschaftsregister (§ 3 SCEAG).

463 **g) Versicherungs- und Pensionsfondsvereine auf Gegenseitigkeit. Versicherungsvereine auf Gegenseitigkeit** bedürfen zum Geschäftsbetrieb nach § 8 VAG der Erlaubnis der Aufsichtsbehörde. Für kleinere Vereine iSd § 210 VAG besteht nach § 12a GewStDV Steuerbefreiung, wenn sie nach § 5 Abs. 1 Nr. 4 KStG von der KSt befreit sind. Zu **Pensionsfondsvereinen auf Gegenseitigkeit** s. § 237 Abs. 3 VAG.

464 **h) Optierende Gesellschaften iSv § 1a KStG.** Nach § 1a Abs. 1 S. 1 KStG sind **Personenhandelsgesellschaften** und **Partnerschaftsgesellschaften** auf unwiderruflichen Antrag wie eine Kapitalgesellschaft zu behandeln, sog. **„optierende Gesellschaft“.** Sie behalten zwar ihre zivilrechtliche Rechtsform, sind aber nach § 2 Abs. 8 **„als Kapitalgesellschaft“** zu behandeln. Das bedeutet mE, dass sämtliche in diesem G enthaltenen die KapitalGes betreffenden Vorschriften auch auf die optierneden Gesellschaften anzuwenden sind. Zu Einzelheiten → Rn. 650 ff.

i) Sondervermögen von Kapitalanlagegesellschaften. Das sind Geldmarkt-, Wertpapier-, Beteiligungs-, Investmentfondsanteil-, Grundstücks- und Altersvorsorge-Sondervermögen, sie waren nach §§ 37n–50d des Gesetzes über Kapitalanlagegesellschaften idF v. 9.9.1998 (BGBl. 1998 I 2726) von der Gewerbesteuer befreit; ab 1.1.2004; s. nunmehr (bis 31.12.2017) **Investmentsteuergesetz** (InvStG 2004) v. 15.12.2003 (BGBl. 2003 I 2676 (2724)), wonach bestimmte inländische Sondervermögen als Zweckvermögen iSd § 1 Abs. 1 Nr. 5 KStG von der KSt und der GewSt befreit sind (§ 11 Abs. 1 InvStG 2004); ab EZ 2018 § 15 InvStG 2018 idF v. 19.7.2016, BGBl. 2016 I 1730; → § 3 Rn. 487a, b) **465**

Gesetzlich anerkannte **Unternehmensbeteiligungsgesellschaften** iSd Gesetzes über Unternehmensbeteiligungsgesellschaften idF v. 9.9.1998 (BGBl. 1998 I 2765) sind nach § 3 Nr. 23 von der Gewerbesteuer befreit. Zu den Einzelheiten → § 3 Rn. 448 ff.

j) Ausländische Rechtsgebilde. Sie werden auch **von § 2 Abs. 2 erfasst** (FG BW 10 K 3286/10, EFG 2010, 2111). Voraussetzung ist, dass sie bei Gesamtwürdigung der maßgeblichen ausländischen Bestimmungen rechtlich und wirtschaftlich einer inländischen Kapitalgesellschaft entsprechen (sog. **Typenvergleich:** BFH I R 196/79, BStBl. II 1983, 77; IV R 182/77, BStBl. II 1981, 220; I R 43/18, BFH/NV 2022, 1383; IV R 26/21, BStBl. II 2025, 51). Ihre GewStPfl. setzt bisher eine inländische Betriebsstätte voraus oder jedenfalls die Beteiligung an einer Personengesellschaft mit inländischer Betriebsstätte. Nach Ergehen ua der „Überseering"-Entscheidung des EuGH C-208/00, IStR 2002, 809: Verstoß gegen ex-Art. 43 u. 48 EGV, jetzt Art. 49 und 54 AEUV) ist auch eine doppelt ansässige Gesellschaft allein mit Sitz der Geschäftsleitung im Inland gewstpfl. (hierzu Oberste Finanzbehörden der Länder 20.5.2005, BStBl. I 2005, 727: Anwendung – wenn zum Nachteil des Stpfl. – erst ab EZ 2004). Unter dieser Voraussetzung ist auch eine ausländische KapitalGes mit Einkünften iSd § 49 Abs. 1 Nr. 2 Buchst. f EStG nF mit inländischem Sitz der Geschäftsleitung gewstpfl (OFD Nordrhein-Westfalen 5.9.2017, DB 2017, 2384). Zum Begriff der inländischen KapGes iSd § 9 Nr. 2a vgl. BFH I R 43/18, BFH/NV 2022, 1383. **466**

3. Rechtsfolgen

Nach § 2 Abs. 2 S. 1 gilt die Tätigkeit der dort aufgezählten Kapitalgesellschaften, Genossenschaften und Versicherungs- und Pensionsfondvereine **stets und in vollem Umfang** (anders § 15 Abs. 3 EStG) als **Gewerbebetrieb** (GewStR 2.1 Abs. 4 mwN). Verfassungsrechtlich wird dies als unbedenklich angesehen (zB BVerG 1 BvR 2130/09, BFH/NV 2010, 1231; BFH I R 196/79, BStBl. II 1983, 77; IV R 54/10, BStBl. II 2012, 927; IV R 2/14, BStBl. II 2017, 1138). **467**

a) Einheitlicher Gewerbebetrieb. Danach haben nach hM Kapitalgesellschaften, soweit sie tätig werden, einen **einheitlichen Gewerbebetrieb** (BFH GrS 4/42, BStBl. II 1984, 751, unter C.III.3.b bb (2.)). Erfasst wird die gesamte wirtschaftliche Tätigkeit (BFH III R 1/23, BStBl. II 2025, 158). Es werden nicht nur vermögensverwaltende, sondern wegen der Organisationsform Kapitalgesellschaft auch sonstige an sich nichtgewerbliche Tätigkeiten zu gewerblichen umqualifiziert (BFH I R 40/75, BStBl. II 1977, 668; I R 165/80, BStBl. II 1985, 403; I R 80/87, BStBl. II 1990, 920; I R 81/15, BStBl. II 2017, 1071). Das gilt auch für eine **„an sich" freiberufliche Tätigkeit** (BFH I R 40/75, BStBl. II 1977, **468**

668, Wirtschaftsprüfungs- und Steuerberatungsgesellschaft), mithin auch für die „kleine Freiberufler-GmbH" (BFH I R 76/03, BFH/NV 2010, 1118).

Der **Wechsel des Unternehmensgegenstandes** lässt den einheitlichen Gewerbebetrieb und damit die Unternehmensidentität unberührt (BFH I R 18/08, BFH/NV 2010, 941). Das gilt auch für die Ausgliederung/Übertragung (BFH III R 35/17, BStBl. II 2019, 407) sowie Veräußerung eines von mehreren Geschäftsbereichen (BFH III 30/21, BStBl. II 2025, 56). Allerdings tritt nach neuerer Rspr. im Falle der vollständigen Einbringung in eine PersGes die Gewerblichkeitsfiktion hinter die identitätswahrende Fortführung des Unternehmens durch die PersGes zurück (→ § 10a Rn. 23e); allerdings verblieb im dort entschiedenen Fall die KapGes angesichts der mE notwendigen Verwaltung erhaltener Gesellschaftsanteile nicht als „leere Hülle". Zudem betrafen gerade die sog. „Mantelkauffälle" (→ § 10a Rn. 30) tatsächlich leere Hüllen.

469 **b) Weitere Einkünfte.** Auch solche Einkünfte werden **umqualifiziert,** die nicht unter die sieben Einkunftsarten des § 2 Abs. 1 EStG fallen (BFH I R 67/88, BStBl. II 1991, 250; krit. Gosch StuW 1992, 350), zB eine Versicherungsleistung (BFH I B 120/05, BFH/NV 2007, 502) oder eine Erbschaft (BFH I R 50/16, DStR 2017, 319). Es handelt sich um eine Folge der GewBetriebsfiktion (→ Rn. 456). Das bedeutet: die Kapitalgesellschaft hat auch unter der Geltung des Halbeinkünfteverfahrens keine außerbetriebliche Sphäre (BFH I R 32/06, BStBl. II 2007, 961).

4. Entstehung der GmbH

470 **a) Vor-GmbH und Eintragung.** Der Steuergegenstand Kapitalgesellschaft entsteht im Allgemeinen mit Eintragung der Gesellschaft im HR (→ Rn. 460). Tritt allerdings eine **Vor-GmbH** (Gründungsgesellschaft) schon vor diesem Zeitpunkt **mit geschäftlichen Tätigkeiten nach außen** auf, so besteht Identität mit der später eingetragenen Gesellschaft; beide bilden einen einheitlichen Steuergegenstand (BFH I R 244/74, BStBl. II 1977, 561; I R 118/78, BStBl. II 1983, 247; I R 174/86, BStBl. II 1990, 91; III R 2/03, BStBl. II 2005, 405; IV R 38/07, BStBl. II 2010, 60). Das gilt auch bei einem Wechsel der Gesellschafter der Vorgesellschaft, wenn der ausgeschiedene Gesellschafter an der den Wechsel betreffenden Änderung des Gesellschaftsvertrages mitgewirkt hat (BFH I R 17/92, BStBl. II 1993, 352).

Die bloße **Verwaltung des Stammkapitals** durch die Vorgesellschaft ist kein Auftreten nach außen und löst daher die Steuerpflicht noch nicht aus (BFH I R 98/87, BStBl. II 1990, 1073). Das gilt ggf. trotz des Umstandes, dass die Vor-GmbH hiermit nachhaltig mit Gewinnerzielungsabsicht am allgemeinen wirtschaftlichen Verkehr teilnimmt. Gehen die (vermögensverwaltenden) Tätigkeiten jedoch über bloße **Vorbereitungshandlungen** hinaus, so unterliegt sie der GewSt. Maßgebend ist die Unterscheidung, ob die (vermögensverwaltenden) Tätigkeiten durch die Gesellschaftsgründung veranlasst sind oder schon geschäftliche Tätigkeiten gegenüber Dritten darstellen (BFH I R 81/15, BStBl. II 2017, 1071, gegen FG BW 10 K 2178/12, EFG 2016, 1184, aufgeh.; hierzu Weiss EStB 2017, 303.).

471 **b) Vorgesellschaft ohne Eintragung.** Sie setzt bei der GmbH einen Vertrag bzw. bei der Einmann-GmbH die Abgabe einer notariellen Erklärung voraus (BFH I 8/52 U, BStBl. III 1952, 172; BGH II ZR 276/83, NJW 1994, 2164).

Die Rspr. unterscheidet zwischen einer **echten Vorgesellschaft,** die scheitert, nicht in das Handelsregister eingetragen wird und nach Aufgabe der Eintragungsabsicht ihre werbende Tätigkeit sofort einstellt (BFH IV R 88/06, BStBl. II 2010, 991) und einer **unechten Vorgesellschaft,** bei der von Anfang an die Eintragungsabsicht fehlt bzw. die nach deren späterem Wegfall die werbende Tätigkeit fortsetzt (BFH VII R 82/97, BStBl. II 1998, 531; BGH II ZR 204/00, BGHZ 152, 210). Sie wird steuerlich als Einzelunternehmen bzw. Mitunternehmerschaft behandelt (hierzu Martini DStR 2011, 337).

c) Vorgründungsgesellschaft. Dagegen bezieht sich eine **Vorgründungsgesellschaft,** die die Vorgesellschaft erst entstehen lassen soll, auf die Zeit vor Abschluss des notariellen Gesellschaftsvertrags. Es besteht keine Identität mit den nachfolgenden Gesellschaften (BFH I R 174/86, BStBl. II 1990, 91). Sie sind nach ihrer Rechtsform, idR als **BGB-Gesellschaften,** zu behandeln, treten aber regelmäßig gewstrechtlich mangels werbender Tätigkeit nicht in Erscheinung. Betreiben sie ein Handelsgewerbe, ist idR jeweils eine OHG anzunehmen (vgl. BGH II ZR 331/00, DStR 2001, 310 unter A I 2c; FG Brem II 107/87 V, EFG 1990, 273). Es gelten die Grundsätze des § 2 Abs. 5. 472

5. Entstehen bei Genossenschaften

Für diese (insb. Erwerbs- und Wirtschaftsgenossenschaften) sowie die Versicherungs- und Pensionsfondvereine auf Gegenseitigkeit gelten dieselben Grundsätze: Es kommt für den **Beginn als frühester Zeitpunkt** in Betracht die **Errichtung des Status** (Vorgenossenschaft, s. Meyer/Meulenbergh/Beuthien, Genossenschaftsgesetz, 12. Aufl., § 13 Rn. 3) bzw. der Satzung (Vorverein, Reichert/Dannecker/Kühr, Handbuch des Vereins- und Verbandsrechts, 3. Aufl., Tz. 7, vereinsrechtl. str., aA: Vertrag). Hinzukommen muss der Beginn irgendeiner Tätigkeit; mE ebenso bei der Europäischen Genossenschaft. Nach § 17 Abs. 2 GenG gelten Genossenschaften grds. als Kaufleute iSd HGB. Sie sind deshalb bereits nach Handelsrecht **buchführungspflichtig.** 473

6. Beendigung des Steuergegenstands

Seine **Beendigung** findet der Steuergegenstand Kapitalgesellschaft mit der **Einstellung jeglicher Tätigkeit,** also nicht nur der eigentlichen werbenden Tätigkeit, sondern auch der Verwertung im Rahmen der Abwicklung. Dass es sich um eine werbende Tätigkeit handelt, unterstellt das Gesetz. Deshalb unterliegt die Kapitalgesellschaft auch während der Liquidationsphase, die ihrerseits mit der letzten Abwicklungshandlung endet, der GewSt (BFH IV R 68/77, BStBl. II 1980, 658; I R 28/00, BFH/NV 2001, 816; III R 1/23, BStBl. II 2025, 148; GewStR 2.6 Abs. 2). Werden in der Bilanz weder Erträge noch Verbindlichkeiten oder Vermögenswerte ausgewiesen, ist das wirtschaftliche Leben der Kapitalgesellschaft beendet (BFH I B 29/12, BFH/NV 2013, 84). 474

Die **Liquidation** findet grundsätzlich mit der Verteilung des Vermögens an die Gesellschafter ihr Ende (RFH I 342/39, RStBl. 1940, 435). Siehe aber zum Prozessrecht BFH I R 111/79, BStBl. II 1980, 587; I B 210/03, BFH/NV 2004, 670. Zur Liquidation und Neugründung derselben Kapitalgesellschaft s. BFH I R 165/80, BStBl. II 1985, 403.

7. Einzelfragen

475 **a) Veräußerungsgewinne.** Kapitalgesellschaften, Genossenschaften sowie Versicherungs- und Pensionsfondvereine auf Gegenseitigkeit sind gegenüber den natürlichen Personen und Personengesellschaften insoweit benachteiligt, als bei ihnen auch **Gewinne aus der Veräußerung** von Betrieben, Teilbetrieben oder von betrieblichen Beteiligungen zum **Gewerbeertrag** rechnen (so die hM; BFH I R 116/69, BStBl. II 1971, 182; I R 92/86, BStBl. II 1990, 699; I R 27/01, BStBl. II 2002, 155; III R 19/02, BStBl. II 2004, 515; I B 197/94, BFH/NV 1996, 366; I R 104/00, BFH/NV 2002, 535; Anm. Wendt FR 2002, 39; GewStR 7.1 Abs. 4). Diese Auffassung wird damit begründet, dass § 2 Abs. 2 die GewStPfl. von Kapitalgesellschaften allein an die Rechtsform anknüpft (BFH I B 197/94, BFH/NV 1996, 366; vgl. auch I R 89/95, BStBl. II 1997, 224).

ME ist diese Beurteilung **zutr. (aA** Roser/Tetsch FR 1998, 183). Bei den Steuergegenständen des § 2 Abs. 2 wird für die Dauer ihres wie immer auch gearteten Tätigwerdens ein GewBetrieb ausnahmslos fingiert und daher auch für die Zeit der Abwicklung angenommen (§ 16 Abs. 1 GewStDV). Davon abgesehen haben § 2 Abs. 2 GewStG (für Kapitalgesellschaften) und § 15 Abs. 3 Nr. 1 EStG (für Personengesellschaften) insofern keinen identischen Wortlaut als bei Ersterem die Fiktion „stets" angeordnet ist, bei Letzterem nicht. Das bedeutet, dass bei jenen die Ergebnisse – auch in zeitlicher Hinsicht – aus *allen* Tätigkeiten der Besteuerung unterliegen, was bei diesen auch im Hinblick auf den Objektsteuercharakter der GewSt anders bewertet werden muss; die Abfärbung setzt zumindest *eine* gewerbliche Tätigkeit voraus (BFH I R 67/88, BStBl. II 1991, 250). Daran ändert auch der Hinweis auf die Teilbetriebsveräußerung nichts, weil insofern ein Ertrag aus *dessen* werbender Tätigkeit nicht in Rede steht. Das ist Grund genug, dass derartige Vorgänge nicht von denen des § 16 Abs. 1 GewStDV bzw. § 11 KStG unterschieden und nach § 16 EStG iVm § 7 GewStG gewerbesteuerfrei behandelt werden können (offengelassen in BFH I R 89/95, BStBl. II 1997, 224).

476 **b) Abwicklung/Insolvenz.** Im Falle der **Abwicklung** ist der GewErtrag auf die Jahre des Abwicklungszeitraums zu verteilen (§ 16 Abs. 1 GewStDV). Das beinhaltet eine zeitanteilige Zuweisung des GewErtrags des gesamten Abwicklungszeitraums auf den einzelnen EZ (BFH I R 35/12, BStBl. II 2013, 508; Wälzholz gmbhstb 2011, 117). Eine „Zwischenveranlagung" mit Wirkung auch für die GewSt (§ 14) ist nach BFH zulässig (BFH I R 67/05, BStBl. II 2008, 312; I R 44/06, BStBl. II 2008, 319); aA BMF NAnwErl 4.4.2008, BStBl. I 2008, 542). Entsprechendes gilt im Falle der **Insolvenz** (§ 16 Abs. 2 GewStDV).

477 **c) Reisegewerbe.** Es kann nur von **natürlichen Personen** und deshalb nicht von den Körperschaften des § 2 Abs. 2 ausgeübt werden (BFH I 317/61 U, BStBl. III 1963, 148).

478 **d) Beteiligung und GewSt.** Bei Beteiligung einer Kapitalgesellschaft (oder einer anderen Körperschaft iSd § 2 Abs. 2) an gewerblich tätigen Personengesellschaften kommen die **Korrekturvorschriften** des § 8 Nr. 8 und § 9 Nr. 2 zur Anwendung (zu nicht gewerblich tätigen Personengesellschaften → Rn. 454). Nicht als Personengesellschaft idS gilt die **KG auf Aktien** (→ Rn. 459; BFH I R 235/81, BStBl. II 1986, 72).

479 **e) Besteuerung kleiner Körperschaften.** Diese kann nach **§ 156 Abs. 2 AO** unterbleiben, wenn feststeht, dass die Kosten der Einziehung einschließlich der

Festsetzung außer Verhältnis zu dem festzusetzenden Betrag stehen. Ein solches Missverhältnis wird angenommen, wenn der Gewinn im Einzelfall offensichtlich 500 EUR (früher 1.000 DM) nicht übersteigt (GewStR 7.1 Abs. 7).

(frei) **480–484**

II. Unternehmensverbund Organschaft

1. Begriff

Unter **Organschaft** wird eine Verschmelzung wirtschaftlicher Interessen verschiedener rechtlich selbstständiger Unternehmen zu einer wirtschaftlichen **Unternehmenseinheit** verstanden (Tipke/Lang, SteuerR, 24. Aufl., Kap. 11 Rn. 110). Unter Berücksichtigung der gesetzlich geregelten Voraussetzungen für die steuerrechtliche Anerkennung einer Organschaft handelt es sich um die Beziehung (Organverhältnis) zwischen einer juristischen Person (Organgesellschaft – OG –) und einer natürlichen Person, einer PersGes, einer nicht steuerbefreiten Körperschaft, Personenvereinigung oder Vermögensmasse (Organträger – OT –), die nach dem **ab EZ 2002** geltenden Recht durch die finanzielle Eingliederung der OG in den OT gekennzeichnet ist. **Ihre Vorteile** bestehen in der Besteuerung des Organkreises als Einheit, insb. im Verlustausgleich innerhalb des Organkreises, der bei einer Gewinnausschüttung ohne Organschaft im System der Teileinkünftebesteuerung nicht oder nur zum Teil möglich ist (s. allg. GewStR 7.1 Abs. 5; hierzu Urbahns Inf 2001, 582; Prinz DB 2023, 8), und dies bei Vermeidung der Folgen des § 3c Abs. 2 EStG (vgl. BFH IV R 61/16, BFH/NV 2019, 1418). **485**

2. Rechtsentwicklung

a) Ältere Entwicklung. Während die **Organschaft** für Zwecke der **Körperschaftsteuer** erst mit dem G. v. 15.8.1969 (BGBl. 1969 I 1182) eine ausdrückliche Regelung fand, bestanden für die **Gewerbesteuer** und die Umsatzsteuer schon seit längerer Zeit entsprechende Vorschriften (§ 2 Abs. 2 Nr. 2 idF v. 1.12.1936, RGBl. 1936 I 979, sowie § 2 Abs. 2 Nr. 2 UStG v. 16.10.1934, RStBl. 1934, 1166; vgl. zur rechtlichen Entwicklung auch Holtmeier Die Organtheorie S. 57, 115; Herzig, Die Organschaft, 2003, S. 4; BFH I 249/61 S, BStBl. III 1965, 329). Die gewerbesteuerliche Organschaft hat ihren Ursprung in der **Rspr. des Preußischen OVG in Steuersachen** (PrOVGSt V 3/96, PrOVGStE 5, 163), zB zur Frage der GewStPfl. von Unternehmen, die im Erhebungsgebiet durch einen Mittelsmann (natürliche oder juristische Person) als Organ vertreten wurden (vgl. Holtmeier Die Organtheorie S. 115). Dem folgend anerkannte der **RFH** (zB I A 75/27, RStBl. 1928, 52) ein Organverhältnis bei **finanzieller, wirtschaftlicher und organisatorischer Eingliederung** des Organs nach Art einer Geschäftsabteilung in das beteiligte Unternehmen. **486**

Die gesetzlichen Regelungen gehen teilweise zurück auf die von der Rspr. und Lehre entwickelte Organtheorie (Organlehre). Sie wurde als steuerrechtliche Lehre von der wirtschaftlichen Einheit mehrerer rechtlich selbstständiger Unternehmen bezeichnet (zur ustrechtlichen Organschaft BFH V 17/52 S, BStBl. III 1952, 234; hiervon abgrenzend zur KSt BFH I 62/59 S, BStBl. III 1961, 69), hat aber in einer Vielzahl von Betrachtungsweisen spezifische Prägung erhalten (Einheitstheorie, Filialtheorie, Angestelltentheorie, Zurechnungstheorie, Bilanzierungstheorie; vgl. dazu BFH 280/63, BStBl. III 1967, 118; Jurkat Die Organschaft Rn. 3).

Nach dem **GewStG 1936** (§ 2 Abs. 2 Nr. 2 S. 2) lag eine Organschaft vor, wenn ua eine KapGes dem Willen eines anderen Unternehmens derart untergeordnet war, dass es keinen eigenen Willen hat. Hierfür war nach der Rspr. des BFH abermals die finanzielle (dh durch das Maß der Beteiligung gegebene), wirtschaftliche und organisatorische Eingliederung erforderlich (BFH I 44/64, BStBl. III 1966, 376). Mit der gesetzlichen Regelung der körperschaftsteuerlichen Organschaft (G. v. 15.8.1969 (BGBl. 1969 I 1182), zunächst in § 7a KStG aF, mit der Fassung des KStRefG v. 31.8.1976 (BGBl. 1976 I 2597), in § 14 KStG) wurde § 2 Abs. 2 Nr. 2 S. 2 GewStG dahin geändert, dass eine gewerbesteuerliche Organschaft (BSt.-Fiktion, → Rn. 488) bei Erfüllung der kstrechtlichen Eingliederungsvoraussetzungen (finanziell, wirtschaftlich, organisatorisch) gegeben ist.

487 **b) Neuere Entwicklung.** Durch G. v. 20.12.2001 (BGBl. 2001 I 3858) erhielt § 2 Abs. 2 im Wesentlichen seine heutige Fassung. **Ab EZ 2002** besteht demnach eine **Zwangsverknüpfung** der gewstlichen mit der kstlichen Organschaft. Für die gewerbesteuerliche Organschaft besteht damit das Erfordernis eines GAV (→ Rn. 508) und entfiel die Voraussetzung der wirtschaftlichen und organisatorischen Eingliederung, die für die kstliche Organschaft bereits mit G. v. 23.10.2000 (BGBl. 2000 I 1433) abgeschafft worden war. Weitere Eingriffe in das auch gewstrechtliche Organschaftsrecht erfolgten durch das StVergAbG v. 16.5.2003 (BGBl. 2003 I 660): ua Wegfall der erst durch G. v. 10.12.2001 normierten Mehrmütterorganschaft, Verschärfung der Anforderungen an die PersGes als OT, Eintragungserfordernis für den GAV (hierzu BMF 10.11.2005, BStBl. I 2005, 1038; Dötsch DB 2005, 2541). Mit G. v. 20.2.2013 (BGBl. 2013 I 285) erfolgte insb. die Neuregelung des Inlandsbezugs beim OT (hierzu → Rn. 495), die Abschaffung des doppelten Inlandsbezugs für die OG (→ Rn. 498) sowie der Fiktion der Durchführung des GAV (hierzu → Rn. 516).

3. Betriebsstättenfiktion

488 Nach § 2 Abs. 2 S. 2 **gilt** die OG **als Betriebsstätte** des OT. Das hat zur Folge, dass die persönliche – nicht jedoch die sachliche – StPfl. der OG für die Dauer des Bestehens der Organschaft erlischt und der OT Steuerschuldner (§ 5) der auf den GewErträgen des Organkreises beruhenden GewSt ist (BFH I R 44/95, BStBl. II 1997, 181; VIII R 1/00, BStBl. II 2001, 114). Nur gegen ihn wird der GewStMessbetrag festgesetzt und ergeht folglich der GewStMessbescheid (BFH I R 183/85, BStBl. II 1990, 916). Die Betriebsstättenfiktion ist Grundlage für die Zurechnung des Gewerbeertrags der OG beim OT (BFH I R 10/93, BStBl. II 1994, 768; VIII R 54/93, BStBl. II 1995, 794).

Zweck der Regelung ist der Schutz der am Aufkommen der GewSt beteiligten Gemeinden vor willkürlichen Gewinnverlagerungen, aber auch die Vermeidung einer zweimaligen Erfassung des wirtschaftlich gleichen Ertrags durch die gleiche Steuerart (BFH I R 5/73, BStBl. II 1975, 179; I R 183/85, BStBl. II 1990, 916).

Trotz dieser Fiktion bilden OT und OG **kein einheitliches Unternehmen.** Sie bleiben selbstständige Gewerbebetriebe, die getrennt für sich bilanzieren und deren GewErträge getrennt zu ermitteln sind (sog. „gebrochene Einheitstheorie"; → Rn. 518). Gegen die Zurechnung des für die OG zu ermittelnden GewErtrags anstelle des Betriebsstättengewinns nach § 7 Wassermeyer DStR 2004, 214; von

Groll DStR 2004, 1193; mE unzutreffend, weil nach § 6 der GewErtrag Besteuerungsgrundlage ist, auch für die sachlich gewstpfl. OG, und dies nach der Teleologie des § 2 Abs. 2 S. 2 auch bei der Ermittlung des GewErtrags der Organschaft zu berücksichtigen ist.

4. Gesetzliche Voraussetzungen der Organschaft

Nach der Angleichung der gewstlichen an die kstliche Organschaft (→ Rn. 487) kommt es **ab EZ 2002** auf eine wirtschaftliche und organisatorische Eingliederung nicht mehr an; dafür ist ein **Gewinnabführungsvertrag – GAV –** erforderlich (zur Entwicklung Kollruss StBp 2001, 132; Rödder/Schumacher DStR 2002, 105; Prinz FR 2002, 66; zur Durchführung im Hinblick auf einen vorvertraglichen Verlustvortrag des Organs Berger DB 2005, 403; zur neueren Rspr. Hesse EStB 2018, 29; Prinz FR 2018, 916). 489

5. Organträger

Dies kann jedes **gewerbliche Unternehmen,** also eine natürliche Person, eine juristische Person, Personengesellschaft oder ein anderes rechtliches Gebilde sein, das die Voraussetzungen des § 14 Nr. 1 KStG erfüllen kann (vgl. BFH I R 91, 102/97, BStBl. II 1999, 306). 490

a) Kapitalgesellschaft. Sie muss nach Wegfall des Erfordernisses der wirtschaftlichen Eingliederung einer **originär gewerblichen Tätigkeit** nicht mehr nachgehen (zu dem zuvor diesbzgl. geforderten Zusammenhang BFH I R 110/88, BStBl. II 1990, 24 unter II 3c, d). Da § 14 KStG kein anderes Verständnis des Begriffs Gewerbebetrieb zugrunde legt als § 15 Abs. 2 EStG und § 2 Abs. 1 S. 1, Abs. 2 (BFH I R 20/09, BFH/NV 2010, 391), genügt die GewBetriebseigenschaft kraft Rechtsform. OT kann auch eine Besitzkapitalgesellschaft sein, die bereits vor Begr. der Organschaft unter Berücksichtigung voraussichtlicher Gewinnausschüttungen Gewinn erwirtschaftet hätte (BFH I R 20/09, BFH/NV 2010, 391). Auch eine dauerdefizitäre KapitalGes kann OT sein (BMF 26.8.2003, BStBl. I 2003, 437 Rn. 4). In Betracht kommt auch eine **nach ausländischem Recht gegründete** Gesellschaft, die dem Typus einer KapitalGes nach deutschem Recht (→ Rn. 466) entspricht (Hess FG 4 K 86/21, EFG 2025, 1462, Rev. I R 14/24). 491

Besteht an der KapitalGes eine **atypisch stille Beteiligung,** kann sie nicht OT sein (BMF 13.11.2025, BStBl. I 2025, 2077, mit Billigkeitsregelung), es sei denn, die Beteiligung besteht nicht am gesamten Unternehmen und dem „freien" Unternehmensbereich ist die Beteiligung an der OG zuzuordnen (hierzu BFH I R 17/21, BFH/NV 2025, 779).

Zur **optierenden PersonenGes** (§ 2 Abs. 8 GewStG iVm § 1a KStG) → Rn. 656.

b) Sonstige Personenvereinigungen/Vereine. In Betracht komm auch die Tätigkeit einer sonstigen juristischen Person des privaten Rechts und der nichtrechtsfähigen Vereine, soweit sie einen wirtschaftlichen Geschäftsbetrieb (→ Rn. 540 ff.), ausgenommen LuF, unterhalten (§ 2 Abs. 3; BFH I R 91, 102/97, BStBl. II 1999, 306). 491a

c) Betriebe der öffentlichen Hand. Ein **BgA** ist nur dann tauglicher OT, wenn er die Voraussetzungen des § 2 Abs. 1 GewStG iVm § 15 Abs. 2 S. 1 EStG 491b erfüllt, insb. mit Gewinnerzielungsabsicht betrieben wird (BFH I R 20/09, BFH/NV 2010, 391; HessFG 4 K 1060/13, EFG 2017, 1544). Ein **dauerdefizitärer BgA** ist kein tauglicher OT (FG Düsseldorf 6 K 2990/07 K, EFG 2010, 1732 rkr.; BMF 26.8.2003, BStBl. I 2003, 437 Rn. 5; aA Belcke/Westermann BB 2015, 1500; Kronawitter ZKF 2013, 29).

492 **d) Natürliche Person/Personengesellschaft.** Eine **natürliche Person** kann OT sein, wenn sie eine gewerbliche Tätigkeit iSd § 2 Abs. 1 S. 2 ausübt. Auch eine **Personengesellschaft** (zur atypischen stillen Gesellschaft → Rn. 502) kann OT sein, wenn sie eine Tätigkeit nach § 15 Abs. 1 S. 1 Nr. 1 EStG ausübt (BFH I R 83/15, BStBl. II 2018, 495; I R 16/19, BStBl. II 2023, 1096; hierzu Mindermann/Lukas NWB 2013, 516). Diese Voraussetzung muss **nicht zu Beginn des Wirtschaftsjahres der OG** gegeben sein; Anderes ergibt sich weder aus dem insoweit uneindeutigen Wortlaut noch aus dem Sinn und Zweck der Vorschrift (BFH I R 40/12, BStBl. II 2014, 272; I R 40/20, BStBl. II 2024, 434; aA BMF 10.11.2005, BStBl. I 2005, 1038).

492a Das Merkmal der Teilnahme am allgemeinen wirtschaftlichen Verkehr ist schon **erfüllt bei Dienstleistungen** gegenüber nur einem Auftraggeber, der auch eine KonzernGes sein kann (BMF 10.11.2005, BStBl. I 2005, 1038, Rn. 19). Eine **gewerbliche Prägung** nach § 15 Abs. 3 Nr. 2 EStG reicht jedochh nicht mehr (vgl. BFH I R 23/21, BFH/NV 2025, 774; GewStR 2.3 Abs. 3 S. 3; BMF 10.11.2005, BStBl. I 2005, 1038 Rn. 20). Auch eine nur ganz **geringfügige gewerbliche Tätigkeit** (Anwendung der **„Infektionsrechtsprechung"**, → Rn. 428) genügt nicht, da die Vorschrift Missbrauchsgestaltungen nach Abschaffung der Mehrmütterorganschaft verhindern will (BMF 10.11.2005, BStBl. I 2005, 1038 R. 17; Fatouros DStZ 2003, 179; Neu/Lühn DStR 2003, 63; Förster DB 2003, 403; **aA** Füger/Rieger DStR 2002, 933; Löwenstein/Maier/Lohrmann DStR 2003, Beih. 4, S. 5; Ley/Strahl DStR 2003, 2145; Haase DB 2004, 1580; Rautenstrauch/Adrian DB 2005, 1018). Zur **Betriebsaufspaltung** → Rn. 507.

492b Die Tätigkeit als **geschäftsleitende Holding** genügt (BFH I R 23/21, BFH/NV 2025, 774, zu FG Nürnberg 1 K 1090, 19, EFG 2022, 1142). Die FVerw verlangt jedoch eine eigene gewerbliche Tätigkeit, zB durch entgeltliche Dienstleistungen gegenüber den TochterGes (BMF 10.11.2005, BStBl. I 2005, 1038 Rn. 18). Dem ist der BFH nicht gefolgt, ua weil der Gesetzeszweck darin besteht, vermögensverwaltende und gewerblich geprägte PersGes als OT auszuschließen (BT-Drs. 15/119, 43). Offen geblieben ist, ob eine geschäftsleitende Holding erst bei **zwei Beteiligungen** anzuerkennen ist und ob bei nur einer Beteiligung der BFH ebenfalls eine eigene gewerbliche Tätigkeit verlangen würde (zum Problem Dötsch/Pung DB 2003, 1470; Löwenstein/Maier/Lohrmann DStR 2003, Beih. 4, S. 5; Ley/Strahl DStR 2003, 2145; Orth DB 2005, 741; Bregenhorn-Kuhs/Rathmann Inf 2005, 340; Sauter/Heurung/Klübenspies DB 2005, 1304; Bäuml FR 2013, 1121).

493 **e) Steuerpflicht des Organträgers. Ab EZ 2012** kommt nach § 14 Abs. 1 Nr. 2 KStG eine **natürlichen Person** in Betracht; die Vorschrift verlangt jedoch **keine unbeschränkte StPfl.** mehr; erforderlich ist ein Betriebsstättenbezug (→ Rn. 495). Alternativ kommt in Betracht eine **nicht steuerbefreite Körperschaft, Personenvereinigung oder Vermögensmasse** iSd § 1 KStG. Hiermit ist lediglich die (völlige) persönliche (zB § 5 Abs. 1 Nr. 2 KStG, § 3 Nr. 2 GewStG), nicht auch eine sachliche (bzw. beschränkt persönliche) Steuerbefreiung

angesprochen. Daher kann auch eine **steuerbefreite GmbH** OT (zB einer OG, die im Auftrag des OT Dienstleistungen erbringt) sein. Der ihr zuzurechnende GewErtrag wird nicht von der sachlichen GewStBefreiung umfasst; vielmehr ist die persönliche GewStPfl. der OG dem OT zuzurechnen (BFH I R 41/09, BStBl. II 2011, 181; Hinweis auf BFH I R 100/01, BStBl. II 2004, 244).

Ist an der **PersGes** (→ Rn. 492) eine **von der KSt befreite Körperschaft** als Gesellschafterin beteiligt, so soll jene kein tauglicher OT sein (SchlH FG 1 K 54/23, EFG 2023, 1487, Rev. I R 46/23, jedoch sehr str.). ME ist auch insoweit – wie vor – zu unterscheiden, ob es sich um eine persönliche oder eine nur beschränkt persönliche bzw. sachliche StBefreiung handelt.

f) Inlandsbezug. aa) Bis EZ 2012. Auch das gewstrechtliche Organschafts- **494**
recht war durch einen strikten Inlandsbezug gekennzeichnet (BFH I R 30/13, BFH/NV 2015, 270). Der OT musste bis EZ 2012 allerdings (lediglich die) Geschäftsleitung im Inland haben. Damit war der **doppelte Inlandsbezug** für diese Unternehmensformen **entfallen,** weil es auf den statutarischen Sitz nicht mehr ankam. Für ältere Fälle hatte bereits BFH I R 6/99, BStBl. II 2004, 1043 aus der „Überseering"-Entscheidung des EuGH C-208/00, IStR 2002, 809 (Verstoß gegen Diskriminierungsverbot nach ex-Art. 43 u. 48 EGV, jetzt Art. 49 und 54 AEUV; hierzu BMF BStBl. I 2005, 727) sowie aus Art. 24 Abs. 4 DBA-USA 1989 ohnehin gefolgert, dass die Sitztheorie auch für die Organträgerschaft – zumindest in Zuzugsfällen – keine Bedeutung mehr haben kann.

bb) Ab EZ 2012. Der **Inlandsbezug** erfordert nunmehr eine sowohl nach **495**
innerstaatlichem StRecht (§ 12 AO) als auch nach einem anzuwendenden DBA **inländische Betriebsstätte** (→ Rn. 610 ff.) und die **Zuordnung der Beteiligung** zu ihr: die unmittelbare Beteiligung an der OG oder – bei mittelbarer Beteiligung – an der vermittelnden Gesellschaft muss dieser BSt. zuzuordnen sein (§ 14 Abs. 1 Nr. 2 S. 4 und 7 KStG nF, G. v. 20.2.2013 (BGBl. 2013 I 285). Es handelt sich um eine Anpassung an die oa Rspr. des BFH und Vermeidung einer „Keinmalbesteuerung" (hierzu Rödder/Schönfeld DStR 2011, 886; Benecke/Schnitger IStR 2013, 143; Kleinheisterkamp JbFfSt 2014/2015, 447). Dem G-Wortlaut nach muss es sich um **eine BSt.,** nicht mehrere BSt. handeln (keine Zusammenrechnung). Diese Voraussetzung muss **ununterbrochen während der gesamten Dauer** der Organschaft gegeben sein (BFH I R 21/20, BStBl. II 2024, 413; I R 36/20, BStBl. II 2024, 419). Diese Voraussetzung dient der Vermeidung der vorzeitigen steuerunschädlichen Beendigung einer Organschaft. Entfällt die Zuordnung im Laufe der 5-jährigen Geltungsdauer des GAV, entfällt mE die Anerkennung der Organschaft auch für zurückliegende EZ (ebenso Keß in Lenski/Steinberg § 2 Rn. 3619; aA: nur für ein Wj. Dötsch in DPM KStG § 14 Rn. 106 f.; Jesse FR 2013, 649). Das gilt entsprechend für eine mittelbare Beteiligung über eine Personengesellschaft.

Der Inlandsbezug dürfte zumindest bei grenzüberschreitenden Organschaften wohl eine **funktionale Zuordnung,** die durch Leistungsbeziehungen gekennzeichnet ist (vgl. Dötsch DB 2014, 1215), statt einer vermögensmäßigen Zuordnung (vgl. BFH I R 85/91, BStBl. II 1992, 937) erfordern, wenngleich das eine Annäherung an das entfallene Erfordernis der wirtschaftlichen Eingliederung bedeutet (ebenso Schirmer FR 2013, 605). Die Zuordnung entscheidet darüber, welcher Betriebsstätte das Einkommen der OG zuzurechnen ist (§ 14 Abs. 1 Nr. 2 S. 6 KStG).

Bei einer **mittelbaren Beteiligung** über eine PersGes (→ Rn. 503) ist mE maßgebend die Zuordnung dieser Beteiligung, nicht der an der OG selbst (ebenso Keß in Lenski/Steinberg § 2 Rn. 3620 mwN; aA Benecke/Schnitger IStR 2013, 143).

6. Organgesellschaft

496 **a) Kapitalgesellschaft.** Dies muss eine **Kapitalgesellschaft** sein (Europäische Gesellschaft – SE –, Aktiengesellschaft, Kommanditgesellschaft auf Aktien, GmbH; vgl. § 14 Abs. 1 u. § 17 KStG). Auch eine **nach ausländischem Recht gegründete** KapitalGes (hierzu → Rn. 466) kommt in Betracht (Hess FG 4 K 86/21, Rev. I R 14/24). Einzelunternehmen und Personengesellschaften scheiden aus (krit. Hönle DB 1986, 1246; Roser FR 2001, 628: Organfähigkeit der Personengesellschaft de lege ferenda). Eine **originäre gewerbliche Tätigkeit** der OG ist nicht erforderlich (BFH I R 3/69, BStBl. II 1972, 289); daher kann auch eine *Besitz-GmbH,* die nur kraft Gesetzes gewerbliche Einkünfte erzielt, OG sein (BFH I R 204/75, BStBl. II 1977, 357). Das gilt mE auch für eine **Unternehmergesellschaft** iSd § 5a GmbHG (ebenso zB Keß in Lenski/Steinberg § 2 Rn. 3544; Rubel GmbHR 2010, 470). Zum Bestehen einer atypisch stillen Beteiligung an der KapGes → Rn. 497.

Ist eine GmbH **persönlich haftende Gesellschafterin** einer KG, kann sie nicht OG dieser KG sein (zur USt: BFH XI B 85/10, BFH/NV 2012, 283). Wohl kann sie bei fehlender vermögensmäßiger Beteiligung an einer Einheits-GmbH & Co KG (und damit fehlender „Teilhabe" am abgeführten Gewinn) taugliche OG der KG sein (BFH IV R 29/22, BStBl. II 2025, 360).

ME ist prinzipiell **GewStFreiheit** organschaftsrechtlich nicht schädlich; allerdings läuft die OG mE je nach Befreiungsgrund (zB wegen Gemeinnützigkeit, § 3 Nr. 6) wegen ihrer Gewinnabführungspflicht aus dem GAV Gefahr, ihren Befreiungsstatus zu verlieren (ähnl. zur Unterstützungskasse, § 3 Nr. 9, BFH I R 5/73, BStBl. II 1975, 179).

Zur **optierenden PersonenGes** (§ 2 Abs. 8 GewStG iVm § 1a KStG) → Rn. 656.

496a **b) Gewerblich geprägte Personengesellschaft.** Die **gewerblich geprägte** Personengesellschaft des § 15 Abs. 3 Nr. 2 EStG kann **nicht OG** sein (BFH IV R 56/8, BStBl. II 1984, 150 mwN; vgl. auch VIII R 252/80, BStBl. II 1987, 33); auch dann nicht, wenn ihre Komplementär-GmbH OG eines anderen Unternehmens ist. Letzteres ist grundsätzlich möglich (vgl. BFH I R 76/93, BFH/NV 1996, 504). Liegen die Voraussetzungen für eine **steuerrechtliche Mitunternehmerschaft** vor, hat die Besteuerung der Mitunternehmerschaft Vorrang vor der Organschaft (BFH VIII R 54/93, BStBl. II 1995, 794). Für eine solche mitunternehmerische GmbH sind dann die Hinzurechnungs- und Kürzungsvorschriften (§ 9 Nr. 2 und § 8 Nr. 8) zu beachten.

497 **c) Atypische stille Gesellschaft.** Auch diese, insb. die **GmbH & atypisch Still,** kann als Personengesellschaft **nicht OG** sein (BFH VIII R 54/93, BStBl. II 1995, 794; I R 76/93, BFH/NV 1996, 504; zu ihrer OT-Eigenschaft → Rn. 502).

Die **GmbH als Inhaberin des Handelsgewerbes** selbst kann nicht OG sein, denn **gewstrechtlich** hat die Besteuerung der Mitunternehmerschaft Vorrang vor § 2 Abs. 2 S. 2 GewStG (BFH I R 76/93, BFH/NV 1996, 504). Das gilt indes nur, wenn sich die stille Beteiligung auf das gesamte Unternehmen des Geschäftsinhabers bezieht. Im Falle der **Segmentierung** (→ Rn. 417) führt jede Beteiligung an einem in sich geschlossenen von anderen Unternehmensteilen unabhängigen Geschäftszweig („Tracking Stock Struktur") zu je einem eigenständigen Gewerbebetrieb (Mitunternehmerschaft) mit der Folge, dass für die Verdrängung der Organschaftsfolgen kein Raum ist, soweit an der OG keine stille Beteiligung besteht (BFH I R 17/21, BFH/NV 2025, 779 mwN; gegen FG Düsseldorf 6 K 2616/17, K, G, F, EFG 2021, 1052, aufgeh.). Davon unabhängig kommt eine Eignung der GmbH als Inhaberin des Handelsgeschäfts zur OG unter besonderen, die Annahme einer Mitunternehmerschaft verhindernden Umständen in Betracht (BFH VIII R 54/93, BStBl. II 1995, 794).

Im Übrigen greift das Argument, die OG könne nicht iSd § 14 Abs. 1 S. 1 KStG den ganzen Gewinn an den OT abführen (zB FG MV 1 K 395/14, EFG 2022, 1942), deswegen nicht, weil wegen der tatbestandlichen Bezugnahme der Vorschrift auf § 291 Abs. 1 AktG eine zivilrechtliche Betrachtungsweise angezeigt ist; nach ihr ist der Gewinnanteil des still Beteiligten als Aufwand zu erfassen, der den abzuführenden Jahresüberschuss mindert (BFH I R 33/22, BStBl. II 2025, 1005, zur kstrechtlichen Organschaft; hierzu Beermann/Stoppek DB 2025, 1713).

d) Ausländische Kapitalgesellschaft. Nach der Fassung des § 14 Abs. 1 S. 1 KStG durch G. v. 20.12.2001 (BGBl. 2001 I 3858) war **ab EZ 2002** für die OG der **doppelte Inlandsbezug,** dh Sitz *und* Geschäftsleitung im Inland, Voraussetzung (GewStH 2.3 (1)). Zur europarechtlichen Problematik insb. im Hinblick auf EuGH C-446/03, DStR 2005, 2168 – Marks & Spencer vgl. etwa Danelsing DStR 2005, 1342; Wagner StBp 2005, 190; zum Problem eines ggf. zuzulassenden Verlustabzugs bei dem inländischen OT BFH I R 16/10, BFH/NV 2011, 524. 498

Nach der **Neufassung** (G. v. 20.2.2013 (BGBl. 2013 I 285)) gilt in allen **noch offenen Fällen:** Es genügt der **einfache Inlandsbezug,** dh Geschäftsleitung im Inland und Sitz in einem Mitgliedstaat der **EU oder des EWR** (§§ 14 Abs. 1 S. 1, 17 S. 1 KStG idF des oa G). Lediglich eine BSt. im Inland genügt nicht. Für OG nach dem Recht eines Drittstaates ist daher weiterhin der doppelte Inlandsbezug erforderlich (Benecke/Schnitger IStR 2013, 143); die Verlegung der Geschäftsleitung in einen Drittstaat nach der Gründung ist schädlich (Dötsch/Pung DB 2013, 305).

e) Kapitalgesellschaft im Gründungsstadium. Hier gelten Besonderheiten: Es ist zu unterscheiden zwischen der **Vorgründungsgesellschaft** und der **Vorgesellschaft.** Bei der erstgenannten handelt es sich um eine vor Abschluss des notariellen Gesellschaftsvertrages bestehende, mit der Vorgesellschaft und der Kapitalgesellschaft nicht identische Gesellschaft bürgerlichen Rechts (BFH I R 174/86, BStBl. II 1990, 91). Als solches kommt sie mE nicht als OG in Betracht, zumal auch ihre Rechte und Verbindlichkeiten nicht automatisch auf die Vorgesellschaft bzw. die Kapitalgesellschaft übergehen. Die Vorgesellschaft hingegen bezieht sich auf die Zeit zwischen Abschluss des notariellen Gesellschaftsvertrages und Eintragung (BFH I R 174/86, BStBl. II 1990, 91). Sie ist mit der eingetragenen Kapitalgesellschaft identisch (→ Rn. 470) und bildet mit dieser einen einheitlichen Steuergegenstand. Unter der Voraussetzung der späteren Eintragung kommt sie mE daher als OG in Betracht, die Einzelübertragung von Rechten und Pflichten ist mE nicht erforderlich. 499

(frei) 500

7. Finanzielle Eingliederung

501 Sie liegt vor, wenn **mit Beginn des Wirtschaftsjahrs** der OG der OT an der OG **ununterbrochen** in einem solchen Maße beteiligt ist, dass ihm die **Mehrheit** der Stimmrechte **aus Anteilen an der OG** zusteht (§ 14 Nr. 1 KStG iVm § 2 Abs. 2 GewStG). Bei der finanziellen Eingliederung geht es um eine kapitalmäßige Verflechtung, die den OT in die Lage versetzt, das Geschehen in der OG tatsächlich zu bestimmen (BT-Drs. V/3882, 2 f). Sie setzt daher einen Überordnungskonzern voraus; eine „Querorganschaft" bzw. eine steuerliche „Querkonsolidierung" in einem Gleichordnungskonzern kennt das KStG nicht; darin liegt auch keine Diskriminierung grenzüberschreitender Sachverhalte (BFH I R 35/14, BStBl. II 2018, 33).

Für die Bestimmung der **Mehrheit der Stimmrechte** maßgebend sind die gesellschaftsrechtlichen Bestimmungen; daher genügt grundsätzlich die **einfache Mehrheit** (BFH I R 50/20, BStBl. II 2024, 131). Sieht die Satzung der (vorgeblichen) OG für das Zustandekommen von bestimmten Beschlüssen jedoch eine qualifizierte Stimmenmehrheit vor, muss der Anteilseigner über die entsprechende **qualifizierte Stimmenmehrheit** verfügen (BFH I R 50/20, BStBl. II 2024, 131, zu FG Düsseldorf 6 K 3291/19 F, EFG 2021, 228, best.). Wirtschaftliches Eigentum an den Anteilen genügt (vgl. BFH I R 39/06, BFH/NV 2008, 614; I R 51/15, BStBl. II 2018, 30).

Sofern mit dessen Übergang nicht verbunden ist **Stimmbindungsvertrag** (Stimmrechtsvollmacht, -vereinbarung, -verzicht, -leihe oÄ) mit dem/den weiteren Ges'ter(n) an der OG unerheblich (BFH I R 50/20, BStBl. II 2024, 131; NdsFG VI 626/88, GmbHR 1991, 290; FG Brem 3 K 12/17 (1), EFG 2018, 228; hierzu ua Hesse EStB 2018, 113; krit. Brühl GmbHR 2018, 325). Auch ein **Stimmrechtsverbot** für bestimmte Geschäfte zwischen den Ges'en ist unerheblich (vgl. BFH IV R 151/86, BStBl. II 1989, 455 aE). Die Beteiligung lediglich der Ges'er genügt schon nach dem G-Wortlaut nicht (vgl. BFH I 62/59 S, BStBl. III 1961, 69).

501a **Fehlt es an dem Zeitelement,** liegt nach der **GFassung vor 2013** nur in dem **betreffenden EZ** keine Organschaft vor (HessFG 8 K 1694/09, EFG 2013, 235); ebenso bei Unterbrechung der Eingliederung für ein oder mehrere EZ. Das gilt auch bei Rechtsnachfolge in einen GAV innerhalb von 5 Jahren nach dessen Abschluss, wenn zuvor die Eingliederungsvoraussetzungen nicht vorgelegen haben (BFH I R 51/15, BStBl. II 2018, 30, zu FG Saarl 1 K 1109/13, EFG 2016, 396, best.; hierzu Heurung/Schmidt/Kraft BB 2018, 470; Adrian/Fey DStR 2017, 2409). Bei einer Veräußerung der Anteile zum Ende des Wj. der OG ist das Zeiterfordernis erfüllt; das gilt auch bei einer Veräußerung im Laufe des Wj., wenn die OG ihr Wj. mit Zustimmung des FA auf den Veräußerungszeitpunkt umstellt (KStR 14.4 Abs. 2 und 3).

Nach der **geltenden Fassung** muss die finanzielle Eingliederung mE **ununterbrochen** während der gesamten Dauer des GAV bestehen. Das ergibt sich zwar nicht unmittelbar aus § 14 Abs. 1 S. 1 Nr. 2 KStG. Doch muss nach § 14 Abs. 1 S. 1 Nr. 3 S. 4 KStG die Beteiligung während der **„gesamten Dauer der Organschaft"** einer inländischen BSt. des OT zuzuordnen sein, was mE auch eine fianzielle Eingliederung während dieses gesamten Zeitraums erfordert. Das führt mE bei einer nur vorübergehenden Unterbrechung der finanziellen Eingliederung wie der Zuordnung zu einer inländischen BSt. zur Nichtanerkennung der Organschaft während des gesamten Zeitraums ihres Bestehens (ebenso Keß in Lenski/

Steinberg § 2 Rn. 3619; aA Jesse FR 2013, 629; Schwenke ISR 2013, 41; Benecke/Schnitger IStR 2013, 143).

a) Rückbeziehung. Liegt die finanzielle Eingliederung, zB **durch entgeltlichen Anteilserwerb,** erst **im Laufe des Wirtschaftsjahres** der OG vor, dann ist eine Rückbeziehung der Eingliederung auf den Beginn des Wirtschaftsjahres grundsätzlich nicht zulässig (BFH I R 19/15, BStBl. II 2019, 81; vgl. BMF 26.8.2003, BStBl. I 2003, 437 Rn. 12; OFD Nordrhein-Westfalen 11.7.2018, DStR 2018, 1869). **Anderes** galt schon für eine nach dem UmwStG 1995 **zulässige Rückbeziehung** einer übertragenden Umwandlung, wenn die Eingliederungsvoraussetzungen zu Beginn des Wj. der OG tatsächlich erfüllt waren (BFH I R 55/02, BStBl. II 2004, 534). 501b

Nach der sog. **Fußstapfentheorie** (§ 12 Abs. 3 UmwStG) reicht es bei **Umwandlungsvorgängen** mit einer nach dem UmwStG zulässigen Rückbeziehung aus, wenn ab **dem Beginn des Wj.** die finanzielle Eingliederung zunächst zum übertragenden und anschließend zum übernehmenden Rechtsträger besteht (BFH I R 89/09, BStBl. II 2011, 528, Ausgliederung eines Teilbetriebs zur Neugründung; BFH I R 111/09, BFH/NV 2011, 67, Einbringung einer Mehrheitsbeteiligung). Das gilt aber auch, wenn im Fall der Verschmelzung des OT der Übertragungsstichtag **nicht auf den Beginn des Wj.** der OG zurückbezogen wird (BFH I R 21/20, BStBl. II 2024, 413, zu HessFG 4 K 412/19, EFG 2020, 1344, insofern best.; BFH I R 36/20, BStBl. II 2024, 419, zu FG Hmb 6 K 150/18, EFG 2021, 55, insofern best.) und auch wenn der übernehmende Rechtsträger zum Beginn des Wj. der OG noch nicht existierte (BFH I R 45/20, BStBl. II 2024, 438, zu FG RhPf 1 K 1585/15, EFG 2021, 149, best., jeweils gegen BMF BStBl. II 2011, 1314, Org.02, S. 2; hierzu ua Hasbach DK 2020, 378; Walter GmbHR 2020, 1098; Brühl DStR 2021, 313; Dibbert DStR 2024, 1107; Liedgens/Neudenberger Ubg 2024, 127; Prinz FR 2024, 14). Das gilt wegen § 23 UmwStG auch beim Anteilstausch, wenn der übernehmende Rechtsträger (OT) den Antrag stellt, die Anteile unter dem gemeinen Wert anzusetzen (BFH I R 40/20, BStBl. II 2024, 434, zu FG Düsseldorf 6 K 2704/17 K, EFG 2020, 1782, best.; gegen BMF BStBl. I 2011, 1314, Org 15; s. auch Brühl/Weiss Ubg 2020, 715).

Nicht anwendbar ist die Fußstapfentheorie bei einer **Abspaltung** (nicht zur Neugründung) auf einen bestehenden Rechtsträger (vgl. BFH I B 34/14, BFH/NV 2015, 356, zu ThürFG 3 K 438/09, DK 2015, 131, NZB unzulässig).

b) Personengesellschaften. Bei diesen muss **ab EZ 2003** die finanzielle Eingliederung der OG **im Verhältnis zur Personengesellschaft** selbst bestehen. Das Halten von Anteilen durch die Gesellschafter auch im Sonderbetriebsvermögen der Personengesellschaft reicht nicht. Erforderlich ist ggf. die Übertragung von (nur) so vielen Anteilen in das Gesamthandsvermögen, dass die Personengesellschaft selbst die Mehrheit der Stimmrechte hält. Hierzu und zu den möglichen steuerlichen Folgen Ley/Strahl DStR 2003, 2145. Auch eine gewerblich tätige **BGB-Gesellschaft** kann mE OT sein. 502

Bei einer **atypischen stillen Gesellschaft,** bei der das Handelsgeschäft des Inhabers den Betrieb ausmacht, kann allerdings die finanzielle Eingliederung an sich nur im Verhältnis zum Geschäftsinhaber gegeben sein; auch schließt allein er den GAV ab, aus dem allein er berechtigt und verpflichtet wird (§ 230 Abs. 2 HGB); ihm allein als Vertragspartner wird das Einkommen der OG nicht vollumfänglich zugerechnet. Dies hindert an sich die Möglichkeit einer Organschaft im 502a

Verhältnis zu einer atypischen stillen Gesellschaft als OT (BMF BStBl. I 2025, 2077, zur körperschaftsteuerlichen Organschaft; ebenso zB Döllerer DStR 1985, 295 (301); Dötsch DB 2005, 2541; Breuninger JbFSt 2016/2017, 649). Indes ist anerkannt, dass die stille Gesellschaft auch ohne eigenes Gesellschaftsvermögen, dem jedoch das BV des Inhabers entspricht, Mitunternehmerschaft sein kann (→ Rn. 414 ff.), somit auch gewerbliches Unternehmen iSv § 14 Abs. 1 KStG. Deswegen ist mE denkbar, auch die Eingliederung der stillen Gesellschaft zuzuordnen (zB Schmidt/Hageböke DStR 2005, 761; Hageböke/Heinz DB 2006, 473; Suchanek DStR 2006, 836; GmbHR 2015, 1031; Gosch FS Raupach, 2006, 461 (473 ff.); Kleinheisterkamp JbFSt 2015/2016, 148).

503 **c) Mittelbare Beteiligung.** Diese **genügt,** wenn die Beteiligung an jeder vermittelnden Gesellschaft die Mehrheit der Stimmrechte – gemeint ist offensichtlich: an der zwischengeschalteten Gesellschaft – gewährt (§ 14 Abs. 1 Nr. 1 S. 2 KStG; BFH/NV 1999, 1135 zur USt). Die zwischengeschaltete Ges. muss nicht als OG in Betracht kommen, zB als PersGes (BFH I R 143/75, BStBl. II 1978, 74). **Alleiniger OT** ist dann das **herrschende Unternehmen,** nicht (auch) die zwischengeschaltete Gesellschaft (vgl. BFH I R 132/87, BStBl. II 1998, 687; I R 54, 55/10, BFH/NV 2011, 920). Wirtschaftliches Eigentum an der Beteiligung reicht aus, wenn sie mit einer Stimmrechtsübertragung verbunden ist (vgl. FG Hmb II 60/83, EFG 1986, 415 rkr.). Diese Voraussetzung liegt mE vor im Fall einer „Organkette" (Mutter – Tochter – Enkel), wenn die jeweilige Mutter an der nachgeschalteten Gesellschaft mehr als 50 % der Stimmrechte innehat, nach BMF 26.8.2003, BStBl. I 2003, 437 unter IV auch in folgendem

Beispiel:

Die Gesellschaft A ist über je eine 100%ige Beteiligung an den beiden Töchtern B und C zu je 50 % an der Gesellschaft D beteiligt. Nach BMF besteht die finanzielle Eingliederung unmittelbar von B und C, aber auch – wenn auch nur mittelbar – von D, weil zwar nicht jede der Beteiligungen, auf denen die mittelbare Beteiligung beruht, die Mehrheit der Stimmrechte gewährt, jedoch die Zusammenrechnung der mittelbaren Beteiligungen die Mehrheit der Stimmrechte an der D ergibt.

Das sog. **Additionsverbot** hat mE nur noch die Bedeutung, dass solche mittelbaren Beteiligungen nicht berücksichtigt werden dürfen, die dem OT nicht die Mehrheit der Stimmrechte an der vermittelnden Gesellschaft gewähren (vgl. KStR 14.2 S. 4).

504 **d) Zwischengeschaltete natürliche Personen. Natürliche Personen** können keine mittelbare Eingliederung bewirken (Schwend/Hall DStR 1984, 99 mwN), wohl aber zwischengeschaltete **Personengesellschaften** (vgl. § 14 Abs. 1 Nr. 2 S. 5 KStG). Es kommt nach dem Wortlaut der Vorschrift nur auf die Mehrheit der Stimmrechte an der vermittelnden Gesellschaft an, nicht darauf, ob diese selbst OG sein kann (BFH I R 143/75, BStBl. II 1978, 74).

505, 506 *(frei)*

8. Betriebsaufspalterisches Besitzunternehmen

507 Es kann nicht nur **Organgesellschaft** sein (BFH I R 204/75, BStBl. II 1977, 357), sondern nach Wegfall des Erfordernisses der wirtschaftlichen Eingliederung auch **Organträger;** insofern ist die ablehnende ältere Rspr. überholt (vgl. BFH I R 20/09, BFH/NV 2010, 391; I R 40/12, BStBl. II 2014, 272). Im Hinblick

auf die eigengewerbliche Tätigkeit des Besitzunternehmens (vgl. BFH I R 152/84, BStBl. II 1989, 668; I R 110/88, BStBl. II 1990, 24) erfolgt nach BMF 10.11.2005, BStBl. I 2005, 1038 Rn. 16 eine Merkmalszurechnung. Auch kann das Besitzunternehmen neben der Verpachtungstätigkeit eine originäre gewerbliche Tätigkeit ausüben, die in besonderen Fällen einen einheitlichen wirtschaftlichen Betrieb des Besitzunternehmens abgibt (BFH I R 182/72, BStBl. II 1975, 46; IV R 100/85, BStBl. II 1988, 456).

9. Gewinnabführungsvertrag

§ 2 Abs. 2 S. 2 (idF des G. v. 20.12.2001 (BGBl. 2001 I 3858)) fordert **ab EZ 2002** den Abschluss eines **Gewinnabführungsvertrages** (GAV) iSd § 291 Abs. 1 AktG (was auch ein unentgeltlicher Geschäftsführungsvertrag sein kann, § 291 Abs. 1 S. 2 AktG; Bott/Walter KStG § 14 Rn. 536); *Gesamtrechtsnachfolge* (zB § 12 Abs. 3 UmwStG) in einen bestehenden GAV ist ausreichend (vgl. BFH I R 89/09, BStBl. II 2011, 538); auch durch Anwachsung bei Beendigung der Möglichkeit einer Mehrmütterorganschaft, sofern finanzielle Eingliederung gegeben ist, (BFH I R 51/15, BStBl. II 2018, 30, zu FG Saarl 1 K 1109/13, EFG 2016, 396, best.). Zu Kritik und Alternativen des Erfordernisses Geyer/Ullmann/Wittkowski DStZ 2018, 197. 508

Bei **anderen Kapitalgesellschaften** iSd § 17 KStG genügt eine wirksame Verpflichtung zur Gewinnabführung mit der Begrenzung des § 301 AktG (hierzu BMF 16.12.2005, DB 2005, 2781; Fatouros FR 2006, 163). Zur Verlustübernahme → Rn. 514.

a) Bedeutung. Der **GAV** ist seiner Art nach ein **gesellschaftsrechtlicher Organisationsakt** bzw. **-vertrag** (Hüffer AktG § 291 Anm. 23 f.), daher korporativer Rechtsnatur (BFH I R 94/06, BFH/NV 2008, 1270; IV R 38/07, BStBl. II 2010, 60). Er ändert satzungsgleich den rechtlichen Status der beherrschten Gesellschaft. Seine Auslegung erfolgt nach objektiven Gesichtspunkten nur aus sich heraus; Umstände, für die sich in ihm keine Anhaltspunkte finden, sind nicht heranzuziehen, auch wenn sie den Mitgliedern und Organen bekannt waren (BFH IV R 38/07, BStBl. II 2010, 60; I B 71/10, BFH/NV 2011, 849; I R 1/12, BFH/NV 2013, 989). Er ist steuerrechtlich auch dann **anzuerkennen,** wenn er **nach einem Beschluss über die Stilllegung der OG** durch den OT als alleinigem Gesellschafter der OG geschlossen wird und die OG ihr operatives Geschäft fortsetzt sowie ihre Verpflichtungen aus dem GAV auch in den Folgejahren erfüllt (FG Münster 10 K 2795/22 F, EFG 2025, 1176, Rev. I R 12/25). 509

Problematisch ist, ob eine **SE** angesichts der normativen Zuweisung der Geschäftsführungsfunktion auf das Leitungsorgan (Art. 39 SE-VO) handelsrechtlich einen GAV abschließen kann (Hommelhoff AG 2003, 179). Andererseits lässt Art. 9 Abs. 1c SE-VO nach seiner offenen Fassung zugunsten von Rechtsvorschriften des Mitgliedstaates wohl hinreichend Spielraum für den Abschluss eines GAV durch die SE (Albert Inst FSt Nr. 426, 27 ff.).

Problematisch ist darüber hinaus die Anerkennung einer Organschaft mit einer **ausländischen KapitalGes,** wenn ein GAV in dem oa Sinne einer ausländischen Rechtsordnung fremd ist. Es sollte mE in diesem Fall eine Gewinnabführung auf schuldrechtlicher Grundlage genügen, zumal die engere Auffassung zumindest EU-rechtlich (Diskriminierungsverbot) bedenklich ist (ebenso Keß in Lenski/Steinberg § 2 Rn. 3652; Mitschke IStR 2011, 185; Gerlach FR 2012, 450; Benecke/Schnitger IStR 2013, 143; Micker IWB 2013, 309; Geiermann StBW 2014,

107; aA Homburg IStR 2011, 111; Gosch IWB 2012, 694). Der **BFH** hat diese Frage – zumindest für die Verlustverrechnung – nicht endgültig beantwortet und entschieden, in jedem Fall sei als Voraussetzung erforderlich, dass das „Organschaftsverhältnis auf faktischer Grundlage gelebt" wird (→ Rn. 516), die MutterGes also die Verluste der Tochter nach den Vorgaben der nationalen Regelungen tatsächlich jährlich und nicht erst bei Finalität trägt/getragen hat (BFH I R 26/19, BStBl. II 2024, 134, zu SchlH FG 1 K 218/15, EFG 2019, 1466, best.; hierzu zB Hackemann DStRK 2024, 51; Schober DB 2024, 149; Ludwig FR 2024, 281; Mitschke IStR 2024, 115; Schlücke/Schulz-Trieglaff/Martini Ubg 2024, 105 ff.).

510 **b) Formelle Vorgaben.** Das G setzt die **zivilrechtliche Wirksamkeit** des GAV voraus. Er bedarf zumindest der Schriftform (NdsFG 6 K 21/09, EFG 2010, 259), der Zustimmung nach § 294 AktG (ungeklärt ist das Zustimmungserfordernis, wenn die herrschende Gesellschaft keine AG ist, BFH I R 266/07, BStBl. II 2009, 972) sowie der Eintragung in das HR (BFH I R 80/15, BStBl. II 2018, 141, mwN). Für **ausländische KapitalGes** soll die Eintragung in einem öffentlichen einsehbaren Firmenregister des ausländischen Firmensitzstaates genügen (Hess FG 4 K 86/21, Rev. I R 14/24).

510a **aa) Fünf-Jahres-Zeitraum.** Er muss bis zum Ende des Wirtschaftsjahres der Organgesellschaft, für die erstmals eine gewerbesteuerliche Organschaft nach neuem Recht begründet werden soll, für fünf Jahre abgeschlossen und während seiner gesamten Geltungsdauer durchgeführt werden (§ 14 Abs. 1 S. 1 Nr. 3 KStG; zu den Erfordernissen BFH IV B 73/08, BFH/NV 2009, 1840). Angesprochen sind **Zeitjahre** ab erstmaligem Eintritt seiner Rechtswirkung (BFH I R 3/10, BStBl. II 2011, 727; KStR 14.5 Abs. 2 S. 1). Zweck der Laufzeitbestimmung ist die Verhinderung eines Vertragsabschlusses bzw. -beendigung von Fall zu Fall zum Zweck der Verlagerung von Einkünften (zB BFH I R 51/15, BStBl. II 2018, 30; I R 19/15, BStBl. II 2019, 81). Fehlt auch nur 1 Tag, ist dies schädlich (BFH I R 1/12, BFH/NV 2013, 989).

Die **Rückbeziehung** eines erst während des ersten Jahres geschlossenen GAV auf dessen 1. Tag im Zusammenhang mit einer Umwandlung ist **grundsätzlich zulässig;** in die Berechnung der Mindestdauer ist die steuerliche Rückwirkung des Einbringungsvorgangs einzubeziehen (BFH I R 19/15, BStBl. II 2019, 81; FG Köln 13 K 416/10, EFG 2010, 2029 rkr.). Auch wenn der übernehmende Rechtsträger im Rückwirkungszeitraum noch nicht bestanden hat, ist bei Vereinbarung der Geltungsdauer auf das Ende des fünften Kalenderjahres das zeitliche Vertragserfordernis erfüllt, weil – so der BFH – bei der Berechnung der Mindestlaufzeit nach § 14 Abs. 1 S. 2 KStG auf den Beginn des Wj. abzustellen sei (BFH I R 19/15, BStBl. II 2019, 81, gegen FG Düsseldorf 6 K 4332/12 K, F, EFG 2015, 951, insoweit aufgeh.; nachgehend FG Düsseldorf 6 K 2507/17 K, DStR 2018, 1857), der mE jedoch tatsächlich mit dem späteren Zeitpunkt der Begründung der OG zusammenfällt.

Eine **Korrektur** des zunächst bezeichneten 5-Jahreszeitraums nach hinten (2020 bis 2024 statt 2019 bis 2023) während der Laufzeit ist zulässig, sofern der GAV von Anfang an wirksam war (FG BBbg 8 K 8092/24, EFG 2025/1782, Rev. I R 18/25; FG BBbg 8 K 8150/23, Rev. I R 19/25).

511 **bb) Eintragung. Ab EZ 2003** muss der Vertrag **bis Ende des ersten Wirtschaftsjahres** der Organgesellschaft, für das eine Organschaft begründet werden soll, **wirksam werden** (§ 14 Abs. 1 S. 2 KStG idF des G. v. 16.5.2003 (BGBl.

2005 I 660)), also im HR eingetragen sein (§ 294 Abs. 2 AktG; BFH I R 28/84, BStBl. II 1988, 76; I R 66/07, BStBl. II 2009, 972); Ausnahme: Eingliederung nach §§ 319 ff. AktG (§ 324 Abs. 2 AktG). Eine teleologische Reduktion der Vorschrift ist nicht angezeigt (FG BW 6 K 3578/11). Der GAV muss nach § 14 Abs. 1 S. 2 KStG „in dem", aber nicht *vor* Beginn des Wirtschaftsjahres, das in dem ersten Kalenderjahr endet, wirksam geworden sein (BFH I B 27/10, BStBl. II 2010, 935; I B 71/10, BFH/NV 2011, 849; aA BMF 10.11.2005, BStBl. I 2005, 1038).

Bei einer **verspäteten Registereintragung,** ggf. auch durch behördliches Fehlverhalten, liegt im späteren Eintritt der Wirksamkeit der Organschaft **keine sachliche Unbilligkeit.** Der Ggeber hat die Besteuerung der OG an Stelle des OT bewusst in Kauf genommen (BFH I R 80/15, BStBl. II 2018, 141, zu FG BW 6 K 1284/14, EFG 2015, 2156, best.; krit. Wachter DB 2018, 272). Kann die zeitgerechte Eintragung nicht sichergestellt werden, wird die Vereinbarung einer 6-jährigen Laufzeit empfohlen, was jedoch zum Auseinanderfallen einer handelsrechtlichen und kst-/gewstlichen Organschaft führen kann (Rödder/Schuhmacher DStR 2003, 805; Fatouros DStZ 2003, 179). Gegebenenfalls sollte daher bereits im Vertrag der Beginn der Laufzeit auf den Beginn der Eintragung festgelegt werden (Füger BB 2003, 1755; Ley/Strahl DStR 2003, 2145; v. Freeden/Lange DK 2018, 191), was die FVerw nicht beanstandet (BMF 10.11.2005, BStBl. I 2005, 1038 Rn. 4).

c) Materielle Vorgaben. aa) Mindestlaufzeit. Die **Mindestlaufzeit** (→ Rn. 510) muss **ausdrücklich bestimmt** sein, zB mit der Bestimmung von 5 Zeitjahren (BFH I R 3/10, BStBl. II 2011, 727). Die ergänzende Auslegung eines insofern unvollständigen Vertrages ist nicht zulässig (BFH I R 94/06, BFH/NV 2008, 1270; IV B 73/08, BFH/NV 2009, 1840). Ungenügend ist daher die Regelung einer unbestimmten Laufzeit mit der Bestimmung der Weitergeltung für den Fall, dass er nicht gekündigt wird (FG Bln-Bbg 6 K 39/06, EFG 2007, 1897). **512**

Die **Vereinbarung** der Zulässigkeit der **außerordentlichen Kündigung** (hierzu Fenzl/Antoszkiewicz FR 2003, 1061) auch bei Vorliegen eines durch eine Vertragspartei zu beeinflussenden wichtigen Grundes, als solches ist nicht schädlich (BFH I R 3/10, BStBl. II 2011, 727; I R 45/12, BStBl. II 2014, 486). Zur Unterbrechung der Durchführung des GAV KStR 14.5 Abs. 8; → Rn. 516.

bb) Gewinnabführung. Abführung des **ganzen Gewinns** bezieht sich auf den Gewinn einer Erwerbsgesellschaft. Nicht betroffen ist daher ein Abwicklungs„gewinn" (BFH I 262/63, BStBl. II 1968, 105; I R 148/68, BStBl. II 1971, 411); dagegen jedoch der Übertragungsgewinn bei Verschmelzung und Aufspaltung (BFH I R 27/18, BFH/NV 2022, 195, zu FG Bln-Bbg 9 K 9143/16, EFG 2018, 1681, best.; gegen BMF BStBl. I 2011, 1314, Org 27 Satz 1). Im Übrigen genügt die Beschränkung auf bestimmte Einrichtungen oder Betätigungsbereiche nicht; abzuführen ist auch der nach einem DBA steuerbefreite Gewinn (BFH I B 177/10, BFH/NV 2011, 1397). Vereinbarungen über dessen Berechnung sind zulässig (zB zu Rücklagen, aber in den Grenzen des § 14 Abs. 1 S. 1 Nr. 4 KStG). Jedoch ist **Höchstbetrag** der **Jahresüberschuss** (ohne Gewinnvortrag, § 275 HGB) abzgl. Verlustvortrag und gesetzliche Rücklagen (§ 300f AktG) und ohne Auflösung von Kapitalrücklagen (BFH I R 25/00, BStBl. II 2003, 923; **aA** Dötsch/Pinkos DB 2005, 125) sowie vorvertragliche Gewinnrücklage (KStR 14.5 Abs. 4 S. 1). Aufgelöste stille Reserven sowie stfreie Rücklagen (§ 247 Abs. 3 **513**

HGB) auch aus vorvertraglicher Zeit sind nicht nach § 301 AktG ausgeschlossen (zB Gosch § 14 Rn. 317). Dagegen sind es Beträge aus vorvertraglichen Rücklagen (HHR KStG § 14 Rn. 235). Zur Ausschüttung aufgelöster freier vorvertraglicher Rücklagen vgl. KStR 14.5 Abs. 4 S. 4.

Freie Rücklagen dürfen nur bei wirtschaftlicher Begründetheit nach vernünftiger kaufmännischer Beurteilung gebildet werden (vgl. § 14 Abs. 1 S. 1 Nr. 4 KStG), wobei die Verhältnisse der OG einbezogen werden dürfen (vgl. KStR 14.5 Abs. 5 Nr. 3 S. 3), zB bei besonderen Risiken (BFH I R 61/77, BStBl. II 1981, 336), Kapazitätserweiterung, Werkserneuerung, Unternehmenserwerb uÄ (vgl. Bott/Walter KStG § 14 Rn. 662); auch stille Rücklagen sind innerhalb der handelsrechtlichen Bilanzierungs- und Bewertungsvorschriften unbeschränkt zulässig (Bott/Walter KStG § 14 Rn. 662); Entsprechendes gilt nach KStR 14.5 Abs. 5 Nr. 3 S. 4 für Rücklagen nach § 6b Abs. 3 EStG (Übertragung stiller Reserven) und EStR 6.6 (Ersatzbeschaffung).

Bei einer **ausländischen OG** dürfte sich die Gewinnermittlung nach dem Recht des Ansässigkeitsstaates der OG richten, die sich nach dessen Regeln richten muss (ebenso Schönfeld IStR 2012, 368).

514 **cc) Verlustübernahme.** Die Verlustübernahme (§ 302 Abs. 1 AktG) muss bei einer **OG iSv § 14 Abs. 1 KStG** im GAV nicht geregelt werden. Allerdings ist der Vorstand der OG frei in seiner Entscheidung, ob und inwieweit der Jahresfehlbetrag durch Auflösung etwa von Gewinnrücklagen gemindert wird (Krumm in Brandis/Heuermann KStG § 14 Rn. 147).

Bei **anderen Kapitalgesellschaften** iSv § 17 KStG, insb. eine GmbH, **als OG,** ist die Vereinbarung einer Verlustübernahme erforderlich (BFH I R 68/09, BFH/NV 2010, 1132 mwN; I R 40/12, BStBl. II 2014, 272). Nach § 17 Abs. 1 Nr. 2 KStG idF v. 20.2.2013, BGBl. 2013 I 285, genügt ein „dynamischer" Verweis auf § 302 AktG (BFH I R 93/15, BStBl. II 2019, 278; zugleich zur **Notwendigkeit der Anpassung** bis zum Ablauf des 31.12.2014; zu den Voraussetzungen für die Anwendung der Vorschrift BFH IV R 29/22, BStBl. II 2025, 360; zur nicht eintretenden Heilung des fehlerhaften GAV für vor 31.12.2014 endende EZ, wenn der OT nicht „mitspielt", BFH I R 7/20, BStBl. II 2024, 199, zu FG Münster 13 K 2898/16 G, F, EFG 2020, 468, aufgeh.). Eine Vereinbarung des Inhalts, dass vororganschaftliche Gewinnrücklagen zum Ausgleich eines Jahresfehlbetrags zu verwenden (oder als Gewinn abzuführen) seien, verstößt gegen § 17 Abs. 1 Nr. 2 KStG iVm § 302 AktG (BFH I B 20/20, BFH/NV 2021, 356). Auch eine Ausnahme für Kapitalrücklagen ist nach § 301 Abs. 1 AktG nicht zulässig (FG Düsseldorf 6 K 2507/17 K, DStR 2018, 1857; krit. Brühl/Weiss DStR 2018, 2368).

Zu den Anforderungen einer **Verlustverrechnung über die Grenze** → Rn. 509.

515 **dd) Ausgleichszahlungen.** Der ganze Gewinn gilt nach **§ 14 Abs. 2 KStG** auch dann als abgeführt, wenn über den mindestens zugesicherten Betrag iSd § 304 Abs. 2 S. 1 AktG hinausgehende **Ausgleichszahlungen vereinbart und geleistet** werden. Das gilt nur, wenn die Ausgleichszahlungen insgesamt den dem Anteil am gezeichneten Kapital entsprechenden Gewinnanteil des Wj. nicht überschreiten, der ohne GAV hätte geleistet werden können. Diese mit G. v. 11.12.2018 (BGBl. 2018 I 2338) eingeführte Regelung (zur Anwendung § 34 Abs. 6e KStG) ist eine **Reaktion** des Ggebers **auf die einschränkende Rspr. des BFH.** Hiernach war es schädlich, wenn neben einem bestimmten Festbetrag

ein zusätzlicher Betrag in Höhe der Differenz zwischen hypothetischem Gewinnanspruch des Außenstehenden ohne die Gewinnabführung und dem Festbetrag vereinbart wird (BFH I R 1/08, BStBl. II 2010, 407; I R 93/15, BStBl. II 2019, 278; aA schon BMF 20.4.2010, BStBl. I 2010, 372).

Der Anwendungsbereich der Neuregelung ist auch eröffnet, wenn **ausschließlich variable** Ausgleichszahlungen vereinbart werden. Werden neben dem Festbetrag nach § 304 Abs. 2 S. 1 AktG variable Ausgleichszahlungen zwar **vereinbart, aber nicht geleistet,** sind tatsächlich geleistete Ausgleichszahlungen nur in der nach § 304 Abs. 2 S. 1 AktG angeordneten Höhe unschädlich für die steuerliche Anerkennung der Organschaft (hierzu und zu weiteren Einzelheiten s. BMF 4.3.2020, BStBl. I 2020, 256).

ee) Durchführung des GAV. Das bedeutet **tatsächlichen Vollzug** entsprechend den vertraglichen Vereinbarungen entweder durch Zahlung oder durch eine zur Anspruchserfüllung führende oder der tatsächlichen Zahlung gleichstehende Aufrechnung innerhalb angemessener Zeit; hierfür genügt ein Zeitraum von 12 Monaten nach Fälligkeit (BFH I R 37/22, BFH/NV 2026, 649, zu FG Köln 10 K 1406/18, EFG 2022, 1940, best.); die bloße Verbuchung auf einem Verrechnungskonto ohne regelmäßigen Rechnungsabschluss genügt nicht (BFH I B 77/15, BFH/NV 2016, 1177; I R 29/19, BStBl. II 2023, 405). Maßgebend ist grundsätzlich der **endgültige Jahresabschluss;** nur bei Unstimmigkeiten ist zunächst ein **vorläufiger Jahresabschluss** zu erstellen, um die (vorläufigen) Voraussetzungen für den tatsächlichen Vollzug des GAV sicherzustellen. Eine endgültige Grundlage für diesen liegt hierin nicht. Das gilt auch für den Fall der **Insolvenz der OG** (BFH I R 29/19, BStBl. II 2023, 405, zu FG Nürnberg 1 K 483/17, EFG 2020, 479, aufgeh.). 516

Davon abgesehen bezieht sich tatsächlicher Vollzug nicht nur auf den Schlusspunkt des Ausgleichs aller aus dem GAV resultierender Forderungen und Verbindlichkeiten; vielmehr muss während seiner gesamten Geltungsdauer **der GAV „gelebt" werden;** schon vor der tatsächlichen Zahlung/Verrechnung muss durch die jeweilige Buchung erkennbar werden, dass die Vertragsparteien ihre zivilrechtlichen Verpflichtungen erfüllen werden (BFH I R 51/15, BStBl. II 2018, 30; I R 37/19, BStBl. II 2023, 409; I R 37/22, BFH/NV 2026, 649; zu Auslandssacherhalten ohne GAV → Rn. 509).

Zu beachten sind die **GoB** (BFH I B 77/15, BFH/NV 2016, 1177; Einzelheiten bei Suchanek/Herbst FR 2005, 665). Fehlt es an der tatsächlichen Durchführung, sind die Regelungen der ertragsteuerlichen Organschaft nicht anzuwenden (BFH IV R 21/07, BStBl. II 2014, 481). Doch führt nicht jeder Verstoß gegen die GoB zur Verneinung der tatsächlichen Durchführung, ebensowenig bei Meinungsverschiedenheiten mit dem FA über den Ansatz von Bilanzposten (vgl. BFH I R 25/00, BStBl. II 2003, 923; Dötsch/Pinkos DB 2005, 125). Zudem zu beachten sind die Begrenzung der *Gewinnrücklage* (§ 14 Abs. 1 S. 1 Nr. 4 KStG; Einzelheiten BMF 14.1.2010, BStBl. I 2010, 65) und die *Höchstbeträge der Gewinnabführung* des § 301 AktG trotz ggf. abweichender Vereinbarungen (BMF 14.1.2010, BStBl. II 2010, 65).

Die Verpflichtung besteht über den Zeitpunkt der **Beendigung des GAV** fort und betrifft auch Mehrgewinne nach einer Außenprüfung (vgl. BFH I R 156/93, DStR 1995, 1109).

Keine vertragsgemäße Durchführung liegt vor, wenn der Jahresabschluss 516a
des OT nicht zeitnah nach Errichtung der Bilanz der OG erstellt wird und keine

Abführung erfolgt, weil der OT bereits im HR gelöscht ist (FG Hmb 6 K 236/12, BeckRS 2015, 95170, nachfolgend BFH I B 77/15, BFH/NV 2016, 1177); ebenso bei einer „vergessenen" Verlustausgleichsverpflichtung (BFH IV R 21/07, BStBl. II 2014, 481; auch in der Bilanz der OG, BFH I R 37/19, BStBl. II 2023, 409, zu SchlHFG 1 K 113/17, EFG 2019, 1714, best.) sowie bei einem Verzicht auf die Gewinnabführung (FG Münster 10 K 2192/13 F, GmbHR 2014, 1326: gewinnwirksame Erfassung des Anspruchs und verdeckte Einlage). Die unterlassene Verzinsung des Verlustausgleichsanspruchs (§§ 352 f. HGB) ist unschädlich (BMF 15.10.2007, BStBl. I 2007, 765). Die Aufrechnung ist zulässig (BFH I B 77/15, BFH/NV 2016, 1177), etwa gegen einen Verlustausgleichsanspruch (zB Anrechnung von Geld- und Sachmitteln, vgl. Neyer/Schlepper BB 2007, 413; zur Frage des nicht in Geld geleisteten Verlustausgleichs Priester BB 2005, 2483).

Beruht der abgeführte Gewinn auf fehlerhaften Bilanzansätzen, gilt nach § 14 Abs. 1 S. 1 Nr. 3 S. 4 f. KStG die **Fiktion der Durchführung** des GAV unter den folgenden Voraussetzungen: **(1.)** *wirksame Feststellung* des Jahresabschlusses, **(2.)** *Nichterkennbarkeit des Fehlers* bei Anwendung der Sorgfalt eines ordentlichen Kaufmanns mit der *weiteren Fiktion* dieser Voraussetzung bei Vorliegen eines uneingeschränkten *Bestätigungsvermerks* oÄ, **(3.)** *Korrektur des Fehlers* im nächsten Jahresabschluss nach der Beanstandung durch das FA und Ausgleich bei der Gewinnabführung (hierzu Kiontke/Schumacher StJB 2013/2014, 89; Jesse FR 2013, 629).

Zur Deutung struktureller Dauerdefizite eines kommunalen Eigenbetriebs ohne Verlustausgleich durch die Trägerkörperschaft als vGA → Rn. 393.

516b Wird die **Durchführung** des GAV **verspätet begonnen,** weil nicht – wie vereinbart – ab dem Beginn des Jahres (01), sondern erst ab dem Beginn des Jahres (02), dann aber für 5 Jahre durchgehalten, so soll dies unschädlich sein (FG Nbg 1 K 536/21, EFG 2023, 1646, unter Hinweis auf BFH I R 51/15, BStBl. II 2018, 30; Rev. I R 18/23). ME fraglich, da in Widerspruch zum Wortlaut des § 14 Abs. 1 S. Nr. 3 S. 1 KStG („während seiner gesamten Geltungsdauer durchgeführt…"). BFH I R 51/15 betrifft eine andere Konstellation (hierzu → Rn. 501a). Daher bedarf es mE einer Korrektur des GAV (→ Rn. 510a aE).

516c Die **vorzeitige Beendigung** eines GAV durch **Kündigung** ist nur zulässig bei einem wichtigen Grund (§ 14 Abs. 1 S. 1 Nr. 3 S. 2 KStG). Ob ein solcher im Einzelfall vorliegt, richtet sich nach objektiven, steuerrechtlichen Gegebenheiten, nicht nach vertraglichen Bedingungen. In Betracht kommen eine wirtschaftlich nachvollziehbare Umstrukturierung des Konzerns mit Errichtung einer Zwischenholding (HessFG 4 K 677/14, EFG 2015, 2100) oder eine außerordentliche Kündigung wegen wesentlicher Vertragsstörungen; nicht jedoch zur Vermeidung der Rechtsfolgen der Organschaft, zB bei Verkauf der Anteile an der OG (BFH I R 45/12, BStBl. II 2014, 486). Gegebenenfalls kommt in Betracht eine gravierende gesetzliche Änderung der organschaftsrechtlichen Rahmenbedingungen (BFH I R 36/13, BStBl. II 2014, 651 unter B III 3b bb bbb) sowie die Eröffnung des Insolvenzverfahrens über das Vermögen von OT (FG Nürnberg 1 K 483/17, EFG 2020, 479, aus anderen Gründen aufgeh. durch BFH I R 29/19, BStBl. II 2023, 405).

Die vorzeitige Beendigung, also vor Ablauf der (ersten) Fünfjahresfrist, ohne wichtigen Grund führt zur **Unwirksamkeit** der Organschaft **von Anfang an** (BFH I R 36/13, BStBl. II 2014, 651 unter B III 3b bb aaa), die Beendigung nach 5 Jahren lässt die Wirksamkeit in dieser Zeit unberührt (KStR 14.5 Abs. 7).

Die **Verkürzung** der zunächst vereinbarten 5 Zeit- und WftJahre dadurch, dass die OG ihr 1. WftJahr unter **Bildung eines RumpfWftJahres** umstellt, allein ist dagegen unschädlich, weil die vereinbarte Vertragsdauer unverändert bleibt und es Sache der Vertragsparteien ist, sicherzustellen, dass die steuerrechtlichen Folgen der Organschaft auch für das bei Vertragsende laufende WftJahr gezogen werden (BFH I R 45/12, BStBl. II 2014, 486; I R 29/19, BStBl. II 2023, 405; ähnlich FG BW 11 K 953/17, EFG 2023, 1545, rkr.). **516d**

10. Die „verunglückte Organschaft"

§ 14 KStG wird nicht von dem allgemeinen Grundsatz getragen, dass sämtliche Erfordernisse einer Organschaft während der gesamten Mindestlaufzeit des GAV erfüllt sein müssen (BFH I R 29/19, BStBl. II 2023, 405). Denkbar sind **„Unterbrechungen der Organschaft"** für einzelne EZ im Hinblick auf die gewerbliche Tätigkeit einer OT-PersGes (BFH I R 40/12, BStBl. II 2014, 272) und – bis EZ 2012 – auf die finanzielle Eingliederung (→ Rn. 501; BFH I R 51/15, BStBl. II 2018, 30; Walter GmbHR 2017, 1222; Weiss gmbhstb 2018, 86; Prinz/Keller DB 2018, 400), **nicht jedoch** nach § 14 Abs. 1 S. 1 Nr. 3 S. 1 KStG im Hinblick auf die **Durchführung des GAV** (BFH I R 29/19, BStBl. II 2023, 405; I R 37/19, BStBl. II 2023, 409). **517**

Im Falle einer „verunglückten" Organschaft führt die **Gewinnabführung** durch die OG regelmäßig zur Annahme einer **vGA.** Sie ist keine Gewinnverteilung auf der Grundlage eines den gesellschaftsrechtlichen Vorschriften entsprechenden Gewinnverteilungsbeschlusses (vgl. BFH I R 110/88, BStBl. II 1990, 24; I R 39/06, BStBl. II BFH/NV 2008, 614; I R 19/15, BStBl. II 2019, 81; I R 33/18, BFH/NV 2021, 776; I R 17/21, BFH/NV 2025, 779). Die **Verlustübernahme** durch den OT ist erfolgsneutral bei den **AK** auf die Beteiligung an der Tochtergesellschaft zu erfassen (BFH I R 66/07, BStBl. II 2009, 972). **517a**

11. Gewinnermittlung im Organkreis

a) Organgesellschaft. Sie bleibt **selbstständiges Subjekt** der Gewinnermittlung (sog. **„gebrochene Einheitstheorie";** zB BFH VI R 17/68, BStBl. II 1972, 582; I R 85/79, BStBl. II 1983, 427; I R 109/97, BStBl. II 1998, 748; I R 79/98, BFH/NV 2000, 745 (896); I R 100/01, BStBl. II 2004, 244; III R 19/02, BStBl. II 2004, 515; X R 4/10, BStBl. II 2011, 887; I R 39/14, BStBl. II 2015, 1052; I R 16/20, BStBl. II 2025, 301). Es gibt **keine Konzern- oder Einheitsbilanz** (BFH I R 56/82, BStBl. II 1986, 73; VIII R 54/93, BStBl. II 1995, 794; I R 44/95, BStBl. II 1997, 181). Das ergibt sich bereits aus dem Wortlaut des von § 7 auch in Bezug genommenen § 14 KStG „… Gewinn … abzuführen", „… Einkommen der Organgesellschaft dem Träger des Unternehmens (Organträger) zuzurechnen …". Aus diesen Vorschriften folgt für die GewSt zudem die einheitliche Besteuerung des Organkreises durch **Zurechnung** der auf die OG entfallenden Gewerbeerträge **beim Organträger** (BFH VIII R 54/93, BStBl. II 1995, 794; I R 44/95, BStBl. II 1997, 181), und zwar (erstmals) für das Kalenderjahr, in dem das Wirtschaftsjahr der OG endet, in dem der GAV wirksam wird (anschaulich BFH I B 27/10, BStBl. II 2010, 935, Berichtigung von I B 27/10, BStBl. II 2010,932). **518**

Das darf aber nicht dazu führen, dass das von der OG erzielte Einkommen beim OT doppelt besteuert wird (BFH III R 19/02, BStBl. II 2005, 49 mwN). Notwendige Korrekturen dienen der **Vermeidung einer Doppelbesteuerung** von Vorgängen **im Organkreis** durch nur einmaliges Erfassen von Einnahme- und Abzugsbeträgen (vgl. BFH I R 10/93, BStBl. II 1994, 768; zur Veräußerung von Anteilen an der OG mit versteuerter Rücklage BFH I R 41/93, BStBl. II 1996, 614 – Ausgleichsposten nur in Höhe des Teils der Rücklage, der dem Anteil des OT an der OG entspricht; hierzu Krebs FR 1996, 857). **Negative Einkünfte** bleiben unberücksichtigt, soweit sie in einem ausländischen Staat berücksichtigt werden (§ 14 Abs. 1 S. 1 Nr. 5 KStG; krit. Goebel/Ungemach NWB 2013, 595). Ansonsten werden die am Organkreis beteiligten Unternehmen für sich gesehen. Auch gibt es keinen Grundsatz, nach dem eine **periodenübergreifende Doppelbelastung** bei einem der Unternehmen zu vermeiden sei, etwa durch „gewerbesteuerliches Lesen" von Gewinnermittlungsvorschriften oder eine „gewerbesteuerliche Schattenbilanz" (vgl. FG Köln 13 K 2447/11, EFG 2015, 665; nachgehend BFH I R 9/15, BFH/NV 2017, 485; aA Wendt FR 2009, 543; Behrens/Renner BB 2010, 485).

519 **b) Eigenständigkeit.** Die Eigenständigkeit der Organunternehmen für die Gewinnermittlung zeigt sich mehrfach:

Der an eine Personengesellschaft als OT **abgeführte Gewinn** ist bei dieser außerhalb der Bilanz zu kürzen und das im selben Veranlagungszeitraum für die OG ermittelte Einkommen als eigenständige einheitlich und gesondert festzustellende Besteuerungsgrundlage im Gewinnfeststellungsbescheid auszuweisen (FM NRW 23.6.1976, BB 1976, 495).

519a **Vororganschaftlich verursachte Mehrabführungen** gelten ab **EZ 2004** nach § 14 Abs. 3 KStG (idFd Richtlinien-UmsetzungsG) als Gewinnausschüttungen der OG an den OT. Eine Mehrabführung setzt keinen tatsächlichen Vermögensabfluss voraus; es genügt eine rechnerische Differenz zwischen dem handelsbilanziellen Jahresüberschuss und der Steuerbilanz, auch bei einem geringeren handelsbilanziellen Verlust der OG als dem OT steuerlich zugerechnet (sog. Minderverlustübernahme, vgl. BFH I R 38/11, BStBl. II 2014, 398; I R 36/13, BStBl. II 2014, 651). Hieran hat der BFH trotz Kritik (zB Suchanek GmbHR 2013, 1096; 2014, 823; Adrian StuB 2013, 809) festgehalten (BFH I R 15/23, BFH/NV 2024, 1412). Hieraus ergibt sich, dass eine Mehrabführung nicht auf den Betrag des tatsächlich abgeführten handelsbilanziellen Jahresüberschusses begrenzt sein kann und das eine Saldierung mit weiteren Mehr-/Minderabführungen unzulässig ist; abzustellen ist auf den einzelnen Geschäftsvorfall (BFH I R 16/23, BStBl. II 2024, 782). Das Merkmal **„vororganschaftlich"** beinhaltet einen Zeitbezug und bezeichnet die Zeit, die mit dem Beginn des ersten Wj. der OG im Rahmen des Organschaftsverhältnisses endet; es ist nicht auch in sachlicher Hinsicht zu verstehen. Daher keine Anwendung des § 14 Abs. 3 KStG, wenn bei Übergang des Vermögens einer anderen Gesellschaft durch Einbringung oder Umwandlung auf die OG diese in der StB die Buchwerte und in der HB die Verkehrswerte ansetzt (BFH I R 51/19, BStBl. II 2023, 725, zu FG RhPf 1 K 1418/18, EFG 2020, 61, best.; aA BMF 11.11.2011, BStBl. I 2011, 1314 Rn. Org 33; hierzu ua Bisle NWB 2020, 1260; Wendland/Hummel DStR 2021, 753; Prinz DB 2023, 8).

519b Für in **organschaftlicher Zeit** verursachte **Mehr- bzw. Minderabführungen** (zu Begriff und Bemessung BFH I R 67/15, BFH/NV 2017, 1276) sind nach § 14 Abs. 4 KStG idF des JStG 2008 Ausgleichsposten zu bilden (zur Sicherstellung der Einmalbesteuerung von organschaftlichen Erträgen beim OT, BFH I R 65/11, BStBl. II 2013, 555, zur zuvor bestehenden Rechtslage BFH I R 5/

05, BStBl. II 2007, 796; I R 31/08, BFH/NV 2009, 790; zur Rückführung eines zu einer verdeckten Einlage führenden Ertragszuschusses BFH I R 67/15, BFH/NV 2017, 1276, zu FG München 6 K 39/13, EFG 2015, 1974, best.; s. auch Suchanek/Herbst FR 2008, 112; v. Freeden/Lange DB 2017, 2055; Weber-Grellet FR 2018, 182; krit. Dötsch/Pung DB 2018, 1424). Ihre Funktion als „steuerliche Bilanzierungshilfe" (BFH I R 65/11, BStBl. II 2013, 555) hindert nach str. Auffassung in Veräußerungs- und gleichgelagerten Fällen nicht ihre Behandlung als Korrekturposten zum Beteiligungsbuchwert (FG Münster 9 K 4074/11 G, EFG 2016, 587, rkr.).

c) Einzelheiten. Hinzurechnungsbeträge nach §§ 7 ff. AStG werden 520
gegenüber der OG nach § 18 AStG festgestellt, wenn diese die gesetzlichen Voraussetzungen hierfür erfüllt (BFH I R 21/80, BStBl. II 1985, 119; s. auch zum Zurechnungsempfänger bei nachgeschalteten ausländischen Zwischengesellschaften BFH I R 11/83, BStBl. II 1985, 410). Eigenständigkeit besitzt die OG auch für die **verdeckte Gewinnausschüttung** (BFH I R 150/82, BStBl. II 1987, 104; zur Vorteilsausgleichung BFH I R 99/80, BStBl. II 1985, 18). Sie darf wie eine Gewinnabführung zu keiner Doppelerfassung beim OT führen (KStR 14.6 Abs. 4; zur Gefahr einer doppelten Begünstigung KStR 14.7 Abs. 2; Wassermeyer DB 2006, 296; Thiel DB 2006, 633). Gewinnabführung bei **fehlgeschlagener Organschaft** erzeugt eine verdeckte Gewinnausschüttung (BFH I R 110/88, BStBl. II 1990, 24), die Verlustübernahme nachträgliche Anschaffungskosten auf die Beteiligung (BFH I R 96/88, BStBl. II 1990, 797; I R 66/07, BStBl. II 2009, 972; krit. Sturm DB 1991, 2055). Die Eigenschaft einer Kapitalgesellschaft als OG lässt ihre **Mitunternehmerstellung** als Beteiligte einer Personengesellschaft unberührt (BFH IV R 56/80, BStBl. II 1984, 150). Für den **Lieferungs- und Leistungsverkehr** zwischen OG und OT gelten allgemeine Grundsätze. **Veräußerungsgewinne** der OG iSd § 8b Abs. 2 bzw. Abs. 6 KStG sind nach § 15 S. 1 Nr. 2 KStG bei der Ermittlung des Einkommens nur des OT zu erfassen und unterliegen dort, wenn es sich um Kapitalgesellschaften handelt, der Befreiung (vgl. BFH I R 55/13, BStBl. II 2015, 658; BMF 26.8.2003, BStBl. I 2003, 437 Rn. 28 ff.). Bei natürlichen Personen(gesellschaften) ist der Gewinn der OG aus der Veräußerung eines Teilbetriebs nicht dem ermäßigten Steuersatz des § 34 EStG zu unterwerfen (BFH III R 19/02, BStBl. II 2004, 515); nach § 15 S. 1 Nr. 2 KStG sind die Bezüge und Aufwendungen nach dem Halbeinkünfteverfahren zu besteuern (§§ 3 Nr. 40 und 3c EStG; zu Einzelheiten OFD Koblenz DStZ 2003, 857). Für **Schachteldividenden** ist § 8b Abs. 1 KStG nach § 15 Nr. 2 S. 1 KStG bei der OG nicht anwendbar (Bruttomethode); hier jedoch Kürzung nach § 9 Nr. 2a (aber → Rn. 524a) mit Vermeidung der 5%igen „Schachtelstrafe" (BFH IV R 29/22, BStBl. II 2025, 360 zu Bezügen von einer ausländischen KapGes und zu Art. 4 MRT; im Übrigen dazu BMF 26.8.2003, BStBl. I 2003, 437 Rn. 28 ff.; Gosch in Brandis/Heuermann § 9 Rn. 187a; Rehfeld in Deloitte § 9 Nr. 2a Rn. 13; Bergemann/Wingler § 9 Rn. 140; Kollruss DStR 2006, 2291). Zur Auflösung einer **Kapitalrücklage** BFH I R 25/00, BStBl. II 2003, 923 (Ausschüttung, nicht Gewinnabführung) sowie BMF 27.11.2003, BStBl. I 2003, 647. Bei der Berechnung des Höchstbetrages der **beim OT abziehbaren Spenden** bleibt das ihm zuzurechnende Einkommen der OG außer Ansatz (BFH XI R 95/97, BStBl. II 2003, 9; Anm. Wendt FR 2002, 786).

d) Gewerbesteuerumlagen. Sie waren **entsprechend § 426 Abs. 1 BGB** 521
zu berücksichtigen, wenn der OT im GewBetrieb der OG angefallene GewSt

entrichtet hat, an der **einmal gewählten Berechnungsmethode** festgehalten wurde und im Durchschnitt mehrerer Jahre nur die vom OT tatsächlich gezahlten Steuerbeträge umgelegt werden (BFH I R 107/03, BStBl. II 2005, 490). Als Berechnungsmethoden haben sich in der Praxis die Berechnung nach einem bestimmten Schlüssel (Gewinn, Lohnsumme uÄ: „Verteilungsmethode") und die „Belastungs-" oder „Stand-alone"-Methode (von BGH II ZR 312/97, DStR 1999, 724 verworfen; für 1985 keine verdeckte Gewinnausschüttung, BFH I R 57/00, BStBl. II 2002, 369; zust. und zu den Konsequenzen BMF 12.9.2002, DStR 2002, 1716) herauskristallisiert. **Ab EZ 2002** dürfte dies wegen des Erfordernisses eines Gewinnabführungsvertrags (→ Rn. 508 ff.) kein Problem mehr sein (Keß in Lenski/Steinberg § 2 Rn. 3783; Rödder/Simon DB 2002, 496).

522 **e) Bilanzierungskonkurrenz.** Zu ihrer Auflösung, wenn die Beteiligung des OT an der OG gleichzeitig die Voraussetzungen von **Sonderbetriebsvermögen II** bei einer Untergesellschaft erfüllt, vgl. BFH IV R 12/03, BStBl. II 2006, 361.

12. Gewerbeertragsermittlung im Organkreis

523 **a) Erste Stufe.** Zunächst → Rn. 518 ff. Der nach § 7 S. 1 GewStG ermittelte GewErtrag entspricht auf der ersten Ermittlungsstufe (vor den Hinzurechnungen und Kürzungen) dem est- u. kstrechtlichen Gewinn, allerdings ohne dass eine Bindungswirkung besteht (Gleichlauf beider Rechtskreise, vgl. BFH I R 39/14, BStBl. II 2015, 1052; I R 16/20, BStBl. II 2025, 301). Die zur Ermittlung des GewErtrags **erforderlichen Hinzurechnungen und Kürzungen** nach §§ 8 u. 9 werden für jedes der organschaftlich verbundenen Unternehmen selbstständig durchgeführt (vgl. BFH XI R 47/89, BStBl. II 1992, 630). Das gilt auch für die **Abführung** von vororganschaftlichen Gewinnen (→ Rn. 519). Aus der Selbstständigkeit der im Organkreis verbundenen Unternehmen ergibt sich ferner, dass auch die gesetzlichen **Vergünstigungen** nicht dem Organkreis schlechthin, sondern nur dem Organunternehmen eingeräumt werden, bei dem sie vorliegen (BFH I 198/65, BStBl. II 1968, 807 hinsichtlich § 19 GewStDV; GewStR 8.8 Abs. 1 S. 10; s. zu § 9 Nr. 1 S. 2 BFH I R 21/67, BStBl. II 1969, 629; I R 100/01, BStBl. II 2004, 244 zu § 3 Nr. 20). Auch für den **Verlustabzug** nach § 10a ist die OG mE gesondert zu beurteilen; bei mehrstöckigen Organschaften kommt er auf jeder Ebene in Betracht (OFD Hannover 7.10.2003, DB 2003, 2359). Einzelheiten bei → § 10a Rn. 36.

Verluste des OT oder der OG bleiben bei der inländischen Besteuerung unberücksichtigt, soweit sie **in einem ausländischen Staat** im Rahmen der Besteuerung des OT, der OG oder einer anderen Person berücksichtigt werden (§ 14 Abs. 1 S. 1 Nr. 5 KStG).

523a Eine Ausnahme von dem Grundsatz der getrennten Ermittlung gilt für Tatbestandsmerkmale der **Steuerermäßigung** bzw. **Steuerfreistellung,** die „organschaftsübergreifend" gelesen werden müssen. Demnach ist der Abzug von ausländischer **Quellensteuer** nach § 34c Abs. 2 EStG nicht zulässig, wenn es im Organkreis auf der Grundlage von § 15 S. 1 Nr. 2 S. 1 KStG zu einer Steuerfreistellung der Bezüge nach § 8b Abs. 1 KStG kommt (BFH I R 16/20, BStBl. II 2025, 301, zu Nds FG 6 K 20/18, 2020, 1009, best.). Im Übrigen → § 1 Rn. 30a).

524 **b) Zweite Stufe.** Erst auf der zweiten Stufe werden die **GewErträge zusammengefasst** und beim OT der GewSt unterworfen.

Zusammenzurechnen beim OT sind die Gewerbeerträge **derjenigen Wirtschaftsjahre** des OT und der OG, **die in demselben Erhebungszeitraum enden** (GewStR 7.1 Abs. 5). Die Vorschriften des § 10 gelten jeweils gesondert für die im Organkreis verbundenen Unternehmen. Eine Bindungswirkung tritt erst mit dem bestandskräftigen Messbescheid des OT ein.

Besteht **neben dem Organschaftsverhältnis** jedoch eine **Mitunternehmerschaft,** an der die OG beteiligt ist, dann ist der Gewerbeertrag nur bei jener anzusetzen; eine Zusammenrechnung mit dem Ergebnis der an der Mitunternehmerschaft beteiligten Kapitalgesellschaft im Rahmen des Organschaftsverhältnisses unterbleibt (BFH VIII R 54/93, BStBl. II 1995, 794; I R 44/95, BStBl. II 1997, 181).

aa) Schachtelprivileg. Bei der Kürzung des Gewinns der OG aus Anteilen 524a an einer Kapitalgesellschaft nach § 9 Nr. 2a S. 4, § 9 Nr. 7 S. 3 erfolgt **keine Verminderung um nichtabziehbare fiktive BA** (§ 8b Abs. 5 KStG); bei der Zusammenrechnung der GewErträge beim OT (§ 2 Abs. 2 S. 2) ist dieser Gewinn nach der infolge des gewstrechtlichen Schachtelprivilegs nicht mehr iSv § 15 S. 1 Nr. 2 S. 2 KStG „enthalten". Deshalb finde auch bei ihm keine Hinzurechnung der fiktiven BA statt; eine planwidrige „Hinzurechnungslücke" im Gesetz liege nicht vor (BFH I R 39/14, BStBl. II 2015, 1052; krit. mE zu Recht ua Schlagheck GmbHR 2014, 1138; zust. Hageböke DK 2014, 313; s. auch Rengier NWB 2014, 2695; Hielscher BB 2015, 873; Gosch BFH/PR 2015, 204; Schwetlik EStB 2015, 195; Adrian BB 2015, 1113; sowie das vom BFH zitierte zT krit. Schrifttum). Das überzeugt mE schon deswegen nicht, weil der BFH selbst eine „im Kern unsystematische" Entscheidung des Gesetzgebers erkennt, ohne aufzeigen zu können, dass dieser das vom BFH gefundene Ergebnis gesehen hätte. Aber die Konsequenz in Gestalt eines NAnwG war vorherzusehen **(s. § 7a!).**

bb) Korrekturen/Allgemeines. Da mit der Zusammenrechnung keine 524b gewstlichen Doppelerfassungen verbunden sein dürfen, werden durch den Mechanismus der getrennten GewErtragsermittlung **Korrekturen** erforderlich, die je nach Art des Rechenpostens schon bei jedem einzelnen zu ermittelnden Gewerbeertrag oder bei der Zusammenrechnung für den OT erfolgen können (BFH I R 56/82, BStBl. II 1986, 73 (75); I R 10/93, BStBl. II 1994, 768; III R 41/22, BStBl. II 2024, 772; I R 16/20, BStBl. II 2025, 301, jeweils mwN). Rechtsgrundlage der Korrekturen ist § 2 Abs. 2 S. 2, aus dem die Korrespondenz von Aufwands- und Ertragsseite folgt (BFH I R 44/95, BStBl. II 1997, 181; X R 4/10, BStBl. II 2011, 887). Insbesondere dürfen Geschäftsbeziehungen innerhalb des Organkreises nicht zu **Hinzurechnungen und Kürzungen** führen (BFH III R 41/22, BStBl.II 2024, 772). Hierbei kommt es nicht auf einen steuerlichen Belastungsvergleich mit entsprechenden nicht organschaftlich verbundenen Unternehmen an; ein Verstoß gegen **Art. 3 Abs. 1 GG** liegt nicht vor (BFH IV R 9/11, BFH/NV 2015, 227). Die Korrekturen unterbleiben jedoch, wenn die **OG von der GewSt befreit** ist (I R 5/73, BStBl. II 1975, 179). Doppelbelastungen lassen sich nicht damit begründen, dass die laufenden Erträge der OG und die daraus dem OT zugerechneten Beteiligungserträge unterschiedlich hoch sind (FG Bln-Bbg 6 K 6310/11, EFG 2014, 1896).

Auf Rechtsverhältnisse zwischen Schwestergesellschaften außerhalb des Organkreises lassen sich die oa Grundsätze nicht übertragen, da jede Gesellschaft ihren GewErtrag selbst versteuert (BFH I B 96/03, BFH/NV 2005, 72 zu Dauerschulden).

525 **c) Einzelfälle. aa) Schuldentgelte.** Die **Hinzurechnung nach § 8 Nr. 1 aF** für Dauerschuldentgelte zwischen den im Organkreis verbundenen Unternehmen hatte zu unterbleiben, auch im Verhältnis mehrerer OG desselben OT (BFH I R 182/72, BStBl. II 1975, 46; I B 69/03, BFH/NV 2005, 72). Handelt es sich bei dem OT um eine **Personengesellschaft,** so sind die Korrekturen allerdings nur für die Dauerschulden gegenüber der Personengesellschaft angebracht, nicht gegenüber den Gesellschaftern der OT-Personengesellschaft. Für die **Neufassung des § 8 Nr. 1 Buchst. a** gilt dieser Grundsatz mE fort. Zu Forderungen eines Gesamthandsvermögens, die nicht der Personengesellschaft, sondern der Beteiligung an der Organgesellschaft dienen, BFH IV R 207/83, BStBl. II 1985, 6.

526 **bb) Miet- und Pachtzinsen.** Die Hinzurechnung sowie Kürzung von Miet- und Pachtzinsen nach **§ 8 Nr. 7 aF** und **§ 9 Nr. 4 aF** hatte nicht zu unterbleiben, weil eine doppelte Erfassung wegen § 9 Nr. 4 aF ausgeschlossen war (BFH XI R 47/89, BStBl. II 1992, 630), und zwar auch dann, wenn sich wegen der Kürzung bei der OG ein negativer Gewerbeertrag ergibt und deswegen ein vororganschaftlicher Verlust nicht nach § 10a abgesetzt werden konnte. Für die **Neufassung** der Hinzurechnung von Miet- und Pachtzinsen nach **§ 8 Nr. 1 Buchst. d–f GewStG nF** gilt das nicht mehr, weil eine der Entlastungsvorschrift des § 9 Nr. 4 aF entsprechende Vorschrift nicht mehr besteht (vgl. BFH III R 41/22, BStBl. II 2024, 772).

527 **cc) Gewinnabführungen bzw. -ausschüttungen.** An den OT aufgrund eines GAV **abgeführte** bzw. **ausgeschüttete Beträge** sind bei der Ermittlung seines Gewerbeertrags wieder zu streichen, weil sie schon beim Gewerbeertrag der OG erfasst wurden (BFH I R 171/68, BStBl. II 1972, 358; vgl. I R 10/93, BStBl. II 1994, 768). Hierbei handelt es sich **nicht** um eine Kürzung nach der Vorschrift des **§ 9 Nr. 2a,** sondern nach § 2 Abs. 2 S. 2 als lex specialis (ebenso Stephani in Lenski/Steinberg § 2 Rn. 2655 f.; Drüen in Blümich § 2 Rn. 174; Gosch in Brandis/Heuermann § 9 Rn. 187a; Herzig/Kessler DStR 1994, 261; Blumers BB 1994, 841; Stimpel DStR 1994, 164). **Anderes** gilt bei **wechselseitigen Beteiligungen** für die Gewinnausschüttungen des OT an die OG (FG Köln 10 K 1196/17, EFG 2024, 326).

528 **dd) Erweiterte Kürzung.** Die **erweiterte Kürzung nach § 9 Nr. 1 S. 2** ist zu versagen bei einer OG, die ihre Grundstücke im Organkreis vermietet (hierzu → § 9 Rn. 19a).

529 **ee) Anteilsveräußerungen.** Auch im Fall der **Veräußerung von Anteilen** an der OG durch den OT können schon gewerbebesteuerte Gewinne entstehen, soweit der Veräußerungsgewinn auf Rücklagen der OG beruht, die während der Organschaft gebildet worden sind (BFH I R 56/82, BStBl. II 1986, 73; GewStR 7.1 Abs. 5 S. 5). Für EZ vor 2002 unterblieb auch die Doppelerfassung der stillen Reserven in den Anteilen des OT an der OG, soweit sie auf thesaurierten Gewinnen von OG ohne Ergebnisabführungsverträgen beruhen (BFH XI R 47/89, BStBl. II 1992, 630). Besteht ein GAV, so kann dies im Falle von vorangegangenen Verlusten des Organs anders sein, weil der OT durch die Verlustübernahme eine zusätzliche Investition erbracht hat (Fey/Neyer DB 2001, 2009).

530 **ff) Umwandlungsgewinne.** Ein Gewinn aus der Umwandlung der OG auf den OT unterliegt insoweit nicht der GewSt, als er auf nicht ausgeschütteten nachorganschaftlichen Gewinnen der OG (Erhöhung des BW der Anteile)

beruhte, die dem OT bereits zugerechnet und von ihm versteuert worden waren (BFH IV R 17/68, BStBl. II 1972, 582). Unter diesen Voraussetzungen gilt Entsprechendes bei der Umwandlung der Organschaft in eine PersGes (Erhöhung der Wertansätze für die WG der OG: s. BFH I R 171/68, BStBl. II 1972, 358; GewStH 7.1 Abs. 5).

gg) Verlustbedingte Teilwertabschreibung. Negative Ergebnisse der OG, die bei deren Gewerbeertrag berücksichtigt worden sind, können gleichzeitig zu einer Teilwertabschreibung auf die vom OT gehaltene Beteiligung. Für den Gewerbeertrag des OT sind diese Verluste wieder hinzuzurechnen (BFH IV R 17/68, BStBl. II 1972, 582; I R 56/82, BStBl. II 1986, 73; XI R 47/89, BStBl. II 1992, 630; rechnerischer Abgleich GewStR 7.1 Abs. 5 S. 6 ff.). Entsprechendes gilt bei einer verlustbedingten Teilwertabschreibung auf eine Darlehensforderung (BFH IV R 57/06, BStBl. II 2010, 646; gleichzeitig zur Beachtung des objektiven Nettoprinzips bei bilanziellen Veränderungen in späteren Jahren). Vorstehende Grundsätze gelten nicht, wenn die Teilwertabschreibung nicht auf den Verlust, sondern auf die mit der mangelnden Rentabilität einhergehende Wertminderung reagiert (BFH I R 109/97, BStBl. II 1998, 748; differenzierend je nach dem Vorliegen eines Ergebnisabführungsvertrages: Grammer BB 1998, 720). 531

hh) Ausschüttungs-/abführungsbedingte Teilwertabschreibung. Eine **abführungsbedingte Teilwertabschreibung** auf die Beteiligung an der OG ist rückgängig zu machen. Begründet wird das damit, dass die Gewinnabführung die Gewinnermittlung des Gewerbeertrages des Organkreises beeinflusst und deswegen die auf ihr beruhenden bilanziellen Vermögensminderungen den Gewerbeertrag des Organkreises ebenfalls nicht beeinflussen darf (BFH I R 10/93, BStBl. II 1994, 768; I R 88/02, BStBl. II 2004, 751; vgl. auch III R 19/02, BStBl. II 2004, 515; I R 79/98, BFH/NV 2000, 745; I R 111/97, BFH/NV 2000, 896; krit. Blumers DStR 1994, 15, DB 1994, 1110; Kramer FR 1994, 1; Hofmeister DStZ 1994, 389; Ros DB 1997, 1844; Kohlhaas DStR 1998, 5; GmbHR 2000, 508 (511)). Nach FG RhPf EFG 1993, 333 (bestätigt) darf auf jeden Fall eine gewinnabführungsbedingte Teilwertabschreibung dann nicht berücksichtigt werden, wenn der Gewinnabführung eine Aufdeckung von stillen Reserven durch den Verkauf von Anlagevermögen innerhalb des Organkreises zugrunde gelegen und dies zu einer Erhöhung des Abschreibungsvolumens geführt hat (**aA** Blumers/Kramer BB 1993, 2149; Bogenschütz/Zimmermann DStR 1993, 1577). 532

Nach BFH I R 88/02, BStBl. II 2004, 751; I R 111/97, BFH/NV 2000, 896 gelten die Grundsätze von BFH I R 10/93, BStBl. II 1994, 768 auch für den Fall der **ausschüttungsbedingten Teilwertabschreibung;** jedoch dann nicht, wenn es sich um die Ausschüttung von Gewinnen aus vororganschaftlicher Zeit handelt. Mangels Doppelerfassung bleiben vororganschaftliche Gewinne nicht nach § 2 Abs. 2 S. 2, sondern nach § 9 Nr. 2a außer Ansatz (BFH I R 73/01, BStBl. II 2003, 354). Zur Abwendung einer Doppelbegünstigung (durch Ansatz einer Teilwertabschreibung) kann bei entsprechendem zeitlichen Zusammenhang § 8 Nr. 10 eingreifen (hierzu Kohlhaas GmbHR 2002, 957).

Zu **Teilwertaufholungen** nach einer ausschüttungsbedingten, ebenso nach einer substanzorientierten Teilwertabschreibung vgl. → § 8 Nr. 10 Rn. 8; → § 9 Nr. 2a Rn. 8.

13. Steuerschuldner (§ 5)

533 Für die im Organkreis zusammengerechneten und bereinigten Besteuerungsgrundlagen und für die daraus folgende Gewerbesteuer ist **Steuerschuldner der OT;** nur ihn trifft die **persönliche Steuerpflicht** (BFH I R 183/74, BStBl. II 1977, 560; I R 44/95, BStBl. II 1997, 181). An ihn allein ist auch der GewStMessbescheid zu richten (vgl. BFH I R 183/85, BStBl. II 1990, 916; I R 109/97, BStBl. II 1998, 748; VIII R 1/00, BStBl. II 2001, 114; III R 41/22, BStBl. II 2024, 772; I R 16/20, BStBl. II; BFH/NV 2025, 301) mit der Folge der Zerlegung bei BSten in mehreren Gemeinden (§§ 28 ff.). Über das Vorliegen einer Organschaft ist in diesem Bescheid und nicht im Zerlegungsverfahren zu entscheiden (BFH IV R 100/85, BStBl. II 1988, 456). Eine Änderung des Gewinns auf der Ebene der OG führt über § 35b (s. dort und → § 1 Rn. 29) zu einer Änderung eines bestandskräftigen GewStMessbescheids gegen den OT (BFH I R 29/09, BStBl. II 2010, 644). **Sachlich steuerpflichtig** bleibt aber die OG. Ändert sich die Organträgerschaft, dann wechselt lediglich die Person des Steuerschuldners (§ 5), nicht aber der Unternehmer iSd § 2 Abs. 5 (Organgesellschaft; BFH I R 183/74, BStBl. II 1977, 560).

14. Beginn und Ende der Organschaft

Sie hängen vom Zustandekommen bzw. dem Wegfall ihrer gesetzlichen Voraussetzungen ab.

534 **a) Beginn.** Nach § 14 Abs. 1 S. 2 KStG ist die Organschaft **begründet** in dem Kj (EZ), in dem das Wj. der OG endet, in dem der GAV wirksam geworden ist (hierzu BMF 10.11.2005, BStBl. I 2005, 1038; zur Frage der **Rückwirkung** der Neuregelung durch das StVergAbG vgl. FG Hmb I 178/04, EFG 2005, 225). Das gilt auch für eine Änderung des GAV (BFH I R 66/07, BStBl. II 2009, 972; I B 27/10, BStBl. II 2010, 935).

In diesem EZ beginnt die Steuerschuldnerschaft des OT als solcher; die davon zu unterscheidende **sachliche Steuerpflicht** der OG bleibt unberührt (GewStR 2.3 Abs. 2). Aus dem Wesen der Gewerbesteuer als Objektsteuer folgt, dass – bei abw. Wj. – der Gewerbeertrag der OG zeitanteilig auf sie und den OT entfällt.

535 **b) Ende.** Die Organschaft **endet** mit dem Wegfall der sie begründenden Umstände, insb. bei Aufhebung (Beendigung) oder auch Nichtdurchführung des GAV (→ Rn. 516 f.) oder Unterschreiten der erforderlichen Beteiligungsquote oder bei Einstellung der gewerblichen Tätigkeit durch die OG auch ohne förmlichen Auflösungsbeschluss (BFH I R 148/68, BStBl. II 1971, 411).

Ein **GAV** kann als Unternehmensvertrag nur zum Ende des Wj. aufgehoben werden; eine rückwirkende Aufhebung ist unzulässig (§ 296 Abs. 1 S. 1, Abs. 2 AktG); entstandene Ansprüche werden nicht rückwirkend beseitigt (FG Münster 10 K 2192/13 F, GmbHR 2014, 1326 mwN). Der GAV kann mE infolge **Umwandlung durch Anwachsung** auf einen allein verbliebenen Gesellschafter einer (bisherigen) OT-Personengesellschaft **übergehen,** zumal dies einen Fall der Gesamtrechtsnachfolge iSv § 45 AO und § 738 Abs. 1 BGB (AEAO zu § 45 Nr. 1) darstellt (ebenso Orth DStR 2005, 1629). Veräußert der OT seine Alleinbeteiligung an der OG, die gem. § 2 Abs. 1 UmwStG rückwirkend auf den Erwerber verschmolzen wird, endet das Organschaftsverhältnis mit dem steuerlichen Übertragungsstichtag mit der ggf. eintretenden Folge, dass bei der OG ein RumpfWj.

zu bilden ist, dessen GewErtrag dem OT zuzurechnen ist (BFH I R 66/05, BStBl. II 2006, 469).

Durch die **Insolvenz der OG** entfällt mit der Änderung der Beherrschungsmöglichkeit mE auch die finanzielle Eingliederung der OG. Mit der Organschaft fehlen dann auch die Voraussetzungen für eine Zusammenrechnung der Gewerbeerträge der im Organkreis verbundenen Unternehmen. Davon unabhängig besteht für den Fall der Abwicklung keine Pflicht zur Abführung eines Abwicklungsgewinns (BFH I 262/63, BStBl. II 1968, 105). Die OG ist *für die Folgezeit* wieder selbst Steuerschuldner.

Anders liegen die Verhältnisse mE jedoch bei **Insolvenz des OT,** weil das Insolvenzverfahren nicht ohne Weiteres zu dessen Abwicklung führt.

Zum **Wiederaufleben der Beteiligung** an der OG als SonderBV II vgl. BFH IV R 12/03, BStBl. II 2006, 361.

15. Verfahren

Die **Entscheidung der Statusfrage** (Berücksichtigung der Organschaft) 536
erfolgt **im Rahmen der Festsetzung des GewStMessbetrags** (BFH I R 36/20, BStBl. II 2024, 419). Hat das FA bei der Festsetzung gegenüber der OG das Organschaftsverhältnis bestandskräftig nicht anerkannt, kann der OT sich nicht mehr auf das Bestehen der Organschaft berufen (FG Düsseldorf 3 K 4024/05 F, EFG 2007, 1104, best. durch BFH IV R 21/07, BFH/NV 2011, 151).

Ab EZ 2014 sieht § 14 Abs. 5 KStG (G. v. 20.2.2013 (BGBl. 2013 I 285)) die **einheitliche und gesonderte Feststellung** der dem OT zuzurechnenden Einkünfte der OG und der damit zusammenhängenden Besteuerungsgrundlagen einschließlich der Minderabführungen aus organschaftlicher Zeit sowie der von der OG geleisteten und anzurechnenden Steuern vor (hierzu Middendorf/Holtrichter StuB 2013, 123). Damit einher geht „zumindest incidenter" die Statusfeststellung des Bestehens einer OG, auch wenn an sich zum Zeitpunkt der Feststellung das Vorliegen ihrer Voraussetzungen, insbesondere die Durchführung des GAV, nicht abschließend beurteilt werden kann (SchlH FG 1 K 54/23, EFG 2023/1487, Rev. I R 46/23; s. auch FG Münster 10 K 2795/22 F, EFG 2025, 1176, Rev. I R 12/25). Diese Feststellungen haben **bindende Wirkung** für die kstrechtliche Besteuerung des OT und der OG, jedoch **nicht für den GewStMessbescheid** (BFH I R 36/20, BStBl. II 2024, 419).

16. Haftung

Nach **§ 73 AO haftet** die OG für solche Steuern des OT, für welche die 537
Organschaft zwischen ihnen steuerlich von Bedeutung ist (s. dazu Bruschek BB 2018, 1310), auch wenn jene nach Beendigung der Organschaft entstehen (AEAO zu § 73 Rn. 3.2). Die Haftung betrifft (anders als noch in der Vorauflage vertreten) nicht die entfernten Glieder einer „Organschaftskette"; dh die Enkelgesellschaft haftet nicht für die Steuern, für die die Konzernmutter als letzte OT Steuerschuldnerin ist (BFH IV R 54/15, BStBl. II 2018, 54, gegen FG Düsseldorf 16 K 932/12 H(K), GmbHR 2015, 1116, aufgeh.; Lüdicke FS Herzig, 2010, 259; Braunagel/Paschke Ubg 2011, 233). Die Haftung bemisst sich höchsten auf den Betrag, der ohne die Organschaft bei der OG angefallen wäre. Problematisch und mE zu verneinen ist, ob die OG auch von Gemeinden in Anspruch genommen werden kann, in der sie keine BSt. unterhält (Schimmele/Weber BB 2013, 2263; aA Meier Inf 2013, 49) Allerdings erfolgt mE die Beschränkung des Haftungsumfangs

nicht erst im Rahmen der Ermessensentscheidung (so FG Düsseldorf 16 K 932/12 H(K), GmbHR 2015, 1116 mwN), sondern nach dem Wortlaut des § 73 AO bereits auf der Tatbestandsebene (ebenso Schimmele/Weber BB 2013, 2263). Zu den **Klagemöglichkeiten** der von der Gemeinde in Haftung genommen OG BFH I R 85/13, BFH/NV 2016, 854.

Im Übrigen wird die rechtliche Selbstständigkeit der in Organschaft verbundenen Unternehmen nicht berührt. Der OT haftet nicht für LSt-Schulden der Arbeitnehmer seiner Tochtergesellschaft (BFH VI R 9/80, BStBl. II 1986, 768), was mE auch umgekehrt gilt. Auch für Schulden anderer Mitglieder des Organkreises (zB einer SchwesterGes) kommt eine Haftung mE nicht in Betracht (hierzu Marx FR 2018, 142).

538, 539 *(frei)*

III. Wirtschaftlicher Geschäftsbetrieb (§ 2 Abs. 3)

1. Persönlicher Anwendungsbereich

540 **a) Vereine, juristische Personen des Privatrechts.** Die **Vorschrift ergänzt** die Bestimmungen zum GewBetrieb kraft Rechtsform (§ 2 Abs. 2) durch Erweiterung der GewStPflicht gegenüber § 2 Abs. 1 S. 2. Sie **betrifft** die **nichtrechtsfähigen Vereine und sonstigen juristischen Personen des Privatrechts,** also die rechtsfähigen Vereine (§§ 21, 22 BGB), die rechtsfähigen Stiftungen des privaten Rechts (BFH III R 16/25, BFH/NV 2026, 265) und ab EZ 2018 Investmentfonds (§ 15 InvStG 2018 idF v. 19.7.2016, BGBl. 2016 I 1730). *Nicht* betroffen sind öffentlich-rechtliche Körperschaften (→ Rn. 380 ff.), nichtrechtsfähige Stiftungen und Zweckvermögen (GewStH 2.1 (5)). Die nicht als öffentlich-rechtliche Körperschaft anerkannten **Religionsgemeinschaften,** auch **Ordensgemeinschaften,** sind idR schlichte rechtsfähige oder nichtrechtsfähige Vereine.

541 **b) Berufsverbände.** Auch **Berufsverbände** ohne öffentlich-rechtlichen Charakter sind **regelmäßig in Vereinsform** organisiert, zB **Arbeitgeberverbände** und **Gewerkschaften** (zum Begriff des Berufsverbandes → § 3 Rn. 388). Kein Berufsverband ist ein Verein für Gemeinschaftswerbung für ein von den Vereinsmitgliedern hergestelltes Produkt (BFH III 179/64, BStBl. III 1966, 638), ein Rabattsparverein (vgl. BFH I 67/65, BStBl. II 1968, 236), ein Mieterverein, ein Warenzeichenverband oder eine Interessengemeinschaft von Lohnsteuerzahlern (BFH I R 234/71, BStBl. II 1974, 60). Die Unterscheidung hat vor allem für die KSt-Befreiung nach § 5 Abs. 1 Nr. 5 KStG Bedeutung. Mit ihrem wirtschaftlichen Geschäftsbetrieb unterliegen sie der GewSt und KSt. **Zur GewStBefreiung** von Körperschaften oder Personenvereinigungen, deren Hauptzweck die Verwaltung des Vermögens für einen nichtrechtsfähigen Berufsverband iSd § 5 Abs. 1 Nr. 5 KStG ist, s. § 3 Nr. 10.

Berufsorganisationen können auch **öffentlich-rechtlichen Charakter** haben, zB Kammer, Innung, Verband. Für sie gilt dann nicht § 2 Abs. 3, sondern § 2 Abs. 1 (→ Rn. 380 ff., 389).

542 **c) LuF-Vereine.** Eine Sonderstellung nehmen auch Vereine ein, deren Tätigkeit sich auf den Betrieb der Land- und Forstwirtschaft beschränkt, wenn die weiteren in § 3 Nr. 14 vorgesehenen Merkmale erfüllt sind. Unter den in § 5

Nr. 14 KStG aufgezählten Voraussetzungen sind auch bestimmte landwirtschaftliche Vereine gewstbefreit, wie zB *Winzervereine* (s. zur Abgrenzung auch BFH I R 249/74, BStBl. II 1977, 670), *Züchtervereine, Maschinenringe* und dgl. (§ 3 Nr. 8).

d) Politische Parteien. Sie sind **Vereine,** die die *besonderen Voraussetzungen* des **§ 2 des ParteiG** erfüllen, dh Vereinigungen, die dauernd oder für längere Zeit bundes- oder landesweit auf die politische Willensbildung Einfluss nehmen oder an der Vertretung des Volkes im Deutschen Bundestag oder in einem Landtag mitwirken wollen. Sie sind nach § 5 Abs. 1 Nr. 7 KStG von der KSt befreit (ausgenommen der wirtschaftliche Geschäftsbetrieb); der GewSt unterliegen sie mit ihrem wirtschaftlichen Geschäftsbetrieb, zB Zeitungsvertrieb auch an Nichtmitglieder. 543

e) Ausländische Rechtsgebilde. Auch diese (Sitz im Ausland) fallen unter § 2 Abs. 3, wenn eine Gesamtwürdigung der maßgebenden ausländischen Bestimmungen ergibt, dass sie rechtlich und wirtschaftlich einer sonstigen juristischen Person oder einem nichtrechtsfähigen Verein entsprechen (vgl. zB liechtensteinische Anstalt als sonstige juristische Person des Privatrechts BFH IV R 182/77, BStBl. II 1981, 220; vgl. auch IX R 182/87, BStBl. II 1992, 972). 544

f) Kleinere Vereine. Für diese und kleinere sonstige juristische Personen kann nach § 156 Abs. 2 AO die Steuerfestsetzung unterbleiben, wenn der Gewinn im Einzelfall 500 EUR nicht übersteigt (GewStR 7.1 Abs. 7). 545

2. Rechtsformabhängigkeit

Rechtsformabhängig ist der Steuergegenstand des § 2 Abs. 3 **insoweit,** als er die betrieblichen Tätigkeiten (wirtschaftlicher Geschäftsbetrieb) allein durch Anknüpfung an bestimmte Rechtsgebilde ohne Rücksicht auf die Merkmale des § 2 Abs. 1 GewStG iVm § 15 Abs. 2 EStG als Gewerbebetrieb wertet (→ Rn. 547). 546

Die GewStPfl. allein von einem wirtschaftlichen Geschäftsbetrieb abzuleiten, soll eine **wettbewerbsneutrale Besteuerung** gewährleisten. Bei Vereinen und Stiftungen lässt sich die Rechtsstellung der Mitglieder oder Bezugsberechtigten nicht mit denen von Kapitalgesellschaftern vergleichen. Das Vereinsmitglied steht dem Verein nicht einem Gesellschafter vergleichbar gegenüber. Deshalb kann sich der Verein in Konkurrenzlage zu anderen Unternehmen auch durch einen nachhaltigen und entgeltlichen Leistungsaustausch gegenüber seinen Mitgliedern – **Binnenmarkt des Vereins** – betätigen (BFH I R 138/79, BStBl. II 1984, 451). Zu Verwaltungsleistungen für Mitglieder BFH V R 46/06, BFH/NV 2009, 560.

3. Begriff

a) Allgemeines. Nach **§ 14 AO** ist ein wirtschaftlicher Geschäftsbetrieb eine selbstständige nachhaltige Tätigkeit, durch die Einnahmen oder andere wirtschaftliche Vorteile erzielt werden und die über den Rahmen einer Vermögensverwaltung hinausgeht. Die Absicht, Gewinn zu erzielen, ist nicht erforderlich. 547

Der Begriff des wirtschaftlichen Geschäftsbetriebs ist ein eigenständiger abgabenrechtlicher Begriff, als solches **Oberbegriff** zu dem des Gewerbebetriebs iSd § 15 Abs. 2 EStG und weiter als dieser (BFH GrS 2/71, BStBl. II 1972, 63). Er verknüpft das Vorliegen eines wirtschaftlichen Geschäftsbetriebs nicht mit der Erzielung gewerblicher Einkünfte (BFH II R 44/15, BStBl. II 2018, 358).

Der gesetzlichen Zielsetzung der wettbewerbsneutralen Besteuerung entsprechend ist eine **weite Auslegung** angezeigt. Daher ist **unerheblich,** ob die Tätigkeit **ihrer Art nach gewerblich** ist oder ob sie unter die Einkunftsarten nach § 2 Abs. 1 EStG fällt. Erfasst werden daher auch Einkünfte, die sachlich solche aus selbstständiger Tätigkeit iSd § 18 EStG sind (vgl. BFH VIII B 81/18, BFH/NV 2019, 712). **Ausgenommen** ist davon allerdings die **Land- und Forstwirtschaft** (§ 2 Abs. 3, § 3 Nr. 6, Nr. 14; zur Abgrenzung, → Rn. 210 ff.).

Nicht wirtschaftlicher Geschäftsbetrieb ist die **Vermögensverwaltung** (→ Rn. 100 ff.), auch nicht in Gestalt einer **gewerblich geprägten PersGes.** Ebenso wenig genügt es, dass **Kapitalgesellschaften** nach § 1 Abs. 1 Nr. 1 KStG der KSt unterliegen; sie haben nicht deshalb einen wirtschaftlichen Geschäftsbetrieb (BFH II R 44/15, BStBl. II 2018, 358, zu einer WohnungvermietungsGes). Bei der Wohnungsvermietung erfordert das Überschreiten der Vermögensverwaltung ins Gewicht fallende, bei der Vermietung von Räumen nicht übliche Zusatzleistungen. Ein Bündel von daneben angebotenen optionalen Leistungen, die auch ein Dritter erbringen könnte, genügt nicht (FG Münster 3 K 751/22 F, EFG 2025, 483, Rev. II R 39/24). Zu weiteren Einzelheiten → § 3 Rn. 219 ff., insb. → § 3 Rn. 241.

Der Begriff ist wie der des Gewerbebetriebs schon wegen der Notwendigkeit der Abgrenzung zur Vermögensverwaltung mE ein **offener Typusbegriff** (→ Rn. 51; aA Seer in Tipke/Kruse AO § 14 Rn. 4).

547a **Mehrere** an sich sachlich selbstständige wirtschaftliche **Geschäftsbetriebe** des nichtrechtsfähigen Vereins oder der sonstigen juristischen Person des Privatrechts gelten nach § 8 GewStDV als ein **einheitlicher Gewerbebetrieb.** Aus dieser Vorschrift lässt sich nicht herleiten, dass wirtschaftliche Geschäftsbetriebe verschiedener Rechtsgebilde deswegen zusammenzufassen wären, weil das eine (zB KapGes) an dem anderen (zB PersGes) beteiligt ist; vielmehr wird der **Umfang des jeweiligen Betriebs** durch das Zivilrecht begrenzt (BFH III R 8/19, BStBl. II 2021, 627).

547b Der **Umfang des wirtschaftlichen Geschäftsbetriebs** im Einzelfall ist konkret festzustellen; eine dem § 15 Abs. 3 EStG vergleichbare Regelung – Infektion aller Einnahmen durch gewerbliches Handeln – besteht bei § 2 Abs. 3 nicht (BFH III R 16/25, BFH/NV 2026, 265).

548 **b) Selbstständigkeit.** Angesprochen ist nicht die persönliche, sondern die **sachliche Selbstständigkeit.** Sie liegt vor, wenn die Tätigkeit nicht mit einer anderen Tätigkeit dergestalt zusammenhängt, dass ihre Ausübung ohne die andere nicht möglich wäre (BFH I R 2/97, BStBl. II 1998, 175). Eine **eigenständige sachlich-persönliche Organisation** ist nicht erforderlich (BFH I R 65/12, BFH/NV 2014, 1670).

Bedeutung hat diese Auslegung insb. für die Frage der Steuerbefreiung wegen **Gemeinnützigkeit** nach § 3 Nr. 6 (→ § 3 Rn. 255 ff.). Hier stellt der BFH auf die Veranlassung der in Rede stehenden Tätigkeit mit dem steuerbegünstigten Zweck ab (vgl. BFH V R 63/16, BFH/NV 2019, 778, zum Verkauf von Ökopunkten).

Bei der Zuordnung der **Einkünfte aus Vermögensverwaltung** (Vermietung und Verpachtung) ist erforderlich, dass sich die Vermögensverwaltung gegenüber dem gleichzeitig unterhaltenen wirtschaftlichen Geschäftsbetrieb wirtschaftlich abgrenzen lässt. Letzterer muss also einen eigenen wirtschaftlichen Organismus aufweisen (s. auch BFH I R 138/79, BStBl. II 1984, 451). Dass Vermögensverwaltung und wirtschaftlicher Geschäftsbetrieb gemeinsam einem einheitlichen Satzungszweck dienen, macht sie noch nicht zu einem einheitlichen Gewerbebetrieb (GewStH 2.1 (5)). Zur **Fortführung als Verpachtungsbetrieb** → Rn. 557.

c) Keine Gewinnerzielungsabsicht/Teilnahme am Wirtschaftsverkehr. Der Begriff **erfordert nicht Gewinnerzielungsabsicht** (ausdrücklich § 14 S. 3 AO); es genügt die Erzielung von Einnahmen oder anderen wirtschaftlichen Vorteilen durch die Tätigkeit. Entsprechendes gilt für die **Teilnahme am allgemeinen Wirtschaftsverkehr;** es genügt zB die Beteiligung an einer gewerblich tätigen Personengesellschaft (BFH I R 78/99, BStBl. II 2001, 449; I R 31/10, BFH/NV 2012, 786). Zur Beteiligung an einer KapGes → § 3 Rn. 229. **549**

d) Folgen fehlender Gewinnerzielungsabsicht. Besonderheiten ergeben sich für den ohne Gewinnerzielungsabsicht unterhaltenen wirtschaftlichen Geschäftsbetrieb. Er führt körperschaftsteuerrechtlich für die Rechtsgebilde des § 2 Abs. 3 GewStG zu sonstigen Einkünften nach § 22 EStG (BFH III 179/64, BStBl. III 1966, 632). Für die Gewerbebesteuerung ist aber wegen der Fiktion des § 2 Abs. 3 von einem Gewinn aus Gewerbebetrieb auszugehen (§ 7). Dies bedeutet ein Umqualifizieren und möglicherweise (§ 4 Abs. 3 EStG nur wahlweise) ein Umrechnen der Einkünfte. **550**

4. Wirtschaftlicher Geschäftsbetrieb – Einzelfälle

Vergleiche hierzu → § 3 Rn. 225 ff. **Beteiligt** sich eine Stiftung oder rechtsfähiger Verein an einer **gewerblich tätigen Personengesellschaft,** so liegt ein wirtschaftlicher Geschäftsbetrieb vor (BFH III R 16/25, BFH/NV 2026, 265); zu berücksichtigen sind jedoch die Korrekturvorschriften des § 9 Nr. 2 und § 8 Nr. 8. Anders ist die Lage bei Beteiligung an einer **gewerblich geprägten Personengesellschaft** (→ § 3 Rn. 228). **551**

Die **Beteiligung an einer Kapitalgesellschaft** stellt dann einen wirtschaftlichen Geschäftsbetrieb dar, wenn der Verein über die Kapitalgesellschaft am allgemeinen wirtschaftlichen Geschäftsverkehr teilnimmt, weil er entscheidenden Einfluss auf die Geschäftsführung des Unternehmens ausübt (BFH I R 57/70, BStBl. II 1971, 753; → § 3 Rn. 229).

Auch die **Betriebsaufspaltungsgrundsätze** (→ Rn. 295 ff.) können zu einem wirtschaftlichen Geschäftsbetrieb führen, und zwar für gewstrechtliche Zwecke und für das Gemeinnützigkeitsrecht (BFH I S 2, 3/85, BFH/NV 1986, 433; I R 164/94, BFH/NV 1997, 825; FG Düsseldorf 6 K 2430/13 K, EFG 2013, 1958). Die für Körperschaften des öffentlichen Rechts bestehende Ablehnung der Betriebsaufspaltung beim Betrieb gewerblicher Art (BFH I R 223/80, BStBl. II 1984, 496) lässt sich nicht auf die Fälle des § 2 Abs. 3 übertragen. Die beherrschende Person ist mE der rechtsfähige Verein, nicht seine Mitglieder. Das gilt wegen der wirtschaftlichen Gleichwertigkeit von rechtsfähigem und nichtrechtsfähigem Verein mE auch bei nichtrechtsfähigen Vereinen.

Der Grundsatz der **gewerbesteuerfreien Betriebsverpachtung** außerhalb einer Betriebsaufspaltung gilt mE auch für den wirtschaftlichen Geschäftsbetrieb.

Keinen wirtschaftlichen Geschäftsbetrieb soll die Betätigung von Unterstützungskassen bilden, die den Leistungsempfängern keinen Rechtsanspruch gewähren (GewStR 2.1 Abs. 5 S. 8).

Wirtschaftliche Geschäftsbetriebe unterhalten auch solche Vereine, bei denen eine **Konkurrenzlage** zu anderen betrieblichen Unternehmen dadurch eintritt, dass sie im Verhältnis zu ihren Mitgliedern Leistungen erbringen, denen als Gegenleistungen die Mitgliederbeiträge gegenüberstehen (sog. **Binnenmarkt,** → Rn. 549), zB bei preisgünstiger Reise- oder Darlehensvermittlung an Mitglieder (BFH I R 86/85, BStBl. II 1990, 550) oder Bezug von Zeitschriften (BFH I R 60/01, BFH/NV 2003, 1025).

5. Gewinnermittlung

552 **a) Allgemeines.** Die allein mit dem wirtschaftlichen Geschäftsbetrieb erzielten **Einkünfte** sind Gewinn aus Gewerbebetrieb iSd § 7; insofern geht § 2 Abs. 3 dem § 7 vor. Letztgenannte Vorschrift ist nicht als Rechtsgrundverweisung auf § 15 Abs. 2 EStG zu verstehen (BFH VIII B 81/18, BFH/NV 2019, 712).

Ebenso wie andere Gewerbebetriebe hat der wirtschaftliche Geschäftsbetrieb Betriebseinnahmen und Betriebsausgaben. Das für seine Zwecke vom Trägerunternehmen eingesetzte Vermögen stellt **Betriebsvermögen** dar. Auch *gewillkürtes* Betriebsvermögen ist möglich. Die Gewinnermittlung durch Betriebsvermögensvergleich oder durch Überschussrechnung richtet sich nach den allgemeinen Vorschriften der §§ 4, 5 EStG. Ein in das Handelsregister eingetragener Verein, der ein Handelsgewerbe betreibt, kann nach Handelsrecht zur Buchführung verpflichtet sein (§§ 2, 238 HGB), auch vollkaufmännische Handelsgewerbe (§ 1 Abs. 2 HGB) sind bei einem Verein denkbar.

553 **b) Betriebseinnahmen.** BE sind **alle Güter in Geld oder Geldeswert** (§ 8 Abs. 1 u. 2 EStG). Sie können auch verdeckt in Form von **Mitgliedsbeiträgen** zufließen. Zwar stellen sie grundsätzlich **keine steuerlichen Einnahmen** des Vereins dar, **soweit** sie aufgrund von Satzungen von den Mitgliedern lediglich in ihrer Eigenschaft als Mitglieder erhoben werden (§ 8 Abs. 5 KStG). Vereinseinnahmen sind jedoch **nur dann echte Mitgliederbeiträge,** soweit sie für die **Wahrnehmung allgemeiner Interessen** ideeller oder wirtschaftlicher Art der Mitglieder und nicht für die Wahrnehmung ihrer besonderen geschäftlichen Interessen gezahlt werden (zur Förderung der wirtschaftlichen Einzelinteressen der Mitglieder BFH I 151/63, BStBl. III 1966, 632; zur Interessengemeinschaft von Lohnsteuerzahlern BFH I R 234/71, BStBl. II 1974, 60; Reise- und Darlehensvermittlung BFH I R 86/85, BStBl. II 1990, 550).

Unterhalten Vereine wegen einer mit **gewerblichen Konkurrenzunternehmen** vergleichbaren Tätigkeit wirtschaftliche Geschäftsbetriebe, so können die Beiträge bis zu 100 % als Einnahmen anzusehen sein (vgl. BFH I 151/63, BStBl. III 1966, 632; KStR 8.11 Abs. 3: im Übrigen aber schätzungsweise Aufteilung). S. auch zur Tätigkeit eines wirtschaftlichen Vereins, der seinen Mitgliedern (Ärzten) Laborleistungen erbringt, BFH I R 138/79, BStBl. II 1984, 451. Kstrechtlich ist meistens lediglich im Zusammenhang mit Steuerbefreiungen darüber zu befinden (s. zur Gemeinschaftswerbung für ein von den Vereinsmitgliedern hergestelltes Produkt, BFH III 179/64, BStBl. III 1966, 638; zum Rabattsparverein, BFH I 67/65, BStBl. II 1968, 236).

Einnahmen eines wirtschaftlichen Geschäftsbetriebs können aber auch **Geld- oder Sachleistungen** sein, die der Verein an seine Mitglieder weitergibt (s. zu den Werbeeinnahmen eines Sportverbands BFH I R 215/78, BStBl. II 1983, 27). Auch die Erzielung anderer wirtschaftlicher Vorteile reicht aus, wie etwa die

Zurverfügungstellung eines Labors für die Vereinsmitglieder (BFH I R 138/79, BStBl. II 1984, 451).

c) Betriebsausgaben. Ihre Berücksichtigung erfordert einen **Zusammenhang mit dem wirtschaftlichen Geschäftsbetrieb** und nicht mit dem sonstigen Bereich des Vereins. Für **gemischt veranlasste Aufwendungen** kommt eine anteilige Berücksichtigung in Betracht, wenn eine objektive Abgrenzung möglich ist (BFH I R 48/13, BStBl. II 2015, 713). Das Aufteilungsverbot des § 12 EStG gilt zwar nicht, weil der Verein keine private, wohl aber eine gewinn- bzw. einnahmenneutrale Sphäre hat. Ein **Abzugsverbot** besteht aber, wenn Aufwendungen, die weder mit dem Vereinszweck als solchem noch mit einem wirtschaftlichen Geschäftsbetrieb zu tun haben, im Interesse der Mitglieder vom Verein getragen werden (zu Einzelheiten → § 3 Nr. 6 Rn. 231). 554

Da zwischen dem Verein und seinen Mitgliedern ein steuerwirksamer Leistungsaustausch möglich ist, können auch **Arbeitslöhne an Mitglieder** anfallen, wenn die Arbeiten mit dem wirtschaftlichen Geschäftsbetrieb zusammenhängen (zB Arbeitsleistungen in Vereinsheimen etc). Dazu bedarf es aber eindeutiger Abmachungen. Fiktive Lohnkosten können nicht angesetzt werden (BFH I R 60/80, BStBl. II 1986, 88 (91); zu Wertabgaben in Form einer Pkw-Nutzung ohne Erstattungsanspruch s. BFH X R 154/88, BStBl. II 1990, 570). Unentgeltliche **Arbeitsleistungen** können **nicht als Sachspenden** behandelt werden.

d) Verdeckte Gewinnausschüttung. Siehe BFH I R 43/83, BStBl. II 1987, 643, verneinend; mE überholt durch BFH I R 4/84, BStBl. II 1990, 237. 555

6. Beginn und Ende des Steuergegenstands wirtschaftlicher Geschäftsbetrieb

Der wirtschaftliche Geschäftsbetrieb **entsteht** ähnlich wie bei natürlichen Personen und Personengesellschaften **mit der tatsächlichen Aufnahme einer Tätigkeit,** die als wirtschaftlicher Geschäftsbetrieb zu verstehen ist. Dies bedeutet, dass vorbereitende und abwickelnde Tätigkeiten abzugrenzen sind von den Tätigkeiten, durch die bereits Einnahmen erzielt werden (§ 14 S. 1 AO). 556

Durch die **Einstellung von Tätigkeiten,** die auf Einnahmeerzielung gerichtet sind, endet der Steuergegenstand. Der wirtschaftliche Geschäftsbetrieb kann aber auch durch das Entfallen seiner anderen Merkmale beendigt werden, zB dadurch, dass er zum nach § 3 Nr. 6 steuerfreien Zweckbetrieb wird. Allerdings ist wegen der Fiktion des § 2 Abs. 3 der wirtschaftliche Geschäftsbetrieb bei seiner **Fortführung als Verpachtungsbetrieb** (weiterhin) gewstpflichtig (BFH I R 55/06, BStBl. II 2007, 725). Ergänzend → Rn. 585. 557

(frei) 558–564

D. Beginn und Ende der sachlichen Steuerpflicht

I. Allgemeines

1. Einkommensteuer/Gewerbesteuer

Die **zeitlichen Grenzen** des Bestehens eines GewBetriebes werden bei der GewSt enger gezogen als bei der ESt. Während diese auch objektiv erkennbare 565

Vorbereitungshandlungen (zB BFH III R 58/89, BStBl. II 1994, 293; X R 10/16, BStBl. II 2018, 630) und Abwicklungsmaßnahmen einbezieht (BFH X R 17/21, BStBl. II 2023, 396), stellt die GewSt als Objektsteuer (→ § 1 Rn. 14; → § 2 Rn. 1) bei rechtsformunabhängigen GewBetrieben und Personengesellschaften gleichermaßen auf den **tätigen Betrieb** ab, bei dem – grundsätzlich – die Voraussetzungen für die **Beteiligung am allgemeinen wirtschaftlichen Verkehr** bereits bzw. noch gegeben sind (BFH VIII R 44/92, BStBl. II 1995, 900; VIII R 30/90, BFH/NV 1993, 264; IV R 1/13, BStBl. II 2017, 489; IV R 13/20, BStBl. II 2024, 121; IV R 5/24, jeweils mwN; GewStR 2.5 Abs. 1). Folge hiervon ist die gewstrechtliche Nichtberücksichtigung von Vor- und Nachlaufkosten (zB BFH IV R 54/10, BStBl. II 2012, 927; X R 17/21, BStBl. II 2023, 396; hierzu Behrendt/Scheewe/Lache DB 2013, 249; Grune AktStR 2013, 129; krit. zB krit. Braun BB 1993, 1122; Hidien StBp 2008, 125; Behrens/Braun BB 2013, 926; Roser Ubg 2015, 582: Aktivierung in gewstlicher Eröffnungsbilanz).

2. Beginn

566 Für den rechtsformunabhängigen Gewerbebetrieb nach dem GewStG (→ Rn. 50) und Mitunternehmerschaften kommt es auf den **Beginn der werbenden Tätigkeit** an (BFH IV R 8/97, BStBl. II 1998, 478; IV R 23/97, BStBl. II 1998, 745; IV R 13/20, BFH/NV 2022, 1393). Vorbereitungstätigkeiten lassen den Steuergegenstand noch nicht entstehen (BFH IV R 68/77, BStBl. II 1980, 658). Die Unterscheidung entzieht sich einer weitergehenden generellen Definition; sie ist im Einzelfall anhand der **Verkehrsauffassung** zu treffen (BFH VIII R 44/92, BStBl. II 1995, 900; IV R 52/09, BStBl. II 2011, 929; IV R 49/15, BStBl. II 2022, 674). Auch die Eintragung in das HR allein markiert noch nicht den Beginn der GewStPfl. **Verluste** aus der Zeit **vor dem Entstehen** des Steuergegenstands nehmen auch nicht am Verlustabzug nach § 10a teil (BFH IV R 107/74, BStBl. II 1978, 23; IV R 52/09, BStBl. II 2011, 929; IV R 13/20, BFH/NV 2022, 1393; zu Gestaltungsmöglichkeiten Strahl KÖSDI 2024, 23742; Zapf Ubg 2024, 294, mit Hinweis auf BFH IV R 26/21, BStBl. II 2024, 51). Das gilt auch für einen nach § 2 Abs. 5 (→ Rn. 590) relevanten Betriebsübergang im Ganzen (BFH X R 17/21, BStBl. II 2023, 396).

3. Beendigung

567 **a) Einkommensteuer.** Estrechtlich bedeutet die Einstellung der werbenden Tätigkeit nicht in jedem Fall das Ende des Betriebs; das ist zwar anzunehmen bei der Betriebsaufgabe (zB BFH III R 27/98, BStBl. II 2002, 537) oder Betriebsveräußerung (zB BFH VIII R 7/90, BStBl. II 1993, 228), nicht jedoch bei der allmählichen Abwicklung (BFH IV R 187/74, BStBl. II 1979, 89).

568 **b) Gewerbesteuer.** Gewstrechtlich hängt das Ende des Steuergegenstands nach dem GewStG dagegen vom **Wegfall einer wesentlichen Voraussetzung** ab, auf der er beruht. Das führt bei den unterschiedlichen Rechtsformen zu unterschiedlichen Zeitpunkten des Erlöschens der GewStPfl. Auch die Veränderung der wirtschaftlichen Identität des Betriebs ist hierbei von Bedeutung (→ Rn. 16 ff.); schließlich ist nach § 2 Abs. 5 der Übergang des GewBetriebs im Ganzen auf einen anderen Unternehmer Betriebseinstellung durch den bisherigen Unternehmer.

Die **Einstellung der werbenden Tätigkeit** führt jedoch nicht notwendig zu einer Betriebsaufgabe; es kann auch eine Betriebsunterbrechung (→ Rn. 577) vorliegen (BFH IV R 39/94, BStBl. II 1996, 276). Erforderlich ist die als endgültig angelegte tatsächliche Einstellung jeder werbenden Tätigkeit (Einzelunternehmen, Personengesellschaft; GewStR 2.6) bzw. jeglicher Tätigkeit nach Verteilung des BV (Kapitalgesellschaft; GewStR 2.6). Zutreffend stellt GewStR 2.6 Abs. 1 S. 9 **auch auf innere Umstände** ab; missverständlich sind jedoch die dortigen Erläuterungen; denn weder sind Entlassung der Betriebsangehörigen und Einstellung des Einkaufs hinreichende und auf die Betriebseinstellung hinweisende **äußere Merkmale** (Produktion und Verkauf können weitergehen) noch kann ein sich weiterhin betätigendes Unternehmen bei einer „äußerlichen Betrachtung als eingestellt" erscheinen.

II. Einzelheiten

1. Natürliche Personen und Personengesellschaften mit originärer gewerblicher Tätigkeit

a) Beginn. Der **Steuergegenstand beginnt** nach oa (→ Rn. 566) Grundsätzen, wenn die nach § 2 Abs. 1 S. 2 auch die für die Gewerbesteuer relevanten **Voraussetzungen** des § 15 Abs. 2 EStG **sämtlich erfüllt** sind **und** der Betrieb seine **werbende Tätigkeit aufgenommen** hat (BFH VIII R 44/92, BStBl. II 1995, 900; IV R 23/97, BStBl. II 1998, 745; IV R 5/02, BStBl. II 2004, 464; IV R 13/20, BStBl. II 2024, 121; krit. Hidien StBp 2008, 125). Das gilt bei einer **Personengesellschaft** auch für den Beginn der GewStPflicht durch **Abfärbung** (→ Rn. 424), und zwar unabhängig von der Rechtsform ihrer Gesellschafter, insb. bei **Beteiligung einer GmbH** (BFH IV R 10/12, BFH/NV 2015, 678: „In-Gang-Setzen des Gewerbebetriebs"). Die **Absichten der Gesellschafter** sind für die Frage, welche Tätigkeit die Gesellschaft ausübt, ohne Bedeutung. Auch kann Unternehmensgegenstand einer PersG nicht die Veräußerung ihrer Anteile ihrer Gesellschafter sein. Der Wechsel im Gesellschafterbestand hat auf die Beurteilung der tatsächlich ausgeübten Tätigkeit keinen Einfluss (BFH IV R 30/19, BStBl. II 2023, 1050; IV R 23/22, BFH/NV 2025, 686; hierzu Kaminski Stbg 2025, 304). 569

Auch für **Personengesellschaften,** die dem **§ 7 S. 2** unterfallen, sind Betriebsausgaben vor Aufnahme des aktiven Gewerbebetriebs nicht abziehbar; das verfassungsmäßige Gebot der Folgerichtigkeit steht dem nicht entgegen (BFH IV R 54/10, BStBl. II 2012, 927; Grune AktStR 2013, 129; Wendt FR 2013, 298; aA FG Bln-Bbg 7 K 1993/06, EFG 2011, 725, aufgeh.; Behrendt/Scheewe/Lache DB 2013, 249).

Bei einer ausschließlich als **Obergesellschaft** von gewerblich tätigen (Einschiffs)KGs fungierenden PersGes kommt es für den Beginn der werbenden Tätigkeit der OberGes auf den der UnterGes an (BFH IV R 1/13, BStBl. II 2017, 489). Zum Beginn der GewStPfl. einer **Vorgründungsgesellschaft** bei ausschließlicher Verwaltung des Stammkapitals vgl. BFH I R 98/87, BStBl. II 1990, 1073.

Die **Aufnahme der werbenden Tätigkeit** kann für verschiedene Betriebsarten nach der **Verkehrsauffassung** unterschiedlich beurteilt werden (BFH IV R 54/10, BStBl. II 2012, 927; IV R 10/12, BFH/NV 2015, 678). Maßgebend ist 569a der Gegenstand der **tatsächlich ausgeübten Geschäftstätigkeit;** der Beschreibung des Unternehmensgegenstands im Gesellschaftsvertrag kommt nur indizielle Wirkung zu (BFH IV R 13/20, BStBl. II 2024, 121; IV R 14/21, BStBl.II 2024, 408; IV R 23/22, BFH/NV 2025, 686). Beim **Handel** erfordert werbende Tätigkeit das Angebot der Leistungen am Markt, bei einem **Dienstleistungsunternehmen** die tatsächliche Aufnahme der Dienstleistung (BFH IV R 23/22, BFH/NV 2025, 686). Im Übrigen genügt die Eröffnung des Geschäftslokals (BFH IV R 107/74, BStBl. II 1978, 23), ebenso Werbung (auch durch Dritte), Kundenbesuche etc, dh Aufnahme der geschäftsüblichen Leistungen. Bei einem Imbissbetrieb ist das Angebot der Abgabe von Speisen und Getränken erforderlich (BFH X R 17/21, BStBl. II 2023, 396, zu FG RhPf 3 K 1383/20, EFG 2021, 2003, aufgeh.). **Bloße Vorbereitungshandlungen** sind bspw. Planungen, Abschluss von Makler- und Pachtvertrag, das Anmieten eines Geschäftslokals, die Renovierung eines gepachteten, noch nicht durch geschäftsübliche Leistungen in Gang gesetzten Gewerbebetriebs (BFH IV R 54/10, BStBl. II 2012, 927; X R 17/21, BStBl. II 2023, 396), die Errichtung eines Fabrikgebäudes, der Bau eines Hotels (BFH VIII R 260/81, BStBl. II 1985, 433) und Maßnahmen der Auftragsbeschaffung (BFH IV R 107/74, BStBl. II 1978, 23; IV R 10/12, BFH/NV 2015, 678; GewStR 2.5 Abs. 1) sowie Maßnahmen einer Ein-Schiff-Reederei vor Indienststellung des Schiffes (BFH IV R 100/84, BStBl. II 1986, 527). Umfasst der Unternehmensgegenstand die **Produktentwicklung,** dann ist der Beginn einer solchen keine bloße Vorbereitungshandlung mehr (zB FG Nürnberg 3 K 1635/12, BeckRS 2013, 96206). Bei **Erzeugung und Verkauf von Stromenergie** aus dem Betrieb einer Windkraftanlage ist deren Fertigstellung als maßgebender Zeitpunkt für das In-Gang-Setzen erforderlich (FG Bln-Bbg 4 K 4153/16, EFG 2017, 1009); Entsprechendes gilt für eine Photovoltaikanlage (BFH IV R 5/24, zu FG Nbg 1 K1572/20, EFG 2024, 1671, aufgeh.: In-Gang-Setzen durch Stromeinspeisung).

Ist jedoch **vorrangig die Veräußerung** des hergestellten/angeschafften Gegenstands (Schiffs) **unbedingt beabsichtigt,** sind Herstellung (Bau)/Anschaffung bereits Beginn der werbenden Tätigkeit (BFH VIII R 44/92, BStBl. II 1995, 900; IV R 45/11, BStBl. II 2015, 296; IV R 12/10, BFH/NV 2015, 678). Entsprechendes gilt für einen auf Erwerb, Verwaltung und Veräußerung von Unternehmensbeteiligungen gerichteten Betrieb (FG Düsseldorf 8 K 5495/97 G, EFG 1999, 1300) und für die Errichtung eines (zunächst) nicht selbst zu betreibenden Hotels (in BFH IV R 23/22, BFH/NV 2025, 686, gegen FG Bln-Bbg 10 K 10009/19, EFG 2023, 276, auf der Gesellschaftsebene jedoch nicht angenommen). Der Abschluss des Vertrags über den Erwerb einer Immobilie, über die Herstellung/Anschaffung des zu veräußernden Schiffes bzw. den Erwerb der ersten Unternehmensbeteiligung ist in diesen Fällen der frühestmögliche Zeitpunkt des Beginns der werbenden Tätigkeit (BFH IV R 23/22, BFH/NV 2025, 686). Zum gewerblichen Grundstückshandel → Rn. 201.

570 **b) Gewerbesteuerrechtliche Betriebseinstellung.** Sie muss mit dem **estrechtlichen Beginn der Betriebsaufgabe** zeitlich nicht zusammenfallen (BFH IV R 36/81, BStBl. II 1984, 711; IV R 49/04, BStBl. II 2009, 289; IV R 6/19, BFH/NV 2022, 991). Nach dem gewstrechtlichen Objektsteuerprinzip endet der StGegenstand, wenn jede **werbende Tätigkeit dauerhaft aufgegeben** wird (BFH IV R 60/11, BFH/NV 2013, 410; IV R 31/13, BStBl. II 2017, 482). Sind sie eingestellt, bedeuten reine Abwicklungsmaßnahmen nicht Fortsetzung des

GewBetriebs (BFH IV R 10/12, BFH/NV 2015, 678; IV R 14/21, BStBl.II 2024, 408 mwN).

Unterhält eine Personengesellschaft **nacheinander mehrere Betriebe,** so liegt **Beendigung und Neuaufnahme** eines GewBetriebs vor, wenn die PersGes ihre ursprüngliche Tätigkeit vollständig einstellt und – ggf. nach einer Phase unbeachtlicher Vorbereitungshandlungen – eine **wirtschaftlich andersartige Tätigkeit** aufnimmt (BFH IV R 21/13, BStBl. II 2017, 475; IV R 59/16, BFH/NV 2020, 282). Gibt eine Einschiffsgesellschaft erst nach Abschluss des Bauvertrages die Eigenbetriebsabsicht auf und veräußert sie das Schiff (die Rechte) vor Indienststellung, kann sie je nach Fallgestaltung von der Vorbereitungs- unmittelbar in die Abwicklungsphase eintreten oder eine andere werbende gewstpfl. Tätigkeit beginnen (BFH IV R 12/10, BStBl. II 2014, 1000), etwa durch Übergang zu einem Schiffshandel oder Übernahme von neuen Leistungspflichten (zB Baubetreuung) gegenüber dem Erwerber (BFH IV R 10/12, BFH/NV 2015, 678; IV R 21/13, BStBl. II 2017, 475). **570a**

Jedoch war eine Aufgabe des ersten Betriebs regelmäßig zu verneinen, wenn wesentliche Betriebsgrundlagen ohne Realisierung der stillen Reserven in den nachfolgenden Betrieb überführt werden (zB BFH IV R 41/07, BStBl. II 2010, 977; IV R 10/12, BFH/NV 2015, 678). Nach **geänderter Rspr.** aber steht allein die **Weiternutzung einer wesentlichen BG** auch mit erheblichen stillen Reserven in einem anders gearteten Geschäftsbereich der Einstellung des bisherigen Betriebs nicht entgegen. Erforderlich ist eine Würdigung der gesamten Umstände unter Berücksichtigung der Weiternutzung (BFH IV R 8/17, BStBl. II 2020, 401; IV R 6/19, BStBl. II 2023, 756). **570b**

Der **maßgebliche Zeitpunkt** kann für verschiedene Betriebsarten nach der **Verkehrsauffassung** unterschiedlich beurteilt werden (vgl. hierzu BFH XI R 63/96, BStBl. II 1997, 573; IV R 100/84, BStBl. II 1986, 527; IV R 10/12, BFH/NV 2015, 678). Er ist unter Berücksichtigung der Verkehrsauffassung nach den Umständen des Einzelfalles zu ermitteln (BFH IV R 54/10, BStBl. II 2012, 927). Die **Übertragung verschiedener Teilbereiche** (Forschung/Entwicklung und Schutzrechtsverwaltung) durch eine PersGes kann ebenso Betriebseinstellung sein (BFH IV R 31/13; BStBl. II 2017, 482) wie der **Verkauf des einzigen Schiffes** BFH IV R 14/21, BStBl. II 2024, 408). Ein in einem **Ladengeschäft** ausgeübter Handelsbetrieb wird nicht bereits dadurch eingestellt, dass kein Warenzukauf mehr erfolgt, sondern uU erst, nachdem das vorhandene Warenlager – wie geplant – nach und nach, also nicht in der Form eines angemeldeten Ausverkaufs, veräußert wird (BFH I 5/61 U, BStBl. III 1961, 517; s. auch FG Hmb VI 132/78, EFG 1981, 31 rkr., GewStPfl. für die Abwicklung bereits abgeschlossener Kaufverträge). Das Fehlen jeglicher Verkaufsbemühungen in einem misslungenen Betrieb zur Herstellung und Veräußerung von ETW stellt estrechtlich keine Betriebsaufgabe dar (BFH IV R 36/09, BFH/NV 2011, 2092, gegen FG Köln 9 K 3116/06, EFG 2010, 569), kennzeichnet mE aber gewstrechtlich eine Betriebseinstellung. Zur **Abgrenzung der Tätigkeiten** zur Umsetzung des sog. **Rücklagenmanagements** von den nachfolgenden Verfahren bei der FVerw bzw. vor den FG vgl. HessFG 8 K 1612/17 ua, EFG 2021, 1041. **571**

Keine Betriebsbeendigung liegt vor bei einer **Strukturveränderung,** wenn der geänderte Betrieb nach der Verkehrsauffassung mit dem bisherigen Betrieb identisch ist (zB Großgaststätte zu Selbstbedienungsrestaurant, BFH III R 1/03, BFH/NV 2004, 1231; → Rn. 16 ff.). **Anders** ist dies bei einem Wandel zur Vermögensverwaltung (→ Rn. 100 ff.) oder Liebhaberei (→ Rn. 73 ff., 95), bzw. **572** zum Freiberuf (→ Rn. 235 ff.). Auch der **Eintritt eines Steuerbefreiungsgrundes** bedeutet ein Erlöschen des Steuergegenstands, ebenso in bestimmter Hinsicht der Übergang des Gewerbebetriebs im Ganzen auf einen anderen Unternehmer (Ende der sachlichen Steuerpflicht nach § 2 Abs. 5, dazu → Rn. 590 ff.).

573 IdR werden aber nach außen erkennbare, auf die **Liquidation des Betriebs** abzielende Maßnahmen nach der Verkehrsauffassung die Betriebseinstellung bedeuten (→ Rn. 575), wie etwa die Einstellung der geschäftsüblichen Warenabgabe bzw. Leistung. Als **Indiz für die Aufgabe** gilt auch die Übertragung des Kundenstammes, Aufgabe des Geschäftslokals und Veräußerung der Einrichtung (BFH XI R 63/96, BStBl. II 1997, 357), die Entlassung von Verkaufspersonal, Einstellung der Verkaufstätigkeit (FG Hmb V 263/82, EFG 1985, 459 rkr.), Erklärung, den Betrieb aufzugeben, und Abwicklung (BFH I R 62/89, BStBl. II 1990, 992).

574 **c) Veräußerung von Anlagevermögen.** Die **Veräußerung und Weiternutzung** zB aufgrund eines Nießbrauchs von WG des AV ist keine Beendigung und Neugründung eines Betriebs (BFH X R 35/19, BStBl. II 2025, 768). Doch können Gewinne aus der Veräußerung von WG des AV (oder UV) **je nach dem wirtschaftlichen Zusammenhang** zum gewstbaren laufenden Gewinn oder zum nicht gewstbaren Aufgabegewinn gehören; Ersteres gilt, wenn die Veräußerung Bestandteil eines einheitlichen Geschäftskonzepts ist (BFH IV R 49/04, BStBl. II 2009, 289).

Nach Veräußerung von Anlagevermögen eines **Handwerks- oder Fabrikationsunternehmens** besteht bei eingestellter Auftragsabwicklung kein aktiver Betrieb mehr. Der Gewinn aus der Veräußerung oder Aufgabe des Betriebes unterliegt schon nach § 2 Abs. 1 nicht der GewSt (BFH III R 23/89, BStBl. II 1994, 709; XI R 56/95, BStBl. II 1996, 527 zugleich zu den Voraussetzungen der Betriebsveräußerung; BFH VIII R 204/85, BFH/NV 1990, 801; X R 56/95, BFH/NV 1998, 1354).

575 **d) Liquidation.** Die **Liquidation,** dh die Einziehung rückständiger Forderungen und die Versilberung vorhandener Betriebsgegenstände, ist **keine Fortsetzung** einer schon eingestellten betrieblichen Tätigkeit (so schon RFH RStBl. 1938, 910 (911); 1939, 5). Zutreffend geht die Rspr. des BFH davon aus, dass die Liquidation eines Unternehmens bei eingestellter werbender Tätigkeit schon nach § 2 Abs. 1 nicht mehr der GewSt unterliegt, und zwar unbeschadet möglicher Aufgabeerträge, die nicht unter § 7 fallen (BFH IV R 68/77, BStBl. II 1980, 658).

576 **e) Eröffnung des Insolvenzverfahrens.** Diese allein **berührt nicht die GewStPfl.** des Unternehmens. Das wird in den §§ 4, 16 Abs. 2 GewStDV lediglich klargestellt. Der GewBetrieb besteht mE als Steuergegenstand fort, wenn die Handlungen des Insolvenzverwalters – der Zielsetzung der InsO entsprechend – seiner Erhaltung dienen. Auch wenn das nicht der Fall ist, können die Handlungen des Insolvenzverwalters als Fortsetzung des Betriebs in der Liquidationsphase verstanden werden. Ist der Betrieb danach nicht eingestellt, so ist der Gewerbeertrag auf den Abwicklungszeitraum zu verteilen (§ 16 Abs. 2 GewStDV; GewStR 7.1 Abs. 8 S. 6 ff.).

577 **f) Betriebsunterbrechungen. Vorübergehende** und **in der Art des Betriebs** begründete Betriebsunterbrechungen heben die Steuerpflicht für die Zeit bis zur Wiederaufnahme des Betriebs nicht auf (§ 2 Abs. 4; hierzu Wendt

FR 1998, 264 (278)). Die Vorschrift betrifft insb. **Saisonbetriebe,** Kurort- und Wintersportbetriebe, aber auch Zuckerfabriken, Bauhandwerk und Bauindustrie (BFH V 77/61 U, BStBl. III 1964, 90; GewStR 2.6 Abs. 1). Entsprechendes gilt, wenn nicht beeinflussbare Ereignisse den vorübergehenden Stillstand der gewerblichen Betätigung erfordern (BFH IV R 56/97, BStBl. II 1998, 735). Eine absolute **zeitliche Grenze** für die (beabsichtigte) Wiederaufnahme der werbenden Tätigkeit besteht nicht; es kommt auf die Verhältnisse des Einzelfalles an.

Grundlage ist die **Nachhaltigkeit** der Betätigung (§ 15 Abs. 2 EStG). Daher sind auch andere von vornherein erkennbar nur vorübergehende Betriebsstilllegungen keine Betriebseinstellung, wenn sich der Unternehmer plangemäß zur Erzielung gewerblicher Einkünfte weiterbetätigt, zB bei Renovierungen, Betriebsferien uÄ (BFH IV 234/60 U, BStBl. III 1961, 470; IV R 31/13, BStBl. II 2017, 282). Das setzt mE jedoch voraus, dass der Betrieb bereits durch geschäftsübliche Leistungen **in Gang gesetzt** worden, dh aktiv ist (zu dieser Formulierung BFH X R 17/21, BStBl. II 2023, 396, zur aA FG RhPf 3 K 1383/20, EFG 2021, 2003, aufgeh.).

Bei **sonstigen Unterbrechungen,** wenn bei Einstellung der werbenden Tätigkeit nicht schon eine nur vorübergehende Unterbrechung geplant ist, geht das G vom Fortfall der GewStPfl. aus. Das gilt auch, wenn die Wiederaufnahme bei sich bietender Gelegenheit geplant und angesichts der verbleibenden WG möglich, jedoch ihr „Ob" und „Wie" ungewiss ist (FG Bln-Bbg 7 K 7195/10, EFG 2014, 1690). Die zur ESt ergangene Rspr., die für die Annahme einer unschädlichen vorübergehenden Betriebsunterbrechung auf die Absicht der Betriebsfortführung und aus Nachweisgründen auf das Vorhandensein und -bleiben von wesentlichen Betriebsgrundlagen abstellt (BFH X R 31/95, BStBl. II 1997, 561; zur **Betriebsaufspaltung** BFH VIII R 80/03, BStBl. II 2006, 591; X R 37/07, BFH/NV 2010, 406), ist für die **GewSt** nicht von Bedeutung, da das GewStRecht die Rechtsfigur **ruhender Gewerbebetrieb** des EStRechts nicht kennt (BFH IV R 59/16, BStBl. II 2020, 147). **Keine Betriebsunterbrechung** liegt vor, wenn eine gewerblich qualifizierende **„Abfärbung"** (→ Rn. 424 ff.) aus nicht betriebsbedingten Gründen (→ Rn. 577) zeitweise entfällt (BFH IV R 56/97, BStBl. II 1998, 735). 577a

g) Betriebsverlegungen. Bei einer sog. Betriebsverlegung ist für das **Fortbestehen des Betriebs** dessen **wirtschaftliche Identität** (→ Rn. 18 ff.) vor und nach der Verlegung entscheidend; wobei für unterschiedliche Betätigungen je eigene Gewichtungen der maßgebenden Kriterien angezeigt sind (vgl. zum Handelsvertreter SchlHFG 3 K 111/12, EFG 2013, 688). Die Absicht des Unternehmens, die Tätigkeit nach einem längeren Zeitraum *möglicherweise* wieder aufzunehmen, macht die Einstellung der gewerblichen Tätigkeit allerdings nicht zu einer vorübergehenden Unterbrechung (BFH I 110/61 U, BStBl. III 1962, 394; s. dazu auch VIII R 43/84, BStBl. II 1986, 136). Eine Betriebsunterbrechung liegt auch nicht vor, wenn eine Personengesellschaft ihren Betrieb einstellt und die Gesellschafter nach Gründung einer *weiteren* Personengesellschaft einen Betrieb mit demselben Unternehmensgegenstand eröffnen (BFH VIII R 30/05, BStBl. II 2007, 723 gegen FG Köln 9 K 861/02 G, EFG 2005, 1211). 578

h) Betriebsverpachtung. Auch sie folgt **gewstrechtlich anderen Regeln** als bei der Einkommensteuer (hierzu Kußmaul/Schwarz StuB 2012, 584 (745)). 579

aa) Grundsatz. Für die GewSt bedeutet sie **Erlöschen des Steuergegenstands,** weil nicht absehbar ist, wann und ob der Unternehmer seine werbende

Tätigkeit wieder aufnimmt und deshalb wieder sachlich steuerpflichtig wird (BFH GrS 1/63 S, BStBl. III 1964, 124; I R 235/80, BStBl. II 1985, 456; IV R 56/97, BStBl. II 1998, 735; I R 55/06, BStBl. II 2007, 725). Etwas anderes gilt nur, wenn die Verpachtung des Betriebs selbst nicht bloße Vermögensverwaltung ist (zur Abgrenzung → Rn. 100 ff.; EStR 16 Abs. 5; BFH IV R 189/66, BStBl. III 1967, 674) bzw. von einer gewerblich geprägten PersGes durchgeführt wird (BFH VIII R 3/03, BStBl. II 2005, 778; IV R 5/21, BStBl. II 2024, 845). Einzelheiten zur GewErtragsermittlung und -aufteilung in GewStR 2.2.

580 **bb) Betriebsaufspaltung.** Gewstpflichtig ist die Verpachtung eines Betriebs jedoch dann, wenn sie **betriebsaufspalterisch** erfolgt (BFH XI R 8/99, BFH/NV 2000, 1135; → Rn. 295 ff.), es sei denn, es handelt sich um eine fehlgeschlagene Betriebsaufspaltung (BFH VIII R 72/96, BStBl. II 2002, 722; hierzu Fichtelmann Inf 2000, 4; zum Beginn und Ende der sachl Steuerpflicht → Rn. 377), oder gegenüber einer Personengesellschaft, an der der Verpachtende beteiligt ist (Sonderbetriebsvermögen, GewstPfl. bei der Gesellschaft; → § 7 Rn. 115). Die Unternehmensidentität besteht so lange fort, als die BesitzGes mit der nämlichen BetriebskapitalGes sachlich und persönlich verflochten bleibt (BFH IV R 59/16, BStBl. II 2020, 147).

581 **cc) Teilbetriebsverpachtung.** Auch diese ist gewstfrei, wenn sie nicht im Rahmen eines Hauptbetriebs erfolgt (BFH VIII R 62/72, BStBl. II 1977, 42). Für Personengesellschaften gilt dies allerdings nicht (BFH IV R 174/74, BStBl. II 1978, 73; → Rn. 424 f.).

2. Gewerblich geprägte Personengesellschaft

582 Bei ihr kommt es für die GewSt grundsätzlich auf die **Aufnahme und Beendigung jedweder** auf Gewinnerzielung gerichteter **Tätigkeiten** nicht originär gewerblicher Art an, insbesondere der **vermögensverwaltenden Tätigkeit** (vgl. zum Erwerb und Halten eines Kreditportfolios BFH IV R 30/19, BStBl. II 2023, 1050), und zwar unabhängig von einer Teilannahme am allgemeinen Wirtschaftsverkehr (BFH IV R 5/02, BStBl. II 2004, 464). Das gilt auch, wenn sie nur für eine **juristische Sekunde** existent bzw. Inhaberin von zu verwaltendem Vermögen wird (BFH IV R 30/19, BStBl. II 2023, 1050).

Der **Beginn der werbenden Tätigkeit** (→ Rn. 569a) kann jedenfalls dann bereits mit Abschluss des Mietvertrags über ein zu verwaltendes Grundstück liegen, wenn es sich um ein nicht standardisiertes Objekt handelt, das noch vor der Übergabe nach den Bedürfnissen des Mieters umgebaut wird (BFH IV R 33/19, BStBl. II 2023, 927).

Ist der **Zweck der Ges.** jedoch die Entfaltung einer **originär gewerblichen Tätigkeit** (zB Betrieb eines Schiffes), beginnt der GewBetrieb nicht allein wegen der Aufnahme der in der Vorbereitungsphase üblicherweise anfallenden vermögensverwaltenden Tätigkeiten (BFH IV R 1/13, BStBl. II 2017, 489; IV R 2/14, BStBl. II 2017, 1138). Dem Gesellschaftsvertrag kommt auch hier nur indizielle Bedeutung zu; letztlich maßgebend ist die **tatsächlich ausgeübte Tätigkeit** (BFH IV R 30/19, BStBl. II 2023, 1050; IV R 23/22, BFH/NV 2025, 686). Überschreitet diese allerdings das Maß der als Vorbereitung erforderlichen und üblichen Geschäfte, beginnt der GewBetrieb mit ihrer Aufnahme (BFH IV R 49/15, BStBl. II 2022, 674; IV R 13/20, BStBl. II 2024, 121). Fehlen solche Tätigkeiten, bedeuten sonstige Vorbereitungsmaßnahmen keinen Beginn.

Die **GewStPfl. erlischt,** wenn die rechtlichen Voraussetzungen einer gewerblich geprägten Personengesellschaft (dazu → Rn. 430 ff.) entfallen und die Gesellschaft nur noch vermögensverwaltende Einkünfte erzielt (NdsFG X 270/81, EFG 1982, 577 rkr.), zB durch Ausscheiden der (einzigen) prägenden Kapitalgesellschaft (zur Betriebsaufgabe: BFH XI R 15/05, BStBl. II 2007, 924; zum Problem Klare DB 2012, 1835). Wegen der geänderten Geschäftsführungsbefugnisse gilt dies auch für die Liquidationsgesellschaft (glA Groh DB 1987, 1006 (1012)). Davon abgesehen endet die werbende Tätigkeit, wenn für die Ges. nach Veräußerung der wesentlichen Betriebsgrundlagen nur noch Abwicklungstätigkeiten durchgeführt werden, es sei denn, die Gesellschaft setzt die Vermögensverwaltung in anderer Weise fort (BFH IV R 5/02, BStBl. II 2004, 464; IV R 36/10, BSBl. II 2013, 498; **aA** wohl Kohlmeyer DB 1991, 946). Angesichts der Formulierung in § 15 Abs. 3 Nr. 2 EStG („in vollem Umfang", nicht „stets …") ist hinsichtlich der Dauer der gewerblichen Tätigkeiten eine Gleichbehandlung mit Kapitalgesellschaften nicht gerechtfertigt (vgl. BFH IV R 30/15, BFH/NV 2017, 1191). Im Übrigen → Rn. 451a. **582a**

Auch bei der gewerblich geprägten PersGes können **Beendigung und Neuaufnahme** eines GewBetriebs durch Einstellung der ursprünglichen werbenden Tätigkeit und – ggf. nach einer Phase unbeachtlicher Vorbereitungshandlungen – Aufnahme einer wirtschaftlich andersartigen Tätigkeit vorliegen (BFH IV R 2/14, BStBl. II 2017, 1138). Wird die gewerbliche Prägung durch eine parallel bestehende **Betriebsaufspaltung überlagert,** so lebt sie nach deren Beendigung wieder auf (BFH IV R 5/21, BStBl. II 2024, 845).

3. GmbH & Co KG

Bei der GmbH & Co KG, die eine **originäre gewerbliche Tätigkeit** iSd § 2 Abs. 1 S. 2 GewStG iVm § 15 Abs. 1 S. 1 Nr. 1 EStG ausübt, beantwortet sich auch die Frage nach dem Beginn und Ende des Steuergegenstands nach den allgemeinen Grundsätzen der → Rn. 565 ff. (s. zum Beginn BFH IV R 23/97, BStBl. II 1998, 745; zur Beendigung BFH IV R 68/77, BStBl. II 1980, 658; IV R 31/13, BStBl. II 2017, 482; IV R 14/21, BStBl.II 2024, 408). Die unmittelbar anschließende Vermögensverwaltung führt bei Vorliegen der Voraussetzungen des § 15 Abs. 3 Nr. 2 EStG zur gewerblich geprägten Gesellschaft und zur Fortdauer der GewStPfl. (Einbeziehung eines Veräußerungsgewinns, BFH IV R 41/07, BStBl. II 2010, 977; IV R 12/10, BStBl. II 2014, 1000). **583**

4. Kapitalgesellschaften

Bei ihnen **entsteht** der Steuergegenstand mit der Eintragung ins HR, auch wenn sie zum Zwecke der Übernahme eines Betriebs gegründet werden (BFH I R 244/74, BStBl. II 1977, 561). Zur Beurteilung der Gründungsgesellschaft → Rn. 470. Seine **Beendigung** findet der GewBetrieb mit der Einstellung jeglicher Tätigkeit (→ Rn. 474). Bei **Genossenschaften und SCE** entscheidet die Eintragung im Genossenschaftsregister (→ Rn. 461), bei **Versicherungsvereinen** auf Gegenseitigkeit die aufsichtsbehördliche Erlaubnis (GewStR 2.5 Abs. 2) über den Beginn. Ende bedeutet auch hier Einstellung jedweder Tätigkeit (GewStR 2.6 Abs. 2). Wie bei den übrigen Steuergegenständen lässt ein objektbezogener **Steuerbefreiungsgrund** den Steuergegenstand erlöschen. **584**

5. Organschaft

584a Bei der Organschaft ist der OT Steuerschuldner, die sachliche Steuerpflicht der OG bleibt dagegen unberührt. Beginn und Wegfall der Organschaft verändern deshalb nur die Steuerschuldnerschaft, nicht die sachliche Steuerpflicht der OG (→ Rn. 534 f.).

6. Wirtschaftlicher Geschäftsbetrieb

585 Bei den **sonstigen juristischen Personen** des Privatrechts und den nichtrechtsfähigen Vereinen beginnt die Steuerpflicht mit der Aufnahme der tatsächlichen Tätigkeit und erlischt mit ihrer Einstellung. Auch der Eintritt eines objektbezogenen Steuerbefreiungsgrundes führt zum Erlöschen des Steuergegenstands (→ Rn. 559). Das bedeutet jedoch nicht den Fortfall des Geschäftsbetriebs; Entsprechendes gilt für das Unterschreiten der Besteuerungsgrenze nach § 64 Abs. 3 AO (→ § 3 Rn. 247; BFH I R 55/06, BStBl. II 2007, 725): Bleibt das Subjekt als solches bestehen, dann ist bei einem nachfolgenden Neubeginn der GewStPfl. die Unternehmens- und Unternehmereinheit gesichert (BFH I R 92/98, BStBl. II 1999, 733).

586–589 *(frei)*

E. Unternehmerwechsel (§ 2 Abs. 5)

I. Gesetzeszweck

590 Geht ein **Gewerbebetrieb im Ganzen** auf einen anderen Unternehmer über, so gilt der Gewerbebetrieb als durch den bisherigen Unternehmer eingestellt. Der Gewerbebetrieb gilt als durch den anderen Unternehmer neu gegründet, wenn er nicht mit einem bereits bestehenden Gewerbebetrieb vereinigt wird. Die **gesetzliche Fiktion** trägt dem Gedanken der sachlichen Steuerpflicht des Unternehmens Rechnung, die sich nicht in allen Fällen mit der subjektiven Steuerschuldnerschaft des § 5 deckt (→ § 5 Rn. 1). Sie erstreckt sich **nicht auf den Zeitpunkt** der Neugründung und ordnet keine Rechtsfolgen für die Existenz eines tauglichen Steuergegenstands an (BFH X R 17/21, BStBl. II 2023, 396, gleichzeitig zur **Rechtsentwicklung** der Vorschrift). Anwendbar für die (fiktive) Neugründung sind die allgemeinen Grundsätze zum Betriebsbeginn (→ Rn. 565 f., 569 ff.).

Die Bestimmung der sachlichen Steuerpflicht des Unternehmers nach § 2 Abs. 5 steht in engem Zusammenhang mit der **Festsetzung des GewStMessbetrags** (§§ 10 und 14) und dem **Verlustabzug** des § 10a, die die sachliche Steuerpflicht reflektieren (vgl. BFH IV 666/55 U, BStBl. III 1958, 210; I R 153/70, BStBl. II 1972, 775; GrS 3/92, BStBl. II 1993, 616; VIII R 41/95, BStBl. II 1997, 179; X R 17/21, BStBl. II 2023, 396). Dieser setzt dafür sowohl **Unternehmensidentität** als auch **Unternehmeridentität** voraus (→ § 10a Rn. 10 ff., 90 ff.).

II. Betriebsübergang im Ganzen

591 Er bedeutet mE nicht nur die **Übertragung der** bisher bestehenden **wirtschaftlichen Einheit** in Gestalt der funktional wesentlichen Betriebsgrundlagen (BFH I R 112/09, BFH/NV 2011, 1194; FG RhPf 3 K 1383/20, EFG 2021,

2003; nachgehend BFH X R 17/21, BStBl. II 2023, 396); erforderlich ist mE auch – zumindest bei Einzelunternehmen und Personengesellschaften – der **Übergang der identischen Tätigkeit** gegenüber dem identischen Kundenkreis. Insofern können mE die Grundsätze zu → Rn. 16 ff. herangezogen werden.

Wird lediglich ein **Teilbetrieb** abgegeben, so kommt dies keiner Betriebseinstellung gleich (vgl. BFH IV R 25/88, BStBl. II 1990, 373; I R 75/85, BFH/NV 1991, 291). Es ist dem aber für die Anpassung der GewStVorauszahlungen Rechnung zu tragen. Für den Teilbetriebserwerber ergibt sich eine entsprechende Erhöhung (bei Betriebsvereinigung) oder eine erstmalige Festsetzung von Vorauszahlungen (GewStR 2.7 Abs. 3).

Der Übergang des Betriebs kann iZm einer **Veräußerung** oder mit einem unentgeltlichen Geschäft stehen. In Betracht kommt auch eine **Betriebsverpachtung,** die für den Verpächter Betriebseinstellung nach allgemeinen Grundsätzen (→ Rn. 579) darstellt (FG RhPf 3 K 1383/20, EFG 2021, 2003; Drüen in Brandis/Heuermann § 2 Rn. 278; Hidien GewStG § 2 Rn. 860; aA Nöcker in Lenski/Steinberg § 2 Rn. 1060; offengelassen durch BFH X R 17/21, BStBl. II 2023, 396).

III. Erbfall

Auch die testamentarische oder gesetzliche Nachfolge durch den **Erbfall ist Unternehmerwechsel** (BFH I 120/60 S, BStBl. III 1961, 357). Dass den oder dem Erben dadurch ein Abzug der vom Erblasser erzielten Verluste nach § 10a versagt ist, entspricht der Systematik des § 2 Abs. 5 (BFH IV 173/64 S, BStBl. III 1965, 115). Ein Unternehmerwechsel vollzieht sich deshalb auch im Verhältnis zu solchen Miterben, deren Anteilsveräußerung im Rahmen einer Erbauseinandersetzung nach der älteren Rspr. nicht der ESt unterlag. Denn auch diese Miterben erzielen laufende gewerbliche Einkünfte (BFH IV R 5/75, BStBl. II 1978, 333). 592

IV. Umwandlung

1. Allgemeines

Das Handelsrecht unterscheidet zwischen **formwechselnder Umwandlung,** bei der die juristische Person in einer anderen Form fortbesteht, und der **übertragenden Umwandlung.** Als Rechtsnachfolge werden auch gewisse Verschmelzungs- und sonstige Vermögensübertragungsfälle nach dem UmwG behandelt (s. die Übersicht im Umwandlungssteuererlass des BMF 11.11.2011, BStBl. I 2011, 1314). Diese Unterscheidung ist auch für den **Unternehmerwechsel** von Gewicht. Er ist **zu verneinen** bei den **formwechselnden Umwandlungen** nach den §§ 190 ff. UmwG 1995 (s. zu § 365 AktG aF: BFH I 78/58 U, BStBl. III 1958, 468 sowie zu § 65 UmwG aF: BFH VI 205/61 S, BStBl. III 1964, 306), **zu bejahen** beim Formwechsel von einer KapGes in eine PersGes sowie beim Vermögensübergang einer **übertragenden Umwandlung** einer Kapitalgesellschaft auf eine Personengesellschaft oder eine natürliche Person (§ 18 Abs. 1 S. 2 UmwStG, mE mit klarstellender Funktion; aA Keß in Lenski/Steinberg § 2 Rn. 5616: lex specialis zu § 2 Abs. 5). Dasselbe gilt für die Umwandlung oder 593

Vermögensübertragung einer Kapitalgesellschaft auf eine andere (§ 19 Abs. 2 UmwStG iVm § 12 Abs. 3 UmwStG iVm § 4 Abs. 2 S. 2 UmwStG).

Keine (lediglich formwechselnde) Umwandlung nach dem UmwG/UmwStG ist die **Umwandlung eines BgA** gem. kommunalrechtlicher Vorschriften in eine Anstalt öffentlichen Rechts (BFH I R 112/09, BFH/NV 2011, 1194).

Die **Bekanntgabe** des GewStMessbescheids hat bei Gesamtrechtsnachfolge kraft Umwandlung **gegenüber dem Rechtsnachfolger** zu erfolgen (BFH GrS 4/84, BStBl. II 1986, 230).

2. Kapitalgesellschaft

594 Entsprechendes gilt für die **Betriebseinbringung in eine Kapitalgesellschaft** (Sacheinlage nach § 20 UmwStG). Sie ist als Unternehmerwechsel aufzufassen. Denn das Unternehmen betreibt dann die Kapitalgesellschaft. Ob es wegen Buchwertfortführung estrechtlich zu einer Gewinnrealisierung kommt, ist für die Belange des § 2 Abs. 5 ohne Bedeutung (zweifelhaft deshalb BFH I 37/54 U, BStBl. III 1954, 243). Entsprechendes gilt für die Wertung der Einbringung als handelsrechtliche Veräußerung oder Gesamtrechtsnachfolge (→ Anh. § 7 Rn. 330 ff.).

3. Personengesellschaften

595 **a) Änderungen im Gesellschafterbestand.** Nach herrschender Auffassung führen **Änderungen im Gesellschafterbestand** so lange zu keinem Unternehmensübergang im Ganzen, als mind. ein bisheriger Unternehmer den Betrieb fortführt (GewStR 2.7 Abs. 2), (zB BFH GrS 3/92, BStBl. II 1993, 616; VIII R 41/95, BStBl. II 1997, 179; IV R 8/16, BStBl. II 2018, 484). Es kommt nicht darauf an, ob er ihn allein (→ Rn. 596) oder zusammen mit anderen Unternehmern weiterbetreibt und auf welche Weise (Übertragung, Gesamtrechtsnachfolge oder Anwachsung) die Eigentumsanteile der Ausscheidenden auf den verbleibenden oder die neu hinzutretenden Unternehmer übergehen (BFH I R 153/70, BStBl. II 1972, 775; I R 165/80, BStBl. II 1985, 403; IV R 117/88, BStBl. II 1990, 436). Ein vollständiger Wechsel der Gesellschafter bedeutet Unternehmerwechsel iSv § 2 Abs. 5 (BFH IV R 8/16, BStBl. II 2018, 484; IV R 8/17, BStBl. II 2020, 401).

596 **b) Einbringung.** Wird ein Einzelunternehmen **in eine Personengesellschaft eingebracht,** besteht die sachliche Steuerpflicht des Einzelunternehmens fort, auch wenn die persönliche Steuerpflicht endet (BFH III R 36/85, BStBl. II 1989, 664; IV R 133/90, BStBl. II 1995, 791). Entsprechendes gilt für den umgekehrten Vorgang des **Übergangs** des Unternehmens von der **Personengesellschaft auf einen Gesellschafter** (BFH VIII R 220/79, BFH/NV 1989, 319; VIII R 242/80, BFH/NV 1989, 320; III R 83/89, BFH/NV 1994, 263; I R 38/04, BStBl. II 2006, 568). Zu beachten sind aber Konsequenzen aus dem Wechsel der StSchuldnerschaft (→ Rn. 599). Auch bei anderen mitunternehmerischen Zusammenschlüssen ergeben sich insofern keine Abweichungen (s. für die eheliche Gütergemeinschaft BFH I R 153/70, BStBl. II 1972, 775; ferner zur atypischen stillen Gesellschaft BFH VIII R 364/83, BStBl. II 1986, 311).

Der Wechsel der Gesellschafter der **Komplementär-GmbH** beeinflusst ihre Gesellschafter- und Mitunternehmerstellung bei der KG nicht (BFH I 135/94, BFH/NV 1996, 576 Ls.).

c) Anwachsung. Bei einer doppelstöckigen PersGes führt die Anwachsung des Unternehmens der UnterGes auf die OberGes zu einem vollständigen Unternehmerwechsel (FG München 7 K 1197/19, EFG 2023, 1581, Rev. I R 48/23; aA Suchanek/Rüsch FR 2021, 576 unter 3.; Suchanek/Hesse inWSMH § 10a Rn. 107a). Anders jedoch für die Anwachsung einer KG auf eine Kommanditisten-GmbH durch Verschmelzung der zwei beteiligten GmbH (FG Düsseldorf 11 K 3637/09 F, EFG 2011, 477). **596a**

V. Materiell-rechtliche Folgen des Unternehmerwechsels

1. Verlustabzug nach § 10a

Nach einem Unternehmerwechsel **entfällt** die für den Verlustabzug nach § 10a notwendige **Unternehmeridentität,** bei einem vollständigen Wechsel auch die **Unternehmensidentität** (FG München 7 K 1197/19, EFG 2023, 1581, Rev. I R 48/23). Für den Gesellschafter einer Personengesellschaft besteht die Unternehmeridentität trotz Ausscheidens anderer, sogar im Falle der Geschäftsübernahme durch den letzten Gesellschafter (→ Rn. 595) fort. Ihm steht der Verlustabzug nach § 10a anteilig zu; Entsprechendes gilt für die Einbringung eines Einzelunternehmens in eine Personengesellschaft (Einzelheiten → § 10a Rn. 90 ff.). **597**

2. Abgekürzter Erhebungszeitraum

Ferner führt der (vollständige) Unternehmerwechsel im Laufe eines Jahres zu einem **abgekürzten Erhebungszeitraum** iSd § 14 S. 3. Die Vorschrift bezieht das Merkmal GewStPfl. auf den GewStGegenstand, knüpft also ausschließlich an die sachliche GewStPfl an (BFH VI R 8/16, BStBl. II 2018, 484). Zur Anwendung auf die subjektive Steuerschuld → Rn. 597 ff. **598**

VI. Steuerschuldnerschaft und Unternehmerwechsel

1. Bescheidadressierung

Der in § 5 Abs. 2 für den Übergang des GewBetriebs im Ganzen (§ 2 Abs. 5) bestimmte Wechsel des Steuerschuldners bedingt einen **Wechsel des Adressaten** des GewSt-Messbescheids. Erfolgt der Übergang **im Laufe des EZ,** so ergehen **zwei Bescheide** für diesen Erhebungszeitraum (zB BFH I R 254/70, BStBl. II 1974, 388; IV R 55/04, BStBl. II 2006, 404). **599**

Beim **Übergang von oder in eine Personengesellschaft,** die keine Beendigung der sachlichen Steuerpflicht nach § 2 Abs. 5 bewirken (→ Rn. 595), muss der Wechsel der Steuerschuldnerschaft nach § 5 Abs. 1 S. 3 und damit berücksichtigt werden, dass an die Stelle des einbringenden Einzelunternehmers die Personengesellschaft tritt und umgekehrt (vgl. BFH III R 36/85, BStBl. II 1989, 664; IV R 133/90, BStBl. II 1995, 791; IV R 8/16, BStBl. II 2018, 484; GewStR 5.1 Abs. 1).

2. Einzelheiten

a) Zeitpunkt des Wechsels. Bei einem **Wechsel zum Jahresende** ergeben sich für die jeweiligen Steuerschuldner getrennte Erhebungszeiträume (§ 14). Bei **600**

einem **Wechsel während des Jahres** ist jedem Steuerschuldner nur der Teil des für den Erhebungszeitraum ermittelten Steuermessbetrags zuzurechnen und getrennt festzusetzen, der auf die Dauer seiner persönlichen Steuerpflicht entfällt (BFH IV R 55/04, BStBl. II 2006, 404; zur Verlustverrechnung bei Identität von Gesellschafter und Unternehmen BFH VIII R 84/90, BStBl. II 1994, 764).

b) Aufteilung des Gewerbeertrags. Sie ist bei einem Wechsel während des EZ wie folgt vorzunehmen:

601 **aa) Abweichendes Wirtschaftsjahr.** Wird mit dem Steuerschuldnerwechsel auf ein **abweichendes Wirtschaftsjahr** umgestellt, so ergibt sich die mit dem Steuerschuldnerwechsel übereinstimmende Gewerbeertragszuordnung aus § 10.

Beispiel:

Der Gewerbebetrieb wird von einem Mitunternehmer ab 1.3.2001 allein fortgeführt. Er stellt sein Wirtschaftsjahr auf den Zeitraum vom 1.3. bis 28.2. eines jeden Jahres um. Für den Erhebungszeitraum des Jahres 01 wird von dem Gewerbeertrag des Rumpfwirtschaftsjahrs ausgegangen, der noch die bis zum 1.3.2001 bestehende Gesellschaft betrifft (§ 10 Abs. 1 u. 2).

602 **bb) Andere Fälle.** In **anderen Fällen** ist der vom jeweiligen Gewerbebetrieb erzielte Gewerbeertrag (§ 7), unter Berücksichtigung der von der Ges. und dem Einzelunternehmen erzielten Gewinne (§ 4 EStG) und der Hinzurechnungen (§ 8) und Kürzungen (§ 9) einheitlich zu ermitteln; Abrundungs- und Freibetrag des § 11 Abs. 1 sind ebenfalls einheitlich, also nur einmal, zu berücksichtigen (→ § 11 Rn. 6b). Der sich danach ergebende GewSt-Messbetrag ist im prozentualen Verhältnis der von beiden Steuerschuldnern erzielten GewErträge „nebst den auf sie entfallenden Hinzurechnungen (§ 8) und Kürzungen (§ 9) zu verteilen" (BFH IV R 8/16, BStBl. II 2018, 484; Hidien jurisPR-SteuerR 30/2018, Anm. 3; Weiss EStB 2018, 238; **aA** GewStR 11.1 S. 5). Zu allem krit. Sarrazin FR 2021, 276, der für eine Fortentwicklung der Einheitsbetrachtung des EZ dahin plädiert, dass es bei einem unterjährigen Unternehmerwechsel **nur einen StSchuldner** geben könne.

„Nebst" bedeutet hierbei mE: Die **Korrekturen des Gewerbeertrags** nach den §§ 8, 9 sind, soweit dem periodischer Aufwand zugrunde liegt (zB Hinzurechnungen nach § 8 Nr. 1), für den Ermittlungszeitraum vorzunehmen, in dem sie angefallen sind. Andere Korrekturen, wie etwa die Kürzungen nach § 9 Nr. 1 sind zeitanteilig zu berücksichtigen.

603 **c) Verfahrensrecht.** Beim Steuerschuldnerwechsel ist **für jeden Steuerschuldner** ein Bescheid zu erteilen. Dies gilt aus Gründen der Bestimmtheit mE auch für den als Rechtsnachfolge behandelten Fall der Fortführung des GewBetriebs durch den letzten verbleibenden Gesellschafter (BFH IV R 8/16, BStBl. II 2018, 484). In diesem Fall ist bei einem Wechsel im Laufe des EZ (→ Rn. 598, 600) der die Mitunternehmerschaft betreffende Bescheid zu richten an den verbleibenden Gesellschafter als Rechtsnachfolger der Mitunternehmerschaft (BFH IV R 55/04, BStBl. II 2006, 404). Die Adressierung an die Mitunternehmerschaft selbst (ohne Hinweis auf die Rechtsnachfolge) kann zur Unbestimmtheit und Nichtigkeit (§ 119 Abs. 1 AO) führen (vgl. BFH IV R 67/07, BFH/NV 2010, 1606).

604 **aa) Abgrenzung.** Lediglich **formwechselnde Umwandlungen** lassen die Steuerschuldneridentität unberührt (→ Rn. 593 f.). Dazu rechnet GewStR 5.1 Abs. 2 S. 6 grundsätzlich auch den Beginn und die Beendigung einer **atypischen**

stillen Gesellschaft, weil die Person des Steuerschuldners (Geschäftsinhabers) nicht wechselt.

Die **Umwandlung einer BGB-Gesellschaft** in eine atypische stille Gesellschaft betrachtet die Rspr. nicht als Betriebsaufgabe; auch sind est-rechtlich weder die Bildung eines RumpfWj. noch getrennte einheitliche und gesonderte Feststellungen erforderlich (BFH VIII R 40/84, BStBl. II 1990, 561). Gleichwohl wechselt der Steuerschuldner, was eigenständige GewStMessbescheide erfordert. Zudem ist der Gewerbeertrag des EZ mE ebenfalls zeitanteilig aufzuteilen.

Die **Einbringung** aller Anteile an einer **PersGes in eine KG,** die den GewBetrieb fortführt, wahrt Unternehmens- und Unternehmeridentität. Auch bei einem Wechsel im Laufe des EZ ist nur ein GewStMessbescheid (an die aufnehmende Ges.) erforderlich (BFH IV R 137/91, BStBl. II 1994, 477; VIII R 84/90, BStBl. II 1994, 764).

bb) Wechsel sämtlicher Gesellschafter einer Personengesellschaft. Dies ist ein **Unternehmerwechsel iSd § 2 Abs. 5,** zusätzlich tritt die Rechtsfolge des § 5 Abs. 2 ein (BFH GrS 3/92, BStBl. II 1993, 616). Für das betreffende Jahr ergehen zwei GewStMessbescheide. 605

cc) Liquidation. Wird eine Personengesellschaft ohne Geschäftsübernahme, dh durch **vollendete Liquidation** aufgelöst, liegt kein Fall des § 5 Abs. 2, sondern schlichtes Erlöschen des Steuergegenstands vor (→ Rn. 575). Ein GewStBescheid könnte einer solchen Gesellschaft aber nach der Auffassung bekannt gegeben werden, dass einer vollendeten Liquidation ein schwebender Steuerrechtsstreit der Gesellschaft entgegensteht (vergleichbar zur USt: BFH V R 175/74, BStBl. II 1981, 293; offengelassen in IV R 20/78, BStBl. II 1982, 700). Andernfalls müssen die Gesellschafter als Gesamtschuldner im Wege der Haftung herangezogen werden. Dies gilt auch für BGB-Gesellschafter (BFH VII R 187/82, BStBl. II 1986, 156). 606

dd) Vereinigung mit bereits bestehendem Gewerbebetrieb. Ist ein Unternehmerwechsel nach § 2 Abs. 5 gegeben und wird der übertragene Betrieb mit einem beim Übernehmer schon **vorhandenen Betrieb vereinigt,** so treten für den Übergeber die materiellen Rechtsfolgen des Unternehmerwechsels ein. Für den Übernehmer beginnt die sachliche Steuerpflicht nicht ab dem Zeitpunkt der Betriebsvereinigung. Vielmehr ist der Gewerbeertrag des übernommenen Betriebs, der auf den Zeitraum nach Betriebsvereinigung entfällt (keine doppelte Erfassung), dem Gewerbeertrag des bereits bestehenden Betriebs zuzuschlagen. 607

(frei) 608, 609

F. Betriebsstätte (§ 2 Abs. 1)

I. Bedeutung/Rechtsgrundlagen

1. Bedeutung

Nach § 2 Abs. 1 S. 3 wird ein **Gewerbebetrieb** im Inland betrieben, **soweit** für ihn **im Inland** oder auf einem in einem inländischen Schiffsregister eingetragenen Kauffahrteischiff eine **Betriebsstätte** (BSt.) unterhalten wird. Der Begriff der BSt. ist damit ein **zentraler Anknüpfungspunkt** für die Gewerbebesteuerung 610 im Inland; er hat die Funktion, gewerbliche Tätigkeiten und Betriebsvermögen im Interesse einer sachgerechten Besteuerung und notwendiger Abgrenzungen **örtlich zuzuordnen** (vg BFH I R 12/02, BStBl. II 2004, 396; I R 32/20, BStBl. II 2024, 875; zweifelnd unter Hinweis auf „betriebsstättenlose" Einkünfte Kramer DB 2011, 1882; aA Haase/Dorn DB 2011, 2115). Die Anknüpfung an das Vorliegen einer BSt. dient ferner der Aufteilung der GewSt unter den betroffenen Gemeinden (§§ 4, 28). Sie hat deshalb vor allem wegen der unterschiedlichen Hebesätze der Gemeinden für die Betriebsgestaltung wirtschaftliches Gewicht; hier gewinnt zudem die Betriebsstättenfunktion der Organgesellschaft nach § 2 Abs. 2 ihre Bedeutung. Beim Reisegewerbe entscheidet an ihrer Stelle der Mittelpunkt der gewerblichen Tätigkeit (§ 35a Abs. 3).

2. Rechtsgrundlagen/Begriff

611 Maßgebend auch für die GewSt ist **§ 12 AO.**

§ 12 AO Betriebstätte

[1]Betriebstätte ist jede feste Geschäftseinrichtung oder Anlage, die der Tätigkeit eines Unternehmens dient. [2]Als Betriebstätten sind insbesondere anzusehen:

1. die Stätte der Geschäftsleitung,
2. Zweigniederlassungen,
3. Geschäftsstellen,
4. Fabrikations- oder Werkstätten,
5. Warenlager,
6. Ein- oder Verkaufsstellen,
7. Bergwerke, Steinbrüche oder andere stehende, örtlich fortschreitende oder schwimmende Stätten der Gewinnung von Bodenschätzen,
8. Bauausführungen oder Montagen, auch örtlich fortschreitende oder schwimmende, wenn
   a) die einzelne Bauausführung oder Montage oder
   b) eine von mehreren zeitlich nebeneinander bestehenden Bauausführungen oder Montagen oder
   c) mehrere ohne Unterbrechung aufeinander folgende Bauausführungen oder Montagen

   länger als sechs Monate dauern.

612 **a) Unternehmensbezug. § 12 S. 1 AO** stellt nicht allein auf den Gewerbebetrieb ab, sondern auf **das Unternehmen.** Damit sollen in Anlehnung an die neuere Abkommenspraxis auch land- und forstwirtschaftliche und freiberufliche Betriebe einbezogen werden (s. Regierungsbegründung zur AO 1977, Mittelsteiner/Schaumburg, Materialien zur AO 1977). Für die Zwecke der GewSt ist maßgebend eine gewerbliche Tätigkeit iSd EStG (§ 2 Abs. 1 S. 2 GewStG). Daher genügt die Tätigkeit einer gewerblich geprägten Ges. (BFH I R 58/15, BFH/NV 2018, 684; FG Hmb VI 6/01, EFG 2004, 548), anders als etwa nach dem DBA-USA 1954/65 (BFH I R 34/97, BStBl. II 1998, 296). Zur **Bedeutung der Standortbestimmung** der BSt. für die Belastung des Unternehmens mit GewSt (Hebesatz, Zerlegung) s. Blumers BB 2021, 2006.

613 **b) Eigenständiger Begriff.** Nach stRspr ist BSt. **begrifflich** eine Geschäftseinrichtung oder Anlage mit einer festen Beziehung zur Erdoberfläche von einer

gewissen Dauer, die der Tätigkeit des Unternehmens dient und über die der StPfl. eine nicht nur vorübergehende Verfügungsmacht hat (BFH IV R 30/11, BStBl. II 2015, 601; III R 35/20, BStBl. II 2022, 844; I R 47/20, BFH/NV 2023, 1291). Die BSt. ist im Gegensatz zum Teilbetrieb eine unselbstständige Untereinheit des Betriebs, dem auch wirtschaftlich Ertragsteile (auch Verluste, BFH I R 248/71, BStBl. II 1974, 752) zugewiesen werden (§ 9 Nr. 3; BFH IV R 80/81, BStBl. II 1985, 405; VIII R 152/86, BStBl. II 1991, 94). Der Begriff der BSt. in § 12 AO ist **maßgebend für gewerbesteuerliche Zwecke** (vgl. BFH I R 56/08, BStBl. II 2010, 492; IV R 30/11, BStBl. II 2015, 601; III R 8/19, BStBl. II 2021, 627), aber auch für die Anwendung der innerstaatlichen Regelungen zur Besteuerung beschränkt stpfl. Einkünfte, sofern dort die Unterhaltung einer BSt. Voraussetzung ist (zu § 49 Abs. 1 Nr. 2a EStG BFH I R 58/15, BFH/NV 2018, 684).

Er ist jedoch **nicht immer identisch** mit dem in verschiedenen Einzelsteuer- **613a**
gesetzen verwendeten Begriff, insb. nicht mit dem des § 4 Abs. 5 S. 1 Nr. 6, § 41 EStG (vgl. BFH X R 174/96, BStBl. II 2001, 734; VIII R 33/10, BStBl. II 2014, 777; X R 13/13, BStBl. II 2015, 273; III R 59/13, BFH/NV 2015, 1365).

Entsprechendes gilt für verschiedene **DBA** (vgl. BFH I R 85/91, BStBl. II 1992, 937 zum DBA Schweiz; BFH I R 50/15, BStBl. II 2017, 230, zum DBA Türkei; BFH I R 32/20, BStBl. II 2024, 875, zum DBA Niederlande; allgemein AEAO zu § 12 → Rn. 4), die idR den Begriff enger fassen (vgl. zu Art. 5 OECD-MA Bükle/Ullmann DStR 2013, 944; Kahle/Kindich StuB 2015, 782). Dem Begriff des § 12 AO kommt bei der **Anwendung des GewStG** einheitlich **Anwendungsvorrang** zu (BFH I R 50/15, BStBl. II 2017, 230, zu § 9 Nr. 3, gegen FG Köln 10 K 73/13, EFG 2015, 1558; vgl. auch BFH I R 10/14, BStBl. II 2015, 1049; I R 32/20, BStBl. II 2024, 875; ebenso zB Kahlenberg IWB 2015, 940; Becker/Loose Ubg 2015, 520; Ham/Retzer DStR 2015, 2650), unabhängig davon, ob im Ergebnis wegen des abweichenden Begriffs in einem DBA eine Besteuerung von Vorgängen stattfindet oder nicht.

Zur Problematik der BSt. bei Unternehmen der *Digital Economy* vgl. Heggmair/Riedl/Wutschke IStR 2015, 92; Rogge BB 2015, 2966, zum E-Commerce Leisner-Egensperger StuW 2014, 298.

Ob im Einzelfall eine BSt. vorliegt, hängt von der konkreten **Ausprägung** **613b**
der räumlichen und zeitlichen **Komponenten** ab (BFH VII B 244/09, BStBl. II 2010, 2020). Zum Begriff der BSt. nach § 12 S. 1 AO und nach dem Katalog des § 12 S. 2 AO vgl. auch BStErlass BMF 24.12.1999, BStBl. I 1999, 1076 (hierzu Kumpf/Roth DB 2000, 741; FR 2000, 500; Kumpf FR 2001, 449; Buciek DStZ 2003, 139).

c) Anwendungsbereich. Die **Merkmale des § 12 S. 1 AO** gelten auch für **614**
den **Katalog des § 12 S. 2 AO,** sofern dort nicht eine Definitionserweiterung oder -beschränkung enthalten ist (vgl. BFH I R 12/02, BStBl. II 2004, 396). Umgekehrt kann die 6-Monatsfrist des § 12 S. 2 Nr. 8 AO einen Anhaltspunkt für die erforderliche Dauer der Ortsfestigkeit einer Einrichtung, in der keine Bauausführungen/Montagen stattfinden, bieten (vgl. BFH I B 136/53 U, BStBl. III 1954, 179; I R 80/92, BStBl. II 1993, 655; FG München I 47/80 L 1, EFG 1986, 259; FG Köln 3 K 2338/01, EFG 2002, 485; jedoch str., vgl. BFH I R 12/02, BStBl. II 2004, 396, insoweit offengelassen). Bei **Reisegewerbetreibenden** tritt an die Stelle der BSt. der Mittelpunkt der gewerblichen Tätigkeit (§ 35a Abs. 3 und 4; vgl. GewStR 1.3 Abs. 1 S. 2, 35a).

II. Die einzelnen Merkmale

1. Feste Geschäftseinrichtung oder Anlage

615 **a) Dauer.** Die Einrichtung oder Anlage kann in einem oder mehreren Gegenständen bestehen. Erforderlich ist eine **feste Beziehung zur Erdoberfläche** (auch wenn die BSt. unter ihr liegt), die **von einer gewissen Dauer** ist; zudem muss der Unternehmer zumindest eine gewisse nicht nur vorübergehende Verfügungsgewalt darüber haben (BFH I R 68/12, BStBl. II 2014, 875; III R 35/20, BStBl, II 2022, 844; I R 32/20, BStBl. II 2024, 875; I R 47/20, BFH/NV 2023, 1291); eine nur kurzfristige und bei Bedarf gewährte Nutzungsmöglichkeit genügt nicht (BFH I R 80-81/91, BStBl. II 1993, 462; II R 12/92, BStBl. II 1997, 12; hierzu → Rn. 619). Bei mobilen Einrichtungen gilt dies auch für die nötige Stellfläche (BFH I R 77/88, BStBl. II 1990, 166). Außerdem müssen sie den Zwecken des Unternehmens selbst dienen (zB BFH I R 145/76, BStBl. II 1979, 527), also nicht etwa nur den Zwecken des Stellvertreters (→ Rn. 626). Ein **Verkaufsstand** auf Wochenmärkten kann genügen, jedoch nur, wenn die Veranstaltung mehrmals (mE mit insgesamt mehr als 4 Wochen Dauer) im Jahr wiederholt wird (BFH I R 128/73, BStBl. II 1975, 203), auf einem Weihnachtsmarkt (einmal 4 Wochen im Jahr) jedoch nicht (BFH I R 12/02, BStBl. II 2004, 396).

616 **b) Körperliche Gegenstände.** Als **Geschäftseinrichtung** wird jeder **körperliche Gegenstand** bzw. jede Zusammenfassung körperlicher Gegenstände bezeichnet, der/die geeignet ist/sind, Grundlage einer Unternehmenstätigkeit zu sein. Der Begriff erfordert keine besondere Vorrichtung oder zum Aufenthalt von Menschen geeignete Räume (BFH VIII R 270/81, BFH/NV 1988, 735). In Betracht kommen neben Gebäuden einzelne Räume oder Grundstücksflächen (BFH I R 80-81/91, BStBl. II 1993, 462; I R 68/12, BStBl. II 2014, 875). Auch die Bebauung von erworbenen Grundstücken ist feste Einrichtung in diesem Sinne (BFH I R 32/20, BStBl. II 2024, 875). Es kommt auch die **Wohnung** in Frage, wenn der Gewerbetreibende idR nur dort telefonisch erreichbar ist, dort abrechnet und/oder von dort seiner Tätigkeit nachgeht (BFH IV 319/60 U, BStBl. III 1963, 28 für Taxiunternehmen ohne festen Standplatz; BFH IV 155/60 U, BStBl. III 1961, 317; I R 130/83, BFH/NV 1988, 119 für ambulante Händler und Vertreter; FG Hmb V 298/88, EFG 1992, 332 für Fotomodell) oder eine Ferienwohnung ggf. neben dem Wohnsitz (GewStR 2.9 Abs. 1 S. 6 f.), ggf. Räume der Betriebsgesellschaft bei einer Betriebsaufspaltung (BFH I R 5/82, BStBl. II 1983, 771). In Betracht kommt auch ein **Server** (hierzu Rogge BB 2015, 1823), beim Cloud-Computing aber nicht der des Anbieters (vgl. Ditz, Praxis des Internationalen Steuerrechts 2013, 91). Angestellte **Korrespondenten,** die im Inland ansässig sind oder ein Büro zur Verfügung haben, begründen für ausländische Korrespondenten eine BSt. (OFD München 11.4.2000, DB 2000, 1203). Nur gelegentliche Geschäftskontakte in der Wohnung begründen dort aber noch keine BSt. (BFH I B 124/64, BStBl. III 1966, 548). Auch nur **zur Verfügung gestellte Räume** in einem abgegrenzten Areal (Kaserne) kommen in Betracht (BFH I R 106/03, BFH/NV 2005, 154); ebenso personenbeschränkte Geschäftseinrichtungen wie **Spind und Schließfach** (BFH I R 47/20, BFH/NV 2023, 1291) oder eine **Rohrleitung** (Pipeline) (BFH II R 12/92, BStBl. II 1997, 12; III R 8/19, BStBl. II 2021, 627; die aA BFH I R 226/75, BStBl. II 1970, 111 ist überholt).

Zugewiesene Bezirke, Straßenzüge, zB bei Milchversorgern oder Kaminkehrern (zum Kehrbezirk BFH X R 174/96, BStBl. II 2001, 734; X R 19/12, BFH/NV 2015, 482), sind jedoch keine bestimmten Flächen und deshalb **keine BSt.** (RStBl. 1942, 469).

c) Feste Verbindung. Fest ist die Einrichtung oder Anl. durch eine **feste Verbindung zum Erdboden** (Fixierung) im rein mechanischen Sinn (ThürFG 2 K 646/12, EFG 2015, 1496, rkr.) oder durch eine einfache Belegenheit von gewisser Dauer an derselben Stelle (BFH I R 128/73, BStBl. II 1975, 203; I R 80-81/91, BStBl. II 1993, 462; II R 12/92, BStBl. II 1997, 12; VII B 152/86, BFH/NV 1987, 735). Dem Erfordernis genügt ein Container bzw. eine „Containerstadt" (FG RhPf 1 K 2352/12, BeckRS 2016, 46167) ebenso wie ein Rohrleitungssystem (BFH IV R 21/21, BFH/NV 2024, 1156). 617

d) Schiffe. Sonderregelungen bestehen **für Schiffe:** Im Inland betrieben wird ein Gewerbebetrieb, soweit für ihn auf einem in einem inländischen Schiffsregister eingetragenen Kauffahrteischiff eine BSt. unterhalten wird (**§ 2 Abs. 1 S. 3;** BFH IV R 58/95, BStBl. II 1998, 86). Das gilt auch für GewBetriebe, die auf solchen Schiffen unterhalten werden (zB Restauration, BFH I R 219/71, BStBl. II 1974, 361). Eine Ausnahme gilt für BSt. Auf solchen Kauffahrteischiffen, die im sog. Regelmäßigen Liniendienst ausschließlich zwischen ausländischen Häfen verkehren (§ 5 GewStDV). Auf Handelsschiffen im internationalen Verkehr wird keine (ausländische) BSt. Unterhalten (FG Hmb 6 K 102/08, EFG 2009, 1665). Bei Binnen-Küstenschifffahrtsbetrieben, die feste örtliche Anlagen oder Einrichtungen zur Ausübung des Gewerbes nicht unterhalten, gilt eine BSt. In dem Ort als vorhanden, der als Heimathafen (Heimatort) im Schiffsregister eingetragen ist (§ 6 GewStDV). Hochseefischer werden Küstenschiffern gleichgesetzt (RFH RStBl. 1926, 333; Tipke/Kruse AO § 12 Rn. 7b). Die Wohnung des Schifffahrtunternehmers genügt regelmäßig nicht den Anforderungen einer BSt. (BFH I B 124/64, BStBl. III 1966, 548; GewStH 2.9 (1)), wohl aber ein Schiffsanleger (BFH I R 376/83, BStBl. II 1988, 201). 618

2. Verfügungsmacht

a) Gesicherte Rechtsposition. Eine nicht nur vorübergehende Verfügungsmacht setzt **nicht notwendigerweise Miete oder Pacht** der betreffenden Gegenstände oder Räume voraus. Der unentgeltlich Nutzende muss aber eine **Rechtsposition** besitzen, die ihm ohne seine Mitwirkung nicht ohne Weiteres entzogen und die hinsichtlich der Bestimmtheit der überlassenen Räume nicht ohne Weiteres verändert werden kann (BFH I R 77/88, BStBl. II 1990, 166; II R 12/92, BStBl. II 1997, 12; III R 35/20, BStBl. II 2022, 844). Sie muss eine gewisse örtliche **Verwurzelung bzw. Verfestigung** der gewerblichen Tätigkeit ermöglichen. Unter dieser Voraussetzung kann eine BSt. auch zur Nutzung durch eigene Arbeitnehmer oder Subunternehmer in der **BSt. eines Dritten** bestehen (BFH III R 4/16, BFH/NV 2018, 233; III R 3/19, BFH/NV 2020, 708; Blumers/Weng DStR 2012, 551). Bei einem **Berufskartenspieler** kann BSt. seine Wohnung oder das von ihm weiterhin genutzte Kinderzimmer sein, nicht jedoch das Casino (→ Rn. 72). 619

Unklar erscheint, ob die Rechtsposition sich auf **bestimmte Räume** beziehen muss (so BFH I R 189/79, BStBl. II 1982, 624) oder ob eine auf einen bestimmten Arbeitsplatz bezogene Rechtsposition nicht erforderlich ist (so mE zutr. BFH I

R 106/03, BFH/NV 2005, 154). Es genügt wohl, dass aufgrund einer **allgemeinrechtlichen Absicherung** der einmal zur Verfügung zu stellende Raum (Hotelmanagement im Hotelzimmer) auf längere Zeit zur Verfügung steht (BFH I R 80-81/91, BStBl. II 1993, 462), so auch ein vertraglich für die Durchführung der Tätigkeiten für 12 Monate zur Verfügung gestellter Raum mit Gerätschaften (ThürFG 2 K 646/12, EFG 2015, 1496, rkr.) oder ein für regelmäßig durchzuführende Arbeiten vom Vertragspartner fest zugewiesener Raum (FG Köln 4 K 1753/11, EFG 2014, 2115); ebenso der von einer GmbH für zahlreiche an ihr beteiligte Fuhrunternehmer angemietete Parkplatz auch ohne Zuweisung einer bestimmten Teilfläche an den einzelnen Unternehmer (BFH III R 2/06, BFH/NV 2009, 1457). Entsprechendes kommt in Betracht bei Standplätzen (Wochenmarkthändler, Taxistandorte, Obststände; BFH I R 12/02, BStBl. II 2004, 396) sowie einem Stellplatz für Büro- und Werkstattcontainer (FG RhPf 1 K 2352/12, BeckRS 2016, 46167), die den Betreffenden zustehen (BFH I R 145/76, BStBl. II 1979, 527; vgl. XI R 34/90, BStBl. II 1992, 90) oder deren Benutzung jedenfalls vom Verkehr geduldet wird (vgl. GewStR 2.9 Abs. 1 S. 4, GewStH 2.9 Abs. 1); mE ebenso beim shop-in-shop (Zech ISR 2013, 113).

619a Nach gefestigter Rspr. genügt auch eine **faktische Verfügungsmacht,** die sich daraus ergibt, dass ein Unternehmen (auch gewerblich geprägte Mitunternehmerschaft) ohne eigene BSt. von Büroräumen eines anderen Unternehmens (BFH I R 52/10, BFH/NV 2011, 1354) oder einer eingeschalteten Managementgesellschaft mittels eines sachlichen und personellen „Apparats" operativ gesteuert wird, wodurch es Zugriff auf die fraglichen Räumlichkeiten hat (BFH I R 46/10, BStBl. II 2014, 764; III R 35/20, BStBl. II 2022, 844, zu FG Bln-Bbg 9 K 11108/17, EFG 2020, 669, aufgeh.; zust. Nürnberg Ubg 2022, 565; krit. Reiser/Cortez IStR 2013, 6). Es genügt die Identität der Leitungsorgane auf Seiten des Überlassenden und des Nutzenden, die eine fortlaufende Überwachung ermöglicht (BFH I R 58/15, BFH/NV 2018, 684, zu FG Brem 1 K 68/12 (6), EFG 2016, 88 best.). Fehlt es an solchen Umständen, sind für die Annahme von (faktischer) Verfügungsmacht sonstige betriebliche Handlungen am Ort des Auftragnehmers erforderlich (BFH III R 35/20, BStBl. II 2022, 844; vgl. → Rn. 622 ff.). Insofern genügt, dass die Nutzungsmöglichkeit unabdingbare Voraussetzung für die betriebliche Tätigkeit ist und während der vereinbarten Gesamtdauer nicht entzogen wird (BFH I R 47/20, BFH/NV 2023, 1291).

620 **b) Ausländisches Unternehmen.** Ein ausländisches Unternehmen hat eine Betriebsstätte auch in Räumen, die sein **leitender Angestellter** angemietet und ihm zur Verfügung gestellt hat (BFH I R 87/72, BStBl. II 1974, 327). Zur Nutzung eines Hotelzimmers → Rn. 618 f.

621 **c) Keine geeignete Verfügungsmacht.** besteht beim **bloßen Tätigwerden,** auch wenn langjährig, in fremden Räumen; neben der zeitlichen Komponente müssen zusätzliche Umstände auf eine auch **örtliche Verfestigung/Verwurzelung** der Tätigkeit schließen lassen (BFH III R 35/20, BStBl. II 2022, 844). Das gilt zB für Tätigkeiten *in Räumen von Kunden* oder *Vertragspartnern,* in denen betriebliche Tätigkeiten stattfinden bzw. die der Unternehmer zu geschäftlichen Verhandlungen aufsucht (BFH IV 155/60 U, BStBl. III 1961, 317; I R 30/07, BStBl. II 2008, 922; zur Abgrenzung NdsFG 10 K 129/19, EFG 2023, 215), insb. bei Tätigkeiten im Interesse des Überlassenden/Vertragspartners (BFH I R 77/88, BStBl. II 1990, 166; I R 113/87, BStBl. II 1990, 983), oder an denen nur ein *einfaches Mitnutzungsverhältnis* besteht (BFH I B 196/08, BFH/NV 2009, 1588).

Entsprechendes gilt für vom Hauseigentümer gewählte *Mülltonnenplätze* (keine BSt. des Müllabfuhrunternehmens BFH VIII R 270/81 B, BFH/NV 1988, 735), *Wohnräume des Arbeitnehmers,* wenn das jederzeitige Verfügungsrecht des Arbeitgebers nicht unbestritten ist (BFH I B 80/97 B, BFH/NV 1999, 665), eine *Tankstelle* für das überlassende Mineralölunternehmen (BFH III R 47/03, BStBl. II 2006, 78; III R 76/03, BStBl. II 2006, 84; I R 84/05, BStBl. II 2007, 94).

In der Regel nur vorübergehende Verfügungsmacht hat der Benutzer eines *Hotelzimmers,* auch wenn er dort geschäftliche Handlungen vornimmt (BFH IV 155/60 U, BStBl. III 1961, 317); doch kann sich im Einzelfall aufgrund ausdrücklicher oder konkludenter Vereinbarung eine (auf Dauer) gesicherte Rechtsposition ergeben (BFH I R 80-81/91, BStBl. II 1993, 462): der Geschäftslokalcharakter eines Hotelzimmers würde eine Betriebsstätte begründen. Auch die *einmaligen Auftritte* von *Berufssportlern* und *kurze Gastspiele* von *Musikern* führen zu keiner BSt. (BFH IV 77/53 S, BStBl. III 1955, 100; Tipke/Kruse AO § 12 Rn. 10). Aus den reisekostenrechtlichen Ausführungen in BFH IV R 101/72, BStBl. II 1975, 407, kann nicht entnommen werden, dass ein als Berufssportler tätiger Skifahrer oder der freiberufliche Skilehrer am Skihang eine BSt. hat (ähnl. BFH VIII R 104/85, BStBl. II 1986, 424).

Keine Verfügungsmacht besteht idR auch **bei Verpachtung der** 621a **Geschäftseinrichtung** (hier: eines **Gasnetzes**), ohne dass sich aus dem Pachtvertrag Umstände ergeben, die auf die Entfaltung einer eigenen geschäftlichen Tätigkeit des Verpächters mit der Geschäftseinrichtung schließen lassen könnten, insb. wenn hiernach allein der Pächter den Betrieb übernimmt. Bestimmte Mitwirkungsrechte des Verpächters bei der Aufstellung und Durchführung eines Wirtschaftsplans genügen ebenso wenig, wie das Recht auf Durchleitung des Energieträgers, hier: Gas (BFH III R 8/19, BStBl. II 2021, 627, gleichzeitig zur Konkordanz mit dem **EnWG**). Die **Verpachtung von Grundstücken** und Betriebsvorrichtungen begründet ebenfalls keine BSt. des Verpächters (BFH VIII R 159/84, BStBl. II 1988, 653; → Rn. 622 ff.). Das gilt bei einer **Betriebsaufspaltung** für die Räume des Betriebsunternehmens (BFH III R 50/95, BStBl. II 1999, 607; II R 38/10, BStBl. II 2012, 782; I R 72/16, BFH/NV 2021, 863) auch dann, wenn dort beschäftigtes Personal auf Anweisung des Besitzunternehmers (Buchführungs-)Arbeiten durchführt (NdsFG 15 K 3035/06, EFG 2010, 386).

Beim **Cloud-Computing** hat der Nutzer mE mangels Verfügungsmacht über den Server des Anbieters keine BSt. (vgl. Ditz, Praxis des Internationalen Steuerrechts 2013, 91).

3. Unmittelbares Dienen

a) Begriff. Der **Tätigkeit des Unternehmens** muss die Geschäftseinrichtung 622 oder Anlage **dienen.** Eigentum oder Besitz an einem Grundstück allein genügt nicht (BFH III R 8/19, BStBl. II 2021, 627). Erfasst werden auch Betriebe, deren Tätigkeit kraft Gesetzesfiktion als Gewerbebetrieb gilt; ein abweichendes Verständnis in einem DBA ist hierbei unerheblich (BFH I R 58/15, BFH/NV 2018, 684).

Unmittelbar dienen (BFH IV R 24/73, BStBl. II 1979, 18) bedeutet, dass der Unternehmer die Einrichtung für eine gewisse Dauer zu unternehmerischen Zwecken nachhaltig nutzt (BFH II R 134/86, BStBl. II 1988, 735; I R 77/88, BStBl. II 1997, 12) bzw. wenn die Einrichtung auf einen solchen dauerhaften Bezug zum Unternehmen hin ausgerichtet ist (BFH V R 20/79, BStBl. II 1987,

162). Ohne zeitliche/räumliche **„Verwurzelung"** des Unternehmens vor Ort fehlt es an dem erforderlichen Dienen der Geschäftseinrichtung/Anlage für unternehmerische Zwecke (BFH III R 35/20, BStBl. II 2022, 844). Es genügt, wenn die Einrichtung nur einem selbstständigen oder unselbstständigen Teil der unternehmerischen Tätigkeit dient (BFH I R 95/84, BStBl. II 1988, 663) bzw. das Benutzungsrecht idS zweckgebunden ist (BFH I R 80-81/91, BStBl. II 1993, 462). Es genügt die Durchleitung von Stoffen in einem Rohrleitungsnetz, auch wenn der inländische Teil des Netzes ein für sich nicht funktionsfähiger Teil einer Gesamtanlage ist (BFH I R 77/88, BStBl. II 1997, 12; IV R 21/21, BFH/NV 2024, 1156). In Betracht kommen auch Tätigkeiten von fremdem weisungsgebundenem Personal (BFH III R 4/16, BFH/NV 2018, 233).

An der erforderlichen Tätigkeit fehlt es, wenn die Einrichtung einem anderen Unternehmer für dessen geschäftliche Tätigkeit überlassen wird und dort keine eigenen betrieblichen Handlungen vorgenommen werden (BFH III R 24/85, BStBl. II 1990, 756; I R 84/05, BStBl. II 2007, 94; I R 40/15, BStBl. II 2016, 537; III R 4/16, BFH/NV 2018, 233). Es genügt auch nicht, wenn die Einrichtung dem ständigen Vertreter dient (BFH I R 196/79, BStBl. II 1983, 77; III R 3/19, BFH/NV 2020, 708; zum ständigen Vertreter → Rn. 626).

Hygienische Einrichtungen und **Umkleideräume** für Arbeitnehmer stellen ebenso wenig eine Betriebsstätte dar (BFH I B 214/58 U, BStBl. III 1959, 349), wie der Übernachtung von Arbeitnehmern dienende Räume (BFH I R 80-81/91, BStBl. II 1993, 462); das Gleiche gilt für Wohnzwecken oder sozialen Belangen dienende Einrichtungen (Genesungsheime, Sportgelände, BFH I B 222/59 U, BStBl. III 1961, 52; GewStR 2.9 Abs. 3).

623 **b) Gewerbliche Vermietung/Verpachtung/Grundvermögen.** Die **Vermietung/Verpachtung** von Räumen und Grundbesitz als solche begründet an diesem Ort noch keine BSt., und zwar auch dann nicht, wenn sie zum BV des Vermieters gehören bzw. die Vermietung ein betrieblicher Vorgang ist (stRspr, zB BFH I R 84/05, BStBl. II 2007, 94; I R 46/07, BFH/NV 2008, 930) oder Betretungs-/Kontrollrechte ausgeübt werden (BFH III R 3/19, BFH/NV 2020/708). Auch → Rn. 621a.

Etwas anderes gilt bei einer dortigen gewerblichen Tätigkeit des Vermieters für eine **originär gewerbliche** Verpachtung oder Vermietung von Betriebsanlagen (BFH I B 148/59 U, BStBl. III 1960, 468; IV B 411/62 U, BStBl. III 1965, 324). Die **Vercharterung eines Schiffes** ist nur dann eine geschäftliche Tätigkeit, wenn das Schiff auf eigene Rechnung und Risko ausgerüstet worden ist; nicht jedoch die Zweitvercharterung eines ausgerüsteten und mit einer Mannschaft versehenen Schiffes (BFH I R 40/15, BStBl. II 2016, 537).

Entsprechendes gilt mE bei als gewerblich einzustufenden **Beteiligungen** an mehreren Immobilien- (Personen-)Gesellschaften, weil erst die Anzahl der Beteiligungen zur Gewerblichkeit führt. Der **bloße Besitz von Grundvermögen,** insb. das Halten von Vorratsgrundstücken allein kann keine BSt. abgeben (BFH I B 218/56 U, BStBl. III 1958, 261; II 38/10, BStBl. II 2012, 782). Jedoch ist ein Grundstück auch dann Teil einer (mehrgemeindlichen) BSt., wenn dieser Teil der BSt. vorübergehend nicht genutzt wird (BFH I B 34/50 U, BStBl. III 1951, 124; I B 218/56 U, BStBl. III 1958, 261).

624 **c) Hilfs- oder Nebenhandlungen.** Die dem Unternehmen dienende Tätigkeit muss **nicht notwendig vom Unternehmer** selbst ausgeübt werden. Es genügt, wenn sich in den Einrichtungen oder Anlagen Hilfs- oder Nebenhandlun-

gen vollziehen. Der **Einsatz von Personal** in oder an der Geschäftseinrichtung ist **nicht erforderlich** (BFH I R 77/88, BStBl. II 1997, 12). Auch **mechanische Anlagen** werden als BSt. gewertet (Verkaufsautomaten), und zwar auch dann, wenn die Bedienung durch automatische Steuerungseinrichtungen bzw. Fernsteuerungen (auch im Ausland) erfolgt (BFH I R 227/75, BStBl. II 1978, 160 (162)). **Gleisanlagen** uÄ können mE dem nicht gleichgesetzt werden (str., → § 30 Rn. 3). Auch Anschlagstellen werden als BSt. beurteilt (BFH I B 49/58 U, BStBl. III 1958, 379). Nach diesen Grundsätzen ist wohl auch ein **Verkaufsserver im Internet** als BSt. anzusehen (zum BStbegriff des OECD-Musterabkommens Holler/Heerspink BB 1998, 771; Strunk BB 1998, 1824; Pinkernell/Ditz FR 2001, 1193 (1271)).

d) Kapitalgesellschaften. *Kapitalgesellschaften* unterhalten eine (mehrge- 625
meindliche) BSt. auch mit einem nicht genutzten Grundstück, das zu einer BSt. gehört (BFH I B 14/50 U, BStBl. III 1951, 124; I 230/56 U, BStBl. III 1958/261) und BSt. auch in Gemeinden, in denen sie eine **Landwirtschaft** betreiben (BFH I B 222/59 U, BStBl. III 1961, 52).

4. Ständiger Vertreter

a) Definition. Die Tätigkeit, der die BSt. dient, kann auch von einem ständi- 626
gen Vertreter ausgeübt werden. Er ist nach der Definition des **§ 13 AO** eine Person, die nachhaltig Geschäfte des Unternehmens besorgt und dabei dessen Sachweisungen unterliegt, insb. für ein Unternehmen nachhaltig **(1.)** Verträge abschließt oder vermittelt oder Aufträge einholt oder **(2.)** einen Bestand von Waren und Gütern unterhält und davon Auslieferungen vornimmt (hierzu BFH I R 35/70, BStBl. II 1972, 785). Die hierin angesprochene Weisungsabhängigkeit ist bei einem Arbeitnehmer gegeben, kann aber auch auf einem Auftrags- oder Geschäftsbesorgungsverhältnis (§§ 662, 675 BGB) beruhen. Möglich ist die Vertretung auch im Rahmen eines GewBetriebs, zB bei einem Handelsvertreter nach § 84 HGB (vgl. RFH RStBl. 1941, 355), auch durch eine Kapitalgesellschaft (RFH 432/38, RStBl. 1940, 25). Das **Organ einer KapGes** kann entgegen einer verbreiteten Gegenmeinung deren ständiger Vertreter sein (BFH I R 54/16, BStBl. II 2019, 365, zu FG RhPf 1 K 1685/14, EFG 2016, 1324, aufgeh.). Auch bei einer Betriebsaufspaltung ist das Betriebsunternehmen nicht ständiger Vertreter des Besitzunternehmens (BFH VI B 31/63, BStBl. III 1966, 598).

b) Verfügungsmacht. Die erforderliche **Verfügungsmacht** des Unterneh- 627
mens **an Einrichtungen des Vertreters** (s. RFH 272/39, RStBl. 1939, 1227; 1940, 25 (26); 1942, 801) ist nur dann gegeben, wenn diesem die Einrichtungen in der Weise überlassen sind, dass bei Beendigung seiner Tätigkeit für den Unternehmer das Gebrauchsrecht des Vertreters an ihnen erlischt (s. dazu GewStR 2.9 Abs. 4, GewStH 2.9 Abs. 4; BFH I R 127/68, BStBl. II 1971, 776). Das ist nicht der Fall, wenn der ständige Vertreter Eigentümer, Mieter oder Pächter der Einrichtung ist, es sei denn, er stellt die Räume dem Unternehmen zur Verfügung (BFH I R 87/72, BStBl. II 1974, 327; Kroppen JbFfSt 2014/2015, 873). Demgemäß ist keine BSt. Des Unternehmens der Geschäftsraum des selbstständigen Handelsvertreters; das Werbelokal, das eine Bausparkasse ihrem Vertreter zur Verfügung stellt (BFH I B 282/62 U, BStBl. III 1965, 690); das Geschäftslokal des Versicherungsvertreters, auch bei Betretungsrecht des Unternehmens zu Kontrollzwecken (BFH I B 156/58 S, BStBl. III 1962, 227); die von einem Mineralölun-

ternehmen an den Tankwart verpachteten Einrichtungen (BFH I B 223/61 S, BStBl. III 1962, 477; vgl. III R 76/03, BStBl. II 2006, 78; III R 76/03, BStBl. II 2006, 84; I R 84/05, BStBl. II 2007, 94); die Wohnung des selbstständigen Handlungsgehilfen.

5. Gesetzlich geregelte Einzelfälle

628 **a) Stätte der Geschäftsleitung (§ 12 S. 2 Nr. 1 AO).** Jedes Unternehmen hat zumindest eine **am Ort der Geschäftsleitung zu lokalisierende BSt.** (BFH R 98/15, BFH/NV 2018, 497; III R 35/20, BStBl. II 2022, 844). Das ist der Ort, an dem sich der **Mittelpunkt der geschäftlichen Oberleitung** befindet (§ 10 AO, s. dazu FG Hmb 2 K 54/13, EFG 2016, 747 rkr.), also der Ort, an dem der für die Geschäftsführung maßgebliche Wille gebildet wird (RFH III 40/38, RStBl. 1938, 949; BFH I R 4/02, BFH/NV 2004, 83). Der Begriff ist nicht nur tätigkeitsbezogen, sondern auch ortsbezogen zu verstehen; er bezeichnet eine Einrichtung, an der sich der Geschäftsleiter **mit einer gewissen Regelmäßigkeit** aufhält (BFH I R 76/95, BFH/NV 1998, 434; FG München 7 K 36/18, EFG 2021, 1891, nachgehend BFH I R 5/21, BFH/NV 2025, 664, aus anderen Gründen aufgeh.). Allerdings setzt er definitionserweiternd **keine feste Einrichtung** oder Anlage voraus (BFH I R 15/93, BStBl. II 1994, 148). Das können die Wohnung des Geschäftsleiters sein, wenn dort die geschäftliche Planung stattfindet (BFH I R 98/15, BFH/NV 2018, 497), oder entsprechend die Räume eines gesellschaftsfremden Managers (BFH IV R 29/02, BStBl. II 2004, 602), bei einer GmbH idR der Ort, an dem sich das Büro, ersatzweise die Wohnung des Geschäftsführers befindet (BFH I R 22/90, BStBl. II 1991, 554). Maßgeblich sind die Umstände des Einzelfalles, die eine Gewichtung der (aufgeteilten) Aufgaben erfordern (BFH IV R 58/95, BStBl. II 1998, 86); eine **tatsächliche Verständigung** ist zulässig (BFH I B 125/12, BFH/NV 2013, 249).

Auch setzt der Begriff **keine bestimmte Dauer** der rechtsgeschäftlichen Handlungen voraus, was insb. bei Bauausführungen/Montagen **ausländischer Unternehmen** im Inland von Bedeutung sein kann, wenn die inländische Tätigkeit die Dauer von sechs Monaten nicht überschreitet. Allerdings wird idR die maßgebliche rechtsgeschäftliche Willensbildung einer ausländischen BSt. des Unternehmens zuzuordnen sein (zB BFH I R 32/20, BStBl. II 2024, 875). Besteht eine solche nicht, wie bei einem Subunternehmen denkbar, kann mE auch bei einer kurzfristigen Maßnahme im Inland eine BSt. begründet werden (aA Leich PiStB 2021, 332).

628a Bei einer **Kapitalgesellschaft** ist unter geschäftlicher Oberleitung die Geschäftsführung im engeren Sinne, also **die laufende Geschäftsführung,** zu verstehen. Das sind die tatsächlichen und rechtsgeschäftlichen Handlungen, die der gewöhnliche Betrieb der Gesellschaft mit sich bringt, und solche organisatorischen Maßnahmen, die zur gewöhnlichen Verwaltung der Gesellschaft gehören („Tagesgeschäfte"; BFH I R 76/95, BFH/NV 1998, 434; I R 29/02, BStBl. II 2004, 602). Daher kann sich die geschäftliche Oberleitung in der Wohnung des Geschäftsführers oder in einem Baucontainer befinden (BFH I R 22/90, BStBl. II 1991, 554; I R 138/97, BStBl. II 1999, 437; vgl. auch I B 134/97, BFH/NV 1999, 372). Gelegentliche Mitwirkungen von Gesellschaftern an einzelnen Entscheidungen genügen nicht (BFH II 29/65, BStBl. II 1970, 759). Bei einer *GmbH & Co KG* ist idR maßgebend der Ort der Geschäftsleitung der GmbH (BFH I R 58/15, BFH/NV 2018, 684, zu FG Brem 1 K 68/12 6, EFG 2016,

88, best.). Auch eine **Organgesellschaft** hat grundsätzlich ihren eigenen Ort der Geschäftsleitung, der mit dem des Organträgers zusammenfallen kann, aber nicht muss (BFH I K 1/93, BStBl. II 1995, 175). Bei einem **Schifffahrtsunternehmen** kann sich der Mittelpunkt der geschäftlichen Oberleitung in den Geschäftsräumen eines ausländischen Managers oder Korrespondentenreeders befinden (BFH IV R 58/95, BStBl. II 1998, 86; VIII R 76/95, BFH/NV 2000, 300).

Kommen nach den allgemeinen Kriterien **mehrere Orte** als Ort der Geschäfts- **628b** leitung in Betracht, ist nach einer **Gewichtung der jeweiligen Tätigkeiten** in organisatorischer und wirtschaftlicher Hinsicht die bedeutsamste Stelle zu ermitteln; ist eine solche Gewichtung nicht möglich, bestehen **mehrere Betriebsstätten der Geschäftsleitung** (BFH IV R 30/11, BStBl. II 2015, 601 mwN; Anm. Wendt BFH/PR 2015, 158; Keilhoff GmbHR 2015, 380; Töben IStR Beih. 13/ 15, 65).

b) Zweigniederlassung (§ 12 S. 2 Nr. 2 AO). Die Zweigniederlassung ist **629** eine auf eine gewisse Dauer angelegte, rechtlich unselbstständige, aber räumlich selbstständige **Untergliederung** des Unternehmens, die mit einer gewissen wirtschaftlichen und geschäftlichen Selbstständigkeit Geschäfte, nicht notwendigerweise alle, aber der Art des Gesamtunternehmens betreibt, ohne auf bloße vorbereitende oder Hilfstätigkeiten beschränkt zu sein (vgl. BFH I R 46/88, BStBl. II 1993, 677). Sie muss dem Grunde nach die Voraussetzungen des BStBegriffs des § 12 S. 1 AO erfüllen; dh sie muss aktiv am Geschäftsleben des GewTreibenden teilnehmen, insofern „mit Leben erfüllt" werden. Das kann auch durch Betriebsführungsvertrag geschehen, wenn die in der Zweigniederlassung geschlossenen Verträge mit dem Hauptunternehmen zustandekommen und das Betriebsführungsunternehmen zumindest aufgrund tatsächlicher Umstände an die Räumlichkeiten gebunden ist (FG BW 6 K 1483/12; nachfolgend BFH I B 3/14, BFH/ NV 2015, 1553). Mit der **Eintragung im Handelsregister** besteht die **Vermutung,** dass dort eine BSt. tatsächlich unterhalten wird. Die Vermutung kann nur mit der schlüssigen Darlegung widerlegt werden, die Eintragungsvoraussetzungen hätten nicht vorgelegen. (BFH III R 116/79, BStBl. II 1981, 560; II R 107/97, BFH/NV 2000, 688). Das gilt mE auch, wenn dargelegt werden kann, dass eine aktive Teilnahme am Geschäftsleben dort *nicht mehr* besteht. Zur Verfügungsmacht → Rn. 619 ff.

c) Geschäftsstellen (§ 12 S. 2 Nr. 3 AO). Dies sind **Filialen,** Zweigstellen, **630** Kontaktbüros und ähnliche Büros (BFH I B 101/98, BFH/NV 1999, 753).

d) Fabrikations- oder Werkstätten (§ 12 S. 2 Nr. 4 AO). Sie können auch **631** der **Herstellung von Produkten** dienen, die zur weiteren Veredelung oder Herstellung bestimmt sind. Hierzu gehören auch Windkraftanlagen (vgl. § 29 Abs. 1 Nr. 2; SchlHFG 2 K 196/08, EFG 2009, 682).

e) Warenlager (§ 12 S. 2 Nr. 5 AO), Verkaufsstellen (§ 12 S. 2 Nr. 6 AO). **632** Wenn bei ihnen Waren nicht nur gelagert und ausgeliefert, sondern im größeren Umfang auch verkauft werden, sind sie mE unter die **Verkaufsstellen** (§ 12 S. 2 Nr. 6 AO) einzureihen. Eine Verkaufsstelle ist nur dann eine BSt., wenn sie eine feste Anlage oder Geschäftseinrichtung iSv § 12 S. 1 AO ist. Ein Verkaufsstand, der nur einmal für 4 Wochen pro Jahr genutzt wird, ist keine BSt. (Weihnachtsmarkt, BFH I R 12/02, BStBl. II 2004, 396). Wird er mehrfach im Jahr an derselben Stelle genutzt, kann dies anders sein (BFH I R 128/73, BStBl. II 1975, 203; X R 174/96, BStBl. II 2001, 734). Keine BSt. des Mineralölunternehmens ist die dem Betreiber überlassene Tankstelle (BFH III R 76/03, BStBl. II 2006, 84; III R 47/03, BStBl. II 2006, 78; I R 84/05, BStBl. II 2007, 94).

633 **f) Gewinnung von Bodenschätzen (§ 12 S. 2 Nr. 7 AO).** In § 12 S. 2 Nr. 7 AO sind neben **Bergwerken, Steinbrüchen** oder anderen stehenden auch örtlich **fortschreitende** oder **schwimmende Stätten der Gewinnung von Bodenschätzen** genannt. Sie weisen – wenn auch nur vorübergehend – einen festen Bezug zu einem bestimmten Punkt der Erdoberfläche auf. Aus Gründen der Gleichbehandlung sollten hierunter nicht nur Bohrinseln, sondern auch für die Kiesgewinnung eingesetzte Baggerschiffe fallen. Dagegen werden nicht erfasst die Schiffe zur Ausbaggerung der Fahrrinne. Denn es fehlt an der Gewinnung von Bodenschätzen. Sie können aber wie Straßenbaumaßnahmen oder Kanalisationsarbeiten als fortschreitende Bauausführungen iSd § 12 Nr. 8 AO angesehen werden.

634 **g) Bauausführungen/Montagen (§ 12 S. 2 Nr. 8 AO). aa) Bauausführungen.** Das sind Arbeiten aller Art, die zur **Errichtung von Hoch- und Tiefbauten** im weitesten Sinn (Häuser, Bahn-, Brücken-, Straßen-, Kanalisationsbau) idR auf **fremdem Grund und Boden** ausgeführt werden (RFH VI B 21/41, RStBl. 1942, 66; BFH I R 32/20, BStBl. II 2024, 875; zum Einsatz gepachteter Wirtschaftsgüter vgl. BFH I R 10/89, BStBl. II 1991, 771), also auch vorbereitende Abbrucharbeiten. Auch Montagearbeiten gehören zu den Bauausführungen, wenn sie mit der Herstellung von Hoch- und Tiefbauten im weitesten Sinn zusammenhängen (s. zum Einsetzen von Fenstern und Türen BFH I R 21/78, BStBl. II 1982, 241; Gerüstbau IV R 51/72, BStBl. II 1978, 140). Davon ging bereits die Rspr. des RFH aus. Sie behandelte derartige Montagen als Bauausführungen und grenzte sie von der Maschinenmontage in fertigen Gebäuden ab, die mit der Errichtung oder Fertigstellung von Gebäuden nicht zusammenhängen (RStBl. 1942, 66). Auch die (verantwortliche) Aufsicht über eine Bauausführung/Montage kann zu einer BSt. führen (BMF 24.12.1999, BStBl. I 1999, 1076; Demme IStR 2013, 559).

635 **bb) Montagen.** Ihre ausdrückliche Erwähnung im Gesetz soll nach BFH I R 113/87, BStBl. II 1990, 983 mit Rücksicht auf die OECD erfolgt sein (zu Art. 5 Abs. 3 OECD-MA Kahle/Kindich DStZ 2015, 751); zudem soll **Montage nicht als Unterfall** der Bauausführung zu verstehen sein. Weitere Kriterien liefert das Urteil nicht, weil Reparaturen keine Montage und keine Bauausführung sind (BFH I B 136/53 U, BStBl. III 1954, 179; I R 99/97, BStBl. II 1999, 694 (696); I R 4/02, BFH/NV 2004, 83). Die Bauausführungen (Baustellen) können fest oder fortschreitend (Straßenbau) oder schwimmend sein. Zu den Montagen gehören auch Arbeiten zur unmittelbaren Vorbereitung der eigentlichen Montagearbeiten; sie beginnen mit dem Eintreffen des ersten Personals (BFH I R 99/97, BStBl. II 1999, 694). In Zusammenhang mit der Bauausführung durch Montage begründete Einrichtungen, wie Baubuden uÄ, begründen eine Betriebsstätte nur bei entsprechender Dauer (RFH VI B 7/40, RStBl. 1941, 90; GewStH 2.9 Abs. 2).

636 **cc) Dauer.** Um als BSt. behandelt zu werden, müssen die einzelne Bauausführung oder Montage oder eine von mehreren zeitlich nebeneinander bestehenden Bauausführungen oder Montagen oder mehrere ohne Unterbrechung aufeinander folgende Bauausführungen oder Montagen **länger als sechs Monate** dauern. Dasselbe gilt, wenn mehrere Bauausführungen oder Montagen sich zeitlich über-

schneidend länger als 6 Monate dauern (BFH I R 74/78, BStBl. II 1999, 365; I R 4/02, BFH/NV 2004, 83). **Arbeiten an verschiedenen Orten** sind nur dann im Hinblick auf ihre Dauer zusammenzurechnen, wenn zwischen ihnen ein technischer und organisatorischer Zusammenhang besteht (vgl. BFH I R 47/00, BStBl. II 2002, 846; zT **aA** GewStR 2.9 Abs. 2 S. 6; BMF 24.12.1999, BStBl. I 1999, 1076; BStBl. I 2002, 1385). Sachlich und/oder zeitlich getrennte Montagen, insb. in anderen Ländern, bilden keine einheitliche „Welt"-Betriebsstätte (FG Düsseldorf 10 K 580/85 G, EFG 1991, 290).

Die **6-Monats-Frist** muss **nicht in einem Erhebungszeitraum** vollendet sein. Witterungs- oder bautechnisch, durch Streik oder Materialmangel bedingte **Unterbrechungen** hemmen die Frist nur, wenn sie über zwei Wochen hinausgehen (BFH VI R 56/76, BStBl. II 1979, 479). Wird die Montage aus Gründen des Betriebsablaufs unterbrochen, dann wird der Lauf der Frist nicht berührt; erfolgt die Unterbrechung aus anderen Gründen, tritt eine Fristenhemmung ein, wenn die Unterbrechung nicht kurzfristig ist und das Personal vom Montageort abgezogen wird (BFH I R 99/97, BStBl. II 1999, 694). Wird während der Unterbrechungszeit eine weitere Montage begonnen, so sind für Zwecke der Fristenberechnung beide Montagen entsprechend § 12 S. 2 Nr. 8 Buchst. c AO zusammenzurechnen (BFH I R 99/97, BStBl. II 1999, 694). Dass ein Bauherr mehrere Aufträge für Einbauarbeiten erteilt, steht der Einheitlichkeit der Bauausführung nicht entgegen (BFH I R 21/78, BStBl. II 1982, 241). In § 12 S. 2 Nr. 8 Buchst. b AO wird die sachliche Einheit mehrerer Bauausführungen oder Montagen ohnehin berücksichtigt. Der vom Unternehmer überwachte Einsatz von Subunternehmern als Erfüllungsgehilfen unterbricht die Sechsmonatsfrist nicht (BFH I B 224/61 U, BStBl. III 1963, 71).

h) Stätten der Erkundung oder Versuchsbohrungen. Diese sind unter den Voraussetzungen des **§ 12 S. 2 Nr. 8 AO** als BSt. anzusehen (GewStR 2.9 Abs. 2 S. 9). Die ursprünglich für die Nr. 7 beabsichtigte Erwähnung der Erkundungsstätten wurde als Erweiterung des BStbegriffs angesehen und unterlassen (Mittelsteiner/Schaumburg, Materialien zur AO 1977). 637

6. Mehrgemeindliche Betriebsstätten

Sie können durch den **räumlichen Zusammenhang** mehrerer Anlagen entstehen. Dazu ist allerdings erforderlich, dass sie sich wirtschaftlich, technisch und organisatorisch als einheitliches Ganzes darstellen (hierzu Pieske-Kontny StBp 2021, 95). Zu den Einzelheiten → § 30 Rn. 2. 638

7. Betriebsstätte des Mitunternehmers

Nach der Rspr. werden die BSt. der Gesellschaft den Gesellschaftern **anteilig wie eigene zugerechnet** (zB BFH I R 5/06, BStBl. II 2009, 356; I R 74/09, BStBl. II 2014, 788; zur doppelstöckigen PersGes I R 92/12, BStBl. II 2022, 123). Das ist für die entschiedenen Konstellationen insoweit bedeutsam, als auch SonderBV des Gesellschafters der BSt. zuzuordnen ist, die ihm von der PersGes vermittelt wird (BFH I R 5/82, BStBl. II 1983, 771; IV R 62/82, BStBl. II 1984, 605), sofern das WG aus der Sicht der BSt. einen Aktivposten bildet und mit ihr in einem funktionalen Zusammenhang steht (vgl. BFH I R 110/98, BStBl. II 1999, 812 mwN; zur Darlehensforderung des Gesellschafters vgl. BFH I R 85/91, BStBl. II 1992, 937; I R 5/06, BStBl. II 2009, 356). Abweichungen ergeben 639 sich, wenn das SonderBV in funktionalem Zusammenhang (Veranlassungszusammenhang) mit einer anderweitigen BSt. steht (BFH I R 71/01, BStBl. II 2003, 191; I R 63/06, BStBl. II 2009, 414; I R 47/12, BStBl. II 2014, 770). Das gilt auch bei Vermittlung einer BSt. durch eine gewerblich geprägte inländische KG (vgl. BFH I R 58/15, BFH/NV 2018, 684; hierzu Haase StuW 2017, 69; Oppel IWB 2018, 735; Wacker FR 2018, 558 (562); Wacker DStR 2019, 836).

Allerdings sind diese Entscheidungen ausnahmslos zu **grenzüberschreitenden Konstellationen** und zur Frage der Zuordnung von BSt.-Gewinnen nach DBA oder nach § 49 Abs. 1 Nr. 2 Buchst. a EStG zur Einkommen- bzw. Körperschaftbesteuerung ergangen. **Für die GewSt** hat diese Rspr. Bedeutung für die Frage, inwieweit in solchen Konstellationen Erträge aus einem WG im GewErtrag zu erfassen sind (zB BFH I R 165/90, BStBl. II 1993, 577; I R 63/06, BStBl. II 2009, 414). Weitere Folgerungen im Hinblick auf eine Verfügungsmacht des Gesellschafters lassen sich aus dieser Rspr. angesichts der Steuersubjektqualität der PersGes (§ 5 Abs. 1 S. 3 GewSt) nicht ziehen (FG Bln-Bbg 5 K 5039/18, EFG 2020, 1327; nachgehend von BFH III R 8/19, BStBl. II 2021, 627 offengelassen).

G. Inlandsbesteuerung

I. Inlandsbegriff

1. Allgemeines

640 Der **Begriff des Inlands** iSv § 2 Abs. 1 S. 3 („Inland im engeren Sinn") wird im Gesetz nicht geregelt. Abzustellen für die Besteuerungsbefugnis ist auf die Zuordnung zu dem Herrschaftsgebiet im staatsrechtlichen Sinne und damit auf die einschlägigen staats- und völkerrechtlichen Begriffe (BFH IV R 5/22, BStBl. II 2025, 596). **Inland** iSd Vorschrift **und Staatsgebiet** sind demnach **nicht identisch;** Ersteres reicht über Letzteres hinaus (Waldhoff/Engler FR 2012, 254). Völkerrechtlich erstreckt sich die Souveränität und damit die volle Gebietshoheit des Küstenstaats auch auf das sog. **Küstenmeer,** dessen Breite der Küstenstaat bis zu einer Grenze von 12 Seemeilen, berechnet von einer in Übereinstimmung mit dem SeeRÜbk bestimmten Basislinie, festzulegen befugt ist (Art. 3 Seerechtsübereinkommen – SeeRÜbk).

Dagegen bestehen für die sich anschließende **ausschließliche Wirtschaftszone** (AWZ) und den **Festlandsockel** (FS) nur eingeschränkte Souveränitätsrechte. Deren Einbeziehung stützt sich auf die Zuweisung von Hoheitsbefugnissen durch Art. 55 ff. und Art. 76 ff. SeeRÜbk. Zur Proklamation der AWZ in der Nord- und Ostsee s. BStBl. II 1994, 3769; zur Abgrenzung des FS in der Nordsee im Verhältnis zu den Niederlanden, England und Dänemark s. BGBl. 1972 II 881 (1616).

Allerdings kann in völkerrechtlicher Hinsicht (Steuer der Gemeinden, nicht des Küstenstaats) wie in verfassungsrechtlicher Hinsicht (Territorialprinzip; Wesen der vom Äquivalenzprinzip getragenen GewSt) zweifelhaft sein, ob diese Zuweisungen die Ausweitung auch der GewStHoheit auf eben diese Gebiete tragen (hierzu Petry, Die Ertragsbesteuerung auf dem dt. Festlandsockel und in der AWZ, 2008, 159 ff.; Gille, Erneuerbare Energien, 2009, 30; Till/Maurer NVwZ 10/2012, 9; Waldhoff/Engler FR 2012, 254; Behrendt/Wischott/Krüger BB 2012, 1827; Maciejewski/Theilen IStR 2013, 846; Becker BB 2014, 2270).

2. Die Regelung

Nach der redaktionell verunglückten Vorschrift (vgl. Einleitungssatz und Fortsetzung unter (3.)) gehört zum Inland auch **641**

(1.) der der Bundesrepublik zustehende Anteil an der **AWZ** (200-Meilen-Zone), soweit dort **(a)** Erforschung, Ausbeutung, Erhaltung oder Bewirtschaftung der lebenden und nicht lebenden Ressourcen der Gewässer, des Meeresbodens und seines Untergrundes betrieben werden, **(b)** andere Tätigkeiten zur Erforschung und Ausbeutung der AWZ, zB alternative Gewinnung von Energie, ausgeübt werden, **(c)** Anlagen und Bauwerke, wie künstliche Inseln, zu diesen Zwecken errichtet oder genutzt werden,

(2.) der der Bundesrepublik zustehende Anteil am **FS,** soweit es dort **(a)** um die Ausbeutung und Erforschung der natürlichen Ressourcen (→ Rn. 643) des Meeresbodens und des Meeresuntergrundes oder **(b)** um die Errichtung und Nutzung von Anlagen und Bauwerken, wie künstliche Inseln, zu diesen Zwecken geht,

(3.) der nicht zur Bundesrepublik gehörende Teil eines **grenzüberschreitenden Gewerbegebietes,** das nach den Vorschriften eines DBA als solches bestimmt wird. Zum DBA Niederlande vgl. Drittes Zusatzprotokoll v. 4.6.2004 zum DBA v. 16.6.1959 (BGBl. 2004 II 1653) sowie 1. VO v. 25.7.2007 (BGBl. 2007 II 1664) und VO v. 7.1.2008 (BGBl. 2008 II 30) zur Vereinbarung über grenzüberschreitende GewGebiete.

Für den **EZ 2015** galt § 2 Abs. 7 in einer sachlich eingeschränkten Fassung (G. v. 25.7.2014 (BGBl. 2014 I 1266)). Die **Fassung 2016** orientiert sich stärker an der Formulierung der Befugniszuweisungen durch das SeeRÜbk (BT-Drs. 18/4902, 37; für die Fassung 2015 BR-Drs. 184/14, 77). Zudem enthält sie **materiell-rechtliche Veränderungen** (aA Hawlitschek IStR 2015, 413) und zwar insoweit, als nunmehr auch gewerbliche Tätigkeiten außerhalb der Gewinnung erneuerbarer Energien und Nutzung des Meeresbodens, zB die Fischzucht, erfasst werden (BT-Drs. 18/4902, 41). Sie erlaubt mE **keine enge Auslegung.** Die zu den früheren Fassungen in der Literatur vertretene zutreffende Auffassung, die Vorschrift sei eng auszulegen und erfasse etwa nicht eine Bauausführungs-/Montage-BSt., ist mE damit obsolet. Entsprechendes gilt mE für Bedenken, die sich gegen die die Nutzung und Umwandlung von (Wind)Energie betreffende G-Formulierung richteten (zB Becker BB 2014, 2270). Vermieden werden insb. die mit den älteren Fassungen möglichen Vorteile für **Steuerausländer** etwa bei der Nutzung der Gewässer in der AWZ durch Fischzucht. **642**

Der Ausdruck **natürliche Ressourcen** bezeichnet je nach geografischem Zusammenhang **unterschiedliche Gegenstände.** Während seine Bedeutung in der **Nr. 2 begrenzt** wird auf nicht Lebendes und unbewegliche oder nur eingeschränkt bewegliche sesshafte Lebewesen auf oder unter dem Meeresboden (Art. 77 Abs. 4 SeeRÜbk), ist er in der **Nr. 1 umfassend** (Ausnahme sesshafte Lebewesen, Art. 68 SeeRÜbk) zu verstehen, dh er bezeichnet jegliches Vorkommen an nutzbaren/ausbeutbaren Lebewesen und nicht lebender Materie im Wasser, Meeresboden und Untergrund (Art. 56 SeeRÜbk). ME sind durch die Nr. 1 und 2 der Vorschrift alle denkbaren Arten der Erforschung, Bewirtschaftung, Ausbeutung und Nutzung von Ressourcen und Energieträgern in der AWZ und auf/in dem FS abgedeckt. Insb. sind Bohrinseln (durch Nr. 1a) und Windkraftanlagen (Nr. 1b) in Übereinstimmung mit dem SeeRÜbk umfasst (zB Waldhoff/Engler FR 2012, 254). **643**

II. Nicht-DBA-Länder

644 Inländische BSt. von Unternehmen, deren Geschäftsleitung sich in einem ausländischen Staat befindet, mit dem kein DBA besteht, unterliegen nicht der Gewerbesteuer, wenn und soweit die Einkünfte aus diesen BSt. im Rahmen der beschränkten EStPfl. steuerfrei sind und der ausländische Staat Unternehmen mit Geschäftsleitung im Inland eine entsprechende Befreiung von den der Gewerbesteuer ähnlichen oder ihr entsprechenden Steuer gewährt oder in dem Staat keine der Gewerbesteuer ähnlichen oder ihr entsprechenden Steuern bestehen **(§ 2 Abs. 6).** Die Vorschrift beschränkt die Steuerpflicht der BSt. nur bedingt auf die nach § 49 EStG der BSt. oder dem ständigen Vertreter zuzuordnenden Besteuerungsgrundlagen. Dies zeigt, dass die allgemeine Regelung des § 2 Abs. 1 grds. nicht nur BStErgebnisse erfasst (→ Rn. 13).

645–649 *(frei)*

H. Optionsmodell (§ 2 Abs. 8)

I. Die Regelung

650 Nach der Vorschrift sind für die Anwendung des GewStG eine **optierende Gesellschaft iSd § 1a KStG** als KapGes und ihre Gesellschafter wie die nicht persönlich haftenden Gesellschafter einer KapGes zu behandeln. Sie ist eingeführt worden durch G. v. 25.6.2021 (BGBl. 2021 I 2050) und gilt nach § 36 Abs. 1 GewStG ab EZ 2021, jedoch mit der Folge, dass der entsprechende **Antrag erstmals** für nach dem 31.12.2021 beginnende Wj. gestellt werden kann (vgl. § 34 Abs. 1a KStG idF des oa G). Zur Berechtigung der Einführung und zu den **praktischen Schwierigkeiten** der Umsetzung im Einzelfall Bünning BB 2022, 427; zu den **Vorteilen** der Option Bauer Ubg 2024, 192 u. 274; zur **Überlegenheit alternativer Gestaltungen,** insb. Einbringung von Mitunternehmeranteilen zum Buchwert nach § 20 UmwStG und Betriebsverpachtung im Ganzen Kollruss DStR 2024, 2617.

651 **Ausschließlich Personenhandelsgesellschaften** (OHG, § 105 HGB; KG, § 161 HGB) einschließlich GmbH & Co KG und EWIV (→ Rn. 406; BMF 10.11.2021, BStBl. I 2021, 2212 Rn. 2) **und Partnerschaftsgesellschaften** (§§ 1 ff. PartGG) **sind zur Option befugt.** Sonstige Gesellschaftsformen (→ Rn. 403), insb. die BGB-Ges. oder sonstige Mitunternehmerschaften (→ Rn. 407), kommen ebenso wenig in Betracht wie Einzelunternehmen (zur Kritik zB Kanzler FR 2021, 1049). Ausgeschlossen sind nach § 1a Abs. 1 S. 6 KStG Investmentfonds nach dem InvStG sowie Ges., die in dem Staat ihrer Geschäftsleitung nach der Option keiner der KSt vergleichbaren StPfl. unterliegen (Vermeidung der künstlichen Schaffung hybrider Gesellschaften, vgl. RegBegr BT-Drs. 19/28656, 21). Andere den oa Ges. **vergleichbare ausländische Ges.** sind jedoch optionsberechtigt (BMF 10.11.2021, BStBl. I 2021, 2212 Rn. 3; krit. Haase IWB 2021, 647).

Auch eine nur **vermögensverwaltende OHG/KG** ist, sofern im HR eingetragen (vgl. § 105 Abs. 2 HGB iVm § § 2 HGB), optionsberechtigt (BMF 10.11.2021, BStBl. I 2021, 2212 Rn. 2; Schiffers/Jacobsen DStZ 2021, 348; Taube BB 2025, 471; aA zB Demuth NWB 2021, 2586: nur Mitunternehmerschaften), jedoch von den Möglichkeiten des § 20 UmwStG (→ Rn. 655) ausgeschlossen.

II. Option nach § 1a Abs. 1 KStG

1. Antragsverfahren

Grundlegende Voraussetzung ist die **Option** einer Personenhandelsgesellschaft, einer Partnerschaftsgesellschaft oder (G. v. 27.3.2024, BGBl. 2024 I Nr. 108) einer eingetragenen Gesellschaft bürgerlichen Rechts **zur Körperschaftsbesteuerung.** Es besteht eine strikte **sachliche** und **zeitliche Abhängigkeit** der gewstlichen Behandlung von der wirksamen Option zur KSt nach § 1a KStG. Ein eigenständiger **Antrag für die GewSt** ist **weder erforderlich noch möglich.** Zu **Einzelheiten** s. BMF 10.11.2021, BStBl. I 2021, 2212 Rn. 9–23. **652**

Erforderlich ist ein **unwiderruflicher Antrag** bei dem für die gesonderte und einheitliche Feststellung der Einkünfte (§ 180 AO) oder dem für die ESt oder KSt des Gesellschafters zuständigen FA, dem – je nach Gesellschaftsvertrag – alle Gesellschafter oder ihre Mehrheit von mindestens ¾ der abgegebenen Stimmen zugestimmt haben müssen (§ 1a Abs. 1 S. 1 Hs. 2 KStG iVm § 217 Abs. 1 UmwG). Der Antrag ist nach amtlich vorgeschriebenem Datensatz über die amtlich bestimmte Schnittstelle elektronisch zu stellen, **spätestens 1 Monat vor Beginn des Wj.,** ab dem die Besteuerung wie eine Kapitalgesellschaft gelten soll, erstmals für ein Wj., das nach dem 31.12.2021 begonnen hat. Der Antrag kann nicht vor Gründung der Ges. gestellt werden (BMF 10.11.2021, BStBl. I 2021, 2212 Rn. 18). Für Fälle der **Neugründung** (Abweichung von BMF 10.11.2021, BStBl. I 2021, 2212, Rn. 18) und des **Formwechsels** einer KapGes in eine (optierende) PersGes kann der Antrag nach § 1a Abs. 1 S. 7 KStG (idF d. G. v. 27.3.2024, BGBl. 2024 I Nr. 108) binnen eines Monats nach Abschluss des Gesellschaftsvertrags bzw. der Anmeldung des Formwechsels beim zuständigen Register mit Wirkung für das bereits laufende Wj gestellt werden. Ertragsteuerlich handelt es sich bei Letzterem um ein steuerliches Nullum, also einen nicht unter § 1 UmwStG fallenden Formwechsel einer Körperschaft in eine Körperschaft anderer Rechtsform (BT-Drs. 20/8628, 191; hierzu zB Cordes/Glatthaar Ubg 2024, 401, Gebhardt/Hundrieser/Krüger DStR 2024, 2449). **653**

Ein **wirksamer Antrag** wirkt auch **für die Folgejahre** bis zum allfälligen Ende der Option, ggf. durch Rückoption (→ Rn. 657). Nach BMF ist ein **verspäteter Antrag** vollständig **unwirksam** und wirkt nicht für das nachfolgende Wj. (BMF 10.11.2021, BStBl. I 2021, 2212 Rn. 19).

Eine **Rücknahme des Antrags** ist nach dem klaren GWortlaut **nicht möglich.** Entsprechendes gilt mE für den Umweg einer Rückoption (→ Rn. 657) vor Beginn des Wj, in dem die Option erstmals ausgeübt werden soll, der formal möglich erscheint, weil das G keine Bindungsfrist für den Antrag vorsieht (zB Wackerbeck in Brandis/Heuermann KStG § 1a Rn. 22). Allerdings steht dem der Sinn und Zweck der Unwiderruflichkeit entgegen, der eine unnötige Belastung der FVerw angesichts der Komplexität der Materie verhindern soll (hierzu BT-Drs. 19/28656, 28; ebenso Taube BB 2025, 471; Tiede in HHR § 1a KStG Rn. 23).

2. Rechtsfolgen

a) Behandlung der PersGes als KapGes. Sie bedeutet, dass die PersGes, auch eine solche mit freiberuflicher oder vermögensverwaltender Tätigkeit, numehr als KapGes **wie ein GewBetrieb kraft Rechtsform** (§ 2 Abs. 2 **654**

GewStG) und ihre Gesellschafter wie die nicht persönlich haftenden Gesellschafter einer KapGes zu behandeln sind (§ 1a Abs. 1 S. 1 u. Abs. 3 S. 1 KStG). Grundsätzlich sind die die KapGes betreffenden **steuerlichen Bestimmungen,** insb. des KStG, EStG, GewStG, UmwStG und AStG, anzuwenden (zu Ausnahmen s. BMF 10.11.2021, BStBl. I 2021, 2212 Rn. 51 f.); mE auch die **gemeinnützigkeitsrechtlichen** Vorschriften über die Befreiung von der GewSt (§ 3 Nr. 6 GewStG; hierzu etwa Ertel/Jost DStR 2024, 982; Müller NWB 2024, 2832). Nach § 1a Abs. 3 S. 4 KStG gilt die Umqualifizierung von Einnahmen nicht, soweit diese ohne Option einer anderen Einkunftsart zuzuordnen wären, was insb. bei einer Betriebsaufspaltung von Bedeutung ist (BT-Drs. 19/28656, 24).

Die Ges. erfährt **keine Veränderung ihres zivil- und daher gesellschaftsrechtlichen Rechtsstatus.** Daher gelten für sie nach wie vor die **einschlägigen handelsrechtlichen Bestimmungen** (BMF 10.11.2021, BStBl. I 2021, 2212 Rn. 50). Auch steuerverfahrensrechtlich bleibt die optierende Gesellschaft eine Personengesellschaft, sodass Steuerbescheide an sie nach den für Personengesellschaften geltenden Grundsätzen zu § 122 AO (s. AEAO zu § 122 Nr. 2.4.1) zu richten sind (BMF 10.11.2021, BStBl. I 2021, 2212 Rn. 86).

655 **b) Formwechsel.** Der Übergang zur Körperschaftsbesteuerung **gilt als Formwechsel** iSd § 1 Abs. 3 Nr. 3 UmwStG (§ 1a Abs. 2 S. 1 KStG). Damit wird ertragsteuerlich ein Anschaffungs- und Veräußerungsvorgang fingiert (BMF 10.11.2021, BStBl. I 2021, 2212 Rn. 24). § 1 und § 25 UmwStG (§ 1a Abs. 2 S. 2 KStG) und somit die §§ 20–23 UmwStG sind entsprechend anzuwenden. Das bedeutet:

- die Option wird wie eine **Einbringung der Mitunternehmeranteile** in eine KapGes behandelt (BMF 10.11.2021, BStBl. I 2021, 2212 Rn. 28);
- der Ansatz eines **Buch- oder Zwischenwerts** ist **beschränkt** auf eine optierende **Mitunternehmerschaft** (daher nicht zulässig für eine vermögensverwaltende PersonenhandelsGes) und kann für jeden Mitunternehmeranteil gesondert vorgenommen werden (§ 20 Abs. 1 u. 2 UmwStG; Einzelheiten s. BMF 10.11.2021, BStBl. I 2021, 2212 Rn. 29 ff.; zu den Erfordernissen s. BMF 10.11.2021, BStBl. I 2021, 2212 Rn. 32; zur **Sperrfristverhaftung** nach § 22 Abs. 2 S. 1 UmwStG und der darin liegenden Sperre für eine Rückoption s. BMF 10.11.2021, BStBl. I 2021, 2212 Rn. 98; zB Blöchle/Dumser GmbHR 2022, 72; Taube BB 2025, 471 (475)); zur notwendigen, ggf. bedingten Übertragung von **SonderBV** auf die PersGes BMF 10.11.2021, BStBl. I 2021, 2212, Rn. 34; Lüdicke/Eiling 2021, 1439; Leidel/Conrady BB 2022, 663.
- die Zurückbehaltung der Beteiligung an der Komplementärin der optierenden Gesellschaft schließt die Anwendung des § 20 Abs. 2 UmwStG nicht aus (§ 1a Abs. 2 Hs. 2 KStG idF d. G. v. 27.3.2024, BGBl. 2024 I Nr. 108); Entsprechendes gilt bei Zurückbehaltung, Entnahme, Veräußerung von **funktional nicht wesenlichen BG** oder deren Überführung in ein anderes BV in zeitlichem und wirtschaftlichem Zusammenhang mit der Option; bei einer Übertragung oder Überführung von **funktional wesentlichen BG** in ein **anderes BV** ist ggf. die Anwendung der GesamtplanRspr. und damit die Frage zu prüfen, ob die Voraussetzungen für die Anwendung des § 20 UmwStG nicht vorliegen (BMF 10.11.2021, BStBl. I 2021, 2212 Rn. 33, 35), ggf.mit der Folge, dass keine Einbringung, sondern eine verdeckte Einlage (§ 8 Abs. 3 S. 3 KStG) mit Aufdeckung der stillen Reserven vorliegt (IWW Institut GStB 2024, 208);
- **Einbringungszeitpunkt** ist (ohne Möglichkeit der Rückbeziehung, § 1a Abs. 2 S. 3 Hs. 2 KStG) das Ende des der erstmaligen Option vorangehenden

Wj.; auf dessen letzte juristische Sekunde hat die Personenhandels-/PartGes eine steuerliche **Schlussbilanz** und die optierende Ges. eine **Eröffnungsbilanz** aufzustellen (§ 25 S. 2UmwStG iVm § 9 S. 2 UmwStG) und eine KSt- sowie ggf. eine GewSt-Erklärung abzugeben. Das auszuweisende EK wird auf dem steuerlichen Einlagekonto der optierenden Ges. erfasst (§ 1a Abs. 2 S. 4 KStG; hierzu BMF 10.11.2021, BStBl. I 2021, 2212 Rn. 42). Bei der Wahl des Einbringungszeitpunkts sind ggf. einschlägige Sperrfristen (zB nach § 6 Abs. 5 S. 6 EStG) zu beachten (hierzu BMF 10.11.2021, BStBl. I 2021, 2212 Rn. 45);
- zu Umwandlungsvorgängen während der Optionsphase s. BMF 10.11.2021, BStBl. I 2021, 2212 Rn. 100.

c) Gewerbesteuerliche Folgen.

- Die wirksame Option bedingt mE einen **vollständigen Unternehmerwechsel** iSv § 2 Abs. 5 GewStG (Franke in W/S/M/H § 2 Rn. 251; aA Sarrazin in L/S § 2 Rn. 7026; Heinemann in W/S/M/H § 2 Rn. 207: Vorrang von §§ 20–23 UmwStG), da nunmehr nicht die Gesellschafter als (Mit-)Unternehmer fungieren, sondern die Gesellschaft als solche den GewBetrieb unterhält (→ Rn. 590). Somit markiert dies das **Ende der sachlichen GewStPfl.** der PersGes, sofern bis dahin gegeben. Trotzdem bleibt sie nach § 5 Abs. 1 S. 1 GewStG **Schuldnerin der GewSt;** als solche bleibt sie Vollstreckungsschuldnerin nach §§ 253, 267 AO (BMF 10.11.2021, BStBl. I 2021, 2212 Rn. 86, 88). 656
- Für einen allfälligen **Einbringungsgewinn** gilt § 7 S. 2 GewStG; dagegen ist ein bei einem nach § 1a Abs. 3 S. 6 KStG zwingenden Wechsel von der Einnahmen-Überschuss-Rechnung zum BV-Vergleich entstehender **Übergangsgewinn** ein laufender Gewinn und unterliegt demgemäß der GewSt (BMF 10.11.2021, BStBl. I 2021, 2212 Rn. 24; Keß in L/S § 2 Rn. 7032).
- Ein mit der Zurückbehaltung und Überführung von WG des SonderBV entstehender **Entnahmegewinn** unterliegt mE nur unter den Voraussetzungen des § 7 S. 2 GewStG der GewSt (vgl. BFH IV R 93/85, BStBl. II 1988, 374; VIII R 51/98, BStBl. II 2000, 316; Franke in W/S/M/H § 2 Rn. 251; aA Keß in L/S § 2 Rn. 7031: unabhängig von § 7 S. 2 GewStG gewstpfl.).
- Ein bei der noch nicht optierenden Ges. bestehender vortragsfähiger **Gewerbeverlust nach § 10a GewStG** kann nach § 25 UmwStG iVm 23 Abs. 5 UmwStG von der optierenden Ges. nicht genutzt werden. Unabhängig hiervon geht er infolge des mit der Option verbundenen Unternehmerwechsels unter; er lebt auch im Falle der Beendigung der Option (→ Rn. 658 f.) nicht auf (BMF 10.11.2021, BStBl. I 2021, 2212 Rn. 47). Abhilfe durch Ansatz von Zwischenwerten ist nur möglich, soweit es sich bei den Mitunternehmern um KapGes und PersGes handelt (§ 7 S. 2 GewStG; hierzu zB Brühl/Weiss DStR 2021, 1617). Bei einer doppelstöckigen PersGes bleibt mE der Verlustvortrag der UnterGes erhalten, wenn nur die OberGes optiert (Krauß DStR 2022, 1289).
- Mit der Wirksamkeit der Option beginnt die nach § 2 Abs. 2 GewStG („stets und in vollem Umfang") **rechtsformabhängige GewStPfl.** „als Kapitalgesellschaft" der optierenden PersGes; dem **GewErtrag** nach § 7 S. 1 GewStG ist demnach das **nach den Vorschriften des KStG** ermittelte Einkommen zugrundezulegen.
- **Vorweggenommene BA** sind zu berücksichtigen, sofern während der sachlichen GewStPfl. angefallen; **Veräußerungsgewinne** unterliegen – wie auch

sonst bei KapGes (→ Rn. 475) der GewSt; dagegen wird ein Gewinn des Gesellschafters aus der Veräußerung eines Mitunternehmeranteils nicht nach § 7 S. 2 GewStG erfasst.

- **Vergütungen an die Gesellschafter** sind nicht nach § 15 Abs. 1 S. 1 Nr. 2 EStG, sondern – je nach Gegenstand – ggf. bei den Hinzurechnungen nach § 8 Nr. 1 GewStG zu berücksichtigen.
- **Gewinnanteile** gelten erst dann als ausgeschüttet, wenn sie entnommen werden (§ 1a Abs. 3 S. 5 KStG). Die Alternative „oder ihre Auszahlung verlangt werden kann", ist durch G. v. 27.3.2024, BGBl. 2024 I Nr. 108, aufgehoben worden (Angleichung der Steuerrechtswirkungen an das Recht der PersGes; BT-Drs. 20/8628, 191).

  § 35 EStG ist nicht anzuwenden (§ 1a Abs. 3 S. 3 KStG). Auch liegen wegen der Gleichstellung der Gesellschafter mit nicht haftenden Gesellschaftern einer KapGes die Voraussetzungen der **§§ 8 Nr. 8, 9 Nr. 2 GewStG** nicht mehr vor: In Betracht kommt je nach Konstellation die Anwendung der **§§ 8 Nr. 5, 9 Nr. 2a u. 7 GewStG** (zur Berechnnung der **Beteiligungshöhe** s. unten).
- Bei der **erweiterten Kürzung nach § 9 Nr. 1 S. 2 GewStG** ist die **Beteiligung** an einer optierenden Ges. als Verwaltung und Nutzung von Kapitalvermögen eine unschädliche Nebentätigkeit (→ § 9 Nr. 1 Rn. 28). Die Begründung einer **Betriebsaufspaltung** mit der optierenden Ges. als BesitzGes ist wegen des Durchgriffsverbots (hierzu → § 9 Nr. 1 Rn. 26) unschädlich (Keß in L/S § 2 Rn. 7056; Behrens/Wagner Ubg 2021, 275); das gilt mE trotz der Änderung der Rspr. zur mittelbaren Beherrschung der BesitzGes (hierzu → § 9 Nr. 1 Rn. 34).
- Entsprechendes gilt für den **Kürzungsausschluss nach § 9 Nr. 1 S. 5 Nr. 1** (hierzu → § 9 Nr. 1 Rn. 33b f.) bei Zwischenschaltung einer optierenden PersGes (Keß in L/S § 2 Rn. 7057) und für den Kürzungsausschluss nach **§ 9 Nr. 1 S. 5 Nr. 1a** (hierzu → § 9 Nr. 1 Rn. 34) durch Option der GrundstücksGes; fraglich jedoch, ob sich eine dahingehende Gestaltung „rechnet" (Behrens/Wagner Ubg 2021, 275 (281)).
- Ob der **Kürzungsausschluss nach § 9 Nr. 1 S. 5 Nr. 2** greift, hängt davon ab, ob der fiktive Formwechsel (§ 1a Abs. 2 S. 1 KStG) zu einer Überführung/Übertragung von Grundbesitz führt (zum Problem → § 9 Nr. 1 Rn. 35; s. auch Keß in L/S § 2 Rn. 7059; Behrens/Wagner Ubg 2021, 275 (283)).
- Bei einem **Gesellschafterwechsel** in der optierenden Ges. ist **§ 10a S. 10** iVm §§ 8c, 8d KStG (→ § 10a Rn. 45, 88) anzuwenden.
- Der **Freibetrag** nach **§ 11 Abs. 1 S. 3 Nr. 1** iHv 24.500 EUR ist nicht mehr zu gewähren.
- Eine gewstliche **Organschaft** mit der optierenden Ges. **als OT** (→ Rn. 490 ff., 492) ist möglich; eine bestehende Organschaft wird fortgeführt (BMF 10.11.2021, 2212 Rn. 55). Dagegen geht die FVerw davon aus, dass die optierende Ges. **nicht OG** sein könne, weil sie keinen GAV in eintragungspflichtiger Form abschließen könne (BMF 10.11.2021, BStBl. I 2021, 2212 Rn. 56; zust. zB Adrian/Fey StuB 2021, 309; Cordes/Kraft 2021, 401; Geiger/Biehlmaier Ugb 2021, 555; Lüdicke/Eiling BB 2021, 1439; Kontny in W/S/M/H § 2 R. 127a). Dem ist mE nicht zuzustimmen, weil § 17 KStG auch auf eine optierende PersGes (sie ist nach § 1a Abs.1 S.1 KStG „für Zwecke der Besteuerung nach dem Einkommen … wie eine Kapitalgesellschaft … zu behandeln") anzuwenden ist und nach § 17 KStG keine Eintragung der Abführungsverpflichtung in das HR erforderlich ist (ebenso zB Bochmann/Bron

NZG 2021, 613; Dreßler/Kompolsek Ubg 2021, 301; Liekenbrok DB 2021, 2111; Mayer/Käshammer NWB 2021, 1300; Schiffers/Jacobsen DStZ 2021, 348; Keß in L/S § 2 Rn. 7071).

- Die **Beteiligung an einer optierenden Ges.** gilt als Beteiligung eines nicht phG an einer KapGes (§ 1a Abs. 3 S. 1 KStG) und damit als eigenständiges WG. Ist für die Besteuerung die Beteiligungshöhe maßgebend (zB in § 9 Nr. 2a, 7 GewStG, §§ 8b, 8c KStG), so ist diese nach den festen Kapitalkonten (Kapitalkonto I) oder nach dem Verhältnis der handelsrechtlichen Kapitalanteile zu ermitteln (BMF 10.11.2021, BStBl. I 2021, 2212 Rn. 61; aber str., zB Levedag DStR Beihefter 2021, 20: sämtliche, auch variable Kapitalkonten).
- Auf die durch das Gesellschaftsverhältnis veranlassten Vermögensminderungen und -mehrungen sind die Gundsätze zur **verdeckten Gewinnausschüttung** und **Einlage** anzuwenden (BMF 10.11.2021, BStBl. I 2021, 2212 Rn. 69 ff.).
- Liegen durch sachliche und persönliche Verflechtung zwischen der Tätigkeit eines oder mehrerer Gesellschafter und der optierenden Ges. die Voraussetzungen für eine **Betriebsaufspaltung** vor, sind die für sie geltenden allgemeinen Grundsätze anzuwenden (BMF 10.11.2021, BStBl. I 2021, 2212 Rn. 84).
- Ein **Gewinn aus der Veräußerung** des GewBetriebs unterliegt der GewSt (→ Rn. 475); Entsprechendes gilt für die **Liquidation** (→ Rn. 474).

III. Beendigung der Option nach § 1a Abs. 4 KStG

1. die Möglichkeiten

a) Rückoption durch Antrag. Trotz der Unwiderruflichkeit des Optionsantrags sieht § 1a Abs. 4 S. 1–3 KStG die Möglichkeit der **Rückkehr zur transparenten Besteuerung** als PersGes durch entsprechenden Antrag, also die **Rückoption,** vor. 657

Auch dieser Antrag ist nach amtlich vorgeschriebenem Datensatz durch Datenfernübertragung grundsätzllich bei dem für die Körperschaftsbesteuerung zuständigen FA zu stellen, spätestens **1 Monat vor Beginn des Wj.,** ab dem die Ges. erstmals nicht wie eine Kapitalgesellschaft besteuert werden soll (§ 1a Abs. 4 S. 3 KStG; BMF 10.11.2021, BStBl. I 2021, 2212 Rn. 90). Dieser Antrag ist **nicht unwiderruflich.** Auch auf ein **Mindestquorum** auf der Gesellschaftsebene (→ Rn. 653) stellt der GWortlaut nicht ab; er wird nach str. Auffassung nicht für erforderlich gehalten (BMF 10.11.2021, BStBl. I 2021, 2212, Rn. 90; Wackerbeck in Brandis/Heuermann KStG § 1a Rn. 89; aA Böhmer/Schewe FR 2022, 69 (76); Taube BB 2025, 476 f.).

Die **Rückkehr** zur transparenten Besteuerung **gilt als Formwechsel** einer KapGes in eine PersGes ohne die Möglichkeit einer Rückbeziehung nach § 9 S. 3 UmwStG (§ 1a Abs. 4 S. 2 KStG iVm § 1 Abs. 1 S. 1 Nr. 2 UmwStG). Aufzustellen sind eine Übertragungsbilanz durch die bisher optierende Ges. und eine Eröffnungsbilanz durch die nicht mehr optierende Ges. Auf Antrag kann einheitlich der **Buchwert oder ein Zwischenwert** (ggf. zur Nutzung von Verlustvorträgen) angesetzt werden (§ 3 Abs. 2 UmwStG); hieran ist die übernehmende Ges. gebunden (§ 4 Abs. 1 S. 1 UmwStG). Ein sich ggf. ergebender **Übertragungsgewinn** der optierenden Ges. unterliegt der GewSt (→ Rn. 475). Ein sich ergebender **Übernahmegewinn** oder -verlust iSd § 4 Abs. 4 UmwStG unterliegt nach § 18 Abs. 2 S. 1 UmwStG nicht der GewSt.

658 **b) Beendigung kraft Gesetzes.** Die Option **endet** auch ohne Antrag bei **Fortfall ihrer gesetzlichen Voraussetzungen.** Das gilt etwa bei einem homogenen Formwechsel in eine nicht eingetragene BGB-Ges. (BMF 10.11.2021, BStBl. I 2021, 2212 Rn. 91). Auch insofern gilt die Rückkehr zur transparenten Besteuerung als Formwechsel einer KapGes in eine PersGes (§ 1a Abs. 4 S. 2 KStG iVm § 1 Abs. 1 S. 1 Nr. 2 UmwStG).

Auch bei **Ausscheiden des vorletzten Gesellschafters** und der damit verbundenen Auflösung der optierenden Ges. endet die Option (§ 1a Abs. 4 S. 5 u. 6 KStG). Die weiteren Rechtsfolgen richten sich danach, ob und – wenn ja – welche Voraussetzungen des § 1 Abs. 1 UmwStG **der verbleibende Gesellschafter** erfüllt (Verschmelzung bzw. Übertragung auf ihn gem. § 1 Abs. 1 S. 1 Nr. 1 bzw. 4 UmwStG).

Ist der letzte verbleibende Gesellschafter eine **Körperschaft,** sind §§ 11 ff. UmwStG entsprechend anzuwenden (BT-Drs. 19/28656, 23); ein ggf. entstehender Übertragungsgewinn unterliegt der GewSt (§ 19 Abs. 1 UmwStG). Ein Übernahmegewinn/-verlust der übernehmenden Ges. bleibt nach § 12 Abs. 1 S. 1 UmwStG (durch Anwendung des § 8b Abs. 3 S. 1 KStG zu 95 %) auch für die GewSt (§ 19 Abs. 1 UmwStG) außer Ansatz (ohne Anwendung der §§ 8 Nr. 5, 9 Nr. 2a u. 7 GewStG).

In allen anderen Fällen gilt die optierende Ges. als aufgelöst und ihr Vermögen als an die Gesellschafter ausgeschüttet; § 11 KStG ist entsprechend anzuwenden mit der Maßgabe, dass an die Stelle des zur Verteilung kommenden Vermögens der gemeine Wert des vorhandenen Vermögens tritt (§ 1a Abs. 4 S. 6 KStG; hierzu auch BMF 10.11.2021, BStBl. I 2021, 2212 Rn. 93 f.).

Auch bei einer **Umwandlung in eine Körperschaft** endet die Option (§ 1a Abs. 4 S. 7 KStG). Bei einer Verschmelzung der optierenden Gesellschaft auf eine Körperschaft finden die §§ 11 ff. UmwStG Anwendung. Die Umwandlung in eine KapGes ist ein homogener und ertragsteuerlich neutraler Formwechsel eines KSt-Subjekts (BMF 10.11.2021, BStBl. I 2021, 2212 Rn. 92). Zu einer Sperrfristverletzung iSd § 22 Abs. 1 bzw. 2 UmwStG führt die Umwandlung in eine Körperschaft nicht (BMF 10.11.2021, BStBl. I 2021, 2212 Rn. 98). Vorstehendes gilt mE auch bei einer **Aufspaltung, Abspaltung** und **Teilübertragung** iSd **§ 15 UmwStG.** Der Ansatz von Buch- oder Zwischenwerten nach § 11 Abs. 2 UmwStG ist jedoch nur bei Übertragung eines Teilbetriebs und – im Fall der Abspaltung oder Teilübertragung – bei Verbleib eines Teilbetriebs bei der optierenden Ges. zulässig. Als Teilbetrieb gilt nach § 15 Abs. 1 S. 3 UmwStG bereits ein Mitunternehmeranteil oder eine das gesamte Nennkapital umfassende Beteiligung an einer KapGes.

2. Gewerbesteuerliche Folgen

659 Die **Rückoption** (§ 1a Abs. 4 S. 1–3 KStG) und das Ausscheiden des vorletzten Gesellschafters aus der optierenden Ges. (§ 1a Abs. 4 S. 5 u. 6 KStG) bedeutet:
- einen **vollständigen Unternehmerwechsel** iSv § 2 Abs. 5 GewStG;
- das **Ende der sachlichen GewStPfl.** der optierenden Ges.;
- im Fall des **Formwechsels** in eine andere KapGes bleibt die Unternehmeridentität gewahrt;
- ggf. Kürzung nach § 9 Nr. 2a bzw. Nr. 7 GewStG um die nach **§ 7 UmwStG** fingierten **Ausschüttungen von EK** (offene Rücklagen); ein durch sie in den Fällen des § 5 Abs. 2 UmwStG ausgelöster Gewinn ist nach § 18 Abs. 2 S. 2

UmwStG nicht zu erfassen, wodurch klargestellt wird, dass in diesen Fällen keine gesonderte GewStPfl. begründet werden soll;
- den **Untergang des** laufenden und des **vortragsfähigen GewVerlusts** der optierenden Ges. nach § 10a GewStG (§ 18 Abs. 1 S. 2 UmwStG); der ursprünglich vortragsfähige Verlust der noch nicht optierenden PersGes lebt nicht wieder auf (→ Rn. 656); im Falle der Abspaltung geht der GewVerlust nur in dem Verhältnis unter, in dem bei Zugrundelegung des gemeinen Werts Vermögen auf eine andere Körperschaft übergeht (§ 19 Abs. 2 UmwStG iVm § 15 Abs. 3 UmwStG);
- Bei einem **Gesellschafterwechsel** in der zivilrechtlich weiterbestehenden PersGes sind nunmehr § 10a S. 4 u. 5 GewStG anzuwenden;
- Besondere Beachtung verdient die **Sperrfristregelung des § 18 Abs. 3 UmwStG,** nach der die Aufgabe/Veräußerung des Betriebs/eines Teilbetriebs der PersGes oder eines Anteils an ihr **innerhalb von fünf Jahren** eine erweiterte GewStPfl. des Aufgabe- bzw. Veräußerungsgewinns begründet, ohne dass der hierauf entfallende Teil des GewSt-Messbetrags bei der Ermäßigung der ESt nach § 35 EStG Berücksichtigung findet.

§ 2a Arbeitsgemeinschaften

[1]Als Gewerbebetrieb gilt nicht die Tätigkeit der Arbeitsgemeinschaften, deren alleiniger Zweck in der Erfüllung eines einzigen Werkvertrags oder Werklieferungsvertrags besteht. [2]Die Betriebsstätten der Arbeitsgemeinschaften gelten insoweit anteilig als Betriebsstätten der Beteiligten.

Gewerbesteuer-Richtlinien 2009: GewStR 2a/GewStH 2a

Übersicht

I. Rechtsentwicklung/Zweck

§ 2a wurde durch das StÄndG 1965 (BGBl. 1965 I 377) – mWv 1.1.1965 – 1
eingefügt. Es handelt sich um eine Vereinfachungsvorschrift. Ihr **Zweck** war zunächst, sicherzustellen, dass Arbeitsgemeinschaften von nur kurzer Dauer als solche nicht der Gewerbesteuer unterliegen. Dies war nach der Rechtsprechung möglich. Denn der Bundesfinanzhof hatte die einschränkende Beurteilung des RFH (RStBl. 1942, 1044) nicht übernommen und mitunternehmerische Arbeitsgemeinschaften schlechthin als für sich zu beurteilende Gewerbesteuergegenstände angesehen (BFH IV 313/59 U, BStBl. III 1961, 194). Durch das StÄndG 1979

(BGBl. 1978 I 1849) wurde die Wendung „für die Gewerbesteuer nach dem Gewerbeertrag und dem Gewerbekapital" gestrichen. Sie war wegen der Abschaffung der Lohnsummensteuer bedeutungslos geworden. Auf Grund des StBereinG 1986 (BGBl. 1985 I 2436) wurde § 2a redaktionell geändert: „Als Gewerbebetrieb gilt nicht die Tätigkeit der Arbeitsgemeinschaften". Durch das StMBG v. 21.12.1993 (BGBl. 1993 I 2310) ist in Satz 1 die bis dahin geltende 3-Jahres-Frist mWv EZ 1995 gestrichen worden; auf eine kurze Dauer des Vertragszwecks kommt es daher nicht mehr an.

II. Begriff der Arbeitsgemeinschaft

1. Arten

2 Im Bauwesen werden **verschiedene Arten** von Arbeitsgemeinschaften (ARGE) unterschieden, und zwar

– die **echte ARGE,** die als Außengesellschaft zur gemeinsamen Durchführung eines bestimmten Bauvorhabens mit gemeinschaftlichem Vermögen und gemeinsamer Vertretung auftritt;
– die **Beteiligungsgemeinschaft,** bei der sich die Partner lediglich wechselseitig an den sachlich zusammenhängenden Aufträgen beteiligen;
– die **Los ARGE,** wenn ein von den Beteiligten übernommener einheitlicher Auftrag in sog. Teillose zerlegt wird;
– die **Sonder-ARGE,** die eine Untereinheit einer ARGE betrifft. S. zu den einzelnen Arten Knigge DB-Beil. 4/82 und zur gewerbesteuerlichen Gestaltung Depping Inf 1995, 551.

2. Rechtsform

3 § 2a setzt eine **Mitunternehmerschaft** nach allgemeinen Grundsätzen voraus (BFH IV R 26/07, BStBl. II 2010, 751), und zwar von selbstständigen **gewerblichen Unternehmen** (FG Hmb 6 K 162/10, BeckRS 2012, 95061), die nur aufgrund der Sonderregelungen (vgl. auch § 180 Abs. 4 AO) von der steuerrechtlichen Behandlung als Personengesellschaft ausgenommen ist (BFH I R 165/90, BStBl. II 1993, 577; VIII R 61/96, BFH/NV 1999, 463). Zivilrechtlich wird es sich bei der ARGE **idR** um eine **BGB-Gesellschaft** handeln (Koeble/Schwärzel-Peters DStR 1996, 1734). Denn sie stellt einen losen Zusammenschluss dar, dessen Ende die Zweckerreichung bildet (§ 726 BGB). Eine **Personenhandelsgesellschaft** kann mE in Anbetracht des eingeschränkten Zwecks einer ARGE (→ Rn. 4) keine solche sein (ebenso Sarrazin in Lenski/Steinberg § 2a Rn. 21). Eine **Kapitalgesellschaft** kann wegen ihrer Rechtsnatur nicht von § 2a erfasst werden, auch wenn der Wortlaut der Vorschrift dies nicht mehr eindeutig ergibt. Dass auch Innengesellschaften als ARGE iSd § 2a in Betracht kommen, ist in der Rechtsprechung geklärt (BFH I R 248/71, BStBl. II 1974, 752).

Die Rechtsform der **beteiligten GewBetriebe** ist grundsätzlich nicht von Bedeutung. Es kann sich um Personen-, Personenhandels- und KapitalGes handeln. Ob allerdings auch ARGE in Betracht kommen (so Sarrazin in Lenski/Steinberg § 2a Rn. 23), erscheint mE wegen der Zweckvorgabe (→ Rn. 4) fraglich. Auf jeden Fall können auch ausländische Unternehmen Beteiligte sein (BFH I R 165/90, BStBl. II 1993, 577).

III. Zweck der Arbeitsgemeinschaft

Er muss gewerblicher Natur sein und sich auf die **Erfüllung eines einzigen Werkvertrags** oder Werklieferungsvertrags beschränken. Wird die ARGE für mehrere solcher Verträge gegründet, so ist sie ein sachlich selbstständiger Gewerbebetrieb (Mitunternehmerschaft, BFH IV 313/59 U, BStBl. III 1961, 194; FG Düsseldorf 10 K 6465/92 F, EFG 1997, 207, nv bestätigt). Entsprechendes gilt, wenn der Zweck des Zusammenschlusses nicht nur die Erfüllung eines Werk- oder Werklieferungsvertrags, sondern auch die Vermarktung des Produktes ist (BFH VIII R 81/96, BFH/NV 1999, 355). Hinsichtlich der Merkmale des Werk- oder Werklieferungsvertrags gilt § 631 bzw. § 651 BGB. Ob der Zweck der ARGE die Erfüllung eines einzigen solchen Vertrages ist, ist eine Frage der auf tatsächlichem Gebiet liegenden **Vertragsauslegung;** dh der BFH ist, wenn keine begründeten Revisionsrügen erhoben werden, an die Auslegung durch das FG gebunden (BFH I R 165/90, BStBl. II 1993, 577). 4

1. Zivilrecht

Das **Zivilrecht** stellt der gemeinschaftlichen Übernahme (Gesamtschuld) von Vertragspflichten durch ARGE das Zusammenwirken von verschiedenen Unternehmern gegenüber auf der Grundlage von gegenständlich begrenzten Teilschulden (zB Busche in MüKoBGB § 631 Rn. 33, 40). Ein durch solche Teilschulden entstandener Interessenverbund, zB zwischen einem Architekten und einem Bauunternehmer oder dem Bauunternehmer und dem Grundstücksverkäufer, bildet mE auch keine Arbeitsgemeinschaft, auf die § 2a Anwendung finden könnte, weil es an einem gemeinsamen Zweck fehlt. Dies muss auch dann gelten, wenn der Auftraggeber die beiden Verträge als einheitliches Vertragswerk iSd § 139 BGB auffassen darf (s. dazu BFH II R 155/80, BStBl. II 1982, 741). 5

2. Steuerrecht

Es wird daher in solchen Fällen ohne Rücksicht auf Zeitdauer und Auftrag an einem eigenständigen **Steuergegenstand** fehlen. Anders ist dies, wenn die in der ARGE zusammengeschlossenen Unternehmer nach außen als Gesamtschuldner den Auftrag übernommen haben oder bei InnenGes sich so stellen, als seien sie dem Auftraggeber gesamtschuldnerisch verpflichtet. Ist dies gewährleistet, so ist eine weitere Aufteilung in Unter-ARGE (Los) unschädlich. Es gäbe keinen Sinn, die Haupt-Ges. als losen Zusammenschluss unter den übrigen Voraussetzungen des § 2a von der eigenen sachlichen Steuerpflicht auszunehmen, die unterbeteiligten Los-ARGE dagegen als eigene GewBetriebe zu behandeln. Dass die unterbeteiligten Ges. mit der Hauptgesellschaft mehrere Verträge abschließen, kann dem nicht entgegenstehen. 6

IV. Einzelheiten

Bei einer **atypischen stillen Beteiligung** von zwei GmbHs an einer dritten GmbH zur Realisierung eines 26 Ferienwohnungen umfassenden Bauträgerprojekts samt Vermarktung liegt mangels Beschränkung auf nur einen Werkvertrag keine Arbeitsgemeinschaft iSd Vorschrift vor (FG München 5 K 1782/95, EFG 1996, 877). 7

8 Der gesetzlich geforderten Erfüllung nur eines Werk- oder Werklieferungsvertrages wird auch dann genügt, wenn die Arbeitsgemeinschaft für diesen Zweck **Hilfsgeschäfte** in größerem Umfang tätigen und die dazu nötigen Verträge abschließen muss. Personal- und Sachbeschaffungsverträge etc hindern die Anwendung des § 2a daher nicht.

9 Tätigt die Arbeitsgemeinschaft dagegen **weitere Geschäfte,** die nicht in Zusammenhang mit dem einen Werk(lieferungs)vertrag stehen, dürfte das darauf hindeuten, dass der Zweck der Arbeitsgemeinschaft über die Erfüllung dieses einen Vertrages hinausgeht. Sie ist dann **insgesamt sachlich selbstständiger Gewerbebetrieb** (FG Hmb 6 K 162/10, BeckRS 2012, 95061; Sarrazin in Lenski/Steinberg § 2a Rn. 26).

10 Eine Koproduktionsgesellschaft in der **Film- und Fernsehbranche** ist keine ARGE, weil sie nicht Aufträge durchführt, sondern zur eigenen Verwertung produziert (BMF 23.2.2001, BStBl. I 2001, 175 Rn. 30).

V. Rechtsfolgen

11 Für die ARGE unterbleibt eine einheitliche und gesonderte Gewinnfeststellung (§ 180 Abs. 4 AO); sie ist nicht Gewinnermittlungssubjekt. Die gewerbesteuerlichen Folgen setzen **unmittelbar bei den Mitgliedern** der ARGE an (BFH I R 165/90, BStBl. II 1993, 577; VIII R 81/96, BFH/NV 1999, 355); das gilt auch für Vorgänge auf der Ebene der ARGE, die Hinzurechnungen und Kürzungen unterliegen (FVerw 2.7.2012, BStBl. I 2012, 654 zu § 8 Nr. 1; hierzu Kolbe BBK 2012, 698). Die Gewinnermittlung richtet sich nach den allgemein für Mitunternehmerschaften geltenden Vorschriften (BFH VIII R 61/96, BFH/NV 1999, 463); einschränkend zu Leistungen der einzelnen Vertragspartner gegenüber der ARGE BMF 27.1.1998, BStBl. I 1998, 251.

Die von der nach außen auftretenden ARGE erworbenen Ansprüche und sonstigen Wirtschaftsgüter sind nach § 39 Abs. 2 Nr. 2 AO den an ihr beteiligten Gewerbetreibenden zuzurechnen. Eine zusätzliche Umrechnung ist nötig, wenn diese ihren Gewinn durch Überschussrechnung ermitteln. Deshalb wird die ARGE auf einen Jahresabschluss kaum verzichten können (s. dazu auch Bichel StB 1975, 133).

Die **BSt.** der befristeten ARGE des § 2a werden **anteilig** als BSt. der Beteiligten angesehen (§ 2a S. 2). Damit bleibt die Beteiligung der BSt.-Gemeinde an der GewSt erhalten. Haben diese mehrere Betriebsstätten, so wird eine Zerlegung nach §§ 28, 29 erforderlich.

§ 3 Befreiungen

Von der Gewerbesteuer sind befreit

1. **das Bundeseisenbahnvermögen, die staatlichen Lotterieunternehmen, die zugelassenen öffentlichen Spielbanken mit ihren der Spielbankabgabe unterliegenden Tätigkeiten und der Erdölbevorratungsverband nach § 2 Absatz 1 des Erdölbevorratungsgesetzes vom 16. Januar 2012 (BGBl. I S. 74) in der jeweils geltenden Fassung;**
2. **die Deutsche Bundesbank, die Kreditanstalt für Wiederaufbau, die DEG – Deutsche Investitions- und Entwicklungsgesellschaft mbH, die Landwirtschaftliche Rentenbank, die Bayerische Landesanstalt**

für Aufbaufinanzierung, die Bremer Aufbau-Bank GmbH, die Landeskreditbank Baden-Württemberg – Förderbank, die Bayerische Landesbodenkreditanstalt, die Investitionsbank Berlin, die Hamburgische Investitions- und Förderbank, die NRW.Bank, die Investitions- und Förderbank Niedersachsen, die Saarländische Investitionskreditbank Aktiengesellschaft, die Investitionsbank Schleswig-Holstein, die Investitionsbank des Landes Brandenburg, die Sächsische Aufbaubank – Förderbank –, die Thüringer Aufbaubank, die Investitionsbank Sachsen-Anhalt, die Investitions- und Strukturbank Rheinland-Pfalz, das Landesförderinstitut Mecklenburg-Vorpommern – Geschäftsbereich der Norddeutschen Landesbank Girozentrale –, die Wirtschafts- und Infrastrukturbank Hessen – rechtlich unselbständige Anstalt in der Landesbank Hessen-Thüringen Girozentrale und die Liquiditäts-Konsortialbank Gesellschaft mit beschränkter Haftung;

3. die Bundesanstalt für vereinigungsbedingte Sonderaufgaben;
4. *(weggefallen)*
5. Hauberg-, Wald-, Forst- und Laubgenossenschaften und ähnliche Realgemeinden. [2]Unterhalten sie einen Gewerbebetrieb, der über den Rahmen eines Nebenbetriebs hinausgeht, so sind sie insoweit steuerpflichtig;
6. Körperschaften, Personenvereinigungen und Vermögensmassen, die nach der Satzung, dem Stiftungsgeschäft oder der sonstigen Verfassung und nach der tatsächlichen Geschäftsführung ausschließlich und unmittelbar gemeinnützigen, mildtätigen oder kirchlichen Zwecken dienen (§§ 51 bis 68 der Abgabenordnung). [2]Wird ein wirtschaftlicher Geschäftsbetrieb – ausgenommen Land- und Forstwirtschaft – unterhalten, ist die Steuerfreiheit insoweit ausgeschlossen;
7. Hochsee- und Küstenfischerei, wenn sie mit weniger als sieben im Jahresdurchschnitt beschäftigten Arbeitnehmern oder mit Schiffen betrieben wird, die eine eigene Triebkraft von weniger als 100 Pferdekräften haben;
8. Genossenschaften sowie Vereine im Sinne des § 5 Abs. 1 Nr. 14 des Körperschaftsteuergesetzes, soweit sie von der Körperschaftsteuer befreit sind;
9. rechtsfähige Pensions-, Sterbe-, Kranken- und Unterstützungskassen im Sinne des § 5 Abs. 1 Nr. 3 des Körperschaftsteuergesetzes, soweit sie die für eine Befreiung von der Körperschaftsteuer erforderlichen Voraussetzungen erfüllen;
10. Körperschaften oder Personenvereinigungen, deren Hauptzweck die Verwaltung des Vermögens für einen nichtrechtsfähigen Berufsverband im Sinne des § 5 Abs. 1 Nr. 5 des Körperschaftsteuergesetzes ist, wenn ihre Erträge im Wesentlichen aus dieser Vermögensverwaltung herrühren und ausschließlich dem Berufsverband zufließen;
11. öffentlich-rechtliche Versicherungs- und Versorgungseinrichtungen von Berufsgruppen, deren Angehörige auf Grund einer durch Gesetz angeordneten oder auf Gesetz beruhenden Verpflichtung Mitglieder dieser Einrichtungen sind, wenn die Satzung der Einrichtung die Zahlung keiner höheren jährlichen Beiträge zulässt als das Zwölffache der Beiträge, die sich bei einer Beitragsbemessungsgrundlage in

Höhe der doppelten monatlichen Beitragsbemessungsgrenze in der allgemeinen Rentenversicherung ergeben würden. [2]Sind nach der Satzung der Einrichtung nur Pflichtmitgliedschaften sowie freiwillige Mitgliedschaften, die unmittelbar an eine Pflichtmitgliedschaft anschließen, möglich, so steht dies der Steuerbefreiung nicht entgegen, wenn die Satzung die Zahlung keiner höheren jährlichen Beiträge zulässt als das Fünfzehnfache der Beiträge, die sich bei einer Beitragsbemessungsgrundlage in Höhe der doppelten monatlichen Beitragsbemessungsgrenze in der allgemeinen Rentenversicherung ergeben würden;

12. Gesellschaften, bei denen die Gesellschafter als Unternehmer (Mitunternehmer) anzusehen sind, sowie Genossenschaften, soweit die Gesellschaften und die Genossenschaften eine gemeinschaftliche Tierhaltung im Sinne des § 13b des Einkommensteuergesetzes betreiben;

13. private Schulen und andere allgemeinbildende oder berufsbildende Einrichtungen, soweit unmittelbar dem Schul- und Bildungszweck dienende Leistungen erbracht werden, wenn sie
a) als Ersatzschulen gemäß Artikel 7 Absatz 4 des Grundgesetzes staatlich genehmigt oder nach Landesrecht erlaubt sind oder
b) auf einen Beruf oder eine vor einer juristischen Person des öffentlichen Rechts abzulegende Prüfung ordnungsgemäß vorbereiten;

14. Genossenschaften sowie Vereine, deren Tätigkeit sich auf den Betrieb der Land- und Forstwirtschaft beschränkt, wenn die Mitglieder der Genossenschaft oder dem Verein Flächen zur Nutzung oder für die Bewirtschaftung der Flächen erforderliche Gebäude überlassen und
a) bei Genossenschaften das Verhältnis der Summe der Werte der Geschäftsanteile des einzelnen Mitglieds zu der Summe der Werte aller Geschäftsanteile,
b) bei Vereinen das Verhältnis des Werts des Anteils an dem Vereinsvermögen, der im Fall der Auflösung des Vereins an das einzelne Mitglied fallen würde, zu dem Wert des Vereinsvermögens
nicht wesentlich von dem Verhältnis abweicht, in dem der Wert der von dem einzelnen Mitglied zur Nutzung überlassenen Flächen und Gebäude zu dem Wert der insgesamt zur Nutzung überlassenen Flächen und Gebäude steht;

15. Genossenschaften sowie Vereine im Sinne des § 5 Abs. 1 Nr. 10 des Körperschaftsteuergesetzes, soweit sie von der Körperschaftsteuer befreit sind;

16. *(weggefallen)*

17. die von den zuständigen Landesbehörden begründeten oder anerkannten gemeinnützigen Siedlungsunternehmen im Sinne des Reichssiedlungsgesetzes in der jeweils aktuellen Fassung oder entsprechender Landesgesetze, soweit diese Landesgesetze nicht wesentlich von den Bestimmungen des Reichssiedlungsgesetzes abweichen, und im Sinne der Bodenreformgesetze der Länder, soweit die Unternehmen im ländlichen Raum Siedlungs-, Agrarstrukturverbesserungs- und Landentwicklungsmaßnahmen mit Ausnahme des Wohnungsbaus durchführen. [2]Die Steuerbefreiung ist ausgeschlossen, wenn die Einnahmen des Unternehmens aus den in Satz 1 nicht

bezeichneten Tätigkeiten die Einnahmen aus den in Satz 1 bezeichneten Tätigkeiten übersteigen;

18. *(weggefallen)*
19. der Pensions-Sicherungs-Verein Versicherungsverein auf Gegenseitigkeit, wenn er die für eine Befreiung von der Körperschaftsteuer erforderlichen Voraussetzungen erfüllt;
20. Krankenhäuser, Altenheime, Altenwohnheime, Pflegeheime, Einrichtungen zur vorübergehenden Aufnahme pflegebedürftiger Personen und Einrichtungen zur ambulanten Pflege kranker und pflegebedürftiger Personen sowie Einrichtungen zur ambulanten oder stationären Rehabilitation, wenn
    a) diese Einrichtungen von juristischen Personen des öffentlichen Rechts betrieben werden oder
    b) bei Krankenhäusern im Erhebungszeitraum die in § 67 Abs. 1 oder 2 der Abgabenordnung bezeichneten Voraussetzungen erfüllt worden sind oder
    c) bei Altenheimen, Altenwohnheimen und Pflegeheimen im Erhebungszeitraum mindestens 40 Prozent der Leistungen den in § 61a des Zwölften Buches Sozialgesetzbuch oder den in § 53 Nr. 2 der Abgabenordnung genannten Personen zugute gekommen sind oder
    d) bei Einrichtungen zur vorübergehenden Aufnahme pflegebedürftiger Personen und bei Einrichtungen zur ambulanten Pflege kranker und pflegebedürftiger Personen im Erhebungszeitraum die Pflegekosten in mindestens 40 Prozent der Fälle von den gesetzlichen Trägern der Sozialversicherung oder Sozialhilfe ganz oder zum überwiegenden Teil getragen worden sind oder
    e) bei Einrichtungen zur ambulanten oder stationären Rehabilitation die Behandlungskosten in mindestens 40 Prozent der Fälle von den gesetzlichen Trägern der Sozialversicherung oder Sozialhilfe ganz oder zum überwiegenden Teil getragen worden sind. [2]Satz 1 ist nur anzuwenden, soweit die Einrichtung Leistungen im Rahmen der verordneten ambulanten oder stationären Rehabilitation im Sinne des Sozialrechts einschließlich der Beihilfevorschriften des Bundes und der Länder erbringt;
21. Entschädigungs- und Sicherungseinrichtungen im Sinne des § 5 Abs. 1 Nr. 16 des Körperschaftsteuergesetzes, soweit sie von der Körperschaftsteuer befreit sind;
22. Bürgschaftsbanken (Kreditgarantiegemeinschaften), wenn sie von der Körperschaftsteuer befreit sind;
23. Unternehmensbeteiligungsgesellschaften, die nach dem Gesetz über Unternehmensbeteiligungsgesellschaften anerkannt sind. [2]Für Unternehmensbeteiligungsgesellschaften im Sinne des § 25 Abs. 1 des Gesetzes über Unternehmensbeteiligungsgesellschaften haben der Widerruf der Anerkennung und der Verzicht auf die Anerkennung Wirkung für die Vergangenheit, wenn nicht Aktien der Unternehmensbeteiligungsgesellschaft öffentlich angeboten worden sind; Entsprechendes gilt, wenn eine solche Gesellschaft nach § 25 Abs. 3 des Gesetzes über Unternehmensbeteiligungsgesellschaften die Anerkennung als Unternehmensbeteiligungsgesellschaft verliert. [3]Für offene

Unternehmensbeteiligungsgesellschaften im Sinne des § 1a Abs. 2 Satz 1 des Gesetzes über Unternehmensbeteiligungsgesellschaften haben der Widerruf der Anerkennung und der Verzicht auf die Anerkennung innerhalb der in § 7 Abs. 1 Satz 1 des Gesetzes über Unternehmensbeteiligungsgesellschaften genannten Frist Wirkung für die Vergangenheit. [4]Bescheide über die Anerkennung, die Rücknahme oder den Widerruf der Anerkennung und über die Feststellung, ob Aktien der Unternehmensbeteiligungsgesellschaft im Sinne des § 25 Abs. 1 des Gesetzes über Unternehmensbeteiligungsgesellschaften öffentlich angeboten worden sind, sind Grundlagenbescheide im Sinne der Abgabenordnung; die Bekanntmachung der Aberkennung der Eigenschaft als Unternehmensbeteiligungsgesellschaft nach § 25 Abs. 3 des Gesetzes über Unternehmensbeteiligungsgesellschaften steht einem Grundlagenbescheid gleich;

24. die folgenden Kapitalbeteiligungsgesellschaften für die mittelständische Wirtschaft, soweit sich deren Geschäftsbetrieb darauf beschränkt, im öffentlichen Interesse mit Eigenmitteln oder mit staatlicher Hilfe Beteiligungen zu erwerben, wenn der von ihnen erzielte Gewinn ausschließlich und unmittelbar für die satzungsmäßigen Zwecke der Beteiligungsfinanzierung verwendet wird: Mittelständische Beteiligungsgesellschaft Baden-Württemberg GmbH, Mittlständische Beteiligungsgesellschaft Bremen mbH, BTG Beteiligungsgesellschaft Hamburg mbH, MBG Mittelständische Beteiligungsgesellschaft Hessen GmbH, Mittelständische Beteiligungsgesellschaft Niedersachsen (MBG) mbH, Kapitalbeteiligungsgesellschaft für die mittelständische Wirtschaft in Nordrhein-Westfalen mbH, MBG Mittelständische Beteiligungsgesellschaft Rheinland-Pfalz mbH, Wagnisfinanzierungsgesellschaft für Technologieförderung in Rheinland-Pfalz mbH (WFT), Saarländische Kapitalbeteiligungsgesellschaft mbH, Gesellschaft für Wagniskapital Mittelständische Beteiligungsgesellschaft Schleswig-Holstein Gesellschaft mit beschränkter Haftung – MBG, Technologie-Beteiligungs-Gesellschaft mbH der Deutschen Ausgleichsbank, bgb Beteiligungsgesellschaft Berlin mbH für kleine und mittlere Betriebe, Mittelständische Beteiligungsgesellschaft Berlin-Brandenburg mbH, Mittelständische Beteiligungsgesellschaft Mecklenburg-Vorpommern mbH, Mittelständische Beteiligungsgesellschaft Sachsen mbH, Mittelständische Beteiligungsgesellschaft Sachsen-Anhalt mbH, Wagnisbeteiligungsgesellschaft Sachsen-Anhalt mbH, IBG Beteiligungsgesellschaft Sachsen-Anhalt mbH, Mittelständische Beteiligungsgesellschaft Thüringen (MBG) mbH;
25. Wirtschaftsförderungsgesellschaften, wenn sie von der Körperschaftsteuer befreit sind;
26. Gesamthafenbetriebe im Sinne des § 1 des Gesetzes über die Schaffung eines besonderen Arbeitgebers für Hafenarbeiter vom 3. August 1950 (BGBl. S. 352), soweit sie von der Körperschaftsteuer befreit sind;
27. Zusammenschlüsse im Sinne des § 5 Abs. 1 Nr. 20 des Körperschaftsteuergesetzes, soweit sie von der Körperschaftsteuer befreit sind;
28. die Arbeitsgemeinschaften Medizinischer Dienst der Krankenversicherung im Sinne des § 278 des Fünften Buches Sozialgesetzbuch

und der Medizinische Dienst der Spitzenverbände der Krankenkassen im Sinne des § 282 des Fünften Buches Sozialgesetzbuch, soweit sie von der Körperschaftsteuer befreit sind;

29. gemeinsame Einrichtungen im Sinne des § 5 Abs. 1 Nr. 22 des Körperschaftsteuergesetzes, soweit sie von der Körperschaftsteuer befreit sind;

30. die Auftragsforschung im Sinne des § 5 Abs. 1 Nr. 23 des Körperschaftsteuergesetzes, soweit sie von der Körperschaftsteuer befreit ist;

31. die Global Legal Entity Identifier Stiftung, soweit sie von der Körperschaftsteuer befreit ist;

32. stehende Gewerbebetriebe von Anlagenbetreibern in Sinne des § 3 Nummer 2 des Erneuerbare-Energien-Gesetzes, wenn sich deren Tätigkeit ausschließlich auf die Erzeugung und Vermarktung von Strom aus einer auf, an oder in einem Gebäude angebrachten Solaranlage bis zu einer installierten Leistung von 30 Kilowatt beschränkt.

Die Bestimmung über die Vermögensbindung ist **immer erforderlich** (→ Rn. 196), und zwar auch dann, wenn das Vermögen kraft Gesetzes (etwa §§ 87, 88, 46 BGB) an den Staat fällt (RFH I A 319/36, RStBl. 1937, 273). Das gilt grundsätzlich auch für in einem **EU/EWR-Ausland** ansässige Körperschaften (BFH X R 46/05, BFH/NV 2009, 1633; I R 16/12, BStBl. II 2014, 440).

Betroffen ist auch für das **vor der Anerkennung** als gemeinnützig angesammelte Vermögen (FM Hess 28.6.1993, DStR 1993, 1296; zweifelnd BFH V B 142/01, BFH/NV 2002, 309; auch → Rn. 144).

Gewerbesteuer-Durchführungsverordnung

§§ 10 bis 12 GewStDV

(weggefallen)

§ 12a GewStDV Kleinere Versicherungsvereine

Kleinere Versicherungsvereine auf Gegenseitigkeit im Sinne des § 210 des Versicherungsaufsichtsgesetzes sind von der Gewerbesteuer befreit, wenn sie nach § 5 Abs. 1 Nr. 4 des Körperschaftsteuergesetzes von der Körperschaftsteuer befreit sind.

§ 13 GewStDV Einnehmer einer staatlichen Lotterie

Die Tätigkeit der Einnehmer einer staatlichen Lotterie unterliegt auch dann nicht der Gewerbesteuer, wenn sie im Rahmen eines Gewerbebetriebs ausgeübt wird.

Gewerbesteuer-Richtlinien 2009: GewStR 3.0–3.20/GewStH 3.0–3.25

Übersicht

A. Allgemeines

I. Inhalt der Vorschrift

1 Die Vorschrift enthält **persönliche und sachliche Steuerbefreiungen.** Die Unterscheidung wird nicht systematisch sichtbar. Die Art der Befreiung ist iE dem Regelungsgehalt der jeweiligen Vorschrift zu entnehmen. Eine persönliche Befreiung bezieht sich auf das Unternehmen als solches. Das Gesetz verfährt so, dass es entweder das Unternehmen selbst persönlich benennt (zB Bundeseisenbahnvermögen) oder seine Stellung im öffentlichen Wirtschaftssystem kennzeichnet (zB Staatliche Lotterie) oder die Voraussetzungen eines bestimmten Begünstigungstatbestandes beschreibt (zB gemeinnützige Körperschaften; ebenso BFH I R 84/01, BFH/NV 2003, 277). Man unterscheidet uneingeschränkt persönliche Befreiungen, die sich auf alle Tätigkeiten ohne Ansehung des eigentlichen Aufgabenbereichs erstrecken (zB Bundeseisenbahnvermögen), und eingeschränkt persönliche Befreiungen, bei denen das an sich befreite Unternehmen nur mit bestimmten Teilen des Ertrages (oder bis 31.12.1997: des Kapitals) der GewSt unterworfen ist (zB der wirtschaftliche Geschäftsbetrieb der gemeinnützigen Körperschaft iSd §§ 65–68 AO). Die sachliche Befreiung betrifft nur bestimmte Teile des Ertrages (oder Kapitals) des Unternehmens (zB die gemeinschaftliche Tierhaltung der Nr. 12).

II. Persönlicher Geltungsbereich

1. Grundsatz

2 Befreit ist grundsätzlich **allein das Unternehmen,** das den Begünstigungstatbestand erfüllt. Die Befreiung erstreckt sich **nicht** auch auf **andere Unternehmen,** die von ihm beherrscht oder mit diesen eng verbunden sind, zB bei einer staatl. Lotterie in bürgerlich-rechtlicher Rechtsform (BFH I 240/60 S, BStBl. III 1961, 212; GrS 2/71, BStBl. II 1972, 63), bei der Organschaft (BFH I R 100/

01, BStBl. II 2004, 244; I R 41/09, BStBl. II 2011, 181), beim Komplementär einer KGaA (FG Münster 9 K 1046/09 6 F, EFG 2011, 2000), beim Empfänger von Ausschüttungen durch eine stbefreite Körperschaft (BFH I B 34/11, BFH/NV 2012, 1175) oder bei der Ergebnisbündelung zweier rechtlich selbstständiger, nicht durch Betriebsaufspaltung verflochtener Unternehmen (FG Münster 3 K 1272/08, EFG 2011, 722).

2. Einzelheiten

a) Betriebsaufspaltung. Anderes gilt entgegen der älteren Rspr. (so noch 3 BFH VIII R 57/99, BStBl. II 2002, 662) für die Betriebsaufspaltung angesichts der durch das Rechtsinstitut gebotenen **Merkmalübertragung** (BFH X R 59/00, BStBl. II 2006, 661; IV R 26/13, BStBl. II 2016, 408, zu § 3 Nr. 20 Buchst. b und c; I R 22/02, BFH/NV 2007, 149; X R 42/16, BFH/NV 2019, 586 zu § 3 Nr. 6: dazu → § 2 Rn. 374). Die Rspr.-Änderung ist mE nicht beschränkt auf bestimmte Befreiungstatbestände des § 3 (zweifelnd Micker DStR 2012, 589). Praktische Bedeutung kommt dem vorwiegend für die Befreiungen nach § 3 Nr. 6 zu (vgl. BFH I R 22/02, BFH/NV 2007, 149; Jost DB 2007, 1664).

Umgekehrt steht – logischerweise – die GewSt-Befreiung der Betriebskapital-Ges nicht der Annahme einer Betriebsaufspaltung entgegen (BFH X R 42/16, BFH/NV 2019, 586, zu § 3 Nr. 13).

b) Abfärbung. Unabhängig hiervon erstreckt sich die Gewerbesteuerbefrei- 3a ung einer an sich gewerblichen Tätigkeit im Falle einer **Abfärbung** (→ § 2 Rn. 287 aE, 429) auch auf die Tätigkeit, die ohne die Abfärbung freiberuflich wäre, dh die infizierte Tätigkeit ist nicht gewstpfl. (BFH VI R 43/00, BStBl. II 2002, 152).

c) Erweiterte Kürzung. Die Überlassung von Grundbesitz an ein gewstbe- 3b freites Unternehmen **hindert nicht** die erweiterte Kürzung nach § 9 Nr. 1 S. 2 und 5 (BFH IV R 9/05, BStBl. II 2007, 893).

III. Zeitlicher Geltungsbereich

Der **maßgebliche Zeitpunkt** oder **Zeitraum,** in dem die Voraussetzungen 4 für die Begünstigung erfüllt sein müssen, bestimmt sich unterschiedlich nach dem jeweiligen Befreiungstatbestand:

- Die Körperschaften der Nr. 1, 2, 5, 15–18, 30 sind befreit, wenn und solange sie vorhanden sind; bei Nr. 23: solange die Anerkennung besteht;
- die Körperschaften der Nr. 6, 7, 8, 10, 11, 13, 14, 19–22, 24–29, 31 sind befreit, wenn die Voraussetzungen während des ganzen (bei Neugründungen: verbliebenen) EZ vorgelegen haben;
- bei Körperschaften der Nr. 9 kommt es je nach den Voraussetzungen auf den gesamten EZ oder den Schluss des versicherungsrechtlich maßgebenden Wirtschaftsjahres an (hierzu → Rn. 340, 371);
- die Gesellschaften und Genossenschaften der Nr. 12 sind befreit, wenn und solange die Tierhaltung betrieben wird.

Der **Eintritt eines Befreiungsgrundes** bewirkt bei einem bestehenden Gew- 4a Betrieb lediglich das (vorläufige) Ende der GewStPfl, nicht jedoch den Wegfall des GewStSubjekts. Deswegen kann nach **Wegfall des Befreiungsgrundes** die

Unternehmens- und Unternehmeridentität (§ 10a) gewahrt sein, sofern ein Gewerbebetrieb (auch kraft Rechtsform, § 2 Abs. 2 S. 1) unterhalten wird (vgl. BFH I R 92/98, BStBl. II 1999, 733).

IV. Begünstigungsvoraussetzungen nach anderen Vorschriften

5 Die Befreiungen des GewStG stimmen inhaltlich weitgehend mit denen des KStG und des UStG überein. Eine **rechtliche Abhängigkeit** der GewSt-Befreiung von tatsächlichen Befreiungen nach diesen Gesetzen **besteht nicht,** wenn das GewStG die Befreiung lediglich abhängig macht vom Vorliegen der dort genannten Voraussetzungen, etwa Nr. 9 und Nr. 19 (BFH VIII R 149/76, BStBl. II 1981, 746; Böwing-Schmalenbrock in Brandis/Heuermann § 3 Rn. 22; Sarrazin in Lenski/Steinberg § 3 Rn. 33). Dem Stpfl. ist daher auch in diesen Fällen der Einwand nicht abgeschnitten, entgegen dem (unzutreffenden) KSt-Bescheid lägen die Voraussetzungen für eine Befreiung an sich vor. **Etwas anderes** gilt mE nur, wenn das GewStG seinem Wortlaut nach für die GewSt-Befreiung die Befreiung von einer anderen Steuer voraussetzt, was mE die tatsächliche Befreiung bezeichnet, wie etwa in Nr. 8 u. 15 für bestimmte Genossenschaften u. Vereine, Nr. 22 für Bürgschaftsbanken oder Nr. 25 für Wirtschaftsförderungsgesellschaften von der KSt **(offen geblieben** in BFH I R 91/12, BFH/NV 2015, 1111; **aA** BFH VIII R 149/76, BStBl. II 1981, 746 zu Nr. 13; Köster in Lenski/Steinberg § 3 Nr. 15 Rn. 4 ff. Eine rechtliche Abhängigkeit von der Entscheidung zu der entsprechenden Befreiungsvorschrift im UStG besteht grundsätzlich nicht (BFH VIII R 10/17, BStBl. II 2021, 387).

V. Verfassungs- und Europarecht

1. Verfassungsrecht

5a Als Prüfungsmaßstab kommt insb. Der Gleichheitssatz des **Art. 3 GG** in Betracht. Er ist jedoch nur dann verletzt, wenn eine Steuerbefreiung zu einer gleichheitswidrigen Bevorzugung von Körperschaften, Personenvereinigungen oder Vermögensmassen führt. Das gilt insb. Im Falle von Wettbewerbsbeeinträchtigungen, die durch die Steuerfreistellung eintreten. Aber auch insoweit liegt ein Verstoß gegen Art. 3 GG nur vor, wenn die Befreiung willkürlich erscheint, sie also nicht durch rechts-, sozial-, wirtschaftspolitische oä Gründe gerechtfertigt ist (zB BFH I R 47/09, BStBl. II 2012, 601).

2. Europarecht

5b In Betracht kommt ein Verstoß gegen **EU-Beihilferecht** (Art. 107 Abs. 1 AEUV). Die Gerichte der Mitgliedstaaten sind in einem Rechtsstreit befugt, die anzuwendende nationale Vorschrift daraufhin zu überprüfen und auszulegen, ob überhaupt eine Beihilfe in diesem Sinn vorliegt, die insb. Durch Begünstigung bestimmter Unternehmen oder Produktionszweige den Wettbewerb verfälscht (so, wenn auch zu weit formulierend BFH I R 47/09, BStBl. II 2012, 601). Zudem haben sie zu prüfen, ob – wie für eine *neue Beihilfe* vorgesehen – ein

Vorprüfungsverfahren nach Art. 108 Abs. 3 AEUV hätte durchgeführt werden müssen. Dagegen sind sie nicht zuständig, darüber zu befinden, ob eine Beihilfe mit dem Binnenmarkt vereinbar ist, also den Handel zwischen den Mitgliedstaaten beeinträchtigt (zB EuGH C-6/12, DStR 2013, 1588 Rn. 38); für *bestehende Beihilferegelungen* hierfür fortlaufend zuständig ist die EU-Kommission (Art. 108 Abs. 1 AEUV). Die Beihilfen sind als rechtmäßig anzusehen, solange die Kommission nicht deren Unvereinbarkeit mit dem Binnenmarkt festgestellt hat (EuGH C-6/12, DStR 2013, 1588 Rn. 41; BFH I R 82/12, BStBl. II 2015, 123; I R 17/12, BStBl. II 2016, 68).

B. Die einzelnen Befreiungstatbestände

I. Befreiung staatlicher Unternehmen mit monopolartigem Charakter (Nr. 1)

1. Allgemeines

Nr. 1 betrifft bestimmte **Unternehmen des Bundes und der Länder,** die 6
monopolartigen Charakter haben, also das Bundeseisenbahnvermögen, die staatlichen Lotterieunternehmen und den Erdölbevorratungsverband. Die Vorschrift beinhaltet ihrem Wortlaut nach eine uneingeschränkte persönliche Befreiung. Sie umfasst daher – de lege lata – den gesamten Tätigkeitsbereich des Unternehmens. Die Verpachtung einer eingerichteten Gastwirtschaft durch die Deutsche Bundesbahn fiel daher nach BFH I 182/57 U, BStBl. III 1958, 429 unter den Befreiungstatbestand der Vorschrift. Aus den Gründen dieser Entscheidung ergibt sich allerdings, dass die Befreiung nur für solche Tätigkeiten gilt, die sich aus den Zweckbestimmungen des Unternehmens ergeben.

2. Persönlicher Umfang der Befreiung

Allerdings ist – de lege lata – **nur das genannte Unternehmen** selbst begünstigt. 7
Nicht befreit sind Unternehmen, die von dem Begünstigten in einer besonderen Rechtsform betrieben werden: Lotterieunternehmen in Form einer Kapitalgesellschaft sind gewstpfl. Auch dann, wenn sich die gesamten Anteile in der Hand des Staates befinden (BFH I 240/60 S, BStBl. III 1961, 212; GrS 1/62 S, BStBl. III 1964, 190; jedoch → Rn. 10). Umso mehr gilt dies für sonstige Privatunternehmen, die einen GewBetrieb auf dem Gebiet eines begünstigten Unternehmens unterhalten (etwa früher die von der Deutschen Bundesbahn verpachteten Verkaufsstände, Bahnhofswirtschaften usw). Jedoch sind mE Gewinnausschüttungen der beherrschten Gesellschaft an das begünstigte Unternehmen hier wegen der Begünstigung steuerfrei.

3. Die begünstigten Unternehmen

a) Bundeseisenbahnvermögen. Es ist **keine Rechtsperson,** sondern ein 8
Wirtschaftsbetrieb des Bundes. Die Rechtsgrundlagen sind Art. 73, 87e GG und das BundesbahnG v. 13.12.1951 (BGBl. 1951 I 955) sowie ab EZ 1994 das EneuOG v. 27.12.1993 (BGBl. 1993 I 2378 – Ausgliederung der Deutschen Bahn AG).

9 *(frei)*

10 **b) Staatliche Lotterieunternehmen. aa) Befreite Unternehmen.** Befreit sind **unmittelbar als** sog. **Regiebetriebe** von den Ländern betriebene Unternehmen (BFH IV R 205/75, BStBl. II 1976, 576). Von dem Grundsatz der Unmittelbarkeit (→ Rn. 7) besteht allerdings insoweit eine **Ausnahme,** als der Staat die Lotterie über eine **Anstalt des öffentlichen Rechts** betreibt. Sie wird wegen der durch die Staatsaufsicht bewirkten Eingliederung in den Staat und die Unterordnung unter die Staatsgewalt als staatlich angesehen (BFH I R 158/81, BStBl. II 1985, 223; III B 64/12, BFH/NV 2013, 985). Befreit sind auch staatliche Fußballtoto- und Zahlenlotto-Unternehmen (BFH IV 118/53 U, BStBl. III 1955, 75; GrS 1/62 S, BStBl. III 1964, 190). Befreit sind allerdings auch die **staatlichen Lotterieeinnehmer** (§ 13 GewStDV, → Rn. 480).

10a **bb) Nicht befreite Veranstaltungen. Nichtstaatliche Lotterieveranstaltungen** (BFH IV R 39/07, BFH/NV 2011, 842; IV R 18/09, BStBl. II 2011, 368), zB betrieben von einer **KapitalGes,** auch wenn sich deren Anteile sämtlich in der Hand des Staates befinden (BFH I 240/60 S, BStBl. III 1961, 212; VIII R 310/83, BStBl. II 1986, 719). Auch lotterieähnliche Veranstaltungen wie das Prämiensparen von Sparkassen sind nicht befreit (Sarrazin in Lenski/Steinberg § 3 Rn. 23). Ein Verstoß gegen den Gleichheitssatz des Art. 3. Abs. 1 GG liegt nicht vor, weil bei den staatlichen Unternehmen – kompensatorisch – Lotteriesteuer anfällt (BFH IV R 39/07, BFH/NV 2011, 842; IV R 18/09, BStBl. II 2011, 368).

11 **c) Spielbanken.** Die Befreiung von Spielbanken durch das JstErgG 1996 dient der Klarstellung. Sie wurden schon bisher gewstfrei betrieben (VO v. 27.7.1938, RStBl. 1938, 955). Zur Vereinbarkeit mit Verfassungs- bzw. Europarecht BFH III B 80/00, BFH/NV 2001, 1294. Die Befreiung ist **beschränkt auf Tätigkeiten,** die der **Spielbankenabgabe** – als Äquivalent für die Befreiung von der GewSt – unterliegen. Andere Tätigkeiten – wie zB ein Restaurantbetrieb, eine Bar – sind nicht befreit (vgl. BFH V D 1/53 S, BStBl. III 1954, 122). Es handelt sich um eine den Spielbankbetrieb ergänzende, gleichwohl selbstständige Organisationseinheit (vgl. BFH IV R 2/11, BStBl. II 2015, 565).

12 **d) Erdölbevorratungsverband.** Er ist **bundesunmittelbare Körperschaft** des öffentlichen Rechts (§ 2 Abs. 1 des ErdölbevG idF v. 6.4.1998, BGBl. 1998 I 677 (680), nunmehr G. v. 16.1.2012, BGBl. 2012 I 74). Seine Aufgabe besteht in der Erdölbevorratung nach §§ 3 und 4 des genannten Gesetzes. Mitglied des Verbandes ist, wer gewerbsmäßig oder im Rahmen einer wirtschaftlichen Unternehmung Ottokraftstoff, Dieselkraftstoff, Heizöl Extra Leicht oder Flugturbinenkraftstoff auf Petroleumbasis einführt oder für eigene Rechnung im Geltungsbereich des Gesetzes herstellt oder herstellen lässt (nunmehr: über 25 t/Jahr, § 13 des G. v. 16.1.2012). Der Bevorratungsverband erfüllt seine Bevorratungspflicht durch das Halten von Erdöl und von den Erzeugnissen der oben genannten Art; hiervon hat er ständig soviel Vorräte zu halten, wie in den letzten drei Kalenderjahren durchschnittlich innerhalb von 90 Tagen pro Jahr eingeführt worden sind (§§ 3–6 des G. v. 16.1.2012). Der Verband erfüllt die Verpflichtung hierzu durch Erwerb oder Verpflichtung von Mitgliedern des Verbandes oder von Dritten zur Vorratshaltung. Die Steuerbefreiung beruht somit auf volkswirtschaftlichen und sicherheitspolitischen Gründen.

II. Befreiung bestimmter Banken (Nr. 2)

1. Allgemeines

Die Vorschrift hat ihre letzte Änderung durch das KroatienAnpG v. 25.7.2014 (BGBl. 2014 I 1266) erhalten. Sie berücksichtigt **Forderungen der sog. Bankenenquete,** wonach im Kreditgewerbe steuerliche Vergünstigungen zu versagen sind, wenn sich infolge der Überschneidungen von Geschäftsbereichen begünstigter Unternehmen mit denen von privatwirtschaftlichen Kreditinstituten Wettbewerbsstörungen ergeben würden. Die Aufzählung ist abschließend. Sie enthält unbeschränkte persönliche Befreiungen (ebenso Sarrazin in Lenski/Steinberg § 3 Rn. 29). Das gilt auch für Gewinne von selbst nicht gewstbefreiten Tochtergesellschaften. 13

2. Die begünstigten Unternehmen

- Die **Deutsche Bundesbank** (G. v. 26.7.1957, BGBl. 1957 I 745 idF v. 22.10.1992 BGBl. 1992 I 1782, geändert durch G. v. 22.12.2011, BGBl. 2011 I 2959); 14
- die **Kreditanstalt für Wiederaufbau,** eine Anstalt des öffentlichen Rechts (Gesetz v. 5.11.1948 WiGBl. 1948, 123, idF v. 23.6.1969, BGBl. 1969 I 573, geändert durch VO v. 31.10.2006, BGBl. 2006 I 2407), ist unbefristet und unbegrenzt von der Gewerbesteuer befreit;
- die **DEG – Deutsche Investitions- und Entwicklungsgesellschaft mbH,** Tochterunternehmen der KfW, befreit ab EZ 2024;
- die **Landwirtschaftliche Rentenbank** (G. v. 14.9.1953, BGBl. 1953 I 1330 idF v. 4.9.2002 BGBl. 2002 I 2346) ist Anstalt des öffentlichen Rechts und ab EZ 1961 unbefristet und unbegrenzt von der Gewerbesteuer befreit;
- die **Bayerische Landesanstalt für Aufbaufinanzierung.** Bis EZ 1972 als Staatsbank nach der durch G. v. 17.4.1974 (BGBl. 1974 I 949) gestrichenen Nr. 3 befreit. Die jetzige Befreiung ist durch bezeichnetes Gesetz in die Nr. 2 eingefügt worden, weil nach den Feststellungen der Bankenenquete im Grundsatz die gleichen Voraussetzungen vorliegen wie bei den übrigen in Nr. 2 aufgeführten Kreditanstalten;
- die **Bremer Aufbau-Bank GmbH** ist ab EZ 2001 wie zuvor die **Hanseatische Gesellschaft für öffentliche Finanzierungen mbH Bremen** (befreit ab EZ 1984 durch G. v. 14.12.1984, BGBl. 1984 I 1493), aus der sie im Wege der Umfirmierung hervorgegangen ist, durch G. v. 20.12.2001 (BGBl. 2001 I 3794) befreit worden;
- die **Landeskreditbank Baden-Württemberg-Förderbank.** Sie hat die Geschäftsbereiche der zuvor ebenfalls von der GewSt befreiten Landeskreditbank Baden-Württemberg-Förderungsanstalt und der Sächsischen Aufbaubank übernommen (vgl. BT-Drs. 14/1520, 4 f.). Befreiung durch G. v. 22.12.1999 (BGBl. 1999 I 2601) ab EZ 1998;
- die **Bayerische Landesbodenkreditanstalt,** bisher als Organ der staatlichen Wohnungspolitik nach § 3 Nr. 16 befreit. Da diese Befreiung entfallen ist (Art. 21 § 1 Nr. 1 StRefG v. 25.7.1988 (BGBl. 1988 I 1093)), die Anstalt aufgrund von Satzungsbestimmungen aber weiterhin Beschränkungen in ihrer wirtschaftlichen Betätigung unterworfen ist, verblieb es bei der Befreiung, jedoch durch ausdrückliche Benennung, durch oa Gesetz;

- die **Investitionsbank Berlin** ist anstelle der Investitionsbank Berlin – Anstalt der Landesbank Berlin-Girozentrale (G. v. 13.9.1993, BGBl. 1993 I 1569) durch G. v. 13.12.2006 (BGBl. 2006 I 2878) in den Befreiungskatalog aufgenommen worden;
- die **Hamburgische Investitions- und Förderbank,** weiterentwickelt aus der Hamburgischen Wohnungsbaukreditanstalt, unterstützt die Hansestadt bei der Wohnraum- und Wirtschaftsentwicklung sowie beim Umweltschutz; befreit durch G. v. 25.7.2014 (BGBl. 2014 I 1266);
- die **NRW.Bank** ist Gesamtrechtsnachfolgerin der Westdeutschen Landesbank Girozentrale, befreit als Förderbank des Landes NRW ab 2004 durch G. v. 9.12.2004, BGBl. 2004 I 3310; zudem übernahm sie zum 1.1.2010 Vermögen und Aufgaben der aufgelösten, bis dahin ebenfalls befreiten Wohnungsbauförderungsanstalt NRW;
- die **Investitions- und Förderbank Niedersachsen** ist Anstalt des öffentlichen Rechts und aus der gleichnamigen GmbH (befreit ab EZ 2003 durch G. v. 15.12.2003, BGBl. 2003 I 2645) entstanden; zuständig für die Wirtschafts-, Arbeitsmarkt-, Wohnraum- und Infrastrukturförderung ist sie ab EZ 2008 gewstbefreit (JStG 2009, BGBl. 2008 I 2794);
- die **Saarländische Investitionskreditbank AG** ist Landesförderinstitut mit den Schwerpunkten Wirtschafts-, Verkehrs- und Wohnraumförderung sowie Umweltmaßnahmen, befreit durch G. v. 18.12.1989, BGBl. 1989 I 2212;
- die **Investitionsbank Schleswig-Holstein** ist zum 1.1.2003 als Anstalt des öffentlichen Rechts neu errichtet worden. Sie ist zentrales Förderinstitut bei wirtschafts- und strukturpolitischen Aufgaben und befreit durch G. v. 15.12.2003, BGBl. 2003 I 2645;
- die **Investitionsbank des Landes Brandenburg.** Befreit ab EZ 1991 durch G. v. 25.2.1992 (BGBl. 1992 I 297). Sie übernimmt öffentliche Förderaufgaben des Landes Brandenburg und steht ebenfalls in keinem schädlichen Wettbewerbsverhältnis;
- die **Sächsische Aufbaubank – Förderbank –,** entstanden durch formwechselnde Umwandlung aus der **Sächsischen Aufbaubank GmbH** als selbstständige Anstalt des öffentlichen Rechts; sie vergibt Fördermittel in den Bereichen Wirtschaft, Technologie sowie Wohnungs- und Städtebau und ist befreit durch G. v. 15.12.2003, BGBl. 2003 I 2645;
- die **Thüringer Aufbaubank,** als Anstalt des öffentlichen Rechts umfassend zuständig für Wirtschafts-, Technologie und Strukturförderung, befreit ab EZ 1991 durch G. v. 13.9.1993 (BGBl. 1993 I 1569);
- die **Investitionsbank Sachsen-Anhalt,** als zentrale Förderbank des Landes S-Anh. übernimmt sie Maßnahmen der Wirtschafts-, Wohnungsbau-, Kultur-, Agrar- und Umweltförderung sowie Kommunalfinanzierung wettbewerbsneutral; sie ist ab 1.3.2023 rechtlich selbstständig und nicht mehr Anstalt der Norddeutschen Landesbank;
- die **Investitions- und Strukturbank Rheinland-Pfalz** ist zentrales Instrument der Wirtschaftsförderung in RhPf., ursprünglich in der Rechtsform der GmbH, seit 1.1.2012 als Anstalt des öffentlichen Rechts; sie handelt wettbewerbsneutral und ist befreit ab EZ 1993 durch G. v. 21.12.1993 (BGBl. 1993 I 2310);
- das **Landesförderinstitut Mecklenburg-Vorpommern – Geschäftsbereich der Norddeutschen Landesbank Girozentrale,** ist seit 1.1.1995 zentraler Förderdienstleister des Landes MV, insb. bei der wettbewerbsneutralen

Wirtschafts-, Wohnungs- und Städtebau- sowie Infrastrukturförderung des Landes MV; befreit durch G. v. 18.12.1995 (BGBl. 1995 I 1959) ab EZ 1995;
- die **Wirtschafts- und Infrastrukturbank Hessen** ist rechtlich unselbstständige, wirtschaftlich und organisatorisch selbstständige Anstalt in der **Landesbank Hessen-Thüringen Girozentrale** und Förderbank des Landes Hessen mit verschiedenen Aufgabenbereichen der Wirtschafts- und Strukturförderung; in dieser Form befreit seit EZ 2010 (JStG 2010, BGBl. 2010 I 1768);
- die **Liquiditäts-Konsortialbank GmbH,** befreit ab EZ 1974 durch EGAO 1977 v. 14.12.1976 (BGBl. 1976 I 3341). Gegenstand des Unternehmens ist ausschließlich die Verminderung von Störungen des Liquiditätsausgleichs im Kreditgewerbe (BT-Drs. 7/5458). Hierdurch tritt eine Überschneidung mit Geschäftsbereichen der übrigen Kreditinstitute nicht ein.

III. Bundesanstalt für vereinigungsbedingte Sonderaufgaben (Nr. 3)

1. Treuhandanstalt

Die Befreiung der Treuhandanstalt beruhte auf ihrer Rechts- und Aufgabenstellung. Sie war **rechtsfähige bundesunmittelbare Anstalt** des öffentlichen Rechts; ihr Auftrag bestand darin, gem. den Bestimmungen des TreuhandG v. 17.6.1990 (GBl. Nr. 33, 300) die früheren volkseigenen Betriebe wettbewerblich zu strukturieren und zu privatisieren. Erlöse waren zugunsten von Maßnahmen, auch zur Entschuldung im Rahmen der Strukturanpassung der Landwirtschaft, zu verwenden (vgl. Art. 25 des Einigungsvertrags v. 31.8.1990, BGBl. 1990 II 889 (897)). Die Treuhandanstalt war somit nicht gewerblich tätig, sondern erfüllte unmittelbar öffentliche Aufgaben. 15

2. Umbenennung

Mit Wirkung ab 1.1.1995 wurde die Treuhandanstalt im Rahmen der Neuorganisation in **Bundesanstalt für vereinigungsbedingte Sonderaufgaben** (BvS) umbenannt (VO v. 20.12.1994, BGBl. 1994 I 3913). Darauf basiert die Neufassung des § 3 Nr. 3 durch das JStG 1997 (BGBl. 1996 I 2049). Nach Einstellung ihrer operativen Tätigkeiten zum 1.1.2001 ist die BvS nur noch Rechts- und Vermögensträgerin. Seit 1.1.2004 wird sie abgewickelt und von einem/r AbwicklerIn vertreten (G. v. 28.10.2003, BGBl. 2003 I 2081). 15a

IV. Befreiung von Realgemeinden (Nr. 5)

1. Allgemeines

a) Begriff. Realgemeinden sind aus dem **Almendebesitz** der Dorfgenossen fortentwickelte Personenzusammenschlüsse des älteren agrarwirtschaftlichen Genossenschaftsrechts, bei dem mit der Mitgliedschaft das Recht auf gemeinsame land- und forstwirtschaftliche Nutzung des Grund und Bodens im Wege der Selbstbewirtschaftung verbunden ist (RFH I 383/37, RStBl. 1938, 736; vgl. zur Rechtsentwicklung RFH I A 408/32, RStBl. 1934, 1060). Das Gesetz nennt beispielhaft die Hauberg-, Wald-, Forst- und Laubgenossenschaften. 16

17 **b) Rechtsformen.** Realgemeinden können **Körperschaften** des öffentlichen oder privaten Rechts sein (RFH I 85/39, RStBl. 1939, 1058; FG Brem 1 K 413/02 (1), EFG 2004, 1551 (Ls.)). Für die Mitgliedschaft ist je nach dem zugrunde liegenden Gewohnheitsrecht der Besitz von Grund und Boden oder auch nur der Wohnsitz in der jeweiligen Gemeinde Voraussetzung.

18 **c) Voraussetzungen.** Für die Befreiung ist **nicht Voraussetzung,** dass die **land- und forstwirtschaftliche Nutzung** den Mitgliedern in allen Teilen selbst möglich ist oder ob an deren Stelle teilweise eine Nutzung im Wege der Verpachtung getreten ist. Es schadet nicht, wenn einem gewerblichen Unternehmer Mineralgewinnung auf dem Grund und Boden gestattet wird (RFH I 85/39, RStBl. 1939, 1058).

Tritt die luf Nutzung zurück, dann liegt keine Realgemeinde vor (FG Brem 1 K 413/02 (1), EFG 2004, 1551 (Ls.)); so etwa wenn die Gemeinde ihren Mitgliedern vorschreibt, die Geldgrundstücke zu verpachten und den Ertrag der Wiesen auf dem Stock zu versteigern (RFH I 383/37, RStBl. 1938, 736), wenn Wirtschaftsgebäude und eine Dampferanlegestelle errichtet werden (RFH I A 408/32, RStBl. 1934, 1060) oder wenn Grund und Boden als Mietwohngrundstücke genutzt werden und die Mitglieder zum großen Teil keine Landwirte sind (RFH I 440/39, RStBl. 1940, 811). Auch eine sog. **Dornengemeinschaft,** die aufgrund von Einzelerlaubnissen der Waldbesitzer Dornen aushackt und veräußert, ist mangels land- und forstwirtschaftlicher Betätigung keine Realgemeinde (FG Nürnberg I 263/86, nv).

2. Umfang der Befreiung

19 Die persönliche **Befreiung ist eingeschränkt,** wenn und soweit ein Gewerbebetrieb unterhalten wird, der über den Rahmen eines Nebenbetriebes hinausgeht. Ein Nebenbetrieb setzt einen Hauptbetrieb voraus, muss in einem inneren sachlichen Zusammenhang mit diesem stehen und dessen Zwecken zu dienen und dessen Ertrag zu fördern und zu erhöhen bestimmt sein. Nebenbetrieb ist etwa ein Sägewerk einer realgemeindlichen Waldgenossenschaft, wenn in ihm nur eigenes Holz verarbeitet wird. Erheblicher Zukauf von Holz schadet. Ebenso wenn das geschlagene Holz durch eine eigene Zellstoff- oder Papierfabrik verarbeitet wird (Sarrazin in Lenski/Steinberg § 3 Rn. 64). Ein Salinenbetrieb ist nicht Nebenbetrieb eines Forstwirts, wenn dort nur geringe Holzmengen Verwendung finden (RFHE 31, 206). Ein Betrieb der Land- und Forstwirtschaft schadet nicht. Vergleiche iÜ zum Begriff des Nebenbetriebes → § 2 Rn. 222 ff. Zur Behandlung kirchlicher Waldgenossenschaften vgl. OFD Magdeburg 6.4.1993, DB 1993, 1010.

V. Befreiung von Unternehmen, die gemeinnützigen, mildtätigen oder kirchlichen Zwecken dienen (Nr. 6)

Literatur: Gutachten der Unabhängigen Sachverständigenkommission zur Prüfung des Gemeinnützigkeits- und Spendenrechts, BMF-Schriftenreihe, Heft 40, Bonn 1988; Hey, Die Steuerbegünstigung für gemeinnützige Tätigkeiten der öffentlichen Hand, StuW 2000, 467; Enquête-Kommission „Zukunft des Bürgerschaftlichen Engagements" …, BT-Drs. 14/8900, 279; Seer, Gemeinwohlzwecke und steuerliche Entlastung, DStJG Bd. 26 (2003), 11; Isensee, Gemeinnützigkeit und Europäisches Gemeinschaftsrecht, DStJG Bd. 26 (2003), 93; Thieme/

Dorenkamp, Auswirkungen des Gemeinnützigkeitsrechts auf die öffentliche Hand im Hinblick auf das Subjekt der Gemeinnützigkeit und die Zulässigkeit eines Ergebnisausgleichs, FR 2003, 693; Schult/Meining, Betätigung deutscher gemeinnütziger Körperschaften im Ausland, FR 2005, 977; Gutachten des Wissenschaftlichen Beirats beim BMF zur abgabenrechtlichen Privilegierung gemeinnütziger Zwecke, Bonn 2006; Hüttemann/Helios, Gemeinnützige Zweckverfolgung im Ausland nach der „Stauffer-"Entscheidung des EuGH, DB 2006, 2481; Jachmann, Gemeinnützigkeit in Europa: Steuer- und europarechtliche Rahmenbedingungen, BB 2006, 1823; Leisner-Egensperger, Verfassungsrecht der steuerlichen Gemeinnützigkeit, FS Isensee 2007, 895; Drüen/Liedtke, Die Reform des Gemeinnützigkeitsrechts und seine europarechtliche Flanke, FR 2008, 1; Hüttemann, Die steuerliche Förderung gemeinnütziger Tätigkeiten im Ausland – eine Frage des „Ansehens"?, DB 2008, 1061; Schröder, Die steuerpflichtige und steuerbegünstigte GmbH im Steuerrecht, DStR 2008, 1069; Tiedtke/Möllmann, Gemeinnützigkeit und europäische Grundfreiheiten, DStZ 2008, 69; Fischer, Das EuGH-Urteil Persche zu Auslandsspenden – Die Entstaatlichung des Steuerstaats geht weiter, DB 2009, 249; Jäschke, Verstöße gegen die Rechtsordnung und Extremismus im Gemeinnützigkeitsrecht, DStR 2009, 1669; Droege, Europäisierung des Gemeinnützigkeitsrechts – der offene Steuerstaat im europäischen Gemeinwohlverbund, StuW 2012, 256; Orth, Zur Gewerbesteuerbefreiung von Kooperationen gemeinnütziger Körperschaften, DStR 2012, 116; v. Lersner, Schwierigkeiten bei der Feststellung des Vorliegens einer extremistischen Organisation iSd § 51 Abs. 3 S. 2 AO, DStR 2012, 1685; Brandt, Steuerbegünstigung einer kommunalen Eigengesellschaft (Rettungsdienst) als gemeinnützig …, StBp 2014, 239; Martini, Der Gemeinnützigkeitsstatus beschränkt steuerpflichtiger Körperschaften, ISR 2015, 97; Weitemeyer/Bornemann, Problemstellungen gemeinnütziger Tätigkeit mit Auslandsbezug, FR 2016, 437; Tolksdorf, Steuerbegünstigung der Stiftung von Todes wegen ab dem Todestag nach § 60a AO, ZEV 2021, 76; Weitemeyer, Fallstricke der gGmbH, GmbHR 2021, 57; Orth, Gemeinnützige Personengesellschaften, DStR 2022, 864; Müller, Nach § 1a KStG optierende Gesellschaften im gemeinnützigen Kontext, NWB 2024, 2832.

1. Allgemeines

a) Persönliche Befreiung. Es handelt sich um eine **persönliche Befreiung** (BFH I R 84/01, BFH/NV 2003, 277, zugleich zur Abgrenzung von der älteren anders lautenden Rspr.). Sie ist nach dem Grundsatz in § 51 AO abhängig von einer Vielzahl von Voraussetzungen nach §§ 52–63 AO und eingeschränkt bei Unterhaltung eines wirtschaftlichen Geschäftsbetriebes, soweit nicht ein Zweckbetrieb gegeben ist (§§ 64–68 AO). 20

Mehrere Zwecke, die nebeneinander verfolgt werden (und sei es mit denselben sachlichen und persönlichen Mitteln), schließen die Steuerbefreiung nicht aus (vgl. BFH I R 35/94, BStBl. II 1996, 583).

Das **Fehlen der Voraussetzungen** für die Befreiung hat nicht automatisch die StPfl. aller Tätigkeiten der Vereinigung zur Folge, sondern nur dann, wenn sie die Voraussetzungen einer Einkunftsart nach § 2 Abs. 1 EStG erfüllen (BFH I R 280/81, BStBl. II 1988, 75).

b) Kreis der Begünstigten. aa) Körperschaften des privaten Rechts. In den Genuss der **Begünstigung** können kommen **Körperschaften** des privaten Rechts (zB GmbH: § 4 S. 2 GmbHG; zuvor schon BFH I R 35/94, BStBl. II 1996, 583; auch die UG (haftungsbeschränkt), BGH II ZB 13/19, DStR 2020, 1388; zu Vor- u. Nachteilen Weitemeyer GmbHR 2021, 57), **Personenvereinigungen, Vermögensmassen,** also auch rechtsfähige und nichtrechtsfähige **Vereine** sowie **rechtsfähige** und **nichtrechtsfähige Stiftungen** (BFH X R 36/11, 21

BStBl. II 2015, 545; zur Spendensammel- und Anhangstiftung OFD Frankfurt aM 19.2.2004, DB 2004, 1016).

21a Für die **rechtsfähige Stiftung** ist die **Anerkennung** nach §§ 80 ff. BGB **konstitutiv;** eine „Vorstiftung“ ist nicht anzuerkennen; die Interimsphase zwischen dem Stiftungsgeschäft und der Anerkennung kann durch Gründung einer (zeitweiligen) nicht rechtsfähigen (unselbstständigen) Stiftung überbrückt werden (BFH X R 36/11, BStBl. II 2015, 545; Schiffer/Pruns NWB 2011, 1258). Bei der **nicht rechtsfähigen Stiftung** erforderlich ist die Zuwendung von Vermögenswerten an einen Treuhänder aufgrund eines schuldrechtlichen Vertrags mit der Maßgabe, diese dauerhaft zu einem vom Stifter festgelegten Zweck einzusetzen (BFH X R 36/11, BStBl. II 2015, 545; FG Köln 10 K 2066/21). Eine durch Testament auf den **Todesfall errichtete Stiftung** gilt für die Zuwendungen des Stifters zivilrechtlich (§ 84 BGB) als schon vor dessen Tod entstanden; ihre Körperschaftsteuerpflicht beginnt daher mit dem Tod des Stifters (hierzu und zum Satzungserfordernis BFH V R 50/17, BStBl. II 2019, 782; V R 30/16, BFH/NV 2020, 342; AEAO zu § 51 Nr. 6; krit. Tolksdorf ZEV 2021, 76). Zur Unzulässigkeit einer **öffentlich-rechtlichen nicht rechtsfähigen Stiftung** in Bayern FG München 6 K 1417/19, EFG 2022, 131.

21b **Ebenfalls begünstigt** sein kann eine **im Ausland ansässige** Körperschaft, wenn sie **(1)** in einem **„Typenvergleich“** nach ihrer wirtschaftlichen und rechtlichen Struktur einem deutschen Körperschaftsteuersubjekt entspricht und **(2)** die nach innerstaatlichem Recht geltenden Voraussetzungen für die Begünstigung erfüllen. Auch aus Gründen des Unionsrechts ist Deutschland nicht verpflichtet, einen **im Ausland erworbenen Gemeinnützigkeitsstatus** anzuerkennen; maßgebend ist das innerstaatliche (deutsche) Recht (BFH I R 94/02, BStBl. II 2010, 331; V R 39/15, BFH/NV 2018, 611; I R 54/14, BStBl. II 2017, 1216; V R 35/18, BStBl. II 2021, 657: Vergleichbarkeit eines Colleges mit einer Stiftung; BFH V R 15/20, BStBl. II 2023, 302; zum eingeschränkten Einfluss des Unionsrechts Geserich, Leitgedanken des Rechts, 2013, 1755).

21c **Nicht begünstigt** sind **natürliche Personen** und **Personengesellschaften.** Für letztere gilt dies mE auch, soweit sie **von mehreren steuerbefreiten Körperschaften** zwecks Kooperation durch einen gemeinsamen Zweckbetrieb gebildet werden (zweifelnd Orth DStR 2012, 116). In Betracht kommt jedoch eine nach § 1a KStG **zur Körperschaftsbesteuerung optierende PersGes** (ebenso Orth DStR 2022, 864; s. Müller NWB 2024, 2832).

22 **bb) Körperschaften des öffentlichen Rechts.** Begünstigt sind auch Körperschaften des öffentlichen Rechts für ihre **Betriebe gewerblicher Art** (vgl. BFH I R 21/81, BStBl. II 1985, 162; I R 161/94, BFH/NV 1997, 625; I R 106/10, BStBl. II 2012, 837; Eversberg/Baldauf DStZ 2011, 597; **aA** Isensee/Knobbe-Keuk, Sondervotum zum Gutachten der Unabhängigen Sachverständigenkommission, S. 404; zum Satzungserfordernis OFD Frankfurt aM 19.4.2004, DB 2004, 1176), Anstalten und Stiftungen des öffentlichen Rechts (BFH I R 21/81, BStBl. II 1985, 162, ebenfalls zum Satzungserfordernis), bei mehreren Betrieben: jeder einzeln (AEAO zu § 59 Nr. 2). Nicht begünstigt sind die Körperschaften des öffentlichen Rechts als solche (AEAO zu § 51 Nr. 1 Abs. 1). Zwar lässt sich die Auffassung vertreten, nach der gesetzlichen Konzeption (§ 1 Abs. 1 Nr. 6 KStG) sei Besteuerungssubjekt nicht die juristische Person des öffentlichen Rechts (so etwa Hey StuW 2000, 467 unter Hinweis auf BT-Drs. 7/4292). Doch hat der BFH (seit BFH I R 7/71, BStBl. II 1974, 391; vgl. I R 161/94, BFH/NV 1997,

625) entschieden, dass mangels Rechts- und Handlungsfähigkeit des Betriebs gewerblicher Art Steuersubjekt die juristische Person des öffentlichen Rechts ist. *Insofern* ist diese auch Subjekt der Gemeinnützigkeit (vgl. BFH V R 76/83, BStBl. II 1988, 908; I R 106/10, BStBl. II 2012, 837; Thieme/Dorenkamp FR 2003, 693; Eversberg/Baldauf DStR 2011, 597; **aA** Hey StuW 2000, 467; Regierer/Becker DStZ 2007, 597). Praktische Auswirkungen können sich bei Einzelfragen ergeben, wie etwa bei der Drittmittelforschung nach § 68 Nr. 9 AO (→ Rn. 302 ff.).

cc) Hoheitliche Pflichtaufgaben. Eine Kapitalgesellschaft (Eigengesellschaft), die **öffentlich-rechtliche Pflichtaufgaben** ihres Gesellschafters, einer juristischen Person des öffentlichen Rechts, wahrnimmt, handelt **gemeinnützig,** dh selbstlos und unmittelbar (BFH I R 17/12, BStBl. II 2016, 68; FG Bln-Bbg EFG 2012, 1088; zust. Regierer/Becker DStZ 2007, 597; Brandt StBp 2014, 239; Musil FR 2014, 825; Roth GmbHR 2015, 953). Erforderlich ist aber, dass sie insoweit angemessene Entgelte bezieht (AEAO zu § 55 Nr. 2; → Rn. 134). 23

c) Körperschaftsteuerpflicht. Es muss sich um **an sich kstpfl. Körperschaften** handeln (BFH III B 24/74, BStBl. II 1975, 595). 24

aa) Gründungsgesellschaft/Untergliederung. Begünstigungsfähig sind auch **Gründungsgesellschaften** (BFH I R 172/72, BStBl. II 1973, 568), nicht jedoch Vorgründungsgesellschaften (→ § 2 Rn. 472), ebenso wenig funktionale Untergliederungen (Abteilungen) von Körperschaften, sie gelten nicht als selbstständige Steuersubjekte (§ 51 Abs. 1 S. 3 AO). Eine Befreiung der Letzteren nach anderen Vorschriften des GewStG bleibt hiervon jedoch unberührt. 24a

bb) Regionale Untergliederungen von Großvereinen. Hierzu s. AEAO zu § 51 Nr. 2 (vgl. Thiel/Eversberg DB 1990, 395; Märkle/Alber BB-Beil. 2/90; Lang FR 1990, 353). Hiernach liegt eine **unselbstständige Untergliederung** nicht vor, wenn sie durch rechtswirksamen Gründungsakt verselbstständigt ist und über eine eigene, gemeinnützigkeitsrechtlichen Anforderungen entsprechende Satzung verfügt, die auf sie zugeschnitten ist; die Übernahme der Satzung des Hauptvereins kann insofern genügen, als sich Zweck, Aufgaben und Organisation der Untergliederungen aus der Satzung des Hauptvereins ergeben. Die gesetzliche Fiktion des § 51 Abs. 1 S. 3 AO bewirkt, dass im Hinblick auf das Recht der gemeinnützigen, mildtätigen und kirchlichen Zwecke sämtliche Rechtsfolgen der von der funktionalen Untergliederung verwirklichten Steuertatbestände die Hauptkörperschaft treffen, insb. die Ergebnisse eines wirtschaftlichen Geschäftsbetriebes, Verlust der Gemeinnützigkeit bei Verletzung von Erfordernissen, Steuerschuldnerschaft usw. Eine entsprechende Vorschrift enthält § 64 Abs. 4 AO (→ Rn. 251). 25

cc) Dachverbände. Sie können ebenfalls in den Genuss der Vergünstigung kommen, wenn sie nur Mitgliedskörperschaften aufnehmen, die selbst als gemeinnützig anerkannt sind und selbst die begünstigten Zwecke unmittelbar verfolgen (§ 57 Abs. 2 AO; → Rn. 163). 26

d) Zeitfragen. Handlungen zur **Vorbereitung** der stbegünstigten Zwecke reichen aus (BFH I R 29/02, BStBl. II 2003, 930). Allerdings ist die **Vermögensverwaltung,** auch wenn für die Begünstigung unschädlich (→ Rn. 218, 241), selbst kein steuerbegünstigter Zweck (BFH I R 14/06, BStBl. II 2007, 808). 27

Die **GewStBefreiung endet** mit der Einstellung der begünstigten Tätigkeit und Eröffnung des Insolvenzverfahrens (BFH I R 14/06, BStBl. II 2007, 808; AEAO zu § 51 Nr. 6; hierzu Dehesselles DStR 2008, 2050). Zur Frage einer Abwicklungsphase Becker/Meining FR 2006, 686.

28 **e) Auslandssachverhalte (§ 51 Abs. 2 AO).** Bei Verwirklichung der begünstigten Zwecke im Ausland setzt die Vergünstigung voraus, dass
- **natürliche Personen** mit Wohnsitz oder gewöhnlichem Aufenthalt im Inland gefördert werden (1. Alt.) oder
- die Verwirklichung der steuerbegünstigten Zwecke auch zum **Ansehen der Bundesrepublik Deutschland** im Ausland beitragen kann (2. Alt.);

angefügt durch G. v. 19.12.2008 (BGBl. 2008 I 2794) mWv 1.1.2009 (Art. 97 § 1d Abs. 2 EGAO).

Es handelt sich um eine Reaktion des Gesetzgebers auf EuGH C-386/04, DStR 2006, 1736 – Stauffer, wonach einer in einem Mitgliedstaat ansässigen Körperschaft die Gemeinnützigkeit nicht schon deswegen versagt werden darf, weil sie ihren Sitz nicht im Inland hat (zu Auslandsspenden EuGH C-318/07, DStR 2009, 207 – Persche). Allerdings hat der EuGH dem nationalen Gesetzgeber offen gelassen, eine hinreichend enge Verbindung zwischen anerkannter Körperschaft und ihrer Fördertätigkeit zu verlangen. ME setzt hier die Vorschrift an. Es geht somit zumindest nach dem Wortlaut der Vorschrift nicht – auch nicht mittelbar – darum, eine ausländische Körperschaft außen vor zu halten. Die diesbezügliche Kritik (zB FG Köln 9 K 3177/14, EFG 2016, 653, aus anderen Gründen aufgeh. durch BFH X R 5/16, BStBl. II 2018, 651; FG Münster 13 K 2542/20 K, F, EFG 2024, 352; Seer in Tipke/Kruse, § 51 AO Rn. 8; Jachmann BB 2006, 2607; Drüen/Liedtke FR 2008, 1; Muth StuB 2008, 957; Winheller/Klein DStZ 2009, 193; v. Proff IStR 2009, 371; Geserich DStR 2009, 1173; Hütteman/Helios DB 2009, 701; Droege StuW 2012, 256; Martini ISR 2015, 97; hierzu auch Weitemeyer/Bornemann FR 2016, 437; Schienke/Ohletz BB 2018, 221) ist mE unberechtigt. Das gilt trotz des Umstandes, dass der Gesetzgeber bei inländischen Körperschaften von einer Indizwirkung für den **Ansehensbeitrag** (2. Alt.) ausgeht, bei einer ausländischen Körperschaft jedoch nicht (Beschlussempfehlung des Finanzausschusses, BT-Drs. 16/11108, 56 f.). Die Unterscheidung rechtfertigt sich kohärent durch den Inlandsbezug der Zweckverwirklichung.

28a Der bei Förderung von natürlichen Personen geforderte **Inlandsbezug** ist auch gegeben, wenn sich die Person zum Zweck der Förderung vorübergehend im Ausland aufhält (FG Bln-Bbg 9 K 11080, EFG 2019, 793). Im Übrigen hat er keine Auswirkung auf die Auslegung der übrigen Tatbestandsvoraussetzungen für die Anerkennung (AEAO zu § 51 Nr. 7; zu weiteren Einzelheiten LfSt Bay 14.7.2025 – S 0170.1.1-3/8 St 31; FM LSA 1.3.2022 – 42-S 0170-220).

28b Der **Beitrag zum Ansehen der Bundesrepublik Deutschland** muss kein eigenständiger Nebenzweck der Körperschaft sein. Zudem muss er keine spür- oder messbare Auswirkung haben oder gar zu einer Steigerung des Ansehens führen können; eine unbedeutende Ansehensförderung genügt (vgl. Beschlussempfehlung des Finanzausschusses, BT-Drs. 16/11108, 46; BFH X R 5/16, BStBl. II 2018, 651, Gravur des Spenders im Altarsockel; FG Bln-Bbg 9 K 11080, EFG 2019, 793, Studiengänge zur deutschsprachigen Kultur). Es genügt die (nicht hinterfragte) Annahme, dass die Tätigkeit „positive Rückwirkungen auf das Ansehen … haben" kann (vgl. BFH I R 94/02, BStBl. II 2010, 331, unter III.3.b; zurückhaltender AEAO zu § 51 Abs. 2 Nr. 7).

f) Verfassungsschutz (§ 51 Abs. 3 AO). Die Norm wurde angefügt durch G. v. 19.12.2008 (BGBl. 2008 I 2794) mWv 1.1.2009 (Art. 97 § 1d Abs. 2 EGAO; zur Anwendungsproblematik s. aber BFH I R 11/11, BStBl. II 2013, 146). Die Körperschaft darf weder nach ihrer Satzung oder tatsächlichen Geschäftsführung **Bestrebungen iSd § 4 BVerfSchG** fördern oder dem Gedanken der Völkerverständigung zuwiderhandeln. Bei Erwähnung in einem **VerfSchutzBericht** des Bundes oder eines Landes als **extremistische Organisation** ist widerlegbar davon auszugehen, dass diese Voraussetzungen nicht erfüllt sind. Es ist nicht erforderlich, dass im VerfSchutzBericht die Formulierung „extremistische Organisation" verwendet wird; es genügt die Auflistung in einer entsprechenden Übersicht bzw. der Hinweis auf die Zusammenarbeit mit extremistischen Kräften/Gruppen (BFH I R 11/11, BStBl. II 2013, 146; V R 36/16, BStBl. II 2018, 422). Die Erwähnung genügt für die Versagung der Vergünstigung; es kommt nicht darauf an, ob sie zu Recht erfolgt ist (Zuständigkeit der VerwG). Die **Widerlegung der Vermutung** erfordert den vollen Beweis des Gegenteils; die bloße Erschütterung genügt nicht. Leistungen für das Gemeinwohl sind nicht gegen die extremistischen Bestrebungen abzuwägen (BFH V R 36/16, BStBl. II 2018, 422; V R 15/22, BStBl. II 2025, 72, gegen FG Bln-Bbg 8 K 8117/16, aufgeh.). Eine die Religion fördernde Körperschaft kann sich insofern nicht auf den Grundsatz der Glaubensfreiheit (Art. 4 GG) zurückziehen, weil auch insoweit der Schutz der freiheitlichen demokratischen Grundordnung zu beachten ist (BFH V R 15/22, BStBl. II 2025, 72, gegen FG BBbg 8 K 8117/16, aufgeh.). Die Anwendung der Vermutungsregel erfordert (insbesondere bei Über- u. Unterorganisationen) die Feststellung, dass gerade die von der Versagung **betroffene Körperschaft** in einem Verfassungsschutzbericht als extremistisch bezeichnet wird (BFH V R 36/21, BStBl. II 2025, 26, zu FG München 7 K 3347/18, EFG 2022, 5, aufgeh.). 29

Die Norm hat **klarstellenden Charakter** iSd zuvor geltenden Praxis, nach der Verstöße der bezeichneten Art der (gemeinnützigen) Förderung der Allgemeinheit entgegenstehen (BT-Drs. 16/10189, 79; → Rn. 76), bezieht sich aber auch auf mildtätigen und kirchlichen Zwecken dienende Körperschaften. Sie ist auch für bereits früher verwirklichte Sachverhalte anzuwenden (ebenso Jäschke DStR 2009, 1669). Ein Verstoß gegen **Verfassungsrecht** liegt mE nicht vor. Die Vorschrift genügt dem Gebot der Normenklarheit und Bestimmtheit (BFH V R 15/22, BStBl. II 2025, 72; V R 36/21, BStBl. II 2025, 26). Auch verstößt sie mE nicht gegen **Art. 9 Abs. 2 GG** iVm § 3 Abs. 1 S. 1 VereinsG. Denn die Versagung des Status der Gemeinnützigkeit hat – wie in anderen Fällen der Versagung – keinen Verbotscharakter. 29a

Allerdings löst **nicht jede Erwähnung** in einem VerfSchutzBericht, zB als bloßer Verdachtsfall, die Rechtsfolgen des Satzes 2 der Vorschrift aus (BFH I R 11/11, BStBl. II 2013, 146, Best von SächsFG 2 K 1429/10, EFG 2011, 1675). Zu prüfen bleibt der Tatbestand des Satzes 1 (vgl. AEAO zu § 51 Nr. 11 Abs. 3). Insofern ist eine **abgestufte Verteilung der Feststellungslast** angezeigt (ebenso Jachmann/Unger in Gosch AO § 51 Rn. 99). Gerade in dieser Hinsicht sind die letztgenannten Entscheidungen auch in der Tatsachenwürdigung höchst problematisch. Sie fordern an sich zu Recht zurechenbares Verhalten des Vorsitzenden, jedoch ohne die Hinnahme/Duldung von Hasspredigten Anderer in ihrem Verein hier einzuordnen; zudem lassen sie zu, dass sich der Vorstand hinter seiner Nichtautorenschaft versteckt, obwohl die Web-Seite des Vereins mit extremistischen Artikeln verlinkt ist. Mit einer solchen Tatsachen- und Rechtswürdigung wird die Vorschrift ausgehöhlt (zu Recht krit. v. Lersner DStR 2012, 1685). 29b

2. Gemeinnützige Zwecke

Literatur: (Zur älteren Lit. s. 5. Aufl.). Tipke, Die deklassierte Gemeinnützigkeit, StuW 1989, 165; Hammer, Die Gemeinnützigkeitsregelungen des Steuerrechts im Spiegel der deutschen Staats- und Verfassungsentwicklung, StuW 2001, 19; Kirchhof, Gemeinnützigkeit – Erfüllung staatsähnlicher Aufgaben durch selbstlose Einkommensverwendung, DStJG Bd 26 (2003), 1; Jachmann, Gemeinnütziger Sport versus subventionierte Freizeitbetätigung, GS Trzaskalik 2005, 31; Hüttemann, Gesetz zur weiteren Stärkung des bürgerschaftlichen Engagements und seine Auswirkung auf das Gemeinnützigkeits- und Spendenrecht, DB 2007, 2053; Leisner-Egensperger, Zweckkollision im steuerlichen Gemeinnützigkeitsrecht, FS Merten 2007, 277; Schauhoff/Kirchhain, Das Gesetz zur weiteren Stärkung des bürgerschaftlichen Engagements, DStR 2007, 1985; Fischer, Überlegungen zur Fortentwicklung des steuerlichen Gemeinnützigkeitsrechts, FR 2008, 752; Schauhoff/Kirchhain, Gemeinnützigkeit im Umbruch DStR 2008, 1713; Heintzen, Steuerliche Anreize für gemeinwohlorientiertes Engagement Privater, FR 2008, 737; Neumann, Steuerliche Verbesserungen für das bürgerschaftliche Engagement und die Folgen aus der *Stauffer*-Entscheidung, FR 2008, 745; Becker, Der Wegfall des Gemeinnützigkeitsstatus – eine Bestandsaufnahme und Hilfestellung für die Praxis, DStR 2010, 953; Prühs, Non-Profit-GmbH, GmbH-Stpr 2010, 69; 2453; Geserich, Gemeinnützigkeit, Leitgedanken des Rechts 2013, 1755; Hüttemann, Das Steuerrecht des Non Profit Sektors, KSzW 2014, 158; Hüttemann, Steuerliche Gemeinnützigkeit und politische Betätigung, DB 2015, 821; Fischer, Gemeinnützigkeit und Zeitgeist, DStR 2018, 1394; Märtens, Gemeinnützige Unternehmen, in „100 Jahre Steuerrechtsprechung in Deutschland 1918-2018" (FS für den BFH), 2018, 1477; Schienke/Ohletz, Internationales Gemeinnützigkeits- und Spendenrecht unerwünscht?, BB 2018, 221; Weitemeyer/Wrede, Genderfragen in Non.Profit-Organisationen, npoR 2018, 3; Bagger von Grafenstein/Feldgen, Fördert eSport die Allgemeinheit? Aufnahme des eSports als gemeinnützigen Zweck im Rahmen des § 52 Abs. 2 Nr. 21 AO …, DStZ 2019, 326; Hüttemann, Kein allgemeinpolitisches Mandat für gemeinnützige Körperschaften …, BB 2019, 744; Leisner-Egensperger, Politische Betätigung auf dem Minenfeld des Gemeinnützigkeitsrechts, NJW 2019, 964; Weitemeyer, Zur Zulässigkeit politischer Betätigungen von gemeinnützigen Organisationen nach dem Attac-Urteil des BFH, npoP 2019, 97; Hüttemann, Änderungen des Gemeinnützigkeits- und Spendenrechts durch das JStG 2020, DB 2020, 72; Bott, BB-Rechtsprechungsreport Gemeinnützigkeits- und Spendenrecht, BB 2021, 2519 u. 2583; Exner, Aktuelles zum Gemeinnützigkeitsrecht aus der Sicht der Finanzverwaltung, npoR 2021, 63 u. 2022, 77; Jachmann-Michel/Liebl, Gemeinnützigkeitsrecht kompakt – Grundlagen und aktuelle Entwicklungen für die Praxis, BB 2022, 535; Kruschke, Wieviel Ideologie verträgt das Gemeinnützigkeitsrecht, DStZ 2022, 277; Schauhoff/Kirchhain, Handbuch der Gemeinnützigkeit, 4. Aufl. 2023; Seeck/Wackerbeck, Aberkennung der Gemeinnützigkeit – Wenn die rote Linie überschritten ist, DStR 2022, 633; Buchna/Leichinger/Seeger/Brox, Gemeinnützigkeit im Steuerrecht, 12. Aufl. 2023; Hüttemann/Schauhoff, So bitte nicht – Änderungsbedarf an der geplanten Gemeinnützigkeitsreform im JStG 2024 und im Steuerfortentwicklungsgesetz, DB 2024, 1982; Wagner, Mädchen im Knabenchor, SAM 2024, 3; Feldgen, Rechtsprechungsreport zum Gemeinnützigkeitsrecht 2023/2024 sowie (geplante) Änderungen bei der Gemeinnützigkeit durch das Wachstumschancengesetz sowie das JStG 2024, DStZ 2024, 635; Hüttemann, Gemeinnützigkeits- u Spendenrecht, 6. Aufl.2025; F. Schmidt, Die neue Wohngemeinnützigkeit, NWB 2025, 434.

30 **a) Begünstigungsvoraussetzungen.** Die Gemeinnützigkeit bildet das Kernstück des sog. Non Profit Sektors (Hüttemann KszW 2014, 158). **Gemeinnützige Zwecke** verfolgt eine Körperschaft nach **§ 52 Abs. 1 AO,** wenn ihre Tätigkeit darauf gerichtet ist, die Allgemeinheit auf materiellem, geistigem oder sittlichem Gebiet selbstlos zu fördern (zur Grundstruktur des Gemeinnützigkeitsrechts Jachmann-Michel/Liebl BB 2022, 535). Zum Problem der Wirkung des

europäischen Beihilfeverbots auf das Gemeinnützigkeitsrecht vgl. EuGH C-222/04, Slg. 2006, I-325 = EuZW 2006, 306 (hierzu Hüttemann DB 2006, 914).

aa) Legaldefinition. Diese Vorschrift und nicht der Katalog des § 52 Abs. 2 AO (→ Rn. 51 ff.) enthält mE den **gültigen Begriff** der Gemeinnützigkeit (ebenso Bauer FR 1989, 61). Das gilt auch nach der Änderung des § 52 Abs. 2 AO durch G. v. 10.10.2007 (BGBl. 2007 I 2332). Zwar wird in Abs. 1 der Versuch unternommen, einen unbestimmten Rechtsbegriff durch eine Kombination von ihrerseits unbestimmten und interpretationsbedürftigen Rechtsbegriffen zu interpretieren (diff. Leisner-Egensperger in HHS AO § 52 Rn. 10). Gleichwohl enthält sie den Maßstab für die beantragte Anerkennung. Das bedeutet, dass die Förderung der Allgemeinheit auf einem der bezeichneten Gebiete feststellbar sein muss (ebenso FG Nürnberg I 264/83, EFG 1986, 621; zust. Arndt/Immel BB 1987, 1153; Gmach FR 1992, 313). Die Praxis verfährt idR umgekehrt nach dem Grundsatz: „Wenn Tätigkeit nach Katalog, dann gemeinnützig" (vgl. BFH I R 13/97, BStBl. II 1998, 9). Nur in Ausnahmefällen wird der Maßstab des § 52 Abs. 1 AO trotz Katalogtätigkeit herangezogen, insb. wenn die Beachtung der **verfassungsmäßigen Ordnung** bzw. der **Rechtsordnung** in Rede steht (→ Rn. 46). Fehlt es hieran, dann wird die Vereinigung zu Recht nicht als gemeinnützig anerkannt.

bb) Gemeinwohl. Der in § 52 Abs. 1 AO angesprochene Begriff der Gemein- 31
nützigkeit ist **enger als der des gemeinen Wohls** oder Nutzens (BFH II R 133/68, BStBl. II 1972, 911; II R 99/67, BStBl. II 1977, 213). Zudem ist die nur privatnützige Freizeitgestaltung (→ Rn. 95) von der altruistischen Gemeinwohltätigkeit abzugrenzen (Lang StuW 1987, 221 (223)). **Ursprünglich** hatte Gemeinnützigkeit die enge Bedeutung, den Menschen „zu läutern für das Wahre, Schöne und Gute" (Tipke StuW 1989, 165). Der Staat fördert (an sich) gemeinnützige Betätigung, weil und soweit Privatinitiative ihn von Aufgaben entbindet, die er als eigene (Pflicht)Aufgabe erkannt hat (vgl. Hey StuW 2000, 467; Hammer StuW 2001, 19; Kirchhof DStJG Bd. 26 (2003), 1; Seer DStJG Bd. 26 (2003), 11; Jachmann BB 2006, 1823; 2006, 2607; Geserich, Leitgedanken des Rechts, 2013, 1755; BMF 20.9.2005, BStBl. I 2005, 902; zweifelnd Tiedtke/Möllmannn DStZ 2008, 72). Hiervon ist der Gesetzgeber immer weiter abgerückt, und mit ihm ein Teil des Schrifttums. S. hierzu insb. Fischer FR 2006, 1001 (gegen den wissenschaftl. Beirat beim BMF), dessen Rekurs auf die vorstaatlich existierende Zivilgesellschaft und das Angewiesensein des Staates auf von ihm nicht geschaffene und verfügbare geistige und sittliche Grundlagen das Problem des „ob" und „inwieweit" der staatlichen Förderung nicht löst.

cc) Enge Auslegung. Nicht nur aus steuerpolitischen, sondern auch aus den 32
oa steuersystematischen und rechtsmethodischen Gründen ist der Begriff der Gemeinnützigkeit mE **an sich eng auszulegen** (vgl. Lang StuW 1987, 221 u. DStZ 1988, 18; ebenso Gutachten der Unabhängigen Sachverständigenkommission zur Prüfung des Gemeinnützigkeits- und Spendenrechts, BMF-Schriftenreihe, Heft 40; Gutachten des Wissenschaftlichen Beirats beim BMF zur abgabenrechtlichen Privilegierung gemeinnütziger Zwecke). Die Politik des Gesetzgebers verfolgt ua mit der stetigen Erweiterung des Katalogs des § 52 Abs. 2 AO andere Ziele, wie die Nobilitierung von Kleintierzucht, Modellflug, Karneval uÄ aufzeigt: vgl. die Begr. des Gesetzesentwurfs (BT-Drs. 11/4176, 8), wonach wegen der *Unüberschaubarkeit* des Gemeinnützigkeitsrechts die „dem Sport … vergleich-

baren sinnvollen Freizeitbetätigungen in die Gemeinnützigkeit einbezogen werden". Hierbei gerät sie allerdings in einen offenen Widerspruch mit der dem § 52 Abs. 1 AO immanenten Schranke, dass eine einfache, wenn auch sinnvolle Freizeitgestaltung nicht ausreicht (→ Rn. 95). Hieran hat sich durch die Neufassung des § 52 Abs. 2 AO (Erweiterung des Katalogs durch G. v. 10.10.2007 BGBl. 2007 I 2332) und die nachfolgenden Ergänzungen nichts geändert.

33 **dd) Auslegungspraxis.** In der **Praxis orientiert sich** die Subsumtion im Einzelfall weitgehend an dem **Katalog in § 52 Abs. 2 AO** (zustimmend zur bisherigen Rechtspraxis Hüttemann/Helios DB 2006, 2481; Hüttemann DB 2007, 2053). Denn nach dessen Einleitung „sind" als Förderung die nachfolgend aufgezählten Zwecke anzuerkennen. Gleichzeitig wird die Auffassung vertreten, es handele sich insoweit um eine **abschließende Aufzählung** (zB BT-Drs. 16/5200, 20; Jachmann in Gosch AO § 52 Anm. 43; Schauhoff/Kirchhain DStR 2007, 1985). Das ergibt sich zwar nicht unmittelbar aus dem Gesetzeswortlaut, mE auch nicht aus der Streichung des Wortes „insbes.", lässt sich aber aus der Öffnungsklausel des § 52 Abs. 2 S. 2 AO ableiten, die bei einem offenen Katalog nicht erforderlich gewesen wäre, gleichwohl verfassungsrechtliche Probleme aufwirft (→ Rn. 52). Es darf mE gerade nicht nach dem Motto „wenn Tätigkeit nach Katalog, dann Förderung der Allgemeinheit" kurzgeschlossen werden. Das umso mehr, als es solche Tätigkeiten gibt, die gleichwohl keinen Nutzen oder mehr Schaden als Nutzen entfalten (→ Rn. 44). Die Prüfung *aller* Voraussetzungen des § 52 Abs. 1 AO bleibt mE daher weiterhin angezeigt. Die Berufung auf den Gesetzgeber zur Lösung solcher „Zielkonflikte", die häufig genug keine sind, wenn man Wortlaut und Ratio der Vorschrift voranstellt, ist methodisch verfehlt.

34 **ee) Zeitgeist.** Freilich unterliegen auch die Vorstellungen dazu, was gemeinnützig sei, der **Veränderung des „Zeitgeistes"** (hierzu Hammer StuW 2001, 19; Fischer DStR 2018, 1394), der jedoch auch Ungeist sein kann. Es kann sich also ergeben, dass etwa die Förderung von Religion nicht nur dann als gemeinnützig anerkannt wird, wenn deren Vorstellungen dem abendländischen Kulturkreis entsprechen, worin eine Erweiterung und Vertiefung aufgeklärten Verfassungsdenkens zum Ausdruck kommt. Um solche Entwicklungen aber geht es bei der Entwertung des Gemeinnützigkeitsrechts häufig nicht, sondern um blanken und vordergründigen Lobbyismus. Oder will jemand ernsthaft behaupten, die Förderung der Karnickelzucht sei eine obligate Aufgabe des aufgeklärten Verfassungsstaats!? Oder das Minicarfahren Förderung auf geistigem Gebiet?

35 **ff) Verwässerung der Gemeinnützigkeitsidee.** Seit Jahren – durchaus unter tätiger Mithilfe von Finanzverwaltung und -rechtsprechung im Gange – schreitet sie ständig fort. Tipke (StuW 1989, 165) nennt das die „deklassierte Gemeinnützigkeit"; Birk (StuW 1989, 212 (218)) spricht im Hinblick auf die Verweigerung realistischer Kinderfreibeträge gar von „Perversion der Gerechtigkeitsidee"; L. Schmidt bezeichnet das Vereinsförderungsgesetz als Gesetz „zur Förderung der Karnickelzucht und anderer staatstragender Zwecke". Hinzu kommt, dass „Gemeinnützigkeit" zu einem Feld – um nicht zu sagen: Vorwand – allgemeinen Wirtschaftens mit dem angenehmen Effekt des Steuersparens geworden ist, wie das anflutende Schrifttum mit „Gestaltungsideen" (insb. zu Stiftungen; vgl. Jansen/Gröning StuW 2003, 140; A. Söffing/Thoma BB 2004, 855; Ebling FR 2007, 565; zum „Share-Sponsoring" Ball/Dieckmann DStR 2002, 1602; zur Betriebsaufspaltung Jost DB 2007, 1664; zu medizinischen Versorgungszentren Bartmuß

DB 2007, 706; zu Mitarbeiterbeteiligungen Leuner BB 2006, 1993; zur Ausgliederung ua Schießl DStZ 2007, 494; zu Verlustbeteiligungen Becker/Meining DStZ 2006, 765; zum Reformbedarf auch im Interesse einer „modernen Wirtschaftstätigkeit" Musil DStR 2009, 2453; Hüttemann/Schauhoff DB 2024, 1982; zur Anerkennung der gemeinnützigen Holdinggesellschaft Kirchhain DStR 2016, 505, uÄ) aufzeigt. Im Gegenzug gerät die „gemeinnützige" Betätigung verstärkt in das Blickfeld der steuerlichen Betriebsprüfung (hierzu Apitz StBp 2004, 89 (125, 153); Kirchhain DStR 2016, 104).

b) Begriff der Allgemeinheit. Er bezeichnet naturgemäß nicht alle Menschen. Es genügt ein **weitgezogener Personenkreis,** der sich zur Gesamtheit verhalten muss wie ein Kreisausschnitt zum Ganzen (BFH III R 40/72, BStBl. II 1973, 430; I R 39/78, BStBl. II 1979, 482; I R 19/96, BStBl. II 1997, 794) – soweit die Theorie.… 36

aa) Prinzipielle Offenheit. Das bedeutet jedoch nicht, dass der **Adressatenkreis** der Förderungsmaßnahme tatsächlich die Allgemeinheit vertritt (BFH III 99/55 U, BStBl. III 1956, 22). Er darf aber nicht durch ein enges Band, wie die Zugehörigkeit zu einer Familie oder Belegschaft (RFH VI 352/40, RStBl. 1941, 275), abgeschlossen (§ 52 Abs. 1 S. 2 AO) oder infolge seiner Abgrenzung nach räumlichen oder beruflichen Merkmalen dauernd nur klein sein (§ 52 Abs. 1 S. 3 AO). Es handelt sich um gesetzlich normierte Beispielsfälle für Sachverhaltsgestaltungen, bei denen die Förderung der Allgemeinheit auf keinen Fall gegeben ist. Hiervon unabhängig fehlt sie mE, wenn bestimmte Kreise/Schichten der Bevölkerung auf Dauer ausgeschlossen sind, wie etwa durchschnittlich bis gering verdienende Menschen durch die Höhe von Beiträgen, Aufnahmegebühren, „Spenden" uÄ (→ Rn. 40 ff.). Ein Verein zur **Unterstützung eines Einzelnen** (Dissident) erfüllt den Begriff nicht, wenn er seine Aktivitäten nur zugunsten des einen und nicht auch aller anderen Dissidenten entfaltet (aA Lang StuW 1987, 221 (233)). Entsprechendes gilt für **Vereine mit geschlossenen Mitgliederzahlen,** Anstalten, Studentenverbindungen, Altherrenverbände mit bestimmten Religionszugehörigkeiten, wenn der Verein in erster Linie die Interessen der Mitglieder fördern will. Eine Kindertagesstätte, die in erster Linie den Mitarbeitern bestimmter Unternehmen zugute kommt, dient nicht der Allgemeinheit (BFH V R 1/20, BStBl. II 2022, 629, zu FG Düsseldorf 6 K 94/16 K, EFG 2020, 301, best.; krit. Vielwerth DStR 2021, 773). 37

Auch Zahlungen für „Spitzensportler" zum Einsatz bei Ligakämpfen (Handgelder, Transferleistungen, „Ausbildungskosten"), die über Unkostenersatz des Sportlers hinausgehen, haben mit Förderung der Allgemeinheit nichts zu tun. „Nationale Interessen" in diesem Zusammenhang – was immer damit bezeichnet sein soll – sind nicht deckungsgleich mit Förderung der Allgemeinheit; elitäre Förderung von Spitzensportlern ist daher nicht gemeinnützig (aA Lang StuW 1987, 221 (233)).

Auftragsforschung für einzelne Unternehmen dient nicht der Allgemeinheit (BFH V R 29/91, BStBl. II 1997, 189; I R 76/05, BStBl. II 2007, 631), ebensowenig die Tätigkeit für die Gesellschafter (BFH I R 90/04, BStBl. II 2007, 628; zur Unterscheidung BFH V R 37/20, BStBl. II 2022, 603).

Ebenfalls nicht die Allgemeinheit fördern will man in einer **Loge,** die die **Mitglieder selektiv** auswählt (BFH I R 36/76, BStBl. II 1979, 492), bzw. **keine Frauen** als Mitglieder zulässt (BFH V R 52/15, BStBl. II 2018, 218, Vb nicht angenommen, BVerfG 2 BvR 1966/17; zu FG Düsseldorf 6 K 2138/14 K, EFG 2015, 1632, best.; Weitemeyer/Wrede npoR 2018, 3).

38 **bb) Ausnahme.** Anders ist es, wenn der Kreis der Geförderten **wegen der Natur der Sache** oder der Nutzungsmöglichkeiten der Anlage **nur klein** sein kann (BFH I R 39/78, BStBl. II 1979, 482; zweifelnd Thömmes/Nakhai IStR 2006, 166), so auch bei allgemein zugänglichen Schulen (RFH VI a 9/40, RStBl. 1940, 626). Nicht erforderlich ist mE, dass die (Sport-)Anlage auch Nichtmitgliedern zur Verfügung steht, wenn nur der Zugang zur Körperschaft ohne außerhalb der Natur der Anlagen liegende Hürden möglich ist (BFH I R 19/96, BStBl. II 1997, 794; aA Lang StuW 1987, 221, DStZ 1988, 18; Neufang Inf 1988, 253; Arndt/Immel BB 1987, 1153, die bei Vermietung an Fremde gleichwohl keinen Zweckbetrieb annehmen).

Nicht schädlich ist es auch, wenn sich **aus der Zweckverfolgung** ergebende **sachliche Gründe für Beschränkungen** im Hinblick auf die Mitgliedschaft vorliegen, zB Mitglieder eines Vereins zur Förderung der Religion nur Angehörige dieser Religion sein können (FG BW 10 K 3622/16, npoR 2018, 262). Entsprechendes gilt etwa für einen Frauenchor, der sicher keine Männer braucht, und Mädchen im Knabenchor (Wagner SAM 2024, 3).

39 **cc) Förderung im Ausland.** Die **Beschränkung** der Förderungstätigkeit **auf ein bestimmtes Ausland** und dort iW auf eine Stadt genügt dem Erfordernis der Förderung der Allgemeinheit mE nicht (zutr. BMF 20.9.2005, BStBl. I 2005, 902), denn es findet eine Negativabgrenzung statt (**aA** BFH I R 94/02, BStBl. II 2005, 721, Vorlage zum EuGH, die offenbar völlig unnötig war, vgl. die Zurückverweisung BFH I R 94/02, BStBl. II 2010, 331; krit. Thömmes/Nakhai DB 2005, 2259; Schult/Meining FR 2005, 977). **Ausnahmen** sind mE nur angezeigt in den Fällen, in denen das Tätigwerden auch staatlichem Interesse bzw. staatlicher Verantwortung entspricht, wie zB Kampf gegen den Hunger in der Welt, Entwicklungshilfe, Verbesserung der Ausbildungsmöglichkeiten uÄ. Im Übrigen hat der **EuGH** C-386/04, DStR 2006, 1736 – Stauffer) dem Gesetzgeber **europarechtlich** unbenommen belassen, die Förderung als gemeinnützig an einen entsprechenden Inlandsbezug zu knüpfen (Kube IStR 2005, 474; Jachmann/Meier-Behringer BB 2006, 1823; Jachmann BB 2006, 2607; Hüttemann/Helios DB 2006, 2481; Fischer FR 2007, 361; v. Proff IStR 2007, 269; Drüen/Liedtke FR 2008, 1; Tiedtke/Möllmann DStZ 2008, 69; Heintzen FR 2008, 737), was durch § 51 Abs. 2 AO (→ Rn. 28) geschehen ist.

40 **dd) Beiträge/Spenden.** Eine **untergeordnete Rolle spielt der Begriff** der Allgemeinheit in dem oa (→ Rn. 36) Verständnis bei der Frage der Angemessenheit von **Mitgliedsbeiträgen, Eintrittsgeldern** und **Spenden.** Insbesondere bei Körperschaften, die den Interessen ihrer Mitglieder dienen (zB Sportvereinen) müsste nach diesem Begriffsverständnis an sich verlangt werden, dass die Höhe des mit der Mitgliedschaft verbundenen finanziellen Aufwands nicht zu einem **Ausschluss bestimmter Bevölkerungskreise,** insbesondere von Angehörigen weniger betuchter Schichten führt. Das hätte natürlich unerwünschte Ergebnisse zur Folge, weil etwa Sport, der „nicht billig zu haben" ist, nicht als gemeinnützig anzuerkennen wäre (→ Rn. 42). Also orientieren sich die Rspr. (auch wenn der Gang der Subsumtion dies verdeckt, wie zB in BFH I R 19/96, BStBl. II 1997, 794; I R 41/03, BStBl. II 2005, 443) und FVerw erkennbar an § 52 Abs. 1 S. 2 AO (→ Rn. 37). Das hat zur Folge, dass die Förderung der Allgemeinheit erst

dann nicht anerkannt wird, wenn der Kreis der Mitglieder durch hohe Aufnahmegebühren und Mitgliedsbeiträge klein gehalten wird (AEAO zu § 52 Nr. 1.1), wenn diese selektive Wirkung haben (BFH I R 64/77, BStBl. II 1979, 488; I R 256/78, BStBl. II 1982, 336) bzw. ein „gewisses Maß an Exklusivität" bezwecken (BFH I R 152/93, BStBl. II 1998, 711). Die Folge ist, dass letztlich die **Beitrittsmöglichkeit nicht für jedermann gefordert,** sondern das Ausgabeverhalten von „weiten Kreisen" bzw. Personen ohne „hohes Einkommen oder ein größeres Vermögen" reflektiert und zum Vergleichsmaßstab gemacht wird (BFH I R 256/78, BStBl. II 1982, 336; I R 41/03, BStBl. II 2005, 443): Wer sich mit seiner Familie ein Auto oder einen Urlaub leisten kann, der könne auch die finanziellen Mittel für die Vereinsmitgliedschaft aufbringen (zumindest dann, wenn die Familie auf ihren Urlaub und auf kulturelle Veranstaltungen verzichtet, vgl. SchlHFG I 541/93, EFG 1996, 604; nachfolgend BFH I R 19/96, BStBl. II 1997, 794: Stattgabe). Und schließlich wird offen eingeräumt, dass es eben nicht auf „jedermann" ankommt, „denn bereits die … allgemeinen Aufnahmegebühren und Investitionsumlagen … nebst jährlicher Mitgliedsbeiträge verhindern im Ergebnis, dass sich „jedermann" bzw. ein „Durchschnittsverdiener" zum Golfsport beim Kläger entscheiden könnte" (so in seinem stattgebenden Urteil FG Bln-BbG 8 K 6280/16, EFG 2021, 249, unter II 2.e, Rev. V R 43/20 unzulässig; dem Ergebnis zust. Strahl BeSt 2021, 23).

Beispiele aus der Rspr.: 41

- BFH I R 64/77, BStBl. II 1979, 488: unschädlich ist die „Erwartung" eines Vereins mit geschlossener Mitgliederzahl von Spenden iHv 3.500 DM für Alleinstehende und 5.000 DM für Ehepaare;
- BFH I R 256/78, BStBl. II 1982, 336: unschädlich ist eine Aufnahmegebühr von 2.000 DM (1975);
- BFH I R 19/96, BStBl. II 1997, 794: unschädlich sind ein Eintrittsgeld von 1.500 DM zzgl. Spende von 1.500 DM sowie Jahresbeitrag von 900 DM pro Person und Jahr für 1987–1990; das FG (SchlHFG I 541/93, EFG 1996, 604) habe in bindender tatsächlicher Hinsicht „festgestellt", dass sich „jedermann" bei Hintanstellung anderer Freizeitausgaben die Beiträge „zumindest ratenweise" leisten könne (hierzu → Rn. 40);
- BFH I R 152/93, BStBl. II 1998, 711: unschädlich ist ein Jahresbeitrag (1982) von 1.000 DM zzgl. Aufnahmedarlehen von 6.500 DM, wobei der BFH unterstellt, dass sich Personen mit durchschnittlichem Erwerbseinkommen ohne Schwierigkeiten die Darlehensmittel durch Kredit beschaffen konnten;
- FG Bln-Bbg 2 K 1046/01, EFG 2002, 1355, rkr.: schädlich ist eine jährliche Mindestbelastung für Neumitglieder von 11.580 DM;
- BFH I R 41/03, BStBl. II 2005, 443: unschädlich sind beitrittsbedingte Belastungen iHv 2.113 DM und 2.669 DM sowie laufende Belastungen zwischen 1.334 DM und 1.543 DM und Wahl zwischen „Eintrittsspende" oder Kommanditeinlage; Letztere sei als Vermögenswert nicht einzubeziehen;
- BFH V R 31/19, BStBl. II 2021, 835: schädlich waren (2014) bei einer Privatschule monatliche Schulgebühren von zwischen 950 u. 1.450 EUR bei einer Stipendiatenquote von weniger als 10 %.

Der **AEAO** zu § 52 Nr. 1.1 hat die **unschädlichen Mitgliedsbeiträge** und -umlagen auf durchschnittlich 1.440 EUR und die Aufnahmegebühren auf 2.200 EUR pro Jahr und Mitglied angesetzt (hierzu Schiffers DStZ 2024, 353). Zudem lässt AEAO zu § 52 Nr. 1.2 „Investitionsumlagen" iHv 5.113 EUR innerhalb von 10 Jahren zu (zur Durchschnittsberechnung s. Nr. 1.3 zu § 52 AO). 41a

41b **Stellungnahme.** Die oa stattgebenden Entscheidungen sind aus naheliegenden Gründen der Logik und Methodik nicht haltbar. Sie beschreiben Verhältnisse „weiter Kreise". Diese haben mit dem repräsentativen Ausschnitt, der nach BFH I R 39/78, BStBl. II 1979, 482 maßgeblich ist, nichts zu tun (ebenso Seer in T/K AO § 52 Rn. 11; Musil in H/H/Sp AO § 52 Rn. 78). Sie weisen Ausgabenmöglichkeiten und Verhalten der Allgemeinheit nicht auf. Es ist eben *nicht* ein repräsentativer Ausschnitt aus der Gesamtheit der Bevölkerung, der sich die vom BFH angeführten Luxusausgaben leisten kann. Zudem vergleicht der BFH Umstände, die miteinander nichts zu tun haben. Unterschiede in der finanziellen Leistungsfähigkeit bedingen für weiteste Teile der Bevölkerung einen Unterschied, ob die Ausgabe für einen unmittelbaren Gegenwert getätigt wird oder ob sie ein verlorener Zuschuss ist. Den Letzteren erbringt nur und kann nur erbringen, wem der Geldbeutel entsprechend locker sitzt. Das gilt natürlich auch für die „Vermögensumschichtung durch Erwerb eines Kommanditanteils"; der BFH (BFH I R 41/03, BStBl. II 2005, 443) „argumentiert" am Kern des Problems vorbei. Dabei kommt es nicht einmal darauf an, ob die Vereine sich durch hohe Eintrittsgelder, Spenden, Beiträge und Umlagen Exklusivität sichern *wollen;* entscheidend ist (was auch BFH I R 256/78, BStBl. II 1982, 336 und BFH I R 152/93, BStBl. II 1998, 711 übersieht), dass der Sport, der „nicht billig zu haben" ist (Wallenhorst DStR 1997, 479), diese Wirkung hat (ebenso Lang StuW 1987, 221 (233)), also nicht geeignet ist, die Allgemeinheit zu fördern.

42 Eine **Privatschule** fördert nicht die Allgemeinheit, wenn die Höhe der Schulgebühren (im Streitfall zwischen 11.000 u. 17.000 EUR pro Jahr) auch unter Berücksichtigung von Stipendien (Anteil von 10 %) zur Folge hat, dass die Schülerschaft sich nicht als Ausschnitt der Allgemeinheit (80 % mit den Schulgebühren überfordert) darstellt (BFH V R 31/19, BStBl. II 2021, 835; Hüttemann GmbHR 2021, 1277). Ersatzschulen sind grundsätzlich gemeinnützig (keine Sonderung der Schüler nach den Besitzverhältnissen der Eltern); **Ergänzungsschulen** gelten als gemeinnützig, wenn (nach der Satzung!) bei **nur 25 %** der Schüler eine Sonderung nach den „Besitzverhältnissen" der Eltern nicht erfolgt (AEAO zu § 52 Nr. 5), also der Zugang der Allgemeinheit bewusst gedrosselt wird.

43 **c) Förderung. aa) Begriff.** Förderung heißt **„Hinwirken zum allgemeinen Besten"** (so schon RFH StuW 1926, Sp. 369, Nr. 92), indem die Erreichung des verfolgten Zieles erleichtert oder erst möglich wird). Anders ausgedrückt bedeutet Fördern, Nutzen für die Allgemeinheit stiften wollen (Seer in Tipke/Kruse AO § 52 Rn. 8), indem etwas vorangebracht, vervollkommnet oder verbessert wird (BFH I R 11/88, BStBl. II 1989, 391; I R 19/91, BStBl. II 1992, 62). Hierbei genügt ebensowenig die Auffassung einer mehr oder minder uninformierten Mehrheit der Bevölkerung (so aber noch BFH III R 81/70, BStBl. II 1972, 197; wie hier Seer in Tipke/Kruse AO § 52 Rn. 4) wie die subjektive Einstellung allein (so inzwischen BFH I R 39/78, BStBl. II 1979, 482; I R 203/81, BStBl. II 1984, 844). Abzustellen ist auf verfassungswertorientierte Gemeinwohlgründe (Lang StuW 1987, 221 (245 ff.) und DStZ 1988, 18 (26 ff.)). Die Tätigkeit muss objektiv geeignet sein zu fördern (BFH I R 39/78, BStBl. II 1979, 482).

Förderung kann trotz § 57 AO (→ Rn. 156 ff.) **mittelbar** geschehen (BFH I R 39/78, BStBl. II 1979, 482). Nur verwirklichen, dh tätig werden, muss die Körperschaft unmittelbar.

Bestehen die Aktivitäten der Körperschaft **ausschließlich** in der Durchführung entgeltlicher Veranstaltungen, dann steht und fällt die Anerkennung als gemeinnützig mit der Anerkennung als **Zweckbetrieb** iSd §§ 65 ff. AO (→ Rn. 255 ff.; vgl. FG Köln 13 K 1160/13, EFG 2017, 1378)

bb) Zielkonflikte. Eine Vielzahl von Aktivitäten kann **sowohl fördern als auch schaden.** Liegt idS ein Zielkonflikt vor, dann hat mE eine Abwägung stattzufinden. Hierbei ist zu beachten, dass den Förderungszwecken des § 52 Abs. 2 AO (→ Rn. 51 ff.) eine Rangfolge immanent ist, die sich daraus ergibt, dass dort die Förderung von Rechtsgütern unterschiedlichen Ranges angesprochen ist (ebenso Gmach FR 1997, 793; aA Bauer FR 1989, 61 (70); vgl. zur verfassungswertorientierten Interpretation Lang StuW 1987, 221 (245 ff.) und DStZ 1988, 18 (26 ff.); Mack DStR 1984, 187). Zudem sind die Wertungen der verfassungsmäßigen Ordnung zu beachten (BFH I R 215/81, BStBl. II 1985, 106 mwN). Daher kann mE die Abwägung nur dann zur Anerkennung als gemeinnützig führen, wenn sie ergibt, dass der benennbare Nutzen für die Allgemeinheit bei weitem überwiegt und dass wegen des Nutzens der Schaden vernachlässigt werden kann (ähnlich Seer in Tipke/Lang SteuerR § 20 Rn. 2; Seer in Tipke/Kruse AO § 52 Rn. 9; Musil in HHS AO § 52 Rn. 47), zB bei sozialen Hilfsdiensten, die sich eines Kfz bedienen; nicht jedoch beim Motor-„Sport" (→ Rn. 74 ff.). Nur so wird man mE dem Ausnahmecharakter der Norm und ihrem inneren, insb. durch die Elemente „geistig" und „sittlich" gekennzeichneten Zusammenhang gerecht. Der **BFH sieht dies anders:** Die Qualifizierung einer Tätigkeit iSd Katalogs nach § 52 Abs. 2 AO (→ Rn. 51 ff.) kennzeichnet Gemeinnützigkeit, es sei denn, es lägen besondere die Allgemeinheit schädigende Umstände vor (BFH V R 48/16, BFH/NV 2019, 144), was wiederum dann nicht zählen soll, wenn die Tätigkeit erlaubt ist (BFH I R 13/97, BStBl. II 1998, 9; → Rn. 75). 44

cc) Immanente Lösung. Gegen die **immanente Lösung** von Zielkonflikten auch Hofmeister DStR 1999, 545, der etwa die Entwicklungshilfe gegen die Förderung der Kultur in Dritte Welt-Ländern ausspielt (als müssten sich diese Ziele widersprechen oder als sei die flächendeckende Armut in diesen Ländern Teil ihrer Kultur); das von ihm ins Feld geführte Fehlen gesetzlicher Vorgaben steht einer Abwägung im Gemeinnützigkeitsrecht ebensowenig entgegen wie bei Rechts- oder Interessenkollisionen in anderen Rechtsgebieten (zB Persönlichkeitsrecht versus Meinungsfreiheit); die Veränderung von Verhältnissen (Zeitgeist?) steht einer immanenten Lösung nicht entgegen, zumal das, was heute überwiegend schädlich bzw. gefährlich oder sonst unsinnig ist (zB der Motor„sport"), diese Eigenschaften auch in Zukunft behalten dürfte; die immanente Lösung mit „Ideologisierung" in Verbindung zu bringen stellt aber die Verhältnisse auf den Kopf. Im Übrigen sind immanente Abwägungen in der Gemeinnützigkeitspraxis nicht unüblich (sofern ergebnisorientiertes Denken dem nicht entgegensteht), so etwa bei der Nichtanerkennung von Gotcha bzw. Paintball (→ Rn. 99). 45

dd) Wertordnung/Rechtsordnung. (1) Der Begriff „Förderung der Allgemeinheit" wird wesentlich geprägt durch die **objektive Wertordnung,** die im Grundrechtskatalog der Art. 1–9 GG zum Ausdruck kommt (BFH V R 52/15, BStBl. II 2018, 218; V R 15/22, BStBl. II 2025, 72). Verstöße gegen die **verfassungsmäßige Ordnung** bzw. die **Rechtsordnung** sind schädlich (BFH I R 39/78, BStBl. II 1979, 482; I R 215/81, BStBl. II 1985, 106; I R 5/93, BStBl. II 1995, 134; I R 13/97, BStBl. II 1998, 9; I B 16/91, BFH/NV 1992, 505; I B 75/98, BFH/NV 2000, 301; X R 13/15, BFH/NV 2017, 1110), ebenso bei einem Verstoß gegen den Gleichheitssatz bzw. die wesensmäßige Gleichheit 46 der Menschen (BFH I R 105/04, BFH/NV 2005, 1741; V R 52/15, BStBl. II 2018, 218) oder der Völkerverständigung (vgl. BFH V R 36/21, BStBl. II 2025, 26). Das betrifft die satzungsmäßigen Zwecke (→ Rn. 195 ff.) ebenso wie die tatsächliche Geschäftsführung (→ Rn. 210 ff., 213). Tätigkeiten von kampfmäßigem Charakter, insb. das Training von Schießen auf Menschen würde hiergegen verstoßen (so in einem obiter dictum BFH V R 48/16, BFH/NV 2019, 144). Eine Tätigkeit, die ihr zuwiderläuft, ist nicht gemeinnützig (BFH I R 105/04, BFH/NV 2005, 1741). Schädlich kann schon eine der Körperschaft zuzurechnende LSt-Verkürzung sein (BFH V R 17/99, BStBl. II 2002, 169; **aA** Jansen FR 2002, 996, ebenso die (verbotene) Hilfeleistung in Steuersachen durch Studierende (FG Köln 13 K 1624/22, Rev. VII R 1/26). **Gewaltfreier Widerstand** gegen Planungen des Staates verstößt grundsätzlich nicht gegen die verfassungsmäßige Ordnung (BVerfG 1 BvR 718/89 ua, NJW 1995, 1141; hierzu AEAO zu § 63 Nr. 5)

(2) Auch gegen die **freiheitlich demokratische Grundordnung** gerichtete Bestrebungen sind schädlich (vgl. aber BFH I R 11/11, BStBl. II 2013, 146 zur Tatsachenwürdigung). Ob eine Körperschaft solche Bestrebungen verfolgt, ist – wie zu § 51 Abs. 3 S. 2 AO (→ Rn. 29) – ohne Abwägung mit gemeinwohlorientierten Tätigkeiten zu entscheiden. Eine die Religion fördernde Körperschaft kann sich insofern nicht auf den Grundsatz der Glaubensfreiheit (Art. 4 GG) zurückziehen, weil auch insoweit der Schutz der freiheitlichen demokratischen Grundordnung zu beachten ist (BFH V R 15/22, BStBl. II 2025, 72, gegen FG BBbg 8 K 8117/16, aufgeh.).

46a **ee) Politische Zwecke.** Die Verfolgung politischer Zwecke ist nicht Förderung der Allgemeinheit iSd § 52 AO; sie darf weder nach der Satzung noch nach der tatsächlichen Geschäftsführung Hauptzweck oder überwiegender Zweck sein (BFH I R 11/88, BStBl. II 1989, 391; V R 60/17, BStBl. II 2019, 301 u. im 2. Rechtsgang, BFH V R 14/20, BStBl. II 2021, 739, VB 1 BvR 697/21; AEAO zu § 52 Nr. 16; hierzu Leisner-Egensperger NJW 2019, 964; Weitemeyer npoR 2019, 97).

Politische Meinungsäußerungen/Aktivitäten, die mit dem Gegenstand des Förderungszwecks in unmittelbarem Zusammenhang stehen, schließen die Gemeinnützigkeit nicht aus (BFH I R 203/81, BStBl. II 1984, 844; X R 13/15, BStBl. II 2017, 1110; XI R 63/98, BStBl. II 2000, 200). In Betracht hierfür kommen verschiedene Förderungszwecke des Katalogs nach § 52 Abs. 2 AO (→ Rn. 51, 53 ff.). Geht die Vereinigung jedoch deutlich darüber hinaus, insbesondere politische Betätigung außerhalb eines Förderungszwecks, läuft sie Gefahr, die Steuerbegünstigung zu verlieren (BFH I R 11/88, BStBl. II 1989, 391; I R 19/10, BFH/NV 2011, 1113; V B 25/21, BStBl. II 2021, 931; Weitemeyer/Kamp ZRP 2015, 72; Hüttemann DB 2015, 821; Seeck/Wackerbeck DStR 2022, 633; krit. Seer in Tipke/Kruse AO § 52 Rn. 53a; Musil in HHS AO § 52 Rn. 251; Kruschke DStZ 2022, 277).

47 **ff) Zweckgerichtetheit. Auf die Förderung** der Allgemeinheit iSv Hinwirken zum allgemeinen Besten muss die Tätigkeit der Körperschaft **nur gerichtet** sein. Gemeinnützigkeit setzt also nicht voraus, dass das Förderungsziel auch erreicht wird (BFH I R 39/78, BStBl. II 1979, 482; I R 11/88, BStBl. II 1989, 391; X R 13/15, BFH/NV 2017, 1110). Die tätigkeitsbezogenen Voraussetzungen der Steuerbefreiung liegen auch vor, wenn die Verwirklichung der Satzungszwecke nur vorbereitet wird (zB Aufbau der Vereinsorganisation, Sammlung der notwen-

digen Mittel); unbestimmte Absichten reichen indes nicht (BFH I R 29/02, BStBl. II 2003, 930). Bei Errichtung einer Stiftung von Todes wegen wirkt die Erteilung der Stiftungsurkunde auch im Hinblick auf die Existenz als Steuerrechtssubjekt auf den Todestag zurück; das gilt jedoch nicht für die Voraussetzungen für die Steuerbefreiung, die selbstständig zu prüfen sind (BFH I R 85/02, BStBl. II 2005, 149; zust. Schäffer DStR 2004, 1031).

d) Förderung auf materiellem Gebiet. Sie betrifft den Bereich des wirtschaftlichen Lebensstandards (BFH I R 11/88, BStBl. II 1989, 301). Die allgemeine Fassung dieser Voraussetzung lässt an sich die Deutung zu, dass jede Förderung materieller Interessen den Tatbestand erfüllt, also ganz allgemein den wirtschaftlichen Lebensstandard. Dem ist jedoch nicht so (RFH RStBl. 1938, 36; vgl. Seer in Tipke/Kruse AO § 52 Rn. 6 mwN). Das Bestehen des Begünstigungstatbestandes als solches zeigt auf, dass nur **Zwecke und Maßnahmen** begünstigt sein sollen, die **im Aufgabenbereich des Staates** angesiedelt sind und ihn von Pflichtaufgaben entlasten (→ Rn. 31). Zudem zeigt der innere Zusammenhang der Norm (Förderung auf geistigem oder sittlichem Gebiet) auf, dass sie auch einen unmittelbar sittlichen Stellenwert haben müssen. Daher sind mE nur solche Zwecke/Maßnahmen betroffen, die eine **gesundheitliche** oder **soziale Komponente** haben oder die den Lebensraum und die Lebensmöglichkeiten von Mensch, Tier und Pflanze überhaupt betreffen. Nach BFH I R 48/16 (BFH/NV 2019, 144) **kann** sich die (erstrebte) Förderung der Lebensumstände des Geförderten auf die körperliche und geistige Gesundheit beziehen. ME hat es somit nur deklaratorischen Charakter, dient aber auch als Auslegungshilfe für den Begriff des Materiellen, wenn der Gesetzgeber in § 52 Abs. 2 AO etwa die Entwicklungshilfe, den Umwelt- und Landschaftsgedanken, Jugend- und Altenhilfe, das öffentliche Gesundheits- und Wohlfahrtswesen, aber auch (hier jedoch nur bedingt, → Rn. 74) den Sport ausdrücklich erwähnt. 48

e) Förderung auf geistigem Gebiet. Das **geistige Leben betrifft** im Weitesten das **Denken der Menschen,** ihr Trachten nach Erkenntnissen aller Art und nach gestaltetem und gestalterischem Ausdruck des Gedachten, Erlebten und Empfundenen sowie die Ausbildung hierzu. Daher gehören auch ohne ausdrückliche Nennung in § 52 Abs. 2 AO die Förderung von Wissenschaft und Forschung, Bildung und Erziehung, Kunst und Kultur, Religion und des demokratischen Staatswesens hierher. Überschneidungen mit Anliegen der Sittlichkeit sind gegeben. Darüber hinaus bedingt der innere Zusammenhang der Norm (Förderung auf sittlichem Gebiet) auch hier, dass nicht jede Geistestätigkeit um ihrer selbst willen förderungs- und begünstigungsfähig ist. So wird etwa bei der Entwicklung der Genforschung und -technologie von Fall zu Fall zu entscheiden sein, ob ihre Förderung gemeinnützig ist. Eine Grenze setzt mE auf jeden Fall das Gesetz zur Regelung von Fragen der Gentechnik v. 16.12.1993 (BGBl. 1993 I 2066) idF des G. v. 9.12.2010 (BGBl. 2010 I 1934). 49

Eine völlig andere Konzeption vom „Geistigen" hat das FG BW (6 K 10/92, EFG 1995, 337). Danach fördere das Minicarfahren die Allgemeinheit auf geistigem Gebiet (zum „Zeitgeist" → Rn. 34).

f) Förderung auf sittlichem Gebiet. Die **Sittlichkeit betrifft** die besonderen Eigenschaften, die dem menschlichen Handeln und Wollen zukommen, insofern es für sich selbst zu begründen und daher allgemeinverbindlich ist; sie kennzeichnet die Prinzipien zur Begr. des menschlichen Handelns und Wollens, sofern 50 mit der Begr. der **Anspruch allgemeiner Verbindlichkeit** erhoben wird, weist die Ursachen für die Verbindlichkeit bestimmter Handlungsweisen (der „Sitten und Gebräuche") auf und normiert das Ideal begründeten Handelns (vgl. Meyers Enzyklopädisches Lexikon, Band 21, Stichwort „Sittlichkeit"). Förderung auf sittlichem Gebiet bedeutet daher mE Hinwirken auf eine positive Einstellung (Hinwendung) zu sich selbst begründenden Normen des menschlichen und zwischenmenschlichen Verhaltens, die auf sinnvolles und/oder friedliches Aufbauen, Bewahren, Anerkennen, Erhalten und Fördern einschließlich Beachtung der Menschenwürde im Gegensatz zu allen sinnlosen und/oder unfriedlichen Verhaltensweisen wie Zerstören, Vernichten, Streitigmachen, Töten usw ausgerichtet sind. Hierbei ist es nicht von Bedeutung, ob die Hinwendung ihre Kraft aus religiöser Überzeugung, aufgeklärtem Denken von der Würde des Menschen und seiner Vernunft oder dem spontanen Empfinden, etwa dem Mitleiden, entspringt.

51 **g) Der Förderungskatalog des § 52 Abs. 2 AO.** Die letztbezeichnete Vorschrift lautet nunmehr: „Unter den Voraussetzungen des Absatzes 1 sind als Förderung der Allgemeinheit anzuerkennen" **iE aufgezählte Zwecke.** Nach allgemeinen Auslegungsprinzipien bedeutet dieser Wortlaut: Die Zuordnung einer bestimmten Tätigkeit zu einem dieser Zwecke ergibt noch keinen Anspruch auf Anerkennung als gemeinnützig. Vielmehr macht er deutlich, dass die Voraussetzungen des Absatzes 1 zuerst zu prüfen sind (FG Nürnberg I 264/83, EFG 1986, 621; zust. Arndt/Immel BB 1987, 1153; Bauer FR 1989, 61; Gmach FR 1992, 313; zur **aA** einer idR ergebnisorientierten Praxis siehe unten). § 52 Abs. 2 AO war ursprünglich als Auslegungshilfe für die unbestimmten Rechtsbegriffe des § 52 Abs. 1 AO gedacht (vgl. BFH I R 153/93, BStBl. II 1995, 499; I R 108, 109/98, BFH/NV 2000, 1071). Das bedeutete, dass eine Körperschaft auch dann gemeinnützig sein konnte, wenn ihre Tätigkeit in dem Katalog nicht enthalten war.

Diese Funktion kann der durch G. v. 10.10.2007 (BGBl. 2007 I 2332) erweiterte Katalog, insb. nach der Einfügung der jetzigen Nr. 23, kaum oder nicht mehr erfüllen, weil die dort bezeichneten Aktivitäten jedenfalls zT die Voraussetzungen des Abs. 1 ganz offensichtlich nicht aufweisen (auch → Rn. 84 ff.). Unzulänglichkeiten der Gesetzesfassung (aber nicht nur diese) haben letztlich dazu geführt, dass die Frage, ob eine Vereinigung einen gemeinnützigen Zweck verfolgt, idR allein nach dem Katalog des § 52 Abs. 2 AO ohne Rückgriff auf Grundgedanken und -voraussetzung des § 52 Abs. 1 S. 1 AO beantwortet wird (vgl. BFH I R 153/93, BStBl. II 1995, 499; I R 35/93, BStBl. II 1995, 767; I R 13/93, BStBl. II 1998, 9; I R 10/94, BFH/NV 1995, 1045). Immerhin hat der BFH (V R 70/14, BStBl. II 2017, 1106) bei der Beurteilung von Turnierbridge (Stichwort bei → Rn. 99) auch der Grundentscheidung des § 52 Abs. 1 AO eine richtungweisende Bedeutung zuerkannt.

52 **h) Die Öffnungsklausel des § 52 Abs. 2 S. 2 AO.** Die **Aufzählung** wird als grundsätzlich **abschließend** aufgefasst. Wäre dem so, dann wäre mE die **Öffnungsklausel** des **§ 52 Abs. 2 S. 2 AO** verfassungswidrig. Sie verstieße (auf jeden Fall) dann gegen das Gebot der Gesetz- und Tatbestandsmäßigkeit der Besteuerung, ganz abgesehen davon, dass die ermächtigte Finanzbehörde als (Ersatz-)Gesetzgeber fungierte, ohne dass die Voraussetzungen des Art. 80 GG vorliegen (zweifelnd auch Schauhoff/Kirchhain DStR 2007, 1985; Hüttemann DB 2007, 2053).

Im Übrigen kann vor diesem Hintergrund die Öffnungsklausel **keine Ermessensnorm** sein (BFH V R 70/14, BStBl. II 2017, 1106, zu FG Köln 13 K 3949/09, EFG 2014, 484, best.; Seer in Tipke/Kruse AO § 52 Rn. 72; aA Jachmann in Gosch AO/FGO AO § 52 Rn. 125). Es handelt sich mE um eine **Ermächtigungs-** bzw. **Befugnisnorm,** auch einen anderen als einen Katalogzweck unter den Voraussetzungen des § 52 Abs. 1 S. 1 AO als gemeinnützig anzuerkennen. Voraussetzung ist eine dem Katalog **„entsprechende",** also gleichartige bzw. vergleichbare Förderung (BFH V R 70/14, BStBl. II 2017, 1106), keine in BT-Drs. 16/5200, 20 geforderte **„Identität"** mit einem Katalogzweck (ein logischer, methodologischer bzw. semantischer Fehler). Veränderte gesellschaftliche Verhältnisse gehören nicht zu den Voraussetzungen.

Zum **Verfahren:** Bestimmung einer für die **Entscheidung** jeweils zuständigen Behörde durch die oberste Finanzbehörde des Landes. Diese trifft eine Entscheidung in einem **eigenständigen Verfahren** mit VA-Qualität (AEAO zu § 52 Nr. 2.7.: nach bundeseinheitlicher Abstimmung; FM LSA 30.1.2018, DB 2018, 675). Ist eine solche Landesbehörde nicht bestimmt (Delegation), ist weiterhin die oberste Landesfinanzbehörde zuständig und Antrags- bzw. Klagegegner (zu allem: BFH V R 70/14, BStBl. II 2017, 1106 mwN).

i) Die einzelnen Zwecke. (1.) Wissenschaft und Forschung (Nr. 1). 53
Zum **Begriff der Wissenschaft** → § 2 Rn. 275; **Forschung** bezeichnet die systematische Suche nach (wissenschaftlichen) Erkenntnissen (vgl. BFH I R 90/04, BStBl. II 2007, 628). Begünstigt ist die Förderung zB in Universitäten und wissenschaftlichen Gesellschaften, ebenso das wissenschaftliche Editieren im sog. Peer-Review-Verfahren (BFH V R 37/20, BStBl. II 2022, 603). Nicht begünstigt ist die Förderung industrieller Vorhaben (zu den Problemen, die sich aus der Zusammenarbeit von an sich gemeinnützigen Gesellschaften mit der Industrie ergeben, s. Wegehenkel BB 1985, 116 (395), 792 und Viehbeck BB 1985, 2038). Auftragsforschung für einzelne Unternehmen dient nicht der Allgemeinheit (BFH V R 29/91, BStBl. II 1997, 189; I R 76/05, BStBl. II 2007, 631; Seer in Tipke/Kruse AO § 52 Rn. 19), ebensowenig die Tätigkeit für die Gesellschafter (BFH I R 90/04, BStBl. II 2007, 628; zur Unterscheidung BFH V R 37/20, BStBl. II 2022, 603) oder Mitglieder einer Genossenschaft durch IT-Dienstleistungen (BFH V R 23/23, BFH/NV 2026, 612, zu Nds FG 6 K 335/21, best). Den sich ergebenden Problemen hat der Gesetzgeber durch Einfügen eines § 68 Nr. 9 AO (im Wesentlichen ab EZ 1997) – Anerkennung als Zweckbetrieb – abgeholfen (→ Rn. 302; hierzu Thiel DB 1996, 1944).

(2.) Religion (Nr. 2). Religion bezeichnet Herstellung und Erfahrung der 54
Einbindung des eigenen wie des menschlichen Daseins überhaupt **in einen absoluten Seins- und Sinngrund,** der sich als göttliches Wesen, aber auch als kosmisches Prinzip darstellen kann, insofern dieses als das Heilige schlechthin erfahren wird, sowie die sich hieraus entwickelnde Vorstellung von dem Menschen vorgegebenen Normen sittlichen Handelns (vgl. BFH XI R 66/98, BStBl. II 2000, 533). In Bezug auf Bezeugung, Bekenntnis und Lebensgestaltung besteht keine klare Trennlinie zur **Weltanschauung.** Zum Begriff der „religiösen Zwecke" (zu § 48 EStDV aF) hat der BFH (XI R 66/98, BStBl. II 2000, 533) entschieden, dass dieser die Weltanschauungen – säkulare wie antireligiöse – mit umfasst (aus Art. 4 GG und Art. 137 Abs. 7 WRV). Allerdings betraf das bereits als gemeinnützig anerkannte Gemeinschaften. Für § 52 AO kann auch aus verfassungsrechtlichen Gründen anderes gelten (BFH I R 36/76, BStBl. II 1979, 492, unter 4e).

Zutreffend ist mE insoweit, dass rein politische Weltanschauungen (Ideologien) den Begriff nicht ohne Weiteres erfüllen. Sie sind nach den allgemeinen Voraussetzungen auf die Gemeinnützigkeit zu überprüfen (HessFG 4 K 3773/05, EFG 2009, 1356; FG Bln-Bbg 7 K 2310/06 B, EFG 2009, 156).

Nach BFH III 69/51 U, BStBl. III 1951, 148 müssen die Auffassungen der Religionsgesellschaft den Vorstellungen des **abendländischen Kulturkreises** entsprechen. Dies dürfte im Hinblick auf BVerfG 1 BvR 59/56, BVerfGE 12, 1 (4) (Schutz der Religion im Rahmen der Wertordnung des GG) fraglich sein. Auch ist nach dem Verfassungsbegriff der Religionsfreiheit Religion **nicht auf christliche Glaubensrichtingen beschränkt.** Die Anerkennung als Körperschaft des öffentlichen Rechts ist nicht erforderlich (FG BW 10 K 3622/16, npoR 2018, 262).

Es sollte jedoch gefordert werden, dass die geförderte Religion bzw. Weltanschauung die menschlichen Grundfreiheiten iSd Grundrechtskatalogs achtet; ähnl. BFH I B 75/08, BFH/NV 2005, 1741, der auf die Wertordnung des GG abstellt. Eine Religion, die von ihr als Feinde ausgemachte Menschen (wozu auch der wirklich oder vermeintlich vom Glauben Abgefallene, der Apostat, zählt) mit dem Tode bedroht, Zwangsscheidungen anordnet, die Gleichwertigkeit von Mann und Frau betont ablehnt uÄ, entspricht dem sicher nicht. Dasselbe gilt, wenn sich Religion und politische Ideologie mischen (Stichwort „Gottesstaat"). Ein Verein, der sich zur art- und wesensmäßigen Ungleichheit von Menschen bekennt und dessen Mitglieder sich im Lebenskampf mit anderen „Arten" sehen, steht im Widerspruch zum Wertesystem des GG und ist nicht gemeinnützig (BFH I B 75/08, BFH/NV 2005, 1741), das hätte mE Prüfungsgegenstand des SächsFG 2 K 1429/10, EFG 2011, 1675 und des BFH I R 11/11, BStBl. II 2013, 146 (→ Rn. 29) sein müssen.

Hiervon abgesehen muss sich das tatsächliche Wirken der Religionsgemeinschaft im Rahmen der **verfassungsmäßigen Ordnung** halten (BFH I 75/08, BFH/NV 2000, 301 mwN). Eine besondere Loyalität zum Staate selbst ist jedoch nicht zu fordern (BVerfG 2 BvR 1500/97, NJW 2001, 429). Nach HessFG (IV 303/79, EFG 1983, 196, jedoch nv aufgeh.) sind „Jugendreligions"-Vereine nicht begünstigt.

55 **(3.) Öffentliches Gesundheitswesen ua (Nr. 3).** Das **öffentliche Gesundheitswesen** betrifft **Förderung der Gesundheit** der Bürger, Krankheiten und Seuchenschutz, Bekämpfung des Drogenmissbrauchs, Tierseuchenschutz uÄ (vgl. Gutachten der Unabhängigen Sachverständigenkommission zur Prüfung des Gemeinnützigkeits- und Spendenrechts, BMF-Schriftenreihe, Heft 40, S. 110). Die **öffentliche Gesundheitspflege** deckt sich iW mit dem öffentlichen Gesundheitswesen. Die Formulierung dient der Sicherheit, dass anerkannte Tätigkeiten nicht unbeabsichtigt ihre Anerkennung verlieren. Die Tätigkeiten müssen eine von der Hilfeleistung in individuellen Krankheitsfällen losgelöste, übergreifende Funktion haben (BFH I R 59/11, BStBl. II 2013, 603; I R 17/12, BStBl. II 2016, 68). In Betracht kommen Erholungs- und Genesungsheime, Heilanstalten, öffentliche Krankenanstalten und Kliniken; erforderlich ist, dass sie mit der Preisgestaltung und mit ihrem gesamten Geschäftsbetrieb der gesundheitlichen Förderung bedürftiger oder minderbemittelter Personen zu niedrigsten Preisen dienen (BFH III 134/56 U, BStBl. III 1961, 109), die „einfache" gesundheitsfördernde Erholung genügt nicht (vgl. FG Köln 13 K 3354/10, EFG 2015, 1119; nachfolgend BFH V R 50/15, BStBl. II 2017, 1173; so schon AEAO zu § 52 Nr. 14

aF), was dem Gemeinnützigkeitsgedanken mE widerspricht. Zu Vereinen, die zum Schutz vor Geschlechtskrankheiten und AIDS Kondome und Einwegspritzen verkaufen, vgl. (differenzierend) OFD Frankfurt aM 13.10.1998, DB 1998, 2300. Die Entwicklung eines durchgängigen, leistungsorientierten und pauschalierenden Vergütungssystems für Krankenhausleistungen ist keine unmittelbare Förderung des öffentlichen Gesundheitswesens (BFH I R 90/04, BStBl. II 2007, 628); ebensowenig eine ausgegliederte Labor-GmbH (BFH I R 59/11, BStBl. II 2013, 603). Das Ziel der **politischen Einflussnahme** gegen Pandemiemaßnahmen steht der Anerkenung entgegen (BFH V B 25/21, BStBl. II 2021, 931; → Rn. 46a).

(4.) Jugend- und Altenhilfe (Nr. 4). Jugendhilfe (s. auch das SGB VIII) ist **Förderung von Jugendlichen** durch Ausbildung, Bildung und Erziehung, aber auch durch mildtätige Maßnahmen. In Betracht kommen Bildungsstätten, Kinderheime, Jugendherbergen, Blindenanstalten, ggf. auch ein Kindergarten (vgl. BFH I R 106/10, BStBl. II 2012, 837). Nicht sämtliche der nach dem SGB VIII möglichen Maßnahmen sind auch solche iSd Gemeinnützigkeitsrechts (BFH V R 50/15, BStBl. II 2017, 1173, zu FG Köln 13 K 3354/10, EFG 2015, 1119). Nach BFH I R 35/94, BStBl. II 1996, 583 liegt Jugendhilfe auch vor, wenn einer Vielzahl von sozialen Randgruppen günstiger Wohnraum angeboten werden soll, entsprechend Wortlaut, Sinn und System des § 52 Abs. 1 AO, wonach die Förderung sozial Schwacher – auch wenn im Katalog des § 52 Abs. 2 AO nicht genannt – gemeinnützig ist. 56

Altenhilfe (s. auch § 71 SGB XII) ist Hilfe bei der Verhütung, Überwindung oder Milderung **altersbedingter Schwierigkeiten,** insb. gesundheitlicher, aber auch finanzieller und sozialerArt In Betracht kommen Altenwohn- und Pflegeheime sowie Blindenheime; zur Förderung sozialer Randgruppen s. Stichwort „Jugendhilfe". Zu beiden Hilfsformen können auch Nachbarschaftshilfe und Tauschringe gehören, nicht jedoch die Förderung alternativer Wohnformen (OFD Frankfurt aM 31.10.2007, DStR 2007, 2329).

(5.) Kunst und Kultur (Nr. 5). Wenn es auch einen allgemeingültigen **Kunstbegriff** nicht gibt (BFH IV R 64/79, BStBl. II 1983, 7), so wird er doch umschrieben als die freie, schöpferische Gestaltung, in der Eindrücke, Erfahrungen und Erlebnisse des Künstlers durch das Medium einer bestimmten Formensprache zu unmittelbarer Anschauung gebracht werden (BVerfG 1 BvR 435/68, BVerfGE 30, 173 (189); 1 BvR 816/82, BVerfGE 67, 213). Eine künstlerische Tätigkeit ist das Vollbringen einer eigenschöpferischen Leistung, in der individuelle Anschauungsweisen und Gestaltungskraft zum Ausdruck kommen und die eine über die hinreichende Beherrschung der Technik hinausgehende Gestaltungshöhe erreicht (BFH VIII R 76/75, BStBl. II 1977, 474; VIII R 32/75, BStBl. II 1981, 170; vgl. auch → § 2 Rn. 275). 57

Problematisch ist und bleibt schon wegen Art. 5 Abs. 3 GG die **Abgrenzung zur Nicht-Kunst;** dies umso mehr, als idR weder Sachverständigen-Gutachten noch Kunstkritik nachvollziehbar das ihnen zugrundeliegende Kunstverständnis zu vermitteln vermögen. Hier besteht die Situation, dass ein fassbarer objektiver Begriff nicht besteht und doch die Subjektivität des Einzelnen nicht Entscheidungsgrundlage sein darf. Jedenfalls sind der Kunst keine Grenzen gesetzt. § 52 Abs. 2 AO liegt mE kein eigener, engerer Kunstbegriff zugrunde (aA Bauer FR 1989, 61). Jede Form von Kunst, auch wenn sie nicht „der Gemeinschaft dienlich" ist (wohl weil sie dem Laienverstand nicht schmeckt?), fördert auf geistig-sittlichem

Gebiet – abgesehen freilich von anstößigen oder gewaltverherrlichenden Darstellungen (zB Seer in Tipke/Kruse AO § 52 Rn. 25). Begünstigt wird daher die Förderung von Architektur, Bildhauerei, Film- und Fotokunst (wegen des Erfordernisses der Ausschließlichkeit ist jedoch Vorsicht geboten im Hinblick auf Vermittlung von technischen Kenntnissen bzw. die einfache Souvenirfotografie), Literatur, Malerei, Musik, Musikunterricht (BFH IV R 97/81, BStBl. II 1984, 491), Tanz usw, sowie die Volks- und Gebrauchskunst (vgl. BFH IV R 9/77, BStBl. II 1981, 21; I R 183/79, BStBl. II 1982, 22; unvollständig AEAO zu § 52 Nr. 2.2).

58 **Kultur** bezeichnet das von Menschen zu bestimmten Zeiten in abgrenzbaren Regionen aufgrund der ihnen vorgegebenen Fähigkeit in Auseinandersetzung mit der Umwelt und ihrer Gestaltung in ihrem Handeln in Theorie und Praxis Hervorgebrachte (Sprache, Religion einschließlich Mythos, Ethik, Institutionen, Staat, Politik, Recht, Handwerk, Technik, Kunst, Philosophie und Wissenschaft; vgl. Meyers Enzyklopädisches Lexikon, Bd. 14, Stichwort „Kultur"). Bei der Frage der Begünstigung werden insb. die zwei gängigen Einschränkungen dieses allgemeinen Kulturbegriffs zu beachten sein: Es muss sich um eine **(1.)** am Maßstab der Vernünftigkeit und des ethisch und ästhetisch Vertretbaren gemessene und positiv bewertete Kulturleistung handeln, die sich **(2.)** von nur zivilisatorischen, dh materiell-technischen Lebensgestaltungen unterscheidet; auch diesbzgl. zeigt sich, dass eine Einordnung als (nicht) gemeinnützig nicht ohne Rückgriff auf die Legaldefinition des § 52 Abs. 1 S. 1 AO möglich ist.

59 **(6.) Denkmalschutz und Denkmalpflege (Nr. 6).** Sie betrifft den **Schutz** *(Erhaltung und Wiederherstellung)* **von Bau- und Kulturdenkmälern** (einschließlich technischer Denkmäler) sowie Boden- und Naturdenkmälern. Dieser Zweck war seit altersher als gemeinnützig anerkannt (RFH VI a 27/37, RStBl. 1938, 613) und auch im Vorgängerkatalog enthalten.

60 **(7.) Erziehung, Volks- und Berufsbildung mit Studentenhilfe (Nr. 7).** Die Nennung entspricht der bisherigen Bildung und Erziehung, ohne dass Änderungen gewollt sind (BT-Drs. 16/5200, 20). **Bildung** zielt auf geistige Prägung, die einen Gemeinwohlwert darstellt. **Erziehung** ist Bemühen um geistig-sittliche Prägung, zur Bereitschaft, sich den von der sozialen Umwelt anerkannten Normen entsprechend zu verhalten (vgl. Gutachten der Unabhängigen Sachverständigenkommission zur Prüfung des Gemeinnützigkeits- und Spendenrechts, BMF-Schriftenreihe, Heft 40, S. 113). Gefördert werden können alle Einrichtungen der Erziehung (ggf. auch ein Kindergarten vgl. BFH I R 106/10, BStBl. II 2012, 837), Allgemein- und Berufsausbildung (BFH IV R 21/86, BStBl. II 1988, 890), also etwa Waisenhäuser, Vereine zur Förderung von Ausstellungen, Stipendienstiftungen, Musikschulen usw auch bei satzungsmäßiger „Förderung der Kameradschaft", ebenso die **Volksbildung,** die auch die politische Bildung umfasst (vgl. BFH XI R 63/98, BStBl. II 2000, 200). Die **politische Willensbildung/Gestaltung** der öffentlichen Meinung hat sich auf bildungspolische Fragen zu beschränken; nicht förderbar ist die einseitige (partei)politische Propaganda (BFH V R 60/17, BStBl. II 2019, 301; V R 14/20, BStBl. II 2021, 739; AEAO zu § 52 Nr. 9). Das gilt auch für das Eintreten gegen bestimmte Maßnahmen der Pandemiebekämpfung (BFH V B 25/21, BStBl. II 2021, 931). Zu Freiwilligenagenturen s. BMF 15.9.2003, BStBl. I 2003, 446; zu kommunalen Islamforen Gersch AO-StB 2013, 67. Zu einzelnen Einrichtungen, insb. **Schulen** u. Hochschulen, s. ABC → Rn. 99; zu Schul- u. Studiengebühren → Rn. 41.

(8.) Natur- und Umweltschutz (Nr. 8). Natur- und Umweltschutz ist Staatsziel nach Art. 20a GG. **Naturschutz** ist iW Erhaltung von Natur (§ 1 BNatSchG), also von Flora und Fauna. Ein Teilaspekt ist die Landschaftspflege. Er betrifft Maßnahmen zur Erhaltung von Naturflächen, ihrer Bewachsung und ihrer Tierpopulation (vgl. BFH I R 39/78, BStBl. II 1979, 482) einschließlich der Gewässer. 61

Umweltschutz bezeichnet Maßnahmen, die auf die Erhaltung oder Wiederherstellung der natürlichen Lebensgrundlagen von Pflanze, Tier und Mensch gerichtet sind. Er umfasst alle Formen des Immissionsschutzes (Gewässer-, Natur-, Landschafts-, Lärm- und Strahlenschutz, Luftreinhaltung), der Abfallvermeidung und -beseitigung wie die Entwicklung von Umweltbewusstsein (vgl. BFH I R 39/78, BStBl. II 1979, 482). Es genügt auch das Eintreten für die Rekommunalisierung von Energienetzen (BFH X R 13/15, BFH/NV 2017, 1110). Dass die Maßnahmen sich gegen Planungen staatlicher Stellen richten, tut der Begünstigung keinen Abbruch (BFH I R 39/78, BStBl. II 1979, 482; I R 203/81, BStBl. II 1984, 844, Informationen zu Risiken einer bestimmten Energiegewinnungstechnologie). Sie müssen sich aber im Rahmen der verfassungsmäßigen Ordnung halten (BFH I R 215/81, BStBl. II 1985, 106; I R 39/78, BStBl. II 1979, 482).

Klimaschutz betrifft in erster Linie Maßnahmen zur Abmilderung des Klimawandels (BR-Drs. 503/20, 59), dürfte aber bereits unter Umweltschutz zu erfassen sein (hierzu Hüttemann DB 2021, 72: „Symbolpolitik"). Gefördert werden kann wohl auch ein Car-Sharing-Verein (zum Problem bisher vgl. BFH V R 33/05, BStBl. II 2009, 221)

(9.) Wohlfahrtswesen ua (Nr. 9). Dieses betrifft die planmäßige zum **Wohl der Allgemeinheit** und nicht des Erwerbes wegen ausgeübte **Sorge für notleidende oder gefährdete Mitmenschen** (vgl. § 66 Abs. 2 AO). Sie kann sich auf das gesundheitliche, sittliche, erzieherische oder wirtschaftliche Wohl erstrecken und Vorbeugung oder Abhilfe bezwecken (BFH V R 40/60, BStBl. II 1970, 190; V R 1/68, BStBl. II 1972, 70). Der Begriff ist deckungsgleich mit dem der (mildtätigen, s. dort) **„Wohlfahrtspflege"** (FG Köln 13 K 3354/10, EFG 2015, 1119, nachfolgend BFH V R 50/15, BStBl. II 2017, 1173). Er umfasst ihn, sodass die Spitzenverbände der freien Wohlfahrtspflege auch dann begünstigt sind, wenn sie nicht nur mildtätig wirken. Erfasst sind iW Maßnahmen der Sozialhilfe nach SGB XII. Zur Wohlfahrtspflege gehört insb. die Familienhilfe, die Kranken- und Behindertenhilfe (BFH V R 59/09, BStBl. II 2012, 544), die arbeitstherapeutische Beschäftigung von schwer vermittelbaren Arbeitslosen (BFH V R 49/19, BStBl. II 2023, 218), Gefährdeten- und Suchtkrankenhilfe, Asylantenhilfe, nicht jedoch die Ehevermittlung (BFH I 242/65, BStBl. II 1969, 145) oder die allgemeine Erholung der arbeitenden Bevölkerung (BFH I R 21/71, BStBl. II 1973, 251). 62

Erfolgt die an sich gemeinnützige Tätigkeit zu dem Zweck, den ermäßigten USt-Satz zugunsten einer nicht gemeinnützigen Körperschaft zu nutzen, ist die Körperschaft nicht (ausschließlich) gemeinnützig und ein von ihr betriebenes Projekt nicht Zweckbetrieb (BFH V R 59/09, BStBl. II 2012, 544).

(10.) Flüchtlingshilfe ua (Nr. 10). Die Zwecke sind neu im Katalog des § 52 Abs. 2 AO, waren jedoch schon nach § 48 Abs. 2 EStDV Anlage 1 begünstigt. Bei der Hilfe für die genannten benachteiligten Personengruppen geht es vorrangig um **immaterielle Hilfe.** Für die Förderung in Betracht kommen Verbände von Kriegsopfern und Zivilbeschädigten, Vertriebenenverbände, sofern frei von rückwärts gewandten politischen Zielen, Suchdienste (zB des DRK), die Betreu- 63 ung von Flüchtlingen, Asylsuchenden, Opfern von Straftaten (zB Sklavenbefreiung) uÄ. Die gesellschaftspolitischen Entwicklungen der letzten Jahre nachvollziehend ist die bisherige Formulierung „rassisch" durch „rassistisch" ersetzt worden. Zudem ist die Förderung der Hilfe für Menschen, die aufgrund ihrer geschlechtlichen Identität und ihrer geschlechtlichen Orientierung diskriminiert werden, eingefügt worden (G. v. 29.12.2020, BGBl. 2020 I 3096; BT-Drs. 19/25160, 221).

Zur **Förderung des Andenkens** an Verfolgte, Kriegs- und Katastrophenopfer gehört auch die Errichtung von Ehrenmälern und Gedenkstätten (BT-Drs. 16/5200, 20). Zur **Hilfe für Vertriebene** s. ABC → Rn. 99.

64 **(11.) Rettung aus Lebensgefahr (Nr. 11).** Angesprochen sind **Maßnahmen zur Rettung** aus konkreter Gefahr (Bergnot, Ertrinken, Schiffbruch, Feuersbrunst), insb. Notfallrettung, nicht jedoch Krankentransporte und Rettungsfahrten (aA FG Bln-Bbg 6 K 6068/08, EFG 2012, 1088; nachfolgend BFH I R 17/12, BStBl. II 2016, 68: Mildtätigkeit), sowie vorbereitende Maßnahmen. Für die Förderung in Betracht kommen mE daher Lebensrettungsgesellschaften, Wasserwacht, Bergwacht uÄ.

65 **(12.) Katastrophen-, Zivil- und Feuerschutz, Unfallverhütung ua (Nr. 12). Zivilschutz** bedeutet nach § 1 Abs. 1 ZSKG Schutz der Bevölkerung, ihrer Wohnungen und Arbeitsstätten, lebens- und verteidigungswichtiger Dienststellen, Betriebe, Einrichtungen und Anlagen sowie des Kulturgutes vor Kriegseinwirkungen und Beseitigung sowie Milderung der Folgen mit nichtmilitärischen Mitteln; auch der **Katastrophenschutz** ist Teil des Zivilschutzes, ebenso wie der **Selbstschutz,** die Warnung der Bevölkerung, der Schutzbau uÄ. **Feuerschutz** meint Brandbekämpfung und -verhütung; **Arbeitsschutz** die Gesundheitsvor- und -fürsorge des arbeitenden Menschen. **Unfallverhütung** schließlich erfasst darüber hinausgehend sämtliche Lebensbereiche, so zB auch die **Verkehrserziehung** (AEAO zu § 52 Nr. 2 S. 5). Anders als in Nr. 11 (→ Rn. 64) geht es also nicht nur um konkrete Gefahren.

66 **(13.) Internationale Gesinnung, Toleranz, Völkerverständigung (Nr. 13).** Die **internationale Gesinnung** hängt eng mit der Völkerverständigung zusammen (NdsFG 6 K 69, 70/00, EFG 2003, 1654 rkr.), mE in der Weise, dass sie diese als mentales Element trägt und stützt bzw. vorbereitet. Die **Völkerverständigung** bedeutet Förderung von Begegnung und Toleranz im zwischenstaatlichen Bereich außerhalb touristischer Veranstaltungen. Sie dient der Entwicklung und Stärkung freundschaftlicher Beziehungen zwischen den Völkern und damit der Friedenssicherung. Völkerverständigung heißt Förderung der zwischenmenschlichen Begegnung der Angehörigen verschiedener Völker und Staaten sowie des Wissens über andere Völker und des friedlichen Zusammenlebens. Wesentlicher Bestandteil ist die **Förderung des Friedens** (zum Projekt eines friedlichen Zusammenlebens trotz aller ethnischer und kultureller Unterschiede FG Brem 497162 K1, EFG 1999, 526). Begünstigt ist mE auch eine Tätigkeit im oder für das Ausland, insb. die auswärtige Kulturpolitik (vgl. zu allem Gutachten der Unabhängigen Sachverständigenkommission zur Prüfung des Gemeinnützigkeits- und Spendenrechts, BMF-Schriftenreihe, Heft 40, S. 124 f.). Die **Toleranz auf allen Gebieten der Kultur** ist sehr weit gefasst. Gemeint ist mE der bewusst respektvolle Umgang mit allem, was andere, fremde Lebensweisen und Kulturkreise hervorgebracht haben: Kunst, Religion, Lebensgewohnheiten, Denken uÄ.

Zur **politischen Meinungsäußerung** → Rn. 46a.

(14.) Tierschutz (Nr. 14). Der Tierschutz ist Staatsziel nach Art. 20a GG. Nach **§ 1 TierSchG** ist das Ziel, aus der **Verantwortung des Menschen für das Tier** als Mitgeschöpf dessen Leben und Wohlbefinden zu schützen und zu verhindern, dass dem Tier *„ohne vernünftigen Grund"* Schmerzen, Leiden oder Schäden zugefügt werden. Ob zoologische Gärten (hierzu FM Bbg 17.8.1994, FR 1994, 688) dem nachkommen, kann angesichts der Haltung von Tieren zweifelhaft sein, soweit nicht die Arterhaltung bezweckt wird. Tierzucht, die nicht der Arterhaltung, sondern der Hervorbringung besonderer Erscheinungsbilder dient, ist nicht Tierschutz (BFH I R 38/86, BFH/NV 1992, 90 – Ls.). 67

(15.) Entwicklungszusammenarbeit (Nr. 15). Zunächst als **„Entwicklungshilfe"** bereits im Katalog des § 52 Abs. 2 AO enthalten. Die Umbenennung beinhaltet **keine sachliche Änderung.** Es geht um die Förderung der wirtschaftlichen Entwicklung der Entwicklungsländer einschließlich der Bildung und Ausbildung dort lebender Menschen mit den Mitteln von Geldzuwendungen, zinsgünstigen Krediten, technischer Hilfe, Sachzuwendungen, Beratungs- und Dienstleistungen (zu den unterschiedlichen Formen Schienke-Ohletz FR 2012, 616). Entwicklungsländer sind mE die in der DAC-Liste (veröffentlicht durch das BMZ) aufgeführten Länder. Der Inlandsbezug ergibt sich nach § 51 Abs. 2 (→ Rn. 28; BMF 20.9.2005, BStBl. I 2005, 902); daher kann mE trotz der Nennung im Katalog nach dem in → Rn. 51 Ausgeführten Entwicklungshilfe für einen totalitären Staat nicht gemeinnützig sein, sofern nicht die notleidende Bevölkerung unmittelbar unterstützt wird (ebenso Seer in Tipke/Kruse AO § 52 Rn. 38; Jachmann in Gosch AO § 52 Rn. 90). 68

(16.) Verbraucherberatung und Verbraucherschutz (Nr. 16). Verbraucherschutz als die umfassendere Aktivität zielt auf den Schutz des Verbrauchers vor wirtschaftlicher Benachteiligung sowie vor unseriöser oder gar krimineller Benachteiligung im Geschäftsleben. Für die Förderung in Betracht kommen insb. Verbraucherzentralen und -vereine. Fraglich ist dies jedoch für Abmahnvereine, zumal bei ihnen die Selbstlosigkeit in Frage steht (→ Rn. 99). Die **Verbraucherberatung** als Teil des Verbraucherschutzes erfolgt ua durch Erteilung von Auskünften in unübersichtlichen Angebotsmärkten und komplexen Marktbedingungen sowie durch Berichterstattung in Medien. Sie umfasst auch die Einzelberatung. 69

Anerkannt hat die Rspr. daher entgeltliche **Vergleichsanalysen** von Versicherungen anhand von **individuellen Daten** des Verbrauchers (BFH V R 5/19, BFH/NV 2022, 166, zu FG Bln-Bbg 8 K 8286/16, EFG 2019, 1049, insoweit best; FG Hmb 1 K 2/16, EFG 2018, 792, aus anderen Gründen aufgeh. durch BFH V R 4/18, BFH/NV 2019, 369).

(17.) Fürsorge für Strafgefangene (Nr. 17). Aus § 48 Abs. 2 EStDV Anlage 1 in den Katalog des § 52 Abs. 2 EStDV übernommen, dient der Förderung der **Resozialisierung.** 70

(18.) Gleichberechtigung von Frauen und Männern (Nr. 18). Es handelt sich um ein Staatsziel nach Art. 3 Abs. 2 S. 2 GG. Gegenstand der Förderung sind alle Maßnahmen, die die **Angleichung der Lebensverhältnisse** von Frauen und Männern in Beruf, Familie, Gesellschaft und Politik bezwecken. Das betrifft mE die Aufstiegschancen und Bezahlung im Beruf ebenso wie die Akzeptanz der Arbeit für Haus, Familie und Kindererziehung sowie ihrer Vereinbarkeit mit dem Beruf. 71

72 **(19.) Schutz von Ehe und Familie (Nr. 19).** Die Förderung dient allen Bestrebungen, den **Stellenwert von Ehe und Familie** iSv Art. 6 Abs. 1 GG als „Keimzelle" der Gesellschaft aufzuzeigen, im Bewusstsein der Menschen zu verankern sowie Hemmnissen durch Gesetzgebung, Verwaltung und durch das Arbeitsleben entgegenzuwirken. Angebote von Freizeit und Erholung sind nicht begünstigt (BFH V R 50/15, BStBl. II 2017, 1173, zu FG Köln 13 K 3354/10, EFG 2015, 1119). ME sind auch eingetragene Lebenspartnerschaften Gegenstand solcher Bestrebungen (s. BVerfG 1 BvL 1/11, 1 BvR 3247/09, BVerfGE 133, 59)

73 **(20.) Kriminalprävention (Nr. 20).** Es handelt sich als Aspekt der inneren Sicherheit um eine staatliche Pflichtaufgabe. Sie umfasst alle Maßnahmen, die geeignet sind, **Straftaten zu verhindern,** und zwar sowohl als gesamtgesellschaftliches Phänomen (Verbesserung des sozialen Klimas) als auch als individuelles Geschehen (konkrete Vorbeugung oder Abwehr). Voraussetzung ist selbstredend, dass die Maßnahmen sich ihrerseits im Rahmen der gesetzlichen Ordnung halten.

74 **(21.) Sport (Nr. 21).** Der **Begriff ist unklar** (Arndt/Immel BB 1987, 1153). Er ist weiter als der der Leibesübungen. Er umfasst die verschiedensten Formen von an spielerischer Selbstentfaltung und am Leistungsstreben orientierter menschlicher Betätigung, die der körperlichen und geistigen Beweglichkeit dient (vgl. Brockhaus, Enzyklopädie in 25 Bänden, unter „Sport"; Herkunft von lat. disportare = sich zerstreuen, vergnügen; altfrz. desport = Erholung, Zerstreuung; vgl. FG Nürnberg I 264/83, EFG 1986, 621). Lt. Bericht des Finanzausschusses (BT-Drs. 7/4292, 20 zu § 52 AO) soll Einigkeit darüber bestehen, dass die **körperliche Ertüchtigung** weiterhin wesentliches Element des Sports sei (vgl. BFH I R 64/77, BStBl. II 1979, 488; I R 204/85, BFH/NV 1987, 705; AEAO zu § 52 Nr. 6). Was hiermit gemeint sein soll, bleibt allerdings offen. Denn auch **„Motorsport in allen seinen Erscheinungsformen"** soll nach Finanzausschuss Sport sein. Dass hierin allerdings die körperliche Ertüchtigung praktisch keine Rolle spielt, dürfte außer Frage stehen, auch wenn BFH I R 13/97, BStBl. II 1998, 9 sachwidrig das Gegenteil postuliert. Zudem soll das gemeinwohlförderliche Wesenselement, die körperliche Ertüchtigung, allein nicht für die Anerkennung der jeweiligen Aktivität ausreichen. Noch weniger genügt die Ertüchtigung des Gehirns; **Denksportarten,** so auch **Turnierbridge,** erfüllen nicht den Sportbegriff (BFH V R 69/14, BStBl. II 2017, 1221, zu FG Köln 13 K 3949/09, EFG 2014, 484, best.; s. aber BFH V R 70/14, BStBl. II 2017, 1106, zu § 52 Abs. 2 O, → Rn. 52); zum Schach → Rn. 80.

75 Der **BFH** definiert Sport als „körperliche, über das ansonsten übliche Maß hinausgehende Aktivität", die durch äußerlich zu beobachtende Anstrengungen oder durch die einem persönlichen Können zurechenbare **Kunstbewegung** gekennzeichnet ist. Zwar ist auch hiernach körperliche Ertüchtigung wesentliches Merkmal des Sportbegriffs; doch muss sie im Einzelfall nicht (augenfällig) sein (BFH I R 13/97, BStBl. II 1998, 9; I R 108, 109/98, BFH/NV 2000, 1071), womit sich der BFH seinerseits in einer Kunstbewegung – ergebnisorientiert – vom Definitionsmerkmal der körperlichen Ertüchtigung entfernt hat. Beide Elemente vereint erkennt der BFH allerdings beim IPSC-Schießen (BFH V R 48/16, BFH/NV 2019, 144).

Nicht zu übersehen ist, dass die oa Definition des BFH das Instrumentarium bietet, jede irgendwie geartete Tätigkeit, die körperliche Geschicklichkeit und/oder ein gutes Auge und Fingerfertigkeit voraussetzt, als Sport anzuerkennen, wie etwa Tischfußball (so HessFG 4 K 501/09, BeckRS 2010, 26029518; dagegen

BFH I R 204/85, BFH/NV 1987, 705), Flippern, Dart (s. Stichwort → Rn. 99), Grill„sport" (von FG BW 6 K 2803/15, EFG 2017, 1, abgelehnt), aber auch Handarbeiten (wenn es schon einen Modellbau„sport" gibt, wie dies BFH I R 153/93, BStBl. II 1995, 499; I R 10/94, BFH/NV 1995, 1045 annehmen, warum dann nicht auch Häkel- oder Klöppel„sport"?) oder nicht anzuerkennen (wie – widersprüchlich genug – den Drachenflug, s. Stichwort → Rn. 99).

In Fortführung der methodisch verfehlten Urteile BFH I R 153/93, BStBl. II **75a** 1995, 499; I R 10/94, BFH/NV 1995, 1045 wird daher auch der **Motor„sport"** als gemeinnützig anerkannt: Motor„sport" sei Sport iSd § 52 Abs. 2 AO (Eignung zur körperlichen Ertüchtigung); Förderung des Sports sei nur bei Vorliegen besonderer Umstände nicht gemeinnützig; die Voraussetzungen des § 52 Abs. 1 AO (insb. die Förderung hin zum Besten auf geistigem, sittlichem und materiellem Gebiet) seien nicht mehr zu prüfen (obwohl in § 52 Abs. 2 AO etwas Anderes steht); die **Gemeinschädlichkeit** von Motor„sport"veranstaltungen (gesteigerte Gefährdung von Leib und Leben auch Unbeteiligter; Umweltzerstörung) sei hinzunehmen, weil die Tätigkeit erlaubt sei und Unfälle auch bei anderen Sportarten vorkommen (BFH I R 13/97, BStBl. II 1998, 9; zust. Rößler DStZ 1998, 595). Dann eignen sich sicher auch andere „Erscheinungsformen" des Motor„sports", zB Orientierungsfahrten, Familiensternfahrten, zur körperlichen Ertüchtigung.

Ungeprüft bleibt ferner das Gebot der „Ausschließlichkeit" (→ Rn. 151), das **76** auf jeden Fall der Gemeinnützigkeit von Motor„sport" entgegensteht. Denn im Vordergrund dieser Aktivität stehen der Einsatz der Technik und der Beitrag zur Entwicklung immer leistungsfähigerer Maschinen, die auch für den Erfolg im Wettbewerb bestimmend sind (krit. auch Wien DStZ 1998, 572). Diese je nach Betätigungsart **ergebnisorientierte Handhabung** des Ausschließlichkeitsgebots ist leider seit eh und je Teil des voluntaristisch geprägten Gemeinnützigkeits„systems", wie sich am augenfälligsten an den unterschiedlichen Einordnungen von Hundesport (BFH I R 2/77, BStBl. II 1979, 495) und Pferdesport (zB BFH I R 40/68, BStBl. II 1969, 43; FG Saarl 1 K 204/85, EFG 1987, 374) zeigen lässt: das Training kleiner Tiere verstieß gegen das Ausschließlichkeitsgebot, das größerer Tiere hingegen nicht.

Nur noch bedauerlich zu nennen ist das juristische Achselzucken, mit dem der **77** BFH nicht nur die **Umweltunverträglichkeit,** sondern auch die **Gefährlichkeit** des Motor„sports" abtut. Der Umstand, dass die Betätigung polizeirechtlich erlaubt ist, ändert nichts daran, dass sie in Widerspruch zu den Gemeinnützigkeitszielen des § 52 Abs. 1 AO steht. Der Umstand, dass auch bei anderen Sportarten – im Sinne eines Restrisikos – Unfälle geschehen können, hat die Qualität einer Leerformel angesichts des Umstands, dass beim Motor„sport" die Gefährlichkeit konstitutives Element ist und nicht nur – wie beim Drachenflug – den Ausübenden, sondern auch Unbeteiligte betrifft (krit. auch Seer in Tipke/Kruse AO § 52 Rn. 9). Einen weiteren kennzeichnenden Akzent setzt das FG BW (6 K 10/92, EFG 1995, 337), das den Minicar-„sport" als Förderung auf geistigem Gebiet ansieht. Kann man es noch deutlicher machen, auf welchem **Tiefpunkt** das Gemeinnützigkeitsrecht angekommen ist?

Nicht angesprochen hat der BFH in BFH I R 13/97, BStBl. II 1998, 9 die **78** Frage, ob dem Sportbegriff eine **„planvolle"** Betätigung – was immer das sei – immanent ist, wie das BFH I R 2/77, BStBl. II 1979, 495 für den Ausschluss des Hundesports postuliert, oder gar der **Wettkampf,** wie dies BFH III R 2/80, BStBl. II 1982, 148 für den Ausschluss der Freikörperkultur suggeriert. ME ist das nicht der Fall, da der Sportbegriff die spielerische – unverkrampfte – Selbstentfaltung umfasst (aA wohl Seer in Tipke/Kruse AO § 52 Rn. 48).

Die Ausführung eines Spiels in Form von Wettkämpfen unter einer besonderen Organisation ist nach BFH nicht Sport (BFH I R 204/705, BFH/NV 1987, 705); ebensowenig sinnvolle Aktivitäten wie – einfaches – Wandern, Radfahren oder ähnlicher einfacher Breitensport (FG Köln 10 K 3794/06, EFG 2010, 367).

79 Ebensowenig gemeinnützig sind Sportvereine, die etwa mit dem Mittel der „Preisgestaltung" die **Allgemeinheit außen vor** halten (→ Rn. 40 ff.). Nur die unreflektierte Formel „wenn schon Sport, dann schon" ergibt „gemeinnützig" (so auch Müller-Gatermann FR 1995, 261).

80 Gut ins Bild passt die langjährige Diskussion um die Gemeinnützigkeit des **Schach,** das als Sport „gilt". Davon abgesehen, dass so mancher anerkannte Sitz-„Sport" kaum mehr körperliche Ertüchtigung bietet und auch keine positiven geistig-sittlichen Qualitäten aufweist – wie etwa die „Fahrsport"-Arten –, müsste gerade das Schachspiel auch ohne die Nennung im Katalog des § 52 Abs. 2 AO bereits nach der Generalklausel des Absatzes 1 dieser Vorschrift als gemeinnützig anerkannt werden, weil es zweifelsohne eine Förderung auf geistigem Gebiet beinhaltet: Abstraktions- und Kombinationsvermögen, Kreativität, Blick für formallogische Zusammenhänge und nicht zuletzt Gefühl für die Ästhetik eines Denkvorganges sind gefragt und werden gefördert. Insofern erscheint zwar eine Bevorzugung des Schachspiels vor anderen Denkspielen – Kartenspielen uÄ – sachlich gerechtfertigt (aA Gothe DB 1979, 475; Schad/Eversberg DB 1980, 1234; Arndt/Immel BB 1987, 1153). Gleichwohl machte erst der „Sport" die Anerkennung möglich.

80a Nach dem StÄG 2025 (BGBl. 2025 I Nr. 363) gilt nunmehr auch **„E-Sport"** als Sport (so schon Bagger von Grafenstein/Feldgen DStZ 2019, 326). Allerdings wird im RegE (BT-Drs. 21/1974, 36) selbst hervorgehoben, dass hiermit keine Gleichstellung oder Indizwirkung für gemeinnützigkeitsfremde Regelungsbereiche intendiert sei. Begrifflich erfasst die Anerkennung den Wettkampf zwischen menschliche Personen in Computer- und Videospielen, in dem der Spielerfolg messbar sei und auf motorischen bzw. taktischen/strategischen Fähigkeiten beruhe und nicht überwiegend vom Zufall oder Glück abhänge. Eine Begründung für die Anerkennung sieht der RegE (BT-Drs. 21/1974, 36) darin, dass durch die Ausübung des so verstandenen „E-Sports" die Teamfähigkeit und die Reaktionsfähigkeit geschult würden. Obwohl nach den Grundsätzen des Gemeinnützigkeitsrechts selbstverständlich wird betont, dass die Vorgaben des Jugendschutzes einzuhalten seien und Spiele mit gewaltverherrlichenden oder die Menschenwürde verletzenden Inhalten nicht mit der Förderung der Allgemeinheit vereinbar seien.

81 Dem **„Sport nahestehende"** Betätigungen sollten nach der Vorstellung der Bundesregierung ebenfalls uneingeschränkt als gemeinnützig anerkannt werden (BT-Drs. 11/4176). Genannt wurden insb. Skat, Go, Bridge, Modellflug, Hundesport, Tischfußball. Durchgesetzt haben sich jedoch durch besondere Nennung im Förderungskatalog nur der **Modellflug** und der **Hundesport,** nunmehr in § 52 Abs. 2 S. 1 Nr. 23 AO (→ Rn. 84 ff.; hierzu Thiel/Eversberg DB 1990, 240). Es bedarf sicher keiner Erörterung, dass die genannten, dem Sport „nahestehenden" Betätigungen dem Sport nicht nahestehen (Ausnahme evtl. Hundesport). Entsprechendes gilt mE für die neue „Sportart" des **„eSports"** (hieru aA Bagger von Grafenstein/Feldgen DStZ 2019, 326). In der Rspr. durchgesetzt hat sich – ohne Anerkennung als Sport – **Turnierbridge,** indem die FVerw verpflichtet

worden ist, die Betätigung nach § 52 Abs. 2 S. 2 AO (→ Rn. 52) für gemeinnützig zu erklären (BFH V R 70/14, BStBl. II 2017, 1106).

Bezahlter Sport ist mangels Förderung der Allgemeinheit nicht gemeinnützig (→ Rn. 37; AEAO zu § 52 Nr. 7). Allerdings ist die Förderung des bezahlten neben dem unbezahlten Sport unschädlich nach § 58 Nr. 8 AO (→ Rn. 166, 178). **82**

(22.) Heimatpflege, Heimatkunde und Ortsverschönerung (Nr. 22). Inhaltsgleich mit dem schon im Katalog des § 52 Abs. 2 Nr. 1 AO aF enthaltenen **Heimatgedanken** (BT-Drs. 16/5200, 21). Es geht um die Pflege der Verbundenheit mit der Heimat als durch Tradition und Lebensform geprägtem Raum der sozialen Zugehörigkeit. Förderungswürdig ist die historische Landesforschung, die Pflege der Landes-, Volks- und Heimatkunde, der Mundarten, des Trachtenwesens und des Brauchtums, die Unterstützung von Heimatmuseen usw. Abzugrenzen sind zweckfremde zB politische Aktivitäten, die sich immer wieder im Gewand des Heimatgedankens verstecken, einerseits, aber auch wirtschaftliche Betätigungen (zB Bewirtung), die nicht selten mit Veranstaltungen einhergehen, andererseits (vgl. BFH I R 3/82, BStBl. II 1986, 92; AEAO zu § 52 Nr. 12 S. 2f). Einzelheiten AEAO zu § 52 Nr. 11. **83**

Mit der Förderung der **Ortsverschönerung** (eingefügt durch G. v. 29.12.2020, BGBl. 2020 I 3096) soll die Bedeutung des ländlichen Raums als wichtiger Lebensraum für Menschen, Tiere und Pflanzen (mit ästhetischem Empfinden) betont werden; sie betrifft „grundlegende Maßnahmen für die Verbesserung der örtlichen Lebensqualiät im Dorf bzw. im Stadtteil" (BT-Drs. 19/25160, 201).

(23.) An sich nicht gemeinnützige Aktivitäten (Nr. 23). An dieser Stelle hat die Politik als Gesetzgeber wie schon in der bisherigen Nr. 4 – bunt zusammengewürfelt – **Freizeitaktivitäten als gemeinnützig** nobilitiert, was mE angesichts des Fehlens einer sachlichen Rechtfertigung und der Willkürlichkeit der Privilegierung gerade dieser Aktivitäten offenkundig gegen Art. 3 Abs. 1 GG verstößt (ebenso ua Seer in Tipke/Kruse AO § 52 Rn. 55 ff.; Jachmann in Gosch AO § 52 Rn. 113). Das gilt umso mehr, als Rspr. und Verwaltung schon bisher die Nennung der angegebenen Aktivitäten nicht für analogiefähig halten; nicht genannte Aktivitäten müssen mit den genannten „identisch" sein (BFH I R 153/93, BStBl. II 1995, 499; I R 10/94, BFH/NV 1995, 1045; AEAO zu § 52 Nr. 9 S. 1 und 2), was ein semantisches und logisches Unding ist (ebenso Gmach FR 1996, 308; 1997, 393). **84**

Im Einzelnen:

a) Tierzucht/Pflanzenzucht: Im Hinblick auf Kleintierzucht und Pflanzenzucht ging es nach einem SPD-Antrag (BR-Drs. 11/1334, 4) um die Arterhaltung angesichts einer belasteten Umwelt. Motive dieser Art dürften für die Aufnahme im Katalog des § 52 Abs. 2 S. 1 Nr. 4 AO aF ausschlaggebend gewesen sein. Dieses Ziel hat der Ggeber mit der Fassung der Nr. 23 verlassen, da nunmehr nicht nur die Kleintierzucht gefördert wird, sondern ggf. auch die Walfischzucht (Seer in Tipke/Kruse AO § 52 Rn. 59). Ob im Einzelfall tatsächlich solche Zwecke gefördert werden sollen und ob dies insb. durch Amateure überhaupt möglich ist, sollten FA und FG konkret prüfen; anerkannt sind Obst- und Gartenbau, Aquarien- und Terrarienkunde sowie Bonsaikunst (AEAO zu § 52 Nr. 10). **85**

b) Kleingärtnerei: war bisher schon anerkannt, vgl. ABC → Rn. 99. **86**

c) Brauchtum: Der Begriff bezeichnet herkömmliche, traditionelle und landsmannschaftliche Gebräuche und Verhaltensweisen (Trachten, Lieder, Gedichte, **87**

Märchen, Volksfeste, Volkstanz, Riten – vgl. BFH I R 108, 109/98, BFH/NV 2000, 1071), nach AEAO zu § 52 Nr. 11 auch historische Schützenbruderschaften, Freizeitwinzervereine, Junggesellen- und Burschenvereine, wenn traditionelles Brauchtum (zB Aufstellen von Maibäumen) gefördert wird; zur besonderen Prüfung von Selbstlosigkeit und Ausschließlichkeit Nr. 12 zu § 52 AO. Sofern tatsächlich Brauchtum gepflegt wird (Trachtenvereine, Volkstanz uÄ), ist die Benennung nicht konstitutiv, da insofern bereits der Gesichtspunkt der Kultur angesprochen ist. Zum Brauchtum gehört nunmehr auch das sog. Schützenbrauchtum (AEAO zu § 52 Nr. 6 iVm Nr. 11). Nicht hierher gehören studentische Verbindungen, Landjugendvereine, Country- und Westernvereine sowie Vereine zur Veranstaltung von Volksfesten (AEAO zu § 52 Nr. 11).

88 **d) Karneval, Fastnacht, Fasching** bezeichnen trotz der Nennung idR keine gemeinnützigen Zwecke, sofern nicht Brauchtum im oa Sinn angesprochen ist, wie etwa bei den alemannischen Narrenzünften; iÜ handelt es sich um gesellige Betätigungen mit den immer gleichen Mätzchen, die die „Voraussetzungen des Absatzes 1" nicht erfüllen. Die Aufnahme solcher Vereine in den Katalog ist auch angesichts einer gewissen Symbiose von Karnevalistik und Politik bedenklich; vgl. etwa die „Ordensverleihungen". Auch ist die tatsächliche Geschäftsführung (→ Rn. 219 ff.) kaum überprüfbar (vgl. etwa den Bericht der „Süddeutschen Zeitung" Nr. 25 v. 31.1.1990 „Den Reps auf den Leim gegangen": Wahlkampfwerbung in der Festschrift eines Faschings- und Freizeitclubs). Zur steuerlichen Behandlung von Karnevalsvereinen vgl. Thiel/Eversberg DB 1990, 344 (350), gesellige Veranstaltungen; Joisten/Vossel FR 2013, 57; Suck NWB 2013, 428. Zum – angeblichen – Zweckbetrieb „Nacht der Nächte" BFH V R 53/15, BFHE 255, 513, abgelehnt, zu FG Köln 10 K 3553/13, EFG 2015, 1781, aufgeh.

89 **e) Soldaten- und Reservistenbetreuung** ist nur unter engen Voraussetzungen der Personen(für)sorge gemeinnützig (AEAO zu § 52 Nr. 13); iÜ fehlt es an der Verfolgung gemeinnütziger Zwecke wie an der Förderung der Allgemeinheit (vgl. BFH I 320/61 U, BStBl. III 1964, 20); zu Kameradschaft als Satzungszweck s. ABC → Rn. 99 „Kameradschaftsvereine".

90 **f) Amateurfunken** ist reine an sich nicht-gemeinnützige Freizeitgestaltung ohne Verfolgung der Zwecke des „Absatzes 1", aber nunmehr als gemeinnützig zu behandeln; Entsprechendes soll wegen angeblicher Identität (→ Rn. 51, 84) mit dem Amateurfunken (die jedoch nicht gegeben ist) auch für das CB-Funken gelten (AEAO zu § 52 Nr. 10).

90a **g) Freifunk** bezeichnet nichtkommerzielle Initiativen, die sich der Förderung der lokalen Kommunikation sowie der technischen Bildung, dem Aufbau und Betrieb eines lokalen freien Funknetzes widmen (BT-Drs. 19/25160, 222). Es geht also nicht um Funken als Freizeitvergnügen (Hüttemann DB 2021, 72).

91 **h) Modellflug:** ebenfalls eine reine, willkürlich privilegierte Freizeitveranstaltung. Zum Bauen und Vorführen von Modellautos und -schiffen/fluggeräten jedoch der BFH I R 153/93, BStBl. II 1995, 499; I R 10/94, BFH/NV 1995, 1045: „Die Förderung des Modellflugs ist idR darauf gerichtet, detailgetreue und möglichst flugfähige Modelle von Fluggeräten herzustellen, die technisch oder historisch von Interesse sind. Der Bau derartiger Modelle setzt technisches Können, Sorgfalt und Ausdauer voraus. Die Förderung des Modellflugs trägt somit dazu bei, Kenntnisse und Fähigkeiten zu erlangen und zu bewahren, die für die technische Entwicklung der Bundesrepublik Deutschland von erheblicher Bedeutung sind …" (aaO); eine groteske Äußerung, die (hoffentlich) nur damit zu erklären ist, dass Worte zur „Begründung" eines feststehenden Ergebnisses her

mussten. Folglich ist auch das **Bauen** und Vorführen von bzw. Spielen mit Schiffs-, Auto-, Eisenbahn- und Drachenflugmodellen als gemeinnützig anzuerkennen (AEAO zu § 52 Nr. 9).

i) Hundesport kann in Teilbereichen mE gemeinnützige Aspekte haben (zweifelnd Seer in Tipke/Kruse AO § 52 Rn. 65); iÜ handelt es sich wohl um reinen Freizeitvertreib (wie beim Hunderennen). **92**

(24.) Demokratisches Staatswesen (Nr. 24). Angesprochen ist mE das **demokratische Prinzip** iSv **Art. 20 Abs. 1 GG** (vgl. BFH V R 28/23, BStBl. II 2025, 431). Die Begünstigung setzt daher eine Förderung des demokratischen Staatswesens nach der Werteordnung des GG voraus (vgl. AEAO zu § 52 Nr. 8; Seer in Tipke/Kruse AO § 52 Rn. 53). Die Demokratie des GG ist eine **„offene" Demokratie** im Gegensatz zur totalitären Demokratie. Die Prinzipien der Gedanken-, Meinungs-, Pressefreiheit, der öffentlichen Kritik und insb. der parlamentarischen Opposition begriffsimmanent (Grzeszick in DHS GG Art. 20 I Rn. 40). Die Demokratie des GG ist **freiheitliche Demokratie.** Ihr zuzuordnen sind Prinzipien der Gewaltenteilung, der Verfassungsbindung aller staatlichen Gewalt und der freien, gleichen und geheimen Wahl (Grzeszick in DHS GG Art. 20 I Rn. 41). Sie ist getragen von der Idee der Menschenwürde (Art. 1 GG) und der Gleichheit aller Menschen (Grzeszick in DHS GG Art. 20 I Rn. 17 und II Rn. 6 ff.). Sie ist aber auch „streitbare" Demokratie, die die aktive Verteidigung ihrer Grundordnung zur Pflicht erhebt (Grzeszick in DHS GG Art. 20 II Rn. 29 ff.). Hieraus ergeben sich mE iW die Bestrebungen, die als Förderung des demokratischen Staatswesens begünstigungsfähig sind. Eine **bestimmte Intensität** der Förderungsarbeit ist **nicht erforderlich.** Daher genügt eine Online-Plattform, wenn die dort zur Abstimmung gestellten Anliegen, die auch als Gegenstand einer parlamentarischen Befassung geeignet sein müssen, auch parteipolitisch neutral und ohne inhaltliche Wertung gefördert werden (BFH V R 28/23, BStBl. II 2025, 431). **93**

Bestrebungen, die den genannten Prinzipien widerstreiten, sind **nicht gemeinnützig** (vgl. auch Felix/Streck DStZ 1984, 79). Ebensowenig gemeinnützig sind Bestrebungen, die nur bestimmte **Einzelinteressen** staatsbürgerlicher Art verfolgen oder die auf den kommunalen Bereich beschränkt sind (§ 52 Abs. 2 S. 1 Nr. 24 Hs. 2 AO). Die Förderung des offenen Prozesses der politischen Willensbildung ist von der Einflussnahme auf die „politische Willensbildung" (§ 2 Abs. 1 PartG) und der Einflussnahme auf die „Gestaltung der öffentlichen Meinung" (1 Abs. 2 PartG) abzugrenzen. Nicht gemeinnützig ist das Ziel der politischen Einflussnahme, ohne Diskussion in geistiger Offenheit (BFH V R 60/17, BStBl. II 2019, 301; V B 25/21, BStBl. II 2021, 931; V R 28/23, BStBl. II 2025, 431; AEAO zu § 52 Nr. 9; Exner npoR 2022, 77; zur Anwendung unterschiedlicher Maßstäbe durch den BFH Kruschke DStZ 2022, 277). Damit ist klargestellt, dass auch Parteien und Vereine zur Förderung **politischer Parteien** nicht gemeinnützig sind (vgl. BFH XI R 63/98, BStBl. II 2000, 200; ThürFG 1 K 743/12, EFG 2015, 1473; AEAO zu § 52 Nr. 15; § 55 Abs. 1 Nr. 1 AO, → Rn. 139). Aber auch die Förderung der **kommunalen Demokratie** ist ausgeschlossen, weil dort die Gefahr der Vermengung mit persönlichen Interessen zu groß ist (Felix FR 1981, 83; v. Wallis DStZ 1983, 135; Lang JbFfSt 1983/1984, 217 ff.). Die **Verfolgung politischer Zwecke** ist nicht Förderung der Allgemeinheit iSd § 52 AO; hierzu und zur **Stellungnahme** zu politischen Themen → Rn. 46a. **93a**

(25.) Förderung des bürgerschaftlichen Engagements (Nr. 25). Ein eigentümlicher Begünstigungstatbestand, der eine Vereinigung voraussetzt, die **94**

ihre Aktivität darin erschöpft, **andere für gemeinnütziges Engagement** zu **gewinnen;** ansonsten ist sie sinn- und funktionslos (Jachmann in Gosch AO § 52 Anm. 122). Nach BT-Drs. 16/5200, 9 soll sie lediglich die Bedeutung des Ehrenamts für die Gesellschaft hervorheben. Nach einer **aA** soll die Nachbarschaftshilfe (Hausputz, Kinderbetreuung uÄ) unter diese Rubrik fallen (Hüttemann DB 2007, 2053; Schauhoff/Kirchhain DStR 2007, 1985). Doch kann mE die Nachbarschaftshilfe nach anderen Gesichtspunkten (mit) gemeinnützig sein; ist sie dies nicht, dann gelingt auch nicht der Umweg über die Nr. 25. S. iÜ ABC → Rn. 99.

95 **(26.) Pflege und Unterhaltung von Friedhöfen u. Gedenkstätten.** Reaktion auf FG Münster 13 K 3313/15 F (EFG 2018, 897; → Rn. 99 „Friedhofsverein"), das die Unterhaltung eines Friedhofs und einer Trauerhalle nicht als (unmittelbare) Förderung von Religion und/oder Kultur anerkannt hat. Das Bestattungsrecht der Bundesländer gestattet den Kommunen zunehmend die Beleihung privater Initiativen mit dem Recht zum Betrieb von Friedhöfen (BR-Drs. 503/20, 60). Unabhängig hiervon erfasst die Begünstigung die Unterhaltung von Denkmälern für sog. „Sternenkinder" (nicht bestattungspflichtige Kinder und Föten).

96 **(27.) Wohngemeinnützige Zwecke.** Nach der Legaldefinition ist dies die vergünstigte Wohnraumüberlassung an Personen iSd § 53 AO (→ Rn. 100). Die Bezüge der Begünstigten dürfen nicht höher sein als das Fünffache des Regelsatzes der Sozialhilfe iSd § 28 des SGB XII; beim Alleinstehenden oder Alleinerziehenden tritt an die Stelle des Fünffachen das Sechsfache des Regelsatzes. Die Hilfebedürftigkeit muss zu Beginn des jeweiligen Mietverhältnisses vorliegen.

Eingefügt mWv 1.1.2025 durch JStG 2024 (BGBl. 2024 I 387) verfolgt die Vergünstigung das Ziel der Schaffung bezahlbaren Wohnraums für breite Bevölkerungskreise angesichts der „aktuell bestehenden Wohnungsnot" (BR-Drs. 369/24, 181; zweifelnd F. Schmidt NWB 2025, 434). Das bedeutet, dass die Vermietung an die bezeichneten Personenkreise ideelle Zweckverwirklichung darstellt. Verluste können mit anderen Einnahmen aus dem ideellen Bereich ausgeglichen werden. Soweit die Körperschaft an günstiger gestellte Personen vermietet, liegt gemeinnützigkeitsunschädliche Vermögensverwaltung vor (BR-Drs. 369/24, 181), mE wegen des Gebots der Selbstlosigkeit jedoch nur in Grenzen (vgl. § 55 Abs. 1 S. 1 AO, → Rn. 117).

Durch den Ansatz der Multiplikatoren sollen 60 % der Haushalte und damit auch die von der Entwicklung der steigenden Mieten am stärksten betroffenen Haushalte erreicht und die Bildung von Quartieren mit einseitigen Belegungsstrukturen verhindert werden (BR-Drs. 369/24, 181).

Da die Voraussetzungen der Hilfebedürftigkeit nur zu Beginn des jeweiligen Mietverhältnisses nachzuweisen sind, ist eine durch Verbesserung der Einkommenssituation des Mieters eintretende Fehlbelegung unschädlich (BR-Drs. 369/24, 182).

Eine starre Grenze für den Mindestunterschied zwischen ortsüblicher und verlangter Miete gibt die Vorschrift nicht vor. Dennoch muss Letztere dauerhaft unter der ortsüblichen Miete liegen (krit. Feldgen, DStZ 2024, 635: genügen nur wenige Cent?); es genügt auch eine nur die Selbstkosten einschließlich regulärer Afa abdeckende Miete ohne Gewinnaufschlag (BR-Drs. 369/24, 181).

97 *(frei)*

j) Freizeitgestaltung. Die einfache **Freizeitgestaltung** ist **nicht gemeinnützig** (vgl. RFH RStBl. 1932, 105; BFH III R 2/80, BStBl. II 1982, 148; Einzelheiten s. AEAO zu § 52 Nr. 9). Indes erscheint diese Aussage in ihrer allgemeinen Form höchst problematisch. Selbstredend gibt es Formen der Freizeitgestaltung, die die Allgemeinheit auf materiellem, geistigem oder sittlichem Gebiet fördern (zust. Arndt/Immel BB 1987, 1153 (1156); **aA** BFH I R 81/70, BStBl. II 1972, 440; I R 2/77, BStBl. II 1979, 495; III R 2/80, BStBl. II 1982, 148). Die Prüfung des Einzelfalles hat sich immer an der Grundaussage des § 52 Abs. 1 S. 1 AO auszurichten. Hierbei hat entgegen BFH III R 2/80, BStBl. II 1982, 148 außer Betracht zu bleiben, ob auch das gesellige Beisammensein, die Erholung, die Unterhaltung usw eine Rolle spielen (so für die Veranstaltung von Dart wohl OFD Hannover 25.7.1994, DStR 1994, 1578). Eine negative Voraussetzung dieser Art steht nicht im Gesetz und ist auch durch sonstige Auslegungsmethoden nicht aus ihm herauszuholen. Wollte man eine solche Forderung dennoch aufstellen, dann dürfte kein Sportverein, insb. kein Schützenverein und kein Karnevalsverein, als gemeinnützig anerkannt werden. Allerdings geht BFH III R 2/80, BStBl. II 1982, 148 (keine Gemeinnützigkeit eines Vereins für Freikörperkultur) recht unmethodisch vor. Nicht der Wortlaut sowie Sinn und Zweck des Gesetzes (Förderung auf geistigem, sittlichem oder materiellen Gebiet), sondern die Frage nach der „Freizeitgestaltung" steht im Vordergrund. Auch die zur Erreichung des Ergebnisses notwendigen Zwischenschritte sind methodisch fragwürdig. Da wird das (nicht gemeinnützige) Baden gegen das (gemeinnützige) planmäßige Wettkampfschwimmen ausgespielt (hierzu Arndt/Immel BB 1987, 1153). Und es erscheint die Behauptung, eine schwerpunktmäßig auf die „bloße Erholung" (!) gerichtete Freizeitgestaltung diene nicht dem allgemeinen Besten auf materiellem, geistigem oder sittlichem Gebiet und sei in erster Linie Angelegenheit der arbeitenden Menschen selbst (als wäre das bei einem Großteil gemeinnütziger Aktivitäten, zB beim Sport, anders). Bedenkt man dagegen, dass (um auf den Motor„sport" zurückzukommen) nach der Vorstellung des Finanzausschusses (BT-Drs. 7/4292, 20 zu § 52 AO) die motorisierte Gefährdung, Verletzung und Tötung von Menschen Sache der Allgemeinheit ist, dann wird unabhängig von den Beispielen des § 52 Abs. 2 S. 1 Nr. 23 AO (→ Rn. 84; vgl. auch → Rn. 51) die innere Systemlosigkeit und Widersprüchlichkeit des praktizierten Gemeinnützigkeitsrechts offenbar. Im Übrigen hat der Gesetzgeber die Zielsetzung, einfache Freizeitgestaltung nicht zu fördern, durch Aufnahme der **Nr. 23 in § 52 Abs. 2 AO** (→ Rn. 51) selbst verwässert. Zwar ist aus grundsätzlichen Erwägungen daran festzuhalten, dass privatnützige Freizeitgestaltung nicht förderungswürdig ist. Es fehlt nur jede methodische Grundlage, privatnützigen und geselligen Zusammenschlüssen wie den Sportvereinen und sogar Motor-„sport"vereinen (BFH I R 60/80, BStBl. II 1986, 88) Gemeinwohlcharakter zuzusprechen (vgl. Lang StuW 1987, 221 (234, 244)) und dies bei anderen ebenso nützlichen und geselligen Vereinigungen abzulehnen. 98

k) ABC der gemeinnützigen Zwecke.

- **Abmahnvereine** sind mE idR nicht gemeinnützig, da und soweit Mitgliederförderung betrieben wird (vgl. FG MV 2 K 363/97, DStRE 2000, 88) und idR auch eine eigenwirtschaftliche Betätigung nicht in den Hintergrund tritt (differenzierend OFD Rostock 10.5.2001, StEd 2001, 431); s. auch „unlauterer Wettbewerb". 99
- **ADAC-Sportclubs,** hierzu s. FM LSA 18.1.2017 – 46-S 0171-36.

- **Akupunktur** (Forschung und Lehre), bejaht, OFD Köln StEK AO § 52 R 10.
- **Alkoholische Enthaltsamkeit,** als Teil des Gesundheitswesens (→ Rn. 55) mE gemeinnützig; vgl. BFH III 69/51 U, BStBl. III 1951, 148.
- **Alternative Wohnformen,** nach OFD Frankfurt aM 31.10.2007, DStR 2007, 2329 nicht gemeinnützig bzw. mildtätig.
- **Andenken** an Verfolgte, Kriegs- und Katastrophenopfer, nach § 52 Abs. 2 S. 1 Nr. 10 AO (→ Rn. 63) gemeinnützig.
- **Angeln** zu verneinen, auch wenn mit der Vokabel „Sport" versehen; anerkannt jedoch unter verengender Sicht auf die Vereinszwecke (Hege und Pflege; Gewässerreinhaltung) durch BMF 25.9.1991, DB 1991, 2518 = DStR 1991, 1456 – Ausnahme Wettfischen.
- **Arbeitnehmerüberlassungsgesellschaften:** Es gilt das zu Beschäftigungsgesellschaften Ausgeführte entsprechend.
- **Arbeitslosenhilfe,** bejaht, NdsFG VI 584/82, EFG 1984, 45.
- **Arbeitsschutz** (Unfallverhütung) nach § 52 Abs. 2 S. 1 Nr. 12 AO (→ Rn. 65) anzuerkennen.
- **Astrologische Lehren,** nicht gemeinnützig (SchlHFG I 535/92, EFG 1996, 940).
- **Ballonfahren** ist angeblich Sport iSv „körperlicher Ertüchtigung" und daher als gemeinnützig anerkannt (AEAO zu § 52 Nr. 7).
- **Beschäftigungsgesellschaften** sind nur dann (mE jetzt nach § 52 Abs. 2 S. 1 Nr. 9 AO; → Rn. 62) gemeinnützig, wenn der Schwerpunkt ihrer Tätigkeit auf der beruflichen Qualifikation und sozialen Betreuung liegt (zu arbeitstherapeutischen Beschäftigungsgesellschaften BFH I R 35/93, BStBl. II 1995, 767); nicht wenn sie vorrangig selbst produzieren und vertreiben bzw. Leistungen an Dritte erbringen (AEAO zu § 64 Nr. 13). Die Durchführung von Lohnaufträgen uÄ kann bei anerkannten Gesellschaften ein Zweckbetrieb sein (→ Rn. 255 ff.); zu den steuerlichen Folgen Sproß DStZ 1993, 545).
- **Bierbrauen,** nicht gemeinnützig (OFD Erfurt 28.11.1996, DStR 1997, 116).
- **Billard,** bejaht, OFD Frankfurt aM und Düsseldorf StEK § 52 Nr. 17; mE unzutreffend.
- **Biologisch-dynamische Landwirtschaft** bejaht (vgl. BFH I R 19/91, BStBl. II 1992, 62); mE jetzt nach § 52 Abs. 2 S. 1 Nr. 8 AO (→ Rn. 61).
- **Brettspiele** sind nach OFD Erfurt 28.11.1996, DStR 1997, 116 selbst dann nicht gemeinnützig, wenn die Kunst des abstrakten Denkens erheblich gefördert wird (zB GO, Bridge; AEAO zu § 52 Nr. 7).
- **Bridge,** s. „Brettspiele" u. „Turnierbridge".
- **Buchkunst,** Förderung des guten Buches, bejaht, BFH III 242/55 U, BStBl. III 1956, 171; jetzt § 52 Abs. 2 S. 1 Nr. 5 AO (→ Rn. 57 f.).
- **Campingverein,** verneint, FG München I (VII) 141/67, EFG 1970, 584; vgl. auch BFH III R 52/70, BStBl. II 1972, 204.
- **Darlehen,** die Vergabe ist kein gemeinnütziger Zweck, kann aber Mittel zur Zweckerreichung sein (BMF 14.12.1994, BStBl. I 1995, 40 Rn. 5), zur Selbstlosigkeit → Rn. 127.
- **Dart** ist Sport iSd Definition (→ Rn. 74), nach OFD Hannover (DStR 1994, 1578) jedoch nur, wenn nach den Regeln des Deutschen Dartverbandes betrieben.
- **Denkmal- und Heimatpflege,** bejaht, § 52 Abs. 2 S. 1 Nr. 22 AO (→ Rn. 83).

- **Dialyseverein,** bejaht (vgl. OFD Frankfurt aM 30.3.1993, DB 1993, 1116; FM BW 16.3.1993, DStR 1993, 915; OFD Magdeburg 27.7.1994, FR 1994, 618).
- **Drachenflug** ist nicht Modellflug (s. dort) und angeblich auch nicht Sport (OFD Frankfurt aM 29.5.1995, DB 1995, 1370); fraglich angesichts dessen, dass das sitzende Fliegen in all seinen Erscheinungsformen als Sport anerkannt ist (s. Flug„sport").
- **Drogenmissbrauchsbekämpfung,** mE unter dem Gesichtspunkt des öffentlichen Gesundheitswesens (→ Rn. 55) gemeinnützig.
- **Ehe und Familie** (Schutz von), anzuerkennen; jetzt § 52 Abs. 2 S. 1 Nr. 19 AO (→ Rn. 72).
- **Eheanbahnung,** verneint, BFH I 242/65, BStBl. II 1969, 145.
- **Erholungsheim, Erholungsverein,** verneint (BFH III 134/56 U, BStBl. III 1961, 109; I R 21/71, BStBl. II 1973, 251; vgl. FG Köln 13 K 3354/10, EFG 2015, 1119; nachfolgend BFH V R 50/15, BStBl. II 2017, 1173), es sei denn, besondere weitere Zwecke (zB Alten-, Jugendhilfe) werden verfolgt oder die Erholung wird in einer besonderen Weise (zB Sport) verfolgt (AEAO zu § 52 Nr. 15).
- **Esoterische Heilslehren** sind nicht als gemeinnützig anzuerkennen (AEAO zu § 52 Nr. 6).
- **eSport,** → Rn. 80a.
- **Fallschirmspringen** ist als Sport gemeinnützig (BFH V R 7/95, BFH/NV 1997, 154).
- **Familienstiftung,** verneint, RFH IV 10/41, RStBl. 1941, 316; OFD Düsseldorf/Köln StEK AO 1977, § 58 Nr. 2; Fleischmann Inf 2002, 419.
- **Feuerbestattung, Friedhofskultur,** bejaht, BFH I R 122/76, BStBl. II 1979, 491; für einen Feuerbestattungsverein, zu dessen Satzungszwecken der Betrieb eines Krematoriums gehört, wegen fehlender Selbstlosigkeit (→ Rn. 117 ff.) verneint (BFH I B 66-68/04, BFH/NV 2005, 1213). S. auch „Friedhofsverein".
- **Feuerschutz,** anzuerkennen, jetzt § 52 Abs. 2 S. 1 Nr. 12 AO (→ Rn. 65).
- **Film- und Fotoclub,** verneint, OFD Köln/Münster StEK AO § 52 Nr. 22; mE kommt im Einzelfall Förderung von Kunst in Betracht (ebenso OFD Erfurt 28.11.1996, DStR 1997, 116).
- **Flüchtlingshilfe,** anzuerkennen; jetzt § 52 Abs. 2 S. 1 Nr. 10 AO (→ Rn. 63).
- **Flughafenbetrieb, Regionalflughafen,** verneint BFH III 271/51 S, BStBl. III 1952, 112; I R 81/73, BStBl. II 1975, 121.
- **Flug„sport",** (mE zu Unrecht) als gemeinnützig anerkannt (BFH I R 60/80, BStBl. II 1986, 88); wegen fehlender Selbstlosigkeit nicht anerkannt von FG Köln 13 K 1465/00, EFG 2003, 422.
- **„Food-sharing"-Verein,** idR anzuerkennen (OFD Nordrhein-Westfalen 11.10.2018, StEd 2018, 700).
- **Forschungseinrichtungen,** die aus Zuwendungen der öffentlichen Hand oder Dritter finanziert werden, sind grundsätzlich gemeinnützig; zur Zweckbetriebseigenschaft vgl. § 68 Nr. 9 AO (→ Rn. 302 ff.).
- **Freikörperkultur,** verneint, BFH III R 81/70, BStBl. II 1972, 197; III R 2/80, BStBl. II 1982, 148; vgl. aber FVerw Länder FR 1980, 322: wenn auch Förderung des Sports, ggf. gemeinnützig; aA NdsFG VI 54/91 ua, EFG 1997, 1340.

- **Freimaurerloge,** verneint bei Ausschluss von Frauen (BFH III R 40/72, BStBl. II 1973, 430; V R 52/15, BStBl. II 2018, 218, zu FG Düsseldorf 6 K 2138/14 K, EFG 2015, 1632, best.; s. auch „Logen").
- **Fremdenverkehrsbetriebe** sind mangels Förderung der Allgemeinheit und mangels Selbstlosigkeit (→ Rn. 117 ff.) nicht gemeinnützig (OFD Erfurt 26.2.1996, DStR 1996, 1246; 1997, 116).
- **Friedensförderung,** bejaht, BFH I R 11/88, BStBl. II 1989, 391; s. auch § 52 Abs. 2 S. 1 Nr. 13 AO (→ Rn. 90).
- **Friedhofsverein,** verneint, wegen unzureichender Zweckverfolgung und mangels Unmittelbarkeit (FG Münster 13 K 3313/15 F, EFG 2018, 897); s. nunmehr § 52 Abs. 2 S. 1 Nr. 26 AO (→ Rn. 94a).
- **Funken (Amateur-)** s. § 52 Abs. 2 S. 1 Nr. 23 AO (→ Rn. 90).
- **Fürsorgeerziehung,** bejaht, mE nach § 52 Abs. 2 S. 1 Nr. 4 und 7 AO (→ Rn. 56, 60).
- **Fußballverein,** bejaht trotz Vertragsspieler, BFH I 114/53 U, BStBl. III 1955, 12; jetzt § 58 Nr. 8 AO (→ Rn. 166, 178).
- **Gartenschauen,** gemeinnützig, auch bei Vermögensübertragung auf eine Kommune (kein Verstoß gegen § 55 Abs. 1 Nr. 4 AO, OFD Frankfurt aM 15.5.2002, DB 2002, 2136).
- **Gefolgschaftsvereine,** verneint, RFH VI 352/40, RStBl. 1941, 275.
- **Geselligkeitsvereine,** nicht gemeinnützig, da lediglich die einfache Freizeitgestaltung fördernd (OFD Erfurt 28.11.1996, DStR 1997, 116).
- **Gesetz und Recht** (Eintreten für), mE gemeinnützig; s. auch § 52 Abs. 2 S. 1 Nr. 24 AO (→ Rn. 93).
- **Gesundheitsfürsorge** → Rn. 55 „Öffentliches Gesundheitswesen".
- **Getreidebörse,** verneint, wenn wirtschaftliche Vorteile für Mitglieder, BFH I 114/53 U, BStBl. III 1955, 12.
- **Gleichberechtigung von Männern und Frauen,** anzuerkennen; jetzt § 52 Abs. 2 S. 1 Nr. 18 AO (→ Rn. 71).
- **Go,** nicht anerkannt (AEAO zu § 52 Nr. 7).
- **Golf,** bejaht, BFH I R 64/77, BStBl. II 1979, 438; → Rn. 40.
- **Gotcha** s. „Paintball".
- **Grillen,** als „Grillsport" bzw. „Grillkultur" nicht anerkannt (FG BW 6 K 2803/15, EFG 2017, 1).
- **Haus- und Grundbesitzerverein,** mE zu verneinen.
- **Heilpädagogische Dienstleistungen** können iSv § 52 Abs. 2 S. 1 Nr. 4 (Jugendhilfe) und Nr. 9 AO (Wohlfahrtswesen) begünstigt sein (BFH I R 2/08, BStBl. II 2010, 1006).
- **Heimatverein,** bejaht, BFH I R 3/82, BStBl. II 1986, 92; s. auch § 52 Abs. 2 S. 1 Nr. 22 AO (→ Rn. 83).
- **Heime** für Hilflose, Kranke und Minderbemittelte, bejaht RFH 1938, 828; RFH BStBl. 1941, 796.
- **Homosexuellenverein,** grundsätzlich bejaht, FG Bln VIII 182/83, EFG 1985, 146.
- **Hundesport,** noch verneint von BFH I R 2/77, BStBl. II 1979, 495; jetzt aber § 52 Abs. 2 S. 1 Nr. 23 (→ Rn. 92; auch → Rn. 153).
- **Inklusionsprojekte,** allein durch Ermöglichen des Zusammenlebens unter einem Dach nicht gemeinnützig; bei Hinzutreten geeigneter Hilfsangebote ggf. Zweckbetrieb nach § 66 (→ Rn. 261) oder § 68 Nr. 1a AO (→ Rn. 290), s. OFD Niedersachsen S 0185 17-St 245.

- **Internationaler Suchdienst** (IST) begünstigt nach § 52 Abs. 2 S. 1 Nr. 10 AO (→ Rn. 63; OFD Niedersachsen S 0170-158-St 248 VD).
- **Internetvereine,** nach AEAO zu § 52 Nr. 3 gemeinnützig, wenn sie ausschließlich die Volksbildung (im Umgang mit den elektronischen Medien durch Schulung usw) verfolgen.
- **ISPC-Schießen,** anerkannt (BFH V R 48/16, BStBl. II 2019, 790, zu NdsFG 6 K 418/15, EFG 2017, 179, best; differenzierend AEAO zu § 52 Nr. 7).
- **Journalismus,** als gemeinnützig nur denkbar, wenn non-profit-Tätigkeit und Förderung der Volksbildung bzw. des demokratischen Staatswesens (hierzu Hüttemann/Stollenwerk StuW 2018, 384; Fischer DStR 2018, 1394)
- **Jugendsekten** uÄ insb. mit Totalitätsanspruch sind nicht gemeinnützig (vgl. BFH I R 47/89, BFH/NV 1992, 695); zur Problematik der staatlichen Förderung eines Vereins zur Bekämpfung solcher Sekten vgl. BVerwG 7 C 21/90, NJW 1992, 2496.
- **Jugendverband** kann Jugendhilfe betreiben, ist aber dennoch nicht (ausschließlich) gemeinnützig, wenn sich aus dem Vereinszweck eine überwiegende politische Zielsetzung ergibt (BFH I B 79/89, BFH/NV 1991, 485 mwN).
- **Jugendweihe,** sofern ohne parteipolitische Beeinflussung als Förderung der Jugendhilfe anerkannt (OFD Frankfurt aM 6.1.1999, DB 1999, 460).
- **Junggesellen- und Burschenvereine** → Rn. 87 „Brauchtum".
- **Kameradschaftsverein,** verneint, BFH I 320/61 U, BStBl. III 1964, 20; auch nicht durch § 52 Abs. 2 S. 1 Nr. 23 AO begünstigt (→ Rn. 89). Zu **Kameradschaft** als eigenständiger Satzungszweck **neben anderen begünstigten Zwecken** → Rn. 154.
- **Karnevalsverein** s. § 52 Abs. 2 S. 1 Nr. 23 AO (→ Rn. 12, 88).
- **Kartenspiele,** nicht gemeinnützig (AEAO zu § 52 Nr. 10; s. aber → „Turnierbridge").
- **Katastrophenschutz,** anzuerkennen; jetzt § 52 Abs. 2 S. 1 Nr. 12 AO (→ Rn. 65).
- **Kleingartenverein,** bejaht, FG München II 141/67, EFG 1969, 330; jetzt § 52 Abs. 2 S. 1 Nr. 23 (→ Rn. 86).
- **Kleintierzucht** s. „Tierzucht".
- **Kochen** ist nicht gemeinnützig (AEAO zu § 52 Nr. 10).
- **Kommunale Kinos** vgl. AEAO zu § 52 Nr. 2.2.
- **Kosmetikvereine,** nicht gemeinnützig (AEAO zu § 52 Nr. 10).
- **Krankenhauswäscherei** (Zentralwäscherei), verneint (BFH I R 56/94, BStBl. II 1996, 28).
- **Kriegsopfer-, -hinterbliebenen-, -beschädigten-, -gefangenenhilfe,** mE anzuerkennen; vgl. § 52 Abs. 2 S. 1 Nr. 10 AO (→ Rn. 63).
- **Kriminalprävention,** anzuerkennen (§ 52 Abs. 2 S. 1 Nr. 20 AO; → Rn. 73).
- **Künstlerförderung,** mE zu bejahen nach § 52 Abs. 2 Nr. 5 (→ Rn. 57), jedoch verneint für den Fall, dass bemittelte Künstler gefördert werden (RFH RStBl. 1938, 36).
- **Küstenschutz,** mE anzuerkennen; vgl. § 52 Abs. 2 S. 1 Nr. 8 AO (→ Rn. 61).
- **Kurheim,** verneint, BFH III 158/57 U, BStBl. III 1958, 170.
- **Lebensrettungseinrichtungen,** mE gemeinnützig; vgl. § 52 Abs. 2 S. 1 Nr. 11 AO (→ Rn. 64).
- **Logen,** verneint bei selektiver Auswahl der Mitglieder (BFH I R 36/76, BStBl. II 1979, 492; s. auch „Freimaurerloge").
- **Luftschutzzeitung,** verneint, RFH RStBl. 1942, 748.

- **Lungenheilanstalt** für Minderbemittelte, bejaht, RFH VI a 25/36, RStBl. 1937, 1159.
- **Mensaverein,** dessen einziger Zweck die Grundversorgung von Schülern ist, anerkannt (vgl. OFD Frankfurt aM 20.10.2000, DB 2000, 2350; die **aA** von OFD Kiel 20.4.2000, DB 2000, 1305 ist mE überholt).
- **Mietverein,** mE mangels Selbstlosigkeit nicht gemeinnützig.
- **Milchversorgungsgesellschaft,** verneint wegen geschäftlicher Förderung der Mitglieder, RFH BStBl. 1933, 1117.
- **Minicarfahren,** von FG BW (→ Rn. 49) bejaht, von OFD Niedersachsen S 0171-206-St 248 VD verneint, ggf. angeblich dem Modellflug ähnlich (?).
- **Modellbau,** anerkannt (→ Rn. 91).
- **Motorflug,** bejaht wenn mit der Vokabel „Sport" versehen (BFH I R 60/80, BStBl. II 1986, 88); I R 168/66, BStBl. II 1970, 67 ist wohl überholt, da dort auf „körperliche Ertüchtigung durch Leibesübungen" abgestellt wurde.
- **Motor„sport",** in der Praxis bejaht (BFH I R 13/97, BStBl. II 1998, 9; AEAO zu § 52 Nr. 7) und nur bei Verklammerung mit dem ADAC verneint (FM LSA 18.1.2017, BeckVerw 337579); verneint jedoch von FG Nürnberg I 64/83, EFG 1986, 621; zweifelnd BFH X R 165/88, BStBl. II 1992, 1048; → Rn. 74 ff.
- **Müll- und Abwässerbeseitigungs-GmbH** einer Körperschaft des öffentl. Rechts, verneint FM NRW und SchlH StEK AO § 52 Nr. 36; dagegen grds. bejaht von FG Brem II 246/87 K, EFG 1992, 26, im konkreten Einzelfall aber wegen fehlender Selbstlosigkeit verneint.
- **Musikinstrumentenbau** (Förderung der Ausbildung hierzu) ist gemeinnützig (BFH I R 94/02, BStBl. II 2005, 721).
- **Musikschule,** als Förderung von Kunst/Kultur (→ Rn. 57) zu Recht bejaht (OFD Köln/Düsseldorf StEK AO § 52 Nr. 3 und FM Länder StEK AO § 52 Nr. 16).
- **Nachbarschaftshilfe** uÄ ist nur gemeinnützig, wenn sie sich darauf beschränkt, alte und hilfsbedürftige Menschen in den täglichen Verrichtungen zu unterstützen (Altenhilfe, → Rn. 56; AEAO zu § 52 Nr. 6).
- **Nachhilfe,** ggf. als Jugendhilfe (→ Rn. 56) anzuerkennen (AEAO zu § 52 Nr. 6).
- **Notfallpraxis,** Verein ist gemeinnützig, OFD Frankfurt aM KSt-Kartei § 5 KStG Karte H 196; s. § 52 Abs. 2 S. 1 Nr. 11 AO (→ Rn. 64).
- **„Oldtimer"-Vereine** sind dann gemeinnützig, wenn sie sich die „Förderung der technischen Kultur" unterlegen können (AEAO zu § 52 Nr. 10).
- **Open-Source- Software,** ihre Förderung kann gemeinnützig sein (vgl. BFH V R 34/16, BStBl. II 2018, 55).
- **Opfer von Straftaten,** Hilfe für Opfer mE gemeinnützig (vgl. § 52 Abs. 2 S. 1 Nr. 10; → Rn. 63).
- **Paintball,** nicht gemeinnützig, da Tötung von Menschen imitierendes Kriegsspiel (FG RhPf 1 K 2423/11, DStRE 2015, 294; AEAO zu § 52 Nr. 7).
- **Parteipolitische** Zielsetzungen sind nicht gemeinnützig (→ Rn. 46a); zur Abgrenzung von der Förderung des demokratischen Staatswesens → Rn. 93; AEAO zu § 52 Nr. 14; zur Unschädlichkeit als Nebenzweck → Rn. 46a; AEAO zu § 52 Nr. 16).
- **Pferdesport,** bejaht, BFH I R 40/68, BStBl. II 1969, 43; mE fragwürdig, → Rn. 76, 153.
- **Pferdezucht** s. Tierzucht.

- **Pflanzenzucht,** mE nicht gemeinnützig, aber anerkannt durch § 52 Abs. 2 S. 1 Nr. 23 AO (→ Rn. 85).
- **Präventionsräte** zur Vorbeugung insb. der Jugendkriminalität sind gemeinnützig (OFD Hannover 3.11.1997, FR 1998, 81; DB 1997, 2407).
- **Preis- und Lieferkonventionsverein,** verneint, RFH RStBl. 1942, 315.
- **Preisverbilligung,** bejaht nur, wenn ausschließlich für Minderbemittelte, RFH RStBl. 1933, 1037.
- **Rassetierzucht,** bis 31.12.1989 nicht gemeinnützig (BFH I R 38/86, BFH/NV 1992, 90); ggf. jetzt nach § 52 Abs. 2 S. 1 Nr. 23 (→ Rn. 85) gemeinnützig.
- **Rechtsordnung.** Eine Vereinigung, die ihren Förderungszweck nach ihrer Satzung oder ihrer tatsächlichen Geschäftsführung durch einen Gesetzesverstoß oder unter Umgehung eines gesetzlichen Verbots zu erreichen trachtet, ist nicht gemeinnützig (→ Rn. 46).
- **Reiki,** nach AEAO zu § 52 Nr. 6 nicht gemeinnützig.
- **Reiten** s. Pferdesport.
- **Religionsförderung,** grundsätzlich gemeinnützig vgl. (→ Rn. 54). „Jugendreligionsvereine" sind nicht gemeinnützig (HessFG IV 303/79, EFG 1983, 196; s. auch „Jugendsekten"). Entsprechendes gilt für Scientology (FG Münster 15 K 5247/87 U, EFG 1994, 810).
- **Rundfunkvereine** (Trägervereine offener Kanäle) können gemeinnützig sein (s. FM NRW S 0170-27-V B 4).
- **Sammeltätigkeiten** (Briefmarken, Münzen usw) sind nicht gemeinnützig (AEAO zu § 52 Nr. 10).
- **Sauna,** nicht gemeinnützig, obwohl gesundheitsfördernd (AEAO zu § 52 Nr. 10).
- **Schießen, Schützenvereine,** bejaht, zB BFH V R 48/16, BStBl. II 2019, 790, zum **IPSC-Schießen** (hierzu s. Stichwort o.). Zum Schützenbrauchtum → Rn. 87.
- **Schulen,** bejaht, wenn allgemein zugänglich (RFH VI a 9/40, RStBl. 1940, 626). **Privatschulen** (Ersatzschulen) dürfen nur genehmigt werden, wenn eine Sonderung der Schüler nach den „Besitzverhältnissen" der Eltern nicht erfolgt (Art. 7 Abs. 4 S. 3 GG; s. hierzu BFH V R 31/19, BStBl. II 2021, 835). Bei **Ergänzungsschulen** darf eine Förderung der Allgemeinheit angenommen werden, wenn bei 25 % der Schüler keine Sonderung nach den „Besitzverhältnissen" der Eltern erfolgt (AEAO zu § 52 Nr. 5), was selbstredend mit Förderung der Allgemeinheit nichts zu tun hat (unkritisch Hüttemann FR 2002, 1337). Zu **privaten Hochschulen** s. Heigl StuW 2025, 101.
- **Segelfliegen,** in der Praxis als „Sport" anerkannt (vgl. FG Bbg 2 K 1742/98 K, G, EFG 2001, 398); mE abzulehnen.
- **Segelsport,** bejaht (BFH I R 256/78, BStBl. II 1982, 336).
- **Selbsthilfegruppen** (auch „Netzwerke") alleinstehender Menschen praktizieren – wenn auch mit den Mitteln der Freizeitgestaltung – unmittelbar Nächstenliebe und Dienst am Nächsten gegen die Vereinsamung des Menschen und sind mE daher fraglos gemeinnützig; einschränkend jedoch AEAO zu § 52 Nr. 6.
- **Skatspiel,** nicht gemeinnützig (BFH I R 108, 109/98, BFH/NV 2000, 1071; AEAO zu § 52 Nr. 10; hierzu Schirmer JZ 2016, 248).
- **Soldatenbetreuung,** s. § 52 Abs. 2 S. 1 Nr. 23 (→ Rn. 89).
- **Sozial Schwache.** Ihre Förderung zB durch Gewährung günstigen Wohnraums ist mE unabhängig von § 53 AO (→ Rn. 100 ff.) gemeinnützig, da För-

derung auf materiellem Gebiet. Der BFH greift auf „Jugendhilfe", „Altenhilfe" und Mildtätigkeit zurück (BFH I R 35/94, BStBl. II 1996, 583). Voraussetzung ist aber eine genaue Konkretisierung des Satzungszwecks (vgl. BFH I R 2/98, BFH/NV 2000, 297). S. AEAO zu § 52 Nr. 6.

- **Sparsinnförderung,** verneint, RFH RStBl. 1936, 1206.
- **Sport** → Rn. 74 und unter einzelnen Stichworten; idR ist Sport gemeinnützig; wesentliches Element sei die „körperliche Ertüchtigung", die jedoch bei bestimmten „Sport"arten (zB Motor„sport", Ballonfahren, AEAO zu § 52 Nr. 6; Schach → Rn. 80) nicht verlangt wird.
- **Sporthilfefördervereine** können gemeinnützig sein, wenn sie ihre Leistungen nach strengen Maßstäben vergeben (vgl. FM Thür 25.4.1996, DStR 1996, 921; OFD Saarbrücken 16.9.1997, DStR 1997, 1726).
- **Städtebauförderung** (Sanierungsträger), bejaht, FG Bln VIII 548/83, EFG 1985, 628.
- **Stiftungen,** bejaht je nach Zweck; verneint jedoch, wenn Zweck in absehbarer Zeit nicht erreichbar, RFH RStBl. 1943, 258; ebenso bei Rentenzahlungen an Stiftungsfremde, RFH VI a A 42/37, RStBl. 1937, 1104.
- **Strafgefangenenbetreuung,** auch Betreuung ehemaliger Strafgefangener, anzuerkennen nach § 52 Abs. 2 S. 1 Nr. 17 AO (→ Rn. 70).
- **Tafeln** für die unentgeltliche Sammlung und Abgabe von Lebensmitteln an Bedürftige können gemeinnützig oder mildtätig (→ Rn. 100 ff.) sein (vgl. LFD Thür S 2223 A-89-A 3.18 (S)).
- **Tanzsport,** gemeinnützig, wenn turniermäßig; verneint bei Gesellschaftstanz (HessFG V 82/65, EFG 1969, 39).
- **Tierparks** können wegen Förderung von Tier- und Naturschutz gemeinnützig sein (FM Thür 30.8.1994, DStR 1994, 1691; → Rn. 67).
- **Tierschutz,** gemeinnützig, vgl. § 52 Abs. 2 S. 1 Nr. 14 AO (→ Rn. 67).
- **Tierzucht,** ursprünglich verneint, RFH RStBl. 1941, 35 (Pferdezucht), RFH RStBl. 1941, 818 (Rinderzucht), RFH I 383/40, RStBl. 1941, 507 (Schweinezucht); anerkannt durch § 52 Abs. 2 S. 1 Nr. 23 AO (→ Rn. 85).
- **Tischfußball,** bejaht für Drehstangen-Tischfußball (HessFG 4 K 501/09, BeckRS 2010, 26029518 rkr.; verneint für Tipp-Kick BFH I R 204/85, BFH/NV 1987, 705; FG Bln VIII 137/84, EFG 1986, 419).
- **„Transzendentale Meditation",** an sich bejaht, verneint aber wegen fehlender Abgrenzung zu Jugendsekten uÄ (BFH I R 47/98, BFH/NV 1992, 695; verneint auch von FG Düsseldorf 16 K 28/82 U ua, EFG 1990, 2).
- **Turnierbridge** ist nach § 52 Abs. S. 2 AO (→ Rn. 52) als gemeinnützig anerkannt worden (BFH V R 69/14, 70/14, BStBl. II 2017, 1106; AEAO zu § 52 Nr. 2.11).
- **Umweltschutz,** bejaht BFH I R 39/78, BStBl. II 1979, 482; I R 203/81, BStBl. II 1984, 844; verneint nur bei Missachtung der verfassungsmäßigen Ordnung BFH I R 215/81, BStBl. II 1985, 106 (vgl. § 52 Abs. 2 S. 1 Nr. 8 AO; → Rn. 61).
- **Unfallverhütung,** anzuerkennen, vgl. § 52 Abs. 2 S. 1 Nr. 12 AO (→ Rn. 65).
- **Ungeborenes Leben** (Schutz des), mE nach § 52 Abs. 2 S. 1 Nr. 3 AO anzuerkennen (→ Rn. 55; vgl. Gutachten der Unabhängigen Sachverständigenkommission zur Prüfung des Gemeinnützigkeits- und Spendenrechts, BMF-Schriftenreihe, Heft 40, S. 110).

- **Unlauterer Wettbewerb,** Bekämpfung von, nicht gemeinnützig, wenn die Wahrung der wirtschaftlichen Interessen der Mitglieder nicht ausgeschlossen ist (BFH I R 55/08, BStBl. II 2010, 335).
- **Unterbringung** von Aus- und Übersiedlern, Asylbewerbern, Obdachlosen und Bürgerkriegsflüchtlingen, vgl. § 52 Abs. 2 S. 1 Nr. 10 AO (→ Rn. 63); BMF 20.11.2014, BStBl. I 2014, 1613; 2015, 745; 2016, 223.
- **Verbraucherberatung, -schutz,** sofern nicht individuell gegen Entgelt, anzuerkennen, vgl. § 52 Abs. 2 S. 1 Nr. 16 AO (→ Rn. 69).
- **Vereinigungsphilosophie,** mangels klar umrissener Ziele nicht gemeinnützig (BFH X R 27/92, BFH/NV 1994, 768).
- **Verfassungsmäßige Ordnung:** Verstöße führen zur Versagung der Gemeinnützigkeit (→ Rn. 46).
- **Verfassungsrechte und -ziele** (Eintreten für), mE nach § 52 Abs. 2 S. 1 Nr. 24 AO gemeinnützig (→ Rn. 94; vgl. Gutachten der Unabhängigen Sachverständigenkommission zur Prüfung des Gemeinnützigkeits- und Spendenrechts, BMF-Schriftenreihe, Heft 40, S. 120 ff.).
- **Verfolgte,** Hilfe für politisch, rassistisch oder religiös Verfolgte nach § 52 Abs. 2 S. 1 Nr. 10 AO (→ Rn. 63) anzuerkennen.
- **Verkehrssicherheit.** Vereine, die sie fördern, sind mE schon nach § 52 Abs. 1 S. 1 AO sowie § 52 Abs. 2 S. 1 Nr. 10 AO gemeinnützig (→ Rn. 65).
- **Verkehrsverein,** verneint, RFH RStBl. 1942, 745.
- **Versorgung Minderbemittelter,** bejaht, RFH VI a A 42/37, RStBl. 1937, 1104; s. § 52 Abs. 2 S. 1 Nr. 9 (→ Rn. 62).
- **Vertriebenenhilfe** s. Flüchtlingshilfe.
- **Vertriebenenverbände,** die in Widerspruch zu völkerrechtlich verbindlichen Verträgen die Wiedervereinigung mit bzw. Wiedereingliederung von Vertreibungsgebieten verfolgen, sind nicht gemeinnützig (AEAO zu § 52 Nr. 2.5).
- **Wandern,** wohl als Förderung von Sport und der Heimatpflege anzuerkennen (vgl. zum Dt. Alpenverein LfSt Bay KSt-Kartei B 4 § 5 Abs. 1 Nr. 9 KStG Karte 8.2).
- **Wettfischen,** nicht gemeinnützig (AEAO zu § 52 Nr. 2.4).
- **Wirtschaftsberatung** für Landwirtschaftsbetriebe, verneint, RFH RStBl. 1937, 1165.
- **Wirtschaftsförderung** ist idR nicht gemeinnützig, da idR auf die Förderung von gewerblichen Unternehmen gerichtet (BFH I R 38/96, BFH/NV 1997, 904 mwN).
- **Yoga-Meditation,** anerkannt (BFH I R 81/70, BStBl. II 1972, 440), nicht dagegen „Yoga-Psychologie" (BFH I R 14/82, BFH/NV 1987, 632).
- **Zauberei,** nicht gemeinnützig, da keine Kunst (BFH I R 72/87, BFH/NV 1990, 146; aA NdsFG VI 265/83, EFG 1986, 256, aufgeh.).
- **Zelt- und Wohnwagenwesen,** nicht anerkannt (BFH III R 52/70, BStBl. II 1972, 204).
- **Zivilschutz** sowie THW-Helfervereine, mE anzuerkennen, vgl. § 52 Abs. 2 S. 1 Nr. 12 AO (→ Rn. 65).

3. Mildtätige Zwecke

a) Begriff. Mildtätige Zwecke verfolgt eine Körperschaft nach **§ 53 AO,** **100**
wenn ihre Tätigkeit darauf gerichtet ist, Personen selbstlos zu unterstützen,

(Nr. 1) die infolge ihres körperlichen, geistigen oder seelischen Zustands auf die Hilfe anderer angewiesen sind oder

(Nr. 2) deren Bezüge nicht höher sind als das Vierfache des Regelsatzes der Sozialhilfe iSd § 28 des SGB XII; beim Alleinstehenden oder Haushaltsvorstand tritt an die Stelle des Vierfachen das Fünffache des Regelsatzes. Dies gilt nicht für Personen, deren Vermögen zur nachhaltigen Verbesserung ihres Unterhalts ausreicht und denen zugemutet werden kann, es dafür zu verwenden. Bezüge iSd Vorschrift sind

a) Einkünfte iSd § 2 Abs. 1 EStG und

b) andere zur Bestreitung des Unterhalts bestimmte oder geeignete Bezüge aller Haushaltsangehörigen. Zu berücksichtigen sind auch gezahlte und empfangene Unterhaltsleistungen. Die wirtschaftliche Hilfebedürftigkeit im vorstehenden Sinne ist bei Empfängern von Leistungen nach dem SGB II oder XII, des Wohngeldgesetzes, bei Empfängern von Leistungen nach § 27a BVG (aufgehoben) oder nach § 6a BKGG als nachgewiesen anzusehen. Die Körperschaft kann den Nachweis mit Hilfe des jeweiligen Leistungsbescheids, der für den Unterstützungszeitraum maßgeblich ist, oder mit Hilfe der Bestätigung des Sozialleistungsträgers führen. Auf Antrag der Körperschaft kann auf einen Nachweis der wirtschaftlichen Hilfebedürftigkeit verzichtet werden, wenn aufgrund der besonderen Art der gewährten Unterstützungsleistung sichergestellt ist, dass nur wirtschaftlich hilfebedürftige Personen im vorstehenden Sinne unterstützt werden; für den Bescheid über den Nachweisverzicht gilt § 60a Abs. 3–5 AO entsprechend oder

(Nr. 3) deren wirtschaftliche Lage aus besonderen Gründen zu einer Notlage geworden ist. Als besondere Gründe gelten insbesondere Katastrophen, die durch Erlass des BMF oder einer obersten Finanzbehörde der Länder festgestellt wurden. In diesen Fällen reicht es für den Nachweis der Hilfebedürftigkeit aus, wenn die durch die Katastrophe entstandene Notlage sowie die Mehraufwendungen glaubhaft gemacht werden.

Literatur: Schiffer, Aktuelles Beratungs-Know-how Gemeinnützigkeits- und Stiftungsrecht, DStR 2005, 508; Hüttemann, Der neue Anwendungserlass zum Abschnitt „Steuerbegünstigte Zwecke", DB 2012, 250; Hüttemann, Bessere Rahmenbedingungen für den DrittenSektor, DB 2012, 2592; Köster, Gemeinnützigkeitsrechtliche Neuerungen aufgrund der Änderungen des Anwendungserlasses zur AO (AEAO), DStZ 2012, 195; Roth, Änderungen im Gemeinnützigkeitsrecht durch den neuen Anwendungserlass zur AO (AEAO), SteuK 2012, 157; Schauhoff/Kirchhain, Was bringt der neue AO-Anwendungserlass für gemeinnützige Körperschaften?, DStR 2012, 261.

101 **b) Unterstützter Personenkreis.** Die Verfolgung mildtätiger Zwecke zur Unterstützung hilfsbedürftiger Personen ist **kein Unterfall des § 52 AO,** sodass die dortigen Einschränkungen hier nicht einschlägig sind (BFH V R 52/15, BStBl. II 2018, 218, allerdings mit der missverständlichen Formulierung „Anerkennung der Gemeinnützigkeit nach § 53 AO" unter II.2.a.aa). Daher muss sie **nicht Förderung der Allgemeinheit** iSd § 52 AO sein (Seer in Tipke/Kruse AO § 53 Rn. 1). Durch die Maßnahme darf der **begünstigte Personenkreis** nicht beliebig beschränkt werden. Die Grenze wird durch das Erfordernis der **Selbstlosigkeit** (→ Rn. 116 ff.) gezogen: Eine Familienstiftung ist mE ebensowenig selbstlos (aA Sarrazin in Lenski/Steinberg § 3 Rn. 119; Schiffer DStR 2003, 14; zweifelnd Hüttemann FR 2002, 1337), insb. bei Unterstützung von hilfsbedürftigen „Verwandten" der Mitglieder, Gesellschafter, Genossen oder Stifter (vgl. AEAO zu § 53 Nr. 3). Ebensowenig selbstlos ist eine Vereinigung von Beleg-

schaftsmitgliedern für diese Belegschaftsmitglieder. Anders jedoch eine Stiftung für die Belegschaftsmitglieder, die nicht von ihnen getragen wird, oder eine Stiftung, die – lediglich – auch Angehörige des Stifters unterstützt (AEAO zu § 53 Nr. 3). Unschädlich ist es, wenn für die Unterstützung ein Entgelt zu zahlen ist. Allerdings darf es kein marktübliches Entgelt sein (FG Düsseldorf 6 K 94/16 K, EFG 2020, 301, nachgehend BFH V R 1/20, BStBl. II 2022, 629, aus anderen Gründen best.); zudem darf die Unterstützung nicht ausschließlich wegen des Entgelts gewährt werden (vgl. § 55 Abs. 1 S. 1 AO, → Rn. 117; s. auch AEAO zu § 53 Nr. 2). ME darf der begünstigte Personenkreis auch nicht beliebig **erweitert** werden; **aA** ist jedoch der **BFH,** der es zulässt, dass die Leistungen den in § 53 Nr. 1 oder 2 AO genannten Personen nur „in besonderem Maße" zukommen sollen und zwar auch dann, wenn dies tatsächlich nicht der Fall ist (BFH I R 35/94, BStBl. II 1996, 583). Zur Abgrenzung der Mildtätigkeit bei Vorliegen weiterer (begünstigter) Zwecke Kröger DStZ 1990, 79.

c) Hilfsbedürftigkeit aus körperlichen, geistigen oder seelischen Gründen. Es kommt **nicht** auf die **Dauer** an, ebensowenig auf die **wirtschaftliche Lage** des Bedürftigen (BFH III 99/55 U, BStBl. III 1956, 22; AEAO zu § 53 Nr. 4). Überschreiten dessen Bezüge oder Vermögen jedoch die Grenze des § 53 Nr. 2 AO, dann sind Geldleistungen an ihn nicht mildtätig, es sei denn, die Krankheit ist der besondere Grund, der die wirtschaftliche Lage zur Notlage macht (vgl. BFH I R 2/08, BStBl. II 2010, 1006, wo auf Bezüge/Vermögen nicht abgestellt wird). Das Gesetz will nur die Leistungen begünstigen, auf die der Empfänger wirklich angewiesen ist (ebenso Seer in Tipke/Kruse AO § 53 Rn. 2 f.). Das ist bei Personen über 75 Jahren stets der Fall (AEAO zu § 53 Nr. 4). In jedem Fall stehen andere Leistungen, etwa die Gestellung einer Hilfskraft, der Annahme der Mildtätigkeit nicht entgegen. 102

Die **Telefonseelsorge** bietet Hilfe bei Hilfsbedürftigkeit aus **seelischen Gründen** (AEAO zu § 53 Nr. 1).

d) Wirtschaftliche Unterstützungsbedürftigkeit. Die **Grenzen** hierfür sind durch G. v. 26.11.1979 (BGBl. 1979 I 1953) auf das genannte Vielfache der Regelsätze angehoben worden. Grund hierfür war die Kostenentwicklung in der Wohlfahrtspflege, die die zuvor geltenden Grenzen nicht mehr als ausreichend erscheinen ließ (BT-Drs. 8/2827, 79). 103

aa) Regelsätze, Grundsatz. Die Regelsätze „im Sinne des **§ 28 des Zwölften Buches Sozialgesetzbuch",** die dort nicht erwähnt werden, sind nach § 27a Abs. 3 S. 1 SGB XII zur **„Deckung der Regelbedarfe"** anzuerkennen. Damit sind sie letztlich dazu bestimmt, den gesamten Bedarf des notwendigen Lebensunterhalts mit Ausnahme von Leistungen für Unterkunft und Heizung und von Sonderbedarf nach §§ 30–35 SGB XII zu decken. Die Regelsätze sind als Pauschalbeträge konzipiert (§ 27a Abs. 3 S. 2 SGB XII) und ergeben sich aus den jährlich fortzuschreibenden oder neu zu ermittelnden (§ 28 SGB XII) Regelbedarfsstufen, solange die Länder keine abweichenden Neufestsetzungen vornehmen (§ 29 Abs. 1 SGB XII). Die Regelsatzbemessung berücksichtigt Stand und Entwicklung von Nettoeinkommen, Verbraucherverhalten und Lebenshaltungskosten aufgrund statistischer Erhebungen (§ 28 Abs. 2 SGB XII).

bb) Regelsätze, Maßgeblichkeit. Bei der Prüfung der Bedürftigkeit der geförderten Personen ist nach dem ausdrücklichen Wortlaut der Vorschrift **allein auf die Regelsätze** abzustellen. Sie umfassen idR die laufenden Leistungen für

Ernährung, Kochfeuerung, Beschaffung von Wäsche von geringem Anschaffungswert, Instandhaltung von Kleidung, Wäsche und Schuhen in kleinerem Umfang, Körperpflege, Beschaffung von Hausrat, Beleuchtung, Betrieb elektrischer Geräte, Reinigung und persönliche Bedürfnisse des täglichen Lebens. Mehrbedarfszuschläge (zB für Erwerbsunfähige, werdende Mütter und Personen über 65 Jahre bzw. Blinde und Behinderte) sind nicht zu berücksichtigen (AEAO zu § 53 Nr. 5; zur Höhe der Regelsätze FM LSA 27.1.2022 – 42-S 0172-4). Auch Leistungen für Unterkunft und Heizung werden nicht gesondert angesetzt. Sie sind bereits durch die Festsetzung des Vervielfältigers (§ 53 AO) berücksichtigt (BT-Drs. 7/4292 zu § 53 AO).

Der Nachweis der Bedürftigkeit kann durch Erklärung der Einkünfte und des Vermögens auf einem Fragebogen erfolgen (OFD Chemnitz 16.10.2006, DB 2007, 257).

104 **e) Bezüge der unterstützten Person.** Das sind:
- Einkünfte iSd § 2 Abs. 1 EStG und
- andere zur Bestreitung des Unterhalts bestimmte und geeignete Bezüge (vgl. AEAO zu § 53 Nr. 5).

Demnach **gehören hierzu** auch nichtsteuerbare und für steuerfrei erklärte Einnahmen (BFH VI R 148/71, BStBl. II 1975, 139; AEAO zu § 53 Nr. 6). Das sind nach § 3 und § 3b EStG steuerfreie Einnahmen, der nach § 19 Abs. 1 EStG steuerfreie Teil der Versorgungsbezüge, der Sparer-Freibetrag nach § 20 Abs. 4 EStG, bei Leibrenten auch der über den Ertragsanteil hinausgehende Teil (AEAO zu § 53 Nr. 7), die Arbeitnehmer-Sparzulage nach § 13 des 5. VermBG, Kindergeld nach §§ 62 ff. EStG bzw. nach BKGG, Wohngeld, einmalige Vermögensmehrungen, Zulagen und Prämien. Auch gezahlte und empfangene **Unterhaltsleistungen** (bis EZ 2012: Unterhaltsansprüche) sind stets zu berücksichtigen (vgl. § 53 Nr. 2 S. 5 AO nF; zu minderjährigen Schwangeren oder Müttern s. jedoch BMF 24.11.2004, BStBl. I 2004, 1060; zum Nachweis AEAO zu § 53 Nr. 10). Die Neufassung umgeht die Frage, die sich ergibt, wenn die Ansprüche nicht verwirklicht werden können (hierzu Sarrazin in Lenski/Steinberg § 3 Rn. 124: keine Berücksichtigung; mE jedoch nur so weit, als nicht der Übergang nach § 33 SGB II, § 93 SGB XII auf den Träger der Sozialhilfe bewirkt werden darf).

105 **f) Abgrenzung der Bezüge. Nicht zu den Bezügen gehörten** nach der **bis EZ 2012** geltenden Fassung (G. v. 26.11.1979, BGBl. 1979 I 1953) des § 53 S. 5 AO aF **Leistungen der Sozialhilfe,** Leistungen zur Sicherung des Lebensunterhalts und bis zur Höhe der Leistungen der Sozialhilfe Unterhaltsleistungen an Personen, die ohne die Unterhaltsleistungen sozialhilfeberechtigt wären oder Anspruch auf Leistungen zur Sicherung des Lebensunterhalts nach SGB II hätten. Mit dieser Vorschrift wurde bezweckt, Personen, deren Pflegekosten ganz oder zT von der Sozialhilfe getragen werden, stets als hilfsbedürftig zu behandeln.

Ab EZ 2013 ist nach § 53 Nr. 2 S. 6 ff. AO nF die wirtschaftliche Hilfebedürftigkeit **bei Empfängern von Leistungen** nach SGB II oder XII, WohngeldG, § 27a BVG (aufgehoben) oder § 6a BKGG **als nachgewiesen** anzusehen, und zwar durch Leistungsbescheid oder Bestätigung des Sozialleistungsträgers. Auf den Nachweis **kann** auf Antrag der Körperschaft **verzichtet werden,** wenn durch die besondere Art der Unterstützung deren Beschränkung auf wirtschaftlich hilfsbedürftige Personen sichergestellt ist (Einzelheiten AEAO zu § 53 Nr. 12; zu Jugendlichen bzw. Schülern OFD Frankfurt aM 14.1.2014, MwStR 2014, 217; ablehnend FG Köln 13 K 1160/13, EFG 2017, 1378). Die Vorschrift gibt dem

FA insofern zwar ein **Ermessen,** das mE jedoch **schrumpft,** wenn die geforderte Sicherheit gegeben ist. Der Verweis auf § 60a Abs. 3–5 AO nF (→ Rn. 313) bedeutet mE zunächst eine **abschnittsübergreifende Bindung** des FA an den Verzicht, die jedoch entfällt, wenn eine der dort beschriebenen Änderungen eintritt.

g) Kürzung um Aufwendungen. Die Summe der Bezüge ist um die im wirtschaftlichen Zusammenhang mit ihnen stehenden **Aufwendungen** zu kürzen. Hierfür können nach AEAO zu § 53 Nr. 8 aus Vereinfachungsgründen 180 EUR angesetzt werden, wenn nicht höhere Aufwendungen nachgewiesen oder glaubhaft gemacht werden. **106**

h) Einsatz von Vermögen. Grundsätzlich ist eine Person als hilfsbedürftig anzusehen, deren Bezüge nach allem das bezeichnete Vielfache der Regelsätze nicht übersteigen. Dies gilt nach § 53 Abs. 2 AO nicht, wenn das **Vermögen** der Person zur nachhaltigen Verbesserung des Unterhalts ausreicht und es ihr zugemutet werden kann, es dafür einzusetzen. Die Vorschrift ist unbestimmt und wirkt, zumal im Hinblick auf die Frage der Zumutbarkeit, wie eine Ermessensvorschrift. Damit verbunden sind Unsicherheiten besonders auf der Seite des Mildtätigen, der Gefahr läuft, seine Steuerbefreiung bei anderer Beurteilung durch die Finanzbehörde zu verlieren. Die **Zumutbarkeitsgrenze** liegt zur Zeit bei **15.500 EUR,** bei einem Mehrpersonenhaushalt für jede unterstützte Person (EStR 33 a.1 Abs. 2 bzw. AEAO zu § 53 Nr. 9); eine betragsmäßige Fixierung wäre besser gewesen. Davon abgesehen erscheint der Betrag höchst knapp bemessen; eine „nachhaltige Verbesserung" des Unterhalts ist mit 15.500 EUR nicht denkbar. Allerdings darf in Fällen einer besonderen Notlage auch die Vermögensgrenze überschritten werden (§ 53 Nr. 2 S. 3 AO). **Außer Ansatz** bleiben hiervon unabhängig ein angemessenes selbst bewohntes Hausgrundstück iSd § 90 Abs. 2 Nr. 8 SGB XII sowie Gegenstände des Hausrats oder von persönlichem (zB Erinnerungs)Wert bzw. solche Gegenstände, deren Veräußerung offensichtlich eine Verschleuderung bedeuten würde (vgl. AEAO zu § 53 Nr. 9). **107**

i) Besondere Gründe für die Notlage. Haben **besondere Gründe** zu der Notlage geführt, dann kommt es nach § 53 Nr. 3 AO idF d. G. v. 29.10.2024 (BGBl. 2024 I Nr. 323) auf die Höhe der Bezüge oder des Vermögens nicht an. Dh Bezüge und Vermögen dürfen die genannten Grenzen (→ Rn. 103, 107) übersteigen. Als besondere Gründe in diesem Sinne nennt die Vorschrift **Katastrophen,** die durch die Spitze der FVerw des Bundes oder eines Bundeslandes festgestellt wurden. In Betracht kommen aber auch sonstige Ereignisse, in denen **rasche Hilfe** ohne Ansehung der Bezüge oder des Vermögens angezeigt ist. Hier sollen mildtätige Körperschaften ohne Gefährdung der Steuerfreiheit helfen können. Die durch die Katastrophe verursachte Notlage sowie die Mehraufwendungen sind glaubhaft zu machen. **108**

Zu beachten sind jedoch Ansprüche auf **Leistungen von dritter Seite** (zB Versicherungen); Hilfebedürftigkeit ist insofern nur für einen Überbrückungszeitraum anzunehmen, wenn es bei der Auszahlung zu Verzögerungen kommt (AEAO zu § 53 Nr. 13).

j) Andere Fälle/Ausschließlichkeit. Die **Hilfe** bei Bedürftigkeit **in anderen Fällen** ist **nicht mildtätig** iSd Vorschrift. Sie kann uU gemeinnützig sein. Das Erfordernis des **ausschließlich** (→ Rn. 151 ff.) mildtätigen Handelns bedingt den Verlust der Steuerfreiheit mE an sich, wenn die Körperschaft auch nur in einem **109**

einzigen Fall nicht mildtätig handelt (RFH VI a 5/38, RStBl. 1938, 322). Bei Kindern, die ihren Unterhalt von den Eltern beziehen, kommt es auf die Einkommens- und Vermögensverhältnisse der Eltern an (RFH VI a 62/37, RStBl. 1938, 597).

Der **BFH** sieht das **Erfordernis der Ausschließlichkeit** – ohne sich mit diesem Grundsatz auseinanderzusetzen – für eine kirchliche Einrichtung in Zusammenhang mit zulässigen Aktivitäten: es genüge, wenn nach der Satzung nur „in besonderem Maße" bzw. „vorrangig" Personengruppen iSd Vorschrift in den Genuss der Leistungen -hier: kostengünstige Vermietungen- kommen sollen, die Vermietungen an nicht Notleidende sei als Vermögensverwaltung unschädlich (BFH I R 35/94, BStBl. II 1996, 583). Die Tätigkeit bleibe gleichwohl auf deren Förderung „gerichtet" (hierzu → Rn. 43 entsprechend).

4. Kirchliche Zwecke

110 **a) Begriff. Kirchliche Zwecke** verfolgt eine Körperschaft nach **§ 54 Abs. 1 AO,** wenn ihre Tätigkeit darauf gerichtet ist, eine Religionsgemeinschaft, die Körperschaft des öffentlichen Rechts ist, selbstlos zu fördern.

Die Vorschrift ist **kein Unterfall des § 52 AO,** sodass die dortigen Einschränkungen hier nicht einschlägig sind (vgl. BFH V R 52/15, BStBl. II 2018, 218). Sie ist auch **nicht deckungsgleich mit § 52 Abs. 2 S. 1 Nr. 2 AO** (Förderung der Religion), sondern einerseits weiter, andererseits enger, da sie nicht die Förderung der (ausgeübten) Religion selbst, sondern der **verfassten Körperschaft** begünstigt (BFH X R 5/16, BStBl. II 2018, 651). Die Förderung von Religionsgemeinschaften des privaten Rechts ist nicht begünstigt, sofern nicht die Förderung der Religion selbst betroffen ist (BFH I 52/50 U, BStBl. III 1951, 120; III 69/51 U, BStBl. III 1951, 148). Verfassungsrechtliche Bedenken im Hinblick auf die Verletzung des Gleichheitssatzes (Art. 3 GG) bestehen – aA noch in den Vorauflagen – nicht. Die Rechtfertigung für die Ungleichbehandlung von Körperschaften des öffentlichen und des privaten Rechts ergibt sich aus der besonderen Bedeutung der Ersteren in Staat und Gesellschaft im Hinblick auf ihre Unabhängigkeit, Gewähr der Dauer sowie Verfassungs- und Rechtstreue, die in ihrer Anerkennung zum Ausdruck kommt. Eine Verletzung der von Verfassungs wegen gebotenen religiösen und kirchlich-konfessionellen Neutralität liegt nicht vor (vgl. BVerfG 2 BvR 1500/97, BVerfGE 102, 370; BFH II R 12/09, BStBl. II 2011, 48).

111 **b) Förderbare Religionsgemeinschaften.** Zum **Kreis der förderbaren Religionsgemeinschaften** gehören nach hM Körperschaften des öffentlichen Rechts iSv Art. 140 GG iVm Art. 137 Abs. 5 WRV (OFH 12.2.1946, StuW 1947 Nr. 7), also nur inländische Körperschaften (FG Köln 13 K 3735/10, EFG 2014, 667 zur **Spende an den Papst;** aA FG Brem 1 K 63/10 (6), DStRE 2012, 1321, aufgeh. aus anderen Gründen durch BFH I R 16/12, BStBl. II 2014, 440). Allerdings spricht der „eindeutige Wortlaut" der Vorschrift (so die hM) nicht für dieses Normverständnis. Auch ein Vergleich mit § 10b Abs. 1 S. 2 Nr. 1 EStG spricht nicht hierfür (vgl. hierzu BFH X R/16, BStBl. II 2018, 651).

Es muss sich auch nicht um eine christliche Religionsgemeinschaft handeln. Ihr Glaube muss sich aber **bei den heutigen Kulturvölkern** auf dem Boden gewisser **übereinstimmender Grundanschauungen** im Laufe der Geschichte herausgebildet haben (BFH I 52/50 U, BStBl. III 1951, 120); mE zweifelhaft. Es kommt allein darauf an, dass sie Religion innerhalb der Werteordnung des GG ausübt (BVerfG 1 BvR 59/56, BVerfGE 12, 1 (4)).

c) Begünstigte Zwecke. Sie müssen **nicht gemeinnützige Zwecke** sein (BFH VI R 35/70, BStBl. II 1973, 850). Nach **§ 54 Abs. 2 AO** sind dies insbesondere die Errichtung, Ausschmückung und Unterhaltung von Gotteshäusern und kirchlichen Gemeindehäusern, die Abhaltung von Gottesdiensten, die Ausbildung von Geistlichen, die Erteilung von Religionsunterricht, die Beerdigung und die Pflege des Andenkens der Toten, ferner die Verwaltung des Kirchenvermögens (hierzu BFH I R 35/94, BStBl. II 1996, 583), die Besoldung der Geistlichen, Kirchenbeamten und Kirchendiener, die Alters- und Behindertenversorgung für diese Personen und die Versorgung ihrer Witwen und Waisen. Die Aufzählung ist nicht abschließend, erfasst aber die typischen Fälle. Begünstigt sind auch solche Tätigkeiten, die sich im Ausland auswirken. 112

d) Beispielsfälle.

- **Ausbildung** von Geistlichen, anerkannt (RFH RStBl. 1941, 892). 113
- **Besichtigung** des Domschatzes, nicht anerkannt (RFH I 131/38, RStBl. 1939, 910).
- **„Heidenmission"**, wohl anzuerkennen (entgegen RFH RStBl. 1940, 490).
- **Kirchturmbesteigungen,** nicht anerkannt (RFH VI a 7/38, RStBl. 1938, 1189).
- **Messwein:** anzuerkennen der Ankauf durch Pfarrämter, nicht aber der Verkauf durch eine „Messweinstiftung" (OFH 12.2.1946, StRK KStG § 1 R 4).
- **Religionsunterricht,** anerkannt (BFH III 303/56 S, BStBl. III 1959, 81).
- **Sklavenbefreiung,** nicht anerkannt (RFH S 4100 – 172 III, RStBl. 1938, 1164; mE aber gemeinnützig, vgl. § 52 Abs. 2 Nr. 10, → Rn. 63).
- **Versorgung** von Witwen und Waisen der Geistlichen, Kirchenbeamten und -diener durch Stiftungen, anerkannt (RFH RStBl. 1941, 317); nicht hingegen, wenn sie höhere Zahlungen leisten, als für Witwen und Waisen von vergleichbaren Staatsbeamten vorgeschrieben (RFH RStBl. 1942, 983; 1943, 267).
- **Verwaltung** von Kirchenvermögen vgl. BFH I R 35/94, BStBl. II 1996, 583.

e) Anerkennung. Die Anerkennung als **Körperschaft des öffentlichen Rechts** wird durch die Länder ausgesprochen (BFH III 69/51 U, BStBl. III 1951, 148). Bisher haben den Status ua erworben: die evangelischen Landeskirchen, die katholische Kirche, die altkatholische Kirche, zahlreiche Synagogengemeinden sowie in einigen Ländern die neu-apostolischen Kirchen, die methodistischen Kirchen, der Bund der Baptistengemeinden und die Zeugen Jehovas (OVG Bln 5 B 12/01, NVwZ 2005, 1450; NZB ohne Erfolg; BVerwG 7 B 80/05, NJW 2006, 3156). Die geförderten öffentlich-rechtlichen Religionsgemeinschaften sind selbst nicht nach § 54 Abs. 1 AO steuerbegünstigt. Sie sind nach § 1 KStG idR kein Steuersubjekt. Körperschaft- und gewerbesteuerrechtliche Konsequenzen ergeben sich nur, soweit sie Betriebe gewerblicher Art unterhalten (→ § 2 Rn. 380 ff.). Ungenau daher BVerfG StRK AO 1977 § 52 R 6. 114

(frei) 115

5. Selbstlosigkeit

Die **Selbstlosigkeit** ist **gemeinsame Grundvoraussetzung** für die Steuerbefreiung wegen Verfolgung gemeinnütziger, mildtätiger oder kirchlicher Zwecke. Nach **§ 55 Abs. 1 AO** geschieht eine Förderung oder Unterstützung selbstlos, 116 wenn dadurch nicht in erster Linie eigenwirtschaftliche Zwecke – zB gewerbliche Zwecke oder sonstige Erwerbszwecke – verfolgt werden und wenn die folgenden Voraussetzungen gegeben sind:

(Nr. 1) Mittel der Körperschaft dürfen nur für die **satzungsmäßigen Zwecke verwendet** werden. Die Mitglieder oder Gesellschafter (Mitglieder im Sinne dieser Vorschriften) dürfen keine Gewinnanteile und in ihrer Eigenschaft als Mitglieder auch keine sonstigen Zuwendungen aus Mitteln der Körperschaft erhalten. Die Körperschaft darf ihre Mittel weder für die unmittelbare noch für die mittelbare Unterstützung oder Förderung politischer Parteien verwenden.

(Nr. 2) Die Mitglieder dürfen bei ihrem **Ausscheiden** oder bei **Auflösung** oder Aufhebung der Körperschaft nicht mehr als ihre eingezahlten Kapitalanteile und den gemeinen Wert ihrer geleisteten Sacheinlage zurückerhalten.

(Nr. 3) Die Körperschaft darf **keine Person** durch Ausgaben, die dem Zweck der Körperschaft fremd sind, oder durch unverhältnismäßig hohe Vergütungen **begünstigen.**

(Nr. 4) Bei Auflösung oder **Aufhebung der Körperschaft** oder **bei Wegfall** ihres bisherigen Zwecks darf das Vermögen der Körperschaft, soweit es die eingezahlten Kapitalanteile der Mitglieder und den gemeinen Wert der von den Mitgliedern geleisteten Sacheinlagen übersteigt, nur für steuerbegünstigte Zwecke verwendet werden (Grundsatz der **Vermögensbindung**). Diese Voraussetzung ist auch erfüllt, wenn das Vermögen einer anderen steuerbegünstigten Körperschaft oder einer Körperschaft des öffentlichen Rechts für steuerbegünstigte Zwecke übertragen werden soll.

(Nr. 5) Die Körperschaft muss ihre **Mittel** vorbehaltlich des § 62 AO grds. **zeitnah** für ihre steuerbegünstigten satzungsmäßigen Zwecke **verwenden.** Verwendung idS ist auch die Verwendung der Mittel für die Anschaffung oder Herstellung von Vermögensgegenständen, die satzungsmäßigen Zwecken dienen. Eine zeitnahe Mittelverwendung ist gegeben, wenn die Mittel spätestens in den auf den Zufluss folgenden zwei Kalender- oder Wirtschaftsjahren für die steuerbegünstigten satzungsmäßigen Zwecke verwendet werden. Satz 1 gilt nicht für Körperschaften mit jährlichen Einnahmen von nicht mehr als 45.000 EUR.

Nach **§ 55 Abs. 2 AO** kommt es bei der **Ermittlung des gemeinen Werts** (Abs. 1 Nr. 2 und Nr. 4) auf die Verhältnisse zu dem Zeitpunkt an, in dem die Sacheinlagen geleistet worden sind.

Nach **§ 55 Abs. 3 AO** gelten die Vorschriften, die die Mitglieder der Körperschaft betreffen (Abs. 1 Nr. 1, 2 und 4), bei Stiftungen für die Stifter und ihre Erben, bei Betrieben gewerblicher Art von Körperschaften des öffentlichen Rechts für die Körperschaft sinngemäß, jedoch mit der Maßgabe, dass bei Wirtschaftsgütern, die nach § 6 Abs. 1 Nr. 4 S. 4 EStG aus einem Betriebsvermögen zum Buchwert entnommen worden sind, an die Stelle des gemeinen Werts der Buchwert der Entnahme tritt.

Literatur: Schauhoff, Gemeinnützigkeitsrecht: Zum zulässigen Aufwand beim Spendensammeln, DStR 2002, 1694; Wallenhorst, Dauerverlustbetriebe gemeinnütziger und öffentlich-rechtlicher Körperschaften, DStZ 2004, 711; Becker/Meining, Verlustbeteiligungen von gemeinnützigen Körperschaften, DStZ 2006, 765; Rösch/Weitschell, Erwiderung hierzu, DB 2007, 1434; Thiel/Eversberg, Replik hierzu, DB 2007, 1436; Thiel/Eversberg, Zur Reichweite des Gebots der zeitnahen Mittelverwendung im Gemeinnützigkeitsrecht, DB 2007, 191; Leisner-Egensperger, Die Selbstlosigkeit im Gemeinnützigkeitsrecht, DStZ 2008, 292; Schröder, Die steuerpflichtige und gemeinnützige GmbH im Steuerrecht, DStR 2008, 1069; Hüttemann, Ehrenamt, Organvergütung und Gemeinnützigkeit, DB 2009, 1205; Oberbeck/Winheller, Die gemeinnützige Unternehmergesellschaft – Die Pflichtrücklage nach § 5a Abs. 3 GmbHG als Stolperstein, DStR 2009, 516; Weber, Satzungsanforderung bei Zahlungen an den Vorstand gemeinnütziger Körperschaften, NWB 2009, 2226; Becker, Der Wegfall des Gemeinnützigkeitsstatus …, DStR 2010, 953; Kirchhain, Privatnützige Zuwendungen gemeinnütziger Körperschaften, FR 2011, 640; Hüttemann, Bessere Rahmenbedingungen für den Dritten Sektor, DB 2012, 2592; Kirchhain, Zum maßgeblichen Zeitpunkt für die gemeinnützigkeitsrechtliche Beurteilung einer Mittel(fehl)verwendung, DStR 2012, 2313; Schauhoff/Kirchhain, Steuer- und zivilrechtliche Neuerungen für gemeinnützige Körperschaften und deren Förderer, FR 2013, 301; Nolte, Entwicklungen bei der Mittelverwendungsrechnung gemeinnütziger Organisationen, DStR 2014, 1350; Fischer, Leistungen eines Vereins an seine Mitglieder, NWB 2015, 2602; Spitaler/Schröder, Gemeinnützigkeitsrecht: Neuerungen bei der zeitnahen Mittelverwendung und Rücklagenbildung, DStR 2014, 2144; 2014, 2194; Richard/Wennmacher, Mittelverwendungsrechnung gemeinnütziger Körperschaften in der Praxis, KÖSDI 2015, 19604; Kirchhain, Der neue Anwendungserlass zur AO: neue Herausforderungen für gemeinnützige Körperschaften, DStR 2016, 505; Gersch, Die Angemessenheit von Gehältern bei gemeinnützigen Organisationen, AO-StB 2019, 52; Jansen/Fein, Überzogene Vergütung an Vereinsvertreter – was ist angemessen?, StuW 2019, 241; Kirchhain, Mitgliedervergünstigungen aus vereins- und steuerrechtlicher Sicht, npoR 2019, 153; Blumers, Fehlende Selbstlosigkeit einer gGmbH, BB 2020, 663; Heide, Mittelverwendung bei gemeinnützigen Vereinen und Stiftungen, NWB 2020, 239; Werner/Barthmuß, Wirtschaftliche Betätigung, Fehlkalkulation und Verlustausgleich bei gemeinnützigen Organisationn, DB 2021, 2583; Fiand, Umschichtungsgewinne und -verluste im Gemeinnützigkeitsrecht, NWB 2024, 714; Nolte/Seeck/Wackerbeck, Gemeinnützige Körperschaften zwischen dem Gebot der zeitnahen Mittelverwendung und nachhaltiger Zweckerfüllung – Befunde zur Nachweisführung anhand der Mittelverwendungsrechnung, DStR 2024, 1841; Stahl, Die zahlungsstromorientierte Mittelverwendung als Nachweis der zeitnahen Mittelverwendung, DStR 2024, 345.

a) Grundsatz. Selbstlosigkeit bezieht sich – wie sich aus §§ 52, 53 AO (→ Rn. 30, 100, 110) und aus § 55 Abs. 1 AO eindeutig ergibt – auf das Handeln der Körperschaft selbst. Sie **bezeichnet Opferwilligkeit** zugunsten Anderer. Das Erfordernis dient der Wettbewerbsneutralität. Daher darf die Opferwilligkeit nicht in den Hintergrund gedrängt werden, zB wegen Eigennutz und insb. eigenwirtschaftlichen Interessen (BFH I R 39/78, BStBl. II 1979, 482; I R 209/85, BStBl. II 1989, 670; I R 156/94, BStBl. II 2002, 162). **117**

Eigenwirtschaftliche Zwecke verfolgt eine Körperschaft, wenn ihre Tätigkeit darauf gerichtet ist, ihr Vermögen und ihre Einkünfte bzw. das ihrer Mitglieder zu erhöhen (BFH I R 39/78, BStBl. II 1979, 482; I R 209/85, BStBl. II 1989, 670; I R 19/91, BStBl. II 1992, 62; vgl. BFH I R 152/93, BStBl. II 1998, 711; II R 16/95, BStBl. II 1998, 758; I R 55/08, BStBl. II 2010, 335; AEAO zu § 55 Nr. 1).

Das ist auch der Fall, wenn ein **wirtschaftlicher Geschäftsbetrieb** nicht um des gemeinnützigen Zwecks willen geführt wird, sondern ein davon losgelöster, gar hauptsächlicher Zweck ist (BFH I R 76/05, BStBl. II 2007, 631), also **um seiner selbst willen** geführt wird, zB zur Vermeidung der KapitalErtrSt bei Aktientransfers in Milliardenhöhe durch Vorlage einer Bescheinigung nach § 60a AO (→ Rn. 313; BFH I B 57/18, BFH/NV 2020, 1236, zu HessFG 4 V 1131/17, EFG 2018, 1754, insoweit best.).

Sind die Mitglieder der Körperschaft Personenvereinigungen, dann dürfen die **wirtschaftlichen Interessen** auch **von deren Mitgliedern** nicht verfolgt werden (BFH III 256/51 U, BStBl. III 1952, 270). Daraus folgt das Gebot, alle nicht zulässigerweise durch Rücklagen, Vermögenszuführungen und wirtschaftliche

Betätigungen gebundenen Mittel, nicht nur Mittelzugänge, zeitnah (→ Rn. 148) dem Satzungszweck zuzuführen (zum Problem Leisner-Egensperger DStZ 2008, 292; zum Nachweis Thiel DB 1992, 1900; Herbert BB 1991, 178; zum Begriff der Mittel → Rn. 129).

Ausnahmen vom Gebot der Selbstlosigkeit im engeren Sinne finden sich in § 58 Nr. 6–8 AO (→ Rn. 173 ff.); Erleichterungen zum Gebot der zeitnahen Mittelverwendung in § 62 AO nF (→ Rn. 206 ff.). Letztere betreffen insb. erforderliche Rücklagen (§ 62 Abs. 1 Nr. 1 AO nF, → Rn. 207a) und freie Rücklagen (§ 62 AO nF, → Rn. 207c), zudem Erleichterungen für die Vermögensbildung (§ 62 Abs. 3 und 4 AO nF, → Rn. 208 ff.).

118 **aa) Verwaltungskosten.** Einen **Verstoß** gegen den oa Grundsatz kann es darstellen, wenn die Körperschaft die hiernach freien Mittel nicht ihrem Satzungszweck zuführt, sondern überwiegend für **Verwaltungskosten** (wozu auch die Ausgaben für einen Geschäftsführer gehören, AEAO zu § 55 Nr. 20) sowie **Öffentlichkeitsarbeit** (zB Spendenaufrufe) verwendet. Gleichwohl hält es der BFH für unschädlich, wenn die Ausgaben für den steuerbegünstigten Zweck gerade ¼ der Gesamtausgaben ausmachen (BFH I B 82/98, BStBl. II 2000, 320; I R 60/01, BFH/NV 2003, 1025). Auch BFH XI B 128/98, BFH/NV 1999, 1055 fordert eine „wirtschaftlich sinnvolle" Spendenwerbung, die zwar in der Aufbauphase umfangreicher ausfallen kann (hierzu AEAO zu § 55 Nr. 18), aber dazu beitragen muss, dass ein „möglichst hoher Anteil der Mittel" unmittelbar und effektiv dem begünstigten Satzungszweck zugutekommt. Schließlich überrascht BFH I B 82/98, BStBl. II 2000, 320 mit „Auflagen", die er im Hinblick auf die Verwendung von Mitteln für Spendenwerbung und Verwaltungskosten in den Folgejahren erteilt (Gewaltenteilung!?).

Eine **allgemeine Grenze** für das Verhältnis aller Einnahmen zu Verwaltungs- und Werbekosten besteht nicht (BFH I R 60/01, BFH/NV 2003, 1025 mwN); 10 % für Mitgliederwerbung sind mE auf jeden Fall unschädlich, doch können schon weniger als 50 % schädlich sein (AEAO zu § 55 Nr. 19; gegen eine „Diskriminierung" beitragsfinanzierter Einrichtungen Hüttemann FR 2002, 1337), in der Aufbauphase (höchstens 4 Jahre) dürfen mehr als 50 % verwendet werden (AEAO zu § 55 Nr. 19; dazu Geserich DStR 2001, 604; Apitz StBp 2004, 153). Auch BFH I R 60/01, BFH/NV 2003, 1025 (zust. Schauhoff DStR 2002, 1694) hält es für grundsätzlich unschädlich, dass sich die einer „Werbeagentur" gezahlten Anteile am Beitragsaufkommen in zwei Jahren von 29 % auf 42 % zzgl. der Aufnahmegebühren steigerten.

119 **bb) Erlöse aus Vermögensumschichtungen.** Die FVerw (AEAO zu § 55 Nr. 32) sieht das Gebot der Selbstlosigkeit auch insoweit nicht tangiert, als ein den **Buchwert übersteigender Erlös** im Bereich der Vermögsverwaltung eintritt. Eine generelle Einschränkung des oa Gebotes für solche Erlöse besteht mE mit Ausnahme des Ausstattungskapitals in Höhe dessen Nennwerts nicht (Reiffs DB 1991, 1247; aA Schad/Eversberg DB 1986, 2149; Thiel DB 1992, 1900).

Diente der veräußerte, aus zeitnah zu verwendenden Mitteln beschaffte Gegenstand den satzungsmäßigen Zwecken, ist der Veräußerungserlös zeitnah zu verwenden (FVerw zu § 55 Nr. 32). Entsprechendes gilt für ausgeschüttete Gewinne aus der Vermögensumschichtung einer GmbH, an der die Körperschaft eine Beteiligung hält (Nds FG 6 K 191/22, EFG 2024, 345; nachgehend BFH V R 25/23, DStR 2026, 981: Klage unzulässig; zum Problem: Fiand NWB 2024, 714).

cc) Wirtschaftlicher Geschäftsbetrieb. Das Gebot der Selbstlosigkeit ist nicht ohne Weiteres tangiert durch Tätigkeiten im Rahmen eines **wirtschaftlichen Geschäftsbetriebes** (§ 64 AO, → Rn. 219 ff.), und zwar selbst dann, wenn die unternehmerischen die gemeinnützigen Aktivitäten deutlich übersteigen (BFH I R 76/05, BStBl. II 2007, 631; → Rn. 125). Auch die Beteiligung an einer Vielzahl von beherrschten Kapitalgesellschaften (→ Rn. 229) und die Zuführung nur eines Bruchteils der Vermögenssteigerungen über mehrere EZ zum Förderzweck ist demnach unschädlich, zumal wenn eine Planungsphase reklamiert wird (BFH I R 156/94, BStBl. II 2002, 162). Schädlich ist jedoch, wenn der wirtschaftliche Gechäftsbetrieb **um seiner selbst willen** geführt wird (→ Rn. 117) 120

dd) Interesse der Mitglieder. Selbstlosigkeit steht auch in Frage, wenn die Körperschaft nicht nur für sich, sondern **zugunsten ihrer Mitglieder** (in deren **Erwerbs- und Privatsphäre**) eigenwirtschaftlich tätig wird (BFH I R 39/78, BStBl. II 1979, 482); zB durch Vermittlung preisgünstiger Reisen und/oder zinsgünstiger Darlehen (BFH I R 86/85, BStBl. II 1990, 550), durch entgeltliche oder unentgeltliche Gestellung von Sicherheiten (Risikogeschäft!, **aA** S. Söffing/Thoma BB 2003, 1091), durch Finanzierung einer von den Mitgliedern/Gesellschaftern beherrschten PersGes (BFH V R 67/16, BStBl. II 2020, 40, krit. zB Blumers BB 2020, 663), durch Tätigkeiten zum Zwecke der Ausgaben-, aber auch der Steuerersparnis (FG Köln 10 K 2066/21), durch mittelbare über eine Stiftung erfolgende Gesellschafter(fremd)finanzierung einer AG (BFH V R 11/24, DStR 2026, 1036), durch Abmahnungen im Interesse der Mitglieder (BFH I R 55/08, BStBl. II 2010, 335), durch unentgeltliche Pflegeleistungen gegenüber ihrem Geschäftsführer, (FG Düsseldorf 6 K 3664/16 K, E, AO, EFG 2019, 1434) oder – im Falle einer kunstfördernden Stiftung – durch Überlassung der Kunstwerke in die Wohnräume des kunstliebhabenden Stifters (BFH V R 51/15, BFH/NV 2017, 882). Zum Problem der Erstellung eines Vergütungssystems für Krankenhausleistungen für die Mitglieder der Körperschaft vgl. BFH I R 90/04, BStBl. II 2007, 628: abgelehnt wegen fehlender Unmittelbarkeit. 121

Übernimmt die Körperschaft als Eigengesellschaft Aufgaben, die ihrem Mitglied/Träger (Körperschaft des öR) als **hoheitliche Pflichtaufgaben** obliegen, liegt nach neuerer Rspr. keine Verfolgung wirtschaftlicher Interessen des Mitglieds vor. Der Charakter der selbstlosen Erfüllung öffentlicher Aufgaben ändert sich hiernach nicht durch die Erledigung dieser Aufgaben in privatrechtlicher Form (BFH I R 17/12, BStBl. II 2016, 68; zuvor offen gelassen von BFH X R 115/91, BStBl. II 1994, 314). Voraussetzung ist die Vereinbarung/Zahlung einer entsprechenden Vergütung (AEAO zu § 55 Nr. 2; → Rn. 134 f.). 122

ee) Eigenwirtschaftliche Zwecke „nicht in erster Linie". Die unscharfe Formulierung meint, dass **der nichtprofitable Zweck „vorrangig"** bzw. ausschließlich oder in erster Linie und „nicht nur nebenbei" verfolgt wird (BFH I R 19/91, BStBl. II 1992, 62; I R 76/05, BStBl. II 2007, 631) bzw. dass der **profitable Zweck nur nebenbei** verfolgt wird (Nebenzweck) und nicht in den Vordergrund tritt. Daher führt nicht jede auf Verbesserung der Einkünfte oder des Vermögens gerichtete Tätigkeit zum Ausschluss der Selbstlosigkeit, sondern erst wenn sie in den Vordergrund tritt (BFH I R 17/12, BStBl. II 2016, 68; V R 37/20, BStBl. II 2022, 603). 123

ME darf die wirtschaftliche Betätigung nicht, auch **nicht nur zum Teil Selbstzweck** sein, sondern muss unmittelbar im Dienste der gemeinnützigen, mildtätigen oder kirchlichen Tätigkeit stehen (ähnl. BFH I R 39/78, BStBl. II 1979, 482; I R 21/76, BStBl. II 1979, 496; Lang StuW 1987, 221 (235 ff.), und DStZ 1988, 18 (24)). Selbstlosigkeit ist demnach auch dann zu verneinen, wenn das Entstehen eigenwirtschaftlicher Vorteile wenigstens für einen wesentlichen Teil der Beteiligten mitentscheidend gewesen ist, wenn also bei einer **Abwägung** die Förderung der Allgemeinheit im Vergleich zu ihnen nicht überwiegt, zB bei von vornherein eingeplanter Finanzierung einer von ihren Mitgliedern (Gesellschaftern) beherrschten KG durch Spenden eben dieser Mitglieder (BFH V R 67/16, BStBl. II 2020, 40).

Die Vereinnahmung von Entgelten allein ist mE ebenso unschädlich (zB von Zinsen aus einem Darlehen an einen Spender, BFH V R 4/22, BStBl. II 2023, 1037) wie Gewinnabsicht im Rahmen der eigentlichen, begünstigten Tätigkeit, zumal dann, wenn die Gewinne dem Ausbau der gemeinnützigen Einrichtungen dienen sollen. Unschädlich ist, wenn die Tätigkeit der Körperschaft neben dem Förderungszweck auch den Mitgliedern zugutekommt (BFH I R 39/78, BStBl. II 1979, 482; I R 55/08, BStBl. II 2010, 335).

124 Dagegen hat der **BFH** (I R 156/94, BStBl. II 2002, 162) folgende mit Wortlaut und Zweck der Vorschrift *nicht zu vereinbarende Grundsätze* aufgestellt:
– eine Körperschaft verfolgt nicht deswegen in erster Linie eigenwirtschaftliche Zwecke, weil ihre unternehmerischen Aktivitäten in ihrem wirtschaftlichen Geschäftsbetrieb die gemeinnützigen übersteigen (bei Gewinnen zwischen 4,8 und 8,1 Mio. DM, Anwachsen des Vermögens von 9,2 auf 28,7 Mio. DM sowie Spenden zwischen 15.000 und 546.000 DM und Rücklagen im ideellen Bereich von jährlich 2 Mio. DM);
– dem Gebot der zeitnahen Mittelverwendung unterliegen auch die Gewinne aus dem wirtschaftlichen Geschäftsbetrieb, nicht jedoch die Gewinne, die bei „vernünftiger kaufmännischer Beurteilung" zur Sicherung des wirtschaftlichen Erfolgs des wirtschaftlichen Geschäftsbetriebs benötigt werden (das sind für den BFH auch Gewinnthesaurierungen von mehreren Mio. DM/Jahr); die Nachweispflicht – die entsprechend großzügig gehandhabt wird – trifft die Körperschaft;
– dem Gebot stehen notwendige Planungsphasen nicht entgegen (zust. Hofmeister DStZ 1999, 545 (548); Bopp DStZ 1999, 123; Schulz DStR 1999, 354; Stahlschmidt FR 2002, 1109; Schiffer DStR 2002, 1206).

125 Nach **AEAO zu § 55 Nr. 2** war zwischen der steuerbegünstigten Tätigkeit – wozu auch der Zweckbetrieb (→ Rn. 255 ff.) gehört – und der wirtschaftlichen Tätigkeit danach zu gewichten, welche der Körperschaft das **Gepräge** gibt. Diese Position hat der BMF mit Änderung der Nr. 2 aufgegeben; an seine Stelle ist die These vom **Selbstzweck** getreten (wohl ausgehend von BFH I R 76/05, BStBl. II 2007, 631): wirtschaftliche Betätigung ist nur dann unschädlich, wenn sie um der begünstigten Tätigkeit willen geschieht, zB zur Mittelbeschaffung (AEAO zu § 56 Nr. 1). Somit kann auch eine Körperschaft, die ihre Einnahmen iW aus Wirtschaftstätigkeit bezieht, gemeinnützig sein, was mE auch für reine Fördervereine iSd § 58 Nr. 1 AO – → Rn. 168 – gelten sollte. Die **Betätigungen** im Rahmen eines wirtschaftlichen Geschäftsbetriebs und von Vermögensverwaltung dürfen dominant sein, also **mehr als 50 %** der ideellen Tätigkeit – bezogen auf den Personaleinsatz und die Einnahmen – ausmachen; entscheidend ist demnach nicht die Art der Mittelbeschaffung auch über die Wirtschaftstätigkeit, sondern allein die zutreffende Mittelverwendung.

Nach BFH I R 209/85, BStBl. II 1989, 670 ist es schädlich, wenn die Körperschaft ausschließlich durch **Darlehen der Mitglieder** finanziert ist und ihre gesamte Tätigkeit auf Verzinsung und Tilgung zur Verbesserung der eigenen Vermögenslage ausrichten muss (ebenso AEAO zu § 55 Nr. 1). Entsprechendes gilt, wenn die Tätigkeit der Gesellschaft im oa Sinn auf Vermögensmehrung gerichtet ist (BFH X R 165/88, BStBl. II 1992, 1048). Die Vorschriften des § 62 AO (→ Rn. 206 ff.) setzen die Voraussetzung des selbstlosen Handelns insofern nicht außer Kraft, sondern bestimmen den Rahmen der zulässigen Rücklagen- und Vermögensbildung (vgl. BFH I R 19/85, BStBl. II 1990, 28). **126**

(frei) **127**

b) Satzungsmäßige Mittelverwendung. Das in **§ 55 Abs. 1 Nr. 1 AO** niedergelegte Gebot ist ein **zentraler Grundsatz** des Gemeinnützigkeitsrechts. **Ausnahmen** regelt § 58 AO (→ Rn. 166 ff.; hierzu auch Fiand NWB 2024, 714). Die zutreffende Mittelverwendung ist nach § 63 Abs. 3 AO (→ Rn. 216) durch ordnungsgemäße Aufzeichnungen nachzuweisen (zur Rechnung Nolte DStR 2014, 1350; Spitaler/Schröder DStR 2014, 2144 (2194); Richard/Wennmacher KÖSDI 2015, 19604; Heide NWB 2020, 239). Eine **Mittelfehlverwendung** ist schädlich, wenn sie der Körperschaft als Handlung eines Organs, Repräsentanten oder Inhabers einer Vollmacht **zugerechnet** werden kann (→ Rn. 211 ff.; BFH VIII R 2/17, BFH/NV 2019, 6). Zu Unterschlagungen uÄ durch ein Organ vgl. FM LSA 1.3.2022 – 42-S 0182-1. **128**

aa) Grundsätze. Der **Begriff** der **Mittel** iSd Vorschrift umfasst Spenden, Beiträge und Erträge des Vermögens der Körperschaft einschließlich Ausschüttungen aus Beteiligungen (Veräußerungsgewinne und Zinserträge, Nds FG 6 K 191/22, EFG 2024, 345; nachgehend BFH V R 25/23, DStR 2026, 981: Klage unzulässig) und die den Zweckbetrieben zur Verfügung stehenden Geldbeträge, letztlich sämtliche Vermögenswerte der Körperschaft (BFH I R 19/91, BStBl. II 1992, 62; I R 156/94, BStBl. II 2002, 162), jedoch – im Grundsatz – ohne das *Grundstockvermögen einer Stiftung* einschließlich von Erträgen aus seiner Umschichtung (BFH I R 36/11, BH/NV 2011, 2013; A. Söffing/Thoma BB 2003, 1091; 2004, 855) und die zur Schuldentilgung oÄ benötigten Beträge (Thiel DB 1992, 1900). **129**

Verwendung bedeutet Einsatz der Geld- und Sachmittel für bestimmte (hier: steuerbegünstigte) Zwecke (BFH I R 63/91, BStBl. II 1992, 748). **„Satzungsmäßige Zwecke“** bedeutet mE jedoch, dass die Satzung auch im Hinblick auf die Mittelverwendung mit § 55 Abs. 1 AO in Einklang stehen muss; eine Auflage, nach der Einnahmen aus einem wirtschaftlichen Geschäftsbetrieb (Zweckbetrieb) für (Züchter-)Prämien zu verwenden sind, verstößt daher mE gegen das Gebot (so auch BMF 24.3.2005, BStBl. I 2005, 608 gegen BFH I R 76/01, BStBl. II 2005, 305). Für **Stiftungen** ergibt sich mE aus der Vorschrift das Gebot der **Erhaltung des Stiftungsvermögens,** das für die nachhaltige Erfüllung des Stiftungszwecks erforderlich ist (BFH I B 159/07, BFH/NV 2008, 1203). Darüber hinaus besteht im Gemeinnützigkeitsrecht **kein eigenständiger Grundsatz** der Erhaltung des Stiftungsvermögens (BFH V R 11/24, DStR 2026, 1036, zu FG Bremen 1 K 180/21, EFG 2025, 609, aufgeh.). **129a**

Auch **Erträge aus** einem **wirtschaftlichen Geschäftsbetrieb, Zweckbetrieb** und aus **Vermögensverwaltung** sind für die steuerbegünstigten Zwecke zu verwenden (AEAO zu § 55 Nr. 3). **Ausnahmen** gestatten die Vorschriften des § 58 AO (→ Rn. 166 ff.) sowie des § 62 AO (→ Rn. 206 ff.), letzter zur **129b**

Zulässigkeit der Zuführung zu verschiedenen **Rücklagen.** Die Rücklage ist aus vorhandenen Mitteln (zB aus Vermögensverwaltung) zu dotieren; zeitnah zu verwendende Mittel dürfen mE auch nicht im „Vorgriff" auf eine spätere Verrechnung verwendet werden (aA Ley BB 1999, 626 (632)). **Hiervon unabhängig** sind in den Bereichen des wirtschaftlichen Geschäftsbetriebs und der Vermögensverwaltung nach kaufmännischer Beurteilung **begründete Rücklagen** zulässig (AEAO zu § 55 Nr. 3; → Rn. 233), denen die erwirtschafteten Gewinne, wenn zum wirtschaftlichen Bestehen erforderlich, (fast) vollständig zugeführt werden dürfen (BFH I R 156/94, BStBl. II 2002, 162). Unabhängig hiervon ist die Bildung von gesetzlich gebotenen Rücklagen, zB § 5a Abs. 3 GmbHG, zulässig (AEAO zu § 55 Nr. 21 Abs. 1 Nr. 1; hierzu Oberbeck/Winheller DStR 2009, 516).

130 **bb) Ausgliederung.** Für die **Ausgliederung** von Mitteln zu wirtschaftlichen Zwecken **aus einem Idealverein** kommen als Gründungskapital mE nur freie Rücklagen nach § 62 Abs. 1 Nr. 1 AO in Betracht (ähnl. Schießl DStZ 2007, 494); bei einem **Zweckbetrieb** dürfte diese Beschränkung nicht bestehen (Thiel/Eversberg DB 2007, 191; Schick DB 2008, 893; Schröder DStR 2008, 1069; **aA** OFD Frankfurt aM 8.12.2004, DStR 2005, 600). Liegt bereits ein **wirtschaftlicher Geschäftsbetrieb** vor, kommen ggf. zweckbestimmte Zuwendungen und Rücklagen nach den Grundsätzen von BFH I R 156/94, BStBl. II 2002, 162 (→ Rn. 233) in Betracht. Auch bei Begründung einer **Vermögensverwaltung** findet ggf. ein Sphärenwechsel der vermieteten WG aus dem ideellen in den Bereich der Vermögensverwaltung statt (hierzu Jost DB 2007, 1664; Thiel/Eversberg DB 2007, 191; 2007, 1436), der mE gemeinnützigkeitsschädlich ist (hierzu Rösch/Wöitschell DB 2007, 1434); vgl. iE OFD Frankfurt aM 22.2.1999, DStR 1999, 1111; 8.12.2004, DStR 2005, 600. Zur Kapitalausstattung von KapitalGes und Stiftungen vgl. OFL Rostock 12.7.2002, DStR 2002, 1484.

131 **cc) Ausgleich von Verlusten.** Der **Ausgleich von Verlusten** aus einem wirtschaftlichen Geschäftsbetrieb bzw. aus der Vermögensverwaltung mit Mitteln aus Zweckbetrieben oder aus dem ideellen Bereich ist **grds. schädlich** (BFH I R 40/68, BStBl. II 1969, 43; krit. zB Seer in Tipke/Kruse AO § 55 Rn. 12 f.; Schauhoff DStR 1998, 701; Koch/Scholtz § 55 Rn. 5; Gersch in Klein AO § 55 Rn. 6; Schwarz/Frotscher § 55 Rn. 7; Hüttemann DB 2012, 250; zweifelnd Unger DStZ 2010, 141). Das gilt auch, wenn der Geschäftsbetrieb die Besteuerungsgrenze des § 64 Abs. 3 AO (→ Rn. 247) nicht erreicht hat (BFH I R 55/06, BStBl. II 2007, 725; I R 6/08, BFH/NV 2009, 1837).

132 **(1.) Nicht schädlich** ist der Ausgleich nach der Rspr. jedoch, wenn der Verlust auf einer **Fehlkalkulation** beruht **und** die Körperschaft dem ideellen Bereich die ihm entzogenen Mittel bis zum Ende des auf die Verlustentstehung folgenden Wirtschaftsjahrs **wieder zuführt** (BFH I R 152/93, BStBl. II 1998, 711; I R 6/08, BFH/NV 2009, 1837); nach Änderung der Mittelverwendungsfrist (→ Rn. 148) sollte es mE genügen, wenn die Wiederzuführung bis zum Ende des zweiten Jahres nach der Verlustentstehung erfolgt. Allerdings dürfen diese Mittel weder aus einem Zweckbetrieb noch aus der Vermögensverwaltung noch aus Beiträgen und sonstigen Zuwendungen zur Förderung der steuerbegünstigten Zwecke stammen (hierzu AEAO zu § 55 Nr. 6; hierzu Schauhoff DStR 1998, 701; Schulz DStR 1999, 354 (357); Dißars/Berssenbrügge BB 1999, 1411; für eine Änderung der Perspektive Werner/Barthmuß DB 2021, 2583). Zudem kann nach AEAO zu § 55 Nr. 8 eine Fehlkalkulation idS bei längerfristig bestehenden

Betrieben unterstellt werden; auch sind vorhersehbare **Verluste in der Aufbauphase** unschädlich (Pflicht zur Rückführung der verwendeten Mittel innerhalb von 3 Jahren); der Ausgleich darf jedoch nicht aus den zeitnah zu verwendenden Mitteln stammen (BFH I R 6/08, BFH/NV 2009, 1837).

Nach AEAO zu § 55 Nr. 4 liegt **kein Verlustausgleich** vor, wenn die dem ideellen Bereich entzogenen Mittel die aus dem wirtschaftlichen Geschäftsbetrieb in den vorhergehenden 6 Jahren zugewendeten Gewinne nicht übersteigen (krit. Schäfer/Walz FR 2002, 499; zust. Wallenhorst DStR 1998, 1915; 2004, 711; Becker/Meining DStZ 2006, 765; für eine noch großzügigere Lösung Hüttemann FR 2003, 1337; Seer in Tipke/Kruse, die sich den Grundsätzen zur Gewinnerzielungsabsicht/Liebhaberei – § 2 Rn. 82 ff. – annähern). Das hat mE mit Beachtung des Gesetzesbefehls kaum zu tun.

(2.) Bei einer Körperschaft mit **mehreren wirtschaftlichen Geschäftsbetrieben** iSd § 64 Abs. 2 (→ Rn. 246) ist nach AEAO zu § 64 Nr. 17 für die Frage, ob gemeinnützigkeitsschädliche Verluste vorliegen, nicht auf das Ergebnis des einzelnen Geschäftsbetriebs abzustellen, sondern auf das zusammengefasste Ergebnis aller stpfl. wirtschaftlichen Geschäftsbetriebe (ebenso FG Hmb 5 K 125/23, EFG 2025, 653). Danach ist die Gemeinnützigkeit nur gefährdet, wenn diese insgesamt Verluste erwirtschaften. Hiergegen jedoch die Andeutung einer aA in BFH V R 28/21 (BStBl. II 2024, 425 mwN), wonach die Gemeinnützigkeit auch gefährdet ist, wenn Dauerverluste des einen Geschäftsbetriebs dauerhaft durch Gewinne anderer Geschäftsbetriebe ausgeglichen werden. **132a**

Zu **weiteren Voraussetzungen** für die **Unschädlichkeit von Verlusten** vgl. AEAO zu § 55 Nr. 5–8 und zur „entsprechenden Anwendung" seiner oa Grundsätze auf den Bereich der Vermögensverwaltung AEAO zu § 55 Nr. 9. Unschädlich ist nach AEAO zu § 55 Nr. 7 auch die Finanzierung des Verlustausgleichs durch ein betriebliches Darlehen sowie die dingliche Belastung von Vermögen des ideellen Bereichs (zB durch eine Grundschuld) zur Sicherung eines betrieblichen Darlehens. **133**

Verluste einer Kapitalgesellschaft, an der sich die Körperschaft beteiligt hat, führen nach allgemeiner Auffassung nicht unmittelbar zur Mittelfehlverwendung, sondern frühestens bei einer erforderlichen Teilwertabschreibung auf die Beteiligung oder bei einer Realisierung des Beteiligungsverlustes – und dies auch nur, wenn Risiken erkennbar waren (vgl. Hüttemann FR 2002, 1337; Schauhoff DStR 1998, 701). Die **Tilgung von Verbindlichkeiten** im ideellen Bereich gehört zwar grundsätzlich auch zur satzungsmäßigen Mittelverwendung (Becker/Meining DStZ 2006, 686); das gilt jedoch nicht mehr nach *Einstellung der begünstigten Tätigkeit in der Insolvenz* (BFH I R 14/06, BStBl. II 2007, 808; krit. Becker/Meining DStZ 2006, 765; Dehesselles DStR 2008, 2050).

dd) Gewinnausschüttungen. Das Verbot betrifft **offene** und **verdeckte Gewinnausschüttungen** (BFH I R 59/09, BStBl. II 2012, 226; hierzu zB Weidmann/Kohlhepp DB 2011, 497; Kirchhain FR 2011, 640; Wallenhorst DStR 2011, 698). Die Körperschaft muss auch im wirtschaftlichen Geschäftsbetrieb **angemessene Entgelte** für ihre Leistungen, dh einen Kostenausgleich zzgl. marktüblichen Gewinnaufschlag von ihren Mitgliedern (Gesellschaftern) wie von Dritten verlangen (BFH I R 19/91, BStBl. II 1992, 62; I R 17/12, BStBl. II 2016, 68, für die Übernahme einer **hoheitlichen Pflichtaufgabe** (hierzu aber AEAO zu § 55 Nr. 2). **134**

ee) Zuwendungen an Mitglieder. Das Verbot gilt für **alle Bereiche der Körperschaft:** ideeller Bereich, Zweckbetrieb, Vermögensverwaltung und wirt- **135**

schaftlicher Geschäftsbetrieb (vgl. BFH I B 95/04, BFH/NV 2005, 160). Es betrifft wirtschaftliche Vorteile, die die Körperschaft dem Mitglied bewusst unentgeltlich oder für eine zu geringe Gegenleistung zukommen lässt. Nach der Rspr. ist danach zu unterscheiden, ob das Mitglied in seiner **Eigenschaft als Mitglied** begünstigt wird (BFH V R 26/93, BFH/NV 1996, 383; Fischer NWB 2015, 2602). Kein Verstoß liegt vor, wenn es als Angestellte der Körperschaft *Vergütungen* erhält, die nicht unverhältnismäßig hoch sind (OFD Köln StEK AO 1977, § 55 Nr. 1). Zur Entlohnung für ehrenamtliche Tätigkeit BFH I B 40/01, BFH/NV 2001, 1536).

136 **(1.)** Allerdings darf die Vorschrift bei zweckentsprechender **Auslegung nicht überspannt** werden. Bei vielen Körperschaften ist die Förderung der Mitglieder bzw. Gesellschafter **notwendiges Nebenprodukt** der begünstigten Tätigkeit; schädlich ist sie daher erst, wenn sie in den Vordergrund tritt (BFH I R 17/12, BStBl. II 2016, 68; V R 37/20, BStBl. II 2022, 603). **Unschädlich** sind davon abgesehen Aufmerksamkeiten und Annehmlichkeiten (AEAO zu § 55 Nr. 11) ebenso wie geringfügige Zuwendungen, durch die die satzungsmäßigen Zwecke gefördert werden (BFH III 242/55 U, BStBl. III 1956, 171); zB der Ersatz von Auslagen, die durch Einsatz für die Körperschaft und ihre Zwecke entstanden sind. Dasselbe gilt für Vergütungen von Leistungen für die Körperschaft, soweit sie angemessen sind (vgl. § 55 Abs. 1 Nr. 3 AO sowie AEAO zu § 55 Nr. 12).

137 **(2.) Schädlich** ist mE die verbilligte Abgabe von **Eintrittskarten** an die Mitglieder (aA Jansen DStR 1992, 133, Werbewirksamkeit); in Betracht kommt mE, lohnsteuerliche Richtsätze für die Begrenzung von Aufmerksamkeiten (35 EUR pro Jahr) anzuwenden (Kümpel DStR 2001, 152).

Unangemessen niedrige Pachtzinsen (20 DM statt 300 DM) verletzen ebenfalls das Verbot (vgl. BFH I R 19/91, BStBl. II 1992, 62), ebenso wie eine **Vermietung** von nicht abgegrenzten Räumen an eine Stiftung, von der nur der „Stifter" profitiert (FG Köln 10 K 2066/21), **Preisgelder** und **Zuschüsse** des Vereins anlässlich von **Vereinsausflügen** (zur Fernreise mit touristischem Einschlag BFH I B 160/11, BFH/NV 2012, 1478). Die **Erfüllung von Ansprüchen** aus einem belastet zugewendeten Vermögen ist keine schädliche Zuwendung (AEAO zu § 55 Nr. 13, 14; zur Problematik bei Stiftungen AEAO zu § 55 Nr. 15).

138 **(3.)** Problematisch erscheint, ob die Nr. 1 bei **stillen Beteiligungen** betroffen ist und insofern auch Mitarbeiterbeteiligungen in Betracht kommen (hierzu Leuner/Dumser BB 2006, 1993); mE werden durch solche Beteiligungen die Verbote der Nr. 1 und 3 tangiert. Für gesellschaftsrechtliche Kapitalbeteiligungen und Stockoptions erscheint Letzteres eindeutig; daher wird (mE zu Unrecht) zu schuldrechtlichen Beteiligungsmodellen geraten (Leuner/Dumser BB 2006, 1993).

139 **ff) Zuwendungen an politische Parteien.** Das Verbot erstreckt sich auf **unmittelbare und mittelbare Unterstützungen.** Die Gewährung von Parteispenden nimmt der Körperschaft wegen Verstoßes gegen das Gebot der Selbstlosigkeit die Gemeinnützigkeit (BFH I R 156/94, BFH/NV 1999, 145; Anm. Brenner DStZ 1999, 186). Das gilt folglich nach allgemeiner Auffassung auch für **Umwegfinanzierungen** (zB Seer in Tipke/Kruse AO § 55 Rn. 20 mwN).

140 **c) Vermögensverwendung.** Die Beschränkung nach **§ 55 Abs. 1 Nr. 2 AO** gilt nur **für Kapitalgesellschaften** (Sacheinlagen sind solche des Handelsrechts, für die Gesellschaftsrechte eingeräumt werden, AEAO zu § 55 Nr. 24). Maßgebend ist bei Bareinlagen der Nennwert und bei Sacheinlagen der gemeine Wert

im Zeitpunkt der Einlage (§ 55 Abs. 2 AO). Eingezahlte Kapitalanteile sind bei einer Kapitalerhöhung mit Gesellschaftsmitteln nicht gegeben (AEAO zu § 55 Nr. 24), weil die Vorschrift die Rückzahlung auf den eingezahlten Kapitalanteil beschränkt (Gronemann DB 1981, 1589). Die Mitglieder dürfen also in keiner Weise an den Wertsteigerungen des Vermögens teilhaben. Ein Verstoß hiergegen stellt **auch eine Mittelfehlverwendung** iSv § 55 Abs. 1 Nr. 1 S. 1 AO (→ Rn. 135) dar. Das betrifft bei einer Veräußerung der Kapitalanteile an eine ebenfalls begünstigte GmbH auch die Tochtergesellschaft, wenn diese durch den überhöhten Kaufpreis verdeckt überhöhte Geschäftsführergehälter leistet (BFH I R 59/09, BStBl. II 2012, 226).

Bei **Rückgabe der Sacheinlage** in natura besteht Ausgleichspflicht des Mitglieds (Seer in Tipke/Kruse AO § 55 Rn. 21; Leisner-Egensperger DStZ 2008, 292). Dies gilt nicht bei bloß unentgeltlich zur Verfügung gestellten Sachspenden, für die keine Gesellschaftsrechte eingeräumt werden (vgl. AEAO zu § 55 Nr. 24).

d) Zweckfremde Ausgaben/unverhältnismäßig hohe Vergütungen. Das Verbot nach **§ 55 Abs. 1 Nr. 3 AO** betrifft ebenfalls **sämtliche Vergütungen,** die aus Mitteln der Körperschaft im Idealbereich, in der Vermögensverwaltung, im Zweckbetrieb und wirtschaftlichen Geschäftsbetrieb zu zahlen sind (BFH I B 95/04, BFH/NV 2005, 160) und ist weiter als das Verbot verdeckter Gewinnausschüttungen (→ Rn. 134). **Tätigkeitsvergütungen *an* Vorstandsmitglieder** von Vereinen sind nur zulässig, soweit eine entsprechende Satzungsbestimmung besteht (BFH I B 40/01, BFH/NV 2001, 1536; AEAO zu § 55 Nr. 25). Zur Aufstockung von **Corona-**bedingtem Kurzbeitergeld BMF 26.5.2020, BStBl. I 2020, 543. 141

aa) Zweckfremde Ausgaben. Zweckfremde Ausgaben kommen iÜ in Betracht bei der rechtsgrundlosen Auszahlung einer Vergütung (FG Düsseldorf 6 K 2425/21 AO, EFG 2024, 1881) sowie bei der (teil)unentgeltlichen Überlassung von Wohnraum. Wird dieser (auch) für satzungsfremde Zwecke genutzt, dann ist § 55 Abs. 1 Nr. 1 u. 3 AO verletzt (BFH I B 111/94, BFH/NV 1996, 383). Entsprechendes gilt, wenn eine Körperschaft sich (fast) ausschließlich durch Fremdkapital finanziert (BFH I R 209/85, BStBl. II 1989, 670); wenn ein Vereinsvorstand dem Verein ohne wirtschaftlichen Grund (für den Verein) ein verzinsliches Darlehen aufdrängt (BFH I B 85/04, BFH/NV 2005, 1233) oder wenn ohne vertragliche Grundlage Aufwendungen für den Erwerb eines Grundstücks im Eigentum einer anderen Körperschaft getragen werden (BFH I B 25/11, BFH/NV 2011, 2009 zu FG München 7 K 1794/08, EFG 2011, 1214). Problematisch können aus dieser Sicht **Mitarbeiterbeteiligungen** in Form von verzinslichen Guthaben und Mitarbeiterdarlehen, aber auch von Genussrechten sein (Leuner/Dumser BB 2006, 1993). Zur Zurechenbarkeit s. § 63 Abs. 1 AO (→ Rn. 214). 142

bb) Unverhältnismäßig hohe Vergütungen. Das Verbot betrifft ein **aktives Begünstigen;** nicht erfasst wird (schadensersatzpflichtige) Schädigung durch den Vorstand (FG Düsseldorf 6 K 2425/21 AO, EFG 2024, 1881). Ob hiernach unverhältnismäßig hohe Vergütungen vorliegen (zB Geschäftsführergehalt, AEAO zu § 55 Nr. 20), ist mE im Wege eines **Fremdvergleichs** zu ermitteln (unklar BFH I B 95/04, BFH/NV 2005, 160; Jansen/Fein StuW 2019, 241; Gersch AO-StB 2019, 52). Für den **GmbH-Geschäftsführer** kann mE auch auf die Grundsätze zur vGA zurückgegriffen werden (BFH V R 5/17, BStBl. II 2021, 55, zu FG MV 3 K 272/13, EFG 2017, 1137, teilw. best.). Ersatz nachgewiesener angemessener 143

Aufwendungen (zB Fahrtkosten) des Mitglieds im Interesse der Körperschaft berührt die Selbstlosigkeit nicht (BFH I R 67/95, BStBl. II 1997, 474). Zahlt ein Sportverein für die Übernahme eines Sportlers (Spielers) Ablösegelder an einen anderen Verein, so sind sie ggf. Ausgaben eines wirtschaftlichen Geschäftsbetriebs nach § 67a Abs. 3 S. 2 und 3 AO (→ Rn. 275 ff.).

144 **e) Vermögensbindung (§ 55 Abs. 1 Nr. 4 AO). Zweck der Vorschrift** ist, die Verwendung des durch die Begünstigung gebildeten Vermögens für nicht begünstigte Zwecke zu verhindern (BFH V B 142/01, BFH/NV 2002, 309). Schwerwiegende Verstöße, zB in Zusammenhang mit der Veräußerung der Kapitalanteile, können zum „Wegfall des bisherigen Zwecks" führen (BFH I R 59/09, BStBl. II 2012, 226; hierzu → Rn. 215). Dem Gebot der Vermögensbindung unterliegen **sämtliche Mittel** der Körperschaft (→ Rn. 129) und trotz des oa Zwecks der Vorschrift auch das vor der Anerkennung als gemeinnützig gebildete Vermögen (FM LSA 19.1.2017, BeckVerw 337834; zweifelnd BFH V B 142/01, BFH/NV 2002, 309). Denn es ist dem begünstigten Zweck gewidmet und nimmt an der Begünstigung teil (Leisner-Egensperger in HHS AO § 55 Rn. 205; Koch/Scholtz AO § 55 Rn. 12).

145 **aa) Satzungserfordernis.** Die **Vermögensbindung** muss grundsätzlich **in der Satzung** selbst zum Ausdruck kommen (§§ 61, 62 AO; → Rn. 204 ff.). Es muss der satzungsmäßige Zweck so konkret benannt werden, dass Empfänger des Vermögens nur eine als gemeinnützig anerkannte Körperschaft sein kann, die diesen Zweck verfolgt und die Mittel nur hierfür verwenden darf (BFH I R 91/09, BFH/NV 2011, 1111; V R 11/20, BStBl. II 2022, 202). Für den Fall der „Aufhebung" des Vereins muss die Satzung keine Bestimmung treffen. Allerdings kann der bezeichnete steuerbegünstigte Zweck ein anderer sein als der von der Körperschaft selbst verfolgte (allgM).

Im Fall der satzungsgemäßen **Übertragung** des Vermögens **auf eine andere Körperschaft** darf es sich nur um eine inländische steuerbegünstigte Körperschaft, eine Körperschaft des öffentlichen Rechts oder eine Körperschaft iSd § 5 Abs. 2 Nr. 2 KStG handeln (vgl. AEAO zu § 55 Nr. 27; hierzu Schauhoff/Kirchhain DStR 2012, 261). Zudem muss diese selbst das Gebot der satzungsmäßigen Vermögensbindung beachten. Das ist nicht der Fall, wenn bei ihrer Auflösung das Vermögen an die Mitglieder zurückfließen soll (NdsFG VI 137/92, EFG 1998, 596). Ebensowenig genügt die Satzungsbestimmung über die Übertragung zur „treuhänderischen Verwaltung" oder einer „treuhänderischen Vermögensübertragung" (FM LSA 2.3.2022 – 49-S 0179-5). Zum Nachweis bei **Auslandssachverhalten** vgl. FG Münster 2 K 2608/09 E, EFG 2012, 1539; Sydow NWB 2012, 2842.

146 **bb) Vermögensbindung bei Ausgliederung.** Bei der **Ausgliederung einer Abteilung** aus einem Idealverein, insb. Zweckbetrieb, kann nach allgemeiner Auffassung die Vermögensbindung durch die Gewährung der Anteile an der Kapitalgesellschaft gewahrt werden (Strahl KÖSDI 2000, 12527; Schießl DStZ 2007, 494; Schröder DStR 2008, 1069; Thiel/Eversberg DB 2007, 191; **aA** OFD Frankfurt aM 8.12.2004, DStR 2005, 600).

147 **cc) Sonderregelung für Stifter.** Die für **Stifter und deren Erben** sowie Körperschaften des öffentlichen Rechts geltende Beschränkung auf den *Buchwert* bei zu Buchwerten entnommenen Wirtschaftsgütern bezweckt, die steuerfreie Realisierung stiller Reserven zu verhindern mit der Folge, dass solche weiterhin

dem begünstigten Zweck gewidmet bleiben. Wird ein Wirtschaftsgut in natura zurückgegeben, dann hat der Empfänger die Wertdifferenz auszugleichen (AEAO zu § 55 Nr. 35). Zur Problematik der Einsetzung einer Stiftung als Vorerbin A. Söffing/Thoma BB 2004, 855 (zu FM Bay 12.11.2003, ZEV 2004, 65 zur ErbSt).

f) Zeitnahe Mittelverwendung. Der Grundsatz zum sog. **nutzungsgebundenen Vermögen** ist in **§ 55 Abs. 1 Nr. 5 AO** niedergelegt. Zweck ist zu verhindern, dass **Mittel** zur Vermögensbildung und -verwaltung eingesetzt werden, ohne dass ihr weiterer (begünstigter) Zweck erkennbar wird (krit. hierzu Fischer FR 2008, 752). Im Mittelverwendungsgebot spiegeln sich Sinn und Zweck der Steuerbegünstigung wider (Nds FG 6 K 191/22, EFG 2024, 345; nachgehend BFHV R 25/23, DStR 2026, 981: Klage unzulässig). **Ausgenommen sind Körperschaften** mit jährlichen Einnahmen – EZ-bezogen (AEAO zu § 55 Nr. 31) – von **nicht mehr als 100.000 EUR** (ab EZ 2026, StÄndG 2025; bis EZ 2025: 45.000 EUR) Mit dem Zauberwort Entlastung von Bürokratie wird die geforderte großzügige Anhebung auf 80.000 EUR (Hüttemann/Schauhoff DB 2024, 1982) noch überboten (man beachte aber die Überlegungen des RegE, BT-Drs. 21/1974, 37, es werde aufgrund extrinsischer und intrinsischer Faktoren schon nicht zu einer ungerechtfertigten Mittelansammlung kommen). **148**

aa) Begriff. Eine zeitnahe Mittelverwendung ist nach **§ 55 Abs. 1 Nr. 5 S. 3 AO** (BGBl. 2013 I 556) gegeben, wenn die **Mittel** (→ Rn. 129) spätestens in den auf den Zufluss folgenden **zwei Kalender- oder Wirtschaftsjahren** für die steuerbegünstigten satzungsmäßigen Zwecke verwendet werden; die Verwendung im Bereich der Einkünfteerzielung genügt nicht (BFH I R 6/08, BFH/NV 2009, 1837). Die **Verlängerung der Verwendungsfrist** betrifft mE nicht nur die nach dem 31.12.2011 vereinnahmten Mittel, sondern die Mittel, für die die Verwendungsfrist am Stichtag 1.1.2013 noch nicht abgelaufen war (ebenso zB Seer in T/K AO § 55 Rn. 25; Schauhoff/Kirchhain FR 2013, 301). Das Erfordernis besteht jedoch nur vorbehaltlich des § 62 (→ Rn. 206 ff.). Das bedeutet, aE des Kalender- oder Wirtschaftsjahrs noch vorhandene Mittel müssen in der Bilanz oder Vermögensaufstellung der Körperschaft zulässigerweise dem Vermögen oder einer **zulässigen Rücklage** zugeordnet oder als im zurückliegenden Jahr zugeflossene Mittel, die im folgenden Jahr für die steuerbegünstigten Zwecke zu verwenden sind, ausgewiesen sein (AEAO zu § 55 Nr. 28f). Durch den **Begriff des Zuflusses** ist mE geklärt, dass es bei bilanzierenden Körperschaften nicht auf den Gewinn nach Bilanz, sondern auf die zugeflossenen Mittel (abzgl. der Ausgaben) ankommt (vgl. Hüttemann DB 2000, 1584). Soweit Mittel nicht schon im Jahr des Zuflusses für die steuerbegünstigten Zwecke verwendet oder zulässigerweise dem Vermögen zugeführt werden, muss ihre zeitnahe Verwendung durch eine **Nebenrechnung/Mittelverwendungsrechnung,** AEAO zu § 55 Nr. 29 S. 3) nachgewiesen werden. Da für sie jedoch keine übergeordnete Regelung besteht, muss anwendungsfallspezifisch vorgegangen werden (Nolte/Seeck/Wackerbeck DStR 2024, 1841). Hierbei genügt eine **Saldo- bzw. Globalbetrachtung;** auf das einzelne Zuflusskonto kommt es nicht an (BFH X R 13/15, BStBl. II 2017, 1110, zu FG Hmb 5 K 135/12, EFG 2016, 534). Für eine zahlungsstromorientierte unter Berücksichtigung des Rücklagenspiegels erstellte Rechnung Stahl DStR 2024, 345.

bb) Zulässiges Vermögen. Nicht dem Gebot unterliegt nach **§ 55 Abs. 1 Nr. 5 AO** iVm § 62 AO (→ Rn. 206 ff.) das sog. **zulässige Vermögen.** Das ist **149**

neben den zulässigen Rücklagen nach § 62 Abs. 1 AO nF das nach § 62 Abs. 3 AO nF gebildete Vermögen. Auf andere Weise gebildetes Vermögen kann nicht als solches dem Gebot der zeitnahen Mittelverwendung entzogen werden. Für die Verwendung von unzulässigerweise thesaurierten Mitteln kann das Finanzamt nach § 63 Abs. 4 S. 1 AO eine Frist setzen (→ Rn. 217). Zu gesellschaftsrechtlichen Besonderheiten zur Rücklagenbildung (§ 5a Abs. 3 S. 1 GmbHG) bei einer gemeinnützigen Unternehmergesellschaft Overbeck/Winheller DStR 2009, 516; hierzu auch LfSt Bay 31.3.2009, DStR 2009, 1150.

150 **cc) Zulässige Verwendungen. Verwendung von Mitteln** iSd Vorschrift bedeutet grundsätzlich **Verwendung des Geldwerts.** Insbesondere bei einer Sachspende muss also nicht der körperliche Gegenstand für den begünstigten Zweck eingesetzt werden (zB Jachmann in Gosch AO § 55 Rn. 44; Hüttemann DB 2000, 1584). Auch insofern ist der Nachweis anhand einer Mittelverwendungsrechnung zu führen, es sei denn, die Nichtverwendung bestimmter identifizierbarer Zuwendungen steht aus anderen Gründen fest (BFH X R 13/15, BStBl. II 2017, 1110, zu FG Hmb 5 K 135/12, EFG 2016, 534).

Im Übrigen genügt der Einsatz der Mittel für die *Anschaffung* oder Herstellung von *Vermögensgegenständen,* die ihrerseits den satzungsmäßigen Zwecken dienen (zB Bau eines Altenheims, Beschaffung von Sportgeräten usw). Dem Verwendungsgebot genügt die Köperschaft auch durch Zuwendung ihrer Mittel iSd § 58 Nr. 1 AO (→ Rn. 168 f.; vgl. AEAO zu § 58 Nr. 5) und mE auch durch Zuwendung von Überschüssen iSd § 58 Nr. 3 AO (→ Rn. 170).

6. Ausschließlichkeit

151 **a) Grundsatz.** Die **Ausschließlichkeit** ist weitere **gemeinsame Grundvoraussetzung** für die Steuerbefreiung im Dienste des Wettbewerbsschutzes. Sie liegt nach **§ 56 AO** vor, wenn die Körperschaft **nur ihre steuerbegünstigten** satzungsmäßigen Zwecke verfolgt. Das Gebot richtet sich an die Satzung (arg. § 51 Abs. 1 AO iVm § 52 Abs. 1 AO) sowie an die tatsächliche Geschäftsführung (arg. § 63 Abs. 1 AO). **Ausnahmen** vom Grundsatz der Ausschließlichkeit sind in § 58 AO geregelt (→ Rn. 166 ff.).

Die Körperschaft darf nach der Rspr. neben ihrer gemeinnützigen Zielsetzung **nicht weitere Zwecke** verfolgen, **die nicht gemeinnützig sind** (vgl. BFH V R 37/20, BStBl. II 2022, 603). Diese Formulierung ist missverständlich; jeder Zweck erfordert mE eine satzungsmäßige Festlegung (→ Rn. 197).

152 **b) Umfang.** Die **gesamte Tätigkeit** im ideellen Bereich muss sich hierauf beschränken. Ein einziges Abweichen hat den Verlust der Steuerfreiheit zur Folge (BFH I R 77/87, BStBl. II 1992, 41). Erfolgt die an sich gemeinnützige Tätigkeit zu dem Zweck, den ermäßigten USt-Satz zugunsten einer nicht gemeinnützigen Körperschaft zu nutzen, ist die Körperschaft nicht ausschließlich gemeinnützig und ein von ihr betriebenes Projekt nicht Zweckbetrieb (BFH V R 59/09, BStBl. II 2012, 544).

Entsprechendes gilt, wenn für **einen von mehreren** satzungsmäßigen Zwecken die Voraussetzungen der Gemeinnützigkeit fehlen (BFH V R 15/20, BStBl. II 2023, 302); eine **Aufteilung** in einen steuerfreien und einen stpfl. Teil ist **nicht zulässig** (BFH I R 38/86, BFH/NV 1992, 90, I R 76/05, BStBl. II 2007, 631; V R 52/15, BStBl. II 2018, 218). Schon eine nicht in einer Rücklage ausgewiesene Mittelansammlung ist schädlich (BFH I R 21/76, BStBl. II 1979,

496; s. aber → Rn. 217). Entsprechendes gilt, wenn nach der Satzung sämtliche Bestimmungen der Stiftungsurkunde in einem „Reglement" näher ausgeführt werden können (BFH X R 20/22, BFH/NV 2026, 341).

Ein **wirtschaftlicher Geschäftsbetrieb** (§ 64 AO, → Rn. 218 ff.) verstößt ebenso wie eine **vermögensverwaltende Tätigkeit** (zB Verpachtung) nur dann gegen das Gebot der Ausschließlichkeit (BFH I R 19/91, BStBl. II 1992, 62; I R 35/94, BStBl. II 1996, 583), wenn die **Wirtschaftstätigkeit um ihrer selbst willen** ausgeführt wird (BFH I B 57/18, BFH/NV 2020, 1236; V R 37/20, BStBl. II 2022, 603); es kommt nicht mehr darauf an, ob die Tätigkeit der Körperschaft hierdurch „geprägt" wird (→ Rn. 125).

c) Einzelheiten. Die Steuerbefreiung wird nicht deswegen ausgeschlossen, 153
weil sich die Körperschaft **außerhalb des Begünstigungszwecks** betätigt, die Betätigung aber für die Zweckerreichung angemessen, wenn nicht erforderlich ist (vgl. BFH V R 15/20, BStBl. II 2023, 302). Eine völlig wertneutrale Tätigkeit ist daher nicht zu verlangen. Im Rahmen der Verfolgung der satzungsmäßigen Zwecke darf die Körperschaft Stellung zu besonders wichtigen Gegenständen der **allgemeinen Politik** beziehen; geht sie ohne Bezug zum gemeinnützigen Satzungszweck darüber hinaus, etwa durch politische Internetauftritte, verletzt sie das Gebot der Ausschließlichkeit (→ Rn. 46a).

Enthält jedoch die Internetseite eines islamistischen Vereins einen Link auf eine nicht von ihm betriebene Internetseite mit Artikeln, die inhaltlich die **freiheitlich demokratische Grundordnung** in Frage stellen, wird die Frage der Ausschließlichkeit nicht einmal geprüft (vgl. BFH I R 11/11, BStBl. II 2013, 146).

Dagegen verliert etwa eine **mildtätige Stiftung** für Minderbemittelte ihre Steuerbefreiung, wenn sie nur einen nicht Bedürftigen beherbergt (RFH VI a 5/38, RStBl. 1938, 322). Schädlich ist auch die Beschäftigung Behinderter im Rahmen eines Integrationsprojekts zur Nutzung des ermäßigten USt-Satzes zugunsten einer nicht gemeinnützigen Körperschaft (BFH V R 59/09, BStBl. II 2012, 544). Bei **Hundesportvereinen** galt das Gebot der Ausschließlichkeit als verletzt, weil der Verein auch die körperliche Ertüchtigung von Hund und Hundeführer zu seinen satzungsmäßigen Zwecken zählte (BFH I R 2/77, BStBl. II 1979, 495). Die Entscheidung ist nicht haltbar (→ Rn. 76). Im Übrigen wäre konsequenterweise jeder Form des „Pferdesports" (Reitsport, insb. Dressurreiterei, Traberei) auch unter diesem Aspekt die Gemeinnützigkeit abzusprechen gewesen, was der BFH freilich nicht getan hat (BFH I R 40/68, BStBl. II 1969, 43).

d) Mehrere Zwecke. Die Körperschaft kann auch mehrere begünstigte **Zwe-** 154
cke verschiedener Richtungen verfolgen (BFH I R 21/76, BStBl. II 1979, 496; AEAO zu § 56 Nr. 2). Dies ergibt sich ohne Weiteres aus der Fassung des Gesetzes. Erforderlich ist allein die Niederlegung in der Satzung. Auch kann mE eine einheitliche satzungsgemäße Betätigung unter verschiedenen nach § 52 AO in Betracht kommenden Gesichtspunkten gemeinnützig sein.

Es kann sich aber durch Auslegung ergeben, dass ein in der Satzung genannter „Zweck" lediglich eine mittelbare Folge des anzuerkennenden gemeinnützigen Zwecks ist. Ist etwa **Kameradschaft** neben dem begünstigten Zweck in der Satzung bezeichnet, dann ist die Gemeinnützigkeit nicht wegen Verstoßes gegen das Ausschließlichkeitsgebot zu verneinen, wenn die Auslegung der Satzung ergibt, dass damit lediglich die Verbundenheit der Vereinsmitglieder angestrebt wird (BFH I R 153/93, BStBl. II 1995, 499 und V R 57, 58/96, BStBl. II 1999, 331).

(frei) 155

7. Unmittelbarkeit

156 **a) Grundsatz.** Die **Unmittelbarkeit** ist weitere **gemeinsame Grundvoraussetzung.** Sie ist nach **§ 57 Abs. 1 AO** erfüllt, wenn die Körperschaft selbst ihre steuerbegünstigten satzungsmäßigen Zwecke verwirklicht. Das kann auch durch **Hilfspersonen** geschehen, wenn nach den Umständen des Falles, insb. nach den rechtlichen und tatsächlichen Beziehungen, die zwischen der Körperschaft und der Hilfsperson bestehen, das Wirken der Hilfsperson wie eigenes Werken der Körperschaft anzusehen ist.

Nach **§ 57 Abs. 2 AO** wird eine Körperschaft, in der steuerbegünstigte **Körperschaften zusammengefasst** sind, einer Körperschaft, die unmittelbar steuerbegünstigte Zwecke verfolgt, gleichgestellt.

Nach **§ 57 Abs. 3 AO** verfolgt eine Körperschaft ihre steuerbegünstigten Zwecke auch dann unmittelbar, wenn sie satzungsgemäß durch **planmäßiges Zusammenwirken** mit mindestens einer Körperschaft, die im Übrigen die Voraussetzungen der §§ 51–68 AO erfüllt, einen steuerbegünstigten Zweck verwirklicht.

Nach **§ 57 Abs. 4 AO** verfolgt eine Körperschaft ihre gemeinnützigen Zwecke auch dann unmittelbar, wenn sie ausschließlich **Anteile an steuerbegünstigten Kapitalgesellschaften** hält und verwaltet.

Ausnahmen vom Gebot der Unmittelbarkeit enthält § 58 AO (→ Rn. 166 ff.).

Literatur: Hüttemann/Schauhoff, Die „unmittelbare Gemeinnützigkeit" – eine unmittelbare Gefahr für gemeinnützige Körperschaften, FR 2007, 1133; Regierer/Becker, Grundsätzliche Gemeinnützigkeitsfähigkeit bei Auslagerung hoheitlicher Tätigkeiten auf Tochterkapitalgesellschaften, DStZ 2007, 597; Holland, Kooperation zwischen gemeinnützigen Organisationen – Neues zur Hilfsperson, DStR 2010, 2057; Haaf, Konsilleistungen wider die Unmittelbarkeit im Gemeinnützigkeitsrecht, DStR 2012, 159; Schienke-Ohletz, Besonderheiten des Gemeinnützigkeitsrechts bei Förderung der Entwicklungszusammenarbeit, FR 2012, 616; Schunk, Kooperation zwischen gemeinnützigen Körperschaften und § 57 AO, DStR 2014, 934; Holste, Holdingstrukturen im Dritten Sektor nach der Reform des Gemeinnützigkeitsrechts, DStR 2021, 2768; Hüttemann/Schauhoff, Ein Nichtanwendungserlass zu steuerbegünstigten Servicekörperschaften, DB 2021, 2580; Jahn, Wichtige Änderungen im Gemeinnützigkeitsrecht: Erleichterungen von Kooperationen im Dritten Sektor, SAM 2021, 43; Kirchhain, Im zweiten Anlauf durch die Hintertür: Umfassende Änderungen für gemeinnützige Organisationen und deren Förderer durch das JStG 2020, DStR 2021, 129; Binger/Röglin, Umsetzungsfragen bei Gemeinnützigkeit von Servicegesellschaften, DStR 2022, 240; Schunk, Das Unmittelbarkeitsgebot nach § 57 AO, DStR 2022, 176; Strahl, Brennpunkte der Beratung gemeinnütziger Körperschaften und Vermögensmassen, KÖSDI 2022, Nr. 7, 22805; Seeger/Imberg, Gemeinnützige Kooperationen – Erste Rspr. und Umsetzungsgestaltungen in der Praxis, NWB 2024, 90.

157 **b) Zurechenbarkeit.** Die Formulierung **„selbst ... verwirklicht"** bedeutet nur, dass die Körperschaft auf dem begünstigten Gebiet **unmittelbar tätig** werden muss. Das gilt auch für die Zwecke nach § 52 Abs. 2 S. 1 Nr. 25 AO (→ Rn. 94; OFD Frankfurt aM 5.9.2008, DStR 2008, 2267). Tätig wird sie idR **durch Organe oder Hilfspersonen** (persönliches Unmittelbarkeitsverständnis, Schunk DStR 2022, 176); Handeln **durch Mitglieder** genügt (BFH I R 19/91, BStBl. II 1992, 62). Das Handeln der Organe oder der Hilfspersonen muss der Körperschaft wie eigenes Wirken zugerechnet werden können (BFH V R 35/85, BStBl. II 1991, 157; offen jedoch in BFH I R 156/94, BStBl. II 2002, 162).

Zweckerreichung ist nicht erforderlich (→ Rn. 43). Jedoch ist eine eigene auf den Satzungszweck zielgerichtete Tätigkeit erforderlich (BFH V R 23/23,

BFH/NV 2026, 612: „faktisch unmittelbarer Kontakt"). Ist das der Fall, dann ist es unschädlich, wenn die **Förderungswirkung nur mittelbar eintreten** kann (vgl. BFH I R 39/78, BStBl. II 1979, 482). Das gilt insbesondere, wenn gemeinnützige Zwecke anderer Körperschaften zB durch die Zuwendungen von Mitteln oder Leistungen (→ Rn. 168 ff.) unterstützt werden (BFH V R 1/68, BStBl. II 1972, 70). Die Tätigkeit darf sich nicht darin erschöpfen, dass sich die Körperschaft selbst als Hilfsperson versteht und verhält (BFH V R 23/23, BFH/NV 2026, 612, zu Nds FG 6 K 335/21, best.). Anreize durch Preisverleihungen reichen aus (OFD Frankfurt aM 25.6.2001, DB 2001, 1751).

Hilfspersonen können ausschließlich eingesetzt werden, unabhängig davon, wie sie selbst gemeinnützigkeitsrechtlich behandelt werden (AEAO zu § 57 Nr. 2). Sie müssen in ihrem Handeln in der Weise in einer **rechtlichen** oder **tatsächlichen Beziehung** zur Körperschaft stehen, dass es von ihr veranlasst ist bzw. sich als Ausführung eines konkreten Auftrags darstellt (vgl. BFH I R 35/93, BStBl. II 1995, 767). Sie müssen mE nicht durch ein Weisungsverhältnis gebunden sein (so aber AEAO zu § 57 Nr. 2, ua zum Nachweis der Weisungsgebundenheit; wie hier **aA** NdsFG 6 K 139/09, BeckRS 2010/26030189, rkr.). Die **willentliche Einschaltung des Dritten** in die Verwirklichung der begünstigten Zwecke allein ist hinreichender Zurechnungsgrund (Seer in Tipke/Kruse AO § 57 Rn. 3; Hüttemann FR 2002, 1337; Jachmann/Unger in Gosch AO § 57 Rn. 22 f.: Parallele zum Erfüllungsgehilfen nach § 278 BGB). Trotzdem muss die Körperschaft jederzeit in der Lage sein, die Tätigkeit der Hilfsperson nach Inhalt und Umfang im **Innenverhältnis zu bestimmen** (AEAO zu § 57 Nr. 2 S. 4), zB durch Auflagen einerseits und Rechenschaftsberichte andererseits (Schiffer DStR 2003, 1015); → Rn. 214. **157a**

c) Abgrenzung. Die Körperschaft ist **im Ganzen steuerpflichtig,** wenn es an der Unmittelbarkeit der steuerbegünstigten Tätigkeit der Körperschaft fehlt (BFH I R 90/04, BStBl. II 2007, 628; I R 59/11, BStBl. II 2013, 603). Auf die übrigen Probleme, etwa das Überschreiten einer Vermögensverwaltung (§ 14 AO) oder des Zweckbetriebes (§ 65 AO), kommt es dann nicht mehr an. **158**

aa) Unmittelbarkeit. Unmittelbarkeit ist auch dann **gegeben,** wenn eine arbeitstherapeutische Gesellschaft Hilfe nicht nur des eigenen fachkundigen Personals in Anspruch nimmt; ebenso wenn ein Gesellschafter der Gesellschaft eigenes Personal stellt/ausleiht (BFH I R 35/93, BStBl. II 1995, 767). Werden eigene satzungsmäßige Zwecke bei einem **arbeitsteiligen Zusammenwirken** mit einer anderen steuerbefreiten Körperschaft verfolgt, liegt Unmittelbarkeit neben einem Zweckbetrieb vor (BFH I R 2/08, BStBl. II 2010, 1006; V R 37/20, BStBl. II 2022, 603; nunmehr § 57 Abs. 3, → Rn. 164 f.). Es gilt also streng zu unterscheiden zwischen Arbeitsteiligkeit und reiner Hilfeleistung (→ Rn. 160; hierzu Schunk DStR 2014, 934). Zu den Problemen der Zusammenarbeit im Gesundheitssektor Haaf DStR 2012, 159 und in der Entwicklungshilfe Schienke-Ohletz FR 2012, 616. **159**

bb) Fehlende Unmittelbarkeit. Unmittelbarkeit ist (unbeschadet des § 57 Abs. 3 u. 4 AO, → Rn. 164 ff.) **nicht gegeben** bei Verpachtung von Grundstücken an Mitglieder zum Zwecke ökologischen Anbaus ohne Einwirkungsmöglichkeiten des Vereins (vgl. BFH I R 19/91, BStBl. II 1992, 62), bei Entwicklung von Software für ihre gemeinnützig tätigen Mitglieder, die aber auch Dritten zur Verfügung gestellt werden (BFH V R 23/23, BFH/NV 2026, 612, zu Nds FG 6 **160**

K 335/21, best.) sowie bei einer ausgegliederten Labor-GmbH (BFH I R 59/11, BStBl. II 2013, 603). Das gilt auch, wenn die Körperschaft ihre Erträge einem Land, einer Gemeinde oder einer Partnerorganisation zur Zweckerfüllung zuwendet (vgl. NdsFG 6 K 139/09, BeckRS 2010, 26030189, rkr.); ebenso bei der Mittelweitergabe durch einen satzungsmäßig nicht als Mittelbeschaffungskörperschaft konzipierten Verein (vgl. FG Saarl 1 K 249/00, EFG 2003, 62; Ausnahme → Rn. 168), oder wenn die Körperschaft auf einem anderen als dem begünstigten Gebiet tätig wird, um etwa dort die Mittel für die Förderung aufzubringen, ebenso wenn die Körperschaft nur die Förderung ihres eng umrissenen Mitgliederkreises bezweckt, weil von diesem positive Einflüsse auf die Allgemeinheit ausgehen können (BFH I R 36/76, BStBl. II 1979, 492), oder einzelne Personen fördert, die ihrerseits gemeinnützig tätig sind (BFH V R 101/01, BStBl. II 2004, 798). Das gilt auch für die Entwicklung eines Krankenhausfinanzierungssystems (BFH I R 90/04, BStBl. II 2007, 628; krit. Hüttemann/Schauhoff FR 2007, 1133). Ein Sportverein (Golfclub) ist wegen fehlender Unmittelbarkeit nicht gemeinnützig, wenn die Sportanlagen nur bei Erwerb einer Nutzungsberechtigung von einer neben dem Verein bestehenden Gesellschaft benutzt werden dürfen/können (FG Bln-Bbg 2 K 1046/01, EFG 2002, 1355, rkr.).

161 **d) Tätigkeit als Hilfsperson.** Sie allein **begründet keine Steuerbegünstigung** (BFH I R 90/04, BStBl. II 2007, 628; I R 59/11, BStBl. II 2013, 603, zum ausgegliederten Krankenhauslabor). Die Hilfsperson kann **nur dann steuerbefreit** sein, wenn ihre Tätigkeit selbst alle Voraussetzungen für die Anerkennung als gemeinnützig – insb. die unmittelbare Zweckverfolgung – erfüllt (vgl. AEAO zu § 57 Nr. 2 S. 9); dem ist nicht genügt, wenn ihre Leistungen gegenüber dem Auftraggeber als eigentlichem Leistungserbringer ergehen (BFH I R 59/11, BStBl. II 2013, 603; BFH V R 23/23, BFH/NV 2026, 612, zu Nds FG 6 K 335/21, best.; krit. Holland DB 2005, 1487). Erfüllt sie die Voraussetzungen, begründet entgeltliche Hilfeleistung ggf. einen wirtschaftlichen Geschäftsbetrieb (vgl. Schiffer DStR 2003, 1015; Hüttemann DB 2004, 1001).

162 **e) Weitere Einzelfälle zum Grundsatz der Unmittelbarkeit.** Die Unmittelbarkeit wurde **verneint** bei

– **Bewirtung** und **Unterbringung** von Tagungsteilnehmern einer gemeinnützigen Forschungsgesellschaft (FG BW II 132/71, EFG 1973, 133).
– **Festschriften eines** Vereins, wenn durch **Werbeanzeigen** finanziert (BFH IV R 189/71, BStBl. II 1976, 472).
– **Freimaurerloge,** wenn die Lehrbriefe nur den Mitgliedern zukommen (BFH III R 40/72, BStBl. II 1973, 430; I R 36/76, BStBl. II 1979, 492).
– **Krankenhauswäscherei** (Zentralwäscherei) in der Rechtsform einer GmbH (FG Düsseldorf 7 K 89/86 U, EFG 1992, 99).
– Betrieb eines **Regionalflughafens durch GmbH (**BFH I R 81/73, BStBl. II 1975, 121).
– **Betrieb einer Stadthalle,** wenn nicht nur kulturelle Veranstaltungen stattfinden (BFH I R 14/72, BStBl. II 1974, 664).
– **Totobetrieb** eines gemeinnützigen (?) Rennvereins (BFH I 33/51 U, BStBl. III 1953, 109).
– Pflege von **Trainingsräumen** sowie **Unterbringung** von Sportlehrgangsteilnehmern (BFH II R 110/77, BStBl. II 1981, 478).
– Zusammenschluss von **Zelt- und Wohnwagenwandervereinen** (BFH III R 52/70, BStBl. II 1972, 204).

– Kommunaler **Wirtschaftsförderung** (NdsFG VI 551/78, EFG 1981, 202; FG Saarl I 74-75/78, EFG 1982, 214; vgl. BFH I R 38/96, BFH/NV 1997, 904).

f) Dachorganisationen. Die Vorschrift des **§ 57 Abs. 2 AO** ist zugeschnitten auf **Dachorganisationen,** die in erster Linie durch ihre Unterverbände tätig werden. Ein solcher Zusammenschluss ist gegeben, wenn die Organisation ausschließlich die Interessen der Mitgliedkörperschaften, die sich aus deren Aufgabenstellung ergeben, wahrnimmt (vgl. AEAO zu § 57 Nr. 3). **Holdinggesellschaften** gehörten demnach nicht hierzu, da ihnen vorrangig eine Beteiligungs- und Steuerungsfunktion zukommt (ähnl. Seer in Tipke/Kruse AO § 57 Rn. 6). Daher plädierten Teile des Schrifttums für eine Öffnung des Gesetzes hin zur Ermöglichung von Holdinggestaltungen (zB Hüttemann FR 2002, 1337; Scherff DStR 2003, 727; Kirchhain DStR 2016, 505. S. nunmehr **§ 57 Abs. 4** (→ Rn. 165 f.). 163

Voraussetzung für die Anwendung der Vorschrift ist, dass **alle Unterverbände** die Voraussetzungen der §§ 52 ff. AO erfüllen (AEAO zu § 57 Nr. 3). Verfolgt der Dachverband selbst unmittelbar gemeinnützige Zwecke, dann bedarf es der Vorschrift nicht. Die bloße Mitgliedschaft einer nicht gemeinnützigen Körperschaft ist dann unschädlich. Fördert bzw. unterstützt der Dachverband aber diese nicht gemeinnützige Organisation, dann verliert er wegen Verstoßes gegen das Gebot der Ausschließlichkeit (→ Rn. 151 ff.) die Steuervergünstigung (vgl. AEAO zu § 57 Nr. 3).

g) Planmäßiges Zusammenwirken. Die Vorschrift des **§ 57 Abs. 3 AO** ist durch G. v. 21.12.2020 (BGBl. 2021 I 3096) eingefügt worden und am 29.12.2020 in Kraft getreten. Es enthält mE einen Nachvollzug der entsprechenden BFH-Rspr. (BFH I R 2/08, BStBl. II 2010, 1006; → Rn. 159). Voraussetzung ist auch hier, dass die **zusammenwirkenden Körperschaften** mit Ausnahme der Unmittelbarkeit die Voraussetzungen der §§ 51–68 AO erfüllen (vgl. AEAO zu § 57 Nr. 4; Kirchhain DStR 2021, 129; Jahn SAM 2021, 43). Partner kann **auch ein BgA** sein, nicht jedoch die öffentlich-rechtliche Trägerkörperschaft, die die genannten Voraussetzungen nicht erfüllen, auch dann, wenn sie im hoheitlichen Bereich steuerbegünstigte Zwecke verwirklichen (BFH V R 23/23, BFH/NV 2026, 612, zu Nds FG 6 K 335/21, best). Die Körperschaft, mit der kooperiert wird, muss sich aus der **Satzung** ergeben; Identifizierbarkeit ist mE ausreichend (hierzu Nds FG 6 K 335/21, nachgehend BFH V R 23/23, BFH/NV 2026, 612); das gilt mE beidseitig, da auch die andere, ggf. nur empfangende, Körperschaft den § 57 Abs. 3 AO in Anspruch nimmt („doppeltes Satzungserfordernis", jedoch str., hierzu FG Hmb 5 K 11/23, EFG 2023, 1741, nachgehend BFH V R 22/23, BFH/NV 2025, 1205: EuGH-Vorlage; zum Problem → Rn. 164c; Seeger/Imberg NWB 2024, 90). Insb. bei mehreren Körperschaften (mehr als zwei) genügt Bestimmbarkeit (AEAO zu § 57 Nr. 8 f.; krit. zB Hüttemann/Schauhoff DB 2021, 2580; DB 2024, 1982; Exner npoR 2022, 77; Binger/Röglin BB 2022, 240; Schunk DStR 2022, 176). Jedoch kann mE die Begünstigung der einen nicht von der Einhaltung des Satzungserfordernisses bei der anderen Körperschaft abhängig gemacht werden. Das Vertrauen der jeweils leistenden Körperschaft in die Steuerbegünstigung der anderen Körperschaft ist unter den Voraussetzungen des § 58a AO (→ Rn. 183) geschützt (AEAO zu § 57 Nr. 10). 164

Planmäßiges Zusammenwirken idS ist das **inhaltlich aufeinander abgestimmte** und **koordinierte Wirken** von zwei oder mehreren Körperschaften, das geeignet ist, die jeweiligen satzungsmäßigen Zwecke zu verwirklichen. Nach dem klaren Wortlaut der Vorschrift muss jede der beteiligten Körperschaften einen 164a

eigenen gemeinnützigen Zweck verfolgen. Nach der Auffassung der FVerw (AEAO zu § 57 Nr. 5 f.) genügt es jedoch, dass eine Körperschaft, unter welchem gemeinnützigen Titel auch immer, lediglich Dienstleistungen, Warenlieferungen und Nutzungsüberlassungen erbringt. Der BFH (Vorlagebeschluss BFH V R 22/23, BFH/NV 2025, 1205, Rn. 55) verdeutlicht, dass diese Leistungen auch von nicht begünstigten Dritten erbracht werden können, trotzdem in einem Zweckbetrieb erbracht werden, und dies ohne unmittelbares Zutun zur Erreichung des gemeinnützigen Zwecks. Diese Auffassung verstößt mE nicht nur gegen den Grundgedanken des Gemeinnützigkeitsrechts (→ Rn. 31, 35), sondern auch gegen den klaren Wortlaut des § 57 Abs. 3 AO und die Zweckbetriebsgrundsätze (→ Rn. 255 ff, zur vom AEAO bemühten Beispiel der Krankenhauswäscherei s. BFH I R 56/94, BStBl. II 1996, 28). Unberücksichtigt bleibt auch die notwendige Abwägung von Wirtschaftsverfassung und dem von Wirtschaftsinteressen gelenkten „Fördern gemeinnütziger Zwecke" (→ Rn. 258c).

Unabhängig hiervon soll auch genügen, dass unterschiedliche Leistungselemente einem nicht gemeinnützigen Dritten erbracht werden und dadurch der gemeinnützige Zweck gefördert wird (AEAO zu § 57 Nr. 5). Die bloße Vergabe von Aufträgen ohne eigene Leistungselemente genügt nicht. Das Zusammenwirken kann bereits **vor der zivilrechtlichen Wirksamkeit** der Satzung beginnen (AEAO zu § 57 Nr. 9).

164b Für die **gemeinnützigkeitsrechtliche Beurteilung maßgebend** ist nach AEAO zu § 57 Nr. 11 der Charakter der Tätigkeiten aller beteiligten Körperschaften; eine isolierende Betrachtung findet hiernach nicht statt. ME ist das nicht zutreffend, wenn eine der kooperierenden Körperschaften für die andere nicht erkennbar in der tatsächlichen Geschäftsführung gegen das Erfordernis der Ausschließlichkeit (§ 56 AO, → Rn. 151 ff.) verstößt. Für die Beurteilung als **wirtschaftlicher Geschäftsbetrieb** bzw. als **Zweckbetrieb** sieht das G. selbst eine zusammenfassende Betrachtung vor. Maßgebend für die Zuordnung der jeweiligen Tätigkeit ist, ob sie bei Ausübung durch nur eine Körperschaft dem ideellen oder dem Zweckbetriebsbereich zugeordnet werden könnte (hierzu AEAO zu § 57 Nr. 11). Zur **Finanzierung von WG** mit zeitnah zu verwendenden Mitteln s. AEAO zu § 57 Rn. 12.

164c Zur **europarechtlichen Beurteilung** als **Beihilfe** nach Art. 107 f. AEUV s. den Vorlagebeschluss BFH V R 22/23, BFH/NV 2025, 1205, der bei einer angemessen restriktiven, auch verfassungskonformen Auslegung des § 57 Abs. 3 AO (→ Rn. 164a) nicht notwendig gewesen wäre.

165 **h) Ausschließliche Beteiligungen.** Die Vorschrift des **§ 57 Abs. 4 AO** ist durch G. v. 21.12.2020 (BGBl. 2020 I 3096) eingefügt worden und am 29.12.2020 in Kraft getreten (zu den Nutzungsmöglichkeiten Strahl KÖSDI 2022, Nr. 7, 22805). Sie betrifft **Holdingstrukturen,** aber auch die **Beteiligung an nur einer steuerbegünstigten KapitalGes** (hierzu Holste DStR 2021, 2768: weiterer Reformbedarf). Voraussetzung ist auch hier, dass die Körperschaft mit Ausnahme der Unmittelbarkeit die Voraussetzungen der §§ 51–68 AO erfüllt. Im Übrigen greift die Vorschrift auch, wenn die BeteiligungsGes ihrerseits an steuerpflichtigen KapitalGes beteiligt ist (vgl. AEAO zu § 57 Nr. 13).

165a **Beteiligung und Einnahmen** hieraus **gehören zum ideellen Bereich** der beteiligen Ges., wenn die steuerbegünstigten Zwecke der BeteiligungGes den Zwecken der beteiligten Ges. entsprechen (AEAO zu § 57 Nr. 14). Die Beteiligung gehört zum sog. nutzungsgebundenen Vermögen iSv § 55 Abs. 1 Nr. 5 AO

(→ Rn. 148 ff.). Die Ausgliederung von Zweckbetrieben auf eine steuerbegünstigte KapitalGes gegen Gewährung von Anteilen an dieser und Zuordnung der Beteiligung zum ideellen Bereich führt nicht zum Wiederaufleben der Pflicht zur zeitnahen Mittelverwendung (AEAO zu § 57 Nr. 15).

Dagegen gehören **Leistungen der HoldingGes** gegenüber steuerbegünstigten BeteiligungsGes grundsätzlich zum stpfl. wirtschaftlichen Geschäftsbetrieb; die Möglichkeiten nach § 57 Abs. 3 AO (→ Rn. 164) und § 58 Nr. 1 AO (→ Rn. 168) bleiben unberührt (AEAO zu § 57 Nr. 16).

8. Ausnahmen vom Grundsatz der Selbstlosigkeit, Ausschließlichkeit und Unmittelbarkeit

a) Allgemeines. Die **Ausnahmen** des **§ 58 AO** sind den genannten Grundvoraussetzungen **nicht systematisch zugeordnet** und setzen zT mehrere außer Kraft. Danach wird die Steuervergünstigung nicht dadurch ausgeschlossen, dass **166**

(Nr. 1) eine Körperschaft einer anderen Körperschaft oder einer juristischen Person des öffentlichen Rechts **Mittel** für die Verwirklichung steuerbegünstigter Zwecke **zuwendet.** Mittel sind sämtliche Vermögenswerte der Körperschaft. Die Zuwendung von Mitteln an eine beschränkt oder unbeschränkt steuerpflichtige Körperschaft des privaten Rechts setzt voraus, dass diese selbst steuerbegünstigt ist. Beabsichtigt die Körperschaft, als einzige Art der Zweckverwirklichung Mittel anderen Körperschaften oder juristischen Personen des öffentlichen Rechts zuzuwenden, ist die Mittelweitergabe als Art der Zweckverwirklichung in der Satzung zu benennen.

(Nr. 2) *(aufgehoben)*

(Nr. 3) eine Körperschaft ihre **Überschüsse** der Einnahmen über die Ausgaben aus der Vermögensverwaltung, ihre Gewinne aus den wirtschaftlichen Geschäftsbetrieben ganz oder teilweise und darüber hinaus höchstens 15 % ihrer sonstigen nach § 55 Abs. 1 Nr. 5 AO zeitnah zu verwendenden Mittel einer anderen steuerbegünstigten Körperschaft oder einer juristischen Person des öffentlichen Rechts zur Vermögensausstattung **zuwendet.** Die aus den Vermögenserträgen zu verwirklichenden steuerbegünstigten Zwecke müssen den steuerbegünstigten satzungsmäßigen Zwecken der zuwendenden Körperschaft entsprechen. Die nach dieser Nummer zugewandten Mittel und deren Erträge dürfen **nicht für weitere Mittelweitergaben** iSd ersten Satzes verwendet werden,

(Nr. 4) eine Körperschaft ihre **Arbeitskräfte** anderen Personen, Unternehmen, Einrichtungen oder einer juristischen Person des öffentlichen Rechts für steuerbegünstigte Zwecke **zur Verfügung stellt,**

(Nr. 5) eine Körperschaft ihr gehörende **Räume** einer anderen ebenfalls steuerbegünstigten Körperschaft oder einer juristischen Person des öffentlichen Rechts zur Nutzung zu steuerbegünstigten Zwecken **überlässt,**

(Nr. 6) eine **Stiftung** einen Teil, jedoch höchstens ein Drittel ihres Einkommens dafür verwendet, um in angemessener Weise den **Stifter** und seine nächsten **Angehörigen** zu **unterhalten,** ihre Gräber zu pflegen und ihr Andenken zu ehren,

(Nr. 7) eine Körperschaft **gesellige Zusammenkünfte** veranstaltet, die im Vergleich zu ihrer steuerbegünstigten Tätigkeit von untergeordneter Bedeutung sind,

(Nr. 8) ein Sportverein neben dem unbezahlten auch den **bezahlten Sport fördert,**

(Nr. 9) eine von einer Gebietskörperschaft errichtete **Stiftung** zur Erfüllung ihrer steuerbegünstigten Zwecke **Zuschüsse an Wirtschaftsunternehmen** vergibt,

(Nr. 10) eine Körperschaft Mittel zum **Erwerb von Gesellschaftsrechten** zur Erhaltung der prozentualen Beteiligung an Kapitalgesellschaften im Jahr des Zuflusses verwendet. Dieser Erwerb mindert die Höhe der Rücklage nach § 62 Abs. 1 Nr. 3 AO,

(Nr. 11) eine Körperschaft Mittel für die Errichtung und den Betrieb von Photovoltaikanlagen und anderen Anlagen nach dem Erneuerbare-Energien-Gesetz verwendet, soweit es sich dabei nicht um den Hauptzweck der Körperschaft handelt.

Literatur: Müller/Schubert, Die Stifterfamilie und die Sicherstellung ihrer Versorgung im Rahmen einer gemeinnützigen Stiftung, DStR 2000, 1289; Leisner, Die mildtätige Familienstiftung, DB 2005, 2434; Kirchhain, Ist die ertragsteuerfinanzierte Versorgung der Stifterfamilie durch eine gemeinnützige Stiftung über die Ein-Drittel-Grenze der § 58 Nr. 5 AO hinaus schädlich?, ZEV 2006, 534; Schiffer/Sommer, Mittelbeschaffung bei gemeinnützigen Körperschaften …, BB 2008, 2432; Theobald, Finanzierung öffentlicher Aufgaben durch gemeinnützige Körperschaften …, DStR 2010, 1464; Kirchhain, Vom Fördern und Gefordertsein, DStR 2013, 2141; Suck, Zur Zulässigkeit einer mehrfachen Mittelweitergabe nach § 58 Nr. 1 AO, SteuK 2013, 184; Seeger/Milde, Leistungsaustausch zwischen gemeinnützigen Körperschaften, NWB 2014, 2612; Schmitz, Personalüberlassung durch gemeinnützige Körperschaften, EFG 2014, 3012; Salzberger/Schröder, Ausgliederung von steuerbegünstigten Betrieben und Vermögensausstattung einer steuerbegünstigten Körperschaft, DStR 2015, 1665; Kirchhain, Gewinnausschüttungen und -abführungen gemeinnütziger Kapitalgesellschaften – die Finanzverwaltung in der Zwickmühle, DStR 2017, 2317; Gersch, Neue Regeln für die Weitergabe von Mitteln im Gemeinnützigkeitsrecht gem. § 58 Nr. 1 AO AO-StB 2021, 302; Orth, Mittelzuwendungen iSd § 58 Nr. 1 AO und zeitnahe Mittelverwendung, BB 2022, 23; Roth, Zulässigkeit einer Unweltabgabe durch Kultureinrichtungen nach den §§ 51 ff. AO, Handbuch Kulturmanagement, K-E 3.8 (5.89 ff.); Bischoff, Gemeinnützigkeitskonforme Mittelweitergabe unter besonderer Berücksichtigung von Auslandssachverhalten, EWS 2024, 311; Görmar/Kraus, Mittelweitergabe: Die Mittelweitergabe durch steuerbegünstigte Körperschaften – so geht es rechtssicher, SB 2024, 183.

167 **b) Satzungserfordernis.** Da die Vorschrift nur **Ausnahmen** vom Grundsatz der Selbstlosigkeit, Unmittelbarkeit und Ausschließlichkeit enthält, entbindet sie nicht von der **Angabe des steuerbegünstigten Zwecks** in ihrer Satzung (BFH V R 23/23, BFH/NV 2026, 612, zu Nds FG 6 K 335/21, best). Dagegen ist eine Regelung dazu, dass die jeweilige **Ausnahme in der Satzung** festzuschreiben ist (vgl. § 59 AO, → Rn. 195 ff.), **lediglich in § 58 Nr. 1 S. 4 AO** enthalten. Nach AEAO zu § 58 Nr. 18 ist bei den Nr. 3–8 keine Satzungsbestimmung erforderlich. Dem ist mE im Wesentlichen zuzustimmen. Die systematische Stellung der Vorschriften zueinander spricht an sich für das Erfordernis einer Festschreibung. Doch ist mE eine Differenzierung je nach Regelungsgegenstand der jeweiligen Ausnahmevorschrift geboten (ebenso Seer in Tipke/Kruse AO § 58 Rn. 1). Die Ausnahmen betreffen zT unvorhergesehene Betätigungen und Nebenbetätigungen. In diesen Fällen (mE die Nr. 1 ohne S. 3, sowie die Nr. 3–5, 7 und 10) ist mE eine satzungsmäßige Verankerung nicht erforderlich (zu ex-Nr. 4, jetzt Nr. 5: BFH I R 35/94, BStBl. II 1996, 583). Anders bei den Nr. 6, 8 und 9; sie

betreffen die Beschreibung der Haupttätigkeit oder die vorhersehbare Mittelverwendung.

Ein **Überschreiten der Ausnahmetatbestände** nach Satzung (→ Rn. 197 ff.) oder tatsächlicher Geschäftsführung (→ Rn. 210 ff.) ist schädlich (vgl. BFH I R 35/94, BStBl. II 1996, 583). Die Regelungen des § 58 AO lassen die Folgen der Führung eines wirtschaftlichen **Geschäftsbetriebs unberührt** (BFH V B 22/09, BFH/NV 2009, 1827; FG RhPf 6 K 1351/06, DStRE 2010, 549; AEAO zu § 58 Nr. 18 zu den Nr. 4, 5 und 7).

c) Im Einzelnen gilt. aa) Mittelzuwendung (Nr. 1). Die **bisherigen Nr. 1 u. 2** (hierzu s. 10. Aufl.) sind unter Aufhebung der Nr. 2 in der Nr. 1 mWv 29.12.2020 **zusammengefasst** und zT in Abweichung zu der bisherigen Rspr. **neu geregelt** worden (G. v. 29.12.2020, BGBl. 2020 I 3096). Letzteres betrifft insbesondere die ausschließliche Mittelzuwendung (Nr. 1 S. 4), die nach der Nr. 2 aF nicht zulässig war (HessFG 4 K 2239/09, DStRE 2013, 434, best. durch BFH I R 41/12, BFH/NV 2015, 235; s. aber auch BFH I R 156/94, BStBl. II 2002, 162 zur *periodenübergreifenden Betrachtung*). **168**

Die Vorschrift enthält eine **Ausnahme vom Grundsatz der Selbstlosigkeit, Unmittelbarkeit und Ausschließlichkeit.** Sie bewahrt vor dem Verlust der Steuervergünstigung, wenn die Körperschaft ihre Mittel nicht selbst iSv § 55 Abs. 1 Nr. 1 AO für ihre steuerbegünstigten Zwecke verwendet (→ Rn. 116, 128), zB bei Förder- und Spendensammelvereinen (Kirchhain DStR 2013, 2141). Sie ist nicht einschlägig und führt daher nicht zu einer (weiteren) Steuervergünstigung, wenn die Körperschaft etwa Mittel aus einem wirtschaftlichen Geschäftsbetrieb an eine andere steuerbegünstigte Körperschaft weiterleitet (FG RhPf 6 K 1351/06, DStRE 2010, 549; hierzu → Rn. 219 f., 256 f.). Das gilt auch, wenn Leistungen (Nutzungsüberlassungen, Warenlieferungen und Dienstleistungen) gegen ein die Kosten übersteigendes Entgelt erbracht werden (vgl. AEAO zu § 58 Nr. 7).

Die Zuwendung der Mittel an eine andere Körperschaft oder eine juristische Person des öffentlichen Rechts ist **nicht Satzungszweck;** sie muss mE neben dem Förderungszweck der zuwendenden Körperschaft **nicht ausdrücklich bestimmt** sein; mE ebenso wenig der gemeinnützige Verwendungszweck. **168a**

Jedoch ist nach **Nr. 1 S. 4** eine **Satzungsbestimmung erforderlich,** wenn die Mittelzuwendung die **einzige Art der Zweckverwirklichung** ist (Förderkörperschaft). Das gilt auch, wenn die Körperschaft mehrere begünstigte Zwecke verfolgt, aber nur einen ausschließlich durch Mittelzuwendung. Erfolgt Letztere nicht ausschließlich (nach dem Wortlaut bis zu 99 %!), ist ebenfalls keine Satzungsbestimmung erforderlich (krit. zB Kirchhain DStR 2021, 129; Hüttemann DB 2021, 72: Satzung als „Feigenblatt"; Roth, Zulässigkeit einer Umweltabgabe durch Kultureinrichtungen nach den §§ 51 ff. AO: Beschränkung durch das Gebot der Ausschließlichkeit (→ Rn. 151 ff.)). Ebenfalls **nicht anzugeben** ist die **geförderte Körperschaft/juristische Person des öffentlichen Rechts** (AEAO zu § 58 Nr. 3). Ist sie jedoch angegeben, dann hat das Konsequenzen für die tatsächliche Geschäftsführung (Gersch AO-StB 2021, 302) bzw. bedarf die Förderung einer anderen Körperschaft der Satzungsänderung (zur Nr. 1 aF OFD Magdeburg 20.4.2005, DStR 2005, 1732).

Zu den **Mitteln** iSd Vorschrift gehören nicht nur alle Vermögenswerte, sondern auch unentgeltliche oder lediglich gegen Kostenübernahme erbrachte Leistungen (Nutzungsüberlassungen, Warenlieferungen und Dienstleistungen; krit. Orth BB **168b**

2022, 23); die Möglichkeiten nach § 57 Abs. 3 AO (→ Rn. 164 ff.) bleiben hiervon unberührt (AEAO zu § 58 Nr. 1). Der Einsatz einer Hilfsperson etwa für die Durchführung eines Projekts ist kein Fall das § 58 Nr. 1, sondern des § 57 Abs. 1 S. 2 AO (→ R. 157; Görmar/Kraus SB 2024, 183). Die **Zuwendung** ist daher **nicht beschränkt** auf die im jeweiligen EZ zufließenden Mittel. Die Verwendung für Förderungszwecke bestimmt die **Herkunft der Mittel** aus dem idellen Bereich, die damit aus den zeitnah zu verwendenden Mitteln (→ Rn. 148 ff.) gespeist werden. In diesem Zusammenhang soll die Zuordnung der Mittelherkunft nicht nur von der Entgeltlichkeit/Unentgeltlichkeit der Leistungen, sondern auch von ihrer Zuordnung im steuerbegünstigten Bereich bei der Empfängerkörperschaft abhängen (AEAO zu § 58 Nr. 7). Maßgebend ist mE dagegen allein die Zweckbestimmung der Leistung bei der Geberkörperschaft.

168c Auch **Ausschüttungen** und sonstige Zuwendungen sind unschädlich, wenn die Gesellschafter oder Mitglieder als Empfänger selbst gemeinnützige Körperschaften oder juristische Personen des öffentlichen Rechts sind, die die Mittel für begünstigte Zwecke verwenden (AEAO zu § 58 Nr. 4; krit. zur Nr. 2 aF Kirchhain DStR 2017, 2317). Ebenso sind **Darlehen** zulässig, wenn der Empfänger das Gebot der zeitnahen Mittelverwendung beachtet (BMF 14.12.1994, BStBl. I 1995, 40).

168d Die Mittelhingabe **ohne die Zweckbestimmung** ist schädlich. Das ist insb. bei einer vGA der Fall, wenn zB die Körperschaft bei einem Erwerb der Anteile an ihr durch eine weitere gemeinnützige Körperschaft (verdeckt) einen erhöhten Kaufpreis an den bisherigen Gesellschafter zahlt (BFH I R 59/09, BStBl. II 2012, 226). Entsprechend, wenn eine **kommunale EigenGes** für ihre Leistungen ein **zu geringes Entgelt** erhält; der Vorteil der Kommune ist der geforderten Zweckbestimmung nicht zugänglich (BFH I R 17/12, BStBl. II 2016, 68). Das ist nach FVerw unschädlich, wenn die Mittel nachweislich für steuerbegünstigte Zwecke verwendet werden (AEAO zu § 58 Nr. 4). Zum Leistungsaustausch zwischen steuerbegünstigten Körperschaften Seeger/Milde NWB 2014, 2612.

169 Die **Steuerbegünstigung der Empfängerkörperschaft** des privaten Rechts selbst wird vom G. vorausgesetzt. Sie darf **mehrere Satzungszwecke** haben, von denen sie einen oder mehrere über einen gewissen Zeitraum nicht fördert; solange sie diese nicht endgültig aufgibt, ist keine Satzungsänderung erforderlich (OFD Magdeburg 20.4.2005, DStR 2005, 1732). Allerdings ist nach der weiten Fassung der Nr. 1 S. 1 eine **Übereinstimmung der satzungsmäßigen Förderungszwecke** der geförderten Körperschaft und der fördernden Körperschaft **nicht erforderlich** (AEAO zu § 58 Nr. 3; ebenso zur Nr. 2 aF FG RhPf 6 K 1351/06, DStRE 2010, 549; aA zur Nr. 1 aF HessFG 4 K 2239/09, DStRE 2013, 434, offen geblieben vom nachfolgenden BFH I R 41/12, BFH/NV 2015, 235) – unerfreulich für den Spender, der zB die Bildung fördern möchte und nicht den bezahlten Fußball. Es handelt sich aber um eine Konsequenz daraus, dass die Vorschrift auch eine Ausnahme vom Grundsatz der Ausschließlichkeit enthält. Für **Stiftungen** beschränkt allerdings der in der Satzung niedergelegte Stiftungszweck diese Möglichkeit (Görmar/Kraus SB 2024, 183). **Anders** ist es mE zudem, wenn die Mittelzuwendung die **einzige Art der Zweckverwirklichung** ist; schon aus logischen Gründen sollte eine Übereinstimmung der Satzungszwecke erforderlich sein (aA Roth, Zulässigkeit einer Umweltabgabe durch Kultureinrichtungen nach den §§ 51 ff. AO unter Hinweis auf BT-Drs. 19/25160, 203). Auch eine **ausländische** Körperschaft (Rechtstypenvergleich!) darf Empfängerin sein; erforderlich ist aber ein gewisser Inlandsbezug (→ Rn. 28, 28b) sowie der ausreichende Nachweis der Mittelverwendung für steuerbegünstigte Zwecke (AEAO zu § 58 Nr. 2; Schult/Meining FR 2005, 977; Bischoff EWS 2024, 311).

Weitere **Voraussetzung** ist die **zeitnahe Mittelverwendung** iSv § 55 Abs. 1 Nr. 5 AO (→ Rn. 148) für steuerbegünstigte Zwecke durch die Empfängerkörperschaft (hierzu Theobald DStR 2010, 1464). Ein Verstoß hiergegen begründet eine Mittelfehlverwendung bei ihr (AEAO zu § 58 Nr. 5). Sofern AEAO zu § 58 Nr. 6 hiervon die bei der Geberkörperschaft nicht zeitnah zu verwendenden Mittel (zB freien Rücklagen) ausnehmen will, ist dem mE nicht zu folgen, weil sich die Zulässigkeit von Rücklagen- u. Vermögensbildung (§ 62 AO; → Rn. 206 ff.) subjektbezogen beurteilt. Die **Weitergabe der Mittel** durch die Empfängerkörperschaft ist mE durch die Vorschrift nicht ausgeschlossen, sofern bei ihr in diesem Stadium die Voraussetzungen des § 58 Nr. 1 AO vorliegen (ebenso Suck SteuK 2013, 184). **Zum Vertrauensschutz** → Rn. 183. **169a**

bb) Zuwendung von Überschüssen uÄ (Nr. 3). Ausnahme vom Gebot der **Unmittelbarkeit,** eingefügt durch das G. zur Stärkung des Ehrenamts (BGBl. 2013 I 556) mit der Begründung, die Vorschrift erleichtere zB die Einrichtung von sog. „Stiftungsprofessuren" (FinA BT-Drs. 17/12123, 22). Allerdings ist die Vorschrift rechtsformneutral und lässt andere konkrete Verwendungszwecke zu (Hüttemann DB 2013, 774). **170**

Die **betragsmäßige Beschränkung** betrifft zunächst die **Überschüsse/Gewinne** (diese ganz oder zum Teil) aus der Vermögensverwaltung bzw. aus wirtschaftlichen Geschäftsbetrieben; zu Letzteren zählen auch die Zweckbetriebe (vgl. § 64 Abs. 1 letzter Hs. AO; → Rn. 219, 255; so auch FinA BT-Drs. 17/12123, 22). Darüber hinaus dürfen **15 % der sonstigen zeitnah zu verwendenden** Mittel zugewendet werden. Es sind die der zweijährigen Verwendungsfrist nach § 55 Abs. 1 Nr. 5 AO (→ Rn. 148) unterliegenden Mittel. Das G. bringt zudem an dieser Stelle zum Ausdruck, dass die Überschüsse/Gewinne dem Gebot des § 55 Abs. 1 Nr. 5 AO unterliegen und dass auch für diese ein **Zeitlimit von 2 Jahren** besteht; der Überschuss/Gewinn des EZ (1) kann also bis zum Ende des EZ (3) nach der Nr. 3 zugewendet werden.

Zur **Empfängerkörperschaft** gelten mE die Ausführungen in → Rn. 169 entsprechend. Erforderlich ist mE aber **Identität der Zwecke,** die mit den Zuwendungen zu verwirklichen sind, mit den satzungsmäßigen Zwecken der zuwendenden Körperschaft; was nicht ausschließt, dass beide Körperschaften noch andere (begünstigte) Zwecke verfolgen (AEAO zu § 58 Nr. 3).

Die **Zuwendung** muss durch die Zweckbestimmung der **Vermögensausstattung** gekennzeichnet sein. Das kann zB die Kapitalausstattung bei einer Neugründung oder einer Kapitalerhöhung sein, nicht jedoch der Erwerb von Anteilen an einer bestehendn KapitalGes (AEAO zu § 58 Nr. 8). Zudem besteht ein **striktes Verwendungsgebot** in dem Sinne, dass die Empfängerkörperschaft die Mittel zu diesem Zweck (zeitnah) zu verwenden hat und nicht ihrerseits nach einer der Nr. 1–3 weiter zuwenden darf (vgl. AEAO zu § 58 Nr. 8; krit. Salzberger/Schröder DStR 2015, 1665). Eine anderweitige Verwendung stellt eine Mittelfehlverwendung dar. Zudem obliegt mE insb. Bei **Körperschaften nach § 5 Abs. 2 Nr. 2 KStG** der Geberkörperschaft der **Nachweis,** dass die gesetzlichen Gebote von der Empfängerkörperschaft eingehalten werden. Zum **Vertrauensschutz** → Rn. 183.

cc) Überlassung von Arbeitskräften (Nr. 4). Ausnahme vom Gebot der **Unmittelbarkeit** im Interesse einer größeren Elastizität und Effektivität. Zulässig **171**

ist die ausschließliche Überlassung (SchlHFG 1 K 104/00; aus anderen Gründen aufgeh. durch BFH I R 2/08, BStBl. II 2010, 1006; aA Unger in Gosch AO § 58 Rn. 45). Eingeschlossen ist die Zurverfügungstellung von Arbeitsmitteln, zB eines Krankenwagens (AEAO zu § 58 Nr. 9). Der Empfänger muss nicht eine ebenfalls steuerbefreite Körperschaft sein; auch eine natürliche Person oder ein Unternehmen kann Empfänger sein. Die Vorschrift stellt allein auf den **steuerbegünstigten Verwendungszweck** ab. Die Überlassung darf nicht zu einer Förderung von stpfl. Unternehmen führen. Die Erwähnung von juristischen Personen des öffentlichen Rechts hat eher klarstellenden Charakter; Änderungen sind hiermit nicht verbunden (s. BT-Drs. 16/5200, 21; Fritz DB 2007, 694). Die Überlassung **gegen Entgelt** begründet einen wirtschaftlichen Geschäftsbetrieb (→ Rn. 219 ff., vgl. BFH I R 2/08, BStBl. II 2010, 1006; Schmitz EFG 2014, 3012).

172 **dd) Überlassung von Räumen (Nr. 5). Ausnahme** vom Gebot der **Unmittelbarkeit.** Sie ist erforderlich, weil sonst selbst die Überlassung an steuerbefreite Körperschaften zu begünstigten Zwecken schädlich wäre. Dies wäre ein sinnwidriges Ergebnis. Daher wohl extensive Auslegung des Begriffes „Räume" für Sportplätze, Freibäder usw geboten (FG Brem 2 K 28/08, EFG 2010, 527, zur Eislaufhalle; AEAO zu § 58 Nr. 5). Streitig ist, ob es in extensiver Auslegung der Vorschrift als ausreichend anzusehen ist, wenn eine Körperschaft **ausschließlich** einer anderen steuerbegünstigten Körperschaft für deren steuerbegünstigte Zwecke (selbstlos) Räume zur Verfügung stellt (offen geblieben in BFH V R 6/95, BFH/NV 1996, 583; I R 95/97, BFH/NV 1999, 481; bejahend zu den sog. Hallenbauvereinen OFD Münster 1.3.1989, DStR 1989, 429; Seer in Tipke/Kruse AO § 58 Rn. 10; Jachmann in Gosch AO § 58 Rn. 25; verneinend Gersch in Klein AO § 58 Rn. 5; Musil in HHS AO § 58 Rn. 54). ME ist das zu bejahen, weil die Vorschrift als lex specialis eine Ausnahme zum Ausschließlichkeitsgebot enthält (Abweichung von der Vorauflage; aA FG BW 3 K 268/93, EFG 1997, 1341; aus anderen Gründen best: BFH I R 95/97, BFH/NV 1999, 739).

Die Erwähnung der juristischen Person des öffentlichen Rechts führt zu einer sachlichen Erweiterung der Möglichkeiten der überlassenden Vereinigung (s. BT-Drs. 16/5200, 21; Fritz BB 2007, 694). Die Überlassung gegen Entgelt kann eine Vermögensverwaltung, aber auch einen wirtschaftlichen Geschäftsbetrieb (→ Rn. 219) begründen (vgl. AEAO zu § 58 Nr. 18).

Zum **Vertrauensschutz** → Rn. 183.

173 **ee) Stiftungen (Nr. 6). Ausnahme** vom Gebot der **Ausschließlichkeit** ***und*** **Selbstlosigkeit** (§ 55 Abs. 1 Nr. 1 AO). Sie trägt dem Umstand Rechnung, dass es ohne den Stifter die Stiftung nicht gegeben hätte. Bedenklich ist aber, dass in Zusammenhang mit § 62 Abs. 1 Nr. 3 (→ Rn. 207c) AO der Stifter einen überwiegenden Teil des Einkommens den gemeinnützigen Zwecken entziehen kann (Müller/Schubert DStR 2000, 1289). Da die Vorschrift keinen eigenständigen Gemeinnützigkeitszweck begründet, ist ein Satzungszweck, der die Unterstützung von hilfsbedürftigen Verwandten des Stifters zum Gegenstand hat, schädlich (AEAO zu § 58 Nr. 14). Das gilt jedoch nicht für mE erforderliche Satzungsbestimmungen, nach denen die Unterhaltsgewährung zulässig ist (Schauhoff DB 1996, 1693). Nach AEAO zu § 55 Nr. 15 ist die Vorschrift nur anzuwenden, wenn die Stiftung Leistungen erbringt, die gegen § 55 Abs. 1 Nr. 1 AO verstoßen (also freiwillige Zuwendungen erbringt) oder für die Erfüllung von Ansprüchen aus der Übertragung von Vermögen nicht das belastete Vermögen einsetzt, sondern Erträge. Nach BFH II R 16/95, BStBl. II 1998, 758 (zust. Schulz DStR

1999, 354; Müller/Schubert DStR 2000, 1289; Kirchhain ZEV 2006, 539) ist für die Anwendung der Vorschrift kein Raum, wenn Renten- ua Unterhaltszahlungen in Erfüllung des Stiftungsgeschäfts erfolgen, weil der entsprechende Teil des Stiftungsvermögens dem Satzungszweck von vornherein nicht zur Verfügung steht. Hiernach reduziert sich der Anwendungsbereich des § 58 Nr. 6 AO auf nach dem Stiftungsgeschäft freiwillig übernommene Verpflichtungen. Dem ist mE nicht zuzustimmen, weil die Vorschrift eine Ausnahme vom Gebot der Selbstlosigkeit enthält und daher eng auszulegen ist (vgl. auch AEAO zu § 55 Nr. 15). Sie lässt nach ihrem klaren Wortlaut den Einsatz von nur ⅓ ihres Gesamteinkommens für Unterhaltszwecke zu. Gestaltungen, die – wie der BFH meint – für die Anwendung der Vorschrift keinen Raum bieten, stellen mE die gemeinnützigen Zwecke der Stiftung in Frage (ähnl. AEAO zu § 58 Nr. 11 iVm zu § 55 Nr. 14).

Der Begriff der **nächsten Angehörigen** ist enger als der Begriff der Angehöri- **174**
gen iSv § 15 AO. Nach AEAO (AEAO zu § 58 Nr. 12) umfasst er Ehegatten, Eltern, Großeltern, Kinder, Enkel (auch durch Adoption), Geschwister, Pflegeeltern und Pflegekinder. Die Auslegung des Begriffs ist mE zutr. (entgegen Seer in Tipke/Kruse AO § 58 Rn. 13). Die Ausdehnung auf alle Verwandten in gerader Linie entspricht nicht dem Wortlaut der Vorschrift. Zudem sollen nur solche Angehörige noch begünstigt sein, denen durch die Stiftung eine Anwartschaft (im Erbwege) auf existenzsicherndes Vermögen entzogen worden ist (ebenso Müller/Schubert DStR 2000, 1289 mwN); für eine Ausdehnung auf entferntere Verwandte, wenn „nächste Angehörige" nicht vorhanden sind, Schauhoff DB 1996, 1693; Müller/Schubert DStR 2000, 1289; Jansen/Gröning StuW 2003, 140.

Problematisch ist auch, nach wessen Verhältnissen die **angemessene Weise** zu **175**
beurteilen ist. Nach AEAO (AEAO zu § 58 Nr. 8) geht es (zutr.) um einen „angemessenen Rahmen" und ist für die Angemessenheit des Unterhalts der Lebensstandard des Zuwendungsempfängers maßgebend (abw. Tipke/Kruse AO § 58 Rn. 6; Müller/Schubert DStR 2000, 1289: Lebensstandard des Stifters zum Zeitpunkt der Stiftung). Allerdings bedeutet „in angemessener Weise" nicht „angemessener Unterhalt" (Schiffer DStR 2003, 14; aA wohl AEAO zu § 58 Nr. 13). Eine **Prüfung des Bedarfs** durch das FA sieht das Gesetz nicht ausdrücklich vor (Thiel/Eversberg DB 1990, 395), ist mE aber implizit angesprochen durch die relative Begrenzung „in angemessener Weise". Reicht das Einkommen eines EZ für die Erfüllung von Unterhaltsansprüchen nicht aus, können Ertragsüberschüsse in späteren Jahren nicht zur Nachholung verwendet werden (Müller/Schubert DStR 2000, 1289).

Einkommen iSd Vorschrift ist die Summe der Einkünfte aus den einzelnen **176**
Einkunftsarten iSd § 2 Abs. 1 EStG von Vermögensverwaltung, Zweckbetrieb und wirtschaftlicher Geschäftsbetrieb (vgl. AEAO zu § 58 Nr. 11) im jeweiligen EZ, nicht jedoch Spenden (vgl. FG München 7 K 1178/93, EFG 1995, 650, aufgeh. aus anderen Erwägungen durch BFH II R 16/95, BStBl. II 1998, 758). Bei der ggf. erforderlichen Saldierung sind Verlustverrechnungsbeschränkungen, mit Ausnahme des § 15a EStG, unbeachtlich (AEAO zu § 58 Nr. 11). Nicht zu dem Einkommen der Stiftung gehören Erträge aus einem Vermögensgegenstand, an dem der Zuwendende sich ein Nutzungsrecht vorbehalten hat (Schauhoff DB 1996, 1693; Götz Inf 1997, 141).

Die Ausnahmeregelung besteht **neben** der Möglichkeit **der freien Rücklage** nach § 62 Abs. 1 Nr. 3 (→ Rn. 207c). Der Unterhalt mindert mE die Bemessungsgrundlage für die freie Rücklage, insofern dort die zeitnah zu verwendenden Mittel angesprochen sind (aA Müller/Schubert DStR 2000, 1289).

177 **ff) Gesellige Zusammenkünfte (Nr. 7). Ausnahme** vom Gebot der **Ausschließlichkeit** und **Selbstlosigkeit.** Die Vorschrift ist nicht nur unbestimmt, sondern gemessen am Begünstigungszweck auch falsch formuliert. Von **untergeordneter Bedeutung** ist, was weniger als die Hälfte der Aktivität ausmacht. Das Gesetz meint jedoch sicher, dass die geselligen Zusammenkünfte nicht oder kaum messbar ins Gewicht fallen (AEAO zu § 58 Nr. 15 wiederholt Gesetzeswortlaut); allgemein wird ein Anteil von **nicht mehr als 10 %** des Gesamtaufwands der Körperschaft angenommen (vgl. BFH I B 160/11, BFH/NV 2012, 1478). Vereine, bei denen der „Sport" häufig nur noch Mittel zum geselligen Zweck ist (vgl. zu Schützenvereinen OFD Hannover 23.6.1999, DStR 1999, 1856), können daher nicht gemeinnützig sein; ebenso Vereine, die gesellige Veranstaltungen als *Vereinszweck* in die Satzung aufnehmen (FG Bln VIII 182/83, EFG 1985, 146). **Einnahmen** bei geselligen Veranstaltungen begründen einen wirtschaftlichen Geschäftsbetrieb (BFH V R 53/15, BFHE 255, 513; FG RhPf 6 K 1104/09, EFG 2010, 1552, Karneval).

178 **gg) Teilweise Förderung des bezahlten Sports (Nr. 8). Ausnahme** vom Gebot der **Selbstlosigkeit.** Sportliche Veranstaltungen sind nach § 67a AO (→ Rn. 274 ff.) ab 1.1.1990 als Zweckbetrieb anzusehen, wenn die Einnahmen pro Jahr 45.000 EUR nicht übersteigen. Da hierbei auch Sportler bezahlt werden können, soll mit der Vorschrift verhindert werden, dass wegen des hierin liegenden Verstoßes gegen den Grundsatz der Selbstlosigkeit (→ Rn. 117 ff.) die Gemeinnützigkeit verloren geht (BT-Drs. 11/4176, 10). Dieser Sachzusammenhang bedingt mE aber, dass Zahlungen an Sportler, die die Einnahmen aus Veranstaltungen insgesamt übersteigen, zum Verlust der Steuerbefreiung führen (aA wohl BMF 7.12.1990, BStBl. I 1990, 818 (823)); ebenso Zahlungen außerhalb von Veranstaltungen.

Die Bedeutung des Tatbestandsmerkmals **„neben"** ist unklar. ME ist damit eine untergeordnete Größe angesprochen, die angesichts des Ausnahmecharakters der Vorschrift nicht über 10 % der Gesamttätigkeit (des Gesamtaufwands) des ideellen Bereichs liegen sollte.

179 **hh) Zuschüsse von Stiftungen zur Erfüllung steuerbegünstigter Zwecke (Nr. 9). Ausnahme** vom Gebot der **Unmittelbarkeit.** Hiermit soll es von **Gebietskörperschaften** gegründeten Stiftungen (zB Deutsche Bundesstiftung Umwelt, BT-Drs. 12/5630, 97) ermöglicht werden, Zuschüsse an Wirtschaftsunternehmen für Projekte zur Erfüllung der steuerbegünstigten Zwecke der Stiftung zu geben. Ohne diese Vorschrift müssten die durch Zuschüsse geförderten Wirtschaftsunternehmen Hilfspersonen gem. § 57 Abs. 1 S. 1 AO sein, was diese „sehr einengen und die Zuschüsse dadurch vielfach uninteressant machen" und „auch für die Stiftungen Risiken insb. Haftungsrechtlicher Art begründen" würde (BT-Drs. 12/5630, 97). An den übrigen Gemeinnützigkeitsvoraussetzungen, zB Forschungsergebnisse für die Allgemeinheit zugänglich zu machen, soll sich hierdurch nichts ändern. Die Beschränkung auf von Gebietskörperschaften gegründete Stiftungen wird mit dem Ziel, Missbrauch zu vermeiden, begründet, denn diese würden „regelmäßig besonderen Kontrollen durch die Gründungskörperschaften und den Bundesrechnungshof oder einen Landesrechnungshof" unterliegen (BT-Drs. 12/5630, 98). Die Vorschrift ist im Hinblick auf Art. 3 Abs. 1 GG bedenklich (Koch/Scholtz AO § 58 Rn. 10/2), denn einer erweiternden Auslegung, etwa zugunsten von Wirtschaftsförderungsgesellschaften, ist sie nicht zugänglich (BFH I R 38/96, BFH/NV 1997, 904; für eine analoge Anwendung auf privatrechtliche

Stiftungen Dehesselles DB 2005, 72). Die mittelbare Zweckverwirklichung muss in der Satzung festgelegt sein; die Verwendung der Mittel muss nachgewiesen werden (AEAO zu § 58 Nr. 16).

ii) Erwerb von Gesellschaftsrechten (Nr. 10). Die Mittelverwendung darf **allein der Erhaltung** der prozentualen Beteiligung dienen. Eine Verwendung für erstmalige Anschaffungen und Aufstockungen von Beteiligungen an Kapitalgesellschaften ist ebenso wenig zulässig (AEAO zu § 58 Nr. 17) wie für den Erwerb von Beteiligungen an einer Personengesellschaft (Stahlschmidt FR 2002, 1109). Der Zweck der Vorschrift, einen Vermögensverlust der Körperschaft im Falle einer Kapitalerhöhung zu vermeiden, wird mE zutr. Im Wege der **teleologischen Reduktion** dahin ausgelegt, dass Anlass des Erwerbs eine „unfreiwillige" Kapitalerhöhung sein muss (Seer in Tipke/Kruse AO § 58 Rn. 10 mwN). Daraus folgt mE weiter, dass es sich nicht um eine **Beteiligung** handeln darf, die einen beherrschenden Einfluss auf die Geschäftsführung der Kapitalgesellschaft vermittelt (→ Rn. 229). Auf die Beteiligungshöhe kommt es nicht an. Auf Dauer muss sich mE jedoch ein Überschuss aus der Beteiligung ergeben. **180**

Aus welchen Mitteln die Körperschaft die Gesellschaftsrechte erwirbt, ist unerheblich (AEAO zu § 58 Nr. 17; zust. Ley BB 1999, 626). Es können Spenden, Beiträge, Erlöse aus wirtschaftlichen Geschäftsbetrieben einschließlich Zweckbetrieben oder aus Vermögensverwaltung verwendet werden; auch eine freie Rücklage (→ Rn. 207c) darf verwendet werden. Allerdings besteht die **Verwendungsfrist** bis zum Ende des Zuflussjahres. **180a**

Die verwendeten Mittel **mindern die nach § 62 Abs. 1 Nr. 3** zulässige Rücklage (freie Rücklage; → Rn. 207c); übersteigen sie diese, dann sind erneute freie Rücklagen erst dann wieder zulässig, wenn die hierfür verwendbaren Mittel insgesamt die für die Beteiligungsquote verwendeten Mittel übersteigen (AEAO zu § 58 Nr. 17 mit Beispiel). Angesprochen ist entgegen dem zu weit gefassten Wortlaut nach dem innerem Zusammenhang der Vorschrift mE der **Höchstbetrag der Rücklage,** nicht nur der in dem jeweiligen Jahr zusätzlich zuzuführende Betrag (vgl. AEAO zu § 58 Nr. 17; ebenso Ley BB 1999, 626; Schauhoff/Kirchhain FR 2013, 301; Seer in Tipke/Kruse AO § 58 Rn. 11). **180b**

jj) Erneuerbare Energien (Nr. 11). Die im Interesse des Klimaschutzes konzipierte Ausnahmeregelung enthält **keine Höchstbetragsregelung** und erstreckt sich ausdrücklich auf den Einsatz **aller erneuerbaren Energien** (RegE BT-Drs. 21/1974, 38). Das sind (§ 3 Nr. 21 EEG): Wasserkraft einschließlich Wellen-, Gezeiten-, Salzgradienten- und Strömungsenergie, Windenergie, solare Strahlungsenergie, Geothermie sowie Energie aus Biomasse einschließlich Biogas, Biomethan, Deponiegas und Klärgas sowie aus dem biologisch abbaubaren Anteil von Abfällen aus Haushalten und Industrie. Allerdings darf der Betrieb der Anlagen **nicht Hauptzweck** der Körperschaft sein, dh der gemeinnützige Zweck darf mE nicht nur Vorwand sein oder nebenher verfolgt werden. Die Einspeisung von **nicht selbst verbrauchtem** Strom ist unter den allgemeinen Voraussetzungen weiterhin ein wirtschaftlicher Geschäftsbetrieb (→ Rn. 219 ff). Zudem ist nach der Vorstellung des Gesetzgebers (RegE BT-Drs. 21/1974, 38) der Mitteleinsatz für den **Ausgleich von Dauerverlusten unschädlich** für den Gemeinnützigkeitsstatus. ME sind jedoch die in → Rn. 131 ff. dargestellten Grundsätze zu beachten. **Gewinne aus dem Betrieb** der Anlage sind grundsätzlich stpfl.; doch kommen ggf. Steuerbefreiungen, ua § 3 Nr. 72 EStG, in Betracht (RegE BT-Drs. 21/1974, 38). **181**

182 **d) Vertrauensschutz bei Mittelweitergabe.** Eine **Mittel zuwendende steuerbegünstigte Körperschaft** (→ Rn. 168 f., 170, wohl auch → Rn. 172) hat nach **§ 58a Abs. 1 AO** (eingefügt mWv 29.12.2020 durch G. v. 21.12.2020, BGBl. 2020 I 3096) Vertrauensschutz dahin, dass die empfangende Körperschaft
– im Zeitpunkt der Zuwendung nach § 5 Abs. 1 Nr. 9 KStG steuerbegünstigt ist und
– die Zuwendung für steuerbegünstigte Zweck verwendet.

Voraussetzung ist nach **§ 58a Abs. 2 AO,** dass sie sich die **Steuerbegünstigung** nach § 5 Abs. 1 Nr. 9 KStG zum Zeitpunkt der Zuwendung hat **nachweisen lassen** durch eine Ausfertigung
– der Anlage zum KSt-Bescheid, dessen Datum nicht länger als fünf Jahre zurückliegt, oder
– des Freistellungsbescheids, dessen Datum nicht länger als fünf Jahre zurückliegt, oder,
– falls diese Dokumente bisher nicht vorliegen, eines positiven Feststellungsbescheids nach § 60a AO (→ Rn. 310 ff.), dessen Datum nicht länger als drei Jahre zurückliegt.

Nach **§ 58a Abs. 3 AO** besteht kein Vertrauensschutz, wenn die zuwendende Körperschaft
– die **Unrichtigkeit eines VA** nach § 58a Abs. 2 AO **kannte** oder infolge grober Fahrlässigkeit nicht kannte oder
– eine **Verwendung für nicht steuerbegünstigte** Zwecke durch die Empfängerin veranlasst hat.

183–194 *(frei)*

9. Satzungsmäßigkeit

195 **a) Sicherung des steuerbegünstigten Zweckes.** Die **Festlegung durch die Satzung** ist weitere Grundvoraussetzung. Nach **§ 59 AO** wird die Steuerbegünstigung gewährt, wenn sich aus der Satzung, dem Stiftungsgeschäft oder der sonstigen Verfassung (Satzung im Sinne dieser Vorschrift) ergibt, welchen Zweck die Körperschaft verfolgt, dass dieser Zweck den Anforderungen der §§ 52–55 AO entspricht und dass er ausschließlich und unmittelbar verfolgt wird; die tatsächliche Geschäftsführung muss diesen Satzungsbestimmungen entsprechen. Die Vorschrift enthält also formelle und materielle Anforderungen.

Literatur: Hüttemann, Der neue Anwendungserlass zum Gemeinnützigkeitsrecht (§§ 51–68 AO), FR 2002, 1337; Osterkorn, Zur Fassung des Satzungszwecks steuerbegünstigter Körperschaften, DStR 2002, 16; Schiffer, Aktuelles Beratungs-Know-how Gemeinnützigkeits- und Stiftungsrecht, DStR 2003, 1015; Ullrich, Praxisfragen der gesetzlichen Mustersatzung für gemeinnützige Körperschaften, DStR 2009, 2471; Gersch, Steuerbegünstigte Zwecke: Satzung und Satzungszwecke, AO-StB 2010, 213; Bäcker, Müssen gemeinnützige Körperschaften die Mustersatzung gem. Anlage 1 zu § 60 AO verwenden?, Zsteu 2010, 309; Köster, Bindende Mustersatzungen für gemeinnützige Körperschaften, DStZ 2010, 166; Roth, Anwendungsprobleme der gesetzlichen Mustersatzung in der Anlage 1 zu § 60 Abs. 1 S. 2 AO, StBW 2011, 413; Tolksdorf, Steuerbegünstigung der Stiftung von Todes wegen ab dem Todestag nach 60a AO, ZEV 2021, 76; Jachmann-Michel/Liebl, Gemeinnützigkeitsrecht kompakt – Grundlagen und aktuelle Entwicklungen für die Praxis, BB 2022, 599.

196 **aa) Formelle Satzungsmäßigkeit.** Das Gebot betrifft die **Grundordnung** der begünstigten Körperschaften. Satzungen dienen vorrangig vor ihrem gemeinnützigkeitsrechtlichen Zweck der Festlegung der **Organisation der Vereinigung**

und der Befugnisse ihrer Organe (BFH I R 15/02, BStBl. II 2003, 384; I R 94/02, BStBl. II 2005, 721; I R 54/14, BStBl. II 2017, 1216; Schiffer DStR 2003, 1015; zu den formellen Anforderungen Jachmann-Michel/Liebl BB 2022, 599). In **gemeinnützigkeitsrechtlicher Sicht** soll die Satzung der Finanzbehörde die leichte und einwandfreie Überprüfung der Voraussetzungen für die Steuerbefreiung ermöglichen (BFH V R 35/18, BStBl. II 2021, 657; V R 15/20, BStBl. II 2023, 302).

Das Gebot wird präzisiert durch § 60 AO (→ Rn. 199 ff.). Es muss während des **gesamten jeweiligen EZ** erfüllt sein (vgl. § 60 Abs. 2 AO, hierzu NdsFG VI 605/86, EFG 1991, 362). Es ist auch dann unverzichtbar, wenn zweifelsfrei erkennbar ist, dass die Tätigkeit allein auf den anerkannten Zweck ausgerichtet ist (RFH VI 375/38, RStBl. 1938, 879). Änderungen mit rückwirkender Kraft sind nicht zulässig (RFH RStBl. 1942, 746). Verstöße führen zum Verlust der Gemeinnützigkeit und zur Steuerpflicht nur der Tätigkeiten, die die Voraussetzungen einer Einkunftsart nach § 2 Abs. 1 EStG erfüllen (BFH I R 280/81, BStBl. II 1988, 75).

Bei Kapitalgesellschaften ist der **Gesellschaftsvertrag** maßgebend, bei Vereinen die **Satzung,** bei Stiftungen das **Stiftungsgeschäft** (§ 80 Abs. 1 S. 3 BGB), ggf. die den Anforderungen der §§ 51 ff. AO genügende Satzung; das gilt auch für eine auf den **Todesfall** errichtete Stiftung (BFH V R 50/17, BStBl. II 2019, 782; V R 30/16, BFH/NV 2020, 342; AEAO zu § 51 Nr. 6; krit. Tolksdorf ZEV 2021, 76). Bei einem Betrieb gewerblicher Art einer Körperschaft des öffentlichen Rechts ist maßgebend die **Sitzungsniederschrift** über seine Einrichtung. Ein Landkreis genügt dem Erfordernis nicht, wenn er lediglich die Haushaltsplanansätze für die Krankenhäuser unter dem Einzelposten Gesundheit aufführt (BFH I R 21/81, BStBl. II 1985, 162). Führt eine Körperschaft des öffentlichen Rechts mehrere Betriebe gewerblicher Art, dann ist **für jeden** eine eigene Satzung erforderlich (vgl. AEAO zu § 59 Nr. 2). Gleichwohl ist sie steuerrechtlich Subjekt für jeden dieser Betriebe (BFH I R 7/71, BStBl. II 1974, 391). **196a**

Die Satzungsbestimmung hat die Funktion eines **Buchnachweises** (→ Rn. 200). Das bedeutet, dass außerhalb der Satzung getroffene Vereinbarungen (zB Willensäußerungen bei Mitgliederversammlungen) und Bezugnahmen hierauf unbeachtlich sind (BFH I R 3/88, BStBl. II 1989, 595; I R 95/97, BFH/NV 1999, 739; I R 2/98, BFH/NV 2000, 297); ebensowenig ein Hinweis auf den Inhalt der Satzung einer übergeordneten Organisation (BFH I R 47/89, BFH/NV 1992, 695) oder auf eine steuerbegünstigten Zwecken entsprechende Geschäftsführung (BFH I R 91/09, BFH/NV 2011, 1111; I R 16/12, BStBl. II 2014, 440). **196b**

Die Anforderungen betreffen grundsätzlich auch in einem **EU- oder EWR-Ausland** ansässige Körperschaften (BFH X R 46/05, BFH/NV 2009, 1633; I R 16/12, BStBl. II 2014, 440). Die Bundesrepublik ist nicht verpflichtet, aus Gründen des Unionsrechts den Gemeinnützigkeitsstatus ausländischen Rechts anzuerkennen (BFH X R 7/13, BStBl. II 2015, 588; I R 54/14, BStBl. II 2017, 1216 mwN; → Rn. 21b). Vielmehr haben die jeweiligen nationalen Stellen zu beurteilen, ob die in einem anderen Mitgliedstaat als gemeinnützig/mildtätig anerkannte Körperschaft die nach deutschem Recht vorgeschriebenen Voraussetzungen erfüllt, sodass sie auch hier anerkannt werden könnte (BFH V R 15/20, BStBl. II 2023, 302). **196c**

Da **ausländische Körperschaften** typischerweise keine dem § 60 Abs. 1 S. 2 AO (→ Rn. 199) entsprechende Satzung haben, kann zur **Vermeidung einer**

mittelbaren Diskriminierung (die nach FG Münster 13 K 2542/20 K, F, EFG 2024, 352, nicht vorliegt) eine nicht in deutscher Sprache abgefasste Satzung mit vergleichbaren Festlegungen genügen (NdsFG 6 K 53/18, EFG 2021, 1085, aus anderen Gründen von BFH V R 15/20, BStBl. II 2023, 302 aufgeh.; ebenso Jachmann/Unger in Gosch AO/FGO AO § 60 Rn. 25). Bei einer **ausländischen** einer **Stiftung vergleichbaren Struktur** kann neben den Statuten auch eine historische Gründungsurkunde („Royal Patent") herangezogen werden (BFH V R 35/18, BStBl. II 2021, 657, zu FG Bln-Bbg 9 K 11080/17, EFG 2019, 793, best.; auch → Rn. 205).

197 **bb) Materielle Satzungsmäßigkeit. Inhaltlich** bedeutet die formelle Sicherung, dass Mittel und Wege, die der Zweckerreichung dienen, in der Satzung so **genau umschrieben** sein müssen, dass eine Prüfung möglich ist, ob die begünstigten Zwecke verfolgt werden und ob die übrigen genannten Voraussetzungen vorliegen (§ 60 Abs. 1 AO; → Rn. 199; BFH I R 39/78, BStBl. II 1979, 482; X R 165/88, BStBl. II 1992, 1048; I R 14/82, BFH/NV 1987, 632; zum Problem Osterkorn DStR 2002, 16). Es genügt weder eine bloße Bezugnahme auf den Wortlaut des Gesetzes (RFH I A 265/31, RStBl. 1933, 1033; 1938, 828; FG RhPf 5 K 1341/92, EFG 1994, 594 rkr.) noch auf andere Regelungen oder Satzungen Dritter (BFH I R 3/88, BStBl. II 1989, 595; I R 47/89, BFH/NV 1992, 695), noch die Absicht, sich im Rahmen der Satzungen anderer Organisationen zu betätigen (BFH X R 165/88, BStBl. II 1992, 1048). **Grunderfordernis** ist die satzungsmäßige Festlegung der **Art der Steuerbegünstigung,** also ob gemeinnützige, mildtätige oder kirchliche Zwecke verfolgt werden (HessFG 4 K 594/18, EFG 2020, 902, nachfolgend BFH V R 11/20, BStBl. II 2022, 202; V R 1/20, BStBl. II 2022, 629, zu FG Düsseldorf 6 K 94/16 K, EFG 2020, 301, best.).

197a Jedoch verlangt der Wortlaut des § 59 AO nicht, dass in der Satzung **die Worte „ausschließlich"** und **„unmittelbar"** verwendet werden. Grundsätzlich genügt, wenn sich aus dem Text der Satzung Anhaltspunkte für eine entsprechende Auslegung ergeben (für eine **ausländische Körperschaft** BFH I R 94/02, BStBl. II 2005, 721; I R 54/14, BStBl. II 2017, 1216). Das Schweigen in der Satzung, dem nichts „Gegenteiliges" entnommen werden kann (BFH I R 94/02, BStBl. II 2010, 331), genügt wohl nicht mehr (vgl. BFH V B 119/17, BFH/NV 2018, 544; FG Bln-Bbg 9 K 11080, EFG 2019, 793). Ist die Mittelzuwendung die einzige Art der Zweckverwirklichung (→ Rn. 166, 168), ist auch der Hinweis auf die Unmittelbarkeit unnötig (AEAO zu § 59 Nr. 2a).

Entsprechendes gilt für das Element der **Selbstlosigkeit** (FG Düsseldorf 6 K 481/19 AO, EFG 2019, 1717). ME sollten mit der Pflicht zur inhaltlichen Ausrichtung an die **Mustersatzung** nach § 60 Abs. 1 S. 2 AO (→ Rn. 203c) solche Fragen de facto obsolet sein.

197b Die **Voraussetzungen für die Mitgliedschaft** und deren Beendigung müssen sich aus der Satzung selbst ergeben (BFH X R 165/88, BStBl. II 1992, 1048). Das gilt mE dann, wenn tatsächlich einschränkende Voraussetzungen bestehen, weil insofern die Frage der (Förderung der) Allgemeinheit (→ Rn. 36 ff.) als Satzungszweck angesprochen ist. **AA** ist der I. Senat des **BFH,** der Satzungsklauseln über die Voraussetzungen für die Aufnahme nicht für erforderlich hält; unbedenklich sei auch, dass Aufnahmegesuche von bestimmten Bewerbern befürwortet, also auch abgelehnt werden können; sie dienten der Gewährleistung eines geordneten Vereinslebens (BFH I R 64/77, BStBl. II 1979, 488; I R 19/96,

BStBl. II 1997, 794; zust. Gast-de Haan DStR 1996, 405; Gmach FR 1997, 793 (801)). Es bleibe Aufgabe des FA, im Rahmen der laufenden Überprüfung festzustellen, ob die tatsächliche Handhabung zu einem Ausschluss der Allgemeinheit geführt habe (BFH I R 19/96, BStBl. II 1997, 794). Diese Auslegung steht mE im Widerspruch zum Wortlaut des § 59 AO (iVm § 52 AO und § 60 Abs. 1 AO – → Rn. 199).

cc) Unschädliche Betätigungen. Nicht erforderlich, aber unschädlich ist nach hM, dass in der Satzung auch eine für die Steuerbefreiung unschädliche Betätigung, zB wirtschaftliche Geschäftsbetriebe und Vermögensverwaltung, geregelt wird (BFH I R 35/94, BStBl. II 1996, 583; I R 15/02, BStBl. II 2003, 384; AEAO zu § 59 Nr. 1; aA Hüttemann FR 2002, 1337). Sie dürfen allerdings **nicht Satzungszweck** sein, AEAO zu § 59 Nr. 1. Das gilt ebenso für bestimmte Tätigkeiten nach § 58 AO (hierzu → Rn. 166 f.), für die Aufnahme der Regelung in § 57 Abs. 1 S. 2 AO in die Satzung (BFH I R 15/02, BStBl. II 2003, 384) sowie für die Vergabe von Darlehen (AEAO zu § 55 Nr. 17). Ist die **Mittelzuwendung** die einzige Art der Zweckverwirklichung (§ 58 Nr. 1 S. 4 AO; → Rn. 166, 168), ist eine Satzungsbestimmung erforderlich. Ist eine an sich nicht gemeinnützige Tätigkeit mittelbare Folge der gemeinnützigen Tätigkeit, so ist ihre Aufnahme in die Satzung unschädlich (→ Rn. 154). **198**

b) Anforderungen an die Satzung. Sie sind in **§ 60 Abs. 1 AO** niedergelegt. Danach müssen die Satzungszwecke und die Art ihrer Verwirklichung so genau bestimmt sein, dass aufgrund der Satzung geprüft werden kann, ob die satzungsmäßigen Voraussetzungen für die Steuervergünstigungen gegeben sind. Die Satzung muss die in der Anlage 1 zu § 60 AO bezeichneten Festlegungen enthalten. **199**

Nach **§ 60 Abs. 2 AO** muss die Satzung den vorgeschriebenen Erfordernissen bei der KSt und bei der GewSt während des ganzen Veranlagungs- oder Bemessungszeitraums, bei den anderen Steuern im Zeitpunkt der Entstehung der Steuer entsprechen.

aa) Funktion. Da die satzungsmäßige Sicherung die Funktion eines **Buchnachweises** hat (→ Rn. 196b; BFH I R 47/89, BFH/NV 1992, 695; I R 95/97, BFH/NV 2000, 297; V R 101/01, BStBl. II 2004, 798), ist die Satzung **aus sich selbst heraus auszulegen.** Begleitumstände und tatsächliche (auch vorherige) Handhabungen sind ohne Bedeutung (vgl. BFH V R 11/20, BStBl. II 2022, 202; → Rn. 203). Der Satzungszweck und dessen Verwirklichung sind soweit wie möglich zu konkretisieren (BFH I R 21/81, BStBl. II 1985, 162), erst recht, wenn die Körperschaft mehrere Zwecke, zB gemeinnützige und mildtätige, verfolgt (BFH V R 1/20, BStBl. II 2022, 629, zu FG Düsseldorf 6 K 94/16 K, EFG 2020, 301, best.). Die Körperschaft darf also nicht „nebeln", dh lediglich mit vagen dem Gesetz oder der Rechtsprechung entnommenen Formulierungen arbeiten (jedoch → Rn. 203). Je weniger der verfolgte Zweck hinsichtlich seines gedanklichen Konzepts fassbar ist, desto höher sind die Anforderungen (BFH I R 47/89, BFH/NV 1992, 695). Daher genügt weder die Verwendung des Wortes „gemeinnützig" (RFH II A 535/31, RStBl. 1932, 856; FG Hmb II 125/80, EFG 1985, 525; II 287/85, EFG 1989, 32) noch die Angabe „zu Selbstkosten für jedermann" (BFH I R 244/83, BFH/NV 1989, 479) noch „steuerbegünstigte Zwecke der Abgabenordnung" oder „Förderung der Mitglieder" (BFH V R 23/23, BFH/NV 2026, 612, zu Nds FG 6 K 335/21, best.). Entsprechendes gilt für **200**

Formulierungen, wie „insbesondere" (FG Münster 15 K 752/87 U, EFG 1993, 188 rkr.), „etwa", „u.a." (Gmach FR 1995, 85). Bei einer kirchlichen Gesellschaft hat es BFH I R 35/94, BStBl. II 1996, 583 jedoch ausreichen lassen, dass neben anderen Zwecken Wohnungen „vorrangig" an den Personenkreis des § 53 AO vermietet werden sollten.

201 **bb) Art der Verwirklichung.** Auch die Mittel und Wege zur **Verwirklichung der Satzungszwecke** sind konkret darzustellen (vgl. BFH I R 14/82, BFH/NV 1987, 632; I R 47/89, BFH/NV 1992, 695). Andererseits ist eine erschöpfende Einzeldarstellung hierzu nicht erforderlich (vgl. BFH I R 19/91, BStBl. II 1992, 62 zu Vorträgen uÄ eines ua volkspädagogisch wirkenden Vereins). Formalismen und Wortklaubereien sind insofern nicht angezeigt. Allerdings diagnostiziert der BFH gelegentlich Wortklaubereien, wo das FA zu Recht fehlende Bestimmtheit bemängelt: obwohl in der Satzung der „Stauffer"-Entscheidung (BFH I R 94/02, BStBl. II 2010, 331) offen bleibt, wie die Stiftung ihre Zwecke verwirklichen will („mittels Unterstützung" bestimmter Zielsetzungen), also Unmittelbarkeit und Ausschließlichkeit in Rede stehen, hält der BFH diese Satzung insofern für ausreichend. Andererseits enthält auch die Mustersatzung selbst kein detailliertes Programm, sodass es nicht angezeigt erscheint, vom Rechtsanwender konkretere Angaben als dort vorgegeben zu verlangen (ebenso Seer in Tipke/Kruse AO § 61 Rn. 6).

202 **cc) Negative Abgrenzungen.** Gelegentlich fordert der BFH durch die Satzung den **Ausschluss der vorrangigen Förderung** von Mitgliedern (BFH I R 55/08, BStBl. II 2010, 335) oder etwa der **Auftragsforschung** (BFH V R 39/15, BFH/NV 2018, 611). Ebenso wird – allerdings nur fallweise – verlangt, dass die Körperschaft sich in der Satzung **negativ abgrenzen** muss von nicht gemeinnützigen Aktivitäten, die – angeblich – in der „Öffentlichkeit" mehr oder weniger unzutreffend mit der an sich gemeinnützigen Tätigkeit in Zusammenhang gebracht werden (BFH I R 47/89, BFH/NV 1992, 695 zur Transzendentalen Meditation wegen Nichtabgrenzung zu „Jugendsekten" mit Totalitätsanspruch) – eine nicht mit den §§ 59 ff. AO in Einklang befindliche Auffassung; die Vorschrift verlangt die Darstellung dessen, was bezweckt, nicht, was nicht bezweckt wird.

203 **dd) Auslegbarkeit.** Es genügt, wenn die begünstigten Zwecke durch **Auslegung** der Gesamtheit der Satzungsbestimmungen erkennbar sind (BFH I R 39/78, BStBl. II 1979, 482; I R 203/81, BStBl. II 1984, 844; I R 19/96, BStBl. II 1997, 794; V R 57, 58/96, BStBl. II 1999, 331; I R 47/89, BFH/NV 1992, 695; I R 2/98, BFH/NV 2000, 297; I R 91/09, BFH/NV 2011, 1111; V R 39/15, BFH/NV 2018, 611). Insbesondere die Verwendung der Katalogbegriffe des § 52 Abs. 2 AO (→ Rn. 53 ff.) kann genügen (vgl. BFH I R 203/81, BStBl. II 1984, 844). Bei der Auslegung ist zu berücksichtigen, dass die Satzung nicht nur der Erlangung der steuerlichen Vorteile, sondern auch der **Organisation des Vereins** sowie der Festlegung der Befugnisse seiner Organe dient (→ Rn. 196).

203a Auch ob ein Zweck **„jedermann bekannt"** ist oder nicht, kann bei der Auslegung eine Rolle spielen. Bei dem Rechtsanwender eher *unbekannten Zwecken,* wie „Transzendentaler Meditation", „Yoga-Psychologie" und ähnlichen Konzepten (vgl. BFH I R 14/82, BFH/NV 1987, 632; I B 75/98, BFH/NV 2000, 301; I R 47/89, BFH/NV 1992, 695; FG Düsseldorf 16 K 28/82 U ua, EFG 1990, 2; anders noch bei „Yoga-Meditation" BFH I R 81/70, BStBl. II 1972, 440, dem BFH I R 14/82, BFH/NV 1987, 632 wohl nicht mehr folgen würde) ist die Rspr. kleinlicher als bei Aktivitäten nach dem Katalog des § 52 Abs. 2 AO (vgl. zu Umweltschutz uÄ BFH I R 203/81, BStBl. II 1984, 844). Verfolge die Körperschaft einen Zweck, dem kein jedermann bekanntes begrifflich fest umrissenes Konzept zugrunde liegt, so muss es folglich in der Satzung niedergelegt werden (s. die oa Rspr.).

Weitere Beispiele für eine **nicht anerkannte** Satzung: BFH V R 39/15, BFH/NV 2018, 611 (Schaffung günstiger Voraussetzungen für eine positive Entwicklung des Menschen); FG Münster 15 K 5247/87 U, EFG 1994, 810 (Scientology; teilw. Vom BFH/NV bestätigt); FG München 15 K 4332/93, EFG 1996, 938 (religiöses Leben der Vervollkommnung iSd Werkes der Hl. Engel in der römisch-katholischen Kirche, rkr.); FG Nürnberg I 78/1999, EFG 2000, 1351 (Universale Kirche, rkr.); die Stifterin „könne sich vorstellen" die Stiftung für die Behandlung kranker Kinder einzusetzen (BFH V R 30/16, BFH/NV 2020, 342). Der mit „soziale Zwecke" bezeichnete Satzungszweck ist ebenfalls zu unscharf (vgl. NdsFG VI 137/92, EFG 1998, 596, nv bestätigt); ebenso der satzungsmäßige Zweck, soziale Einrichtungen zu bauen und zu erweitern (BFH I R 95/97, BFH/NV 1999, 739) sowie die Förderung der verhaltenstherapeutischen und medizinischen Versorgung der Bevölkerung durch Biofeedback (HessFG 4 K 917/16, nv). 203b

Hilfreich und **ab EZ 2009** bei Neugründungen oder Änderungen der Satzung **de facto Pflicht** (Art. 97 § 1f Abs. 2 EGAO; hierzu AEAO zu § 60 Nr. 3) ist die Heranziehung der **Mustersatzung** (Anlage 1 zu § 60 AO; AEAO zu § 60 Nr. 5 Anl.). Bei ihr handelt es sich zwar nicht um Rechtsnormen, weswegen **Abweichungen von ihrem Wortlaut** zulässig sind (vgl. FG Düsseldorf 6 K 481/19 AO, EFG 2019, 1717; AEAO zu § 60 Nr. 2). Allerdings schreibt § 60 Abs. 1 S. 2 AO die **Übernahme ihrer Festlegungen** vor. Die (Nicht-)Ausrichtung der Satzung der gemeinnützigen Vereinigung an ihnen hat – im Gegensatz zur früheren Rspr. (vgl. BFH I B 21/96, BFH/NV 1997, 732) – dann Einfluss auf die Anerkennung, wenn es insoweit an der Beachtung der entsprechenden Vorschriften der AO (insb. §§ 59 ff.) fehlt (vgl. AEAO zu § 60 Nr. 2). Das gilt auch für eine Körperschaft nach **ausländischem Recht;** es genügt auf keinen Fall die Bezugnahme auf eine ausländische Vorschrift, wenn diese von den Anforderungen des deutschen Rechts abweicht (BFH V R 15/20, BFH/NV 2023, 288, zu NdsFG 6 K 53/18, EFG 2021, 1085, aufgeh.). 203c

ee) Zeitfragen. Die Vorschrift des § 60 Abs. 2 AO, dass die Satzung den Erfordernissen für die Befreiung **während des ganzen EZ** entsprechen muss, bedeutet auch, dass die Satzung zu Beginn des EZ überhaupt bestanden haben muss (AEAO zu § 60 Nr. 7 f.). Eine rückwirkende Anerkennung kommt ohne ausdrückliche gesetzliche Regelung nicht in Betracht. Für eine auf den Todesfall errichtete Stiftung bedeutet das, dass die nur im Hinblick auf die Zuwendungen des Stifters geltende Rückwirkungsfiktion des § 84 BGB sich nicht auf die in § 3 Abs. 1 Nr. 6 (entsprechend § 5 Abs. 1 Nr. 9 KStG) normierten Erfordernisse auswirkt (BFH I R 85/02, BStBl. II 2005, 149; V R 30/16, BFH/NV 2020, 342; V R 50/17, BStBl. II 2019, 782). 203d

c) Satzungsmäßige Vermögensbindung. Sie ist weitere **gemeinsame Grundvoraussetzung.** Nach **§ 61 Abs. 1 AO** liegt eine steuerlich ausreichende Vermögensbindung (§ 55 Abs. 1 Nr. 4 AO) vor, wenn der Zweck, für den das Vermögen bei Auflösung oder Aufhebung der Körperschaft oder bei Wegfall ihres bisherigen Zwecks verwendet werden soll, in der Satzung so genau bestimmt 204 ist, dass aufgrund der Satzung geprüft werden kann, ob der Verwendungszweck steuerbegünstigt ist (→ Rn. 200).

Literatur: Kindler, Möglichkeiten und Grenzen der Umwandlung eines gemeinnützigen Vereins in einen „steuerpflichtigen Gewerbebetrieb", FR 2011, 411; Kirchhain, Privatnützige Zuwendungen gemeinnütziger Körperschaften, FR 2011, 640; Wallenhorst, Die Nachversteuerung in § 61 Abs. 3 AO bei Verstößen gegen die Vermögensbindung durch die tatsächliche Geschäftsführung, DStR 2011, 698; Weidmann/Kohlhepp, gGmbH: Aberkennung der Gemeinnützigkeit aufgrund verdeckter Gewinnausschüttungen, DB 2011, 497; Pfeffer, Satzungsgestaltung: Die Vermögensbindungsklausel in der Vereinssatzung: Hintergründe und teure Fehlerquellen, IWW VB 10/2024, 12.

Die Bestimmung über die Vermögensbindung ist **immer erforderlich** (→ Rn. 196), und zwar auch dann, wenn das Vermögen kraft Gesetzes (etwa §§ 87, 88, 46 BGB) an den Staat fällt (RFH I A 319/36, RStBl. 1937, 273). Das gilt grundsätzlich auch für in einem **EU/EWR-Ausland** ansässige Körperschaften (BFH X R 46/05, BFH/NV 2009, 1633; I R 16/12, BStBl. II 2014, 440).

Betroffen ist auch für das **vor der Anerkennung** als gemeinnützig angesammelte Vermögen (FM Hess 28.6.1993, DStR 1993, 1296; zweifelnd BFH V B 142/01, BFH/NV 2002, 309; auch → Rn. 144).

204a **aa) Konkrete Bestimmung. Erforderlich** ist eine **genaue Bestimmung,** die die **verschiedenen Modalitäten** „Auflösung", „Aufhebung" (diese jedoch nicht bei einem Verein, BFH I R 91/09, BFH/NV 2011, 1111) und „Wegfall des bisherigen Zwecks" benennt und für jede einzelne Modalität regelt, dass das Vermögen der Körperschaft iSd § 55 Abs. 1 Nr. 4 AO (→ Rn. 144) nur für steuerbegünstigte Zwecke zu verwenden ist. Eine Auslegung der Satzung dahin, dass die Regelung für eine Modalität auch für eine andere gelte, ist nicht zulässig (vgl. BFH I R 16/12, BStBl. II 2014, 440; V R 11/20, BStBl. II 2022, 202), sodass eine anderweitige Verwendung nach der Satzung ausgeschlossen ist (schon RFH RStBl. 1936, 626). Geringere Anforderungen ergeben sich weder aus § 60 Abs. 1 S. 2 AO (→ Rn. 199) noch aus § 5 der dort angesprochenen Mustersatzung (→ Rn. 203c; BFH V R 20/08, BStBl. II 2010, 719 zur fragwürdigen Terminologie „Aufhebung"; hierzu Pfeffer IWW VB 10/2024, 12)).

204b Die **Nennung der Körperschaft** ist nicht in jedem Fall erforderlich; das Gesetz verlangt nur die **Angabe des Zwecks** (BFH I R 91/09, BFH/NV 2011, 1111; vgl. die Mustersatzung Anl. 1 zu § 60 AO; Anlage 2 zu AEAO zu § 60 Nr. 5). **Dem ist nicht genügt,** wenn die Satzung keine konkreten Bestimmungen, ua zur ausschließlichen und unmittelbaren Zweckbestimmung, enthält (BFH I R 16/12, BStBl. II 2014, 440; V B 199/17, BFH/NV 2018, 544; V R 11/20, BStBl. II 2022, 202) oder bestimmt, dass das Vermögen ganz allgemein zu gemeinnützigen, mildtätigen oder kirchlichen Zwecken verwendet werden soll (BFH V R 10/24, BFH/NV 2026, 617, zu Nds FG 10 K 70/21, EFG 2024, 1725, best.); ebenso bei Nennung einer Körperschaft ua mit weltanschaulichen Zwecken „zur Verwendung für gemeinnützige Zwecke" (HessFG 4 K 3773/05, EFG 2009, 1356 rkr.). Das gilt auch für die Bezugnahme auf die Satzung des Destinatärs („an X-Verein zur Verwendung für satzungsmäßige Zwecke", BFH I R 2/98, BFH/NV 2000, 297). Auch die Nennung eines (gemeinnützigen) Gesellschafters genügt nicht (BFH I B 134/96, BFH/NV 1998, 146); ebenso die Formulierung „zur treuhänderischen Verwaltung" (OFD Chemnitz 17.8.2005, DB 2005, 1998).

Als **Empfängerkörperschaft** kommen in Betracht inländische steuerbegünstigte Körperschaften, die in § 5 Abs. 2 Nr. 2 KStG aufgeführten Körperschaften und juristische Personen des öffentlichen Rechts auch eines EU-/EWR-Staats (AEAO zu § 61 Nr. 1).

bb) Nachversteuerung. Wird die Bestimmung über die **Vermögensbindung nachträglich** so **geändert,** dass sie den Anforderungen des § 55 Abs. 1 Nr. 4 AO (→ Rn. 144 ff.) nicht mehr entspricht, so gilt sie nach **§ 61 Abs. 3 AO** von Anfang an als steuerlich nicht ausreichend. § 175 Abs. 1 S. 1 Nr. 2 AO ist mit der Maßgabe anzuwenden, dass Steuerbescheide erlassen, aufgehoben oder geändert werden können, soweit sie Steuern betreffen, die innerhalb der letzten 10 Kalenderjahre vor der Änderung der Bestimmung über die Vermögensbindung entstanden sind (BFH V R 27/23, BFH/NV 2026, 745; hierzu Pfeffer IWW VB 10/2024, 12: „Haftungsfalle"). 204c

(1.) Die Vorschrift sieht die **Aberkennung der Gemeinnützigkeit** und **Nachversteuerung** für 10 Jahre bei schädlichen Satzungsänderungen vor (FG LSA 3 K 475/16, rkr.). Sie ist weitreichend und greift auch dann ein, wenn die Vermögensbindung erst nach dem Verlust der Steuerbegünstigung geändert wird. Darüber hinaus erfasst sie Zeiträume, in denen die Satzung dem § 55 Abs. 1 Nr. 4 AO entsprochen hat. Das Vorliegen einer Steuerhinterziehung für die 10-Jahres-Frist ist nicht erforderlich. Die Rechtsfolge entspricht der von Verstößen gegen die Vermögensbindung durch die tatsächliche Geschäftsführung (→ Rn. 215). Auch ist **keine Heilungsmöglichkeit,** etwa durch umgehende Berichtigung, vorgesehen. Insofern liegt mE ein Verstoß gegen das **Übermaßverbot** (ebenso Seer in Tipke/Kruse AO § 61 Rn. 3) vor. 204d

(2.) Wird eine **geänderte Satzung** noch vor der Verteilung zu nicht begünstigten Zwecken iSd § 61 Abs. 1 AO **erneut geändert** und diese Änderung auch beachtet, dann besteht an sich kein Anlass für die Nachversteuerung, insb. wenn in der Zwischenzeit keine schädliche Mittelverwendung stattgefunden hat. **Anders jedoch der BFH** (V R 27/23, BFH/NV 2026, 745) für den Fall, dass die geänderte unzureichende Satzung länger als ein Jahr bestanden hat (arg.: gesonderte Erfassung der Verstöße gegen § 61 Abs. 3 AO und § 63 Abs. 2 Hs. 2 AO (→ Rn. 215)). Dagegen besteht bei einer (bleibenden) schädlichen Satzungsänderung ein solcher Anlass auch im Hinblick auf die Jahre, in denen die Satzung den Bestimmungen des § 55 Abs. 1 Nr. 4 AO entsprochen hat. Denn in dieser Zeit wurde steuerbegünstigtes Vermögen angesammelt, das nunmehr zu nicht begünstigten Zwecken verteilt wird. Nach BFH V B 142/01, BFH/NV 2002, 309 ist zweifelhaft, ob die Aberkennung der Gemeinnützigkeit auch für die Jahre erfolgen muss, in denen aus dem betreffenden Vermögen kein steuerlicher Vorteil gezogen wurde.

d) Ausnahmen von der satzungsmäßigen Vermögensbindung. Nach **§ 62 AO aF** brauchte bei **Betrieben gewerblicher Art** von Körperschaften des öffentlichen Rechts, bei staatlich beaufsichtigten Stiftungen, bei den von einer Körperschaft des öffentlichen Rechts verwalteten unselbstständigen Stiftungen und bei geistlichen Genossenschaften (Orden, Kongregationen) die Vermögensbindung in der Satzung nach § 61 AO nicht festgelegt zu werden (hierzu BFH I R 85/02, BStBl. II 2005, 149). Diese Grundsätze galten auch für eine **ausländische** staatlich beaufsichtigte Stiftung, selbst wenn das ausländische Stiftungsrecht den Anforderungen des § 61 Abs. 1 AO nicht genügte; allerdings unter der Voraussetzung, dass die ausländische Stiftungsaufsicht den deutschen (Mindest)Standards 205 entsprach (BFH I R 94/02, BStBl. II 2005, 721; I R 94/02, BStBl. II 2010, 331; I R 54/14, BStBl. II 2017, 1216; V R 35/18, BStBl. II 2021, 657, zu FG Bln-Bbg 9 K 11080/17, EFG 2019, 793, best.).

Die **Vorschrift** ist durch G. v. 19.12.2008 (BGBl. 2008 I 2794) mWv 1.1.2009 **aufgehoben** worden, ist aber weiter anzuwenden für staatlich beaufsichtigte Stiftungen, die bis zum 18.12.2006, und die übrigen der oa Institutionen, die vor dem 1.1.2009 errichtet worden sind (vgl. Art. 97 § 1f Abs. 1 EGAO; zu einer englischen Stiftung BFH I R 54/14, BStBl. II 2017, 1216; V R 35/18, BStBl. II 2021, 657, zu FG Bln-Bbg 9 K 11080/17, EFG 2019, 793, best.).

10. Rücklagen und Vermögensbildung

206 **a) Grundsatz.** Nach **§ 62 Abs. 1 AO** (BGBl. 2013 I 556, mWv 1.1.2014) können Körperschaften ihre Mittel ganz oder teilweise

(Nr. 1) einer Rücklage zuführen, soweit dies erforderlich ist, um ihre steuerbegünstigten satzungsmäßigen Zwecke nachhaltig zu erfüllen;

(Nr. 2) einer Rücklage für die beabsichtigte Wiederbeschaffung von WG, die zur Verwirklichung der steuerbegünstigten satzungsmäßigen Zwecke erforderlich sind (Rücklage für Wiederbeschaffung). Die Höhe der Rücklage bemisst sich nach der Höhe der regulären AfA eines zu ersetzenden WG. Die Voraussetzungen für eine höhere Zuführung sind nachzuweisen;

(Nr. 3) der freien Rücklage zuführen, jedoch höchstens ein Drittel des Überschusses aus der Vermögensverwaltung und darüber hinaus höchstens 10 % der sonstigen nach § 55 Abs. 1 Nr. 5 AO zeitnah zu verwendenden Mittel. Ist der Höchstbetrag für die Bildung der freien Rücklage in einem Jahr nicht ausgeschöpft, kann diese unterbliebene Zuführung in den folgenden zwei Jahren nachgeholt werden;

(Nr. 4) einer Rücklage zum Erwerb von Gesellschaftsrechten zur Erhaltung der prozentualen Beteiligung an Kapitalgesellschaften zuführen, wobei die Höhe dieser Rücklage die Höhe der Rücklage nach Nr. 3 mindert;

Nach **§ 62 Abs. 2 AO** hat die Bildung von Rücklagen nach Abs. 1 innerhalb der Frist nach § 55 Abs. 1 Nr. 5 S. 3 AO zu erfolgen. Rücklagen nach Abs. 1 Nr. 1, 2 und 4 sind unverzüglich aufzulösen, sobald der Grund für die Rücklagenbildung entfallen ist. Die freigewordenen Mittel sind innerhalb der Frist des § 55 Abs. 1 Nr. 5 S. 3 AO zu verwenden.

Nach **§ 62 Abs. 3 AO** unterliegen die folgenden Mittel nicht der zeitnahen Mittelverwendung nach § 55 Abs. 1 Nr. 5 AO:

(Nr. 1) Zuwendungen von Todes wegen, wenn der Erblasser keine Verwendung für den laufenden Aufwand der Körperschaft vorgeschrieben hat;

(Nr. 2) Zuwendungen, bei denen der Zuwendende ausdrücklich erklärt, dass diese zur Ausstattung der Körperschaft mit Vermögen oder zur Erhöhung des Vermögens bestimmt sind;

(Nr. 3) Zuwendungen aufgrund eines Spendenaufrufs der Körperschaft, wenn aus dem Spendenaufruf ersichtlich ist, dass die Beträge zur Aufstockung des Vermögens erbeten werden;

(Nr. 4) Sachzuwendungen, die ihrer Natur nach zum Vermögen gehören.

Nach **§ 62 Abs. 4 AO** kann eine Stiftung im Jahr ihrer Errichtung und in den folgenden drei Kalenderjahren Überschüsse aus Vermögensverwaltung und Gewinne aus wirtschaftlichen Geschäftsbetrieben nach § 14 AO ganz oder teilweise ihrem Vermögen zuführen.

Literatur: Schotenroehr/Schotenroehr, Möglichkeiten der Eigenkapitalbildung bei steuerbegünstigten Körperschaften, DStR 2013, 1161; Klaßmann, Rücklagen und Vermögensbildung bei steuerbegünstigten Stiftungen, KSzW 2014, 197; Spitaler/Schröder, Gemeinnützigkeitsrecht: Neuerungen bei der zeitnahen Mittelverwendung und Rücklagenbildung, DStR 2014, 2144; Spitaler/Schröder, Gemeinnützigkeitssteuerrecht: Neuerungen bei der zeitnahen Mittelverwendung und Rücklagenbildung (Teil II), 2014, 2194; Kirchhain, Rücklagen- und Vermögensbildung bei gemeinnützigen Körperschaften – Prüfung bis ins anno tobak, DStR 2016, 104; Jakobs, Stiftungsvermögen: Das Stiftungsvermögen nach dem neuen Stiftungsrecht: Die Eckpunkte beim sonstigen Vermögen, SB 2024, 44.

b) Rücklagen (Abs. 1). Die Vorschrift **betrifft** nur die begünstigten, **zeitnah** 207
zu verwendenden Mittel, nicht auch den wirtschaftlichen Geschäftsbetrieb oder die Vermögensverwaltung (BFH I R 209/85, BFH/NV 1999, 244; Ley BB 1999, 626). Zu den dort zulässigen Rücklagen vgl. AEAO zu § 62 Nr. 1; → Rn. 233, 245). Die Rücklagenbildung ist auch bei **Mittelbeschaffungs- bzw. Zuwendungskörperschaften** (Spendensammel- und Fördervereinen) zulässig, wenn die Verwirklichung der zu finanzierenden begünstigten Zwecke sich verzögert (BFH I R 19/85, BStBl. II 1990, 28; AEAO zu § 62 Nr. 7). **Satzungsbestimmungen** über die Rücklagenbildung sind nicht erforderlich, aber dennoch zu empfehlen. Die Rücklagen sind innerhalb der **Frist** nach § 55 Abs. 1 Nr. 5 AO (→ Rn. 148) zu bilden (§ 62 Abs. 2 S. 1 AO nF).

Der Katalog der zulässigen Rücklagen ist **mE abschließend.** Die von der **aA** (Hüttemann DB 2012, 2592; Schauhoff/Kirchhain FR 2013, 301) erwähnten Gegenbeispiele (zB Betriebsmittelrücklage, Umschichtungsrücklage) gehorchen mE entweder der Nr. 1 oder der Nr. 3 (s. AEAO zu § 62 Nr. 4 S. 5).

Die **Bildung der Rücklage** kann im Hinblick auf die zeitnah zu verwendenden, tatsächlich vorhandenen Mittel nur aus den in § 62 Abs. 1 AO aufgeführten Gründen erfolgen. Die Voraussetzungen hierfür hat die Körperschaft im Einzelnen darzulegen; es genügt nicht der Hinweis, dass die Überlegungen noch nicht abgeschlossen seien (AEAO zu § 62 Nr. 2, 14). Die Rücklagen sind **gesondert auszuweisen;** es genügt aber eine Nebenrechnung zur Bilanz bzw. zu den Einnahmen-Ausgaben- Aufzeichnungen (AEAO zu § 62 Nr. 14; hierzu Spitaler/Schröder DStR 2014, 2144). Ein Verstoß hiergegen hat den Entzug der Steuervergünstigung zur Folge. Eine allgemeine Kapitalansammlung, etwa in der Form von Wertpapiervermögen genügt dem nicht (BFH I R 21/76, BStBl. II 1979, 496; Lehmann DB 2006, 1281; Lehmann DB 2007, 641). Die **Prüfung** und ggf. **Sanktionierung** von Verstößen sollten als Akte der tatsächlichen Geschäftsführung nur in nicht festsetzungsverjährten EZ erfolgen (Klaßmann KSzW 2014, 197; Kirchhain DStR 2016, 104).

Die **Auflösung der Rücklagen** nach Nr. 1, 2 und 4 (→ Rn. 207a, b und d) hat unverzüglich zu erfolgen, nachdem sich herausgestellt hat, dass der Grund für ihre Bildung entfallen ist (§ 62 Abs. 2 S. 2 AO). Das gilt mE auch, wenn und soweit die Rücklage höher ist als der Bedarf.

Die **freigewordenen Mittel** unterliegen dem Gebot der zeitnahen Mittelverwendung (§ 62 Abs. 2 S. 3 AO; AEAO zu § 62 Nr. 14; hierzu → Rn. 148; Stahlschmidt FR 2002, 1109). In Betracht kommt mE auch die Verwendung für eine andere zulässige Rücklage; insofern ist § 62 Abs. 2 S. 2 AO nF mE offen.

aa) Erforderliche/gebundene Rücklagen (Abs. 1 Nr. 1). (1.) Bei der Bil- 207a
dung der Rücklage kommt es auf die **Herkunft der verwendeten Mittel** nicht an (AEAO zu § 62 Nr. 3); die Dotierung kann aus Mitteln des jeweiligen Bereichs

aufgrund einer Einnahmen-Überschuss-Rechnung oder einer Bilanz erfolgen (hierzu Thiel DB 1992, 1900; Ley BB 1999, 626), eine Verwendungsquote besteht nicht (Stahlschmidt FR 2002, 1109). Mittel aus einem wirtschaftlichen Geschäftsbetrieb können jedoch erst nach der Versteuerung verwendet werden (AEAO zu § 62 Nr. 8).

Die **Rücklage** ist grundsätzlich **unabhängig von anderen** zulässigen Rücklagen zu bilden (AEAO zu § 62 Nr. 5 zum Verhältnis der Nr. 1 zu Nr. 3), dh die Bildung einer freien Rücklage hat keinen Einfluss darauf, ob die nach Nr. 1 zulässige Rücklage (noch) erforderlich ist. Die Rücklagen sind jedoch gesondert auszuweisen (→ Rn. 207).

(2.) Erforderlichkeit der Rücklagenbildung bedeutet, es muss ein **nachweisbarer Zusammenhang** zwischen Rücklagenbildung und steuerbegünstigtem Zweck bestehen („gebundene" Rücklage). Ein Beschluss von Hauptversammlung oder Vorstand über die Durchführung der geplanten Maßnahme ist hinreichender Beleg (Reiffs DB 1991, 1247). Zudem muss das zu finanzierende Vorhaben bereits bestimmt sein und Zeitvorstellungen im Hinblick auf die Durchführung bestehen (vgl. BFH I R 29/02, BStBl. II 2003, 930; AEAO zu § 62 Nr. 4; zur Höhe der Rücklage vgl. Herbert BB 1991, 187; zur Notwendigkeit der Abzinsung Thiel DB 1992, 1900). Insofern ist ab EZ 2025 lediglich klargestellt (BR-Drs. 369, 182), dass maßgeblich der **Stand der Planungen zum Zeitpunkt der Rücklagenbildung** ist. Das Bestreben, allgemein die Leistungsfähigkeit der Körperschaft zu erhalten, reicht für eine Rücklage nach der Nr. 1 nicht aus, ebenso wenig eine Rücklage zur Vermögensausstattung nach § 58 Nr. 3 (→ Rn. 170); in Betracht kommt eine freie Rücklage nach der Nr. 3 (→ Rn. 207c; AEAO zu § 62 Nr. 4). Auch eine Rücklage für den *Erwerb* eines für die ideellen Zwecke *nicht erforderlichen Hotels* (kein Zweckbetrieb) durch einen Verein zur Förderung der Gesundheitspflege fällt nicht unter die Vorschrift (vgl. BFH XI B 130/98, BFH/NV 1999, 1089). Zulässig ist aber die Rücklagenbildung für den Fall, dass wegen Nichtanerkennung der Gemeinnützigkeit **Steuernachzahlungen** fällig werden (BFH I B 116/96, BStBl. II 1998, 1462; AEAO zu § 62 Nr. 4).

(3.) Einzelheiten. In Betracht kommen eine Investitionsrücklage, Förderrücklage, Betriebsmittelrücklage und Instandhaltungsrücklage. Unterbleibt die Investition, ist die Rücklage aufzulösen (nach § 62 Abs. 2 S. 2 AO „unverzüglich"). Entsprechendes gilt bei einer Instandhaltungsrücklage. Zur Wiederbeschaffungsrücklage → Rn. 207b.

Die **Betriebsmittelrücklage** ist für periodisch wiederkehrende Verpflichtungen (Löhne, Gehälter, ggf. Steuern außerhalb des wirtschaftlichen Geschäftsbetriebs uÄ) für „eine angemessene Zeitperiode" zur Sicherstellung der Liquidität zulässig (vgl. AEAO zu § 62 Nr. 4), dh nur wenn die Zahlung laufender Betriebskosten nicht durch laufende Einnahmen gesichert ist (Stahlschmidt FR 2002, 1109); ihre Auflösung erfolgt bei Zahlung (Ley BB 1999, 626).

(4.) Das **Ende der Rücklagenbildung** muss mE absehbar sein. Das Erfordernis von Ziel- und Zeitvorstellungen ergibt sich aus der Formulierung der Vorschrift „soweit dies erforderlich ist". Zutreffend dürfte allerdings sein, dass ein verhältnismäßig naher Zeitpunkt für die Auflösung der Rücklage nicht verlangt werden kann. Bestehen noch keine konkreten Zeitvorstellungen, genügt es, wenn die Durchführung des Vorhabens glaubhaft und in Anbetracht der finanziellen Verhältnisse der Körperschaft in einem angemessenen Zeitraum möglich erscheint (AEAO zu § 62 Nr. 4).

bb) Wiederbeschaffungsrücklage (Abs. 1 Nr. 2). Die Wiederbeschaffungsrücklage dient der Wiederbeschaffung von WG, die für die Verwirklichung der steuerbegünstigten Zwecke erforderlich sind, für deren Wiedererwerb die laufenden Einnahmen jedoch nicht ausreichen. Die Wiederbeschaffung muss **beabsichtigt** sein; mE sind konkrete Zeitvorstellungen erforderlich (AEAO zu § 62 Nr. 6: „angemessener Zeitraum"). Die **Zuführung** bemisst sich nach der Höhe der regulären AfA des zu ersetzenden WG, ggf. unter der entsprechenden Auflösung der gebundenen Rücklage für das vorhandene Wirtschaftsgut (Ley BB 1999, 626). Die Bemessung nach einer (Sonder)Afa ist nach dem Gwortlaut ausgeschlossen. Jedoch kommen höhere Zuführungen als die reguläre AfA in Betracht, wenn die Wiederbeschaffung entsprechend teurer werden kann; die hierauf deutenden Umstände sind nachzuweisen. Eine niedrigere Zuführung ist nach dem Gwortlaut ebenfalls ausgeschlossen. **207b**

cc) Freie Rücklage (Abs. 1 Nr. 3). (1.) Grundsätzliches. Die Rücklage muss **nicht erforderlich** sein zur nachhaltigen Erfüllung der steuerbegünstigten Zwecke. Die Vorschrift dient der größeren Elastizität und Flexibilität begünstigter Körperschaften, insb. Im Hinblick auf die Planung und Durchführung größerer Projekte, deren Verwirklichung nicht ohne Weiteres absehbar ist (vgl. zu § 58 Nr. 7a AO aF BT-Drs. 10/3295, 1). Sie ist **neben Nr. 1 und 2 selbstständig** anwendbar, doch mindert eine Rücklage nach Abs. 1 Nr. 4 (→ Rn. 207d) die „Höhe der" freien Rücklage (so der G-Text), gemeint ist offenbar die Höchstgrenze für die Zuführung zur freien Rücklage (so auch AEAO zu § 62 Nr. 13). Die Bildung der Rücklage ist an **keine formale Voraussetzung** gebunden; insb. Ist eine Satzungsbestimmung nicht erforderlich (Ley BB 1999, 626 (631)). **207c**

(2.) Die **Dotierung** darf auf der **ersten Bemessungsstufe** aus **Überschüssen aus Vermögensverwaltung,** nicht jedoch aus wirtschaftlichen Geschäftsbetrieben (einschließlich Zweckbetrieben), Mitgliedsbeiträgen, Spenden, Zuschüssen und anderen Mitteln erfolgen. Beträge hieraus können auf der zweiten Bemessungsstufe von Bedeutung sein. **Fehlen** entsprechende **Mittel aus der Vermögensverwaltung,** dann darf mE die freie Rücklage nicht aus einer Rücklage nach Nr. 1 dotiert werden; sie ist den zeitnah zu verwendenden Mitteln entzogen, zumal sie als erforderlich ausgewiesen ist (Verstoß gegen das Gebot der zeitnahen Mittelverwendung; **aA** Thiel DB 1992, 1900; Ley BB 1999, 626; Schotenroehr/Schotenroehr DStR 2013, 1161).

Der Begriff der **Vermögensverwaltung** ist der des § 14 S. 3 AO (→ Rn. 241). Zur Vermögensverwaltung gehören auch die Erträge, die durch die Verwaltung des im Zusammenhang mit einer Rücklage gebildeten Vermögens entstehen (Schad/Eversberg DB 1986, 2149; Ley BB 1999, 626). Die nicht kurzfristige Überlassung von Räumen an eine andere steuerbefreite Körperschaft ist – wenn entgeltlich – Vermögensverwaltung (nicht zum ideellen Bereich gehörend). **Gewinne aus der Veräußerung** von verwalteten Vermögen sind mE einzubeziehen; ob noch originäre Vermögensverwaltung vorliegt, entscheidet sich mE nach den Grundsätzen zu → § 2 Rn. 100 ff.

Unkosten sind dem Grunde nach Werbungskosten (AEAO zu § 62 Nr. 9). Die Ergebnisse mehrerer Bereiche der Vermögensverwaltung sind mE zusammenzurechnen. Verluste aus den Vorjahren sind mE vorzutragen (zB *Verluste aus wirtschaftlichen Geschäftsbetrieben* (auch Zweckbetrieben) mindern die Bemessungsgrundlage für die Rücklagenbildung nicht (Ley BB 1999, 626).

(3.) Die **zusätzliche Bemessungsstufe** („und darüber hinaus …10 % der zeitnah zu verwendeten Mittel") behandelt das G als **neben** dem ⅓ aus der

Vermögensverwaltung bestehende Größe. Nicht einzubeziehen sind daher unabhängig von ihrem Einsatz für die Dotierung der Rücklage die **Überschüsse aus Vermögensverwaltung** (AEAO zu § 62 Nr. 10; ebenso Herfurth/Dehesselles Inf 2000, 553). Zeitnah zu verwendende Mittel iSd 55 Abs. 1 Nr. 5 AO (→ Rn. 148) sind trotz der dortigen Verwendung des Begriffes „Zufluss" der Überschuss bzw. Gewinn aus wirtschaftlichen Geschäfts- und Zweckbetrieben sowie die Bruttoeinnahmen aus dem ideellen Bereich. (AEAO zu § 62 Nr. 10). Eine Einbeziehung des Überschusses aus Vermögensverwaltung würde eine zweifache Begünstigung desselben bedeuten (Stahlschmidt FR 2002, 1109; Schneider Inf 2003, 46). **Verluste** aus Zweckbetrieben und sonstigen (einheitlichen) wirtschaftlichen Geschäftsbetrieben sind mit jeweiligen Überschüssen zu verrechnen. Darüber hinaus gehende Verluste mindern die Bemessungsgrundlage nicht, ebensowenig Verluste aus Vermögensverwaltung (AEAO zu § 62 Nr. 10).

Bei Anwendung des § 64 Abs. 5 u. 6 AO (→ Rn. 236 f.) können nach AEAO zu § 62 Nr. 10 statt der **geschätzten** bzw. **pauschalierten Gewinne** auch die tatsächlichen Gewinne angesetzt werden; dem ist mE nicht zu folgen, denn die Bezugnahme auf die zeitnah zu verwendenden Mittel nach § 55 Abs. 1 Nr. 5 AO (→ Rn. 148) zeigt auf, dass die Gewinnermittlung zum Zwecke der Besteuerung und der Rücklagenbildung einheitlich zu erfolgen hat (aA auch Hüttemann FR 2002, 1337).

(4.) Die **Auflösung** der freien Rücklage ist während des Bestehens der Körperschaft **nicht erforderlich** (AEAO zu § 62 Nr. 11 aE). Hat die Körperschaft unberechtigterweise Mittel angesammelt, dann kann das FA ihr eine Frist für die Verwendung setzen (§ 63 Abs. 4 AO; → Rn. 217). Auch die in der freien Rücklage gebundenen Mittel dürfen mE nur für den ideellen Bereich der Körperschaft verwendet werden, da sie ansonsten der zeitnahen Mittelverwendung unterfallen würden (aA Ley BB 1999, 626; Orth DStR 2001, 325). Zum Zusammenhang mit der Verwendung von Mitteln für Gesellschaftsrechte → Rn. 207d.

(5.) Die **Nachholung** ausgelassener Rücklagen ist **innerhalb von 2 Jahren** zulässig (Nr. 3 S. 2; hierzu AEAO zu § 62 Nr. 11).

207d **dd) Rücklage für Gesellschaftsrechte (Abs. 1 Nr. 4). (1.) Grundsätzliches.** Die Rücklage darf **allein der Erhaltung** der prozentualen Beteiligung dienen. Rücklagen für erstmalige Anschaffungen und Aufstockungen von Beteiligungen an Kapitalgesellschaften sind ebensowenig zulässig wie Rücklagen für den Erwerb von Beteiligungen an einer Personengesellschaft (Stahlschmidt FR 2002, 1109). Für solche Erwerbe dürfen freie Rücklagen (→ Rn. 207b) verwendet werden (AEAO zu § 62 Nr. 12). Die Vorschrift ist neben den Nr. 1 und 2 anzuwenden.

(2.) Aus welchen Mitteln die Körperschaft diese Rücklage dotiert, ist unerheblich (AEAO zu § 62 Nr. 12; zust. Ley BB 1999, 626). Es können Spenden, Beiträge, Erlöse aus wirtschaftlichen Geschäftsbetrieben einschließlich Zweckbetrieben oder aus Vermögensverwaltung verwendet werden. Auch dürfen die Mittel über mehrere Jahre angesammelt worden sein. Auf die **Beteiligungshöhe** kommt es nicht an. Es darf sich aber nicht um eine Beteiligung handeln, die infolge des Einflusses der Körperschaft auf die Geschäftsführung der Gesellschaft einem wirtschaftlichen Geschäftsbetrieb zuzuordnen ist. Auch muss sich auf Dauer ein Überschuss aus der Beteiligung ergeben. Die **Höhe der Rücklage** selbst hängt vom Bedarf ab, der sich daraus ergibt, dass eine Kapitalerhöhung aus Mitteln der Gesellschafter ansteht; iÜ ist sie unbegrenzt (Stahlschmidt FR 2002, 1109).

(3.) Die verwendeten Mittel **mindern den Höchstbetrag** der **nach Nr. 3** zulässigen Rücklagen (hierzu → Rn. 207c (1.)); übersteigen sie diese, dann sind erneute freie Rücklagen erst dann wieder zulässig, wenn die hierfür verwendbaren Mittel insgesamt die für die Beteiligungsquote verwendeten oder in die Rücklage eingestellten Mittel übersteigen (AEAO zu § 62 Nr. 13 mit Beispiel). Angesprochen ist nach Wortlaut und innerem Zusammenhang der Vorschrift mE der jeweilige **Gesamtbetrag der Rücklage,** nicht nur der in dem jeweiligen Jahr zusätzlich zuzuführende Betrag (aA Ley BB 1999, 626).

c) Vermögensbildung (Abs. 3). Die Vorschrift des § 62 Abs. 3 AO nF hat **Ausnahmecharakter.** Sie stellt klar, dass das nach ihren Regeln gebildete Vermögen nicht dem Gebot der zeitnahen Mittelverwendung nach § 55 Abs. 1 Nr. 5 AO (→ Rn. 149) unterliegt, und zudem, dass das **ausschließlich** für auf diesen Wegen gebildete Vermögen gilt. Insofern ist mE die **Aufzählung abschließend** (ebenso AEAO zu § 62 Nr. 16). **AA** dagegen zB Hüttemann (DB 2000, 1584; FR 2002, 1337): die Vorschrift sei Ausdruck eines allgemeinen Grundsatzes, wonach der Wille der Zuwendenden (auch konkludent erkennbar) darüber entscheide, wie die Sachzuwendung einzusetzen sei. **208**

Ihrer Natur nach zum **Vermögen gehörende Sachzuwendungen** sind WG, die in jedem Tätigkeitsbereich der Körperschaft genutzt werden können (AEAO zu § 62 Nr. 16). Hieraus erzielte **Erträge** gehören je nach Nutzungsart zu den Einkünften aus Vermögensverwaltung bzw. aus einem wirtschaftlichen Geschäftsbetrieb (ebenso Schindler BB 2000, 2078). Sie unterliegen daher – sofern nicht Rücklagen in diesen Bereichen oder nach → Rn. 207 ff. in Betracht kommen – dem Gebot der zeitnahen Mittelverwendung.

aa) Zuwendungen von Todes wegen (Abs. 3 Nr. 1). Voraussetzung ist eine **letztwillige Verfügung** iSv §§ 1937 ff., 2064 BGB, mE aber auch durch Erbvertrag (§ 2274 BGB). ME ist nicht erforderlich, dass die Körperschaft zum Erben, ggf. Nacherben, eingesetzt worden ist (§§ 2087, 2100 BGB); auch ein Vermächtnis (§§ 1939, 2147 ff.) oder eine Auflage (§§ 1940, 2192 BGB) sollten genügen. Erforderlich ist lediglich, dass der Erblasser keine Verwendung für den laufenden Aufwand vorgeschrieben hat. ME ist der **Verwendungswunsch** des Erblassers aber nur erheblich, wenn er in der letztwilligen Verfügung selbst zum Ausdruck kommt. **208a**

bb) Ausdrückliche Vermögensausstattung (Abs. 3 Nr. 2). Voraussetzung ist die **Erklärung „bei der Zuwendung".** Das bedeutet mE, dass sie spätestens im Zeitpunkt bzw. im zeitlich-sachlichen Zusammenhang mit der Zuwendung abgegeben wird. Eine nachträgliche Erklärung, also eine erst nach der Vermögensmehrung bei der Körperschaft eingehende Erklärung, reicht mE daher nicht. Es muss sich um eine **ausdrückliche Erklärung** handeln. Das bedeutet mE, dass nach dem **Erklärungsinhalt** der Zweck der Vermögensausstattung/-mehrung eindeutig, dh wortwörtlich angesprochen wird. Eine **mehrdeutige Erklärung,** die also lediglich auch, jedoch nicht zwingend, iSd Vermögensausstattung/-mehrung zu verstehen bzw. auszulegen ist, reicht mE ebenfalls nicht aus. Die Wortwahl selbst (zB „zur Grundausstattung") ist unerheblich, wenn der Zweck der Zuwendung iSd Vorschrift damit klar erkennbar wird. Ein Anwendungsfall ist etwa die Ausstattung einer Stiftung mit Vermögen zum Verbrauch nach § 83b Abs. 1 S. 2 BGB (hierzu Jakobs SB 2024, 44). **208b**

208c **cc) Zuwendung aufgrund Spendenaufrufs (Abs. 3 Nr. 3).** Voraussetzung ist **(1.)** ein **Spendenaufruf,** in dem Spenden zur „Aufstockung" des Vermögens erbeten werden. Dieses Ziel muss eindeutig erkennbar sein; die Wortwahl ist unerheblich (zB „Die X-Kö benötigt … eine höhere Kapitalausstattung" uÄ). Ggf. genügt auch diese Bitte **neben** der Bitte um Spenden zum unmittelbaren Einsatz für den begünstigten Zweck. Denn **(2.)** muss die Zuwendung in einem **sachlich kausalen Zusammenhang** mit der Bitte um Spenden für die Vermögensausstattung stehen. ME muss das aus der Zuwendung (zB Überweisung) selbst hervorgehen; es sollte aber – im Unterschied zu → Rn. 208b – auch eine nachträgliche Klarstellung durch den Spender genügen. Auf jeden Fall gilt dies mE für den Fall, dass der Spendenaufruf mehrere Zwecke verfolgt (s. (1.)). Allerdings sollte auch ein markantes Ansteigen des Spendenaufkommens nach dem (eindeutigen) Aufruf als Nachweis des sachlichen Zusammenhangs ausreichen.

208d **dd) Vermögensbezogene Sachzuwendungen (Abs. 3 Nr. 4).** Sachzuwendungen, die **„ihrer Natur nach"** zum Vermögen gehören, sind wohl solche, die aufgrund ihrer Beschaffenheit selbst nur im Vermögensbereich Verwendung finden können (Grundstück für einen Sportplatz; Sanitätswagen des Rettungsdienstes). Es kann sich aber um Vermögen in allen vier Sphären einer gemeinnützigen Körperschaft handeln (AEAO zu § 62 Nr. 16).

209 **d) Stiftungen im Gründungsstadium (Abs. 4).** Die **sachliche Bevorzugung** von Stiftungen gegenüber anderen Körperschaften ist mE verfassungsrechtlich nicht zu rechtfertigen, zumal den Stiftungen bereits durch § 58 Nr. 6 AO nF (→ Rn. 173 ff.) ein Sonderstatus eingeräumt worden ist (ebenso Schwarz/Uterhark § 58 Rn. 35). Hiervon unabhängig bedarf die Vermögenszuführung *keines Satzungsvorbehalts;* auch ist sie mE für die steuerrechtliche Behandlung vom ausdrücklich oder konkludent geäußerten *Stifterwillen* unabhängig (**aA** Hüttemann DB 2000, 1584 (1586)).

Thesaurierungsfähig sind Überschüsse bzw. Gewinne aus der Vermögensverwaltung und dem wirtschaftlichen Geschäftsbetrieb; Letzterer umfasst auch einen steuerbegünstigten Zweckbetrieb (§ 14 AO; → Rn. 219, 226; AEAO zu § 62 Nr. 17; Hüttemann DB 2000, 1584 (1586)). Spenden und sonstige Zuwendungen dürfen nicht verwendet werden, die Erträge aus den Vermögenszuwendungen (→ Rn. 208 ff.) mE dagegen schon.

Für die Begriffe Überschuss bzw. Gewinn gelten die allgemeinen Ermittlungsgrundsätze des EStG (§ 2 Abs. 2 iVm §§ 4 ff. bzw. §§ 8 ff.). **Positive und negative Ergebnisse** sind nach AEAO (AEAO zu § 62 Nr. 17) auch über die verschiedenen Bereiche hinweg zu **saldieren;** mE geht der Wortlaut der Vorschrift dahin, dass nur innerhalb einer Sparte zu saldieren ist, die Auffassung der AEAO ergibt sich hieraus nicht eindeutig.

11. Anforderungen an die tatsächliche Geschäftsführung

210 **a) Grundsatz.** Nach **§ 63 Abs. 1 AO** muss die tatsächliche Geschäftsführung der Körperschaft auf die ausschließliche und unmittelbare Erfüllung der steuerbegünstigten Zwecke gerichtet sein und den Bestimmungen entsprechen, die die Satzung über die Voraussetzungen für Steuervergünstigungen enthält.

Nach **§ 63 Abs. 2 AO** gilt für die tatsächliche Geschäftsführung sinngemäß § 60 Abs. 2 AO (→ Rn. 199 ff.) und für eine Verletzung der Vorschrift über die Vermögensbindung § 61 Abs. 3 AO (→ Rn. 204 ff.).

Literatur: Kümpel, Anforderungen an die tatsächliche Geschäftsführung bei steuerbegünstigten (gemeinnützigen) Körperschaften, DStR 2001, 152; Becker, Der Wegfall des gemeinnützigkeitsrechtlichen Status – eine Bestandsaufnahme und Hilfestellung für die Praxis, DStR 2010, 953; Kirchhain, Privatnützige Zuwendungen gemeinnütziger Körperschaften, FR 2011, 640; Wallenhorst, Die Nachversteuerung in § 61 Abs. 3 AO bei Verstößen gegen die Vermögensbindung durch die tatsächliche Geschäftsführung, DStR 2011, 698; Weidmann/Kohlhepp, gGmbH: Aberkennung der Gemeinnützigkeit aufgrund verdeckter Gewinnausschüttungen, DB 2011, 497; Wittke, Rückwirkende Aberkennung der Gemeinnützigkeit bei verdeckter Gewinnausschüttung, BeSt 2011, 14; Nolte, Entwicklungen bei der Mittelverwendungsrechnung gemeinnütziger Organisationen, DStR 2014, 1350; Binger/v Scharfenort, Gemeinnützigkeitsschädliche Mittelverwendung bei Darlehensvergabe, KH 2015, 659; Richard/Wennmacher, Mittelverwendungsrechnung gemeinnütziger Körperschaften in der Praxis, KÖSDI 2015, 19604; Seeck/Wackerbeck, Aberkennung der Gemeinnützigkeit – Wenn die rote Linie überschritten ist, DStR 2022, 633.

b) Satzungsgemäße Geschäftsführung. Erforderlich ist die **materielle** 211
Entsprechung von Satzungsbestimmung und tatsächlicher Geschäftsführung. Sie muss nach § 63 Abs. 2 AO iVm § 60 Abs. 2 AO während des ganzen EZ gegeben sein. Die Prüfung hat ex-ante auf den Zeitpunkt zu erfolgen, in dem Entscheidungen zu treffen waren (FG Bremen 1 K 181/21, EFG 2025, 609, nachgehend BFH V R 11/24, DStR 2026, 1036). Eine **tatsächliche Zweckänderung** erfordert immer auch eine **Satzungsänderung.** Bis zu ihrer **Eintragung in das Vereinsregister** bildet noch die bisherige Satzung den maßgebenden Handlungsrahmen (vgl. BFH V R 40/18, BStBl. II 2021, 3).

Zur tatsächlichen Geschäftsführung in diesem Sinn gehören alle der Körperschaft **zuzurechnenden Handlungen** (→ Rn. 214); daher auch die Entscheidungen und Tätigkeiten, die die Verwirklichung der Satzungszwecke bloß vorbereiten (BFH I R 29/02, BStBl. II 2003, 930). Die Körperschaft darf sich nicht anderweitig, insb. nicht iS einer nichtbegünstigten Aktivität betätigen. **Schädlich ist** insb. eine gegen § 55 Abs. 1 Nr. 1 AO (→ Rn. 128) verstoßende **Mittelfehlverwendung** (vgl. BFH VII R 2/17, BFH/NV 2019, 6), zB durch Ausschüttungen des Vermögens bzw. vGA an Mitglieder bzw. Gesellschafter (BFH I R 59/09, BStBl. II 2012, 226; V R 5/17, BStBl. II 2021, 55 mwN); durch Entrichtung von Mitgliedsbeiträgen an einen nicht begünstigten Dachverband (FG BW 6 K 1449/12, EFG 2015, 1851), die Mittelvergabe durch eine Förderkörperschaft nach § 58 Nr. 1 AO (→ Rn. 168) an eine satzungsfremde Empfängerkörperschaft (BFH I R 41/12, BFH/NV 2015, 235), die Vermögensbasis der Körperschaft (Stiftung) untergrabende Anlagestrategie, zB bei Fehlen ausreichender Sicherheiten (FG Münster 3 K 323/12 Erb, EFG 2015, 739; Binger/v. Scharfenort Das Krankenhaus 2015, 659) oder bei Zuzahlungen an eine AG nach § 272 Abs. 2 Nr. 4 HGB (FG Bremen 1 K 181/21, EFG 2025, 609, nachgehend BFH V R 11/24, DStR 2026, 1036). **Politische Meinungsäußerungen** sind nur im Rahmen der Verfolgung der satzungsmäßigen Zwecke zulässig (→ Rn. 46a); geht der Verein darüber hinaus, ist ihm wegen Verstoßes gegen die Vorschrift die Steuerbegünstigung zu versagen (BFH I R 19/10, BFH/NV 2011, 1113, zu FG Düsseldorf 6 K 1908/07 K, EFG 2010, 1287; → Rn. 46a).

aa) Verwirklichung des Satzungszwecks. Die tatsächliche Geschäftsfüh- 212
rung muss auf die ausschließliche und unmittelbare **Erfüllung der satzungsmäßigen Ziele** gerichtet sein. Verstöße gegen Satzungsbestimmungen, die nicht durch die §§ 51–68 AO vorgegeben sind, sind ohne Bedeutung für die Steuerbe-

freiung (BFH V R 11/24, DStR 2026, 1036). Der Grundsatz der **zeitnahen Mittelverwendung** nach § 55 Abs. 1 Nr. 5 AO (→ Rn. 148) ist ebenso zu beachten (vgl. FG Münster 3 K 323/12 Erb, EFG 2015, 739; Kümpel DStR 2001, 152) wie der Grundsatz der satzungsmäßigen **Vermögensbindung** nach § 55 Abs. 1 Nr. 4 AO (→ Rn. 144 ff). Dessen Verletzung durch die tatsächliche Geschäftsführung bedeutet nach § 63 Abs. 2 AO iVm § 61 Abs. 3 AO, dass die Vermögensbindung als **von Anfang an nicht ausreichend** gilt. Das ist etwa der Fall, wenn eine Stiftung fünf Jahre nach ihrer Aufhebung ihr Vermögen nicht an die berechtigte Gesellschaft ausgekehrt hat und auch nicht absehbar ist, dass dies geschehen wird (FG Münster 13 K 1127/22 K, EFG 2025, 1548, Rev. VII R 24/25).

Eine **Ausnahme** besteht nach BFH I R 104/73, BStBl. II 1975, 458, wenn die Körperschaft an der Ausführung der satzungsgemäßen Tätigkeit durch außergewöhnliche, von ihr nicht zu beeinflussende Umstände gehindert wird. Auch genügen konkrete Vorbereitungshandlungen (Aufbau der Vereinsorganisation, Sammlung von Mitteln); nicht jedoch unbestimmte Absichten (BFH I R 29/02, BStBl. II 2003, 930 mwN).

213 **bb) Rechtsordnung.** Ein gemeinnütziger Verein hat bei seinem Verhalten die **verfassungsmäßige Ordnung** bzw. die **Rechtsordnung** zu beachten (BFH I R 39/78, BStBl. II 1979, 482; I R 13/97, BStBl. II 1998, 9; V R 17/99, BStBl. II 2002, 169; I R 11/11, BStBl. II 2013, 146 zu gegen die freiheitlich demokratische Grundordnung gerichteten Bestrebungen; AEAO zu § 63 Nr. 3). Die Vorschrift dient dem Schutz des Einzelnen ebenso wie der Allgemeinheit (BFH I R 215/81, BStBl. II 1985, 106).

Ein Verstoß gegen die verfassungsmäßige Ordnung liegt schon vor bei der **Nichtbefolgung polizeilicher Anordnungen** (BFH I R 215/81, BStBl. II 1985, 106), nicht jedoch bei gewaltfreiem Widerstand (AEAO zu § 63 Nr. 5, Hinw. Auf BVerfG 1 BvR 718/89 ua, BVerfGE 92, 1). Die Körperschaft darf daher nicht unter **Umgehung** eines gesetzlichen Verbots oder durch einen **Gesetzesverstoß** ihren Förderungszweck erreichen wollen (BFH I R 5/93, BStBl. II 1995, 134); ebenso wenig durch Spendenbescheinigungen oder in sonstiger Weise ihren Mitgliedern zu einem **unberechtigten Spendenabzug** verhelfen wollen (BFH I R 67/95, BStBl. II 1997, 474; AEAO zu § 63 Nr. 2); oder zurechenbar **Steuern verkürzen** (BFH V R 17/99, BStBl. II 2002, 169; **aA** Jansen FR 2002, 996). Schon die Verletzung der Steuererklärungspflicht kann schädlich sein (FG Bln 8435/96, EFG 1997, 1006 rkr.); mE auch Verstöße gegen die Beschränkung der Erteilung einer **Zuwendungsbestätigung** nach § 63 Abs. 5 AO nF (→ Rn. 218), nicht jedoch in einem leichteren Fall ohne steuerliche Auswirkungen (FG Münster 9 K 2469/10 K, EFG 2012, 492). Entsprechendes gilt bei einer rechtskräftigen Verurteilung wegen Untreue aufgrund von satzungswidriger Verwendung von Spendenmitteln (FG RhPf 6 K 2210/92, EFG 1996, 937 rkr.) bzw. wegen Anlagebetrugs (FG BW 10 K 3811/12, ErbBstg 2014, 257). S. auch → Rn. 46.

214 **cc) Zurechenbarkeit.** Das **Fehlverhalten** muss der Körperschaft **zugerechnet** werden können (BFH I R 215/81, BStBl. II 1985, 106), und zwar als Handlung eines Organs, Repräsentanten oder Inhabers einer Vollmacht (auch Anscheins- oder Duldungsvollmacht, Kümpel DStR 2001, 152). Zwar stellen „Ausreißer“ einzelner, nicht kontrollierbarer Teilnehmer an öffentlichen Veranstaltungen mE die Gemeinnützigkeit nicht in Frage. Eine Zurechnung erfolgt

aber bei grober Vernachlässigung der dem Vertretungsorgan obliegenden Kontrollpflicht (BFH V R 17/99, BStBl. II 2002, 169 zu Handlungen eines Spielerobmannes bei der Vermittlung inoffizieller Zahlungen von Sponsoren an Spieler) und mE auch, wenn die Organe keinen Regressanspruch gegen die handelnden Personen geltend machen (ebenso Kümpel DStR 2001, 152; sehr großzügig FG Düsseldorf 6 K 2425/21 AO, EFG 2024, 1881)). ME ist die Zurechnung angezeigt, weil die sich aus der Vertreterstellung ergebenden Pflichten (vgl. § 34 AO) nicht mit steuerlicher Wirkung delegiert oder abbedungen werden können. Allerdings ist es angezeigt, im Hinblick auf die Schwere der Vernachlässigung der Kontrollpflichten bei ehrenamtlich tätigen Organen einen großzügigeren Maßstab anzulegen als bei hauptamtlich tätigen Organen (FG Düsseldorf 6 K 2425/21 AO, EFG 2024, 1881).

Enthält jedoch die Internetseite eines **islamistischen (salafistischen) Vereins** einen Link auf eine nicht von ihm betriebene Internetseite mit Artikeln, die inhaltlich die **freiheitlich demokratische Grundordnung** in Frage stellen, soll dies für die Annahme einer satzungswidrigen Geschäftsführung nicht ausreichen, wenn der Vorstand sich darauf zurückzieht, für den Inhalt jener Artikel nicht verantwortlich zu sein, und in diesen die Kautele eingebaut ist, es handele sich nicht um einen Aufruf zur Umsetzung der dargestellten Vorstellungen (vgl. BFH I R 11/11, BStBl. II 2013, 146, SächsFG K 1429/10, EFG 2011, 1675).

Hat die Körperschaft **mehrere Vorsitzende** (Geschäftsführer), so bestimmt sich die tatsächliche Geschäftsführung nach den Handlungen aller Vorsitzenden (Geschäftsführer) in Gemeinschaft oder eines Vorsitzenden (Geschäftsführers) in Zustimmung der anderen (BFH StRK KStG § 4 Abs. 1 Nr. 6 R 13).

Eigenmächtiges Handeln eines Einzelnen kann mE dem Verein nach § 31 BGB zugerechnet werden (Seer in Tipke/Kruse AO § 63 Rn. 5; zweifelnd BFH V S 12/99, BFH/NV 2000, 996). Hierfür reicht im Zivilrecht und mE auch im Steuerrecht, dass die handelnde Person durch Funktionszuweisung den Verein repräsentiert (BGH VII ZR 82/65, NJW 1968, 391; VI ZR 122/70, NJW 1972, 334), wenn sie sich nicht von ihrem Aufgabengebiet entfernt (BGH VI ZR 256/77, NJW 1980, 115; VI ZR 47/85, NJW 1986, 2941); vgl. zur Haftung bei mehreren Vorständen eines Vereins BFH VII R 4/98, BStBl. II 1998, 761.

dd) Rechtsfolgen/Verhältnismäßigkeitsprinzip. Bei einer nicht satzungsgemäßen Geschäftsführung kommt auf der Grundlage von § 63 Abs. 2 AO iVm § 60 Abs. 2 AO (→ Rn. 203d) der **Entzug der Gemeinnützigkeit** für den entsprechenden EZ in Betracht (hierzu BFH V R 27/23, BB 2026, 1179 Rn. 23). Die Maßnahme ist **keine Ermessensentscheidung.** Daher ist die Anwendung des **Verhältnismäßigkeitsprinzips** und des ihm innewohnenden **Bagatellvorbehalts** ein unverzichtbares **Korrektiv.** Danach scheidet bei einmaligen **geringfügigen Verstößen** der Entzug der Steuervergünstigung auch für den betreffenden EZ aus. Mehr als nur geringfügige **„einfache" Verstöße** führen dagegen grundsätzlich zur Aberkennung der Gemeinnützigkeit für den betroffenen EZ (vgl. BFH I R 59/09, BStBl. II 2012, 226; V R 5/17, BStBl. II 2021, 55; krit. Seeck/Wackerbeck DStR 2022, 633). 215

Schwerwiegende tatsächliche **Verstöße gegen** die Vorschriften über die Vermögensbindung schließlich führen auf der Grundlage von § 63 Abs. 2 AO iVm § 61 Abs. 3 AO zur **rückwirkenden Aberkennung** (ggf. Aufhebung eines Feststellungsbescheids nach § 60a AO; → Rn. 310, 315; zum Widerruf einer vorläufigen Bescheinigung → Rn. 309, BFH V R 67/16, BStBl. II 2020, 40) und **Nach-**

versteuerung nach Maßgabe des § 175 Abs. 1 S. 1 Nr. 2 AO. Die Maßnahme knüpft ohne Ermessen allein an den Verstoß an und setzt kein Verschulden voraus (FG Münster 13 K 1127/22 K, EFG 2025, 1548, Rev. VII R 24/25). Das gilt zB für die überwiegende vGA der aus der Tätigkeit erwirtschafteten Gewinne (BFH I R 59/09, BStBl. II 2012, 226; AEAO zu § 61 Nr. 6; hierzu zB Fischer FR 2011, 320; Gosch BFH-PR 2011, 108; Kirchhain FR 2011, 640; Wallenhorst DStR 2011, 698). Eine de lege ferenda einzuführende Heilungsmöglichkeit könnte in der Rückerstattung der zu nichtsteuerbegünstigten Zwecken verteilten Mittel bestehen.

216 **c) Buchnachweis.** Die Körperschaft hat nach **§ 63 Abs. 3 AO** den **Nachweis,** dass ihre tatsächliche Geschäftsführung den Erfordernissen des § 63 Abs. 1 AO entspricht, durch ordnungsmäßige Aufzeichnungen über ihre Einnahmen und Ausgaben zu führen. Eine bestimmte Art der Aufzeichnungen ist grundsätzlich nicht vorgeschrieben; in Betracht kommen **Unterlagen jeglicher Art** (Geschäfts- und Tätigkeitsberichte, Protokolle, Schriftverkehr, Notizen uÄ; BFH I R 29/02, BStBl. II 2003, 930; AEAO zu § 63 Nr. 1, jedoch nicht ein in einem Jahresbericht enthaltenes Kreisdiagramm, BFH X R 20/22, BFH/NV 2026, 341). Sind jedoch jährliche Rechenschaftsberichte erstellt und der Stiftungsaufsicht übersandt worden, kann das FA sie anfordern, insb. wenn bisher vorgelegte Unterlagen eine ausreichende Überprüfung nicht ermöglichen; ein Zeugenbeweis ist untauglich (BFH X R 7/13, BStBl. II 2015, 588). In jedem Fall sind die Vorschriften der §§ 140 ff. AO zu beachten („Buchnachweis", vgl. BFH I R 2/98, BFH/NV 2000, 297; I B 75/98, BFH/NV 2000, 301), handelsrechtliche Buchführungsvorschriften jedoch nur, sofern sich dies aus der Rechtsform der Körperschaft ergibt (allgM, AEAO zu § 63 Nr. 1). Das bedeutet, die Aufzeichnungen müssen einem sachverständigen Dritten in angemessener Zeit einen Überblick über die Geschäftsvorfälle und die Vermögenslage ermöglichen (BFH I 119/52 U, BStBl. III 1954, 324; zur Mittelverwendungsrechnung Nolte DStR 2014, 1350; Richard/Wennmacher KÖSDI 2015, 19604). Das beinhaltet **mE gesonderte Aufzeichnungen** für den ideellen Tätigkeitsbereich, die Vermögensverwaltung, die Zweckbetriebe und wirtschaftlichen Geschäftsbetriebe (ebenso Kümpel DStR 2001, 152; Karsten BB 2006, 1830). Die Buchungen müssen vollständig, richtig, zeitgerecht und geordnet sein. Kasseneinnahmen und -ausgaben sollen täglich festgehalten werden. Unzulässig sind insb. Aufrechnungen von Einnahmen und Ausgaben, Nichtangabe von Bareinnahmen, Nichtaufzeichnung von Geschenken an Angehörige des Vereins. Die **Nichterfüllung** der Aufzeichnungspflichten führt zum **Verlust der Steuerbefreiung,** ohne dass die Körperschaft sich auf Nachweispflichten des FA berufen könnte (BFH I 119/52 U, BStBl. III 1954, 324. Anders nur bei geringfügigen Mängeln, für die das FA die nachträgliche Beseitigung zulassen kann (zB Seer in Tipke/Kruse AO § 63 Rn. 12).

Zum Problem der Nachweisbeschaffung aus dem **EU-Ausland** EuGH C-386/04, DStR 2006, 1736 – Stauffer – Hinweis auf die Amtshilferichtlinie RL 2011/16/EU (77/799/EWG) – und BFH X R 7/13, BStBl. II 2015, 588; BMF 16.5.2011, BStBl. I 2011, 559; krit. hierzu zB Fischer FR 2015, 716; Jachmann BB 2006, 2607; Tiedtke/Möllmann DStZ 2008, 69 (79): „verfassungsrechtliches Dilemma".

217 **d) Mittelansammlung.** Hat die Körperschaft **Mittel angesammelt,** ohne dass die Voraussetzungen hierfür (insb. § 62 Abs. 1, → Rn. 207 ff.) vorliegen, kann das Finanzamt ihr **nach § 63 Abs. 4 AO** eine **Frist** für die Verwendung

der Mittel setzen, die nach den Umständen des Einzelfalles zu bemessen ist. Die Bedeutung der Vorschrift beschränkt sich auf die Möglichkeit der Heilung des Verstoßes mit Bindungswirkung für das Steuerfestsetzungsverfahren. Hierbei handelt es sich um eine gerichtlich nachprüfbare **Ermessensentscheidung** („ob" und „wie"). In einem Verfahren gegen die Fristsetzung kann über die Angemessenheit der Frist gestritten werden, nicht jedoch über die Mittelsansammlung selbst (BFH V R 25/23, BFH/NV 2026, 750). Hat die Körperschaft wider besseres Wissen planmäßig Mittel gesammelt oder ist sie in der Vergangenheit über ihre diesbzgl. Pflichten informiert worden, dann muss das FA keine Nachfrist mehr setzen (vgl. FG Hmb 5 K 135/12, EFG 2016, 534; Kümpel DStR 2001, 152). Die **Frist selbst** sollte so bemessen sein, dass die Körperschaft ihr Vermögen nicht verschleudern muss. Gleichwohl sollte sie mE nicht über der Frist für die zeitnahe Mittelverwendung (ca. 2 Jahre, → Rn. 148) liegen (Nds FG 6 K 191/22, EFG 2024, 345, nachgehend BFH V R 25/23, DStR 2026, 981), darf nach OFD Frankfurt aM 4.3.1993, DStR 1993, 1144 jedoch 2–3 Jahre betragen.

Die tatsächliche Geschäftsführung **gilt als ordnungsgemäß** iSd § 63 Abs. 1 AO (→ Rn. 211), wenn die Körperschaft die Mittel innerhalb der Frist für die steuerbegünstigten Zwecke verwendet. Tut sie dies nicht, entfällt die Steuerbefreiung rückwirkend (§ 175 Abs. 1 S. 1 Nr. 2 AO) für die EZ von der Zuführung zur Rücklage bis zu deren Auflösung (Thiel/Eversberg DB 1991, 118 (126); einschränkend Reiffs DB 1991, 1247).

e) Zuwendungsbestätigung. Ab EZ 2013 darf nach **§ 63 Abs. 5 AO** eine wegen Verfolgung gemeinnütziger Zwecke stbefreite Körperschaft, Personenvereinigung oder Vermögensmasse eine **Zuwendungsbestätigung** (§ 50 Abs. 1 EStDV) nur ausstellen, wenn **(1.)** das Datum der Anlage zum Körperschaftsteuerbescheid bzw. des Freistellungsbescheids nicht länger als fünf Jahre zurückliegt oder **(2.)** die Feststellung nach § 60a AO nF (→ Rn. 313 ff.) nicht länger als drei Jahre zurückliegt und bisher keine Freistellung oder keine Anlage zum Körperschaftsteuerbescheid erteilt worden ist. Die bezeichneten **Fristen sind taggenau zu berechnen.** **218**

Die Vorschrift ist als Teil der von der Körperschaft **zu wahrenden Rechtsordnung** (→ Rn. 213) unbedingt zu beachten. Das betrifft auch die Beachtung der bezeichneten Fristen. Die Nichtbeachtung ist mE – wie die Stellung der Vorschrift im § 63 AO aufzeigt – ein Verstoß gegen das Erfordernis der satzungsgemäßen Geschäftsführung, der zur Aberkennung des Gemeinnützigkeitsstatus führen kann (ggf. Aufhebung eines Feststellungsbescheids nach § 60a AO; → Rn. 310, 315; AEAO zu § 63 Nr. 3 f.).

12. Wirtschaftlicher Geschäftsbetrieb/partielle Steuerpflicht

Literatur: vor → Rn. 20, 30, 116; Inst FSt, Teilhabe gemeinnütziger Körperschaften an unternehmerischer Tätigkeit, Brief 330; Dißars/Berssenbrügge, Ausgleich von Verlusten aus einem wirtschaftlichen Geschäftsbetrieb und Vermögensanlagen gemeinnütziger Vereine, BB 1999, 1411; Strahl, Steuerliche Konsequenzen der Verwertung von Forschungs- und Entwicklungsergebnissen durch Hochschulen und gemeinnützige Forschungseinrichtungen, DStR 2000, 2163; Schröder, Ausgliederungen aus gemeinnützigen Organisationen auf gemeinnützige und steuerpflichtige Kapitalgesellschaften, DStR 2001, 1415; Ball/Dieckmann, Share-Sponsoring – ein innovatives Finanzierungskonzept für steuerbegünstigte Körperschaften aus steuerlicher Sicht, DStR 2002, 1602; Arnold, Gemeinnützigkeit von Vereinen und Beteiligung an Gesellschaften, DStR 2005, 581; Milatz/Schäfers, Ausgliederung im Gemeinnützigkeitssektor am Beispiel von Krankenhäusern – …, DB 2005, 1761; Jost, Betriebsaufspaltung im steuerfreien Bereich gemeinnütziger Körperschaften …, DB 2007, 1664; Schießl, Die Ausgliederung von Abteilungen aus Idealvereinen auf Kapitalgesellschaften …, DStZ 2007, 494; Scholz/Garthoff, Sponsoring von Sportvereinen jetzt steuerpflichtig?, BB 2008, 1148; Eversberg/Baldauf, Der gemeinnützige Betrieb gewerblicher Art als steuerbegünstigter wirtschaftlicher Geschäftsbetrieb (Zweckbetrieb) …, DStZ 2011, 597; Orth, Zur Gewerbesteuerbefreiung von Kooperationen gemeinnütziger Körperschaften, DStR 2012, 116; Thomalla, Die Beteiligung gemeinnütziger Körperschaften an gewerblich geprägten Personengesellschaften, BB 2012, 490; Hörmann, Steuerbegünstigte Körperschaften (zur Abgrenzung der Vermögensverwaltung), NWB 2013, 3334; Söhl, Wirtschaftliche Geschäftsbetriebe in gemeinnützigen Einrichtungen, NWB 2013, 190; Kümpel, Leistungsbeziehungen zwischen verbundenen gemeinnützigen Körperschaften, FR 2014, 51; 2014, 513; Schulte/Buttgereit, Fiktive Ertragsbesteuerung von Leistungsbeziehungen zwischen verbundenen gemeinnützigen Körperschaften, FR 2014, 509; Schmidt/Engelsing, Zuordnung gemischt veranlasster Aufwendungen bei gemeinnützigen Organisationen und Berufsverbänden, NWB 2015, 2783; Kirchhain, Gewinnausschüttungen und -abführungen gemeinnütziger Kapitalgesellschaften – die Finanzverwaltung in der Zwickmühle; DStR 2017, 2317; Schienke-Ohletz, Die Beteiligung gemeinnütziger Stiftungen an Unternehmen, BB 2018, 2012; Pieske-Kontny, Der steuerpflichtige wirtschaftliche Geschäftsbetrieb im Ertragsteuerrecht, StBp 2022, 139; Hübner/Berg, Beteiligung einer gemeinnützigen Stiftung an einer AG, Ubg 2023, 180; Pfeffer, Vermögensverwaltung: Beteiligung an Personengesellschaften …, SB 2024, 35; Pfeffer, Vermögensverwaltung: Beteiligung an Kapitalgesellschaften …, SB 2024, 51.

219 **a) Grundsatz.** Nach **§ 64 Abs. 1 AO** iVm § 3 Nr. 6 S. 2 GewStG verliert eine Körperschaft, **soweit** ein wirtschaftlicher Geschäftsbetrieb (§ 14 AO) unterhalten wird, für die dem Geschäftsbetrieb zuzuordnenden Besteuerungsgrundlagen (Einkünfte, Umsätze, Vermögen) die Steuervergünstigung, **soweit nicht** ein Zweckbetrieb (§§ 65–68 AO; → Rn. 255 ff.) gegeben ist (zu den **Ergänzungen** und **Ausnahmen** in § 64 Abs. 2–6 AO → Rn. 235 f., 246 f., 251) – **partielle Steuerpflicht. Sie tritt zudem nicht ein** bei Vermögensverwaltung (§ 14 Abs. 1 S. 1 AO) und bei Land- und Forstwirtschaft (vgl. § 3 Nr. 6 S. 2). Steht jedoch **der wirtschaftliche Geschäftsbetrieb** („um seiner selbst willen") **im Vordergrund** der Betätigung, so geht die Steuervergünstigung nach § 55 Abs. 1 AO (→ Rn. 116 ff.) insgesamt verloren (→ Rn. 117). Evtl. empfiehlt es sich, den wirtschaftlichen Geschäftsbetrieb durch Einbringung in eine Kapitalgesellschaft **auszulagern** (Strahl KÖSDI 2000, 12527; Schröder DStR 2001, 1405; Milatz/Schäfers DB 2005, 1761; Schießl DStZ 2007, 494; zur Gestaltung durch „hybride" Finanzierungen Maier DB 2005, 1708).

220 **aa) Partielle Steuerpflicht.** Die **StPfl.** wird **nicht ausgeschlossen** dadurch, dass der wirtschaftliche Geschäftsbetrieb den steuerbegünstigten Zwecken dient (vgl. BFH I R 215/78, BStBl. II 1983, 27; I R 8/88, BStBl. II 1992, 101). Im Gegenteil ist Voraussetzung für die Steuerfreiheit der Körperschaft, dass die Erträge des wirtschaftlichen Geschäftsbetriebs für die steuerbegünstigten Zwecke verwendet werden (§ 55 AO; vgl. BFH I R 56/05, BStBl. II 2007, 631; AEAO zu § 56 Nr. 1; ebenso Seer in Tipke/Kruse AO § 64 Rn. 1).

221 **bb) Mehrere Körperschaften.** Wird **ein wirtschaftlicher Geschäftsbetrieb** gemeinsam **von mehreren Körperschaften** betrieben, dann ist eine einheitliche und gesonderte Feststellung der Einkünfte (§§ 179 u. 180 AO) geboten. Eine Darstellung der Problematik und Gestaltungsmöglichkeiten bei Orth FR 1995, 253 und DStR 2012, 116 (→ Rn. 21), für Sportvereine bei Müller-Gatermann FR 1995, 261, für Reitvereine bei Kratzsch Inf 2006, 546.

cc) Gemeinnützige GmbH. Gewisse **Besonderheiten** bestehen bei der gemeinnützigen GmbH: sie hat nur eine betriebliche Sphäre und ist prinzipiell insgesamt persönlich steuerpflichtig; erst durch die Verfolgung gemeinnütziger Zwecke wird sie partiell sachlich von der Steuerpflicht befreit (ebenso und zu den Folgerungen hieraus Thiel GmbHR 1997, 10; Schröder DStR 2008, 1069). **222**

dd) Verpachtung. Verpachtet die Körperschaft ihren wirtschaftlichen Geschäftsbetrieb identitätswahrend an *einen Pächter,* wird dieser fortgeführt bis zur Erklärung der Betriebsaufgabe (BFH I R 55/06, BStBl. II 2007, 725); zu beachten ist jedoch auch hier die Besteuerungsgrenze des § 64 Abs. 3 AO (→ Rn. 247). **223**

b) Begriff. Nach **§ 14 AO** ist ein **wirtschaftlicher Geschäftsbetrieb** eine selbstständige nachhaltige Tätigkeit, durch die Einnahmen oder andere wirtschaftliche Vorteile erzielt werden und die über den Rahmen einer Vermögensverwaltung hinausgeht; das gilt auch, wenn die Betätigung nicht die Merkmale des GewBetriebs erfüllt (hierzu → § 2 Rn. 540, 546 ff.). **224**

Die **sachliche Selbständigkeit** erfordert, dass die Tätigkeit vom sonstigen Wirkungskreis **abgrenzbar** ist (hierzu → § 2 Rn. 548; BFH I R 138/79, BStBl. II 1984, 451; I R 149/90, BStBl. II 1992, 693). Für die Zwecke des § 64 AO bedeutet dies mE, dass die Körperschaft eine von den begünstigten Zwecken losgelöste Tätigkeit zur Erzielung von Einnahmen entfaltet (auch durch Erfüllungsgehilfen möglich, FG BW VI K 193/84, EFG 1988, 88). Eine eigenständige sachlich-persönliche Organisation ist nicht erforderlich (BFH I R 65/12, BFH/NV 2014, 1670). **Fehlt es an der sachlichen Selbstständigkeit** der fraglichen Tätigkeit gegenüber der im Übrigen gemeinnützigen Tätigkeit, sind die durch sie erzielten **Erlöse steuerfrei** (BFH V R 63/16, BStBl. II 2019, 392, zum **Verkauf von Ökopunkten:** unlöslicher Zusammenhang zwischen der ökologischen Tätigkeit und dem Erlös); ebenso FinV, vgl. FM SchlH 17.2.2020 – VI 314-S 0171-431).

Zum Merkmal der **Nachhaltigkeit** → § 2 Rn. 60 ff. Eine einmalige Tätigkeit kann nachhaltig sein (vgl. BFH V R 92/68, BStBl. II 1969, 282; I R 60/80, BStBl. II 1986, 88 mwN; AEAO zu § 64 Nr. 2), und zwar auch dann, wenn diese Einzelhandlung eingebettet ist in ein Maßnahmenbündel, das – ohne diese Einzelhandlung – Merkmale eines Zweckbetriebes trägt, wie zB die Anzeigenwerbungen in einer Vereinszeitung (BFH I 34/61 U, BStBl. III 1962, 73). **224a**

c) Einzelfälle. (1.) Ein Sportverein, der sich gegen Entgelt verpflichtet, die Sportler nur in Kleidung eines bestimmten Herstellers auftreten zu lassen, unterhält auch dann einen wirtschaftlichen Geschäftsbetrieb, wenn er die Zuwendungen für die satzungsmäßigen Zwecke verwendet (BFH I R 215/78, BStBl. II 1983, 27). Ein wirtschaftlicher Geschäftsbetrieb liegt auch vor beim Verkauf von Getränken und Esswaren bei besonderen Gelegenheiten (BFH I R 60/80, BStBl. II 1986, 88; I R 3/82, BStBl. II 1986, 92), zB bei einem Schützenfest (vgl. OFD Hannover 23.6.1999, DStR 1999, 1856) oder einem Festzeltbetrieb (BFH I R 200/85, BFH/NV 1989, 342; I R 55/98, BFH/NV 2000, 85; jetzt auch § 67a Abs. 1 S. 2 AO; → Rn. 275 ff.), Abhalten von Straßenfesten und Flohmärkten, bei Altkleidersammlungen (BFH I R 149/90, BStBl. II 1992, 693), bei Betrieb einer Abfallbeseitigungsanlage (BFH X R 115/91, BStBl. II 1994, 314), eines Müllheizkraftwerks (BFH I R 60/91, BStBl. II 1994, 573), einer Müllverbrennungsanlage (vgl. BFH I R 144/93, BFH/NV 1995, 1012), einer Krankenhauswäscherei (BFH I R 56/94, BStBl. II 1996, 28), bei Gewährung von Versiche- **225**

rungsschutz gegen Bezahlung sowie Abschluss eines Versicherungsvertrages zugunsten der Mitglieder gegen Überschussbeteiligung (BFH I R 2/97, BStBl. II 1998, 175; krit. Fidorra DB 1999, 559), bei auf die Versicherungswirtschaft bezogenen Finanzanalysen (BFH V R 5/19, BFH/NV 2022, 166) uÄ auf die nachhaltige Erzielung von Einnahmen gerichteten Tätigkeiten, zB die Vermietung von Schlittschuhen iZm der Gestattung der entgeltlichen Nutzung einer Eisbahn durch einen Eislaufverein (BFH V R 30/99, BStBl. II 2000, 705) oder die Auftragsforschung gegen Entgelt (BFH V R 29/91, BStBl. II 1997, 189; FG BW 3 K 66/99, EFG 2003, 22 rkr.; s. jedoch § 68 Nr. 9 AO, → Rn. 302 ff.); ebenso bei Erbringung von Verwaltungsdienstleistungen durch eine weitere verbundene Körperschaft (Kümpel FR 2014, 61; 2014, 513, nicht jedoch mit Besteuerung fiktiver Gewinnaufschläge, Schulte/Buttgereit FR 2014, 509) und – wenn nicht schon nach § 55 Abs. 1 Nr. 1 AO (→ Rn. 129) schädlich – bei entgeltlicher Gestellung von Sicherheiten (aA Söffing/Thoma BB 2003, 1091). Zur Sammlung und Verwertung von Zahngold s. AEAO zu § 64 Nr. 12; zur entgeltlichen Beschaffung von naturschutzrechtlichen Ausgleichsflächen s. OFD Frankfurt aM 6.8.2019, DStR 2019, 2542. Auch → Rn. 259 f.

226 **(2.)** Maßnahmen iZm **Werbung** sind kein wirtschaftlicher Geschäftsbetrieb, wenn die Körperschaft für Zuwendungen („Sponsoring") nur die Nutzung ihres Namens duldet oder ohne Hervorhebung in ihren Publikationen auf den Sponsor hinweist (FG BW 9 K 115/06, EFG 2010, 1167; AEAO zu § 64 Nr. 10; Kasper DStZ 2005, 397; zum „Share Sponsoring"-Modell Ball/Dieckmann DStR 2002, 1602). Das gilt auch für die Weiterleitung von Einnahmen aus der Bandenwerbung durch eine Stadt an einen gemeinnützigen Verein (FG Köln 13 K 4715/90, EFG 1991, 698).

Darüber hinaus gehende Tätigkeiten mit **Gegenleistungscharakter** stellen einen wirtschaftlichen Geschäftsbetrieb dar: zB bei Sponsoring gegen Werbeanzeigen in Vereinszeitschrift (BFH I R 42/06, BStBl. II 2008, 949; AEAO zu § 64 Nr. 11; Scholz/Garthoff BB 2008, 1148), bei Herausgabe einer durch Werbeanzeigen finanzierten Festschrift (BFH IV R 189/71, BStBl. II 1976, 472). Weitere wirtschaftliche Geschäftsbetriebe sind die Übernahme von Werbetätigkeit (BFH V R 21/01, BStBl. II 2003, 438, Freiballon mit Firmenaufschrift), die Werbung am Mann durch Sportverein (BFH I R 215/78, BStBl. II 1983, 27), die Überlassung von Werbeflächen an mehrere Werbeunternehmer zum Zwecke der Bandenwerbung durch einen Sportverein (BFH I R 8/88, BStBl. II 1992, 101), ggf., bei Wahrnehmung von das übliche Maß überschreitenden verdichteten Marktchancen auch die Überlassung von Werbeflächen an nur einen Werbeunternehmer (FG München 15 K 353/95, EFG 1996, 1180, nv bestätigt).

227 *(frei)*

228 **d) Beteiligungen. aa) Personengesellschaft.** Auch die **Beteiligung** einer gemeinnützigen Körperschaft an einer **gewerblich tätigen Personengesellschaft** als Kommanditistin begründet einen stpfl. wirtschaftlichen Geschäftsbetrieb (BFH I R 78/99, BStBl. II 2001, 449; I R 31/10, BFH/NV 2012, 786; **aA** InstFSt Brief 330; Arnold DStR 2005, 581), auch bei einer ein Finanzanlagenprodukt darstellenden Publikums-KG (FG Düsseldorf 6 K 1598/16 K, EFG 2018, 309; Pfeffer SB 2024, 35); das gilt für den laufenden Gewinn wie für den Veräußerungsgewinn. Eine bindende Feststellung hierüber erfolgt grundsätzlich im Gewinnfeststellungsverfahren (BFH I R 113/84, BStBl. II 1989, 134). **Anders bei** rein **vermögensverwaltender Tätigkeit** der Gesellschaft (vgl. BFH GrS 4/

82, BStBl. II 1984, 751) und auch bei einer **gewerblich geprägten Personengesellschaft** (BFH I R 60/10, BStBl. II 2011, 858; V R 60/13, BStBl. II 2017, 251; zu Folgerungen hieraus Theuffel-Wehrhahn DB 2011, 2058; Schienke-Ohletz BB 2018, 2012), es sei denn, diese Gesellschaft ist zugleich Besitzgesellschaft im Rahmen einer Betriebsaufspaltung (FG Düsseldorf 6 K 2430/13 K, EFG 2013, 1958).

bb) Kapitalgesellschaft. Die **Beteiligung an einer Kapitalgesellschaft** ist grundsätzlich Vermögensverwaltung, selbst wenn es sich um eine 100%ige Beteiligung handelt. Sie stellt einen wirtschaftlichen Geschäftsbetrieb dann dar, wenn die Körperschaft über eine Zusammenfassung in einer Holding planmäßig Unternehmenspolitik betreibt oder in anderer Weise entscheidenden Einfluss auf die Geschäftsführung der Kapitalgesellschaft nimmt (vgl. BFH I R 57/70, BStBl. II 1971, 753; I R 97/09, BFH/NV 2011, 312; I R 72/16, BFH/NV 2021, 863; KStR 4.1 Abs. 2 S. 3; zweifelnd Hübner/Berg Ubg 2023, 180; Pfeffer SB 2024, 51), insb. bei Vorliegen der Voraussetzungen für eine **Betriebsaufspaltung** (BFH I R 164/94, BFH/NV 1997, 825; FG Düsseldorf 6 K 2430/13 K, EFG 2013, 1958; Arnold DStR 2005, 581). Das gilt auch für die Beteiligung eines englischen Colleges (vergleichbar einer Stiftung) an einer eine Gaststsätte betreibenden „Limited" (BFH V R 35/18, BStBl. II 2021, 657). **229**

Das gilt nicht, wenn die Kapitalgesellschaft nur **Vermögensverwaltung betreibt** oder **selbst steuerbegünstigt** ist (BFH X R 59/00, BStBl. II 2006, 661; I R 97/09, BFH/NV 2011, 312; AEAO zu § 64 Nr. 3; zu Vermeidungsstrategien Schießl DStZ 2007, 494; zur Umkehrung Jost DB 2007, 1664; aA Kirchhain DStR 2017, 2317: Beteiligung im ideellen Bereich). Im Falle einer **Organschaft** erfolgt Zurechnung des insofern nicht stbefreiten Gewinns bei dem sachlich stbefreiten OT (BFH I R 28/09, BStBl. II 2011, 181; Milatz/Schäfers DB 2005, 1761).

Gewinnausschüttungen an rechtlich selbstständige Mitgliedsverbände führen bei diesen mangels eines Leistungs-/Gegenleistungsverhältnisses nicht zu einem wirtschaftlichen Geschäftsbetrieb; hiermit zusammenhängende Ausgaben des Mitglieds sind nicht zu berücksichtigen. Ein **Veräußerungsgewinn iSv § 22 UmwStG** ist nach § 22 Abs. 4 Nr. 2 UmwStG ein wirtschaftlicher Geschäftsbetrieb.

e) Gewinnermittlung. aa) Betriebseinnahmen. Zunächst → § 2 Rn. 553. **230**
Im Zusammenhang mit **Sponsoring** erhaltene Leistungen können steuerfreie Einnahmen im ideellen Bereich bzw. der Vermögensverwaltung oder Einnahmen des wirtschaftlichen Geschäftsbetriebs sein. Ihre Zuordnung hängt nicht von der Behandlung beim leistenden Unternehmen ab. Weder wirtschaftlicher Geschäftsbetrieb noch Vermögensverwaltung liegen vor, wenn die Köperschaft dem Sponsor die Nutzung ihres Namens zu Werbezwecken gestattet oder ihrerseits in Zusammenhang mit Veranstaltungen auf die Unterstützung durch ihn hinweist (AEAO zu § 64 Nr. 10, gleichzeitig zur Höhe der Zuführung zur freien Rücklage).

bb) Betriebsausgaben. **Ausgaben** sind dem wirtschaftlichen Geschäftsbetrieb als BA zuzurechnen, wenn sie durch ihn **veranlasst** sind (BFH I R 31/89, BStBl. II 1992, 103; vgl. auch VIII R 194/84, BStBl. II 1992, 508; I R 55/98, BFH/NV 2000, 85; AEAO zu § 64 Nr. 4). Es muss also ein wirtschaftlicher Zusammenhang mit ihm bestehen. Das ist nicht der Fall, wenn Spenden aus **231**

steuerbefreiten Bereichen der Körperschaft stammen (BFH I R 117/88, BStBl. II 1991, 645 zu Spenden) oder die Ausgaben durch diesen veranlasst sind (vgl. BFH I R 31/89, BStBl. II 1992, 103; II R 43/89, BFH/NV 1992, 409; I R 30/89, BFH/NV 1992, 412). Aufwendungen für den Zweckbetrieb sind beim wirtschaftlichen Geschäftsbetrieb nicht zu berücksichtigen (vgl. BFH V R 28/21, BStBl. II 2024, 425). Hiervon geht an sich auch BFH I R 76/01, BStBl. II 2005, 305 aus, lässt jedoch Aufwendungen des ideellen Bereichs (Züchterprämien) aufgrund einer Auflage bei den Betriebsausgaben des wirtschaftlichen Geschäftsbetriebs (Totalisator) eines Pferderenn- und Zuchtvereins zu (aA auch AEAO zu § 64 Nr. 7: NAnwErl BMF 24.3.2005, BStBl. I 2005, 608). Hiervon abgesehen gilt das **Trennungsprinzip** auch bei der Gewinnermittlung **nach Verlust der Gemeinnützigkeit** (BFH I R 48/13, BStBl. II 2015, 713).

231a **cc) Gemischte Anlässe.** Nach der Rspr. des BFH können **mehrere Anlässe** durch steuerrechtlich unterschiedlich zu beurteilende Tätigkeiten gegeben sein (zB durch eine Sportveranstaltung und durch die hierbei durchgeführte Bandenwerbung). Entgegen der früheren Rspr. (Gewichtung nach der „primären Veranlassung", BFH I R 31/98, BStBl. II 1992, 103; I B 85/94, BFH/NV 1996, 268; AEAO zu § 64 Nr. 5), ist nunmehr eine **Aufteilung nach** dem Maße einer, auch geschätzten, **Mitveranlassung** zulässig, wenn objektivierbare **quantitative** oder **qualitative Abgrenzungskriterien,** zB die Nutzungszeiten, vorhanden sind. Leerstandszeiten sind nicht allein dem ideellen Bereich zuzuordnen (FG Hmb 5 K 125/23, EFG 2025, 653).

Sind allerdings die ideellen und gewerblichen Beweggründe für Aufwendungen untrennbar ineinander **verwoben** und fehlen deswegen objektivierbare Abgrenzungskriterien, dann ist die Ausgabe insgesamt nach der primären Veranlassung zuzuordnen. (BFH I R 48/13, BStBl. II 2015, 713; AEAO zu § 64 Nr. 6; hierzu Schmidt/Engelsing NWB 2015, 2783; krit. Dehesselles DStR 2012, 2309). Daher sind mE Aufwendungen aus Anlass der steuerbegünstigten Tätigkeit insoweit dem wirtschaftlichen Geschäftsbetrieb zuzuordnen, als sie dessen Einnahmen erhöhten (anders noch BFH I R 55/98, BFH/NV 2000, 85). Auch wenn die erwerbswirtschaftliche Tätigkeit sich auf die Höhe der Ausgaben ausgewirkt hat, ist nach objektiven Merkmalen zuzuordnen (BFH I B 85/94, BFH/NV 1996, 268).

Ein **wirtschaftlicher Betrieb bei Gelegenheit** einer begünstigten Veranstaltung (zB Bandenwerbung bei Sportveranstaltung) ist mE allerdings so wenig Anlass von Aufwendungen wie er Anlass der gesamten Veranstaltung ist; die Ausgaben zur Durchführung der Veranstaltung sind allein durch diese veranlasst (BFH I R 31/98, BStBl. II 1992, 103; HessFG 4 K 810/95, EFG 1996, 250 rkr.; AEAO zu § 64 Nr. 5; zur Kritik Autenrieth DStZ 1992, 178; Stobbe DStZ 1996, 757; Olbertz DStZ 1996, 757; Orth FR 1995, 253).

232 **dd) Aushilfslöhne.** An Vereinsmitglieder gezahlte Aushilfslöhne sind nur abziehbar, wenn sie den Vermögensbereich der Körperschaft verlassen haben; sie sind **nicht abziehbar** bei einem bedingungslosen Verzicht vor Auszahlung der Löhne. **Anders** liegt der Fall, wenn der Verzicht unter der Bedingung der Zuwendung des Geldbetrags an einen Dritten erklärt wird (vgl. BFH I R 5/88, BStBl. II 1991, 308; AEAO zu § 64 Nr. 4); ebenso, wenn die Körperschaft sich im Gegenzug für die Leistung der Mitglieder verpflichtet, ihnen einen bescheidenen Unterhalt zu gewähren (BFH I R 58/97, BStBl. II 1998, 357).

233 **ee) Rücklagen.** Sie **sind zulässig,** wenn bei vernünftiger kaufmännischer Betrachtung begründbar (BFH I R 156/94, BStBl. II 2002, 162; BMF BStBl. I

2002, 287; Ley BB 1999, 626). Es muss ein konkreter Anlass (zB geplante Betriebsverlegung) objektiv die Rücklagenbildung rechtfertigen. Sie sind aus versteuerten Mitteln (Gewinn) zu dotieren. Eine fast vollständige Zuführung des Gewinns zur Rücklage ist nur zur Existenzsicherung unschädlich (AEAO zu § 62 Nr. 1). Eine zu hohe Rücklage ist um den Differenzbetrag aufzulösen und führt insoweit zu einer Erhöhung der zeitnah zu verwendenden Mittel. Eine zu niedrige Rücklage ist aus Mitteln des wirtschaftlichen Geschäftsbetriebs aufzustocken.

ff) Stille Reserven. Sie sind **bei Beginn und Ende** der (auch partiellen) 234
Steuerbefreiung der gemeinnützigen Körperschaft **nicht aufzudecken** bzw. steuerfrei (§ 13 Abs. 4 u. 5 KStG). ME ist gleichwohl der Erlös aus der Veräußerung des Wirtschaftsguts auch dann zu erfassen, wenn er für die steuerbegünstigten Zwecke verwendet wird (**aA** Inst FSt Brief 332); bei Beendigung des wirtschaftlichen Geschäftsbetriebes kommt nach BMF 1.2.2002, DB 2002, 350 ebenfalls § 13 Abs. 4, 5 KStG und nicht § 16 Abs. 3 EStG zur Anwendung (zust. Schauhoff DStR 1996, 366; Thiel GmbHR 1997, 10; Kümpel DStR 1999, 1505; Schmidt/Fritz DB 2002, 2509).

gg) Altmaterial. Überschüsse aus der Verwertung unentgeltlich erwor- 235
benen **Altmaterials** außerhalb einer ständig dafür vorgehaltenen Verkaufsstelle, die der KSt und der GewSt unterliegen, können nach **§ 64 Abs. 5 AO** in Höhe des branchenüblichen Reingewinns geschätzt werden. Die Vorschrift erfasst nur die Verwertung zur Mittelbeschaffung (Geschäftsbetrieb), nicht dagegen die Sammlung und Vorhaltung (etwa von Altkleidern) zum unmittelbaren Einsatz in Notfällen bei gelegentlichen Veräußerungen (Zweckbetrieb, → Rn. 259 ff.). Das Material darf nur Altmaterialwert haben (zum Altgold/Zahngold BFH V B 119/15, BFH/NV 2016, 1252, zur aA des ThürFG 1 K 75/11, EFG 2015, 874). Es darf keine ständige Verkaufsstelle unterhalten werden; auch darf es sich nicht um Einzelverkauf bei ähnlichen Verkaufsveranstaltungen (Basare, Flohmärkte) handeln (BFH I R 73/08, BStBl. II 2009, 516; vgl. zu allem AEAO zu § 64 Nr. 29).

Die Körperschaft muss **selbst tätig** werden; die Zwischenschaltung einer GmbH ist schädlich (ThürFG 1 K 75/11, EFG 2015, 874). Doch soll die Vorschrift anwendbar sein, wenn die Sammlungen von einer BGB-Gesellschaft durchgeführt werden, an der ua die gemeinnützige Körperschaft beteiligt ist (FM BW 16.3.1993, DStR 1993, 915).

Für die Gewinnschätzung muss die Besteuerungsgrenze des § 64 Abs. 3 AO (→ Rn. 247) überschritten sein. Die **Schätzung** selbst (nach Erfahrungen der FA mit Altmaterialhändlern) **kann** (auf Antrag; AEAO zu § 64 Nr. 30), **muss aber nicht erfolgen** (zB bei hohen Betriebsausgaben), mit 5 % der Einnahmen bei Altpapier und 20 % der Einnahmen bei anderem Altmaterial (AEAO zu § 64 Nr. 31). Erforderlich ist eine gesonderte Aufzeichnung der mit der Verwertung in Zusammenhang stehenden Einnahmen und Ausgaben (ThürFG 1 K 75/11, EFG 2015, 874; AEAO zu § 64 Nr. 39). Die USt gehört nicht zu den maßgeblichen Einnahmen (AEAO zu § 64 Nr. 40)

hh) Pauschaler Ansatz. Nach **§ 64 Abs. 6 AO** kann (ab EZ 2000) bei folgen- 236
den wirtschaftlichen Geschäftsbetrieben

- **Werbung** für Unternehmen, die iZm der steuerbegünstigten Tätigkeit einschließlich Zweckbetrieben stattfindet,
- **Totalisatorbetriebe,**

– **zweite Fraktionierungsstufe** der Blutspendedienste
bei der Besteuerung ein **Gewinn von 15 %** der Einnahmen zugrunde gelegt werden.

237 Die Vorschrift dient der **Vermeidung** einer nach neueren Grundsätzen (→ Rn. 231a) **zutreffenden Besteuerung** von bestimmten wirtschaftlichen Geschäftsbetrieben. Hat ein Verein Aufwendungen durch eine Veranstaltung im ideellen Bereich und nutzt er die Gelegenheit zur wirtschaftlichen Betätigung (zB Trikotwerbung, AEAO zu § 64 Nr. 33), sind nach allgemeinen Besteuerungsgrundsätzen diese Aufwendungen durch den ideellen Bereich veranlasst; sie mindern nicht den Gewinn des Geschäftsbetriebs. Dieses Ergebnis versteht der Gesetzgeber als Überbesteuerung im Vergleich zu gewerblichen Unternehmen. Bei anderen Werbemaßnahmen kommt die Vorschrift nicht zur Anwendung (AEAO zu § 64 Nr. 34). Die Vorschrift begründet eine **Wahlmöglichkeit** („können") zwischen Pauschalierung (15 % der Einnahmen) und der Regelbesteuerung nach allgemeinen Grundsätzen (vgl. AEAO zu § 64 Nr. 37). Wird davon Gebrauch gemacht, sind Ausgaben abgegolten und dürfen nicht zusätzlich abgezogen werden; Einnahmen und Ausgaben sind aufzuzeichnen (AEAO zu § 64 Nr. 38 f.). Die Vorschrift gilt **nicht für nicht steuerbegünstigte** Körperschaften und ist nach Verlust der Gemeinnützigkeit nicht mehr anzuwenden; kein Verstoß gegen Art. 3 GG (BFH I R 48/13, BStBl. II 2015, 713).

237a **(1.)** Zur **Werbung** iSd Vorschrift gehört ua die Trikotwerbung, die Bandenwerbung (BT-Drs. 14/4626, 7), aber auch die Vermietung von Standflächen bei Kongressen. Unerheblich ist, ob der Vermieter oder Mieter das Werbematerial anbringt (BFH V R 70/17, BStBl. II 2019, 654; FG Düsseldorf 6 K 2010, 16 K, G, EFG 2017, 1725; FG Münster 9 K 518/14 K, EFG 2017, 1024). Nach der FinV gehört auch das „aktive Sponsoring" zur Werbung (vgl. AEAO zu § 64 Nr. 33 und 10).

238 Im Schrifttum wird zT darauf abgestellt, dass die Werbung im **unmittelbaren Zusammenhang** mit der Tätigkeit stehen müsse (Koch/Uterhark § 64 Rn. 40). Der Wortlaut der Vorschrift gibt mE für diese Auffassung nichts her. Nach allgemeinen Besteuerungsgrundsätzen wird **jeder wirtschaftliche Zusammenhang** genügen. Liegt ein solcher bei einem einheitlichen Vertrag zT nicht vor, ist ein einheitliches Entgelt zum Zwecke der Pauschalierung aufzuteilen.

239 **(2.)** Die Begünstigung der **Totalisatorbetriebe** als Einzelfallregelung verdeutlicht mE den rein lobbyistischen Charakter der Vorschrift, zumal sich hier ohnehin die Frage stellt, ob nicht die Pferdezucht „im Interesse der Allgemeinheit" nur noch Mittel für den Totalisatorbetrieb ist (vgl. den Sachverhalt von BFH I R 76/01, BStBl. II 2005, 305). Jedenfalls unterhält ein Traberzuchtverein mit dem Veranstalten von Trabrennen und dem Totalisatorbetrieb einen einheitlichen wirtschaftlichen Geschäftsbetrieb, dem sämtliche durch diesen Betrieb veranlassten Einnahmen und Ausgaben zuzuordnen sind (BFH I R 15/07, BStBl. II 2011, 475). AEAO zu § 64 Nr. 35 versteht sachfremd beim Totalisatorbetrieb den Begriff der Einnahmen abzgl. Rennwettsteuer und Auszahlung an Wetter.

240 **(3.)** Die Begünstigung der **zweiten Fraktionierungsstufe** im Blutspendedienst entzieht sich ebenfalls jeder steuersystematischen Ordnung und stellt sich als willkürliches Steuergeschenk dar. Auf Einnahmen aus der Veräußerung von im Aphereseverfahren gewonnenen Blutbestandteilen der ersten Fraktionierungsstufe ist die Vorschrift nicht anzuwenden (AEAO zu § 64 Nr. 36).

241 **f) Vermögensverwaltung.** Nach **§ 14 S. 3 AO** liegt Vermögensverwaltung idR vor, wenn Vermögen genutzt wird, zB Kapital verzinslich angelegt oder

unbewegliches Vermögen vermietet oder verpachtet wird (vgl. zur Abgrenzung → § 2 Rn. 100, 102 ff.).

aa) Einzelfälle. Vermögensverwaltung liegt zB vor bei einer Vermögensmehrung durch private Veräußerungsgeschäfte innerhalb der Frist des § 23 Abs. 1 EStG (NdsFG VI 308/87, EFG 1989, 253); ebenso wenn die Verwaltung (Vermietung) nach denselben Grundsätzen und unter Einsatz derselben Mittel und desselben Personals erfolgt wie ein daneben betriebener wirtschaftlicher Geschäftsbetrieb (BFH I R 35/94, BStBl. II 1996, 583). Vermögensverwaltung ist noch die Überlassung von Verlagsrechten an der Vereinszeitung an einen Verlag (BFH I 145/64, BStBl. III 1967, 373), die Verpachtung eines Gewerbebetriebes (Sportgaststätte, Verkaufsstände, Garderoben) sowie von Werbeflächen an den Räumlichkeiten der Körperschaft (FG Saarl 1 K 59/86, EFG 1988, 135), die Überlassung des Rechts auf Marketing-Maßnahmen im Rahmen des sog. Sozio-Sponsoring (Ansorge BB 1995, 2505 mwN), die Überlassung von Lizenzen ohne Zusatzleistungen durch Forschungseinrichtungen (ebenso Strahl DStR 2000, 2163) sowie Werbeaufschriften mit einem Kfz der Körperschaft (OFD Frankfurt aM FR 1998, 586). Auch die Verpachtung eines wirtschaftlichen Geschäftsbetriebs ist Vermögensverwaltung, zumal eine § 4 Abs. 4 KStG entsprechende Vorschrift fehlt (BFH I R 42/06, BFH/NV 2008, 638); etwas anderes gilt wegen der Fiktion des § 2 Abs. 3 jedoch, wenn die Körperschaft den Geschäftsbetrieb zuvor selbst geführt und keine Betriebsaufgabeerklärung abgegeben hat (BFH I R 55/06, BStBl. II 2007, 725). 242

bb) Abgrenzung. Der Bereich der **Vermögensverwaltung wird überschritten,** wenn die Ausnutzung substanzieller Vermögenswerte durch Umschichtung gegenüber der Nutzung iSv Fruchtziehung aus den zu erhaltenden Vermögenswerten in den Vordergrund tritt (BFH VIII R 46/84, BStBl. II 1988, 65; I R 149/90, BStBl. II 1992, 693; I R 76/90, BFH/NV 1992, 839). Die Vermietung von unbeweglichem Vermögen ist nur dann Vermögensverwaltung, wenn sie längerfristig erfolgt (vgl. zur Verpachtung eines Gasthauses durch einen Verein für Heimatpflege BFH I R 54/67, BStBl. II 1969, 441); Entsprechendes gilt mE für eine Untervermietung (hierzu Hörmann NWB 2013, 3334). Die oft wechselnde Vermietung stellt idR einen wirtschaftlichen Geschäftsbetrieb dar, es sei denn, es besteht für sie keine Organisation nach Art eines Geschäftsbetriebes und sie wirft keine hohen Erträge ab (BFH I 182/55 U, BStBl. III 1958, 96); vgl. auch für die Vermietung von Sportstätten an Nichtmitglieder AEAO zu § 67a Nr. 12. Ebenfalls keine Vermögensverwaltung liegt vor, wenn ein Sportverein mehreren Werbeinteressenten Bandenwerbung gegen Entgelt ermöglicht (BFH I R 8/88, BStBl. II 1992, 101). Anders dürfte zu entscheiden sein, wenn die Werbeflächen an einen einzigen Vertragspartner auf Dauer überlassen werden (AEAO zu § 67a Nr. 9). Keine Vermögensverwaltung bei Mitwirkungshandlungen des Vereins iZm Werbung (vgl. BFH I R 149/90, BStBl. II 1992, 693); ebensowenig die Werbung durch Sportler (BFH I R 215/78, BStBl. II 1983, 27), die Verpachtung eines Campingplatzes (BFH I R 106/66, BStBl. II 1969, 443) oder die persönliche und sachliche Verflechtung mit einem Betriebsunternehmen (BFH I 201/64, BStBl. II 1970, 17; → Rn. 244). 243

Auch **kreditfinanzierte Aktientransfers** in Milliardenhöhe unmittelbar vor und nach dem Dividendenstichtag überschreiten den Rahmen der Vermögensverwaltung (BFH I B 57/18, BFH/NV 2020, 1236, zu HessFG 4 V 1131/17, EFG 2018, 1754, insoweit best.).

244 **cc) Besonderheiten.** Die Grundsätze der **Betriebsaufspaltung** finden Anwendung. Die als Vermögensverwaltung erscheinende Tätigkeit ist steuerpflichtig, wenn die eigentliche wirtschaftliche Betätigung im Wege der Betriebsaufspaltung auf eine Kapitalgesellschaft ausgegliedert worden ist. Das gilt jedoch nicht, wenn die Betriebskapitalgesellschaft steuerbegünstigt ist bzw. den **Zweckbetrieb** führt (AEAO zu § 64 Nr. 3 S. 9 und 10; hierzu Schick DB 2008, 893; Schröder DStR 2008, 1069: keine Betriebsaufspaltung).

Bei Auslagerung einer **Hilfstätigkeit** im Wege der Betriebsaufspaltung soll nach OFD Koblenz 7.10.2003, DB 2003, 2413 gemeinnützigkeitsrechtlich zwar Vermögensverwaltung, für die Besteuerung jedoch ein stpfl. wirtschaftlicher Geschäftsbetrieb vorliegen (ähnl., zT aber enger OFD Frankfurt aM 8.12.2004, DStR 2005, 600), mE eine nicht gerechtfertigte Differenzierung (s. Thiel/Eversberg DB 2007, 191; Thiel/Eversberg DB 2007, 1436; Jost DB 2007, 1664).

245 **dd) Rücklagenbildung. Die Bildung von Rücklagen ist zulässig** durch Zuführung des Überschusses im Bereich der Vermögensverwaltung zu konkreten, bei vernünftiger Betrachtung notwendigen Vorhaben, zB Reparaturen und sonstige Erhaltungs- o. Wiederherstellungsmaßnahmen an der Vermietung dienenden WG. Die Durchführung muss in absehbarer Zeit geplant sein (vgl. AEAO zu § 62 Nr. 1).

246 **g) Mehrere wirtschaftliche Geschäftsbetriebe.** Unterhält eine Körperschaft **mehrere wirtschaftliche Geschäftsbetriebe,** die keine Zweckbetriebe (§§ 65–68 AO; → Rn. 255 ff.) sind, werden diese als **ein** wirtschaftlicher Geschäftsbetrieb behandelt **(§ 64 Abs. 2 AO).** Gewinne und Verluste sind miteinander zu verrechnen (AEAO zu § 64 Nr. 14), auch wenn die Einkünfte an sich unterschiedlichen Einkunftsarten zuzurechnen wären; nicht aber mit denen aus Zweckbetrieben (BFH IV R 189/71, BStBl. II 1976, 472) oder aus der begünstigten Tätigkeit des Vereins (BFH I R 31/89, BStBl. II 1992, 103); die häufig komplizierte Zuordnung von Kosten kann unterbleiben. Die **Besteuerungsgrenze** des § 64 Abs. 3 AO (→ Rn. 247 ff.) kann insgesamt **nur einmal** in Anspruch genommen werden. Auch durch funktionale Untergliederung lässt sich ein anderes Ergebnis nicht erreichen (§ 51 Abs. 3 AO, → Rn. 25); ebensowenig durch eine sonstige Aufteilung der Körperschaft zum Zwecke mehrfacher Inanspruchnahme der Freigrenze des § 64 Abs. 3 AO (vgl. § 64 Abs. 4 AO, → Rn. 251). Die Regelung bedeutet, dass nicht jeder einzelne Betrieb kostendeckend arbeiten muss, damit die Gemeinnützigkeit nicht gefährdet ist (AEAO zu § 64 Nr. 17; s. aber die Andeutung einer aA in BFH V R 28/21, BStBl. II 2024, 425). Unter der Voraussetzung von Gesamtgewinnen sind mE auch Dauerverluste einzelner Betriebe hinzunehmen. Die Vorschrift gilt **nicht für Betriebe gewerblicher Art** von gemeinnützigen Körperschaften; auch eine planwidrige Lücke im Gesetz oder ein Verstoß gegen Art. 3 GG besteht insoweit nicht (BFH I R 161/94, BFH/NV 1997, 625; **aA** Hey StuW 2000, 467; Thieme/Dorenkamp FR 2003, 693).

247 **h) Besteuerungsgrenze. Übersteigen die Einnahmen** einschließlich USt aus wirtschaftlichen Geschäftsbetrieben, die keine Zweckbetriebe sind, insgesamt **nicht 50.000 EUR** (bis 31.12.2025 45.000 EUR) im Jahr, so unterliegen nach **§ 64 Abs. 3 AO** die diesen Geschäftsbetrieben zuzuordnenden Besteuerungsgrundlagen nicht der KSt und GewSt. Diese Vorschrift stellt einen schon von der Unabhängigen Sachverständigenkommission zur Prüfung des Gemeinnützigkeits- und Spendenrechts (BMF-Schriftenreihe, Heft 40, S. 199 ff.) vorgeschlagenen

Kompromiss zwischen den Interessen der gemeinnützigen Körperschaften an Befreiung von bürokratischen Pflichten einerseits und des Wettbewerbs andererseits dar (so auch RegE BT-Drs. 21/1974, 38; kritisch Bauer Kommissionsminderheit aaO S. 495 ff.).

Die **Neufassung der Vorschrift** (G. v. 22.12.2025, BGBl. 2025 I Nr. 363) geht mW **ab EZ 2026** noch weiter. Hiernach ist, wenn ein Gewinn aus sämtlichen Geschäftsbetrieben (hierunter zählen anders als in § 64 Abs. 2 AO (→ Rn. 246) auch Zweckbetriebe, → Rn. 255 ff.) die Besteuerungsgrenze nicht überschreitet, die **Prüfung nicht erforderlich,** ob die Voraussetzungen der §§ 65–68 AO vorliegen. Deswegen sollen nach der Vorstellung des Ggebers auch **Verluste im wirtschaftlichen Geschäftsbetrieb** unschädlich sein, es sei denn, sie sind klar erkennbar nicht im Zweckbetrieb angefallen (RegE BT-Drs. 21/1974, 39).

aa) Freigrenze. Die Grenze von **50.000 EUR** (bis 31.12.2025 45.000 EUR) 248
ist eine **Freigrenze;** bei ihrem Überschreiten besteht volle StPfl, jedoch unter Beachtung eines Freibetrages von 5.000 EUR (§ 11 Abs. 1 S. 3 Nr. 2). Das **Nichtüberschreiten** der Besteuerungsgrenze **ändert nicht den Charakter** des Betriebs, etwa hin zum Zweckbetrieb (BFH I R 55/06, BStBl. II 2007, 725; I R 6/08, BFH/NV 2009, 1837). Zwischen der Besteuerungsgrenze und der (zunächst) gleich hohen Zweckbetriebsgrenze nach § 67a AO (→ Rn. 280) besteht bei Sportvereinen eine direkte Wechselwirkung (hierzu Madl BB 1997, 1126).

bb) Ermittlungsgrundsätze. (1.) Maßgeblich sind die Verhältnisse **„im** 249
Jahr", also im Kj. oder abweichenden Wj. (AEAO zu § 64 Nr. 25). Der Wortlaut lässt es nicht zu, auf den Durchschnitt mehrerer Jahre abzustellen (Thiel/Eversberg DB 1990, 344; Jansen DStR 1990, 61).

(2.) Die Vorschrift bedeutet, dass zwar die **Einnahmen aufzuzeichnen** sind (§ 63 Abs. 3 AO; → Rn. 216), nicht jedoch der Gewinn ermittelt werden muss, wenn jene den Betrag von 45.000 EUR (bis 31.12.2019 35.000 EUR) nicht überschreiten. Auch eine Zuordnung der Einnahmen auf die an sich steuerfreien und stpfl. Bereiche kann entfallen. Für die Ermittlung der Einnahmen sind die Vorschriften der angewandten steuerlichen Gewinnermittlung maßgebend (AEAO zu § 64 Nr. 18).

(3.) Nach AEAO zu § 64 Nr. 19 f. gehören zu den Einnahmen iSd Vorschrift nur **leistungsbezogene Einnahmen** aus dem laufenden Geschäft und daher ua nicht Erlöse aus der Veräußerung von Wirtschaftsgütern des AV, erstattete Betriebsausgaben sowie Versicherungsleistungen; für diese Auffassung fehlt mE die Rechtsgrundlage.

Bei **Beteiligung** an einer **PersonenGes** (→ Rn. 228) sind die (anteiligen) Bruttoeinnahmen, nicht der Gewinnanteil, maßgebend (BFH I R 78/99, BStBl. II 2001, 449). Bei einer Beteiligung an einer **KapitalGes** sind die Bezüge iSd § 8b Abs. 1 KStG und Erlöse aus der Veräußerung von Anteilen iSd § 8b Abs. 2 KStG zu erfassen, wenn die Beteiligung einen wirtschaftlichen Geschäftsbetrieb darstellt (→ Rn. 229) oder in einem solchen gehalten wird (AEAO zu § 64 Nr. 21). Zu den Einnahmen aus sportlichen Veranstaltunen (→ Rn. 275 ff.) s. AEAO zu § 64 Nr. 23.

(4.) Die Einnahmen verstehen sich als **Bruttoeinnahmen** (BFH I R 78/99, BStBl. II 2001, 449) einschließlich USt und sind für sämtliche Geschäftsbetriebe ohne Zweckbetriebe zusammenzurechnen.

250 **cc) Verluste.** Sie können **nicht nach § 10a** abgezogen werden, wenn die Besteuerungsgrenze nicht überschritten wird (BFH I R 55/06, BStBl. II 2007, 725; FG RhPf 1 K 1291/94, EFG 1997, 306; AEAO zu § 64 Nr. 27). Der in diesem Jahr erwirtschaftete GewErtrag ist von der GewSt befreit und wirkt sich demgemäß auch nicht-mittelbar über Verlustrück- und -vorträge in anderen EZ aus; zudem steht der Berücksichtigung der Vereinfachungszweck der Vorschrift entgegen. Im Übrigen steht bei Verlusten die Gemeinnützigkeit der Körperschaft auf dem Spiel, wenn sie diese mit gemeinnützigkeitsrechtlich gebundenen Mitteln ausgleicht (BFH I R 6/08, BFH/NV 2009, 1837; → Rn. 131 ff.; hierzu AEAO zu § 64 Nr. 26).

251 **dd) Aufteilung.** Die **Aufteilung einer Körperschaft** in mehrere selbstständige Körperschaften zum Zwecke der mehrfachen Inanspruchnahme der Steuervergünstigung nach § 64 Abs. 3 AO (→ Rn. 247) gilt nach **§ 64 Abs. 4 AO** als **Missbrauch** von rechtlichen Gestaltungsmöglichkeiten iSv § 42 AO. Trotz ihres Verweises auf § 42 AO (der rechtstechnisch verfehlt ist, vgl. Thiel/Eversberg DB 1990, 395) soll die Vorschrift wohl zum Ausdruck bringen, dass die Besteuerungsgrenze des § 64 Abs. 3 AO nicht mehrfach durch „Zellteilung" in Anspruch genommen werden darf. Ob sie ihren Zweck erfüllen kann, ist schon wegen der Nachweisschwierigkeiten im Hinblick auf den Zweck der „Zellteilung" zweifelhaft. Auch ist unklar, was unter „Aufteilung" zu verstehen ist (zu den Schwierigkeiten Jansen DStR 1990, 61; Reis Inf 2001, 196). Nach AEAO zu § 64 Nr. 28 gilt die Vorschrift nicht für regionale Untergliederungen steuerbegünstigter Körperschaften.

252–254 *(frei)*

13. Keine partielle Steuerpflicht bei Zweckbetrieben

Literatur: Rabenschlag, Zweckbetriebe als Konkurrenten gewerblicher Anbieter, DStZ 1997, 717; Kümpel, Die steuerliche Behandlung von Zweckbetrieben, DStR 1999, 93; Schauhoff/Kirchhain, Gemeinnützigkeit im Umbruch durch Rspr., DStR 2008, 1713; Eversberg/Baldauf, Der gemeinnützige Betrieb gewerblicher Art als steuerbegünstigter wirtschaftlicher Geschäftsbetrieb (Zweckbetrieb) …, DStZ 2011, 597; Schauhoff/Danz, Wettbewerbsschutz und Gemeinnützigkeit im Ertrag- und Umsatzsteuerrecht am Beispiel der Verbraucherberatung, DStR 2019, 23; Weitemeyer, Fallstricke der gGmbH, GmbHR 2021, 57; vgl. auch die Nachweise vor → Rn. 219.

255 **a) Begriff.** Ein **Zweckbetrieb** ist nach **§ 65 AO** gegeben, wenn

(Nr. 1) der wirtschaftliche Geschäftsbetrieb in seiner Gesamtrichtung dazu dient, die steuerbegünstigten satzungsmäßigen Zwecke der Körperschaft zu verwirklichen,

(Nr. 2) die Zwecke nur durch einen solchen Geschäftsbetrieb erreicht werden können und

(Nr. 3) der wirtschaftliche Geschäftsbetrieb zu nichtbegünstigten Betrieben derselben oder ähnlicher Art nicht in größerem Umfang in Wettbewerb tritt, als es bei Erfüllung der steuerbegünstigten Zwecke unvermeidbar ist.

Die AO anerkennt mit der Vorschrift den Umstand, dass eine Körperschaft häufig ihre gemeinnützigen oder mildtätigen Zwecke nur durch Unterhaltung eines wirtschaftlichen Geschäftsbetriebes erreichen kann. Steht sie mit einem solchen in einer lediglich zweckangemessenen Wettbewerbssituation, dann unterliegt sie mit den hierzu gehörenden Werten (Vermögen, Einkünfte, Umsätze) nicht der partiellen Steuerpflicht nach § 64 AO. Die Vorschrift ist sehr allgemein gefasst, besonders im Hinblick auf die Wettbewerbsklausel.

Spezielle Zweckbetriebe sind in den **§§ 66–68 AO** (→ Rn. 261 ff.) ausdrücklich normiert. Sie haben jedoch keinen abschließenden Regelungscharakter mit Sperrwirkung gegenüber § 65 AO (vgl. BFH V R 29/91, BStBl. II 1997, 189; I R 71/11, BFH/NV 2013, 89). Allerdings ist es nicht zulässig, **einschränkende Voraussetzungen der speziellen Zweckbetriebe,** zB die des § 66 Abs. 2 AO (→ Rn. 264 f.), in die allgemeine Definition des Zweckbetriebes nach § 65 AO „hineinzulesen" (BFH V R 49/19, BStBl. II 2023, 398, zu FG Düsseldorf GK 3315/17, K, G, EFG 2020, 65, aufgeh.; Weitemeyer GmbHR 2021, 57). Zudem müssen insb. bei einigen in § 68 AO normierten Fällen die Voraussetzungen des § 65 AO nicht vorliegen. Auch sind sie nicht erheblich für die USt-Freiheit nach § 4 Nr. 18 UStG (BFH V R 16/11, BFH/NV 2012, 354).

Die oa **Voraussetzungen** zu (Nr. 1)–(Nr. 3) **müssen kumulativ vorliegen** (BFH V R 150/78, BStBl. II 1987, 659; V R 21/01, BStBl. II 2003, 438; V R 53/15, BStBl. II 2017, 1224; V R 70/17, BStBl. II 2019, 654).

b) Dienen. Der Begriff „der Zweckverwirklichung dienen" enthält mE in erster Linie ein qualitatives Element; der Betrieb muss sich **seiner Art nach** zur Zweckverwirklichung eignen, auch wenn er aufgrund einer Beleihung geführt wird (BFH V R 26/20, BStBl. II 2022, 599, zu FG Bln-Bbg 10 K 10264/15, EFG 2021, 261, Jägerprüfung). Allerdings muss nicht jede einzelne Tätigkeit des Betriebes, sondern dessen Gesamtheit und Ausrichtung dem steuerbegünstigten Zweck dienen (vgl. BFH I 173/53 U, BStBl. III 1955, 177; I R 35/93, BStBl. II 1995, 767; V R 46/06, BStBl. II 2009, 560). Eine abgrenzbare Einzelhandlung, die dem Förderungszweck qualitativ nicht dient, soll dann kein wirtschaftlicher Geschäftsbetrieb sein, wenn sie 10 % der Gesamtleistung nicht übersteigt (BFH III R 201/90, BStBl. II 1992, 684; IV R 35/98, BStBl. II 1995, 449; mE fraglich). 256

Ein **mittelbares Dienen** kann mE genügen, wenn sich die Tätigkeit selbst in einer Einheitsbetrachtung (→ Rn. 257) in die Zweckbestimmung der Körperschaft fügt (BFH V R 26/20, BStBl. II 2022, 599, zu FG Bln-Bbg 10 K 10264/15, EFG 2021, 261, Jägerprüfung). Ein mittelbares Dienen liegt jedoch nicht vor, wenn der Satzungszweck **arbeitsteilig** zusammen mit anderen Körperschaften erreicht wird (BFH V R 93/07, BStBl. II 2015, 735; V R 46/19, BStBl. II 2022, 595, zu FG Münster 9 K 2483/19 K, G, EFG 2020, 607; **s. aber § 57 Abs. 3 AO,** → Rn. 164 ff.).

Auch ein mittelbares Dienen durch **Mittelbeschaffung** und Verwendung der Erträge oder durch Zur-Verfügung-Stellung von Personal zu begünstigten Zwecken reicht nicht aus (BT-Drs. 7/4292, 21; BFH V R 29/91, BStBl. II 1997, 189; I R 2/08, BStBl. II 2010, 1006). Das gilt umso mehr, als die **Mittelbeschaffung Hauptzweck** der Tätigkeit ist (BFH V R 54/09, BStBl. II 2011, 191; V R 70/17, BStBl. II 2019, 654; **s. aber § 58 Nr. 1 u. 4 AO),** → Rn. 166 ff.). Gewinnerzielung in drei aufeinanderfolgenden Jahren reicht jedoch für eine dahingehende Annahme nicht aus (BFH V R 49/19, BStBl. II 2023, 398, zu FG Düsseldorf GK 3315/17, K, G, EFG 2020, 65, aufgeh.).

c) „Nur-erreichen-können". Das Merkmal bedeutet, die Erfüllung des Zwecks darf **nicht ohne den wirtschaftlichen Geschäftsbetrieb denkbar sein** (BFH I R 2/08, BStBl. II 2010, 1006; I R 49/08, BStBl. II 2011, 398). Der wirtschaftliche Geschäftsbetrieb darf sich von der Zweckverfolgung **nicht trennen lassen** und bildet mit ihr **gleichsam eine Einheit** (BFH II R 246/81, 257

BStBl. II 1986, 831; V R 21/01, BStBl. II 2003, 438; I R 76/01, BStBl. II 2005, 305; I R 85/04, BStBl. II 2005, 545). Der steuerbegünstigte Zweck muss sich mit der Unterhaltung des wirtschaftlichen Geschäftsbetriebes decken (BFH I 173/53 U, BStBl. III 1955, 177). Es kommt also darauf an, ob der gemeinnützige Zweck auch ohne den wirtschaftlichen Geschäftsbetrieb durch die jeweilige Körperschaft erreicht werden kann (BFH V R 46/19, BStBl. II 2022, 595). Das setzt voraus, dass er das unentbehrliche und einzige Mittel zur Erreichung des steuerbegünsigten Zwecks ist (BFH V R 46/06, BStBl. II 2009, 560; V R 53/15, BStBl. II 2017, 124; V R 26/20, BStBl. II 2022, 599), was in BFH V R 5/19 (BFH/NV 2022, 166, Einzelberatung beimVerbraucherschutz) offensichtlich nicht der Fall war, den V. Senat jedoch nicht hinderte, sich an die inkonsistente Würdigung durch das FG (FG Bln-Bbg 8 K 8286/16, EFG 2019, 1049) nach § 118 FGO gebunden zu fühlen.

Ist die Erfüllung des steuerbegünstigten Zweckes auch ohne den Geschäftsbetrieb denkbar, dann ist dieser kein Zweckbetrieb; der Betrieb muss ein „unentbehrlicher Hilfsbetrieb" sein (BFH V R 46/06, BStBl. II 2009, 560; I R 15/07, BFH/NV 2009, 1166). Hierbei ist allein auf die begünstigte Tätigkeit abzustellen, nicht (auch) auf das zur Mittelbeschaffung hierfür erhobene Entgelt (BFH V R 54/09, 191 BStBl. II 2011, 191; FG RhPf 6 K 1351/06, DStRE 2010, 549). Die Erwirtschaftung eines finanziellen Beitrags für die begünstigte Tätigkeit genügt nicht (BFH V R 53/15, BFHE 255, 513; zum mittelbaren Dienen → Rn. 256).

258 **d) Wettbewerbsklausel.** Der vom Zweckbetrieb ausgehende **Wettbewerb** muss auf das **unvermeidbare Maß** begrenzt sein (vgl. BFH I R 30/06, BStBl. II 2009, 126). Maßstab ist die Erforderlichkeit des Betriebes zur Erfüllung des begünstigten Zweckes (BFH I R 122/87, BStBl. II 1990, 724; V R 46/06, BStBl. II 2009, 560; § 65 Nr. 2 AO). Der Grundsatz der Wettbewerbsneutralität ist „streng zu handhaben" (BFH I 173/53 U, BStBl. III 1955, 177; gegen „überzogene Anforderungen" jedoch Schauhoff/Danz DStR 2019, 23). Denn der Sinn und Zweck des § 65 Nr. 3 AO liegt im umfänglichen Schutz des Wettbewerbs. Durch die steuerliche Begünstigung sollen weder Wettbewerber verdrängt noch Marktzutrittschancen eröffnet werden.

258a **aa) Wettbewerbslage.** Daher kommt es **nicht** auf eine **konkrete Wettbewerbslage** an, sondern darauf, ob abstrakt ein Wettbewerb bestehen kann (BFH I R 3/82, BStBl. II 1986, 92; II R 246/81, BStBl. II 1986, 831; I R 60/91, BStBl. II 1994, 573; I R 56/94, BStBl. II 1996, 28; V R 46/06, BStBl. II 2009, 560; I R 13/13, BFH/NV 2015, 1752; AEAO zu § 65 Nr. 4). Zu schützen ist auch der **potenzielle Wettbewerb,** also die Marktzutrittschance möglicher Wettbewerber. Umso schützenswerter ist mE ein „eingeschränkter Wettbewerb", auf den BFH V R 5/19 (BFH/NV 2022, 166; ebenso das vorhergehende FG Bln-Bbg 8 K 8286/16, EFG 2019, 1049) zur Verneinung einer Wettbewerbslage auch abstellt.

Unklar ist allerdings nach der Rspr. des V. BFH-Senats die **Ortsbezogenheit** von Tätigkeit und Wettbewerbslage. Muss danach einerseits die Körperschaft nicht auf einem Gebiet tätig werden, in dem tatsächlich eine Konkurrenzlage besteht (BFH V R 46/06, BStBl. II 2009, 560; V R 53/15, BStBl. II 2017, 1224), ist nach anderen Entscheidungen maßgeblich das Leistungsangebot an denselben Kundenkreis im selben Einzugsbereich der Körperschaft (so BFH V R 64/09, HFR 2012, 784; V R 5/19, BFH/NV 2022, 166; aA AEAO zu § 65 Nr. 4). Hierbei nimmt BFH V R 5/19 zu Unrecht Bezug auf BFH I R 35/93 (BStBl. II

1995, 767), wo diese Einschränkung nicht enthalten ist, und BFH V R 30/99 (BStBl. II 2000, 705), wo sich – im Unterschied zu einer Finanzanalyse – die Einschränkung aus der Natur der Sache (Vermietung einer Eisbahn) ergibt. Angesichts der heutigen medialen Möglichkeiten auf einen (engeren) Einzugsbereich abzustellen, erscheint sachfremd. Das gilt umso mehr, als das FG Bln-Bbg 8 K 8286/16 (EFG 2019, 1049) – von BFH V R 5/19 (BFH/NV 2022, 166) gebilligt – im nächsten Schritt („Unvermeidbarkeit"; „Abwägung") die „Präsenz und Marktmacht der Vergleichsportale" (wohl im überörtlichen Bereich) einführt. Einen weiteren Schritt weg vom Schutz des potenziellen Wettbewerbs geht BFH V R 37/20 (BStBl. II 2022, 603) mit der Forderung nach der **Feststellung von konkreten Wettbewerbsverhältnissen** (Tätigkeit, Kundenkreis beim wissenschaftlichen Editieren im Peer-Review-Verfahren).

bb) Unvermeidbarkeit. Im Übrigen ist für die Annahme von Unvermeidbarkeit **nicht ausreichend,** dass der Verein seine Leistungen **auf** seine **Mitglieder beschränkt** (BFH I R 40/68, BStBl. II 1969, 43, Reitunterricht eines Reitvereins); umgekehrt sind nicht nur vereinsinterne Druckerzeugnisse schon schädlich (BFH I R 11/88, BStBl. II 1989, 391); die Wettbewerbsklausel wäre andernfalls überflüssig. Der Zweckbetrieb muss sich auch nach seinem **Umfang** auf die Zweckerreichung (→ Rn. 257) beschränken (BFH I R 71/11, BFH/NV 2013, 89). Auf die **Kostendeckung** kommt es für das Merkmal der Unvermeidbarkeit nicht an (vgl. BFH III 134/56 U, BStBl. III 1961, 109; I R 40/68, BStBl. II 1969, 43; X R 115/91, BStBl. II 1994, 314; I R 60/91, BStBl. II 1994, 573). **258b**

cc) Abwägung. Problematisch ist, ob die §§ 64 ff. AO die Grundsätze der bestehenden **Wirtschaftsverfassung** beachten. Sie bedeuten Eingriffe in die vor dem Hintergrund des Art. 3 GG gebotene staatliche Wettbewerbsneutralität, die verfassungsrechtlich dann zulässig sind, wenn sie durch übergeordnete Interessen des Gemeinwohls gerechtfertigt erscheinen und die gewählten Mittel zur Erreichung des verfolgten Zwecks geeignet und erforderlich sind (vgl. BVerfG 1 BvR 596/56, BVerfGE 7, 377; 1 BvR 636/02, BVerfGE 111, 10; ähnl. BFH II R 246/81, BStBl. II 1986, 831). Erforderlich ist eine **Abwägung** zwischen dem Interesse der Allgemeinheit an einem **intakten Wettbewerb** und an der steuerlichen **Förderung gemeinnütziger Tätigkeiten** (BFH I R 2/08, BStBl. II 2010, 1006; I R 71/11, BFH/NV 2013, 89; V R 37/20, BStBl. II 2022, 603; Seer in Tipke/Kruse AO § 65 Rn. 11 f.). Die Marktteilnahme darf nicht den für die Zweckerreichung notwendigen Umfang überschreiten. Eine Bindung an **arbeits- und sozialrechtliche Vorgaben** besteht nicht (BFH V R 49/19, BFH/NV 2023, 284). Erweist sich, dass der steuerbegünstigte Zweck auch ohne die in Frage stehende Wirtschaftstätigkeit zu erreichen ist, dann ist das Interesse an der Wahrung der Wettbewerbsneutralität vorrangig und aus der Sicht der Gemeinnützigkeit vermeidbar (BFH X R 115/91, BStBl. II 1994, 314; I R 60/91, BStBl. II 1994, 573; I R 35/93, BStBl. II 1995, 767). **Allerdings besteht mE bei einer solchen Sachlage schon nach § 65 Nr. 2 AO** (→ Rn. 257) **kein Zweckbetrieb.** Nach der Rspr. tritt im Weiteren der Wettbewerbsgedanke zurück, wenn der von der Körperschaft angesprochene Personenkreis entsprechende Leistungen stpfl. Unternehmen nicht in Anspruch nimmt (was gegen oa Grundsätze verstößt und in der Praxis kaum feststellbar sein dürfte); ebenso wenn der ideelle Zweck vom (potenziellen) Wettbewerber nicht verfolgt wird (BFH I R 35/93, BStBl. II 1995, 767; I R 2/08, BStBl. II 2010, 1006; I R 49/08, BStBl. II 2011, 398), was mE ein Widerspruch in sich ist, weil die (potenzielle) Wettbewerbslage gerade dadurch **258c**

gekennzeichnet ist. Ebenso fragwürdig erweist sich eine Gegenüberstellung von „Präsenz und Marktmacht der Vergleichsportale" (Tatsachenfeststellung?) gegen die Wirtschaftstätigkeit der Körperschaft (so BFH V R 5/19, BFH/NV 2022, 166, und vorhergehend FG Bln-Bbg 8 K 8286/17, EFG 2019, 1049).

e) Einzelfälle zum Begriff des Zweckbetriebes. aa) Anerkannte Zweckbetriebe.

259 – **Altkleidersammlungen** zum Zwecke des unmittelbaren Einsatzes zu Notfällen uÄ (FM Nds StEK AO § 14 Nr. 4); iÜ bei Kleiderspenden und als Vermögensumschichtung angesehenem Verkauf (FG Düsseldorf 6 K 111/84 K, G, EFG 1991, 150, zweifelhaft).
– **Angelkarten** für Mitglieder eines Angelvereins (BMF 1.3.1991, DStR 1991, 576).
– **Arbeitstherapeutische Beschäftigung** ist Zweckbetrieb, wenn die Leistungen gegenüber Auftraggebern ausschließlich Ergebnisse der Arbeitstherapie und somit notwendige Folge der Erfüllung des gemeinnützigen Zwecks sind (BFH I R 35/93, BStBl. II 1995, 767; V R 49/19, BStBl. II 2023, 398).
– **Bauschuttdeponie** eines Trabrennvereins (FG Saarl 1 K 204/85, EFG 1987, 374).
– Zu **Beschäftigungsgesellschaften** vgl. AEAO zu § 64 Nr. 13.
– **Dialysevereine** (FM LSA 21.6.2019, DStR 2019, 2148).
– **Druckschriften** eines Vereins zur Förderung des Friedens, der Demokratie usw, die sich an die Allgemeinheit richten (BFH I R 11/88, BStBl. II 1989, 391); nach BFH I R 60/01, BFH/NV 2003, 1025 denkbar auch bei einer Vereinszeitschrift.
– **Einmalspritzen** im Automatenverkauf an Risikogruppen (OFD Frankfurt aM 13.10.1998, DB 1998, 2300).
– **Fahrsicherheitstraining** zB der Verkehrswacht anzuerkennen, wenn das Sicherheitstraining im Vordergrund steht; anders bei Freizeitvergnügen (LfSt Bay S 0171.2.1-143/7 St 31).
– **Finanzanalysen** (Versicherungsvergleichsanalysen anhand persönlicher Daten) anerkannt (BFH V R 5/19, BFH/NV 2022, 166, zu FG Bln-Bbg 8 K 8286/16, EFG 2019, 1049, insoweit best.); hierzu auch → Rn. 258a u. 258c.
– **Fitness-Studio** s. LfSt Bay § 5 Abs. 1 Nr. 9 KStG, Karte 13.1.
– **Grundversorgung** von Schülern an Ganztagsschulen (vgl. OFD Frankfurt aM 20.10.2000, DB 2000, 2350; die aA von OFD Kiel 20.4.2000, DB 2000, 1305 ist wohl überholt).
– **Hofladen** zur Wiedereingliederung von obdachlosen Alkoholikern (FG Köln 10 K 759/13, EFG 2015, 1634).
– **Handwerks- und Landwirtschaftsbetriebe** von Fürsorgeanstalten (RFH VI a 43/38, RStBl. 1939, 92).
– **Jägerprüfung** durch einen Naturschutz- und Landschaftspflegeverein (BFH V R 26/20, BStBl. II 2022, 599, zu FG Bln-Bbg 10 K 10264/15, EFG 2021, 261).
– **Kiosk** eines Vereins zur Eingliederung psychisch Kranker, wenn im Kiosk vorwiegend die betreuten Personen beschäftigt werden (NdsFG VI 358/94, EFG 1998, 407).
– Durchführung des **Kostenausgleichs** der Umlage zur Finanzierung der Altenpflegeausbildung durch einen beliehenen Altenhilfeförderverein (FG Saarl 1 K 1232/21, npoR 2024, 247).

- **Krankentransporte** (für Fahrten mit fachlicher Betreuung uÄ AEAO zu § 66 Nr. 6; Schauhoff/Kirchhain DStR 2008, 1713; zT aA in einem obiter dictum BFH I R 30/06, BStBl. II 2009, 126).
- Verkauf von Erzeugnissen **Kriegsblinder** durch Kriegsblindenverein (RFH VI a 53/38, RStBl. 1939, 545, jetzt § 68 Nr. 3 und 4 AO).
- **Langzeitarbeitslose,** ihre Beschäftigung im Mahlzeitendienst zur Integration und Arbeitsförderung (s. „Mahlzeitendienst").
- **Mahlzeitendienst,** nur bei zweckentsprechender Beschränkung des Umfangs (BFH I R 71/11, BFH/NV 2013, 89).
- Krankenanstalt für **Minderbemittelte** (RFH VI a A 1/35, RStBl. 1937, 1103).
- Ledigenheim für **Minderbemittelte** (RFH RStBl. 1938, 828).
- Verpflegung **Minderbemittelter** (RFH VI a A 42/37, RStBl. 1937, 1104).
- **Notfallpraxis,** angeblich Zweckbetrieb nach § 66 AO (→ Rn. 261 ff.; OFD Frankfurt aM KSt-Kartei § 5 KStG H 196).
- **Pensionspferdehaltung** durch Reit- und Fahrverein (BFH V R 39/02, BStBl. II 2004, 672; XI R 34/11, BFH/NV 2014, 460); aber → Rn. 260.
- **Pfandflaschen,** Sammlung und Verwertung OFD Frankfurt aM 16.5.2018, BeckVerw 436432).
- **Pflegeheim** s. § 68 Nr. 1 Buchst. a AO (→ Rn. 290).
- **Pflegeleistungen** im häuslichen Bereich können sich bei entsprechend gemeinnützigen Körperschaften (zB Altenhilfe) als Zweckbetriebe darstellen (FM Bbg 18.10.1995, DStR 1995, 1917; FM LSA 11.4.1996, DB 1996, 1703).
- Zu **Pilgerreisen** vgl. FM Saarl 6.1.1992, DStR 1993, 360.
- **Sanitäts- und Rettungsdienstleistungen** s. Krankentransporte.
- **Schauauftritte** eines Vereins für Formationstanzsport (FG Düsseldorf 8/15 K 427/85 U, EFG 1990, 81; vgl. jedoch die Aufhebung durch BFH XI R 109/90, BStBl. II 1994, 886).
- **Schülerbeförderung** nur bei gesetzlicher Beförderungspflicht wie zB nach dem Bay. G zur Schulwegkostenfreiheit (LfSt Bay S 0183.2.1-2/4 St 31).
- **Schülerfirmen,** wenn unter dem Dach einer Schule oder eines Schulfördervereins zu pädagogischen Zwecken aktiv, wenn die Einnahmen einschließlich USt 35.000 EUR im Jahr nicht übersteigen (OFD Koblenz 20.10.2003, DB 2003, 2572).
- **Schwimmbäder,** vgl. AEAO zu § 67a Nr. 13; danach steht das von einem Sportverein angebotene „Jedermannschwimmen", das keine sportliche Veranstaltung iSd § 67a AO ist, nicht in Konkurrenz zu stpfl. Schwimmbädern.
- **Solaranlage,** nur wenn zu Lehr- und Demonstrationszwecken betrieben (OFD Chemnitz 21.11.2006, DB 2006, 2605).
- Entgeltliche Überlassung von Vereinseinrichtungen durch einen **Sportverein** (FG BW III 369/80, EFG 1984, 627; vgl. auch BMF 15.7.1998, BStBl. I 1998, 630 (673)); fraglich.
- Verkauf von Prüfmarken für Sportgeräte durch einen **Sportverein** (FG Münster Ib 55-58/65, EFG 1967, 476); fraglich.
- Betreiben eines Skilifts durch einen **Sportverein** (FG Münster II 1949/73 K, EFG 1974, 593); fraglich, vgl. Lang DStZ 1988, 18 (25).
- **Tafeln** für die unentgeltliche Sammlung und Abgabe von Lebensmitteln an Bedürftige idR zu bejahen (vgl. LFD Thür S 2223 A-89-A 3.18 (S)).
- **Tierheime,** soweit nicht Tiere wegen vorübergehender Abwesenheit des Halters gegen Entgelt aufgenommen werden OFD Magdeburg 26.4.2005, DB 2005, 1251.

– **Verbraucherberatung** (Einzelberatung) gegen Entgelt (FG Hmb 1 K 2/16, EFG 2018, 792, aus anderen Gründen aufgeh. durch BFH V R 4/18, BFH/NV 2019, 369; Schauhoff/Danz DStR 2019, 23); s. aber „Finanzanalysen".
– **Vermietung von Sportgerät** durch einen Sportverein sowie Überlassung an Mitglieder (vgl. OFD Frankfurt aM BB 2000, 1103; sehr weit: BFH V R 30/99, BStBl. II 2000, 705); zu Sportanlagen s. BMF 7.12.1990, BStBl. I 1990, 818 (823).
– **Wasserversorgung** eines Kleingartenvereins (FM LSA 4.8.2023, 42-S 0183-41).
– Verkaufsstellen von **Werkstätten geistig Behinderter:** werden auch zugekaufte Waren unverändert weiter verkauft, dann liegt insoweit ein wirtschaftlicher Geschäftsbetrieb vor (FM Länder DStR 1998, 648; FR 1998, 586; DB 1998, 905).
– Verkauf von **Wohlfahrtsbriefmarken** durch Wohlfahrtsverbände (FM LSA 23.8.2016, BeckVerw 331876).
– **Zivildienstleistungen** durch einen Verein, der mildtätige Zwecke und die Wohlfahrtspflege fördert (BFH V R 46/19, BStBl. II 2022, 595, zu FG Münster 9 K 2483/19 K, G, EFG 2020, 607).

bb) Nicht anerkannt.

260 – **Abfallbeseitigung** s. Müllbeseitigung.
– **Altkleidersammlungen** zum Zwecke der Veräußerung und Mittelbeschaffung (BFH I R 149/90, BStBl. II 1992, 693; I R 76/90, BFH/NV 1992, 839; vgl. auch FG Düsseldorf I 174/77 K, EFG 1982, 203; BMF 5.10.1995, BStBl. I 1995, 630; OFD Frankfurt aM DB 2002, 331). Die Rechtsfrage ist insoweit geklärt (BFH I B 14/94, BFH/NV 1995, 568; II R 75/95, BFH/NV 1995, 930). Zur Besonderheit beim Zusammenwirken mit gewerblichen Altmaterialhändlern vgl. OFD Düsseldorf 21.7.1992, DStR 1992, 1364 und OFD Frankfurt aM 30.10.1995, DB 1995, 2449, gleichzeitig zur Schätzung nach § 64 Abs. 5 AO (→ Rn. 235).
– **Angelkarten** für Nichtmitglieder (BMF 1.3.1991, DStR 1991, 576).
– **Auftragsforschung** durch gemeinnützige Forschungseinrichtung (BFH V R 29/91, BStBl. II 1997, 189; FG Münster 5 K 2409/10 U, EFG 2014, 1521; jetzt jedoch nach § 68 Nr. 9 AO (→ Rn. 302) **begünstigt.** Zu Hochschulen vgl. aber EuGH C-287/00, Slg. 2002, I-5811 = DStR 2002, 1172.
– **Bandenwerbung** durch Sportverein (BFH I R 8/88, BStBl. II 1992, 101).
– **Basar** durch Museumsverein (FG RhPf 6 K 1351/06, DStRE 2010, 549).
– **Behindertengerechte Ferienwohnanlage,** die jedermann offen steht (FG Bln-Bbg 5 K 5060/08, EFG 2011, 1750).
– **Beschaffungsstellen,** die für nachgeordnete Untergliederungen die dort benötigten Gegenstände zentral einkaufen und ihnen diese mit einem Aufschlag, der Gewinn nicht entstehen lässt, verkaufen; es liegen die Voraussetzungen des § 64 AO (→ Rn. 226 ff.) vor und fehlen die Voraussetzungen des § 65 Abs. 3 AO (→ Rn. 258); BFH II R 94/94, BFH/NV 1998, 150; OFD Münster 5.1.1998, FR 1998, 291.
– **Bewirtungen** gegen Entgelt (BFH I R 60/80, BStBl. II 1986, 88; I R 3/82, BStBl. II 1986, 92; I R 122/87, BStBl. II 1990, 724).
– **Bierzeltbetrieb** nicht nur für Vereinsmitglieder (BFH I R 200/85, BFH/NV 1989, 342).

- **Bistrobetrieb** eines Vereins der Wohlfahrtspflege (FG Bln-Bbg 5 K 5372/14, EFG 2017, 1396; nachgehend BFH XI R 2/17, BFH/NV 2020, 69: aber § 68 Nr. 3c AO, → Rn. 296).
- **Blut- u. Gewebetransporte** eines Vereins zur Förderung der Wohlfahrtspflege, zweifelhaft (vgl. BFH V R 14/22, BFH/NV 2023, 1157).
- **Cafeteria** im Rahmen der Jugendhilfe (BFH I R 122/87, BStBl. II 1990, 724; FM Bbg 22.7.1993, DStR 1993, 1408) sowie eines Seniorenzentrums (BFH I R 33/86, BStBl. II 1990, 470).
- **Dachverband:** dessen Leistungen für wirtschaftlichen Geschäftsbetrieb eines Mitgliedsvereins (BFH I R 13/13, BFH/NV 2015, 1752).
- **Eislaufhalle,** bei entgeltlicher Zur-Verfügung-Stellung (BFH V R 64/09, HFR 2012, 784).
- **Erholungsheime** auf christlicher Grundlage (BFH III 134/56 U, BStBl. III 1961, 109).
- **Fahrdienst** für den ärztlichen Notfalldienst (OFD Frankfurt aM 17.3.1995, FR 1995, 486).
- Herstellung von **Fernsehfilmen** durch kirchliche Institutionen (BFH II R 246/81, BStBl. II 1986, 831).
- **FS** mit Anzeigenteil (BFH IV R 189/71, BStBl. II 1976, 472).
- **Forschungseinrichtungen:** Ergebnisverwertung ist nach BMF 22.9.1999, BStBl. I 1999, 944 weder nach § 68 Nr. 9 noch nach § 65 AO Zweckbetrieb (differenzierend Strahl DStR 2000, 2163).
- **Gemeindeschwimmbad** (RFH RStBl. 1941, 668).
- **Geräteüberlassung** durch ein Krankenhaus (BFH I R 25/04, BStBl. II 2005, 545).
- **Gesangbuchverlag** (RFH VI a 25/37, RStBl. 1941, 158).
- **Gesellige Veranstaltungen** sind ab EZ 1990 nach Aufhebung von § 68 Nr. 7 AO kein Zweckbetrieb mehr.
- **Gruppenversicherungen,** die die Körperschaft vermittelt und wofür sie die den Mitgliedern zustehende Gewinnbeteiligung erhält, ist grundsätzlich wirtschaftlicher Geschäftsbetrieb (BFH I R 2/97, BStBl. II 1998, 175; krit. Fidorra DB 1999, 559). Nach OFD Hannover 14.2.2000, DB 2000, 449 kann die Steuerpflicht angeblich vermieden werden, wenn das Mitglied mit der Körperschaft eine einen eigenen wirtschaftlichen Geschäftsbetrieb begründende Verwaltung der Überschussbeteiligung für das Mitglied begründet.
- Entgeltliche **Fahrten-, Unterkunfts-, und Kartenvermittlung** durch Fremdenverkehrsverband (RFH RStBl. 1941, 506; 1942, 743).
- Druckwerke (Kalenderjahrbuch, Clubzeitung) mit **Inseratenwerbung** (BFH I 173/53 U, BStBl. III 1955, 177; I 34/61 U, BStBl. III 1962, 73).
- **Jugendreisen** eines Vereins der Wohlfahrtspflege (FG Köln 13 K 1160/13, EFG 2017, 1378, rkr.)
- **Kantine** einer Beschäftigungsgesellschaft ebenso wie eine Imbissstube und ein Dritte-Welt-Laden (FG Bbg 2 K 825/96 G, EFG 1999, 199).
- **Karnevalsorden,** Verkauf von (FG Köln 13 K 1075/08, EFG 2012, 1693 rkr.; s. auch Suck NWB 2013, 428).
- **Karnevalssitzungen** (FG RhPf 6 K 1104/09, EFG 2010, 1552).
- **Karnevalstanzveranstaltung,** auch wenn durch Kostümierung und Beiträge eindeutig karnevalistisch, ist sie durch Elemente der allgemeinen Belustigung geprägt (BFH V R 53/15, BStBl. II 2017, 1224; zu FG Köln 10 K 3553/13,

EFG 2015, 1781, „Nacht der Nächte", aufgeh.; Joisten/Vossel FR 2017, 240 (242)).
- **Kfz-Werkstatt** (zur USt FG Münster 15 K 1952/15 U, EFG 2019, 1488).
- **Kirmesveranstaltung** eines Schützenvereins (FG Düsseldorf IX 92/73 A, EFG 1974, 34).
- **Krankenhauswäscherei** (BFH I R 56/94, BStBl. II 1996, 28; ebenso FG Düsseldorf 7 K 89/86 U, EFG 1992, 99).
- **Krematorium** (BFH I B 66-68/04, BFH/NV 2005, 1213; OFD Frankfurt aM DB 1997, 2005).
- Verkauf von Bildern durch **Künstlerverein** (RFHE 42, 299); hierzu Orth DStR 1987, 319.
- **Lehrerhaus** (BFH II R 20/70, BStBl. II 1974, 410).
- **Mahlzeitendienst** (BFH I R 71/11, BFH/NV 2013, 89, zurückverwiesen).
- **Müllbeseitigung** auch „im Dienste des öffentlichen Gesundheitswesens und der Förderung des Umweltschutzes". Eine Begünstigung würde zu Wettbewerbsverzerrungen gegenüber auch in diesem Bereich tätigen gewerblichen Anbietern führen (BFH X R 115/91, BStBl. II 1994, 314). Entsprechendes gilt für Sonderabfalldeponien (FM BW 17.7.1995, DStR 1995, 1271).
- **Müllheizkraftwerk** ebenfalls aus Wettbewerbsgründen (BFH I R 60/91, BStBl. II 1994, 573).
- **Müllverbrennung** unter Hinweis auf BFH X R 115/91, BStBl. II 1994, 314 u. I R 60/91, BStBl. II 1994, 573; I R 144/93, BFH/NV 1995, 1012.
- **Museumsshop** s. „Basar".
- **Pensionspferdehaltung** durch Reit- und Fahrverein bei konkreter Wettbewerbssituation (FG Münster 5 K 3700/10 U, EFG 2014, 2177).
- **Pflegedienst,** der sich im Hinblick auf das Entgelt nicht von gewerblichen unterscheidet (FG Düsseldorf 6 K 3664/16 K, F, AO, EFG 2019, 1434).
- **Projektträgerschaft** durch gemeinnützige Forschungseinrichtung für öffentliche Hand bei Abwicklung von Fördermaßnahmen (FG Köln 2 K 406/86, EFG 1991, 574, best. durch BFH V R 29/91, BStBl. II 1997, 189; vgl. jetzt § 68 Nr. 9 AO; → Rn. 302 ff.).
- **Reitunterricht** durch Reitverein (BFH I R 40/68, BStBl. II 1969, 43; FG Nürnberg II 81/72, EFG 1974, 287; aA OFD Köln StEK AO 1977 § 68 Nr. 1, 2).
- Bewirtschaftung eines **Ritterguts** durch Stiftung (BFH III 328/59 U, BStBl. III 1963, 532).
- **Sonntagsblatt** mit Anzeigengeschäft (RFHE 38, 35; 42, 403).
- **Speisen**- und Getränkeverkauf (FG Saarl 1 K 7/89, EFG 1991, 5).
- **Sportanlagen,** Pflege vereinsfremder Anlagen durch Sportverein NdsFG 5 K 79/12, EFG 2014, 875).
- **Tagesgaststätten** in Kongress- und Konzerthalle (BFH I R 14/72, BStBl. II 1974, 664).
- **Totalisatorbetrieb** und Gastwirtschaft eines steuerbegünstigten (?) Rennvereins (BFH I 33/51 U, BStBl. III 1953, 109; I R 76/01, BStBl. II 2005, 305; I R 15/07, BStBl. II 2011, 475).
- **Trabrennen** eines Traberzuchtvereins bildet zusammen mit dem Totalisatorbetrieb einen einheitlichen wirtschaftlichen Geschäftsbetrieb (BFH I R 15/07, BStBl. II 2011, 475; BMF 4.5.2011, BStBl. I 2011, 539).
- **Trikotwerbung** (BFH I R 215/78, BStBl. II 1983, 27).

- **Unterkunft und Verpflegung** durch Heimvolkshochschule (FG Nürnberg II 48/77, EFG 1978, 572).
- **Veräußerung** von (von Todes wegen) zugewendeten Gegenständen, sofern nachhaltig, und zwar auch dann, wenn die Erlöse dem Förderungszweck zugute kommen (vgl. BFH V R 24/89, BStBl. II 1994, 57).
- **Vermietung von Sportanlagen** an Vereinsfremde (BFH V R 150/78, BStBl. II 1987, 659, „greenfee"), auch bei einer gGmbH (FM SchlH 8.7.2024, VI 314-S 0186 a-005); aA bei Vermietung an Mitglieder BMF 7.12.1990, BStBl. I 1990, 818 (823).
- **Vermietung von Sportgerät** an Vereinsfremde (OFD Frankfurt aM 12.4.2000, DB 2000, 1103).
- **Vermietung von Standflächen** auf Kongressen (vgl. BFH V R 70/17, BFH/NV 2019, 1146).
- **Vermittlung religiöser Inhalte** in geschäftsmäßiger Form (FG Hmb II 125/80, EFG 1985, 525, nv bestätigt).
- **Verwaltungsdienstleistungen** an verbundene Unternehmen (BFH V R 46/06, BStBl. II 2009, 560).
- **Wehrforschungsbetrieb** (FG Köln 13 K 2330/90, EFG 1997, 706, zurückverwiesen: BFH V R 51/96, BFH/NV 1999, 833).
- **Werbeanzeigen** auch eines Sponsors in Vereinszeitung (BFHE I R 42/06, BStBl. II 2008, 946).
- **Werbefahrten** mit Freiballon (BFH V R 21/01, BStBl. II 2003, 438).
- **Zeitschriftenverlag,** wenn die Zeitschrift nicht nur durch den gemeinnützigen Zweck bestimmt ist und über bezahlte Anzeigen nicht nur unerheblich am allgemeinen Wettbewerb teilnimmt (RFH VI a 1/37, 2/37, RStBl. 1938, 35; 1938, 542; VI a 92/37, RStBl. 1938, 913; 1938, 1070).

14. Gesetzlich normierte Zweckbetriebe

a) Wohlfahrtspflege.

Literatur: Bartmuß, Wann sind medizinische Versorgungszentren gemeinnützig?, DB 2007, 706; Heger, Die Steuerpflicht des Krankentransports und Rettungsdienstes – Möglichkeiten einer Konkurrentenklage, DStR 2008, 867; Schauhoff/Kirchhain, Gemeinnützigkeit im Umbruch durch Rspr., DStR 2008, 1713; Winheller/Klein, Gleichheit im Unrecht? Über Konkurrentenklagen zur Steuerfreiheit – trotz materieller Steuerpflicht?, DStZ 2008, 377; Strahl, Keine schädliche Hilfspersonentätigkeit bei Verfolgung eigener gemeinnütziger Zwecke, BeSt 2010, 24; v. Holt, Steuerrechtliche Streitpunkte der arbeitsteiligen Zusammenarbeit gemeinnütziger Träger der Wohlfahrtspflege, DB 2010, 1791; Esch/Binger, Gemeinnützigkeit einer kommunalen Rettungsdienstgesellschaft, KH 2014, 652; Kirchhain, Wie viel Gewinn nötig, wie viel möglich – Leistungsbeziehungen gemeinnütziger Unternehmen …, DB 2014, 1831; Wackerbeck, … Zur steuerrechtlichen Gemeinnützigkeit einer kommunalen Eigengesellschaft einer juristischen Person, ZStV 2014, 218; Seeger/Brox/Leichinger, Abgrenzung eines Erwerbsstrebens in der Wohlfahrtspflege, DStR 2018, 20.

aa) Grundsatz. Nach **§ 66 Abs. 1 AO** ist eine **Einrichtung der Wohlfahrtspflege** ein Zweckbetrieb, wenn sie in besonderem Maße den in § 53 AO genannten Personen dient. Nach **§ 66 Abs. 2 AO** ist Wohlfahrtspflege die planmäßige, zum Wohle der Allgemeinheit und nicht des Erwerbs wegen ausgeübte Sorge für Notleidende oder gefährdete Mitmenschen. Die Sorge kann sich auf das gesundheitliche, sittliche, erzieherische oder wirtschaftliche Wohl erstrecken und Vorbeugung oder Abhilfe bezwecken. Nach **§ 66 Abs. 3 AO** dient eine Einrichtung 261 der Wohlfahrtspflege im besonderen Maße den in § 53 AO genannten Personen, wenn diesen zumindest ⅔ ihrer Leistungen zugutekommen.

262 **bb) Allgemeines.** Die **Vorschrift geht** dem § 65 und den §§ 67, 68 AO **vor;** dh die Grundvoraussetzungen für das Vorliegen eines Zweckbetriebes müssen nicht mehr geprüft werden. § 66 Abs. 2 AO enthält jedoch **keine Einschränkung** der Voraussetzungen der Selbstlosigkeit nach § 55 AO (AEAO zu § 66 Nr. 3). Für die Steuerfreiheit nach § 4 Nr. 18 UStG sind die Erwägungen des § 66 AO nicht heranzuziehen (BFH V R 16/11, BFH/NV 2012, 354).

Der Begriff der Wohlfahrtpflege ist inhaltsgleich mit dem des Wohlfahrtswesens; → Rn. 62; FG Köln 13 K 3354/10, EFG 2015, 1119; nachfolgend BFH V R 50/15, BFH/NV 2017, 80, mwN.

263 **cc) Leistungserfordernisse.** Auf die Vertragsbeziehungen zwischen Körperschaft und Hilfsbedürftigen kommt es nicht (mehr) an. Allerdings müssen die Leistungen den Empfängern **unmittelbar** erbracht werden; mittelbare Leistungen über eine beauftragte Körperschaft begründen ebensowenig einen Zweckbetrieb iSd § 66 AO (BFH I R 2/08, BStBl. II 2010, 1006; I R 49/08, BStBl. II 2011, 398; I R 17/12, BFH/NV 2014, 984; hierzu zB Strahl BeSt 2010, 24; v. Holt DB 2010, 1791; Esch/Binger das Krankenhaus 2014, 652; Wackerbeck ZStV 2014, 218) wie Vorleistungen für einen durch weitere Leistungsbestandteile zu erzielenden Leistungserfolg (BFH I R 59/11, BStBl. II 2013, 603, zu einem ausgegliederten Krankenhauslabor). **Anderes** kann nach geänderter Rspr. für Leistungen als Erfüllungsgehilfe einer anderen Körperschaft gelten (aA bisher zB BFH I R 49/08, BStBl. II 2011, 398; I R 2/08, BStBl. II 2010, 1006), sofern die Leistungen als solche faktisch unmittelbar den Hilfsbedürftigen erbracht werden (BFH I R 17/12, BStBl. II 2016, 68). Hieran anschließend, aber noch weitergehend zu Blut- u. Gewebetransporten zwischen Arzt/Krankenhaus und Labor SchlHFG (4 K 96/19, EFG 2022, 1504, nachgehend BFH V R 14/22, BFH/NV 2023, 1157).

263a Es kommt **nicht** darauf an, dass nach ihrer **Anzahl** ⅔ der von der Körperschaft Betreuten dem bezeichneten Personenkreis angehören; vielmehr zählt allein der **Umfang der Leistungen** (BFH I R 35/93, BStBl. II 1995, 767; AEAO zu § 66 Nr. 3); hierüber ist ein Nachweis durch entsprechende Aufzeichnungen erforderlich (BFH V R 50/15, BFH/NV 2017, 80). Leistungen unter gleichen Bedingungen gegenüber hilfsbedürftigen und nicht hilfsbedürftigen Menschen führen zur Annahme eines einheitlichen wirtschaftlichen Geschäftsbetriebes, der bei Erreichen der ⅔-Grenze einen Zweckbetrieb iSd Vorschrift darstellt (AEAO zu § 66 Nr. 7).

263b **Anerkannt** wurden ua häusliche Pflegeleistungen iRd SGB VII oder SGB XI (AEAO zu § 66 Nr. 4), die Cafeteria eines dem Deutschen Paritätischen Wohlfahrtsverband angeschlossenen Studentenwerks (BFH V R 76/83, BStBl. II 1988, 908 für die Ust; vgl. für Mensa- und Cafeteria-Betriebe sonstiger Studentenwerke AEAO zu § 66 Nr. 5), der Krankentransport von während der Fahrt zu Betreuenden (vgl. BFH I R 17/12, BStBl. II 2016, 68; noch abgelehnt bei Erwerbsabsichten von BFH I R 30/06, BStBl. II 2009, 126), Förderung von Langzeitarbeitslosen (FG BW 6 K 41/90, EFG 1993, 462); ggf. gesellige Veranstaltungen zur Betreuung behinderter Personen (AEAO zu § 66 Nr. 7) sowie eine Krankenhausapotheke, wenn der Träger einem anerkannten Spitzenverband der freien Wohlfahrtspflege angeschlossen ist (FG Münster IX – 6980/84, EFG 1990, 139).

Nicht anerkannt wurden eine zentrale Krankenhausapotheke (BFH V R 76/89, BStBl. II 1991, 268), die bloße Durchführung von Krankenfahrten (AEAO zu § 66 Nr. 6) sowie ein Hotel (BFH V R 50/15, BStBl. II, 2017, 1173, zu FG Köln 13 K 3354/10, EFG 2015, 1119), Kantine, Imbiss, Eine-Welt-Laden einer Beschäftigungsgesellschaft (FG Bbg 2 K 825/96 G, EFG 1999, 199); Jugendreisen eines Vereins der Wohlfahrtspflege (FG Köln 13 K 1169/13, EFG 2017, 1378, rkr.). Für eine Anwendung auch auf medizinische Versorgungszentren Bartmuß DB 2007, 706. 263c

dd) Merkmale des § 66 Abs. 2 AO. Wohl der Allgemeinheit bedeutet eine planmäßige Sorge für den in Frage kommenden Adressatenkreis (vgl. BFH I R 49/08, BStBl. II 2011, 398), jedoch nicht, dass – wie im § 52 Abs. 1 S. 2 AO – auf einen unbeschränkten Personenkreis abgestellt wird. § 66 Abs. 1 AO lässt erkennen, dass Wohlfahrtspflege ein Unterfall der Mildtätigkeit (§ 53 AO) ist. Ein **Hofladen** zur Wiedereingliederung von obdachlosen Alkoholikern kann hierher gehören (FG Köln 10 K 759/13, EFG 2015, 1634). 264

Nicht des Erwerbs wegen bedeutet nach geläuterter Auffassung nicht, dass überhaupt kein Erwerb angestrebt werden dürfte. Eine auf Gewinnerzielung gerichtete Tätigkeit (von Wohlfahrtsverbänden) wird nur dann nicht zum Wohle der Allgemeinheit erbracht, wenn Gewinne angestrebt werden, die den konkreten Finanzierungsbedarf des wirtschaftlichen Geschäftsbetriebs übersteigen (BFH I R 17/12, BStBl. II 2016, 68; Abweichung von BFH I R 30/06, BStBl. II 2009, 126 zum Rettungsdienst; Bartmuß DB 2007, 706; Schauhoff/Kirchhain DStR 2008, 1713; Kirchhain DB 2014, 1831). Diese notwendig auch praxisorientierte Auslegung kommt der Wohlfahrtstätigkeit entgegen, die nicht ohne Erwerbshandlungen denkbar ist, zB die Heranführung von Langzeitarbeitslosen an ein sinnvolles Arbeitsleben (vgl. FG BW 6 K 41/90, EFG 1993, 462). Nach AEAO zu § 66 Nr. 2 deuten Gewinne **in drei aufeinander folgenden EZ** – widerlegbar – auf Erwerbsabsicht hin. Umso mehr gilt dies bei einer auf Steigerung von Effizienz und Erträgen angelegten Zusammenarbeit der Körperschaft mit einer Tochter-GmbH (hierzu FG Düsseldorf 6 K 3664/16 K, F, AO, EFG 2019, 1434 rkr.; Seeger/Brox/Leichinger DStR 2018, 2010). 264a

Des Erwerbs wegen handelt die Körperschaft, wenn mit den Gewinnen andere (sonstige) Zweckbetriebe finanziert werden; die Mitfinanzierung von weiteren Zweckbetriebe der Wohlfahrtspflege ist jedoch unschädlich (AEAO zu § 66 Nr. 2). Schädlich ist auch, wenn entgeltliche Leistungen gegenüber einer nicht steuerbegünstigten Person erbracht werden, die sie ihrerseits den Personen iSv § 53 AO erbringt (BFH I R 49/08, BStBl. II 2011, 398). Daher ist mE auch in diesem Bereich ein Sozio-Sponsoring nicht zulässig (**aA** Ansorge BB 1995, 2505).

ee) Anerkennung. Die **Feststellungslast** dafür, dass mind. ⅔ der Leistungen den in § 53 AO genannten Personen zugute kommen, trifft die Körperschaft (BFH V 286/55 U, BStBl. III 1956, 258; III 134/6 U, BStBl. III 1961, 109; FG Bbg 2 K 825/96 G, EFG 1999, 199). Eine Schätzung ist nicht zulässig; ggf. kommt eine Beweiserleichterung wie in § 53 Nr. 2 S. 6–8 AO (→ Rn. 100) in Betracht (vgl. FG Köln 13 K 3354/10, EFG 2015, 1119, nachfolgend BFH V R 50/15, BFH/NV 2017, 80). Die Mitgliedschaft einer Körperschaft (Unterverband) in einem Spitzenverband der freien Wohlfahrtspflege bedeutet nicht schon, dass sie ohne Weiteres mildtätige Zwecke verfolgt (BFH I 242/65, BStBl. II 1969, 145; vgl. FG BW 6 K 41/90, EFG 1993, 462). Auch für das Mitglied müssen die Voraussetzungen der §§ 53 und 66 AO gesondert festgestellt werden. 265

Nach § 23 UStDV sind bisher **amtlich anerkannt:**
– Evangelisches Werk für Diakonie und Entwicklung e.V.
– Deutscher Caritasverband e.V.
– Deutscher Paritätischer Wohlfahrtsverband-Gesamtverband e.V.
– Deutsches Rotes Kreuz e.V.
– Arbeiterwohlfahrt Bundesverband e.V.
– Zentralwohlfahrtsstelle der Juden in Deutschland e.V.
– Deutscher Blinden- und Sehbehindertenverband e.V.
– Bund der Kriegsblinden Deutschlands e.V.
– Verband deutscher Wohltätigkeitsstiftungen e.V.
– Bundesarbeitsgemeinschaft Selbsthilfe von Menschen mit Behinderung und chronischer Erkrankung und ihren Angehörigen e.V.
– Sozialverband VdK Deutschland e.V.
– Arbeiter-Samariter-Bund Deutschland e.V.

b) Krankenhäuser.

Literatur: Boehmer/Petereit, Umsatzsteuerliche und gemeinnützigkeitsrechtliche Behandlung von Schönheitsoperationen und den damit im Zusammenhang stehenden Leistungen, DStR 2003, 2058; Klähn, Gemeinnützigkeitsrechtliche Behandlung der Arzneimittelabgabe von Krankenhausapotheken, StBp 2006, 197; Binger/Pietsch, Definition des Krankenhauszweckbetriebs (AEAO zu § 67), KH 2015, 266; Pieske-Kontny, Der Zweckbetrieb „Krankenhaus“, StBp 2023, 5; Pieske-Kontny, Die Mitarbeiterkantine eines kommunalen Krankenhauses, StBp 2025, 114.

266 **aa) Grundsatz.** Nach **§ 67 Abs. 1 AO** ist ein **Krankenhaus,** das in den Anwendungsbereich des KHEntgG oder der BPflV fällt, ein Zweckbetrieb, wenn mind. 40 % der jährlichen Belegungstage oder Berechnungstage auf Patienten entfallen, bei denen nur Entgelte für allgemeine Krankenhausleistungen (§ 7 KHEntgG, § 10 BPflV) berechnet werden.

Nach **§ 67 Abs. 2 AO** ist ein Krankenhaus, das nicht in den Anwendungsbereich des KHEntgG oder der BPflV fällt, ein Zweckbetrieb, wenn mind. 40 % der jährlichen Belegungstage oder Berechnungstage auf Patienten entfallen, bei denen für die Krankenhausleistungen kein höheres Entgelt als nach § 67 Abs. 1 AO berechnet wird.

267 **bb) Allgemeines. Zweck der Vorschrift** ist die Entlastung der Sozialversicherungsträger als Kostenträger für ihre Versicherten und – typisierend – der selbst zahlenden Privatpatienten (BFH V R 35/85, BStBl. II 1991, 157; V R 64/89, BStBl. II 1994, 212). Sie knüpft daher an das KHEntgG bzw. die BundespflegesatzVO (BPflV) v. 26.9.1994 (BGBl. 1994 I 2750, zuletzt geändert durch G. v. 10.12.2015, BGBl. 2015 I 2229) an.

Die Vorschrift ist **lex specialis zu § 65 AO,** der verdrängt wird. Eine Prüfung der allgemeinen Zweckbetriebsvoraussetzungen ist – wenn die Voraussetzungen des § 67 vorliegen – nicht angezeigt (BFH I R 31/12, BFH/NV 2014, 185; I R 82/12, BStBl. II 2015, 123; Eversberg/Baldauf DStZ 2011, 597). § 67 AO ist eine **drittschützende Norm** (hierzu → Rn. 318 f.).

268 **cc) Begriff des Krankenhauses.** Der **Begriff** ist in § 2 Nr. 1 des KHG idF v. 10.4.1991 (BGBl. 1991 I 886) sowie in § 107 Abs. 1 SGB V geregelt, die erläuternd heranzuziehen sind (BFH I R 59/10, BFH/NV 2012, 61 mwN). Die Vorschriften sind jedoch unterschiedlich weit gefasst. Insbesondere grenzt § 107 SGB V Vorsorge- und Rehabilitationseinrichtungen von Krankenhäusern

ab (hierzu FG München 15 V 383/93, EFG 1994, 177). Nach dem insoweit weiteren § 2 Nr. 1 KHG sind **Krankenhäuser** „Einrichtungen, in denen durch ärztliche und pflegerische Hilfeleistung Krankheiten, Leiden und Körperschäden festgestellt, geheilt oder gelindert werden sollen oder Geburtshilfe geleistet wird und in denen die **zu versorgenden Personen untergebracht** werden und verpflegt werden **können**" (BFH X R 2/13, BStBl. II 2016, 286 mwN). Hierunter fallen allgemeine Krankenhäuser, Spezialkliniken, Belegkrankenhäuser (hierzu → Rn. 270), Heilstätten, Diagnosekliniken, Diabeteskliniken (BFH V R 35/85, BStBl. II 1991, 157), Sanatorien (BFH V 190/59 U, BStBl. III 1960, 222), Kurheime (HessFG EFG 1961, 312; aA FG München 15 V 383/93, EFG 1994, 177; hiergegen mE zu Recht Gunter BB 1994, 1903), Krankenheime und Entbindungsheime (vgl. iÜ BFH V R 55/69, BStBl. II 1972, 555). Eine Konzession ist nicht erforderlich. Doch müssen die Krankenhausleistungen gegenüber den Patienten als Nutzer des Krankenhauses von dem Betreiber selbst erbracht werden; die Gestellung von medizinischem Gerät und Personal an andere Ärzte allein genügt nicht (vgl. BFH I R 85/04, BStBl. II 2005, 545; FG Nürnberg 3 K 860/12, EFG 2014, 60). Vgl. auch AEAO zu § 67.

Nach der oa Definition kommt es allein auf die **Möglichkeit der Unterbringung** an. Auch muss ein **wesentlicher Teil** der Leistungen auf den **stationären Bereich** entfallen (vgl. BFH IV R 83/86, BStBl. II 1989, 506; V R 35/85, BStBl. II 1991, 157; IV B 43/93, BStBl. II 1995, 418 – Dialysestation). Daher fallen unter den Begriff auch Einrichtungen zur Erbringung **teilstationärer** Leistungen, zB Tages-, Nacht- und Wochenendkliniken, sowie **ambulante** Leistungen (BFH I R 31/12, BFH/NV 2014, 185; vgl. BFH V R 19/11, BFH/NV 2015, 284; AEAO zu § 67). Das gilt auch für die **Abgabe von Faktorpräparaten** (Blutgerinnungsfaktoren) zur Heimselbstbehandlung (BFH V 46/16, BStBl. II 2018, 672, zu FG Köln 10 K 775/15, DStRE 2017, 370) sowie für eine **Krankenhausapotheke** (hier: Verabreichung von Zytostatika im Rahmen der ambulanten Therapie), auch wenn die Verordnungen ausschließlich vom Chefarzt persönlich ergehen (keine „Institutsermächtigung"; BFH I R 82/12, BStBl. II 2015, 123) oder die ambulante Weiterbehandlung durch nach § 116 SGB V ermächtigte Krankenhausärzte erfolgt (BFH V R 39/17, BStBl. II 2019, 651; hierzu Klähn StBp 2006, 197). Entscheidend ist daher nicht, ob der Kranke tatsächlich in der Einrichtung untergebracht ist. **268a**

Rein ambulante Einrichtungen sind nicht Krankenhäuser iSd Vorschrift, zB ein Rehabilitationszentrum (BFH I R 65/02, BStBl. II 2004, 300; X R 2/13, BStBl. II 2016, 286) oder eine Dialysestation (BFH IV B 43/93, BStBl. II 1995, 418; I R 74/14, BStBl. II 2017, 650, Vb nicht angenommen, BVerfG 1 BvR 1211/17). **268b**

dd) Quote der Belegungs- oder Berechnungtage. Sie bezieht sich auf die **Entgelte** für allgemeine Krankenhausleistungen; das sind solche, die nach Art und Schwere der Erkrankung für die medizinisch zweckmäßige und ausreichende Versorgung des Patienten notwendig sind (§ 2 Abs. 2 KHEntgG). Letztere werden grundsätzlich nach sog. Fallpauschalen abgerechnet (§ 17b KHEntgG). „Steuerunschädlich" sind solche Patienten, bei denen ausschließlich nach diesen Vorgaben abgerechnet wird. 40 % der Belegungs- oder Berechnungstage müssen hierauf entfallen. **269**

„Steuerschädlich" sind gesondert abzurechnende **Wahlleistungen** iSv § 2 Abs. 1 S. 2 KHEntgG, § 17 Abs. 1 KHG (BFH XI R 15/16, BFH/NV 2019,

656), § 16 S. 2 BPflV, zB Chefarztbehandlung, Ein-/Zweibettzimmer, bessere Verpflegung. Annehmlichkeiten wie Telefon oder Fernseher sind hiervon nicht betroffen (BFH V R 5/08, BStBl. II 2011, 296). Nehmen die Patienten ausschließlich auch solche Wahlleistungen in Anspruch, dann ist das Krankenhaus nicht nach § 67 AO befreit (BFH IV R 48/01, BStBl. II 2004, 363).

Die Tätigkeit eines **Belegarztes** ist unbeachtlich, da sie keine Krankenhausleistung iSv § 2 Abs. 2 KHEntgG ist (gespaltener Krankenhausaufnahmevertrag); insofern kommt es auf einen Vergleich der abgerechneten mit den entsprechend geminderten Fallpauschalen an. Bei Erreichen der 40 %-Quote gehören auch die Entgelte für Leistungen gegenüber den „steuerschädlichen" Patienten zum Zweckbetrieb (BFH XI R 15/16, BFH/NV 2019, 656). Belegungstage für **medizinisch nicht indizierte Leistungen,** die also über den Versorgungsauftrag des Krankenhauses hinaus gehen, sind in einer Vergleichsrechnung „weder im Zähler noch im Nenner" zu berücksichtigen, da sie schon nicht in den Anwendungsbereich der Vorschrift fallen (BFH XI R 15/16, BFH/NV 2019, 656; → Rn. 273).

270 **ee) Krankenhäuser außerhalb des KHEntgG und der BPflV. Nicht unter das KHEntgG/die BPflV** fallen folgende Krankenhäuser:

- Krankenhäuser im Straf- und Maßregelungsvollzug, Polizeikrankenhäuser und Krankenhäuser der Träger der gesetzlichen Rentenversicherung der Arbeiter oder der Angestellten oder der gesetzlichen Unfallversicherung und – mit Ausnahmen – ihrer Vereinigungen (§ 3 S. 1 Nr. 2–4 KHG) sowie die nicht förderungsfähigen Einrichtungen nach § 5 Abs. 1 Nr. 2, 4 oder 7 KHG;
- reine Belegkrankenhäuser ohne eigenen ärztlichen Dienst (BFH V R 64/89, BStBl. II 1994, 212: Lückenausfüllung); mE nur bis einschließlich EZ 2002 (→ Rn. 272).

271 Diese Häuser können/konnten aber **Zweckbetriebe nach § 67 Abs. 2 AO** sein, wenn ebenfalls die 40 %-Grenze nicht unterschritten wird/wurde. Dies setzte vor Einführung der Fallpauschalen eine Vorauskalkulation ihrer Pflegesätze auf der Grundlage der Selbstkosten voraus, wobei – soweit möglich – die Bestimmungen der BPflV zu berücksichtigen waren (BFH IV R 48/01, BStBl. II 2004, 363; V R 5/08, BStBl. II 2011, 296; XI R 8/13, BFH/NV 2015, 1219). Dieses Erfordernis ist durch Einführung der Fallpauschalen überholt; nunmehr sind die abgerechneten Fallpauschalen mit denen eines Krankenhauses im Bereich des KHEntgG zu vergleichen (BFH XI R 15/16, BFH/NV 2019, 656).

272 **Reine Belegkrankenhäuser** ohne eigenen ärztlichen Dienst fallen mE nach der geltenden Rechtslage unter § 67 Abs. 1 AO (aA BFH XI R 15/16, BFH/NV 2019, 656, zu FG Bln-Bbg 7 K 7184/14, EFG 2016, 1474, aufgeh.). Sie werden nicht ausdrücklich aus dem Anwendungsbereich des KHEntgG ausgeschlossen (vgl. § 1 KHEntgG), im Gegenteil enthält das KHEntgG ausdrückliche Regelungen für Belegärzte ohne Einschränkungen hinsichtlich der reinen Belegkrankenhäuser. Zutreffend ist lediglich, dass die Leistungen der Belegärzte selbst keine Krankenhausleistungen sind (§ 2 Abs. 1 S. 2 KHEntgG, § 2 Abs. 1 S. 2 BPflV). Zudem erbringen auch reine Belegkrankenhäuser typischerweise allgemeine Krankenhausleistungen iSv § 2 Abs. 2 KHEntgG, die lediglich mit geminderten Fallpauschalen abgerechnet werden (§ 18 Abs. 2 KHEntgG).

Bei dem Abgleich der Leistungsvergütungen ist eine **Vergleichsberechnung** erforderlich. Bei ihr kommt es konsequenterweise nicht darauf an, ob der Belegarzt seine Leistungen nach der GOÄ oder nach Kassengrundsätzen abrechnet (BFH XI R 15/16, BFH/NV 2019, 656).

ff) Umfang der Befreiung. Begünstigt sind nur solche Einnahmen und Ausgaben, die in einem **Zusammenhang mit den ärztlichen und pflegerischen Leistungen** an die Patienten als Nutzer des Krankenhauses im Rahmen des Versorgungsauftrags des Krankenhauses stehen (BFH I R 85/04, BStBl. II 2005, 545; I R 59/10, BFH/NV 2012, 61; AEAO zu § 67; hierzu Pieske-Kontny StBp 2023, 5), die also typischerweise auf von einem Krankenhaus gegenüber seinen Patienten erbrachten Leistungen beruhen. Das ist der Fall, wenn das Krankenhaus zur Sicherstellung seines Versorgungsauftrags von Gesetzes wegen zu dieser Leistung befugt ist und der Sozialversicherungsträger als Kostenträger deshalb für seine Versicherten grundsätzlich zahlen muss (zB BFH I R 82/12, BStBl. II 2015, 123; V R 39/17, BStBl. II 2019, 651). Ebenso können dazu gehören Nebenbetriebe wie eine Krankenhausapotheke, eine Wäscherei oder eine Cafeteria/Kantine, in der ausschließlich Mitarbeiter aufgrund einer Betriebsvereinbarung teilentgeltlich verköstigt werden (vgl. BFH V R 28/21, BStBl. II 2024, 425; aA zur USt FG Münster 5 K 2867/20 U, EFG 2023, 1099; Pieske-Kontny StBp 2025, 114). 273

Bei **darüber hinaus gehenden Leistungen** liegt ein wirtschaftlicher Geschäftsbetrieb vor. Das betrifft zB Leistungen an im Krankenhaus **selbständig tätige Ärzte** (AEAO zu § 67), die **entgeltliche Überlassung** von medizinischen Geräten (BFH I R 85/04, BStBl. II 2005, 545) sowie die Gestellung von Personal und medizinischen Einrichtungen an andere Ärzte (FG Nürnberg 3 K 860/12, EFG 2014, 60). Aber auch die entgeltliche Personal- u. Sachmittelgestellung an angestellte „ermächtigte" Krankenhausärzte ist wirtschaftlicher Geschäftsbetrieb (BFH V R 28/21, BStBl. II 2024, 425, gegen FG Münster 13 K 167/17, E, K, G, Zerl, EFG 2024, 1736, aufgeh.; BFH V R 2/21, BFH/NV 2024, 657, gegen FG Münster 13 K 365/17, K, G, F, EFG 2021, 678, aufgeh.; aA FM Länder 9.3.2005, DB 2005, 582; FM LSA 11.6.2020, BeckVerw 470179). Das erscheint iE schlüssig, weil die Entgeltlichkeit der Gestellung die Wahlleistungen aus dem Zusammenhang der Krankenhausbehandlung löst. Weniger überzeugend ist das Bemühen in V R 28/21, die Tragweite der Begründungen in I R 82/12 und V R 39/17 als lediglich fallbezogen herunterzuspielen; denn immerhin hat V R 39/17 die nach § 116 SGB V zulässigen und außerhalb der dienstvertraglichen Pflichten erbrachten Behandlungen durch den ermächtigten Arzt als sozialversicherungsrechtlich vom Versorgungsauftrag des Krankenhauses umfasst eingestuft. Das ist keine nur auf die dortigen Ereignisse (Abgabe von Zytostatika) bezogene Äußerung; denn jene erfolgten im Rahmen der Behandlung durch einen ermächtigten Arzt, der jedoch nach V R 28/21 lediglich im eigenen Interesse und damit außerhalb des Versorgungsauftrags des Krankenhauses handelt und behandelt. Es bleibt insofern ein Widerspruch innerhalb der in Rede stehenden Begründungen.

Auch eine **Cafeteria** gehört, soweit Leistungen an Dritte (Besucher, andere Krankenhäuser) erbracht werden, nicht zum Zweckbetrieb (vgl. BFH V R 35/85, BStBl. II 1991, 157; V R 76/89, BStBl. II 1991, 268).

Erbringt eine **Kurklinik** auch **andere Leistungen** (zB Beherbergung von Urlaubsgästen), kann die Zweckbetriebseigenschaft nur dann und insoweit erhalten bleiben, als die Krankenhausleistungen in einem funktional und räumlich abgegrenzten Gebäudetrakt erbracht werden (OFD Frankfurt aM 6.7.1998, DB 1998, 1493); eine rein buchmäßige Abgrenzung, die nach § 63 Abs. 3 AO (→ Rn. 216) ohnehin erforderlich ist, genügt nicht (OFD Hannover 16.4.1998, FR 1998, 709; OFD Cottbus 18.12.1998, BB 1999, 407). 273a

Medizinisch nicht indizierte Leistungen, die also über den Versorgungsauftrag des Krankenhauses hinausgehen, fallen nicht in den Anwendungsbereich der 274

Vorschrift (BFH XI R 15/16, BFH/NV 2019, 656). Auch bei Schönheitsoperationen liegen keine Leistungen nach § 2 Nr. 1 KHG, § 107 Abs. 1 SGB V vor. Werden die Voraussetzungen des § 67 AO iÜ erfüllt, liegt ein wirtschaftlicher Geschäftsbetrieb vor (Boehmer/Petereit DStR 2003, 2058).

c) Sportliche Veranstaltungen.

Literatur: Neufang, Steuerliche Behandlung von Sportveranstaltungen, Inf 1992, 73; Buchna, Gefährden Reitsportvereine ihre Gemeinnützigkeit, wenn sie bei Reitturnieren Preisgelder zahlen? DStZ 1993, 274; Madl, Die Sonderstellung der Sportvereine im Steuerrecht, BB 1997, 1126; Bischoff; Ist jede sportliche Betätigung auch eine „sportliche Veranstaltung"?, Stbg 1998, 112; Wien, Sportliche Veranstaltungen und Gemeinnützigkeit, DStZ 1998, 572; Apitz, Betriebsprüfungen bei gemeinnützigen Körperschaften, StBp 2004, 125.

275 **aa) Grundsatz.** Nach **§ 67a Abs. 1 AO** sind **sportliche Veranstaltungen eines Sportvereins** ein Zweckbetrieb, wenn die Einnahmen einschließlich USt insgesamt 50.000 EUR **(ab EZ 2026,** bis EZ 2025: 45.000 EUR) im Jahr nicht übersteigen. Der Verkauf von Speisen und Getränken sowie die Werbung gehören nicht zu den sportlichen Veranstaltungen.

Nach **§ 67a Abs. 2 AO** kann der Sportverein dem FA bis zur Unanfechtbarkeit des KSt-Bescheides erklären, dass er auf die Anwendung des Abs. 1 S. 1 verzichtet. Die Erklärung bindet den Sportverein für mind. Fünf VZ.

Wird auf die Anwendung des Abs. 1 S. 1 verzichtet, sind nach **§ 67a Abs. 3 AO** sportliche Veranstaltungen eines Sportvereins ein Zweckbetrieb, wenn

(Nr. 1) kein Sportler des Vereins teilnimmt, der für seine sportliche Betätigung oder für die Benutzung seiner Person, seines Namens, seines Bildes oder seiner sportlichen Betätigung zu Werbezwecken von dem Verein oder einem Dritten über eine Aufwandsentschädigung hinaus Vergütungen oder andere Vorteile erhält und

(Nr. 2) kein anderer Sportler teilnimmt, der für die Teilnahme an der Veranstaltung von dem Verein oder einem Dritten im Zusammenwirken mit dem Verein über eine Aufwandsentschädigung hinaus Vergütungen oder andere Vorteile erhält.

Andere sportliche Veranstaltungen sind ein steuerpflichtiger wirtschaftlicher Geschäftsbetrieb. Dieser schließt die Steuervergünstigung nicht aus, wenn die Vergütungen oder anderen Vorteile ausschließlich aus diesem wirtschaftlichen Geschäftsbetrieb, die nicht Zweckbetriebe sind, oder von Dritten geleistet werden.

Nach § 67a Abs. 4 AO sind organisatorische Leistungen eines Sportdachverbandes zur Durchführung von sportlichen Veranstaltungen sind ein Zweckbetrieb, wenn an der sportlichen Veranstaltung überwiegend Sportler teilnehmen, die keine Lizenzsportler sind. Alle sportlichen Veranstaltungen einer Saison einer Liga gelten als eine sportliche Veranstaltung iSd Satzes 1. Abs. 1 S. 2 gilt entsprechend.

276 **bb) Allgemeines.** Sportvereinen (iSv § 52 Abs. 2 Nr. 21 AO, AEAO zu § 67a Nr. 2) **bleibt die Gemeinnützigkeit erhalten,** wenn sie Einnahmen durch sportliche Veranstaltungen erzielen; zudem bleiben diese Einnahmen unter bestimmten Voraussetzungen bis zu 50.000 EUR (ab EZ 2026; bis EZ 2025: 45.000 EUR) steuerfrei. Im Zusammenwirken mit § 58 Nr. 8 AO (→ Rn. 191) erlaubt die Vorschrift die teilweise Förderung des bezahlten Sports (§ 67a Abs. 1 S. 1 AO; sportliche Veranstaltung als Zweckbetrieb, vgl. AEAO zu § 67a Nr. 18). Im Übrigen gestattet es **§ 67a Abs. 3 AO,** wenn bei sportlichen Veranstaltungen **bezahlte Spieler oder Sportler** teilnehmen und die Vergütungen oder Vorteile

ausschließlich aus wirtschaftlichen Geschäftsbetrieben oder von einem Dritten gezahlt werden (wirtschaftlicher Geschäftsbetrieb). Ist dies nicht der Fall, verbleibt es bei einem Zweckbetrieb.

Die Vorschrift ist **verfassungsrechtlich bedenklich** (Art. 3 GG), weil sie eine sachlich nicht gerechtfertigte Bevorzugung von Sportvereinen vor anderen gemeinnützigen Körperschaften bedeutet. Sie ist iÜ in sich unstimmig (hierzu Arndt/Immel DB 1987, 1153 (1157); Trzaskalik StuW 1986, 224).

Die Zweckbetriebsfolgen der Vorschrift treten **unabhängig davon** ein, ob die Voraussetzungen des **§ 65 AO** vorliegen; § 67a AO hat insoweit Vorrang (BFH V R 7/95, BStBl. II 1997, 154). Zur Bedeutung der Vorschrift bei der Steuergestaltung vgl. insb. Wien DStZ 1998, 572). Zu Einzelheiten der Steuerfreistellung vgl. Apitz StBp 2004, 125.

cc) Begriff. Eine **sportliche Veranstaltung** ist jede organisatorische Maßnahme eines Sportvereins, die es aktiven Sportlern (Mitgliedern und Nichtmitgliedern) ermöglicht, Sport zu treiben (BFH V R 7/95, BStBl. II 1997, 154; I R 13/13, BFH/NV 2015, 1752). **277**

Eine bestimmte **Organisationsform** oder die Anwesenheit von **Publikum** ist nicht vorausgesetzt (BFH V R 7/95, BStBl. II 1997, 154), in Betracht kommen Wettkämpfe (auch Pferderennen, vgl. OFD Niedersachsen S 0171-24-St 246), Kurse, Trainingslager, auch Unterrichte für Nichtmitglieder uä Veranstaltungen, und zwar auch solche, die im Rahmen einer anderen Veranstaltung stattfinden (evtl. Schauauftritte eines Tanzsportclubs, vgl. BFH IX R 109/90, BStBl. II 1994, 886), auch wenn diese von einem anderen Verein organisiert wird und nicht steuerbegünstigt ist (BFH IX R 109/90, BStBl. II 1994, 886; AEAO zu § 67a Nr. 3); Entsprechendes gilt für die Maßnahmen, die unmittelbar der Vorbereitung und Durchführung dienen (Reisen, Unterbringung; vgl. BFH V R 7/95, BStBl. II 1997, 154; nicht Touristikreisen, AEAO zu § 67a Nr. 4); ebenso Sportkurse und -lehrgänge (Konkurrenzlage unbeachtlich, AEAO zu § 67a Nr. 5).

Die **untere Grenze** der sportlichen Veranstaltung ist erst unterschritten, wenn die Maßnahmen nur die Nutzungsüberlassung von Sportgegenständen bzw. -anlagen oder bloße Dienstleistungen zum Gegenstand haben (BFH V B 264/07, BFH/NV 2009, 430).

Keine sportliche Veranstaltung liegt daher vor bei der Vermietung von Sportstätten und Betriebsvorrichtungen auf kurze Dauer (vgl. BFH V R 54/08, BStBl. II 2011, 191; AEAO zu § 67a Nr. 12), Sportgerät (Schlittschuhen) iZm der Gestattung der unentgeltlichen Nutzung von Sportanlagen (Eisbahn) durch einen Sportverein an Vereinsfremde (BFH V R 30/99, BStBl. II 2000, 705; s. auch AEAO zu § 67a Nr. 14: Hilfsgeschäft), aber auch an Mitglieder (BFH V R 4/13, BFH/NV 2014, 1470); bloße Dienstleistung, wie zB die Beförderung zum Ort der Sportausübung oder das spezielle Training für einzelne Sportler (vgl. BFH V R 150/78, BStBl. II 1987, 659; III R 89/87, BStBl. II 1990, 1012; V R 7/95, BStBl. II 1997, 154); auch nicht der Verkauf von Speisen und Getränken (§ 67a Abs. 1 S. 2 AO; hierzu FG Saarl 1 K 7/89, EFG 1991, 5; AEAO zu § 67a Nr. 6), Werbeleistungen iZm mit sportlichen Veranstaltungen (Werbeaufschrift auf Freiballon, BFH V R 21/01, BStBl. II 2003, 438), die Unterhaltung von Clubhäusern, Kantinen uÄ (AEAO zu § 67a Nr. 10), ebensowenig die Einnahme aus dem Verkauf von Spielern. **278**

Vermietung von Sportstätten kann sein: Vermögensverwaltung, wenn auf längere Dauer; Zweckbetrieb, wenn auf kürzere Dauer Vermietung an Mitglieder; **278a**

wirtschaftlicher Geschäftsbetrieb, wenn auf kürzere Dauer Vermietung an Nichtmitglieder (vgl. AEAO zu § 67a Nr. 12). Zum Betrieb eines **öffentlichen Schwimmbades** s. AEAO zu § 67a Nr. 13.

Nach AEAO zu § 67a Nr. 18 ist die **Bezahlung von Sportlern** in einem Zweckbetrieb iSd § 67a Abs. 1 S. 1 AO zulässig; mE jedoch nur bis zur Höhe der Einnahmen bis zur Zweckbetriebsgrenze (vgl. § 58 Nr. 8 AO, → Rn. 178: „… neben …"); → Rn. 280. Nach AEAO zu § 67a Nr. 19 ist auch die **Zahlung von Ablösesummen** in einem Zweckbetrieb nach § 67a Abs. 1 S. 1 AO uneingeschränkt zulässig; das ist mE unrichtig, weil es sich bei der Ablöse nicht um eine sportliche Veranstaltung, sondern um einen *wirtschaftlichen Geschäftsbetrieb* handelt.

279 **dd) Umfang.** Die Vorschriften heben auf **sämtliche Veranstaltungen** eines Jahres (Kalenderjahr, Wirtschaftsjahr) ab (AEAO zu § 67a Nr. 17). Das gilt auch für die Fälle, in denen auf die Anwendung des Abs. 1 verzichtet wird, und die „anderen" sportlichen Veranstaltungen des Abs. 3. Der Wortlaut (*ein* Zweckbetrieb, *ein* Geschäftsbetrieb) lässt keine andere Deutung zu. Das bedeutet konsequenterweise, dass bei Verzicht auf die Anwendung des § 67a Abs. 1 AO durch die Teilnahme eines bezahlten vereinsfremden Sportlers an einer einzelnen Veranstaltung sämtliche Veranstaltungen als ein wirtschaftlicher Geschäftsbetrieb (Anm. 219 ff.) anzusehen sind (§ 67a Abs. 3 S. 2 AO).

Sportliche Veranstaltungen von Vereinen, die **Fußballveranstaltungen** unter Einsatz ihrer Lizenzspieler nach der „Lizenzordnung Spieler" der Organisation „Die Liga-Fußballverband e.V. – Ligaverband" durchführen, unterliegen ebenfalls der Regelung des § 67a AO (AEAO zu § 67a Nr. 2).

280 **ee) Zweckbetriebsgrenze.** Die Grenze von 50.000 EUR (bis EZ 2025: 45.000 EUR) betrifft **alle Einnahmen** aus sportlichen Veranstaltungen (AEAO zu § 67a Nr. 17), nicht jedoch solche aus der Werbung oder dem Verkauf von Speisen und Getränken.

Wird sie **nicht überschritten,** dann liegt insgesamt ein **Zweckbetrieb** vor. In diesem Fall dürfen bezahlte Sportler eingesetzt werden (§ 58 Nr. 9 AO, → Rn. 191), jedoch dürfen die Zahlungen die Einnahmen insgesamt nicht übersteigen und schon gar nicht zu Dauerverlusten führen (aA Thiel/Eversberg DB 1990, 344 (348); unbestimmt AEAO zu § 67a Nr. 18). Die Tatsache, dass bei Unterschreiten der oa Grenze ein Zweckbetrieb vorliegt, verdrängt nicht die allgemeinen Erfordernisse, insb. Nicht das der Selbstlosigkeit (§ 55 AO, → Rn. 117 ff.). **Dauerverluste aus bezahltem Sport** – der nicht alleiniger Zweck einer gemeinnützigen Körperschaft sein kann (§ 58 Nr. 8 AO) – führen zu Mittelfehlverwendungen.

281 **Übersteigen** die Einnahmen den Betrag von 50.000 EUR (bis EZ 2025: 45.000 EUR) einschließlich empfangener Ablösezahlungen (differenzierend AEAO zu § 67a Nr. 39), dann sind **alle sportlichen Veranstaltungen** im Jahr (Kalenderjahr/Wirtschaftsjahr) als **ein wirtschaftlicher Geschäftsbetrieb** zu behandeln (AEAO zu § 67a Nr. 1). Wegen § 64 Abs. 3 AO (→ Rn. 247) bedeutet dies idR, dass die Erträge der Besteuerung zu unterwerfen sind, wobei Gewinne und Verluste mit den Ergebnissen anderer Betriebe zu verrechnen sind. Verluste aus der Bezahlung von Sportlern bei diesen Veranstaltungen dürfen nicht entstehen; anders nur, wenn sie aus den Ergebnissen anderer wirtschaftlicher Geschäftsbetriebe gedeckt werden können. Übersteigen die Einnahmen den Betrag von 50.000 EUR (bis EZ 2025: 45.000 EUR), dann sind nicht alle Ausgaben iZm

irgendwelchen sportlichen Veranstaltungen Betriebsausgaben, sondern nur diejenigen für Veranstaltungen mit Einnahmen (§ 14 AO). **Stille Reserven** sind mE nicht schon dann aufzudecken, wenn die Veranstaltungen nicht mehr wie bisher wirtschaftlicher Geschäftsbetrieb, sondern Zweckbetrieb sind. Aus praktischen Erwägungen ist dies erst angezeigt, wenn feststeht, dass die WG *endgültig* aus dem Betrieb ausgeschieden sind (ebenso Jansen DStR 1990, 61).

ff) Verzicht, Wahlrecht. Die oben skizzierten Grundzüge können **Nachteile** mit sich bringen, wenn **282**
- keine Sportler bezahlt werden,
- die Einnahmen die Zweckbetriebsgrenze überschreiten,
- Verluste aus sportlichen Veranstaltungen erzielt werden und
- die Verluste nicht mit Überschüssen aus anderen wirtschaftlichen Geschäftsbetrieben oder mit betriebsbezogenen Zuschüssen Dritter ausgeglichen werden können.

Daher gestattet **§ 67a Abs. 2 AO** einen **Verzicht** auf die Besteuerung nach Abs. 1 (→ Rn. 276), auch wenn die Zweckbetriebsgrenze nicht überschritten ist (AEAO zu § 67a Nr. 1 und 21). Dieser bindet den Verein für mind. fünf EZ, was für diesen jedoch zu nicht vorhersehbaren Problemen führen kann (zu Einzelfragen Schneider StWa 1990, 182; Neufang Inf 1992, 73). Im Verzichtsfalle erfolgt die Besteuerung nach **§ 67a Abs. 3 AO,** der für die Zweckbetriebseigenschaft der Veranstaltungen allein darauf abstellt, ob Sportler bezahlt werden oder nicht.

(1.) Der Verzicht kann **bis zur Unanfechtbarkeit** des KSt-Bescheides des ersten EZ, in dem er wirken soll, erklärt werden (AEAO zu § 67a Nr. 22). Der Verzicht erst bei einer Betriebsprüfung nach Bestandskraft eines KSt- oder auch Freistellungsbescheids geht ins Leere (Thiel/Eversberg DB 1990, 344 (349)). ME kann der Antrag nicht erst im Revisionsverfahren gestellt werden (vgl. BFH VI 48/55 U, BStBl. III 1957, 227); er sollte aber nicht durch Bestandskraft eines Bescheids unter Nachprüfungsvorbehalt ausgeschlossen sein (Jansen DStR 1990, 61; aA AEAO zu § 67a Nr. 22 S. 2 iVm UStAE 19.2 Abs. 6 S. 2 mwN). **283**

(2.) Im **Einzelnen** gilt: **284**
- es darf **kein Sportler des Vereins** teilnehmen, der für seine sportliche Betätigung *überhaupt* oder für die Benutzung von Person, Namen, Bild oder seiner sportlichen Betätigung zu Werbezwecken von *irgendjemandem* geldwerte Vorteile über eine Aufwandsentschädigung hinaus erhält;
- außerdem darf **kein anderer Sportler** teilnehmen, der für *die Teilnahme* an der Veranstaltung durch *Zutun des Vereins* (eigene Zahlung; Zusammenwirken mit Dritten) geldwerte Vorteile über eine Aufwandsentschädigung hinaus erhält.

In beiden Fallgruppen kommt es auf die *Höhe der Einnahmen* oder Überschüsse nicht an (AEAO zu § 67a Nr. 23). Für die Zahlung kommt es auf den einzelnen Sportler an; es genügt also keine pauschale Aufwandszusammenstellung (BFH XI R 11/19, BStBl. II 2023, 202); das macht in der Praxis jedoch keine Schwierigkeiten für den Verein, solange sich Zahlungen – selbst wenn es sich um erfolgsabhängige Preisgelder (!) handelt – so darstellen lassen, dass damit höchstens ein nicht belegter, aber „nachvollziehbarer" Aufwand abgegolten wird; auch kann dieser geschätzt werden (vgl. das instruktive Urteil BFH XI B 122/01, BFH/NV 2002, 1012).

gg) Andere sportliche Veranstaltungen. Veranstaltungen **mit bezahlten Sportlern** sind ein wirtschaftlicher Geschäftsbetrieb. **285**

Das bedeutet zunächst zweierlei: der Verein kann seine **Veranstaltungen aufteilen** je nachdem, ob bezahlte Sportler teilnehmen (wirtschaftlicher Geschäftsbetrieb) oder nicht (Zweckbetrieb). Außerdem dürfte in der Praxis die Teilnahme von Dritten bezahlter fremder Sportler an der Einordnung der Veranstaltung beim Zweckbetrieb idR nicht entgegenstehen, weil ein Zusammenwirken mit dem Verein kaum nachweisbar sein wird.

286 Als **Aufwandsentschädigung** erkennt die Verwaltung für den eigenen Sportler ohne Einzelnachweis monatlich bis 400 EUR an (AEAO zu § 67a Nr. 32); höhere eigene Aufwendungen der Sportler sowie Aufwendungen des fremden Sportlers sind nachzuweisen (AEAO zu § 67a Nr. 33; BFH XI R 11/19, BStBl. II 2023, 202, zu NdsFG 11 K 134/17, EFG 2019, 1058, best). Bezahlung des Sportlers sind auch Preisgelder (AEAO zu § 67a Nr. 35 Abs. 3).

286a Die Teilnahme von bezahlten Sportlern schließt die **Steuervergünstigung,** dh die Anerkennung der Gemeinnützigkeit nicht aus, wenn die Zahlung ausschließlich aus wirtschaftlichen Geschäftsbetrieben, die nicht Zweckbetriebe sind, oder von Dritten erfolgt. Es können also auch Einnahmen aus anderen Geschäftsbetrieben herangezogen werden. Eine Aufteilung einer einheitlichen Vergütung auf einen Zweckbetrieb und einen wirtschaftlichen Geschäftsbetrieb ist nicht zulässig (AEAO zu § 67a Nr. 27 zur Behandlung aus „Vereinfachungsgründen" AEAO zu § 67a Nr. 28).

Zu weiteren Einzelheiten s. AEAO zu § 67a Nr. 23 ff.

287 Organisatorische **Tätigkeiten eines Dachverbandes** sind nach der **Neufassung des § 67a Abs. 4** (G. v. 11.12.2018, BGBl. 2018 I 2338) **ab EZ 2021** eine sportliche Veranstaltung, im Gegensatz zu der zuvor geltenden Rechtslage (BFH I R 13/13, BStBl. II 2016, 971). Hierzu zählt idR die Organisation des Ligaspielbetriebs durch den zuständigen Dachverband. Solche Leistungen sind ein Zweckbetrieb, wenn an der sportlichen Veranstaltung überwiegend Sportler ohne Lizenz, also Amateure, teilnehmen. Die Organisation darf nicht überwiegend den Lizenzspielern zugutekommen und ist nicht begünstigt, soweit sie den Verkauf von Speisen und Getränken betrifft. Als sportliche Veranstaltung idS **gelten alle Veranstaltungen einer Saison.** Unberührt von diesen Regelungen bleibt die Einstufung der einzelnen Ligaspiele auf Ebene der einzelnen Vereine (AEAO zu § 67a Nr. 41).

288 **d) Einzelne Zweckbetriebe.** Nach **§ 68 AO** sind Zweckbetriebe auch:

(Nr. 1 Buchst. a) Alten-, Altenwohn- und Pflegeheime, Erholungsheime, Mahlzeitendienste, wenn sie in besonderem Maße den in § 53 AO genannten Personen dienen (§§ 66 Abs. 3 AO),

(Nr. 1 Buchst. b) Kindergärten, Kinder-, Jugend- und Studentenheime, Schullandheime und Jugendherbergen,

(Nt. 1 Buchst. c) Einrichtungen zur Versorgung, Verpflegung und Betreuung von Flüchtlingen. Die Voraussetzungen des § 66 Abs. 2 AO sind zu berücksichtigen,

(Nr. 2 Buchst. a) landwirtschaftliche Betriebe und Gärtnereien, die der Selbstversorgung von Körperschaften dienen und dadurch die sachgemäße Ernährung und ausreichende Versorgung von Anstaltsangehörigen sichern,

(Nr. 2 Buchst. b) andere Einrichtungen, die für die Selbstversorgung von Körperschaften erforderlich sind, wie Tischlereien, Schlossereien,

wenn die Lieferungen und sonstigen Leistungen dieser Einrichtungen an Außenstehende dem Wert nach 20 % der gesamten Lieferungen und sonstigen

Leistungen dieses Betriebes – einschließlich der an die Körperschaft selbst bewirkten – nicht übersteigen,

(Nr. 3 Buchst. a) Werkstätten für behinderte Menschen, die nach den Vorschriften des SGB III förderungsfähig sind und Personen Arbeitsplätze bieten, die wegen ihrer Behinderung nicht auf dem allgemeinen Arbeitsmarkt tätig sein können,

(Nr. 3 Buchst. b) Einrichtungen für Beschäftigungs- und Arbeitstherapie, in denen behinderte Menschen aufgrund ärztlicher Indikationen außerhalb eines Beschäftigungsverhältnisses zum Träger der Therapieeinrichtung mit dem Ziel behandelt werden, körperliche oder psychische Grundfunktionen zum Zwecke der Wiedereingliederung in das Alltagsleben wiederherzustellen oder die besonderen Fähigkeiten und Fertigkeiten auszubilden, zu fördern und zu trainieren, die für eine Teilnahme am Arbeitsleben erforderlich sind, und

(Nr. 3 Buchst. c) Inklusionsbetriebe iSd § 215 Abs. 1 SGB IX, wenn mind. 40 % der Beschäftigten besonders betroffene schwerbehinderte Menschen iSd § 215 Abs. 1 SGB IX sind; auf die Quote werden psychisch kranke Menschen iSd § 215 Abs. 4 SGB IX angerechnet,

(Nr. 4) Einrichtungen, die zur Durchführung der Fürsorge für blinde Menschen, zur Durchführung der Fürsorge für körperbehinderte Menschen und zur Durchführung der Fürsorge für psychische und seelische Erkrankungen bzw. Behinderungen unterhalten werden,

(Nr. 5) Einrichtungen über Tag und Nacht (Heimerziehung) oder sonstige betreute Wohnformen,

(Nr. 6) von den zuständigen Behörden genehmigte Lotterien und Ausspielungen, wenn der Reinertrag unmittelbar und ausschließlich zur Förderung mildtätiger, kirchlicher oder gemeinnütziger Zwecke verwendet wird,

(Nr. 7) kulturelle Einrichtungen wie Museen, Theater und kulturelle Veranstaltungen wie Konzerte, Kunstausstellungen; dazu gehört nicht der Verkauf von Speisen und Getränken,

(Nr. 8) Volkshochschulen ua Einrichtungen, soweit sie selbst Vorträge, Kurse ua Veranstaltungen wissenschaftlicher oder belehrender Art durchführen; dies gilt auch, soweit die Einrichtungen den Teilnehmern dieser Veranstaltungen selbst Beherbergung und Beköstigung gewähren,

(Nr. 9) Wissenschafts- und Forschungseinrichtungen, deren Träger sich überwiegend aus Zuwendungen der öffentlichen Hand oder Dritter oder aus der Vermögensverwaltung finanziert. Der Wissenschaft und Forschung dient auch die Auftragsforschung. Nicht zum Zweckbetrieb gehören Tätigkeiten, die sich auf die Anwendung gesicherter wissenschaftlicher Erkenntnisse beschränken, die Übernahme von Projektträgerschaften sowie wirtschaftliche Tätigkeiten ohne Forschungsbezug.

Literatur: Allgemein: Dehesselles, Legal definierter Zweckbetrieb oder steuerpflichtiger wirtschaftlicher Geschäftsbetrieb? – Zum Verhältnis von § 68 zu § 65 AO, DStR 2003, 537; **zu Nr. 1:** Staehle, Gewerbesteuerbefreiung von Altenheimen, Altenwohnheimen und Altenpflegeheimen, BB 1978, 93; Klaßmann, Steuerrecht in Pflegeeinrichtungen, 2010; **zu Nr. 2:** Baumann/Penné-Goebel, Die Tätigkeit steuerbegünstigter Körperschaften im Rahmen von Selbstversorgungseinrichtungen iSv § 68 Nr. 2 AO, DB 2005, 695; Seeger/Brox, Das Ende der Steuerbegünstigung für Selbstversorgungsbetriebe nach § 68 Nr. 2b AO?, DStR 2009, 2459; **zu Nr. 3 Buchst. c:** Leisner, Die Umsatzbesteuerung von gemeinnützigen Integrationsprojekten gem. § 68 Nr. 3c AO durch das Jahressteuergesetz 2007, DB 2007, 1047; Lutz/Kurz, Steuerliche Behandlung von Integrationsprojekten, DStR 2012, 1260; **zu Nr. 9:** Thiel,

Die Besteuerung öffentlich geförderter Forschungseinrichtungen, DB 1996, 1944; Olbertz, Die Rettung der Gemeinnützigkeit der Auftragsforschung durch den Entwurf eines Jahressteuergesetzes (JStG) 1997, DStZ 1996, 531; Strahl, Steuerliche Konsequenzen der Verwertung von Forschungs- und Entwicklungsergebnissen durch Hochschulen und gemeinnützige Forschungseinrichtungen, DStR 2000, 2143; Strahl, Rechtliche Verselbstständigung wirtschaftlicher Aktivitäten von gemeinnützigen Forschungsinstituten, FR 2005, 1241; Strahl, Gemeinnützigkeit im Forschungsbereich – Chance und Korsett, FR 2006, 1012; Kaufmann/Schmitz-Herscheidt, Steuerbefreiung von Forschungseinrichtungen, BB 2007, 2039; Becker/Volkmann, Auftragsforschung als Zweckbetrieb nach § 68 Nr. 9 AO unter besonderer Berücksichtigung staatlicher Hochschulen, DStZ 2007, 529; Strahl, Steuerliche Begünstigung von Forschungseinrichtungen, DStR 2007, 1468; Leisner-Egensperger, Besteuerung der Forschungstätigkeit im Hochschulbereich – zur Zweckbetriebsregelung des § 68 Nr. 9 AO, FR 2010, 493.

289 **aa) Allgemeines.** Die Vorschrift ist eine **Spezialvorschrift zu § 65 AO.** Die Einleitung der Vorschrift bedeutet, dass die Voraussetzungen des § 65 AO (→ Rn. 255 ff.) nicht mehr geprüft werden müssen (BT-Drs. 11/4176, 12; BFH XI R 109/90, BStBl. II 1994, 866; V R 139-142/92, BStBl. II 1995, 446; V R 7/95, BStBl. II 1997, 154; I R 25/02, BStBl. II 2004, 660; V R 11/14, BFH/NV 2015, 528; Dehesselles DStR 2003, 537). Das gilt auch für die Wettbewerbsklausel des § 65 Nr. 3 AO (→ Rn. 258; BFH I R 25/02, BStBl. II 2004, 660; aber zu Nr. 3 → Rn. 294; zur USt s. BFH V R 34/16, BStBl. II 2018, 55). Sie entfaltet jedoch keine Sperrwirkung gegenüber § 65 AO (→ Rn. 255). § 65 AO wird durch § 68 AO nur dann ausgeschlossen, wenn die Einrichtung konkret in den Regelungsbereich des § 68 AO fällt und es lediglich an bestimmten Tatbestandsvoraussetzungen fehlt (vgl. die Prüfungsreihenfolge in BFH V R 46/05, BStBl. II 2009, 560; ebenso Strahl DStR 2000, 2163; vgl. zur Nr. 9 AEAO zu § 68 Nr. 18).

Im Einzelnen gilt:

290 **bb) Nr. 1 Buchst. a.** Die **Norm umfasst** dringliche Sozialaufgaben gegenüber bedürftigen Menschen. **Heime** sind in § 1 des HeimG idF v. 5.11.2001 (BGBl. 2001 I 2970) als Einrichtungen umschrieben, die **alte, pflegebedürftige** und **behinderte Menschen** auf Dauer aufnehmen und neben der Unterkunft Verpflegung und Betreuung gewähren oder vorhalten (AEAO zu § 68 Nr. 2). Ein auch behindertengerechtes Hotel gehört nicht dazu (BFH V R 50/15, BFH/NV 2017, 80, zu FG Köln 13 K 3354/10, EFG 2015, 1119). Nach dem Wortlaut der Vorschrift ist es unschädlich, wenn eine nicht von § 53 AO erfasste Person aufgenommen wird. Die Heime müssen nur „in besonderem Maß" den in § 53 AO genannten Personen dienen. Der Hinweis auf § 66 Abs. 3 AO (→ Rn. 261) spricht dafür, dass hierfür ⅔ der Gesamtleistungen ausreichen (hierzu FM BW DStR 1995, 1917; FM LSA 11.4.1996, DB 1996, 1703). Häusliche Pflege fällt unter § 66 AO (AEAO zu § 68 Nr. 2). Die Begünstigung erfasst aber nur solche Tätigkeiten, die für den Betrieb der jeweiligen Einrichtung erforderlich sind (vgl. BFH I R 43/10, BStBl. II 2011, 892). Eine allgemein zugängliche Caferia ist ein stpfl. wirtschaftlicher Geschäftsbetrieb (AEAO zu § 68 Nr. 2). Ob der **Mahlzeitendienst** „Essen auf Rädern" unter diese Vorschrift fällt, (vgl. BFH I R 71/11, BFH/NV 2013, 89, Seer in Tipke/Kruse AO § 68 Rn. 2) ist mE angesichts der Gegenstände der Begünstigung, nämlich Heime, zweifelhaft.

291 **cc) Nr. 1 Buchst. b.** Die Leistungen an **Kindergärten, Schulland-, Studentenheime** sowie **Jugendherbergen** müssen nicht auf die Personen iSv § 53

AO beschränkt sein (AEAO zu § 68 Nr. 3). Bei der Beherbergung von alleinreisenden Erwachsenen (Personen über 27 Jahre) durch eine Jugendherberge liegt ein eigenständiger stpfl. wirtschaftlicher Geschäftsbetrieb vor (BFH V R 11/15, BStBl. II 2018, 113; AEAO zu § 68 Nr. 3).

dd) Nr. 1 Buchst. c. Die mit G. v. 21.12.2020 (BGBl. 2020 I 3096) mWv 29.12.2020 eingefügte Vorschrift berücksichtigt die besondere psychische, physische und wirtschaftliche Situation, insbesondere die Not und Hilfsbedürftigkeit von **Flüchtlingen.** Die Einrichtung muss auf Abhilfe durch Versorgung, Verpflegung und Betreuung gerichtet sein und darf nicht des Erwerbs wegen betrieben werden (vgl. § 66 Abs. 2 S. 1 AO, → Rn. 264a). Eine Prüfung der Voraussetzungen des § 53 AO ist nicht erforderlich (AEAO zu § 68 Nr. 4). 292

ee) Nr. 2. Selbstversorgungseinrichtungen und -betriebe müssen Teil der steuerbegünstigten Körperschaft sein. Es genügt also nicht, wenn die Einrichtung rechtlich verselbstständigt ist und ihre Leistungen an ihre Gesellschafter als an Außenstehende erbringt (BFH I R 56/94, BStBl. II 1996, 28). 293

Die **Betriebe** nach **Buchst. a** müssen der Ernährung und ausreichenden Versorgung der Anstaltsangehörigen dienen und diese sichern. Bei den **anderen Einrichtungen** der Selbstversorgung nach **Buchst. b** muss es sich um **Handwerksbetriebe** wie Tischlereien oder Schlossereien handeln (BFH V R 46/06, BStBl. II 2009, 560). In Betracht kommt eine *Krankenhauswäscherei* (BFH V R 35/85, BStBl. II 1991, 157), nach FVerw angeblich auch ein *Blockheizkraftwerk* (OFD Frankfurt aM 1.10.2013, BeckVerw 277634), nicht jedoch eine Verwaltungs- und Geschäftsstelle (BFH V R 46/06, BStBl. II 2009, 560).

Mit ihren Innenumsätzen sind die Selbstversorgungseinrichtungen **Zweckbetriebe;** dasselbe gilt für die **Außenumsätze,** wenn sie den Wert nach 20 % der Gesamtlieferungen/-leistungen nicht übersteigen. Die Begünstigung betrifft jedoch ihrem Sinn und Zweck nach nur Einrichtungen, die nicht regelmäßig ausgelastet sind und deswegen gelegentlich Leistungen an Ditte ausführen, nicht aber solche, die über Jahre hinweg Leistungen an Dritte ausführen und hierfür personell ausgestattet sind (BFH V R 46/06, BStBl. II 2009, 560; AEAO zu § 68 Nr. 5). 293a

Die **Grenze von 20 %** für **Lieferungen** und **sonstigen Leistungen** ist mE eine der Wettbewerbsklausel (§ 65 Abs. 3 AO) vorgehende und diese konkretisierende **Spezialregelung** und wirkt insofern **konstitutiv.** ME ist das Wertverhältnis von Innen- und Außenumsätzen nach den jeweiligen Selbstkosten zu bemessen. Auf jeden Fall aber hat die Ermittlung des Wertverhältnisses einheitlich zu erfolgen (vgl. BFH V R 35/85, BStBl. II 1991, 157): entweder (fiktives) Entgelt auch bei Leistungen an die Anstalt oder (nur) Selbstkosten auch bei Leistungen nach außen (ebenso Baumann/Penné-Goebel BB 2005, 695); in Betracht kommen auch Mengenverhältnisse (zB der gewaschenen Wäsche bei einer Anstaltswäscherei) als einheitlicher Maßstab (BFH V R 35/85, BStBl. II 1991, 157).

Außenstehende sind andere Personen als die Trägerkörperschaft, deren Angehörige und die begünstigten Benutzer; auch andere Einrichtungen desselben Trägers und Einrichtungen anderer gemeinnütziger Träger sind Außenstehende (BFH V R 35/85, BStBl. II 1991, 157). Das gilt nach AEAO zu § 68 Nr. 5 – mE im Widerspruch zu BFH V R 35/85, BStBl. II 1991, 157 – auch für Arbeitnehmer der Körperschaft (aA auch Baumann/Penné-Goebel DB 2005, 695).

ff) Nr. 3 Buchst. a. Der Begriff der **Werkstätten für behinderte Menschen** ergibt sich aus § 136 SGB IX (BGBl. 2001 I 1046 (1085)); erforderlich ist die 294 förmliche Anerkennung nach § 142 SGB IX (iE AEAO zu § 68 Nr. 6). Der Entscheidung der Sozialbehörde kommt Tatbestandswirkung, aber keine Bindungswirkung zu (AEAO zu § 68 Nr. 8).

Die Vorschrift ist mE auf Behinderte iSd § 19 SGB III iVm § 2 SGB IX beschränkt. Die Wettbewerbsklausel ist nicht zu beachten (→ Rn. 289). Gleichwohl setzt die Begünstigung voraus, dass die Einrichtung sich in ihrer Gesamtrichtung als Zweckbetrieb darstellt, also erkennbar darauf abzielt, die satzungsmäßigen Zwecke zu verwirklichen, ihnen dient. Vermieden werden soll hierdurch ein **Wettbewerbsvorteil** gegenüber nicht begünstigten Wettbewerbern bei Beschäftigung von nur wenigen Betreuten unter Mitwirkung von sonstigen Beschäftigten (BFH I R 25/02, BStBl. II 2004, 660, jedoch mit dem bemerkenswerten Hinweis, im Streitfall werde der Satzungszweck „unabhängig" von der Anzahl der übrigen Beschäftigten erfüllt; krit. zum Ansatz des BFH Dehesselles DStR 2003, 537; Leisner DB 2007, 1047).

294a Eine von einer anerkannten Werkstatt durch die Betreuten selbst betriebene **Cafeteria** gehört ebenso zum Zweckbetrieb (SchlHFG IV 954/97, EFG 1999, 858) wie von den Trägern der Werkstätten betriebene **Kantinen** (AEAO zu § 68 Nr. 6). Der **Zu- und Verkauf** von Waren stellt einen wirtschaftlichen Geschäftsbetrieb dar. Ebenso der Betrieb einer allgemein zugänglichen behindertengerechten **Ferienanlage,** in der nur die Gartenarbeiten von Behinderten erledigt werden (FG Bbg 5 K 5060/08, EFG 2011, 1750). Zu wohnortnahen Handelsbetrieben vgl. AEAO zu § 68 Nr. 7. Zu **wohnortnahen Einzelhandelsgeschäften** und sonstigen **Handelsbetrieben** vgl. AEAO zu § 68 Nr. 8.

295 **gg) Nr. 3 Buchst. b.** Die **Beschäftigungstherapie** hat den Zweck, ganz allgemein körperliche und psychische Grundfunktionen wiederherzustellen; dagegen zielt die **Arbeitstherapie** auf Ausbildung, Förderung und Training von besonderen Fertigkeiten und Fähigkeiten, jeweils mit dem weiteren Ziel der Wiedereingliederung in das bzw. Teilnahme am Arbeitsleben. Sie sind vom medizinischen Behandlungzweck geprägt und erfolgen außerhalb eines Beschäftigungsverhältnisses zum Träger der Therapieeinrichtung. Ob eine entspechende Einrichtung vorliegt, ergibt sich aus der Vereinbarung über Art und Umfang der Heilbehandlung und Rehabilitation zwischen dem Träger der Einrichtung und den Leistungsträgern (AEAO zu § 68 Nr. 9). Der **gemeinnützige Zweck** muss dem Betrieb das **Gepräge** geben (zur USt: UStAE 12.9; krit. Leisner DB 2007, 1047); dieser muss dem Zweck „dienen" (vgl. BFH I R 25/02, BStBl. II 2004, 660).

296 **hh) Nr. 3 Buchst. c. Inklusionsbetriebe** iSd § 215 Abs. 1 SGB IX können rechtlich und wirtschaftlich selbstständig sein oder unternehmensintern oder von öffentlichen Arbeitgebern iSd § 154 Abs. 2 SGB IX geführt werden (Integrationsbetrieb bzw. -abteilung). Sie dienen der Beschäftigung schwerbehinderter oder diesen gleichgestellten Menschen, deren Beschäftigung am allgemeinen Arbeitsmarkt trotz Ausschöpfung aller Förderungsmöglichkeiten und des Einsatzes von Integrationsfachdiensten voraussichtlich auf Schwierigkeiten stößt (AEAO zu § 68 Nr. 7; zu den Integrationsprojekten nach der aF BFH V R 11/14, BFH/NV 2015, 528).

Eine förmliche **Anerkennung** ist nicht erforderlich. Jedoch sind die gesetzlichen Voraussetzungen nachzuweisen durch einen Leistungsbescheid des zuständigen Integrationsamtes nach § 217 SGB IX bzw. – bei Beschäftigung psychisch kranker Menschen – durch Leistungsbescheid des zuständigen Rehabilitationsträgers. Der Entscheidung der Sozialbehörde kommt Tatbestandswirkung, aber keine Bindungswirkung zu (AEAO zu § 68 Nr. 8).

Bei der Ermittlung der **Beschäftigungsquote** von mind. 40 % sind schwerbehinderte, ihnen gleichgestellte und psychisch kranke Menschen zu berücksichtigen, auch solche, für die dem Arbeitgeber Förderung nach § 61 SGB IX (Budget für Arbeit) oder § 61a SGB IX (Budget für Ausbildung) gewährt wird (AEAO zu § 68 Nr. 7). Die Ermittlung der Anzahl der Beschäftigten erfolgt nach **Kopfzählung,** wobei der Arbeitsplatzbegriff des § 156 SGB IX anzuwenden ist (Einzelheiten AEAO zu 68 Nr. 7). Eine kurzfristige Unterschreitung der Quote ist unschädlich (Nds FG 5 K 173/16, EFG 2026, 487, Rev. V R 2/26). Zu wohnortnahen Einzelhandelsgeschäften und sonstigen Handelsbetrieben vgl. AEAO zu § 68 Nr. 8. **296a**

Erfolgt die Beschäftigung zu dem Zweck, den ermäßigten USt-Satz zugunsten einer nicht gemeinnützigen Körperschaft zu nutzen, ist die beschäftigende Körperschaft nicht gemeinnützig und das Projekt nicht Zweckbetrieb (BFH V R 59/09, BStBl. II 2012, 544 zur aF). Eine „Anlaufphase" zur Vorbereitung der erforderlichen Beschäftigungsquote gesteht die Vorschrift nicht zu; sie führt bei Vorliegen der entsprechenden Voraussetzungen zu einem wirtschaftlichen Geschäftsbetrieb (zur aF NdsFG 5 K 117/11, EFG 2012, 2074).

ii) Nr. 4. Die Vorschrift ist mit G. v. 21.12.2020 (BGBl. 2020 I 3096) mWv 29.12.2020 neu gefasst worden. Einrichtungen der **Blinden- und Behindertenfürsorge** sind insb. Werkstätten, die zur Fürsorge von blinden Menschen, Menschen mit körperlichen Behinderungen sowie Menschen mit psychischen Erkrankungen bzw. Behinderungen unterhalten werden (AEAO zu § 68 Nr. 10). Begünstigt ist auch der Vertrieb von Erzeugnissen, die von Blinden und sonstigen behinderten Menschen gefertigt sind (vgl. RFH VI a 53/38, RStBl. 1939, 545). Auch der Verkauf von Hilfsmitteln für blinde und/oder körperbehinderte Menschen kann ein Zweckbetrieb sein, wenn über die übliche Produktberatung hinaus weitere fürsorgeorientierte Hilfestellungen gegeben werden (BFH V R 12/20, BStBl. II 2023, 367, zu SächsFG 5 K 1472/17, EFG 2021, 416, aufgeh.). **297**

jj) Nr. 5. Einrichtungen über Tag und Nacht (Heimerziehung) oder **sonstige betreute Wohnformen** bieten Hilfe zur Erziehung. Ziel ist, durch eine Verbindung von Alltagsleben mit pädagogischen und therapeutischen Angeboten Kinder und Jugendliche in ihrer Entwicklung zu fördern. Mit der Hilfe soll versucht werden, die Rückkehr in die Herkunftsfamilie zu erreichen oder die Erziehung in einer anderen Familie vorzubereiten oder eine auf längere Zeit angelegte Lebensform zu bieten und auf ein selbstständiges Leben vorzubereiten (§ 34 SGB VIII). Die historischen Begriffe **Fürsorgeerziehung** und **freiwillige Erziehungshilfe** sind überholt. Die Einrichtungen können in jeder denkbaren sinnvollen Form betrieben werden; in Betracht kommen mE vor allen Dingen handwerkliche Ausbildungen. Für deren Erzeugnisse bestehen keine Grenzen im Hinblick auf Außenumsätze. **298**

kk) Nr. 6. Lotterien und Ausspielungen, deren **Reinertrag unmittelbar** *und* **ausschließlich** zur Förderung mildtätiger, kirchlicher oder gemeinnütziger Zwecke verwendet wird. Eine umfangreiche Lotterietätigkeit ist so lange unschädlich, als die durch das G gezogenen Grenzen nicht überschritten werden, dh die Körperschaft ihr **Gepräge** als begünstigte Einrichtung nicht verliert. Auch die Durchführung einer Tombola durch eine Förderkörperschaft nach § 58 Nr. 1 S. 4 AO **299**

(→ Rn. 168) ist begünstigt (AEAO zu § 68 Nr. 11). **Sonstige** nicht genehmigungspflichtige Veranstaltungen (zB Tombola) begründen **wirtschaftliche Geschäftsbetriebe.**

Der **Reinertrag,** nicht der Gesamtbetrag der Einnahmen aus dem Losverkauf (FG RhPf 6 K 1868/10, EFG 2012, 1202), ist unmittelbar und ausschließlich für den begünstigten Zweck zu verwenden; daher kommt mit Ausnahmen der Rücklage nach § 62 Abs. 1 Nr. 1 AO (→ Rn. 207) keine Zuführung zu einer Rücklage in Betracht. Zur **Ermittlung des Reinertrages** dürfen nur die mit der Veranstaltung unmittelbar zusammenhängenden Ausgaben abgezogen werden (AEAO zu § 68 Nr. 12). Zu Einzelfragen s. Schmidt/Fritz DB 2001, 2062.

300 **ll) Nr. 7.** Der Begriff der **kulturellen Einrichtung** ist nur beispielhaft umschrieben (AEAO zu § 68 Nr. 13). Er erfasst solche Einrichtungen, deren Zwecke durch § 52 Abs. 2 Nr. 5 AO (→ Rn. 57 f.) begünstigt sind. Erforderlich ist nach AEAO zu § 68 Nr. 14, dass die Förderung der Kultur **Satzungszweck** ist; das folgt mE aus dem Begriff des Zweckbetriebs.

Zu den kulturellen Einrichtungen zählen auch Kultur- und Naturdenkmäler (ebenso Seer in Tipke/Kruse AO § 68 Rn. 13) und wohl auch Kunstausstellungen mit Verkauf der ausgestellten Werke (Orth DStR 1987, 319), ebenso Volksmusik-, Gesangs-, Volkstanz- uä Darbietungen; nicht jedoch der hiermit verbundene Restaurationsbetrieb (BFH I R 3/82, BStBl. II 1986, 92). Ein Museums-Förderverein ist nicht selbst Zweckbetrieb iSd Vorschrift (FG RhPf 6 K 1351/06, DStR 2010, 549).

Der Begriff der **kulturellen Veranstaltung** ist nach AEAO zu § 68 Nr. 14 ähnlich zu handhaben wie der der sportlichen Veranstaltung nach BFH XI R 109/90, BStBl. II 1994, 886; dh er umfasst auch Darbietungen im Rahmen einer anderen und/oder von einem anderen Verein durchgeführten Veranstaltung; mE auch die unmittelbar der Vorbereitung dienenden und im Zusammenhang mit der eigentlichen Veranstaltung stehenden Maßnahmen wie Reise und Unterbringung. Der Verkauf von Speisen und Getränken zählt nicht zu den kulturellen Einrichtungen; ein ggf. einheitliches Entgelt ist aufzuteilen (AEAO zu § 68 Nr. 15).

301 **mm) Nr. 8.** Die Nennung von **Volkshochschulen** ua Einrichtungen hat nur klarstellenden Charakter. „Andere Einrichtungen" müssen nicht – wie die Volkshochschulen – anerkannte Einrichtungen der Erwachsenenbildung sein. Auch sind an die Veranstaltungen belehrender Art (zB Kongresse) keine hohen Anforderungen zu stellen. (BFH V R 34/16, BStBl. II 2018, 55, zur Open-Source-Software).

Im Hinblick auf **Beherbergung und Beköstigung** ist die Vorschrift konstitutiv. Gewährt die Einrichtung aber nicht nur den Veranstaltungsteilnehmern Beherbergung und Beköstigung, ist mE nur insoweit die Annahme eines Zweckbetriebes ausgeschlossen (vgl. BFH I R 122/87, BStBl. II 1990, 724).

Auf die **Grundversorgung von Schülern** an Ganztagsschulen ist die Vorschrift (auch) nicht (entsprechend) anwendbar (OFD Kiel 20.4.2000, DB 2000, 1305).

302 **nn) Nr. 9.** Die Vorschrift enthält faktisch eine sachliche Befreiung von **Wissenschafts- und Forschungseinrichtungen,** die neben der von der öffentlichen Hand geförderten Forschung auch Auftragsforschung gegen Entgelt betreiben **(Drittmittelforschung;** vgl. Begr. BR-Drs. 390/96). Sie dient der Korrektur der strengeren BFH-Rspr. (BFH V R 29/91, BStBl. II 1997, 189).

Die Befreiung gilt für **alle gemeinnützigen Forschungseinrichtungen** in den **Rechtsformen des § 1 KStG** einschließlich gemeinnütziger **Betriebe gewerblicher Art** von juristischen Personen des öffentlichen Rechts (§ 1 Abs. 1 Nr. 6 KStG iVm § 4 KStG), bei denen die Forschung **Satzungszweck** ist (vgl. FG BW 3 K 66/99, EFG 2003, 22 rkr.); daher auch für Forschungseinrichtungen von staatlichen Hochschulen, wenn sie eine eigene (Zweckbetriebs-)Satzung haben. Wissenschafts- und Forschungseinrichtungen sind also gleichgestellt (AEAO zu 68 Nr. 17). Auf die Art der Forschung (Natur- oder Geisteswissenschaft) kommt es nicht an. Bestehen nach der Satzung weitere steuerbegünstigte Zwecke, muss die gemeinnützige Forschung nach der tatsächlichen Geschäftsführung im Vordergrund stehen/überwiegen (AEAO zu § 68 Nr. 18). Keine Wissenschafts- oder Forschungseinrichtung ist eine Krankenanstalt, die zwar Forschung (im Auftrag) betreibt, bei der dies jedoch kein Satzungszweck ist (FG BW 3 K 66/99, EFG 2003, 22 rkr.). **303**

Träger ist zumindest bei privat-rechtlich organisierter Tätigkeit die Körperschaft (zB GmbH, Verein), die die Einrichtung betreibt (AEAO zu § 68 Nr. 19); bei öffentlich-rechtlich organisierter Tätigkeit ist dies mE der BgA, nicht die Körperschaft, denn Bezugsobjekt der Begünstigungsvorschriften der §§ 51 ff. AO ist die Körperschaft bzw. Einrichtung, die die Begünstigungsvoraussetzungen erfüllen muss (ebenso FG Münster 5 K 2409/10 U, EFG 2014, 1521; 5 K 3156/16 U, EFG 2018, 1315; aA nachfolgend BFH V R 16/18, BFH/NV 2020, 38 zur Ust; AEAO zu § 68 Nr. 19; Becker/Volkmann DStZ 2007, 529). **304**

Die in der Vorschrift angesprochenen **Zuwendungen** sind nur die Mittel, die **der Körperschaft** zufließen; wie sich die Mitglieder finanzieren, ist nicht von Bedeutung. Die Zuwendungen Dritter dürfen **nur unentgeltliche Leistungen** sein (Ausnahme: Einnahmen aus dem Zweckbetrieb einer anderen gemeinnützigen Tätigkeit) und dürfen sich daher nicht als Gegenleistungen, zB für konkrete Forschungsleistungen, darstellen (Mitteltransfer ohne Gegenleistung, vgl. BFH I R 76/05, BStBl. II 2007, 631; V R 16/18, BFH/NV 2020, 38). **Vermögensverwaltung** iSd Vorschrift bezeichnet nur nichtunternehmerische Tätigkeiten, wie zB das Halten von Beteiligungen, nicht jedoch entgeltliche Leistungen wie etwa die VuV von beweglichem oder unbeweglichem Vermögen (BFH V R 43/14, BFH/NV 2017, 1148), ebenso wenig die Veräußerung einer solchen Beteiligung (BFH V R 5/20, BFH/NV 2021, 608, zu SächsFG 3 K 492/13, DStRE 2020, 1437, best.). **Keine Zuwendungen** iSd Vorschrift sind Entgelte im Rahmen der Auftrags- oder Ressortforschung, die aufgrund gegenseitigen Vertrags gezahlt werden (BFH I R 76/05, BStBl. II 2007, 631), ebensowenig Miet-/Pachteinnahmen; dagegen fließen Beteiligungserträge aus Vermögensverwaltung (BFH V R 43/14, BFH/NV 2017, 1148). **305**

Die **Voraussetzung des Überwiegens** trägt dem Umstand Rechnung, dass Forschungseinrichtungen wegen ihrer Eigen- und Grundlagenforschung gemeinnützig sind, weil also das Schwergewicht ihrer Tätigkeit in diesem Bereich liegt. Dementsprechend gehören zum Zweckbetrieb nur notwendige Nebentätigkeiten zur Eigen- und Grundlagenforschung; das gilt auch für die Auftragsforschung als für den Transfer von Forschungsergebnissen notwendige Nebentätigkeit. Ein Zweckbetrieb liegt demnach nicht vor, wenn eine Forschungseinrichtung überwiegend oder **ausschließlich Auftragsforschung** betreibt (vgl. BT-Drs. 13/4839, 89; BFH V R 16/18, BFH/NV 2020, 38). **305a**

Bei der Frage nach dem **Überwiegen** ist die USt nicht zu berücksichtigen (BFH V R 43/14, BFH/NV 2017, 1148). Betragen die Einnahmen aus entgeltlichen Leistungen mehr als 50 % der gesamten Einnahmen, geht die StBefreiung nur verloren, wenn die Auftragsforschung als eigenständiger Zweck verfolgt wird (BFH I R 76/05, BStBl. II 2007, 631; AEAO zu § 68 Nr. 18). Das ist nicht nach der Herkunft der Einnahmen, sondern dem Zeit- und Personalaufwand zu entscheiden. Im Übrigen liegt ein wirtschaftlicher Geschäftsbetrieb vor (hierzu Kaufmann/Schmitz-Herscheidt BB 2007, 2039; Strahl DStZ 2007, 1468). Nach AEAO zu § 68 Nr. 20 ist für die Prüfung des Gewichts der Zuwendungen auf den EZ und die beiden vorangegangenen abzustellen (ohne Rechtsgrundlage, FG Köln 13 K 3420/04, EFG 2005, 1492).

306 **Nicht** in den **Zweckbetrieb** einbezogen werden entgeltliche Tätigkeiten, die den gemeinnützigen Zweck nicht unmittelbar fördern, sondern der Mittelbeschaffung dienen, wie zB Kantinen, Projektträgerschaften (BFH V R 29/91, BStBl. II 1997, 189), Materialprüfung, Blutalkoholuntersuchungen für die Strafverfolgungsbehörden (BFH V R 89/85, BStBl. II 1990, 95; I R 156/87, BStBl. II 1990, 866) oder Verwaltungstätigkeiten für andere Forschungseinrichtungen (vgl. auch Thiel DB 1996, 1944); ebenso Tätigkeiten, die sich auf die Anwendung von Erkenntnissen beschränken (zB Routineeinsatz von Ergebnissen bzw. Fertigung marktfähiger Produkte, AEAO zu § 68 Nr. 21); hierzu und zur Ausgliederung einer Forschungstätigkeit auf eine GmbH FM Bay DB 2000, 954.

Ist die **Ergebnisverwertung** untrennbarer Bestandteil der Auftragsforschung, wird dem Auftraggeber also das Verwertungsrecht eingeräumt, kann dies noch zum Zweckbetrieb gehören; anders lediglich bei besonderen und eigenständig entgoltenen Nebenleistungen (Strahl DStR 2000, 2165). Zur Ratsamkeit, Teile der Auftragsforschung auszugliedern, Strahl FR 2005, 1241; 2006, 1012.

307 Ist die Forschungseinrichtung ein Zweckbetrieb, stellt die FVerw die **unwiderlegliche Vermutung** auf, dass das Schwergewicht der Tätigkeit im begünstigten Bereich liegt. Erfüllt sie die Voraussetzungen der Vorschrift nicht, ist hiernach nur dann davon auszugehen, dass die Einrichtung in erster Linie eigenwirtschaftliche Zwecke verfolgt, wenn die Auftragsforschung als eigenständiger Zweck neben die Eigenforschung tritt (AEAO zu § 68 Nr. 18 unter Hinweis auf BFH I R 76/05, BStBl. II 2007, 631).

15. Verfahrensfragen

Literatur: Heger, Die Steuerpflicht von Rettungsdiensten – Möglichkeiten einer Konkurrentenklage, DStR 2008, 807; Winheller/Klein, Gleichheit im Unrecht? Über Konkurrentenklagen zur Steuerfreiheit trotz materieller Steuerpflicht?, DStZ 2008, 377; Sachse, Die Satzung auf dem Prüfstand – das neue Feststellungsverfahren, ZStV 2014, 106.

Verwaltungsanweisungen: Bay LafSt S-0170.2.1-9/23 St31; Th LFD v. 8.4.2016 S 0170 A-34-A 3.19

308 **a) Regelung bis EZ 2012.** Ein **besonderes Verfahren** zur Anerkennung der Gemeinnützigkeit usw **bestand bis EZ 2012 nicht.** Die Entscheidung war im Veranlagungsverfahren durch **Steuerbescheid** oder **Freistellungsbescheid** von Amts wegen zu treffen (BFH I B 58/85, BStBl. II 1986, 677; I R 3/88, BStBl. II 1989, 595). Eine Bindung an die Entscheidung bei der KSt-Veranlagung bestand für die USt nicht und umgekehrt (vgl. BFH V R 57, 58/96, BStBl. II 1999, 331).

Die **Feststellungslast** für das Vorliegen der Begünstigungsvoraussetzungen trug die Körperschaft auch nach Erteilung der vorläufigen Bescheinigung (→ Rn. 309) (BFH I R 29/02, BStBl. II 2003, 930; I B 95/04, BFH/NV 2005, 160; V R 51/15, BFH/NV 2017, 882). Eine negative Tatsache (zB: kein Verstoß gegen die verfassungsmäßige Ordnung) hatte die Körperschaft nur darzutun, wenn das FA für das Gegenteil sprechende Tatsachen vorgetragen hatte (BFH I R 11/11, BStBl. II 2013, 146).

Allerdings erteilte das FA auf Antrag eine befristete, widerrufliche und **vorläufige Bescheinigung** darüber, dass die Körperschaft alle nach den §§ 59–61 AO geforderten Voraussetzungen für eine Steuerbefreiung erfüllt (vgl. AEAO aF zu § 59 Nr. 4). Sie kam bei einer neu gegründeten Körperschaft oder dann in Betracht, wenn die Körperschaft schon längere Zeit bestand und die Anerkennung der Gemeinnützigkeit im Veranlagungsverfahren versagt worden war (BFH I B 82/98, BStBl. II 2000, 320). 309

Nach hM handelte es sich bei der vorläufigen Bescheinigung lediglich um eine **Auskunft** über den gekennzeichneten Teilbereich der für die Steuerbegünstigung erforderlichen Voraussetzungen (BFH I B 82/98, BStBl. II 2000, 320; I R 38/86, BFH/NV 1992, 90; I R 138/90, BFH/NV 1993, 150).

Aus der vorläufigen Bescheinigung der Gemeinnützigkeit ergibt sich **kein Anspruch auf Freistellung** im Veranlagungsverfahren, auch dann nicht, wenn das FA das Fehlen der Voraussetzungen für die Anerkennung hätte erkennen können (BFH II R 74/82, BStBl. II 1985, 374; I R 3/88, BStBl. II 1989, 595; I R 138/90, BFH/NV 1993, 150). Nach Erteilung der vorläufigen Bescheinigung bestand **kein schutzwürdiger Vertrauenstatbestand** (BFH I R 77/76, BStBl. II 1979, 481; I R 3/88, BStBl. II 1989, 595); doch durften aus Mängeln einer vor Erteilung der vorläufigen Bescheinigung geprüften Satzung aus Vertrauensschutzgründen keine nachteiligen Folgerungen für die Vergangenheit gezogen werden; das galt jedoch nicht für die tatsächliche Geschäftsführung (AEAO aF zu § 59 Nr. 4).

b) Gesonderte Feststellung ab EZ 2013. aa) Grundsatz. Nach **§ 60a Abs. 1 AO** wird **ab EZ 2013** die Einhaltung der satzungsmäßigen Voraussetzungen nach den §§ 51, 59, 60 und 61 AO **gesondert festgestellt.** Nach der Vorstellung des Gesetzgebers (RegBegr. BT-Drs. 17/11316, 20) wird durch dieses Verfahren das der **vorläufigen Bescheinigung abgelöst** (auch AEAO zu § 60 Nr. 1a). 310

Die Feststellung erstreckt sich darauf, ob **(1.)** überhaupt ein gemeinnütziger, mildtätiger oder kirchlicher Zweck verfolgt wird (dazu → Rn. 20 ff., 30 ff., 100 ff., 110 ff.), **(2.)** ob dieser Zweck unter Beachtung der Grundsätze der Selbstlosigkeit (→ Rn. 116), Ausschließlichkeit (151 ff.) und Unmittelbarkeit (→ Rn. 156 ff.), ggf. auch der Ausnahmeerfordernisse der §§ 58 Nr. 1 AO (→ Rn. 168) und 59 Nr. 9 AO nF (→ Rn. 179), hinreichend genau **in der Satzung festgelegt** ist (→ Rn. 195 ff., 199 ff.) und **(3.)** das Erfordernis der satzungsmäßigen Vermögensbindung beachtet ist.

Nach dem Wortlaut der Vorschrift beziehen sich die **Feststellungen ausschließlich** auf diese Erfordernisse der **satzungsmäßigen Festlegung** (formelle Satzungsmäßigkeit; §§ 59–61 AO, → Rn. 195–205). Dagegen wird die dem Satzungszweck entsprechende **tatsächliche Geschäftführung** (entsprechend der vorläufigen Bescheinigung) trotz der insoweit missverständlichen RegBegr (BT-Drs. 17/11316, 20 unter „Absatz 1") **nicht festgestellt** (vgl. FG BW 10 K 3622/16, npoR 2018, 262, mwN; AEAO zu § 60a Nr. 9). 310a

Eindeutig ist die **Rechtsnatur** des Feststellungsbescheids **als Verwaltungsakt,** 310b im Besonderen als **Dauerverwaltungsakt.** Er ergeht nicht ausdrücklich für einen bestimmten Besteuerungsabschnitt nach dessen Beendigung und hat bis zum Wegfall seiner Bindungswirkung (→ Rn. 315) bzw. seiner Aufhebung (→ Rn. 316) **Wirkung für die Zukunft** (aA Sachse ZStV 2014, 106: jährlich oder alle drei Jahre?).

310c **Gegenstand des Bescheids** und des gegen ihn gerichteten Verfahrens ist (bei Vorliegen mehrerer Satzungen) die formelle Satzungsmäßigkeit der jeweils geprüften Satzung (BFH V R 11/20, BStBl. II 2022, 202; BFH V R 10/24, zu Nds FG 10 K 70/21, EFG 2024, 1725, best.; vgl. FG Köln 13 K 1624/22, Rev. VII R 1/26). Das gilt auch für die Annahme eines „doppelten Satzungserfordernisses" nach § 57 Abs. 3 AO (→ Rn. 164; hierzu FG Hmb 5 K 11/23, EFG 2023, 1741, nachgehend BFH V R 22/23, BFH/NV 2025, 1205: EuGH-Vorlage).

Allerdings wird auch die **negative Feststellung** bei Nichtvorliegen der satzungsmäßigen Voraussetzungen von der Vorschrift erfasst (BT-Drs. 17/11316, 13). Gegen deren erstmaligen Erlass kann sich der ASt **nicht auf Vertrauensschutz** aus einer vorläufigen Bescheinigung berufen; die beschränkte Regelung in § 60a Abs. 5 AO enthält keine planwidrige Regelungslücke (BFH V R 11/20, BStBl. II 2022, 202).

311 **bb) Antrags-/Amtsverfahren.** Nach **§ 60a Abs. 2 AO** erfolgt die Feststellung **auf Antrag** der Körperschaft oder – wenn bis dahin noch nicht geschehen – **von Amts wegen** bei der Veranlagung zur Körperschaftsteuer. Grundlage der Entscheidung ist allein die Satzung, die die Körperschaft mit ihrem Antrag, spätestens aber auf Anforderung vor bzw. im Zusammenhang mit der Veranlagung vorzulegen hat. Versäumt sie dies, ergeht mE ein negativer Feststellungsbescheid.

312 **cc) Bindungswirkung.** Der Feststellungsbescheid entfaltet nach den allgemeinen Grundsätzen zu § 181 Abs. 1 S. 1 AO Bindungswirkung für die **Körperschaftsteuer** sowie für die Besteuerung der **Spender** und **Beitragszahler** (§ 60a Abs. 1 S. 2 AO). Das bedeutet mE, dass die Körperschaft als steuerbegünstigt (steuerbefreit) anzuerkennen ist, wenn die Beachtung der Satzungserfordernisse positiv festgestellt worden ist und dem FA keine Erkenntnisse für eine hiergegen verstoßende tatsächliche Geschäftsführung vorliegen (aA FG BBbg 8 K 8012/23, EFG 2024, 1089, insbesondere zur negativen Feststellung nach § 60a → Rn. 315 f.).

Die **Bindungswirkung entfällt** nach **§ 60a Abs. 3 AO** ab dem Zeitpunkt, in dem die Rechtsvorschriften, auf denen die Feststellung beruht, aufgehoben oder geändert werden. Bei der **Auslegung** dieser Vorschrift sollte mE ein „insoweit" hinzugedacht werden. Denn insb. Bei der Änderung der Befreiungsvorschrift kommt es mE darauf an, dass die den Feststellungsbescheid tragenden Tatbestandselemente, ggf. in ihrem Zusammenwirken, nicht mehr relevant bzw. nicht mehr hinreichend sind. Änderungen, die diese Wirkung nicht haben, führen mE nicht zum Fortfall der Bindungswirkung.

Der **Fortfall** der Bindungswirkung erfolgt von Gesetzes wegen **automatisch;** eines Aufhebungs-/Änderungsbescheides bedarf es mE nicht; der Erlass eines solchen ist aber aus Gründen der Rechtsklarheit zu empfehlen.

313 **dd) Änderung der Verhältnisse.** Nach **§ 60a Abs. 4 AO** ist die Feststellung aufzuheben, wenn bei den für sie erheblichen Verhältnissen eine Änderung eintritt. Die Vorschrift betrifft nach ihrem Wortlaut nicht nur den Fall, dass ein rechtmäßiger Feststellungsbescheid durch eine begünstigungsschädliche Änderung der Satzung nachträglich unrichtig wird (so jedoch zB Unger in Gosch AO § 60a Rn. 22; Seer in Tipke/Kruse AO § 60a Rn. 10; Musil in HHR AO § 60a Rn. 40).

Sie greift mE bereits dann ein, wenn die Änderung der Satzung zur Folge hat, dass die Satzungsmäßigkeit überhaupt neu beurteilt werden muss (so FG Bln-Bbg 8 K 11191/16, EFG 2019, 1052; jedoch aus anderen Gründen aufgehoben durch BFH V R 40/18, BStBl. II 2021, 3).

Als **Änderungen** in Betracht kommen solche des begünstigten Zwecks nach § 52 AO, maßgebliche Änderungen der Satzung (§§ 59 f. AO), die etwa das Gebot der Ausschließlichkeit tangieren, oder Änderungen bei der Vermögensbindung (§ 61 AO), nach AEAO (Nr. 7 zu § 60a), auch bei einer Anpassung an die Mustersatzung.

Die **Aufhebung** erfolgt mit Wirkung ab dem **Zeitpunkt** der **Änderung der Verhältnisse,** dh auch rückwirkend. **Rechtlich erheblich** ist eine Änderung der Verhältnisse iSd Vorschrift, die **nach Ergehen des Feststellungsbescheides** eintritt (vgl. BFH III R 13/06, BStBl. II 2007, 714). Maßgebend ist nicht der Beschluss über die Satzungsänderung, sondern dessen **Eintragung in das Vereinsregister** (BFH V R 40/18, BStBl. II 2021, 3). Erst auf diesen Zeitpunkt ist die Aufhebung rückzubeziehen. Der Aufhebungsbescheid ist aus sich heraus auszulegen ohne Berücksichtigung von Umständen, zB zwischenzeitliche Eintragung, die der Körperschaft bekannt sind (BFH V R 40/18, BStBl. II 2021, 3). 313a

Keine Änderung der Verhältnisse liegt vor bei einer anderen Beurteilung/Rechtsauffassung des FA (vgl. zu § 70 Abs. 2 EStG: BFH III R 74/09, BFH/NV 2011, 250) oder bei nachträglichen Erkenntnissen (ggf. Änderung nach § 60a Abs. 5 AO, → Rn. 317). Ebensowenig liegt mE etwa eine Änderung iSd Vorschrift vor, wenn bei einer Förder- u. Spendensammelkörperschaft nach § 58 Nr. 1 AO (→ Rn. 168) die Empfängerkörperschaft ihren Gemeinnützigkeitsstatus verliert, weil insofern nicht eine Satzungsfrage, sondern die tatsächliche Geschäftsführung in Rede steht. Allerdings ist insoweit einerseits die Vertrauensschutzregelung des § 58a AO (→ Rn. 183), andererseits die neue Regelung des § 60a Abs. 6 AO (→ Rn. 315) zu beachten. 313b

Das FA hat **kein Ermessen** (AEAO zu § 60 Nr. 7a; vgl. zum strukturell vergleichbaren § 70 Abs. 2 EStG BFH III R 53/05, BFH/NV 2009, 564). Die übrigen Korrekturvorschriften der AO, insb. Der §§ 172 ff., sind mE nicht auf die Feststellungsbescheide des § 60a AO zugeschnitten und sind nur in engen Grenzen – zB § 173 AO auf einen negativen Feststellungsbescheid – anwendbar. 313c

ee) Materielle Fehler. Nach **§ 60a Abs. 5 AO** können **materielle Fehler** im Feststellungsbescheid über die Satzungsmäßigkeit mit Wirkung ab dem Kalenderjahr beseitigt werden, das auf die Bekanntgabe der Aufhebung folgt. Die Änderung erfolgt also mit **Wirkung für die Zukunft** (vgl. AEAO zu § 60 Nr. 8a). 314

Materielle Fehler sind mE Rechtsfehler, aber auch Fehler im tatsächlichen Bereich, zB bei der Tatsachenermittlung und/oder -würdigung, die allein die **formelle Satzungsmäßigkeit** betreffen (BFH V R 23/23, BFH/NV 2026, 612, zu Nds FG 6 K 335/21, best). Problematisch kann sein, ob dem FA insofern ein **Ermessensspielraum** („können …") zusteht (vgl. zu § 70 Abs. 2 EStG FG LSA 4 K 691/05, EFG 2010, 13: Ermessen; aA FG München 12 K 466/10, EFG 2013, 60: kein Ermessen). ME ist das nicht der Fall, weil das Handeln der Behörde auch insofern unter den Geboten der materiellen Gesetzmäßigkeit und Gleichmäßigkeit der Besteuerung steht; „können …" bezeichnet mE lediglich die rechtliche Möglichkeit und Befugnis der Beseitigung des Fehlers beim Zustandekommen des Dauerverwaltungsakts.

Vertrauensschutz nach § 176 AO ist zu gewähren, nicht jedoch für Kalenderjahre nach Verkündung der maßgeblichen Entscheidung (BFH V R 23/23, BFH/NV 2026, 612, zu Nds FG 6 K 335/21, best).

315 **ff) Verstöße in der tatsächlichen Geschäftsführung.** Liegen bis zum **Erlass des erstmaligen KSt-Bescheids** oder **Freistellungsbescheids** bereits **Erkenntnisse** über Verstöße in der tatsächlichen Geschäftsführung gegen die satzungsmäßigen Voraussetzungen vor, ist nach **§ 60a Abs. 6 AO** (eingefügt mWv 29.12.2020 durch G. v. 21.12.2020, BGBl. 2020 I 3096) die Feststellung nach Abs. 1 S. 1 (→ Rn. 310) **abzulehnen.** Entsprechendes gilt für die Aufhebung bestehender Feststellungen nach § 60a AO.

Diese Vorschrift ist wohl so zu verstehen, dass ihr **Satz 1** die **Neugründung** einer Körperschaft mit prätendierten steuerbegünstigten Zwecken betrifft. Die Feststellung der satzungsmäßigen Voraussetzungen ist zwingend unter Hinweis auf die Verstöße abzulehnen. Sie enthält einen Nachvollzug der Auffassung der FVerw in AEAO zu § 60 Nr. 2a aF, die sich mE nur auf die Grundsätze von Treu und Glauben stützen konnte. Zur **Prüfungstiefe** s. FG BBbg 8 K 8012/23, EFG 2024, 1089.

315a Dagegen zielt **Satz 2** wohl auf den Fall, dass **nach dem Erlass** einer oder mehrerer Feststellung/en Verstöße in der tatsächlichen Geschäftsführung gegen die satzungsmäßigen Voraussetzungen bekannt werden. In diesem Fall ist/sind diese Feststellung/en unter Hinweis auf die Verstöße aufzuheben. Erforderlich sind auf jeden Fall substantiierte Erkenntnisse des FA (ebenso Seer in T/K § 60a AO Rn. 13; Unger in Gosch AO/FGO § 60a AO Rn. 51); eine (umfassende) Beweiserhebung ist mE nur angezeigt im Bestreitensfall. Sind substantiierte Erkenntnisse im Aufhebungsbescheid oder im FG-Urteil nicht erkennbar, ist die jeweilige Entscheidung aufzuheben (BFH V B 30/23, BFH/NV 2025, 886).

316 **gg) Informationsweitergabe zur Durchführung des GwG.** Hat eine steuerbegünstigte Vereinigung einen Antrag nach § 24 Abs. 1 S. 2 GwG gestellt, kann **nach § 60a Abs. 7 AO** (eingefügt mWv 1.8.2021 durch G. v. 25.6.2021, BGBl. 2021 I 2083) das FA der registerführenden Stelle nach § 18 Abs. 2 GwG auf Anfrage und mit Einverständnis der Vereinigung bestätigen, dass diese steuerbegünstigte Zwecke nach §§ 52–54 AO verfolgt.

317 **hh) Zuwendungsempfängerregister.** Nach **§ 60b AO** (eingefügt **mWv 1.1.2024** durch G. v. 21.12.2020, BGBl. 2020 I 3096) führt das **Bundeszentralamt für Steuern** ein Register der Körperschaften, die die Voraussetzungen der §§ 51–68 AO oder des § 34g EStG erfüllen (Zuwendungsempfängerregister; hierzu LfSt Bay S 0170.1.1-3/8 St 31). Die einzelnen Daten nach § 60b Abs. 2 AO (Wirtschafts-ID-Nr., Name, Anschrift, steuerbegünstigte Zwecke der Körperschaft, zuständiges FA, Datum des letzten Freistellungs- oder § 60a-Feststellungsbescheids und sogar die Bankverbindung!!) und ihre Änderung übermittelt das FA (unverzüglich) dem Bundeszentralamt. Dieses ist nach § 60b Abs. 4 AO befugt, die Daten Dritten zu offenbaren! § 30 AO steht dem nicht entgegen. Mit anderen Worten, im Interesse der Bürokratie und wessen auch immer: **Der Datenschutz dankt ab.**

318 **c) Rechtsschutz. Maßgebend ist das Rechtsschutzziel** nach den verfahrensrechtlichen Möglichkeiten nach § 60a Abs. 2 AO (→ Rn. 311).

– Erstrebt die Körperschaft eine erstmalige Feststellung, insb. als Grundlage für die Berechtigung zur Ausstellung von Zuwendungsbestätigungen (vgl. auch

§ 63 Abs. 5 AO, → Rn. 218), so befindet sie sich mit ihrem Rechtsschutzgesuch gegen eine Versagung in einer Verpflichtungssituation. Die zutreffende Klageart ist die **Verpflichtungsklage** (§ 40 Abs. 1 FGO; HessFG 4 K 594/18, EFG 2020, 902; nachfolgend BFH V R 11/20, BStBl. II 2022, 202), der entsprechende einstweilige Rechtsschutz ist die **einstweilige Anordnung** (§ 114 FGO; hierzu BFH V B 25/20, BStBl. II 2021, 263).

– Richtet sich ihr Rechtsschutzbegehren gegen die Aufhebung einer positiven Feststellung zB nach § 60a Abs. 4 AO (→ Rn. 313) oder § 60a Abs. 6 S. 2 AO (→ Rn. 315), befindet sie sich in einer Anfechtungssituation: Die zutreffende Klageart ist die **Anfechtungsklage** (§ 40 Abs. 1 FGO); der entsprechende einstweilige Rechtsschutz ist die **Aussetzung der Vollziehung** (§ 69 FGO). Die **entsprechende Lage** kann bestehen, wenn es um die Beurteilung der satzungsmäßigen Voraussetzungen der Steuerbegünstigung **vor einem** gegen die Körperschaft zu erlassenden **Steuerbescheid** (§ 60a Abs. 2 Nr. 2 AO, → Rn. 311) geht (angedeutet von BFH V B 25/20, BStBl. II 2021, 263).

d) Beeinträchtigung von Rechten Dritter. aa) Einfluss drittschützender Normen. Durch eine steuerrechtlich unzutreffende Behandlung einer als gemeinnützig anerkannten Körperschaft können **Rechte Dritter beeinträchtigt** werden, wenn die jeweiligen Normen nicht nur dem Interesse der Allgemeinheit, sondern auch dem Schutz einzelner am betreffenden Steuerschuldverhältnis nicht beteiligter Dritter dient (sog. **„drittschützende Norm"**). Der BFH (I R 10/92, BStBl. II 1998, 63) hat entschieden, dass die §§ 51–63 AO (→ Rn. 20 ff.) keine drittschützenden Normen darstellen, wohl aber die §§ 64–68 AO (→ Rn. 255 ff.), jeweils iVm § 5 Abs. 1 Nr. 9 S. 2 KStG, § 3 Nr. 6 S. 2 GewStG (s. auch BFH I R 30/06, BStBl. II 2009, 126; VII R 24/03, BStBl. II 2007, 243; VII R 4/11, BStBl. II 2012, 541; EuGH C-430/04, DStR 2006, 1082). Auch wenn es sich hierbei nicht um Marktverhaltensregelungen handelt (BGH I ZR 152/07, DB 2010, 1285), geben sie dem Dritten einen **Anspruch** auf zutreffende und **wettbewerbsneutrale Besteuerung** der Körperschaft, nicht jedoch auf eine dem Konkurrenten (zu Unrecht) gewährte Begünstigung (BFH I R 30/06, BStBl. II 2009, 126; FG BW 3 K 526/08, EFG 2011, 1824). **319**

bb) Konkurrentenklage. Verstöße können erforderlichenfalls mit der **Konkurrentenklage** gerügt werden. Deren Zulässigkeit setzt voraus, dass der Dritte substantiiert geltend macht, die rechtswidrige (Nicht)Besteuerung der Körperschaft beeinträchtige sein Recht auf Teilnahme an einem steuerrechtlich nicht zu seinem Nachteil verfälschten Wettbewerb (BFH I B 10/92, BStBl. II 1998, 63). Diese Auffassung ist im Ansatz mE zutreffend, in der konkreten Anwendung jedoch fragwürdig. Denn in den Gründen (BFH I R 10/92, BStBl. II 1998, 63 (68) unter 5.) verlangt der I. BFH-Senat deutlich mehr, nämlich die Darlegung von Nachteilen eines Verdrängungswettbewerbs, bzw. eine Unmöglichkeit, nämlich die Darlegung, dass ein von vornherein wettbewerbsrelevanter Zweck (Dialysestation) zu mehr als einem unvermeidbaren Wettbewerb geführt habe. Inzwischen lässt die Rspr. die **Darlegung der Möglichkeit genügen,** dass eigene subjektiv-öffentliche Rechte, insbesondere auf Teilnahme an einem steuerrechtlich nicht zum Nachteil verfälschten Wettbewerb, verletzt werden; weswegen die Darlegung genügt, dass sich die Unternehmensgegenstände von Konkurrent und Kläger gleichen und beide im nämlichen räumlichen und sachlichen Markt tätig sind (BFH V R 12/20, BStBl. II 2023, 367, zu SächsFG 5 K 1472/17, EFG 2021, 416); noch mehr, dass ein Verdrängungswettbewerb stattfinde (BFH V R 49/19, **319a**

BStBl. II 2023, 298, zu FG Düsseldorf 6 K 3315/17 K, G, EFG 2020, 65, insoweit best.; s. auch Krömker EStB 2008, 97 (203); Schauhoff DStR 2008, 1713; Heger DStR 2008, 807).

Zum **Auskunftsanspruch** zur Vorbereitung einer Konkurrentenklage vgl. BFH VII R 24/03, BStBl. II 2007, 243; VII R 4/11, BStBl. II 2012, 541; FG Münster 15 K 3614/07 U, EFG 2011, 1383; HessFG 4 K 977/16, EFG 2019, 745.

VI. Befreiung der Hochsee- und Küstenfischerei (Nr. 7)

1. Allgemeines

320 Es handelt sich um eine **sachliche Steuerbefreiung** (BFH I R 118/76, BStBl. II 1979, 49). Der Betrieb muss die Hochsee- und Küstenfischerei allerdings **unmittelbar zum Gegenstand** haben. Verpachtet der Eigentümer das Schiff lediglich an einen Betrieb der Hochsee- und Küstenfischerei, dann sind die Pachtzinseinnahmen, wenn sie in einem GewBetrieb anfallen, gewstpflichtig (Köster in Lenski/Steinberg § 3 Nr. 7 Rn. 3). Der Pächter ist mE dagegen – bei Vorliegen der übrigen Voraussetzungen – von der GewSt befreit. Verbirgt sich allerdings hinter einem Miet-, Pacht-, Charter- oder Kaufvertrag in Wirklichkeit allein die Überlassung von Fangerlaubnissen, dann ist der „Mieter" bzw. „Käufer" nicht befreit (NdsFG X 135/91, EFG 1996, 1045 rkr.).

2. Begriffe

321 **Hochseefischerei** findet in Gewässern außerhalb, **Küstenfischerei** in Gewässern innerhalb der 3-Meilen-Zone statt. Zur Küstenfischerei gehört die Fischerei auf dem Unterlauf der Weser und Elbe sowie die Hafffischerei (GewStR 3.7; mE zutr.). Davon **abzugrenzen** ist die **Binnenfischerei.** Sie ist grundsätzlich Landwirtschaft und daher ohnehin nicht gewstpfl. Wird sie durch eine Kapitalgesellschaft betrieben, dann ist sie kraft Rechtsform gewstpfl.

3. Voraussetzungen/Rechtsfolgen

322 Es **genügt eine der Voraussetzungen;** das Vorliegen der anderen Voraussetzung ist dann ohne Bedeutung (RFH I 410/37, RStBl. 1938, 428).

Steuerfreiheit wegen der **Triebkraft** der Schiffe kann nur gewährt werden, wenn sämtliche Schiffe weniger als 100 PS haben. Hat ein Schiff mehr als 100 PS, dann ist die Befreiung insgesamt zu versagen. Eine *teilweise Befreiung* ist nicht zulässig (RFH I 410/37, RStBl. 1938, 428).

Die Beschäftigung von **weniger als 7 Arbeitnehmern** (zum Begriff → § 2 Rn. 55 ff.) bezieht sich auf den Jahresdurchschnitt. Eine vorübergehende Erhöhung der Beschäftigten schadet daher nicht. Jahresdurchschnitt bedeutet, dass Zeiten mit mehr als 7 Beschäftigten solche mit weniger als 7 Arbeitnehmern gegenüberstehen müssen. Die Gesamtbeschäftigungszeit der Arbeitnehmer muss also weniger als **84 Arbeitsmonate** pro Jahr betragen. Eine nur zeitanteilige Steuerbefreiung sieht der Gesetzeswortlaut nicht vor.

323 Hat der GewTreibende **mehrere Betriebe** desselben Gegenstands, sind mE die vorstehenden Voraussetzungen für jeden dieser Betriebe maßgeblich. Die sachliche Steuerbefreiung ist nicht deswegen zu versagen, weil der Unternehmer neben

der Hochsee- und Küstenfischerei noch **Nebentätigkeiten,** zB Angelfahrten, ausübt, sofern der Betrieb seinen Charakter als Hochsee- und Küstenfischereibetrieb nicht einbüßt (BFH I R 118/76, BStBl. II 1979, 49).

(frei) **324**

VII. Befreiung von Genossenschaften sowie Vereinen iSd § 5 Abs. 1 Nr. 14 KStG (Nr. 8)

Literatur: Schmitz, Besteuerung der Landwirtschaftlichen Produktionsgenossenschaften (LPG) und deren Nachfolgegesellschaften, StBp 1993, 169.

1. Allgemeines

Es handelt sich um eine **persönliche Steuerbefreiung** bestimmter Genossenschaften und Vereine. Die Formulierung „Erwerbs- und Wirtschaftsgenossenschaften" ist durch G. v. 12.12.2019 (BGBl. 2019 I 2451) durch das Wort „Genossenschaften" ersetzt worden (redaktionelle Anpassung an das GenG). Eine sachliche Änderung der Befreiungstatbestände ist mE damit nicht eingetreten. Die **Befreiung** stellt im Wesentlichen auf die Art der Erzeugnisse als land- und forstwirtschaftliche ab; nicht erforderlich ist, dass die Mitgliedsunternehmen selbst Einkünfte aus LuF beziehen (FM LSA 17.6.2021 – 42-S 2734-19, zu Forstbetriebsgemeinschaften). **325**

Die **Befreiung** von der GewSt ist mE **abhängig von der Befreiung von der KSt** (aA aus der historischen Entwicklung: Köster in Lenski/Steinberg § 3 Nr. 8 Rn. 3.; Hesse in WSMH § 3 Rn. 4; hierzu → Rn. 5). Wäre § 3 Nr. 8 Hs. 2 zu lesen als „soweit sie die Voraussetzungen …erfüllen", dürfte ein Verzicht auf die KSt-Befreiung nach § 34 Abs. 2 KStG nicht auf die GewStBefreiung durchschlagen (so aber Köster in Lenski/Steinberg § 3 Nr. 8 Rn. 2). Nach der hier vertretenen Auffassung ist die GewStPflicht die logische Konsequenz.

Der Kreis der Begünstigten ist beschränkt auf **Genossenschaften und Vereine;** begünstigt sind auch **Zentralen** solcher Genossenschaften, wenn sie selbst genossenschaftlich organisiert sind und alle Mitglieder die Voraussetzungen der Vorschriften erfüllen (BFH I D 3/50 S, BStBl. III 1951, 26). Kapitalgesellschaften sind nicht begünstigt, selbst wenn ihre Tätigkeit mit der von Erwerbs- und Wirtschaftsgenossenschaften übereinstimmt.

Bei nichtbegünstigten Tätigkeiten ist die **StBefreiung** ganz oder partiell **ausgeschlossen** (→ Rn. 339). Gemeinschaftliche Tierhaltung steht der Befreiung nicht entgegen. Sie gehört nach § 13b EStG zur landwirtschaftlichen Nutzung. Einzelheiten s. KStR 5.11–5.16.

2. Begünstigte Tätigkeiten

Nach **§ 5 Abs. 1 Nr. 14 KStG** sind begünstigt Genossenschaften und Vereine, die beschränkt sind auf:

a) Nutzungsgenossenschaften und -vereine (§ 5 Abs. 1 Nr. 14 Buchst. a KStG). Befreit ist die **gemeinschaftliche Benutzung** von land- und forstwirtschaftlichen Betriebseinrichtungen und Betriebsgrundstücken. Die Begünstigung setzt voraus, dass Betriebseinrichtungen durch die Mitglieder *gemeinschaftlich* genutzt werden. Der Betrieb durch die Genossenschaft oder den Verein selbst **326**

genügt nicht (RFH I 209/42, RStBl. 1943, 412). Die Nutzungen müssen sich ausschließlich im land- und forstwirtschaftlichen Bereich vollziehen. Zu den nicht begünstigten Tätigkeiten gehören Nutzungsüberlassungen an Nichtlandwirte (RFH I 69/42, RStBl. 1942, 780) ebenso wie die Nutzungen außerhalb der Betriebe der Genossenschaft oder des Vereins (BFH I 150/58 U, BStBl. III 1959, 372).

327 **b) Leistungsgenossenschaften und -vereine (§ 5 Abs. 1 Nr. 14 Buchst. b KStG). Befreit sind Leistungen** im Rahmen von **Dienst- und Werkverträgen** für die Produktion land- und forstwirtschaftlicher Erzeugnisse für die Betriebe der Mitglieder. Die Begünstigung setzt voraus, dass Leistungen **durch die Mitglieder** erbracht werden, die der Produktion von land- und forstwirtschaftlichen Erzeugnissen für Betriebe der Mitglieder dienen. Dazu gehören auch Leistungen zur Erstellung und Unterhaltung von Betriebsvorrichtungen, Wirtschaftswegen und Bodenverbesserungen. Diese müssen sich ausschließlich im land- und forstwirtschaftlichen Bereich vollziehen.

328 **c) Bearbeitungs- und Verwertungsgenossenschaften und -vereine (§ 5 Abs. 1 Nr. 14 Buchst. c KStG).** Befreit sind die **Bearbeitung** oder **Verwertung** der von den Mitgliedern selbst gewonnenen land- und forstwirtschaftlichen Erzeugnisse. „Verwertung" umfasst die Vermarktung und den Absatz (GewStH 3.8).

aa) Allgemeines. Die Begünstigung setzt voraus, dass **von den Mitgliedern selbst** gewonnene Erzeugnisse bearbeitet oder verwertet werden. Sie sind demnach Produktionsgenossenschaften (zB Molkereien) und Verkaufs- bzw. Absatzgenossenschaften (zB Winzervereine). Auch ihre Tätigkeit muss sich ausschließlich im land- und forstwirtschaftlichen Bereich vollziehen. Ob die letztgenannte Voraussetzung vorliegt, ist nach der Verkehrsauffassung der betroffenen Kreise zu entscheiden (RFH I 102/41, RStBl. 1941, 765; I 172/43, RStBl. 1943, 173). Dies gilt sowohl für die Herstellung als auch für die Bearbeitung und die Verwertung.

329 **bb) Einzelheiten. Schädlich ist** es bereits, wenn nur **ein Teil der Tätigkeit außerhalb** des land- und forstwirtschaftlichen Bereichs liegt (RFH I 420/40, RStBl. 1941, 180); daher ist bereits der Wareneinkauf für Mitglieder schädlich. Ebenso wenn die Verwertung der Form nach in typisch gewerblicher Weise erfolgt (zB Weinausschank in Tanzlokal oder Speisewirtschaft (BFH I 150/52 U, BStBl. III 1954, 191). Gewerbliche Tätigkeit ist die Weiterverarbeitung von bereits verarbeiteten Erzeugnissen (Käseschmelze aus Käse, RFH I 449/40, RStBl. 1941, 220). Das gilt auch für die Erzeugung von Energie aus Biogas (BMF 6.3.2006, BStBl. I 2006, 248 unter II 1b; und 11.4.2022, BStBl. I 2022, 633 unter B I 2, II 1, 2).

330 **Nicht schädlich** ist die Erzeugung von Biogas aus Biomasse der beteiligten Landwirte (BMF 6.3.2006, BStBl. I 2006, 248 unter II 1a und v. 11.4.2022, BStBl. I 2022, 633 unter B I 1), die Fortsetzung lediglich begonnener Verarbeitung (Käse aus Frischkäse, RFH VI 385/40, RStBl. 1941, 962). Ebenfalls unschädlich ist die Zwischenschaltung von Anschluss- oder Lieferungsgenossenschaften zwischen Mitgliedern und Verwertungsgenossenschaften. Allerdings dürfen auch sie nur Produkte der Mitglieder an die Verwertungsgenossenschaften weitergeben (vgl. KStR 5.11 Abs. 10). Die Branntweinerzeugung gehört wohl (noch) zum Bereich der LuF, und zwar sowohl von Winzergenossenschaften (KStR 5.13 Abs. 1 S. 2 Nr. 5) als auch von anderen Wirtschaftsgenossenschaften (KStR 5.15 Nr. 2).

cc) Einnahmenermittlung. Bei Verwertungsgenossenschaften darf die Ermittlung der Einnahmen aus begünstigten und nicht begünstigten Tätigkeiten durch **unmittelbare Zuordnung** (getrennte Aufzeichnung) oder durch **mittelbare Zuordnung** (Verhältnis der Ausgaben für bezogene Waren von Mitgliedern und Nichtmitgliedern) erfolgen; hierbei eintretende Verschiebungen wegen Verkaufs in einem späteren Wirtschaftsjahr können hingenommen werden (KStR 5.11 Abs. 8 S. 3 ff.). 331

d) Beratungsgenossenschaften und -vereine (§ 5 Abs. 1 Nr. 14 Buchst. d KStG). Befreit ist die **Beratung für die Produktion** oder **Verwertung** land- und forstwirtschaftlicher Erzeugnisse der Betriebe der Mitglieder. Die Begünstigung setzt voraus, dass sich die Beratung ausschließlich auf den Bereich der Land- und Forstwirtschaft beschränkt. Daher keine Steuer- und Rechtsberatung durch die Genossenschaft (GewStH 3.8). 332

3. Zulässige Geschäfte

Zum Zwecke der Besteuerung sind nach KStR 5.11 Abs. 6 zu unterscheiden:

a) Zweckgeschäfte. Dies sind Geschäfte, die der Erfüllung des satzungsmäßigen Gegenstandes des Unternehmens der Genossenschaft **dienen** und die Förderung des Erwerbs oder der Wirtschaft der Mitglieder bezwecken (vgl. BFH II R 238/81, BStBl. II 1988, 753). Der Zweck selbst ergibt sich aus der Satzung. So ist der Ankauf von Wein durch Winzergenossenschaften ein Zweckgeschäft. Es kann sich um Mitglieder- und Nichtmitgliedergeschäfte handeln. Hierbei gilt als Mitglied schon der Genosse, dessen Eintragung durch das Registergericht beantragt ist (RFH RStBl. 1937, 341). **Mitglied ist** nur, wer der Genossenschaft unmittelbar angehört. Ist dies wiederum eine landwirtschaftliche Verwertungsgenossenschaft, so dürfen Geschäfte nur mit dieser, nicht mit ihren Mitgliedern abgeschlossen werden. Eine Ausnahme besteht nach KStR 5.11 Abs. 10 bei Anschluss- oder Lieferungsgenossenschaften. Einnahmen (einschließlich Ust) aus Zweckgeschäften mit Nichtmitgliedern und aus Nebengeschäften sind den Einnahmen aus nicht begünstigten Tätigkeiten zuzurechnen. 333

b) Gegengeschäfte. Dies sind Geschäfte, die zur Durchführung der Zweckgeschäfte **erforderlich** sind, zB bei Bezugsgenossenschaften der Einkauf der Waren, bei Nutzungsgenossenschaften der Ankauf einer Dreschmaschine sowie bei einer Verwertungs- bzw. Absatzgenossenschaft der Verkauf der von den Mitgliedern angekauften Produkte. Gegengeschäfte dürfen auch mit Nichtmitgliedern abgeschlossen werden. 334

c) Hilfsgeschäfte. Dies sind sonstige Geschäfte, die sich auf den steuerfreien Geschäftsbetrieb beziehen (KStR 5.11 Abs. 8 S. 1), also mit dem Betrieb **in engem Zusammenhang** stehen. Sie dienen der Abwicklung der Zweck- und Gegengeschäfte sowie dem Geschäftsbetrieb der Genossenschaft. Hierzu gehört etwa der Kauf von Deckwein zur Verbesserung der Verkäuflichkeit des Weines durch eine Winzergenossenschaft (BFH I 123/52 U, BStBl. III 1953, 81), der Verkauf von Büromaterial, Inventar, Verpackungsmaterial, Bedarfsartikeln, aber auch von Anlagevermögen, insb. Dann, wenn der Erlös etwa zur Finanzierung von neuem Anlagevermögen oder – vor einer Verschmelzung – zur Förderung der begünstigten Zwecke der aufnehmenden Genossenschaft verwendet wird (BFH I R 67/68, BStBl. II 1971, 116) oder wenn der Verkauf im Rahmen einer Rationa- 335 lisierungsmaßnahme (Betriebsumstellung, Einstellung eines Betriebszweigs, Bedarfsanpassung) erfolgt (s. auch KStR 5.11 Abs. 6), nicht aber zur Finanzierung von Ausschüttungen an die Mitglieder (BFH I R 192/73, BStBl. II 1976, 351). Hilfsgeschäfte dürfen auch mit Nichtmitgliedern abgeschlossen werden.

336 **d) Nebengeschäfte.** Das sind **alle sonstigen Geschäfte,** etwa auch die Vermietung oder Verpachtung eines Betriebs oder von Betriebsteilen (vgl. BFH I R 262/83, BStBl. II 1988, 592; KStR 5.11 Abs. 6).

337 **e) Begünstigte Geschäfte.** Zu den **begünstigten Geschäften** zählen die Zweckgeschäfte mit Mitgliedern, die Gegengeschäfte und die Hilfsgeschäfte. Erträge aus Nebengeschäften sind – wie die Zweckgeschäfte mit Nichtmitgliedern – den nichtbegünstigten Geschäften zuzurechnen (vgl. BFH II R 238/81, BStBl. II 1988, 753). Zur Abgrenzung der begünstigten von den nicht begünstigten Einnahmen bei Verwertungsgenossenschaften nach dem Verhältnis der Ausgaben für bezogene Waren vgl. KStR 5.11 Abs. 8 S. 3 ff.

4. Personal- und Kapitaleinsatz

338 **Nicht von Bedeutung** ist auch der Umfang des **personellen** oder **kapitalmäßigen Aufwands** sowie die Art der technischen Ausstattung. Nach BFH I D 2/52 S (BStBl. III 1954, 38) konnte ein Missbrauch rechtlicher Gestaltungsmöglichkeiten vorliegen, wenn eine Genossenschaft ihre Überschüsse in erheblichem Umfang zur Erweiterung ihrer betrieblichen Anlagen verwendet, statt sie in Form von Warenrückvergütungen oder Gewinnausschüttungen den Genossen zuzuführen. Dem ist BFH I R 26/97 (BStBl. II 1998, 576) nicht gefolgt; auch die Thesaurierung von Gewinnen zur Reservenbildung ist weder durch den Wortlaut noch durch eine die Wettbewerberinteressen berücksichtigende Auslegung der Vorschrift eingeschränkt (KStH 5.11 „Reservenbildung“).

5. Ausschluss der Befreiung

339 Die **Steuerbefreiung** ist **insgesamt ausgeschlossen,** wenn die Einnahmen aus nichtbegünstigten Tätigkeiten 10 % der gesamten Einnahmen übersteigen (§ 5 Abs. 1 Nr. 14 S. 2 KStG; hierzu KStR 5.11 Abs. 1 S. 6). Hierzu gehören auch die Einnahmen aus einer Beteiligung an einer Personengesellschaft sowie an einer Kapitalgesellschaft oder nicht steuerbefreiten Erwerbs- bzw. Wirtschaftsgenossenschaft (KStR 5.11 Abs. 5). Begünstigte Tätigkeit ist dagegen die Vermittlung von Verträgen im Bereich der Land- und Forstwirtschaft, zB von Mietverträgen für Maschinenringe (GewStH 3.8; KStR 5.11 Abs. 4). Bei Beschränkung auf Milchqualitäts- und -leistungsprüfungen sowie Tierbesamungen bleiben Zweckgeschäfte mit Nichtmitgliedern außer Ansatz (§ 5 Abs. 1 Nr. 14 S. 3 KStG). Entsprechendes gilt für gesetzlich vorgeschriebene/behördlich angeordnete Geschäfte mit Nichtmitgliedern (GewStH 3.8).

Die **Steuerbefreiung** ist nur **partiell ausgeschlossen,** wenn die Einnahmen aus den nichtbegünstigten Geschäften nicht mehr als 10 % der gesamten Einnahmen ausmachen. Für die begünstigten Tätigkeiten bleibt die Befreiung erhalten. Die nichtbegünstigten Tätigkeiten bilden einen einheitlichen GewBetrieb (KStR 5.11 Abs. 1 S. 3 ff.).

VIII. Befreiung von Pensions-, Sterbe-, Kranken- und Unterstützungskassen (Nr. 9)

Literatur: Kommentare und Handbücher: Buttler/Baier, Steuerliche Behandlung von Unterstützungskassen, 6. Aufl. 2014; Langohr-Plato, Betriebliche Altersversorgung, 7. Aufl. 2016; Ahrend/Förster/Rößler, Steuerrecht der betrieblichen Altersversorgung, Handbuch, Loseblatt 2022; Blomeyer/Rolfs/Otto, Betriebsrentengesetz, 8. Aufl. 2022 StR G; Höfer/Veit/Verhuven, Betriebsrentenrecht (BetrAVG), Komm, Bd. II. Steuerrecht ua, 20. Aufl., Loseblatt. – Weitere Literatur: Schanz, Die kongruent rückgedeckte Unterstützungskasse und alternative Durchführungswege der betrieblichen Altersversorgung im betriebswirtschaftlichen Vergleich, DB 1993, 1149; Langohr-Plato, Die rückgedeckte Unterstützungskasse als soziale Einrichtung, Stbg 1994, 321; Ahrend/Heger, Neustrukturierung der (betrieblichen) Altersversorgung – aus der Sicht des Unternehmens –, DStZ 1995, 95; Beye, Jahressteuergesetz 1996: Zuwendungen an Unterstützungskassen – Neufassung von § 4d EStG, DB 1995, 2033; Doetsch, Zuwendungen an Unterstützungskassen unter Berücksichtigung der Änderungen durch das Jahressteuergesetz 1996, BB 1995, 2553; Gratz/Bühl, Beseitigung der partiellen Steuerpflicht einer Unterstützungskasse – ein Irrweg? DB 1996, 1995; Buttler, Steuerliche Zweifelsfragen zur rückgedeckten Unterstützungskasse, BB 1997, 1661; Hoffmeister, Darlehensgewährung einer rückgedeckten Unterstützungskasse an sein Trägerunternehmen, DStR 1997, 567, Walter/Hoffmann, Die Unterstützungskasse – immer noch ein Versorgungsmodell mit Zukunft? Stbg 1997, 391; Baier/Buttler, Steuerliche Fallstricke bei der rückgedeckten Unterstützungskasse, BB 2000, 96 (1931, 2070); Förster/Rühmann/Recktenwald, Auswirkungen des Altersvermögensgesetzes auf die betriebliche Altersversorgung, BB 2001, 1406; Harle/Weingarten, Die Unterstützungskasse, BB 2001, 2502; Wellisch/Maik, Betriebliche Altersvorsorge – steuerliche und sozialversicherungsrechtliche Behandlung und Gestaltungsansätze, BB 2002, 1393; Melchior, Das Alterseinkünftegesetz im Überblick, DStR 2004, 1061; Alt/Stadelbauer, Pauschaldotierte Unterstützungskassen in der Beratungspraxis, StuB 2011, 731; Brinkhaus/Bielinis, Die Steuerbefreiung von Pensionskassen bei mitunternehmerischer Beteiligung an gewerblichen Personengesellschaften, DStR 2015, 2358; Friedrich/Köhler, Steuerbefreiung von Pensionskassen auf dem Prüfstand – Aktuelle Rechtsentwicklungen und gesetzlicher Nachbesserungsbedarf, DStR 2022, 1030.

1. Allgemeines

Es handelt sich um eine **persönliche Steuerbefreiung** mit sachlichen Einschränkungen, die sich aus der Verweisung auf das KStG ergeben. Die GewStBefreiung erfordert ausdrücklich das Vorliegen der **Voraussetzungen der KstBefreiung** (§ 5 Abs. 1 Nr. 3 KStG); es besteht also **keine Bindung** an die tatsächlich gewährte KstBefreiung (→ Rn. 5). Die Kassen sind insoweit (partiell) gewstpfl., als sie „überdotiert" sind, dh am Jahresende über mehr Vermögen verfügen, als sie zur Erbringung ihrer Leistungen benötigen (§ 6 KStG 1977 [1999]). Das Gesetz erwähnt zwar vier verschiedene Arten von Kassen. Diese lassen sich jedoch in zwei Gruppen unterteilen: 340

a) Pensions-, Sterbe- und Krankenkassen. Es handelt sich um **rechtsfähige Versorgungseinrichtungen,** die die betriebliche Altersversorgung durchführen und nach ihrer Satzung oder gleichgestellten Vereinbarungen einen **Rechtsanspruch** auf ihre Leistungen gewähren (vgl. **§ 1b Abs. 3 BetrAVG** und **§ 5 Abs. 1 Nr. 3 KStG;** BFH I R 61/89, BStBl. II 1993, 185; V R 1/21, BStBl. II 2023, 882). Sie werden idR in der Rechtsform des Versicherungsvereins auf Gegenseitigkeit – VvaG – oder einer (Versicherungs-)AG betrieben. Die Rechtsgrundlagen für Leistungen sind in einem Geschäftsplan festzulegen (§ 9 VAG). 341

Pensionskassen iSd Gesetzes sind auch rechtlich unselbstständige Zusatzversorgungseinrichtungen des öffentlichen Dienstes (§ 18 BetrAVG) sowie die Witwen- und Waisenkassen (Wrede DStZ 1975, 104).

Ab EZ 2019 darf die Pensionskasse nach § 232 Abs. 2 S. 1 VAG idF d. G. v. 19.12.2018 (BGBl. 2018 I 2672) **nur das Erstversicherungsgeschäft** betreiben (zur Rechtslage nach § 118a Nr. 4 VAG aF FG München 7 K 1492/17, EFG 2021, 1229, nachgehend iE best. durch BFH V R 1/21, BStBl. II 2023, 882).

342 **b) Unterstützungskassen. aa) Kein Rechtsanspruch.** Es handelt sich *um* **rechtsfähige Versorgungseinrichtungen,** die auf ihre Leistungen **keinen Rechtsanspruch** gewähren (vgl. **§ 1b Abs. 4 BetrAVG, § 5 Abs. 1 Nr. 3 KStG**), der jedoch im Rahmen von Treu und Glauben faktisch besteht (stRspr des BAG, vgl. BAG 3 AZR 381/72, BB 1973, 1308; 3 AZR 197/78, BB 1979, 1605; 3 AZR 356/12, BB 2014, 1406; zur historischen Entwicklung vgl. 1 BvR 1052/79, BVerfGE 74, 129). Sie werden idR in der Rechtsform eines eingetragenen Vereins – e.V. –, einer Stiftung oder einer GmbH betrieben (zum Verein BFH I R 33/00, BFH/NV 2001, 1300). Die Rechtsgrundlagen für ihre Leistungen sind in einer Satzung, dem zur Gründung führenden Tarifvertrag uÄ sicherzustellen (BFH I R 22-23/87, BStBl. II 1990, 1088). Das gilt auch dann, wenn Rechtsansprüche auf die Leistungen unter dem Gesichtspunkt der Geschäftsbesorgung für das Trägerunternehmen unmittelbar gegen die Unterstützungskasse bestehen (BFH I R 61/89, BStBl. II 1993, 185) oder freiwillige Leistungen auf vom Trägerunternehmen zugesagte Leistungen angerechnet werden (BFH I R 33/00, BFH/NV 2001, 1300). Die Definition des Begriffs „Unterstützungskasse" in § 1b Abs. 4 S. 1 BetrAVG schränkt Art und Anlass der von der Kasse zu erbringenden Leistungen nicht ein (BFH I R 61/89, BStBl. II 1993, 185 mwN).

343 **bb) Mitwirkung.** Den Leistungsempfängern oder den Arbeitnehmervertretungen des Betriebes muss satzungsgemäß und tatsächlich das **Recht** zustehen, an der Verwaltung sämtlicher Beträge, die der Kasse zufließen, **beratend mitzuwirken** (§ 3 Nr. 2 KStDV). Die Vorschrift steht selbstständig neben § 87 Abs. 1 Nr. 8 BetrVG (BFH I 62/63, BStBl. II 1968, 24). Das Mitwirkungsrecht kann in der Weise eingeräumt werden, dass satzungsmäßig und tatsächlich ein Beirat aus Arbeitnehmern gebildet wird, der die Betriebszugehörigen repräsentiert, also von ihnen gewählt wird (BFH I R 143/78, BStBl. II 1981, 749; KStH 5.3), ggf. bei Gruppen-Unterstützungskassen durch einen von den Betriebsräten des Trägerunternehmens bestellten Treuhänder (Stöckler/Karst SteuerR Betriebl. Altersversorgung Teil 3 Rn. 616). Diese Voraussetzung ist nicht erfüllt, wenn die Beiratsmitglieder letztlich von der Geschäftsleitung bzw. dem Trägerunternehmen bestimmt werden (vgl. BFH I R 253/83, BStBl. II 1988, 27). Die Steuerbefreiung wird nicht gewährt, wenn zwar nach der Satzung ein Mitwirkungsrecht vorgesehen ist, jedoch aufgrund schuldhaften Verhaltens der Kassenorgane tatsächlich nicht stattfindet (BFH I B 74/91, BFH/NV 1993, 329). Beim Beirat selbst liegende Gründe für die Untätigkeit dürften unschädlich sein (Stöckler/Karst SteuerR Betriebl. Altersversorgung Teil 3 Rn. 612).

344 **c) Pensionsfonds. Nicht genannt** ist der sog. **Pensionsfonds** (§ 236 VAG). Bei ihm ergibt sich jedoch eine weitgehende „faktische" GewSt-Befreiung, weil Beitragszusagen dem Versorgungskapital des Arbeitnehmers gutgeschrieben werden und – soweit Erträge aus Beiträgen erzielt werden – auf Fondsebene Dividenden (mit Ausnahme solcher aus Streubesitz, § 8 Nr. 5) und Gewinne aus der

Veräußerung von Aktien nach § 8b KStG steuerbefreit sind (hierzu Förster/Rühmann/Recktenwald BB 2001, 1406; Wellisch/Maik BB 2002, 1393).

2. Voraussetzungen der Steuerfreiheit

a) Beschränkung auf bestimmte Leistungsempfänger. Nach **§ 5 Abs. 1 Nr. 3 Buchst. a KStG** muss sich die Kasse als soziale Einrichtung beschränken auf bestimmte Gruppen von natürlichen Personen als Leistungsempfänger. Begünstigt dürfen auch die jeweiligen **Angehörigen** sein, also auch nichteheliche Lebenspartner von Zugehörigen (BMF 8.1.2003, BStBl. I 2003, 93). Betätigt die Kasse sich noch in anderer Weise, insb. gewerblich, ist dies schädlich (BFH V R 1/21, BStBl. II 2023, 882). 344a

aa) Zugehörige oder frühere Zugehörige. Der Begriff des Zugehörigen ist weiter als der des Arbeitnehmers. Er bezeichnet Personen, die in **selbstständiger** oder **nichtselbstständiger Stellung** dem Trägerunternehmen Dienstleistungen erbracht haben (vgl. BFH V R 73/01, BStBl. II 2003, 217; FG RhPf 5 K 1581/09, EFG 2012, 1993, aufgeh. aus anderen Gründen durch BFH X R 30/12, BFH/NV 2016, 203), ggf. auch auf dessen Weisung an Dritte (KStR 5.3 Abs. 3 S. 1). Daher können auch (Einzel-)Unternehmer oder Gesellschafter einer Personen- oder Kapitalgesellschaft Zugehörige sein; sie dürfen aber nicht die Mehrzahl der Leistungsempfänger darstellen (vgl. § 1 Nr. 1 KStDV; Sarrazin in Lenski/Steinberg § 3 Rn. 345 ff.). 345

ME sollten auch Personen in arbeitnehmerähnlicher Stellung (→ Rn. 347) begünstigt sein, auch wenn § 5 Abs. 1 Nr. 3 Buchst. a Doppelbuchst. Aa KStG, anders als der Doppelbuchst. Cc das nicht ausdrücklich erwähnt. Hierfür spricht auch § 17 Abs. 1 S. 2 BetrAVG (Versorgungsleistungen „aus Anlass ihrer Tätigkeit für das Unternehmen"; ebenso Heubeck BB 1978, 490).

Eine spezielle Funktion im Rahmen der betrieblichen Altersvorsorge reicht nicht aus. Schädlich ist daher die Übernahme der **Rückdeckungsversicherung** zugunsten einer Unterstützungskasse, die Mitglied der Pensionskasse ist, auch wenn der Personenkreis der letztlich Begünstigten identisch ist. Das gilt insb., wenn nicht den Rentenberechtigten, sondern der Unterstützungskasse selbst der Rechtsanspruch auf Auszahlung zusteht (BFH V R 1/21, BStBl. II 2023, 882, zu FG München 7 K 1492/17, EFG 2021, 1229, best.; zur Rückdeckung im Übrigen → Rn. 349).

Ein **Inlandsbezug** wird nicht vorausgesetzt (OFD Hannover 19.8.2005, DB 2005, 2103). Daher dürfen Leistungsempfänger auch Arbeitnehmer sein, die an ausländische Tochtergesellschaften oder Betriebsstätten des Unternehmens abgeordnet sind. Dasselbe gilt für Arbeitnehmer ausländischer Tochtergesellschaften oder Betriebsstätten eines inländischen Unternehmens, falls für diese Arbeitnehmer Beiträge an die Kasse des inländischen Unternehmens entrichtet worden sind (KStR 5.3 Abs. 3). Zu den Zugehörigen rechnen auch deren Angehörige. 345a

bb) Wohlfahrtspflege. Begünstigt werden dürfen alternativ Zugehörige oder frühere Zugehörige der **Spitzenverbände der freien Wohlfahrtspflege** (→ Rn. 265) einschließlich ihrer Untergliederungen, Einrichtungen und sonstigen gemeinnützigen Wohlfahrtsverbänden; zum Begriff des Zugehörigen → Rn. 345. 346

cc) Sonstige Körperschaften, Personenvereinigungen oder Vermögensmassen. Begünstigt werden dürfen **Arbeitnehmer** und deren Angehörige 347 solcher Körperschaften usw iSd §§ 1 und 2 KStG. Der Begriff des Arbeitnehmers ist der steuerliche; daher kommt auch der Vorstand einer AG in Betracht (ebenso Stöckler/Karst SteuerR Betriebl. Altersversorgung Teil 3 Rn. 552). Ihnen stehen Personen, die sich in einer arbeitnehmerähnlichen Stellung (gewisse Dauer, soziale Abhängigkeit, KStR 5.3 Abs. 1 S. 5) befinden gleich, also etwa **Heimarbeiter, Hausgewerbetreibende** und **gleichgestellte Personen.** Durch die Beschränkung auf Arbeitnehmer oder Personen in ähnlicher Stellung sollte bei dieser Gruppe eine nicht gerechtfertigte Ausweitung des Kreises der Leistungsempfänger, etwa auf Angehörige freier Berufe oder Gewerbetreibende verhindert werden (BT-Drs. 7/1281, 43).

348 **b) Soziale Einrichtung.** Nach **§ 5 Abs. 1 Nr. 3 Buchst. b KStG** muss der Betrieb der Kasse nach dem Geschäftsplan und nach Art und Höhe der Leistungen eine **soziale Einrichtung** sein (hierzu Friedrich/Köhler DStR 2022, 1030). Bei Unterstützungskassen genügt jede Regelung, die nach Zielsetzung, Bindungswirkung und Überprüfbarkeit dem Geschäftsplan eines Versicherungsunternehmens entspricht, zB Satzung oder Leistungsplan (BFH I R 22-23/87, BStBl. II 1990, 1088; I R 33/00, BFH/NV 2001, 1300).

Hat eine Kasse noch **andere als soziale** Zwecke, so steht dies der Steuerbefreiung entgegen, nach RFH I 213/40, RStBl. 1941, 35 jedoch nur, wenn die anderen Tätigkeiten nicht nur unbeträchtlich sind. Als unschädlich behandelt die FVerw die Übernahme von bestimmten **Verwaltungsleistungen** für eine andere Pensionskasse aufgrund eines Funktionsausgliederungsvertrages (BayLfFSt 21.2.2007 – S 2723- 1 St 3106 M; OFD Hannover 1.3.2007 – S 2723-34-StO 241, H 11).

349 **aa) Trägerin der Kassenleistungen.** Die Vorschrift bedeutet mE im **Grundsatz,** dass die Kasse selbst **Trägerin der Kassenleistungen** (soziale Einrichtung!) sein und die Leistungen selbst erbringen muss. Daher keine Befreiung, wenn die Kasse nur den Abschluss von Versicherungsverträgen vermittelt oder der Rückdeckung des selbst Leistungen gewährenden Unternehmens dient. Schädlich ist auch, wenn die Unterstützungskasse finanziell, wirtschaftlich und organisatorisch derartig in das Trägerunternehmen eingegliedert ist, dass sie als Organgesellschaft iSv § 2 Abs. 2 S. 2 anzusehen ist (BFH I R 5/73, BStBl. II 1975, 179).

Bei **Unterstützungskassen** dürfen die Leistungsempfänger zu **laufenden Beiträgen** oder zu sonstigen Zuschüssen nicht verpflichtet sein (§ 3 Nr. 1 KStDV). Das sollte mE auch für umgewandelte Entgeltbestandteile gelten.

350 **bb) Leistungsempfänger.** Leistungsempfänger (mE einschließlich der Leistungsanwärter) dürfen **in der Mehrzahl nicht** der **Unternehmer** oder dessen Angehörige oder bei Gesellschaften nicht die Gesellschafter oder deren Angehörige sein (§ 1 Nr. 1 KStDV; zur Behandlung von nichtehelichen Lebensgefährt/inn/en BMF 8.1.20023, BStBl. I 2003, 93; 25.7.2002, BStBl. I 2002, 706). Nach BFH I R 73/68, BStBl. II 1970, 473 ist es auch schädlich, wenn Leistungen an diesen Personenkreis gegenüber den Leistungen an Arbeitnehmer des Trägerunternehmens unverhältnismäßig hoch sind (ebenso KStH 5.3; Köster in Lenski/Steinberg § 3 Nr. 9 Rn. 15). Dem Begriff der sozialen Einrichtung ist immanent, dass die Einrichtung vorrangig der Versorgung der Arbeitnehmer, und zwar allein nach dem Gesichtspunkt der sozialen Bedürftigkeit, dient. Dementsprechend ist mE auch die **Beschränkung** der Versorgungsleistungen **auf bestimmte Gruppen** von Arbeitnehmern schädlich; andere Merkmale als die soziale Bedürftigkeit, mit

Ausnahme der **Dauer der Betriebszugehörigkeit** und **des Alters,** sind sachfremd.

Nach § 1b Abs. 1 BetrAVG gelten weitere Beschränkungen: bei Auflösung des Arbeitsverhältnisses ist die Anwartschaft nur unverfallbar, wenn der Arbeitnehmer mind. 21 Jahre alt ist und die Versorgungszusage mind. 3 Jahre bestanden hat.

cc) Vermögensbindung. Bei **Auflösung der Kasse** darf ihr Vermögen vor- **351**
behaltlich der Regelung in § 6 KStG satzungsgemäß nur den Leistungsempfängern oder deren Angehörigen zugutekommen oder für ausschließlich gemeinnützige oder mildtätige Zwecke verwendet werden (Vermögensbindung; § 1 Nr. 2 KStDV).

Auch dieser Grundsatz ergibt sich unmittelbar aus dem Begriff der sozialen Einrichtung und findet mE einen weiteren Anhalt in dem in **§ 5 Abs. 1 Nr. 3 Buchst. c KStG** normierten Erfordernis der (laufenden) Einkünfte- und Vermögenssicherung (→ Rn. 356). Die Regelung beruht auf der Ermächtigung des § 33 Abs. 1 Nr. 1 Buchst. a Doppelbuchst. Cc KStG. Ihr Zweck ist, Vermögensverlagerungen zulasten der sozialen Kasse einerseits und der Besteuerung andererseits auszuschließen. Daher ist, von unten (→ Rn. 356) bezeichneten Ausnahmefällen abgesehen, **nach Auflösung der Kasse,** ein **Rückfluss** des Kassenvermögens **an das Trägerunternehmen unzulässig** (BFH I R 235/75, BStBl. II 1977, 490; I R 78/11, BStBl. II 2014, 44). Das gilt bei sozialen Kassen in der Rechtsform einer GmbH auch für die eingezahlten Stammeinlagen (vgl. BFH GrS 6/71, BStBl. II 1973, 79). Erforderlich ist mithin eine Festlegung der Vermögensbindung in der Satzung (vgl. BFH I 62/63, BStBl. II 1968, 24). Für die satzungsmäßige Bestimmung der ausschließlich gemeinnützigen oder mildtätigen Zwecke gilt mE § 61 AO sinngemäß (ebenso KStR 5.4 Abs. 1 S. 1; → Rn. 204 ff.). Zum ggf. **rückwirkenden Fortfall der Steuerbefreiung** → Rn. 360.

dd) Höchstbeträge. (1.) Die Rechtsansprüche der Leistungsempfänger (bei **352**
Pensions- und Sterbekassen, § 2 KStDV) sowie die laufenden Leistungen und das Sterbegeld (bei Unterstützungskassen, § 3 Nr. 3 KStDV; ebenso die Anwartschaften, KStR 5.5 Abs. 2 S. 7) dürfen die in § 2 KStDV festgesetzten **Höchstbeträge** nicht übersteigen.

Dies sind ab 1.1.2002

als Pension	25.769 EUR	jährlich
als Witwengeld	17.179 EUR	jährlich
als Waisengeld	5.154 EUR	jährlich für jede Halbwaise
	10.308 EUR	jährlich für jede Vollwaise
als Sterbegeld	7.669 EUR	als Gesamtleistung

Gewinnzuschläge, auf die die Berechtigten einen Rechtsanspruch haben, erhöhen die vorgenannten Leistungen (BFH I R 107/67, BStBl. II 1970, 227).

Anstelle einer laufenden Rente darf auch eine **Kapitalabfindung** gezahlt werden. Voraussetzung ist, dass durch die Kapitalisierung die vorgenannten Höchstbeträge nicht überschritten werden und der Leistungsempfänger nicht bessergestellt wird als durch die laufende Rente. Die Kapitalisierung ist daher mit einem auf Dauer gesehen durchschnittlichen Zinssatz von 5,5 % anzusetzen (KStR 5.5 Abs. 3 S. 4; Köster in Lenski/Steinberg § 3 Nr. 9 Rn. 29).

Die Gesamtleistungen dürfen bei beiden Kassenarten (Ausnahme → Rn. 355) unabhängig von einer **wirtschaftlichen Lage** des Leistungsempfängers gewährt werden; das gilt jedoch nicht für einmalige Zuwendungen an jeden Betriebsangehörigen (KStR 5.5 Abs. 2 S. 4 f.).

353 **(2.)** Solche Rechtsansprüche, mit Ausnahme des Sterbegeldes, dürfen in **nicht mehr als 12 %** aller Fälle auf **höhere Beträge** als angegeben gerichtet sein. Es kommt nicht auf die Leistungen, sondern auf die Ansprüche an (BFH I R 107/67, BStBl. II 1970, 227). In nicht mehr als 4 % gilt die Ausnahme uneingeschränkt. Im Übrigen dürfen die Rechtsansprüche folgende Beträge (§ 2 Abs. 2 S. 3 KStDV) nicht übersteigen:

ab 1.1.2002		
als Pension	38.654 EUR	jährlich
als Witwengeld	25.769 EUR	jährlich
als Waisengeld	7.731 EUR	jährlich für jede Halbwaise
	15.461 EUR	jährlich für jede Vollwaise

Eine Erhöhung für Ansprüche auf Sterbegeld besteht nicht.

354 **(3.) Zusätzliche Versorgungsleistungen** durch Abschluss von Direktversicherungen oder durch Pensionszusagen seitens des Trägerunternehmens dürften trotz dieser Höchstbeträge grundsätzlich zulässig sein (Köster in Lenski/Steinberg § 3 Nr. 9 Rn. 28). Ein Missbrauch (§ 42 AO) dürfte idR nicht vorliegen. Die Vorschrift hat lediglich die Verhältnisse der jeweiligen Kasse im Blick; ihr lässt sich nicht entnehmen, dass kein Begünstigter höhere Pensionsleistungen außerhalb ihres Regelungsbereichs beziehen darf.

355 **ee) Unterstützungskassen mit Leistungen von Fall zu Fall.** Nach **§ 5 Abs. 1 Nr. 3 Buchst. b S. 2 KStG** müssen nur bei den Kassen, die nach ihrer Satzung Leistungen von Fall zu Fall vorsehen, sich die Leistungen auf Fälle von **Not und Arbeitslosigkeit** beschränken; das gilt nicht für die Gewährung von Sterbegeld. Andere Unterstützungskassen sind von der Beschränkung nicht betroffen (vgl. BT-Drs. 7/1281, 42).

Der Begriff „Not" bezieht sich auf natürliche Personen; daher keine Zuwendungen an gemeinnützige Einrichtungen des Betriebes, mE mit Ausnahme von mildtätigen Einrichtungen, wie etwa Kranken- oder Erholungsheime. Im Fall von Entlassungen dürfen nur dann Leistungen vorgesehen sein, wenn die Entlassung zu Arbeitslosigkeit oder Not geführt hat (OFD Frankfurt aM 11.9.1996, FR 1996, 800). Für ein Verständnis von „Not" iSv Sachverhalten, die zu außergewöhnlichen Belastungen führen oder der Zulässigkeit von lstfreien Beihilfen (LStR 3.11 Abs. 2) zugrunde liegen, Stöckler/Karst SteuerR Betriebl. Altersversorgung Teil 3 Rn. 596 ff.

Den Betriebsangehörigen dürfen nicht ohne **Rücksicht auf ihre soziale Lage** Zuwendungen gemacht werden; Ausnahme das Sterbegeld (Köster in Lenski/Steinberg § 3 Nr. 9 Rn. 32; aA Wrede DStZ/A 1975, 104). Schädlich ist daher die Übernahme von sozialen Leistungen, die dem Betrieb ungeachtet der sozialen Verhältnisse obliegen (RFH RStBl. 1944, 443), wie etwa Zuwendungen bei Betriebsveranstaltungen, Jubiläums- oder Gelegenheitszuwendungen.

356 **c) Einkünfte- und Vermögenssicherung.** Nach **§ 5 Abs. 1 Nr. 3 Buchst. c KStG** muss die **ausschließliche und unmittelbare Verwendung** des Vermögens und der Einkünfte der Kasse **nach Satzung/Leistungsplan** und der **tatsächlichen Geschäftsführung** für die Zwecke der Kasse dauernd gesichert sein. Dieses Erfordernis betrifft die Sicherung des Kassenvermögens **während des Bestehens der Kasse.** Schädlich ist – wegen des Unmittelbarkeitsgrundsatzes – die Übertragung des wesentlichen Vermögens auf ein anderes Unternehmen (AG) auch dann, wenn dies im Rahmen der Übertragung der Kassenverpflichtung auf die AG geschieht (BFH I R 78/11, BStBl. II 2014, 44),

ebenso die Übernahme der Rückdeckung für die nunmehr von einer Unterstützungskasse übernommenen Leistungsverpflichtungen (FG München 7 K 1492/17, EFG 2021, 1229, nachgehend BFH V R 1/21). Schon die satzungsmäßige Eröffnung der Möglichkeit hierzu ist kritisch zu betrachten (hierzu Friedrich/Köhler DStR 2022, 1030).

Zu beachten ist jedoch der **Vorbehalt des § 6 KStG.** Er bezieht sich auf die partielle Steuerpflicht des **„überdotierten" Kassenvermögens** und auf die hiermit verbundene Verfügungsfreiheit für dieses Vermögen nach § 6 Abs. 6 KStG. Das bedeutet, dass im Hinblick auf das am Schluss des Wj., bei Unterstützungskassen auch davor, „überdotierte" Vermögen keine Vermögensbindung nach den vorstehenden Ausführungen besteht. Es kann ohne nachteilige Folgen auf das Trägerunternehmen zurückübertragen werden (Baier/Buttler BB 2000, 2070). Das gilt mE auch, wenn der Kasse alle auf Zusagen durch das Trägerunternehmen beruhenden Verpflichtungen genommen werden (zB bei Ersetzung durch eine andere Versorgungsart); denn dann ist das gesamte Vermögen überdotiert (Stöckler/Karst SteuerR Betriebl. Altersversorgung Teil 3 Rn. 603). Die Rechtfertigung hierfür besteht darin, dass das „überdotierte" Vermögen partiell der Steuer unterworfen ist. **356a**

Bei Unterstützungskassen gilt der Vorbehalt des § 6 Abs. 6 KStG mE auch im Fall der Übertragung des gesamten unterdotierten Vermögens und Übernahme der Leistungen durch das Trägerunternehmen. Zwar ist § 6 Abs. 6 KStG auf solche Fälle nicht unmittelbar anwendbar; doch besteht sein Zweck darin, dass die Übertragung steuerfrei angesammelten Vermögens auf das Trägerunternehmen nur dann steuerschädlich ist, wenn ihr keine Gegenleistung des Trägerunternehmens gegenübersteht (ebenso Sarrazin in Lenski/Steinberg § 3 Nr. 9 Rn. 22). **356b**

Hat die Kasse **mehrere Trägerunternehmen,** gilt eine kassen-, nicht eine trägerunternehmensorientierte Betrachtung; eine auf die Trägerunternehmer bezogene Segmentierung findet nicht statt (zur Unterstützungskasse FG RhPf 6 K 1581/09, EFG 2012, 1993; aus anderen Gründen aufgeh. durch BFH X R 30/12, BFH/NV 2016, 203). Die anteilige Rückübertragung von segmentbezogen überdotierten Vermögen auf das entsprechende Trägerunternehmen ist ein Verstoß gegen die Vermögensbindung (BFH I R 37/13, BStBl. II 2015, 813; I R 66/13, BFH/NV 2016, 67; krit. Höfer DB 2015, 831). Für den Fall des Ausscheidens eines Trägerunternehmens und Einschaltung einer anderen (steuerfreien) Unterstützungskasse verstößt die Gruppenunterstützungskasse nach der FVerw dagegen nicht gegen das Gebot der Vermögensbindung, wenn sie den auf dieses Trägerunternehmen entfallenden Vermögensteil auf die andere Unterstützungskasse überträgt (BMF 19.12.2019, BStBl. I 2020, 221).

Die aufgrund der **Portabilität** (§ 4 Abs. 2 Nr. 2 BetrAVG) erfolgende Übertragung des Werts der unverfallbaren Anwartschaft auf den neuen Arbeitgeber verstößt hiervon unabhängig nicht gegen den Grundsatz der Zweckbindung (zur Ablösung bei Ausscheiden eines Arbeitnehmers vgl. KStR 5.4 Abs. 3 S. 3). **356c**

aa) Wesentliche Vermögensverwaltung. Da sich die Kasse keine anderen als die sozialen Zwecke geben darf, darf auch das wirtschaftliche Handeln **nicht über eine Vermögensverwaltung** hinausgehen. Die Dienstbarmachung des Vermögens und der Einkünfte etwa für gewerbliche Zwecke ist schädlich, so etwa, wenn die Kasse durch regen An- und Verkauf von Wertpapieren, zT mit Kredit, nach außen (gewerblich) in Erscheinung tritt (BFH I 247/65, BStBl. II 1969, 269). Ebenso wenn die Kasse Kommanditist (Mitunternehmer) eines Gewerbebetriebes (KG) ist (BFH I R 14/76, BStBl. II 1980, 225; aA Brinkhaus/Bielinis DStR **357**

2015, 2358; zur Abgrenzung Vermögensverwaltung/Gewerbebetrieb → § 2 Rn. 100 ff.; zur **Beteiligung** an einer Kapitalgesellschaft → Rn. 229). Eine Bauherrentätigkeit ist schädlich, wenn dadurch ein eigener Zweck begründet wird (KStR 5.2 Abs. 3 S. 2). Entsprechendes gilt mE für eine Beteiligung an einem Alternativen Investitionsfond angesichts der hiermit verbundenen Risiken sowie für den Betrieb von Anlagen zur Stromerzeugung (Friedrich/Köhler DStR 2022, 1030: gesetzgeberischer Handlungsbedarf).

Dagegen ist mit FG BW X 185/79 (EFG 1984, 189) die Unterbeteiligung am Kommanditanteil einer vermögensverwaltenden GmbH & Co KG unschädlich. Ebenso dürfte die Hingabe eines **partiarischen Darlehens** oder der Erwerb einer **typischen stillen Beteiligung** unter Ausschluss einer Verlustbeteiligung (§ 231 Abs. 2 HGB) noch als Vermögensverwaltung anzusehen sein (offen gelassen in BFH I R 14/76, BStBl. II 1980, 225). Mit beiden Anlageformen sind unternehmerische Risiken nicht verbunden und Einkünfte aus Kapitalvermögen gegeben (ebenso Köster in Lenski/Steinberg § 3 Nr. 9 Rn. 39). Bei Vergabe eines Darlehens (insb. An das Trägerunternehmen) muss gewährleistet sein, dass die wirtschaftliche Leistungsfähigkeit des Trägerunternehmens für die Sicherheit der Mittel bürgt (BFH IV R 39/68, BStBl. II 1973, 632; hierzu KStR 5.4 Abs. 2); mE genügt auch eine fremdübliche Besicherung (vgl. zu nahen Angehörigen BMF 23.12.2010, BStBl. I 2011, 37).

358 **bb) Verzinsung.** Für Darlehen (auch Policendarlehen, hierzu Hoffmeister DStR 1997, 567; **aA** Baier/Buttler BB 2000, 2070) muss außerdem eine **angemessene Verzinsung** erfolgen. Was eine angemessene Verzinsung ist, ist höchstrichterlich nicht abschließend entschieden (vgl. BFH I B 60/76, BStBl. II 1977, 442). Genannt wird ua ein Satz von 1 % über dem Bundesbank-Diskontsatz (Stöckler/Karst SteuerR Betriebl. Altersversorgung Teil 3 Rn. 677), das Mittel zwischen Zinsen für Geldanlagen ohne Kursrisiko und Zinsen für eine Darlehensaufnahme am Markt, der Spareckzins (FG Düsseldorf VIII 181/80 K, EFG 1986, 254; mE durch die Entwicklung am Markt überholt) sowie die Übereinstimmung mit irgendeinem gesetzlichen oder marktüblichen Zins (Hill/Klein DB 1989, 1942). Auch nach der BFH-Rspr. kommt es auf die Umstände der Darlehensgewährung und einen Vergleich mit den jeweiligen Bedingungen am Kapitalmarkt an. Plausibel erscheint der Vorschlag, die sog. Bandbreiten- bzw. MargenteilungsRspr. des BFH (zB BFH I R 27/20, BStBl. II 2023, 840) mit der Folge anzuwenden, dass der zutreffende Zinssatz sich als geschätzter Wert als Mittelwert aus der Margenteilung ergeben kann (Köster in Lenski/Steinberg § 3 Nr. 9 Rn. 45).

Wurde die Darlehensforderung der Kasse zugewendet, kommt es auf die Durchsetzbarkeit eines höheren Zinses an (BFH I R 64/86, BStBl. II 1990, 1000).

359 **cc) Weiteres.** Unschädlich ist die **Einräumung eines Pfandrechts** an der Versicherungsleistung zugunsten des Versorgungsberechtigten (BMF 7.9.1998, DStR 1998, 1554). Schädlich ist aber die Verpfändung einer aus dem Kapitalvermögen aufgebauten Rückdeckungsversicherung an das Trägerunternehmen (FM Thür 26.7.1991, DStR 1991, 1986). Umso mehr gilt dies mE für die **Abtretung.** Unschädlich ist mE die **Abfindung von Anwartschaften** und laufenden Leistungen durch eine Kasse an einen vorzeitig ausgeschiedenen Arbeitnehmer nach den Vorschriften des § 3 BetrAVG, weil es sich hierbei um die Erfüllung einer Rechtspflicht handelt (vgl. § 1b Abs. 4, § 2 Abs. 4 BetrAVG). Entsprechendes gilt für die **Übertragung von Anwartschaften** und laufenden Leistungen nach § 4 BetrAVG (vgl. iE KStR 13 Abs. 3). Jedoch wird eine Unterstützungskasse sich

nicht ohne Weiteres gegenüber einem Arbeitnehmer zur Übernahme seiner Anwartschaft gegenüber einem anderen Trägerunternehmen verpflichten dürfen, weil sie sich dann einen anderen Zweck (Pensionskasse) gibt. Auch indirekte Zuwendungen an das Trägerunternehmen sind schädlich, wie zB die Übernahme von Insolvenzsicherungsbeiträgen (hierzu § 10 BetrAVG) durch die Kasse.

3. Verlust der Steuerfreiheit

Er tritt **bei Fortfall der Voraussetzungen** für die Steuerbefreiung ein; und **360** zwar an sich sofort, doch ist nach KStR 5.2 Abs. 2 das **Ende des EZ** maßgeblich. Der Verlust tritt **idR nur für das Kalenderjahr,** in dem die Voraussetzung fehlt, etwa bei einem Verstoß gegen die Beschränkung auf Zugehörige oder Arbeitnehmer nach § 5 Nr. 3 Buchst. a KStG (Köster in Lenski/Steinberg § 3 Nr. 9 Rn. 61), ein. Ein **rückwirkender Wegfall** der Steuerfreiheit für zurückliegende EZ, soweit nicht verjährt, tritt ein bei Verstößen gegen das Gebot der **Vermögensbindung** (→ Rn. 351), etwa bei Auflösung der Kasse (BFH I 62/63, BStBl. II 1968, 24; I R 235/75, BStBl. II 1977, 490; I R 78/11, BStBl. II 2014, 44; I R 37/13, BStBl. II 2015, 813). Argument ist hierbei das Gebot der dauernden Sicherung des Kassenvermögens für die Zwecke der Kasse. Hierzu gehört nach BFH I R 235/75, BStBl. II 1977, 490 offenbar auch die Vermögensbindung bei Auflösung der Kasse. Dem ist mE zuzustimmen. Beide Gebote sind zwar in verschiedenen Vorschriften niedergelegt (§ 5 Abs. 1 Nr. 3 Buchst. c KStG; § 1 Nr. 2 KStDV). Doch sind sie letztlich Ausprägungen desselben Anliegens.

Aus den oa Grundsätzen folgt mE auch, dass bei ähnlich schwerwiegenden Verstößen gegen die laufende **Sicherung des Kassenvermögens** die Steuerbefreiung rückwirkend entfällt. „Dauernd" beschreibt ein Zeitelement iSe zusammenhängenden Zeitabschnitts. Das bedeutet, dass die Kasse nur begünstigt ist, *wenn* und nicht nur soweit die „dauernd" erforderlichen Voraussetzungen tatsächlich in jedem Augenblick des Bestehens der Kasse gegeben sind. Da sie aus dieser Sicht in jedem einzelnen EZ auch späterhin gegeben sein müssen, wirkt ein Verstoß auf jeden (noch nicht verjährten) EZ iSd § 175 Abs. 2 AO zurück (aA jedoch Köster in Lenski/Steinberg § 3 Nr. 9 Rn. 62). Allerdings gilt das mE nach dem Grundsatz der Verhältnismäßigkeit nicht bei nur geringfügigen Verstößen, die leicht zu „reparieren" sind (Stöckler/Karst SteuerR Betriebl. Altersversorgung Teil 3 Rn. 711). Jedoch sind mE Rspr.-Grundsätze zur Gemeinnützigkeit (zB FG Münster 9 K 1220, 1567/00, EFG 2005, 1003) in diesem Zusammenhang nicht ohne Weiteres anwendbar.

4. Überdotierung

a) Vermögensgrenzen bei Pensionskassen. Nach **§ 5 Abs. 1 Nr. 3** **361** **Buchst. d KStG** darf bei Pensions-, Sterbe- und Krankenkassen am Schluss des Wirtschaftsjahres, zu dem der Wert der Deckungsrückstellung versicherungsmathematisch zu berechnen ist, das nach den handelsrechtlichen Grundsätzen ordnungsgemäßer Buchführung unter Berücksichtigung des von der Versicherungsaufsichtsbehörde genehmigten Geschäftsplans auszuweisende Vermögen (Überschuss der Aktiva über die Passiva; Eigenkapital) nicht höher sein, als bei einem Versicherungsverein auf Gegenseitigkeit die Verlustrücklage und bei einer Kasse anderer Rechtsform der dieser Rücklage entsprechende Teil des Vermögens. Bei der Ermittlung des Vermögens ist eine Rückstellung für Beitragsrückerstattungen nur insoweit abziehbar, als den Leistungsempfängern ein Anspruch auf die

Überschussbeteiligung zusteht. Übersteigt das Vermögen der Kasse den bezeichneten Betrag, so ist die Kasse nach der Maßgabe des § 6 Abs. 1–4 KStG steuerpflichtig. Es kommt auf das Ende des Wirtschaftsjahres an, das in dem maßgeblichen EZ endet (BFH II R 40/00, BFH/NV 2003, 1037).

362 **aa) Verlustrücklage.** Das **„überdotierte" Vermögen** ist bei einem **Versicherungsverein auf Gegenseitigkeit** der Betrag, um den das Vermögen der Pensionskasse die Verlustrücklagen übersteigt. Was die **Verlustrücklage** ist, wird im Gesetz (§ 193 VAG) nicht bestimmt. Maßgeblich ist hiernach der in der Satzung des Vereins bestimmte und von der Versicherungsaufsichtsbehörde genehmigte Mindestbetrag, dh der Sollbetrag. Hiervon ist auch bei der Ermittlung des überdotierten Vermögens auszugehen (KStR 6 Abs. 2 S. 3 f.); mE zutreffend, da bei einem geringeren Istbestand das Vermögen insoweit noch für die satzungsmäßigen Zwecke, insb. Aufbau der Verlustrücklage gebraucht wird – insoweit besteht materiell keine Überdotierung. Ist die Pensionskasse in der Rechtsform eines Versicherungsvereins auf Gegenseitigkeit von der Bildung einer Verlustrücklage befreit, dann führt mE jedes Eigenkapital zur Überdotierung.

363 Bei **Kassen anderer Rechtsform** kommt es nach § 5 Abs. 1 Nr. 5 KStG auf den „dieser Rücklage entsprechenden Teil des Vermögens" an. Damit ist der Teil des Vermögens bezeichnet, der zur Deckung eines Verlustes dient. Dies ist bei Aktiengesellschaften die gesetzliche Rücklage (§ 150 AktG). Bei öffentlich-rechtlichen Versicherungsunternehmen führt an sich jedes Eigenkapital zur Überdotierung, wenn nicht nach der Satzung eine (Verlust-)Rücklage vorgesehen ist. Denn bei ihnen besteht mE kein gesetzlicher Zwang zur Ansammlung von Vermögen, das der Deckung von Verlusten dient. Der „entsprechende Teil" dient wie eine gesetzliche Rücklage (zB § 150 AktG) der Deckung eines möglichen Verlusts.

364 **bb) Rückstellung für Beitragsrückerstattung.** Die Beschränkung der Rückstellung für Beitragsrückerstattung auf tatsächlich bestehende Ansprüche auf **Überschussbeteiligungen** bedeutet nicht, dass die Rückerstattungen noch in dem Jahr der Bildung der Rückstellung oder alsbald danach zu leisten sind. Es genügt, dass die Satzung eine Rückerstattung verbindlich vorschreibt und dass sie dem Grunde und der Höhe nach noch vor dem Bilanzstichtag verbindlich festgelegt worden ist (§ 21 Abs. 2 S. 2 KStG) und der Personenkreis und Zahlungszeitpunkt bestimmbar sind. Hierfür ist die Beschlussfassung durch das zuständige Organ und Bekanntmachung in der üblichen Weise erforderlich. In welcher Form die Rückerstattung durchzuführen ist, ist ohne Bedeutung.

365 **cc) Zeitfragen.** Diese Voraussetzungen müssen **nicht in jedem Jahr** gegeben sein. Erheblich sind die Verhältnisse des Wirtschaftsjahres, zu dem der **Wert der Deckungsrückstellung** versicherungsmathematisch zu berechnen ist. Das ist nach den Vorschriften der Bundesanstalt für Finanzdienstleistungsaufsicht **idR jedes dritte Jahr.** Die Berechnung erfolgt nach dem sog. „Anwartschaftsdeckungsverfahren". Dies gilt auch für Zusatzversorgungseinrichtungen des öffentlichen Dienstes, wenngleich diese die Finanzierung nach einem modifizierten Umlageverfahren durchführen. Eine Bindung der FinBeh an Entscheidungen der Versicherungsaufsicht besteht nicht (Einzelheiten KStR 6 Abs. 4).

366 **b) Vermögensgrenzen bei Unterstützungskassen.** Bei Unterstützungskassen darf nach **§ 5 Abs. 1 Nr. 3 Buchst. e KStG** das Vermögen ohne Berücksichtigung künftiger Versorgungsleistungen nicht höher sein als das um 25 % erhöhte zulässige Kassenvermögen iSd § 4d EStG. Übersteigt das Vermögen der Kasse den

bezeichneten Betrag, ist die Kasse nach der Maßgabe des **§ 6 Abs. 5 KStG** stpfl. Für die Ermittlung ist ein versicherungsmathematisches Gutachten nicht erforderlich.

Bei der **Ermittlung des Kassenvermögens** nach § 4d Abs. 1 S. 3 EStG ist Grundbesitz mit 200 % der Einheitswerte anzusetzen, die zu dem Feststellungszeitpunkt maßgebend sind, der auf den Schluss des Wirtschaftsjahres folgt; das übrige Vermögen ist mit dem gemeinen Wert am Schluss des Wirtschaftsjahres zu bewerten (zu Ausnahmen bei Ermittlung des zulässigen Kassenvermögens BMF 7.1.1994, BStBl. I 1994, 18). Maßgebend sind also die Verhältnisse aE des Wirtschaftsjahres, das im maßgeblichen EZ endet (BFH II R 40/00, BFH/NV 2003, 1037). Die Prüfung der Überdotierung hat mE daher jährlich zu erfolgen. Zur Bewertung des Kassenvermögens vgl. Höfer BB 1987, 1143. Zu Zweifelsfragen BMF 28.11.1996, BStBl. I 1996, 1435.

Sind **mehrere Trägerunternehmen** vorhanden, findet mE keine Segmentierung statt (→ Rn. 356b).

aa) Zulässiges Kassenvermögen. Dieses ist nach **§ 4d Abs. 1 S. 1 Nr. 1 S. 4** **367**
EStG die Summe aus dem Deckungskapital für alle am Schluss des Wirtschaftsjahres laufenden Leistungen nach der dem Gesetz als Anlage 1 beigefügten Tabelle für Leistungsempfänger iSv § 4d Abs. 1 S. 1 Nr. 1 Buchst. a EStG (ehemalige Arbeitnehmer des Trägerunternehmens sowie sonstige Empfänger von Leistungszusagen bzw. deren Hinterbliebene) und dem achtfachen der für jeden Leistungsanwärter nach § 4d Abs. 1 S. 1 Nr. 1 Buchst. b EStG (sog. Reservepolster; zum Begriff BMF 28.11.1996, BStBl. I 1996, 1435 sowie OFD Erfurt 3.3.1998, DStR 1998, 680) abzugsfähigen Zuwendungen (hierzu BFH I R 22-23/87, BStBl. II 1990, 1088).

Zur Berechnung des **Reservepolsters** auch nach der Pauschalwertmethode **367a**
(§ 4d Abs. 1 S. 1 Nr. 1 Buchst. b S. 3 EStG) sind nur solche Leistungsanwärter einzubeziehen, denen schriftliche Versorgungsleistungen zugesagt worden sind; Satz 4 enthält insofern keine eigenständige Definition des Leistungsanwärters (nur Einengung im Hinblick auf das Lebensalter; BFH I R 110/09, BFH/NV 2011, 1085 str., s. dort 3c; hierzu Gosch BFH/PR 2011, 264).

Gewährt eine Unterstützungskasse **an Stelle von** lebenslänglich **laufenden** **367b**
Leistungen eine **einmalige Kapitalleistung,** so gelten 10 % der Kapitalleistung als Jahresbetrag einer lebenslänglich laufenden Leistung (§ 4d Abs. 1 Nr. 1 S. 7 EStG).

bb) Rückgedeckte Unterstützungskasse. Soweit sich die Kasse die Mittel **368**
für ihre Leistungen durch Abschluss einer Versicherung verschafft (sog. Rückgedeckte Unterstützungskasse; zum Begriff BMF 11.11.1996, DB 1996, 2364), ist **zulässiges Kassenvermögen** der Wert des **geschäftsplanmäßigen Deckungskapitals** aus der Versicherung am Schluss des Wirtschaftsjahrs; in diesem Fall ist das zulässige Kassenvermögen nach vorstehenden Grundsätzen in dem Verhältnis zu mindern, in dem die Leistungen der Kasse durch die Versicherung gedeckt sind (§ 4d Abs. 1 S. 1 Nr. 1 S. 5 EStG; zu Gestaltungsmöglichkeiten Buttler DB 1997, 1661; Beye DB 1995, 2033; Alt/Stadelbauer StuB 2011, 731). Auch für nicht lebenslänglich laufende Leistungen ist ein zulässiges Kassenvermögen zu bilden (Baier/Buttler BB 2000, 2070). Da der Wert des Deckungskapitals Guthaben aus der Überschussbeteiligung nicht einschließt, das tatsächliche Vermögen solche also umfasst, kann es leicht zu einer Überdotierung der Kasse kommen. Sie lässt sich durch Investition der Überschüsse in ein Bonussystem oder Verrechnung mit den zu zahlenden Beiträgen vermeiden. Über die Verwendung des Überschusses muss spätestens aE des Bezugsjahres entschieden werden (BMF

28.11.1996, BB 1996, 2679). Daher kann dem Trägerunternehmen für den Fall der Überdotierung ein Rechtsanspruch auf Rückübertragung eingeräumt werden. Allerdings kann die partielle Steuerpflicht bei Überdotierung günstiger ausfallen als die Rückübertragung (Gratz/Bühl DB 1996, 1995).

369 Soweit die **Berechnung** des Deckungskapitals **nicht zum Geschäftsplan** gehört, tritt an die Stelle des geschäftsplanmäßigen Deckungskapitals der nach § 169 Abs. 3, 4 VVG berechnete Zeitwert ohne Berücksichtigung des Guthabens aus Beitragsrückerstattung (§ 4d Abs. 1 S. 1 Nr. 1 S. 6 EStG). Die Gesetzeslage hat praktisch den Zwang zur Folge, Gewinnguthaben unmittelbar zu verwenden (Beye DB 1995, 2033; Doetsch BB 1995, 2553; Buttler 1997, 1661; kritisch zur Vorschrift Walter/Hoffmann Stbg 1997, 391). Zu Zweifelsfragen Baier/Buttler BB 2000, 2070).

370 **cc) Portabilität.** Die **Portabilität von Anwartschaften** führt je nach Gestaltung der Übernahme der Verpflichtung durch den neuen Arbeitgeber, **(1.)** Zahlung des übertragenen Vermögenswerts als Einmalbetrag, **(2.)** Übernahme der kongruenten Rückdeckungsversicherung, zu **unterschiedlichen Folgen: (1.)** wie für die nicht rückgedeckte, **(2.)** wie für die rückgedeckte Unterstützungskasse (OFD Hannover 10.2.2006, DB 2006, 644).

5. Partielle Steuerpflicht der überdotierten Kassen

371 **a) Pensions-, Sterbe- und Krankenkassen. aa) Grundsatz.** Übersteigt **am Schluss des Wirtschaftsjahres,** zu dem der Wert der Deckungsrückstellung versicherungsmathematisch zu berechnen ist, das Vermögen der Kassen den in § 5 Abs. 1 Nr. 3 Buchst. d KStG (→ Rn. 361 ff.) bezeichneten Betrag, so ist die Kasse nach § 6 Abs. 1 KStG stpfl., **soweit** ihr Einkommen **anteilig** auf das übersteigende Vermögen entfällt (Umfang der Steuerpflicht). Die StPfl. tritt ein in dem EZ, in dem das Wirtschaftsjahr endet (§ 14 S. 2), an dessen Ende die Überdotierung vorliegt (BFH II R 40/00, BFH/NV 2003, 1037). Es ist das Verhältnis des übersteigenden Vermögens zum Vermögen der Kasse auf das Einkommen der Kasse anzuwenden.

Beispiel:

Auszuweisendes Kassenvermögen	2.000.000 EUR
Verlustrücklage nach § 193 VAG	2.500.000 EUR
übersteigendes Kassenvermögen	1.500.000 EUR

Dieses beträgt ¾ des auszuweisenden Kassenvermögens. Das Einkommen (der Gewerbeertrag) ist mit einem Anteil von ¾ gewstpfl. (vgl. auch KStR 6).

Diese Grundsätze sind auch dann anzuwenden, wenn die Kasse ganz oder teilweise Einkünfte aus Kapitalvermögen erzielt. Es besteht kein Anlass für die Annahme, dass die Kapitalerträge ausschließlich oder überwiegend mit dem zulässigen Kassenvermögen erwirtschaftet worden sind (FG Hmb II 230/86, EFG 1989, 251; best. durch BFH I R 4/89, BStBl. II 1992, 98; hierzu Gosch FR 1989, 413).

372 **bb) Ermittlung des Einkommens.** Bei der iÜ **nach steuerrechtlichen Grundsätzen** erfolgenden Ermittlung des Einkommens besteht keine Bindung an Entscheidungen der Versicherungsaufsicht (KStR 6 Abs. 4 S. 2). Im Einzelnen sind nach § 6 Abs. 4 KStG Beitragsrückerstattungen oder sonstige Vermögensübertragungen an das Trägerunternehmen nicht abziehbar, es sei denn, es handelt

sich um einen nach § 6 Abs. 2 KStG zulässigen Abbau des überdotierten Kassenvermögens durch Verwendung beim Trägerunternehmen (→ Rn. 351). Ebenfalls nicht abziehbar sind nach § 6 Abs. 4 KStG Zuführungen zu einer Rückstellung für Beitragsrückerstattungen, soweit den Leistungsempfängern ein Anspruch auf die Überschussbeteiligung nicht zusteht. Besteht ein Anspruch, dann sind die für Lebensversicherungsunternehmen geltenden Verwendungsfristen zu beachten (KStR 6 Abs. 3 S. 6). Bei der Frage einer Verlustrücklage ist allein auf die Sollrücklage abzustellen (KStR 6 Abs. 2 S. 3).

cc) Dauer der Steuerpflicht. Nach **§ 6 Abs. 3 KStG** erstreckt sich die Steuerpflicht im Grundsatz auch **auf die folgenden Kalenderjahre,** für die der Wert der Deckungsrückstellung nicht versicherungsmathematisch zu berücksichtigen ist. IdR bedeutet dies Stpfl. für drei Jahre, weil bei Pensionskassen in der Mehrzahl der Wert der Deckungsrückstellung mit Zustimmung der Versicherungsbehörden nur alle 3 Jahre neu berechnet wird. Freiwillig vorzeitige Berechnungen zur Abkürzung der Stpfl. sind nach der FVerw erheblich (KStR 6 Abs. 4 S. 4; s. im Einzelnen Otto in BRO StRG Rn. 47 ff.). Entscheidend sind nach dem Wortlaut des § 5 Abs. 1 Nr. 3 Buchst. d KStG die Verhältnisse zu dem Zeitpunkt, zu dem der Wert der Deckungsrückstellung zu berechnen ist. 373

dd) Rückwirkender Fortfall der Steuerpflicht. Die partielle Stpfl. **nach § 6 Abs. 1 KStG** ist **auflösend bedingt.** Die Pensionskasse kann sie durch Abbau des überdotierten Kassenvermögens innerhalb von 18 Monaten beseitigen, und zwar durch Verwendung zur Leistungserhöhung, Auszahlung an das Trägerunternehmen, Verrechnungen mit Zuwendungen des Trägerunternehmens zur gleichmäßigen Herabsetzung künftiger Leistungen des Trägerunternehmens oder zur Verminderung der Beiträge der Leistungsempfänger (§ 6 Abs. 2 KStG). Die Mittel müssen im Hinblick auf das Trägerunternehmen grundsätzlich rückübertragen sein, dh es müssen Auszahlungen oder Gutschriften erfolgt sein. Für die gleichmäßige Herabsetzung künftiger Zuwendungen und Beitragsrückerstattungen genügen Rückstellungen (Sarrazin in Lenski/Steinberg § 3 Rn. 410). 374

b) Unterstützungskassen. aa) Grundsatz. Übersteigt am Schluss des Wirtschaftsjahres das Vermögen dieser Kasse den in § 5 Abs. 1 Nr. 3 Buchst. e KStG (→ Rn. 366 ff.) bezeichneten Betrag, so ist die Kasse nach § 6 Abs. 5 KStG **steuerpflichtig, soweit** ihr Einkommen anteilig auf das übersteigende Vermögen entfällt. Das gilt auch, soweit die Überdotierung durch einen Erbfall eintritt und bis Ende des EZ in zulässiger Weise abgebaut worden ist (BFH II R 15/93, BStBl. II 1997, 70). 375

bb) Ermittlung des Einkommens. Bei der **nach allg. Regeln** erfolgenden Ermittlung des Einkommens (Gewerbeertrags) sind Kassenleistungen an die begünstigten Arbeitnehmer des Trägerunternehmens nicht dem Abzugsverbot des § 10 Nr. 1 KStG unterliegende Betriebsausgaben, die GewSt jedoch – soweit grds. Abziehbar – nur anteilig in Bezug auf den stpfl. Teil des Einkommens (BFH I R 110/09, BFH/NV 2011, 1085). Vermögensübertragungen an das Trägerunternehmen sind nicht abzugsfähig. 376

cc) Voraussetzung der GewStPflicht. Voraussetzung ist, dass die Unterstützungskasse einen **Gewerbebetrieb** unterhält. Liegt eine Rechtsform des § 2 Abs. 2 vor, ist dies nicht fraglich. Problematisch ist dies nur, wenn sie in einer anderen Rechtsform, insb. – wie häufig – als eingetragener Verein geführt wird; 377

GewStPflicht besteht nur, soweit ein wirtschaftlicher Geschäftsbetrieb unterhalten wird (§ 2 Abs. 3). Nach GewStR 2.1 Abs. 5 S. 8 geht die Tätigkeit der Unterstützungskassen jedoch im Regelfall nicht über eine reine Vermögensverwaltung hinaus (hierzu Römer BB 1976, 921; Gratz/Bühl DB 1996, 1995; Köster in Lenski/Steinberg § 3 Nr. 9 Rn. 76). Zu Ausnahmen → Rn. 357.

378 **dd) Dauer und Fortfall der Steuerpflicht.** Die **partielle GewStpfl.** Der Unterstützungskassen **beginnt mit dem EZ,** an dessen Ende die Überdotierung festgestellt worden ist (BFH II R 40/00, BFH/NV 2003, 1037). Sie ist **nicht auflösend bedingt;** sie kann durch bestimmte Verwendungen des überdotierten Teils nicht beseitigt werden (kein Fortfall der partiellen Steuerpflicht). Allerdings ist es zulässig und wohl auch kein Verstoß gegen das Gebot der dauernden Sicherung des Vermögens, wenn die Kasse eine im Laufe des Wirtschaftsjahres entstandene Überdotierung bis zu dessen Ende abbaut, und sei es durch Rückübertragung auf das Trägerunternehmen (vgl. SchlHFG 1 K 106/07, EFG 2010, 169; zu den Vor- und Nachteilen Gratz/Bühl DB 1996, 1995). Dafür genügt es, wenn die Kasse dem Trägerunternehmen einen Rechtsanspruch auf das überdotierte Vermögen einräumt und diesen am Bilanzstichtag passiviert (Heubeck BB 1978, 490; Köster in Lenski/Steinberg § 3 Nr. 9 Rn. 75).

379 **ee) Sachlicher Umfang der partiellen Steuerpflicht.** Der **stpfl. Gewerbeertrag** bestimmt sich danach, inwieweit er rechnerisch („anteilig") dem Anteil des überdotierten Vermögens am Gesamtvermögen entspricht; auf eine wirtschaftliche Zuordnung des Einkommens kommt es nicht an (BFH I R 4/89, BStBl. II 1992, 98).

380–385 *(frei)*

IX. Befreiung von Vermögensverwaltungsgesellschaften eines Berufsverbandes (Nr. 10)

Literatur: Burret, Steuerbefreiung für Berufsverbände, NWB 2012, 2610.

1. Allgemeines

386 Die Vorschrift enthält eine **persönliche Steuerbefreiung.** Sie beruht auf der Anerkennung des Wirkens des Berufsverbandes im Interesse der Allgemeinheit (BFH I 110/53 U, BStBl. III 1954, 204). Ihre Voraussetzungen entsprechen iE denen des § 5 Abs. 1 Nr. 6 KStG. Begünstigte Vereinigungen sind Körperschaften und Personenvereinigungen, nicht jedoch Stiftungen und Personengesellschaften (ebenso Köster in Lenski/Steinberg § 3 Nr. 10 Rn. 2). Der Sachzusammenhang der Vorschrift mit dem KStRecht legt nahe, den Begriff der Personenvereinigung kstrechtlich (§ 1 Abs. 1 KStG) zu verstehen. Das schließt mE indes die Begünstigung einer optierenden Personenhandelsgesellschaft iSd § 1a KStG nicht aus.

2. Vermögensverwaltung als Hauptzweck

387 **a) Vermögensverwaltung.** Vermögensverwaltung besteht nach § 14 AO idR, wenn Vermögen genutzt, zB Kapitalvermögen verzinslich angelegt oder unbewegliches Vermögen vermietet oder verpachtet wird. Die **Abgrenzung zum Gewerbebetrieb** bzw. Betrieb gewerblicher Art hat mE nach den Grundsätzen des Einkommensteuerrechts zu erfolgen. Bloß verkaufsfördernde Aktivitäten gehen

noch nicht über eine Vermögensverwaltung hinaus (vgl. BFH IV R 286/66, BStBl. II 1971, 456). Die übliche Vermietung oder Verpachtung, insb. Dauervermietung von unbeweglichem Vermögen, ist idR Vermögensverwaltung (BFH I 189/57 U, BStBl. III 1958, 263; VIII R 149/78, BStBl. II 1981, 522), nicht dagegen von einzelnen beweglichen Sachen. Vgl. iE → § 2 Rn. 110 ff.

b) Mehrere Zwecke. Die Vereinigung darf noch **andere Zwecke** haben, die jedoch im Verhältnis zur Vermögensverwaltung **von nebensächlicher Bedeutung** sein müssen. Es darf ein wirtschaftlicher Geschäftsbetrieb unterhalten werden und in der Satzung Erwähnung finden (OFD Frankfurt aM DStZ 2006, 170; vgl. zur Gemeinnützigkeit BFH I R 15/02, BStBl. II 2003, 384). Zudem darf die Verbandstätigkeit nicht so weit hinter der wirtschaftlichen Tätigkeit zurücktreten, dass der wirtschaftliche Geschäftsbetrieb dem Verband das Gepräge gibt (vgl. KStR 5.7 Abs. 1 S. 6). Wann dies angenommen werden kann, deutet die Vorschrift nicht an. ME sollte abgestellt werden auf das Verhältnis des Sach- und Personalaufwandes. Entfällt dieser mit über 50 % auf die Vermögensverwaltung, dann stellt diese den Hauptzweck dar. 388

3. Berufsverband iSd § 5 Abs. 1 Nr. 5 KStG

Das ist ein Berufsverband **ohne öffentlich-rechtlichen Charakter,** dessen Zweck nicht auf einen wirtschaftlichen Geschäftsbetrieb gerichtet ist. Er darf **nicht rechtsfähig** sein. Eine den §§ 59 ff. AO genügende Satzung ist mE nicht erforderlich (vgl. zum Berufsverband selbst BFH I R 46/11, BFH/NV 2012, 1181; FG Münster 13 K 2480/16 K, G, EFG 2020, 1444; ebenso Burret NWB 2012, 2610). 389

a) Berufliche Interessenvereinigung. § 5 Abs. 1 Nr. 5 KStG enthält keine **Definition** des Berufsverbands, gibt aber in S. 3 allgemeine Tätigkeitsmerkmale wieder. Aus ihnen folgt: Ein Berufsverband ist eine Vereinigung, die allgemeine aus der beruflichen oder unternehmerischen Tätigkeit erwachsende ideelle und wirtschaftliche Interessen des Berufsstandes oder Wirtschaftszweiges wahrnimmt (vgl. III 190/64, BStBl. III 1966, 525; III 179/64, BStBl. III 1966, 638; I R 234/71, BStBl. II 1974, 60; I R 86/85, BStBl. II 1990, 550; I R 45/02, BStBl. II 2003, 891; KStR 5.7 Abs. 1 S. 1). Nach neuerer Rspr. genügt die Wahrnehmung allgemeiner wirtschaftlicher Interessen (BFH I R 46/11, BFH/NV 2012, 1181); in einem frühen Gutachten formulierte der BFH noch zutr. „die *dem Berufsstand eigentümlichen* allgemeinen wirtschaftlichen Interessen" (BFH I D 1/52 S, BStBl. III 1952, 228; ähnl. Einschränkend BFH I 44/52 U, BStBl. III 1952, 221). 389a

b) Verwandte Berufe. Erforderlich ist daher idR, dass nur **Angehörige desselben Berufs** sowie nahe verwandter Berufe Mitglieder sind. Es genügt aber, wenn die Mitglieder verschiedenartigen Zweigen der gewerblichen Wirtschaft angehören oder wenn das Tätigkeitsgebiet der Vereinigung räumlich eng begrenzt ist (BFH I 44/52 U, BStBl. III 1952, 221; I 114/53 U, BStBl. III 1955, 12; I 104/53 U, BStBl. III 1955, 271). Die Möglichkeit der Mitgliedschaft von IT-Herstellern, -Beratungsunternehmen und -Anwendern ist nicht zu weit gefasst (BFH I R 46/11, BFH/NV 2012, 1181, Aufh. Von FG BW 6 K 1465/09, BeckRS 2011, 96703). 390

c) Keine Individualinteressen. Die Vertretung von **Individualinteressen,** insb. Die Wahrnehmung von besonderen wirtschaftlichen oder geschäftlichen 391

Interessen Einzelner, genügt nicht (BFH I 67/65, BStBl. II 1968, 236; I R 137/73, BStBl. II 1975, 722; I R 86/85, BStBl. II 1990, 550), auch wenn dies gegenüber einer Mehrzahl bestimmte geschäftliche Merkmale aufweisender GewBetriebe geschieht (BFH I 151/63, BStBl. III 1966, 632; III R 179/64, BStBl. III 1966, 638). Dagegen genügt die Vertretung in einem eng begrenzten Bereich der bei der unternehmerischen Tätigkeit bestehenden gemeinsamen Interessen (BFH I R 45/02, BStBl. II 2003, 891; I B 148/00, BFH/NV 2002, 1617). Auch dürfen sich die allgemeinen Interessen als Summe der Einzelinteressen darstellen, wenn die Ergebnisse der Interessenvertretung dem Berufsstand oder Wirtschaftszweig als solchem, also unabhängig von der Mitgliedschaft, zugute kommen (vgl. Köster in Lenski/Steinberg § 3 Nr. 10 Rn. 6).

392 **d) Einzelfälle. Berufsverbände** sind insb. Arbeitgeberverbände, Arbeitnehmerverbände (Gewerkschaften), Wirtschaftsverbände wie Bauernverbände oder Hausbesitzervereine, nicht jedoch Apotheken-Abrechnungsstellen (BFH I 110/53 U, BStBl. III 1954, 204); Vereine zur Einhaltung von Gütebedingungen (BFH III R 114/71, BStBl. II 1973, 39); Lohnsteuerhilfevereine (BFH I R 234/71, BStBl. II 1974, 60). Parteien oder Sonderorganisationen von Parteien können nicht Berufsverband sein, wohl aber Nebenorganisationen von Parteien, so auch der „Wirtschaftsrat der CDU e. V." (BFH VIII R 76/85, BStBl. II 1989, 97; krit. Höfling NJW 1989, 2518). Ein Club (Marketing-Club), dessen Satzung nur unbestimmte Angaben über seine Zielsetzung der Förderung des Marketing enthält, allen möglichen interessierten Personen offen steht und zum erheblichen Teil Vorträge allgemein-interessierenden Inhalts veranstaltet, soll ebenfalls ein Berufsverband sein (BFH VI R 35/86, BFH/NV 1990, 701, fragwürdig). Auch ein Zusammenschluss von Berufsverbänden ist seinerseits Berufsverband.

4. Herkunft der Erträge

393 Die Erträge müssen **iW aus der Vermögensverwaltung** herrühren. Auch insoweit schweigt die Vorschrift sich über das Gemeinte aus. „Im Wesentlichen" bedeutet sprachlich nicht nur – wie bei den Zwecken – hauptsächlich oder überwiegend, sondern „beinahe völlig" oder zumindest „weitaus überwiegend". Daher müssen die Erträge mE mit mind. 90 % aus der Vermögensverwaltung stammen (ebenso Köster in Lenski/Steinberg § 3 Nr. 10 Rn. 4; Rüsch in WSMH § 3 Nr. 10 Rn. 4). Darüber hinaus müssen die Erträge **ausschließlich dem Berufsverband zufließen.** Dies gilt auch für Erträge aus Nebentätigkeiten. Eine Verwendung für sonstige steuerbegünstigte Zwecke genügt nicht. Ebenso wenig genügt ein nur „mittelbares Zufließen". Bei Dazwischenschalten eines Geldempfängers lässt sich nicht feststellen, dass die Erträge dem Berufsverband zufließen. Anders selbstverständlich bei Treuhandverhältnissen (§ 39 AO; Köster in Lenski/Steinberg § 3 Nr. 10 Rn. 4; Rüsch in WSMH § 3 Nr. 10 Rn. 4).

394 *(frei)*

X. Befreiung von berufsständischen Versicherungs- und Versorgungseinrichtungen (Nr. 11)

1. Allgemeines

395 Die Begünstigung ist eine umfassende **persönliche StBefreiung** (hierzu → Rn. 397). Sie hat ihren Grund darin, dass die berufsständischen Versicherungs-

und Versorgungseinrichtungen Aufgaben wahrnehmen, die denen der Sozialversicherungsträger (Hoheitsbetriebe) entsprechen (BT-Drs. IV/3189, 10; BFH I R 47/09, BStBl. II 2012, 601). Diese aber sind ebenfalls von der GewStpfl. Befreit. Von der Begünstigung betroffen sind etwa die auf landesrechtlichen Vorschriften beruhenden Versorgungseinrichtungen der Ärzte und Apotheker.

2. Voraussetzungen der Befreiung

Die Angehörigen der Berufsgruppe sind aufgrund gesetzlicher Verpflichtung Mitglieder der Versicherungs- oder Versorgungseinrichtungen. Allerdings ist die Einrichtung nicht auf solche **Pflichtmitgliedschaften** beschränkt (arg.: Nr. 11 S. 2). **396**

Die **Satzung der Einrichtung** lässt nur die Zahlung von Beiträgen zu, die das Zwölffache der Beiträge, die sich bei einer Beitragsbemessungsgrundlage in Höhe der doppelten monatlichen Beitragsbemessungsgrenze in der Rentenversicherung der Arbeiter und Angestellten ergeben würden (§§ 152–154 SGB VI), nicht übersteigen. Diese Vorschrift gilt für den Fall, dass die Satzung freiwillige Mitgliedschaften zulässt, die nicht an eine Pflichtmitgliedschaft anschließen. Sind nach der Satzung nur Pflichtmitgliedschaften möglich oder freiwillige Mitgliedschaften, die unmittelbar an eine Pflichtmitgliedschaft anschließen, so darf die Satzung die Zahlung von Beiträgen zulassen, die das 15fache der oa Beiträge nicht übersteigen. Die Zulässigkeit oder Annahme höherer Beiträge schließt die Steuerbefreiung aus. Jedoch ist es nach BMF 20.10.2003, BStBl. I 2003, 558 unschädlich, wenn aus einer Entlassungsentschädigung wegen Altersteilzeit neben den oa Höchstbeträgen zur Reduzierung des versicherungsmathematischen Abschlags beim vorgezogenen Altersruhegeld Leistungen in die Versorgungseinrichtung erbracht werden.

3. Umfang der Befreiung

Die **Befreiung** ist angesichts des Zwecks der Vorschrift **umfassend;** sie betrifft alle auch gewerblichen Einkünfte, die aus erlaubten Anlagen des Vermögens herrühren. Das gilt auch für die Verpachtung eines Pflegeheims und eine mitunternehmerische Beteiligung. Lediglich für Erträge aus Tätigkeiten außerhalb der öffentlichen Aufgaben ist die Befreiung ausgeschlossen. Wettbewerbsbeeinträchtigungen nimmt der Gesetzgeber angesichts der durch den Versorgungszweck gegebenen Beschränkung von zulässigen Anlagen in Kauf. Darin liegt kein Verstoß gegen **Art. 3 Abs. 1 GG;** auch eine Beihilfe iSd **Art. 107 Abs. 1 AEUV** liegt nicht vor (BFH I R 47/09, BStBl. II 2012, 601; FG Düsseldorf 6 K 3127/06 K, G, F, EFG 2009, 1593). **397**

(frei) **398**

XI. Befreiung gemeinschaftlicher Tierhaltung (Nr. 12)

1. Allgemeines

Die Vorschrift enthält eine **sachliche Steuerbefreiung** und bezweckt die Förderung landwirtschaftlicher Tierhaltung gegen den Verdrängungswettbewerb der gewerblichen Tierhaltung. Hierfür gilt **bis EZ 2024** die Bezugnahme auf § 51a aF BewG; ab **EZ 2025** bestimmen sich die sachlichen Voraussetzungen nach § 13b EStG (§ 36 Abs. 2 S. 2 idFd G. v. 12.12.2019, BGBl. 2019 I 2154). **399**

399a Der **Kreis der Begünstigten** besteht aus Personengesellschaften sowie Genossenschaften. Vereine mit gemeinschaftlicher Tierhaltung sind bereits nach § 2 Abs. 3 GewStG nicht gewstpfl, weil insoweit schon nach § 13b EStG ein land- und forstwirtschaftlicher Betrieb vorliegt. Kapitalgesellschaften sind schon von § 13b Abs. 1 Nr. 1 EStG nicht erfasst und daher von der Begünstigung ausgeschlossen; hierin liegt keine ungerechtfertigte Ungleichbehandlung iSv Art. 3 Abs. 1 GG (BFH IV R 13/07, BFH/NV 2010, 652).

2. Persönliche Voraussetzungen

400 Nach § 13b Abs. 1 S. 1 Nr. 1 EStG (bis EZ 2024: § 51a Abs. 1 S. 1 Nr. 1 BewG) müssen alle Gesellschafter oder Mitglieder

(Buchst. a) Inhaber eines Betriebs der Land- und Forstwirtschaft mit selbstbewirtschafteten regelmäßig landwirtschaftlich genutzten Flächen sein,

(Buchst. b) nach dem Gesamtbild der Verhältnisse hauptberuflich Land- und Forstwirte sein,

(Buchst. c) Landwirte iSd § 1 Abs. 2 des Gesetzes über die Alterssicherung der Landwirte (ALG) sein und dies durch eine Bescheinigung der zuständigen Alterskasse nachweisen und

(Buchst. d) die sich nach § 13 Abs. 1 Nr. 1 S. 2 EStG für sie ergebende Möglichkeit zur landwirtschaftlichen Tiererzeugung oder Tierhaltung in Vieheinheiten ganz oder teilweise auf die Genossenschaft, die Gesellschaft oder den Verein übertragen haben.

Das Nichtvorliegen oder der **Wegfall der persönlichen Voraussetzungen** einzelner Mitglieder schadet der GewStBefreiung der Kooperation insgesamt.

400a Als **Mitglieder** oder **Gesellschafter** kommen demnach **nur natürliche Personen** in Betracht, nicht jedoch eine juristische Person (BFH IV R 13/07, BFH/NV 2010, 652). Beteiligt sich eine land- und forstwirtschaftliche Personengesellschaft (Mitunternehmerschaft) an einer Tierhaltungsgemeinschaft, sind alle Mitunternehmer als Mitinhaber eines Betriebs der Land- und Forstwirtschaft iSd § 13b EStG anzusehen (vgl. BFH VI R 6/22, BStBl. II 2024, 734, zu § 51a Abs. 1 S. 1 Nr. 1 aF BewG). Zu weiteren Einzelheiten → § 2 Rn. 217a).

400b Die Kooperation muss den land- und forstwirtschaftlichen Betrieb **selbst bewirtschaften;** daher kommt auch ein Pächter in Betracht, nicht jedoch der Verpächter. Ausgeschlossen sind Personen, die den Betrieb nur nebenher bewirtschaften. Das Gleiche gilt für Inhaber von sog. Nebenerwerbsstellen, denn nach § 1 Abs. 2 ALG muss der Betrieb unabhängig von dem Unternehmer eine auf der Bodennutzung beruhende Existenzgrundlage bilden. Der Nachweis hierüber ist dem FA durch Bescheinigung der zuständigen Alterskasse zu erbringen. Zulässig ist die Mitgliedschaft in mehreren Tierhaltungskooperationen, vorausgesetzt, dass der Landwirt nur die nicht selbst ausgeschöpften Vieheinheiten überträgt.

3. Sachliche Voraussetzungen

401 Nach **§ 13b Abs. 1 S. 1 Nr. 2 EStG** dürfen die von der Tierhaltungskooperation gehaltenen oder erzeugten **Vieheinheiten** nachhaltig nicht größer sein als die Summe der ihr von den Gesellschaftern oder Mitgliedern innerhalb der Grenzen des **§ 13 Abs. 1 Nr. 1 S. 2 EStG** übertragenen Vieheinheiten und die Summe

der Vieheinheiten, die sich auf der Grundlage der Summe der von den Gesellschaftern oder Mitgliedern regelmäßig landwirtschaftlich genutzten Flächen ergibt. Dies sind

für die ersten	20 ha nicht mehr als	10 Vieheinheiten
für die nächsten	10 ha nicht mehr als	7 Vieheinheiten
für die nächsten	20 ha nicht mehr als	6 Vieheinheiten
für die nächsten	50 ha nicht mehr als	3 Vieheinheiten
und für die weitere Fläche nicht mehr als		1,5 Vieheinheiten.

Durch G. v. 29.6.1998 (BGBl. 1998 I 1692) ist in § 51 Abs. 1a aF BewG die nach § 13 Abs. 1 Nr. 1 S. 2 EStG weiter geltende Vieheinheitenstaffel für größere Betriebe bis 100 ha angehoben worden, um diesen die steuerlichen Vergünstigungen für landwirtschaftliche Betriebe zu erhalten (und die Umwandlung in eine agrar- und umweltpolitisch unerwünschte „Agrarfabrik" mit Massentierhaltung zu verhindern, vgl. BT-Drs. 13/10, 315).

Außerdem dürfen nach **§ 13b Abs. 1 S. 1 Nr. 3 EStG** die Betriebe der Mitglieder oder Gesellschafter **nicht mehr als 40 km** von der Produktionsstätte der Tierhaltungskooperation entfernt liegen. Diese Voraussetzungen dienen der Wettbewerbsgleichheit im Interesse der Einzelbetriebe und dem Ausgleich von Wettbewerbsverzerrungen gegenüber der gewerblichen Tierhaltung.

4. Umfang der Befreiung

Die Vergünstigung ist **beschränkt auf die gemeinschaftliche Tierhaltung** 402
(„soweit"). Das bedeutet auch, dass die Gesellschaft oder Genossenschaft nicht ausschließlich Tierhaltung oder sonstige gewstbefreite Tätigkeiten zum Gegenstand haben muss (BFH IV R 13/07, BFH/NV 2010, 652).

XII. Befreiung von Schulen und anderen bildenden Einrichtungen (Nr. 13)

Literatur: Binnewies/Mehlhaf, Gewerbesteuerpflicht psychotherapeutischer Ausbildungsinstitute in der Rechtsform der GmbH, Ubg 2021, 327; Rüsch, Gewerbesteuerbefreiung von im Rahmen der praktischen Ausbildung von Psychotherapeuten erbrachten Behandlungsleistungen, FR 2022, 314.

1. Allgemeines

Die Vorschrift enthält eine **persönliche Steuerbefreiung** mit sachlichen 403
Einschränkungen („soweit"); weitere gewerbliche Betätigungen der Einrichtung unterliegen der GewSt (BFH V R 33/23, BStBl. II 2026, 436). Ihr **Zweck** ist die Behebung der GewStBelastung zur Angleichung privater Ausbildungseinrichtungen an gemeinnützige oder freiberufliche Institute (BT-Drs. VI/1844; BFH I R 33/92, BStBl. II 1993, 764). Sie knüpfte ursprünglich – rein rechtstechnisch, nicht auch im Hinblick auf den Gesetzeszweck – an die USt-Befreiung nach § 4 Nr. 21 UStG an. Hiervon ist sie durch G. v. 12.12.2019 (BGBl. 2019 I 2451) **mW ab EZ 2015** (BFH V R 25/20, BStBl. II 2022, 131) abgekoppelt und als eigenständige Regelung der Befreiungstatbestände der Nr. 13 gestaltet worden. Die bisherige gewstliche Befreiung ist im vollen Umfang erhalten geblieben (BT-Drs. 19/13436, 133; BR-Drs. 356/19, 149 f.). Die bisherigen Rechts- und Verwaltungsgrundsätze, insb. **UStAE 4.21.2,** sollen aber weiterhin

zur Anwendung kommen (BR-Drs. 356/19, 150); jedoch nicht im Sinne einer dynamischen Verweisung auf § 4 Nr. 21 UStG (BFH V R 33/23, BStBl. II 2026, 436).

403a Die Neufassung bedingt jedoch, dass sämtliche Voraussetzungen der Vorschrift **in eigener Zuständigkeit durch das FA** zu prüfen sind. Das gilt auch für die Frage, ob die Schule oder sonstige Einrichtung auf eine vor einer juristischen Person des öffentlichen Rechts abzulegende Prüfung vorbereitet (→ Rn. 404). Insbesondere besteht nicht das Erfordernis, diese Voraussetzung durch eine Bescheinigung der zuständigen Landesbehörde nachzuweisen (wie zuvor nach § 4 Nr. 21a bb UStG), womit auch die Grundlagenfunktion einer solchen zweckmäßgerweise vorzulegenden Bescheinigung entfallen sein dürfte (zum früheren Recht BFH V R 27/11, BStBl. II 2013, 529). Jedoch kann die Bescheinigung nach wie als Indiz für die Erbringung der dem Anforderungsprofil genügenden Leistungen dienen (zur aF BFH V R 3/05, BStBl. II 2012, 267).

2. Persönlicher Geltungsbereich

404 Die Befreiung betrifft **private Schulen** ua **allgemein- oder berufsbildende Einrichtungen,** soweit unmittelbar dem Schul- und Bildungszweck dienende Leistungen erbracht werden, wenn sie

– als Ersatzschulen gem. Art. 7 Abs. 4 GG staatlich genehmigt oder landesrechtlich erlaubt sind oder
– auf einen Beruf oder eine vor einer juristischen Person des öffentlichen Rechts abzulegende Prüfung ordnungsgemäß vorbereiten.

Die Befreiung kann daher auch ein Schulträger in Anspruch nehmen, der neben der (genehmigten Ersatz-)Schule bzw. Bildungseinrichtung noch **andere gewerbliche Zwecke** verfolgt (BFH I R 182/94, BStBl. II 1997, 449). Die Einrichtung muss in diesem Fall – wie bei einem BgA – funktionell, ggf. auch organisatorisch und/oder wirtschaftlich vom Trägerunternehmer verselbstständigt sein (BFH I R 182/94, BStBl. II 1997, 449; FM MV 29.11.1996, DStR 1997, 618).

3. Sachliche Voraussetzungen

405 **a) Unmittelbarkeit.** Die **Befreiung** wird gewährt, **soweit** der Gewerbebetrieb **unmittelbar** dem Schul- oder Bildungszweck **dienende Leistungen** erbringt: Das sind solche Leistungen, die ihn nicht nur ermöglichen, sondern selbst bewirken (BFH V R 28/04, BStBl. II 2010, 999), also wenn/soweit keine weiteren Leistungen zur Erfüllung des begünstigten Zwecks erforderlich sind (BFH VIII R 149/76, BStBl. II 1981, 746). Daher reicht es aus, wenn durch die Einrichtung selbst der Bildungsauftrag erfüllt und Kenntnisse und Fertigkeiten vermittelt werden. Auch die Lieferung von **Lehrmaterial** kann begünstigt sein, wenn es sich um eine **unselbständige Nebenleistung** handelt, insbesondere nicht bei Dritten bezogen werden kann (BFH V R 15/80, BStBl. II 1986, 499).

Es genügt nicht, dass die Leistung für den Schul- und Bildungszweck notwendig oder unerlässlich ist; insb. wenn Unterrichtsleistungen gegenüber der Einrichtung erbracht werden (BFH V R 33/23, BStBl. II 2026, 436, zu FG Düsseldorf 9 K 1130/22 G, EFG 2023, 1789, aufgeh.) oder mit der Leistung gegenüber einem anderen Empfänger als dem der Schul- und Bildungsleistung ein eigenständiger wirtschaftlicher Erfolg erstrebt wird (BFH V R 25/20, BStBl. II 2022, 131). Eine erweiternde analoge Anwendung der Vorschrift ist angesichts ihres engen Zwecks (→ Rn. 403) weder aufgrund des Art. 132 Abs. 1 Buchst. i MwStSystRL noch durch erweiternde Auslegung des § 4 Nr. 21 UStG noch in Anlehnung an die Befreiung von Krankenhäusern nach § 3 Nr. 20 oder die GewStFreiheit von freiberuflichen Therapeuten geboten (vgl. BFH V R 33/23, BStBl. II 2026, 436).

Das gilt insb. für den Verkauf von bisher selbst betriebenen Lehrinstituten (BFH V R 32/23, BStBl. II 2025, 441, zu FG Düsseldorf 9 K 349/22 G, EFG 2023, 1639, best.).

b) Leistungen der Auszubildenden. Ein Ausbildungsinstitut ist daher nicht **406**
mit den **Leistungen der Auszubildenden** gegenüber Kunden/Patienten des Instituts befreit. Das gilt etwa für eine **Friseurfachschule** (BFH V R 25/84, BStBl. II 1990, 98), die **Ausbildung von Krankengymnasten** (zur USt BFH V R 52/89, BFH/NV 1994, 203) und für die **Psychotherapieausbildung** (BFH V R 25/20, BStBl. II 2022, 131; FG Münster 9 K 2097/14 G, EFG 2016, 48; zust. Müller MwStR 2022, 287; krit. Binnewies/Mehlhaf Ubg 2021, 327). Für Letztere wird Abhilfe durch Erhöhung der Ausbildungsgebühren und Beteiligung der Auszubildenden an den Behandlungseinnahmen empfohlen (Rüsch FR 2022, 314), was mE problematisch im Hinblick auf § 42 AO ist.

c) Begünstigte Bildungseinrichtungen. Private Schulen sind solche, die **407**
nicht von einer Gebietskörperschaft im Rahmen der Wahrnehmung ihrer öffentlichen Aufgaben geführt werden. Sie sind nur befreit, wenn sie der Vermittlung von Allgemein- oder Berufsbildung dienen.

Allgemeinbildende Einrichtungen sind solche, die einen Bildungsgang **407a**
(unmittelbar) fördern, der im Allgemeinen mit einer staatlichen Prüfung abschließt. Auf ihre Rechtsform kommt es nicht an. Sie erfordert auch nicht eine schulische Organisation mit einer selbstständigen und umfassenden Darbietung des Prüfungsstoffs oder unmittelbaren und systematischen Prüfungsvorbereitung (BFH I R 182/94, BStBl. II 1997, 449); es genügt eine Tätigkeit, die einer solchermaßen schulischen gleichkommt (vgl. BVerwG VII C 73/75, BStBl. II 1977, 334).

Der **Begriff der Einrichtung** ist mE aber – ähnlich wie bei einem BgA nach § 4 Abs. 1 S. 1 KStG (→ § 2 Rn. 381a) – funktionell in dem Sinne auszulegen, dass sie sich durch die erbrachte Leistung, einem geschlossenen Geschäftskreis, die Buchhaltung oder einem ähnlichen auf Einheit hindeutenden Merkmal abgrenzen lässt und sich wirtschaftlich als eigenständig darstellt. Eine GmbH, die durch ihren Gesellschafter-Geschäftsführer als Dozent Unterrichte an einem Fortbildungsinstitut erteilt, ist keine Einrichtung in diesem Sinne; das gilt auch für den Dozent, der an der Einrichtung Unterricht erteilt (BFH V R 33/23, BStBl. II 2026, 436, zu FG Düsseldorf 9 K 1130/22 G, EFG 2023, 1789, aufgeh.).

Anerkannt sind Kurse mit der Thematik „Sofortmaßnahmen am Unfallort" (BFH V R 52/06, BFH/NV 2008, 725 zur USt) ebenso wie „Erste-Hilfe-Kurse" (BFH IX R 77/07, BFH/NV 2009, 1676 zur USt).

Berufsbildende Einrichtungen sind solche die auf einen bestimmten Beruf **407b**
vorbereiten und spezielle Kenntnisse und Fertigkeiten vermitteln, die für die Ausübung bestimmter beruflicher Tätigkeiten erforderlich sind (vgl. BverwG VII C 73/75, BStBl. II 1977, 334; BFH V R 62/02, BStBl. II 2004, 252). In Betracht kommt eine **Musikschule** (BFH V R 83/84, BStBl. II 1989, 815), nicht jedoch eine **Jagdschule** (BFH V R 62/02, BStBl. II 2004, 252). Eine **Fahrschule,** die auf den Erwerb des PKW- oder Motorradführerscheins vorbereitet, ist keine

berufsbildende Einrichtung (BFH V R 54/73, BStBl. II 1974, 527); anders kann dies sein bei der Vorbereitung auf den Erwerb des LKW- oder Busführerscheins (vgl. UStAE 4.21.2 Abs. 6; abgrenzend EuGH C-449/17, DStR 2019, 620; nachgehend BFH V R 7/19, BFH/NV 2019, 1210). In Betracht kommen auch Einrichtungen zur beruflichen Fortbildung und Umschulung sowie zur Aktivierung und Eingliederung iSd SGB III (UStAE 4.21.2 Abs. 3) ebenso wie Integrationskurse durch einen vom Bundesamt für Migration und Flüchtlinge zugelassenen Kursträger (UStAE 4.21.2 Abs. 3a). Weitere Einzelheiten s. UStAE 4.21.2 Abs. 3–8.

407c **Erforderlich** ist ein auf eine **bestimmte Dauer** angelegter Betrieb mit einem festliegenden **Lehrprogramm** und Lehrplänen zur Vermittlung des Unterrichtsstoffs. Es muss sich nicht um einen eigenen Lehrstoff handeln; vielmehr genügt die Unterstützung/Verarbeitung oder Repetition des Schul-/Hochschulstoffs. Die Veranstaltung einzelner Vorträge oder Vortragsreihen ist jedoch nicht ausreichend (Köster in Lenski/Steinberg § 3 Nr. 13 Rn. 6). Unschädlich ist jedoch die Einbindung von Vorträgen ins Lehrprogramm (vgl. UStAE 4.21.2 Abs. 2).

408 **d) Abgrenzungen.** Im **schulischen Bereich** ist eine Aufteilung in steuerfreie und steuerpflichtige Leistungen **nicht erforderlich** oder möglich. Das gilt insbesondere für unselbständige Nebenleistungen (→ Rn. 405). Jedoch darf die Einrichtung über Betriebsteile verfügen, die nicht unmittelbar dem Schul- oder Bildungszweck dienen, sondern etwa der Unterkunft und Verpflegung; das gilt ebenso für den Verkauf von auch bei Dritten beziehbaren Lehrmaterial (BFH V R 15/80, BStBl. II 1986, 499). Solche Leistungen dienen dem Schulzweck nur mittelbar. Sie unterliegen der GewSt (BFH VIII R 149/76, BStBl. II 1981, 746; I R 182/94, BStBl. II 1997, 449). Die Steuerfreiheit der Leistungen im (unmittelbar) schulischen Bereich geht deswegen jedoch nicht verloren.

409 **e) Betriebsaufspaltung.** Die (partielle) Steuerbefreiung kann nach der Rspr.-Änderung zur Merkmalübertragung (→ Rn. 3) mE **auch das Besitzunternehmen** in Anspruch nehmen (vgl. → Rn. 3; Thür FG 3 K 719/15, EFG 2017, 412, Rev. unzulässig: BFH X R 42/16, BFH/NV 2019, 586; Jost DB 2007, 1664; aA Köster in Lenski/Steinberg § 3 Nr. 12 Rn. 22 f.).

XIII. Befreiung von landwirtschaftlichen Genossenschaften und Vereinen (Nr. 14)

1. Allgemeines

410 Die Vorschrift enthält eine **persönliche Befreiung.** Sie ist durch G. v. 17.4.1974 (BGBl. 1974 I 949) eingefügt worden und dient der Förderung von Zusammenschlüssen von Land- und Forstwirten zum Zwecke der gemeinsamen Produktion, jedoch unter Ausschluss rein kapitalmäßiger Beteiligungen. Sie wird ergänzt durch Begünstigungen bei der KSt (§ 25 KStG).

Das G. verwendet die Formulierung „Erwerbs- und Wirtschaftsgenossenschaften" nicht mehr (redaktionelle Anpassung an das GenG durch G. v. 12.12.2019, BGBl. 2019 I 2451). Eine Änderung der Befreiungstatbestände ist damit mE nicht verbunden. Die Nennung der Vereine ist überflüssig, weil sie bei einer Beschränkung auf die LuF bereits nach § 2 Abs. 3 nicht gewstpfl. Sind.

2. Voraussetzungen

Erforderlich ist auf jeden Fall die **Überlassung von Grundstücken** und **Gebäuden** zur Nutzung oder Bewirtschaftung durch die Mitglieder. Umfang und Form der Überlassung sind nicht vorgeschrieben und können frei vereinbart werden. Es kann auch der gesamte Betrieb eines Mitglieds überlassen werden, weil nicht erforderlich ist, dass auch das einzelne Mitglied noch land- und forstwirtschaftlich tätig ist. Allerdings darf das **Verhältnis des Werts der Geschäftsanteile** (bzw. der Anteile am Vereinsvermögen) der einzelnen Mitglieder zum Wert der gesamten Geschäftsanteile bzw. des gesamten Vereinsvermögens **nicht wesentlich abweichen** vom Verhältnis des Werts der von den Mitgliedern überlassenen Flächen und Gebäude zum Wert aller überlassenen Flächen und Gebäude. Diese Voraussetzung dient dem Ausschluss rein oder wesentlich kapitalmäßiger Beteiligungen. Freilich besteht ein gewisser Spielraum dadurch, dass die Vorschrift unwesentliche Abweichungen als unschädlich hinnimmt. „Nicht wesentlich" sind mE Abweichungen, die 10 % nicht übersteigen (ebenso Böwing-Schmalenbrock in Brandis/Heuermann § 3 Rn. 76). Die Hinzupachtung oder der Erwerb von Flächen von Nichtmitgliedern steht mE der Befreiung nicht entgegen, ebensowenig die Beteiligung an anderen land- und forstwirtschaftlichen Unternehmen. 411

(frei) 412

XIV. Befreiung von Genossenschaften und Vereinen iSv § 5 Abs. 1 Nr. 10 KStG (Nr. 15)

Literatur: Scharfenberg/Dorn, Zu den Rechtsformvorteilen von Genossenschaften im Bereich der Wohnungswirtschaft, DB 2022, 963

1. Allgemeines

Es handelt sich um eine **persönliche,** aber **sachlich beschränkte Steuerbefreiung** (vgl. § 5 Abs. 1 Nr. 10 KStG: „soweit") für bestimmte wohnungswirtschaftlich tätige Genossenschaften und Vereine **iSv § 5 Abs. 1 Nr. 10 KStG.** Nicht befreit sind Unternehmen in anderen Rechtsformen als der des Vereins oder der Genossenschaft (hierzu Scharfenberg/Dorn DB 2022, 963). Das G. verwendet die Formulierung „Erwerbs- und Wirtschaftsgenossenschaften" nicht mehr (redaktionelle Anpassung an das GenG durch G. v. 12.12.2019, BGBl. 2019 I 2451). Eine Änderung der Befreiungstatbestände ist damit mE nicht verbunden. 413

Für die **Nicht-/Abhängigkeit** der GewSt-Befreiung von der **KSt-Befreiung** gelten mE die Ausführungen in → Rn. 5 entsprechend (aA Köster in Lenski/Steinberg § 3 Nr. 15 Rn. 6).

2. Voraussetzungen der Begünstigung

a) Herstellung/Nutzungsüberlassung. Voraussetzungen der Befreiung sind, dass die begünstigten Genossenschaften und Vereine **(1.)** Wohnungen **herstellen oder erwerben** und sie den **Mitgliedern** aufgrund eines Mietvertrags oder aufgrund eines genossenschaftlichen Nutzungsvertrags **zum Gebrauch** überlassen; Verschaffung des Gebrauchs von gemieteten/gepachteten Wohnungen führt nicht zur Befreiung; den Wohnungen stehen Räume in Wohnheimen iSd § 15 Abs. 2. WoBauG gleich. Investierende Mitglieder iSd § 8 Abs. 2 GenG sind 414 keine Mitglieder idS (§ 5 Abs. 1 Nr. 10 S. 5 KStG; G. v. 21.12.2019, BGBl. 2019 I 2875); dafür umfasst die Begünstigung Verträge zur **vorübergehenden Unterbringung von Wohnungslosen** mit juristischen Personen des öffentlichen Rechts oder mit gemeinnützigen, mildtätigen oder kirchlichen Mitgliedern (§ 5 Abs. 1 Nr. 10 S. 6 KStG) sowie die Unterbringung aufgrund einer Einweisungsverfügung nach den Ordnungsbehördengesetzen der Länder (§ 5 Abs. 1 Nr. 10 S. 7 KStG; G. v. 21.12.2020 BGBl. 2020 I 3096); zur Unterbringung von **Kriegsflüchtlingen aus der Ukraine** BMF 31.3.2022, BStBl. I 2022, 345; 2022, 1529.

(2.) iZm einer Tätigkeit iSv Buchst. a Gemeinschaftsanlagen oder Folgeeinrichtungen herstellen oder erwerben und sie betreiben, wenn sie überwiegend für Mitglieder bestimmt sind und der Betrieb durch die Genossenschaft oder den Verein notwendig ist.

Diese **Leistungen** müssen also **auf die Mitglieder** oder **Wohnunslose beschränkt** sein.

415 **b) Zulässige Tätigkeiten.** Zu den von der Befreiung erfassten Tätigkeiten gehören auch solche Geschäfte, die als Ausfluss der begünstigten Tätigkeiten anfallen und die der Geschäftsbetrieb der Vermietungsgenossenschaft mit sich bringt, die also zur **Abwicklung der begünstigten Tätigkeiten erforderlich** sind und im Rahmen der begünstigten Tätigkeiten erfolgen (BFH I R 95/09, BFH/NV 2011, 311). Dazu gehört ua die **Veräußerung** von nicht mehr benötigtem Inventar und von Betriebsgrundstücken aus dem begünstigten Bereich, sofern dies nicht den Charakter eines gewerblichen Grundstückshandels annimmt, die **verzinsliche Anlage** von Finanzmitteln, die für zeitnahe Instandhaltungs- und Investitionsmaßnahmen erforderlich sind, die vorübergehende Verpachtung von Grundstücken usw (im Einzelnen BMF 22.11.1991, BStBl. I 1991, 1014 Rn. 39 ff.), nicht jedoch die Anlage von das Volumen *mittelfristig* erforderlicher Maßnahmen übersteigendem Kapital. Die Verrechnung von Zinsaufwand mit stpfl. Zinserträgen kommt nur bei unmittelbarem Zusammenhang in Betracht (BFH I R 95/09, BFH/NV 2011, 311).

3. Umfang der Befreiung

416 **a) (Partielle) Steuerpflicht.** Die **Steuerbefreiung ist ausgeschlossen,** wenn die Einnahmen des Unternehmens aus den in → Rn. 415 nicht bezeichneten Tätigkeiten **10 %** der gesamten Einnahmen übersteigen (zB Leistungen an Nichtmitglieder). Diese Vorschriften bedeuten, dass die Genossenschaften/Vereine nur insoweit (partiell oder ganz) befreit sind, als sie die oa Tätigkeiten vornehmen. Für andere Tätigkeiten **bis 10 %** der Einnahmen besteht **partielle StPfl.,** bei höheren Einnahmen sogar **volle StPfl.** (Scharfenberg/Dorn DB 2022, 963). Bei Lieferung von Strom aus Anlagen, für den das Unternehmen nach § 21 Abs. 3 EEG Anspruch auf einen Mieterstromzuschlag hat, erhöht sich die Grenze von 10 % nach § 5 Abs. 1 Nr. 10 S. 3 iVm S. 4 KStG (G. v. 4.8.2019, BGBl. 2019 I 1122) auf 20 % der daraus erzielten Einnahmen, wenn die 10 %-Grenze nur durch diese Einnahmen überschritten wird; hierzu gehören auch Einnahmen aus zusätzlicher Stromlieferung iSd § 42a Abs. 2 S. 6 EnWiG sowie aus der Einspeisung von Strom aus diesen Anlagen.

Vgl. zum **Begriff der Einnahmen** (einschließlich USt) und der Abgrenzung der begünstigten von den nicht begünstigten Einnahmen BMF 22.11.1991, BStBl. I 1991, 1014 Rn. 32, 38 ff.

b) Kürzung nach § 9 Nr. 1. Die Kürzung nach **§ 9 Nr. 1 S. 2–6** ist bei partieller StPfl. neben der Befreiung **anzuwenden** (ebenso Köster in Lenski/Steinberg § 3 Nr. 15 Rn. 17 f.). Vgl. zu den Einzelheiten BMF 22.11.1991, BStBl. I 1991, 1014 Rn. 60. **417**

(frei) **418, 419**

XV. Befreiung von gemeinnützigen Siedlungsunternehmen (Nr. 17)

1. Allgemeines

Die Vorschrift enthält eine **persönliche Steuerbefreiung.** Sie ist durch G. v. 17.4.1974 (BGBl. 1974 I 949) an Stelle von § 12 Nr. 3 GewStDV eingefügt worden. Eine Neufassung erfolgte durch StRefG v. 25.7.1988 (BGBl. 1988 I 1093), die letzte Änderung durch G. v. 19.12.2008 (BGBl. 2008 I 2794). Die **neueste Fassung** ist erstmals **ab EZ 2008** anzuwenden. **420**

2. Persönliche Voraussetzungen

Es muss sich um **Siedlungsunternehmen** iSd ReichssiedlungsG oder entsprechender, nicht wesentlich von den Bestimmungen des ReichssiedlungsG abweichender LandesG oder der BodenreformG der Länder handeln. Das ReichssiedlungsG v. 11.8.1919 (RGBl. 1919, 1429), zuletzt geändert durch G. v. 29.7.2009 (BGBl. 2009 I 2355), verpflichtet die Länder, gemeinnützige Siedlungsunternehmen (mE Gebilde iSd § 51 Abs. 1 S. 2 AO) zu begründen, neue Ansiedlungen zu schaffen und bestehende Kleinbetriebe bis zur Größe einer selbstständigen Ackernahrung zu erweitern. Das hierzu erforderliche Land erlangen die Siedlungsunternehmen durch Erwerb von Staatsdomänen, Enteignung von Moor- und Ödland sowie durch Ausübung eines gesetzlichen Vorkaufsrechts an landwirtschaftlichen Grundstücken ab 2 ha. Seit Inkrafttreten des Gesetzes über die Gemeinschaftsaufgabe „Verbesserung der Agrarstruktur und des Küstenschutzes" v. 3.9.1969, BGBl. 1969 I 1573 (idF der Bekanntmachung vom 21.7.1988, BGBl. 1988 I 1055, zuletzt geändert durch VO v. 31.8.2015, BGBl. 2015 I 1474) hat das ReichssiedlungsG geringe Bedeutung. **421**

3. Sachliche Voraussetzungen

Die Siedlungsunternehmen müssen sich nach dem 2. Halbsatz der Vorschrift beschränken auf: **422**

Siedlungsmaßnahmen. Erfolgen sie nach dem ReichssiedlungsG, dann müssen sie sich auf die bäuerliche Siedlung und die Kleinsiedlung beziehen.

Maßnahmen zur Agrarstrukturverbesserung. Dies sind Maßnahmen zur Förderung der Ansiedlung, Aufstockung, Flurbereinigung, des Wegebaus, der Wasserwirtschaft und der Aufforstung (vgl. GrundstücksverkehrsG v. 28.7.1961 BGBl. 1961 I 1091, geändert durch Art. 108 des G. v. 17.12.2008, BGBl. 2008 I 2586).

Landentwicklungsmaßnahmen. Dies sind Maßnahmen im öffentlichen Interesse, die wegen des sich vollziehenden Strukturwandels zur Unterstützung und Ergänzung der Siedlungs- und Agrarstrukturverbesserung im ländlichen Raum erforderlich sind, und zwar im Wesentlichen:

- die Planung und Durchführung von Maßnahmen der Ortssanierung, Ortsentwicklung, Bodenordnung und Agrarstrukturverbesserung,
- die Durchführung von Umsiedlungen und Landtauschen aus Anlass der Inanspruchnahme von Land für öffentliche und städtebauliche Zwecke.

Die Durchführung soll alle Tätigkeiten gemeinnütziger Siedlungsunternehmen umfassen, die der Verwirklichung dieser Maßnahmen dienen, insb. die erforderliche Landbeschaffung (KStR 5.10 S. 3–6).

Maßnahmen der vorbezeichneten Arten sind auch dann begünstigt, wenn sie nicht ausdrücklich durch Gesetz zugewiesen sind (KStR 5.10 S. 2).

4. Umfang der Befreiung/partielle Steuerpflicht

423 Die **Steuerfreiheit** ist aus Wettbewerbsgründen **beschränkt** auf die GewErträge aus den begünstigten Tätigkeiten (→ Rn. 422). Eine völlige Beschränkung des Unternehmens auf diese Tätigkeiten fordert das G nicht mehr. Durch andere Tätigkeiten, zB Wohnungsbau, Baubetreuung ua, wird es jedoch **partiell stpfl.** („soweit"). Das Unternehmen wird nach S. 2 **insgesamt stpfl.,** wenn die Einnahmen aus den nichtbegünstigten Tätigkeiten überwiegen (KStR 19 S. 5 f.).

424 *(frei)*

XVI. Befreiung von Pensionssicherungsvereinen (Nr. 19)

1. Allgemeines

425 Die Vorschrift enthält eine **persönliche Steuerbefreiung.** Sie ist durch G. v. 19.12.1974 (BGBl. 1974 I 3610) eingefügt worden und gilt erstmals ab EZ 1975.

Der Pensionssicherungsverein ist nach § 14 BetrAVG **Träger der Insolvenzsicherung.** Können Ansprüche von Versorgungsempfängern aus einer unmittelbaren Versorgungszusage des Arbeitgebers wegen Eröffnung des Konkurs-/Insolvenzverfahrens über das Vermögen oder den Nachlass des Arbeitgebers nicht erfüllt werden, dann haben jene nach § 7 BetrAVG gegen den Pensionssicherungsverein einen Anspruch in Höhe der Leistung, die der Arbeitgeber aufgrund der Versorgungszusage zu erbringen hätte. Grundlage ist eine Versicherung, die der Arbeitgeber als Versicherungsnehmer zugunsten der Versorgungsberechtigten mit dem Pensionssicherungsverein abschließt (hierzu BFH I R 102/88, BStBl. II 1992, 336). Die Steuerbefreiung ist gerechtfertigt, weil der Pensionssicherungsverein als Träger der Insolvenzsicherung wegen seiner monopolartigen Stellung nicht zu etwa vergleichbaren stpfl. Unternehmen in Wettbewerb tritt (vgl. BT-Drs. 7/2843, 17).

2. Voraussetzung für die Befreiung

426 Der Verein muss die für die Befreiung von der KSt erforderlichen **Voraussetzungen** erfüllen. Eine Bindung an die Befreiung von der KSt besteht nicht (ebenso Köster in Lenski/Steinberg § 3 Nr. 19 Rn. 1). Die Voraussetzungen **nach § 5 Abs. 1 Nr. 15 KStG** liegen vor, wenn der Verein

(a) mit Erlaubnis der Versicherungsaufsichtsbehörde ausschließlich die Aufgabe des Trägers der Insolvenzsicherung wahrnimmt, die sich aus dem BetrAVG (BGBl. 1974 I 3610) ergeben, und

(b) seine Leistungen nach dem Kreis der Empfänger sowie nach der Art und Höhe den in §§ 7–9, 17 und 30 BetrAVG bezeichneten Rahmen nicht überschreiten.

Rückstellungen für künftige Beiträge an den Pensionssicherungsverein können nicht gebildet werden (BFH I R 102/88, BStBl. II 1992, 336).

XVII. Befreiung von Krankenhäusern, Altenheimen, Altenwohnheimen, Pflegeheimen und ambulanten Pflegeeinrichtungen (Nr. 20)

Literatur: Klähn, Zur Gewerbesteuerpflicht von Krankenhäusern nach § 3 Nr. 2 Buchst. b GewStG, StBp 2006, 380; Rüsch, Umfang der Gewerbesteuerbefreiung für Altenheime, Altenwohnheime und Pflegeeinrichtungen, FR 2022, 134 (138).

1. Allgemeines

a) Zweck/Normzusammenhänge. Diese Befreiungsvorschrift **dient der** 427
Verbesserung der Versorgungsstrukturen bei der Behandlung und Pflege kranker bzw. alter und pflegebedürftiger Personen und der Kostenentlastung der Träger entsprechender Einrichtungen (BFH I R 65/02, BStBl. II 2004, 300; I R 43/10, BStBl. II 2011, 892; I R 59/10, BFH/NV 2012, 61; I R 74/14, BStBl. II 2017, 650; zur Rechtsentwicklung BFH X R 2/13, BStBl. II 2016, 286). Begünstigt sind daher nur solche Leistungen, durch die den Sozialversicherungsträgern **unmittelbar Kosten** entstehen können (SchlHFG 5 K 40111/10, EFG 2013, 641). Zur Bestimmung der dem Sozialrecht entlehnten Begriffe der Vorschrift ist auf die **Begriffsbestimmungen des Sozial- und Sozialversicherungsrechts** zurückzugreifen (BFH X R 2/13, BStBl. II 2016, 286; VIII R 10/17, BStBl. II 2021, 387).

Die Befreiung enthält eine **Spezialvorschrift** gegenüber § 3 Nr. 6. Demnach kommt es nicht auf die Einhaltung der Voraussetzungen für die Anerkennung als Zweckbetrieb (Krankenhaus iSv § 67 AO; → Rn. 266) einer gemeinnützigen oder mildtätigen Körperschaft an. Auch eine Bindung an die Behandlung einer Einrichtung bei der USt besteht nicht (BFH VIII R 10/17, BStBl. II 2021, 387).

b) Sachliche Befreiung. Es handelt sich um eine **beschränkte persönliche** 428
bzw. **sachliche,** zu den Buchst. b–d rechtsformneutrale Steuerbefreiung (vgl. BFH I R 41/09, BStBl. II 2011, 181; I R 59/10, BFH/NV 2012, 61; IV R 26/13, BFH/NV 2016, 143). Begünstigt sind nur die aus dem Betrieb einer der genannten Einrichtungen an sich fließenden Erträge. Soweit der Träger außerhalb derselben Erträge erzielt, unterliegen diese der GewSt (BFH III R 20/19, BStBl. II 2022, 83; IV R 40/22, BStBl. II 2025, 603; → Rn. 437).

Erfüllt eine Einrichtung die Voraussetzungen für die Befreiung, dann entfällt die Begünstigung nicht, wenn sie an einem **Gewerbebetrieb beteiligt** ist, ohne ihr Wesen als Krankenhaus, Altenheim usw zu verändern (RFH RStBl. 1943, 43 zu einem Krankenhaus; GewStR 3.20).

Einrichtungen anderer Zwecke fallen nicht unter die Begünstigung. Das gilt etwa für die Kindertagespflege (FG München 7 K 3219/18, EFG 2019, 992) oder für ein von einer Hebamme geleitetes Geburtshaus (FG München 7 K 423/21, EFG 2023, 415, rkr.).

429 **c) Persönlicher Umfang.** Die genannten Einrichtungen sind **nicht gleichzusetzen mit** ihren **Trägern** (FG Münster 9 K 5258/07 G, EFG 2011, 70). Im Falle einer **Betriebsaufspaltung** kann sich auf die Befreiung auch das Besitzunternehmen berufen (BFH X R 59/00, BStBl. II 2006, 661; IV R 22/02, BFH/NV 2007, 149; IV R 26/13, BFH/NV 2016, 143; → Rn. 2), jedoch im Falle von nicht begünstigten Tätigkeiten der begünstigten Einrichtung (→ Rn. 438) nur im Verhältnis der begünstigten zu den nicht begünstigten Tätigkeiten (OFD Frankfurt aM 11.5.2016, BeckVerw 328983), jedoch mit einer eigenständigen Gewinnermittlung für den stpfl. Anteil auf Ebene der BesitzGes (FG Saarl 1 V 1045/21, EFG 2021, 1495). Ohne Bestehen einer Betriebsaufspaltung **verbundene/verflochtene Unternehmen** können sich nicht auf die Befreiung eines von ihnen berufen (BFH IV R 40/22, BStBl. II 2025, 603, zu FG München 2 K 1842/21, EFG 2022, 1862, best.; FG Münster 3 K 1272/08 G, F, EFG 2011, 722; FG Nürnberg 1 K 1366/22, EFG 2025, 108, Rev. I R 12/24); ebensowenig im Falle der **Organschaft** im Verhältnis von Organ zu Organträger (BFH I R 100/01, BStBl. II 2004, 244; hierzu auch → Rn. 2).

2. Begünstigungstatbestände

430 **a) Betrieb durch juristische Personen des öffentlichen Rechts (Nr. 20 Buchst. a).** Das sind Bund, Länder, Bezirke, Landkreise und Gemeinden sowie Kirchen, Berufsgenossenschaften und Versicherungsträger (Ortskrankenkassen). Erforderlich ist der **unmittelbare Betrieb.** Mittelbares Betreiben, auch durch eine 100%ige Beteiligung der Körperschaft an einer Kapitalgesellschaft, genügt nicht.

431 **b) Krankenhäuser (Nr. 20 Buchst. b).** Der Betrieb eines Krankenhauses durch **natürliche** oder **juristische Personen des privaten Rechts** (2. Alternative) ist begünstigt. Befreit ist auch eine ein Krankenhaus betreibende Kapitalgesellschaft, und zwar bis zum Abschluss der Liquidation, sofern das Wesen als Krankenhaus nicht verändert wird (FG München 15 K 15012/87, EFG 1991, 557). Die Befreiung erfordert die Erfüllung der Voraussetzungen des **§ 67 Abs. 1 oder 2 AO** (BFH I R 59/10, BFH/NV 2012, 61 mwN; X R 2/13, BStBl. II 2016, 286; vgl. hierzu → Rn. 268). Eine ambulante Einrichtung ohne die Möglichkeit einer stationären Behandlung und Versorgung fällt nicht unter den Begriff (SächsFG 4 K 1898/11, BeckRS 2013, 96500, ambulantes Reha-Zentrum; BFH I R 74/14, BStBl. II 2017, 650, zu FG Münster 9 K 106/12 G, EFG 2015, 315, ambulantes Dialysezentrum, best.).

Die Vorschrift ist **verfassungsrechtlich unbedenklich** (FG BW 3 K 526/08, StE 2011, 377).

431a **Befreit** sind die Erträge aus der ärztlichen und pflegerischen Versorgung der Patienten als Nutzer des Krankenhauses (BFH I R 59/10, BFH/NV 2012, 61) einschließlich der **Wahlleistung** Unterkunft (FG BBbg 6 K 6082/23, EFG 2025, 1019, Rev. VII R 23/25). Das gilt mE auch für die **Abgabe von Faktorpräparaten** (Blutgerinnungsfaktoren) zur Heimselbstbehandlung (BFH V 46/16, BStBl. II 2018, 672, zu FG Köln 10 K 775/15, DStRE 2017, 370) sowie für eine **Krankenhausapotheke** (hier: Verabreichung von Zytostatika im Rahmen der ambulanten Therapie, BFH I R 82/12, BStBl. II 2015, 123); vgl. → Rn. 268a.

431b **GewStPfl.** besteht für einen wirtschaftlichen Geschäftsbetrieb (BFH I R 59/10, BFH/NV 2012, 61), für den Verkauf von Speisen und Getränken neben der normalen Verpflegung sowie von Andenken usw (BFH I R 34/66, BStBl. III

1967, 90). Ebenfalls nicht begünstigt ist der Ertrag aus der Veräußerung von Anteilen an einer TochterGes, die durch den Betrieb eines Krankenhauses nach der Vorschrift begünstigt ist; Grundsätze zur Merkmalübertragung bei einer Betriebsaufspaltung greifen nicht ein (BFH IV R 40/22, BStBl. II 2025, 603; zu FG München 2 K 1842/21, EFG 2022, 1862, best.). Betreibt ein freiberuflich tätiger Arzt eine Privatklinik und werden die jeweiligen Leistungen getrennt abgerechnet, sind die Erträge aus der Klinik gewstpfl; erstrebt er keinen besonderen Gewinn aus dem Klinikbetrieb, dann gehört dieser zur freiberuflichen Tätigkeit (RFH VI 119/39, RStBl. 1939, 853). Auf die Voraussetzungen der Nr. 20 kommt es nicht mehr an (→ § 2 Rn. 275 „Krankenhausbetrieb"; EStH 15.6 „Heil- und Hilfsberufe"). Im Übrigen → Rn. 438 f.

c) Altenheime, Altenwohnheime und Pflegeheime (Nr. 20 Buchst. c). 432
Bei Betrieb **durch natürliche oder juristische Personen des privaten Rechts** besteht GewSt-Befreiung, wenn mind. 40 % der Leistungen den im Folgenden genannten Personen zugutekommen:

- Personen, die pflegebedürftig iSd § 61a SGB XII sind; das sind Personen, die gesundheitlich bedingte Beeinträchtigungen der Selbstständigkeit oder der Fähigkeiten aufweisen, dh körperliche, kognitive oder psychische Beeinträchtigungen oder gesundheitlich bedingte Belastungen oder Anforderungen nicht selbstständig kompensieren oder bewältigen können, und deshalb der Hilfe durch andere bedürfen (§ 61a Abs. 1 SGB XII). Die hierfür maßgeblichen Bereiche und Kriterien richten sich nach einzeln aufgezählten Merkmalen (§ 61a Abs. 2 SGB XII). Die Einordnung unter einen der Pflegegrade 1–5 (§ 61b Abs. 1 SGB XII) ist mE insofern nicht von Bedeutung.
- wirtschaftlich hilfsbedürftige Personen (§ 53 Abs. 2 AO). Hierzu → Rn. 101.

Die Vorschrift ist nur auf Heime, **nicht** – auch nicht analog – auf Einrichtungen **zur ambulanten Pflege** anwendbar (BFH IV R 85/93, BStBl. II 1995, 67). Letztere fallen unter § 3 Nr. 20 Buchst. d (→ Rn. 433); dessen Einfügung erst ab EZ 1994 ist verfassungsrechtlich unbedenklich (BFH IV R 85/93, BStBl. II 1995, 67). **Teilstationäre** Vorsorge- und Rehabilitationseinrichtungen dagegen werden von der Befreiung erfasst, wenn die Voraussetzungen der §§ 107, 111 SGB V erfüllt sind (GewStR 3.20).

Befreit sind Erträge, die aus dem Betrieb der Einrichtung selbst erzielt werden. 432a
Nicht befreit sind Erträge aus Tätigkeiten, die nicht vom Zweck der Steuerprivilegierung gedeckt sind. Hierfür genügt, dass dieser Tätigkeit trennbare Erträge zugeordnet werden können. Überschreiten der Vermögensverwaltung oder organisatorische Vorkehrungen sind nicht erforderlich, ebenso wenig ein wirtschaftlicher Geschäftsbetrieb (BFH III R 20/19, BStBl. II 2022, 83), der jedoch ebenfalls nicht begünstigt ist (→ Rn. 439a).

d) Aufnahme- und Pflegeeinrichtungen (Nr. 20 Buchst. d). Sinn und 433
Zweck der Befreiung ist es, angesichts des veränderten Altersaufbaus der Bevölkerung gerade in den Großstädten die Versorgungsstrukturen bei der Pflege alter pflegebedürftiger Personen zu verbessern. Für die Auslegung ist auf **Begriffsbestimmungen des SGB XI** zurückzugreifen (BFH I R 30/00, BStBl. II 2009, 126). Pflegebedürftig sind – ab EZ 2017 – Personen, die auf Dauer, voraussichtlich für mind. sechs Monate, körperliche, kognitive oder psychische Beeinträchtigungen oder gesundheitlich bedingte Belastungen oder Anforderungen nicht selbstständig kompensieren oder bewältigen können (§ 14 Abs. 1 SGB XI). Von der Vorschrift wird ein **therapeutisches Tätigkeitsfeld nicht erfasst** (SächsFG 4 K

1898/11, BeckRS 2013, 96500). Das gilt mangels Pflege auch für eine Dipl.-Sozialarbeiterin, die Menschen mit psychischen Erkrankungen, körperlichen und geistigen Behinderungen oder chronischen Suchterkrakungen Unterstützung anbietet (BFH VIII R 10/17, BStBl. II 2021, 387; zweifelnd Köster in Lenski/Steinberg § 3 Nr. 20 Rn. 28) sowie mangels stationärer Aufnahme für ein ambulantes Dialysezentrum (BFH I R 74/14, BStBl. II 2017, 650).

433a **Voraussetzung der Befreiung ist nicht** eine Rechtsbeziehung und ein Abrechnungsverhältnis unmittelbar zwischen Leistungserbringer und Sozialversicherungsträger; ebenso wenig, dass die Leistungsvergütungen unmittelbar von den Trägern der Sozialversicherung gezahlt werden. Die Erbringung der begünstigten Leistungen richtet sich nach tatsächlichen Umständen, nicht nach rechtlichen Maßstäben. Dass die pflegerische Tätigkeit ggf. die Erfüllung einer rechtlichen Verpflichtung gegenüber einem Dritten darstellt, hindert die Befreiung nicht (FG Düsseldorf 7 K 2517/21 G, EFG 2024, 1979, Rev. VII R 35/24).

Bei den bezeichneten Einrichtungen handelt es sich um folgende:

434 **aa) Pflegeheime zur vorübergehenden Aufnahme.** Angesprochen sind Heime zur **vollstationären** oder **teilstationären** Unterbringung und Verpflegung. Die G-Begründung (BT-Drs. 12/5764, 43) erwähnt nur Kurzzeitpflegeeinrichtungen; nach BFH sind – weitergehend – auch Tages- und Nachteinrichtungen (§ 71 Abs. 2 SGB XI; § 1 Abs. 3 und 4 HeimG) erfasst (BFH I R 30/00, BStBl. II 2009, 126; offen gelassen von BFH X R 2/13, BStBl. II 2016, 286). Jedoch muss es sich um eine Pflegeeinrichtung handeln, dh der Zweck der Einrichtung muss die Aufnahme pflegebedürftiger Personen iSd § 14 Abs. 1 SGB XI, § 61 Abs. 1 S. 1 SGB XII sein; dass *auch* Pflegebedürftige aufgenommen werden, genügt nicht. Das betrifft auch Rehabilitationsbedürftige iSv § 107 Abs. 2 Nr. 1 Buchst. b SGB V, weil sich Pflegebedürftigkeit und Rehabilitation gedanklich ausschließen (BFH X R 2/13, BStBl. II 2016, 286; s. aber jetzt § 20e, → Rn. 437).

435 **bb) Ambulante Pflegeinrichtungen.** Das sind Pflegedienste, die **kranke und pflegebedürftige** Personen **in deren Wohnung** unter ständiger Aufsicht einer Pflegefachkraft pflegen und hauswirtschaftlich versorgen (§ 71 Abs. 1 und 2 SGB XI; BFH X R 2/13, BStBl. II 2016, 286; I R 74/14, BStBl. II 2017, 650; VIII R 10/17, BStBl. II 2021, 387). Es kann genügen, dass die Pflegeleistungen nur einen **Teilbereich** der häuslichen Pflegeleistungen abdeckt (FG Köln 11 K 1719/15, EFG 2024, 863). Die **Voraussetzungen** krank und pflegebedürftig müssen **kumulativ** vorliegen (FM LSA 46-G 1412-17); mE gegeben bei der ambulanten Palliativversorgung (hierzu Eschenbach DStZ 2014, 725).

Zu den zulässigen Leistungen gehört nicht die Überlassung von eigens hierfür eingestelltem Pflegepersonal an andere Einrichtungen, wie Altenheime und privaten Kliniken (SchlHFG 5 K 40111/10, EFG 2013, 641), ebenso wenig der Transport von kranken und verletzten Personen (BFH I R 30/06, BStBl. II 2009, 126). Auch die Betreuung von gesunden Kindern und Säuglingen, deren Eltern wegen einer Erkrankung nicht ihrer Sorgepflicht nachkommen können, erfüllt nach FM Hess 26.7.1999, DStR 1999, 1739, OFD Magdeburg 13.10.2011, DStR 2012, 465 nicht die Voraussetzungen der Vorschrift.

436 **cc) Gemeinsame Voraussetzungen.** Tatsächlich müssen die Pflegekosten in **mind. 40 % der Fälle** übernommen worden sein. Maßgebend ist der einzelne (Zähl)Fall, in dem mindestens der überwiegende Teil der auf ihn entfallenden

Kosten übernommen worden ist, nicht der Gesamtbetrag der Pflegekosten überhaupt. Hierbei wird vertreten, dass trotz des Wortlauts „mindestens" kaufmännische **Rundungsregeln** mit der Folge anzuwenden seien, dass auch 39,5 % der Fälle ausreichen (FG RhPf 3 K 1918/21, EFG 2025, 715, Rev. X R 6/25).

Leistungen der Rehabilitation führen nicht zu Pflegekosten. Daher sind Masseure, Krankengymnasten, medizinische Bademeister und Physiotherapeuten ohne Qualifikation als Berufsträger nicht von der GewSt befreit (OFD Magdeburg 17.12.1999, FR 2000, 284).

Zum Umfang der Befreiung → Rn. 432a u. 438 ff. **436a**

e) Rehabilitationseinrichtungen (Nr. 20 Buchst. e). Die **Befreiung** ist eingefügt werden **mWv EZ 2015** (BFH VIII R 10/17, BStBl. II 2021, 387). Sie dient dem Grundsatz „ambulant vor stationär" und betrifft daher gleichermaßen Einrichtungen zur **ambulanten** oder **stationären Rehabilitation** nach § 107 Abs. 2 Nr. 1 Buchst. b SGB V. Danach bezeichnet Rehabilitation Maßnahmen mit dem Ziel, im Anschluss an eine Krankenhausbehandlung den Behandlungserfolg zu sichern oder zu festigen, auch mit dem Ziel, eine drohende Behinderung oder Pflegebedürftigkeit abzuwenden oder ihre Verschlimmerung zu verhüten. **Dadurch unterscheidet sie sich** von der vorhergehenden ärztlichen bzw. psychotherapeutischen Behandlungsleistung (vgl. BFH V R 25/20, BStBl. II 2022, 131 mit Hinweis auf § 27 Abs. 1 S. 2 SGB V). Weiterhin **nicht befreit** sind ambulante **Vorsorgeeinrichtungen** nach § 107 Abs. 2 Nr. 1 Buchst. a SGB V (GewStR 3.20 Abs. 4 S. 2). **437**

Die **Befreiung** setzt nicht voraus, dass die Rehabilitation von anderen Leistungsbereichen der Einrichtung räumlich oder organisatorisch abgegrenzt ist (FG Düsseldorf 3 K 2043/19 G, EFG 2023, 1479). Sie ist (unabhängig von den Einschränkungen nach → Rn. 438) **sachlich beschränkt** und wird dadurch bestimmt, dass Leistungen im Rahmen der verordneten ambulanten oder stationären Rehabilitation erbracht werden, die nach Sozialrecht einschließlich der Beihilfevorschriften des Bundes oder der Länder (zB §§ 111, 111c SGB V, § 35 Abs. 1 Nr. 5 BBhV) erstattet werden (vgl. BR-Drs. 184/14, 86 f.; zweifelnd Schwahn/v. Stralendorff DStR 2014, 2211) und denen eine die Kostenübernahme rechtfertigende Verordnung zugrunde liegt. **437a**

Erbringt die Einrichtung auch ärztlich verordnete **Heilmittelleistungen** (§ 32 SGB V) oder Leistungen zur primären Prävention (§ 20 SGB V), so gilt die Befreiung insoweit nicht (BT-Drs. 18/1529, 70 f.). Demnach sind Ergo- und Physiotherapieleistungen in fremden Einrichtungen als Heilmittelabgabe nicht begünstigt; eine weite **Auslegung des Rehabilitationsbegriffs** ist nicht angezeigt (FG BBg 8 K 8202/22, EFG 2025, 870, Rev. VII R 36/24; 8 K 8205/22, DStRK 2025, 91, Rev. VII R 37/24; gegen die aA des FG Köln 15 K 1653/22, EFG 2024, 1610, Rev. X R 15/24). Das gilt mE auch für den **Begriff der Verordnung** iSd Vorschrift, der nach dem Sprachgebrauch der Verkehrsauffassung als Diktum des behandelnden Arztes zu der konkreten Maßnahme zu verstehen ist; die Gestattung und Befürwortung des Trägers der Sozialhilfe auf Basis des ICD 10 (inzwischen überholt) ist keine Verordnung (so jedoch FG Köln 15 K 1653/22, EFG 2024, 1610, Rev. X R 15/24). **437b**

Weitere Voraussetzung ist auch hier, dass die Behandlungskosten in **mind. 40 % der Fälle** von den gesetzlichen Trägern der Sozialversicherung ganz oder überwiegend getragen worden sind: Die Fälle, in denen keine Rehabilitationsmaßnahmen durchgeführt werden, sind von vornherein auszublenden (FG Düsseldorf 3 K 2043/19 G, EFG 2023, 1479).

3. Umfang der Befreiung

438 **Grundsätzlich** beinhaltet die Beschränkung des Kreises der Normadressaten eine ebenfalls aus dem Zweck der Begünstigung (→ Rn. 427) folgende **Beschränkung des Begünstigungsumfangs** (BFH I R 59/10, BFH/NV 2012, 61). Er ist nach dem Begünstigungszweck gegenstands- und tätigkeitsbezogen abzugrenzen (BFH III R 20/19, BStBl. II 2022, 83). Befreit sind Erträge aus Tätigkeiten, die für den Betrieb der betreffenden Einrichtung erforderlich sind (ggf. auch aus Abwicklungsmaßnahmen, FG München 15 K 150/08, EFG 1991, 557) sowie Hilfsgeschäfte (FG BBbg 8 K 8040/24, EFG 2025, 962). Darüber hinausgehende Tätigkeiten führen zur GewStPfl. der daraus resultierenden Erträge (BFH VIII 57/99, BStBl. II 2002, 662; X R 59/00, BStBl. II 2006, 661).

439 **Begünstigt** sind nach FG BBbg 6 K 6113/23 (EFG 2025, 965, rkr.) und 8 K 8040/24 (EFG 2025, 962) Erträge aus der Veräußerung von WG (hier: PKW bzw. Grundstück), nach FG Münster Erträge aus dem **Fahrdienst** einer Rehaklinik unmittelbar vom Krankenhaus oder der Wohnung des Patienten sowie aus der medizinisch als notwendig bestätigten **Übernachtung von Begleitpersonen** (FG Münster 12 K 817/19 G, F, EFG 2025, 622, Rev. IV R 1/25; s. jedoch → Rn. 439a), nach Nds FG Erträge aus vGA durch Nutzung eines BetriebsPKW (Nds FG 10 K 37/24, EFG 2025, 1778, Rev. VII R 25/25). Im Rahmen der begünstigten Tätigkeit erbrachter Aufwand (zB Zinsen für die Finanzierung von Pflegepersonalaufwand) ist nicht von nicht begünstigtem **(Zins)Aufwand** abzuziehen (FG BBbg 6 K 6060/20, EFG 2024, 316, rkr.).

439a **Nicht begünstigt** sind **insb., jedoch nicht nur** Überschüsse aus Tätigkeiten, die bei stbefreiten Körperschaften einen **wirtschaftlichen Geschäftsbetrieb** darstellen. Allerdings erfordert der Ausschluss bestimmter Erträge von der Begünstigung weder einen solchen noch das Überschreiten der Vermögensverwaltung noch besondere organisatorische Vorkehrungen für die gewstpfl. Tätigkeit; es genügt, dass ihr trennbare Erträge zugeordnet werden können (BFH III R 20/19, BStBl. II 2022, 83). Betroffen sind insb. Verkauf/Zur-Verfügung-Stellen von Getränken, Telefon, Strom, Gas, Wasser; Aufnahme von Gästen; Werbeerträge (BFH I R 43/10, BStBl. II 2011, 892; I R 59/10, BFH/NV 2012, 61; FG Bln-Bbg 8 K 6250/06 B, EFG 2009, 769); ebenso die **Vermietung von Räumlichkeiten** und die Überlassung von WG, auch wenn der Mieter Leistungen gegenüber Patienten erbringt (FG Nürnberg 1 K 860/12, EFG 2014, 60) sowiedie **Gestellung von Personal** an andere Einrichtungen (SchlHFG 5 K 40111/10, EFG 2013, 641). Entsprechendes gilt für **Zinsgewinne** aus Darlehensgewährung, auch wenn diese an verbundene Unternehmen erfolgt (FG BBbg 6 K 6060/20, EFG 2024, 316, rkr.) und den Rahmen der Vermögensverwaltung an sich nicht überschreitet, sowie für Provisionen aus Vermittlungsleistungen (BFH III R 20/19, BStBl. II 2022, 83; Rüsch FR 2022, 134 (138)) sowie an Gesellschafter einer begünstigten Einrichtung ausgeschüttete Dividenden (BFH I B 34/11, BFH/NV 2012, 1175, FG Nbg 1 K 1366/22, EFG 2025, 108, Rev. I R 12/24).

Der **Ersatz für** erfolglos getätigte **Aufwendungen** kommt als begünstigt in Betracht, nicht jedoch eine Schadensersatzleistung wegen Nichtaufnahme der Tätigkeit (BFH I R 78/10, BFH/NV 2012, 44, best. FG Münster 9 K 5258/07 G, EFG 2011, 70).

XVIII. Befreiung von Entschädigungs- u. Sicherungseinrichtungen iSv § 5 Abs. 1 Nr. 16 KStG (Nr. 21)

1. Allgemeines

Die **persönliche Befreiung** dient der Sicherung von Einlagen der Kreditinstitute und der Anlegerentschädigung im Kreditgewerbe. Maßgebend für die Anwendung der Vorschrift ist § 5 Abs. 1 Nr. 16 KStG. 440

Ab EZ 2015 regelt die Vorschrift idF d. G. v. 2.11.2015 (BGBl. 2015 I 1834) die Befreiung der Einlagensicherungssysteme iSd § 2 Abs. 1 des EinSiG v. 28.5.2015 (BGBl. 2015 I 786) sowie von Entschädigungseinrichtungen iSd AnlEntG idF v. 28.5.2015 (BGBl. 2015 I 786), die ihre gesetzlichen Pflichtaufgaben erfüllen. Zudem sind befreit nicht anerkannte Einlagenschutzsysteme und institutsbezogene Sicherungssystemen iSd § 61 EinSiG, die nach ihrer Satzung oder Verfassung ausschließlich den Zweck haben, Einlagen zu sichern oder bei Gefahr für ein Kredit-/Finanzdienstleistungs-/Werpapierinstitut Hilfe zu leisten oder Einlagensicherungssysteme iSd § 2 Abs. 1 EinSiG bei der Pflichtenerfüllung zu unterstützen. Entsprechendes gilt für Sicherungsfonds iSd §§ 223 f. VAG sowie für Einrichtungen zur Einlagensicherung bei Wohnungsgenossenschaften mit Spareinrichtung. 441

2. Befreite Einrichtungen

a) Einlagensicherungssysteme. Die **Einlagensicherungssysteme** nach dem **EinSiG** erledigen ihre Aufgabe durch Entschädigung des Einlegers bei einem endgültigen Unvermögen eines CRR-Kreditinstituts (Einlagenkreditinstitut) zur Rückzahlung fälliger Einlagen (vgl. § 10 Abs. 1 EinSiG). Zu diesem Zweck sind die CRR-Kreditinstitute nach § 1 EinSiG verpflichtet, ihre Einlagen durch Zugehörigkeit zu einem Einlagensystem zu sichern. Hierfür werden **gesetzliche** (beliehene und durch RVO bei der KfW angesiedelte, § 22 EinSiG) und **anerkannte institutsbezogene** (§ 43 EinSiG) Sicherungseinrichtungen gebildet; daneben zulässig sind **nicht anerkannte institutsbezogene Einrichtungen** (§ 61 EinSiG). Der Einleger hat im Entschädigungsfall nach § 5 EinSiG einen Anspruch nach Maßgabe der §§ 6 ff. EinSiG gegen das Einlagensicherungssystem. Die Ausstattung der Einlagensicherungssyteme wird durch Beiträge der ihnen angehörenden Kreditinstitute aufgebracht (§ 19 Abs. 1 EinSiG). 442

b) Einlagensicherungs- bzw. Entschädigungseinrichtungen. Die **Einlagensicherungseinrichtungen** nach dem **AnlEntG** (v. 16.7.1998, BGBl. 1998 I 1842) erledigen ihre Aufgabe durch Entschädigung bei Ausfall eines Kreditinstituts mit seinen Verbindlichkeiten aus Wertpapiergeschäften oder bei Maßnahmen nach § 46 Abs. 1 S. 2 Nr. 4–6 KWG – Veräußerungs- und Zahlungsverbot, Schließung des Instituts, Zahlungsannahmeverbot – (vgl. § 5 Abs. 1 AnlEntG). Zu diesem Zweck sind nach § 2 AnlEntG bestimmte Wertpapier-, Kredit- und Finanzdienstleistungsinstitute verpflichtet, ihre Einlagen und Verbindlichkeiten aus Wertpapiergeschäften durch Zugehörigkeit zu einer **Entschädigungseinrichtung** zu sichern. Nach § 6 AnlEntG wird eine Entschädigungseinrichtung als nicht rechtsfähiges Sondervermögen des Bundes bei der Kreditanstalt für Wiederaufbau errichtet. Der Gläubiger des Instituts (mit bestimmten Ausnahmen) hat im Entschädigungsfall nach § 3 AnlEntG einen Anspruch nach näherer Maßgabe des § 4 AnlEntG gegen die Entschädigungseinrichtung. Die Mittel der Entschädigungseinrichtung werden nach § 8 AnlEntG durch Beiträge der Institute aufgebracht. 442a

442b **c) Sicherungsfonds uÄ.** Begünstigt sind im Weiteren die **Sicherungsfonds** nach §§ 223 f. VAG. Ihre Aufgabe besteht in der Sicherung der Ansprüche der Versicherungsnehmer sowie der aus Versicherungsverträgen begünstigten Personen. Zu diesem Zweck werden bei der KfW getrennte Sondervermögen für die Lebensversicherer und die Krankenversicherer gebildet. Zulässig ist auch die Übertragung der Aufgaben auf einen beliehenen Unternehmer durch RVO des BMF.

Weiterhin begünstigt sind **Sicherungseinrichtungen der Wohnungsgenossenschaften** mit Spareinrichtung. Es handelt sich nach der gesetzlichen Konzeption um freiwillige Einrichtungen, etwa Selbsthilfefonds, mit ähnlichen Aufgaben wie unter → Rn. 442a dargestellt.

3. Befreiung

443 **a) Voraussetzungen. Grundvoraussetzung** der Befreiung ist bei den Einlagensicherungssystemen des EinSiG und den Entschädigungseinrichtungen des AnlEntG die Erfüllung der gesetzlichen Pflichtaufgaben, dh Sicherung und Gewährung von Entschädigungen nach §§ 6 ff. EinSiG bzw. § 3 AnlEntG im jeweiligen Entschädigungsfall. Hierzu gehört die Aufbringung, Anlage und Verwaltung der erforderlichen Mittel. Entsprechendes gilt für Sicherungsfonds (§ 223 VAG), die nicht anerkannten vertraglichen und die institutsbezogenen Sicherungssysteme (§§ 4, 61 EinSiG) bzw. bei Wohnungsgenossenschaften: Erforderlich ist die tatsächliche Einlagensicherung durch Gewährung von Entschädigungen, Hilfeleistung für Kredit- und Finanzdienstleistungsinstitute im Gefahrenfall sowie Unterstützung der Einlagensicherungseinrichtungen bei der Erfüllung ihrer Pflichtaufgaben.

443a **Weitere Voraussetzungen** sind die **ausschließliche Verwendung** von Vermögen und Überschüssen für die jeweiligen gesetzlichen bzw. satzungsmäßigen Zwecke, dh Sicherung und Durchführung der vorstehend beschriebenen Aufgaben. Die Befreiung geht nach dem G-Wortlaut bei einer auch nur **geringfügigen Mittelfehlverwendung** verloren; mE gelten die Grundsätze zu § 55 Abs. 1 Nr. 1 S. 1 AO (→ Rn. 215) entsprechend. Zudem ist mE, insb. bei einer nicht gesetzlichen Einrichtung, in der **Satzung sicherzustellen,** dass sie allen in Frage kommenden Kreditinstituten auf Antrag offensteht. Denn sonst besteht die Gefahr der indirekten Beeinflussung des Marktes, was nicht in Einklang mit dem Begünstigungszweck steht.

444 **b) Umfang.** Die Befreiung nach Nr. 21 erfolgt **nach dem Maße der Befreiung** („soweit") **von der KSt** nach § 5 Abs. 1 Nr. 16 KStG (→ Rn. 5). Unterhält die Entschädigungseinrichtung einen **wirtschaftlichen Geschäftsbetrieb,** der nicht ausschließlich auf die Erfüllung der begünstigten Aufgaben gerichtet ist, dann ist die Steuerbefreiung insoweit ausgeschlossen (§ 5 Abs. 1 Nr. 16 S. 4 KStG), **partielle GewStPflicht.**

XIX. Befreiung von Bürgschaftsbanken (Kreditgarantiegemeinschaften) (Nr. 22)

1. Allgemeines

445 **Ab EZ 1991** sind nach Nr. 22 **Bürgschaftsbanken** (Kreditgarantiegemeinschaften) befreit, wenn sie von der KSt befreit sind (→ Rn. 5). Sie waren zuvor nach § 3 Nr. 6 als gemeinnützig befreit. Hiergegen waren jedoch Bedenken aufgekommen; daher die eigene Befreiungsvorschrift.

Die Bürgschaftsbanken sind **Selbsthilfeeinrichtungen** der Wirtschaft zur Förderung des gewerblichen und freiberuflichen Mittelstandes und handeln in öffentlichem Auftrag (vgl. BT-Drs. 12/1108, 66; 12/1368, 22). Ihre Tätigkeit zielt ab auf eine ausreichende Kapitalversorgung von Unternehmen, die nicht ausreichend über bankmäßige Sicherheiten verfügen und denen daher der Zugang zum Kapitalmarkt und privaten Finanzierungsquellen erschwert oder unmöglich ist. Das Stammkapital der Bürgschaftsbanken wird von Kammern, Wirtschaftsverbänden, Innungen, Kreditinstituten und Versicherungsunternehmen gezeichnet und ergänzt durch Rückbürgschaften des Bundes und der Länder sowie ERP-Haftungsfondsdarlehen, die für Bürgschaftsverluste haften.

2. Voraussetzungen der Befreiung

Die Befreiung wird nur gewährt, wenn sich die Tätigkeit beschränkt auf die **Wahrnehmung von Wirtschaftsförderungsmaßnahmen,** insb. in Form der Übernahme und Verwaltung von staatlichen Bürgschaften und Garantien oder von Bürgschaften und Garantien mit staatlichen Rückbürgschaften oder auf der Grundlage staatlich anerkannter Richtlinien gegenüber Kreditinstituten, Versicherungsunternehmen, Leasinggesellschaften und Beteiligungsgesellschaften für Kredite, Leasingforderungen und Beteiligungen am mittelständischen Unternehmen zu ihrer Gründung und zur Erhaltung und Förderung ihrer Leistungsfähigkeit. **446**

Keine Beschränkung enthält die Vorschrift hinsichtlich der **Fördermaßnahmen und -ziele.** Es genügt, wenn **überwiegend** Unternehmen der **mittelständischen Wirtschaft** gefördert werden und hierbei Maßnahmen der in § 5 Abs. 1 Nr. 17 KStG genannten Art ergriffen werden. Da auch nicht-gewinnorientiere Unternehmen Teil von Wirtschaft sind, ist **Gewinnerzielungsabsicht** der geförderten Unternehmen nicht erforderlich (zu allem BFH I R 14/98, BStBl. II 2000, 325). **447**

Weitere Voraussetzung ist, dass das Vermögen und etwa erzielte Überschüsse nur zur Erreichung der genannten Zwecke verwendet werden (§ 5 Nr. 17 KStG).

XX. Befreiung von Unternehmensbeteiligungsgesellschaften (Nr. 23)

Literatur: Veith, Die Unternehmensbeteiligungsgesellschaft – Strukturalternative zur Vermeidung der Gewerbesteuer für Private Equity Fonds?, DB 2003, 1191.

1. Allgemeines

Die Vorschrift enthält eine **persönliche Befreiung.** Sie ist durch das Gesetz über Unternehmensbeteiligungsgesellschaften (UBGG) v. 17.12.1986 (BGBl. 1986 I 2488) eingefügt worden und galt vom EZ 1987 an. Sie ist durch G. v. 24.3.1998 (BGBl. 1998 I 529 (566)) neu gefasst und redaktionell an den mit demselben G neu gefassten § 6b Abs. 1 S. 2 Nr. 5 EStG angepasst worden und ist ab EZ 1998 anzuwenden. Das UBGG (jetzt idF v. 9.9.1998 BGBl. 1998 I 2765, zuletzt geänd. durch G. v. 28.8.2013 BGBl. 2013 I 3395) dient der Förderung der Eigenkapitalausstattung mittelständischer, nicht börsennotierter Unternehmen. Diese wird weithin als unzureichend angesehen. Ein leistungsfähiger Markt für indirekte Beteiligungen an diesen Unternehmen steht nicht zur Verfügung. Dem breiten Anlegerpublikum ist der Weg zur mittelbaren Beteiligung an nicht **448** börsennotierten, mittelständischen Betrieben verschlossen. Das UBGG will daher den ordnungspolitischen Rahmen für die Einschaltung von Unternehmensbeteiligungsgesellschaften in bestimmten Rechtsformen schaffen. Diese sollen das anlagesuchende Kapital – auch vermögenswirksame Leistungen der Arbeitnehmer – bündeln und in der Form von Beteiligungen an mittelständischen, nicht börsennotierten Unternehmen weiterleiten.

Eine **Ausdehnung der Befreiung** auf außerhalb einer Betriebsaufspaltung verbundene Unternehmen, auch auf den **Komplementär einer KGaA,** kommt nicht in Betracht (→ Rn. 2).

2. Rechtsform/Sitz

449 Eine Unternehmensbeteiligungsgesellschaft darf nach § 2 Abs. 1 UBGG nur in der Rechtsform der **Aktiengesellschaft,** der **GmbH,** der **KG** und der **KGaA** oder in einer nach dem Recht eines anderen Mitgliedstaats der EU oder Vertragstaats des EWR **vergleichbaren Rechtsform** betrieben werden. Hiermit soll eine Öffnung der Unternehmensbeteiligungsgesellschaften für das breite Publikum gewährleistet sein (Begr. der BReg BT-Drs. 10/4551, 14).

Das Unternehmen muss **Sitz** und **Geschäftsleitung** im Inland oder den Sitz in einem anderen Mitgliedstaat der EU oder Vertragstaats des EWR haben. Das Grund- oder Stammkapital – bei einer Kapitalgesellschaft – muss mind. 1 Mio. EUR betragen; die Einlagen müssen – bei einer KG – voll geleistet sein.

3. Unternehmensgegenstand

450 Satzungsmäßig oder gesellschaftsvertraglich festgelegter Unternehmensgegenstand muss vorbehaltlich abweichender Vorschriften im Zweiten Abschnitt des UBGG ausschließlich der **Erwerb,** das **Halten,** die **Verwaltung** und die **Veräußerung von Unternehmensbeteiligungen** sein. Zulässige Geschäfte sind nach § 3 UBGG außerdem: Darlehensgewährung an Beteiligungsunternehmen, Anlage bei Kreditinstituten und Ankauf von Schuldverschreibungen, Aufnahme von Krediten und Begeben von Genussrechten und Schuldverschreibungen, Grundstückserwerb zur Beschaffung von Geschäftsräumen sowie sonstige Geschäfte, soweit sie mit dem Unternehmensgegenstand zusammenhängen. Nach § 4 UBGG sind bestimmte Anlagegrenzen zu beachten. Von den Privaten Equity Fonds kommen nur bestimmte Gruppen für eine Anerkennung als Unternehmensbeteiligungsgesellschaft in Betracht (zu den Problemen Veith DB 2003, 1191).

4. Grundsatz der Anerkennung

451 Nach § 1a UBGG bedarf ein Unternehmen, das unter der Bezeichnung „Unternehmensbeteiligungsgesellschaft" Geschäfte der in → Rn. 450 beschriebenen Art betreibt, der **Anerkennung** durch die zuständige Behörde (für Nds. vgl. OFD Hannover GmbHR 2002, 700). Es unterliegt den Anforderungen und der Aufsicht nach dem UBGG. Die Anerkennung ist nach § 15 UBGG unter Beifügung von Unterlagen schriftlich zu beantragen. Die Anerkennung erfolgt nach § 16 Abs. 1 UBGG, wenn der Antrag idS ordnungsgemäß und vollständig gestellt ist, die Regeln des § 3 UBGG und die Anlagegrenzen des § 4 UBGG beachtet sind, keine Unternehmensbeteiligung an Mutter- oder Schwesterunternehmen gehalten wird und keine Beteiligungen als (atypischer) stiller Gesellschafter an der Gesellschaft bestehen und wenn die Voraussetzungen des § 2 UBGG

im Hinblick auf Rechtsform und Unternehmensgegenstand erfüllt sind. Die Anerkennung verliert ihre Wirkung nach § 16 Abs. 3 UBGG durch Rücknahme oder Widerruf nach den Vorschriften über das Verwaltungsverfahren oder durch Verzicht. Darüber hinaus kann die Behörde nach § 17 UBGG die Anerkennung widerrufen, wenn die Gesellschaft bestimmte Grundsätze zum Unternehmensgegenstand, zu den zulässigen Geschäften und Anlagegrenzen nach §§ 2–5 UBGG missachtet, entgegen § 5 Abs. 2 UBGG (atypische) stille Beteiligungen gewährt hat, Unternehmensbeteiligungen an Mutter- oder Schwestergesellschaften hält oder (bei offenen Unternehmensbeteiligungsgesellschaften) Vorschriften zu Anteilstrukturen (§ 7 UBGG) missachtet.

5. Bezeichnungsschutz

Die **Bezeichnung** „Unternehmensbeteiligungsgesellschaft" erfährt durch § 20 UBGG einen gewissen Schutz. Sie darf grundsätzlich in der Firma, als Zusatz zur Firma, zur Bezeichnung des Geschäftszwecks oder zu Werbezwecken nur von anerkannten Gesellschaften geführt werden. Die Bezeichnung darf als Firma oder als Zusatz zur Firma in das Handelsregister nur eingetragen werden, wenn dem Registergericht die Anerkennung als Unternehmensbeteiligungsgesellschaft nachgewiesen ist. 452

6. Nachversteuerung

Bei Widerruf der Anerkennung oder bei einem Verzicht auf die Anerkennung gewährleistet S. 2 der Vorschrift die **GewStFestsetzung rückwirkend,** wenn Aktien der Unternehmensbeteiligungsgesellschaft nicht zuvor öffentlich angeboten worden sind (Begr. der BReg 10/4551, S. 32). Entsprechendes gilt, wenn eine solche Gesellschaft nach § 25 Abs. 3 UBGG die Anerkennung verliert. Für offene Unternehmensbeteiligungsgesellschaften iSv § 1a Abs. 1 S. 1 UBGG haben der Widerruf der oder der Verzicht auf die Anerkennung innerhalb bestimmter Fristen des § 7 Abs. 1 S. 1 UBGG Wirkung für die Vergangenheit (S. 2). 453

7. Grundlagenbescheid

Nach S. 4 sind Bescheide über die Anerkennung, die Rücknahme oder den Widerruf der Anerkennung und über die Feststellung, ob Aktien der Unternehmensbeteiligungsgesellschaft öffentlich angeboten worden sind, **Grundlagenbescheide** iSd AO. Die Bekanntmachung der Aberkennung der Eigenschaft als Unternehmensbeteiligungsgesellschaft nach § 25 Abs. 3 UBGG steht einem Grundlagenbescheid gleich. 454

XXI. Befreiung von Kapitalbeteiligungsgesellschaften (Nr. 24)

1. Allgemeines/Kreis der Begünstigten

Die **persönliche Befreiung** ist eingefügt worden mW **ab EZ 1992** durch StÄndG 1992 (BGBl. 1992 I 297); der Kreis der begünstigten Gesellschaften ist in der Folgezeit durch mehrere GÄnderungen erweitert bzw. verändert worden. Befreit sind ausschließlich die in Nr. 24 genannten Kapitalbeteiligungsgesellschaf- 455 ten für die mittelständische Wirtschaft. Träger sind va (Länder-)Einrichtungen der Wirtschaftsförderung, Kammern sowie Wirtschafts- und Bankenverbände. Aufgabe und Ziel ist die Zuführung von Beteiligungskapital im Rahmen öffentlicher Förderprogramme zu günstigen Bedingungen an kleine und mittlere Unternehmen.

2. Voraussetzungen der Begünstigung

456 **a) Gegenstand des Geschäftsbetriebs.** Er muss sich beschränken auf den **Erwerb von Beteiligungen** und auf die **Zuführung von Beteiligungskapital** hierdurch zu günstigen Bedingungen. Ein partiarisches Darlehen genügt im Gegensatz zu einer stillen Beteiligung nicht (BFH I R 48/04, BStBl. II 2006, 334; I R 41/13, BFH/NV 2014, 1908; hierzu FG Bln-Bbg 12 K 12136/08, EFG 2012, 535). Unter „staatlicher Hilfe" sind Mittel zu verstehen, die aus öffentlichen Quellen zur Verfügung gestellt werden oder für die Zuschüsse geleistet werden.

456a **b) Gewinnverwendung.** Der Gewinn muss **ausschließlich** und **unmittelbar** für die satzungsmäßigen Zwecke verwendet werden. Aus dieser Voraussetzung ergeben sich weitere Anforderungen an die formelle und materielle Satzungsmäßigkeit (vgl. hierzu die Ausführungen zur Gemeinnützigkeit → Rn. 195 ff.) sowie an die Unmittelbarkeit (→ Rn. 156 ff.) und an die Ausschließlichkeit (→ Rn. 151 ff.).

3. Umfang der Begünstigung

457 Liegen die oa Voraussetzungen nur zum Teil vor, dann ist wie folgt zu unterscheiden: ist der Geschäftsbetrieb nicht im oa Sinne beschränkt, dann wird („soweit") **partielle Steuerbefreiung** gewährt; wird der Gewinn nicht ausschließlich für die Beteiligungsfinanzierung verwendet, dann **entfällt die Befreiung** („wenn") insgesamt (Köster in Lenski/Steinberg § 3 Nr. 24 Rn. 8; Pauka DB 1992, 1207).

458, 459 *(frei)*

XXII. Befreiung von Wirtschaftsförderungsgesellschaften (Nr. 25)

Literatur: Oppermann, Steuerbefreiung für Wirtschaftsförderungsgesellschaften (§ 5 Abs. 1 Nr. 18 KStG), DB 1994, 1489; Leippe, Steuerliche Aspekte der kommunalen Wirtschaftsförderung, DStZ 2011, 369.

1. Allgemeines

460 Die Befreiung ist durch G. v. 13.9.1993 (BGBl. 1993 I 1569) geschaffen worden. Sie ist erstmals ab EZ 1993 anzuwenden. Die Vorschrift knüpft an die Befreiung nach **§ 5 Abs. 1 Nr. 18 KStG** an (→ Rn. 5, → Rn. 461). Sie bezweckt, eine einheitliche Regelung für alle dort bezeichneten Wirtschaftsförderungsgesellschaften zu schaffen. Sie schließt eine Abkehr von bisherigen Anerkennungen als gemeinnützig ein (FG RhPf 5 K 2223/95, EFG 1996, 826), zumal Wirtschaftsförderung idR wegen Förderung gewerblicher Unternehmen nicht gemeinnützig ist (BFH I R 38/96, BFH/NV 1997, 904). Zur stpfl. und stbefreiten Wirtschaftsförderungsgesellschaft vgl. Leippe DStZ 2011, 369.

2. Voraussetzungen

a) Formelle Vorgaben. Die Befreiung gilt **nur für Kapitalgesellschaften.** 461
Gesellschafter müssen überwiegend Gebietskörperschaften (Bund, Länder, Kreise, Gemeinden, Landschaftsverbände) sein. Diese müssen zusammen mehr als 50 % der Beteiligungen und Stimmrechte halten; Beteiligungen sonstiger Körperschaften des öffentlichen Rechts (zB IHK, Sparkassen) bleiben unberücksichtigt (BMF 4.1.1996, BStBl. I 1996, 54). Zudem ist mE angesichts der ausdrücklichen konditionalen Verknüpfung die tatsächlich erfolgte KStBefreiung erforderlich (vgl. BFH I R 49/01, BStBl. II 2003, 723; **aA** FG Düsseldorf 6 K 715/09 G, EFG 2012, 1594; offen geblieben in BFH I R 91/12, BFH/NV 2015, 1111).

b) Materielle Vorgaben (vgl. § 5 Abs. 1 Nr. 18 KStG). Die **Tätigkeit** 462
muss auf die **Verbesserung der sozialen und wirtschaftlichen Strukturen** einer bestimmten Region durch Förderung der Wirtschaft, insb. durch Industrieansiedlung, Beschaffung neuer Arbeitsplätze und Sanierung von Altlasten beschränkt sein. Die Aufzählung ist nicht abschließend („insbesondere"). Vergleichbare gleich gerichtete Maßnahmen zur Förderung der Wirtschaft sind nicht von der Begünstigung ausgeschlossen (BFH I R 49/01, BStBl. II 2003, 723; I R 91/12, BFH/NV 2015, 1111; zu den einzelnen Maßnahmen vgl. BMF 4.1.1996, BStBl. I 1996, 54).

Die Tätigkeit muss sich als **unmittelbare** und **ausschließliche Förderung** 462a
darstellen; hiervon ist grundsätzlich nur bei zeitlich und sachlich eng umrissenen Hilfeleistungen für ansiedlungswillige Unternehmen auszugehen. Allgemein- bzw. gesamtwirtschaftliche Maßnahmen genügen ebensowenig wie eine nur mittelbare Förderung, auch in Form von direkten oder indirekten materiellen Hilfen (zB Ansiedlung von Arbeitnehmern und Gewerbetreibenden, BFH I R 49/01, BStBl. II 2003, 723; Vermietung an staatliche Verwaltungsstellen, BFH I R 91/12, BFH/NV 2015, 1111, zu FG Düsseldorf 6 K 715/09 G, EFG 2012, 1594); sie darf nicht über den zur Zweckverwirklichung gebotenen Umfang hinausgehen.

Zulässig sind lediglich Maßnahmen ohne bzw. mit nur geringer **Wettbewerbs-** 462b
relevanz (BFH I R 37/04, BStBl. II 2006, 141; FG Düsseldorf 6 K 715/09 G, EFG 2012, 1594); eine potenzielle Wettbewerbssituation ist schädlich (BFH I R 91/12, BFH/NV 2015, 1111). Die Gesellschaft darf keine Förderung konkreter Unternehmen (OFD Koblenz 5.1.2005, DB 2005, 308) und auch sonst keine Unternehmensberatung leisten (BMF 4.1.1996, BStBl. I 1996, 54, zugleich zu einzelnen zulässigen Tätigkeiten sowie zur Beteiligung an anderen Gesellschaften; hierzu Oppermann DB 1994, 1489; zur Vermietung v. Geschäfts- und Gewerberäumen OFD München/Nürnberg 15.5.2003, DStR 2003, 1525); das gilt auch für das Errichten und Verleasen von Gebäuden an ansiedlungswillige Unternehmen (BFH I R 37/04, BStBl. II 2006, 141).

Es kommt mE grundsätzlich – Ausnahme ggf. Beachtung des Übermaßverbots – nicht auf den **Umfang der schädlichen Tätigkeiten** an (aA OFD München 15.5.2003, DStR 2003, 1525; offen gelassen in BFH I R 91/12, BFH/NV 2015, 1111).

Weitere Voraussetzung ist die **Verwendung des Vermögens** und etwa erzielter 462c
Überschüsse ausschließlich zur Erreichung des Gesellschaftszwecks. Damit sind auch Mittelfehlverwendungen in späteren Jahren für einen früheren EZ schädlich (Rückwirkung, HessFG 4 K 965/11, EFG 2014, 1125); mE jedoch nur, wenn die Verwendungsrechnung eine Fehlverwendung von Überschüssen aus einem früheren EZ ergibt (aA HessFG 4 K 965/11, EFG 2014, 1125).

3. Rechtsfolgen

463 **Nichtbeachtung** dieser Beschränkungen bedeutet **Verlust der Befreiung** für die Gesellschaft insgesamt. Die Vorschrift enthält **keine Geringfügigkeitsgrenze;** daher schließt auch eine geringfügige zweckwidrige Verwendung des Vermögens die Befreiung insgesamt aus (BFH I R 49/01, BStBl. II 2003, 723 für eine einzelne Tätigkeit; FG Düsseldorf 6 K 715/09 G, EFG 2012, 1594). Ein Betrag von 100.000 EUR ist ohnehin nicht als geringfügig anzusehen (HessFG 4 K 965/11, EFG 2014, 1125). ME sollte es jedoch vor dem Hintergrund des verfassungsrechtlichen Übermaßverbots für äußerst geringfügige Fehlverwendungen, in der Größenordnung der nach der Abfärbetheorie unschädlichen (→ § 2 Rn. 287), eine Ausnahme geben.

464 *(frei)*

XXIII. Befreiung von Gesamthafenbetrieben (Nr. 26)

1. Allgemeines

465 Die Vorschrift betrifft Gesamthafenbetriebe iSd G. v. 3.8.1950 (BGBl. 1950 I 352). Die **persönliche Befreiung** ist **sachlich beschränkt.** Sie ist durch G. v. 13.9.1993 (BGBl. 1993 I 1569) geschaffen worden, nachdem Bedenken gegen die Behandlung der Gesamthafenbetriebe als gemeinnützig aufgekommen waren (BT-Drs. 12/5016, 91).

2. Voraussetzung der Befreiung

466 Die GewStBefreiung richtet sich **nach dem Maße der KStBefreiung** („soweit"; hierzu → Rn. 5). Erforderlich hierfür ist die Ausübung von Tätigkeiten iSv § 2 Abs. 1 u. 2 des G. v. 3.8.1950 (BGBl. 1950 I 352), also die genehmigte Vorhaltung und der gerechte und zweckmäßige Einsatz von qualifizierten Hafenarbeitern im Interesse einerseits der Versorgung von Hafenbetrieben mit Hafenarbeitern sowie andererseits der Arbeitsplatzsicherung. Weitere Voraussetzung ist eine dem Begünstigungszweck entsprechende **Verwendung von Überschüssen** und **Vermögen.** Nach dem klaren Wortlaut des § 5 Abs. 1 Nr. 19 KStG ist bei zweckwidriger Mittelverwendung die Befreiung **insgesamt zu versagen** (ebenso Köster in Lenski/Steinberg § 3 Nr. 26 Rn. 5).

3. Umfang der Befreiung

467 Die Befreiung selbst wird nur gewährt, „soweit" die oa Tätigkeiten ausgeführt werden. Übt der Betrieb nicht genehmigte Tätigkeiten aus, kommt eine nur **partielle Befreiung** in Betracht. Auch die Unterhaltung eines wirtschaftlichen Geschäftsbetriebs führt insoweit zu einer **partiellen GewStPfl** (vgl. § 5 Abs. 1 Nr. 19 S. 3 KStG; ebenso Köster in Lenski/Steinberg § 3 Nr. 26 Rn. 6).

XXIV. Versorgungszusammenschlüsse (Nr. 27)

1. Allgemeines

468 Es handelt sich um eine **persönliche, sachlich beschränkte Befreiung,** eingeführt durch G. v. 21.12.1993 (BGBl. 1993 I 2310). Die begünstigten Zusam-

menschlüsse von juristischen Personen des öffentlichen Rechts, von steuerbefreiten Körperschaften und steuerbefreiten Personenvereinigungen haben den Zweck, im Umlageverfahren die finanziellen Lasten aus **Versorgungszusagen** auszugleichen, die die Mitglieder ihren Arbeitnehmern erteilt haben. Sie sind im Ergebnis mit Pensionskassen (§ 3 Nr. 9) vergleichbar. Bei den Mitgliedskörperschaften würden diese Aufgaben in den nichtsteuerpflichtigen Bereich (zB bei den öffentlich-rechtlichen Wirtschaftsorganisationen: IHK) oder in den steuerfreien Bereich (zB bei Wirtschaftsverbänden ohne öffentlich-rechtlichen Charakter) fallen. Gegen die im Hinblick hierauf in der Praxis gewährten Steuerfreistellungen waren Bedenken aufgekommen. Da sich die Tätigkeit der Zusammenschlüsse ausschließlich auf begünstigte Zwecke der Mitgliedskörperschaften erstreckt, wurde ihre Heranziehung zur GewSt als unbillig angesehen.

2. Voraussetzung der Befreiung

Es besteht eine vollständige **Abhängigkeit von der KStBefreiung** nach § 5 Abs. 1 Nr. 20 KStG (→ Rn. 5). Erforderlich ist danach die Beschränkung der Tätigkeit auf den Ausgleich der Versorgungslasten. Jede weitergehende Tätigkeit ist schädlich und führt zum gänzlichen Fortfall der Befreiung. Zudem besteht für das zulässige Vermögen aE des Wirtschaftsjahres eine Beschränkung auf 60 % der im Wirtschaftsjahr im Umlageverfahren erbrachten Leistungen an die Mitglieder. 469

In der Beschlussempfehlung des Finanzausschusses sollte in der Vorschrift klargestellt werden, dass auch bei Einbeziehung von Versorgungslasten von Arbeitnehmern eines steuerpflichtigen Betriebes gewerblicher Art oder eines steuerpflichtigen wirtschaftlichen Geschäftsbetriebes in das Umlageverfahren die Steuerbefreiung insgesamt („ausgeschlossen …, wenn …“) wegfällt. Diese Bestimmung ist zwar nicht G geworden, wird aber im Wege **teleologischer Auslegung** dennoch hinzuzudenken sein, zumal die Grundlage der Befreiung in der *ausschließlichen Erstreckung* der Tätigkeit der Zusammenschlüsse *auf die begünstigten Zwecke* ihrer Mitglieder gesehen wurde (aA Köster in Lenski/Steinberg § 3 Nr. 27 Rn. 6).

3. Rechtsfolgen

Fehlt es an der Zweck- bzw. Tätigkeitsbeschränkung, entfällt die Befreiung insgesamt; es gibt **keine** wenigstens **partielle Befreiung.** Ein höherer Vermögensbestand führt ebenfalls zum vollständigen Fortfall der Befreiung. 470

XXV. Arbeitsgemeinschaften Medizinischer Dienst der Krankenversicherung – MDK – sowie Medizinischer Dienst der Spitzenverbände der Krankenkassen – MDS – (Nr. 28)

1. Allgemeines

Die **persönliche** und **sachlich beschränkte Befreiung** wurde eingefügt durch JStErgG 1996 und gilt ab EZ 1991 (§ 36 Abs. 2 f. idF des ÄndG). Bei den MDK handelt es sich um Zusammenschlüsse der Landesverbände der Orts-, Betriebs- und Innungskrankenkassen, der landwirtschaftlichen Krankenkasse, der Ersatzkassen und der Bahn-BKK. Sie sind Körperschaften des öffentlichen Rechts 471

(§ 278 SGB V), jedoch nur so lange, als wegen der Beschäftigung von übernommenen Beamten die Notwendigkeit der Dienstherrnfähigkeit besteht (§ 73 Abs. 4 GesRefG). Daher sind die MDK in den neuen Bundesländern sowie Berlin (fusioniert mit dem MDK Brandenburg) als e.V. organisiert.

Der MDS koordiniert und fördert, ebenfalls in der Rechtsform des e.V. (§ 73 Abs. 4 GesRefG), die Durchführung von Aufgaben und die Zusammenarbeit der medizinischen Dienste nach § 282 SGB V. Die von MDS und MDK wahrgenommenen Aufgaben (Gutachten und deren Vereinheitlichung; Beratung zu Fragen der medizinischen Versorgung) wurden ihnen durch Gesetz auferlegt und liegen ausschließlich im öffentlichen Interesse. Die Ausgaben werden ausschließlich im Umlageverfahren gedeckt, sodass nachhaltige Gewinne nicht zu erwarten sind (Ausnahme: Zinsen aus angelegten Vorauszahlungen).

2. Die GewStBefreiung

472 **a) Voraussetzungen.** Erforderlich ist die Erfüllung der gesetzlich, insb. durch § 282 SGB V, zugewiesenen Aufgaben. Hierzu können auch entgeltliche Archivierungsleistungen (Lagerung in Papierform und Digitalisierung von Patientenakten) sowie Schreibarbeiten für einen anderen MD gehören. Erforderlich ist aber, dass diese Leistungen bei einer KödöR nicht in einem BgA erbracht werden (BFH V R 12/21, BStBl. II 2023, 668).

Weitere Voraussetzung ist die **Verwendung** von Vermögen und Überschüssen (insb. aus der zinsbringenden Anlage von Vorauszahlungen) ausschließlich zur Erreichung der oa Zwecke.

472a **b) Umfang.** Sie ist **abhängig** („soweit“, hierzu → Rn. 5) von der Befreiung **von der KSt** (vgl. § 5 Abs. 1 Nr. 21 KStG). Die MDK und MDS sind nur befreit, **soweit** sie ihre Aufgaben wahrnehmen. Andere Tätigkeiten führen zur **partiellen StPfl.** Hingegen bedeutet eine **Mittelfehlverwendung** mE den **völligen Verlust** der Befreiung (ebenso Köster in Lenski/Steinberg § 3 Nr. 28 Rn. 5).

XXVI. Gemeinsame Einrichtungen der Tarifvertragsparteien (Nr. 29)

1. Allgemeines

473 Die **persönliche und sachlich beschränkte** Befreiung ist eingeführt worden durch JStG 1997 (BGBl. 1996 I 2049 (2073)). Sie knüpft an die Befreiung nach § 5 Abs. 1 Nr. 22 KStG an und dient insb. der Beseitigung von Zweifeln an der bisherigen steuerlichen Behandlung (Befreiung unter anderen Titeln).

Begünstigt sind gemeinsame Einrichtungen der Tarifvertragsparteien iSv § 4 Abs. 2 TVG (BGBl. 1969 I 1123), die satzungsmäßige Beiträge nach § 186a AFG (BGBl. 1969 I 582) oder aufgrund tarifvertraglicher Vereinbarungen erheben und Leistungen ausschließlich an die tarifgebundenen Arbeitnehmer des Gewerbezweigs sowie deren Hinterbliebene erbringen. Da § 186a AFG zum 1.1.1998 aufgehoben worden ist und die §§ 341 ff. SGB III an seine Stelle getreten sind, auf die § 5 Abs. 1 Nr. 22 KStG nicht verweist, ist lediglich die Erhebung von Beiträgen aufgrund tarifvertraglicher Vereinbarung begünstigt. Betroffen sind va Lohnausgleichs- und Urlaubskassen.

2. Voraussetzung der Befreiung

Die Einrichtungen dürfen **ausschließlich** die oa Leistungen erbringen. Allerdings ist ein wirtschaftlicher Geschäftsbetrieb zulässig, der nach der Konzeption der Vorschrift („…nicht ausschließlich…") tunlich auf die begünstigten Zwecke zu richten ist. Zudem ist die **Konkurrenzklausel** des § 5 Abs. 1 Nr. 22 KStG zu beachten; dh die Einrichtung darf zu nichtsteuerbegünstigten Betrieben derselben oder ähnlichen Art nicht in größerem Umfang in Wettbewerb treten, als es bei Erfüllung der begünstigten Aufgaben unvermeidlich ist. Angesichts des im Wesentlichen identischen Wortlauts sind mE die Grundsätze zu § 65 Nr. 3 AO (→ Rn. 258) entsprechend anzuwenden. **474**

3. Rechtsfolgen

Die Befreiung ist **abhängig von** dem Maß der **KStBefreiung** („soweit"). **475**
Verstöße gegen die oa Tätigkeitsbeschränkung führen zum **Verlust der Befreiung;** es sei denn, es liegen die Voraussetzungen für die Annahme eines wirtschaftlichen Geschäftsbetriebs (→ Rn. 218 ff.) vor; dann ist die Steuerfreiheit (nur) insoweit ausgeschlossen, als dieser nicht ausschließlich den begünstigten Tätigkeiten dient. Es besteht **partielle StPfl.**

Verstöße gegen die **Konkurrenzklausel** führen mE ebenfalls zum völligen Verlust der Steuerfreiheit (ebenso Köster in Lenski/Steinberg § 3 Nr. 29 Rn. 4).

XXVII. Auftragsforschung (Nr. 30)

1. Allgemeines

Nach der Vorschrift ist die Auftragsforschung iSv **§ 5 Abs. 1 Nr. 23 KStG** von der GewSt **sachlich befreit,** soweit sie von der KSt befreit ist. Sie ist durch Art. 4 Nr. 1c StÄndG 2003 (BGBl. 2003 I 2645) eingeführt worden. **476**

Die Befreiung bezweckt und bewirkt eine **Gleichbehandlung mit** der Auftragsforschung von **gemeinnützigen Forschungseinrichtungen** (Gesetzesantrag Bayern BR-Drs. 198/07; BT-Drs. 15/1945, 12), die unter bestimmten Voraussetzungen nach § 68 Nr. 9 AO als Zweckbetriebe zu behandeln sind (→ Rn. 302 ff.).

2. Voraussetzung der Befreiung

Befreit ist die Auftragsforschung der **öffentlich-rechtlichen** Wissenschafts- und Forschungseinrichtungen, also insb. der staatlichen Universitäten und Hochschulen. Die **Befreiung** ist insoweit **ausgeschlossen,** als die Tätigkeit auf die Anwendung gesicherter wissenschaftlicher Erkenntnisse, die Übernahme von Projektträgerschaften sowie wirtschaftliche Tätigkeit ohne Forschungsbezug gerichtet ist. Auch insoweit besteht Übereinstimmung mit § 68 Nr. 9 AO; insgesamt aber handelt es sich um eine Bevorzugung der öffentlich-rechtlichen Einrichtungen vor den gemeinnützigen (Kaufmann/Schmitz-Herscheidt BB 2007, 2039; Strahl KÖSDI 2007, 15569). **477**

XXVIII. Global Legal Entity Identifier Stiftung (Nr. 31)

478 Es handelt sich um eine **persönliche Befreiung,** eingeführt durch G. v. 22.12.2014 (BGBl. 2014 I 2417), die an die Befreiung nach § 5 Abs. 1 Nr. 24 KStG anknüpft. Die Stiftung dient der Einführung, Unterhaltung und Fortentwicklung einer weltweit geführten Datenbank zur Identifikation von an Finanzgeschäften beteiligten Rechtspersonen (Legal Entity) mittels eines Referenzcodes. Sie dient damit der weltweiten Überwachung der Finanzmärkte im Interesse der Stabilität der Finanzsysteme. Daher untersteht die Tätigkeit der Stiftung der Aufsicht eines Gremiums, an dem die Finanzministerien und -aufsichtsbehörden sowie Zentralbanken der wichtigsten Industrienationen beteiligt sind. Diese Datenbank soll weltweit nutzbar und kostenlos öffentlich zugänglich sein. Die Tätigkeit liegt – ähnlich der Tätigkeit der nach § 3 Nr. 2 befreiten Banken – im öffentlichen Interesse.

478a Die Befreiung hat damit zur **Voraussetzung,** dass sich die Stiftung auf Tätigkeiten im Interesse der dargestellten Aufgaben beschränkt, Sie ist **partiell steuerpflichtig,** wenn und soweit sie daneben weitere Tätigkeiten ausübt.

XXIX. Betreiber von Solaranlagen (Nr. 32)

Literatur: Lindtner/Urban, Besteuerung von Photovoltaikanlagen nach dem JStG 2022: The New Easy?, NWB 2023, 344.

479 Die Vorschrift begünstigt Betreiber von **kleineren Solaranlagen** (bis zu einer installierten Leistung von 10 kW, **ab EZ 2022 von 30 kW**), die **an sich Gewerbetreibende** iSd § 2 Abs. 1 sind und daher zur GewSt veranlagt werden müssten, trotz des Umstandes, dass ihr GewErtrag regelmäßig den Freibetrag nach § 11 Abs. 1 Nr. 1 nicht übersteigt. Damit wären sie jeweils Mitglied der IHK. Zur Vermeidung der bürokratischen Folgen für das Unternehmen und der IHK werden die bezeichneten Erzeuger von Strom aus Solaranlagen von der GewSt befreit. Damit sind sie nach § 2 Abs. 1 IHK-Gesetz nicht Mitglieder der IHK. Die Solaranlage muss jedoch **auf, an oder in einem Gebäude** angebracht sein. Hat die Anlage keinen Bezug zu einem Gebäude in diesem Sinne (zB eine Freiflächenanlage), ist der Betrieb nicht begünstigt.

479a Zudem muss sich die **Tätigkeit ausschließlich** auf die Erzeugung und Vermarktung von Strom aus der Anlage beschränken. Hat der Betreiber einen sonstigen Gewerbebetrieb, kommt es darauf an, ob nach allgemeinen Grundsätzen (→ § 2 Rn. 16 ff.) ein einheitlicher Betrieb oder jeweils selbständige Betriebe vorliegen (→ § 2 Rn. 25, Stichwort „Photovoltaikanlage"). Bei einem einheitlichen Betrieb kommt die Befreiung nicht zum Zuge.

479b Die Befreiung entbindet mE auch diese Stromerzeuger nicht von der **Abgabe einer GewStErklärung** (§ 149 Abs. 1 S. 2 AO), in der sie die Voraussetzungen für die Befreiung nachzuweisen haben (BR-Drs. 365/19, 150 f.; aA LfSt Nds 17.10.2023 S 2240-St 222/St 221-2473/2022). Das betrifft insbesondere die **Kapazität der Anlage** und die **Ausschließlichkeit** iSd der Befreiungsvorschrift, also die Beschränkung der Tätigkeit auf die bezeichnete Stromerzeugung. Jede noch so geringfügige Überschreitung der Kapazität ist mE ebenso schädlich wie jede noch so geringfügige anders geartete gewerbliche Tätigkeit.

Zu Zweifelsfragen Lindtner/Urban NWB 2023, 344.

XXX. Befreiungen außerhalb des GewStG

1. Befreiung von Einnehmern einer staatlichen Lotterie (§ 13 GewStDV)

a) Allgemeines. Es handelt sich um eine **sachliche Befreiung.** Deren Ermächtigungsgrundlage ist nicht § 35c Nr. 2 Buchst. c GewStG (so jedoch FG Bln VI 186/80, EFG 1982, 91). Die Vorschrift beruht auf reichsrechtlicher Ermächtigung (§§ 12, 13 RAO idF v. 1.12.1936, RGBl. 1936 I 961). Diese ist zwar entfallen (G. v. 11.7.1953 BGBl. 1953 I 511). Doch wird eine im Zeitpunkt ihres Erlasses auf gesetzlicher Grundlage ergangene RechtsVO durch den Fortfall der Ermächtigungsvorschrift nicht in ihrer Gültigkeit berührt (vgl. BVerfG 1 BvR 488/57, BVerfGE 9, 3). Daher ist die Beachtung des Art. 80 Abs. 1 GG für sie nicht von Bedeutung (BFH I R 158/81, BStBl. II 1985, 223). Zum **Begriff der staatlichen Lotterie** gelten die oa Grundsätze (→ Rn. 10) entsprechend (BFH VIII R 310/83, BStBl. II 1986, 719). 480

b) Persönliche Beschränkung. Nur die **Einnehmer einer staatlichen Lotterie** (→ Rn. 10), also auch der Lotto- und Totogesellschaften, sind **befreit.** Seine Tätigkeit ist typischerweise dadurch gekennzeichnet, dass er mit den Kunden **unmittelbar kontrahiert** (BFH IV R 81/66, BStBl. II 1972, 801). Die Inhaber der Annahmestellen sind als Einnehmer von der GewSt befreit und zwar auch dann, wenn die Annahme- und Einnahmetätigkeit im Rahmen eines GewBetriebs (Tabak- und Zeitschriftenhandel) ausgeübt wird. Die Vorratshaltung von Lotterielosen gehört ebenfalls zur Tätigkeit des Lotterieeinnehmers (BFH IV R 205/75, BStBl. II 1976, 576; IV R 31/72, BStBl. II 1976, 576). 481

Nicht befreit sind private Veranstalter insb. von nicht genehmigten Lotterien (BFH IV R 18/09, BStBl. II 2011, 368; IV R 39/07, BFH/NV 2011, 842), ebensowenig Bezirksleiter und Bezirksstellenleiter (BFH IV R 77/67, BStBl. II 1968, 718; V 4/65, BStBl. II 1968, 244; IV R 81/66, BStBl. II 1972, 801). Dasselbe dürfte für Hauptstellenleiter gelten. Inhaber von Sammelstellen sind mE nicht Einnehmer und deshalb nicht befreit. 482

Zu den Verhältnissen in Hessen vgl. OFD Frankfurt aM 15.4.1987, BB 1987, 955, zur Steuerpflicht der Einnehmer der Lotto Hamburg GmbH ab 1.1.2008 vgl. FBeh StEK GewStG § 2 Abs. 1 Nr. 192.

c) Rechtsfolgen. Die Einnahmetätigkeit ist **als solches befreit,** auch wenn sie im Rahmen eines **einheitlichen GewBetriebs** ausgeübt wird. Ist in diesem Fall eine Trennung der GewErträge anhand der Buchführung nicht möglich, dann sind die steuerfrei bleibenden Teile zu schätzen (BFH I R 158/81, BStBl. II 1985, 223). Liegen die Voraussetzungen für die Befreiung als staatliche Lotterie nicht vor und wird die Annahmestelle zusammen mit einem finanziell, wirtschaftlich und organisatorisch eng verflochtenen Tabakhandel oÄ betrieben (hierzu → § 2 Rn. 25; BFH VIII R 310/83, BStBl. II 1986, 719), dann darf der Freibetrag nach § 11 Abs. 1 nicht doppelt in Anspruch genommen werden. 483

2. Befreiung sog. kleinerer Körperschaften

Nach **GewStR 7.1 Abs. 7** kann **von der Festsetzung** des (einheitlichen) GewStMessbetrags **abgesehen** werden, wenn im Einzelfall bei kleinen Körperschaften, insb. Vereinen, Stiftungen und Genossenschaften, bei juristischen Perso- 484 nen des öffentlichen Rechts der Gewinn offensichtlich 500 EUR nicht übersteigt. Für diese Regelung wird auf § 156 Abs. 2 AO Bezug genommen, wonach die Festsetzung von Steuern und Nebenleistungen unterbleiben kann, wenn feststeht, dass die Einziehung keinen Erfolg haben wird, oder wenn die Kosten der Einziehung einschließlich der Festsetzung außer Verhältnis zu dem Betrag stehen. Doch eignet sich § 156 Abs. 2 AO schon deswegen nicht als Rechtsgrundlage, weil die Regelung den Unterschied zwischen Gewinn und GewErtrag nicht beachtet (aA wohl Sarrazin in Lenski/Steinberg § 3 Rn. 617).

Davon abgesehen handelt es sich um eine im Ermessen des FA stehende innerdienstliche Maßnahme, die den Steueranspruch nicht zum Erlöschen bringt. Allerdings hat der StPfl. einen Anspruch auf fehlerfreies Ermessen, für das die GewStR iS einer einheitlichen VerwPraxis einen verbindlichen Rahmen vorgeben (vgl. BFH I R 143/80, GmbHR 1985, 134).

3. Befreiung kleinerer Versicherungsvereine auf Gegenseitigkeit

485 **a) Allgemeines.** Nach **§ 12a GewStDV** sind kleinere Versicherungsvereine auf Gegenseitigkeit iSv § 210 VAG von der GewSt befreit, wenn sie nach **§ 5 Abs. 1 Nr. 4 KStG** von der KSt befreit sind (zum Begriff vgl. BFH I R 45/90, BStBl. II 1992, 429). Es handelt sich um einen Auffangtatbestand, der den kleinen Versicherungsvereinen auf Gegenseitigkeit die volle StFreiheit garantiert, auch wenn sie iSd § 5 Abs. 1 Nr. 3 KStG überdotiert wären. Die **sachliche Befreiung** stützt sich wohl auf die Ermächtigung in § 35c Abs. 1 Nr. 2 Buchst. d GewStG. Indes erscheint die Ermächtigung im Hinblick auf das Bestimmtheitsgebot des Art. 80 GG fragwürdig. Insbesondere erscheint es mit dem verfassungsrechtlichen Bestimmtheitsgebot nicht vereinbar, dass dem VO-Geber (Bundesregierung) das „Ob" der Befreiung überlassen bleibt (aA Köster in Lenski/Steinberg § 3 Anhang A I Rn. 2; Böwing-Schmalenbrock in Brandis/Heuermann § 3 Rn. 147).

486 **b) Einzelnes. § 5 Abs. 1 Nr. 4 KStG** unterscheidet zwischen sonstigen Versicherungsvereinen auf Gegenseitigkeit und Sterbegeldversicherungen:

Bei den erstgenannten ist Voraussetzung für die Befreiung, dass die Beitragseinnahmen im Durchschnitt der letzten 3 Wirtschaftsjahre einschließlich des im VZ endenden Wirtschaftsjahres die durch RechtsVO festzusetzenden Jahresbeträge nicht überstiegen haben (Nr. 4 Buchst. a). Es handelt sich nach **§ 4 Nr. 1 KStDV** um folgende **Höchstgrenzen:**

– bei Lebens- und Krankenversicherung 797.615 EUR
– bei den übrigen Versicherungsvereinen (Ausnahme Sterbegeldversicherungen) 306.775 EUR.

Sterbegeldversicherungen sind befreit, wenn sie sich nach dem Geschäftsplan sowie nach Art und Höhe der Leistungen als soziale Einrichtungen darstellen (Nr. 4 Buchst. b); zu diesem Begriff → Rn. 348 ff. Im Übrigen findet § 2 Abs. 1 KStDV Anwendung, wonach die Sterbegelder 7.669 EUR als Gesamtleistung nicht übersteigen dürfen. Zu den Gesamtleistungen gehören auch Gewinnzuschläge, auf die die Berechtigten einen Rechtsanspruch haben (BFH I R 107/67, BStBl. II 1970, 227).

4. Befreiung von Investmentfonds

487 Steuerbefreit sind nach der Gesetzeslage **bis EZ 2017** (§ 11 Abs. 1 InvStG 2004 idF d. G. v. 18.12.2013, BGBl. 2013 I 4318) **inländische Investmentfonds**

in der Rechtsform eines **Sondervermögens** oder (mit Einschränkungen) einer **Investmentaktiengesellschaft** mit veränderlichem Kapital oder einer **offenen Investmentkommanditgesellschaft.** Entsprechendes gilt aufgrund einer Fiktion als inländischer Investmentfonds für einen von einer externen KapitalverwGes (§ 17 Abs. 2 Nr. 1 KAGB) mit Sitz im Inland oder einer inländischen Zweigniederlassung einer EU-VerwGes (§ 1 Abs. 17 KAGB) verwalteten **EU-Investmentfonds,** wenn nach dem Recht seines Herkunftsstaats Deutschland aufgrund des jeweiligen Inlandsbezugs dazu berufen ist, die Besteuerung des Investmentfonds umfassend zu regeln (§ 11 Abs. 1 S. 5 InvStG aF iVm § 1 Abs. 1g S. 2 InvStG aF).

Hierbei sind:

- **Sondervermögen** inländische offene Investmentvermögen in Vertragsform, die von einer VerwGes für Rechnung der Anleger nach Maßgabe des KAGB und den Anlagebedingungen zwischen VerwGes und Anlagern verwaltet werden (§ 1 Abs. 10 KAGB);
- **InvestmentAG** (mit veränderlichem Kapital) Unternehmen mit satzungsmäßigem Sitz und Hauptverwaltung im Inland, deren Geschäftsbetrieb darauf gerichtet ist, inländische oder EU-Investvermögen oder ausländische alternative Investmentfonds zu verwalten (vgl. § 17 Abs. 1, §§ 108 ff. KAGB);
- **InvestmentKG** Unternehmen in der Rechtsform einer GmbH&Co KG (vgl. § 18 Abs. 1 und 2 KAGB) mit entsprechendem Unternehmensgegenstand;
- **EU-Investmentfonds** solche Investmentvermögen, die dem Recht eines anderen Mitglieds-/Vertragsstaats der EU/des EWR unterliegen (§ 1 Abs. 8 KAGB).

Die **Befreiung ist beschränkt:** 487a

- Für die **InvestmentAG** im Hinblick auf die Einkünfte, die sie oder ihr Teilgesellschaftsvermögen aus der *Verwaltung des Vermögens* erzielt; sowie auf deren auf *Unternehmensaktien* entfallende Einkünfte, es sei denn, es wurde nach § 109 Abs. 1 S. 1 KAGB auf die Begebung von Anlageaktien verzichtet;
- für das **Sondervermögen,** soweit es einen wirtschaftlichen Geschäftsbetrieb unterhält, denn es gilt nach § 11 Abs. 1 S. 1 InvStG aF als sonstige juristische Person iSv § 2 Abs. 3.

Ab **EZ 2018** ergibt sich die GewSt-Befreiung von **Investmentfonds** (als sonstige juristische Person des privaten Rechts iSd § 2 Abs. 3 GewStG) aufgrund des **§ 15 InvStG nF** (InvStG 2018: BGBl. 2016 I 1730 idF d. G. v. 12.12.2019, BGBl. 2019 I 2451). 487b

Voraussetzung ist, dass

(1) der objektive Geschäftszweck auf die Anlage und Verwaltung seiner Mittel für gemeinschaftliche Rechnung der Anteils- und Aktieninhaber beschränkt ist und

(2) der Fonds seine Vermögensgegenstände nicht im Wesentlichen Umfang aktiv unternehmerisch bewirtschaftet (Ausnahme: bei Beteiligung an ImmobilienGes iSd § 1 Abs. 19 Nr. 22 KAGB). Diese Voraussetzungen gelten als erfüllt, wenn die Einnahmen aus einer aktiven unternehmerischen Bewirtschaftung in einem Geschäftsjahr weniger als 5 % der gesamten Einnahmen des Fonds betragen.

Besteht GewStPfl., ist die aktive unternehmerische Tätigkeit ein **wirtschaftlicher Geschäftsbetrieb,** dessen Gewinn durch Einnahmen-Überschuss-Rechnung zu ermitteln und der Ermittlung des GewErtrags nach § 7 GewStG zugrundezulegen ist.

Ebenfalls befreit von der GewSt ist nach § 29 Abs. 1 InvstG iVm § 15 InvStG nF der sog. **Spezial-Investmentfonds** (zum Begriff § 26 InvStG nF).

5. Befreiung der European Transonic Windtunnel

488 Die **persönliche Befreiung** betrifft den gemeinsamen Betrieb des Europäischen Transschall-Windkanals zunächst durch die Bundesrepublik Deutschland, Frankreich und das Vereinigte Königreich. Sie beruht auf der VO v. 1.9.1989 (BGBl. 1989 II 738) und betrifft die Tätigkeit sowie das der Tätigkeit dienende Vermögen der Gesellschaft. Die VO selbst beruht auf Art. 3 des G. v. 27.6.1954 ua betreffend Gewährung von Vorrechten und Befreiungen für (andere) zwischenstaatliche Organisationen (BGBl. 1954 II 639). Die Befreiung ist am 1.1.1988 in Kraft getreten.

6. Befreiung nach dem Vorruhestandsgesetz (VRG)

489 Vorruhestandsleistungen der Arbeitgeber an Arbeitnehmer können auch durch **Ausgleichskassen der Arbeitgeber** oder durch gemeinsame Einrichtungen der Tarifvertragsparteien erfolgen (vgl. § 8 VRG; VRG v. 13.4.1984 (BGBl. 1984 I 601) idF d. G. v. 22.12.2005, BGBl. 2005 I 3686). Soweit diese Einrichtungen die in dieser Vorschrift bezeichneten Aufgaben erfüllen, sind sie nach § 12 Abs. 3 VRG ua **von der GewSt befreit.**

Der **Umfang der Befreiung** richtet sich nach der Erfüllung ihrer gesetzlich bzw. tarifvertraglich vorgesehenen Aufgaben. Für andere Tätigkeiten, etwa die Unterhaltung eines wirtschaftlichen Geschäftsbetriebes, sind sie nicht befreit.

7. Befreiung der Postbeamtenversorgungskassen nach § 15 Abs. 2 PostPersRG

490 Die **persönliche Befreiung** basiert auf dem G. v. 14.9.1994 (BGBl. 1994 I 2325 (2353)), zuletzt geändert durch G. v. 20.12.2023 (BGBl. 2023 I Nr. 389). Die Versorgungskasse erbringt nach § 15 Abs. 1 PostPersRG Versorgungs- und Beihilfeleistungen an frühere Beamte des ehemaligen Sondervermögens Deutsche Post (DP) und der ehemaligen Teilsondervermögen DP Postdienst, DP Postbank, DP Telekom sowie Beschäftigte der Postnachfolgeunternehmen, denen aus einem Beamtenverhältnis Versorgungsansprüche zustehen, und deren Hinterbliebene. Die Befreiung rechtfertigt sich aus einer Aufgabenstellung, die der der Pensions- und Unterstützungskassen (§ 3 Nr. 9, → Rn. 340 ff.) vergleichbar ist.

8. Befreiung von REIT-Aktiengesellschaften

491 Die **sachliche Befreiung** basiert auf dem G. v. 28.5.2007 (BGBl. 2007 I 914, REITG). REIT-AGs zeichnen sich nach § 1 REITG durch Erwerb, Verwaltung und (beschränkter) Veräußerung von Eigentum und Rechten an Immobilien, ImmobilienGes, DienstleistungsGes uÄ aus. Handel mit ihrem unbeweglichen Vermögen (in einer definierten Größenordnung) ist nicht zulässig (§ 14 REITG).

Voraussetzung der Befreiung ist nach § 16 Abs. 1 S. 2 REITG die Erfüllung der in den §§ 8–15 REITG bestimmten Anforderungen, insb. Anmeldung zum HR (§ 8), Sitz und Geschäftsleitung im Inland (§ 9), Börsenzulassung (§ 10), Streuung der Aktien (§ 11), bestimmte Vermögens- und Ertragsanforderungen (§ 12), Ausschüttung an die Anleger (§ 13), Ausschluss des definierten Immobilienhandels (§ 14) und eine relative Größe des Mindesteigenkapials (§ 15). Die **Befreiung beginnt** nach § 17 REITG mit Beginn des Wj, in dem die REIT-AG als eine solche in das HR eingetragen wird.

Bestimmte **Verstöße** führen nach § 16 Abs. 2–6 REITG nicht unmittelbar zum Verlust der Steuerbefreiung, sondern (zunächst) zur Festsetzung von Zahlungen durch das FA. Die **Befreiung entfällt** aber bei Nichtbeachtung des **Handelsverbots** bereits aE des betreffenden Wj (§ 18 Abs. 2), bei **ungenügender Streuung** der Aktien und Überschreiten der zulässigen **Höchstbeteiligung** aE des 3. Wj (§ 18 Abs. 3), ebenso bei Nichteinhaltung des **Mindesteigenkapitals** (§ 18 Abs. 4). Auch Verstöße, die zunächst nur zur Festsetzung von Zahlungen führen, haben bei längerer Dauer den Verlust der Steuerbefreiung aE des 3. bzw. 5. Wj. zur Folge (§ 18 Abs. 5 REITG).

§ 4 Hebeberechtigte Gemeinde

(1) **[1]Die stehenden Gewerbebetriebe unterliegen der Gewerbesteuer in der Gemeinde, in der eine Betriebsstätte zur Ausübung des stehenden Gewerbes unterhalten wird. [2]Befinden sich Betriebsstätten desselben Gewerbebetriebs in mehreren Gemeinden oder erstreckt sich eine Betriebsstätte über mehrere Gemeinden, so wird die Gewerbesteuer in jeder Gemeinde nach dem Teil des Steuermessbetrags erhoben, der auf sie entfällt.**

(2) **[1]Für Betriebsstätten in gemeindefreien Gebieten bestimmt die Landesregierung durch Rechtsverordnung, wer die nach diesem Gesetz den Gemeinden zustehenden Befugnisse ausübt. [2]Der in § 2 Absatz 7 Nummer 1 und 2 bezeichnete Anteil am Festlandsockel und an der ausschließlichen Wirtschaftszone ist gemeindefreies Gebiet. [3]In Fällen von Satz 2 bestimmt sich die zuständige Landesregierung im Sinne des Satzes 1 unter entsprechender Anwendung des § 22a der Abgabenordnung.**

(3) **[1]Für Betriebsstätten im nicht zur Bundesrepublik Deutschland gehörenden Teil eines grenzüberschreitenden Gewerbegebiets im Sinne des § 2 Absatz 7 Nummer 3 ist die Gemeinde hebeberechtigt, in der der zur Bundesrepublik Deutschland gehörende Teil des grenzüberschreitenden Gewerbegebiets liegt. [2]Liegt der zur Bundesrepublik Deutschland gehörende Teil in mehreren Gemeinden, gilt Absatz 2 entsprechend.**

Gewerbesteuer-Durchführungsverordnung

§ 15 GewStDV Hebeberechtigte Gemeinde bei Gewerbebetrieben auf Schiffen und bei Binnen- und Küstenschifffahrtsbetrieben

Hebeberechtigte Gemeinde für die Betriebsstätten auf Kauffahrteischiffen, die in einem inländischen Schiffsregister eingetragen sind und nicht im sogenannten regelmäßigen Liniendienst ausschließlich zwischen ausländischen Häfen verkehren, und für die in § 6 bezeichneten Binnen- und Küstenschifffahrtsbetriebe ist die Gemeinde, in der der inländische Heimathafen (Heimatort) des Schiffes liegt.

Gewerbesteuer-Richtlinien 2009: GewStR 4.1; GewStH 4.1

Übersicht

I. Hebeberechtigung

1. Allgemeines

1 Das Aufkommen der GewSt steht – abzüglich einer Umlage für Bund und Länder – den Gemeinden zu (Art. 106 Abs. 6 S. 1, 4 GG). Dazu erfolgt durch § 4 eine direkte Zuordnung der Steuer an die einzelne Gemeinde. Alleiniges Kriterium dafür ist die Betriebsstätte. § 4 schafft dadurch die notwendige Verbindung zwischen den Gemeinden allgemein als Gläubiger der GewSt (§ 1: Gemeindesteuer) und der einzelnen Gemeinde als im konkreten Steuerfall Hebeberechtigte. Während § 2 Abs. 1 S. 3 für die Steuerpflicht nur verlangt, dass im Inland überhaupt eine Betriebsstätte unterhalten wird, präzisiert § 4 die „Relation zwischen unternehmerischer Tätigkeit und örtlicher Verwurzelung des Unternehmens in einer Gemeinde", indem der Gewerbebetrieb zwecks räumlicher Zuordnung von Steuersubstrat in „kleinere betriebliche Einheiten" (Geschäftseinrichtung oder Anlage iSd § 12 S. 1 AO) aufgeteilt und einer oder mehreren Gemeinden zugeordnet wird (so Tappe in Desens/Tappe § 4 Rn. 10, 23). Dieser Zuordnung folgen die Hebesatzbestimmung (§ 16 Abs. 1) und ggf. Zerlegung (§§ 28 ff.). Die Vorschrift bestimmt also die **Hebeberechtigung** der Gemeinden. Sie legt als hebeberechtigte Gemeinde für den **stehenden Gewerbebetrieb** diejenige fest, in der der Gewerbebetrieb seine **Betriebsstätte** hat. Für den **Reisegewerbebetrieb** ist die Gemeinde hebeberechtigt, in der sich der Mittelpunkt der gewerblichen Tätigkeit befindet (§ 35a Abs. 3). Zu Gewerbebetrieben auf **Schiffen** → Rn. 5. Die Hebeberechtigung einer Gemeinde führt zur **Steuergläubigerschaft** (BFH I R 88/02, BStBl. II 2004, 751). Die hebeberechtigte Gemeinde kann damit die Steuer festsetzen, erheben und beitreiben, auch kann sie Nebenleistungen (§ 3 Abs. 4 AO) erheben (differenzierend Tappe in Desens/Tappe § 4 Rn. 17). Die Hebeberechtigung entfällt nicht dadurch, dass die in der Gemeinde befindliche Betriebsstätte nach Ablauf des EZ in eine andere Gemeinde verlegt wird (BFH III S 12/15, BFH/NV 2015, 1421). Die Frage, welcher Gemeinde der Gewerbesteueranspruch zusteht, hat nicht nur für die Gemeinde selbst, sondern wegen der unterschiedlichen Steuersätze auch für den Unternehmer Bedeutung (Standortwahl, s. Behrendt StB 1996, 296). Die örtliche Anknüpfung der Hebeberechtigung an die Betriebsstätte hängt mit dem Äquivalenzprinzip zusammen (→ § 1 Rn. 11). Maßgebend ist der Betriebsstättenbegriff des § 12 AO. Zu den Merkmalen der Betriebsstätte iE → § 2 Rn. 610 ff. Zum Ausschluss von Gemeinden von der Zerlegung s. § 28

Abs. 2. Die Befugnis der Gemeinden zur allgemeinverbindlichen Festsetzung des Hebesatzes regelt § 16.

2. Mehrere Betriebsstätten, mehrgemeindliche Betriebsstätten

Verfügt der Gewerbebetrieb über zwei oder mehr Betriebsstätten in verschiedenen Gemeinden, müssen sich die Gemeinden die Hebeberechtigung bezüglich der GewSt dieses Betriebes teilen. Dazu ist der Teil des Steuermessbetrags (§ 14), zu bestimmen, der auf die jeweilige Gemeinde entfällt (§ 4 Abs. 1 S. 2 Alt. 1). Dies geschieht durch das Zerlegungsverfahren nach § 28 (→ § 28 Rn. 10 ff.). Auf die Anknüpfung an eine Betriebsstätte kann nicht verzichtet werden. Es genügt daher nicht, dass einer Gemeinde zB durch eine Betriebsstätte in einer anderen Gemeinde Lasten entstehen (Gosch in Brandis/Heuermann § 4 Rn. 6). Ohne Betriebsstätte besteht also keine Hebeberechtigung. Eine sich über mehrere Gemeinden erstreckende („mehrgemeindliche“) Betriebsstätte liegt vor, wenn zwischen den Betriebsanlagen, Geschäftseinrichtungen oder Teilen von ihnen ein räumlicher und betrieblicher Zusammenhang besteht (→ § 30 Rn. 2 ff.); bei bestimmten Unternehmen kann der räumliche Zusammenhang bei einer besonders engen wirtschaftlichen, technischen und organisatorischen Verbindung in den Hintergrund treten (BFH I R 56/08, BStBl. II 2010, 492). Auch bei mehrgemeindlichen Betriebsstätten ist die Hebeberechtigung zu teilen (§ 4 Abs. 1 S. 2 Alt. 2) und das Zerlegungsverfahren anzuwenden (§ 28 Abs. 1 S. 2). 2

3. Gemeindefreie Gebiete

Gewerbebetriebe mit Betriebsstätten in gemeindefreien Gebieten sollen nicht von der GewSt verschont bleiben. § 4 Abs. 2 hat daher den Zweck, Besteuerungslücken zu vermeiden, die sich aus Abs. 1 ergeben, wenn Betriebsstätten in gemeindefreien Gebieten (dazu Tappe in Desens/Tappe § 4 Rn. 33) liegen; die auf solche Betriebsstätten entfallenden Gewerbeerträge sollen weder steuerfrei bleiben noch den übrigen Betriebsstätten zugeordnet werden (BFH IV R 5/22, DStRE 2025, 615). Damit wird das Örtlichkeitsprinzip durchgesetzt. Für Betriebsstätten in **gemeindefreien Gebieten,** dh in Gebieten, die nicht im Bezirk einer Gemeinde belegen sind, bestimmt die Landesregierung durch Rechtsverordnung, wer die den Gemeinden zustehenden Befugnisse ausübt (Abs. 2 S. 1); zB sind sie in Bayern den Landkreisen übertragen worden (§ 5 ZustV v. 16.6.2015, BayGVBl. 2015, 184). Zu gemeindefreien Gebieten in weiteren Bundesländern s. Gosch in Brandis/Heuermann § 4 Rn. 14. In Schleswig-Holstein ist die Hebeberechtigung (nur) hinsichtlich der Nordsee-Gebiete der Insel Helgoland übertragen worden (§ 1 VO v. 3.12.2007, GVOBl. SH 2007, 538). In Niedersachsen (für die Nordsee-Gebiete) und Mecklenburg-Vorpommern war dagegen die Hebeberechtigung in Bezug auf gemeindefreie Gebiete dem Land zugewiesen worden (s. die Vorauflage). Die Übertragung der Hebeberechtigung für die GewSt in Bezug auf Betriebsstätten in gemeindefreien Gebieten auf die Länder verstößt jedoch gegen § 4 Abs. 2. Dies folgert der BFH zwar nicht aus Wortlaut, Systematik, Zweck und Entstehungsgeschichte der Norm (aA Möhrle/Baier DStR 2025, 2529), sondern aus einer verfassungskonformen Auslegung des § 4 Abs. 2. Danach steht die Hebeberechtigung nur Gemeinden und nicht einem Land zu. Dies ergibt sich aus Art. 106 Abs. 6 S. 1 Hs. 1 GG. Etwas anderes gilt nur für die Stadtstaaten Berlin und Hamburg, die über keine Gemeinden verfügen (Art. 106 Abs. 6 S. 3 GG). Die Finanzverfassung des GG stellt eine in sich geschlossene Rahmen- und 3

Verfahrensordnung dar, die auf Formenklarheit und Formenbindung angelegt ist und eine Schutz- und Begrenzungsfunktion entfaltet, die nicht zur Disposition des Gesetzgebers steht (zum Ganzen BFH IV R 5/22, DStRE 2025, 615). Die ausführlich begründete Entscheidung des BFH hat zur Folge, dass entgegenstehende Landesregelungen rechtswidrig und unwirksam sind (aA NdsFG 8 K 100/19, EFG 2022, 1048 als Vorinstanz; Waldhoff/Engler FR 2012, 254; Waffenschmidt FR 2013, 268; auch die Vorauflage; s. auch Tappe in Desens/Tappe § 4 Rn. 37: funktionale Gleichstellung der Küstenländer mit den Gemeinden; wie der BFH dagegen Sarrazin in Lenski/Steinberg § 4 Rn. 18; Saathoff in WSMH § 4 Rn. 13). Im Streitfall hatte dies zur Folge, dass die auf das gemeindefreie Gebiet entfallende GewSt allein der Gemeinde zufiel, in der das betroffene Unternehmen eine weitere Betriebsstätte unterhielt. Es ist Sache des Landes, gemäß § 4 Abs. 2 das GewSt-Aufkommen aus gemeindefreien Gebieten einer oder ggf. mehreren Gemeinden zuzuordnen. Als Reaktion darauf hat das Land Niedersachsen die Hebeberechtigung (nur) für die Nordsee-Gebiete und angrenzende Küstengewässer der Stadt Wilhelmshaven übertragen (§ 1 GewStErhVO v. 2.10.2008 idF der VO v. 15.12.2025, Nds. GVBl. 2025 Nr. 97), das Land Mecklenburg-Vorpommern die Hebeberechtigung für gemeindefreie Gebiete einschließlich der Ostsee-Gebiete der Stadt Rostock (§ 1 GewStBefugBestLVO v. 11.12.2025, GVOBl. MV 2025, 809).

3a Durch das KroatienAnpG v. 25.7.2014 (BGBl. 2014 I 1266) wurde in Abs. 2 S. 2 mW ab EZ 2015 ein Verweis auf den neu gefassten § 2 Abs. 7 eingeführt. Allerdings war der Verweis seit der Änderung des § 2 Abs. 7 durch das StÄndG 2015 v. 2.11.2015 (BGBl. 2015 I 1834) missverständlich, weil er sich einerseits sowohl auf den Festlandsockel und die ausschließliche Wirtschaftszone (AWZ) bezog, andererseits nur § 2 Abs. 7 Nr. 1 (AWZ) nannte. Durch eine Ergänzung des Verweises durch das BEPS-UmsG v. 20.12.2016 (BGBl. 2016 I 3000), der nunmehr in Abs. 2 S. 2 ausdrücklich auch § 2 Abs. 7 Nr. 2 nennt, wurde klargestellt, dass sowohl der Deutschland zustehende Anteil am Festlandsockel als auch an der AWZ als gemeindefreies Gebiet anzusehen ist. Ein solches Gebiet ist nunmehr (ab EZ 2016) also der **Festlandsockel,** soweit dort dessen natürliche Ressourcen erforscht oder ausgebeutet werden (§ 2 Abs. 7 Nr. 2 Buchst. a) oder soweit dort künstliche Inseln, Anlagen und Bauwerke für die in Buchst. a genannten Zwecke errichtet oder genutzt werden (§ 2 Abs. 7 Nr. 2 Buchst. b). Ebenso gemeindefrei ist der Anteil Deutschlands an der **AWZ,** soweit dort die natürlichen Ressourcen der Gewässer über dem Meeresboden, des Meeresbodens und seines Untergrunds erforscht, ausgebeutet, erhalten oder bewirtschaftet werden (§ 2 Abs. 7 Nr. 1 Buchst. a), soweit dort andere Tätigkeiten zur wirtschaftlichen Erforschung oder zur Ausbeutung der AWZ (zB Energieerzeugung aus Wasser, Strömung und Wind) ausgeübt werden (§ 2 Abs. 7 Nr. 1 Buchst. b) oder soweit dort künstliche Inseln, Anlagen und Bauwerke für die in Buchst. a und b genannten Zwecke errichtet oder genutzt werden (§ 2 Abs. 7 Nr. 1 Buchst. c). Der über das Küstenmeer hinausreichende Festlandsockel und die AWZ gehören völkerrechtlich nicht zum deutschen Staatsgebiet. Zu Einzelheiten → § 2 Rn. 640 f. sowie Drüen in Brandis/Heuermann § 2 Rn. 362 f. Ursprünglich waren gemeindefreie Gebiete nur solche, die zum Staatsgebiet gehören (s. BT-Drs. 18/1529, 71). Bedeutung hat die Ausdehnung der gemeindefreien Gebiete insb. für die **Offshore-Winderzeugung** (s. Behrendt/Wischott/Krüger BB 2012, 1827; s. auch BFH IV R 5/22, DStRE 2025, 615; Möhrle/Baier DStR 2025, 2529). Einer Ausdehnung der gemeindefreien

Gebiete kraft Gesetzes auf den Festlandsockel bzw. auf die AWZ stehen finanzverfassungsrechtliche Gesichtspunkte nicht entgegen (aA Becker BB 2014, 2270). Welche Landesregierung – Niedersachsen, Schleswig-Holstein oder Mecklenburg-Vorpommern – das Bestimmungsrecht nach Abs. 2 S. 1 hat, richtet sich aufgrund des ab EZ 2015 eingeführten § 4 Abs. 2 S. 3 nach § 22a AO; darin ist das sog. **Äquidistanzprinzip** statuiert.

4. Grenzüberschreitende Gewerbegebiete

Durch die Anlage zum DBA Niederlande 2012 wird die Ansässigkeit juristi- 4
scher Personen geregelt, die den Ort ihrer tatsächlichen Geschäftsleitung in einem **grenzüberschreitenden Gewerbegebiet** haben. Ein solches Gewerbegebiet („Avantis") wurde durch VO v. 25.5.2007 bestimmt (BGBl. 2007 II 778), ein weiteres („Eurode Business Center") durch VO v. 7.1.2008 (BGBl. 2008 II 30). Die beiden genannten Verordnungen sind mit Inkrafttreten des DBA Niederlande 2012 (1.12.2015) zwar außer Kraft getreten, durch eine Verständigungsvereinbarung wurde allerdings sichergestellt, dass die beiden Gewerbegebiete auch nach dem neuen DBA als grenzüberschreitende Gewerbegebiete gelten, sodass die genannte Anlage zum DBA zur Anwendung kommt (BMF 15.12.2015, BStBl. I 2015, 1025). Durch Abs. 3 wird geregelt, dass diejenige Gemeinde hebeberechtigt ist, auf deren Gebiet der deutsche Teil des grenzüberschreitenden Gewerbegebiets liegt. Die Gewerbesteuerpflicht eines in Deutschland ansässigen Gewerbebetriebs bezieht sich auch auf solche Betriebsstätten, die in den Niederlanden in einem grenzüberschreitenden Gewerbegebiet belegen sind (Jumpertz/Oblau RIW 2005, 917 sowie Tonner/Duling/Hartmann/Hartmann IStR 2007, 497). Damit kann eine Gemeinde (hier Aachen bzw. Herzogenrath) auf der Grundlage von § 4 Abs. 3 S. 1 die Hebeberechtigung für eine Betriebsstätte außerhalb ihres Gebiets und sogar außerhalb Deutschlands haben (Sarrazin in Lenski/Steinberg § 4 Rn. 23). Insoweit liegt eine Durchbrechung des Territorialitätsprinzips vor (Roser FS Gosch, 2016, 351 (355)). Liegt der zu Deutschland gehörende Teil des Gewerbegebiets in mehreren Gemeinden, so wird die Hebeberechtigung durch Rechtsverordnung der Landesregierung bestimmt (Abs. 3 S. 2), ein derzeit theoretischer Fall. Andere als die genannten grenzüberschreitenden Gewerbegebiete existieren derzeit nicht (Kleinmanns in BeckOK GewStG § 4 Rn. 127).

5. Hebeberechtigung bei Gewerbebetrieben auf Schiffen

Nach § 5 GewStDV wird ein Gewerbebetrieb gewerbesteuerlich insoweit nicht 5
im Inland betrieben, als für ihn eine Betriebsstätte auf einem Kauffahrteischiff (Handelsschiff) unterhalten wird, das im sog. regelmäßigen Liniendienst ausschließlich zwischen ausländischen Häfen verkehrt, auch wenn es in einem inländischen Schiffsregister eingetragen ist. Sind die Kauffahrteischiffe nicht in dieser Weise eingesetzt und im inländischen Schiffsregister eingetragen, so ist für die Betriebsstätte auf dem Schiff die Gemeinde hebeberechtigt, in der der Heimathafen (Heimatort) des Schiffes liegt (§ 15 Alt. 1 GewStDV). Dies gilt auch für die Binnen- und Küstenschifffahrtsbetriebe des § 6 GewStDV (§ 15 Alt. 2 GewStDV, auch → § 2 Rn. 618). Die Vorschrift des § 15 GewStDV ist nicht einschlägig, wenn eine Betriebsstätte an Land vorhanden ist (BFH IV B 130/58, HFR 1963, 70).

II. Verfahrensfragen

1. Aufgabenteilung Finanzamt/Gemeinde

6 Die Abgabenordnung, die auch für die Gewerbesteuererhebung der Gemeinden weitgehend anzuwenden ist (§ 1 Abs. 2 AO), sieht eine Aufgabenteilung zwischen Betriebsfinanzamt und Gemeinde vor. Nach § 184 Abs. 1 AO regelt der Steuermessbescheid des Finanzamts die Höhe des Messbetrags sowie die sachliche und persönliche Steuerpflicht (s. VGH BW 2 S 2258/13, DStRE 2015, 887). Den Gewerbesteuerbescheid selbst erlässt die Gemeinde (§ 16 Abs. 1). Dazu ist ihr vom Finanzamt der Inhalt des Gewerbesteuermessbescheides mitzuteilen (§§ 184 Abs. 3, 31 Abs. 1 AO). Die Gemeinden als Steuerberechtigte können vom Finanzamt Auskunft verlangen über Zerlegungs- bzw. Zuteilungsgrundlagen und Einsicht in die entsprechenden Unterlagen nehmen (§§ 187, 190 S. 2 AO; s. LfSt Bay 19.1.2012, DStR 2012, 524). Der Steuermessbescheid entfaltet für den Gewerbesteuerbescheid Bindungswirkung nach § 351 Abs. 2 AO. Die Verwaltung der GewSt obliegt an sich ganz den Landesfinanzbehörden (Art. 108 Abs. 2 S. 1 GG). Die Länder können die Befugnis zur Festsetzung und Erhebung der Gewerbesteuer davon abweichend ganz oder zT der Gemeinde übertragen (Art. 108 Abs. 4 S. 2 GG). Die partielle Übertragung der sachlichen Zuständigkeit besteht in den meisten Ländern für die Festsetzung und Erhebung der GewSt, während sie für die übrigen Verwaltungsaufgaben bei den Finanzämtern als Landesbehörden verbleibt, also zB für die Ermittlung des Gewerbeertrags und die Festsetzung und Zerlegung des GewSt-Messbetrags (BFH III R 27/23, DStRE 2025, 555). Zu den einzelnen Übertragungsnormen s. Wernsmann in HHS AO § 1 Rn. 117; Krumm in Tipke/Kruse AO § 1 Rn. 44. In den Stadtstaaten Hamburg und Berlin gibt es keine Gemeinden, sodass die Erhebung und Festsetzung den Finanzämtern verbleibt. Im Land Bremen, das aus den Gemeinden Bremen und Bremerhaven besteht, sind ebenfalls die Finanzämter zuständig (Boeker in HHS AO § 184 Rn. 10). Zur Anrechnung ausländischer Quellensteuer soll nicht die Gemeinde, sondern das Finanzamt befugt und verpflichtet sein (HessVGH 5 A 329/12, DStRE 2015, 420). Die Zuständigkeit der Finanzämter ist zwar naheliegend, allerdings gehört die Anrechnung von Steuern nicht zum Festsetzungs-, sondern zum Erhebungsverfahren (§§ 218 AO ff.) und somit eher zum Zuständigkeitsbereich der Gemeinden (so auch Ismer in Vogel/Lehner OECD-MA Art. 23A, 23B Rn. 138c). Es fehlt allerdings an Vorschriften über die Anrechnung ausländischer Steuern auf die GewSt beim Bestehen eines DBA mit Anrechnungsmethode (s. zu der Frage, ob die Anrechnung ausländischer Steuern auf die GewSt überhaupt möglich ist, → § 7 Rn. 20). Zum Verhältnis Finanzamt/Gemeinde bei Billigkeitsmaßnahmen nach §§ 163 S. 1, 184 Abs. 2 S. 1 AO → § 1 Rn. 45 f.

2. Mitteilung nach § 184 Abs. 3 AO

7 Die Finanzämter haben den hebeberechtigten Gemeinden den GewSt-Messbescheid mitzuteilen (§§ 184 Abs. 3, 31 Abs. 1 AO). Durch die Benennung der Gemeinde im Steuermessbescheid wird auch der Stpfl. über die Hebeberechtigung informiert; hält er eine andere Gemeinde für hebeberechtigt, kann er einen Zuteilungsbescheid (→ Rn. 8) beantragen (BFH IV R 3/19, BeckRS 23, 19111). Durch die Mitteilung des Inhalts des Messbescheids nach § 184 Abs. 3 AO – der Bescheid selbst enthält nicht immer einen ausdrücklichen Hinweis – wird faktisch bestimmt,

welche Gemeinde hebeberechtigt ist (Boeker in HHS AO § 184 Rn. 35). Die Mitteilung an die Gemeinde ist allerdings kein anfechtbarer Verwaltungsakt, sondern ein verwaltungsinterner Vorgang (BFH IV R 3/19, BeckRS 23, 19111). Sie wurde durch die Übersendung einer Abschrift des Messbescheids oder durch Datenübermittlung bewerkstelligt; für GewSt ab dem EZ 2025 erfolgen die Mitteilungen an die Gemeinden durch Bereitstellung zum Abruf (§ 184 Abs. 3 S. 2 AO). Eine Klage eines möglichen Haftungsschuldners gegen die Mitteilung einer Gemeinde ist mangels Klagebefugnis nicht möglich (BFH I R 85/13, BStBl. II 2016, 479). Wird aufgrund einer derartigen Mitteilung ein Haftungsbescheid nach § 73 AO gegen eine Organgesellschaft erlassen, so muss sich diese vor dem VG dagegen wehren (s. Specker in BeckOK AO § 73 Rn. 111). Nach BFH I R 151/80, BStBl. II 1985, 607 war unbeschadet des § 127 AO der von einem örtlich unzuständigen Finanzamt erlassene Gewerbesteuermessbescheid ersatzlos aufzuheben, wenn er dazu führte, dass eine nicht hebeberechtigte Gemeinde den Gewerbesteuermessbetrag zugewiesen erhielt. Das genannte Urteil ist durch BFH I R 88/02, BStBl. II 2004, 751 überholt. Der BFH unterscheidet nunmehr klar zwischen Messbetragsverfahren einerseits (§ 184 AO) und Zuteilungsverfahren andererseits (§ 190 AO; s. auch BFH III R 27/23, DStRE 2025, 555). Die Bestimmung der hebeberechtigten Gemeinde ist hiernach nicht Bestandteil des Gewerbesteuermessbescheids (ebenso Gosch in Brandis/Heuermann § 4 Rn. 12; Tappe in Desens/Tappe § 4 Rn. 46). Dementsprechend besteht auch **keine verfahrensrechtliche Bindung** an die Nennung der hebeberechtigten Gemeinde in einem Gewerbesteuermessbescheid, der gem. § 184 Abs. 3 AO der Gemeinde mitgeteilt wird. Die Bezeichnung der hebeberechtigten Gemeinde in einem GewSt-Messbescheid ist nämlich ein bloßer Hinweis des FA ohne Regelungswirkung (BFH IV R 3/19, BeckRS 2023, 19111; Boeker in HHS AO § 184 Rn. 35). Vielmehr ist die Hebeberechtigung bei Erlass des Gewerbesteuerbescheids selbstständig zu prüfen (BFH III R 27/23, DStRE 2025, 555; BFH IV R 3/19, BeckRS 2023, 19111). Ein Stpfl. kann sich daher nicht mit der Klage gegen die seiner Ansicht nach unzutreffende Benennung einer hebeberechtigten Gemeinde im Messbescheid wenden, er muss gegen den GewSt-Bescheid der Gemeinde vorgehen (BFH IV R 3/19, BeckRS 2023, 19111; FG München 7 K 2200/18, EFG 2023, 672). Ergeht in Zweifelsfällen ein Zuteilungsbescheid (§ 190 AO), so entfaltet dieser Bindungswirkung (ebenso wie ein Zerlegungsbescheid; beide sind hinsichtlich der Hebeberechtigung Grundlagenbescheide für den GewSt-Bescheid). Zuteilungs- und Zerlegungsverfahren mit den daran beteiligten Gemeinden sind die Instrumente zur verbindlichen Klärung der Hebeberechtigung der Gemeinden, nicht das Verfahren der Messbetragsfestsetzung (BFH IV R 3/19, BeckRS 2023, 19111). Im Zuteilungsverfahren sind die Gemeinden beteiligt, die Anspruch auf den Messbetrag erheben (§§ 190, 186 AO). Kann allerdings kein Zuteilungsbescheid mehr ergehen, weil seit Unanfechtbarkeit des Messbescheids ein Jahr vergangen ist (§ 190 S. 2, § 189 S. 3 AO), ist nach OVG NRW 14 B 1121/18, NWVBl. 2019, 172 die in der Mitteilung nach § 184 Abs. 3 AO genannte Gemeinde hebeberechtigt, wenn kein Zuteilungsverfahren stattfindet. Gegen einen zweiten, von der „richtigen" Gemeinde erlassenen GewSt-Bescheid ist der Stpfl. mit der Klage geschützt; nach Beiladung der „falschen" Gemeinde hat diese bei Erfolg der Klage ihren GewSt-Bescheid auf Antrag des Stpfl. nach § 174 Abs. 1 AO (positiver Widerstreit) aufzuheben (ausführlich zum Rechtsschutz bei Streit um die Hebeberechtigung BFH IV R 3/19, BeckRS 2023, 19111). Etwaige vom FA getroffene Billigkeitsmaßnahmen (→ § 1 Rn. 46) sind ebenfalls mitzuteilen (GewStR 1.5 Abs. 3). Unabhängig von § 184 Abs. 3 AO unterrichten die Finanzämter die Gemeinden über anhängige Einspruchsverfahren von größerer Bedeutung (AEAO zu § 184; LfSt Nds 12.12.2017, DStR 2018, 354).

3. Zuteilungsbescheid

8 Einen Zuteilungsbescheid nach § 190 AO können sowohl der Steuerpflichtige als auch die Gemeinde beantragen. Gegen die Entscheidung des FA können beide Einspruch einlegen (§§ 190 S. 2, 186 AO). Legt der Steuerpflichtige Einspruch ein, so ist er nur dann **beschwert** (§ 350 AO), wenn er die Zuteilung zu einer Gemeinde mit einem niedrigeren Hebesatz begehrt (BFH I R 88/02, BStBl. II 2004, 751). Er hat kein schützenswertes rechtliches Interesse daran, dass die von ihm zu zahlende Gewerbesteuer einer bestimmten Gemeinde zugutekommt; für eine Durchsetzung der Rechte der betroffenen Gemeinde fehlt ihm das Rechtsschutzbedürfnis (BFH I B 87/04, BStBl. II 2005, 143; vgl. auch Tappe in Desens/Tappe § 4 Rn. 49). Ebenso wenig ist eine Beschwer darin zu sehen, dass der Steuerpflichtige für eine in einem Zuteilungsbescheid genannte Gemeinde A Sicherheiten für Gewerbesteuerschulden bestellt hat, nicht jedoch für die nach seiner Ansicht hebeberechtigte Gemeinde B. In einem von einem Stpfl. angestrengten Verfahren über einen Zuteilungsbescheid ist die Gemeinde notwendig beizuladen, der der Messbetrag zugeteilt worden ist oder die ihn beansprucht (BFH I B 50/11, BFH/NV 2012, 920).

Ein Zuteilungsbescheid setzt die Existenz eines Messbescheides voraus und ist im Verhältnis zu diesem Folgebescheid (FG Bbg 3 K 722/00, EFG 2002, 655 rkr.). Ein Antrag auf Zuteilung des Messbetrages ist von einer übergangenen Gemeinde innerhalb eines Jahres nach Unanfechtbarkeit des Messbescheides zu stellen (§§ 190 S. 2, 189 S. 3 AO).

4. Bekanntgabe des Gewerbesteuermessbescheids

9 Sie erfolgt in der Praxis zT in der Weise, dass die Finanzämter den Gemeinden auch die für den Steuerpflichtigen bestimmte Ausfertigung des Gewerbesteuermessbescheids übermitteln und die Gemeinden diese zusammen mit dem jeweiligen Gewerbesteuerbescheid bekannt geben. Einige Bundesländer haben die Bekanntgabebefugnis den Gemeinden durch Landesgesetz übertragen (s. dazu Boeker in HHS AO § 184 Rn. 42). Grundlage für die Übertragung ist Art. 108 Abs. 4 S. 2 GG (K. Wagner in BeckOK AO § 184 Rn. 32 f.). Eine Bekanntgabe von Messbescheiden durch Gemeinden ohne entsprechende landesgesetzliche Ermächtigung soll nach BFH XI B 69/92, BStBl. II 1993, 263 rechtswidrig sein; jedenfalls wird ein Bekanntgabemangel durch eine fehlerfreie Bekanntgabe der Einspruchsentscheidung geheilt (Boeker in HHS AO § 184 Rn. 43). Zu Einzelheiten auch → § 1 Rn. 31, → § 14 Rn. 6.

5. Rechtsmittelbefugnis

10 Für die Durchsetzung des gemeindlichen Steueranspruchs gegenüber dem Finanzamt gilt: Im Verfahren betreffend den Gewerbesteuermessbescheid ist die **Gemeinde nicht rechtsmittelbefugt.** Sie ist insoweit im Regelfall nicht Betroffene (BFH I 196/60 S, BStBl. III 1963, 216; FG BW 3 K 242/95, EFG 2000, 89 rkr.), auch dann nicht, wenn das Steueraufkommen der Gemeinde stark betroffen ist (FG Köln 13 K 1398/13, EFG 2016, 737, nachfolgend BFH IV B 8/16, BFH/NV 2017, 1323; vgl. auch Tappe in Desens/Tappe § 4 Rn. 49: verfassungs-

konform). Die Gemeinde wird auch nicht im finanzgerichtlichen Verfahren beigeladen (§ 60 Abs. 2 FGO). Ausnahmen sieht § 40 Abs. 3 FGO vor, und zwar dann, wenn der Bund oder das Land die Abgabe oder einen Teil der Abgabe selbst unmittelbar oder mittelbar schulden würde (Interessenkollision, → § 1 Rn. 48; Nachweise bei Krumm in Tipke/Kruse FGO § 40 Rn. 95; s. auch BFH I B 6/01, BStBl. II 2002, 91). Gemäß § 21 Abs. 3 FVG ist der Gemeinde gestattet, an Außenprüfungen teilzunehmen (→ § 1 Rn. 36; s. BFH III R 9/18, DStRE 2020, 944; s. auch Bahn NWB 2016, 1367; Habighorst FR 2019, 839). Zum Akteneinsichtsrecht von Gemeinden s. BFH I R 111/98, BFH/NV 2000, 346, von Ratsfraktionen s. Jäger/Müller DVBl. 2019, 1519; zu den Auskunftspflichten des FA gegenüber der Gemeinde s. Hagemann KKZ 2011, 6; zu den Einwirkungsmöglichkeiten der Kommunen s. Bahn NWB 2016, 1367; zum Steuergeheimnis innerhalb der Gemeinde s. Härtwig FR 2018, 871.

6. Zinsen/Haftung

Zinsen (§ 233a AO), auch Hinterziehungszinsen (§ 235 AO), werden durch die Gemeinden unmittelbar festgesetzt. Die Feststellung, dass ein für die Verzinsung maßgebliches rückwirkendes Ereignis (§ 233a Abs. 2a AO) oder Steuerhinterziehung vorliegt, ist nach § 239 Abs. 3 AO in einem Feststellungsbescheid zu treffen, der mit dem Messbescheid verbunden werden kann (Kögel in Gosch AO § 239 Rn. 27.2; FG Hmb 5 K 53/15, EFG 2016, 1971, rkr.). Auch für den Erlass eines **Haftungsbescheids** sind die Gemeinden zuständig, wenn ihnen die Festsetzung und Erhebung der GewSt durch ein Landesgesetz (→ Rn. 6) übertragen ist (GewStR 5.3 S. 2; → § 5 Rn. 38). 11

7. Verträge über Industrieansiedlung

Bei Verträgen über die Industrieansiedlung zwischen Gemeinden und Steuerpflichtigen ist eine Abmachung über den Erlass oder Teilerlass von Gewerbesteuer nicht zulässig (s. Meier KStZ 1997, 152). Der dies ermöglichende § 5 des EinfGRealStG 1936 wurde mit den getroffenen Vereinbarungen schon durch die Verordnung über die Erhebung der Gewerbesteuer in vereinfachter Form (GewStVV) v. 31.3.1943 (RGBl. 1943 I 237) aufgehoben. Vereinbarungen zwischen Gemeinde und Stpfl. über die Verwirklichung steuerlicher Tatbestände sind nicht möglich. Ein auf sachwidrigen Erwägungen beruhender Verwaltungsakt über den Erlass von Gewerbesteuer ist allerdings nicht von vornherein nichtig (BVerwG 8 C 1/96, DStRE 1998, 187, zum Erlass von Aussetzungszinsen als „Gegenleistung" für einen Rechtsmittelverzicht). Ansiedlungswilligen Unternehmen stellen Gemeinden häufig preisgünstig Grundstücke zur Verfügung. Vielfach werden auch besondere Erschließungsleistungen erbracht. In diesen Fällen muss es der Gemeinde gestattet sein, ihre Leistungen von der Belegenheit des Betriebs im Gemeindebereich abhängig zu machen. Dies bedeutet keine unzulässige Vereinbarung über eine Abgabenschuld, sondern die legitime Berücksichtigung fiskalischer Belange im Bereich der gemeindlichen Planungshoheit. Abgabenrechtliche Verträge werden allerdings auch nicht durch § 78 Nr. 3 AO gestattet. Diese Vorschrift bleibt für das Abgabenwesen weitgehend ohne Gewicht (Kober in BeckOK AO § 78 Rn. 30). Zum Risiko von GewSt-Rückzahlungen durch die Gemeinden bei Unternehmensansiedlungen zB infolge von (länderübergreifenden) Außenprüfungen s. FM MV 19.3.2018, ZKF 2018, 232. 12

§ 5 Steuerschuldner

(1) [1]**Steuerschuldner ist der Unternehmer.** [2]**Als Unternehmer gilt der, für dessen Rechnung das Gewerbe betrieben wird.** [3]**Ist die Tätigkeit einer Personengesellschaft Gewerbebetrieb, so ist Steuerschuldner die Gesellschaft.** [4]**Wird das Gewerbe in der Rechtsform einer Europäischen wirtschaftlichen Interessenvereinigung mit Sitz im Geltungsbereich der Verordnung (EWG) Nr. 2137/85 des Rates vom 25. Juli 1985 über die Schaffung einer Europäischen wirtschaftlichen Interessenvereinigung (EWIV) (ABl. L 199 vom 31.7.1985, S. 1) betrieben, sind abweichend von Satz 3 die Mitglieder Gesamtschuldner.**

(2) [1]**Geht ein Gewerbebetrieb im Ganzen auf einen anderen Unternehmer über (§ 2 Abs. 5), so ist der bisherige Unternehmer bis zum Zeitpunkt des Übergangs Steuerschuldner.** [2]**Der andere Unternehmer ist von diesem Zeitpunkt an Steuerschuldner.**

Gewerbesteuer-Richtlinien 2009: GewStR 5.1–5.3; GewStH 5.1, 5.3

Übersicht

I. Unternehmer

1. Allgemeines

§ 5 regelt die **persönliche Steuerpflicht** und legt den Steuerschuldner der GewSt fest. Das ist grds. der Unternehmer des Gewerbebetriebs. Dieser hat die GewSt zu zahlen. Die Bestimmung des Steuerschuldners hat zugleich eine steuerschuldrechtliche (→ Rn. 22), verfahrensrechtliche (→ Rn. 28), vollstreckungsrechtliche und haftungsrechtliche (→ Rn. 34) Bedeutung (vgl. Schober in Desens/Tappe § 5 Rn. 53 ff.). Steuerschuldner und Unternehmer des Betriebs müssen nicht identisch sein, wie sich aus Abs. 1 S. 3 ergibt. Im Gegensatz zum ESt-Recht ist im GewSt-Recht die Personengesellschaft als solche Steuerschuldnerin (→ Rn. 5). Unternehmer sind hingegen auch im GewSt-Recht die einzelnen Mitunternehmer (BFH III R 3/21, DStR 2022, 2146; aA Knobbe-Keuk StuW 1985, 382). Zur Haftung der Mitunternehmer für Verbindlichkeiten und damit auch für die GewSt der Personengesellschaft → Rn. 34. 1

Von der persönlichen Steuerpflicht getrennt zu sehen ist die **sachliche Steuerpflicht,** die den Besteuerungsgegenstand des § 2 meint. Der Eigenart der Gewerbesteuer als Objektsteuer entsprechend spielen die persönlichen Verhältnisse des Geschäftsinhabers grundsätzlich keine Rolle (→ § 2 Rn. 1). Besteuert wird die Ertragskraft des Betriebs (bis 1997 auch das Gewerbekapital). Dies ließe eine gesetzliche Regelung dergestalt zu, dass der Wechsel des Betriebsinhabers die sachliche Steuerpflicht unberührt lässt und den jeweiligen Betriebsinhaber als Steuerschuldner auch diejenigen Besteuerungsmerkmale des Steuergegenstands treffen, die zeitlich zurückliegend während der Inhaberschaft des Vorgängers verwirklicht wurden. Diesen Grundsätzen folgte zB noch § 210a Abs. 1 RAO aF. Auch das GewStG 1936 sah für einen vom Rechtsnachfolger im Wesentlichen unverändert fortgeführten Betrieb die Besteuerungsmerkmale aus einem vor dem Inhaberwechsel liegenden Zeitraum als maßgeblich an und berücksichtigte den Inhaberwechsel lediglich für die Steuerschuldnerschaft. Durch die Einführung des § 2 Abs. 5 (früher § 5 Abs. 2) wurde die sachliche Steuerpflicht mit einer subjektiven bzw. personellen Komponente angereichert (BFH IV 666/55 U, BStBl. III 1958, 210): Beim **Unternehmerwechsel** ist grundsätzlich **Betriebseinstellung** und Neugründung anzunehmen.

Als Konsequenz aus dem gesetzlich unterstellten Betriebsende bzw. der Betriebsneugründung sieht § 5 Abs. 2 für den Zeitpunkt der Betriebseinstellung bzw. des Übergangs den Wechsel des Steuerschuldners vor. Dagegen ist der Umkehrschluss aus § 5 Abs. 2 nicht zulässig (→ Rn. 21).

2. Persönliche Zurechnung

§ 5 Abs. 1 S. 1 bezeichnet als Steuerschuldner grundsätzlich den **Unternehmer.** Das ist derjenige, **für dessen Rechnung** das Gewerbe betrieben wird (Abs. 1 S. 2), also der Betreiber des Gewerbebetriebs. Er ist der Anknüpfungspunkt für die Steuerpflichten, die sich auf den sachlichen Steuergegenstand (Gewerbebetrieb iSd § 2) beziehen. Dies muss nicht derjenige sein, der nach außen als Unternehmer auftritt. Bei einer Diskrepanz zwischen Außen- und Innenverhältnis ist grds. das Innenverhältnis entscheidend (vgl. Wacker in Schmidt EStG § 15 Rn. 138; Schober in Desens/Tappe § 5 Rn. 84; s. aber noch → Rn. 4). Es sind die gleichen Zurechnungskriterien angesprochen, die auch für die einkommen- 2 steuerrechtlichen Einkünfte aus Gewerbebetrieb zu berücksichtigen sind: Für die Zurechnung der betrieblichen Einkünfte des § 2 Abs. 1 S. 1 Nr. 1–3 EStG zu einem bestimmten Steuerpflichtigen sind das **Unternehmerrisiko** und die beim Einzelunternehmer als selbstverständlich vorausgesetzte **Unternehmerinitiative** von Bedeutung (zutreffend für grundsätzlich inhaltliche Gleichbehandlung von Unternehmer- und Mitunternehmerbegriff Groh BB 1982, 1229; BFH GrS 3/92, BStBl. II 1993, 616; III R 21/02, BStBl. II 2005, 168; s. auch Reis in BeckOK GewStG § 5 Rn. 77). Dies bedeutet steuerrelevantes Handeln auf eigene Gefahr. Unternehmer ist derjenige, nach dessen Willen und auf dessen Rechnung und Gefahr das Unternehmen in der Weise geführt wird, dass sich der Erfolg oder Misserfolg in seinem Vermögen unmittelbar niederschlägt (so BFH X R 3/19, DStR 2022, 2552). Entscheidend dafür ist, wer die Tatbestandsmerkmale der jeweiligen Einkunftsart verwirklicht und die Einkünfte daher in seiner Person „erzielt" iSd § 2 Abs. 1 S. 1 EStG (s. auch Schober in Desens/Tappe § 5 Rn. 83). Diese Frage hat jene nach dem Innehaben der Einkunftsquelle in dem überkommenen Sinne einer Vorstellung abgelöst, nach der die zivilrechtliche Rechtszuständigkeit für das Erträge abwerfende Vermögen die Zurechnung der betreffenden Einkünfte bestimmte. Die Zuordnung von Einkünften wird nicht als eine Frage der Rechtszuständigkeit für Wirtschaftsgüter angesehen (vgl. auch Ruppe DStJG 1978, 24; Wacker in Schmidt EStG § 15 Rn. 135 ff.).

3. Nutzungsrecht am Betriebsvermögen

3 Derjenige, der die Merkmale eines Einkünftetatbestandes erfüllt und die Einkünfte erzielt, kann daher ein anderer als der zivilrechtliche Inhaber des eingesetzten Betriebsvermögens sein, zB aufgrund eines Nutzungsrechts am Betriebsvermögen, wie zB der Nießbraucher. Der **Nießbraucher** erzielt Einkünfte aus Gewerbebetrieb, ist Unternehmer des Gewerbebetriebs und damit auch Schuldner der Gewerbesteuer, wenn er – anstelle oder neben dem Eigentümer – den Einkünftetatbestand und die Unternehmermerkmale (Unternehmerinitiative und Unternehmerrisiko) erfüllt. Dabei sind an den Gesichtspunkt des unternehmerischen Erwirtschaftens von Gewinnen je nach der Art der Einkunftserzielung naturgemäß unterschiedliche Anforderungen zu stellen. Ob der Nießbrauch zu einem Wechsel der Einkünftezurechnung führt, hängt von der Art der Einkünfte und der Gestaltung des Nießbrauchsverhältnisses ab (siehe zum Unternehmensnießbrauch als eine Art Verpachtung des Unternehmens mit der Folge zweier Betriebe (ruhender Eigentümerbetrieb und wirtschaftlicher Betrieb) einerseits (der Unternehmensnießbraucher ist Unternehmer, wenn er Unternehmerinitiative und -risiko hat) und dem Ertragsnießbrauch und dem Quotennießbrauch andererseits, die den Nießbraucher nicht zum Unternehmer machen, Bode in Brandis/Heuermann EStG § 15 Rn. 206; zum Nießbrauch an einem Mitunternehmeranteil siehe Bode in Brandis/Heuermann EStG § 15 Rn. 364 ff.; → § 7 Rn. 162). Ein **Vorbehaltsnießbraucher** kann nur dann wirtschaftlicher Eigentümer sein, wenn sich seine rechtliche und tatsächliche Stellung gegenüber dem zivilrechtlichen Eigentümer von der normalen – lediglich eine Nutzungsbefugnis vermittelnden – Position eines Nießbrauchers so deutlich unterscheidet, dass er die tatsächliche Herrschaft über das jeweilige mit einem Nießbrauch belastete Wirtschaftsgut ausübt. An der Übertragung des Unternehmerrisikos und der Unternehmerinitiative fehlt es dagegen, wenn der bisherige Gewerbetreibende nur seine betrieblichen Wirtschaftsgüter überträgt, aber das Nutzungsrecht behält

und die gewerbliche Betätigung selbst unter Ausschluss des Rechtsnachfolgers fortsetzt. Im Fall des **Zuwendungsnießbrauchs** wendet der Eigentümer dem Nießbrauchsberechtigten mit dem Nutzungsrecht am Betriebsvermögen das Recht zur Ausübung der gewerblichen Tätigkeit und zum Behaltendürfen der Ergebnisse dieser Tätigkeit zu, sodass der Nießbraucher anstelle des Eigentümers das Unternehmerrisiko trägt und die Unternehmerinitiative ausübt und daher wie ein Betriebspächter die Erträge des Gewerbebetriebs erzielt (zum Ganzen BFH X R 35/19, DStR 2025, 946). Dann ist der Nießbraucher Unternehmer und Schuldner der GewSt (§ 5 Abs. 1 S. 1). Dass auch im Eigentum eines Dritten stehende Betriebsgrundlagen nicht notwendigerweise einer Unternehmereigenschaft desjenigen entgegenstehen, der diese Wirtschaftsgüter als fremdes Eigentum (auf eigene Rechnung) nutzt, zeigen die sog. **Betriebsüberlassungsverträge,** die auch häufig im Verhältnis von Eltern zu Kindern bestehen (vgl. BFH VIII R 153/77, BStBl. II 1980, 181; IV R 31/74, BStBl. II 1976, 335; Reis in BeckOK GewStG § 5 Rn. 88; → § 7 Rn. 104). Auch in anderen Fällen ist zu unterscheiden, ob der Einkünfte-Erzieler und Unternehmensinhaber vom sachlich Berechtigten abweicht oder mit diesem ggf. eine Mitunternehmerschaft bildet. Der Güterstand der Gütergemeinschaft führt nicht zur Mitunternehmerschaft, wenn im Betrieb die persönliche Arbeitsleistung eines Ehegatten gegenüber dem beiden Ehegatten gehörenden Betriebskapital entscheidend in den Vordergrund tritt (zB Handelsvertreter oder Handwerksbetrieb, BFH I R 185/75, BStBl. II 1977, 836). Bei anderen Erwerbszweigen kann dagegen eine Gütergemeinschaft oder auch eine Bruchteilsgemeinschaft Bedeutung für eine Mitunternehmerschaft der Berechtigten haben (vgl. BFH IV R 42/79, BStBl. II 1981, 63; IV R 206/80, BStBl. II 1983, 636; VIII R 18/95, BStBl. II 1999, 384). Die **Nutzung des Kindesvermögens** kann eine (Mit-)Unternehmerschaft der Eltern ergeben, wenn diese Nutzungen das Ergebnis einer über die bloße Vermögensverwaltung hinausgehenden unternehmerischen Betätigung sind. Die daran anschließende Verwendung der Nutzungen nach Maßgabe familienrechtlicher Vorschriften stellt sich dann lediglich als Einkommensverwendung dar (BFH I R 97/75, BStBl. II 1979, 40).

4. Treuhandverhältnisse

Bei Treuhandverhältnissen oder verdeckten Stellvertretungen (verdeckte Treuhand, Strohmann) kann die Bestimmung desjenigen, dem die Einkünfte zuzurechnen sind und der Unternehmer des Betriebs und damit auch Steuerschuldner ist, im Einzelfall schwierig sein (zum Begriff der Treuhand BFH VIII R 18/93, BStBl. II 1995, 714; VIII B 53/80, BStBl. II 1981, 696; Vereinbarungstreuhand BFH IV R 179/82, BStBl. II 1985, 247). Schon für die Zurechnung der Wirtschaftsgüter zum Treugeber (§ 39 Abs. 2 Nr. 1 S. 2 Alt. 1 AO) gelten insbesondere in den Fällen der verdeckten Treuhand strenge Voraussetzungen (siehe Brühl in BeckOK AO § 39 Rn. 371 ff.). Das Eigentum des Treuhänders muss aufgrund der Treuhandabrede im Innenverhältnis wie eine „leere Hülle" erscheinen (BFH I R 42/12, BStBl. II 2015, 4). Neben der Zuordnung der Chancen und Risiken zum Treugeber ist erforderlich, dass der Treuhänder aufgrund einer vorher vereinbarten, ernst gemeinten und tatsächlich vollzogenen Treuhandvereinbarung sein Handeln in fremdem Interesse eindeutig erkennbar macht (Brühl in BeckOK AO § 39 Rn. 380 ff.). Ähnlich wie bei der verdeckten Stellvertretung werden daher auch bei der Treuhandschaft allein das zwischen Treugeber und Treuhänder beste- 4 hende interne Einverständnis über die Zurechnung von Ergebnissen sowie die Wirkungen des § 39 Abs. 2 Nr. 1 AO noch nicht dazu führen, dass der Treugeber oder verdeckt Vertretene als Unternehmer zu beurteilen ist, weil der Tatbestand der Erzielung von Einkünften aus Gewerbebetrieb **Unternehmerinitiative** und damit mehr verlangt als die Beauftragung eines Treuhänders oder verdeckt handelnden Vertreters und die Übernahme des betreffenden Risikos (vgl. BFH IV R 173/74, BStBl. II 1976, 643 zur Maklertätigkeit; s. auch BFH I R 44/70, BStBl. II 1971, 339; s. auch Reis in BeckOK GewStG § 5 Rn. 95; aA Gosch in Brandis/Heuermann § 5 Rn. 31; Wacker in Schmidt EStG § 15 Rn. 137 f., die aber auf die hohen Anforderungen an den Nachweis der (verdeckten) Unternehmereigenschaft verweisen, sowie Rehberg in Lenski/Steinberg § 5 Rn. 53). Ein **Strohmann,** der in eigenem Namen und für fremde Rechnung ein Einzelunternehmen führt (oder persönlich haftender Gesellschafter einer Personengesellschaft ist), ist idR bereits wegen der unbeschränkten Haftung Unternehmer bzw. Mitunternehmer (BFH III R 21/02, BStBl. II 2005, 168). Die Unternehmerinitiative ist naturgemäß beim Einzelunternehmer ausgeprägter.

Über ein bestehendes und durchgeführtes Treuhandverhältnis kann dem Treugeber eine **Mitunternehmerposition** vermittelt werden, wenn der fremdnützige Treuhänder als zivilrechtlicher Gesellschafter der Personengesellschaft die Gesellschafterrechte im Innenverhältnis nach Weisung des Treugebers und ausschließlich auf dessen Rechnung ausübt, sodass sich allein in der Person des Treugebers Mitunternehmerinitiative und Mitunternehmerrisiko verwirklichen, während der Treuhänder die Mitunternehmermerkmale nicht erfüllt (BFH VIII R 67/98, BFH/NV 2000, 427 zum Fall einer treuhänderisch gehaltenen Kommanditbeteiligung). Gleichwohl ist auch hier zweifelhaft, inwieweit der Treugeber in der Lage sein muss, das Treuhandverhältnis zu steuern und dadurch mittelbar Unternehmerinitiative zu entfalten (zutr. bejaht in BFH GrS 4/82, BStBl. II 1984, 751 (769); ähnlich IX R 269/87, BStBl. II 1994, 615; XI R 45/88, BStBl. II 1993, 538). Zum sog. **Treuhandmodell** → Rn. 8.

II. Steuerschuldnerschaft bei Personengesellschaften

1. Allgemeines

5 Gewerblich tätige Personengesellschaften sind als solche Steuerschuldner (§ 5 Abs. 1 S. 3). Es handelt sich um eine Spezialvorschrift zu § 5 Abs. 1 S. 1 (BFH IV R 14/16, BFH/NV 2018, 1336) und um eine Abweichung von dem ansonsten im Ertragsteuerrecht geltenden Transparenzprinzip (BFH IV R 40/22, DStR 2025, 1577), sodass eine doppelte Schuldnerschaft sowohl der Gesellschaft als auch der Gesellschafter ausscheidet. Die GewSt mindert daher den Gesamtgewinn der Personengesellschaft, der nach dem gesellschaftsvertraglich vereinbarten Gewinnverteilungsschlüssel den Gesellschaftern zugewiesen wird, sodass der Aufwand alle Gesellschafter gemäß der vereinbarten Gewinnverteilung trifft (BFH IV R 21/22, DStR 2025, 1268, dort zu den Folgen für § 35 EStG). Die Vorschrift des § 5 Abs. 1 S. 3 hat in erster Linie einen **vollstreckungsrechtlichen Hintergrund** (s. § 249 Abs. 1 S. 1 AO). Mit ihr wie mit der Vorgängervorschrift (§ 5 Abs. 1 S. 3 GewStG 1977) soll die bestehende Praxis abgesichert werden, Gewerbesteuer- und Gewerbesteuermessbescheide an die Gesellschaft zu richten (BT-Drs. 7/5458, 11; zum historischen (zivilrechtlichen) Hintergrund s. Schober in Desens/Tappe

§ 5 Rn. 100 ff.). Dies stellt zugleich eine Verfahrenserleichterung dar (Reis in BeckOK GewStG § 5 Rn. 17, 116). Daraus zieht der BFH, den Gesetzeswortlaut einschränkend, den Schluss, dass nur solche Personengesellschaften Steuerschuldner sind, die über **Gesellschaftsvermögen verfügen** (BFH VIII R 364/83, BStBl. II 1986, 311; VIII R 35/95, BFH/NV 1999, 445; IV R 8/14, BStBl. II 2017, 538). Für die Steuerschuldnerschaft kommt es nicht auf die Vermögenslosigkeit im Zeitpunkt der Bescheidbekanntgabe an, vielmehr entscheidet der Umstand, ob ein Rechtsgebilde – wie zB die **atypische stille Gesellschaft** – von vornherein kein Vollstreckungsobjekt iSd § 267 AO ist (glA Gosch in Brandis/ Heuermann § 5 Rn. 45). Denn für das gesetzliche Steuerschuldverhältnis muss zum Zeitpunkt seiner Entstehung der Steuerschuldner bestimmbar sein. Eine Innengesellschaft kann somit nicht Steuerschuldnerin sein (BFH X R 1/12, BStBl. II 2016, 567; FG Düsseldorf 15 K 2037/18, DStRE 2021, 1508; VGH BW 6 S 452/20, BeckRS 2021, 6475). Wegen des fehlenden eigenen Vermögens konnte letztlich auch die sog. gewerbesteuerrechtliche Unternehmenseinheit weder als Vollstreckungsobjekt noch als Schuldnerin der Gewerbesteuer beibehalten werden (BFH I R 95/76, BStBl. II 1980, 465).

Die Steuerschuldnerschaft der Personengesellschaft im GewSt-Recht ändert nichts daran, dass auch gewerbesteuerrechtlich ihre **Gesellschafter die Unternehmer** (Mitunternehmer) des Betriebs sind (BFH III R 3/21, DStR 2022, 2146). Auch wenn die Personengesellschaft als solche also nicht Unternehmerin ist, ist sie doch Steuerschuldnerin, auch insoweit, als GewSt durch Vorgänge im Sonderbetriebsvermögen ausgelöst wird (BFH IV R 33/09, DStR 2013, 1324) oder durch Veräußerung von Mitunternehmeranteilen, die im Rahmen des § 7 S. 2 (ausführlich → § 7 Rn. 124 ff.) steuerpflichtig sind (s. auch Reis in BeckOK GewStG § 5 Rn. 117). Die Gesellschafter können aber ggf. als Haftungsschuldner in Anspruch genommen werden, wenn sie für Steuern der Gesellschaft haften (s. Specker in BeckOK AO § 191 Rn. 10.2, 30 ff.). Unternehmerin ist die Personengesellschaft dann, wenn sie **selbst Mitunternehmerin** einer anderen Personengesellschaft ist. Eine Gesellschaft mit der Rechtsform einer Europäischen wirtschaftlichen Interessenvereinigung (Abs. 1 S. 4) ist nicht selbst Steuerschuldnerin (→ Rn. 13).

2. Gesellschaftsformen

a) Personengesellschaften. Ist die Tätigkeit einer Personengesellschaft 6
(OHG, KG, GbR) Gewerbebetrieb, so ist sie Steuerschuldnerin der GewSt (§ 5 Abs. 1 S. 3; BFH VIII R 52/04, BStBl. II 2006, 847), auch für den Ertrag, der auf Sonderbetriebsvermögen beruht (BFH IV R 33/09, DStR 2013, 1324, ebenso für Veräußerungs- und Aufgabegewinne nach § 7 S. 2, einschließlich derjenigen Veräußerungsgewinne, die Mitunternehmer durch Veräußerung ihres Gesellschaftsanteils erzielen (→ Rn. 5; BFH VIII R 7/01, BStBl. II 2004, 754; BVerfG 1 BvR 1236/11, BStBl. II 2018, 303). Die durch Abs. 1 S. 3 bewirkte Verlagerung der Steuerbelastung auf die Personengesellschaft ist hinzunehmen. Es bleibt Sache der Gesellschafter, diese Steuerbelastung durch vertragliche Absprachen anders zu verteilen (BVerfG 1 BvR 1236/11, BStBl. II 2018, 303). Die in Abs. 1 S. 3 verwendete Formulierung „Tätigkeit" der Personengesellschaft (s. § 2 Abs. 2 Nr. 1 GewStG aF) ist in gewisser Weise irreführend, weil eine gewerbliche Personengesellschaft keine einheitliche „Tätigkeit" ausübt, sondern unter den Voraussetzungen des § 15 Abs. 3 EStG einen einheitlichen Betrieb bildet (→ § 2 Rn. 26 f.,

401). § 15 Abs. 3 EStG betrifft den sachlichen Umfang eines von einer Personengesellschaft unterhaltenen Betriebs. Dem geht indessen die Prüfung voraus, ob die Personengesellschaft überhaupt eine Mitunternehmerschaft iSd § 15 Abs. 1 S. 1 Nr. 2 EStG darstellt und deshalb Subjekt der Einkunftsermittlung ist (zur partiellen Steuerrechtsfähigkeit → § 7 Rn. 175) bzw. einen Gewerbebetrieb unterhält (s. BFH IV R 26/07, BStBl. II 2010, 751). **Bei einer doppelstöckigen Personengesellschaft** sind Ober- und Untergesellschaft jeweils selbst Steuerschuldnerin (BFH I R 13/14, BStBl. II 2016, 927; s. auch Schober in Desens/Tappe § 5 Rn. 120). Eine **Partenreederei** wird (gewerbe-)steuerlich wie eine OHG behandelt (BFH IV R 58/95, BStBl. II 1998, 86). Zu ausländischen Personengesellschaften mit Einkünften aus Gewerbebetrieb in Deutschland → § 7 Rn. 161.

7 Eine Personengesellschaft ist so lange als existent anzusehen, wie noch Steueransprüche gegen sie geltend gemacht werden, auch noch nach Auskehrung des Aktivvermögens (zur Bekanntgabe bei Vollbeendigung → Rn. 32). Eine **nicht voll beendete Personengesellschaft** bleibt so lange Schuldnerin der GewSt, bis alle Rechtsbeziehungen zwischen Gesellschaft und FA beendet sind (BFH IV B 108/13, BFH/NV 2014, 379). Die Bekanntgabe erfolgt in einem solchen Fall jedoch nicht gegenüber der Gesellschaft, sondern gegenüber den Gesellschaftern (BFH IV B 166/06, BFH/NV 2008, 248; → Rn. 32).

Wird eine Personengesellschaft dadurch **ohne Liquidation vollbeendet,** dass der vorletzte Gesellschafter ausscheidet (Anwachsung), tritt ein Schuldnerwechsel auf den Rechtsnachfolger ein (BFH IV R 30/19, DStR 2023, 2160; IV R 30/18, BStBl. II 2021, 939; → Rn. 15). Hat ein FG im Verfahren über den GewSt-Messbescheid eine Aussage über die Steuerschuldnerschaft einer Personengesellschaft getroffen, so ist dies für das nachfolgende Verfahren über die Festsetzung der GewSt bindend (VGH BW 2 S 2258/13, DStRE 2015, 887).

8 **b) Treuhandmodell.** Mit dem sog. Treuhandmodell wird angestrebt, zwischen Muttergesellschaft und Tochter-Personengesellschaft eine organschaftsähnliche steuerliche Zusammenfassung von Gewinnen und Verlusten zu erreichen. Nach dem Muster des Modells beteiligt sich eine Muttergesellschaft als Komplementärin an einer Tochter-GmbH & Co KG. An Letzterer ist außerdem eine GmbH als Kommanditistin beteiligt, welche die Beteiligung treuhänderisch für die Muttergesellschaft hält. Ertragsteuerrechtlich ist die Tochter-GmbH & Co KG – anders als im Zivilrecht – als Mitunternehmerschaft zu negieren, weil die Kommandit-GmbH wegen des Treuhandverhältnisses und ihrer Weisungsgebundenheit nicht Mitunternehmerin ist (→ Rn. 4). Im Ertragsteuerrecht gibt es keine aus nur einem Mitunternehmer bestehende Mitunternehmerschaft. Die Einkünfte fallen daher insgesamt allein bei der Muttergesellschaft an. Die FVerw erkannte das Treuhandmodell entgegen zahlreichen Stimmen in der Literatur (Rödder DStR 2005, 955; Suchanek FR 2005, 559; Wild/Reinfeld DB 2005, 69) für Neugründungen nach dem 17.9.2004 nicht mehr an (OFD Münster 13.2.2004, DStR 2005, 744; OFD Hannover 22.3.2005, DB 2005, 858). Für diese (inzwischen überholte) Ansicht der FVerw spricht, dass die Existenz der Tochter-GmbH & Co KG in gewerbesteuerlicher Hinsicht nicht ohne Weiteres verneint werden kann, da der Wortlaut des § 5 Abs. 1 S. 3 erfüllt ist. Das Gesetz stellt nicht darauf ab, ob eine Mitunternehmerschaft einen Gewerbebetrieb unterhält, sondern auf das Vorhandensein einer Personengesellschaft. An deren zivilrechtlicher Existenz ist jedoch nicht zu zweifeln. Der BFH hat indes die einkommensteu-

erliche Sichtweise auf § 5 übertragen und das Treuhandmodell auch für Zwecke der Gewerbesteuer gutgeheißen (BFH IV R 26/07, BStBl. II 2010, 751; Anm. Bode DB 2010, 822; krit. Gosch in Brandis/Heuermann § 5 Rn. 53a). Er ist der Ansicht, dass die Ausnahmevorschrift des die Steuerschuldnerschaft von Personengesellschaften regelnden Abs. 1 S. 3 am Erfordernis einer aus mehreren Personen bestehenden Mitunternehmerschaft nichts ändere. Eine steuerlich aus nur einem Unternehmer bestehende Personengesellschaft ist hiernach nicht Gewerbesteuerschuldnerin (BFH IV R 59/07, BFH/NV 2010, 1492; s. auch Wegener/Krüger DStR 2022, 2532; ausführlich und krit. zu den vollstreckungsrechtlichen Folgen Schober in Desens/Tappe § 5 Rn. 126 ff.). Bei dieser Betrachtung ist die Tochter-GmbH & Co KG lediglich eine Betriebsstätte der Muttergesellschaft. Das vom BFH befürwortete Ergebnis vermeidet Diskrepanzen zwischen ESt und GewSt (s. Rödder DStR 2005, 955). Die frühere abweichende Verwaltungsansicht ist überholt (OFD Niedersachsen 5.10.2010, BeckVerw 243845). Die BFH-Rspr. ermöglicht also eine gewerbesteuerliche Ergebniskonsolidierung außerhalb der Organschaft (s. Frotscher in Frotscher/Drüen § 5 Rn. 21; Reis in BeckOK GewStG § 5 Rn. 145; Benz/Goß DStR 2010, 839; Kraft/Sönnichsen DB 2011, 1936; Viebrock/Stegemann DStR 2013, 2375; Stegemann DStR 2015, 2577 zur Beendigung des Treuhandmodells; Kraft/Hohage FR 2016, 153 zum atypischen Treuhandmodell). Ein Gewinnabführungsvertrag braucht hier nicht vorzuliegen.

c) BGB-Gesellschaften. Auch die Gesellschaft bürgerlichen Rechts kann über Gesellschaftsvermögen verfügen (s. § 713 BGB idF des MoPeG (Gesetz v. 10.8.2021, BGBl. I 3436)). Im Hinblick darauf wurde sie zivilrechtlich als Einheit behandelt (→ § 2 Rn. 28) und seit 2024 auch ausdrücklich als rechtsfähige Gesellschaft (§ 705 Abs. 2 Alt. 1 BGB idF des MoPeG). Dementsprechend sind auch bei ihr Schuld der Gesellschaft und Haftung der Gesellschafter trennbar (BFH VII R 187/82, BStBl. II 1986, 156 zur USt). Ihre Rechtsfähigkeit ist aber auch schon für die Zeit vor Inkrafttreten des MoPeG anerkannt, auch im Hinblick auf die geänderte BGH-Rspr., die der nach außen auftretenden BGB-Gesellschaft die volle Rechtsfähigkeit zuerkennt (BGH II ZR 331/00, NJW 2001, 1056). Eine Unterscheidung danach, ob die BGB-Gesellschaft nach ihrem Gesellschaftsvertrag über Gesellschaftsvermögen verfügt, ist ungeeignet, sie als Steuerschuldnerin zu bestimmen, da auch solche Gesellschaften tatsächlich zu Gesellschaftsvermögen kommen können. Die Aussage, § 5 Abs. 1 S. 3 sei nur auf Gesellschaften mit Gesellschaftsvermögen anzuwenden, ist deshalb typisierend aufzufassen (→ Rn. 5). Vom sachlichen Geltungsbereich der Vorschrift sind nur solche Gebilde ausgeschlossen, bei denen ein Gesamthands- bzw. Gesellschaftsvermögen von der Rechtsform her nicht in Betracht kommen kann, zB die atypische stille Gesellschaft und die Unterbeteiligung (s. auch Gosch in Brandis/Heuermann § 5 Rn. 45; Frotscher in Frotscher/Drüen § 5 Rn. 12, 14). Ab 2024 kann die BGB-Gesellschaft als rechtsfähige Gesellschaft gegründet werden (§ 705 Abs. 2 Alt. 1 BGB idF des MoPeG). Diese rechtsfähige BGB-Gesellschaft ist Personengesellschaft iSd § 5 Abs. 1 S. 3. Für die nicht rechtsfähige BGB-Gesellschaft (§ 705 Abs. 2 Alt. 2 BGB idF des MoPeG) gilt dagegen § 5 Abs. 1 S. 3 nicht. Denn diese hat kein Gesellschaftsvermögen (s. § 740 Abs. 1 BGB idF des MoPeG; s. Frotscher in Frotscher/Drüen § 5 Rn. 12; Reis in BeckOK GewStG § 5 Rn. 124.2). 9

d) Atypische stille Gesellschaften. Bei atypischen stillen Gesellschaften ist der Inhaber des Handelsgeschäfts (§ 230 HGB) der Schuldner der GewSt (BFH VIII R 22/98, BFH/NV 2000, 420; GewStR 5.1 Abs. 2 S. 1). Die atypische stille 10

Gesellschaft als solche ist nicht Steuerschuldnerin (BFH IV B 141/11, BFH/NV 2013, 574). Zwar ist die atypische stille Gesellschaft steuerliche Inhaberin des Betriebsvermögens und stellt einen Gewerbebetrieb dar. Die Spezialvorschrift des § 5 Abs. 1 S. 3 gilt hier allerdings nicht, weil die atypische stille Gesellschaft über kein Gesellschaftsvermögen verfügt (→ Rn. 5, 9; s. zum Hintergrund auch Schober in Desens/Tappe § 5 Rn. 124). Es bestehen also zwei Gewerbebetriebe, aber nur ein Steuerschuldner. Ist eine Personengesellschaft Inhaberin eines Handelsgewerbes, an dem sich eine andere Person atypisch still beteiligt, unterhalten sowohl die atypisch stille Gesellschaft als auch die Personengesellschaft (doppelstöckige Personengesellschaft) jeweils einen selbstständigen Gewerbebetrieb, sodass die Inhaberin des Handelsgewerbes zwei GewSt-Erklärungen abgeben muss (BFH III R 68/18, DStR 2021, 604; BFH IV R 8/14, BStBl. II 2017, 538). Auch die Verfahren zur gesonderten und einheitlichen Gewinnfeststellung sind zu trennen (BFH VIII R 10/22, DStR 2025, 456). Das Ausscheiden des stillen Gesellschafters führt zu einem Unternehmerwechsel, die Steuerpflicht des Inhabers des Handelsgeschäfts bleibt davon aber unberührt (BFH IV R 90/05, DStR 2009, 683). Auch bei einer (gewerblichen) Innengesellschaft, die ein nach außen handelnder Freiberufler mit einem Berufsfremden unterhält, ist Steuerschuldner der Inhaber des „Hauptbetriebes", also der nach außen Handelnde (BFH IV R 235/84, BStBl. II 1987, 124; VIII R 22/98, BFH/NV 2000, 420). Auch wenn die Innengesellschaft in diesem Fall als Gewerbesteuergegenstand anzusehen ist, ist Steuerschuldner nicht die Innengesellschaft (zur Begründung → Rn. 5; § 5 Abs. 1 S. 3 gilt nicht), sondern ggf. der nach außen auftretende Inhaber des Hauptgeschäfts bzw. die nach außen auftretende Personengesellschaft, die mit Gesellschaftsvermögen ausgestattet ist (BFH VIII R 32/90, BStBl. II 1998, 480 zur verdeckten Gesellschaft). Zur Bekanntgabe von Bescheiden an eine atypische stille Gesellschaft → Rn. 33.

11 **e) Unterbeteiligungen.** Keine Steuerschuldnerin ist auch die Innengesellschaft in der Form einer Unterbeteiligung an einem Gesellschaftsanteil. Sie kann zwar eine eigenständige **Mitunternehmerschaft** im Verhältnis zum Hauptbeteiligten zur Folge haben (→ § 7 Rn. 218; mit der Folge einer doppelstöckigen Mitunternehmerschaft). Aber auch der auf einen solchen mitunternehmerischen Unterbeteiligten entfallende Ertrag der (Grund-)Gesellschaft ist bei dieser Grundgesellschaft als Gewerbeertrag zu berücksichtigen. Dieser umfasst die Sondervergütungen an den Unterbeteiligten als mittelbaren Mitunternehmer (s. § 15 Abs. 1 S. 1 Nr. 2 S. 2 EStG), s. dazu BFH IV R 75/96, BStBl. II 1998, 137. Auch die Unterbeteiligung an einzelnen Tätigkeiten bzw. Geschäftsbereichen ist möglich (BFH IV R 73/06, BStBl. II 2010, 40). Die Unterbeteiligung kann kein Gesellschaftsvermögen bilden. Die Gewinnanteile eines **typischen** stillen Unterbeteiligten sind dem Ertrag der Grundgesellschaft nach § 8 Nr. 1 Buchst. c hinzuzurechnen, wenn für die Unterbeteiligung ein betrieblicher Aufwand in der Ergebnisrechnung der Grundgesellschaft angesetzt worden ist. Hält der mitunternehmerisch Beteiligte seine Beteiligung in einem gewerblichen Betriebsvermögen, so wird eine doppelte gewerbesteuerliche Erfassung durch die Kürzungsvorschrift des § 9 Nr. 2 verhindert.

12 **f) Gesellschaftsähnliche Mitunternehmerschaften.** Da § 5 Abs. 1 S. 3 nur Personengesellschaften und nicht Mitunternehmerschaften generell zu Steuerschuldnern erklärt, verbleibt es für Mitunternehmerschaften, die keine Personengesellschaften sind (→ § 2 Rn. 407), bei Abs. 1 S. 1: Steuerschuldner sind die

Unternehmer (zum Unternehmerbegriff → Rn. 2). **Erbengemeinschaften** (zur Mitunternehmerschaft → § 2 Rn. 407) können daher nicht als solche Steuerschuldner sein, dies sind die einzelnen Miterben (s. zB BFH VIII R 237/81, BStBl. II 1985, 657). Dies gilt auch bei einer angeordneten Testamentsvollstreckung (BFH I R 53/74, BStBl. II 1977, 481). Die Gewerbesteuer(mess)bescheide ergehen gegenüber den Erben und nicht an den Testamentsvollstrecker. Der Grundsatz, wonach eine Erbengemeinschaft als solche nicht Steuerschuldnerin sein kann, gilt allerdings nicht bei einer Betriebsfortführung durch die Erben. Geht ein Gewerbebetrieb oder ein Anteil an einer gewerblichen Personengesellschaft auf mehrere Miterben über (s. zur Wandlung einer Erbengemeinschaft in eine GbR BFH IV R 5/19, DStR 2023, 626), sind diese nach BFH GrS 2/89, BStBl. II 1990, 837 als **geborene Mitunternehmer** zu behandeln, und zwar auch für die Veräußerung und Aufgabe von Mitunternehmeranteilen (Wacker in Schmidt EStG § 16 Rn. 606), auch für das Privatvermögen (zum Mischnachlass s. Wacker in Schmidt EStG § 16 Rn. 636). Die FVerw (BMF 14.3.2006, BStBl. I 2006, 253 Rn. 8) lässt bei einer Vereinbarung über die Erbauseinandersetzung innerhalb von sechs Monaten nach dem Erbfall eine rückwirkende Zurechnung der laufenden Einkünfte an die vereinbarungsgemäß zur Betriebsfortführung berechtigten Erben zu. Die länger währende Beteiligung eines betriebsfremden Erben an der geerbten Praxis eines Freiberuflers führt aber grundsätzlich zu gewerblichen Einkünften (BFH VIII R 13/93, BStBl. II 1994, 922). Zur Einkünftezurechnung bei **vermächtnisweiser Zuwendung** eines Gewerbebetriebs s. BFH VIII R 349/83, BStBl. II 1992, 330. Der Vermächtnisnehmer kann ausnahmsweise Unternehmer vor Vermächtniserfüllung sein, wenn er wirtschaftlicher Eigentümer der betrieblichen Wirtschaftsgüter ist. **Scheinerben,** vermächtnisbelastete Erben und ausschlagende Erben weichen – wenn sie Betrieb und Gewinn herausgeben müssen – rückwirkend dem eigentlichen Erben (Inhaber). Den laufenden Gewinn hat nicht der Scheinerbe, sondern an seiner Stelle der tatsächliche Erbe zu versteuern (Wacker in Schmidt EStG § 16 Rn. 591, krit. wegen des gleichwohl möglichen Veräußerungsgewinns). ME ist die rückwirkende Beseitigung nur dann zweifelhaft, wenn der Durchgangserbe Unternehmerinitiative entwickelt und auf eigene Rechnung wirtschaftet (noch weitergehend zur qualifizierten **Nachfolgeklausel** BFH VIII R 51/84, BStBl. II 1992, 512; BMF 14.3.2006, BStBl. I 2006, 253 Rn. 72; krit. Groh DB 1992, 1312). Auch die mitunternehmerischen Gemeinschafter einer **Gütergemeinschaft,** die keine BGB-Innengesellschaft ist (BGH VI ZR 152/92, DStR 1994, 589), oder einer zB betriebsaufspalterisch als Besitzunternehmen oder aus anderen Gründen gewerblich tätigen **Bruchteilsgemeinschaft** (BFH IV R 2/92, BStBl. II 1996, 369; IV R 31/92, BFH/NV 1994, 266) sind als solche Steuerschuldner und nicht die jeweiligen Gemeinschaften (BFH IV R 66–67/91, BStBl. II 1994, 463; Kempermann FR 1994, 231; Schober in Desens/Tappe § 5 Rn. 135). Ein an eine Bruchteilsgemeinschaft gerichteter Bescheid ist als zusammengefasster Bescheid gegenüber den Miteigentümern auszulegen (BFH IV R 2/92, BStBl. II 1996, 369; Frotscher in Frotscher/Drüen § 5 Rn. 14; aA Gosch in Brandis/Heuermann § 5 Rn. 50).

g) Europäische wirtschaftliche Interessenvereinigung. Mitglieder einer 13
Europäischen wirtschaftlichen Interessenvereinigung (EWIV) mit Sitz im Geltungsbereich der EWG-VO Nr. 2137/85 v. 25.7.1985 (ABl. 1985 L 199, 1) werden durch § 5 Abs. 1 S. 4 erstmals ab EZ 1989 als Gesamtschuldner bestimmt, wenn in der Rechtsform der EWIV ein Gewerbe betrieben wird. § 5 Abs. 1 S. 3

gilt für die EWIV also nicht. Gegen die Gesamtschuldner kann ein nach § 155 Abs. 3 AO zusammengefasster Gewerbesteuermessbescheid ergehen. Der Gewerbesteuerbescheid ist ebenfalls nur gegen die Mitglieder zu erlassen, s. dazu GewStR 5.2 S. 4. Welcher Gesamtschuldner in Anspruch genommen wird, steht im Ermessen der Gemeinde (§ 44 AO; GewStR 5.2 S. 5). Der Gesetzgeber hat sich damit der Auffassung angeschlossen, dass Art. 40 der genannten EWG-VO, demzufolge das Tätigkeitsergebnis der EWIV nur bei ihren Mitgliedern besteuert werden darf, nicht nur für die Einkommensteuer, sondern **auch für die Gewerbesteuer** gilt. In der Rechtsform der EWIV wird aber nur im Ausnahmefall ein gewerbliches Unternehmen betrieben (→ § 2 Rn. 406).

14 **h) Steuerschuldnerschaft in anderen Fällen.** Für die **Organschaft** stimmen Steuerschuldner- und Unternehmerschaft nicht überein. Steuerschuldner ist nur der Organträger, sachlich steuerpflichtige Unternehmerin bleibt die Organgesellschaft (s. auch Schober in Desens/Tappe § 5 Rn. 81). Besitz- und Betriebsunternehmen einer **Betriebsaufspaltung** sind auch hinsichtlich der Steuerschuldnerschaft getrennt zu sehen (→ § 2 Rn. 372). Bei einer gewerblichen Tätigkeit der **öffentlichen Hand** ist Steuerschuldner nicht der Betrieb gewerblicher Art, sondern die jeweilige Trägerkörperschaft (→ § 2 Rn. 390); zur möglichen Doppelfunktion einer Gemeinde als Steuerschuldnerin und Steuergläubigerin Schober in Desens/Tappe § 5 Rn. 82. Unternehmer und Steuerschuldner ist unter den Voraussetzungen des § 2 Abs. 3 auch der **nichtrechtsfähige Verein** sowie weitere juristische Personen des Privatrechts, in Fällen des § 2 Abs. 2 die **Kapitalgesellschaft.**

3. Gesellschafterwechsel

15 Die Eigenschaft der Personengesellschaft als Steuerschuldnerin wird vom Wechsel **einzelner Gesellschafter** nicht beeinträchtigt. Das Steuerschuldverhältnis entspricht der vergleichbaren Zivilrechtslage. Solange Gesellschaftsidentität gegeben ist, wechselt auch der Steuerschuldner nicht (s. FG Münster 11 K 2517/21, DStR 2023, 1350). Den ausgeschiedenen Gesellschafter trifft daneben die Haftung nach den zivilrechtlichen Regeln für Steuern, die die Finanzbehörde durch Haftungsbescheid geltend machen kann (§ 191 Abs. 4 AO). Bei einem zeitgleichen Wechsel **aller Gesellschafter** ändert sich indes die Identität des Steuerschuldners (BFH IV B 50/97, BFH/NV 1998, 1255; Neu/Hamacher GmbHR 2014, 841; Schober in Desens/Tappe § 5 Rn. 157; Reis in BeckOK GewStG § 5 Rn. 160), ebenso bei der liquidationslosen Vollbeendigung einer zweigliedrigen Personengesellschaft durch **Anwachsung** (BFH IV R 55/04, BStBl. II 2006, 404; IV B 108/13, BFH/NV 2014, 379). Bei einem Ausscheiden des vorletzten Gesellschafters wird der verbleibende Gesellschafter Gesamtrechtsnachfolger, die Gesellschaft wird vollbeendet (BFH IV R 30/18, BStBl. II 2021, 939). Die sachliche Steuerpflicht bleibt bestehen, es endet allerdings die bisherige Steuerschuldnerschaft, neuer Steuerschuldner wird der übernehmende Gesellschafter als Rechtsnachfolge (BFH IV R 30/19, DStR 2023, 2160; BFH IV R 12/10, BStBl. II 2014, 1000). Bei einer Anwachsung im Laufe eines Kalenderjahres müssen **zwei Gewerbesteuermessbescheide** ergehen, wobei bei einer Firmenfortführung jeweils ein Zusatz erforderlich ist, der die „alte" und die „neue" Gesellschaft bezeichnet (BFH IV R 8/16, BStBl. II 2018, 484; s. Reis in BeckOK GewStG § 5 Rn. 259). Nach BFH III R 83/89, BFH/NV 1994, 263 soll nur ein Bescheid an den Übernehmer erforderlich sein, da dieser die auf die Zeit vor der

Übernahme entfallende Steuer nach § 45 AO als Gesamtrechtsnachfolger schulde, sodass es nicht notwendig sei, die Besteuerungsgrundlagen in dem Bescheid anteilig auszuweisen. Diese Entscheidung dürfte durch BFH IV R 55/04, BStBl. II 2006, 404 überholt sein; auch sind bereits wegen der GewSt-Anrechnung nach § 35 EStG zwei Messbescheide erforderlich. Der Freibetrag nach § 11 Abs. 1 S. 3 Nr. 1 ist entgegen GewStR 11.1 S. 5 nach den Grundsätzen von BFH IV R 8/16, BStBl. II 2018, 484 vor Aufteilung des Gewerbesteuermessbetrags (einheitlich) abzuziehen.

Auch für die **Duldung einer Außenprüfung** sind zwei Prüfungsanordnungen zu erlassen, eine für die Zeit vor dem Wechsel der Steuerschuldnerschaft, eine für die Zeit danach (BFH IV R 55/04, BStBl. II 2006, 404). Nennt eine Prüfungsanordnung noch die „alte“, durch Anwachsung vollbeendete Personengesellschaft, so ist sie nicht zwangsläufig nichtig, wenn für den Rechtsnachfolger der Gesellschaft erkennbar ist, dass die Prüfung auch die Steuern betreffen soll, die durch den Betrieb der Gesellschaft veranlasst waren (BFH IV R 55/04, BStBl. II 2006, 404). **16**

(frei) **17–19**

III. Betriebsübergang

Geht ein Gewerbebetrieb **im Ganzen** auf einen anderen Unternehmer über (dazu → § 2 Rn. 591), so wechselt nach Abs. 2 mit dem Übergang auch der Steuerschuldner (zum Hintergrund → Rn. 1). Abs. 2 betrifft nur die Frage der Steuerschuldnerschaft und knüpft für Zwecke der Bestimmung des Steuerschuldners an § 2 Abs. 5 an (BFH X R 17/21, DStR 2023, 216, dort auch zur Entstehungsgeschichte von Abs. 2). Die Vorschrift hat deklaratorische Bedeutung, die Rechtsfolge ergibt sich bereits aus § 2 Abs. 5 und § 5 Abs. 1 (Gosch in Brandis/Heuermann § 5 Rn. 65; Reis in BeckOKGewStG § 5 Rn. 204). Unternehmerwechsel ist nicht nur die entgeltliche Betriebsveräußerung, sondern auch der unentgeltliche Betriebsübergang insbesondere durch Erbfall, bei Gesellschaften die übertragende Umwandlung, nicht dagegen die formwechselnde (Einzelheiten → § 2 Rn. 593 f.). **20**

Der Rückschluss, dass immer dann, wenn die Voraussetzungen des mit § 10a zusammenhängenden § 2 Abs. 5 nicht erfüllt sind, auch kein Steuerschuldnerwechsel gegeben ist, ist unzulässig (BFH III R 36/85, BStBl. II 1989, 664). Damit bliebe unberücksichtigt, dass die Personengesellschaft zwar Steuerschuldnerin ist, (Mit-)Unternehmer aber die an ihr beteiligten Personen sind (BFH IV R 54/04, BStBl. II 2008, 742). Beim **Übergang** des Gewerbebetriebs von einer **natürlichen Person** auf eine **Personengesellschaft,** an der der bisherige Inhaber beteiligt wird, ist der den Verlustabzug nach § 10a ausschließende § 2 Abs. 5 zwar tatbestandlich nicht erfüllt (BFH GrS 3/92, BStBl. II 1993, 616), gleichwohl liegt ein **Wechsel des Steuerschuldners** vor. Dies gilt grundsätzlich auch für den umgekehrten Sachverhalt, dh wenn an die Stelle der Personengesellschaft eine natürliche Person tritt (BFH IV R 55/04, BStBl. II 2006, 404; Schober in Desens/Tappe § 5 Rn. 154 f.; → Rn. 15). Scheiden **alle Gesellschafter** einer Personengesellschaft gleichzeitig aus, kommt es zum Wechsel des Steuerschuldners, **nicht** aber beim Wechsel **einzelner Gesellschafter,** sofern eine Gesellschaft weiterbesteht (→ Rn. 15). **21**

IV. Abgabenrechtliche/verfahrensrechtliche Fragen

1. Entstehen, Erlöschen der Steuerschuld

22 Für das Schicksal der GewSt-Schuld des Steuerschuldners iSd § 5 Abs. 1 S. 1 gelten die folgenden Regeln. Nach § 18 **entsteht** die Gewerbesteuer mit Ablauf des EZ, für den die Festsetzung vorgenommen wird. EZ ist grundsätzlich das Kalenderjahr. Besteht die Steuerpflicht nicht während des ganzen Jahres, so tritt an die Stelle des Kalenderjahres der Zeitraum der Steuerpflicht (abgekürzter EZ).

23 Die **Vorauszahlungen** zur Gewerbesteuer entstehen mit Beginn des Kalendervierteljahrs, in dem die Vorauszahlungen zu entrichten sind, oder, wenn die Steuerpflicht erst im Laufe des Kalendervierteljahrs begründet wird, mit der Begründung der Steuerpflicht (§ 21); zur Fälligkeit § 19 Abs. 1.

24 Ansprüche aus dem Steuerschuldverhältnis **erlöschen** nach § 47 AO durch Zahlung (§§ 224, 224a, 225 AO), Aufrechnung (§ 226 AO), Erlass (§§ 163, 227 AO) und durch Verjährung (§§ 169–171, §§ 228–232 AO).

2. Verjährungsfragen

25 Diese hat das FA schon beim Erlass des Gewerbesteuermessbescheids zu prüfen (§ 184 Abs. 1 AO iVm § 169 Abs. 1 AO). Vielfach tritt eine Ablaufhemmung bei der Festsetzungsfrist dadurch ein, dass vor ihrem Ablauf mit einer Außenprüfung begonnen worden ist (§ 171 Abs. 4 AO). Für die Gewerbesteuerbescheide der Gemeinden gilt § 1 Abs. 2 Nr. 4 AO iVm § 171 Abs. 10 AO. Danach endet die Festsetzungsfrist nicht vor Ablauf von zwei Jahren nach Bekanntgabe des Gewerbesteuermessbescheids.

3. Verwirkung

26 In Ausnahmefällen kann der Gewerbesteueranspruch verwirkt sein (Erlöschen des Steuerschuldverhältnisses), wenn er für zurückliegende Jahre geltend gemacht wird und der Steuerpflichtige sich aufgrund eines bestimmten Verhaltens des Steuergläubigers (Vertrauenstatbestand) auf die Nichtgeltendmachung des Anspruchs schutzwürdig eingerichtet hat (BFH VIII R 45/13, BStBl. II 2018, 4). S. zu einem Anwendungsfall dieser Grundsätze BFH IV R 180/81, BStBl. II 1984, 780; IV R 5/11, BFH/NV 2014, 1716; vgl. auch Pump StBp 1995, 39. S. zur Schaffung eines Vertrauenstatbestands aufgrund des Verhaltens der FBeh im Betriebsprüfungsverfahren mit der Folge, dass der Anspruch auf Erlass des GewSt-Messbescheids durch die FBeh verwirkt ist, FG Münster 1 K 1193/18, DStRE 2023, 73.

4. Billigkeitsmaßnahmen

27 Für eine niedrigere Steuerfestsetzung aus Billigkeitsgründen nach § 163 S. 1 AO ist das FA zuständig, soweit für solche Maßnahmen Richtlinien der Bundesregierung, der obersten Bundesfinanzbehörde oder einer obersten Landesfinanzbehörde bestehen (§ 184 Abs. 2 S. 1 AO); S. 2 dieser Vorschrift stellt die Gleichbehandlung von Einkommensteuer und Gewerbesteuer bei Billigkeitsmaßnahmen nach § 163 S. 2 AO sicher. Der sog. Sanierungserlass (BMF 27.3.2003, BStBl. I 2003, 240) verstieß gegen den Grundsatz der Gesetzmäßigkeit der Verwaltung (BFH GrS 1/15, BStBl. II 2017, 393). Dies führte zur Einfügung des § 7b durch

das G. v. 27.6.2017 (BGBl. 2017 I 2074). Die Steuerbefreiung von Sanierungsgewinnen nach dieser Vorschrift ist keine Billigkeitsmaßnahme, sodass die Entscheidungsbefugnis allein beim FA liegt (s. LfSt Bay 11.2.2019, DStR 2019, 627). Die Einfügung der „obersten Bundesfinanzbehörde" in § 184 Abs. 2 S. 1 AO durch das ZollkodexAnpG v. 22.12.2014 (BGBl. 2014 I 2417) hat an der Kompetenzverteilung FA/Gemeinde nichts geändert. BMF-Schreiben, die allein Billigkeitsmaßnahmen im Bereich der GewSt betreffen, können nach wie vor nicht ergehen (BT-Drs. 18/3017, 34). Allgemein zu Billigkeitsmaßnahmen → § 1 Rn. 45 f.

5. Beteiligteneigenschaft des subjektiv Steuerpflichtigen

Da § 5 Abs. 1 S. 3 die Personenesellschaft als Steuerschuldnerin bezeichnet, ist sie und nicht die mitunternehmerischen Gesellschafter am finanzgerichtlichen Verfahren beteiligt (BFH XI R 81/94, BFH/NV 1995, 815). Die Mitunternehmer, auch die ausgeschiedenen Gesellschafter, sind nicht notwendig beizuladen (§ 60 Abs. 3 FGO; BFH IV B 134/98, BFH/NV 2000, 1104; Reis in BeckOK GewStG § 5 Rn. 255). 28

Die **erloschene Personengesellschaft** kann nicht Beteiligte eines finanzgerichtlichen Verfahrens sein. Die Grundsätze von BFH IV R 125/82, BStBl. II 1984, 15 können, weil sie die Prozessstandschaft nach § 48 Abs. 1 Nr. 1 FGO betreffen, nicht auf das gewerbesteuerrechtliche Verfahren übertragen werden. Die Personengesellschaft ist steuerrechtlich allerdings so lange noch als existent anzusehen, wie noch Steueransprüche gegen sie oder von ihr geltend gemacht werden und das Rechtsverhältnis zu den Finanzbehörden nicht endgültig abgewickelt wird; für die Dauer eines Rechtsstreits über den GewSt-Messbescheid gilt sie weiter als steuerrechtlich existent (BFH IV B 69/05, BFH/NV 2007, 1923; Reis in BeckOK GewStG § 5 Rn. 258). Eine **gelöschte GmbH** wird als fortbestehend angesehen, solange sie noch steuerliche Pflichten zu erfüllen hat (BFH VII R 146/81, BStBl. II 1986, 589).

6. Messbescheid bei Mitunternehmerschaften

Als Steuerschuldnerin ist die **BGB-Gesellschaft** (→ Rn. 9) unter Angabe ihrer Gesellschafter im Bescheid zu bezeichnen. Führt sie im Rechtsverkehr einen bestimmten Namen (Firma), so kann zur Identitätsangabe stattdessen diese Gesellschaftsbezeichnung gewählt werden (s. BFH I R 55/80, BStBl. II 1984, 63; Schober in Desens/Tappe § 5 Rn. 133; Reis in BeckOK GewStG § 5 Rn. 254). Bei der Umwandlung einer Personengesellschaft in eine andere bleibt deren Identität gewahrt, die fehlerhafte Bezeichnung im Gewerbesteuermessbescheid ist unschädlich (BFH IV B 50/97, BFH/NV 1998, 1255). 29

Ist bei einer KG der einzige Kommanditist kein Mitunternehmer (zB → Rn. 8), so ist der Komplementär Alleinunternehmer. Er ist Schuldner der GewSt, an ihn ist der Messbescheid zu richten (BFH IV R 34/16, BFH/NV 2019, 1078). Auch in anderen Fällen, in denen nicht alle Gesellschafter einer Personengesellschaft zugleich Mitunternehmer sind, kann der Bescheid nicht an die Personengesellschaft als solche gerichtet werden (Reis in BeckOK GewStG § 5 Rn. 125). 30

Bei einem an eine Personengesellschaft gerichteten Messbescheid ist diese zur **Einlegung des Einspruchs** befugt, es sei denn, er ist rechtsfehlerhaft gegenüber dem Gesellschafter ergangen (BFH IV R 78/06, BStBl. II 2009, 803). Zur Frage der Anfechtbarkeit oder Nichtigkeit des Bescheids bei Falschbezeichnung des 31

Adressaten s. Reis in BeckOK GewStG § 5 Rn. 256 ff. (bei Einzelunternehmern und Personengesellschaften).

32 An eine durch Anwachsung und damit **ohne Liquidation vollbeendete Gesellschaft** können keine Gewerbesteuerbescheide mehr gerichtet werden (BFH IV R 91/05, BFH/NV 2008, 1289 und IV R 67/07, BFH/NV 2010, 1606). Der Messbescheid für die Zeit, in der die Gesellschaft noch existierte, ist in solchen Fällen an den Unternehmer, der das Unternehmen fortführt, als Gesamtrechtsnachfolger zu richten. Der Grundsatz, wonach eine Personengesellschaft für die Dauer eines Rechtsstreits über den Gewerbesteuermessbescheid steuerrechtlich noch nicht vollbeendet ist (BFH VIII R 13/94, BStBl. II 1994, 809 und IV R 34/07, BFH/NV 2010, 2246; → Rn. 28) steht dem nicht entgegen (OVG LSA 4 M 217/09, NVwZ-RR 2010, 284). In Anwachsungsfällen geht auch die Klagebefugnis auf den Gesamtrechtsnachfolger über (BFH IV R 62/11, BFH/NV 2015, 995), anders als in Verfahren über Gewinnfeststellungsbescheide (BFH IV R 20/10, BStBl. II 2013, 706). Auch eine Prüfungsanordnung kann gegenüber einer voll beendeten Gesellschaft nicht mehr ergehen (BFH IV R 20/14, BFH/NV 2017, 475). Ist eine Personengesellschaft nach Auskehrung des Aktivvermögens zivilrechtlich vollbeendet, ist der GewSt-Messbescheid dennoch an die Gesellschaft als Schuldnerin der GewSt zu richten, aber den Gesellschaftern bekannt zu geben; die Schuldnerschaft der Gesellschaft und damit ihre gewerbesteuerrechtliche Rechtsfähigkeit erlischt nicht durch die zivilrechtliche Vollbeendigung (BFH IV B 69/05, BFH/NV 2007, 1923, und IV B 166/06, BFH/NV 2008, 248).

33 Bei einer **atypischen stillen Gesellschaft** (→ Rn. 10) ist der Bescheid an den Inhaber des Handelsgeschäfts zu richten und ihm als Steuerschuldner bekannt zu geben (BFH III R 68/18, DStR 2021, 604; IV R 8/14, BStBl. II 2017, 538; GewStR 5.1 Abs. 2 S. 2). Sachliche Steuerpflicht und Steuerschuldnerschaft fallen hier auseinander (Levedag GmbHR 2019, 699). Sind die dem Inhaber des Handelsgeschäfts und die der atypischen stillen Gesellschaft zuzuordnenden gewerblichen Tätigkeiten als getrennte Gewerbebetriebe anzusehen (→ Rn. 10), ist an den Inhaber des Handelsgeschäfts für jeden Gewerbebetrieb ein gesonderter Gewerbesteuermessbescheid und ein Gewerbesteuerbescheid zu richten (GewStR 5.1 Abs. 2 S. 4). Ein Bescheid, der zu Unrecht an eine atypische stille Gesellschaft als solche gerichtet worden ist, kann nicht dahingehend ausgelegt werden, dass der Inhaber des Handelsgeschäfts in Anspruch genommen werden soll (BFH VIII R 414/83, BFH/NV 1987, 393). Ein Bescheid, der an den Inhaber eines Handelsgeschäfts als „Gesamtschuldner" adressiert ist, obwohl keine Mitunternehmerschaft vorliegt, ist jedoch wirksam (BFH VIII R 35/95, BFH/NV 1999, 445).

7. Haftung

34 **a) Haftung der Gesellschafter einer Personengesellschaft.** Aufgrund des bis 1976 geltenden § 5 Abs. 1 waren die Mitunternehmer in ihrer gesellschaftsrechtlichen Verbundenheit Steuerschuldner (Vollstreckung in das Gesamthandsvermögen), daneben war die Inanspruchnahme des einzelnen Mitunternehmers möglich (Schuldnerschaft mit dem Privatvermögen, s. BFH I R 95/76, BStBl. II 1980, 465). Nach jetziger Rechtslage ist Steuerschuldnerin (nur) die Personengesellschaft (§ 5 Abs. 1 S. 3, → Rn. 5), sodass eine Inanspruchnahme der Gesellschafter im Wege der Haftung für die Steuerschulden der Gesellschaft in Betracht

kommt. Auch für Steuern haften die Gesellschafter einer **Personenhandelsgesellschaft** nach den zivilrechtlichen Regeln (BFH VIII R 364/83, BStBl. II 1986, 311; V B 17/10, BFH/NV 2011, 1105). Auch solche Haftungsansprüche kann die Finanzbehörde durch Haftungsbescheid geltend machen (§ 191 Abs. 4 AO). Dies bedeutet, dass der Gesellschafter, der in eine bestehende Gesellschaft eingetreten ist, auch für die Gewerbesteuerschuld der Erhebungszeiträume haftet, in denen er noch nicht Mitunternehmer war (§ 127 HGB). Außerdem kann der Steuerfiskus nach Zivilrecht auch auf den ausgeschiedenen Gesellschafter und seinerzeitigen Mitunternehmer zurückgreifen (s. § 137 Abs. 1 HGB). Für Gewerbesteuer, die nach dem Ausscheiden eines Gesellschafters entstanden ist, haftet dieser nicht. Abzustellen ist darauf, ob zum Zeitpunkt des Ausscheidens der Rechtsgrund für das Entstehen der GewSt gelegt war (VG Würzburg W 2 K 09.1274, DStR 2012, 1463 rkr.). **Kommanditisten** haften nur im Rahmen der §§ 171, 176 HGB. Zu rechtlichen und praktischen Problemen bei der Inanspruchnahme von Kommanditisten s. Marischen KStZ 2019, 85. Der **BGB-Gesellschafter** „haftete" nach früherer Rechtsprechung nach § 427 BGB. Sodann ergab sich seine Haftung aus einer analogen Anwendung des § 128 HGB aF (BGH II ZR 331/00, NJW 2001, 1056; BVerwG 9 C 11/14, BStBl. II 2016, 33) und ab 2024 folgt sie aus § 721 BGB idF des MoPeG (Gesetz v. 10.8.2021, BGBl. I 3436); dies gilt auch für Steuerschulden, die auf die Zeit vor Eintritt des Gesellschafters entfallen (BGH II ZR 56/02, NJW 2003, 1803), s. auch § 721a BGB idF des MoPeG. Zur Nachhaftung s. BayVGH 4 ZB 12.1393 DStR 2013, 1791, zur Verjährung des zivilrechtlichen Haftungsanspruchs s. NdsOVG 9 LB 114/12, DStR 2014, 965. Allgemein zur Haftung für Realsteuern Benne ZKF 2018, 202.

b) Haftung des Betriebsübernehmers. Die Betriebsübernehmerhaftung **35**
für die auf den Betrieb des Unternehmens gegründeten Steuern (zB Gewerbesteuer, Umsatzsteuer, Lohnsteuerabzugsbeträge) setzt nach **§ 75 Abs. 1 AO** die Übereignung (wirtschaftliches Eigentum nach § 39 Abs. 2 AO genügt) eines gesondert geführten Betriebs (Teilbetriebs) im Ganzen voraus. Dies bedeutet, die wesentlichen Grundlagen eines lebenden Unternehmens müssen in einem engen zeitlichen Zusammenhang (BFH VII B 281/97, BFH/NV 1999, 4) auf den Erwerber übergehen. Wird eine der wesentlichen Grundlagen vom früheren Betriebsinhaber zurückbehalten und erst später übereignet, so kommt eine Haftung nach § 75 AO nicht in Betracht (Specker in BeckOK AO § 75 Rn. 52). Gesetzliche Voraussetzung ist ferner, dass die entsprechenden Steuern des früheren Betriebsinhabers seit dem Beginn des letzten vor der Übereignung liegenden Kalenderjahres entstanden sind (§ 18 GewStG, § 13 UStG, § 38 Abs. 2 EStG) und bis zum Ablauf von einem Jahr nach Anmeldung des Betriebes durch den Erwerber festgesetzt oder angemeldet werden. Die Haftung beschränkt sich auf den Bestand des übernommenen Vermögens, ist also sachbezogen und gegenständlich beschränkt, was sich allerdings erst im Zwangsvollstreckungsverfahren auf Einwendung des Erwerbers hin auswirkt (Specker in BeckOK AO § 75 Rn. 135). Wegen der möglichen Haftung nach § 75 Abs. 1 AO sollte der Käufer vom Veräußerer eine Bescheinigung des FA über bestehende Betriebssteuerschulden verlangen und ggf. einen Freistellungsanspruch vereinbaren (zu vertraglichen Vorkehrungen (Steuerklauseln) Specker in BeckOK AO § 75 Rn. 212, 219). Auch die Haftung nach **§ 25 HGB** bei einem unter der bisherigen Firma vom Erwerber fortgeführten Handelsgeschäft kann von der Finanzverwaltung nach Ermessen durch Haftungsbescheid geltend gemacht werden (BFH VII R 179/83, BStBl. II 1986, 383).

36 **c) Weitere Fälle.** Neben der Haftung des Betriebserwerbers spielen auch die steuerrechtliche Haftung der **Organgesellschaft** für Steuern des Organträgers iRd § 73 AO, die **Haftung des gesetzlichen Vertreters und des Verfügungsberechtigten** (§ 69 AO iVm §§ 34, 35 AO) und die Haftung des **Eigentümers von Gegenständen** (§ 74 AO) für die Gewerbesteuer eine Rolle. Die in §§ 34, 35 AO bezeichneten Personen haften nach § 69 AO nur für eigenes Verschulden (OVG NRW 14 A 1767/16, KStZ 2019, 10; zum Verschulden einschließlich eines Organisations- und Übernahmeverschuldens Specker in BeckOK AO § 69 Rn. 175 ff.). **Zivilrechtlich** haftet der **Geschäftsnachfolger** (§§ 25, 27 und 28 HGB). Nach BayVGH 4 ZB 11.2024, NJW 2012, 2293 soll die Ehefrau, die ebenso wie ihr gewerbesteuerpflichtiger Ehemann die gemeinsame Einkommensteuererklärung unterschrieben hat, aus diesem Grund für GewSt-Schulden des Ehemanns haften (zweifelhaft).

37 **d) Haftungsbescheid.** Die Voraussetzungen für eine Haftungsinanspruchnahme sind vom Steuergläubiger zu belegen (OVG NRW 14 B 535/13, KStZ 2014, 56). Der Haftende kann grds. (Ausnahme: § 166 AO, s. VGH BW 2 S 2429/99, KStZ 2002, 31; OVG NRW 14 B 961/18, KStZ 2019, 37; BFH V R 68/17, BStBl. II 2020, 65) **Einwände gegen die Steuerschuld** im Rechtsbehelfsverfahren gegen den Haftungsbescheid geltend machen (Specker in BeckOK AO § 191 Rn. 55; Loose in Tipke/Kruse AO § 191 Rn. 139).

38 Die Inanspruchnahme des Haftenden ist eine **Ermessensentscheidung.** Sie ist nur eingeschränkt gerichtlich nachprüfbar (§ 102 FGO). Die Behörde kann ihre Ermessenserwägungen bis zum Abschluss des finanzgerichtlichen Verfahrens ergänzen. Für den Erlass von Haftungsbescheiden sind die **Gemeinden zuständig,** wenn ihnen auch die Festsetzung und Erhebung der Gewerbesteuer durch ein Landesgesetz übertragen ist (GewStR 5.3 S. 2; → § 4 Rn. 6). In diesem Fall ist der Rechtsweg zu den Verwaltungsgerichten eröffnet (Ausnahme: Stadtstaaten, → § 4 Rn. 6, → § 14 Rn. 6). Die Gemeinden sind auch für die Zahlungsaufforderung nach § 219 AO zuständig. Sie haben im Haftungsverfahren gegenüber dem FA ein Auskunftsrecht nach § 30 Abs. 4 Nr. 1 AO, § 21 Abs. 3 FVG iVm Abs. 1 S. 2 FVG (s. LfSt Bay 19.1.2012, DStR 2012, 524). Die Haftung für Hinterziehungszinsen setzt nicht den vorherigen Erlass eines „Zinsmessbescheids" voraus (BVerwG 8 B 143/97, ZKF 1998, 84). Nach Eröffnung des Insolvenzverfahrens ist nach § 93 InsO eine Inanspruchnahme des Gesellschafters auf zivilrechtlicher Grundlage nicht möglich.

39 Einzelheiten des Haftungsbescheides regelt § 191 AO. Auch für den Haftungsbescheid gilt das Erfordernis der **Bestimmtheit** (§ 119 AO). Für den Adressaten des Haftungsbescheides muss daher klar sein, was von ihm verlangt wird, also wegen welcher steuerlicher Pflichten und für welchen konkreten Besteuerungszeitraum er haftet. Dies verlangt Angaben darüber, für welche Steuer wessen Steuerschuldners gehaftet wird (die Steuer muss nach Art, Schuldner und Erhebungszeitraum konkretisiert werden), in welcher Höhe gehaftet wird bzw. bei mehreren Haftungsschuldnern, in welcher Höhe jeder einzelne in Anspruch genommen wird, und bei einer Beschränkung der Haftung auf bestimmte Gegenstände deren Angabe. Außerdem muss deutlich werden, dass der Adressat gerade als Haftungsschuldner in Anspruch genommen wird (siehe dazu Specker in BeckOK AO § 191 Rn. 220). Hinsichtlich der Haftung des Vertreters nach § 69 AO ist bei der GewSt der **Grundsatz der anteiligen Tilgung** zu beachten, dh der Vertreter haftet, da er nur zur gleichmäßigen Befriedigung der Gläubiger

verpflichtet ist, nur in dem Umfang, in dem die Tilgung der Gewerbesteuer die durchschnittliche Tilgungsquote unterschreitet (vgl. Specker in BeckOK AO § 69 Rn. 225 ff.). Anderenfalls fehlt es an der Kausalität zwischen Pflichtverletzung und Haftungsschaden.

§ 6 Besteuerungsgrundlage

Besteuerungsgrundlage für die Gewerbesteuer ist der Gewerbeertrag.

Übersicht

I. Allgemeines

1 Die Bedeutung der Vorschrift liegt in der Festlegung der **Besteuerungsgrundlage** für die GewSt, die auf den **jeweiligen Betrieb** entfällt (→ § 2 Rn. 16 ff.). Als solche fungiert gem. den ab EZ 1998 geltenden Fassungen des § 6 (G. v. 29.10.1997, BGBl. 1997 I 2590) **ausschließlich der GewErtrag.** Dieser erhält seine Begriffsbestimmung – mit speziellen Regelungen für die Gewinnermittlung nach der Tonnage (§ 5a EStG) und für die Einkommensermittlung bei öffentlich-rechtlichen Rundfunkanstalten (§ 8 Abs. 1 S. 3 KStG) – in § 7 S. 1–3.

Mit diesen jeweils unterschiedlichen Inhalten für spezielle Sachverhalte besteht in den nachfolgenden Vorschriften (insb. §§ 9, 10, 10a, 11) ein **einheitliches Begriffsverständnis** des Gewerbeertrages.

1. Begriff

2 Der Begriff der **Besteuerungsgrundlage** iSd Vorschrift ist ein anderer als der des § 35b Abs. 2 S. 2 (BFH I R 77/00, BFH/NV 2001, 1293; IV R 31/13, BFH/NV 2017, 229 wie in § 157 Abs. 2 AO). Er besagt, dass der GewErtrag (Bemessungs-)Grundlage (BFH I R 21/06, BStBl. II 2010, 629) für die Berechnung des StMessbetrages durch Anwendung einer StMesszahl (Prozentsatz, § 11 Abs. 1) ist. Der **StMessbetrag** ist seinerseits Grundlage für die Erhebung der GewSt. Diese wird festgesetzt und erhoben durch Anwendung eines Hebesatzes (Prozentsatzes, § 16), den die Gemeinde durch Satzung bestimmt hat.

2. Inländischer Gewerbeertrag

3 Angesprochen ist der **inländische GewErtrag** (vgl. § 2 Abs. 1 S. 1 und Abs. 6). Gehört die GewSt zum sachlichen Regelungsbereich eines DBA, darf eine Neutralisierung der abkommensrechtlichen Privilegien durch Einbeziehung der entsprechenden Gewinnanteile in den GewErtrag etwa durch Hinzurechnung nicht

erfolgen („Treaty Override“, BFH I R 71/09, BStBl. II 2011, 129; Gosch BFH/PR 2010, 437).

II. Gewerbeertrag

4 Nach **§ 7 S. 1** ist GewErtrag der nach den Vorschriften des EStG und des KStG zu ermittelnde Gewinn, vermehrt um die in § 8 und vermindert um die in § 9 bezeichneten Beträge (BFH IV R 4/13, BStBl. II 2016, 544; IV R 25/19, BFH/NV 2023, 91). Der GewErtrag entspricht auf der ersten Ermittlungsstufe dem Gewinn aus GewBetrieb. Auf dieser gehen somit steuerfreie Einkünfte von vornherein nicht in den GewErtrag ein (zB BFH I R 32/20, BStBl. II 2024, 875; I R 12-13/21, BFH/NV 2025, 930, jeweils mwN). Die Zurechnungen und Kürzungen auf der zweiten Ermittlungsstufe haben im Sinne des Objektsteuerprinzips den Zweck, den „objektiven“, von den persönlichen Verhältnissen und Beziehungen des Betriebsinhabers zum Betrieb unabhängigen Ertrag darzustellen (vgl. Erläuterungen zu §§ 8 und 9). Abgebildet werden soll die **objektive Ertragskraft** des jeweiligen Gewerbebetriebs (→ § 1 Rn. 14).

4a Für die GewSt soll es prinzipiell keinen Unterschied ausmachen, wie der GewBetrieb finanziert wird, ob er mit eigenem Vermögen arbeitet oder für die Nutzung von fremdem Vermögen Entgelte (Schuldzinsen, Miet-/Pachtzinsen, Lizenzgebühren usw) gezahlt werden. Mit den **Hinzurechnungen** (§ 8) wird unterstellt, dass der Betrieb den entsprechenden Aufwand erwirtschaftet hat. Das gilt auch für die Neufassung des § 8 durch das UntStRefG 2008, nach der die Hinzurechnungen der Finanzierungsaufwendungen des § 8 Nr. 1 Buchst. a–f nur zu Bruchteilen und nach Berücksichtigung eines Freibetrages erfolgen (s. dort); der Ggeber wollte lediglich Ungleichbehandlungen verschiedener Finanzierungsformen beseitigen, die Aufkommenswirkungen jedoch unverändert lassen (BT-Drs. 16/4841, 32 f. (78 f.); vgl. BVerfG 1 BvL 8/12, BStBl. II 2016, 557).

4b Schließlich werden durch bestimmte **Kürzungen** (§ 9) die Ertragsbestandteile ausgesondert, die nicht im GewBetrieb als Objekt der Steuer (→ Rn. 3) erwirtschaftet worden sind oder zB zur Vermeidung von Doppelbelastungen bzw. als sachliche Vermögensverwaltung nicht der GewSt unterfallen sollen.

5 **§ 7 S. 2** bestimmt ab EZ 2002 (G. v. 20.12.2001, BGBl. 2000 I 3858), dass der **Gewinn aus** der **Veräußerung** bzw. **Aufgabe** von (Teil-)Betrieben von Mitunternehmerschaften, von Mitunternehmeranteilen bzw. des Anteils eines persönlich haftenden Gesellschafters einer KGaA, soweit nicht auf eine natürliche Person als unmittelbar beteiligter Mitunternehmer entfallend, zum GewErtrag gehört.

Ebenfalls zum GewErtrag gehören **Veräußerungsgewinne** iSd der Sonderregelungen des **§ 18 Abs. 3 u. 4 UmwStG** (BFH IV R 3/12, BStBl. II 2016, 553; IV R 20/21, BFH/NV 2024, 863).

6 Die oa **Fiktion des § 7 S. 3** nF (→ Rn. 1) umfasst neben der Besonderheit für die Einkommensermittlung bei **öffentlich-rechtlichen Rundfunkanstalten** (§ 8 Abs. 1 S. 3 KStG) auch die Gewinnermittlung bei **Handelsschiffen im internationalen Verkehr** (§ 5a EStG, sog. **Tonnagesteuer,** hierzu BMF 12.6.2002, BStBl. I 2002, 614; BStBl. I 2008, 956). Die so ermittelten Einkommen/Gewinne gelten als GewErtrag; dh es kommt nicht zu Hinzurechnungen (§ 8) oder Kürzungen (§ 9). Zu den Konsequenzen zB bei der Kürzung nach § 9 Nr. 3 → § 9 Nr. 3 Rn. 8.

III. Gewerbekapital

1. Zweite Besteuerungsgrundlage

Bis EZ 1997 (s. → Rn. 1) war zweite Besteuerungsgrundlage das **GewKapital.** 7 Dieses war nach § 12 Abs. 1 aF im Wege der Fiktion definiert als der Einheitswert des gewerblichen Betriebes iSd BewG, vermehrt um die in § 12 Abs. 2 und vermindert um die in § 12 Abs. 3 bezeichneten Beträge. Hierbei hatten Hinzurechnungen und Kürzungen das Ziel, die gesamten im Betrieb eingesetzten Mittel, sei es Eigenkapital oder Fremdkapital, zu erfassen. Die Kürzung um die Summe der Einheitswerte, mit denen Betriebsgrundstücke im Einheitswert des gewerblichen Betriebes enthalten sind, diente der Vermeidung einer Doppelbesteuerung durch GrundSt und GewSt.

2. Ursprüngliche gesetzgeberische Motive

Sinn der (von EZ 1980–1997) **zweifachen Besteuerungsgrundlage** war ihre 8 **ausgleichende Wirkung** auf die Finanzkraft der Gemeinden. Der Gesetzgeber stand auf dem Standpunkt, der GewErtrag als alleinige Bezugsgröße bedeute angesichts seiner Konjunktur- und Krisenanfälligkeit eine beträchtliche Unsicherheit für die Gemeindefinanzen; das GewKapital als alleinige Bezugsgröße bedeute, dass zu viele GewTreibende, die über kein oder nur geringes GewKapital verfügten, keine GewSt zu zahlen hätten. Durch die verschiedenen Besteuerungsgrundlagen trete ein gewisser Ausgleich ein (Begr. zum GewStG 1936, RStBl. 1937, 699).

Den Motiven ist allerdings auch zu entnehmen, dass das Äquivalenzprinzip (→ § 1 Rn. 11) von vornherein auch typischerweise nicht konsequent durchgeführt werden sollte.

3. Neue Bundesländer

In den neuen Bundesländern wurde bis EZ 1997 einschließlich **keine GewKapitalSt** erhoben. Zur dort geltenden Fassung vgl. § 37 Nr. 1 aF (s. 5. Auflage und früher). Zu den Auswirkungen bei den Hinzurechnungen und Kürzungen sowie bei der Zerlegung vgl. die Kommentierungen zu § 12 aF und § 28 in der 4. Auflage. 9

Abschnitt II. Bemessung der Gewerbesteuer

§ 7 Gewerbeertrag

[1]Gewerbeertrag ist der nach den Vorschriften des Einkommensteuergesetzes oder des Körperschaftsteuergesetzes zu ermittelnde Gewinn aus dem Gewerbebetrieb, der bei der Ermittlung des Einkommens für den dem Erhebungszeitraum (§ 14) entsprechenden Veranlagungszeitraum zu berücksichtigen ist, vermehrt und vermindert um die in den §§ 8 und 9 bezeichneten Beträge. [2]Zum Gewerbeertrag gehört auch der Gewinn aus der Veräußerung oder Aufgabe

1. des Betriebs oder eines Teilbetriebs einer Mitunternehmerschaft,
2. des Anteils eines Gesellschafters, der als Unternehmer (Mitunternehmer) des Betriebs einer Mitunternehmerschaft anzusehen ist,
3. des Anteils eines persönlich haftenden Gesellschafters einer Kommanditgesellschaft auf Aktien,

soweit er nicht auf eine natürliche Person als unmittelbar beteiligter Mitunternehmer entfällt. [3]Der nach § 5a des Einkommensteuergesetzes ermittelte Gewinn einschließlich der Hinzurechnungen nach § 5a Absatz 4 und 4a des Einkommensteuergesetzes und das nach § 8 Absatz 1 Satz 3 des Körperschaftsteuergesetzes ermittelte Einkommen gelten als Gewerbeertrag nach Satz 1. [4]§ 3 Nr. 40 und § 3c Abs. 2 des Einkommensteuergesetzes sind bei der Ermittlung des Gewerbeertrags einer Mitunternehmerschaft anzuwenden, soweit an der Mitunternehmerschaft natürliche Personen unmittelbar oder mittelbar über eine oder mehrere Personengesellschaften beteiligt sind; im Übrigen ist § 8b des Körperschaftsteuergesetzes anzuwenden. [5]Bei der Ermittlung des Gewerbeertrags einer Kapitalgesellschaft, auf die § 8 Abs. 7 Satz 1 Nr. 2 des Körperschaftsteuergesetzes anzuwenden ist, ist § 8 Abs. 9 Satz 1 bis 3 des Körperschaftsteuergesetzes entsprechend anzuwenden; ein sich danach bei der jeweiligen Sparte im Sinne des § 8 Abs. 9 Satz 1 des Körperschaftsteuergesetzes ergebender negativer Gewerbeertrag darf nicht mit einem positiven Gewerbeertrag aus einer anderen Sparte im Sinne des § 8 Abs. 9 Satz 1 des Körperschaftsteuergesetzes ausgeglichen werden. [6]§ 50d Abs. 10 des Einkommensteuergesetzes ist bei der Ermittlung des Gewerbeertrags entsprechend anzuwenden. [7]Hinzurechnungsbeträge im Sinne des § 10 Absatz 1 des Außensteuergesetzes sind Einkünfte, die in einer inländischen Betriebsstätte anfallen. [8]Einkünfte, die in einer ausländischen Betriebsstätte anfallen und nach den §§ 7 bis 13 des Außensteuergesetzes steuerpflichtig wären, falls diese Betriebsstätte eine ausländische Gesellschaft im Sinne dieserVorschriften wäre, gelten als in einer inländischen Betriebsstätte erzielt.

Gewerbesteuer-Durchführungsverordnung

§ 16 GewStDV Gewerbeertrag bei Abwicklung und Insolvenz

(1) Der Gewerbeertrag, der bei einem in der Abwicklung befindlichen Gewerbebetrieb im Sinne des § 2 Abs. 2 des Gesetzes im Zeitraum der Abwicklung entstanden ist, ist auf die Jahre des Abwicklungszeitraums zu verteilen.

(2) Das gilt entsprechend für Gewerbebetriebe, wenn über das Vermögen des Unternehmens ein Insolvenzverfahren eröffnet worden ist.

Gewerbesteuer-Richtlinien 2009: GewStR 7.1; GewStH 7.1

Übersicht

I. Gewerbeertrag

1. Allgemeines

1 **a) Verfahrensrecht.** § 7 S. 1 verbindet die Ermittlung des Gewerbeertrags mit der Ermittlung des einkommensteuerrechtlichen bzw. körperschaftsteuerrechtlichen Gewinns und bestätigt insofern den Gleichlauf beider Rechtskreise (vgl. BFH I R 16/20, DStR 2025, 638). Die Verweisung in § 7 S. 1 auf den Gewinn, wie er sich nach den Vorschriften des EStG und des KStG ergibt, bedeutet indes **keine unmittelbare Bindung** an die Ergebnisse der Einkommensteuer- bzw. Körperschaftsteuerveranlagung (→ § 35b Rn. 1). ESt-, KSt- oder Feststellungsbe-

scheide sind keine Grundlagenbescheide für das GewSt-Verfahren (BFH I R 41/16, DStR 2017, 1976). Der Gewinn aus Gewerbebetrieb ist vielmehr für die Zwecke des § 7 **selbstständig zu ermitteln** (BFH XI R 83/00, BStBl. II 2004, 699; III R 1/05, BStBl. II 2007, 375; VIII R 73/05, BStBl. II 2008, 681; IV R 48/08, BStBl. II 2010, 799; s. auch Weiss in BeckOK GewStG § 7 Rn. 9). Eine rechtliche Bindungswirkung besteht folglich nicht (BFH I R 16/20, DStR 2025, 638). Dem Steuerpflichtigen bleibt es daher unbenommen, beide Bescheide mit der Begründung anzufechten, der Gewinn aus Gewerbebetrieb sei unzutreffend ermittelt worden. Geht es aber in beiden Verfahren ausschließlich um dieselben Rechtsfragen, so wird es sich in aller Regel empfehlen, auf ein gewerbesteuerrechtliches Anfechtungsverfahren zu verzichten. Wird der Einkommensteuerbescheid im gerichtlichen Verfahren geändert, so zieht dies automatisch eine Änderung des unangefochten gebliebenen Gewerbesteuermessbescheids nach § 35b nach sich. Bestandskräftige Gewerbesteuermessbescheide sind deshalb von der Vollziehung auszusetzen (§ 69 FGO), wenn die Vollziehung des ESt-, KSt- oder Feststellungsbescheids ausgesetzt wird (BFH I B 1/66, BStBl. III 1966, 651; GewStR 1.7 Abs. 2). Das bedeutet allerdings nicht, dass ein Antrag auf Aussetzung der Vollziehung des Messbescheids, der mit ernstlichen Zweifeln an der Rechtmäßigkeit des Einkommensteuerbescheids (oder des Gewinnfeststellungsbescheids) begründet wird, unzulässig wäre (BFH VIII B 107/93, BStBl. II 1994, 300, unter Aufgabe von VIII R 413/83, BStBl. II 1988, 240). Auch die Gewerblichkeit der streitigen Einkünfte kann der Steuerpflichtige gesondert im Verfahren gegen den Messbescheid nachprüfen lassen. Dies kann insb. dann angezeigt sein, wenn sich die Einordnung der Einkünfte bei der ESt nicht auf die Höhe der festzusetzenden Steuer auswirkt (BFH VIII R 60/70, BStBl. II 1976, 152; I R 169/72, BStBl. II 1975, 37). Trotz der verfahrensrechtlichen Selbstständigkeit kann ein finanzgerichtliches Verfahren über den GewSt-Messbetrag aus prozessökonomischen Gründen auszusetzen sein (BFH X B 163/09, BFH/NV 2010, 2082).

b) Eigenständige Gewinnermittlung. Besteuerungsgrundlage für die Gewerbesteuer ist der Gewerbeertrag (§ 6). Besteht ein Gewerbebetrieb iSd § 2, ist dessen Gewerbeertrag nach §§ 7 ff. zu ermitteln. Auf die persönlichen Verhältnisse des StPfl. abstellende Vorschriften des EStG wie jene über den Sonderausgabenabzug sind von vornherein nicht zu berücksichtigen. Die Gewerbeertragsermittlung nach § 7 ist materiell-rechtlich eigenständig (BFH I R 41/16, DStR 2017, 1976; s. auch Weiss in BeckOK GewStG § 7 Rn. 8). Die Eigenständigkeit ist im Objektsteuercharakter der Gewerbesteuer begründet (→ § 1 Rn. 14; krit. hierzu Selder FR 2014, 174; Seer in Kirchhof/Seer EStG § 16 Rn. 12, 16). Die Gewerbesteuer ist eine auf den Ertrag des Gewerbebetriebs gerichtete Objektsteuer (BFH III R 33/17, BeckRS 2019, 43616). Ihr Wesen ist das einer auf den tätigen Betrieb bezogenen Real- bzw. Sachsteuer, ihr Gegenstand ist nur der auf den laufenden Betrieb entfallende, durch eigene gewerbliche Leistungen entstandene Gewinn (BFH IV R 40/22, DStR 2025, 1577; BFH IV R 14/21, DStR 2024, 877; BFH X R 17/21, DStR 2023, 216). Der Gewerbeertrag entspricht grundsätzlich dem nach den Vorschriften des EStG oder KStG ermittelten Gewinn, sofern sich keine Abweichungen unmittelbar aus dem GewStG selbst oder aus dem Objektsteuercharakter der GewSt ergeben (BFH I R 107/09, DStR 2010, 1611; s. auch Weiss in BeckOK GewStG § 7 Rn. 3, 251, 300, 465). Der Objektsteuercharakter der GewSt besagt, dass das Steuerobjekt (Gewerbebetrieb) mit der ihm eigenen Ertragskraft ohne Rücksicht auf die persönlichen Merkmale 2 des Steuersubjekts und seiner persönlichen Beziehung zum Steuerobjekt erfasst werden soll (BFH III R 20/19, BStBl. II 2022, 83). Der Objektsteuercharakter gebietet, gewerbliche Gewinne des EStG aus der Bemessungsgrundlage gewerblicher Gewinne iSd § 7 auszunehmen, die mit der Ertragskraft eines werbenden Unternehmens nichts zu tun haben (allg. s. BFH X R 64/89, BStBl. II 1991, 358). Dabei ergeben sich Besonderheiten vor allem für die gewerblichen Personenunternehmen. So unterliegen beispielsweise Gewinne/Verluste aus der Gründung, Veräußerung oder Aufgabe eines Gewerbebetriebs bei natürlichen Personen oder Personengesellschaften vorbehaltlich § 7 S. 2 nicht der Gewerbesteuer (zB BFH IV R 40/22, DStR 2025, 1577; BFH IV R 9/23, DStRE 2025, 1237; BFH VIII R 52/04, BStBl. II 2006, 847; → Rn. 65 ff.). Zur Gewinnermittlung im Organkreis → § 2 Rn. 518 ff. Zum eigenständig geregelten Spendenabzug für die Gewerbesteuer s. § 9 Nr. 5 (dazu Richter/Specker in Richter Stiftungsrecht § 29 Rn. 25).

Der Gewerbeertrag, der im ersten Schritt nach den Regeln des EStG und des KStG ermittelt wird, wird also für GewSt-Zwecke auf zweierlei Art verändert. Zum einen durch **detailliert ausformulierte Tatbestände** in § 7 S. 2 ff. und in §§ 8, 9 über Hinzurechnungen und Kürzungen. Zum anderen erfolgen durchaus grundlegende Änderungen des Gewerbeertrags allein auf der Grundlage des Objektsteuercharakters der GewSt **ohne gesetzliche Kodifizierung.** Dem Grundsatz der Gesetzmäßigkeit der Besteuerung wird hier nur dann Genüge getan, wenn man von einer gesetzesähnlichen Verdichtung des Richterrechts ausgeht. Allerdings ist der Objektsteuercharakter der GewSt durch den Gesetzgeber selbst geschliffen worden. Ihre Funktion im System der Ertragsteuern ist nämlich grundlegend verändert worden. Je nach Rechtsform des Gewerbebetriebs ist sie selbständige, zweite Ertragsteuer neben der KSt, deren Gewicht wegen der Absenkung des Steuersatzes sogar noch zunimmt, oder bloß vorläufige, weil auf die ESt anrechenbare Steuer, deren Zweck in erster Linie die Erhaltung der Gemeindefinanzen ist. Das BVerfG hat Zweifel an der Verfassungsmäßigkeit der GewSt stets zurückgewiesen, obwohl die Ungleichbehandlungen zB zwischen Freiberuflern und Gewerbetreibenden auf der Hand liegen (krit. daher → § 1 Rn. 19a). Die Rspr. hält konsequent an einer Art historisch-idealisierender Auslegung des GewStG fest. Aus verfassungsrechtlicher Sicht ist daran nichts auszusetzen, solange der Gesetzgeber selbst keine anderen Steuerwürdigkeitsentscheidungen trifft.

3 c) **Durch den Objektsteuercharakter bedingte Abweichungen.** Bei natürlichen Personen und Personengesellschaften ist der Gewerbeertrag um solche Bestandteile zu bereinigen, die nicht mit dem Wesen der Gewerbesteuer als einer auf den tätigen Gewerbebetrieb bezogenen Sachsteuer übereinstimmen. Zu den danach zu bereinigenden Bestandteilen gehören die Gewinne aus der Veräußerung oder Aufgabe eines Gewerbebetriebs oder Teilbetriebs iSd § 16 Abs. 1 S. 1 Nr. 1, Abs. 3 EStG. Die Nichtberücksichtigung dieser Gewinne hat ihren Grund letztlich darin, dass die GewSt nur den durch den laufenden Betrieb anfallenden Gewinn erfasst (so BFH IV R 6/19, DStR 2022, 1419; BFH IV R 40/22, DStR 2025, 1577; BFH IV R 9/23, DStRE 2025, 1237). Der Objektsteuercharakter der GewSt bewirkt also, dass Vorgänge aus Anlass der **Gründung** und der **Veräußerung** eines (Teil-)Betriebs einer natürlichen Person/eines Personenunternehmens steuerfrei sind, ebenso der Spitzenausgleich bei einer Realteilung (BFH VIII R 13/94, BStBl. II 1994, 809; BMF 19.12.2018, BStBl. I 2019, 6 Rn. 18; → Rn. 119). Vorab (→ Rn. 24) und nach Betriebsbeendigung entstandene

Betriebsausgaben sind daher bei der GewSt nicht abziehbar, nicht zu erfassen sind nachträgliche Betriebseinnahmen (BFH IV R 111/76, BStBl. II 1977, 618; s. Specker in BeckOK GewStG § 2 Rn. 1295 ff.). Die Begriffe des Gewerbebetriebs im einkommensteuerlichen bzw. gewerbesteuerlichen Sinne weisen daher in zeitlicher Hinsicht Unterschiede auf, weil das einkommensteuerliche Unternehmen früher beginnen und später enden kann als der Gewerbebetrieb iSd § 2 Abs. 1 (BFH X R 17/21, DStR 2023, 216). Die FVerw lässt den Gewinn aus der Auflösung eines Investitionsabzugsbetrags nach § 7g EStG, der noch vor der gewerbesteuerlichen Betriebseröffnung gebildet worden ist, aus Billigkeitsgründen außer Betracht (Oberste Finanzbehörden der Länder GLE 26.1.2011, BStBl. I 2011, 152; → Rn. 24). Bei Kapitalgesellschaften gehören dagegen auch Vorgänge im Zusammenhang mit der Begründung/Beendigung eines Betriebs zur gewerbesteuerpflichtigen Geschäftstätigkeit (→ Rn. 30). Zur Umsetzung des Objektsteuercharakters ist der Gewerbeertrag in einem zweiten Schritt um Hinzurechnungen und Kürzungen zu modifizieren.

2. Maßgeblichkeit von EStG und KStG (S. 1)

a) Anwendung allgemeiner Gewinnermittlungsgrundsätze. Besteuerungsgrundlage für die GewSt ist der Gewerbeertrag (§ 6). Gewerbeertrag ist der nach den Vorschriften des EStG oder des KStG zu ermittelnde Gewinn aus dem Gewerbebetrieb, der bei der Ermittlung des Einkommens für den dem gewerbesteuerlichen Erhebungszeitraum entsprechenden Veranlagungszeitraum zu berücksichtigen ist, vermehrt und vermindert um die in den §§ 8 und 9 bezeichneten Beträge (§ 7 S. 1). Diese Hinzurechnungen und Kürzungen sowie die durch den Objektsteuercharakter bedingten Abweichungen dienen der „Verobjektivierung" des nach den Vorschriften des EStG und KStG zu ermittelnden Gewinns; die Abweichungen sind „nach derzeitiger Rechtslage die Konsequenz des Objektsteuercharakters", und der Grundsatz der Besteuerung nach der Leistungsfähigkeit tritt insoweit dahinter zurück (BFH III R 33/17, BeckRS 2019, 43616). Innerhalb des dadurch vorgegebenen Rahmens findet der Grundsatz der Besteuerung nach der finanziellen Leistungsfähigkeit aber auch im Gewerbesteuerrecht Berücksichtigung, soweit er die objektivierte Ertragskraft des Gewerbebetriebs erfasst (BFH IV R 31/18, BeckRS 2021, 27168). Das Leistungsfähigkeitsprinzip ist daher (nur) „im Lichte dieser objektivierten Ertragskraft zu berücksichtigen" (BFH IV R 23/22, BeckRS 2025, 7820; zur Diskussion um die verfassungsrechtliche Legitimation der GewSt und ihren Reformbedarf s. Schneider DStR 2023, 366). Mit der Verweisung auf die Gewinnermittlungsvorschriften des EStG und KStG finden die **allgemeinen Gewinnermittlungsgrundsätze** Anwendung. § 7 regelt die Ermittlungsmethode für den Gewerbeertrag für den Fall, dass ein Gewerbebetrieb vorliegt, setzt aber nicht voraus, dass eine der sieben Einkunftsarten erfüllt wird (BFH III R 1/23, DStR 2025, 148). Die Anknüpfung an die ESt gilt auch für den Umfang des steuerlichen Betriebsvermögens (Weiss in BeckOK GewStG § 7 Rn. 248). Ein aufgrund einer Aktivierung eines Wirtschaftsguts (zB einer Forderung) auf der Grundlage der handelsrechtlichen Ansatzvorschriften (zB für realisierte Gewinne) erhöhter Gewinn ist daher auch als Gewerbeertrag iSd § 7 S. 1 zu behandeln (vgl. etwa BFH IV R 32/19, BStBl. II 2022, 832). Im Einzelnen gilt: 4

Die Begriffe Gewerbebetrieb iSd GewStG und gewerbliches Unternehmen nach § 15 Abs. 1 S. 1 Nr. 1 EStG stimmen inhaltlich überein (BFH I R 95/

76, BStBl. II 1980, 465; s. Specker in BeckOK GewStG § 2 Rn. 273). Fallen gewerbesteuerbefreite und steuerpflichtige Teile in einem Gesamtbetrieb zusammen, so ist der steuerpflichtige Gewerbeertrag bei getrennten Ergebnisrechnungen nach diesen, andernfalls im Schätzungswege zu ermitteln (BFH I R 182/94, BStBl. II 1997, 449). Die Übereinstimmung mit dem EStG gilt auch für den Betrieb als Gewinnermittlungseinheit. Eine natürliche Person kann den Umfang ihres Betriebs grds. selbst bestimmen und daher mehrere Betriebe unterhalten, während eine Personengesellschaft oder eine Kapitalgesellschaft stets nur einen Betrieb unterhalten (vgl. Loschelder in Schmidt EStG § 4 Rn. 27). Mit dem Betriebsbegriff korrespondieren die Vorschriften über Einlagen und Entnahmen (§ 4 Abs. 1 S. 2 und 8 EStG). Außerbilanzielle Gewinnkorrekturen sind bei ESt und GewSt gleichermaßen vorzunehmen. Ebenso wie bei der ESt sind auch bei der GewSt Betriebseinnahmen und Betriebsausgaben nach objektiven Kriterien festzustellen (s. Loschelder in Schmidt EStG § 4 Rn. 440, 480). Das Nettoprinzip gilt grds. auch für die GewSt, allerdings mit den Einschränkungen, die durch den Objektsteuercharakter bedingt sind (BFH IV R 36/10, BStBl. II 2013, 498). Regelungen des EStG, welche nicht die Gewinnermittlung betreffen und die Ertragskraft des Betriebs nicht beeinflussen, bleiben gewerbesteuerrechtlich außer Betracht. Das Ausgleichsverbot des § 15 Abs. 4 S. 1 EStG **(gewerbliche Tierzucht)** kommt gewerbesteuerrechtlich nicht zum Tragen (glA Drüen in Brandis/Heuermann § 7 Rn. 148 „Tierzucht"), ebenso wenig das Ausgleichsverbot für Verluste aus **Termingeschäften** nach § 15 Abs. 4 S. 3 EStG und aus **Kommanditbeteiligungen nach § 15a EStG** (GewStR 7.1 Abs. 3 S. 1). § 15a EStG kann bei der Ermittlung des Gewerbeertrags dann von Bedeutung sein, wenn eine Personengesellschaft an einer anderen beteiligt ist (→ Rn. 224). Das Ausgleichsverbot für **Verluste aus stillen Beteiligungen** nach § 15 Abs. 4 S. 6–8 EStG ist ebenfalls nicht anwendbar (ebenso Rödder/Schumacher DStR 2003, 805 (811)), ebenso wenig für **Verluste aus Steuerstundungsmodellen** nach § 15b EStG (GewStR 7.1 Abs. 3 S. 1; s. BFH I R 13/21, DStRE 2025, 777 (die Rechtsfolgen des § 15b EStG beziehen sich auf die Ermittlung des Einkommens, nicht auf die Ermittlung des Gewinns); s. hierzu auch BFH IV R 14/23, DStR 2026, 136; BFH IV R 7/16, BStBl. II 2019, 513 (gesellschafterbezogene Beurteilung des Vorliegens eines Steuerstundungsmodells)).

4a Der BFH hatte zwischenzeitlich die **Abfärberegelung** des § 15 Abs. 3 Nr. 1 S. 1 EStG so interpretiert, dass eine Abfärbung bei negativen gewerblichen Einkünften unterbleiben sollte (BFH IV R 5/15, BFH/NV 2018, 881). Diese Rechtsprechung hat der Gesetzgeber durch Einfügung eines Satzes 2 in § 15 Abs. 3 Nr. 1 EStG durch das „JStG 2019" vom 12.12.2019 (BGBl. I 2451) durch eine zulässige echte Rückwirkung korrigiert. Inzwischen hat auch der BFH seine systematisch wenig überzeugende Auffassung korrigiert (BFH IV R 42/19, BStBl. II 2023, 118; s. dazu Specker in BeckOK GewStG § 2 Rn. 726). Weiter nimmt der BFH einen Gleichheitsverstoß im Vergleich zu einem Einzelunternehmer an, wenn vermögensverwaltende Personengesellschaften, die gewerbliche Beteiligungseinkünfte erzielen (§ 15 Abs. 3 Nr. 1 S. 1 Alt. 2 EStG), der GewSt unterlägen und verneint deshalb die Gewerbesteuerpflicht (BFH IV R 30/16, DStR 2019, 1630; bestätigt durch BFH IV R 10/21, DStR 2024, 97; BFH VIII R 1/22, BeckRS 2025, 5160). Der BFH stützt dies auf eine verfassungskonforme, einschränkende Auslegung des § 2 Abs. 1 S. 2. Damit koppelt der BFH den gewerbesteuerlichen Gewerbebetrieb vom einkommensteuerlichen Gewerbebetrieb ab („Gewerblichkeit ohne Gewerbesteuer") und schafft eine einkommensteuerliche und eine gewerbesteuerliche Abfärberegelung (für die Aufwärtsabfärbung), ohne sich auf eine hinreichende gesetzgeberische Wertung aus dem GewStG selbst stützen zu können (zur Kritik Specker in BeckOK GewStG § 2 Rn. 731 ff.). Die FVerw hat sich nach einigen Jahren der Rspr. angeschlossen (GLE 5.11.2025, BStBl. I 2025, 1838: Aufhebung des Nichtanwendungserlasses GLE 1.10.2020, DStR 2020, 2252).

b) Steuerfreie Einnahmen, Beteiligungserträge. Da der Gewerbeertrag auf der ersten Stufe – vor den gewerbesteuerlichen Hinzurechnungen und Kürzungen – dem Gewinn aus Gewerbebetrieb entspricht, der nach den Vorschriften des EStG bzw. des KStG ermittelt wird, gehen die aufgrund besonderer gesetzlicher Vorschriften – wie zB eines Doppelbesteuerungsabkommens – steuerfreien Einkünfte von vornherein nicht in den Gewerbeertrag ein (BFH I R 13/21, DStRE 2025, 777; BFH I R 32/20, DStR 2024, 2520). Wie für die ESt ist daher auch für die GewSt die Steuerfreiheit von Einnahmen nach § 3 EStG zu beachten (BFH IV R 84/74, BStBl. II 1978, 267). **Beteiligungserträge** werden unterschiedlich erfasst, je nachdem, ob Steuersubjekt eine natürliche Person/Mitunternehmerschaft oder eine Kapitalgesellschaft ist. Die für diese Anteilseigner jeweils für Zwecke der ESt bzw. der KSt geltenden Freistellungsregelungen für Beteiligungserträge sind auch für den Gewerbeertrag maßgeblich (zu § 7 S. 4 → Rn. 16). Bei **natürlichen Personen/Mitunternehmerschaften** ist das **Teileinkünfteverfahren** anzuwenden, welches das bis einschließlich EZ 2008 geltende Halbeinkünfteverfahren abgelöst hat (§ 3 Nr. 40 EStG). Somit sind 40 % der Dividenden sowie der Gewinne aus der Veräußerung von Anteilen an Kapitalgesellschaften gewerbesteuerfrei. Die Steuerfreiheit der in § 8b Abs. 1 KStG genannten, typischerweise durch KSt vorbelasteten Bezüge kommt auch gewerbesteuerrechtlich zum Tragen, ebenso die Steuerfreiheit des Gewinns aus der Veräußerung von Beteiligungen nach § 8b Abs. 2 KStG; unberücksichtigt bleiben auch Teilwertabschreibungen auf derartige Beteiligungen (§ 8b Abs. 3 S. 3 KStG). **5**

Bei **Kapitalgesellschaften** kommt es hinsichtlich der Bezüge nach § 8b Abs. 1 KStG auf die Beteiligungshöhe an (s. § 8b Abs. 4 KStG), auch ist das Zusammenspiel der Erfassung der Beteiligungserträge nach § 7 sowie der Korrektur durch Hinzurechnungen/Kürzungen zu beachten. Gewinnausschüttungen (Dividenden) aus einer Beteiligung, die sich auf **mindestens 15 %** beläuft (Schachtelbeteiligung nach GewStG), bleiben nach § 8b Abs. 1 KStG außer Ansatz, allerdings gelten 5 % der Bezüge als nicht abziehbare Betriebsausgaben (§ 8b Abs. 5 KStG – sog. Schachtelstrafe), ohne dass insoweit eine Kürzung nach § 9 Nr. 2a S. 4 möglich wäre. Eine Hinzurechnung nach § 8 Nr. 5 findet im Hinblick auf die gewerbesteuerliche Schachtelbeteiligung nicht statt. Beläuft sich die Beteiligung auf **mindestens 10 %** (Schachtelbeteiligung nach KStG) und **weniger als 15 %,** ergeben sich bei der Erfassung von Gewinnausschüttungen nach § 7 keine Unterschiede zu einer Beteiligung von mindestens 15 %. Allerdings ist der nach 8b Abs. 1 KStG steuerfreie Ertrag gemäß § 8 Nr. 5 hinzuzurechnen, abgesehen von der sog. Schachtelstrafe. Bei einer Beteiligung von **weniger als 10 %** (Streubesitz) sind Gewinnausschüttungen nach § 8b Abs. 4 KStG in voller Höhe steuerpflichtig. Aufwendungen im Zusammenhang mit der Beteiligung sind dann vollständig abziehbar. Die Beteiligungserträge werden nicht nach § 9 Nr. 2a, Nr. 7 oder Nr. 8 gekürzt. Zu den gewerbesteuerlichen Auswirkungen bei mittelbarem Bezug von Streubesitzdividenden s. Fahrenhorst DB 2015, 2779. **Veräußerungsgewinne** sind nach § 8b Abs. 2 KStG steuerfrei, unabhängig von der Beteiligungshöhe. **5a**

Auch bei Veräußerungsgewinnen sind 5 % des Gewinns nicht abziehbar (§ 8b Abs. 3 KStG); Hinzurechnungen sind nicht vorzunehmen.

5b Gehen betrieblich veranlasste Einnahmen **nicht in die Bemessungsgrundlage** nach dem EStG ein, so bleiben sie auch gewerbesteuerlich außer Betracht (BFH I R 36/09, BStBl. II 2010, 1020, zum fiktiven Gewinnanteil nach § 5 Abs. 1 KapErhStG aF; zu betrieblich veranlassten, aber steuerfreien GewSt-Erstattungen → Rn. 13). Die Ausgaben, die mit abkommensrechtlich freigestellten Dividenden zusammenhängen, sind auch gewerbesteuerrechtlich nicht abziehbar (BFH I R 30/05, BFH/NV 2006, 1659). Zu betrieblich veranlassten, aber nicht abziehbaren GewSt-Zahlungen und Nachzahlungszinsen → Rn. 13.

5c Die gewerbesteuerliche Behandlung von Erträgen aus **Investmentfonds** ist im InvStG geregelt. Investmentfonds gelten nach § 15 Abs. 1 InvStG als sonstige juristische Person des privaten Rechts iSd § 2 Abs. 3 (s. Specker in BeckOK GewStG § 2 Rn. 1071). Sie sind grds. von der GewSt befreit (§ 15 Abs. 2 InvStG; → § 3 Rn. 487b; Weiss in BeckOK GewStG § 7 Rn. 195). Wenn der Investmentfonds seine Vermögensgegenstände dagegen aktiv unternehmerisch bewirtschaftet, stellt diese Tätigkeit einen wirtschaftlichen Geschäftsbetrieb dar, dessen Gewinn als Überschuss der Betriebseinnahmen über die Betriebsausgaben zu ermitteln ist. Der so ermittelte Gewinn ist der Gewinn iSd § 7 S. 1 zur Ermittlung des Gewerbeertrags (§ 15 Abs. 4 InvStG). Ausschüttungen aus Investmentfonds gehören dem Grunde nach zu den Einkünften aus Kapitalvermögen nach § 20 Abs. 1 Nr. 3 EStG (Investmenterträge), die Steuerfreiheit nach § 3 Nr. 40 EStG oder § 8b KStG greift nicht ein (§ 16 Abs. 3 InvStG). Erträge aus Investmentfonds gehören zum Gewerbeertrag nach § 7, sofern nicht ein Ausnahmetatbestand erfüllt ist. Je nach Anlage (Aktienfonds, Mischfonds, Immobilienfonds) ist ein Teil der Erträge nach EStG und KStG steuerfrei (§ 20 InvStG). Diese Steuerfreistellung gilt nach § 20 Abs. 5 InvStG gewerbesteuerlich nur zur Hälfte. Damit soll kompensiert werden, dass auf der Ebene des Investmentfonds grds. keine GewSt anfällt und es somit an einer entsprechenden Vorbelastung fehlt (vgl. BMF 21.5.2019, BStBl. I 2019, 527 Rn. 20.19). Besondere Bestimmungen gelten für **Spezial-Investmentfonds** (§ 26 InvStG), dh für Fonds, die sich an institutionelle Anleger wenden. Diese sind nicht mehr pauschal (s. § 29 Abs. 4 InvStG aF), sondern nach Maßgabe des § 15 InvStG von der GewSt befreit (§ 29 Abs. 1 GewStG).

6 **c) Ausländische Betriebsstättenverluste.** Nach der Rspr. des EuGH (15.5.2008 – C-414/06, IStR 2008, 400 – Lidl Belgium) sollen aus Gründen des Unionsrechts (Niederlassungsfreiheit) die – nach deutschem Recht zu ermittelnden – Verluste aus ausländischen Betriebsstätten im Inland abziehbar sein, wenn der Verlust im ausländischen Staat endgültig nicht mit dortigen Gewinnen verrechnet werden kann (finale Verluste). Der Abzug eines **ausländischen Betriebsstättenverlustes,** der aus rechtlichen oder tatsächlichen Gründen nicht mit einem ausländischen Gewinn verrechnet werden kann, findet nach BFH-Rspr. im „Finalitätsjahr" statt (BFH I R 107/09, DStR 2010, 1611; I R 48/11, DStR 2014, 837, mAnm Becker/Loose BB 2014, 2013). In dem zuerst zitierten Urteil hat der BFH auch entschieden, dass dieses unionsrechtlich vorgegebene Verlustberücksichtigungsgebot auch **auf die GewSt durchschlägt.** Der BFH sieht darin keinen Widerspruch zum Inlandsbezug der GewSt. Finale Auslandsverluste sollen auch gewerbesteuerlich nicht im „Niemandsland" verschwinden und sind deshalb auch nicht nach § 9 Nr. 3 als (negative) Kürzung zu berücksichtigen (krit. Wangler/Gühne FR 2010, 1113; zust. Kessler/Philipp IStR 2010, 865; Stiller BB 2011,

607). Die EuGH-Rechtsprechung zur Berücksichtigung ausländischer Betriebsstättenverluste im Ansässigkeitsstaat wurde fortentwickelt (vgl. EuGH C-538/20, DStR 2022, 1993 – W AG; EuGH C-650/16, DStR 2018, 1353 – Bevola; s. Ismer/Kandel IStR 2019, 717). Ausländische Verluste müssen nicht nur **final** sein, darüber hinaus müssen die Verluste im Inland und im EU-Ausland **vergleichbar** sein (EuGH C-388/14, DStR 2016, 28 – Timac Agro). An der Vergleichbarkeit fehlt es bei einem DBA, das die Anwendung der Freistellungsmethode vorsieht; daher ist der Ansässigkeitsstaat unionsrechtlich nicht verpflichtet, ausländische Betriebsstättenverluste zu berücksichtigen (EuGH C-538/20, DStR 2022, 1993 – W AG; BFH I R 44/22, DStR 2023, 1402). Das Territorialitätsprinzip setzt sich durch, s. dazu einerseits Anm. Schnitger IStR 2022, 769 (Ende einer langjährigen Achterbahnfahrt nach erratischen Wendungen des EuGH), und andererseits Anm. Ismer DStR 2022, 1993 (1996) (Bekräftigung einer schon lange eingeschlagenen Linie bzgl. der Freistellungsmethode; krit. zur EuGH-Rspr. Hufeld in BeckOK EStG § 2a Rn. 109 ff.). Eine Vergleichbarkeit besteht dagegen, wenn das nationale Steuerrecht selbst in- und ausländische Betriebsstätten hinsichtlich der von ihnen erzielten Gewinne und Verluste gleichstellt oder ein DBA die Anrechnungsmethode vorsieht (Anm. Ismer DStR 2022, 1993 (1996), dort auch zu verbleibenden Unklarheiten). Der BFH (I R 2/15, BStBl. II 2017, 709) hat offengelassen, ob eine Vergleichbarkeit von in- und ausländischen Verlusten dadurch bewirkt wird, dass durch nationale oder abkommensrechtliche Sonderregelungen von der Freistellung zur Anrechnung gewechselt wird (sog. switch-over). Handelt es sich nicht um eine ausländische Betriebsstätte, sondern um die Beteiligung an einer ausländischen Personengesellschaft, ist das Ergebnis nach § 8 Nr. 8 oder nach § 9 Nr. 2 zu korrigieren. Zur Einbeziehung ausländischer Betriebsstättengewinne nach S. 8 → Rn. 22.

d) Wechsel der Gewinnermittlungsart. Mit den anwendbaren **Gewinnermittlungsregeln** der §§ 4 Abs. 1, 5 Abs. 1 EStG (Betriebsvermögensvergleich) 7
und des § 4 Abs. 3 EStG (Überschussrechnung) – s. zum Wechsel iE Loschelder in Schmidt EStG § 4 Rn. 680 ff. – gelten für das Gewerbesteuerrecht die einkommensteuerrechtlichen Regeln für den **Übergang zu einer anderen Gewinnermittlungsart,** dh durch den Wechsel der Gewinnermittlungsart bedingte Zu- und Abrechnungen sind laufender Gewinn (s. GewStR 7.1 Abs. 3 S. 7; BFH VIII R 32/67, BStBl. II 1973, 233: nur im Billigkeitsweg). Ein zwingender Wechsel des Überschussrechners zum Bestandsvergleich anlässlich einer Betriebsaufgabe oder Betriebsveräußerung ergibt sich auch für die GewSt aus § 16 Abs. 2 S. 2 EStG. Eine unterschiedliche Wahlrechtsausübung hinsichtlich der Gewinnermittlungsart bei GewSt und ESt ist nicht möglich (BFH III R 12/13, BStBl. II 2016, 420; GewStH 7.1 Abs. 1; s. auch Weiss in BeckOK GewStG § 7 Rn. 277). Wird der Übergangsgewinn auf mehrere Jahre verteilt, so handelt es sich um eine Billigkeitsentscheidung, der Grundlagenfunktion auch für die GewSt zukommt (BFH X R 32/13, BStBl. II 2016, 139). Diese zur ESt ergangene Entscheidung des BFH gilt entsprechend für die GewSt. In diesem Fall enthält der für das Übergangsjahr ergangene Messbescheid die Billigkeitsentscheidung, die für die Folgejahre bindend ist (s. auch GewStR 7.1 Abs. 3 S. 8).

e) Eigenständiger Bilanzenzusammenhang. Für die GewSt gilt bei evtl. 8
von der ESt abweichender Betriebsdauer ein **eigenständiger Bilanzenzusammenhang** (BFH IV R 9/73, BStBl. II 1977, 472). Eine für Zwecke der Gewerbesteuer zu einem bestimmten Stichtag vorzunehmende Bilanzberichtigung hat

nicht zwingend zur Voraussetzung, dass für Zwecke der ESt eine Bilanzberichtigung zum selben Stichtag vorgenommen worden ist (BFH XI R 18/00, BStBl. II 2001, 106), sodass sich auch insoweit unterschiedliche Bilanzansätze ergeben können. Im Übrigen ist der für ESt-Zwecke ermittelte Gewinn für die GewSt zu übernehmen, soweit er rechtmäßig zustande gekommen ist (Lamprecht in Desens/Tappe § 7 Rn. 186 ff.). Eine eigenständige Gewerbesteuerbilanz existiert nicht (offengelassen in BFH XI R 18/00, BStBl. II 2001, 106; IV R 48/07, BStBl. II 2010, 799; wie hier Schnitter in Frotscher/Drüen § 7 Rn. 29; Weiss in BeckOK GewStG § 7 Rn. 122; Lamprecht in Desens/Tappe § 7 Rn. 191; aA Roser in Lenski/Steinberg § 7 Rn. 67a, sowie Ubg 2015, 582; Drüen in Brandis/Heuermann § 7 Rn. 54; Schiffers in WSMH § 7 Rn. 21). Abgesehen von eingangs genannten seltenen Fällen werden sich die Bilanzansätze einheitlich entwickeln. Auch wenn die sog. umgekehrte Maßgeblichkeit mit der Änderung des § 5 Abs. 1 S. 2 EStG durch das BilMoG v. 25.5.2009 (BGBl. 2009 I 1102) aufgegeben worden ist, ist eine unterschiedliche **Ausübung steuerlicher Wahlrechte** (Bilanzierungs- und Bewertungswahlrechte) für Zwecke der ESt einerseits und der GewSt andererseits mE nach wie vor nicht möglich (ebenso Schnitter in Frotscher/Drüen § 7 Rn. 29; iE auch Lamprecht in Desens/Tappe § 7 Rn. 202; Weiss in BeckOK GewStG § 7 Rn. 122; FG Köln 13 K 2447/11, EFG 2015, 665, bestätigt durch BFH I R 9/15, BFH/NV 2017, 485; GewStH 7.1 (1); aA Drüen in Brandis/Heuermann § 7 Rn. 54; Schiffers in WSMH § 7 Rn. 21). Dies ergibt sich aus der Anbindung in S. 1 an den Gewinn, der für den dem EZ entsprechenden Veranlagungszeitraum, dh für einkommensteuerliche Zwecke, zu ermitteln ist (s. auch BFH I R 25/15, BStBl. II 2017, 670). Nach der Rechtslage vor Inkrafttreten des BilMoG war eindeutig, dass wegen der Maßgeblichkeit der Handelsbilanz bzw. der sie ggf. ersetzenden Steuerbilanz oder des vom Überschussrechner gewählten Ansatzes das Wahlrecht zB auch für § 6b oder § 6c EStG abschließend in der KSt/ESt-Veranlagung auszuüben war (BFH X R 110/87, BStBl. II 1990, 195; I R 124/88, BStBl. II 1990, 76; IV R 48/07, BStBl. II 2010, 799; s. dazu auch Glanegger FR 1990, 469).

9 **f) Mitunternehmerschaften.** Gemeinsamkeiten mit dem Einkommensteuerrecht bestehen bei **Mitunternehmerschaften** (dazu → Rn. 160 ff.) auch insoweit, als zum Gewerbeertrag gewinnwirksame **Vorgänge des Sonderbetriebsvermögensbereichs** gehören (BFH IV R 27/19, DStR 2023, 1125; s. auch Weiss in BeckOK GewStG § 7 Rn. 318; zur gewerbesteuerfreien Entnahme aus dem Sonderbetriebsvermögen s. BFH VIII R 51/98, BStBl. II 2000, 316 mAnm Dötsch Inf 2000, 508; zu Ergänzungsbilanzen s. BFH IV R 83/83, BStBl. II 1986, 350; Weiss in BeckOK GewStG § 7 Rn. 321). Auch der Gewinn aus der Veräußerung von Sonderbetriebsvermögen II gehört zum Gewerbeertrag (BFH IV R 54/04, BStBl. II 2008, 742). Wie bei der ESt können sich auch für den gewerblichen Gewinn des § 7 Vergütungen an Mitunternehmer wegen übernommener Tätigkeiten oder zur Nutzung überlassener Wirtschaftsgüter nicht gewerbeertragsmindernd auswirken (§ 15 Abs. 1 S. 1 Nr. 2 EStG; BFH IV R 165/82, BStBl. II 1985, 212). Zu Konkurrenzen → Rn. 179. Auch bei der GewSt bestimmt sich das Betriebsvermögen nicht lediglich nach Handelsrecht. So zählt der Gewinn aus der Veräußerung eines von den Gesellschaftern einer KG von Anfang an privat genutzten Geländes nicht zum Gewerbeertrag, auch wenn es sich dabei um Gesamthandsvermögen handelt (BFH VIII R 184/85, BStBl. II 1990, 319). Anzuwenden sind die Abzugsverbote des § 12 EStG für Personenun-

ternehmen und des § 10 KStG für Körperschaften iSd § 1 Abs. 1 KStG; § 12 EStG ist bei den letztgenannten nicht einschlägig (BFH I R 54/95, DStR 1997, 492). Für die Gewinnermittlung iRd § 7 ist es unbeachtlich, ob sich eine Gewinnermittlungsmaßnahme innerhalb oder außerhalb der Bilanz auswirkt (GewStH 7.1 (1)). Dies gilt vor allem für Hinzurechnungen aufgrund verdeckter Gewinnausschüttungen bei Kapitalgesellschaften. Zur Gewinnermittlung bei **Körperschaften,** Personenvereinigungen und Vermögensmassen vgl. iE → Rn. 46 f.

g) Hinzurechnungen und Kürzungen. Die Maßgeblichkeit des einkommensteuerlichen Gewinnbegriffs für den Gewerbeertrag löst notwendigerweise **Kürzungen und Hinzurechnungen** aus **bei verbundenen Unternehmen,** weil wirtschaftlich identische Erträge nach Möglichkeit nur einmal der Gewerbesteuer unterliegen sollen. Die Vermeidung von Doppelbelastungen liegt dem GewStG als – wenn auch nicht ganz wirkendes – Prinzip zugrunde (Lamprecht in Desens/Tappe § 7 Rn. 84). Ein allgemeines **Verbot** der gewerbesteuerlichen **Doppelbelastung** gibt es indessen nicht (BFH I R 19/08, BStBl. II 2010, 301, zu Teilwertzuschreibungen; I R 42/11, BFH/NV 2013, 589; I R 9/15, BFH/NV 2017, 485). Eine doppelte Erfassung des wirtschaftlich identischen Betriebsergebnisses soll vor allem im Verhältnis zu **Mitunternehmerschaften** vermieden werden, wenn die Beteiligung in einem Betriebsvermögen eines Unternehmens gehalten wird, das für sich einen eigenen gewerbesteuerpflichtigen Steuergegenstand darstellt (s. die Hinzurechnungen des § 8 Nr. 8 und die Kürzungen des § 9 Nr. 2). Durch das in § 180 Abs. 1 S. 1 Nr. 2 AO vorgesehene Gewinnfeststellungsverfahren haben diese Vorschriften insbesondere Bedeutung, wenn die Beteiligung von einer Kapitalgesellschaft oder Personenhandelsgesellschaft gehalten wird. Bei diesen gehen die durch das Feststellungsverfahren zugewiesenen Ergebnisse aus der Beteiligung an Mitunternehmerschaften – außerhalb der Bilanz – in die Berechnung des gewerblichen Gewinns ein. Die Erhöhung oder Verminderung des gewerblichen Gewinns ist wieder rückgängig zu machen, da diese Betriebsergebnisse bei der Mitunternehmerschaft bereits der Gewerbesteuer unterliegen. Im Übrigen sind die genannten Korrekturvorschriften auch dann anzuwenden, wenn aus anderen Gründen – zu Recht oder zu Unrecht – ein einheitlicher Gewerbebetrieb unter Einbeziehung eines Beteiligungsergebnisses angenommen und der gewerbliche Gewinn entsprechend erhöht oder vermindert wurde (vgl. BFH IV R 56/80, BStBl. II 1984, 150). Die Existenz der Hinzurechnungs-/Kürzungsvorschriften verdeutlicht, dass die mitunternehmerische Personengesellschaft trotz ihrer Steuerschuldnereigenschaft (§ 5) für die sachliche Steuerpflicht einer Kapitalgesellschaft nicht gleichgesetzt werden kann: Den Gewerbeertrag bilden die Betriebsergebnisse der Mitunternehmer in ihrer gesellschaftsrechtlichen Verbundenheit. Keine wirtschaftlich identischen Erträge liegen indessen vor bei Gewinnen aus Anteilen an einer **Kapitalgesellschaft.** Als konkurrierender und eigenständiger Steuergegenstand wird die Mitunternehmerschaft selbst dann berücksichtigt, wenn sie noch kein werbendes Unternehmen unterhält. Nach GewStR 7.1 Abs. 1 S. 2 sind Erträge, die auf der **Rückgängigmachung von Vorgängen** beruhen, die in der Vergangenheit zu Hinzurechnungen geführt haben (Auflösung von Rückstellungen, Erstattungen), außer Betracht zu lassen. 10

h) Billigkeitsmaßnahmen. Billigkeitsmaßnahmen nach § 163 Abs. 1 S. 2 AO **(zeitliche Verlagerung der Besteuerung)** werden auch auf die Gewerbesteuer ausgedehnt. Eine solche Billigkeitsmaßnahme, die das FA im Rahmen der Einkommensbesteuerung getroffen hat, ist nach § 184 Abs. 2 S. 2 AO auch für Zwe- 11 cke der GewSt bindend (BFH IV R 9/23, DStRE 2025, 1237; BFH IV R 51/14, BStBl. II 2018, 78). Sollen dagegen vom Finanzamt **andere sachliche Billigkeitsmaßnahmen** nach § 163 Abs. 1 S. 1 AO für die Gewerbesteuer getroffen werden, so bedarf es einer Abstimmung mit der hebeberechtigten Gemeinde (GewStH 1.5 Abs. 1). Dies ist allerdings dann überflüssig, wenn auch die Erhebung der Gewerbesteuer ausnahmsweise dem FA obliegt (→ § 4 Rn. 6; GewStH 7.1 Abs. 1). Auf die Abstimmung mit der Gemeinde kann auch dann verzichtet werden, wenn die Maßnahmen auf allgemeine Verwaltungsvorschriften der Bundesregierung oder Richtlinien der obersten Landesfinanzbehörden gestützt werden können (§ 184 Abs. 2 S. 1 AO). Der sog. Sanierungserlass (BMF 27.3.2003, BStBl. I 2003, 240) war keine Verwaltungsvorschrift iSv § 184 Abs. 2 AO (BFH I R 24/11, DStR 2012, 1544); er war rechtswidrig (BFH GrS 1/15, BStBl. II 2017, 393), s. jetzt § 3a EStG. Allgemein zu Billigkeitsmaßnahmen → § 1 Rn. 45.

12 **i) Spezialgesetzlich bestimmter Gewerbeertrag.** Es sehen eine Reihe von Einzelsteuergesetzen Regelungen vor, die auch den Gewerbeertrag beeinflussen:
– Gewinnkorrektur nach § 1 AStG, Hinzurechnungsbesteuerung nach §§ 7–13 AStG (vgl. BFH I R 4/05, BStBl. II 2006, 555; s. auch Rödder IStR 2009, 873); ein Hinzurechnungsbetrag nach § 10 Abs. 1 AStG war nach früherer Rechtslage gem. § 9 Nr. 3 S. 1 zu kürzen (BFH I R 10/14, BStBl. II 2015, 1049; Nichtanwendungserlass FR 2016, 237; Anm. Kröger/Philipp DB 2015, 1432 sowie Kraft FR 2016, 257). Zur Rechtslage ab EZ 2017 → Rn. 21.
– Das Betriebsausgabenabzugsverbot des § 160 AO gilt für Zwecke der GewSt auch dann, wenn der nicht hinreichend benannte Empfänger der Zahlungen nicht gewerbesteuerpflichtig ist (BFH I R 46/94, BStBl. II 1996, 51); zur Anwendung des Ermessens der FBeh bei Anwendung des § 160 AO s. BFH IV R 26/18, BeckRS 2021, 21005.

Das **UmwStG** enthält Spezialregeln in §§ 18 und 19 für den Gewerbeertrag. § 18 UmwStG ist ein Ausnahmetatbestand zu § 2 und § 7 und folgt der Idee, einer fortdauernden gewerbesteuerlichen Verstrickung des Vermögens der umgewandelten Kapitalgesellschaft (FG Hessen 8 K 1429/21, DStRE 2024, 1064). Vergleiche dazu → Anh. § 7 Rn. 145 ff. Zum **InvStG** → Rn. 5c.

13 **j) Gewerbesteuerrückstellung.** GewSt, die für **EZ ab 2008** festgesetzt wird, ist zwar eine betrieblich veranlasste Aufwendung, aufgrund des steuerlichen Abzugsverbots aber nicht mehr als Betriebsausgabe abziehbar (§ 4 Abs. 5b EStG); dies ist verfassungskonform (BFH IV R 16/23, DStR 2026, 344; BFH I R 21/12, BStBl. II 2014, 531). Dementsprechend sind auch GewSt-Erstattungen, die auf EZ ab 2008 entfallen, nicht als Betriebseinnahmen zu erfassen (BFH IV R 16/23, DStR 2026, 344). Als Ausgleich hierfür ist der Faktor bei der GewSt-Anrechnung nach § 35 EStG ab VZ 2008 von 1,8 auf 3,8 erhöht worden (ab VZ 2020: 4,0). Bei der Gewinnermittlung durch Bestandsvergleich war für GewSt, die bis einschließlich EZ 2007 entstanden ist, eine Rückstellung zu bilden (BFH VIII R 72/87, BStBl. II 1992, 958). Auf den vorläufigen Gewinn, der um etwaige GewSt-Vorauszahlungen für den laufenden EZ zu erhöhen war, konnte die sog. 5/6-Methode (R 4.9 Abs. 2 EStR 2007), die von einem Hebesatz von 400 sowie einer Messzahl von 5 ausging, angewandt werden. Wegen weiterer Einzelheiten s. 7. Auflage. Nach Ansicht der FVerw (OFD Rheinland 29.4.2009, BeckVerw 159358) ist trotz des Inkrafttretens des § 4 Abs. 5b EStG weiterhin eine GewSt-Rückstellung zu bilden, allerdings sind die Gewinnauswirkungen außerbilanziell zu neutralisieren (Lamprecht in Desens/Tappe § 7 Rn. 734). Das Abzugsverbot

nach § 4 Abs. 5b EStG betrifft nicht die GewSt, zu deren Übernahme sich ein Gesellschafter im Rahmen einer Auseinandersetzung verpflichtet hat (BFH IV R 18/17, BStBl. II 2019, 696). Unter das Abzugsverbot fallen neben der GewSt auch die Nachzahlungszinsen nach § 233a AO. Demgegenüber sind Erstattungszinsen steuerpflichtig (zur Begründung s. BFH IV R 16/23, DStR 2026, 344: verfassungskonform).

3. Sonderformen der Besteuerung (S. 3)

a) Tonnagebesteuerung. Die sog. **Tonnagebesteuerung** nach § 5a EStG als Lenkungsnorm mit Subventionscharakter ist eine steuerliche Privilegierung des Seeschiffahrtsstandorts Deutschland (BFH IV R 7/22, DStR 2025, 906). Es handelt sich um eine pauschale, von der Schiffsgröße abhängige Gewinnbesteuerung, die die Gewinnermittlung nach den §§ 4, 5 EStG verdrängt (FG Hmb 2 K 61/19, BeckRS 2021, 25593). Die von der EU-Kommission genehmigten (BStBl. I 1999, 828) und am 1.1.1999 in Kraft getretenen Regelungen zur Tonnagebesteuerung setzen in § 7 S. 3 GewStG iVm § 5a EStG den nach § 5a EStG ermittelten Gewinn auch als Gewerbeertrag an (allg. s. Dißars NWB 2009, 3656; Bartsch BB 2009, 1049). Durch die Formulierung („gelten als Gewerbeertrag") bringt § 7 S. 3 zum Ausdruck, dass der nach den Regelungen der Tonnagebesteuerung ermittelte Gewinn insgesamt an die Stelle des nach den allgemeinen Regelungen ermittelten Gewerbeertrags tritt, sodass nicht nur die allgemeinen Grundsätze des Gewerbesteuerrechts (Objektsteuercharakter, → Rn. 3) nicht gelten, sondern auch die in § 7 S. 1 vorgesehenen Kürzungen und Hinzurechnungen nicht vorzunehmen sind (BFH IV R 22/23, DStR 2024, 2472). Zum Gewerbeertrag nach § 7 S. 3 gehören auch Einkünfte nach § 16 EStG, wie **Aufgabe- und Veräußerungsgewinne.** Wegen der Pauschalbesteuerung gilt nicht der Grundsatz, dass Veräußerungs- und Aufgabegewinne nicht der GewSt unterliegen; vielmehr umfasst der nach § 5a EStG pauschal ermittelte Gewinn auch Veräußerungs- und Aufgabegewinne iSd § 16 EStG (s. § 5a Abs. 5 S. 1 EStG) und unterliegt mit diesen als fiktiver Gewerbeertrag insgesamt der Gewerbesteuer (BFH IV R 14/21, DStR 2024, 877; BFH IV R 20/20, DStRE 2023, 903). Die **Fiktionswirkung** des § 7 S. 3 erstreckt sich indes nicht auf das Bestehen eines Gewerbebetriebs als solchen; sie fingiert einen Gewerbeertrag, nicht aber einen Gewerbebetrieb (so zutreffend FG Hmb 2 K 61/19, BeckRS 2021, 25593; bestätigt durch BFH IV R 14/21, DStR 2024, 877). Die Pauschalbesteuerung kann dazu führen, dass auch in Verlustjahren Ertragsteuer anfällt. Betroffen von der Tonnagebesteuerung sind Gewerbebetriebe mit Geschäftsleitung im Inland mit ihrem Gewinn, soweit er auf den Betrieb von Handelsschiffen im internationalen Verkehr entfällt, wenn die Bereederung dieser Handelsschiffe (Ship-Management) fast ausschließlich im Inland durchgeführt wird (dazu näher BFH IV R 15/21, DStRE 2024, 1157; s. auch Dißars/Kahl-Hinsch DStR 2025, 247) und der Steuerpflichtige diese Besteuerung beantragt (s. BMF 10.7.2023, BStBl. I 2023, 1486). Zu der Pauschalbesteuerung kommt der **Unterschiedsbetrag** nach § 5a Abs. 4 EStG hinzu, dh der Unterschied zwischen Teilwert und Buchwert der Wirtschaftsgüter, die unmittelbar dem Betrieb der Handelsschiffe dienen, und zwar zum Zeitpunkt des Übergangs von der Normalbesteuerung zur Tonnagebesteuerung. Für diesen Unterschiedsbetrag konnte nach geänderter, vom Gesetzgeber überschriebener Rechtsprechung die Kürzung nach § 9 Nr. 3 S. 2 in Anspruch genommen werden, da insoweit die Fiktionswirkung des § 7 S. 3 nicht griff (BFH IV R 35/16, DStRE 2019, 265, Anm. Pfitzner/ 14

Sundström/Guilbert DStR 2019, 2031; anders noch BFH IV R 10/11, BStBl. II 2015, 300). Die Rechtsprechungsänderung war für den Gesetzgeber Anlass, in § 7 S. 3 die Hinzurechnungen nach § 5a Abs. 4 und 4a EStG ausdrücklich zu erwähnen. Die Gesetzesänderung ist nach § 36 Abs. 3 rückwirkend für EZ ab 2008 anwendbar. Es handelt sich hierbei zwar um eine sog. echte Rückwirkung. Sie ist jedoch mangels schützenswerten Vertrauens verfassungskonform, da bis zur Rechtsprechungsänderung eine einheitliche Auffassung der höchstrichterlichen Rspr. und der FVerw bestand, die der Gesetzgeber lediglich zügig wiederhergestellt hat (zutreffend BFH IV R 22/23, DStR 2024, 2472; → § 36 Rn. 5). **Sondervergütungen** sind nicht Teil des nach Tonnagebesteuerungsgrundsätzen ermittelten Gewinns, sondern nach den allgemeinen Vorschriften (§ 4 Abs. 1, § 5 EStG) zu ermitteln und dem pauschal ermittelten Gewinn hinzuzurechnen (§ 5a Abs. 4a S. 3 EStG). Sie gehören mit zum Gewerbeertrag iSd § 7 S. 3, und zwar nach zutreffender Auffassung des BFH auch bereits vor der ausdrücklichen (insofern deklaratorischen) Erwähnung in § 7 S. 3. Daher konnte der BFH dahinstehen lassen, ob die in § 36 Abs. 3 angeordnete Rückwirkung des § 7 S. 3 in Bezug auf die Sondervergütungen verfassungsgemäß war (BFH IV R 14/21, DStR 2024, 877). Nach den eingangs erwähnten Ausführungen zur Reichweite der Fiktion des § 7 S. 3 gehören sie aber nicht zum fiktiven Gewerbeertrag, wenn sie nach Einstellung der werbenden Tätigkeit der Personengesellschaft (also nach Betriebsveräußerung oder Betriebsaufgabe, zB nach der Veräußerung des einzigen Handelsschiffes einer Einschiff-Personengesellschaft) entstanden sind (so zutreffend FG Hmb 2 K 61/19, BeckRS 2021, 25593; bestätigt durch BFH IV R 14/21, DStR 2024, 877 zu Sondervergütungen, die nach Einstellung der werbenden Tätigkeit entstehen). Bei der Tonnagebesteuerung werden keine Hinzurechnungen oder Kürzungen nach §§ 8 und 9 vorgenommen, da diese Gewinnkorrekturen, anders als in § 7 S. 1, in S. 3 nicht erwähnt sind (BFH IV R 22/23, DStR 2024, 2472; VIII R 72/02, BStBl. II 2010, 828; BMF 10.7.2023, BStBl. I 2023, 1486). Der Auflösungsgewinn nach § 5a Abs. 4 EStG ist laufender Gewinn und deshalb auch dann anzusetzen, wenn er im Rahmen einer Betriebsveräußerung oder -aufgabe angefallen ist (BFH IV R 42/10, BStBl. II 2011, 878). Für nicht bilanzierbare Wirtschaftsgüter ist kein Unterschiedsbetrag festzustellen (BFH IV R 47/09, BStBl. II 2013, 324). **Neben- und Hilfsgeschäfte** nach § 5a Abs. 2 S. 2 EStG werden von der Abgeltungswirkung der Tonnagebesteuerung erfasst, wenn sie in einem besonders engen Zusammenhang mit dem eigentlichen „Hauptgeschäft" stehen (BFH IV R 14/14, DStRE 2017, 1091). Ein solcher Zusammenhang erfordert auch, dass die konkrete Investitionsentscheidung für den Betrieb eines Handelsschiffs im internationalen Verkehr bereits getroffen worden ist (BFH IV R 16/16, DStR 2018, 1812). Für **Binnenschiffe** gilt die Pauschalbesteuerung nicht (vgl. BFH I R 60/14, BStBl. II 2017, 534, zu § 9 Nr. 3 S. 2). Eine **Anrechnung der Gewerbesteuer** (§ 35 EStG), die auf Gewinne entfällt, bei denen die Tonnagebesteuerung angewandt wird, ist nicht möglich (§ 5a Abs. 5 S. 1 EStG). Bei der GewSt, die durch die Auflösung von Unterschiedsbeträgen nach § 5a Abs. 4 EStG ausgelöst wird, ist eine Anrechnung nach § 35 EStG jedoch gestattet (OFD Münster 16.12.2008, DB 2009, 256).

15 **b) Werbesendungen.** Durch das SFG v. 20.12.2001 (BGBl. 2001 I 3955) wurde ab EZ 2001 die Besteuerung der **Werbesendungen der öffentlich-rechtlichen Rundfunkanstalten** geändert. Diese unterhalten insoweit einen Betrieb gewerblicher Art (→ § 2 Rn. 380). Für das ZDF hatte eine Sonderrege-

lung bestanden (§ 11 Abs. 4 aF). Die Anstalten der ARD hatten sogar Verluste aus Werbesendungen ausgewiesen. Durch die Neuregelung wird Beanstandungen des Bundesrechnungshofes Rechnung getragen. In § 8 Abs. 1 S. 3 KStG, auf den § 7 S. 3 verweist, ist sowohl für die ARD als auch für das ZDF eine einheitliche pauschale Ermittlung des Einkommens vorgesehen (16 % der Entgelte iSv § 10 Abs. 1 UStG aus der Veranstaltung von Werbesendungen). Eine exakte Gewinnermittlung ist damit – offenbar wegen der großen Abgrenzungsschwierigkeiten – nicht notwendig.

4. Teileinkünfteverfahren (S. 4)

Das bis einschließlich **EZ 2008** anwendbare Halbeinkünfteverfahren galt auch für die GewSt (BT-Drs. 14/2683, 124). Ab **EZ 2009** ist das **Teileinkünfteverfahren** einschlägig, dh Dividenden und Gewinne aus der Veräußerung von Kapitalgesellschaften, die von betrieblich beteiligten **natürlichen Personen** oder von **Mitunternehmerschaften** erzielt werden, sind zu 40 % steuerfrei. Die teilweise Abzugsbeschränkung nach § 3c Abs. 2 EStG greift ein. Zu Beteiligungserträgen, die **Kapitalgesellschaften** zufließen, → Rn. 5a. 16

Mit der Einfügung des S. 4 durch das EURLUmsG v. 9.12.2004 (BGBl. 2004 I 3310) wurde mWv EZ 2004 ausdrücklich geregelt, dass das Halbeinkünfteverfahren (ab 2009: Teileinkünfteverfahren) auch bei **Mitunternehmerschaften** auf die GewSt durchschlägt. Zuvor war dies zweifelhaft gewesen (dagegen BMF 28.4.2003, BStBl. I 2003, 292 Rn. 57). Für die Ansicht der FVerw fand sich allerdings im Gesetz keine Stütze. Später schloss sich das BMF der entgegenstehenden Auffassung des BFH I R 95/05, BStBl. II 2007, 279 an (BMF 21.3.2007, BStBl. I 2007, 302). Ursprünglich war beabsichtigt gewesen, die in BMF 28.4.2003, BStBl. I 2003, 292 Rn. 57 zum Ausdruck kommende Verwaltungsauffassung Gesetz werden zu lassen. Wurde gem. BMF 28.4.2003, BStBl. I 2003, 292 Rn. 57 der Verlust aus der Veräußerung der Beteiligung an einer Kapitalgesellschaft geltend gemacht, so wird er für EZ vor 2004 in noch offenen Fällen anerkannt (BStBl. I 2007, 302). Die Anfügung des § 7 S. 4 erfolgte nicht aus Gründen der Rechtssicherheit, sondern weil der Gesetzgeber Steuerausfälle durch die Berücksichtigung von Verlusten befürchtete (s. Watermeyer/Büttgen-Pöhland gmbhstb 2005, 78). Vom Standpunkt des BFH aus betrachtet ist § 7 S. 4 wegen der Geltung des § 8b Abs. 6 KStG lediglich deklaratorisch (dazu Kühn DStR 2025, 549 (550 f.). Die Frage, ob an einer Mitunternehmerschaft natürliche und/oder juristische Personen beteiligt sind, beeinflusst die Höhe des gewerbesteuerlichen Gewinns auf der Ebene der Mitunternehmerschaft, weil Kapitalerträge und Gewinne aus der Veräußerung von Anteilen an Kapitalgesellschaften bei natürlichen und juristischen Personen unterschiedlich besteuert werden. Bei natürlichen Personen und Personengesellschaften sind Kapitalerträge und Gewinne aus Anteilsveräußerungen bei betrieblichen Beteiligungen zu 40 % steuerfrei (Teileinkünfteverfahren). Auch wenn Personengesellschaften als solche Steuerschuldner sind (§ 5 Abs. 1 S. 3), folgt daraus nicht, dass der Ertrag auf der Ebene der Gesellschaft unabhängig davon zu ermitteln wäre, dass an ihr Gesellschafter beteiligt sind, bei denen die genannten Erträge und Gewinne in unterschiedlichem Umfang steuerfrei sind. Erzielt eine Mitunternehmerschaft, an der eine natürliche und eine juristische Person je zur Hälfte beteiligt sind, einen Gewinn aus der Veräußerung eines Anteils an einer Kapitalgesellschaft von 200, so ist der auf die natürliche Person entfallende Gewinn nach dem Teileinkünfteverfahren zu 40 % 17 steuerfrei und der auf die juristische Person entfallende Gewinn zu 95 % steuerfrei, sodass sich auf der Ebene der Mitunternehmerschaft ein gewerbesteuersteuerpflichtiger Gewinn von zunächst 65 ergibt. Auch der bei natürlichen und juristischen Personen unterschiedliche Abzug nach § 3c EStG bzw. nach § 8b Abs. 5 KStG beeinflusst den Gewerbeertrag auf der Ebene der Gesellschaft. Die für natürliche Personen geltenden Regelungen des Teileinkünfteverfahrens (§ 3 Nr. 40, § 3c Abs. 2 EStG) kommen zur Anwendung, *soweit* an der Mitunternehmerschaft natürliche Personen unmittelbar oder mittelbar über eine oder mehrere Personengesellschaften beteiligt sind. Bei mehrstufigen Personengesellschaftsstrukturen ist daher ein Durchblick auf alle dahinter stehenden Gesellschafter erforderlich. Die für Körperschaften geltenden Regelungen (§ 8b KStG) sind laut Gesetzesformulierung „im Übrigen" anzuwenden, dh in allen Fällen, in denen weder unmittelbar noch mittelbar eine natürliche Person Mitunternehmer ist (FG Bln-Bbg 8 K 8034/21, BeckRS 2022, 34516). Der Gesellschafterbestand entscheidet also darüber, ob das Teileinkünfteverfahren oder § 8b KStG bei der Mitunternehmerschaft als Gewerbesteuerschuldnerin anzuwenden ist. Sofern es dafür auf weitere Merkmale ankommt, die über die Rechtsform hinausgehen, ist auf die Mitunternehmerschaft abzustellen (so für § 8b Abs. 7, 8 KStG), sofern nicht etwas anderes angeordnet wird wie zB in § 8b Abs. 4 S. 4 KStG für die Frage der erforderlichen 10 %-Beteiligung an der Kapitalgesellschaft (dazu Kühn DStR 2025, 549, dort auch zu den Folgen). Im Verfahren über die gesonderte und einheitliche **Gewinnfeststellung** der Mitunternehmerschaft (§ 180 Abs. 1 Nr. 2 AO) sind die Gewinnanteile unter Berücksichtigung der unterschiedlichen Steuerbefreiung den einzelnen Beteiligten zuzuordnen. Die Steuerfreistellungen (§ 3 Nr. 40 EStG, § 8b KStG) sind zwingend im Feststellungsverfahren der Mitunternehmerschaft zu berücksichtigen, die sog. Nettomethode ist daher der Grundsatz (BFH IV R 47/16, BStBl. II 2020, 142; FG Bln-Bbg 8 K 8034/21, BeckRS 2022, 34516), allerdings ist in Ausnahmefällen auch die Bruttomethode möglich (BFH X R 28/10, BStBl. II 2013, 444; Mann in Desens/Tappe § 7 Rn. 1017). Für den Gewerbeertrag der Personengesellschaft selbst ist der Nettobetrag maßgeblich (Rengers in Brandis/Heuermann KStG § 8b Rn. 406; Weiss in BeckOK GewStG § 7 Rn. 644). In einem eigenen Feststellungsverfahren ist gem. § 35 Abs. 2 EStG auch über die anteilige Anrechnung der zu zahlenden GewSt entsprechend dem allgemeinen Gewinnverteilungsschlüssel zu entscheiden → § 14 Rn. 10. In Organschaftsfällen, in denen eine Personengesellschaft Organträgerin ist und eine Kapitalgesellschaft einen nach § 8b Abs. 1 KStG steuerfreien Veräußerungserlös erzielt, findet § 7 S. 4 beim Organträger Anwendung. Zur Behandlung von Schachteldividenden im Organkreis s. BFH I R 39/14, BStBl. II 2015, 1052, Anm. Adrian BB 2015, 1113, zur Reaktion des Gesetzgebers auf das Urteil s. § 7a.

5. Kommunaler Querverbund (S. 5)

18 Durch das JStG 2009 v. 19.12.2008 (BGBl. 2008 I 2794) wurde mit Wirkung ab EZ 2009 S. 5 angefügt, der eine Verweisung auf einzelne Regelungen des KStG zum sog. kommunalen Querverbund enthält. Nach BFH I R 32/06, BStBl. II 2007, 961 ist die Übernahme einer dauerdefizitären Tätigkeit durch eine Kapitalgesellschaft einer juristischen Person des öffentlichen Rechts ohne schuldrechtlichen Verlustausgleich als verdeckte Gewinnausschüttung zugunsten der juristischen Person anzusehen. Die Gesetzesänderung soll die BFH-Rspr. kon-

terkarieren (s. BT-Drs. 16/10189, 69). § 7 S. 5 verweist auf § 8 Abs. 7 S. 1 Nr. 2 und Abs. 9 S. 1–3 KStG. Nach § 8 Abs. 7 S. 1 Nr. 2 KStG sind bei einer Kapitalgesellschaft die Rechtsfolgen einer verdeckten Gewinnausschüttung nicht bereits deshalb zu ziehen, weil sie ein Dauerverlustgeschäft ausübt, sofern die Mehrheit der Stimmrechte auf juristische Personen des öffentlichen Rechts entfällt und nachweislich ausschließlich diese Gesellschafter die Verluste aus Dauerverlustgeschäften tragen. Ein Dauerverlustgeschäft liegt vor, soweit aus verkehrs-, umwelt-, sozial-, kultur-, bildungs- oder gesundheitspolitischen Gründen eine wirtschaftliche Betätigung ohne kostendeckendes Entgelt unterhalten wird oder wenn das Geschäft bei einer Kapitalgesellschaft Ausfluss einer Tätigkeit ist, die bei juristischen Personen des öffentlichen Rechts zu einem Hoheitsbetrieb gehört (§ 8 Abs. 7 S. 2 KStG).

Bei derartigen Kapitalgesellschaften mit verschiedenen Tätigkeiten sind diese **19** nach § 8 Abs. 9 S. 1 KStG in **verschiedene Sparten** zu unterteilen. Ein negativer Gesamtbetrag der Einkünfte einer Sparte darf nicht mit einem positiven Gewerbeertrag aus einer anderen Sparte ausgeglichen werden (§ 7 S. 5 Hs. 2). Mit der Regelung wird bezweckt, Eigengesellschaften den Betrieben gewerblicher Art gleichzustellen, bei denen ein Verlustausgleich nur bei zusammenfassbaren Tätigkeiten nach § 4 Abs. 6 KStG möglich ist. Tätigkeiten, die bei einer juristischen Person des öffentlichen Rechts als Hoheitsbetrieb anzusehen sind, bilden jeweils eine gesonderte Sparte (§ 8 Abs. 9 S. 1 Nr. 1 KStG). Tätigkeiten, die nach § 4 Abs. 6 S. 1 KStG zusammenfassbar sind oder (Dauerverlust-)Tätigkeiten, die nicht aus „hoheitlichen" Dauerverlustgeschäften stammen, bilden je zusammenfassbarer Tätigkeit eine Sparte (§ 8 Abs. 9 S. 1 Nr. 2 KStG). Innerhalb einer Sparte ist zwischen verschiedenen Tätigkeiten ein Verlustausgleich möglich. Alle übrigen Tätigkeiten sind einer (einzigen) einheitlichen Sparte zuzuordnen (§ 8 Abs. 9 S. 1 Nr. 3 KStG). Bei Ermittlung des Gewerbeertrags der Kapitalgesellschaft sind folglich nur Sparten mit positivem Ergebnis heranzuziehen. Zu Einzelheiten s. Weitemeyer FR 2009; 1; Bracksiek FR 2009, 15; BMF 12.11.2009, BStBl. I 2009, 1303. Zur Zusammenfassung von Betrieben gewerblicher Art nach § 4 Abs. 6 S. 1 Nr. 2 KStG mittels eines Blockheizkraftwerks s. BMF 11.5.2016, BStBl. I 2016, 479, zur Vereinbarkeit des § 8 Abs. 7 KStG mit EU-Beihilferecht s. Hölzer FR 2019, 749 sowie Vorlagebeschluss BFH I R 18/19, DStR 2019, 2296, gegenstandslos nach Revisionsrücknahme.

6. Sondervergütungen im DBA-Recht (S. 6)

Durch das JStG 2009 wurde als Reaktion auf BFH I R 5/06, BStBl. II 2009, **20** 356 S. 6 mit einer Verweisung auf den ebenfalls neu geschaffenen § 50d Abs. 10 EStG angefügt (dazu näher Weiss in BeckOK GewStG § 7 Rn. 715). S. 6 ordnet die entsprechende Anwendung des § 50d Abs. 10 EStG für die Ermittlung des Gewerbeertrags auch für Zwecke der GewSt an, um die gewerbesteuerliche Erfassung von Sondervergütungen an ausländische Mitunternehmer so sicherzustellen, wie es dem deutschen Modell der Mitunternehmerbesteuerung entspricht. Dies erfordert, die Sondervergütung als Unternehmensgewinn anzusehen, der in einer inländischen Betriebsstätte anfällt, was durch § 50d Abs. 10 EStG erreicht werden soll. Der BFH hatte in dem genannten Urteil entschieden, dass auf Darlehenszinsen, die eine inländische Personengesellschaft an ihren in den USA ansässigen Gesellschafter zahlt, der Zinsartikel des DBA anzuwenden ist (Art. 11 DBA USA) und nicht die Regelung über gewerbliche Gewinne. Auch für andere DBA war die BFH-Entscheidung von weitreichenden Folgen. § 50d Abs. 10 EStG betrifft Sondervergütungen nach § 15 Abs. 1 S. 1 Nr. 2 S. 1 Hs. 2 und Nr. 3 Hs. 2 EStG im DBA-Recht. Nach § 50d Abs. 10 S. 1 EStG gelten zB die Zinsen, die eine inländische Personengesellschaft an einen im Ausland ansässigen Gesellschafter zahlt (Inbound-Fall), für Zwecke der Anwendung des DBA als inländische Unternehmensgewinne, sofern ein DBA keine ausdrückliche Regelung zur abkommensrechtlichen Behandlung solcher Sondervergütungen enthält (so zB Art. 7 Abs. 7 S. 2 DBA Österreich). § 50d Abs. 10 EStG verfehlte zunächst seinen Zweck, weil die dadurch bewirkte Umqualifizierung von Einkünften als Unternehmensgewinne noch nichts über die Zuordnung zu einer inländischen Betriebsstätte aussagte (BFH I R 74/09, BStBl. II 2014, 788 sowie I R 5/11, IStR 2012, 222; ebenso Boller/Schmidt IStR 2009, 852 mwN; aA Frotscher IStR 2009, 593; Hruschka DStR 2010, 1357). Der Gesetzgeber unternahm im AmtshilfeRLUmsG v. 26.6.2013 (BGBl. 2013 I 1809) einen weiteren Anlauf um sicherzustellen, dass Sondervergütungen, die in das Ausland geleistet werden, gewerbesteuerlich erfasst werden (s. Brandenberg DStZ 2015, 393). Seitdem wird die Sondervergütung der Betriebsstätte der Personengesellschaft zugerechnet, der auch der Aufwand für die der Sondervergütung zugrunde liegenden Leistung zuzuordnen ist, und zwar ausdrücklich ungeachtet der Regelungen des einschlägigen DBA über die Zuordnung von Vermögen zu einer Betriebsstätte (§ 50d Abs. 10 S. 3 EStG). Zugleich hat der Gesetzgeber den Anwendungsbereich auf Sondervergütungen an mittelbare Gesellschafter und nachträgliche Vergütungen erstreckt (§ 50d Abs. 10 S. 4 EStG). Zu weiteren Einzelheiten s. BMF 26.9.2014, BStBl. I 2014, 1258 Rn. 5. Die Neuregelung hat Rückwirkung für alle noch offenen Fälle (§ 52 Abs. 59a S. 10 EStG aF, § 36 Abs. 5 S. 2 GewStG aF). Der BFH sah darin eine unzulässige Rückwirkung (BFH I R 4/13, BStBl. II 2014, 791), musste seine Richtervorlage auf einen entsprechenden Hinweis des BVerfG wegen mangelnder Entscheidungserheblichkeit allerdings zurücknehmen (s. BVerfG 2 BvL 15/14, IStR 2025, 563). Die darin ebenfalls angesprochene Frage des treaty override wurde in einem anderen Verfahren dahin geklärt, dass dieser verfassungsrechtlich zulässig ist (BVerfG 2 BvL 1/12, DStR 2016, 359). § 50d Abs. 10 S. 8 EStG, der auf § 50d Abs. 9 S. 1 Nr. 1 EStG verweist, soll verhindern, dass wegen der Fiktion nach § 50d Abs. 10 S. 1 EStG die von einer ausländischen Personengesellschaft an einen inländischen Gesellschafter gezahlten Zinsen oder andere Sondervergütungen (Outbound-Fall) als ausländischer Unternehmensgewinn fingiert werden und Deutschland die Zinsen deshalb steuerfrei stellen müsste. Die gewerbesteuerliche Erfassung von Sondervergütungen in Outbound-Fällen erfordert eine inländische Betriebsstätte (Möllmann/Zantopp in WSMH § 7 Rn. 165). Die in § 50d Abs. 10 S. 5 EStG vorgesehene Vermeidung einer Doppelbesteuerung durch Anrechnung ausländischer Steuern kommt bei der GewSt nicht zum Tragen (s. Mössner IStR 2015, 204; krit. Möllmann/Zantopp in WSMH § 7 Rn. 164; zu neueren Entwicklungen der finanzgerichtlichen Rspr., die eine Anrechnung jedenfalls als Rechtsfolge aus einem einschlägigen DBA bejaht, s. Weiss in BeckOK GewStG § 7 Rn. 94, 745). Zur Anrechnung → § 4 Rn. 6. Gewerblich geprägte Personengesellschaften sind vom Anwendungsbereich des § 50d Abs. 10 EStG ausgenommen (S. 7 Nr. 1). Diese sind zwar vom Standpunkt des nationalen Rechts den originär gewerblichen Personengesellschaften gleichgestellt, sowohl im Hinblick auf Sondervergütungen als auch im Hinblick auf die Gewerbesteuer. Diesen Bruch nimmt der Gesetzgeber in Kauf, um sein Konzept der Personengesellschaftsbesteuerung im Übrigen international durchzusetzen, würde er doch ansonsten Sondervergütungen bei im Grunde vermögensverwaltenden Personengesellschaften als Unternehmensgewinne behandeln, ein Anspruch, der international erst Recht auf kein Verständnis stoßen dürfte. Aus Sicht der Gewerbesteuer wird mit der Vorschrift in § 7 S. 6 die Sondervergütung im Gewerbeertrag der Mitunternehmerschaft gehalten.

7. Hinzurechnungsbetrag nach § 10 Abs. 1 AStG (S. 7)

Mit Wirkung ab EZ 2017 (Art. 19 Abs. 2 BEPS-UmsG, → § 36 Rn. 5) wurde **21** dem § 7 ein S. 7 angefügt, der regelt, dass ein Hinzurechnungsbetrag, der aufgrund der Beteiligung an einer ausländischen Zwischengesellschaft entsteht und nach §§ 10 Abs. 1, 7 Abs. 1 AStG steuerpflichtig ist, in einer inländischen Betriebsstätte anfällt. Die Vorschrift stellt den Inlandsbezug solcher Einkünfte her (Fall der gesetzlichen Zuordnung der Einkünfte, s. Schiffers in WSMH § 7 Rn. 168; Weiss in BeckOK GewStG § 7 Rn. 795). Einkünfte aus ausländischen Betriebsstätten unterliegen nicht der GewSt (§ 2 Abs. 1 S. 1; Ausnahme → Rn. 22; zu ausländischen Betriebsstättenverlusten → Rn. 6). Die Gesetzesänderung ist eine Reaktion auf BFH I R 10/14, BStBl. II 2015, 1049. In dem Urteil hat der BFH entschieden, dass ein Hinzurechnungsbetrag für Zwischeneinkünfte nach § 10 Abs. 1 AStG zwar zum Gewerbeertrag nach § 7 S. 1 gehört, dass es sich allerdings um einen Gewerbeertrag handelt, der auf eine nicht im Inland belegene Betriebsstätte entfällt, sodass eine Kürzung nach § 9 Nr. 3 S. 1 geboten sei. Zunächst erließ die FVerw einen Nichtanwendungserlass (Oberste Finanzbehörden der Länder GLE 14.12.2015, BStBl. I 2015, 1090, aufgehoben durch GLE 4.2.2021, BeckVerw 507678 (Urteil anwendbar bis EZ 2016)). Im späteren Gesetzgebungsverfahren hieß es in der Gesetzesbegründung, das Urteil verkenne den Regelungsinhalt des § 9 Nr. 3 S. 1 (BT-Drs. 18/9536, 59). Der Gesetzgeber ist der Ansicht, dass es sich bei dem Hinzurechnungsbetrag von vornherein nicht um ausländische, sondern um inländische Einkünfte handelt. Er hat aus diesem Grund den Inlandscharakter in S. 7 feststellend und nicht als Fiktion formuliert (s. Adrian/Rautenstrauch/Sterner DStR 2017, 1457), anders als im ebenfalls angefügten S. 8 (→ Rn. 22). Die gewerbesteuerliche Einbeziehung des Hinzurechnungsbetrags nach § 10 Abs. 1 AStG wurde nicht in § 9 Nr. 3 S. 1, sondern in § 7 S. 7 geregelt, weil § 9 Nr. 3 S. 1 nur klarstellenden Charakter hat (→ § 9 Nr. 3 Rn. 1; BFH VIII R 72/02, BStBl. II 2010, 828) und nicht erstmals durch eine Gesetzesänderung konstitutive Wirkung erhalten sollte. Unterliegt der Hinzurechnungsbetrag nach § 10 Abs. 1 AStG der inländischen Besteuerung, verblieb für eine Kürzung nach § 9 Nr. 3 S. 1 kein Raum. Mit Wirkung vom EZ 2021 schließen § 9 Nr. 3 S. 1 Hs. 2 und § 9 Nr. 2 S. 2 in der Fassung des Gesetzes vom 25.6.2021 (BGBl. I 2035) die Kürzung für Einkünfte iSd § 7 S. 7 ausdrücklich aus (s. Weiss in BeckOK GewStG § 7 Rn. 796). Die Einbeziehung von Hinzurechnungsbeträgen wird als Verstoß gegen das **Territorialitätsprinzip** kritisiert (Roser in Lenski/Steinberg § 7 Rn. 411, ebenso Schiffers in WSMH § 7 Rn. 167). Mag die Regelung auch – wie vehement kritisiert wird – mit Grundsätzen des Gewerbesteuerrechts nicht vereinbar sein, so folgt daraus noch kein Verfassungsverstoß. Zum einen haben diese mehr oder weniger deutlichen Grundsätze als solche keinen Verfassungsrang. Zum anderen hat der Gesetzgeber die Funktion der Gewerbesteuer rechtsformabhängig so unterschiedlich gestaltet (→ Rn. 2), dass solche Grundsätze als Maßstab für eine mögliche Abweichung vom folgerichtigen Weg nicht immer hinreichend deutlich werden. Für die vom Gesetzgeber für besonders steuerwürdig gehaltenen

Einkünfte aus Zwischengesellschaften (§ 10 Abs. 1 AStG) stellt der Gesetzgeber vielmehr mit S. 7 die für zutreffend gehaltene Steuerbelastung erst her. S. 7 ist nämlich nur anwendbar, wenn die Beteiligung an der Zwischengesellschaft einem inländischen Gewerbebetrieb zuzuordnen ist (Drüen in Brandis/Heuermann § 7 Rn. 91a). Eine Hinzurechnung unterbleibt schließlich auch, wenn die Zwischengesellschaft ihren Sitz oder ihre Geschäftsleitung in einem Staat der EU oder des EWR hat und nachgewiesen wird, dass die Gesellschaft dort einer tatsächlichen wirtschaftlichen Tätigkeit nachgeht (§ 8 Abs. 2, 3 AStG). Zur Frage der Anrechnung ausländischer Steuern → Rn. 20. Eine Übergangsvorschrift für die erstmalige Anwendung des S. 7 war ursprünglich nicht vorgesehen; s. jetzt aber § 36 Abs. 3 S. 3. Die Vorschrift gilt damit ab dem EZ 2017 (so auch § 36 Abs. 5 S. 1 für § 9 Nr. 3 S. 1), s. Oberste Finanzbehörden der Länder GLE 4.2.2021, BeckVerw 507678. Dies ergab sich auch ohne Anwendungsregelung zuvor bereits aus allgemeinen Grundsätzen (ebenso FG BW 6 K 1775/16, IStR 2019, 107; → § 36 Rn. 8). Im Zuge der Umsetzung der globalen Mindeststeuer („Pillar Two") war geplant, § 7 S. 7–9 aufzuheben und die Gewerbesteuerpflicht des Hinzurechnungsbetrags abzuschaffen. Der Plan wurde nicht umgesetzt.

8. Hinzurechnung ausländischer Betriebsstättengewinne (S. 8)

22 Neben dem Hinzurechnungsbetrag nach § 10 Abs. 1 AStG für Beteiligungen an ausländischen Zwischengesellschaften iSd §§ 7, 8 AStG (→ Rn. 21) werden durch den neu gefassten S. 8 auch vergleichbare (passive) Einkünfte aus ausländischen Betriebsstätten in den Gewerbeertrag einbezogen. S. 8 fingiert Einkünfte, die in einer **ausländischen Betriebsstätte** anfallen, als in einer inländischen Betriebsstätte erzielt (gesetzliche Fiktion; anders dagegen S. 7, → Rn. 21), wenn sie nach den §§ 7–13 AStG steuerpflichtig wären, falls die Betriebsstätte eine ausländische Gesellschaft iS dieser Vorschriften wäre (passive Betriebsstätten-Einkünfte). Damit werden alle ausländischen Betriebsstätten-Einkünfte, die die Voraussetzungen für eine Hinzurechnung nach §§ 7 ff. AStG bei einer (gedachten) Zwischengesellschaft erfüllen (also niedrig besteuerte, passive Einkünfte einer von Inländern beherrschten Einheit), als in einer inländischen Betriebsstätte erzielter Gewerbeertrag erfasst. Passive Einkünfte sind Einkünfte, die nicht vom Aktivkatalog des § 8 AStG erfasst werden; ausländische Betriebsstätten-Einkünfte sind demnach nicht in den Gewerbeertrag einzubeziehen, wenn eine tatsächliche wirtschaftliche Tätigkeit iSd § 8 Abs. 2–4 AStG in einem EU/EWR-Staat nachgewiesen wird (zur tatsächlichen wirtschaftlichen Tätigkeit vgl. EuGH C-196/04, DStR 2006, 1686 – Cadbury Schweppes). Damit bleibt der „Gegenbeweis" nach diesen Grundsätzen für Zwecke der GewSt möglich. Die Einbeziehung sämtlicher passiver ausländischer Betriebsstätten-Einkünfte erfolgt **unabhängig von der abkommensrechtlichen Behandlung** dieser Einkünfte, also unabhängig davon, ob Deutschland nach dem einschlägigen DBA bereits das Besteuerungsrecht hat oder nicht (s. BT-Drs. 20/12780, 141: Klarstellung durch die Gesetzesänderung; s. Schiffers in WSMH § 7 Rn. 169). Wie S. 7 durchbricht S. 8 durch die Einbeziehung ausländischer Einkünfte in die Gewerbesteuer das **Territorialitätsprinzip.** Die Vorschrift wird daher als „systematisch verfehlt" und „bedenklich" kritisiert, auch weil eine Anrechnung der ausländischen Steuer auf die Gewerbesteuer grds. nicht möglich ist (Schiffers in WSMH § 7 Rn. 169; s. aber jüngst FG Berlin-Brandenburg 10 K 10106/23, DStR 2026, 524; Rev. BFH I R 2/26: entsprechende Anwendung des § 34 EStG und des § 26 KStG; ausführlich zur

Frage der Anrechnung Weiss in BeckOK GewStG § 7 Rn. 94 ff.; s. auch → § 4 Rn. 6). Letztlich handelt es sich jedoch um eine konsequente, zu S. 7 parallele Umsetzung der gesetzgeberischen Grundentscheidung, passive, niedrig besteuerte ausländische Einkünfte nicht nur einer besonderen Behandlung nach dem AStG zu unterziehen, sondern auch der GewSt zu unterwerfen. Ein Verfassungsbruch ist damit nicht verbunden (s. auch → Rn. 21). Die außensteuerrechtliche Schwesterregelung findet sich in § 20 Abs. 3 AStG, auf die S. 8 vor seiner letzten Änderung noch verwies. Durch das JStG 2024 (G. v. 2.12.2024, BGBl. I 2024 Nr. 387) wurde der Verweis auf § 20 Abs. 2 AStG gestrichen und ein direkter Verweis auf die Voraussetzungen der §§ 7–13 AStG eingefügt. S. 9 wurde dadurch entbehrlich und aufgehoben. Aufgrund dieser Abkoppelung von § 20 Abs. 2 AStG und gewissermaßen Verselbständigung der Voraussetzungen für ausländische Betriebsstätten ist ein besonderer Bezug auf die abkommensrechtliche Lage – wie er in § 20 Abs. 2 AStG für ertragsteuerliche Zwecke enthalten ist und in S. 8 aF für gewerbesteuerliche Zwecke zur Klarstellung enthalten war – entbehrlich geworden. S. 8 nF gilt wie im Ergebnis auch S. 8 aF (der wie S. 7 mit Wirkung ab EZ 2017 eingeführt wurde) unabhängig von der abkommensrechtlichen Beurteilung der Betriebsstätten-Einkünfte (s. oben). Inhaltlich dürfte durch die Neuformulierung keine Änderung eingetreten sein (Schiffers in WSMH § 7 Rn. 169b). Ausländische Verluste sind nicht nach S. 8 einzubeziehen, s. § 10 Abs. 1 S. 2 AStG iVm S. 8, wonach die Hinzurechnung bei einem negativen Betrag entfällt; für die frühere Fassung von S. 8 ergab sich dies aus § 20 Abs. 2 S. 1 Hs. 2 AStG. In Ergänzung zu S. 8 ist nach § 9 Nr. 2 S. 2 – wie nach § 9 Nr. 3 S. 1 – eine entsprechende Kürzung ausgeschlossen. Eine inländische Betriebsstätte wird durch S. 8 nicht fingiert, sodass es darauf ankommt, dass der inländische Steuerpflichtige einen inländischen Gewerbebetrieb unterhält (Drüen in Brandis/Heuermann § 7 Rn. 91c). S. 8 erfasst auch ausländische Personengesellschaften mit inländischen Gesellschaftern, denen sie eine (anteilige) ausländische Betriebsstätte vermitteln, und die nach dem Betriebsstättenprinzip besteuert werden (Schiffers in WSMH § 7 Rn. 169d). Die Fiktion des S. 8 gilt nur für die GewSt, nicht für die ESt/KSt (Drüen in Brandis/Heuermann § 7 Rn. 91c). Nach § 36 Abs. 3 S. 4 gilt die Neufassung des S. 8 rückwirkend, was unproblematisch ist, da es sich um eine Klarstellung handelt.

(frei) 23

9. Gewerbeertrag und Gründungsphase

Steuergegenstände des § 2 Abs. 1, dh **Personenunternehmen,** ebenso **Betriebe gewerblicher Art** von Körperschaften, deren Steuerpflicht in § 2 Abs. 1 geregelt ist, unterliegen der GewSt nur dann, wenn sie ihre **werbende Tätigkeit** aufgenommen haben (BFH IV R 21/13, BStBl. II 2017, 475). Die sachliche Gewerbesteuerpflicht beginnt erst, wenn alle tatbestandlichen Voraussetzungen eines Gewerbebetriebs erfüllt sind und der Gewerbebetrieb in Gang gesetzt worden ist (s. Behrens/Braun BB 2013, 926). Hat ein Betrieb noch keine werbende Tätigkeit aufgenommen, so ergeben sich daraus weder für die Gründungs- noch für die anschließende Abwicklungsphase gewerbesteuerliche Konsequenzen (BFH IV R 12/10, BStBl. II 2014, 1000). Während die ESt als Personensteuer sämtliche betrieblichen Vorgänge von der ersten Vorbereitungshandlung zur Eröffnung eines Betriebs an erfasst, ist Gegenstand der GewSt nur der auf den laufenden Betrieb entfallende, durch eigene gewerbliche Leistungen entstandene 24

Gewinn (BFH IV R 6/19, DStR 2022, 1419; IV R 52/09, BStBl. II 2011, 929; IV B 56/10, BFH/NV 2012, 266 zur GmbH & Co. KG). Dadurch können der einkommensteuerrechtliche und der gewerbesteuerrechtliche Betrieb auseinanderfallen (BFH X R 17/21, DStR 2023, 216; VIII R 30/90, BFH/NV 1993, 264; IV R 8/97, BStBl. II 1998, 478 zum Betriebsbeginn bei Betriebsaufspaltung; FG LSA 5 K 1712/08, EFG 2011, 258 rkr. – mehrjährige Errichtung eines Wasserkraftwerks; s. auch Weiss in BeckOK GewStG § 7 Rn. 293). Dies gilt auch, wenn es sich um den Betrieb einer Personengesellschaft handelt, auf die S. 2 Anwendung findet; auch in diesem Fall beginnt die sachliche GewSt-Pflicht erst, wenn der **Betrieb in Gang gesetzt** worden ist (BFH IV R 54/10, BStBl. II 2012, 927, Anm. Wendt FR 2013, 298; Behrendt/Scheewe/Lache DB 2013, 249; Neu/Hamacher FR 2013, 843). Zu Einzelheiten → § 2 Rn. 565 f.; krit. zur Nichtabziehbarkeit vorab entstandener Betriebsausgaben Hidien StBp 2008, 125; Roser Ubg 2015, 582; Schiffers in WSMH § 7 Rn. 25; zu Vermeidungsstrategien Köhler StBp 2016, 66. Ein vor Betriebseröffnung in Anspruch genommener § 7g EStG-Abzug wirkt sich gewerbesteuerlich nicht aus (BFH IV R 38/12, BFH/NV 2015, 984). Ist ein Investitionsabzugsbetrag nach § 7g EStG bereits vor der gewerbesteuerrechtlichen Betriebseröffnung gebildet worden, ist er bei Auflösung aus Billigkeitsgründen nicht in den Gewerbeertrag einzubeziehen (Oberste Finanzbehörden der Länder GLE 26.1.2011, BStBl. I 2011, 152). Vorbereitungsmaßnahmen sind gewerbesteuerrechtlich unbeachtlich, sofern sie nicht über das erforderliche und übliche Maß hinausgehen (BFH IV R 49/15, DStR 2017, 1428). Die möglicherweise voneinander verschiedenen Zeitpunkte der einkommensteuerrechtlichen bzw. gewerbesteuerrechtlichen Betriebseröffnung verlangen unterschiedliche Einlagewerte iSd § 6 Abs. 1 Nr. 5 EStG für die ESt einerseits und die GewSt andererseits (vgl. auch Wacker in Schmidt EStG § 15 Rn. 130; Glanegger FR 1990, 469; BFH IV R 5/02, BStBl. II 2004, 464; aA Drüen in Brandis/Heuermann § 7 Rn. 138). Aus diesem Grunde sind – allerdings nicht sehr häufig – für die Zwecke der ESt und die der GewSt eigenständige Bilanzenzusammenhänge zu beachten (BFH IV R 9/73, BStBl. II 1977, 472; aA Schnitter in Frotscher/Drüen § 7 Rn. 44). Auch hinsichtlich der **Betriebsunterbrechung** deckt sich das Einkommensteuerrecht nicht mit dem Gewerbesteuerrecht. Es gibt keinen ruhenden Gewerbebetrieb im Gewerbesteuerrecht (BFH IV R 59/16, BStBl. II 2020, 147). Der **zeitanteilige Gewerbeertrag** kann unter Verzicht auf eine gewerbesteuerrechtliche Bilanz rechnerisch ermittelt werden (BFH VIII R 271/81, BStBl. II 1986, 528). Die zB saisonal bedingte Betriebsunterbrechung hebt die Gewerbesteuerpflicht nicht auf (vgl. § 2 Abs. 4). Andererseits bedeutet die einkommensteuerrechtlich als Betriebsunterbrechung zu wertende **Betriebsverpachtung** (Verpächter-Wahlrecht) gewerbesteuerrechtlich eine Betriebseinstellung, ohne allerdings für die GewSt eine Auflösung sämtlicher stiller Reserven zu bewirken (→ Rn. 100). Kommt es durch eine Verpachtung zur gewerbesteuerlichen Betriebseinstellung (vgl. BFH IV R 8/17, BStBl. II 2020, 401), so können sich ebenfalls die einkommensteuerrechtlichen und gewerbesteuerrechtlichen Bilanzansätze unterschiedlich entwickeln. Sonder-AfA wie die des § 82f EStDV, die nicht pro rata temporis, sondern für den VZ oder EZ gewährt wird, kann der Steuerpflichtige aber auch dann in vollem Umfange in Anspruch nehmen, wenn während des Jahres ein solches Ruhen des Gewerbebetriebs eintritt. Das Bewertungswahlrecht ist dann ebenso für die GewSt erst bei der Erstellung der Bilanz auszuüben (BFH VIII R 271/81, BStBl. II 1986, 528).

Bei **Kapitalgesellschaften** treten diese Besonderheiten nicht auf. Der Steuergegenstand der Kapitalgesellschaft entsteht im Allgemeinen mit der Eintragung der Gesellschaft, bei Gründungsgesellschaften mit deren geschäftlichem Hervortreten nach außen, wenn die Eintragung in das Handelsregister nachfolgt (BFH I R 98/87, BStBl. II 1990, 1073; → § 2 Rn. 470). Eine sog. Vorgesellschaft kann jedoch gewerbesteuerpflichtig sein, wenn sie vor der Eintragung Tätigkeiten ausübt, die über Vorbereitungsmaßnahmen hinausgehen (BFH I R 81/15, BStBl. II 2017, 1071; krit. zu diesen zusätzlichen Anforderungen Lamprecht in Desens/Tappe § 7 Rn. 685). Die erweiterte gewerbesteuerliche Berücksichtigung von Vorbereitungskosten kann die Wahl der Rechtsform einer Kapitalgesellschaft daher vorteilhafter machen (Lamprecht in Desens/Tappe § 7 Rn. 682). Vergleichbare Grundsätze gelten auch für Genossenschaften und für Versicherungs- und Pensionsfondsvereine auf Gegenseitigkeit. Eine vorübergehende Einstellung des Steuergegenstandes in der Form einer Betriebsverpachtung kommt danach nicht in Betracht. Zur gewerblich geprägten Personengesellschaft, Organschaft und zum wirtschaftlichen Geschäftsbetrieb der sonstigen juristischen Personen → § 2 Rn. 582, 584a, 585. Bei einer **gewerblich geprägten, vermögensverwaltenden Personengesellschaft** beginnt die Gewerbesteuerpflicht mit der Aufnahme der vermögensverwaltenden Tätigkeit, bei einer GmbH & Co. KG mit **originär** gewerblicher Tätigkeit erst mit der Aufnahme einer solchen Tätigkeit (BFH IV R 13/20, DStR 2022, 2202; s. Specker in BeckOK GewStG § 2 Rn. 1315 ff.). Die Grundsätze für gewerblich geprägte, vermögensverwaltende Personengesellschaften gelten nicht für Obergesellschaften, da diese gem. § 15 Abs. 1 S. 1 Nr. 2 EStG originär gewerbliche Einkünfte erzielen; hier ist auf den Beginn der werbenden Tätigkeit der Untergesellschaft abzustellen (BFH IV R 1/13, BStBl. II 2017, 489). 25

10. Gewerbeertrag und Betriebsbeendigung

a) Besteuerung des tätigen Betriebs. Das Gewerbesteuerrecht stellt hinsichtlich der Gewerbesteuergegenstände des § 2 Abs. 1 **(Personenunternehmen, Betriebe der öffentlichen Hand)** auf das vorhandene werbende Unternehmen ab (→ Rn. 24). Danach richtet sich auch der Zeitpunkt, ab dem der Betrieb gewerbesteuerrechtlich nicht mehr existent ist und deshalb nicht mehr besteuert werden kann. Für das Ende der sachlichen Steuerpflicht ist somit grds. auf die werbende Tätigkeit abzuheben (→ § 2 Rn. 568). Dies gilt sowohl für natürliche Personen (s. BFH IV R 60/11, BFH/NV 2013, 410) als auch für Personengesellschaften. Eine GmbH & Co. KG ist nach Einstellung ihrer werbenden Tätigkeit nicht mehr gewerbesteuerpflichtig. Eine Betriebseinstellung liegt ua dann vor, wenn die Personengesellschaft nicht mehr nach außen tätig wird (→ § 2 Rn. 570a). Dagegen unterliegen **Kapitalgesellschaften** stets der GewSt, auch in der Abwicklungsphase (→ § 2 Rn. 474). In diesen Fällen ist der Gewerbeertrag nach § 16 Abs. 1 GewStDV auf die Jahre des Abwicklungszeitraums zu verteilen. Ob ein Einzelunternehmen oder eine Personengesellschaft in der **Liquidationsphase** ausnahmsweise werbend tätig wird, hängt vom Einzelfall ab (vgl. hierzu auch BFH I 5/61 U, BStBl. III 1961, 517; → § 2 Rn. 575). Nach anderer Ansicht stellt ein Unternehmen in Liquidation schlechthin keinen werbenden Betrieb mehr dar (Woltmann DB 1987, 2008). Die Auflösung einer Personenhandelsgesellschaft bewirkt zwar regelmäßig nicht die handelsrechtliche Vollbeendigung der Gesellschaft, im Allgemeinen aber das Ende der werbenden Tätigkeit der Gesellschaft und den Beginn der Liquidation (BFH VIII R 43/84, BStBl. II 1986, 136). 26

27 **b) Veräußerungs-/Aufgabegewinn bei natürlichen Personen und Personengesellschaften.** Aufgrund des Wesens der GewSt als einer auf den tätigen Betrieb bezogenen Sachsteuer (→ Rn. 2) wirken sich zum einen vorweggenommene, vorab entstandene Betriebsausgaben nicht aus, zum anderen sind am Ende des Lebenszyklus eines von einem Einzelunternehmer oder einer Personengesellschaft getragenen Gewerbebetriebs Veräußerungs- und Aufgabegewinne – vorbehaltlich des § 7 S. 2 – aus dem Gewerbeertrag auszuscheiden (BFH IV R 40/22, DStR 2025, 1577; BFH IV R 9/23, DStRE 2025, 1237; BFH X R 17/21, DStR 2023, 216). Folglich sind für die Ermittlung des Gewerbeertrags Betriebseinnahmen und Betriebsausgaben auszunehmen, die nicht mit der Unterhaltung eines laufenden Gewerbebetriebs zusammenhängen (GewStR 7.1 Abs. 3 S. 2). **Gewinne,** die der **Beendigung der werbenden Tätigkeit zuzuordnen** sind, gehören daher bei Personenunternehmern nicht zum Gewerbeertrag iSd § 7 S. 1 (BFH IV R 6/19, DStR 2022, 1419; auch → Rn. 69a). Infolgedessen sind die einkommensteuerlichen Vorschriften über die Aufgabe und Veräußerung eines (Teil-)Betriebs für die GewSt nicht anzuwenden, also § 16 Abs. 1 S. 1 Nr. 1 S. 1, Nr. 2, Nr. 3 und Abs. 3 S. 1 EStG (GewStR 7.1 Abs. 3 S. 1). Zum Veräußerungs- und Aufgabegewinn bei Personengesellschaften auch → Rn. 113 ff., zur Veräußerung von Mitunternehmeranteilen → Rn. 124 ff. sowie zur Anwendung des § 7 S. 2 → Rn. 127 ff. Von dem ausschließlich nach den Vorschriften des § 2 Abs. 1 zu beurteilenden Bestehen des Steuergegenstands ist die Frage zu unterscheiden, ob der aus der Aufgabe (Veräußerung) eines **Betriebs (Teilbetriebs)** erzielte Gewinn Gewerbeertrag iSd § 7 ist. Diese Differenzierung ist nicht nur theoretischer Natur. Eine Betriebsaufgabe oder eine Teilbetriebsaufgabe kann sich auch im Rahmen eines noch werbenden Unternehmens vollziehen. In der Vergangenheit wurde nicht immer scharf genug unterschieden und die Gewerbesteuerfreiheit von Veräußerungs- bzw. Betriebsaufgabegewinnen damit begründet, dass – anders als bei der ESt – Vorgänge nach Beendigung der werbenden Tätigkeit den Gewerbeertrag nicht beeinflussen können (BFH I R 217/69, BStBl. II 1972, 470). Dies trifft indessen nicht den Kern der Frage. Zwar lässt sich bei einer in einem einheitlichen Vorgang vollzogenen Betriebsaufgabe die Wertung vertreten, der Aufgabegewinn sei nicht mehr als letzter Akt des werbenden Betriebs aufzufassen (BFH I 78/61 S, BStBl. III 1962, 438). Aber schon bei der Aufgabe und Veräußerung von Teilbetrieben iSv § 16 Abs. 1 S. 1 Nr. 1, Abs. 3 EStG, deren Ertrag ebenfalls nicht der GewSt unterliegt (→ Rn. 66), muss auf eine andere Begründung zurückgegriffen werden. Denn diese Vorgänge vollziehen sich unzweifelhaft im Rahmen des Gesamtbetriebs, dh in einem werbenden Unternehmen. Entscheidend für die Abgrenzung, ob Geschäftsvorfälle zu einem gewerbesteuerpflichtigen laufenden Gewinn oder zu einem gewerbesteuerfreien Aufgabe- oder Veräußerungsgewinn führen, ist daher nicht, ob sie vor oder nach dem Zeitpunkt der Einstellung der werbenden Tätigkeit erfolgen, also kein zeitlicher Zusammenhang. Zum einen sind Gewinne aus der Aufgabe oder Veräußerung eines Betriebs (Teilbetriebs) kein Gewerbeertrag iSd § 7 S. 1, wenn die Voraussetzungen einer Betriebsaufgabe oder Betriebsveräußerung iSd § 16 EStG erfüllt sind (BFH VIII R 13/94, BStBl. II 1994, 809). Sind diese Voraussetzungen im Einzelfall nicht erfüllt (zB allmähliche Abwicklung) und wird das Unternehmen noch weiterhin werbend tätig, so fällt GewSt an (vgl. BFH VI 336/62 U, BStBl. III 1964, 248). Darüber hinaus sind Geschäftsvorfälle, auch wenn sie einkommensteuerrechtlich keinen Veräußerungs- oder Aufgabegewinn in diesem Sinne darstellen und der Tatbestand des § 16 EStG nicht erfüllt ist, aus dem Gewerbeertrag auszuscheiden,

wenn sie in einem unmittelbaren sachlichen Zusammenhang mit der Betriebsveräußerung oder Betriebsaufgabe stehen (s. auch Weiss in BeckOK GewStG § 7 Rn. 469). Das kann neben dem Wegfall des Steuergegenstandes (und damit der persönlichen Steuerpflicht des bisherigen Betriebsinhabers) auch der Fall sein, wenn noch ein Betrieb fortbesteht, der indes mit dem bisherigen Betrieb wirtschaftlich nicht identisch ist (s. Desens/Tappe, Steuerrecht, Rn. 1360). Das betrifft Fälle, in denen ein Einzelunternehmer oder eine fortbestehende (nicht aufgelöste) Personengesellschaft ihre geschäftliche Tätigkeit grundlegend ändert und mithin einen neuen Betrieb eröffnet (Franke in WSMH § 7 Rn. 68). Ob der bisherige werbende Betrieb eingestellt und ggf. ein neuer Gewerbebetrieb in Gang gesetzt wird, bestimmt sich danach, ob der „bisherige" und der „neue" Betrieb bei wirtschaftlicher Betrachtung und nach der Verkehrsauffassung identisch sind (BFH IV R 6/19, DStR 2022, 1419). Veräußerungsgewinne sind daher – selbst für den Fall, dass einkommensteuerrechtlich keine begünstigte Veräußerung oder Aufgabe gegeben ist – bei der Ermittlung des Gewerbeertrags auszuscheiden, wenn die Veräußerung zu einer endgültigen Einstellung der gewerblichen Tätigkeit des Veräußerers führt (so BFH IV R 6/19, DStR 2022, 1419; auch → Rn. 69a; s. auch Weiss BeckOK GewStG § 7 Rn. 469). Ebenso wenig unterliegen Ausgleichszahlungen anlässlich einer Realteilung mit Spitzenausgleich der GewSt, obwohl der Vorgang nicht nach §§ 16, 34 EStG begünstigt ist (BMF 19.12.2018, BStBl. I 2019, 6 Rn. 18); zur Realteilung → Rn. 119.

Geschäftsvorfälle bei Veräußerung/Aufgabe, die gewerbesteuerpflichtig sind. Bestimmte Geschäftsvorfälle können allerdings – abweichend zu dem in → Rn. 27 Gesagten – zu einem laufenden Gewinn und damit zu einem gewerbesteuerpflichtigen Gewerbeertrag führen, obwohl sie auch in einem Zusammenhang zu einer Veräußerung oder Aufgabe eines Betriebes stehen. Der Grundsatz, dass die Veräußerung/Aufgabe eines Betriebs oder eines Mitunternehmeranteils (→ Rn. 124 ff.) wegen des Objektsteuercharakters der GewSt steuerfrei ist, gilt nicht uneingeschränkt. So führen Geschäftsvorfälle im Zusammenhang mit einer Betriebsaufgabe, die im Wesentlichen auf einer Fortführung der bisherigen unternehmerischen Tätigkeit beruhen, zu laufendem Gewinn (BFH IV R 30/13, BStBl. II 2019, 591; X R 22/13, BStBl. II 2016, 95). Ebenso wie im Einkommensteuerrecht ist der Gewinn aus der Veräußerung eines Betriebs oder eines Mitunternehmeranteils, soweit er auf **Grundstücke des Umlaufvermögens** (eines gewerblichen Grundstückshändlers) entfällt, nach BFH IV R 3/05, BStBl. II 2007, 777 auch im Gewerbesteuerrecht nicht steuerfrei (Günters FR 2008, 867; krit. Küspert DStR 2007, 746). Der BFH leitet dies aus der Überlegung ab, dass die Veräußerung von Grundstücken des Umlaufvermögens anlässlich einer Betriebsaufgabe mit Rücksicht auf den Wert der Vorräte (Grundbesitz) auf keinen im Vorhinein bestimmten Abnehmerkreis trifft und deshalb zur laufenden unternehmerischen Tätigkeit gehört und nicht begünstigt ist (BFH VIII R 65/02, BStBl. II 2006, 160; Lamprecht in Desens/Tappe § 7 Rn. 501). Daher ist der Gewinn aus der Veräußerung/Aufgabe von Anteilen an einer Personengesellschaft, die Grundstückshandel betreibt, laufender Gewinn, soweit er auf Grundstücke des Umlaufvermögens entfällt (BFH IV R 3/05, BStBl. II 2007, 777; IV R 69/04, BStBl. II 2010, 973). Entsprechendes gilt für die Einbringung eines Grundstückshandelsbetriebs in eine GmbH (BFH X R 36/06, BStBl. II 2010, 171) sowie für den Einbringungsgewinn von Mitunternehmeranteilen an einer den gewerblichen Grundstückshandel betreibenden Personengesellschaft in eine GmbH (BFH I R 21/ 28

10, BFH/NV 2011, 258). Auch soweit der Gewinn auf Grundstücke entfällt, die zuvor in eine Mitunternehmerschaft eingebracht worden sind, unterliegt er der GewSt (BFH X R 22/13, BStBl. II 2016, 95). Der Gewinn aus der Veräußerung von Anteilen an einer vermögensverwaltenden, gewerblich geprägten Grundstücksgesellschaft ist grundsätzlich nicht gewerbesteuerbar, wohl aber wenn diese aufgrund gewerblichen Grundstückshandels zu einer originär gewerblich tätigen Personengesellschaft wird und Grundstücke im Umlaufvermögen hält, soweit der Gewinn auf Grundstücke des Umlaufvermögens entfällt (BFH X R 39/07, BFH/NV 2012, 16). Ansonsten gehört die Veräußerung des Umlaufvermögens grds. zur begünstigten Betriebsveräußerung, wenn sie im Rahmen der Aufgabe des Betriebes erfolgt, aber zB nicht bei einem Räumungsverkauf an den bisherigen (gleichen) Kundenkreis, der noch im Rahmen des laufenden Betriebes erfolgt (BFH VIII R 316/82, BStBl. II 1989, 602). Der im Zuge einer Betriebsaufgabe auf Anlagevermögen entfallende Gewinn kann gewerbesteuerpflichtig sein, wenn die **Veräußerung von Anlagevermögen zum Geschäftskonzept** gehört und damit Bestandteil der Kalkulation ist (BFH IV R 18/11, BStBl. II 2013, 910). Zur Abgrenzung von Anlage- und Umlaufvermögen bei einer Betriebsaufgabe → Rn. 75. Aus § 7 S. 2 Nr. 2, der die Gewerbesteuerpflicht von Anteilsveräußerungen regelt, soweit der Gewinn nicht auf eine unmittelbar beteiligte natürliche Person entfällt, lässt sich somit nicht im Umkehrschluss folgern, dass in allen anderen Fällen von Anteilsveräußerungen keine GewSt anfällt.

29 **Gewerbesteuerfreie Veräußerungserträge auch ohne Auflösung aller wesentlichen stillen Reserven.** Die gewerbesteuerrechtliche Beurteilung, dass bestimmte Gewinne aus der Veräußerung/Aufgabe des Gewerbebetriebs nicht gewerbesteuerpflichtig sind, erfolgt unabhängig davon, dass zB einkommensteuerrechtliche Vorschriften die Aufdeckung stiller Reserven verlangen. Die gewerbesteuerrechtliche Beurteilung folgt einer anderen Logik als die einkommensteuerrechtliche, die die Begünstigung des Vorgangs an Bedingungen knüpft, die vor dem Hintergrund des Objektsteuercharakters der GewSt irrelevant sind (Franke in WSMH § 7 Rn. 57 f.). Für die gewerbesteuerliche Nichterfassung von Veräußerungsgewinnen kommt es daher – anders als im Bereich der Einkommensteuer – nicht notwendigerweise darauf an, dass alle stille Reserven aufgedeckt werden (BFH IV R 6/19, DStR 2022, 1419; auch → Rn. 69a). BFH IV R 93/85, BStBl. II 1988, 374 verzichtet etwa für die gewerbesteuerfreie Betriebsveräußerung in einem Einbringungsfall nach § 24 UmwStG 1977 auf die Auflösung der wesentlichen stillen Reserven und sieht in der damit verknüpften Entnahme unwesentlicher Betriebsgrundlagen einen gewerbesteuerfreien Ertrag. Diese funktionale Sicht der Betriebsveräußerung, die das Tatbestandsmerkmal des § 16 EStG von Merkmalen der Steuerbegünstigung nach § 34 EStG befreit (→ Rn. 69; zur Abgrenzung s. BFH I R 184/87, BStBl. II 1992, 406), gilt auch für die nach § 16 Abs. 3 EStG gleichwertige Betriebsaufgabe (BFH VIII R 13/94, BStBl. II 1994, 809). Die Merkmale, unter denen das Gesetz fortgeführte stille Reserven beim Steuerpflichtigen oder Nachfolger gestattet (s. hierzu BMF 20.11.2019, BStBl. I 2019, 1291), sind nicht negative Merkmale der Betriebsveräußerung oder -aufgabe, sondern durchbrechen den Grundsatz, dass die Betriebsveräußerung oder -aufgabe eine Gewinnzwangsrealisation nach sich zieht (§ 16 Abs. 2 S. 2 und Abs. 3 S. 6 und 7 EStG; ebenso BFH III R 23/89, BStBl. II 1994, 709; s. dazu auch Glanegger FR 1990, 469). Auch die Veräußerung (Aufgabe) eines **Mitunternehmeranteils** ist – soweit der Veräuße-

rungs-/Aufgabegewinn auf eine natürliche Person entfällt (→ Rn. 127) – gewerbesteuerfrei, selbst wenn die Beteiligung im Betriebsvermögen gehalten wird (BFH I 78/61 S, BStBl. III 1962, 438). Die Vorschrift des § 16 Abs. 2 S. 3 EStG – teilweise Identität von Betriebsveräußerer und -erwerber – gilt auch gewerbesteuerrechtlich (BFH VIII R 7/01, BStBl. II 2004, 754; IV R 59/11, BFH/NV 2015, 520). Es handelt sich um eine Vorschrift zur Verhinderung von Missbrauch. Sie ist auch anwendbar, wenn eine Kapitalbeteiligung aus dem Sonderbetriebsvermögen an die Mitunternehmerschaft veräußert wird (BFH IV R 4/13, BStBl. II 2016, 544, Anm. Nöcker FR 2016, 478).

c) Veräußerungs-/Aufgabegewinn bei Kapitalgesellschaften uÄ. Bei Kapitalgesellschaften, Genossenschaften sowie bei Versicherungs- und Pensionsfondsvereinen auf Gegenseitigkeit rechnen Gewinne aus der Veräußerung/Aufgabe von Betrieben und Teilbetrieben zum Gewerbeertrag (BFH I R 27/01, BStBl. II 2002, 155; I R 104/00, BFH/NV 2002, 535; FG Brem 1 K 20/20, BeckRS 2022, 36730, bestätigt durch BFH III R 38/22, DStR 2026, 791; GewStH 7.1 Abs. 4; s. auch Weiss in BeckOK GewStG § 7 Rn. 479; zur Kritik → § 2 Rn. 475). Denn die Gewerbesteuerpflicht solcher Körperschaften knüpft allein an die Rechtsform an (§ 2 Abs. 2). Veräußerten diese Körperschaften allerdings einen Anteil an einer Personengesellschaft, so unterlag dieser Gewinn nach der bis einschließlich 2002 geltenden Rechtslage auch bei ihnen nicht der GewSt. Denn die mitunternehmerische Tätigkeit des Gesellschafters endete mit der Veräußerung des Anteils (s. BFH IV R 40/22, DStR 2025, 1577). Dies galt auch für den Übertragungsgewinn aus der Aufdeckung stiller Reserven in einer Beteiligung anlässlich der Umwandlung einer Kapitalgesellschaft in eine Personengesellschaft (BFH I R 92/86, BStBl. II 1990, 699). Er zählte zum Betriebsergebnis der Mitunternehmerschaft und war bei dieser gewerbesteuerfrei (BFH I 78/61 S, BStBl. III 1962, 438), ebenso Gewinne aus der Veräußerung sog. einbringungsgeborener Anteile an einer Personengesellschaft, auch wenn Einbringender eine Kapitalgesellschaft war, bei der die Veräußerung des Betriebs oder Mitunternehmeranteils gewerbesteuerpflichtig gewesen wäre (BFH I R 89/95, BStBl. II 1997, 224). Ab EZ 2002 gehört nach § 7 S. 2 auch der Gewinn aus der Veräußerung/Aufgabe des Betriebs oder eines Teilbetriebs einer Mitunternehmerschaft sowie eines Mitunternehmeranteils und des Anteils eines persönlich haftenden Gesellschafters einer Kommanditgesellschaft auf Aktien zum Gewerbeertrag, soweit er **nicht** auf eine **unmittelbar** beteiligte **natürliche Person** entfällt. Hierdurch soll verhindert werden, dass Kapitalgesellschaften Betriebe, Teilbetriebe und nach der Neuregelung des § 6 Abs. 5 S. 3 EStG auch Einzelwirtschaftsgüter gewerbesteuerfrei veräußern, indem sie diese zunächst steuerneutral in eine Personengesellschaft einbringen und dann die Mitunternehmeranteile gewerbesteuerfrei veräußern. Der entsprechende Gewerbeertrag wird auf der Ebene der Mitunternehmerschaft erfasst, deren Anteile veräußert werden. Der Veräußerungsgewinn fällt mithin nicht in den Gewerbeertrag der Kapitalgesellschaft als Mitunternehmerin, die ihren Anteil an der Mitunternehmerschaft veräußert (→ § 9 Nr. 2 Rn. 6a). Der Veräußerungsgewinn unterliegt daher auch nicht (auch nicht teilweise) der Kürzung nach § 9 Nr. 2 (BFH IV R 40/22, DStR 2025, 1577; BFH IV R 9/23, DStRE 2025, 1237). Schuldnerin der Gewerbesteuer ist die Mitunternehmerschaft (§ 5 Abs. 1 S. 3). 30

Die **Liquidation** einer Kapitalgesellschaft, deren Anteile zu 100 % zu einem Betriebsvermögen des Anteilseigners gehören, ist der Aufgabe eines Teilbetriebs 31 gleichgestellt (BFH IV R 75/87, BStBl. II 1991, 624; III R 13/13, BStBl. II 2016, 468, s. § 16 Abs. 1 S. 1 Nr. 1 S. 2 EStG). Der Aufgabegewinn, zu dem unter Geltung des Anrechnungsverfahrens auch die anzurechnende KSt gehört hatte, ist begünstigt (BFH VIII R 2/93, BStBl. II 1995, 705). Der Freibetrag nach § 16 Abs. 4 EStG aF, der noch nicht in vollem Umfang vom Lebensalter oder von der Berufsunfähigkeit des Steuerpflichtigen abhängig war, war als sachliche Steuerbefreiung bei der Liquidation einer Kapitalgesellschaft auch gewerbesteuerlich zu berücksichtigen (BFH I R 33/90, BStBl. II 1992, 437). Die allmähliche **Abwicklung** (→ Rn. 93) unterliegt bei den Steuergegenständen des § 2 Abs. 2 in jedem Fall der GewSt.

32 Der Gewinn aus der Veräußerung einer zum Betriebsvermögen zählenden Beteiligung an einer inländischen Kapitalgesellschaft iSv § 2 Abs. 2 gehörte vor Einführung des Halb-/Teileinkünfteverfahrens zum Gewerbeertrag (BFH I R 27/01, BStBl. II 2002, 155), auch soweit es sich um Beteiligungen im Sonderbetriebsvermögen II handelte (BFH IV R 54/04, BStBl. II 2008, 742). Erzielt eine Kapitalgesellschaft Erträge aus der **Veräußerung von Anteilen an anderen Kapitalgesellschaften,** sind diese nunmehr nach § 8b Abs. 2 KStG steuerfrei, sofern es sich nicht um Streubesitz handelt (§ 8b Abs. 4 S. 1 KStG). Dies gilt nach § 8b Abs. 2 S. 3 KStG auch für Erträge aus der Auflösung, der Herabsetzung des Nennkapitals oder dem Wertansatz nach § 6 Abs. 1 Nr. 2 S. 3 EStG (= Wertaufholungsgewinne aus vorangegangenen Teilwertabschreibungen; zur Ausnahme von der Steuerfreiheit in diesem Fall s. § 8b Abs. 2 S. 4 KStG). Nach § 8b Abs. 6 KStG gilt die Freistellung auch, soweit einer Körperschaft die vorgenannten Erträge im Rahmen eines Gewinnanteils aus einer Mitunternehmerschaft zugerechnet werden.

33 Vor der Einfügung des ab EZ 2004 anzuwendenden § 7 S. 4 (→ Rn. 16) war ungeklärt, ob § 8b Abs. 6 KStG auch für Zwecke der GewSt gilt (s. Dieterlen/Schaden BB 2000, 2492 (2496); bejahend Bogenschütz/Striegel DB 2000, 2547; Crezelius DB 2001, 221 (225); abl. Bergemann DStR 2000, 1410; Köster FR 2000, 1263 (1269); Seifried DStR 2001, 240 (244); s. auch Gosch in Gosch KStG § 8b Rn. 539 f.). § 7 S. 4 verweist ausdrücklich auf § 8b KStG, somit auch auf dessen Abs. 6.

34 Die **gewerblich geprägte Personengesellschaft** kann einer Kapitalgesellschaft nicht gleichgestellt werden (ähnl. BFH IV R 25/79, BStBl. II 1982, 707; → § 2 Rn. 582). Nach Tätigkeitseinstellung kann bei ihr kein Gewerbeertrag mehr anfallen.

35 Bei einer **Partenreederei** gilt ab 1.1.1994 der Veräußerungsgewinn nach § 16 Abs. 2 S. 3 EStG insoweit als laufender Gewinn, als an der Käuferin einer der Partenreeder beteiligt ist.

36 **d) Gewerbesteuerrechtliche Betriebseinstellung ohne einkommensteuerrechtliche Betriebsaufgabe.** Die Differenzierung zwischen einkommensteuerrechtlicher Betriebsaufgabe und gewerbesteuerrechtlicher Betriebseinstellung (s. noch → Rn. 80) führt zu einer **eigenständigen gewerbesteuerlichen Gewinnermittlung,** wenn der Steuergegenstand des Gewerbesteuerrechts seine Beendigung findet, **einkommensteuerrechtlich** dagegen von einem fortgesetzten Betrieb auszugehen ist. Damit sind nicht nur die Sachverhalte gemeint, bei denen – etwa bei der Betriebsverpachtung (→ Rn. 80, 100) – einkommensteuerrechtlich das gewerbliche Unternehmen im Gegensatz zum gewerbesteuerrechtlichen Steuergegenstand fortbesteht, sondern auch jene des

Strukturwandels, dh wenn ein Gewerbebetrieb in ein land- und forstwirtschaftliches Unternehmen, in eines iSd § 18 EStG oder in einen Liebhabereibetrieb übergeht (BFH X R 61/14, BStBl. II 2016, 939). All diesen Fällen ist gemein, dass es an einer Betriebsaufgabe iSd § 16 EStG fehlt (BFH X R 15/15, BStBl. II 2017, 112). Gewerbesteuerrechtlich kommt es dagegen, zB durch den Wegfall der werbenden Tätigkeit, zu einer Betriebseinstellung. Ein nur auf das GewStG gestützter **Entstrickungstatbestand** kann hierin jedoch nicht gesehen werden. Die nach § 7 maßgeblichen Gewinnermittlungsvorschriften des EStG bzw. KStG lassen es nicht zu, gewinnrealisierende Steuertatbestände lediglich für gewerbesteuerrechtliche Zwecke zu sehen (glA L. Schmidt FR 1987, 177; Drüen in Brandis/Heuermann § 7 Rn. 58; BFH IV R 271/84, BStBl. II 1988, 667; VIII R 387/83, BStBl. II 1989, 187). Die Beendigung der werbenden Tätigkeit ist selbst kein solcher Tatbestand (BFH VIII R 26/80, BStBl. II 1987, 342).

Unbeschadet dessen zwingt § 7 auch für die Fälle der **nur gewerbesteuerrechtlichen Betriebseinstellung** zu einer eigenständigen und zutreffenden Ermittlung des Gewinns für gewerbesteuerrechtliche Zwecke. Dazu gehört auch, dass der seinen Gewinn durch Überschussrechnung (§ 4 Abs. 3 EStG) ermittelnde Betriebsinhaber für die gewerbesteuerrechtlichen Zwecke zum Zeitpunkt der Betriebseinstellung **zum Bestandsvergleich übergeht,** ohne dass gleichzeitig die Voraussetzungen einer Betriebsaufgabe des § 16 EStG gegeben sein müssen (vgl. BFH VIII R 32/67, BStBl. II 1973, 233; aA Drüen in Brandis/Heuermann § 7 Rn. 52; zur Zwischenbilanz BFH VIII R 271/81, BStBl. II 1986, 528; vgl. Glanegger FR 1988, 29 (32); FR 1987, 406). 37

e) Unternehmerwechsel. Der den Unternehmerwechsel regelnde § 2 Abs. 5 fingiert lediglich für die „technischen" Vorschriften des GewStG die Betriebseinstellung und Neugründung. Gewinnermittlungsfragen sind nach § 7 zu lösen. Die Veräußerung eines Gewerbebetriebs hat aufgrund der in § 7 in Bezug genommenen Vorschriften des EStG und KStG auch getrennte aufeinander folgende Gewinnermittlungszeiträume für den bisherigen und den neuen Unternehmer zur Folge. Dies gilt selbst für die ebenfalls als Unternehmerwechsel aufzufassende **Erbfolge** (Gesamtrechtsnachfolge). Es kommt regelmäßig zu Rumpfwirtschaftsjahren (BFH IV R 95/75, BStBl. II 1980, 8). Die mögliche Buchwertfortführung (§ 6 Abs. 3 EStG) steht dazu nicht im Widerspruch (BFH I R 100/71, BStBl. II 1973, 544). Die **unentgeltliche Übertragung** löst keine nach §§ 16, 34 EStG begünstigte Betriebsaufgabe aus (→ Rn. 95). 38

(frei) **39, 40**

11. Besonderheiten beim Gewerbeertrag von natürlichen Personen und Personengesellschaften

a) Entschädigungen. Entschädigungen iSd § 24 Nr. 1 Buchst. a und b EStG berühren dann nicht den Gewerbeertrag, wenn sie im Rahmen der **Aufgabe** eines Gewerbebetriebs anfallen und deshalb den begünstigten Aufgabegewinn der §§ 16, 34 EStG erhöhen (BFH I R 29/74, BStBl. II 1976, 224; X R 56/95, BFH/NV 1998, 1354). Umgekehrt gehören die in § 24 EStG erwähnten Einkünfte dann zum laufenden Gewerbeertrag, wenn sie noch in einem werbenden Unternehmen (zur Abgrenzung → Rn. 26 f.) anfallen (BFH IV R 72/83, BStBl. II 1987, 570 zum Kommissionsagenten). Bestimmte Entschädigungen iSd § 24 EStG zählt die Rspr. jedoch auch dann nicht zum Gewerbeertrag, wenn der Unternehmer noch ein werbendes Unternehmen unterhält. Dies wird zB angenommen für 41

Unfallentschädigungen, die trotz ihres Bezugs zum Gewerbebetrieb nicht als dessen Erträge, sondern als Folge eines vom Betriebsinhaber erlittenen Körperschadens erachtet werden (BFH VI 154/65 U, BStBl. III 1966, 94; I 252/65, BStBl. II 1969, 8; krit. Drüen in Brandis/Heuermann § 7 Rn. 141). Zum Surrogatsgedanken s. BVerfG 2 BvR 1545/91, DB 1991, 2573, zu Einzelfällen s. auch App FR 1992, 101. Da sie nicht innerhalb eines werbenden Unternehmens anfallen, unterliegen **nachträgliche Einkünfte iSd § 24 Nr. 2 EStG** idR nicht der GewSt.

42 **b) Ausgleichszahlungen.** Für die in **§ 24 Nr. 1 Buchst. c EStG** erwähnte **Ausgleichszahlung an Handelsvertreter** nach § 89b HGB hält der BFH daran fest, dass diese als laufender Gewinn auch dann der GewSt unterliegt, wenn gleichzeitig der Betrieb aufgegeben wird (BFH XI B 73/95, BFH/NV 1996, 169; VIII B 10/98, BFH/NV 1999, 516; III R 110/07, BFH/NV 2010, 1304; IV R 37/08, BFH/NV 2011, 1120; X B 56/11, BFH/NV 2012, 1331; X B 142/15, BFH/NV 2016, 1030; anders bei Provisionsrente BFH XI R 63/96, BStBl. II 1997, 573). Dies wird damit begründet, dass der Anspruch sachlich nicht mit der Betriebsaufgabe, sondern mit den laufenden Geschäftsvorfällen zusammenhängt. Wurde die werbende Tätigkeit beendet, so unterliegen nachträgliche Betriebseinnahmen oder -ausgaben nicht der GewSt (BFH III R 110/07, BFH/NV 2010, 1304). Eine sonstige Leistung iSv § 22 Nr. 3 EStG, die gewerbesteuerlich nicht zu erfassen ist, liegt vor, wenn ein Entgelt für ein **Wettbewerbsverbot** zu zahlen ist, dem eigene wirtschaftliche Bedeutung zukommt (BFH X R 61/06, BFH/NV 2008, 1491). Gewerbeertrag nimmt die Rspr. für jene Gewinne des Handelsvertreters an, die ihm daraus erwachsen, dass der Nachfolger in einem sog. unselbstständigen Vertrag die Ausgleichsverpflichtung des Geschäftsherrn übernimmt (BFH X R 111/88, BStBl. II 1991, 218; X R 86/91, BFH/NV 1993, 412). Die Geschäftsaufgabe sei auch nicht dadurch berührt, dass der Ausgleich für eine Überleitung des Kundenstamms an den Geschäftsherrn geleistet werde. Denn der Kundenstamm wachse von vornherein dem Geschäftsherrn zu (BFH I R 60/79, BStBl. II 1983, 243). Dies ist jedoch nicht unbedingt ein Grund, die Gewerbesteuerpflicht der bei einer Betriebsaufgabe anfallenden Ausgleichszahlung zu bejahen: Wirtschaftlich wird der Handelsvertreter so gestellt, als habe er erst mit Beendigung des Vertrages den Kundenstamm an den Geschäftsherrn übertragen. Selbst wenn man darin die Versteuerung von stillen Reserven sieht, die zulasten des laufenden Gewinns gebildet worden sind, so ist darin kein Grund zu sehen, ihre Realisierung anlässlich einer Betriebsaufgabe als laufenden Ertrag aufzufassen (ähnl. BFH I R 201/73, BStBl. II 1975, 848).

43 Zum laufenden Gewerbeertrag gehört der mit der Beendigung des Vertragsverhältnisses entstehende Ausgleichsanspruch nach der Rspr. des BFH (I R 141/66, BStBl. II 1969, 485) auch dann, wenn der Vertrag mit dem Geschäftsherrn durch den **Tod des Handelsvertreters** aufgelöst wird. Hat der Erblasser seinen Gewinn durch Bestandsvergleich ermittelt (§ 4 Abs. 1, § 5 EStG), so ist danach dieser Geschäftsvorfall noch in der Bilanz des Erblassers zu berücksichtigen (BFH I R 89/76, BStBl. II 1978, 497). Da der Erbfall weder Betriebsaufgabe noch Betriebsveräußerung nach § 16 EStG ist (BFH IV B 69/90, BFH/NV 1992, 512), muss dabei (Gewinnermittlung durch Bestandsvergleich) in Höhe des Ausgleichsanspruchs ein laufender einkommensteuerpflichtiger und gewerbesteuerpflichtiger Gewinn beim Erblasser eintreten. Nach BFH VIII R 34/71, BStBl. II 1973, 786 (ähnl. I R 94/79, BStBl. II 1983, 271) sollen jedoch **andere Grundsätze** gelten

bei einem nach **§ 4 Abs. 3 EStG** durch Überschussrechnung gewinnermittelnden Handelsvertreter. Wird durch den Erbfall die werbende Tätigkeit eingestellt und entfällt damit der gewerbesteuerpflichtige Betrieb, so soll kein Grund für ein Überwechseln zum Bestandsvergleich bestehen und deshalb die Ausgleichszahlung erst von den Erben – und zwar gewstfrei – realisiert werden. Zweifelhaft ist, ob nicht auf den Erbfallszeitpunkt zum Bestandsvergleich übergegangen werden muss (s. zur Gewinnermittlung auf den Zeitpunkt des Erbfalls – Zwischenbilanz – auch BFH I R 100/71, BStBl. II 1973, 544). Der Tod des Unternehmers bewirkt zwar keine nach Maßgabe des § 16 EStG gewinnrealisierende Betriebsaufgabe. Andererseits kann eine funktionale Betriebsaufgabe im Wegfall des Unternehmers gesehen werden (ähnl. BFH VIII R 257/80, BStBl. II 1986, 53; Glanegger FR 1990, 469), sodass beim Erblasser noch der zutreffende laufende Gewinn ermittelt werden muss. **Pensionsanwartschaften** eines Handelsvertreters können allerdings zum begünstigten Aufgabegewinn gehören (L. Schmidt DStR 1989, 211 unter Hinweis auf BFH I R 44/83, BStBl. II 1989, 323).

c) Gewerbesteuer und Gewinnverteilung. Die GewSt-Belastung mindert **44** als Kostenfaktor den verteilbaren Gewinn, auch wenn die GewSt seit 2008 nicht mehr als Betriebsausgabe abziehbar ist (§ 4 Abs. 5b EStG); dies ist verfassungsgemäß (BFH IV R 8/13, BStBl. II 2015, 1046). Abweichungen gegenüber der handelsrechtlichen Ergebnisrechnung ergeben sich zudem dadurch, dass auch das dem jeweiligen Gesellschafter gehörende (Sonder-)Betriebsvermögen GewSt auslösen kann. Auch die unterschiedliche Beteiligung von natürlichen und juristischen Personen an Mitunternehmerschaften kann unterschiedliche Belastungen auslösen (→ Rn. 17). Auch soweit keine ausdrücklichen vertraglichen Abreden bestehen, wird der Gesellschafterwille dahin gehen, dass bei der Gewinnverteilung der davon betroffene Gesellschafter „seine" GewSt selbst zu tragen hat (s. zu einer von einem Mitunternehmer übertragenen Rücklage nach § 6b EStG BFH IV R 83/83, BStBl. II 1986, 350). Die GewSt kann trotz § 4 Abs. 5b EStG abziehbar sein, denn das Abzugsverbot steht dem Abzug der GewSt als Betriebsausgabe nur bei demjenigen entgegen, der Schuldner der GewSt ist, nicht aber bei demjenigen, der sich auf schuldrechtlicher oder gesellschaftsvertraglicher Grundlage zur Übernahme der GewSt-Belastung verpflichtet (BFH IV R 18/17, BStBl. II 2019, 696). Vertragliche Absprachen sind in diesem Bereich sinnvoll (s. dazu Levedag GmbHR 2009, 13; Plambeck DStR 2010, 1553; Kutt/Möllmann DB 2010, 1662). Sie empfehlen sich auch bei Pensionszusagen an tätige Gesellschafter von Personengesellschaften (Westerfelhaus DB 1989, 93) und partiellem Unternehmerwechsel hinsichtlich des Verlustabzugs (BFH GrS 3/92, BStBl. II 1993, 616). Ein ähnliches Problem stellt sich bei der pauschalen **Anrechnung der Gewerbesteuer** auf die ESt, die sich bei Mitunternehmerschaften nach dem allgemeinen Gewinnverteilungsschlüssel richtet (§ 35 Abs. 2 S. 2 EStG). Vorgänge im Sonderbetriebsvermögen berühren daher die Verteilung der GewSt-Anrechnung nicht. Zivilrechtliche Abmachungen sind notwendig, um derartige Vorgänge mit gewerbesteuerlicher Auswirkung zwischen den Gesellschaftern auszugleichen (Wendt FR 2000, 1173; Neu DStR 2000, 1933; Korezkij BB 2001, 389; Scheifele DStR 2006, 253; s. Wacker in Schmidt EStG § 35 Rn. 27). Zur pauschalen GewSt-Anrechnung → § 14 Rn. 10 sowie BMF 3.11.2016, BStBl. I 2016, 1187 und 17.4.2019, BStBl. I 2019, 459.

(frei) **45**

12. Besonderheiten beim Gewerbeertrag von Körperschaften, Personenvereinigungen und Vermögensmassen

46 **a) Gewerbebetrieb, gewerblicher Gewinn.** § 7 verweist hinsichtlich des zu ermittelnden gewerblichen Gewinns auf die Vorschriften des EStG und des KStG. § 7 S. 1 verbindet die Ermittlung des Gewerbeertrags auch mit der Ermittlung des körperschaftsteuerrechtlichen Gewinns und bestätigt insofern den Gleichlauf beider Rechtskreise (vgl. BFH I R 16/20, DStR 2025, 638). Weil die Besonderheiten über den späteren Beginn und das frühere Ende der sachlichen Gewerbesteuerpflicht natürlicher Personen und Personengesellschaften bei Kapitalgesellschaften als Gewerbesteuerpflichtigen kraft Rechtsform nicht gelten, ergibt sich ein stärkerer zeitlicher Gleichlauf mit der Gewinnermittlung bei der KSt (Weiss in BeckOK GewStG § 7 Rn. 237, 380). Mit der Verweisung ist auch § 8 Abs. 2 KStG angesprochen, demzufolge juristische Personen iSv § 1 Abs. 1 Nr. 1–3 KStG nur Einkünfte aus Gewerbebetrieb haben können. Die frühere Rspr. verlangte trotz der Fiktion des § 8 Abs. 2 KStG aF, dass der Tatbestand einer der sieben Einkunftsarten des EStG verwirklicht ist. Konnten die Einkünfte einer Körperschaft keiner Einkunftsart zugeordnet werden, waren die Einkünfte auch nicht als gewerbliche zu qualifizieren (BFH I R 123/68, BStBl. II 1970, 470). Nunmehr wird dies sowohl für § 2 Abs. 2 GewStG (BFH I R 67/88, BStBl. II 1991, 250; krit. Gosch StuW 1992, 350) und auch für § 8 Abs. 2 KStG (BFH I R 54/95, DStR 1997, 492) verneint, dh die Tätigkeit einer Kapitalgesellschaft ist auch dann in vollem Umfang gewerblich, wenn sie nicht unter eine der sieben Einkunftsarten fällt, sofern ein Gewerbebetrieb vorliegt (BFH III R 1/23, DStR 2025, 148). Somit ist ein einheitlicher gewerblicher Organismus anzunehmen (→ § 2 Rn. 467). Die körperschaftsteuerlichen Gewinnermittlungsvorschriften nach §§ 9–13 sowie §§ 20–22 KStG sind anzuwenden (Drüen in Brandis/Heuermann § 7 Rn. 79 ff.; Schnitter in Frotscher/Drüen § 7 Rn. 60; Lamprecht in Desens/Tappe § 7 Rn. 671). Dazu gehören auch die spezifischen Gewinnermittlungsvorschriften des körperschaftsteuerrechtlichen Organkreises, §§ 14 ff. KStG (BFH I R 20/22, DStR 2025, 2893; BFH I R 16/20, DStR 2025, 638). Zu § 8b KStG → Rn. 5a. Daher sind die im Mitgliedergeschäft erwirtschafteten Rückvergütungen von Genossenschaften unter den Bedingungen des § 22 KStG nicht nur für Zwecke der KSt, sondern auch der GewSt als Betriebsausgaben abziehbar. Genossenschaften mit einem idealtypisch ausschließlichen (oder zumindest relativ umfangreichen) Mitgliedergeschäft können daher ihre Ertragsteuerbelastung theoretisch auf bis zu Null reduzieren. Zur Rückvergütung als Element der genossenschaftlichen Konditionenpolitik und Anknüpfungspunkt für die steuerliche Sonderbehandlung von Genossenschaften s. Specker, Zwischen Sondersteuerrecht und verdeckter Gewinnausschüttung – zur steuerlichen Behandlung genossenschaftlicher Unternehmenspolitik am Beispiel Deutschlands und Italiens, 2007, S. 19, 49 ff. Zu neueren Phänomenen bei körperschaft- und gewerbesteuerpflichtigen sog. Familiengenossenschaften s. FM Sachsen-Anhalt, Erl. v. 19.10.2023, DStR 2024, 570; LfSt Bayern, Vfg. v. 17.2.2026, DStR 2026, 486.

47 **Nicht anwendbare Vorschriften.** Folgende Beträge dürfen den Gewerbeertrag nicht mindern (GewStR 7.1 Abs. 4 S. 2):

(1.) der Verlustabzug nach § 10d EStG, weil er wie Sonderausgaben behandelt wird,

(2.) die Freibeträge nach §§ 24, 25 KStG, weil sie die Einkünfteermittlung nicht berühren.

b) Vermögensveränderungen der gesellschaftsrechtlichen Sphäre. Den Gewinn und Gewerbeertrag von Kapitalgesellschaften dürfen jene Vorgänge nicht verändern, die ihren Grund im Gesellschaftsverhältnis haben. Sie liegen in der nichtbetrieblichen Sphäre der Kapitalgesellschaft. Hierbei sind die verdeckten Gewinnausschüttungen des § 8 Abs. 3 S. 2 KStG und die Gesellschaftereinlagen angesprochen (→ Rn. 247). Die verdeckten Gewinnausschüttungen ersetzen bei Kapitalgesellschaften weitgehend die Entnahmevorschriften des EStG (s. BFH I R 17/92, BStBl. II 1993, 352). 48

(frei) 49

13. Gewerbeertrag bei Abwicklung und Insolvenz

a) Abwicklung. Bei den Steuergegenständen des **§ 2 Abs. 1 und 3,** insb. bei den **Personenunternehmen,** kommt es regelmäßig für die Gewerbesteuerpflicht auf ein bestehendes werbendes Unternehmen an. Ob ein solches in der Abwicklungsphase noch anzunehmen ist, muss als Tatfrage angesehen werden. Im Allgemeinen wird dies aber nicht der Fall sein (→ Rn. 26, 70 ff.; → § 2 Rn. 575; BFH IV 210/62 S, BStBl. III 1964, 70; VIII R 43/84, BStBl. II 1986, 136). 50

Bei der **Abwicklung von Unternehmen iSd § 2 Abs. 2,** dh bei Kapitalgesellschaften, Genossenschaften einschließlich Europäischer Genossenschaften und Versicherungs- und Pensionsfondsvereinen auf Gegenseitigkeit, ist der Gewinn des Abwicklungszeitraums gewerbesteuerlich zu erfassen und auf die Jahre des Abwicklungszeitraums zu verteilen (§ 16 Abs. 1 GewStDV; GewStR 7.1 Abs. 8; FG Hmb 5 K 53/15, EFG 2016, 197, rkr.). Damit wird die Übereinstimmung mit § 11 Abs. 1 KStG hergestellt. Abwicklungszeitraum ist der Zeitraum vom Beginn bis zum Ende der Abwicklung. Beginnt sie im Laufe eines Wirtschaftsjahres, so ist für die Zeit vom Schluss des vorangegangenen Wirtschaftsjahres bis zum Beginn der Abwicklung ein Rumpfwirtschaftsjahr zu bilden (BFH I R 233/71, BStBl. II 1974, 692). Wird von der Bildung eines solchen Rumpfwirtschaftsjahres abgesehen, so beginnt der Abwicklungszeitraum am Schluss des vorangegangenen Wirtschaftsjahres (GewStR 7.1 Abs. 8 S. 3). Die Verteilung des in diesem Zeitraum erzielten Gewerbeertrages auf die einzelnen Jahre richtet sich nach dem Verhältnis des Abwicklungszeitraums zum Zeitraum der bestehenden Steuerpflicht (Kalendermonate, angefangene Monate rechnen voll, vgl. GewStR 7.1 Abs. 8 S. 4). Entscheidend ist der tatsächliche Beginn der Abwicklung. Nach der Verteilung des einheitlichen Gewerbeertrags auf die einzelnen EZ des Abwicklungszeitraums ergeht für jeden EZ ein eigener GewSt-Messbescheid. Die Gewerbesteuerbefreiung in § 3 Nr. 20 Buchst. b GewStG für Krankenhäuser erstreckt sich idR auch auf den Abwicklungszeitraum (FG München 15 K 15012/87, EFG 1991, 557 rkr.). Nach BFH I R 44/06, BStBl. II 2008, 319 kann noch vor dem Abschluss der Liquidation nicht nur ein KSt-Bescheid, sondern auch ein GewSt-Messbescheid ergehen (NAnwErl BMF 4.4.2008, BStBl. I 2008, 542; offen gelassen in BFH I R 35/12, BStBl. II 2013, 508). 51

b) Insolvenz. Durch die Eröffnung des Insolvenzverfahrens wird die Gewerbesteuerpflicht nicht unterbrochen (§ 4 Abs. 2 GewStDV). Es ist ein einheitlicher Messbetrag zu ermitteln. Der Insolvenzschuldner bleibt Steuersubjekt, es besteht Unternehmens- und Unternehmeridentität (→ § 10a Rn. 3). Bei der Insolvenz eines **Unternehmens iSd § 2 Abs. 2** (Kapitalgesellschaften uÄ) erlischt die Gewerbesteuerpflicht erst mit der Einstellung jeglicher Tätigkeit. Es ist der vom Tag der Eröffnung des Insolvenzverfahrens bis zur Beendigung erzielte Gewerbeer- 52 trag wie bei der Abwicklung zu verteilen (→ Rn. 51). Entscheidend ist der tatsächliche Beginn der Abwicklung. Wird der Betrieb einer von Insolvenz betroffenen Kapitalgesellschaft zunächst weitergeführt und erst später mit der Abwicklung begonnen, so ist das Wirtschaftsjahr, auf dessen Anfang oder in dessen Lauf der Beginn der Insolvenzabwicklung fällt, das erste Jahr des Abwicklungszeitraums, für den die Verteilung gemäß § 16 Abs. 2 GewStDV in Betracht kommt (GewStR 7.1 Abs. 8 S. 8). Dies setzt voraus, dass zunächst das Ergebnis der Abwicklung im Insolvenzverfahren abgewartet und erst dann die Gewerbesteuerveranlagung der Kapitalgesellschaft durchgeführt wird. Wird über das Vermögen von **anderen Unternehmen** als denen des § 2 Abs. 2 (natürliche Personen, Personengesellschaften) das Insolvenzverfahren eröffnet, so erlischt die Gewerbesteuerpflicht mit der tatsächlichen Einstellung der werbenden Tätigkeit (→ Rn. 26). Die Verteilung des Gewerbeertrags auf die Jahre des Abwicklungszeitraums nach § 16 Abs. 2 GewStDV gilt an sich auch für Personenunternehmen (GewStR 7.1 Abs. 8 S. 7). Bei einem gewerbesteuerrechtlich fortbestehenden Steuergegenstand in der Form eines Personenunternehmens kommt § 16 Abs. 2 GewStDV jedoch keine tragende Bedeutung zu, weil die Bilanzierungspflicht nicht mit Eröffnung des Insolvenzverfahrens entfällt, denn die allgemeinen Grundsätze ordnungsmäßiger Buchführung bleiben trotz Insolvenzeröffnung bestehen (§ 155 Abs. 1 S. 1 InsO; BFH VIII R 28/90, BStBl. II 1992, 881). Die Verfahrenseröffnung hat keinen Einfluss auf die steuerliche Rechtsstellung des Insolvenzschuldners. Auch nach Eröffnung des Insolvenzverfahrens bleibt das öffentlich-rechtliche Steuerschuldverhältnis ihm gegenüber bestehen. Es gehen allerdings nach der Eröffnung des Insolvenzverfahrens die Verpflichtungen auf den Insolvenzverwalter über (§ 155 Abs. 1 S. 2 InsO). Für die Erfüllung der Mitwirkungspflichten des Steuerschuldners (Buchführung, Gewinnermittlung, Abgabe der Gewerbesteuererklärung etc) hat nunmehr der Insolvenzverwalter einzustehen (§§ 34, 35, 69 AO iVm § 155 Abs. 1 S. 2 InsO, s. Specker in BeckOK AO § 69 Rn. 40). Dies gilt nicht nur für den Zeitraum nach Eröffnung des Insolvenzverfahrens, sondern auch für davor liegende Zeitabschnitte. Der auf die Zeit vor der Eröffnung entfallende Messbetrag darf nicht mehr festgesetzt werden, insoweit ist die GewSt anzumelden (→ Rn. 53).

53 **Verfahrensrecht.** Ansprüche aus dem Steuerschuldverhältnis sind nach Insolvenzeröffnung ausschließlich nach Insolvenzrecht geltend zu machen. Insolvenzrecht geht bei Insolvenzforderungen vor Steuerrecht (§ 251 Abs. 2 S. 1 AO). Nach Eröffnung des Insolvenzverfahrens dürfen keine Verwaltungsakte über die Festsetzung von Ansprüchen aus dem Steuerschuldverhältnis mehr ergehen, soweit es sich um Insolvenzforderungen handelt (BFH V R 53/09, BStBl. II 2012, 256). Dies gilt wegen der vorgreiflichen Wirkung für GewSt-Bescheide auch für Messbescheide (BFH I R 11/97, BStBl. II 1998, 428). Dennoch erlassene Bescheide sind unwirksam (BFH I R 41/07, BFH/NV 2009, 719; Ausnahme → Rn. 57). Ein Messbescheid kann ergehen, wenn ein vorläufiger Insolvenzverwalter bestellt und kein allgemeines Verfügungsverbot des Schuldners angeordnet ist. Der vom FA zu errechnende, allerdings nicht festgesetzte GewSt-Messbetrag ist rechnerisch aufzuteilen und den verschiedenen insolvenzrechtlichen Vermögensbereichen zuzuordnen, da klar sein muss, inwieweit es sich um eine **Insolvenzforderung** (§ 38 InsO), eine **Masseverbindlichkeit** (§ 55 InsO) oder ggf. um insolvenzfreie Forderungen (→ Rn. 61) handelt (BFH X R 29/21, NZI 2026, 193; Schulze in WSMH Anh. 2 Rn. 114, dort jeweils auch zum Aufteilungsmaßstab). Ebenfalls aufzuteilen sind Hinzurechnungen und Kürzungen sowie der Freibetrag. Das FA

teilt der Gemeinde die Berechnungsgrundlagen mit, damit diese die GewSt zutreffend innerhalb der Anmeldefrist zur Tabelle anmelden kann.

Insolvenzforderungen sind solche Vermögensansprüche, die am Tage der Insolvenzeröffnung **begründet** waren (§ 38 InsO). Dies richtet sich nach dem zugrundeliegenden Schuldverhältnis. Ansprüche aus dem Steuerschuldverhältnis sind dann begründet, wenn bereits vor der Insolvenzeröffnung die Grundlagen des Schuldverhältnisses bestehen, aus dem sich der Anspruch ergibt (BFH VII R 12/92, BStBl. II 1994, 207; s. auch Loose in Tipke/Kruse AO § 251 Rn. 54; Jatzke in HHS AO § 251 Rn. 199 f., 366). Entscheidend ist eine insolvenzrechtliche Begründung (BFH VII R 74/04, BFH/NV 2005, 1745). Auf die Entstehung der Forderung iSv § 38 AO kommt es nicht an. Auch bedingte Steueransprüche können Insolvenzforderungen sein (BFH II R 16/76, BStBl. II 1979, 198). Die GewSt ist Insolvenzforderung für EZ, die vor Insolvenzeröffnung geendet haben. **54**

Steueransprüche, die Insolvenzforderungen sind, müssen schriftlich beim Insolvenzverwalter **angemeldet** werden (§ 174 InsO). Dies betrifft auch Ansprüche aus bestandskräftigen Bescheiden. GewSt-Forderungen müssen **von der Gemeinde** angemeldet werden, nicht vom FA. Dieses erteilt der Gemeinde die für die Anmeldung notwendigen Informationen. Das vor Inkrafttreten der InsO bestehende Konkursvorrecht für öffentliche Abgaben (§ 61 Nr. 2 KO aF) ist weggefallen. Vielmehr sieht die InsO die gleichmäßige Befriedigung aller Gläubiger vor. Daher darf die Finanzbehörde nach Insolvenzeröffnung auch nicht mehr nach den Vorschriften der AO vollstrecken (§ 87 InsO, s. auch die gesetzliche **Rückschlagsperre** des § 88 InsO für vorinsolvenzrechtliche Sicherungsmaßnahmen). **55**

Wird gegen die von der Gemeinde angemeldete GewSt **kein Widerspruch** erhoben, so gilt die Forderung als **festgestellt** (§ 178 Abs. 1 S. 1 InsO). Die Eintragung der Forderung in die Insolvenztabelle wirkt wie eine Steuerfestsetzung (§ 178 Abs. 3 InsO); der Erlass eines weiteren Bescheides ist nicht notwendig. Ein späterer Rechtsbehelf hiergegen ist nicht mehr zulässig. Nach Beendigung des Insolvenzverfahrens kann die Gemeinde die GewSt wie aus einem rechtskräftigen Urteil vollstrecken (§ 201 Abs. 2 InsO). Wird der in der Insolvenztabelle einzutragende **Widerspruch** eingelegt, gilt die Forderung nicht als festgestellt, zuvor muss der Widerspruch beseitigt werden. **56**

Richtet sich der Widerspruch gegen einen **noch nicht festgesetzten Steueranspruch,** so kann die Gemeinde die **Feststellung** betreiben (§ 179 Abs. 1 InsO). Dies geschieht nach § 251 Abs. 3 AO iVm § 185 InsO durch einen von der Gemeinde an den Widersprechenden gerichteten (Insolvenzfeststellungs-)Bescheid, was die Kommunalabgabengesetze der Länder, die auf die AO verweisen, ermöglichen (Nachweise bei Loose in Tipke/Kruse AO § 251 Rn. 73). In dem Bescheid wird das Bestehen des bestrittenen Anspruchs in der geltend gemachten Höhe festgestellt (BFH VIII R 202/71, BStBl. II 1975, 590). Zu den Formerfordernissen s. BFH I R 139/85, BFH/NV 1991, 497. Allerdings ist der Erlass eines derartigen Bescheids durch die Gemeinden nicht praktikabel, da sie keinen unmittelbaren Zugang zu den für die Höhe des Anspruchs maßgeblichen Informationen haben und außerdem der Rechtsweg zu den Verwaltungsgerichten eröffnet wäre (s. Boeker in HHS AO § 184 Rn. 66). Vorzuziehen ist ein Tätigwerden des FA. Dieses kann zwar keinen Feststellungsbescheid nach § 251 Abs. 3 AO erlassen (Schulze in WSMH Anh. 2 Rn. 148), jedoch einen GewSt-Messbescheid (s. BFH I R 11/97, BStBl. II 1998, 428; A 4.3.1 AEAO zu § 251), als Ausnahme von dem Grundsatz, wonach das FA nach Eröffnung **57** des Insolvenzverfahrens keinen Messbescheid mehr erlassen darf (→ Rn. 53). Gegen den Feststellungsbescheid ist der **Einspruch** gegeben. **Haftungsansprüche** sind wie Steueransprüche festzustellen. Ein Feststellungsbescheid kann nicht erlassen werden, wenn die Forderung bereits mit einem vor Eröffnung des Insolvenzverfahrens ergangenen Haftungsbescheid geltend gemacht worden ist (vgl. BFH VII R 11/05, BStBl. II 2006, 573). Nach der Eröffnung kann kein Haftungsbescheid mehr ergehen (SächsOVG 5 A 68/18, KStZ 2018, 216).

58 Ist der Steueranspruch bereits in einem **vor Insolvenzeröffnung** ergangenen, allerdings noch nicht bestandskräftigen **Steuerbescheid** festgesetzt worden, so muss der widersprechende Insolvenzverwalter den Widerspruch im Rechtsbehelfsverfahren gegen den Messbescheid verfolgen (§ 179 Abs. 2 InsO). Legt der Widersprechende gegen den Steuerbescheid **Einspruch** ein, ist das Einspruchsverfahren entsprechend den Vorschriften der AO durchzuführen. Wird **kein Einspruch** eingelegt, gilt die angemeldete Forderung als festgestellt. War die Steuerforderung bereits vor Eröffnung des Insolvenzverfahrens **bestandskräftig** festgesetzt, übernimmt der widersprechende Insolvenzverwalter das Verfahren in der bei Eröffnung des Insolvenzverfahrens befindlichen Lage. Greifen weder Wiedereinsetzungsgründe noch Korrekturvorschriften der AO ein, erlässt die Gemeinde einen Feststellungsbescheid, in dem lediglich festgestellt wird, dass die angemeldete Forderung bestandskräftig festgesetzt ist (A 5.3.1.2.3 AEAO zu § 251).

59 Mit der Eröffnung des Insolvenzverfahrens werden das Steuerfestsetzungs- und das **Rechtsbehelfsverfahren** entsprechend § 240 ZPO unterbrochen, soweit die Insolvenzmasse betroffen ist. Dies gilt auch für Verfahren über Messbescheide (BFH IV B 108/13, BFH/NV 2014, 379). Auf die Kenntnis des FA kommt es nicht an. Die Unterbrechung eines finanzgerichtlichen Verfahrens dauert so lange, bis das Verfahren aufgenommen oder das Insolvenzverfahren beendet wird. Mit der Eröffnung des Insolvenzverfahrens geht die Befugnis, ein Verwaltungsverfahren oder finanzgerichtliches Verfahren zu führen, **auf den Insolvenzverwalter über,** sofern die Insolvenzmasse betroffen ist. Der Insolvenzschuldner ist zu wirksamen Verfahrenshandlungen nicht mehr befugt. Das FG kann keine Verfahrenshandlungen vornehmen. Der Insolvenzverwalter nimmt ein unterbrochenes Einspruchsverfahren durch Erklärung gegenüber dem FA auf. Er wird damit Einspruchsführer kraft Amtes. Nimmt er das Verfahren nicht auf, kann das FA das Verfahren betreiben mit dem Antrag festzustellen, dass die angemeldete Forderung berechtigt ist (Loose in Tipke/Kruse AO § 251 Rn. 50, 68). In einem **finanzgerichtlichen Verfahren** über einen Messbescheid ist zu unterscheiden zwischen Aktiv- und Passivprozessen (BFH X B 224/08, BFH/NV 2009, 1149). Ein **Aktivprozess** ist dadurch gekennzeichnet, dass die Insolvenzmasse im Fall des Obsiegens vergrößert würde (§ 85 InsO), was zB der Fall sein kann, wenn die Höhe der geleisteten GewSt-Vorauszahlungen bei einem Obsiegen zu einem Erstattungsanspruch führen würde. Bei einem Aktivprozess ist in erster Linie der Insolvenzverwalter zur Aufnahme des finanzgerichtlichen Verfahrens befugt. Lehnt dieser die Aufnahme ab, so haben sowohl Insolvenzschuldner als auch FA dieses Recht. Bei einer Aufnahme durch das FA wechselt dieses in die Klägerrolle. Bei einem **Passivprozess** (§ 86 InsO) würde die Insolvenzmasse bei einem Unterliegen vermindert, zB dann, wenn die GewSt, die Gegenstand des finanzgerichtlichen Verfahrens ist, noch nicht gezahlt ist. Durch die Aufnahme eines unterbrochenen Verfahrens ist in einem Passivprozess gemäß § 180 Abs. 2 InsO die Feststellung der Insolvenzforderung zur Tabelle zu betreiben, unabhängig davon, ob sie durch Bescheid festgesetzt („tituliert") ist oder nicht. Es handelt sich um Forderungen, die zur Insolvenztabelle angemeldet, aber bestritten worden sind. Zur Aufnahme des Verfahrens, das nunmehr als Insolvenzfeststellungsverfahren fortzuführen ist, ist in erster Linie der Insolvenzverwalter befugt und verpflichtet (§ 179 Abs. 2 InsO). Auch das FA ist zur Aufnahme befugt und wechselt in diesem Fall in die Klägerrolle. Klageziel des Insolvenzverwalters ist es, den Widerspruch gegen eine angemeldete Forderung für begründet zu erklären. Ziel des FA ist es, die bestrittene Forderung zur Insolvenztabelle festzustellen; hat die Klage Erfolg, so hat das FG ein Feststellungsurteil zu erlassen. Der Insolvenzschuldner kann einen Passivprozess nicht aufnehmen. Auch wenn die zur Tabelle angemeldete GewSt-Forderung der Gemeinde zusteht, ist das FA verfahrensbeteiligt, das den Messbescheid erlässt (Schulze in WSMH Anh. 2 Rn. 165). Keine Unterbrechung entsprechend § 240 ZPO tritt ein bei der Insolvenz eines Gesellschafters einer Personengesellschaft, da diese selbst Schuldnerin der GewSt und damit Partei iSv § 240 ZPO ist (BFH IV R 75/05, DStRE 2008, 341).

Masseverbindlichkeiten. Führt der Insolvenzverwalter den Betrieb fort, so 60
ist die hierdurch ausgelöste GewSt Masseverbindlichkeit. Zu den Masseverbindlichkeiten gehören auch die **Kosten des Insolvenzverfahrens,** dh die Gerichtskosten sowie die Vergütung und Auslagen des Insolvenzverwalters (§ 54 InsO), und die **sonstigen Masseverbindlichkeiten** iSd § 55 Abs. 1 InsO, dh die durch die Verwaltung, Verwertung und Verteilung der Insolvenzmasse begründeten Verbindlichkeiten. Masseverbindlichkeiten sind vorweg zu befriedigen (§ 53 InsO). GewSt als Masseforderung ist zunächst durch **Messbescheid** gegenüber dem Insolvenzverwalter geltend zu machen. Schuldner der als Masseverbindlichkeiten entstehenden Steueransprüche ist der Insolvenzschuldner, ebenso ist er Vollstreckungsschuldner (s. FG München 1 V 334/96, EFG 1997, 48 rkr. zum Nachlasskonkursverwalter). Im EZ der Beendigung des Insolvenzverfahrens ist zu unterscheiden zwischen der GewSt, die noch auf die Zeit vor und nach Abschluss des Verfahrens entfällt. Nach Verfahrensabschluss ist der Messbescheid gegenüber dem Steuerschuldner zu erlassen.

Hat der Insolvenzverwalter die betriebliche Betätigung des Insolvenzschuldners 61
freigegeben (§ 35 Abs. 2 InsO, **insolvenzfreies Vermögen**), sind keine Besonderheiten zu beachten. Ansprüche, die das insolvenzfreie Vermögen betreffen, sind gegenüber dem Insolvenzschuldner geltend zu machen. Da der Insolvenzverwalter die Freigabe nicht erteilen darf, wenn die gewerbliche Tätigkeit die Insolvenzmasse betrifft, führt eine Freigabe idR zu einem neuen Gewerbebetrieb (Schulze in WSMH Anh. 2 Rn. 11). Ohne Freigabe ist eine GewSt-Schuld eine Masseverbindlichkeit nach § 55 Abs. 1 InsO. Der Neuerwerb aus der betrieblichen Tätigkeit haftet nur noch den Neugläubigern, nicht den (Alt-)Insolvenzgläubigern. Eine Freigabe nach § 35 Abs. 2 InsO kann zur Folge haben, dass die aktiven und passiven Wirtschaftsgüter des Betriebsvermögens und damit der Gewerbebetrieb in seiner Gesamtheit bis zu drei unterschiedlichen insolvenzrechtlichen Vermögensbereichen (→ Rn. 53) zuzuordnen sind (BFH X R 29/21, NZI 2026, 193; dazu Witfeld NZI 2026, 175 (179)). Der im Rahmen der freigegebenen selbstständigen Tätigkeit fortgeführte Betrieb kann nach allgemeinen Regeln aufgegeben werden; der danach ermittelte Übergangs- und Aufgabegewinn ist nach insolvenzrechtlichen Kriterien auf die drei insolvenzrechtlichen Vermögensbereiche zu verteilen. Dies gilt entsprechend für die Aufteilung des GewSt-Messbetrags. Während Aufgabegewinne vorbehaltlich des § 7 S. 2 nicht der GewSt unterliegen,

sind Übergangsgewinne als Teil des laufenden Gewerbeertrags gewerbesteuerpflichtig (BFH X R 29/21, NZI 2026, 193).

62–63 *(frei)*

II. Gewerbesteuerfreier Aufgabe- und Veräußerungsgewinn der Steuergegenstände des § 2 Abs. 1

64 Aufgrund des Objektsteuercharakters der GewSt (→ Rn. 2) gehören bei Einzelunternehmern und Personengesellschaften (vorbehaltlich des § 7 S. 2) Veräußerungs- und Aufgabegewinne, die der Beendigung der werbenden Tätigkeit zuzuordnen sind, nicht zum Gewerbeertrag iSd § 7 S. 1 (BFH IV R 40/22, DStR 2025, 1577; BFH X R 17/21, DStR 2023, 216; IV R 6/19, DStR 2022, 1419; grundlegend → Rn. 27 ff.). Für die Ermittlung des Gewerbeertrags sind Betriebseinnahmen und Betriebsausgaben auszuscheiden, die nicht mit der Unterhaltung eines laufenden Gewerbebetriebs zusammenhängen (GewStR 7.1 Abs. 3 S. 2). Daher sind die einkommensteuerlichen Vorschriften über die Aufgabe und Veräußerung eines (Teil-)Betriebs für die GewSt nicht anzuwenden, also § 16 Abs. 1 S. 1 Nr. 1 S. 1, Nr. 2, Nr. 3 und Abs. 3 S. 1 EStG (FG Rheinland-Pfalz 3 K 1469/20, DStRE 2026, 215; GewStR 7.1 Abs. 3 S. 1). Dies gilt auch für den Einbringungsgewinn I nach Sperrfristverletzung bei Einbringung eines KG-Anteils in eine Kapitalgesellschaft, der einen Veräußerungsgewinn iSd § 16 EStG darstellt (§ 22 Abs. 1 S. 1 UmwStG, vgl. dazu BFH IV R 40/22, DStR 2025, 1577). Bei Veräußerungs- und Aufgabevorgängen bei Personengesellschaften (dazu auch → Rn. 113 ff.) und bei der Veräußerung von Mitunternehmeranteilen (→ Rn. 124 ff.) ist § 7 S. 2 zu beachten (→ Rn. 127 ff.). Darüber hinaus sind Geschäftsvorfälle, auch wenn sie einkommensteuerrechtlich keinen Veräußerungs- oder Aufgabegewinn in diesem Sinne darstellen und der Tatbestand des § 16 EStG nicht erfüllt ist, aus dem Gewerbeertrag auszuscheiden, wenn sie in einem unmittelbaren sachlichen Zusammenhang mit der Betriebsveräußerung oder Betriebsaufgabe stehen (→ Rn. 27 ff.).

1. Voraussetzungen von Betriebsaufgabe und Betriebsveräußerung

65 **a) Betriebsaufgabe.** Die Steuerfreiheit des Aufgabe-/Veräußerungsgewinns ergibt sich aus dem Objektsteuercharakter der GewSt (BFH IV R 41/07, BStBl. II 2010, 977). Eine Betriebsaufgabe ist grds. eine solche iSv § 16 EStG (aber zu Besonderheiten der GewSt → Rn. 27 ff., 64, 69, dort auch zu weiteren Geschäftsvorfällen, die aus dem Gewerbeertrag auszuscheiden sind). Aufgegeben wird ein Betrieb dann, wenn aufgrund eines Entschlusses des Steuerpflichtigen, den Betrieb aufzugeben, in einem **einheitlichen Vorgang innerhalb kurzer Zeit** die wesentlichen Grundlagen des Betriebs an verschiedene Abnehmer veräußert oder ganz oder teilweise in das Privatvermögen überführt werden und deshalb der Betrieb als selbstständiger Organismus des Wirtschaftslebens zu bestehen aufhört (vgl. BFH IV R 138/78, BStBl. II 1982, 381; IV R 8/20, DStR 2023, 1187; BFH IV R 28/22, DStR 2025, 1915). Ein Übergang in das Sonderbetriebsvermögen genügt nicht (BFH X R 8/16, BStBl. II 2018, 426). Ein „kurzer" Zeitraum wurde bejaht bei 14 Monaten (BFH VI 119/65, BStBl. III 1967, 70) und verneint bei 36 Monaten (BFH X R 101/90, BStBl. II 1993, 710). Welcher Zeitraum

angemessen ist, hängt auch von Art und Größe des Betriebs ab (BFH VIII R 10/99, BStBl. II 2001, 282). Dabei können fortbestehende Kunden- und Lieferantenbeziehungen eine Rolle spielen. Auch 20 Monate können noch angemessen sein (BFH X R 28/11, BFH/NV 2015, 479). Eine Betriebseinschränkung ohne ausdrückliche Entnahmehandlung ist noch keine Betriebsaufgabe (BFH IV R 41/91, BStBl. II 1993, 430), ebenso wenig die Bestellung von Erbbaurechten an allen Grundstücken eines gewerblichen Grundstückshandels (BFH XI R 28/97, BStBl. II 1998, 665). Weiterhin muss der Steuerpflichtige die bisher in diesem Betrieb entfaltete gewerbliche Tätigkeit **endgültig einstellen,** allerdings nur auf ein bestimmtes Betriebsvermögen und auf ein bestimmtes Steuerrechtssubjekt bezogen, dh nur die mit dem aufgelösten (Teil-)Betrieb verbundene gewerbliche Tätigkeit muss eingestellt werden, und dies nur von demjenigen, der mit Hilfe des diesem (Teil-)Betrieb dienenden Betriebsvermögens gewerbliche Einkünfte erzielt hat (BFH X R 52/90, BStBl. II 1994, 838). Ein Steuerpflichtiger, der bislang als Einzelunternehmer tätig gewesen war, kann sich an einer Mitunternehmerschaft beteiligen, die in der gleichen Branche tätig ist, ohne dass dies auf die Begünstigung der vorherigen Aufgabe einen Einfluss hat (BFH X R 28/11, BFH/NV 2015, 479). Ob der Steuerpflichtige jegliche berufliche Tätigkeit einstellt, ist dagegen unmaßgeblich (BFH XI R 63/96, BStBl. II 1997, 573; X R 40/07, BStBl. II 2009, 43). Insolvenzeröffnung bei der Betriebsgesellschaft führt bei der Besitzgesellschaft einer Betriebsaufspaltung idR zur Betriebsaufgabe (BFH XI R 2/96, BStBl. II 1997, 460; krit. Höhmann DStR 1998, 61). Das Ableben eines Freiberuflers führt nicht zwangsläufig zur Betriebsaufgabe (s. BFH IV R 29/91, BStBl. II 1993, 36), lediglich zur Umqualifizierung in einen Gewerbebetrieb, wenn die Erben nicht über freiberufliche Qualifikation verfügen (BFH VIII R 13/93, BStBl. II 1994, 922).

b) Teilbetriebsaufgabe. Ein Teilbetrieb wird (steuerbegünstigt iSv §§ 16, 34 **66**
EStG) **aufgegeben,** wenn der Unternehmer seine gewerbliche Tätigkeit insoweit einstellt und die dem Teilbetrieb gewidmeten Wirtschaftsgüter – zumindest aber seine wesentlichen Betriebsgrundlagen – innerhalb eines kurzen Zeitraums entweder an verschiedene Erwerber veräußert oder in das Privatvermögen überführt und dadurch die stillen Reserven in einem Zug aufgedeckt werden (vgl. BFH I R 99/75, BStBl. II 1977, 66; I R 57/79, BStBl. II 1983, 312; IV R 61/06, BFH/NV 2010, 404). Der Begriff des Teilbetriebs unterscheidet sich im Gewerbesteuerrecht nicht von dem des Einkommensteuerrechts. Zu den unterschiedlichen Rechtsfolgen bei Aufgabe → Rn. 27 ff., 64, 69. Ein Teilbetrieb ist ein organisch geschlossener, mit einer gewissen Selbstständigkeit ausgestatteter Teil des Gesamtbetriebs, der für sich allein funktions- bzw. lebensfähig ist (BFH X R 49/06, BStBl. II 2007, 772; IV R 17/12, BFH/NV 2016, 209; zu den Merkmalen des Teilbetriebs Weiss in BeckOK GewStG § 7 Rn. 491; allg. s. Uphues DStR 2022, 2521; Goebel/Ungemach DStZ 2012, 353). Der Begriff ist rein steuerrechtlich geprägt ohne Rücksicht auf arbeitsrechtliche (zB Betriebsübergang iSd § 613a BGB), sachenrechtliche oder technische Aspekte (BFH X B 148/21, BeckRS 2022, 21759). Zur Kasuistik der Teilbetriebe s. Wacker in Schmidt EStG § 16 Rn. 130. Auch eine betriebliche Einheit, die sich noch im Aufbau befindet, kann ein Teilbetrieb sein (BFH I R 77/09, BFH/NV 2011, 10).

c) Betriebsveräußerung. Eine **Veräußerung** des (Teil-)Betriebs iSv § 16 **67**
EStG setzt voraus, dass der Unternehmer in einem einheitlichen Vorgang **alle wesentlichen Betriebsgrundlagen** (→ Rn. 68) an einen Erwerber veräußert

(funktionale Beurteilung, BFH IV R 93/85, BStBl. II 1988, 374) und – soll sie nach § 34 EStG begünstigt sein – alle wesentlichen stillen Reserven des (Teil-)Betriebs auflöst (vgl. BFH IV R 119/76, BStBl. II 1979, 557). Zu den Unterschieden bei der GewSt → Rn. 27 ff., 64, 69. Bei einer Teilbetriebsveräußerung muss keine Schlussbilanz aufgestellt werden (BFH X R 38/10, BStBl. II 2012, 725). Zur Teilbetriebsveräußerung/-aufgabe im Rahmen einer Betriebsaufspaltung mit mehreren Betriebsgesellschaften s. Frerichs FR 1997, 465. Pachtet der Veräußerer vom Erwerber die wesentlichen Betriebsgrundlagen zurück und führt er das Unternehmen mit den verpachteten Gegenständen fort, so kann Betriebsveräußerung bei Fortbestehen der wirtschaftlichen Identität des Unternehmens zu verneinen sein, zB wenn Kundenstamm und Geschäftswert unverändert dem Unternehmen verbleiben.

68 **d) Wesentliche Betriebsgrundlagen.** Zu den wesentlichen Betriebsgrundlagen im vorerwähnten Sinne gehören einerseits die Wirtschaftsgüter, die zur Erreichung des Betriebszwecks von besonderem wirtschaftlichen Gewicht sind (funktionale Beurteilung, BFH I R 57/79, BStBl. II 1983, 312; VIII B 21/93, BStBl. II 1995, 890), andererseits aber auch solche Wirtschaftsgüter, in denen erhebliche stille Reserven ruhen (vgl. BFH IV R 119/76, BStBl. II 1979, 557; IV R 44/10, BFH/NV 2013, 376). Die Bedeutsamkeit einerseits **funktionaler,** aber auch **quantitativer Merkmale** – jeweils für sich gesehen – ergibt sich daraus, dass der Fortbestand eines Betriebs (Teilbetriebs) als wirtschaftlicher Organismus beim Unternehmer in erster Linie von der Zurückbehaltung aller gemessen am Betriebszweck wesentlichen Wirtschaftsgüter abhängen wird (funktionale Beurteilung), andererseits die Steuervergünstigung des § 34 EStG iVm § 16 EStG bei einer steuerbegünstigten Aufgabe (Veräußerung) eines Betriebs (Teilbetriebs) vor allem der zusammengeballten Realisierung der stillen Reserven Rechnung trägt und dabei deren Auflösung in einem einheitlichen Vorgang voraussetzt (quantitative Beurteilung, s. auch Hörger DB 1987, 349; Zimmermann FR 1988, 377; Patt DStR 1996, 1585). Bei einer GmbH & Co. KG sind die Anteile an der Komplementär-GmbH funktional wesentliche Betriebsgrundlagen für die Mitunternehmerstellung in der KG, wenn die Beteiligung die Stellung des Mitunternehmers in der KG stärkt, insbesondere wenn sie seinen Einfluss auf die Geschäftsführung der KG grundlegend erweitert, zB ihn in die Lage versetzt, über die laufende Geschäftsführung der KG zu bestimmen (s. aber die Differenzierungen bei OFD Frankfurt aM 12.12.2022, DStR 2013, 151 unter Bezug auf die tatsächlichen gesellschaftsrechtlichen Verhältnisse). Zur Einordnung der Beteiligung an der Komplementär-GmbH als SonderBV II → Rn. 193. Allgemein zu funktional bedeutsamen wesentlichen Betriebsgrundlagen → § 2 Rn. 318 ff.

69 **e) Gewerbesteuer.** Diese Grundsätze gelten in abgewandelter Form auch für die GewSt (grundlegend → Rn. 27 ff., 64). Dabei ist zu unterscheiden, ob einkommensteuerrechtlich der Tatbestand der Aufgabe oder Veräußerung iSd § 16 EStG erfüllt ist (zur Bedeutung für den Gewerbeertrag iSd § 7 S. 1 → Rn. 27 ff.) und ob der Veräußerungs- oder Aufgabegewinn nach §§ 16 Abs. 4, 34 EStG begünstigt ist. Die Gewerbesteuerfreiheit des Veräußerungs-/Aufgabegewinns setzt nicht die Auflösung der wesentlichen stillen Reserven, sondern nur **funktional** die Betriebsveräußerung oder -aufgabe iSd § 16 EStG voraus (→ Rn. 29). Dies gilt sowohl für die Betriebsveräußerung (BFH IV R 93/85, BStBl. II 1988, 374) als auch für die -aufgabe (BFH VIII R 13/94, BStBl. II 1994, 809; s. auch BFH IV R 6/19, DStR 2022, 1419) und für § 20 UmwStG bzw. § 24 UmwStG.

Die einkommensteuerliche Begünstigung des Veräußerungs- und Aufgabegewinns hat keine Auswirkungen auf die GewSt (s. Suchanek DStR 2023, 1382 (1384 ff.)).

Ein gewerbesteuerfreier Aufgabe- bzw. Veräußerungsgewinn kann außer durch **69a** Wegfall des Steuergegenstandes und damit auch der persönlichen Steuerpflicht des Betriebsinhabers auch dadurch entstehen, dass ein Betrieb fortbesteht, der mit dem bisherigen Betrieb wirtschaftlich nicht identisch ist (→ Rn. 27). Daher hat die Unterscheidung von einzelnen Gewerbebetrieben – bzw. innerhalb eines Gewerbebetriebs die Unterscheidung möglicher Teilbetriebe – wegen der Gewerbesteuerfreiheit der Veräußerungs- und Aufgabegewinne eine erhebliche Bedeutung (Weiss in BeckOK GewStG § 7 Rn. 489.1). Betreiben ein Einzelunternehmer oder eine Personengesellschaft **nacheinander mehrere Betriebe,** richtet sich die Frage, ob der bisherige werbende Gewerbebetrieb eingestellt und ein neuer Gewerbebetrieb in Gang gesetzt wird, in Abgrenzung zu einer Betriebsverlegung oder Betriebsumstellung danach, ob der „bisherige" und der „neue" Betrieb bei wirtschaftlicher Betrachtung und nach der Verkehrsanschauung **wirtschaftlich identisch** sind. Dazu kommt es darauf an, ob die Betätigungen gleich- oder ungleichartig sind, was jeweils einen einheitlichen bzw. nicht einheitlichen Betrieb indiziert (näher Weiss in BeckOK GewStG § 7 Rn. 489.4 ff.). Die Ermittlung des Gewerbeertrags nach § 7 führt bei zwei nacheinander bestehenden Gewerbebetrieben zu einem anderen Ergebnis als bei einem während des gesamten EZ fortbestehenden Gewerbebetriebes. Endet die sachliche Gewerbesteuerpflicht des bisherigen Betriebes nämlich unterjährig, führt dies zu einem abgekürzten EZ, für den der GewSt-Messbetrag festzusetzen ist, genauso wie für die neue Tätigkeit, die einen neuen Gewerbebetrieb darstellt. Ein Gewerbeverlust aus laufender Tätigkeit des bisherigen Betriebes entfällt ersatzlos, genauso wie die für diesen Betrieb nach § 10a festgestellten Fehlbeträge. Ein Gewerbeverlust aus laufender Tätigkeit des neuen Betriebes ist am Ende des Erhebungszeitraums gesondert festzustellen (zu alledem BFH IV R 6/19, DStR 2022, 1419). Werden zwei Betriebe nacheinander ohne Unternehmensidentität betrieben, steht die **Weiternutzung einer wesentlichen Betriebsgrundlage** in dem „neuen" Betrieb (insbesondere mit erheblichen stillen Reserven; dazu → Rn. 29) der Beendigung der werbenden Tätigkeit und der Einstellung des „bisherigen" Betriebs nicht entgegen, mit der Folge, dass entsprechende Veräußerungs- und Aufgabevorgänge aus dem Gewerbeertrag auszuscheiden sind (BFH IV R 6/19, DStR 2022, 1419; s. dazu Suchanek DStR 2023, 1382 („immense Klarstellung")). Dies begründet der BFH mit einem tätigkeitsbezogenen Verständnis des Steuergegenstandes der GewSt; auch → Rn. 75 zu einer gewerblich geprägten Personengesellschaft, die einen Veräußerungsgewinn aus einem originär gewerblichen Geschäftsbereich erzielt und eine wesentliche Betriebsgrundlage in dem neuen, vermögensverwaltenden Geschäftsbereich fortführt. Zum tätigkeitsbezogenen (und nicht allein gegenstandsbezogenen) Verständnis des Betriebsbegriffs BFH X R 35/19, DStR 2025, 946.

Dem **funktionalen Betriebsbegriff** wird ferner bei der § 34 Abs. 1–3 EStG **69b** ebenfalls nicht berührenden **Verpachtung** (→ Rn. 100) oder der **unentgeltlichen Übertragung** eines Betriebs oder Teilbetriebs (→ Rn. 95) Rechnung getragen. Aus dem funktionalen Betriebsbegriff ergibt sich auch die Vorstellung von der **Betriebsaufgabe** als einer **„Zerstörung"** des wirtschaftlichen Organismus. Dadurch unterscheidet sich dieser Vorgang von der Betriebsveräußerung, bei der der wirtschaftliche Organismus jedenfalls im Zeitpunkt der Übertragung noch fortbesteht und daher dem Erwerber die Betriebsfortführung möglich ist.

Als Betriebsaufgabe und nicht Betriebsveräußerung muss es deshalb angesehen werden, wenn die wesentlichen Betriebsgrundlagen an verschiedene und nicht an einen Erwerber übertragen werden.

2. Beginn und Ende der Betriebsaufgabe/-veräußerung

70 Wegen der funktionalen Sicht (→ Rn. 69) wird sich in aller Regel nur bei der (Teil-)Betriebsaufgabe die nicht immer eindeutig zu beantwortende Frage nach dem **Beginn** und dem **Ende** der **Betriebsaufgabe** stellen. Das Gesetz spricht in § 16 Abs. 3 S. 8 EStG vom Zeitpunkt der Aufgabe.

71 Der Beginn der Betriebsaufgabe, aber auch der Zeitpunkt der Betriebsveräußerung sind wesentlich für die Abgrenzung der steuerbegünstigten (§ 34 EStG) Betriebsaufgabe (Betriebsveräußerung) iSd § 16 EStG von der sich nicht in einem Zug, sondern allmählich vollziehenden und daher nicht begünstigten und im Grundsatz gewerbesteuerpflichtigen Liquidation.

71a Fallen laufender Gewinn und Aufgabe-/Veräußerungsgewinn im selben EZ an, so können positive und negative Ergebnisse daraus nicht gewerbesteuerlich verrechnet werden (BFH X B 244/12, BFH/NV 2013, 1578; IV R 6/19, DStR 2022, 1419).

72 **a) Zuordnung von Geschäftsvorfällen/Einzelfälle.** Für die Zuordnung von Geschäftsvorfällen bzw. dem daraus resultierenden Aufwand oder Ertrag zum gewerbesteuerfreien **Veräußerungs-/Aufgabegewinn** → Rn. 27 ff., 64, 69 und die folgenden Einzelfälle. Zu bestimmen ist, ob der jeweilige Geschäftsvorfall (überwiegend) im Zusammenhang mit der Aufgabe oder Veräußerung des Betriebs oder mit dem laufenden Betrieb steht. Dies verlangt nach einem über eine bloße Kausalität hinausgehenden (wertenden) Veranlassungszusammenhang.

73 *(frei)*

74 – **Anlagevermögen;** vorgelagerte Veräußerung von nicht zu den wesentlichen Betriebsgrundlagen gehörendem Anlagevermögen, das erhebliche stille Reserven enthält, gehört zum begünstigten Aufgabegewinn, wenn sie im engen zeitlichen Zusammenhang mit der Einstellung der gewerblichen Tätigkeit erfolgt (BFH VIII R 62/96, BFH/NV 1998, 1211). Laufender Gewinn bei Verkauf von Anlagevermögen, wenn die Veräußerung Bestandteil eines einheitlichen Geschäftskonzepts ist (BFH IV R 49/04, BStBl. II 2009, 289; IV R 18/11, BStBl. II 2013, 910; IV R 30/14, BStBl. II 2017, 1061).

– **Anteile an Kapitalgesellschaften;** der Gewinn aus der Veräußerung einer 100%igen Beteiligung an einer Kapitalgesellschaft gehört im GewStRecht, anders als im EStRecht (§ 16 Abs. 1 S. 1 Nr. 1 S. 2 EStG), im Regelfall zum laufenden Gewinn (BFH I R 154/81, BStBl. II 1985, 160, zu ausländischen Kapitalgesellschaften; X R 55/97, BStBl. II 2001, 809; VIII B 95/01, BFH/NV 2002, 811), es sei denn, die Veräußerung steht in zeitlichem und wirtschaftlichem Zusammenhang mit einer Betriebsaufgabe des Veräußerers (BFH I R 217/69, BStBl. II 1972, 470; III R 27/98, BStBl. II 2002, 537; Roser in Lenski/Steinberg § 7 Rn. 331). Abzustellen ist darauf, ob die Anteilsveräußerung Bestandteil des einheitlichen wirtschaftlichen Vorgangs der Betriebsveräußerung/-aufgabe ist, die zur Einstellung der werbenden Tätigkeit des veräußernden Unternehmens führt (BFH VIII R 99/03, BFH/NV 2006, 608). Zur Anwendung des Teileinkünfteverfahrens → Rn. 5, bei Mitunternehmerschaften s. § 7 S. 4 Hs. 1, → Rn. 16 ff.

– **Auflösung aller stillen Reserven** → Rn. 29.

- **Ausgleichszahlungen** → Rn. 42.
- **Disagio;** Auflösung zulasten des laufenden Gewinns und nicht des Aufgabegewinns (BFH IV R 76/82, BStBl. II 1984, 713).
- **Einbringung** → Anh. § 7 Rn. 2020 ff.
- **Entnahmen** im zeitlichen und sachlichen Zusammenhang mit der Betriebsaufgabe erhöhen den Betriebsaufgabegewinn (BFH I 280/61 U, BStBl. III 1962, 418; IV R 67/86, BStBl. II 1990, 132 für Personengesellschaften).
- **Entschädigungen** für weggefallene Gewinnaussichten bzw. wegen der Stilllegung von Betrieben gehören zum begünstigten und gewerbesteuerfreien Aufgabegewinn (BFH X R 56/95, BFH/NV 1998, 1354).
- **Erlass** von Säumniszuschlägen wird bei sachlicher und zeitlicher Verbindung mit der Betriebsaufgabe dem Aufgabegewinn zugerechnet (BFH IV R 86/87, BStBl. II 1989, 456).
- **Gewerblicher Grundstückshandel;** Veräußerung der letzten Grundstücke (Umlaufvermögen) ist nicht tarifbegünstigt (BFH IV R 30/92, BStBl. II 1994, 105; → § 2 Rn. 204) und noch gewerbesteuerpflichtiger Ertrag (→ Rn. 28; BFH V R 76-77/92, BStBl. II 1995, 388; III R 27/98, BStBl. II 2002, 537), anders bei Entnahme (BFH IV R 2/85, BFH/NV 1989, 580).
- **Handelsvertreter** → Rn. 42.
- **Pachtverhältnis;** Entschädigungen bei Beendigung sollen den laufenden Gewinn mindern (BFH IV R 56/79, BStBl. II 1982, 691), zweifelhaft, weil die auslösenden wirtschaftlichen Ursachen in der Betriebsaufgabe liegen.
- **Personengesellschaften** gelten auch hinsichtlich der Betriebsveräußerungs-/Aufgabetatbestände als Gewinnermittlungssubjekte. Der Anteil des Gesellschafters an einem solchen Gewinn ist tarifbegünstigt, auch wenn ein anderer Gesellschafter § 6b EStG beansprucht (BFH IV R 81/87, BStBl. II 1989, 558). Zur Veräußerung von Anteilen an einer Mitunternehmerschaft → Rn. 126.
- **Rentenverpflichtung;** Auflösung einer Rückstellung wird dem laufenden Ertrag zugeordnet (BFH IV R 49/76, BStBl. II 1980, 150), weil sie in keinem Zusammenhang mit der Mitunternehmeranteilsveräußerung steht.
- **Rücklagen;** die Auflösung von steuerfreien Rücklagen im wirtschaftlichen Zusammenhang mit einer Betriebsveräußerung oder -aufgabe löst einen gewstfreien und tarifbegünstigten Gewinn aus, zB bei **Rücklage** für **Ersatzbeschaffung** (BFH IV R 97/89, BStBl. II 1992, 392; zur Abgrenzung bei späterer Auflösung s. BFH I R 124/88, BStBl. II 1990, 76). Wählt der Steuerpflichtige statt der Sofortversteuerung zur Minderung eines Veräußerungs-/Aufgabegewinns die nach BFH III R 218/94, BFH/NV 1997, 754 zulässige Bildung einer Rücklage nach § 6b EStG, so ist der sich später aus der Auflösung ergebende Gewinn nicht tarifbegünstigt (BFH IV R 150/78, BStBl. II 1982, 348). Zur Hinzurechnung eines vor der gewerbesteuerlichen Betriebseröffnung gebildeten **Investitionsabzugsbetrags** nach § 7g EStG s. Oberste Finanzbehörden der Länder GLE 26.1.2011, BStBl. I 2011, 152 (→ Rn. 24).
- **Rückstellung;** Gewinn aus der Auflösung ist begünstigt, wenn ein ursächlicher Zusammenhang mit der Aufgabe besteht. Laufender Gewinn, wenn Rückstellung zu Unrecht gebildet wurde (BFH XI R 8/96, BStBl. II 1999, 18).
- **Versicherungsleistungen** für die Beschädigung von Anlagevermögen gehören zum Betriebsaufgabegewinn (BFH IV R 25/79, BStBl. II 1982, 707).
- **Vorsteuerberichtigung** nach § 15a UStG aus Anlass einer Betriebsveräußerung mindert den Veräußerungsgewinn (BFH IV R 121/90, BStBl. II 1992, 1038).

b) Einstellung der werbenden Tätigkeit, Einzelfälle.

75 – Die **Abwicklungstätigkeit** erfüllt nicht mehr den Tatbestand eines werbenden Betriebs (→ Rn. 50), sie führt jedoch wegen des längeren Abwicklungszeitraums nicht zu einem begünstigten Betriebs- oder Teilbetriebsveräußerungsgewinn (BFH I 294/56 U, BStBl. III 1957, 414). Die sukzessive „Versilberung" eines Unternehmens ist auch bei für die Abwicklung beschäftigten Arbeitnehmern keine Fortsetzung der werbenden Tätigkeit (PrOVG VIII C 26/32, DStZ 1934, 708). Dabei ist vor allem an die Versilberung des Anlagevermögens gedacht. Warenverkäufe in geschäftsüblicher Weise setzen den Betrieb noch fort (s. auch „Räumungsverkauf"). Zur Personengesellschaft in Liquidation s. BFH VIII R 43/84, BStBl. II 1986, 136.

– **Entnahme** von Umlaufvermögen ist kein betriebsgewöhnlicher Geschäftsvorfall (BFH IV R 2/85, BFH/NV 1989, 580) und bedeutet auch keine werbende Tätigkeit mehr.

– **Räumungsverkauf;** Erlöse hieraus sind das Ergebnis einer noch fortgesetzten werbenden Tätigkeit und werden daher als laufender Gewinn beurteilt (BFH VIII R 316/82, BStBl. II 1989, 602; IV R 30/92, BStBl. II 1994, 105; → Rn. 28; s. auch „Umlaufvermögen").

– **Rücklieferungen** an Lieferanten gehören nicht zum laufenden Gewinn (BFH IV R 136/79, BStBl. II 1981, 798) und bilden für sich keine werbende Tätigkeit mehr.

– **Schwebende Geschäfte;** ihre Abwicklung soll nach BFH IV 350/64, BStBl. II 1970, 719 zu laufenden Erträgen führen, sie findet aber idR in keinem werbenden Unternehmen mehr statt. Jedoch sollte auch das letzte werbende Geschäft den Zeitpunkt abgeben, zu dem der Unternehmer nach § 16 Abs. 2 S. 2 EStG den Wert des Betriebsvermögens als Grundlage für den Betriebsveräußerungsgewinn ermittelt.

– **Übergang zur vermögensverwaltenden Tätigkeit;** beendet eine gewerblich geprägte Personengesellschaft ihre bisherige gewerbliche Tätigkeit und geht sie zur (fiktiven) Vermögensverwaltung über, so war der Veräußerungsgewinn aus dem Verkauf des Geschäftsbereichs nach früherer Rspr. als laufender Ertrag anzusehen, wenn eine bisherige wesentliche Betriebsgrundlage im Betrieb der Personengesellschaft fortgeführt wurde (BFH IV R 41/07, BStBl. II 2010, 977). Allein der Umstand, dass eine wesentliche Betriebsgrundlage in dem neuen, vermögensverwaltenden Geschäftsbereich der nunmehr gewerblich geprägten Personengesellschaft fortgeführt wird, führt nach geänderter Rspr. nicht mehr zwangsläufig zur Annahme der wirtschaftlichen Identität und damit zur Zuordnung des Veräußerungsgewinns aus dem Verkauf eines originär gewerblichen Geschäftsbereichs zum Gewerbeertrag. Mit anderen Worten steht die Weiternutzung einer wesentlichen Betriebsgrundlage in dem neuen Betrieb, insbesondere einer solchen mit erheblichen stillen Reserven, der Einstellung des „bisherigen" Betriebes nicht entgegen, mit der Folge, dass entsprechende Veräußerungs- und Aufgabevorgänge aus dem Gewerbeertrag auszuscheiden sind. Grundlage dafür ist das tätigkeitsbezogene Verständnis des Steuergegenstandes der GewSt (BFH IV R 6/19, DStR 2022, 1419; auch → Rn. 69a).

– **Umlaufvermögen;** für die gewerbesteuerrechtliche Beurteilung ist entscheidend, zu welchem Zeitpunkt eines länger währenden Abwicklungszeitraums der gewerbliche Betrieb zum Erliegen gekommen, dh die werbende Tätigkeit eingestellt ist. Dies ist dann der Fall, wenn der Steuerpflichtige seine eigentliche gewerbliche Tätigkeit aufgibt, zB den Ladenverkauf einstellt, oder seine Produkte jedenfalls nicht mehr wie bisher auf den Markt bringt (→ § 2 Rn. 571). Zum laufenden und nicht zum Aufgabegewinn rechnen danach beim Umlaufvermögen diejenigen Geschäfte, die betriebsgewöhnlich abgewickelt werden (s. BFH VIII R 316/82, BStBl. II 1989, 602). Zu Grundstücken des Umlaufvermögens → Rn. 28.

– **Veräußerung** der verbliebenen Waren abweichend vom normalen Geschäftsgang nur noch an Handelsvertreter während der Geschäftsaufgabe bewirkt einen Aufgabegewinn (BFH IV R 140/86, BStBl. II 1989, 368) und einen Vorgang nach eingestellter werbender Tätigkeit.

c) Beginn der Betriebsaufgabe. Ein Beginn der Betriebsaufgabe liegt nicht schon in dem inneren Entschluss, sondern erst in den **tatsächlichen Aufgabevorgängen.** Es müssen nach außen hin erkennbare Maßnahmen zur Beseitigung des Betriebs als wirtschaftlicher Organismus getätigt werden (BFH IV R 36/81, BStBl. II 1984, 711; IV B 143/09, BFH/NV 2011, 1694; IV R 8/20, DStR 2023, 1187: tatsächlicher Vorgang). Wichtigstes Indiz ist die Einstellung der werbenden Tätigkeit. Umbaumaßnahmen reichen nicht (NdsFG II 347/94, EFG 1996, 819 rkr.). Solche Maßnahmen können auch in behördlichen Anordnungen (Untersagung) liegen (FG München VIII 256/80 F, EFG 1987, 25 rkr.). Fortgeführtes Betriebsvermögen bleibt gleichwohl möglich, ebenso die allmähliche Abwicklung (→ Rn. 93). Maßgebender Zeitpunkt der Betriebsaufgabe in der Insolvenz (→ Rn. 52) ist nicht die Eröffnung des Insolvenzverfahrens, sondern die Veräußerung der wesentlichen Betriebsgrundlagen durch den Insolvenzverwalter (zum Konkursrecht BFH VIII R 128/84, BStBl. II 1993, 594). 76

d) Beendigung der Betriebsaufgabe. Das Ende der Betriebsaufgabe bedeutet Veräußerung oder Überführung des letzten – funktional (BFH X R 101/90, BStBl. II 1993, 710) – wesentlichen Wirtschaftsguts in das Privatvermögen. Das Zurückbehalten von Wirtschaftsgütern, die keine wesentlichen Betriebsgrundlagen sind, hindert die Annahme einer Aufgabe nicht. Sie kann der Steuerpflichtige nach der Rspr. nicht dadurch vorzeitig herbeiführen, dass er Wirtschaftsgüter zunächst formell ins Privatvermögen überführt und sie dann privat veräußert (vgl. BFH VI 119/65, BStBl. III 1967, 70). Etwas anderes gilt beim verpachteten Betrieb (BFH I R 235/80, BStBl. II 1985, 456). 77

e) Betriebsverlegung, Betriebsunterbrechung, Betriebsverpachtung. 78
Die Aufgabe eines Betriebs und seine Neueröffnung an einem anderen Ort kann gewerbesteuerrechtlich Einstellung und Neugründung bedeuten, auch wenn es nur zu einer vorübergehenden Stilllegung kommt (→ § 2 Rn. 577). Die **Gleichartigkeit** des Betriebs ist dabei ebenfalls bedeutsam, wie das Erfordernis der Unternehmensgleichheit bei § 10a zeigt (BFH VIII R 16/01, BFH/NV 2003, 81). Zur Bedeutung des Übergangs stiller Reserven s. BFH IV R 8/17, BStBl. II 2020, 401.

Ob bei einer **Betriebsverlegung** gleichzeitig der Tatbestand einer Betriebsaufgabe im funktionalen Sinn vorliegt, hängt vom Fortbestand der **wirtschaftlichen Identität** des alten und an einer anderen Stelle weitergeführten Betriebs ab (vgl. BFH IV R 41/07, BStBl. II 2010, 977; IV R 10/12, BFH/NV 2015, 678). Die wirtschaftliche Identität wird im Regelfall durch den Bestand an materiellen und immateriellen Wirtschaftsgütern geprägt (BFH IV R 88/81, BStBl. II 1985, 508; VIII R 16/01, BFH/NV 2003, 81). 79

80 Einkommensteuerrechtliche **Betriebsunterbrechung** (BFH III R 31/87, BStBl. II 1990, 383) liegt vor, wenn der Steuerpflichtige zwar die werbende Tätigkeit einstellt (BFH VIII R 11/95, BStBl. II 1998, 379) oder einschränkt (BFH IV R 39/94, BStBl. II 1996, 276), aber die Fortführung des im Wesentlichen identischen Betriebes beabsichtigt. Dies ist nicht der Fall, wenn hierfür keine wesentlichen Betriebsgrundlagen mehr vorhanden sind (BFH X R 31/95, BStBl. II 1997, 561; IV R 8/20, DStR 2023, 1187). Es kommt dann zur zwangsweisen Betriebsaufgabe mit der Aufdeckung stiller Reserven. Damit soll verhindert werden, dass dem Steuerpflichtigen „ewiges Betriebsvermögen" verbleibt (BFH IV R 28/22, DStR 2025, 1915). Der ruhende und der wiederaufgenommene Betrieb müssen wirtschaftlich identisch sein (Wacker in Schmidt EStG § 16 Rn. 160). In § 16 Abs. 3b EStG ist nunmehr ausdrücklich gesetzlich geregelt, dass ein Betrieb in den Fällen der Betriebsunterbrechung und Betriebsverpachtung im Ganzen nicht als aufgegeben gilt, solange die Aufgabe nicht ausdrücklich erklärt worden ist oder dem FA Tatsachen bekannt geworden sind, aus denen sich ergibt, dass die Voraussetzungen einer Betriebsaufgabe erfüllt sind. (s. hierzu BMF 22.11.2016, BStBl. I 2016, 1326). Einkommensteuerrechtlich kann nach diesen Grundsätzen eine Betriebsunterbrechung vorliegen, die den Fortbestand des Betriebs unberührt lässt, während gewerbesteuerrechtlich die werbende Tätigkeit dauerhaft eingestellt ist. Die gewerbesteuerrechtliche Betriebseinstellung beurteilt sich unabhängig von dem einkommensteuerrechtlichen Tatbestand des § 16 EStG (BFH IV R 14/21, DStR 2024, 877). Bei Betriebseinstellung und ggf. Neugründung eines Gewerbebetriebs, also bei zwei nacheinander bestehenden Gewerbebetrieben, führt die Ermittlung des Gewerbeertrags nach § 7 zu einem anderen Ergebnis als bei Annahme eines während des gesamten Jahres bestehenden Gewerbebetriebs (BFH IV R 14/21, DStR 2024, 877). Davon abzugrenzen ist die vorübergehende Unterbrechung des Betriebs nach § 2 Abs. 4, die nicht zum Wegfall der GewSt-Pflicht führt. Eine Betriebsunterbrechung iSd der genannten Vorschrift setzt voraus, dass die vorübergehende Unterbrechung durch die Art des Betriebs veranlasst ist (BFH IV R 56/97, BStBl. II 1998, 735). Zur Betriebsunterbrechung bei Betriebsaufspaltung s. BFH VIII R 80/03, BStBl. II 2006, 591. Auch bei fehlgeschlagener Betriebsaufspaltung ist einkommensteuerrechtlich ein ruhender Gewerbebetrieb bis zur eindeutigen Aufgabeerklärung möglich (BFH VIII R 72/96, BFH/NV 1999, 1422; s. hierzu auch Wendt FR 1998, 264 sowie Cornelius DStZ 2010, 915). Eine Gewerbeabmeldung ist nicht ausreichend (BFH XI B 44/03, BFH/NV 2004, 1639). Gewerbesteuerrechtlich gibt es keinen ruhenden Gewerbebetrieb (IV R 59/16, BStBl. II 2020, 147). Ein Fall der einkommensteuerrechtlichen Betriebsunterbrechung ist die **Betriebsverpachtung** (→ Rn. 100 ff.). Für die GewSt ist sie als Einstellung des Betriebes anzusehen. S. zu den unterschiedlichen Wertungen bei ESt bzw. GewSt → Rn. 36; → § 2 Rn. 579. Die später abgegebene Erklärung, den Betrieb nicht fortsetzen zu wollen, wirkt bei Zugang als Betriebsaufgabe (BFH I R 235/80, BStBl. II 1985, 456).

81 *(frei)*

3. Ermittlung des Veräußerungs-/Aufgabegewinns

82 **a) Veräußerungsgewinn.** Zu der Frage, ob die Aufgabe oder Veräußerung von (Teil-)Betrieben und die daraus resultierenden Erträge überhaupt der GewSt unterliegen → Rn. 27 ff., 64, 69, zum Veräußerungs- und Aufgabegewinn bei

Personengesellschaften → Rn. 113 ff., zur Veräußerung von Mitunternehmeranteilen → Rn. 124 ff., zur Anwendung des § 7 S. 2 → Rn. 127 ff.). Veräußerungsgewinn ist nach § 16 Abs. 2 EStG der Betrag, um den der Veräußerungspreis nach Abzug der Veräußerungskosten den Wert des (Teil-)Betriebsvermögens oder den Wert des Anteils am Betriebsvermögen übersteigt. Der Gewinn aus der Veräußerung eines Gewerbebetriebs oder Teilbetriebs entsteht, wenn zumindest das wirtschaftliche Eigentum an den wesentlichen Betriebsgrundlagen auf den Erwerber übergeht. Der Zufluss des Kaufpreises, seine Fälligkeit (in Raten) oder Stundung sind nicht entscheidend (BFH IV R 9/21, DStR 2024, 290; BFH IV R 137/82, BStBl. II 1984, 829). Eine Ausnahme gilt für gewinn- oder umsatzabhängige Kaufpreisforderungen, die erst bei Realisation als nachträgliche Betriebseinnahmen zufließen (BFH IV R 9/21, DStR 2024, 290). Zur Veräußerung auf den Zeitpunkt des Jahreswechsels s. BFH VIII R 7/90, BStBl. II 1993, 228; IV R 107/92, BStBl. II 1993, 666. Ab 1.1.1994 gilt der Veräußerungsgewinn insoweit als **laufender Gewinn,** als auf der Seite des Veräußerers und auf der Seite des Erwerbers dieselben Personen (Mit-)Unternehmer sind (§ 16 Abs. 2 S. 3 EStG), dh tarifbegünstigt ist nur die Veräußerung an fremde Dritte. Dies gilt auch für die GewSt (→ Rn. 127). Der Freibetrag nach § 16 Abs. 4 EStG hängt von persönlichen Merkmalen ab und ist deshalb nicht für die GewSt von Bedeutung (BFH IV R 3/12, BStBl. II 2016, 553, zu § 18 Abs. 4 UmwStG aF).

b) Veräußerungspreis (§ 16 Abs. 2 S. 1 EStG). Unter Veräußerungspreis ist 83 der tatsächlich erzielte Erlös zu verstehen (BFH IV R 9/21, DStR 2024, 290; BFH IV R 17/08, BStBl. II 2011, 716). Zum Veräußerungspreis gehören auch Leistungen, die nicht vom Erwerber stammen (Entschädigungen, Prämien), wenn sie im unmittelbaren wirtschaftlichen Zusammenhang mit der Veräußerung stehen (BFH IV R 9/21, DStR 2024, 290; BFH IV R 14/90, BStBl. II 1992, 457). Auch ein Gewinnvorab kann zum Entgelt gehören (BFH VIII R 47/12, DStR 2016, 292). Zur Übernahme von Betriebsschulden durch den Erwerber s. Wacker in Schmidt EStG § 16 Rn. 272 sowie BMF 30.11.2017, BStBl. I 2017, 1619, zum Veräußerungspreis in Höhe des negativen Kapitalkontos s. BFH VIII R 370/83, BStBl. II 1989, 563 und XI R 34/92, BStBl. II 1993, 436 bei teilentgeltlicher Übertragung, zu „angeschafften" Rückstellungen BFH I R 72/10, BStBl. II 2017, 1226).

Gemeiner Wert. Besteht die Gegenleistung nicht in Geld, sondern in Sachgü- 84 tern, ist der gemeine Wert anzusetzen (BFH IX R 43/14, BStBl. II 2016, 212). Zum Veräußerungspreis iSd § 16 Abs. 2 EStG zählt entsprechend § 16 Abs. 3 S. 8 EStG auch der gemeine Wert (idR Verkehrswert s. BFH III R 173/86, BStBl. II 1990, 497; II R 122/86, BStBl. II 1990, 467) von ins Privatvermögen übernommenen Wirtschaftsgütern (s. auch Wacker in Schmidt EStG § 16 Rn. 293). Zur Aufteilung des Verkehrswertes eines gemischt genutzten Grundstücks anlässlich einer Betriebsaufgabe s. BFH III R 20/99, BFH/NV 2001, 849.

c) Steuerrelevante Ereignisse nach Betriebsveräußerung. Sie können zu 85 einer rückwirkenden Änderung des Veräußerungsgewinns oder -verlustes führen. Dies gilt zB bei Ausfall/Wertminderung der Kaufpreisforderung oder nachträglicher Inanspruchnahme des Veräußerers für vom Erwerber übernommene Betriebsschulden (BFH GrS 2/92, BStBl. II 1993, 894 u. GrS 1/92, BStBl. II 1993, 897; IV R 47/95, BStBl. II 1997, 509; VIII R 66/03, BStBl. II 2006, 307); ebenso früher schon bei (außer-)gerichtlichen Vergleichen und Urteilen aus Streit über die Höhe des Kaufpreises (BFH IV R 84/86, BStBl. II 1989, 41; s. auch

BFH IV R 20/08, BStBl. II 2010, 528). Die rückwirkende Aufstockung einer Rücklage nach § 6b EStG für den Gewinn aus der Veräußerung eines Grundstücks bei nachträglicher Erhöhung des Veräußerungsgewinns ist ebenfalls möglich (BFH X R 148/97, BFH/NV 2001, 233). Die Veranlagung des Veräußerungsjahres ist in diesen Fällen nach § 175 Abs. 1 S. 1 Nr. 2 AO zu ändern. Gleiches gilt bei Veräußerung eines Anteils an einer Personengesellschaft.

86 **d) Wiederkehrende Bezüge.** Wird ein Betrieb gegen wiederkehrende Bezüge veräußert, so kann der Veräußerer unter bestimmten Voraussetzungen zwischen der tarifbegünstigten **Sofortversteuerung** in Höhe des Kapitalwerts der Bezüge und der **allmählichen Versteuerung** der Rentenbezüge nach § 15 EStG iVm § 24 Nr. 2 EStG (Zuflussversteuerung) wählen (ausführlich BFH X R 40/10, DStR 2013, 2050; Urbach KÖSDI 2017, Nr. 7, 20373). Im letztgenannten Fall entsteht in Höhe der Rentenzahlung ein Gewinn, sobald die gesamten Rentenzahlungen den Buchwert des steuerlichen Kapitalkontos des Veräußerers zuzüglich der angefallenen Kosten übersteigen (Wacker in Schmidt EStG § 16 Rn. 260). Bei der Zuflussbesteuerung kann für die nachfolgenden Rentenzahlungen kein Freibetrag nach § 16 Abs. 4 EStG geltend gemacht werden (BFH X R 79/90, DB 1991, 2368). Bei Veräußerungen nach dem 31.12.2003 ist bei der Zuflussbesteuerung der in den wiederkehrenden Leistungen enthaltene Zinsanteil von Anfang an als nachträgliche Betriebseinnahme zu erfassen (EStR 16 Abs. 11 S. 7 und 8; BFH X R 12/17, DStR 2020, 435). Das Wahlrecht besteht nicht bei einem umsatz- oder gewinnabhängigen Entgelt (BFH VIII R 8/01, BStBl. II 2002, 532), hier ist die Zuflussbesteuerung zwingend. Der Regelfall ist die Sofortversteuerung (IV B 52/98, BFH/NV 1999, 1330; zum Ganzen Füssenich in BeckOK EStG § 16 Rn. 321 ff.). Wird ein Betrieb gegen wiederkehrende Bezüge und ein festes Entgelt veräußert, besteht das Wahlrecht nur für die wiederkehrenden Bezüge (BFH X R 79/90, BB 1991, 2353; III R 12/17, BFH/NV 2018, 948). Nach EStR 16 Abs. 11 S. 1 besteht ein Wahlrecht bei Betriebsveräußerung gegen „Leibrente“. In EStH 16 Abs. 11 wird darüber hinaus auch auf das Wahlrecht bei Kaufpreisraten über zehn Jahren mit Versorgungscharakter und bei Zeitrenten mit unüberschaubarer Laufzeit, die auch der Versorgung des Veräußerers dienen, verwiesen. Somit liegt keine Änderung der früheren Verwaltungspraxis vor. Der Wegfall der Rentenverbindlichkeit ist beim Erwerber – auch bei Überschussrechnung – gewinnerhöhend und damit auch beim Gewerbeertrag zu erfassen (BFH IV R 48/90, BStBl. II 1991, 796). Zur Anwendung des Teileinkünfteverfahrens bei Veräußerung von Anteilen an einer Kapitalgesellschaft gegen wiederkehrende Bezüge s. OFD Hannover 13.11.2015, BeckVerw 320623. Kein entgeltlicher Vorgang ist die betriebliche Versorgungsrente, die anzunehmen ist, wenn der Rentenberechtigte aus betrieblichen Gründen versorgt werden soll (BFH III R 49/13, BStBl. II 2017, 37).

87 **e) Vermögensübergabe gegen Versorgungsleistungen.** Dieses Rechtsinstitut ist seit dem JStG 2008 gesetzlich verankert, nunmehr in § 10 Abs. 1a Nr. 2 EStG. Die Neuregelung gilt für alle nach dem 31.12.2007 vereinbarten Vermögensübertragungen. Der Übernehmer erhält den Sonderausgabenabzug für Einkommensteuerzwecke; der Übergeber muss unbeschränkt einkommensteuerpflichtig sein. Einzelheiten sind dargestellt im sog. Rentenerlass IV (BMF 11.3.2010, BStBl. I 2010, 227). Hintergrund des Rechtsinstituts der Vermögensübergabe gegen Versorgungsleistungen ist der Gedanke der vorbehaltenen Vermögenserträge. Die Leistungen bemessen sich nach dem Versorgungsbedürfnis des

Berechtigten und der Leistungsfähigkeit des Verpflichteten (BFH X R 44/93, BStBl. II 1996, 676). Der Übergeber behält sich Vermögenserträge vor, die vom Übernehmer erwirtschaftet werden sollen und dem Übergeber als Versorgungsleistungen zufließen sollen. Nach § 10 Abs. 1a Nr. 2 EStG begünstigt sind auf besonderen Verpflichtungsgründen beruhende, lebenslange und wiederkehrende Versorgungsleistungen im Zusammenhang mit der Übertragung eines Anteils an einer Mitunternehmerschaft, die eine Tätigkeit nach §§ 13, 15 Abs. 1 S. 1 Nr. 1 EStG oder § 18 Abs. 1 EStG ausübt – somit nicht an einer vermögensverwaltenden GmbH & Co. KG –, eines (Teil-)Betriebs oder eines mindestens 50%igen Anteils an einer GmbH, sofern der Übergeber als Geschäftsführer tätig gewesen war und der Übernehmer diese Tätigkeit nach der Übertragung übernimmt. Die Übergabe von anderem existenzsichernden Vermögen fällt nicht unter die Regelung. Bei Vermögensübertragungen von Privatvermögen vor dem 1.1.2008 können Renten oder dauernde Lasten weiterhin abziehbar sein (BFH IX R 32/14, BStBl. II 2016, 331). Das übertragene Vermögen muss einen ausreichenden Ertrag bringen. Dies wird bei der Übertragung von (Teil-)Betrieben widerleglich vermutet (BMF 11.3.2010, BStBl. I 2010, 227 Rn. 29). Bei der Übertragung eines gewerblichen Unternehmens im Rahmen einer vorweggenommenen Erbfolge besteht eine – nur in Ausnahmefällen widerlegliche – Vermutung dafür, dass der übertragene Betrieb ausreichende Erträge abwerfen wird (BFH GrS 1/00, BStBl. II 2004, 95). Ein Unternehmerlohn ist bei Anstellen der Ertragsprognose nicht anzusetzen (BFH GrS 2/00, BStBl. II 2004, 100). Von einer nach steuerrechtlichen Gesichtspunkten unentgeltlichen Vermögensübertragung gegen Versorgungsleistungen (BFH IV R 1/20, DStR 2024, 2417), die sich am Versorgungsbedürfnis des Übergebers orientieren und die typischerweise die vorweggenommene Erbfolge betrifft, sind **entgeltliche Vermögensübertragungen** gegen wiederkehrende Leistungen zu unterscheiden, die nicht zu einem Abzug beim Übernehmer nach § 10 Abs. 1a Nr. 2 EStG führen. Sind Leistung und Gegenleistung in solchen Fällen ausgeglichen, so entspricht der Barwert der wiederkehrenden Leistungen den Anschaffungskosten auf Seiten des Übernehmers. Ist der Barwert höher als der Wert des übertragenen Vermögens, so ist der übersteigende Betrag eine Zuwendung iSd § 12 Nr. 2 EStG. Ist der Barwert mehr als doppelt so hoch wie der Wert des übertragenen Vermögens, so liegt nach BMF 11.3.2010, BStBl. I 2010, 227 Rn. 66 insgesamt eine Zuwendung vor. Nach BFH GrS 2/00, BStBl. II 2004, 100 ist offen, ob es sich in solchen Fällen insgesamt um Unterhaltsleistungen handelt oder ob eine Aufteilung in Versorgungsleistungen einerseits und Unterhaltsleistungen andererseits vorzunehmen ist.

Gewerbesteuer. Betriebsveräußerungsrenten rechnen unabhängig von der Wahl der Versteuerungsart zum gewstfreien Veräußerungsgewinn; die Voraussetzungen des § 34 EStG sind hierfür entbehrlich (→ Rn. 69). Deshalb fällt auch bei Zuflussbesteuerung keine GewSt an. Unberührt hiervon ist die Sonderregelung des § 18 Abs. 3 UmwStG, die auch bei einer Veräußerung gegen wiederkehrende Bezüge anzuwenden ist (BFH X R 40/10, BStBl. II 2013, 883, Anm. Nöcker FR 2013, 1009). Zu § 18 Abs. 3 UmwStG → Anh. § 7 Rn. 175. 88

f) Betriebsaufgabegewinn. Bei seiner Ermittlung ist der Veräußerungspreis der einzelnen Wirtschaftsgüter bzw. der gemeine Wert (§ 9 BewG) der ins Privatvermögen überführten Wirtschaftsgüter anzusetzen (BFH III R 20/99, BStBl. II 2003, 635). Der aus der Veräußerung einzelner Wirtschaftsgüter anlässlich der Betriebsaufgabe erzielte Gewinn gilt insoweit als **laufender Gewinn,** als auf 89 der Seite des Veräußerers und auf der Seite des Erwerbers dieselben Personen Unternehmer sind (§ 16 Abs. 3 S. 6 EStG), dh begünstigt ist nur die Veräußerung an fremde Dritte (s. GewStH 7.1 Abs. 3). § 16 Abs. 3 S. 6 EStG gilt über § 7 S. 1 auch für die GewSt (BFH IV R 4/13, BStBl. II 2016, 544 sieht keinen Anlass für eine teleologische Reduktion). Im Zeitpunkt der Betriebsaufgabe **bestrittene Schadensersatzforderungen** bleiben Betriebsvermögen und wirken bei nachträglicher Erfüllung auf den Zeitpunkt der Betriebsaufgabe zurück (BFH IV R 37/92, BStBl. II 1994, 564; → Rn. 85).

90 Hinsichtlich des originär selbstgeschaffenen und daher (§ 5 Abs. 2 EStG) nicht zu aktivierenden **Geschäftswerts** bestehen aus tatsächlichen Gründen Bewertungsunsicherheiten. Gleichwohl ist der Geschäftswert, der im Wege einer verdeckten Einlage übergeht, auch für die Ermittlung des Veräußerungsgewinns anzusetzen (BFH I R 202/83, BStBl. II 1987, 705). Dagegen ist der Geschäftswert bei erklärter Aufgabe einer Betriebsverpachtung nicht zu berücksichtigen (erst bei Veräußerung, BFH X R 49/87, BStBl. II 1989, 606; X R 56/99, BFH/NV 2002, 847). Da die (Teil-)Betriebsaufgabe sich in mehreren Handlungen vollziehen kann (vorausgesetzt ist nur ein einheitlicher wirtschaftlicher Vorgang), bereitet die Frage Schwierigkeiten, wann der **Aufgabegewinn realisiert** ist und wie ein Freibetrag nach § 16 Abs. 4 EStG zu verteilen ist, wenn sich der Aufgabevorgang über **zwei Veranlagungszeiträume** erstreckt (vgl. Wacker in Schmidt EStG § 16 Rn. 577: der Freibetrag wird vom im ersten VZ verwirklichten Gewinn und ein verbleibender Rest vom Gewinn des folgenden VZ abgezogen; aA Kanzler FR 1995, 851: Wahlrecht). Kein begünstigter Aufgabegewinn, wenn Abwicklung sich über mehr als zwei Veranlagungszeiträume erstreckt (BFH X R 101/90, BStBl. II 1993, 710; → Rn. 93). Die gegenüber der (Teil-)Betriebsveräußerung bestehende Komplexität des Aufgabevorgangs macht die Feststellung schwierig, unter welchen Voraussetzungen ein bestimmter Geschäftsvorfall noch zum laufenden nicht begünstigten Ertrag gehört und bei einem noch tätigen Betrieb der GewSt unterliegt (→ Rn. 65).

91 **g) Restbuchwert (§ 16 Abs. 2 S. 1 und Abs. 3 S. 1 EStG).** Zur Gewinnermittlung sind vom Veräußerungspreis oder dem bei der Aufgabe des Betriebs anzusetzenden gemeinen Wert (Aufgabepreis) die Buchwerte (Aktiva ./. Passiva, BFH XI R 34/92, BStBl. II 1993, 436) und die Veräußerungskosten abzusetzen. Für die **Ermittlung des Buchwerts** zum maßgeblichen Zeitpunkt der Veräußerung oder Aufgabe (bzw. Überführung ins Privatvermögen) sind die §§ 4 Abs. 1, 5 EStG maßgebend (§ 16 Abs. 2 S. 2 EStG; BFH I R 119/78, BStBl. II 1981, 460; X B 162/08, BFH/NV 2009, 156). Der Überschuldungsbetrag eines buchmäßig überschuldeten Betriebs mindert nicht den Aufgabegewinn (BFH IV R 52/93, BStBl. II 1996, 415). Wurde vom Steuerpflichtigen der Gewinn bisher nach § 4 Abs. 3 EStG durch Überschussrechnung ermittelt, so hat er zum Bestandsvergleich überzugehen. Der **Übergangsgewinn** ist ein laufender und beim tätigen Betrieb gewerbesteuerpflichtiger Gewinn (zur Bindungswirkung der Billigkeitsentscheidung über die zeitliche Verteilung des Übergangsgewinns s. BFH X R 32/13, BStBl. II 2016, 139).

92 **h) Veräußerungs-/Aufgabekosten (§ 16 Abs. 2 S. 1 und Abs. 3 S. 1 EStG).** Zu den Kosten der Betriebsveräußerung (Betriebsaufgabe) sind die durch diese Vorgänge veranlassten Kosten zu rechnen (BFH IV R 22/08, BStBl. II 2010, 736). Sie sind auch dann im Jahr der Ermittlung des Veräußerungs-/Aufgabegewinns abzuziehen, wenn sie bereits im vorhergehenden Veranlagungszeitraum entstanden sind (BFH I R 97/92, BStBl. II 1994, 287; s. auch VIII R 204/85, BFH/NV 1990, 801; Schallmoser in Brandis/Heuermann EStG § 16 Rn. 632). Dabei erfasst der Begriff nicht nur die technisch durch den Veräußerungsvorgang bedingten Aufwendungen (wie zB für Notar- oder Rechtsanwaltsleistungen, Gerichtskosten bei Streitigkeiten über den Veräußerungsvorgang, im Veräußerungspreis enthaltene Umsatzsteuer, BFH IV R 60/74, BStBl. II 1978, 100), sondern auch andere Vermögenseinbußen, die unmittelbar darauf zurückgehen (zB Vorfälligkeitsentschädigung bei vorzeitiger Rückzahlung eines betrieblichen Kredits anlässlich der Betriebsaufgabe, jedenfalls wenn der Veräußerungserlös zur Tilgung der Schulden ausreicht, BFH VIII R 55/97, BStBl. II 2000, 458). Veräußerungskosten, die mit den dem § 3 Nr. 40 EStG zugrunde liegenden Vorgängen in wirtschaftlichem Zusammenhang stehen, dürfen nur anteilig abgezogen werden (§ 3c Abs. 2 S. 1 EStG; krit. Crezelius DB 2001, 221 (226)). Bei späterer Änderung der Veräußerungskosten ändert sich rückwirkend der Veräußerungsgewinn (BFH IV R 37/92, BStBl. II 1994, 564; XI R 20/97, BFH/NV 1998, 701; → Rn. 85). Veräußerungskosten stehen mit der Veräußerung im Zusammenhang und sind deshalb gewerbesteuerlich unbeachtlich, sofern die Veräußerung nicht ausnahmsweise gewerbesteuerpflichtig ist (§ 18 Abs. 3 UmwStG). Übernimmt der Veräußerer die GewSt, führt dies bei ihm zu Veräußerungskosten (BFH IV R 5/14, BStBl. II 2016, 875). Zu zivilrechtlichen Gestaltungen in diesem Zusammenhang s. Schrade FR 2017, 862 und Hautkappe/Linnemann DB 2018, 1178.

i) Allmähliche Abwicklung. Erfolgt die Aufgabe des Betriebs nicht in einem 93
engen zeitlichen Zusammenhang – wie es die einkommensteuerrechtliche Begünstigung nach §§ 16, 34 EStG erfordert – sondern durch eine allmähliche Abwicklung des Betriebs, handelt es sich um eine gewerbesteuerfreie Betriebsaufgabe bzw. Betriebsveräußerung, wenn die Abwicklung in Zusammenhang mit der Einstellung der werbenden Tätigkeit erfolgt und der Steuerpflichtige die Absicht hat, das bisherige Betriebsvermögen in zeitlichem Zusammenhang mit der Beendigung der werbenden Tätigkeit alsbald zu veräußern oder es demnächst in einem anderen Gewerbebetrieb zu verwenden (BFH X R 128/94, BFH/NV 1996, 877). Die Steuervergünstigung des § 34 EStG wird hierfür nicht gewährt, denn die in § 16 EStG erwähnten Betriebsveräußerungs- oder Aufgabegewinne fordern die Auflösung der wesentlichen stillen Reserven innerhalb eines kurzen Zeitraums (→ Rn. 65). Die Einnahmen aus der allmählichen Vermögensverwertung sind jedoch gewerbesteuerpflichtig, wenn sich die allmähliche Abwicklung in der geschäftsüblichen Form des noch fortbestehenden Betriebs vollzieht. Die sukzessive Veräußerung bzw. allmähliche Abwicklung eines **Teilbetriebs** im Rahmen eines fortbestehenden lebenden Unternehmens iSd § 2 Abs. 1 ist gewstpfl. (BFH VI 336/62 U, BStBl. III 1964, 248; aA Franke in WSMH § 7 Rn. 64). Hegt der Steuerpflichtige keine Absicht zur Veräußerung und sollen die zurückbehaltenen Wirtschaftsgüter auch nicht in ein anderes Betriebsvermögen übertragen werden, so wird das Betriebsvermögen mit Einstellung des Betriebs Privatvermögen (begünstigte Gewinnrealisierung ohne Betriebsaufgabeerklärung s. BFH I R 84/79, BStBl. II 1983, 412; X R 128/94, BFH/NV 1996, 877).

j) Nachträgliche Einkünfte. Auch nach der Betriebsaufgabe können Wirt- 94
schaftsgüter **Betriebsvermögen** bleiben (BFH VIII R 158/73, BStBl. II 1979, 99). Allerdings gibt es kein „ewiges" Betriebsvermögen (BFH X R 128/94, BFH/NV 1996, 877). Dies gilt insbesondere, solange aktive Wirtschaftsgüter vorhanden sind, deren Verwertung oder Übernahme in ein Betriebsvermögen eines werben-

den Unternehmens beabsichtigt ist. Danach hängt die Abziehbarkeit von Schuldzinsen davon ab, ob der Steuerpflichtige zum Zeitpunkt der handelsrechtlichen Vollbeendigung des Betriebs den Schuldposten mit vorhandenen Aktivwerten begleichen konnte. Hat er dies unterlassen, sind die später angefallenen Schuldzinsen nicht als nachträgliche Betriebsausgaben (§ 24 Nr. 2 EStG) anzusehen (vgl. BFH I R 119/78, BStBl. II 1981, 460; bei Veräußerung s. VIII R 150/79, BStBl. II 1982, 321). Nachträgliche Einkünfte aus Gewerbebetrieb sind nach § 4 Abs. 3 EStG zu ermitteln (BFH IV R 31/09, BFH/NV 2012, 1448). Die Auflösung einer § 6b EStG-Rücklage in einem nicht mehr werbenden Unternehmen führt zu gewstfreien nachträglichen Einkünften aus Gewerbebetrieb iSd § 24 Nr. 2 EStG (BFH IV R 150/78, BStBl. II 1982, 348). In Ermangelung eines tauglichen Steuergegenstandes unterliegen solche nachträglichen gewerblichen Einkünfte nicht mehr der Gewerbesteuer (BFH X R 14/21, DStR 2023, 2217). Über die steuerliche Erfassung nachträglicher Entgelte als Betriebseinnahmen ist nicht im Rahmen der gesonderten und einheitlichen Feststellung der Mitunternehmerschaft zu entscheiden (BFH VIII R 8/01, BStBl. II 2002, 532; BFH X R 14/21, DStR 2023, 2217).

95 **k) Unentgeltliche Betriebs- oder Teilbetriebsübertragung.** Weder eine begünstigte Aufgabe noch eine Veräußerung eines (Teil-)Betriebs iSv § 16 Abs. 2 u. 3 EStG liegt vor, wenn ein (Teil-)Betrieb in einem einheitlichen Vorgang (BFH I R 105/85, BStBl. II 1989, 653; X R 4/84, BStBl. II 1989, 652), ggf. in mehreren Teilakten (BFH X R 74-75/90, BStBl. II 1994, 15), unentgeltlich auf eine andere Person übertragen wird. Denn in diesem Fall ist die Erfassung der stillen Reserven beim neuen Inhaber gewährleistet und ihr Übergang auf diesen auch nach § 6 Abs. 3 EStG gewollt (zur Rspr. betr. vorweggenommene Erbfolge und Erbauseinandersetzung s. Wacker in Schmidt EStG § 16 Rn. 50 u. 590). § 6 Abs. 3 EStG soll die interpersonelle Verlagerung der stillen Reserven bei der unentgeltlichen Übertragung wirtschaftlicher Einheiten ermöglichen. Aufgrund des (auch) tätigkeitsbezogenen Betriebsbegriffs setzt dies voraus, dass der Übertragende seine im Rahmen des übertragenen Betriebs ausgeübte Tätigkeit aufgibt (BFH X R 33/19, DStR 2025, 946; BFH IV R 1/20, DStR 2024, 2417). § 6 Abs. 3 S. 1 EStG erweitert die gesetzliche Regelung auf die Fälle der unentgeltlichen Aufnahme einer natürlichen Person in ein bestehendes Einzelunternehmen sowie die unentgeltliche Übertragung eines **Teils eines Mitunternehmeranteils** auf eine natürliche Person. Zu weiteren Einzelheiten s. BMF 20.11.2019, BStBl. I 2019, 1291. Wird die fünfjährige Behaltefrist des § 6 Abs. 3 S. 2 EStG nicht eingehalten, entsteht nachträglich ein der GewSt unterliegender laufender Gewinn. Die Schlussbilanz des Betriebsübergebers entscheidet über den Bestand der übernommenen Wirtschaftsgüter (BFH IV R 171/85, BStBl. II 1988, 490). Rücklagen nach §§ 6b, 6c EStG gehen auf den Rechtsnachfolger über (BFH IV R 61/93, BStBl. II 1995, 367). Zur **teilentgeltlichen** Übertragung s. BFH IV R 12/81, BStBl. II 1986, 811; X R 165/90, BStBl. II 1992, 1020; Wacker in Schmidt EStG § 16 Rn. 65; auch sie unterliegt nicht der **Gewerbesteuer.**

96–99 *(frei)*

4. (Teil-)Betriebsverpachtung

100 **a) Wahlrecht.** Die Betriebsverpachtung ist einkommensteuerrechtlich ein Fall der Betriebsunterbrechung, gewerbesteuerrechtlich eine Einstellung des Betriebs (→ Rn. 80). Dem Verpächter eines gewerblichen (Teil-)Betriebs wird ein Wahl-

recht für die Erklärung zugestanden, ob er mit der Verpachtung seinen Betrieb **aufgeben** oder auch während der Verpachtung **fortsetzen** will (BFH GrS 1/63 S, BStBl. III 1964, 124; zu den Einzelheiten der Wahlrechtsausübung s. § 16 Abs. 3b EStG sowie EStH 16 Abs. 5; BMF 22.11.2016, BStBl. I 2016, 1326; Manz DStR 2013, 1512). Auch ein Teilbetrieb kann verpachtet werden. Das Wahlrecht kann auch während der Verpachtung ausgeübt werden (BFH I R 235/80, BStBl. II 1985, 456). Beim Teilbetrieb entfällt es, wenn die Verpachtung im Rahmen des gesamten Betriebs erfolgt (BFH VIII R 62/72, BStBl. II 1977, 42). Die einkommensteuerrechtliche Behandlung der Betriebsverpachtung basiert auf der Vorstellung, dass der Betriebsinhaber den Betrieb zwar einem anderen zur Betriebsführung überlässt, jedoch zu einem späteren Zeitpunkt wieder an sich ziehen will (BFH X R 35/19, DStR 2025, 946). Dieses Wahlrecht findet seine Berechtigung darin, dass die Verpachtung des Betriebs seinen Bestand als wirtschaftlichen Organismus unverändert lässt und deshalb nicht schlechthin als Betriebsaufgabe gewertet werden kann, andererseits aber ohne eine entsprechende Erklärung des Steuerpflichtigen unklar bleibt, ob der Unternehmer nicht doch mit seiner Verpachtung die unternehmerische Tätigkeit endgültig einstellen will und die Wiederaufnahme nicht beabsichtigt. Es geht auf die Erben des Verpächters über (BFH IV R 97/89, BStBl. II 1992, 392). Wird ein Betrieb teilentgeltlich veräußert, geht das Wahlrecht auf den Erwerber über, bei voller Entgeltlichkeit erlischt es (BFH X R 52/13, BStBl. II 2016, 710). Wird der Betrieb durch Verpachtung fortgesetzt, so erzielt der Verpächter einkommensteuerrechtlich weiterhin Einkünfte nach § 15 Abs. 1 S. 1 Nr. 1 EStG. Zur GewSt → Rn. 105. Mit der Betriebsverpachtung nicht vergleichbar ist die Betriebsübertragung unter Vorbehaltsnießbrauch, bei der der Vorbehaltsnießbraucher mit dem übertragenen Betriebsvermögen den Betrieb fortführt (BFH X R 35/19, DStR 2025, 946).

b) Betriebsfortführung. Begrifflich setzt eine Betriebsverpachtung die Ver- **101**
pachtung der **wesentlichen Betriebsgrundlagen** voraus. Ein **Betriebsgrundstück** stellt regelmäßig nicht die alleinige wesentliche Betriebsgrundlage dar (BFH IV R 122/71, BStBl. II 1975, 885; III R 7/91, BFH/NV 1993, 358; Ausnahme: III R 5/92, BFH/NV 1993, 233). Da bei der Betriebsverpachtung zunächst auf die Versteuerung der stillen Reserven verzichtet wird, kommt der funktionale Betriebsbegriff zum Tragen. Das heißt, verpachtet sein müssen alle Wirtschaftsgüter, die **funktional** für den Betrieb von Bedeutung sind (BFH VIII R 153/77, BStBl. II 1980, 181: die dem Betrieb das Gepräge gebenden WG). Demgegenüber ist bei der Betriebsveräußerung/Betriebsaufgabe nach § 16 EStG die funktional-quantitative Betrachtungsweise maßgebend (s. BFH X R 39/04, BStBl. II 2008, 220; → Rn. 68). Zu den wesentlichen Grundlagen bei Betriebsfortführung zählen – da bei Fortführung des Betriebs in der Form der Verpachtung die Tarifbegünstigung des § 34 EStG nicht anwendbar und die Realisierung sämtlicher stillen Reserven nicht erforderlich ist – Wirtschaftsgüter nicht allein wegen ihrer stillen Reserven. Ein Betriebsgrundstück ist nur dann keine wesentliche Betriebsgrundlage, wenn es für den Betrieb keine oder nur geringe Bedeutung hat. Eine wirtschaftliche Bedeutung ist bereits dann anzunehmen, wenn der Betrieb auf das Betriebsgrundstück angewiesen ist, weil er ohne ein Grundstück dieser Art nicht fortgeführt werden könnte (BFH IV R 7/05, BStBl. II 2006, 176). Trotz Zurückbehaltung eines fremdvermieteten Betriebsgrundstücks, das für den Betrieb entbehrlich ist, kann beim Inhaber von einer Betriebsverpachtung ausgegangen werden. Das Grundstück bleibt aber dann beim Verpächter

weiterhin Betriebsvermögen. Dem Verpächter muss die Möglichkeit verbleiben, den Betrieb identitätswahrend wieder aufzunehmen (BFH IV R 52/94, BFH/NV 1996, 110; IV R 65/01, BStBl. II 2009, 699). Es reicht aus, wenn der Betrieb in gleichartiger oder ähnlicher Weise wieder aufgenommen werden kann (BFH X R 21/11, BFH/NV 2014, 676). Es ist nicht notwendig, dass der Verpächter beabsichtigt, den Betrieb in eigener Person wieder aufzunehmen (BFH X R 16/10, BFH/NV 2014, 1038). Die Verpachtung des Betriebsgrundstücks an ein branchenfremdes Unternehmen ist unschädlich (BFH IV R 20/02, BStBl. II 2004, 10).

102 **c) Nicht verpachtete wesentliche Betriebsgrundlagen.** Werden nicht alle – funktional – wesentlichen Betriebsgrundlagen verpachtet, weil ein Teil davon veräußert oder verschenkt wird, so wird der (Teil-)Betrieb anlässlich seiner Verpachtung als **wirtschaftlicher Organismus zerstört.** Auch die verpachteten Wirtschaftsgüter müssen dann grundsätzlich ins Privatvermögen überführt werden, weil eine Betriebsaufgabe vorliegt (vgl. BFH VIII R 153/77, BStBl. II 1980, 181). Ob es sich dabei um eine steuerbegünstigte Betriebsaufgabe iSd §§ 16, 34 EStG handelt, hängt von der Realisierung der wesentlichen stillen Reserven insgesamt ab. Für den **Pächter** bedeutet es regelmäßig keine Aufdeckung der stillen Reserven durch Betriebsaufgabe, wenn er lediglich den Pachtbetrieb wechselt und ihm gehörendes Inventar im neuen Betrieb einsetzt (BFH IV R 258/82, BStBl. II 1986, 431).

103 **d) Umgestaltung wesentlicher Betriebsgrundlagen.** Mit Rücksicht auf den funktional zu verstehenden Betriebsbegriff wird keine Verpachtung eines identischen wirtschaftlichen Organismus mehr angenommen, wenn bei dieser Gelegenheit die **wesentlichen Betriebsgrundlagen,** zB durch Baumaßnahmen, so **umgestaltet** werden, dass sie nicht mehr in der bisherigen Form genutzt werden können (BFH I R 84/79, BStBl. II 1983, 412). Dies kann bereits bei der Bestellung von Erbbaurechten anzunehmen sein (BFH IV R 40/10, BFH/NV 2015, 827). Die Betriebsverpachtung entfällt jedoch erst dann, wenn das FA hiervon Kenntnis erhält (§ 16 Abs. 3b S. 1 Nr. 2 EStG).

104 **e) Betriebsüberlassungsverträge.** Hinsichtlich der Wahlrechtsausübung werden die sog. Betriebsüberlassungsverträge (Kanzler FR 1992, 239; BFH IV R 106/92, BStBl. II 1993, 546) den Pachtverträgen gleichgestellt. Bei diesen Überlassungsverträgen werden die wesentlichen Betriebsgrundlagen unentgeltlich zur Nutzung überlassen (vgl. Wätzig Inf 1982, 437).

105 **f) Gewerbesteuerfreiheit.** Der in der Form der Verpachtung (dh ohne Aufgabeerklärung) **fortgeführte** Gewerbebetrieb unterliegt **nicht** der GewSt (aA Flies FR 1994, 535), wenn der Verpächter keine zusätzlichen, eine gewerbliche Tätigkeit begründenden Aktivitäten entfaltet. Dies gilt auch für die Verpachtung eines Teilbetriebs (BFH VIII R 87/72, BStBl. II 1977, 45). Es gibt **keinen „ruhenden" Gewerbebetrieb** (BFH IV R 59/16, BStBl. II 2020, 147). Etwas anderes gilt, wenn die Verpächterin als Kapitalgesellschaft gewerbliche Einkünfte erzielt oder es sich um eine gewerblich geprägte Personengesellschaft handelt. In einem solchen Fall kann der Strukturwandel vom werbenden Betrieb zum Verpachtungsbetrieb zum Wegfall der nach § 10a erforderlichen Unternehmensidentität führen (BFH IV R 8/17, BStBl. II 2020, 401). Die Verpachtung im Rahmen einer **Betriebsaufspaltung** ist gewstpfl. (BFH XI R 8/99, BFH/NV 2000, 1135; → § 2 Rn. 372). Die Unternehmensidentität ist jedenfalls so lange

gewahrt, wie die Verflechtung mit der Betriebskapitalgesellschaft besteht (BFH IV R 59/16, BStBl. II 2020, 147).

g) Betriebsverpachtung und Betriebsaufgabe. Wird anlässlich einer Betriebsverpachtung die Betriebsaufgabe erklärt, so sind die stillen Reserven aufzudecken. Die Aufgabeerklärung wirkt für den Zeitpunkt, zu dem sie abgegeben wird (BFH IV R 61/01, BStBl. II 2003, 755). Sie muss gegenüber dem FA eindeutig und klar sein (BFH X R 176/96, BFH/NV 1999, 454). Die Aufgabeerklärung in Fällen der Betriebsverpachtung und Betriebsunterbrechung ist nunmehr in § 16 Abs. 3b S. 1 Nr. 1 EStG ausdrücklich geregelt. Hiernach muss es sich um eine ausdrückliche Aufgabeerklärung handeln, eine konkludente genügt nicht (s. Manz DStR 2013, 1512). Die Neuregelung gilt für Aufgabeerklärungen, die nach dem 5.11.2011 abgegeben werden. Schon nach früherer Rechtslage reichte es nicht aus, wenn der Verpächter in seiner Steuererklärung erstmals Einkünfte aus Vermietung und Verpachtung angab (BFH III R 104/85, BFH/NV 1989, 18). Die Erklärung ist selbst Besteuerungsmerkmal. Aus ihr ergibt sich die Beendigung des Betriebs. Dies ist im Sinne einer **Totalentnahme** zu verstehen, dh Übernahme sämtlicher Wirtschaftsgüter mit dem gemeinen Wert (§ 16 Abs. 3 S. 8 EStG) ins Privatvermögen. Der derivative oder originäre **Geschäftswert** bleibt bis zur Veräußerung Betriebsvermögen (nicht privatisierbar BFH X R 49/87, BStBl. II 1989, 606; X R 56/99, BStBl. II 2002, 387; krit. Führer DStR 1995, 785). Er geht durch die Betriebsaufgabe unter (vgl. BFH X R 32/05, BStBl. II 2009, 634 aE). Die Betriebsverpachtung wird durch eine unentgeltliche Übertragung des Betriebs nicht beendet, wohl aber durch eine entgeltliche (BFH III R 13/15, BFH/NV 2019, 1069). 106

h) Besonderheiten bei Gesellschaften. Bei Gesellschaften muss das **Wahlrecht** von allen Gesellschaftern **einheitlich** ausgeübt werden (BFH VIII R 2/95, BStBl. II 1998, 388). Die Fortführung des Betriebs im Wege der Verpachtung ist auch dann möglich, wenn ein Gesellschafter bei der Beendigung einer gewerblich tätigen Personengesellschaft **wesentliche Betriebsgegenstände** behält und ohne Veränderung ihres Wesens- und Nutzungszusammenhangs an einen früheren Mitgesellschafter verpachtet (BFH IV R 106/75, BStBl. II 1979, 300; zur Abgrenzung s. VIII R 120/86, BStBl. II 1990, 780). 107

Verpachtet eine **Personengesellschaft** einen **Teilbetrieb,** so unterliegen ihre Erträge, anders als beim Einzelgewerbetreibenden, stets in vollem Umfang (§ 2 Abs. 1 GewStG, § 15 Abs. 3 Nr. 1 EStG) der GewSt (→ § 2 Rn. 581). Dies gilt als Schlechterstellung der Personengesellschaften im Vergleich zum Einzelunternehmer (vgl. BFH IV R 174/74, BStBl. II 1978, 73). Andererseits kann die Personengesellschaft bei Einstellung der gesamten gewerblichen Tätigkeit Betriebsaufgabe und Versteuerung der stillen Reserven durch Umwandlung in eine GmbH & Co. KG vermeiden, soweit sie weiterhin mit Einkünfteerzielungsabsicht tätig wird (§ 15 Abs. 3 Nr. 2 EStG), oder durch Ausübung der Körperschaftsteueroption gemäß § 1a KStG. Auch **Kapitalgesellschaften** erzielen stets und damit auch mit einem Verpachtungsbetrieb gewerbliche Einkünfte (§ 2 Abs. 2). Das gilt auch für Personengesellschaften, die die Option zur Körperschaftsbesteuerung gemäß § 1a KStG ausgeübt haben. Zu Betrieben gewerblicher Art → § 2 Rn. 380, zu wirtschaftlichen Geschäftsbetrieben → § 2 Rn. 551. Andere Grundsätze gelten, wenn die Verpachtung von Wirtschaftsgütern zu einer **Betriebsaufspaltung** (kein Wahlrecht) führt oder Wirtschaftsgüter von Gesellschaftern an die Personengesellschaft verpachtet oder vermietet werden (zur Mit- 108 unternehmerbesteuerung → Rn. 205 f.). Zu einer Betriebsaufgabe führt auch der Wegfall der tatbestandlichen Voraussetzungen einer Betriebsaufspaltung (BFH XI R 6/93, BStBl. II 1994, 23), es sei denn, die Voraussetzungen einer Betriebsverpachtung sind erfüllt (BFH VIII R 13/95, BStBl. II 1998, 325; III R 13/15, BFH/NV 2019, 1069). Dies gilt auch, wenn der Verpächter den Betrieb zuvor nicht selbst bewirtschaftet hat, weil dieser erst nachträglich durch Begründung der Betriebsaufspaltung entstanden war.

109 **i) Betriebsaufgabe durch Steuerentstrickung.** Als einkommensteuerrechtliche Betriebsaufgabe war nach früherer Rechtsansicht zu werten, wenn ein Steuerpflichtiger seinen Betrieb ins Ausland verlegte und deshalb die stillen Reserven von der inländischen Besteuerung nicht mehr erfasst werden konnten (vgl. zB BFH I R 261/70, BStBl. II 1977, 76; VIII R 387/83, BStBl. II 1989, 187). Auch die Überführung von Einzelwirtschaftsgütern in eine ausländische Betriebsstätte wurde als (finale) Entnahme angesehen (BFH VIII R 111/69, BStBl. II 1972, 760). Diese Rspr. hat der BFH aufgegeben (BFH I R 77/06, BStBl. II 2009, 464). Mit (Rück-)Wirkung v. 1.1.2006 wurde in § 4 Abs. 1 S. 3 EStG eine **Entnahmefiktion** geschaffen, der zufolge der Wegfall des Besteuerungsrechts der Bundesrepublik Deutschland einer Entnahme gleichsteht (Ausnahme: Sitzverlegung einer Europäischen Gesellschaft/Genossenschaft, § 4 Abs. 1 S. 5 EStG). Dies ist insb. bei der Überführung eines Wirtschaftsguts in eine ausländische Betriebsstätte anzunehmen (§ 4 Abs. 1 S. 4 EStG). Bei Vorgängen innerhalb der **EU** kann gem. § 4g EStG ein bilanzieller **Ausgleichsposten** gebildet werden, dessen ratierliche Auflösung die Aufdeckung der stillen Reserven abmildert (s. hierzu Heinicke in Schmidt EStG § 4g Rn. 1 ff.). Durch das JStG 2010 wurde in § 16 Abs. 3a EStG eine Regelung eingefügt, der zufolge der Wegfall oder die Beschränkung des Besteuerungsrechts hinsichtlich des Gewinns aus der Veräußerung sämtlicher Wirtschaftsgüter eines Betriebs oder Teilbetriebs einer Betriebsaufgabe gleichsteht.

110 Weder Entnahme noch Betriebsaufgabe liegt vor, wenn sich eine Gärtnerei durch einen **Strukturwandel** (dazu → § 2 Rn. 230) von einem Gewerbebetrieb zum landwirtschaftlichen Betrieb entwickelt (BFH GrS 1/73, BStBl. II 1975, 168) oder eine Tätigkeit zur steuerrechtlich als **Liebhaberei** zu beurteilenden Tätigkeit wird (BFH IV R 138/78, BStBl. II 1982, 381; IV B 155/11, BFH/NV 2012, 950). Dies führt dazu, dass der Liebhabereibetrieb mit einem Bestand an festgeschriebenem Betriebsvermögen fortbesteht (s. § 8 der VO zu § 180 Abs. 2 AO) und die stillen Reserven erst bei der Veräußerung der jeweiligen Wirtschaftsgüter als nachträgliche Einkünfte versteuert werden, wobei Wertveränderungen während der Liebhabereiphase unbeachtlich sind (BFH X R 61/14, BStBl. II 2016, 939). Zum Strukturwandel von der gewerblichen zur vermögensverwaltenden Tätigkeit s. BFH IV R 41/07, BStBl. II 2010, 977. Gewerbesteuerrechtlich kommt es in all diesen Fällen darauf an, ob der Steuergegenstand unverändert fortbesteht (→ § 2 Rn. 568).

111, 112 *(frei)*

5. Veräußerung, Aufgabe von (Teil-)Betrieben durch Personengesellschaften

113 **a) Begriff.** Auch eine **Personengesellschaft** kann nach den für den Einzelunternehmer geltenden Grundsätzen einen Betrieb aufgeben oder veräußern. Zur Gewerbesteuerfreiheit von Aufgabe- und Veräußerungsgewinnen von (Teil-)Betrieben von Einzelunternehmern und Personengesellschaften → Rn. 27 ff., 64 ff., zur

Gewerbesteuerpflicht, soweit diese nicht auf eine natürliche Person als unmittelbar beteiligter Mitunternehmer entfallen (§ 7 S. 2) → Rn. 127 ff. Ebenso ist eine Teilbetriebsveräußerung durch eine Personengesellschaft möglich (BFH IV R 189/81, BStBl. II 1984, 486). Es liegt dann keine Veräußerung oder Aufgabe von Mitunternehmeranteilen iSd § 16 Abs. 1 S. 1 Nr. 2, Abs. 3 S. 1 EStG durch die einzelnen Gesellschafter vor. Dafür spricht vor allem die Wertung der Personengesellschaft als Gewinnermittlungssubjekt (→ Rn. 175), die auch für die Betriebsaufgabe und die Betriebsveräußerung gilt (vgl. BFH GrS 1/79, BStBl. II 1981, 164). Von den tatsächlichen Verhältnissen des Einzelfalls hängt es ab, ob die eine einkommensteuerrechtliche Betriebsaufgabe/-veräußerung bewirkende Personengesellschaft noch als **werbendes Unternehmen** des § 2 Abs. 1 anzusehen ist (dazu → Rn. 26, 70 f.). Erst wenn dies zu bejahen ist, stellt sich die Frage nach dem zutreffend ermittelten Aufgabe-/Veräußerungsgewinn und die seiner Abgrenzung vom gewerbesteuerpflichtigen laufenden Ertrag. Zur Abgrenzung → Rn. 27 ff., 64 ff., 69. Bei Veräußerungs- und Aufgabevorgängen bei Personengesellschaften ist § 7 S. 2 zu beachten. Danach gehören der Gewinn aus der Veräußerung oder Aufgabe eines (Teil-)Betriebs einer Mitunternehmerschaft und eines Mitunternehmeranteils zum Gewerbeertrag, soweit er nicht auf eine natürliche Person als unmittelbar beteiligter Mitunternehmer entfällt (→ Rn. 127 ff.). Die Einstellung des bisherigen Gewerbebetriebs setzt bei einer Personengesellschaft nicht voraus, dass ihre persönliche Steuerpflicht wegfällt, sie kann ebenso wie ein Einzelunternehmer nacheinander mehrere Betriebe betreiben (BFH IV R 6/19, DStR 2022, 1419). Der Verwirklichung der Betriebsaufgabe steht bei einer KG nicht entgegen, dass die KG erst später mit ihrer Vollbeendigung erlischt (BFH IV R 28/22, DStR 2025, 1915).

b) Besonderheiten bei Personengesellschaften. Einkommensteuerrechtliche Besonderheiten ergeben sich aus der Existenz von **Sonderbetriebsvermögen** (dazu → Rn. 190). Für die Ermittlung des Veräußerungs- oder Aufgabegewinns der Gesellschaft ist das im Eigentum des Gesellschafters befindliche Sonderbetriebsvermögen mit dem gemeinen Wert (§ 16 Abs. 3 S. 8 EStG) anzusetzen. Dies gilt nicht, wenn das Wirtschaftsgut in ein anderes Betriebsvermögen des Gesellschafters überführt wird oder zurückfällt und die steuerliche Erfassung der stillen Reserven in diesem Betrieb sichergestellt ist (§ 6 Abs. 5 EStG). Enthält das Wirtschaftsgut des Sonderbetriebsvermögens erhebliche stille Reserven, entfällt die Begünstigung des § 34 EStG für den Veräußerungs- oder Aufgabegewinn der Gesellschaft, wenn nicht alle wesentlichen stillen Reserven aufgedeckt werden (BFH I R 161/68, BStBl. II 1972, 118; IV R 84/96, BStBl. II 1998, 104 soweit Sonderbetriebsvermögen zu den wesentlichen Betriebsgrundlagen gehört). **Gewerbesteuer** fällt aber insoweit nicht an, weil es keine eigenständige gewerbesteuerrechtliche Entstrickung gibt (→ Rn. 36). 114

Besonderheiten ergeben sich für Personengesellschaften auch hinsichtlich der **Teilbetriebsaufgabe,** soweit die Tätigkeit einer Personengesellschaft stets und in vollem Umfang als Gewerbebetrieb gilt (§ 15 Abs. 3 Nr. 1 EStG; s. auch Wacker in Schmidt EStG § 16 Rn. 221). Daraus folgt, dass die Personengesellschaft, anders als der Einzelunternehmer (→ Rn. 100), bei einer Verpachtung eines Teilbetriebs nicht in Ausübung eines Wahlrechts die Teilbetriebsaufgabe erklären kann (vgl. BFH IV R 174/74, BStBl. II 1978, 73). Der Veräußerungsgewinn, den eine gewerblich geprägte Personengesellschaft durch die Veräußerung ihrer Beteiligung an einer vermögensverwaltenden Personengesellschaft erzielt, ist weder als Veräußerung eines Mitunternehmeranteils iSd § 16 Abs. 1 S. 1 Nr. 2 EStG noch als 115

Veräußerung eines Teilbetriebs tarifbegünstigt (BFH IV R 103/94, BStBl. II 1997, 39). Werden wesentliche Betriebsgrundlagen des stillgelegten Teilbetriebs im Restbetrieb weitergenutzt, so liegt keine Teilbetriebsaufgabe vor (BFH IV B 146/10, BFH/NV 2012, 410).

116 **c) Realteilung.** Zur Aufgabe des Anteils an einer Mitunternehmerschaft kann es dadurch kommen, dass das Gesellschaftsvermögen natural unter den Gesellschaftern aufgeteilt wird (§ 16 Abs. 3 S. 2 EStG; allg. s. Reiß FR 2017, 458 (554)). Es wird unterschieden zwischen „echter" und „unechter" **Realteilung** (BFH IV R 31/14, BStBl. II 2019, 24; HessFG 8 K 589/20, DStRE 2023, 581), wobei sich aus der Differenzierung allerdings zumeist keine unterschiedlichen Rechtsfolgen ergeben (BMF 19.12.2018, BStBl. I 2019, 6 Rn. 4; Ausnahme nach Ansicht der FVerw → Rn. 119). Bei der **echten Realteilung** wird die Mitunternehmerschaft aufgelöst (Betriebsaufgabe nach § 16 Abs. 3 S. 1 EStG), ihr Vermögen wird auf die Mitunternehmer verteilt (zB bei Ausscheiden eines Mitunternehmers aus einer zweigliedrigen Personengesellschaft unter Übertragung von Teilbetrieben). Wird der Betrieb auf der Ebene der Mitunternehmerschaft nicht aufgegeben, sondern fortgesetzt, zB Ausscheiden eines Gesellschafters aus einer mehrgliedrigen Personengesellschaft unter Mitnahme von mitunternehmerischem Vermögen, so spricht man von einer **unechten Realteilung.** Bei der unechten Realteilung führt das Ausscheiden eines Gesellschafters nach neuerer BFH-Rspr. zur Aufgabe von dessen Mitunternehmeranteil (§ 16 Abs. 3 S. 1 EStG; BFH IV R 16/22, DStR 2026, 30; krit. Wacker in Schmidt EStG § 16 Rn. 530). Vor der Rspr.-Änderung durch BFH III R 49/13, BStBl. II 2017, 37 war eine Realteilung durch Zuordnung eines Teilbetriebs nur bei einer Beendigung der bisherigen Mitunternehmerschaft und damit bei einem Ausscheiden aus einer zweigliedrigen Mitunternehmerschaft möglich (s. FSen Bln 3.2.2012, GmbHR 2012, 544). Mittlerweile hat sich die FVerw dem BFH angeschlossen (BMF 19.12.2018, BStBl. I 2019, 6 Rn. 2).

117 **Gegenstand der Realteilung** können Teilbetriebe, Mitunternehmeranteile und einzelne Wirtschaftsgüter sein (für Letztere noch offengelassen in BFH III R 49/13, BStBl. II 2017, 37; später entschieden durch BFH IV R 11/15, BStBl. II 2019, 29). Die **Buchwertübertragung ist** nach § 16 Abs. 3 S. 2 EStG **zwingend.** Die Grundsätze der Realteilung haben Vorrang vor § 6 Abs. 5 S. 3 EStG (BFH IV R 16/22, DStR 2026, 30; BFH IV R 11/15, BStBl. II 2019, 29). Die Übertragung eines Mitunternehmeranteils kann auch in der Weise geschehen, dass die Personengesellschaft als Obergesellschaft einen Anteil an einer anderen Personengesellschaft (Untergesellschaft) hält und diesen im Rahmen der Realteilung einem Gesellschafter zuweist. Zu Gestaltungsmöglichkeiten bei der Berücksichtigung des Sonderbetriebsvermögens in diesem Zusammenhang s. Breidenbach/v. Lishaut DB 1999, 1234. Bei der Übertragung von Einzelwirtschaftsgütern in ein Betriebsvermögen des Mitunternehmers ist die Buchwertfortführung nach § 16 Abs. 3 S. 2 EStG nunmehr ebenfalls zwingend. Die stillen Reserven müssen nach der Realteilung weiterhin den Realteilern zuzurechnen sein, können aber zwischen ihnen verlagert werden (BFH IV R 16/22, DStR 2026, 30); die Realteilung soll steuerneutrale Umstrukturierungen auch bei der Zuteilung einzelner Wirtschaftsgüter ermöglichen (HessFG 8 K 589/20, DStRE 2023, 581). Soweit die Buchwerte des übernommenen Vermögens fortgeführt werden, ist im aufnehmenden Betrieb eine Kapitalkontenanpassung vorzunehmen (BFH I R 148/90, BStBl. II 1992, 383; VIII R 69/86, BStBl. II 1992, 385; IV R 24/15, BFH/NV 2019, 516). Die Realteilungsgrundsätze gelten nicht bei der Übertragung von

Einzelwirtschaftsgütern in das **Privatvermögen** oder bei einem Ausscheiden ausschließlich gegen Geld (BMF 19.12.2018, BStBl. I 2019, 6 Rn. 2, 3; krit. Stenert DStR 2019, 245). Sind die Voraussetzungen der Buchwertfortführung nach § 16 Abs. 3 S. 2 EStG nicht erfüllt, entsteht ein Aufgabegewinn des ausscheidenden Gesellschafters in Höhe der Differenz zwischen dem Abfindungsanspruch und dem Buchwert seines Kapitalkontos (BFH IV R 16/22, DStR 2026, 30). Entsprechendes gilt für die Übertragung von Einzelwirtschaftsgütern auf eine **Kapitalgesellschaft** im Zuge einer Realteilung. Hier ist nach § 16 Abs. 3 S. 4 EStG kein Buchwertansatz möglich, vielmehr ist der **gemeine Wert** anzusetzen. Bei einer **Gewinnermittlung nach § 4 Abs. 3 EStG** ist im Fall einer Realteilung ohne Spitzenausgleich kein Übergang zum Bestandsvergleich und dementsprechend keine Übergangsbesteuerung durchzuführen (BFH III R 32/12, BStBl. II 2014, 242; III R 49/13, BStBl. II 2017, 37). Werden vor der Realteilung die Mitunternehmer dadurch ausgewechselt, dass die bisherigen Kommanditisten ihre Anteile in eine neu gegründete GmbH & Co. KG einbringen, so steht dies einer anschließenden steuerneutralen Realteilung nicht entgegen (BFH IV R 8/12, BStBl. II 2017, 766; BMF 19.12.2018, BStBl. I 2019, 6 Rn. 7).

Nach § 16 Abs. 3 S. 3 EStG ist rückwirkend (§ 175 Abs. 1 S. 1 Nr. 2 AO) der **118** **gemeine Wert** eines übertragenen Einzelwirtschaftsguts anzusetzen bei Veräußerung/Entnahme innerhalb einer **Sperrfrist** (drei Jahre nach Abgabe der Steuererklärung der Mitunternehmerschaft für den VZ, in dem die Realteilung stattgefunden hat). Schädlich ist die Veräußerung/Entnahme aber nur bei Grund und Boden, Gebäuden oder anderen wesentlichen Betriebsgrundlagen (§ 16 Abs. 3 S. 3 EStG). Die Sperrfrist nach § 6 Abs. 5 S. 4 EStG bezieht sich dagegen auf alle übertragenen Wirtschaftsgüter.

Eine Realteilung mit **Spitzenausgleich** (in bar oder durch Sachwerte) steht **119** der steuerneutralen Buchwertfortführung nicht entgegen. Dies gilt unabhängig davon, ob der Wertausgleich auf divergierenden Verkehrswerten der übernommenen Wirtschaftsgüter oder auf der unterschiedlichen Steuerlast der in den Wirtschaftsgütern liegenden stillen Reserven beruht (s. Wacker in Schmidt EStG § 16 Rn. 542). Er wird bei der echten Realteilung als Entgelt für die Abtretung eines Teils des Auseinandersetzungsanspruchs durch den ausgleichsberechtigten Realteiler verstanden und führt für diesen in voller Höhe zu einem Gewinn (BFH IV R 24/15, BFH/NV 2019, 516). Aber auch bei der unechten Realteilung wird der Spitzenausgleich nicht als Gegenleistung für die übertragenen Wirtschaftsgüter angesehen, sodass eine Gewinnminderung um einen Teil des Buchwerts der übertragenen Wirtschaftsgüter ausscheidet, ebenso eine Buchwertaufstockung beim ausgeschiedenen Gesellschafter. Der Gewinn ist zwar nicht nach § 34 Abs. 1 oder 3 EStG begünstigt (BFH VIII R 12/93, BFH/NV 1995, 98), er unterliegt jedoch grds. **nicht der GewSt** (BFH VIII R 13/94, BStBl. II 1994, 809; BMF 19.12.2018, BStBl. I 2019, 6 Rn. 18; Lamprecht in Desens/Tappe § 7 Rn. 634; Weiss in BeckOK GewStG § 7 Rn. 465). Dies gilt auch für eine Verletzung der Sperrfrist (BMF 19.12.2018, BStBl. I 2019, 6 Rn. 30, zur echten Realteilung). Bei Beteiligung einer Körperschaft gilt § 7 S. 2 Nr. 2 mit der Folge einer anteiligen gewerbesteuerlichen Erfassung. Bei der unechten Realteilung soll nach Verwaltungsauffassung der Gewinn aus der anteiligen Aufdeckung von stillen Reserven durch Übertragung von Einzelwirtschaftsgütern bei der verbliebenen Mitunternehmerschaft zu laufendem Ertrag führen (BMF 19.12.2018, BStBl. I 2019, 6 Rn. 19). Aber auch insoweit liegt ein Fall des § 7 S. 2 Nr. 2 vor mit der Folge, dass der Gewinn, soweit er auf eine Kapitalgesellschaft entfällt, auf der Ebene der verbliebenen Mitunternehmerschaft zu versteuern ist (→ Rn. 128) und der Vorgang ohne Beteiligung einer Kapitalgesellschaft keine GewSt auslöst. Zu Gestaltungen zur Vermeidung eines Wertausgleichs s. Wacker in Schmidt EStG § 16 Rn. 543. Kein Wertausgleich ist anzunehmen, wenn **vor der Realteilung** ein Teilbetrieb mit liquiden Mitteln ausgestattet wird (BFH III R 49/13, BStBl. II 2017, 37).

120 *(frei)*

121 **d) Erbauseinandersetzung.** Diese folgt Realteilungsregeln (BFH GrS 2/89, BStBl. II 1990, 837; BMF 14.3.2006, BStBl. I 2006, 253 Rn. 10 ff.; 27.12.2018, BStBl. I 2019, 11). Zu unterscheiden ist, ob der Nachlass nur aus Betriebsvermögen oder sowohl aus Betriebs- und Privatvermögen (sog. Mischnachlass) besteht. Grundsätzlich erwirbt ein Miterbe in allen Fällen bei der Auseinandersetzung nur insoweit entgeltlich, als der Wert der erhaltenen Gegenstände den Wert seines Erbanteils übersteigt und er dafür Ausgleichszahlungen leistet (BFH GrS 2/89, BStBl. II 1990, 837; zur Berechnung des entgeltlichen Anteils s. Wacker in Schmidt EStG § 16 Rn. 619). Die **Ausgleichszahlung** unterliegt **nicht der GewSt** (ebenso BMF 14.3.2006, BStBl. I 2006, 253 Rn. 14). Soweit die Erbauseinandersetzung über Mischnachlass erfolgt, gelten die vorstehenden Grundsätze nur für den Teil des Nachlasses, der aus Betriebsvermögen besteht.

122, 123 *(frei)*

6. Veräußerung und Aufgabe von Gesellschaftsanteilen/Anwendung des § 7 S. 2

124 **a) Grundsätzliches.** Die Veräußerung oder Aufgabe von Gesellschaftsanteilen (§ 16 Abs. 1 S. 1 Nr. 2 EStG) wird ähnlich behandelt wie die Betriebsveräußerung oder Betriebsaufgabe (dazu → Rn. 27 ff., 64 ff.) eines Einzelunternehmens (vgl. BFH I R 5/82, BStBl. II 1983, 771; I R 175/76, BStBl. II 1980, 43). Dies ist nicht Ausdruck der überholten Bilanzbündeltheorie. Denn der Gedanke von der Personengesellschaft als Gewinnermittlungssubjekt (→ Rn. 175) tritt notwendigerweise bei der Veräußerung des Mitunternehmeranteils in den Hintergrund (krit. zur Anteilsaufgabe Schön BB 1988, 1866). Die Bildung einer § 6b EStG-Rücklage beim Entstehen eines Veräußerungsgewinns ist möglich, darüber entscheidet das FA der Gesellschaft, über die spätere Auflösung das FA des Gesellschafters (BFH X R 14/21, DStR 2023, 2217).

125 **Mitunternehmeranteil** iSv § 16 Abs. 1 S. 1 Nr. 2 EStG ist bei einer Personengesellschaft die Beteiligung des Gesellschafters, dh seine Mitgliedschaft mit den auf ihr beruhenden Rechten und Pflichten (vgl. BFH IV R 98/79, BStBl. II 1981, 568). Verzichtet ein Gesellschafter in einem Einzelfall gegen Entgelt auf die Ausübung gesellschaftsrechtlicher Befugnisse, so liegt hierin keine Veräußerung eines Teils seines Mitunternehmeranteils (BFH XI R 41/88, BStBl. II 1992, 335).

126 **b) Veräußerung von Mitunternehmer(teil)anteilen.** Bis VZ 2001 bestand die Möglichkeit, **Bruchteile** eines Mitunternehmeranteils (einkommen-)**steuerbegünstigt** zu veräußern, obwohl dabei nicht alle stillen Reserven aufgelöst wurden (BFH IV R 82/92, BStBl. II 1995, 599; IV R 11/03, BStBl. II 2004, 1068; VIII R 79/05, BStBl. II 2008, 863). Hierdurch war der Mitunternehmer besser gestellt als der Einzelunternehmer. Der GrS des BFH hatte jedoch die Steuerbegünstigung für die entgeltliche Aufnahme eines Sozius in eine Einzelpraxis versagt (BFH GrS 2/98, BStBl. II 2000, 123) und bereits unter C. V. 2c des genannten

Beschlusses die Steuerermäßigung bei Veräußerung von Bruchteilen bereits bestehender Mitunternehmeranteile als steuersystematisch nicht begründbar beurteilt. Abweichend hiervon war für Zwecke der **GewSt** nach BFH IV R 3/05, BStBl. II 2007, 777 auch schon vor der Einfügung des § 16 Abs. 1 S. 2 EStG (mWv 2002) die Veräußerung eines Teilanteils nicht begünstigt (s. auch BFH IV R 51/98, BStBl. II 2005, 173; zur ESt s. BFH IV R 7/05, BStBl. II 2006, 176 sowie BFH IV R 22/06, BFH/NV 2008, 109). Der Gesetzgeber hat der Kritik des BFH in BFH GrS 2/98, BStBl. II 2000, 123 Rechnung getragen (s. auch BFH IV R 51/98, BStBl. II 2005, 173) und nach § 16 Abs. 1 S. 1 Nr. 2 und 3 EStG idF des **UntStFG** ab **2002** die Veräußerung einer Beteiligung an einer Personengesellschaft einkommensteuerrechtlich nur noch dann begünstigt, wenn der **gesamte** Anteil veräußert wird. Wird nur ein **Bruchteil** eines Anteils veräußert, so sind die hierbei entstehenden Gewinne als laufende Gewinne zu behandeln (§ 16 Abs. 1 S. 2 EStG; GewStR 7.1 Abs. 3 S. 6). In § 7 S. 2 ist – im Gegensatz zu § 16 Abs. 1 S. 1 EStG – zwar nicht vom „gesamten" Anteil eines Mitunternehmers die Rede. Daraus kann jedoch nicht im Umkehrschluss gefolgert werden, dass die Veräußerung eines Teilanteils an einer Mitunternehmerschaft, an der nur natürliche Personen beteiligt sind, gewerbesteuerfrei ist (zweifelnd Behrens/Schmitt BB 2002, 860). Die Steuerfreiheit der Veräußerung eines Teilanteils kann nicht aus dem Objektsteuercharakter der GewSt (→ § 1 Rn. 14) abgeleitet werden, da es in diesem Fall nicht zu einer Beendigung der Mitunternehmerstellung kommt. Leistet ein Neugesellschafter beim Eintritt in eine bestehende Personengesellschaft eine Zuzahlung an die Altgesellschafter, so handelt es sich um eine grds. **gewstpflichtige Teilanteilsveräußerung** (s. Wacker in Schmidt EStG § 16 Rn. 512). Bei unentgeltlicher Übertragung können die nachteiligen Folgen vermieden werden (§ 6 Abs. 3 S. 1 Hs. 2 Alt. 2 EStG), sodass die steuerneutrale Unternehmensnachfolge zB innerhalb der Familie weiter möglich ist. Zur Übertragung von Mitunternehmeranteilen mit Sonderbetriebsvermögen s. BFH IV R 52/08, BStBl. II 2011, 261, zur Anwendung des § 6 Abs. 3 EStG trotz vorheriger Veräußerung von Sonderbetriebsvermögen s. BFH IV R 29/14, BStBl. II 2019, 723: kein Gesamtplan, zur weiteren Anwendung des Gesamtplangedankens s. BMF 20.11.2019, BStBl. I 2019, 1291 Rn. 16, unter Berufung auf BFH IV R 57/11, BStBl. II 2015, 536.

c) Anwendung des § 7 S. 2, insbesondere bei der Veräußerung von Mitunternehmeranteilen. In **§ 7 S. 2,** der durch das **UntStFG** v. 20.12.2001 (BGBl. 2001 I 3858) mWv EZ 2002 eingefügt wurde, ist die GewStPfl. von Veräußerungs- und Aufgabevorgängen bei Mitunternehmerschaften geregelt, soweit der Gewinn **nicht auf eine natürliche Person als unmittelbar beteiligter Mitunternehmer** entfällt. Es handelt sich um eine gewerbesteuerliche Sonderregelung für Mitunternehmerschaften und eine Vorschrift zur Vermeidung von Missbräuchen. Sie durchbricht den Objektsteuercharakter der Gewerbesteuer (BFH IV R 40/22, DStR 2025, 1577). Der Gesetzgeber wollte verhindern, dass eine Kapitalgesellschaft Wirtschaftsgüter auf eine Mitunternehmerschaft, an der sie beteiligt ist, ohne Aufdeckung stiller Reserven nach § 6 Abs. 5 S. 3 EStG überträgt und anschließend die Beteiligung an der Personengesellschaft gewerbesteuerfrei veräußert (BT-Drs. 14/6882, 41; s. BFH IV R 54/10, BStBl. II 2012, 927; XI R 43/20, DStR 2022, 402; FG München 2 K 1842/21, DStRE 2023, 979, bestätigt durch BFH IV R 40/22, DStR 2025, 1577; FG Rheinland-Pfalz 3 K 1469/20, DStRE 2026, 215). Die Vorschrift führt dazu, dass bei der Veräuße- 127 rung von Mitunternehmerschaften oder Anteilen daran die Höhe der GewSt von der Gesellschafterstruktur abhängt. Sie ist verfassungskonform, sowohl in gleichheitsrechtlicher Hinsicht als auch im Hinblick auf die Rückwirkungsproblematik. Das BVerfG hat die Verfassungsbeschwerde gegen das BFH-Urt. IV R 29/07, BStBl. II 2011, 511 zurückgewiesen (BVerfG 1 BvR 1236/11, BStBl. II 2018, 303), obwohl aufgrund des Verlaufs der mündlichen Verhandlung der Eindruck entstehen konnte, dass das BVerfG die Vorschrift für verfassungswidrig erklären würde (krit. Roser FR 2018, 421). Die unterschiedliche Behandlung von Personengesellschaften und Kapitalgesellschaften verstößt nicht gegen den Gleichheitssatz des GG, ebenso wenig die Unterscheidung nach einer unmittelbaren oder nur mittelbaren Beteiligung natürlicher Personen (so bereits BFH IV R 29/07, BStBl. II 2011, 511). Auch die (unechte) Rückwirkung des § 7 S. 2 beanstandete das BVerfG nicht. Gleichheitsrechtlich ist auch nicht zu beanstanden, dass die Mitunternehmerschaft die GewSt zu tragen hat, obwohl der Ertrag beim Gesellschafter anfällt (FG Rheinland-Pfalz 3 K 1469/20, DStRE 2026, 215; FG Brem 1 K 20/20, DStR 2023, 1131, bestätigt durch BFH III R 38/22, DStR 2026, 791). Zum Gewerbeertrag gehört der Veräußerungsgewinn auch insoweit, als er auf die Veräußerung von Sonderbetriebsvermögen entfällt (BFH IV R 39/11, BStBl. II 2019, 131). Aus § 7 S. 2 lässt sich herleiten, dass die nicht von S. 2 erfassten Veräußerungs- und Aufgabevorgänge iSv § 16 EStG grds. gewerbesteuerfrei sein sollen. Die GewSt-Freiheit derartiger Vorgänge beruht somit nicht mehr nur auf dem übergeordneten Gesichtspunkt „Objektsteuercharakter" (→ § 1 Rn. 14), sondern auch auf positivem Recht (ebenso Drüen in Brandis/Heuermann § 7 Rn. 124). Nicht natürliche Person ist auch ein Bundesland als Fiskalerbe (BFH IV R 50/16, BStBl. II 2020, 57).

128 Nach § 7 S. 2 ist gewstpfl. der Gewinn aus der Veräußerung oder Aufgabe (Nr. 1) des Betriebs oder eines Teilbetriebs einer Mitunternehmerschaft (→ Rn. 26 ff., 64 ff., 113 ff.), (Nr. 2) des Anteils eines Gesellschafters, der als Unternehmer (Mitunternehmer) des Betriebs einer Mitunternehmerschaft anzusehen ist (→ Rn. 124 ff.) und (Nr. 3) des Anteils eines persönlich haftenden Gesellschafters einer KGaA (→ Rn. 129), soweit (Nr. 1–3) der Gewinn nicht auf eine natürliche Person als unmittelbar beteiligter Mitunternehmer entfällt. Der Geltungsbereich der Norm erfasst Mitunternehmerschaften, an denen **juristische Personen oder Personengesellschaften als Mitunternehmer** beteiligt sind. Er erfasst also auch Fälle, in denen eine natürliche Person über eine Personengesellschaft und damit **mittelbar** an der Mitunternehmerschaft beteiligt ist. Soweit der Gewinn also auf eine Personengesellschaft als beteiligte Mitunternehmerin entfällt, ist er nach § 7 S. 2 Teil des Gewerbeertrags, und zwar selbst dann, wenn an der Obergesellschaft ausschließlich natürliche Personen beteiligt sind. Denn auf die an der Obergesellschaft beteiligten Gesellschafter kommt es nicht an (BFH IV R 9/23, DStRE 2025, 1237). Die unmittelbare und mittelbare Beteiligung natürlicher Personen an einer Personengesellschaft sind daher nicht gleichzustellen. Dies dient auch der Verwaltungsvereinfachung und der Praktikabilität, insbesondere in mehrstufigen Personengesellschaftsstrukturen und bei Innengesellschaften (BFH IV R 23/22, BeckRS 2025, 7820). Die Regelung ist daher tatbestandlich auch nicht auf Missbrauchsfälle beschränkt, sondern erfasst auch Veräußerungsvorgänge, die in keinem Zusammenhang zu einem Umgehungsgeschäft stehen (BFH IV R 26/22, DStR 2025, 261). Der auf juristische Personen und Personengesellschaften als Mitunternehmer entfallende Veräußerungs-/Aufgabegewinn ist gewstpfl.; bis EZ 2001 war er gewstfrei gewesen, weil der Betrieb der – gewerbesteuerlich verselbstständigten – Personengesellschaft die „Quelle" des Veräußerungsgewinns ist (BFH I R 89/95, BStBl. II 1997, 224). Der Gewinn entsteht auf der **Ebene der Mitunternehmerschaft,** deren Anteile veräußert werden (BFH III R 38/22, DStR 2026, 791; BFH IV R 40/22, DStR 2025, 1577; dazu Weiss DStR 2023, 1097; Bonertz DStR 2002, 795; Kleymann/Hindersmann BB 2006, 2104 zu mehrstöckigen Personenhandelsgesellschaften; aA Günkel/Levedag FR 2004, 261; Holin NWB 2013, 3706; Hülsmann DStR 2014, 184), auch bei einem Gewinn aus der Veräußerung von Sonderbetriebsvermögen (BFH IV R 39/11, BStBl. II 2019, 131), ebenso bei Anwendung des § 18 Abs. 4 UmwStG aF (OFD Koblenz 27.12.2004, DStR 2005, 194), s. jetzt § 18 Abs. 3 UmwStG (s. Schmitt in Schmitt/Hörtnagl UmwStG § 18 Rn. 61). Dies gilt auch bei einem Gewinn aus einer Einbringung (Einbringungsgewinn I), der aufgrund des Ersatzrealisationstatbestandes des § 22 Abs. 1 UmwStG als Veräußerungsgewinn iSv § 16 EStG aus der Veräußerung eines Mitunternehmeranteils gilt, und der nur derjenigen Personengesellschaft zuzuordnen ist, an der der einbringende Mitunternehmer unmittelbar beteiligt ist (FG München 2 K 1842/21, DStRE 2023, 979, bestätigt durch BFH IV R 40/22, DStR 2025, 1577). Zur Frage der Kürzung im Gewerbeertrag des veräußernden Mitunternehmers BFH III R 38/22, DStR 2026, 791; siehe → § 9 Nr. 2 Rn. 6a.

Auch wenn eine Obergesellschaft Anteile an der Untergesellschaft veräußert, fällt die GewSt bei der Untergesellschaft an (BFH IV R 39/10, BStBl. II 2019, 77; BFH IV R 26/22, DStR 2025, 261; s. unten). Bei der Veräußerung von **Anteilen an einer Obergesellschaft,** die Anteile an einer Untergesellschaft hält (doppelstöckige Personengesellschaft), entsteht der Veräußerungsgewinn allein auf der Ebene der Obergesellschaft. Wie der BFH nunmehr bestätigt hat, handelt sich um einen einheitlichen Veräußerungsvorgang, nämlich um die Veräußerung von Anteilen an der Obergesellschaft, nicht auch zugleich um einen auf die Untergesellschaft bezogenen Veräußerungsvorgang; eine Aufspaltung und anteilige Zuordnung des Veräußerungsgewinns zur Untergesellschaft insoweit, als er auf stille Reserven bei der Untergesellschaft entfällt, scheidet daher aus (BFH IV R 40/22, DStR 2025, 1577; ebenso BFH IV R 9/23, DStRE 2025, 1237; so bereits FG Brem 1 K 21/21, BeckRS 2023, 11022; FG München 2 K 1842/21, DStRE 2023, 979 unter Hinweis auf die zivilrechtliche, ertragsteuerliche sowie diejenige Abschirmwirkung der gewerbesteuerlichen Steuerschuldnerschaft der Obergesellschaft; Drüen in Brandis/Heuermann § 7 Rn. 129; Schmidt/Hageböke DB 2003, 790; Suchanek GmbH 2007, 248; Meyer DStR 2025, 1380 (1388); GewStR 7.1 Abs. 3 S. 5; aA Wacker in Schmidt EStG § 16 Rn. 384; Franke in WSMH § 7 Rn. 113; Roser in Lenski/Steinberg § 7 Rn. 324a). Der BFH stellt zutreffend maßgeblich darauf ab, dass es sich um einen **einheitlichen Veräußerungsvorgang** handelt, eine Beurteilung, der weder Wortlaut („als unmittelbar beteiligter Mitunternehmer") noch Systematik des § 7 S. 2 und erst recht nicht der bloße Hinweis auf den Objektsteuercharakter der Gewerbesteuer entgegenstünden, den § 7 S. 2 im Übrigen gerade durchbreche. Dies gewährleiste auch den Gleichlauf zur ESt, wonach der Veräußerungsgewinn ebenso nur auf der Ebene der Obergesellschaft festzustellen sei, wohingegen eine Durchstockung des Veräußerungsgewinns auf die – weder als handelndes Subjekt noch als Objekt des Veräußerungsvorgangs beteiligte – Unterpersonengesellschaft den Verwaltungsvollzug erheblich erschweren und fehleranfällig machen würde. Die Gegenauffassung würde ohne gesetzliche Grundlage ein Transparenzprinzip in das Gewerbesteuerrecht hinein interpretieren. Die Veräußerung des Anteils an der Obergesellschaft sei keine

Veräußerung von Anteilen an der Untergesellschaft. Die Einfügung des S. 3 in § 18 Abs. 3 UmwStG durch das JStG 2024 (G. v. 2.12.2024, BGBl. 2024 I Nr. 387) sieht der BFH als Bestätigung, dass auch der Gesetzgeber davon ausgeht, dass ein einheitlicher Veräußerungsgewinn auf der Ebene der Oberpersonengesellschaft (anstelle einer Durchstockung nach unten) entsteht (s. BFH IV R 40/22, DStR 2025, 1577; s. auch Meyer DStR 2025, 1380 (1388)).

128a Die Veräußerung von **Anteilen an einer Untergesellschaft** ist nicht nach § 7 S. 2 Nr. 2 steuerfrei, weil es sich nicht um eine unmittelbare Beteiligung einer natürlichen Person handelt (BFH IV R 39/10, BStBl. II 2019, 77). Dies gilt selbst dann, wenn an einer vermögensverwaltenden Obergesellschaft (also ohne eigenen Gewerbebetrieb) nur natürliche Personen beteiligt sind, obwohl in solchen Fällen keine Missbrauchsgefahr besteht (s. Wendt FR 2018, 1058). Weder aus dem Wortlaut noch aus dem Normzweck lässt sich ein anderes Ergebnis (Gewerbesteuerfreiheit) in Bezug auf lediglich mittelbar beteiligte natürliche Personen herleiten (BFH IV R 26/22, DStR 2025, 261). Dies gilt auch, wenn die Obergesellschaft eine atypische Unterbeteiligungsgesellschaft (zB eine Erbengemeinschaft) an einem Kommanditanteil ist, unabhängig davon, ob diese einen eigenen Gewerbebetrieb unterhält oder nicht (dazu → § 5 Rn. 11), daher ist ein atypisch Unterbeteiligter an einem Kommanditanteil als mittelbarer Mitunternehmer der KG kein unmittelbar beteiligter Mitunternehmer iSd § 7 S. 2, wenn der Kommanditist den Kommanditanteil veräußert (BFH IV R 26/22, DStR 2025, 261). Dies gilt nach der strikt an die einkommensteuerliche Betrachtung der Unterbeteiligungsgesellschaft an dem Kommanditanteil (als doppelstöckige Personengesellschaft mit veränderter Zurechnung des Kommanditanteils allein an die Unterbeteiligungsgesellschaft) angelehnten Rspr. des BFH sogar für den Hauptbeteiligten. Auch dieser, also der Inhaber des Kommanditanteils ist nicht mehr iSv § 7 S. 2 unmittelbar an der KG beteiligt. Nach der gut begründeten Auffassung der vom BFH aufgehobenen Entscheidung der Vorinstanz blieb zumindest der Inhaber des Kommanditanteils insoweit unmittelbar an „seiner" KG iSv § 7 S. 2 beteiligt, als der Kommanditanteil weiterhin ihm steuerlich zuzurechnen ist, er weiterhin für eigene Rechnung tätig ist, sein Gesellschaftsanteil also nicht durch die Unterbeteiligung belastet ist (ausführlich FG Münster 1 K 2751/20, BeckRS 2022, 31246). Der BFH orientiert sich dagegen strikt an der einkommensteuerrechtlichen Betrachtung (BFH IV R 26/22, DStR 2025, 261). Nach Ansicht des Gesetzgebers war eine Entlastung mittelbar beteiligter natürlicher Personen wegen der Möglichkeit der GewSt-Anrechnung des § 35 EStG nicht notwendig (BT-Drs. 14/7344, 12). Eine nur **mittelbare Beteiligung** liegt auch dann vor, wenn die Beteiligung durch eine vermögensverwaltende Personengesellschaft vermittelt wird (FG Brem 2 K 94/09, DStRE 2011, 749). Hält die Personengesellschaft, deren Anteile veräußert werden, Anteile an einer Kapitalgesellschaft, so kommt § 3 Nr. 40 Buchst. b EStG zur Anwendung (BFH IV R 29/07, BStBl. II 2011, 511).

128b Sofern die Mitunternehmerschaft wegen der Beteiligung einer Kapitalgesellschaft GewSt aus der Veräußerung eines Mitunternehmeranteils entrichten muss, kommt ein interner Ausgleich gegenüber den Gesellschaftern (natürliche Personen) in Betracht, die die GewSt nicht ausgelöst haben (s. FG Münster 1 K 2751/20, BeckRS 2022, 31246 (zivilrechtlich umstritten), aufgehoben durch BFH IV R 26/22, DStR 2025, 261; Stollenwerk/Scherff gmbhstb 2005, 45; Scheifele DStR 2006, 253; Bormann FS Spiegelberger, 2009, 22; Kutt/Möllmann DB 2010, 1662; zur unterjährigen Anteilsveräußerung s. Neu/Hamacher GmbHR 2014, 841). Zu den Auswirkungen der Nichtabziehbarkeit der GewSt nach § 4

Abs. 5b EStG bei der Veräußerung von Miteigentumsanteilen s. Behrendt/Arjes/Jeziorski BB 2008, 1993. Wer zur Übernahme der GewSt vertraglich verpflichtet ist, kann sie trotz § 4 Abs. 5b EStG als Veräußerungskosten geltend machen (BFH IV R 18/17, BStBl. II 2019, 696). Von § 7 S. 2 werden auch **Verluste** erfasst, wie sich aus der Bezugnahme in § 7 S. 1 auf die Vorschriften über die Gewinnermittlung ergibt (ebenso Drüen in Brandis/Heuermann § 7 Rn. 129; Behrens BB 2002, 860). Die Anwendung des § 7 S. 2 setzt voraus, dass die Mitunternehmerschaft einen stehenden Gewerbebetrieb im Inland betreibt, ihren gewerblichen Betrieb also bereits aufgenommen hat (BFH III R 38/22, DStR 2026, 791). Der Gewinn aus der Veräußerung eines Mitunternehmeranteils wird nur von § 7 S. 2 erfasst, wenn er nach Beginn der sachlichen Gewerbesteuerpflicht entstanden ist, also nach Beginn der werbenden Tätigkeit (FG Rheinland-Pfalz 3 K 1469/20, DStRE 2026, 215). Der Beginn der sachlichen Gewerbesteuerpflicht bestimmt zugleich den Beginn des abgekürzten Erhebungszeitraums iSd § 14 S. 3 (Weiss DStRK 2025, 300).

Der Gewinn aus der Veräußerung/Aufgabe des Anteils des persönlich haftenden Gesellschafters einer **Kommanditgesellschaft auf Aktien** ist in § 7 S. 2 Nr. 3 eigens erwähnt; zur KGaA → Rn. 229. Die KGaA und ihr persönlich haftender Gesellschafter stehen sich gewerbesteuerlich als selbstständige Steuersubjekte gegenüber; sie bilden keine Mitunternehmerschaft (BFH X R 6/05, BStBl. II 2008, 363). Ist eine Kapitalgesellschaft persönlich haftende Gesellschafterin, unterliegt der Erlös aus dem Verkauf des Anteils an der KGaA ohnehin der GewSt. Handelt es sich um eine natürliche Person und hatte diese die Beteiligung im Privatvermögen gehalten, so ist der Erlös von vornherein gewerbesteuerfrei (BFH X R 6/05, BStBl. II 2008, 363). Bei einer Beteiligung im Betriebsvermögen ergibt sich die Gewerbesteuerpflicht aus § 7 S. 2 Nr. 3. **129**

(frei) **130–132**

d) Aufgabe eines Mitunternehmeranteils. Aufgabe eines Mitunternehmeranteils gemäß § 16 Abs. 3 S. 1 EStG ist zB dann gegeben, wenn ein Gesellschafter seinen Anteil veräußert und damit sein vorhandenes bisheriges Sonderbetriebsvermögen mit den darin ruhenden stillen Reserven den betrieblichen Bezug verliert. Die Rspr. wertet diesen Vorgang nicht als Kombination einer Anteilsveräußerung und einer Entnahme, sondern als Aufgabe (BFH VIII B 21/93, BStBl. II 1995, 890; krit. Gebel DStR 1996, 1880). Sie wird damit der Vorstellung gerecht, dass im Falle der Veräußerung eines Betriebs oder einer mitunternehmerischen Erwerbsgrundlage der Übergang aller wesentlichen Grundlagen auf einen Erwerber vorausgesetzt wird. Daran fehlt es aber bei der Zurückbehaltung von wesentlichem Sonderbetriebsvermögen bei einer Anteilsveräußerung/-übertragung. GewStPfl. scheidet in jedem Fall aus, sofern der Aufgabegewinn auf eine unmittelbar beteiligte natürliche Person entfällt (§ 7 S. 2). Die Realteilung (→ Rn. 116) ist nach neuerer Rspr. ein Fall der Aufgabe eines Mitunternehmeranteils (BFH III R 49/13, BStBl. II 2017, 37). **133**

e) Auswirkung auf den Gewerbeertrag. Die Ermittlung des Veräußerungsgewinns nach § 7 S. 2 Nr. 2 erfolgt nach § 7 S. 1 nach den einkommensteuerrechtlichen Regelungen. Veräußerungsgewinn ist gemäß § 16 Abs. 2 Satz 1 EStG der Betrag, um den der Veräußerungspreis nach Abzug der Veräußerungskosten den Wert des Anteils am Betriebsvermögen (Kapitalkonto im Zeitpunkt des Ausscheidens) übersteigt. Maßgeblich ist daher die Differenz zwischen den erhaltenen Leistungen und dem Kapitalkonto (BFH IV R 30/19, DStR 2023, 2160). Der **134**

gewstpfl. laufende Gewinn der fortbestehenden Personengesellschaft wird von der Anteilsveräußerung oder -aufgabe zunächst dadurch berührt, dass das Kapitalkonto des betreffenden Gesellschafters auf den Tag seines Ausscheidens fortzuentwickeln ist (§ 16 Abs. 2 S. 2 EStG). Wächst der Anteil den übrigen Beteiligten an, so ist über mögliche Anschaffungskosten oder einen den Gewerbeertrag vermindernden Verlust aus der Abfindung lästiger Gesellschafter bzw. durch die unentgeltliche Übernahme eines negativen Kapitalkontos zu befinden. **Gewerbesteuerfrei** ist der bei einer Sonderrechtsnachfolge in den Mitunternehmeranteil beim Erblasser entstehende Gewinn aus der Entnahme des Sonderbetriebsvermögens (BFH VIII R 51/98, BStBl. II 2000, 316). Betriebliche Veräußerungsrenten (→ Rn. 86) sind auch bei der Anteilsveräußerung möglich. Sie werden nach § 8 Nr. 1 Buchst. b dem Gewerbeertrag hinzugerechnet. Betriebliche Versorgungsrenten zählen ebenfalls als Vorwegvergütungen zum Gewerbeertrag der Gesellschaft (§ 15 Abs. 1 S. 2 EStG; vgl. Wacker in Schmidt EStG § 15 Rn. 572; BFH VIII B 111/93, BStBl. II 1994, 455). Gewstfrei ist der Gewinn aus der Anteilsveräußerung nur, wenn er auf eine unmittelbar beteiligte natürliche Person entfällt (§ 7 S. 2).

135 **f) Handelsrechtlicher Vorgang.** Das Ausscheiden eines Gesellschafters kann sich in unterschiedlicher Weise vollziehen, und zwar in der Form des Gesellschafterwechsels, der Übertragung des Anteils auf einen der bisherigen Gesellschafter, im Ausscheiden eines Gesellschafters mit der Folge des Anwachsens seiner Beteiligung bei den übrigen, im Ausscheiden eines Gesellschafters aus einer zweigliedrigen Gesellschaft mit Übernahme des Geschäfts durch den verbleibenden Gesellschafter und in der unentgeltlichen Übertragung von Gesellschaftsanteilen im Wege der Erbfolge oder der vorweggenommenen Erbfolge (vgl. zu den Modalitäten des Gesellschafterwechsels auch BFH II R 146/81, BStBl. II 1984, 594). Zur Veräußerung auf den 1.1. s. BFH IV R 107/92, BStBl. II 1993, 666. Beim entgeltlichen Ausscheiden erhält der Ausscheidende für die Aufgabe oder Veräußerung seiner Beteiligung einen Gegenwert, der bei der entgeltlichen Übertragung des Gesellschaftsanteils auf einen Dritten im Veräußerungspreis oder im Abfindungsfall in dem Auseinandersetzungsguthaben besteht.

136 Eine Personengesellschaft ist nach den Grundsätzen ordnungsmäßiger Buchführung nicht verpflichtet, auf den Stichtag des Gesellschafterwechsels (nicht: Übernahme durch den Verbleibenden bei zweigliedriger Personengesellschaft) eine **Zwischenbilanz** zu erstellen (BFH VIII R 48/9, BFH/NV 1995, 84). Eine solche Verpflichtung besteht für steuerliche Zwecke insb. nicht ohne Weiteres zur Ermittlung des Abfindungsguthabens (Abschichtungsbilanz) oder zur Bestimmung des nach § 16 Abs. 2 S. 2 EStG für den Veräußerungsgewinn anzusetzenden Anteils des Ausscheidenden am Betriebsvermögen. Herrscht zwischen den Beteiligten Unklarheit, mag es zwar zur Aufstellung einer solchen Abschichtungsbilanz kommen. Für die Besteuerung genügt aber die schätzungsweise Ermittlung des Werts der veräußerten Beteiligung und des bis zum Stichtag anfallenden Gewinns des Ausscheidenden (BFH IV R 209/80, BStBl. II 1984, 53; VIII R 128/84, BStBl. II 1993, 594). Eine Abschichtungsbilanz ist zur Ermittlung des Aufgabegewinns eines Gesellschafters, der gegen Sachwertabfindung ausscheidet, aufzustellen (BFH IV R 24/15, BFH/NV 2019, 516); zur Sachwertabfindung → Rn. 155 f.

137 **g) Steuerrechtliche Wertung des handelsrechtlichen Vorgangs.** Unabhängig von der Art des Gesellschafterwechsels (Anwachsung bei den verbleibenden Gesellschaftern gem. § 712 Abs. 1 BGB oder gestattete – § 711 Abs. 1 BGB – Veräußerung eines Anteils an einen Dritten, → Rn. 135) gilt der Vorgang beim

Ausscheidenden als Veräußerung oder Aufgabe eines Mitunternehmeranteils, die nach § 34 EStG steuerbegünstigt sind, wenn alle stillen Reserven – auch die des Sonderbetriebsvermögens – aufgelöst werden. Der Tatbestand der Veräußerung des Mitunternehmeranteils ist mit der Übertragung der wirtschaftlichen Inhaberstellung auf den Erwerber verwirklicht (BFH IV R 9/21, DStR 2024, 290). Eine dem Gesellschafter für den Fall seines Ausscheidens zugesagte Rente wird bei todesbedingtem Ausscheiden auch dann dem Veräußerungsgewinn des Gesellschafters zugerechnet, wenn die Rente als Vermächtnis einem Nichterben zukommt (BFH IV R 66/92, BStBl. II 1994, 227). Für die **Übernehmer** des Gesellschaftsanteils bedeuten diese Vorgänge entgeltliche Anschaffungsgeschäfte, weil sie als Käufer einen Kaufpreis oder als verbleibende Gesellschafter eine Abfindung leisten und ihnen die Beteiligung kraft Gesetzes anwächst (vgl. zur Beurteilung als Anschaffungsgeschäft BFH IV R 107/89, BStBl. II 1992, 510; s. auch BFH IV R 27/19, DStR 2023, 1125). Ohne Abfindung handelt es sich um eine unentgeltliche Übertragung, für die § 6 Abs. 3 EStG Anwendung findet (FSen Berlin, Erl. vom 10.11.2023, DStR 2024, 691).

h) Anschaffungsgegenstand. Dies sind idR die Anteile des Ausgeschiedenen an den einzelnen Wirtschaftsgütern des Gesellschaftsvermögens (§ 39 Abs. 2 Nr. 2 S. 1 AO; s. BFH IV R 52/08, BStBl. II 2011, 261). Dies gilt auch dann, wenn zB bei der Abfindungsleistung durch die Gesellschaft diese als Anspruchsgegner in den Zahlungsvorgang eingeschaltet ist. Dieses Ergebnis folgt aus dem Grundsatz, dass Aufwendungen für die Beteiligung an einer Personengesellschaft *als solche* einkommensteuerrechtlich nicht in Erscheinung treten (vgl. auch BFH I R 171/75, BStBl. II 1977, 259, bestätigt durch GrS 4/82, BStBl. II 1984, 751 unter C III 3b bb 3). Für den wirtschaftlich damit vergleichbaren Anteilserwerb durch **Dritte** kann nichts anderes gelten. Der Dritte hat ebenfalls – steuerrechtlich in einer Ergänzungsbilanz anzusetzende – Anschaffungskosten für die dem Veräußerer bisher zustehenden Anteile an den einzelnen Wirtschaftsgütern. Zur Geltendmachung der AfA s. BFH IV R 1/11, BStBl. II 2017, 34 sowie BMF 19.12.2016, BStBl. I 2017, 34. **138**

i) Entgelt übersteigt Kapitalkonto. Wendet der Erwerber (im Abfindungsfall die verbleibenden Gesellschafter) Beträge auf, die das Kapitalkonto des Ausgeschiedenen übersteigen, so liegen idR aktivierungspflichtige **Anschaffungskosten** vor. Es besteht die widerlegbare **Vermutung** dafür, dass die bilanzierten materiellen und immateriellen Wirtschaftsgüter des Gesellschaftsvermögens stille Reserven enthalten (BFH IV R 40/92, BStBl. II 1994, 224) oder bisher nicht bilanzierte immaterielle Einzelwirtschaftsgüter oder ein originärer Geschäftswert vorhanden sind und der den Buchwert übersteigende Teil Entgelt auch für die genannten nicht bilanzierten Werte ist (vgl. BFH I R 204/81, BStBl. II 1985, 15; IV R 79/82, BStBl. II 1984, 584). Der Anteilserwerber hat die entsprechenden Aufwendungen in einer **Ergänzungsbilanz,** angeschafftes Sonderbetriebsvermögen in einer Sonderbilanz zu aktivieren. Die darin erfassten Anschaffungskosten sind so fortzuführen, dass der Gesellschafter nach Möglichkeit einem Einzelunternehmer gleichgestellt wird (BFH IV R 1/11, BStBl. II 2017, 34). Wächst der Anteil sämtlichen verbleibenden Gesellschaftern an, so sind die Anschaffungskosten in der Steuerbilanz der Gesellschaft zu aktivieren. **139**

Ehe eine derartige Zuordnung des Abfindungsbetrages oder Kaufpreises zu den Betriebsvermögensanteilen erfolgen kann, sind die dem Ausscheidenden zustehenden Gewinnanteile und sonstige nicht von der Abschichtungsbilanz erfassten

Vorgänge aus dem Abfindungsbetrag auszuscheiden. Zur Abgrenzung des laufenden gewerbesteuerpflichtigen Gewinns vom Veräußerungsgewinn ist zunächst das Kapitalkonto des Ausgeschiedenen mit Rücksicht auf seine bis dahin bestehende Gewinnbeteiligung auf den Zeitpunkt seines Ausscheidens fortzuentwickeln (→ Rn. 134).

140 Ausnahmsweise können in den das Kapitalkonto des Ausgeschiedenen übersteigenden Abfindungsbeträgen sofort abziehbare Betriebsausgaben liegen, wenn es sich um sog. Zahlungen an einen **„lästigen" Gesellschafter** handelt, soweit stille Reserven und ein Geschäftswert nicht vorhanden sind (BFH VIII R 63/91, BStBl. II 1993, 706, s. zur Abfindung eines lästigen Gesellschafters Schallmoser in Brandis/Heuermann EStG § 16 Rn. 270 ff.). Die Abfindung des „Lästigen" bedeutet eine Minderung des Gewerbeertrags bei der verbleibenden Mitunternehmerschaft.

141 **Veräußerungsgewinn.** Korrespondierend mit den vorstehend erläuterten Anschaffungsvorgängen bei den verbleibenden Gesellschaftern oder dem Erwerber realisiert der **Ausscheidende** seinen Gewinn nach § 16 Abs. 1 S. 1 Nr. 2 EStG, der grds. (→ Rn. 127) **gewerbesteuerfrei** ist (zum Zeitpunkt der Anteilsübertragung bzw. des Ausscheidens aus der Gesellschaft s. BFH VIII R 7/90, BStBl. II 1993, 228). Mit der Übertragung des Gesellschaftsanteils entfällt idR auch die Möglichkeit, Sonderbetriebsvermögen zu halten. Deshalb muss auch insoweit eine Gewinnrealisierung eintreten (Aufgabe des Mitunternehmeranteils).

142 **j) Besonderheiten beim negativen Kapitalkonto.** Bei der Veräußerung eines Kommanditanteils an einer KG ist für die Ermittlung des Veräußerungsgewinns das von dem Veräußerer nicht auszugleichende negative Kapitalkonto gewinnerhöhend zu berücksichtigen (BFH IV R 9/23, DStRE 2025, 1237). Das gilt auch bei der Ermittlung des (anteiligen) Aufgabegewinns bei Betriebsaufgabe der KG (BFH IV R 28/22, DStR 2025, 1915). Ist das Konto deshalb negativ geworden, weil über das Beteiligungskonto auch **Entnahmen** gebucht worden sind, so besteht idR Rückzahlungspflicht. Wird darauf verzichtet, so ist dies sowohl beim persönlich als auch beim beschränkt haftenden Gesellschafter zusätzliches Entgelt für den Gesellschaftsanteil (Aufdeckung anteiliger stiller Reserven; s. BFH IV R 19/12, BStBl. II 2015, 954). Bei der Veräußerung des Mitunternehmeranteils durch einen Kommanditisten ist auch der Teil des nicht durch Einlagen oder Gewinne ausgeglichenen negativen Kapitalkontos zu versteuern, der auf nicht abziehbare Betriebsausgaben zurückzuführen ist (BFH IV R 17/07, BStBl. II 2010, 631). Zu Einzelheiten s. Wacker in Schmidt EStG § 16 Rn. 484 f.

143 **Persönlich haftender Gesellschafter.** Leistet ein persönlich haftender Gesellschafter bei seinem Ausscheiden für sein infolge Verlustzuweisung negatives Kapitalkonto keine (vollständige) Ausgleichszahlung, so beläuft sich idR (Ausnahme Rechtsnachfolge) auf diesen Betrag sein Anteil an den stillen Reserven. Die verbleibenden Gesellschafter haben seine Nachschusspflicht insoweit verrechnet. Der Betrag des negativen Kapitalkontos erhöht den Veräußerungsgewinn.

144 Auf der Seite des **Erwerbers** oder bei **den verbleibenden Gesellschaftern** entstehen auch in Höhe des negativen Kapitalkontos Anschaffungskosten, die bei den Wirtschaftsgütern und stillen Reserven oder dem Geschäftswert zu aktivieren sind (Erwerber: Ergänzungsbilanz).

145 Wird das **negative Kapitalkonto dagegen vom Ausscheidenden ausgeglichen,** so ist dieser Vorgang für alle Beteiligten (Ausscheidender/Personengesellschaft) als bloße Zahlung gewinnneutral, weil sich die dem negativen Betrag

zugrunde liegenden Geschäftsvorfälle bereits steuerlich ausgewirkt und zu betrieblichen Schulden geführt haben.

Scheidet ein Gesellschafter mit negativem Kapitalkonto aus einer OHG aus **146**
und wird er von den übrigen Gesellschaftern **ohne Gegenleistung** im Innenverhältnis von den Verbindlichkeiten der Gesellschaft **freigestellt,** so erzielt er zunächst im Zeitpunkt seines Ausscheidens einen Gewinn in Höhe des Minusbetrages, es sei denn, er muss wegen der schlechten wirtschaftlichen Lage mit einer Inanspruchnahme durch Gläubiger rechnen (BFH IV B 22/97, BFH/NV 1998, 1484; IV B 94/09, BFH/NV 2010, 1272). Ist dies nicht der Fall und fällt deshalb zunächst Gewinn an, wird aber der Gesellschafter nachträglich doch in Anspruch genommen, ist die Gewinnfeststellung für das Jahr des Ausscheidens zu ändern, soweit keine Ausgleichsforderung gegen die Gesellschaft oder andere Gesellschafter besteht oder diese uneinbringlich ist (BFH GrS 1/92, BStBl. II 1993, 894). Die Gewerbesteuerschuld der Gesellschaft wird hiervon nicht berührt.

Im Rahmen der **Liquidation** wird ein ggf. vorhandener Liquidationsgewinn **147**
aus dem Vergleich der letzten Jahresbilanz mit der Liquidationsschlussbilanz (Auflösung der stillen Reserven) ermittelt und entsprechend dem Gewinnschlüssel auch zur Deckung des negativen Kapitalkontos bei Kommanditisten verrechnet. Der Anteil des Kommanditisten am Aufgabegewinn einer KG umfasst seinen Anteil am Gesellschaftsgewinn (Liquidationsgewinn), die ihm iZm der Betriebsaufgabe entstandenen Sonderbetriebseinnahmen und Sonderbetriebsausgaben und darüber hinaus grds. auch den Gewinn aus der Auflösung seines negativen Kapitalkontos und weitere mit dem Aufgabevorgang verbundene Aufwendungen nach der Betriebsaufgabe (BFH IV R 28/22, DStR 2025, 1915). Verbleibt ein negatives Kapitalkonto (maßgeblich ist die Steuerbilanz der KG, BFH IV R 63/83, BStBl. II 1986, 58), so entsteht durch seinen Wegfall ein steuerbegünstigter Gewinn iSv § 16 EStG, der die Folge der steuerlichen Anerkennung des negativen Kapitalkontos eines Kommanditisten ist. Daneben kann sich bei Uneinbringlichkeit von Darlehens- oder Arbeitslohnforderungen gegenüber der Gesellschaft ein Verlust im Sonderbetriebsvermögen des Kommanditisten ergeben (BFH IV R 63/83, BStBl. II 1986, 58). Diese **Aufgabegewinne** unterliegen grds. **nicht** der **GewSt.**

Der Vorgang ist für die **übrigen Gesellschafter** keine nachträgliche Anschaf- **148**
fung. Diese übernehmen den Betrag nicht, sondern tragen den sich aus der Liquidationsschlussbilanz insoweit ergebenden Verlust wegen § 167 HGB iVm § 149 HGB.

Für den **beschränkt haftenden Gesellschafter** entsteht – unabhängig von **149**
vorhandenen stillen Reserven – durch den Wegfall seines Kapitalkontos beim **Ausscheiden** ein Gewinn iSv § 16 EStG (§ 52 Abs. 24 S. 3 EStG). Bestehen stille Reserven oder ein Geschäftswert, so wächst den **verbleibenden Gesellschaftern** der Anteil des ausgeschiedenen Gesellschafters an diesen stillen Reserven oder dem Geschäftswert an. Die Übernahme des negativen Kapitalkontos muss bei diesen als Anschaffungsvorgang gewertet werden (BFH IV R 47/78, BStBl. II 1981, 795), was zu entsprechenden Anschaffungskosten führt.

Soweit feststeht, dass auf den Ausscheidenden kein Anteil an den stillen Reserven **150**
und kein anteiliger Geschäftswert entfällt, erleiden die **übernehmenden Gesellschafter** keinen sofortigen Verlust. Vielmehr ist der erforderliche Ausgleich bei diesen durch Aktivierung eines Korrekturpostens in einer Ergänzungsbilanz herzustellen, der mit auf den übernommenen KG-Anteil entfallenden künftigen Gewinnanteilen zu verrechnen ist (BFH IV R 70/92, BStBl. II 1994, 745). Scheidet ein Kommanditist ohne Abfindung aus und geht sein negatives Kapitalkonto durch

Anwachsung auf die verbleibenden Gesellschafter über, sind die dem Ausgeschiedenen bisher zugerechneten **Verlustanteile** (soweit sie ausgleichbar waren, aber mit Gewinnen noch nicht ausgeglichen wurden) den verbleibenden Gesellschaftern zuzurechnen (BFH IV R 70/92, BStBl. II 1994, 745; Wacker in Schmidt EStG § 15a Rn. 152). Die Verlustanteile mindern den **Gewerbeertrag** der Gesellschaft.

151 Wenn ein **Kommanditist** seinen Kommanditanteil während eines Wirtschaftsjahres oder zum Ende eines Wirtschaftsjahres **entgeltlich veräußert,** so ist ihm sein vertraglicher Anteil an dem Verlust – gewerbeertragswirksam – zuzurechnen, den die KG vom Beginn des Wirtschaftsjahres **bis zum Zeitpunkt der Veräußerung** erwirtschaftet hat, mit der Folge der Erhöhung des negativen Kapitalkontos. Voraussetzung ist, dass der Erwerber dieses negative Kapitalkonto übernimmt. Durch die Veräußerung erzielt der Kommanditist einen **Veräußerungsgewinn** iSv § 16 Abs. 1 S. 1 Nr. 2 und Abs. 2 EStG nach dem Kapitalkontostand im Zeitpunkt der Veräußerung zuzüglich eines evtl. weiteren Barentgelts und abzüglich der Veräußerungskosten.

152 Beim **Erwerber** führen die Übernahme des negativen Kapitalkontos und eine etwaige weitere Barzahlung zu Anschaffungskosten für die Anteile des Ausgeschiedenen an den entsprechenden Wirtschaftsgütern des Gesellschaftsvermögens (BFH IV R 40/92, BStBl. II 1994, 224). Die Mehranschaffungskosten sind entsprechend der prozentualen Beteiligung des Erwerbers am Gesellschaftsvermögen in einer **Ergänzungsbilanz** auf die einzelnen Wirtschaftsgüter, soweit diese stille Reserven enthalten, und einen Geschäftswert zu verteilen. Soweit stille Reserven oder ein Firmenwert nicht vorhanden sind, ist in der Ergänzungsbilanz ein aktiver Korrekturposten zu führen, der gewinnmindernd gegen spätere Gewinnanteile aufzulösen ist (BFH IV R 70/92, BStBl. II 1994, 745) oder ein „Merkposten" außerhalb der Bilanz zu bilden, um sicherzustellen, dass künftige Gewinnanteile, die der Ausscheidende bereits nachversteuert hat, nicht nochmals versteuert werden (BFH VIII R 37/93, BStBl. II 1995, 246; Gschwendtner DStR 1995, 914).

153 **k) Entgelt unterschreitet positives Kapitalkonto.** Wenn die Abfindung oder der Kaufpreis das positive Kapitalkonto des ausgeschiedenen Gesellschafters unterschreitet, gilt Folgendes: Wird der **Ausscheidende** mit einem Betrag abgefunden, der unter dem Buchwert seines Kapitalkontos liegt und scheidet eine Schenkung aus, so entsteht bei ihm ein gewerbesteuerlich wirkungsloser Verlust (BFH VIII R 36/93, BStBl. II 1995, 770). Zum Verlustentstehungszeitpunkt s. BFH VIII R 128/84, BStBl. II 1993, 594. Ist die Übertragung aus privaten Gründen unentgeltlich, liegt kein Veräußerungsverlust vor. Für die oder den **Erwerber** gilt der Bewertungszwang nach § 6 EStG (Anschaffungskosten). Dies bedeutet, die Buchwerte der im Gesellschaftsvermögen enthaltenen Wirtschaftsgüter sind abzustocken, und zwar im Abfindungsfall in der Steuerbilanz der Gesellschaft und im Veräußerungsfall in der Ergänzungsbilanz des anteilserwerbenden Neugesellschafters. Ebenso, wenn das Kapitalkonto des ausgeschiedenen Gesellschafters erst durch Mehrgewinne nach einer Betriebsprüfung positiv wird und dieser keinen Ausgleich erlangt (BFH IV R 90/94, BStBl. II 1997, 241). Keine Abstockung ist vorzunehmen bei nach dem Nominalwert zu bewertenden Wirtschaftsgütern wie Bar- und Buchgeld (BFH IV R 77/93, BStBl. II 1998, 180). Da ein Gesamtkaufpreis für die gesamten Anteile des Ausgeschiedenen an den Wirtschaftsgütern des Betriebsvermögens vorliegt, muss dieser nach den wahren Wertrelationen der Wirtschaftsgüter aufgeteilt und als Anschaffungskosten angesetzt werden.

154 *(frei)*

7. Sachwertabfindung

a) Abfindung mit privaten Sachwerten. Erhält der Ausscheidende von dem Erwerber oder den verbleibenden Gesellschaftern statt Geld **private Sachwerte,** so sind die stillen Reserven (einschließlich der des Sonderbetriebsvermögens) zu realisieren. Der Gewinn nach § 16 Abs. 1 S. 1 Nr. 2 und Abs. 2 EStG entsteht zu dem Zeitpunkt, zu dem die Beteiligung auf den Erwerber übergegangen ist bzw. den verbleibenden Gesellschaftern die Anteile des Ausgeschiedenen angewachsen sind (vgl. BFH IV R 47/73, BStBl. II 1974, 707). 155

b) Abfindung mit Sachwerten aus dem Betriebsvermögen in das Privatvermögen. Wird der Ausscheidende mit Wirtschaftsgütern aus dem Betriebsvermögen (auch Forderungen gegen Dritte, BFH IV R 75/94, BStBl. II 1996, 194) der Gesellschaft abgefunden und gelangen diese bei ihm in das **Privatvermögen,** besteht nach BMF 19.12.2018, BStBl. I 2019, 6 Rn. 2 beim Ausscheidenden keine Möglichkeit zur Vermeidung eines Gewinns aus der Veräußerung seines Mitunternehmeranteils. Bei den verbleibenden Gesellschaftern liegen ein Veräußerungs- und ein Anschaffungsgeschäft vor. In Höhe ihres Anteils an den stillen Reserven des Abfindungsguts erzielen die **verbleibenden Gesellschafter** einen laufenden Gewinn (BFH VIII R 40/84, BStBl. II 1990, 561; IV B 95/05, BFH/NV 2006, 2246), der gewstpfl. ist. Gleichzeitig liegt eine Anschaffung von Anteilen des Ausgeschiedenen an den Wirtschaftsgütern des Betriebsvermögens mit der Folge der Buchwertaufstockung vor. Der **Ausscheidende** erzielt einen steuerbegünstigten Veräußerungsgewinn nach § 16 Abs. 2 EStG, der sich aus der Gegenüberstellung des Abfindungsguthabens (empfangener Sachwert) mit dem Kapitalkonto ergibt; vgl. Beispiel bei Wacker in Schmidt EStG § 16 Rn. 498. 156

c) Sachwertabfindung in das Betriebsvermögen des Ausscheidenden. Scheidet ein Gesellschafter aus einer Personengesellschaft aus und erhält er für den übertragenen Mitunternehmeranteil Wirtschaftsgüter aus dem Betriebsvermögen der Gesellschaft, die er in sein Betriebsvermögen übernimmt, sind auf diese Sachwertabfindung nach der jüngeren Rspr. des BFH die Grundsätze der Realteilung anwendbar (sog. unechte Realteilung, dazu → Rn. 117). Die Buchwertfortführung nach § 16 Abs. 3 S. 2 EStG ist zwingend und hat Vorrang vor der Anwendung des § 6 Abs. 5 S. 3 EStG. 157

(frei) 158, 159

III. Die Besteuerung der Mitunternehmerschaft

1. Mitunternehmerschaft

a) Rechtsgrundlage. Die zentrale Vorschrift für das steuerrechtliche Merkmal der Mitunternehmerschaft ist **§ 15 Abs. 1 S. 1 Nr. 2 EStG.** Der Gesetzgeber regelt an dieser Stelle zwar nur die gewerblichen mitunternehmerischen Einkünfte. Dessen ungeachtet lässt die Verweisung auf § 15 Abs. 1 S. 1 Nr. 2 EStG bei den Einkünften aus selbstständiger Arbeit (§ 18 Abs. 4 S. 2 EStG) und den land- und forstwirtschaftlichen Einkünften (§ 13 Abs. 7 EStG) erkennen, dass auch dort die Mitunternehmerschaft eine vom Gesetz in Betracht gezogene Form der Einkünfteerzielung darstellt. Bei den übrigen Einkunftsarten des § 2 Abs. 1 Nr. 4–7 EStG (nichtselbstständige Arbeit, Kapitalvermögen, Vermietung und Verpachtung sowie sonstige Einkünfte) taucht diese Vorstellung nicht auf. Denn bei 160 diesen Einkünften lässt sich zumeist schon aus bürgerlich-rechtlichen Vorgängen mit ihrem wirtschaftlichen Gehalt, wie zB dem Abschluss von Mietverträgen oder der Begründung von Arbeitsverhältnissen, hinreichend auf die Art und Zurechnung der Einkünfte schließen.

161 **b) Merkmale einer Mitunternehmerschaft.** Eine Mitunternehmerschaft setzt voraus, dass mindestens zwei Steuersubjekte gemeinschaftlich den Tatbestand einer betrieblichen Einkunftsart (ansonsten liegt eine vermögensverwaltende Personengesellschaft vor) verwirklichen, dabei eine Gesellschaft oder ein vergleichbares Gemeinschaftsverhältnis bilden (ansonsten liegt keine gemeinschaftliche Einkünfteerzielung vor und die Einkünfte werden von jedem Beteiligten separat erzielt) und Mitunternehmer sind. Die Mitunternehmereigenschaft leitet sich von den im Einzelfall gegebenen tatsächlichen vertraglichen und wirtschaftlichen Verhältnissen ab. Nach der zur ESt entwickelten, aber auch auf die GewSt anzuwendenden (BFH VIII R 51/92, BFH/NV 1994, 551) Rspr. kann Mitunternehmer nur sein, wer zusammen mit anderen an einer Personengesellschaft (Außen- oder Innengesellschaft) oder an einem ihr wirtschaftlich vergleichbaren Gemeinschaftsverhältnis beteiligt ist. Deshalb können auch Bruchteilsgemeinschaften und Gesamthandsgemeinschaften wie Erbengemeinschaft und Gütergemeinschaft zu einer mitunternehmerischen Tätigkeit führen (BFH GrS 4/82, BStBl. II 1984, 751 unter C V 3b bb; IV R 42/79, BStBl. II 1981, 63; IV R 130/90, BStBl. II 1993, 574; IV R 6/16, BStBl. II 2019, 160 zu einer Wohnungseigentümergemeinschaft, die ein Blockheizkraftwerk betreibt; I R 35/14, BStBl. II 2018, 33 zu einem Gewinngemeinschaftsvertrag; IV R 5/19, DStR 2023, 626 zur Wandlung einer Erbengemeinschaft in eine GbR). Zu den Personengesellschaften zählen auch die Partnerschaftsgesellschaft und die Europäische Wirtschaftliche Interessenvereinigung (EWIV, dazu FG Bln-Bbg 13 K 13229/16, BeckRS 2019, 4841). Auch **ausländische Gesellschaften** kommen in Betracht, wenn ihre Struktur der Organisationsform einer deutschen Personengesellschaft ähnlich ist, sie also den Rechtstypenvergleich zu einer OHG oder KG bestehen (dazu und zur Limited Liability Company (LLC) BMF 19.3.2004, BStBl. I 2004, 411; zur Colorado-LLC s. BFH I B 76/20, DStR 2021, 2389; s. auch BFH I R 134/84, BStBl. II 1988, 588). Aus § 20 Abs. 1 Nr. 4 EStG ergibt sich, dass auch Darlehensgeber im Einzelfall als Mitunternehmer gewertet werden können. In einem derartigen Fall muss jedoch eine gemeinsame wirtschaftliche Betätigung vorliegen, die zB der einer atypischen stillen Gesellschaft entspricht. Nach BFH GrS 4/82, BStBl. II 1984, 751 (unter C V 3b) wird bei Vorliegen der für die Mitunternehmerschaft kennzeichnenden Merkmale idR zumindest auch eine Innengesellschaft anzunehmen sein, die nicht als Gesellschaft nach außen auftritt. Folgt man dem, so ist die „faktische" Mitunternehmerschaft dadurch gekennzeichnet, dass die betreffenden Gebilde einer BGB-Gesellschaft wirtschaftlich vergleichbar sind (s. BFH I R 35/14, BStBl. II 2018, 33 zu einem Gewinngemeinschaftsvertrag). Die **verdeckte Innengesellschaft** setzt den konkludenten Abschluss eines Gesellschaftsvertrages voraus (erkennbarer Rechtsfolgewille BFH VIII R 259/84, BStBl. II 1987, 766; VIII R 12/94, BStBl. II 1997, 272; VI R 45/16, BStBl. II 2019, 60; s. auch Fischer FR 1998, 813; → § 2 Rn. 420). Die funktionierende gemeinsame wirtschaftliche Betätigung erlaubt noch nicht den Rückschluss auf das Vorhandensein eines Gesellschaftsvertrages (BFH VIII R 2/03, BFH/NV 2003, 1564), kann allerdings ein Indiz sein. Eine GbR, die als **Innengesellschaft** ausgestaltet ist, kann eine Mitunternehmerschaft sein (BFH I R 25/79, BStBl. II 1982, 186; VIII R 300/82, BStBl. II 1986,

891; VIII R 81/96, BFH/NV 1999, 355). Die Grundsätze über die Anerkennung von Verträgen zwischen nahen Angehörigen (→ Rn. 250 ff.) sind auf verdeckte Gesellschaftsverhältnisse nur eingeschränkt anwendbar, weil sie für Verträge gelten, die nahe Angehörige nach außen hin abschließen (BFH IV R 94/96, BFH/NV 1999, 295). Die Rechtsgrundsätze über fehlerhafte Gesellschaften sind anzuwenden (BFH VIII B 62/9, BFH/NV 1998, 1339; IV R 100/06, BFH/NV 2010, 2056). § 15 Abs. 1 S. 1 Nr. 2 S. 2 EStG behandelt auch **mittelbar** über eine oder mehrere Personengesellschaften **Beteiligte als Mitunternehmer** (doppelstöckige Personengesellschaft) mit der auch gewerbesteuerlich bedeutsamen Folge, dass Tätigkeitsvergütungen dieser mittelbar Beteiligten dem Gewinn der Mitunternehmerschaft (Untergesellschaft) wieder hinzugerechnet werden (vgl. zu Einzelheiten → Rn. 207; Wacker in Schmidt EStG § 15 Rn. 253). Zur (fehlenden) Mitunternehmerschaft bei sog. Treuhandmodellen → § 5 Rn. 8. Kostengemeinschaften (Büro-, Laborgemeinschaften) sind mangels gemeinschaftlicher Gewinnerzielungsabsicht keine Mitunternehmerschaften, wenn sie sich auf die gemeinsame Tragung von Kosten beschränken (→ Rn. 178). Zur etwaigen Mitunternehmerschaft bei Arbeitsgemeinschaften s. BMF 27.1.1998, BStBl. I 1998, 251; zum Verfahren § 180 Abs. 4 AO.

Bei (scheinbaren) Austauschverhältnissen (zB Darlehens-, Arbeits-, Geschäftsführerverträge) ist bei Beurteilung der Frage, ob nicht in Wirklichkeit eine Mitunternehmerschaft anzunehmen ist, letztlich entscheidend, ob der präsumtive Mitunternehmer bei einer Gesamtbetrachtung einen Gewinnanteil oder ein Entgelt erhalten soll (s. auch BFH II R 26/07, BStBl. II 2009, 602). Die Mitunternehmerschaft des Gesellschafter-Geschäftsführers einer Komplementär-GmbH für die KG wird idR verneint (BFH XI R 61, 62/89, BFH/NV 1993, 14; VIII R 12/94, BStBl. II 1997, 272; s. aber VIII R 32/90, BStBl. II 1998, 480: verdeckte Mitunternehmerschaft). Beim **Nießbrauch** an einem MU-Anteil wird der Nießbraucher nur MU, wenn er dem Typus des MU entspricht; das ist beim Nießbrauch nach dem gesetzlichen Leitbild des BGB grds. nicht der Fall (Schulze zur Wiesche DStR 2026, 452 (455); Fischer DStR 2025, 1392; s. auch BFH IV R 36/22, DStR 2025, 2659; BFH IV R 12/21, DStRE 2025, 966). Dadurch konnte es nach bisheriger Rechtsprechung zu einer Verdoppelung der Mitunternehmerstellung kommen (BFH VIII R 35/92, BStBl. II 1995, 241). Ob dies weiterhin gilt, nachdem der BFH entschieden hat, dass der Erwerber eines Mitunternehmeranteils nicht Mitunternehmer wird, wenn ihm nur einige und nicht alle Mitgliedschaftsrechte übertragen werden (BFH IV R 10/17, DStR 2018, 2372), ist offen (dazu Stein DStR 2021, 1679; Fischer DStR 2025, 1392). Auch ein **Arbeitsverhältnis** kann zur Mitunternehmerschaft umgestaltet sein (BFH IV R 82/85, BStBl. II 1987, 111). Zur Abgrenzung beim partiarischen Austauschvertrag (Verpachtung) s. BFH IV R 17/84, BStBl. II 1988, 62 sowie VIII R 68/98, BStBl. II 2001, 359; einschränkend zu Austauschverhältnissen BFH III R 58/89, BStBl. II 1994, 293; VIII R 50/92, BStBl. II 1994, 282. Insgesamt ist die Rechtsprechung bei der Annahme ungewollter Mitunternehmerschaften aber zurückhaltender als früher (zu Einzelheiten s. Wacker in Schmidt EStG § 15 Rn. 284 ff.). Die Frage nach der Mitunternehmerschaft ist insbesondere im GewSt-Recht von großer Bedeutung, da Vergütungen nach § 15 Abs. 1 S. 1 Nr. 2 EStG in den Gewerbeertrag einbezogen werden. Sonderbetriebsvermögen mit der Folge der Steuerbefangenheit von stillen Reserven ist bei dem MU möglich. **162**

Mitunternehmer ist, wer zivilrechtlich Gesellschafter einer Personengesellschaft oder – in Ausnahmefällen – eine diesem wirtschaftlich vergleichbare Stellung **163** innehat, Mitunternehmerrisiko trägt und Mitunternehmerinitiative entfaltet sowie die Absicht zur Gewinnerzielung hat (BFH IV R 24/23, DStR 2026, 653; BFH IV R 24/20, DStR 2023, 2490). Die beiden **Hauptmerkmale,** von denen die Mitunternehmerstellung gekennzeichnet ist, sind **Mitunternehmerinitiative** und **Mitunternehmerrisiko.** Sie müssen beide vorliegen. Allerdings können sie im Einzelfall mehr oder weniger ausgeprägt sein (BFH IV R 10/17, DStR 2018, 2372). Ein ganz fehlendes Risiko kann allerdings nicht durch eine verstärkte Initiative ausgeglichen werden (BFH IV R 65/94, BStBl. II 1996, 66); ein maximal beschränktes Risiko (fehlende Beteiligung am Gewinn und an den stillen Reserven bei zugleich sehr unwahrscheinlicher Inanspruchnahme aus der Außenhaftung aufgrund hoher Gewinne, Haftungsfreistellung im Innenverhältnis und Abschluss einer Berufshaftpflichtversicherung) kann nur durch eine besonders ausgeprägte Mitunternehmerinitiative ausgeglichen werden (FG Münster 1 K 1193/18, DStRE 2023, 73). Das Merkmal des Mitunternehmerrisikos dient vor allem dazu, den auf der Gesellschaftsebene verwirklichten Besteuerungstatbestand einschließlich der Gewinnerzielungsabsicht (hierzu → Rn. 176) auf die Mitunternehmer durch Zurechnung umzusetzen. Auch bei einer nur kurzfristigen Beteiligung kann eine Mitunternehmerstellung vorliegen (BFH IV R 42/13, DStR 2017, 2653). Entscheidend ist das Gesamtbild. Ist der einzige Kommanditist einer KG nicht Mitunternehmer, so ist der Komplementär Alleinunternehmer (BFH IV R 34/16, BFH/NV 2019, 1078); an ihn ist der Messbescheid zu richten.

164 **c) Mitunternehmerinitiative.** Sie erfordert die Teilhabe an den unternehmerischen Entscheidungen. Die rechtlichen Möglichkeiten müssen zumindest den Stimm-, Kontroll- und Widerspruchsrechten eines Kommanditisten nach den Regelungen des HGB entsprechen (BFH IV R 24/23, DStR 2026, 653; BFH IV R 36/22, DStR 2025, 2659). Kriterien dafür sind insbesondere Geschäftsführungsbefugnis, Vertretungsbefugnis, Stimmrechte, mindestens aber Informations- und Kontrollrechte. Dies kann in vielfältigen Formen geschehen, ausnahmsweise auch in der Eigenschaft als Geschäftsführer, Prokurist oder leitender Angestellter. Gleichwohl führt die Unternehmerinitiative nur dann zur Mitunternehmerschaft, wenn sie **für eigene Rechnung** erfolgt, weil dem Betreffenden ein Anteil am Gewinn zusteht. Auch die tatsächliche Einwirkung kann Unternehmerinitiative bedeuten. Dies führt zur Frage, wie Geschäfte zuzurechnen sind, die im Rahmen einer Mitunternehmerschaft **ohne bzw. gegen den Willen** des Mitgesellschafters und/oder auf eigene Rechnung des tätigen Mitunternehmers abgewickelt werden. Man wird jedenfalls bei Gesellschaftsverhältnissen zwischen fremden Dritten die Beurteilung davon abhängig machen müssen, ob bei dem vertragswidrig tätig gewordenen Mitunternehmer Vermögensfolgen unmittelbar oder mittelbar über seine Beteiligung eintreten (vgl. dazu Wüllenkemper FR 1993, 389). Diese Folgen – mögen sie positiver oder negativer Art sein – sind dann betrieblicher Art und begründen eine Zurechnung. Bei Veruntreuungen eines Gesellschafters zulasten der anderen liegen Sonderbetriebseinnahmen vor, wenn der ungetreue Gesellschafter Gelder, die der Gesellschaft zustehen, in sein Privatvermögen umleitet (BFH IV R 56/04, BStBl. II 2006, 838); bei unberechtigten „Entnahmen" zulasten der Mitgesellschafter findet eine Gewinnzurechnung nicht statt (BFH IV R 16/00, BStBl. II 2001, 238). Werden Gelder veruntreut, die sich bereits auf einem betrieblichen Konto befunden haben, liegen keine Sonderbetriebseinnahmen vor (BFH IV R 39/99, BStBl. II 2000, 670).

165 **Bestimmte Beteiligungsformen** wie zB die eines Kommanditisten oder atypischen stillen Gesellschafters zeigen, dass an das Vorliegen von Mitunternehmer-

initiative im Einzelfall keine allzu hohen Anforderungen gestellt werden können. Die Möglichkeit zur Teilnahme an den Grundlagengeschäften der Gesellschaft reicht aus (BFH II R 44/08, BFH/NV 2010, 690). Es genügt vielfach, dass der **Kommanditist** tatsächlich in der Lage ist, die ihm gesetzlich zustehenden Mitwirkungs- und Kontrollrechte wahrzunehmen. Ob er davon Gebrauch macht, ist nicht von Bedeutung (BFH GrS 4/82, BStBl. II 1984, 751 unter C V 3c; auch VIII R 65/84, BStBl. II 1985, 85; II R 55/80, BStBl. II 1985, 85). Die abstrakte, strukturelle Möglichkeit zur Mitunternehmerinitiative genügt (BFH IV R 30/19, DStR 2023, 2160). Entsprechendes gilt für atypisch stille Gesellschaften (BFH IV R 10/17, DStR 2018, 2372). Die vergleichsweise geringen gesetzlich vorgesehenen Kontrollrechte (§ 166 Abs. 1 HGB für den Kommanditisten und § 233 Abs. 1 HGB für den stillen Gesellschafter) sind hinreichend für die Kontrollrechte eines Mitunternehmers (BFH IV R 10/17, DStR 2018, 2372 für den atypisch stillen Gesellschafter). Ein Kommanditist ist nicht Mitunternehmer, wenn seine Stellung nach dem Gesellschaftsverhältnis und der tatsächlichen Handhabung wesentlich hinter dem zurückbleibt, was handelsrechtlich das Bild eines Kommanditisten bestimmt (BFH II R 34/16, DStR 2020, 382; IV R 10/17, DStR 2018, 2372; I R 174/73, BStBl. II 1975, 818). Hinsichtlich der notwendigen Mitwirkungsrechte hindert eine Klausel, wonach Beschlüsse mit Stimmenmehrheit gefasst werden müssen, die Eigenschaft als Mitunternehmer bei Minderheitsbeteiligten nicht, weil eine solche Bestimmung nur laufende Geschäfte betrifft (BFH VIII R 16/97, BStBl. II 2001, 186). Bei Vereinbarungen, nach denen der Kommanditist mit **Buchwertabfindung** hinausgekündigt werden kann, kann sich das Fehlen einer solchen minimalen Mitwirkung ergeben (BFH IV R 131/78, BStBl. II 1981, 663). **Abbedungenes Widerspruchsrecht** und vereinbarte Entnahmebeschränkungen stehen nach BFH VIII R 166/84, BStBl. II 1989, 758 der Mitunternehmereigenschaft des Kommanditisten nicht entgegen. Schädlich ist es jedoch, wenn zum abbedungenen Widerspruchsrecht Stimmrechtsbeschränkungen hinzutreten (BFH VIII R 41/84, BFH/NV 1990, 92). Das einseitig dem Schenker eingeräumte Rückübertragungsrecht an den geschenkten Mitunternehmeranteilen steht der Mitunternehmerschaft des Beschenkten entgegen (BFH VIII R 196/84, BStBl. II 1989, 877). Bei der unentgeltlichen Übertragung eines KG-Anteils hat der Beschenkte trotz des Zurückbehaltens von Stimmrechten beim Schenker Mitunternehmerinitiative, wenn der Schenker nicht ohne Mitwirkung des Beschenkten handeln kann (BFH II R 44/08, BFH/NV 2010, 690). Behält sich der Schenker eines Kommanditanteils die Ausübung des Stimmrechts in Grundlagengeschäften vor, wird der Beschenkte nicht Mitunternehmer. Der Erwerber eines Mitunternehmeranteils wird nicht Mitunternehmer, wenn ihm einige, nicht aber alle Mitgliedschaftsrechte übertragen werden. Durch einen Gesellschaftsanteil kann nur eine (einzige) Mitunternehmerstellung begründet werden (BFH IV R 15/15, BStBl. II 2018, 539). Zur Unterbeteiligung s. BFH IV R 75/96, BStBl. II 1998, 137; Wacker in Schmidt EStG § 15 Rn. 365.

d) Mitunternehmerrisiko. Die Rspr. definiert Mitunternehmerrisiko als 166
gesellschaftsrechtliche oder eine ihr wirtschaftlich vergleichbare Teilhabe am Erfolg oder Misserfolg des Unternehmens. Regelmäßig erfordert dies die Beteiligung an Gewinn und Verlust sowie an den stillen Reserven des Anlagevermögens einschließlich des Geschäftswerts (BFH IV R 10/17, DStR 2018, 2372; BFH VIII R 46/18, DStRE 2021, 945). Zwingend ist dies beim Komplementär einer KG bei starker Ausprägung der Mitunternehmerinitiative jedoch nicht (BFH VIII

R 74/03, BStBl. II 2006, 595; → Rn. 168). Es gibt aber auch eine mitunternehmerische Innengesellschaft (→ Rn. 161, 214), die zumeist über kein eigenes Vermögen und daher auch weder über stille Reserven noch über einen Geschäftswert verfügt. Für den am Gesellschaftsvermögen beteiligten Kommanditisten wird ein Mitunternehmerrisiko dadurch begründet, dass er am laufenden Gewinn, bei der Beendigung seines Engagements auch an den stillen Reserven und nach Maßgabe der §§ 120, 161 Abs. 2, 167 HGB auch am Verlust beteiligt ist (vgl. BFH GrS 4/82, BStBl. II 1984, 751 unter C V 3c).

167 Für das Bestehen eines Mitunternehmerrisikos muss aber objektiv auch absehbar sein, dass der Gesellschafter am beabsichtigten positiven Unternehmenserfolg der Gesellschaft (Totalgewinn) teilhat. Sein **Anteil am Totalgewinn** kann sich aus dem laufenden Gewinn ergeben oder bei negativen Kapitalkonten jedenfalls daraus, dass der Gesellschafter mit einem positiven Abfindungsguthaben ausscheidet. Die vertragliche Beschränkung des Abfindungsguthabens im Ausscheidungsfall auf den Buchwert hindert bei Beachtung dieser Grundsätze die Annahme einer Mitunternehmerschaft nicht, wenn sie alle Gesellschafter treffen kann (vgl. Groh BB 1982, 1229 (1231); BFH IV R 27/76, BStBl. II 1979, 670; VIII R 166/84, BStBl. II 1989, 758). Hinreichend ist, dass eine Beteiligung an den stillen Reserven und am Geschäftswert, wenn aufgrund der Buchwertklausel auch nicht bei Ausscheiden aus der Gesellschaft, so doch zumindest bei der Liquidation der Gesellschaft in Betracht kommt (Anspruch auf das Auseinandersetzungsguthaben, s. etwa § 148 Abs. 8 HGB).

168 Die **fehlende Beteiligung an den stillen Reserven** kann durch ein erhebliches Maß an Unternehmerinitiative kompensiert werden (BFH VIII R 42/90, BStBl. II 1994, 702; VIII R 81/96, BFH/NV 1999, 355; IV B 88/00, BFH/NV 2001, 1550). Daran fehlt es, wenn von der gemeinsamen Geschäftsführungsbefugnis wesentliche Bereiche ausgenommen sind (BFH VIII R 63/13, BStBl. II 2016, 383) oder die Geschäftsführungsbefugnis bei den anderen Gesellschaftern liegt (FG Münster 1 K 1193/18, DStRE 2023, 73). Eine Beschränkung der Verlustbeteiligung auf die Einlage hindert die Mitunternehmereigenschaft nicht (BFH IV R 40/09, BFH/NV 2012, 1440). Keine Verlustbeteiligung liegt vor, wenn eine wertlose Forderung in eine atypisch stille Gesellschaft eingebracht wird (BFH IV R 40/09, BFH/NV 2012, 1440). Der gesellschaftsvertragliche Ausschluss vom Verlust bedeutet keine Haftungsfreistellung (BFH IV R 56/80, BStBl. II 1984, 150; IV R 222/84, BStBl. II 1987, 553). Umgekehrt muss zur Gewinnbeteiligung eine Verlustbeteiligung treten, wenn die gesellschaftsrechtliche Stellung wesentlich durch die vermögensmäßige Beteiligung und durch bloße Kontrollrechte geprägt ist (vgl. auch Groh BB 1982, 1229 (1230)).

169 Ein Mitunternehmerrisiko kann sich auch aus einem Haftungsrisiko ergeben; auch dies stellt einen Gesellschafterbeitrag dar, durch den das eigene Vermögen des Gesellschafters belastet werden kann (BFH IV R 36/22, DStR 2025, 2659). Der erforderliche Gesellschafterbeitrag kann jedoch nicht in der versprochenen Erbringung von Dienstleistungen für die Gesellschaft bestehen (BFH IV R 24/23, DStR 2026, 653). Die BFH-Rspr. bejaht die Mitunternehmerschaft eines persönlich haftenden Gesellschafters daher allein wegen dessen **Außenhaftung,** auch wenn er im Innenverhältnis von der Haftung freigestellt wird. Dies gilt für Komplementäre, selbst wenn ihre Beteiligung am Gewinn und Verlust und am Vermögen der KG ausgeschlossen wird (BFH VIII R 31/20, DStRE 2024, 243: abstraktes Risiko genügt; BFH VIII R 42/10, BStBl. II 2013, 79). Dies gilt auch für Gesellschafter einer GbR (BFH VIII R 74/03, BStBl. II 2006, 595) und OHG (ausführlich FG Köln 4 K 3252/13, DStRE 2020, 399; s. auch FG Münster 5 K

1612/17, BeckRS 2019, 1525). Dabei ist auch ihre verbleibende Mitunternehmerinitiative zu berücksichtigen. Von einer Kapitaleinlage hängt die Mitunternehmerschaft nicht ab. Schon wegen des steuerrechtlich bedeutsamen Zwecks gemeinsamer Gewinnerzielung (s. BFH GrS 4/82, BStBl. II 1984, 751) ist im Übrigen eine **Gewinnbeteiligung** für die Mitunternehmerschaft erforderlich (vgl. BFH VIII R 362/83, BStBl. II 1989, 705; XI R 58/89, BFH/NV 1992, 803; VIII R 66-70/97, BStBl. II 2000, 183). Dies gilt auch für Innengesellschaften, auch in der Form verdeckter Mitunternehmerschaften (BFH III R 58/89, BStBl. II 1994, 293; VIII R 50/92, BStBl. II 1994, 282; s. dazu Janssen BB 1994, 1757; → Rn. 161). Nach BFH IV R 82/85, BStBl. II 1987, 111 kann ausnahmsweise eine ungewöhnliche hohe Beteiligung am Unternehmenserfolg bei einem Arbeitsverhältnis Mitunternehmerrisiko bedeuten. Dies wurde bei einer zusätzlich zur Tätigkeitsvergütung gezahlten Gewinntantieme von 10 % bejaht (BFH IV R 131/84, BStBl. II 1987, 60).

e) Besonderheiten bei GmbH-Beteiligungen. Die Mitunternehmerschaft 170
der Komplementär-GmbH in einer KG kann nicht dadurch in Frage gestellt werden, dass der Geschäftsführer der GmbH zugleich Kommanditist oder seinerseits Geschäftsführer der Kommanditistin ist. Denn das Handeln des GmbH-Geschäftsführers trifft die GmbH und begründet deren Unternehmerinitiative (BFH IV R 56/80, BStBl. II 1984, 150). Zur Abgrenzung s. BFH IV R 65/94, BStBl. II 1996, 66.

Der geschäftsführende **Alleingesellschafter** einer GmbH wird **nicht** wegen 171
seiner Geschäftsführertätigkeit zum **Mitunternehmer** des von der GmbH unterhaltenen Gewerbebetriebs (BFH IV R 22/85, BFH/NV 1988, 291). Seine Tätigkeit dient der GmbH. Ein Durchgriff ist nicht gestattet, weil das unternehmerische Engagement des Gesellschafters in der Form der GmbH-Beteiligung mit seinem wirtschaftlichen Gewicht vom Arbeitsverhältnis, evtl. auch Darlehensverhältnis und der Fruchtziehung aus einer Kapitalbeteiligung durch den Gesellschafter zu trennen ist.

f) Abfärberegelung. Die **Abfärbetheorie,** wonach eine Tätigkeit in vollem 172
Umfang als Gewerbebetrieb gilt, wenn eine vermögensverwaltende, freiberufliche oder land- und forstwirtschaftliche Personengesellschaft auch gewerblich tätig ist **(Seitwärtsabfärbung),** war nach früherer Rspr. nicht einschlägig, wenn eine nichtgewerbliche Obergesellschaft Anteile an einer gewerblichen Untergesellschaft hielt (BFH IX R 53/01, BStBl. II 2005, 383 unter Abweichung von IV R 7/92, BStBl. II 1996, 264). Dies wurde durch eine Änderung des § 15 Abs. 3 Nr. 1 EStG aufgrund des JStG 2007 korrigiert, sodass nunmehr auch der Bezug gewerblicher Einkünfte durch Beteiligung an einer Mitunternehmerschaft (doppelstöckige Personengesellschaft) zur Abfärbewirkung bei der Obergesellschaft führt (sog. **Aufwärtsabfärbung;** s. hierzu BFH IV R 24/20, DStR 2023, 2490; BFH IV R 5/11, BStBl. II 2014, 972). Zur Verfassungsmäßigkeit der Abfärbe-Rspr. s. BVerfG 2 BvR 246/98, DStRE 2005, 877 sowie 1 BvL 2/04, DStRE 2008, 1003. Die Abfärbewirkung tritt nicht ein bei gewerblichen Einkünften im Sonderbereich des Gesellschafters einer freiberuflich tätigen Personengesellschaft (BFH XI R 31/05, BStBl. II 2007, 378), ebensowenig wenn die gewerbliche Tätigkeit von der GewSt befreit ist (BFH IV R 43/00, BStBl. II 2002, 152), für den Stromverkauf bei Photovoltaikanlagen (§ 3 Nr. 72 EStG idF des JStG 2022 vom 16.12.2022, BGBl. 2022 I 2294) oder bei einem äußerst geringfügigen gewerblichen Anteil (BFH XI R 12/98, BStBl. II 2000, 229). Diese **Bagatellgrenze** wurde vom BFH

auf 3 % der Gesamtnettoumsatzerlöse und maximal 24.500 EUR (vgl. § 11 Abs. 1 S. 3) „festgelegt" (BFH VIII R 6/12, BStBl. II 2015, 1002; VIII R 41/11, BStBl. II 2015, 999; IV R 42/19, BStBl. II 2023, 118). Die Bagatellgrenze soll allerdings nur für die Fälle der Seitwärtsabfärbung gelten (BFH IV R 24/20, DStR 2023, 2490; BFH IV R 18/22, DStR 2024, 1923); s. zum Ganzen Specker in BeckOK GewStG § 2 Rn. 719. Die Abfärbung kann durch Ausgliederung der Tätigkeit auf eine (beteiligungsidentische) Schwesterpersonengesellschaft vermieden werden (BFH IV R 42/19, BStBl. II 2023, 118). Durch negative gewerbliche Einkünfte sollte nach BFH IV R 5/15, BStBl. II 2020, 118 keine Abfärbung eintreten können (aA jetzt aber BFH IV R 42/19, BStBl. II 2023, 118: Abfärbung ist auch in diesen Fällen verfassungskonform). Durch die Einfügung eines § 15 Abs. 3 Nr. 1 S. 2 EStG durch das „JStG 2019" v. 12.12.2019 (BGBl. 2019 I 2451) wird dieses systematisch schwer nachvollziehbare und vom BFH inzwischen selbst korrigierte BFH-Urteil überholt. Die durch § 52 Abs. 23 S. 1 EStG angeordnete Rückwirkung auf Veranlagungszeiträume vor 2019 ist verfassungsrechtlich unbedenklich, da vor Ergehen des zitierten BFH-Urteils noch kein Vertrauenstatbestand dahingehend geschaffen worden war, dass es bei negativen gewerblichen Einkünften nicht zu einer Abfärbung kommen würde (so auch BFH IV R 42/19, BStBl. II 2023, 118). Die Entscheidung des BFH war vielmehr überraschend (dazu Specker in BeckOK GewStG § 2 Rn. 726). Die Abfärbung nach § 15 Abs. 3 Nr. 1 S. 1 Alt. 1 EStG (Seitwärtsabfärbung) greift auch ein, wenn bei einer Freiberufler-GbR nicht alle Gesellschafter die Merkmale des freien Berufs erfüllen (BFH VIII R 62/13, BFH/NV 2016, 833). Sie gilt ebenso für den atypisch still beteiligten Freiberufler (BFH I R 133/93, BStBl. II 1995, 171). Sie kann auch bei Partnerschaftsgesellschaften zum Tragen kommen (OFD Nordrhein-Westfalen 12.12.2013, DStZ 2014, 258). In **gewerbesteuerrechtlicher Hinsicht** sieht der BFH ein Gleichheitsproblem im Vergleich zu einem Einzelunternehmer, wenn eine an sich vermögensverwaltende Personengesellschaft wegen gewerblicher Beteiligungseinkünfte nach § 15 Abs. 3 Nr. 1 S. 1 Alt. 2 EStG (Aufwärtsabfärbung) in vollem Umfang gewerbliche Einkünfte erzielt. Aus diesem Grund ist der BFH der Ansicht, dass diese Gewerblichkeitsfiktion in solchen Fällen nicht auf die GewSt durchschlägt (BFH IV R 30/16, DStR 2019, 1630; BFH IV R 24/20, DStR 2023, 2490; so auch FG Hmb 3 K 139/20, DStRE 2022, 104). Gegen diese Rspr. bestehen systematische Bedenken (dazu Specker in BeckOK GewStG § 2 Rn. 731 ff.; krit. auch Lamprecht in Desens/Tappe § 7 Rn. 575). Die FVerw hat sich nach einigen Jahren der Rspr. angeschlossen (GLE 5.11.2025, BStBl. I 2025, 1838) und den Nichtanwendungserlass (GLE 1.10.2020, DStR 2020, 2252) aufgehoben (zu den Folgen s. Weiss StuB 2026, 345). Fällt die Abfärbewirkung weg, kann es zur Betriebsaufgabe kommen (Schiffers DStZ 2019, 839).

173 **g) Stille Gesellschaft.** Die Begründung einer stillen Gesellschaft zwischen einer GmbH und ihrem Gesellschafter-Geschäftsführer führt nicht zwangsläufig zur Annahme einer atypisch stillen Gesellschaft und damit zu einer Mitunternehmerschaft mit Einkünften aus Gewerbebetrieb, auch nicht bei Gewährung eines kapitalersetzenden Darlehens (§ 32a GmbHG aF, § 39 Abs. 1 Nr. 5 InsO), auch nicht im Falle eines beherrschenden Gesellschafter-Geschäftsführers. Dies gilt jedenfalls dann, wenn er ansonsten die Stellung eines typischen Stillen hat und dieses wirtschaftliche Engagement nicht übergewichtig zu seinem unternehmerischen in der Form der GmbH ist. Dazu auch → Rn. 242.

174 *(frei)*

2. Gewinnermittlung der Personengesellschaft

a) Grundlagen. Seit längerem hat sich in der Rspr. ein Wandel dahin vollzogen, dass nicht mehr, wie unter der Geltung der sog. Bilanzbündeltheorie, die Vorstellung herrscht, jeder Gesellschafter führe seinen eigenen Gewerbebetrieb. Vielmehr wird die Selbstständigkeit der Gesellschaft als **Subjekt der Einkünftequalifikation und der Gewinnermittlung** betont, und zwar insoweit, als sie in der Einheit der Gesellschafter Merkmale eines Besteuerungstatbestands verwirklicht, welche den Gesellschaftern für deren Besteuerung zuzurechnen sind. Auf dieser Grundlage geht die Rspr. von einer partiellen Steuerrechtsfähigkeit der Personengesellschaft im Einkommensteuerrecht aus (BFH GrS 1/93, BStBl. II 1995, 617). Denn tatsächlich werden die Einkünfte von den Gesellschaftern gemeinsam (in ihrer gesamthänderischen Verbundenheit) erzielt. Folge der partiellen Steuerrechtsfähigkeit sind die steuerliche Anerkennung von Rechtsgeschäften zwischen der Gesellschaft und ihren Gesellschaftern (zumindest bei fremdüblicher Ausgestaltung, BFH IV R 25/19, DStR 2022, 2434; BFH I R 19/21, DStR 2025, 962) oder die steuerliche Selbstständigkeit von Schwesterpersonengesellschaften. Auch eine atypisch stille Gesellschaft ist selbstständiges Objekt der Gewinnerzielung, Gewinnermittlung und Einkünftequalifikation (BFH IV R 9/18, BFH/NV 2020, 338). Der Einheitsgedanke muss allerdings zugunsten einer Berücksichtigung persönlicher Umstände oder von Merkmalen der einzelnen Gesellschafter, also zugunsten einer Vielheitsbetrachtung zurücktreten, wenn andernfalls eine sachlich zutreffende Besteuerung des Gesellschafters nicht möglich wäre (BFH GrS 1/93, BStBl. II 1995, 617). Die Personengesellschaft entfaltet also keine Abschirmwirkung. Grundentscheidung ist nämlich nach wie vor, dass Subjekt der ESt der einzelne Gesellschafter ist (Wacker in Schmidt EStG § 15 Rn. 163). Von diesen werden die Einkünfte „erzielt" iSd § 2 Abs. 1 S. 1 EStG. Bei vermögensverwaltenden Personengesellschaften (→ Rn. 221) hat die Bruchteilsbetrachtung Vorrang gegenüber der Einheitsbetrachtung (BFH I R 19/21, DStR 2025, 962; BFH VIII R 41/99, BStBl. II 2000, 686; IV R 44/09, BStBl. II 2013, 142). Wesentliche Bedeutung hat die These von der Gesellschaft als Gewinnermittlungssubjekt vor allem bei den Gesellschaften, die über Gesamthands- bzw. Gesellschaftsvermögen verfügen. Bei der Personenhandelsgesellschaft ist die Subjekteigenschaft daher naturgemäß ausgeprägter. Andererseits kann die Eigenschaft der Personengesellschaft als Steuerrechtssubjekt bei der Bestimmung der Einkunftsart vernachlässigt werden, wenn die entscheidenden Merkmale dafür auf der Ebene des Gesellschafters verwirklicht werden (GrS in BFH GrS 1/93, BStBl. II 1995, 617; Fischer FS Beisse, 1997, 189). 175

b) Gewinnerzielungsabsicht. Für alle Gesellschaften gilt, dass die Gewinnerzielungsabsicht ein von der Gesellschaft, dh von den Gesellschaftern in ihrer gesellschaftlichen Verbundenheit zu verwirklichendes Merkmal ist (BFH GrS 4/82, BStBl. II 1984, 751 unter C IV 3). Diese Absicht ist im ESt-Recht sowohl auf der Ebene der Gesellschaft als auch auf der der Gesellschafter zu prüfen (FG Düsseldorf 15 K 2037/18, DStRE 2021, 1508). Fehlt sie bei einzelnen Gesellschaftern, so wird ihnen das wirtschaftliche Ergebnis der Mitunternehmerschaft einkommensteuerlich nicht zugerechnet. Im **GewSt-Recht** ist die Gewinnerzielungsabsicht demgegenüber nur auf der Ebene der Gesellschaft zu prüfen, da hier eine steuerliche Zurechnung an einzelne Gesellschafter ausscheidet (offen gelassen in BFH IV B 149/98, BFH/NV 1999, 1336; s. auch Weiss in BeckOK GewStG § 7 Rn. 77). **Gewinn** definiert die Rspr. bei den betrieblichen 176

Einkünften als **Betriebsvermögensmehrung iS eines Totalgewinns,** in die auch Veräußerungsgewinne und gewinnrealisierende Vorgänge aus dem Bereich des Sonderbetriebsvermögens einzubeziehen sind. Träfe Letzteres nicht zu, wäre bei Innengesellschaften ohne Gesamthandsvermögen auf Gesellschaftsebene eine Gewinnerzielungsabsicht nicht darstellbar. Sonstige Vorteile wie die planmäßige Minderung der ESt der Gesellschafter finden im Gegensatz zur früheren sog. Baupatenrechtsprechung (BFH GrS 10/70, BStBl. II 1972, 700) keine Berücksichtigung mehr. Gewinnerzielungsabsicht muss auch bei gewerblicher Prägung iSv § 15 Abs. 3 Nr. 2 EStG vorliegen (BFH IV R 80/05, BStBl. II 2009, 266). Auch bei einer gewerblich geprägten Vorratsgesellschaft kann dies der Fall sein; insoweit ist Gewinnerzielungsabsicht zu vermuten (BFH IV B 149/98, BStBl. II 2015, 380). Bei sog. Verlustzuweisungsgesellschaften (vgl. → Rn. 223 ff.) greift eine solche Vermutung nicht (BFH VIII R 59/62, BStBl. II 1996, 219).

177 Ist nur wegen der **Einbeziehung des Sonderbetriebsvermögens** einiger Gesellschafter mit einem Totalgewinn, ansonsten mit einem Totalverlust zu rechnen, so sind nur diese Gesellschafter Mitunternehmer, die anderen dagegen nicht, weil sie am Gewinn nicht partizipieren können. Bei einer zweigliedrigen Gesellschaft kann daher die Mitunternehmerschaft entfallen (vgl. auch Groh DB 1984, 2424). Hält der einzige Kommanditist seinen Anteil treuhänderisch für den Komplementär, so liegt keine Mitunternehmerschaft vor (BFH IV R 26/07, BStBl. II 2010, 751, zum sog. Treuhandmodell; → § 5 Rn. 8). Erzielt eine Personengesellschaft auch Einkünfte, die erst aufgrund der sog. Abfärbung (§ 15 Abs. 3 Nr. 1 EStG) als gewerbliche umzuqualifizieren sind, so setzt die Prüfung der Gewinnerzielungsabsicht erst nach dieser Umqualifizierung ein. Danach kann sich eine **Segmentierung** dahin ergeben, dass eigenständige Bereiche ausscheiden, weil sie nicht von Gewinnerzielungsabsicht getragen sind (BFH VIII R 28/94, BStBl. II 1997, 202; s. auch Weiss in BeckOK GewStG § 7 Rn. 77).

178 Bei **Kostengemeinschaften,** wie zB Bürogemeinschaften oder ärztlichen Laborgemeinschaften, kann die Gewinnerzielungsabsicht auf Gesellschaftsebene von vornherein fehlen. Sie sind für die an ihr Beteiligten weder Gewinnermittlungssubjekt noch Mitunternehmerschaft. Auch wenn sie die Form einer Gesellschaft mit Gesellschaftsvermögen aufweisen, findet – anders als bei der Mitunternehmerschaft – § 39 Abs. 2 Nr. 2 S. 1 AO mit der Zurechnung des anteiligen Gesellschaftsvermögens beim Beteiligten Anwendung (ähnl. BFH IV R 133/85, BStBl. II 1986, 666). Einheitliche Feststellungen über die rechnerische Ermittlung der gemeinsamen Kosten sind möglich (§ 180 Abs. 2 AO). Dabei wirken sich die gesellschaftsvertraglich vereinbarten Ergebniszurechnungen (Aufwandsverteilung) bei den Mitgliedern der Kostengemeinschaft aus. Dazu auch → § 2 Rn. 290. Wird die **Gewinnerzielungsabsicht** nach objektiven Beweisanzeichen zu einem bestimmten Zeitpunkt **aufgegeben,** so führt dies – soweit der Steuerpflichtige Gegenteiliges nicht erklärt – nach den Grundsätzen des Urteils in BFH IV R 138/78, BStBl. II 1982, 381 noch nicht zu einer Betriebsaufgabe. Eine Gewinnrealisierung tritt erst bei späterer Veräußerung des mit den damaligen Buchwerten „eingefrorenen Betriebsvermögens" ein (→ Rn. 110; BFH X R 2/16, BFH/NV 2018, 421). Die stillen Reserven sind festzustellen (§ 8 der VO zu § 180 Abs. 2 AO).

179 **c) Konkurrenzen.** Betont man die Eigenständigkeit der Gesellschaft als Gewinnermittlungssubjekt, so muss dieser Grundsatz auch für personenidentische Schwesterpersonengesellschaften gelten (→ Rn. 175). Dadurch ergibt sich eine

weitgehende Organisationsfreiheit des Unternehmers, die insb. bei BGB-Gesellschaften ihre Grenzen allerdings im steuerrechtlichen Betriebsbegriff hat (→ § 2 Rn. 2). Die einkommensteuerrechtliche Eigenständigkeit als Gewinnermittlungssubjekt ist aber solchen Gesellschaften versagt, die, wie Kostengemeinschaften (→ Rn. 178), keine Gewinne erzielen sollen. Dasselbe Ergebnis tritt ein, wenn für die Beteiligungsgesellschaft zwar die Gewinnerzielungsabsicht besteht, diese aber nur **vermögensverwaltend** (zB durch Vermietung und Verpachtung) tätig ist. Auch dann kommt der Beteiligungsgemeinschaft, weil sie nur Überschusseinkünfte erzielt, betriebsvermögensmäßig keine Eigenständigkeit zu (vgl. dazu auch allg. → Rn. 221).

Für den Bereich des § 15 Abs. 1 S. 1 Nr. 2 EStG wird die **Subsidiaritätsthese** 180
abgelehnt, dh kein Vorrang des Gesellschafterbetriebs, sondern des § 15 Abs. 1 S. 1 Nr. 2 EStG, wenn die Leistung des Gesellschafters an die Personengesellschaft aus seinem eigenen gewerblichen Unternehmen stammt (Wacker in Schmidt EStG § 15 Rn. 534; Wiss. AK Steuerrecht des DWS-Instituts, Beihefter DStR 2023, 17 (31 ff.); → Rn. 206). Wirtschaftsgüter des Gesellschafters, die eigentlich zum Betriebsvermögen seines Einzelunternehmens gehören, werden der Mitunternehmerschaft als Sonderbetriebsvermögen zugeordnet. Die Subsidiaritätsthese gilt aber nach neuerer Rspr. bei mittelbarer Leistung (und unmittelbarer Beteiligung sowohl an der leistenden als auch an der leistungsempfangenden Personengesellschaft, dh) über **Schwestergesellschaften** (noch → Rn. 209). Dies gilt nicht nur bei originär gewerblich tätigen Personengesellschaften, sondern auch dann, wenn die leistende Gesellschaft zB durch Grundstücksvermietung eine betriebsaufspalterische Besitzgesellschaft oder eine gewerblich geprägte Personengesellschaft ist; auf die Rechtsform der Schwesterpersonengesellschaft kommt es nicht an (BFH VIII R 13/95, BStBl. II 1998, 325; VIII R 61/97, BStBl. II 1999, 483; I R 114/97, BStBl. II 2000, 399; IV R 50/99, BStBl. II 2001, 299). Dies bedeutet, dass auch diesen Personengesellschaften wie den originär gewerblich tätigen Personengesellschaften das Vermögen und die Nutzungserträge zuzuordnen sind, das der Schwestergesellschaft zur Nutzung überlassen wird. Die Wirtschaftsgüter, die eine Gesellschaft der Schwestergesellschaft zur Nutzung überlässt, sind somit nicht bei dieser Sonderbetriebsvermögen. Das Leistungsentgelt bei der leistenden Schwestergesellschaft zu erfassen, bedeutet **gewerbesteuerrechtlich** jeweils einen Freibetrag nach § 11 Abs. 1 S. 3 für beide Schwestergesellschaften, keinen Verlustausgleich zwischen beiden, wohl aber mögliche Hinzurechnungen nach § 8 Nr. 1 sowie die üblichen Betriebsaufspaltungsfolgen, wenn eine wesentliche Betriebsgrundlage an die Schwestergesellschaft verpachtet wird (→ § 2 Rn. 372 ff.; Neu DStR 1998, 1250). Bei der Übertragung von Wirtschaftsgütern zwischen Schwesterpersonengesellschaften sind die stillen Reserven nicht aufzudecken und die Buchwerte fortzuführen, wenn ein Wirtschaftsgut unentgeltlich zwischen den Gesamthandsvermögen verschiedener Mitunternehmerschaften derselben, identisch beteiligten Mitunternehmer übertragen wird (§ 6 Abs. 5 S. 3 Nr. 4 EStG idF des JStG 2024 (G. v. 2.12.2024, BGBl. 2024 I Nr. 387)). Der Gesetzgeber sah sich zu dieser Ergänzung des S. 3 veranlasst, nachdem das BVerfG (2 BvL 8/13, DStR 2024, 155) zehn Jahre nach Vorlage durch den BFH (I R 80/12, BStBl. II 2013, 1004) einen Verstoß gegen Art. 3 Abs. 1 GG festgestellt hatte. Die Senate des BFH hatten die Frage einer möglichen analogen Anwendung des § 6 Abs. 5 S. 3 EStG zuvor unterschiedlich beurteilt (s. BFH I R 72/08, BStBl. II 2010, 471 einerseits und IV B 105/09, BStBl. II 2010, 971 andererseits; s. hierzu Ley DStR 2011, 1208).

181 **d) Zebragesellschaften.** Bei einer Zebragesellschaft, dh einer vermögensverwaltend tätigen Gesellschaft, an der einzelne Gesellschafter betrieblich und andere privat beteiligt sind und die auch keine gewerblich geprägte Gesellschaft iSd § 15 Abs. 3 Nr. 2 EStG ist, hat nicht die Gesamthands-, sondern die Bruchteilsbetrachtung Vorrang (BFH IV R 44/09, BStBl. II 2013, 142). Nach der Rspr. des Großen Senats des BFH (GrS 2/02, BStBl. II 2005, 679) ist die Entscheidung über die Zuordnung der Einkünfte eines betrieblich beteiligten Gesellschafters sowohl der Art als auch der Höhe nach vom Wohnsitz-FA zu treffen (ebenso BFH IX R 80/98, BFH/NV 2006, 1247; vgl. auch BFH IX R 72/07, BStBl. II 2009, 231). Zuvor war dies unter einzelnen BFH-Senaten streitig gewesen (Nachweise bei Wacker in Schmidt EStG § 15 Rn. 205). Der BFH hat sich damit der Ansicht der FVerw ausgeschlossen (BMF 8.6.1999, BStBl. I 1999, 592). Der Feststellungsbescheid hat für Sachverhalte, die außerhalb der Gesellschaft verwirklicht werden, keine Bindungswirkung (BFH III R 14/96, BStBl. II 1999, 401).

182–184 *(frei)*

3. Gewinnermittlung bei Personengesellschaften mit Gesellschaftsvermögen

185 **a) Gewinnanteil.** Gewinnanteil iSv § 15 Abs. 1 S. 1 Nr. 2 S. 1 EStG ist der Anteil des Gesellschafters am Gesellschaftsgewinn. Gewinn und Verlust werden auf der Ebene der Gesellschaft durch einen Vermögensvergleich auf der Grundlage der Steuerbilanz der Gesellschaft ermittelt, nicht durch einen Vermögensvergleich bei den einzelnen Gesellschaftern (vgl. BFH IV R 123/80, BStBl. II 1983, 598; GrS 1/79, BStBl. II 1981, 164). Diese Erkenntnis hat insb. zu einer Neuorientierung der Beurteilung von Geschäften zwischen Gesellschafter und Gesellschaft geführt, die auf Übertragung von Wirtschaftsgütern gerichtet sind. In diesem Rahmen können die Gesellschafter der Gesellschaft auch einkommensteuerrechtlich wie fremde Dritte gegenüberstehen (→ Rn. 175). Ferner wird hinsichtlich der einzelnen Stufen der Gewinnermittlung die Unterscheidung von Gesellschaftsvermögen (idR notwendiges Betriebsvermögen) und Sonderbetriebsvermögen bedeutsam. Betriebsvermögen der Personengesellschaft sind Wirtschaftsgüter im rechtlichen oder wirtschaftlichen Eigentum der Gesellschaft. Auf der Grundlage der partiellen Steuerrechtsfähigkeit der Personengesellschaft (→ Rn. 175) werden sie der Gesellschaft zugerechnet und nicht nach § 39 Abs. 2 Nr. 2 S. 1 AO anteilig den Mitunternehmern (BFH IV R 44/16, BStBl. II 2020, 24). Einkommensteuerrechtlich ist der Gewinnanteil eines **beschränkt steuerpflichtigen** Mitunternehmers durch § 49 Abs. 1 Nr. 2 Buchst. a EStG eingeschränkt (Betriebsstätte, ständiger Vertreter, BFH VIII R 289/84, BStBl. II 1988, 880; I R 95/84, BStBl. II 1988, 663). In gewerbesteuerrechtlicher Hinsicht ist zu beachten, dass eine Personengesellschaft, anders als ein Einzelunternehmer, gleichzeitig nur einen Gewerbebetrieb iSv § 2 Abs. 1 S. 2 unterhalten kann (BFH IV R 31/13, BStBl. II 2017, 482; sie kann allerdings nacheinander mehrere Betriebe haben (BFH IV R 12/10, BStBl. II 2014, 1000).

186 Die Gesellschaft ermittelt zunächst **auf der ersten Stufe** ihren **Handelsbilanzgewinn.** Ferner übt sie auch Bewertungswahlrechte aus. Seit der Änderung des § 5 Abs. 1 EStG durch das BilMoG v. 25.5.2009 mW ab Kalenderjahr 2009 bzw. Wj 2008/2009 besteht keine Bindung der steuerrechtlichen Ausübung von Bilanzierungs- und Bewertungswahlrechten an die Handelsbilanz mehr. Die Steuerbilanz wurde damit von der Handelsbilanz zT entkoppelt. Der Grundsatz der

einheitlichen Ausübung steuerlicher Wahlrechte sowohl für einkommensteuerliche als auch für gewerbesteuerliche Zwecke wurde mit der Bindung der Steuerbilanz an die Handelsbilanz begründet (BFH X R 110/87, BStBl. II 1990, 195). Zwar existiert keine Vorschrift, die die unterschiedliche Ausübung steuerlicher Wahlrechte im ESt/GewSt-Recht ausdrücklich verbietet, allerdings könnte man aus dem Wortlaut des § 5 Abs. 1 S. 2 EStG, in dem von „der steuerlichen Gewinnermittlung" die Rede ist, ableiten, dass es nur **eine** derartige Gewinnermittlung gibt, die für Zwecke der ESt und der GewSt nicht unterschiedlich sein kann (→ Rn. 8).

In der als **zweite Stufe** aufzufassenden **Steuerbilanz** der Gesellschaft sind **187** nach § 15 Abs. 1 S. 1 Nr. 2 S. 1 EStG dem Gewinnanteil hinzuzurechnende Tätigkeitsvergütungen des einzelnen Gesellschafters noch als steuerliche Betriebsausgaben berücksichtigt. Die Korrektur erfolgt in der **dritten Stufe:** Zur Ermittlung des Gesamtgewinns werden die Sondervergütungen als Sonderbetriebseinnahmen wie sonstige Einnahmen und Aufwendungen (Sonderbetriebsausgaben) den **Sonderbilanzen** entnommen und gewinnerhöhend oder -mindernd berücksichtigt (BFH IV R 63/83, BStBl. II 1986, 58; VIII R 78/97, BStBl. II 1999, 163). Diese Grundsätze gelten auch für § 7 (BFH IV R 17/23, DStR 2026, 395; BFH IV R 117/88, BStBl. II 1990, 436; IV B 53/16, BFH/NV 2017, 1032), allerdings ohne unmittelbare Bindung an den Gewinnfeststellungsbescheid (zB BFH XI R 83/00, BStBl. II 2004, 699; → Rn. 1). Auf diese Weise (über § 7 S. 1) werden die Wirtschaftsgüter des Sonderbetriebsvermögens und die Sonderbetriebseinnahmen sowie Sonderbetriebsausgaben in die Ermittlung des Gewerbeertrags einbezogen.

Über die **Gesamtbilanz** bestehen unterschiedliche Auffassungen (vgl. dazu **188** Wacker in Schmidt EStG § 15 Rn. 403 f.). In der Gesamtbilanz sind auch evtl. Ergänzungsbilanzen mit zu berücksichtigen, die dem Ausgleich unterschiedlicher Wertansätze in der Gesellschaftsbilanz und in den Sonderbilanzen dienen (vgl. dazu Gschwendtner DStR 1993, 117; BFH VIII R 63/91, BStBl. II 1993, 706).

(frei) **189**

b) Sonderbetriebsvermögen. Sonderbetriebsvermögen (notwendiges oder **190** gewillkürtes) sind Wirtschaftsgüter im rechtlichen oder wirtschaftlichen Eigentum des Mitunternehmers, die in einem Zusammenhang zur Tätigkeit der Personengesellschaft stehen. Der Zusammenhang besteht darin, dass sie entweder dem Betrieb der Personengesellschaft zu dienen bestimmt sind (SonderBV I) oder zur Begründung oder Stärkung der Beteiligung des Gesellschafters an der Personengesellschaft eingesetzt werden (SonderBV II, BFH IV R 12/23, DStR 2026, 26; BFH IV R 15/19, BStBl. II 2022, 651; vgl. zur Unterscheidung BFH I R 149/74, BStBl. II 1977, 69; VIII R 27/00, BStBl. II 2002, 733; Schön DStR 1993, 185). Auch der Gewinn aus der Veräußerung von SonderBV II gehört zum Gewerbeertrag (BFH IV R 54/04, BStBl. II 2008, 742). Im Sonderbereich gilt die gleiche Methode der Gewinnermittlung wie für die Gesellschaft (BFH IV R 17/23, DStR 2026, 395). Die Buchführungspflicht für das (auch gewillkürte) Sonderbetriebsvermögen obliegt der Personengesellschaft (BFH VIII R 142/85, BStBl. II 1991, 401; IV R 2/90, BStBl. II 1991, 786). § 5 EStG ist anzuwenden (BFH XI R 38/89, BStBl. II 1992, 797). Ausgaben, die in der Gesellschafterstellung bei einer Gesellschaft A gründen, sind bei dieser **Sonderbetriebsausgaben,** auch wenn sie die Gesellschafterstellung bei einer anderen Gesellschaft B stärken (BFH VIII R 137/84, BStBl. II 1988, 679). Sonderbetriebsausgaben sind nur im Feststellungsverfahren für die Gesellschaft zu berücksichtigen (BFH XI R 35/90, BStBl. II 1992, 4).

191 **Notwendiges Sonderbetriebsvermögen** sind bei den Gesellschaftern vor allem die der Gesellschaft zur Nutzung entgeltlich oder unentgeltlich überlassenen Wirtschaftsgüter. Allerdings muss die Nutzung von einer gewissen Dauer sein. Ebenso wie für eine Entnahmehandlung eine nachhaltige Nutzungsänderung vorausgesetzt wird (BFH IV R 125/76, BStBl. II 1980, 40), erfordert eine Einlage in das Betriebsvermögen, dass die betriebliche Nutzung von einer gewissen Dauer ist. Ansonsten stellt nicht die Substanz des Wirtschaftsguts, sondern die vorübergehende Nutzungsmöglichkeit die Verstärkung des Betriebs dar. Von der Personengesellschaft entgeltlich genutzte Grundstücke können auch bei einem eingeschalteten Zwischenmieter zum Sonderbetriebsvermögen rechnen (BFH IV R 11/92, BStBl. II 1994, 796). Zum Sonderbetriebsvermögen I gehören wie Darlehensforderungen auch „stille Beteiligungen" des Kommanditisten einer KG, die der Finanzierung des Erwerbs der Wirtschaftsgüter der KG dienen (BFH IV R 20/20, DStRE 2023, 903).

192 Auch **Schulden** eines Mitunternehmers können notwendiges (passives) Sonderbetriebsvermögen sein, zB dann, wenn sie mit der Begründung der Beteiligung an der Gesellschaft zusammenhängen. Schulden zur Finanzierung einer Einlage sind Sonderbetriebsvermögen (BFH VIII R 42/98, BStBl. II 2000, 390). Gab es für die Darlehensausreichung keine betriebliche Veranlassung, so handelt es sich nicht um (negatives) Sonderbetriebsvermögen des Mitunternehmers, sondern um eine Entnahme, auch wenn die Darlehensforderung der Gesellschaft zu deren Gesamthandsvermögen gehört (BFH IV R 15/11, BStBl. II 2015, 267).

193 **Pensionszusagen** einer Personengesellschaft an einen Gesellschafter sind auf Ebene der Gesellschaft zu passivieren und in der Sonderbilanz des Gesellschafters zu aktivieren (BFH VIII R 15/96, BStBl. II 2008, 174), auch nach Ausscheiden eines Gesellschafters (BFH IV R 14/11, BStBl. II 2014, 624). Die FVerw lässt es für Altzusagen (Erteilung bis 2007) aus Billigkeitsgründen zu, dass die erstmalige Aktivierung beim Gesellschafter durch Bildung einer über 15 Jahre abzubauenden Rücklage abgefedert wird; die Übergangsregelung gilt allerdings nicht für Zwecke der GewSt (BMF 29.1.2008, BStBl. I 2008, 317 Rn. 5), da die Aktivierung/Passivierung von Pensionsansprüchen/-verbindlichkeiten den für die GewSt maßgeblichen Gewinn der Mitunternehmerschaft nicht berührt. Die **Bürgschaftsübernahme** zugunsten eines Dritten kann bei betrieblichem Interesse der Mitunternehmerschaft bei drohender Inanspruchnahme zu negativem Sonderbetriebsvermögen führen (BFH VIII R 31/04, BStBl. II 2006, 874). Die Inanspruchnahme aus der Bürgschaft wirkt sich erst bei der Betriebsaufgabe gewinnmindernd aus (OFD Nordrhein-Westfalen 7.7.2014, FR 2014, 823). Eine Kontokorrentverbindlichkeit kann anteiliges Sonderbetriebsvermögen sein (BFH IV R 127/86, BStBl. II 1991, 505). Bei der Ermittlung der auf **Überentnahmen** nach § 4 Abs. 4a EStG entfallenden Zinsen („Zinsschranke") sind auch Vorgänge im Bereich des Sonderbetriebsvermögens zu berücksichtigen. Die Schuldzinsenhinzurechnung ist gesellschafterbezogen zu ermitteln (BFH IV R 72/02, BStBl. II 2008, 420). Zur Verfassungskonformität der Zinsschranke s. BFH I R 20/15, BStBl. II 2017, 1240. Notwendiges SonderBV II des Kommanditisten einer GmbH & Co. KG sind auch die von ihm gehaltenen **Anteile an einer Komplementär-GmbH,** wenn ein ganz überwiegender Veranlassungszusammenhang mit seiner Beteiligung an der KG besteht, also wenn sie in erster Linie der Mitunternehmerstellung des Kommanditisten dienen. Das ist der Fall, wenn seine Beteiligung für das Unternehmen der KG wirtschaftlich vorteilhaft ist, also eine enge wirtschaftliche Verflechtung besteht und der Kommanditist

die GmbH ggf. zusammen mit anderen Mitunternehmern beherrscht, oder wenn durch die Beteiligung der Einfluss des Kommanditisten in der KG steigt bzw. gestärkt wird (BFH IV R 12/23, DStR 2026, 26). Das ist der Fall, wenn sich die Tätigkeit der GmbH also im Wesentlichen auf die Übernahme der Geschäftsführung und Haftung für die KG beschränkt. Eine Minderheitsbeteiligung an der GmbH von weniger als 10 % genügt idR nicht (BFH IV R 1/12, BStBl. II 2015, 705). Die GmbH-Beteiligung gehört aber idR nicht zum SonderBV II, wenn die GmbH daneben einen eigenen Geschäftsbetrieb von nicht ganz untergeordneter Bedeutung unterhält, denn dann stehen beide Gesellschaften und damit auch die Interessen ihrer Gesellschafter gleichrangig nebeneinander. Dies (kein SonderBV II) soll selbst dann gelten, wenn die GmbH wirtschaftlich mit der KG verflochten ist und die Geschäftsbeziehung aus Sicht der KG bedeutsam ist (zB bei Alleinvertrieb der Produkte der KG durch die GmbH), weil es nicht auf die Sicht der KG, sondern auf diejenige des Gesellschafters ankommt (BFH IV R 12/23, DStR 2026, 26; BFH IV R 15/19, BStBl. II 2022, 651: dies gilt auch bei einer nur zweigliedrigen GmbH & Co. KG; dem folgend nunmehr OFD Frankfurt aM 12.12.2022, DStR 2023, 151; anders noch OFD Frankfurt aM 21.7.2022, BeckVerw 573414; s. iÜ dort zur Beteiligung an der Komplementär-GmbH als SonderBV II). Auch Anteile an einer GmbH, die nicht an der Mitunternehmerschaft beteiligt ist, aber mit ihr wirtschaftlich eng verflochten ist, können ausnahmsweise zum SonderBV II gehören (BFH IV R 86/06, BFH/NV 2010, 1096). Zur Frage, ob die Beteiligung an der Komplementär-GmbH eine funktional wesentliche Betriebsgrundlage darstellt, → Rn. 68. Bei einer **Betriebsaufspaltung** gehören die Anteile an der Betriebskapitalgesellschaft grds. zum notwendigen SonderBV des Gesellschafters einer Besitzgesellschaft, da sie der Durchsetzung des einheitlichen geschäftlichen Betätigungswillens dienen (BFH IV R 103/78, BStBl. II 1982, 60; IV R 14/18, BStBl. II 2021, 367). § 271 Abs. 1 HGB setzt für die handelsrechtliche Bilanzierung lediglich voraus, dass die Beteiligung der Herstellung einer dauernden Verbindung zu jenem Unternehmen dient. Übersteigt der Anteil 20 % des Gesellschaftskapitals, so kann Dauerhaftigkeit vermutet werden.

(frei) 194

4. Übertragung von Wirtschaftsgütern zwischen Gesellschaft und Gesellschafter

a) Einbringung gegen Gesellschaftsrechte. Der Gründungsvorgang bei einer Personenhandelsgesellschaft vollzieht sich vielfach dadurch, dass die Gesellschafter aus ihrem Betriebsvermögen einen Betrieb, Teilbetrieb oder auch nur einzelne Wirtschaftsgüter gegen Gewährung von Gesellschaftsrechten einbringen, aber dennoch eine Buchwertfortführung und damit (anteilige) Übertragung stiller Reserven gemäß § 24 UmwStG bzw. § 6 Abs. 5 EStG möglich ist (s. auch BMF 11.7.2011, BStBl. I 2011, 713; 8.12.2011, BStBl. I 2011, 1279, zu § 6 Abs. 5 EStG). Die Einbringung von WG des Privatvermögens gegen Gewährung von Gesellschaftsrechten ist ebenfalls keine Einlage, sondern ein Veräußerungsvorgang (BFH IV R 37/06, BStBl. II 2011, 617, IV R 2/20, DStR 2023, 1192: auch bei teilweiser Buchung auf gesamthänderisch gebundenem Rücklagenkonto); § 6 Abs. 5 EStG gilt hierfür nicht. Die Buchung auf dem Kapitalkonto I führt zur Gewährung von Gesellschaftsrechten (Tausch) und damit zur Veräußerung (s. BMF 11.7.2011, BStBl. I 2011, 713, unter I.2). Bei einer Buchung auf dem 195

Kapitalkonto II liegt keine Einbringung gegen Gewährung von Gesellschaftsrechten vor, sondern eine Einlage (BFH IV R 15/14, BStBl. II 2016, 593; IV R 46/12, BStBl. II 2016, 607; s. BMF 26.7.2016, BStBl. I 2016, 684; zu Mehrkontenmodellen Frühwacht DStR 2025, 2469). Das Handelsrecht unterscheidet zwischen **Beiträgen,** die zum Eigentumsübergang auf die Gesellschaft führen und solchen, bei denen die Gesellschafter die Gegenstände nur zur Nutzung überlassen. Zur Einbringung zu Eigentum (quoad dominum), dem Werte nach (quoad sortem; auch zur Frage des wirtschaftlichen Eigentums in diesem Fall) und zur Nutzung (quoad usum; das Wirtschaftsgut wird Sonderbetriebsvermögen I) und den jeweiligen ertragsteuerlichen Folgen s. BFH IV R 20/23, DStR 2026, 530. Darüber hinaus gibt es auch handelsrechtlich Beiträge im weiteren Sinne (Förderung des Gesellschaftszwecks durch sonstige Leistungen), die für die Gründung ebenfalls ausreichen (BFH VIII R 65/84, BStBl. II 1985, 85; II R 55/80, BStBl. II 1985, 85). Steuerrechtlich ist für die steuerneutrale Einbringung eines Betriebs oder Teilbetriebs (§ 24 UmwStG) der Übergang der wesentlichen Betriebsgrundlagen auf das der Mitunternehmerschaft zuzuordnende Betriebsvermögen erforderlich. Dies kann dadurch geschehen, dass die betreffenden Wirtschaftsgüter in vollem Umfang in das Eigentum der Gesellschaft übergehen. Dabei ist eine auf den Übertragungszeitpunkt bezogene (also zeitpunktbezogene) Betrachtung vorzunehmen (und keine zeitraumbezogene Betrachtung unter Berücksichtigung der Gesamtplan-Rspr.), sodass eine vorherige, ggf. sogar zeitgleiche „Auslagerung" wesentlicher Wirtschaftsgüter zB in das SonderBV möglich ist. Hier gelten die gleichen Grundsätze wie zu § 6 Abs. 3 EStG (Wacker DStR 2018, 1019).

196 Die Vorschrift des § 24 UmwStG lässt es zu, dass anlässlich der Gesellschaftsgründung die vorhandenen stillen Reserven (einschließlich eines Geschäftswerts) aufgedeckt und mit dem ermäßigten Steuersatz (§ 34 Abs. 2, 3 EStG) versteuert werden (→ Anh. § 7 Rn. 2020 ff.). Zu gewerbesteuerlichen Konsequenzen der Einbringung in eine Kapitalgesellschaft und der späteren Veräußerung von Anteilen innerhalb der Sperrfrist (Einbringungsgewinn I) s. BFH I R 26/18, DStR 2020, 441, zum Einbringungsgewinn II s. BFH I R 13/18, DStR 2020, 444.

197 Behandeln die Beteiligten in Ausübung des Wahlrechts nach § 24 UmwStG den Vorgang der Einbringung als Veräußerung, so muss es gleichwohl nicht zu einem steuerpflichtigen Veräußerungsgewinn im Betrieb des Einbringenden kommen, wenn eine Rücklage nach § 6b EStG für begünstigte Wirtschaftsgüter in Betracht kommt (vgl. dazu Döllerer DStZ 1983, 179 (181)).

198 **b) Gründungsähnliche Vorgänge.** Wurden aus einem **Betriebsvermögen** des Gesellschafters stammende **Wirtschaftsgüter** in das Gesamthandsvermögen einer Personengesellschaft gegen Gewährung oder Erweiterung von Gesellschaftsrechten eingebracht, so konnten die Beteiligten vor 1999 in analoger Anwendung des § 24 UmwStG den Vorgang wie eine Veräußerung behandeln (Teilwertansatz im Gesellschaftsvermögen). Sie konnten aber auch den Buchwert oder einen Zwischenwert ansetzen („Mitunternehmer-Erlass", BMF 20.12.1977, BStBl. I 1978, 8). Mit Wirkung v. 1.1.1999 wurde die steuerneutrale Übertragung von Wirtschaftsgütern zwischen Gesellschafter und Mitunternehmerschaft zunächst stark eingeschränkt. Buchwertfortführung war nach § 6 Abs. 5 idF des StEntlG 1999 v. 24.3.1999 (BGBl. 1999 I 402) nicht möglich bei Übertragung eines Wirtschaftsguts vom Betriebsvermögen eines Gesellschafters in das Gesamthandsvermögen und umgekehrt, bei der Übertragung vom Gesamthandsvermögen in das Sonderbetriebsvermögen und umgekehrt sowie bei der Übertragung zwischen

Sonderbetriebsvermögen von Gesellschaftern derselben Mitunternehmerschaft. Die Kritik, die sich an dieser Einschränkung entzündete, veranlasste den Gesetzgeber, mWv 1.1.2001 (StSenkG v. 23.10.2000 (BGBl. 2000 I 1433)) den zur Zeit des Mitunternehmererlasses geltenden Rechtszustand weitgehend wiederherzustellen. Seither sind derartige Übertragungen nach § 6 Abs. 5 EStG wieder steuerneutral möglich. Allerdings besteht im Gegensatz zum Mitunternehmererlass nicht das Wahlrecht, auf die Buchwertfortführung zu verzichten und den Teilwert oder einen Zwischenwert anzusetzen. Die **Buchwertfortführung** ist nunmehr **zwingend** vorgeschrieben nach § 6 Abs. 5 S. 3 EStG im Falle der Übertragung von einzelnen Wirtschaftsgütern aus dem Betriebsvermögen des Mitunternehmers in das Gesamthandsvermögen der Mitunternehmerschaft und umgekehrt (§ 6 Abs. 5 S. 3 Nr. 1 EStG) oder aus dem Sonderbetriebsvermögen des Mitunternehmers in das Gesamthandsvermögen derselben Mitunternehmerschaft oder einer anderen Mitunternehmerschaft, an der er beteiligt ist, und umgekehrt (§ 6 Abs. 5 S. 3 Nr. 2 EStG). Ein Wahlrecht zwischen Gewinnrealisierung oder dem Ansatz von Zwischen- oder Buchwerten, wie nach früherer Rechtslage, ist nicht mehr möglich. Zur Erweiterung des § 6 Abs. 5 S. 3 EStG → Rn. 180. § 6 Abs. 5 S. 3 EStG spricht im Übrigen weiterhin von Gesamthandsvermögen, das auch für rechtsfähige Personengesellschaften fingiert wird (s. § 39 Abs. 2 Nr. 2 S. 2 AO). Nach § 6 Abs. 5 S. 4 EStG ist rückwirkend (§ 175 Abs. 1 S. 1 Nr. 2 AO) auf den Zeitpunkt der Übertragung der Teilwert anzusetzen, wenn das Wirtschaftsgut innerhalb einer Sperrfrist (drei Jahre nach Abgabe der Steuererklärung des/der Übertragenden für den VZ, in dem die Übertragung stattgefunden hat) veräußert oder entnommen wird. Die Versteuerung der stillen Reserven entfällt, wenn diese durch Erstellung einer Ergänzungsbilanz dem/den übertragenden Gesellschafter(n) zugeordnet worden sind. Zu Einzelheiten s. Rödder/Schumacher DStR 2001, 1634; Wendt FR 2002, 53; Dietel DStR 2009, 1352. Die Sperrfrist gilt nicht bei einer Einmann-GmbH & Co. KG (BFH IV R 31/12, BStBl. II 2015, 463; Oellerich in BeckOK EStG § 6 Rn. 2955). Bei einer **teilentgeltlichen** Übertragung (zB bei der Übernahme von Verbindlichkeiten) ist unklar, inwieweit die stillen Reserven aufzudecken sind. Der IV. Senat des BFH hat sich erneut für die modifizierte Trennungstheorie ausgesprochen (s. auch BFH IV R 17/23, DStR 2026, 395). Danach ist die teilentgeltliche Übertragung in einen entgeltlichen und einen unentgeltlichen Teil aufzuteilen (Trennungstheorie). Der Buchwert ist dem entgeltlichen Teil nicht ganz, sondern anteilig bis zur Höhe des Teilentgelts zuzuordnen, sodass stille Reserven nur insoweit aufzudecken sind, als die Gegenleistung den Buchwert übersteigt. Der X. Senat des BFH, der diese Rechtsansicht nicht teilt, hatte deswegen den Großen Senat des BFH angerufen (BFH X R 28/12, BStBl. II 2016, 81), allerdings wurde das Verfahren dadurch beendet, dass das FA abhalf (BFH GrS 1/16; s. zum Ganzen Weber-Grellet DB 2019, 2201; Heuermann DStR 2023, 969: für eine modifizierte Einheitstheorie; LfSt Niedersachsen, Vfg. vom 9.10.2023, DStR 2023, 2728: strenge Trennungstheorie). Keine Buchwertfortführung ist vorgesehen in Sonderfällen, in denen Übertragungen dazu führen, dass der Anteil „kapitalistischer" Mitunternehmer (Körperschaften, Personenvereinigungen und Vermögensmassen) an einem Wirtschaftsgut begründet wird oder sich erhöht (§ 6 Abs. 5 S. 5–7 EStG).

c) Bewertung von Einlagen und Entnahmen. Um einkommensteuerrechtliche Einlagen (1) und Entnahmen (2) handelt es sich, wenn aus dem Privatvermögen des Gesellschafters Wirtschaftsgüter unentgeltlich in das Gesamthands- **199**

vermögen übertragen (1) werden oder umgekehrt (2). Sie sind mit dem Teilwert zu bewerten (§ 6 Abs. 1 Nr. 4, 5 EStG iVm § 4 Abs. 1 S. 2 und 8 EStG). Zur Übertragung gegen Gewährung von Gesellschaftsrechten → Rn. 195. Ein steuerlich nicht anzuerkennendes Gesellschaftsdarlehen an Gesellschafter zu unüblichen Bedingungen bedeutet Entnahme durch alle Gesellschafter (BFH IV R 64/93, BStBl. II 1996, 642). Der Forderungsverzicht eines Personengesellschafters gegenüber seiner Gesellschaft aus gesellschaftlichen Gründen ist gewinnneutral (vgl. BFH VIII R 57/94, BStBl. II 1998, 652; Herbst/Stegemann DStR 2013, 176; Töben/Lohbeck/Specker NWB 2009, 1484).

200 **d) Lieferungsverkehr unter verkehrsüblichen Bedingungen.** Aufgrund der partiellen Steuerrechtsfähigkeit (→ Rn. 175) gelten die allgemeinen Grundsätze der Gewinnrealisierung auch für Austauschgeschäfte wie zB Veräußerungsgeschäfte zwischen dem Gesellschafter und der Personengesellschaft, zB bei der Übertragung von Wirtschaftsgütern in das Gesellschaftsvermögen, wenn sich der Vorgang wie ein im Geschäftsverkehr zwischen fremden Dritten üblicher Austausch darstellt (BFH IV R 25/19, DStR 2022, 2434; BFH I R 19/21, DStR 2025, 962; BFH IV R 17/23, DStR 2026, 395). Es liegen dann normale entgeltliche Veräußerungen vor, die bei der Gesellschaft zu Anschaffungskosten und beim Gesellschafter zu Erlösen führen. Dabei spielt für diese Rechtsfolge die Zugehörigkeit der Wirtschaftsgüter zum Betriebsvermögen, Sonderbetriebsvermögen oder zum Privatvermögen des veräußernden Gesellschafters keine Rolle. Bei einer Lieferung der Gesellschaft an den Gesellschafter zu üblichen Bedingungen gilt nichts anderes. Austauschverträge zwischen einer Personengesellschaft und ihren Gesellschaftern werden also bei der steuerlichen Gewinnermittlung nachvollzogen, wenn sie einem Fremdvergleich standhalten. Das setzt voraus, dass sie klar, ernstlich gewollt, rechtswirksam geschlossen und tatsächlich durchgeführt werden (BFH IV R 25/19, DStR 2022, 2434).

201 **e) Übertragung von Wirtschaftsgütern im Sonderbetriebsvermögensbereich.** Überträgt ein Gesellschafter A ein ihm gehörendes Wirtschaftsgut (Sonderbetriebsvermögen, → Rn. 190) unentgeltlich auf einen anderen Mitgesellschafter B und dient das Wirtschaftsgut weiterhin der Gesellschaft (Sonderbetriebsvermögen bei B), so lag nach der bis einschließlich 1998 geltenden Rechtslage keine gewinnrealisierende Entnahme vor (BFH I R 1/77, BStBl. II 1980, 381; I R 180/80, BStBl. II 1982, 695). In den Jahren 1999 und 2000 (StEntlG 1999) war aufgrund ausdrücklicher gesetzlicher Regelung eine Buchwertfortführung ausgeschlossen, ab 1.1.2001 (StSenkG) ist sie wieder zugelassen (§ 6 Abs. 5 S. 3 Nr. 3 EStG idF des UntStFG). Allgemein zu § 6 Abs. 5 EStG s. BMF 8.12.2011, BStBl. I 2011, 1279. Ein Wahlrecht zum Ansatz des Teilwerts oder eines Zwischenwerts besteht allerdings nicht mehr (→ Rn. 198; s. auch Groh DB 2002, 1904). Zur Übertragung zwischen personenidentischen Schwester-Personengesellschaften → Rn. 180.

202–204 *(frei)*

5. Sondervergütungen

205 **a) Nutzungsüberlassung, Dienstleistung des Gesellschafters gegenüber der Gesellschaft.** Die additive zweistufige Gewinnermittlung für Mitunternehmerschaften ist auch Grundlage für die Ermittlung des Gewerbeertrags, sodass alle Sonderbetriebsergebnisse aus den Sonderbereichen der Mitunternehmer Bestand-

teil des Gewerbeertrags sind (BFH IV R 30/18, DStR 2021, 470). Geht es bei der Übertragung von Wirtschaftsgütern in erster Linie um die Frage der Realisierung stiller Reserven, so kommt für die vom Gesellschafter der Gesellschaft überlassene Nutzung eines Wirtschaftsguts oder für die Dienstleistung vor allem die Vorschrift des § 15 Abs. 1 S. 1 Nr. 2 EStG zum Tragen. Entgelte, die ein Gesellschafter von der Gesellschaft für die Nutzungsüberlassung (zB Grundstücksvermietung, auch Erbbaurechtsverhältnis, BFH IV R 79/06, BFH/NV 2009, 730) erhält, zählen deshalb grds. bei der Gewinnermittlung für die Mitunternehmerschaft zu den Vergütungen iSd § 15 Abs. 1 S. 1 Nr. 2 EStG, **auch für die GewSt** (BFH GrS 3/92, BStBl. II 1993, 616 (623)). Die Einbeziehung der Sondervergütungen und des Sonderbereichs in die gewerbesteuerliche Bemessungsgrundlage hat daher auch eine fiskalpolitische Bedeutung im Hinblick auf die Finanzierung der Gemeinden (s. Wiss. AK Steuerrecht des DWS-Instituts, Beihefter DStR 2023, 17 (35)). Sondervergütung ist auch das Gehalt, das ein Kommanditist in seiner Eigenschaft als Geschäftsführer der Komplementär-GmbH erhält (BFH VIII R 46/94, BStBl. II 1999, 720). Pensionszusagen werden ebenfalls als Sondervergütungen behandelt (BFH VIII R 15/96, BStBl. II 2008, 174; IV R 82/06, BFH/NV 2009, 581). Sie sind zunächst auf der Ebene der Gesellschaft zu berücksichtigen und in einer zweiten Stufe durch Aktivposten in der Sonderbilanz des Gesellschafters zu neutralisieren (BMF 29.1.2008, BStBl. I 2008, 317), auch nach Ausscheiden des Gesellschafters (BFH IV R 14/11, BStBl. II 2014, 624; auch → Rn. 193). Ebenfalls Sondervergütungen sind Witwenpensionen (BFH II R 16/08, BStBl. II 2010, 923).

b) § 15 Abs. 1 S. 1 Nr. 2 S. 1 Hs. 2 EStG als Zuordnungsnorm. Als Zuordnungsnorm aufgefasst, führt die Vorschrift dazu, dass die zur Erzielung von Sondervergütungen eingesetzten, im Eigentum des Gesellschafters stehenden Wirtschaftsgüter, zB die an die Gesellschaft vermieteten Grundstücke, auch dann zum Sonderbetriebsvermögen des Gesellschaftereigentümers rechnen, wenn sie zu einem gewerblichen Betrieb dieses Gesellschafters gehören (Einzelunternehmen) und deshalb auch dort in der Handelsbilanz geführt werden (Ablehnung der sog. Subsidiaritätsthese, nach der in solchen Fällen auch steuerrechtlich das Wirtschaftsgut beim Einzelunternehmen zu erfassen war: BFH I R 199/75, BStBl. II 1979, 750; → Rn. 180). Damit sind **Darlehensforderungen** des Gesellschafters gegen die Gesellschaft steuerlich wie Kapitaleinlagen zu behandeln. Die Beurteilung eines Darlehens als Eigenkapital hält jedoch nur so lange an, als ein Gesellschafter Inhaber des Anspruchs auf Rückzahlung des Darlehens bleibt, also nicht mehr bei einer Übertragung auf Dritte. Ausgaben, die durch die Gesellschafterstellung bei der Gesellschaft veranlasst sind, sind **Sonderbetriebsausgaben** des Gesellschafters bei der Gesellschaft und mindern so ihren Gesamtgewinn, **auch für die GewSt.** Sonderbetriebsausgaben liegen auch vor, wenn sie die Gesellschafterstellung bei einer anderen Gesellschaft stärken (SonderBV II, → Rn. 193; BFH VIII R 137/84, BStBl. II 1988, 679). Auch bei Einschaltung eines Dritten als Geschäftsführer (zB GmbH, an der ein Mitunternehmer beteiligt ist), kommen Sondervergütungen in Betracht (BFH VIII R 40/03, BStBl. II 2008, 182). **206**

Geklärt sind die Folgerungen aus § 15 Abs. 1 S. 1 Nr. 2 EStG für den Fall der **unmittelbaren Leistung bei mittelbarer Beteiligung** (doppelstöckige Personengesellschaft). Durch den erstmals für nach dem 31.12.1991 endende Wirtschaftsjahre anwendbaren § 15 Abs. 1 S. 1 Nr. 2 S. 2 EStG wird der an einer **207**

Obergesellschaft unmittelbar und an der Untergesellschaft mittelbar Beteiligte bei letzterer als Mitunternehmer behandelt, wenn er und die Obergesellschaft(en) ihrerseits als Mitunternehmer der Untergesellschaft anzusehen ist (sind). Die Regelung ist auch gewerbesteuerlich zu beachten (BFH IV R 40/22, DStR 2025, 1577). Damit wird einerseits – auf der Grundlage der partiellen Steuerrechtsfähigkeit (→ Rn. 175) – die Mitunternehmerfähigkeit von Personengesellschaften bestätigt, gleichzeitig aber verhindert, dass Steuerpflichtige für Tätigkeitsvergütungen etc § 15 Abs. 1 S. 1 Nr. 2 EStG und damit **GewSt** vermeiden können. Die Gleichstellung gilt für Tätigkeits- und Nutzungsvergütungen sowie für Sonderbetriebsvermögen (BFH IV R 22/10, BStBl. II 2014, 621), auch für das Sonderbetriebsvermögen II (BFH I R 92/12, DStR 2017, 589), führt aber nicht zu einer Beteiligung des Gesellschafters der Obergesellschaft am Gesellschaftsvermögen der Untergesellschaft (also kein Durchgriff durch die Obergesellschaft). Allerdings ist S. 2 nach ständiger Rspr. des BFH teleologisch zu reduzieren und so zu verstehen, dass der mittelbare Gesellschafter nur in Bezug auf den Sonderbereich, also in Bezug auf Sondervergütungen und das Sonderbetriebsvermögen, einem unmittelbaren Mitunternehmer gleichgestellt wird (BFH IV R 40/22, DStR 2025, 1577), also lediglich ein „Sonder-Mitunternehmer" der Untergesellschaft ist; im Übrigen bleibt es bei der Abschirmwirkung der Obergesellschaft, der allein die Gewinne und Verluste der Untergesellschaft zuzurechnen sind (s. zum Hintergrund und zur Entwicklung der Rspr. Meyer DStR 2025, 1380 (1382)). Ganz unabhängig davon ist die Veräußerung eines Anteils an einer Obergesellschaft auch gewerbesteuerrechtlich allein auf der Ebene der Obergesellschaft und nicht auch bei den Untergesellschaftern zu erfassen (→ Rn. 128). Zur Gewinnermittlung bei doppelstöckigen Personengesellschaften s. Kahle DSZ 2014, 273. Infolge des S. 2 sind die Ergebnisse aus dem Sonderbereich der „Sonder-Mitunternehmer" in das Gesamtergebnis und folglich auch in den Gewerbeertrag der Untergesellschaft einzubeziehen. Durch mittelbare Gesellschafter entstehen also (gewerbesteuerliche) Steuerwirkungen auf Ebene der Untergesellschaft (zu den Schwierigkeiten bei der verursachungsgerechten Verteilung dieser Auswirkungen bei der Untergesellschaft Meyer DStR 2025, 1380 (1388)). Die Rspr. zum Leistungsaustausch zwischen Schwestergesellschaften (→ Rn. 209) ist auf Leistungsbeziehungen zwischen Ober- und Untergesellschaft nicht anzuwenden (BFH I R 114/97, BStBl. II 2000, 399).

208 Von doppelstöckigen Gesellschaften zu unterscheiden ist die Anwendbarkeit des § 15 Abs. 1 S. 1 Nr. 2 S. 1 Hs. 2 EStG bei **mittelbarer Leistung,** wenn zB Ingenieurleistungen oder Nutzungsüberlassungen nicht von den unmittelbar an der leistungsempfangenden Gesellschaft beteiligten Personen erbracht werden, sondern von einer ganz oder teilweise beteiligungsidentischen anderen Personengesellschaft.

209 Beim **Leistungsaustausch** zwischen ganz oder teilweise **beteiligungsidentischen Gesellschaften** gilt: Erzielen beide Gesellschaften von vornherein gewerbliche Einkünfte, verzichtet die Rspr. auf die Anwendung des § 15 Abs. 1 S. 1 Nr. 2 S. 1 Hs. 2 EStG in Bezug auf das von der nutzenden bzw. leistungsempfangenden Gesellschaft entrichtete Entgelt (BFH IV R 141/77, BStBl. II 1981, 433; VIII R 42/94, BStBl. II 1998, 328; BMF 28.4.1998, BStBl. I 1998, 583), offensichtlich weil dieses handelsrechtlich notwendig in die Gewinnrechnung der überlassenden bzw. leistenden Gesellschaft einzubeziehen ist und als Gewinnanteil iSv § 15 Abs. 1 S. 1 Nr. 2 EStG erscheint (vgl. BFH IV R 5/77, BStBl. II 1981, 307). Dies gilt auch für die konkurrierenden jeweiligen Sonderbetriebsvermögen

(BFH VIII R 42/94, BStBl. II 1996, 82; krit. Patt/Rasche DStR 1995, 401). Insoweit kommt auch die weitere Funktion des § 15 Abs. 1 S. 1 Nr. 2 EStG als **Norm zur Qualifizierung der Einkunftsart** nicht zum Tragen, weil ohnehin schon gewerbliche Einkünfte vorliegen. Der damit bestehenden Gestaltungsfreiheit kann über § 7 Bedeutung für die *Gewerbesteuerbelastung* zukommen, wenn die Betriebe der Gesellschaften unterschiedlichen Hebesätzen unterliegen. Erbringen Gesellschafter gegenüber ihrer Gesellschaft **freiberufliche Leistungen,** so kann die Gewerblichkeit dieser Einkünfte nach § 15 Abs. 1 S. 1 Nr. 2 S. 1 Hs. 2 EStG (Tätigkeitsvergütung) und damit die Gewerbesteuerbelastung jedoch nicht dadurch vermieden werden, dass sich die Gesellschafter zu einer zweiten Personengesellschaft zusammenschließen und in diesem Rahmen die freiberufliche Tätigkeit gegenüber der ersten Gesellschaft ausüben (BFH I R 56/77, BStBl. II 1979, 763; IV R 141/77, BStBl. II 1981, 433). Letztlich verdrängt der bei der gewerblichen Gesellschaft (Personenhandelsgesellschaft) angewendete § 15 Abs. 1 S. 1 Nr. 2 EStG die eigenständige Einkunftsermittlung bei der Freiberufler-Gemeinschaft. Diese Subsidiarität (Vorrang des Sonderbetriebsvermögens bzw. der Qualifikation als Sondervergütungen) gilt auch für eine **nicht personenidentische GbR** (BFH VIII R 145/85, BFH/NV 1990, 428). Überlässt zB eine Grundstücks-GbR (zB zweier Ehegatten) einer Pesonengesellschaft ein Grundstück, an der nur einer der Ehegatten als Gesellschafter beteiligt ist, ist das Grundstück anteiliges SonderBV und werden die Einkünfte aus Vermietung und Verpachtung für diesen Gesellschafter in Einkünfte aus Gewerbebetrieb nach § 15 Abs. 1 S. 1 Nr. 2 S. 1 EStG umqualifiziert; die Grundstücks-GbR wird zur Zebragesellschaft (→ Rn. 181; BFH IX R 72/07, BStBl. II 2009, 231). Dagegen findet § 15 Abs. 1 S. 1 Nr. 2 S. 1 Hs. 2 EStG regelmäßig keine Anwendung, wenn zwischen zwei beteiligungsidentischen Personengesellschaften mit jeweils **gewerblichen Einkünften** entgeltliche Leistungen (wie zB Baubetreuung) ausgetauscht werden (BFH IV R 123/80, BStBl. II 1983, 598). Dies gilt auch bei gewerblich geprägten Personengesellschaften, die nach § 15 Abs. 3 Nr. 2 EStG gewerbliche Einkünfte erzielen (BFH VIII R 63/93, BStBl. II 1996, 93; IV R 5/02, BStBl. II 2004, 464).

c) § 15 Abs. 1 S. 1 Nr. 2 S. 1 Hs. 2 EStG als Norm zur Bestimmung der 210
Einkunftsart. § 15 Abs. 1 S. 1 Nr. 2 S. 1 Hs. 2 EStG entscheidet auch über die Qualifikation von **Dienstleistungen der Gesellschafter** (Mitunternehmer) gegenüber ihrer Gesellschaft (Mitunternehmerschaft), die ohne das Gesellschaftsverhältnis als Einkünfte aus selbstständiger Arbeit (Rechtsanwalts-, Architekten-, Ingenieurleistungen) oder nichtselbstständiger Arbeit (zivilrechtliches Arbeitsverhältnis) zu werten wären. Denn § 15 Abs. 1 S. 1 Nr. 2 S. 1 Hs. 2 EStG erwähnt ausdrücklich derartige Tätigkeitsvergütungen als zu den gewerblichen mitunternehmerischen Einkünften gehörend. Sie erhöhen im Bereich des Sonderbetriebsvermögens den Gewerbeertrag. Dadurch ergibt sich eine gewisse Diskrepanz zur Beurteilung der Gesellschaft als Subjekt der Gewinnermittlung. Denn auch die den Gesellschaftern gezahlten Vergütungen für Tätigkeiten oder Nutzungsüberlassungen vermindern zunächst den von der Rspr. nach § 15 Abs. 1 S. 1 Nr. 2 S. 1 EStG als maßgeblich herausgestellten Gewinnanteil.

§ 15 Abs. 1 S. 1 Nr. 2 S. 1 Hs. 2 EStG ist auf Honorare und Vergütungen 211
der Gesellschafter anzuwenden, wenn die von diesen erbrachten Dienstleistungen **durch das Gesellschaftsverhältnis veranlasst** sind (Beitragstheorie, vgl. BFH I R 163/77, BStBl. II 1979, 757; VIII R 46/94, BStBl. II 1999, 720). Andererseits

wird zum Ausdruck gebracht, dass dies nicht nur gesellschaftsrechtlich, sondern im weitesten Sinn zu verstehen ist (vgl. BFH I R 56/77, BStBl. II 1979, 763; I R 85/77, BStBl. II 1979, 767). Durch das Gesellschaftsverhältnis veranlasst können damit auch Leistungen sein, die zivilrechtlich auf Arbeitsverträge oder Honorarverträge zurückgehen. Nach der Entscheidung in BFH I R 112/79, BStBl. II 1982, 192 soll es für die Anwendung des § 15 Abs. 1 S. 1 Nr. 2 S. 1 Hs. 2 EStG ausreichen, wenn sich die Gesellschafterleistung bei wirtschaftlicher Betrachtung, dh nicht nach dem Gesellschaftsrechtsverhältnis, als **Beitrag zur Erreichung** oder Verwirklichung **des Gesellschaftszwecks** darstellt. Ausnahmen werden nur in Fällen angenommen, in denen das **Zusammentreffen** von Mitunternehmerschaft und Arbeitsverhältnis eher zufällig und vorübergehend ist (vgl. BFH IV R 156-157/78, BStBl. II 1980, 271; IV R 159/78, BStBl. II 1980, 275 zum Fall der Kapitalüberlassung; X R 24/10, BStBl. II 2012, 498 zu Provisionen für die Vermittlung von KG-Anteilen). § 15 Abs. 1 S. 1 Nr. 2 S. 1 Hs. 2 EStG gilt nur für Vergütungen der Gesellschaft, nicht aber umgekehrt für Zahlungen des Gesellschafters aus verkehrsüblichen Geschäften (→ Rn. 200).

212 *(frei)*

6. Gewinnermittlung von Mitunternehmerschaften ohne Gesellschaftsvermögen

213 **a) Grundlagen.** Auch andere rechtliche Gebilde als Personenhandelsgesellschaften, BGB-Gesellschaften und Partnerschaften nach dem PartGG (s. hierzu OFD Niedersachsen 26.10.2015, DStR 2016, 245) können Mitunternehmerschaften sein, wenn sie diesen wirtschaftlich ähnlich sind, nicht zuletzt auch ausländische Personengesellschaften (→ Rn. 161). Es kommen daher auch Erscheinungsformen in Betracht, bei denen kein gemeinschaftliches oder gesamthänderisch gebundenes Vermögen bzw. Gesellschaftsvermögen vorliegt, das zivilrechtlich der Gesellschaft bzw. Gemeinschaft (→ Rn. 161) zuzuordnen ist. Auf der Grundlage der partiellen Steuerrechtsfähigkeit (→ Rn. 175) ist entscheidend, ob der Einkünftetatbestand von mehreren Personen gemeinschaftlich im Rahmen eines Gesellschafts- oder Gemeinschaftsverhältnisses verwirklicht wird, unabhängig davon, ob die Gesellschaft bzw. Gemeinschaft über eigenes Vermögen verfügt. Daher können auch Innengesellschaften wie die atypische stille Gesellschaft Mitunternehmerschaften sein. Voraussetzung ist, dass auf Gesellschafts- oder Gemeinschaftsebene eine eigene Gewinnerzielungsabsicht besteht (→ Rn. 176). Auch BGB-Gesellschaften mit und ohne Gesamthands- bzw. Gesellschaftsvermögen waren daher auch bereits vor der Entscheidung des BGH zur Rechtsfähigkeit (BGH II ZR 331/10, NJW 2001, 1056) taugliche Mitunternehmerschaften. Mit Inkrafttreten des MoPeG ab 1.1.2024 wurde das Konzept des Gesamthandsvermögens aufgegeben (siehe aber die Fiktion von Gesamthandsvermögen in § 39 Abs. 2 Nr. 2 S. 2 AO); es wird seither zwischen rechtsfähigen Gesellschaften mit Gesellschaftsvermögen und solchen ohne Gesellschaftsvermögen unterschieden (§ 705 Abs. 2, § 740 Abs. 1 BGB). Auf die Beurteilung der Verfassungsmäßigkeit der Unternehmensbesteuerung hat dies keinen Einfluss (s. Wissenschaftliche Dienste des Deutschen Bundestages, WD 4 – 3000 – 051/21). Die additive zweistufige Gewinnermittlung für Mitunternehmerschaften gilt auch für solche ohne eigenes Gesellschaftsvermögen (BFH IV R 30/18, DStR 2021, 470). Bei Innengesellschaften, die über kein Gesamthandsbetriebsvermögen verfügen oder

verfügen können, ist der Eigentümer des Vermögens zur Bilanzierung zuständig (aA Gschwendtner DStZ 1998, 335).

b) Atypische stille Gesellschaft. Die atypische stille Gesellschaft (allgemein s. OFD Erfurt 23.10.2003, FR 2003, 1299; → Rn. 230 ff.) ist eine Mitunternehmerschaft in der Form einer **Innengesellschaft** ohne Gesellschaftsvermögen. Der Inhaber des Handelsgeschäfts (zB Einzelunternehmer, Personenhandelsgesellschaft, GmbH) und der atypisch stille Gesellschafter erzielen gemeinschaftlich Einkünfte, die atypisch stille Gesellschaft ist daher auf der Grundlage der partiellen Steuerrechtsfähigkeit (→ Rn. 175) selbstständiges Subjekt der Gewinnerzielung, Gewinnermittlung und der Einkünftequalifikation (BFH IV R 9/18, BFH/NV 2020, 338; IV R 48/11, BeckRS 2015, 95060). Das Unternehmen des Inhabers des Handelsgeschäfts wird ertragsteuerlich für die Dauer des Bestehens der atypischen stillen Gesellschaft der Mitunternehmerschaft zugeordnet. Das Betriebsvermögen des Geschäftsinhabers wird dadurch mitunternehmerisches Vermögen, das vom Geschäftsinhaber im eigenen Namen, aber für Rechnung der Mitunternehmerschaft verwaltet wird (BFH IV R 5/12, BStBl. II 2015, 935; IV R 8/14, BStBl. II 2017, 538; IV R 38/15, BStBl. II 2018, 587; IV R 8/20, DStR 2023, 1187). Bei der atypisch stillen Gesellschaft kann nur der atypische stille Gesellschafter Sonderbetriebsvermögen haben, nicht dagegen der Inhaber des Handelsgeschäftes. Danach kann zB die Veräußerung eines Grundstücks durch den Inhaber des Handelsgeschäfts an den Stillen zu einem Veräußerungsgewinn führen, an dem auch der atypische stille Gesellschafter teilhat (BFH VIII R 276/81, BStBl. II 1984, 820; letztlich offengelassen mangels näherer Feststellungen zur Gewinnverteilungsabrede). Die atypisch stille Gesellschaft ist eine „andere Personengesellschaft“ iSd § 15 Abs. 3 Nr. 1 S. 1 EStG, sodass die Abfärberegelung (→ Rn. 172) zur Anwendung kommt. Gehört die stille Beteiligung zu einem Betriebsvermögen, sind sowohl Gewinn- als auch Verlustanteile phasengleich auszuweisen (BFH I R 62/08, BStBl. II 2012, 745). Zum Abzug von Verlusten aus der Zeit vor Begründung einer atypischen stillen Gesellschaft an einer Kapitalgesellschaft s. OFD Magdeburg 6.3.2012, DStR 2012, 1088. Bei mehreren atypisch still Beteiligten liegen mehrere sachlich selbstständige Betriebe vor, wenn die die atypischen stillen Gesellschaften betreffenden Tätigkeiten voneinander verschieden sind (BFH I R 109/94, BStBl. II 1998, 685; IV R 73/06, BStBl. II 2010, 40; GewStR 2.4 Abs. 5 S. 2; Lindwurm DStR 2000, 53). Danach können mehrere Freibeträge nach § 11 Abs. 1 in Betracht kommen (BFH IV R 8/14, BStBl. II 2017, 538). Es muss aber auch das Vermögen des Geschäftsinhabers nach dem jeweiligen Geschäftsbereich segmentiert und mit dem Quasi-Sonderbetriebsvermögen des jeweiligen atypischen Stillen für die Gewinnermittlung zusammengefasst werden. Bei einer Beteiligung mehrerer am gesamten Betrieb liegt demgegenüber nur eine Mitunternehmerschaft vor (BFH IV R 18/98, BStBl. II 1999, 286; IV R 8/20, DStR 2023, 1187). Zur Beteiligung an einzelnen Unternehmenssegmenten s. Pyska DStR 2003, 857 sowie Lieber/Stifter FR 2003, 831; Weiss in BeckOK GewStG § 7 Rn. 356. Die Ergebnisse des Sonderbereichs und des Sonderbetriebsvermögens des atypischen Stillen sind grds. wie bei einem Kommanditisten in einer Sonderbilanz bzw. einer Sondergewinnermittlung zu erfassen (Reinhard DStR 2026, 494 (497)). Für den Gewerbeertrag ist dies ohne Auswirkung, weil der Sonderbetriebsvermögensbereich ohnehin einzubeziehen ist (s. auch BFH IV R 30/18, DStR 2021, 470; Pauka DB 1987, 603 (605)). Wesentlich ist aber, dass sich die Betriebsausgaben des Geschäftsinhabers, zB einer GmbH, nicht als 214

Sonderbetriebsausgaben bei der atypischen stillen Gesellschaft darstellen können, soweit sie nicht seiner Beteiligung an der atypischen stillen Gesellschaft dienen (BFH I R 109/94, BStBl. II 1998, 685). Zur Organschaft s. BFH VIII R 54/93, BStBl. II 1995, 794; Ruban DStZ 1995, 637; → § 2 Rn. 485 ff. zum Unternehmer-, **Steuerschuldnerwechsel** sowie zur **formwechselnden Umwandlung,** die nicht als Betriebsaufgabe gewertet wird, → § 2 Rn. 593. Zur atypischen GmbH & Still → Rn. 242.

215 Der atypische Stille erzielt seine gewerblichen Einkünfte aufgrund seiner Beteiligung als Mitunternehmer an einer Mitunternehmerschaft kraft unmittelbarer **Zurechnung** nach § 15 Abs. 1 S. 1 Nr. 2 S. 1 EStG und nicht durch die ihm zugeflossenen Gewinne. Dies setzt den Tatbestand eines Gewerbebetriebs auf der Ebene der atypischen stillen Gesellschaft voraus, was sich mit der Eigenschaft als Innengesellschaft verträgt (aA Winkeljohann/Halfar DB 1994, 2471). Dazu gehört Gewinnerzielungsabsicht mit dem Erfordernis, dass auf Gesellschaftsebene für die Dauer ihres Bestehens mit einer Betriebsvermögensmehrung (Totalgewinn) zu rechnen ist (→ Rn. 213). Auf Gesellschaftsebene können sich die Verhältnisse im Einzelfall anders darstellen als beim Inhaber des Handelsgeschäfts, zB wenn sich der atypische Stille nur während einer Verlustphase am Unternehmen beteiligt. Genügt für diese Folgen die schuldrechtliche Behandlung des Inhaberbetriebsvermögens als gesamthänderisch gebundenes, so muss daraus trotz handelsrechtlicher Bilanzierungsverpflichtung nur des Handelsgeschäftsinhabers eine weitgehende einkommensteuerrechtliche Gleichstellung mit anderen Personengesellschaften gefolgert werden (aA Döllerer DStR 1985, 295). Dies bedeutet ua die Anwendbarkeit des **§ 24 UmwStG** nicht nur beim atypisch still Beteiligten, sondern auch beim Handelsgeschäftsinhaber (Wacker in Schmidt EStG § 15 Rn. 350; ähnl. Groh FS L. Schmidt, 1993, 439). Für die Übertragung von Wirtschaftsgütern aus einem anderen Betrieb des Geschäftsinhabers in das Handelsgewerbe, an dem die stille Beteiligung besteht, gilt § 6 Abs. 5 S. 1 EStG (Buchwertfortführung), ebenso, wenn der Stille ein bislang anderweitig betrieblich genutztes Wirtschaftsgut zum Sonderbetriebsvermögen in der atypischen stillen Beteiligung macht. Auch bei einer unentgeltlichen Übertragung auf den Geschäftsinhaber ist Buchwertfortführung entsprechend § 6 Abs. 5 S. 3 EStG zwingend (Kulosa in Schmidt EStG § 6 Rn. 782; allg. zu § 6 Abs. 5 EStG s. BMF 8.12.2011, BStBl. I 2011, 1279; → Rn. 198).

216 Wo allerdings die zivilrechtliche Sicht bestimmend für die steuerrechtliche Beurteilung ist, müssen aus dem Fehlen von Gesellschaftsvermögen die Konsequenzen gezogen werden. So können zB atypische stille Gesellschaften im Verhältnis zu ihren Mitgliedern beim entgeltlichen **Lieferungs- und Leistungsverkehr** nicht den Personenhandelsgesellschaften gleichgestellt werden. Dies bedeutet, der Inhaber des Handelsgeschäfts kann nicht an sich selbst zu verkehrsüblichen Bedingungen steuerwirksam liefern (vgl. ansonsten BFH IV R 136/77, BStBl. II 1981, 84). Es liegen vielmehr Einlagen von Wirtschaftsgütern und Entnahmen von Geld vor. Zur Betriebsaufgabe der atypischen stillen Gesellschaft → Rn. 235. Die Umqualifizierung von Tätigkeits- und Nutzungsentgelten des atypischen stillen Gesellschafters in gewerbliche Einkünfte nach § 15 Abs. 1 S. 1 Nr. 2 S. 1 Hs. 2 EStG findet allerdings auch bei einer Mitunternehmerschaft in der Form einer atypischen stillen Gesellschaft nach allgemeinen Grundsätzen statt (BFH VIII B 194/01, BFH/NV 2003, 1308). Soweit dem Inhaber derartige Vergütungen vereinbarungsgemäß zustehen, sind ebenfalls Vorabgewinne anzunehmen (s. BFH VIII R 62/97, BFH/NV 1999, 773 zur Tätigkeitsvergütung des GmbH-

Geschäftsführers). Die vorstehenden Erwägungen haben auch Gültigkeit für andere mitunternehmerische Innengesellschaften ohne Gesellschaftsvermögen (vgl. dazu auch BFH I R 25/79, BStBl. II 1982, 186).

c) Abgrenzungsprobleme. Nach ihrem tatsächlichen Erscheinungsbild beurteilt, werfen die Innengesellschaften Abgrenzungsprobleme auf: 217

Eine Innengesellschaft als Mitunternehmerschaft ist ebenso wie die stille Gesellschaft an einem bestimmten selbstständigen Geschäftszweig oder Zweigbetrieb eines Unternehmens möglich, nicht aber an einzelnen Geschäften. Bei sog. **Meta-Gesellschaften,** die zwar Innengesellschaften begründen (vgl. auch Groh BB 1982, 1292 (1231)), werden vielfach keine Mitunternehmerschaften anzunehmen sein, weil es sich insoweit nur um schuldrechtliche Gewinnabsprachen bezüglich einzelner Geschäfte zweier ansonsten selbstständiger und im eigenen Namen am wirtschaftlichen Verkehr teilnehmender Unternehmen handelt, deren unternehmerisches Schicksal nicht entscheidend von der Abwicklung verschiedener Geschäfte auf gemeinsame Rechnung beeinflusst wird (s. auch RStBl. 1930, 716; StuW 1931, 434; evtl. aA BFH I R 25/79, BStBl. II 1982, 186; s. dazu auch Strobl JbFfSt 1988/89, 247; BGH II ZR 268/82, WPM 1982, 1402). Etwas anderes wird jedoch gelten müssen, wenn ein intensiverer Interessenverbund hergestellt wird und deshalb ein gemeinsames Unternehmen iS eines zwar aufgabeverteilten, aber nach seinem Erfolg gemeinsamen Unternehmerrisikos vorliegt und die Gesellschafter in ihrer gesellschaftlichen Verbundenheit deshalb steuerbegründende Tatbestände gemeinschaftlich verwirklichen (vgl. für ähnl. gelagerte Fälle auch die Urteile in BFH VI R 149/67, BStBl. II 1971, 620 – **Konsortium** –; IV 313/59 U, BStBl. III 1961, 194; I R 92/01, DStRE 2003, 808 sowie Wacker in Schmidt EStG § 15 Rn. 328). Darin zeigt sich, dass der sachliche Umfang des Betriebs einer Innengesellschaft sich nach dem wirtschaftlichen Organismus (Teilorganismus) richtet, auf den sich auch der Gesellschaftszweck bezieht. Dagegen wird bei Personenhandelsgesellschaften sowie (rechtsfähigen) BGB-Gesellschaften mit Gesamthands- bzw. Gesellschaftsvermögen der Betriebsumfang im Wesentlichen davon bestimmt, auf welchen Bereichen sich die Gesellschaft mit einem einheitlichen Hervortreten nach außen betätigt (→ § 2 Rn. 400 f.). Ebenfalls eine Innengesellschaft ist eine **Gewinngemeinschaft** nach § 292 Abs. 1 Nr. 1 AktG, die eine Mitunternehmerschaft darstellen kann (BFH I R 35/14, BStBl. II 2018, 33).

d) Unterbeteiligungen. Unterbeteiligungen an Gesellschaftsanteilen entsprechen steuerrechtlich in ihren wesentlichen Merkmalen als Innengesellschaften den atypischen stillen Gesellschaften, obwohl handelsrechtlich keine stille Gesellschaft vorliegt (Beteiligung ist kein Handelsgewerbe iSd § 230 HGB). Die Mitunternehmermerkmale des Unterbeteiligten sind im Verhältnis zum Hauptbeteiligten zu prüfen (BFH IV R 179/82, BStBl. II 1985, 247). Auf der Ebene ihres gesellschaftlichen Zusammenwirkens ist wie bei den atypischen stillen Gesellschaften der Gewerbebetriebsbegriff und damit die Gewinnerzielungsabsicht zu untersuchen. Der Unterbeteiligte ist nach Einfügung des § 15 Abs. 1 S. 1 Nr. 2 S. 2 EStG (mittelbarer) Mitunternehmer der Hauptgesellschaft; es entsteht eine doppelstöckige Personengesellschaft (→ Rn. 207); Tätigkeitsvergütungen der Hauptgesellschaft an den Unterbeteiligten sind dem Gesamtgewinn auch mit Wirkung für die Gewerbesteuer hinzuzurechnen (BFH IV R 75/96, BStBl. II 1998, 137). In aller Regel wird auch für die Unterbeteiligungsmitunternehmerschaft ein eigenes Gewinnfeststellungsverfahren durchgeführt (BFH GrS 218

3/72, BStBl. II 1974, 414). § 179 Abs. 2 S. 3 AO stellt es in das Ermessen des FA, ob für eine Unterbeteiligung eine eigene Gewinnfeststellung erfolgt (BFH IV R 179/82, BStBl. II 1985, 247). Für nichtbetriebliche Einkünfte nach § 2 Abs. 1 Nr. 4–7 EStG können Unterbeteiligten die Einkünfte aus der Vermögensverwaltung nur dann (anteilig) zugerechnet werden, wenn sie selbst den Einkunftstatbestand mitverwirklichen (zB Vermieter sind). An den Unterbeteiligten geleistete Gewinnanteile sind beim Hauptbeteiligten nur dann abziehbar, wenn der Unterbeteiligte seine Einlage geleistet hat (BFH IV R 20/16, BStBl. II 2019, 224).

219, 220 *(frei)*

7. Vermögensverwaltende Gesellschaften

221 Vermögensverwaltende Personengesellschaften mit Überschusseinkünften (wie zB Einkünften aus Kapitalvermögen, Vermietung und Verpachtung oder privaten Veräußerungsgeschäften mit Grundstücken) haben einkommensteuerlich kein Betriebsvermögen (BFH IV R 167/80, BStBl. II 1981, 527). Dennoch gilt eine vermögensverwaltende Personengesellschaft auf der Grundlage der partiellen Steuerrechtsfähigkeit (→ Rn. 175) auch für diese Bereiche als Subjekt der Einkünfteerzielung und Einkünfteermittlung (BFH GrS 4/82, BStBl. II 1984, 751). **Geschäftsvorfälle** werden dem einzelnen Gesellschafter **nicht zugerechnet** (BFH VIII B 26/80, BStBl. II 1981, 574). Bei vermögensverwaltenden Personengesellschaften wird der für alle Personengesellschaften anwendbare § 39 Abs. 2 Nr. 2 S. 1 AO nicht durch § 15 Abs. 1 S. 1 Nr. 2 EStG verdrängt; diese für Mitunternehmerschaften geltende Norm ist auf vermögensverwaltende Personengesellschaften nicht, auch nicht analog anwendbar (BFH I R 19/21, DStR 2025, 962). Steuerlich wird die vermögensverwaltende Personengesellschaft als Bruchteilsgemeinschaft behandelt mit der Folge, dass Leistungsbeziehungen zwischen der Gesellschaft und den Gesellschaftern steuerrechtlich insoweit nicht anzuerkennen sind, als der Gesellschafter selbst anteilig betroffen ist, also etwa zB selbst (anteiliger) Inhaber des vermieteten Grundstücks oder der ausgereichten Darlehensforderung ist. Die Maßgeblichkeit der handelsrechtlichen Gewinnverteilung mit der Bedeutung der Gesellschafterkapitalkonten ergibt sich auch aus der Anwendbarkeit des § 15a EStG auf solche Gesellschaften (§ 21 Abs. 1 S. 2 EStG; s. Kulosa in Schmidt EStG § 21 Rn. 152 sowie BFH IX R 52/13, BStBl. II 2015, 263). Das Ergebnis der Überschussrechnung ist bei den nicht betrieblich beteiligten Gesellschaftern nach ihrer Beteiligungsquote oder ihren ggf. steuerlich anzuerkennenden Verteilungsabreden entsprechend zu berücksichtigen. Zu Zebragesellschaften → Rn. 181, zur Frage der Überschusszurechnung beim Gesellschafterwechsel s. BFH IX R 35/17, BStBl. II 2019, 167; IX S 5/83, BStBl. II 1987, 212; Giloy BB 1987, 652, zu Veräußerungstatbeständen bei Personengesellschaften s. OFD Frankfurt aM 14.3.2019, BeckVerw 553707. Personengesellschaften mit vermögensverwaltenden Tätigkeiten, die die Voraussetzungen der gewerblichen Prägung gemäß § 15 Abs. 3 Nr. 2 EStG (→ § 2 Rn. 430) erfüllen, sind in vollem Umfang Gewerbebetriebe. Das gilt gemäß § 15 Abs. 3 Nr. 1 S. 1 EStG auch, wenn die Personengesellschaft daneben auch eine gewerbliche Tätigkeit ausübt oder an einer gewerblichen Personengesellschaft beteiligt ist (Abfärbung, → Rn. 172).

222 **Unterschiedliche Wahlrechtsausübung** konnten die Gesellschafter von vermögensverwaltenden Gesellschaften bei der Inanspruchnahme von Abschreibungen bereits vor Entkoppelung der Steuerbilanz von der Handelsbilanz (→ Rn. 8) beantragen, weil die Handelsbilanz dafür nicht maßgeblich ist (s. aber § 7a Abs. 7 EStG; BFH IX R 102/85, BStBl. II 1990, 593). Durch die Übernahme mehrerer Komplementärfunktionen an mehreren vermögensverwaltenden KG wird eine natürliche Person noch nicht zum Gewerbetreibenden (BFH I R 301/83, BStBl. II 1987, 816).

8. Verlustzuweisungsgesellschaften

Solche Gesellschaften treten in aller Regel in der Rechtsform der **GmbH & Co. KG** in Erscheinung. Zur Kapitalausstattung nehmen sie eine Vielzahl (daher auch die Bezeichnung Publikumspersonengesellschaften) von Kommanditisten auf. Die an diese ergehenden Verlustzuweisungen konnten vor 1980 („Altbetriebe“: vor 1985) – auch soweit sie zu einem negativen Kapitalkonto führten – unmittelbar Steuerersparnisse bewirken (BFH GrS 1/79, BStBl. II 1981, 164). Der sich durch den Wegfall des negativen Kapitalkontos beim Ausscheiden oder der Liquidation ergebende Gewinn war nach § 34 Abs. 2 EStG steuerbegünstigt, wenn dies iZm der Betriebsaufgabe oder der Anteilsveräußerung stand. Durch Einfügung des § 15a EStG hat sich diese Rechtslage geändert. 223

Nach § 15a EStG sind Verlustzuweisungen an Kommanditisten – oder an nach § 15a Abs. 5 EStG gleichgestellte Mitunternehmer, wie zB **atypische stille Gesellschafter** oder BGB-Gesellschafter ohne konkretes Haftungsrisiko –, die ein negatives Kapitalkonto entstehen lassen oder erhöhen, nicht mit anderen Einkünften des Kommanditisten ausgleichsfähig und auch nicht über § 10d EStG abzugsfähig. Sie sind vielmehr mit künftigen Gewinnanteilen aus derselben Beteiligung zu verrechnen (§ 15a Abs. 1 S. 1 und Abs. 2 EStG). Denn der – nur beschränkt haftende – Kommanditist ist durch die ihm zugewiesenen Verluste, soweit ein negatives Kapitalkonto entsteht, wirtschaftlich erst betroffen, wenn künftige Gewinne anfallen (Verlusthaftung mit künftigen Gewinnanteilen, s. FG Brem 1 K 215/18, DStRE 2022, 1236). Besteht eine unmittelbare Außenhaftung des Kommanditisten nach §§ 171 Abs. 1, 172 Abs. 4 HGB, weil die im Handelsregister eingetragene Haftsumme die geleistete Einlage übersteigt, so ist dagegen bis zur Höhe des Differenzbetrages weiterer Verlustausgleich möglich, obgleich dadurch ein negatives Kapitalkonto entsteht. Die Vermögensminderung aufgrund dieser Haftung darf indessen nicht durch Vertrag ausgeschlossen (BFH IX R 61/93, BStBl. II 1996, 128), die Inanspruchnahme nicht nach Art und Weise des Geschäftsbetriebs unwahrscheinlich sein (BFH VIII R 111/86, BStBl. II 1992, 164) und derjenige, dem der Anteil zuzuordnen ist (Kommanditist oder atypischer Stiller), muss im Handelsregister eingetragen sein (§ 15a Abs. 1 S. 2 und 3 EStG), was beim Treugeber regelmäßig fehlt (EStR 15a Abs. 3 S. 4). Eine interne Verpflichtung eines Innengesellschafters zum Verlustausgleich hindert die Anwendung des § 15a EStG nicht (BFH VIII R 45/98, BStBl. II 2002, 339), ebenso wenig Verpflichtungen gegenüber den Gläubigern des Geschäftsinhabers (BFH VIII R 31/01, BStBl. II 2002, 464). Bei einer atypischen stillen Unterbeteiligung an einem Kommanditanteil mindert sich der erweiterte Verlustausgleich des Kommanditisten (BFH IV R 70/04, BStBl. II 2007, 868). Kommanditist iSv § 15a EStG kann auch eine Obergesellschaft bei einer mehrstöckigen Personengesellschaft sein (Wacker in Schmidt EStG § 15a Rn. 33; BFH IV R 23/93, BStBl. II 1995, 467). Nur für diesen Fall einer Obergesellschaft hat **§ 15a EStG gewerbesteuerliche Bedeutung** (BFH VIII R 39/97, BFH/NV 1997, 857). Ansonsten 224 ist die Vorschrift im Gewerbesteuerrecht nicht anwendbar, weil es sich nicht um eine die Gesellschaft betreffende Gewinnermittlungsvorschrift handelt, sondern um eine Vorschrift, die die Verlustzurechnung an die einzelnen Gesellschafter regelt (s. auch FG Münster 13 K 327/20, BeckRS 2023, 11877).

225 Für die Frage, ob ein **negatives Kapitalkonto** des Kommanditisten entsteht, ist von der tatsächlich geleisteten Einlage auszugehen (BFH VIII B 104/85, BStBl. II 1988, 5; BMF 30.5.1997, BStBl. I 1997, 627). Positive oder negative Ergänzungsbilanzen beeinflussen das Kapitalkonto (BFH IV R 36/14, BStBl. II 2017, 905). Eine wertlose Forderung erhöht nicht das Kapitalkonto (BFH IV R 18/10, BFH/NV 2014, 1516). Nicht aufgedeckte, dh stille Reserven sind nicht zu berücksichtigen (BFH IV R 75/93, BStBl. II 1996, 474). Das Ausgleichsvolumen erhöht sich nicht um Darlehen (BFH VIII R 63/91, BStBl. II 1993, 706) oder anderes Sonderbetriebsvermögen (BFH VIII R 31/88, BStBl. II 1992, 167; BMF 30.5.1997, BStBl. I 1997, 627; krit. L. Schmidt DStZ 1992, 702; v. Lishaut FR 1994, 273; Bordewin DStR 1994, 673), auch nicht durch eigenkapitalersetzende Darlehen (BFH VIII R 28/98, BStBl. II 2000, 347), aber durch Umwandlung von werthaltigen Darlehen in Eigenkapital (OFD Hannover 14.5.2007, DStR 2007, 1124). § 15a EStG gilt nicht für den Sonderbereich des Kommanditisten (BFH IV R 36/14, BStBl. II 2017, 905). Nachträgliche Einlagen führten schon vor Einfügung des § 15a Abs. 1a EStG nicht zur rückwirkenden Umpolung in Haftungskapital (BFH IV R 106/94, BStBl. II 1996, 226). Bei vorgezogenen Einlagen (Einlage in 01, Verlust in 02) war der Einlagebetrag, soweit er nicht in 01 verbraucht war, als Korrekturposten festzuhalten. Verlustanteile waren in den folgenden Jahren bis zur Höhe des Korrekturpostens als ausgleichsfähig anzuerkennen (BFH VIII R 32/01, BStBl. II 2004, 359 sowie IV R 28/06, BStBl. II 2007, 934). Das BMF schloss sich dieser Ansicht an (BMF 19.11.2007, BStBl. I 2007, 823). Nach Einfügung eines Abs. 1a in § 15a EStG durch das JStG 2009 v. 19.12.2008 (BGBl. 2008 I 2794) ist diese BFH-Rspr. gegenstandslos geworden.

226 Da die Entstehung oder die Erhöhung eines negativen Kapitalkontos am Bilanzstichtag eintritt (s. BFH VIII R 11/98, BStBl. II 2001, 166), also durch kurzfristige Einlage umgangen werden könnte, behandelt § 15a Abs. 3 EStG die späteren **Entnahmen** gewinnerhöhend (fiktive Gewinnzurechnung), als wäre das entnommene Kapital nur vorübergehend eingelegt worden. Über die Hinzurechnung nach § 15a Abs. 3 EStG ist im Gewinnfeststellungsverfahren zu entscheiden (BFH IV R 47/11, BStBl. II 2015, 532). Keine Gewinnerhöhung tritt ein, wenn die Entnahme zu einem Wiederaufleben der persönlichen Außenhaftung des Kommanditisten nach § 172 Abs. 4 HGB führt (vgl. dazu iE Wacker in Schmidt EStG § 15a Rn. 95).

227, 228 *(frei)*

9. Kommanditgesellschaft auf Aktien

229 Bei der KGaA erzielt der persönlich haftende Gesellschafter kraft § 15 Abs. 1 S. 1 Nr. 3 EStG gewerbliche Einkünfte aus **fiktiver Mitunternehmerschaft** mit der Folge einzubeziehender Sondervergütungen (zB Tantiemen), möglichen Sonderbetriebsvermögens (nicht KG-Anteile), Erfassung der Einkünfte durch Zurechnung (s. BFH I R 44/18, DStR 2022, 2047; Kusterer DStR 2023, 183; allgemein s. Schaumburg DStZ 1998, 525 sowie Drüen/Heek DStR 2012, 541; BFH I R 57/14, DStR 2017, 193; zu Pensionsrückstellungen s. Frankenheim DStR 1999, 481). Der vom persönlich haftenden Gesellschafter im Rahmen der KGaA erzielte (anteilige) Gewinn ist ihm einkommensteuerlich unmittelbar zuzurechnen. Wie bei Nr. 2 des § 15 Abs. 1 S. 1 EStG handelt es sich auch bei Nr. 3 nicht nur um eine reine „(Um-)Qualifikationsnorm“, sondern (auch) um eine Zurechnungsnorm (BFH I R 44/18, DStR 2022, 2047). Dies bedeutet, dass Betriebsvermögensvergleich und nicht Zufluss entscheidet (BFH X R 14/88, BStBl. II 1989, 881). Einkommensteuerlich sind ihm daher die einzelnen Wirtschaftsgüter der Gesellschaft (anteilig) zuzurechnen (Kusterer DStR 2023, 183). Auch wenn zwischen der KGaA und ihrem persönlich haftenden Gesellschafter keine Mitunternehmerschaft besteht, wird dieser wie ein Mitunternehmer transparent besteuert (s. Kusterer DStR 2025, 128). Beider Einkünfte aus Gewerbebetrieb sind entsprechend den für Mitunternehmerschaften geltenden Grundsätzen gesondert und einheitlich festzustellen (BFH I R 24/22, DStR 2025, 568). Deshalb stehen sich gewerbesteuerlich KGaA und deren persönlich haftender Gesellschafter als eigenständige Steuersubjekte gegenüber (BFH X R 6/05, BStBl. II 2008, 363). Damit korrespondiert der Abzug von Geschäftsführergewinnen nach § 9 Abs. 1 Nr. 1 KStG, den die Hinzurechnung nach § 8 Nr. 4 GewStG für die GewSt wieder rückgängig macht. Der persönlich haftende Gesellschafter kann die Kürzung nach § 9 Nr. 2b in Anspruch nehmen. Sonderbetriebsausgaben sind nach BFH I R 32/86, BStBl. II 1991, 253 nicht bei den Hinzurechnungen, sondern bei den ggf. gewerblichen Einkünften des Geschäftsführers abzuziehen. Gewinnveränderungen, die auf eine Ergänzungsbilanz des persönlich haftenden Gesellschafters zurückgehen, sind nicht bei der KGaA, sondern beim Gewerbeertrag des persönlich haftenden Gesellschafters zu berücksichtigen (BFH I R 41/16, DStR 2017, 1976). Eine gewinnneutrale Umwandlung einer KGaA in eine atypische stille Gesellschaft ist denkbar (BFH IV B 94/09, BFH/NV 2010, 1272). Zur Besteuerung des Komplementärs einer KGaA s. Kusterer DStR 2023, 183; Deutschländer StBp 2013, 283 (307); Hasselbach/Ebbinghaus DB 2015, 1269; zu einer Reform der Besteuerung von KGaA s. Bielinis DStR 2014, 769).

IV. Besteuerung der stillen Gesellschaft

1. Die stille Gesellschaft als Steuer-/Gewinnermittlungssubjekt

a) Einkommensteuer. Einkommensteuersubjekt ist die natürliche Person, dh weder die typische noch die atypische stille Gesellschaft. Dennoch ist diese Unterscheidung von Bedeutung. Denn auch vermögenslose Innengesellschaften können für die Zwecke der ESt Gewinnermittlungssubjekte sein. Dies trifft zwar nicht für die typische stille Gesellschaft zu, weil jeder der beiden Vertragspartner seine zu unterschiedlichen Einkunftsarten gehörenden Einkünfte für sich ermittelt, wohl aber für die atypische stille Gesellschaft, wenn sie steuerrechtlich als Mitunternehmerschaft zu werten ist (→ Rn. 214 ff., 231). Eine atypisch stille Gesellschaft ist selbstständiges Subjekt der Gewinnerzielung, Gewinnermittlung und Einkünftequalifikation (BFH IV R 9/18, BFH/NV 2020, 338; IV R 48/11, BeckRS 2015, 95060). Sie kann allerdings nicht in einem finanzgerichtlichen Verfahren beigeladen werden (BFH IV R 41/14, BStBl. II 2017, 1133). Zur Beschränkung des Verlustausgleichs bei „kapitalistischer“ Beteiligung s. § 15 Abs. 4 S. 6 EStG sowie BFH I R 62/08, BStBl. II 2011, 272. 230

231 **b) Mitunternehmerschaft.** Sie setzt Mitunternehmerinitiative und Mitunternehmerrisiko voraus (→ Rn. 163 f.). Da ein stiller Gesellschafter idR an der Geschäftsführung nicht beteiligt ist, kommt dem Mitunternehmerrisiko neben den üblichen Kontrollrechten erhebliche Bedeutung zu. Erforderlich ist dafür ein Gesellschafterbeitrag, durch den das Vermögen des stillen Gesellschafters belastet werden kann; das Versprechen künftig zu erbringender Dienstleistungen genügt dafür nicht (BFH IV R 24/23, DStR 2026, 653). Eine Beschränkung der Verlustbeteiligung auf die Einlage ist unschädlich (BFH IV R 100/06, BFH/NV 2010, 2056). Der mitunternehmerische Stille muss neben dem laufenden Gewinn idR am Geschäftswert und an den stillen Reserven des Anlagevermögens beteiligt sein (BFH VIII R 10/22, DStR 2025, 456; BFH IV R 132/91, BFH/NV 1993, 647 zum Geschäftswert; IV R 1/92, BStBl. II 1994, 700). Eine Globalabfindung oder eine nur grob pauschale Abfindung für diese Teilhabe genügt nicht (BFH IV B 124/08, BFH/NV 2009, 1981), Buchwertklauseln für den Fall des vorzeitigen Ausscheidens sind unschädlich (BFH IV R 61/78, BStBl. II 1982, 59). Die vertragliche Abmachung über eine Beteiligung an den stillen Reserven muss mehr als theoretische Bedeutung haben (BFH IV R 100/06, BFH/NV 2010, 2056). Die fehlende Beteiligung an den stillen Reserven und am Geschäftswert kann durch eine besonders stark ausgeprägte Mitunternehmerinitiative kompensiert werden (vgl. BFH VIII R 10/22, DStR 2025, 456; BFH IV R 41/14, BStBl. II 2017, 1133). Dies ist der Fall, wenn dem Stillen Aufgaben der Geschäftsführung zur selbstständigen Ausübung mit einem erheblichen Entscheidungsspielraum übertragen worden sind, sodass er wie ein Unternehmer auf das Schicksal des Unternehmens Einfluss nehmen kann (BFH VIII R 10/22, DStR 2025, 456; BFH IV B 128/08, BFH/NV 2009, 1981). Das Mitunternehmerrisiko kann dann schwach ausgeprägt sein, darf jedoch nicht ganz fehlen (BFH IV R 24/23, DStR 2026, 653). Der Inhaber des Betriebs ist schon wegen seiner Außenhaftung (Mit-)Unternehmer (BFH IV R 2/05, BStBl. II 2007, 927). Beteiligt sich ein Kommanditist zusätzlich als atypisch stiller Gesellschafter an einer KG, so entsteht dadurch eine doppelstöckige Mitunternehmerschaft (BFH VIII R 10/22, DStR 2025, 456; BFH IV R 34/10, BStBl. II 2017, 233).

232 *(frei)*

233 **c) Gewerbesteuer.** Der Gewerbebetrieb des Inhabers des Handelsgeschäfts wird der atypischen stillen Gesellschaft zugeordnet, sodass zwei selbstständige Gewerbebetriebe iSd § 2 Abs. 1 bestehen, für die zwei Gewerbesteuererklärungen abzugeben sind (BFH IV R 9/23, DStRE 2025, 1237; BFH IV R 8/14, BStBl. II 2017, 538; aA IV R 38/09, BStBl. II 2013, 958). Schuldnerin der Gewerbesteuer ist allerdings nur die nach außen tätige Gesellschaft (BFH III R 68/18, DStR 2021, 604). Bedeutung hat die **typische** stille Gesellschaft für die GewSt des Geschäftsinhabers wegen der **Hinzurechnung** nach § 8 Nr. 1 Buchst. c. Danach wird der Gewinnanteil des Stillen in Höhe eines Viertels wieder hinzugerechnet. Der Begriff der stillen Gesellschaft richtet sich im Wesentlichen nach Handelsrecht, wobei die Beteiligung an einem Gewerbe schlechthin genügt (BFH I R 144/79, BStBl. II 1984, 373, dort auch zur Abgrenzung vom partiarischen Arbeitsverhältnis). Zur Steuerschuldnerschaft des Geschäftsinhabers → § 5 Rn. 10.

2. Einkommensteuerrechtliche Einzelfragen

234 Bei der **Gründung** der atypischen stillen Gesellschaft ist die Fortführung der Buchwerte eines schon bestehenden Gewerbebetriebs möglich. Dabei wird das

Handelsgewerbe bzw. der bestehende Gewerbebetrieb in die neu gegründete Mitunternehmerschaft (atypische stille Gesellschaft) eingebracht (§ 24 UmwStG; → Rn. 215). Demgegenüber müssen zur Feststellung des Werts der Gesellschafterbeiträge (Gewinnverteilung!) das Handelsgeschäft und die Einlage des Stillen nach den Grundsätzen der Unternehmensbewertung – vergleichbar der Abschichtungsbilanz – bewertet werden. Bei Beendigung ist der Wert des Unternehmens ebenso festzustellen.

Aus der Möglichkeit des **negativen Einlagekontos** können sich sowohl für die atypische als auch für die typische stille Gesellschaft Besonderheiten ergeben: **235**

Bei der **atypischen** stillen Gesellschaft müssen für den Stillen, der nur beschränkt haftender Mitunternehmer ist, grundsätzlich die gleichen Besonderheiten gelten wie für den Kommanditisten. Zur Anwendung des § 15a EStG → Rn. 224. Zweifelhaft ist allerdings die Möglichkeit einer **Betriebsaufgabe** durch die atypische stille Gesellschaft als Gewinnermittlungssubjekt, wie dies bei anderen mitunternehmerischen Gesellschaften (s. BFH GrS 1/79, BStBl. II 1981, 164) angenommen wird. Damit würde dem atypischen Stillen nicht nur das Ergebnis seiner Auseinandersetzung steuerbegünstigt (§§ 16, 34 EStG, Veräußerung oder Aufgabe eines Mitunternehmeranteils) zuzuordnen sein, sondern auch, was nach allgemeinen Grundsätzen für die Gesellschaft (nach außen handelnd durch den Inhaber) steuerbegünstigter Aufgabegewinn sein kann. Wird das Handelsgeschäft des Inhabers in einem einheitlichen wirtschaftlichen Vorgang aufgegeben, dann lägen jedenfalls hinsichtlich der stillen Reserven des Anlagevermögens die Voraussetzungen für eine steuerbegünstigte Aufgabe des Gewerbebetriebs vor; der atypische Stille würde daran teilhaben. Dies ist zu bejahen. Die Mitunternehmerschaft, auch wenn sie gesellschaftsrechtlich ohne gesamthänderisches Vermögen besteht, rechtfertigt die Zurechnung der Betriebsaufgabe beim atypischen Stillen (s. dazu Wacker in Schmidt EStG § 16 Rn. 495). Dass die atypische stille Gesellschaft handelsrechtlich keine Liquidation kennt (BGH II ZR 94/80, NJW 1982, 99), steht dieser Beurteilung nicht entgegen.

Davon zu unterscheiden ist der Fall der Beendigung der Gesellschaft ohne gleichzeitige Betriebsaufgabe durch den Geschäftsinhaber, der der Aufgabe oder Veräußerung eines Mitunternehmeranteils entspricht (→ Rn. 124 f.). Die **formwechselnde Umwandlung** einer GbR in eine atypische stille Gesellschaft ist keine gewinnrealisierende Betriebsaufgabe (BFH VIII R 40/84, BStBl. II 1990, 561). Zum **Steuerschuldnerwechsel** → § 2 Rn. 599. **236**

Bei dem **typischen** stillen Gesellschafter, der Einkünfte aus Kapitalvermögen (§ 20 Abs. 1 Nr. 4 EStG) erzielt, stellt sich die Frage, ob Verlustzuschreibungen auf dem Beteiligungskonto und auch das negative Konto **Werbungskosten** entstehen lassen. Werbungskosten hat der Stille jedenfalls bei Verlustverrechnung bis zur Höhe seiner Einlage (s. auch Sterner DStZ 1986, 66; BFH VIII R 53/84, BStBl. II 1988, 186). Der Verlust kann trotz § 20 Abs. 9 S. 1 Hs. 2 EStG geltend gemacht werden (s. BMF 14.5.2025, BStBl. I 2025, 1330 Rn. 4), kann allerdings nach § 20 Abs. 6 EStG nicht bei anderen Einkunftsarten genutzt werden, s. Levedag in Schmidt EStG § 20 Rn. 94). Verluste, die über die Einlage hinausgehen, sind dem (typischen) Stillen in Höhe des negativen Einlagekontos zuzurechnen und als verrechenbare Verluste festzustellen. Dies wird durch die Verweisung in § 20 Abs. 1 Nr. 4 S. 2 EStG auf § 15a EStG klargestellt. Werbungskosten (negative Einnahmen) sind abgeflossen, wenn der Jahresabschluss festgestellt oder geschätzt ist und von der Kapitaleinlage abgebucht ist (BFH VIII R 36/01, BStBl. II 2002, 858; VIII R 21/06, BStBl. II 2008, 126; VIII R 5/11, BFH/NV 2014, 1193). **237**

Anders ist dies beim Zufluss von Gewinnanteilen. Hier kann Gutschrift wirtschaftliches Verfügen iSd zu § 11 EStG entwickelten Grundsätze bedeuten, sie muss es aber nicht. Kein Zufluss ist beispielsweise anzunehmen, wenn der Geschäftsinhaber zur Auszahlung nicht in der Lage ist. § 44 Abs. 3 EStG betrifft nur den Abzug von Kapitalertragsteuer (Krüger in Schmidt EStG § 11 Rn. 50 „Stille Gesellschaft"). Zur Abgrenzung zwischen stiller Gesellschaft und Genussrechtsverhältnis s. BFH VIII R 3/05, BStBl. II 2008, 852.

238 Bei **fehlendem Interessengegensatz** zwischen dem Inhaber des Handelsgeschäfts und dem Stillen kann nur ein angemessener Gewinnanteil berücksichtigt werden (vgl. BFH IV R 5/12, BStBl. II 2015, 935). Dieser ist in Anlehnung an die zu Familiengesellschaften entwickelten Grundsätze (→ Rn. 253) zu ermitteln (BFH IV R 50/99, BStBl. II 2001, 299).

239 Wird eine typische **stille Beteiligung im Betriebsvermögen** gehalten, so ist nach den allgemeinen Bilanzierungs- bzw. Gewinnermittlungsgrundsätzen zu verfahren. Dies bedeutet bei Bestandsvergleich Buchung ohne Rücksicht auf Zu- oder Abfluss. Verluste aus stillen Beteiligungen sind phasengleich zu berücksichtigen (BFH I R 62/08, BStBl. II 2012, 745). Verbindlichkeiten, die nur mit künftigen Gewinnen zu tilgen sind, können steuerrechtlich nicht passiviert werden (§ 5 Abs. 2a EStG). Dies trifft auch zu für eine Einlagerückforderung des Stillen, die – einem Vereinbarungsdarlehen ähnlich (Groh BB 1987, 1505) – von Gewinnen des Geschäftsherrn abhängt.

240, 241 *(frei)*

3. GmbH & Still

242 Die GmbH mit stiller (typischer oder atypischer) Beteiligung des GmbH-Gesellschafters wird steuerrechtlich anerkannt (BFH I R 50/76, BStBl. II 1980, 477; I R 82/76, BStBl. II 1979, 768; allg. s. Wichmann DStZ 2014, 442; Demuth KÖSDI 2015, 19483; Schießl StuB 2015, 777). Das Betriebsvermögen der GmbH, an welcher die atypisch stille Beteiligung besteht, wird für die Dauer des Bestehens der atypischen stillen Gesellschaft mitunternehmerisches Vermögen, das vom Geschäftsinhaber im eigenen Namen, aber für Rechnung der Mitunternehmerschaft verwaltet wird (BFH IV R 5/12, BStBl. II 2015, 935; IV R 38/15, BStBl. II 2018, 587; IV R 8/20, DStR 2023, 1187). Die für eine Mitunternehmerschaft erforderliche Mitunternehmerinitiative kann sich aus der Stellung als GmbH-Geschäftsführer ergeben (BFH VIII R 10/22, DStR 2025, 456; BFH IV R 41/14, BStBl. II 2017, 1133). Bei einer Beteiligung des Stillen an den stillen Reserven kann es für die Mitunternehmerinitiative genügen, wenn sich die Initiativrechte auf die des § 233 HGB beschränken (BFH IV R 10/17, DStR 2018, 2372). Die Geschäftsführergehälter des atypischen stillen Gesellschafters sind wie bei der GmbH & Co. KG auch bei einem eigengewerblichen Tätigwerden der GmbH nach § 15 Abs. 1 S. 1 Nr. 2 S. 1 EStG dem Gewinn der Mitunternehmerschaft wieder hinzuzurechnen (BFH VIII R 62/97, BFH/NV 1999, 773), ebenso bei der AG & Still (BFH VIII B 54/05, BFH/NV 2006, 277). Es gilt der Grundsatz der korrespondierenden Bilanzierung (BFH IV R 44/14, DStR 2018, 400), der bis zum Ausscheiden des Mitunternehmers zu beachten ist (vgl. BFH IV R 8/20, DStR 2023, 1187; IV R 1/15, BStBl. II 2017, 943). Die Geschäftsanteile des atypischen stillen Gesellschafters an der GmbH gehören zum SonderBV II (BFH IV R 5/12, BStBl. II 2015, 935; IV R 100/06, BFH/NV 2010, 2056). Eine unangemessene Gewinnverteilung zwischen Stillem und GmbH ist im Feststel-

lungsverfahren zu korrigieren (BFH IV R 5/12, BStBl. II 2015, 935). Ist eine GbR atypisch still an einer GmbH beteiligt, so dürfen die Feststellungen für die Personengesellschaft und die stille Gesellschaft nicht zusammengefasst werden (BFH IV R 43/12, BFH/NV 2016, 798). Auch bei der GmbH & Still ist eine Beteiligung an nur einzelnen Geschäftszweigen möglich (→ Rn. 214). Zur Hinzurechnung von Verlustanteilen des Stillen nach § 8 Nr. 1 Buchst. c s. BFH I R 4/14, DStR 2015, 2716, zur Steuerermäßigung nach § 35 EStG bei der GmbH & Still s. Levedag GmbHR 2019, 699, zur Steuerschuldnerschaft → § 5 Rn. 10, 33.

Ist die GmbH **vermögensverwaltend** tätig, so erzielt sie zwar kraft Rechtsform Einkünfte aus Gewerbebetrieb, nicht aber die gleichzeitig bestehende atypische GmbH & Still. Grund: Der atypische Stille muss Mitunternehmer sein. Dazu ist der Tatbestand originärer gewerblicher Einkünfte erforderlich (Wacker in Schmidt EStG § 15 Rn. 359; Gschwendtner DStZ 1998, 335; BFH VIII B 112/97, BFH/NV 1999, 169; aA OFD Frankfurt aM 12.12.2024, BeckVerw 648356). Dies gilt nicht, wenn die Voraussetzungen der gewerblichen Prägung (§ 15 Abs. 3 Nr. 2 EStG) vorliegen (s. auch Bode in Brandis/Heuermann EStG § 15 Rn. 321). **243**

(frei) **244, 245**

V. GmbH & Co. KG

1. Einzelfragen

Betriebsaufgabe. Keine Gewerbesteuerpflicht besteht für eine GmbH & Co. KG nach Aufgabe ihrer werbenden Tätigkeit (Gleichbehandlung mit anderen Personengesellschaften, → Rn. 26); ihr Aufgabe- oder Veräußerungsgewinn unterliegt nicht der GewSt (BFH IV R 25/79, BStBl. II 1982, 707). Zu § 7 S. 2 → Rn. 124 ff. Mit der Veräußerung der Kommanditbeteiligung ist grundsätzlich auch Sonderbetriebsvermögen aufzulösen (BFH I R 5/82, BStBl. II 1983, 771). **246**

Einheits-GmbH & Co. KG. Bei dieser Gestaltung gehören die Anteile an der Komplementär-GmbH zum Gesamthandsvermögen der KG. Die KG ist alleinige Gesellschafterin der eigenen Komplementärin. Grundlage für die Stimmrechtsausübung letztlich durch die Kommanditisten ist eine Bestimmung im Gesellschaftsvertrag (Wachter DB 2017, 2827, dort auch zu Vorteilen der Einheits-GmbH & Co. KG). Durch eine derartige Konstruktion wird die gewerbliche Prägung nach § 15 Abs. 3 Nr. 2 EStG nicht beeinflusst (BFH IV R 42/14, BStBl. II 2017, 1126), weil die Regelung im Gesellschaftsvertrag keine Maßnahme der Geschäftsführung ist, sondern Ausübung der Gesellschafterrechte der KG bei der GmbH.

Einlage. Die Bürgschaftsübernahme zugunsten der GmbH durch ihren Gesellschafter und ggf. Kommanditisten führt zu Anschaffungskosten in der Form einer verdeckten Einlage (BFH VIII R 36/83, BStBl. II 1985, 320).

Familien-GmbH & Co. KG. Die Grundsätze über Familiengesellschaften (→ Rn. 250) finden auch dann Anwendung, wenn nicht die Eltern oder Eheleute, sondern eine von diesen beherrschte GmbH die Kommanditbeteiligung dem Familienangehörigen schenkt oder für diesen Zweck Darlehen zu unüblichen Bedingungen zur Verfügung stellt (BFH IV R 27/76, BStBl. II 1979, 670; IV R 53/82, BStBl. II 1986, 798).

Geschäftsführergehälter des gleichzeitig als Kommanditist (oder sonstiger Gesellschafter) an der KG Beteiligten sind dem Gewinn der KG auch für gewerbesteuerliche Zwecke wieder hinzuzurechnen, auch wenn dieser bei der Komplementär-GmbH angestellt ist (BFH IV R 98/74, BStBl. II 1979, 284; VIII R 46/94, BStBl. II 1999, 720). Zur Zurechnung der Vorteile aus der Geschäftsführertätigkeit bei der GmbH s. BFH I R 177/83, BStBl. II 1987, 461; zur missbräuchlich zwischengeschalteten GmbH s. BFH X R 27/86, BStBl. II 1988, 629.

Mitunternehmerstellung des Kommanditisten → Rn. 164 f., Mitunternehmerstellung der Komplementär-GmbH → Rn. 170. Ein Organträger tritt nicht an die Stelle einer Komplementär-GmbH als Mitunternehmer einer GmbH & Co. KG (BFH IV R 56/80, BStBl. II 1984, 150).

2. Verdeckte Gewinnausschüttung

247 **a) Allgemeines.** Den Gewinn von Kapitalgesellschaften dürfen Vermögensveränderungen in der gesellschaftsrechtlichen Sphäre nicht verändern. Dies gilt auch für verdeckte Gewinnausschüttungen. Sie ersetzen weitgehend die Entnahmevorschriften des EStG. Eine verdeckte Gewinnausschüttung iSd § 8 Abs. 3 S. 2 KStG ist eine Vermögensminderung (verhinderte Vermögensmehrung), die durch das Gesellschaftsverhältnis veranlasst ist, sich auf den Unterschiedsbetrag iSv § 4 Abs. 1 S. 1 EStG iVm § 8 Abs. 1 KStG auswirkt und in keinem Zusammenhang mit einer offenen Ausschüttung steht (zB BFH I R 54/19, DStRE 2024, 193; BFH I R 27/20, DStR 2023, 1117). Sie setzt eine Einkommensminderung bei der Kapitalgesellschaft außerhalb von Ausschüttungen voraus (BFH I R 73/89, BStBl. II 1991, 593), unabhängig davon, ob dem Gesellschafter ein nach § 20 Abs. 1 Nr. 1 EStG steuerbarer Wert zugeflossen ist. Sie kann auch in einer tatsächlichen Handlung eines Gesellschafters oder einer ihm nahestehenden Person bestehen (BFH I R 17/92, BStBl. II 1993, 352). Verdeckte Gewinnausschüttungen mindern das Einkommen und folglich auch den Gewerbeertrag iSd § 7 S. 1 nicht. Eine verdeckte Gewinnausschüttung liegt in der Regel vor, wenn die Kapitalgesellschaft ihrem Gesellschafter einen Vermögensvorteil zuwendet, den sie bei der Sorgfalt eines ordentlichen und gewissenhaften Geschäftsleiters einem Nichtgesellschafter nicht gewährt hätte (ständige Rspr. des BFH, s. BFH I R 54/19, DStRE 2024, 193). Die Gewinnkorrektur wird außerhalb der Steuerbilanz vorgenommen (BFH I R 137/93, BStBl. II 2002, 366). Auch nach der Abschaffung des körperschaftsteuerlichen Anrechnungsverfahrens ist die verdeckte Gewinnausschüttung von Bedeutung (s. Hey GmbHR 2001, 1). Zu Grundlagen, Voraussetzungen, Fallgruppen und zu einer möglichen „Überwindung" der verdeckten Gewinnausschüttung in Gesellschaften zum Zwecke der Unternehmenskooperation s. Specker, Zwischen Sondersteuerrecht und verdeckter Gewinnausschüttung – zur steuerlichen Behandlung genossenschaftlicher Unternehmenspolitik am Beispiel Deutschlands und Italiens, 2007.

b) Einzelfälle der vGA (ABC).

248 – **Arbeitszeitkonto.** Die Führung eines Arbeitszeitkontos verträgt sich nicht mit dem Aufgabenbild des beherrschenden Gesellschafter-Geschäftsführers. Eine deswegen gebildete Rückstellung führt zur verdeckten Gewinnausschüttung (BFH I R 26/15, BStBl. II 2016, 489). Beim nicht beherrschenden Gesellschafter sind die Grundsätze des Fremdvergleichs anzustellen (BMF 8.8.2019, BStBl. I 2019, 874).

– **Beherrschender Gesellschafter-Geschäftsführer.** Wegen des fehlenden Interessengegensatzes zwischen der Kapitalgesellschaft und ihrem beherrschenden Gesellschafter sind Leistungsbeziehungen nur dann „anzuerkennen", wenn klare und eindeutige, im Voraus getroffene, zivilrechtlich wirksame Vereinbarungen vorhanden sind, die auch tatsächlich durchgeführt werden (zB BFH I R 29/21, DStR 2024, 1287; BFH I R 41/19, DStR 2023, 1307: formeller Fremdvergleich). Gleiches gilt für Rechtsbeziehungen mit den einem beherrschenden Gesellschafter nahestehenden Personen (BFH I R 65/96, BStBl. II 1998, 402).

- **Beraterverträge** zwischen Gesellschaft und Gesellschafter müssen eine konkrete Beschreibung der zu erbringenden Leistungen enthalten (BFH I R 77/16, BFH/NV 2019, 296).
- **Bilanzierungsfehler** führen zu einer verdeckten Gewinnausschüttung, wenn ein ordentlicher und gewissenhafter Geschäftsleiter den Fehler bei sorgsamer Durchsicht der Bilanz hätte bemerken müssen (BFH I R 58/05, BStBl. II 2006, 928).
- **Buchungsfehler** sind idR keine verdeckte Gewinnausschüttung (BFH III R 43/00, BStBl. II 2003, 149). Bewusste Falschbuchungen führen dagegen zur verdeckten Gewinnausschüttung (BFH V B 33/13, BFH/NV 2014, 907).
- **Darlehen an Gesellschafter.** Ist eine Darlehensvereinbarung von Anfang an mangels Fremdüblichkeit nicht anzuerkennen, so liegt in der Auszahlung der Darlehenssumme eine verdeckte Gewinnausschüttung (BFH IX R 28/14, DStR 2015, 2489). Ist das Darlehen zunächst anzuerkennen, kann ein späterer Verzicht der Gesellschaft auf Rückzahlung zur verdeckten Gewinnausschüttung führen (BFH IX R 28/14, DStR 2015, 2489). Zur Bestimmung des angemessenen (fremdüblichen) Zinses s. BFH I R 27/20, DStR 2023, 1117.
- **Ehegatten.** Für die Frage der Gesellschaftsbeherrschung können Kapitalanteile von Ehegatten nur bei konkreten Anhaltspunkten für gleichgerichtete Interessen zusammengerechnet werden (BFH I R 73/85, BStBl. II 1989, 522).
- **Forderungsverzicht** des Gesellschafters bewirkt eine Einlage, auch wenn er bedingt erfolgt; Zinsen können gleichwohl als Betriebsausgaben abgezogen werden (BFH I R 41/87, BStBl. II 1991, 588). Zur Bewertung und dem Zeitpunkt der Einlage s. BFH GrS 1/94, BStBl. II 1998, 307. Forderungsverzicht der Gesellschaft ohne betriebliche Veranlassung ist verdeckte Gewinnausschüttung (BFH I R 183/75, BStBl. II 1977, 571). Zum Verzicht unter Besserungsvorbehalt s. BFH I R 27/02, BFH/NV 2003, 824.
- **Fremdvergleich** (s. auch BFH I R 24/97, BStBl. II 1998, 573; Weber-Grellet DStZ 1998, 357). Der Fremdvergleich ist als Prüfungsmaßstab auch bei den verdeckten Gewinnausschüttungen heranzuziehen, und zwar mittels der Rechtsfigur des ordentlichen und gewissenhaften Geschäftsleiters (BFH I R 27/20, DStR 2023, 1117; zur Aufteilung in einen angemessenen und einen unangemessenen Teil s. BFH I R 27/95, BStBl. II 2002, 367; s. auch Gosch DStZ 1997, 1). Die Bewertung nach den Grundsätzen des Fremdvergleichs führt idR – unter Beachtung einer Bandbreite – zum Ansatz des gemeinen Werts (BFH I R 47/10, BFH/NV 2011, 1019). Auf Leistungsbeziehungen zwischen verbundenen Unternehmen sind zur Ermittlung fremdvergleichskonformer Verrechnungspreise vorrangig die sog. transaktionsbezogenen Standardmethoden (Preisvergleichs-, Wiederverkaufspreis- und Kostenaufschlagsmethode) anzuwenden. Bei einer sich daraus ergebenden Bandbreite fremdvergleichsgerechter Preise ist der Berechnung der verdeckten Gewinnausschüttung der für den Steuerpflichtigen günstigste Vergleichspreis zugrunde zu legen (BFH I R 54/19, DStRE 2024, 193).

– **Gemischt veranlasste Aufwendungen.** Zur Behandlung von Aufwendungen, die sowohl durch die private Lebensführung des Gesellschafter-Geschäftsführers als auch durch das Gesellschaftsverhältnis veranlasst sind, s. FM SchlH 1.11.2010, DStR 2011, 314, unter Hinweis auf BFH GrS 1/06, BStBl. II 2010, 672 (Einschränkung des Aufteilungsverbots für trennbare, beruflich und privat veranlasste Aufwendungen gilt auch für vGA von Körperschaften).
– **Geschäftschancenlehre.** Nutzt ein Gesellschafter Informationen oder Geschäftschancen der Gesellschaft, so kann, unabhängig vom Bestehen eines zivilrechtlichen Schadensersatzanspruchs der Gesellschaft, darin eine verdeckte Gewinnausschüttung zu sehen sein (BFH I R 26/95, DStR 1997, 575). Zur Geschäftschance im Zivilrecht s. Wichmann DStZ 2016, 337.
– **Geschäftsführergehälter** sind dann angemessen, wenn sich dies aus dem externen Betriebsvergleich, hilfsweise daraus ergibt, welche Bezüge der Geschäftsführer für eine ähnliche Tätigkeit vorher erzielt hat (BFH I R 152/90, BStBl. II 1992, 690). Angemessen ist nicht ein bestimmter Betrag, sondern eine Bandbreite von Beträgen (BFH I R 79/08, BFH/NV 2010, 1307). Als verdeckte Gewinnausschüttung sind Geschäftsführergehälter nur insoweit anzusehen, als sie den oberen Rand der Bandbreite angemessener Gehälter übersteigen (BFH I R 24/02, BStBl. II 2004, 136). Gewinn-Tantiemen als alleiniger Lohn sind unüblich und lösen eine verdeckte Gewinnausschüttung aus (BFH I R 54/91, BStBl. II 1993, 311). Zur Angemessenheit von Tantiemen s. „Tantiemezahlungen“. Die Gesellschafterversammlung ist vorbehaltlich anderslautender Satzungs- oder Mitbestimmungsregelung für Änderungen von Geschäftsführerdienstverträgen zuständig (BGH II ZR 169/90, NJW 1991, 1680). Zu Überstundenvergütungen nach § 3b EStG s. Prühs DB 1997, 2094; BFH I R 40/00, BStBl. II 2001, 655; I R 111/03, BFH/NV 2004, 1605; zu Verlustvorträgen BFH I R 22/03, BStBl. II 2004, 524.
– **Gewinnanteil** der Komplementär-GmbH. Die nachträglich vereinbarte Verminderung des Gewinnanteils der Komplementär-GmbH zugunsten der Kommanditisten, die auf deren Gesellschafterstellung bei der GmbH zurückgeht, erfüllt den Tatbestand einer verdeckten Gewinnausschüttung. Ihr Gegenstand ist idR ein Bruchteil am Gesellschaftsanteil, da die Absprache meistens auch für die Liquidation Bedeutung hat (BFH IV R 38/73, BStBl. II 1977, 477; IV R 209/80, BStBl. II 1984, 53). Siehe dazu auch Wacker in Schmidt EStG § 15 Rn. 729. Über das Vorliegen einer verdeckten Gewinnausschüttung bei einer Komplementär-GmbH ist im Gewinnfeststellungsverfahren für die KG zu entscheiden (BFH I R 79/97, BStBl. II 1998, 578).
– **Gründungsphase.** Zu den Besonderheiten bei verdeckten Gewinnausschüttungen anlässlich von Gründungsgeschäften s. BFH I R 294/81, BStBl. II 1984, 673; I R 22/79, BStBl. II 1985, 69; I R 70/77, BStBl. II 1984, 384; I R 216/82, BStBl. II 1984, 348. In den von der GmbH übernommenen Gründungskosten wird eine verdeckte Gewinnausschüttung gesehen, wenn diese von den Gesellschaftern zu tragen sind (BFH I R 42/96, BFH/NV 1997, 711).
– **Kompetenzüberschreitung** beherrschender Gesellschafter kann zur verdeckten Gewinnausschüttung führen (BFH I R 32/88, BStBl. II 1991, 484).
– **Konkurrenzen.** Zum Verhältnis Entnahme/verdeckte Gewinnausschüttung bei der GmbH & Co. KG s. BFH VIII R 280/81, BStBl. II 1986, 17. Zivilrechtsansprüche der Kapitalgesellschaft gegen ihren Gesellschafter müssen erfolgswirksam aktiviert werden und lösen nicht zusätzlich eine verdeckte Gewinnausschüttung aus.

- **Mittelbare verdeckte Gewinnausschüttung** liegt vor, wenn an eine dem Gesellschafter **nahestehende Person** seitens der Gesellschaft geleistet wird. Es wird dabei nicht mehr vorausgesetzt, dass die Zuwendung einen Vorteil des Gesellschafters bewirkt (BFH I R 139/94, BStBl. II 1997, 301). Mittelbar kann die verdeckte Gewinnausschüttung auch in der Weise erfolgen, dass nicht die GmbH, sondern die KG den GmbH-Gesellschaftern einen Vorteil zuwendet (BFH I R 186/76, BStBl. II 1980, 531). Als nahestehende Person kann auch eine Personenhandelsgesellschaft in Betracht kommen (BFH I R 54/83, BStBl. II 1987, 459).
- **Organschaft.** Die Gewinnabführung auf der Grundlage einer verunglückten Organschaft ist eine verdeckte Gewinnausschüttung; die Rückforderung ist Einlage (BFH I R 209/85, BStBl. II 1989, 670; I R 110/88, BStBl. II 1990, 24).
- **Pensionszusagen.** Die Anerkennung einer Pensionsrückstellung setzt voraus, dass sich die für die Bemessung einer Pensionszusage wesentlichen Faktoren (Zusagezeitpunkt, Leistungsvoraussetzungen, Widerrufsvorbehalt) zweifelsfrei feststellen lassen (siehe das Eindeutigkeitsgebot in § 6a Abs. 1 Nr. 3 Hs. 2 EStG). Rentenzahlungen auf der Grundlage einer unklaren Pensionszusage sind nicht fremdüblich und indizieren die Veranlassung durch das Gesellschaftsverhältnis (BFH I R 29/21, DStR 2024, 1287). Beim **nicht beherrschenden** Gesellschafter ist die Pension erdient, wenn der Beginn der Betriebszugehörigkeit mindestens **zwölf Jahre** zurückliegt und die Zusage mindestens drei Jahre bestanden hat (BFH I R 40/99, BStBl. II 2000, 504). Beim **beherrschenden** Gesellschafter muss zwischen Zusage und Ruhestandseintritt ein Zeitraum von mindestens **zehn Jahren** liegen (BFH I R 52/97, BStBl. II 1999, 318; I R 33/15, BStBl. II 2017, 66). Sowohl beim beherrschenden als auch beim nicht beherrschenden Gesellschafter scheidet eine anzuerkennende Pensionszusage idR aus, wenn der Gesellschafter-Geschäftsführer zum Zusagezeitpunkt das **60. Lebensjahr** vollendet hat (BFH I R 80/02, BStBl. II 2003, 926; I R 94/04, BFH/NV 2006, 616; I R 26/12, BFH/NV 2014, 728). Zur Probezeit s. BFH I R 29/21, DStR 2024, 1287; BFH I R 42/97, BStBl. II 1999, 316 sowie I R 99/02, BFH/NV 2004, 373. Die Grundsätze über die Erdienbarkeit einer Pension gelten nicht nur für die erstmalige Zusage, sondern auch für nachträgliche Erhöhungen (BFH I R 17/14, BStBl. II 2015, 1022), allerdings nicht bei der Umwandlung bestehender Gehaltsansprüche in eine Versorgungsanwartschaft (BFH I R 89/15, BStBl. II 2019, 70). Geht der Geschäftsführer „vorzeitig" in Pension, so führt dies zur verdeckten Gewinnausschüttung (BFH I R 76/13, BStBl. II 2015, 665). Zur Vermeidung einer Überversorgung dürfen Versorgungsanwartschaften 75 % der Aktivbezüge nicht übersteigen (BFH I R 56/11, BStBl. II 2012, 665; I R 4/15, BStBl. II 2017, 678). Erforderlichenfalls ist eine Pensionszusage nach Absenkung der Aktivbezüge ebenfalls abzusenken. Die Überversorgungsgrundsätze kommen bei endgehaltsabhängigen Zusagen nicht zur Anwendung (BFH I R 91/15, BFH/NV 2018, 16). Eine unmittelbar nach der Anstellung erteilte unverfallbare Pensionszusage an die Ehefrau des beherrschenden Gesellschafters löst idR eine verdeckte Gewinnausschüttung aus (BFH I R 2/92, BStBl. II 1993, 455; krit. Cramer BB 1996, 2239). Zu Nur-Pensionen s. BFH I R 89/04, BStBl. II 2008, 523 und BFH I R 78/08, BStBl. II 2013, 41: s. BMF 13.12.2012, BStBl. I 2013, 35. Ist der Geschäftsführer nach Erreichen der Altersgrenze weiterhin für die Gesellschaft tätig, muss das Gehalt auf die Versorgungsleistungen angerechnet oder die Versorgungsfäl-

ligkeit aufgeschoben werden (BFH I R 12/07, BStBl. II 2015, 409; I R 41/19, DStR 2023, 1307).

- **Privatsphäre.** Körperschaften haben keine Privatsphäre, vielmehr sind nicht betrieblich veranlasste Wertabflüsse mit Hilfe des Rechtsinstituts der verdeckten Gewinnausschüttung zu erfassen (BFH I R 54/95, DStR 1997, 492; I R 32/06, BStBl. II 2007, 961).
- **Risikogeschäfte,** die zu Verlusten führen, rechtfertigen idR nicht die Annahme, die Geschäfte seien aus privatem Interesse des Gesellschafters getätigt worden (BFH I R 106/99, BStBl. II 2003, 487; ebenso BMF 14.12.2015, BStBl. I 2015, 1091). Die Zuordnung solcher Geschäfte zur Gesellschaft muss aber vorab klar erkennbar sein (vgl. BFH IV R 87/05, BFH/NV 2009, 1650).
- **Rückabwicklung** einer verdeckten Gewinnausschüttung aufgrund einer Satzungsklausel bedeutet Einlage (BFH I R 176/83, BStBl. II 1987, 733; VIII R 59/97, BStBl. II 2001, 226; zivilrechtlich s. BGH II ZR 306/85, BB 1987, 433 und für geänderte Gewinnverteilungsbeschlüsse BFH I R 105/88, BStBl. II 1989, 741).
- **Schwestergesellschaften.** Bei Unterpreisgeschäften fließt die verdeckte Gewinnausschüttung regelmäßig der Mutter (oder den beherrschenden natürlichen Personen) zu (BFH I R 107/82, BStBl. II 1987, 293). S. dazu und zur verdeckten Nutzungseinlage BFH GrS 2/86, BStBl. II 1988, 348; I R 335/83, BStBl. II 1989, 510; I R 22/04, BStBl. II 2007, 658. Zur verdeckten Gewinnausschüttung bei der Verlagerung von Geschäftschancen auf Schwestergesellschaften s. BFH I R 64/01, BFH/NV 2003, 205.
- **Selbstkontrahieren** und verdeckte Gewinnausschüttung s. BFH I R 64/94, BStBl. II 1996, 246; I R 71/95, BStBl. II 1999, 35. Die nachträgliche Genehmigung eines In-sich-Geschäfts kann steuerlich wirksam sein (BFH I R 19/97, BFH/NV 1998, 746). Die Befreiung nach § 181 BGB bleibt auch dann wirksam, wenn sich eine GmbH in eine Einmann-GmbH verwandelt (BFH I R 1/90, BStBl. II 1991, 597; ähnl. I R 89-98/91, BStBl. II 1993, 141).
- **Tantiemezahlungen,** umsatzabhängige, an den Gesellschafter-Geschäftsführer sind idR als verdeckte Gewinnausschüttung anzusehen (BFH I R 89/85, BStBl. II 1989, 854; I R 230/75, BStBl. II 1978, 234; s. Bruschke DStZ 2014, 856; zu Ausnahmen s. I R 105-107/97, BStBl. II 1999, 321). Zur Rohgewinntantieme s. BFH I R 9/95, BStBl. II 1997, 703. Eine Gewinntantieme ist idR dann unangemessen, wenn sie 50 % des Jahresüberschusses – vor Abzug der Tantieme und der Steuern – übersteigt (BFH I R 74/99, BStBl. II 2000, 547; I R 24/02, BStBl. II 2004, 136; I B 112/05, BFH/NV 2006, 1158). Die Rechtsprechung, wonach der Festgehaltanteil an den Gesamtjahresbezügen wenigstens 75 %, die variable Tantieme höchstens 25 % betragen soll (BFH I R 50/94, BStBl. II 1995, 549), ist nicht als starre Grenze (BFH I R 24/02, BStBl. II 2004, 136; BMF 1.2.2002, BStBl. I 2002, 219; s. auch KStH 8.8 („Regelvermutung")), sondern als Regel-Vorgabe zu verstehen, die plausibel begründete Abweichungen im Einzelfall zulässt (Gosch in Gosch KStG § 8 Rn. 1266). In die Bemessungsgrundlage für die Gewinntantieme sind Verlustvorträge einzubeziehen, die auf Zeiten entfallen, für die der Geschäftsführer bereits verantwortlich war (BFH I R 73/06, BStBl. II 2008, 314). Die Bemessungsgrundlage muss eindeutig sein (BFH I R 78, 79/02, BFH/NV 2004, 86).
- **Tatsächliche Durchführung.** Mangelhafte Vertragsdurchführung lässt vielfach darauf schließen, dass die Unentgeltlichkeit der Leistung verdeckt werden soll und erzeugt eine verdeckte Gewinnausschüttung (BFH I R 110/83,

BStBl. II 1988, 301; zu nahestehenden Personen s. BFH I R 103/86, BStBl. II 1988, 786). Eine nach außen tretende jahrelange Übung kann an die Stelle der nicht durchgeführten Vereinbarung treten (BFH I R 63/90, BStBl. II 1992, 362).
- **Verbilligte Vermietung** eines Wohnhauses an den Gesellschafter-Geschäftsführer führt zur verdeckten Gewinnausschüttung (BFH I R 12/15, BStBl. II 2017, 217).
- **Verrechnungskonto.** Zahlungen einer Kapitalgesellschaft für private Zwecke ihrer Gesellschafter, die auf einem Verrechnungskonto festgehalten werden, sind nicht in jedem Fall als verdeckte Gewinnausschüttung zu behandeln und können Kredite sein (BFH VIII R 284/83, BStBl. II 1986, 481).
- **Verzicht** der Kapitalgesellschaft und als Folge davon eine verdeckte Gewinnausschüttung sind noch nicht anzunehmen, wenn die Kapitalgesellschaft lediglich die Forderung an ihren Gesellschafter nicht in ihrer Bilanz ausweist (BFH I R 6/94, BStBl. II 1997, 89, Vorrang der Bilanzberichtigung; s. auch BFH I R 26/95, DStR 1997, 575). Bei einem Verzicht des Gesellschafter-Geschäftsführers auf seine Ansprüche auf laufendes Gehalt führt eine stehengelassene Tantieme idR zur verdeckten Gewinnausschüttung (BFH I R 27/99, BStBl. II 2002, 111).
- **Vorteilsausgleich,** zB zwischen wechselseitigen unterpreislichen Mietverhältnissen, kompensiert eine verdeckte Gewinnausschüttung nur bei eindeutigen, im Voraus getroffenen Vereinbarungen (BFH I R 25/82, BStBl. II 1989, 248).
- **Wettbewerbsverbot.** § 8 Abs. 3 S. 2 KStG hat nur Gewinnkorrekturfunktion und ist keine Einkünftezurechnungsnorm. Auch der im Wettbewerb zu seiner Kapitalgesellschaft stehende Gesellschafter kann danach eigenständig und in Abgrenzung zur Kapitalgesellschaft zB nach § 15 EStG gewerbliche Einkünfte begründen (BFH I R 26/95, DStR 1997, 575). Ein unentgeltlicher Dispens vom Wettbewerbsverbot stellt für sich gesehen noch keine vGA dar, BFH I R 26/95, DStR 1997, 575; s. auch „Geschäftschancenlehre".
- **Zuschläge** für Sonntags-, Feiertags-, Mehr- und Nachtarbeit führen regelmäßig zur verdeckten Gewinnausschüttung, die nicht nach § 3b EStG steuerfrei ist (BFH VIII R 27/09, BFH/NV 2012, 1127). Eine verdeckte Gewinnausschüttung liegt allerdings nicht vor, wenn eine entsprechende Vereinbarung auch mit einer vergleichbaren gesellschaftsfremden Person abgeschlossen worden ist (BFH I R 7/05, BFH/NV 2006, 131).

(frei) 249

VI. Familiengesellschaften, Angehörigenverträge

1. Familiengesellschaften

Das Bedürfnis, die Erzielung von Einkommen unter Ehegatten und Kindern (auch Enkeln) aufzuteilen, hat vielfach zum Entstehen sog. Familiengesellschaften geführt (s. auch EStR 15.9; EStH 15.9; Bordewin DB 1996, 1359; R. Schmid DStR 1995, 1977; Zipfel/Pfeffer BB 2010, 343). Für ihre steuerliche Anerkennung hat die Rechtsprechung wegen des zwischen Familienmitgliedern oftmals fehlenden Interessengegensatzes **zahlreiche Erfordernisse** entwickelt: 250

a) Fremdvergleich. Wegen des fehlenden natürlichen Interessengegensatzes zwischen nahen Angehörigen, insbesondere zwischen Eltern und Kindern, sind 251

Vereinbarungen zwischen nahen Angehörigen steuerlich nur anzuerkennen, wenn sie zivilrechtlich wirksam, klar, eindeutig und leicht nachprüfbar sind und dem entsprechen, was unter sonst gleichen Umständen auch zwischen fremden Personen hätte vereinbart werden können. Außerdem müssen sie wie unter fremden Dritten tatsächlich durchgeführt worden sein (BFH IV R 1/20, DStR 2024, 2417). Wesentlich für die steuerrechtliche Anerkennung von Familiengesellschaften, aber auch für Arbeitsverhältnisse und sonstige Rechtsverhältnisse zwischen Angehörigen (nicht: nichteheliche Lebensgemeinschaft, BFH IV R 225/85, BStBl. II 1988, 670, auch nicht frühere, NdsFG 9 K 316/15, EFG 2017, 482, rkr., wohl aber Partnerschaften nach dem LPartG v. 16.2.2001 (BGBl. 2001 I 266)), die sich denkbar auch auf familiärer Basis vollziehen können, ist der sog. **Fremdvergleich,** dh die Beurteilung nach dem im Geschäftsleben Üblichen (vgl. dazu P. Fischer DStZ 1997, 357; Kulosa DB 2014, 972). Mit Hilfe des Fremdvergleichs werden bei Vermögenszuwendungen zwischen nahestehenden Personen die Aufwendungen der privaten Lebensführung (§ 12 Nr. 1 EStG) von betrieblich veranlassten Aufwendungen abgegrenzt, was verfassungsrechtlich nicht zu beanstanden ist (BFH VIII R 17/19, DStR 2022, 407). Der Fremdvergleich gilt auch für die Familien-GmbH & Co. KG, in der die GmbH durch ein Familienmitglied beherrscht wird (BFH IV R 53/82, BStBl. II 1986, 798). Dies hat die Rechtsprechung zu der Forderung bewogen, dass dem Minderjährigen zur Begründung einer Mitunternehmerstellung annähernd die Rechte eingeräumt werden müssen, die das HGB für den Normalfall einer Kommanditbeteiligung vorsieht (vgl. BFH VIII R 16/97, BStBl. II 2001, 186). Entscheidend ist das Gesamtbild (BFH VI R 59/15, BStBl. II 2018, 461). Die Grundsätze über Angehörigenverträge sind auch auf Verträge zwischen Personengesellschaften anzuwenden, die von nahen Angehörigen beherrscht werden (BFH VI R 53/00, BFH/NV 2001, 1547). Angehörige sind auch der geschiedene Ehepartner (BFH X B 6/02, BFH/NV 2003, 318) und verschwägerte Personen (BFH X R 19/17, BStBl. II 2019, 795).

252 Der Fremdvergleich lässt sich aber **nicht in allen Bereichen** aufrechterhalten, insb. muss er dann versagen, wenn – was zwischen fremden Dritten unüblich ist – Beteiligungen **schenkweise** oder in Erfüllung privater Verpflichtungen (zB zur Erfüllung eines eherechtlichen Zugewinnausgleichsanspruchs) eingeräumt werden. Trotz fehlender betrieblicher Gründe für das Entstehen des Beteiligungsverhältnisses (s. BFH I R 131/70, BStBl. II 1973, 395) wird dieses steuerrechtlich anerkannt. Schädlich sind allerdings die freie Widerruflichkeit der Schenkung (BFH VIII R 196/84, BStBl. II 1989, 877; EStR 15.9 Abs. 2) sowie die Möglichkeit zur Hinauskündigung ohne angemessene Beteiligung am Geschäftswert und an den stillen Reserven (BFH IV R 79/94, BStBl. II 1996, 269). Unschädlich ist eine Rückfallklausel für den Fall des Vorversterbens (BFH IV R 114/91, BStBl. II 1994, 635), die fehlende Beteiligung an Geschäftswert und stillen Reserven im Fall der eigenen Kündigung sowie die Zulässigkeit von Mehrheitsbeschlüssen für Maßnahmen der gewöhnlichen Geschäftsführung (BFH VIII R 16/97, BStBl. II 2001, 186). Bei Schenkung einer stillen Einlage erstreckt sich die Formbedürftigkeit des Schenkungsversprechens auch auf den Gesellschaftsvertrag; die buchmäßige Gutschrift der Einlage führt nicht zur Heilung des Formmangels (BFH X R 14/99, BFH/NV 2003, 1547). Hat sich das FG aufgrund einer Würdigung der vom BFH aufgestellten Kriterien zur Überprüfung von Angehörigen-Verträgen eine Rechtsmeinung gebildet, so ist die (Nicht-)Anerkennung eines solchen Vertrags im Revisionsverfahren nur beschränkt nachprüfbar (BFH VI R 59/15,

BStBl. II 2018, 461). Gesellschaftsverträge zwischen nahen Angehörigen können auch dann anerkannt werden, wenn die Beteiligung oder die zu ihrem Erwerb aufzuwendenden Mittel dem in die Gesellschaft aufgenommenen Angehörigen unentgeltlich zugewendet worden sind; Voraussetzung ist dann, dass die vertraglichen Hauptpflichten klar und eindeutig vereinbart und entsprechend dem Vereinbarten durchgeführt werden (BFH VIII R 17/19, DStR 2022, 407).

Hinsichtlich der Gewinnverteilung geht die Rechtsprechung typisierend von bestimmten Angemessenheitsgrenzen aus (BFH IV R 19/20, BeckRS 2023, 15984; → Rn. 255 „Gewinnverteilung"). Auch das Bestreben, Kinder an das Unternehmen heranzuführen, um seinen Fortbestand zu sichern, wird von der Rechtsprechung als Grund für eine gewisse Begrenzung insb. der Mitunternehmerinitiative (Beschränkung des Entnahmerechts, kein Widerspruchsrecht nach § 164 HGB iVm § 116 Abs. 2 S. 1 HGB) mit steuerlicher Berücksichtigung hingenommen (BFH I R 116/77, BStBl. II 1979, 620; IV R 27/76, BStBl. II 1979, 670, einschränkend hinsichtlich des Alters der Kinder). Das Vorliegen von Mitunternehmerinitiative und -risiko ist bei Familienpersonengesellschaften im Übrigen nach den gleichen Kriterien zu prüfen wie bei Personengesellschaften unter Fremden (BFH IV B 143/05, BFH/NV 2007, 1848). Entspricht die Rechtsstellung des minderjährigen Kindes im Wesentlichen dem **HGB-Regelstatut,** so steht die fehlende Absicherung einer in Raten zu tilgenden Auseinandersetzungsforderung der steuerlichen Anerkennung eines typischen stillen Gesellschaftsverhältnisses nicht entgegen (BFH III R 91/87, BStBl. II 1990, 10). Die Rechtsprechung zur Anerkennung von Familiengesellschaften ist verfassungskonform, da sie dem innerhalb des Familienverbandes typischerweise fehlenden Interessengegensatz und der Missbrauchsgefahr Rechnung trägt (BVerfG 2 BvR 802/90, BStBl. II 1996, 34). **253**

Wie für sonstige Vertragsverhältnisse zwischen Familienangehörigen gilt auch hier der verfassungsrechtlich unbedenkliche Grundsatz, dass die steuerrechtliche Anerkennung zur eindeutigen Trennung der verschiedenen Vermögenssphären **klare vertragliche Regelungen** und ihre **Durchführung** voraussetzt. Zu Ausnahmen (konkludenter Vertragsschluss) → Rn. 161. Ein Vertrag zwischen nahen Angehörigen über die Gründung einer Innengesellschaft ist wie bei sonstigen Vertragsverhältnissen steuerlich nur anzuerkennen, wenn die Vereinbarung zivilrechtlich wirksam ist, inhaltlich dem unter fremden Dritten Üblichen entspricht und auch wie unter Dritten vollzogen wird (BFH VIII R 17/19, DStR 2022, 407). Ein Vertrag über eine **stille Beteiligung** ist unter Familienangehörigen nur dann **durchgeführt,** wenn die Gewinnanteile entweder ausgezahlt werden oder im Falle einer Gutschrift eindeutig bis zur Auszahlung jederzeit abrufbar gutgeschrieben werden (BFH I R 203/84, BStBl. II 1990, 68). Die Anerkennung einer typisch stillen Unterbeteiligung am Mitunternehmeranteil eines nahen Angehörigen setzt voraus, dass dem Betrieb Mittel zugeführt werden (BFH IV R 20/16, BStBl. II 2019, 224). Werden Angehörigenverträge, wie zB Darlehen, steuerlich nicht anerkannt, so ist beim Zahlenden der Abzug der Darlehenszinsen zu versagen und die Einnahmen sind beim Empfänger nicht der ESt/GewSt zu unterwerfen (BFH VIII R 65/93, BStBl. II 1995, 264). **254**

b) Einzelfälle. Arbeitskraft. Arbeiten die als typische Stille in den Betrieb aufgenommenen Kinder im Unternehmen mit, so kann für die Angemessenheitsprüfung des Gewinnanteils, mit dem die Zurverfügungstellung der Arbeitskraft vergütet werden soll, eine dem zugrunde liegende Abrede nur berücksichtigt **255**

werden, wenn sie ausdrücklich vereinbart war und durchgeführt wurde (BFH VIII R 11/75, BStBl. II 1978, 427; V R 21/72, BStBl. II 1973, 844).

Ausschluss von der Verwaltung des Kommanditanteils bis zur Vollendung des 28. Lebensjahres bewirkt, dass das als Gesellschafter aufgenommene Kind nicht als Mitunternehmer angesehen werden kann (BFH IV R 135/78, BStBl. II 1981, 779).

Befristung. Ist das Gesellschaftsverhältnis für eine Zeitspanne vereinbart, in der die beteiligten Kinder noch unterhaltsbedürftig sind, so kann dies einer Anerkennung der Gesellschafterstellung entgegenstehen (BFH IV R 73/73, BStBl. II 1976, 324). Die Befristung der schenkweisen Übertragung eines Mitunternehmeranteils kann einer Mitunternehmerstellung des Beschenkten entgegenstehen, wenn dieser dadurch zu Wohlverhalten gegenüber dem Schenker gezwungen ist (BFH VI B 168/04, BFH/NV 2006, 1828).

Buchwertabfindung. Mangels Mitunternehmerinitiative kann eine Mitunternehmerschaft zu verneinen sein, wenn dem bisherigen Inhaber einseitig das Recht zusteht, den am Unternehmen beteiligten Angehörigen jederzeit zum Buchwert der Beteiligung hinauszukündigen (BFH IV R 131/78, BStBl. II 1981, 663; → Rn. 165), nicht aber, wenn die Buchwertbeschränkung nur bei eigener Kündigung greifen soll (BFH VIII R 166/84, BStBl. II 1989, 758; VIII R 16/97, BStBl. II 2001, 186). Diese Grundsätze gelten auch für atypische stille Unterbeteiligungen (BFH IV R 79/94, BStBl. II 1996, 269).

Gewinnverteilung bei Kapitalbeteiligungen von Familienangehörigen (vgl. auch Wacker in Schmidt EStG § 15 Rn. 776):

Bei der Beteiligung von **nicht mitarbeitenden Kindern** verlangt die Rspr., dass zum Zeitpunkt der Begründung des Beteiligungsverhältnisses im Schenkungswege nicht mehr als eine durchschnittliche Verzinsung von **15 % des geschenkten Beteiligungswerts** zu erwarten ist (zur Berechnung s. Kleine-Rosenstein StuB 1999, 1027). Dies gilt gleichermaßen für die mitunternehmerische atypische und typische stille Gesellschaft als auch für die Kommanditbeteiligung und die Unterbeteiligung (BFH IV R 103/83, BStBl. II 1987, 54). Dabei ist vom tatsächlichen Wert der Beteiligung, nur bei der rein kapitalistischen typischen stillen Gesellschaft (auch beim partiarischen Darlehen) vom Beteiligungsnennwert auszugehen (vgl. zu diesen Grundsätzen: BFH GrS 4/71, BStBl. II 1973, 5; IV R 56/70, BStBl. II 1973, 650; BFH IV R 19/20, BeckRS 2023, 15984).

In Einzelfällen sind **andere Höchstsätze** einschlägig: **25 %,** wenn die Einlage des typischen Stillen nicht aus Mitteln des Geschäftsinhabers stammt und keine Beteiligung am Verlust vorgesehen ist (BFH I R 131/70, BStBl. II 1973, 395); **35 %,** wenn außerdem eine Beteiligung auch am Verlust vereinbart ist (BFH I R 167/78, BStBl. II 1982, 387; IV R 50/99, BStBl. II 2001, 293). Die 15 %-Grenze kann im Einzelfall durch die unentgeltliche mitunternehmerische Unterbeteiligung von Kindern an einem Kommanditanteil überschritten werden (BFH VIII R 77/98, BStBl. II 2002, 460). Eine zunächst angemessene Gewinnbeteiligung muss nach einem nicht erwarteten Gewinnsprung angepasst werden (BFH IV R 83/06, BStBl. II 2009, 798).

Werden die vorstehend genannten Sätze bei Abschluss des Gesellschaftsvertrages überschritten, so ist die Besteuerung so vorzunehmen, als hätten die Beteiligten den Gewinnanteil entsprechend beschränkt; die übersteigenden Gewinnanteile sind den anderen Gesellschaftern zuzurechnen. Eine bei der Vereinbarung angemessene Gewinnverteilung ist so lange steuerlich zu beachten, wie keine wesentliche Veränderung der Verhältnisse eintritt, die auch fremde Vertragspartner zu einer geänderten Gewinnverteilung bestimmen würde (BFH GrS 4/71, BStBl. II 1973, 5).

Wenn der **Unternehmer** seinem **Ehegatten** die Mittel für eine Kommanditbeteiligung zur Verfügung stellt oder die Beteiligung selbst zuwendet, gilt Vergleichbares (BFH IV R 26/68, BStBl. II 1973, 866). Werden die Kommanditbeteiligungen allerdings entgeltlich erworben und deshalb dem Unternehmen Mittel von dritter Seite zugeführt, so ist der Angemessenheitsmaßstab die unter Fremden übliche Gestaltung. Ergibt sich aber aufgrund besonderer Umstände, dass das Zustandekommen des Beteiligungsverhältnisses allein auf private Erwägungen zurückgeht und deshalb einen Fremdvergleich ausschließt, so muss wieder auf den typisierenden Satz von zB 15 % zurückgegriffen werden (vgl. zu einer von der Ehefrau des Mitgesellschafters an die Kinder schenkweise übertragenen Kommanditbeteiligung: BFH IV R 59/76, BStBl. II 1980, 437).

Darlehensweise zur Verfügung gestellte Mittel werden Schenkungen gleichgestellt, wenn die Darlehen von den Eltern zu unüblichen Bedingungen gewährt werden. Dies gilt auch dann, wenn die Darlehen von einer durch die Eltern beherrschten GmbH gewährt werden (zur Anerkennung einer Familien-GmbH: BFH IV R 27/76, BStBl. II 1979, 670). Zinsen für Darlehen, die von Familienmitgliedern aus zuvor vom Unternehmer geschenkten Mitteln gewährt werden, sind nicht als Betriebsausgaben abziehbar (BFH IV R 60/98, BStBl. II 1999, 524; s. auch Groh DStR 2000, 753). Allgemein zur Anerkennung von Darlehensverträgen zwischen Angehörigen s. BMF 23.12.2010, BStBl. I 2011, 37. Der Anlass der Darlehensaufnahme bestimmt die Intensität der Prüfung der Fremdüblichkeit. Bei vorhergehender Schenkung ist die Prüfung strikt vorzunehmen (BFH X R 26/11, BStBl. II 2014, 374). Entspricht ein zinsloses Angehörigen-Darlehen nicht dem Fremdvergleich, ist eine Abzinsung vorzunehmen (BFH VI R 62/15, BStBl. II 2018, 15).

Kündigung auf den Zeitpunkt der Volljährigkeit der Kinder ist als eine für die Annahme einer Mitunternehmerschaft unschädliche Vertragsklausel anzusehen (BFH I R 178/74, BStBl. II 1976, 678).

Beabsichtigtes **Stehenlassen von Gewinnen** zur Bildung eines Kapitalanteils führt im Jahr der Aufnahme des Kindes noch nicht zu einer Mitunternehmerstellung (BFH IV R 9/68, BStBl. II 1973, 221) und lässt bei fehlender Darlehensvereinbarung die Mitunternehmerschaft schlechthin verneinen (BFH VIII R 47/85, BStBl. II 1989, 720).

Verfügungsbeschränkungen über den Gesellschaftsanteil stehen einer Anerkennung entgegen (BFH I R 209/69, BStBl. II 1972, 10). Bei vereinbartem Rückfall des Kommanditanteils bei Scheidung bleibt das wirtschaftliche Eigentum am Gesellschaftsanteil beim berechtigten Ehegatten (BFH VIII R 81/85, BStBl. II 1994, 645; XI R 35/97, BStBl. II 1998, 542).

Verwaltung der Kindesbeteiligung in Ausübung familienrechtlicher Befugnisse setzt offene Stellvertretung und eine klare Trennung von eigenem und Kindesvermögen voraus (BFH VIII R 75/79, BStBl. II 1981, 297, zu Nießbrauch und Vermietungseinkünften).

c) Zivilrechtliche Fragen. Die Bestellung eines Dauerpflegers für die Zeit 256
der Beteiligung eines Minderjährigen ist nicht erforderlich (BFH IV R 102/73, BStBl. II 1976, 328). Dagegen ist zum Abschluss des Gesellschaftsvertrages mit den Eltern die Einschaltung eines **Ergänzungspflegers** (§ 1809 BGB, § 1629 Abs. 2 S. 1 BGB iVm § 1824 BGB) und jedenfalls bei mitunternehmerischen

Beteiligungsformen (auch bei einer vereinbarten Verlustbeteiligung des typischen Stillen) auch die **familiengerichtliche Genehmigung** notwendig (s. MHdB GesR I/Schulte § 35 Rn. 4). Die Entscheidung des Familiengerichts ist am Interesse des Kindes auszurichten; dabei ist eine Prognose der wirtschaftlichen Risiken erforderlich (BayObLG 1 Z BR 210/96, DB 1997, 924). Soll ein minderjähriger Familienangehöriger an einer atypisch stillen Gesellschaft beteiligt werden, so ist ein Ergänzungspfleger notwendig, wenn der Gesellschaftsvertrag zulasten des Kindes ein Wettbewerbsverbot und eine Vertragsstrafe enthält (BFH IV R 27/13, BFH/NV 2016, 1559). Die zivilrechtliche Anerkennung eines Vertrages war nach früherer Auffassung (zB BFH IV R 102/73, BStBl. II 1976, 328) unabdingbare Voraussetzung für die Anerkennung einer Familiengesellschaft. Die Tendenz in der neueren Rspr. geht dahin, in Ausnahmefällen (fehlendes Verschulden, sofortige Nachholung der zivilrechtlichen Erfordernisse) Verträge zwischen nahen Angehörigen trotz zunächst bestehender Formunwirksamkeit anzuerkennen und der zivilrechtlichen Unwirksamkeit lediglich Indizwirkung beizumessen (s. BFH IV R 1/20, DStR 2024, 2417; BFH IX R 4/04, BStBl. II 2007, 294 mit NAnwErl BMF 2.4.2007, BStBl. I 2007, 441; BFH VIII R 29/97, BFH/NV 2000, 176; IX R 45/06, BFH/NV 2007, 1400; s. Brühl in BeckOK AO § 41 Rn. 153; Schenke in BeckOK EStG § 15 Rn. 1850; Kulosa DB 2014, 972).

257 Ein Vertrag über eine **stille Beteiligung** oder eine Unterbeteiligung kommt auch wirksam zustande, wenn ein Betrag dem Beteiligten zuvor vom Hauptbeteiligten oder Inhaber des Handelsgeschäftes mit der Auflage geschenkt wird, ihn einzulegen (BFH IV R 35/89, BStBl. II 1995, 449). Andererseits ist die schenkweise Einräumung einer stillen Beteiligung an minderjährige Kinder (Auflagenschenkung) einkommensteuerlich nicht anzuerkennen, wenn sie einer Forderungsschenkung gleichkommt (BFH X R 121/88, BStBl. II 1992, 468), zB bei ausgeschlossener Verlustbeteiligung (BFH X R 99/88, BStBl. II 1993, 289; zur Abgrenzung s. I R 127/78, BStBl. II 1982, 546; IV R 114/91, BStBl. II 1994, 635; IV R 79/94, BStBl. II 1996, 269; s. BMF 23.12.2010, BStBl. I 2011, 37; Wacker in Schmidt EStG § 15 Rn. 427). Die schenkweise Einräumung einer typischen stillen Beteiligung erfordert die Einhaltung der **notariellen Form** (BFH IV R 95/73, BStBl. II 1975, 141; X B 135/02, BFH/NV 2003, 1547; nicht bei Geldschenkung und Einlage, s. Groh BB 1987, 1505).

258 Die Genehmigung durch das inzwischen volljährig gewordene Kind hat ausnahmsweise steuerrechtliche **Rückwirkung,** wenn die schwebende Unwirksamkeit nur eine kurze Zeitspanne gedauert hat (BFH IV R 150/76, BStBl. II 1981, 435). Fehlt es an einer wirksamen Begründung von Rechten, die das Wesen der mitunternehmerischen Beteiligung ausmachen, so besteht idR keine klare Abgrenzung zwischen familiären und betrieblichen Beziehungen. § 41 AO mit der Folge einer sog. faktischen Mitunternehmerschaft kann aus diesem Grund zwischen Eltern und ihren minderjährigen Kindern sowie zwischen Ehegatten nicht angewendet werden (ebenso Wacker in Schmidt EStG § 15 Rn. 748).

259 *(frei)*

2. Angehörigenverträge

260 **a) Arbeitsverhältnisse mit Ehegatten.** Auch für die steuerrechtliche Anerkennung von Arbeitsverhältnissen mit dem Unternehmer- oder Gesellschafter-Ehegatten fordert die Rspr. klare und eindeutige Verträge und deren Durchführung, wie sie auch zwischen Fremden üblich ist (vgl. zB BVerfG 2 BvR 802/90,

BStBl. II 1996, 34; BFH IX R 23/94, BStBl. II 1997, 655; s. EStR 4.8 Abs. 1; EStH 4.8). Ein wichtiger Grund für den Abschluss derartiger Verträge, die Gewerbesteuerminderung, hat allerdings nach Einführung der pauschalen Gewerbesteueranrechnung (§ 35 EStG) an Bedeutung verloren. Das Stellen gewisser Anforderungen an die „Anerkennung" von Arbeitsverträgen zwischen nahen Angehörigen ist gerechtfertigt. Insbesondere die Angemessenheit des gezahlten Entgelts ist anhand des im Geschäftsleben Üblichen zu messen und darf dieses nicht übersteigen, zumal es Ehegatten freisteht, unentgeltlich oder teilweise unentgeltlich im Betrieb mitzuarbeiten. Die frühere Rspr. war restriktiv und ließ es für die Nichtanerkennung bereits genügen, wenn nur ein einzelner Umstand in der tatsächlichen Durchführung dem Fremdvergleich nicht standhielt (s. BFH GrS 1/88, BStBl. II 1990, 160 zum sog. Oderkonto). Die letztgenannte Entscheidung des Großen Senats des BFH ist durch einen Dreierbeschluss des BVerfG überholt (BVerfG 2 BvR 802/90, BStBl. II 1996, 34, mAnm Gorski DStZ 1996, 137). Nunmehr ist nicht die (Nicht-)Erfüllung eines Einzelkriteriums ausschlaggebend, vielmehr ist die Frage, ob ein Angehörigen-Arbeitsvertrag der Besteuerung zugrunde zu legen ist, aufgrund des Gesamtbildes zu beurteilen (BFH III R 24/91, BFH/NV 1996, 320). Entscheidend ist, ob sowohl der Inhalt des Vertrages als auch dessen Durchführung dem unter Fremden Üblichen entsprechen. Das gilt auch für Arbeitsverträge mit Ehegatten von Gesellschaftern einer Personengesellschaft (BFH VIII R 81/94, BFH/NV 1999, 1457). Auch bei der Frage des Vorliegens klarer und eindeutiger Vereinbarungen zwischen nahen Angehörigen ist die Rspr. großzügiger (BFH IV R 44/99, BFH/NV 2000, 699; s. Brühl in BeckOK AO § 41 Rn. 153). Die Intensität der Prüfung der Fremdüblichkeit der Vertragsbedingungen hängt vom Anlass des Vertragsschlusses ab: Hätte der Steuerpflichtige ohnehin eine Arbeitskraft einstellen müssen, ist die Prüfung weniger intensiv als wenn der Arbeitnehmer-Angehörige Aufgaben übernimmt, die üblicherweise in den Tätigkeitsbereich des Steuerpflichtigen selbst fallen (BFH X R 31/12, BStBl. II 2013, 1015). Nicht vereinbarte Mehrarbeit steht der Anerkennung nicht entgegen (BFH X R 31/12, BStBl. II 2013, 1015).

b) Einzelfragen. Auszahlung des Arbeitslohnes. Der BFH (bestätigt durch **261** BFH GrS 1/88, BStBl. II 1990, 160) setzt für ein durchgeführtes Ehegattenarbeitsverhältnis Abfluss des Arbeitslohns beim Arbeitgeber- und Zufluss beim Arbeitnehmerehegatten voraus. Aufgrund des Beschlusses des BVerfG zum sog. **Oder-Konto** (2 BvR 802/90, BStBl. II 1996, 34) darf einem Arbeitsverhältnis zwischen Ehegatten nicht allein deswegen die steuerrechtliche Anerkennung versagt werden, weil das Entgelt auf ein Konto geflossen ist, über das jeder Ehegatte allein verfügen darf. Als zwischen Fremden unüblich und deshalb für eine Anerkennung des Ehegatten-Arbeitsverhältnisses schädlich wird es erachtet, wenn der Arbeitslohn nicht in monatlichen Teilbeträgen, sondern in einer Jahressumme ausgezahlt wird (BFH I R 34/80, BStBl. II 1982, 119; ebenso bei längerer Nichtauszahlung XI R 3031/89, BStBl. II 1991, 842; III R 24/91, BFH/NV 1996, 320). Verspätete Lohnzahlungen müssen nicht immer gegen ein anzuerkennendes Arbeitsverhältnis sprechen (BFH X R 155/94, BFH/NV 1997, 182).

Das schlichte **Stehenlassen von Arbeitslohn** im Betrieb durch Umbuchung in ein Darlehen führte nach früherer Rspr. zwingend zur Versagung der Anerkennung (BFH I R 208/72, BStBl. II 1975, 579) und ist nunmehr als ein (allerdings gewichtiges) Indiz gegen die Ernsthaftigkeit eines Arbeitsverhältnisses zu werten. Die Umwandlung in ein Darlehen nach vorherigem Angebot der Auszahlung hindert demgegenüber nicht die Anerkennung, auch nicht bei fehlender Sicherheit und Verzinsung (BFH VIII R 69/84, BStBl. II 1986, 48).

Bei Verzicht auf Lohnzahlung zugunsten einer **Versorgungszusage** kann das Arbeitsverhältnis steuerrechtlich nicht anerkannt werden (BFH IV R 148/81, BStBl. II 1984, 551). Zweifelhaft, ob als schädlich anzusehen ist, wenn die Ehegatten neben unangemessen niedrigen laufenden Arbeitsbezügen als Ausgleich höhere Pensionszahlungen vereinbaren (BFH VIII R 50/80, BStBl. II 1983, 209).

Dass wesentliche Teile des Arbeitslohnes in der Form von **umsatzabhängigen Tantiemen** gezahlt werden, muss nach BFH I R 209/81, BStBl. II 1983, 664 der Anerkennung des Arbeitsverhältnisses nicht entgegenstehen, wenn der Ehegatte aufgrund der herausgehobenen Stellung im Betrieb Einfluss auf das Geschäftsergebnis nehmen kann. Letztlich kommt es darauf an, ob ein Betriebsfremder ebenfalls eine derartige Tantieme erhalten hätte (BFH XI B 60/06, BFH/NV 2007, 707). Die Anerkennung einer Tantieme scheitert nicht bereits daran, dass ein betriebsin- oder -externer Vergleich mit anderen Arbeitnehmern nicht möglich ist (BFH VIII R 69/98, BStBl. II 2002, 353).

Weihnachtsgratifikationen werden anerkannt, wenn sie auch anderen Arbeitnehmern des Betriebs gewährt werden (BFH III R 103/85, BStBl. II 1988, 606).

Schriftform ist für die Anerkennung des Arbeitsverhältnisses nicht zwingend erforderlich, aber zu Beweiszwecken ist eine Fixierung des Arbeitsvertrages zu empfehlen (s. auch BFH IV R 240/80, BStBl. II 1983, 663). Nicht ausdrücklich vereinbarte Nebenleistungen (zB Kfz-Überlassung) sind nicht betrieblich veranlasst (BFH IX R 1/98, BFH/NV 1999, 760).

Die **Überlassung eines Firmenwagens** ist bei einem Ehegatten-Minijob nicht anzuerkennen (BFH X R 44-45/17, BStBl. II 2019, 203).

Wechselseitige Arbeitsverhältnisse von Ehegatten sind ein Indiz für die Unüblichkeit (BFH X R 2/86, BStBl. II 1989, 354; III R 51/85, BFH/NV 1989, 19); bei selbstständig tätigen Unternehmern sind sie anhand allgemeiner Kriterien zu beurteilen (BFH III R 18/97, BFH/NV 1998, 448; s. Kottke DStR 1998, 1706, auch zu Unterarbeitsverhältnissen).

Nicht abgeführte Sozialversicherungsbeiträge können ein Beweisanzeichen für die fehlende Ernsthaftigkeit des Arbeitsverhältnisses sein (FG München VII 116/77, EFG 1978, 502). Abgeführte Beiträge stellen keine Betriebsausgaben dar, wenn das Arbeitsverhältnis aus anderen Gründen nicht anerkannt wird (BFH VIII R 27/80, BStBl. II 1983, 496).

262 **c) Zukunftssicherungsleistungen.** Bei der Direktversicherung (BFH VI R 164/86, BStBl. II 1991, 189; vgl. EStR 4b) von Arbeitnehmern sind die laufenden Versicherungsbeiträge Betriebsausgaben des Arbeitgebers, weil gegenüber dem Versicherer der Arbeitnehmer unmittelbar berechtigt ist. Für den Arbeitnehmer sind die Beiträge Arbeitslohn.

263 Der **Fremdvergleich** zum Nachweis der betrieblichen Veranlassung solcher Zahlungen ihrem Grund und ihrer Höhe nach ist nicht unbedingt betriebsextern durchzuführen. Es reicht, wenn innerhalb des betreffenden Betriebs auch für familienfremde Arbeitnehmer mit vergleichbaren Tätigkeitsmerkmalen solche Beiträge entrichtet werden. Der Arbeitgeber kann die Versorgungszahlungen auf bestimmte Gruppen beschränken oder zwischen ihnen differenzieren. Dabei wird es als unschädlich angesehen, wenn der Arbeitnehmer-Ehegatte als einziger Beschäftigter eine Zusage erhält, weil er geschäftsleitend tätig ist (BFH VIII R

106/81, BStBl. II 1985, 124). Entscheidend ist, ob auch ein familienfremder Arbeitnehmer eine entsprechende Zusage erhalten hätte (BFH VIII R 49/12, StuB 2015, 604). Bei einer Entgeltumwandlung von Arbeitslohn zu Beiträgen an eine Unterstützungskasse zum Zweck betrieblicher Altersvorsorge im Rahmen eines Ehegattenarbeitsverhältnisses ist die Entgeltumwandlung am Maßstab des Fremdvergleichs zu messen, wobei eine Entgeltumwandlung idR keine ungewöhnliche oder unangemessene Umgestaltung des Arbeitsverhältnisses ist (BFH X R 32/18, BStBl. II 2021, 434).

Bei einem Vergleich (Gruppenzuordnung) mit anderen Arbeitnehmern ist die **Höhe der Lohnbezüge** des Arbeitnehmer-Ehegatten auch bei Teilentgeltlichkeit zu berücksichtigen (BFH IV R 103/82, BStBl. II 1984, 60; I R 220/82, BStBl. II 1987, 205; IV R 198/84, BStBl. II 1987, 557). Dadurch kann sich ergeben, dass zwar das Arbeitsverhältnis, nicht aber die Direktversicherung steuerlich anzuerkennen ist. Es darf nicht zu einer **Überversorgung** kommen; ist dies der Fall, sind entsprechende Zahlungen des Arbeitgebers kein Arbeitslohn (FG RhPf 1 K 2490/98, EFG 1999, 230 rkr.). 264

d) Pensionszusagen. Bei Pensionszusagen (s. Benzel NWB 2010, 2147; EStH 6a Abs. 9) bestehen unmittelbare Rechtsbeziehungen des Arbeitnehmers nicht gegenüber einem Versicherungsunternehmen, sondern aufgrund der Zusage nur im Verhältnis zum Arbeitgeber. Dieser ist ggf. Nehmer einer echten Rückdeckungsversicherung. Die Ruhegelder führen beim Arbeitnehmer später zu nachträglichen Einkünften aus nichtselbstständiger Arbeit (BFH VI 202/59 U, BStBl. III 1960, 105). 265

Die Versorgungszusage muss eindeutig vereinbart, ernstlich gewollt, zivilrechtlich wirksam sein und dem Fremdvergleich standhalten (BFH X B 6/02, BFH/NV 2003, 318). 75 % der letzten Aktivbezüge sind als Obergrenze erachtet worden. Dabei ist dem Umstand Rechnung zu tragen, dass bei Arbeitnehmer-Ehegatten vielfach die betriebliche Altersversorgung an die Stelle der gesetzlichen Rentenversicherung tritt. Jedenfalls hält die Pensionszusage insoweit keinem **Fremdvergleich** stand, als der Arbeitgeber bei den 75 % nicht die vom Arbeitnehmer ersparten Beiträge kürzt. Es können dann nur die fiktiven Arbeitgeberbeiträge für die Zeit zwischen Pensionszusage (nicht Beginn des Arbeitsverhältnisses) und Pensionsfall angesetzt werden (BFH III R 97/86, BStBl. II 1989, 969; III R 60/87, BFH/NV 1990, 418). Keine steuerrechtlich zu beachtende Pensionszusage liegt vor, wenn außer der Pension **kein Arbeitslohn** zu zahlen ist (BFH VIII R 38/93, BStBl. II 1996, 153).

e) Arbeitsverhältnisse mit Kindern. Die Rspr. legt auch bei Arbeitsverhältnissen mit volljährigen Kindern den Maßstab der eindeutig und klar durchgeführten Verträge und des Drittvergleichs an (BFH X R 129/94, BStBl. II 1998, 149). Bei Minderjährigen hängt es außerdem von den Umständen des Einzelfalls ab, ob die Tätigkeit tatsächlich eine arbeitsvertragliche oder eine familienrechtliche Grundlage hat. Über gelegentliche, üblicherweise nicht auf arbeitsvertraglicher Grundlage erbrachte Hilfeleistungen kann mit Familienangehörigen kein steuerlich anzuerkennendes Arbeitsverhältnis begründet werden (BFH IV R 188/85, BStBl. II 1988, 632; zur Abgrenzung X R 168/87, BStBl. II 1989, 453). Die Mitwirkung eines Ergänzungspflegers ist wegen § 113 BGB idR entbehrlich; s. EStR 4.8 Abs. 3 zum Jugendarbeitsschutz. Zu Berufsausbildungsverträgen s. BFH IV R 322/84, BStBl. II 1987, 121 sowie X R 129/94, BStBl. II 1998, 149; vgl. auch EStH 4.8. 266

267 **f) Darlehensgeschäfte zwischen nahestehenden Personen.** Sie müssen klar und eindeutig vereinbart sein und dem Fremdvergleich entsprechen (allg. s. BMF 23.12.2010, BStBl. I 2011, 37; Kulosa DB 2014, 972). Der Anlass der Darlehensgewährung ist ausschlaggebend dafür, ob die Prüfung der Fremdüblichkeit strengen oder weniger strengen Maßstäben genügen muss (BFH X R 26/11, BStBl. II 2014, 374). Bei zuvor geschenkten Mitteln ist eine strenge Prüfung vorzunehmen. Es liegt keine Schenkung mit anschließendem Darlehensvertrag vor, sondern ein befristetes Schenkungsversprechen, wenn ein Betriebsinhaber seinen Kindern Geldbeträge zuwendet, die diese vereinbarungsgemäß sogleich wieder als „Darlehen" zur Verfügung stellen. Stammen die von den Kindern darlehensweise hingegebenen Beträge ursprünglich vom anderen Elternteil, kann der Darlehensvertrag anzuerkennen sein (BFH IV R 60/98, BStBl. II 1999, 524). Auch bei einem engen zeitlichen Zusammenhang zwischen Schenkung und Darlehensgewährung kann bei einer Gesamtwürdigung aller Umstände ein anzuerkennendes Darlehensverhältnis vorliegen; eine unwiderlegliche Vermutung der Abhängigkeit beider Verträge besteht nicht (BFH IV R 58/99, BStBl. II 2001, 393). Eine kurze Zeitspanne zwischen Schenkung und Darlehensgewährung ist allerdings ein gewichtiges Indiz, das für das Vorliegen eines schädlichen „Gesamtplanes" spricht (BFH VIII R 46/00, BStBl. II 2002, 685). Die fehlende Besicherung ist allein nicht ausschlaggebend, sondern nur ein Einzelkriterium bei der Gesamtwürdigung (BFH IX R 23/07, BFH/NV 2009, 12), ebenso das Fehlen zivilrechtlicher Erfordernisse (BFH IX R 46/08, BStBl. II 2011, 24). Schriftform ist zwar aus Beweissicherungsgründen empfehlenswert, aber keine zwingende Voraussetzung für die steuerrechtliche Anerkennung der Verträge, die allerdings nicht rückwirkend geschlossen werden können. Dagegen ist bei Minderjährigen die Verwendung der Zinserträge für den Kindesunterhalt (§ 1649 BGB) steuerschädlich (BFH IX R 220/84, BStBl. II 1989, 137). Ist ein Darlehensverhältnis dem Grunde nach anzuerkennen, so kann bei einem bilanzierenden Darlehensnehmer eine Abzinsung vorzunehmen sein (BFH VI R 62/15, BStBl. II 2018, 15).

Anhang zu § 7

Erläuterungen der Vorgänge nach dem UmwG und dem UmwStG

Literatur: Kommentarliteratur, Monographien: Haritz/Menner/Bilitewski, Umwandlungssteuergesetz, 6. Aufl. 2024; Sagasser/Bula, Umwandlungen, 6. Aufl. 2024; Schmitt/Hörtnagel, UmwG, UmwStG, 10. Aufl. 2024; Rödder/Herlinghaus/Graw/Heinemann, UmwStG, 4. Aufl. 2025; Widmann/Mayer, Umwandlungsrecht, Loseblattwerk.

Rechtsgrundlagen:
- Umwandlungsgesetz (UmwG) v. 28.10.1994, BGBl. 1994 I 3210, ber. 1995, 428, zuletzt geänd. durch G. v. 23.10.2024 (BGBl. 2024 I Nr. 323)
- Umwandlungssteuergesetz (UmwStG) v. 7.12.2006, BGBl. 2006 I 2782 (2791), zuletzt geänd. durch G. v. 2.12.2024 (BGBl. 2024 I Nr. 387).

Verwaltungsanweisungen: UmwStE (BMF BStBl. I 2011, 1314; BMF BStBl. I 2016, 684; BMF BStBl. I 2016, 1252; BMF BStBl. I 2018, 319, BMF BStBl. I 2025 92; geändert BStBl. I 2025, 1591).

Übersicht

I. Gesetzesaufbau des UmwStG

Das Gesetz sieht Regelungen vor für 1
– Vermögensübergänge bei Verschmelzung von einer Körperschaft auf eine PersGes oder auf eine natürliche Person und Formwechsel einer KapGes in eine PersGes (2. Teil, §§ 3–10),
– Verschmelzung oder Vermögensübertragung (Vollübertragung) auf eine andere Körperschaft (3. Teil, §§ 11–13),
– Aufspaltung, Abspaltung und Vermögensübertragung (Teilübertragung) von Körperschaften auf andere Körperschaften oder PersGes (4. Teil, §§ 15, 16),
– Gewerbesteuer (5. Teil, §§ 18, 19),
– Einbringung von Unternehmensteilen (Betrieb, Teilbetrieb oder Mitunternehmeranteil) in eine KapGes oder Genossenschaft – Sacheinlage, Anteilstausch – (6. Teil, §§ 20–23),
– Einbringung eines Betriebs, Teilbetriebs oder Mitunternehmeranteils in eine PersGes (7. Teil, § 24),
– Formwechsel einer PersGes in eine KapGes oder Genossenschaft (8. Teil, § 25).

II. Anwendungsbereich des UmwStG

1. Zeitlicher Anwendungsbereich

Das UmwStG idF des **SEStEG** v. 7.12.2006 (BGBl. 2006 I 2791) findet gem. **§ 27 Abs. 1 S. 1 UmwStG** erstmals auf Umwandlungen und Einbringungen Anwendung, bei denen die Anmeldung zur Eintragung in das öffentliche Register (vgl. zB § 16 UmwG) nach dem 12.12.2006 erfolgt ist. Das UmwStG 1995 wurde durch das UmwStG 2006 nicht aufgehoben (*UmwStE* Rn. 00.01, 27.01). 2

Bei **einbringungsgeborenen Anteilen** an KapGes iSd § 21 Abs. 1 UmwStG 1995 gilt das UmwStG 1995 und 2006 weiter, wenn der steuerliche Übertragungsstichtag vor dem 1.1.2025 liegt. Mit Wirkung zum 1.1.2025 wurden die Regelungen für die einbringungsgeborenen Anteile abgeschafft. Die Anteile, die durch Einbringung oder Formwechsel entstanden sind, werden nach § 17 Abs. 6 iVm Abs. 1 EStG besteuert (s. § 27 Abs. 3 u. 4 UmwStG, UmwStE Rn. 27.01, 27.02, 27.03, 27.07, 20.01 → Rn. 1630). 3

Der UmwStE 2025 gilt für alle noch nicht bestandskräftigen Fälle, auf die das UmwStG 2006 anzuwenden ist, und ersetzt das BMF-Schreiben vom 11.11.2011 (*UmwStE Rn.* 00.04a). Die Regelungen im BMF-Schreiben vom 25.3.1998, BStBl. I 1198, 268, für einbringungsgeborene Anteile iSv § 21 Abs. 1 UmwStG 1995 gelten für Einbringungsvorgänge vor dem 1.1.2025 weiterhin (s. *UmwStE* Rn. S. 01). 4

(frei) **5–14**

2. Räumlicher Anwendungsbereich

15 Das **UmwStG** erfasst inländische und grenzüberschreitende Umwandlungsvorgänge innerhalb der EU und des EWR sowie durch die Aufhebung des § 1 Abs. 2 UmwStG durch das KöMoG ab 1.1.2022 auch Umwandlungen in Drittstaaten. Der in § 1 UmwStG geregelte Anwendungsbereich wird durch die in den jeweiligen Einzelsteuergesetzen geregelte Steuerpflicht der am Umwandlungsvorgang beteiligten Gesellschaften und Gesellschafter begrenzt (§ 1 EStG, §§ 1–4 KStG sowie GewStG (*UmwStE* Rn. 01.02)).

16 Eine **inländische Verschmelzung** ist gegeben, wenn es sich um eine Umwandlung iSd § 1 UmwG handelt und der übertragende und der übernehmende Rechtsträger ihren statutarischen Sitz im Inland haben und deshalb das UmwG anzuwenden ist. Bei PersGes muss sich der Sitz der Hauptverwaltung der übernehmenden Gesellschaft im Inland befinden (*UmwStE* Rn. 01.03). Eine **grenzüberschreitende Verschmelzung** liegt ua dann vor, wenn ein an der Umwandlung beteiligter Rechtsträger im Inland ansässig ist oder die übertragenen Vermögenswerte im Ausland belegen sind. Bei einer Inlandsverschmelzung mit Auslandsbezug sind die beteiligten Gesellschaften im Inland ansässig und Gesellschafter oder übertragene Vermögenswerte befinden sich im Ausland. Eine **Auslandsverschmelzung** mit Inlandsbezug dagegen ist gegeben, wenn die beteiligten Rechtsträger im Ausland und Gesellschafter oder übertragene Vermögenswerte im Inland sind. Die Hinausverschmelzung ist dadurch gekennzeichnet, dass der übertragende Rechtsträger im Inland und der übernehmende Rechtsträger im Ausland ihren Sitz haben. Bei einer Hereinverschmelzung sind der aufnehmende Rechtsträger im Inland und der übertragende im Ausland ansässig. In beiden Fällen können die beteiligten Gesellschafter und das betroffene Vermögen im Inland oder Ausland sein.

17 Mit der Aufhebung des persönlichen Anwendungsbereichs (§ 1 Abs. 2 UmwStG) durch das KöMoG ist der Zweite bis Fünfte Teil des UmwStG ab 1.1.2022 auch auf Verschmelzungen und Spaltungen von KapGes iSd § 1 Abs. 1 UmwStG in Drittstaaten anwendbar. Dies erfordert, dass die ausländischen Umwandlungen mit den inländischen vergleichbar (*UmwStE* Rn. 01.24 ff.) und nach dem jeweiligen ausländischen Gesellschaftsstatut der beteiligten Rechtsträger gesellschaftsrechtlich zulässig und wirksam sind (*UmwStE* Rn. 01.02, 01.24 ff., 01.52a, iÜ s. 9. Auflage).

18–23 *(frei)*

3. Sachlicher Anwendungsbereich

24 Das UmwStG regelt die steuerliche Behandlung von Umwandlungen (§§ 3–19 UmwStG) und Einbringungen (§§ 20–25 UmwStG) für die KSt, ESt und GewSt. Umsatzsteuerrechtliche Folgen regelt es nicht (s. *UmwStE* Rn. 01.01). Hierbei handelt es sich um einen **eigenständigen und sondergesetzlichen Rechtskreis,** der nur die im UmwStG geregelten Bereiche erfasst und zB verdeckte Gewinnausschüttungen zulässt. Demnach geht das UmwStG den allgemeinen Gewinnermittlungsvorschriften nur insoweit vor, als es hiervon abweichende Regelungen enthält (BFH I R 27/16, BStBl. II 2018, 449; I R 46/16, BFH/NV 2018, 893). Die Anwendung des UmwStG setzt das Vorliegen des sachlichen (§ 1 Abs. 1 und 3 UmwStG) und hinsichtlich des Sechsten bis Achten Teils des persönlichen Anwendungsbereichs des UmwStG (§ 1 Abs. 4 UmwStG) voraus.

Diese werden durch die in den jeweiligen Einzelsteuergesetzen geregelten Steuerpflichten (§ 1 EStG, §§ 1–4 KStG, § 2 GewStG) begrenzt (s. *UmwStE* Rn. 01.02).

Das UmwStG orientiert sich an den gesellschaftsrechtlichen Vorgängen des UmwG. Es gilt der Grundsatz der **Maßgeblichkeit des Gesellschaftsrechts.** Nach diesem muss die Umwandlung bzw. Einbringung die Voraussetzungen der jeweiligen Umwandlungsart bzw. Einbringung erfüllen und zudem zivilrechtlich zulässig und wirksam sein (*UmwStE* Rn. 01.02). **25**

Das UmwStG verfolgt den **Zweck,** betriebswirtschaftlich sinnvolle Umstrukturierungen nicht durch steuerliche Folgen zu behindern (s. BR-Drs. 18/4902, 48).

a) Inländische Umwandlungen. Auf inländische Umwandlungsvorgänge iSd § 1 Abs. 1 UmwStG ist ausschließlich das UmwG anzuwenden. Ein solcher Vorgang liegt dann vor, wenn es sich um eine Umwandlung iSd § 1 UmwG handelt und der übertragende und der übernehmende Rechtsträger seinen statutarischen Sitz bzw. die übernehmende PersGes oder natürliche Person ihren Sitz der Hauptverwaltung bzw. Wohnsitz (§ 7 BGB) im Inland haben. Entsprechend bestimmt das UmwG bei Umwandlungen von inländischen Rechtsträgern die Umwandlungsmöglichkeiten und damit den sachlichen Anwendungsbereich. § 1 Abs. 1 UmwG sieht bei inländischen Umwandlungen abschließend die Verschmelzung, Spaltung (Aufspaltung, Abspaltung Ausgliederung), Vermögensübertragung und den Formwechsel vor (*UmwStE* Rn. 01.03ff). **26**

Nach **§ 1 Abs. 1 S. 1 Nr. 1 UmwStG** gilt der Zweite bis Fünfte Teil für **Verschmelzungen** (§ 2 UmwG) von Körperschaften auf Körperschaften, PersGes oder eine natürliche Person, für **Auf- und Abspaltungen** (§ 123 Abs. 1 u. 2 UmwG) von Körperschaften auf Körperschaften oder PersGes (*UmwStE* Rn. 01.06).

Ausländische Vorgänge iSd § 1 Abs. 1 S. 1 Nr. 1 und 2 UmwStG sind dann gegeben, wenn bei den Umwandlungen auf den übertragenden oder den übernehmenden Rechtsträger bzw. beim Formwechsel auf den umwandelnden Rechtsträger nach den allgemeinen Grundsätzen kollisionsrechtlich das UmwG nicht anwendbar ist. Als solche Vorgänge gelten auch **grenzüberschreitende Umwandlungsvorgänge,** bei denen ein beteiligter Rechtsträger dem deutschen Gesellschaftsstatut unterliegt oder sämtliche beteiligte Rechtsträger im Inland unbeschränkt steuerpflichtig sind (*UmwStE* Rn. 01.20 ff.; s. 9. Auflage). **27**

(frei) **28**

Auf den **Formwechsel** einer KapGes in eine PersGes iSd § 190 Abs. 1 UmwG findet der Umwandlungsteil (2. bis 5. Teil) ebenfalls Anwendung **(§ 1 Abs. 1 S. 1 Nr. 2 UmwStG).** Als formwechselnder Rechtsträger kommt eine GmbH, AG oder eine KGaA (§ 3 Abs. 1 Nr. 2 UmwG) und als neuer Rechtsträger eine GbR, eGbR, OHG, KG (§ 191 Abs. 2 UmwG) und vergleichbare ausländische Vorgänge ohne Vermögensübergang in Betracht (*UmwStE* Rn. 01.06, 01.11 f.). **29**

Umwandlungen, die gem. § 1 Abs. 2 UmwG **außerhalb des UmwG** in anderen Bundes- bzw. Landesgesetzen geregelt sind, fallen ebenso unter den Umwandlungsteil **(§ 1 Abs. 1 S. 1 Nr. 3 UmwStG).** Die durch diese Regelungen zulässigen Umwandlungen müssen mit einer in § 1 Abs. 1 UmwG abschließend aufgezählten Umwandlungsart (Verschmelzung, Spaltung, Vermögensübertragung, Formwechsel) vergleichbar sein. Abzustellen ist dabei auf die für ausländische Vorgänge geltenden Grundsätze der Vergleichbarkeit (zB formwechselnde Umwandlung einer LPG in eine PersGes, § 38a LwAnpG; *UmwStE* Rn. 01.06 f., 01.24 ff.). **30**

31 Die Umwandlung eines **Betriebs gewerblicher Art** (Eigenbetrieb, Regiebetrieb oder Eigengesellschaft) im Wege der Gesamtrechtsnachfolge in eine rechtsfähige Anstalt öffentlichen Rechts gem. § 113a Abs. 1 S. 1 Nds. Gemeindeordnung (NGO) stellt mangels eines verschmelzungsfähigen Rechtsträgers iSd § 3 UmwG und einer Vermögensübertragung als Ganzes gegen Gewährung von Mitgliedschaftsrechten iSd § 2 UmwG keine Verschmelzung nach § 1 Abs. 1 S. 1 Nr. 1 UmwG dar (NdsFG 6 K 31/09, EFG 2010, 577; BFH I R 112/09, BFH/NV 2011, 1194). Nach Auffassung der Verwaltung ist auf der Grundlage des § 113a Abs. 1 NGO eine steuerneutrale Umwandlung von Betrieben gewerblicher Art in Anstalten des öffentlichen Rechts in analoger Anwendung des UmwStG möglich, sofern die Versteuerung der stillen Reserven gesichert ist (OFD Hannover 27.11.2009, DStR 2010, 226).

32 Gem. **§ 1 Abs. 1 S. 1 Nr. 4 UmwStG** gilt der Umwandlungsteil auch für **Vermögensübertragungen** iSd § 174 UmwG von Körperschaften auf Körperschaften (*UmwStE* Rn. 01.06). Die Gegenleistung besteht in diesem Fall nicht in Anteilen oder Mitgliedschaftsrechten (§ 174 Abs. 1 UmwG). Nach § 11 Abs. 2 S. 1 Nr. 3 UmwStG sind deshalb die übergehenden Wirtschaftsgüter grds. mit dem Wert der Gegenleistung anzusetzen (*UmwStE* Rn. 01.18 f.).

33 Die **Ausgliederung** von Vermögensteilen iSd § 123 Abs. 3 UmwG, die im Wesentlichen der Abspaltung entspricht, fällt gem. **§ 1 Abs. 1 S. 2** UmwStG nicht unter den Umwandlungsteil, sondern unter den Einbringungsteil (**§ 1 Abs. 3 Nr. 2 UmwStG,** *UmwStE* Rn. 01.16 f., 01.43). Dies beruht ua darauf, dass die Gegenleistung iF von Anteilen an dem übernehmenden bzw. neuen Rechtsträger der übertragende Rechtsträger und nicht dessen Anteilseigner erhält (BFH I R 28/11, DStR 2013, 575). Bei einer Ausgliederung auf eine KapGes sind §§ 20 ff. UmwStG bzw. § 24 UmwStG bei einer Ausgliederung auf eine PersGes einschlägig. Die Ausgliederung einer Beteiligung iSd § 21 Abs. 1 S. 1 UmwStG wird von § 1 Abs. 3 Nr. 5 UmwStG erfasst (lex specialis) mit der Folge, dass der persönliche Anwendungsbereich nicht nach § 1 Abs. 4 S. 1 Nr. 2 UmwStG beschränkt ist.

34 Unter den **Einbringungsteil** (6. bis 8. Teil) fallen die Verschmelzung, Aufspaltung und Abspaltung iSd §§ 2 und 123 Abs. 1 und 2 UmwG von PersGes, oder vergleichbare ausländische Vorgänge **(§ 1 Abs. 3 Nr. 1 UmwStG).** Übertragende Rechtsträger können eine eGbR, PersHandelsGes, und eine PartnerschaftsGes sein (*UmwStE* Rn. 01.10, 01.43 f.). Bei einer Einbringung in eine KapGes oder Genossenschaft sind die §§ 20 ff. UmwStG und bei einer Einbringung in eine PersGes ist § 24 UmwStG anzuwenden (*UmwStE* Rn. 01.43).

34a Der Einbringungsteils gilt auch für die Ausgliederung von Vermögen nach § 123 Abs. 3 UmwG und vergleichbare ausländische Vorgänge (**§ 1 Abs. 3 Nr. 2 UmwStG,** → Rn. 33).

35 Der **Formwechsel** einer PersGes in eine KapGes oder Genossenschaft iSd § 190 Abs. 1 UmwG oder vergleichbare ausländische Vorgänge werden über § 25 UmwStG als Einbringung nach §§ 20 ff. UmwStG (Rechtsträgerwechsel) behandelt (**§ 1 Abs. 3 Nr. 3 UmwStG,** *UmwStE* Rn. 01.43). Als Formwechsel iS dieser Vorschrift gilt nach **§ 1a Abs. 2 S. 1 KStG** auch der **Übergang zur Körperschaftsbesteuerung** mit der Folge, dass ein Anschaffungs- und Veräußerungsvorgang fingiert wird (BMF BStBl. I 2021, 2212 Rn. 24; *UmwStE* Rn. 01.02a).

35a Den sachlichen Anwendungsbereich der **Einbringung von Betriebsvermögen** durch Einzelrechtsnachfolge in eine KapGes oder Genossenschaft (§§ 20 ff. UmwStG) oder PersGes (§ 24 UmwStG) regelt **§ 1 Abs. 3 Nr. 4 UmwStG.** Die

Unterscheidung in **Gesamt-** (§ 1 Abs. 3 Nr. 1 und 2 UmwStG) und **Einzelrechtsnachfolge** (§ 1 Abs. 3 Nr. 4 UmwStG) bezieht sich lediglich auf die Form der Rechtsnachfolge. Sie ist insofern von Bedeutung, als bei einer Gesamtrechtsnachfolge die Regelungen des UmwG zu beachten sind und gem. § 24 Abs. 4 UmwStG bei einer Einbringung im Wege der Gesamtrechtsnachfolge die Rückwirkung nach § 20 Abs. 5 und 6 UmwStG gilt. Sind **ausländische Vorgänge** nicht mit einer Umwandlung iSd § 1 Abs. 3 Nr. 1–3 UmwStG vergleichbar, kommt bei entsprechender Vergleichbarkeit eine Einbringung iSd § 20 bzw. § 24 UmwStG in Betracht (*UmwStE* Rn. 01.45, 01.48; Benecke GmbHR 2012, 113; FGS UmwStE 2011 Rn. 01.45). Die Übertragung von **wirtschaftlichem Eigentum,** die wie eine Einzelrechtsnachfolge iSd § 1 Abs. 3 Nr. 4 UmwStG behandelt wird, reicht für die Anwendung des 6. bis 8. Teils aus (*UmwStE* Rn. 01.43).

Ebenso gilt der Einbringungsteil für den **Anteilstausch** von Anteilen an KapGes oder Genossenschaft in eine KapGes oder Genossenschaft gegen Gewährung von Gesellschaftsrechten **(§ 1 Abs. 3 Nr. 5 UmwStG iVm § 21 UmwStG).** Dieser kann nach dem UmwG im Wege der Gesamtrechtsnachfolge (zB durch Ausgliederung von Vermögensteilen) oder im Wege der Einzelrechtsnachfolge (zB durch Sacheinlage iSd § 5 Abs. 4 GmbHG, § 27 AktG, Sachkapitalerhöhung aus Gesellschaftermitteln § 56 GmbHG, §§ 183, 194, 205 AktG) erfolgen (*UmwStE* Rn. 01.46). Einbringender kann jeder Rechtsträger (zB eGbR) und Übernehmender nur eine KapGes oder Genossenschaft sein. § 1 Abs. 4 S. 1 Nr. 2 UmwStG verweist nicht auf den Anteilstausch. **36**

(frei) **37–39**

b) Vergleichbare ausländische Vorgänge. Das UmwStG (2. bis 5. Teil) ist auf ausländische Umwandlungen (Verschmelzung, Auf- und Abspaltung, Formwechsel) anwendbar, wenn diese zivilrechtlich wirksam und mit inländischen Umwandlungsvorgängen iSd § 1 Abs. 1 S. 1 Nr. 1 und 2 UmwStG vergleichbar sind (s. zB BFH VIII R 44/18, BStBl. II 2022, 636). **40**

Die Vergleichbarkeit des ausländischen Vorgangs mit einer inländischen Umwandlung iSd § 1 Abs. 1 S. 1 Nr. 1 und 2 UmwStG ist hinsichtlich der beteiligten Rechtsträger, der Rechtsnatur bzw. Rechtsfolgen des Umwandlungsvorgangs und der sonstigen Vergleichskriterien (*UmwStE* Rn. 01.40 f.) zu prüfen. Die Vergleichbarkeit muss für jedes dieser drei Kriterien gegeben sein. (*UmwStE* Rn. 01.20 ff., 01.24 ff.).

Auch hier gilt der Grundsatz der Maßgeblichkeit des Gesellschaftsrechts. Der ausländische Vorgang muss nach dem jeweiligen Gesellschaftsstatut der an der Umwandlung beteiligten Rechtsträger, dh nach den Bestimmungen des jeweiligen ausländischen Rechts zulässig und wirksam sein. Dies gilt entsprechend für grenzüberschreitende Umwandlungsvorgänge mit verschiedenen Personalstatuten mehrerer Staaten, wobei auf EU-Ebene neben nationalem Recht auch primäres und sekundäres Unionsrecht zu beachten sind. Abzustellen ist grundsätzlich auf die Entscheidung der ausländischen Registerbehörden (*UmwStE* Rn. 01.23 ff.; s. 9. Auflage).

(frei) **41–54**

4. Persönlicher Anwendungsbereich

Das UmwStG wendet sich in **§ 1 Abs. 4 S. 1 UmwStG** an übertragende und übernehmende Gesellschaften, die nach dem Recht eines EU-/EWR-Staats gegründet worden sind und ihren Sitz sowie den Ort ihrer Geschäftsleitung in **55** einem EU-/EWR-Staat haben. Natürliche Personen kommen bei Einbringungen als übertragende Rechtsträger in Betracht (§ 1 Abs. 4 S. 1 Nr. 2 Buchst. a Doppelbuchst. aa UmwStG), wenn sie ihren Wohnsitz oder gewöhnlichen Aufenthalt in einem EU-/EWR-Staat haben und nicht aufgrund eines DBA mit einem dritten Staat als außerhalb dieses Staates ansässig angesehen werden. Bei einer einbringenden oder umwandelnden PersGes müssen die unmittelbaren bzw. mittelbaren Mitunternehmer diese Voraussetzungen des § 1 Abs. 4 S. 1 Nr. 1 u. 2a aa UmwStG erfüllen. Gemäß § 1 Abs. 4 S. 2 UmwStG gilt dies nicht bei einer Einbringung eines Betriebs, Teilbetriebs oder Mitunternehmeranteils in eine PersGes nach § 24 UmwStG (*UmwStE* Rn. 01.53 ff.). (s. 9. Auflage).

Der Austritt des Vereinigten Königreichs **Großbritannien und Nordirland** aus der EU führt hinsichtlich der Anwendung des § 22 Abs. 1 S. 6 Nr. 6 und Abs. 2 S. 6 UmwStG nicht zum Wegfall der Voraussetzungen des § 1 Abs. 4 UmwStG (§ 22 Abs. 8 UmwStG).

56 Bei einem **Übergang zur Körperschaftsbesteuerung** (§ 1a KStG) ist der Sechste bis Achte Teil des UmwStG (§§ 20 ff. UmwStG) nur abwendbar, wenn die optierende Gesellschaft die Voraussetzungen des § 1 Abs. 4 Nr. 1 UmwStG und deren Gesellschafter spätestens am steuerlichen Übertragungsstichtag die des § 1 Abs. 4 S. 1 Nr. 2 Buchst. a UmwStG erfüllen oder das Besteuerungsrecht der BRD nicht ausgeschlossen oder beschränkt ist (§ 1 Abs. 4 S. 1 Nr. 2 Buchst. b UmwStG). Andernfalls hat die optierende PersGes durch Ansatz des gemeinen Wertes die stillen Reserven aufzulösen (BMF BStBl. I 2021, 2212 Rn. 26), sa Rn. 74.

57–69 *(frei)*

III. Handelsrechtliche Vorgaben nach dem UmwG

1. Umwandlungen nach dem UmwG

70 **§ 1 UmwStG** setzt für die Anwendung des **2. bis 5. Teils** des UmwStG Umwandlungen von Rechtsträgern durch Verschmelzung, Spaltung, Vermögensübertragung und Formwechsel voraus. Der **6. bis 8. Teil** ist ua bei Verschmelzungen und Spaltungen von PersHandels-, Partnerschaftsgesellschaften und vergleichbaren ausländischen Vorgängen bzw. PersGes sowie bei einem Formwechsel einer PersGes in eine KapGes oder Genossenschaft und vergleichbaren ausländischen Vorgängen an zuwenden (§ 1 Abs. 3 Nr. 1 und 3 UmwStG). Für die Spaltung in der Form der Ausgliederung sind die Teile 2–5 des UmwStG nach § 1 Abs. 1 S. 2 UmwStG nicht anwendbar, sondern die §§ 20–24 UmwStG (§ 1 Abs. 3 Nr. 2 UmwStG).

71, 72 *(frei)*

2. Begriffe

Siehe BT-Drs. 12/6885, 14; → Rn. 73–81.

73 **a) Umwandlung/Vermögensübergang.** § 1 Abs. 1 UmwG unterscheidet zwischen verschiedenen **Umwandlungsarten:** Verschmelzung, Spaltung, Vermögensübertragung und Formwechsel. Dabei geht bei der Verschmelzung, Spaltung und Vermögensübertragung handelsrechtlich das Vermögen auf den anderen Rechtsträger (übernehmender Rechtsträger) über (§§ 20, 131, 178, 189 UmwG).

Danach wird für Umwandlungen ein Vermögensübergang auf den Übernehmer vorausgesetzt. Dagegen muss der Übernehmer nicht notwendig Anteile an dem übertragenden Rechtsträger halten, ausgenommen die Verschmelzung einer KapGes auf eine natürliche Person als Alleingesellschafter.

Beim **Formwechsel** ändert der Rechtsträger unter Wahrung seiner rechtlichen Identität und ohne Vermögensübertragung nur seine Rechtsform (§ 202 UmwG; s. *UmwStE* Rn. 01.11). Die Umwandlung einer PersHandelsGes auf eine GmbH führt zur Vollbeendigung der PersGes (BFH I R 52/10, BFH/NV 2011, 1354; IV R 20/10, BFH/NV 2013, 1497). Das Steuerrecht behandelt allerdings den Formwechsel aus einer Körperschaft in ein Personenunternehmen als Verschmelzung (§ 9 UmwStG) und den Formwechsel einer PersHandelsGes in eine KapGes oder Genossenschaft iSd § 190 UmwG als Sacheinlage (§ 25 UmwStG, *UmwStE* Rn. 01.43 f.). Nur der Formwechsel einer KapGes in eine PersGes fällt in den Anwendungsbereich des Zweiten bis Fünften Teils (*UmwStE* Rn. 01.11 f., 00.02). 74

Als **(fiktiver) Formwechsel** iSd § 1 Abs. 3 Nr. 3 UmwStG gilt gemäß § 1a Abs. 2 S. 1 KStG auch der Übergang einer Personenhandels- und Partnerschaftsgesellschaft zur **Körperschaftsbesteuerung,** der einen Anschaffungs- und Veräußerungsvorgang fingiert. §§ 1 und 25 UmwStG sind entsprechend anzuwenden **(§ 1a Abs. 2 S. 2 KStG;** s. *UmwStE* Rn. 01.02a, BMF BStBl. I 2021, 2212; sa Rn. 56).

Zivil- und handelsrechtliche Gesamtrechtsnachfolge tritt nicht in allen Fällen handelsrechtlicher Umwandlungen ein. § 105 Abs. 2 HGB sieht einen erleichterten Übergang von BGB-Gesellschaften in PersHandelsGes vor und eröffnet damit die Möglichkeiten des Umwandlungsrechts (s. dazu Priester DStR 2005, 788). 75

b) Verschmelzung. Die im 2. Buch des UmwG geregelte **Verschmelzung** ist eine Gesamtrechtsnachfolge durch Übertragung des gesamten Vermögens von einem oder mehreren bestehenden Rechtsträgern auf einen bestehenden (Verschmelzung durch Aufnahme) oder neugegründeten Rechtsträger (Verschmelzung durch Neugründung). Dabei wird den Anteilsinhabern des übertragenden Rechtsträgers im Wege des Anteilstausches eine Beteiligung am übernehmenden Rechtsträger gewährt (*UmwStE* Rn. 01.08 f., 01.30 ff.). Die Verschmelzung ist ebenso wie die **Vollvermögensübertragung** einer KapGes auf bestimmte Körperschaften des öffentlichen Rechts nach §§ 175 Nr. 1, 176 Abs. 1 UmwG handelsrechtlich als **Gesamtrechtsnachfolge** aufzufassen (zB § 20 UmwG). Zu den Verschmelzungsmöglichkeiten s. *UmwStE* Rn. 01.10. 76

Bei der Verschmelzung einer (bestehenden) KapGes tritt an die Stelle der Liquidation und der Auskehrung des Liquidationserlöses an die Gesellschafter ein liquidationsloser Vermögensübergang auf den übernehmenden Rechtsträger (vgl. § 20 Abs. 1 Nr. 2 UmwG). Die KapGes besteht im Grundsatz bis zur Verschmelzung als werbende (nicht aufgelöste) Gesellschaft fort. Dies gilt auch dann, wenn sie **insolvenzrechtlich** relevant überschuldet ist. Mit der Verschmelzung (Eintragung in das Register) erlischt die übertragende KapGes, die Beteiligung geht unter und ihre Wirtschaftsgüter gehen auf den übernehmenden Rechtsträger über (s. BFH III R 13/13, DStR 2016, 796).

Eine Verschmelzung auf einen **insolventen Rechtsträger** ist unzulässig (OLG Brandenburg 7 W 118/14, GmbHR 2015, 588).

c) Vermögensübertragung. Sie wird als Voll- und Teilübertragung zugelassen. Sie entspricht bei Vollübertragung der Verschmelzung bzw. als Teilübertragung der Spaltung. Die Gegenleistung für das übertragene Vermögen besteht nach 77

§ 174 Abs. 1 UmwG bei Vermögensübertragungen nicht in der Gewährung von Anteilen am übernehmenden Rechtsträger, sondern in der Gegenleistung anderer Art (zB Barleistung) an die Anteilsinhaber des übertragenden Rechtsträgers (s. auch *UmwStE* Rn. 01.18; FG Hmb 6 K 93/15, EFG 2016, 1039). Zu den zulässigen Vermögensübertragungen s. *UmwStE* Rn. 01.19, 01.30; sa Rn. 32.

78 **d) Spaltungsformen.** Die Spaltungsformen (Aufspaltung, Abspaltung Ausgliederung, §§ 123 ff. UmwG) und Teilvermögensübertragung (§ 177 UmwG) stellen sich handelsrechtlich als **teilweise Gesamtrechtsnachfolge** dar. Bei der **Aufspaltung** teilt der Rechtsträger sein Vermögen und überträgt unter Auflösung ohne Abwicklung die Teile jeweils als Gesamtheit im Wege der Sonderrechtsnachfolge auf mindestens zwei andere bestehende oder neugegründete Rechtsträger gegen Gewährung von Anteilen dieser Rechtsträger an die Anteilsinhaber des übertragenden Rechtsträgers (s. *UmwStE* Rn. 01.13 ff.). Zu den Spaltungsmöglichkeiten s. *UmwStE* Rn. 01.17.

79 **e) Abspaltung.** Hierbei gehen in Sonderrechtsnachfolge ein oder mehrere Vermögensteile des Abspaltenden auf einen neugegründeten oder bestehenden Rechtsträger gegen Gewährung von Anteilen dieser Rechtsträger an die Anteilsinhaber des übertragenden Rechtsträgers über. Dabei bleibt der übertragende Rechtsträger bestehen. Unter den sachlichen Anwendungsbereich des UmwStG fallen auch sog. „nichtverhältniswahrende Spaltungen", bei denen ein Gesellschafter der übertragenden Gesellschaft überhaupt nicht an der übernehmenden Gesellschaft beteiligt wird (sog. **„Spaltung zu Null"**, *UmwStE* Rn. 01.15).

80 **f) Ausgliederung.** Sie entspricht der Abspaltung mit der Besonderheit, dass die Anteile an den übernehmenden oder neugegründeten Rechtsträgern nicht deren Anteilseignern, sondern dem ausgliedernden und fortbestehenden Rechtsträger selbst zufallen. Gemäß **§ 1 Abs. 1 S. 2 UmwStG** kommt bei einer Ausgliederung der Zweite bis Fünfte Teil nicht zur Anwendung (*UmwStE* Rn. 01.16, 01.06; sa. Rn. 33).

81 **g) Formwechsel.** Dieser folgt handelsrechtlich der wirtschaftlichen Identität und nicht der rechtlichen Form und ist auch von einer KapGes in eine PersGes möglich. Nur dieser Formwechsel fällt in den Anwendungsbereich des Zweiten bis Fünften Teils (*UmwStE* Rn. 01.11, 01.20). Ertragsteuerrechtlich wird wegen der Unterschiede zwischen diesen Rechtsträgern der Formwechsel als Verschmelzung auf eine PersGes (übertragende Umwandlung) behandelt, bei der das bisherige eigenständige Steuersubjekt der KapGes entfällt und die Gesellschafter der steuerlich transparenten PersGes an deren Stelle treten (BFH I R 77/07, BStBl. II 2009, 831; VIII R 43/13, BFH/NV 2016, 1313; I R 24/16, BFH/NV 2019, 274). Dies gilt entsprechend für den Formwechsel einer KapGes in eine PersGes. Da die KapGes als selbstständiges Steuersubjekt der KSt und der Gewinn einer PersGes im Wege einer transparenten Besteuerung bei den einzelnen Gesellschaftern der Besteuerung unterworfen wird, wird bei einem Formwechsel umwandlungssteuerrechtlich ein Vermögensübergang fingiert (BFH I R 78/12, BFH/NV 2015, 523) und dieser aufgrund eines tauschähnlichen Vorgangs einer Veräußerung gleichgestellt (BFH I R 25/18, BStBl. II 2021, 732; UmwStE Rn. 00.02). Eine nur rechtsformwechselnde Umwandlung (zB GbR in KG, OHG in KG) berührt grds. die Identität der PersGes nicht (BFH IV R 20/10, BFH/NV 2013, 1497). Der Formwechsel einer KapGes (Obergesellschaft) in eine PersGes führt damit (zivilrechtlich) mangels eines Gesellschaf-

ter- bzw. Unternehmerwechsels nicht zum anteiligen Wegfall des auf die KapGes entfallenden Gewerbeverlustes bei der PersGes (Untergesellschaft) (SchlHFG 2 K 41/16, EFG 2016, 1977). Zum handelsrechtlichen Anwendungsbereich des Formwechsels s. *UmwStE* Rn. 01.12.

(frei) **82–89**

3. Abwicklungslose Auflösung des alten Rechtsträgers

Die Verschmelzung (§ 2 UmwG), Vollvermögensübertragung (§ 176 Abs. 1 UmwG) und die Spaltung in der Form der Aufspaltung (§ 123 Abs. 1 UmwG) führen zur abwicklungslosen Auflösung des übertragenden Rechtsträgers. Bei der Aufspaltung teilt ein Rechtsträger sein Vermögen auf mindestens zwei schon bestehende oder neugegründete Rechtsträger auf. Dagegen bleibt der Rechtsträger bei den anderen Spaltungsformen (Abspaltung und Ausgliederung) bestehen (BFH I R 99/00, BStBl. II 2003, 835). Verschmelzungen und Spaltungen sind auch auf neugegründete Rechtsträger möglich. **90**

4. Altanteile/Neuanteile

Bei der Spaltung in der Form der **Ausgliederung** erwirbt der übertragende Rechtsträger die Anteile an dem neuen Rechtsträger (Mutter-, Tochtergesellschaften, § 123 Abs. 3 UmwG), ansonsten (Verschmelzung, Aufspaltung) erwerben diese die Anteilseigner des übertragenden Rechtsträgers (§ 2 UmwG). Bei der Abspaltung erhalten die Anteilseigner zusätzlich zu den Altanteilen neue Anteile am aufnehmenden Unternehmen. Dagegen verleiht der Formwechsel dem bestehenden oder aufgelösten, aber fortsetzbaren Rechtsträger nur eine andere Form (§§ 190, 191 UmwG). Die Vermögensübertragung als Voll- oder Teilübertragung unterscheidet sich von der Verschmelzung und Auf- oder Abspaltung dadurch, dass die Gegenleistung nicht in Anteilen am übernehmenden oder neuen Rechtsträger besteht, sondern anderweitig, insbes. in einer Barleistung erfolgt. In Einzelfällen besteht bei Verschmelzungen und Spaltungen keine Anteilsgewährungspflicht. Gemäß §§ 54 Abs. 1 S. 2, 68 Abs. 1 S. 2, 125 UmwG wird eine Kapitalerhöhung bei der übernehmenden GmbH oder AG in das Ermessen aller Anteilsinhaber des übertragenden Rechtsträgers gestellt (s. Mayer/Weiler DB 2007, 1235 (1238)). Eigene Geschäftsanteile im Umwandlungsrecht s. Lieder GmbHR 2014, 232). **91**

(frei) **92**

5. Umwandlungsverfahren

Kernstücke des Umwandlungsverfahrens sind der Verschmelzungsvertrag, -bericht, -beschluss und dessen Registereintragung (§§ 4, 8, 13, 20 UmwG) bzw. die entsprechenden Rechtsgeschäfte über die Spaltung (§§ 126, 127, 130, 136 – Spaltungsplan –, 163 UmwG) oder der Formwechsel (§§ 192, 193, 198, 214 ff., 226 ff., 251 ff., 272 ff., 301 ff. UmwG) sowie der Rechtsschutz (§§ 14, 16 Abs. 3 UmwG). Das Spruchverfahren zur Überprüfung der Gegenleistung für den Anteilseigner ist im Spruchverfahrensgesetz v. 12.6.2003 einheitlich geregelt. Für ausscheidende Beteiligte sind im Verschmelzungs- und Formwechselverfahren Abfindungen und Anteilserwerb durch den Rechtsträger vorgesehen (§§ 29, 90, 207 UmwG). **93**

6. Verschmelzungsfähige Rechtsträger

94 Verschmelzungsfähige (übertragende oder übernehmende) Rechtsträger sind nach § 3 Abs. 1 UmwG eine eingetragene GbR, PersHandelsGes (§§ 39 ff. UmwG), PartnerschaftsGes, KapGes (GmbH §§ 46 ff. UmwG; AG §§ 60 ff. UmwG; KGaA § 78 UmwG), eingetragene Genossenschaften (§§ 79 ff. UmwG), eingetragene Vereine des § 21 BGB (§§ 99 ff. UmwG), genossenschaftliche Prüfungsverbände (§§ 105 ff. UmwG), Versicherungsvereine auf Gegenseitigkeit (§§ 109 ff. UmwG). Wirtschaftliche Vereine (§ 22 BGB) sind nur als übertragende Rechtsträger verschmelzungsfähig (§ 3 Abs. 2 Nr. 1 UmwG). Auf natürliche Personen als Alleingesellschafter einer KapGes kann deren Vermögen übertragen werden (§ 3 Abs. 2 Nr. 2 UmwG). Dagegen hält das OLG Hamm eine Verschmelzung einer Komplementär-GmbH auf eine KG mit nur einem Kommanditisten für unzulässig, weil die Verschmelzung im Ergebnis zu einer Anwachsung führt, bei der die KG als übernehmender Rechtsträger durch Vereinigung aller Geschäftsteile erlischt (OLG Hamm I-15 Wx 360/09, BB 2010, 2465). Die Verschmelzung aufgelöster übertragender Rechtsträger regeln §§ 3 Abs. 3, 39 UmwG. Die Verschmelzung kann grundsätzlich auch unter Beteiligung von Rechtsträgern unterschiedlicher Rechtsform erfolgen (§ 3 Abs. 4 UmwG). Eine Vor-GmbH kann nicht verschmolzen werden (Streck/Mack/Schwedhelm GmbHR 1995, 161 (162)). Nicht verschmelzungsfähig ist eine **GbR.** Aufgrund der Änderung des § 3 Abs. 1 S. 1 UmwG durch das MoPeG ist eine eingetragene GbR seit dem 1.1.2024 verschmelzungsfähig. Nach § 3 Abs. 4 UmwG können bei der Verschmelzung unterschiedliche Rechtsträger beteiligt sein. S. Übersicht im *UmwStE* Rn. 01.10.

95 *(frei)*

7. Spaltungsfähige Rechtsträger

96 Dies sind nach § 124 UmwG die nach § 3 Abs. 1 UmwG uneingeschränkt verschmelzungsfähigen Rechtsträger sowie als übertragende Rechtsträger wirtschaftliche Vereine. An einer **Ausgliederung** können als übertragende, übernehmende oder neue Rechtsträger ebenfalls die Rechtsträger des § 3 Abs. 1 UmwG teilnehmen sowie als übertragende Rechtsträger wirtschaftliche Vereine, Einzelkaufleute, Stiftungen, Gebietskörperschaften sowie Zusammenschlüsse von Gebietskörperschaften, die nicht selbst Gebietskörperschaften sind. § 3 Abs. 3 und 4 UmwG gelten entsprechend. Die GbR ist mangels Erwähnung in § 3 Abs. 1 UmwG weder nach dem UmwG noch nach dem UmwStG spaltungsfähig. Zur Ausgliederung von Zweckbetrieben s. Schröder DStR 2001, 1415. Siehe Übersicht im *UmwStE* Rn. 01.17.

97 **Vermögensübertragungen** sind nach § 175 UmwG grundsätzlich nur auf öffentlich-rechtliche Übernehmer möglich (Ausnahme für Versicherungsunternehmen nach § 175 Nr. 2 UmwG).

8. Formwechselfähige Rechtsträger

98 In den Formwechsel können einbezogen werden eine eingetragene GbR, PersHandelsGes, PartnerschaftsGes, KapGes, eingetragene Genossenschaften, rechtsfähige Vereine, Versicherungsvereine auf Gegenseitigkeit, Körperschaften und Anstalten des öffentlichen Rechts, und zwar diese als Rechtsträger alter Rechtsform (§ 191 Abs. 1 UmwG). Rechtsträger der neuen Rechtsform können eine GbR, PersHandelsGes, PartnerschaftsGes, KapGes und eingetragene Genossenschaften

sein. Der Rechtsformwechsel innerhalb der KapGes nach §§ 191, 226, 238–250 UmwG ist im UmwStG nicht direkt geregelt. Er ergibt sich aus den allgemeinen Grundsätzen (s. Prinz GmbHR 2008, 626). Ebenso ist der Formwechsel zwischen Personenunternehmen und KapGes zulässig. Eine GbR oder eine PersHandelsGes können nach § 214 Abs. 1 UmwG nur die Rechtsform einer KapGes oder eingetragenen Genossenschaft erlangen. Eine **GbR** kann nach den Vorschriften des UmwG als übertragender Rechtsträger nicht in eine andere Gesellschaft umgewandelt werden. Eine rechtsformwechselnde Umwandlung einer GbR in eine OHG oder KG außerhalb der Regelungen des UmwG ist jedoch durch eine entsprechende Änderung des Gesellschaftsvertrags und Eintragung in das HR (§§ 105 Abs. 2, 161 Abs. 2 HGB) möglich. Dagegen ist eine **eingetragene GbR** gemäß § 3 Abs. 1 S. 1 UmwG seit dem 1.1.2024 umwandlungsfähig.

Dies gilt entsprechend für den Formwechsel einer **GbR** in **eine atypische stille** 99
Gesellschaft. In beiden Fällen führt der Rechtsformwechsel der GbR in eine atypische stille Gesellschaft bei einer durchgängig bestehenden Mitunternehmerschaft trotz fehlender zivilrechtlicher Identität estrechtlich weder zu einer Betriebsveräußerung noch zu einer Betriebsgründung (**sog. einkommensteuerrechtlicher Formwechsel;** s. BFH IV R 10/07, BStBl. II 2008, 118; IV R 11/10, BFH/NV 2013, 1569). Ein einkommensteuerrechtlicher Formwechsel kann auch bei einer Umgestaltung einer atypisch stillen Gesellschaft in eine GmbH & Co. KG unter Änderung der Beteiligung der Mitunternehmer an den stillen Reserven des Betriebsvermögens vorliegen (FG BW 12 K 374/19, EFG 2022, 492, rkr.). Der Rechtsformwechsel einer GmbH in eine GbR (§ 191 Abs. 1 Nr. 2 UmwG iVm §§ 192 Abs. 2 S. 1, 193, 194, 226 UmwG) wird mit der Eintragung im Register vollzogen (konstituierende Wirkung; vgl. Priester GmbHR 2015, 1289). Da die GbR mindestens aus zwei Gesellschaftern bestehen muss, ist die Umwandlung einer Ein-Mann-GmbH in eine GbR ausgeschlossen (BFH V B 49/08, BFH/NV 2010, 1878).

In den Anwendungsbereich des 2.–5. Teils des UmwStG fällt nur der Formwechsel einer Körperschaft in eine PersGes (*UmwStE* Rn. 01.11).

(frei) **100–109**

IV. Korrespondierendes Umwandlungssteuerrecht

1. Verhältnis zur steuerlichen Sacheinbringung

In Konkurrenz zu den vorgenannten Arten der (auch teilweisen) Gesamtrechts- 110
nachfolge, die mit den Teilen 2–5 des UmwStG korrespondiert, steht die im UmwG nicht geregelte **Einzelrechtsübertragung** (Einbringung) gegen Gesellschaftsrechte. Mit diesen Vorgängen korrespondieren der 6. und 7. Teil des UmwStG, dh vor allem die **Sacheinlagen des § 20 und § 24 UmwStG.** Unbeschadet dieser Eigenständigkeit des 6. und 7. Teils können Überschneidungen mit Verschmelzungs- und Spaltungsvorgängen eintreten (vgl. § 20 Abs. 6 UmwStG). So ist die **Ausgliederung** eines Einzelunternehmens auf eine bestehende PersHandelsGes oder bestehende oder neu gegründete KapGes sowohl (partielle) Gesamtrechtsnachfolge nach § 152 UmwG, andererseits aber auch Sacheinlage nach § 24 bzw. § 20 UmwStG. Ebenso können **Sacheinlagen** des § 20 UmwStG in KapGes auch Verschmelzungen (vgl. auch § 20 Abs. 6 UmwStG) von PersHandelsGes oder deren Spaltung zugrunde liegen. § 25 UmwStG wendet für den

Formwechsel aus einer PersHandelsGes in eine KapGes den 6. Teil des UmwStG an (→ Rn. 81). Es kann nach rechtsträgerbezogenen Abgrenzungen und nach sachverhaltsbezogenen unterschieden werden.

2. Rechtsträgerbezogene Abgrenzungen

111 **a) Körperschaften.** Sacheinlagen sind steuerlich nach **§§ 20, 24 UmwStG (6. und 7. Teil des UmwStG)** zu behandeln bei Umwandlungen iSd § 1 Abs. 3 Nr. 1 UmwStG in der Form der Verschmelzung, Abspaltung und Aufspaltung (§§ 2, 123 Abs. 1 und 2 UmwG), soweit aus **anderen Rechtsträgern** übertragen wird und deshalb die Vorschriften des 2. bis 5. Teils des UmwStG ausscheiden. Bei der Aufspaltung, Abspaltung und Teilübertragung gilt der 4. Teil des UmwStG nur, soweit das Vermögen von einer Körperschaft auf eine Körperschaft (§ 15 UmwStG) oder auf eine PersGes übergeht (§ 16 UmwStG; wohl richtig: PersHandelsGes vgl. § 124 UmwG). Dann scheiden die §§ 20 und 24 UmwStG aus.

112 Die Vorschriften des 2. bis 5. Teils über handelsrechtliche Umwandlungen können aber nach § 1 UmwStG auch deswegen ausscheiden, weil das UmwG die Beteiligung **bestimmter Rechtsträger** verlangt (→ Rn. 94–100). Die Verschmelzung auf eine natürliche Person (iSd § 1 Abs. 2 S. 1 Nr. 2 UmwStG aF) ist nach § 3 Abs. 2 Nr. 2 UmwG zB nur für den Alleingesellschafter einer KapGes vorgesehen. Eine natürliche Person scheidet bei der Auf- und Abspaltung (als übertragender und übernehmender Rechtsträger) aus (§ 124 Abs. 1 UmwG). Für die Voll- oder Teilrechtsübertragung kommen die Sacheinlagevorschriften §§ 20, 24 UmwStG nicht in Betracht, weil nach § 175 UmwG andere Rechtsträger beteiligt sind. Die Rechtsträgereigenschaft iSd § 1 Abs. 4 UmwStG richtet sich grds. nach dem Zivilrecht bzw. den Rechtsvorschriften eines Mitgliedstaates der EU bzw. des EWR. Eine **GmbH & atypisch Still** ist eine Personengesellschaft iSd § 15 Abs. 1 S. 1 Nr. 2 S. 1 EStG (BFH Urteile IV R 48/11, I R 33/18, IV R 47/05, I R 17/21).

113 **b) Personenunternehmen.** Die mögliche Verschmelzung einer PersHandelsGes auf andere Rechtsträger (§ 39 UmwG) folgt ertragssteuerrechtlich den Grundsätzen der Sacheinlage (§§ 20, 24 UmwStG; → Rn. 1255, 2088). Wenn eine PersHandelsGes in eine andere auf- oder abspaltet oder auf eine andere verschmolzen wird, ist § 24 UmwStG für die Einbringung von Betrieben, Teilbetrieben oder Mitunternehmeranteilen anzuwenden (§ 24 Abs. 4 UmwStG iVm § 20 Abs. 5 UmwStG). Ist der Übernehmende eine KapGes, so ist unter den genannten Voraussetzungen § 20 UmwStG heranzuziehen.

114 Nach der ausdrücklichen Regelung in § 25 UmwStG gelten die Vorschriften des 6. Teils des UmwStG (§§ 20–23 UmwStG) auch für die **formwechselnde Umwandlung** einer PersHandelsGes auf eine KapGes. Damit soll Vermögensübertragung und Formwechsel zwischen diesen Rechtsträgern gleichbehandelt werden. Dagegen bleibt es nach § 1 Abs. 1 Nr. 2 UmwStG für den Formwechsel einer KapGes in eine PersGes iSd § 190 Abs. 1 UmwG, wozu nach § 191 Abs. 1 Nr. 2 und Abs. 2 Nr. 1 UmwG auch die Umwandlung einer GmbH in eine GbR gehört (BFH VIII R 43/13, BFH/NV 2016, 1313), bei den §§ 9 und 18 UmwStG. Die Anwendung des § 24 UmwStG scheidet bei einem Formwechsel einer eGbR, PersHandelsGes oder PartnerschaftsGes in eine PersGes wegen des Fehlens eines Übertragungsvorgangs aus. Bei Einbringung eines Betriebs in eine Mitunternehmerschaft und gleichzeitiger unentgeltlicher Zuwendung von Mitunternehmeranteilen an Dritte sind § 6 Abs. 3 EStG und § 24 UmwStG nebeneinander anwendbar (BFH X R 42/10). Dies gilt entsprechend für die unentgeltliche

Aufnahme einer natürlichen Person in ein Einzelunternehmen (s. *UmwStE* Rn. 01.47; → Rn. 2087).

3. Vorgangsbezogene Abgrenzung

Für die Spaltung in der Form der **Ausgliederung** sind die Teile 2–5 des UmwStG nach § 1 Abs. 1 S. 2 UmwStG nicht anwendbar, sondern die **§§ 20–24 UmwStG.** Nach § 123 Abs. 3 UmwG setzt die Ausgliederung keine Teilbetriebe, sondern nur einen Teil des Vermögens voraus. Die Einbringungsvorschriften der §§ 20, 24 UmwStG verlangen aber bestimmte Einbringungsgegenstände, wie etwa den Teilbetrieb. Fehlt es an ihren Voraussetzungen, so kann die Ausgliederung nicht gewinnneutral durchgeführt werden. **115**

4. Übersicht Verschmelzung und Formwechsel

Siehe die nachfolgenden Übersichten. **116**

Verschmelzung	Kapitalgesellschaft	Personenhandelsgesellschaft[1]	Personengesellschaft	Natürliche Person
Kapitalgesellschaft	UmwG: ja (§ 3 Abs. 1) UmwStG: ja (§ 1 Abs. 1 S. 1 Nr. 1, §§ 11 ff.)	UmwG: ja (§ 3 Abs. 1) UmwStG: ja (§ 1 Abs. 1 S. 1 Nr. 1, §§ 3 ff.)	UmwG: nein (§ 3 Abs. 1) nur Formwechsel (§ 191 Abs. 1, 2) UmwStG: nur Formwechsel (§ 1 Abs. 1 S. 1 Nr. 2, § 9)	UmwG: ja (§ 3 Abs. 2) auf Alleingesellschafter UmwStG: ja (§ 1 Abs. 1 S. 1 Nr. 1, §§ 3, 9)
Personenhandelsgesellschaft[1]	UmwG: ja (§ 3 Abs. 1) UmwStG: § 1 Abs. 3 Nr. 1, § 20) Sacheinlage	UmwG: ja (§ 3 Abs. 1) UmwStG: § 1 Abs. 3 Nr. 1, § 24 Einbringung	UmwG: nein (§ 3 Abs. 1) nur Formwechsel (§ 191 Abs. 1, 2) UmwStG: § 1 Abs. 3 Nr. 4, § 24 Einbringung	UmwG: nein (§ 3 Abs. 2) UmwStG: nein
Personengesellschaft	UmwG: nein (§ 3 Abs. 1) UmwStG: § 1 Abs. 3 Nr. 4, § 20 Einzelrechtsnachfolge	UmwG: nein (§ 3 Abs. 1) UmwStG: § 1 Abs. 3 Nr. 4, § 24 Einbringung Einzelrechtsnachfolge	UmwG: nein (§ 3 Abs. 1) UmwStG: § 1 Abs. 3 Nr. 4, § 24 Einbringung Einzelrechtsnachfolge	UmwG: nein (§ 3 Abs. 1, 2) UmwStG: nein

[1] oder Partnerschaftsgesellschaft

Formwechsel von/auf	Kapitalgesellschaft	Personenhandelsgesellschaft[1]	Personengesellschaft
Kapitalgesellschaft	UmwG: ja (§ 191 Abs. 1, 2) UmwStG kein Regelungsbedarf, Steuersubjekt unverändert	UmwG: ja (§ 191 Abs. 1, 2) UmwStG: ja (§ 1 Abs. 1 S. 1 Nr. 2, § 9) wie Verschmelzung	UmwG: ja (§ 191 Abs. 1, 2) UmwStG: ja (§ 1 Abs. 1 S. 1 Nr. 2, § 9) wie Verschmelzung
Personenhandelsgesellschaft[1]	UmwG: ja (§ 191 Abs. 1, 2) UmwStG: (§ 1 Abs. 3 Nr. 3, § 25, §§ 20 ff.) Sacheinlage; → Rn. 114	UmwG: nein (§ 214) HGB: ja gewillkürter Formwechsel; → Rn. 100 UmwStG: wahlweise § 1 Abs. 3 Nr. 4, § 24; → Rn. 2089	UmwG: nein (§ 214) HGB: ja Wegfall des Handelsgewerbes gewillkürter Formwechsel; → Rn. 100 UmwStG: wahlweise § 1 Abs. 3 Nr. 4, § 24; → Rn. 2087, 2089
Personengesellschaft	UmwG: nein (§ 191 Abs. 1) UmwStG: nein nur Einzelrechtsübertragung nach § 1 Abs. 3 Nr. 4, § 20	UmwG: nein (§ 191 Abs. 1) UmwStG: nein nur Einzelrechtsübertragung nach § 1 Abs. 3 Nr. 4, § 24	UmwG: nein (§ 191 Abs. 1) UmwStG: nein nur Einzelrechtsübertragung nach § 1 Abs. 3 Nr. 4, § 24

[1] oder Partnerschaftsgesellschaft

Zu den nach dem UmwG zulässigen Möglichkeiten der Verschmelzung, Spaltung, des Formwechsels und der Vermögensübertragung s. *UmwStE* Rn. 01.10 ff.

117–124 *(frei)*

V. Allgemeine steuerrechtliche Folgen handelsrechtlicher Umwandlungen

1. Buchführungspflicht

125 Sie geht nach § 141 Abs. 3 AO auf denjenigen über, der den Betrieb im Ganzen zur Bewirtschaftung übernimmt. Dies ist bei Verschmelzungen, Vollvermögensübertragung und erst recht beim Formwechsel anzunehmen. Spaltungs- oder Ausgliederungen genügen nicht, ebenso wenig die Einbringung eines Teilbetriebs (BFH IV R 4/93, BStBl. II 1994, 677; IV R 34/92, BStBl. II 1994, 891).

2. Besitzzeitanrechnung

126 Besitzzeitanrechnung beim übernehmenden Rechtsträger, etwa für die Vorschrift des **§ 6b EStG** und Rechtsnachfolge ua für §§ 6 Abs. 1, 6 Abs. 2 EStG,

Rücklagen und Bewertungsabschläge sind nach dem UmwStG vorgesehen, **(1.)** nach § 4 Abs. 2 S. 3 UmwStG für die Verschmelzung von einer Körperschaft auf eine PersHandelsGes (§ 3 Abs. 1 UmwG) oder natürliche Person (§ 3 Abs. 2 Nr. 2 UmwG), und zwar auch bei aufgedeckten stillen Reserven in der Schlussbilanz des Übertragenden (s. *UmwStE* Rn. 04.15), **(2.)** nach § 12 Abs. 3 UmwStG für die Verschmelzung oder Vollvermögensübertragung von einer solchen Körperschaft auf eine andere, **(3.)** nach § 9 UmwStG für den Formwechsel einer KapGes in eine PersGes, **(4.)** nach §§ 15, 16 UmwStG bei Aufspaltung, Abspaltung, Teilvermögensübertragung auf andere solche Körperschaften oder PersHandelsGes, **(5.)** nach § 23 Abs. 1 UmwStG hinsichtlich der Besitzzeitanrechnung für die Sacheinlage (auch Ausgliederung, § 1 Abs. 3 Nr. 2 UmwStG) in eine KapGes, **(6.)** nach § 25 UmwStG iVm § 23 Abs. 1 UmwStG für den übertragenden Formwechsel einer PersHandelsGes in eine KapGes, **(7.)** wie bisher bei Formwechsel von einer BGB-Gesellschaft in eine PersHandelsGes und zwischen diesen, **(8.)** nach § 24 UmwStG. Auf die Bewertung der übergegangenen Wirtschaftsgüter kommt es nicht mehr an (s. § 4 Abs. 2 S. 3 UmwStG; *UmwStE* Rn. 04.15; 18.04; 23.06; 24.03). **§ 4 Abs. 2 S. 3** UmwStG ist in den Fällen des § 9 Nr. 2a und 7 GewStG nicht anzuwenden, weil diese Regelungen nicht auf einen Zeitraum, sondern auf die Verhältnisse zu einem Zeitpunkt abstellen (*UmwStE* Rn. 04,15).

(frei) **127–144**

3. Gewerbesteuer (§§ 18, 19 UmwStG)

Die §§ 18 und 19 UmwStG regeln die Auswirkungen von Umwandlungen auf die GewSt. Nach **§ 18 Abs. 1 S. 1 UmwStG** gelten neben den allgemeinen Vorschriften des GewStG (zB § 7 GewStG) beim Vermögensübergang von einer Körperschaft auf eine PersGes oder natürliche Person durch Verschmelzung, Auf- oder Abspaltung und beim Formwechsel in eine PersGes die §§ 3–9 und 16 UmwStG auch für die Ermittlung des Gewerbeertrags des übertragenden und übernehmenden Rechtsträgers. Auf eine Ausgliederung iSd § 123 Abs. 3 Nr. 1 UmwG ist § 18 UmwStG mangels einer spezialgesetzlichen Regelung grds. nicht anwendbar (§ 1 Abs. 1 S. 2 UmwStG; BFH III R 35/17, BStBl. II 2019, 407). **145**

Entsprechendes gilt nach **§ 19 Abs. 1 UmwStG** beim Vermögensübergang auf eine andere Körperschaft für die §§ 11–15 UmwStG. Die nach diesen Vorschriften des UmwStG ermittelten Ergebnisse gehen nach Maßgabe der §§ 18 und 19 UmwStG in den Gewerbeertrag iSd § 7 GewStG des jeweiligen Rechtsträgers ein.

a) Übertragungs-/Übernahmegewinn. Grds. sind die übergehenden Wirtschaftsgüter mit dem gemeinen Wert anzusetzen (§ 3 Abs. 1 UmwStG). Der durch die Aufdeckung der stillen Reserven entstehende **Übertragungsgewinn** unterliegt bei der übertragenden KapGes, die gem. § 2 Abs. 2 S. 1 GewStG stets und in vollem Umfang als Gewerbebetrieb gilt, der GewSt. Die fakultative Steuerneutralität der Verschmelzung, der Aufspaltung und Abspaltung (§ 1 Abs. 1 S. 1 Nr. 1 UmwStG) aus einer Körperschaft auf eine PersGes oder natürliche Person, die das UmwStG 2006 bei Inlandsumwandlungen grds. beibehält, gilt nach § 18 Abs. 1 UmwStG nach Maßgabe der dort zitierten Vorschriften auch für die GewSt. Das Wahlrecht auf Ansatz des Buch- oder Zwischenwerts (§ 3 Abs. 2 S. 1 Nr. 1 UmwStG bzw. § 11 Abs. 2 S. 1 Nr. 1 UmwStG) setzt lediglich voraus, dass bei der übernehmenden PersGes die Besteuerung des Betriebsvermögens mit ESt oder KSt gesichert ist. Auf die gewstliche Verstrickung der stillen Reserven beim **146**

übernehmenden Rechtsträger kommt es nicht an. Nach § 18 Abs. 1 UmwStG gelten die §§ 3 und 11 UmwStG ohne Einschränkung auch für die GewSt. Dadurch kann es, soweit beim übertragenden Rechtsträger die stillen Reserven nicht aufgedeckt werden, zum Verlust der Besteuerung der stillen Reserven mit GewSt und damit zu einer gewerbesteuerneutralen Umwandlung kommen.

147 Nach **§ 18 Abs. 1 S. 1** UmwStG iVm § 4 Abs. 2 S. 3 UmwStG sind beim übernehmenden Rechtsträger **Besitzzeiten** des übertragenden Rechtsträgers anzurechnen. Dies kann bei Hinzurechnungen nach § 8 Nr. 5 GewStG und Kürzungen nach § 9 Nr. 2a und Nr. 7 GewStG von Bedeutung sein. Bei einem unterjährigen **qualifizierten Anteilstausch** mit einem unter dem gemeinen Wert liegenden Wert (§ 21 Abs. 1 S. 2 UmwStG) scheiden **§ 9 Nr. 2a u. 7 GewStG** aus, weil diese auf den Beginn des Erhebungszeitraums abstellen. § 4 Abs. 2 S. 3 UmwStG (§ 23 Abs. 1 UmwStG), der sich auf einen Zeitraum bezieht, ist nicht einschlägig (BFH I R 44/13, BStBl. II 2015, 303; *UmwStE* Rn. 18.04, Rn. 04.15). Fehlbeträge des laufenden Erhebungszeitraus und vortragsfähige Fehlbeträge der übertragenden Körperschaft gehen nicht auf den übernehmenden Rechtsträger über (§ 4 Abs. 2 S. 1, **§ 18 Abs. 1 S. 2** UmwStG, *UmwStE* Rn. 18.02).

148 Ein **Übernahmegewinn** oder **-verlust** ist beim übernehmenden Rechtsträger gewstrechtlich nicht zu erfassen **(§ 18 Abs. 2 S. 1 UmwStG).** Hierbei handelt es sich um eine verfassungsrechtlich unbedenkliche, sachliche Steuerbefreiung, jedenfalls soweit der Übernahmegewinn auf eine natürliche Person entfällt (BFH IV B 27/08, BStBl. II 2011, 393). Demnach sind bei der Ermittlung des Gewerbeertrags (zB durch Einnahmenüberschussrechnung) sowohl die durch den Vermögensübergang verursachten Betriebseinnahmen (Übernahmewert der übertragenen Wirtschaftsgüter) als auch die hierdurch verursachten Betriebsausgaben (Beteiligungsaufwand) nicht zu berücksichtigen (BFH III R 12/13, BFH/NV 2016, 834). Ein nach allgemeinen Vorschriften ermittelter Gewerbeertrag ist damit um den nach § 7 S. 4 GewStG gesellschafterbezogen berücksichtigten Übernahmegewinn zu berichtigen (vgl. Fallbeispiel Leuken DB 2013, 1509).

149 **§ 18 Abs. 2 S. 1 UmwStG** erfasst nicht einen **Beteiligungskorrektur-** und **Übernahmefolgegewinn** oder **-verlust** iSd § 6 UmwStG. Sie unterliegen der GewSt (*UmwStE* Rn. 18.03, 06.02).

150 Den Anteilseignern der übertragenden Körperschaft, die Gesellschafter der übernehmenden PersGes werden, gelten die **Bezüge iSd § 7 UmwStG** iVm 20 Abs. 1 Nr. 1 EStG mit Ablauf des steuerlichen Übertragungsstichtags (§ 2 Abs. 2 UmwStG) in Höhe ihres Anteils am Nennkapital als zugeflossen. Befinden sich die Anteile bei natürlichen Personen im Privatvermögen, unterliegen die Kapitalerträge nach § 20 Abs. 1 Nr. 1 iVm §§ 32d, 43 Abs. 5 EStG grundsätzlich der Abgeltungsteuer. Bei Anteilen im Betriebsvermögen, die ua nach § 5 Abs. 2 oder § 27 Abs. 3 S. 1 Nr. 1 UmwStG als in das Betriebsvermögen eingelegt gelten, unterliegen die Einnahmen nach § 7 UmwStG dem Teileinkünfteverfahren (§ 3 Nr. 40 S. 1d, § 3 Nr. 40 S. 2, § 20 Abs. 8 EStG). Bei einer PersGes als Anteilseignerin ist hinsichtlich der Anwendung des § 3 Nr. 40 S. 1 d EStG bzw. § 8b KStG auf die Gesellschafter dieser PersGes abzustellen (*UmwStE* Rn. 07.07 ff.).

Gemäß **§ 4 Abs. 5 S. 2 UmwStG** vermindert sich ein Übernahmegewinn personenbezogen um die Bezüge, die nach § 7 UmwStG zu den Einkünften aus Kapitalvermögen iSd § 20 Abs. 1 Nr. 1 EStG gehören (*UmwStE* Rn. 04.38). Ein Übernahmeverlust erhöht sich um diese Bezüge.

Bezüge nach § 7 UmwStG aus Anteilen iSd § 5 Abs. 2 UmwStG sind nach **§ 18 Abs. 2 S. 2 UmwStG** bei der **Gewerbesteuer** nicht zu erfassen. Maßgebend für die Anwendung des § 9 Nr. 2a od. 7 GewStG sind die Verhältnisses zu Beginn des Erhebungszeitraums beim übernehmenden Rechtsträger (*UmwStE* Rn. 18.04).

Nach § 4 Abs. 6 UmwStG ist ein **Übernahmeverlust,** der bei einer Umwandlung auf eine PersGes, KapGes oder Vermögensmasse als Mitunternehmerin der PersGes entfällt, vorbehaltlich des § 4 Abs. 6 S. 2 ff. UmwStG nicht anzusetzen (*UmwStE* Rn. 04.40 ff. → Rn. 710). Auch für die Verschmelzung oder Vollvermögensübertragung sowie die Aufspaltung von einer Körperschaft in eine andere erstreckt sich die gewählte Gewinnneutralität nach Maßgabe der §§ 11 und 15 UmwStG auch auf die **GewSt** (§ 19 UmwStG). Der **Übernahmegewinn,** der nach § 4 Abs. 7 UmwStG besteuert wird (*UmwStE* Rn. 04.44 f.), ist nicht nach **§ 9 Nr. 2a GewStG** zu beseitigen (BFH XI R 48/99, BStBl. II 2002, 875). 151

Als **Kosten für den Vermögensübergang** iSd § 4 Abs. 4 S. 1 UmwStG sind nur die nicht objektbezogenen Kosten des übernehmenden Rechtsträgers und die nicht objektbezogenen Kosten, die dem übertragenden Rechtsträger zuzuordnen und nach dem steuerlichen Übertragungsstichtag entstanden sind, zu berücksichtigen. Sie mindern den Übernahmegewinn und erhöhen den Übernahmeverlust (*UmwStE* Rn. 04.34 f).

(frei) **152–154**

b) Einbringungsgewinn. Die Einbringung von Unternehmensteilen gegen Gewährung von neuen Anteilen an der übernehmenden KapGes iSd § 20 Abs. 1 UmwStG (Sacheinlage) stellt beim Einbringenden (natürliche Person/PersGes) ein Veräußerungsgeschäft iSd § 16 Abs. 1 EStG dar (§ 20 Abs. 3 UmwStG, *UmwStE* Rn. 00.02), das nach § 7 S. 2 GewStG grds. **nicht** der **GewStPfl.** unterliegt. 155

(frei) **156–159**

c) Gewerbesteuerrechtliche Entstrickung. Für die Ausübung des Ansatzwahlrechts nach § 3 Abs. 2 S. 1 Nr. 1 UmwStG bzw. § 11 Abs. 2 S. 1 Nr. 1 UmwStG ist es unerheblich, ob die gewstliche Erfassung der stillen Reserven beim übernehmenden Rechtsträger gesichert ist. Auf eine gewstliche Verstrickung der stillen Reserven beim übernehmenden Rechtsträger kommt es daher bei einer Umwandlung nicht an (*UmwStE* Rn. 18.01, 03.17). Eine Einschränkung der Besteuerung dergestalt, dass auf die sofortige Versteuerung der stillen Reserven verzichtet wird, weil und soweit zB aus einer KapGes steuerneutral in eine freiberuflich tätige PersGes umgewandelt wird, ist mE nicht gerechtfertigt (evtl. aA BT-Drs. 12/6885, 16 re. Sp.; s. auch Wochinger/Dötsch DB-Beilage 14/1994, 31). Denn es gibt keinen eigenständigen gewstrechtlichen Entstrickungsgrundsatz (→ § 7 Rn. 36). 160

§ 18 UmwStG enthält insoweit keine entsprechende Regelung. Gewstrechtliche Gestaltungsmöglichkeiten werden lediglich durch § 7 S. 2 GewStG und eine zeitlich begrenzte GewStPfl. iF der typisierenden Missbrauchsvorschrift des **§ 18 Abs. 3 UmwStG** eingeschränkt (→ Rn. 175 ff.; FGS UmwStE 2011 Rn. 18.01). 161

Zur GewStPfl. bei Einbringungen nach § 24 UmwStG → Rn. 2320 ff. 162

(frei) **163, 164**

d) Gewerbeertrag im Erhebungszeitraum der Umwandlung. Nach § 14 GewStG ist der Erhebungszeitraum für die GewSt das Kalenderjahr. Besteht die GewStPfl. nicht während des ganzen Jahres, so tritt an die Stelle des Kalenderjahres 165 der Zeitraum der Steuerpflicht. Maßgebender Gewerbeertrag ist nach § 10 GewStG der im Kalenderjahr bezogene (Wirtschaftsjahr = Kalenderjahr), bei abweichendem Wirtschaftsjahr der Gewerbeertrag aus dem Wirtschaftsjahr, das im Erhebungszeitraum endet.

166 Ob die GewStPfl. iSd § 14 GewStG endet, richtet sich nicht nach dem Wechsel des Steuerschuldners, sondern nach **§ 2 Abs. 5 GewStG.** Danach gilt bei völligem (Mitunternehmerschaft!) **Unternehmerwechsel** der Gewerbebetrieb durch den bisherigen Unternehmer als eingestellt. Er gilt in diesem Fall als neugegründet, wenn er nicht mit einem bereits bestehenden Betrieb vereinigt wird.

167 Ein **Unternehmerwechsel** liegt vor bei einer Gesamtrechtsnachfolge. Sie bedeutet zusätzlich einen Steuerschuldnerwechsel iSd § 5 Abs. 2 GewStG. Nach § 19 Abs. 1 UmwStG ist bei einem Vermögensübergang von einer Körperschaft auf eine andere der Gewerbeertrag nach den §§ 11 ff. (Verschmelzung) bzw. § 15 UmwStG iVm §§ 11 ff. UmwStG (Spaltungen) zu ermitteln. Bei einer Verschmelzung tritt die übernehmende Körperschaft in die steuerliche Rechtsstellung der übertragenden ein (Prinzip der umwandlungssteuerrechtlichen (partiellen) Gesamtrechtsnachfolge; § 12 Abs. 3 UmwStG) und führt das Unternehmen fort. Zudem gehen nach § 19 Abs. 2 UmwStG iVm § 12 Abs. 3 Hs. 2 UmwStG und § 4 Abs. 2 UmwStG ua die verrechenbaren Verluste und verbleibende Verlustvorträge der übertragenden Körperschaft nicht auf die andere Körperschaft über. Sie gehen unter. Demnach stellt die Gesamtrechtsnachfolge (Verschmelzung) stets einen Unternehmerwechsel dar, ebenso der Formwechsel einer Körperschaft in eine PersGes (§ 9 UmwStG) oder einer PersHandelsGes in eine Körperschaft oder Genossenschaft (§ 25 UmwStG). Dies gilt nach § 19 Abs. 1 UmwStG entsprechend für Abspaltungen auf eine andere KapGes. Auch in diesem Fall wird der abgespaltete Betriebsteil von einer anderen KapGes fortgeführt. Zudem entfallen insoweit gem. § 19 Abs. 2 UmwStG iVm § 15 Abs. 3 UmwStG die vortragsfähigen Fehlbeträge der übertragenden Körperschaft iSd § 10a GewStG. Auch insoweit ist ein Unternehmerwechsel iSd § 2 Abs. 5 GewStG gegeben. Zu § 19 Abs. 2 UmwStG → Rn. 217.

168 Ein **völliger Unternehmerwechsel** scheidet nur beim Übergang oder in Personenunternehmen mit teilweise oder völlig identischem (Mit-)Unternehmerbestand und ferner bei anderen formwechselnden Umwandlungen, die regelmäßig auch keine Steuerschuldnerwechsel verursachen, aus (s. auch GewStH 2.7). Demnach ist bei der Einbringung eines Einzelunternehmens in eine PersGes kein gewerbesteuerlicher Unternehmerwechsel iSd § 2 Abs. 5 S. 2 GewStG gegeben (s. BFH IV B 86/00, BFH/NV 2001, 1447; → § 2 Rn. 596). Zur Verschmelzung von PersGes und Einbringung in Schwestergesellschaften; GewStR 10a.3 Abs. 3. Nur wenn es an einem gewstrechtlichen Unternehmerwechsel fehlt, ist auch der Gewerbeertrag für den Erhebungszeitraum einheitlich zu ermitteln, in den der Übertragungsstichtag des § 2 UmwStG fällt (§ 2 Abs. 1 S. 2 UmwStG). Kommt es dabei gleichwohl zum Steuerschuldnerwechsel iSd § 5 GewStG, so ist auf die Steuerschuldner aufzuteilen (→ § 2 Rn. 440 ff.; BFH IV R 133/90, BStBl. II 1995, 791: zeitanteilig; aA BMF 25.10.1995, BStBl. I 1995, 708; GewStR 5.1 Abs. 1: nach dem Verhältnis der Gewerbeerträge).

169 Eine **Teilbetriebsveräußerung** unterliegt nur dann nicht der GewSt, wenn der Steuerpflichtige die bisher in diesem Teilbetrieb entfaltete Tätigkeit endgültig einstellt und sämtliche zum Teilbetrieb gehörenden wesentlichen Betriebsgrundlagen in einem einheitlichen Vorgang veräußert oder/und entnimmt (BFH X B

192/07, BFH/NV 2009, 43; IV R 54/10, BStBl. II 2012, 927; GewStR 2.7 Abs. 3).

(frei) **170–174**

e) § 18 Abs. 3 UmwStG als Missbrauchsvermeidungsvorschrift. Die betriebsbezogene Regelung des § 18 Abs. 3 S. 1 UmwStG soll verhindern, dass die GewStPfl. der KapGes dadurch unterlaufen wird, dass der Betrieb erst nach vollzogener Umwandlung von der PersGes veräußert oder aufgegeben und der dabei erzielte Gewinn nach den allgemeinen Grundsätzen der GewSt entzogen wird. Ein Umgehen der Gewerbesteuerpflicht ist jedoch hinsichtlich des erst im Zuge der Umwandlung oder danach „neu gebildeten Betriebsvermögens" nicht gegeben, weil dieses Betriebsvermögen nie Teil des übergegangenen Vermögens der KapGes (sog. statisches Vermögen), sondern immer nur Betriebsvermögen der PersGes war. Die Aufgabe oder Veräußerung des Betriebs einer PersGes unterliegt wie die Veräußerung eines Mitunternehmeranteils dem Grunde nach nicht der Gewerbesteuer. Entsprechend kann es bei einer Umwandlung einer KapGes in eine PersGes hinsichtlich des „neu gebildeten Betriebsvermögens" grds. zu keiner Umgehung der GewSt kommen. **175**

§ 18 Abs. 3 UmwStG beruht als spezialgesetzlicher und gegenüber §§ 2 und 7 GewStG subsidiärer Ausnahmetatbestand – dh innerhalb seiner tatbestandlichen Grenzen (ua Fünf-Jahres-Frist) – auf der Regelungsidee einer fortlaufenden **gewstrechtlichen Verstrickung** des Vermögens der umgewandelten KapGes. Diese Idee ist im Zusammenhang mit dem sog. neu gebildeten Betriebsvermögen nicht einschlägig, weil das „neu gebildete Betriebsvermögen" nicht zum Vermögen der umgewandelten KapGes gehörte (BFH IV R 20/21, BFHE 284, 319 (330)). § 18 Abs. 3 UmwStG lässt den Grundsatz unberührt, nach dem Betriebsveräußerungsgewinne zwar bei der KapGes (§ 2 Abs. 2 S. 1 GewStG), dagegen nach Maßgabe des § 7 S. 2 GewStG nicht bei der PersGes der GewSt unterliegen (BFH IV R 24/90, BStBl. II 2012, 703; IV R 33/09, BFH/NV 2013, 1122; IV R 3/12, DStR 2015, 1378; IV R 6/13, BStBl. II 2016, 725). Entscheidend ist die gewerbesteuerrechtliche Verstrickung bei der früheren KapGes, nicht aber der gewerbesteuerrechtliche Status des neuen Unternehmensträgers.

Ein Veräußerungs- oder Aufgabegewinn ist daher grundsätzlich auch dann unter den Voraussetzungen des § 18 Abs. 3 UmwStG gewerbesteuerpflichtig, wenn die KapGes auf den Betrieb einer PersGes oder natürlichen Person umgewandelt wurde, der als solcher zB wegen der Erzielung von freiberuflichen Einkünften gem. § 2 Abs. 1 S. 2 GewStG **nicht der GewSt** unterliegt (BFH X R 40/10, BStBl. II 2013, 883; IV R 3/12, DStR 2015, 1378).

Gewinne aus der **(Weiter-)Veräußerung** des Betriebs, Teilbetriebs, Anteils oder Teilanteils einer PersGes II unterliegen nach § 18 Abs. 3 UmwStG auch dann innerhalb der Fünf-Jahres-Frist der Gewerbesteuerpflicht, soweit das gewerbesteuerverstrickte Betriebsvermögen einer KapGes, die in eine PersGes formumgewandelt wurde, von der übernehmenden PersGes I in eine andere PersGes II **(Schwestergesellschaft)** erfolgsneutral nach **§ 24 UmwStG** eingebracht wird und anschließend Anteile an dieser neuen PersGes II veräußert werden. Denn aufgrund der Betriebsbezogenheit der Vorschrift unterliegt grds. jeder Veräußerungsgewinn iSd § 18 Abs. 3 UmwStG innerhalb der Fünf-Jahres-Frist insoweit der GewSt, als er auf der Aufdeckung von stillen Reserven der der ehemaligen KapGes zuzuordnenden Wirtschaftsgüter beruht (BFH IV R 6/13, BStBl. II 2016, 725, mAnm Nöcker FR 2016, 1006; → Rn. 180).

Von § 18 Abs. 3 S. 1 und 2 UmwStG werden (laufende) **Gewinne aus Geschäftsvorfällen,** die auf der im Wesentlichen unveränderten Fortführung der bisherigen unternehmerischen Tätigkeit beruhen, nicht erfasst. Dies ist zB auch dann der Fall, wenn das veräußerte, einzelne Wirtschaftsgut (des Umlaufvermögens) zuvor, zB bei der durch Umwandlung beendeten KapGes, noch einem anderen Zweck gedient hat (BFH IV R 30/13, DStR 2015, 2660).

176 Wird ein Betrieb der PersGes oder natürlichen Person innerhalb von fünf Jahren nach dem Vermögensübergang (Umwandlung) aufgegeben oder veräußert, so unterliegt der **Auflösungs- oder Veräußerungsgewinn** nach **§ 18 Abs. 3 S. 1 und 2 UmwStG** insoweit nicht der GewSt, als die stillen Reserven im Zeitpunkt der Aufgabe oder Veräußerung im Betriebsvermögen des übernehmenden Rechtsträgers ruhen, das erst im Zuge der Umwandlung oder danach gebildet wurde (sog. neu gebildetes Betriebsvermögen; *UmwStE* Rn. 18.09, BFH IV R 20/21, BFHE 284, 319 (330)). Ein **Aufgabe- und Veräußerungsverlust** ist gewerbesteuerlich nicht zu berücksichtigen (*UmwStE* Rn. 18.10).

177 Der Begriff Umwandlung iSd § 18 Abs. 3 UmwStG umfasst auch den (identitätswahrenden) **Formwechsel** (BFH VIII R 23/01, BStBl. II 2004, 474; IV R 58/06, BStBl. II 2008, 73; BVerfG 1 BvR 2360/07, BFH/NV 2009, 350: Vb nicht angenommen; BFH IV B 51/08, BFH/NV 2008, 2057; BFH IV R 20/21, BFHE 284, 319 (330)). Dabei ist es unbeachtlich, ob die Anteile an der umgewandelten KapGes zum Privatvermögen oder zum Betriebsvermögen des Anteilseigners gehört haben (BFH VIII R 23/01, BStBl. II 2004, 474; FG Köln 12 K 4489/05, EFG 2012, 665 rkr.).

178 Bei einer Umwandlung auf eine **PersGes ohne Betriebsvermögen (sog. Zebragesellschaft)** ist § 18 Abs. 3 UmwStG nicht anwendbar, weil in diesem Fall gem. § 8 Abs. 1 UmwStG iVm § 3 Abs. 1 UmwStG die Wirtschaftsgüter in der steuerlichen Schlussbilanz der übertragenden Körperschaft mit dem gemeinen Wert anzusetzen sind. Der Übertragungsgewinn unterliegt der KSt und GewSt (s. § 8 UmwStG; *UmwStE* Rn. 18.05, 08.01, 08.03, 03.16). Die übertragenen Wirtschaftsgüter gehen auch dann nicht in das Betriebsvermögen der übernehmenden PersGes oder der natürlichen Person über, wenn sie gemäß § 39 Abs. 2 Nr. 1 S. 2 AO ertragsteuerlich dem Betriebsvermögen des Gesellschafters der übernehmenden PerGes zuzurechnen sind **(sog. Treuhandmodell,** *UmwStE* Rn. 03.16).

Auf die GewStPfl. der übernehmenden PersGes oder übernehmenden natürlichen Person kommt es für die Anwendung des § 18 Abs. 3 UmwStG als Sondertatbestand nicht an (*UmwStE* Rn. 18.11). Da die KapGes in vollem Umfang, die PersGes bzw. die natürliche Person nur mit dem werbenden Betrieb (laufenden Gewinn) der GewSt unterliegt, bietet sich grds. eine Umwandlung zu Buchwerten als Gestaltungsmittel für eine spätere gewerbesteuerneutrale Veräußerung beim übernehmenden Rechtsträger an. Dies will § 18 Abs. 3 UmwStG verhindern. Bei **doppelstöckigen PersGes** ist für Zwecke des § 18 Abs. 3 UmwStG jede Gesellschaft für sich zu betrachten (keine Abfärbung, OFD Koblenz 27.12.2004, DB 2005, 78).

179 Nach **§ 18 Abs. 3 S. 2 UmwStG** wird auch die Aufgabe oder Veräußerung eines **Teilbetriebs** oder **Anteils an der PersGes** als schädlich angesehen. Danach kommt die Veräußerung aller Mitunternehmeranteile einer Veräußerung des ganzen Betriebs gleich (BFH IV R 24/09, BStBl. II 2012, 703; NdsFG 12 K 45/03, EFG 2009, 1691). Diese Regelung gilt auch bei der Veräußerung eines Teils eines Anteils an einer PersGes (BFH VIII R 45/05, BFH/NV 2007, 793; IV R 58/

06, BStBl. II 2008, 73; IV R 22/06, BFH/NV 2008, 109; IV R 33/09, BFH/NV 2013, 1122; IV R 34/12, BFH/NV 2016, 41; *UmwStE* Rn. 18.05, 18.08). Davon ausgenommen ist die Veräußerung von Mitunternehmeranteilen, die aus einer nicht der GewSt unterliegenden Einbringung nach § 24 UmwStG hervorgegangen sind (vgl. OFD Frankfurt a. M. 19.3.2001, FR 2001, 557 (559); aber auch → Rn. 182), was durch § 7 S. 2 GewStG eingeschränkt wird (Füger/Rieger DStR 2002, 1021; → Rn. 2320 ff.). Ein in der Frist des § 18 Abs. 3 UmwStG zuletzt verbleibender **Teilbetrieb** ist ebenfalls ein Betrieb iSd Vorschrift (ähnl. BFH VIII R 27/98, BFH/NV 2001, 263).

Veräußert eine natürliche Person, die mittelbar über eine oder mehrere PersGes an der übernehmenden PersGes beteiligt ist **(mittelbare Beteiligung),** einen Anteil an der die Beteiligung vermittelnden PersGes oder gibt sie diesen auf, unterliegt ein Veräußerungs- oder Aufgabegewinn gemäß **§ 18 Abs. 3 S. 3 UmwStG** bei der vermittelnden PersGes der Gewerbesteuer, soweit dieser auf den Anteil an der übernehmenden PersGes entfällt (*UmwStE* Rn. 18.05, 18.09).

Die Begriffe **Aufgabe** oder **Veräußerung** sind nach den allgemeinen Grund- **180**
sätzen zu bestimmen. Danach wird ein Betrieb oder Teilbetrieb dann veräußert oder aufgegeben, wenn alle wesentlichen Betriebsgrundlagen (funktional-qualitative Betrachtung) übertragen bzw. überführt werden. Die Veräußerung setzt eine entgeltliche Übertragung des rechtlichen oder wirtschaftlichen Eigentums voraus. Als Veräußerung des übergegangenen Betriebs, Teilbetriebs oder Mitunternehmeranteils iSd § 18 Abs. 3 UmwStG gilt auch dessen **Einbringung** in eine KapGes (§ 20 UmwStG) oder PersGes (§ 24 UmwStG) gegen Gewährung von Gesellschaftsrechten iR eines tauschähnlichen Vorgangs (zB BFH X R 31/11, BFH/NV 2016, 1032; *UmwStE* Rn. 18.07).

Erfolgt die Einbringung eines Betriebs, Teilbetriebs oder Mitunternehmeranteils nach §§ 20, 24 UmwStG zum **Buch- oder Zwischenwert,** tritt der übernehmende Rechtsträger in die steuerliche Rechtsstellung des übertragenden Rechtsträgers und damit für den Rest der Sperrfrist iSd § 18 Abs. 3 UmwStG von insgesamt fünf Jahren ein, wobei die Gewerbesteuerverstrickung nur insoweit fortbesteht, als die stillen Reserven dem gewerbesteuerverstrickten Betriebsvermögen der KapGes zuzuordnen sind (§ 23 Abs. 1, § 24 Abs. 4 UmwStG, BFH IV R 6/13, BStBl. II 2016, 725 mAnm Nöcker FR 2016, 1006). Ein **Übertragungsgewinn,** der durch einen Zwischenwertansatz entsteht, ist nach § 18 Abs. 3 UmwStG gewerbesteuerpflichtig. Dies gilt ebenso für den Übertragungsgewinn, der durch Einbringungen eines Betriebs, Teilbetriebs oder eines Mitunternehmeranteils nach §§ 20, 24 UmwStG zum **gemeinen Wert** entsteht (*UmwStE* Rn. 18.07).

Der Veräußerung wird die **Entnahme** gleichgesetzt (OFD Frankfurt a. M. **181**
20.10.2000, DB 2000, 2350; *UmwStE* Rn. 18.08). Dadurch soll ua verhindert werden, dass ein bei einer Körperschaft gewstpfl. Veräußerungsgewinn durch eine vorgeschaltete Umwandlung in eine PersGes gewerbesteuerfrei gestellt wird (Krebs BB 1994, 2115; krit. Schaumburg FR 1995, 211 (217)).

Keine Veräußerung iSd Vorschrift stellt eine **unentgeltliche Übertragung** **182**
im Wege einer Umwandlung dar. Eine solche kann jedoch zur Anwendung des § 18 Abs. 3 UmwStG führen, wenn die Voraussetzungen des § 6 Abs. 3 EStG nicht erfüllt sind. Dies ist zB bei einer verdeckten Einlage in eine KapGes der Fall, die eine Betriebsaufgabe iSd § 18 Abs. 3 UmwStG darstellt (*UmwStE* Rn. 18.08). Eine **teilentgeltliche Übertragung** löst in Höhe des Übertragungsgewinns eine GewStPfl. aus, weil die teilweise Realisierung der stillen Reserven

eine Veräußerung iSd § 18 Abs. 3 UmwStG darstellt. Dies gilt entsprechend für eine volle Aufdeckung der stillen Reserven. Eine solche ist nach der Einheitstheorie gegeben, wenn das Entgelt das Kapitalkonto übersteigt (Wacker in Schmidt EStG § 16 Rn. 66; UmwStE Rn. 18.08). Auch in diesem Fall gilt die Fünf-Jahres-Frist für den Übernehmer weiter, soweit die stillen Reserven nicht oder nicht vollständig aufgedeckt wurden (BFH IV R 6/13, BStBl. II 2016, 725; *UmwStE* Rn. 18.08). Keine Veräußerung ist auch die **Realteilung** einer PersGes ohne Gewinnrealisierung (§ 16 Abs. 3 S. 2 EStG iFd JStG 1999; s. auch BMF 20.12.2016, BStBl. I 2017, 36).

183 In Fällen, in denen die Anteile an der umgewandelten KapGes schon gewstpfl. durch den früheren Anteilseigner veräußert worden sind, wird eine **unbillige Doppelerfassung** gesehen, der bei Vorgängen nach § 18 Abs. 3 UmwStG durch eine Einschränkung Rechnung zu tragen ist (Orth DB 2001, 1108). Meines Erachtens ist die Doppelerfassung auf der Ebene des Eigners und der Gesellschaft systemgerecht. Rechtspolitisch wäre es sinnvoll, Gewinne aus der Aufgabe und Veräußerung von Gewerbebetrieben für Personenunternehmen und KapGes gleich zu behandeln (Thiel FR 2000, 493). Auch → Rn. 2320.

184 Die **Fünf-Jahres-Frist beginnt** mit Ablauf des steuerlichen Übertragungsstichtags. Bei einer Veräußerung ist der Übergang des wirtschaftlichen Eigentums, in Einbringungsfällen der maßgebliche Einbringungszeitpunkt und im Fall der Betriebsaufgabe der Zeitpunkt der ersten Handlung nach dem Aufgabeentschluss entscheidend (*UmwStE Rn.* 18.05; 06.10).

185 Die **Missbrauchsfrist bleibt** nach zutreffender Auffassung der FVerw auch bei Einbringungen zum **gemeinen Wert** im Wege der Gesamtrechtsnachfolge (§ 23 Abs. 4 Hs. 2 UmwStG), nicht jedoch bei Einzelrechtsnachfolge (§ 23 Abs. 4 Hs. 1 UmwStG) für den übernehmenden Rechtsträger **bestehen.** Danach werden über die Fünf-Jahres-Frist die stillen Reserven, die sich innerhalb dieser Frist nicht im sog. „neu gebildeten Betriebsvermögen" ansammeln, gewstlich abgeschöpft. Der GewSt unterliegen somit mit Ausnahme der auf das sog. „neu gebildete Betriebsvermögen" entfallenden stillen Reserven sämtliche, im Zeitpunkt der Veräußerung oder Aufgabe vorhandenen stillen Reserven (*UmwStE* Rn. 18.07).

186 Gewstlich ist der Veräußerungsgewinn im Zeitpunkt der Betriebsveräußerung in vollem Umfang zu versteuern. Dies gilt entsprechend bei einer Veräußerung gegen **Leibrente** (wiederkehrende Bezüge) und der Veräußerer einkommensteuerrechtlich die Zuflussbesteuerung wählt, weil der Tatbestand der Betriebsveräußerung mit der Übertragung des wirtschaftlichen Eigentums auf den Erwerber verwirklicht wird und in diesem Zeitpunkt der Veräußerungsgewinn entsteht. Dieser entsteht unabhängig davon, ob der Kaufpreis sofort fällig, in Raten zahlbar oder langfristig gestundet ist und wann der Verkaufserlös dem Veräußerer tatsächlich zufließt (BFH X R 40/10, BStBl. II 2013, 883; s. auch *UmwStE* Rn. 18.06).

187 Erfolgen **Umwandlung und Veräußerung zeitgleich** zu einem einheitlichen Zeitpunkt, unterliegt der Veräußerungsgewinn nach § 18 Abs. 3 UmwStG der GewSt, weil stille Reserven aufgedeckt werden, die auch den Wirtschaftsgütern der ehemaligen KapGes zuzuordnen sind (s. BFH IV R 24/09, BStBl. II 2012, 703 zu § 18 Abs. 4 UmwStG aF). „Nach der Umwandlung" iSd § 18 Abs. 3 UmwStG ist nicht in einem zeitlichen, sondern in einem logischen Sinn zu verstehen, weil der Veräußerung der Beteiligung an der PersGes zwangsläufig ein Vermögensübergang vorausgegangen sein muss (s. Wendt Anm. zu BFH IV R

24/09, BFH/PR 2012, 329). Bestimmen der Verschmelzungsvertrag und der Vertrag über die Veräußerung eines Anteils an der übernehmenden PersGes einheitlich einen Zeitpunkt, ist eine Veräußerung innerhalb von fünf Jahren nach dem Vermögensübergang (oder der Umwandlung) iSd § 18 Abs. 3 S. 1 UmwStG gegeben (*UmwStE* Rn. 18.08a).

§ 18 Abs. 3 S. 4 UmwStG schließt **§ 35 EStG** in der Absicht aus, Veräußerungen durch KapGes auch bei einer zwischengeschalteten Umwandlung auf ein Personenunternehmen nicht von der GewSt zu entlasten. Hierbei handelt es sich um eine klarstellende Regelung, weil der Ausschluss von der Anrechnung bereits aus der teleologischen Reduktion des § 35 EStG folgt (BFH IV R 5/08, BStBl. II 2010, 912). Dies gilt jedoch nicht für den Veräußerungsgewinn nach einer (formwechselnden) Umwandlung einer Organgesellschaft in eine PersGes, wenn dieser auf der Ebene des Organträgers der Gewerbesteuer unterlegen hätte. In diesem Fall kommt für den in der PersGes erzielten und mit GewSt belasteten Veräußerungsgewinn eine Steuerermäßigung nach § 35 Abs. 2 EStG in Betracht (BFH IV R 27/12, BStBl. II 2015, 837). Ob und in welcher Höhe Teile des festgesetzten GewStMessbetrags nach § 18 Abs. 3 S. 4 UmwStG von der Einkommensteuerermäßigung ausgeschlossen sind, ist im **Feststellungsverfahren** nach § 35 Abs. 2 EStG zu entscheiden (BFH IV R 5/08, BStBl. II 2010, 912). **188**

Die GewSt, die gem. § 18 Abs. 3 S. 1 UmwStG durch die Veräußerung oder Aufgabe des Betriebs durch die PersGes entsteht, kann deren Schuldner gemäß **§ 4 Abs. 5b EStG** nicht als **Veräußerungskosten** iSd § 16 Abs. 2 EStG berücksichtigen. Dies gilt nicht für den, der sich vertraglich zur Übernahme der GewSt verpflichtet hat (BFH IV R 18/17, BFH/NV 2019, 619). **189**

Bei Verwirklichung eines Missbrauchstatbestandes iSd § 18 Abs. 3 S. 1 und 2 UmwStG iVm § 7 S. 1 GewStG schließen sowohl der Zweck dieser Vorschrift als auch der Charakter der Gewerbesteuer als Objektsteuer die **Gewährung eines Veräußerungsfreibetrags** nach § 16 Abs. 4 EStG aus (BFH IV R 3/12, DStR 2015, 1378; s. auch Wacker in Schmidt EStG § 35 Rn. 6, 23). Dies gilt auch bei der Veräußerung eines Anteils an einer die Beteiligung an der übernehmenden PersGes vermittelnden PersGes (mittelbare Beteiligung iSd § 18 Abs. 3 S. 3 UmwStG; *UmwStE* Rn. 18.09). **190**

(frei) **191–194**

f) Verlustabzug nach § 10a GewStG. § 18 Abs. 1 S. 2 UmwStG bestimmt (klarstellend) für die Verschmelzung, Aufspaltung, Abspaltung bzw. den Formwechsel **von einer Körperschaft auf ein Personenunternehmen,** dass der Gewerbeertrag der übernehmenden PersGes nicht um Fehlbeträge des laufenden Erhebungszeitraums und die vortragsfähigen Fehlbeträge der übertragenden Körperschaft iSd § 10a GewStG gekürzt werden kann. Entsprechend führt ein **Formwechsel zwischen Personenunternehmen und Kapitalgesellschaft** immer zu einem nach § 10a GewStG schädlichen Unternehmerwechsel (→ § 10a Rn. 3, 57). **195**

Bei einer rückwirkenden Übertragung wird gemäß § 2 Abs. 1 UmwStG der **laufende Verlust** der übertragenden Körperschaft nach dem steuerlichen Übertragungsstichtag dem übernehmenden Rechtsträger zugerechnet. Diese Verlustnutzung wird nach § 2 Abs. 4 UmwStG grds. eingeschränkt. Der Grundsatz der Unternehmer- und Unternehmensidentität ist auch hier bei der übernehmenden PersGes zu beachten, wenn neue Gesellschafter hinzukommen. **196**

197 Gemäß § 18 Abs. 1 S. 1 UmwStG iVm § 4 Abs. 2 S. 2 UmwStG gehen auch **Zins- und EBITDA-Vorträge** nach § 4h Abs. 1 S. 5 EStG nicht über.

198–209 *(frei)*

210 Bei der Verschmelzung, der Spaltung, dem Formwechsel **aus einer PersGes in eine Körperschaft** iR einer Einbringung gilt § 20 UmwStG, der eine Nachfolge in den Verlustabzug nach § 10a GewStG ausschließt. **§ 23 Abs. 5 UmwStG** stellt dies klar. Eine KapGes als Einbringende kann den vortragsfähigen Verlust grds. nutzen, weil bei dieser die gesamte Betätigung immer als einheitlicher Gewerbebetrieb gilt (s. BFH IV R 86/05, BStBl. II 2012, 145; OFD Münster 27.6.2012, DB 2012, 1596; FM NRW 27.1.2012, DStR 2012, 908).

211 Gemäß § **20 Abs. 9 UmwStG** geht auch ein Zinsvortrag nach § 4h Abs. 1 S. 5 EStG und ein EBITDA-Vortrag nach § 4h Abs. 1 S. 3 EStG des eingebrachten Betriebs nicht auf die übernehmende Gesellschaft über.

212 Bei einer **Anteilsvereinigung** (Übertragung der Anteile an der PersGes auf den übernehmenden Rechtsträger als einziger Gesellschafter) bewirkt die Fiktion des § 2 Abs. 1 S. 1 UmwStG das rückwirkende Erlöschen der (Ober-)Gesellschaft und damit ab dem steuerrechtlichen Übertragungsstichtag den Wegfall des Verlustabzugs nach § 10a GewStG hinsichtlich der ihr von der Untergesellschaft zuzurechnenden gewstlichen Fehlbeträge (BFH IV R 59/07, BFH/NV 2010, 1492; IV R 29/13, BFH/NV 2016, 1489).

213–216 *(frei)*

217 **§ 19 Abs. 2 UmwStG** lässt bei **Umwandlungen einer Körperschaft auf eine andere** weder einen Verlustabzug noch einen Verlustausgleich zu. Nach § 19 Abs. 2 UmwStG iVm §§ 12 Abs. 2 Hs. 2, 4 Abs. 2 S. 2 UmwStG gehen auch gewstrechtlich ua verrechenbare Verluste und verbleibende Verlustvorträge nicht auf die übernehmende Körperschaft über. Diese Verluste können lediglich iRv Buchwertaufstockungen mit dem Übertragungsgewinn verrechnet werden. Dadurch soll der Import von Verlusten iRv grenzüberschreitenden Umwandlungen unterbunden werden.

218 **§ 19 UmwStG** ist auf Fehlbeträge einer **Mitunternehmerschaft,** an der die übertragende Körperschaft beteiligt ist, nicht anwendbar. Scheidet damit im Wege einer Abspaltung eine KapGes als Mitunternehmerin aus einer Mitunternehmerschaft aus, gehen deren vortragsfähigen Gewerbeverluste insoweit unter, als diese der KapGes zugerechnet werden (BFH IV R 29/18, BStBl. II 2021, 722). § 19 UmwStG und § 10a S. 10 Hs. 1 GewStG gelten nicht für Fehlbeträge einer nachgeordneten Mitunternehmerschaft (BFH IV R 29/18, BStBl. II 2021, 772; *UmwStE* Rn. 19.01).

219–234 *(frei)*

235 **Bei Spaltungen oder Abspaltungen auf eine Körperschaft** nimmt **§ 19 Abs. 2 UmwStG** auf § 12 Abs. 3 und § 15 Abs. 3 UmwStG Bezug. Danach ist die übertragende Körperschaft iSd § 19 Abs. 2 UmwStG auch diejenige, die Teile ihres Vermögens auf- bzw. abspaltet. Bei Aufspaltungen gehen damit die Verluste des übertragenden Rechtsträgers nach § 12 Abs. 3 UmwStG iVm § 4 Abs. 2 S. 2 UmwStG vollständig und bei Abspaltungen anteilig iSd Verhältnisrechnung des § 15 Abs. 3 UmwStG unter.

236 **Bei Spaltung oder Abspaltung auf eine PersGes** ist ein Verlustabzug nach § 10a GewStG ausgeschlossen, wenn aus einer Körperschaft umgewandelt wird **(§ 18 Abs. 1 S. 2 UmwStG).**

237–249 *(frei)*

4. Verlustabzug nach § 10d EStG, § 4 Abs. 2 S. 2, § 12 Abs. 3 UmwStG

Ein Verlust kann nach den Grundsätzen des Einkommen- und Körperschaftsteuerrechts grds. nur bei dem Steuerpflichtigen abgezogen werden, der den Verlust erlitten hat. Ein nicht ausgenutzter Verlust geht daher nur dann auf den Rechtsnachfolger über, wenn dies eine Norm ausdrücklich anordnet (BFH I R 112/09, BFH/NV 2011, 1194). **250**

a) Verlustabzug. Das **UmwStG** sieht grds. keinen Verlustübergang auf ein anderes Rechtssubjekt vor. So ist bei einer **Umwandlung** auf eine PersGes (§ 4 Abs. 2 S. 2, § 19 Abs. 2 UmwStG) sowie auf eine Körperschaft (§ 12 Abs. 3 UmwStG iVm §§ 4 Abs. 2, 19 Abs. 2 UmwStG) ein Übergang eines körperschaft- und gewstlichen Verlustvortrags ausgeschlossen. Im Fall einer **Abspaltung** bleibt der Verlustvortrag gem. § 15 Abs. 3 S. 1 UmwStG im Verhältnis der übergehenden Vermögensteile zu dem bei der übertragenden Körperschaft vor der Spaltung bestehenden Vermögen bestehen. Im Übrigen gehen die Verluste unter (§ 12 Abs. 3 UmwStG). Nicht verbrauchte Verlustabzüge können mit dem Übertragungsgewinn verrechnet werden. Die Behandlung der verbleibenden Verlustvorträge entspricht dem Grundsatz der Individualbesteuerung und dem Prinzip der Besteuerung nach der individuellen Leistungsfähigkeit. Zu Gestaltungen der Verlustnutzung s. Wälzholz DStR 2008, 1769. Zur Sicherung der Verlustverwertung durch gezielte Einbindung von PersGes im Unternehmensverbund s. Heinz/Wike GmbHR 2010, 360. **251**

Bei Einbringungsvorgängen tritt der übernehmende Rechtsträger grds. in die steuerliche Rechtsstellung des Einbringenden ein (§§ 23 Abs. 1 und 2, 24 Abs. 4, 4 Abs. 1 S. 3, 12 Abs. 3 Hs. 1 UmwStG). Diese grds. auf die Wirtschaftsgüter bezogene Rechtsnachfolge erfasst nicht den verbleibenden Verlustabzug iSd § 10d Abs. 4 S. 2 EStG (zB verrechenbare Verluste iSd §§ 15a, 15b Abs. 4 EStG, verbleibende Verluste nach §§ 2a, 10d, 15 Abs. 4, 15a EStG, laufende, vor dem steuerlichen Umwandlungsstichtag erwirtschaftete Verluste). Dieser bezieht sich auf den Einbringenden persönlich und geht damit nicht auf die übernehmende Gesellschaft über. Nach dem steuerlichen Übertragungsstichtag erzielte laufende Verluste des übertragenden Rechtsträgers sind dem übernehmenden Rechtsträger zuzurechnen, soweit sie durch den eingebrachten Betrieb oder Teilbetrieb entstanden sind (s. Schmitt/Schloßmacher UmwStE 2011 Rn. 23.02). Soweit hinsichtlich des Übergangs von verbleibenden Verlustvorträgen konkrete Regelungen fehlen bzw. nicht anzuwenden sind, gelten die allgemeinen Grundsätze. **252**

Auf Seiten der **übernehmenden Kapitalgesellschaft** kann es hinsichtlich nicht genutzter Verluste und des Zinsvortrags dadurch zu einem schädlichen Beteiligungserwerb iSd § 8c KStG kommen, dass durch die Einbringung eines Betriebs, Teilbetriebs, Mitunternehmeranteils oder im Wege eines Anteilstausches die Beteiligungsverhältnisse verschoben werden und damit ein vergleichbarer Sachverhalt gegeben ist (s. BMF 24.3.2025, BStBl. I 2025, 683; BMF 28.11.2017, BStBl. I 2017, 1645; *UmwStE* Rn. 23.03). Zur Anwendung von § 8d KStG s. BMF 18.3.2021, BStBl. I 2021, 363 Rn. 43. **253**

In Übereinstimmung mit der Verschmelzung auf PersGes schließt **§ 12 Abs. 3 UmwStG iVm § 4 Abs. 2 UmwStG** die Nutzung von verbleibenden Verlusten der übertragenden Körperschaft durch die übernehmende Körperschaft aus. Es besteht lediglich die Möglichkeit, vorhandene Verluste durch den Ansatz des über- **254** gehenden Betriebsvermögens mit einem Zwischenwert oder dem gemeinen Wert zu reduzieren. Bei einer Abspaltung kann der abspaltende Rechtsträger den bei ihm verbleibenden anteiligen Verlustvortrag weiterhin nutzen.

255 Ebenso ist ein **Zinsvortrag** nach § 4h Abs. 1 S. 2 EStG und ein **EBITDA-Vortrag** nach § 4h Abs. 1 S. 3 EStG ausgeschlossen (§ 12 Abs. 3 Hs. 2 UmwStG iVm § 4 Abs. 2 S. 2 UmwStG).

256 **b) Keine Rechtsnachfolge in den verbleibenden Verlustvortrag (§ 10d, § 2a, § 15 Abs. 4 EStG, § 4 Abs. 2 S. 2, § 12 Abs. 3 UmwStG).** In folgenden Fällen besteht keine Rechtnachfolge in den verbleibenden Verlustvortrag:

– Verschmelzung des Vermögens einer Körperschaft in das einer PersGes oder natürlichen Person (§ 4 Abs. 2 UmwStG). Dagegen bestehen keine verfassungsrechtlichen Bedenken (BFH I B 130/13, BFH/NV 2014, 1085);
– Verschmelzung oder Vermögensübertragung (Vollübertragung) auf eine andere Körperschaft (§ 12 Abs. 3 Hs. 2 UmwStG iVm § 4 Abs. 2 UmwStG);
– Formwechsel einer KapGes oder Genossenschaft in eine PersGes (§ 9 UmwStG iVm § 4 Abs. 2 S. 2 UmwStG);
– Aufspaltung, Abspaltung und Vermögensübertragung auf andere KapGes (§ 15 Abs. 1 UmwStG iVm § 12 Abs. 3 UmwStG iVm § 4 Abs. 2 S. 2 UmwStG);
– Einbringungsvorgänge nach § 20 UmwStG und § 24 UmwStG;
– Verschmelzung einer Versicherungs-AG auf einen Versicherungsverein auf Gegenseitigkeit oder ein öffentlich rechtliches Versicherungsunternehmen (§ 12 Abs. 5 UmwStG iVm Abs. 3 UmwStG, → Rn. 1010);
– Aufspaltung oder Abspaltung von einer Körperschaft auf eine PersGes (§ 16 UmwStG);
– Umwandlung eines Betriebs gewerblicher Art in eine Anstalt öffentlichen Rechts (BFH I R 112/09, BFH/NV 2011, 1194).

257 **c) Rechtsnachfolge in den verbleibenden Verlustabzug (§ 10d Abs. 4 EStG).** Nach **§ 8c Abs. 1 KStG** ist der Abzug nicht genutzter Verluste grds. beschränkt bzw. ausgeschlossen, wenn innerhalb von fünf Jahren mittelbar oder unmittelbar mehr als 25 % bzw. 50 % der Anteile, Mitgliedschaftsrechte oder Stimmrechte übertragen werden **(schädlicher Beteiligungserwerb).** Diese Grundsätze gelten auch für (erfolgsneutrale) **Umwandlungen** wie Verschmelzungen, Spaltungen und Einbringungen, nicht jedoch für den identitätswahrenden Formwechsel einer KapGes, da es an einem Wechsel der Anteilseigner fehlt. Bei einem Formwechsel einer KapGes in eine PersGes ist der Verlustabzug bereits nach §§ 9 S. 1, 4 Abs. 2 S. 2 UmwStG ausgeschlossen. Gemäß § 8c Abs. 1 S. 4 KStG liegt kein schädlicher Beteiligungserwerb vor, wenn an dem übertragenden und übernehmenden Rechtsträger dieselbe Person zu jeweils 100 % mittelbar oder unmittelbar beteiligt ist **(Konzernklausel).** Danach fallen Umstrukturierungen innerhalb des Konzerns grds. nicht unter die Regelung des § 8c Abs. 1 KStG.

258–269 *(frei)*

270 **d) Ausländische Betriebsstättenverluste.** Ausländische Betriebsstättenverluste sind auch nach Unionsrecht im Inland (Ansässigkeitsstaat) grds. nicht zu berücksichtigen (zB EuGH C-388/14, BStBl. II 2016, 362 – Timac Agro Deutschland; BFH I R 100/09, BStBl. II 2010, 1065; I R 48/11, IStR 2014, 337; I R 2/15, BStBl. II 2017, 709).

271–279 *(frei)*

5. Erbschaftsteuer/Schenkungsteuer

Grundsätzlich sind Umwandlungen nicht von erbschaft- und schenkungssteuerrechtlicher Bedeutung. Wie § 2 UmwStG zeigt, beschränkt sich das Umwandlungssteuerrecht als Sonderregelung allein auf die Ermittlung des Vermögens und des Einkommens. Dennoch kann nach Auffassung der FVerw bei sog. nichtverhältniswahrenden Verschmelzungen bzw. Spaltungen und auch bei Einbringungen durch Wertverschiebungen der Grundtatbestand des § 7 Abs. 1 Nr. 1 ErbStG berührt werden (s. Crezelius DStZ 2015, 399). Zur Behandlung von (jungem) Verwaltungsvermögen und (jungen) Finanzmitteln bei Umwandlungsvorgängen sowie deren Folgen für die Anwendung des vereinfachten Ertragswertverfahrens s. BStBl. I 2022, 1517. **280**

Übersteigt bei einer **Verschmelzung einer Kapitalgesellschaft auf eine andere** der Wert der den Gesellschaftern der übertragenden Gesellschaft gewährten Beteiligung den Wert der übertragenden Gesellschaft, ist nach Auffassung der FVerw eine steuerbare Zuwendung der Gesellschafter der übernehmenden Gesellschaft an die Gesellschafter der übertragenden Gesellschaft in Höhe des übersteigenden Werts gegeben (FM Länder 14.3.2012, BStBl. I 2012, 331 Rn. 2.2.1). Dagegen gibt es nach Auffassung des **BFH** im Verhältnis einer KapGes zu ihren Gesellschaftern oder zu den Gesellschaftern einer an ihr beteiligten KapGes, eines Gesellschafters zu der Gesellschaft und eines Gesellschafters zu einem anderen Gesellschafter neben betrieblich veranlassten Rechtsbeziehungen lediglich offene und verdeckte Gewinnausschüttungen bzw. gesellschaftsrechtlich veranlasste Vorgänge, aber keine freigebigen Zuwendungen iSd § 7 Abs. 1 Nr. 1 ErbStG (BFH II R 43/12, BStBl. II 2015, 241; II B 146/14, BFH/NV 2015, 1586; II R 40/14, DStR 2016, 743; II R 52/14, BStBl. II 2017, 653). Dies gilt für eine Werterhöhung von Anteilen an einer KapGes durch eine disquotale Einlage entsprechend. **281**

(frei) **282–359**

VI. Rückwirkung

1. Steuerliche Rückwirkung (§ 2 UmwStG)

Der 1. Teil des **UmwStG** enthält allgemeine Vorschriften. Die Regelung des § 2 UmwStG erstreckt sich daher grds. auch auf den 6. bis 8. Teil (offen gelassen in BFH I R 28/11, DStR 2013, 575; aA FG München 15 K 2779/18, EFG 2020, 863; → Rn. 1636). Siehe hierzu Stengel DB 2008, 2329. Die Ausgliederung wird steuerrechtlich als Einbringung behandelt, deren steuerliche Rückbeziehung in § 20 Abs. 5 und 6 UmwStG geregelt ist (BFH I R 28/11, DStR 2013, 575). **360**

Die Rückwirkungsfiktion des § 2 UmwStG, die rein innerbetriebliche Vorgänge betrifft, ist eine Ausnahme vom allgemeinen steuerlichen Rückwirkungsverbot (*UmwStE* Rn. 02.09). Gemäß **§ 2 Abs. 1 S. 1 UmwStG** sind das **Einkommen** (nicht die Ausschüttung) und das **Vermögen** der übertragenden Körperschaft sowie der Übernehmerin so zu ermitteln, als ob das Vermögen der Körperschaft mit Ablauf des Bilanzstichtages, der dem Vermögensübergang zugrunde liegt **(steuerlicher Übertragungsstichtag),** auf die Übernehmerin übergegangen wäre. Steuerrechtlich werden demnach grds. alle zwischen dem Übertragungsstichtag und der Handelsregistereintragung der Vermögensübertragung anfallenden Geschäfte des übertragenden Rechtsträgers dem übernehmen- **361** den Rechtsträger zugerechnet (s. BFH I R 27/16, BStBl. II 2018, 449; I R 20/17, BFH/NV 2019, 1291). Nicht Regelungsgegenstand des § 2 Abs. 1 UmwStG ist die Gewinnermittlung der Gesellschafter der beteiligten Rechtsträger. Eine rückwirkende Verschmelzung nach dem **Tod eines Gesellschafters** der KapGes hat damit keinen Einfluss auf dessen Besteuerung (BFH X R 36/18, BStBl. II 2021, 359; *UmwStE* Rn. 02.17, 05.03).

362 Nicht vom Anwendungsbereich des § 2 Abs. 1 UmwStG erfasst werden **tatsächliche Vorgänge** wie die Einstellung des Geschäftsbetriebs iSd § 12 Abs. 3 S. 2 UmwStG aF. Sie lassen sich mittels der gesetzlichen Rückwirkungsfiktion nicht zurückbeziehen (BFH I R 26/09, BFH/NV 2010, 1667). Ebenso ist § 2 Abs. 1 UmwStG bei einem **fiktiven Formwechsel nach § 1a Abs. 2 S. 1 KStG** nicht anwendbar (BMF BStBl. I 2021, 2212 Rn. 25).

363 **a) Steuerrechtlicher Übertragungsstichtag.** Steuerrechtlicher Übertragungsstichtag ist grds. der Tag vor der Verschmelzung bzw. Spaltung, auf den der übertragende Rechtsträger nach § 17 Abs. 2 UmwG eine handelsrechtliche Schlussbilanz zu erstellen hat. Bei einer handelsrechtlichen Verschmelzung mit Wirkung zum 1.1.2002 ist gem. § 17 Abs. 2 UmwG zum 31.12.2001 eine handelsrechtliche Schlussbilanz (sog. Übertragungsbilanz) zu erstellen. Der Stichtag dieser handelsrechtlichen Schlussbilanz ist zugleich der steuerliche Übertragungsstichtag. Ab dem nachfolgenden handelsrechtlichen Umwandlungsstichtag werden die Handlungen des übertragenden Rechtsträgers gem. §§ 5 Abs. 1 Nr. 6, 126 Abs. 1 Nr. 6 UmwG dem übernehmenden Rechtsträger zugerechnet (BFH XI R 39/18, BStBl. II 2021, 517; *UmwStE* Rn. 02.02). Das eingebrachte Betriebsvermögen ist bei der übernehmenden Gesellschaft grds. erstmals mit Ablauf des steuerlichen Übertragungsstichtags (31.12.2001) in deren steuerlichen Schlussbilanz anzusetzen (zB *UmwStE* Rn. 20.21, 20.14, 02.03; LfSt Bay 11.11.2014, DStR 2015, 429; BFH IV R 34/12, BFH/NV 2016, 41; I R 27/16, BStBl. II 2018, 449; BFH X R36/18, BStBl. II 2021, 359).

Dies gilt **nicht** für die Rechtsbeziehungen des übertragenden Rechtsträgers zu Dritten und dessen Anteilseignern, die nicht am übernehmenden Rechtsträger beteiligt sind (BFH I R 96/08, BStBl. II 2011, 467; I B 34/14, BFH/NV 2015, 356; *UmwStE* Rn. 02.03). § 2 Abs. 1 S. 1 UmwStG betrifft nur die an der übertragenden Umwandlung beteiligten Rechtsträger, **nicht** hingegen deren Gesellschafter und die an diese durch die übernehmende Körperschaft zu **erbringende Gegenleistung.** Gewinnauswirkungen auf der Gesellschafterebene zB nach § 17 Abs. 1 S. 2 EStG nehmen bei einer Umwandlung auf eine Körperschaft nicht an der umwandlungssteuerlichen Rückbeziehung teil (BFH I R 27/16, BStBl. II 2018, 449; IX R 5/22, DStR 2023, 507; → Rn. 400).

364 Mit der **Bilanz** iSd § 2 Abs. 1 S. 1 UmwStG ist die Schlussbilanz des übertragenden Rechtsträgers iSd § 17 Abs. 2 UmwG gemeint (BFH IV R 69/05, BFH/NV 2008, 1550; I R 27/16, BStBl. II 2018, 449). Die nicht mit der Anmeldung zum Handelsregister eingereichte Bilanz ist dann für die Bestimmung des steuerlichen Übertragungsstichtags gem. § 2 UmwStG maßgebend, wenn später keine Schlussbilanz des übertragenden Rechtsträgers auf einen anderen Zeitpunkt vorgelegt wird und handelsrechtlich auch nicht vorgelegt werden muss, und wenn zwischen den Stichtagen der betreffenden Schlussbilanzen keine Geschäftsvorfälle stattgefunden haben. Für Rückzahlungen kann sich eine Rückwirkung nach § 175 Abs. 1 S. 1 Nr. 2 AO ergeben (Berg DStR 1997, 1390).

365 **b) Rückwirkungsfiktion.** Die steuerliche Rückwirkung ist auch dann möglich, wenn der aufnehmende Rechtsträger am steuerlichen Übertragungsstichtag noch nicht bestanden hat (BFH I R 39/18, BFH/NV 2022, 297; *UmwStE* Rn. 02.11; s. 9. Auflage).

Mit Ablauf des steuerlichen Übertragungsstichtags **entstehen** der **Übertragungsgewinn** bzw. **-verlust** sowie das **Übernahmeergebnis** iSd § 4 Abs. 4–6 UmwStG (§ 2 Abs. 1 UmwStG iVm §§ 4 Abs. 1, 5 Abs. 1–3 UmwStG) und die **Bezüge iSd § 7 UmwStG** iVm § 20 Abs. 1 Nr. 1 EStG. Diese Ergebnisse gelten als im steuerlichen Übertragungszeitpunkt verwirklicht. Deren **Besteuerung** ist in dem Veranlagungszeitraum vorzunehmen, in dem das Wirtschaftsjahr endet, in das der steuerliche Übertragungsstichtag fällt (s. *UmwStE* Rn. 02.04). Die nach § 7 UmwStG fingierten Einkünfte sind die „letzten" Einkünfte, die der Anteilseigner aus seiner Beteiligung an der übertragenden KapGes – ausgelöst durch den Umwandlungsvorgang – erzielt (BFH VIII R 43/13, BFH/NV 2016, 1313).

(frei) **366–368**

c) Rückwirkungszeitraum. Für alle Umwandlungen nach dem UmwG kann der **steuerliche Übertragungsstichtag** höchstens acht Monate vor der Anmeldung der Umwandlung zur Eintragung in das maßgebliche Register liegen (BMF 19.12.1994, BStBl. I 1995, 42). Dies ergibt sich aus § 17 Abs. 2 UmwG für Verschmelzungen, aus § 125 UmwG iVm § 17 Abs. 2 UmwG für Spaltungen und aus §§ 176, 177 UmwG iVm §§ 125, 17 Abs. 2 UmwG für Vermögensübertragungen. **369**

Für den **Formwechsel,** bei dem es handelsrechtlich zu keiner Übertragung kommt, enthält § 9 UmwStG eine eigenständige Rückwirkungsregelung. Gemäß § 9 S. 3 UmwStG darf der Stichtag für die steuerliche Schlussbilanz bzw. Eröffnungsbilanz höchstens acht Monate vor der Anmeldung des Formwechsels zur Eintragung in ein öffentliches Register liegen (Übertragungsstichtag; *UmwStE* Rn. 02.05 f.). Unabhängig davon ist § 2 UmwStG auch deshalb auf formwechselnde Umwandlungen anzuwenden, weil der erste Teil des UmwStG allgemeine Vorschriften enthält, die auch für den im zweiten Teil enthaltenen § 9 UmwStG gelten (vgl. BFH VIII R 43/13, BFH/NV 2016, 1313, zum UmwStG 1995; → Rn. 821). **370**

Bei einer rückwirkenden formwechselnden Umwandlung iSd § 9 UmwStG gilt das Vermögen der KapGes mit Ablauf des steuerlichen Übertragungsstichtags – steuerrechtlich – als auf die PersGes übertragen (Bindungswirkung sog. vorgreiflicher Umstände; vgl. BFH VIII R 11/02, BStBl. II 2006, 253; VIII R 43/13, BFH/NV 2016, 1313; XI R 39/18, BStBl. II 2021, 517). Für die (fingierte) PersGes ist das steuerliche Ergebnis aus dem Rumpfwirtschaftsjahr zu ermitteln und den Gesellschaftern der (zum Ablauf des Rumpfwirtschaftsjahres noch bestehenden) GmbH als originäre mitunternehmerische Einkünfte iSd § 15 Abs. 1 S. 1 EStG zuzurechnen (BFH IV R 61/07, BStBl. II 2010, 942). **371**

§ 20 Abs. 6 UmwStG verweist ebenfalls auf § 17 Abs. 2 UmwG und sieht in Aufspaltungs-, Abspaltungs- und Ausgliederungsfällen des § 123 UmwG vor, dass der Schlussbilanzstichtag des § 17 Abs. 2 UmwG höchstens acht Monate vor der Anmeldung der Verschmelzung, Auf- oder Abspaltung oder Ausgliederung im Handelsregister liegt. **372**

In **anderen Fällen** darf die Sacheinlage auf einen Tag zurückbezogen werden, der höchstens acht Monate vor dem Tag des Abschlusses des Einbringungsvertrages liegt und höchstens acht Monate vor dem Zeitpunkt liegt, an dem das eingebrachte Betriebsvermögen auf die KapGes übergeht. Ist der Zeitraum von acht Monaten überschritten, so ist steuerrechtlicher Übertragungsstichtag der Tag der Eintragung des Umwandlungs-(Verschmelzungs-)Beschlusses im Handelsregister. Zur Rück- **373** wirkung bei der Vereinigung von Sparkassen s. OFD Hannover 30.1.2007, DB 2007, 604.

374 **d) Ausländische Umwandlungen.** Bei ausländischen Umwandlungsvorgängen kann der Rückwirkungszeitraum iSd § 2 UmwStG über die acht Monate hinausgehen. Maßgebend ist das ausländische Umwandlungsrecht. Dagegen ist beim Formwechsel einer ausländischen KapGes in eine ausländische PersGes gem. § 9 S. 3 UmwStG die Rückwirkung auf acht Monate begrenzt (*UmwStE* Rn. 02.07 f.).

375 **e) Gewerbesteuerliche Ermittlung der Bemessungsgrundlagen (§ 2 Abs. 1 S. 2 UmwStG).** Für die Ermittlung der Besteuerungsgrundlagen der GewSt (§ 6) gelten die gleichen Grundsätze (§ 2 Abs. 1 S. 2 UmwStG). Danach endet mit Ablauf des steuerlichen Übertragungsstichtags der Erhebungszeitraum (§ 14 S. 2) sowie die GewStPfl. der übertragenden Körperschaft. Die aufgrund eines Übertragungsgewinns entstehende GewSt ist in der steuerlichen Übertragungsbilanz zu passivieren. Die nicht abziehbare GewSt (§ 4 Abs. 4b EStG, § 8 Abs. 1 S. 1 KStG) ist außerhalb der Bilanz wieder hinzuzurechnen (Weber-Grellet in Schmidt EStG § 5 Rn. 550 „Gewerbesteuer").

376 **§ 20 Abs. 5 UmwStG** bewirkt auch gewstrechtlich aufgrund der Rückwirkungsfunktion einen rückwirkenden Unternehmerwechsel iSd § 2 Abs. 5 (Harder DStR 1997, 8). Ähnlich verhält es sich mit der rückwirkenden Begründung einer Organgesellschaft (BFH I R 55/02, BStBl. II 2004, 534; vgl. Niehaves/Thiemer DStR 2002, 1793). Die Rückwirkungsfiktion führt in Fällen der Anteilsvereinigung zum rückwirkenden Erlöschen der (Ober-)PersGes und damit zum rückwirkenden Verlust der ertragsteuerrechtlichen Rechtsfähigkeit der Mitunternehmerschaft. Dies gilt gem. § 2 Abs. 1 S. 2 UmwStG auch für die Besteuerungsgrundlagen der Gewerbesteuer. Ab dem steuerrechtlichen Übertragungsstichtag entfällt damit der Verlustabzug nach § 10a GewStG hinsichtlich der ihr von der Untergesellschaft zugerechneten gewstlichen Fehlbeträge (BFH IV R 59/07, BFH/NV 2010, 1492).

377 **f) Personengesellschaft als Übernehmerin (§ 2 Abs. 2 UmwStG).** Ist eine PersGes Übernehmerin, so ist gem. **§ 2 Abs. 2 UmwStG** der steuerliche Übertragungsstichtag für das Einkommen und Vermögen der Gesellschafter bzw. der Gesellschafter einer beteiligten PersGes (*UmwStE* Rn. 02.03, 02.12) maßgebend, weil die PersGes als solche nicht estpflichtig ist. Der Stichtag gilt aber auch für den diesen Besteuerungsgrundlagen vorgeschalteten Gewinn dieser PersGes.

378 Die Anwendung der Rückwirkungsfiktion ist hinsichtlich der **Anteilseigner** der übertragenden Körperschaft vom Umfang deren Beteiligung zum Zeitpunkt der Wirksamkeit der Umwandlung abhängig. Die Rückwirkungsfiktion greift nicht, wenn ein Anteilseigner nicht Gesellschafter der übernehmenden PersGes wird (§ 2 Abs. 2 UmwStG) oder im Rückwirkungszeitraum ganz oder teilweise aus der übertragenden Körperschaft **ausscheidet.** In diesem Fall besteht steuerlich (insoweit) dessen Gesellschafterstellung bis zum Ausscheidungszeitpunkt unverändert fort. Entsprechend der Regelung des § 5 Abs. 1 Alt. 2 UmwStG gilt die Rückwirkungsfiktion auch für den **abgefundenen Anteilseigner** nicht, der iRd Umwandlung nach §§ 29, 125, 207 UmwG gegen eine Barabfindung aus der übernehmenden PersGes ausscheidet. Zivilrechtlich vollzieht sich das Ausscheiden dieses Gesellschafters erst nach dem Wirksamwerden der Umwandlung. Steuerlich

wird dieser Gesellschafter so behandelt, als ob er aus der übertragenden Gesellschaft ausgeschieden wäre (*UmwStE* Rn. 02.18 f.).

g) Ausscheidender Anteilseigner. Der im Rückwirkungszeitraum (teilweise) ausgeschiedene Anteilseigner hat den Gewinn aus der Veräußerung seines Anteils an der übertragenden Körperschaft nach den allgemeinen Grundsätzen (zB § 17 Abs. 1 EStG oder § 20 Abs. 2 S. 1 Nr. 1 EStG) zu versteuern (BFH I R 27/16, BStBl. II 2018, 449). Eine Zurechnung von Bezügen iSd § 7 UmwStG scheidet aus, weil insoweit auf die Verhältnisse zum Zeitpunkt der Eintragung der Umwandlung in das Handelsregister (Wirksamwerden der Umwandlung) abzustellen ist. Auf den **Erwerber** der Anteile, der mit Eintragung der Umwandlung in das Handelsregister Gesellschafter der übernehmenden PersGes wird, ist die Rückwirkungsfiktion iSd § 2 Abs. 2 UmwStG anzuwenden. Ihm sind (insoweit) ein Übernahmeergebnis iSd § 4 Abs. 4–6 UmwStG iVm § 5 Abs. 2 und 3 UmwStG sowie Bezüge iSd § 7 UmwStG zuzurechnen (*UmwStE* Rn. 02.20 f.). IÜ s. 9. Auflage. **379**

(frei) **380–394**

h) Vermeidung einer Nichtbesteuerung (§ 2 Abs. 3 UmwStG). Bei **grenzüberschreitenden Umwandlungsvorgängen** schränkt § 2 Abs. 3 UmwStG die steuerliche Rückwirkung insoweit ein, als in anderen Staaten Einkünfte unbesteuert bleiben und sog. weiße Einkünfte entstehen. Vor allem im Fall der Hinausverschmelzung einer Körperschaft ist für die deutsche Besteuerung der spätere Übertragungsstichtag des ausländischen Gesellschaftsrechts maßgebend (s. *UmwStE* Rn. 02.28; Dötsch/Pung DB 2006, 2704 (2706)). Dies gilt nach **§ 20 Abs. 6 S. 4 UmwStG** auch bei Einbringungen. Zur steuerrechtlichen Rückwirkung bei grenzüberschreitenden Umwandlungsvorgängen s. Goebel/Ungemach/Glaser DStZ 2009, 854. **395**

i) Beschränkung des Verlustabzugs (§ 2 Abs. 4 UmwStG). § 2 Abs. 4 UmwStG idF des JStG 2009 unterbindet die Nutzung von Verlusten, den Erhalt des **Zinsvortrags** nach § 4h Abs. 1 S. 5 EStG sowie einen **EBITDA-Vortrag** nach § 4h Abs. 1 S. 3 EStG aufgrund der steuerlichen Rückwirkungsfiktion des § 2 Abs. 1 und 2 UmwStG. Der Ausgleich oder die Verrechnung eines Übertragungsgewinns mit Verlusten und einem Zinsvortrag des **übertragenden** Rechtsträgers setzen danach gem. § 2 Abs. 4 S. 1 UmwStG voraus, dass dies auch ohne Umwandlung zulässig gewesen wäre (*UmwStE* Rn. 02.39). Dies gilt gem. § 2 Abs. 4 S. 2 UmwStG für den **übernehmenden** Rechtsträger bezüglich der ihm zugerechneten negativen Einkünfte des übertragenden Rechtsträgers im Rückwirkungszeitraum entsprechend (*UmwStE* Rn. 02.40). Zum Anwendungsbereich des § 2 Abs. 4 UmwStG s. Schnitger DB 2011, 1718; FM Bbg 28.5.2014, DStR 2015, 586. **396**

§ 2 Abs. 4 S. 3–5 UmwStG idF AmtshilfeRLUmsG vom 26.6.2013 (BGBl. 2013 I 1809) schränken eine **Gewinnnutzung** beim übernehmenden Rechtsträger (Verlustgesellschaft) ein, indem sie im Rückwirkungszeitraum eine Verrechnung von Verlusten mit positiven Einkünften des übertragenden Rechtsträgers (Gewinngesellschaft) ausschließen. Danach ist gem. **§ 2 Abs. 4 S. 3 UmwStG** im Rückwirkungszeitraum der Ausgleich oder die Verrechnung von **positiven Einkünften** des übertragenden Rechtsträgers mit verrechenbaren Verlusten, verbleibenden Verlustvorträgen, nicht ausgeglichenen negativen Einkünften und einem **Zinsvortrag** nach § 4h Abs. 1 S. 5 EStG des übernehmenden Rechtsträgers **397**

unzulässig. Einen Ausgleich von positiven Einkünften, die der übertragende Rechtsträger im Rückwirkungszeitraum erzielt hat, mit einem Verlustrücktrag des übernehmenden Rechtsträgers schließt § 2 Abs. 4 S. 3 UmwStG aus (BFH X R 32/21, BB 2025, 99). Diese Regelung gilt nicht nur in Missbrauchsfällen, sondern auch bei gewöhnlichen Einbringungen und solchen Umwandlungsvorgängen, bei denen der übernehmende Rechtsträger erst durch die Umwandlung geschaffen wird (BFH I R 48/20). Die Regelung des § 2 Abs. 4 UmwStG gilt für eine OrganGes (Satz 4) und eine PersGes als übernehmende Rechtsträger sowie für einen Ausgleich oder eine Verrechnung bei deren Gesellschaftern (Satz 5) entsprechend. Eine **Ausnahme** besteht, wenn der übertragende und übernehmende Rechtsträger vor Ablauf des steuerlichen Übertragungsstichtag verbundene Unternehmen iSd § 271 Abs. 2 HGB sind (Satz 6). Die Nutzung von Verlustpositionen des übernehmenden Rechtsträgers ist nur im Rückwirkungszeitraum ausgeschlossen (BFH I R 25/12, BFH/NV 2014, 904). Der Rückwirkungszeitraum beginnt mit Ablauf des steuerlichen Übertragungsstichtags und endet mit Ablauf des Tages der Eintragung in das Handelsregister, auf den grds. eine (steuerliche) Zinsenbilanz zu erstellen ist (BFH I R 48/20).

Entgegen **§ 2 Abs. 4 S. 3 UmwStG** stellte nach der Rechtslage des Jahres 2008 die Nutzung von erwirtschafteten Verlusten durch Verschmelzung einer **„Gewinngesellschaft"** auf eine **„Verlustgesellschaft"** und die Verrechnung der positiven Einkünfte der „Gewinngesellschaft" des Rückzahlungszeitraums mit eigenen Verlusten keine rechtsmissbräuchliche Gestaltung iSd § 42 AO dar (BFH I R 2/18, BStBl. II 2021, 580). Zur Reichweite des § 2 Abs. 4 S. 3 UmwStG bei nach dem Rückwirkungszeitraum entstandenen Verlusten s. BFH X R 32/21, BB 2025, 99).

398 **j) Verrechnungsverbot für negative Einkünfte (§ 2 Abs. 5 UmwStG). § 2 Abs. 5 UmwStG** enthält ein Verrechnungsverbot für negative Einkünfte aus der Veräußerung oder Bewertung von **Finanzinstrumenten** oder **Anteilen an einer Körperschaft** iRd § 2 Abs. 1 u. 2 UmwStG. Nach dieser Vorschrift können vom übertragenden Rechtsträger im steuerlichen Rückwirkungszeitraum geschaffene, noch nicht realisierte stille Lasten (Wertverluste) in diesen Wirtschaftsgütern grds. nicht auf einen Dritten übertragen und dann gemäß § 2 Abs. 1 u. 2 UmwStG beim übernehmenden Rechtsträger mit positiven Einkünften verrechnet werden (S. 1). Ein Verrechnungsverbot besteht nicht, wenn die Finanzinstrumente oder Anteile an einer Körperschaft in der steuerlichen Schlussbilanz des übertragenden Rechtsträgers mit einem anderen als dem gemeinen Wert hätten angesetzt werden können (S. 5) oder nachgewiesen wird, dass die Verrechnung negativer Einkünfte kein Haupt- oder Nebenzweck der Umwandung war (S. 6).

Die Vorschrift ist gemäß **§ 27 Abs. 16 UmwStG** auf Umwandlungsvorgänge nach dem 20.11.2020 bzw. auf offene Fälle anzuwenden, wenn die äußeren Umstände auf die Verrechnung übergehender stiller Lasten als wesentlichen Zweck der Umwandlung oder Einbringung hindeuten und der Steuerpflichtige dies nicht widerlegen kann.

399 *(frei)*

2. Gesellschafter

400 Für die Gesellschafter, insbes. deren Anteilsveräußerung, gilt die Rückwirkung des steuerlichen Übertragungsstichtages nicht. Denn die Rückwirkungsfiktion des § 2 Abs. 1 S. 1 UmwStG ist nur bei den an der Umwandlung beteiligten

Rechtsträgern, nicht dagegen bei deren Gesellschafter anzuwenden. Für diese verbleibt es bei dem steuerlichen Grundsatz, dass Sachverhalte grds. nicht auf zurückliegende Zeitpunkte zurückwirken (BFH I R 96/08, BStBl. II 2011, 467; X R 36/18, BStBl. II 2021, 359; I R 27/16, BStBl. II 2018, 449). Eine **verdeckte Einlage** von Anteilen an einer KapGes in eine andere KapGes iSd § 17 Abs. 1 S. 2 EStG im Rahmen einer Verschmelzung wird von der umwandlungssteuerlichen Rückwirkung des § 2 Abs. 1 UmwStG nicht berührt (BFH IX R 5/22, DStR 2023, 507).

Bei Vermögensübergang auf eine PersGes gelten die Anteile analog § 5 Abs. 1 UmwStG am steuerlichen Übertragungsstichtag erworben und nach § 5 Abs. 2 oder 3 UmwStG als in das Betriebsvermögen eingelegt. Für die Anteilsveräußerung und den Anteilserwerb im Rückwirkungszeitraum bei Vermögensübergang auf eine Körperschaft gelten die allgemeinen Grundsätze (→ Rn. 1035 ff.). Der Anteilseigner der übertragenden KapGes wird steuerrechtlich so behandelt, als würden nicht Mitunternehmeranteile, sondern seine (vormaligen) Anteile an der KapGes veräußert; s. dazu auch *UmwStE* Rn. 02.10 ff., 02.18, 02.20, 05.03, ebenso zur Behandlung von Ausschüttungen Rn. 02.25, 02.27 ff., 20.34 ff.

(frei) **401–409**

VII. Umwandlungen nach dem UmwStG – Überblick

Das UmwStG soll rechtsformneutral Umwandlungen ohne Aufdeckung der **410** stillen Reserven ermöglichen. Dieser Grundsatz wurde durch das **UmwStG 2006** im Wesentlichen aufgegeben. Wegen der Ausweitung seines Anwendungsbereichs auf grenzüberschreitende Umwandlungsvorgänge der EU und des EWR verfolgt das UmwStG das vorrangige Ziel, das **Besteuerungsrecht der BRD** hinsichtlich der **vorhandenen stillen Reserven** zu sichern. Teile 2–5 sind auf die Umwandlungsfälle des UmwG ausgerichtet, anhand derer die Vergleichbarkeit ausländischer Vorgänge zu bestimmen ist. Die handelsrechtliche Gesamtrechtsnachfolge oder partielle Gesamtrechtsnachfolge, in der sich das unternehmerische Engagement in anderer Form fortsetzt, ist grds. Voraussetzung für die steuerliche Begünstigung des Umwandlungsvorgangs. Die übergehenden Wirtschaftsgüter sind danach grds. mit dem gemeinen Wert iSd § 9 Abs. 2 BewG anzusetzen. Das UmwStG behandelt den Umwandlungsvorgang im Grunde wie eine Liquidation der übertragenden Körperschaft. Der Buchwert bzw. ein Zwischenwert kann auf Antrag grds. nur dann angesetzt werden, wenn die stillen Reserven betrieblich verstrickt bleiben und das Besteuerungsrecht der BRD gewährleistet ist. Je nachdem, ob danach stille Reserven aufgedeckt werden und deshalb Anschaffungsvorgänge vorliegen, rechnen auch die **Umwandlungskosten** zu den Anschaffungskosten oder zu sofort abziehbaren Betriebsausgaben (*UmwStE* Rn. 04.34; saBFH I R 83/96, BStBl. II 1998, 698).

Die **Besteuerung der stillen Reserven** des auf die übernehmende Gesell- **411** schaft übertragenen Betriebsvermögens wird grds. auf der Ebene des Vermögens des übertragenden Rechtsträgers und dessen Anteilseigner gewährleistet. Bei der **Verschmelzung einer KapGes auf eine PersGes** oder eine natürliche Person sind nach dem 2. Teil des UmwStG die übergehenden Wirtschaftsgüter in der steuerlichen Übertragungsbilanz grds. mit dem gemeinen Wert anzusetzen. Zudem haben die Anteilseigner die offenen Rücklagen als Einnahmen aus Kapitalvermögen iSd § 20 Abs. 1 Nr. 1 EStG zu versteuern (§ 7 UmwStG). Das Übernahmeergebnis ist ua gem. § 4 Abs. 5 S. 2 UmwStG um diese als Kapitalertrag erfassten Gewinnrücklagen zu kürzen. Beim übernehmenden Rechtsträger ergibt sich daher nur in seltenen Fällen ein Übernahmegewinn.

412 In **Inlandsfällen** ist auch der Ansatz der Wirtschaftsgüter mit dem Buchwert oder einem Zwischenwert möglich. Vorbehaltlich der Ausschüttungsfiktion des § 7 UmwStG kann damit wie bisher durch Buchwertfortführung eine Umwandlung ohne Gewinnrealisierung erfolgen. Werden die stillen Reserven aufgedeckt, so erhöht sich grds. auch der **Übernahmegewinn.** Dieser ist, soweit er auf eine Körperschaft als Mitunternehmerin der PersGes entfällt, gem. § 8b Abs. 2 KStG steuerfrei, wobei gem. § 8b Abs. 3 KStG 5 % des anteiligen Übernahmegewinns als nicht abziehbare Betriebsausgaben gelten (§ 4 Abs. 7 S. 1 UmwStG); diese Pauschalierung ist verfassungsgemäß (BVerfG 1 BvL 12/07, DStR 2011, 598; I R 45/13, BStBl. II 2014, 719). Im Übrigen ist der Übernahmegewinn gem. § 4 Abs. 7 S. 2 UmwStG iRd Teileinkünfteverfahrens anzusetzen.

413 Der **Übernahmeverlust** und die diesen ausgleichende Aufstockung (Step-up) bleibt nach § 4 Abs. 6 UmwStG unberücksichtigt, soweit er auf eine Körperschaft als Mitunternehmerin der PersGes entfällt. In den Fällen des § 8b Abs. 7 und 8 KStG ist der Übernahmeverlust bis zur Höhe der Bezüge iSd § 7 UmwStG zu berücksichtigen. Soweit er auf eine natürliche Person als Mitunternehmer entfällt, ist er zu 60 vH, höchstens in Höhe v. 60 vH der Bezüge iSd § 7 UmwStG abziehbar (§ 4 Abs. 6 S. 4 UmwStG). Darüber hinaus ist der Übernahmeverlust nicht abziehbar. Diese Grundsätze gelten gewstrechtlich auch für die übernehmende PersGes (ähnl. Bogenschütz/Striegel DB 2000, 2547). § 8 Nr. 5 beseitigt lediglich die Folgen des Teileinkünfteverfahrens in § 3 Nr. 40 EStG und § 8b Abs. 1 KStG für die Zwecke der GewSt.

414 *(frei)*

415 Für die **Verschmelzung oder Vollvermögensübertragung von einer Körperschaft auf eine andere** (3. Teil des UmwStG) gelten im Wesentlichen dieselben Grundsätze. Eine gewinnneutrale Vermögensübertragung ist bei Inlandsumwandlungen weiterhin möglich. Löst die übertragende Körperschaft die stillen Reserven freiwillig oder zwangsweise auf, so wird der Übertragungsgewinn versteuert. Der Übernahmegewinn, dh die stillen Reserven der Anteile der Übernehmerin bleiben zwar nach Maßgabe des § 8b KStG bei der Umwandlung unversteuert (§ 12 Abs. 2 UmwStG). Der Anteilstausch bei den Anteilseignern erfolgt aber grds. nicht steuerneutral. Die Anteile an der übertragenden Körperschaft gelten als mit dem gemeinen Wert veräußert (§ 13 Abs. 1 UmwStG). Der Übernahmeverlust bleibt zur Vermeidung doppelter Verlustansätze grds. wirkungslos (§ 12 Abs. 2 S. 1 UmwStG).

416 Nicht als **Formwechsel** wie das UmwG, sondern als übertragenden Vorgang behandelt das UmwStG den Formwechsel aus einer KapGes in eine PersGes (§ 9 UmwStG: übertragende Verschmelzung) bzw. aus einer PersHandelsGes in eine KapGes des § 190 UmwG (§ 25 UmwStG: Sacheinlagevorschriften des 8. Teils).

417 Die **Teile 6 und 7 des UmwStG** lassen auf Antrag eine Gewinnneutralität bei solchen Vermögensübertragungen zu, die sich auch außerhalb der handelsrechtlichen Gesamtrechtsnachfolge oder partiellen Gesamtrechtsnachfolge kennzeichnen als Fortsetzung des unternehmerischen Engagements in anderer Form (Sacheinlage in KapGes, § 20 UmwStG) oder geprägt sind durch die ertragsteuerliche Sicht der Rechtsbeziehungen zwischen einer PersGes und ihren Gesellschaftern (§ 24 UmwStG).

Der **6. Teil** erfasst neben der Verschmelzung auch andere Umwandlungsformen einer PersHandelsGes auf eine KapGes (§ 20 Abs. 6 UmwStG) sowie den Formwechsel (§ 25 UmwStG). **418**

Bei der **Sacheinlage** (6. Teil) und dem **Anteilstausch** (§ 21 UmwStG) wird die Buchwertfortführung (oder Zwischenwert, Begriff BFH III R 39/91, BStBl. II 1994, 458; II R 13/90, BStBl. II 1994, 759) durch die aufnehmende KapGes gestattet. Dafür unterliegen die im Austausch erworbenen Anteile bei einer Veräußerung innerhalb von sieben Jahren einer rückwirkenden Besteuerung (Einbringungsgewinn I/II). **419**

Im Falle der **Einbringung in eine PersGes** (7. Teil) ist die Buchwertfortführung (oder Zwischenwert, Begriff BFH III R 39/91, BStBl. II 1994, 458; II R 13/90, BStBl. II 1994, 759) möglich, weil der Einbringende an der PersGes beteiligt wird oder bleibt. Dies gilt nur, soweit das Besteuerungsrecht der BRD am eingebrachten Betriebsvermögen nicht ausgeschlossen oder beschränkt wird. **420**

(frei) **421–429**

VIII. Verschmelzung (Gesamtrechtsnachfolge) einer Körperschaft auf eine Personengesellschaft oder natürliche Person und Formwechsel einer Kapitalgesellschaft in eine Personengesellschaft (§§ 3 ff. UmwStG)

1. Rechtsquellen

Handelsrecht: § 3 Abs. 1 Nr. 1 und 2, Abs. 2 Nr. 2 UmwG, §§ 46, 56, 120 UmwG. Steuerrecht: 2. Teil: §§ 3–9 UmwStG; Verwaltungsanweisung: *UmwStE* BStBl. I 2025, 92. **430**

2. Anwendungsbereich

Die Überschrift des 2. Teils des UmwStG spricht vom Vermögensübergang auf eine PersGes oder auf eine natürliche Person und vom Formwechsel in eine PersGes. Hinsichtlich der am Vermögensübergang beteiligten Personen ist nach der Streichung des § 1 Abs. 2 UmwStG ab dem 1.1.2022 der Zweite bis Fünfte Teil des UmwStG auch anwendbar, wenn der übertragende und/oder übernehmende Rechtsträger seinen Sitz (§ 11 AO) und/oder seinen Ort der Geschäftsleitung (§ 10 AO) nicht in einem EU-Mitgliedstaat oder EWR-Staat haben. Dies erfordert, dass die ausländischen Umwandlungen mit einer inländischen Umwandlung vergleichbar und mit dem jeweiligen ausländischen Gesellschaftsstatut der beteiligten Rechtsträger gesellschaftsrechtlich zulässig und wirksam sind (*UmwStE* Rn. 01.52a, 01.24). **431**

a) Übertragender Rechtsträger. § 3 UmwStG regelt die Verschmelzung von einer Körperschaft auf eine PersGes oder auf eine natürliche Person. Übertragende und übernehmende Rechtsträger iS dieser Vorschrift können inländische und vergleichbare ausländische Gesellschaften sein, die nach den jeweiligen ausländischen gesellschaftsrechtlichen Vorschriften zulässig und wirksam sind (s. *UmwStE* Rn. 01.52a f.). Als übertragende Gesellschaften kommen KapGes (zB GmbH, AG, KGaG), eingetragene Genossenschaften, eingetragene Vereine (§ 21 BGB) sowie juristische Personen des öffentlichen Rechts hinsichtlich der Betriebe gewerblicher Art in Betracht. **432**

433 *(frei)*

434 Diese Voraussetzungen müssen spätestens am **steuerlichen Übertragungsstichtag** gegeben sein. Bei einer Neugründung im steuerlichen Rückwirkungszeitraum ist der Zeitpunkt der zivilrechtlichen Wirksamkeit der Gründung der Gesellschaft entscheidend. Im Fall einer Umwandlung zur Neugründung ist auf deren zivilrechtliche Wirksamkeit abzustellen (s. *UmwStE* Rn. 01.52). Die Steuerpflicht beginnt in diesen Fällen mit Ablauf des steuerlichen Übertragungsstichtags (s. *UmwStE* Rn. 02.11).

435 **b) Übernehmender Rechtsträger.** Die übernehmende **PersGes** muss ebenso ihren Sitz (§ 11 AO) und/oder ihren Ort der Geschäftsleitung (§ 10 AO) nicht in einem EU-Mitgliedstaat oder EWR-Staat haben.

PersGes sind grds. eine inländische PersHandelsGes (OHG, KG, GmbH & Co. KG) sowie PartnerschaftsGes (§ 3 Abs. 1 Nr. 1 UmwG). Eine Verschmelzung auf eine Kommanditgesellschaft auf Aktien (KGaA, KapGes) ist insoweit nach den §§ 3 ff. UmwStG möglich, als ein Vermögensübergang in die Vermögenseinlage des Komplementärs gegeben ist (s. Mertgen in HMB UmwStG § 3 Rn. 38). Ebenso kommt eine eGbR iR eines Formwechsels (§ 191 Abs. 2 Nr. 1 UmwG) als übernehmende Gesellschaft in Betracht.

436 Auf eine **natürliche Person** kann gem. § 3 Nr. 2 UmwG nur verschmolzen werden, wenn sie als Alleingesellschafter einer KapGes deren Vermögen übernimmt. Die weitere Voraussetzung hinsichtlich ihres Wohnsitzes (§ 8 AO) oder gewöhnlichen Aufenthalts (§ 9 AO) innerhalb des Hoheitsgebiets eines EU-Mitgliedstaates oder EWR-Staates ist mit der Aufhebung des § 1 Abs. 2 UmwStG ab 1.1.2022 entfallen.

437 **c) Umwandlungsarten.** Der Umwandlungsteil (2. bis 5. Teil) richtet sich nach den **gesellschaftsrechtlichen Umwandlungsvorgängen.** Umwandlungen sind grds. nur in den vom UmwG ausdrücklich vorgesehenen Fällen möglich. Eine Anwendung außerhalb dieser Grenzen bedarf einer ausdrücklichen Regelung durch ein anderes Bundes- oder Landesgesetz (zB § 38a LwAnpG, § 6b VermG, einzelne Sparkassengesetze der Länder; s. *UmwStE* Rn. 01.04; 01.07).

438 Gemäß § 1 Abs. 1 Nr. 1 und 2 UmwStG ist § 3 UmwStG auf eine Verschmelzung, über § 16 UmwStG auf Auf- und Abspaltungen und über § 9 UmwStG bei einem Formwechsel jeweils einer KapGes anwendbar. Für die Ausgliederung (§ 123 Abs. 3 UmwG) gelten die Grundsätze der Einbringung (§ 1 Abs. 3 Nr. 2 UmwStG). Bei **inländischen** Umwandlungen ist hierfür deren zivilrechtliche Wirksamkeit erforderlich, von der bei registerrechtlichen Entscheidungen grds. auszugehen ist (s. *UmwStE* Rn. 01.06). Auf **ausländische** Vorgänge zB iFv grenzüberschreitenden Umwandlungsvorgängen ist das UmwG nach den allgemeinen Grundsätzen kollisionsrechtlich nicht anwendbar. Es ist daher deren Vergleichbarkeit mit einer inländischen Umwandlung iSd § 1 Abs. 1 S. 1 Nr. 1 und 2 UmwStG hinsichtlich der beteiligten Rechtsträger, Rechtsnatur bzw. Rechtsfolgen des Umwandlungsvorgangs (Strukturmerkmale) und sonstiger Vergleichskriterien zu prüfen (s. *UmwStE* Rn. 01.20 ff.).

439–444 *(frei)*

3. Bilanzierung des Übertragenden

445 **a) Steuerliche Schlussbilanz.** Die übertragende Körperschaft hat auf den steuerlichen Übertragungsstichtag, der mit dem Stichtag der handelsrechtlichen

Schlussbilanz übereinstimmt (→ Rn. 363), eine steuerliche Schlussbilanz (Übertragungsbilanz) zu erstellen (§§ 2 Abs. 1 S. 1, 9 S. 2 UmwStG; BFH IV R 43/12, BFH/NV 2016, 41; XI R 39/18, BStBl. II 2021, 517; *UmwStE* Rn. 03.01). Die steuerliche Schlussbilanz iSd § 3 Abs. 1 S. 1 UmwStG ist eine eigenständige Bilanz, die neben der Steuerbilanz iSd § 4 Abs. 1, § 5 Abs. 1 EStG abzugeben ist **(sog. Zweibilanzentheorie).** Davon kann abgesehen werden, wenn die Steuerbilanz iSd §§ 4 Abs. 1, 5 Abs. 1 EStG ausdrücklich und unwiderruflich als steuerliche Schlussbilanz erklärt wird und sich beide Bilanzen entsprechen oder wenn sie für die inländische Besteuerung keine Bedeutung hat, weil keiner der an der Umwandlung beteiligten Rechtsträger der inländischen Besteuerung unterliegt (*UmwStE* Rn. 03.01 f.).

Gemäß § 3 Abs. 2a UmwStG ist die steuerliche Schlussbilanz der übertragenden Körperschaft dem zuständigen Finanzamt spätestens bis zum Ablauf der nach § 149 AO maßgebenden Frist zur Abgabe der KSt-Erklärung für den Besteuerungszeitraum, in den der steuerliche Übertragungsstichtag fällt, elektronisch zu übermitteln (§ 5b EStG).

Bei **Auslandsumwandlungen** ist die Übertragungsbilanz für Zwecke der **446** deutschen Besteuerung grds. nach den inländischen Vorschriften zu erstellen (s. EuGH C-123/11, DStR 2013, 392 – A Oy; *UmwStE* Rn. 11.02). Eine nach ausländischem Steuerrecht erstellte Übertragungsbilanz ist entsprechend § 1 Abs. 5 Nr. 4 UmwStG ggf. durch Zu- und Abrechnungen den **inländischen Vorschriften** anzupassen.

(frei) **447–449**

b) Verhältnis zur Handelsbilanz. Bei einer Verschmelzung nach dem **450** UmwG hat der **übertragende Rechtsträger** gem. § 17 Abs. 2 UmwG auf den Schluss des Tages, der dem handelsrechtlichen Umwandlungsstichtag (§ 5 Abs. 1 Nr. 6 UmwG) vorangeht, eine handelsrechtliche Schlussbilanz zu erstellen. Dieser Stichtag darf höchstens acht Monate vor der Anmeldung beim Registergericht liegen (§ 17 Abs. 2 S. 4 UmwG). Es gelten die Vorschriften über die Jahresbilanz und deren Prüfung nach den §§ 242 ff. HGB entsprechend (§ 17 Abs. 2 S. 2 UmwG).

Gemäß § 24 UmwG hat der **übernehmende Rechtsträger** das übergegan- **451** gene Vermögen grds. mit den Anschaffungskosten iSd § 253 Abs. 1 HGB anzusetzen. Er kann jedoch auch die vom übertragenden Rechtsträger in der Schlussbilanz angesetzten Werte fortführen. Der übernehmende Rechtsträger hat somit ein handelsrechtliches Bewertungswahlrecht.

In der steuerlichen Schlussbilanz sind die Wirtschaftsgüter unabhängig von den **452** Wertansätzen in der Handelsbilanz zu bewerten. Aufgrund der Eigenständigkeit der steuerlichen Ansatz- und die Bewertungsregelug des § 3 UmwStG sind Abweichungen von der Handelsbilanz nicht gem. § 5 Abs. 1 S. 2 EStG in einem besonderen Verzeichnis zu führen (BMF 12.3.2010, BStBl. I 2010, 239 Rn. 19).

(frei) **453, 454**

c) Ansatz des übergehenden Vermögens. Gemäß **§ 3 Abs. 1 S. 1** **455** **UmwStG** sind bei einer Verschmelzung auf eine PersGes oder natürliche Person die übergehenden Wirtschaftsgüter in der steuerlichen Schlussbilanz der übertragenden Körperschaft mit dem gemeinen Wert anzusetzen. Zu den übergehenden Wirtschaftsgütern gehören **sämtliche** aktiven und passiven **Wirtschaftsgüter** der übertragenden Körperschaft.

456 **§ 3 UmwStG** ist eine **eigenständige** steuerliche **Ansatz- und Bewertungsvorschrift,** die nicht durch die **Ansatzverbote** des § 5 EStG und Bewertungsgrundsätze des § 6 EStG eingeschränkt wird (s. *UmwStE* Rn. 03.06; s. auch BFH IV R 49/14, BFH/NV 2016, 521). Entgegen § 5 Abs. 2 EStG sind daher gem. § 3 Abs. 1 S. 1 UmwStG auch die nicht entgeltlich erworbenen und selbst geschaffenen immateriellen Wirtschaftsgüter wie Geschäfts- oder Firmenwert, Patente und Lizenzen anzusetzen. Dies gilt ua auch für Drohverlustrückstellungen iSd § 5 Abs. 4a EStG. Die steuerlichen Ansatzverbote des § 5 EStG gelten nicht für die steuerliche Schlussbilanz. Dagegen sind die Ansatzverbote des § 5 EStG **bei einer Buchwertfortführung** wegen des erfolgsneutralen Vermögensübergangs nicht ausgesetzt.

457 Nach Auffassung der FVerw sind in der **ersten Steuerbilanz** iSd §§ 4 Abs. 1, 5 Abs. 1 EStG nach der Umwandlung die Wertansätze entsprechend § 5 EStG **erfolgswirksam aufzulösen** (BMF 24.6.2011, BStBl. I 2011, 627; aA BFH I R 102/08, BStBl. II 2011, 566; FG Düsseldorf 6 K 7287/00 K, EFG 2011, 34). Durch den Ansatz des übergehenden Vermögens mit dem gemeinen Wert (§ 3 Abs. 1 UmwStG) wird bei der übertragenden Körperschaft eine Veräußerung fingiert, die beim übernehmenden Rechtsträger über die Wertverknüpfung (§ 4 Abs. 1 UmwStG) wie eine Anschaffung behandelt wird. Der fiktive Anschaffungsvorgang spricht mE grds. für eine Aussetzung der Ansatzwahlrechte iSd § 5 EStG. Mit der erfolgswirksamen Auflösung der Wertansätze entsprechend § 5 EStG wird jedoch ua ein bei der übertragenden Gesellschaft eingetretender Steueraufschub beendet, was die Auffassung der FVerw rechtfertigt.

458 Weiter sind entsprechend § 4 Abs. 2 S. 1 UmwStG steuerfreie **Rücklagen** (§ 6b EStG), Rücklagen für **Ersatzbeschaffung** sowie steuerliche **Ausgleichsposten** nach § 4g EStG in der steuerlichen Schlussbilanz auszuweisen, wenn die Buchwerte oder Zwischenwerte angesetzt werden (s. *UmwStE* Rn. 03.04 f.). Die Rücklage nach § 6b EStG ist nicht übertragbar, wenn die Reinvestitionszeit am steuerlichen Übertragungsstichtag endet (BFH XI R 39/18, BStBl. II 2021, 517).

459–464 *(frei)*

465 **d) Zurückbehaltung von Vermögen.** Geht zB bei einer Auf- oder Abspaltung nicht das gesamte Vermögen der übertragenden Körperschaft nach den Verhältnissen zum steuerlichen Übertragungsstichtag auf ein in- oder ausländisches **Betriebsvermögen** über, ist es einschließlich des Geschäfts- und Firmenwerts mit dem gemeinen Wert und die Pensionsrückstellungen mit dem Teilwert iSd § 6a EStG anzusetzen. Der Vermögensübergang wird wie eine Veräußerung behandelt (s. auch Mertgen in HMB UmwStG § 3 Rn. 61).

466–469 *(frei)*

470 **e) Bewertung des übergehenden Vermögens (§ 3 Abs. 1 und 2 UmwStG). aa) Ansatz des gemeinen Werts (§ 3 Abs. 1 UmwStG).** In der steuerlichen Schlussbilanz der übertragenden Körperschaft, aus der heraus verschmolzen wird (→ Rn. 76), sind die übergehenden Wirtschaftsgüter (Sachgesamtheit) gem. **§ 3 Abs. 1 S. 1 UmwStG** grds. mit dem **gemeinen Wert** (§ 9 Abs. 2 BewG) anzusetzen. Durch die grundsätzliche Aufdeckung der stillen Reserven bei der übertragenden Körperschaft wird im Hinblick auf den erweiterten Anwendungsbereich des UmwStG auch auf vergleichbare ausländische Umwandlungsvorgänge das inländische Besteuerungsrecht gewährleistet.

471 Der gemeine Wert ist für die Gesamtheit der übergehenden Wirtschaftsgüter zu ermitteln und analog § 6 Abs. 1 Nr. 7 EStG nach dem Verhältnis der Teilwerte

auf die einzelnen Wirtschaftsgüter zu verteilen (*UmwStE* Rn. 03.07, 03.09). Abzustellen ist dabei auf die Sachgesamtheit und nicht auf das einzelne Wirtschaftsgut. Die Ermittlung des gemeinen Werts zum steuerlichen Übertragungszeitpunkt erfolgt nach den Grundsätzen des § 11 Abs. 2 BewG (s. *UmwStE* Rn. 03.07, 03.09, 03.12).

Ist der gemeine Wert der Sachgesamtheit niedriger als deren Buchwerte, ist der gemeine Wert anzusetzen (s. *UmwStE* Rn. 03.12 f.). Dies kann zB aufgrund der ausgesetzten Ansatzverbote iSd § 5 EStG bei Ansatz eines Zwischenwerts oder des gemeinen Werts der Fall sein. **472**

Wird das Besteuerungsrecht der BRD durch die Umwandlung begründet, sind die Wirtschaftsgüter grds. mit dem gemeinen Wert anzusetzen, sofern bei der Besteuerung im anderen Staat nach § 6 Abs. 1 Nr. 5a EStG nicht ein niedrigerer Wert anzusetzen ist (*UmwStE* Rn. 03.09a, 3.13).

Die **Pensionsrückstellungen** sind gem. **§ 3 Abs. 1 S. 2 UmwStG** mit dem Teilwert nach § 6a EStG zu bewerten. **473**

Die übergehenden Wirtschaftsgüter können jedoch iR eines Bewertungswahlrechts mit dem Buchwert oder einem höheren Wert mit dem gemeinen Wert als Obergrenze angesetzt werden (§ 3 Abs. 2 UmwStG). **474**

(frei) **475–479**

bb) Ansatz des Buchwerts (§ 3 Abs. 2 UmwStG). Unter den Voraussetzungen des § 3 Abs. 2 UmwStG kann die übertragende Körperschaft auf Antrag das übergehende Vermögen als Sachgesamtheit mit dem Buchwert ansetzen. **Buchwert** ist der Wert, der sich nach den steuerrechtlichen Vorschriften über die Gewinnermittlung in einer für den steuerlichen Übertragungsstichtag aufzustellenden Steuerbilanz ergibt oder ergäbe (§ 1 Abs. 5 Nr. 4 UmwStG). Die Buchwertfortführung ermöglicht ertragssteuerneutrale Umwandlungen von im UmwG (abschließend) geregelten und vergleichbaren ausländischen Umwandlungsvorgängen (s. Fallbeispiel Leuken DB 2013, 1509). **480**

Die Buchwerte sind **einheitlich** für alle übergehenden Wirtschaftsgüter fortzuführen. Ein selektiver Ansatz der Buchwerte ist unzulässig. Unbeachtlich ist, wenn einzelne Gesellschafter der übernehmenden PersGes die Voraussetzungen des § 3 Abs. 2 S. 1 UmwStG nicht erfüllen und deshalb das übergehende Vermögen insoweit mit dem gemeinen Wert anzusetzen ist (s. *UmwStE* Rn. 03.13). In diesen Fällen hat die übertragende Körperschaft die übergehenden Wirtschaftsgüter gesellschafterbezogen einheitlich mit den Buch- oder Zwischenwerten oder dem gemeinen Wert auszuweisen. **481**

Wird ein **Mitunternehmeranteil** an der übernehmenden oder einer anderen Personalgesellschaft mit übertragen, wird dessen Buchwertansatz durch das auf die übertragende Körperschaft entfallende anteilige Kapitalkonto unter Berücksichtigung etwaiger Ergänzungs- und Sonderbilanzen abgebildet (s. *UmwStE* Rn. 03.10). Denn ein Mitunternehmeranteil ist kein (eigenständiges) immaterielles Wirtschaftsgut, sondern verkörpert nach § 39 Abs. 2 Nr. 2 AO die quotale Berechtigung des Gesellschafters an den zum Gesamthandsvermögen gehörenden Wirtschaftsgütern (stRspr, BFH IV R 52/08, BStBl. II 2011, 261; IV R 3/09, BStBl. II 2013, 176). **482**

Ein Buchwertansatz kommt dann nicht in Betracht, wenn der **gemeine Wert** der Sachgesamtheit die **Summe der Buchwerte unterschreitet.** In diesem Fall ist der niedrigere gemeine Wert anzusetzen (*UmwStE* Rn. 03.12). Dies führt zur Realisierung von (nutzbaren) Verlusten. **483**

484–489 *(frei)*

490 **cc) Ansatz eines Zwischenwerts (§ 3 Abs. 2 UmwStG).** Nach Maßgabe des § 3 Abs. 2 S. 1 UmwStG kann die übertragende Körperschaft durch Ansatz eines Zwischenwerts die stillen Reserven anteilig auflösen. Der Zwischenwert wird der Höhe nach durch den Buchwert und den gemeinen Wert bzw. bei Pensionsrückstellungen durch den Teilwert iSd § 6a EStG begrenzt. Innerhalb dieser Wertansätze können sämtliche aktiven und passiven Wirtschaftsgüter mit Ausnahme der Pensionsrückstellung (§ 3 Abs. 1 S. 2 UmwStG) unabhängig von den handelsrechtlichen Ansätzen gleichmäßig und verhältnismäßig um einen einheitlichen Prozentsatz aufgestockt werden. Dies gilt gemäß § 3 Abs. 1 UmwStG für nicht entgeltlich erworbene und selbst geschaffene immaterielle Wirtschaftsgüter entsprechend (s. *UmwStE* Rn. 03.04, 03.25).

491 Weichen die angesetzten Zwischenwerte von den beantragten ab, ist dies im Gegensatz zum Buchwertansatz bzw. Ansatz des gemeinen Werts unschädlich, wenn diese Werte oberhalb der Buchwerte und unterhalb des gemeinen Werts liegen (*UmwStE* Rn. 03.30).

492–494 *(frei)*

495 **dd) Aufstockung.** Die Aufstockung der Buchwerte durch Ansatz eines Zwischenwerts ist in der steuerlichen Schlussbilanz gleichmäßig, dh nicht selektiv vorzunehmen (BFH I R 166/78, BStBl. II 1984, 747). Sie ist zu empfehlen, um einen nach § 4 Abs. 2 S. 2 UmwStG untergehenden verbleibenden Verlustabzug iSd § 10a GewStG, § 10d EStG zu verbrauchen (Verlustnutzung; BT-Drs. 12/6885, 16; → Rn. 195, 250).

496 Ein Übernahmeverlust ist gemäß § 4 Abs. 6 S. 4 UmwStG bis zu 60 vH der Einnahmen aus Kapitalvermögen iSd § 7 UmwStG ansetzbar.

497 Anders als der Übernahmegewinn/-verlust unterliegt der Übertragungsgewinn der **GewSt** (§ 18 Abs. 2 UmwStG; → Rn. 146).

498–500 *(frei)*

501 **f) Voraussetzungen des Bewertungswahlrechts (§ 3 Abs. 2 UmwStG). aa) Übergang in das Betriebsvermögen (§ 3 Abs. 2 S. 1 Nr. 1 UmwStG).** Ein Buch- oder Zwischenwertansatz setzt gem. § 3 Abs. 2 S. 1 Nr. 1 UmwStG voraus, dass das Vermögen des übertragenden Rechtsträgers in das Betriebsvermögen des übernehmenden Rechtsträgers gelangt und eine **spätere Besteuerung** mit einer in- oder ausländischen Einkommen- oder Körperschaftsteuer **gesichert** ist.

502 Daran fehlt es, wenn die übernehmende PersGes **vermögensverwaltend** und nicht gewerblich geprägt ist oder einer ihrer Gesellschafter steuerbefreit ist. Eine subjektive Steuerbefreiung der natürlichen Person oder eines Gesellschafters der PersGes steht insoweit der Buchwertfortführung entgegen (BT-Drs. 16/2710, 37).

503 Eine übernehmende **gewerblich geprägte PersGes** iSd § 15 Abs. 3 Nr. 2 EStG verfügt grds. über Betriebsvermögen, außer die Wirtschaftsgüter werden privat genutzt. Werden die Anteile der übernehmenden vermögensverwaltenden PersGes (teilweise) in einem in- oder ausländischen Betriebsvermögen gehalten **(sog. Zebragesellschaft),** sind die stillen Reserven aufzudecken. Ein Wahlrecht iSd § 3 Abs. 2 UmwStG besteht nicht, weil die Wirtschaftsgüter nicht unmittelbar Betriebsvermögen der übernehmenden PersGes werden.

504 Zudem muss die **Besteuerung der Wertsteigerungen** des übertragenden Vermögens bei den **Gesellschaftern** der übernehmenden PersGes mit inländischer oder vergleichbarer ausländischer Einkommen- oder Körperschaftsteuer gewährleistet sein. Dies ist hinsichtlich einer **steuerbefreiten Körperschaft** (zB § 16 Abs. 1 S. 1 REITG) oder eines **steuerbefreiten Zweckvermögens** (zB § 11 Abs. 1 S. 2 InvStG 2004) als Gesellschafter der übernehmenden PersGes nicht gegeben (*UmwStE* Rn. 03.14 ff.).

(frei) **505–509**

bb) Keine Beschränkung des Besteuerungsrechts (§ 3 Abs. 2 S. 1 Nr. 2 UmwStG). Das Bewertungswahlrecht setzt weiter voraus, dass bei den Gesellschaftern der Übernehmerin zum steuerlichen Übertragungszeitpunkt das **deutsche Besteuerungsrecht** an den übertragenen Wirtschaftsgütern **nicht ausgeschlossen oder beschränkt** wird. **510**

Das Recht der BRD auf Besteuerung des Gewinns aus der Veräußerung der übertragenen Wirtschaftsgüter bei den einzelnen Gesellschaftern der übernehmenden PersGes bzw. bei der übernehmenden natürlichen Person ist subjekt- und objektbezogen zu prüfen (→ Rn. 535 ff.). **511**

(frei) **512–514**

cc) Keine Gegenleistung außer Gesellschaftsrechten (§ 3 Abs. 2 S. 1 Nr. 3 UmwStG). Die Ausübung des Bewertungswahlrechts scheidet insoweit aus, als dem verbleibenden Anteilseigner der übertragenden Körperschaft oder diesem nahestehenden Personen für den Vermögensübergang neben der Gewährung von Gesellschaftsanteilen eine **Gegenleistung** erbracht wird. Insoweit ist der gemeine Wert anzusetzen. **515**

Als Gegenleistungen kommen **bare Zuzahlungen** (zB Spitzenausgleich nach § 54 Abs. 3 oder § 68 Abs. 3 UmwG) oder die Gewährung **anderer Vermögenswerte** (zB Darlehensforderungen) durch den übernehmenden Rechtsträger oder diesem nahestehende Personen in Betracht. Diese Leistungen können unabhängig von umwandlungsrechtlichen Regelungen (zB §§ 15, 126 Abs. 1 Nr. 3 UmwG) erfolgen. **Keine Gegenleistungen** idS sind der Untergang der Beteiligung an der übertragenden Körperschaft (zB Aufwärtsverschmelzung) oder die Übernahme der KapESt (Entnahme) auf Einnahmen iSd § 7 UmwStG durch die übernehmende PersGes, die in der Schlussbilanz der übertragenden Körperschaft als passiver Korrekturposten auszuweisen ist. **516**

Der **verbleibende Anteilseigner** erzielt in Höhe dieser Gegenleistungen einen Veräußerungserlös, dem die (anteiligen) Anschaffungskosten der Anteile an der übertragenden Körperschaft dagegenzurechnen sind. **517**

Barabfindungen iSd §§ 29, 125 oder 207 UmwG an ausscheidende Anteilseigner, die der Umwandlung widersprechen, sind keine Gegenleistungen iSd § 3 Abs. 2 Nr. 3 UmwStG. Da der **widersprechende Gesellschafter** zivilrechtlich erst nach Wirksamkeit der Umwandlung ausscheidet, fingiert § 5 Abs. 1 UmwStG den Erwerb der Anteile an der übertragenden Körperschaft durch die übernehmende Gesellschaft zum steuerlichen Übertragungsstichtag. Die von der übernehmenden PersGes für den Anteilserwerb gezahlten Abfindungen dienen der Durchführung der Umwandlung (s. Schmitt/Schloßmacher UmwStE 2011 Rn. 03.22). **518**

Da **Gegenleistungen,** die **nicht in Gesellschaftsrechten** bestehen, gem. **§ 3 Abs. 2 S. 2 Nr. 3 UmwStG** einen Buchwertansatz ausschließen, sind die übergehenden Wirtschaftsgüter in der steuerlichen Schlussbilanz der übertragenden Körperschaft insoweit mindestens mit dem (Gesamt-)Wert der Gegenleistung anzusetzen (§ 3 Abs. 1 UmwStG). Durch die anteilige Aufdeckung von stillen Reserven entsteht ein **Übertragungsgewinn,** der sich aus der Differenz zwischen **519** dem Wert der Gegenleistung und den auf die Gegenleistung entfallenden (anteiligen) Buchwerten der übergehenden Wirtschaftsgüter errechnet. Der anteilige Buchwert ergibt sich aus dem Verhältnis des Gesamtwertes der Gegenleistung zum Wert der Sachgesamtheit iSd § 3 Abs. 1 UmwStG (s. *UmwStE* Rn. 03.23).

520 In der steuerlichen Schlussbilanz der übertragenden Körperschaft sind die Buchwerte der übergehenden Wirtschaftsgüter um den Übertragungsgewinn **aufzustocken.** Der jeweilige Aufstockungsbetrag ergibt sich aus dem Verhältnis des Übertragungsgewinns zu den gesamten stillen Reserven und stillen Lasten ohne die stillen Lasten der Pensionsrückstellungen, die lediglich mit dem Teilwert zu bewerten sind (s. *UmwStE* Rn. 03.23 f.).

521–524 *(frei)*

525 **g) Ausübung des Bewertungswahlrechts (§ 3 Abs. 2 UmwStG).** Die Ausübung des Bewertungswahlrechts setzt einen **Antrag** voraus. Dem formlosen, bedingungsfeindlichen und unwiderruflichen Antrag iSd § 3 Abs. 2 S. 2 UmwStG muss entnommen werden können, ob der Buchwert fortgeführt oder der gemeine Wert angesetzt wird. Eine (Bewertungs-)Vereinbarung im Verschmelzungsvertrag reicht grds. nicht aus (BFH IV R 34/12, BFH/NV 2016, 41). Bei Ansatz eines Zwischenwerts muss der Antrag Angaben zu dessen Höhe oder den Prozentsatz der aufzudeckenden stillen Reserven enthalten. Der für einen Buch- oder Zwischenwertansatz erforderliche Antrag gilt regelmäßig mit Abgabe der Schlussbilanz beim Finanzamt der übertragenden Körperschaft als gestellt (§ 3 Abs. 2 S. 2 UmwStG). Wird danach die Steuerbilanz iSd §§ 4 Abs. 1, 5 Abs. 1 EStG zur steuerlichen Schlussbilanz erklärt, ist darin der konkludente Antrag auf Buchwertfortführung zu sehen, soweit nicht ausdrücklich ein anderer Antrag gestellt wird (s. *UmwStE* Rn. 03.29).

526 Das **Wahlrecht ist** von der übertragenden Körperschaft bzw. übernehmenden PersGes als deren Gesamtrechtsnachfolgerin (§ 4 Abs. 2 S. 1 UmwStG) **spätestens** mit Abgabe der steuerlichen Schlussbilanz **einheitlich** für alle übergehenden Wirtschaftsgüter auszuüben (s. *UmwStE* Rn. 03.28; BFH IV R 34/12, BFH/NV 2016, 41). Ein erst **nach der Bestandskraft** einer Veranlagung ausgeübtes Wahlrecht stellt eine rückwirkende Sachverhaltsgestaltung und damit ein rückwirkendes Ereignis iSd § 175 Abs. 1 S. 1 Nr. 2 AO dar (FG München 6 K 4073/09, EFG 2013, 473).

527 Die Voraussetzungen des § 3 Abs. 2 UmwStG müssen **bei jedem Gesellschafter** der übernehmenden PersGes vorliegen. Danach kann es entsprechend der bisherigen Regelung des § 11 Abs. 1 Nr. 1 UmwStG 1995 bei den einzelnen Gesellschaftern zu einer anteiligen Realisierung der stillen Reserven und damit zu unterschiedlichen Wertansätzen kommen. Dem steht nicht entgegen, dass die übergehenden Wirtschaftsgüter **einheitlich** mit dem Buch- oder Zwischenwert anzusetzen sind. Bei Gewährung einer Gegenleistung iSd § 3 Abs. 2 S. 1 Nr. 3 UmwStG ist eine Fortführung der Buchwerte ausgeschlossen (*UmwStE* Rn. 03.13).

528 Die Körperschaft trägt die **Feststellungslast** dafür, dass die Voraussetzungen für die von ihr beantragten Wertansätze iSd § 3 Abs. 2 UmwStG als Ausnahme vom Grundsatz der Aufdeckung der stillen Reserven vorliegen. Stellt sich später heraus, dass der von der übertragenden Körperschaft angesetzte gemeine Wert oder Buchwert unzutreffend ist, ist der **Wertansatz** in der steuerlichen Schlussbilanz (nachträglich) entsprechend zu **ändern** (§ 175 Abs. 1 Nr. 2 AO; *UmwStE* Rn. 03.28 ff., 03.12). Der Bilanzberichtigung steht die Unwiderruflichkeit des Antrags nach § 3 Abs. 2 S. 2 UmwStG nicht entgegen (*UmwStE* Rn. 03.30).

(frei) **529–534**

h) Ausschluss oder Beschränkung des inländischen Besteuerungsrechts (§ 3 Abs. 2 S. 1 Nr. 2 UmwStG). In der steuerlichen Schlussbilanz können die übergehenden Wirtschaftsgüter nicht mit dem Buchwert angesetzt werden, soweit das Besteuerungsrecht der BRD hinsichtlich des Gewinns aus der Veräußerung der übertragenen Wirtschaftsgüter bei den Gesellschaftern der übernehmenden PersGes oder natürlichen Person ausgeschlossen oder beschränkt wird. Das inländische Besteuerungsrecht wird **ausgeschlossen,** wenn die (durch Veräußerung aufgedeckten) stillen Reserven eines übertragenen Wirtschaftsguts in Deutschland nicht mehr besteuert oder nur noch über den Progressionsvorbehalt (§ 32b EStG) berücksichtigt werden können oder entsprechend den Entstrickungstatbeständen in § 4 Abs. 1 S. 3 f. EStG und § 12 Abs. 1 S. 2 KStG ein Wirtschaftsgut einer inländischen Betriebsstätte in eine ausländische überführt wird (s. BMF 24.12.1999, BStBl. I 1999, 1076; BMF 22.12.2023, BStBl. I Sondernummer I/2023, 3). Ein Ausschluss des deutschen Besteuerungsrechts hinsichtlich des Gewinns aus der Veräußerung eines Wirtschaftsguts setzt damit voraus, dass bezüglich des Gewinns aus der Veräußerung des übertragenen Wirtschaftsguts ein deutsches Besteuerungsrecht bestanden hat und dies in vollem Umfang entfällt (*UmwStE* Rn. 03.19). **535**

Eine **Beschränkung** des inländischen Besteuerungsrechts kann nach der Umwandlung durch dessen Begrenzung der Höhe oder dem Umfang nach eintreten. Ein bestehendes Besteuerungsrecht wird zB durch die Anwendung eines DBA mit Anrechnung oder Freistellung ausländischer Einkünfte beeinträchtigt. Dagegen ist weder ein Ausschluss noch eine Beschränkung des Besteuerungsrechts gegeben, wenn die Voraussetzungen für die Anwendung des Progressionsvorbehalts (BT-Drs. 16/2719, 38) oder die Festsetzung von **GewSt** entfallen (*UmwStE* Rn. 03.18). Der Wechsel von der unbeschränkten zur beschränkten Steuerpflicht ist unschädlich. Dagegen ist eine Beschränkung des deutschen Besteuerungsrechts gegeben, wenn dieses der Höhe oder dem Umfang nach begrenzt wird (s. *UmwStE* Rn. 03.19). **536**

Abzustellen ist subjekt- und objektbezogen auf die einkommen- und körperschaftsteuerrechtliche Besteuerung des Veräußerungsgewinns aus den übergehenden Wirtschaftsgütern nach den Verhältnissen zum steuerlichen Übertragungsstichtag bei den Gesellschaftern der übernehmenden PersGes bzw. der übernehmenden natürlichen Person. Danach ist nach **§ 3 Abs. 2 Nr. 2 UmwStG** als lex specialis das Besteuerungsrecht zum steuerlichen Übertragungsstichtag maßgebend, während die allgemeinen Entstrickungstatbestände des § 4 Abs. 1 S. 3 f. EStG bzw. § 12 Abs. 1 KStG Vorgänge erfassen, die nach diesem Zeitpunkt das Besteuerungsrecht beschränken (*UmwStE* Rn. 03.18 f.; s. auch Schmitt/Schloßmacher UmwStE 2011 Rn. 03.11). **537**

Grenzüberschreitende Umwandlungen haben grds. keine abkommensrechtlichen Auswirkungen, weil sich dadurch die Zuordnung der Wirtschaftsgüter zu einer in- oder ausländischen Betriebsstätte noch nicht ändert (vgl. § 4 Abs. 1 S. 4 EStG; § 12 Abs. 1 S. 2 KStG). Ob eine Änderung der Zuordnung gegeben ist, ist nach den Grundsätzen des BMF 24.12.1999, BStBl. I 1999, 1076 bzw. BMF 25.8.2009, BStBl. I 2009, 888 zu prüfen. Einschränkungen des Besteuerungsrechts infolge einer Umwandlung sind grds. beim Wechsel der Steuerpflicht gegeben (*UmwStE* Rn. 03.20). Ist ein übertragenes Wirtschaftsgut aufgrund des Ausschlusses oder der Beschränkung des deutschen Besteuerungsrechts iSd § 3 Abs. 2 S. 1 **538**

Nr. 2 UmwStG in der steuerlichen Schlussbilanz mit dem gemeinen Wert anzusetzen, kann gemäß § 4g Abs. 1 S. 4 EStG ein Ausgleichsposten gebildet werden (*UmwStE* Rn. 03.20a).

539 Soweit die übertragenen Wirtschaftsgüter auch nach der Verschmelzung **inländisches Betriebsvermögen** sind, bleibt das inländische Besteuerungsrecht grds. unberührt. Hinsichtlich ausländischen Betriebsvermögens kann es durch die Verschmelzung zu einem Ausschluss des Besteuerungsrechts kommen, soweit die Gesellschafter der PersGes nicht im Inland ansässig sind (s. Viebrock/Hagemann FR 2009, 737).

540–549 *(frei)*

550 **i) Inlandsverschmelzung mit Auslandsbezug.** Bei einer Verschmelzung einer inländischen Körperschaft mit einer ausländischen Betriebsstätte (Auslandsbezug) auf eine inländische PersGes ist zu unterscheiden: Stellt das DBA die Gewinne aus der Veräußerung von ausländischem Betriebsvermögen von der inländischen Besteuerung frei (Freistellungsmethode), tritt hinsichtlich des inländischen Besteuerungsrechts durch die Verschmelzung keine Änderung ein, wenn bereits bisher abkommensrechtlich die Besteuerung der stillen Reserven durch den Quellenstaat erfolgte (BT-Drs. 16/2710, 38).

551 Für das ausländische Betriebsvermögen besteht danach gem. § 3 Abs. 2 UmwStG ein Ansatzwahlrecht. Bei der Ermittlung des Übernahmeergebnisses ist jedoch § 4 Abs. 4 S. 2 UmwStG zu beachten. Sieht das DBA die Anrechnungsmethode vor, entfällt bezüglich der beschränkt steuerpflichtigen Gesellschafter der übernehmenden PersGes das bisherige Besteuerungsrecht der BRD hinsichtlich der übertragenden KapGes unter Anrechnung der ausländischen Steuer. In diesem Fall sind die ausländischen Wirtschaftsgüter, soweit beschränkt Steuerpflichtige beteiligt sind, nach § 3 Abs. 1 UmwStG iVm § 3 Abs. 2 S. 1 Nr. 2 UmwStG mit dem gemeinen Wert anzusetzen. Dies gilt entsprechend, wenn kein DBA mit dem jeweiligen Quellenstaat besteht (s. auch Viebrock/Hagemann FR 2009, 737; Goebel/Ungemach/Stefaner/Steevensz/Thomas/Fluck DStZ 2014, 82 Praxisfall).

552–559 *(frei)*

560 **j) Hinausverschmelzung.** Eine Hinausverschmelzung einer inländischen Körperschaft auf eine ausländische (transparente) PersGes lässt das deutsche Besteuerungsrecht für die inländische Betriebsstätte grds. unberührt, weil damit keine Änderung der Zuordnung von Wirtschaftsgütern zu der inländischen bzw. ausländischen Betriebsstätte verbunden ist (*UmwStE* Rn. 03.20). Der Wechsel von der unbeschränkten zur beschränkten Steuerpflicht ist unerheblich (*UmwStE* Rn. 03.19; s. auch Kraft/Poley FR 2013, 1113). Hinsichtlich der ausländischen Betriebsstätte der übertragenden Körperschaft ist auf das jeweilige DBA abzustellen. Stellt es den Übertragungsgewinn von der deutschen Besteuerung frei **(Freistellungsmethode),** wird das Besteuerungsrecht der BRD nicht eingeschränkt, da bisher für die ausländische Betriebsstätte kein inländisches Besteuerungsrecht bestand (BT-Drs. 16/2710, 38). Das ausländische Betriebsvermögen kann daher gem. § 3 Abs. 2 S. 1 UmwStG mit dem Buchwert oder einem Zwischenwert angesetzt werden.

561 Ist die **Anrechnungsmethode** anzuwenden, geht das deutsche Besteuerungsrecht hinsichtlich des ausländischen Betriebsstättenvermögens insoweit verloren, als dieses auf beschränkt steuerpflichtige Gesellschafter der übernehmenden (transparenten) PersGes entfällt. Das ausländische Betriebsvermögen der übertragenden

KapGes ist deshalb gem. § 3 Abs. 1 UmwStG iVm § 3 Abs. 2 S. 1 Nr. 2 UmwStG insoweit mit dem gemeinen Wert anzusetzen. Dies gilt entsprechend, wenn kein DBA mit dem Betriebsstättenstaat besteht. → Rn. 610.

(frei) **562–569**

k) Hereinverschmelzung. Die Verschmelzung einer ausländischen KapGes auf eine inländische (transparente) PersGes hat grds. keine Auswirkung auf die Besteuerung des inländischen Betriebsstättenvermögens der übertragenden KapGes. In der Schlussbilanz der übertragenden KapGes kann es daher auf Antrag ohne Aufdeckung der stillen Reserven mit dem Buchwert angesetzt werden (§ 3 Abs. 2 S. 1 UmwStG; s. auch Kraft/Poley FR 2014, 1). **570**

Die **Freistellung** von Gewinnen aus der Übertragung von ausländischem Betriebsvermögen führt auch in diesem Fall zu keinem Ausschluss bzw. keiner Beeinträchtigung des deutschen Besteuerungsrechts, weil das Besteuerungsrecht wie bisher beim Quellenstaat verbleibt. Die übertragende ausländische KapGes hat danach ein Ansatzwahlrecht nach § 3 Abs. 2 S. 1 UmwStG. **571**

Bei einem DBA mit **Anrechnungsmethode** begründet die Verschmelzung einer ausländischen KapGes auf eine inländische PersGes, soweit an dieser unbeschränkt steuerpflichtige Gesellschafter beteiligt sind, bezüglich des ausländischen Betriebsvermögens ein inländisches Besteuerungsrecht. Das ausländische Betriebsvermögen kann in der Schlussbilanz der übertragenden KapGes wahlweise mit den Buchwerten angesetzt werden. Da das Ansatzwahlrecht sowohl für den unbeschränkt als auch für den beschränkt steuerpflichtigen Gesellschafter besteht, ist es einheitlich für das gesamte ausländische Betriebsvermögen auszuüben (BT-Drs. 16/2710, 37). Dies gilt entsprechend, wenn kein DBA besteht. **572**

(frei) **573–579**

l) Auslandsverschmelzung mit Inlandsbezug. Wird eine ausländische KapGes auf eine ausländische (transparente) PersGes verschmolzen, ist für die übertragende Gesellschaft eine Schlussbilanz iSd § 3 UmwStG zu erstellen, wenn sie aufgrund eines Inlandsbezugs zB nach §§ 4, 7 UmwStG für die inländische Besteuerung von Bedeutung ist. Dies ist ua dann der Fall, wenn ein Mitunternehmer der übernehmenden PersGes beschränkt oder unbeschränkt steuerpflichtig ist (BT-Drs. 16/2710, 37). Beim unbeschränkt steuerpflichtigen Gesellschafter der übernehmenden PersGes kann es zu einer fiktiven Ausschüttung nach § 7 UmwStG unter Anrechnung der ausländischen Quellensteuer kommen (Art. 10 OECD-MA), wenn die Vorschriften des Ansässigkeitsstaats der übertragenden KapGes denen des UmwStG entsprechen (Hagemann/Jakob/Rohl/Viebrock NWB Sonderheft 1/2007, 23). **580**

(frei) **581–589**

m) Entstrickung. Entgegen den allgemeinen Tatbeständen der Entstrickung **eines (einzelnen) Wirtschaftsguts** des Betriebsvermögens nach § 4 Abs. 1 S. 3 ff. EStG und § 12 Abs. 1 KStG erfasst das **UmwStG** gesellschaftsrechtliche Umwandlungsvorgänge auf der Grundlage des UmwG, die in § 1 Abs. 1, 3 UmwStG abschließend aufgezählt sind. Außerdem lässt das UmwStG, soweit das Besteuerungsrecht der BRD ausgeschlossen oder beschränkt war, den Ansatz des übergehenden Betriebsvermögens unter Aufdeckung der stillen Reserven mit dem gemeinen Wert zu (§ 4 Abs. 4 S. 2 UmwStG). Die Vorschriften des UmwStG sind daher als **lex specialis** zu den allgemeinen Entstrickungs- und Verstrickungstatbeständen zu sehen. **590**

591–599 *(frei)*

600 **n) Übertragungsgewinn (§ 3 UmwStG).** Bei einer **Inlandsverschmelzung** ist der Gewinn der übertragenden Körperschaft, der sich durch den Ansatz des gemeinen Werts oder bei einer entsprechenden Wahlrechtausübung ergibt, nach den allgemeinen Grundsätzen kstpfl. Dabei sind gem. § 8b Abs. 2, 3 KStG Werterhöhungen von Anteilen an KapGes unter gleichzeitiger Ausgabenkürzung von 5 % steuerfrei gestellt.

601 Ob ein Übertragungsgewinn aus aufgestocktem **ausländischen Betriebsvermögen** steuerpflichtig ist, richtet sich nach dem betreffenden DBA.

602 Anders als der Übernahmegewinn unterliegt der Übertragungsgewinn der **GewSt** (§ 18 Abs. 1 und 2 UmwStG). Die GewStPfl. von Gewinnanteilen des Übertragungsgewinns wird durch § 3 UmwStG nicht erweitert. Der Gewinn aus der Aufgabe oder Veräußerung eines Mitunternehmeranteils ist gewstrechtlich der Mitunternehmerschaft zuzuordnen (§ 9 Nr. 2 GewStG) und bei dieser kein stpfl. Gewerbeertrag. Dies gilt auch insoweit, als ein Übertragungsgewinn einer KapGes auf der Aufdeckung der stillen Reserven beruht, die eine Beteiligung an einer PersGes aufweist, welche durch den Verschmelzungsvorgang entfällt (BFH I R 92/86, BStBl. II 1990, 699). Siehe auch *UmwStE* Rn. 03.12.

603–609 *(frei)*

610 **o) Fiktive Steueranrechnung (§ 3 Abs. 3 UmwStG).** Bei einer Umwandlung mit Auslandsbezug **(Hinausverschmelzung)** ist gem. § 26 KStG eine fiktive ausländische Steuer auf die KSt aus dem Übertragungsgewinn anzurechnen, soweit eine ausländische Betriebsstätte mit übergeht, die BRD die Doppelbesteuerung bei der übertragenden Körperschaft nicht durch die Anwendung der Freistellungsmethode vermeidet und das Besteuerungsrecht Deutschlands hinsichtlich des Gewinns aus der Veräußerung der übertragenen Wirtschaftsgüter bei den Gesellschaftern der übernehmenden Gesellschaft ausgeschlossen oder beschränkt wird (§ 3 Abs. 2 Nr. 2 UmwStG). In diesem Fall ist das Betriebsvermögen der ausländischen Betriebsstätte mit dem gemeinen Wert anzusetzen und die fiktiv anzurechnende Steuer nach den Vorschriften des anderen Mitgliedstaates bei einer gedachten Veräußerung zum Übertragungszeitpunkt zu ermitteln (§ 3 Abs. 3 UmwStG iVm Art. 10 Abs. 2 Fusions-RL idF der RL 2009/133/EG). Über die ausländische Körperschaftsteuer, die nach den Grundsätzen des § 26 KStG anzurechnen ist, ist grds. beim ausländischen Betriebsstättenstaat Auskunft (§ 117 AO) einzuholen (*UmwStE* Rn. 03.32).

611 **Gewstrechtlich** ist in diesem Fall der Gewerbeertrag analog § 9 Nr. 3 GewStG um den auf die ausländische Betriebsstätte entfallenden Übertragungsgewinn zu kürzen.

612–629 *(frei)*

4. Bilanzierung des Übernehmenden (§ 4 UmwStG)

630 **a) Handelsbilanz. Handelsrechtlich** kann der übernehmende Rechtsträger die Schlussbilanzwerte als Anschaffungskosten des § 253 Abs. 1 HGB ansetzen (§ 24 UmwG). § 24 UmwG („kann") kann als ein handelsrechtliches Wahlrecht verstanden werden (BT-Drs. 12/6699).

Entsteht durch die Verschmelzung einer GmbH auf den Alleingesellschafter erstmals ein abschlusspflichtiges (vollkaufmännisches) Handelsgewerbe iSd § 1 HGB, muss der übernehmende Alleingesellschafter gem. § 242 Abs. 1 HGB eine

Übernahmebilanz iF einer Eröffnungsbilanz aufstellen (BFH III R 12/13, BStBl. II 2016, 420). Dessen Stichtag ist der Verschmelzungsstichtag iSd § 5 Abs. 1 Nr. 6 UmwG. Auf § 241a HGB wird verwiesen.

(frei) **631–634**

b) Steuerliche Eröffnungsbilanz. Bei Vorgängen des § 3 UmwStG hat die übernehmende PersGes oder natürliche Person in ihrer steuerlichen Anfangsbilanz die auf sie übergehenden Wirtschaftsgüter mit den Werten aus der steuerlichen Schlussbilanz der übertragenden Körperschaft zu übernehmen **(Wertverknüpfung; § 4 Abs. 1 UmwStG).** Die Übernehmerin ist damit an die Bewertung der übergegangenen Wirtschaftsgüter durch die übertragende Körperschaft in deren steuerlichen Schlussbilanz (materiell-rechtlich) gebunden (BFH I R 36/12, BFH/NV 2014, 74; IV R 34/12, BFH/NV 2016, 41; I R 1/13, BFH/NV 2015, 690). Dies gilt sowohl für eine steuerbefreite oder ausländische Körperschaft als auch für die Bilanzansätze, die keine Wirtschaftsgüter sind wie zB Rechnungsabgrenzungsposten, Sammelposten nach § 6 Abs. 2a EStG (*UmwStE* Rn. 04.01). Die steuerliche Schlussbilanz entscheidet damit über die fakultative Aufdeckung der stillen Reserven. Nach Auffassung des **BFH** hat der übernehmende Rechtsträger auf den steuerlichen Übertragungsstichtag keine **Übernahmebilanz** zu erstellen. Gemäß § 4 Abs. 1 UmwStG sind die übergegangenen Wirtschaftsgüter lediglich mit dem in der steuerlichen Schlussbilanz der übertragenden Körperschaft enthaltenen Wert zu übernehmen. Ein Übergang von der **Einnahmenüberschussrechnung** zum Bestandvergleich ist daher nicht zwingend erforderlich (BFH III R 13/13, DStR 2016, 796; s. auch III R 12/13, BStBl. II 2016, 420). In diesem Fall ist grds. ein **Übergangsgewinn** zu ermitteln (→ Rn. 688). Beim **Formwechsel** dagegen ist gem. § 9 S. 2 UmwStG eine Eröffnungsbilanz zu erstellen. 635

Bei einer übernehmenden PersGes können die übergehenden Wirtschaftsgüter sowohl in der Gesamthandsbilanz als auch ggf. in der Ergänzungsbilanz ausgewiesen werden. Entspricht der steuerliche Übertragungsstichtag dem Schluss des Wirtschaftsjahres des übernehmenden Rechtsträgers, ist das übergehende Vermögen nach allgemeinen Bilanzierungsgrundsätzen in der regulären Bilanz des übernehmenden Rechtsträgers zu erfassen. Bei einer Verschmelzung durch Neugründung ist auf den steuerlichen Übertragungsstichtag eine steuerliche Eröffnungsbilanz zu erstellen (*UmwStE* Rn. 04.03).

Die vom übernehmenden Rechtsträger im Betriebsvermögen gehaltenen Anteile an der übertragenden KapGes sind gemäß **§ 4 Abs. 1 S. 2 UmwStG** zum steuerlichen Übertragungsstichtag mit dem Buchwert erhöht um in früheren Jahren vorgenommene steuerwirksame Abschreibungen sowie um Abzüge nach § 6b EStG und ähnliche Abzüge höchstens mit dem gemeinen Wert anzusetzen. Ist der gemeine Wert der Anteile des übernehmenden Rechtsträgers an der übertragenden KapGes niedriger als deren Buchwert, ist nach § 4 Abs. 1 S. 2 UmwStG zum steuerlichen Übertragungsstichtag eine Abstockung auf den gemeinen Wert vorzunehmen (*UmwStE* Rn. 04.05 f.). Dies gilt gemäß § 5 Abs. 3 UmwStG entsprechend für Anteile eines Anteilseigners, wenn diese am steuerlichen Übertragungsstichtag vor Anwendung des § 5 UmwStG zu dessen Betriebsvermögen gehörten.

Hinzurechnungen von Wertminderungen vor Ermittlung des Übernahmeergebnisses bis zum gemeinen Wert sind ausschließlich nach § 4 Abs. 1 S. 2 UmwStG bzw. § 5 Abs. 3 UmwStG vorzunehmen. Der **Beteiligungskorrekturgewinn,** der nicht zum Übernahmegewinn gehört, ist nach den allgemeinen

Grundsätzen zu besteuern. Durch die Erhöhung des Buchwerts mindert sich das Übernahmeergebnis (*UmwStE* Rn. 04.07 f., 04.27, 18.03).

636 Eine **verfahrensrechtliche Verknüpfung** im Wege eines Grundlagenbescheids (§ 175 Abs. 1 S. 1 Nr. 1 AO iVm § 171 Abs. 10 AO) besteht für die übernehmende Gesellschaft nicht (BFH I R 5/12, BFH/NV 2013, 743; VIII R 45/12, BStBl. II 2015, 759).

Die übernehmende Gesellschaft hat im Gegensatz zum Einbringenden bei einer Sacheinlage nach § 20 UmwStG auch unter Hinweis auf die Übernahme der Schlussbilanzwerte der übertragenden Gesellschaft als **sog. Drittbetroffene** keine eigene **Rechtsbehelfs- bzw. Klagebefugnis** gegen die Festsetzung der Körperschaftsteuer. Sie selbst kann sich jedoch verfahrensrechtlich ua im Hinblick auf die interpersonelle Geltung der Grundsätze über den Bilanzzusammenhang oder Bilanzberichtigung im Rahmen ihrer Gewinnermittlung bzw. ihrer gesonderten und einheitlichen Feststellung auf die Behandlung der Wirtschaftsgüter in der Übertragungsbilanz berufen und sich ggf. dagegen wenden (BFH I R 5/12, BFH/NV 2013, 743; I R 36/12, BFH/NV 2014, 74; I R 1/13, BFH/NV 2015, 690; → Rn. 1372).

637 Die **Pensionsrückstellungen** sind nach § 3 Abs. 1 S. 2 UmwStG mit dem Teilwert iSd § 6a Abs. 3 S. 2 Nr. 1 EStG anzusetzen, wobei für den Gesellschafter-Geschäftsführer wegen § 15 Abs. 1 S. 1 Nr. 2 EStG für die Zeit nach dem Umwandlungsstichtag in der Sonderbilanz eine Korrektur vorzunehmen ist (LfSt Bay 23.10.2009, DB 2009, 2404). Dadurch entstehen grds. latente Lasten, weil der Ansatz nach § 6a EStG regelmäßig zu einer Unterbewertung der Pensionsrückstellungen führt.

638–639 *(frei)*

640 **c) Steuerliche Rechtsnachfolge (§ 4 Abs. 2 und 3 UmwStG).** Der übernehmende Rechtsträger tritt in die steuerliche Rechtsstellung der übertragenden Körperschaft auch hinsichtlich deren Anschaffungs- oder Herstellungskosten ein. Dies gilt auch für die **AfA.** Sie folgen dem Prinzip der steuerrechtlichen Gesamtrechtsnachfolge (§ 4 Abs. 2 S. 1 UmwStG), wobei eine Anschaffung auch dann nicht angenommen wird, wenn in der Schlussbilanz der übertragenden Körperschaft höhere als die Buchwerte angesetzt worden sind (§ 4 Abs. 3 S. 1 UmwStG). Bei beweglichen und immateriellen Wirtschaftsgütern sind die aufgestockten Werte nach den für nachträgliche Anschaffungskosten geltenden Grundsätzen auf die Restnutzungsdauer, die nach den Verhältnissen am steuerlichen Übertragungsstichtag neu zu schätzen ist, abzuschreiben (BFH IV R 73/02, BStBl. II 2008, 407). Der Geschäfts- oder Firmenwert ist grds. gem. § 7 Abs. 1 S. 3 EStG nach der bisherigen Bemessungsgrundlage ggf. vermehrt um einen Aufstockungsbetrag einheitlich auf 15 Jahre zu verteilen. S. Fallbeispiel Leuken DB 2013, 1509.

641 Bei **Gebäuden** ist die **AfA** nach § 4 Abs. 2 UmwStG von der bisherigen Bemessungsgrundlage mit den gesetzlichen AfA-Sätzen vorzunehmen, wobei diese Werte jeweils um die in der Schlussbilanz der Übertragenden aufgedeckten stillen Reserven aufzustocken sind. Überschreitet der Abschreibungszeitraum die gesetzliche Nutzungsdauer bis zum Verbrauch des AfA-Volumens, kann die AfA nach der Restnutzungsdauer des Gebäudes bemessen werden (*UmwStE* Rn. 04.10).

Wurden die übergegangenen Wirtschaftsgüter in der steuerlichen Schlussbilanz der übertragenden Körperschaft gem. § 3 UmwStG aufgestockt **(Ansatz eines Zwischenwerts oder des gemeinen Werts),** ist **gem. § 4 Abs. 3 UmwStG** die AfA bei der PersGes in den Fällen des § 7 Abs. 4 S. 1 und Abs. 5 EStG nach der bisherigen Bemessungsgrundlage, in allen anderen Fällen nach dem Buchwert, jeweils vermehrt um den Unterschiedsbetrag zwischen dem Buchwert der einzelnen Wirtschaftsgüter und dem Wert, mit dem die Körperschaft die Wirtschaftsgüter in der steuerlichen Schlussbilanz angesetzt hat, zu bemessen (*UmwStE* Rn. 04.10).

Die **Bewertungsobergrenzen** iSd § 6 Abs. 1 EStG bestimmen sich zu den folgenden Bilanzstichtagen nach den fortgeführten ursprünglichen Anschaffungs- oder Herstellungskosten erhöht um Zuschreibungen zum steuerlichen Übertragungsstichtag (*UmwStE* Rn. 04.11). **642**

Die Vermögensübernahme ist keine begünstigte Anschaffung iSd **§ 6b EStG** (vgl. *UmwStE* Rn. 04.14; BFH GrS 2/12, BStBl. II 2015, 1007; X R 21/09, BFH/NV 2016, 751; X R 31/11, BFH/NV 2016, 1032). **643**

Aufgrund der steuerlichen Rechtsnachfolge iSd § 4 Abs. 2 S. 1 UmwStG werden gem. **§ 4 Abs. 2 S. 3 UmwStG Vorbesitzzeiten** (zB § 6b EStG, § 9 Nr. 2a und 7 GewStG) und **Behaltefristen** (zB InvZulG) unverändert vom übernehmenden Rechtsträger fortgeführt (sog. Fußstapfentheorie; BFH XI R 39/18, BStBl. II 2021, 517; *UmwStE* Rn. 04.15). Liegen die Voraussetzungen des § 4 Abs. 2 S. 3 UmwStG vor, ist hinsichtlich der „Überführung" oder „Übertragung" des Grundbesitzes iSd **§ 9 Nr. 1 S. 5 Nr. 2 Hs. 2 GewStG** in das Betriebsvermögen des aufdeckenden Gewerbebetriebs (als übernehmende Gesellschaft) auf den Zeitpunkt abzustellen, zu dem er in das Betriebsvermögen der übertragenden Gesellschaft gelangt ist (BFH I R 39/19, BFH/NV 2022, 519). **644**

Die **Bilanzansätze,** die in der steuerlichen Schlussbilanz der übertragenden Körperschaft **entgegen § 5 EStG** ausgewiesen werden, sind nach Auffassung der FVerw in der Folgezeit in der Steuerbilanz des übernehmenden Rechtsträgers gem. § 5 EStG **erfolgswirksam aufzulösen.** Die in der steuerlichen Schlussbilanz gemäß § 3 Abs. 1 S. 1 UmwStG anzusetzenden, nicht entgeltlich erworbenen und selbstgeschaffenen immateriellen Wirtschaftsgüter (zB Firmenwert) der übertragenden KapGes werden aufgrund der Umwandlung vom übernehmenden Rechtsträger angeschafft. Eine vor oder im Zuge der Umwandlung nach § 4f EStG begründete **Aufwandsverteilung** hat der übernehmende Rechtsträger als Rechtsnachfolger gemäß § 4f Abs. 1 S. 7 EStG fortzuführen *(UmwStE* Rn. 04.16; → Rn. 457). **645**

Ist die übertragende Körperschaft an einer Mitunternehmerschaft beteiligt, führt die Aufdeckung von in der steuerlichen Schlussbilanz nach § 3 Abs. 1 UmwStG von der übertragenden Körperschaft gebildeten stillen Reserven zur **Aktivierung des Aufstockungsbetrags,** die bei der PersGes in einer Ergänzungsbilanz für den übernehmenden Rechtsträger vorzunehmen ist (*UmwStE* Rn. 04.17, 20.22). In der positiven Ergänzungsbilanz ist bei den nach § 7 Abs. 1 EStG abzuschreibenden Wirtschaftsgütern die Restnutzungsdauer neu zu schätzen. Dagegen sind Minderwerte in einer negativen Ergänzungsbilanz korrespondierend mit den Buchwerten in der Gesamthandsbilanz abzuschreiben (s. BFH IV R 1/11, BFH/NV 2015, 409; s. auch BMF 19.12.2016, BStBl. I 2017, 34; → Rn. 1331). **646**

(frei) **647–649**

d) Übernahmeergebnis (§ 4 Abs. 4, 5 UmwStG). Ein Übernahmeergebnis ist **nur** für die **Anteile** an der übertragenden Gesellschaft zu ermitteln, die zum steuerlichen Übertragungsstichtag zum **Betriebsvermögen** (einschließlich Son- **650**

derbetriebsvermögen) des übernehmenden Rechtsträgers gehören oder dessen Betriebsvermögen nach § 5 UmwStG oder § 27 Abs. 3 Nr. 1 UmwStG zugerechnet werden (s. *UmwStE* Rn. 04.18).

651 Im **Privatvermögen** gehaltene Anteile, die die Voraussetzungen des **§ 17 EStG** nicht erfüllen, bleiben insoweit unberücksichtigt. Der auf diese Anteile entfallende Wert der übergehenden Wirtschaftsgüter bleibt gem. **§ 4 Abs. 4 S. 3 UmwStG** bei der Ermittlung des Übernahmeergebnisses außer Ansatz. Sie unterliegen jedoch der grds. Besteuerung der anteiligen offenen Rücklagen nach § 7 UmwStG (*UmwStE* Rn. 04.25).

652 Die Anteile an der übertragenden Körperschaft von **beschränkt steuerpflichtigen Gesellschaftern** iSd § 17 EStG gelten als in das Betriebsvermögen der übernehmenden PersGes eingelegt. Das Besteuerungsrecht des dadurch entstehenden Übernahmegewinns richtet sich nach dem jeweiligen DBA (s. Schmitt/Schloßmacher UmwStE 2011 Rn. 04.25).

653 Ist der übernehmende Rechtsträger an der übertragenden Körperschaft beteiligt **(zB Aufwärtsverschmelzung),** ist gem. **§ 4 Abs. 1 S. 2 UmwStG** der Buchwert dieser am steuerlichen Übertragungsstichtag im Betriebsvermögen gehaltenen Anteile um vorgenommene Teilwertabschreibungen sowie um Abzüge nach § 6b EStG und ähnliche Abzüge, höchstens bis zum gemeinen Wert, zu erhöhen. Dieser Wert bildet die Grundlage für die Ermittlung des Übernahmeergebnisses nach § 4 Abs. 4 UmwStG. Eine **Wertaufholung entfällt,** soweit bis zum Ablauf des steuerlichen Übertragungsstichtags eine solche nach § 6 Abs. 1 Nr. 2 S. 3 EStG iVm § 6 Abs. 1 Nr. 1 S. 4 EStG vorgenommen oder die Rücklage nach § 6b Abs. 3 EStG gewinnerhöhend aufgelöst wurde (*UmwStE* Rn. 04.07).

654 Der hieraus erzielte **Beteiligungskorrekturgewinn,** der vor der Vermögensübertragung bzw. Einlagefiktion des § 5 UmwStG entsteht, unterliegt als **laufender Gewinn** des übernehmenden Rechtsträgers der vollen Besteuerung (§ 4 Abs. 1 S. 3 UmwStG iVm § 8b Abs. 2 S. 4 und 5 KStG, § 3 Nr. 40 S. 1 Buchst. a S. 2 und 3 EStG; (Dötsch/Pung DB 2006, 2704 (2710); *UmwStE* Rn. 04.07 f., 04.27; aA BFH I R 2/09, BStBl. II 2010, 760).

655 Der Beteiligungskorrekturgewinn aufgrund einer Wertaufholung nach § 4 Abs. 1 S. 2 UmwStG gehört gem. § 18 Abs. 1 S. 1 UmwStG zum **Gewerbeertrag** der übernehmenden PersGes (*UmwStE* Rn. 18.03).

656 Die Umwandlung führt bei der übernehmenden PersGes bzw. deren Gesellschaftern zu einer **fiktiven Ausschüttung** der offenen Rücklagen der übertragenden Körperschaft (Dividendenanteil iSd § 20 Abs. 1 Nr. 1 EStG, § 7 UmwStG) **und** zu einem Übernahmegewinn/-verlust **(Veräußerungsteil).** Dabei mindern gem. § 4 Abs. 5 S. 2 UmwStG die Bezüge iSd § 7 UmwStG, die zu den Einkünften aus Kapitalvermögen iSd § 20 Abs. 1 Nr. 1 EStG gehören, das Übernahmeergebnis (s. *UmwStE* Rn. 04.38).

657–659 *(frei)*

660 **e) Ausschüttungsfiktion (§ 7 UmwStG).** Gemäß § 7 UmwStG werden jedem Anteilseigner der übertragenden Körperschaft, der Gesellschafter der übernehmenden PersGes wird, die in der Schlussbilanz der übertragenden Körperschaft ausgewiesenen offenen Rücklagen entsprechend seiner Beteiligungsquote als **Einnahmen aus Kapitalvermögen** iSd § 20 Abs. 1 Nr. 1 EStG (Dividenden) mit Ablauf des steuerlichen Übertragungsstichtags zugerechnet. Bei diesen Einkünften nach § 7 UmwStG handelt es sich um fiktive Einkünfte, die der Anteilseigner aus seiner Beteiligung an der übertragenden KapGes – ausgelöst durch den Umwandlungsvorgang – als „letzte" erzielt (BFH VIII R 43/13, BFH/NV 2016, 1313, zum UmwStG 1995). Die Besteuerung der offenen Rücklagen erfolgt bei **allen verbleibenden Anteilseignern** unabhängig davon, ob sie im Inland der unbeschränkten oder beschränkten Steuerpflicht unterliegen oder die Anteile im Betriebs- oder Privatvermögen gehalten werden (§ 7 S. 2 UmwStG). Die Regelung gilt für **inländische Umwandlungen** oder **vergleichbare ausländische Vorgänge** iSd § 1 Abs. 1 UmwStG. Über die fiktive Ausschüttung nach § 7 UmwStG wird die **inländische Besteuerung** der offenen Rücklagen der übertragenden Körperschaft **sichergestellt** (BFH IV R 1/17, BStBl. II 2019, 501 zu § 9 UmwStG).

Die **Bezüge nach § 7 UmwStG** sind anhand des in der steuerlichen Schlussbilanz der übertragenden KapGes zum steuerlichen Übertragungsstichtag ausgewiesenen Eigenkapitals abzüglich bestehender Ausschüttungsverbindlichkeiten und passiver Korrekturposten (s. *UmwStE* Rn. 07.04, 02.25 ff.) zu **ermitteln.** Das steuerliche Eigenkapital erhöht sich grds. um den entstehenden Übertragungsgewinn. Ausstehende Einlagen auf das Nenn- und Fremdkapital (Rückstellungen und Verbindlichkeiten) bleiben unberücksichtigt. Das korrigierte Eigenkapital ist um den Bestand des steuerlichen Einlagenkontos nach einer fiktiven Nennkapitalherabsetzung iSd § 29 Abs. 1 und 6 KStG zu mindern (*UmwStE* Rn. 07.03 f.). Ein von der übertragenden GmbH vor dem steuerlichen Übertragungsstichtag geltend gemachter und außerbilanziell gebildeter **Investitionsabzugsbetrag** mindert das bilanzierte Eigenkapital der GmbH (BFH IV R 1/17, BStBl. II 2019, 501). **661**

(frei) **662, 663**

Die **Einnahmen iSd § 7 UmwStG** gelten den verbleibenden Gesellschaftern des übertragenden Rechtsträgers mit Ablauf des steuerlichen Übertragungsstichtags als **zugeflossen** (*UmwStE* Rn. 07.07, 02.04; s. auch BFH VIII R 43/13, BFH/NV 2016, 1313, zum UmwStG 1995). Die Besteuerung von offenen Rücklagen der KapG nach § 7 S. 1 UmwStG erfolgt bei nach § 5 Abs. 2 UmwStG fiktiv als eingelegt behandelten Anteilen als Gewinn der Gesamthand und ist als solcher festzustellen (BFH IV R 1/17, BStBl. II 2019, 501). **664**

Die fiktive Ausschüttung iSd § 7 UmwStG ist bei einer **Körperschaft** als Anteilseignerin der übertragenden Körperschaft grds. steuerfrei gestellt (§ 8b Abs. 1 KStG), wobei 5 % des Dividendenertrags als nicht abziehbare Betriebsausgaben gelten (§ 8b Abs. 5 KStG). Bei **natürlichen Personen** unterliegen diese Einnahmen grds. der Abgeltungsteuer (§§ 32d, 43 Abs. 5 EStG), soweit sich die Anteile an der übertragenden Körperschaft im Privatvermögen befinden bzw. dem Teileinkünfteverfahren (§ 3 Nr. 40 S. 1 Buchst. d, § 3 Nr. 40 S. 2, § 20 Abs. 8 EStG), soweit sie im Betriebsvermögen gehalten werden oder nach § 5 Abs. 2 oder § 27 Abs. 3 Nr. 1 UmwStG als in das Betriebsvermögen eingelegt gelten (*UmwStE* Rn. 07.07 f.). **665**

Soweit hinsichtlich der Bezüge iSd § 7 UmwStG eines **ausländischen Anteilseigners** das betreffende **DBA** abweichend von Art. 10 Abs. 1 OECD-MA der BRD nicht das Quellensteuerrecht zuweist (Regelfall), können Dividendenerträge iSd Art. 10 OECD-MA nach Abs. 2 der Vorschrift auch im Quellenstaat besteuert werden (s. *UmwStE* Rn. 04.23). **666**

Die Dividendenerträge nach § 7 UmwStG unterliegen bei der übernehmenden PersGes gem. § 20 Abs. 1 Nr. 1, Abs. 8 EStG iVm § 7 GewStG der **Gewerbesteuer.** Voraussetzung ist, dass sich die Anteile im Betriebsvermögen der Anteilseigner befinden. Gewinne nach § 7 UmwStG aus Anteilen iSd § 5 Abs. 2 UmwStG **667** sind bei der GewSt nicht zu erfassen (§ 18 Abs. 2 S. 2 UmwStG). Das Teileinkünfteverfahren ist auch bei der GewSt zu beachten (§ 7 S. 4 GewStG), wobei eine Hinzurechnung nach § 8 Nr. 5 GewStG in Betracht kommt (*UmwStE* Rn. 18.04).

668–674 *(frei)*

675 **f) Übernahmegewinn (§ 4 Abs. 4 UmwStG).** Das Übernahmeergebnis, das mit Ablauf des steuerlichen Übertragungstages entsteht, ist nur für die Anteile zu ermitteln, die am steuerlichen Übertragungsstichtag zum Betriebsvermögen des übernehmenden Rechtsträgers gehören. Wegen der unterschiedlichen Anschaffungskosten bzw. Buchwerte der Anteile an der übertragenden Körperschaft ist es grds. **gesellschafterbezogen** zu ermitteln. Die Anteile eines Anteilseigners sind grds. als einzige Beteiligung zu behandeln, sodass für ihn nur ein Übernahmeergebnis zu ermitteln ist. Unterliegen die Anteile steuerlich unterschiedlichen Regelungen (zB Anteile iSd § 4 Abs. 6 S. 6 UmwStG), kann ausnahmsweise eine anteilsbezogene Betrachtung erforderlich sein (*UmwStE* Rn. 04.18 f., 04.21, 04.26).

676 Das **Übernahmeergebnis** bildet die Differenz aus den in der steuerlichen Schlussbilanz der übertragenden Körperschaft angesetzten Werten, mit denen die übergegangenen Wirtschaftsgüter bei der PersGes oder natürlichen Person zu übernehmen sind (§ 4 Abs. 4 UmwStG), und dem Buchwert der untergehenden Anteile an der übertragenden Körperschaft, berichtigt um Teilwertabschreibungen und Abzüge nach § 6b EStG (§ 4 Abs. 1 S. 2 UmwStG). Die Kosten des Vermögensübergangs sind grds. gewinnmindernd zu berücksichtigen (§ 4 Abs. 4 S. 1 UmwStG; UmwStE Rn. 04.01, 04.34).

677–684 *(frei)*

685 Das Übernahmeergebnis nach § 4 Abs. 4 UmwStG stellt bei **beschränkt steuerpflichtigen Gesellschaftern** grds. inländische Einkünfte nach § 49 Abs. 1 Nr. 2 Buchst. a EStG dar. Dies gilt auch dann, wenn bei einer **Inlandsverschmelzung** ausländisches Betriebsvermögen übergeht und kein DBA besteht. Gemäß Art. 13 Abs. 2 OECD-MA hat grds. der Quellenstaat für Gewinne der übernehmenden PersGes aus der Veräußerung der Anteile an der übertragendenden Körperschaft das Besteuerungsrecht.

686 Das **abkommensrechtliche Besteuerungsrecht** für das Übernahmeergebnis eines **ausländischen Anteilseigners** aus nach **§ 5 Abs. 2 UmwStG** (fiktiv) eingelegten Anteilen an der übertragenden Körperschaft bestimmt sich grds. nach Art. 13 Abs. 5 OECD-MA zum steuerlichen Übertragungsstichtag. Danach steht bei einer entsprechenden Regelung im betreffenden DBA insoweit grds. dem Ansässigkeitsstaat des ausländischen Anteilseigners die Besteuerung des Übernahmegewinns zu. Bei Bezügen iSd **§ 7 UmwStG** ergibt sich das deutsche Besteuerungsrecht grds. aus einer dem Art. 10 OECD-MA vergleichbaren Vorschrift in einem DBA (*UmwStE* Rn. 04.23).

687 Zur Verschmelzung von ausländischem Betriebsvermögen der übertragenden Körperschaft iZm ausländischen Anteilseignern s. *UmwStE* Rn. 04.23 f., 9. Auflage.

688 **Übergangsgewinn bei Wechsel zur Einnahmenüberschussrechnung.** Ermittelt der übernehmende Rechtsträger (Einzelunternehmer) seinen Gewinn durch Einnahmenüberschussrechnung, ist – getrennt von der Ermittlung des Übernahmeergebnisses nach § 4 Abs. 4 UmwStG – ein Übergangsgewinn (Überleitungsgewinn) zu ermitteln, um durch den Wechsel der Gewinnermittlungsart veranlasste Nicht- bzw. Doppelberücksichtigungen von Betriebseinnahmen bzw. -ausgaben zu vermeiden. Hat der übertragende Rechtsträger seinen Gewinn nach

Bilanzierungsgrundsätzen ermittelt, beschränken sich die Gewinnkorrekturen (Zu- und Abrechnungen) auf die Vermögenspositionen des übernehmenden Rechtsträgers (s. BFH III R 13/13, DStR 2016, 796; sa EStR 4.6 S 2146).

g) Berücksichtigung eines Sperrbetrags iSd § 50c EStG (§ 4 Abs. 5 UmwStG). Der Übernahmegewinn erhöht sich bzw. der Übernahmeverlust vermindert sich nach **§ 4 Abs. 5 S. 1 UmwStG** um einen **Sperrbetrag iSd § 50c EStG,** soweit die Anteile am steuerlichen Übertragungsstichtag zum Betriebsvermögen der übernehmenden PersGes gehören. § 50c EStG wurde durch Gesetz vom 23.10.2000 (BGBl. 2000 I 1433) aufgehoben. Er war nach Maßgabe des § 52 Abs. 59 EStG 2013 bis zum VZ 2010 anzuwenden (s. 9. Auflage). § 4 Abs. 5 S. 1 UmwStG wurde mit Gesetz vom 2.6.2021, BGBl. 2021 I 1259, aufgehoben. Gemäß § 27 Abs. 17 UmwStG ist er jedoch weiterhin anzuwenden, soweit die Anteile an der übertragenden Körperschaft am steuerlichen Übertragungsstichtag zum Betriebsvermögen des übernehmenden Rechtsträgers gehörten und mit einem Sperrbetrag iSd § 50c EStG 1999 behaftet sind. 689

Nach **§ 4 Abs. 5 S. 2** UmwStG vermindert sich der Übernahmegewinn bzw. erhöht sich der Übernahmeverlust um die Bezüge, die nach **§ 7 UmwStG** zu den Einkünften aus Kapitalvermögen iSd § 20 Abs. 1 S. 1 EStG gehören. 690

(frei) **691–699**

h) Ermittlung des Übernahmeergebnisses. Das Übernahmeergebnis nach § 4 Abs. 4, 5 UmwStG ist wie folgt zu ermitteln: 700

	(Anteiliger) Wert, mit dem die übergegangenen Wirtschaftsgüter iSd § 4 Abs. 1 UmwStG zu übernehmen sind
+	Zuschlag für neutrales Vermögen (§ 4 Abs. 4 S. 2 UmwStG)
./.	Wert der Anteile an der übertragenden Körperschaft (ggf. nach Korrektur gem. § 4 Abs. 1 S. 2 und Abs. 2 S. 5 UmwStG)
./.	Kosten für den Vermögensübergang
=	Übernahmeergebnis 1. Stufe (§ 4 Abs. 4 S. 1 und 2 UmwStG)
	Sperrbetrag nach § 50c EStG aF (§ 4 Abs. 5 S. 1 UmwStG)
./.	Bezüge, die nach § 7 UmwStG zu den Einkünften aus Kapitalvermögen iSd § 20 Abs. 1 Nr. 1 EStG gehören (§ 4 Abs. 5 S. 2 UmwStG)
=	Übernahmeergebnis 2. Stufe (§ 4 Abs. 4 und 5 UmwStG; *UmwStE* Rn. 04.27)

Bei dem Übernahmegewinn handelt es sich mit seinem Bruttobetrag um einen nach § 34a Abs. 2 EStG begünstigungsfähigen, **laufenden Gewinn (oder Verlust),** der mit Ablauf des steuerlichen Übertragungsstichtags **entsteht** (s. BFH IV R 13/17, BStBl. II 2019, 754). Bei einer Verschmelzung mit Neugründung ist auf den steuerlichen Übertragungsstichtag eine steuerliche Eröffnungsbilanz zu erstellen (*UmwStE* Rn. 04.03, 04.26). 701

Das Übernahmeergebnis (2. Stufe) ist **gesondert und einheitlich festzustellen** (s. *UmwStE* Rn. 04.27). 702

Überschuldete Gesellschaft. Für die Ermittlung des Übernahmeergebnisses wird kein positives Vermögen vorausgesetzt. Der Buchwert des Betriebsvermögens der übertragenden Körperschaft kann auch negativ sein. Wird danach das Betriebsvermögen der übertragenden Körperschaft mit einem **negativen Wert** übernommen, erhöht sich dadurch der Übernahmeverlust entsprechend (s. *UmwStE* Rn. 04.39). 703

(frei) **704, 705**

706 **i) Besteuerung des Übernahmegewinns (§ 4 Abs. 7 UmwStG).** Der Übernahmegewinn bleibt, soweit er auf eine **mitunternehmerisch beteiligte Körperschaft, Personenvereinigung** oder **Vermögensmasse** entfällt, außer Ansatz (§ 4 Abs. 7 S. 1 UmwStG). Gemäß § 8b Abs. 2 KStG iVm Abs. 3 S. 1 KStG besteht jedoch ein Betriebsausgabenabzugsverbot von 5 % des anteiligen Übernahmegewinns. Die Pauschalierung eines Betriebsausgabenabzugsverbots durch die Hinzurechnung von 5 % des Veräußerungsgewinns und der Bezüge aus Unternehmensbeteiligungen zu den Einkünften einer Körperschaft nach § 8b Abs. 3 S. 1 KStG und § 8b Abs. 5 S. 1 KStG ist mit Art. 3 Abs. 1 GG vereinbar (BVerfG 1 BvL 12/07, DStR 2010, 2393; I R 45/13, BStBl. II 2014, 719). Bei **Finanz- bzw. Lebens- und Krankenversicherungsunternehmen iSd § 8 Abs. 7, 8 KStG** sowie bei „alten" **einbringungsgeborenen Anteilen** iSd § 8b Abs. 4 KStG aF, der für diese Anteile weiterhin gilt, unterliegt der Übernahmegewinn der vollen Besteuerung. Im Übrigen ist das Teileinkünfteverfahren (§ 4 Abs. 7 S. 2 UmwStG) anzuwenden (s. *UmwStE* Rn. 04.44).

707 Bei den an der PersGes beteiligten **natürlichen Personen** unterliegt der anteilige Übernahmegewinn als betriebliche Einkünfte dem Teileinkünfteverfahren nach § 3 Nr. 40 EStG sowie § 3c EStG (§ 4 Abs. 7 S. 2 UmwStG). Nach Auffassung der FVerw sind die Übernahmekosten gem. § 3c EStG anteilig zu kürzen (BMF 16.12.2003, BStBl. I 2003, 786).

708 *(frei)*

709 **Einzelheiten bei der Ermittlung des Übernahmegewinns.** Der Übernahmegewinn ist **gewstlich** nicht zu erfassen (§ 18 Abs. 2 UmwStG). Gleiches gilt für § 35 EStG. Zur Gestaltung des steuerlichen Übernahmeergebnisses s. Jacobsen DStZ 2010, 205.

710 **j) Übernahmeverlust (§ 4 Abs. 6 UmwStG).** Ein **Übernahmeverlust** ist **nicht anzusetzen,** soweit er auf eine (kstpfl) Körperschaft, Personenvereinigung oder Vermögensmasse als Mitunternehmerin der PersGes entfällt **(§ 4 Abs. 6 S. 1 UmwStG).** Eine Ausnahme gilt ua für Kreditinstitute (§ 8b Abs. 7 KStG) und Lebens- und Krankenversicherungsunternehmen (§ 8b Abs. 8 KStG). Der auf natürliche Personen als Mitunternehmer entfallende Übernahmeverlust ist gemäß **§ 4 Abs. 6 S. 3 UmwStG** entsprechend den Grundsätzen des Teileinkünfteverfahrens nur mit 60 %, höchstens in Höhe von 60 % der Bezüge iSd § 7 UmwStG abziehbar. Das Übernahmeergebnis ist in einen Kapitalertrag und einen entsprechend gekürzten Übernahmegewinn oder -verlust aufzuteilen. Ein danach verbleibender Übernahmeverlust bleibt außer Ansatz **(§ 4 Abs. 6 S. 4 UmwStG).** Ein Übernahmeverlust wird somit nur in Höhe der nicht nach § 3 Nr. 40 EStG steuerfreien Bezüge nach § 7 UmwStG berücksichtigt **(§ 4 Abs. 5 S. 2 UmwStG;** vgl. BFH IV B 96/10, BFH/NV 2012, 285). Die das Kapitalkonto der Beteiligung (PersGes) übersteigenden Anschaffungskosten der Beteiligung an der KapGes können nicht nach §§ 3 ff. UmwStG iVm § 9 S. 1 UmwStG in einer **Ergänzungsbilanz** aktiviert und in Form von Absetzungen gewinnmindernd berücksichtigt werden, weil eine formwechselnde Umwandlung in eine PersGes auch hinsichtlich der Anteile an der übertragenden KapGes iSd § 17 EStG keinen täuschähnlichen Anschaffungsvorgang darstellt, sondern nach § 5 Abs. 2 UmwStG eine Einlage fingiert (BFH IV R 37/13, DStR 2016, 463; III R 13/13, DStR 2016, 796). Gemäß **§ 4 Abs. 6 S. 3 UmwStG** kann der Übernahmeverlust nur bis zur Höhe der Bezüge nach **§ 7 UmwStG** berücksichtigt werden.

Waren die Anteile dem Handelsbuch zuzurechnen bzw. dienten sie dem kurzfristigen Eigenhandelserfolg (§ 3 Nr. 40 S. 3 und 4 EStG), ist der Übernahmeverlust iHd steuerpflichtigen Bezüge iSd § 7 UmwStG zu erfassen (**§ 4 Abs. 6 S. 5 UmwStG** idF des JStG 2009).

Zur Vermeidung von Missbrauchsfällen wird ein Übernahmeverlust auch dann nicht erfasst, soweit bei der Veräußerung von Anteilen an der übertragenden Körperschaft ein Veräußerungsverlust nach **§ 17 Abs. 2 S. 6 EStG** nicht zu berücksichtigen wäre oder soweit die Anteile innerhalb der letzten fünf Jahre vor dem steuerlichen Übertragungsstichtag entgeltlich erworben wurden (**§ 4 Abs. 6 S. 6 UmwStG** idF des JStG 2009). § 4 Abs. 6 S. 6 Alt. 2 UmwStG erfasst sämtliche Anteile, die an der Übernahmeergebnisermittlung iSd § 4 Abs. 4 u. 5 UmwStG teilnehmen, unabhängig davon, ob die Anteile an der übertragenden KapGes im Privat- oder Betriebsvermögen gehalten werden (BFH III R 37/20, BStBl. II 2024,16). Unter Hinweis auf diese Vorschrift lässt die FVerw auch dann den Abzug des Übernahmeverlusts nicht zu, wenn Anteile an der übertragenden Körperschaft nach dem steuerlichen Übertragungsstichtag entgeltlich erworben wurden (*UmwStE* Rn. 04.43). **711**

Ergänzungsbilanzen können unabhängig davon, dass ein Übernahmeverlust nicht anzusetzen ist (§ 4 Abs. 6 UmwStG; → Rn. 710 ff.), dennoch erforderlich werden (Mayer FR 2004, 698; s. auch BFH VIII R 35/10, DStR 2014, 1716; IV R 37/13, DStR 2016, 463, mAnm Wendt FR 2016, 722). Danach sind Aufstockungen in einer Ergänzungsbilanz für den übernehmenden Rechtsträger zu erfassen, wenn zB die übertragende Körperschaft an einer Mitunternehmerschaft beteiligt ist und deren Wert über dem Buchwert angesetzt wird (*UmwStE* Rn. 04.17) oder Betriebsvermögen einer ausländischen Betriebsstätte mit übertragen wird (*UmwStE* Rn. 04.24, 04.29). **712**

Entfällt der Übernahmegewinn auf eine KapGes, ist gemäß § 4 Abs. 7 UmwStG § 8b KStG in der jeweils am steuerlichen Übertragungsstichtag geltenden Fassung anzuwenden, ggf. 8b Abs. 7 u. 8 KStG bzw. 8b Abs. 4 KStG aF. Entfällt der Übernahmegewinn auf eine natürliche Person, sind § 3 Nr. 40 EStG sowie § 3c EStG in der am steuerlichen Übertragungsstichtag geltenden Fassung anzuwenden (*UmwStE* Rn. 04.44 f.). **713**

(frei) **714–724**

5. Übernahmegewinn in Sonderfällen (§ 5 UmwStG)

a) Einlagefiktion für Sonderfälle. Das Übernahmeergebnis hinsichtlich der Anteile an der übertragenden Körperschaft, die zum Gesamthands- oder Sonderbetriebsvermögen der bzw. bei der übernehmenden PersGes gehören, ist nach den Grundsätzen des § 4 Abs. 4 UmwStG zu ermitteln. Hierzu enthält **§ 5 UmwStG ergänzende Regelungen** zu Zu- und Abgängen von Anteilen der übernehmenden PersGes an der übertragenden Körperschaft nach dem steuerlichen Übertragungsstichtag und zur Behandlung der Anteile der Gesellschafter der übernehmenden PersGes. Er rechnet in den enumerativ beschriebenen Sonderfällen die Anteile an der übertragenden Körperschaft bezogen auf den Übertragungsstichtag zum Betriebsvermögen der übernehmenden PersGes, soweit sie nicht (Sonderfall) ohnehin dazu gehören. Diese Vorschriften gelten **nur für die Ermittlung des Übernahmeergebnisses** (s. Fallbeispiel Leuken DB 2013, 1509). **725**

Bei **Zuzahlungen** (§§ 15, 5 Abs. 1 Nr. 3 UmwG) ergibt sich ein höherer Anteilsbuchwert (Widmann StbJb 1985/86, 123). Auf der Grundlage der in § 5 UmwStG beschriebenen „Einlagewerte“ und Anschaffungskosten ist dann für **726** diese Anteile bei der PersGes der Übernahmegewinn bzw. der nicht ansetzbare Übernahmeverlust (§ 4 Abs. 4–7 UmwStG) zu ermitteln (→ Rn. 675 f., 710 ff.).

727–729 *(frei)*

730 **b) Erworbene Anteile (§ 5 Abs. 1 UmwStG).** Hat die PersGes (oder die natürliche Person) Anteile an der übertragenden Körperschaft nach dem steuerlichen Übertragungsstichtag, aber vor der Eintragung der Umwandlung in das Handelsregister angeschafft oder Anteilseigner nach § 29 Abs. 1 UmwG abgefunden (kein Erwerb eigener Anteile möglich, *UmwStE* Rn. 04.32, 03.05), so gelten die Anteile als am steuerlichen Übertragungsstichtag angeschafft (§ 5 Abs. 1 UmwStG). Die FVerw dehnt diese Regelung auch auf den **unentgeltlichen Erwerb** aus. Dabei ist es unbeachtlich, ob die Anteile von der übernehmenden PersGes zur Gesamthand oder von deren Gesellschaftern als **Sonderbetriebsvermögen** erworben werden (*UmwStE* Rn. 05.01 f.).

731 Ein Anteilserwerb iSd § 5 Abs. 1 UmwStG ist auch bei einem **Gesellschafterwechsel** auf der Ebene der übernehmenden PersGes gegeben, soweit im Rückwirkungszeitraum Anteile an der übertragenden Körperschaft übertragen werden. Voraussetzung für die Anwendung des § 5 Abs. 1 UmwStG ist, dass insoweit die Anteile an der übertragenden Körperschaft Betriebs- oder Sonderbetriebsvermögen der bzw. bei der übernehmenden PersGes werden (*UmwStE* Rn. 05.02 f.). Dies gilt auch, wenn die übernehmende Gesellschaft einen Anteilseigner der übertragenden Körperschaft abfindet (§ 29 UmwG). Der **abgefundene Gesellschafter** scheidet zivilrechtlich erst nach der Eintragung der Umwandlung in das Handelsregister aus der übernehmenden PersGes aus. Steuerlich wird zur Ermittlung des Übernahmeergebnisses dessen Ausscheiden aus der übertragenden Körperschaft gem. § 5 Abs. 1 UmwStG auf den steuerlichen Übertragungsstichtag vorverlegt. Der ausgeschiedene Gesellschafter, für den kein Übernahmeergebnis zu ermitteln ist, hat den Gewinn aus der Veräußerung der Anteile an der übertragenden Körperschaft nach allgemeinen Grundsätzen (§ 8b KStG oder Teileinkünfteverfahren) zu versteuern. Der Übergang des **wirtschaftlichen Eigentums** im Rückwirkungszeitraum ist ausreichend (BFH IV B 151/07, BFH/NV 2008, 1452).

732 Werden im Rückwirkungszeitraum Anteile an der übertragenden Körperschaft an einen **Dritten veräußert,** erwirbt dieser (neue Gesellschafter der PersGes) zivilrechtlich Anteile an der übertragenden Körperschaft, weil diese bis zum Zeitpunkt der Eintragung der Umwandlung in das Handelsregister noch besteht (s. BFH IV B 151/07, BFH/NV 2008, 1452). Steuerlich gelten die Anteile als am steuerlichen Übertragungsstichtag angeschafft.

733 Für die **Anteilseigner** der übertragenden Körperschaft, die durch die Umwandlung **Mitunternehmer** der übernehmenden PersGes **werden oder bereits sind,** sind **§ 5 Abs. 2 und 3 UmwStG** anzuwenden. Danach gelten deren Anteile im Privatvermögen oder in einem anderen Betriebsvermögen zur Ermittlung des Übernahmeergebnisses als in das Betriebsvermögen der PersGes eingelegt bzw. gem. § 5 Abs. 3 UmwStG in deren Betriebsvermögen überführt, soweit die hierfür erforderlichen Voraussetzungen gegeben sind. Die von der übernehmenden PersGes erworbenen Anteile unterliegen § 5 Abs. 1 UmwStG (*UmwStE* Rn. 05.04).

734 Die **Anteile** der übertragenden Körperschaft **an der übernehmenden PersGes** gehen mit der Umwandlung unter und bleiben bei der Ermittlung des Übernahmeergebnisses unberücksichtigt.

(frei) **735–739**

c) Beteiligungen im Privatvermögen des Personengesellschafters (§ 5 Abs. 2 UmwStG). § 5 Abs. 2 UmwStG fingiert für Beteiligungen an der übertragenden Körperschaft iSd **§§ 17** und **20 Abs. 2 S. 1 Nr. 1 EStG** einschließlich der Anteile nach § 17 Abs. 2 S. 6 und Abs. 6 EStG deren Einlage in das Betriebsvermögen der PersGes mit den Anschaffungskosten (ggf. § 20 Abs. 4 UmwStG). Die Einlagefiktion bewirkt, dass die Anteile an der KapGes als Gesamthandsvermögen in die Ermittlung des Übernahmeergebnisses nach § 4 Abs. 4 S. 1 UmwStG eingehen und die fiktive Ausschüttung nach § 7 UmwStG der als Anteilseignerin geltenden PersGes zugerechnet wird (BFH IV R 1/17, BStBl. II 2019, 501 zu § 9 UmwStG). Ebenso gilt eine zum Privatvermögen gehörende **Forderung** des Gesellschafters gegen die übertragende Körperschaft als in das Betriebsvermögen des übernehmenden Rechtsträgers eingelegt, weil sich ansonsten bei einer in vollem Umfang werthaltigen Gesellschafterforderung gegen die übertragende Körperschaft stets ein Konfusionsgewinn in Höhe des Nennwerts ergäbe (BFH X R 23/16, BStBl. II 2019, 483). **740**

Ist der Umwandlung eine **Umwandlung** (Verschmelzung, Auf- oder Abspaltung) auf die übertragende Körperschaft **vorausgegangen** und bestand vor dieser eine Beteiligung iSd § 17 EStG oder § 20 Abs. 2 S. 1 Nr. 1 EStG, bleiben diese Anteile weiterhin steuerverhaftet **(§ 13 Abs. 2 S. 3 UmwStG).** Eine Unterschreitung der Beteiligungsgrenze des § 17 Abs. 1 EStG von 1 % ist dann für die Anwendung des § 5 Abs. 2 UmwStG unbeachtlich, wenn die vorangegangene Umwandlung zu Buchwerten erfolgte (*UmwStE* Rn. 05.05, 13.11). **741**

Zu erfassen sind auch die **nach dem steuerlichen Übertragungsstichtag** entgeltlich oder unentgeltlich **erworbenen Anteile iSd § 17 EStG und § 20 Abs. 2 S. 1 Nr. 1 EStG** (BFH X R 36/18, BStBl. II 2021, 359). Eine Einlage nach dem steuerlichen Übertragungsstichtag in das Betriebsvermögen ist unbeachtlich, weil die Verhältnisse zum steuerlichen Übertragungsstichtag maßgebend sind (§ 5 Abs. 2 UmwStG; *UmwStE* Rn. 05.05). **742**

Ebenso gelten **einbringungsgeborene Anteile** iSd § 21 Abs. 1 UmwStG aF gem. § 5 Abs. 4 UmwStG aF als zum steuerlichen Übertragungsstichtag mit den Anschaffungskosten in das Betriebsvermögen der übernehmenden PersGes eingelegt, sofern der steuerliche Übertragungszeitpunkt vor dem 1.1.2025 liegt (§ 27 Abs. 3 Nr. 1 UmwStG; *UmwStE* Rn. 05.12). **743**

Ist § 5 Abs. 2 UmwStG zB wegen einer **Verschmelzung in das Privatvermögen** (vermögensverwaltende PersGes) nicht einschlägig, führt die Umwandlung hinsichtlich der im Privatvermögen gehaltenen Anteile iSd § 17 EStG wegen der Auflösung der KapGes zu Einkünften nach **§ 17 Abs. 4 EStG.** Dies gilt auch, wenn die Anwendung des § 5 Abs. 2 UmwStG abkommensrechtlich ausgeschlossen ist (*UmwStE* Rn. 00.04, 05.07). **744**

Bei der **Berechnung der Beteiligungsquote** bleiben die eigenen Anteile der Körperschaft unberücksichtigt. Maßgebend ist das um die eigenen Anteile der Körperschaft gekürzte Nennkapital (*UmwStE* Rn. 05.06). **745**

Bei einem Formwechsel von einer KapGes in eine PerGes sind die offenen Rücklagen der KapGes nach § 7 S. 1 UmwStG bei nach § 5 Abs. 2 UmwStG fiktiv als eingelegt behandelten Anteilen als Gewinn der Gesamthand und nicht als Sondergewinn des bisherigen Anteilseigners zu behandeln (BFH IV R 1/17, BStBl. II 2019, 501, *UmwStE* Rn. 05.07a). **746**

(frei) **747, 748**

749 Der durch die fiktive Einlage von Anteilen an der übertragenden Körperschaft entstehende Gewinn nach **§ 7 UmwStG** unterliegt nicht der **GewSt** (§ 18 Abs. 2 S. 2 UmwStG; BFH IV R 1/17, BStBl. II 2019, 501).

750 *(frei)*

751 **§ 5 Abs. 2 UmwStG bei beschränkt Steuerpflichtigen.** § 5 Abs. 2 UmwStG erfasst auch **ausländische Gesellschafter** der übertragenden Körperschaft. Aufgrund der Ausweitung der Einlagefiktion ist auch für den **beschränkt steuerpflichtigen Gesellschafter** ein Übernahmeergebnis unabhängig davon zu ermitteln, ob nach dem jeweiligen DBA für die Beteiligung iSd § 17 EStG ein inländisches Besteuerungsrecht bestanden hat (Dötsch/Pung DB 2006, 2704 (2711)).

752 Die Zuordnung zum Privat- oder Betriebsvermögen ist nach **deutschem Recht** vorzunehmen. Ob und in welchem Umfang ein beschränkt Steuerpflichtiger mit dem Übernahmegewinn bzw. -verlust oder den Bezügen nach § 7 UmwStG dem deutschen Besteuerungsrecht unterliegt, ist iRd Ermittlung der Besteuerungsgrundlagen nach §§ 4 und 7 UmwStG zu entscheiden (*UmwStE* Rn. 05.07, 04.23 ff.; s. auch EuGH C-123/11, DStR 2013, 392 – A Oy).

753–759 *(frei)*

760 **d) Anteile im Betriebsvermögen des Anteilseigners (§ 5 Abs. 3 UmwStG).** Für die Ermittlung des Übernahmeergebnisses gelten Anteile an der übertragenden Körperschaft, die sich am steuerlichen Übertragungsstichtag in einem anderen Betriebsvermögen des Personengesellschafters befinden, mit dem Buchwert als in das Betriebsvermögen der aufnehmenden PersGes überführt. Es reicht aus, wenn der Anteilseigner erst nach dem steuerlichen Übertragungsstichtag Gesellschafter der übernehmenden PersGes wird. Dabei ist es unerheblich, ob bei einer beschränkten Steuerpflicht eines Anteilseigners die BRD hinsichtlich der Veräußerung der Anteile abkommensrechtlich ein Besteuerungsrecht hat. Hierüber ist iRd Ermittlungen der Besteuerungsgrundlagen nach §§ 4 und 7 UmwStG zu entscheiden (*UmwStE* Rn. 05.08 f.).

761 Vorgenommene Teilwertabschreibungen und sonstige Abzüge wie zB nach § 6b EStG sind bis zur Höhe des gemeinen Werts der Anteile rückgängig zu machen. Durch die **Wertaufholung** entsteht noch am steuerlichen Übertragungsstichtag im Betriebsvermögen des Gesellschafters, dem zu diesem Zeitpunkt die Anteile an der übertragenden Körperschaft gehören, ein laufender **(Beteiligungskorrektur-)Gewinn (§ 5 Abs. 3 S. 2 UmwStG iVm § 4 Abs. 1 S. 3 UmwStG;** *UmwStE* Rn. 05.11). Dem steht der Buchwertabgang aufgrund der Ausbuchung der Anteile gegenüber, weil (steuerrechtlich) durch die Verschmelzung die Anteile an der übertragenden Körperschaft ab dem steuerlichen Übertragungsstichtag nicht mehr bestehen (Schmitt/Schloßmacher UmwStE 2011 Rn. 05.08).

762 Bei den Anteilen an der übertragenden Körperschaft kann es sich um **inländisches oder ausländisches Betriebsvermögen** handeln. § 5 Abs. 3 UmwStG geht davon aus, dass die Anteile an der verschmelzenden KapGes dem Gesellschafter der PersGes gehören, was für Verschmelzungen von KapGes auf ihre **Schwester-PersGes** zutrifft. Diese Regelung ist auch bei einer Verschmelzung auf die **Tochter-PersGes** anzuwenden. S. dazu Hannemann DB 2000, 2497; Pluskat DB 2001, 2216. Sie gilt auch für den betrieblich Beteiligten einer **Zebragesellschaft** (→ Rn. 803). Anteile im Sonderbetriebsvermögen des Gesellschafters werden von § 5 Abs. 1 UmwStG erfasst.

763 Die Wertaufholung nach § 5 Abs. 3 S. 2 UmwStG erhöht den **Gewerbeertrag** des Anteilseigners.

(frei) **764–766**

e) Einbringungsgeborene Anteile (§ 5 Abs. 4 UmwStG aF). Einbringungsgeborene Anteile iSd § 21 Abs. 1 UmwStG 1995 gelten ebenfalls als am Stichtag mit den Anschaffungskosten eingelegt. Auch hier wird die Versteuerung vom Anteilseigner auf die PersGes übergeleitet. Diese Regelung, die durch das UmwStG 2006 aufgehoben wurde, ist weiterhin auf Altfälle und Fälle des § 20 Abs. 3 S. 4 und § 21 Abs. 2 S. 6 UmwStG anzuwenden (§ 27 Abs. 3 Nr. 1 UmwStG). Danach gelten einbringungsgeborene Anteile iSd § 21 Abs. 1 UmwStG 1995 zum Wert iSd § 5 Abs. 2 oder 3 UmwStG als zum steuerlichen Übertragungsstichtag in das Betriebsvermögen der übernehmenden PersGes überführt, sofern der steuerliche Übertragungsstichtag vor dem 1.1.2025 liegt (*UmwStE* Rn. 05.12). **767**

(frei) **768, 769**

6. Gewinnkorrekturen (§ 6 UmwStG)

a) Rechtsgrundlage. Rechtsgrundlage ist § 6 UmwStG. **770**

b) Übernahmefolgegewinn. § 6 UmwStG enthält eine Korrekturregelung für die übernehmende PersGes (§ 6 Abs. 1 UmwStG) und deren Gesellschafter, die im Zeitpunkt der Eintragung des Umwandlungsbeschlusses in das Handelsregister an dem übernehmenden Rechtsträger beteiligt sind (§ 6 Abs. 2 UmwStG). **771**

aa) Voraussetzungen. Ein Übernahmefolgegewinn oder -verlust kann beim übernehmenden Rechtsträger dadurch entstehen, dass zwischen den an der Verschmelzung beteiligten Rechtsträgern Forderungen und Verbindlichkeiten bestehen oder aufgrund ungewisser Verbindlichkeiten Rückstellungen gebildet wurden (§ 6 Abs. 1 S. 1 Alt. 1 und 2 UmwStG). Die Vorschrift gestattet eine Rücklagenbildung für den Gewinn, der sich aus dem Erlöschen von Forderungen und (ungewissen) Verbindlichkeiten zwischen der PersGes oder natürlichen Person und der übertragenden Körperschaft mit Ablauf des steuerlichen Übertragungsstichtags ergibt. Die gegenseitigen Ansprüche erlöschen zivilrechtlich mit Eintragung der Verschmelzung durch **Konfusion.** Bei abweichenden Bewertungen der gegenseitigen Ansprüche führt deren erfolgswirksame Ausbuchung beim übernehmenden Rechtsträger zu einem **Übernahmefolgegewinn** oder **-verlust.** Dies ist dann nicht der Fall, wenn hinsichtlich der (wertberichtigten) Forderungen zum Verschmelzungsstichtag gem. § 6 Abs. 1 Nr. 2 S. 3 EStG iVm Abs. 1 S. 4 EStG eine Wertaufholung geboten ist oder wenn die Wertminderung auf einer verdeckten Gewinnausschüttung beruhte und deshalb nach § 8 Abs. 3 S. 3 KStG eine Zurechnung vorzunehmen war. Denn der Übernahmefolgegewinn ist nach allgemeinen Gewinnermittlungsvorschriften zu ermitteln. **772**

Die Anwendung des § 6 UmwStG setzt beim übernehmenden Rechtsträger **Betriebsvermögen** voraus, weil im umgekehrten Fall bei der übertragenden Körperschaft gem. § 3 UmwStG der gemeine Wert anzusetzen ist (*UmwStE* Rn. 06.01, 08.01). Eine zum Privatvermögen gehörende Forderung gegen die übertragende KapGes gilt steuerrechtlich eine logische Sekunde nach dem steuerlichen Übertragungsstichtag zu ihrem Teilwert nach § 6 Abs. 1 Nr. 5 EStG als in das Betriebsvermögen des übernehmenden Rechtsträgers eingelegt, bevor sie infolge der anschließenden Verschmelzung durch Konfusion zusammen mit der Verbindlichkeit der KapGes wegfällt. Eine wertgeminderte Forderung, deren Ausfall im Privatvermögen einen Realisationstatbestand nach § 17 EStG einkommen- **773** steuermindernd bewirkt hätte, ist mit dem Wert einzulegen, mit dem die Forderung bei der Verwirklichung eines Realisationstatbestandes nach § 17 EStG als nachträgliche Anschaffungskosten zu berücksichtigen gewesen wäre (BFH X R 23/16, BStBl. II 2019, 483).

774–779 *(frei)*

780 **bb) Besteuerung.** Der Übernahmefolgegewinn des übernehmenden Rechtsträgers, der durch Vereinigung von Forderungen und Verbindlichkeiten bzw. durch Wegfall einer Rückstellung entstehen kann, kann gem. § 6 Abs. 1 S. 2 UmwStG durch Bildung einer gewinnmindernden Rücklage auf die drei nachfolgenden Wirtschaftsjahre mit mindestens 1/3 verteilt werden.

Ein sich hieraus ergebender laufender Gewinn des übernehmenden Rechtsträgers ist nicht Teil des Übernahmeergebnisses iSd § 4 Abs. 4 S. 4 bis 6 UmwStG. Er unterliegt in voller Höhe der **GewSt** (§ 18 Abs. 1 UmwStG). Dies gilt unabhängig davon, ob am steuerlichen Übertragungsstichtag alle Anteile an der übertragenden Körperschaft zum Betriebsvermögen des übernehmenden Rechtsträgers gehören oder sich die **Forderungsabschreibung** ganz oder teilweise (zB § 3c Abs. 2 EStG, § 8b Abs. 3 S. 4 ff. KStG) nicht ausgewirkt hat (FG BW 11 K 1536/14, BB 2016, 1967). Eine Steuerermäßigung nach **§ 35 EStG** kommt in Betracht (*UmwStE* Rn. 06.02).

781 **cc) Missbrauchsregelung (§ 6 Abs. 3 UmwStG).** Die Vorschrift gestattet lediglich die **Bildung einer Rücklage,** die in den folgenden drei Wirtschaftsjahren mit mindestens ⅓ aufzulösen ist. Diese Vergünstigung entfällt gem. **§ 6 Abs. 3 UmwStG** rückwirkend bei der Betriebseinbringung oder Betriebsveräußerung (-aufgabe) ohne triftigen Grund innerhalb von fünf Jahren nach dem Übertragungsstichtag durch die Übernehmerin (zum Begriff s. BFH I R 118/87, BStBl. II 1990, 474).

782 Der **Betrieb** iSd Vorschrift umfasst alle funktional und quantitativ wesentlichen Betriebsgrundlagen des am steuerlichen Übertragungsstichtag übergegangenen Betriebs. Darunter fallen die Veräußerung, Verschmelzung, Einbringung oder Aufgabe sämtlicher Anteile des übernehmenden Rechtsträgers, nicht jedoch die entgeltliche Übertragung eines Teilbetriebs des übergegangenen Betriebs oder einzelner Anteile des übernehmenden Rechtsträgers. Entsprechend ist ein zuletzt verbleibender Teilbetrieb ein Betrieb iS dieser Vorschrift (vgl. auch § 15 Abs. 1 S. 3 UmwStG; → Rn. 1120 ff.). Die Entnahme des im Wege der Umwandlung übergangenen Vermögens wird einer Aufgabe des Betriebs gleichgesetzt (OFD Frankfurt a. M. 20.10.2000, DB 2000, 2350). An einem schädlichen Vorgang fehlt es, wenn dafür triftige Gründe gegeben sind oder die Einbringung nach § 24 UmwStG zu Buchwerten erfolgt. Die vom Steuerpflichtigen nachzuweisenden vernünftigen wirtschaftlichen Gründe können zB in der Umstrukturierung oder Rationalisierung der beteiligten Gesellschaften bestehen (*UmwStE* Rn. 06.09 ff.).

783 Gemäß **§ 6 Abs. 3 S. 2 UmwStG** sind die entsprechenden **Steuerbescheide** auch dann zu **ändern,** wenn die Festsetzungs- oder Feststellungsverjährung bereits eingetreten ist (§ 175 Abs. 1 S. 2 AO). Es handelt sich hierbei um eine eigenständige Änderungsvorschrift.

784 **dd) Verschmelzung einer Unterstützungskasse.** Bei der Verschmelzung einer Unterstützungskasse auf ihr Trägerunternehmen ist gem. **§ 4 Abs. 2 S. 4 UmwStG** der laufende Gewinn des übernehmenden Rechtsträgers um die Zuwendungen nach § 4d EStG, die der übernehmende Rechtsträger, seine Gesellschafter oder seine Rechtsvorgänger an die Unterstützungskasse geleistet haben, zu erhöhen. Entsprechend erhöhen diese Zuwendungen den Buchwert der Anteile an der Unterstützungskasse und mindern insoweit das Übernahmeergebnis (§ 4 Abs. 2 S. 5 UmwStG). Dadurch wird eine Doppelbesteuerung vermieden (Benecke/Schnitger IStR 2007, 22 (26)).

(frei) **785–796**

7. Ausschüttungsfiktion (§ 7 UmwStG)

Die offenen Rücklagen der übertragenden Körperschaft sind bei **allen Anteilseignern** der übertragenden Körperschaft als Einkünfte aus Kapitalvermögen (§ 20 Abs. 1 Nr. 1 EStG) zu versteuern. Dies gilt für inländische und ausländische Anteilseigner. Unbeachtlich ist, ob sich die Anteile im Betriebs- oder Privatvermögen der Anteilseigner befinden. Das Übernahmeergebnis wird dadurch in einen Dividendenteil und einen Veräußerungsvorgang aufgeteilt. Für die Einkünfte nach § 20 Abs. 1 Nr. 1 EStG weist Art. 10 Abs. 2 OECD-MA dem Quellenstaat das Besteuerungsrecht zu (*UmwStE* Rn. 07.02 ff.; 04.23; → Rn. 660 ff.). **797**

Die Einnahmen iSd § 7 UmwStG sind bei der übernehmenden PersGes **gesondert und einheitlich festzustellen** (§§ 180 Abs. 1 Nr. 2a, 179 Abs. 2 S. 2 AO iVm § 15 Abs. 1 Nr. 2 EStG; → Rn. 664). **798**

(frei) **799**

8. Übernahmegewinn bei Vermögensübergang auf Personengesellschaften ohne steuerliches Betriebsvermögen

a) Rechtsgrundlage. Rechtsgrundlage ist § 8 UmwStG. **800**

b) Voraussetzungen des § 8 Abs. 1 UmwStG. Hat die übernehmende PersGes kein steuerrechtliches Betriebsvermögen – zB weil sie ebenso wie die übertragende KapGes private Vermögensverwaltung betreibt, ohne eine gewerblich geprägte PersGes iSd § 15 Abs. 3 Nr. 2 EStG zu sein – und geht deshalb das Vermögen der übertragenden Körperschaft in ein Privatvermögen der übernehmenden PersGes über, so sind die infolge des Vermögensübergangs entstehenden Einkünfte (insbes. bei Realisierung der stillen Reserven) beim übernehmenden Rechtsträger oder dessen Gesellschaftern (§ 8 Abs. 1 UmwStG) zu ermitteln. **801**

c) Vorausgegangene Betriebsaufgabe der Körperschaft. Der Anwendung des § 8 UmwStG geht voraus, dass die übertragende KapGes nach § 3 Abs. 1 UmwStG in der Schlussbilanz die gemeinen Werte anzusetzen hat, weil die Erfassung der stillen Reserven nicht sichergestellt ist (BT-Drs. 12/6885, 16). Diese Rechtsfolge tritt aber nicht schon deswegen ein, weil in eine freiberuflich oder land- und forstwirtschaftlich tätige PersGes umgewandelt wird (evtl. str.; vgl. → Rn. 160). Maßgebend sind die Verhältnisse am steuerlichen Übertragungsstichtag. Die bloße Absicht der übernehmenden PersGes, gewerblich tätig zu werden, reicht nicht aus (*UmwStE* Rn. 08.02). **802**

Da in diesen Fällen eine Bilanzierung bei der **vermögensverwaltenden PersGes** nicht in Betracht kommt (vgl. BFH VIII B 26/80, BStBl. II 1981, 574), schließt **§ 3 Abs. 2 S. 1 Nr. 1 UmwStG** einen Buchwertansatz aus. Denn die übergehenden Wirtschaftsgüter werden nicht Betriebsvermögen. Da die **Zebragesellschaft,** die weder gewerblich tätig noch geprägt ist, selbst über kein Betriebsvermögen verfügt, sind die Grundsätze des § 8 UmwStG anzuwenden, **803** wobei gem. § 3 Abs. 2 S. 1 Nr. 1 UmwStG die übergehenden Wirtschaftsgüter in der steuerlichen Schlussbilanz der übertragenden Körperschaft mit den gemeinen Wert anzusetzen sind (s. *UmwStE* Rn. 08.03).

804 Bei einem Vermögensübergang auf eine PersGes ohne Betriebsvermögen sind die übergehenden Wirtschaftsgüter einschließlich der nicht entgeltlich erworbenen und selbstgeschaffenen immateriellen Wirtschaftsgüter in der Übertragungsbilanz mit dem gemeinen Wert anzusetzen (§ 3 Abs. 1 S. 1 UmwStG). Dabei ist mangels eines Betriebsvermögens bei der übernehmenden PersGes ein **Investitionsabzugsbetrag** nach **§ 7g Abs. 1 und 4 EStG** rückgängig zu machen (*UmwStE* Rn. 08.04). Dies führt grds. zu einem **Übertragungsgewinn,** der beim übertragenden Rechtsträger der **KSt** und der **GewSt** unterliegt.

805 **d) Rechtsfolgen bei der Personengesellschaft.** Wird das Vermögen des übertragenden Rechtsträgers nicht Betriebsvermögens der übernehmenden PersGes bzw. der übernehmenden natürlichen Person, gelten nach § 8 Abs. 1 S. 2 UmwStG iVm §§ 4, 5 und 7 UmwStG die Grundsätze der Verschmelzung entsprechend. So sind den Gesellschaftern des übertragenden Rechtsträgers nach § 7 UmwStG die offenen Rücklagen der KapGes zuzurechnen. Außerdem ist für die Gesellschafter der übertragenden KapGes, die nach § 17 EStG bzw. § 21 Abs. 1 UmwStG 1995 (einbringungsgeborene Anteile) beteiligt sind, ein Übernahmeergebnis nach § 4 Abs. 4 ff. UmwStG zu ermitteln.

Der übernehmende Rechtsträger hat nach § 8 Abs. 1 S. 2 UmwStG iVm § 4 Abs. 1 UmwStG die iRd Gesamtrechtsnachfolge auf ihn übergegangenen Wirtschaftsgüter mit dem in der steuerlichen Schlussbilanz der übertragenden Körperschaft enthaltenen (gemeinen) Wert zu übernehmen (Wertverknüpfung) und in einem Anlageverzeichnis zu erfassen.

806 **e) Versteuerung des Übernahmegewinns.** Das Übernahmeergebnis besteht aus einer fiktiven Ausschüttung der offenen Rücklagen der übertragenden KapGes (Dividendenteil, **§ 7 UmwStG**) und einem Übernahmegewinn/-verlust (Veräußerungsteil). Das Übernahmeergebnis iSd § 8 Abs. 1 S. 2 UmwStG iVm §§ 4 Abs. 4–7, 5 Abs. 1–3 und 7 UmwStG ergibt sich aus dem Unterschiedsbetrag zwischen dem in der Übertragungsbilanz angesetzten gemeinen Wert des übergehenden Vermögens und den Anschaffungskosten der untergehenden Anteile am übertragenden Rechtsträger abzüglich der Kosten für den Vermögensübergang. Eine Wertaufholung iSd § 4 Abs. 1 S. 2 UmwStG kommt bei im Privatvermögen gehaltenen Anteilen nicht in Betracht. Das Übernahmeergebnis ist gem. § 4 Abs. 5 S. 1 UmwStG aF (§ 27 Abs. 17 UmwStG) um einen Sperrbetrag iSd § 50c EStG zu erhöhen (1. Stufe).

807 Gemäß § 8 Abs. 1 S. 2 UmwStG iVm **§ 4 Abs. 5 S. 2 UmwStG** ist das Übernahmeergebnis um die nach § 7 UmwStG erfolgte fiktive Gewinnausschüttung zu vermindern (2. Stufe).

Die **Veräußerungsgewinne bzw. -verluste** nach § 17 Abs. 4 EStG und die **Bezüge iSd § 7 UmwStG** iVm § 20 Abs. 1 S. 1 Nr. 1 EStG sind ohne Bindungswirkung für die an der KapGes beteiligten Gesellschafter für jeden einzelnen zu ermitteln und bei der PersGes gesondert und einheitlich **festzustellen** (BFH GrS 2/02, BStBl. II 2002, 679; s. *UmwStE* Rn. 08.03; → Rn. 650 ff.).

808 Ist eine vermögensverwaltende **PersHandelsGes iSv § 17 EStG beteiligt,** so erzielen ihre Gesellschafter einheitlich festzustellende Einkünfte nach § 17 EStG. § 7 UmwStG bzw. § 17 EStG sind aber auch anzuwenden, wenn die **Gesellschafter** der PersGes im Privatvermögen an der übertragenden Körperschaft beteiligt waren. Die Umwandlung (Untergang der Anteile an übertragenden Körperschaft als „Veräußerung" und „Anschaffung" eines Anteils am gesamthänderisch gehaltenen Vermögen der übernehmenden PersGes) führt bei ihnen zu Einkünften aus § 17 Abs. 4 EStG. Der Geschäftswert ist Teil des Veräußerungserlöses iSv § 17 Abs. 4 EStG (BFH I R 11/85, BStBl. II 1989, 794). Dies gilt auch hier, denn als Erlös iSd § 17 Abs. 4 EStG ist der gemeine Wert der erhaltenen Anteile an der aufnehmenden Gesellschaft anzusetzen.

Das Übernahmeergebnis iSd § 8 Abs. 1 S. 2 UmwStG iVm § 4 Abs. 4–6 UmwStG (Veräußerungsgewinn/-verlust nach § 17 Abs. 4 EStG) ist nach Maßgabe des § 8 Abs. 1 S. 2 UmwStG iVm **§ 5 Abs. 2 UmwStG** (Einlagefiktion) gesellschafterbezogen zu ermitteln.

Zu einer Versteuerung des **Übernahmegewinns im Rahmen gewerblicher** **809**
Einkünfte kommt es, wenn zwar die PersGes als vermögensverwaltende kein Betriebsvermögen hat, wohl aber die an ihr beteiligte KapGes (zB die Komplementär-GmbH einer KG, § 8 Abs. 2 KStG) oder die Anteile an der übertragenden KapGes vom Anteilseigner im Betriebsvermögen gehalten wurden, → Rn. 803. Ferner kommt es zu gewerblichen Einkünften nach § 21 UmwStG aF iVm § 16 EStG, wenn es sich um einbringungsgeborene Anteile an der übertragenden Körperschaft handelt. Die Regelung bezüglich der **einbringungsgeborenen Anteile** iSd § 21 Abs. 1 S. 1 UmwStG aF ist auch nach ihrer Aufhebung durch das UmwStG 2006 weiterhin anzuwenden (§ 27 Abs. 3 Nr. 3 UmwStG). Bei zu einem Betriebsvermögen des Gesellschafters zählenden Anteilen ist als Veräußerungserlös für die Altanteile deren gemeiner Wert anzusetzen (s. Kulosa in Schmidt EStG § 6 Rn. 731).

Das Übernahmeergebnis iSd § 8 Abs. 1 S. 2 UmwStG iVm § 4 Abs. 4–6 UmwStG (gewerbliche Einkünfte) ist nach Maßgabe des § 8 Abs. 1 S. 2 UmwStG iVm **§ 5 Abs. 3 UmwStG** (Überführungsfiktion) gesellschafterbezogen zu ermitteln und auf der Ebene des Gesellschafters umzuqualifizieren.

Die **übrigen Anteile** an der übertragenden Kapitalgesellschaft, die im Privatvermögen gehalten werden und nicht die Voraussetzungen des § 17 EStG erfüllen (Anteile nach § 20 Abs. 2 Nr. 1 EStG), werden im Rahmen der Umwandlung nur über § 7 UmwStG besteuert.

§ 8 Abs. 2 UmwStG schließt im Falle des § 17 EStG die Berücksichtigung **810**
eines **Freibetrags nach § 17 Abs. 3 EStG** aus.

(frei) **811–814**

9. Verschmelzung auf eine natürliche Person (§§ 3 ff. UmwStG)

Für die Verschmelzung des Vermögens der übertragenden Körperschaft auf ein **815**
Betriebsvermögen einer natürlichen Person gelten die geschilderten Grundsätze der **§§ 4–6 Abs. 2 UmwStG entsprechend,** ebenso der Übertragungsstichtag des § 2 UmwStG. Wird das Vermögen der übertragenden Körperschaft **Privatvermögen** der natürlichen Person, ist das übergehende Betriebsvermögen mit dem gemeinen Wert anzusetzen. Ein Ansatzwahlrecht besteht gem. § 3 Abs. 2 S. 1 Nr. 1 UmwStG nicht, weil mit dem Übergang in das Privatvermögen eine spätere Besteuerung entfällt. Auch hier besteht keine Nachfolge für § 10d EStG (→ Rn. 256). Zu **§ 10a GewStG** → Rn. 195, zur Besitzzeitanrechnung nach § 4 Abs. 2 S. 3 UmwStG → Rn. 644. Die Grundsätze nach § 5 Abs. 1 UmwStG gelten sinngemäß.

(frei) **816–819**

IX. Formwechsel einer Kapitalgesellschaft in eine Personengesellschaft und einer Personengesellschaft in eine Kapitalgesellschaft oder Genossenschaft (§§ 9, 25 UmwStG)

1. Übertragungs- und Eröffnungsbilanz

820 Nach § 9 UmwStG sind auf den Formwechsel einer KapGes in eine PersGes die Vorschriften der Verschmelzung (§§ 3–8 UmwStG) entsprechend anzuwenden. Da handelsrechtlich der formwechselnde Rechtsträger weiter besteht (§ 202 Abs. 1 Nr. 1 UmwG) und damit nur von einer geänderten Bezeichnung desselben Rechtsträgers ausgegangen wird, muss handelsrechtlich keine Übertragungs- und Eröffnungsbilanz aufgestellt werden (glA. Fischer BB 1995, 2173; aA Priester zu § 220 UmwG, DB 1995, 911). Dagegen ist dies für steuerliche Zwecke vorgeschrieben. Denn das Steuerrecht behandelt die KapGes und die PersGes als **verschiedene Steuersubjekte** (s. BFH I R 77/07, BStBl. II 2009, 831). Aus steuerlicher Sicht findet daher bei einem Formwechsel einer KapGes in eine PersGes wie auch im umgekehrten Fall – abweichend vom Handelsrecht – ein tauschähnlicher entgeltlicher Rechtsträgerwechsel statt (BFH I R 78/12, BFH/NV 2015, 523; I R 25/18, BStBl. II 2021, 732).

821 Wegen des Steuersubjektwechsels fingiert § 9 UmwStG durch Verweis auf die für die Verschmelzung geltenden Bestimmungen der §§ 3–8 UmwStG beim Formwechsel einer KapGes auf der Grundlage der **Übertragungs- und Eröffnungsbilanzen** nur für Zwecke der Einkommensbesteuerung einen Vermögensübergang (s. BFH IV R 61/07, BStBl. II 2010, 942; IV R 37/13, BFH/NV 2016, 667). Der formwechselnden Umwandlung liegt – vor allem hinsichtlich des nicht wesentlich iSd § 17 EStG beteiligten Anteilseigners – nicht ein Anschaffungsvorgang, sondern der Gedanke einer privilegierten Liquidationsbesteuerung zugrunde (BFH IV R 39/09, BStBl. II 2012, 728).

Der Formwechsel einer GmbH in eine KG im Rahmen eines **Treuhandmodells** richtet sich nach §§ 9 UmwStG iVm 3 ff. UmwStG und nicht nach §§ 11 ff. UmwStG, weil auf den zivilrechtlich zugrunde liegenden Rechtsakt (Formwechsel nach §§ 190 ff. UmwG) abzustellen ist (OFD Niedersachsen 7.2.2014, DStR 2014, 533). Zum Treuhandmodell s. FG Köln 4 K 3252/13 rkr., EFG 2019, 1840).

Als **Bilanzstichtag** kann der Tag gewählt werden, an dem der Formwechsel wirksam wird (§ 9 S. 2 UmwStG). Dies ist der Tag der Eintragung des Formwechsels im HR (*UmwStE* Rn. 09.01).

822 Es kommt auch ein **rückwirkender Übertragungsstichtag** in Betracht, der höchstens acht Monate (2020, 2021: 12 Monate, § 27 Abs. 15 UmwStG, BGBl. 2020 I 3042) vor der Anmeldung des Formwechsels zur Eintragung im HR liegt. Auf der Grundlage der Übertragungs- und Eröffnungsbilanz wird der Formwechsel steuerrechtlich auf einen Zeitpunkt vor Wirksamwerden des Formwechsels zurückbezogen. Gemäß § 2 Abs. 1 UmwStG wird dann das Einkommen und Vermögen der (formwechselnd umgewandelten) KapGes und der PersGes so ermittelt, als ob der (steuerlich fingierte) Vermögensübergang bereits mit Ablauf des steuerlichen Übertragungsstichtags auf die PersGes stattgefunden hätte. Dies gilt nach § 2 Abs. 2 UmwStG auch für das Einkommen der Gesellschafter (BFH VIII R 43/13, BFH/NV 2016, 1313). Nach ausländischem Recht bestehende abweichende Regelungen stehen dem nicht entgegen (*UmwStE* Rn. 09.02). Dies gilt **nicht,** soweit dadurch in einem anderen Staat unbesteuerte Einkünfte (sog. **weiße Einkünfte**) entstehen (§ 9 S. 3 letzter Hs. UmwStG iVm § 2 Abs. 3 UmwStG). Hierbei handelt es sich

um eine eigenständige **steuerliche Rückwirkungsregelung** (*UmwStE* Rn. 09.01, 02.05). Die Verrechnung von negativen Einkünften wird durch § 2 Abs. 4 u. 5 UmwStG eingeschränkt (§ 9 S. 3 letzter Hs. UmwStG; → Rn. 396 ff.).

Die Rückwirkung gestattet steuerlich, dass die Gesellschaft, auf die formwechselnd umgewandelt werden soll, erst nach dem Übertragungsstichtag **gegründet** wird (*UmwStE* Rn. 09.01, 02.11). Die steuerliche Rückwirkung nach § 9 S. 3 UmwStG ist auch für die Bestimmung des ausgleichsfähigen Verlustes eines Kommanditisten iR eines **rückwirkenden Formwechsels** nach den Tatbestandsmerkmalen des **§ 15a EStG** zu beachten (BFH IV R 61/07, BStBl. II 2010, 942). Ein Formwechsel ist auch in eine **GbR** möglich (s. *UmwStE* Rn. 01.12; → Rn. 98). Zum Formwechsel in eine **KGaA** → Rn. 435. 823

(frei) 824

2. Aufdeckung der stillen Reserven in der Übertragungsbilanz

Die Aufdeckung der stillen Reserven in der Übertragungsbilanz ist auch ohne entsprechende handelsrechtliche Bilanzierung zulässig (BFH I R 38/04, BStBl. II 2006, 568; I R 97/06, BFH/NV 2007, 2220; OFD Rheinland 25.2.2008, GmbHR 2008, 391). 825

(frei) 826

Der sich nach § 9 UmwStG iVm § 4 Abs. 4 und 5 UmwStG bei einem Formwechsel von einer KapGes in eine PersGes zum steuerlichen Umwandlungsstichtag ergebende **Übernahmegewinn** ist auf der Ebene der Gesellschafter der übernehmenden PersGes zu versteuern. Die sich hierbei ergebenden körperschaftsteuerlichen Rechtsfolgen sind bei der ESt oder KSt der Gesellschafter der übernehmenden PersGes zu ziehen. Bei einem Formwechsel in eine PersGes nach § 9 UmwStG sind die **offenen Rücklagen** der KapGes nach § 7 S. 1 UmwStG bei nach § 5 Abs. 2 UmwStG fiktiv als eingelegt behandelte Anteile iRd Ermittlung des Übernahmeergebnisses als Gewinn der PersGes (Gesamthand) zu besteuern (BFH IV R 1/17, BStBl. II 2019, 501). 827

Ein **Übernahmeverlust** iSd § 9 S. 1 UmwStG iVm § 4 Abs. 4 und 5 UmwStG bleibt nach Maßgabe des § 4 Abs. 6 UmwStG grds. außer Ansatz (s. BFH IV R 37/13, BFH/NV 2016, 667; → Rn. 710).

Das Übernahmeergebnis ist nach §§ 179, 180 AO **gesondert und einheitlich festzustellen** (BFH I R 33/05, BStBl. II 2010, 63). 828

(frei) 829

3. Gewerbesteuer, Minderheitsgesellschafter

Auch beim Formwechsel aus einer KapGes in eine PersGes gilt § 18 UmwStG hinsichtlich der **GewSt** (→ Rn. 145 ff.). 830

Nach einer formwechselnden Umwandlung einer GmbH in eine PersGes sind die ursprünglichen **Anschaffungskosten eines nicht iSd § 17 EStG beteiligten Gesellschafters** für den Erwerb der Gesellschaftsanteile der GmbH bei der Ermittlung des Gewinns aus der Veräußerung des Mitunternehmeranteils (§ 16 Abs. 1 S. 1 Nr. 2, Abs. 2 EStG) **nicht** zu berücksichtigen. Dies gilt ebenso für die Anschaffungskosten bei Aufstellung einer **positiven Ergänzungsbilanz.** Dies beruht im Ergebnis auf dem von den Gesellschaftern der formwechselnden KapGes gewählten Buchwertansatz des übergehenden Betriebsvermögens in deren steuerliche Schlussbilanz. 831

832 Ein nicht iSd § 17 EStG beteiligter Gesellschafter, für den kein Übernahmeergebnis zu ermitteln ist, wird iRd formwechselnden Umwandlung **Gesellschafter der PersGes.** Sein Anteil an der PersGes, der sich nach dem Kapitalkonto des Mitunternehmeranteils zum steuerlichen Übertragungsstichtag bestimmt, richtet sich bei einer Buchwertfortführung nach dem anteiligen Buchwert der Beteiligung. Die ursprünglichen Anschaffungskosten der Beteiligung an der KapGes werden dadurch nicht erfasst, sodass in diesem Fall grds. auch die vor dem steuerlichen Übertragungsstichtag entstandenen stillen Reserven zu versteuern sind. Eine Korrektur des Wertansatzes durch die Bildung einer (positiven) Ergänzungsbilanz scheidet ua deshalb aus, weil nach dem Willen des Gesetzgebers der nicht iSd § 17 EStG beteiligte Anteilseigner als Mitunternehmer die stillen Reserven erst bei deren Auflösung durch die übernehmende PersGes zu versteuern hat (BT-Drs. 12/6685, 19; BFH IV R 39/09, BStBl. II 2012, 728; IV R 12/11, BFH/NV 2013, 200).

4. Formwechsel einer eingetragenen Genossenschaft

833 Für einen Formwechsel einer eingetragenen Genossenschaft in eine PersGes aufgrund bundes- oder landesgesetzlicher Regelung iSd § 1 Abs. 2 UmwG gelten vorstehende Regelungen entsprechend (s. *UmwStE* Rn. 01.07).

5. Formwechsel einer Personengesellschaft in eine Kapitalgesellschaft oder Genossenschaft

834 Der Formwechsel einer PersGes in eine KapGes oder Genossenschaft vollzieht sich nach den §§ 20 ff. UmwStG (Sacheinlage, vgl. **§ 25 UmwStG;** → Rn. 2370).

6. Formwechselnde Umwandlung zwischen Körperschaften

835 Der Formwechsel zwischen KapGes ist gesetzlich nicht geregelt, weil der Gesetzgeber darin keinen Wechsel des Steuersubjekts gesehen hat. Wegen der Identität des Rechtsträgers vor und nach der Umwandlung führt er weder zum Erlöschen noch zum Entstehen einer Steuerpflicht.

836 Bei einer formwechselnden Umwandlung einer **Anstalt öffentlichen Rechts** in eine GmbH ist daher keine unterjährige Veranlagung durchzuführen. Dagegen ist **gewstlich** eine Neugründung eines Gewerbebetriebs gegeben, wenn die Anstalt öffentlichen Rechts nicht mit Gewinnerzielungsabsicht geführt wurde (BFH I R 3/06, BStBl. II 2010, 186).

837–844 *(frei)*

X. Verschmelzung oder Vollvermögensübertragung von einer Körperschaft auf eine andere (§§ 11 ff. UmwStG)

1. Rechtsgrundlage

845 Rechtsgrundlage sind §§ 11–13 UmwStG.

2. Sachlicher Anwendungsbereich

Verschmelzungen auf andere Körperschaften vollziehen sich zivilrechtlich nach den Grundsätzen des UmwG. Sie müssen zivilrechtlich zulässig und wirksam sein (sog. Maßgeblichkeit des Gesellschaftsrechts, s. *UmwStE* Rn. 01.02 f.). **846**

Steuerrechtlich sind die §§ 11–13 UmwStG auf **Verschmelzungen** auf eine andere Körperschaft sowie auf Aufwärts-, Seitwärts- und Abwärtsverschmelzungen von KapGes anzuwenden (*UmwStE* Rn. 11.01; 01.03). Sie gelten auch, wenn iRd Umwandlung zB nach § 54 Abs. 1 S. 3 UmwG auf die Gewährung neuer Anteile verzichtet wird, weil der Anteilseigner bereits an der übernehmenden Körperschaft beteiligt ist (*UmwStE* Rn. 13.09), oder wenn keine Beteiligung an der übertragenden Körperschaft besteht (*UmwStE* Rn. 12.06). **847**

Der sachliche Anwendungsbereich umfasst **inländische Umwandlungsvorgänge** und **ausländische,** die mit inländischen vergleichbar sind (§ 1 Abs. 1 Nr. 1 UmwStG; *UmwStE* Rn. 01.03; 01.20 ff.). Dazu zählen zB die grenzüberschreitende Verschmelzung nach § 122a UmwG und die Gründung einer Europäischen Aktiengesellschaft nach Art. 17 SE-Verordnung sowie einer Europäischen Genossenschaft iSd Art. 19 SCE-Verordnung (*UmwStE* Rn. 01.42). Außerdem kommt bei einer Verschmelzung einer beschränkt steuerpflichtigen Körperschaft nach Maßgabe des § 12 Abs. 2 S. 2 KStG in einem Drittland die Besteuerung deren Anteilseigner entsprechend § 13 UmwStG in Betracht (s. Heinemann GmbHR 2012, 133). **848**

Schließlich ist auch eine **Vermögensübertragung** iSd § 174 UmwG von einer auf eine andere Körperschaft nach § 11 UmwStG begünstigt (§ 1 Abs. 1 S. 1 Nr. 4 UmwStG; *UmwStE* Rn. 01.18). **849**

3. Persönlicher Anwendungsbereich

Persönlich anwendbar sind die §§ 11 ff. UmwStG auf übertragende und übernehmende Körperschaften. Dies sind ua KapGes (AG, GmbH, KGaA), eingetragene Genossenschaften, eingetragenen Vereine, wirtschaftliche Vereine, genossenschaftliche Prüfungsverbände (s. *UmwStE* Rn. 01.10) und vergleichbare ausländische Rechtsträger (s. *UmwStE* Rn. 01.26). Nach der Streichung des § 1 Abs. 2 UmwStG ist der Zweite bis Fünfte Teil des UmwStG auch anwendbar, wenn der übertragende und/oder übernehmende Rechtsträger ihren Sitz (§ 11 AO) und/oder ihren Ort der Geschäftsleitung (§ 10 AO) nicht in einem EU-Mitgliedstaat oder EWR-Staat haben. Die Anwendbarkeit auf ausländische Umwandlungen erfordert, dass diese mit einer inländischen Umwandlung vergleichbar und nach dem jeweiligen ausländischen Gesellschaftsstatut der beteiligten Rechtsträger gesellschaftsrechtlich zulässig und wirksam sind (*UmwStE* Rn. 01.52a). **850**

(frei) **851–854**

4. Bilanzierung des Übertragenden

a) Handelsrechtliche Schlussbilanz. Der **übertragende Rechtsträger** hat bei einer Verschmelzung nach dem UmwG gem. § 17 Abs. 2 UmwG eine handelsrechtliche Schlussbilanz zu erstellen (s. BFH XI R 39/18, BStBl. II 2021, 517). Der Stichtag darf höchstens auf einen acht Monate vor der Anmeldung liegenden Tag liegen (§ 17 Abs. 2 S. 4 UmwG; *UmwStE* Rn. 02.02 f.). Es gelten die Vorschriften über die Jahresbilanz und deren Prüfung nach den §§ 242 ff. HGB **855**

entsprechend (§ 17 Abs. 2 S. 2 UmwG). Danach sind die stillen Reserven nicht aufzudecken (→ Rn. 450).

856 Gemäß § 24 UmwG kann der **übernehmende Rechtsträger** iR eines handelsrechtlichen Bewertungsrechts das übergegangene Vermögen grds. mit den Anschaffungskosten iSd § 253 Abs. 1 HGB anzusetzen oder die vom übertragenden Rechtsträger in der Schlussbilanz angesetzten Werte fortführen (→ Rn. 451).

857 **b) Steuerliche Schlussbilanz.** Bei einer Verschmelzung nach dem UmwG hat die übertragende Körperschaft auf den steuerlichen Übertragungsstichtag eine steuerliche Schlussbilanz zu erstellen und spätestens bis zum Ablauf der nach § 149 AO maßgebenden Frist zur Abgabe der KSt-Erklärung für den Besteuerungszeitraum, in den der steuerliche Übertragungsstichtag fällt, elektronisch zu übermitteln (§ 3 Abs. 2a iVm § 11 Abs. 3 UmwStG, *UmwStE* Rn. 11.02). Für die steuerliche Schlussbilanz gelten grds. die Vorschriften der §§ 4 Abs. 1, 5 Abs. 1 EStG nicht. Maßgebend ist § 11 UmwStG als eigenständige Ansatz- und Bewertungsvorschrift (BFH I R 27/16, BStBl. II 2018, 449).

858 Auf die Wertansätze in der **Handelsbilanz** kommt es für den Ansatz des Buchwerts nicht an. Der **Grundsatz der Maßgeblichkeit** iSd § 5 Abs. 1 S. 1 EStG bezieht sich lediglich auf die Anwendung der handelsrechtlichen Grundsätze ordnungsmäßiger Buchführung, die nach dem UmwStG auch für Umwandlungen gelten (s. auch *UmwStE* Rn. 11.05; BFH I R 27/16, BStBl. II 2018, 449). Entsprechend ist kein besonderes Verzeichnis iSd § 5 Abs. 1 S. 2 EStG zu führen (BMF 12.3.2010, BStBl. I 2010, 239 Rn. 19).

859 Die handelsrechtlichen Grundsätze ordnungsmäßiger Buchführung iSd § 5 Abs. 1 S. 1 EStG gelten unabhängig von einer inländischen Steuer- oder Buchführungspflicht auch für eine **ausländische Körperschaft,** wenn eine steuerliche Schlussbilanz zB bei einer grenzüberschreitenden Hereinverschmelzung für die inländische Besteuerung der übertragenden oder übernehmenden Körperschaft (§ 12 UmwStG) von Bedeutung ist (vgl. BT-Drs. 16/2710, 40). Maßgebend ist das deutsche Steuerrecht (*UmwStE* Rn. 11.02; s. auch EuGH C-123/11, DStR 2013, 392 – A Oy).

860–874 *(frei)*

875 **c) Ansatz und Bewertung des übergehenden Vermögens (§ 11 Abs. 1 und 2 UmwStG). aa) Ansatz des gemeinen Werts (§ 11 Abs. 1 UmwStG).** Nach § 11 Abs. 1 S. 1 UmwStG sind bei einer Verschmelzung oder Vermögensübertragung auf eine andere Körperschaft die übergehenden Wirtschaftsgüter (Sachgesamtheit) in der steuerlichen Schlussbilanz der übertragenden Körperschaft grds. mit dem **gemeinen Wert** anzusetzen. Danach sind alle übergehenden Wirtschaftsgüter, einschließlich nicht entgeltlich erworbener oder selbst geschaffener Wirtschaftsgüter, zu erfassen, indem der gemeine Wert für die Gesamtheit der übergehenden Wirtschaftsgüter ermittelt und analog § 6 Abs. 1 Nr. 7 EStG nach dem Verhältnis der Teilwerte auf die einzelnen Wirtschaftsgüter verteilt wird (*UmwStE* Rn. 11.04, 03.07). Für den Ansatz des Geschäfts- und Firmenwerts ist es unbeachtlich, ob der übergehende Betrieb fortgeführt wird (*UmwStE* Rn. 11.03). Diesen hat die übernehmende Körperschaft grds. nach § 7 Abs. 1 S. 3 EStG abzuschreiben.

876 Die **Pensionsrückstellungen** sind gem. § 6a EStG mit dem Teilwert anzusetzen (§ 11 Abs. 1 S. 2 UmwStG, *UmwStE* Rn. 11.10, 03.23 f.). Insoweit werden die stillen Reserven nicht aufgedeckt. Diese Regelung gilt mE nur bei der Aufde-

ckung der stillen Reserven, nicht dagegen beim Ansatz des Buchwerts bzw. eines Zwischenwerts iSd § 11 Abs. 2 S. 1 UmwStG.

§ 11 UmwStG ist eine **eigenständige** steuerliche **Ansatz- und Bewertungsvorschrift.** Die steuerlichen Ansatzverbote des § 5 EStG und die Bewertungsgrundsätze des § 6 EStG gelten daher grds. nicht für die steuerliche Schlussbilanz (*UmwStE* Rn. 11.03, 03.06), außer es werden die **Buchwerte** fortgeführt (→ Rn. 456). In der steuerlichen Schlussbilanz können daher, wenn der Vermögensübergang nicht zu Buchwerten erfolgt, auch **Drohverlustrückstellungen** (§ 5 Abs. 4a EStG) gebildet werden. 877

Nach Auffassung der FVerw sind die Wertansätze in der **ersten Steuerbilanz** iSd §§ 4 Abs. 1, 5 Abs. 1 EStG nach der Umwandlung nach den allgemeinen Grundsätzen (§ 5 EStG) **erfolgswirksam aufzulösen** (s. BMF 24.6.2011, BStBl. I 2011, 627; *UmwStE* Rn. 11.04 iVm 03.08; → Rn. 457).

Ist der gemeine Wert der Sachgesamtheit niedriger als der Buchwert (vgl. *UmwStE* Rn. 01.57), bildet der gemeine Wert die **Bewertungsobergrenze.** In diesem Fall entsteht ein Übertragungsverlust (*UmwStE* Rn. 11.06, 03.12, 01.57). 878

Die **Zurückbehaltung von Wirtschaftsgütern** der übertragenden Körperschaft bei einer Auf- oder Abspaltung führt zu einer Aufdeckung der stillen Reserven. Der Vermögensübergang wird in diesem Fall wie eine Veräußerung behandelt. Hierzu → Rn. 465. 879

(frei) 880–884

bb) Buchwertfortführung (§ 11 Abs. 2 UmwStG). Nach Maßgabe des § 11 Abs. 2 S. 1 UmwStG kann die übertragende Körperschaft auf ihren Antrag hin die **Buchwerte** des übergehenden Betriebsvermögens fortführen. Der Buchwert ist der Wert, der sich nach den steuerlichen Vorschriften über die Gewinnermittlung in einer für den steuerlichen Übertragungsstichtag aufzustellenden Steuerbilanz ergibt oder ergäbe (§ 1 Abs. 5 Nr. 4 UmwStG). Die Wertansätze in der **Handelsbilanz** sind nicht maßgebend. 885

Die übergehenden Wirtschaftsgüter können nur **einheitlich** in der steuerlichen Schlussbilanz mit dem Buchwert angesetzt werden. Dieser Grundsatz gilt insoweit nicht, als Wirtschaftsgüter mit dem gemeinen Wert anzusetzen sind, weil nach den Verhältnissen zum steuerlichen Übertragungsstichtag die Voraussetzungen des § 11 Abs. 2 S. 1 Nr. 1 und 2 UmwStG für die Ausübung des Ansatzwahlrechts nicht erfüllt sind. 886

Zudem ist ein Buchwertansatz insoweit ausgeschlossen, als eine **Gegenleistung** iSd § 11 Abs. 2 S. 1 Nr. 3 UmwStG gewährt wird. Außerdem sind nicht die Buchwerte, sondern der gemeine Wert anzusetzen, wenn dieser niedriger ist (*UmwStE* Rn. 11.05 f., 03.12 f.). 887

(frei) 888–894

cc) Zwischenwertansatz (§ 11 Abs. 2 UmwStG). Unter den Voraussetzungen des § 11 Abs. 2 S. 1 UmwStG kann auch ein **Zwischenwert** (Begriff BFH III R 39/91, BStBl. II 1994, 458; II R 13/90, BStBl. II 1994, 759), höchstens der gemeine Wert gewählt werden. 895

Das Wahlrecht ist in der steuerlichen Schlussbilanz **einheitlich** für alle übergehenden Wirtschaftsgüter auszuüben. Aufgrund der einheitlichen Bewertung nach § 11 Abs. 2 UmwStG ist das übergehende aktive und passive Betriebsvermögen, einschließlich nicht entgeltlich erworbener und selbst geschaffener immaterieller Wirtschaftsgüter, mit einem über dem Buchwert und unter dem gemeinen Wert liegenden Wert anzusetzen. Die stillen Reserven der einzelnen Wirtschaftsgüter 896 sind in der steuerlichen Schlussbilanz der übertragenden Körperschaft um einen einheitlichen Prozentsatzes aufzudecken.

897 In Höhe der aufgedeckten stillen Reserven entsteht bei der übertragenden Körperschaft nach Abzug der Umwandlungskosten ein **Übertragungsgewinn.**

898 Die **handelsrechtlichen Wertansätze** sind für den Zwischenwertansatz unbeachtlich (s. *UmwStE* Rn. 11.11, 11.05).

899–904 *(frei)*

905 **d) Ansatz- und Bewertungswahlrecht (§ 11 Abs. 2 UmwStG).** Ein Wahlrecht auf Ansatz des Buch- oder eines Zwischenwerts besteht gem. § 11 Abs. 2 S. 1 UmwStG nur, soweit

- die in dem übergegangenen Vermögen enthaltenen stillen Reserven später bei der Übernehmerin der Körperschaftsteuer unterliegen **(Nr. 1),**
- das deutsche Besteuerungsrecht an den übergehenden Wirtschaftsgütern bei der übernehmenden Körperschaft nicht ausgeschlossen oder beschränkt wird **(Nr. 2)** und
- eine Gegenleistung nicht gewährt wird oder nur in Gesellschaftsrechten besteht **(Nr. 3).**

Dadurch wird das deutsche Besteuerungsrecht hinsichtlich der im übergehenden Vermögen ruhenden stillen Reserven sichergestellt. Maßgebend sind die Verhältnisse zum steuerlichen Übertragungsstichtag (*UmwStE* Rn. 11.05).

906 **aa) Sicherstellung der späteren Besteuerung (Nr. 1).** Eine Besteuerung mit KSt ist insoweit nach § 11 Abs. 2 S. 1 Nr. 1 UmwStG gesichert, als das übergehende Vermögen bei der übernehmenden Körperschaft zu einem steuerpflichtigen wirtschaftlichen Geschäftsbetrieb wird oder zu einem solchen gehört. Die Besteuerung mit einer **ausländischen** Körperschaftsteuer reicht aus (*UmwStE* Rn. 11.07, 03.17). In diesem Fall ist jedoch ein Ausschluss oder eine Beschränkung des inländischen Besteuerungsrechts nach § 11 Abs. 2 S. 1 Nr. 2 UmwStG zu prüfen.

907 **Kein Wahlrecht** besteht dagegen, soweit die spätere Erfassung der stillen Reserven nicht sichergestellt ist, zB weil das Vermögen in kein Betriebsvermögen übertragen wird, wie dies bei einem Übergang auf eine öffentlich-rechtliche oder steuerbefreite (§ 5 KStG) Körperschaft zutrifft. Insoweit sind die Wirtschaftsgüter mit dem gemeinen Wert (§ 11 Abs. 1 UmwStG) oder – wenn eine Gegenleistung erbracht wird – mit dem Wert der für die Übertragung gewährten Gegenleistung anzusetzen (§ 11 Abs. 2 S. 1 Nr. 3 UmwStG). Zum Fall einer **Abwärtsverschmelzung** auf ausländische Anteilseigner s. BFH I R 35/16, BFH/NV 2019, 46; → Rn. 938.

908–914 *(frei)*

915 **bb) Uneingeschränktes Besteuerungsrecht (Nr. 2).** Die Ausübung des Bewertungswahlrechts setzt weiter voraus, dass bei grenzüberschreitenden Verschmelzungen das deutsche **Besteuerungsrecht nicht ausgeschlossen oder beschränkt** wird (§ 11 Abs. 2 S. 1 Nr. 2 UmwStG). Ein **Ausschluss** ist gegeben, wenn das bestehende deutsche Besteuerungsrecht hinsichtlich des Gewinns aus der Veräußerung der übertragenen Wirtschaftsgüter vollständig entfällt. Das Besteuerungsrecht wird **beschränkt,** wenn die Umwandlung zu einer Begrenzung der Höhe oder des Umfangs nach führt. Abzustellen ist hierbei auf das deutsche Besteuerungsrecht bei einer gedachten Veräußerung des übergehenden Vermögens nach dem Umwandlungsstichtag nach Maßgabe des zu diesem Zeitpunkt bestehenden nationalen und zwischenstaatlichen Rechts (*UmwStE* Rn. 11.09, 03.18 ff.).

Die **Hinausverschmelzung** einer inländischen KapGes auf eine im EU-/EWR-Raum ansässige KapGes darf damit hinsichtlich der übergehenden Wirtschaftsgüter zu keiner Steuerentstrickung führen. Eine steuerneutrale Hinausverschmelzung ist grds. nur dann denkbar, wenn im Inland eine Betriebsstätte verbleibt und ihr weiterhin die bisherigen Wirtschaftsgüter nach funktionalen Gesichtspunkten zugeordnet werden (BFH I R 85/99, BStBl. II 2002, 720; s. Kußmaul/Richter/Heyd IStR 2010, 73, die auf die tatsächlichen Verhältnisse abstellen). Soweit dies nicht der Fall ist, sind durch den Ansatz des gemeinen Werts des übergehenden Betriebsvermögens die stillen Reserven aufzulösen. **916**

(frei) **917–919**

cc) Keine Gegenleistung außer Gesellschaftsanteilen (Nr. 3). Kein Wahlrecht besteht ferner, soweit eine **Gegenleistung** erbracht wird (§ 11 Abs. 2 S. 1 Nr. 3 UmwStG). Eine solche stellt eine bare **Zuzahlung** (zB Spitzenausgleich nach § 54 Abs. 4 UmwG oder § 68 Abs. 3 UmwG) durch die übernehmende KapGes dar, die zusätzlich zu den neuen Gesellschaftsanteilen geleistet wird. In diesem Fall sind die übergehenden Wirtschaftsgüter um den Wert der Gegenleistung aufzustocken. Es wird von einer anteiligen Veräußerung (Aufdeckung der stillen Reserven) ausgegangen und von einer anteiligen Fortsetzung des unternehmerischen Engagements in anderer Rechtsform, soweit Gesellschaftsrechte gewährt werden (s. *UmwStE* Rn. 11.10, 03.23 f.). **920**

Ebenso besteht kein Wahlrecht zB bei einer **Vollvermögensübertragung nach § 174 UmwG,** bei der die Gegenleistung an die Anteilsinhaber des übertragenden Rechtsträgers nicht in Gesellschaftsanteilen besteht (Vollübertragung). In diesen Fällen ist das übergegangene Vermögen mit dem gemeinen Wert anzusetzen (§ 11 Abs. 1 UmwStG). Ein Vermögensübergang zu Buchwerten kommt nur dann in Betracht, wenn das Vermögen auf den alleinigen Anteilseigner übergeht (zB KapGes auf Gemeinde), denn der Untergang der Beteiligung an der übertragenden KapGes ist keine Gegenleistung iSd § 11 Abs. 2 S. 1 Nr. 3 UmwStG (*UmwStE* Rn. 11.14 f.). **921**

Eine **Gegenleistung** ist auch die **Gewährung anderer Vermögenswerte** (zB Darlehensforderungen) durch den übernehmenden Rechtsträger oder diesem nahestehende Personen. Gewährt die Übernehmerin oder eine ihr nahestehende Person an die verbleibenden Anteilseigner der übertragenden Körperschaft oder diesen nahestehenden Personen eine nicht in Gesellschaftsrechten bestehende Leistung, scheidet insoweit eine Buchwertfortführung aus (§ 11 Abs. 2 S. 1 Nr. 3 UmwStG; *UmwStE* Rn. 11.10, 03.21–03.24; → Rn. 1368). **922**

Nicht als Gegenleistungen zu werten sind die Barabfindung des **widersprechenden Gesellschafters** durch die Übernehmerin (Erwerb eigener Anteile, §§ 29, 125 oder 207 UmwG) oder Barabfindung **durch die übertragende KapGes** (verdeckte Gewinnausschüttung oder Erwerb eigener Anteile, vgl. *UmwStE* Rn. 11.10, 03.22). Zu keiner Gegenleistung führt auch der **Wegfall der Beteiligung,** wenn eine KapGes auf ihren alleinigen Gesellschafter in der Rechtsform einer KapGes verschmolzen wird (zB Abwärtsverschmelzung; *UmwStE* Rn. 11.10, 03.21). Die Einziehung eigener Anteile ist steuerneutral. Der Übergang von **Betriebsschulden** stellt grds. keine Gegenleistung dar, weil das Nettovermögen für die Bewertung der eingebrachten Sachgesamtheit maßgebend ist (s. BFH X B 172/09, BFH/NV 2010, 2053; Kulosa in Schmidt EStG § 6 Rn. 655). **923**

924 Beim verbleibenden oder ausscheidenden Anteilseigner der übertragenden Körperschaft führt eine nicht in Gesellschaftsrechten bestehende Gegenleistung zu einem **Veräußerungserlös** für die (anteilig veräußerten) Anteile. Bei der Ermittlung des Veräußerungsgewinns sind nur die anteiligen Anschaffungskosten zu berücksichtigen. Hinsichtlich der übrigen Anteile ist § 13 UmwStG anzuwenden.

925–929 *(frei)*

930 **dd) Ausübung des Bewertungswahlrechts.** Das **Bewertungswahlrecht** nach § 11 Abs. 2 S. 1 UmwStG ist grds. durch formlosen **Antrag** der übertragenden Körperschaft bzw. des übernehmenden Rechtsträgers als steuerlicher Rechtsnachfolger (§ 4 Abs. 2 S. 1 UmwStG) bis zur erstmaligen Abgabe der steuerlichen Schlussbilanz beim für die übertragende Körperschaft zuständigen Finanzamt (§§ 20, 26 AO) auszuüben (§ 11 Abs. 2 UmwStG iVm § 3 Abs. 2 S. 2 UmwStG). Er muss erkennen lassen, ob das übergehende Vermögen mit dem Buchwert oder einem Zwischenwert angesetzt wird. Beim Zwischenwertansatz ist die Höhe oder der Prozentsatz der aufgedeckten stillen Reserven anzugeben.

931 Im Fall der **Buchwertfortführung** wird der Antrag durch die ausdrückliche Erklärung, die Steuerbilanz iSd §§ 4 Abs. 1, 5 Abs. 1 EStG solle gleichzeitig die steuerliche Schlussbilanz sein, ersetzt. Der Antrag ist unwiderruflich und bedingungsfeindlich. Der erforderliche Antrag gilt durch das Einreichen der steuerlichen Schlussbilanz als gestellt (§ 11 Abs. 3 UmwStG iVm § 3 Abs. 2 S. 2 UmwStG; BT-Drs. 16/2710, 37).

932–935 *(frei)*

936 **e) Verschmelzung im Konzern. aa) Abwärtsverschmelzung.** Eine **Verschmelzung der Muttergesellschaft auf die Tochter-KapGes (downstream merger)** ist nach **§ 11 Abs. 2 S. 2 UmwStG** möglich (*UmwStE* Rn. 11.01, 11.17 ff.). Dies kann gem. §§ 54 Abs. 1 S. 2 Nr. 2, 68 Abs. 1 S. 2 Nr. 2 UmwG mit oder ohne Kapitalerhöhung erfolgen (s. auch Schmitt/Schloßmacher DStR 2010, 673). Danach hat die Muttergesellschaft ihre Anteile an der aufnehmenden Tochtergesellschaft mindestens mit dem Buchwert erhöht um Abschreibungen sowie um Abzüge nach § 6b EStG und ähnliche, in den letzten fünf Jahren vorgenommene Abzüge, höchstens mit dem gemeinen Wert, anzusetzen. Nach Auffassung der FVerw sind nur die in § 11 Abs. 2 S. 2 UmwStG aufgeführten Wertminderungen wieder hinzuzurechnen (*UmwStE* Rn. 11.17, 04.07). Im Gegensatz zur Verwaltungsauffassung sind die zuletzt vorgenommenen Teilwertabschreibungen vorrangig rückgängig zu machen (s. BFH I R 2/09, BStBl. II 2010, 760).

937 Der durch die Wertaufholungen entstehende **Beteiligungskorrekturgewinn** stellt einen laufenden Gewinn der Muttergesellschaft dar (§ 11 Abs. 2 S. 3 UmwStG iVm § 8b Abs. 2 S. 4 und 5 KStG). Er **entsteht** mit Ablauf des steuerlichen Übertragungsstichtags (Heinemann GmbHR 2012, 136). Dadurch wird eine Umgehung des allgemeinen Wertaufholungsgebots iSd § 6 Abs. 1 Nr. 2 S. 3, Nr. 1 S. 4 EStG durch eine rückwirkende Umwandlung ausgeschlossen (s. Schwetlik GmbHR 2007, 576).

938 Erhalten die Anteilseigner der übertragenden Körperschaft (Muttergesellschaft) für ihre iRd **Abwärtsverschmelzung** untergehenden Anteile die Anteile der Muttergesellschaft an der übernehmenden Körperschaft (Tochtergesellschaft), gehen diese unmittelbar auf die Anteilseigner über **(Direkterwerb).** Bei der Muttergesellschaft werden die Anteile an der Tochtergesellschaft wie „übergehende Wirtschaftsgüter" iSd § 11 Abs. 1 S. 1 UmwStG behandelt, die auf Antrag

unter den Voraussetzungen des § 11 Abs. 2 S. 1 Nr. 2 und 3 UmwStG in deren steuerlicher Schlussbilanz mit dem **Buchwert** oder einem **Zwischenwert** angesetzt werden können (BFH I R 4/09, BStBl. II 2011, 315; I R 31/16, BFH/NV 2019, 81; I R 35/16, BFH/NV 2019, 46; → Rn. 939 f., 1029; *UmwStE* Rn. 11.18 f.) Bei der Prüfung dieser Voraussetzungen ist abweichend von § 12 Abs. 2 S. 1 UmwStG auf den Anteilseigner der übertragenden Körperschaft abzustellen, der die Anteile an der Tochtergesellschaft übernimmt (BFH I R 31/16, BFH/NV 2019, 81; I R 35/16, BFH/NV 2019, 46; *UmwStE* Rn. 11.19;). Sind diese Voraussetzungen nicht erfüllt, sind hinsichtlich der Anteile an der Tochtergesellschaft gem. § 11 Abs. 1 S. 1 UmwStG durch Ansatz des **gemeinen Werts** in der steuerlichen Schlussbilanz der Muttergesellschaft die stillen Reserven aufzulösen (BFH I R 31/16, BFH/NV 2019, 81; I R 35/16, BFH/NV 2019, 46; *UmwStE* Rn. 11.19).

Beim **Anteilseigner** erfolgt die Besteuerung dessen Anteile an der Muttergesellschaft nach **§ 13 UmwStG** (BFH I R 50/11, BFH/NV 2013, 40). Eine Verknüpfung mit dem von der übernehmenden Tochtergesellschaft in ihrer steuerlichen Schlussbilanz nach § 12 Abs. 1 UmwStG angesetzten Wert besteht nicht (s. *UmwStE* Rn. 11.19 Abs. 2). Bei Ausübung des Wahlrechts nach § 13 Abs. 2 S. 1 UmwStG erfolgt die Verschmelzung auch beim Anteilseigner steuerneutral (s. Heinemann GmbHR 2012, 133 (139)). **939**

(frei) **940–944**

bb) Aufwärtsverschmelzung. Die Aufwärtsverschmelzung ist in § 12 Abs. 1 S. 2 UmwStG iVm § 4 Abs. 1 S. 2 und 3 UmwStG geregelt (s. *UmwStE* Rn. 11.17, 12.03; → Rn. 976). Auf der Ebene der Anteilseigner einer übertragenden Körperschaft ist die Umwandlung zwischen den Körperschaften als Veräußerungs- und Anschaffungsvorgang der Anteile zum gemeinen Wert zu beurteilen. Dies gilt für die Aufwärtsverschmelzung entsprechend (*UmwStE* Rn. 00.02, 00.03) und damit auch insoweit, als der übernehmende Rechtsträger Anteile am übertragenden Rechtsträger hält. Umwandlungen und Einbringungen erfüllen – gestützt auf die Gesetzesbegründung (BR-Drs. 16/2710, 47) – den Veräußerungsbegriff, auch wenn sie zum Buchwert erfolgen. Dies gilt auch bei einer Aufwärtsverschmelzung, die sich aus der Sicht der Muttergesellschaft als tauschähnlicher Vorgang darstellt, der einer Veräußerung der Anteile gleichzustellen ist (BFH I R 48/15, BStBl. II 2019, 45; I R 25/18, BStBl. II 2021, 732 zum Formwechsel). **945**

cc) Verschmelzung von Schwestergesellschaften. Die Verschmelzung von Schwestergesellschaften **(side-step merger)** unterfällt unabhängig davon, ob dem Anteilseigner der übertragenden Körperschaft Anteile an der übernehmenden gewährt werden, den §§ 11–13 UmwStG (*UmwStE* Rn. 11.01). Gemäß §§ 54 Abs. 1 S. 3, 68 Abs. 1 S. 3 UmwG idF des G. v. 24.4.2007 BGBl. 2007 I 542 können die Gesellschafter der übertragenden Gesellschaft in Verschmelzungs- und Spaltungsfällen (§ 125 UmwG) auf die Gewährung von Gesellschaftsanteilen verzichten (s. Mayer/Weiler DB 2007, 1235 (1238)). Danach sind gesellschaftsrechtlich ua **(sanierende) Verschmelzungen** von Schwester-KapGes innerhalb des Konzerns ohne Kapitalerhöhung zulässig (s. auch Keller/Klett DB 2010, 1220). In diesem Fall ist nach § 11 Abs. 2 S. 1 Nr. 3 UmwStG auch ohne Gewährung von Gesellschaftsrechten eine Buchwertfortführung möglich. Entsprechend ist auch § 13 UmwStG anwendbar, wenn keine Gegenleistung iF von Gesellschaftsrechten gewährt wird (*UmwStE* Rn. 13.02). Zudem kommt § 13 UmwStG insoweit in Betracht, als sich durch die Verschmelzung bei einem Anteilseigner der **946**

übertragenden Körperschaft die Beteiligung an der überübernehmenden Körperschaft wertmäßig erhöht.

947 Als **Anschaffungskosten** der Anteile an der übernehmenden Schwestergesellschaft nach der Verschmelzung gilt die Summe der Anschaffungskosten der Anteile an der übertragenden und übernehmenden Schwestergesellschaft vor der Verschmelzung (*UmwStE* Rn. 13.09). Zum side-step merger ohne Anteilsgewährung s. Pupeter/Schnittker FR 2008, 160; Krumm GmbHR 2010, 24.

948 Soweit es iRd Verschmelzung zu **Wertverschiebungen** zwischen den Anteilen der an der übernehmenden Körperschaft beteiligten Anteilseigner kommt, sind diese von § 13 UmwStG nicht gedeckt. Nach den allgemeinen Grundsätzen sind Vorteilsgewährungen an einen Gesellschafter der übertragenden Körperschaften oder an dessen nahestehende Personen grds. als verdeckte Gewinnausschüttungen mit einer nachfolgenden verdeckten Einlage in die KapGes zu behandeln (BFH IX R 24/09, BStBl. II 2011, 799; s. auch Ruoff/Beutel DStR 2015, 609). Bei nicht verhältniswahrenden Umwandlungen kommen nach Auffassung der FVerw auch Zuwendungen iSd § 7 Abs. 8 S. 1 ErbStG in Betracht (s. *UmwStE* Rn. 13.03; → Rn. 281).

949–954 *(frei)*

955 **dd) Verschmelzung auf Organgesellschaft.** Bei einer Verschmelzung einer Körperschaft auf eine Organgesellschaft iSd §§ 14, 17 KStG sind aufgrund der Zurechnung des Einkommens an den Organträger die Voraussetzungen des § 11 Abs. 2 S. 1 Nr. 1 UmwStG nur erfüllt, soweit das zugerechnete Einkommen beim Organträger der Besteuerung mit KSt unterliegt. Dies gilt auch, wenn der Organträger selbst eine Organgesellschaft ist (Kettenorganschaft). Wird das zugerechnete Einkommen beim Organträger (oder im Fall von Personengesellschaften als Organträgern auf der Ebene der Gesellschafter) der Einkommensteuer (EStG) besteuert, können die übergehenden Wirtschaftsgüter mit dem Buchwert angesetzt werden (*UmwStE* Rn. 11.08, Org 33 f.).

956 Zur Umwandlung **überschuldeter Unternehmen** auf haftungsbeschränkte Gesellschaften s. Schwetlik GmbHR 2011, 130.

957–964 *(frei)*

5. Steuerpflicht des Übertragungsgewinns

965 Der auf der Grundlage der §§ 11–15 UmwStG ermittelte **Übertragungsgewinn** der übertragenden Körperschaft aus zwangsweise oder freiwillig in der Schlussbilanz aufgelösten stillen Reserven unterliegt der normalen Versteuerung und ist deshalb **kst- und gewstpfl.** (§ 19 Abs. 1 UmwStG). Er **entsteht** mit Ablauf des Übertragungsstichtags (§ 2 Abs. 1 UmwStG). Der übertragenden Gesellschaft sind die bis zum Ablauf des steuerlichen Übertragungsstichtags verwirklichten Besteuerungsgrundlagen zuzurechnen. Die §§ 11–15 UmwStG gelten auch für die Ermittlung des Gewerbeertrags des übertragenden und übernehmenden Rechtsträgers sowie der Anteilseigner des übertragenden Rechtsträgers (*UmwStE* Rn. 19.01). Die Steuerfestsetzung erfolgt gegenüber der übernehmenden Gesellschaft als Rechtsnachfolgerin. Eine Verrechnung mit einem von der übernehmenden Gesellschaft im Verschmelzungsjahr erwirtschafteten **Verlust** ist nicht möglich. Dies gilt auch für die **GewSt** (BFH I R 11/07, BFH/NV 2008, 1538; s. Rn. 218). Die Steuerbefreiung des § 8b Abs. 2 KStG iVm fiktiv nicht abziehbaren Betriebsausgaben von 5 % des Gewinns iSd § 8b Abs. 3 KStG gilt allerdings auch für Übertragungsgewinne iSd §§ 11, 15 UmwStG, soweit diese

auf die Beteiligungen iSd § 8b Abs. 2 KStG entfallen (BMF 28.4.2003, BStBl. I 2003, 292 Rn. 23; Haritz/Wisniewski FR 2003, 549). Diese Pauschalierung ist verfassungsgemäß (BvL 12/07, DStR 2011, 598; BFH I R 45/13, BStBl. II 2014, 719). Zur Behandlung der **Veräußerungskosten** s. BMF 4.7.2008, BStBl. I 2008, 506.

(frei) **966–969**

6. Bilanzierung des Übernehmenden (§ 12 UmwStG)

a) Bindung an die Schlussbilanz. Die übernehmende Körperschaft hat die Schlussbilanzwerte der übertragenden Körperschaft iSd § 11 UmwStG in ihre Eröffnungsbilanz zu übernehmen (Wertverknüpfung, § 12 Abs. 1 UmwStG, § 4 Abs. 1 S. 2 u. 3 UmwStG). Die Eröffnungsbilanz ist zum steuerlichen Übertragungsstichtag zu erstellen (§ 2 Abs. 1 S. 1 UmwStG). Handelsrechtlich gelten die Grundsätze der Verschmelzung (→ Rn. 630). **970**

§ 12 Abs. 1 S. 1 UmwStG geht im Fall einer **grenzüberschreitenden Hereinverschmelzung** den allgemeinen Verstrickungsregeln der §§ 4 Abs. 1 S. 8, 6 Abs. 1 Nr. 5a EStG vor. Denn die inländische Übernehmerin ist an die Werte gebunden, die die ausländische Körperschaft als übertragende Rechtsträgerin in ihrer steuerlichen Schlussbilanz nach deutschem Steuerrecht angesetzt hat (s. *UmwStE* Rn. 11.02). **971**

(frei) **972–974**

b) Einlage aus steuerfreiem Vermögen. Geht das Vermögen von einer steuerbefreiten auf eine steuerpflichtige Körperschaft über, so hat die Übernehmende die Wirtschaftsgüter grds. mit dem gemeinen Wert anzusetzen. Maßgebend sind die Wertansätze, mit denen die übertragende (steuerbefreite oder ausländische) Körperschaft die übergehenden Wirtschaftsgüter in der steuerlichen Schlussbilanz angesetzt hat (s. *UmwStE* Rn. 12.02, 04.01). **975**

c) Bewertung der Anteile an der übertragenden Körperschaft (upstream merger; § 12 Abs. 1 S. 2 UmwStG). Bei einer **Aufwärtsverschmelzung** hat die übernehmende Muttergesellschaft die Anteile an der übertragenden Tochtergesellschaft mindestens mit dem Buchwert anzusetzen, wobei steuerwirksam vorgenommene Teilwertabschreibungen auf die Beteiligung, Abzüge nach § 6b EStG und ähnliche Abzüge bis zur Höhe des gemeinen Werts rückgängig zu machen sind (§ 12 Abs. 1 S. 2 UmwStG iVm § 4 Abs. 1 S. 2, 3 UmwStG; s. *UmwStE* Rn. 12.03; (→ Rn. 1030). **976**

Liegt der gemeine Wert der Anteile an der übertragenden Körperschaft **unter dem Buchwert,** ist vor der Verschmelzung eine **Abstockung** des Buchwerts der Anteile auf den niedrigeren gemeinen Wert vorzunehmen. Der daraus errechnete **Beteiligungskorrekturverlust** (Abstockungsverlust) gehört nicht zum Übernahmeergebnis. Er unterliegt nach den allgemeinen Grundsätzen dem Abzugsverbot nach § 8b Abs. 3 S. 3 (iVm Abs. 2 S. 1) KStG. Dies gilt nach § 8b Abs. 8 S. 1 KStG nicht für Anteile, die bei einem **Lebensversicherungsunternehmen** den Kapitalanlagen zuzurechnen sind (BFH I R 58/12, BStBl. II 2015, 199; abw. *UmwStE* Rn. 12.03 S. 4 iVm Rn. 04.06 S. 1). Durch die **Abstockung des Buchwerts** der Anteile mindert sich der **Übernahmeverlust,** der gem. § 12 Abs. 2 UmwStG außer Ansatz bleibt. Dies gilt nach § 19 Abs. 1 UmwStG und § 7 S. 1 GewStG auch für die **GewSt** (s. Schießl DStZ 2015, 442).

977 Durch die Aufdeckung der stillen Reserven entsteht ein **Beteiligungskorrekturgewinn,** der als laufender Gewinn nach den allgemeinen Grundsätzen zu besteuern ist (§ 12 Abs. 1 S. 2 UmwStG iVm § 4 Abs. 1 S. 3 UmwStG; *UmwStE* Rn. 12.03). Der Beteiligungskorrekturgewinn geht nicht in das Übernahmeergebnis ein. Insoweit bleibt es bei Umwandlungen mit Auslandsbezug und grenzüberschreitenden Umwandlungsvorgängen beim bisherigen Besteuerungsrecht.

978, 979 *(frei)*

7. Rechtsstellung der übernehmenden Körperschaft (§ 12 Abs. 3 UmwStG)

980 Die Verschmelzung auf eine andere Körperschaft führt bei dieser zu einer Anschaffung des übergegangenen Vermögens (*UmwStE* Rn. 00.02). Dennoch folgt § 12 Abs. 3 UmwStG, der auf § 4 Abs. 2 und 3 UmwStG verweist, dem **Prinzip der steuerrechtlichen (partiellen) Gesamtrechtsnachfolge.** Danach tritt die übernehmende Körperschaft vor allem hinsichtlich der Bewertung der übernommenen Wirtschaftsgüter, der AfA und der den steuerlichen Gewinn mindernden Rücklagen in die (generelle) steuerliche Rechtsstellung der übertragenden Körperschaft ein (**sog. Fußstapfentheorie;** BFH I R 89/09, BStBl. II 2011, 528; I R 111/09, BFH/NV 2011, 67; I R 16/11, BFH/NV 2012, 1340; I B 34/14, BFH/NV 2015, 356). Die übernehmende Körperschaft führt grds. die AfA der übertragenden KapGes fort (§ 4 Abs. 2 S. 1 UmwStG).

981 Wurden die übergegangenen Wirtschaftsgüter in der steuerlichen Schlussbilanz mit einem **Zwischenwert** oder dem **gemeinen Wert** angesetzt, ist bei **Gebäuden** die **AfA** nach § 7 Abs. 4 oder 5 EStG nach der bisherigen Bemessungsgrundlage fortzuführen (§ 4 Abs. 3 Alt. 1 UmwStG) und in den **übrigen Fällen** die AfA-Bemessungsgrundlage entsprechend aufzustocken und auf die Rechtsnutzungsdauer zu verteilen (§ 4 Abs. 3 Alt. 2 UmwStG). Die AfA für einen Geschäfts- oder Firmenwert bemisst sich grds. nach § 7 Abs. 1 S. 3 EStG.

982 Dagegen gehen **verrechenbare Verluste,** verbleibende Verlustvorträge, nicht ausgeglichene negative Einkünfte, ein Zinsvortrag nach § 4h Abs. 1 S. 5 EStG und ein EBITDA-Vortrag nach § 4h Abs. 1 S. 3 EStG nicht auf die übernehmende Körperschaft über (§ 4 Abs. 2 S. 2 UmwStG). Sie erlöschen mit dem übertragenden Rechtsträger (§ 20 Abs. 1 Nr. 2 UmwG; *UmwStE* Rn. 12.04, 04.09–04.17). Die Verlustpotenziale des übernehmenden Rechtsträgers können jedoch weiterhin genutzt werden. Eine Einschränkung besteht nach § 2 Abs. 4 S. 3 UmwStG nur im Rückwirkungszeitraum (vgl. BFH I R 25/12, BFH/NV 2014, 904).

983 Die übernehmende Körperschaft tritt in **Vorbesitzzeiten** (zB § 6b EStG) und **Behaltefristen** ein (§ 4 Abs. 2 S. 3 UmwStG). Die Vermögensübernahme iRd Verschmelzung ist keine begünstigte Anschaffung iSd **§ 6b EStG** und **§ 7g EStG** (*UmwStE* Rn. 12.04, 04.07–04.17; BFH GrS 2/12, BStBl. II 2015, 1007; X R 21/09, BFH/NV 2016, 751; X R 31/11, BFH/NV 2016, 1032). Eine am steuerlichen Übertragungsstichtag aufzulösende 6b-Rücklage ist in der Übertragungsbilanz aufzulösen (BFH XI R 39/18, BStBl. II 2021, 517). Die **AfA-Bemessungsgrundlage** ist aufzustocken (§ 12 Abs. 3 UmwStG iVm § 4 Abs. 3 UmwStG), wenn die Übertragende freiwillig oder unfreiwillig stille Reserven aufdeckt. Die **Gewinnkorrekturen** aus der Vereinigung von Forderung und Verbindlichkeit gelten auch hier (§ 12 Abs. 4 UmwStG iVm § 6 UmwStG; → Rn. 1005).

984 Mit der Abspaltung eines Teilbetriebs geht eine **§ 6b-Rücklage** insoweit auf die übernehmende KapGes über, als bei der übertragenden KapGes die Rücklage für ein veräußertes Wirtschaftsgut gebildet wurde, das dem übertragenen Teilbetrieb zuzurechnen war (BFH I R 77/09, BFH/NV 2011, 10).

(frei) **985–989**

8. Übernahmeergebnis bei der Übernehmerin (§ 12 Abs. 2 UmwStG)

Ein **Übernahmeergebnis** iSd **§ 12 Abs. 2 S. 1 UmwStG** ist in allen Verschmelzungsfällen (Auf-, Ab- und Seitwärtsverschmelzung) zu ermitteln. Dies gilt unabhängig davon, ob die übernehmende Körperschaft an der übertragenden beteiligt war (BFH I R 24/12, BStBl. II 2018, 509; BFH I R 15/20, BStBl. II 2017, 1240; *UmwStE* Rn. 12.05). Bei einer Verschmelzung auf die Muttergesellschaft werden ihre Anteile an der Tochtergesellschaft durch das übergehende Vermögen ersetzt. Der dabei entstehende Übernahmegewinn/-verlust ist der Unterschiedsbetrag zwischen dem Buchwert (§ 1 Abs. 5 Nr. 4 UmwStG) der Anteile an der übertragenden Körperschaft (ggf. nach Wertaufholung gem. § 12 Abs. 1 S. 2 UmwStG iVm § 4 Abs. 1 S. 2 und 3 UmwStG) und dem Wert iSd § 12 Abs. 1 S. 1 UmwStG, mit dem die übergegangenen Wirtschaftsgüter nach der Wertverknüpfung mit der Schlussbilanz der übertragenden Körperschaft von der Übernehmerin anzusetzen sind, abzüglich der Kosten für den Vermögensübergang. Das Übernahmeergebnis, das mit Ablauf des steuerlichen Übertragungsstichtags entsteht (vgl. BFH I R 58/12, BStBl. II 2015, 199), bleibt bei der übernehmenden Körperschaft **außer Ansatz** (§ 12 Abs. 2 S. 1 UmwStG), dh das Ergebnis wird außerhalb der Bilanz neutralisiert (s. *UmwStE* Rn. 12.05; 04,34); sa BFH I R 67/15, BFH/NV 2017, 1276 offen gelassen; Schießl DStZ 2015, 442). Dem folgt gem. § 19 Abs. 1 UmwStG auch die **GewSt.** **990**

Ist die **Übernehmerin** an der übertragenden Körperschaft **nicht beteiligt,** ist der Buchwert der Anteile mit Null anzusetzen. Nach dem von § 12 Abs. 2 S. 1 UmwStG vorgegebenen (reinen) Berechnungsschema bleiben auch in diesem Fall die Kosten für den Vermögensübergang steuerlich unberücksichtigt (s. BFH I R 24/12, BStBl. II 2018, 509; BFH I R 25/20; *UmwStE* Rn. 12.05). Danach sind bei einer **sog. Aufwärts-, Abwärts- und Seitwärtsabspaltung** die **Kosten des Vermögensübergangs nicht als laufende Betriebsausgaben** abziehbar (UmwStE Rn. 12.05). Dies gilt gem. § 19 Abs. 1 UmwStG auch für die Ermittlung des **Gewerbeertrags** (BFH I R 24/12, BStBl. II 2018, 509). **991**

Kosten des Vermögensübergangs iSd § 4 Abs. 4 S. 1 UmwStG sind unabhängig von deren Entstehung die nicht objektbezogenen Kosten des übernehmenden Rechtsträgers sowie die des übertragenden Rechtsträgers, die nach dem steuerlichen Übertragungsstichtag entstanden sind. Die Zuordnung von Kosten zu den „Kosten für den Vermögensübergang" erfolgt nach dem Veranlassungsprinzip. Dabei ist auf das „auslösende Moment" für die Entstehung der Aufwendungen und ihre größere Nähe zur Veräußerung oder zum laufenden Gewinn abzustellen (*UmwStE* Rn. 04.34; s. BFH I R 25/20, BStBl. II 2023, 612). Sie führen zu einer Minderung des Übernahmegewinns bzw. eine Erhöhung des Übernahmeverlustes. Soweit sie als laufender Aufwand beim übernehmenden Rechtsträger berücksichtigt worden sind, ist eine entsprechende außerbilanzielle Korrektur veranlasst. **Objektbezogene** Umwandlungskosten (zB GrEStG) sind grds. Anschaffungsnebenkosten des jeweiligen Wirtschaftsguts und erhöhen dessen AfA-Bemessungsgrundlage (s. BFH I R 2/10, BStBl. II 2011, 761; BMF 18.1.2010, BStBl. I 2010, 70;OFD Rheinland 21.4.2015, GmbHR 2015, 615). Die durch eine **sog.** **992**

Anteilsvereinigung nach § 1 Abs. 3 GrEStG ausgelöste GrESt ist kein objektbezogener Aufwand, weil nicht der Anteilserwerb als solcher Gegenstand dieser Besteuerung ist, sondern die Zuordnung aller Anteile in einer Hand durch einen nicht eingetretenen grundstücksbezogenen Erwerbsvorgang fingiert wird (BFH I R 25/20, DStR 2023, 212).

993 Die Regelung des **§ 12 Abs. 2 S. 1 UmwStG** trägt dem Rechnung, dass die stillen Reserven, soweit sie aufgedeckt werden, beim Übertragungsgewinn versteuert werden. Der Übergangsverlust wird auch dann neutralisiert, wenn in der Schlussbilanz der Buchwertansatz gewählt wird (BFH I R 158/85, BStBl. II 1990, 92).

994 Eine Neutralisierung erfolgt insoweit nicht, als die Übernehmerin an der übertragenden Gesellschaft beteiligt ist **(§ 12 Abs. 2 S. 2 UmwStG).** Abweichend von § 12 Abs. 2 S. 1 UmwStG beschränkt diese Regelung bei einer **Aufwärtsverschmelzung** die Anwendung des § 8b KStG auf den **Übernahmegewinn.** Dies gilt, soweit der Gewinn iSd § 12 Abs. 2 S. 1 UmwStG abzüglich der (anteiligen) Kosten für den Vermögensübergang dem (unmittelbaren) Anteil der übernehmenden an der übertragenden Körperschaft entspricht. Die anteiligen Kosten für den Vermögensübergang iSd § 12 Abs. 2 S. 2 UmwStG entsprechen bei einer Aufwärtsverschmelzung den von der übernehmenden Körperschaft getragenen Aufwendungen (s. *UmwStE* Rn. 12.06).

995 Nach **§ 8b Abs. 2 S. 1 KStG** ist der (anteilige) **Übernahmegewinn** steuerfrei, wobei jedoch gem. § 8b Abs. 3 S. 1 KStG 5 % des (anteiligen) Gewinns als nichtabziehbare Betriebsausgaben gelten. Bei einer **Aufwärtsverschmelzung** im **Organschaftsfall** ist auf den Verschmelzungsgewinn **§ 8b Abs. 3 S. 1 KStG** nicht anzuwenden (BFH I R 16/16, BStBl. II 2020, 206). Soweit die Voraussetzungen des § 8b Abs. 7 und 8 KStG erfüllt sind, ist der (anteilige) Übernahmegewinn voll steuerpflichtig. Ein **Übernahmeverlust** bleibt bei der übernehmenden Körperschaft außer Ansatz (BFH I R 58/12, BStBl. II 2015, 199; *UmwStE* Rn. 12.06). **§ 8b Abs. 4 KStG** berührt § 12 Abs. 2 S. 2 UmwStG nicht, weil er nur Bezüge iSd § 8b KStG und nicht Veräußerungsgewinne iSd § 8b Abs. 2 KStG betrifft. Ist Organträger eine PersGes, an der natürliche Personen beteiligt sind, sind insoweit gemäß § 15 S. 1 Nr. 2 S. 2 KStG die §§ 3 Nr. 40, 3c Abs. 2 EStG anstatt § 8b KStG anzuwenden (*UmwStE* Rn. 12.07).

996 Nach dem steuerlichen Übertragungsstichtag erworbene Anteile an der übertragenden KapGes gelten als an diesem Tag angeschafft **(§ 12 Abs. 2 S. 3 UmwStG iVm § 5 Abs. 1 UmwStG).**

997–1002 *(frei)*

9. Verschmelzung einer Unterstützungskasse (§ 12 Abs. 3 UmwStG)

1003 Die Regelung zur Vermeidung einer Mehrfachbegünstigung im Falle der Verschmelzung einer **Unterstützungskasse** auf ihr Trägerunternehmen enthält **§ 4 Abs. 2 S. 4 UmwStG,** der über § 12 Abs. 3 UmwStG auch bei einer Umwandlung auf eine andere Körperschaft entsprechend gilt.

1004 *(frei)*

10. Übernahmefolgegewinn (§ 12 Abs. 4 UmwStG)

1005 Bei einer Verschmelzung auf eine andere Körperschaft ist gem. § 12 Abs. 4 UmwStG in entsprechender Anwendung des § 6 Abs. 1 UmwStG insoweit ein

Übernahmefolgegewinn zu ermitteln, als die übernehmende Körperschaft am Grund- oder Stammkapital der übertragenden Körperschaft beteiligt ist. Der Übernahmefolgegewinn, der mit Ablauf des steuerlichen Übertragungsstichtags entsteht, ist ein **laufender Gewinn oder Verlust.** Gemäß § 6 Abs. 1 UmwStG kann eine gewinnmindernde **Rücklage** gebildet werden (→ Rn. 770).

(frei) **1006–1009**

11. Übergang einer Versicherungs-Aktiengesellschaft auf einen Versicherungsverein auf Gegenseitigkeit (VVaG) oder ein öffentlich-rechtliches Versicherungsunternehmen (§ 12 Abs. 5 UmwStG)

Nach **§ 12 Abs. 5 UmwStG** wird bei einem Vermögensübergang in den nicht steuerpflichtigen oder steuerbefreiten Bereich einer Körperschaft eine Totalausschüttung unterstellt mit der Folge, dass die übernehmende Körperschaft Einkünfte aus Kapitalvermögen iSd § 20 Abs. 1 Nr. 1 EStG hat. Davon ausgenommen ist das auf die Anteile entfallende steuerliche Eigenkapital. Eine Rechtsnachfolge in den verbleibenden Verlustabzug des § 10d Abs. 4 EStG wird wie bei der Verschmelzung auf Personenunternehmen nicht zugelassen (§ 12 Abs. 3 UmwStG iVm § 4 Abs. 2 S. 2 UmwStG). **1010**

(frei) **1011–1024**

12. Besteuerung der Anteilseigner der übertragenden Körperschaft (§ 13 UmwStG)

a) Anwendungsbereich. Nach **§ 13 Abs. 1 UmwStG** vollzieht sich der Anteilstausch bei Ansatz des gemeinen Werts erfolgswirksam und nach § 13 Abs. 2 UmwStG bei Ansatz des Buchwerts (§ 1 Abs. 5 Nr. 4 UmwStG) erfolgsneutral. Danach gelten die Anteile an der übertragenden Körperschaft als zum gemeinen Wert bzw. zum Buchwert veräußert und die eingetauschten Anteile an der übernehmenden Körperschaft als mit den jeweiligen Werten angeschafft. **1025**

Die Vorschrift ist nur auf Anteile im Betriebsvermögen und Anteile iSd § 17 EStG **anzuwenden.** In den übrigen Fällen führt die Verschmelzung oder Aufspaltung einer KapGes zu einem Anteilstausch iSd **§ 20 Abs. 4a S. 1 u. 2 EStG** und bei einer Abspaltung zu § 20 Abs. 4a S. 7 EStG (zu § 20 Abs. 4a EStG s. BFH VIII R 44/18, BStBl. II 2022, 636; → Rn. 1039), der auf der Ebene der Anteilseigner im Privatvermögen (§ 20 Abs. 8 S. 2 EStG) steuerneutral ist. Für die Anwendung des § 13 UmwStG ist es unbeachtlich, mit welchen Werten das Vermögen auf der Ebene des übertragenden Rechtsträgers übertragen wird und ob die übertragende Körperschaft der inländischen Besteuerung unterliegt (*UmwStE* Rn. 13.01, 13.08).

Die Anteilseigner der übertragenden Körperschaft werden auch bei **vergleichbaren ausländischen Verschmelzungen,** Hinaus- oder Hereinverschmelzungen nach § 13 UmwStG besteuert, wenn sie unbeschränkt oder beschränkt steuerpflichtig sind (s. Schmitt/Schloßmacher UmwStE 2011 Rn. 13.08). **1026**

§ 13 UmwStG ist nur insoweit anzuwenden, als der Anteilseigner der übertragenden Körperschaft **keine Gegenleistungen** (zB bei Verzicht auf Gewährung von neuen Anteilen nach § 54 Abs. 1 S. 3 UmwG) **oder** in **Gesellschaftsrechten** bestehende Gegenleistungen erhält. Werden an den Anteilseigner der übertragenden Körperschaft zusätzlich zu den im Austausch erhaltenen Anteilen zB **Zuzah-** **1027**

lungen geleistet, tritt insoweit eine Gewinnrealisierung ein. Gegenleistungen, die nicht in Gesellschaftsrechten bestehen (zB bare Zuzahlungen iRd Spitzenausgleichs durch die übernehmende Körperschaft, Darlehensforderungen), sind beim Anteilseigner als Veräußerungserlös für seine Anteile zu behandeln, der nach allgemeinen Grundsätzen zu versteuern ist. Erhält daher der Anteilseigner des übertragenden Rechtsträgers für seine Anteile neben Gesellschaftsrechten (§ 13 UmwStG) auch eine **andere Gegenleistung,** können iRd Ermittlung des Gewinns aus der anteiligen Veräußerung von Anteilen nur die anteiligen Anschaffungskosten dieser Anteile als Veräußerungskosten berücksichtigt werden. Der anteilige Buchwert wird ermittelt durch Gegenüberstellung von Barzahlung und Gesamtverkehrswert (sog. Trennungstheorie, vgl. Widmann/Mayer UmwStG § 13 Rn. 238; sa BFH X R 18-19/18, BStBl. II 2020, 538 Rn. 50). Als Veräußerungserlös sind auch **Barabfindungen** an den ausscheidenden Anteilseigner iSd § 29 UmwG zu behandeln. Der Gewinn entsteht nicht zum steuerlichen Übertragungsstichtag, sondern zu dem Zeitpunkt, zu dem er nach allgemeinen Grundsätzen entsteht (BFH I R 27/16, BStBl. II 2018, 449; *UmwStE* Rn. 13.02).

1027a § 13 UmwStG ist nach **§ 20 Abs. 4a S. 1 EStG** nicht anzuwenden, wenn im Privatvermögen (§ 20 Abs. 8 S. 2 EStG) Anteile an Körperschaften im Wege einer Verschmelzung oder Aufspaltung (§ 15 Abs. 1 UmwStG iVm § 13 UmwStG) getauscht werden und der Tausch aufgrund **gesellschaftsrechtlicher Maßnahmen** vollzogen wird, die von den beteiligten Unternehmen ausgehen (zB Verschmelzungs- oder Aufspaltungsbeschluss, Übernahmeangebot), und das Besteuerungsrecht der BRD hinsichtlich des Gewinns aus der Veräußerung der erhaltenen Anteile nicht ausgeschlossen oder beschränkt ist (→ Rn. 1039).

Eine **zusätzliche Gegenleistung** zu den erhaltenen Anteilen ist unschädlich. Diese gilt gem. § 20 Abs. 4a S. 2 EStG als Ertrag iSd § 20 Abs. 1 Nr. 1 EStG, der nach § 43 Abs. 1 Nr. 1 bzw. 1a EStG dem Kapitalertragsteuerabzug unterliegt.

1028 Bei der Verschmelzung der Tochtergesellschaft auf die Mutter-KapGes **(Aufwärtsverschmelzung)** ist § 13 UmwStG insoweit nicht anzuwenden, als die übernehmende Körperschaft (Muttergesellschaft) an der übertragenden Tochtergesellschaft beteiligt ist. Denn der Anteilseigner an der Muttergesellschaft gibt insoweit keine Anteile an der übertragenden Tochtergesellschaft ab (s. *UmwStE* Rn. 13.01).

1029 Wird die Muttergesellschaft auf die übernehmende Tochtergesellschaft **(Abwärtsverschmelzung)** verschmolzen und erhält der Anteilseigner der übertragenden Muttergesellschaft als Gegenleistung für die untergehenden Anteile an der übertragenden Körperschaft Anteile an der übernehmenden Tochtergesellschaft, gehen diese als übergehende Wirtschaftsgüter iSd § 11 Abs. 1 S. 1 UmwStG unmittelbar auf den Gesellschafter über (s. BFH I R 4/09, BStBl. II 2011, 315; I R 31/16, BFH/NV 2019, 81; I R 35/16, BFH/NV 2019, 46; *UmwStE* Rn. 11.18). In diesem Fall ist auf den Gesellschafter der Muttergesellschaft **§ 13 UmwStG anzuwenden** (BFH I R 50/11, BFH/NV 2013, 40). Dabei ist nach Auffassung der FVerw nicht auf den Wert in der steuerlichen Schlussbilanz nach § 12 Abs. 1 UmwStG abzustellen (*UmwStE* Rn. 13.01, 11.19; → Rn. 938 f.).

1030 Wurde zB vor der **Abwärtsverschmelzung** auf die Anteile an der übernehmenden Tochtergesellschaft eine **ausschüttungsbedingte Teilwertabschreibung** vorgenommen und werden iRd anschließenden Verschmelzung der Muttergesellschaft auf die übernehmende Tochtergesellschaft gem. § 13 Abs. 2 S. 2 oder 3 UmwStG die Anteile an der übernehmenden Tochtergesellschaft mit dem Buchwert oder deren Anschaffungskosten angesetzt, geht nach Auffassung der **FVerw** die **Wertauf-**

holungsverpflichtung nach § 6 Abs. 1 Nr. 2 S. 3 EStG und § 6 Abs. 3 iVm Nr. 1 S. 4 EStG auf die vom Anteilseigner im Betriebsvermögen gehaltenen Anteile an der übernehmenden Tochtergesellschaft über. Dies beruht darauf, weil gem. **§ 13 Abs. 2 S. 3 UmwStG** die Anteile an der übernehmenden Körperschaft steuerlich an die Stelle der Anteile der übertragenden (untergehenden) Gesellschaft treten (s. *UmwStE* Rn. 13.11). Dagegen geht nach Auffassung des **BFH** im Zuge der Verschmelzung keine Wertaufholungsverpflichtung nach § 13 Abs. 1 UmwStG auf die „neu" angeschafften Anteile über, weil die Fiktion von Anschaffungskosten iSd § 13 UmwStG auch für die Zuschreibung nach § 6 Abs. 1 Nr. 2 S. 1 und 3 iVm Nr. 1 S. 4 EStG gilt (BFH I R 50/11, BFH/NV 2013, 40; I R 47/11, BFH/NV 2013, 18; IV R 19/14, BStBl. II 2018, 575; → Rn. 1048).

Stimmen alle Anteilsinhaber aller beteiligten Rechtsträger zu, ist zivilrechtlich abweichend von § 5 Abs. 1 Nr. 3 UmwG auch eine **nicht verhältniswahrende Verschmelzung** auf der Ebene der Anteilseigner zulässig. Dabei kann es beim maßgeblich beteiligten Anteilseigner iRd Verschmelzung, zu deren Durchführung das Kapital der aufnehmenden KapGes um den Nominalwert der Anteile der übertragenden KapGes erhöht wird (§ 55 UmwG), zu einer Abspaltung des „Geschäftsanteils" an der übernehmenden KapGes iSd § 17 Abs. 1 S. 3 EStG und zu einer direkten Wertverschiebung (einschließlich der Anteilsrechte) kommen. Soweit dadurch Vermögenswerte ohne Gegenleistung in Gestalt von neuen Gesellschaftsanteilen auf einen Anteilseigner der übernehmenden KapGes übertragen werden, handelt es sich um eine steuerbare verdeckte Einlage des Wirtschaftsguts „Geschäftsanteil" nach § 17 Abs. 1 S. 2 EStG zugunsten neuer, im Zuge der Verschmelzung gewährter Geschäftsanteile. Dies gilt **nicht,** soweit die Übertragung der Wertrelation entspricht. Insoweit greift § 13 Abs. 1 UmwStG (BFH IX R 24/09, BStBl. II 2011, 799). 1031

§ 13 UmwStG ist unabhängig davon anzuwenden, ob es sich um eine verhältniswahrende oder eine nicht verhältniswahrende Umwandlung mit oder ohne **Wertverschiebung** zwischen den Anteilen der beteiligten Anteilseignern handelt (BFH IV R 17/17, BStBl. II 2023, 607). 1032

Wertverschiebungen, die iRd Verschmelzung zwischen den Anteilen der beteiligten Anteilseigner eintreten, stellen grds. eine Vorteilszuwendung zwischen den Anteilseignern dar, die nach allgemeinen Grundsätzen als verdeckte Gewinnausschüttung, verdeckte Einlage in die KapGes (BFH IX R 24/09, BStBl. II 2011, 799) oder freigebige Zuwendung (zB § 7 Abs. 8 ErbStG) zu behandeln sind. Gehören die Anteile am übertragenden Rechtsträger zu einem Betriebsvermögen, sind bei einer Wertverschiebung die Voraussetzungen für die Annahme einer Entnahme zu prüfen (BFH IV R 17/17, BStBl. II 2023, 607). Nach Auffassung der Finanzverwaltung ist sowohl bei einer verhältniswahrenden als auch bei einer nichtverhältniswahrenden Umwandlung zu prüfen, ob die Wertverschiebung zwischen den Anteilseignern eine freigebige Zuwendung iSd § 7 Abs. 1 Nr. 1 ErbStG darstellt oder einen der Tatbestände des § 7 Abs. 8 ErbStG erfüllt (vgl. *UmwStE* Rn. 13.03). Freigebige Zuwendungen scheiden nach Auffassung des **BFH** in diesen Fällen aufgrund gesellschaftsrechtlich veranlasster Vorgänge aus (zB BFH II R 43/12, BStBl. II 2015, 241; II B 146/14, BFH/NV 2015, 1586; II R 40/14, DStR 2016, 743; II R 52/14, BStBl. II 2017, 653; Loose DB 2013, 1080; → Rn. 281). 1033

(frei) 1034

b) Ansatz des gemeinen Werts (§ 13 Abs. 1 UmwStG). Nach **§ 13 Abs. 1 UmwStG** führt die Verschmelzung auf der **Ebene der Gesellschafter** aufgrund 1035 der Veräußerungs- und Anschaffungsfiktion grds. zur Aufdeckung der stillen Reserven. Die untergehenden Anteile an der übertragenden KapGes gelten grds. als mit dem **gemeinen Wert veräußert** und die dafür erhaltenen Anteile an der übernehmenden KapGes als mit diesem Wert angeschafft. Dies gilt unabhängig vom Wertansatz auf der Ebene der übertragenden Körperschaft und der Ausgabe von neuen Anteilen an der übernehmenden Körperschaft (s. *UmwStE* Rn. 13.05 f.; → Rn. 1049).

1036 Der gemeine Wert von Anteilen an **Genossenschaften** bestimmt sich nach dem Entgelt aus der Übertragung des Geschäftsguthabens (s. *UmwStE* Rn. 13.05).

1037 **c) Ermittlung des Veräußerungsgewinns.** Die Ermittlung des Gewinns aus der (fiktiven) Veräußerung der Anteile erfolgt nach den **allgemeinen Grundsätzen.** Befindet sich die Beteiligung an der KapGes im **Betriebsvermögen,** sind die stillen Reserven iRd Veräußerung im Betriebsvermögen aufzudecken (§§ 13, 15, 16, 18 EStG iVm § 3 Nr. 40a EStG, 8b Abs. 2 und 5 KStG).

1038 Der Gewinn aus der Veräußerung einer **Beteiligung** an KapGes **iSd § 17 EStG,** die **nach dem VZ 2008** angeschafft wurde (§ 52a Abs. 10 EStG), wird nach §§ 17 Abs. 1 und 2 EStG besteuert (Vorrang nach § 20 Abs. 8 EStG), soweit die dafür erforderlichen Voraussetzungen erfüllt sind. Der Veräußerungsgewinn unterliegt gem. § 3 Nr. 40 Buchst. c EStG dem Teileinkünfteverfahren.

1039 Bei **Beteiligungen iSd § 20 Abs. 2 S. 1 Nr. 1 EStG** wird die Besteuerung des Veräußerungsvorgangs iSd § 13 Abs. 1 UmwStG gem. **§ 20 Abs. 4a S. 1 EStG** aufgeschoben, weil die Veräußerung nach § 13 Abs. 1 UmwStG nicht zu einer Geldzahlung führt, sondern als Gegenleistung die Anteile an der übernehmenden Körperschaft auf den Anteilseigner übergehen. Dies gilt grds. auch für die **Aufspaltung** (§ 15 UmwStG), den **Anteilstausch** (§§ 21, 22 UmwStG) und die **Abspaltung** von Vermögen auf eine andere Körperschaft (§ 20 Abs. 4a S. 7 EStG; s. BFH VIII R 15/20, BStBl. II 2022, 363; VIII R 9/19, BStBl. II 2022, 359; NAnwErl bzgl. Abspaltungen iSd § 15 UmwStG, BStBl. I 2022, 844). Soweit zu den Anteilen **zusätzlich Gegenleistungen** erbracht werden, sind diese als sonstige Erträge nach § 20 Abs. 1 Nr. 1 EStG zu erfassen (§ 20 Abs. 4a S. 2 EStG). Kommt § 20 Abs. 4a EStG nicht zur Anwendung, weil dessen Voraussetzungen iVm § 1 Abs. 1 Nr. 1 bzw. Abs. 3 Nr. 5 UmwStG nicht vorliegen, sind die iRe Verschmelzung erfolgten **baren Zuzahlungen** als Gegenleistung iRe Veräußerung iSd § 20 Abs. 2 S. 1 Nr. 1 EStG zu besteuern (BFH VIII R 44/18, BStBl. II 2022, 636). Ausgleichszahlungen nach einer Abspaltung können verdeckte Gewinnausschüttungen darstellen (BFH IV R 29/15, BFH/NV 2017, 1466).

1040 Bei der Zuteilung von Anteilen ohne Gegenleistung iRv **ausländischen Abspaltungen** sind gem. **§ 20 Abs. 4a S. 5 EStG** der Ertrag und die Anschaffungskosten der erhaltenen Anteile im Privatvermögen immer jeweils mit 0 EUR anzusetzen (s. auch Bleschick in Kirchhof/Seer, 20. Aufl. 2021, EStG § 20 Rn. 163).

1041 Ist der Anteilseigner an der übertragenden und übernehmenden KapGes maßgebend iSd § 17 EStG beteiligt, kann eine **nicht verhältniswahrende Verschmelzung** zu steuerbaren verdeckten Einlagen iSd § **17** Abs. **1** S. **2 EStG** zugunsten der neuen Geschäftsanteile führen (BFH IX R 24/09, BStBl. II 2011, 799).

1042 Das **Veräußerungsergebnis entsteht** mit zivilrechtlicher Wirksamkeit der Verschmelzung, dh mit deren Eintragung in das Handelsregister. Die Rückwirkungsfiktion des § 2 Abs. 1 UmwStG gilt grds. nicht für die Anteilseigner der übertragenden Körperschaft (s. *UmwStE* Rn. 13.06).

(frei) **1043, 1044**

d) Buchwertansatz (§ 13 Abs. 2 S. 1 UmwStG). Auf Antrag kann gem. § 13 Abs. 2 S. 1 UmwStG der **Buchwert** der Anteile an der übertragenden Körperschaft fortgeführt werden, wenn **(Nr. 1)** das Besteuerungsrecht der BRD hinsichtlich des Gewinns aus der Veräußerung der erhaltenen Anteile nicht ausgeschlossen oder beschränkt wird (→ Rn. 1060) oder **(Nr. 2)** die an der späteren Veräußerung beteiligten Mitgliedstaaten Art. 8 RL 2009/133/EG anzuwenden haben. Dabei ist es unbeachtlich, ob die übertragende Körperschaft im Inland steuerpflichtig war und mit welchem Wert nach § 11 UmwStG die übergehenden Wirtschaftsgüter in ihrer steuerlichen Schlussbilanz angesetzt wurden (s. *UmwStE* Rn. 13.08). **1045**

Sind die Voraussetzungen des § 13 Abs. 2 UmwStG erfüllt, kann der Anteilseigner auf **Antrag** die Anteile an der übernehmenden KapGes mit dem Buchwert der untergehenden Anteile an der übertragenden Körperschaft ansetzen. Der Antrag, der keiner besonderen Form bedarf, ist bedingungsfeindlich und unwiderruflich. Der Anteilseigner kann diesen nicht fristgebunden Antrag bis zur Bestandskraft der jeweiligen Veranlagung stellen. **1046**

e) Folgen der Buchwertfortführung. Bei einer Buchwertfortführung bzw. beim **Ansatz der Anschaffungskosten** (Privatvermögen) vollzieht sich die Verschmelzung **erfolgsneutral.** Die neuen Anteile an der übernehmenden Körperschaft treten steuerrechtlich vollständig in die Rechtsstellung der untergehenden Anteile ein **(§ 13 Abs. 2 S. 2 und 3 UmwStG).** Dadurch entstehen mangels einer (fiktiven) Veräußerung der untergehenden Anteile an der übertragenden Gesellschaft keine steuerpflichtigen Einnahmen. Zu den sich hieraus ergebenden Folgen s. *UmwStE* Rn. 13.11. **1047**

f) Ansatz eines Zwischenwerts. § 13 Abs. 2 S. 1 UmwStG sieht den Ansatz eines Zwischenwerts nicht vor. Das Bewertungswahlrecht ist auf die Buchwertfortführung beschränkt. **1048**

g) Ansatz der Anschaffungskosten (§ 13 Abs. 2 S. 3 UmwStG). An die Stelle des Buchwerts treten die Anschaffungskosten der Anteile an der übertragenden Körperschaft, wenn diese im Privatvermögen gehalten werden (§ 13 Abs. 2 S. 3 UmwStG). **1049**

h) Verzicht auf neue Anteile. Gibt zB bei einer **Verschmelzung von Schwestergesellschaften** die übernehmende KapGes keine Anteile aus, weil die Anteilseigner der übertragenden KapGes wegen der bereits bestehenden Beteiligung gem. § 54 Abs. 1 S. 3 UmwG bzw. § 68 Abs. 1 S. 3 UmwG darauf verzichten, ist iRd § 13 Abs. 2 S. 1 UmwStG der **Buchwert** bzw. die **Anschaffungskosten** der Anteile an der übernehmenden KapGes um die Buchwerte bzw. Anschaffungskosten der Anteile der übertragenden KapGes zu **erhöhen. Wertverschiebungen,** die durch die Verschmelzung zwischen den Anteilen der beteiligten Anteilseigner eintreten, werden von § 13 UmwStG nicht erfasst. Sie unterliegen den allgemeinen Besteuerungsgrundsätzen (s. *UmwStE* Rn. 13.09; → Rn. 281). **1050**

(frei) **1051–1054**

i) Gewährung von Mitgliedschaftsrechten. § 13 UmwStG ist grds. auf **andere Körperschaften** als KapGes entsprechend anzuwenden. Dies ist zB bei einer Vermögensübertragung von einer **Versicherungs-AG** auf einen **Versicherungsverein auf Gegenseitigkeit** (VVaG) der Fall. Hier treten iRd Umwandlung Mitgliedschaftsrechte an der übernehmenden Körperschaft an die Stelle der **1055**

Anteile an der übertragenden Körperschaft. Treten umgekehrt Anteile an die Stelle von Mitgliedschaftsrechten, sind die Anschaffungskosten der Anteile mit 0 EUR anzusetzen (s. *UmwStE* Rn. 13.12).

1056–1059 *(frei)*

13. Beschränkung des Besteuerungsrechts

1060 Das Besteuerungsrecht der BRD kann durch grenzüberschreitende Vorgänge wie bei Inlandsverschmelzungen mit Auslandsbezug und Auslandsverschmelzungen mit Inlandsbezug iSd §§ 11 Abs. 2 Nr. 2, 13 Abs. 2 Nr. 1 UmwStG ausgeschlossen oder beschränkt bzw. durch Hinaus- und Hereinverschmelzung berührt werden (s. 9. Auflage).

1061–1091 *(frei)*

14. Gesellschafter der übernehmenden Kapitalgesellschaft

1092 Nur an der übernehmenden KapGes beteiligte Gesellschafter werden von § 13 UmwStG nicht betroffen. Die Steuerverstrickung dieser Anteile richtet sich nach allgemeinen Grundsätzen zB des § 17 EStG und des § 21 UmwStG. Zu den Folgen einer – verschmelzungsbedingten – Kapitalerhöhung s. BFH IV R 46/76, BStBl. II 1977, 754.

15. Drittstaaten-Verschmelzungen

1093 Das UmwStG (§§ 11 ff. UmwStG) ist grds. auch auf Verschmelzungen in Drittstaaten anzuwenden. Auf den Sitz und den Ort der Geschäftsleitung der beteiligten Rechtsträger ist mit der Aufhebung des § 1 Abs. 2 UmwStG ab 1.1.2022 nicht mehr abzustellen. Die Verschmelzung von in Drittstaaten ansässigen Körperschaften, Personenvereinigungen und Vermögensmassen regelt § 12 Abs. 1 S. 1 KStG.

1094–1104 *(frei)*

XI. Aufspaltung, Abspaltung und Teilvermögensübertragung auf andere Körperschaften oder auf eine Personengesellschaft (§§ 15, 16 UmwStG)

1. Rechtslage

1105 Rechtsgrundlage sind die §§ 15 und 16 UmwStG.

2. Sachlicher Anwendungsbereich des UmwStG

1106 Das **UmwG** sieht die Spaltungsformen der Aufspaltung, Abspaltung und Ausgliederung vor. Zu den Begriffen → Rn. 73 ff. Spaltungen können auch zur Begründung einer Betriebsaufspaltung nutzbar gemacht werden (Patt DStR 1994, 1383). Alle Spaltungsformen sind partielle Gesamtrechtsnachfolgen.

1107 Das **UmwStG** sieht in seinem § 1 korrespondierende Spaltungsvorschriften vor. Geht der Spaltungsvorgang von einer Körperschaft aus, gilt der 2. bis 5. Teil (§ 1 Abs. 1 Nr. 1 UmwStG); geht er von einer PersGes aus, gilt der 6. bis 8. Teil, dh die §§ 20 oder 24 UmwStG (§ 1 Abs. 3 Nr. 1 UmwStG). § 15 UmwStG verweist auf die §§ 11–13 UmwStG, die die umwandlungssteuerrechtliche

Gesamtrechtsnachfolge einer Körperschaft auf eine andere regeln, und § 16 UmwStG auf die §§ 3–8, 10 und 15 UmwStG für die Gesamtrechtsnachfolge aus einer Körperschaft auf eine PersGes. Eine Aufspaltung *auf* eine **natürliche Person** ist nach dem UmwG nicht möglich.

Die Aufspaltung entspricht aus der Sicht der abgebenden Gesellschaft dem Spiegelbild der Verschmelzung unter Vermögensteilung, die Abspaltung einer Teilsonderrechtsnachfolge. Diese **Sonderrechtsnachfolge** bei einem Vermögensübergang von Vermögensteilen im Wege der Ausgliederung (§ 123 Abs. 3 UmwG) oder Abspaltung durch Neugründung (§ 123 Abs. 2 Nr. 2 UmwG) unterscheidet sich dadurch von der **Gesamtrechtsnachfolge iSd § 45 AO,** dass nicht das gesamte Vermögen des übertragenden Rechtsträgers übergeht. Mangels Gesamtrechtsnachfolge bleibt daher in diesen Fällen der übertragende Rechtsträger **Steuerschuldner** (s. BFH IV R 29/08, BFH/NV 2010, 356). Zu Schluss- und Übertragungsbilanzen → Rn. 445 ff.

Die **Abspaltung** von Vermögen einer Körperschaft auf eine andere Körperschaft erfolgt abweichend von § 15 UmwStG gem. **§ 20 Abs. 4a S. 7 EStG** nach Maßgabe des § 20 Abs. 4a S. 1 und 2 EStG erfolgsneutral unter Fortführung der Anschaffungskosten der bisherigen Anteile, deren Wertverlust durch die gewährten Anteile am übernehmenden Rechtsträger ausgeglichen wird (s. BFH VIII R 15/20, BFH/NV 2021, 1585; NAnwErl bzgl. Abspaltungen iSd § 15 UmwStG, BStBl. I 2022, 844); s. 9. Auflage. **1107a**

Eine verunglückte Spaltung ist nach den bisherigen Grundsätzen als Liquidation, eine verunglückte Abspaltung als Sachausschüttung an die Anteilseigner zu behandeln (*UmwStE* Rn. 15.12). Sind die Voraussetzungen des **§ 15 Abs. 1 S. 2 UmwStG** nicht erfüllt, weil ua kein Teilbetrieb übertragen wird bzw. bei einer Abspaltung bei der übertragenden Körperschaft kein Teilbetrieb verbleibt oder ein zurückbleibendes Wirtschaftsgut nicht einem Teilbetrieb zugeordnet werden kann **(sog. doppeltes Teilbetriebserfordernis),** sind gem. § 15 Abs. 1 S. 1 UmwStG iVm § 11 Abs. 1 UmwStG zum steuerlichen Übertragungsstichtag die stillen Reserven des übergehenden Vermögens aufzulösen. Die **Rückwirkungsfiktion** des § 2 Abs. 1 UmwStG, die lediglich einen Vermögensübergang voraussetzt, ist unabhängig vom Vorliegen der Teilbetriebsvoraussetzungen anzuwenden (zB BFH I R 96/08, BStBl. II 2011, 467). **1108**

Auf der Ebene der **Anteilseigner** kommt es gem. § 13 UmwStG zu einer (anteiligen) Veräußerung der Anteile an der übertragenden Körperschaft und zu einer Anschaffung der erhaltenen Anteile an der übernehmenden Körperschaft jeweils zum gemeinen Wert. Beim iSd § 17 EStG beteiligten Gesellschafter gilt gem. § 13 Abs. 1 UmwStG im Fall der Aufspaltung der gesamte Anteil an der übertragenden Körperschaft und im Fall der Abspaltung im Verhältnis des übertragenen zum verbliebenen Vermögen als veräußert. Für Gesellschafter mit Anteilen iSd § 20 Abs. 2 S. 1 Nr. 1 EStG ergeben sich hieraus gem. § 20 Abs. 4a S. 1 u. 2 EStG (bei Aufspaltung steuerneutraler Tausch) bzw. § 20 Abs. 4a S. 7 EStG (Abspaltung) keine unmittelbaren steuerlichen Folgen (s. BFH VIII R 15/20, BFH/NV 2021, 1585; NAnwErl bzgl. Abspaltungen iSd § 15 UmwStG, BStBl. I 2022, 844; *UmwStE* Rn. 15.12). **1109**

Für die **Ausgliederung,** bei der die Neuanteile nicht den Altgesellschaftern, sondern dem ausgliedernden Rechtsträger selbst zufallen (→ Rn. 80), gelten nicht die Teile 2–5 des UmwStG (§ 1 Abs. 1 S. 2 und Abs. 3 Nr. 2 UmwStG), sondern die Vorschriften §§ 20, 24 UmwStG. Zur handelsrechtlichen Vorbereitung und Durchführung einer Spaltung nach dem UmwG s. Geck DStR 1995, 416. **1110**

3. Persönlicher Anwendungsbereich

1111 Nach dem **UmwStG** können Spaltungsvorgänge auch aus einer KapGes mit Sitz und Ort der Geschäftsleitung innerhalb der EU bzw. des EWR heraus erfolgen (→ Rn. 27). Zu Abspaltungen aus Genossenschaften s. v. Waldow/Pols DB 2001, 1334. Außerdem setzt § 1 Abs. 1 S. 1 Nr. 1 UmwStG eine Aufspaltung oder eine Abspaltung iSd § 123 Abs. 1 und 2 UmwG voraus. Für diese ist ein Eintrag nach § 130 UmwG im Register des Sitzes jedes beteiligten Rechtsträgers erforderlich. An den Registereintrag sind die Finanzämter gebunden. Das UmwStG lässt auch eine **grenzüberschreitende Spaltung** zu.

1112–1114 *(frei)*

4. Teilübertragung

1115 **Besonderheiten** gelten bei der Teilübertragung nach § 174 Abs. 2 Nr. 1, 2 UmwG unter Beteiligung von öffentlich-rechtlichen Körperschaften und Versicherungsvereinen. Für diese Vorgänge enthält **§ 1 Abs. 1 Nr. 4 UmwStG** keine entsprechende Beschränkung.

1116–1119 *(frei)*

5. Spaltungsgegenstände

1120 **a) Teilbetrieb.** Handelsrechtlich können nach § 123 UmwG Vermögensteile durch Auf- oder Abspaltung übergehen. Unter Einschränkung des Handelsrechts setzen die Spaltungsvorschriften iFd §§ 15 Abs. 1 und 16 UmwStG den Übergang eines **Teilbetriebs** voraus.

1121 Die Voraussetzungen eines **Teilbetriebs,** bei der Abspaltung oder Teilübertragung auch bei der übertragenden Körperschaft, müssen bereits **zum steuerlichen Übertragungsstichtag** vorliegen (*UmwStE* Rn. 15.01, 15.03). Dies wird ua damit begründet, dass steuerlich nur solche Sachgesamtheiten rückwirkend auf den steuerlichen Übertragungsstichtag übertragen werden können, die zu diesem Stichtag als funktionsfähige Einheit vorhanden und als solche dem übertragenden Rechtsträger auch tatsächlich zuzurechnen waren (s. Neumann GmbHR 2012, 141 (143)).

1122–1124 *(frei)*

1125 **b) Begriff Teilbetrieb.** Unter dem Begriff Teilbetrieb iSd § 15 UmwStG ist die Gesamtheit der in einem Unternehmensteil einer Gesellschaft vorhandenen aktiven und passiven Wirtschaftsgüter zu verstehen, die in organisatorischer Hinsicht einen selbstständigen Betrieb, dh eine aus eigenen Mitteln funktionsfähige Einheit darstellen (Art. 2 Buchst. j RL 2009/133/EG). Ein Teilbetrieb umfasst alle funktional wesentlichen Betriebsgrundlagen (BFH I B 144/12, BFH/NV 2013, 1650) und die ihm nach wirtschaftlichen Zusammenhängen zuordenbaren Wirtschaftsgüter. Ein Grundstück zB ist für den Betrieb wesentlich, wenn es die räumliche und funktionale Grundlage für die Geschäftstätigkeit bildet und es dem Unternehmen ermöglicht, seinen Geschäftsbetrieb aufzunehmen und auszuüben. Demnach gehört grds. jedes vom Betrieb genutzte Grundstück zu den funktional wesentlichen Betriebsgrundlagen, außer es ist im Einzelfall für den Betrieb nur von geringer wirtschaftlicher Bedeutung (BFH I B 144/12, BFH/NV 2013, 1650). Maßgebend ist die funktionale Betrachtung durch den übertragenden Rechtsträger (*UmwStE* Rn. 15.02). Der BFH hält diesen **europäischen Teilbe-**

triebsbegriff mit dem nationalen iSd § 16 Abs. 1 S. 1 Nr. 1 EStG, der auf die funktional und quantitativ wesentlichen Wirtschaftsgüter abstellt, grds. für inhaltlich weitgehend deckungsgleich (BFH I R 96/08, BStBl. II 2011, 467).

Ein **sog. Teilbetrieb im Aufbau** erfüllt als Ansammlung einzelner Wirtschaftsgüter nicht die Voraussetzungen eines Teilbetriebs iSd § 15 UmwStG. Ein solcher liegt vor, wenn die wesentlichen Betriebsgrundlagen bereits vorhanden sind und bei zielgerichteter Weiterverfolgung des Aufbauplans ein selbstständig lebensfähiger Organismus zu erwarten ist (*UmwStE* Rn. 15.03). **1126**

Als Teilbetrieb gelten auch ein **Mitunternehmeranteil (§ 15 Abs. 1 S. 3 UmwStG)** und ein Teil eines Mitunternehmeranteils. Der **Anteil** an einem Mitunternehmeranteil als solcher bildet kein eigenständiges Wirtschaftsgut (BFH IV R 49/08, BStBl. II 2010, 726) und kann daher grds. nicht einer anderen Sachgesamtheit (Teilbetrieb) wirtschaftlich zugeordnet werden. Jeder Mitunternehmeranteil bildet einen eigenständig begünstigten fiktiven Teilbetrieb iSd § 15 Abs. 1 S. 3 UmwStG, der zurückgehalten oder abgespalten werden kann (vgl. *UmwStE* Rn. 20.12). Da danach auch der **verbleibende Mitunternehmeranteil** einen fiktiven Teilbetrieb darstellt, kann ein Teil eines Mitunternehmeranteils erfolgsneutral abgespalten werden. Voraussetzung ist, dass auch das **Sonderbetriebsvermögen** als funktional wesentliche Betriebsgrundlage mit übergeht und der Mitunternehmeranteil bereits zum steuerlichen Übertragungsstichtag bestanden hat (*UmwStE* Rn. 15.04). **1127**

Ebenso gilt eine 100%ige **Beteiligung an einer Kapitalgesellschaft** als Teilbetrieb (§ 15 Abs. 1 S. 3 UmwStG). Diese muss bereits am steuerlichen Übertragungsstichtag vorgelegen haben. Bildet diese Beteiligung eine funktional wesentliche Betriebsgrundlage eines Teilbetriebs oder ist sie diesem nach wirtschaftlichen Zusammenhängen als Wirtschaftsgut zuzuordnen, erfüllt sie **nicht** die Voraussetzungen eines eigenständigen Teilbetriebs iSd § 15 Abs. 1 S. 3 UmwStG. Eine erfolgsneutrale Abspaltung dieser Beteiligung scheidet daher aus. Ob das zurückbleibende Vermögen noch einen eigenständigen Teilbetrieb darstellt, ist vom jeweiligen Einzelfall abhängig (s. *UmwStE* Rn. 15.05 f.). **1128**

Die **Überlassung** eines Teilbetriebs setzt voraus, dass die Tätigkeit endgültig eingestellt wird und sämtliche zum Teilbetrieb gehörenden wesentlichen Betriebsgrundlagen auf den Erwerber übergehen. Maßgebend ist die Sicht des Übertragenden zum Zeitpunkt der Übertragung (BFH I R 77/09, BFH/NV 2011, 10). **1129**

(frei) **1130–1134**

c) Übergehendes Betriebsvermögen. IRd Auf- und Abspaltung sind **sämtliche** funktional **wesentlichen Betriebsgrundlagen** und die nach wirtschaftlichen Zusammenhängen **zuordenbaren Betriebsgrundlagen** zu übertragen. Der Begriff der wesentlichen Betriebsgrundlage der betrieblichen Einheit ist nicht quantitativ, sondern funktional auszulegen (BFH I R 96/08, BStBl. II 2011, 467; BMF 16.8.2000 IV, BStBl. I 2000, 1253;). **Pensionsrückstellungen** sind dem Teilbetrieb zuzuordnen, zu dem sie wirtschaftlich gehören, weil er in das am Spaltungsstichtag bestehende Arbeitsverhältnis bzw. hilfsweise in die Verpflichtungen aus der Pensionszusage eintritt (s. *UmwStE* Rn. 15.10). **1135**

Die Erlangung des **wirtschaftlichen Eigentums** am überlassenen Wirtschaftsgut durch das aufnehmende Unternehmen reicht für die Übertragung eines Teilbetriebs aus. Dies gilt nicht für eine bloße Nutzungsüberlassung (BFH I R 96/08, BStBl. II 2011, 467, *UmwStE* Rn. 15.07 ff.). Zu Spaltung und wirtschaftlichem Eigentum s. Schmidt-Naschke/Hempelmann DStR 2010, 301; Sistermann/Beutel DStR 2011, 1162. **1136**

1137–1139 *(frei)*

1140 **d) Zurückbehaltung von Wirtschaftsgütern.** Die Zurückbehaltung wesentlicher Betriebsgrundlagen ist schädlich. In diesem Fall kommt es zu einer Sachausschüttung der KapGes an ihre Gesellschafter und eine (verdeckte) Einlage in die aufnehmende KapGes (BFH I R 96/08, BStBl. II 2011, 467). Unschädlich ist es dagegen, wenn eine wesentliche Betriebsgrundlage **vor der Spaltung veräußert** und anschließend an den Teilbetrieb überlassen wird.

1141 **Nicht funktional wesentliche Betriebsgrundlagen** der übertragenden Körperschaft, die auch nicht nach wirtschaftlichen Zusammenhängen zugeordnet werden können **(neutrale Wirtschaftsgüter),** gehören funktional zu keinem Teilbetrieb und können deshalb bis zum Zeitpunkt des Spaltungsbeschlusses jedem Teilbetrieb zugerechnet werden. Die gleichzeitige Nutzung dieser Wirtschaftsgüter durch **mehrere Teilbetriebe** ist unschädlich (s. *UmwStE* Rn. 15.08 f.). Wirtschaftlich zuordenbare Wirtschaftsgüter, die von mehreren Teilbetrieben genutzt und nicht aufgeteilt werden, sind einheitlich dem Teilbetrieb zuzuordnen, in dem sie überwiegend genutzt werden. Zurückbleibende neutrale Wirtschaftsgüter wie gewillkürte Betriebsgrundstücke, die weder einem Teilbetrieb noch einem Mitunternehmeranteil noch einer 100 %-Beteiligung an einer KapGes zugerechnet werden können, können nicht als ein verbleibender Teilbetrieb iSd § 15 Abs. 1 S. 2 UmwStG gewertet werden (s. *UmwStE* Rn. 15.02; aA BFH IV R 60/99, BStBl. II 2001, 101, der im verbleibenden Teilbetrieb notwendigerweise einen Betrieb sieht).

1142–1144 *(frei)*

1145 **e) Fiktive Teilbetriebe.** Den fiktiven Teilbetrieben iSd § 15 Abs. 1 S. 3 UmwStG (Mitunternehmeranteil, 100 %ige Beteiligung an KapGes) können nur die Wirtschaftsgüter einschließlich Schulden zugerechnet werden, die mit der Beteiligung und dem Mitunternehmeranteil in einem unmittelbaren wirtschaftlichen Zusammenhang stehen. Bei einer 100 %-Beteiligung an einer **KapGes** betrifft dies die für ihre Verwaltung erforderlichen Wirtschaftsgüter (zB Erträgniskonten, Einrichtung). Die Zuordnung von Wirtschaftsgütern zum fiktiven Teilbetrieb eines **Mitunternehmeranteils** erfolgt nach allgemeinen Grundsätzen durch deren Qualifizierung als **Sonderbetriebsvermögen. Funktional nicht wesentliche Wirtschaftsgüter** des **Sonderbetriebsvermögens** (zB Forderungen, Verbindlichkeiten) sind grds. dem fiktiven Teilbetrieb eines Mitunternehmeranteils zuzurechnen, zu dem sie nach wirtschaftlichen Gesichtspunkten gehören (s. *UmwStE* Rn. 15.11; Heinemann GmbHR 2012, 141 (146)).

1146 Die Beteiligung an einer **Komplementär-GmbH** einer GmbH & Co. KG ist grds. als Sonderbetriebsvermögen zu behandeln und gehört nach der Definition eines Teilbetriebs zu den Wirtschaftsgütern des fiktiven Teilbetriebs eines Mitunternehmeranteils, wenn sie eine **funktional wesentliche Betriebsgrundlage** bildet (s. BFH I R 72/08, BStBl. II 2010, 471). Eine Beteiligung eines Kommanditisten an der geschäftsführungsbefugten Komplementär-GmbH ist grds. dann dem **Sonderbetriebsvermögen II** zuzuordnen, wenn er über diese Beteiligung mittelbar entscheidenden Einfluss auf den Geschäftsbetrieb der KG nehmen kann. Eine Beteiligung von weniger als 10 % reicht hierzu nicht aus (BFH IV R 1/12, BStBl. II 2015, 705). Soweit die Beteiligung **keine funktional wesentliche Betriebsgrundlage** darstellt, weil zB die Beteiligung dem Mitunternehmer keinen entscheidenden Einfluss auf die Geschäftsführung der KG vermittelt (s. BFH I R 72/08, BStBl. II 2010, 471; BFH IV R 9/20, BStBl. II 2025, 309), ist deren

Zuordnung anhand der tatsächlichen Verhältnisse des konkreten Einzelfalls nach wirtschaftlichen Gesichtspunkten vorzunehmen. Dies erfolgt grds. bereits durch Qualifizierung als Sonderbetriebsvermögen eines Mitunternehmeranteils (s. Heinemann GmbHR 2012, 141 (146); → 9. Aufl., Rn. 1438).

(frei) **1147–1149**

6. Verbleibendes Vermögen (§ 15 Abs. 1 S. 2 UmwStG)

Nach § 15 Abs. 1 S. 2 UmwStG iVm § 11 Abs. 2 UmwStG und § 13 Abs. 2 UmwStG kommt eine **Buchwertfortführung** nur in Betracht, wenn in den Fällen der Aufspaltung, Abspaltung und Teilübertragung auf die Übernehmerinnen je ein oder mehrere Teilbetriebe übertragen werden und im Fall einer Abspaltung oder Teilübertragung bei der übertragenden Körperschaft ein oder mehrere Teilbetriebe verbleiben **(sog. doppeltes Teilbetriebserfordernis;** BFH I B 11/18, BFH/NV 2019, 56; BFH X R 33/23; *UmwStE* Rn. 15.01). Danach scheidet eine steuerneutrale Abspaltung aus, wenn **einzelne Wirtschaftsgüter,** die keinem Teilbetrieb zugeordnet werden können, oder Sachgesamtheiten, die (noch) keine Teilbetriebe sind, **zurückzubehalten** werden (s. Heinemann GmbHR 2012, 141 f.). **1150**

Das **Wahlrecht** nach § 11 Abs. 2 UmwStG gilt nicht für das verbleibende Vermögen. Für dieses ist der Buchwert fortzuführen (Thiel DStR 1995, 237). **1151**

(frei) **1152–1159**

7. Missbrauchsklausel (§ 15 Abs. 2 S. 1 UmwStG)

Die fehlende Teilbetriebseigenschaft der Spaltungsmasse kann dadurch umgangen werden, dass ein als Spaltungsmasse tauglicher **Mitunternehmeranteil** oder eine **100%ige Beteiligung** an einer KapGes durch Übertragung von Wirtschaftsgütern, die keinen Teilbetrieb bilden, erworben oder aufgestockt (Einlage durch den Beteiligten) wird und somit als abzuspaltender oder verbleibender Spaltungsgegenstand zur Verfügung steht. Solche Vorgänge schließen gemäß **§ 15 Abs. 2 S. 1 UmwStG** die Anwendung des § 11 Abs. 2 UmwStG für diese Beteiligungen aus, wenn sie innerhalb eines Zeitraums von drei Jahren vor dem steuerlichen Übertragungsstichtag liegen. Diese Regelung gilt **nur** für **fiktive Teilbetriebe** iF eines Mitunternehmeranteils und einer 100%igen Beteiligung an einer KapGes. **1160**

Unter **Erwerb** ist die erstmalige Anschaffung und unter **Aufstockung** der Erwerb von weiteren Anteilen an einer Mitunternehmerschaft bzw. KapGes zu verstehen. Dies muss durch eine (erfolgsneutrale) Übertragung von einzelnen Wirtschaftsgütern auf eine KapGes (zB § 21 Abs. 1 S. 2 UmwStG) oder Mitunternehmerschaft (zB § 6 Abs. 5 EStG) erfolgen. Eine Aufstockung des Betriebsvermögens setzt daher voraus, dass die übergegangenen einzelnen Wirtschaftsgüter stille Reserven enthalten und diese bei der Übertragung nicht oder nicht in vollem Umfang aufgedeckt wurden. Ein schädlicher Erwerb oder ein Aufstockungsvorgang ist **nicht** gegeben, wenn die einzelnen Wirtschaftsgüter an die Mitunternehmerschaft oder KapGes veräußert oder verdeckt auf die KapGes übertragen wurden (s. *UmwStE* Rn. 15.16). **1161**

Diese Grundsätze gelten bei einer **Abspaltung** sowohl für das abgespaltene Vermögen (fiktiven Teilbetrieb) als auch für den bei der übertragenden KapGes zurückbleibenden Teil des Vermögens (fiktiven Teilbetrieb) (s. *UmwStE* Rn. 15.17). § 11 Abs. 2 UmwStG mit seinem Wahlrecht kommt aber nur für die abzuspaltende Einheit in Betracht. **1162**

1163 Bei **Mitunternehmeranteilen** führt nach § 15 Abs. 2 S. 1 UmwStG jede Einlage oder Überführung von Wirtschaftsgütern mit stillen Reserven in das Gesamthands- oder Sonderbetriebsvermögen innerhalb von drei Jahren vor dem steuerlichen Übertragungsstichtag zu einem schädlichen Vorgang, weil damit eine Ausstockung der Beteiligung verbunden ist. Dies erfordert eine Aufstockung der Beteiligung **durch die übertragende Körperschaft.** Die Zuführung von Wirtschaftsgütern durch Dritte (zB Anteilseigner der GmbH) oder eine verdeckte Einlage von Wirtschaftsgütern in eine KapGes sind unschädlich. Die Aufstockung durch unentgeltlichen Erwerb (zB Erbfall) oder gewinnrealisierenden entgeltlichen Erwerb bzw. Hinzuerwerb von Anteilen bzw. Wirtschaftsgütern wird bei **Mitunternehmeranteilen** und **100%igen Beteiligungen** als unschädlich gesehen (s. *UmwStE* Rn. 15.18 ff.).

1164 Bei einem **Verstoß** gegen die Missbrauchsregelung des § 15 Abs. 2 S. 1 UmwStG ist die Ausübung des Wahlrechts nach § 11 Abs. 2 UmwStG auf Buchwertansatz und damit eine steuerfreie Spaltung ausgeschlossen. Danach hat die übertragende Körperschaft nur hinsichtlich des abgespaltenen Mitunternehmeranteils und der 100%igen Beteiligung an einer KapGes entsprechend § 11 Abs. 1 UmwStG die **stillen Reserven aufzudecken.** Hinsichtlich des verbleibenden Vermögens können die **Buchwerte fortgeführt** werden. Bei den Anteilseignern der übertragenden Körperschaft ist (unberührt davon) gem. § 13 Abs. 2 UmwStG ein Buchwertansatz hinsichtlich des verbleibenden Vermögens und eine steuerneutrale Spaltung möglich (s. *UmwStE* Rn. 15.21).

1165–1169 *(frei)*

8. Veräußerungssperrklausel (§ 15 Abs. 2 S. 2–7 UmwStG)

1170 **a) Zweck.** Eine steuerneutrale Spaltung iSd § 11 Abs. 2 UmwStG ist gemäß § 15 Abs. 2 UmwStG ausgeschlossen, wenn durch die Spaltung die Veräußerung von Anteilen an außenstehende Personen vollzogen oder vorbereitet wird **(S. 2).** Als außenstehende Personen gelten Personen, die nicht ununterbrochen fünf Jahre vor der Spaltung an der übertragenden Körperschaft beteiligt waren **(S. 3).**

1171 Eine **Veräußerung** ist nicht begünstigt, weil sie keine Fortsetzung des unternehmerischen Engagements in anderer Form darstellt, sondern einen Realisierungstatbestand (*UmwStE* Rn. 15.22). Als schädliche Veräußerung iSd § 15 Abs. 2 S. 2–7 UmwStG gilt jede Übertragung gegen Entgelt. Das UmwStG behandelt ua **Umwandlungen** und **Einbringungen** (zB Verschmelzungen, Auf- und Abspaltungen, Formwechsel) beim übertragenden Rechtsträger als Veräußerung und beim übernehmenden als Anschaffung (BFH I R 25/18, BStBl. II 2021, 732 zum Formwechsel; *UmwStE* Rn. 00.02, 15.24). Diese Vorgänge beim übertragenden und übernehmenden Rechtsträger sowie die Umwandlung des Gesellschafters (Umwandlung der Muttergesellschaft nach Spaltung der Tochtergesellschaft) erfüllen den Tatbestand einer schädlichen Veräußerung. Die Veräußerung von Anteilen an der Muttergesellschaft ist grds. unschädlich.

Schädlich ist weiter eine **Kapitalerhöhung** innerhalb von fünf Jahren nach der Spaltung, die wirtschaftlich einer Veräußerung von Anteilen durch die Gesellschafter gleichkommt. Davon zu unterscheiden ist die **Aufnahme eines neuen Gesellschafters** gegen ein angemessenes Aufgeld, wenn die zugeführten Mittel nicht innerhalb von fünf Jahren ausgekehrt werden (*UmwStE* Rn. 15.25 ff.).

1172 Durch die Spaltung wird eine **Veräußerung vollzogen,** wenn zB der Erwerber als Gesellschafter aufgenommen und dann unter Trennung der Gesellschafter aufgespalten wird.

Eine **Veräußerung wird vorbereitet (§ 15 Abs. 2 S. 2 UmwStG),** wenn zB zum Zeitpunkt der Spaltung bereits eine konkrete Veräußerungsabsicht besteht oder der Gesellschafter auf Vorrat abspaltet und die Anteile an der Abspaltungsempfängerin veräußert und womöglich die Anteilsveräußerung wegen der beschränkten Steuerpflicht des veräußernden Anteilseigners noch dazu nicht im Inland besteuert wird (vgl. dazu BT-Drs. 12/6885, 23; Thiel DStR 1995, 237 (242); Dehmer DStR 1994, 1753 (1756)). Kommt es innerhalb von fünf Jahren nach dem steuerlichen Übertragungsstichtag zu einer Veräußerung mindestens eines Anteils an einer an der Spaltung beteiligten Körperschaft an außenstehende Personen, ist die Vorbereitung der Veräußerung schädlich (§ 15 Abs. 2 S. 4 UmwStG). Außersteuerliche Beweggründe für die Spaltung sind in diesem Fall unbeachtlich. Umstrukturierungen innerhalb verbundener Unternehmen iSd § 271 Abs. 2 HGB sind grds unschädlich (§ 15 Abs. 2 S. 7 Hs. 1 UmwStG). **1173**

(frei) **1174–1179**

b) Beweisregel des § 15 Abs. 2 S. 5 UmwStG. Die Regelung des § 15 Abs. 2 S. 5 UmwStG enthält bezogen auf eine nachfolgende Veräußerung von Anteilen durch die Gesellschafter eine unwiderlegbare Vermutung hinsichtlich des Merkmals „Vorbereitung einer Veräußerung". Diese gilt in den Fällen, in denen innerhalb von fünf Jahren nach dem steuerlichen Übertragungsstichtag Anteile an einer an der Spaltung beteiligten Körperschaft an außenstehende Personen veräußert werden, die mehr als 20 % des Wertes der Anteile an der übertragenden Körperschaft ausmachen. Maßgebend sind die gemeinen Werte der Anteile zum steuerlichen Übertragungsstichtag. Zeitlich vorgelagerte Vorgänge sind nicht einzubeziehen (BFH I R 39/18, BFH/NV 2022, 297). Die Vorschrift ist auch bei Veräußerungen unter der 20 %-Grenze anzuwenden, wenn andere Gründe (konkrete Umstände des Einzelfalls) für die Schaffung der Voraussetzungen für eine Veräußerung der Anteile durch Spaltung sprechen (FBeh Hmb 13.4.2015, DB 2015, 1134; aA FG Bln-Bbg 9 K 9143/16, EFG 2018, 1681). Bei einer **Abspaltung** erfasst die Vorschrift die Veräußerung der Anteile an der übertragenden und übernehmenden Körperschaft (BFH I R 62/04, BStBl. II 2006, 391). Abzustellen ist auf die Veräußerung von Anteilen durch die Gesellschafter und nicht auf die Veräußerung von Betriebsvermögen durch eine an der Spaltung beteiligte Körperschaft (*UmwStE* Rn. 15.28). Die Spezialvorschrift des § 15 Abs. 2 S. 5 UmwStG schließt die Anwendung des § 42 AO aus (BFH I R 39/18, BFH/NV 2022, 297). **1180**

Mangels Missbrauchsgefahr durch Verschiebung stiller Reserven ist die Behaltefrist nicht zu beachten, wenn nach einer Abspaltung von einer Tochtergesellschaft auf eine 100%ige Muttergesellschaft (upstream-Abspaltung) Anteile an dieser Muttergesellschaft veräußert werden (OFD Münster 20.5.2010, DB 2010, 1374). Zu grenzüberschreitenden Spaltungen s. Schumacher/Neumann DStR 2008, 325. **1181**

Die **20 %-Grenze** richtet sich nach dem gemeinen Wert der Anteile an der übertragenden Körperschaft vor der Spaltung zum steuerlichen Übertragungsstichtag. Maßgebend ist das Wertverhältnis der übergehenden Vermögensteile zu dem bei der übertragenden Körperschaft vor der Spaltung vorhandenen Vermögen. Die FVerw orientiert sich hierbei am Umtauschverhältnis der Anteile im Spaltungs- und Übernahmevertrag oder im Spaltungsplan (§§ 126 Abs. 1 Nr. 3, 136 UmwG; s. *UmwStE* Rn. 15.29 ff.). Zeitlich vorgelagerte Vorgänge sind nicht zu berücksichtigen (BFH I R 39/18, BFH/NV 2022, 297). **1182**

Mit Überschreitung der Bagatellgrenze von 20 % führt die Veräußerung von Anteilen an einer an der Spaltung beteiligten Körperschaft durch die Gesellschafter **1183** bei der übertragenden Körperschaft rückwirkend zum Wegfall des Antragswahlrechts nach § 11 Abs. 2 UmwStG und zur Aufdeckung der stillen Reserven (§ 15 Abs. 1 UmwStG iVm § 11 Abs. 1 UmwStG). Sämtliche übergehenden Wirtschaftsgüter sind daher in der steuerlichen Schlussbilanz der übertragenden Körperschaft im Jahr der Spaltung iR einer Änderung nach § 175 Abs. 1 S. 1 Nr. 2 AO mit dem gemeinen Wert anzusetzen. Da im Übrigen die §§ 2, 12, 13 UmwStG unverändert anzuwenden sind, hat das von einem Anteilseigner nach § 13 Abs. 2 UmwStG ausgeübte Wahlrecht weiterhin Bestand (*UmwStE* Rn. 15.33 f.). Diese Folgen machen **Vereinbarungen zwischen den Gesellschaftern** über Vertragsstrafen bei Verkäufen über der Schädlichkeitsgrenze erforderlich.

1184 **c) Verhinderung von Umgehungsgestaltungen (§ 15 Abs. 2 S. 7 Hs. 2 UmwStG).** Gemäß § 15 Abs. 2 S. 7 Hs. 2 UmwStG gilt auch eine mittelbare Veräußerung eines Anteils am übertragenden oder übernehmenden Rechtsträger durch ein verbundenes Unternehmen iSd § 15 Abs. 2 S. 7 Hs. 1 UmwStG als Veräußerung eines Anteils an einer an der Spaltung beteiligten Körperschaft iSd § 15 Abs. 2 S. 4 UmwStG. Dies bedeutet, dass in den Fällen der Vorbereitung einer Veräußerung nach § 15 Abs. 2 S. 2 UmwStG, in denen zunächst eine (nach der Konzernausnahme iSd § 15 Abs. 2 S. 7 Hs. 1 UmwStG unschädliche) Spaltung auf ein verbundenes Unternehmen erfolgt ist, nicht nur die anschließende unmittelbare Veräußerung von Anteilen an der an der Spaltung beteiligter Rechtsträger durch ein verbundenes Unternehmen, sondern auch deren mittelbare Veräußerung in Gestalt einer Veräußerung von Anteilen zwischengeschalteter Gesellschaften dazu führt, dass § 15 Abs. 2 S. 2 UmwStG nach § 15 Abs. 2 S. 7 Hs. 2 UmwStG iVm § 15 Abs. 2 S. 4 UmwStG anzuwenden ist (BMF 1.8.2025, BStBl. I 2025, 1591).

1185–1189 *(frei)*

1190 **d) Trennung von Gesellschafterstämmen (§ 15 Abs. 2 S. 8 UmwStG).** Bei der Trennung von Gesellschafterstämmen, hinter denen grds. einzelne Anteilsinhaber stehen, setzt die Anwendung des § 11 Abs. 2 UmwStG voraus, dass die Beteiligung an der übertragenden Körperschaft mindestens fünf Jahre vor dem steuerlichen Übertragungsstichtag bestanden hat. Eine Trennung von Gesellschafterstämmen ist gegeben, wenn im Fall der Aufspaltung an der übernehmenden Körperschaft und im Fall der Abspaltung an der übernehmenden und übertragenden Körperschaft nicht mehr alle Anteilsinhaber der übertragenden Körperschaft beteiligt sind (s. *UmwStE* Rn. 15.36 ff.).

1191–1194 *(frei)*

9. Verlustabzug (§ 15 Abs. 3 UmwStG)

1195 Bei der übertragenden Körperschaft mindern sich durch die Abspaltung die verrechenbaren Verluste, ein verbleibender Verlustvortrag, nicht ausgeglichene negative Einkünfte, ein Zinsvortrag und ein EBITDA-Vortrag im Verhältnis der gemeinen Werte des übertragenen zum verbliebenen Vermögen. Grundsätzlich entspricht das Verhältnis der gemeinen Werte dem Spaltungsschlüssel. Dies gilt auch für einen auf die Zeit bis zum steuerlichen Übertragungsstichtag entfallenden laufenden Verlust (s. *UmwStE* Rn. 15.41; BMF 23.2.2018, BStBl. I 2018, 319). Im Übrigen gehen die Verluste unter. → Rn. 252 für § 10d EStG; → Rn. 257, 347 für Zinsvortrag (§ 4h Abs. 1 S. 5 EStG) sowie EBITDA-Vortrag (§ 4h Abs. 1 S. 3 EStG) und → Rn. 235 für § 10a GewStG.

1196–1199 *(frei)*

10. Übertragungsbilanz

a) Entsprechende Anwendung der Verschmelzungsvorschriften. Die Regelungen nach **§ 15 UmwStG und § 16 UmwStG** betreffen ausschließlich das Vermögen einer Körperschaft, das durch Auf- oder Abspaltung bzw. durch Teilübertragung auf eine andere Körperschaft oder PersGes übergeht. Das bei der Körperschaft verbleibende Vermögen wird von den Regelungen nicht berührt. Für dieses Betriebsvermögen sind weder nach § 11 Abs. 1 UmwStG die stillen Reserven aufzudecken noch besteht ein Wahlrecht nach § 11 Abs. 2 UmwStG. Insoweit sind die Buchwerte unverändert fortzuführen. Die Rechtsfolgen nach den Vorschriften der §§ 15, 16 UmwStG iVm §§ 11–13 UmwStG beziehen sich auf das (gesamte) übertragene Vermögen (Aufspaltung) und im Fall einer Abspaltung auf den abgespaltenen Teil des Vermögens. 1200

b) Handelsbilanz. Nach §§ 125, 177 UmwG ist auch § 17 Abs. 2 UmwG auf Spaltungsvorgänge anzuwenden. Danach hat die übertragende Körperschaft auf den Zeitpunkt des Spaltungsstichtags eine handelsrechtliche Schlussbilanz zu erstellen. → Rn. 855 f. 1201

c) Steuerliche Schlussbilanz (Übertragungsbilanz). Gemäß § 15 Abs. 1 S. 1 UmwStG iVm § 11 Abs. 1 UmwStG ist die übertragende Körperschaft zur Erstellung und Abgabe einer steuerlichen Schlussbilanz verpflichtet. Diese bezieht sich auf das übergehende Vermögen. Danach ist bei einer Abspaltung auf den steuerlichen Übertragungsstichtag eine steuerliche Schlussbilanz nur für den abgespaltenen Teilbetrieb und bei einer Aufspaltung für das gesamte Vermögen mit den in § 11 UmwStG vorgesehenen Wertansätzen zu erstellen (s. *UmwStE* Rn. 15.14). Eine Maßgeblichkeit der Handelsbilanz besteht für die steuerliche Schlussbilanz nicht (s. *UmwStE* Rn. 11.05). Hierzu → Rn. 857 ff. 1202

d) Bewertung des übergehenden Vermögens (§ 15 Abs. 1 S. 1 UmwStG iVm § 11 Abs. 1–3 UmwStG). Nach § 15 Abs. 1 S. 1 UmwStG iVm § 11 Abs. 1 UmwStG sind die übergehenden Wirtschaftsgüter in der steuerlichen Schlussbilanz der übertragenden Körperschaft (als Sachgesamtheit) mit dem **gemeinen Wert** zum steuerlichen Übertragungsstichtag anzusetzen. Auf Antrag können gemäß § 11 Abs. 2 S. 1 UmwStG die übergehenden Wirtschaftsgüter einheitlich mit dem **Buchwert** oder höchstens mit dem gemeinen Wert angesetzt werden, soweit ua nach Nr. 3 keine Gegenleistung gewährt wird oder in Gesellschaftsrechten besteht. Den Antrag auf Ansatz des Buchwerts hat die übertragende Körperschaft gemäß § 11 Abs. 3 UmwStG iVm § 3 Abs. 2 S. 2, Abs. 2a u. 3 UmwStG mit der erstmaligen Abgabe der steuerlichen Schlussbilanz spätestens bis zum Ablauf der nach § 149 AO maßgeblichen Abgabefrist zu stellen (*UmwStE* Rn. 11.02 – 11.06, 03.01-03.11). 1203

Die Aufdeckung der stillen Reserven durch Ansatz des gemeinen Werts (§ 11 Abs. 1 UmwStG) und die Ausübung des Wahlrechts auf Buchwertfortführung bzw. Ansatz eines Zwischenwerts in der steuerlichen Schlussbilanz (Übertragungsbilanz) beschränken sich auf jede Einheit, die als Spaltungsgegenstand in Betracht kommt und als solcher behandelt wurde. 1204

Die Anteile an der übernehmenden Körperschaft sind mindestens mit dem Buchwert, erhöht um Abschreibungen sowie um in früheren Jahren vorgenommene Abzüge nach § 6b EStG und ähnliche Abzüge höchstens mit dem gemeinen Wert anzusetzen (§ 11 Abs. 2 S. 2 UmwStG). 1204a

1204b Bei einer nach § 15 Abs. 2 UmwStG steuerschädlichen Anteilsveräußerung ist das gesamte im Rahmen einer Spaltung auf den übernehmenden Rechtsträger übergegangene Vermögen mit dem gemeinen Wert anzusetzen (s. *UmwStE* Rn. 15.21, 15.33). Hierzu → Rn. 875 ff.

1205 **e) Zuzahlungen (§ 126 Abs. 1 Nr. 3 UmwG). Bare Zuzahlungen** (zB Spitzenausgleich nach § 54 Abs. 4 UmwG oder § 68 Abs. 3 UmwG) oder die Gewährung von **anderen Vermögenswerten** (zB Darlehensforderungen) durch den übernehmenden Rechtsträger oder eine diesem nahestehende Person werden von §§ 3 Abs. 2 S. 1 Nr. 3, 11 Abs. 2 S. 1 Nr. 3 UmwStG **nicht erfasst.** Sie sind für die Ausübung der Bewertungswahlrechte unschädlich, beim Empfänger aber bei Beteiligungen im Betriebsvermögen sowie in den Fällen der §§ 17, 20 Abs. 2 Nr. 1 EStG steuerpflichtig. Denn Gegenleistungen, die nicht in Gesellschaftsrechten bestehen, sind beim **Anteilseigner** nach den allgemeinen Grundsätzen als **Veräußerungserlös** für seine Anteile zu versteuern (s. *UmwStE* Rn. 03.21, 13.02). Dies gilt gem. § 15 Abs. 1 UmwStG iVm § 13 UmwStG auch für den Anteilseigner der abspaltenden Körperschaft.

1206 § 13 UmwStG findet nur insoweit Anwendung, als dem Anteilseigner der übertragenden Körperschaft **keine Gegenleistungen** oder eine in Gesellschaftsrechten bestehende Gegenleistung gewährt wird. Da die bare Zuwendung grds. nur einen Teil des übertragenden Vermögens betrifft, können zur Ermittlung des Veräußerungsgewinns vom Veräußerungserlös nur die anteiligen Anschaffungskosten der Anteile an der übertragenden Körperschaft abgezogen werden. Die übrigen Anteile an der übertragenden Körperschaft unterliegen dem § 13 UmwStG (s. *UmwStE* Rn. 13.02). Leistet danach die übernehmende Gesellschaft eine **Ausgleichszahlung,** so ist der **Umwandlungsvorgang** nach §§ 15, 11 Abs. 2 UmwStG in ein entgeltliches und bei Buchwertfortführung in ein unentgeltliches Geschäft **aufzuteilen.** Ausgleichszahlungen können grds. durch die Aufteilung von Schulden der zu spaltenden Gesellschaft vermieden werden (s. auch Ruoff/Beutel DStR 2015, 609).

1207 Soweit auf eine **PersGes** aufgespalten wird **(§ 16 UmwStG),** handelt es sich um Abfindungszahlungen iSd § 5 Abs. 1 UmwStG.

1208, 1209 *(frei)*

1210 **f) Wertverschiebungen zwischen Anteilseignern (§ 128 UmwG). Wertverschiebungen,** die ua dadurch eintreten, dass bei einer Auf- oder Abspaltung den Anteilseignern des übertragenden Rechtsträgers oder diesen nahestehenden Personen Anteile an dem übernehmenden Rechtsträger nicht in dem Verhältnis und/oder nicht mit dem ihrer Beteiligung an dem übertragenden Rechtsträger entsprechenden Wert zugeteilt werden (s. § 128 UmwG), führen grds. zu einer **Vorteilszuwendung zwischen den Anteilseignern** (s. auch Ruoff/Beutel DStR 2015, 609). Auf der Ebene der übertragenden Körperschaft handelt es sich hierbei weder um eine Gegenleistung iSd § 11 Abs. 2 Nr. 3 UmwStG noch um einen Vorgang iSd § 15 Abs. 2 S. 2–4 UmwStG, wenn sich dadurch die Beteiligungsquoten nicht zugunsten außenstehender Personen verschieben (§ 15 Abs. 2 S. 2 UmwStG). Sind dagegen an der übertragenden Körperschaft außenstehende Personen beteiligt, gilt die Spaltung nur dann als Veräußerung an außenstehende Personen, wenn die Spaltung zu einer Wertverschiebung zugunsten dieser Personen führt (§ 15 Abs. 2 S. 6 UmwStG). Quotenverschiebungen mit oder ohne Wertverschiebungen zwischen Anteilseignern führen damit zu keinen Gegenleistungen iSd § 11 Abs. 2 S. 1 Nr. 3 UmwStG. Wertverschiebungen haben daher bei den an der Spaltung **beteiligten Körperschaften** grds. keinen Einfluss im Hinblick auf eine erfolgsneutrale Spaltung iSd § 11 Abs. 2 UmwStG (*UmwStE* Rn. 15.44).

Für die **Vorteilszuwendungen** zwischen den **Anteilseignern** aufgrund von Wertverschiebungen anlässlich einer Auf- oder Abspaltung gelten die allgemeinen Grundsätze. Sie werden von § 13 UmwStG nicht erfasst. Danach können Wertverschiebungen zugunsten eines Anteilseigners (oder dessen nahen Angehörigen), die als solche dem allgemeinen Subjektsteuerprinzip widersprechen (BFH IV B 105/09, BStBl. II 2010, 971), eine **verdeckte Gewinnausschüttung** der übertragenden Körperschaft bzw. im umgekehrten Fall eine **verdeckte Einlage** durch den Anteilseigner in die KapGes darstellen (vgl. BFH IX R 24/09, BStBl. II 2011, 799; *UmwStE* Rn. 15.44, 13.03; s. auch Ruoff/Beutel DStR 2015, 609). Die bei solchen nichtverhältniswahrenden Umwandlungen iSd § 128 UmwG auftretenden Wertverschiebungen zwischen den Anteilseignern können zu freigebigen Zuwendungen führen (vgl. FM Länder 14.3.2012, BStBl. I 2012, 331 Rn. 3.1 f.). Abweichend hiervon sieht der **BFH** darin durch das Gesellschaftsverhältnis veranlasste Vorgänge (zB II R 43/12, BStBl. II 2015, 241; II B 146/14, BFH/NV 2015, 1586; II R 40/14, DStR 2016, 743; II R 52/14, BStBl. II 2017, 653; Loose DB 2013, 1080; → Rn. 283). 1211

Verschiebungen in den **Beteiligungsverhältnissen** werden grds. bei der Festlegung der Kapitalmaßnahmen nach der Verkehrswertrelation wertmäßig durch eine Beteiligung an einer anderen Gesellschaft ausgeglichen (s. FGS UmwStE 2011 Rn. 15.44). 1212

(frei) **1213, 1214**

11. Bilanzierung der übernehmenden Gesellschaft

a) Handelsbilanz. Zum Wahlrecht nach § 24 UmwG iVm §§ 125, 177 UmwG → Rn. 451. 1215

b) Steuerbilanz. Im Fall des § 15 UmwStG gelten die Regelungen der Verschmelzung auf KapGes (→ Rn. 970 ff.). Die übernehmende Körperschaft hat die übergegangenen Wirtschaftsgüter mit den in der steuerlichen Schlussbilanz der übertragenden Körperschaft enthaltenen Werten in ihre Steuerbilanz zu übernehmen **(Wertverknüpfung).** Sie tritt insoweit in die steuerliche Rechtsstellung der übertragenden Körperschaft ein (§ 12 Abs. 1 und 3 UmwStG). Der bei der übertragenden Körperschaft verbleibende Beteiligungsbuchwert ist bei Abspaltungen für Zwecke des § 12 Abs. 2 und 3 UmwStG nach dem Verhältnis der gemeinen Werte des übertragenen zum zurückbehaltenen Vermögen entsprechend § 15 Abs. 3 UmwStG zu ermitteln (s. *UmwStE* Rn. 15.29). 1216

Bei einer Aufwärtsabspaltung sowie in den Fällen der Abwärts- und Seitwärtsspaltung, in denen die übernehmende Körperschaft zuvor nicht an der übertragenden Körperschaft beteiligt war, ist auch ein Übernahmeergebnis iSd § 12 Abs. 2 S. 1 UmwStG iVm § 15 Abs. 1 S. 1 UmwStG zu ermitteln. Dementsprechend sind die Kosten für den Vermögensübergang nicht als Betriebsausgaben abziehbar (BFH I R 24/12, BStBl. II 2018, 509; *UmwStE* Rn. 15.14a).

Bei der Abspaltung eines Teilbetriebs geht eine **§ 6b-Rücklage** insoweit auf die übernehmende Körperschaft über, als bei der übertragenden Gesellschaft eine Rücklage nach § 6b EStG für ein veräußertes Wirtschaftsgut gebildet wurde, das dem übertragenen Teilbetrieb zuzurechnen war. Wurde kein Teilbetrieb abgespalten, ist in der Übertragung von Wirtschaftsgütern eine **Sachausschüttung** zu 1217 sehen, die bei der übertragenden KapGes nicht zur Auflösung der § 6b-Rücklage führt (BFH I R 77/09, BFH/NV 2011, 10; sa *UmwStE* Rn. 03.04).

1218 Die **Kosten für den Vermögensübergang** mindern grds. das Übernahmeergebnis (§ 15 Abs. 1 S. 1 UmwStG iVm § 12 Abs. 2 S. 1 UmwStG). Trägt im Fall einer Abspaltung die übernehmende Körperschaft auch die Umwandlungskosten der übertragenden Körperschaft, kann darin eine **verdeckte Gewinnausschüttung** (§ 8 Abs. 3 S. 2 KStG) mit einer anschließenden **verdeckten Einlage** in das Vermögen der übernehmenden Körperschaft liegen (s. BMF 18.1.2010, BStBl. I 2010, 70).

1219 Zur **AfA** → Rn. 980 ff. Zur **Besitzzeitanrechnung** → Rn. 983.

1220–1224 *(frei)*

12. Besteuerung der Gesellschafter der übertragenden Gesellschaft (§ 15 Abs. 1 UmwStG iVm § 13 UmwStG)

1225 Die Anteilseigner der übertragenden Körperschaft erhalten bei einer Aufspaltung auf mehrere aufnehmende Körperschaften und bei einer Abspaltung zu den Anteilen an der übertragenden Körperschaft Anteile an der übernehmenden Körperschaft. Bei einer **nicht verhältniswahrenden Spaltung** (§ 128 UmwG) können die Anteile an der übernehmenden Körperschaft den einzelnen Anteilsinhabern abweichend von den bisherigen Beteiligungsverhältnissen zugeteilt werden. Es gelten hier die Erläuterungen in → Rn. 870–1055 sowie in → Rn. 1205 ff. betreffend **Zuzahlungen.** Wird infolge der Missbrauchsregeln und Veräußerungsklauseln des § 15 Abs. 2 UmwStG der § 11 Abs. 2 UmwStG für die übertragende Körperschaft ausgeschlossen, so betrifft dies nur die Gesellschaftsebene, nicht auch die Verhältnisse der Anteilseigner.

1226 Soweit der **Anteilseigner** der übertragenden Körperschaft iRd Spaltung **Anteile** an der übernehmenden Körperschaft **erhält,** gelten nach § 15 Abs. 1 S. 1 UmwStG iVm § 13 Abs. 1 UmwStG seine (anteiligen) Anteile an der übertragenden Körperschaft als mit dem gemeinen Wert veräußert und die dafür erhaltenen Anteile an der übernehmenden Körperschaft mit diesem Wert als angeschafft. Bei Ausübung des **Wahlrechts** nach Maßgabe des § 13 Abs. 2 UmwStG können die neuen Anteile mit dem Buchwert der (anteiligen) bisherigen Anteile fortgeführt werden. Danach treten steuerlich die neuen Anteile an der übernehmenden Körperschaft an die Stelle der (anteiligen) bisherigen Anteile an der übertragenden Körperschaft (§ 13 Abs. 2 S. 3 UmwStG; *UmwStE* Rn. 15.42, 13.11). Befanden sich die Anteile an dem übertragenden Rechtsträger im notwendigen **Sonderbetriebsvermögen II** des Gesellschafters einer PersGes, werden die ihm infolge der Abspaltung (§ 123 Abs. 2 Nr. 1 UmwG) zugeteilten Anteile an dem übernehmenden Rechtsträger ebenfalls notwendiges Sonderbetriebsvermögen II (BFH IV R 17/17, BFH/NV 2020, 2102).

1227 Auch für Zwecke des § 13 UmwStG sind die Buchwerte bzw. Anschaffungskosten (im Privatvermögen) der Anteile der übertragenden Körperschaft bei Abspaltung ähnlich § 15 Abs. 3 UmwStG nach dem **Verhältnis der gemeinen Werte** des übertragenen zu dem vor der Spaltung vorhandenen Vermögens zu ermitteln (*UmwStE* Rn. 15.43). Die Orientierung der FVerw am Umtauschverhältnis nach § 126 Abs. 1 Nr. 3 UmwG ergibt nach Stimmen in der Literatur ein unzutreffendes Ergebnis (zB Schmitt/Schloßmacher UmwStE 2011 Rn. 15.43).

1228 Nach diesen Grundsätzen ist auch bei einer **Abspaltung eines Teilbetriebs** auf eine **Muttergesellschaft** der bisherige Buchwert der Beteiligung an der Tochtergesellschaft aufzuteilen. Bei der Aufteilung der Buchwerte bzw. der Anschaffungskosten der Anteile ist auch die Verschiebung der Beteiligungsquote im Fall einer nichtverhältniswahrenden Abspaltung zu berücksichtigen (s. *UmwStE* Rn. 15.43).

Abspaltungen von **ausländischen Gesellschaften** mit Sitz und Ort der Geschäftsleitung im EU- bzw. im EWR-Raum führen beim inländischen Anteilseigner grds. zu einer Besteuerung eines fiktiven Veräußerungsgewinns (§§ 15 Abs. 1 S. 1, 13 Abs. 1 UmwStG) im Betriebsvermögen (Teileinkünfteverfahren). Die Anteile an der übernehmenden KapGes können grds. nach § 13 Abs. 2 UmwStG nur dann steuerneutral mit dem Buchwert angesetzt werden, wenn ein vergleichbarer ausländischer Vorgang iSd § 1 Abs. 1 Nr. 1 UmwStG und das doppelte Teilbetriebserfordernis (§ 15 Abs. 1 S. 2 UmwStG) gegeben sind. Eine Änderung bzw. Beschränkung des inländischen Besteuerungsrechts iSd § 13 Abs. 2 S. 1 Nr. 1 UmwStG tritt grds. hinsichtlich der Anteile an der übernehmenden Gesellschaft im Fall der Abspaltung innerhalb desselben Landes wegen veränderten Besteuerungsrechts nach dem jeweiligen DBA nicht ein (s. Becker/Loose DStR 2010, 383). **1229**

(frei) **1230–1234**

13. Aufspaltung und Abspaltung auf eine Personengesellschaft (§ 16 UmwStG)

a) Entsprechende Anwendung des 2. Teils des UmwStG. Bei einer Auf- oder Abspaltung auf eine PersGes gelten gemäß § 16 UmwStG die Regeln über die Verschmelzung einer Körperschaft auf eine PersGes entsprechend §§ 3–8, 10 und 15 UmwStG (→ Rn. 430 ff.). Danach kann eine Körperschaft ihr Vermögen bzw. Teile ihres Vermögens im Wege einer Auf- oder Abspaltung unter den Voraussetzungen des § 3 Abs. 2 UmwStG auf eine PersGes übertragen. Aufgrund des Verweises auf § 15 UmwStG ist darüber hinaus erforderlich, dass (jeweils) ein Teilbetrieb übergeht und im Fall einer Abspaltung bei der übertragenden Körperschaft ein Teilbetrieb verbleibt (§ 15 Abs. 1 S. 2 UmwStG). Die Missbrauchsregelung des § 15 Abs. 2 UmwStG ist entsprechend anzuwenden. Die Veräußerungssperre nach § 15 Abs. 2 S. 2–4 UmwStG gilt auch für die nach der Auf- bzw. Abspaltung entstandenen Anteile an einer PersGes. Auf die Erläuterungen in → Rn. 600 für den Übertragungsgewinn, auf → Rn. 650, 675 zum Übernahmegewinn wird verwiesen. Zu Ausgleichszahlungen → Rn. 1205, zur AfA → Rn. 640, zur Besitzzeitanrechnung → Rn. 643. Der Verlustabzug nach § 10d EStG geht nicht auf die PersGes über (§ 4 Abs. 2 S. 2 UmwStG), sondern wird bei der übertragenden Körperschaft nach § 15 Abs. 3 UmwStG nach dem Verhältnis von übergegangenem und zurückbehaltenem Vermögen vermindert (→ Rn. 252); bei einer Aufspaltung gehen die Verluste ersatzlos unter (s. *UmwStE* Rn. 16.03). Der **GewErtrag** der übernehmenden PersGes kann nicht (auch nicht anteilig) um die Fehlbeträge der übertragenden Körperschaft gekürzt werden (§ 18 Abs. 1 UmwStG). Zur **GewStpfl.** des Übertragungsgewinns und zur GewSt-Freiheit des Übernahmegewinns → Rn. 148; zum GewErtrag des Erhebungszeitraums der Umwandlung → Rn. 165 ff. **1235**

(frei) **1236–1239**

b) Entsprechende Anwendung des § 15 UmwStG. Aufgrund der Verweisung des § 16 UmwStG auf § 15 UmwStG ist diese Vorschrift über taugliche Spaltungsgegenstände und das zurückbehaltene Vermögen auch hier anzuwenden. **1240**

Die Missbrauchs- und Veräußerungsklauseln des § 15 Abs. 2 UmwStG sind für § 16 UmwStG bedeutsam, weil auch hier nur die Fortsetzung des unternehmerischen Engagements in anderer Form begünstigt wird und nicht begünstigte Veräußerungen davon abzugrenzen sind. Allerdings geht es hier nicht um den Ausschluss des § 11 Abs. 2 UmwStG, sondern des § 3 UmwStG mit der Folge der Aufdeckung der stillen Reserven sowohl auf der Ebene der übertragenden Körperschaft als auch beim Übernahmegewinn (aA Thieme BB 2005, 2042). Hinsichtlich der Berücksichtigung von **Verlusten** bei Abspaltungen gelten die Regelungen des § 15 Abs. 3 UmwStG (→ Rn. 1195). Danach mindern sich die Verluste bei der übertragenden Körperschaft entsprechend. Die anteiligen Verluste gehen jedoch nicht auf die PersGes über (§ 4 Abs. 2 S. 2 UmwStG). Dagegen gehen diese bei Aufspaltungen unter (*UmwStE* Rn. 16.03). Der **Investitionsabzugsbetrag nach § 7g EStG** ist wegen der steuerlichen Rechtsnachfolge iSd § 4 Abs. 2 S. 1 UmwStG grds. beim übergehenden Teilbetrieb, für den er gebildet wurde, fortzuführen, jedoch im Fall des § 7g Abs. 3 EStG beim übertragenden Rechtsträger rückgängig zu machen (*UmwStE* Rn. 16.04; BFH GrS 2/12, BStBl. II 2015, 1007; s. auch BMF 20.3.2017, BStBl. I 2017, 423 Rn. 33).

1241 **c) Eigenkapital und Besteuerung der Anteilseigner.** Das Eigenkapital der abspaltenden Körperschaft verringert sich entsprechend dem Verhältnis zwischen abgespaltener und zurückbehaltener Vermögensmasse. **§ 16 S. 2 UmwStG** ist durch die Aufhebung des § 10 UmwStG aF und der Abschaffung des KSt-Anrechnungsverfahrens überholt. Der Übernahmegewinn (→ Rn. 675 ff., 695 ff.) ist nach den §§ 4–8 UmwStG auch nur anteilig für das übernommene Vermögen abzüglich des steuerlichen Kapitals (§ 7 UmwStG) zu versteuern. Zur Besteuerung der Anteilseigner auch → Rn. 740 ff., 790 ff., 797 ff., 806 ff.

1242 **d) Übernahmegewinn.** Zum Übernahmegewinn → Rn. 790, 650 ff., 653, 660, 797 ff.

1243 **e) Kombination von Spaltungsarten.** Aus dem „soweit" in § 16 S. 1 UmwStG und dem „vorbehaltlich des § 16" in § 15 Abs. 1 S. 1 UmwStG wird ersichtlich, dass Kombinationen von Spaltungsarten zB in der Weise möglich sind, dass nebeneinander auf eine Körperschaft und eine PersGes abgespalten wird. S. zu den handelsrechtlichen Voraussetzungen nach dem UmwG Kallmeyer DB 1995, 81.

1244–1249 *(frei)*

XII. Einbringung von Unternehmensteilen in eine Kapitalgesellschaft oder Genossenschaft (Sacheinlage) und Anteilstausch gegen Gewährung von Gesellschaftsanteilen (§§ 20 ff. UmwStG)

1. Zivilrechtliche Einzelrechtsnachfolge

1250 Bei einer Sacheinlage liegt zivilrechtlich vielfach keine Gesamtrechtsnachfolge (→ Rn. 1255), sondern Einzelrechtsnachfolge vor. Allerdings kann in diesem Bereich bei Buchwertfortführung oder Zwischenwertansatz von ertragsteuerrechtlicher (partieller) Gesamtrechtsnachfolge gesprochen werden, weil die übernehmende Körperschaft ua hinsichtlich der Bewertung der übernommenen Wirtschaftsgüter, der Absetzung für Abnutzung und der den steuerlichen Gewinn mindernden Rücklagen in die steuerliche Rechtsstellung des übertragenden Rechtsträgers eintritt (vgl. § 23 Abs. 1, 3 und 4 UmwStG; BFH GrS 2/12, BStBl. II 2015, 1007; *UmwStE* zB Rn., 23.06, 18.07).

(frei) **1251–1254**

2. Verschmelzung, Aufspaltung, Abspaltung, Ausgliederung, Formwechsel (Gesamt- bzw. Einzelrechtsnachfolge)

Unter **Einbringung** iSd UmwStG ist die Übertragung von Wirtschaftsgütern auf einen anderen Rechtsträger gegen Gewährung neuer Anteile am übernehmenden Rechtsträger iR eines ertragsteuerlichen (tauschähnlichen) Veräußerungsvorgangs zu verstehen (zB BFH GrS 2/12, BStBl. II 2015, 1007; I R 33/14, BStBl. II 2016, 913). Liegen die Tatbestandsvoraussetzungen einer Einbringung iSd § 20 UmwStG nicht vor, handelt es sich aufgrund der Gewährung von Gesellschaftsrechten um ein tauschähnliches (entgeltliches) Rechtsgeschäft (BFH I R 25/16, BFH/NV 2018, 838). **1255**

Die Übertragung von Betriebsvermögen kann nach dem UmwG im Wege der **Gesamtrechtsnachfolge** (Verschmelzung, Auf- und Abspaltung, Ausgliederung), im Wege eines Formwechsels und im Übrigen im Wege der **Einzelrechtsnachfolge** erfolgen (§ 1 Abs. 3 Nr. 1–4 UmwStG; *UmwStE* Rn. 01.44). Die Verwendung des Begriffs Einzelrechtsnachfolge dient im Grunde lediglich der Abgrenzung von Übertragungsvorgängen nach dem UmwG im Wege der Gesamtrechtsnachfolge (s. Kai GmbHR 2012, 165 (166)).

Eine **Einzelrechtsnachfolge** ist zB bei einer Sacheinlage iSd § 5 Abs. 4 GmbHG bzw. § 27 AktG bei Gründung einer KapGes sowie bei einer Sachkapitalerhöhung aus Gesellschaftsmitteln (§ 56 GmbHG, §§ 183, 194, 205 AktG) bei einer bestehenden KapGes gegeben. Die Übertragung des **wirtschaftlichen Eigentums** wird wie eine Einzelrechtsnachfolge iSd § 1 Abs. 3 Nr. 4 UmwStG behandelt (s. *UmwStE* Rn. 01.43). Ebenso kann die **Anwachsung** (§ 738 BGB) als Folge der Einbringung eines Mitunternehmeranteils im Wege der Einzelrechtsnachfolge erfolgen (s. *UmwStE* Rn. 01.44). Der sachliche Anwendungsbereich des § 1 Abs. 3 Nr. 3 UmwStG ist danach außerhalb des UmwG grds. für die (erweiterte) Anwachsung eröffnet (→ Rn. 1318, 1985). **1256**

Die Einbringung eines **Einzelunternehmens** in eine KapGes **(Sacheinlage)** erfolgt im Wege der Einzelrechtsnachfolge, weil sich durch die Einbringung infolge eines entgeltlichen Vorgangs der Rechtsträger des Betriebs ändert. Dieser ändert sich auch bei einer Buchwertfortführung (BFH GrS 2/12, BStBl. II 2015, 1007).

Spaltet zB eine PersHandelsGes auf eine KapGes ab oder wird eine PersHandelsGes auf eine KapGes verschmolzen, gilt § 20 UmwStG für diese handelsrechtliche **Gesamtrechtsnachfolge,** die im Falle der Spaltung nur partiell erfolgt. S. zu Einzelheiten Middendorf/Stegemann DStR 2005, 1082. In diesen Fällen stehen den handelsrechtlichen Schluss- und Anfangsbilanzen (§§ 17 Abs. 2, 24 UmwG) die steuerrechtlichen Einbringungs- und Anfangsbilanzen gegenüber, von denen § 20 Abs. 2 und 3 UmwStG ausgehen (vgl. zu § 24 UmwStG auch BFH IV R 88/80, BStBl. II 1984, 518). Eine **Maßgeblichkeit der Handelsbilanz** besteht nicht (s. *UmwStE* Rn. 20.20). **1257**

Nicht die Teile 2–5, sondern die Teile 6 bzw. 7 gelten, wenn es sich um eine **Ausgliederung** handelt (§ 1 Abs. 1 S. 2, Abs. 3 Nr. 2 UmwStG; → Rn. 70). **1258**

Nach der ausdrücklichen Regelung in § 25 UmwStG gelten die Vorschriften des 6. Teils des UmwStG (§§ 20–23 UmwStG) auch für die **formwechselnde Umwandlung** einer PersHandelsGes auf eine KapGes (§ 190 UmwG; § 1 Abs. 3 Nr. 3 UmwStG). Dies gilt für die **Option zur Körperschaftsbesteuerung** nach § 1a Abs. 2 S. 1 u. 2 KStG entsprechend. Der Formwechsel wird ertragssteuerrechtlich wie ein (tauschähnlicher, entgeltlicher) Rechtsträgerwechsel behandelt (s. *UmwStE* Rn. 01.44; BFH I R 78/12, BFH/NV 2015, 523).

1259, 1260 *(frei)*

3. Persönlicher Anwendungsbereich des § 20 UmwStG

1261 **a) Einbringender.** Einbringender iSd § 20 Abs. 1 UmwStG ist grds. der, dem die neuen Anteile an der übernehmenden Gesellschaft als Gegenleistung für das eingebrachte Betriebsvermögen zivilrechtlich zustehen. Danach kann nach § 1 Abs. 4 UmwStG Einbringender eine natürliche Person, eine PersGes bzw. deren Gesellschafter (hM, BFH I R 183/94, BStBl. II 1996, 342; *UmwStE* Rn. 20.03) oder eine Körperschaft sein (*UmwStE* Rn. 01.53).

1262 **Natürliche Personen** kommen als Einbringende iSd § 1 Abs. 4 UmwStG in Betracht, wenn sie im Hoheitsgebiet eines EU-Mitgliedstaats oder EWR-Staats unbeschränkt steuerpflichtig und auch nach den mit Drittstaaten bestehenden DBA als innerhalb dieses Gebiets ansässig anzusehen sind. In- und ausländische **PersGes** sowie **Körperschaften** iSd Art. 54 AEUV können einbringender, übertragender oder umwandelnder Rechtsträger sein, wenn sie nach den Vorschriften eines Mitgliedstaates der EU oder des EWR gegründet sind und sich deren Sitz und Ort der Geschäftsleitung in einem dieser Staaten befinden (§ 1 Abs. 4 S. 1 Nr. 2 UmwStG). Ist eine PersGes einbringender oder umwandelnder Rechtsträger, müssen die unmittelbaren bzw. mittelbaren Mitunternehmer die Voraussetzungen des § 1 Abs. 4 S. 1 Nr. 1 u. 2 Buchst. a Doppelbuchst. aa UmwStG erfüllen.

1263 Bei **transparenten** PersGes ist auf ihre Gesellschafter abzustellen, wenn die PersGes infolge der Einbringung (zB bei Verschmelzung oder fiktivem Formwechsel zur Körperschaftsbesteuerung, BMF BStBl. I 2021, 2212 Rn. 26) aufgelöst wird. Besteht die übertragende PersGes nach der Einbringung fort und erhält sie die Anteile am übernehmenden Rechtsträger, ist sie als Einbringende zu behandeln. Dies ist zB bei einer Ausgliederung iSd § 123 Abs. 3 UmwG oder Sacheinlage (Gesamthandsvermögen) durch eine gewerblich tätige PersGes im Wege der Einzelrechtsnachfolge der Fall. Stehen dagegen die neuen Anteile an der übernehmenden Gesellschaft zivilrechtlich wie zB bei einer Abspaltung eines Teilbetriebs oder Aufspaltung den Gesellschaftern zu, sind die Mitunternehmer die Einbringenden. Dies gilt auch dann, wenn bei einer Abspaltung **Wertverschiebungen** eintreten. Wird die Untergesellschaft einer **doppelstöckigen PersGes** infolge der Einbringung aufgelöst, sind deren unmittelbaren und nicht die mittelbaren Gesellschafter Einbringende iSd § 20 UmwStG (s. *UmwStE* Rn. 20.02 f.; krit. Schmitt/Keuthen DStR 2015, 860).

1264 Unabhängig davon kann **jede andere natürliche Person oder Gesellschaft** einbringender, übertragender oder (bei Gesellschaften) umwandelnder Rechtsträger sein, wenn das Besteuerungsrecht der BRD hinsichtlich des Gewinns aus der Veräußerung der erhaltenen Anteile nicht ausgeschlossen oder beschränkt ist (§ 1 Abs. 4 S. 1 Nr. 2 Buchst. b UmwStG; *UmwStE* Rn. 01.53 f.) oder bei Einbringungen nach § 24 UmwStG (§ 1 Abs. 4 S. 2 UmwStG). In diesen Fällen ist auch eine

Drittstaatansässigkeit einer natürlichen Person möglich. Körperschaften mit Sitz in einem Drittland fallen nicht darunter.

Auf die **beschränkte oder unbeschränkte Steuerpflicht** des Einbringenden kommt es insoweit nicht an. 1265

Einbringende eines **Betriebs gewerblicher Art** ist die juristische Person des öffentlichen Rechts (*UmwStE* Rn. 01.53). 1266

(frei) **1267–1270**

b) Übernehmende Gesellschaft. Unabhängig von der unbeschränkten Steuerpflicht kommt **jede KapGes** oder **Genossenschaft** iSd § 1 Abs. 1 Nr. 1 und 2 KStG als übernehmender Rechtsträger iSv §§ 20, 21 UmwStG in Betracht. Voraussetzung für die Anwendbarkeit der §§ 20, 21 UmwStG ist nach § 1 Abs. 4 S. 1 Nr. 1 UmwStG, dass die Gesellschaft in einem Mitgliedstaat der EU bzw. in einem EWR-Staat (Art. 54 AEUV od. Art. 34 EWR-Abk.) gegründet wurde und sich deren Sitz und der Ort der Geschäftsleitung in einem dieser Staaten befindet (§ 1 Abs. 4 S. 1 Nr. 1 UmwStG; *UmwStE* Rn. 01.54). Diese Anforderungen gelten nicht für eine Einbringung nach § 24 UmwStG (§ 1 Abs. 4 S. 2 UmwStG). 1271

Die persönlichen Anwendungsvoraussetzungen müssen grds. **am steuerlichen Übertragungsstichtag** (Stichtag der handelsrechtlichen Übertragungsbilanz, s. *UmwStE* Rn. 02.02), bei einer Neugründung eines an der Umwandlung beteiligten Rechtsträgers im steuerlichen Rückwirkungszeitraum zum Zeitpunkt der zivilrechtlichen Wirksamkeit der Gründung bzw. bei einer Umwandlung zur Neugründung zum Zeitpunkt der zivilrechtlichen Wirksamkeit der Umwandlung vorliegen (s. *UmwStE* Rn. 01.55, 01.52). Entsprechend sind bei einer **Rückbeziehung nach § 20 Abs. 5, 6 UmwStG** iRd Prüfung des Ausschlusses oder Beschränkung des inländischen Besteuerungsrechts die erhaltenen Anteile dem Einbringenden bereits zu diesem Stichtag zuzurechnen (s. *UmwStE* Rn. 20.14). 1272

(frei) **1273, 1274**

4. Sacheinlage (§ 20 Abs. 1 UmwStG)

Bei dem **umwandlungssteuerrechtlichen Begriff** der Sacheinlage handelt es sich um eine eigenständige Legaldefinition, die nicht mit dem gesellschaftsrechtlichen Sacheinlagenbegriff übereinstimmt (BFH I R 55/09, BStBl. II 2010, 1094). Im Umwandlungssteuerrecht ist es ausreichend, dass der Einbringende als Gegenleistung für die Einbringung des Betriebsvermögens neue Gesellschaftsanteile erhält. Die Einbringung im Wege einer Sacheinlage führt ertragssteuerrechtlich als tauschähnliches Geschäft beim Einbringenden zu einer (fiktiven) Veräußerung und beim übernehmenden Rechtsträger zu einer (fiktiven) Anschaffung (s. § 20 Abs. 3 UmwStG; BFH I R 97/02, BStBl. II 2004, 686; I R 88/10, BStBl. II 2013, 94, *UmwStE* Rn. 20.01, 00.02). 1275

Gegenstand einer Sacheinlage kann ein Betrieb, Teilbetrieb oder Mitunternehmeranteil sein. Er ist nach dem zugrunde liegenden Rechtsgeschäft zu bestimmen. So ist zB bei einer Verschmelzung einer PersGes auf eine KapGes der Betrieb Einbringungsgegenstand. Entsprechend wird bei einer Abspaltung eines Teilbetriebs nicht ein Teil eines Mitunternehmeranteils, sondern nach dem Spaltungsvertrag der Teilbetrieb übertragen. Beim **Formwechsel** (§ 25 UmwStG) sind jeweils die Anteile der Mitunternehmer an der formwechselnden PersGes Einbringungsgegenstand. Die Übertragung des Gesamthands- und Sonderbetriebsvermögens im zeitlichen und wirtschaftlichen Zusammenhang bilden einen einheitlichen 1276

Vorgang, der insgesamt unter den § 20 UmwStG fallen kann. Der § 6 Abs. 5 S. 3 EStG wird dadurch nicht berührt (s. *UmwStE* Rn. 20.05).

1277 Bei einer **Bargründung** oder **Barkapitalerhöhung** ist dann eine Sacheinlage iSd § 20 Abs. 1 UmwStG gegeben, wenn der Gesellschafter sich verpflichtet, zusätzlich zu der Bareinlage einen Betrieb oder eine andere Sachgesamtheit iSd § 20 Abs. 1 UmwStG (Teilbetrieb oder Mitunternehmeranteil) als Aufgeld in die KapGes einzubringen. Der Einbringungsgegenstand muss als **Aufgeld (Agio)** Bestandteil des Entgelts sein, das der Einbringende nach der Einlagevereinbarung für die neuen Gesellschaftsanteile zu leisten hat. Die Einbringung setzt ein Gegenseitigkeitsverhältnis („dafür") zu der Gewährung von Gesellschaftsanteilen voraus. Die Abgrenzung zu einer (unentgeltlichen) verdeckten Einlage ist nach den jeweiligen Umständen des Einzelfalls vorzunehmen (BFH I R 55/09, BStBl. II 2010, 1094; I B 127/11, BFH/NV 2012, 1015; *UmwStE* Rn. 01.44).

1278, 1279 *(frei)*

1280 **a) Einbringung eines Betriebs.** Die Einbringung eines **Betriebs** iSd § 20 Abs. 1 UmwStG setzt die Übertragung aller funktional wesentlichen Betriebsgrundlagen einschließlich des Sonderbetriebsvermögens eines Gesellschafters auf die übernehmende Gesellschaft voraus. Die Veräußerung einer wesentlichen Betriebsgrundlage des einzubringenden Betriebs vor der Einbringung unter Aufdeckung der stillen Reserven ist unbeachtlich (s. BFH X R 60/09, BStBl. II 2012, 638 zu § 24 UmwStG; *UmwStE* Rn. 20.06; → Rn. 1426). Der Begriff der wesentlichen Betriebsgrundlage einer betrieblichen Einheit ist nicht quantitativ, sondern funktional auszulegen (BMF 16.8.2000 IV, BStBl. I 2000, 1253). Funktional wesentlich iSd § 20 UmwStG sind alle Wirtschaftsgüter, die für den Betriebsablauf ein erhebliches Gewicht haben und mithin für die Fortführung des Betriebs notwendig sind oder dem Betrieb das Gepräge geben (BFH I R 7/16, BStBl. II 2019, 738). Dabei ist auf die Beurteilung durch den Einbringenden zum Zeitpunkt der Einbringung abzustellen (BFH I R 97/08, BStBl. II 2010, 808; X R 60/09, BStBl. II 2012, 638).

1281 Nach der **funktionalen Betrachtungsweise** soll die Fortführung des bisherigen unternehmerischen Engagements in veränderter Form ohne steuerliche Auswirkungen möglich sein, weil durch den Umwandlungsvorgang kein Markteinkommen entsteht. Da die einem Gesellschafter einer PersGes gehörenden Wirtschaftsgüter des **Sonderbetriebsvermögens** grds. nicht an einer Verschmelzung, Spaltung oder einem Formwechsel nach dem UmwG teilnehmen, muss iR eines einheitlichen Übertragungsakts durch eine gesonderte Vereinbarung das (wirtschaftliche) Eigentum an dem Sonderbetriebsvermögen der übernehmenden KapGes übertragen werden (s. Schmitt/Schloßmacher UmwStE 2011 Rn. 20.06).

1282 Für eine Einbringung von Unternehmensteilen reicht die Übertragung des **wirtschaftlichen Eigentums** aus. Diese erfolgt durch Einzelrechtsnachfolge iSd § 1 Abs. 3 Nr. 4 UmwStG (vgl. BFH X R 17/05, BStBl. II 2008, 579; LfSt Bay 6.3.2006, FR 2006, 391). Zum Übergang des wirtschaftlichen Eigentums am Anteil an einer KapGes s. zB BFH IX R 7/09, BStBl. II 2011, 540; IX R 57/10, BStBl. II 2012, 318; → Rn. 1536. Eine **bloße Nutzungsüberlassung** von Wirtschaftsgütern genügt nicht (s. BFH I R 7/16, BFH/NV 2018, 810; *UmwStE* Rn. 20.06).

1283 **Funktional wesentliche Wirtschaftsgüter** eines **Betriebs oder Teilbetriebs** können auch Anteile an einer KapGes bzw. Genossenschaft sein. Dies gilt auch für eine **100%ige Beteiligung an einer KapGes,** wenn sie die hierfür erforderlichen Voraussetzungen erfüllt (→ Rn. 1437 f.). Als funktional wesentliches Wirtschaftsgut ist sie mit der Sachgesamtheit des Betriebs bzw. Teilbetriebs mit einzubringen (s. *UmwStE* Rn. 20.06). Dagegen bilden **Anteile an einer PersGes** steuerlich kein selbstständig bewertbares Wirtschaftsgut (vgl. BFH IV R 49/08, BStBl. II 2010, 726) und deshalb keine wesentliche Betriebsgrundlage eines Betriebs oder Teilbetriebs. Sie sind auch einem Teilbetrieb als Wirtschaftsgut nicht wirtschaftlich zuordenbar. Abweichend hiervon gelten gemäß § 15 Abs. 1 S. 3 UmwStG auch ein Mitunternehmeranteil sowie ein Teil eines Mitunternehmeranteils als Teilbetrieb (*UmwStE* Rn. 15.04).

Die Einbringung einer betrieblichen Einheit kann eine Versteuerung nach **§ 23 Abs. 1 S. 5 Nr. 1 EStG** zur Folge haben, wenn zB ein Grundstück zuvor in die betriebliche Einheit eingelegt und innerhalb der Zehn-Jahres-Frist aus dem Ziel-Betriebsvermögen veräußert wurde (Seitz DStR 2001, 277). **1284**

(frei) **1285–1289**

b) Einbringung eines Teilbetriebs. Ein **Teilbetrieb** iSd § 20 Abs. 1 UmwStG besteht aus der Gesamtheit der in einem Unternehmensteil vorhandenen aktiven und passiven Wirtschaftsgüter, die in organisatorischer Hinsicht einen selbstständigen Betrieb und damit eine aus eigenen Mitteln funktionsfähige Einheit darstellen (s. BFH I R 7/16, BStBl. II 2019, 738). Für Zwecke des § 20 Abs. 1 UmwStG erfüllt eine **100%ige Beteiligung an einer KapGes** diese Voraussetzungen nicht (BT-Drs. 16/2710, 42; Begriff OFD Münster 1.12.1988, DB 1989, 21). Deren (isolierte) Einbringung ist als Anteilstausch nach § 21 Abs. 1 UmwStG zu behandeln. Dies gilt nicht, wenn die Anteile an der KapGes als Bestandteil einer Betriebseinbringung iSd § 20 Abs. 1 UmwStG mit eingebracht werden (vgl. § 22 Abs. 1 S. 5 UmwStG, *UmwStE* Rn. 20.06; Dötsch/Pung DB 2006, 2763 (2768)). **1290**

Zu einem **Teilbetrieb** gehören in Anlehnung an Art. 2 Buchst. j RL 2009/133/EG neben allen funktional wesentlichen Betriebsgrundlagen auch die den Teilbetrieb nach wirtschaftlichen Zusammenhängen **zuordenbaren Wirtschaftsgüter** (*UmwStE* Rn. 20.06, 15.02). S. Rothenfußer/Schell GmbHR 2014, 1083 zur Vertragsgestaltung). Die Zurückbehaltung von funktional unwesentlichen, aber zuordenbaren Wirtschaftsgütern wie zB Verbindlichkeiten und Rückstellungen ist schädlich (→ Rn. 1305 ff.). Ein einzelnes zurückbehaltenes Grundstück begründet keinen Teilbetrieb (s. BFH I R 7/16, BStBl. II 2019, 738). Eine auf Dauer angelegte Veräußerung einer wesentlichen Betriebsgrundlage des einzubringenden Betriebs vor der Einbringung unter Aufdeckung der stillen Reserven ist zulässig (BFH X R 60/09, BStBl. II 2012, 638), **1291**

(frei) **1292–1294**

c) Einbringung eines Mitunternehmeranteils. Gemäß § 20 Abs. 1 UmwStG kann auch ein **Mitunternehmeranteil** als eigenständiger Unternehmensteil eingebracht werden (→ Rn. 1261). Dabei reicht es aus, wenn nicht der gesamte, sondern nur ein Teil des Mitunternehmeranteils an der PersGes übertragen wird (vgl. § 20 Abs. 4 S. 1 UmwStG; *UmwStE* Rn. 01.44, 20.10 f.; BT-Drs. 16/2710, 42; BFH I R 21/10, BFH/NV 2011, 258; I R 88/10, BStBl. II 2013, 94). **1295**

Einzubringen sind **alle funktional wesentlichen Betriebsgrundlagen** einschließlich des (anteiligen) funktional wesentlichen **Sonderbetriebsvermögens.** Maßgebend ist danach, ob ein Wirtschaftsgut nach seiner Funktion für den Betrieb **1296** wesentlich ist (s. BFH VIII B 21/93, BStBl. II 1995, 890; I R 88/10, BStBl. II 2013, 94; s. auch BMF BStBl. I 2019, 1291; → Rn. 1280).

1297 **Entspricht** der eingebrachte Bruchteil des **Mitunternehmeranteils nicht** dem des eingebrachten **Sonderbetriebsvermögens,** wird nach wohl hM der übersteigende Teil des Sonderbetriebsvermögens mit dem gemeinen Wert eingebracht. Im Übrigen ist nur insoweit eine Einbringung gegeben, als sich die Bruchteile des Mitunternehmeranteils und des Sonderbetriebsvermögens decken. Nur insoweit kommt eine Buchwertfortführung in Betracht (s. Schmitt/Schloßmacher UmwStE 2011 Rn. 20.11; aA FGS UmwStE 2011 Rn. 20.11).

1298 Ein **Anteilstausch nach der FusionsRL,** bei dem die erworbene Gesellschaft nach deutschem Steuerrecht als transparent anzusehen ist, stellt eine Einbringung eines Mitunternehmeranteils nach § 20 UmwStG dar (BT-Drs. 16/2710, 42).

1299 **Jeder Mitunternehmeranteil** bildet grds. ein eigenes **Einbringungsobjekt.** Die Einbringung von anderen Anteilen an derselben Mitunternehmerschaft oder verschiedenen Mitunternehmerschaften wird jeweils als gesonderter Einbringungsvorgang behandelt. Entsprechend ist die Einbringung des Betriebs, zu dessen Betriebsvermögen ein Mitunternehmeranteil gehört, in die Einbringung des Betriebs und die des Mitunternehmeranteils als **eigenständige Einbringungsvorgänge** aufzuteilen.

1300 Die Einbringung des Mitunternehmeranteils an der Obergesellschaft, zu deren Betriebsvermögen die Beteiligung an einer anderen Mitunternehmerschaft gehört **(mehrstöckige PersGes),** führt zu einem einheitlichen Einbringungsvorgang. An einem solchen fehlt es hinsichtlich der mittelbaren Übertragung des Anteils an der Untergesellschaft (*UmwStE* Rn. 20.12).

1301 Die Voraussetzungen eines Betriebs- oder Teilbetriebs sowie eines Mitunternehmeranteils müssen bereits am **steuerlichen Übertragungsstichtag** vorliegen (s. *UmwStE* Rn. 20.13 f.; BFH I R 13/19, BFH/NV 2022, 1157).

1302–1304 *(frei)*

1305 **d) Zurückbehaltung von Wirtschaftsgütern.** Die Anwendung des § 20 Abs. 1 UmwStG setzt die Einbringung **sämtlicher funktional wesentlichen Betriebsgrundlagen** der jeweiligen Sachgesamtheit in einem einheitlichen Vorgang iSd § 16 Abs. 1 EStG voraus (s. *UmwStE* Rn. 20.06). Danach ist eine Einbringung einzelner Wirtschaftsgüter (BFH I R 183/81, BStBl. II 1984, 422; VII E 9/83, BStBl. II 1984, 422) gegeben, wenn wesentliche betriebliche Grundlagen (bei PersGes auch des Sonderbetriebsvermögens) nicht eingebracht werden (Abgrenzung → Rn. 1280, 1283). Werden funktional wesentliche Betriebsgrundlagen einschließlich der dem Teilbetrieb wirtschaftlich zuordenbaren Wirtschaftsgüter **zurückbehalten,** ist das eingebrachte Betriebsvermögen mit dem gemeinen Wert anzusetzen, soweit nicht die Voraussetzungen des § 21 UmwStG oder eines Teilbetriebs vorliegen. Zudem sind bei den zurückbehaltenen Wirtschaftsgütern **(Entnahme)** die stillen Reserven aufzudecken, soweit diese in das Privatvermögen übergehen (*UmwStE* Rn. 20.06 f.). Nach der **sog. Gesamtplanrechtsprechung** (vgl. BFH VIII R 23/01, BStBl. II 2004, 474; IV R 49/08, BStBl. II 2010, 726; I R 72/08, BStBl. II 2010, 471; X R 60/09, BStBl. II 2012, 638) ist es unschädlich, wenn wesentliche Betriebsgrundlagen oder einem Teilbetrieb wirtschaftlich zuordenbare Wirtschaftsgüter im zeitlichen und wirtschaftlichen Zusammenhang mit der Einbringung in ein anderes Betriebsvermögen auf Dauer überführt oder übertragen bzw. vor der Einbringung unter Aufdeckung der stillen Reserven dauerhaft veräußert werden. Der **BFH** wendet die sog.

Gesamtplanrechtsprechung (zwischenzeitlich) abweichend von der Auffassung der FVerw (BMF 12.9.2013, BStBl. I 2013, 1164) nur noch iZm der steuerlichen Begünstigung von Betriebsveräußerungs- und -aufgabegewinnen an (zB BFH X R 14/11, BStBl. II 2014, 158; IV R 8/12, DStR 2016, 385; X R 22/12, BStBl. II 2014, 338; IV R 29/14, BStBl. II 2019, 723 (→ Rn. 2075 ff.).

Die **Zurückbehaltung** von **nicht wesentlichen Betriebsgrundlagen** ist unschädlich. Die zurückbehaltenen Wirtschaftsgüter des Betriebs- und Sonderbetriebsvermögens gelten grds. am steuerlichen Übertragungsstichtag als **entnommen** (s. *UmwStE* Rn. 20.08). Zurückbehaltene betriebliche **Forderungen** bleiben als nicht funktional wesentliche Betriebsgrundlagen Restbetriebsvermögen des Einbringenden, wenn sie nicht ausdrücklich in das Privatvermögen übernommen und schrittweise eingezogen werden (BFH VIII R 41/09, BStBl. II 2014, 288 zu § 24 UmwStG). S. iÜ *UmwStE* Rn. 20.08 f., 9. Auflage. **1306**

(frei) **1307–1314**

e) Gewährung neuer Anteile. Eine begünstigte Einbringung iSd §§ 20, 21, 25 UmwStG setzt eine Gegenleistung für das eingebrachte Vermögen voraus, die zumindest zum Teil in der Gewährung von neuen Gesellschaftsanteilen an der übernehmenden Gesellschaft bestehen muss, wobei die Einbringung eines Betriebs, Teilbetriebs oder (Teil-)Mitunternehmeranteils auch als **Aufgeld** des Einbringenden ausgestaltet sein kann. Dabei reicht es aus, wenn der Einbringungsgegenstand als reines Aufgeld neben der Bareinlage übertragen wird (BFH I R 55/09, BStBl. II 2010, 1094; *UmwStE* Rn. E 20.09, 01.44). Auf die Höhe der neuen Gesellschaftsanteile kommt es mangels einer gesetzlichen Regelung nicht an. Danach ist eine Einbringung iSd § 20 Abs. 1 UmwStG mit Baraufzahlung gegen Gewährung von neuen Anteilen auch dann begünstigt, wenn der Nennbetrag der Anteile erst durch die Baraufzahlung gedeckt wird (vgl. Schmitt/Schloßmacher UmwStE 2011 Rn. E 20.09). Die Entstehung neuer Anteile ist aus der Sicht des übernehmenden Rechtsträgers zu beurteilen. Gemäß §§ 54 Abs. 1, 68 Abs. 1 UmwG kann zivilrechtlich auf eine Anteilsgewährung verzichtet werden (→ Rn. 946). **1315**

Eine **Überpari-Emission,** bei der Gesellschaftsanteile gegen ein über dem Nennwert des Gesellschaftsanteils hinausgehendes (Sach-)Aufgeld (zB Einbringung von Kommanditanteilen) ausgegeben werden und das Aufgeld in einer Kapitalrücklage nach § 272 Abs. 2 Nr. 1 HGB auszuweisen ist, ist ertragsteuerlich in vollem Umfang als Veräußerung zu behandeln (Einheitstheorie). Eine Aufteilung des Einbringungsvorgangs in eine Bareinlage (entgeltlicher Teil) und eine verdeckte Einlage (unentgeltlicher Teil) kommt dann in Betracht, wenn diese auf getrennten Vorgängen beruhen (BFH I R 55/09, BStBl. II 2010, 1094; s. auch Wachter DB 2010, 2137). **1316**

Da neue Anteile nur durch Gesellschaftsgründung oder Kapitalerhöhung entstehen, ist § 20 UmwStG nicht bei einer **verdeckten Einlage** (BFH X R 56/06, BFH/NV 2009, 1411), **verschleierten Sacheinlage** (Bargründung mit ausschließender Einlage, die nicht in das Stammkapital geleistet wird) oder **verschleierten Sachkapitalerhöhung, Ausscheiden der Kommanditisten** aus einer GmbH & Co. KG unter Anwachsung ihrer Anteile nach § 738 BGB aF, §§ 712, 712a BGB, § 105 Abs. 3 HGB ohne Ausgleich iF von neuen Gesellschaftsanteilen an der KapGes und bei **Einbringungen ohne Kapitalerhöhung** nach §§ 54 Abs. 1, 68 Abs. 1 und 2 UmwG anwendbar (*UmwStE* Rn. E 20.10 f.). **1317**

Die **Aufstockung des Nennbetrags** eines bereits bestehenden Geschäftsanteils wird als Gewährung von neuen Anteilen behandelt, weil darin eine Erhöhung **1318** des Nennkapitals gesehen wird und zudem insoweit zwischen einbringendem und übernehmendem Rechtsträger eine neue rechtliche Beziehung entsteht (vgl. Schmitt/Schloßmacher UmwStE 2011 Rn. E 20.10).

1319 Nach dieser Auffassung ist das **sog. erweiterte Anwachsungsmodell,** bei dem die Kommanditisten ihren Mitunternehmeranteil gegen Gewährung neuer Anteile in die Komplementär-GmbH einbringen, nach § 20 UmwStG begünstigt (s. Ort DStR 2009, 192). Eine **einfache Anwachsung** durch ein entschädigungsloses Ausscheiden der Kommanditisten einer GmbH & Co. KG und der damit verbundene Übergang des Gesellschaftsvermögens auf die verbleibende Komplementär GmbH erfüllt mangels Gegenleistung iF von neuen Anteilen diese Voraussetzungen nicht.

1320 Bei einer Einbringung eines Betriebs **ohne Gegenleistung** ist eine nicht begünstigte verdeckte Einlage und damit eine Aufgabe des Gewerbebetriebs iSd § 16 Abs. 3 S. 1 EStG gegeben, weil die Wertsteigerung der Anteile an der KapGes keine Gegenleistung darstellt (BFH VIII R 17/85, BStBl. II 1991, 512; s. Wacker in Schmidt EStG § 16 Rn. 513). Die Gewährung **bereits bestehender eigener Anteile** an der übernehmenden KapGes reicht nicht aus, da insoweit mangels Gesellschaftsgründung oder Kapitalerhöhung keine neuen Anteile entstehen. Die Anwendung des § 20 UmwStG setzt voraus, dass der Einbringende neben den zurückbehaltenen Anteilen auch neue Anteile erhält (*UmwStE* Rn. 20.09).

1321 Eine Sacheinlage in eine **KGaA** gegen Erhöhung des Grundkapitals der Kommandit-Aktionäre erfüllt nach wohl hM die Voraussetzungen des **§ 20 UmwStG.** Bei Einräumung einer Stellung als persönlich haftender Gesellschafter oder Erhöhung dessen Rechte wird eine Einbringung in eine PersGes nach **§ 24 UmwStG** angenommen. Wird iRd Einbringung die Stellung eines persönlich haftenden Gesellschafters und Kommanditaktienkapital gewährt, ist die Anwendung der §§ 20 bzw. 24 UmwStG streitig, weil der einheitliche Einbringungsgegenstand nicht beiden Arten von Gesellschaftsrechten zugeordnet werden kann (s. FGS UmwStE 2011 Rn. E 20.10). Nach Auffassung des **BFH** ist § 24 UmwStG bei Eintritt eines persönlich haftenden Gesellschafters in eine KGaA nicht anzuwenden, weil dadurch neben dem persönlich haftenden Gesellschafter auch die Beteiligung der Kommanditaktionäre (als einbringende Mitunternehmer iSd § 24 UmwStG) einer mitunternehmerischen Beteiligung gleichgestellt und die KGaA (ua entgegen § 1 Abs. 1 Nr. 1 KStG und § 20 Abs. 1 Nr. 1 EStG) insgesamt als PersGes iSd § 24 UmwStG behandelt würde. Dagegen kommt bei Eintritt (Aufnahme) eines weiteren persönlich haftenden Gesellschafters in eine KGaA die Neugründung einer weiteren, die bisherigen und den zusätzlichen Gesellschafter umfassenden PersGes iSd § 24 Abs. 1 UmwStG in Betracht (BFH I R 57/14, BFH/NV 2017, 423). Der Umtausch eines Komplementäranteils bei einer KGaA in Aktienkapital vollzieht sich nach den Regeln des § 20 UmwStG (Kusterer FR 2003, 502 (505)).

1322–1329 *(frei)*

5. Ansatzwahlrecht (§ 20 Abs. 2 UmwStG)

1330 **a) Ansatz des gemeinen Werts.** Nach **§ 20 Abs. 2 S. 1 UmwStG** hat die übernehmende KapGes oder Genossenschaft das eingebrachte Betriebsvermögen als Sachgesamtheit (s. *UmwStE* Rn. 20.17, 03.07) zum steuerlichen Einbringungszeitpunkt grds. mit dem **gemeinen Wert** (§ 9 Abs. 2 BewG) anzusetzen. Dabei sind Pensionsrückstellungen mit dem niedrigeren Wert nach § 6a EStG zu erfassen, sodass insoweit die stillen Reserven nicht aufgedeckt werden. Bei der Aufdeckung der stillen Reserven ist der für die eingebrachte Sachgesamtheit einschließlich des selbstgeschaffenen Geschäfts- und Firmenwerts ermittelte gemeine Wert entsprechend den Teilwerten nach § 6 Abs. 1 Nr. 7 EStG auf die einzelnen Wirtschaftsgüter zu verteilen.

Ein **Mitunternehmeranteil** stellt kein (eigenständiges) immaterielles Wirtschaftsgut dar, das im ertragsteuerlichen Sinne selbst Gegenstand einer Veräußerung oder unentgeltlichen Übertragung sein kann. Die gesellschaftsrechtliche Beteiligung verkörpert nach § 39 Abs. 2 Nr. 2 AO vielmehr die quotale Berechtigung des Gesellschafters an den zum Gesamthandsvermögen gehörenden Wirtschaftsgütern. Mit dem entgeltlichen Übergang des Gesellschaftsanteils werden daher Anteile an den gesamthänderisch gehaltenen Wirtschaftsgütern übertragen (stRspr, BFH IV R 52/08, BStBl. II 2011, 261; IV R 1/11, BFH/NV 2015, 409). Ein Mitunternehmeranteil ist deshalb iRd Gesellschafterwechsels vom übernehmenden Rechtsträger mit dem **Wert des anteiligen Kapitalkontos** (einschließlich Ergänzungs- und Sonderbilanz) als Buchwert bei der Mitunternehmerschaft zu übernehmen (s. *UmwStE* Rn. 20.18, 03.10). Der Differenzbetrag zwischen diesem und dem gemeinen Wert, dh der das übergehende Kapitalkonto übersteigende Betrag ist in der **Ergänzungsbilanz** als **Korrekturposten** auszuweisen (zB BFH IV R 1/11, BFH/NV 2015, 409 Anm. Wendt FR 2015, 552; I R 57/14, BFH/NV 2017, 423; BMF 19.12.2016, BStBl. I 2017, 34). **1331**

§ 20 UmwStG ist eine eigenständige steuerliche Ansatz- und Bewertungsvorschrift (s. BFH I R 27/16, BStBl. II 2018, 449). Die steuerlichen **Ansatzverbote iSd § 5 EStG** gelten daher bei der Einbringung iSd § 20 UmwStG zu einem Zwischenwert oder zum gemeinen Wert nicht, außer die Buchwerte werden fortgeführt. Vom übernehmenden Rechtsträger anlässlich der Einbringung gebildeten Rückstellungen (zB Drohverlustrückstellung iSd § 5 Abs. 4a EStG) sind nach Auffassung der FVerw in der nachfolgenden Steuerbilanz, für die die allgemeinen Grundsätze der §§ 4 ff. EStG gelten, erfolgswirksam aufzulösen (s. *UmwStE* Rn. 20.20, 03.04, 03.06, 04.16; → Rn. 457). **1332**

Das übernommene Betriebsvermögen ist auch insoweit mit dem gemeinen Wert anzusetzen, als iR einer Einbringung für einzelne Wirtschaftsgüter das deutsche **Besteuerungsrecht** hinsichtlich des Gewinns aus der Veräußerung des eingebrachten Betriebsvermögens **erstmals begründet** wird. Die Begründung des deutschen Besteuerungsrechts führt gem. § 4 Abs. 1 S. 8 Hs. 2 EStG zu einer Einlage in das Betriebsvermögen, die nach § 6 Abs. 1 Nr. 5a EStG mit dem gemeinen Wert zu bewerten ist (s. Schmitt in Schmitt/Hörtnagl/Stratz UmwStG § 24 Rn. 167). Der Einheitlichkeitsgrundsatz steht dem nicht entgegen (BT-Drs. 16/2710, 43). **1333**

(frei) **1334–1339**

b) Ansatz des Buchwerts. Gemäß **§ 20 Abs. 2 S. 2** UmwStG kann das übernommene Betriebsvermögen auch einheitlich mit dem **Buchwert** angesetzt werden. **Buchwert** ist der Wert, der sich nach den steuerrechtlichen Vorschriften über die Gewinnermittlung in einer für den steuerlichen Übertragungsstichtag aufzustellenden Steuerbilanz ergibt oder ergäbe (§ 1 Abs. 5 Nr. 4 UmwStG). Der Buchwertansatz erfordert einen entsprechenden Antrag. Wird der Buchwert fortgeführt, gelten die Ansatzverbote des § 5 EStG unverändert, weil insoweit kein Bewertungswahlrecht besteht (s. *UmwStE* Rn. 24.03, 20.20, 03.06). **1340**

Bei Gewährung von sonstigen Gegenleistungen an den Einbringenden können nach **§ 20 Abs. 2 S. 2 Nr. 4** UmwStG die Buchwerte des eingebrachten Betriebs- **1340a** vermögens nur fortgeführt werden, soweit der gemeine Wert der sonstigen Gegenleistungen nicht die Grenzen von 25 % des Buchwertes des eingebrachten Betriebsvermögens oder 500.000 EUR, höchstens jedoch den Buchwert des eingebrachten Betriebsvermögens übersteigt. **Sonstige Gegenleistungen** bleiben damit iHd absoluten Freibetrags bzw. bis zum Viertel der Buchwerte ohne steuerlichen Folgen. Die Zurückbehaltung bestehender Forderungen des einbringenden Mitunternehmers gegen die Mitunternehmerschaft stellt keine Gewährung sonstiger Gegenleistungen dar (*UmwStE* Rn. 20.19a).

1341 Wurde die übernommene Sachgesamtheit mit einem höheren Wert als dem beantragten Buchwert angesetzt **(Buchwertüberschreitung),** ist dieser (Zwischenwert-)Ansatz unrichtig und deshalb zu berichtigen. Die Bewertung einzelner Wirtschaftsgüter mit einem unter dem Buchwert liegenden Wert (Buchwertunterschreitung) ist nur dann möglich, wenn der gemeine Wert der Sachgesamtheit unter der Summe der Buchwerte liegt (s. *UmwStE* Rn. 20.18).

1342 Der Ansatz mit dem Buchwert ist auch zulässig, wenn das eingebrachte Betriebsvermögen in der **Handelsbilanz** mit einem höheren Wert anzusetzen ist (s. BFH I R 98/06, BStBl. II 2008, 916). Unterschreitet der Buchwert des eingebrachten Betriebsvermögens das in der Steuerbilanz ausgewiesene gezeichnete Kapital, ist in der Steuerbilanz in Höhe des Differenzbetrags zu dem in der Handelsbilanz ausgewiesenen Eigenkapital ein (erfolgsneutraler) **Ausgleichsposten** zu bilden. Dieser Ausgleichsposten, der kein Betriebsvermögen bildet, ist insoweit erfolgsneutral auszubuchen, als sich die Differenz zwischen der Aktiv- und Passivseite zB durch Aufdeckung von stillen Reserven mindert (*UmwStE* Rn. 20.20).

1343, 1344 *(frei)*

1345 **c) Ansatz eines Zwischenwerts.** Das Bewertungswahlrecht des **§ 20 Abs. 2 S. 2 UmwStG** lässt auch den Ansatz eines **Zwischenwerts** zu. Auch bei der Einbringung zu einem Zwischenwert ist ein tausch- bzw. anschaffungsähnlicher Vorgang gegeben (zB BFH I R 33/14, BStBl. II 2016, 913). Die Obergrenze bildet der gemeine Wert der Sachgesamtheit. Bei einer Sacheinlage mit Zwischenwerten (Begriff BFH III R 39/91, BStBl. II 1994, 458; II R 13/90, BStBl. II 1994, 759) sind die stillen Reserven in den einzelnen Wirtschaftsgütern durch Anwendung eines einheitlichen Prozentsatzes nach dem Verhältnis der stillen Reserven aufzudecken (s. *UmwStE* Rn. 20.18 f., 03.25). Dies gilt auch für einen vorhandenen **Geschäfts-** oder **Firmenwert,** soweit die übernehmende Körperschaft nicht die Buchwerte fortführt (s. *UmwStE* Rn. 20.18, 03.25). Eine Wertaufstockung ist nur dann zulässig, wenn der Gesamtwert der eingebrachten Sachgesamtheit iSd § 20 Abs. 1 UmwStG die Buchwerte der aktiven Wirtschaftsgüter übersteigt, wobei ein negativer Geschäftswert deren stillen Reserven entsprechend mindert. Ein negativer Geschäftswert führt beim Erwerber (übernehmende KapGes) nach dem Anschaffungskostenprinzip zu einer entsprechenden proportionalen Abstockung des aktiven Betriebsvermögens (BFH I R 33/14, BStBl. II 2016, 913 zu UmwStG 1995; s. *UmwStE* Rn. 20.18, 03.26, 03.07).

1346 Ein Zwischenwert ist **zwingend** anzusetzen, soweit das eingebrachte Betriebsvermögen **negativ** ist (§ 20 Abs. 2 S. 2 Nr. 2 UmwStG) oder der gemeine Wert der neben den Gesellschaftsanteilen erhaltenen sonstigen Gegenleistungen den sich nach § 20 Abs. 2 S. 2 Nr. 4 UmwStG ergebenden Wert übersteigt (§ 20 Abs. 2 S. 4 UmwStG), nicht jedoch, wenn das eingebrachte Betriebsvermögen im Rückwirkungszeitraum durch Entnahmen iSd § 20 Abs. 5 S. 2 UmwStG in

Höhe des unangemessenen Teils der Leistungsvergütung an Mitunternehmer negativ wird (BFH I R 12/16, BFH/NV 2018, 1063; *UmwStE* Rn. 20.19; → Rn. 1482). Entnahmen und Einlagen iSd § 20 Abs. 5 S. 2 UmwStG sind für Zwecke von § 20 Abs. 2 S. 2 Nr. 2 und 4 sowie S. 4 UmwStG zu berücksichtigen (§ 20 Abs. 2 S. 5 UmwStG). Soweit Entnahmen und Einlagen (und ggf. unter Berücksichtigung von sonstigen Gegenleistungen) zu einem negativen Betriebsvermögen und somit zu negativen Anschaffungskosten führen würden, sind die aktiven Wirtschaftsgüter durch Ansatz von Zwischenwerten einheitlich aufzustocken (*UmwStE* Rn. 20.19).

Der Wert, mit dem das eingebrachte Betriebsvermögen in der steuerlichen **1347** Schlussbilanz angesetzt wird, bildet den **Veräußerungspreis** des Einbringenden und dessen **Anschaffungskosten** der neuen Geschäftsanteile iSd § 20 Abs. 3 S. 1 UmwStG sowie die Anschaffungskosten des eingebrachten Betriebsvermögens der übernehmenden Gesellschaft (s. *UmwStE* Rn. 20.20).

(frei) **1348, 1349**

d) Voraussetzungen des Bewertungswahlrechts. Das **Bewertungswahl-** **1350** **recht** kann nur von der übernehmenden KapGes **ausgeübt** werden. Der Einbringende hat grds. kein Mitwirkungsrecht. Auf deren **Antrag** darf diese das übernommene Betriebsvermögen als Sachgesamtheit einschließlich des Sonderbetriebsvermögens bezogen auf den jeweiligen Einbringungsvorgang einheitlich mit seinem Buchwert oder mit einem höheren Wert ansetzen (§ 20 Abs. 2 S. 2 UmwStG), soweit **(1.)** die spätere Besteuerung des übernommenen Betriebsvermögens mit KSt gesichert ist, **(2.)** das eingebrachte Betriebsvermögen kein negatives Kapital ausweist, **(3.)** das inländische Besteuerungsrecht hinsichtlich des Gewinns aus der Veräußerung der eingebrachten Wirtschaftsgüter nicht ausgeschlossen oder beschränkt wird und **(4.)** der gemeine Wert der sonstigen Gegenleistungen, die neben den neuen Gesellschaftsanteilen von der übernehmenden Gesellschaft gewährt werden, nicht mehr als 25 Prozent des Buchwerts des eingebrachten Betriebsvermögens oder 500.000 EUR, höchstens jedoch den Buchwert des eingebrachten Betriebsvermögens beträgt.

aa) Gesicherte Besteuerung (Nr. 1). Durch die gesicherte **Besteuerung** **1351** **mit KSt** iSd § 20 Abs. 2 S. 2 Nr. 1 UmwStG soll ein erfolgsneutraler Übergang des eingebrachten Betriebsvermögens auf eine steuerbefreite Körperschaft und damit der endgültige Verlust der Besteuerungsmöglichkeit der stillen Reserven verhindert werden. Die KSt-Pflicht der übernehmenden Körperschaft stellt grds. auf den steuerlichen Zeitpunkt der Einbringung ab, weil bei einem späteren Wegfall der KSt-Pflicht die allgemeinen steuerlichen Grundsätze (zB § 13 Abs. 1 KStG) zur Anwendung kommen (s. FGS UmwStE 2011 Rn. 20.12).

Bei der Einbringung von Unternehmensteilen in eine **steuerfreie KapGes** **1352** nach § 5 KStG ist das übernommene Betriebsvermögen mit dem gemeinen Wert anzusetzen. Eine Einbringung zu Buch- oder Zwischenwerten schließt § 20 Abs. 2 S. 2 Nr. 1 UmwStG insoweit aus.

Der Besteuerung iSd § 20 Abs. 2 S. 2 Nr. 1 UmwStG entspricht auch eine mit **1353** der inländischen KSt **vergleichbare ausländische Steuer** (s. *UmwStE* Rn. 20.19, 03.17).

(frei) **1354–1359**

bb) Positives Betriebsvermögen (Nr. 2). Der Wert des eingebrachten **1360** Betriebsvermögens darf nicht negativ sein (§ 20 Abs. 2 S. 2 Nr. 2 UmwStG). Die

Voraussetzungen dieser Regelung sind sowohl für jeden Gesellschafter als auch für jeden einzelnen Sacheinlagegegenstand gesondert zu prüfen (BFH I R 19/16, BStBl. II 2019, 385). Die Einbringung von Unternehmensteilen in eine KapGes setzt steuerrechtlich die Gewährung von neuen Anteilen an der übernehmenden Gesellschaft und damit eine Kapitalerhöhung voraus (§ 20 Abs. 1 UmwStG). Soweit die Passivposten des eingebrachten Betriebsvermögens die Aktivposten übersteigen, hat die KapGes das eingebrachte Betriebsvermögen durch Auflösung von stillen Reserven mindestens so anzusetzen, dass sich die Aktivposten und die Passivposten ausgleichen; dabei ist das Eigenkapital nicht zu berücksichtigen (s. BFH I R 12/16, BFH/NV 2018, 1063; I R 19/16, BStBl. II 2019, 385). Der gemeine Wert darf dabei nicht überschritten werden. Maßgebend sind die Verhältnisse zum steuerlichen Einbringungsstichtag (§ 20 Abs. 5 S. 1 UmwStG; s. auch BFH I R 12/16, BFH/NV 2018, 1063). Ein negatives Betriebsvermögen kann daher nicht im Rückbeziehungszeitraum durch Einlagen ausgeglichen werden (§ 20 Abs. 6, 5 S. 2 UmwStG, *UmwStE* Rn. 20.19).

1361 Bei der Einbringung von **Mitunternehmeranteilen** ist von dem auf den jeweiligen Einbringenden entfallenden Kapitalkonto einschließlich bestehender Ergänzungs- und Sonderbilanzen als Buchwertansatz auszugehen, soweit die jeweiligen Wirtschaftsgüter mit eingebracht werden (s. *UmwStE* Rn. 20.19). Bei gleichzeitiger Einbringung von Anteilen an mehreren Mitunternehmerschaften sind die Sacheinlagen iSd § 20 Abs. 1 S. 1 UmwStG jeweils gesondert nach Maßgabe des § 20 Abs. 2 UmwStG zu bewerten (BFH I R 19/16, BStBl. II 2019, 385).

1362–1364 *(frei)*

1365 **cc) Uneingeschränktes Besteuerungsrecht (Nr. 3).** Das deutsche Besteuerungsrecht wird bei grenzüberschreitenden Sacheinbringungen grds. dann iSd § 20 Abs. 2 S. 2 Nr. 3 UmwStG ausgeschlossen bzw. beschränkt, wenn nach der Einbringung nur noch eine Anrechnungspflicht besteht oder die bisherige Anrechnungspflicht untergeht. Dies ist zB der Fall, wenn ein unbeschränkt Steuerpflichtiger inländische Wirtschaftsgüter in eine ausländische KapGes einbringt und diese der ausländischen Betriebsstätte zuzurechnen sind (s. *UmwStE* Rn. 20.19).

1366, 1367 *(frei)*

1368 **dd) Sonstige Gegenleistungen (Nr. 4).** Eine Einbringung zum Buchwert (erfolgsneutral) bzw. zu Zwischenwerten ist bei Erbringung von sonstigen Gegenleistungen durch den übernehmenden Rechtsträger nur insoweit möglich, als der gemeine Wert der sonstigen Gegenleistungen die Grenzen von 25 % des Buchwerts des eingebrachten Betriebsvermögens (relative Grenze) oder von 500.000 EUR (absolute Grenze), höchstens jedoch den Buchwert des eingebrachten Betriebsvermögens nicht übersteigt. Demnach sind sonstige Gegenleistungen (Ausgleichszahlungen) bis zu 25 % des Buchwerts des eingebrachten Betriebsvermögens bzw. bis zu 500.000 EUR steuerlich unschädlich. Diese Grenzen wirken wie Freibeträge. Soweit die sonstigen Gegenleistungen diese Grenzen überschreiten, ist das eingebrachte Betriebsvermögen gem. § 20 Abs. 2 S. 1 UmwStG mit dem gemeinen Wert anzusetzen (BR-Drs. 18/4902, 48 f., 18/6094, 84 f.; s. auch Ettinger/Mörz GmbHR 2016, 154; → Rn. 1380 ff.). Sonstige Gegenleistungen führen insoweit zur Aufdeckung von stillen Reserven und zur Erhöhung des Übertragungsgewinns iSd § 20 Abs. 3 UmwStG. Auf den Mindestansatz iSd § 20 Abs. 1 S. 4 UmwStG wird verwiesen.

Überschreitungen der Wertgrenzen iSd § 20 Abs. 2 S. 2 Nr. 4 UmwStG führen gem. § 20 Abs. 3 UmwStG zu einer fiktiven Veräußerung und damit zu einem Veräußerungspreis. Dieser ist nach den allgemeinen Grundsätzen zu bestimmen. **Sonstige Gegenleistungen** wie Geldzahlungen oder Darlehensforderungen (BFH IV R 6/21, BStBl. II 2025, 403) sind demnach alle Leistungen, die der Einbringende (Veräußerer) neben den Gesellschaftsanteilen in unmittelbarem wirtschaftlichen Zusammenhang mit der Einbringung vom erwerbenden Rechtsträger oder von einem Dritten für den jeweiligen Gegenstand der Sacheinlage (offen oder verdeckt) erlangt. Der Veräußerungspreis kann auch aus Vorteilen bestehen, die dem Einbringenden nicht tatsächlich zufließen, sondern nur mittelbar in der Weise zugewendet werden, dass eine ihm nahestehende Person aus der Vermögensverlagerung Nutzen zieht (BFH IV R 33/11, BStBl. II 2015, 717). Als Gegenleistungen kommen somit zB Geld- und Sachleistungen sowie nicht bilanzierungsfähige, schuldrechtliche Absprachen in Betracht (→ Rn. 1381).

Soweit eine der Voraussetzungen des § 20 Abs. 2 Nr. 1–4 UmwStG nicht erfüllt **1369**
ist, ist das eingebrachte Betriebsvermögen mit dem gemeinen Wert anzusetzen. Das Bewertungswahlrecht iSd § 20 Abs. 2 UmwStG ist ein **eigenständiges,** von den handelsrechtlichen Grundsätzen unabhängiges **Wahlrecht.** Der höchst zulässige Wert ist der gemeine Wert der Sachgesamtheit. Außerdem gelten beim Ansatz eines Zwischenwerts oder des gemeinen Werts für das übergehende Betriebsvermögen zum Einbringungszeitpunkt die steuerlichen **Ansatzverbote des § 5 EStG** nicht. Nach Auffassung der FVerw sind jedoch zum folgenden Bilanzstichtag die Grundsätze des § 5 EStG zu beachten. Dies bedeutet, dass in der Steuerbilanz die Wertansätze entsprechend erfolgswirksam zu korrigieren sind (s. *UmwStE* Rn. 20.20; → Rn. 457).

e) Ausübung des Bewertungswahlrechts. Nach **§ 20 Abs. 2 S. 3** UmwStG **1370**
wird das **Wahlrecht ausgeübt,** wenn die Steuererklärung mit der dazugehörenden Bilanz beim Finanzamt eingereicht und vorbehaltlos erklärt wird, das Wahlrecht in bestimmter Weise ausüben zu wollen. Den formlosen und bedingungslosen Antrag kann die übernehmende Gesellschaft spätestens mit Abgabe ihrer steuerlichen Schlussbilanz bei dem für sie örtlich zuständigen Finanzamt stellen. Dieser kann **nicht widerrufen** oder **geändert** werden. Bei der **steuerlichen Schlussbilanz** handelt es sich nicht um eine eigenständige, sondern um die (reguläre) Steuerbilanz, in der das übernommene Betriebsvermögen erstmals anzusetzen ist (FG München 6 K 3548/12, DStRE 2015, 35; BFH I R 69/15, BStBl. II 2017, 75). Sie ist auf den Schluss des Tages (31.12.2001) zu erstellen, der dem handelsrechtlichen Umwandlungsstichtag (1.1.2002) vorangeht. Der übernehmende Rechtsträger hat somit eine auf den 1.1.2002 erstellte Eröffnungsbilanz und eine auf den 31.12.2001 erstellte steuerliche Schlussbilanz, die als einzigen Geschäftsvorfall die Übernahme des Betriebsvermögens abbildet, unter Ansatz aufgestockter Werte abzugeben (LfSt Bay 11.11.2014, DStR 2015, 429; → Rn. 363). Das Bewertungswahlrecht kann nur **einheitlich** für das übernommene Betriebsvermögen als Sachgesamtheit ausgeübt werden.

Der Antrag, mit dem das Wahlrecht ausgeübt wird, ist entweder ausdrücklich oder konkludent in der **Steuerbilanz** zu stellen. Mit Abgabe der Steuererklärung nebst einer Bilanz und Übergangsrechnungen ist die Frist zur Ausübung des Bewertungswahlrechts abgelaufen. Maßgehend ist in diesem Fall der in der Steuerbilanz angesetzte Wert. Dies gilt bei der Abgabe einer Handelsbilanz ggf. mit Korrekturen iSd § 60 Abs. 2 EStDV entsprechend (vgl. FG München 6 K 3548/12, DStRE 2015, 35).

Ein **unklarer Antrag** gilt als nicht gestellt. Bei einem **Zwischenwertansatz** muss der Antrag den Betrag oder den Prozentsatz der aufzudeckenden stillen Reserven enthalten (s. auch *UmwStE* Rn. 20.21 ff.).

1371 Eine **nachträglich anderweitige Ausübung** des Wahlrechts im Wege einer Bilanzberichtigung oder Bilanzänderung ist nicht möglich (BFH I R 98/06, BStBl. II 2008, 916; IX R 26/09, BFH/NV 2010, 2067). Dagegen sind die Grundsätze der **Bilanzberichtigung** nach § 4 Abs. 2 S. 1 EStG anzuwenden, wenn das eingebrachte Betriebsvermögen mit dem gemeinen Wert angesetzt wurde und sich später herausstellt, dass die Bilanzansätze fehlerhaft sind (FG Köln 15 K 4963/01, EFG 2009, 448; *UmwStE* Rn. 20.24).

1372 Der **Einbringende** ist an die Wertansätze der übernehmenden KapGes gebunden. Eine **spätere** Änderung des Wertansatzes bei der übernehmenden KapGes hat daher eine entsprechende Berichtigung beim Einbringenden zur Folge (BFH I R 97/10, BStBl. II 2011, 815), denn der Einbringende kann die Wertermittlung der übernehmenden Gesellschaft nicht überprüfen (BFH I R 79/10, BStBl. II 2012, 421). Gegen den Ansatz eines höheren Wertes (Zwischenwert oder gemeiner Wert) durch die FVerw kann mangels Beschwer nicht die übernehmende Gesellschaft, sondern der Einbringende durch Anfechtung von deren Steuerfestsetzung vorgehen (**sog. Drittanfechtung;** BFH I R 79/10, BStBl. II 2012, 421; I B 168/13, BFH/NV 2014, 921; I R 1/13, BFH/NV 2015, 690; I R 77/13, BFH/NV 2016, 959; I R 69/15, BStBl. II 2017, 75; s. auch FM MV 1.11.2012, DStR 2013, 973). Die zum UmwStG 1995 ergangene BFH-Rspr. ist auch auf den **Anteilstausch** nach § 21 UmwStG 2006 anzuwenden (BFH I R 77/13, BFH/NV 2016, 959).

1373 Auch bei der Einbringung von **Mitunternehmeranteilen** übt die übernehmende KapGes das Bewertungswahlrecht aus und stellt den entsprechenden Antrag iSd § 20 Abs. 2 S. 2 UmwStG bei dem für sie zuständigen Finanzamt. Der von ihr **angesetzte Wert** iSd § 20 Abs. 2 UmwStG ist für ihre Besteuerung und die des Einbringenden grds. **bindend.** Soweit bei der übernehmenden KapGes zB wegen der Überschreitung des zulässigen Wertansatzes **Korrekturen** veranlasst sind, sind diese gem. § 175 Abs. 1 S. 1 Nr. 2 AO auch beim Einbringenden durchzuführen (s. *UmwStE* Rn. 20.22 ff.).

1374 Bei Einbringung der übergehenden Wirtschaftsgüter zu einem **Zwischenwert** unterbleibt eine Korrektur, wenn die Wertansätze unter dem gemeinen Wert und über dem Buchwert liegen (s. *UmwStE* Rn. 20.22 ff.). In der Praxis bietet sich in diesen Fällen die Einholung einer verbindlichen Auskunft oder die Anregung einer Zuständigkeitsvereinbarung (§ 27 AO) iR eines einheitlichen Antrags der Beteiligten an, um nähere Kenntnisse über die veranlassten Korrekturen der Wertansätze zu erlangen (s. FGS UmwStE 2011 Rn. 20.22).

1375–1379 *(frei)*

6. Sonstige Gegenleistungen (§ 20 Abs. 2 S. 4 UmwStG)

1380 Gemäß **§ 20 Abs. 2 S. 2 Nr. 4 und S. 4, Abs. 3 S. 3 UmwStG, § 21 Abs. 1 S. 2 Nr. 2 und S. 4, Abs. 2 S. 6 UmwStG** können dem Einbringenden neben Gesellschaftsanteilen in begrenztem Umfang auch **sonstige Gegenleistungen** erfolgsneutral gewährt werden. Die Gegenleistungen für die Sacheinlage müssen damit nicht notwendig in vollem Umfang in Gesellschaftsanteilen bestehen. Erhält der Einbringende zusätzlich zu den Gesellschaftsanteilen sonstige Leistungen ua in der Form von anderen Wirtschaftsgütern, ist dieser Vorgang als (anteilige)

Veräußerung zu behandeln, soweit die Wertgrenzen des § 20 Abs. 2 S. 2 Nr. 4 UmwStG überschritten werden.

Als **sonstige Gegenleistungen** der übernehmenden Gesellschaft kommen ua Barzahlungen, Sachwerte, eigene Anteile des übernehmenden Rechtsträgers, die Übernahme von bestehenden Verbindlichkeiten des Einbringenden mit Entgeltcharakter (vgl. BFH IV R 52/08, BStBl. II 2011, 261; I R 28/11, BFH/NV 2013, 884), oder die Gewährung eines Gesellschafterdarlehens sowie schuldrechtliche, nicht bilanzierungsfähige Leistungen wie die Gewährung von Sonderstimmrechten bzw. Sondergewinnbezugsrechten in Betracht. Dagegen handelt es sich bei der **Übernahme von Verbindlichkeiten** der eingebrachten Sachgesamtheit (unselbstständiger Bilanzposten) mangels eines Entgeltcharakters um keine sonstigen Gegenleistungen (s. BFH X B 172/09, BFH/NV 2010, 2053; Kulosa in Schmidt EStG § 6 Rn. 719). Ebenso stellt die Zurückbehaltung bestehender Forderungen des einbringenden Mitunternehmers gegen die Mitunternehmerschaft keine Gewährung sonstiger Gegenleistungen dar (*UmwStE* Rn. 20.19a). Keine sonstige Gegenleistungen der übernehmenden Gesellschaft sind auch Zuführungen des Gesellschafters zu den offenen Rücklagen nach § 272 Abs. 2 Nr. 4 HGB, § 27 Abs. 1 KStG, die im Rahmen der Eigenkapitalgliederung hinsichtlich des eingebrachten Vermögens statt der Ausgabe von neuen Anteilen teilweise vorgenommen werden können (*UmwStE* Rn. E 20.11). **1381**

Nach **§ 20 Abs. 2 S. 4 UmwStG** ist das eingebrachte Betriebsvermögen mindestens mit dem gemeinen Wert der sonstigen Gegenleistungen anzusetzen, wenn dieser den sich nach § 20 Abs. 2 S. 2 UmwStG ergebenden Wert übersteigt. Damit sollen negative Anschaffungskosten der als Gegenleistung gewährten Anteile, die durch die Grenzbeträge des § 20 Abs. 2 S. 2 Nr. 4 UmwStG eintreten können, vermieden werden. Dies ist dann der Fall, wenn der Ansatz des eingebrachten Betriebsvermögens nach § 20 Abs. 2 S. 2 UmwStG (anteiliger Buchwert des eingebrachten Betriebsvermögens und Wert der sonstigen Gegenleistungen nach Abzug des günstigeren Grenzbetrags nach § 20 Abs. 2 S. 2 Nr. 4 UmwStG) unter dem gemeinen Wert der sonstigen Gegenleistungen liegt (s. BR-Drs. 18/6094, 84 f.; Ritzer/Stangl DStR 2015, 849). In diesem Fall ist der Buchwert des eingebrachten Betriebsvermögens vom übernehmenden Rechtsträger unter Aufdeckung von stillen Reserven mindestens auf den gemeinen Wert der sonstigen Gegenleistungen **aufzustocken** (§§ 20 Abs. 2 S. 4, 21 Abs. 1 S. 4 UmwStG). Der Differenzbetrag zwischen dem niedrigeren Nennwert der neuen Anteile und dem Buchwert der Sacheinlage bzw. sonstigen Gegenleistungen kann grds. durch eine Zuführung zu den offenen Rücklagen iSd § 27 KStG ausgeglichen werden (s. Schmitt/Schloßmacher UmwStE 2011 Rn. 20.11). Zur Vermeidung einer verdeckten Gewinnausschüttung sind **Ausgleichszahlungen** wegen des Mehrwerts der Sacheinlage im Gesellschaftsvertrag zu regeln (Widmann StbJb 1985/86, 124). **1382**

Der gemeine Wert der anderen Wirtschaftsgüter ist gem. **§ 20 Abs. 3 S. 3 UmwStG** von den Anschaffungskosten der Gesellschaftsanteile abzuziehen. S. BR-Drs. 18/4902, 49 f.; 9. Auflage. **1383**

(frei) **1384–1399**

7. Veräußerungspreis und Anschaffungskosten der Anteile (§ 20 Abs. 3 UmwStG)

Die Sacheinlage iSd § 20 Abs. 1 UmwStG unterstellt beim Einbringenden eine Veräußerung und führt damit zu einem **Veräußerungsgewinn,** soweit bei der **1400** übernehmenden Gesellschaft die Buchwerte des eingebrachten Betriebsvermögens nicht fortgeführt werden. Der Wert, mit dem die KapGes das eingebrachte Betriebsvermögen in der steuerlichen Schlussbilanz ansetzt, stellt für den Einbringenden den Veräußerungspreis und gleichzeitig die **Anschaffungskosten** für die neuen Anteile an der KapGes iSd § 20 Abs. 3 S. 1 UmwStG dar, selbst wenn der Wert des Betriebsvermögens zu niedrig ausgewiesen wurde (BFH I R 111/00, BFH/NV 2002, 628; I R 97/10, BStBl. II 2011, 815). Die Begrenzung des Bewertungswahlrechts auf den gemeinen Wert (§ 20 Abs. 2 S. 1 f. UmwStG) gilt nur für die übernehmende Gesellschaft (BFH I R 111/05, BStBl. II 2008, 536).

1401 Beim **Einbringenden** ist die zutreffende Wertermittlung aufgrund der Fiktion des § 20 Abs. 3 S. 1 UmwStG nicht zu prüfen. Der Wertansatz des übernehmenden Unternehmens ist für ihn bindend, wenn die Voraussetzungen einer Sacheinlage iSd § 20 Abs. 1 S. 1 UmwStG tatsächlich vorliegen. Ist das nicht der Fall und hat für die KapGes kein Bewertungswahlrecht bestanden, führt der unzutreffende Buchwertansatz durch die KapGes bei einer späteren Veräußerung der Anteile (beim Einbringenden) nicht zu einer Gewinnrealisierung iSd § 22 UmwStG iVm § 16 EStG (BFH I R 97/08, BStBl. II 2010, 808; IX R 26/09, BFH/NV 2010, 2067).

1402 Für die Bestimmung des **Veräußerungspreises** des Einbringenden iSd **§ 20 Abs. 3 S. 1 UmwStG** ist es nicht erforderlich, dass dieser die neuen Anteile bereits erhalten hat. Geht das Eigentum an den neuen Anteilen jedoch später nicht über, stellt dies ein **rückwirkendes Ereignis** iSd § 175 Abs. 1 S. 1 Nr. 2 AO dar (BFH IX R 26/09, BFH/NV 2010, 2067).

1403 Eine **Änderung des** von der aufnehmenden KapGes **angesetzten Werts** iR deren Besteuerung hat wegen der Anbindung der Besteuerung des Einbringenden an die von der aufnehmenden Gesellschaft angesetzten Werte zugleich eine Korrektur des beim Einbringenden zu berücksichtigenden Veräußerungspreises zur Folge (BFH I R 97/10, BStBl. II 2011, 815). Den Ansatz eines höheren Werts durch die FVerw kann nur der Einbringende anfechten (**sog. Drittanfechtung,** BFH I R 79/10, BStBl. II 2012, 421; I R 69/15, BStBl. II 2017, 75; → Rn. 1372).

Eine gewinnerhöhende **Wertaufholung** iSd § 6 Abs. 1 Nr. 2 S. 3 EStG iVm § 6 Abs. 1 Nr. 1 S. 4 EStG ist auch dann vorzunehmen, wenn nach einer ausschüttungsbedingten Teilwertabschreibung von GmbH-Anteilen diese später werthaltig werden. Eine Wertaufholung bis zur Höhe der historischen Anschaffungskosten ist nicht zu beanstanden (BFH I R 49/15, BStBl. II 2017, 1002). Zur Mitverstrickung von (Alt-)Anteilen → Rn. 1850, 1852).

1404 Die **erhaltenen Anteile** sind mit dem **gemeinen Wert** des eingebrachten Betriebsvermögens zum Zeitpunkt der Einbringung anzusetzen, soweit das eingebrachte Betriebsvermögen wegen des Ausschlusses des deutschen Besteuerungsrechtes bisher nicht steuerverstrickt war und durch die Einbringung auch nicht steuerverstrickt wird **(§ 20 Abs. 3 S. 2 UmwStG).** Dies gilt für das eingebrachte Betriebsvermögen einer ausländischen Betriebsstätte, das der Freistellungsmethode unterliegt. Um eine mögliche Verstrickung der im ausländischen Betriebsstättenvermögen enthaltenen stillen Reserven zu vermeiden, wird insoweit die Verknüpfung der Anschaffungskosten der erhaltenen Anteile mit dem Übernahmewert aufgegeben (Hörtnagl Stbg 2007, 257).

1405 Die Anschaffungskosten für die Gesellschaftsanteile sind um den gemeinen Wert der anderen Wirtschaftsgüter, die neben den Gesellschaftsanteilen als Gegenleistung gewährt werden, zu mindern **(§ 20 Abs. 3 S. 3 UmwStG).**

Der bei der Sacheinlage entstehende **Veräußerungsgewinn** des Einbringenden ist nach allgemeinen Grundsätzen (vgl. § 16 Abs. 2 und 4 EStG) wie folgt zu **ermitteln:** 1406

Veräußerungspreis iSd § 20 Abs. 3 S. 1 UmwStG (grds. Wertansatz des eingebrachten Betriebsvermögens durch übernehmende Gesellschaft)
./. Einbringungskosten des Einbringenden
./. Buchwert des eingebrachten Betriebsvermögens (§ 1 Abs. 5 Nr. 4 UmwStG)

= Veräußerungsgewinn/-verlust (Einbringungsgewinn/-Verlust)

Ein **Einbringungs- bzw. Veräußerungsgewinn entsteht** grds. beim Ansatz des übernommenen Betriebsvermögens mit einem **Zwischenwert** oder dem **gemeinen Wert.** Der Veräußerungspreis wird in diesen Fällen durch den Wert bestimmt, mit dem die übernehmende Gesellschaft das eingebrachte Betriebsvermögen ansetzt. Werden von der übernehmenden KapGes **sonstigen Gegenleistungen** iSd § 20 Abs. 2 S. 2 Nr. 4 UmwStG erbracht, ist der Veräußerungspreis (-gewinn) nach Maßgabe dieser Vorschrift zu erhöhen (→ Rn. 1380 ff.). Dies gilt entsprechend zB bei **Zurückbehaltung von Wirtschaftsgütern** des Betriebsvermögens. Nicht eingebrachtes und auch nicht anderweitig betrieblich gehaltenes **Sonderbetriebsvermögen** einer Mitunternehmerschaft ist entsprechend § 16 Abs. 3 S. 7 EStG mit dem gemeinen Wert anzusetzen (BFH IV R 52/87, BStBl. II 1988, 829).

Einbringungskosten sind alle Aufwendung, die dem Einbringenden entstehen und die durch die Einbringung veranlasst sind. Ein unmittelbarer sachlicher Zusammenhang mit der Einbringung ist nicht erforderlich (Wacker in Schmidt EStG § 16 Rn. 300 ff.). Dazu gehören zB Rechts-, Steuerberatungs-, Notarkosten und Grundbuchgebühren (zB Ott DStR 2016, 777). **Objektbezogene Kosten** des übernehmenden Rechtsträgers (zB Grunderwerbsteuer) haben keine Auswirkung auf den Einbringungsgewinn idR des Veräußerungsgewinns. Die Übernahme von Einbringungskosten des Einbringenden durch die übernehmende KapGes kann zu **verdeckten Gewinnausschüttungen** bzw. sonstigen Gegenleistungen iSd § 20 Abs. 2 S. 2 Nr. 4 UmwStG führen.

Zum **Veräußerungsgewinn** gehören auch Erträge aus der Auflösung von **Rücklagen** nach **§ 6b** und **§ 7g EStG** anlässlich des Einbringungsvorgangs (s. BFH X R 31/03, BStBl. II 2007, 862; BMF 30.10.2007, BStBl. I 2007, 790; Menner in HMB UmwStG § 20 Rn. 436). Ein **Einbringungsverlust** ist grds. mit positiven Einkünften zu verrechnen. Zu Steuervergünstigungen → Rn. 1465 ff.

Vom Einbringungsgewinn ist der **Konfusionsgewinn** iSd § 6 UmwStG zu 1407
unterscheiden. Ein solcher entsteht, wenn sich die durch die Einbringung untergehenden Forderungen und Verbindlichkeiten des Einbringenden und des übernehmenden Rechtsträgers nicht betragsmäßig entsprechen. Dies gilt ebenso für den **Übergangsgewinn** iR eines Wechsels der Gewinnermittlung zum steuerlichen Übertragungsstichtag.

Der **Veräußerungsgewinn** ist nach den **allgemeinen Grundsätzen** zu ver- 1408
steuern. Dabei reicht der Vorrang der Regelungen in § 20 UmwStG gegenüber dem allgemeinen Gewinnrealisierungstatbestand der §§ 2 Abs. 2 Nr. 1, 15 EStG und der Begünstigung nach § 16 EStG nur soweit, als es um spezifische Rechtsfolgen der Sacheinlage wie zB die Bestimmung des Veräußerungspreises iSd § 16 Abs. 2 EStG durch § 20 Abs. 3 UmwStG oder des Übertragungsstichtags durch § 20 Abs. 6 UmwStG geht (BFH I R 21/10, BFH/NV 2011, 258; I R 27/16,

BStBl. II 2018, 449). Zur Anwendung des § 16 Abs. 4 EStG und des § 34 Abs. 1 u. 3 EStG s. § 20 Abs. 4 UmwStG. Werden auch Beteiligungen an KapGes und Genossenschaften miteingebracht, sind insoweit § 8b KStG oder § 3 Nr. 40 EStG anzuwenden. IÜ s. 9. Auflage.

1409–1425 *(frei)*

8. Einzelfragen der Sacheinlage

1426 **a) Einbringung der wesentlichen Betriebsgrundlagen.** Bei einer **Betriebsaufspaltung** handelt es sich nicht um eine Betriebseinbringung iSd § 20 UmwStG (BFH XI R 58-59/92, DStR 1993, 1174). Die Übertragung von einzelnen Wirtschaftsgütern auf die Betriebs-KapGes erfolgt gem. § 6 Abs. 6 S. 2 EStG unter Aufdeckung der stillen Reserven im Wege der verdeckten Einlage mit dem Teilwert (BFH X R 37/03, BeckRS 2004, 25007094). Um diesen Teilwert sind die Anschaffungskosten der Beteiligung an der Betriebs-KapGes zu erhöhen.

1427 Bringen die Gesellschafter der Besitzgesellschaft iRd **Beendigung der Betriebsaufspaltung** ihr Anteile an der Besitzgesellschaft in die Betriebs-GmbH gegen Gewährung neuer Anteile an der aufnehmenden Betriebs-GmbH unter gleichzeitiger Kapitalerhöhung ein, kommt grds. eine Einbringung des Besitzunternehmens nach § 20 Abs. 1 UmwStG in Betracht (BFH I R 7/16, BStBl. II 2019, 738). Denn die Anteile an der Betriebs-GmbH, die Sonderbetriebsvermögen der Gesellschafter des Besitzunternehmens bilden, werden mit deren Einbringung zu **sog. eigenen Anteilen** der übernehmenden KapGes. Wurden die Anteile unter Hinweis auf die zivilrechtliche Regelung zurückbehalten, ist die Einbringung des Betriebsvermögens eines Einzelunternehmens so zu behandeln, als ob die Anteile im Tausch gegen gleiche andere Anteile tatsächlich eingebracht worden wären (BFH VIII R 25/98, BStBl. II 2001, 321). In diesem Fall kommt auf Antrag eine **Billigkeitsregelung** zur Anwendung, wonach die einbringenden Gesellschafter des Besitzunternehmens die zurückbehaltenen Anteile für **erhaltene** (steuerverstrickte) **Anteile** iSd § 22 Abs. 1 UmwStG erklären und diese als solche zu behandeln sind (s. *UmwStE* Rn. 20.09). Die Billigkeitsregelung kommt nur bei Einbringungen zu Buch- oder Zwischenwerten in Betracht. Die **Einbringung des Besitzunternehmens** als Ganzes in eine Betriebs-GmbH gem. § 20 UmwStG zu Buchwerten setzt grds. die Übertragung aller wesentlichen Betriebsgrundlagen einschließlich des Sonderbetriebsvermögens voraus (BFH I R 72/08, BStBl. II 2010, 471; X B 172/09, BFH/NV 2010, 2053; I R 7/16, BFH/NV 2018, 810).

1428–1434 *(frei)*

1435 **b) GmbH & Co. KG.** Wird das Vermögen einer GmbH & Co. KG auf die Komplementär-GmbH übertragen, so gehörten nach der bisher überwiegenden Auffassung auch die Anteile an der aufnehmenden GmbH, die grds. Sonderbetriebsvermögen II darstellen, zu dem einzubringenden Betriebsvermögen nach §§ 20 ff. UmwStG (Wacker in Schmidt EStG § 16 Rn. 413 f.). Werden mit dem eingebrachten Betrieb oder Teilbetrieb Anteile an der übernehmenden KapGes mit eingebracht, werden diese Anteile zu sog. **eigenen Anteilen.** Der Erwerb eigener Anteile ist für die KapGes handelsrechtlich nur beschränkt möglich. Die **FVerw** verzichtet deshalb im Wege einer **Billigkeitsregelung** für die Anwendung des § 20 UmwStG auf die Einbringung dieser Anteile, wenn die einbringenden Gesellschafter die **zurückbehaltenen Anteile** an der Komplementär-GmbH auf unwiderruflichen Antrag als durch eine Sacheinlage **erhaltene** (steuerverstrickte) **Anteile** iSd § 22 Abs. 1 UmwStG erklären (*UmwStE* Rn. 20.09).

Dem folgt der **BFH** im Wesentlichen. Er hält eine Einbringung des Mitunternehmeranteils ohne die gleichzeitige Einbringung der Komplementär-Anteile, auch wenn diese eine wesentliche Betriebsgrundlage des Mitunternehmeranteils darstellen, für unschädlich. Die zurückbehaltenen Anteile an der GmbH werden jedoch in dem Umfang, in dem die stillen Reserven des eingebrachten Kommanditanteils auf sie übergehen, (derivativ) steuerverstrickt (zB BFH I R 88/10, BStBl. II 2013, 94). **1436**

Unabhängig davon ist nach der BFH-Rspr. die **Einbringung von Kommanditanteilen** in die KapGes iSd § 20 UmwStG zu Buchwerten auch ohne die Übertragung der **GmbH-Anteile** (SonderBV II) möglich, wenn die Anteile keine wesentliche Betriebsgrundlage darstellen. Dies ist dann der Fall, wenn sie dem Mitunternehmer keinen entscheidenden Einfluss auf die Geschäftsführung der KG vermittelt (BFH I R 72/08, BStBl. II 2010, 471; I R 97/08, BStBl. II 2010, 808) oder die bisherige Komplementärstellung infolge der Einbringung des Betriebs der KG in eine Gesellschaft anderer Rechtsform aus rechtlichen Gründen zwangsläufig gegenstandslos wird, weil die vermögenslose KG aufgrund des Umwandlungsaktes von Rechts wegen erlischt (BFH I R 97/08, BStBl. II 2010, 808). Eine Beteiligung von **unter 10 %** vermittelt einem Kommanditisten über die Beteiligung an der geschäftsführenden Komplementär-GmbH keinen (mittelbaren) entscheidenden Einfluss auf die Geschäftsführung der KG und stellt daher grds. kein Sonderbetriebsvermögen II dar (BFH IV R 1/12, BStBl. II 2015, 705). **1437**

Die **FVerw** stellt hinsichtlich der **funktionellen Bedeutung der GmbH-Anteile** auf die Umstände des Einzelfalls ab, wobei der Stärkung der Gesellschafterstellung des Kommanditisten in der KG und der Funktion der Haftungsübernahme der Komplementär-GmbH eine funktionale Bedeutung zukommt (OFD Frankfurt a. M. 3.12.2015, DStR 2016, 676; s. auch 9. Auflage). **1438**

(frei) **1439–1444**

c) Kapitalerhöhung (§§ 20 Abs. 1, 21 Abs. 1, 22 Abs. 7 UmwStG). Eine Kapitalerhöhung kann durch eine Bar- oder Sacheinlage oder aus Gesellschaftsmitteln (durch Umwandlung von Kapital- und Gewinnrücklagen in Nennkapital, § 1 KapErhStG, §§ 207 ff. AktG, 57c ff. GmbHG) erfolgen. Unter Sacheinlage in diesem Sinn ist grds. die Einbringung von Sachen und sonstigen Vermögensgegenständen bzw. Wirtschaftsgütern zu verstehen. Davon abweichend erfordert der umwandlungssteuerrechtliche Begriff der Sacheinlage iSd § 20 Abs. 1 UmwStG als Gegenleistung für die Einbringung von Sachgesamtheiten die Gewährung neuer Anteile (→ Rn. 1275). IÜ s. 9. Auflage. **1445**

(frei) **1446–1464**

9. Steuervergünstigungen (§ 20 Abs. 4 UmwStG)

Ist der Einbringende der Sacheinlage iSv § 20 Abs. 1 S. 1 UmwStG eine natürliche Person oder eine PersGes oder bringen deren Gesellschafter ihre Anteile am Betriebsvermögen ein, ist gem. **§ 20 Abs. 4 S. 1 UmwStG** der **Veräußerungsfreibetrag** nach § 16 Abs. 4 EStG nur zu gewähren, wenn alle stillen Reserven einschließlich eines Geschäftswertes aufgedeckt werden. Der Ansatz eines Zwischenwertes reicht mangels Aufdeckung aller stillen Reserven nicht aus. Ebenso kommt der Freibetrag nicht in Betracht, wenn nur **ein Teil eines Mitunternehmeranteils** eingebracht wird. **1465**

1466 Die **Tarifermäßigung** nach § 34 Abs. 1 und 3 EStG iVm § 16 EStG, die nur in den Fällen des § 20 Abs. 4 S. 1 UmwStG anzuwenden ist, ist ebenfalls nur bei natürlichen Personen und bei Einbringungen zum gemeinen Wert anzuwenden. Sie ist gem. **§ 20 Abs. 4 S. 2 UmwStG** ausgeschlossen, soweit der Veräußerungsgewinn bereits durch das Teileinkünfteverfahren nach § 3 Nr. 40 S. 1 EStG iVm § 3c Abs. 2 EStG teilweise steuerbefreit ist (s. Wacker in Schmidt EStG § 34 Rn. 28). Ebenso ist § 34 EStG grds. nicht auf den Gewinn aus der Einbringung oder Entnahme von zB funktional unwesentlichen Wirtschaftsgütern anwendbar, wenn es an einer einheitlichen Einbringung zum gemeinen Wert fehlt (s. *UmwStE* Rn. 20.27).

1467–1479 *(frei)*

10. Maßgeblichkeit des steuerlichen Übertragungsstichtags (§ 20 Abs. 5 und 6 UmwStG)

1480 Einbringungen iSv § 20 UmwStG erfolgen steuerlich grundsätzlich zum Zeitpunkt des Übergangs des wirtschaftlichen Eigentums an dem eingebrachten Vermögen auf die übernehmende Gesellschaft (steuerlicher Übertragungsstichtag bzw. Einbringungszeitpunkt). Bei der Einzelrechtsnachfolge erfolgt die Übertragung des wirtschaftlichen Eigentums grundsätzlich zu dem im Einbringungsvertrag bestimmten Zeitpunkt des Übergangs von Nutzen und Lasten. In den Fällen der steuerrechtlichen **Gesamtrechtsnachfolge** kommt es spätestens mit der Eintragung der Einbringung in das Handelsregister zum Übergang des wirtschaftlichen Eigentums (s. *UmwStE* Rn. 20.13). Davon abweichend lässt **§ 20 Abs. 5 S. 1 UmwStG** iRe Fiktion (BFH I R 39/19, BStBl. II 2022, 683) nach Maßgabe des § 20 Abs. 6 UmwStG als eigenständige Regelung **auf Antrag** eine rückwirkende Einbringung der Sachgesamtheit iSd § 20 Abs. 1 UmwStG zu einem steuerlichen Übertragungsstichtag zu. Zu diesem Zeitpunkt muss die aufnehmende Gesellschaft noch nicht zivilrechtlich bestehen (s. *UmwStE* Rn. 02.11, 20.15). Dagegen müssen nach Auffassung der FVerw bereits zu diesem Zeitpunkt die Voraussetzungen eines Betriebs, Teilbetriebs oder Mitunternehmeranteils vorliegen (s. *UmwStE* Rn. 20.14, str.). Der Antrag kann nicht geändert werden (BFH I R 1/17, BFH/NV 2019, 888).

1481 **§ 20 Abs. 5 S. 2 und 3 UmwStG** enthalten miteinander korrespondierende Korrekturvorschriften hinsichtlich **Entnahmen** und **Einlagen,** die nach dem steuerlichen Übertragungsstichtag und vor dem zivilrechtlichen Eigentumsübergang erfolgen, aber – zur Vermeidung verdeckter Gewinnausschüttungen bzw. verdeckter Einlagen – nicht zurückwirken und deshalb um den Wert der Einlage bereinigte Anschaffungskosten des Gesellschaftsanteils erfordern. Bei der Einbringung eines Einzelunternehmens in eine KapGes im Rückwirkungszeitraum stellen von der übernehmenden Gesellschaft beschlossene und vollzogene **„offene" Gewinnausschüttungen** an ihren Anteilseigner Entnahmen aus dem Einzelunternehmen dar, die gemäß § 20 Abs. 5 S. 3 UmwStG die Anschaffungskosten der Anteile des Gesellschafters an der KapG mindern (BFH VIII R 35/19, DStR 2022, 1485). Steuerlich sind Einlagen in das eingebrachte Unternehmen, das gesellschaftsrechtlich bis zur Eintragung der Verschmelzung in das Handelsregister besteht, bis zu diesem Zeitpunkt möglich. Die Einlage ist buchmäßig bei der übernehmenden KapGes über einen aktiven Korrekturposten zu erfassen. Zum Zeitpunkt der tatsächlichen Einlage ist dieser erfolgsneutral auszubuchen.

Entsteht ein **Überhang an Entnahmen,** so sind gem. § 20 Abs. 5 S. 3 UmwStG die Anschaffungskosten der Geschäftsanteile entsprechend zu korrigieren. Der „Mindestansatz" des eingebrachten Betriebsvermögens iSd § 20 Abs. 2 S. 2 Nr. 2 UmwStG wird von dieser Vorschrift nicht berührt (BFH I R 12/16, BFH/NV 2018, 1063, *UmwStE* Rn. 20.19). **1482**

(frei) **1483, 1484**

11. Rückwirkung (§ 20 Abs. 6 UmwStG)

a) Voraussetzung. Nach **§ 20 Abs. 6 UmwStG** kann als steuerlicher Übertragungsstichtag bei der Sacheinlage durch Verschmelzung, Spaltung, Abspaltung oder Ausgliederung der Stichtag angesehen werden, für den die Schlussbilanz jedes der übertragenden Unternehmen iSd § 17 Abs. 2 UmwG aufgestellt ist. Dieser Stichtag darf höchstens acht Monate (2020, 2021: 12 Monate, § 27 Abs. 15 UmwStG, BGBl. 2020 I 3042) vor der Anmeldung der Verschmelzung usw zum Handelsregister liegen. Erfolgt die Sacheinlage nicht durch die genannten Umwandlungen, sondern durch Einzelrechtsnachfolge (→ Rn. 1255 f.), so darf gem. § 20 Abs. 6 S. 3 UmwStG der Stichtag höchstens acht Monate (2020, 2021: 12 Monate) vor dem Tag des Abschlusses des Einbringungsvertrages und höchstens acht Monate (2020, 2021: 12 Monate) vor dem Zeitpunkt liegen, an dem das eingebrachte Betriebsvermögen auf die KapGes übergeht (s. *UmwStE* Rn. 20.14). Eine rückwirkende Umwandlung setzt das Vorliegen der Voraussetzungen des § 20 Abs. 1 UmwStG voraus (BFH I R 13/19, BFH/NV 2022, 1157). Sie hat keine Auswirkung auf die **Gewerbesteuerpflicht** (FG LSA 2 K 1235/14, EFG 2019, 718, rkr.). **1485**

§ 20 Abs. 6 S. 3 UmwStG lässt innerhalb des vorgegebenen Zeitraums jeden Stichtag zu. Die Rückbeziehung des Umwandlungsstichtags bedarf eines (formlosen) **Antrags** der übernehmenden KapGes. Der gewählte Einbringungszeitpunkt muss sich eindeutig aus der Bilanz oder der Steuererklärung ergeben. Eine **Änderung** des Antrags ist unzulässig (BFH I R 1/17, BFH/NV 2019, 888; UmwStE Rn. 20.14). Ohne einen entsprechenden Antrag erfolgt die Einbringung zum Zeitpunkt des Übergangs des wirtschaftlichen Eigentums. **1486**

Nach 20 Abs. 6 S. 4 UmwStG, der auf § 2 Abs. 3–5 UmwStG verweist, ist die Verrechnung von negativen Einkünften eingeschränkt (→ Rn. 396 ff.). **1487**

(frei) **1488, 1489**

b) Rechtsfolgen. Das Einkommen und das Vermögen des Einbringenden sind in diesem Fall so zu ermitteln, als ob der Betrieb **mit Ablauf des Umwandlungsstichtages** in die KapGes **eingebracht** worden wäre **(§ 20 Abs. 5 UmwStG).** Die Besteuerung des eingebrachten Betriebs, Teilbetriebs oder Mitunternehmeranteils geht zum steuerlichen Übertragungsstichtag auf die übernehmende Gesellschaft über (zB BFH IV R 29/13, BFH/NV 2016, 1489). Das Ergebnis, das der Einbringende im Rückwirkungszeitraum erwirtschaftet, ist steuerlich der übernehmenden Gesellschaft zuzurechnen und von dieser zu versteuern. Diese muss zum steuerlichen Übertragungsstichtag zivilrechtlich noch nicht bestanden haben (s. *UmwStE* Rn. 20.15, 02.11). Mit Ablauf des steuerlichen Übertragungsstichtags werden dem Einbringenden auch die neu gewährten Anteile an der übernehmenden Gesellschaft steuerlich zugerechnet, die dieser als Gegenleistung für das eingebrachte Vermögen erhält (s. *UmwStE* Rn. 20.14 ff.). Die Rückbeziehung des Übertragungszeitpunktes nach § 20 Abs. 6 UmwStG **1490**

hat keine Auswirkung auf die **Gewerbesteuerpflicht** des Unternehmens, dessen Anteile übertragen werden (FG LSA 2 K 1235/14, EFG 2019, 718).

1491–1499 *(frei)*

12. Sonderfall der Hinauseinbringung (§ 20 Abs. 7 UmwStG)

1500 Befindet sich unter den eingebrachten Wirtschaftsgütern eine in einem anderen Mitgliedstaat der EU gelegene Betriebsstätte iSd Abkommensrechts und wird das deutsche Besteuerungsrecht durch die Einbringung **eingeschränkt,** ist insoweit das eingebrachte Betriebsvermögen mit dem gemeinen Wert anzusetzen (§ 20 Abs. 2 S. 2 Nr. 3 UmwStG). Nach Art. 10 Abs. 1 RL 2009/133/EG verzichtet der Mitgliedstaat der einbringenden Gesellschaft endgültig auf sein Besteuerungsrecht aus der eingebrachten Betriebsstätte. Verzichtet die BRD nach dem Prinzip der Welteinkommensbesteuerung nicht auf ihr Besteuerungsrecht und sieht das jeweilige DBA keine Freistellung der Einkünfte vor, ist gem. Art. 10 Abs. 2 RL 2009/133/EG die auf den Einbringungsgewinn entfallende fiktive ausländische Steuer anzurechnen (§ 20 Abs. 7 UmwStG iVm § 3 Abs. 3 UmwStG).

1501 Ein **Ausschluss des Besteuerungsrechts** der BRD nach dem Anrechnungsverfahren ist dann gegeben, wenn das Betriebsvermögen einer in einem anderen EU-Mitgliedstaat belegenen Betriebsstätte in eine andere Gesellschaft eingebracht wird, die in einem anderen EU-Mitgliedstaat ansässig ist. Auch in diesem Fall ist das dieser Betriebsstätte zuzurechnende Betriebsvermögen mit dem gemeinen Wert anzusetzen (§ 20 Abs. 2 S. 2 Nr. 3 UmwStG). Im Rahmen der Besteuerung des Einbringungsgewinns ist insoweit die im Betriebsstätten-Staat bei einer Veräußerung anfallende Steuer fiktiv auf die hierauf anfallende inländische Steuer entsprechend § 26 Abs. 4 KStG, § 34c EStG anzurechnen (§ 20 Abs. 7 UmwStG iVm § 3 Abs. 3 UmwStG; s. *UmwStE* Rn. 20.36).

1502–1504 *(frei)*

13. Einbringung von transparenten Gesellschaften in andere Mitgliedstaaten (§ 20 Abs. 8 UmwStG)

1505 Wird eine in einem anderen Mitgliedstaat ansässige und von der Fusions-RL geschützte Gesellschaft, die nach nationalem Recht als transparent anzusehen ist, auf eine andere Gesellschaft (KapGes oder Genossenschaft) verschmolzen, verliert die BRD ihr Besteuerungsrecht hinsichtlich der Einkünfte des Gesellschafters aus der im anderen Mitgliedstaat gelegenen Betriebsstätte. Nach Art. 11 Abs. 1 RL 2009/133/EG kann die BRD, soweit sie die Doppelbesteuerung nicht durch Freistellung vermeidet, bei den inländischen Gesellschaftern der einbringenden Gesellschaft den Einbringungsgewinn besteuern, der gem. § 20 Abs. 2 S. 2 Nr. 3 UmwStG durch Ansatz des gemeinen Werts entsteht. Im Gegenzug ist die fiktive ausländische Steuer auf den Gewinn aus einer Veräußerung des der ausländischen Betriebsstätte zuzurechnenden Betriebsvermögens auf die inländische ESt anzurechnen (Art. 11 Abs. 2 RL 2009/133/EG; s. *UmwStE* Rn. 20.37).

1506 Die Einbringung des Betriebsvermögens einer in einem anderen EU-Mitgliedstaat belegenen **Betriebsstätte,** deren Einkünfte in der BRD dem Anrechnungsverfahren unterliegen, in eine andere, in einem anderen EU-Mitgliedstaat ansässige Gesellschaft (KapGes) führt insoweit zu einem Ausschluss des Besteuerungsrechts der BRD hinsichtlich der im Inland ansässigen Gesellschafter der **transparenten Gesellschaft.** Gemäß § 20 Abs. 2 S. 2 Nr. 3 UmwStG ist das der ausländischen

Betriebsstätte zuzurechnende Betriebsvermögen mit dem gemeinen Wert anzusetzen. Eine im Betriebsstätten-Staat bei einer Veräußerung anfallende Steuer ist **fiktiv** auf die durch den Einbringungsgewinn entstehende Steuer **anzurechnen** (§ 20 Abs. 8 UmwStG; s. *UmwStE* Rn. 20.37).

(frei) **1507–1509**

14. Zinsvortrag (§ 20 Abs. 9 UmwStG)

Nach § 20 Abs. 9 UmwStG idF UntStRefG 2008 gehen ein **Zinsvortrag** nach **1510**
§ 4h Abs. 1 S. 5 EStG sowie ein **EBITDA-Vortrag** (§ 4h Abs. 1 S. 3 EStG) des eingebrachten Betriebs nicht auf die übernehmende Gesellschaft über. Wegen der betriebsbezogenen Regelung zur Zinsschranke hat eine Unternehmenseinbringung den Untergang des Zinsvortrags zur Folge.

(frei) **1511–1529**

15. Anteilstausch (§ 21 UmwStG)

a) Begriff. Der Anteilstausch iSd § 21 Abs. 1 UmwStG betrifft die **alleinige** **1530**
Einbringung von Anteilen an einer KapGes oder Genossenschaft. Die Veräußerung von **Bezugsrechten** ist wie die Veräußerung der Aktien selbst zu behandeln (BFH I R 128/88, BStBl. II 1992, 761; IV R 27/97, BStBl. II 1999, 638; I B 159/07, BFH/NV 2008, 1203). Die Höhe der Anteile ist unbeachtlich. Danach setzt ein Anteilstausch iSd § 21 UmwStG die Übertragung von Anteilen an einer in- oder ausländischen KapGes (Genossenschaft) auf eine in- oder ausländische KapGes oder Genossenschaft (übernehmende Gesellschaft) gegen Gewährung von Anteilen an der übernehmenden in- oder ausländischen Gesellschaft iF eines tauschähnlichen Vorgangs voraus. Dies ist auch dann der Fall, wenn sich der Gesellschafter bei einer Bargründung oder Barkapitalerhöhung als **Aufgeld** zur Einbringung von Anteilen an einer KapGes bzw. Genossenschaft verpflichtet (BFH I R 55/09, BStBl. II 2010, 1094; I R 35/05, BStBl. II 2008, 253; s. *UmwStE* Rn. 21.01; 01.44, 01.46). Die Übertragung iR eines Anteilstausches kann im Wege der steuerrechtlichen Gesamt- oder Einzelrechtsnachfolge erfolgen (s. *UmwStE* Rn. 01.46, → Rn. 1255 f.).

Werden Anteile an Körperschaften, Vermögensmassen und Personenvereini- **1531**
gungen im **Privatvermögen** (§ 20 Abs. 8 S. 2 EStG) getauscht, ist nach **§ 20 Abs. 4a S. 1 EStG** die Regelung des § 21 UmwStG nicht anzuwenden, wenn der **Anteilstausch** aufgrund gesellschaftsrechtlicher Maßnahmen vollzogen wird, diese von den beteiligten Unternehmen ausgehen und das Recht der BRD auf Besteuerung des Gewinns aus der Veräußerung nicht ausgeschlossen oder beschränkt ist (→ Rn. 1027a). § 21 UmwStG ist nur bei Anteilen im Betriebsvermögen und Anteilen im Privatvermögen iSd § 17 EStG anzuwenden. Für alle übrigen Anteile gilt § 20 Abs. 4a S. 1 u. 2 EStG (*UmwStE* Rn. 21.02).

(frei) **1532–1534**

b) Einbringender iSd § 21 Abs. 1 S. 1 UmwStG. Einbringender kann jede **1535**
natürliche oder juristische Person sowie die Gesellschafter einer PersGes, wenn ihnen die neuen Anteile an der übernehmenden Gesellschaft (zB Abspaltung aus PersGes, Formwechsel, nicht bei Ausgliederung von Anteilen aus PersGes) zustehen, unabhängig von der Ansässigkeit sein. Die einschränkende Regelung des § 1 Abs. 4 Nr. 2 UmwStG verweist nicht auf den Anteilstausch iSd § 1 Abs. 3

Nr. 5 UmwStG. Danach können auch Anteile von in Drittstaaten ansässigen Kap-Ges und Genossenschaften eingebracht werden.

1536 Dem Einbringenden müssen die **Anteile** vor Durchführung des Anteilstausches **steuerlich zuzurechnen** sein. **Wirtschaftliches Eigentum** (§ 39 Abs. 2 Nr. 1 AO) reicht aus (s. *UmwStE* Rn. 21.06). Zum wirtschaftlichen Eigentum an einem KapGes-Anteil s. zB BFH IX R 2/10, BStBl. II 2012, 20. Bei einer **Übertragung** eines Geschäftsanteils unter einer **aufschiebenden Bedingung** wird die Abtretung zivilrechtlich erst mit der Zustimmung wirksam (BFH IV R 03/07, BB 2010, 356).

1537–1539 *(frei)*

1540 **c) Übernehmende Gesellschaft iSd § 21 Abs. 1 S. 1 UmwStG.** Die **übernehmende KapGes** oder Genossenschaft iSd § 1 Abs. 1 Nr. 1 u. 2 KStG, in die die Anteile der erworbenen Gesellschaft gegen Gewährung neuer Anteile eingebracht werden, muss wie bei der Einbringung nach § 20 Abs. 1 UmwStG nach den Rechtsvorschriften eines EU-Mitgliedstaates iSd Art. 54 AEUV oder des Art. 34 des EWR-Abkommens gegründet sein und ihren Sitz und den Ort der Geschäftsleitung in der EU bzw. einem EWR-Staat haben (§ 1 S. 1 Abs. 4 Nr. 1 UmwStG; *UmwStE* Rn. 01.54).

1541 Bei der **erworbenen Gesellschaft** handelt es sich um eine KapGes oder Genossenschaft, deren Anteile iRd Anteilstausches iSd § 21 Abs. 1 S. 1 UmwStG in den übernehmenden Rechtsträger eingebracht werden (s. auch Art. 2 Buchst. h RL 2009/133/EG). Eine solche Gesellschaft kann jede in- oder ausländische KapGes oder Genossenschaft sein, soweit sie den steuerlichen Anforderungen einer KapGes bzw. Genossenschaft iSd § 1 Abs. 1 Nr. 1 bzw. 2 KStG entspricht (Typenvergleich).

1542–1544 *(frei)*

1545 **d) Abgrenzung Sacheinlage (§§ 20 u. 22 Abs. 1 UmwStG) und Anteilstausch (§§ 21 u. 22 Abs. 2 UmwStG).** Befinden sich im eingebrachten Betrieb bzw. Teilbetrieb auch **Anteile an KapGes** und **Genossenschaften,** ist insgesamt eine Sacheinlage iSd § 20 Abs. 1 UmwStG gegeben. Nach § 22 Abs. 1 S. 5 UmwStG kann das eingebrachte Betriebsvermögen auch Anteile an KapGes oder Genossenschaften umfassen (s. *UmwStE* Rn. 21.01). Dass Anteile an einer KapGes sowohl iRe Sacheinlage als auch iRe Anteilstausches miteingebracht werden können, ergibt sich auch aus § 22 Abs. 2 S. 1 UmwStG, auf den § 22 Abs. 1 S. 5 UmwStG verweist, sowie aus § 23 Abs. 2 S. 3 UmwStG (s. auch Dötsch/Pung DB 2006, 2763 (2769)). Werden somit Anteile an einer KapGes oder Genossenschaft mit dem übrigen Betriebsvermögen eines Betriebs, Teilbetriebs oder Mitunternehmeranteils in eine KapGes oder Genossenschaft eingebracht (Sacheinlage), geht die Vorschrift des § 20 UmwStG der des § 21 UmwStG vor (*UmwStE* Rn. 21.01).

1546 Dies gilt auch für eine **100%ige Beteiligung an einer KapGes,** weil sie die Eigenschaften eines Teilbetriebs iSd § 20 Abs. 1 UmwStG nicht erfüllt. Deren Behandlung als gewillkürtes Betriebsvermögen reicht bereits für die Zuordnung zur eingebrachten Sachgesamtheit aus (s. Schmitt/Schloßmacher UmwStE 2011 Rn. 21.01).

1547 Für diese iRd Sacheinlage **miteingebrachten Anteile** an einer KapGes gelten die **Rechtsfolgen** des Anteilstausches, die sich aus § 22 Abs. 2 UmwStG ergeben (s. *UmwStE* Rn. E 20.02). Nach dieser Vorschrift können Anteile an einer KapGes, die iR einer Sacheinlage eingebracht werden und eine funktional wesentliche

Betriebsgrundlage des übertragenen Vermögens darstellen, auch mit dem Buch- oder Zwischenwert angesetzt werden. Die Verpflichtung zum Ansatz des gemeinen Werts besteht im Gegensatz zum („einfachen“) Anteilstausch iSd § 21 Abs. 1 S. 1 UmwStG nicht.

Im Gegensatz zur Sacheinlage sieht der Anteilstausch die Möglichkeit einer **rückwirkenden Einbringung** iSd § 20 Abs. 6 UmwStG **nicht** vor (str.; offen gelassen BFH I R 28/11, DStR 2013, 575; → Rn. 1636). **1548**

(frei) **1549**

e) Einbringung von Anteilen. Anteile iSd § 21 UmwStG sind solche des Betriebsvermögens, des Privatvermögens iSd § 17 EStG und einbringungsgeborene Anteile iSd § 21 Abs. 1 UmwStG aF. Die **übrigen Anteile** iSd § 20 Abs. 2 S. 1 Nr. 1 EStG unterliegen dem § 20 Abs. 4a S. 1 und 2 EStG (s. *UmwStE* Rn. 21.02). Die Anteilseigner mit Anteilen im Kapitalvermögen haben nach § 20 Abs. 4a S. 1 EStG grds. den Buchwert fortzuführen, während die übernehmende KapGes diese Anteile gem. § 21 Abs. 1 S. 1 UmwStG mit dem gemeinen Wert anzusetzen hat (→ Rn. 1650). **1550**

Anteile idS sind zB Aktien an in- und ausländischen Aktiengesellschaften und KGaA, GmbH-Anteile, Anteile an einer Vorgesellschaft, wenn die KapGes später durch Eintragung in das Handelsregister entsteht, Recht aus einer geleisteten Kapitalerhöhung nach Zeichnung der Anteile. **Keine Anteile sind** eine stille Beteiligung an einer KapGes, die Beteiligung des phG an der KGaA und schuldrechtliche Genussrechte (vgl. Schmitt/Schloßmacher UmwStE 2011 Rn. 21.05). Die Veräußerung von **Bezugsrechten** ist wie die Veräußerung der Aktien selbst zu behandeln (BFH I B 159/07, BFH/NV 2008, 1203). **1551**

(frei) **1552–1554**

f) Anteilstausch iSd § 21 Abs. 1 S. 1 UmwStG. Die Einbringung von Anteilen an einer KapGes iF eines Anteilstausches iSd **§ 21 Abs. 1 S. 1 UmwStG** führt beim Einbringenden zu einer **Veräußerung iR eines tauschähnlichen Vorgangs** und beim übernehmenden Rechtsträger zu einer **Anschaffung.** Gemäß § 21 Abs. 1 S. 1 UmwStG hat die übernehmende Gesellschaft, sofern es sich nicht um einen sog. qualifizierten Anteilstausch iSd § 21 Abs. 1 S. 2 UmwStG handelt, die eingebrachten Anteile **zwingend** mit deren **gemeinen Wert** anzusetzen. Dieser ist nach den Grundsätzen des § 11 BewG zum Einbringungszeitpunkt zu ermitteln (s. *UmwStE* Rn. 21.07 f.; BMF 22.9.2011, BStBl. I 2011, 859). **1555**

(frei) **1556–1559**

g) Qualifizierter Anteilstausch (§ 21 Abs. 1 S. 2 Nr. 1 UmwStG). Ein qualifizierter Anteilstausch liegt vor, wenn die übernehmende Gesellschaft nach der Einbringung aufgrund ihrer Beteiligung einschließlich der eingebrachten Anteile nachweisbar die unmittelbare Mehrheit der Stimmrechte an der erworbenen Gesellschaft hält **(mehrheitsvermittelnde Beteiligung).** Dabei ist es unerheblich, ob die übernehmende Gesellschaft vor der Einbringung Anteile an der erworbenen Gesellschaft inne hatte oder nur hälftige Beteiligungen eingebracht wurden (BFH I R 48/15, BStBl. II 2019, 45). Als Anteilstausch gilt auch die Verstärkung einer bereits bestehenden Mehrheitsbeteiligung (BT-Drs. 16/2710, 45). Eine solche kann im Wege der Einbringung oder Aufstockung auch dadurch entstehen, dass mehrere Personen ihre Anteile in einem einheitlichen Vorgang einbringen. Verfügt die übernehmende Gesellschaft bereits über die Mehrheit der **1560**

Stimmrechte, ist die Einbringung von Anteilen auch beim Fehlen eines einheitlichen Vorgangs nach § 21 Abs. 1 S. 2 UmwStG begünstigt.

1561 Die Übernehmerin muss nach dem Übergang des rechtlichen bzw. wirtschaftlichen Eigentums an den eingebrachten Anteilen die **Stimmrechtsmehrheit** besitzen. Die Mehrheit der Stimmen muss auf der Beteiligung beruhen. Schuldrechtliche Vereinbarungen sind unbeachtlich. Eine spätere Aufgabe der unmittelbaren Stimmrechtsmehrheit ist unbeachtlich. Diese Grundsätze gelten auch bei Einbringungen in eine **KGaA** gegen Kommanditaktien (s. auch FGS UmwStE 2011 Rn. 21.09).

1562 Dafür, dass die begünstigenden Voraussetzungen des § 21 Abs. 1 S. 2 UmwStG zum Zeitpunkt des Anteilstausches vorlagen, hat der Einbringende die **Darlegungs- und Feststellungslast.**

1563 Die iR eines qualifizierten Anteilstausches eingebrachten Anteile können auf Antrag mit dem **Buchwert** oder einem **Zwischenwert,** höchstens mit dem gemeinen Wert, angesetzt werden **(§ 21 Abs. 1 S. 2 UmwStG).** Dieses Wahlrecht ist jedoch bei **sonstigen Gegenleistungen eingeschränkt,** die neben den neuen Anteilen gewährt werden **(§ 21 Abs. 1 S. 2 Nr. 2 UmwStG).** Ein qualifizierter Aktientausch zum Buchwert (erfolgsneutral) bzw. zu Zwischenwerten ist bei Erbringung von sonstigen Gegenleistungen durch den übernehmenden Rechtsträger nur insoweit möglich, als der gemeine Wert der sonstigen Gegenleistungen die Grenzen von 25 % des Buchwerts der eingebrachten Anteile (relative Grenze) oder von 500.000 EUR (absolute Grenze), höchstens jedoch den Buchwert der eingebrachten Anteile nicht übersteigt. Beträgt der Buchwert der eingebrachten Anteile weniger als 2 Mio. EUR, können alternativ zur relativen Grenze sonstige Gegenleistungen bis zu 500.000 EUR bzw. bis zur Höhe des niedrigeren Buchwerts der eingebrachten Anteile erbracht werden. Soweit diese Grenzen überschritten werden, sind die eingebrachten Anteile gem. § 21 Abs. 1 S. 2 UmwStG mit einem Zwischenwert anzusetzen, weil insoweit eine Buchwertfortführung ausgeschlossen ist (*UmwStE* Rn. 21.10). Diese Grenzen wirken wie Freibeträge (BR-Drs. 18/4902, 50 f.; BR-Drs. 18/6094, 84 f. (→ Rn. 1380 ff.)). Sonstige Gegenleistungen führen insoweit zur Aufdeckung von stillen Reserven und zur Erhöhung des Übertragungsgewinns iSd § 21 Abs. 2 UmwStG. Auf den Mindestansatz iSd § 21 Abs. 1 S. 4 UmwStG wird verwiesen (→ Rn. 1575).

Sonstige Gegenleistungen iSd § 21 Abs. 1 S. 2 Nr. 2 UmwStG sind bei Überschreitung der entsprechenden Wertgrenzen Teil des Veräußerungspreises iSd **§ 21 Abs. 2 UmwStG** und deshalb nach dessen Grundsätzen zu bestimmen. Sonstige Gegenleistungen sind demnach alle Leistungen, die der Einbringende neben den Gesellschaftsanteilen vom erwerbenden Rechtsträger oder von einem Dritten **iRd Anteilstausches** (offen oder verdeckt) erlangt (s. Wacker in Schmidt EStG § 16 Rn. 270 ff. Veräußerungspreis). Als solche kommen somit zB Geld- und Sachleistungen sowie nicht bilanzierungsfähige, schuldrechtliche Absprachen in Betracht.

Bei den eingebrachten **Anteilen des Privatvermögens** treten an die Stelle des Buchwerts die Anschaffungskosten (§ 21 Abs. 2 S. 5 UmwStG). Soweit sonstige Gegenleistungen erbracht werden und diese die Grenzen des § 21 Abs. 1 S. 2 Nr. 2 UmwStG überschreiten, gelten die Grundsätze des § 21 Abs. 2 S. 4 UmwStG und § 20 Abs. 3 S. 3 UmwStG (§ 21 Abs. 2 S. 6 UmwStG) entsprechend (s. BR-Drs. 18/4908, 50 f.).

Unterschreitet der gemeine Wert den Buchwert der eingebrachten Anteile, ist der gemeine Wert anzusetzen. Zudem ist insoweit der gemeine Wert anzusetzen, als die Anteile durch die Einbringung erstmals vom deutschen Besteuerungsrecht erfasst werden.

Die Ausübung des Antragswahlrechts ist als eigenständiges, steuerliches Wahlrecht unabhängig von der **handelsrechtlichen Behandlung.** Soweit der Buchwert der eingebrachten Anteile das in der Handelsbilanz ausgewiesene gezeichnete Kapital unterschreitet, ist in der Steuerbilanz ein entsprechender Ausgleichsposten auszuwiesen (s. *UmwStE* Rn. 21.11, 20.20; → Rn. 1342) **1564**

Das Ansatzwahlrecht ist spätestens mit Abgabe der Steuererklärung einschließlich der steuerlichen Schlussbilanz **auszuüben** (§ 21 Abs. 1 S. 3 UmwStG iVm § 20 Abs. 2 S. 3 UmwStG). **1565**

(frei) **1566–1574**

h) Gewährung sonstiger Gegenleistungen (§ 21 Abs. 1 S. 2 u. 4 UmwStG). Nach **§ 21 Abs. 1 S. 2 Nr. 1 und 2 sowie S. 4 UmwStG** können iR eines qualifizierten Anteilstausches dem Einbringenden neben Gesellschaftsanteilen in begrenztem Umfang auch **sonstige Gegenleistungen** erfolgsneutral gewährt werden. Bekommt der Einbringende neben den neuen Gesellschaftsanteilen auch sonstige Gegenleistungen (zB bare Zuwendung, Einräumung einer Darlehensforderung, Gewährung einer typischen oder atypischen Beteiligung, Gewährung von Genussscheinen, → Rn. 1381), hat die übernehmende Gesellschaft die eingebrachten Anteile zwingend mit einem Zwischenwert anzusetzen, soweit die sonstigen Gegenleistungen die Wertgrenzen des § 21 Abs. 1 S. 2 Nr. 2 UmwStG überschreiten. Insoweit kommt es zur Aufdeckung der stillen Reserven. Der Buchwert der eingebrachten Anteile kann bei Gewährung sonstiger Gegenleistungen an den Einbringenden nur fortgeführt werden, soweit der gemeine Wert der sonstigen Gegenleistungen nicht die Grenze von 25 % des Buchwerts der eingebrachten Anteile oder 500.000 EUR, höchstens jedoch den Buchwert der eingebrachten Anteile übersteigt (*UmwStE* Rn. 21.10, 20.19a). **1575**

Nach **§ 21 Abs. 1 S. 4 UmwStG** sind die eingebrachten Anteile mindestens mit dem gemeinen Wert der sonstigen Gegenleistungen anzusetzen, wenn dieser den sich nach § 21 Abs. 1 S. 2 UmwStG ergebenden Wert übersteigt. Dies ist dann der Fall, wenn der Wert der eingebrachten Anteile nach § 21 Abs. 1 S. 2 UmwStG (anteiliger Buchwert der eingebrachten Anteile und Wert der sonstigen Gegenleistungen nach Abzug eines der Grenzbeträge nach § 21 Abs. 1 S. 2 Nr. 2 UmwStG) unter dem gemeinen Wert der sonstigen Gegenleistung liegt (s. BR-Drs. 18/6094, 84 f.; Ritzer/Stangl DStR 2015, 849). Zur Vermeidung von negativen Anschaffungskosten der als Gegenleistung gewährten Anteile sind daher die eingebrachten Anteile vom übernehmenden Rechtsträger unter Aufdeckung der stillen Reserven mindestens auf den gemeinen Wert der sonstigen Gegenleistungen **aufzustocken** (§ 21 Abs. 1 S. 4 UmwStG; → Rn. 1382).

Bare Zuzahlungen sind gem. Art. 2 Buchst. e RL 2009/133/EG auf 10 % des Nennbetrags der ausgegebenen Anteile **begrenzt.** Eine Beschränkung der baren Zuzahlungen auf 10 % des Gesamtnennbetrags der gewährten Geschäftsanteile der übernehmenden Gesellschaft sieht auch § 54 Abs. 4 UmwG vor. **1576**

Die **Anschaffungskosten** der neuen Anteile sind um den gemeinen Wert der sonstigen Gegenleistungen zu **kürzen,** wenn solche neben den neuen Anteilen als Gegenleistung für die eingebrachten Anteile gewährt wurden (§ 21 Abs. 2 S. 6 UmwStG iVm § 20 Abs. 3 S. 3 UmwStG). **1577**

(frei) **1578–1589**

i) Bewertung der Anteile (§ 21 Abs. 2 UmwStG). aa) Wertverknüpfung (§ 21 Abs. 2 S. 1 UmwStG). Der Wert, mit dem die übernehmende Gesellschaft **1590**

die eingebrachten Anteile ansetzt, gilt für den Einbringenden als Veräußerungspreis der eingebrachten Anteile und als Anschaffungskosten der erhaltenen Anteile (**sog. Wertverknüpfung;** s. *UmwStE* Rn. 21.13, 20.23). **§ 21 Abs. 2 S. 1 UmwStG** fingiert iRd Anteilstausches eine Veräußerung, bei der sich der Veräußerungspreis des Einbringenden nach dem Wertansatz der aufnehmenden Gesellschaft richtet. Die Besteuerung des Gewinns aus der Veräußerung der Anteile erfolgt nach den allgemeinen Vorschriften.

1591 Der **Einbringende** ist grds. an den Wertansatz der übernehmenden Gesellschaft gebunden. Er hat hinsichtlich der zutreffenden Wertermittlung grds. **kein eigenes Prüfungsrecht.** Eine Wertverknüpfung besteht jedoch dann nicht, wenn mangels Anteilstausches kein Bewertungswahlrecht für die übernehmende Gesellschaft bestand (BFH I R 97/18, BStBl. II 2010, 808). Dem steht ein gegenüber der KapGes ergangener, bestandskräftiger Steuerbescheid, der dem Einbringenden gegenüber keinen Grundlagenbescheid darstellt, nicht entgegen. Entsprechend kann der Einbringende einen überhöhten Wertansatz der übernehmenden KapGes iR einer **sog. Drittanfechtung** angreifen. Die übernehmende KapGes ist dadurch nicht beschwert (BFH I R 79/10, BStBl. II 2012, 421; I B 168/13, BFH/NV 2014, 921; I R 1/13, BFH/NV 2015, 690; I R 77/13, BFH/NV 2016, 959; I R 69/15, BStBl. II 2017, 75; → Rn. 1372). Ebenso führen Änderungen des Wertansatzes zB iR einer **Betriebsprüfung** bei der übernehmenden Gesellschaft in Anlehnung an § 21 Abs. 2 S. 1 UmwStG zu **Folgeänderungen** beim Einbringenden nach § 175 Abs. 1 S. 1 Nr. 2 AO (BFH I R 2/11, BFH/NV 2012, 1649; I R 19/16, BStBl. II 2019, 385, → Rn. 1403).

1592–1594 *(frei)*

1595 **bb) Ansatz des gemeinen Werts (§ 21 Abs. 2 S. 2 UmwStG).** Nach § 21 Abs. 2 S. 2 UmwStG hat der Einbringende den **gemeinen Wert** der eingebrachten Anteile als Veräußerungspreis und als Anschaffungskosten der erhaltenen Anteile anzusetzen, wenn nach der Einbringung das Besteuerungsrecht der BRD hinsichtlich des Gewinns aus der Veräußerung der eingebrachten oder der erhaltenen Anteile ausgeschlossen oder beschränkt ist (*UmwStE* Rn. 21.14). Dies ist dann der Fall, wenn die BRD abkommensrechtlich nach der Einbringung der Anteile anstelle des vollen Besteuerungsrechts zur Anrechnung der ausländischen Steuer verpflichtet ist oder kein Besteuerungsrecht mehr hat. Es besteht insoweit **keine doppelte Wertverknüpfung.** Maßgebend sind die Verhältnisse zum Einbringungszeitpunkt. Im Fall einer Beschränkung des inländischen Besteuerungsrechts nach diesem Zeitpunkt gelten die allgemeinen Entstrickungsgrundsätze (zB § 12 KStG).

1596 Bei einem **grenzüberschreitenden Anteilstausch** hat der Wertansatz der übernehmenden Gesellschaft keinen Einfluss auf den Veräußerungspreis der Einbringenden. Zur Sofortversteuerung nach § 21 Abs. 2 S. 2 UmwStG bei grenzüberschreitendem Anteilstausch s. Becker-Pennrich IStR 2007, 684.

1597–1604 *(frei)*

1605 **cc) Ansatzwahlrecht (§ 21 Abs. 2 S. 3 UmwStG).** Im Falle eines **qualifizierten Anteilstausches** ohne Gewährung sonstiger Gegenleistungen (§ 21 Abs. 1 S. 2 UmwStG) kann der Einbringende unter den Voraussetzungen des Abs. 2 S. 2 gem. **§ 21 Abs. 2 S. 3 UmwStG** auf Antrag den **Buchwert** oder einen **Zwischenwert** als Veräußerungspreis der eingebrachten Anteile und als Anschaffungskosten der erhaltenen Anteile ansetzen, wenn **(1.)** das Besteuerungsrecht der BRD an den erhaltenen Anteilen nicht ausgeschlossen oder beschränkt ist oder **(2.)** der Gewinn aus dem Anteilstausch aufgrund Art. 8 RL 2009/133/EG (Fusions-RL) nicht besteuert werden darf (**Rückausnahme** zu § 21 Abs. 2 S. 2 UmwStG), weil neben der übernehmenden Gesellschaft auch die eingebrachte Gesellschaft in einem Mitgliedstaat der EU/EWR ansässig ist und die Zuzahlung 10 % des Nennwerts der ausgegebenen Anteile nicht überschreitet (s. *UmwStE* Rn. 21.15). Die (Fusions-)RL sieht innerhalb der EU grds. einen steuerneutralen Anteilstausch vor. Sie erfasst nur zwischenstaatliche Vorgänge (BFH I R 54/13, BFH/NV 2015, 1446). Auf den Wertansatz bei der übernehmenden Gesellschaft kommt es in diesen Fällen nicht an.

In beiden Fällen unterliegt der Gewinn aus der Veräußerung der erhaltenen Anteile der vollen Besteuerung durch die BRD. Gemäß Art. 8 Abs. 6 FusionsRL (RL 2009/133/EG) ist dann der Gewinn aus der späteren Veräußerung der erhaltenen Anteile so zu besteuern, wie die Veräußerung der eingebrachten Anteile zu besteuern gewesen wäre. Entgegenstehende Bestimmungen eines DBA sind unbeachtlich (treaty-override; BT-Drs. 16/2710, 46). Dies gilt gem. § 22 Abs. 2 S. 3 Nr. 2 letzter Hs. UmwStG iVm § 15 Abs. 1a S. 2 EStG zB auch, wenn später die erhaltenen Anteile verdeckt in eine KapGes eingelegt werden, die Europäische Gesellschaft aufgelöst oder ihr Kapital herabgesetzt und zurückgezahlt wird (BT-Drs. 16/3369, 12). **1606**

Bei einem **Anteilstausch über die Grenze** ist gem. § 21 Abs. 2 S. 3 UmwStG ein qualifizierter Anteilstausch über die Grenze auch dann erfolgsneutral zum Buchwert möglich, wenn die ausländische Gesellschaft die eingebrachten Anteile mit dem gemeinen Wert ansetzt. Darin wird in der Lit. eine „sog. umgekehrte Inländerdiskriminierung" gesehen, weil im Inland ein erfolgsneutraler Anteilstausch gem. § 21 Abs. 2 S. 1 UmwStG eine Buchwertverknüpfung voraussetzt (Mitschke Anm. BFH I R 54/15, FR 2017, 101 (104)).

(frei) **1607–1614**

dd) Ausübung des Bewertungswahlrechts (§ 21 Abs. 2 S. 4 UmwStG). Der Einbringende muss das Bewertungswahlrecht spätestens mit Abgabe der Steuererklärung je Einbringungsvorgang einheitlich ausüben und (formlos) beantragen (§ 21 Abs. 2 S. 4 UmwStG). Die Grundsätze der Ausübung des Wahlrechts im Fall der Sacheinlage iSd § 20 Abs. 2 S. 3 UmwStG gelten für den Anteilstausch entsprechend (s. LfSt Bay 11.11.2014, DStR 2015, 429; → Rn. 1370). **1615**

(frei) **1616–1619**

ee) Einbringungsgewinn. Der Ansatz der eingebrachten Anteile mit einem Zwischenwert oder dem gemeinen Wert führt **beim Einbringenden** zur Aufdeckung von stillen Reserven und damit zu einem **Veräußerungsgewinn/Einbringungsgewinn,** der den allgemeinen Besteuerungsgrundsätzen (zB §§ 13, 15, 16, 17, 18 EStG iVm § 3 Nr. 40 EStG; §§ 20 Abs. 2 Nr. 1, Abs. 4a, 32d Abs. 1 EStG; § 8b KStG) unterliegt (s. *UmwStE* Rn. 21.16). **1620**

Der Einbringungsgewinn (Veräußerungsgewinn) ist nach den **allgemeinen Grundsätzen** zu ermitteln. Vom Veräußerungspreis nach § 21 Abs. 2 S. 1–3 UmwStG sind die Einbringungskosten und der Buchwert bzw. die Anschaffungskosten (§ 21 Abs. 2 S. 5 UmwStG) der eingebrachten Anteile abzuziehen (→ Rn. 1406).

(frei) **1621–1629**

ff) Einbringungsgeborene Anteile (§ 21 Abs. 1 S. 1 UmwStG aF). Einbringungsgeborene Anteile iSd § 21 Abs. 1 S. 1 UmwStG aF behalten bei Einbrin- **1630**

gung unter dem gemeinen Wert ihre Eigenschaft über die Einbringung hinaus bei. Soweit in den eingebrachten Anteilen einbringungsgeborene Anteile enthalten sind, gelten sie weiterhin als solche (**§ 21 Abs. 2 S. 6 UmwStG** iVm § 20 Abs. 3 S. 4 UmwStG). Die Veräußerung dieser Anteile ist gem. § 8b Abs. 4 KStG aF iVm § 34 Abs. 7a KStG bzw. § 3 Nr. 40 S. 3 EStG aF iVm § 52 Abs. 4b S. 2 EStG in vollem Umfang steuerpflichtig. Ist die spezielle Missbrauchsbekämpfungsvorschrift des § 8b Abs. 4 KStG aF nicht einschlägig, ist § 42 AO anwendbar (BFH I R 52/17, BFH/NV 2022, 210). Die **Entnahme** von im Betriebsvermögen gehaltenen einbringungsgeborenen Anteilen führt aufgrund deren Steuerverhaftung nicht zu einem Entnahmegewinn (BFH I R 33/10, BStBl. II 2012, 445).

Gemäß § 27 Abs. 3 UmwStG ist das alte Recht weiterhin auf die einbringungsgeborenen Anteile iSd § 21 UmwStG 1995 anzuwenden, sofern der steuerliche Übertragungsstichtag vor dem 1.1.2025 liegt (§ 27 Abs. 3 S. 1 Nr. 1 UmwStG), das die Besteuerung auslösende Ereignis vor dem 1.1.2025 eingetreten ist (§ 27 Abs. 3 S. 1 Nr. 2 UmwStG) oder die Sacheinlage oder der Anteilstausch vor dem 1.1.2025 erfolgt ist (§ 27 Abs. 3 S. 2 UmwStG; *UmwStE* Rn. 27.01 ff.). Bei den nach dem 31.12.2024 aufgrund einer Einbringung eines Betriebs, Teilbetriebs oder Mitunternehmeranteils erhaltenen Anteilen handelt es sich um Anteile iSd § 17 Abs. 6 EStG iVm Abs. 1 EStG (*UmwStE* Rn. 27.03).

1631–1634 *(frei)*

1635 **j) Zeitpunkt des Anteilstausches.** Der **Zeitpunkt des Anteilstausches** wird durch die Übertragung des wirtschaftlichen Eigentums der eingebrachten Anteile auf die übernehmende Gesellschaft bestimmt. Dies hat bei einer Gründung einer KapGes oder Kapitalerhöhung grds. vor der Anmeldung in das Handelsregister zu erfolgen (s. §§ 7 Abs. 3, 56a GmbHG; s. *UmwStE* Rn. 21.17).

1636 Bei einem Anteilstausch iSd § 21 UmwStG ist mangels gesetzlicher Regelung eine **Rückbeziehung** ausgeschlossen (BFH I R 89/09, BStBl. II 2011, 528; I R 111/09, BFH/NV 2011, 67). § 2 UmwStG und § 20 Abs. 5 und 6 UmwStG sind nicht anzuwenden (s. *UmwStE* Rn. 21.17; offen gelassen BFH I R 28/11, DStR 2013, 575).

1637–1639 *(frei)*

1640 **k) Steuervergünstigungen (§ 21 Abs. 3 UmwStG).** Für im **Privatvermögen** gehaltene Beteiligungen gewährt § 21 Abs. 3 S. 1 UmwStG den **Freibetrag nach § 17 Abs. 3 EStG** nur, wenn der Einbringende eine natürliche Person ist und die eingebrachten Anteile mit dem gemeinen Wert angesetzt werden. Die Einbringung einer 100%igen Beteiligung ist nicht erforderlich.

1641 Bei im **Betriebsvermögen** gehaltenen Anteilen setzt die Gewährung des **Freibetrags nach § 16 Abs. 4 EStG** die Einbringung einer 100%igen Beteiligung an einer KapGes voraus. In beiden Fällen kommt der **ermäßigte Steuersatz** nach **§ 34 Abs. 1 EStG** nicht in Betracht.

1642–1644 *(frei)*

1645 **l) Anschaffungskosten der erhaltenen Anteile (§ 21 Abs. 2 S. 5 UmwStG).** Beim Einbringenden gilt der Wert, mit dem die übernehmende Gesellschaft die eingebrachten Anteile ansetzt, als Anschaffungskosten für die erhaltenen Anteile (§ 21 Abs. 2 S. 1 UmwStG; → Rn. 1590). Danach bestimmt der von der übernehmenden KapGes angesetzte Wert die Anschaffungskosten der erhaltenen Anteile. Befanden sich die eingebrachten Anteile beim Einbringenden **nicht** im **Betriebsvermögen,** sind die erhaltenen Anteile anstelle des Buchwerts mit den

Anschaffungskosten der eingebrachten Anteile anzusetzen (§ 21 Abs. 2 S. 5 UmwStG).

Bare Zuzahlungen an den Einbringenden mindern den Wert der iRd tauschähnlichen Vorgangs erhaltenen Anteile an der übernehmenden Gesellschaft. Es gelten die Grundsätze des § 21 Abs. 1 S. 2 Nr. 2 UmwStG entsprechend. Danach sind die eingebrachten Anteile insoweit mit dem gemeinen Wert anzusetzen, als iRd qualifizierten Anteilstausches die erbrachten **sonstigen Gegenleistungen** die Grenzen des § 21 Abs. 1 S. 2 Nr. 2 UmwStG übersteigen (BR-Drs. 18/4902, 50 f.). **1646**

(frei) **1647–1649**

m) Besteuerung von Anteilen im Privatvermögen. Die fiktive Veräußerung der eingebrachten Anteile führt bei einer **Beteiligung iSd § 17 EStG** im Privatvermögen zu einer Versteuerung der Anteile nach dieser Vorschrift, ansonsten zu **Kapitaleinkünften** nach **§ 20 Abs. 2 S. 1 Nr. 1, Abs. 8 EStG.** Da iRd Anteilstausches iSd § 21 UmwStG keine Mittel fließen, wird gem. **§ 20 Abs. 4a S. 1 EStG** (lex specialis) bei den Einkünften aus Kapitalvermögen von einer Besteuerung abgesehen, wenn das inländische Besteuerungsrecht nicht ausgeschlossen oder beschränkt wird oder Art. 8 RL 2009/133/EG anzuwenden ist. **1650**

(frei) **1651–1659**

16. Besteuerung des Anteilseigners (§ 22 UmwStG)

a) Rückwirkende Besteuerung. Bei einer Sacheinlage (§ 20 Abs. 1 UmwStG) und einem Anteilstausch (§ 21 Abs. 1 UmwStG) einschließlich der bei einer Sacheinlage miteingebrachten Anteile (§ 22 Abs. 1 S. 5 UmwStG) unter dem gemeinen Wert sieht § 22 UmwStG eine rückwirkende Besteuerung des Einbringungsvorgangs vor, wenn die erhaltenen bzw. eingebrachten Anteile **(sog. sperrfristbehaftete Anteile)** innerhalb einer Sperrfrist von sieben Jahren nach der Einbringung veräußert werden (s. *UmwStE* Rn. 22.01 f.). **1660**

Sperrfristbehaftete Anteile iSd § 22 Abs. 1 UmwStG sind die iRd Gründung oder Sachkapitalerhöhung erhaltenen Anteile sowie die sog. mitverstrickten Anteile iSd § 22 Abs. 7 UmwStG. Diese sind bereits bestehende Anteile, auf die iRd Sachgründung oder Sachkapitalerhöhung stille Reserven übergehen, oder nach der Sachgründung oder Sachkapitalerhöhung neu ausgegebene Anteile, auf die sich stille Reserven von sperrfristbehafteten Anteilen verlagern (s. *UmwStE* Rn. 22.43; Pung GmbHR 2012, 158). Bei einer **Sacheinlage** gelten die **erhaltenen** Anteile als sperrfristbehaftet iSd § 22 Abs. 1 UmwStG, soweit diese nicht auf miteingebrachte Anteile an KapGes oder Genossenschaften entfallen (§ 22 Abs. 1 S. 5 Hs. 1 UmwStG), und bei einem **Anteilstausch** die **eingebrachten** Anteile als sperrfristbehaftet iSd § 22 Abs. 2 UmwStG (s. *UmwStE* Rn. 22.02). **1661**

Eine **Sperrfristbehaftung** von Anteilen tritt **nicht** ein bei Einbringungsvorgängen zum gemeinen Wert (zB einfacher Anteilstausch nach § 21 Abs. 1 S. 1 UmwStG). Eine solche setzt grds. voraus, dass die Voraussetzungen für eine Einbringung nach §§ 20 oder 21 UmwStG tatsächlich vorliegen. Ist das nicht der Fall und hat deshalb nach objektiver Rechtslage kein Bewertungswahlrecht für die übernehmende KapGes bestanden, löst eine **unzutreffende Buchwertfortführung** bei der übernehmenden Gesellschaft nicht die Rechtsfolgen des § 22 UmwStG aus (BFH I R 97/08, BStBl. II 2010, 808). **1662**

§ 22 Abs. 1 UmwStG stellt auf die **Veräußerung** der erhaltenen Anteile **durch** den **Einbringenden** ab. Veräußert eine **PersGes** als Einbringende die erhaltenen **1663**

Anteile, kommt es zu einer Veräußerung nach dieser Vorschrift. Dies gilt nach Auffassung der FVerw wegen des Transparenzprinzips auch für den Mitunternehmer, wenn dieser einen **Mitunternehmeranteil** veräußert, zu dessen Betriebsvermögen sperrfristbehaftete Anteile gehören, oder für die mittelbare Veräußerung eines Mitunternehmeranteils bei doppel- oder mehrstöckigen PersGes (s. *UmwStE* Rn. 22.02; aA zB Schmitt/Schloßmacher UmwStE 2011 Rn. 22.02).

1664 Unter **Veräußerung iSd § 22 Abs. 1 und 2 UmwStG** ist jede Übertragung gegen Entgelt zu verstehen. Darunter fallen ua Umwandlungen und Einbringungen (zB Verschmelzung, Auf- und Abspaltung, Formwechsel, s. BFH I R 25/18, BStBl. II 2021, 732). Dies bedeutet, dass grds. jede innerhalb der Sperrfrist durchgeführte Umwandlung sowie umwandlungsbedingte Übertragung zu einer rückwirkenden Einbringungsgewinnbesteuerung iSd § 22 UmwStG führen kann (s. Schmitt/Schloßmacher UmwStE 2011 Rn. 22.07).

1665 Bei einer **unentgeltlichen Übertragung** wird gem. § 22 Abs. 6 UmwStG der Rechtsnachfolger Einbringender iSd § 22 UmwStG. Eine Besteuerung dieses Einbringungsvorgangs nach § 22 Abs. 1 UmwStG ist insoweit nicht veranlasst.

1666–1669 *(frei)*

1670 **b) Einbringungsgewinn I.** Veräußert der Einbringende iR einer **Sacheinlage zu Buch- bzw. Zwischenwerten** (§ 20 Abs. 2 S. 2 UmwStG) erhaltene, sperrfristbehaftete Anteile oder nur einen Teil hieraus innerhalb von sieben Jahren nach dem Einbringungszeitpunkt, entsteht (insoweit) bei ihm rückwirkend auf das Jahr der Einbringung ein **Einbringungsgewinn I** (§ 22 Abs. 1 S. 1 UmwStG). Dies gilt auch bei einer Veräußerung durch den unentgeltlichen Rechtsnachfolger iSd § 22 Abs. 6 UmwStG (→ Rn. 1840) und in den Fällen der Mitverstrickung von Anteilen (§ 22 Abs. 7 UmwStG, → Rn. 1850; *UmwStE* Rn. 22.03).

Veräußerung ist jede Übertragung gegen Entgelt wie auch Umwandlungen und Einbringungen (zB Verschmelzungen, Auf- oder Abspaltungen und Formwechsel; s. BFH I R 25/18, BStBl. II 2021, 732 zum Formwechsel, *UmwStE* Rn. 22.07). Einbringungszeitpunkt ist der Übertragungszeitpunkt (§ 20 Abs. 6 UmwStG).

Der Einbringungsgewinn I ist gem. **§ 22 Abs. 1 S. 3 UmwStG** wie folgt zu **ermitteln:**

	Gemeiner Wert des eingebrachten Betriebsvermögens zum Einbringungszeitpunkt (ohne miteingebrachte Anteile an der KapGes iSd § 22 Abs. 1 S. 5 UmwStG)
./.	Kosten des Vermögensübergangs
./.	Wert, mit dem die übernehmende KapGes das eingebrachte Betriebsvermögen angesetzt hat
=	Einbringungsgewinn I zum Zeitpunkt der Einbringung
./.	Kürzung um 1/7 für jedes bis zur Veräußerung abgelaufene Zeitjahr seit Einbringung
=	zu versteuernder Einbringungsgewinn I (s. *UmwStE* Rn. 22.08)

Soweit nur ein **Teil der sperrfristbehafteten Anteile** veräußert wird oder ein Ersatztatbestand iSd § 22 Abs. 1 S. 6 UmwStG nur einen Teil der sperrfristbehafteten Anteile betrifft, ist die rückwirkende Einbringungsbesteuerung nur anteilig vorzunehmen (s. *UmwStE* Rn. 22.04 mit Bsp.).

1671 Der Einbringungsgewinn I stellt einen (rückwirkenden) **Veräußerungsgewinn** iSd § 16 EStG dar. Er unterliegt den allgemeinen Besteuerungsgrundsätzen.

Der Einbringungsgewinn mindert sich für jedes Zeitjahr um 1/7 (§ 22 Abs. 1 S. 3 UmwStG). Die Vergünstigungen des § 16 Abs. 4 EStG und § 34 EStG sind wegen der Kürzung um ein Siebtel je abgelaufenen Zeitjahres nicht anwendbar. Ebenso kommen weder das Teileinkünfteverfahren noch eine Steuerbefreiung nach § 8b KStG in Betracht (s. *UmwStE* Rn. 22.07).

Der Einbringungsgewinn I aus § 22 Abs. 1 UmwStG ist wie der Einbringungsgewinn nach § 20 UmwStG gem. § 180 Abs. 1 Nr. 2 AO bei der einbringenden PersGes **einheitlich und gesondert festzustellen** (FG Münster 11 K 3555/13 E, EFG 2016, 252).

Die **Ermittlung des Einbringungsgewinns I** bezieht sich nur auf das eingebrachte Betriebsvermögen, nicht dagegen auf die Anteile an KapGes oder Genossenschaften, die als Teil des Betriebsvermögens mit eingebracht wurden (§ 22 Abs. 1 S. 5 UmwStG). Die Veräußerung von **miteingebrachten Anteilen** an KapGes, die auf einer Sacheinlage (§ 20 Abs. 1 UmwStG) beruhen, löst eine nachträgliche Besteuerung des Einbringungsvorgangs **(Einbringungsgewinn II)** nach § 22 Abs. 2 UmwStG aus. 1672

Dies gilt nicht, wenn iR einer Sacheinlage durch einen **beschränkt Steuerpflichtigen** Anteile mitübertragen werden und dies zum Ausschluss oder zur Beschränkung der inländischen Besteuerung hinsichtlich des Gewinns aus der Veräußerung der erhaltenen Anteile führt. In diesem Fall ist eine spätere Veräußerung von **erhaltenen** Anteilen rückwirkend im Wirtschaftsjahr der Einbringung als Gewinn des Einbringenden (Einbringungsgewinn I) nach § 22 Abs. 1 UmwStG unter Anwendung des § 3 Nr. 40 EStG zu versteuern (§ 22 Abs. 1 S. 5 Hs. 2 UmwStG; s. *UmwStE* Rn. 22.11). 1673

Der Einbringungsgewinn I erfasst nur die zum Einbringungszeitpunkt in den eingebrachten Wirtschaftsgütern enthaltenen stillen Reserven. Der insgesamt entstandene Veräußerungsgewinn setzt sich daher aus dem Einbringungsgewinn I und dem Gewinn aus dem Anteilsverkauf, der die nach der Einbringung eingetretenen Wertveränderungen erfasst, zusammen. Diese nach der Einbringung eingetretenen **Wertveränderungen** werden als **Veräußerungsgewinn** besteuert (→ Rn. 1745). Wegen der erforderlichen rückwirkenden Ermittlung des gemeinen Werts des eingebrachten Betriebsvermögens (vgl. § 20 Abs. 3 S. 1 UmwStG) ist eine entsprechende Beweisvorsorge iRd Einbringung ratsam. 1674

Die **Kosten für den Vermögensübergang,** die iRd Sacheinlage (fiktive Veräußerung; § 20 Abs. 3 UmwStG) anfallen, sind zunächst beim Einbringenden grds. als sofort abziehbare Veräußerungskosten und nicht als Anschaffungsnebenkosten für die erhaltenen Anteile an der übernehmenden KapGes zu behandeln (s. Bilitewski in HMB UmwStG § 22 Rn. 86, *UmwStE* Rn. 22.09). Kein unmittelbarer sachlicher Zusammenhang mit dem Vermögensübergang besteht hinsichtlich der Kosten für die **steuerliche Beratung,** die die Beurteilung der steuerrechtlichen Folgen der Veräußerung betreffen (FG BW 4 K 2523/09, EFG 2014, 1151). 1675

Kommt es zu einer **schädlichen Veräußerung** der erhaltenen Anteile iSd § 22 Abs. 1 S. 1 UmwStG, ist der laufende Gewinn im Jahr der Einbringung (rückwirkend) um die berücksichtigten Kosten des Vermögensübergangs zu erhöhen und der Einbringungsgewinn I entsprechend zu mindern. Dies setzt voraus, dass die Kosten des Vermögensübergangs im Jahr der Einbringung den laufenden Gewinn oder den Einbringungsgewinn (zB bei Ansatz von Zwischenwerten) gemindert haben (§ 22 Abs. 1 S. 3 UmwStG; *UmwStE* Rn. 22.09). Werden die

Kosten nicht hinreichend konkretisiert, sind sie nach Auffassung der FVerw gem. § 162 AO zu **schätzen** (s. *UmwStE* Rn. 22.32).

1676 Die **gewerbesteuerliche Behandlung** des Einbringungsgewinns richtet sich nach den allgemeinen Grundsätzen (s. § 7 S. 2 GewStG; BFH IV R 29/07, BStBl. II 2011, 511). Danach unterliegt der Gewinn aus der Veräußerung eines Betriebs, Teilbetriebs oder eines Mitunternehmeranteils nicht der GewSt, soweit er auf eine **natürliche Person** oder **PersGes** entfällt (vgl. BFH IV R 3/05, BStBl. II 2007, 777; → § 2 Rn. 3). Dies gilt grds. für den **Einbringungsgewinn I** aufgrund einer Sacheinlage iSd § 20 Abs. 1 UmwStG sowie für den **Einbringungsgewinn II** anlässlich eines schädlichen Ereignisses (§ 22 Abs. 1 UmwStG) entsprechend (BFH I R 26/18, BStBl. II 2022, 93).

1677 Die Zugehörigkeit des **Einbringungsgewinns I** zum Gewerbeertrag richtet sich somit nach den allgemeinen Grundsätzen des § 7 S. 2 GewStG. Danach unterliegt der Einbringungsgewinn I nicht der Gewerbesteuer, wenn auch die Einbringung zum gemeinen Wert nicht gewerbesteuerpflichtig gewesen wäre. Dies gilt auch, wenn nicht sämtliche erhaltenen Anteile in einem Vorgang veräußert werden (BFH I R 26/18, BStBl. II 2022, 93).

1678 Befinden sich die Anteile im Betriebsvermögen, unterliegt der **Einbringungsgewinn I** der Gewerbesteuer. Dies gilt nicht, wenn auch die Einbringung zum gemeinen Wert nach § 7 S. 2 GewStG nicht gewerbesteuerpflichtig gewesen wäre (BFH I R 13/18, BStBl. II 2022, 91). Die Veräußerung sämtlicher miteingebrachten Anteilen in mehreren Vorgängen ist unschädlich (*UmwStE* Rn. 22.07, 22.13 → Rn. 1773).

1679 Bei **Körperschaften** unterliegt ein Einbringungsgewinn I nach den Grundsätzen der §§ 2 Abs. 2, 7 S. 2 GewStG der **GewSt.** Gemäß § 22 Abs. 1 S. 5 UmwStG ist hinsichtlich der miteingebrachten Anteile an KapGes § 22 Abs. 2 UmwStG anzuwenden. Eine steuerliche Begünstigung des Einbringungsgewinns I nach **§ 8b Abs. 2 und 3 KStG** kommt daher bei der **KSt** und **GewSt** grds. nicht in Betracht.

1680 Dies gilt **nicht,** wenn nur ein **ideeller Anteil** an einem **Mitunternehmeranteil** eingebracht wird, weil der Einbringende in diesem Fall seine mitunternehmerische Tätigkeit in der Gesellschaft fortführt (zB BFH IV R 51/98, BFH/NV 2000, 1554; IV R 3/05, BStBl. II 2007, 777; IV R 22/06, BFH/NV 2008, 109).

1681 Die Veräußerung der erhaltenen Anteile gilt als **rückwirkendes Ereignis iSd § 175 Abs. 1 S. 1 Nr. 2 AO** (s. *UmwStE* Rn. 22.03).

1682–1684 *(frei)*

1685 **c) Nachträgliche Anschaffungskosten (§ 22 Abs. 1 S. 4 UmwStG).** Der steuerpflichtige Einbringungsgewinn I ist beim Einbringenden als nachträgliche Anschaffungskosten der erhaltenen Anteile zu erfassen. Dadurch wirkt er sich erfolgsmindernd auf den Gewinn aus der Veräußerung der erhaltenen Anteile zum Einbringungszeitpunkt aus. Diese Grundsätze gelten auch für die **Ersatztatbestände des § 22 Abs. 1 S. 6 UmwStG.** Gemäß **§ 22 Abs. 1 S. 7 UmwStG** sind die Anschaffungskosten der Anteile, die auf einer weiteren Einbringung der erhaltenen Anteile iSd § 22 Abs. 1 S. 6 Nr. 4 und 5 UmwStG zum Buchwert beruhen, entsprechend zu erhöhen. Die FVerw wendet diese Regelung offenbar auf alle Vorgänge des § 22 Abs. 1 S. 6 UmwStG an (s. *UmwStE* Rn. 22.10).

1686 Wird nur ein **Teil** der erhaltenen Anteile veräußert, kommt es nur insoweit zu einer **rückwirkenden Besteuerung** eines Einbringungsgewinns (I). Entsprechend gilt der Einbringungsgewinn I nur hinsichtlich der veräußerten Anteile als nachträgliche Anschaffungskosten.

Die steuerliche Behandlung der Veräußerung von sperrfristbehafteten Anteilen erfolgt nach den allgemeinen Vorschriften über die Veräußerung von Kapitalanteilen (zB §§ 13, 15, 16, 17, 18 iVm § 3 Nr. 40 EStG, § 8b KStG).

Befinden sich die iR einer Sacheinlage erhaltenen sperrfristbehafteten Anteile im **Privatvermögen,** erzielt der Einbringende oder unentgeltliche Rechtsnachfolger bei einer Veräußerung der Anteile auch dann Einkünfte aus Gewerbebetrieb iSd § 17 Abs. 1 EStG, wenn der Einbringende innerhalb der letzten fünf Jahre am Kapital der Gesellschaft nicht unmittelbar oder mittelbar zu mindestens 1 % beteiligt war (§ 17 Abs. 6 EStG). Bei einem Anteilstausch ist dies nur der Fall, wenn der Einbringende zum Einbringungszeitpunkt innerhalb der letzten fünf Jahre am Kapital der eingebrachten Gesellschaft unmittelbar oder mittelbar zu mindestens 1 % beteiligt war (§ 17 Abs. 6 Nr. 2 Alt. 1 EStG; s. *UmwStE* Rn. 22.04 ff.). **1687**

(frei) **1688–1689**

d) Ersatzrealisationstatbestände des § 22 Abs. 1 S. 6 UmwStG. Die Ersatzrealisationstatbestände des § 22 Abs. 1 S. 6 UmwStG sollen eine Umgehung des Grundtatbestandes ausschließen. Deshalb stehen folgende Tatbestände einer Veräußerung gleich, die eine rückwirkende Besteuerung des Einbringungsgewinns I bzw. II zur Folge hat (*UmwStE* Rn. 22.07, 22.12, 22.18, 22.19): **1690**

(Nr. 1) Der Einbringende oder sein Rechtsnachfolger iSd § 22 Abs. 6 UmwStG überträgt die erhaltenen Anteile unmittelbar oder mittelbar **unentgeltlich** (zB verdeckte Einlage, verdeckte Gewinnausschüttung, Realteilung, unentgeltliche Übertragung nach § 6 Abs. 3 und 5 EStG) auf eine KapGes oder Genossenschaft. **1691**

Der Vermögensübergang im Wege einer **Anwachsung** erfolgt nur insoweit unentgeltlich, als der Übernehmer bereits am Vermögen der PersGes beteiligt war (vgl. OFD Berlin 19.7.2002, DStR 2002, 1811). Eine teilentgeltliche Übertragung der Anteile löst hinsichtlich des unentgeltlichen Teils eine rückwirkende Besteuerung als Einbringungsgewinn I/II aus. Der entgeltliche Teil ist nach § 22 Abs. 1 S. 1 bzw. Abs. 2 S. 1 UmwStG zu versteuern. **1692**

(Nr. 2) Der Einbringende überträgt die erhaltenen Anteile **entgeltlich** weiter, wenn die Übertragung nicht zu Buchwerten erfolgt und die erbrachten sonstigen Gegenleistungen die Grenze des § 20 Abs. 2 S. 2 Nr. 4 UmwStG oder die des § 21 Abs. 1 S. 2 Nr. 2 UmwStG übersteigen. **1693**

Eine **Veräußerung** ist jede entgeltliche Übertragung (s. *UmwStE* Rn. 22.07) des rechtlichen oder wirtschaftlichen Eigentums (BFH VIII R 29/93, BStBl. II 1995, 693). Als Veräußerung werden auch Umwandlungen und Einbringungen gegen Gewährung von Gesellschaftsrechten behandelt (s. BFH I R 25/18, BStBl. II 2021, 732 zum Formwechsel). Werden iRd Weitereinbringung oder Ketteneinbringung sperrfristbehafteter Anteile **sonstige Gegenleistungen** erbracht, die die Grenze des § 20 Abs. 2 S. 2 Nr. 4 bzw. § 21 Abs. 1 S. 2 Nr. 2 UmwStG überschreiten, kommt es zu einer rückwirkenden Einbringungsgewinnbesteuerung (§ 22 Abs. 1 S. 6 Nr. 2 UmwStG; BR-Drs. 18/4902, 51). **1694**

Ein **schädlicher Veräußerungsvorgang** iSd § 22 Abs. 1 S. 6 Nr. 2 UmwStG ist **nicht** gegeben, wenn die Weiterleitung iR einer Sacheinlage (§ 20 Abs. 1 UmwStG) oder eines Anteilstausches (§ 21 UmwStG) oder eines vergleichbaren ausländischen Vorgangs ohne Aufdeckung der stillen Reserven (beim Einbringenden) zum **Buchwert** erfolgt, keine die Grenzen des § 20 Abs. 2 S. 2 Nr. 4 UmwStG übersteigende sonstige Gegenleistung gewährt wird (§ 22 Abs. 1 S. 6 Nr. 2 UmwStG) und dies der Einbringende oder dessen unentgeltlicher Rechts- **1695** nachfolger (§ 22 Abs. 6 UmwStG) nachweist. Dies ist dann gegeben, wenn iRd Weitereinbringung bzw. nachfolgenden Einbringung beim Einbringenden keine stillen Reserven aufzudecken sind (s. *UmwStE* Rn. 22.22).

1696 Werden neben der Gewährung von Gesellschaftsrechten auch **andere Wirtschaftsgüter** zB iF von Zuzahlungen geleistet, die gem. § 20 Abs. 2 S. 4 bzw. § 21 Abs. 1 S. 3 UmwStG zum Ansatz eines höheren Werts als den Buchwert führen, löst die nachfolgende Einbringung die volle Besteuerung des Einbringungsgewinns iSd § 22 Abs. 1 S. 6 Nr. 2 UmwStG aus. Eine teilweise Besteuerung iHd schädlichen Zuzahlung scheidet aus.

1697 Nach den Grundsätzen des UmwStG kommt es grds. bei allen Umwandlungen (zB Verschmelzungen, Spaltung, Formwechsel, nicht Abspaltung) auf der Ebene des übertragenden sowie des übernehmenden Rechtsträgers hinsichtlich des übertragenen Vermögens zu einem **Veräußerungs- und Anschaffungsvorgang.** Damit führt grds. **jede nachfolgende** Umwandlung oder Einbringung durch den Einbringenden oder die übernehmende KapGes **(zB Weitereinbringung)** sowie eine **umwandlungsbedingte Übertragung** der sperrfristbehafteten Anteile zu einer **Veräußerung** iSd § 22 Abs. 1 S. 1 bzw. Abs. 2 S. 1 UmwStG und dadurch zu einer rückwirkenden Einbringungsbesteuerung nach § 22 Abs. 1 oder 2 UmwStG (s. *UmwStE* Rn. 22.23, 00.02; BFH I R 25/18, BStBl. II 2021, 732 zum Formwechsel).

1698 **Billigkeitsregelung:** Entsprechend stellt aus der **Sicht des Einbringenden** auch die Einbringung von Wirtschaftsgütern iF der erhaltenen (§ 20 UmwStG) und eingebrachten (§ 21 UmwStG) Anteile und die **nachfolgende Einbringung** von Wirtschaftsgütern einen Veräußerungsvorgang dar. Danach wird grds. durch jede Einbringung nach § 20 Abs. 1 UmwStG bzw. § 21 Abs. 1 UmwStG oder aufgrund vergleichbarer ausländischer Vorgänge ein Ersatztatbestand des § 22 Abs. 1 S. 6 Nr. 2, 4, oder 5 UmwStG realisiert, außer die Einbringung erfolgt zu Buchwerten.

1699 Da das UmwStG für **andere Umwandlungen** iSd § 22 Abs. 1 S. 6 UmwStG iF einer Buchwerteinbringung keine Rückausnahme vorsieht, kann in Anlehnung an diesen Rechtsgedanken im Einzelfall auf **Antrag** iR einer **Billigkeitsregelung** (§ 163 AO) auch bei anderen Umwandlungen zu **Buchwerten** von einer rückwirkenden Einbringungsgewinnbesteuerung abgesehen werden (s. *UmwStE* Rn. 22.23; OFD Niedersachsen 22.8.2014, DStR 2014, 2397).

1700–1709 *(frei)*

1710 **(Nr. 3)** Die KapGes, an der die Anteile bestehen, wird **aufgelöst oder abgewickelt.**

1711 Auch die Auflösung und Abwicklung einer KapGes, an der erhaltene Anteile iSd § 22 Abs. 1 UmwStG bestehen, werden einer Veräußerung gleichgestellt. Die Liquidation der KapGes führt zum Zeitpunkt der Schlussverteilung des Vermögens in vollem Umfang zu einer rückwirkenden Besteuerung eines Einbringungsgewinns. An einer Abwicklung fehlt es bei der Eröffnung eines Insolvenzverfahrens (§ 11 Abs. 7 KStG) und in den Fällen des § 12 Abs. 3 KStG (s. *UmwStE* Rn. 22.24).

1712–1714 *(frei)*

1715 **(Nr. 4)** Der Einbringende bringt die erhaltenen Anteile zu **Buchwerten** iR einer Sacheinlage oder eines Anteilstausches in eine KapGes oder Genossenschaft ein **und** die **neu übernehmende Gesellschaft überträgt** die erhaltenen Anteile unmittelbar oder mittelbar **entgeltlich oder unentgeltlich** iSd Nr. 1 oder 2 weiter, außer die Weitereinbringung erfolgt zu Buchwerten und die erbrachten sonstigen Gegenleistungen übersteigen nicht die Grenze des § 20 Abs. 2 S. 2 Nr. 4 UmwStG oder die des § 21 Abs. 1 S. 2 Nr. 2 UmwStG (**Ketteneinbringung;** § 22 Abs. 1 S. 6 Nr. 4 UmwStG).

Dieser Ersatztatbestand betrifft die unmittelbare und mittelbare Veräußerung von sperrfristbehafteten Anteilen durch die übernehmende Gesellschaft, die der Einbringende zunächst iR einer Sacheinlage (§ 20 Abs. 1 UmwStG) oder eines Anteilstausches (§ 21 Abs. 1 UmwStG) **erhalten** hat und nachweislich zum Buchwert durch einen Vorgang nach § 20 Abs. 1 UmwStG oder § 21 Abs. 1 UmwStG oder einen vergleichbaren ausländischen Vorgang erfolgsneutral in eine KapGes einbringt (**Folgeeinbringung** iSd § 22 Abs. 1 S. 6 Nr. 2 UmwStG; s. *UmwStE* Rn. 22.25). Eine Übertragung zum Buchwert liegt vor, wenn beim Einbringenden stille Reserven nicht aufzudecken sind (*UmwStE* Rn. 22.22). **1716**

Die Gewährung von **anderen Gegenleistungen** als die von neuen Anteilen am übernehmenden Rechtsträger schließt eine Einbringung zu Buchwerten nicht aus, wenn die Grenzen der §§ 20 Abs. 2 S. 4, 21 Abs. 1 S. 4, Abs. 2 S. 3 Nr. 2 UmwStG iVm Art. 2 Buchst. e RL 2009/133/EG nicht überschritten werden (s. Schmitt/Schloßmacher UmwStE 2011 Rn. 22.25). Zu einer rückwirkenden Einbringungsgewinnbesteuerung kommt es jedoch, wenn iRd Weitereinbringung oder Ketteneinbringung sperrfristbehafteter Anteile sonstige Gegenleistungen erbracht werden, die die Grenze des § 20 Abs. 2 S. 2 Nr. 4 UmwStG oder § 21 Abs. 1 S. 2 Nr. 2 UmwStG überschreiten (**§ 22 Abs. 1 S. 6 Nr. 4 UmwStG;** BR-Drs. 18/4902, 51). **1717**

Der nachträglich versteuerte Einbringungsgewinn I/II führt zu **nachträglichen Anschaffungskosten** bei den Folgeeinbringungen (§ 22 Abs. 1 S. 7 UmwStG iVm S. 4 UmwStG), die schließlich den Veräußerungsgewinn mindern. **1718**

(frei) **1719**

(Nr. 5) Der Einbringende bringt die erhaltenen Anteile zum **Buchwert** im Wege einer Sacheinlage oder eines Anteilstausches in eine KapGes oder Genossenschaft ein **und überträgt** die dafür **erhaltenen Anteile** unmittelbar oder mittelbar entgeltlich oder unentgeltlich iSd Nr. 1 oder 2, außer die Weitereinbringung erfolgt zu Buchwerten und die erbrachten sonstigen Gegenleistungen übersteigen nicht die Grenze des § 20 Abs. 2 S. 2 Nr. 4 UmwStG oder die des § 21 Abs. 1 S. 2 Nr. 2 UmwStG. **1720**

Während der Ersatztatbestand des § 22 Abs. 1 S. 6 Nr. 4 UmwStG die schädliche Veräußerung von iR einer steuerunschädlichen Weitereinbringung nach § 22 Abs. 1 S. 6 Nr. 2 UmwStG **eingebrachten** (sperrfristbehafteten) Anteilen regelt, erfasst § 22 Abs. 1 S. 6 Nr. 5 UmwStG die Veräußerung von iR einer steuerunschädlichen Folgeeinbringung nach § 22 Abs. 1 S. 6 Nr. 2 UmwStG **erhaltenen** Anteilen. Erforderlich ist, dass zunächst sperrfristbehaftete Anteile im Wege einer Sacheinlage oder eines Anteilstausches nach § 22 Abs. 1 S. 6 Nr. 2 UmwStG gegen Gewährung von Anteilen zum Buchwert (steuerneutral) weiter übertragen und die erhaltenen sperrfristbehafteten Anteile anschließend unmittelbar oder mittelbar veräußert oder unmittelbar oder mittelbar unentgeltlich auf eine KapGes (Nr. 1) oder entgeltlich (Nr. 2) übertragen werden. Eine Übertragung zu Buchwerten, die der Einbringende nachzuweisen hat, ist unschädlich. **1721**

Zuzahlungen, die nach § 20 Abs. 2 S. 4 UmwStG bzw. § 21 Abs. 1 S. 3 UmwStG zum Ansatz eines höheren Werts als den Buchwert (Zwischenwert) führen, sind schädlich und führen beim Einbringenden zu einer rückwirkenden Besteuerung des vollen Einbringungsgewinns (s. Pung GmbHR 2012, 158 (162)). Dies gilt auch, wenn iRd Weitereinbringung oder Ketteneinbringung von sperr- **1722**

fristbehafteten Anteilen **sonstige Gegenleistungen** erbracht werden und diese die Grenze des § 20 Abs. 2 S. 2 Nr. 4 UmwStG oder § 21 Abs. 1 S. 2 Nr. 2 UmwStG überschreiten (**§ 22 Abs. 1 S. 6 Nr. 5 UmwStG;** BR-Drs. 18/4902, 51).

1723 In Höhe des Einbringungsgewinns I entstehen **nachträgliche Anschaffungskosten** der erhaltenen bzw. eingebrachten Anteile (§§ 22 Abs. 1 S. 4 UmwStG bzw. § 22 Abs. 1 S. 7 UmwStG iVm S. 4 UmwStG), die den Gewinn aus der Veräußerung der Anteile entsprechend mindern. Zudem kann die übernehmende Gesellschaft nach § 23 Abs. 2 S. 1 UmwStG auf Antrag einen entsprechenden Erhöhungsbetrag ansetzen.

1724 *(frei)*

1725 **(Nr. 6)** Für den Einbringenden, die übernehmende Gesellschaft iSd Nr. 4 oder deren unentgeltlichen Rechtsnachfolger sind die persönlichen Voraussetzungen iSd § 1 Abs. 4 UmwStG zB durch Verlegung des Wohnsitzes oder des Sitzes der übernehmenden Gesellschaft im Fall der Ketteneinbringung nicht mehr erfüllt (s. *UmwStE* Rn. 22.18 ff.).

1726 Nach dieser Regelung löst der Wegzug, eine Sitzverlegung oder eine Änderung eines DBA eine rückwirkende Einbringungsgewinnbesteuerung aus, wenn dadurch in den Fällen der Sacheinlage der Einbringende und bei Weitereinbringungen iSd Nr. 4 die übernehmende Gesellschaft oder deren jeweilige unentgeltliche Rechtsnachfolger (§ 22 Abs. 6 UmwStG) bzw. in Fällen des Anteilstausches die übernehmende Gesellschaft (§ 22 Abs. 2 S. 6 Hs. 2 UmwStG) die Ansässigkeitsvoraussetzungen des § 1 Abs. 4 UmwStG innerhalb der siebenjährigen Sperrfrist nicht mehr erfüllt (s. *UmwStE* Rn. 22.27).

1727 Dies ist zB dann gegeben, wenn der Einbringende seinen Wohnsitz oder die übernehmende Gesellschaft ihren Sitz oder den Ort der Geschäftsleitung in einen Drittstaat verlegt und der Inhaber von sog. mitverstrickten Anteilen iSd § 22 Abs. 7 UmwStG oder im Erbfall der Erbe in einem Drittstaat ansässig ist (s. Pung GmbHR 2012, 158 (164)).

1728 Ist eine Mitunternehmerschaft Einbringende iSd §§ 20, 21 UmwStG, ist aufgrund des § 1 Abs. 4 S. 1 Nr. 2 Buchst. a Doppelbuchst. bb UmwStG bei der Prüfung der Voraussetzung auf die Gesellschafter als Mitunternehmer der PersGes abzustellen. Aufgrund dieser personenbezogenen Betrachtung kann eine anteilige Einbringungsgewinnbesteuerung beim betroffenen Gesellschafter veranlasst sein (s. Schmitt/Schloßmacher UmwStE 2011 Rn. 22.27).

1729 Erfüllt der unentgeltliche Rechtsnachfolger iSd § 22 Abs. 6 UmwStG nicht die Voraussetzungen des § 1 Abs. 4 UmwStG, führt die unentgeltliche Übertragung nach § 22 Abs. 2 S. 6 Nr. 6 UmwStG zu einer rückwirkenden Einbringungsgewinnbesteuerung beim Einbringenden (s. *UmwStE* Rn. 22.42).

1730–1734 *(frei)*

1735 Die Ersatztatbestände des § 22 Abs. 1 S. 6 Nr. 1–5 UmwStG gelten für den **Einbringungsgewinn II** entsprechend **(§ 22 Abs. 2 S. 6 UmwStG).**

1736 Der Einbringungsgewinn I/II gilt beim **Einbringenden** als **nachträgliche Anschaffungskosten** der erhaltenen Anteile (§§ 22 Abs. 1 S. 4 und Abs. 2 S. 4 UmwStG). Diese entstehen nach Auffassung der FVerw mit dem Einbringungsgewinn rückwirkend auf den Einbringungszeitpunkt. Sie entfallen, soweit nur ein Teil der sperrfristbehafteten Anteile schädlich veräußert wird, nur auf den veräußerten Teil (s. *UmwStE* Rn. 22.04, 22.10).

1737 Die **übernehmende Gesellschaft** kann auf Antrag bei einer Sacheinlage den Buchwert des eingebrachten Vermögens um den Einbringungsgewinn I (§ 22

Abs. 1 S. 1 UmwStG) und bei einem Anteilstausch die Anschaffungskosten der eingebrachten Anteile um den Einbringungsgewinn II (§ 22 Abs. 2 S. 1 UmwStG) erhöhen (§ 23 Abs. 2 S. 1 und 3 UmwStG).

Die Ersatztatbestände des § 22 Abs. 1 S. 6 UmwStG gelten auch bei einem **Formwechsel** nach § 25 UmwStG. 1738

(frei) **1739–1744**

e) Ermittlung des Veräußerungsgewinns. Eine schädliche Veräußerung von **sperrfristbehafteten** Anteilen hat neben der rückwirkenden Besteuerung des Einbringungsgewinns (§ 22 Abs. 1 und 2 UmwStG), der sich auf die stillen Reserven zum Einbringungszeitpunkt erstreckt, auch die **Besteuerung des Gewinns aus der Veräußerung** der sperrfristbehafteten Anteile zum Zeitpunkt der Veräußerung zur Folge. Der Gewinn aus dem Anteilsverkauf setzt sich aus den nach der Einbringung entstandenen stillen Reserven und dem jährlichen Kürzungsbetrag von 1/7 der zum Einbringungszeitpunkt bestehenden stillen Reserven iSd § 22 Abs. 1 S. 3 UmwStG zusammen. Dieser Veräußerungsgewinn des Einbringenden errechnet sich aus der Differenz zwischen dem gesamten Veräußerungspreis und den Anschaffungskosten der erhaltenen Anteile, erhöht um die nachträglichen Anschaffungskosten iHd Einbringungsgewinns I (§ 22 Abs. 1 S. 4 UmwStG). 1745

Der Veräußerungsgewinn ist wie folgt in **zwei Stufen** zu ermitteln (s. *UmwStE* Rn. 22.04): 1746

Ermittlung des **Einbringungsgewinns I** rückwirkend zum steuerlichen Übertragungsstichtag **(1. Stufe):**

	Gemeiner Wert des eingebrachten Betriebsvermögens zum Einbringungszeitpunkt
./.	Kosten für den Vermögensübergang
./.	Wert, mit dem die übernehmende KapGes das eingebrachte Betriebsvermögen angesetzt hat
=	Einbringungsgewinn I zum Zeitpunkt der Einbringung
./.	Kürzung um 1/7 für jedes bis zur Veräußerung abgelaufene Zeitjahr (§ 22 Abs. 1 S. 3 UmwStG)
=	zu versteuernder Einbringungsgewinn I

Ermittlung des **Veräußerungsgewinns** zum Zeitpunkt der Veräußerung **(2. Stufe):** 1747

	Veräußerungspreis
./.	ursprüngliche Anschaffungskosten
./.	nachträgliche Anschaffungskosten aus Einbringungsgewinn I (§ 22 Abs. 1 S. 4 UmwStG)
=	Veräußerungsgewinn nach § 17 EStG, steuerpflichtig (Teileinkünfteverfahren) zu 60 %

Der Einbringungsgewinn I wirkt sich über seine Berücksichtigung als **nachträgliche Anschaffungskosten** gewinnmindernd aus **(§ 22 Abs. 1 S. 4 UmwStG).** Dadurch wird eine doppelte Besteuerung vermieden, wenn bei der Sacheinlage die stillen Reserven des eingebrachten Betriebsvermögens durch Buchwert- bzw. Zwischenwertansatz nicht aufgedeckt werden. Die übernehmende Gesellschaft kann nach Maßgabe des § 23 Abs. 2 S. 1 UmwStG die Buchwerte des eingebrachten Betriebsvermögens um den Einbringungsgewinn I aufstocken. 1748

1749 Befanden sich die veräußerten Anteile im **Betriebsvermögen,** erfolgt die **Besteuerung des Veräußerungsgewinns** aus §§ 13, 15, 16, 18 EStG unter Berücksichtigung des Teileinkünfteverfahrens (§ 3 Nr. 40 EStG) bzw. des § 8b Abs. 2 und 3 KStG. Für im **Privatvermögen** gehaltene Anteile gelten nach den allgemeinen Grundsätzen über die Veräußerung von Kapitalanteilen § 17 Abs. 1 EStG iVm § 3 Nr. 40 Buchst. c EStG sowie subsidiär § 20 Abs. 2 S. 1 Nr. 1, Abs. 8 EStG iVm § 32d EStG.

1750 Zudem führt unabhängig von einer schädlichen Veräußerung iSd § 22 UmwStG die Veräußerung von im **Privatvermögen** gehaltenen Anteilen, die im Rahmen eines Einbringungsvorgangs unter dem gemeinen Wert erworben wurden, nach **§ 17 Abs. 6 EStG** zu gewerblichen Einkünften iSd § 17 Abs. 1 EStG, wenn in Fällen des Anteilstausches zum Einbringungsstichtag beim Einbringenden die Voraussetzungen des § 17 Abs. 1 EStG vorlagen oder die erhaltenen Anteile auf einer Sacheinlage (§ 20 Abs. 1 UmwStG) beruhen. Der Einbringende oder unentgeltliche Rechtsnachfolger erzielt bei der Veräußerung von iRe **Sacheinlage** erhaltenen Anteilen im Privatvermögen gewerbliche Einkünfte iSv § 17 Abs. 1 EStG, wenn er innerhalb der letzten fünf Jahre am Kapital der Gesellschaft nicht unmittelbar oder mittelbar zu mindestens 1 % beteiligt war (§ 17 Abs. 6 EStG). Bei iRe **Anteilstausches** erhaltenen Anteilen gilt dies nur, wenn der Einbringende zum Einbringungszeitpunkt innerhalb der letzten fünf Jahre am Kapital der eingebrachten Gesellschaft unmittelbar oder mittelbar zu mindestens 1 % beteiligt war (§ 17 Abs. 6 Nr. 2 1. Alt. EStG). Die Steuerverhaftung nach § 17 Abs. 6 EStG besteht über die Sperrfristen des § 22 Abs. 1 u. 2 UmwStG hinaus (s. *UmwStE* Rn. 22.05 f.).

1751 Die **Kosten für die Veräußerung** der Anteile wirken sich bei der Ermittlung des Einbringungsgewinns I aus (§ 22 Abs. 1 S. 3 UmwStG). Da der Einbringungsgewinn I und damit die nachträglichen Anschaffungskosten der erhaltenen Anteile bereits um die Kosten für den Vermögensübergang gekürzt sind, ist bei der Ermittlung des Veräußerungsgewinns insoweit **keine** weitere Kürzung vorzunehmen.

1752 Zudem ist im Jahr der Einbringung der **laufende Gewinn** des Einbringenden um die Kosten des Vermögensübergangs zu **erhöhen,** soweit sich diese bisher gewinnmindernd ausgewirkt haben. Diese Kosten bilden, wenn die Sacheinlage zum Buchwert erfolgt, grds. sofort abziehbare Betriebsausgaben. Bei Ansatz des gemeinen Werts oder eines Zwischenwerts sind sie ausschließlich bei der Ermittlung des Einbringungsgewinns gewinnmindernd zu berücksichtigen. Dies gilt auch für die Ermittlung des Einbringungsgewinns I (§ 22 Abs. 1 S. 3 UmwStG; s. *UmwStE* Rn. 22.09).

1753–1759 *(frei)*

1760 **f) Einbringungsgewinn II (§ 22 Abs. 2 UmwStG).** Ein Einbringungsgewinn II entsteht bei der Veräußerung von iR eines **qualifizierten Anteilstausches eingebrachten** (§ 21 Abs. 1 S. 2, Abs. 2 S. 3 UmwStG) bzw. iR einer Sacheinlage iSd § 20 Abs. 1 UmwStG von **miteingebrachten Anteilen** (iSd **§ 22 Abs. 1 S. 5 UmwStG)** an einer KapGes, bei denen iRd Einbringung durch Buchwert- oder Zwischenwertansatz die stillen Reserven nicht aufgedeckt wurden (s. auch BFH I R 48/15, BStBl. II 2019, 45). Die miteingebrachten Anteile müssen nicht die Voraussetzungen einer mehrheitsvermittelnden Beteiligung erfüllen (s. auch § 22 Abs. 1 S. 5 UmwStG). Eine **Veräußerung** iSd § 22 Abs. 1 S. 1 UmwStG sind grds. die Übertragung von Gesellschaftsanteilen auf einen anderen Rechtsträger sowie tauschähnliche Vorgänge (BFH I R 24/18, BFH/NV 2021, 951; I R 25/18, BStBl. II 2021, 732 zum Formwechsel).

Veräußert die **übernehmende** Gesellschaft oder deren Rechtsnachfolger innerhalb von sieben Jahren nach dem Einbringungsvorgang unmittelbar oder mittelbar die unter dem gemeinen Wert eingebrachten Anteile oder ist einer der Ersatztatbestände iSd § 22 Abs. 2 S. 6 iVm Abs. 1 S. 6 UmwStG gegeben, wird der hieraus erzielte Veräußerungsgewinn rückwirkend zum Einbringungszeitpunkt besteuert **(Einbringungsgewinn II;** § 22 Abs. 2 S. 1 UmwStG; BFH X R 26/22). Dies gilt nur, soweit ein Gewinn aus der Veräußerung der eingebrachten Anteile beim Einbringenden zum Einbringungszeitpunkt nach § 8b Abs. 2 KStG nicht steuerfrei gewesen wäre (§ 22 Abs. 2 S. 1 UmwStG; s. *UmwStE* Rn. 22.43). Die von der übernehmenden Gesellschaft vorgenommene Veräußerung der eingebrachten Anteile wird über § 22 Abs. 2 S. 1 UmwStG dem Einbringenden zugerechnet. **1761**

Wird eine KapGes, deren Anteile in die übernehmende Gesellschaft eingebracht wurden, innerhalb von sieben Jahren nach dem Einbringungszeitpunkt **formwechselnd** in eine PerGes umgewandelt, stellt dies eine Veräußerung dieser Anteile durch die übernehmende Gesellschaft iSd § 22 Abs. 2 S. 1 UmwStG dar. Soweit beim Einbringenden der Gewinn aus der Veräußerung dieser Anteile im Einbringungszeitpunkt nicht nach § 8b Abs. 2 KStG steuerfrei gewesen wäre, ist der Gewinn aus der Einbringung im Wirtschaftsjahr der Einbringung rückwirkend als Gewinn des Einbringenden aus der Veräußerung von Anteilen als Einbringungsgewinn II gemäß § 22 Abs. 2 S. 1 UmwStG zu versteuern (BFH X R 26/22). **1761a**

Einbringender iSd § 22 Abs. 2 S. 1 UmwStG sind **natürliche Personen,** bei denen das Teileinkünfteverfahren nach § 3 Nr. 40 EStG Anwendung findet, und darüber hinaus **Kreditinstitute** sowie **Lebens- und Krankenversicherungsunternehmen** (Körperschaften) als Einbringende, die hinsichtlich der eingebrachten Anteile gem. § 8b Abs. 7 oder 8 KStG sowie nach § 8b Abs. 4 KStG aF steuerpflichtig sind (s. *UmwStE* Rn. 22.12). Bei einer **PersGes** ist auf die an ihr unmittelbar oder mittelbar beteiligten natürlichen Personen (Gesellschafter) abzustellen. § 22 Abs. 2 S. 1 UmwStG idF des JStG 2009 stellt klar, dass eine mittelbare Veräußerung ausreicht. **1762**

Der Sperrfrist des § 22 Abs. 2 UmwStG unterliegen die iRd Einbringung eingebrachten Anteile und die nach der Einbringung neu ausgegebenen Anteile, auf die sich die stillen Reserven von den eingebrachten Anteilen verlagern (**sog. mitverstrickte Anteile, § 22 Abs. 7 UmwStG;** s. *UmwStE* Rn. 22.43). **1763**

(frei) **1764–1769**

g) Ermittlung des Einbringungsgewinns II (§ 22 Abs. 2 S. 3 UmwStG). **1770**
Der Einbringungsgewinn II errechnet sich gem. § 22 Abs. 2 S. 3 UmwStG (*UmwStE* Rn. 22.14 f.) wie folgt:

	Gemeiner Wert der eingebrachten Anteile zum Einbringungszeitpunkt
./.	Kosten für den Vermögensübergang
./.	Wertansatz der erhaltenen Anteile beim Einbringenden
=	Einbringungsgewinn II vor Siebtelregelung
./.	Verringerung um je 1/7 pro abgelaufenes Zeitjahr seit Einbringung
=	zu versteuernder Einbringungsgewinn II

Der Einbringende hat den Einbringungsgewinn II rückwirkend auf den Einbringungsvorgang als Gewinn aus der Veräußerung der eingebrachten Anteile durch die aufnehmende Gesellschaft zu versteuern. Für die Ermittlung des Ein- **1771** bringungsgewinns II ist der gemeine Wert der eingebrachten Anteile zum Einbringungszeitpunkt zu bestimmen. Als **Einbringungszeitpunkt** gilt das Datum des Vertragsabschlusses, weil in den Fällen des Anteilstausches keine Rückwirkungsfiktion besteht (BT-Drs. 16/2710, 47). Soweit **sonstige Gegenleistungen** der übernehmenden Gesellschaft die Anschaffungskosten der Anteile gemindert haben, ist der Wert der erhaltenen Anteile um den gemeinen Wert dieser Gegenleistung zu erhöhen (**§ 20 Abs. 3 S. 3 UmwStG iVm § 21 Abs. 2 S. 6 UmwStG;** s. *UmwStE* Rn. 22.15).

1772 Der Einbringungsgewinn II aus der Veräußerung der erhaltenen Anteile unterliegt beim **Einbringenden** grds. nach §§ 13, 15, 16, 17, 18 EStG iVm § 3 Nr. 40 EStG, §§ 20, 32d Abs. 1 EStG sowie § 8b KStG der Besteuerung, soweit für ihn keine Steuerfreiheit nach § 8b Abs. 2 und 3 KStG besteht. Diese Vorschrift ist **nicht** auf natürliche Personen, Kreditinstitute, Lebens- oder Krankenversicherungen in der Rechtsform einer Körperschaft (§ 8b Abs. 7 und 8 KStG) und Anteile nach § 8b Abs. 4 KStG aF anwendbar (§ 22 Abs. 2 S. 1; s. *UmwStE* Rn. 22.12 f.). Natürliche Personen haben damit auch gemäß § 22 Abs. 2 UmwStG als Einbringende rückwirkend einen Einbringungsgewinn II zu versteuern.

1773 **Gewerbesteuerlich** ist der Einbringungsgewinn II bei im Betriebsvermögen gehaltenen Anteilen nicht als laufender Gewinn (Gewerbeertrag) zu erfassen, wenn die Einbringung zum gemeinen Wert nicht gewerbesteuerpflichtig gewesen wäre (BFH I R 13/18, BFH/NV 2020, 437; *UmwStE* Rn. 22.13; → Rn. 1955 ff.).

1774 In Höhe des versteuerten Einbringungsgewinns II entstehen gem. § 22 Abs. 2 S. 4 UmwStG zum Einbringungszeitpunkt **nachträgliche Anschaffungskosten** der erhaltenen Anteile (s. *UmwStE* Rn. 22.10, 22.17). Dadurch vermindert sich der Gewinn aus der Veräußerung der Anteile.

1775 Eine **Nachversteuerung** des Gewinns aus einer nachträglichen Veräußerung der erhaltenen Anteile ist **ausgeschlossen,** wenn und soweit der Einbringende die erhaltenen Anteile zeitlich vor der sperrfristverletzenden Veräußerung der eingebrachten Anteile durch die übernehmende KapGes unter vollständiger Aufdeckung der stillen Reserven **veräußert** hat **(§ 22 Abs. 2 S. 5 UmwStG;** BFH I R 25/18, BStBl. II 2021, 732, *UmwStE* Rn. 22.17). Soweit es sich um **einbringungsgeborene Anteile** handelt, ist der hieraus erzielte Veräußerungsgewinn voll steuerpflichtig (§ 21 Abs. 1 UmwStG aF iVm § 3 Nr. 40 S. 3 und 4 EStG aF bzw. § 8b Abs. 4 KStG aF). Eine bereits erfolgte Wegzugsbesteuerung nach § 6 AStG führt ebenso nicht zu einer rückwirkenden Besteuerung iF des Einbringungsgewinns II, wenn und soweit die Steuer nicht gestundet ist (§ 22 Abs. 2 S. 5 Hs. 2 UmwStG). Eine Besteuerung aufgrund der Ergänzungstatbestände des § 22 Abs. 1 S. 6 UmwStG kommt in diesem Fall nicht in Betracht **(§ 22 Abs. 2 S. 6 UmwStG).**

1776–1784 *(frei)*

1785 **h) Veräußerungstatbestände (§ 22 Abs. 2 S. 6 UmwStG).** Die einer Veräußerung gleichgestellten Tatbestände des § 22 Abs. 1 S. 6 Nr. 1–5 UmwStG gelten gem. § 22 Abs. 2 S. 6 UmwStG entsprechend bei einer Übertragung der eingebrachten Anteile durch die übernehmende Gesellschaft. Danach hat der Einbringende (zB natürliche Person) rückwirkend einen Einbringungsgewinn II zu versteuern, wenn

(1.) die übernehmende Gesellschaft die eingebrachten Anteile unentgeltlich auf eine KapGes oder Genossenschaft überträgt,

(2.) die übernehmende Gesellschaft die eingebrachten Anteile entgeltlich weiter überträgt, soweit dieser Vorgang nicht zu Buchwerten erfolgt,
(3.) die übernehmende Gesellschaft aufgelöst und abgewickelt wird,
(4.) die übernehmende Gesellschaft die eingebrachten Anteile zunächst zu Buchwerten in eine KapGes einbringt und die neu übernehmende Gesellschaft die erhaltenen Anteile entgeltlich oder unentgeltlich überträgt; eine Weitereinbringung zu Buchwerten ist unschädlich,
(5.) die übernehmende Gesellschaft die eingebrachten Anteile zum Buchwert in eine KapGes einbringt und die dafür erhaltenen Anteile entgeltlich oder unentgeltlich überträgt; eine Weitereinbringung zu Buchwerten ist unschädlich (→ Rn. 1690 ff.), oder
(6.) gem. § 22 Abs. 2 S. 6 letzter Hs. UmwStG die übernehmende Gesellschaft wegen einer Sitzverlegung die Ansässigkeitsvoraussetzungen des § 1 Abs. 4 UmwStG nicht mehr erfüllt.

Diese Regelungen gelten gem. § 22 Abs. 6 UmwStG für den unentgeltlichen **1786** **Rechtsnachfolger** der übernehmenden Gesellschaft entsprechend.

Bei einer nicht verhältniswahrenden Verschmelzung einer KapGes, an der die **1787** maßgebenden Anteile bestehen, auf eine andere (Abwärtsverschmelzung) kann es durch eine Wertverschiebung in Form einer verdeckten Einlage eines „Geschäftsanteils" zugunsten der Anteilseigner der Übernehmerin gemäß § 22 Abs. 2 S. 6 iVm Abs. 1 S. 6 Nr. 1 UmwStG zu einem Einbringungsgewinn II kommen (HessFG 8 K 339/15, EFG 2021, 794; Rev. BFH I R 18/20).

Die entgeltliche Übertragung von **unter dem gemeinen Wert** (§ 20 Abs. 2 S. 2 UmwStG) eingebrachten Anteilen durch die übernehmende Gesellschaft zB bei einer Weitereinbringung der erhaltenen Anteile führt nach § 22 Abs. 1 S. 6 Nr. 2 UmwStG iVm Abs. 2 S. 6 UmwStG beim Einbringenden zu einem **Einbringungsgewinn II,** der die stillen Reserven der Anteile zum Einbringungszeitpunkt erfasst, und bei der übernehmenden Gesellschaft zu einem Gewinn aus der Veräußerung der Anteile, der die nach der Einbringung eingetretenen stillen Reserven umfasst. Dies gilt nicht, wenn die sperrfristbehafteten Anteile zum Buchwert übertragen wurden (s. *UmwStE* Rn. 22.22).

Der Einbringungsgewinn II erhöht iF von nachträglichen Anschaffungskosten sowohl beim Einbringenden den Wertansatz der erhaltenen Anteile (§ 22 Abs. 2 S. 4 UmwStG) als auch bei der aufnehmenden Gesellschaft die Anschaffungskosten der eingebrachten Anteile (§ 23 Abs. 2 S. 3 UmwStG). Er wirkt sich damit gewinnmindernd auf den nach § 8b Abs. 2 und 3 KStG begünstigten Gewinn der übernehmenden Gesellschaft aus der Veräußerung der eingebrachten Anteile aus. Dies gilt entsprechend bei einer späteren Veräußerung der erhaltenen Anteile durch den Einbringenden. Die Regelung des § 22 Abs. 1 S. 6 Nr. 2 UmwStG enthält eine Ausnahme vom Veräußerungsbegriff für zum Buchwert vollzogene Einbringungsvorgänge (BFH I R 48/15, BStBl. II 2019, 45).

Hinsichtlich der iR von **Ketteneinbringungen** nach § 22 Abs. 1 S. 6 Nr. 4 **1788** und 5 UmwStG ausgegebenen neuen Anteile entstehen iHd Einbringungsgewinns II **nachträgliche Anschaffungskosten,** wenn die Einbringung zu Buchwerten erfolgt (§ 22 Abs. 2 S. 7 UmwStG iVm Abs. 1 S. 7 UmwStG). Werden die erhaltenen Anteile an der KapGes, die auf einer Sacheinlage zu Buchwerten beruhen, iR einer Ketteneinbringung (§ 22 Abs. 1 S. 6 Nr. 4 UmwStG) zu Buchwerten in eine KapGes eingebracht und innerhalb von sieben Jahren nach der Sacheinlage veräußert, kommt es zu einer nachträglichen Besteuerung der Einbringungsvorgänge iF der Einbringungsgewinne I und II (s. Dötsch/Pung DB 2006, 2763 (2771)).

1789–1799 *(frei)*

1800 **i) Nachweispflicht (§ 22 Abs. 3 UmwStG).** Der Einbringende hat sieben Jahre jährlich bis zum 31.5. nachzuweisen, wem die Anteile an den dem Einbringungszeitpunkt entsprechenden Tagen (wirtschaftlich) zuzurechnen sind. Die Nachweispflicht bezieht sich auf die erhaltenen Anteile, die iRd Einbringung erworben wurden einschließlich der mitverstrickten Anteile iSd § 22 Abs. 7 UmwStG, und auf die iR einer Weitereinbringung erhaltenen Anteile **(sog. beruhende Anteile).** Danach ist bei Folgeeinbringungen die Zurechnung der erworbenen Anteile iSd § 22 Abs. 1 S. 1 UmwStG bzw. der eingebrachten Anteile iSd § 22 Abs. 2 UmwStG und die auf diesen Anteilen beruhenden Anteile zu belegen (s. *UmwStE* Rn. 22.28).

1801 Diese **Verpflichtung besteht** bei Sacheinbringungen nach § 20 Abs. 1 UmwStG zu Buch- oder Zwischenwerten (§ 22 Abs. 3 S. 1 Nr. 1 UmwStG), bei einem qualifizierten Anteilstausch nach § 21 Abs. 1 S. 2 UmwStG zu Buch- oder Zwischenwerten, soweit Einbringender eine natürliche Person ist (§ 22 Abs. 3 Abs. 1 S. 2 UmwStG), und bei Miteinbringungen von Anteilen an einer Körperschaft, Vermögensmasse oder Personenvereinigung iR einer Einbringung nach § 24 UmwStG zu Buch- oder Zwischenwerten durch eine natürliche Person, wenn Mitunternehmer der aufnehmenden PersGes eine von § 8b Abs. 2 KStG begünstigte Körperschaft ist (§ 24 Abs. 5 UmwStG iVm § 22 Abs. 3 S. 1 Nr. 2 UmwStG; s. OFD Koblenz 5.11.2007, DStR 2008, 408).

1802 Wurden iRd Sacheinlage auch Anteile an einer KapGes zum Buchwert oder Zwischenwert eingebracht (s. § 22 Abs. 1 S. 5 UmwStG), besteht die Nachweispflicht gem. § 22 Abs. 3 UmwStG hinsichtlich der erhaltenen (Nr. 1) und der eingebrachten (Nr. 2) Anteile (s. *UmwStE* Rn. 22.28 ff.).

1803 Der Nachweis ist **erstmals** in dem dem Einbringungszeitpunkt folgenden Jahr bis spätestens 31.5. bei dem für den Einbringenden zuständigen Finanzamt zu erbringen (OFD Frankfurt a. M. 9.1.2008, DStR 2008, 408). Die FVerw fordert darüber hinaus eine Bestätigung der übernehmenden Gesellschaft über die Gesellschafterstellung des **wirtschaftlichen Eigentümers** der erhaltenen Anteile.

1804 Bei einer **unentgeltlichen Rechtsnachfolge** (§ 22 Abs. 6 UmwStG) ist der Rechtsnachfolger und im Falle einer Mitverstrickung von Anteilen (§ 22 Abs. 7 UmwStG) sind der Einbringende und der Anteilseigner der mitverstrickten Anteile nachweispflichtig.

1805 Wird der **Nachweis nicht** (rechtzeitig) **geführt,** gelten die sperrfristbehafteten Anteile als an dem dem Einbringungszeitpunkt folgenden Tag bzw. in den Folgejahren zum Beginn des jährlichen Überwachungszeitraums **veräußert** (§ 22 Abs. 3 S. 2 UmwStG; s. *UmwStE* Rn. 22.32). Der Einbringende hat somit rückwirkend zum Einbringungszeitpunkt einen Einbringungsgewinn iSd § 22 Abs. 1 oder 2 UmwStG sowie zum Beginn des jeweiligen Überwachungszeitraums einen Gewinn aus der (fiktiven) Veräußerung von Anteilen iSd § 11 Abs. 1 oder 2 UmwStG zu versteuern.

1806 Nach Auffassung der FVerw ist die von § 22 Abs. 3 S. 1 UmwStG vorgegebene Nachweisfrist **nicht verlängerbar.** Dennoch kann der Nachweis bis zur Bestandskraft bzw. Rechtskraft der betroffenen Steuerbescheide erbracht werden (s. BMF 4.9.2007, BStBl. I 2007, 698; *UmwStE* Rn. 22.33).

1807–1820 *(frei)*

j) Juristische Personen des öffentlichen Rechts und steuerbefreite Körperschaften (§ 22 Abs. 4 UmwStG). Bringt eine juristische Person des öffentlichen Rechts Unternehmensteile iR einer Sacheinlage zu Buch- oder Zwischenwerten in eine KapGes ein, löst die Veräußerung der erhaltenen Anteile oder einer der Ersatztatbestände des § 22 Abs. 1 S. 6 UmwStG gem. § 22 Abs. 1 UmwStG innerhalb der Sperrfrist von sieben Jahren eine rückwirkende Besteuerung des **Einbringungsgewinns I** aus. Betroffen davon ist nicht die Einbringung von Anteilen an KapGes iRd Sacheinlage (§ 20 Abs. 1 UmwStG) sowie iR eines Anteilstausches (§ 21 UmwStG). **§ 22 Abs. 4 Nr. 1 UmwStG** bezieht sich ausschließlich auf Vorgänge des § 22 Abs. 1 UmwStG. Der Einbringungsgewinn I entsteht im einbringenden Betrieb der gewerblichen Art als Gewinn iSd § 16 EStG. 1821

Außerdem gilt auch ein **Gewinn aus der Veräußerung** von erhaltenen Anteilen innerhalb der Sperrfrist gem. § 22 Abs. 4 Nr. 1 UmwStG als beim einbringenden **Betrieb gewerblicher Art** entstanden. Dieser ist nach §§ 8b Abs. 2 und 3 KStG grds. steuerfrei. Er unterliegt jedoch unter den Voraussetzungen des § 20 Abs. 1 Nr. 10 Buchst. b, Abs. 8 EStG dem Kapitalertragsteuerabzug (s. *UmwStE* Rn. 22.34 f.; BFH VIII R 75/13, BFH/NV 2018, 773). 1822

Gemäß **§ 22 Abs. 4 Nr. 2 UmwStG** gelten die Grundsätze für eine von der **KSt befreite Körperschaft** entsprechend (s. *UmwStE* Rn. 22.36 f.). 1823

(frei) 1824–1829

k) Bescheinigungsverfahren (§ 22 Abs. 5 UmwStG). Auf Antrag der übernehmenden Gesellschaft bzw. des Einbringenden bescheinigt das Finanzamt, das für den Einbringenden zuständig ist, die Höhe des zu versteuernden Einbringungsgewinns I/II (§ 23 Abs. 2 S. 1 bzw. 3 UmwStG), die darauf festgesetzte Steuer und den darauf entrichteten Steuerbetrag (s. *UmwStE* Rn. 22.38 f.). 1830

Die Vorlage dieser Bescheinigung ist gem. § 23 Abs. 2 UmwStG Voraussetzung für eine **Buchwertaufstockung** bei der übernehmenden Gesellschaft (s. *UmwStE* Rn. 22.40). 1831

(frei) 1832–1839

l) Unentgeltliche Rechtsnachfolge (§ 22 Abs. 6 UmwStG). Eine **unentgeltliche Rechtsnachfolge** iSd § 22 Abs. 6 UmwStG tritt ein zB durch Schenkung, Erbfall, unentgeltlich vorweggenommene Erbfolge, verdeckte Gewinnausschüttung, unentgeltliche Übertragung oder Überführung nach § 6 Abs. 3 oder 5 EStG bzw. auf eine Stiftung oder Realteilung. Die Übertragung von sperrfristbehafteten Anteilen kann unmittelbar oder mittelbar erfolgen. In diesen Fällen gilt der Erwerber der sperrfristbehafteten Anteile als unentgeltlicher Rechtsnachfolger iSd § 22 Abs. 6 UmwStG. Die Verlagerung von stillen Reserven iSd § 22 Abs. 7 UmwStG stellt nach Auffassung der FVerw auch einen unentgeltlichen Vorgang dar (s. *UmwStE* Rn. 22.43). Bei einem teilentgeltlichen Vorgang ist eine unentgeltliche Rechtsnachfolge nur hinsichtlich des unentgeltlichen Teils des Geschäfts gegeben, der nach dem Verhältnis der Werte der übertragenen Anteile zu ermitteln ist. Zu ertragsteuerlichen Folgen der vorweggenommenen Erbfolge steuerverhafteter Anteile iSd § 22 UmwStG s. Dorn DStR 2014, 248. 1840

Keine unentgeltliche Rechtsnachfolge iSd § 22 Abs. 6 UmwStG ist gegeben, wenn wie bei einer unentgeltlichen Übertragung von sperrfristbehafteten Anteilen auf eine KapGes oder Genossenschaft der Ersatztatbestand des § 22 Abs. 1 S. 6 Nr. 1 UmwStG erfüllt und eine Einbringungsgewinnbesteuerung durchzuführen ist. 1841

1842 Der (unentgeltliche) Rechtsnachfolger tritt in die **Rechtsposition** des Einbringenden hinsichtlich der Anwendung des § 22 Abs. 1–5 UmwStG und der übernehmenden Gesellschaft iSd § 22 Abs. 2 UmwStG ein und hat ua in der siebenjährigen Sperrfrist die Nachweispflichten des § 22 Abs. 3 UmwStG zu erfüllen. Danach kommt es auch dann zur Nachbesteuerung, wenn der Rechtsnachfolger die erhaltenen bzw. eingebrachten Anteile veräußert. Sind beim unentgeltlichen Rechtsnachfolger die Voraussetzungen des § 1 Abs. 4 UmwStG nicht erfüllt, hat die unentgeltliche Übertragung die Besteuerung des Einbringungsgewinns nach § 22 Abs. 1 S. 6 Nr. 6 UmwStG zur Folge.

1843 Obwohl der Rechtsnachfolger gem. § 22 Abs. 6 UmwStG als Einbringender gilt, werden die **Rechtsfolgen** aus einer schädlichen Veräußerung von Anteilen iSd § 22 Abs. 1 UmwStG nicht bei ihm, sondern beim **Rechtsvorgänger** vollzogen. Danach hat der Einbringende bei einem schädlichen Vorgang rückwirkend einen Einbringungsgewinn zu versteuern. (s. *UmwStE* Rn. 22.41 ff.).

1844–1849 *(frei)*

1850 **m) Mitverstrickung von Anteilen (§ 22 Abs. 7 UmwStG).** Gehen nach einer Sacheinlage oder einem Anteilstausch stille Reserven aufgrund einer Gesellschaftsgründung oder einer Kapitalerhöhung aus Gesellschaftermitteln von den erhaltenen oder eingebrachten Anteilen auf andere Anteile desselben Gesellschafters oder unentgeltlich auf Anteile Dritter über, werden diese Anteile nach § 22 Abs. 7 UmwStG auch von der Steuerverstrickung nach § 22 Abs. 1 und 2 UmwStG erfasst. Tritt die Verlagerung stiller Reserven im Zusammenhang mit der Einbringung durchgeführten Gesellschaftsgründung oder Kapitalerhöhung von den sperrfristbehafteten Anteilen auf andere Anteile iSd § 22 Abs. 7 UmwStG ein, gilt § 20 Abs. 5 S. 1 UmwStG auch für die anderen Anteile (*UmwStE* Rn. 22.43).

Zu einer Mitverstrickung von anderen Anteilen kommt es insbesondere dann, wenn an der betreffenden KapGes bereits (Alt-)Anteile bestehen und die Gesellschaft eine nicht wertkongruente Kapitalerhöhung vornimmt. Dabei gehen stille Reserven der (Alt-)Anteile auf die bei der Kapitalerhöhung durch Bareinlage erworbenen (Neu-)Anteile durch Substanzabspaltung über **(Mitverstrickung des Neuanteils).**

1850a Eine Steuerverstrickung iSd § 22 Abs. 1 u 2 UmwStG von (Alt-)Anteilen tritt dann ein, wenn eine spätere Kapitalerhöhung im Wege einer Sacheinlage durchgeführt wird und die KapGes das eingebrachte Betriebsvermögen (Betrieb, Teilbetrieb oder Mitunternehmeranteil) mit dem Buchwert ansetzt. In diesem Fall gehen die im eingebrachten Betriebsvermögen ruhenden stillen Reserven unmittelbar (ohne Substanzabspaltung) auf den Alt-Anteil über (**Mitverstrickung des Alt-Anteils;** BFH I R 49/15, BStBl. II 2017, 1002).

1851 Der **Übergang von stillen Reserven** löst **keine Gewinnrealisierung** bezüglich der in den sperrfristbehafteten (mitverstrickten) Anteilen ruhenden stillen Reserven und keine nachträgliche Einbringungsgewinnversteuerung aus, da es in beiden Fällen an einer Aufdeckung von stillen Reserven fehlt. Erst die Veräußerung von mitverstrickten Anteilen bzw. ein Ersatzrealisationstatbestand des § 22 Abs. 1 S. 6 UmwStG innerhalb der siebenjährigen Sperrfrist führt beim Einbringenden zu einer rückwirkenden Besteuerung eines Einbringungsgewinns I bzw. II iSd § 22 Abs. 1 oder 2 UmwStG. Die Anwendung dieser Grundsätze setzt voraus, dass die Sacheinlage bzw. der Anteilstausch zu Buch- oder Zwischenwerten erfolgt ist.

Eine **Verlagerung** von stillen Reserven iSd § 22 Abs. 7 UmwStG ist **nicht gegeben,** wenn die durch die Kapitalherabsetzung eintretende Entreicherung durch eine **Ausgleichszahlung** angemessen vergütet wird. Für den **unentgeltlichen Rechtsnachfolger** gelten nach § 22 Abs. 6 UmwStG die Regelungen des § 22 Abs. 1–5 UmwStG entsprechend, wobei die rückwirkende Einbringungsgewinnbesteuerung beim Einbringenden iSd § 22 Abs. 1 UmwStG vorzunehmen ist (s. *UmwStE* Rn. 22.43 f.). 1852

Bei einer **Kapitalerhöhung** aus Gesellschaftsmitteln (Kapital- und Gewinnrücklagen) kann die Sperrfristverhaftung iSd § 22 Abs. 7 UmwStG der Altanteile auf die aufgestockten Anteile übergehen, soweit diese auf die sperrfristbehafteten Anteile entfallen (s. *UmwStE* Rn. 22.46). 1853

Eine anteilige rückwirkende Besteuerung eines Einbringungsgewinns ist vorzunehmen, soweit ein **Teil der mitverstrickten Anteile** iSd § 22 Abs. 7 UmwStG veräußert wird bzw. ein Ersatzrealisationstatbestand des § 22 Abs. 1 S. 6 bzw. Abs. 2 S. 6 UmwStG nur hinsichtlich eines Teils der Anteile erfüllt ist. Abzustellen ist dabei auf das Verhältnis der auf die veräußerten Anteile übergesprungenen stillen Reserven zu den im Einbringungszeitpunkt insgesamt in der Sacheinlage vorhandenen stillen Reserven (vgl. Schmitt/Schloßmacher UmwStE 2011 Rn. 22.04). 1854

Der Austritt des Vereinigten Königreichs Großbritannien und Nordirland aus der EU führt hinsichtlich der Anwendung des § 22 Abs. 1 S. 6 Nr. 6 und Abs. 2 S. 6 UmwStG nicht zum Wegfall der Voraussetzungen des § 1 Abs. 4 UmwStG **(§ 22 Abs. 8 UmwStG).** 1855

(frei) **1856–1859**

n) Nachversteuerung von Gewinnen (§ 34a EStG). Wird ein Betrieb oder Mitunternehmeranteil in eine KapGes eingebracht (§ 20 Abs. 1 UmwStG), kommt es gem. § 34a Abs. 6 S. 1 Nr. 2 iVm Abs. 4 EStG wegen des Wegfalls der personellen Voraussetzungen des § 34a EStG zu einer Nachversteuerung. 1860

(frei) **1861–1869**

17. Ertragsteuerliche Gesamtrechtsnachfolge (§ 23 UmwStG)

Die übernehmende Gesellschaft tritt bei einer **Sacheinlage** und einem **Anteilstausch** unter dem gemeinen Wert (Buchwert- oder Zwischenwertansatz, §§ 20 Abs. 2 S. 2, 21 Abs. 1 S. 2 UmwStG) hinsichtlich des eingebrachten Betriebsvermögens in die steuerliche Rechtsstellung des übertragenden Rechtsträgers ein (§ 23 Abs. 1 UmwStG iVm §§ 4 Abs. 2 S. 3, 12 Abs. 3 Hs. 1 UmwStG). § 23 Abs. 1 UmwStG idF des JStG 2009 stellt dies auch hinsichtlich des Anteilstausches klar. Nach § 23 Abs. 4 Hs. 2 UmwStG gilt dies auch bei einer Einbringung zum **gemeinen Wert** iRd **Gesamtrechtsnachfolge** nach dem UmwG (s. *UmwStG* Rn. 23.06). 1870

(frei) **1871–1874**

a) Rechtsnachfolge bei Buch- bzw. Zwischenwertansatz (§ 23 Abs. 1 UmwStG). Besitzzeiten des Einbringenden zB für Zwecke des **§ 6b EStG** oder **§ 9 Nr. 2a und 7 GewStG** werden bei Buchwertfortführung und Zwischenwertansatz (→ Rn. 1880 ff.) der KapGes angerechnet (§ 23 Abs. 1 UmwStG iVm § 4 Abs. 2 S. 3 UmwStG; → Rn. 126, 644). Ebenso tritt die übernehmende KapGes beim Buchwertansatz auch hinsichtlich der **AfA** (AfA-Bemessungsgrundlage, AfA-Methode, Nutzungsdauer), vorhandener Rücklagen, der Teilwert-AfA oder 1875

Wertaufholung an die Stelle des Einbringenden (§ 23 Abs. 1 UmwStG iVm § 12 Abs. 3 UmwStG; *UmwStE* Rn. 23.06). Dies gilt auch für **Behaltefristen.**

Bei einem unterjährigen **qualifizierten Anteilstausch** mit einem unter dem gemeinen Wert liegenden Wert (§ 21 Abs. 1 S. 2 UmwStG) scheidet eine gewerbesteuerliche Kürzung nach **§ 9 Nr. 2a GewStG** aus, weil dieser auf den Beginn des Erhebungszeitraums abstellt. § 4 Abs. 2 S. 3 UmwStG (§ 23 Abs. 1 UmwStG), der sich auf einen Zeitraum bezieht, ist nicht einschlägig (BFH I R 44/13, BStBl. II 2015, 303; *UmwStE* Rn. 18.04, Rn. 04.15).

1876 Sind im Zeitpunkt der Einbringung nach § 20 UmwStG noch Abzugsbeträge iSd **§ 7g EStG** für nicht mehr realisierbare Investitionen vorhanden, sind diese nach § 7 Abs. 3 EStG rückgängig zu machen. Dies gilt nicht, wenn ein „Restbetrieb" bestehen bleibt (BMF 20.3.2017, BStBl. I 2017, 423 Rn. 33).

1877 Zum Verlustabzug nach § 10d Abs. 4 EStG → Rn. 257.

1878, 1879 *(frei)*

1880 **b) Zwischenwertansatz (§ 23 Abs. 3 UmwStG).** Setzt die übernehmende Gesellschaft das eingebrachte Betriebsvermögen mit einem Zwischenwert an, tritt sie grds. in die wirtschaftsgutbezogene Rechtsstellung des Einbringenden ein (§ 23 Abs. 3 S. 1 UmwStG iVm § 12 Abs. 3 Hs. 1 UmwStG). Hierbei sind die stillen Reserven der einzelnen aktiven und passiven Wirtschaftsgüter einschließlich Schulden, steuerfreien Rücklagen und nicht entgeltlich erworbenen und selbst geschaffenen immateriellen Wirtschaftsgüter um einen einheitlichen Prozentsatz aufzulösen (*UmwStE* Rn. 23.14 iVm 03.25 f.).

1881 Bei der Einbringung zu Zwischenwerten ist aufgrund der **modifizierten Rechtsnachfolge** (§ 23 Abs. 3 S. 1 UmwStG iVm § 12 Abs. 3 Hs. 1 UmwStG) die vom Einbringenden angewandte AfA-Methode grds. beizubehalten. Die **AfA** richtet sich gem. § 23 Abs. 3 S. 1 Nr. 1 UmwStG bei Zwischenwerten vom Zeitpunkt der Einbringung an nach den um den Aufstockungsbetrag erhöhten Anschaffungskosten oder Herstellungskosten des Rechtsvorgängers (AfA-Volumen). Der AfA-Satz nach § 7 Abs. 1, 4 und 5 EStG bleibt grds. unverändert. Die AfA nach § 7 Abs. 4 EStG für Gebäude kann nach dessen Restnutzungsdauer ermittelt werden, wenn innerhalb der tatsächlichen Nutzungsdauer nicht die volle Abschreibung erreicht werden kann (BFH VIII R 105/73, BStBl. II 1977, 606; *UmwStE* Rn. 23.14 f.). Ein von der übernehmenden Gesellschaft angesetzter originärer Geschäftswert ist grds. nach § 7 Abs. 1 S. 3 EStG abzuschreiben.

1882 Die **handelsrechtlichen Ansätze** sind für den Ansatz von Zwischenwerten nicht maßgeblich (s. *UmwStE* Rn. 23.14, 03.25).

1883 Die im Zusammenhang mit der Einbringung (Anschaffung) bei der übernehmenden Gesellschaft entstandenen **objektbezogenen Kosten** (zB Grunderwerbsteuer) stellen Anschaffungsnebenkosten des jeweiligen Wirtschaftsguts dar und führen als solche noch nicht zu einem Zwischenwertansatz iSd § 23 Abs. 3 UmwStG (s. *UmwStE* Rn. 23.01, Schmitt/Schloßmacher UmwStE 2011 Rn. 23.14).

1884 Die Buchwertaufstockung aufgrund einer **rückwirkenden Einbringungsgewinnbesteuerung** (§ 23 Abs. 2 UmwStG) ist zu Beginn des Wirtschaftsjahres vorzunehmen, in welches das die Besteuerung des Einbringungsgewinns auslösende Ereignis fällt (§ 23 Abs. 3 S. 2 UmwStG). Im Übrigen gilt § 23 Abs. 3 S. 1 UmwStG entsprechend.

1885–1889 *(frei)*

1890 **c) Ansatz des gemeinen Werts (§ 23 Abs. 4 UmwStG).** Der gemeine Wert des Betriebsvermögens ist der Saldo der gemeinen Werte der aktiven und passiven

Wirtschaftsgüter (Sachgesamtheit; s. *UmwStE* Rn. 23.17 ff.). Wird der Ansatz des **gemeinen Werts** und damit die Aufdeckung aller stillen Reserven der aktiven und passiven Wirtschaftsgüter, auch hinsichtlich steuerfreier Rücklagen und selbst geschaffener immaterieller Wirtschaftsgüter (Firmen- oder Geschäftswert) gewählt, so ist eine steuerliche **Gesamtrechtsnachfolge** mit den genannten Rechtsfolgen des § 23 Abs. 3 UmwStG nach § 23 Abs. 4 UmwStG nur dann anzunehmen, wenn der Sacheinlage eine Umwandlung nach dem UmwG zugrunde liegt (→ Rn. 70). Andernfalls **(Einzelrechtsnachfolge)** ist ein Anschaffungsvorgang der übernehmenden Gesellschaft zum gemeinen Wert anzunehmen (§ 23 Abs. 4 UmwStG; *UmwStE* Rn. 23.21; → Rn. 1896 f.).

Maßgebend ist der gemeine Wert des Betriebsvermögens iSd § 20 Abs. 2 S. 1 **1891** UmwStG zum **Zeitpunkt der Sacheinlage.** § 20 Abs. 2 UmwStG ist eine eigenständige Bewertungsvorschrift, auf die die steuerlichen Ansatzverbote des § 5 EStG nicht anwendbar sind. Danach umfasst der gemeine Wert ua auch Drohverlustrückstellungen iSd § 5 Abs. 4a EStG. **Pensionsrückstellungen** sind mit den Werten nach § 6a Abs. 3 S. 2 Nr. 1 oder 2 EStG anzusetzen (s. *UmwStE* Rn. 23.17 f.).

Entsteht durch die Einbringung hinsichtlich des Gewinns aus der Veräußerung **1892** des eingebrachten Betriebsvermögens **erstmals** ein **inländisches Besteuerungsrecht,** ist das eingebrachte Vermögen mit dem gemeinen Wert anzusetzen (BT-Drs. 16/2710, 43). In diesem Fall ist nicht § 23 Abs. 1 UmwStG, sondern § 23 Abs. 4 UmwStG anzuwenden (s. Schmitt/Schloßmacher UmwStE 2011 Rn. 23.21; aA Pung in DPM UmwStG § 23 Rn. 21).

Die **Rechtsfolgen** des Ansatzes des **gemeinen Werts** sind auf der Ebene der **1893** übernehmenden Gesellschaft davon abhängig, ob die Einbringung im Wege der steuerlichen Einzelrechtsnachfolge (§ 23 Abs. 4 Alt. 1 UmwStG) oder der steuerlichen Gesamtrechtsnachfolge (§ 23 Abs. 4 Alt. 2 UmwStG) erfolgt. Eine **Gesamtrechtsnachfolge** ist bei einer Einbringung (Sacheinlage oder Anteilstausch) nach den Regeln des UmwG (Verschmelzung, Auf-, Abspaltung, Ausgliederung) gegeben. Bei einem **Formwechsel** einer PersGes in eine KapGes fehlt es an einem Vermögensübergang. § 25 UmwStG fingiert jedoch einen solchen, sodass steuerlich auch in diesem Fall eine Einbringung im Wege einer Gesamtrechtnachfolge iSd § 23 UmwStG vorliegt. Gemäß § 1 Abs. 3 Nr. 1 und 2 UmwStG werden **ausländische Vorgänge,** die mit den Umwandlungen nach dem UmwG vergleichbar sind, wie Einbringungen im Wege der Gesamtrechtsnachfolge iSd § 23 Abs. 4 UmwStG behandelt.

Die übernehmende Gesellschaft tritt im Fall der **Gesamtrechtsnachfolge** **1894** gem. **§ 24 Abs. 4 Alt. 2 iVm Abs. 3** und **§ 12 Abs. 3 UmwStG** in die **steuerliche Rechtsstellung** des Einbringenden ein. Dies gilt auch bei Ansatz des gemeinen Werts. Sie ist an die bisherige AfA-Bemessungsgrundlage der eingebrachten Wirtschaftsgüter, die AfA-Methode und die von der Einbringenden angenommene Nutzungsdauer gebunden (s. *UmwStE* Rn. 23.06).

Die modifizierte Gesamtrechtsnachfolge iSd § 12 Abs. 3 Hs. 1 UmwStG bezieht sich **nicht** auf die Anrechnung von **Besitz- und Verbleibenszeiten** (s. Schmitt/Schloßmacher UmwStE 2011 Rn. 23.12).

Eine **gemischte Einbringung,** die auf Vorgängen der Gesamt- und Einzel- **1895** rechtsnachfolge beruht (zB Verschmelzung einer KG auf eine GmbH und gleichzeitiger Übergang des **Sonderbetriebsvermögens** durch Einzelrechtsnachfolge), ist für Zwecke des § 23 Abs. 4 UmwStG einheitlich als Gesamtrechtsnachfolge zu behandeln (*UmwStE* Rn. 23.20).

1896 Eine steuerliche **Einzelrechtsnachfolge** (§ 1 Abs. 3 Nr. 4 UmwStG) ist dann gegeben, wenn die Wirtschaftsgüter einzeln nach den zivilrechtlichen Grundsätzen übertragen werden (zB Sacheinlage iSd § 5 Abs. 4 GmbHG bzw. § 27 AktG bei Gründung einer KapGes, Sachkapitalerhöhung aus Gesellschaftermitteln gem. § 56 GmbHG, §§ 183, 194, 205 AktG).

1897 Die Einbringung von Wirtschaftsgütern **durch Einzelrechtsnachfolge** stellt bei der übernehmenden Gesellschaft einen **Anschaffungsvorgang** zum gemeinen Wert dar, auf den die allgemeinen Grundsätze (zB Wahl der AfA-Methode, Bestimmung der (Rest-)Nutzungsdauer) anzuwenden sind. Die **AfA** für die eingebrachten Wirtschaftsgüter bestimmt sich in diesem Fall nach den Verhältnissen der übernehmenden Gesellschaft (s. *UmwStE* Rn. 23.21).

1898 Im Falle des **Anteilstausches** sind die speziellen Regeln des § 21 UmwStG zu beachten. An die Stelle der übertragenen Anteile treten die eingebrachten Anteile. Sie sind grds. mit dem gemeinen Wert anzusetzen (§ 21 Abs. 1 S. 1 UmwStG).

1899 Bei der Einbringung von **einbringungsgeborenen Anteilen** iSd § 21 Abs. 1 UmwStG aF behalten diese ihre Eigenschaft bei. Der Gewinn aus dem Verkauf dieser Anteile durch die übernehmende Gesellschaft innerhalb der Sperrfrist von sieben Jahren ist gem. § 27 Abs. 4 UmwStG iVm §§ 8b Abs. 4, 34 Abs. 7a KStG aF voll steuerpflichtig (→ Rn. 3).

1900 Befanden sich die eingebrachten Anteile nicht im Betriebsvermögen des Einbringenden, sind anstelle des Buchwerts die **Anschaffungskosten** anzusetzen (**§ 21 Abs. 2 S. 5 UmwStG;** *UmwStE* Rn. 23.05; → Rn. 1646). Dies gilt ebenso für Anteile, die iR einer Sacheinlage übertragen werden **(§ 22 Abs. 2 S. 5 UmwStG).**

1901–1909 *(frei)*

1910 **d) Erhöhungsbetrag (§ 23 Abs. 2 S. 1 UmwStG).** Die übernehmende Gesellschaft kann auf Antrag die Buchwerte des eingebrachten Betriebsvermögens wirtschaftsgutbezogen **um den versteuerten Einbringungsgewinn I aufstocken,** soweit der Einbringende die auf den Einbringungsgewinn entfallende Steuer entrichtet hat und dies durch eine Bescheinigung des zuständigen Finanzamts iSd § 22 Abs. 5 UmwStG nachweist. Darüber hinaus müssen sich die eingebrachten Wirtschaftsgüter noch im Betriebsvermögen der übernehmenden Gesellschaft befinden **(§ 23 Abs. 2 S. 2 UmwStG).** Dies gilt nur für ein schädliches Ereignis iSd § 22 Abs. 1 UmwStG nach einer vorangegangenen Sacheinlage (§ 20 Abs. 1 UmwStG). Miteingebrachte Anteile iSd § 22 Abs. 1 S. 5 UmwStG fallen unter § 23 Abs. 2 S. 3 UmwStG. Der Erhöhungsbetrag ist mit Beginn des Wirtschaftsjahres der schädlichen Anteilsveräußerung iSd § 22 Abs. 1 S. 1 und 6 UmwStG zu berücksichtigen.

1911 Der hierfür erforderliche form- und fristlose **Antrag** muss eindeutige Angaben über die Höhe und Zuordnung des Aufstockungsbetrags enthalten. Eine Änderung oder Rücknahme des Antrags ist nicht möglich (s. *UmwStE* Rn. 23.07).

1912–1919 *(frei)*

1920 **e) Buchwertaufstockung (§ 23 Abs. 2 S. 2 UmwStG).** Bei der Buchwertaufstockung ist auf den **Zeitpunkt des schädlichen Ereignisses** (Anteilsveräußerung) abzustellen. Sind zwischenzeitlich einzelne Wirtschaftsgüter **zum gemeinen Wert** aus dem eingebrachten Betriebsvermögen **ausgeschieden,** ist der auf diese Wirtschaftsgüter entfallende Aufstockungsbetrag im Zeitpunkt des schädlichen Ereignisses als sofort abziehbare Betriebsausgabe zu behandeln. Eine

Buchwertaufstockung kann auch hinsichtlich **untergegangener Wirtschaftsgüter** vorgenommen werden (s. *UmwStE* Rn. 23.09).

Eine (zwischenzeitliche) Übertragung von eingebrachten Wirtschaftsgütern **unter dem gemeinen Wert** schließt eine Buchwertaufstockung aus (§ 23 Abs. 2 S. 2 Hs. 2 UmwStG). Der Erhöhungsbetrag geht insoweit unter. Dies gilt nach Auffassung der FVerw auch bei einer Weitereinbringung von Wirtschaftsgütern unter dem gemeinen Wert (s. *UmwStE* Rn. 23.09). **1921**

Die **Buchwertaufstockung** iHd versteuerten Einbringungsgewinns **(Erhöhungsbetrag)** ist einheitlich und erfolgsneutral unter Anwendung eines einheitlichen Prozentsatzes bei dem eingebrachten und noch vorhandenen Betriebsvermögen der übernehmenden Gesellschaft vorzunehmen. Maßgebend sind die stillen Reserven und stillen Lasten, die zum Einbringungszeitpunkt in den einzelnen Wirtschaftsgütern vorhanden sind. Dabei sind originäre immaterielle Wirtschaftsgüter einschließlich des Geschäftswerts mit zu erfassen. **1922**

Die Buchwertaufstockung ist **erfolgsneutral** über das steuerliche Einlagekonto der aufnehmenden Gesellschaft zu erfassen (§ 23 Abs. 2 S. 1 letzter Hs. UmwStG). Im Einzelnen s. *UmwStE* Rn. 23.07 ff. **1923**

(frei) **1924**

f) Erhöhungsbetrag (§ 23 Abs. 2 S. 3 UmwStG). Der versteuerte Einbringungsgewinn II iSd § 22 Abs. 2 UmwStG erhöht auf Antrag bei der übernehmenden Gesellschaft die Anschaffungskosten der **(mit-)eingebrachten Anteile** (§ 23 Abs. 2 S. 3 UmwStG). Voraussetzung ist, dass die veräußerten Anteile als Teil der Betriebseinbringung (§ 20 Abs. 1 UmwStG iVm § 22 Abs. 1 S. 3 UmwStG) oder aufgrund eines Anteilstausches unter dem gemeinen Wert erworben wurden und der Einbringende die Steuer auf den Einbringungsgewinn II entrichtet hat. Die Anschaffungskosten können danach nur insoweit zum Zeitpunkt des schädlichen Ereignisses erhöht werden, als die Steuer nachweislich gezahlt wurde. Dadurch mindert sich der Gewinn der veräußernden Gesellschaft aus der Veräußerung der eingebrachten Anteile iSd § 8b Abs. 2 KStG um die nachträglichen Anschaffungskosten iHd Einbringungsgewinns II. **1925**

Wird keine **Bescheinigung** iSd § 22 Abs. 5 UmwStG vorgelegt, scheidet eine Erhöhung der Anschaffungskosten der eingebrachten Anteile aus. Wird die Steuer erst später entrichtet, kommt eine Änderung des Steuerbescheids einschließlich der Bilanzansätze nach § 175 Abs. 1 S. 1 Nr. 2 AO in Betracht. Eine mögliche Buchwertaufstockung ist erfolgsneutral vorzunehmen (§ 23 Abs. 2 S. 3 letzter Hs. iVm S. 1 UmwStG). **1926**

Diese Grundsätze gelten für Anteile, die auf **Weitereinbringungen** zu Buchwerten iSd § 22 Abs. 1 S. 6 Nr. 4 und 5 iVm Abs. 1 S. 7 UmwStG beruhen, entsprechend (§ 23 Abs. 2 S. 3 letzter Hs. UmwStG). **1927**

(frei) **1928, 1929**

g) Entrichtung der Steuer. Die Buchwertaufstockung setzt die **Entrichtung** der auf den Einbringungsgewinn entfallenden Steuer (ESt, KSt, nicht GewSt, str., und steuerliche Nebenleistungen; s. *UmwStE* Rn. 22.38 f.) durch den Einbringenden bzw. dessen unentgeltlichen Rechtnachfolger iSd § 23 Abs. 6 UmwStG voraus. Wurde die Steuer nur teilweise getilgt, entfällt die Tilgung anteilig auf den Einbringungsgewinn. In diesem Fall ist die Buchwertaufstockung nur nach dem Verhältnis der entrichteten Steuer zur geschuldeten Steuer auf den Einbringungsgewinn zulässig (s. *UmwStE* Rn. 23.12). **1930**

(frei) **1931–1934**

18. Vereinigung von Forderungen und Verbindlichkeiten (§ 23 Abs. 6 UmwStG)

1935 Soweit bei der übernehmenden Gesellschaft iRd Vermögensübergangs durch Erlöschen von gegenseitigen Forderungen und Verbindlichkeiten der an der Einbringung beteiligten Rechtsträger Gewinne oder durch Auflösung von Rückstellungen **sog. Einbringungsfolgegewinne** entstehen, kann die übernehmende KapGes eine gewinnmindernde Rücklage ausweisen (§ 23 Abs. 6 UmwStG iVm § 6 Abs. 1 und 2 UmwStG). Die Rücklage ist in den folgenden drei Wirtschaftsjahren mit mindestens je 1/3 gewinnerhöhend aufzulösen. Sie ist **rückwirkend** aufzulösen, wenn der eingebrachte Betrieb innerhalb von fünf Jahren nach dem steuerlichen Übertragungsstichtag in eine KapGes eingebracht oder ohne triftigen Grund veräußert oder aufgegeben wird (§ 23 Abs. 6 UmwStG iVm § 6 Abs. 3 UmwStG).

1936–1939 *(frei)*

19. Gewerbesteuer

1940 **a) Einbringender.** Gemäß § 2 GewStG ist der gewstrechtliche Begriff des werbenden Gewerbebetriebs iSd § 15 Abs. 2 EStG als Steuergegenstand **rechtsformabhängig** gestaltet. Die gewstliche Behandlung des Einbringungsgewinns (Veräußerungsgewinns) ist daher von der **Person des Einbringenden** abhängig.

1941 Die Einbringung eines Betriebs oder Teilbetriebs (Sacheinlage einer Sachgesamtheit, § 20 Abs. 1 UmwStG) durch eine **natürliche Person** als Einbringender führt nach den allgemeinen Grundsätzen der GewSt zur Veräußerung des Gewerbebetriebs (§ 2 Abs. 1 S. 2 GewStG). Soweit es dabei zur Aufdeckung von stillen Reserven kommt, unterliegt der hieraus erzielte Einbringungsgewinn (Veräußerungsgewinn) nicht der GewSt. Gegenstand der GewSt ist nur der auf den laufenden Betrieb entfallende, durch eigene gewerbliche Leistungen entstandene Gewinn (s. BFH IV R 54/10, BStBl. II 2012, 927; → § 2 Rn. 3).

1942 Die wirtschaftliche Tätigkeit einer **Kapitalgesellschaft** gilt gem. § 2 Abs. 2 GewStG stets und in vollem Umfang als Gewerbebetrieb. Die Einbringung einer Sachgesamtheit iSd § 20 Abs. 1 UmwStG durch eine KapGes führt daher kraft gesetzlicher Fiktion bei dieser zu einem **gewstpfl.** Einbringungsergebnis (s. auch BFH IV R 54/10, BStBl. II 2012, 927). Soweit jedoch mit der Sachgesamtheit **Anteile an KapGes** eingebracht werden und dadurch deren Veräußerung fingiert wird, sind die hieraus erzielten Gewinne nach § 8b Abs. 2 S. 1 KStG grds. nicht zu erfassen. Gemäß § 8b Abs. 3 S. 1 KStG gelten aber 5 % des Gewinns als nicht abziehbare Betriebsausgaben. Diese Grundsätze des § 8b Abs. 2 und 3 KStG gelten gem. **§ 7 S. 1 GewStG** auch für die **GewSt** (→ § 7 Rn. 17).

1943 Bei einer Sacheinlage durch eine gewerblich tätige **PersGes,** die grds. einen Gewerbebetrieb iSd § 2 Abs. 1 GewStG darstellt, gehört das Einbringungsergebnis zum laufenden Gewinn, soweit es auf eine **KapGes** als Mitunternehmerin entfällt. Soweit es einer **natürlichen Person** als unmittelbar beteiligter Mitunternehmer zuzurechnen ist, ist er nicht als Gewerbeertrag zu erfassen **(§ 7 S. 2 Nr. 1 GewStG).** Dies gilt entsprechend für die Einbringung eines **Mitunternehmeranteils,** außer es wird nur ein **Teil** eines Mitunternehmeranteils eingebracht. In diesem Fall ist der Einbringungsgewinn gem. § 16 Abs. 1 S. 2 EStG als laufender, gewstpfl. Gewinn zu behandeln (s. GewStR 7.1 Abs. 3 S. 6).

1944 *(frei)*

b) Sacheinlage und Anteilstausch. Eine **Sacheinlage** nach § 20 UmwStG in der Form der Einbringung eines Betriebs oder Teilbetriebs unterliegt aufgrund der fiktiven Veräußerung bei einer **natürlichen Person** als Einbringender nicht der GewSt. Dabei ist es wegen der gewstfreien Betriebsveräußerung unerheblich, ob die Sachgesamtheit zum Buch-, Zwischenwert oder zum gemeinen Wert eingebracht wird (zB NdsFG VI 481/12, EFG 1983, 511). Entsprechend fällt ein Gewerbeertrag auch hinsichtlich der Entnahme von zurückbehaltenen Gegenständen nicht an (BFH IV R 93/85, BStBl. II 1988, 374 zu § 24 UmwStG; FG Köln 4 K 7531/96, EFG 2000, 1271). Dagegen führt die Einbringung von Umlaufvermögen in eine GmbH gegen Gewährung von Gesellschaftsrechten insoweit zu einem laufenden Gewerbeertrag. Dies gilt entsprechend, wenn nach der Veräußerung des Umlaufvermögens ein Teil der Mitunternehmeranteile eingebracht wird (§ 20 Abs. 1 UmwStG; BFH I R 21/10, BFH/NV 2011, 258). Zur Sacheinlage des § 20 UmwStG und zurückbehaltenem Sonderbetriebsvermögen → Rn. 1280 f., 1305; BFH IV R 52/87, BStBl. II 1988, 829; I R 183/94, BStBl. II 1996, 342. Wird eine zu einem Betriebsvermögen gehörende 100%ige Beteiligung an einer KapGes eingebracht, so fällt allgemein GewSt an (BFH IV R 182/77, BStBl. II 1981, 220). 1945

Die Ergebnisse, die eine **Kapitalgesellschaft** iR einer **Sacheinlage** aus der Betriebs-, Mitunternehmeranteils- oder Teilbetriebsveräußerung erzielt, unterliegen bei dieser kraft gesetzlicher Fiktion als laufender Gewinn der **GewSt** (§ 2 Abs. 2, § 7 S. 2 GewStG). Hinsichtlich mitgebrachter Anteile an KapG (§ 22 Abs. 1 S. 5 UmwStG) gelten die Grundsätze des § 8b Abs. 2 und 3 KStG. 1946

GewSt fällt auch dann an, wenn der **Anteilstausch** nach § 21 Abs. 1 UmwStG gewinnwirksam gestaltet wird, weil insoweit kein Vorgang iSd § 16 EStG, sondern eine Einbringung von KapGes-Anteilen vorliegt. Der Einbringungsgewinn ist demnach ein laufender Gewinn einer **natürlichen Person** bzw. einer **PersGes.** Bei einer **KapGes** (Einbringende) ist der Gewinn aus der Veräußerung der eingebrachten Anteile an einer KapGes nach § 8b Abs. 2 und 3 KStG steuerfrei, wobei 5 % des erzielten Veräußerungsgewinns als nicht abziehbare Betriebsausgaben gelten. Dies gilt gem. § 8b Abs. 6 iVm Abs. 2 und 3 KStG auch bei einer mittelbaren Beteiligung einer KapGes über eine Mitunternehmerschaft. Diese Gewinnermittlungsvorschriften sind nach § 7 S. 1 GewStG auch bei der Ermittlung des **Gewerbeertrags** der KapGes bzw. gem. § 7 S. 4 GewStG bei der Ermittlung des Gewerbeertrags einer einbringenden PersGes, an der eine KapGes beteiligt ist, anzuwenden. 1947

Ferner bejaht BFH IV R 51/98, BFH/NV 2000, 1554 die **GewStPfl.** für die verunglückte Veräußerung eines Anteilsbruchteils **(unproportionales Sonderbetriebsvermögen).** Dagegen soll die verunglückte unentgeltliche Übertragung eines Anteils ein Vorgang nach § 6 Abs. 3 EStG sein. 1948

(frei) 1949

c) Einbringungsgewinn I. Beim **Einbringungsgewinn I** handelt es sich um eine rückwirkende Besteuerung eines Einbringungsvorgangs aufgrund einer schädlichen Veräußerung der erhaltenen Anteile (§ 22 Abs. 1 UmwStG). Es gelten auch hier die allgemeinen Grundsätze der Betriebsveräußerung. Gewinne, die ein Einzelgewerbetreibender oder eine PersGes aus der Veräußerung eines ganzen Gewerbebetriebs, eines Teilbetriebs oder des gesamten Mitunternehmeranteils erzielt, bleiben bei der Ermittlung des Gewerbeertrags iSd § 7 GewStG außer Ansatz. Die Steuerfreiheit ist abhängig von der Qualifikation der Beendigung des 1950

Gewerbebetriebs als Veräußerungs- oder Aufgabegewinn iSd § 16 Abs. 1 und 3 EStG (BFH VIII R 52/04, BStBl. II 2006, 847).

1951 Danach unterliegt in den Fällen einer **Sacheinlage** nach § 20 Abs. 1 UmwStG der **Einbringungsgewinn I** als Gewinn des Einbringenden iSd § 16 EStG bei natürlichen Personen und gem. § 7 S. 2 GewStG bei unmittelbar beteiligten natürlichen Personen einer PersGes nicht der GewSt. Dabei kommt es nicht darauf an, ob nur ein Teil der erhaltenen Anteile in der Sperrfrist veräußert wird (BFH I R 26/18, BFH/NV 2020, 439; Behrendt/Gaffron/Krohn DB 2011, 1072). Dagegen stellt der Einbringungsgewinn I bei Körperschaften iSd § 2 Abs. 2 GewStG und bei unmittelbar an einer PersGes beteiligten KapGes auch bei der vorangegangenen Einbringung von Mitunternehmeranteilen (§ 7 S. 2 GewStG) einen Gewerbeertrag dar.

1952 Es handelt sich auch gewstlich um ein **rückwirkendes Ereignis** iSd § 175 Abs. 1 S. 1 Nr. 2 AO.

1953, 1954 *(frei)*

1955 **d) Einbringungsgewinn II.** Aufgrund der rückwirkenden Besteuerung des Verkaufs von eingebrachten Anteilen gelten gewstrechtlich für den Einbringungsgewinn II dieselben Grundsätze wie bei der Sacheinlage bzw. dem Anteilstausch. Der **Einbringungsgewinn II,** der gem. § 22 Abs. 2 S. 1 UmwStG grds. bei natürlichen Personen entsteht, führt wie die Einbringung von im Betriebsvermögen gehaltenen Anteilen an KapGes iR eines Anteilstausches unter Aufdeckung der stillen Reserven gem. § 22 Abs. 2 UmwStG nicht zu einem gewstpfl. **laufenden Gewerbeertrag,** wenn auch die Einbringung zum gemeinen Wert nicht gewerbesteuerpflichtig gewesen wäre (BFH I R 26/18, BFH/NV 2020, 439).

1956 Dies gilt nach den Grundsätzen der Betriebsveräußerung **nicht,** wenn die Einbringung der Anteile im Rahmen einer **Sacheinlage** erfolgt (s. § 22 Abs. 1 S. 5 UmwStG; → Rn. 1950 f.).

Das Teileinkünfteverfahren nach § 3 Nr. 40 EStG gilt auch für die GewSt (§ 7 S. 4 GewStG). Es ist grds. eine Zurechnung nach § 8 Nr. 5 GewStG vorzunehmen.

1957 Die dem Einbringungsgewinn II zugrunde liegende Anteilsveräußerung stellt ein **rückwirkendes Ereignis** iSd § 175 Abs. 1 S. 1 Nr. 2 AO dar.

1958, 1959 *(frei)*

1960 **e) Übernehmende Kapitalgesellschaft.** Gewinne aus der Veräußerung oder Entnahme von miteingebrachten Anteilen (§ 22 Abs. 1 S. 5 UmwStG), eingebrachten Anteilen (§ 21 Abs. 1 UmwStG) und von einbringungsgeborenen und in einem Betriebsvermögen gehaltenen Anteilen iSd § 21 Abs. 1 UmwStG aF unterliegen der **GewSt,** weil und soweit sie das Surrogat für einen bei KapGes nun nach § 7 GewStG steuerpflichtigen Gewinn aus der Veräußerung des Betriebs, Teilbetriebs oder Mitunternehmeranteils sind (→ Rn. 1945 ff.).

1961–1964 *(frei)*

20. Steuerbefangenheit der einbringungsgeborenen Anteile (§ 21 UmwStG aF)

1965 Die aufgehobenen Regelungen zu den einbringungsgeborenen Anteilen iSd § 21 UmwStG 2002 sind gem. § 27 Abs. 3 S. 1 Nr. 1 UmwStG weiterhin anzuwenden (s. auch *UmwStE* Rn. 27.01 f.), da deren stillen Reserven ohne zeitliche Begrenzung unter Einfluss künftiger Wertsteigerungen steuerverhaftet sind. Bei

Körperschaften tritt nach Maßgabe des § 8b Abs. 2 und 4 S. 2 Nr. 1 KStG 2000 (iVm § 34 Abs. 5 KStG) eine Enthaftung durch bloßen Zeitablauf von sieben Jahren ein (s. BFH I R 54/13, BFH/NV 2016, 1854).

Als Folge der nach § 20 Abs. 1 UmwStG aF ermöglichten Übertragung stiller Reserven auf die aufnehmende KapGes bei fortgeführten Buchwerten oder dem Ansatz von Zwischenwerten sind die einbringungsgeborenen Anteile an der KapGes nach § 21 UmwStG aF steuerbefangen. Gehen infolge einer Kapitalerhöhung stille Reserven von einbringungsgeborenen Altanteilen auf die neuen Anteile über, sind die neuen Anteile zu gleicher Quote steuerverhaftet. Der Inhaber der neuen Anteile hat kein Wahlrecht, die Steuerverhaftung in anderer Weise auf diese zu verteilen (BFH I R 34/07, BStBl. II 2008, 533; Bestätigung *UmwStE* Rn. 22.43; BMF 28.4.2003, BStBl. I 2003, 292 Rn. 52).

Bei **Veräußerung** der Anteile oder bei den nach § 21 Abs. 2 UmwStG aF im **1966** Wesentlichen gleich gestellten Vorgängen (BFH I R 163/90, BStBl. II 1993, 362) entsteht ein steuerpflichtiger Veräußerungsgewinn iSd § 16 EStG in Höhe des um die Veräußerungskosten verminderten Unterschiedsbetrags zwischen Veräußerungspreis (bzw. gemeiner Wert) und den Anschaffungskosten iSv § 20 Abs. 4 UmwStG aF.

(frei) **1967–1979**

21. Verschleierte Sachgründung

Auf verschleierte Sachgründungen ist § 20 UmwStG nicht anzuwenden (BFH **1980** I R 5/92, BStBl. II 1993, 131; III B 197/05, BFH/NV 2007, 28; D. Mayer NJW 1990, 2593; *UmwStE* Rn. E 20.10; aA Büchele DB 1997, 2337). Eine solche liegt vor, wenn eine GmbH formell im Wege der Bargründung errichtet wird und entgegen den gesellschaftsvertraglichen Vereinbarungen Vermögenswerte eingebracht werden sollen, die die GmbH mit den Barmitteln im Zusammenhang mit ihrer Errichtung erwirbt (vgl. zum Begriff auch BFH II R 10/67, BStBl. II 1972, 578; BGH II ZR 60/93, NJW 1994, 1477; s. 9. Auflage).

(frei) **1981–1984**

22. Anwachsungsmodell

Streit besteht darüber, ob aufgrund der Sacheinlagenvorschrift der §§ 20–23 **1985** UmwStG gewinnneutral eine GmbH & Co. KG auf die Komplementär-GmbH dadurch umgewandelt werden kann, dass die Kommanditisten, die zugleich auch Gesellschafter der GmbH sind, unentgeltlich aus der KG ausscheiden und die Komplementär-GmbH die Anteile der Ausgeschiedenen durch Anwachsung nach (§ 738 Abs. 1 BGB aF) §§ 712, 712a BGB als letzte Gesellschafterin übernimmt (**sog. Anwachsungsmodell,** Gewinnneutralität zB Kowallik/Merklein/Scheipers DStR 2008, 173; Schmid/Dietel DStR 2008, 584; mE abzulehnen, weil die Kommanditisten mangels Kapitalerhöhung keine neuen Anteile erhalten; Behrens BB 2008, 2064; Wacker in Schmidt EStG § 16 Rn. 503,505; *UmwStE* Rn. E 20.10; v. Proff DStR 2016, 2227).

Werden dagegen Mitunternehmeranteile im Wege einer Kapitalerhöhung und **1986** damit gegen Gewährung von Gesellschaftsanteilen in die Komplementär-GmbH eingebracht **(sog. erweiterte Anwachsung),** ist ein Einbringungsvorgang iSd §§ 1 Abs. 3 Nr. 4, 20 UmwStG wegen der abschließenden Aufzählung des § 1 Abs. 3 Nr. 4 UmwStG strittig (s. Menner in HMB UmwStG § 20 Rn. 80 f.; aA zB Schmitt/Schloßmacher UmwStE 2011 Rn. 01.44). Da die Einbringung von

Mitunternehmeranteilen gegen Gewährung von neuen Anteilen nach § 20 Abs. 1 UmwStG begünstigt ist, gilt dies mE auch für die sog. erweiterte Anwachsung. Neben Gesellschaftsanteilen können in begrenztem Umfang auch andere Wirtschaftsgüter oder sonstige Gegenleistungen gewährt werden (vgl. § 20 Abs. 2 S. 2 Nr. 4 u. S. 4, Abs. 3 S. 3, § 21 Abs. 1 S. 2 Nr. 2 u. S. 4, Abs. 2 S. 6, § 27 Abs. 3 S. 2 UmwStG) (s. *UmwStE* Rn. E 20.10; s. auch Wacker in Schmidt EStG § 16 Rn. 503, 505; Ott GmbHR 2015, 918 Fallstricke; v. Proff DStR 2016, 2227). Zur Anwachsung als rechtliches und steuerliches Gestaltungsinstrument s. Ropol/Freck GmbHR 2009, 1076.

1987–2019 *(frei)*

XIII. Einbringung eines Betriebs, Teilbetriebs oder eines Mitunternehmeranteils in eine Personengesellschaft (§ 24 UmwStG)

1. Allgemeines

2020 Die Einbringung von Betriebsvermögen in eine PersGes nach § 24 UmwStG setzt voraus, dass der Einbringende Mitunternehmer der Gesellschaft wird. Die Vorschrift geht damit von der **Fortsetzung des unternehmerischen Engagements** in anderer Rechtsform aus. Die grundsätzliche Aufdeckung der stillen Reserven durch Ansatz des gemeinen Werts des eingebrachten Betriebsvermögens dient der Sicherung des inländischen Besteuerungsrechts. Danach wird die Einbringung von Betriebsvermögen in eine PersGes gegen Gewährung von Gesellschaftsrechten als **tauschähnlicher Vorgang** (zB BFH X R 42/10, BFH/NV 2013, 2006; IV R 27/19, BFH/NV 2023, 912; IV R 2/20, BFH/NV 2023, 895) behandelt und dadurch beim Einbringenden ein Veräußerungsgeschäft sowie bei der aufnehmenden PersGes ein Anschaffungsvorgang fingiert. Soweit die spätere Besteuerung der im eingebrachten Betriebsvermögen ruhenden stillen Reserven gesichert ist, kommt eine Buchwertfortführung oder ein Zwischenwertansatz in Betracht. Durch die Möglichkeit des Buchwertansatzes sollen Unternehmensumstrukturierungen erleichtert und begünstigt werden.

2021 *(frei)*

2. Persönlicher Anwendungsbereich

2022 **a) Einbringender.** Einbringender iSd § 24 UmwStG kann neben einer natürlichen oder juristischen Person auch eine PersGes (und nicht deren Gesellschafter) sein, wenn diese infolge der Einbringung fortbesteht und ihr daher zivilrechtlich die Gegenleistung zusteht (*UmwStE* Rn. 24.03, 20.02 f.).

2023 In den Fällen der **Ausgliederung** von einer PersHandels- bzw. Partnergesellschaft iSd § 123 Abs. 3 UmwG sind diese Einbringende, weil sie die Anteile am übernehmenden Rechtsträger erhalten. Danach stellt die Ausgliederung für alle Mitunternehmer der ausgliedernden PersGes einen einheitlichen Einbringungsvorgang mit einem einheitlichen Wertansatz (§ 24 Abs. 2 UmwStG) dar.

2024 Bei der **Verschmelzung, Auf- oder Abspaltung** von PersGes oder PartnerGes erhalten die Mitunternehmer der bisherigen Gesellschaft Anteile an der übernehmenden Gesellschaft, deren bisherige Gesellschafter folglich als Einbringende zu behandeln sind (*UmwStE* Rn. 24.03, 20.05).

Nach diesen Grundsätzen ist auch bei Einbringungen einer betrieblichen Sachgesamtheit durch eine PersGes im Wege der **Einzelrechtsnachfolge** (außerhalb des UmwG) grds. diese Einbringende, wenn sie nach wirtschaftlicher Betrachtung nach der Einbringung fortbesteht. Beim **Eintritt** eines **weiteren Gesellschafters** in eine bestehende PersGes gegen Einlage von Geld oder anderen Wirtschaftsgütern bringt jeder einzelne Gesellschafter seinen Mitunternehmeranteil aus steuerlicher Sicht iR einer (fiktiven) Auflösung und Neugründung in die neue PersGes ein (BFH IV R 210/83, BStBl. II 1985, 695; IV R 27/19, BFH/NV 2023, 912; *UmwStE* Rn. 01.47). **2025**

Entsprechend verhält es sich bei einer **Aufstockung** eines bestehenden Mitunternehmeranteils durch eine (disquotale) Einlage (*UmwStE* Rn. 01.47). In diesem Fall der Änderung der Beteiligungsquoten unter den Gesellschaftern bringen die nicht an der Kapitalerhöhung teilnehmenden Gesellschafter ihren Mitunternehmeranteil gem. § 24 UmwStG in die neue PersGes ein (BFH VIII R 52/04, BStBl. II 2006, 847; VIII R 47/12, BStBl. II 2016, 600; *UmwStE* Rn. 01.47). **2026**

Einbringender eines **Betriebs gewerblicher Art** ist die juristische Person des öffentlichen Rechts (*UmwStE* Rn. 01.53). **2027**

Ob der Einbringende oder die übernehmende PersGes den **Wohnsitz** bzw. **Sitz** in der EU oder im EWR hat, ist unmaßgeblich (§ 1 Abs. 4 S. 2 UmwStG). Sie können auch in einem Drittstaat ansässig sein (s. *UmwStE* Rn. 01.54). **2028**

(frei) **2029**

b) Aufnehmende Personengesellschaft. Die aufnehmende PersGes iSd § 24 UmwStG kann **jede PersGes** sein, die die Voraussetzungen einer Mitunternehmerschaft iSd § 15 Abs. 1 S. 1 Nr. 2 EStG erfüllt. Hierfür ist ertragsteuerlich die Ausübung einer land- und fortwirtschaftlichen, gewerblichen oder freiberuflichen Tätigkeit erforderlich. Danach kann ua eine PersHandelsGes (OHG, KG), PartnerGes, eingetragene GbR, Gesellschaft bürgerlichen Rechts (atypische stille Gesellschaft), die Europäische Wirtschaftliche Interessenvereinigung (EWIV) aufnehmende PersGes sein, wenn sie aufgrund ihrer Tätigkeit über Betriebsvermögen verfügt. **2030**

Diese Grundsätze gelten grds. auch für **ausländische PersGes,** die iR eines Typenvergleichs einer inländischen Mitunternehmerschaft iSd § 15 Abs. 1 S. 1 Nr. 2 EStG entsprechen müssen (s. *UmwStE* Rn. 01.27). Auch bei betrieblichen Einbringungsvorgängen nach der RL 2009/133/EG muss die übernehmende Gesellschaft transparent iSd § 24 Abs. 1 S. 1 UmwStG sein (§ 1 Abs. 4 S. 2 UmwStG). **2031**

Die ausschließliche Einbringung in das **Sonderbetriebsvermögen** der PersGes reicht nicht aus, weil damit kein Vermögen in das Gesamthandsvermögen der Gesellschaft eingebracht wird (s. *UmwStE* Rn. 24.05). Eine **KGaA,** die eine KapGes darstellt, scheidet als aufnehmende PersGes aus. **2032**

Die persönlichen Anwendungsvoraussetzungen müssen **spätestens** am steuerlichen Übertragungsstichtag erfüllt sein (*UmwStE* Rn. 01.55). **2033**

(frei) **2034**

3. Sachlicher Anwendungsbereich

Der sachliche Anwendungsbereich des § 24 UmwStG ist in § 1 Abs. 3 UmwStG **abschließend** geregelt. § 24 Abs. 1 UmwStG setzt voraus, dass ein Betrieb, Teilbetrieb oder Mitunternehmeranteil in eine PersGes eingebracht wird und der Einbringende Mitunternehmer wird oder seinen bestehenden Mitunter- **2035** nehmeranteil aufstockt. Dabei handelt es sich dem Grunde nach um ein Veräußerungsgeschäft (§ 24 Abs. 4 S. 1 UmwStG). Dieses folgt zivilrechtlich und wegen der Gewährung der Tarifbegünstigung nach § 24 Abs. 3 S. 2 UmwStG auch nach steuerrechtlicher Interessenlage der Beteiligten grds. der Einbringung nach (BFH IV R 54/99, BStBl. II 2001, 178).

2036 Die Einbringung kann im Wege der umwandlungsrechtlichen **Gesamtrechtsnachfolge** (Verschmelzung, Aufspaltung, Abspaltung und Ausgliederung; § 1 Abs. 3 Nr. 1 und 2 UmwStG) oder hinsichtlich der übrigen Einbringungsvorgänge im Wege der steuerrechtlichen **Einzelrechtsnachfolge,** die nicht unter das UmwG fallen, erfolgen (§ 1 Abs. 3 Nr. 4 UmwStG; *UmwStE* Rn. 01.47). Die Verwendung des Begriffs Einzelrechtsnachfolge hat lediglich die Funktion, Einbringungsvorgänge von denen der umwandlungssteuerlichen Gesamtrechtnachfolge abzugrenzen (s. Kai GmbHR 2012, 165 (166)).

2037–2039 *(frei)*

2040 **a) Einbringung durch Einzelrechtsnachfolge.** Die Einbringung von Betriebsvermögen in eine PersGes durch **Einzelrechtsnachfolge** erfasst folgende Fälle, in denen der Einbringende als Gegenleistung einen Mitunternehmeranteil erhält oder dieser erhöht wird:

2041 (1.) **Aufnahme eines Gesellschafters** in ein **Einzelunternehmen** gegen Geldeinlage oder Einlage anderer Wirtschaftsgüter **zur Gründung einer PersGes** (s. BFH VIII R 52/04, BStBl. II 2006, 847), und zwar auch für eine **atypische stille Gesellschaft** (s. BFH IV R 34/10, BFH/NV 2014, 1303; IV R 38/15, BStBl. II 2018, 587). Diesem Vorgang entspricht auch die Einbringung eines Einzelunternehmens in eine neugegründete PersGes (zB BFH VIII R 13/07, BStBl. II 2009, 993).

2042 Die Aufnahme eines Gesellschafters (nahen Angehörigen) in ein Einzelunternehmen im Wege der Schenkung **(unentgeltliche Aufnahme)** richtet sich dagegen nach § 6 Abs. 3 S. 1 Hs. 2 EStG (lex specialis; s. *UmwStE* Rn. 01.47). Mit der Einbringung des Betriebsvermögens in das Gesamthandsvermögen der Gesellschaft spaltet der Einbringende, soweit die Einbringung für Rechnung des nahen Angehörigen erfolgt, von seinem Betriebsvermögen einen ideellen Anteil ab, den dieser als Mitunternehmeranteil gem. § 6 Abs. 3 S. 1 Hs. 2 EStG fortführt. Hinsichtlich des beim Einbringenden verbleibenden Betriebsvermögens gilt § 24 UmwStG (BFH X R 35/04, BFH/NV 2006, 521; s. OFD Düsseldorf 9.9.1999, DStR 1999, 1946; Brandenberg FR 2000, 745; aA Geissler FR 2001, 1029). Werden dagegen iR einer **Einbringung eines Einzelunternehmens** in eine bestehende PersGes einem **Dritten** (Angehörigen) unentgeltlich Mitunternehmeranteile zugewendet, handelt es sich hierbei um zwei – rechtlich getrennt zu würdigende – Vorgänge, auf die § 24 UmwStG und § 6 Abs. 3 EStG nebeneinander anzuwenden sind (BFH X R 42/10, BStBl. II 2016, 639; aA BMF, das hier einheitlich § 6 Abs. 3 EStG anwendet. Dies gilt entsprechend für die unentgeltliche Aufnahme einer natürlichen Person in ein Einzelunternehmen (*UmwStE* Rn. 01.47 vorletzter Abs.).

2043 Dagegen ist § 24 Abs. 1 UmwStG anwendbar, wenn das Einzelunternehmen in eine bestehende **PersGes** zugunsten des bisherigen Einzelunternehmers eingebracht wird und dieser anschließend einen Teil seines Mitunternehmeranteils gem. § 6 Abs. 3 S. 1 Hs. 2 EStG unentgeltlich auf den anderen Mitunternehmer überträgt (s. Kai GmbHR 2012, 165 (166)).

(frei) **2044**

(2.) Einbringung eines **Einzelunternehmens** (oder Teilbetriebs, Mitunternehmeranteils) in eine **bestehende** PersGes. Bei der Neugründung einer PersGes (zB unter Einbringung eines Einzelunternehmens) wie auch beim Eintritt eines weiteren Gesellschafters in eine bestehende PersGes ist eine erfolgsneutrale Einbringung nach § 24 UmwStG möglich, weil die stillen Reserven über die gewährten Gesellschaftsrechte weiterhin demselben Steuersubjekt zugeordnet bleiben (BFH III R 38/00, BStBl. II 2005, 554). **2045**

Als **Teilbetrieb** iSd § 24 Abs. 1 S. 1 UmwStG gilt auch eine im (Sonder-)Betriebsvermögen gehaltene **100%ige Beteiligung an einer KapGes,** wenn sie das gesamte Nennkapital umfasst (s. BT-Drs. 16/2710, 50; *UmwStE* Rn. 24.02, 15.05; § 16 Abs. 1 S. 1 Nr. 1 S. 2 EStG; aA BFH I R 77/06, BStBl. II 2009, 464, da es an einer betrieblichen Organisationseinheit fehlt; *NAnwErl* BStBl. I 2009, 671). Bildet die Beteiligung jedoch eine funktional wesentliche Betriebsgrundlage einer betrieblichen Sachgesamtheit, ist sie nicht als Teilbetrieb iSd § 24 Abs. 1 UmwStG zu behandeln (*UmwStE* Rn. 15.06). Sie kann nur mit der Sachgesamtheit eingebracht werden. Die 100%ige Beteiligung muss bereits am steuerlichen Übertragungsstichtag vorgelegen haben (*UmwStE* Rn. 24.02, 15.05; → Rn. 2115). **2046**

Nach § 24 UmwStG begünstigt ist auch der **Anteilstausch** durch Einbringung eines **Mitunternehmeranteils** (*UmwStE* Rn. 24.01; → Rn. 2125). **2047**

(frei) **2048, 2049**

(3.) Zusammenschluss von mehreren Einzelunternehmen zu einer PersGes (s. *UmwStE* Rn. 01.47). **2050**

(4.) **Eintritt eines weiteren Gesellschafters** in eine bestehende **PersGes** gegen Geldeinlage oder Einlage anderer Wirtschaftsgüter (BFH VIII R 52/04, BStBl. II 2006, 847; IV R 70/05, BFH/NV 2008, 296; *UmwStE* Rn. 01.47). In diesem Fall bringen die bisherigen Gesellschafter ihre Mitunternehmeranteile an der bisherigen PersGes in eine neue – durch die neu eingetretenen Gesellschafter vergrößerte – PersGes ein (BFH IV R 27/19, BFH/NV 2023, 912; *UmwStE* Rn. 01.47). Der Eintritt eines **persönlich haftenden Gesellschafters** in eine **KGaA** ist nicht nach § 24 UmwStG begünstigt, weil dadurch neben dem persönlich haftenden Gesellschafter auch die Beteiligung der Kommanditaktionäre (als einbringende Mitunternehmer iSd § 24 UmwStG) einer mitunternehmerischen Beteiligung gleichgestellt und die KGaA (ua entgegen § 1 Abs. 1 Nr. 1 KStG und § 20 Abs. 1 Nr. 1 EStG) insgesamt als PersGes iSd § 24 UmwStG behandelt würde (BFH I R 57/14, DStR 2017, 193). Die Begründung allein einer **Mitunternehmerstellung ohne Vermögensbeteiligung** (zB GmbH als Komplementärin einer KG) genügt nicht, weil es an einem Übertragungsvorgang fehlt (BFH IV R 70/05, BStBl. II 2008, 265). Ein **bloßer Gesellschafterwechsel,** bei dem ein Gesellschafter aus der PersGes ausscheidet und ein anderer dessen Anteil erwirbt, fällt nicht unter den § 24 UmwStG (*UmwStE* Rn. 01.47). **2051**

Die Betriebsübertragung nur in ein **Sonderbetriebsvermögen** erfolgt nach § 6 Abs. 3 EStG zu Buchwerten und nicht nach § 24 UmwStG (FG München 10 V 1218/03, EFG 2003, 1180 rkr.). **2052**

Eine Änderung der Beteiligungsverhältnisse durch eine **entgeltliche Kapitalerhöhung** genügt, da § 24 UmwStG nicht die Gründung einer neuen Gesellschaft erfordert, sondern die Veräußerung von (Teil-)Betrieben oder Mitunternehmeranteilen begünstigen soll, die in das Vermögen der PersGes **2053** zum Zwecke eines nunmehr gemeinsamen Wirtschaftens überführt werden. Dabei ist es ausreichend, wenn nur ein Mitunternehmer seinen Anteil durch Bar- oder Sachgründung aufstockt. Denn die an der Kapitalerhöhung nicht teilnehmenden anderen Gesellschafter veräußern Teile ihrer Mitunternehmeranteile, die sie gegen Gewährung von Anteilen in die „neu" gestaltete PersGes einbringen (BFH IV R 70/05, BFH/NV 2008, 296; VIII R 47/12, BStBl. II 2016, 600; *UmwStE* Rn. 01.47).

2054 Tritt ein **weiterer Gesellschafter** in eine bestehende PersGes gegen **Zuzahlung** in das Vermögen der Altgesellschafter ein, ist § 24 Abs. 1 UmwStG gegeben, soweit die bisherigen Gesellschafter am Vermögen beteiligt bleiben und dadurch der Einbringende die Rechtsstellung eines Mitunternehmers einer erweiterten PersGes erlangt (BFH IV R 82/92, BStBl. II 1995, 599). Danach stellt die Zuzahlung keinen laufenden Gewinn iSd § 16 Abs. 1 S. 2 EStG dar, wenn die Einbringung auf Rechnung der Altgesellschafter zum gemeinen Wert erfolgt (s. Kai GmbHR 2012, 165 (167)). Überträgt dagegen ein Altgesellschafter einen **Teilmitunternehmeranteil** an einen Neugesellschafter gegen (Zu-)Zahlung eines Entgelts an den Altgesellschafter, ist § 24 UmwStG auf den Veräußerungsvorgang nicht anwendbar. Dabei ist es unbeachtlich, ob die Gegenleistung in das Privat- oder ein Betriebsvermögen des Altgesellschafters gelangt (BFH VIII R 47/12, BStBl. II 2016, 600).
Diese Grundsätze werden durch **§ 24 Abs. 2 S. 2 Nr. 2 UmwStG,** der die Buchwertfortführung bei der Erbringung von sonstigen Gegenleistung begrenzt, eingeschränkt (→ Rn. 2208).

2055–2059 *(frei)*

2060 (5.) Einbringung von **Gesellschaftsanteilen** (Mitunternehmeranteilen), ohne dass der Einbringende selbst Wirtschaftsgüter einlegt (zB Einbringung von Mitunternehmeranteilen an einer PersGes in die übernehmende PersGes unter Anwachsung des Gesellschaftsvermögens auf die übernehmende Gesellschaft, § 738 BGB aF, §§ 712 BGB f.; *UmwStE* Rn. 01.47; 24.01).

2061 (6.) Aufstockung eines bereits bestehenden Mitunternehmeranteils **(Kapitalerhöhung)** durch Geldeinlage oder Einlage anderer Wirtschaftgüter. Die Gesellschafter, die nicht an der Kapitalerhöhung teilnehmen, bringen ihren Mitunternehmeranteil an der bisherigen PersGes in die neue, durch die Kapitalerhöhung in den Beteiligungsverhältnissen veränderte PersGes ein (BFH VIII R 52/04, BStBl. II 2006, 847; *UmwStE* Rn. 01.47). Die Änderung der Beteiligungsquote unter den Gesellschaftern (ohne Erweiterung des Gesellschafterkreises) aufgrund einer (disquotalen) Einlage wird demnach als Veräußerung eines Teilmitunternehmeranteils und Einbringung gem. § 24 UmwStG behandelt (BFH VIII R 47/12, BStBl. II 2016, 600; anders bei (disquotaler) Einlage ohne Gegenleistung BFH II R 9/17, DStR 2020, 1721).

2062–2069 *(frei)*

2070 **b) Einbringung einzelner Wirtschaftsgüter.** Die (erfolgsneutrale) Übertragung bzw. Überführung von **einzelnen** Wirtschaftsgütern eines **Betriebsvermögens** in das Betriebsvermögen einer Mitunternehmenschaft vollzieht sich grds. nach § 6 Abs. 5 S. 3 ff. EStG (s. BMF 8.12.2011, BStBl. I 2011, 1279). Gegenüber dieser Vorschrift ist § 24 UmwStG vorrangig, der die Einbringung von Sachgesamtheiten regelt. Diese Vorschrift wird jedoch auch bei der Einbringung von einzelnen Wirtschaftsgütern angewandt (s. Kulosa in Schmidt EStG § 6 Rn. 710). Eine Sacheinlage durch Einbringung eines Wirtschaftsguts des **Privatvermögens**

gegen Gewährung von Gesellschaftsrechten ist nicht nach § 24 UmwStG begünstigt (BFH VIII R 69/95, BStBl. II 2000, 230; BMF 11.7.2011, BStBl. I 2011, 713).

Die Einbringung von Wirtschaftsgütern in das Betriebsvermögen einer PersGes gegen Gewährung von Gesellschaftsrechten (Sacheinlage) stellt ein **tauschähnliches Geschäft** und damit eine **Veräußerung** dar, da der Gesellschafter den Sachwert auf die Gesellschaft überträgt und dafür den Geschäftsanteil erhält (zB NdsFG 15 K 156/06, EFG 2010, 559). Dies gilt auch dann, wenn durch die Sacheinlage die Kommanditbeteiligung erhöht wird. Eine Veräußerung und keine Einlage ist dann gegeben, wenn bei Einbringungen in eine PersGes ein Kapitalkonto angesprochen wird, nach dem sich die maßgeblichen Gesellschaftsrechte, insbesondere das Gewinnbezugsrecht, richten. Das ist grds. das Kapitalkonto I (BFH IV R 15/14, DStR 2016, 217; IV R 46/12, BStBl. II 2016, 607; BMF 26.7.2016, BStBl. I 2016, 684; *UmwStE* Rn. 24.07). Die Übertragung eines Wirtschaftsguts des Privatvermögens auf eine gewerbliche PersGes gegen erstmalige Einräumung einer Mitunternehmerstellung ist auch dann ein vollentgeltliches Geschäft (Einbringung gegen Gewährung von Gesellschaftsrechten), wenn der Wert des übertragenen Wirtschaftsguts nicht nur dem Kapitalkonto I, sondern auch einem gesamthänderisch gebundenen Rücklagenkonto gutgeschrieben wird (BFH IV R 2/20, BFH/NV 2023, 895; IV R 27/19, BFH/NV 2023, 912). Kein vollentgeltliches Geschäft, sondern eine **Einlage** iSd § 7 Abs. 1 S. 5 EStG ist gegeben, wenn der einbringende Gesellschafter zu 100 % am Vermögen, Gewinn und Verlust der PersGes beteiligt ist, der Gegenwert allein auf dessen Kapitalkonto II gutgeschrieben wird und sich die maßgeblichen Gesellschaftsrechte nach dem Anteil des festen Kapitalkontos I richten (BFH IV R 15/14, BStBl. II, 2016, 593; IV R 46/12, BStBl. II 2016, 607; IV R 2/20, BFH/NV 2023, 895; IV R 27/19, BFH/NV 2013, 912). 2071

Die Behandlung von einzelnen zum Betriebsvermögen gehörenden Wirtschaftsgütern (zB Pkw) als **Sonderbetriebsvermögen I** ist unschädlich, weil § 24 UmwStG nicht voraussetzt, dass die Gegenleistung für die Sacheinlage ausschließlich in der Gewährung von Gesellschaftsrechten besteht. Eine **Zuzahlung** eines Gesellschafters in das Privatvermögen des ehemaligen Einzelunternehmers als Gegenleistung für den Erwerb eines Mitunternehmeranteils ist insoweit unbeachtlich (BFH VIII R 13/07, BStBl. II 2009, 993; → Rn. 2152). Die ausschließliche Überführung des Betriebsvermögens in das Sonderbetriebsvermögen der PersGes genügt nicht (*UmwStE* Rn. 24.05). 2072

Wie bei einer **Überpari-Emission,** bei der der Einbringungswert der Sacheinlage in eine GmbH den Nominalbetrag der hierfür übernommenen Stammeinlage übersteigt und in Höhe der (als Aufgeld anzusehenden) Differenz in eine Kapitalrücklage nach § 272 Abs. 1 Nr. 1 HGB einzustellen ist, ist der Gesellschafter einer PersGes zur Einbringung des **ungeteilten** Sachwerts verpflichtet. Danach ist der vollständige Einbringungswert Gegenstand des tauschähnlichen Einbringungsgeschäfts, sodass in vollem Umfang eine Veräußerung und nicht eine teilweise verdeckte Einlage gegeben ist. Hierin unterscheidet sich das **Aufgeld** bei einer Sacheinbringung wesentlich von einer freiwilligen Zuzahlung in das Eigenkapital, bei der es sich um eine unentgeltliche Leistung und damit um eine Einlage handelt (BFH I R 77/06, BStBl. II 2009, 464). 2073

Eine Einbringung nach § 24 Abs. 1 UmwStG kommt grds. auch bei Beendigung eines **sog. Treuhandmodells** in Betracht. Bei dieser Gestaltung ist eine AG, GmbH oder GmbH & Co. KG als Komplementär (Muttergesellschaft) mit 2074 einem hohen Kapitalanteil an einer GmbH & Co. KG beteiligt. Die Muttergesellschaft ist weiter alleinige Gesellschafterin der einzigen Kommanditistin, einer GmbH, die ihre Beteiligung an der Tochtergesellschaft treuhänderisch für die Muttergesellschaft hält. Aufgrund des Treuhandverhältnisses wird ertragsteuerlich der Kommanditanteil der Muttergesellschaft zugerechnet (§ 39 Abs. 2 Nr. 1 S. 2 AO) und das Unternehmen der Tochtergesellschaft als Betriebsstätte der Muttergesellschaft behandelt (BFH IV R 26/07, BStBl. II 2010, 751). Erfüllt das Unternehmen der Tochtergesellschaft die Voraussetzungen eines Teilbetriebs, können nach Aufhebung des Treuhandvertrags die Wirtschaftsgüter der Muttergesellschaft grds. in der Form eines Teilbetriebs, zB durch Verschaffung des wirtschaftlichen Eigentums (§ 39 Abs. 2 Nr. 1 S. 1 AO), in das Gesamthandsvermögen der KG eingebracht werden (s. Benz/Goß DStR 2010, 839). Zur steuerlichen Begründung und Beendigung des Treuhandmodells s. Kraft/Sönnichsen DB 2011, 1936; Stegemann DStR 2015, 2577.

2075 Die Frage, ob die Übertragung eines einzelnen Wirtschaftsguts Teil der Einbringung einer betrieblichen Sachgesamtheit iSd § 24 UmwStG ist, ist ua iR einer zeitübergreifenden **Gesamtplanbetrachtung** zu klären. Dies kann dann der Fall sein, wenn zB funktional wesentliche Betriebsgrundlagen im zeitlichen und wirtschaftlichen Zusammenhang mit der Einbringung **vorab** in ein anderes Betriebsvermögen **überführt** oder übertragen wurden (s. Gesamtplanrechtsprechung, zB BFH VIII R 23/01, BStBl. II 2004, 474; IV R 49/08, BStBl. II 2010, 726; *UmwStE* Rn. 24.03, 20.07). Hiervon abweichend gibt es nach der (neueren) Rspr. des **BFH** kein Rechtsinstitut eines „Gesamtplans" des Inhalts, dass eine aufgrund einheitlicher Planung in engem zeitlichen und sachlichen Zusammenhang stehende Mehrzahl von Rechtsgeschäften für die steuerliche Beurteilung zu einem einheitlichen wirtschaftlichen Vorgang zusammenzufassen und sodann unter den Steuertatbestand zu subsumieren ist (BFH IV R 8/12, DStR 2016, 385). Der **BFH** wendet die sog. Gesamtplanrechtsprechung abweichend von der Auffassung der FVerw (BMF 12.9.2013, BStBl. I 2013, 1164) nur noch iZm der steuerlichen Begünstigung von Betriebsveräußerungs- und -aufgabegewinnen an (zB BFH X R 14/11, BStBl. II 2014, 158; IV R 8/12, DStR 2016, 385; X R 22/12, BStBl. II 2014, 338; IV R 29/14, DStR 2015, 211; IV R 11/15, BStBl. II 2019, 29). Wegen der zeitpunktbezogenen Betrachtung der §§ 20 Abs. 1, 24 Abs. 1 UmwStG ist in Einbringungsfällen die Anwendung der zulasten des Steuerpflichtigen wirkenden Gesamtbetrachtung grds. zu verneinen (Herlinghaus FR 2014, 441; Wendt FR 2018, 508 (513) Anm. zu BFH I R 7/16).

2076 Auf den **Gesellschafterwechsel** ist dagegen **§ 24 UmwStG nicht anwendbar** (*UmwStE* Rn. 24.01, 01.47), ebensowenig auf die unentgeltliche Übertragung von Mitunternehmeranteilen sowie die Erhöhung der Beteiligungsquote ohne Einlageleistung (BFH/NV 2008, 296). Das **Ausscheiden** eines Gesellschafters aus einer fortbestehenden PersGes gegen Sachwertabfindung iFe betrieblichen Sachgesamtheit oder von Einzelwirtschaftsgüter und gegen Minderung von Gesellschaftsrechten ist grds. erfolgsneutral unter Anwendung der Grundsätze der (unechten) Realteilung der PersGes iSd § 16 Abs. 3 S. 1 Alt. 2 EStG möglich (s. BFH III R 49/13, BFH/NV 2016, 624; IV R 11/15, BFH/NV 2017, 1125; IV R 31/14, BFH/NV 2017, 1093; Anm. Wendt FR 2016, 536; BMF 19.12.2018, BStBl. I 2019, 6). Zudem scheidet § 24 UmwStG bei einer **formwechselnden Umwandlung** einer e GbR, PersHandelsGes oder Partnerschaftsgesellschaft in eine PersGes sowie bei **Eintritt** einer GmbH in eine bestehende PersGes **ohne Vermögensbeteiligung** aus. Mangels eines Übertragungsvorgangs entsteht in diesen Fällen weder ein Veräußerungsgewinn iSd § 16 EStG noch ist eine Wertaufstockung veranlasst (BFH IV R 70/05, BStBl. II 2008, 265; *UmwStE* Rn. 01.47).

Der Wechsel des **Komplementärs** in die Stellung eines **atypischen stillen Gesellschafters** an der **KGaA** ist steuerneutral möglich, da der Komplementär einer KGaA von einer mitunternehmerähnlichen Stellung in eine echte Mitunternehmerstellung wechselt und dies wie die Umwandlung einer Mitunternehmerstellung in eine andere iSd § 24 UmwStG zu behandeln ist (BFH IV B 94/09, BFH/NV 2010, 1272; s. auch Hageböke DB 2010, 1610). Zur Einbringung einer Beteiligung als persönlich haftender Gesellschafter einer KGaA s. Schulte DStR 2005, 951. **2077**

Die Übertragung von Unternehmensteilen und einzelnen Wirtschaftsgütern iR einer **Realteilung** ist in § 16 Abs. 3 S. 2 ff. EStG gesetzlich geregelt (s. BFH III R 49/13, BFH/NV 2016, 624, mAnm Wendt FR 2016, 536; Wacker in Schmidt EStG § 16 Rn. 532). Bei der Einbringung eines Teilbetriebs oder Mitunternehmeranteils, den der Steuerpflichtige iR einer Realteilung erhalten hat, kann der gemeine Wert nach § 24 Abs. 2 S. 1 UmwStG anzusetzen sein, auch wenn die Realteilung zu Buchwerten erfolgte (BFH XI R 7/03, BStBl. II 2004, 893). **2078**

Wird ein Grundstück in eine **vermögensverwaltende PersGes,** die Einkünfte aus Vermietung und Verpachtung erzielt, gegen Gewährung von Gesellschaftsrechten eingebracht, liegt insoweit ein Anschaffungsvorgang vor, als sich die nach § 39 Abs. 2 Nr. 2 AO zuzurechnenden Anteile der Gesellschafter an dem Grundstück gegenüber den bisherigen Beteiligungsquoten erhöht haben (s. BFH IX R 15/11, BStBl. II 2012, 205). Die Anwendung des **UmwStG** scheidet mangels Betriebsvermögens der vermögensverwaltenden PersGes aus. **2079**

(frei) **2080–2084**

c) Einbringung durch Gesamtrechtsnachfolge. Nach § 24 Abs. 1 UmwStG sind auch Einbringungen im Wege der umwandlungssteuerrechtlichen **Gesamtrechtsnachfolge** **2085**

- durch Verschmelzung einer PersHandels- oder PartnerschaftsGes nach §§ 2, 39 ff. GmbHG auf PersHandels- oder PartnerschaftsGes (BFH IV R 29/13, BFH/NV 2016, 1489)
- durch Auf- oder Abspaltung von PersHandels- oder PartnerschaftsGes nach § 123 Abs. 1 und 2 UmwG auf PersHandels- oder PartnerschaftsGes
- durch Ausgliederung aus Körperschaften, PersHandels-, PartnerschaftsGes- oder Einzelunternehmen nach § 123 Abs. 3 UmwG auf PersHandels- oder PartnerschaftsGes möglich
- von e GbR auf e GbR (s. *UmwStE* Rn. 01.47).

Vergleichbare ausländische Einbringungsvorgänge fallen ebenso unter § 24 UmwStG (s. *UmwStE* Rn. 01.48, 01.20 ff.). **2086**

Auf eine **formwechselnde Umwandlung** einer PersHandelsGes in eine PersGes ist § 24 nicht anwendbar. Denn die PersHandelsGes besteht in diesem Fall unter Wahrung ihrer Identität als Rechtssubjekt fort (s. BFH VIII R 5/92, BStBl. II 1994, 856; IV R 26/98, BStBl. II 1999, 604; IV R 70/05, BStBl. II 2008, 265; *UmwStE* Rn. 01.47; → Rn. 114). **2087**

Nach dem **UmwG** können **PersHandelsGes verschmolzen** (→ Rn. 94), auf andere auf- oder abgespalten (→ Rn. 96) und auch auf andere ausgegliedert werden. Der Einzelkaufmann und die Körperschaft können aus diesen handelsrechtlichen Umwandlungen, die auch nur für einen Teil der Sacheinlage möglich sind, nur die Ausgliederung wählen (→ Rn. 96; § 124 Abs. 1 **2088**

UmwG; *UmwStE* Rn. 01.47). Für diese Umwandlungen, die durch § 1 Abs. 3 Nr. 1 und 2 UmwStG um PartnerschaftsGes und vergleichbare ausländische Vorgänge erweitert wurden, steht § 24 UmwStG (auch) zur Verfügung (→ Rn. 113).

2089 Die Einbringenden, dh die Gesellschafter der PersHandelsGes (BFH I R 183/94, BStBl. II 1996, 342; str., s. Knop/Willich-Neersen/Küting BB 1995, 1023 (1026), erhalten nur bei der Verschmelzung und Abspaltung Anteile (idR Sonderbetriebsvermögen), nicht bei der Ausgliederung (Gesamthandsvermögen, → Rn. 80). Die am Vermögen einer umwandelnden **GmbH & Co. KG** nicht beteiligte GmbH kann nicht Einbringende sein (vgl. Schulze zur Wiesche DB 1996, 1539 (1542); → Rn. 2076). Die Gesellschafter einer bestehenden PersGes können ferner zwischen einer identitätswahrenden und einer iRd § 24 UmwStG identitätsaufhebenden Umwandlung auf eine andere PersGes wählen (BFH VIII R 5/92, BStBl. II 1994, 856; Grassmann BB 2004, 2066). Nachdem eine beschränkt haftende GbR nach der Rspr. des BGH nicht durch gesellschaftsvertragliche Absprachen erzeugt werden kann, wird die identitätswahrende Umwandlung in eine GmbH & Co. KG empfohlen, um die Vorteile des § 15 Abs. 3 Nr. 2 EStG weiterhin nutzen zu können (Limmer DStR 2000, 1230).

2090 **d) Gewerbesteuer.** Die Gewinne aus der Einbringung von Betrieben, Teilbetrieben oder Mitunternehmeranteilen unterliegen nach hM zwar bei **KapGes,** soweit nicht § 8b KStG greift, nicht aber bei **natürlichen Personen** und **PersGes** der GewSt. Soweit auf der Seite des Einbringenden und der des Aufnehmenden dieselben Personen Unternehmer oder Mitunternehmer sind, gilt der Veräußerungsgewinn gem. § 16 Abs. 2 S. 3 EStG iVm **§ 24 Abs. 3 S. 3 UmwStG** als laufender Gewinn, der als solcher der GewSt unterliegt (BFH VIII R 7/01, BStBl. II 2004, 754; *UmwStE* Rn. 24.17). Der Gewinn aus der isolierten Einbringung einer 100%igen Beteiligung an einer KapGes gehört mangels Beendigung der werbenden Tätigkeit zum Gewerbeertrag. Zur Vermeidung von missbräuchlichen Objektgesellschaften, bei denen Wirtschaftsgüter von KapGes in PersGes eingebracht werden, um sie später gewstfrei als Mitunternehmeranteil zu veräußern, ist die Anteilsveräußerung durch die KapGes gewstpfl. (§ 7 S. 2 GewStG). Abhängig vom Einbringungsgegenstand entsteht die GewSt beim Einbringenden (Einbringung eines Betriebs oder Teilbetriebs) oder bei der eingebrachten Gesellschaft (Einbringung eines Mitunternehmeranteils; s. FGS UmwStE 2011 Rn. 24.17). Zum Anteilsbruchteil → Rn. 1948.

2091–2099 *(frei)*

4. Einbringungsgegenstand (§ 24 Abs. 1 UmwStG)

2100 Nach § 24 Abs. 1 UmwStG ist die Einbringung eines Betriebs, Teilbetriebs und eines Mitunternehmeranteils als Einbringungsgegenstand begünstigt. Bei der Einbringung dieser Sachgesamtheiten ist von dem zugrunde liegenden Rechtsgeschäft auszugehen, durch das ua der Umfang der einzubringenden Wirtschaftsgüter beschrieben wird (*UmwStE* Rn. 24.03, 20.05).

2101 **a) Einbringung eines Betriebs.** Die Einbringung eines Betriebs als Sachgesamtheit setzt voraus, dass **sämtliche funktional wesentlichen Betriebsgrundlagen** in das steuerliche Betriebsvermögen der PersGes überführt werden. Maßgeblicher Zeitpunkt für die Beurteilung, ob ein Wirtschaftsgut eine wesentliche Betriebsgrundlage darstellt, ist der Zeitpunkt der tatsächlichen Einbringung iSd Übertragung des (wirtschaftlichen) Eigentums bzw. des Abschlusses des dinglichen Einbringungsvertrags (BFH X R 60/09, BStBl. II 2012, 638).

Zu den funktional **wesentlichen Betriebsgrundlagen** gehört bei PersGes auch das **Sonderbetriebsvermögen** eines unmittelbar oder mittelbar beteiligten Gesellschafters iSd § 15 Abs. 1 S. 1 Nr. 2 EStG. Auch Anteile an KapGes können für den Betrieb funktional wesentlich sein. Eine **100%ige Beteiligung** an einer KapGes bildet dann einen eigenständigen Teilbetrieb iSd § 24 Abs. 1 UmwStG, wenn sie zu einem (Sonder-)Betriebsvermögen gehört (*UmwStE* Rn. 24.02). **2102**

Die **Kapitalbeteiligung eines Kommanditisten an der Komplementär-GmbH** ist eine funktional wesentliche Betriebsgrundlage seines Mitunternehmeranteils, wenn erst die Kapitalbeteiligung dem Kommanditisten in die Lage versetzt, über Fragen der laufenden Geschäftsführung der KG zu bestimmen. Dagegen ist sie nicht funktional wesentlich, wenn aufgrund gesellschaftsvertraglicher oder sonstiger schuldrechtlicher Vereinbarungen nicht seine Kapitalbeteiligung, sondern seine Stellung als Kommanditist den Einfluss auf die laufende Geschäftsführung der KG begründet (BFH IV R 9/20, BStBl. II 2025, 309). Unterhält die GmbH einen eigenen Geschäftsbetrieb, der mit der GmbH & Co. KG nicht unwesentliche Geschäftsbeziehungen unterhält, können die GmbH-Anteile notwendiges Betriebsvermögen bilden (s. OFD Frankfurt a. M. 3.12.2015, DStR 2016, 676; → Rn. 1437 f.). **2103**

Die **Veräußerung** oder „Auslagerung“ einer wesentlichen Betriebsgrundlage **unmittelbar vor** der Einbringung unter Aufdeckung der stillen Reserven ist unschädlich, wenn die Veräußerung bzw. die Auslagerung auf Dauer angelegt ist und sich deshalb nicht nur als vorgeschoben erweist (BFH X R 60/09, BStBl. II 2012, 638; IV R 29/09, BStBl. II 2013, 387; → Rn. 2075). **2104**

Einen Betrieb iSd § 24 UmwStG stellt auch ein **verpachteter Gewerbebetrieb** dar (BFH VIII R 100/86, BFH/NV 1990, 102). Dies gilt auch für einen **ruhenden** Gewerbebetrieb (BFH IV B 84/09, BFH/NV 2010, 1450). **2105**

Ein **Mitunternehmeranteil** bildet eine eigenständige Sachgesamtheit. Wird er mit dem Betrieb mit eingebracht, zu dem er gehört, sind jeweils gesonderte Einbringungsvorgänge gegeben (s. *UmwStE* Rn. 24.3, 20.12; Schmitt/Schloßmacher UmwStE 2011 Rn. 20.12). In diesem Fall kann das Antragswahlrecht iSd § 24 Abs. 2 S. 2 UmwStG unterschiedlich ausgeübt werden. **2106**

Die **teilweise Einbringung** des Betriebsvermögens in das **Sonderbetriebsvermögen** des Einbringenden bei der übernehmenden Personengesellschaft und in das Gesamthandsvermögen ist unschädlich (*UmwStE* Rn. 24.05). Nicht nach § 24 Abs. 1 UmwStG begünstigt ist die ausschließliche Einbringung in das Sonderbetriebsvermögen. **2107**

Die Verschaffung **wirtschaftlichen Eigentums** an den funktional wesentlichen Betriebsgrundlagen genügt (*UmwStE* Rn. 01.43; 24.03 iVm 20.06, 15.07; LfSt Bay 6.3.2006, FR 2006, 391). Auch Wirtschaftsgüter, an denen der Unternehmer nicht das zivilrechtliche, sondern nur das **wirtschaftliche Eigentum** hat, sind Teil seines Betriebsvermögens und können mit diesem nach § 24 UmwStG in eine PersGes eingebracht werden (BFH X R 8/13, BFH/NV 2015, 1409). **2108**

Dienstleistungen und **Nutzungsrechte** sind keine einlegbaren Wirtschaftsgüter (BFH IV R 26/98, BStBl. II 1999, 604). Deswegen reicht es nicht aus, wenn **2109**

die aufnehmende Gesellschaft nur ein **Nutzungsrecht** an einer wesentlichen Betriebsgrundlage erwirbt (s. *UmwStE* Rn. 24.03, 20.06; aA Behrens/Schmitt FR 2002, 549). Die Einbringung für fremde Rechnung ist nach § 24 UmwStG möglich (BFH VIII R 138/80, BStBl. II 1982, 622).

2110–2114 *(frei)*

2115 **b) Einbringung eines Teilbetriebs.** Unter einem **Teilbetrieb** ist ein organisch geschlossener, mit einer gewissen Selbstständigkeit ausgestatteter Teil eines Gesamtbetriebs zu verstehen, der für sich allein lebensfähig ist. Es muss eine Untereinheit des Gesamtbetriebs, dh ein selbstständiger Zweigbetrieb iR eines Gesamtunternehmens vorliegen (zB BFH I R 77/06, BStBl. II 2009, 464). Nach dem anzuwendenden EU-Teilbetriebsbegriff (Art. 2 Buchst. j RL 2009/133/EG) besteht ein Teilbetrieb aus der Gesamtheit der in einem Unternehmensteil vorhandenen **aktiven und passiven Wirtschaftsgüter,** die in organisatorischer Hinsicht einen selbstständigen Betrieb darstellen. Danach gehören zu einem Teilbetrieb alle funktional wesentlichen Betriebsgrundlagen sowie die dem Teilbetrieb nach wirtschaftlichen Zusammenhängen zuordenbaren Wirtschaftsgüter (s. *UmwStE* Rn. 24.03 iVm Rn. 20.06, 15.02, Rn. S. 05). Die Voraussetzungen eines Teilbetriebs müssen zum steuerlichen Übertragungsstichtag vorliegen (s. *UmwStE* Rn. 24.03, 20.06, 15.03).

2116 Einzubringen sind **alle funktional wesentlichen** und dem Teilbetrieb wirtschaftlich **zuzuordnenden Wirtschaftsgüter.** Dazu gehören außer Honorarforderungen (BFH VIII R 41/09, BStBl. II 2014, 288) auch Anteile an KapGes, Pensionsrückstellungen, Schulden. Eine bloße **Nutzungsüberlassung** reicht nicht aus (s. *UmwStE* Rn. 24.03, 20.06; 20.08).

2117 Die Übertragung von wesentlichen oder zuordenbaren Wirtschaftsgütern auf ein **anderes Betriebsvermögen** kann bei einem zeitlichen und wirtschaftlichen Zusammenhang mit der Einbringung eines Teilbetriebs nach der **Gesamtplanbetrachtung** einen einheitlichen Vorgang darstellen (zB BFH X R 60/09, BStBl. II 2012, 638; *UmwStE* Rn. 24.03, 20.07). Nach der neueren Auffassung des **BFH** ist auf die Verhältnisse zum Zeitpunkt der Einbringung nach §§ 20 Abs. 1 und 24 Abs. 1 UmwStG abzustellen. Eine Gesamtbetrachtung iR eines Gesamtplans zulasten des Steuerpflichtigen scheidet demnach aus (s. BFH IV R 8/12, DStR 2016, 385; Herlinghaus FR 2014, 441; Nöcker DStR 2013, 1530; → Rn. 2075).

2118 Für Zwecke des § 24 UmwStG gilt eine betriebliche **100%ige Beteiligung an einer KapGes** als (eigenständiger) **Teilbetrieb** (sa § 16 Abs. 1 S. 1 Nr. 1 S. 2 EStG, *UmwStE* Rn. 24.02; aA BFH I R 77/06, BStBl. II 2009, 464, mangels einer betrieblichen Organisationseinheit). Dies ist dann nicht der Fall, wenn sie eine funktional wesentliche Betriebsgrundlage eines Betriebs bzw. Teilbetriebs darstellt. Als wesentliche Betriebsgrundlage kann sie nur mit der Sachgesamtheit eingebracht werden (*UmwStE* Rn. 15.06). Wird sie dennoch als eigenständiger Teilbetrieb iSd § 24 Abs. 1 UmwStG behandelt, ist grds. eine Übertragung nach § 6 Abs. 5 S. 3 ff. EStG gegeben (s. auch Kulosa in Schmidt EStG § 6 Rn. 710).

2119 Mit der **isolierten Übertragung** der 100%igen Beteiligung geht hinsichtlich des zurückgebliebenen Vermögens die Eigenständigkeit eines Teilbetriebs verloren (*UmwStE* Rn. 24.02, 15.06).

2120 Eine 100%ige Beteiligung eines **Kommanditisten** einer ausschließlich geschäftsführend tätigen Komplementär-GmbH ist bei einer Auf-, Abspaltung-

oder Ausgliederung eines Teilbetriebs dann eine funktional wesentliche Betriebsgrundlage, wenn seine Stellung als Kommanditist den Einfluss auf die laufende Geschäftsführung der KG begründet (BFH IV R 9/20, BStBl. II 2025, 309); → Rn. 2103).

Bei der Einbringung eines Teilbetriebs einer PersGes gilt dies auch für das **Sonderbetriebsvermögen** eines unmittelbar oder mittelbar beteiligten Gesellschafters. Es reicht aus, wenn das eingebrachte Betriebsvermögen teilweise Sonderbetriebsvermögen des Einbringenden bei der übernehmenden PersGes wird (s. *UmwStE* Rn. 24.05). **2121**

Bei einer **rückwirkenden Spaltung** nach **§§ 24 Abs. 4,** 20 Abs. 5 und 6 UmwStG im Wege der Gesamtrechtsnachfolge nach dem UmwG müssen die Teilbetriebsvoraussetzungen bereits zum steuerlichen Übertragungsstichtag vorgelegen haben (*UmwStE* Rn. 24.06, 20.14, 15.03). Eine rückwirkende Einbringung ist bei einer Einzelrechtsnachfolge ausgeschlossen (*UmwStE* Rn. 24.06). **2122**

(frei) **2123, 2124**

c) Einbringung eines Mitunternehmeranteils. Ein Mitunternehmeranteil bildet als Sachgesamtheit einen **eigenständigen** Einbringungsgegenstand iSd § 24 Abs. 1 UmwStG. Bereits die Einbringung eines **Teils** des Anteils reicht hierfür aus (*UmwStE* Rn. 24.03, 20.11). In die übernehmende PersGes sind alle funktional wesentlichen Betriebsgrundlagen einschließlich des Sonderbetriebsvermögens einzubringen (zB BFH I R 97/08, BStBl. II 2010, 808). Für die Einbringung eines ganzen Mitunternehmeranteils nach § 24 Abs. 1 UmwStG reicht die Überführung von wesentlichen Betriebsgrundlagen des Sonderbetriebsvermögens (SBV) in das SBV der Zielgesellschaft aus. Eine Übertragung in das Gesamthandsvermögen ist nicht erforderlich (BFH IV R 12/16, BStBl. II 2019, 745). Die **Zurückbehaltung** von nicht funktional wesentlichen Wirtschaftsgütern ist unschädlich. Eine Einbringung eines Mitunternehmeranteils nach § 24 UmwStG ist auch dann möglich, wenn der einzubringende **Kommanditist** bereits vor der Verschmelzung zu **100 %** am Vermögen, Gewinn und Verlust sowie an den Stimmrechten der aufnehmenden KG beteiligt war. Es reicht aus, wenn sich seine maßgeblichen Gesellschaftsrechte absolut erhöhen (BFH IV R 9/20, BStBl. II 2025, 309). Eine **Erbengemeinschaft,** die ein gewerbliches Einzelunternehmen betreibt, ist eine Mitunternehmerschaft (Wacker in Schmidt EStG § 15 Rn. 383), deren Mitunternehmeranteile nach § 24 UmwStG eingebracht werden können (s. Bachmann/Richter DB 2014, 1282 zur Umstrukturierung einer Erbengemeinschaft). **2125**

Eine **100%ige Beteiligung** an einer Komplementär-GmbH ohne eigenen Geschäftsbetrieb bildet nach Auffassung der FVerw eine funktional wesentliche Betriebsgrundlage des Mitunternehmeranteils und ist deshalb mit dieser einzubringen (*Kai* GmbHR 2012, 165 (170); → Rn. 2103). **2126**

Mehrere Mitunternehmeranteile eines Betriebsvermögens werden als gesonderte Einbringungsvorgänge behandelt. Dies gilt entsprechend für die Einbringung eines Betriebs und den zu seinem Betriebsvermögen gehörenden Mitunternehmeranteil. Dagegen ist von einem einheitlichen Einbringungsvorgang auszugehen, wenn zum Betriebsvermögen des Mitunternehmeranteils eine Beteiligung an einer oder mehreren PersGes gehören (mehrstöckige PersGes). In diesem Fall sind im Wertansatz des § 24 Abs. 2 UmwStG die Werte aller unmittelbaren und mittelbaren Mitunternehmeranteile zu erfassen (s. *UmwStE* Rn. 24.03, 20.12). **2127**

2128 Zu der von der PersGes einzubringenden Sachgesamtheit (Betrieb, Teilbetrieb, Mitunternehmeranteil) gehören auch die Wirtschaftsgüter des **Sonderbetriebsvermögens** der einzelnen Mitunternehmer, die funktional wesentliche Betriebsgrundlagen der Sachgesamtheit sind oder die bei der Ausgliederung eines Teilbetriebs diesen nach wirtschaftlichen Gesichtspunkten zuzuordnen sind (*UmwStE* Rn. 24.03, 20.06).

2129 Ein Mitunternehmeranteil muss bei einer **rückwirkenden Einbringung** einer PersGes zum steuerlichen Einbringungszeitpunkt bereits bestanden haben (§§ 24 Abs. 4, 20 Abs. 5 und 6 UmwStG; *UmwStE* Rn. 24.06, 20.14, 15.03).

2130–2134 *(frei)*

2135 **d) Zurückbehaltung von Wirtschaftsgütern.** Eine Einbringung nach § 24 Abs. 1 UmwStG ist dann gegeben, wenn alle **funktional wesentlichen Betriebsgrundlagen** der jeweiligen Sachgesamtheit in einem einheitlichen Vorgang übertragen werden (s. *UmwStE* Rn. 24.03, 20.06). Die Zurückbehaltung einer funktional wesentlichen Betriebsgrundlage schließt die Anwendung des § 24 Abs. 1 UmwStG aus. Es kommt grds. zu einer gewinnrealisierenden Einbringung von Einzelwirtschaftsgütern, soweit nicht ausnahmsweise die eingebrachten Wirtschaftsgüter noch die Merkmale eines Betriebs oder Teilbetriebs aufweisen (s. BFH X R 60/09, BStBl. II 2012, 638) oder die Voraussetzungen des § 6 Abs. 5 S. 3 EStG gegeben sind.

2136 Nach dem **europäischen Teilbetriebsbegriff** (s. *UmwStE* Rn. 15.02) gehört zur Sachgesamtheit eines Teilbetriebs neben den funktional wesentlichen Betriebsgrundlagen auch die ihm **wirtschaftlich zuordenbaren** Wirtschaftsgüter (zB Forderungen und Verbindlichkeiten). Die Zurückbehaltung von zuordenbaren Wirtschaftsgütern ist schädlich.

2137 Danach schließt auch die Zurückbehaltung einer lediglich wirtschaftlich **zuordenbaren 100%igen Beteiligung** an einer KapGes eine nach § 24 Abs. 1 UmwStG begünstigte Einbringung aus. Es kommt eine erfolgsneutrale Übertragung der einzelnen Wirtschaftsgüter nach § 6 Abs. 5 S. 3 EStG in Betracht (s. auch Kulosa in Schmidt EStG § 6 Rn. 710).

2138 Für die Anwendung des § 24 Abs. 1 UmwStG ist nur die Zurückbehaltung von nicht funktional wesentlichen und nicht zuordenbaren Wirtschaftsgütern **unschädlichen.**

2139 Die zurückbehaltenen Wirtschaftsgüter (zB wesentliche, nicht wesentliche, zuordenbare Betriebsgrundlagen, Sonderbetriebsvermögen) werden grds. zum steuerlichen Übertragungsstichtag **entnommen,** soweit die Wirtschaftsgüter nicht weiterhin Betriebsvermögen bilden (s. BFH IV R 52/87, BStBl. II 1988, 829; *UmwStE* Rn. 24.03, 20.08).

2140 Bei einer Einbringung als unwesentliche Betriebsgrundlagen zurückbehaltene **Forderungen,** die iR einer Praxiseinbringung zurückgehalten werden, gehen bei der Gewinnermittlung nach § 4 Abs. 3 EStG nicht zwangsläufig in das Privatvermögen des Einbringenden über. Bei nicht ausdrücklich erklärter Entnahme der zurückbehaltenen, betrieblich begründeten Forderungen, die unabhängig von ihrer Höhe nicht funktional wesentlich sind, verbleiben diese auch ohne Betrieb im **Restbetriebsvermögen** des Einbringenden und können innerhalb absehbarer Zeit schrittweise verwertet werden. Sie sind im Zuflusszeitpunkt iSd § 11 EStG nach § 24 Nr. 2 EStG zB als nachträgliche Einnahmen aus freiberuflicher Tätigkeit zu erfassen (BFH XI R 32/06, BFH/NV 2008, 385; VIII R 41/09, BStBl. II 2014, 22). Die FVerw sieht nur dann von einer Entnahme ab, wenn die Wirtschaftsgüter weiterhin Betriebsvermögen bleiben (*UmwStE* Rn. 24.03, 20.08).

Die Zurückbehaltung eines **Mitunternehmeranteils** ist unschädlich, denn der zurückbehaltene Anteil bildet eine eigenständige Sachgesamtheit (s. *UmwStE* Rn. 24.03, 20.12). In diesem Fall kann das Antragswahlrecht iSd § 24 Abs. 2 S. 2 UmwStG unterschiedlich ausgeübt werden. **2141**

(frei) **2142–2149**

5. Gewährung von Gesellschaftsrechten und sonstigen Gegenleistungen

Eine Einbringung ist dann nach § 24 UmwStG begünstigt, wenn die Gegenleistung in der **Gewährung von Gesellschaftsrechten** besteht, indem der Einbringende in die Rechtsstellung eines Mitunternehmers eintritt oder seine Mitunternehmerstellung erweitert. Eine erfolgsneutrale Einbringung nach § 24 UmwStG ist nur insoweit möglich, als die stillen Reserven über die gewährten Gesellschaftsrechte weiterhin demselben Steuersubjekt zugeordnet bleiben (BFH III R 38/00, BStBl. II 2005, 554; VIII R 52/04, BStBl. II 2006, 847). Dies geschieht durch die Erhöhung des (handelsrechtlichen) Kapitalkontos (zB § 120 Abs. 2 HGB) des Einbringenden entsprechend seiner Beteiligung oder durch Gewährung weiterer Gesellschaftsrechte. Bei einem Mitunternehmer, der bereits zu 100 % an einer PersGes beteiligt ist (Ein-Personen-GmbH & Co. KG), kommt lediglich die Erhöhung seines Kapitalkontos in Betracht. **2150**

Die Gewährung von Gesellschaftsrechten ist bei wirtschaftlicher Betrachtung grds. nach den von der übernehmenden PersGes **vorgenommenen Buchungen** zu beurteilen (s. *UmwStE* Rn. 24.07). Bei der Einbringung betrieblicher **Sachgesamtheiten** nach § 24 UmwStG liegt auch dann ein vollentgeltliches Geschäft vor, wenn der eingebrachte Wert nicht nur dem Kapitalkonto I, sondern auch einem gesamthänderisch gebundenen Rücklagenkonto gutgeschrieben wird (BFH IV R 27/19, BFH/NV 2023, 912; IV R 2/20, BFH/NV 2023, 895). Sind nach den gesellschaftsvertraglichen Vereinbarungen mehrere (Unter-)Konten zu führen, ist grds. auf die Gegenbuchung des Einbringungsvorgangs auf dem Kapitalkonto I der Handelsbilanz abzustellen. Die Buchung auf einem variablen Kapitalkonto (zB Kapitalkonto II) oder auf einem gesamthänderisch gebundenen Rücklagenkonto oder auf einem bloßen Darlehenskonto führt nicht zu einer Gewährung von Gesellschaftsrechten und ist daher nicht ausreichend (s. BFH IV R 46/12, BStBl. II 2016, 607; BMF BStBl. I 2016, 684; UmwStE Rn. 24.07; s. 9. Auflage). **2151**

Für die Anwendung des § 24 UmwStG ist es nicht erforderlich, dass die Gegenleistung ausschließlich in der Gewährung von Gesellschaftsrechten oder einer Mindestbeteiligung besteht (BFH IV R 27/19, BFH/NV 2023, 912). Eine Einbringung nach § 24 UmwStG kommt grds. auch bei der Gewährung eines **Mischentgeltes (sonstige Gegenleistungen)** in Betracht (zB BFH X R 42/10, BStBl. II 2016, 639; *UmwStE* Rn. 24.07 ff.). Besteht die Gegenleistung aus einem **Mischentgelt** in der Form, dass teilweise Anteile an der übernehmenden Gesellschaft gewährt und teilweise sonstige Ausgleichszahlungen aus dem Gesamthandsvermögen der übernehmenden Gesellschaft (zB Zuzahlung in das Vermögen des Einbringenden durch Gutschrift auf dessen Darlehenskonto) geleistet werden, kann die Einbringung gemäß § 24 Abs. 2 S. 2 Nr. 2 UmwStG auf Antrag zum Buchwert oder einem Zwischenwert erfolgen, soweit der gemeine Wert von **2152** sonstigen Gegenleistungen nicht mehr beträgt als 25 % des Buchwerts des eingebrachten Betriebsvermögens oder nicht mehr beträgt als 500.000,00 EUR, höchstens jedoch den Buchwert des eingebrachten Betriebsvermögens (*UmwStE* Rn. 24.07).

2153 Wird der Wert der stillen Reserven des eingebrachten Betriebsvermögens nicht aufgedeckt, ist insoweit hinsichtlich der anderen Gesellschafter ein **unentgeltlicher Vorgang** gegeben. Nach Maßgabe des § 6 Abs. 3 EStG kommt insoweit eine Buchwertfortführung in Betracht. Zudem kann die **Verlagerung von stillen Reserven** auf Mitgesellschafter zu verdeckten Einlagen oder verdeckten Gewinnausschüttungen führen (s. Schmitt/Schloßmacher UmwStE 2011 Rn. 24.07). Eine **verdeckte Einlage** kommt nur in Betracht, wenn die gewährten Gesellschaftsrechte wertmäßig nicht dem eingebrachten Betriebsvermögen entsprechen und es zu Vermögensverschiebungen zwischen den Gesellschaftern kommt (BFH IV R 27/19, BFH/NV 2023, 912).

2154 Eine nach § 24 Abs. 1 UmwStG begünstigte Einbringung ist nicht gegeben, wenn es sich bei dem Einbringungsvorgang nach wirtschaftlicher Betrachtung um eine **verdeckte Veräußerung** handelt, weil die Gegenleistung nicht in Gesellschaftsrechten gewährt wird. Dies ist zB dann der Fall, wenn ein Einzelunternehmen in eine PersGes zu Buchwerten eingebracht wird und es im zeitlichen Zusammenhang mit der Einbringung zu einer **Realteilung** kommt (s. *UmwStE* Rn. 24.07).

2155 Ist die Einbringende eine KapGes und erfolgt die Einbringung **unentgeltlich,** so geht § 8 Abs. 3 S. 2 KStG (vGA) § 24 UmwStG vor (BFH I R 7/02, BStBl. II 2005, 867).

2156–2169 *(frei)*

6. Ansatz des eingebrachten Vermögens (§ 24 Abs. 2 S. 1 UmwStG)

2170 **a) Steuerliche Eröffnungsbilanz.** Gemäß § 24 Abs. 2 S. 1 UmwStG hat die übernehmende PersGes grds. zum Einbringungszeitpunkt eine steuerliche **(Eröffnungs-)Bilanz** zu erstellen (zB BFH XI R 32/06, BFH/NV 2008, 385; VIII R 12/08, BStBl. II 2012, 381). Dies gilt nach Auffassung der **FVerw** dann nicht, wenn die übernehmende PersGes ihren Gewinn nach § 4 Abs. 3 EStG ermittelt und ihn nach der Einbringung weiter nach § 4 Abs. 3 EStG ermitteln will, sofern der Vermögensübergang in vollem Umfang zu **Buchwerten** erfolgt und die zutreffende Besteuerung des Gesamtgewinns sichergestellt ist (s. OFD Nordrhein-Westfalen 9.2.2016, DB 2016, 383). Davon abweichend muss der Antrag iSd § 24 Abs. 2 S. 2 UmwStG in entsprechender Anwendung des § 20 Abs. 2 S. 3 UmwStG spätestens bis zur erstmaligen Abgabe der entsprechend R 4.5 Abs. 6 EStR zu erstellenden Bilanz iSd § 24 Abs. 2 UmwStG beim für die übernehmende PersGes zuständigen Finanzamt gestellt werden, wenn die übernehmende PersGes wegen der Gewinnermittlung nach § 4 Abs. 3 EStG im Wirtschaftsjahr der Einbringung keine steuerliche Schlussbilanz zu erstellen hat und nach der Einbringung wieder zur Gewinnermittlung nach § 4 Abs. 3 EStG zurückkehrt (*UmwStE* Rn. 24.03). Wird das eingebrachte Betriebsvermögen mit dem **gemeinen Wert** oder einem **Zwischenwert** angesetzt oder erhält der Einbringende neben den neuen Gesellschaftsanteilen auch **sonstige Gegenleistungen,** die nach § 24 Abs. 2 S. 2 Nr. 2 UmwStG zu einer Aufdeckung von stillen Reserven führen, hat die übernehmende PersGes zwingend zum Betriebsvermögensvergleich nach § 4 Abs. 1 EStG überzugehen und eine Eröffnungsbilanz zu erstellen. Ein anschließender Übergang zur Gewinnermittlung nach § 4 Abs. 3 EStG ist nicht ausgeschlossen.

Bei der **steuerlichen Schlussbilanz** der übernehmenden PersGes handelt es sich nicht um eine eigenständige Bilanz, sondern um die (reguläre) Steuerbilanz, in der das übernommene Betriebsvermögen erstmals anzusetzen ist (LfSt Bay 11.11.2014, DStR 2015, 429).

Diese Grundsätze sind auch bei **Eintritt eines weiteren Gesellschafters** in eine bestehende PersGes anzuwenden, weil auch dieser Vorgang nach § 24 UmwStG begünstigt ist. In Übereinstimmung mit der Regelung des § 712a BGB iVm § 105 Abs. 3 HGB, wonach die Gesellschaft (e GbR, OHG, Partnerschaftsgesellschaft (§ 1 Abs. 4 PartG)) erlischt, wenn nur noch ein Gesellschafter verbleibt, endet auch ertragsteuerlich die bisherige Mitunternehmerschaft. Gleichzeitig wird eine neue gegründet, indem die bisherigen Gesellschafter ihre Mitunternehmeranteile in die neue Mitunternehmerschaft einbringen (s. OFD Frankfurt a. M. 19.9.2003, DStR 2003, 2074; *UmwStE* Rn. 24.01, 01.47, 24.03). Die Auflösung der Gesellschaft kann durch eine Fortsetzungsklausel im Gesellschaftsvertrag verhindert werden (vgl. § 723 BGB). **2171**

Im Fall einer **unterjährigen Veräußerung** des Mitunternehmeranteils an eine fortbestehende Mitunternehmerschaft ist für Zwecke der Ermittlung des Veräußerungsgewinns nach § 16 Abs. 2 S. 2 EStG keine Bilanz zu erstellen, wenn keine (Zwischen-)Bilanz aufgestellt wird (BFH VIII R 33/13, BStBl. II 2016, 596).

Der Übergang zur Gewinnermittlung führt grds. zu einem **Übergangsgewinn,** der einen laufenden Gewinn darstellt (s. OFD Frankfurt a. M. 19.9.2003, DStR 2003, 2074). **2172**

Bei vergleichbaren **ausländischen** Einbringungsvorgängen hat die Bilanzierung nach inländischen Grundsätzen zu erfolgen (s. *UmwStE* Rn. 11.02; EuGH C-123/11, DStR 2013, 392 – A Oy). **2173**

(frei) **2174**

b) Eigenständige Ansatz- und Bewertungsvorschrift. Bei § 24 Abs. 2 UmwStG handelt es sich um eine **eigenständige umwandlungssteuerrechtliche Ansatz- und Bewertungsvorschrift.** Die Ansatzverbote des **§ 5 EStG** gelten für die eingebrachten Wirtschaftsgüter zum Einbringungszeitpunkt **nicht,** außer die übernehmende PersGes führt nach Maßgabe des § 24 Abs. 2 S. 2 UmwStG die Buchwerte fort. Zum nachfolgenden Bilanzstichtag hat die übernehmende PersGes jedoch die entsprechenden Wertansätze in der steuerlichen Schlussbilanz unter Anwendung des § 5 EStG erfolgswirksam zu korrigieren (s. *UmwStE* Rn. 24.03, 20.20; → Rn. 456 f., → Rn. 1332). **2175**

c) Verhältnis zur Handelsbilanz. Bei der Bewertung des eingebrachten Betriebsvermögens besteht keine Bindung an die Wertansätze in der Handelsbilanz (s. *UmwStE* Rn. 24.03, 20.18, 03.25; → Rn. 452). Die Maßgeblichkeit der handelsrechtlichen Grundsätze (§ 5 Abs. 1 S. 1 EStG) ist nach Maßgabe der Vorschriften des UmwStG zu beachten. **2176**

d) Ansatz des eingebrachten Vermögens. Gemäß § 24 Abs. 2 UmwStG hat die übernehmende PersGes das eingebrachte Betriebsvermögen in ihrer (Eröffnungs-)Bilanz einschließlich der Ergänzungsbilanzen mit dem **gemeinen Wert** anzusetzen. Zum eingebrachten Vermögen gehören sämtliche aktiven und passiven Wirtschaftsgüter des Gesamthandsvermögens einschließlich des Sonderbe- **2177**

triebsvermögens. Zu erfassen sind unter Aufdeckung der stillen Reserven auch die entgeltlich erworbenen und selbstgeschaffenen **immateriellen Wirtschaftsgüter** des übertragenden Rechtsträgers wie den Geschäfts- oder Firmenwert. Dies gilt auch für die steuerfreien **Rücklagen** nach § 6b EStG (s. *UmwStE* Rn. 24.03, 20.20, 03.04).

Insbesondere bei der Einbringung **zum Buchwert** hat die übernehmende PersGes einen fehlerhaften Bilanzansatz (zB Mandantenstamm) des Einbringenden erfolgswirksam zu berichtigen **(Bilanzberichtigung),** wenn die weiteren Voraussetzungen des formellen Bilanzenzusammenhangs erfüllt sind (BFH VIII R 33/13, BStBl. II 2016, 596).

2178, 2179 *(frei)*

7. Bewertungswahlrecht (§ 24 Abs. 2 UmwStG)

2180 **a) Ansatz des gemeinen Werts (§ 24 Abs. 2 S. 1 UmwStG).** Nach § 24 Abs. 2 S. 1 UmwStG hat die übernehmende PersGes das eingebrachte Betriebsvermögen in ihrer Bilanz einschließlich der Ergänzungsbilanzen mit dem gemeinen Wert (§ 9 Abs. 2 BewG) zum Zeitpunkt der Einbringung anzusetzen. Maßgebend ist der gemeine Wert aller übergehenden Wirtschaftsgüter als Sachgesamtheit. Danach sind auch die selbst geschaffenen immateriellen Wirtschaftsgüter wie der Geschäfts- oder Firmenwert mit dem gemeinen Wert auszuweisen (s. *UmwStE* Rn. 24.15, 23.17). Bezüglich der Pensionsrückstellungen verbleibt es beim Ansatz des Teilwerts gem. § 6a Abs. 3 S. 1 EStG. Insoweit werden die stillen Reserven nicht realisiert.

2181 Ein miteingebrachter **Mitunternehmeranteil,** der kein (eigenständiges) immaterielles Wirtschaftsgut darstellt, ist von der übernehmenden PersGes mit dem Wert des anteiligen Kapitalkontos zu übernehmen. Soweit das geleistete Entgelt das übergehende **Kapitalkonto übersteigt,** entstehen dem Anteilserwerber zusätzliche Anschaffungskosten für stille Reserven im Gesellschaftsvermögen, die in einer **Ergänzungsbilanz** auszuweisen sind (s. BFH IV R 1/11, BFH/NV 2015, 409, mAnm Wendt FR 2015, 554; I R 57/14, BFH/NV 2017, 423; *UmwStE* Rn. 24.03, 20.13, 03.10; 04.17; 20.22; → Rn. 1331; s. 9. Auflage).

2182 Der **gemeine Wert** der Sachgesamtheit ist zwingend anzusetzen, wenn dieser die Summe der Buchwerte des übergehenden Betriebsvermögens unterschreitet (s. *UmwStE* Rn. 24.03, 20.17, 03.12).

2183 In entsprechender Anwendung des § 20 Abs. 3 S. 2 UmwStG ist das eingebrachte Betriebsvermögen insoweit mit dem gemeinen Wert zu erfassen, als durch die Einbringung erstmals das **deutsche Besteuerungsrecht** begründet wird (→ Rn. 1333).

2184–2189 *(frei)*

2190 **b) Buchwertansatz (§ 24 Abs. 2 S. 2 UmwStG).** Abweichend vom allgemeinen Grundsatz des Ansatzes des gemeinen Werts kann die übernehmende PersGes grds. gem. § 24 Abs. 2 S. 2 UmwStG auf deren **Antrag** das eingebrachte Betriebsvermögen mit dem **Buchwert** ansetzen, indem sie die nach den steuerrechtlichen Vorschriften ermittelten Wertansätze fortführt (§ 1 Abs. 5 Nr. 4 UmwStG). Die **Ansatzverbote** des § 5 EStG gelten in diesem Fall unverändert fort. Ein **Investitionsabzugsbetrag** iSd § 7g EStG kann im Jahr vor der Einbringung gebildet und die Investition vom Rechtsnachfolger steuerbegünstigt durchgeführt werden (BMF 20.3.2017, BStBl. I 2017, 423 Rn. 22, 32).

Nach **Maßgabe des § 24 Abs. 2 S. 2 und 4 UmwStG** (→ Rn. 2205 ff.) sind die eingebrachten Wirtschaftsgüter in der Gesamthands-, Ergänzungs- und Sonderbilanz **einheitlich** mit dem Buchwert auszuweisen (s. *UmwStE* Rn. 24.03, 20.18, 03.10). **2191**

Eine Buchwertfortführung ist anders als bei der Einbringung in eine KapGes (§ 20 Abs. 2 S. 2 Nr. 2 UmwStG) auch dann möglich, wenn das **eingebrachte Betriebsvermögen negativ** ist. § 24 UmwStG enthält keine entsprechende Regelung (s. *UmwStE* Rn. 24.04). **2192**

Eine Buchwertfortführung scheidet aus, wenn der **gemeine Wert** der Sachgesamtheit **geringer** ist als die Summe der Buchwerte der eingebrachten Wirtschaftsgüter (s. *UmwStE* Rn. 24.03, 20.18, 03.12; → Rn. 2182). **2193**

(frei) **2194–2199**

c) Zwischenwertansatz (§ 24 Abs. 2 S. 2 UmwStG). § 24 Abs. 2 S. 2 UmwStG lässt iRd Bewertungswahlrechts auch den Ansatz eines Zwischenwerts der eingebrachten Sachgesamtheit zu. Dieser wird der Höhe nach durch den Buchwert und den gemeinen Wert begrenzt. **2200**

Das Wahlrecht kann für die eingebrachten Wirtschaftsgüter nur **einheitlich** ausgeübt werden (BFH VIII R 52/04, BStBl. II 2006, 847; *UmwStE* Rn. 24.03, 20.18). Dabei sind die stillen Reserven **gleichmäßig** bei allen Wirtschaftsgütern einschließlich der immateriellen Wirtschaftsgüter (zB Geschäfts- und Firmenwert) um einen einheitlichen Prozentsatz aufzudecken (s. *UmwStE* Rn. 24.04, 20.18, 03.25). Dies gilt auch für die in **Ergänzungs- und Sonderbilanzen** ausgewiesenen Wirtschaftsgüter. Der von der PersGes angesetzte Wert gilt für den Einbringenden als Veräußerungspreis (§ 24 Abs. 3 S. 1 UmwStG). **2201**

Die Wertansätze in der **Handelsbilanz** sind bei der Wahl eines Zwischenwerts nicht maßgebend (s. *UmwStE* Rn. 24.04, 20.18, 03.25). **2202**

Hinsichtlich eines miteingebrachten **Mitunternehmeranteils,** der mit dem Wert des anteiligen Kapitalkontos als Buchwert in der Eröffnungsbilanz anzusetzen ist, ist in Höhe des Aufstockungsbetrags in einer Ergänzungsbilanz ein Korrekturposten auszuweisen (s. *UmwStE* Rn. 24.03, 20.13, 03.10; → Rn. 1331). **2203**

(frei) **2204**

d) Voraussetzungen des Bewertungswahlrechts (§ 24 Abs. 2 S. 2 UmwStG). aa) Uneingeschränktes Besteuerungsrecht (Nr. 1). Das Bewertungswahlrecht, das eingebrachte Betriebsvermögen mit dem Buchwert oder einem Zwischenwert, höchstens mit dem gemeinen Wert anzusetzen, besteht für die übernehmende PersGes nur insoweit, als bei grenzüberschreitenden Vorgängen das inländische Besteuerungsrecht hinsichtlich des eingebrachten Betriebsvermögens nicht ausgeschossen oder beschränkt wird. Dabei ist darauf abzustellen, ob der Gewinn aus der Veräußerung von Wirtschaftsgütern des eingebrachten Betriebsvermögens bei den Gesellschaftern der PersGes als Steuerpflichtige iSd § 15 Abs. 1 S. 1 Nr. 2 EStG der inländischen Besteuerung unterliegen. **2205**

Das inländische Besteuerungsrecht wird **nicht ausgeschlossen,** soweit der Gesellschafter der PersGes (Mitunternehmer) der unbeschränkten oder beschränkten ESt bzw. KSt unterliegt oder das jeweilige DBA das Besteuerungsrecht hinsichtlich der Gewinne aus der Veräußerung von Wirtschaftsgütern des eingebrachten Vermögens der BRD zuweist. Es ist eine subjekt- und objektbezogene Prüfung vorzunehmen (s. *UmwStE* Rn. 03.18 ff.). **2206**

Eine **Beschränkung** des inländischen Besteuerungsrechts ist zB dann gegeben, wenn durch die Einbringung der Veräußerungsgewinn abkommensrechtlich im **2207** anderen Staat der Besteuerung unterliegt und im Inland lediglich eine Steueranrechnung (§ 34c EStG) in Betracht kommt. Die gewstliche Behandlung ist unbeachtlich (s. *UmwStE* Rn. 03.18).

2208 **bb) Sonstige Gegenleistungen (Nr. 2).** Eine Einbringung zum Buchwert (erfolgsneutral) bzw. Zwischenwert ist bei Erbringung von sonstigen Gegenleistungen durch den übernehmenden Rechtsträger nur insoweit möglich, als der gemeine Wert der sonstigen Gegenleistungen die Grenzen von 25 % des Buchwerts des eingebrachten Betriebsvermögens (relative Grenze) oder 500.000 EUR (absolute Grenze), höchstens jedoch den Buchwert des eingebrachten Betriebsvermögens nicht übersteigt. Demnach sind sonstige Gegenleistungen (Ausgleichszahlungen) bis zu 25 % des Buchwerts des eingebrachten Betriebsvermögens bzw. bis 500.000 EUR steuerlich unschädlich. Beträgt der Buchwert des eingebrachten Betriebsvermögens weniger als 2 Mio. EUR, können alternativ zur relativen Grenze sonstige Gegenleistungen bis zu 500.000 EUR bzw. bis zur Höhe des niedrigeren Buchwerts des eingebrachten Betriebsvermögens erbracht werden. Soweit die sonstigen Gegenleistungen diese Grenzen überschreiten, ist das eingebrachte Betriebsvermögen gem. § 24 Abs. 2 S. 1 UmwStG mit dem gemeinen Wert anzusetzen (BR-Drs. 18/4902, 48 f., 18/6094, 84 f.; s. auch Ettinger/Mörz GmbHR 2016, 154; → Rn. 1380 ff.). Sonstige Gegenleistungen führen insoweit zur Aufdeckung von stillen Reserven und zur Erhöhung des Übertragungsgewinns iSd § 24 Abs. 3 UmwStG. Auf den Mindestansatz iSd § 24 Abs. 2 S. 4 UmwStG wird verwiesen.

Sonstige Gegenleistungen iSd § 24 Abs. 2 S. 2 Nr. 2 UmwStG sind bei Überschreitung der entsprechenden Wertgrenzen **Teil des Veräußerungspreises** iSd § 24 Abs. 3 S. 1 UmwStG und deshalb nach dessen Grundsätzen zu bestimmen. Sonstige Gegenleistungen sind demnach alle Leistungen, die der Einbringende neben den Gesellschaftsanteilen vom erwerbenden Rechtsträger oder von einem Dritten für das eingebrachte Betriebsvermögen (offen oder verdeckt) erlangt (s. Wacker in Schmidt EStG § 16 Rn. 270 ff. Veräußerungspreis). Als Gegenleistungen kommen somit zB Geld- und Sachleistungen sowie nicht bilanzierungsfähige schuldrechtliche Absprachen in Betracht (→ Rn. 1381).

2209 Gemäß **§ 24 Abs. 2 S. 2 Nr. 2 und S. 4 UmwStG** können dem Einbringenden neben Gesellschaftsanteilen in begrenztem Umfang auch **sonstige Gegenleistungen** erfolgsneutral gewährt werden. Die Gegenleistungen für die Einbringung von Betriebsvermögen müssen damit nicht notwendig in vollem Umfang in Gesellschaftsanteilen bestehen. Erhält der Einbringende zusätzlich zu den Gesellschaftsanteilen sonstige Gegenleistungen ua in der Form von anderen Wirtschaftsgütern, ist dieser Vorgang insoweit als (anteilige) Veräußerung zu behandeln, als die Wertgrenzen des § 24 Abs. 2 S. 2 Nr. 2 UmwStG überschritten werden.

Nach **§ 24 Abs. 2 S. 4 UmwStG** ist der Wert des eingebrachten Betriebsvermögens mindestens mit dem gemeinen Wert der sonstigen Gegenleistungen anzusetzen, wenn dieser den sich nach § 24 Abs. 2 S. 2 UmwStG ergebenden Wert übersteigt. Damit sollen negative Anschaffungskosten des als Gegenleistung gewährten Anteils am Betriebsvermögen, die durch die Grenzbeträge des § 24 Abs. 2 S. 2 Nr. 2 UmwStG eintreten können, vermieden werden. Dies ist dann der Fall, wenn der Ansatz des eingebrachten Betriebsvermögens nach § 24 Abs. 2 S. 2 UmwStG (anteiliger Buchwert des eingebrachten Betriebsvermögens und Wert der sonstigen Gegenleistungen nach Abzug einer der Grenzbeträge nach

§ 24 Abs. 2 S. 2 Nr. 2 UmwStG) unter dem gemeinen Wert der sonstigen Gegenleistungen liegt (s. BR-Drs. 18/6094, 84 f.; Ritzer/Stangl DStR 2015, 849). In diesem Fall ist der Buchwert des eingebrachten Betriebsvermögens von der übernehmenden PersGes unter Aufdeckung von stillen Reserven (erfolgswirksam) mindestens auf den gemeinen Wert der sonstigen Gegenleistungen gleichmäßig **aufzustocken** (§ 24 Abs. 2 S. 4 UmwStG; *UmwStE* 24.03 iVm 20.18, 03.25).

e) Ausübung des Bewertungswahlrechts. Das Bewertungswahlrecht ist ausdrücklich oder konkludent in der Steuerbilanz durch einen (formlosen) **Antrag** der übernehmenden PersGes auszuüben. Dieser ist bedingungsfeindlich, unwiderruflich und muss erkennen lassen, ob das übergehende Vermögen mit dem Buch- oder einem Zwischenwert angesetzt werden soll (s. *UmwStE* Rn. 24.03, 20.21 ff., 03.29; LfSt Bay 11.11.2014, DStR 2015, 429). Die Auslegungsgrundsätze gelten entsprechend. Der Ansatz eines **Zwischenwerts** ist der Höhe nach oder durch Angabe eines Prozentsatzes der aufzudeckenden stillen Reserven zu bestimmen. Dies ergibt sich bei der Einbringung in eine PersGes (§ 24 Abs. 1 UmwStG) grds. aus den in einer Ergänzungsbilanz ihrer Gesellschafter ausgewiesenen Aufstockungsbeträgen (s. *UmwStE* Rn. 24.13 f.; Kai GmbHR 2012, 165 (172)). Ein unklarer Antrag gilt als nicht gestellt. **2210**

Die übernehmende PersGes, nicht der einbringende Gesellschafter hat das Bewertungswahlrecht **spätestens mit Abgabe der Steuererklärung** einschließlich der steuerlichen Schlussbilanz, in der das eingebrachte Betriebsvermögen erstmals zum steuerlichen Übertragungsstichtag anzusetzen ist, bei dem für sie örtlich zuständigen Finanzamt auszuüben (**§ 24 Abs. 2 S. 3 UmwStG** iVm § 20 Abs. 2 S. 3 UmwStG; BFH VIII B 151/09, BFH/NV 2011, 437; I R 69/15, BStBl. II 2017, 75). **2211**

Bei der **steuerlichen Schlussbilanz** handelt es sich nicht um eine eigenständige, sondern um die (reguläre) Steuerbilanz, in der das übernommene Betriebsvermögen erstmals anzusetzen ist (BFH I R 69/15, BStBl. II 2017, 75; LfSt Bay 11.11.2014, DStR 2015, 429). Das Bewertungswahlrecht kann nur **einheitlich** für das übernommene Betriebsvermögen als Sachgesamtheit ausgeübt werden. Bei Übereinstimmung des steuerlichen **Übertragungsstichtags** mit dem **Bilanzstichtag** ist die steuerliche Schlussbilanz des Bilanzstichtags maßgebend (s. LfSt Bay 11.11.2014, DStR 2015, 429; s. 9. Auflage.

Dies gilt für die übernehmende PersGes auch bei der Einbringung von **Mitunternehmeranteilen,** durch die eine doppelte oder mehrstöckige PersGes entsteht. Die Mitunternehmerschaft, deren Anteile eingebracht werden, hat den von der übernehmenden Gesellschaft angesetzten gemeinen Wert oder Zwischenwert über eine Ergänzungsbilanz bei der übernehmenden Gesellschaft entsprechend zu berücksichtigen (s. *UmwStE* Rn. 24.03, 20.22; Kai GmbHR 2012, 165 (171 f.)). **2212**

Ermittelt die übernehmende PersGes ihren Gewinn nach **§ 4 Abs. 3 EStG,** ist sie grds. nicht zur Erstellung der Eröffnungsbilanz zum Zeitpunkt der Einbringung verpflichtet, wenn sie nach der Einbringung den Gewinn weiterhin zulässigerweise nach § 4 Abs. 3 EStG ermittelt. In diesem Fall ist der Antrag iSd § 24 Abs. 2 S. 2 UmwStG in entsprechender Anwendung des § 20 Abs. 2 S. 3 UmwStG spätestens bis zur erstmaligen Abgabe der entsprechend R 4.5 Abs. 6 EStR zu erstellenden Bilanz iSd § 24 Abs. 2 UmwStG bei dem für die Besteuerung der übernehmenden PersGes zuständigen Finanzamt zu stellen (**§ 24 Abs. 2 S. 3 UmwStG** iVm § 20 **2213**

Abs. 2 S. 3 UmwStG; BFH I R 69/15, BStBl. II 2017, 75; *UmwStE* Rn. 24.03). Ist eine Eröffnungsbilanz entbehrlich, weil die übernehmende PersGes nach der Einbringung den Gewinn unverändert nach § 4 Abs. 3 EStG ermittelt, der Vermögensübergang in vollem Umfang zu Buchwerten erfolgt und die zutreffende Besteuerung des Gesamtgewinns sichergestellt ist (s. OFD Nordrhein-Westfalen 9.2.2016, DB 2016, 383; → Rn. 2170), ist der Antrag bis zur erstmaligen Einreichung der Einnahmenüberschussrechnung beim Finanzamt für das Wirtschaftsjahr der Einbringung zustellen.

2214 Ein Übergang zur Gewinnermittlung durch Betriebsvermögensvergleich nach § 4 Abs. 1 EStG ist im Zeitpunkt der Einbringung nicht erforderlich, sofern der Vermögensübergang zu Buchwerten erfolgt, für den eingebrachten Betrieb, Teilbetrieb oder Mitunternehmeranteil bisher die Gewinnermittlung durch Einnahmenüberschussrechnung nach § 4 Abs. 3 EStG erfolgte und die übernehmende PersGes diese Gewinnermittlungsart nach der Einbringung beibehält. In diesem Fall verzichtet der BFH auf die Erstellung einer Einbringungs- und Übergangsbilanz (BFH-Urteile IV R 13/01, BStBl. II 2002, 287, XI R 32/06, BFH/NV 2008, 385, III R 32/12, BFH/NV 2008, 385).

2215 Eine (nachträgliche) **Änderung** der getroffenen Wahl im Wege einer Bilanzänderung (§ 4 Abs. 2 S. 2 EStG) wird von der Rspr. abgelehnt (s. auch LfSt Bay 11.11.2014, DStR 2015, 429). Eine **Bilanzberichtigung** kommt nur in Betracht, soweit die ursprünglich eingereichte Steuerbilanz unzulässige Ansätze enthält (BFH IV B 123/08, BFH/NV 2010, 625; VIII B 151/09, BFH/NV 2011, 437).

2216–2219 *(frei)*

8. Ergänzungsbilanzen

2220 Gemäß § 24 Abs. 2 S. 2 UmwStG kann die übernehmende PersGes das eingebrachte Betriebsvermögen in ihrer Bilanz einschließlich **Ergänzungsbilanzen** für ihre Gesellschafter abweichend vom Ansatz des gemeinen Werts auch mit seinem Buch- oder Zwischenwert ansetzen. Ergänzungsbilanzen werden ua deshalb gebildet, um durch Anpassung der Wertansätze in der Steuerbilanz (Gesamthandsbilanz) der PersGes die Beteiligungsquote der Gesellschafter, die sich grds. an den Verkehrswerten des jeweils eingebrachten Vermögens zum Zeitpunkt der Einbringung orientiert, abweichend von deren gesamthänderischen Kapitalkonten buchmäßig darzustellen und um ein Überspringen von stillen Reserven auf andere Gesellschafter zu verhindern (s. auch BFH IV R 39/09, BStBl. II 2012, 728; IV R 12/11, BFH/NV 2013, 200; Prinz FR 2012, 726; Schmitt/Keuthen DStR 2013, 1565). Negative Ergänzungsbilanzen, die anlässlich des Eintritts eines neuen Gesellschafters in die PersGes für die Altgesellschafter gebildet wurden, sind nicht aufzulösen, wenn der neue Gesellschafter gegen Geldabfindung aus des PersGes ausscheidet (BFH IV R 27/19, BFH/NV 2023, 912).

2221 Ergänzungsbilanzen können durch Aufstockung der Buchwerte der eingebrachten Sachgesamtheit in der Gesamthandsbilanz der PersGes **(Bruttomethode),** um die Kapitalkonten der Gesellschafter im richtigen Verhältnis zueinander auszuweisen, oder durch Leistung eines höheren Gesellschafterbeitrags unter Beibehaltung der Buchwerte **(Nettomethode)** gebildet werden (s. BFH VIII R 17/95, BFH/NV 2000, 34; VIII R 52/04, BStBl. II 2006, 847; X R 35/04, BFH/NV 2006, 521; IV R 27/19, BFH/NV 2023, 912; Wacker in

Schmidt EStG § 15 Rn. 462 ff.). Durch die Rspr. des BFH zum Gesellschafterwechsel (BFH IV R 1/11, BFH/NV 2015, 409) ist insoweit keine Änderung eingetreten (s. BMF 19.12.2016, BStBl. I 2017, 34; Wacker in Schmidt EStG § 15 Rn. 472).

Die **Korrektur von Beteiligungsverhältnissen** mittels Ergänzungsbilanzen bietet sich dann an, soweit gem. § 24 Abs. 2 S. 2 UmwStG die Buchwerte fortgeführt und dadurch eine sofortige Versteuerung eines Veräußerungsgewinns (Einbringungsgewinns) für den Einbringenden vermieden werden soll (s. *UmwStE* Rn. 24.14 ff.; Schmitt/Schloßmacher UmwStE 2011 Rn. 24.14). 2222

Wird ein Mitunternehmeranteil **unentgeltlich übertragen,** hat der Rechtsnachfolger gem. § 6 Abs. 3 EStG die Ergänzungsbilanz fortzuführen. Dies gilt entsprechend bei der Einbringung in eine andere PersGes oder KapGes. 2223

Ein **Wertausgleich** hinsichtlich des eingebrachten Betriebsvermögens kommt auch durch die **Zuordnung einer Verbindlichkeit** (Bankverbindlichkeit) zum Betriebsvermögen des einbringenden Betriebs iSd § 24 Abs. 1 UmwStG in Betracht, wenn dadurch keine stillen Reserven der Besteuerung entzogen werden und das außersteuerliche Motiv in der Anpassung der unterschiedlichen Werte des jeweils eingebrachten Betriebsvermögens zu sehen ist (FG Köln 10 K 2089/09, EFG 2012, 1798). 2224

Der erwerbende Gesellschafter hat auch dann eine Ergänzungsbilanz aufzustellen, wenn der bisherige Einzelunternehmer seinen freiberuflichen Betrieb in eine neugegründete GbR einbringt und der andere Gesellschafter für seinen Gesellschaftsanteil eine **Zuzahlung** in das Privatvermögen des Einbringenden leistet (BFH VIII R 13/07, BStBl. II 2010, 993). Die Grundsätze für die Aufstellung von Ergänzungsbilanzen sind entsprechend anzuwenden, wenn die PersGes ihren Gewinn nach § 4 Abs. 3 EStG durch **Einnahmen-Überschussrechnung** ermittelt (BFH VIII R 13/07, BStBl. II 2010, 993). 2225

(frei) 2226–2229

9. Besteuerung des Einbringungsgewinns (§ 24 Abs. 3 UmwStG)

a) Einbringungsbilanz. Beim Einbringenden führt die Einbringung gem. § 24 Abs. 3 S. 1 UmwStG zu einer fiktiven Veräußerung des eingebrachten Betriebsvermögens iSd des § 16 Abs. 1 EStG. Nach § 16 Abs. 2 S. 2 EStG ist der Wert des Betriebsvermögens oder des Anteils für den Zeitpunkt der Veräußerung nach § 4 Abs. 1 oder nach § 5 EStG zu ermitteln. Entsprechend hat der Einbringende, der seinen Gewinn nach **§ 4 Abs. 3 EStG** ermittelt und nach der Einbringung wieder zur Gewinnermittlung nach § 4 Abs. 3 EStG übergeht, vor der Einbringung auf die Gewinnermittlung nach § 4 Abs. 1 EStG überzugehen und auf den Einbringungszeitpunkt eine **Einbringungsbilanz** zu erstellen (s. *UmwStE* Rn. 24.03). Dies gilt nicht, wenn die Buchwerte fortgeführt werden und die Besteuerung des Gesamtgewinns sichergestellt ist (BFH III R 32/12, BStBl. II 2014, 242; OFD Nordrhein-Westfalen 9.2.2016, DB 2016, 383; s. auch BFH IV R 13/01, BStBl. II 2002, 287). Demnach ist zur Gewinnermittlung durch Betriebsvermögensvergleich überzugehen, wenn neben Gesellschaftsrechten **sonstige Gegenleistungen** gewährt werden oder ein Zwischenwert bzw. der gemeine Wert angesetzt wird (OFD Nordrhein-Westfalen 9.2.2016, DB 2016, 383). 2230

2231 Davon kann nach Auffassung des **BFH** auch abgesehen werden, wenn nicht eingebrachte betriebliche Forderungen des Einbringenden, die innerhalb absehbarer Zeit verwertet werden, weiterhin **sog. Restbetriebsvermögen** bleiben. In der Einbringungsbilanz ist nur das eingebrachte Betriebsvermögen iSd § 24 Abs. 1 UmwStG zu erfassen, sodass hinsichtlich der zurückbehaltenen Forderung kein Wechsel der Gewinnermittlungsart eintritt (BFH XI R 32/06, BFH/NV 2008, 385; VIII R 13/07, BStBl. II 2009, 993; VIII R 41/09, BStBl. II 2014, 288).

2232 Diese Grundsätze sind auch bei **Eintritt eines weiteren Gesellschafters** in eine bestehende PersGes anzuwenden. In Abweichung zur zivilrechtlichen Betrachtung, wonach die PersGes bestehen bleibt (§ 712 Abs. 2 BGB), kommt es in diesem Fall ertragsteuerlich zu einer Beendigung der bisherigen Mitunternehmerschaft und der gleichzeitigen Begründung einer neuen, indem die bisherigen Gesellschafter ihre Mitunternehmeranteile in die neue Mitunternehmerschaft einbringen (s. OFD Frankfurt a. M. 19.9.2003, DStR 2003, 2074; BFH III R 38/00, BStBl. II 2005, 554).

2233 Bei dem durch den Übergang zur Gewinnermittlung nach § 4 Abs. 1 oder § 5 EStG entstehenden **Übergangsgewinn** handelt es sich auch **gewstlich** um einen **laufenden Gewinn** (s. OFD Frankfurt a. M. 19.9.2003, DStR 2003, 2074; Schmitt/Schloßmacher UmwStE 2011 Rn. 24.15).

2234–2239 *(frei)*

2240 **b) Einbringungsgewinn.** Der Einbringende erzielt dann einen Einbringungsgewinn **(Veräußerungsgewinn)**, wenn die übernehmende PersGes das eingebrachte Betriebsvermögen mit einem höheren Wert als den Buchwert ansetzt (§ 24 Abs. 2 UmwStG) oder soweit die sonstigen Gegenleistungen der PersGes die Grenzen des § 24 Abs. 2 S. 2 Nr. 2 UmwStG überschreiten (vgl. → Rn. 2208). Die Einbringung einer Sachgesamtheit iSd § 24 Abs. 1 UmwStG gegen Einräumung einer Beteiligung iR eines tauschähnlichen Vorgangs ist eine (fiktive) **Veräußerung iSd § 16 EStG.** Der Wert, mit dem das eingebrachte Betriebsvermögen in der Bilanz der PersGes einschließlich der Ergänzungsbilanzen angesetzt wird, gilt gem. § 24 Abs. 3 S. 1 UmwStG als **Veräußerungspreis** des Einbringenden.

Wird die Kaufpreisverpflichtung des Neugesellschafters aus künftigen Gewinnen der Gesellschaft getilgt **(sog. Gewinnvorab-Modell),** stellt die Kaufpreisforderung das Veräußerungsentgelt für die Übertragung des Teilmitunternehmeranteils dar. Die Gewinnanteile sind den Gesellschaftern nach dem allgemeinen Gewinnverteilungsschlüssel zuzurechnen. Die Tilgungsleistungen gelten als vom Neugesellschafter entnommen und unmittelbar an den Altgesellschafter gezahlt (BFH VIII R 47/12, BStBl. II 2016, 600; krit. Richter/John FR 2016, 606).

2241 Wegen der zwingenden Bindung an den Wertansatz der PersGes ist bei der **Ermittlung des Veräußerungspreises** auf die Wertansätze in der Gesamthandsbilanz der PersGes und den Ergänzungsbilanzen der einzelnen Gesellschafter abzustellen (§ 24 Abs. 3 S. 1 UmwStG). Gegen das ausschließlich von der aufnehmenden PersGes auszuübende Wahlrecht iSd § 24 Abs. 2 UmwStG besteht **weder ein Veto- noch ein Mitspracherecht** des Einbringenden. Einvernehmliche Festlegungen von Bilanzansätzen durch die Beteiligten sind steuerrechtlich ohne Bedeutung (BFH VIII R 12/08, BStBl. II 2012, 381; *UmwStE* Rn. 24.03, 20.23). Ändert die FVerw den von der übernehmenden PersGes angesetzten Wert zu

Ungunsten des Einbringenden ab, ist mangels Beschwer der übernehmenden PersGes nur der Einbringende einspruchsbefugt (**sog. Drittanfechtung,** BFH I R 79/10, BStBl. II 2012, 421; I B 168/13, BFH/NV 2014, 921; I R 1/13, BFH/NV 2015, 690; I R 77/13, BFH/NV 2016, 959; s. auch FM MV 1.11.2012, DStR 2013, 973; → Rn. 1372).

Die Erstellung und Einreichung der Eröffnungsbilanz durch die aufnehmende PersGes in einem späteren Veranlagungszeitraum stellt daher grds. ein **rückwirkendes Ereignis** iSd § 175 Abs. 1 S. 1 Nr. 2 AO für die Bemessung des Einbringungsgewinns dar (BFH VIII R 12/08, BStBl. II 2012, 381; *UmwStE* Rn. 24.03, 20.23). **2242**

Bei **Buchwertfortführung** durch die übernehmende PersGes und **sonstigen Gegenleistungen** innerhalb der Grenzen des § 24 Abs. 2 S. 2 Nr. 2 UmwStG entsteht beim Einbringenden mangels Aufdeckung von stillen Reserven kein Einbringungsgewinn, denn nach § 24 Abs. 3 S. 1 UmwStG gilt dieser Wertansatz auch für die Ermittlung des Veräußerungspreises. **2243**

Der Einbringungsgewinn **entsteht** zum Zeitpunkt der Einbringung bzw. zum zurückbezogenen steuerlichen Einbringungsstichtag. **2244**

(frei) **2245–2249**

c) Ermäßigte Besteuerung (§ 24 Abs. 3 S. 2 UmwStG). Der **ermäßigte Steuersatz** für eine Betriebs-(Teilbetriebs-)veräußerung bzw. Einbringung eines Mitunternehmeranteils gilt nur dann, wenn das eingebrachte Betriebsvermögen einschließlich der Ergänzungs- und Sonderbilanzen mit **gemeinen Wert** angesetzt wird und deshalb alle im eingebrachten Betrieb entstandenen stillen Reserven einschließlich eines vorhandenen Geschäftswerts aufgelöst werden. Der Ansatz eines **Zwischenwerts** reicht mangels Aufdeckung aller stillen Reserven nicht aus. Zum tarifbegünstigten Einbringungsgewinn gehört auch das Ergebnis aus der **Auflösung von steuerfreien Rücklagen.** **2250**

Eine Tarifermäßigung nach § 34 EStG scheidet bei der Einbringung eines **Teils eines Mitunternehmeranteils** (§ 24 Abs. 3 S. 2 UmwStG) und hinsichtlich der im eingebrachten Betriebsvermögen gewinnmindernd gebildeten **Rücklagen nach § 6b oder § 6c EStG** aus, weil insoweit nicht alle stillen Reserven aufgedeckt werden (s. auch *UmwStE* Rn. 24.15 ff.). Ferner wird die Ermäßigung nur gewährt, soweit es nicht zu einer teilweisen Steuerbefreiung nach dem **Teileinkünfteverfahren** (§ 3 Nr. 40 EStG) kommt (Kumulationsverbot). **2251**

Die stillen Reserven einer im **Sonderbetriebsvermögen** des Einbringenden zurückbehaltenen (BFH IV R 27/89, BStBl. II 1991, 216) wesentlichen Betriebsgrundlage sind zur Inanspruchnahme der Steuervergünstigung des § 34 EStG zum gemeinen Wert aufzulösen, weil in der Einbringung eines Teils der Wirtschaftsgüter zum Teilwert (gemeinen Wert) und des Sonderbetriebsvermögens zum Buchwert das Ergebnis einer Zwischenwerteinbringung zu sehen ist, die § 34 EStG ausschließt (BFH III R 39/91, BStBl. II 1994, 458). Werden nicht zu den wesentlichen Betriebsgrundlagen zählende Wirtschaftsgüter des Sonderbetriebsvermögens bei Buch- oder Zwischenwerteinbringung nicht eingebracht, sind sie idR (Ausnahme Fortführung als Betriebsvermögen eines anderen Betriebs) mit dem gemeinen Wert anzusetzen (Entnahme BFH IV R 52/87, BStBl. II 1988, 829). § 34 EStG findet auch insoweit mangels Realisierung aller stillen Reserven keine Anwendung (BFH B 194/01, BFH/NV 2003, 1420; Wacker in Schmidt EStG § 34 Rn. 13). **2252**

Der Gewinn aus der Veräußerung (oder Aufgabe) ist auch dann privilegiert, wenn eine PersGes einen Teilbetrieb veräußert und den **anderen Teilbetrieb** **2253** oder als sog. OberPersGes eine **mitunternehmerische Beteiligung** an der Untergesellschaft **zurückbehält** und damit die stillen Reserven der zurückbehaltenen Teileinheit nicht aufdeckt.

2254–2259 *(frei)*

2260 **d) Veräußerung „an sich selbst" (§ 24 Abs. 3 S. 3 UmwStG).** Nach § 24 Abs. 3 S. 3 UmwStG ist in Übereinstimmung mit § 16 Abs. 2 S. 3 EStG der Einbringungsgewinn insoweit nicht nach §§ 16, 34 EStG begünstigt, als der Einbringende wirtschaftlich gesehen **„an sich selbst" veräußert.** Wird ein neuer Gesellschafter in eine bestehende Gesellschaft aufgenommen, so veräußern die Altgesellschafter in ihrer gesamthänderischen Verbundenheit insoweit (Quote) an sich selbst, als nicht dem Neugesellschafter eine Beteiligung eingeräumt wird (BFH VIII B 213/06, BFH/NV 2008, 373). Auch für die **Einbringung in das SonderBV** gilt der Einbringungsgewinn nach § 24 Abs. 3 S. 3 UmwStG als nicht begünstigter laufender Gewinn (BFH IV R 54/99, BStBl. II 2001, 178). Für die Beurteilung der Frage, ob eine Veräußerung „an sich" gegeben ist, ist auf die einbringenden Gesellschafter in ihrer gesamthänderischen Verbundenheit abzustellen (s. *UmwStE* Rn. 24.15 f.).

Soweit auf der Seite des Veräußerers und des Erwerbers dieselben Personen Unternehmer oder Mitunternehmer sind, stellt der Veräußerungsgewinn einen laufenden Gewinn dar, der der **GewSt** unterliegt (BFH VIII R 7/01, BStBl. II 2004, 754; GewStH 7.1 Abs. 3 „Veräußerungs- und Aufgabegewinne").

2261 Bei einem **Eintritt eines weiteren Gesellschafters** in eine bestehende PersGes gegen Bareinlage in das Betriebsvermögen ist zwar hinsichtlich der bisherigen Gesellschafter der PersGes § 24 Abs. 1 UmwStG anwendbar, weil diese Mitunternehmer einer erweiterten PersGes werden (BFH IV R 82/92, BStBl. II 1995, 599). Der durch Ansatz des gemeinen Werts entstehende Einbringungsgewinn ist gem. § 24 Abs. 3 S. 3 UmwStG iVm § 16 Abs. 2 S. 3 EStG in Höhe der Beteiligungsquote der bisherigen Gesellschafter als laufender Gewinn nicht nach §§ 16, 34 EStG begünstigt. Dadurch soll ein durch Wertaufstockung geschaffenes AfA-Volumen nicht steuerlich begünstigt werden (s. *UmwStE* Rn. 24.16).

2262–2264 *(frei)*

10. Ertragsteuerliche Folgen bei der übernehmenden Personengesellschaft (§ 24 Abs. 4 Hs. 1 UmwStG)

2265 Die Einbringung von Betriebsvermögen führt bei der übernehmenden PersGes zu einem Anschaffungsvorgang. Bei Ansatz der eingebrachten Wirtschaftsgüter mit dem Buchwert (§ 24 Abs. 4 Hs. 1 UmwStG iVm §§ 23 Abs. 1, 4 Abs. 2 S. 3, 12 Abs. 3 Hs. 1 UmwStG) oder Zwischenwert (§ 24 Abs. 4 Hs. 1 UmwStG iVm §§ 23 Abs. 3, 12 Abs. 3 Hs. 1 UmwStG) gelten die Grundsätze der umwandlungssteuerrechtlichen **Rechtsnachfolge.** Wird das Betriebsvermögen mit dem gemeinen Wert angesetzt, ist zwischen Einzel- und Gesamtrechtsnachfolge zu unterscheiden (§ 24 Abs. 4 UmwStG iVm § 23 Abs. 4 UmwStG).

2266 **Teilweise Rechtsnachfolge.** Durch die Bezugnahme auf § 23 Abs. 3 und 4 UmwStG in § 24 Abs. 4 Hs. 1 UmwStG wird die aufnehmende PersGes, soweit keine stillen Reserven aufgedeckt werden, steuerrechtlich als Gesamtrechtsnachfolgerin des Einbringenden behandelt und führt die **Buchwerte** und die AfA fort (OFD Frankfurt a. M. 24.2.1994, BB 1994, 900 betr. Sonder-AfA), auch wenn sie unzutreffend sind. Es gilt der Grundsatz des Bilanzenzusammenhangs (BFH VIII R 296/82, BStBl. II 1988, 886; VIII R 33/13, BStBl. II 2016, 596).

Bei Bilanzierung von **Zwischenwerten** sind gem. § 23 Abs. 3 S. 1 Nr. 1 und 2 UmwStG auch iRd § 24 UmwStG die Buchwerte gleichmäßig aufzustocken. Die AfA errechnet sich grds. aus der erhöhten AfA-Bemessungsgrundlage. Der Ansatz des **gemeinen Werts** führt bei der übernehmenden PersGes iRd steuerlichen **Einzelrechtsnachfolge** zu einem Anschaffungsvorgang und den sich hieraus ergebenden allgemeinen Rechtsfolgen (§ 24 Abs. 4 UmwStG iVm § 23 Abs. 4 UmwStG). Bei einer Einbringung im Wege der **Gesamtrechtsnachfolge** tritt die übernehmende Personengesellschaft partiell in die steuerrechtliche Rechtsstellung des Einbringenden ein und führt die AfA-Methode unter entsprechender Aufstockung der Buchwerte fort (§ 24 Abs. 4 UmwStG iVm § 23 Abs. 4 und 3 UmwStG).

Eine **Besitzzeitanrechnung** für **§ 6b EStG** folgt aus § 24 Abs. 4 UmwStG **2267**
iVm § 23 Abs. 1 UmwStG, § 4 Abs. 2 S. 3 UmwStG, allerdings nur bei Buch- und Zwischenwertansatz. Siehe dazu Schmidt/Loschelder EStG § 6b Rn. 77. Bei einem im Einzelunternehmen in Anspruch genommenen **Investitionsabzugsbetrag** iSd **§ 7g EStG** kann die PersGes bei einer Buchwerteinbringung die Investition durchführen (BMF 20.3.2017, BStBl. I 2017, 432 Rn. 32).

Bringt eine KapGes ihren gesamten Betrieb nach § 24 UmwStG in eine **2268**
GmbH & Co. KG ein und beschränkt sich ihre Tätigkeit fortan auf die Verwaltung der Mitunternehmerstellung an der aufnehmenden PersGes sowie das Halten der Beteiligung an der Komplementär-GmbH, steht § 2 Abs. 2 S. 1 GewStG der Annahme einer Unternehmensidentität iSd § 10a GewStG auf der Ebene der PersGes nicht entgegen (BFH IV R 26/21). Der vom Betrieb der KapGes erwirtschaftete Gewerbeverlust nach § 10a GewStG ist dann (bei gegebener Unternehmens- und Unternehmeridentität) durch die übernehmende PersGes fortzuführen (BFH IV R 26/21).

Gemäß § 10a S. 4 GewStG ist bei einer Mitunternehmerschaft der Verlustvor- **2268a**
trag entsprechend dem sich aus dem Gesellschaftsvertrag ergebenden allgemeinen Gewinnverteilungsschlüssel ohne Berücksichtigung von Vorabgewinnanteilen oder Sonderbetriebseinnahmen zu verteilen. Der Verlust eines Mitunternehmers ist gesellschaftsbezogen zu ermitteln (GewStR 10a.3 Abs. 3 S. 9 Nr. 5).

Außerdem lässt auch § 24 Abs. 4 UmwStG eine (anteilige) Kürzung des Gewer- **2269**
beertrags um vortragsfähige Fehlbeträge iSd § 10a GewStG zu, weil eine entsprechende Verweisung auf § 23 Abs. 5 UmwStG fehlt.

Bei seinem **Ausscheiden** aus der Gesellschaft geht sein Anteil am Verlustvortrag **2270**
mangels Unternehmeridentität nicht auf den Neugesellschafter über. Diese Regelung gilt nach § 10a S. 5 GewStG für die Verrechnung von Verlusten mit Gewinnen entsprechend.

Die Regelungen des **Einbringungsfolgegewinns** (§ 6 Abs. 1 und 3 **2271**
UmwStG) sind zu beachten (§§ 24 Abs. 4, 23 Abs. 6 UmwStG).

(frei) **2272–2279**

11. Rückbeziehung (§ 24 Abs. 4 Hs. 2 UmwStG)

§ 24 Abs. 4 UmwStG gestattet eine Rückbeziehung entsprechend § 20 Abs. 5 **2280**
und 6 UmwStG (→ Rn. 1485). Sie ist aber anders als in § 20 Abs. 6 UmwStG auf die Fälle der umwandlungssteuerrechtlichen **Gesamtrechtsnachfolge** beschränkt (s. BFH IV R 29/13, BFH/NV 2016, 1489; → Rn. 2088, 113; *UmwStE* Rn. 24.06).

Das Antragsrecht auf Rückbeziehung des steuerlichen Übertragungszeitpunkts nach § 20 Abs. 5 und 6 UmwStG iVm § 24 Abs. 4 UmwStG hat grds. die übernehmende PersGes, denn sie erstellt gem. § 24 Abs. 4 UmwStG die für die Besteuerung maßgebende Aufnahmebilanz. In der Steuererklärung und der Steuerbilanz muss sich daher der von der übernehmenden Gesellschaft gewählte Einbringungszeitpunkt eindeutig ergeben (FG München 13 K 875/10, EFG 2013, 896 Rn. 20.14).

2281 Der **steuerliche Übertragungsstichtag** (bzw. Einbringungszeitpunkt) ist grds. der Zeitpunkt, zu dem das wirtschaftliche Eigentum an dem eingebrachten Betriebsvermögen auf die übernehmende Gesellschaft übergeht. Dies ist bei der steuerrechtlichen Einzelrechtsnachfolge grds. zu dem im Einbringungsvertrag vorgesehenen Zeitpunkt des Übergangs von Nutzen und Lasten und bei einer umwandlungssteuerlichen Gesamtrechtsnachfolge nach dem UmwG (nicht bei Anwachsung) und vergleichbaren ausländischen Vorgängen spätestens im Zeitpunkt der Eintragung in das Handelsregister der Fall (s. auch LfSt Bay 11.11.2014, DStR 2015, 429; → Rn. 1370). Beschränkt auf eine umwandlungssteuerliche Gesamtrechtnachfolge nach dem UmwG (nicht bei Anwachsung) und vergleichbare ausländische Vorgänge kann ein **höchstens acht Monate davor liegender Stichtag** gewählt werden (§ 24 Abs. 4 UmwStG iVm § 20 Abs. 5 und 6 UmwStG; s. BFH IV R 29/13, BFH/NV 2016, 1489; *UmwStE* Rn. 24.06, 24.03, 20.13 f.).

2282 Bei einer rückwirkenden Verschmelzung einer PersGes auf eine andere PersGes im Wege der Gesamtnachfolge kann der von der übertragenden PersGes bis zum steuerlichen Übertragungsstichtag erwirtschaftete Verlust nicht mit dem von der übernehmenden Gesellschaft bis zu diesem Zeitpunkt erzielten Gewinn verrechnet werden (BFH IV R 6/21, BStBl. II 2025, 403).

2283–2289 *(frei)*

12. Nachträgliche Besteuerung eines Einbringungsgewinns (§ 24 Abs. 5 UmwStG)

2290 Die Regelung des § 24 Abs. 5 UmwStG will verhindern, dass stille Reserven von eingebrachten Anteilen an KapGes auf begünstigte Personen iSd § 8b Abs. 2 KStG übertragen und dadurch der Besteuerung nach dem Teileinkünfteverfahren gem. § 3 Nr. 40 EStG entzogen werden. Danach kommt es gem. § 24 Abs. 5 UmwStG zu einer nachträglichen Besteuerung des Einbringungsgewinns, wenn Anteile an Körperschaften, Personenvereinigungen oder Vermögensmassen von einem Einbringenden, der nicht durch § 8b Abs. 2 KStG begünstigt ist, gem. § 24 Abs. 1 UmwStG **unter dem gemeinen Wert** in eine PersGes mit eingebracht und diese innerhalb eines Zeitraums von sieben Jahren nach dem Einbringungszeitpunkt von der übernehmenden PersGes veräußert oder durch einen Vorgang iSd § 22 Abs. 1 S. 6 Nr. 1–5 UmwStG weiterübertragen werden. Der Veräußerung steht die Aufgabe des Betriebs der PersGes gleich (§ 16 Abs. 3 S. 1 EStG; s. *UmwStE* Rn. 24.18 ff., 24.25). Mit der Einbringung solcher (miteingebrachter) Anteile gelten diese insoweit als **sperrfristbehaftet.**

2291 **a) Anteile an Kapitalgesellschaften, Personenvereinigungen oder Vermögensmassen.** § 24 Abs. 5 UmwStG **betrifft** Anteile an Körperschaften, Personenvereinigungen oder Vermögensmassen, deren Leistungen beim Empfänger Einnahmen iSd § 20 Abs. 1 Nr. 1, 2, 9 oder 10a EStG darstellen (s. *UmwStE* Rn. 24.23).

b) Veräußerung oder Weitereinbringung. Eine schädliche Veräußerung oder Weiterübertragung iSd § 24 Abs. 5 iVm § 22 Abs. 1 S. 6 UmwStG von sperrfristbehafteten Anteilen kann **durch** die **übernehmende Personengesellschaft,** durch deren Rechtsnachfolger oder wegen des Transparenzprinzips durch deren (unmittelbare oder mittelbare) Mitunternehmer, zu dessen Mitunternehmeranteil die sperrfristbehafteten Anteile gehören, im Wege der Veräußerung eines Mitunternehmeranteils erfolgen. Nach Auffassung der FVerw kommt es bei diesen Personen darauf an, dass sich die Zurechnung der stillen Reserven mittelbar auf deren Gewinn auswirkt (s. *UmwStE* Rn. 24.25). 2292

Werden entsprechend dem Grundtatbestand des § 24 Abs. 5 UmwStG iR einer Einbringung iSd § 24 Abs. 1 UmwStG Anteile an KapGes mit eingebracht und in einem weiteren Schritt die **erhaltenen Mitunternehmeranteile,** zu dessen Betriebsvermögen die sperrfristbehafteten Anteile gehören, unter dem gemeinen Wert in eine **andere PersGes (Untergesellschaft) eingebracht,** an der die einbringende PersGes (Obergesellschaft) Mitunternehmerin wird, ist darin eine Einbringung iSd § 24 Abs. 5 UmwStG zu sehen. Dadurch wird hinsichtlich der Anteile an der Untergesellschaft an den sperrfristbehafteten Anteilen eine neue siebenjährige Sperrfrist begründet. Eine (mittelbare) Veräußerung oder Weiterübertragung der (mit-)eingebrachten sperrfristbehafteten Anteile durch die Untergesellschaft innerhalb der Sperrfrist führt zu einer rückwirkenden Einbringungsgewinnbesteuerung II (s. *UmwStE* Rn. 24.27). 2293

c) Einbringung durch eine nicht nach § 8b KStG begünstigte Person. Wesentliche Voraussetzungen für eine rückwirkende Einbringungsgewinnbesteuerung sind, dass es sich beim Einbringenden um eine nicht nach § 8b KStG begünstigte Person handelt und die bis zum Einbringungszeitpunkt entstandenen stillen Reserven bei einer (späteren) Veräußerung der Anteile oder deren Weiterleitung durch einen Vorgang des § 22 Abs. 1 S. 6 Nr. 1–5 UmwStG nach § 8b Abs. 2 KStG steuerfrei sind. Eine solche **Statusverbesserung** iSd § 8b KStG kommt grds. insoweit in Betracht, als eine KapGes iSd § 8b KStG als Mitunternehmerin an der übernehmenden PersGes beteiligt und dieser unter Berücksichtigung der Ergänzungsbilanzen ein entsprechender Anteil am Veräußerungsgewinn steuerlich zuzurechnen ist (s. *UmwStE* Rn. 24.21, 24.23). 2294

d) Umfang des zurückwirkenden Einbringungsgewinns. Der Anwendungsbereich des § 24 Abs. 5 UmwStG beschränkt sich auf den **Gewinn aus der Veräußerung von sperrfristbehafteten Anteilen** iSd Vorschrift, soweit dieser auf einen nach § 8b Abs. 2 KStG begünstigten Mitunternehmer (KapGes) entfällt. Die Rechtsfolgen nach § 22 Abs. 2, 3, 5–7 UmwStG betreffen die rückwirkende Einbringungsgewinnbesteuerung beim nicht nach § 8b KStG begünstigten Einbringenden und die Besteuerung eines (fiktiven) Veräußerungsgewinns beim nach § 8b Abs. 2 KStG begünstigten Mitunternehmer (KapGes). Die Vorschrift zielt im Wesentlichen auf die Weiterübertragung von sperrfristbehafteten Anteilen durch **Realteilung** auf eine nach § 8b Abs. 2 KStG begünstigte Person (KapGes), bei der es nach der Kapitalkontenanpassungsmethode zum Überspringen von stillen Reserven kommen kann (s. Kai GmbHR 2012, 165 (173 f.); *UmwStE* Rn. 24.24). Nach dem Transparenzprinzip ist auf der Ebene der PersGes für die Anwendung des § 8b KStG und die Zurechnung der stillen Reserven auf die Gesellschafter der einbringenden bzw. aufnehmenden PersGes abzustellen (s. *UmwStE* Rn. 24.21, 24.24). 2295

2296 Danach kommt es bei einer Veräußerung von sperrfristbehafteten Anteilen oder deren Weitereinbringung durch einen Vorgang nach § 22 Abs. 1 S. 6 Nr. 1–5 UmwStG beim **Einbringenden** zu einer **rückwirkenden Besteuerung eines Einbringungsgewinns** entsprechend § 22 Abs. 2, 3 und 5–7 UmwStG. Gemäß § 24 Abs. 5 UmwStG ist der nachträgliche Einbringungsgewinn insoweit der Höhe nach **begrenzt,** als der Gewinn aus der Veräußerung der eingebrachten Anteile (einschließlich der Ergänzungsbilanzen) auf den nach § 8b KStG begünstigten Mitunternehmer (KapGes) entfällt (s. *UmwStE* Rn. 24.21). Der Gewinnanteil der begünstigten KapGes ergibt sich aus dem gemeinen Wert der eingebrachten Anteile abzüglich deren Buchwerte zum Zeitpunkt der Einbringung. Wird nur ein Teil der sperrfristbehafteten Anteile veräußert, hat nur eine anteilige Besteuerung zu erfolgen.

2297 **e) Ermittlung des Einbringungsgewinns.** Beim Einbringenden ermittelt sich der Einbringungsgewinn abweichend von § 24 Abs. 2 S. 2 UmwStG rückwirkend zum Einbringungsstichtag gem. § 24 Abs. 5 UmwStG in entsprechender Anwendung des § 22 Abs. 2 S. 3 UmwStG wie folgt:

	Anteiliger gemeiner Wert der Anteile
./.	anteilige Kosten für den Vermögensübergang
./.	anteiliger Einbringungswert (§ 24 Abs. 2 S. 2 UmwStG)
=	Einbringungsgewinn vor Siebtelregelung
./.	je 1/7 für seit dem Einbringungszeitpunkt abgelaufene Zeitjahre
=	Einbringungsgewinn (s. *UmwStE* Rn. 24.28)

2298 **f) Besteuerung des Einbringungsgewinns.** Bei der **PersGes** ist der Gewinn aus der Veräußerung oder Weiterübertragung der sperrfristbehafteten Anteile **(Einbringungsgewinn)** nach den allgemeinen Grundsätzen zu versteuern (zB §§ 13, 15, 16, 18 EStG iVm § 3 Nr. 40 S. 1 Buchst. b EStG oder § 8b Abs. 2 und 3 KStG). §§ 16 Abs. 4 und 34 EStG sind nicht abwendbar (§ 22 Abs. 2 S. 1 Hs. 2 UmwStG), weil hinsichtlich der Anwendung des ermäßigten Steuersatzes nicht alle stillen Reserven aufgedeckt werden.

2299 Außerdem **erhöht** der Einbringungsgewinn nach Maßgabe des § 23 Abs. 2 S. 3 UmwStG die **Anschaffungskosten** der sperrfristbehafteten (eingebrachten) Anteile, soweit diese der nach § 8b KStG **begünstigten Person** (KapGes) zuzurechnen sind. Insoweit wird iRd Ermittlung des (anteiligen) **Gewinns aus der Veräußerung** der eingebrachten Anteile eine doppelte Berücksichtigung der iRd Einbringungsgewinnbesteuerung aufgedeckten stillen Reserven vermieden. Der Veräußerungsgewinn mindert sich entsprechend (s. *UmwStE* Rn. 24.28, 22.10; Kai GmbHR 2012, 165 (173 ff.)). Dies setzt voraus, dass der Einbringende die auf den Einbringungsgewinn entfallende Steuer entrichtet hat (s. *UmwStE* Rn. 24.28, 24.33, 23.12 f.).

2300 Weiter ist das **Kapitalkonto** (Einlage) des Einbringenden iSd § 16 EStG um den Einbringungsgewinn zu erhöhen (§ 22 Abs. 2 S. 4 UmwStG). Dadurch wird beim Einbringenden eine doppelte Besteuerung vermieden (s. *UmwStE* Rn. 24.28, 22.10; Kai GmbHR 2012, 165 (173 ff.).

2301 Der (rückwirkende) Einbringungsgewinn aus der Veräußerung von eingebrachten, **sperrfristbehaftenen Anteilen** an KapGes iSd § 24 Abs. 5 UmwStG entsteht nur bei natürlichen Personen als Einzelunternehmer oder als unmittelbar beteiligte Mitunternehmer. Er stellt bei diesen insoweit einen laufenden Gewinn und damit einen **Gewerbeertrag** dar, als der Einbringende wirtschaftlich gesehen

„an sich selbst" (Mitunternehmer der PersGes) veräußert (§ 24 Abs. 3 S. 3 UmwStG iVm § 16 Abs. 2 S. 3 EStG; BFH VIII R 7/01, BStBl. II 2004, 754; *UmwStE* Rn. 24.17; GewStH 7.1 Abs. 3 „Veräußerungs- und Aufgabegewinne"). Im Übrigen gelten die allgemeinen gewstrechtlichen Grundsätze (§ 7 S. 2 GewStG, GewStR 7.1 Abs. 3; *UmwStE* Rn. 24.28; → Rn. 2320 ff.).

Haben die **Kosten des Vermögensübergangs** im Jahr der Einbringung den laufenden Gewinn gemindert, ist dieser um die bei der Ermittlung des rückwirkend zu versteuernden Einbringungsgewinns abgezogenen Kosten des Vermögensübergangs zu erhöhen (s. *UmwStE* Rn. 24.28., 22.09). **2302**

Bei der **Veräußerung** von mit **eingebrachten Anteilen** iSd § 24 Abs. 5 UmwStG sowie bei den einer Veräußerung gleichgestellten Vorgängen iSd § 22 Abs. 2 S. 6 UmwStG handelt es sich um **rückwirkende Ereignisse** iSd des **§ 175 Abs. 1 S. 1 Nr. 2 AO,** die beim Einbringenden rückwirkend auf den Einbringungszeitpunkt eine entsprechende Korrektur der Steuerfestsetzung ermöglichen. Eine **Verzinsung** der Steuernachzahlung erfolgt gem. § 233a Abs. 2a AO grds. nicht (s. *UmwStE* Rn. 24.19). **2303**

g) Nachweispflichten. Der nach § 24 Abs. 5 UmwStG iVm 22 Abs. 3 S. 1 Nr. 2 UmwStG nachweispflichtige **Einbringende** hat in den dem Einbringungszeitpunkt folgenden sieben Jahren spätestens zum 31.5. darzulegen, wem die eingebrachten sperrfristbehafteten Anteile an der KapGes zuzurechnen sind. Diese Nachweispflicht dient der Überprüfung der Eigentumsverhältnisse zu einem bestimmten Stichtag (s. *UmwStE* Rn. 24.29). **2304**

Für das **Bescheinigungsverfahren** (§ 24 Abs. 5 UmwStG iVm § 22 Abs. 5 UmwStG) ist das für den Einbringenden zuständige Finanzamt zuständig. Dieses hat auf Antrag der **übernehmenden** PersGes den zu versteuernden Einbringungsgewinn II, die darauf entfallende festgesetzte Steuer und den darauf entrichteten Steuerbetrag zu bescheinigen (*UmwStE* Rn. 24.23, 22.39). Die Entrichtung der Steuer auf den Einbringungsgewinn ist erforderlich für die Aufstockung der Buchwerte der miteingebrachten Anteile an der KapGes iHd anteilig versteuerten stillen Reserven. **2305**

h) Unentgeltliche Rechtsnachfolge. Eine unentgeltliche Rechtsnachfolge hat nach § 24 Abs. 5 UmwStG iVm § 22 Abs. 6 UmwStG keinen Einfluss auf die siebenjährige Sperrfrist. Diese besteht beim Rechtsnachfolger fort. Bei einem Übergang auf eine KapGes gelten grds. die Grundsätze des § 24 Abs. 5 UmwStG. Eine unentgeltliche Rechtsnachfolge, die in einer unentgeltlichen Übertragung der sperrfristbehafteten Anteile durch die PersGes besteht, ist ua bei einer Schenkung, einem Erbfall, einer Überführung nach § 6 Abs. 3 und 5 EStG und einer Realteilung gegeben. Dies gilt entsprechend für die unentgeltliche Übertragung eines Mitunternehmeranteils, zu dessen Betriebsvermögen sperrfristbehaftete Anteile gehören, durch einen Mitunternehmer ua bei einer doppelstöckigen PersGes (s. *UmwStE* Rn. 24.31, 22.41). **2306**

i) Mitverstrickung von Anteilen. Sperrfristbehaftete Anteile iSd § 24 Abs. 5 UmwStG können auch dadurch **entstehen,** dass iR einer Kapitalerhöhung aus Gesellschaftermitteln bei der KapGes, deren Anteile eingebracht worden sind, stille Reserven auf andere (neue) Anteile der übernehmenden PersGes übergehen **(Mitverstrickung von Anteilen gem. § 24 Abs. 5 UmwStG iVm § 22 Abs. 7 UmwStG).** In diesem Fall gelten auch die neuen Anteile als steuerverhaftet (§ 22 Abs. 7 UmwStG; *UmwStE* Rn. 24.32, 22.46). **2307**

2308 **j) Auswirkung auf übernehmende Gesellschaft.** Die übernehmende PersGes kann im Fall einer rückwirkenden Einbringungsgewinnbesteuerung (§ 24 Abs. 5 UmwStG) nach den Grundsätzen des § 23 Abs. 2 UmwStG erst dann eine Buchwertaufstockung vornehmen, soweit die Entrichtung der hierauf entfallenden Steuer **nachgewiesen** ist (s. *UmwStE* Rn. 24.33, 23.12).

2309–2319 *(frei)*

13. Gewerbesteuerfreiheit

2320 Die GewStFreiheit von Einbringungsergebnissen richtet sich bei den einbringenden natürlichen Personen und PersGes hinsichtlich der sachlichen GewStPflicht iSd § 2 GewStG zunächst danach, ob der Betrieb (Teilbetrieb, Mitunternehmeranteil) noch von einem werbenden Unternehmen eingebracht wird. ME ist dies regelmäßig dann zu bejahen, wenn ein **lebender Betrieb** übergeht. Ein verpachteter oder ruhender Gewerbebetrieb (→ Rn. 2105) ist grds. kein Gewerbebetrieb iSd § 2 Abs. 1 GewStG (s. GewStR 2.2). Gemäß § 7 S. 1 GewStG bzw. gem. § 7 S. 2 GewStG gehört bei PersGes grds. der Gewinn aus der Veräußerung oder Aufgabe eines Betriebs, Teilbetriebs oder Mitunternehmeranteils iSd § 16 Abs. 1 S. 1 EStG nicht zum Gewerbeertrag (stRspr, s. BFH IV R 3/05, BStBl. II 2007, 777; IV R 54/10, BStBl. II 2012, 927). Dies gilt kraft Fiktion des § 2 Abs. 2 GewStG nicht für die gewerbliche Tätigkeit einer **KapGes** bzw. soweit auf sie als Mitunternehmerin einer PersGes ein Gewinn aus der Veräußerung oder Aufgabe eines Betriebs, Teilbetriebs oder eines Mitunternehmeranteils entfällt (§ 7 S. 2 GewStG; vgl. BFH IV R 54/10, BStBl. II 2012, 927). Auch mit der Veräußerung eines Mitunternehmeranteils beendet der Veräußerer seine mitunternehmerische Tätigkeit (partielle Betriebsbeendigung). Die gewerbesteuerrechtliche Behandlung von Gewinnen, die in sachlichem Zusammenhang mit der Beendigung des Gewerbebetriebs anfallen, ist von deren Qualifizierung als Veräußerungs- oder Aufgabegewinn iSd § 16 Abs. 1 und 3 GewStG abhängig (s. zB BFH VIII R 7/01, BStBl. II 2004, 754; GewStR 7.1 Abs. 3 S. 1 ff.; → § 7 Rn. 27). Diese Grundsätze sind auch auf den Gewinn aus der Einbringung iSd § 24 Abs. 1 UmwStG in der Form einer Veräußerung iSd § 16 Abs. 1 S. 1 EStG anzuwenden. Dabei ist unbeachtlich, ob die Einbringung zum gemeinen Wert oder Zwischenwert erfolgt.

2321 Die Einbringung eines **ideellen Anteils** an einem **Mitunternehmeranteil** erfüllt **nicht** den Tatbestand der Veräußerung eines gesamten Mitunternehmeranteils iSd § 16 Abs. 1 S. 1 Nr. 2 EStG. In diesem Fall führt der Veräußerer seine mitunternehmerische Tätigkeit in der Gesellschaft fort. Der hieraus erzielte Gewinn ist daher nach § 7 S. 1 ein laufender Gewinn und damit gewerbesteuerpflichtig (s. BFH IV R 51/98, BFH/NV 2000, 1554; IV R 3/05, BStBl. II 2007, 777; IV R 22/06, BFH/NV 2008, 109; GewStR 7.1 Abs. 3 S. 6). Bei einer isolierten Einbringung (Veräußerung) iSd § 24 Abs. 1 UmwStG wird eine **100%ige Beteiligung an einer KapGes** (→ Rn. 2118) gewerbesteuerrechtlich nicht einem Teilbetrieb iSd § 16 Abs. 1 S. 1 Nr. 1 S. 2 EStG gleichgestellt. Ein hieraus erzielter Einbringungsgewinn unterliegt grds. der GewSt (s. BFH VIII B 95/01, BFH/NV 2002, 811; GewStH 7.1 Abs. 3 „Veräußerung einer 100%igen Beteiligung"; → § 7 Rn. 74; Wacker in Schmidt EStG § 16 Rn. 135 ff.).

2322 Die **Zurückbehaltung** von Wirtschaftsgütern ist gewerbesteuerrechtlich unschädlich, weil eine gewerbesteuerfreie Betriebsaufgabe auch dann gegeben ist, wenn nicht alle stillen Reserven des (Sonder-)Betriebsvermögens aufgelöst werden (BFH IV R 93/85, BStBl. II 1988, 374; II R 134/86, BStBl. II 1988, 735; IV R 271/84, BStBl. II 1988, 667; FG Köln 4 K 7531/96, EFG 2000, 1271 rkr.). Werden bei der Einbringung eines Betriebs zu Buch- oder Zwischenwerten nicht wesentliche Betriebsgrundlagen in das Privatvermögen überführt, ist der dadurch erzielte **Entnahmegewinn** nicht gewstpfl. (s. BFH IV R 93/85, BStBl. II 1988, 374; GewStH 7.1 Abs. 3 „Entnahmevorgänge"; → § 7 Rn. 29).

Nach den von BFH VIII R 7/01, BStBl. II 2004, 754 zu § 16 Abs. 2 S. 3 EStG **2323**
entwickelten Regeln ist gem. **§ 24 Abs. 3 S. 3 UmwStG** der Gewinnanteil des Einbringenden auch mit Wirkung für die GewSt als **laufender Ertrag** und nicht als Teil des gewstfreien Veräußerungsgewinns zu behandeln. Danach stellt der anteilige Einbringungsgewinn (Veräußerungsgewinn), der bei Ansatz des gemeinen Werts oder eines Zwischenwerts nach § 24 Abs. 3 S. 3 UmwStG iVm § 16 Abs. 2 S. 3 EStG durch die Veräußerung des anteiligen Betriebsvermögens des Altgesellschafters **(„Veräußerung an sich selbst")** entsteht, kraft gesetzlicher Fiktion auch gewstlich einen laufenden Gewinn dar (s. GewStH 7.1 Abs. 3 „Veräußerungs- und Aufgabegewinne"; *UmwStE* Rn. 24.17).

(frei) **2324–2329**

14. Sonstige Gegenleistungen (Ausgleichszahlungen)

a) Aufdeckung der stillen Reserven. Bei einer Einbringung eines Betriebs **2330**
in eine PersGes gegen ein **Mischentgelt** (Gewährung von Gesellschaftsrechten und sonstigen Entgelten/Ausgleichszahlungen) kann die Einbringung nach § 24 Abs. 2 S. 2 Nr. 2 UmwStG auf Antrag zum Buchwert oder einem Zwischenwert erfolgen, soweit der gemeine Wert von sonstigen Gegenleistungen nicht mehr beträgt als 25 % des Buchwerts des eingebrachten Betriebsvermögens oder nicht mehr beträgt als 500.000 EUR, höchstens jedoch den Buchwert des eingebrachten Betriebsvermögens.

Eine Einbringung nach § 24 UmwStG scheidet dagegen aus, wenn sich der **2331**
Einbringungsvorgang bei **wirtschaftlicher Betrachtung** als Veräußerung gegen ein nicht in Gesellschaftsrechten bestehendes Entgelt darstellt (*UmwStE* Rn. 24.07, → Rn. 2208).

(frei) **2332–2339**

b) Einbringung mit Zuzahlung zu Buchwerten. Eine Einbringung zu **2340**
Buchwerten gegen Gewährung von Gesellschaftsrechten einer PerGes und einer **Zuzahlung** von anderen (ggf. hinzutretenden) Mitunternehmern, die an den Einbringenden als (Teil-)Entgelt in dessen **Privatvermögen** oder **Sonderbetriebsvermögen** (zB Gewährung von Darlehen) gezahlt und damit nicht Betriebsvermögen der PersGes wird, besteht aus einer Veräußerung von Eigentumsanteilen an den Wirtschaftsgütern des Betriebsvermögens und einer nach § 24 Abs. 1 UmwStG begünstigten Einbringung des verbliebenen Vermögens. Dabei ist davon auszugehen, dass der Einbringende die ihm verbleibenden Eigentumsanteile an den Wirtschaftsgütern des Betriebs für eigene Rechnung sowie die veräußerten Eigentumsanteile für Rechnung des zuzahlenden Gesellschafters in das Betriebsvermögen der PersGes einlegt (BFH GrS 2/98, BStBl. II 2000, 123; IV R 33/11, BStBl. II 2015, 717).

Nach **§ 24 Abs. 2 S. 2 Nr. 2 UmwStG idFd JStG 2015** kommt es mE auf die Verwendung der Zuzahlungen **(sonstige Gegenleistungen)** nicht mehr an (→ Rn. 2208 ff.).

2341 Verbleibt dagegen die Zuzahlung im **Betriebsvermögen der PersGes** (zB Buchung auf ein steuerliches Einlagekonto), war die Einbringung bisher in vollem Umfang nach § 24 Abs. 1 UmwStG begünstigt. Hierzu ist erforderlich, dass das Gesamthandsvermögen der PersGes durch die Zuzahlung auf ein Kapitalkonto erhöht wird. Dies ist bei einer einseitigen entgeltlichen Kapitalerhöhung, die zu einer Änderung der Beteiligungsverhältnisse führt, der Fall (BFH IV R 33/11, BStBl. II 2015, 717). Eine **Gewinnrealisierung** tritt dann ein, wenn die Zuzahlung nicht zur betrieblichen Verwendung iRd PersGes, sondern für Zwecke außerhalb des erlangten Mitunternehmeranteils bestimmt ist (BFH IV R 82/92, BStBl. II 1995, 599). Eine Verbuchung eines Teils der stillen Reserven auf den **Gesellschafterdarlehenskonten** ist grds. nicht als Gutschrift auf Eigenkapitalkonten der Gesellschaft zu behandeln, soweit die gesellschaftsvertraglichen Regelungen keine Verrechnung mit anfallenden Verlusten vorsehen (FG Münster 3 K 4089/10 F, EFG 2013, 338). Es reicht jedoch nicht aus, wenn die vom eintretenden Gesellschafter zu erbringende Gegenleistung an die Altgesellschafter in ein **anderes Betriebsvermögen** (zB Erwerb von Gesellschaftsrechten an einer Schwestergesellschaft) als das der aufnehmenden Gesellschaft gelangt (BFH IV R 33/11, BStBl. II 2015, 641). Die Zahlung eines **Aufgeldes (Agio)** iZm der Gründung einer Mitunternehmerschaft in Gestalt einer atypisch stillen Gesellschaft stellt den Veräußerungserlös iSd § 24 Abs. 3 S. 1 UmwStG dar (BFH IV R 38/15, BStBl. II 2018, 587).

Eine **Mindestbeteiligung** sieht § 24 Abs. 1 UmwStG nicht vor (s. *UmwStE* Rn. 24.08).

Diese Grundsätze werden durch **§ 24 Abs. 2 S. 2 Nr. 2 UmwStG idFd JStG 2015** eingeschränkt bzw. hinsichtlich des Umfangs der sonstigen Gegenleistungen ausgedehnt (→ Rn. 2208 f.).

2342 Bei **Leistung** von Sacheinlagen und Bareinlagen (Ausgleichszahlungen) der künftigen Gesellschafter **in das Gesellschaftsvermögen** ist die Buchwertfortführung mit Ergänzungsbilanzen unproblematisch. Die Differenz zwischen dem Kapitalkonto in der buchwertfortführenden Gesellschaftsbilanz und den gegenüber den anderen Gesellschaftern verrechneten gemeinen Werten wird in einer positiven Ergänzungsbilanz dargestellt, und der Einbringungsgewinn (Kapitalkontovergleich vor und nach Einbringung) kann durch eine negative **Ergänzungsbilanz** vermieden werden und zwar für jeden Einbringenden. Zur Erstellung der Gesamthands- und Ergänzungsbilanz iRd des **§ 22 Abs. 2 S. 2 Nr. 2 UmwStG** → Rn. 2208 f., Richter DStR 2016, 840.

2343 Die Besteuerung des Veräußerungsgewinns aufgrund einer **Zuzahlung** in das **Privatvermögen** kann **nicht** durch die Erstellung einer **negativen Ergänzungsbilanz** vermieden werden. Eine Zuzahlung in das Privatvermögen des Einbringenden liegt auch vor, wenn mit der Zuzahlung zugunsten des Einbringenden eine **private Verbindlichkeit** getilgt wird oder durch die Einbringung private Verbindlichkeiten (zB Pflichtteilsansprüche) abgegolten werden (BFH III R 38/00, BStBl. II 2005, 554; s. *UmwStE* Rn. 24.09). Dies ist auch dann der Fall, wenn die Zuzahlung auf einem bei der PersGes für den Kommanditisten geführten Verrechnungskonto, das Fremdkapitalcharakter hat, verbucht wird (s. FG Köln 10 K 3761/08, EFG 2011, 1782; BFH IV R 46/05, BStBl. II 2008, 812 zum Kapitalkonto iSd § 15a EStG). Die zur Abgrenzung eines Kapitalkontos von einem Darlehenskonto iRd § 15a EStG entwickelten Grundsätze gelten auch für den Anwendungsbereich des § 24 UmwStG (BFH X B 113/10, BFH/NV 2011, 2102).

Eine **anteilige Veräußerung** von Wirtschaftsgütern in Höhe der Zuzahlung in das Privatvermögen (anteiliger Miteigentumsverkauf) wird als **Geschäftsvorfall des einbringenden Betriebs** behandelt, der sich vor der Einbringung vollzieht. Danach wird der erzielte Veräußerungserlös als laufender Gewinn vor der Einbringung entnommen und nur das um das anteilige Vermögen geminderte Betriebsvermögen iSd § 24 Abs. 1 UmwStG eingebracht. Der Veräußerungsgewinn, der sich aus der Zuzahlung abzüglich der anteiligen Buchwerte ergibt, ist nicht nach § 16 Abs. 1 S. 1 Nr. 1 EStG und § 34 EStG begünstigt, weil nur Miteigentumsanteile an den Wirtschaftsgütern des Betriebs veräußert werden. Eine Veräußerung eines Mitunternehmeranteils iSd § 16 Abs. 1 S. 1 Nr. 2 EStG ist nicht gegeben, weil dieser erst durch die Einbringung begründet wird (BFH GrS 2/98, BStBl. II 2000, 123; IV R 54/99, BStBl. II 2001, 178; III R 38/00, BStBl. II 2005, 554; s. *UmwStE* Rn. 24.10). 2344

Diese Aufteilung des Einbringungsvorgangs gilt auch für die **GewSt,** der der Veräußerungsgewinn unterliegt. 2345

Diese Grundsätze gelten nach Auffassung der FVerw auch dann, wenn nach wirtschaftlicher Betrachtung des Einzelfalls die **Zuzahlung** in das Betriebsvermögen der PersGes im zeitlichen Zusammenhang mit der Einbringung **entnommen** wird. Für eine unmittelbare Zuzahlung in das Privatvermögen spricht somit, wenn der Einbringende nach der Einbringung größere Entnahmen vornehmen darf und die Bemessung der Gewinnanteile auf das verbleibende Kapital abstellt (s. BFH IV R 82/92, BStBl. II 1995, 599; FG Köln 10 K 2089/09, EFG 2012, 1798; *UmwStE* Rn. 24.11). Auf die Bestimmung des **Begriffs** der **sonstigen Gegenleistungen** iSd **§ 22 Abs. 2 Nr. 2 S. 2 UmwStG** wird verwiesen (→ Rn. 2208). 2346

(frei) 2347–2349

c) Einbringung mit Zuzahlung zum gemeinen Wert. Eine Einbringung zum gemeinen Wert führt beim Einbringenden zur Aufdeckung der stillen Reserven und damit zu einem Einbringungsgewinn. Dieser ist nach § 24 Abs. 3 S. 2 und 3 UmwStG iVm §§ 16 Abs. 4, 34 EStG begünstigt, soweit das eingebrachte Betriebsvermögen bei der aufnehmenden Personengesellschaft nicht auf den Einbringenden entfällt (§ 24 Abs. 3 S. 3 UmwStG iVm § 16 Abs. 2 S. 3 EStG). Auf die **Zuzahlung** in das Privatvermögen des Einbringenden kommt es daher bei einer **Aufnahme eines Gesellschafters** in ein **bestehendes Einzelunternehmen** zum gemeinen Wert nicht an. 2350

Dies gilt auch für die **Aufnahme eines weiteren Gesellschafters** in das Vermögen der Altgesellschafter, soweit diese am Vermögen beteiligt bleiben. Die Altgesellschafter werden als Einbringende Gesellschafter und Mitunternehmer einer erweiterten PersGes iSd § 24 Abs. 1 UmwStG (s. BFH IV R 82/92, BStBl. II 1995, 599). Soweit sie auch nach der Einbringung Gesellschafter der erweiterten PersGes sind, ist eine **Veräußerung „an sich selbst" iSd § 16 Abs. 2 S. 3 EStG** gegeben. Der durch den Ansatz des gemeinen Werts entstehende Gewinn ist beim jeweiligen Altgesellschaft in Höhe dieses Anteils nach § 24 Abs. 3 S. 3 UmwStG iVm § 16 Abs. 2 S. 3 EStG ein nicht begünstigter laufender Gewinn. 2351

Ein Fall der Zuzahlung (Veräußerung und Einbringung) ist auch dann gegeben, wenn die Kaufpreisverpflichtung des Neugesellschafters aus künftigen Gewinnen der Gesellschaft zu tilgen ist **(sog. Gewinnvorab-Modell).** Denn die Kaufpreisforderung ist das Veräußerungsentgelt für die Übertragung des Teilmitunternehmeranteils (BFH VIII R 47/12, BStBl. II 2016, 600).

2352 Der Einbringungsgewinn, der kraft gesetzlicher Fiktion des § 16 Abs. 2 S. 3 EStG einen laufenden Gewinn darstellt, ist **gewstpfl.** (s. *UmwStE* Rn. 24.16 f.).

2353–2359 *(frei)*

15. Zinsvortrag und EBITDA-Vortrag (§ 24 Abs. 6 UmwStG iVm § 20 Abs. 9 UmwStG)

2360 Ein **Zinsvortrag** nach § 4h Abs. 1 S. 5 EStG und ein **EBITDA-Vortrag** nach § 4h Abs. 1 S. 3 EStG des eingebrachten Betriebs gehen nicht auf die übernehmende Gesellschaft über (§ 24 Abs. 6 UmwStG iVm § 20 Abs. 9 UmwStG). Der EBIDTA- und der Zinsvortrag werden in Umwandlungsfällen wie ein Verlustvortrag behandelt und gehen daher wie dieser entsprechend §§ 4 Abs. 2 S. 2, 15 Abs. 3, 20 Abs. 9 UmwStG, § 4h Abs. 5 S. 1 EStG grds. unter.

16. Betrieblicher Schuldzinsenabzug (§ 4 Abs. 4a EStG)

2361 Über- oder Unterentnahmen sowie ein ggf. vorhandenes Verlustpotenzial sind bei Einbringung eines Betriebs oder bei Aufnahme eines weiteren Gesellschafters in eine bestehende Mitunternehmerschaft unabhängig vom gewählten Wertansatz in der Zielgesellschaft fortzuführen (BFH IV R 46/13, BStBl. II 2017, 268; BMF 17.11.2005, FR 2005, 1261 (1265); s. auch Rüping DStR 2010, 1560).

2362–2369 *(frei)*

XIV. Formwechsel einer Personengesellschaft in eine Kapitalgesellschaft oder Genossenschaft (§ 25 UmwStG)

2370 Nach §§ 190 ff. UmwG kann ein Rechtsträger durch einen Formwechsel seine Rechtsform ändern. Dabei bleibt seine rechtliche Identität und auch die seiner Anteilsinhaber gewahrt. Es erfolgt lediglich eine Änderung der rechtlichen Organisation des Rechtsträgers (zB BFH I R 13/13, BFH/NV 2022, 1157).

2371 **Steuerrechtlich** werden in der formwechselnden Umwandlung einer PersGes in eine KapGes oder Genossenschaft ein **tauschähnlicher entgeltlicher Rechtsträgerwechsel** gesehen und eine Sachgründung der Gesellschaft in neuer Rechtsform fingiert (zB BFH I B 15/11, BFH/NV 2011, 1748; I R 78/12, BFH/NV 2015, 523; I R 39/19, BStBl. II 2022, 683; I R 13/19, BFH/NV 2022, 1157). Gemäß der **Rechtsgrundverweisung** des § 25 UmwStG sind in den Fällen des Formwechsels in eine KapGes oder Genossenschaft iSd § 190 UmwG oder vergleichbarer ausländischer Vorgänge die §§ 20–23 UmwStG entsprechend anzuwenden (BFH I B 15/11, BFH/NV 2011, 1748; I R 26/18, BFH/NV 2020, 439). Durch diesen Verweis des § 25 UmwStG auf die §§ 20–23 UmwStG wird der Formwechsel wie eine übertragende Umwandlung behandelt. Dies setzt voraus, dass die formwechselnde PersGes zum Zeitpunkt der tatsächlichen Einbringung der Mitunternehmeranteile (zB in Form des Beschlusses des Formwechsels) eine Mitunternehmerschaft ist, die einen gemeinsamen Betrieb iSd §§ 13, 15, 15 Abs. 3 Nr. 2, 18 EStG unterhält und somit die Tatbestandsvoraussetzungen der §§ 20, 21 UmwStG vorliegen (s. BFH I R 13/19, BFH/NV 2022, 1157). Eine entsprechende Anwendung der Vorschriften über die Verschmelzung auf eine PersGes

(§§ 3–9 UmwStG) scheidet aus (s. BFH IV R 49/14, BFH/NV 2016, 521). Zum Verhältnis des § 4 Abs. 2 S. 3 UmwStG iVm §§ 25 S. 1, 23 Abs. 1 UmwStG zu **§ 9 Nr. 1 S. 5 Nr. 2 GewStG** (s. BFH I R 39/19, BStBl. II 2022, 683; → Rn. 644).

Bei einem Formwechsel von einer PersGes in eine KapGes werden die einzelnen Mitunternehmer als **Einbringende** behandelt, die ihre Mitunternehmeranteile übertragen. Die formwechselnde PersGes erlischt und ihre ehemaligen Mitunternehmer erhalten die Anteile an der aufnehmenden KapGes (s. BFH I R 13/19, BFH/NV 2022, 1157).

Anteile an der KapGes, die zum Betriebsvermögen der formwechselnden PersGes gehören, gehen grds. als unselbstständiger Bestandteil der Sachgesamtheit iSd § 20 Abs. 1 UmwStG iRd einheitlichen Einbringungsvorgangs auf die übernehmende KapGes über (s. FG Münster 10 K 3388/08 K, G, F, EFG 2012, 2057).

Diese Grundsätze gelten gemäß **§ 1a Abs. 2 S. 2 KStG für den fiktiven** 2371a
Formwechsel zur Körperschaftsbesteuerung nach **§ 1a Abs. 2 S. 1 KStG** entsprechend (s. BMF BStBl. I 2021, 2212 Rn. 25).

Ein mit einem Formwechsel iSd § 190 UmwG **vergleichbarer ausländi-** 2372
scher Vorgang ist dann gegeben, wenn die Rechtsform des Rechtsträgers nach ausländischem Umwandlungsrecht ohne Vermögensübertragung wechselt und iRd Typenvergleichs der umwandelnde Rechtsträger der Rechtsform einer PersGes und der umgewandelte der einer KapGes entspricht (*UmwStE* Rn. 01.24 ff.).

Eine **GbR** kann nicht in eine KapGes formwechseln (s. *UmwStE nF* Rn. 01.12 2373
Übersicht). Dagegen ist eine **eingetragene GbR** gemäß § 3 Abs. 1 S. 1 UmwG nF ab dem 1.1.2024 umwandlungsfähig (zB UmwStE Rn. 01.12, 01.16).

Gemäß § 20 Abs. 1 UmwStG müssen iRd Formwechsels sämtliche funktional 2374
wesentlichen Betriebsgrundlagen der PersGes auf die KapGes übertragen werden. Dies betrifft auch das **Sonderbetriebsvermögen** der Gesellschafter, sofern es zu den wesentlichen Betriebsgrundlagen der PersGes zählt. Geht dieses in zeitlichem und sachlichem Zusammenhang mit dem Umwandlungsbeschluss auf die KapGes über, fällt die Einbringung iF einer formwechselnden Umwandlung und der Übertragung von Sonderbetriebsvermögen im Wege der Einzelrechtsnachfolge insgesamt unter § 25 UmwStG. Ansonsten ist hinsichtlich der Übertragung des Sonderbetriebsvermögens die Anwendung des § 6 Abs. 5 S. 3 ff. EStG zu prüfen. Werden wesentliche Betriebsgrundlagen des Sonderbetriebsvermögens in das Privatvermögen der Gesellschafter überführt, scheidet eine Einbringung iF einer formwechselnden Umwandlung nach § 25 UmwStG iVm § 20 Abs. 1 UmwStG aus (vgl. BFH I B 15/11, BFH/NV 2011, 1748; *UmwStE* Rn. 20.06).

Der Umstand, dass das **Handelsrecht kein Sonderbetriebsvermögen** kennt 2375
und diese Wirtschaftsgüter daher nicht vom Formwechsel nach §§ 190 ff. HGB erfasst werden, ist steuerrechtlich unbeachtlich, da es sich bei den §§ 25 S. 1 und 20 Abs. 1 UmwStG um eigenständige steuerliche Vorschriften handelt, die vom Handelsrecht unabhängige Voraussetzungen haben (BFH I B 15/11, BFH/NV 2011, 1748).

Die KapGes kann das übergegangene Betriebsvermögen mit den Buchwerten 2376
oder mit einem höheren Wert ansetzen (BFH I R 38/04, BStBl. II 2006, 568; I R 97/06, BFH/NV 2007, 2220; BMF 4.7.2006, BStBl. I 2006, 445; OFD Rheinland 25.2.2008, GmbHR 2008, 391). Danach ist auch hier abweichend vom

Handelsrecht bei der übertragenden Gesellschaft eine Steuerbilanz auf den steuerlichen Übertragungsstichtag (§ 2 UmwStG) aufzustellen. Dazu enthält § 20 Abs. 6 UmwStG die Acht-Monatsregelung. Abweichungen von den Ansätzen in der Handelsbilanz sind in keinem gesonderten Verzeichnis aufzunehmen (BMF 12.3.2010, BStBl. I 2010, 239 Rn. 19).

2377 Es treten beim Formwechsel vergleichbare Probleme hinsichtlich der **Handelsbilanz** auf wie bei der Verschmelzung, weil das Steuerrecht in § 20 Abs. 3 UmwStG einen Veräußerungsgewinn annimmt, handelsrechtlich aber keine Liquidation erfolgt (→ Rn. 630).

2378 Auch beim Formwechsel nach § 25 UmwStG geht der Verlustvortrag der PersGes iSd § 10d Abs. 4 S. 2 EStG nicht auf die KapGes über, sondern verbleibt bei der umwandelnden Gesellschaft (s. *UmwStE* Rn. 25.01, 23.02; BFH I B 91/97, BFH/NV 2008, 618). Dies gilt gem. § 25 UmwStG iVm § 23 Abs. 5 UmwStG auch für einen vortragsfähigen Gewerbeverlust iSd § 10a GewStG (s. *UmwStE* Rn. 25.01, 23.02).

2379 Bei einem **Formwechsel einer GmbH & Co. KG in eine Kapitalgesellschaft** ist die Zurückbehaltung der Anteile an der Komplementär-GmbH grds. unschädlich. Denn durch die Umwandlung erlischt die vermögenslos werdende KG. Damit entfällt die Komplementärstellung der GmbH, wenn sich ihr Aufgabenbereich auf die Geschäftsführung beschränkt. Die Anteile an der Komplementär-GmbH verlieren dadurch ihre wirtschaftliche Bedeutung (s. BFH I R 97/08, BStBl. II 2010, 808; OFD Rheinland und Münster 23.3.2010, GmbHR 2011, 616).

2380 Eine formwechselnde Umwandlung einer ausschließlich vermögensverwaltenden PersGes, deren Anteile von den Gesellschaftern teilweise im Betriebsvermögen gehalten werden **(Zebragesellschaft),** in eine **Kapitalgesellschaft** ist nicht nach § 25 UmwStG begünstigt, weil die PersGes selbst nicht über ein Betriebsvermögen als Voraussetzung für die Anwendung der Vorschrift verfügt.

2381 Bei einem Formwechsel iSd § 25 UmwStG kann es gem. **§ 6 Abs. 5 S. 6 EStG** zu einer **rückwirkenden Besteuerung** eines nach § 6 Abs. 5 S. 3 EStG unter Buchwertansatz übertragenen Wirtschaftsguts kommen. Eine solche wird dann ausgelöst, soweit innerhalb von sieben Jahren nach der Übertragung des Wirtschaftsguts in das Gesamthandsvermögen der PersGes bzw. Sonderbetriebsvermögen eines Gesellschafters der Anteil einer KapGes an dem übertragenen Wirtschaftsgut aus einem anderen Grund unmittelbar oder mittelbar begründet wird oder dieser sich erhöht. Dies ist grds. bei einem Formwechsel einer PersGes in eine KapGes innerhalb der siebenjährigen Sperrfrist gegeben, sodass die PersGes das übertragene Wirtschaftsgut rückwirkend zum Übertragungszeitpunkt mit dem Teilwert zu aktivieren hat (BMF 8.12.2011, BStBl. I 2012, 1279 Rn. 33 f.).

2382 Steuerrechtlich hat die übertragende PersGes – abweichend vom Handelsrecht – gem. **§ 25 S. 2 UmwStG iVm § 9 S. 2 und 3 UmwStG** auf den steuerlichen Übertragungsstichtag eine **Übertragungsbilanz** aufzustellen (s. BFH I B 15/11, BFH/NV 2011, 1748).

2383 **Nachversteuerung gem. § 34a Abs. 6 S. 1 Nr. 2 EStG.** Nach dieser Vorschrift ist bei den Mitunternehmern eine Nachversteuerung hinsichtlich nicht entnommener Gewinne iSd § 34a Abs. 2 EStG, die bisher gem. § 34a Abs. 1 EStG begünstigt besteuert wurden, durchzuführen, wenn die PersGes in eine KapGes oder Genossenschaft formwechselnd umgewandelt wird **(§ 25 UmwStG).**

§ 7a Sonderregelung bei der Ermittlung des Gewerbeertrags einer Organgesellschaft

(1) [1]**Bei der Ermittlung des Gewerbeertrags einer Organgesellschaft ist § 9 Nummer 2a, 7 und 8 nicht anzuwenden.** [2]**In den Fällen des Satzes 1 ist § 8 Nummer 1 bei Aufwendungen, die im unmittelbaren Zusammenhang mit Gewinnen aus Anteilen im Sinne des § 9 Nummer 2a, 7 oder 8 stehen, nicht anzuwenden.**

(2) [1]**Sind im Gewinn einer Organgesellschaft**
1. **Gewinne aus Anteilen im Sinne des § 9 Nummer 2a, 7 oder 8 oder**
2. **in den Fällen der Nummer 1 auch Aufwendungen, die im unmittelbaren Zusammenhang mit diesen Gewinnen aus Anteilen stehen,**

enthalten, sind § 15 Satz 1 Nummer 2 Satz 2 bis 4 des Körperschaftsteuergesetzes und § 8 Nummer 1 und 5 sowie § 9 Nummer 2a, 7 und 8 bei der Ermittlung des Gewerbeertrags der Organgesellschaft entsprechend anzuwenden. [2]**Der bei der Ermittlung des Gewerbeertrags der Organgesellschaft berücksichtigte Betrag der Hinzurechnungen nach § 8 Nummer 1 ist dabei unter Berücksichtigung der Korrekturbeträge nach Absatz 1 und 2 Satz 1 zu berechnen.**

(3) **Die Absätze 1 und 2 gelten in den Fällen des § 15 Satz 2 des Körperschaftsteuergesetzes entsprechend.**

Literatur: Adrian/Fey, Gewerbesteuerliche Behandlung von Dividenden bei Organschaft ohne und mit Beteiligungsaufwand, StuB 2016, 472; Benz/Böhmer, Die Nichtanwendungsgesetze des RefE eines „Anti-Beps-Umsetzungsgesetzes", DB 2016, 1531; Hesse/Frieburg, Änderungen des KStG und GewStG im Entwurf des AHRL-ÄndUmsG, GmbH-StB 2016, 271; Weiss, Zur Schachtelstrafe bei § 8b KStG, DK 2017, 174; Kollruss, Ermittlung des Gewerbeertrags einer Organgesellschaft, WPg 2019, 55.

Übersicht

I. Allgemeines

Die Vorschrift bezweckt ein Antidot gegen das BFH-Urt. I R 39/14 (BStBl. II 2015, 1052), das eine **gewstrechtliche Besserstellung einer Organgesellschaft** (OG) beim Bezug von Gewinnen aus Anteilen an einer KapitalGes gegenüber nicht organschaftlich verbundenen KapitalGes bedeutet (→ § 2 Rn. 524a). Dem soll die Vorschrift **entgegenwirken.** Anstelle einer vom BFH ausgemachten 1

„im Kern unsystematischen Entscheidung", die mE keine solche war, sondern eine plan- und systemwidrige Regelungslücke, ist eine merkwürdig anmutende abermals systemfremde Vorschrift mit dem Ziel getreten, **in zwei Stufen** die „Schachtelstrafe" des § 8b Abs. 5 KStG auch gewstrechtlich durchschlagen zu lassen und damit die oa Ungleichheit zu beseitigen (RegBegr BT-Drs. 18/9536, 59). Sie betrifft nach allem nur sog. Schachtelbeteiligungen; Streubesitz ist nicht betroffen.

Die Vorschrift ist **anzuwenden ab EZ 2017** auf Gewinne aus Anteilen, die nach dem 31.12.2016 zufließen (§ 36 Abs. 2b GewStG idF des AHLR-ÄndUmsG). Für offene Fälle bis einschließlich EZ 2016 ist die vom BFH (I R 39/14, BStBl. II 2015, 1052) geschaffene Rechtslage anzuwenden (vgl. OFD Karlsruhe 17.2.2016 – G 142.5/50/2-St 226).

II. Die Regelung im Einzelnen

1. Absatz 1

2 In **Abs. 1 S. 1** bestimmt diese Vorschrift **für die OG** in einer 1. Stufe die **Nichtanwendung** des **§ 9 Nr. 2a, 7 oder 8** sowie in **Abs. 1 S. 2** die Nichtanwendung des **§ 8 Nr. 1** (bei Aufwendungen im unmittelbaren Zusammenhang mit solchen Gewinnen aus Anteilen). Die Regelung ist zu verstehen als Vorstufe eines eigenständigen Verfahrens der Ermittlung des GewErtrags der OG (mit den in § 7a Abs. 2 bestimmten Modifikationen). Kern dieser Nichtanwendungsbestimmung ist das **Verbleiben der Gewinnanteile im Gewerbeertrag** der OG, jedoch nur zunächst, dh bis zur Anwendung des § 8b KStG/§ 3 Nr. 40 EStG auf der Ebene der OG (zum **Begriff der Gewinnanteile,** der zwar vororganschaftliche Mehrabführungen, nicht aber Veräußerungsgewinne umfasst, → § 9 Nr. 2a Rn. 6 ff.).

Da § 7a Abs. 1 GewStG die Kürzungsvorschriften der **§§ 9 Nr. 2 u. 3 nicht ausgeschlossen** hat, kann die OG mittelbar über ihre Beteiligung an einer gewerblichen/gewerblich geprägten Mitunternehmerschaft Schachteldividenden beziehen, ohne dass § 8b Abs. 5 KStG berührt wird (Kollruss WPg 2019, 55).

3 **a) Gebrochene Einheitstheorie.** Nach der Vorstellung des Ggebers bleibt diese Theorie (→ § 2 Rn. 518, 528 ff.) unberührt (vgl. RegBegr BT-Drs. 18/9536, 59). Das bedeutet, im Hinblick auf die **Gewinn- bzw. Einkommensermittlung der OG** gilt § 15 S. 1 Nr. 2 S. 1 KStG (Ausschluss des § 8b Abs. 1–6 KStG) weiterhin. Bei der **Gewerbeertragsermittlung** würde aber die Anwendung der Kürzungsvorschriften des § 9 Nr. 2a, 7 oder 8 dazu führen, dass Gewinnanteile bei der Zusammenrechnung der GewErträge beim Organträger (OT) nicht mehr iSd des oa BFH-Urt. enthalten wären. Daher unterbindet Abs. 1 S. 1 die unmittelbare Anwendung dieser Vorschriften.

4 **b) Hinzurechnungen nach § 8 Nr. 1.** Auch die **unmittelbare Anwendung** dieser Vorschrift wird für Aufwendungen im unmittelbaren Zusammenhang mit Gewinnanteilen (zum Begriff → § 9 Nr. 2a Rn. 9 ff.) **ausgeschlossen.** Die unmittelbare Anwendung der oa Kürzungsvorschriften hat Auswirkungen auf die Hinzurechnung nach § 8 Nr. 1 (vgl. § 9 Nr. 2a S. 3, § 9 Nr. 7 S. 2, § 9 Nr. 8 S. 2). Als Folge des Ausschlusses der Kürzungsvorschriften und im Interesse der folgenden GewErtragsbestimmung bedarf es (zunächst) der Nichtanwendung des § 8 Nr. 1.

2. Absatz 2

Diese **2. Stufe der GewErtragsermittlung** der OG ist bedingt durch das **Vorliegen von Gewinnanteilen** iSd § 9 Nr. 2a, 7 oder 8 sowie von unmittelbar mit ihnen zusammenhängenden Aufwendungen (Hesse/Frieburg gmbhstb 2016, 271). **Veräußerungsgewinne** sind nicht betroffen. 5

Abs. 2 S. 1 bestimmt die **entsprechende Anwendung** von

- § 15 S. 1 Nr. 2 S. 2–4 KStG
- § 8 Nr. 1 GewStG
- § 8 Nr. 5 GewStG
- § 9 Nr. 2a, 7 bzw. 8 GewStG.

Unabhängig von der Undeutlichkeit und **Komplexität** der Vorschrift ist sie auch **rechtssystematisch unbefriedigend,** da sie Vorschriften zur Ermittlung des GewErtrags auf der Ebene der OG mit Gewinn- bzw. Einkommensermittlungsvorschriften auf der Ebene des OT (§ 15 S. 1 Nr. 2 S. 2–4 KStG iVm § 8b KStG bzw. § 3 Nr. 40 EStG) vermischt (ebenso zB Leister in WSMH § 7a Rn. 38; Hesse/Frieburg gmbhstb 2016, 271).

a) § 15 S. 1 Nr. 2 S. 2 KStG entsprechend. Mit dieser Regelung wird zunächst erreicht, dass auf der 2. Stufe der GewErtragsermittlung **auf der Ebene der OG** die Vorschriften des **§ 8b KStG u. § 3 Nr. 40 EStG anwendbar** sind. Denn zunächst schließt § 7a Abs. 2 S. 1 die Vorschrift des § 15 S. 1 Nr. 2 S. 1 KStG (Nichtanwendbarkeit des § 8b KStG bei einer OG) von der entsprechenden Anwendbarkeit aus. Zudem ergibt der Verweis auf § 15 S. 1 Nr. 2 S. 2 KStG entsprechend die Anwendbarkeit sowohl von § 8b KStG als auch § 3 Nr. 40 EStG. Das bedeutet, dass bei der Ermittlung des GewErtrags der OG bereits die **Rechtsform des OT zu berücksichtigen** ist. § 8b KStG kommt zur Anwendung, wenn der OT eine KapGes oder eine PersGes mit KapGes als Mitunternehmer ist; § 3 Nr. 40 EStG bei natürlichen Personen und (sonstigen) PersGes. 6

Rechtsfolge ist, dass auf der Ebene der OG der **Gewinnanteil außer Ansatz** zu lassen ist (§ 8b Abs. 1 KStG), aber auch 5 % dieser Bezüge („Schachtelstrafe") als nicht abziehbare BA zu behandeln sind (§ 8b Abs. 5 KStG). Entsprechendes ergibt sich bei Anwendung von § 3 Nr. 40 EStG iVm § 3c Abs. 2 EStG. Bei der Zusammenrechnung der Gewerbeerträge von OT und OG führt dies zu einer **Netto-Zurechnung** (Benz/Böhmer DB 2016, 1531). Dieses Netto-Ergebnis ist der Zurechnungsbetrag bei der Zusammenrechnung der GewErträge von OT und OG (vgl. das Berechnungsbeispiel → Rn. 10), mit dem die Schachtelstrafe auch gewstlich beim OT ankommt (Weiss DK 2017, 174).

§ 15 S. 1 Nr. 2 S. 2 KStG ist iZm § 7a Abs. 2 S. 1 daher so zu lesen, dass bei entsprechenden Gewinnanteilen § 8b KStG sowie § 3 Nr. 40 EStG und § 3c Abs. 2 EStG **„bei der Ermittlung des Gewerbeertrags der Organgesellschaft anzuwenden"** sind (iE ebenso Adrian/Fey StuB 2016, 472; Hesse/Frieburg gmbhstb 2016, 271).

b) § 8 Nr. 1 GewStG entsprechend. Die Regelung bezieht sich nach ihrem inneren Zusammenhang mE ausschließlich auf die mit den Gewinnanteilen **in unmittelbarem Zusammenhang** stehenden Finanzierungsaufwendungen, soweit sie im Gewinn der OG berücksichtigt worden sind. Im Unterschied zur nicht OG-bezogenen Anwendung des § 9 Nr. 2a, 7 oder 8 (keine Berücksichtigung von § 8 Nr. 1 insoweit) ist § 8 Nr. 1 hier anzuwenden mit der Folge einer Erhöhung des GewErtrags (Zurechnungsbetrags) der OG. Allerdings ist mE der 7

Freibetrag von 200.000 EUR nach § 8 Nr. 1 (auch → § 8 Nr. 1 Buchst. f Rn. 18) – soweit bei seiner unmittelbaren Anwendung in anderem Zusammenhang noch nicht ausgeschöpft – anzuwenden.

Beispiel: Liegen die dortigen Finanzierungsaufwendungen bei 150.000 EUR und hier bei 30.000 EUR, erfolgt keine Hinzurechnung nach § 8 Nr. 1, weder in unmittelbarer noch in entsprechender Anwendung.

Die Regelung von Abs. 2 S. 2 bedeutet, dass der bei der Ermittlung des GewErtrags der OG (bisher) angesetzte Hinzurechnungsbetrag nach § 8 Nr. 1 konsequenterweise neu zu berechnen ist. Hierbei kann es nach RegBegr BT-Drs. 18/9536, 59 zur Änderung bei der Gewährung des Freibetrags nach § 8 Nr. 1 kommen. Das bedeutet mE lediglich, dass die beiden Hinzurechnungsbeträge zusammenzurechnen und auf die Summe der Freibetrag einheitlich anzuwenden ist.

Beispiel: Liegen die dortigen Finanzierungsaufwendungen bei 180.000 EUR und hier bei 50.000 EUR, erfolgt eine Hinzurechnung mit 25 % aus 30.000 EUR.

7a **Rechtslage bis EZ 2016** einschließlich. Der BFH hatte in seinem **Urt. I R 39/14** (BStBl. II 2015, 1052) keinen Anlass zur gewstrechtlichen Behandlung von **Finanzierungsaufwendungen** im Organkreis zu entscheiden. In ihrer Höhe minderten sie **bis EZ 2016 einschließlich** die Kürzung um Gewinnanteile im GewErtrag der OG. Das wirkte im Ergebnis zwar wie ein BA-Verbot, war gesetzestechnisch jedoch als nur anteilige Minderung der Kürzung um die Gewinnanteile gestaltet mit der Folge, dass der Gewinnanteil in ihrer Höhe im GewErtrag der OG verblieb, zumal eine (25%ige) Hinzurechnung der Finanzierungsaufwendungen nach § 8 Nr. 1 Buchst. a ausgeschlossen war. Nach der Zusammenrechnung der GewErträge beim OT (§ 2 Abs. 2 S. 2) war bei diesem § 8b KStG anzuwenden (§ 15 S. 1 Nr. 2 S. 2 KStG) einschließlich der 5%igen Schachtelstrafe nach § 8b Abs. 5 KStG (allg. Auffassung, vgl. Hesse/Frieburg gmbhstb 2016, 271; Nöcker in Lenski/Steinberg § 7a Rn. 18 ff.; Leister in WSMH § 7a Rn. 16 ff.).

8 **c) § 15 S. 1 Nr. 2 S. 4 KStG entsprechend.** Die Regelung stellt sicher, dass es für die Bestimmung einer Schachtelbeteiligung auch bei der entsprechenden Anwendung allein auf die Beteiligungsverhältnisse bei der OG bzw. beim OT ankommt. Eine Auswirkung auf die bisherige Rechtslage, wonach auch eine mittelbare Beteiligung genügt (BFH I R 31/99, BStBl. II 2001, 685; GewStR 9.3 S. 1), ist damit nicht verbunden. Die von der OG gehaltene unmittelbare Beteiligung kann zugleich als mittelbare Beteiligung bei der Berechnung der Beteiligungsquote des OT zu berücksichtigen sein (RegBegr BT-Drs. 18/9536, 59).

9 **d) § 15 S. 2 KStG entsprechend.** Die Regelung stellt auch für die entsprechende Anwendung des § 9 Nr. 2a, 7 bzw. 8 sicher, dass insb. § 15 S. 1 Nr. 2 S. 2 KStG auch (entsprechend) anzuwenden ist, wenn sich die Freistellung der von der OG vereinnahmten Dividende aus den Bestimmungen eines DBA ergibt.

III. Berechnungsbeispiele

10 Die Wirkungsweise des § 7a GewStG veranschaulicht folgendes Berechnungsbeispiel:

	OT Kapitalgesellschaft			**OT Personenunternehmen**		
Schachteldividende	+ 100	+ 100	+ 100	+ 100	+ 100	+ 100
Aufwand hierzu (Zinsen)	0	./. 12	./. 160	0	./. 12,0	./. 160
= Gewinn § 7 GewStG	+ 100	+ 88	./. 60	+ 100	+ 88,0	./. 60
= Gewerbeertrag der OG	+ 100	+ 88	./. 60	+ 100	+ 88	./. 60
§ 7a Abs. 2 GewStG:						
„§ 8b Abs. 1 KStG/§ 3 Nr. 40 EStG“	./. 100	./. 100	./. 100	./. 40	./. 40,0	./. 40
„§ 3c Abs. 2 EStG“				0	+ 4,8	+ 64
„§ 8b Abs. 5 KStG“	+ 5	+ 5	+ 5			
„§ 9 Nr. 2a GewStG“	0	0	0	./. 60	./. 52,8	0
„§ 8 Nr. 1 GewStG“	0	+ 3	+ 40	0	0	+ 9
= Zurechnungsbetrag der OG zum OT	+ 5	./. 4	./. 115	0	0	./. 27

Quelle: RegBegr BT-Drs. 18/9536, 60.

§ 7b Sonderregelung bei der Ermittlung des Gewerbeertrags bei unternehmensbezogener Sanierung

(1) **Die §§ 3a und 3c Absatz 4 des Einkommensteuergesetzes sind vorbehaltlich der nachfolgenden Absätze bei der Ermittlung des Gewerbeertrags entsprechend anzuwenden.**

(2) **[1]Der nach Anwendung des § 3a Absatz 3 Satz 2 Nummer 1 des Einkommensteuergesetzes verbleibende geminderte Sanierungsertrag im Sinne des § 3a Absatz 3 Satz 1 des Einkommensteuergesetzes mindert nacheinander**

1. **den negativen Gewerbeertrag des Sanierungsjahrs des zu sanierenden Unternehmens,**
2. **Fehlbeträge im Sinne des § 10a Satz 3 und**
3. **im Sanierungsjahr ungeachtet des § 10a Satz 2 die nach § 10a Satz 6 zum Ende des vorangegangenen Erhebungszeitraums gesondert festgestellten Fehlbeträge; die in § 10a Satz 1 und 2 genannten Beträge werden der Minderung entsprechend aufgebraucht.**

[2]Ein nach Satz 1 verbleibender Sanierungsertrag mindert die Beträge nach Satz 1 Nummer 1 bis 3 eines anderen Unternehmens, wenn dieses die erlassenen Schulden innerhalb eines Zeitraums von fünf Jahren vor dem Schuldenerlass auf das zu sanierende Unternehmen übertragen hat und soweit die entsprechenden Beträge zum Ablauf des Wirtschaftsjahres der Übertragung bereits entstanden waren. [3]Der verbleibende Sanierungsertrag nach Satz 2 ist zunächst um den Minderungsbetrag nach § 3a Absatz 3 Satz 2 Nummer 13 des Einkommensteuerungsgesetzes zu kürzen. [4]Bei der Minderung nach Satz 1 ist § 10a Satz 4 und 5 entsprechend anzuwenden; dies gilt für Zwecke der Minderung nach Satz 1 Nummer 3 mit der Maßgabe, dass der sich für die Mitunternehmerschaft insgesamt ergebende Sanierungsertrag im Verhältnis der den Mitunternehmern zum Ende des vorangegangenen Erhebungszeitraums zugerechneten Fehlbeträge den Mitunternehmern zuzurechnen ist. [5]In Fällen des § 10a

Satz 9 ist § 8 Absatz 9 Satz 9 des Körperschaftsteuergesetzes entsprechend anzuwenden. [6]An den Feststellungen der vortragsfähigen Fehlbeträge nehmen nur die nach Anwendung der Sätze 1 und 2 verbleibenden Beträge teil.

(3) **[1]In den Fällen des § 2 Absatz 2 Satz 2 ist § 15 Satz 1 Nummer 1a des Körperschaftsteuergesetzes entsprechend anzuwenden. [2]Absatz 2 Satz 3 gilt entsprechend.**

Die §§ 3a und 3c Abs. 4 EStG nF lauten auszugsweise:

§ 3a Sanierungserträge

(1) [1]Betriebsvermögensmehrungen oder Betriebseinnahmen aus einem Schuldenerlass zum Zwecke einer unternehmensbezogenen Sanierung im Sinne des Absatzes 2 (Sanierungsertrag) sind steuerfrei. [2]Sind … [sie] steuerfrei, sind steuerliche Wahlrechte in dem Jahr, in dem ein Sanierungsertrag erzielt wird (Sanierungsjahr) und im Folgejahr im zu sanierenden Unternehmen gewinnmindernd auszuüben. [3]Insbesondere ist der niedrigere Teilwert (…) nach § 6 Absatz 1 Nummer 1 Satz 2 und Nummer 2 Satz 2 (…) anzusetzen.

(2) Eine unternehmensbezogene Sanierung liegt vor, wenn der Steuerpflichtige für den Zeitpunkt des Schuldenerlasses die Sanierungsbedürftigkeit und die Sanierungsfähigkeit des Unternehmens, die Sanierungseignung des betrieblich begründeten Schuldenerlasses und die Sanierungsabsicht der Gläubiger nachweist.

(3) [1]Nicht abziehbare Beträge im Sinne des § 3c Absatz 4, die in Veranlagungszeiträumen vor dem Sanierungsjahr und im Sanierungsjahr anzusetzen sind, mindern den Sanierungsertrag. [2]Dieser Betrag mindert nacheinander

1. den auf Grund einer Verpflichtungsübertragung im Sinne des § 4f Absatz 1 Satz 1 (…) verteilt abziehbaren Aufwand des zu sanierenden Unternehmens, es sei denn, der Aufwand ist gemäß § 4f Absatz 1 Satz 7 auf einen Rechtsnachfolger übergegangen, der (…) der Regelung des § 5 Absatz 7 unterliegt. [2]Entsprechendes gilt in Fällen des § 4f Absatz 2;

(…)

13. den zum Ende des Vorjahrs festgestellten und den im Sanierungsjahr entstehenden
    a) Zinsvortrag nach § 4h Absatz 1 Satz 5,
    b) EBITDA-Vortrag nach § 4h Absatz 1 Satz 3. (…)

(…)

§ 3c Anteilige Abzüge

(…)

(4) [1]Betriebsvermögensminderungen oder Betriebsausgaben, die mit einem steuerfreien Sanierungsertrag im Sinne des § 3a in unmittelbarem wirtschaftlichen Zusammenhang stehen, dürfen unabhängig davon, in welchem Veranlagungszeitraum der Sanierungsertrag entsteht, nicht abgezogen werden. [2]Satz 1 gilt nicht, soweit Betriebsvermögensminderungen oder Betriebsausgaben zur Erhöhung von Verlustvorträgen geführt haben, die nach Maßgabe der in § 3a Absatz 3 getroffenen Regelungen entfallen. (…)

Literatur: Desens, Die neue Besteuerung von Sanierungserträgen, FR 2017, 981;Förster/Hechtner, Steuerbefreiung von Sanierungsgewinnen gem. §§ 3a, 3c Abs. 4 EStG, DB 2017,

1536; Kahlert/Schmidt, Die neue Steuerfreiheit des Sanierungsertrags – Fragen und Antworten, DStR 2017, 1897; Kanzler, Steuerbefreiung von Sanierungsgewinnen, NWB 2017, 2260; Roser, Unzureichende Systematik bei Gesellschafterforderungen, Ubg 2011, 113; Schüppen, Der Große Senat des BFH zum Sanierungserlass – Steuerrechtliche Systematik trifft auf erfolgreiche Interessenvertretung, ZIP 2017, 752; Sistermann/Beutel, Unternehmenssanierungen nach der Grundsatzentscheidung des Großen Senats des BFH, DStR 2017, 1065; Suchanek/Schaaf/Hannweber, Interpersoneller Verlustuntergang gem. der Neuregelung der Sanierungsgewinnbesteuerung, WPg 2017, 909; Kanzler, Die Reanimation des steuerfreien Sanierungsgewinns, FR 2018, 794; Kölbl/Neumann, Gewinne und Verluste bei der Sanierung von Unternehmen, Ubg 2018, 273; Möhlenkamp, Steuerfreie Sanierungsgewinne, EU-Beihilfenverbot und Wettbewerb, ZIP 2018, 1907; Förster/Hechtner, Neue gesetzliche Rahmenbedingungen im Sanierungssteuerrecht, DB 2019, 10; Hasbach, Steuerfreistellung von Sanierungserträgen bei Alt-Fällen, DB 2019, 871; Eilers/Tiemann, Alles geklärt bei der Steuerfreiheit von Sanierungserträgen? Warum der Gesetzgeber nachbessern muss, Ubg 2020, 190; Eilers/Walter-Yadegardjam, Die wirtschaftlichen Folgen der Covid-19 Pandemie: Eine Bewährungsprobe für das deutsche Sanierungssteuerrecht, FR 2020, 481; Hörner/Reuter, Der RefE zur Umsetzung der Restrukturierungsrichtlinie – erste Einschätzung aus steuerlicher Sicht, DB 2020, 2098; Desens, Die Steuerfreiheit des Sanierungsertrags im Rechtsformvergleich, BB 2023, 2263; Förster, Sanierungsmaßnahmen bei Kapitalgesellschaften, DStR 2023, 1041; Hörster, JStG 2022: Änderungen des KStG, GewStG, InvStG und weiterer Steuergesetze, NWB 2023, 382; Krumm, I. Bilanzsteuerrecht in der Prüfungspraxis, 9. Generalthema: Aktuelle Fälle aus der Betriebsprüfung: Bilanzsteuerrecht, internationale Konzernbesteuerung und Steuerverfahren, JbFfSt 2023, 946; Schiffers, Jahressteuergesetz 2022 – Auswirkungen im unternehmerischen Bereich, DStZ 2023, 11; Wagner, Sanierungssteuerrecht – Ausgewählte Entschuldungsmaßnahmen und ihre steuerlichen Folgen, DStR 2024, 1063; Ott, Kapitalgesellschaften: Der Forderungsverzicht mit Besserungsabrede, GStB 2025, 26; Ott, Steuerliche Konsequenzen ausgewählter Sanierungsmaßnahmen bei einer GmbH, DStZ 2025, 151.

Übersicht

I. Allgemeines

1. Rechtsentwicklung

1 **Sanierungserträge** waren bis EZ 1997 nach § 3 Nr. 66 EStG aF steuerfrei, und zwar ohne die Notwendigkeit der Verrechnung mit Verlustvorträgen. Die Vorschrift wurde durch G. v. 29.10.1997 (BGBl. 1997 I 2590) mW ab EZ 1998 als systemwidrig und zu aufwendig in ihrer Anwendung aufgehoben (vgl. Begr. BT-Drs. 13/7480, 192). Es hätte allerdings nahe gelegen, die Steuerbefreiung zu belassen, ggf. gegen Verrechnung von bestimmten Verlustvorträgen. Dies umso mehr, als sich durch die Aufhebung der Befreiung ein **„Zielkonflikt"** mit der inzwischen existenten InsO v. 5.10.1994 (BGBl. 1994 I 2866) ergab (vgl. BR-Drs. 59/17 (B), 14 f.; BT-Drs. 18/12128, 31). Das Bedürfnis nach dessen Lösung nahm erst der BMF mit seinem **„Sanierungserlass"** v. 27.3.2003 (BStBl. I 2003, 240; ergänzt durch BMF 22.12.2009, BStBl. I 2010, 18), zum Anlass für generalisierende allgemeinverbindliche Billigkeitsregeln.

Nachdem der BFH (GrS 1/15, BStBl. II 2017, 393) diesen Erlass als Verstoß gegen den Grundsatz der **Gesetzmäßigkeit der Besteuerung** gekippt hatte, erfolgte durch „G gegen schädliche Steuerpraktiken im Zusammenhang mit Rechteüberlassungen" v. 27.6.2017, BGBl. 2017 I 2074; zur Entwicklung vgl. BT-Drs. 18/11233; 18/11531; BR-Drs. 366/17) eine abermalige Umkehr. Normiert ist nunmehr als steuerrechtliche Absicherung des insolvenzrechtlichen Sanierungsziels ein **gesetzlicher Rechtsanspruch auf Steuerfreiheit** von Sanierungserträgen (keine Ermessensentscheidung; BT-Drs. 18/12128, 39 f.), jedoch gegen eine ggf. gleich hohe **Verrechnung von Verlust-, Aufwands- und EBITDA-Vorträgen.** Weiteres Ziel dieser Regelung sind „Vermeidung von Doppelbegünstigungen" sowie die Begrenzung auf das „erforderliche Maß" (BR-Drs. 59/17 (B), 14 f.; BT-Drs. 18/12128, 31). Ein Untergang der genannten Vorträge ist jedoch nicht Voraussetzung der Steuerfreiheit. Das bedeutet mE gleichwohl, dass die eine Hand (weitgehend) das nimmt, was die andere gibt: Verliert der StPfl. als Kompensation für die „Steuerfreiheit" Verlustverrechnungspotenzial, werden in dieser Höhe – periodenverschoben – im Ergebnis die „steuerfreien" Sanierungserträge der Besteuerung unterworfen (vgl. BFH GrS 2/67, BStBl. II 1968, 666).

Die Vorschriften sind auf gewerbliche Unternehmen **jeglicher Rechtsform** anzuwenden (BT-Drs. 18/12128, 31).

2. Inkrafttreten/Anwendungszeitraum

Das **Inkrafttreten des G** war zunächst bis zur Feststellung durch die EU-Kommission vertagt, dass die Vorschriften über die Steuerfreiheit von Sanierungserträgen mit EU-Recht vereinbar sind (Art. 6 Abs. 2 des G). Bisher hat die Kommission lediglich einen sog. „comfort letter" erteilt, in dem sie dem BMF mitgeteilt hat, sie gehe davon aus, dass das G. v. 27.6.2017 nicht gegen europäisches Beihilferecht verstoße. Damit konnte das Sanierungsprivileg in Kraft treten, ohne dass es eines Notifizierungsverfahrens nach Art. 108 Abs. 3 AEUV bedurft hätte (BT-Drs. 19/5595, 85; Kanzler FR 2018, 794). Nach dem G. v. 11.12.2018 (BGBl. 2018 I 2338) sind nunmehr die Vorschriften über die Steuerfreiheit von Sanierungserträgen am Tag nach der Verkündung des G. v. 27.6.2017 in Kraft getreten. Zu den Risiken vgl. Möhlenkamp ZIP 2018, 1907. 1a

Erstmals anzuwenden ist die Vorschrift auf einen Schuldenerlass (ganz oder teilweise) nach dem 8.2.2017 (Tag der Veröffentlichung von BFH GrS 1/15, BStBl. II 2017, 393), es sei denn, es sind Billigkeitsmaßnahmen aus Gründen des Vertrauensschutzes zu gewähren. 1b

Auf **Antrag** ist die Vorschrift auch auf einen **Schuldenerlass vor dem 9.2.2017** anzuwenden (§ 36 Abs. 2c idF des G. v. 27.6.2017 (BGBl. 2017 I 2074), und des G. v. 11.12.2018 (BGBl. 2018 I 2338)). Ein solcher Antrag ist unabhängig von entsprechenden die ESt oder KSt betreffenden Anträgen. Er ist weder form- noch fristgebunden und kann mE **bis zur Bestandskraft** des jeweiligen GewStMessbescheids, ggf. bis zum Schluss der letzten mündlichen Verhandlung vor dem FG, schriftlich oder zur Niederschrift durch das FG, gestellt werden (ebenso Roser in Lenski/Steinberg § 7b Rn. 39).

Diese Möglichkeit betrifft an sich nur offene, also **noch nicht bestandkräftige** GewStMessbescheide (BVerwG 9 B 8/20, HFR 2021, 622). Jedoch wird durch die neuere BFH-Rspr. ermöglicht, dieses Hindernis durch Behandlung des Antrags als rückwirkendes **Ereignis nach § 175 Abs. 1 Nr. 2 AO** zu umgehen, zumal der Antrag selbst Tatbestandsmerkmal des § 36 Abs. 2c aF GewStG darstelle und in den von dieser Vorschrift erfassten Fällen ein Bedürfnis zur Anpassung der bestandskräftigen Regelung an diese Sachverhaltsänderung bestehe (BFH IV R 1/22, BStBl. II 2025, 294, zu FG BW 8 K 1362/20, EFG 2022, 1180, aufgeh.; BFH IV R 2/22, BFH/NV, 2025, 367, zu FG BW 8 K 1367/20, EFG 2022, 545, aufgeh.; ebenso FG Münster 9 K 3511/20 F, EFG 2024, 210; zust. zB Hasbach DB 2019, 871; Eilers/Tiemann Ubg 2020, 190; kritisch zur Gestaltung des G Rüsch BB 2025, 2071 (2073 f.); insgesamt aA Förster/Hechtner DB 2019, 10: keine Veränderung des zugrundeliegenden Lebenssachverhalts durch den Antrag). 1c

II. Die Regelung im Einzelnen

1. Grundsatz der Steuerfreiheit

§ 7b Abs. 1 normiert die **entsprechende Anwendung** der §§ 3a und 3c Abs. 4 EStG insoweit deklaratorisch, da es sich bei den in Bezug genommenen um Vorschriften der Einkommensermittlung handelt. Klar gestellt ist damit zum einen die (mE beschränkte) **Steuerfreiheit** von an **sich stpfl. Sanierungserträgen** (§ 3a EStG; BFH IV R 1/22, BStBl. II 2025, 294; IV R 2/22, BFH/NV 2025, 367) auch für die GewSt, zum anderen das Abzugsverbot für BV-Minderun- 2 gen und BA, die mit einem befreiten Sanierungsertrag in unmittelbarem wirtschaftlichen Zusammenhang stehen (§ 3c Abs. 4 EStG). Der einschränkende **Vorbehalt** nimmt die Besonderheiten des GewStR auf, die insb. eine Befassung mit den Auswirkungen auf GewVerluste (§ 10a) an Stelle von estrechtlichem Verrechnungspotenzial erfordern.

3 **a) Rechtsgrundlage.** Rechtsgrundlage ist **§ 3a Abs. 1 EStG.** Danach ist ein **Sanierungsertrag steuerfrei,** also BV-Mehrungen oder BE zum Zwecke einer **unternehmensbezogenen Sanierung** (zur Rechtsträgerunabhängigkeit Krumm JbFfSt 2023, 946). Eine unternehmensbezogene Sanierung liegt nach **§ 3a Abs. 2 EStG** vor bei einem/mehreren **Schuldenerlass(en),** wenn **(1)** das Unternehmen **sanierungsbedürftig** und **(2) sanierungsfähig** ist, **(3)** der **Schuldenerlass** aus **betrieblichen Gründen** erfolgt, **(4) sanierungsgeeignet** ist und **(5)** in **Sanierungsabsicht** der/s Gläubiger/s erfolgt. Fehlt eine dieser Voraussetzungen, ist kein steuerfreier Sanierungsgewinn gegeben (BFH VIII R 214/85, BStBl. II 1991, 633; hierzu auch Wagner DStR 2024, 1063). Das Vorliegen dieser Voraussetzungen hat der StPfl. nachzuweisen; fehlt es hieran, sind die Gründe hierfür oder die Frage des Verschuldens unerheblich (BFH X B 94/23, BStBl. II 2025, 145).

Die Freistellung erfordert **keinen Antrag;** allerdings gibt das **Nachweiserfordernis** (§ 3a Abs. 2 EStG) dem StPfl. ein **faktisches Wahlrecht,** wenn nicht das FA die tatsächlichen Voraussetzungen auch ohne weitere Nachweise als gegeben ansieht (Desens FR 2017, 981; Förster/Hechtner 2017, 1536).

Da die **Legaldefinition des § 3a Abs. 2 EStG** sich die Elemente der Rspr. zu § 3 Nr. 66 EStG aF zu eigen gemacht hat, ist für ihre Auslegung im Einzelnen ein **Rückgriff auf die ältere Rspr.** angezeigt (BFH X B 63/20, BFH/NV 2021, 531; X B 94/23, BStBl. II 2025, 145; IV R 23/23, BStBl. II 2026, 30).

3a **b) Gegenstand der Steuerbefreiung.** Gegenstand der Steuerbefreiung sind **BV-Mehrungen** und **BE mit Sanierungszweck.** In Betracht kommt etwa auch der Erlass der Rückgriffsforderung durch einen Bürgen oder auch ein Forderungsverzicht gegen Besserungsvorbehalt, da auch dessen Berücksichtigung den Verbrauch des Verlustverrechnungspotenzials erfordert (ebenso Roser in Lenski/Steinberg § 7b Rn. 11, 17); in Betracht soll auch eine Konfusion durch Forderungskauf oder einen debt-to-equity-swap kommen (Kahlert/Schmidt DStR 2017, 1897; Hörner/Reuter DB 2020, 2098). Ausgegrenzt ist jedoch von vornherein eine Leistung im Rahmen eines Leistungsaustauschs (BFH VIII R 214/85, BStBl. II 1991, 633), ggf. darauf gerichtet, lediglich künftige Beziehungen auf eine neue Basis zu stellen (BFH I R 52/77, BStBl. II 1981, 181), oder ein Verzicht, der sich als (verlorener) Zuschuss darstellt (BFH IV R 71/92, BFH/NV 1995, 15; Förster/Hechtner DB 2017, 1536).

2. Voraussetzungen

4 **a) Sanierungsbedürftigkeit. Sanierungsbedürftig** ist das Unternehmen, wenn nach den Verhältnissen zum **Zeitpunkt des Schulderlasses** ohne diesen die Überlebensfähigkeit des Unternehmens nicht gesichert ist (vgl. BFH I 375/60 U, BStBl. III 1964, 128). Maßgebend für die Prognose sind die Ertragslage, die Höhe des BV, die Kapitalverzinsung durch Erträge des Unternehmens, das Verhältnis der flüssigen Mittel zur Höhe der Schuldenlast, letztlich die Gesamtleistungsfähigkeit des Unternehmens. Einzubeziehen ist das Privatvermögen von haf-

tenden natürlichen Personen ebenso wie – bei PersGes – das Vermögen des Gesellschafters (BFH I R 129/85, BStBl. II 1990, 955; VIII R 64/96, BStBl. II 1998, 537; IV R 23/23, BStBl. II 2026, 30; Desens BB 2023, 2263). Gelegentlich ist auch auf einen drohenden Konkurs abgestellt worden (BFH IV R 172/84, BFH/NV 1987, 493; hiergegen Eilers/Walter-Yadegardjam FR 2020, 481: drohende Insolvenz sei ein zu später Zeitpunkt). Ein Anhaltspunkt für die Sanierungsbedürftigkeit besteht, wenn mehrere Gläubiger – mE mit überwiegenden Anteilen an den Gesamtforderungen – einen Erlass aussprechen. Der Verzicht nur eines einzelnen Gläubigers, der erkennbar an der Fortführung der Geschäftsbeziehung interessiert ist, indiziert hingegen das Fehlen der Sanierungsbedürftigkeit (zB BFH I R 64/85, BStBl. II 1990, 810).

b) Sanierungsfähigkeit. Sanierungsfähig ist das Unternehmen bei einer Ex-post-Betrachtung insb., wenn der Schulderlass für die Sanierung geeignet war (BFH IV R 23/23, BStBl. II 2026, 30). ME ist die Sanierungsfähigkeit aber auch gegeben, wenn bei einer Betrachtung ex ante die Verhältnisse zum Zeitpunkt des Erlasses die **Prognose** zulassen, dass sich seine Überlebensfähigkeit durch den Erlass sichern lässt, dh sein Zusammenbruch vermieden und seine Ertragsfähigkeit wiederhergestellt werden kann. Maßgebend sind hierfür mE vorrangig die (nicht nur) zu erwartende (sondern sich positiv abzeichnende) Entwicklung der Umsatz- und Ertragslage, iÜ die zu → Rn. 4 angesprochenen Verhältnisse. 5

c) Betrieblich begründeter Schuldenerlass. Er kann erfolgen durch Erlassvertrag (§ 397 Abs. 1 BGB), negatives Schuldanerkenntnis (§ 397 Abs. 2 BGB), aber auch durch Forderungsverzicht im Rahmen eines Insolvenzplanverfahrens (§§ 217 ff. InsO). Die Maßnahmen müssen auf Erhaltung des Unternehmens angelegt und nicht etwa gesellschaftsrechtlich begründet sein. Das bedeutet, die Maßnahme muss zumindest einem Fremdvergleich standhalten (BFH VIII R 23/89, BStBl. II 1992, 375; VIII R 57/94, BStBl. II 1998, 652), der wohl auch hypothetisch geführt werden kann (Förster DStR 2023, 1041). Eine **gesellschaftsrechtliche Veranlassung** dürfte aber idR anzunehmen sein, wenn nur der GmbH-Gesellschafter, nicht jedoch vorhandene Drittgläubiger am Erlassgeschehen teilnehmen. Beteiligen sich auch wesentliche Fremdgläubiger, besteht zumindest ein gewichtiges Indiz für einen betrieblich veranlassten Forderungsverzicht (zur Problematik vgl. BFH GrS 1/94, BStBl. II 1998, 307; VIII R 57/94, BStBl. II 1998, 652; hierzu Roser Ubg 2011, 113; Schüppen ZIP 2017, 752; Ott GStB 2025, 26; DStZ 2025, 151 (156)). 6

d) Sanierungseignung. Für die Feststellung der **Sanierungseignung** besteht keine feste Beweisregel dahin, dass ein bestimmtes Kriterium unbedingt vorliegen müsse. Sie ergibt sich aus den Gesamtumständen des Einzelfalles; wesentliches Indiz ist ein nachvollziehbares, prüfbares, nicht notwendig schriftliches Sanierungskonzept oder ein rückblickend erfolgreicher Abschluss der Sanierung (BFH X B 94/23, BStBl. II 2025, 145). **Sanierungsgeeignet** ist der/sind die Erlass(e), wenn er/sie, ggf. zusammen mit anderen, auch nachfolgenden Maßnahmen, zum Zeitpunkt seiner/ihrer Vereinbarung als ausreichend für eine Gesundung des Unternehmens angesehen werden kann/können (BFH IV R 172/84, BFH/NV 1987, 493). Es muss nach der Maßnahme nicht in derselben Weise tätig sein wie zuvor (BFH I R 11/04, BFH/NV 2005, 1027). Ausschlaggebend für die Sanierungseignung ist mE insb., inwieweit das Unternehmen sanierungsbedürftig und -fähig ist (→ Rn. 4 f.). Hiernach bestimmt sich das Maß der erforderlichen 7

BV-Mehrung. Nicht mehr ausreichend sein dürfte (Ausnahme → Rn. 9), den **Einzelunternehmer** in den Stand zu versetzen, den Betrieb aufzugeben und sich schuldenfrei ins Privatleben zurückzuziehen oder sich eine anderweitige Existenzgrundlage aufzubauen (so noch die Rspr. zu § 3 Nr. 66 EStG aF, zB BFH VIII R 214/85, BStBl. II 1991, 633; III R 79/91, BFH/NV 1993, 536; zum anderweitigen Erfordernis bei GmbH und GmbH & Co. KG vgl. BFH I R 11/04, BFH/NV 2005, 1027). Dem steht mE das Erfordernis der Unternehmensbezogenheit des Erlasses entgegen (so auch BT-Drs. 18/12128, 31).

8 **e) Sanierungsabsicht. Sanierungsabsicht** der/des Gläubiger(s) erfordert keine strengen Anforderungen. Es genügt, wenn sie für den Erlass mitentscheidend gewesen ist. Sie darf aber nicht vollständig fehlen (BFH IV R 23/23, BStBl. II 2026, 30) und ist mE zu bejahen, wenn die Maßnahme bewusst und gewollt darauf abzielt, den Zusammenbruch des Unternehmens zu verhindern und es wieder ertragsfähig zu machen. Unerheblich sind dahinter stehende eigennützige Motive des Gläubigers, wie zB die Rettung einer Restforderung oder der Erhalt der Geschäftsbeziehung (vgl. BFH IV R 172/84, BFH/NV 1987, 493; III R 79/91, BFH/NV 1993, 536; X R 20/03, BFH/NV 2006, 713). Im Gegenteil ist das Bestreben, eine Geschäftsbeziehung zu erhalten, ein starkes Indiz auch für die betriebliche Veranlassung des Erlasses (Desens BB 2023, 2263 (2265 f.)). Bestehen **ausschließlich eigennützige** Motive, besteht auch keine Sanierungsabsicht. Das gilt etwa für die Absicht, eine Teilforderung zu retten, bevor der Schuldner Insolvenz anmelden muss (BFH I R 52/77, BStBl. II 1981, 181; VIII R 303/84, BStBl. II 1989, 711; III R 257/84, BFH/NV 1989, 436), oder möglichst hohe Erträge aus der Abwicklung eines Kreditengagements zu erzielen (FG Hmb 5 K 160/17, DStRE 2021, 897). Bei einem auf einem gemeinschaftlichen Plan beruhenden Erlass durch mehrere Gläubiger kann die Sanierungsabsicht grundsätzlich unterstellt werden (BFH IV R 63/01, BStBl. II 2004, 9; I R 11/04, BFH/NV 2005, 1027).

9 **f) Insolvenzrechtliche Besonderheiten.** Nach **§ 3a Abs. 5 EStG nF** sind ebenfalls steuerfrei BV-Mehrungen oder BE aus einer Restschuldbefreiung nach §§ 286 ff. InsO, einem Schuldenerlass aufgrund eines außergerichtlichen Schuldenbereinigungsplans zur Vermeidung eines Verbraucherinsolvenzverfahrens nach §§ 304 ff. InsO oder eines in einem solchen Verfahren durch (ggf. auch gerichtliche) Zustimmung akzeptierten Schuldenbereinigungsplans. Das gilt prinzipiell auch dann, wenn die Voraussetzungen einer unternehmensbezogenen Sanierung (→ Rn. 2, → Rn. 4 ff.) nicht vorliegen. Allerdings dürfte sich der Fall, dass bereits vor dem Insolvenzverfahren eine Betriebsaufgabe stattgefunden hat, nach allgemeinen Grundsätzen (→ § 2 Rn. 565) gewstrechtlich nicht auswirken.

3. Folgen für die Gewinnermittlung

10 **a) Ausübung von Wahlrechten.** Liegen die Voraussetzungen für die Steuerfreiheit von Sanierungserträgen vor, sind nach § 3a Abs. 1 S. 2 f. EStG **im Sanierungsjahr,** also dem Jahr, in dem ein Sanierungsertrag erzielt wird, und **im Folgejahr** steuerliche Wahlrechte auszuüben, insb. der niedrigere Teilwert nach § 6 Abs. 1 Nr. 1 S. 2, Nr. 2 S. 2 EStG gewinnmindernd anzusetzen. Begrenzt wird dieses Gebot durch den Umfang, der zur Verrechnung mit dem geminderten Sanierungsertrag erforderlich ist (§ 3a Abs. 3 S. 2 EStG). Gemeint sind hierbei mE Wahlrechtsausübungen allein **im zu sanierenden Unternehmen** in den

entsprechenden **Gewinnermittlungszeiträumen.** Es handelt sich um eine zwingende Folge der nicht im Ermessen stehenden Steuerfreiheit. Der StPfl. hat keine Möglichkeit, durch Nichtbefolgung dieser Anordnung überhaupt Einfluss auf die Anwendung des § 3a EStG zu nehmen (Förster/Hechtner DB 2017, 1536 (1542); Kölbl/Neumann Ubg 2018, 273 ff.).

Betroffene Wahlrechte sind allein solche steuerrechtlicher Natur, gleich ob sie auf Gesetz, Rspr. oder Verwaltungsvorschriften beruhen, nicht jedoch handelsbilanzielle Wahlrechte, die sich über den Maßgeblichkeitsgrundsatz steuerlich auswirken. Zu denken ist an eine teleologische Reduktion in Bezug auf steuerliche Subventionsnormen, die an noch zu erfüllende Voraussetzungen anknüpfen, wie zB §§ 6b, 6c und 7g EStG (Förster/Hechtner DB 2017, 1536 (1542)).

b) Minderung des Sanierungsertrags. Nach § 3a Abs. 3 S. 1 EStG wird zunächst ein **geminderter Sanierungsertrag** ermittelt, durch Minderung um die BA oder sonstigen BV-Minderungen, die nach § 3c Abs. 4 EStG nF (→ Rn. 13) nicht abgezogen werden dürfen. Die Minderung beschränkt sich auf die Beträge, die im EZ vor dem Sanierungsjahr und im Sanierungsjahr anzusetzen sind. 11

c) Minderung von Aufwendungen, Verlusten und Verlustvorträgen. Seinerseits mindert der nach → Rn. 11 geminderte Sanierungsertrag nach § 3a Abs. 3 S. 2 Nr. 1–13 EStG **beim zu sanierenden Unternehmen** eine Reihe von katalogmäßig aufgelisteten Aufwands- bzw. Verlust- und Verlustverrechnungspositionen, die **estrechtlich** in der dort vorgeschriebenen Reihenfolge zu verrechnen sind. Sie gehen endgültig unter (§ 3a Abs. 3 S. 5 EStG). Zugrunde liegt hierbei die Vorstellung, dass die Verlustvorträge die Ergebnisse widerspiegeln, die zu der Sanierungsbedürftigkeit geführt haben, und die Aufwandsverteilung (§ 4f EStG) sowie der Zins- bzw. EBITDA-Vortrag (§ 4h EStG) im Falle der sofortigen Abziehbarkeit zu einem (höheren) Verlustvortrag geführt hätten. Verbraucht werden demnach nicht nur die direkt dem zu sanierenden Unternehmen zuzurechnenden Verrechnungsvolumina, sondern auch die des **(Mit-)Unternehmers.** 12

Übersteigt der Sanierungsertrag die Summe der genannten Positionen, ist – zur Vermeidung von Gestaltungen (zB Einbringung nach §§ 20 UmwStG) – nach § 3a Abs. 3 S. 3 EStG die entsprechende Minderung (Verrechnung) bei einer dem StPfl. **nahestehenden Person** durchzuführen, wenn diese innerhalb von **fünf Jahren vor dem Schulderlass** die erlassenen Schulden auf das zu sanierende Unternehmen übertragen hat. Das Nahestehen idS kann sich aus familienrechtlichen, gesellschaftsrechtlichen, schuldrechtlichen oder sogar tatsächlichen Beziehungen ergeben (vgl. BFH I R 139/94, BStBl. II 1997, 301). 12a

Was sich nach diesen Verrechnungen noch als positiver (Rest)Betrag ergibt, ist nach § 3a Abs. 3 S. 4 EStG, der **„verbleibende Sanierungsertrag".** Nur dieser ist steuerfrei (hierzu mit Prüfungsschema Kanzler NWB 2017, 2260). Das G wählt diese Bezeichnung aber auch zur Kennzeichnung eines Restbetrags auf einer Zwischenstufe der jeweiligen Verrechnungen. 12b

Gewstrechtlich wirken sich diese Verrechnungen, mE mit Ausnahme der Aufwandsverteilung nach § 4f Abs. 1 S. 1 EStG (§ 3a Abs. 3 S. 2 Nr. 1 EStG) sowie des Zins- und des EBITDA-Vortrags nach § 4h Abs. 1 S. 3 und 5 EStG (§ 3a Abs. 3 S. 2 Nr. 13 EStG) nur eingeschränkt bei der Ermittlung des GewErtrags aus, Betroffen sein können unselbstständige Einkunftsteile des zu sanierenden Unternehmens (zB bei Beteiligung an einem Verlustzuweisungsfonds im BV); iÜ ergeben sich Beschränkungen im Hinblick auf Verluste aus ausländischen BSt aus 12c

§ 2 Abs. 1 und § 9 Nr. 3 GewStG und im Hinblick auf mitunternehmerische Beteiligungen aus § 8 Nr. 8 GewStG. Konsequenterweise enthält § 7b Abs. 2 S. 1–4 GewStG eine **eigenständige Verlustverrechnungsregel** (→ Rn. 15 ff.).

13 **d) Abzugsverbot.** BV-Minderungen und BA in unmittelbarem Zusammenhang mit einem steuerfreien Sanierungsertrag dürfen nach **§ 3c Abs. 4 S. 1 EStG** nicht abgezogen werden. Betroffen hiervon sind insb. Zahlungen auf einen Besserungsschein (§ 3c Abs. 4 S. 3 EStG) und Sanierungskosten, also Aufwendungen in Zusammenhang mit der Sanierungsberatung und -durchführung (Unternehmens-, Steuerberatung, ggf. auch Personalkosten, Kosten für ein Planinsolvenzverfahren). **Nicht betroffen** sind aber solche BV-Minderungen und BA, die zur Erhöhung eines nach § 3a Abs. 3 EStG entfallenen Verlustvortrags geführt haben (§ 3c Abs. 4 S. 2 EStG). Diese Korrektur wirkt nach dem Sachzusammenhang lediglich einkommensteuerrechtlich; **für die GewSt** besteht **keine entsprechende Ausnahmeregelung.**

Das Abzugsverbot **gilt unabhängig** davon, **in welchem EZ** der Sanierungsertrag entsteht. Es ist nicht beschränkt auf die **Höhe des Sanierungsertrags.** Daher kann es auch zu einem insgesamt nicht abziehbaren **Sanierungsverlust** kommen (ebenso Desens FR 2017, 981; Roser in Lenski/Steinberg § 7b Rn. 23). BV-Minderungen und BA, die nach dem Sanierungsjahr entstehen, sind jedoch nur insoweit betroffen, als noch ein verbleibender Sanierungsertrag vorhanden ist (§ 3c Abs. 4 S. 1 und 4 EStG); iÜ sind sie abziehbar.

14 *(frei)*

4. Gewerbesteuerspezifische Regelung

15 **a) Ausgangsgröße.** Liegen die Voraussetzungen für die Steuerfreiheit des Sanierungsertrags vor (§ 7b Abs. 1 GewStG iVm § 3a Abs. 1 u. Abs. 2 EStG), ist auch für die Ermittlung des GewErtrags neben der Ausübung von steuerlichen Wahlrechten (→ Rn. 10) zunächst der **geminderte Sanierungsertrag** iSd § 3a Abs. 3 S. 1 EStG zu ermitteln (→ Rn. 11).

16 **b) Aufwandsverrechnung.** Die sodann anzuwendende Vorschrift des **§ 7b Abs. 2 S. 1** ist eine gegenüber § 3a Abs. 3 S. 2 EStG eigenständige Verrechnungsnorm (→ Rn. 12c). Sie bestimmt zunächst die Anwendung des § 3a Abs. 3 S. 2 Nr. 1 EStG, dh auf den geminderten Sanierungsertrag (→ Rn. 15) ist der aufgrund einer Verpflichtungsübertragung iSd § 4f Abs. 1 S. 1 EStG auf 15 Jahre verteilt abziehbare Aufwand zu verrechnen (ist der Sanierungsertrag niedriger, ist mE der verbleibende Aufwand über die Restlaufzeit zu verteilen, zweifelnd Roser in Lenski/Steinberg § 7b Rn. 21). Das gilt nicht, wenn der Aufwand nach § 4f Abs. 1 S. 7 EStG auf einen Rechtsnachfolger übertragen worden ist und dieser nach § 5 Abs. 7 EStG denselben Beschränkungen unterliegt wie der ursprünglich Verpflichtete. Allein aufgrund dieser Verrechnung bestimmt sich der zunächst **verbleibende geminderte Sanierungsertrag** (der ein anderer ist als der verbleibende geminderte Sanierungsertrag iSd § 3a Abs. 3 S. 4 EStG, vgl. → Rn. 12b).

17 **c) Verrechnung von GewVerlusten/Fehlbeträgen.** Nur dieser verbleibende geminderte Sanierungsertrag **mindert** nach dem Wortlaut der Vorschrift **zur Vermeidung einer Doppelbegünstigung** nacheinander

1. zunächst den negativen GewErtrag (GewVerlust) des zu sanierenden Unternehmens im Sanierungsjahr, also den **laufenden GewVerlust;**

2. sodann die Fehlbeträge iSd § 10a S. 3, also – für den Fall, dass das zu sanierende Unternehmen eine OG ist – die **vororganschaftlichen Fehlbeträge;**
3. schließlich die zum Ende des vorangegangenen EZ gesondert nach § 10a S. 6 festgestellten Fehlbeträge. Die Verrechnung hat insoweit „ungeachtet des § 10a S. 2" zu erfolgen. Diese Formulierung ist mE sprachlich verunglückt, denn nach der GBegr. (BR-Drs. 59/17 (B), 14 f.; BT-Drs. 18/12128, 31) soll die Verrechnung der festgestellten Fehlbeträge **ohne Berücksichtigung** der Grundsätze **der „Mindestbesteuerung"** erfolgen, die Nichtbeachtung des S. 2 bedeutet aber lediglich, dass die Minderung nicht die dort angegebenen zusätzlichen 60 % der nach S. 1 nicht geminderten Fehlbeträge erfasst; der Grenzbetrag von 1 Mio. EUR nach § 10a S. 1 wird nicht tangiert.

Gemeint ist aber, dass auch ein Sanierungsertrag von über 1 Mio. EUR ohne betragsmäßige Begrenzung zu verrechnen ist, sofern Fehlbeträge von mehr als 1 Mio. festgestellt sind (vgl. zur ESt § 3a Abs. 3 S. 3 Nr. 10 EStG; ebenso ua Roser in Lenski/Steinberg § 7b Rn. 29; Desens in WSMH § 7b Rn. 20; Drüen in Brandis/Heuermann § 7b Rn. 20). Die in § 10a S. 1 und 2 genannten Beträge werden allerdings entsprechend der Minderung **„aufgebraucht";** dh ein allfälliger positiver GewErtrag des Sanierungsjahrs ist nicht mehr mit verbliebenen Fehlbeträgen zu kürzen, wenn die Minderung den Betrag von 1 Mio. EUR zzgl. 60 % erreicht oder überschritten hat. Ist der verbleibende geminderte Sanierungsertrag niedriger, verbleibt nach den Regeln des § 10a S. 1 und 2 ein Spielraum für die Kürzung des positiven GewErtrags des Sanierungsjahrs.

d) Verrechnung bei einem anderen Unternehmen. Hat ein anderes Unternehmen die erlassenen Schulden **innerhalb von 5 Jahren** vor dem Schuldenerlass auf das Sanierungsunternehmen übertragen, mindert nach § 7b Abs. 2 S. 2 der nach Verrechnung nach § 7b Abs. 2 S. 1 (→ Rn. 17) verbleibende Sanierungsertrag die Beträge nach § 7b Abs. 2 S. 1 Nr. 1–3 **bei einem anderen Unternehmen** – nicht, wie bei der ESt, bei nahestehenden Personen (→ Rn. 12a). Es muss sich nach dem eindeutigen Wortlaut der Vorschrift auch nicht um ein „nahestehendes Unternehmen" – wie immer dies zu bestimmen wäre – handeln (ebenso Desens FR 2017, 891 (990); Desens in WSMH § 7b Rn. 20; krit. Roser in Lenski/Steinberg § 7b Rn. 29; Suchanek/Schaaf/Hannweber WPg 2017, 909). 18

Diese Minderung dient der **Vermeidung von Gestaltungen** (zB Einbringung nach §§ 20 UmwStG). Als **Übertragungsvorgänge** kommen insb. solche nach dem UmwG, nach § 6 Abs. 3 EStG, aber auch eine verdeckte Einlage in Betracht (BT-Drs. 18/12128, 36 u. 32). Grundsätzlich bedarf es der **Identität** zwischen übertragenen und erlassenen Schulden. Erfasst werden aber auch Verbindlichkeiten, die im Rahmen einer **Umschuldung** wirtschaftlich an die Stelle der übertragenen Verbindlichkeit treten (BT-Drs. 18/12128, 36 u. 32). Die Übernahme von Verbindlichkeiten als **Gegenleistung für den Erwerb** von WG dürfte, soweit sich die übertragenen Werte entsprechen, unschädlich sein (ähnlich Roser in Lenski/Steinberg § 7b Rn. 31; aA wohl Desens in WSMH § 7b Rn. 22 und das dortige Beispiel). Der **maßgebliche Zeitraum** bemisst sich nach dem Wortlaut der Vorschrift nach **Zeitjahren** (zB Erlass zum 31.7.2018, Berücksichtigung von Übertragungen bis 1.8.2013).

Vor dieser Verrechnung hat **„zunächst"** eine **Verrechnung mit Zins- und EBITDA-Vorträgen** zu erfolgen (§ 7b Abs. 2 S. 3 GewStG iVm § 3a Abs. 3 S. 2 Nr. 13 EStG und § 4h Abs. 1 S. 3 und 5 EStG). Meines Erachtens ist auch hier eine sprachliche Unklarheit insofern unterlaufen, als der „verbleibende Sanie- 18a rungsertrag nach Satz 2" zu kürzen ist, das aber ist derjenige, der nach der Minderung bei dem anderen Unternehmen verbleibt, bei dem wiederum keine Minderung „zunächst" erfolgen kann (ähnlich Desens in WSMH § 7b Rn. 21; Drüen in Brandis/Heuermann § 7b Rn. 25).

Gemeint ist offenbar – auch im Sinne einer Gleichbehandlung zum EStG und KStG (GBegr. BR-Drs. 59/17 (B), 14 f.; BT-Drs. 18/12128, 31) – der nach Anwendung des S. 1 Nr. 1–3, also nach S. 1 verbleibende Sanierungsertrag. Dieser ist um die beim zu sanierenden Unternehmen vorhandenen Zins- und EBITDA-Vorträge zu kürzen (hierzu → Rn. 12).

19 **e) Mitunternehmerschaften.** Nach § 7b Abs. 2 S. 4 sind bei der Minderung nach S. 1 die Grundsätze des § 10a S. 4 und 5 entsprechend anzuwenden. Demnach ist den Mitunternehmern der sich für die Mitunternehmerschaft insgesamt ergebende Fehlbetrag nach dem **Gewinnverteilungsschlüssel** laut Gesellschaftsvertrag zuzurechnen (§ 10a S. 4); für die Minderung der den Mitunternehmern nach § 10a S. 4 zugerechneten Fehlbeträge mit dem verbleibenden geminderten Sanierungsertrag nach S. 1 ist dieser abermals nach Gewinnverteilungsschlüssel den Mitunternehmern zuzurechnen (§ 10a S. 5 entsprechend). Für die Minderung erfolgt also eine streng mitunternehmerbezogene Berechnung (doppeltes Transparenzprinzip, vgl. Drüen in Brandis/Heuermann § 7b Rn. 25a); Verlustverrechnungspotenziale aus anderen Mitunternehmerschaften sind irrelevant (Roser in Lenski/Steinberg § 7b Rn. 33). Die Ergebnisse der einzelnen Verrechnungen sind sodann zum GewErtrag des Unternehmens zusammenzufassen (vgl. zum Verlustabzug BFH IV R 11/08, BStBl. II 2011, 903 mwN).

19a Für die vorbezeichnete Minderung gilt nach § 7b Abs. 2 S. 4 Hs. 2 **ab EZ 2023** (G. v. 16.12.2022, BGBl. 2022 I 2294; hierzu BFH IV R 1/22, BStBl. II 2025, 294; IV R 23/23, BStBl. II 2026, 30) die Maßgabe, dass der sich für die Mitunternehmerschaft insgesamt ergebende Sanierungsertrag im Verhältnis der den Mitunternehmern zum Ende des vorangegangenen EZ zugerechneten Fehlbeträge den Mitunternehmern zuzurechnen ist. Diese Vorschrift dient dem Zweck sicherzustellen, dass die vor der Sanierung entstandenen Fehlbeträge in der Höhe gemindert werden, in der ein verbleibender geminderter Sanierungsertrag nicht der GewSt unterliegt. Demnach steht der Sanierungsertrag in voller Höhe für die Minderung des festgestellten GewVerlusts zur Verfügung. Die Minderung des GewVerlusts hängt somit nicht vom Umfang der Beteiligung eines später eingetretenen Mitunternehmers ab; zudem werden Gestaltungsmöglichkeiten verhindert (FinAusschuss BT-Drs. 20/4729, 45; Schiffers DStZ 2023, 11; Hörster NWB 2023, 9).

20 **f) Körperschaftsteuerliche Spartenzuordnung.** Nach § 7b Abs. 2 S. 4 ist in den Fällen der Spartentrennung von KapGes der öffentlichen Hand (§ 10a S. 9 iVm § 8 Abs. 8 u. 9 S. 5–8 KStG) der ebenfalls durch oa G neu angefügte § 8 Abs. 9 S. 9 KStG entsprechend anzuwenden, der seinerseits die entsprechende Anwendung von § 3a und § 3c Abs. 4 EStG normiert. Allerdings wird in § 8 Abs. 9 S. 9 Hs. 2 KStG nF klargestellt, dass § 3a Abs. 2 EStG **für die Kapitalgesellschaft** anzuwenden ist, also die Voraussetzungen für eine Sanierung und die Steuerfreiheit des Sanierungsertrages bei ihr vorliegen müssen. Das bedeutet mE an sich, dass eine steuerfreie Sanierung isoliert in Bezug auf eine einzelne Sparte, etwa einer solchen mit Dauerverlustgeschäften, nicht möglich ist (aA Roser in Lenski/Steinberg § 7b Rn. 29; Drüen in Brandis/Heuermann § 7b Rn. 26). Allerdings ist nach der GBegr in BT-Drs. 18/12128, 34 die Verlustverrechnung

(§ 3a Abs. 3 S. 2 EStG) **spartenbezogen** durchzuführen. Hierbei erfasst § 3a Abs. 3 S. 2 Nr. 8 EStG den Verlust der zu sanierenden Sparte im Sanierungsjahr, dessen Nr. 9 die laufenden Verluste der übrigen Sparten und dessen Nr. 10 die nach § 8 Abs. 9 S. 8 KStG festgestellten negativen Beträge. Damit ist die Erfassung des Verlustvortrags einer dauerdefizitären Sparte auch dann gesichert, wenn der sanierungsrelevante Betriebsteil im Wege der Zusammenfassung auf eine andere Sparte übertragen wird (zustimmend Desens in WSMH § 7b Rn. 24).

g) Folge für die weiteren Feststellungen von vortragsfähigen Fehlbeträgen. Folge ist nach § 7b Abs. 2 S. 6 (mE deklaratorisch), dass nur die nach Anwendung von Abs. 2 S. 1 und 2 (→ Rn. 15–17) verbleibenden Beträge an den **Feststellungen** der vortragsfähigen Fehlbeträge teilnehmen. Damit ist klargestellt, dass – entsprechend der Regelung in § 3a Abs. 3 S. 5 EStG – die Minderungsbeträge aus der Anwendung des § 7b Abs. 2 S. 1 ausscheiden (BT-Drs. 18/12128, 36). 21

Im Übrigen besteht kein Grundlagen-Folgebescheid-Verhältnis zum Feststellungsbescheid nach § 3a Abs. 4 EStG. Über die Steuerfreiheit der Sanierungserträge ist vielmehr eigenständig bei der Festsetzung des GewStMessbetrags zu entscheiden (vgl. BFH IV R 1/22, BStBl. II 2025, 294).

h) Steuerfreier Sanierungsertrag. Der nach Anwendung des § 7b Abs. 2 verbleibende Sanierungsertrag ist entsprechend § 3a Abs. 3 S. 4 EStG (→ Rn. 12b) der gewstrechtlich steuerfreie Sanierungsertrag. Er bestimmt sogleich die gewstrechtliche Obergrenze für das Abzugsverbot von nachträglichen Sanierungsaufwendungen iSv § 3c Abs. 4 S. 4 EStG (ebenso Desens in WSMH § 7b Rn. 17). 21a

5. Besonderheiten bei Organschaften

a) Allgemeines. Im Fall einer Organschaft (§ 2 Abs. 2 S. 2 GewStG iVm §§ 14–17 KStG) ist nach **§ 7b Abs. 3 S. 1** die ebenfalls neu eingefügte Vorschrift des **§ 15 S. 1 Nr. 1a KStG nF entsprechend** anzuwenden. 22

Vorrangig ist hierbei § 15 S. 1 Nr. 1 S. 2 KStG nF, wonach der Ausschluss des Verlustabzugs nach § 10d EStG bei der OG der Anwendung des § 3a EStG nF, also der **Steuerfreiheit von Sanierungserträgen bei der OG,** nicht entgegensteht. Diese Vorschrift ist Ausfluss der für Organschaften geltenden „gebrochenen Einheitstheorie" (→ § 2 Rn. 518).

b) Bestehende Organschaft. Nach **§ 15 S. 1 Nr. 1a KStG** nF ist auf einen sich nach § 3a Abs. 3 S. 4 EStG ergebenden verbleibenden Sanierungsertrag (→ Rn. 12b) einer OG § 3a Abs. 3 S. 2, 3 und 5 EStG (→ Rn. 12, 12a) beim OT anzuwenden. Allerdings fragt sich, inwieweit diese Regelung im Rahmen der „Sonderregelung bei der Ermittlung des Gewerbeertrags bei unternehmensbezogener Sanierung" überhaupt entsprechend anwendbar ist, zumal diese andere Wege geht als § 3a Abs. 3 EStG. Für den Sanierungsertrag der OG gelten gewstrechtlich allein § 7b Abs. 1 und 2 GewStG. „Entsprechende Anwendung" heißt wohl gedankliches „Umswitchen" von der estrechtlichen Regelung (angesprochen in § 15 S. 1 Nr. 1a KStG) auf die gewstrechtliche Regelungsebene. Das bedeutet, dass ein nach Verrechnung gem. § 7b Abs. 2 S. 2 verbleibender geminderter Sanierungsertrag nach § 15 S. 1 Nr. 1a KStG nF (entsprechend) mit weiteren Beträgen nach § 7b Abs. 2 S. 1 beim OT mindernd zu verrechnen ist. 22a

„Zunächst“ sind nach § 7b Abs. 3 S. 2 iVm Abs. 2 S. 3 und § 3a Abs. 3 S. 2 Nr. 13 EStG ein EBITDA-Vortrag und ein Zinsvortrag iSd § 4h Abs. 1 S. 3 bzw. 5 EStG zu kürzen (ebenso Desens in WSMH § 7b Rn. 25). Gemeint sind mE die Verhältnisse bei der OG (zweifelnd Roser in Lenski/Steinberg § 7b Rn. 38; Drüen in Brandis/Heuermann § 7b Rn. 28: eher OT). Denn bei der Kürzung des verbleibenden Sanierungsertrags (der OG) kommt das „zunächst“ vor den Minderungen bei einem anderen Unternehmen (hier: dem OT) zum Tragen.

22b **c) Ehemalige Organschaft.** Entsprechend anwendbar ist mE **§ 15 S. 1 Nr. 1a S. 3 KStG nF.** Hiernach hat die Kürzung beim OT auch dann zu erfolgen, wenn zwar im Sanierungsjahr die Voraussetzungen einer Organschaft nach § 14 Abs. 1 KStG nicht (mehr) vorliegen, aber das Einkommen (der GewErtrag) in einem innerhalb der letzten fünf Jahre vor dem Sanierungsjahr liegenden EZ dem OT zugerechnet worden ist. Die GBegr (BR-Drs. 59/17 (B), 14 f.; BT-Drs. 18/12128, 35) beschränkt sich hierzu auf den Hinweis, es „muss eine korrespondierende Minderung (…) beim OT über das Bestehen der Organschaft hinaus angeordnet werden“, wenn eine solche Zurechnung stattgefunden habe. Für die Annahme einer **Korrespondenz,** insb. betragsmäßiger Art, gibt der Wortlaut der Vorschrift jedoch nichts her. Weder ist Identität der Verbindlichkeiten bei Beendigung der Organschaft und der erlassenen Schulden Voraussetzung, noch ist die Verlustverrechnung auf die während des Bestehens der Organschaft zugerechneten Einkommen beschränkt, was angesichts der überschießenden Tendenz der Regelung höchst problematisch ist (Roser in Lenski/Steinberg § 7b Rn. 38; Desens in WSMH § 7b Rn. 26; Desens FR 2017, 981; Sistermann/Beutel DStR 2017, 1065). Zudem enthält § 15 S. 1 Nr. 1a S. 3 KStG keine Beschränkung auf **nahestehende Personen;** somit können Fehlbeträge beim ehemaligen OT auch dann verrechnet werden, wenn die OG inzwischen verkauft worden ist (Desens in WSMH § 7b Rn. 27).

Betroffen sind etwa die **Fallgestaltungen,** dass der GAV innerhalb des fraglichen Zeitraums aus wichtigem Grund (§ 14 Abs. 1 S. 1 Nr. 3 S. 2 KStG) gekündigt worden ist, nach fünf Jahren Mindestlaufzeit der GAV nicht (mehr) durchgeführt wird oder die finanzielle Eingliederung der OG nicht mehr besteht.

§ 8 Hinzurechnungen

Dem Gewinn aus Gewerbebetrieb (§ 7) werden folgende Beträge wieder hinzugerechnet, soweit sie bei der Ermittlung des Gewinns abgesetzt worden sind:

1. Ein Viertel der Summe aus

a) Entgelten für Schulden. ²Als Entgelt gelten auch der Aufwand aus nicht dem gewöhnlichen Geschäftsverkehr entsprechenden gewährten Skonti oder wirtschaftlich vergleichbaren Vorteilen im Zusammenhang mit der Erfüllung von Forderungen aus Lieferungen und Leistungen vor Fälligkeit sowie die Diskontbeträge bei der Veräußerung von Wechsel- und anderen Geldforderungen. ³Soweit Gegenstand der Veräußerung eine Forderung aus einem schwebenden Vertragsverhältnis ist, gilt die Differenz zwischen dem Wert der Forderung aus dem schwebenden Vertragsverhältnis, wie ihn die Vertragsparteien im Zeitpunkt des Vertragsschlusses der Veräußerung zugrunde gelegt haben, und dem vereinbarten Veräußerungserlös als bei der Ermittlung des Gewinns abgesetzt,

b) Renten und dauernden Lasten. [2]Pensionszahlungen auf Grund einer unmittelbar vom Arbeitgeber erteilten Versorgungszusage gelten nicht als dauernde Last im Sinne des Satzes 1,
c) Gewinnanteilen des stillen Gesellschafters,
d) einem Fünftel der Miet- und Pachtzinsen (einschließlich Leasingraten) für die Benutzung von beweglichen Wirtschaftsgütern des Anlagevermögens, die im Eigentum eines anderen stehen. [2]Eine Hinzurechnung nach Satz 1 ist nur zur Hälfte vorzunehmen bei
   aa) Fahrzeugen mit Antrieb ausschließlich durch Elektromotoren, die ganz oder überwiegend aus mechanischen oder elektrochemischen Energiespeichern oder aus emissionsfrei betriebenen Energiewandlern gespeist werden (Elektrofahrzeuge),
   bb) extern aufladbaren Hybridelektrofahrzeugen, für die sich aus der Übereinstimmungsbescheinigung nach Anhang IX der Richtlinie 2007/46/EG oder aus der Übereinstimmungsbescheinigung nach Artikel 38 der Verordnung (EU) Nr. 168/2013 ergibt, dass das Fahrzeug eine Kohlendioxidemission von höchstens 50 Gramm je gefahrenen Kilometer hat oder die Reichweite des Fahrzeugs unter ausschließlicher Nutzung der elektrischen Antriebsmaschine mindestens 80 Kilometer beträgt, und
   cc) Fahrrädern, die keine Kraftfahrzeuge sind,
e) der Hälfte der Miet- und Pachtzinsen (einschließlich Leasingraten) für die Benutzung der unbeweglichen Wirtschaftsgüter des Anlagevermögens, die im Eigentum eines anderen stehen, und
f) einem Viertel der Aufwendungen für die zeitlich befristete Überlassung von Rechten (insbesondere Konzessionen und Lizenzen, mit Ausnahme von Lizenzen, die ausschließlich dazu berechtigen, daraus abgeleitete Rechte Dritten zu überlassen). [2]Eine Hinzurechnung nach Satz 1 ist nicht vorzunehmen auf Aufwendungen, die nach § 25 des Künstlersozialversicherungsgesetzes Bemessungsgrundlage für die Künstlersozialabgabe sind,

soweit die Summe den Betrag von 200 000 Euro übersteigt;

2., 3. *(aufgehoben)*

4. die Gewinnanteile, die an persönlich haftende Gesellschafter einer Kommanditgesellschaft auf Aktien auf ihre nicht auf das Grundkapital gemachten Einlagen oder als Vergütung (Tantieme) für die Geschäftsführung verteilt worden sind;

5. die nach § 3 Nr. 40 des Einkommensteuergesetzes oder § 8b Abs. 1 des Körperschaftsteuergesetzes außer Ansatz bleibenden Gewinnanteile (Dividenden) und die diesen gleichgestellten Bezüge und erhaltenen Leistungen aus Anteilen an einer Körperschaft, Personenvereinigung oder Vermögensmasse im Sinne des Körperschaftsteuergesetzes, soweit sie nicht die Voraussetzungen des § 9 Nr. 2a oder 7 erfüllen, nach Abzug der mit diesen Einnahmen, Bezügen und erhaltenen Leistungen in wirtschaftlichem Zusammenhang stehenden Betriebsausgaben, soweit sie nach § 3c Abs. 2 des Einkommensteuergesetzes und § 8b Abs. 5 und 10 des Körperschaftsteuergesetzes unberücksichtigt bleiben.

6. **(weggefallen)**
7. *(aufgehoben)*
8. **[1]die Anteile am Verlust einer in- oder ausländischen offenen Handelsgesellschaft, einer Kommanditgesellschaft oder einer anderen Gesellschaft, bei der die Gesellschafter als Unternehmer (Mitunternehmer) des Gewerbebetriebs anzusehen sind. [2]Satz 1 ist bei Lebens- und Krankenversicherungsunternehmen nicht anzuwenden; für Pensionsfonds gilt Entsprechendes;**
9. **die Ausgaben im Sinne des § 9 Abs. 1 Nr. 2 des Körperschaftsteuergesetzes;**
10. **Gewinnminderungen, die**
    a) durch Ansatz des niedrigeren Teilwerts des Anteils an einer Körperschaft oder
    b) durch Veräußerung oder Entnahme des Anteils an einer Körperschaft oder bei Auflösung oder Herabsetzung des Kapitals der Körperschaft

    entstanden sind, soweit der Ansatz des niedrigeren Teilwerts oder die sonstige Gewinnminderung auf Gewinnausschüttungen der Körperschaft, um die der Gewerbeertrag nach § 9 Nr. 2a, 7 oder 8 zu kürzen ist, oder organschaftliche Gewinnabführungen der Körperschaft zurückzuführen ist;
11. **(weggefallen)**
12. **ausländische Steuern, die nach § 34c des Einkommensteuergesetzes oder nach einer Bestimmung, die § 34c des Einkommensteuergesetzes für entsprechend anwendbar erklärt, bei der Ermittlung der Einkünfte abgezogen werden, soweit sie auf Gewinne oder Gewinnanteile entfallen, die bei der Ermittlung des Gewerbeertrags außer Ansatz gelassen oder nach § 9 gekürzt werden.**

Bis einschließlich EZ 2007 galten folgende Nummern:

1. ***die Hälfte der Entgelte für Schulden, die wirtschaftlich mit der Gründung oder dem Erwerb des Betriebs (Teilbetriebs) oder eines Anteils am Betrieb oder mit einer Erweiterung oder Verbesserung des Betriebs zusammenhängen oder der nicht nur vorübergehenden Verstärkung des Betriebskapitals dienen;***
2. ***Renten und dauernde Lasten, die wirtschaftlich mit der Gründung oder dem Erwerb des Betriebs (Teilbetriebs) oder eines Anteils am Betrieb zusammenhängen. [2]Das gilt nicht, wenn diese Beträge beim Empfänger zur Steuer nach dem Gewerbeertrag heranzuziehen sind;***
3. ***die Gewinnanteile des stillen Gesellschafters, wenn sie beim Empfänger nicht zur Steuer nach dem Gewerbeertrag heranzuziehen sind;***

…

7. ***die Hälfte der Miet- und Pachtzinsen für die Benutzung der nicht in Grundbesitz bestehenden Wirtschaftsgüter des Anlagevermögens, die im Eigentum eines anderen stehen. [2]Das gilt nicht, soweit die Miet- oder Pachtzinsen beim Vermieter oder Verpächter zur Gewerbesteuer heranzuziehen sind, es sei denn, dass ein Betrieb oder ein Teilbetrieb vermietet oder verpachtet wird und der Betrag der Miet- oder Pachtzinsen 125 000 Euro übersteigt. [3]Maßgebend ist jeweils der Betrag, den der Mieter oder Pächter für die Benutzung der zu den Betriebsstätten eines Gemeindebezirks gehörigen fremden Wirtschaftsgüter an einen Vermieter oder Verpächter zu zahlen hat;***

Überblick

§ 8 Nr. 1 Buchst. a	Hinzurechnung von Entgelten für Schulden, Skonti uÄ
§ 8 Nr. 1 Buchst. b	Hinzurechnung von Renten und dauernden Lasten
§ 8 Nr. 1 Buchst. c	Hinzurechnung von stillen Gewinnanteilen
§ 8 Nr. 1 Buchst. d	Hinzurechnung von Miet- und Pachtzinsen sowie Leasingraten für bewegliche WG
§ 8 Nr. 1 Buchst. e	Hinzurechnung von Miet- und Pachtzinsen sowie Leasingraten für unbewegliche WG
§ 8 Nr. 1 Buchst. f	Hinzurechnung von Aufwendungen für die Überlassung von Rechten
§ 8 Nr. 1	Freibetrag
§ 8 Nr. 2 und 3	*(aufgehoben)*
§ 8 Nr. 4	Hinzurechnung von KGaA-Gewinnanteilen
§ 8 Nr. 5	Hinzurechnung von nach dem EStG bzw. KStG begünstigten Gewinnanteilen (Dividenden)
§ 8 Nr. 6	*(weggefallen)*
§ 8 Nr. 7	*(aufgehoben)*
§ 8 Nr. 8	Hinzurechnung von mitunternehmerischen Verlustanteilen
§ 8 Nr. 9	Hinzurechnung von Spenden und Mitgliedsbeiträgen
§ 8 Nr. 10	Hinzurechnung von ausschüttungs-, abführungsbedingten Gewinnminderungen
§ 8 Nr. 11	*(weggefallen)*
§ 8 Nr. 12	Hinzurechnung ausländischer Steuern

Literatur: Zitzelsberger, Grundlagen der Gewerbesteuer, 1990 (Habilitation Regensburg 1989); Kempf/Straubinger, Nochmals: Die EU-Zins-/Lizenzrichtlinie und § 8 Nr. 1 GewStG, IStR 2005, 773; Bergemann/Markl/Althof, Die Gewerbesteuer im Lichte des Regierungsentwurfs zur Unternehmensteuerreform, DStR 2007, 693; Dötsch/Pung, JStG 2008: Die Änderungen des KStG, des UmwStG und des GewStG, DB 2007, 2669; Fehling, Die Gewerbesteuer nach der Unternehmensteuerreform 2008, NWB 2007 Nr. 27, F 1, 1617; Herzig, Die Gewerbesteuer als dominierende Unternehmensteuer, DB 2007, 1541; Eickhorst, Auswirkungen der Unternehmensteuerreform 2008 auf Krisenunternehmen und ihre Sanierung, BB 2007, 1707; Hey, Verletzung fundamentaler Besteuerungsprinzipien durch Gegenfinanzierungsmaßnahmen des UntStRefG, BB 2007, 1303; Kessler/Ortmann-Babel/Zipfel, Unternehmensteuerreform 2008: Die geplanten Änderungen im Überblick, BB 2007, 523; Kußmaul/Zabel, Ist Deutschland auf dem Weg … zu einer verstärkten Substanzbesteuerung, BB 2007, 967; Neu/Schiffers/Watermeier, Stellungnahme vom 26.3.2007 zum Gesetzentwurf der Bundesregierung eines UntStRefG 2008 vom 14.3.2007, GmbHR 2007, 421; Ortmann-Babel/Zipfel, Unternehmensteuerreform 2008, Teil I: Gewerbesteuerliche Änderungen und Besteuerung von Kapitalgesellschaften und deren Anteilseignern, BB 2007, 1869; Richter, Unternehmensteuerreformgesetz 2008: Gewerbesteuerliche innerorganschaftliche Leistungsbeziehungen …, FR 2007, 1042; Richter, UntStRefG 2008: Gewerbesteuerliche innerorganschaftliche Leistungsbeziehungen, FR 2007, 1042; Rödder, UntStRefG 2008, DStR 2007, Beih. zu Nr. 40; Christoffel, Unternehmensteuerreform 2008, LSW-Lexikon Sonderlfg. 2007; Stangl/Hageböke in Schaumburg/Rödder, Unternehmensteuerreform 2008, München 2007, S. 514; Watrin/Wittkowski/Strohm, Auswirkungen der Unternehmensteuerreform 2008 auf die Besteuerung von Kapitalgesellschaften, GmbHR 2007, 785; Wiese/Klass/Möhrle, Der Regierungsentwurf zur Unternehmensteuerreform 2008, GmbHR 2007, 405; Baumert/Schmidt-Leithoff, Die ertragsteuerliche Belastung der Betriebsaufspaltung nach der Unternehmenssteuerreform 2008, DStR 2008, 888; Derlien/Wittkowski, Neuerungen bei der Gewerbesteuer – Auswirkungen in der Praxis, DB 2008, 835; Gerland/Helm, Übergang zum Übertragungsmodell bei Energieversorgungsunternehmen – Wege aus dem Pachtmodell?, BB 2008,

192; Kossow, Unterschiede gewerbesteuerlicher Hinzurechnungen bei Personenunternehmung und Kapitalgesellschaft, DB 2008, 1227; Strahl, Eilige Selbstberichtigungen und andere Änderungen des UntStRefG 2008 durch das JStG 2008, DStR 2008, 9; Watermeier, Die Unternehmensteuerreform 2008, GmbHR 2008, 207; Dorenkamp, Die Mär von der Gewerbesteuerverstetigung durch Hinzurechnungen …, FS Lang 2010, 781; Breinersdorfer, Einzelfragen zu der gewerbesteuerlichen Hinzurechnung von Finanzierungsanteilen aus der Sicht der Steuerverwaltung, DB 2014, 1762; Roser, Gewerbesteuerliche Hinzurechnungen von Nutzungsentgelten nach § 8 Nr. 1d bis f GewStG – Konzeptionelle Grundprobleme und Lösungsüberlegungen, Monographie, 2014; Kaminski, Aktuelles zu gewerbesteuerlichen Hinzurechnungstatbeständen, AktStR 2023, 439.

Übersicht

I. Zweck der Vorschrift

1 Die Vorschrift **dient der Ermittlung** eines **objektiven,** von den Beziehungen des Unternehmers zum Betrieb losgelösten **GewErtrages** (VerfG 1 BvR 25/65, BVerfGE 26, 1, BStBl. II 1969, 424; hierzu Zitzelsberger Grundlagen GewSteuer S. 241 ff.). Ziel ist die (typisierte) Gleichstellung von Erträgen aus eigen- und fremdfinanziertem Kapital (vgl. Begr. RStBl. 1937, 693 (695)). Zu Grunde liegt die auf dem Objektsteuercharakter der GewSt fußende Vorstellung, dass die Ertragskraft des Gewerbebetriebs besteuert wird (zur Kritik vgl. Montag in Tipke/Lang SteuerR § 12 Rn. 19 f.). Auf der anderen Seite zielte und zielt die Vorschrift mit der Nr. 5 auf die Benachteiligung bestimmter Erträge (aus Streubesitz) im Vergleich zu Erträgen aus Schachtelbeteiligung.

Nicht Zweck der Hinzurechnungsvorschriften ist es, von Ausnahmen abgesehen, eine **doppelte Erfassung** von Ertragsbestandteilen oder sog. Kaskadeneffekte zu vermeiden (zur Erfassung beim Empfänger → Rn. 7). Es gibt im GewStRecht keinen Grundsatz, nach dem eine Hinzurechnung unterbleiben müsse, wenn sie zur doppelten Erfassung von Ertragsbestandteilen führt (vgl. BFH I R 19/08, BStBl. II 2010, 301; I R 88/15, BFH/NV 2018, 231; III R 32/22, BFH/NV 2025, 1376).

II. Neufassung

2 Die Vorschrift, insb. **§ 8 Nr. 1 GewStG,** hat durch UntStRefG v. 14.8.2007 (BGBl. 2007 I 1912) (mit Änderungen durch das G. v. 20.12.2007 (BGBl. 2007 I 3150)) eine weitgehend **neue Gestaltung** bei den Finanzierungsaufwendungen (§ 8 Nr. 1 Buchst. a–f) erfahren. Die Änderung bezweckt, die zuvor gegebenen Ungleichbehandlungen verschiedener Finanzierungsformen zu beseitigen, die Aufkommenswirkungen jedoch unverändert lassen (BT-Drs. 16/4841, 32 f. (78 f.); vgl. BVerfG 1 BvL 8/12, BStBl. II 2016, 557). Das führte zu einer Vermehrung der Hinzurechnungstatbestände und zur Hinzurechnung von der Höhe nach deutlich geringeren Anteilen der Finanzierungskosten. Mildernd wirkt zudem im Hin-

blick auf die Finanzierungsaufwendungen die Begrenzung der Hinzurechnung auf ein Viertel, soweit ihre Summe den Freibetrag von 200.000 EUR, bis EZ 2019: 100.000 EUR, übersteigt (→ § 8 Nr. 1 Buchst. f Rn. 18, „Umfang der Hinzurechnung/Freibetrag"). Gleichwohl bleibt die GewSt die „dominierende Unternehmensteuer" (Herzig DB 2007, 1541).

III. Rechtliche Bedeutung und Wirkung

Die Vorschrift enthält einen **numerus clausus;** daher sind nur die gesetzlich vorgesehenen Hinzurechnungen (und Kürzungen) vorzunehmen; zB keine Kürzung um den Gewinn aus der Veräußerung von SonderBV (BFH IV R 182/77, BStBl. II 1981, 220) und keine Hinzurechnung des Gewinns aus der Veräußerung von notwendigem PV des Mitunternehmers (BFH VIII R 184/85, BStBl. II 1990, 319). 3

Für die Finanzierungsentgelte des § 8 Nr. 1 stellt die FVerw allerdings auf den **wirtschaftlichen Gehalt** einer vertraglichen Gestaltung ab, die zu bei der Gewinnermittlung berücksichtigten Aufwendungen geführt hat (FM Länder BStBl. I 2012, 654 Tz. 3).

Die Vorschrift beinhaltet ein **Abzugsverbot** des jeweiligen Postens, das nur gesetzestechnisch als Hinzurechnung ausgestaltet ist (BFH XI R 65/03, BStBl. II 2005, 102; I R 21/13, BStBl. II 2015, 293). Das bedeutet, dass die Hinzurechnung nur in dem Umfang erfolgen darf, als der Posten bei der Gewinnermittlung tatsächlich abgesetzt worden ist (BFH I R 12/75, BStBl. II 1976, 792). Die rechtliche Wirkung der Hinzurechnung besteht demnach idR in der Erhöhung des GewErtrags und der GewErtragSt. Zur **Vermeidung einer doppelten Besteuerung** ist im Falle einer Erstattung die damit verbundene Erhöhung des GewErtrags jedoch um die Erträge zu mindern, die bereits bei ihrer Entrichtung dem Gewinn hinzugerechnet worden sind (im Einzelnen s. GewStR 7.1.(1)). 4

Allerdings ist auch eine **Hinzurechnung von negativen Beträgen** möglich; das betrifft nicht nur einzelne Hinzurechnungstatbestände bis zur Höhe von positiven Hinzurechnungen (so aber GewStR 8.1 Abs. 3 S. 3), sondern den Gesamtbetrag (BFH I R 4/14, BFH/NV 2016, 145; hierzu Nöcker FR 2016, 236) unabhängig von dem (dann als negative Größe verstandenen) Freibetrag von 200.000 EUR, bis EZ 2019: 100.000 EUR (BFH I R 15/15, BStBl. II 2017, 62: keine spiegelbildliche Anwendung), was im Ergebnis zu einer Minderung von GewErtrag und GewErtragSt führt.

Gemischte Aufwendungen, deren vertragliche Grundlagen mehrere Leistungskomponenten enthalten, sind bei *Trennbarkeit* der vertraglichen Leistungspflichten auch getrennt, ggf. durch Schätzung, zu beurteilen; sind die Leistungspflichten bei einem einheitlichen vertraglichen Ganzen nicht trennbar, ist für die gewstliche Behandlung der Teil maßgebend, der dem Vertrag das Gepräge gibt; unterfällt er einem Hinzurechnungstatbestand, ist dieser für die gesamten Aufwendungen anzuwenden, ist dies nicht der Fall, scheidet eine Hinzurechnung überhaupt aus (FM Länder 2.7.2012, BStBl. I 2012, 654 Rn. 7). 5

Maßgebend sind Gewinn und GewErtrag des Steuergegenstands iSd § 2 Abs. 1–3; daher unterliegen Sondervergütungen des **Mitunternehmers** iSv § 15 Abs. 1 S. 1 Nr. 2 EStG weiterhin nicht der Hinzurechnung; das gilt auch für den atypisch stillen Gesellschafter (FM Länder 2.7.2012, BStBl. I 2012, 654 Rn. 2). Solche sind nur dann nicht anzunehmen, wenn kein wirtschaftlicher Zusammenhang des 6

Gegenleistungsverhältnisses mit der Mitunternehmerschaft besteht (vgl. BFH IV R 3/00, BStBl. II 2001, 520).

7 Nicht erheblich ist nach der Neufassung der Vorschrift, ob beim **Empfänger** der hinzugerechneten Beträge diese der GewSt unterliegen (hierzu FM Länder 2.7.2012, BStBl. I 2012, 654 Rn. 5). Empfohlen wird in der Literatur die unentgeltliche Nutzungsüberlassung zB anstelle der klassischen mitunternehmerischen Betriebsaufspaltung (Stegemann GStG 2011, 93).

8 Als Konsequenz aus § 2 Abs. 1 dürfen die auf **ausländische Betriebsstätten** entfallenden Gewinne und Verluste einschließlich der hiermit zusammenhängenden Hinzurechnungen und Kürzungen den GewErtrag grundsätzlich nicht beeinflussen (vgl. § 9 Nr. 3; BFH I R 200/67, BStBl. II 1971, 743; I R 248/71, BStBl. II 1974, 752; IV R 80/82, BStBl. II 1985, 405; s. aber BFH I R 107/09, BFH/NV 2010, 1744 zu „finalen" Betriebsstättenverlusten). Anders bei Fehlen einer ausländischen BSt. (hierzu → § 2 Rn. 13).

9 Bei einer **Organschaft** nach § 2 Abs. 2 S. 2 und 3 gelten die Hinzurechnungsvorschriften nur in eingeschränktem Umfang. Weil Erträge und Aufwendungen im Organkreis nur einmal gewstrechtlich erfasst werden dürfen (→ § 2 Rn. 524b ff.), unterbleibt die Hinzurechnung, wenn der entsprechende Betrag bereits im GewErtrag einer Gesellschaft des Organkreises enthalten ist (vgl. auch → § 8 Nr. 1 Buchst. a Rn. 97). Zur Sonderregelung beim Bezug von Gewinnanteilen durch eine OG s. § 7a nF.

10 Wurde bei einer **Arge** der Gewinn um der Hinzurechnung unterliegende Aufwendungen gekürzt, so sind die Hinzurechnungen anteilig bei den Partnern im Verhältnis der Zurechnung der Arge-Gewinne vorzunehmen (FM Länder 2.7.2012, BStBl. I 2012, 654 Rn. 2).

IV. Wirtschaftliche Bedeutung

11 Die Vorschrift bedeutet für den **einzelnen Betrieb** idR eine **Erhöhung der GewStBelastung,** die ggf. die Beendigung von Finanzierungs-/Pachtmodellen angezeigt erscheinen lässt (vgl. Gerland/Helm BB 2008, 192, zu Energieversorgungsunternehmen; zu Gestaltungsmöglichkeiten s. Kaminski AktStR 2023, 439). Die zusätzliche Belastung kann sich insbesondere dann zu einer Besteuerung der Substanz auswachsen, wenn ein Betrieb mit hohem Fremdkapitaleinsatz oder in erheblichem Umfang mit gemieteten/gepachteten WG arbeitet. Schon bis dato galt, dass ein gewinnschwaches Unternehmen mit einer hohen GewSt belastet werden konnte (so schon BFH X R 171/96, BStBl. II 1999, 450 (451), wo jedoch missverständlich von „ertragsschwach" gesprochen wird). Die **Belastungseffekte** für die Unternehmen haben sich durch die *Unternehmensteuerreform 2008* **weiter verschärft,** insb. durch die Ausweitung der Hinzurechnungen unter Aufgabe des Korrespondenzprinzips und der Einschränkung der Schachtelvergünstigungen. Angesichts der sich tendenziell verschärfenden Substanzbesteuerung nach der Neugestaltung (Kußmaul/Zabel BB 2007, 967) wird mE nicht zu Unrecht die Verletzung fundamentaler Besteuerungsprinzipien, insb. der Besteuerung nach der Leistungsfähigkeit, gerügt (zB Hey BB 2007, 1303). In einem solchen Fall kann letztlich nur mit einer Billigkeitsmaßnahme geholfen werden, weil auch das Ergebnis der Substanzbesteuerung nicht ohne Weiteres verfassungsrechtlich zu beanstanden ist (vgl. BVerfG 1 BvR 25/65, BStBl. II 1969, 424; hierzu → § 8 Nr. 1 Rn. 3).

Verlierer der Reform ist wohl die „klassische Betriebsaufspaltung" (Derlien/Wittkowski DB 2008, 835). Allerdings kann durch die Hinzurechnungen nach § 35 EStG wirkendes Entlastungspotenzial entstehen mit der Folge der Besserstellung der Personenunternehmung gegenüber der Kapitalgesellschaft (Kossow DB 2008, 1227).

Für die **Gemeinden** wirken sich die Hinzurechnungsvorschriften **stabilisierend** auf das GewStAufkommen aus, weil in der Praxis häufig ein reziprokes Verhältnis von Gewinn und Schuldentgelten – wenn auch in gewissem Umfang zeitlich versetzt – bestehen wird (Baldauf in Brandis/Heuermann § 8 Rn. 22; Baumert/Schmidt-Leithoff DStR 2008, 888; krit. Dorenkamp FS Lang, 2011, 787: stattdessen konjunkturabhängige Hebesätze).

§ 8 Nr. 1 Buchst. a Hinzurechnungen (Schuldentgelte)

Dem Gewinn aus Gewerbebetrieb (§ 7) werden folgende Beträge wieder hinzugerechnet, soweit sie bei der Ermittlung des Gewinns abgesetzt worden sind:

1. Ein Viertel der Summe aus

a) Entgelten für Schulden. [2]Als Entgelt gelten auch der Aufwand aus nicht dem gewöhnlichen Geschäftsverkehr entsprechenden gewährten Skonti oder wirtschaftlich vergleichbaren Vorteilen im Zusammenhang mit der Erfüllung von Forderungen aus Lieferungen und Leistungen vor Fälligkeit sowie die Diskontbeträge bei der Veräußerung von Wechsel- und anderen Geldforderungen. [3]Soweit Gegenstand der Veräußerung eine Forderung aus einem schwebenden Vertragsverhältnis ist, gilt die Differenz zwischen dem Wert der Forderung aus dem schwebenden Vertragsverhältnis, wie ihn die Vertragsparteien im Zeitpunkt des Vertragsschlusses der Veräußerung zugrunde gelegt haben, und dem vereinbarten Veräußerungserlös als bei der Ermittlung des Gewinns abgesetzt,

...

Gewerbesteuer-Durchführungsverordnung

§ 19 GewStDV Schulden bestimmter Unternehmen

(1) [1]Bei Kreditinstituten im Sinne des § 1 Absatz 1 des Kreditwesengesetzes sind nur Entgelte für Schulden und den Entgelten gleichgestellte Beträge anzusetzen, die dem Betrag der Schulden entsprechen, um den der Ansatz der zum Anlagevermögen gehörenden Grundstücke, Gebäude, Betriebs- und Geschäftsausstattung, Schiffe, Anteile an Kreditinstituten und sonstigen Unternehmen sowie der Forderungen aus Vermögenseinlagen als stiller Gesellschafter und aus Genussrechten das Eigenkapital überschreitet; hierunter fallen nicht Gegenstände, über die Leasingverträge abgeschlossen worden sind. [2]Dem Anlagevermögen nach Satz 1 sind Forderungen gegen ein Unternehmen hinzuzurechnen, mit dem eine organschaftliche Verbindung nach § 2 Abs. 2 Satz 2 des Gesetzes besteht und das nicht zu den Kreditinstituten oder Unternehmen gehört, auf die Satz 1 und die Absätze 2 bis 4 anzuwenden sind.

(2) [1]Voraussetzung für die Anwendung des Absatzes 1 ist, dass im Durchschnitt aller Monatsausweise des Wirtschaftsjahrs des Kreditinstituts nach § 25 des Kreditwesengesetzes oder entsprechender Statistiken die Aktivposten aus Bankgeschäf-

ten und dem Erwerb von Geldforderungen die Aktivposten aus anderen Geschäften überwiegen. [2]In den Vergleich sind Aktivposten aus Anlagen nach Absatz 1 nicht einzubeziehen.

(3) Die vorstehenden Bestimmungen gelten entsprechend

1. *für Pfandleiher im Sinne der Pfandleiherverordnung in der Fassung der Bekanntmachung vom 1. Juni 1976 (BGBl. I S. 1334) in der jeweils geltenden Fassung;*
2. *für Gewerbebetriebe, die nachweislich ausschließlich unmittelbar oder mittelbar Kredite oder Kreditrisiken aus Bankgeschäften im Sinne des § 1 Absatz 1 Satz 2 Nr. 2, 3 und 8 des Kreditwesengesetzes in der Fassung des Artikels 27 des Gesetzes vom 19. Dezember 2008 (BGBl. I S. 2794) von Kreditinstituten im Sinne des § 1 des Kreditwesengesetzes oder von in § 3 Nr. 2 des Gesetzes genannten Gewerbebetrieben erwerben und Schuldtitel zur Refinanzierung des Kaufpreises für den Erwerb solcher Kredite oder zur Refinanzierung von für die Risikoübernahmen zu stellenden Sicherheiten ausgeben; die Refinanzierung durch Aufnahme von Darlehen von Gewerbebetrieben im Sinne der Nummer 3 an der Stelle der Ausgabe von Schuldtiteln ist unschädlich, und*
3. *für Gewerbebetriebe, die nachweislich ausschließlich Schuldtitel bezogen auf die in Nummer 2 bezeichneten Kredite oder Kreditrisiken ausgeben und an Gewerbebetriebe im Sinne der Nummer 2 Darlehen gewähren.*
4. *(aufgehoben)*

(4) [1]Bei Finanzdienstleistungsinstituten im Sinne des § 1 Absatz 1a des Kreditwesengesetzes, die mit Ausnahme der Unternehmen im Sinne des § 2 Absatz 6 Nummer 17 des Kreditwesengesetzes nicht der Ausnahmeregelung des § 2 Absatz 6 des Kreditwesengesetzes unterliegen, bei Wertpapierinstituten im Sinne des § 2 Absatz 1 des Wertpapierinstitutsgesetzes sowie bei Zahlungsinstituten im Sinne des § 1 Absatz 1 Satz 1 Nummer 1 des Zahlungsdiensteaufsichtsgesetzes unterbleibt eine Hinzurechnung von Entgelten für Schulden und ihnen gleichgestellten Beträgen nach § 8 Nummer 1 Buchstabe a des Gesetzes, soweit die Entgelte und ihnen gleichgestellten Beträge unmittelbar auf Finanzdienstleistungen im Sinne des § 1 Absatz 1a Satz 2 des Kreditwesengesetzes, Wertpapierdienstleistungen im Sinne des § 2 Absatz 2 des Wertpapierinstitutsgesetzes oder Zahlungsdienste im Sinne des § 1 Absatz 1 Satz 2 Nummer 3 Buchstabe b und Nummer 6 des Zahlungsdiensteaufsichtsgesetzes entfallen. [2]Satz 1 ist nur anzuwenden, wenn die Umsätze des Finanzdienstleistungsinstituts zu mindestens 50 Prozent auf Finanzdienstleistungen, des Wertpapierinstituts zu mindestens 50 Prozent auf Wertpapierdienstleistungen, Wertpapiernebendienstleistungen und Nebengeschäfte im Sinne des § 2 Absatz 2 bis 4 des Wertpapierinstitutsgesetzes und die Umsätze des Zahlungsinstituts zu mindestens 50 Prozent auf Zahlungsdienste entfallen.

Gewerbesteuer-Richtlinien 2009: GewStR 8.1 Abs. 1

Gewerbesteuer-Richtlinien 1998: A 45–48 GewStR 1998

FM Länder BStBl. I 2012, 654

OFD Ffm 8.4.2022, G 1422 A-44-St 513

Literatur: Thiel, Die steuerliche Behandlung von Fremdfinanzierungen im Unternehmen, FR 2007, 729; Forster/Schreidobler, Gewerbesteuerliche Behandlung von Avalprovisionen für Bürgschaftskredite, DB 2007, 2680; Köster, Gewerbesteuerliche Hinzurechnung von Finanzierungsanteilen: Die gleichlautenden Ländererlasse zu § 8 Nr. 1 GewStG …, DStZ 2008, 703; Fehling, Der koordinierte Ländererlass zu § 8 Nr. 1 GewStG, NWB F 5, 1669;

Franke/Gageur, Zweifelsfragen und Anmerkungen zu den … Ländererlassen zu § 8 Nr. 1 GewStG, BB 2008, 1704; Ritzer, Anwendungsfragen zur Hinzurechnung von Finanzierungsfragen nach § 8 Nr. 1 GewStG, DStR 2008, 1613; Prinz, Finanzierungsfreiheit im Steuerrecht – Plädoyer für einen wichtigen Systemgrundsatz, FR 2009, 543; Wenzel, Auswirkungen des § 4 Abs. 4a EStG auf die Gewerbesteuer, Stbg 2009, 252; Glaser, Auf dem Weg zu einer sachgerechten Konzernbesteuerung – die GKKB als Leitbild, DStR 2011, 2317; Glaser, Die Hinzurechnung der gewerbesteuerlichen Hinzurechnung von Zinszahlungen im unionsrechtlichen Spannungsfeld von Grundfreiheiten und GKKB, FR 2011, 981; Köhler, Einzelprobleme der Hinzurechnung von Finanzierungskosten gem. § 8 Nr. 1 GewStG, StBp 2011, 343; Stegemann, Unentgeltliche Nutzungsüberlassung als Gestaltungsinstrument nutzen, GStB 2011, 93; Hamsch/Karrenbrock, Gewerbesteuerliche Hinzurechnungen von Finanzierungsaufwendungen (erneut) auf dem verfassungsrechtlichen Prüfstand, Ubg 2012, 624; Klaas/Stoecker, Gewerbesteuerliche Probleme von organschaftlich organsierten Immobilienkonzernen aufgrund der Zinsschrankenregelungen, Ubg 2012, 535; Kolbe, Gewerbesteuerliche Hinzurechnung von Finanzierungsanteilen nach § 8 Nr. 1 GewStG, BBK 2012, 698; Petrak/Karrenbrock, Gewerbesteuerliche Hinzurechnung von Finanzierungsanteilen: Verfassungsrechtliche Zweifel durch das FG Köln im AdV-Verfahren, DStR 2012, 2046; Schöneborn, Gewerbesteuerliche Hinzurechnung von Zinsen, Mieten und Pachten, NWB 2012, 2250; Endert/Sepetauz, Bilanzierung eines Disagios in der Handels- und Steuerbilanz, BBK 2013, 60; Breinersdorfer, Einzelfragen zu der gewerbesteuerlichen Hinzurechnung von Finanzierungsanteilen aus der Sicht der Steuerverwaltung, DB 2014, 1762; Hahn, Strukturierte Finanzierungsgebühren im Lichte der … gewerbesteuerlichen Hinzurechnungsvorschriften, Ubg 2014, 106; Kanzler, Ertragsteuerliche Behandlung von Erbbaurechten, NWB 2014, 1070; Köhler, Aktivierung von Finanzierungskosten als Herstellungskosten, BBK 2014, 465; Köhler, Gewerbesteuerliche Hinzurechnungen gem. § 8 Nr. 1 GewStG, StBp 2014, 170 (198); Langer/Janßen, Hinzurechnungen gem. § 8 Nr. 1 GewStG von HKen für WG des UV, DB 2015, 2841; Köhler, Gewerbesteuerliche Hinzurechnungen gem. § 8 Nr. 1 GewStG, DB 2015, 2229; Patzner/Joch, Die negativen Zinsen als neue Herausforderung bei der Ertragsbesteuerung, BB 2015, 221; Feldgen, Interdependenzen zwischen Zinsschranke und steuerlichen Verlustvorträgen sowie Gewerbesteuer, StuB 2016, 259; Griemla, Gewerbesteuerliche Behandlung einer Freistellungsverpflichtung für Pensionsverpflichtung bei Betriebserwerb nach GewStG 1999/2002 und nach neuem Recht, FR 2017, 14; Mohr, Verfassungskonformität gewerbesteuerlicher Hinzurechnungen – Sicht der Steuerberater, Ubg 2018, 534; Neumann, Verfassungskonformität gewerbesteuerlicher Hinzurechnungen – Sicht der Verwaltung, Ubg 2018, 538; Rode, Verfassungskonformität gewerbesteuerlicher Hinzurechnungen – Sicht der Richter, Ubg 2018, 537; Erdmann/Steinecke, Gewerbesteuerliche Hinzurechnung im Zusammenhang mit Bilanzierungskonkurrenzen bei doppelstöckigen Personengesellschaften in Sonderfällen, DStR 2021, 1031; Nöcker, Hinzurechnung von Finanzierungsentgelten bei der Gewerbesteuer, 2021, 861; Bromme/Herbst, Die modifizierte Aufrechnungslage des BFH bei der gewerbesteuerlichen Hinzurechnung von Schuldzinsen – dogmatische Grundlagen stoßen auf praktische Schwierigkeiten, FR 2022, 155; Schaffer/Steiner/Ullmann, Die gewerbesteuerliche Behandlung negativer Darlehenszinsen beim Darlehensnehmer, DStR 2023, 1807; sa die Hinweise zu § 8.

Übersicht

I. Allgemeines

1. Zweck

1 Die Vorschrift dient, wie die Hinzurechnungsvorschriften des § 8 insgesamt, der Ermittlung des objektiven, von den Beziehungen des Inhabers zum Betrieb losgelösten GewErtrages (BVerfG 1 BvR 25/65, BStBl. II 1969, 424). Ihr Zweck liegt in einer **weitgehenden gewstrechtlichen Gleichstellung** von Erträgen aus **eigen- und fremdfinanziertem Kapital** (vgl. zu den Dauerschuldzinsen Begr. RStBl. 1937, 693 (695); BFH VIII R 51/04, BStBl. II 2008, 137; zur Neufassung BT-Drs. 16/4841, 79). Demnach unterliegen der Hinzurechnung Entgelte für Schulden, die den Charakter von Betriebskapital haben oder ihm ähnlich sind. Unerheblich ist, ob hierfür Bedarf vorhanden war (vgl. BFH I R 297/82, BStBl. II 1986, 415), ob die Schulden mit Willen des Schuldners oder

des Gläubigers entstanden sind oder ob durch sie das BV erhöht oder nur dessen Verringerung vermieden worden ist (BFH IV 140/56 U, BStBl. III 1957, 287). Die Vorschrift enthält einen in sich **geschlossenen Tatbestand** (BFH VI R 7/66, BStBl. II 1968, 589), der nicht durch Heranziehung von anderen Vorschriften des § 8 auszulegen ist (BFH I 373/62 U, BStBl. III 1965, 424). Sie ist auch dann anzuwenden, wenn das Unternehmen nur Verluste erwirtschaftet (BFH IV R 215/71, BStBl. II 1973, 739; IV B 96/03, BFH/NV 2005, 1564).

Für **Kreditinstitute, Pfandleiher** und Betreiber von **Asset-Backed-Security**-Geschäften enthält § 19 GewStDV die eigenständige und abschließende Bestimmung des Begriffs und der Bemessungsgrundlage der (Dauer)Schuldentgelte (hierzu → Rn. 52).

Für **Finanzdienstleistungs- und Zahlungsinstitute** enthält die durch G. v. 8.4.2010 (BGBl. 2010 I 386) eingefügte und durch G. v. 26.6.2013 (BGBl. 2013 I 1809) erweiterte Sondervorschrift des § 19 Abs. 4 GewStDV eine versteckte partielle GewSt-Befreiung für Entgelte iSv § 8 Nr. 1 Buchst. a nF (→ Rn. 46 und 70).

2. Entstehungsgeschichte

Die Vorschrift war als **§ 8 Nr. 1 („Dauerschuldzinsen")** seit Inkrafttreten 2
des GewStG 1936 Bestandteil desselben. Durch G. v. 20.12.1982 (BGBl. 1982 I 1857) wurde die Hinzurechnung im EZ 1983 auf 60 % und ab EZ 1984 auf 50 % der Zinsen beschränkt. Die Vorschrift diskriminierte mithin die Fremdkapitalbildung durch andere Finanzierungsformen (zB Renten/dauernde Lasten, § 8 Nr. 2 aF; typische stille Gesellschaft, § 8 Nr. 3 aF) sowie die Eigenkapitalbildung insbesondere mittelständischer Unternehmen (Seer StuW 1993, 114 (122)). Die vorletzte Änderung erfolgte durch StRefG 1990 v. 25.7.1988 (BGBl. 1988 I 1093). Ersetzt wurde das Tatbestandsmerkmal „Zinsen" durch den umfassenderen Begriff „Entgelte", und zwar als Reaktion auf eine Auslegung des Zinsbegriffs durch den BFH. Die geänderte Fassung galt ab EZ 1990.

Mit G. v. 14.8.2007 (BGBl. 2007 I 1912) wurde die aktuelle Fassung mit Wirkung ab **EZ 2008** eingeführt: Die **Neufassung** des Nr. 1 Buchst. a **erfasst** nicht mehr – wie bisher – „Dauerschuldentgelte", sondern **ganz allgemein Schuldentgelte** sowie vergleichbaren Aufwand und ist integraler Bestandteil einer Sammel-Hinzurechnung (Buchst. a–f) von Entgelten, die der Gesetzgeber als Finanzierungsentgelte versteht.

Bei der **Auslegung dieser Vorschrift** kann mE, sofern nicht Besonderheiten des alten Rechts (zB „Dauerschulden") entgegenstehen, auf die bisher zu § 8 Nr. 1–3 und 7 GewStG aF ergangene **ältere Rspr.** und die **GewStR 1998** zurückgegriffen werden (ebenso FM Länder 2.7.2012, BStBl. I 2012, 654 Rn. 1).

3. Höherrangiges Recht

a) Verfassungsrecht. Die Vorschrift des § 8 Nr. 1 ist stets als **verfassungsgemäß** angesehen worden (BVerfG 1 BvR 25/65, BStBl. II 1969, 424; vgl. auch BFH I 373/62 U, BStBl. III 1965, 424 und IV R 215/71, BStBl. II 1973, 739 mwN). Ein Verstoß gegen Art. 3 GG liegt nicht vor, weil alle GewBetriebe gleichmäßig betroffen sind (vgl. BFH I 373/62 U, BStBl. III 1965, 424). Ein Verstoß gegen die Grundrechte aus *Art. 11* und *12 GG* sowie *Art. 2* GG iVm dem Sozialstaatsprinzip ist wegen des Objektsteuercharakters der GewSt zu verneinen (BVerfG 1 BvR 25/65, BStBl. II 1969, 424). Auch *Art. 14 GG* ist nicht verletzt. 3

Geldleistungspflichten verstoßen gegen die Eigentumsgarantie nur, wenn sie nach Struktur und gesetzessystematischem Zusammenhang den Pflichtigen übermäßig belasten und sein Vermögen grundlegend beeinträchtigen (BVerfG 1 BvR 559/70 ua, BStBl. II 1971, 39; 2 BvR 326/69 ua, BStBl. II 1971, 433; BFH VI R 7/66, BStBl. II 1968, 589; IV R 215/71, BStBl. II 1973, 739). Auch ein durch die Hinzurechnung eintretender Anrechnungsüberhang nach § 35 Abs. 1 S. 1 EStG ändert hieran nichts (BFH X R 32/06, BFH/NV 2008, 1581; X R 55/06, BFH/NV 2009, 379; BVerfG 2 BvR 2523/08, nicht angenommen).

3a Auch die **Neufassung** der Buchst. a, d, e und f hält BFH (I B 128/12, BStBl. II 2013, 30; I B 125/12, BFH/NV 2013, 249; I R 21/12, BStBl. II 2014, 531; III R 35/15, BStBl. II 2018, 662; III R 32/22, BFH/NV 2025, 1376) für **verfassungsgemäß** (Gosch BFH/PR 2013, 56; Neumann Ubg 2018, 538; aA zB Hey BB 2007, 1303; Keß FR 2013, 188; Möbius/Krüger BB 2013, 168). **Anderer Ansicht** auch das FG Hmb 1 K 138/10, **Vorlagebeschluss** EFG 2012, 960; nach BVerfG 1 BvL 8/12, BStBl. II 2016, 557 war die **Vorlage unzulässig** (hierzu Fu DStR 2016, 867; Schöneborn DStR 2016, 1409; Petrak/Karrenbrock DStR 2016, 1790). Zudem lässt die ausführliche Begründung mE erkennen, dass das BVerfG die Vorlage auch für unbegründet gehalten hat (FG Hmb 6 K 66/16, BeckRS 2017, 94254). Auch hat es die VB gegen BFH III R 35/15, BStBl. II 2018, 662 nicht zur Entscheidung angenommen (BVerfG 1 BvR 2150/18, StEd 2021, 602).

Nach BFH genügt es, wenn die Hinzurechnungsvorschriften zwar nicht strikt nach Folgerichtigkeit ausgestaltet sind, sich dennoch folgerichtig in das **Konzept einer Objektsteuer einfügen** lassen (BFH III R 35/15, BStBl. II 2018, 662). Der dafür aussagekräftige Maßstab ist nach dem 1. Senat des FG Hmb (1 K 96/16, EFG 2017, 738) noch zu entwickeln, ein Postulat, das nachgehend BFH III R 33/17 (BFH/NV 2020, 781) nicht aufnimmt. Für eine zurückhaltende, verfassungskonforme Auslegung der Hinzurechnungsvorschriften Mohr Ubg 2018, 534.

3b Härten im Einzelfall sind ggf. durch **Billigkeitsmaßnahmen** nach §§ 163 und 227 AO auszugleichen (BFH IV R 215/71, BStBl. II 1973, 739; IV R 161–162/75, BStBl. II 1977, 512; aA Zitzelsberger DB 1983, 2709). Sie sind indes nicht ohne Weiteres angezeigt, wenn die mit Kredit angeschafften WG nicht mehr vorhanden sind (BayVGH DGStZ 1976, 71) oder die GewSt allein auf den Hinzurechnungen beruht (BVerwG VII B 40/77, HFR 1978, Nr. 82); anders zB bei sanierungsbedingten (Dauer)Schulden (BVerwG 8 C 162/81, BStBl. II 1984, 244) oder bei andauernden Verlusten (BFH IV B 96/03, BFH/NV 2005, 1564; aber → § 1 Rn. 45 f.).

Diese Grundsätze dürften gleichfalls für die neue Nr. 1 Buchst. a – auch in ihrer Zusammenfassung mit den Buchst. b–f – gelten.

3c **b) Europarecht.** Die sog. **Zins-/Lizenzrichtlinie** (RL 2003/49/EG) steht der Anwendung des § 8 Nr. 1 nicht entgegen (EuGH C-397/09, BStBl. II 2012, 528; BFH I R 30/08, BStBl. II 2012, 507, jeweils zu Dauerschuldzinsen; ebenso Kempf/Straubinger IStR 2005, 773; Schulz-Trieglaff IStR 2010, 317; Glaser FR 2011, 981; **aA** Kessler/Eicker/Schindler IStR 2004, 678; Hidien DStZ 2008, 131; Goebel/Küntscher IStR 2011, 630; Hiller BB 2011, 2715). Auch im Hinblick auf die Verhältnisse von *Organschaften* gilt mE nichts anderes, zumal ab EZ 2002 ein EAV vorgeschrieben ist und eine Benachteiligung der Organschaft ggf. hierauf und nicht auf einem Auslandsbezug beruht (hierzu auch Thömmes IWB 2011, 627; **aA** Meilicke IStR 2006, 130).

II. Entgelte für Schulden (S. 1)

1. Begriff der Schulden

a) Anwendung des HGB. Der **Begriff der Schuld** bezeichnet eine Belastung des Vermögens, die als (betrieblich veranlasste) Verpflichtung einem Dritten gegenüber rechtlich entstanden oder wirtschaftlich verursacht ist (BFH IV R 55/05, BStBl. II 2007, 655; IV R 28/10, BFH/NV 2013, 1810; III R 27/21, BStBl. II 2024, 292; III R 32/22, BFH/NV 2025, 1376). Unerheblich ist, ob die Schuld durch Zuführung von Werten oder durch die Unterlassung von Zahlungen (Herausnahme von Werten) entstanden ist (BFH III R 32/22, BFH/NV 2025, 1376). Unerheblich ist auch, ob es sich um eine langfristige oder kurzfristige Verbindlichkeit handelt und für welchen Zweck das Fremdkapital eingesetzt wird (→ Rn. 2; BFH III R 37/17, BStBl. II 2019, 275; III R 32/22, BFH/NV 2025, 1376). Der Begriff dürfte im Wesentlichen dem der §§ 240 Abs. 1 und 247 Abs. 1 HGB entsprechen, der nach der Systematik des HGB Verbindlichkeiten und Rückstellungen umfasst (vgl. §§ 249 Abs. 1, 266 Abs. 3 HGB; vgl. BFH I R 16/97, BStBl. II 1998, 249). Nicht entscheidend ist aber der Ausweis als Passivposten in der Bilanz (BFH III R 15/18, BStBl. II 2022, 625; III R 32/22, BFH/NV 2025, 1376). Eine Schuld liegt auch vor bei Eingehung einer **Freistellungsverpflichtung** (in Bezug auf Pensionslasten) iZm der Übernahme des Gewerbebetriebs (zu § 8 Nr. 1 aF BFH I R 85/12, BFH/NV 2014, 1588; → Rn. 47). 4

Nicht Schuld iSd Vorschrift ist das **Eigenkapital** (FG BBbg 6 K 6042/20, EFG 2024, 992). Ebenso wenig Schulden idS sind **Rückstellungen für ungewisse Verbindlichkeiten,** weil hierfür idR kein entgeltähnlicher Aufwand entsteht (Köster in Lenski/Steinberg § 8 Nr. 1 Buchst. a Rn. 51; Bunzeck in Deloitte § 8 Nr. 1 Buchst. a Rn. 9), ebenso wenig Rückstellungen für **drohende Verluste,** weil es insoweit an einer Verbindlichkeit gegenüber einem Dritten fehlt (aA Baldauf in Brandis/Heuermann § 8 Rn. 36). Bei ihnen steht nicht ein Gegenwert dem Unternehmen als Betriebskapital zur Verfügung. Insofern begrenzt mE der **Zweck der Vorschrift** den Begriff der Schulden.

b) Personenverschiedenheit. Die Annahme einer Schuld erfordert, dass Schuldner und Gläubiger **personenverschieden** sind. Maßgebend ist der Steuergegenstand Unternehmen, sodass im Falle von **Mitunternehmerschaften** Sondervergütungen nach § 15 Abs. 1 Nr. 2 EStG nicht erfasst werden (→ § 8 Rn. 6). Auch „Zinsen" für Darlehen, die „verdecktes Stammkapital" darstellen, sind nicht hinzuzurechnen (BFH III 387/60 U, BStBl. III 1962, 279). **Abzugrenzen** ist insb. der Forderungskauf gegen die Vorfinanzierung einer abgetretenen Forderung (→ Rn. 44, 47, „Factoring" bzw. „Forfaitierung"). Eine **rechtliche Verpflichtung** im Sinne einer Schuldaufnahme war jedoch schon nach § 8 Nr. 1 aF nicht erforderlich (BFH IV 140/56 U, BStBl. III 1957, 287; I 230/56 U, BStBl. III 1958, 39; I R 93/08, BFH/NV 2009, 2002). Durch die Neufassung hat sich mE hieran nichts geändert. 4a

c) Betriebsschuld. Selbstverständlich muss es sich bei der Schuld um eine **Betriebsschuld** handeln. Die Entscheidung hierüber hat nach estrechtlichen Grundsätzen zu erfolgen (BFH I 196/65, BStBl. II 1968, 717), dh die Schuld muss zumindest wirtschaftlich verursacht sein, gegenüber einem Dritten bestehen und betrieblich veranlasst sein (zB BFH I R 64/97, BStBl. II 1999, 656; IV R 55/05, BStBl. II 2007, 655). Hierbei ist es für den Begriff der Betriebsschuld 4b unerheblich, ob etwa angeschaffte WG zum notwendigen oder gewillkürten BV gehören. Auch betriebliche Steuerschulden sind Schulden iSd Vorschrift (vgl. ABC Rn. 64).

Ist eine Schuld nicht oder nur zum Teil betrieblich veranlasst, dann ist sie unabhängig von den in → Rn. 5b dargestellten Zusammenhängen insoweit keine Schuld iSd Vorschrift (vgl. BFH IV R 92/96, BFH/NV 1998, 1222). Das bedeutet, dass Entgelte für sie **nur insoweit** absetzbar und nach § 8 Nr. 1 Buchst. a hinzuzurechnen sind, als sie auf den betrieblich veranlassten Teil der Schuld entfallen (BFH VIII R 422/83, BStBl. II 1991, 765).

2. Art/Inhalt der Verpflichtung

5 **a) Rechtliche Zusammenhänge. Unerheblich** ist der **Inhalt der Verpflichtung** (daher etwa auch Schadensersatz- oder Steuerschulden), ihre Höhe (BFH I R 78/68, BStBl. II 1971, 815) und Fälligkeit (BFH I 197/57 S, BStBl. III 1959, 428) sowie das Verhältnis von Eigen- zu Fremdkapital (BFH I R 78/68, BStBl. II 1971, 815; ebenso wenig, in welcher Form bzw. im Rahmen welcher rechtlichen Gestaltung die Schuld aufgenommen worden ist (zB Bankkredit, Schuldverschreibung, Anleihe, Hypothekenschuld, partiarisches Darlehen, Lombardkredit usw) oder wie sie beim StPfl. ausgewiesen wird (daher auch Rückstellungen). Entscheidend ist der Geldwert ihrer Erfüllung und mE die Eignung, Gegenstand eines (Nutzungs-)Entgelts zu sein.

5a **b) Wirtschaftliche Zusammenhänge.** Abweichend von der Rechtslage bis EZ 2007 ist ein **wirtschaftlicher Zusammenhang** der Schuld mit der Gründung/Erweiterung des Betriebs/Teilbetriebs/Anteils am Betrieb oder mit einer Erweiterung/Verbesserung des Betriebs oder der nicht nur vorübergehenden Verstärkung des „eigentlichen" Betriebskapitals **nicht erforderlich.** Daher werden **auch kurzfristige Verbindlichkeiten** erfasst (Wiese/Klass/Möhrle GmbHR 2007, 405; Fehling NWB 2006 Nr. 29, F 5, 1617). Es kann sich auch um Schulden **des laufenden Geschäftsverkehrs** handeln (allgM; FM Länder 2.7.2012, BStBl. I 2012, 654 Rn. 10).

Ein **durchlaufender Kredit** führt nach FG Hmb (3 K 145/15, EFG 2016, 1460) und FVerw zur Hinzurechnung, weil es auf die Verstärkung des Betriebskapitals nicht mehr ankomme (FM Länder 2.7.2012, BStBl. I 2012, 654 Rn. 11; offen geblieben in nachgehend BFH III R 24/16, BStBl. II 2020, 48); mE ist das unzutreffend. Denn da der durchlaufende Kredit zu einem betriebsfremden Zweck aufgenommen wird (Einzelheiten in → Rn. 42), würde die Hinzurechnung der auf sie entfallenden Entgelte dem Zweck des Gesetzes – Gleichstellung von Eigen- und Fremdfinanzierung, → Rn. 1 – auch nach der Änderung widersprechen (ebenso Fehling NWB F 5, 1669; Ritzer DStR 2008, 1615; Köster DStZ 2008, 703).

5b **c) Isolierte Betrachtung.** Wie schon zu § 8 Nr. 1 aF gilt mE auch bei der Nr. 1 Buchst. a der Grundsatz der **isolierten Betrachtung** (zum Saldierungsverbot für die Entgelte → Rn. 22). Das bedeutet, Schuldverhältnisse sind grundsätzlich je für sich zu werten (BFH IV R 2/08, BFH/NV 2011, 44; III R 27/21, BStBl. II 2024, 292). Schulden sind also auch dann relevant für die Anwendung der Vorschrift, wenn der GewBetrieb über hinreichend liquide *Mittel zu ihrer Tilgung* verfügt (vgl. BFH I R 297/82, BStBl. II 1986, 415).

Eine **Saldierung** mit daneben oder später (etwa auf demselben Konto) bestehenden Forderungen, Guthaben (auch eine Bauspareinlage, BFH VIII R 168/83, BStBl. II 1989, 299; VIII R 422/83, BStBl. II 1991, 765) usw **findet nicht statt** (zB BFH I 255/61 U, BStBl. III 1962, 540; I R 133/75, BStBl. II 1977, 165). Das gilt auch dann, wenn Guthaben- und Darlehenskonto in einem wirtschaftlichen Zusammenhang stehen, ohne einander nicht denkbar sind und die Darlehensmittel nur zweckgebunden verwendet werden dürfen; ein bloßer Kausal- bzw. Veranlassungszusammenhang genügt nicht. Maßgebend ist der Gesetzeswortlaut, nicht eine wirtschaftliche Betrachtungsweise (BFH IV R 55/05, BStBl. II 2007, 655; III R 24/16, BStBl. II 2020, 48; III R 15/18, BStBl. II 2022, 625; III R 27/21, BStBl. II 2024, 292; III R 32/22, BFH/NV 2025, 1376 mwN).

Eine **Ausnahme** wird nur dann gemacht, wenn die Schuldverhältnisse (abgren- **5c**
zend zur wirtschaftlichen Betrachtungsweise) wirtschaftlich eine Einheit bilden und es dem Zweck des § 8 Nr. 1 Buchst. a (Besteuerung der objektiven Wirtschaftskraft des Betriebes) widerspräche, diesen Zusammenhang unberücksichtigt zu lassen (BFH III R 37/17, BStBl. II 2019, 275; III R 33/17, BFH/NV 2020, 781; III R 27/21, BStBl. II 2024, 292; mwN). Das ist der Fall, wenn das eine Verhältnis ohne das andere nicht begründet werden konnte, weil sie gleichartig sind, demselben Zweck dienen *und* wenn eine regelmäßige Verrechnung des Guthabens mit dem Schuldenstand stattfindet (BFH I R 257/70, BStBl. II 1973, 670; I R 85/85, BStBl. II 1989, 900; III R 37/17, BStBl. II 2019, 275 mwN; zu den Schwierigkeiten und für eine Monats-/Quartalsbetrachtung Bromme/Herbst FR 2022, 155). Forderungen und Verbindlichkeiten müssen so miteinander verknüpft sein, dass es den Beteiligten nicht auf die Mehrheit der Posten ankommt und der getrennte Ausweis als formaler Gesichtspunkt hinter dem wirtschaftlichen zurücktritt; der wiederum dadurch gekennzeichnet ist, dass die tatsächlichen Schulden (die Verstärkung der Betriebsmittel) im Saldo bestehen (vgl. BFH VIII R 422/83, BStBl. II 1991, 765; IV R 2/97, BStBl. II 1997, 742). Diese Grundsätze gelten nicht nur für den Bankenbereich (BFH I R 85/85, BStBl. II 1989, 900; IV R 86/89, BStBl. II 1991, 474), sondern allgemein und – bei entsprechender Verknüpfung durch Zusammenwirken – auch bei Verhältnissen zu **mehreren Personen** (Schuldner, Gläubiger; vgl. BFH I R 254/70, BStBl. II 1974, 388; VIII R 168/83, BStBl. II 1989, 299; III R 37/17, BStBl. II 2019, 275 mwN). Insofern ist die Rspr. zu § 8 Nr. 1 aF (→ Rn. 47 ff.) auch für die Nr. 1 Buchst. a noch aussagekräftig. Sie greift jedoch nicht ein bei einem Rückversicherer, der dem Erstversicherer Bardepots stellt und der von Retrozessionaren solche gestellt bekommt (BFH III R 32/22, BFH/NV 2025, 1376). Zum Zins-Swap → Rn. 72.

3. Begriff Entgelte

a) Allgemeines. Der Begriff ist **weiter als** der bürgerlich-rechtliche **Zinsbe-** **6**
griff. Die schon in § 8 Nr. 1 aF enthaltene, auf G. v. 27.7.1988 (BGBl. 1988 I 1093) beruhende Fassung hat insofern konstitutive Bedeutung (BFH VIII R 6/92, BFH/NV 1995, 1010). Es muss sich um Leistungen handeln, die im weitesten Sinne **Gegenleistungen** für die Zurverfügungstellung der den Schulden korrespondierenden Betriebsmittel darstellen (BFH I R 92/99, BStBl. II 2001, 609; IV R 55/05, BStBl. II 2007, 655, III R 15/18, BStBl. II 2022, 625; III R 27/21, BStBl. II 2024, 292; III R 32/22, BFH/NV 2025, 1376; zT aA GewStR 8.1 Abs. 1: Gegenleistung für die „eigentliche" Nutzung von Fremdkapital; Köster in Lenski/Steinberg § 8 Nr. 1 Buchst. a Rn. 75: wirtschaftlich Zinsen). Eine hiervon

abweichende wirtschaftliche Betrachtungsweise ist nicht zu berücksichtigen (BFH III R 15/18, BStBl. II 2022, 625).

Nach dem Wortlaut der Vorschrift („Entgelte für *Schulden*") kommt es mE auf die **tatsächliche Inanspruchnahme** bzw. **Nutzung des Kredits** nicht an (offen gelassen in BFH I R 12/96, BStBl. II 1997, 253; IV R 55/97, BStBl. II 1999, 473; III R 32/22, BFH/NV 2025, 1376: sowohl als auch), weil der Wert des Fremdkapitals für den Schuldner auch in der Nutzungsmöglichkeit besteht (Baldauf in Brandis/Heuermann § 8 Rn. 41). **Verfehlt,** weil zu weit und mit dem Wortlaut („für") nicht vereinbar, ist andererseits **der kausale Ansatz,** wonach alle Kosten erfasst werden, die ohne die Inanspruchnahme der den Schulden korrespondierenden Mittel nicht entstanden wären (so aber Pauka DB 1988, 2224 (2226); offen gelassen in BFH I R 19/02, BStBl. II 2004, 192). Jedenfalls werden nicht nur in einem bestimmten Bruchteil des zur Verfügung gestellten Kapitals bezifferte Vergütungen betroffen, sondern auch anders geartete und bezifferte Gegenleistungen (vgl. BT-Drs. 11/2157, 175; BFH I R 85/12, BFH/NV 2014, 1588). Wie nach früherem Recht kann sich auch in einer „unverzinslichen" Verbindlichkeit ein Entgelt verbergen (→ Rn. 65; zur Abzinsung und Aufzinsung → Rn. 30). Zur Problematik der Einordnung **verschiedener Arten von Bankentgelten** für diese Vorschrift wie für die Zinsschranke nach § 4h EStG Hahn Ubg 2014, 106; Haase/Geils DStR 2016, 273; Vetten/Makutsi NWB 2019, 2199.

6a **b) Beispiele für Entgelte. Erfasst werden** insbesondere Vergütungen für partiarische Darlehen, Genussrechte und Gewinnobligationen sowie das Damnum (vgl. BT-Drs. 11/2157, 175; BFH I R 85/12, BFH/NV 2014, 1588; GewStR 8.1 Abs. 1 S. 4; zum Zinscharakter des Damnums (BGH XI ZR 231/89, DB 1990, 1610; XI ZR 11/93, DB 1994, 726; s. auch Meier StBp 1990, 281; Endert/Sepetauz BBK 2013, 60), ebenso die nach Höhe und Laufzeit des Kredits berechneten Kreditprovisionen und Umsatzprovisionen, Geldbeschaffungskosten, Risikoprämien bzw. -entgelte sowie sonstige kreditbezogene Verwaltungskosten (BFH I R 92/99, BStBl. II 2001, 609; FG Hmb 3 K 74/13, BeckRS 2014, 95661; → Rn. 68). Auch Leasingraten für WG, die dem Leasingnehmer zuzurechnen sind, sind Entgelte für Schulden (trotz Nr. 1 Buchst. d und e). Auf die Benennung bzw. die Aufgliederung der Entgeltbestandteile und die zeitliche Abfolge von Kreditnutzung und Entstehung der Entgeltbestandteile kann es nicht ankommen. Entgelt kann auch der **Verzicht auf eine bestehende Forderung** sein, nicht aber eine Vertragsgestaltung, die einen möglichen Anspruch nicht entstehen lässt (BFH III R 15/18, BStBl. II 2022, 625). **Abzinsungsbeträge** können je nach Gegenstand über eine isolierte bilanzielle Bewertung hinaus zum Ausdruck bringen, dass der Verpflichtete einen Zins als Gegenleistung für die Überlassung von Kapital schuldet; Zahlungen auf den abgezinsten Betrag enthalten dann einen (hinzuzurechnenden) Zinsanteil (BFH I R 85/12, BFH/NV 2014, 1588 zu einer Freistellungsverpflichtung; gegen FG Düsseldorf 11 K 3626/10 G, EFG 2013, 467, aufgeh.). Siehe iE auch ABC → Rn. 30.

Vorfälligkeitsentschädigungen gelten ebenfalls als (Dauer)Schuldentgelte (BFH IV R 55/97, BStBl. II 1999, 473; GewStH 8.1 Abs. 1). Jedoch bietet mE die Änderung des G Anlass für eine Überprüfung der Rspr. insofern, als die Vorfälligkeitsentschädigung **nicht Entgelt** für Schulden ist. Auch wenn die vorzeitige Kreditabwicklung bürgerlich-rechtlich nicht auf einer *Aufhebung,* sondern einer Änderung des Kreditvertrages mit Vorverlegung des Erfüllungszeitpunkts beruht, gleicht die Vorfälligkeitsentschädigung den hierdurch ausgelösten finanziellen Nachteil des Kreditgebers aus; sie ist nicht – auch nicht rückwirkend – Entgelt für die tatsächliche Zur-Verfügung-Stellung des der Schuld entsprechenden Kapitals.

Zu **Negativzinsen** → Rn. 55.

c) Sachliche Abgrenzung. Nicht Entgelt sind aus einem **anderen Rechtsgrund** und **nicht als Gegenleistung** für die (Möglichkeit der) Fremdkapitalnutzung und nur bei Gelegenheit der Schuldaufnahme erbrachte Leistungen, sofern dieser nicht selbst zu einer (eigenständigen) Schuld führt. Das gilt mE auch für Kredit- und Umsatzprovisionen, Risikoprämien bzw. -entgelte, die nicht wegen der Kapitalnutzung in Rechnung gestellt werden (RFH VI 821/38, RStBl. 1939, 762; GewStR 8.1 Abs. 1 S. 8), Geldbeschaffungskosten wie Kreditvermittlungsprovisionen und Maklergebühren, es sei denn, es handelt sich erkennbar um eine (weitergeleitete) Gegenleistung für die Kapitalnutzung (BFH I 351/60 U, BStBl. III 1963, 386), Zinsanteile in Renten- und Pensionsleistungen (BFH I R 36/66, BStBl. II 1968, 478; I R 8/92, BStBl. II 1994, 44; → § 8 Nr. 1 Buchst. b Rn. 4), Währungsverluste, Mahn-, Prozessgebühren und -Porti (RFH I 440/39, RStBl. 1940, 811), ebenso ein „arrangement fee", das an eine Konsortialführerin zur Vergütung gesonderter über die Kapitalüberlassung hinaus gehende Leistungen gezahlt wird (vgl. zur Zinsschranke BFH XI R 45/19, BStBl. II 2024, 643). Auch Avalgebühren für eine Ausfallbürgschaft (BFH IV R 55/05, BStBl. II 2007, 655; hierzu Förster/Schreidobler DB 2007, 2680) und sonstige Vergütungen für Bürgschaftsakzepte sind mE nicht Entgelte für Schulden. Sie werden nicht für diese selbst erbracht. Entsprechendes gilt für Vergütungen für die Bestellung sonstiger Sicherheiten sowie für Aufwendungen für die Kurssicherung und die Zinssicherung (zB Zins-Swapverträge), Bereitstellungszinsen und -provisionen (BFH I R 12/96, BStBl. II 1997, 253) sowie Nichtabnahmeentschädigungen für einen Kredit (FG Düsseldorf 14 K 1177/23 G, F, EFG 2024, 1480), zumal sie unabhängig von der Inanspruchnahme anfallen (vgl. GewStR 8.1 Abs. 1 S. 6), und Zusageprovisionen (GewStR 8.1 Abs. 1 S. 7). Abzinsungsbeträge nach § 6 Abs. 1 Nr. 3 EStG führen bei ihrer Verminderung nicht zur Hinzurechnung; es handelt sich um die Umkehrung der Gewinnerhöhung beim Ansatz der Verbindlichkeit (GewStH 8.1 (1) „Aufzinsungsbeträge"; BMF 26.5.2005, BStBl. I 2005, 699; FM Länder 2.7.2012, BStBl. I 2012, 654 Rn. 12). Zu versicherungstechnischen Rückstellungen → Rn. 66; GewStH 8.1 (1) „Versicherungsunternehmen"; Fehling NWB 2007 Nr. 29, F 3, 1617. Ebenfalls nicht in einem Gegenseitigkeitsverhältnis mit der Zur-Verfügung-Stellung von Fremdkapital stehen Stückzinsen auf im Rahmen eines Wertpapiersachdarlehens überlassene veräußerte und vor Fälligkeit zurückerworbene Anleihen; das gilt auch für die bei Rückgabe der Anleihe fälligen Stückzinsen, da es auch insoweit an einem Gegenseitigkeitsverhältnis mit der Kapitalnutzung fehlt (BFH III R 15/18, BStBl. II 2022, 625), negative Einlagenzinsen (→ Rn. 55), Konventionalstrafen, Säumniszuschläge uÄ. Auch bilanzielle Bewertungs- und Wertberichtigungsmaßnahmen im Schuldnervermögen sind nicht (Schuld-)Entgelt (BFH III R 15/18, BStBl. II 2022, 625). 6b

d) Persönliche Abgrenzung. Betroffen ist nur der **GewBetrieb,** der die **Schuld aufgenommen** hat. Dies gilt auch für verbundene Unternehmen, wenn und weil sie selbstständige GewStObjekte sind. Nach BFH I R 106/73, BStBl. II 1975, 516 (zu § 8 Nr. 1 aF) muss ein gewerbliches Unternehmen jedoch auch Schuldentgelte eines nichtgewerblichen Unternehmens, an dem es beteiligt ist, anteilig hinzurechnen (ebenso FG Münster 1 K 994/96 G, EFG 1997, 365; FG 7

Bln-Bbg 12 K 8540/05, B, DStRE 2010, 741; Köster in Lenski/Steinberg § 8 Nr. 1 Rn. 63; Baldauf in Brandis/Heuermann § 8 Rn. 422; Henerichs FR 1991, 76; Schlagheck StBp 2000, 115). Dem ist zuzustimmen, weil die WG der vermögensverwaltenden Gesellschaft anteilig dem BV des Gesellschafters zuzurechnen sind (BFH GrS 4/82, BStBl. II 1984, 751 (763)). Für § 8 Nr. 1 Buchst. a nF gelten diese Grundsätze mE weiterhin (ebenso GewStH 8.1 (1) „Beteiligung …"). Besonderheiten bestehen bei mehrstöckigen PesGes im Fall der Darlehensgewährung durch den Gesellschafter der OberGes an diese zum Zwecke des Erwerbs einer Beteiligung an der UnterGes (Erdmann/Steinecke DStR 2021, 1031).

III. Als Finanzierungsentgelt fingierter Aufwand (S. 2)

1. Allgemeines

8 Es handelt sich um **Fiktionen** (BT-Drs. 16/4841, 79), mit denen bestimmte Arten von Aufwand als Finanzierungsaufwand erfasst werden. **Hintergrund** ist die Überlegung, dass er (betriebswirtschaftlich) Entgelt für die Erhöhung der Liquidität in dem Zeitraum zwischen der Erfüllung der Forderung und der späteren Fälligkeit ist: Die einsetzbaren liquiden Mittel erhöhen sich in diesem Zeitraum um den (skontierten) Forderungsbetrag.

Die **Regelung** ist betriebswirtschaftlich **problematisch.** Sie verschärft den Hinzurechnungstatbestand gegenüber § 8 Nr. 1 aF erheblich, was zu weiteren nachteiligen Folgen für den betreffenden GewBetrieb führen kann. Zudem wird sie zu weiteren Streitfällen führen, da angesichts ihrer explizit unscharfen Fassung („nicht dem gewöhnlichen Geschäftsverkehr entsprechend"; „Wert der Forderung … wie ihn die Vertragsparteien … zugrunde gelegt haben") erheblicher Klärungsbedarf besteht (zur Kritik iÜ Fehling NWB 2007 F3 Nr. 29, 1617; Neu/Schiffers/Watermayer GmbHR 2007, 421; Bergemann/Markl/Althof DStR 2007, 693). Zudem lassen sich leicht Umgehungen durch entsprechende Vereinbarungen (zB der Fälligkeit) finden. Die **Hinzurechnungstatbestände** sind **abschließend** normiert. Für eine extensive Auslegung besteht angesichts der Erfassung „wirtschaftlich vergleichbarer Vorteile" ohnehin kaum Bedarf.

2. Skonto vor Fälligkeit

9 **a) Begriff.** Der **Skonto** ist ein prozentualer Nachlass von einem Rechnungs- bzw. Forderungsbetrag, idR von einem Kaufpreis, der gem. den Zahlungsbedingungen bzw. gesonderter Vereinbarung auf den Forderungs(Rechnungs-)betrag bei Zahlung innerhalb einer bestimmten Frist gewährt wird, ggf. auch gestaffelt nach der Dauer der einzuhaltenden Zahlungsfrist. Es handelt sich um ein freiwilliges Angebot idR zur Pflege der Geschäftsbeziehungen und zur Förderung der Bereitschaft des Schuldners zur umgehenden Zahlung, das dem Schuldner die Wahl überlässt, erst bei Fälligkeit oder vorfällig gegen entsprechenden Abzug zu zahlen. Er enthält einen Anreiz für den Schuldner und ist der Preis, den der Gläubiger für die alsbaldige Kapitalnutzung zahlt.

Kein Skonto ist der Nachlass, der nicht im Zusammenhang mit der Erfüllung der Forderung innerhalb bestimmter Frist zusammenhängt, sondern aus anderen Gründen gewährt wird, zB als **Treuerabatt, Mengenrabatt** (vgl. BT-Drs. 16/4841, 79) oder aus Gründen der Werbung, wegen mangelhafter Lieferung oder beim Räumungsverkauf. Kein Skonto soll vorliegen, wenn im Fall eines Versicherungsverhältnisses ein **günstiger Jahresbeitrags** anstelle von Monats- oder Vierteljahresraten gewährt wird (FM Länder 2.7.2012, BStBl. I 2012, 654 Rn. 16); mE fraglich, da der Finanzierungszweck gegeben ist, jedoch handelt es sich um einen unschädlichen geschäftsüblichen Skonto (hierzu → Rn. 10).

b) Geschäftsunüblicher Skonto. Nicht dem **gewöhnlichen Geschäftsverkehr** entspricht der Skonto mE, wenn er höher ist als der nach den Gepflogenheiten der Branche gewährte. Auf die Usancen des Steuerpflichtigen selbst kommt es wohl nicht an, mE jedoch auf die in dem Ort bzw. der Region, in der der Steuerpflichtige seine Leistungen anbietet. 10

Die Geschäftsunüblichkeit bezieht sich mE idR auf die **Höhe** des Skontos, nicht auf die **Dauer** der Skontofrist (unklar FM Länder 2.7.2012, BStBl. I 2012, 654 Rn. 16). Letzteres ist nur denkbar, wenn diese länger ist als die geschäftsübliche Skontofrist, aber immer noch kürzer als die gesetzliche oder vereinbarte Fälligkeit (s. das Bsp. 2 bei Baldauf in Brandis/Heuermann § 8 Rn. 48: Skonto bei Zahlung nach drei Monaten statt wie geschäftsüblich bei Zahlung nach einem Monat; Lösung aaO: ⅔ des Skontos als Entgelt!). Grundlage der Rechtsfolge ist die „Erfüllung … *vor Fälligkeit*", nicht allein die Geschäftsunüblichkeit des Skontos. Das wird von FM Länder 2.7.2012, BStBl. I 2012, 654 Rn. 16 verkannt: bei Vereinbarung eines unüblich langen Zahlungsziels (= Fälligkeit, → Rn. 12) und Zahlung zu diesem Zeitpunkt wird der Skonto nicht für Zahlung *vor* Fälligkeit gewährt.

Der **Vergleich mit der Branche** ist mE auch dann maßgebend, wenn der Steuerpflichtige Waren über das **Internet** anbietet und im Gegensatz zu stationären Händlern in derselben Region, jedoch wie andere Internethändler einen Skonto gewährt.

c) Erfassung. Erfasst wird mE **nur der Anteil** der Vorteilsgewährung, der den geschäftsüblichen Skonto **übersteigt.** 11

Beispiele:

1. Bei einem Skonto von 3 % anstelle von branchenüblichen 2 % ist nur ⅓ als Aufwand zu erfassen.
2. Bei Fälligkeit von sechs Monaten und Skontogewährung bei Zahlung innerhalb von vier Monaten statt branchenüblichen zwei Monaten sind ¾ des Gesamtaufwands zu erfassen.

(Vgl. Baldauf in Brandis/Heuermann § 8 Rn. 48).

d) Erfüllung vor Fälligkeit. Die **Fälligkeit einer Leistung** ist entweder vertraglich bestimmt oder lässt sich aus anderen Umständen entnehmen; im Übrigen kann der Gläubiger die Leistung sofort verlangen (§ 271 Abs. 1 BGB). Letzteres ist insbesondere bei Geschäften des täglichen Lebens mit Leistungen Zug um Zug der Fall. Wird in einem solchen Zusammenhang ein Skonto gewährt, führt er nicht zu Aufwendungen iSd Vorschrift, weil die Zeitpunkte der Fälligkeit und der Erfüllung zusammenfallen. Entsprechendes gilt, wenn die Vertragsparteien einen von der üblichen Zahlungsfrist abweichenden früheren Fälligkeitszeitpunkt bestimmten und der Gläubiger dem Schuldner als Ausgleich hierfür einen Skonto gewährt (ebenso Baldauf in Brandis/Heuermann § 8 Rn. 47). Auch in anderen Fällen der Zahlung **bei Fälligkeit** oder **nach Fälligkeit** liegen die Voraussetzungen der Vorschrift nicht vor und zwar auch dann nicht, wenn der Kunde sich trotzdem ein unberechtigtes Skonto nimmt. Zahlt der Kunde zwar vor Fälligkeit, aber nach Ablauf der für die Gewährung des Skontos maßgeblichen Frist, ist der 12 in Anspruch genommene unübliche Skonto mE nur anteilig hinzunehmen, und zwar bezogen auf den überhöhten Anteil des Skontobetrages sowie den Zeitanteil der vorfälligen Zahlung in dem Zeitintervall zwischen Frist und Fälligkeit (ebenso Baldauf in Brandis/Heuermann § 8 Rn. 50).

13 **e) Zusammenhang mit der Erfüllung.** Es muss ein **kausaler** (rechtlicher oder wirtschaftlicher) **Zusammenhang** mit der Erfüllung vor Fälligkeit bestehen. Ein aus anderen Gründen gewährter Nachlass genügt mE selbst dann nicht, wenn ein nur zeitlicher Zusammenhang besteht. Insb. genügt daher nicht ein Preisnachlass in besonderen Fällen, zB zur Gewinnung neuer Kunden (etwa für die erste Bestellung) oder zur Kundenbindung (zB Treue-, Mengenrabatt, vgl. FM Länder 2.7.2012, BStBl. I 2012, 654 Rn. 16; BT-Drs. 16/4841, 79). Allerdings wird mE nach dem weit gefassten Wortlaut auch der **„kombinierte Rabatt"** erfasst, wenn also neben zahlungsunabhängigen auch zahlungsabhängige Gründe vorliegen. In einem solchen Fall hilft mE der gesonderte Ausweis nicht, weil trotz Hinzutreten anderer Gründe der Zusammenhang des Skontos mit der Zahlung vor Fälligkeit besteht (**aA** Neu/Schiffers/Watermeier GmbHR 2007, 421; Baldauf in Brandis/Heuermann § 8 Rn. 52); eine Gewichtung der unterschiedlichen Gründe und entsprechende Aufteilung der Skonti in solchen Fällen lässt der Wortlaut der Vorschrift mE nicht zu.

3. Wirtschaftlich vergleichbare Vorteile

14 Es handelt sich um solche **Vorteile** für den Kunden, die in ihren Wirkungen dem **Skonto wirtschaftlich entsprechen,** als da sind mengenunabhängige Zugaben oder Rabatte, auch Naturalrabatte, ggf. bei der nachfolgenden Lieferung uÄ, sofern geschäftsunüblich. Auch bei diesen Vorteilen muss mE der **Zusammenhang mit der Erfüllung** von Forderungen aus Lieferungen und Leistungen **vor Fälligkeit** feststellbar sein. Der Satzteil „… nicht dem gewöhnlichen Geschäftsverkehr entsprechenden …" bezieht sich mE eindeutig sowohl auf „Skonti" als auch auf „wirtschaftlich vergleichbaren Vorteilen".

4. Diskontbeträge

15 **a) Begriff.** Der **Diskont ist** ein **Abzug (Zinsabzug) vom Nennbetrag** einer noch nicht fälligen Forderung bei deren Ankauf, insb. beim Ankauf von Wechseln, berechnet nach der Zeit vom Verkaufstag bis zum Fälligkeitstag. Der Verkäufer erhält die Schuldsumme vermindert um den Diskont. Dieser ist daher wirtschaftlich vergleichbar mit Schuldentgelten insofern, als durch seine Inkaufnahme die Finanzausstattung vor Fälligkeit der Forderung in Höhe des diskontierten Betrages verstärkt wird, zB bei *echtem Factoring* oder *echter Forfaitierung.* Die Hinzurechnung erfolgt mE auch dann, wenn der Diskont nur für die Übernahme des Bonitätsrisikos anfällt. Denn auf den Zusammenhang zwischen Diskont und Vorfälligkeit stellt das Gesetz anders als bei den Skonti uÄ nicht ab. Der Hinzurechnung unterliegen insb. Abschläge beim Verkauf von aktivierten Forderungen (FM Länder 2.7.2012, BStBl. I 2012, 654 Rn. 17).

16 **b) Abgrenzung. Nicht Diskontbetrag** ist schon dem Begriff nach der Forderungsabschlag, der nicht mit der Veräußerung in Zusammenhang steht, zB eine Teilwertabschreibung aus Gründen der Wertminderung der Forderung wegen mangelnder Bonität des Schuldners (ebenso Baldauf in Brandis/Heuermann § 8 Rn. 71). Das ergibt sich auch aus dem Zweck des Buchst. a, Schuldentgelte und

vergleichbaren Aufwand für die Finanzausstattung zu erfassen; ein solcher Zusammenhang besteht bei der Teilwertabschreibung begrifflich nicht, und zwar auch dann, wenn die Forderung zu dem abgeschriebenen Wert verkauft wird (FM Länder 2.7.2012, BStBl. I 2012, 654 Rn. 18). Entsprechendes gilt für **Nebenkosten** einer Veräußerung (ebenso Baldauf in Brandis/Heuermann § 8 Rn. 71).

(frei) **17–19**

IV. Umfang der Hinzurechnung

1. Absetzung bei der Gewinnermittlung

a) Grundsatz. Die Hinzurechnung der Entgelte für Schulden und des Aufwands nach S. 2 erfolgt nach dem Einleitungssatz des § 8 Nr. 1 in der Höhe, in der der Aufwand **bei der Ermittlung des Gewinns** aus Gewerbebetrieb **als Betriebsausgabe tatsächlich abgesetzt** worden ist (so schon § 8 Nr. 1 aF; BFH III R 15/18, BStBl. II 2022, 625), also entweder bei der Gewinnermittlung nach § 4 Abs. 3 EStG durch Zahlungen, bei Gewinnermittlung nach §§ 4 Abs. 1, 5 Abs. 1 EStG durch Passivierung oder – bei der Zinsschranke des § 4h EStG – durch Zinsvortrag nach § 4h Abs. 1 S. 2 EStG (hierzu Kessler/Ortmann-Babel/Zipfel BB 2007, 523; Zerhusen StC 9.08, 25; zur Wechselwirkung mit § 4 Abs. 4a EStG Wenzel Stbg 2009, 252). An der Absetzung bei der Gewinnermittlung fehlt es, wenn der Aufwand in die **Herstellungskosten** eines WG eingeht (→ Rn. 32). Entsprechendes gilt für die Zahlung von Stückzinsen beim Erwerb einer als Sachdarlehen überlassenen Anleihe insofern, als durch gleichzeitigen Erwerb einer gleichwertigen Zinsforderung der **Vorgang erfolgsneutral** ist (BFH III R 15/18, BStBl. II 2022, 625). **20**

b) Anzusetzende Beträge. Maßgebend ist der **Gewinn** des Steuergegenstandes **insgesamt.** Deswegen sind Sondervergütungen des Mitunternehmers nach § 15 Abs. 1 Nr. 2 EStG nicht hinzuzurechnen (FM Länder 2.7.2012, BStBl. I 2012, 654 Rn. 2). **20a**

Bei Skonti ist anzusetzen der **Nettobetrag** ohne USt, die per Saldo keine Gewinnauswirkung hat. Auch **Zahlungen durch Dritte** sind hinzuzurechnen, wenn das Entgelt Eingang in die Gewinnermittlung gefunden hat (vgl. die sachlich abweichende Entscheidung FG Nürnberg III 67/63, EFG 1975, 219).

Bei **abweichendem Wirtschaftsjahr** ist allein die Gewinnermittlung für das Wirtschaftsjahr maßgebend, das im EZ endet (§ 10 Abs. 2). Darüber hinaus in diesem EZ gezahlte Schuldentgelte sind nicht zu berücksichtigen (FG Hmb II 238/86, EFG 1989, 420; FM Länder 2.7.2012, BStBl. I 2012, 654 Rn. 46; Baldauf in Brandis/Heuermann § 10 Rn. 7).

2. Absetzungsfiktion

Für den Aufwand in Zusammenhang mit einem **schwebenden Vertragsverhältnis** enthält **Nr. 1 Buchst. a S. 3** eine weitere Fiktion. Hiernach gilt die Differenz zwischen dem Wert der Forderung, wie ihn die Vertragsparteien im Zeitpunkt des Vertragsabschlusses der Veräußerung zugrunde gelegt haben, und dem vereinbarten (geringeren) Veräußerungserlös als bei der Gewinnermittlung abgesetzt. **21**

21a **a) Factoring/Forfaitierung.** Der hinzuzurechnende Aufwand ergibt sich beim **echten Factoring** aus der Differenz zwischen der Summe der vom Schuldner zu erwartenden Ratenzahlungen (Nominalwert!) und dem Kaufpreis; nicht jedoch sonstige Kosten (zB für Wertermittlung, Risikoprämie; FM Länder 2.7.2012, BStBl. I 2012, 654 Rn. 19 ff.). Beim **unechten Factoring** erfolgt eine Hinzurechnung des Betrages der jährlichen Auflösung des aktiven RAP (FM Länder 2.7.2012, BStBl. I 2012, 654 Rn. 23). Betroffen ist demnach die Minderung des Erlöses gegenüber dem angenommenen Wert der Forderung im oa Zeitpunkt. Auch insofern lassen sich unerwünschte Effekte sicher ohne Schwierigkeiten durch entsprechende Vereinbarungen vermeiden.

21b **b) Zeitfragen.** Die Hinzurechnung findet nicht auf den Zeitpunkt der Vereinnahmung des Erlöses, sondern **verteilt auf die Restlaufzeit** des schwebenden Vertrages statt (FM Länder 2.7.2012, BStBl. I 2012, 654 Rn. 21).

Altfälle, also Factoring/Forfaitierung vor 1.1.2008, führen nicht zur Hinzurechnung nach § 8 Nr. 1 Buchst. a S. 3 nF (FM Länder 2.7.2012, BStBl. I 2012, 654 Rn. 22).

3. Saldierungsverbot

22 Eine **Saldierung** von Aufwendungen mit Erträgen ganz oder zum Teil ist ebenso wenig zulässig wie die Saldierung von Schulden und Forderungen (→ Rn. 5b; BFH III R 37/17, BStBl. II 2019, 275; III R 34/16; BStBl. II 2020, 48; III R 27/21, BStBl. II 2024, 292; kritisch hierzu Rödder DStR 2007, Beih. zu Heft 40). Das gilt auch bei einem wirtschaftlichen Zusammenhang zwischen Aufwendungen und Erträgen (vgl. BFH I R 203/73, BStBl. II 1976, 551), zB im Rahmen einer Betriebsaufspaltung (BFH XI R 65/03, BStBl. II 2005, 102). Lediglich bei einem sehr engen Zusammenhang insb. bei regelmäßiger Verrechnung durch die Vertragsparteien ist anderes denkbar: Zinsen für **wechselseitig begebene Darlehen** können nur dann saldiert werden, wenn die Darlehen demselben Zweck dienen und regelmäßig miteinander verrechnet werden (BFH I R 133/75, BStBl. II 1977, 165; I R 119/04, BFH/NV 2006, 606). Entsprechendes gilt bei **Zinsverbilligungszuschüssen** oder **Zinserstattungen** (vgl. BFH I 134/63 U, BStBl. III 1965, 417). Das bedeutet, es muss nicht nur wirtschaftlich, sondern auch ursächlich eine unmittelbare Beziehung zwischen Zinsen und dem Zuschuss bzw. der Kostenerstattung (Verminderung der Zinslast) bestehen (vgl. BFH I R 203/73, BStBl. II 1976, 551; I R 147/78, BStBl. II 1984, 217; XI R 65/03, BStBl. II 2005, 102 aE). Ob eine solche Beziehung dann besteht, wenn bei einem variabel zu verzinsenden Kredit ein Dritter aufgrund einer **Zinsbegrenzungsvereinbarung** eine Zahlung in Höhe des Kappungsbetrages leistet (so Häuselmann BB 1990, 2149; Baldauf in Brandis/Heuermann § 8 Rn. 81), hängt mE davon ab, dass der Dritte ein wirtschaftliches Interesse an der Aufnahme gerade dieses Kredits durch den Steuerpflichtigen hat (vgl. FG Nürnberg III 67/63, EFG 1975, 219, wo die Zinserstattung im wirtschaftlichen Zusammenhang mit einem Bierbezug stand; aA Knobbe-Keuk StuW 1975, 351). Im Übrigen gilt – wie schon zu § 8 Nr. 1 aF – auch für **Erstattungen** durch Dritte ein prinzipielles Saldierungsverbot (RFH I 464/38, RStBl. 1939, 711; I 59/39, RStBl. 1939, 869).

4. Nachträgliche Minderung

23 Bei **Rückzahlung** oder **nachträglicher Minderung** des Entgelts ist zur Vermeidung einer Doppelerfassung bei der Ermittlung des GewErtrags des Jahres der

Rückzahlung/Minderung der GewErtrag insoweit zu kürzen, als der Rückzahlungs-/Minderungsbetrag in einem früheren EZ den GewErtrag durch Hinzurechnung nach § 8 Nr. 1 bzw. § 8 Nr. 1 Buchst. a erhöht hat (vgl. BFH I 278/60 U, BStBl. III 1961, 280; I R 18/66, BStBl. III 1967, 187; GewStR 7.1 Abs. 1 S. 2).

(frei) **24–29**

V. ABC der Schuldentgelte

Abzinsung. Verbindlichkeiten mit mindestens zwölf Monaten Laufzeit sind nach § 6 Abs. 1 Nr. 3 EStG mit einem Zinssatz von 5,5 % abzuzinsen. Die mit der Verringerung der Abzinsung (Aufzinsung) verbundene Gewinnminderung unterliegt nicht der Hinzurechnung (BMF 26.5.2005, BStBl. I 2005, 699; FM Länder 2.7.2012, BStBl. I 2012, 654 Rn. 12); mE zutreffend (aA noch Vorauflage), weil es sich um fiktiven Zinsaufwand ohne Entgeltcharakter handelt (ebenso Baldauf in Brandis/Heuermann § 8 Rn. 130; Fehling NWB 2007 Nr. 27, F 1, 1617). **30**

Abfindungsschuld gegenüber dem Erben eines verstorbenen Mitunternehmers, dessen Anteil auf die verbleibenden Gesellschafter übergeht, ist Betriebsschuld; Zinsen hierauf unterliegen der Hinzurechnung (BFH VIII 52/98, BFH/NV 2000, 80). **31**

AfA/Aktivierung. Keine Herausrechnung von Zinsanteilen, wenn Zinsen mit den Anschaffungs- oder Herstellungskosten (EStR 6.3 Abs. 5) aktiviert sind, weil aktivierte **Bauzeitzinsen** ihren Charakter als *Entgelt* für Schulden verloren haben. Die Bestandsveränderung der Höhe nach ist kein Entgelt für Schulden, auch wenn sie bei einer Veräußerung gewinnwirksam ist (FG Bln-Bbg 6 K 6121/17, EFG 2019, 641). Eine Hinzurechnung kommt weder in den EZ in Betracht, in denen **gewinnmindernde AfA** vorgenommen worden sind (BFH I 59/92, BFH/NV 1993, 561; I R 19/02, BStBl. II 2004, 192), noch in den EZ, in denen sie wegen Ausscheidens des WG aus dem BV **nicht (mehr) aktiviert** worden sind. Das gilt unabhängig davon, ob Herstellungskosten für WG des **Anlagevermögens** oder des **Umlaufvermögens** betroffen sind (FG Köln 13 K 703/17, EFG 2022, 516, rkr.; zu Miet- u. Pachtzinsen BFH III R 24/18, BStBl. II 2022, 279, zu SchlHFG 1 K 243/15, EFG 2018, 1284, aufgeh.; BFH IV R 31/18, BFH/NV 2021, 1367, zu FG Münster 4 K 493/17 G, EFG 2018, 1813, best.). In jedem Fall haben die Zinsen durch die Zuordnung zu den HK ihren Charakter als bei der Gewinnermittlung angesetztes Schuldentgelt verloren (zust. Langer/Janßen DB 2015, 2841; Kleinheisterkamp FR 2018, 1284; Geurts BB 2022, 1330). Dem folgt die FVerw inzwischen (FM Länder 6.4.2022, BStBl. I 2022, 638), auch für **Erbbauzinsen** (FM Länder 2.7.2012, BStBl. I 2012, 654 Rn. 13). Bei einem **Aktivierungsverbot** nach § 5 Abs. 2 EStG sind die mit der Herstellung des selbstgeschaffenen immateriellen WG zusammenhängenden Zinsaufwendungen stets hinzuzurechnen (BFH III R 38/17, BStBl. II 2022, 283; FM Länder 6.4.2022, BStBl. I 2022, 638). Zur Ausweitung dieser Grundsätze auf Konzessions- und Lizenzabgaben Köhler DB 2015, 2229; zur Nutzung zur Vermeidung gewstlicher Anlaufverluste Köhler StBp 2016, 66. **32**

Anzahlungen. Kredite zur Leistung von Anzahlungen auf WG des AV sind Schulden ohne den Charakter eines Durchlaufkredits. **33**

Asset-Backed-Security-Geschäfte, → Rn. 93a (Stichwort „Kreditinstitute“ unter b) bb). **34**

35 **Avalgebühr** ist kein Schuldentgelt, weil sie nicht für die Inanspruchnahme von Fremdkapital, sondern für die Erlangung des Avalkredits entrichtet wird (BFH IV R 55/05, BStBl. II 2007, 655 Rn. 6b).

36 **Baukostenzuschüsse an Versorgungsunternehmen** sind bei diesen kalkulatorisch wie Kundenvorauszahlungen zu behandeln und daher echte Verpflichtungen (vgl. BFH I R 55/94, BStBl. II 1996, 73); sie führen aber mangels Entgeltzahlungen idR nicht zu einer Hinzurechnung nach § 8 Nr. 1 Buchst. a (ebenso Baldauf in Brandis/Heuermann § 8 Rn. 130).

37 **Bereitstellungszinsen** sind keine Schuldentgelte (→ Rn. 6b).

38 **Besserungsabrede.** Zuschüsse, die unter der aufschiebenden Bedingung künftiger Jahresüberschüsse gewährt werden, sind Schulden; die auf sie zu entrichtenden Zinsen sind Schuldentgelte (NdsFG VI 279/96, EFG 1999, 1147 rkr.). Ein Forderungserlass, der mit dem aufschiebend bedingten Recht des Gläubigers ausgesprochen wird, bei Besserung den erlassenen Betrag wieder fordern zu können, führt bis zum Bedingungseintritt nicht zu einer Belastung des Unternehmers und somit zum zwischenzeitlichen Fortfall einer Schuld. Nach Bedingungseintritt entsteht eine neue Forderung, die ihrerseits die Voraussetzungen einer Schuld erfüllen kann (BFH I R 50/02, BStBl. II 2003, 768).

39 **Betriebsaufspaltung.** Die Frage des Bestehens von Schulden zwischen beiden Gesellschaften ist nach allgemeinen Grundsätzen zu entscheiden. Das bedeutet: Eine Verrechnung der Zinsen für wechselseitig begebene Darlehen kann nur dann erfolgen, wenn die Darlehen demselben Zweck dienen und regelmäßig miteinander verrechnet werden (→ Rn. 5b, 22). Hiervon unabhängig kann die Betriebsaufspaltung allein nicht Rechtsgrundlage für eine Verrechnung sein, weil beide Unternehmen nicht als einheitliches behandelt werden (BFH XI R 65/03, BStBl. II 2005, 102; I R 119/04, BFH/NV 2006, 606; FM Länder 2.7.2012, BStBl. I 2012, 654 Rn. 5).

40 **Cash-Pooling.** Es ist idR gekennzeichnet durch wechselseitig gewährte gleichartige Darlehen, die derselben Zweckbestimmung (Liquiditätsbündelung zur Zins- und Finanzierungsoptimierung) dienen und die regelmäßig (arbeitstäglich) miteinander verrechnet werden. Entgelte der in das Cash-Management einbezogenen *Konzerngesellschaften* führen nach den Grundsätzen zu → Rn. 5b, 22 nur in der Höhe zu hinzurechnungspflichtigem Aufwand, der einem nach bankarbeitstäglich erfolgender Abrechnung verbleibenden Darlehenssaldo zuzurechnen ist. Dieser entfällt nicht durch ein sich ggf. an Folgetagen ergebenden positiven Saldo (BFH III R 37/17, BStBl. II 2019, 275 mwN; hierzu Roser WPg 2019, 745; Roth EWiR 2019, 491; zum virtuellen Verrechnungskonto Adrian/Wendland/Fey DB 2019, 1105). Erforderlich ist eine umfassende und exakte Dokumentation. Für den Fall, dass dem nicht genügt werden kann, wird vorgeschlagen, die Begründung einer gewstlichen Organschaft zu erwägen (Hubert StuB 2019, 421).

Entgelte des wie ein Finanzinstitut fungierenden *Cash-Pool-Managers* (Franke/Gageur BB 2008, 1706; Köster DStZ 2008, 703) für die von ihm aufgenommenen Kredite sind mE je nach Sachlage wie Entgelte für einen durchlaufenden Kredit (→ Rn. 5a, 42) zu behandeln. Für die Frage, ob bei der Aufnahme der weitergereichten Mittel ein eigenbetrieblicher Zweck des Cash-Pool-Mangers verfolgt wird, ist mE nicht zu berücksichtigen, dass die Kreditmittel konzernverbundenen Unternehmen zugutekommen. Hinzurechnungspflichtiger Aufwand liegt vor, wenn der Cash-Pool-Manager für das Kapitalmanagement eine höhere Vergütung als die reinen Verwaltungskosten bezieht.

41 **Damnum** ist Schuldentgelt (→ Rn. 6a).

42 **Durchlaufende Kredite** (zunächst → Rn. 5a). Sie sind mE **keine Schulden iSd Vorschrift,** wenn sie nach dem Willen der Kreditvertragsparteien (mE fraglich, s. hierzu aE) zu einem außerhalb des Betriebs des Darlehensnehmers liegenden Zweck, also **allein im fremden Interesse** und nur zu dem Zweck aufgenommen werden, die Kreditmittel umgehend als Kredit weiterzugeben, und wenn dies tatsächlich geschieht (BFH I 66/63, BStBl. III 1967, 27; I R 88/89, BStBl. II 1992, 257; IV R 92/96, BFH/NV 1998, 1222; III R 32/22, BFH/NV 2025, 1376); dh die Kreditaufnahme darf weder in Gewinnerzielungsabsicht noch im sonstigen eigenbetrieblichen Interesse des Weitergebenden, sondern muss uneigennützig erfolgen (RFH I 269/38, RStBl. 1939, 1057; BFH I 83/62, HFR 1963, 258; I R 293/82, BStBl. II 1987, 446), also keinen über die Verwaltungskosten hinausgehenden Nutzen haben (BFH XI R 65/03, BStBl. II 2005, 102). Dem soll (anders als im Fall BFH III R 24/16, BStBl. II 2020, 48: Gründung einer Ges. zur Kreditfinanzierung eines Schiffes) genügt sein, wenn der durchleitende Gewerbebetrieb zur Erleichterung von Geschäftsabwicklungen für verbundene Unternehmen gegründet worden ist und eine Haftungsvergütung erhält (die BFH I R 82/07, BFH/NV 2009, 1143 in großzügigem Umgang mit § 118 FGO zu einer Art Verwaltungskosten uminterpretiert).

Kein durchlaufender Kredit liegt vor, wenn der weiterzuleitende Kreditbetrag mit einer Restforderung verrechnet wird (BFH I R 11/92, BFH/NV 1993, 121), wenn dem Kreditnehmer eine Zinsmarge verbleibt (FG RhPf 5 K 1032/87, EFG 1992, 482), wenn ein Organträger oder eine Organgesellschaft den Kredit an eine (andere) Organgesellschaft weiterleitet (BFH I R 160/94, BStBl. II 1996, 328) sowie wenn im Rahmen einer Betriebsaufspaltung die Darlehensmittel von der Besitzgesellschaft aufgenommen und an die Betriebsgesellschaft zur Modernisierung des von der Besitz- an die Betriebsgesellschaft verpachteten Betriebsgebäudes eingesetzt werden oder wenn die Anteile am kreditnehmenden Unternehmen sich im BV des kreditgebenden Unternehmens befinden (BFH XI R 65/03, BStBl. II 2005, 102), wenn der Kreditnehmer die Kredite bilanziert und die Zinsen als Aufwand verbucht (BFH III R 24/16, BStBl. II 2020, 48), wenn ein Rückversicherungsunternehmen Depotverbindlichkeiten zur Glättung von Risiken und Stärkung des EK eingeht (BFH III R 32/22, BFH/NV 2025, 1376). Auch eine Verrechnung der gezahlten und empfangenen Zinsen kommt nicht in Betracht, sodass es bei einer „Doppelbelastung" bleibt (BFH XI R 65/03, BStBl. II 2005, 102; FG Hmb I 84/02, EFG 2004, 217 rkr.; krit. Wendt FR 2005, 214).

Auch ein **mittelbarer Nutzen** über die durch die Darlehensgewährung geförderte Geschäftsbeziehung ist schädlich, wie bei einem von einer Brauerei an Getränkegroßhändler zur Weitergabe an Gastwirte gegen eine Getränkebezugsverpflichtung vergebenen Darlehen (BFH IV R 77/05, BStBl. II 2008, 767) oder einem einer Schwestergesellschaft im Rahmen laufender Geschäftsbeziehungen gewährten Kredit (IV R 92/96, BFH/NV 1998, 1222).

Ausnahmsweise kann ein durchlaufender Kredit auch dann und ab dem Zeitpunkt vorliegen, wenn ein zum Erwerb von AV (Beteiligung) aufgenommener Kredit unter Weiterveräußerung des erworbenen WG an einen Dritten weitergereicht wird und sich der Vorteil des StPfl. insofern auf die Einnahme einer Verwaltungskostenpauschale beschränkt (FG Hmb II 9/87, EFG 1990, 120; vgl. Gosch FR 1997, 267).

Das **Wissen des Darlehensgebers** von der Weitergabe des Darlehensbetrages oder seine Weisungen sind mE unerheblich (FG Hmb I 208/77, EFG 1979, 461;

aA BFH I R 82/07, BFH/NV 2009, 1143: indizielle Bedeutung). Dagegen stellt BFH I R 293/82, BStBl. II 1987, 446 im Rahmen eines Vergleichs mit dem Begriff des durchlaufenden Postens (§ 4 Abs. 3 S. 2 EStG) darauf ab, dass der Kredit im fremden Namen und für fremde Rechnung aufgenommen wird. Dem ist nicht zuzustimmen. Auszugehen ist von den Voraussetzungen des § 8 Nr. 1 Buchst. a, der – ähnlich wie § 8 Nr. 1 aF – Aufwendungen für eine Fremdfinanzierung des Betriebs neutralisieren soll.

43 **Erbbauzinsen.** Der Zins für ein bebautes Grundstück ist aufzuteilen in ein Entgelt für die Übertragung des Eigentums an den Bauwerken und ein Entgelt für die Nutzung des Grund und Bodens. Soweit der Gesamtbetrag der auf die Gebäude entfallenden Zahlungen die jährlichen Barwertminderungen der passivierten Zahlungspflicht übersteigt, liegen Zinsen vor, die als *(Dauer-)*Schuldentgelte nach § 8 Nr. 1 aF bzw. Nr. 1 Buchst. a nF hinzuzurechnen sind (BFH I R 9/08, BStBl. II 2010, 560 zur aF; Kanzler NWB 2014, 1070).

44 **Factoring** bezeichnet die Übertragung von Forderungen gegen einen oder mehrere Schuldner vor ihrer Fälligkeit. Ein **„unechtes" Factoring** liegt vor, wenn das Bonitätsrisiko (die Delkrederehaftung) beim Abtretenden bleibt (zu unterscheiden von Haftung für Einredefreiheit sowie Feinregulierungen des Kaufpreises, BFH I R 44/09, BFH/NV 2010, 1622; I R 17/09, BFH/NV 2011, 143; Schmid DStR 2011, 794; Eicke/Philipp NWB 2011, 1611). Letzteres ist ua der Fall, wenn die Möglichkeit der Regressnahme durch Verwertung von – auch gegenständlich nicht beschränkten – Sicherheiten gegeben ist (vgl. zur Forfaitierung: BFH XI R 6/98, BStBl. II 1999, 735). Das unechte Factoring ist ein reines Kreditgeschäft (BGH VIII Z R 149/80, BGHZ 82, 50 (61)), das auf Seiten des Abtretenden zu Schuldentgelten in Form von Factoringgebühren führen kann (vgl. BFH I R 17/09, BFH/NV 2011, 143; I R 104/10, BFH/NV 2011, 210). Hiervon unabhängig sind Zinsen und ratierliche Aufstockungsbeträge *(Dauer-)*Schuldentgelte (BFH XI R 6/98, BStBl. II 1999, 735; FG Hmb V 179/01, EFG 2005, 1790).

Ein **„echtes" Factoring** liegt vor, wenn der Factor die Forderung seines Anschlusskunden endgültig kauft, mithin das Delkredererisiko ihn trifft; der Vertrag ist mit der Forderungsabtretung und Zahlung des Erlöses erfüllt. Es handelt sich rechtlich um einen Kauf (BGH VIII ZR 97/86, BGHZ 100, 353). Es führt nicht zu einer Schuld des Anschlusskunden gegenüber dem Factor. Zwar kann auch das echte Factoring als Kreditgewährung ausgestaltet sein, zB wenn darin (auch) eine Vorfinanzierung der Kaufpreisforderung liegt. Die üblichen Vorschüsse des Factors auf die Kaufpreisforderungen genügen hierfür jedoch nicht (BFH IV R 28/10, BFH/NV 2013, 1810; gegen NdsFG 11 K 358/07, EFG 2010, 1911, aufgeh.; Schulze HFR 2014, 156). Auch bei einer Verzinsung der Vorschüsse, entstehen keine hinzuzurechnenden Entgelte. Stattdessen entstehen idR mit dem Verkauf der Forderung dem *Diskont* (→ Rn. 15) entsprechende Aufwendungen iSv § 8 Nr. 1 Buchst. a (FM Länder 2.7.2012, BStBl. I 2012, 654 Rn. 17).

Ab **EZ 2009** ist das an bestimmte Voraussetzungen geknüpfte GewStPrivileg des § 19 Abs. 4 GewStDV zu beachten (s. „Finanzdienstleistungsinstitute").

45 **Finanzdienstleistungsinstitute**

Literatur: Franke/Gageur, Zweifelsfragen und Anmerkungen zu den … Ländererlassen zu § 8 Nr. 1 GewStG, BB 2008, 1704; Findeisen/Sabel, Definition des Finanzierungsleasings iSd KWG nach dem Merkblatt des BaFin, DB 2009, 801; Beckert/Füllbier, Das erweiterte Gewerbesteuerprivileg, NWB 2010, 3358; Kaminski, Das „Gesetz zur Umsetzung steuerrechtlicher EU-Vorgaben sowie zur Änderung steuerlicher Vorschriften", Stbg 2010, 193; Wildner/Krause, Anwendung des § 19 GewStDV bei Finanzierungs- und Factoringunternehmen, BB 2011, 1373; Hubert, Gewerbesteuerlichen Risiken bei Leasing im Doppelstockmodell, StuB 2019, 697.

(1) Bestimmte Finanzdienstleistungsinstitute iSv **§ 1 Abs. 1a Kreditwesengesetz** (insb. des Finanzierungsleasings und des Factorings) unterliegen nach § 19 Abs. 4 GewStDV (G. v. 8.4.2010 (BGBl. 2010 I 386), idF des G. v. 12.12.2019 (BGBl. 2019 I 2451)) **ab EZ 2008** (neue Fassung ab EZ 2018) mit ihren **unmittelbar auf Finanzdienstleistungen** entfallenden Entgelten bzw. diesen gleichgestellten Beträgen nicht der Hinzurechnung nach § 8 Nr. 1 Buchst. a nF. Die Änderung erfolgte auf der Grundlage des ebenfalls neu gefassten § 35c Abs. 1 Nr. 2 Buchst. f (G. v. 19.12.2008 (BGBl. 2008 I 2794)). Die gleichzeitige Herausnahme der Finanzdienstleister aus dem Kreis der den Kreditinstituten nach § 19 Abs. 3 GewStDV gleichgestellten Gewerbe beinhaltet insofern eine systemwidrige **partielle GewStBefreiung.**

(2) **Voraussetzung** für die Befreiung ist, dass mindestens 50 % der Umsätze auf Finanzdienstleistungen entfallen (§ 19 Abs. 4 S. 2 und § 36 Abs. 3 S. 2 Satzteil 3 GewStDV idF des G. v. 8.4.2010 (BGBl. 2010 I 386)). Entfallen ist damit die Voraussetzung des (aufgehobenen) § 19 Abs. 3 Nr. 4 GewStDV, dass Finanzdienstleistungen ausschließlich getätigt werden. Allerdings stehen zwingend notwendige **Hilfsgeschäfte** der Begünstigung nicht entgegen (Ländererlass 27.11.2009, BStBl. I 2009, 1595, Wildner/Krause BB 2011, 1373).

(3) **Begünstigte Geschäfte** sind solche nach § 1 Abs. 1a KWG, also die Anlagevermittlung (Nr. 1), Anlageberatung (Nr. 1 Buchst. a), Betrieb eines multilateralen Handelssystems (Nr. 1 Buchst. b), Platzierungsgeschäfte (Nr. 1 Buchst. c), Abschlussvermittlung (Nr. 2), Finanzportfolioverwaltung (Nr. 3), Eigenhandel mit Finanzinstrumenten (Nr. 4), Drittstaateneinlagenvermittlung (Nr. 5), Sortengeschäfte (Nr. 7), Factoring (Nr. 9), Finanzierungsleasing (Nr. 10) und Anlageverwaltung (Nr. 11).

(4) **Begünstigte Entgelte.** Befreit sind ausdrücklich nur die **Entgelte für Schulden und gleichgestellte Beträge** iSd § 8 Nr. 1a. § 19 Abs. 4 GewStDV ist **nicht erweiternd** dahin **auszulegen,** dass alle in § 8 Nr. 1 enthaltenen Finanzierungsbestandteile begünstigt seien; darin läge ein Verstoß gegen die Ermächtigungsnorm des § 35c Abs. 1 Nr. 2 Buchst. f. Leasinggeber sollen lediglich nicht schlechter gestellt werden als Kreditinstitute, für die die Begünstigung ebenfalls auf die Schuldentgelt usw beschränkt ist (BFH III R 23/16, BFH/NV 2019, 640). Damit kommt es insb. beim Leasing im Doppelstockmodell zu einer gewstrechtlichen Doppelbelastung der von der BetriebsleasingGes gezahlten Leasingraten (hierzu Hubert StuB 2019, 697). Allerdings gilt nach BFH eine **erweiternde Auslegung** im Hinblick das Erfordernis, dass die gezahlten Entgelte **unmittelbar auf Finanzdienstleistungen** entfallen. Hiernach gilt gegen den Wortlaut der Vorschrift und allgemein anerkannte Grundsätze der Auslegung insb. von Ausnahmeregelungen „keine streng kausale Unmittelbarkeit", sondern ein „weiter gehendes Verständnis des erforderlichen Zusammenhangs", also durchaus im Sinne einer mittelbaren Unmittelbarkeit: es erfasst „indirekt zuordenbare Aufwendungen", die den privilegierten Finanzdienstleistungen „nach einem sachgerechten Verteilungsschlüssel zugeordnet werden können". Daher können Zinsen für ein Darlehen zur **Finanzierung einer Gesellschaftseinlage,** die folglich nur mittelbar mit Finanzdienstleistungen in Zusammenhang gebracht werden können, das Erfordernis der erweiterten Unmittelbarkeit erfüllen (BFH IV R 30/18, BStBl. II 2021, 939, gegen FG München 9 K 3183/15, aufgeh.; ebenso Wildner/Krause BB 2011, 1373 (1376); aA LFD Thür G 1422 A-25-A 3.16 Tz. 6.1; Beckert/Füllbier NWB 2010, 3358: keine nur rechnerische oder statistische Zuordnung). Nicht begünstigt sind weiterhin Schuldentgelte im Zusammenhang mit anderen Dienstleistungen (BFH IV R 30/18, BStBl. II 2021, 939).

Davon abgesehen erfolgt mE eine **branchenspezifische Zuordnung.** § 19 Abs. 4 GewStDV ist nicht so zu lesen, dass auch unmittelbar **auf Wertpapierdienstleistungen oder Zahlungsdienste** entfallende Entgelte eines Finanzdienstleisters begünstigt wären. Das ergibt sich mE ebenfalls aus der Ermächtigungsnorm des § 35c Abs. 1 Nr. 2 Buchst. f, nach der eine Beschränkung der Hinzurechnung nur durch VO nur geregelt werden darf, soweit das betreffende Institut die ihm arteigenen Leistungen erbringt. Das heißt, bei Finanzdienstleistungsinstituten sind nur auf Finanzdienstleistungen, bei Wertpapierinstituten (→ Rn. 70) nur auf Wertpapierdienstleistungen und bei Zahlungsinstituten (→ Rn. 70a) nur auf die Zahlungsdienste entfallende Entgelte begünstigt. Anderes kann mE nur gelten, wenn die Umsätze des Unternehmens zu je 50 % auf Finanzdienstleistungen und Zahlungsdienste entfallen.

46 **Forfaitierung.** Vom Factoring unterscheidet sich die Forfaitierung im Wesentlichen dadurch, dass sie sich auf vertraglich konkret bestimmte Forderungen bezieht, also ein Einzelgeschäft ist. Die beim Factoring zu beachtenden Unterscheidungen und Grundsätze gelten auch hier (vgl. zunächst „Factoring").

Eine **unechte Forfaitierung** (zur Forfaitierung: BGH II ZR 183/93, BGHZ 126, 261 (263)) liegt auch vor, wenn ein Leasinggeber (Forfaitierer) dem Übernehmer den Verwertungserlös aus einem noch nicht ausgeübten Andienungsrecht (sog. Restwertforfaitierung) forfaitiert (BFH I R 37/99, BStBl. II 2001, 722). Siehe auch unter „Leasing". Gegen BFH XI R 6/98, BStBl. II 1999, 735 Peters DB 2002, 864 und Reuter BB 2003, 18, der darauf hinweist, dass das Urteil nicht auf sog. „Doppelstock-Modelle" anwendbar sei (Aufspaltung des Leasinggebers in eine Besitz- und Mietgesellschaft), und im Übrigen als Ausweichgestaltung statt der Einräumung einer Sicherheit am Leasinggegenstand die Verpflichtung des Leasinggebers zur Verwertung des Leasinggegenstandes und direkte Beteiligung des Forfaiteurs am Verwertungserlös empfiehlt. Zu Einzelheiten → Rn. 21a und FM Länder 2.7.2012, BStBl. I 2012, 654 Rn. 19 ff.

47 **Freistellungsverbindlichkeit.** Geht ein Erwerber, insb. eines Betriebs, als Teil seiner Gegenleistung eine Freistellungsverpflichtung ein, die (ohne besondere Zinsvereinbarung) mit dem Barwert angesetzt wird, leistet er im Zuge der Erfüllung der Verpflichtung anteilig ein Entgelt für eine Schuld (BFH I R 85/12, BFH/NV 2014, 1588; aA FG Düsseldorf 11 K 3626/10 G, EFG 2013, 467, aufgeh.; Griemla FR 2017, 14).

48 **Geldbeschaffungskosten,** wie Kreditvermittlungs- oder Maklergebühren sind idR keine Schuldentgelte (→ Rn. 6b).

49 **Genossenschaften.** Geschäftsguthaben der noch nicht ausgeschiedenen Genossen sind Eigenkapital und nicht *(Dauer-)*Schulden (RFH RStBl. 1938, 737; FG BBbg 6 K 6042/20, EFG 2024, 992). *(Dauer-)*Schulden können aber vorliegen, wenn Geschäftsguthaben von ausgeschiedenen Genossen über längere Zeit hinweg nicht zurückgezahlt werden (Birkholz DB-Beil. 21/74; Neuhäuser BB-Beil. 11/75).

Genussrechte und **Gewinnobligationen.** Zahlungen auf sie sind Schuldentgelte iSv § 8 Nr. 1 Buchst. a (vgl. FG RhPf 6 K 3450/98, EFG 2001, 1159 zur aF; GewStR 8.1 Abs. 1 S. 3). 50

Hypotheken. Sie sind nach den allgemeinen Grundsätzen Schulden, insb. wenn sie mit betrieblichen Vorgängen wie der Gründung oder der Erweiterung des Betriebes zusammenhängen, also etwa zum Ankauf oder Ausbau des Betriebsgrundstücks aufgenommen werden (BFH I R 55/68, BStBl. II 1971, 750; IV R 6/90, BStBl. II 1991, 584). 51

Kreditinstitute und verwandte Unternehmen. 52

Literatur: Gondert/Schimmelschmidt, Bankenaufsichtsrechtliche und steuerrechtliche Gestaltungen beim Erwerb von Beteiligungen an Kreditinstituten vor dem Hintergrund der 6. KWG-Novelle, DB 1998 Beil 10; Pyszka/Brauer, Begünstigung des § 19 GewStDV auch für Dauerschuldentgelte von Konzernfinanzierungsgesellschaften?, DB 2002, 2456; Schmid/Dammer, Neue Regeln zur Gewerbesteuer bei Asset-Backed-Securities Transaktionen nach dem Kleinunternehmerförderungsgesetz, BB 2003, 819; Schmid/Stoll, Zweifelsfragen bei der Auslegung von § 19 Abs. 3 GewStDV, BB 2005, 582; Klein/Kloster, Hinzurechnungsausnahme nach § 19 Abs. 3 Nr. 2 GewStDV bei mittelbarem Erwerb von Krediten von einem Kreditinstitut, DStR 2006, 2115; Schmeisser/Leonhardt, Asset-Backed-Securities – Forderungsverbriefung für den gehobenen Mittelstand als Finanzierungsalternative, DStR 2007, 169; Franke/Gageur, Zweifelsfragen und Anmerkungen zu den … Ländererlassen zu § 8 Nr. 1 GewStG, BB 2008, 1704; Altvater, Steuerliche Sonderregelungen für Bad Banks, DB 2009, 1779; Findeisen/Sabel, Definition des Finanzierungsleasings iSd KWG nach dem Merkblatt des BaFin, DB 2009, 801; Beckert/Füllbier, Das erweiterte Gewerbesteuerprivileg, NWB 2010, 3358; Kaminski, Das „Gesetz zur Umsetzung steuerrechtlicher EU-Vorgaben sowie zur Änderung steuerlicher Vorschriften", Stbg 2010, 193; Wildner/Krause, Anwendung des § 19 GewStDV bei Finanzierungs- und Factoringunternehmen, BB 2011, 1383; Brinkmann, Bankenprivileg für Konzernfinanzierungsgesellschaften, StBp 2019, 272; Kraft/Hohage, Die Anwendung des Bankenprivilegs nach § 19 GewStDV auf Konzernfinanzierungsgesellschaften, DB 2019, 206; Kraft/Hohage, Voraussetzung des Bankenprivilegs nach § 19 GewStDV bei Konzernfinanzierungsgesellschaften, Ubg 2021, 401; Leucht/Jesic, Das gewerbesteuerliche Bankenprivileg: Funktionsweise, Neuausrichtung und Änderungsvorschläge, Ubg 2022, 14.

1. Zweck/Auslegung der § 19 GewStDV

Für die bezeichneten Unternehmen besteht die **Sonderregelung des § 19 GewStDV** (abgedruckt zu Beginn von § 8 Nr. 1). Die Vorschrift beruht auf der Ermächtigung des § 35c Abs. 1 Nr. 2 Buchst. e (verfassungsgemäß: BVerfG 1 BvR 197/73, BVerfGE 42, 374 (385)). Ihre **jetzige Fassung** erhielt sie mWv EZ 2021 durch VO v. 25.6.2020 (BGBl. 2020 I 1495). Ihr liegt der Gedanke zugrunde, dass Kreditinstitute nur Durchlaufstellen des Geld- und Kreditverkehrs seien und dass das Passiv- und das Aktivgeschäft artmäßig übereinstimmten (BFH I 231/59 S, BStBl. II 1960, 390; I R 23/02, BFH/NV 2003, 653). Der VO-Geber wollte der wirtschafts-, kredit- und währungspolitischen Funktion des Bankgewerbes Rechnung tragen und den Umstand berücksichtigen, dass bei Kreditinstituten der Fremdmitteleinsatz typischerweise besonders groß ist (BVerfG 1 BvR 197/73, BVerfGE 42, 374 (385); BFH I R 62/96, BFH/NV 1998, 210). Sie sollen in die Lage versetzt sein, für geschäftliche Zwecke Fremdkapital aufzunehmen, ohne befürchten zu müssen, dass dieses als Schuld behandelt wird (BFH I R 80/66, BStBl. II 1969, 667; IV R 133/86, BStBl. II 1989, 737), was bei Eigenkapitaldeckung der genannten Anlagegüter („goldene Bilanzregel") der Fall ist.

Grundvoraussetzung der oa Ermächtigungsnorm und des hieran auszulegenden § 19 Abs. 1 GewStDV ist deshalb, dass es sich um ein im Wesentlichen an eigentlichen Bankgeschäften, also Geld- und Kreditverkehr, ausgerichtetes Unternehmen handelt (BFH VIII R 257/81, BFH/NV 1987, 391; I R 62/96, BFH/NV 1998, 210; I R 9/15, BStBl. II 2019, 173; III R 55/20, BStBl. II 2024, 378; krit. Kraft/Hohage Ubg 2021, 401).

Die Vorschrift enthält für betroffene Unternehmen eine **erschöpfende Bestimmung** des Begriffs und der Bemessungsgrundlage **der Entgelte** für Schulden (vgl. BFH I R 98/96, BStBl. II 2002, 207) und ist daher **auch zu Ungunsten** des Unternehmens anzuwenden (HessFG 8 K 81/85, EFG 1986, 304), wenn die nach allgemeinen Regeln ermittelten Schulden geringer sind. Zwar ermächtigt § 35c Abs. 1 Nr. 2 Buchst. e nur zur „Beschränkung" der Hinzurechnung. Doch lässt sich diese Formulierung auch so verstehen, dass ein eingeschränktes Ermittlungsverfahren geregelt werden darf. Ab EZ 1990 hat im Übrigen der Gesetzgeber selbst wiederholt den § 19 GewStDV verabschiedet (G. v. 25.7.1988, BGBl. 1988 I 1093, 1117; ebenso die Neufassung des Abs. 3 durch G. v. 31.7.2003, BGBl. 2003 I 1550, bzw. des § 19 GewStDV insgesamt durch Art. 5 JStG 2009, BGBl. 2008 I 2794).

Für **Begriff und Umfang** der hinzuzurechnenden Entgelte kommt es nach § 19 GewStDV nicht auf die Art der Schuld (Finanzierungsanlass, Laufzeit) an, sondern allein auf das Verhältnis des Ansatzes bestimmter zum AV gehörender WG (→ Rn. 52c ff.) zum Eigenkapital. Erfasst werden nicht nur Entgelte für Verbindlichkeiten, die in einem unmittelbaren Zusammenhang mit dem Betreiben von Bankgeschäften iSd § 1 Abs. 1 KWG stehen (BFH I R 98/96, BStBl. II 2002, 207).

2. Personenkreis

52a Die Aufzählung der begünstigten Unternehmen in Abs. 1, 3 und 4 ist abschließend; auf andere GewBetriebe ist § 19 GewStDV auch dann nicht anzuwenden, wenn sie Kreditgeschäfte betreiben (BFH I R 293/82, BStBl. II 1987, 446; IV R 77/05, BStBl. II 2008, 767; krit. für „Cash-Pool-Manager" – → Rn. 40 – Franke/Gageur BB 2008, 1704). Auf die Rechtsform des Unternehmens kommt es nicht an (s. zur PersonenGes BFH I R 98/96, BStBl. II 2002, 207).

a) Kreditinstitute nach § 19 Abs. 1 GewStDV. Dies sind die **Kreditinstitute iSd § 1 Abs. 1 iVm § 2 Abs. 1 KWG** (so **ab EZ 2021,** VO v. 25.6.2020, BGBl. 2020 I 1495), **bis einschließlich EZ 2020 iSv § 1 Abs. 1 KWG,** also am Geld- und Kreditverkehr ausgerichtete Unternehmen, die Bankgeschäfte gewerbsmäßig oder in einem Umfang betreiben, der einen in kaufmännischer Weise eingerichteten Geschäftsbetrieb erfordert; einer aufsichtsrechtlichen Erlaubnis bedarf es nach der Rspr. nicht (BFH I R 23/02, BFH/NV 2003, 653; Pyszka/Brauer DB 2002, 2456). Das gilt unabhängig davon, dass das Betreiben von Bankgeschäften ohne entsprechende Erlaubnis einen Straftatbestand erfüllen kann (BFH I R 9/15, BStBl. II 2019, 173). **Gewerbsmäßigkeit** wird angenommen, wenn der Betrieb auf Dauer, also auch auf unbestimmte Zeit, angelegt ist und in Gewinnerzielungsabsicht (nicht iSv § 15 Abs. 2 EStG) bzw. entgeltlich betrieben wird (BFH III R 6/24, BStBl. II 2025, 746; FG Bln-Bbg 4 K 4039/20, EFG 2022, 1550, rkr.). Das Erfordernis eines **kaufmännisch eingerichteten Geschäftsbetriebs** wird bei einer Kombination von Kredit- und Einlagengeschäft ua angenommen, wenn ua das Gesamtvolumen 12.500 EUR übersteigt (im Einzelnen FG Bln-Bbg 4 K 4039/20, EFG 2022, 1550, rkr., mit Hinweis auf Merkblatt der BaFin zum Tatbestand des Einlagengeschäfts v. 11.3.2014, geändert 20.8.2021 unter V.).

Bankgeschäfte sind Geschäfte nach dem Katalog des § 1 Abs. 1 S. 2 KWG (insb. Kreditgeschäfte, jedoch trotz § 19 KWG nicht die Leasing-Geschäfte; FM Hessen StEK GewStG § 8 Nr. 1 Nr. 46). Kreditinstitute sind demnach Banken, Sparkassen, Kreditgenossenschaften, Spar- und Darlehenskassen, private Hypothekenbanken, öffentlich-rechtliche Pfandbriefanstalten, Kommunalkreditinstitute, Teilzahlungsbanken sowie Bausparkassen. Betreibt ein Kreditinstitut auch das Leasinggeschäft, dann muss – bis EZ 1989 – das Bankgeschäft überwiegen (BFH I R 62/96, BFH/NV 1998, 210).

Konzernfinanzierungsgesellschaften kamen nach der Rspr. entgegen der hier vertretenen Auffassung in den Genuss der Vorschrift (BFH I R 79/15, BStBl. II 2019, 173 III R 55/20, BStBl. II 2024, 378; Kraft/Hohage DB 2019, 206). Sie fallen dem Wortlaut nach unter die Vorschrift des § 1 KWG, auf die allein § 19 Abs. 1 GewStDV (bis EZ 2020) sich bezog. Die Erfüllung der Voraussetzungen des § 2 KWG („als Kreditinstitute gelten … nicht") war nicht erforderlich (BFH III R 6/24, BStBl. II 2025, 746, zu FG Münster 10 K 2062/20 G, EFG 2024, 779, best.; hierzu krit. Brinkmann StBp 2019, 272; 2024, 205). Die eingangs dargestellte **Änderung der Vorschrift** schließt unter § 2 Abs. 1 KWG fallende Unternehmen, also auch Konzernfinanzierungsgesellschaften, von der Begünstigung aus (Leucht/Jesic Ubg 2022, 14, mit Hinweisen zur Vermeidung von Kaskadeneffekten).

Nicht Kreditinstitute sind zudem andere Unternehmen, die Spareinlagen ihrer Kundschaft oder Gefolgschaft annehmen (RFH VI 455/41, RStBl. 1942, 1110), neben dem Warengeschäft in geringem Umfang auch Bankgeschäfte betreiben (BFH VIII R 257/81, BFH/NV 1987, 391) oder die Finanzierung über den Erwerb von Beteiligungen betreiben (BFH I R 293/82, BStBl. II 1987, 446).

Bei **Organschaften** ist auf die Verhältnisse bei der jeweiligen Gesellschaft abzustellen (vgl. zur Bedeutung des Organs: BFH I 198/65, BStBl. II 1968, 807).

b) Die weiteren Begünstigungen nach § 19 Abs. 3 GewStDV. aa) Nach **§ 19 Abs. 3 Nr. 1 GewStDV** gehören (seit EZ 1974) auch **Pfandleiher** iSd PfandleiherVO zu den begünstigten Unternehmen.

bb) Nach **§ 19 Abs. 3 Nr. 2 GewStDV** sind (ab EZ 2003) begünstigt Gewerbebetriebe, die (sog. **„Asset-Backed-Securities"** (ABS)-Geschäfte bzw. **„Credit-Linked-Notes"** (CLN)-Geschäfte betreiben, also bestimmte Kredite oder Kreditrisiken erwerben und Schuldtitel zur Refinanzierung des erforderliche Kaufpreises oder der zu stellenden Sicherheiten ausgeben. ABS sind kapitalmarktfähige Schuldtitel (Securities), die von einer Zweckgesellschaft (dem begünstigten Forderungs- bzw. Risikokäufer) begeben und unter Einschaltung einer Bank bei Investoren platziert werden (vgl. Schmeisser/Leonhardt DStR 2007, 169); mit dem hierbei aufgebrachten Kapital erwirbt die Zweckgesellschaft nicht verbriefte Forderungen (Assets) von einem Unternehmen (Originator), idR selbst eine Bank, durch die die Schuldtitel gedeckt (backed) werden (zu weiteren Einzelheiten Schmid/Dammer BB 2003, 819). Es geht also um die Umwandlung nicht kapitalmarktfähiger Schuldtitel bzw. Forderungen (Assets) in kapitalmarktfähige Titel (Securities). Bei den CLN ist die Rückzahlung des verbrieften Schuldtitels an die Entwicklung solcher Kreditforderungen geknüpft. Die Banknähe bestimmter Geschäfte dieser Art ist Grundlage für die Begünstigung, auch wenn die begünstigten Unternehmen selbst nicht Kreditinstitute iSv § 1 KWG sind.

(1.) Begünstigte Geschäfte sind jedoch nur **Bankgeschäfte** nach § 1 Abs. 1 S. 2 Nr. 2 KWG (also das Kreditgeschäft), nach § 1 Abs. 1 S. 2 Nr. 3 KWG (also das Diskontgeschäft) und nach § 1 Abs. 1 S. 2 Nr. 8 KWG (also das Garantiegeschäft, insb. Bürgschaften). Nicht begünstigt sind das Kreditkartengeschäft, das nicht unter § 1 Abs. 1 S. 2 Nr. 2 KWG fällt, das Leasinggeschäft nach § 1 Abs. 3 Nr. 3 KWG und das Factoring bzw. die Forfaitierung nach § 1 Abs. 3 Nr. 2 KWG. Factoring und Leasing sind jedoch ab EZ 2008 unter bestimmten Voraussetzungen noch weitergehend begünstigt (s. Stichwort „Finanzdienstleistungsinstitute"). Der **Erwerb der Assets** muss mE nach dem Wortlaut der Vorschrift trotz BT-Drs. 15/537, 10 nicht (mittelbar oder unmittelbar) *von* einem Kreditinstitut erfolgen (ebenso Schmid/Stoll BB 2005, 582; Klein/Kloster DStR 2006, 2115; **aA** Schmid/Dammer BB 2003, 819). Sie müssen nur *aus* Bankgeschäften stammen.

(2.) Begünstigte Zweckunternehmen sind solche, die ausschließlich unmittelbar oder mittelbar Kredite oder Kreditrisiken aus oa Bankgeschäften erwerben sowie die oa Schuldtitel zur Refinanzierung des Kaufpreises bzw. der für die Riskoübernahme zu stellenden Sicherheiten ausgeben bzw. zur Refinanzierung Darlehen von Unternehmen nach Nr. 3 aufnehmen; eine bestimmte Rechtsform ist nicht vorgesehen. Die Kredite bzw. Kreditrisiken dürfen nur von Kreditinstituten nach § 1 KWG (s. oben) oder von den nach § 3 Nr. 2 befreiten Instituten erworben worden sein. Zu Unklarheiten der Vorschrift Schmid/Stoll BB 2005, 582.

(3.) Die Einhaltung der oa Voraussetzungen hat das Unternehmen **nachzuweisen;** das betrifft insb. die Tatsache, dass es sich um eine banknahe Geschäftstätigkeit handelt und dass es diese Geschäfte **ausschließlich** betreibt; mit den ABS- bzw. CLN-Geschäften zusammenhängende Hilfsgeschäfte sind jedoch unschädlich (BT-Drs. 15/537, 11; Schmid/Dammer BB 2003, 819), wie etwa Kursinformationen und Analysen, Rückerwerb von ABS vor Fälligkeit oder Verkauf von Geschäftsausstattung. Fraglich erscheint aber, ob ein Nachweis nach § 19 Abs. 2 erforderlich ist (so Köster in Lenski/Steinberg § 8 Nr. 1 Rn. 244 f.; Schmid/Dammer BB 2003, 819). Diese Vorschrift betrifft das Überwiegen der Bankgeschäfte gegenüber anderen Geschäften und ist mE angesichts des Ausschließlichkeitsgebots des Abs. 3 Nr. 2 und 3 GewStDV gegenstandslos.

cc) Nach **§ 19 Abs. 3 Nr. 3 GewStDV** sind begünstigt **Emittenten** der in Nr. 2 erwähnten Schuldtitel und der in Nr. 2 aE erwähnten Darlehen. Sie müssen, was für die Begünstigung nach Nr. 2 bedeutsam ist, ebenfalls Gewerbebetrieb sein (hierzu krit. Schmid/Dammer BB 2003, 819; zu diesbezüglichen Zweifeln Schmid/Stoll BB 2005, 582). Im Übrigen gelten die zu Nr. 2 aufgezeigten Bezüge.

c) Begünstigung nach § 19 Abs. 4 GewStDV. Nach § 19 Abs. 4 GewStDV sind **Finanzdienstleistungsunternehmen** und **Zahlungsinstitute** über den bisherigen Rahmen hinaus unter bestimmten Voraussetzungen begünstigt. Vgl. hierzu die Stichwörter.

3. Überwiegen von Bankgeschäften

52b Voraussetzung für die Vergünstigung nach § 19 Abs. 1 GewStDV (→ Rn. 52) ist, dass im Durchschnitt aller Monatsausweise des Wirtschaftsjahres (§ 25 KWG) oder entsprechende Statistiken die **Aktivposten aus Bankgeschäften** und dem **Erwerb von Geldforderungen** (Factoring) die Aktivposten aus anderen Geschäften **überwiegen** (zu den diesbezüglichen Risiken insb. bei Konzernfinanzierungsgesellschaften vgl. Brinkmann StBp 2019, 272).

Nicht erforderlich ist demnach, dass das Unternehmen **ausschließlich** Bankgeschäfte betreibt bzw. mit ihnen **höhere Gewinne** erzielt als mit sonstigen Geschäften (BFH III R 55/20, BStBl. II 2024, 378, zu Hess FG 8 K 622/19, EFG 2020, 1856, aufgeh.). Der Aktivpostenvergleich wird vom Gesetzgeber als sachgerechter erachtet (BT-Drs. 11/2157, 176). Auf die Durchschnittswerte wird zur Vermeidung von Zufallsergebnissen und Manipulationen abgestellt (Pauka DB 1988, 2275 (2279)). In den Vergleich sind Aktivposten aus Anlagen nach § 19 Abs. 1 GewStDV (→ Rn. 52c) nicht einzubeziehen. Jedoch sind Geschäftsbeziehungen mit ausländischen Niederlassungen des Kreditinstituts zu berücksichtigen (GewStR 8.8 Abs. 2 S. 5).

Für die **Zuordnung** zu den Aktivposten aus Bankgeschäften ist **bei ausgereichten Darlehen** deren **unbedingte Rückzahlung** erforderlich; hieran fehlt es bei Vereinbarungen, die den Rückzahlungsanspruch unter Vorbehalt oder eine Bedingung (im Streitfall: Tilgung einer Kreditfazilität) stellen (FG Bln-Bbg 4 K 4039/20, EFG 2022, 1550, rkr., mit Erörterung verschiedener Gestaltungen, die als die Unbedingtheit hindernd in Betracht gezogen werden; vgl. BaFin Merkblatt zum Tatbestand des Einlagengeschäfts v. 11.3.2014, geändert 20.8.2021, unter I 5.).

4. Schulden

Als Schulden, denen die hinzuzurechnenden Entgelte entsprechen, wird der **52c**
Betrag angesetzt, um den der Ansatz der **zum Anlagevermögen gehörenden**
- Grundstücke und Gebäude
- Betriebs- und Geschäftsausstattung
- Schiffe
- Anteile an Kreditinstituten und sonstigen Unternehmen (einschließlich der atypischen stillen Beteiligungen)
- sowie der
- Forderungen aus Vermögenseinlagen als (typischer) stiller Gesellschafter
- Forderungen aus Genussrechten

das **Eigenkapital** (→ Rn. 52e) **überschreitet.**

Bei den **Anteilen** muss es sich nicht um „dauernde Beteiligungen" handeln. Allein die Zugehörigkeit zum AV entscheidet. Auf die Form der Beteiligung kommt es dann nicht an. Dauernder Aktienbesitz genügt jedoch. Für die diesbezügliche Auslegung ist entscheidend, dass eine Begünstigung nach der Vorschrift nur gerechtfertigt ist, soweit sich Verbindlichkeiten auf das Kreditgeschäft (BFH IV R 133/86, BStBl. II 1989, 737). Möglich ist die Übernahme von Anteilspapieren, der Gesellschafterstellung, der Mitgliedschaft in einer Genossenschaft oder öffentl.-rechtlichen Körperschaft, auch wenn diese unfreiwillig erfolgt (Köster in Lenski/Steinberg § 8 Nr. 1 Rn. 218; Kaul in Deloitte GewStDV § 19 Rn. 24). Anteile an Investment- und Spezialfonds – als rechtlich unselbstständige Sondervermögen – gehören nicht zu den Anteilen an Kreditinstituten und sonstigen Unternehmen (OFD Hannover DB 2001, 232).

Die Forderungen aus Vermögenseinlagen als **stiller Gesellschafter** und aus **Genussrechten** müssen mE nicht zum Anlagevermögen gehören; hierfür sprechen der Wortlaut („sowie der …"), der Zweck der Vorschrift (→ Rn. 93), der eine Begünstigung der genannten Forderungen nicht erfordert und die Absicht des Gesetzgebers bei Erweiterung des Kreises der in § 19 Abs. 1 S. 1 GewStDV angeführten WG diesen an die seinerzeitige Bemessungsgrundlage für das haftende

Eigenkapital des KWG anzupassen (BFH I R 61/12, BFH/NV 2013, 1626, best. von FG BW 3 K 3291/09, EFG 2012, 2043). Die Neufassung des S. 2 steht dem nicht entgegen, da diese Vorschrift allein die dort bezeichnete Hinzurechnung zu den Vermögenswerten des S. 1 und nicht deren nähere Konkretisierung zum Gegenstand hat.

Zu den Besonderheiten bei **Spar- und Darlehenskassen** mit überwiegendem Warengeschäft vgl. GewStR 8.9.

5. Besonderheiten bei Organschaft

52d Die Einbeziehung von Forderungen an **organschaftlich verbundene Unternehmen** bezweckt zu verhindern, dass Unternehmen, die keine Kreditinstitute sind, durch Ausgliederung von bankfremden Geschäftsarten mit dem dazu gehörigen AV im wirtschaftlichen Ergebnis in den Genuss des § 19 GewStDV kommen (BT-Drs. 11/2157, 176).

Es entfällt der sonst bestehende Vorteil einer Kreditierung des Organs durch den Organträger, wenn dieser die Mittel seinerseits fremdfinanziert hat (nämlich beim Organträger Inanspruchnahme des § 19 Abs. 1 GewStDV ohne Ansatz der Forderung; beim Organ keine Hinzurechnung der Dauerschulden und Dauerschuldentgelte, → Rn. 97). Für die Hinzurechnung ist jede einzelne Forderung zu prüfen. Unerheblich sind Rechtsgrund und Entgeltlichkeit der Forderung sowie deren Zuordnung zum AV oder UV. Es kommt auch nicht darauf an, ob der OT am Schuldverhältnis beteiligt ist; es muss sich aber um den nämlichen Organkreis handeln (zu allem ebenso Baldauf in Brandis/Heuermann § 8 Rn. 112).

6. Eigenkapital

52e Das Eigenkapital ergibt sich bei Einzelunternehmen und Personengesellschaften aus den Kapitalkonten (aktives und passives Sonderbetriebsvermögen ist zu berücksichtigen, BFH I R 98/96, BStBl. II 2002, 207), bei den Kapitalgesellschaften aus dem Grund- und Stammkapital zuzüglich der gesetzlichen und sonstigen offenen Reserven. Dazu gehört auch der Gewinn, aber nur sofern er nach Gesetz, Satzung oder Beschluss der zuständigen Organe im Vermögen (Rücklage) verbleiben soll (GewStR 8.8 Abs. 1 S. 1). Gewinnzuführungen an die Mitglieder oder die beherrschende Körperschaft sowie zu echten Rückstellungen gehören nicht zum Eigenkapital (RFH I 448/39, RStBl. 1940, 749; GewStR 8.8 Abs. 1 S. 2); dasselbe gilt mE für Pensionsrückstellungen. Dagegen gehört die Vermögenseinlage des typischen stillen Gesellschafters zum Eigenkapital (HessFG VIII 145/76, EFG 1978, 33). Bei Genossenschaften gehört das Geschäftsguthaben der zum Jahresende ausscheidenden Genossen nicht zum Eigenkapital, das auf das Ende dieses Geschäftsjahres festzustellen ist (RFH I 153/38, RStBl. 1938, 787). Zu den Sonderposten mit Rücklagenanteil, auch iSd durch BilMoG v. 25.5.2009 (BGBl. 2009 I 1102) aufgehobenen § 281 HGB, vgl. GewStR 8.8 Abs. 1 S. 3 f.; zu einem zur Rettung einer Forderung in der Zwangsversteigerung erworbenen Betriebsgrundstück vgl. GewStR 8.8 Abs. 1 S. 5 ff. In allen Fällen kommt als Eigenkapital nur ein positiver Betrag in Betracht; ist es als rechnerische Größe negativ, können Schulden nur in Höhe des Werts der genannten Anlagegüter angenommen werden (BFH I R 80/66, BStBl. II 1969, 667; FG Hmb 6 K 285/13, EFG 2016, 133). Der inländischen BSt eines ausländischen Kreditinstituts kann höchstens der Betrag als „Dotationskapital" zugerechnet werden, der dem Gesamtunternehmen als Eigenkapital zur Verfügung steht (BFH I R 98/96, BStBl. II 2002, 207).

7. Maßgeblicher Zeitpunkt

Bei der Ermittlung des **GewErtrages** ist grundsätzlich von den Bilanzansätzen auf den **Schluss des Wirtschaftsjahres,** dessen GewErtrag zu ermitteln ist, auszugehen (RFH RStBl. 1939, 787; 1940, 749; HessFG 8 K 4877/99, EFG 2004, 284; Baldauf in Brandis/Heuermann § 8 Rn. 107; **aA** Köster in Lenski/Steinberg § 8 Nr. 1 Rn. 226). Das ist nach der Rspr. jedoch anders, wenn sich die maßgebenden Wertansätze **im Laufe des Wirtschaftsjahres verändert** haben: die Höhe der Entgelte soll dann nach der Entwicklung der Wertverhältnisse im Laufe des Wirtschaftsjahres zu schätzen sein (BFH I 225/64, BStBl. III 1967, 732; ähnlich GewStR 8.8 Abs. 1 S. 9 und GewStH 8.8); mE unzutreffend, denn § 19 GewStDV geht von einem „Ansatz" der Werte aus. Das ist, wie RFH I 153/38, RStBl. 1938, 787 erkennen lässt, der Bilanzansatz. Außerdem enthält die Regelung des § 19 GewStDV eine bewusste Pauschalierung, die zugunsten und zuungunsten des Kreditinstituts ausgehen kann (HessFG 8 K 81/85, EFG 1986, 304). Sonderbetrachtungen für den Fall, dass sie zuungunsten ausgeht, sind nicht angezeigt. **52f**

8. Schuldentgelte

Für die **Berechnung der Schuldentgelte** ist das bezeichnete Verhältnis auf die Zinsen für hereingenommene Gelder, Darlehen und Anleihen anzuwenden. Dabei ist der Betrag der Schuldentgelte nach GewStR 8.8 Abs. 1 S. 8 f. mit dem gewogenen Durchschnitt zu ermitteln. Dieser Betrag wird mit 25 % hinzugerechnet. **52g**

Leasing-Verträge. Zur Begünstigung von Leasingunternehmen **ab EZ 2008** s. Stichwort „Finanzdienstleistungsunternehmen". Im Übrigen gilt: **53**

1. Sind die Leasing-Gegenstände **dem Leasing-Nehmer zuzurechnen** (Finanzierungsleasing), gehörten nach A 45 Abs. 6 S. 3 Nr. 1 S. 13 ff. GewStR 1998 die vom **Leasing-Geber** zur Finanzierung aufgenommenen Darlehen ggf. zum laufenden Geschäftsverkehr (anders im Fall BFH VIII R 51/04, BStBl. II 2008, 137). Nach § 8 Nr. 1 Buchst. a nF führt die Refinanzierung durch den Leasing-Geber zu hinzurechnungspflichtigen Entgelten, zumal ein durchlaufender Kredit (zugunsten des Leasing-Nehmers) nicht angenommen werden kann. Beim **Leasing-Nehmer** führt die Leasing-Schuld mit den in den Leasing-Raten enthaltenen Zinsanteilen zu Schuldentgelten (R 44 Abs. 6 S. 3 Nr. 1 S. 11 GewStR 1998).
2. Sind die Leasing-Gegenstände **dem Leasing-Geber zuzurechnen,** führen Finanzierungen bei ihm ohne Weiteres zu Schuldentgelten. Bei Verkauf der Leasing-Forderung durch den Leasing-Geber ist für die bei diesem bestehen bleibende Verpflichtung zur Nutzungsüberlassung ein passiver Rechnungsabgrenzungsposten zu bilden, dieser ist Schuld iSd Nr. 1 Buchst. a, auf den mE die Grundsätze in → Rn. 21a Anwendung finden. Bei der Restwertforfaitierung ist die Zahlung des Übernehmers als Darlehen bei den Verbindlichkeiten auszuweisen und bis zum Ablauf der Grundmietzeit ratierlich aufzulösen (BFH I R 37/99, BFH/NV 2001, 722).

54 **Lizenzgebühren** konnten auch *Dauerschulden* sein (BFH 140/56 U, BStBl. III 1957, 287). Ab EZ 2008 dürfte § 8 Nr. 1 Buchst. f nF eine abschließende Regelung darstellen.

55 **Negativzins** auf Einlagen ist zwar BA (BMF 27.5.2015, BStBl. I 2015, 473), jedoch kein hinzurechnungspflichtiges Entgelt, weil nicht für eine Schuld, sondern wie eine Depotgebühr gezahlt (FM Länder 17.11.2015, BStBl. I 2015, 896; GewStH 8.1 Abs. 1 „Negative Einlagezinsen"; Patzner/Joch BB 2015, 221).

Auf Seiten des Darlehensnehmers sollen Negativzinsen, obwohl BE, Entgelte für Schulden sein, die bei der Gewinnermittlung „abzusetzen" seien und zu einer negativen Hinzurechnung führten (Schaffer/Steiner/Ullmann DStR 2023, 1807).

56 **Organschaft.** Nach den Grundsätzen in → § 2 Rn. 518, 524 haben Hinzurechnungen auch bei Schulden zwischen den an einem Organverhältnis beteiligten Gesellschaften zu unterbleiben, also auch bei Schulden zwischen 2 Organgesellschaften (Schwestergesellschaften) desselben Organträgers (BFH I R 182/72, BStBl. II 1975, 46; I R 10/93, BStBl. II 1994, 768; I R 160/94, BStBl. II 1996, 328 ebenso Neuhäuser BB Beil. 11/75). Das gilt jedoch dann nicht, wenn die empfangende Gesellschaft von der GewSt befreit ist (zB als Unterstützungskasse), weil es dann nicht zu einer doppelten gewstlichen Erfassung der Zinsen kommt (BFH I R 5/73, BStBl. II 1975, 179). Entsprechendes gilt mE bei Konzerndarlehen durch einen OT im (auch EU-) Ausland (aA Meilicke IStR 2006, 130 unter Hinweis auf EuGH C-446/03, DStR 2005, 2168 – Marks & Spencer).

Zu den Problemen aufgrund von Zinsschrankenregelungen bei Immobilienkrediten von organschaftlich organisierten Immobilienkonzernen Klaas/Stoecker Ubg 2012, 535.

Auf Kredite zwischen Schwestergesellschaften außerhalb des Organkreises lassen sich die oa Grundsätze nicht übertragen (BFH I B 96/03, BFH/NV 2005, 72; → § 2 Rn. 524b).

57 **Partiarisches Darlehen** (zur Abgrenzung → § 8 Nr. 1 Buchst. c Rn. 15 ff.). Gewinnabhängige Vergütungen sind Zinsen für Schulden (BFH I R 31/80, BStBl. II 1984, 623), auch iSd **Neufassung des § 8 Nr. 1 Buchst. a** (GewStR 8.1 Abs. 1 S. 3).

58 **Pensionsgeschäfte.** Im Falle von echten Pensionsgeschäften hat der Pensionsgeber in seiner Bilanz weiterhin die übertragenen WG und in Höhe des erhaltenen Betrags eine Verbindlichkeit auszuweisen. Diese Regelung entspricht der früheren Rspr. zum echten Pensionsgeschäft (zB Abtretung einer Hypothekenforderung) zur Sicherstellung einer Verbindlichkeit; danach waren und sind der Gegenstand der Abtretung und die aus ihm fließenden Erträge nach § 39 Abs. 2 Nr. 1 AO dem Sicherungsgeber zuzurechnen. Wurden die Erträge an den Pensionsnehmer weitergeleitet/ausgekehrt, dann lagen hierin Schuldzinsen (BFH I R 147/78, BStBl. II 1984, 217). Für die nF des § 8 Nr. 1 Buchst. a gilt mE Entsprechendes.

59 **Pfandleiher.** Siehe „Kreditinstitute" (→ Rn. 52b).

60 **Rentenzahlungen.** Die Hinzurechnungsvorschrift des § 8 Nr. 1 Buchst. b nF enthält eine abschließende Regelung, sodass eine Hinzurechnung von Zinsanteilen in der Rentenzahlung nicht in Betracht kommt (→ § 8 Nr. 1 Buchst. b Rn. 4).

61 **Rückgabeverpflichtungen.** Wird bei einer Unternehmenspacht vereinbart, dass der Pächter nach Beendigung des Pachtverhältnisses die ihm überlassenen Rohstoffe sowie Halb- und Fertigfabrikate zurückzugewähren hat, dann stellt die passivierte Rückgabeverpflichtung eine Schuld dar (BFH I 70/60 S, BStBl. III 1966, 51; GewStH 8.1 Abs. 1 „Substanzerhaltungspflicht"). Für eine allfällige

Aufzinsung der passivierten Verpflichtung gilt mE das in → Rn. 30 Ausgeführte entsprechend; durch die Verpflichtung nicht gedeckte Aufwendungen sind nur dann hinzuzurechnen, wenn sie Entgeltcharakter haben (aA Köster in Lenski/Steinberg § 8 Rn. 98 mwN).

Rückstellungen. → Rn. 4. 62

Schadensersatzleistungen. Sind auch dann keine Schuldentgelte, wenn sie 63 wegen Nichtinanspruchnahme eines vereinbarten Kredits fällig werden (→ Rn. 6 ff.). Hingegen sind **Zinsen auf Schadensersatzverbindlichkeiten** mE Schuldentgelte iSv § 8 Nr. 1 Buchst. a nF.

Steuerschulden gehören bei betrieblicher Veranlassung zu den Schulden iSd 64 § 8 Nr. 1 Buchst. a nF; Zinsen iSd §§ 233 ff. AO gehören daher zu den hinzurechnungspflichtigen Schuldentgelten (vgl. FM Länder 2.7.2012, BStBl. I 2012, 654 Rn. 24a). Das gilt demnach bei **Zinsen für Steuernachforderungen** (§ 233a AO), **Stundungszinsen** (§ 234 AO), **Hinterziehungszinsen** (§ 235 AO) und Zinsen bei einer **Aussetzung der Vollziehung** (§ 237 AO). Dagegen sind **Säumniszuschläge** mE nicht hinzuzurechnen, weil sie mangels Gegenseitigkeitsverhältnisses keinen Entgeltcharakter haben (aA FSen Hmb DStZE 1982, 268).

„Unverzinsliche" Verbindlichkeiten. Langfristige Ratenzahlungen auf eine 65 in der Vereinbarung als unverzinslich bezeichnete Kaufpreisschuld enthalten idR einen angemessenen, der Hinzurechnung unterliegenden Zinsanteil (BFH VIII R 19/70, BStBl. II 1975, 647). Entsprechendes gilt für ein „unverzinsliches" Darlehen von einem Pächter an den Verpächter, wenn vereinbart wird, dass der Pachtzins in dem Maße steigt, in dem der Darlehensbetrag zurückgezahlt wird (BFH IV R 13/66, BStBl. II 1973, 26). Zu § 6 Abs. 1 Nr. 3 EStG s. „Abzinsung". Zur **Freistellungsverpflichtung** (in Bezug auf Pensionslasten) → Rn. 6a.

Versicherungsunternehmen. Das Sicherungsvermögen (früher der *Deckungsstock* der Lebensversicherungsunternehmen) der Versicherungsunternehmen 66 **(Erstversicherer)** enthält die Beträge, in deren Höhe ua die Beitragsüberträge, die Deckungsrückstellung sowie weitere Rückstellungen und Verbindlichkeiten aus versicherungstechnischen Geschäften gedeckt werden (§ 125 Abs. 2 VAG). Er ist der Verfügung des Unternehmens entzogen, insb. gesondert vom übrigen Vermögen zu verwalten und aufzubewahren (§ 125 Abs. 3 VAG). Es hat daher eine grundsätzlich andere Funktion als das BV bei anderen Gewerbetreibenden (BFH I 293/61, BStBl. III 1967, 631). **Versicherungstechnische Rückstellungen** sowie aus Versicherungsverhältnissen entstandene Verbindlichkeiten gegenüber Versicherungsnehmern unterliegen auch nach § 8 Nr. 1 Buchst. a nicht der Hinzurechnung, soweit sie durch Vermögenswerte iSd oa Vorschriften gedeckt sind (vgl. zu den aF BFH I R 55/96, BStBl. II 1997, 824; zur nF FM Länder 2.7.2012, BStBl. I 2012, 654 Rn. 24 zu § 54 Abs. 1 S. 1, § 66 VAG 1992); das sollte mE auch für auf einem **Bardepot verrechnete Zinsen** in der Lebensversicherung gelten (vgl. zu den aF BFH I 293/61, BStBl. III 1967, 631; I R 145/69, BStBl. II 1972, 908 zur Sachversicherung ist mE überholt). Dagegen können mE Schuldentgelte entstehen bei **Hypotheken,** die auf zum Deckungsstock gehörenden Grundstücken lasten (BFH I 177/58 U, BStBl. III 1966, 630). Auch **verzinsliche Vorauszahlungen** auf Beitragsdepots können mE zu hinzurechnungspflichtigen Entgelten führen, zumal wenn sie nicht in das Versicherungsvermögens-Soll einbezogen werden (vgl. zu den aF BFH I R 55/96, BStBl. II 1997, 824 und I R 84/96, BFH/NV 1998, 495). Entsprechendes gilt mE für **gutgeschriebene verzinsliche Gewinnanteile** der Versicherten, wenn sie nicht ähnlichen geschäftsplanmäßigen Verfügungsbeschränkungen unterliegen wie das Sicherungsvermögen (vgl. zu den aF RFH I 207/40, RStBl. 1940, 826), sowie für **verzinsliche und unverzinsliche Darlehen** der Mitglieder eines Versicherungsvereins zur Bildung eines Garantiefonds für außerordentliche Schadensfälle (vgl. zu den aF BFH I 196/65, BStBl. II 1968, 717).

Für **Rückversicherungsunternehmen** galten die Grundsätze zu Deckungsrückstellung und Versicherungsvermögen nach der aF des VAG nicht, da § 121b VAG aF aus versicherungswirtschaftlichen Gründen nicht auf die strengen Regulatorien des § 66 VAG aF verwies. **Zinsen auf Depotverbindlichkeiten** waren daher als Schuldentgelte hinzuzurechnen; eine Saldierung mit Erträgen aus Depotforderungen kam nicht in Betracht (BFH III R 32/22, BFH/NV 2025, 1376, zu FG München 7 K 361/21, EFG 2022, 1700, best.; krit. Stangl/Greinert/Siebing Ubg 2023, 679).

Auf der Seite des **Versicherungsnehmers** sind sog. *Policedarlehen* (Vorauszahlungen des Versicherungsunternehmens aus dem Deckungskapital) auch wirtschaftlich Darlehen. Die hierfür aufgewendeten Zusatzbeiträge beinhalten eine Verzinsung dieser Darlehen und sind als Schuldentgelte hinzuzurechnen (vgl. zu den aF BFH VI 252/64, BStBl. III 1966, 421).

67 **Verwaltungskosten** sind Schuldentgelt, wenn sie ihrer Höhe nach prozentual an den zur Verfügung gestellten Kapitalbetrag bemessen und bezogen auf die Laufzeit der Schuld zu zahlen sind und nicht in Zusammenhang mit über die Kapitalüberlassung hinausgehenden Leistungen stehen (BFH I R 92/99, BStBl. II 2001, 609; GewStH 8.1 Abs. 1 „Verwaltungskosten").

68 **Vorfälligkeitsentschädigung** → Rn. 6a.

69 **Wartegelder und Förderzinsen** sind zwar zivilrechtlich Pachtzinsverpflichtungen, steuerrechtlich jedoch Anschaffungskosten für die Übertragung des (wirtschaftlichen) Eigentums an Abbaurechten (Mineralgewinnungsrechten). Verbindlichkeiten dieses Inhalts sind (Dauer)Schulden nicht jedoch Entgelt für Schulden (BFH I R 9/92, BStBl. II 1994, 44; aA Köster in Lenski/Steinberg § 8 Nr. 1 Buchst. a Rn. 109: Schuldentgelt).

70 **Wertpapierinstitute** iSd § 2 Abs. 1 WpIG. Bei ihnen unterbleibt nach § 19 Abs. 4 GewStDV idF des G. v. 12.5.2021 (BGBl. 2021 I 990) erstmals **ab EZ 2021** eine Hinzurechnung nach § 8 Nr. 1 Buchst. a, soweit die Entgelte und die ihnen gleichgestellten Beträge **unmittelbar auf Wertpapierdienstleistungen** iSd § 2 Abs. 2 WpIG entfallen. Zum Erfordernis der Unmittelbarkeit → Rn. 45 zu (4).

Die Vorschrift ist mE nicht so zu lesen, dass der Gesetzgeber bei den genannten Branchen Finanzdienstleistungen, Wertpapierdienstleistungen **und** Zahlungsdienste begünstigen wollte. Das ergibt sich mE aus der Ermächtigungsnorm des § 35c Abs. 1 Nr. 2 Buchst. f, in der im Hinblick auf die Beschränkung der Hinzurechnung eine *branchenspezifische Zuordnung* stattfindet. Weitere **Voraussetzung** der Begünstigung ist, dass mindestens 50 % der Umsätze auf Zahlungsdienste entfallen.

70a **Zahlungsinstitute** iSd § 1 Abs. 1 S. 1 Nr. 1 ZahlungsdiensteaufsichtsG. Bei ihnen unterbleibt nach § 19 Abs. 4 GewStDV idF des JStG 2019 v. 12.12.2019 (BGBl. 2019 I 2451) erstmals **ab EZ 2009** eine Hinzurechnung nach § 8 Nr. 1 Buchst. a, soweit die Entgelte und ihnen gleichgestellte Beträge **unmittelbar auf Zahlungsdienste** iSd § 1 Abs. 1 S. 2 Nr. 3 Buchst. b und Nr. 6 ZahlungsdiensteaufsichtG entfallen. Zum Erfordernis der Unmittelbarkeit → Rn. 45 zu (4).

Die Vorschrift ist mE nicht so zu lesen, dass der Gesetzgeber bei den genannten Branchen Finanzdienstleistungen, Wertpapierdienstleistungen **und** Zahlungsdienste begünstigen wollte. Das ergibt sich mE aus der Ermächtigungsnorm des § 35c Abs. 1 Nr. 2 Buchst. f, in der im Hinblick auf die Beschränkung der Hinzurechnung eine *branchenspezifische Zuordnung* stattfindet. **Voraussetzung** der Begünstigung ist allerdings, dass mindestens 50 % der Umsätze auf Zahlungsdienste entfallen.

Zinsschranke. Sie betrifft Zinsaufwendungen, dh nach § 4h Abs. 3 S. 2 EStG **71**
Vergütungen für Fremdkapital. Der Wortlaut der Vorschrift legt ein übereinstimmendes Verständnis des Begriffs mit § 8 Nr. 1 Buchst. a GewStG (→ Rn. 6 ff.) nahe (BFH XI R 45/19, BStBl. II 2024, 643; Kopp/Neika DStR 2023, 1390). Nach § 4h Abs. 1 S. 1–4 EStG nicht abziehbare Zinsaufwendungen sind nach § 4h Abs. 1 S. 4 und 5 EStG in die folgenden Wj. vorzutragen und erhöhen die Zinsaufwendungen dieser Jahre. In dem EZ, in dem sie tatsächlich den Gewinn mindern, unterliegen sie insoweit der Hinzurechnung, als sie Entgelt für Schulden, nicht jedoch Aufwendungen aus Auf- und Abzinsungen (§ 4h Abs. 3 S. 4 EStG) sind (vgl. BMF 26.5.2005, BStBl. I 2005, 699 Rn. 39; FM Länder 2.7.2012, BStBl. I 2012, 654 Rn. 12; zum Zusammenspiel der Vorschriften Feldgen StuB 2016, 259). Offen ist die Frage der Abgrenzung. In Betracht kommt jedes gängige Verfahren zur Erfassung von Vermögensposten, insb. das Lifo- und das Fifo-Verfahren (so Franke/Gageur BB 2008, 1704 (1709)). Meines Erachtens kann der StPfl. das für ihn günstigste wählen, ist dann aber an seine Wahl gebunden. Zu den Problemen im **Zusammenspiel mit § 9 Nr. 1 S. 2** bei einem organschaftlich strukturierten Immobilienkonzern Klass/Stoecker Ubg 2012, 535.

Zins-Swap-Verträge. **72**

Literatur: Haase/Geils, Bankentgelte im Lichte der Gewerbesteuer und der Zinsschranke, DStR 2016, 273; Vetten/Makutsi, Moderne Finanzinstrument im Licht der steuerlichen Hinzurechnung, NWB 2019, 2199; Köhler, Zinsswaps im Ertragssteuerrecht, DStR 2020, 2161; Kopp/Neika, Zur außerbilanziellen Behandlung von Zinsswaps, DStR 2023, 1390; Wienke/Graßl, Gewerbesteuerrechtliche Hinzurechnung von Swap-Zinsen als Entgelte für Schulden – Anmerkung zum BFH, Urt. v. 16.11.2023, III R 27/21, FR 2024, 376.

Der Zins-Swap-Vertrag ist ein Finanzierungsinstrument zur Senkung von Finanzierungskosten, zur Absicherung von Zinsänderungsrisiken und auch zu Spekulationszwecken, bei dem die beteiligten Partner ihre jeweiligen Zinsverpflichtungen mit einem festen und einem variablen Zins auf idR identische und währungsgleiche Kapitalbeträge austauschen. Die hauptsächlichen Gestaltungsformen sind Swap-Verträge

- auf der Basis fiktiver Kapitalsummen
- durch Abschluss korrespondierender Darlehensverträge mit und ohne Austausch der zugrunde liegenden Kapitalsummen.

In der Regel verpflichtet sich der GewTreibende gegenüber seinem Partner (im Allgemeinen ein Kreditinstitut) zur langfristigen Zahlung eines Festzinses; er selbst erhält einen variablen Zinssatz von seinem Partner, der auch ein Dritter sein kann.

Aufwendungen für einen Zins-Swap-Vertrag waren keine Dauerschuldentgelte iSd § 8 Nr. 1 aF (BFH I R 89/02, BStBl. II 2004, 517). Auch wenn der Swap-Vertrag der langfristigen Zinssicherung für mehrere nur kurzfristige Darlehensverträge und Zinsperioden nacheinander dient, ist er nicht geeignet, eine Verklammerung der betroffenen Verhältnisse herbeizuführen. Er lässt die *formale Unabhängigkeit* der mehreren Darlehensverträge *unberührt* und steht als Zinsinstrument nur indirekt mit ihnen in Zusammenhang.

Auch nach **§ 8 Nr. 1 Buchst. a** unterliegen die Swapentgelte idR nicht der Hinzurechnung, da sie nicht unmittelbar für die Überlassung von Kapital erbracht werden (BFH III R 27/21, BStBl. II 2024, 292, zu FG Bln-Bbg 6 K 6242/17, EFG 2019, 642, best.; FM Länder 2.7.2012, BStBl. I 2012, 654 Rn. 14; zT aA Tiede EFG 2019, 645). Eine **(denkbare) Saldierung** von Aufwand und Erträgen kommt jedoch nach den allgemeinen Grundsätzen (→ Rn. 5b, 22) in Betracht (BFH III R 27/21, BStBl. II 2024, 292; Kreft/Schmitt-Homann BB 2009, 2404; Hase/Gails DStR 2016, 273; Köhler DStR 2020, 2161; Kopp/Neika DStR 2023, 1390; Nöcker FR 2024, 400; krit. Wienke/Graßl FR 2024, 376), im entschiedenen Fall in Abgrenzung zu der Einordnung als WK bei den Einkünften aus VuV (BFH IX R 15/21, BStBl. II 2023, 1103) jedoch nicht angenommen.

73 **Zinsverbilligungszuschüsse** → Rn. 22.

§ 8 Nr. 1 Buchst. b Hinzurechnungen (Renten und dauernde Lasten)

Dem Gewinn aus Gewerbebetrieb (§ 7) werden folgende Beträge wieder hinzugerechnet, soweit sie bei der Ermittlung des Gewinns abgesetzt worden sind:

1. Ein Viertel der Summe aus

…

b) Renten und dauernden Lasten. [2]Pensionszahlungen aufgrund einer unmittelbar vom Arbeitgeber erteilten Versorgungszusage gelten nicht als dauernde Last im Sinne des Satzes 1,

…

Gewerbesteuer-Richtlinien 2009: GewStR 8.1 Abs. 2/GewStH 8.1 (2)

Literatur: Henerichs, Gewerbesteuerliche Probleme bei einer betrieblichen Beteiligung an einer vermögensverwaltenden Kommanditgesellschaft, FR 1991, 76; Richter/Richter, Von Renten und Raten, DB 1995, 1099; Schlagheck, Zebragesellschaften und Gewerbesteuer, StBp 2000, 115; Schwer, Betriebliche Veräußerungsrente, StBp 2000, 103; Naujok/Bujotzek, Erbbauzinsen vor 2008 keine hinzuzurechnenden dauernden Lasten, FR 2007, 882; Griemla, Gewerbesteuerliche Behandlung einer Freistellungsverpflichtung für Pensionsverpflichtung bei Betriebserwerb nach GewStG 1999/2002 und nach neuem Recht, FR 2017, 14; s. auch die Literaturhinweise zu § 8 Nr. 1 Buchst. a.

Übersicht

I. Allgemeines

1. Zweck

1 Die Vorschrift **bezweckt** die Ermittlung des objektiven, von den Beziehungen des Inhabers zum Betrieb losgelösten GewErtrags (→ § 8 Nr. 1 Buchst. a Rn. 1). Wie bei Nr. 1 Buchst. a soll der GewErtrag wegen der Art der Finanzierung nicht gemindert werden dürfen. Renten und dauernde Lasten können ebenso wie Zinsen Entgelt für das Betriebskapital darstellen (BFH I R 250/70, BStBl. II 1973, 787; IV R 31/72, BStBl. II 1976, 576; IV R 194/74, BStBl. II 1979, 266; I R 51/90, BStBl. II 1992, 919; IV R 61/00, BStBl. II 2001, 687). Der **Grund für die Hinzurechnung** nach § 8 Nr. 2 aF war – jedenfalls bei Veräußerungsrenten – die Tatsache, dass die einzelnen Rentenzahlungen Zinsanteile enthalten, die Entgelt für die Überlassung des im Gewerbebetrieb arbeitenden Kapitals darstellen (BFH X R 64/89, BStBl. II 1991, 358). Denkbar ist dies nicht nur für solche Renten und dauernde Lasten, die die Voraussetzungen des § 8 Nr. 2 aF erfüllen, sondern auch für solche, die auf andere Weise mit dem Betriebskapital und seiner Verstärkung zusammenhängen. Doch hatte der Gesetzgeber mit der aF in typisierender Weise nur diejenigen, die wirtschaftlich mit der Gründung/dem Erwerb des (Teil)Betriebes oder eines Anteils daran zusammenhängen, mit den Entgelten für Dauerschulden (dh 50 % hiervon) gleichgestellt.

2. Höherrangiges Recht

2 **a) Verfassungsrecht.** Hierin lag eine **Ungleichbehandlung** von Renten und dauernden Lasten untereinander, je nach ihrem wirtschaftlichen Gehalt (vgl. BFH I R 126/83, BStBl. II 1988, 70; Wendt FR 2001, 412). Darüber hinaus diskriminierte die aF Renten und dauernde Lasten gegenüber den Dauerschuldentgelten. Gleichwohl war sie **nach der Rspr. verfassungskonform** (BFH I R 126/83, BStBl. II 1988, 70). Mit der **Neufassung mWv EZ 2008** (§ 36 Abs. 5a) ist – allerdings unter Vermehrung und Verschärfung der Hinzurechnungstatbestände – diese Problematik beseitigt.

3 **b) Europarecht.** Die aF war **europarechtlich** problematisch (Verstoß gegen Art. 43 und 56 EGV), weswegen bis EZ 2007 von einer Hinzurechnung abgesehen wurde, wenn der gewerbliche Empfänger in einem EU/EWR-Staat ansässig war

(auch für DBA-Staat; OFD Münster 11.2.2008, FR 2008, 290). Auch diese Problematik ist mE mit der Neufassung (→ Rn. 2) beseitigt.

3. Abschließende Regelung

4 Die Vorschrift enthält eine **abschließende Regelung** für die Behandlung von Renten und dauernden Lasten (BFH I 71/60 S, BStBl. III 1963, 93; I R 124/70, BStBl. II 1973, 403). Die nach § 8 Nr. 2 aF bestehende Problematik, ob die Hinzurechnung von in Rentenzahlungen enthaltenen Zinsanteilen nach § 8 Nr. 1 aF zulässig ist, wenn die Voraussetzungen für die Hinzurechnung nach jener Vorschrift nicht vorlagen (FG Köln V 354/81 G, EFG 1984, 362; aA FG Münster 9 K 2275/06 G, EFG 2008, 399; Meyer BB 1985, 52; Baldauf in Brandis/Heuermann § 8 Rn. 482; Wüllenkemper EFG 2008, 402; offen gelassen durch BFH I R 9/08, BStBl. II 2010, 560) kann mE nach neuem Recht nicht mehr von Bedeutung sein (ebenso Kratzsch in Lenski/Steinberg § 8 Nr. 1 Buchst. b Rn. 8).

Im Unterschied zum § 8 Nr. 2 aF ist die gewstrechtl. **Behandlung beim Empfänger** nicht mehr von Bedeutung.

II. Die Regelung im Einzelnen

1. Begriff der Renten

5 **a) Allgemeines.** Die Vorschrift erfasst **Renten aller Arten** (BFH I R 124/70, BStBl. II 1973, 403; I R 9/08, BStBl. II 2010, 560). Renten sind regelmäßig wiederkehrende Bezüge, die gleichbleibend in Geld oder vertretbaren Sachen aufgrund eines sog. Stammrechts für eine gewisse Zeitdauer gewährt werden (BFH VI R 153/77, BStBl. II 1980, 575; X R 54/92, BStBl. II 1994, 633; X R 67/92, BStBl. II 1996, 669; X R 106/91, BStBl. II 1996, 687). Entscheidend ist somit die **Begründung des Stammrechts,** als dessen Früchte die wiederkehrenden Zahlungen geleistet werden (vgl. insb. BFH X R 67/92, BStBl. II 1992, 78 sowie die dort unter Darstellung der Rechtsentwicklung angegebene Rechtsprechung). Von Bedeutung hierbei ist, ob die Zahlungen der *Versorgung des Berechtigten* dienen sollen (BFH X R 44/93, BStBl. II 1996, 676). Hinzu kommt ein **gewisses Wagnis,** durch das die Rente gekennzeichnet ist. Hierdurch unterscheiden sich Renten insb. von **Kaufpreisraten** (BFH IV 80/62, BStBl. III 1966, 597; IV R 137/82, BStBl. II 1984, 829; I R 8/92, BStBl. II 1994, 44; I R 9/08, BStBl. II 2010, 560), auch wenn diese nicht von vornherein auf einen bestimmten Betrag fixiert sind (es genügt Bestimmbarkeit: BFH III R 90/66, BStBl. II 1970, 240), von **Pachtzahlungen** (vgl. BFH III R 319/84, BFH/NV 1988, 522) und **Kapitalrückzahlungen,** ebenso von **Nachinkassoprovisionen** eines Versicherungsvertreters (FG Münster VI C 343/65, EFG 1966, 426).

Die **Unterscheidung im Einzelfall** hat also danach zu ergehen, ob die Zahlungen **Erträge** und **Rechtsfrüchte** eines Rentenstammrechts oder Teil des Leistungsaustauschs eines gegenseitigen Vertrages sind. Wegen Fehlens der Gleichmäßigkeit liegt keine Rente, sondern allenfalls eine dauernde Last vor bei Verknüpfung der Leistungen mit den wirtschaftlichen Verhältnissen des Verpflichteten, etwa Gewinn oder Umsatz (BFH VI R 48/73, BStBl. II 1975, 881; VIII R 197/78, BStBl. II 1981, 263 mwN; VI 59/62 U, BStBl. III 1963, 594). Ebenfalls nicht Renten iSd Vorschrift sind Betriebspensionen (so noch RFH I 3/40, RStBl. 1940, 621; BFH I 71/60 S, BStBl. III 1963, 93; hierzu Rau InstFSt Brief 167,

21); sie sind dauernde Lasten (BFH IV R 194/74, BStBl. II 1979, 266). Unter die Vorschrift fallen Renten aller Art; eine Unterscheidung zwischen Zeit- und Leibrenten trifft die Vorschrift nicht (BFH I R 124/70, BStBl. II 1973, 403).

Erbbauzinsen sind idR keine Renten, weil sie nicht der Versorgung des Berechtigten dienen; sie sind bei bereits bebauten Grundstücken aufzuteilen in einen Kaufpreisanteil für die Übertragung des Eigentums an den aufstehenden Gebäuden und ein Entgelt für die Nutzung des Grund und Bodens; im Hinblick auf den ratenweise zu zahlenden Kaufpreis erfolgt die Hinzurechnung des darin enthaltenen Zinsanteils nach Nr. 1 Buchst. a nF (BFH I R 9/08, BStBl. II 2010, 560 zu § 8 Nr. 1 aF; Naujok/Bujotzek FR 2007, 882; Wüllenkemper EFG 2008, 402). Das Nutzungsentgelt ist nach § 8 Nr. 1 Buchst. e hinzuzurechnen (FM Länder 2.7.2012, BStBl. I 2012, 654 Rn. 26).

b) Rententypen. Der typische Fall des § 8 Nr. 1 Buchst. b nF ist der der betrieblichen **Veräußerungsrente** (Zeitrente, abgekürzte, übliche oder verlängerte Leibrente). Das sind Renten, die ganz oder teilweise als Entgelt für die Überlassung des Betriebes gezahlt werden (vgl. BFH IV R 62/77, BStBl. II 1978, 301; IV R 137/82, BStBl. II 1984, 829; zum Begriff vgl. auch Schwer StBp 2000, 103). **6**

Hinzuzurechnen sind auch **betriebliche Versorgungsrenten,** bei denen der Gedanke der Entlohnung der früher im Betrieb geleisteten Dienste im Vordergrund steht (BFH I R 75/77, BStBl. II 1978, 269; IV 80/52, BStBl. II 1978, 301). Das gilt **ab EZ 1986 nicht mehr** für eine Versorgungsrente an einen **ausgeschiedenen Gesellschafter** (→ Rn. 10c).

Versorgungsrenten von Kindern an Eltern wegen unentgeltlicher Übertragung des Betriebs sind private Renten und scheiden bei der Gewinnermittlung aus (vgl. § 12 Nr. 2 EStG; hierzu BFH IV 80/62, BStBl. III 1966, 597), mE auch dann, wenn Kinder lediglich in das Unternehmen aufgenommen werden. Keine (Vermutung für eine) außerbetriebliche Versorgungsrente besteht, wenn Leistung und Gegenleistung einander gleichwertig sind, auch dann, wenn die Leistungen dem Versorgungsbedürfnis der Eltern angepasst sind (BFH VIII R 172/75, BStBl. II 1979, 135; X R 21/01, BStBl. II 2004, 211).

Übernimmt eine Gesellschaft die **Versorgung der Witwe** eines Gesellschafters, dann liegt ebenfalls eine **private Versorgungsrente** vor, wenn sie damit die testamentarisch begründete Verpflichtung des Sohns einlöst (BFH IV 80/62, BStBl. III 1966, 597). Dagegen liegt eine **betriebliche Versorgungsrente** vor, wenn Versorgungsleistungen bereits im Gesellschaftsvertrag festgelegt sind und damit zulasten von Personen gehen, die mit dem Berechtigten nicht verwandt oder verschwägert sind (BFH IV R 14/83, BStBl. II 1984, 431; VI R 199/80, BStBl. II 1985, 212).

Ebenfalls der Hinzurechnung unterliegen Renten, die als **Abfindung an lästige Gesellschafter** gezahlt werden, und Renten anlässlich des **Rückerwerbs eines Betriebes** (BFH VI 342/61 U, BStBl. III 1963, 459). Keine Rentenzahlung ist die **Ablösung einer Rente;** sie unterliegt nicht der Hinzurechnung (BFH I R 135/73, BStBl. II 1976, 297).

2. Dauernde Lasten

a) Begriff. Dauernde Lasten sind **auf besonderen Verpflichtungsgründen** beruhende Leistungen von Geld, vertretbaren Sachen oder persönlichen Diensten. Sie ruhen dauernd auf einem Grundstück oder haften einer Person **7**

oder Sache an. Sie sind nicht Früchte eines Stammrechts (hierzu grundsätzlich BFH X R 16/85, BStBl. II 1989, 551). Nicht erforderlich ist, dass die Leistungen gleich bleibend und/oder in regelmäßigen Zeitabständen zu erbringen sind (BFH VI 330/63 U, BStBl. III 1965, 359); die Möglichkeit der Abänderung muss aber vertraglich vorbehalten sein, und zwar entweder ausdrücklich durch Bezugnahme auf § 323 ZPO oder in anderer Weise (vgl. BFH GrS 1/90, BStBl. II 1992, 78; zur Kritik Wörner BB 1992, 1121; Anders Inf 1993, 23). Die Last muss idR eine Laufzeit von mindestens 10 Jahren haben (BFH VI 284/58 U, BStBl. III 1959, 463; IX R 10/80, BStBl. II 1985, 709). Sie muss mit einem Vermögensopfer verbunden sein, das als solches bei der Gewinnermittlung angesetzt werden kann (BFH IV 99/62 U, BStBl. III 1965, 166; VI 284/58 U, BStBl. III 1965, 359; VI 285/64 U, BStBl. III 1965, 444).

7a **b) Einzelfälle. aa) Dauernde Last bejaht.** Bejaht werden dauernde Lasten nach BFH IV R 194/74, BStBl. II 1979, 266 bei Betriebspensionen (Änderung der Rspr. seit zB RFH I 3/40, RStBl. 1940, 621 bis BFH I R 236/73, BStBl. II 1975, 860; aA Rau InstFSt Brief 167, 28). Sie sind Teil des Arbeitsentgelts und nicht Rechtsfrüchte eines Stammrechts. Ihr Ansatz als dauernde Last rechtfertigt sich jedoch daraus, dass der gegenseitige Leistungsaustausch nicht mehr besteht. Weitere dauernde Lasten sind Altenteilslasten, Auszüge, Leibgedinge, Patronats-, Kirchen- und Schullasten, Deich- und Siellasten sowie *Reallasten* (BFH I R 238/74, BStBl. II 1977, 217), ebenso laufende Gewinnbeteiligungen und Sachleistungen in Zusammenhang mit dem Empfang von Baukostenzuschüssen in der Versorgungswirtschaft (BFH I 33/53 S, BStBl. III 1954, 129). Auch eine für eine unkündbare Geschäftsüberlassung zu zahlende lebenslängliche „Umsatzpacht“ kann dauernde Last sein (FG BW III 231/75, EFG 1977, 601); mE zutreffend.

7b **bb) Dauernde Last verneint.** Verneint werden dauernde Lasten zB bei Heimfalllasten (→ § 8 Nr. 1 Buchst. a Rn. 87; sowie RFH I 44/43, RStBl. 1944, 523); es fehlt schon am wiederkehrenden Charakter der Belastung. Ebenfalls nicht dauernde Last sind Sondernutzungsentgelte bzw. Konzessionsabgaben (BFH I R 11/67, BStBl. II 1969, 417, Wassernutzung), da Teil eines auf Leistungsaustausch im weitesten Sinne gerichteten Rechtsverhältnisses und nicht unabhängig von einem solchen einer Person oder Sache anhaftend; ebenso wenig Konzessionsabgaben (BFH I R 11/67, BStBl. II 1969, 417, Straßen- und Wegenutzung), Wartegelder (BFH I R 8/92, BStBl. II 1994, 44) und Förderzinsen (BFH I R 73/71, BStBl. II 1973, 266; I R 194/30, BStBl. II 1973, 264; → § 8 Nr. 1 Buchst. a Rn. 116); auch sie sind Gegenleistung für die Gewährung eines Rechts (BFH III 110/58 S, BStBl. III 1961, 250). Auch eine Freistellungsverpflichtung für Pensionsverpflichtungen im Zusammenhang mit einem Betriebserwerb ist keine dauernde Last, sondern Teil des Kaufpreises (→ § 8 Nr. 1 Buchst. a Rn. 4, 47; hierzu auch Griemla FR 2017, 14). Keine dauernde Last ist die **Ablösung** einer solchen; sie unterliegt nicht der Hinzurechnung (BFH I R 125/73, BStBl. II 1976, 297).

Auch **Erbbauzinsen** gehören nach neuerer Rspr. nicht zu den dauernden Lasten iSd Vorschrift, da sie bei unbebauten Grundstücken Entgelt für die Grundstücksnutzung sind (BFH I R 60/06, BStBl. II 2007, 654; → Rn. 5 aE).

3. Sonderregelung für Versorgungszusagen

7c **Ausgenommen** von der Hinzurechnung sind **Pensionszahlungen** aufgrund einer unmittelbar vom Arbeitgeber erteilten **Versorgungszusage.** Diese

Bereichsausnahme beruht auf sozialpolitischen Gründen; sie dient der Förderung der betrieblichen Altersversorgung, die nicht mit GewSt belastet werden soll (vgl. BT-Drs. 16/4841, 80). Die Förderung anderer ebenfalls förderungswürdiger Formen der betrieblichen Altersversorgung (hierzu Fehling NWB 2007 Nr. 29, F 5, 1621) sieht der Wortlaut der Vorschrift nicht vor. Gleichwohl soll sie nach FVerw (FM Länder 2.7.2012, BStBl. I 2012, 654 Rn. 27) auch auf Aufwendungen des Arbeitgebers oder eines nach § 17 Abs. 1 S. 2 BetrAVG Verpflichteten für Zusagen über eine Direktversicherung, eine Pensionskasse, einen Pensionsfonds oder eine Unterstützungskasse Anwendung finden.

Demnach ist Voraussetzung die **Zusage und Zahlung** durch den GewBetrieb **als Arbeitgeber.** Angesprochen ist mE der Begriff des Arbeitgebers iSd ESt- und LStRechts, weswegen auch leitende Angestellte und gesetzliche Vertreter von Kapitalgesellschaften (Geschäftsführer, Vorstandsmitglieder) Empfänger der Zahlungen sein können (ebenso Baldauf in Brandis/Heuermann § 8 Rn. 155; Franke/Gageur BB 2008, 704).

4. Persönliche Abgrenzung

Ist der GewBetrieb an einer **Zebragesellschaft** beteiligt, sind mE die von 8 dieser entrichteten Zahlungen (abw. von der Auffassung in den Vorauflagen) als anteilige Renten/dauernde Lasten hinzuzurechnen. ME gelten hierzu die Ausführungen in → § 8 Nr. 1 Buchst. a Rn. 7 entsprechend.

III. Umfang der Hinzurechnung

1. Anteil

Die Hinzurechnung erfolgt **mit 25 %** in dem Maße, in dem die Renten oder 9 dauernden Lasten **bei der Gewinnermittlung abgesetzt** worden sind. Ist dies zu Unrecht geschehen, dann ist die Gewinnermittlung zu berichtigen (Baldauf in Brandis/Heuermann § 8 Rn. 159).

2. Bemessungsgrundlagen

a) Veräußerungsleibrenten. Bei Gewinnermittlung nach **§ 4 Abs. 1 EStG** 10 ergibt sich die **Gewinnminderung** als BA (Zins- bzw. Ertragsanteil) **in Höhe des Unterschiedsbetrags** zwischen der laufenden Rentenzahlung und der Verminderung des nach versicherungsmathematischen Grundsätzen ermittelten passivierten Werts (Barwert) der Renten (BFH IV R 128/81, BStBl. II 1984, 516; VIII R 286/81, BStBl. II 1986, 55; X R 62/89, BStBl. II 1991, 358). Dieser Betrag ist der hinzuzurechnende Finanzierungsanteil iSd Vorschrift (GewStR 8.1 Abs. 2). Ist die Minderung des Passivpostens genauso hoch oder **höher als die laufenden Rentenzahlungen** des EZ, kommt es nicht zu einer Hinzurechnung (ebenso Kratzsch in Lenski/Steinberg § 8 Nr. 1 Buchst. b Rn. 43).

Bei Gewinnermittlung nach **§ 4 Abs. 3 EStG** gilt in Bezug auf die **Anschaffung von AV** einschließlich Grund und Boden sowie Gebäude des UV das Vorgesagte (vgl. zu den Einkünften aus VuV BFH IX R 11/19, BStBl. II 2022, 228); zur Vereinfachung können die einzelnen Rentenzahlung zunächst mit dem ursprünglichen Rentenbarwert verrechnet und – sobald sie diesen übersteigen – in voller Höhe als BA abgezogen werden (EStR 4.5 Abs. 4), die konsequenterweise dann hinzuzurechnen sind (ebenso Kratzsch in Lenski/Steinberg § 8 Nr. 1 Buchst. b Rn. 38).

Soweit **UV** angeschafft wird, sind die einzelnen Rentenzahlungen von Anfang an sofort abziehbare BA (GewStR 4.5 Abs. 4 S. 6). Nach dem Wortlaut des § 8 Nr. 1 Buchst. b und ihrem Grundgedanken – Erfassung der Fremdfinanzierungen – unterliegt dieser Betrag insgesamt der Hinzurechnung. Allerdings wird dies im Vergleich zur Hinzurechnung von Schuldentgelten nicht als sachgerecht angesehen und vorgeschlagen, auch insoweit nur den Zins- bzw. Ertragsanteil hinzuzurechnen (Clemens in Deloitte § 8 Nr. 1 Buchst. b Rn. 30; Kratzsch in Lenski/Steinberg § 8 Nr. 1 Buchst. b Rn. 37). Meines Erachtens ist das jedoch fraglich, weil damit die Rentenzahlungen letztlich wie Kaufpreisraten (mit Zinsanteil) behandelt werden; sie haben aber – wie Zinsen – in voller Höhe Finanzierungsfunktion mit gewinnmindernder Wirkung (vgl. BFH IV R 61/00, BStBl. II 2001, 687).

10a **b) Wertsicherungsklausel/Vorversterben.** Erhöhen sich nachträglich aufgrund einer **Wertsicherungsklausel** die Rentenzahlungen, dann sind sie auch insoweit hinzuzurechnen, wenn sie den Gewinn gemindert haben (GewStH 8.1 Abs. 2). Die durch Neuberechnung eintretende Erhöhung der Rentenverpflichtung selbst wirkt sich zwar gewinnmindernd aus, ist aber nicht hinzuzurechnen (BFH I R 135/73, BStBl. II 1976, 297; X R 64/89, BStBl. II 1991, 358; IV R 61/00, BStBl. II 2001, 687).

Bei **Vorversterben des Rentenberechtigten** entsteht durch Auflösung des Passivpostens ein außerordentlicher Ertrag (BFH IV R 49/76, BStBl. II 1980, 150), für den das GewStG eine Abzugsmöglichkeit nicht vorsieht (BFH I R 135/73, BStBl. II 1976, 297). Das gilt auch dann, wenn die Passivierung den GewErtrag vordem nicht gemindert hat (BFH X R 64/89, BStBl. II 1991, 358; aA FG Nürnberg III 224/86, EFG 1989, 590, aufgeh.; vgl. GewStR 8.1 Abs. 2 S. 3); mE zutreffend, weil § 8 Nr. 1 Buchst. b keine über den EZ hinausgreifende Ausgleichsfunktion hat. Schließlich ist bei Begründung der Rente der passivierte Betrag nicht hinzuzurechnen (BFH I R 135/73, BStBl. II 1976, 297). Auch eine Saldierung mit den als Renten oder dauernden Lasten erbrachten Leistungen ist nicht zulässig (FG Köln V (XII) 230/75 G, EFG 1982, 577; A 49 Abs. 3 S. 2 GewStR 1998; Kratzsch in Lenski/Steinberg § 8 Nr. 1 Buchst. b Rn. 43; aA Baldauf in Brandis/Heuermann § 8 Rn. 161).

10b **c) Veräußerungszeitrenten.** Hinzurechnung der **Differenz** zwischen der laufenden Rentenzahlung und der Verminderung des Kapitalwerts der Rentenbelastung. Zur Wertsicherungsklausel oder Vorversterben des Rentenberechtigten gilt das in → Rn. 10a Ausgeführte. Entsprechendes gilt auch, wenn – etwa bei Ablauf einer Zeitrente – die Verminderung des Passivpostens höher ist als die laufenden Rentenzahlungen.

10c **d) Betriebliche Versorgungsrenten.** Sie werden idR an einen ausgeschiedenen Gesellschafter (BFH VIII R 11/96, BFH/NV 1998, 835) oder (ausnahmsweise) an einen ehemaligen Betriebsinhaber als Gegenleistung für die Übertragung von WG oder für früher im Betrieb erbrachte Leistungen erbracht (BFH IV R 62/77, BStBl. II 1978, 301; Loschelder in Schmidt EStG § 4 Rn. 203). Sie sind vor Entstehen des jeweiligen Auszahlungsanspruchs (bei Abhängigkeit von künftigen Erträgen) **nicht zu passivieren** (BFH I R 72/76, BStBl. II 1980, 741). Bei Leistungen an einen ehemaligen **Einzelunternehmer** mindern daher die einzelnen Rentenzahlungen den Gewinn (BFH IV 80/62, BStBl. III 1966, 597). Sie sind insoweit hinzuzurechnen.

Ist anspruchsberechtigt ein **ehemaliger Mitunternehmer** oder nach seinem Tod dessen Witwe, sind die Zahlungen nach § 15 Abs. 1 S. 2 EStG iVm Abs. 1 S. 1 Nr. 2 EStG im Rahmen der eGf als Sonderbetriebseinnahmen zu erfassen und mindern schon nicht den Gewinn (BFH VIII R 11/96, BFH/NV 1998, 835; Kratzsch in Lenski/Steinberg § 8 Nr. 1 Buchst. b Rn. 31).

e) Abfindungsrenten. Sie sind zu aktivieren, soweit sie für vom Gesellschafter übernommene Vermögenswerte gezahlt werden. Im Übrigen sind die gezahlten Rentenbeträge als Betriebsausgaben abziehbar und mE in voller Höhe hinzuzurechnen (aA Kratzsch in Lenski/Steinberg § 8 Nr. 1 Buchst. b Rn. 46: nur der Zinsanteil, → Rn. 10 aE). **10d**

f) Dauernde Lasten. Bei einer Passivierung der Last tritt eine Gewinnminderung ebenfalls in Höhe des Unterschiedsbetrages zwischen der laufenden Zahlung und der Verminderung des Passivpostens. Dieser Betrag unterliegt der Hinzurechnung (ebenso Kratzsch in Lenski/Steinberg § 8 Nr. 1 Buchst. b Rn. 50; Graw in WSMH § 8 Nr. 1 Buchst. b Rn. 28). **10e**

3. Rückzahlung

Bei Rückzahlung einer Rente/dauernden Last ist die damit verbundene **Gewinnerhöhung** bei der Ermittlung des GewErtrags um den Betrag **rückgängig zu machen,** der in den Vorjahren den GewErtrag (durch Hinzurechnung) erhöht hat; andernfalls käme es zu einer doppelten Erfassung dieses Betrags in einem GewErtrag (BFH I 278/60 U, BStBl. III 1961, 280; I R 18/66, BStBl. III 1967, 187; GewStR 7.1 Abs. 1 S. 1; GewStH 7.1 Abs. 1). **11**

§ 8 Nr. 1 Buchst. c Hinzurechnungen (Stille Gewinnanteile)

Dem Gewinn aus Gewerbebetrieb (§ 7) werden folgende Beträge wieder hinzugerechnet, soweit sie bei der Ermittlung des Gewinns abgesetzt worden sind:

1. Ein Viertel der Summe aus

...

c) Gewinnanteilen des stillen Gesellschafters,

...

Gewerbesteuer-Richtlinien 2009: GewStR 8.1 Abs. 3/GewStH 8.1 (3)

Literatur: Lienau/Lotz, Die Abgrenzung zwischen stiller Gesellschaft und partiarischem Darlehen und die steuerlichen Konsequenzen, DStR 1991, 618; Jestädt, Partiarisches Darlehen oder Stille Gesellschaft?, DStR 1993, 387; Haas, Abgrenzung von stiller Gesellschaft und partiarischem Darlehen, DStR 2000, 649; Dautel, Steuergestaltung mit partiarischen Darlehen, DStZ 2001, 925; Milatz, Die typisch stille Beteiligung an einem Nicht-Handelsgewerbe, DStZ 2006, 141; Neu, Die stille Gesellschaft nach der Unternehmenssteuerreform, FS Spiegelberger, 2009, 854; Blaurock, Handbuch stille Gesellschaft, 7. Aufl. 2010; Korn, Der stille Gesellschafter im Handels- und Steuerrecht, SteuK 2011, 428; sa die weiteren Hinweise zu § 8 und § 8 Nr. 1 Buchst. a.

Übersicht

I. Allgemeines

1. Zweck

1 Die Vorschrift verfolgt – wie die Hinzurechnungen nach § 8 GewStG insgesamt – das Ziel der Ermittlung des **objektiven,** von den Beziehungen des Inhabers zum GewBetrieb losgelösten **GewErtrags.** Hierher gehören auch die Gewinnanteile des stillen Gesellschafters. Die Vorschrift ist lex specialis zu § 8 Nr. 1 Buchst. a; daher keine Behandlungen von Gewinnanteilen als Zinsen. **Nach der aF** (§ 8 Nr. 3) ergab sich durch volle Hinzurechnung eine **Diskriminierung** dieser Finanzierungsform gegenüber der Finanzierung durch Darlehen, bei denen Zinsen ab EZ 1983 nur noch mit 50 % hinzuzurechnen waren (G. v. 20.12.1982 BGBl. 1982 I 1857).

2. Neufassung

2 Mit der Neufassung als **§ 8 Nr. 1 Buchst. c** ist diese Problematik behoben, zumal die Gewinnanteile **in derselben Höhe** wie die Schuldentgelte als Finanzierungskosten des GewBetriebs behandelt werden. Entsprechendes gilt für **gemeinschaftsrechtliche** Bedenken, die gegen § 8 Nr. 3 Hs. 2 GewStG aF bestanden, wonach die Zurechnung nur erfolgte, wenn die **Gewinnanteile beim Empfän-**

ger nicht zur Steuer nach dem GewErtrag heranzuziehen waren (FG Münster 9 K 1080/04 K, EFG 2007, 1976; hierzu OFD Münster 11.2.2008, FR 2008, 290: keine Hinzurechnung bis EZ 2007). Auf diese Verknüpfung stellt Nr. 1 Buchst. c nicht mehr ab.

II. Die stille Gesellschaft

1. Begriff

a) Handelsrecht. Maßgebend ist im Wesentlichen der **handelsrechtliche Begriff** der stillen Gesellschaft (BFH IV 108/63 U, BStBl. III 1965, 51; IV 82/62 U, BStBl. III 1966, 95; I 233/64, BStBl. II 1968, 356; I R 78/68, BStBl. II 1971, 815; I R 215/69, BStBl. II 1972, 187; I R 11/72, BStBl. II 1975, 611; VIII R 237/80, BStBl. II 1983, 563; I R 48/04, BStBl. II 2006, 334). Nach § 230 Abs. 1 HGB liegt eine stille Gesellschaft vor, wenn jemand an dem Handelsgewerbe eines anderen durch eine Vermögenseinlage beteiligt ist, die in das Vermögen des anderen übergeht. Hiervon weicht der Gebrauch des Begriffs in der Vorschrift jedoch insoweit ab, als die Beteiligung am „Handelsgewerbe" eines anderen nicht erforderlich ist. Daher ist etwa die Beteiligung an einer BGB-Gesellschaft mit Gewerbebetrieb möglich (BFH IV 213/60 S, BStBl. III 1965, 49; I R 144/79, BStBl. II 1984, 373). Eine lediglich gesellschafterähnliche Stellung genügt jedoch nicht (BFH IV 30/63 U, BStBl. III 1965, 558; IV R 139/73, BStBl. II 1978, 570). Ihr Fehlen schließt aber die Annahme einer stillen Gesellschaft aus (BFH VI 355/62 U, BStBl. III 1964, 511). 3

b) Steuerrecht/Beschränkung auf die typische stille Gesellschaft. Der handelsrechtliche Begriff des stillen Gesellschafters hat jedoch im Steuerrecht eine Differenzierung erfahren. Ist der stille Gesellschafter nur am Geschäftserfolg des anderen beteiligt, so hat er estrechtlich Einkünfte aus Kapitalvermögen. Man spricht von einer **typischen stillen Gesellschaft** (BFH IV 333/55 U, BStBl. III 1959, 249; I 202/59 U, BStBl. II 1960, 229; IV R 196/69, BStBl. II 1971, 59; VIII R 3/05, BStBl. II 2008, 852). **Nur diese** wird von der Vorschrift erfasst. 4

c) Abgrenzung atypische stille Gesellschaft. Nicht erfasst wird die sog. **atypische stille Gesellschaft,** bei der der stille Gesellschafter als Mitunternehmer nicht nur am Gewinn, sondern auch am Vermögen, einschließlich der Anlagewerte und der stillen Reserven beteiligt ist (vgl. BFH VIII R 364/83, BStBl. II 1986, 311; IV R 272/84, BStBl. II 1986, 802; IV R 17/84, BStBl. II 1988, 62; IV R 132/91, BFH/NV 1993, 647 mwN). Er ist Mitunternehmer, wenn seine durch den Gesellschaftsvertrag begründete **Rechtsstellung** von den §§ 230 ff. HGB in der Weise abweicht, dass sie nach dem Gesamtbild dem **Typ des Mitunternehmers** entspricht (vgl. → § 2 Rn. 408 ff. mwN). Seine Gewinnanteile sind nach § 15 Abs. 1 S. 1 Nr. 2 EStG Teil des Gewinns aus GewBetrieb und mindern daher iSd Vorschrift den nach § 7 zu ermittelnden Gewinn nicht (BFH IV R 196/69, BStBl. II 1971, 59; VIII R 364/83, BStBl. II 1986, 311). Das gilt auch, wenn ein Kommanditist und stiller Gesellschafter der GmbH & Co KG seine Beteiligung in eine stille Gesellschaft ohne Beteiligung am Verlust bei hohem Kapitalkonto sowie rechtlich und tatsächlich Einfluss auf die KG umwandelt (BFH I R 22/75, BStBl. II 1978, 644). Mitwirkungsrechte des Stillen schließen die Annahme einer typischen, nicht jedoch einer atypischen stillen Gesellschaft aus (BGH II ZR 284/91, DStR 1992, 1370). 5

Im **Zweifelsfall** muss durch gesonderten positiven oder negativen Bescheid entschieden werden, ob eine gesonderte und einheitliche Feststellung geboten ist; ein finanzgerichtliches Verfahren ist nach § 74 FGO auszusetzen (BFH VIII R 46/18, BStBl. II 2021, 614; VIII R 10/22, BFH/NV 2025, 373).

6 **d) Familiengesellschaft.** Räumen **Eltern ihren Kindern** eine Gewinnbeteiligung ein, dann liegt keine typische stille Gesellschaft vor, wenn die Kinder keine den §§ 230 ff. HGB gleichkommende Rechtsstellung innehaben (BFH IV R 101/73, BStBl. II 1975, 34; IV R 62/74, BStBl. II 1975, 569; zur atypischen stillen Gesellschaft IV R 79/94, BStBl. II 1996, 269; IV R 16/97, BStBl. II 2001, 186). Zur Anerkennung solcher Verträge vgl. BFH I R 101/72, BStBl. II 1974, 289; I R 140/75, BStBl. II 1977, 78; I R 176/77, BStBl. II 1980, 242. **Unschädlich** ist nach BFH III R 91/87, BStBl. II 1990, 10 eine zeitliche und faktische **Beschränkung des ordentlichen Kündigungsrechts** (Ausschluss für fünf Jahre), wenn sich dies nicht eindeutig zulasten der Kinder auswirkt, dh alle Gesellschafter hieran gebunden sind; ebenso wenig die Vereinbarung, dass das Auseinandersetzungsguthaben nur ratenweise auszuzahlen ist.

2. Rechtsformen

7 Stiller Gesellschafter kann eine **natürliche** oder **juristische Person** sein. Eine Beteiligung als stiller Gesellschafter ist am (Handels-)Gewerbe eines Einzelunternehmens, einer Handelspersonengesellschaft (OHG, KG), einer Gesellschaft bürgerlichen Rechts oder einer Kapitalgesellschaft (AG, GmbH) möglich; uU genügt ein minderkaufmännisches Handelsgewerbe (Lienau/Lotz DStR 1991, 618). Allerdings kann der Gesellschafter einer Personengesellschaft nicht gleichzeitig ihr stiller Gesellschafter sein. Seine von ihr bezogenen Vergütungen oder Gewinnanteile sind nach § 15 Abs. 1 S. 1 Nr. 2 EStG Teil der Einkünfte der Mitunternehmerschaft aus GewBetrieb (RFH IV A 304/34, RStBl. 1935, 1452). Dagegen kann aber ein zwischen einer KG und einem Einzelunternehmer bestehendes stilles Gesellschaftsverhältnis bei Einbringung des Einzelunternehmens in die KG fortgesetzt werden, wenn die KG und der stille Gesellschafter dies vereinbaren (BFH VI R 248/69, BStBl. II 1971, 426). Auch kann der Gesellschafter einer GmbH zugleich stiller Gesellschafter der GmbH sein. Als juristische Person (§ 13 GmbHG) ist die GmbH für ihre Gesellschafter „ein anderer" iSv § 230 HGB (vgl. BFH I R 188/67, BStBl. II 1969, 690; IV R 47/72, BStBl. II 1977, 155; III R 115/76, BStBl. II 1978, 256). Das gilt auch für die Beteiligung des Gesellschafter-Geschäftsführers (BFH I R 50/76, BStBl. II 1980, 477). Zur Vermeidung von verdeckten Gewinnausschüttungen sind jedoch im Voraus getroffene klare und ernsthafte Vereinbarungen sowie deren Durchführung wie unter fremden Dritten üblich Voraussetzung (vgl. BFH I 117/54 U, BStBl. III 1956, 11; I R 188/67, BStBl. II 1969, 690). Allein die Erbringung von zusätzlichen, über die gesellschaftsvertragliche Kapitaleinlage hinausgehenden Leistungen macht den GmbH-Gesellschafter noch nicht zum stillen Gesellschafter (BFH IV R 47/72, BStBl. II 1977, 155), ebenso wenig die beherrschende Stellung (BFH VIII R 237/80, BStBl. II 1983, 563). Abgrenzungen sind insb. geboten im Verhältnis zur verdeckten Einlage (BFH I 130/53 U, BStBl. III 1964, 336; I 198/62 U, BStBl. III 1965, 119; IV 218/65, BStBl. III 1966, 197).

8 *(frei)*

3. Beteiligung

Die Beteiligung muss **nicht am gesamten Handelsgewerbe** bestehen; es genügt Beteiligung an einem Teilbetrieb oder selbstständig abgrenzbaren Geschäftszweig (BFH I R 11/72, BStBl. II 1975, 611; I R 109/94, BStBl. II 1998, 685); nicht dagegen an einzelnen Geschäften (es handelt sich hierbei um Gelegenheitsgesellschaften iSd § 705 BGB; BFH VIII R 81/96, BFH/NV 1999, 355 (357)). Auch eine Unterbeteiligung am Mitunternehmeranteil eines Personengesellschafters ist möglich; Hinzurechnung, wenn die Beteiligung auf die Gewinnanteile beschränkt ist (BFH IV R 196/69, BStBl. II 1971, 59; gegen I 39/61 U, BStBl. III 1962, 337). Anders, wenn der Unterbeteiligte etwa wegen Beteiligung am Vermögen einschließlich der stillen Reserven oder durch sonstige Umstände als Mitunternehmer anzusehen ist (BFH VI 319/63 U, BStBl. III 1965, 260). Der Gewinn, an dem der stille Gesellschafter beteiligt ist, ist Gewinn des Inhabers des Handelsgewerbes, nicht der einer davon verschiedenen Gesellschaft (BFH I R 11/72, BStBl. II 1975, 611). Die stille Beteiligung am Unternehmen eines Treuhänders kann nach Maßgabe des § 39 Abs. 2 Nr. 1 S. 2 AO dem Treugeber zuzurechnen sein, sodass die Gewinnanteile des Treugebers der stillen Gesellschaft hinzuzurechnen sind (BFH I B 60/00, BFH/NV 2001, 482). 9

4. Vermögenseinlage

Der **Begriff der Vermögenseinlage** kennzeichnet die Zurverfügungstellung eines Vermögenswerts (BGH II ZR 136/51, NJW 1952, 1412), und zwar ohne Begründung von Gesellschaftsvermögen (BFH VIII R 364/83, BStBl. II 1986, 311). Die Einlage geht in das Vermögen des Geschäftsinhabers über; sie ist wirtschaftlich als „qualifizierter Kredit“ anzusehen und in der Bilanz des Geschäftsinhabers als Fremdkapital zu passivieren (BFH I R 62/08, BStBl. II 2012, 745; IV R 54/16, BStBl. II 2023, 447: „wie eine Kapitalforderung“). Das bedeutet idR Eigentumsübergang. Allerdings wird auch die rechtliche Verfügungsmacht des Geschäftsinhabers ohne Eigentumsübergang für ausreichend gehalten (vgl. Roth in Baumbach/Hopt HGB § 230 Rn. 20 f.). Die Höhe der Einlage ist unbeachtlich. Der **Begriff ist weit zu fassen.** Er umfasst die Zurverfügungstellung von Geld und sonstigen Vermögensgegenständen (Sachen und Rechten) zur Nutzung (BFH I R 28/76, BStBl. II 1979, 51). Es genügt ein Know-how (BFH I R 11/72, BStBl. II 1975, 611) mit und ohne dienstvertraglichen Einschlag (BFH I R 44/67, BStBl. II 1971, 235), ebenso wie die Leistung von Diensten einschließlich der Arbeitskraft (BFH IV 365/52 U, BStBl. III 1953, 58; I 236/59 U, BStBl. III 1963, 370; VI 355/62 U, BStBl. III 1964, 511; I R 144/79, BStBl. II 1984, 373; IV R 303/84, BFH/NV 1988, 700 mwN). Aber auch bei der Arbeitsleistung muss es sich um einen **Vermögenswert** handeln (BFH IV 30/63 U, BStBl. III 1965, 558; VI 138/65 U, BStBl. III 1965, 560; I 233/74, BStBl. II 1968, 356). Diese Voraussetzung ist mE als erfüllt anzusehen, wenn zumindest ein Teil der verdienten Bezüge gutgeschrieben wird, bis die vereinbarte Vermögenseinlage erbracht ist. Insgesamt ist die Bezeichnung als Vermögenseinlage oder stille Gesellschaft unerheblich. Maßgebend ist, dass ein **Gesellschaftsverhältnis gewollt** ist (BFH I R 50/76, BStBl. II 1980, 477). Unter dieser Voraussetzung sind auch verschleierte stille Gesellschaften steuerlich zu erfassen. Trotz § 230 HGB ist mE nicht erforderlich, dass die Einlage erbracht ist; die Zeichnung genügt, wie eben bei der Einlage von Diensten. Im Gesellschaftsvertrag kann dies frei vereinbart werden (§ 305 BGB). 10

5. Partnerschaftliches Zusammenwirken

11 **Zusammenwirken** zur **gemeinschaftlichen Zweckerreichung** (§ 705 BGB) ist auch bei der stillen Gesellschaft unverzichtbar (BFH I R 144/79, BStBl. II 1984, 373). Kennzeichnend hierfür sind das Fehlen eines Über- und Unterordnungsverhältnisses, Mitsprache- und Kontrollrechte (§ 233 HGB; BFH I R 48/04, BStBl. II 2006, 334) sowie die Teilnahme am Unternehmensrisiko (BFH VIII R 237/80, BStBl. II 1983, 563). Zweifelhaft ist, ob für das Vorliegen einer gesellschafterähnlichen Stellung die Befugnis gehört, den Gewerbetreibenden (Hauptbeteiligten) von der **Aufgabe des GewBetriebs** (der Beteiligung) abzuhalten. Nach BFH I R 73/67, BStBl. II 1971, 589 (vgl. auch I R 215/69, BStBl. II 1972, 187; I R 11/72, BStBl. II 1975, 611) durfte im Anschluss an BGH V ZR 133/61, BB 1963, 1277 die Verpflichtung zur Fortführung des Gewerbes für die Annahme einer stillen Gesellschaft nicht ausgeschlossen sein. Diese Rspr. hat der BFH dahin modifiziert, dass der Ausschluss dieser Verpflichtung im Zweifelsfalle nur ein Indiz für die Abgrenzung insb. zu sog. partiarischen Arbeitsverhältnissen darstellt (BFH I R 28/76, BStBl. II 1979, 51; s. auch BFH I R 48/04, BStBl. II 2006, 334). Die damit verbundene Abhängigkeit des anderen Geschäftspartners lässt mE jedoch auf ein Über- und Unterordnungsverhältnis wie bei Arbeitsverhältnissen schließen (BFH I R 144/79, BStBl. II 1984, 373; Roth in Baumbach/Hopt HGB § 230 Rn. 4).

6. Beteiligung am Gewinn

12 Die Vermögenseinlage muss zur **Beteiligung am Gewinn** führen (BFH I R 188/67, BStBl. II 1969, 690; IV 82/62 U, BStBl. III 1966, 95; IV R 178/68 U, BStBl. II 1970, 416). Dies ist unverzichtbares Merkmal der stillen Gesellschaft (BFH VIII R 53/03, BFH/NV 2005, 2183). Gewinn in diesem Sinn ist in der Bilanz das Mehr der Aktiven über die Passiven im Vergleich zum Schluss des vorangegangenen Wirtschaftsjahres und in der GuV-Rechnung der Überschuss der Erträge über die Aufwendungen (§§ 266 Abs. 2 und 3, 275 HGB; BFH IV R 192/71, BStBl. II 1976, 220). **Beteiligung am Verlust** ist **nicht erforderlich** (§ 231 Abs. 2 HGB; BFH IV 82/62 U, BStBl. III 1966, 95); liegt sie vor, spricht dies für eine stille Gesellschaft (BFH I R 48/04, BStBl. II 2006, 334). Dagegen genügt schon im Hinblick auf den Wortlaut der einschlägigen Vorschriften eine **Umsatzbeteiligung** nicht (BFH IV 82/62 U, BStBl. III 1966, 95; I R 98/68, BStBl. II 1970, 425; I R 11/72, BStBl. II 1975, 611), ebensowenig eine feste **vom Betriebsergebnis unabhängige Zahlung** oder eine **leistungsabhängige Vergütung** (BFH VIII R 57/91, BFH/NV 1993, 518; zur abkommensrechtlichen Unterscheidung von „anderes Entgelt" BFH I R 33/21, BStBl. II 2025, 633); allerdings ist die Garantie einer Mindestverzinsung unschädlich (BFH IV R 101/73, BStBl. II 1975, 34). Insofern genügen auch gewinnunabhängige Vergütungen bzw. Vergütungsbestandteile (BFH I R 48/04, BStBl. II 2006, 334; SächsFG 5 K 669/08, DStRE 2011, 297 rkr.; FG Bln-Bbg 12 K 12136/08, EFG 2012, 535).

Die Beteiligten dürfen **Einzelheiten über die Ermittlung** des Gewinns vereinbaren, insb. ob nach Steuer- oder Handelsbilanz und ob sie vor oder nach Abzug der KSt zugrunde zu legen ist (BFH I R 35/74, BStBl. II 1974, 774). Ebenso darf der Ansatz bestimmter Aufwendungen ausgeschlossen oder dürfen sonstige Korrekturen angebracht, etwa Wertveränderung infolge Kaufkraftschwundes berücksichtigt werden (BFH VI 208/60 U, BStBl. III 1961, 468; IV

R 139/73, BStBl. II 1978, 570). Allerdings darf durch solche Korrekturen der Begriff des Gewinns nicht im Kern getroffen werden und die Gewinnbeteiligung sich nicht als Beteiligung an bestimmten Umsätzen darstellen (BFH I R 11/72, BStBl. II 1975, 611) oder nur auf eine feste Abfindung bei Auflösung reduzieren (BFH IV R 139/73, BStBl. II 1978, 570).

7. Abgrenzungen

a) Allgemeines. Für **Abgrenzungen,** insb. zum *partiarischen Darlehen* (→ Rn. 15), zum *partiarischen Arbeitsverhältnis* (→ Rn. 14) und zum *partiarischen Pachtverhältnis* (→ Rn. 16), ist auf die grundsätzlichen **Unterschiede der Vertragstypen** abzustellen, wenn sonstige aussagekräftige Indizien fehlen (BGH III ZR 226/64, DB 1967, 544; BFH I R 31/80, BStBl. II 1984, 623; X R 99/88, BStBl. II 1993, 289). Auf die Bezeichnung allein kommt es nicht an (BFH I R 144/79, BStBl. II 1984, 373; I R 48/04, BStBl. II 2006, 334). Die Abgrenzung erfolgt aufgrund **Auslegung** der einschlägigen Abreden und der **Gesamtwürdigung** der tatsächlichen Verhältnisse durch den Tatrichter mit grds. Bindung für die Revisionsinstanz (BFH I R 48/04, BStBl. II 2006, 334). Zu erschließen ist, ob sich die Parteien ihre schuldrechtlichen Beziehungen zur Erreichung eines gemeinsamen Zwecks durch partnerschaftliches Zusammenwirken eingerichtet haben oder ob jede Partei bloß ihre eigenen Interessen verfolgt (BFH I R 73/67, BStBl. II 1971, 589; I R 41/91, BStBl. II 1992, 889). Hierbei sind auch Umstände außerhalb des schriftlichen Vertrages heranzuziehen (BFH IV 30/63 U, BStBl. III 1965, 558). Vertragszweck, die wirtschaftlichen Ziele der Parteien, ihre bisherigen persönlichen Beziehungen, die geplante Dauer des Vertragsverhältnisses (Kündbarkeit), die Bereitschaft zur Übernahme von Unternehmerrisiko (Verlustbeteiligung), das Interesse des Geschäftsinhabers an der Person des als Stiller in Betracht kommenden sowie Kontrollrechte nach § 233 HGB sind zu berücksichtigen (BFH VIII R 237/80, BStBl. II 1983, 563; I R 31/80, BStBl. II 1984, 623). Bei der Gesamtwürdigung kann den einzelnen Umständen unterschiedliches Gewicht zukommen (BFH III R 115/76, BStBl. II 1978, 256). Fehlt wegen der Beteiligung am Verlust (→ Rn. 12) ein gewisses Unternehmerrisiko oder wegen des Ausschlusses des Rechts zur Klage auf Fortführung des GewBetriebs ein gewisses partnerschaftliches Element (→ Rn. 11), so ist die Annahme einer stillen Gesellschaft noch nicht ausgeschlossen. 13

b) Partiarisches Arbeitsverhältnis. Zur **Abgrenzung** liegt eine gefestigte Rspr. vor (BFH I B 43, 43/01, BFH/NV 2002, 536).

aa) Bedeutung der Einlage/Beteiligung. Gesamthänderische Berechtigungen des Mitarbeitenden begründen stets eine atypische stille Beteiligung (RFH III A 259/33, RStBl. 1933, 895). Maßgebendes Abgrenzungskriterium ist die Vermögenseinlage. Bei reiner Geldeinlage scheidet die Annahme eines partiarischen Arbeitsverhältnisses von vornherein aus, und zwar auch dann, wenn der Inhaber den stillen Gesellschafter auch als Arbeitnehmer an sich binden will (BFH I R 28/76, BStBl. II 1979, 51). Wird die Leistung von Arbeitskraft erbracht, dann liegt eine Vermögenseinlage insb. vor, wenn Ansprüche auf Arbeitsentgelt wie Gewinnbeteiligungen gutgeschrieben werden und stehen bleiben. Ein Anstellungsvertrag mit Kapitaleinlage und Gewinnbeteiligung kennzeichnet eine stille Gesellschaft, wenn der neben einem geringen Gehalt vereinbarte Gewinnanteil verzinslich gutgeschrieben wird (BFH I 138/63, HFR 1965, 370; I R 78/68, 14

BStBl. II 1971, 815) oder als Darlehen ohne Kündigungsmöglichkeit stehen bleibt; ebenso wenn der Dienstleistende das feste Gehalt weitaus übersteigende Gewinnanteile oder nur Gewinnanteile ohne festes Gehalt bezieht. Je geringer das feste **Gehalt neben der Tantieme,** desto größer das Risiko des Dienstleistenden. Hinweise auf partnerschaftliches Zusammenwirken mit Kontroll- und Mitspracherechten im Gegensatz zur Über- und Unterordnung müssen jedoch auch hier vorliegen (BFH IV 108/63 U, BStBl. III 1965, 51; I R 144/79, BStBl. II 1984, 373). Für ein stilles Gesellschaftsverhältnis sprechen Tantiemen, die an die wirtschaftliche Lage des Empfängers angeglichen werden (BFH I R 78/68, BStBl. II 1971, 815). Dagegen reichen auch relativ hohe (Umsatz- und) Gewinnbeteiligungen dann nicht schon für die Annahme einer stillen Gesellschaft aus, wenn daneben ein zur Bestreitung des Lebensunterhalts ausreichendes Gehalt gezahlt wird, selbst dann nicht, wenn der Dienstleistende daneben kapitalmäßig (darlehensweise) dem Unternehmen verbunden ist (BFH IV 108/63 U, BStBl. III 1965, 51; IV 82/62 U, BStBl. III 1966, 95; I 233/64, BStBl. II 1968, 356; I R 144/79, BStBl. II 1984, 373).

14a **bb) Bedeutung des Zusammenwirkens.** Die **Art des Zusammenwirkens** ist weiteres Abgrenzungskriterium. Liegt ein Über- und Unterordnungsverhältnis, also Weisungsgebundenheit, insb. bei Dienstzeitbestimmungen, Überstundenvergütung, Urlaub vor, dann eher partiarisches Arbeitsverhältnis; insb. wenn der Unternehmer nicht zur Fortführung des GewBetriebs verpflichtet ist (BFH I R 11/72, BStBl. II 1975, 611; I R 28/76, BStBl. II 1979, 51; I R 144/79, BStBl. II 1984, 373). Von einem partnerschaftlichen Zusammenwirken, das für eine stille Gesellschaft spricht, kann ausgegangen werden insb. bei Bestehen von Überwachungs- und Mitspracherechten sowie bei Einfluss auf die Geschäftsführung und bei der Bestimmung der Höhe der Entnahmen (BFH I 236/59 U, BStBl. III 1963, 370; IV 30/63 U, BStBl. III 1965, 558; I 233/64, BStBl. II 1968, 356). Es genügt aber nicht, wenn sich die Kontrollrechte allein aus der Stellung als Geschäftsführer in einer Angestelltenposition ergeben (BFH I 233/64, BStBl. II 1968, 356; I R 215/69, BStBl. II 1972, 187) und/oder die letzte Entscheidung trotz gewisser Beratungs- und Mitsprachefunktionen stets beim Betriebsinhaber verbleibt (BFH I R 144/79, BStBl. II 1984, 373). Hier müssen weitere Umstände, insb. eine kapitalmäßige Bindung hinzutreten (vgl. § 235 HGB; BFH I 138/63, HFR 1965, 370). So können überdurchschnittlicher Arbeitseinsatz, die Absicht der Unternehmensübertragung auf den Dienstleistenden und der (teilweise) Rückzug des Unternehmers für eine stille Gesellschaft sprechen (BFH I R 215/69, BStBl. II 1972, 187; I R 144/79, BStBl. II 1984, 373).

14b **cc) Persönliche Beziehungen.** Bestehen **persönliche Beziehungen** derart, dass bereits finanzielle Beteiligungen vorhanden waren, oder handelt es sich um nahe Angehörige, dann liegt ebenfalls die Annahme einer stillen Gesellschaft näher (BFH IV 30/63 U, BStBl. III 1965, 558; I 233/64, BStBl. II 1968, 356), ebenso wenn das Vertragsverhältnis bei Erbfolge, Umwandlung der Unternehmensform oder Änderung des Unternehmensgegenstandes bestehen bleiben soll (BFH I 138/63, HFR 1965, 370; IV 138/65 U, BStBl. III 1965, 560). Bei im Betrieb **mitarbeitenden Kindern** genügt allein die Absicht, ihnen später den Betrieb zu übergeben, nicht für die Annahme einer stillen Beteiligung (BFH I R 215/69, BStBl. II 1972, 197). Es spricht aber nicht gegen eine stille Beteiligung, wenn die Mitarbeit als Einarbeitung und Vorbereitung für die Begründung einer Mitunternehmerschaft gedacht ist (BFH I R 78/68, BStBl. II 1971, 815).

c) Partiarisches Darlehen. aa) Allgemeines. Zwischen beiden Beteili- 15
gungsformen besteht eine enge **zivilrechtliche Typenverwandtschaft** (zur Abgrenzung Haas DStR 2000, 649; zur zivilrechtlichen Unterscheidung Lienau/Lotz DStR 1991, 618). Im Einzelfall hat die Unterscheidung unter umfassender Würdigung aller Umstände zu erfolgen (BFH I R 41/91, BStBl. II 1992, 889). Maßgebendes Abgrenzungskriterium ist hier einerseits das Bestehen einer Interessengemeinschaft iS eines **partnerschaftlichen Zusammenwirkens** und andererseits die voneinander unabhängige Verfolgung eigener Interessen, insb. die Vereinbarung fester Zinsen statt der gewinnabhängigen Vergütungen (vgl. FG RhPf 5 K 2052/96, EFG 1997, 1384). Insb. kann das je nach Gewinn-/Verlustsituation bestehende Recht auf „Stundung" des gewinnabhängigen Entgelts für eine stille Gesellschaft sprechen; ebenso der wirtschaftliche Hintergrund des Vertragsverhältnisses (Zuführung von EK) oder der steuerrechtliche Hintergrund (GewStBefreiung nach § 3 Nr. 24); die Art der Refinanzierung ist nicht von Bedeutung (SächsFG 5 K 669/08, DStRE 2011, 297 rkr.).

Das Recht auf Bucheinsicht allein ist kein hinreichendes Kriterium (BFH I R 31/80, BStBl. II 1984, 623). Ein Darlehensgläubiger kann als Stiller angesehen werden, wenn er vertraglich oder aufgrund seiner persönlichen Beziehung zum Betriebsinhaber **Einfluss auf die Geschäftsführung** nehmen kann (RFH I 216/43, RStBl. 1944, 405). Doch spricht neben Anderem das Interesse an einer Eigenkapitalstärkung für eine stille Gesellschaft (BFH I R 48/04, BStBl. II 2006, 334). Im Übrigen gelten die unter → Rn. 8 dargestellten Abgrenzungskriterien (vgl. BFH VIII R 237/80, BStBl. II 1983, 563; I R 31/80, BStBl. II 1984, 623). Teilnahme am Verlust schließt auf alle Fälle die Annahme eines partiarischen Darlehens aus (BFH III R 115/76, BStBl. II 1978, 256; I R 28/76, BStBl. II 1979, 51; IV R 54/16, BStBl. II 2023, 447; Jestädt DStR 1993, 390), ebenso die Vereinbarung von Mitwirkungsrechten am Unternehmen (BGH II ZR 284/91, DStR 1992, 1370). Umgekehrt stellt die Übertragung eines reinen Forderungsrechts nicht die Begründung einer stillen Gesellschaft, sondern – wenn überhaupt – eines partiarischen Darlehens dar (Jestädt DStR 1993, 387).

bb) Abgrenzungskriterien. Eine **Gegenüberstellung** (nach Jestädt DStR 15a
1993, 387) ergibt folgende Unterschiede und Gemeinsamkeiten:

Stille Beteiligung	**Partiarisches Darlehen**
a) Gesellschaftsvertrag zur Verfolgung eines gemeinsamen Zwecks	a) Darlehensvertrag, bei dem das Geldgeberinteresse im Vordergrund steht
b) Gesellschaftsrechtliches (partnerschaftliches) Zusammenwirken	b) Kein genaues Ziel, im Zweifel jeder auf seine eigenen Interessen bedacht
c) Stiller Gesellschafter tritt nach außen nicht in Erscheinung	c) Darlehensgeber tritt nach außen nicht in Erscheinung
d) Teilhabe am unternehmerischen Erfolg	d) Teilhabe am unternehmerischen Erfolg
e) Einlage geht in das Vermögen des Kaufmanns über; es entsteht kein Gesellschaftsvermögen	e) Darlehensnehmer hat das Empfangene in Sachen von gleicher Art, Güte und Menge zurückzuerstatten

f) Ende der stillen Gesellschaft mit Insolvenz des Inhabers des Handelsgeschäfts; stiller Gesellschafter kann seinen Anspruch auf Auszahlung anmelden; bei Verlustbeteiligung nur seinen, den Verlustanteil übersteigenden Betrag (§ 236 Abs. 1 HGB); ggf. muss er die rückständige Einlage zur Insolvenzmasse einzahlen (§ 236 Abs. 2 HGB)	f) Bei Insolvenz des Schuldners kann der partiarische Darlehensgeber den vollen Betrag anmelden
g) Stiller Gesellschafter kann verlangen, dass der hingegebene Geldbetrag für den vorgesehenen Zweck verwendet wird	g) Grundsätzlich keine Bestimmung hinsichtlich des Verwendungszwecks
h) Kündigung zum Ende eines Geschäftsjahres und nur mit einer Frist von 6 Monaten (§§ 234 Abs. 1 S. 2, 132 HGB)	h) Kündigung jederzeit – regelmäßig mit einer Frist von 3 Monaten (§ 609 Abs. 9 BGB)
i) Gewinnbeteiligung als Ausfluss der Einlage zur Erreichung des gemeinsamen Zwecks	i) Gewinnbeteiligung als Vergütung für die Nutzungsüberlassung des Kapitals
j) Überwachungs- und Kontrollrechte als Ausfluss des Gesellschaftsvertrages	j) Grundsätzlich nur Anspruch auf Überprüfung der Gewinnhöhe
k) Gegebenenfalls Teilhabe am Verlust	k) Keine Verlustbeteiligung
l) Kontrollrechte ähnlich einem Kommanditisten (§ 233 HGB)	l) Keine besonderen Kontrollrechte
m) Keine Auflösung der Gesellschaft durch den Tod des stillen Gesellschafters (§ 234 Abs. 2 HGB)	m) Keine Beendigung des Darlehensvertrages bei Tod des Darlehensgebers
n) Übertragung der stillen Gesellschaft nur mit Zustimmung des Kaufmanns	n) Abtretung grundsätzlich jederzeit möglich

Da *Doppelfunktionen möglich* sind, kommt es auf die **Vereinbarungen in Zusammenhang mit der Geldhingabe** an. Die **Beherrschung** einer Gesellschaft durch einen Gesellschafter reicht aus, die Fremdkapitalzuführung durch diesen Gesellschafter als stille Gesellschaft zu qualifizieren (vgl. BMF 16.11.1987, BStBl. I 1987, 740).

16 **d) Partiarisches Pachtverhältnis.** Auch ein Pachtverhältnis kann in Wahrheit eine stille Gesellschaft darstellen. Erforderlich ist das Bestehen einer Interessengemeinschaft und **Einfluss des Verpächters auf die Geschäftsführung** oder die Teilnahme am Verlust des Betriebes. Dagegen lassen eine im Verhältnis zu der Gewinnbeteiligung nicht unbedeutende feste Pacht sowie fehlender Einfluss auf die Betriebsführung auf einen reinen Pachtvertrag schließen (BFH IV 213/60 S, BStBl. III 1965, 49 gegen BFH IV 593/56 U, BStBl. III 1958, 278, wonach eine der stillen Gesellschaft wirtschaftlich ähnliche Stellung des Verpächters für die Annahme einer stillen Gesellschaft ausreichte), ebenso die Bemessung des Pacht-

zinses nach Umsatz oder die Verpflichtung des Verpächters zur Erhaltung des Pachtgegenstandes (BFH I 339/62, HFR 1965, 546).

8. Doppelfunktionen

Doppelfunktionen des Stillen bleiben trotz der Qualifizierung als stille Gesellschaft möglich, insb. die Tätigkeit als Angestellter, die Hingabe von Darlehen und sonstige Dienstleistungen (vgl. BMF 16.11.1987, BStBl. I 1987, 740). Hierfür bezogene Vergütungen sind abzugrenzen und nicht nach Nr. 3 hinzuzurechnen. Der Aufteilung durch die Beteiligten ist bei der Hinzurechnung grundsätzlich zu folgen (BFH I 233/64, BStBl. II 1968, 356). 17

III. Umfang der Hinzurechnung

1. Grundsatz

Hinzuzurechnen sind **mit 25 %** (s. Beginn der Nr. 1) die **Gewinnanteile** des stillen Gesellschafters, soweit bei der Gewinnermittlung tatsächlich abgesetzt. Der Gewinnanteil umfasst im Wesentlichen alle gewinnabhängigen Bezüge des Stillen, die nach der Vorstellung der Beteiligten **Gegenleistungen** für die Leistungen des Stillen im Rahmen des Gesellschaftsverhältnisses sind (BFH I 233/64, BStBl. II 1968, 386; IV R 139/73, BStBl. II 1978, 570), idR der Anteil am Gewinn nach Steuerbilanz (BFH IV R 40/68, BStBl. II 1972, 586), bei anderweitiger Vereinbarung nach Handelsbilanz. Jedoch bezeichnet der Begriff nicht einen tatsächlich erzielten Gewinn; vielmehr umfasst er auch **Mindestbeträge** in Höhe eines bestimmten Prozentsatzes der Vermögenseinlage in Verlustjahren, weil der Mindestbetrag Entgelt für die Bereitstellung von Fremdkapital darstellt. Das galt (im Streitfall) indes nicht für die **Bearbeitungsgebühr** und eine **Risikoprämie** (BFH I R 41/13, BFH/NV 2014, 1908). Zum **Verlustanteil** → Rn. 19. 18

Maßgebend für Art und Umfang der hinzuzurechnenden Beträge sind die **vertraglichen Bestimmungen** (BFH I 233/64, BStBl. II 1968, 356). Ist keine Vereinbarung getroffen, dann gilt ein den Umständen angemessener Anteil als ausbedungen (§ 231 HGB). Hierbei ist von betriebswirtschaftlichen Abschreibungen auszugehen. Der Stille nimmt idR nur am laufenden Gewinn, nicht am Gewinn aus Anlageabgängen und Veräußerungen von AV teil (Schulze zur Wiesche StBp 1978, 73). Hinzuzurechnen sind auch Vergütungen nach **Beendigung** des stillen Gesellschaftsverhältnisses (BFH IV R 40/68, BStBl. II 1972, 586), ebenso den Nennwert der Einlage übersteigende Abfindungen oder ähnliche Zahlungen bei Auflösung der Gesellschaft (BFH IV R 139/73, BStBl. II 1978, 570). Der den Nennwert übersteigende Teil gilt idR nicht den höheren „Wert" der Einlage ab, sondern ist zusätzliches Entgelt für deren Überlassung. Gewinnanteil ist auch der Ausgleich für Geldwertverluste (Kormann BB 1974, 89). Wertsicherungsklauseln sind zu berücksichtigen (BFH IV R 139/73, BStBl. II 1978, 570).

Der Hinzurechnung unterliegen auch **Gewinnanteile des Unterbeteiligten** (BFH IV R 196/69, BStBl. II 1971, 59). Bei Beteiligungen *am abgrenzbaren Geschäftszweig* ist dessen Gewinn *gesondert zu ermitteln*. Dabei sind alle Aufwendungen und Erträge anzusetzen, die durch diesen Geschäftszweig verursacht sind. Dazu gehört auch ein angemessener Anteil der allgemeinen Betriebs- und Verwaltungskosten des Handelsgewerbes, an dessen Geschäftszweig die stille Gesellschaft besteht (BFH IV R 32/69, BStBl. II 1970, 379; I R 11/72, BStBl. II 1975, 611). 18a

19 **a) Gewinnminderung. Hinzuzurechnen** sind jedoch die Beträge, die den **Gewinn tatsächlich gemindert** haben. Das gilt auch dann, wenn der Stille eine (nach § 3 Nr. 24) befreite Kapitalgesellschaft ist (BFH I R 48/04, BStBl. II 2006, 334) bzw. der Stille an einer solchen beteiligt ist (SächsFG 5 K 669/06, DStRE 2011, 297 rkr.). Hinzuzurechnen sind auch Rückstellungen (BFH IV R 139/73, BStBl. II 1978, 570) sowie die Beträge, die nach Beendigung des Gesellschaftsverhältnisses mit Rücksicht auf dieses gezahlt werden (BFH IV R 40/68, BStBl. II 1972, 586).

Hinzuzurechnen ist nach GewStR 8.1 Abs. 3 auch der **Verlustanteil des stillen Gesellschafters,** soweit er den Verlust aus dem GewBetrieb verringert hat („negative Hinzurechnung", BFH I R 4/14, BFH/NV 2016, 145; I R 15/15, BStBl. II 2017, 62; ebenso Roser in Lenski/Steinberg § 8 Nr. 1 Buchst. c Rn. 23; Baldauf in Brandis/Heuermann § 8 Rn. 191, 192; Wischmann EStB 2016, 4; → § 8 Rn. 4).

19a **b) Sonstige Bezüge. Nicht hinzuzurechnen** sind sonstige Bezüge des Stillen, die Entgelt für sonstige Leistungen im Rahmen einer Doppelfunktion für den Betrieb darstellen, insb. Arbeitsentgelte oder Darlehenszinsen (BFH VI 138/65 U, BStBl. III 1965, 560; I 233/64, BStBl. II 1968, 356; I R 17/69, BStBl. II 1971, 308; I R 78/68, BStBl. II 1971, 815). Letztere sind – anders als die dem atypischen stillen Gesellschafter gezahlten Zinsen (→ § 8 Nr. 1 Buchst. a Rn. 20) – nach § 8 Nr. 1 Buchst. a hinzuzurechnen. Bei der GmbH und Still sind überhöhte Gewinnanteile verdeckte Gewinnausschüttungen (BFH I R 188/67, BStBl. II 1969, 690; VIII R 237/80, BStBl. II 1983, 563). Die Angemessenheit der Gewinnanteile des Stillen hängt von der erbrachten Kapitaleinlage und deren Verzinsung, dem eingegangenen Risiko, dem Arbeitseinsatz, den Ertragsansprüchen sowie der Dringlichkeit und wirtschaftlichen Bedeutung der Kapitalzuführung ab, jeweils bezogen auf den Zeitpunkt der Vereinbarung (BFH I R 50/76, BStBl. II 1980, 477). Auch bei im Betrieb mitarbeitenden Kindern sind Zahlungen nicht abziehbar, soweit sie unangemessen sind (BFH VIII R 11/75, BStBl. II 1978, 427).

2. Rückzahlung

20 Im Falle der Rückzahlung der Gewinnanteile sind mE die Grundsätze zu → § 8 Nr. 1 Buchst. a Rn. 23 zur Vermeidung einer Doppelerfassung dieser Beträge entsprechend anzuwenden (ebenso Baldauf in Brandis/Heuermann § 8 Rn. 192).

§ 8 Nr. 1 Buchst. d Hinzurechnungen (Miet- und Pachtzinsen)

Dem Gewinn aus Gewerbebetrieb (§ 7) werden folgende Beträge wieder hinzugerechnet, soweit sie bei der Ermittlung des Gewinns abgesetzt worden sind:

1. Ein Viertel der Summe aus

...

d) einem Fünftel der Miet- und Pachtzinsen (einschließlich Leasingraten) für die Benutzung von beweglichen Wirtschaftsgütern des Anlagevermögens, die im Eigentum eines anderen stehen. ²Eine Hinzurechnung nach Satz 1 ist nur zur Hälfte vorzunehmen bei

aa) Fahrzeugen mit Antrieb ausschließlich durch Elektromotoren, die ganz oder überwiegend aus mechanischen oder elektroche-

mischen Energiespeichern oder aus emissionsfrei betriebenen Energiewandlern gespeist werden (Elektrofahrzeuge),

bb) extern aufladbaren Hybridelektrofahrzeugen, für die sich aus der Übereinstimmungsbescheinigung nach Anhang IX der Richtlinie 2007/46/EG oder aus der Übereinstimmungsbescheinigung nach Artikel 38 der Verordnung (EU) Nr. 168/2013 ergibt, dass das Fahrzeug eine Kohlendioxidemission von höchstens 50 Gramm je gefahrenen Kilometer hat oder die Reichweite des Fahrzeugs unter ausschließlicher Nutzung der elektrischen Antriebsmaschine mindestens 80 Kilometer *[für Verträge vor 1.1.2025: 60 km]* beträgt, und

cc) Fahrrädern, die keine Kraftfahrzeuge sind,

...

Gewerbesteuer-Richtlinien 2009: GewStR 8.1 Abs. 4/GewStH 8.1 (4)

OFD Ffm 8.4.2022, G 1422 A-44-St 513

Literatur: Scheffler, Hinzurechnung von Leasingraten nach der Unternehmensteuerreform 2008, …, BB 2007, 874; Kohlhaas, Hinzurechnung von Miet- und Pachtzinsen gem. § 8 Nr. 1e) GewStG bei kurzfristiger Anmietung?, FR 2011, 800; Gerritzen/Matheis, Zur gewerbesteuerlichen Behandlung von Messekosten, DStR 2013, 236; Schraut/Sillich, Entgelte für Taxi- oder Busflächen zu Werbeflächen im Rahmen der GewSt hinzuzurechnen?, BB 2013, 217; Klein, Gewerbesteuerliche Hinzurechnung von Hotelleistungen bei Reiseveranstaltern, DStR 2014, 131; Kohlhaas, Das fiktive Anlagevermögen iSd § 8 Nr. 1 Buchst. e GewStG, DStR 2014, 296; Cech/Püschel, Die gewerbesteuerliche Hinzurechnung von Aufwendungen i Zsh mit Messen und Ausstelllungen, Ubg 2015, 645; Bley/Caro, Der Ball ist rund – die gewerbesteuerlichen Hinzurechnungen auch?, DStR 2017, 1512; Kaminski, Gewerbesteuerliche Hinzurechnung von Mietzinsen (Entgelt für die Überlassung von Ausstellungsflächen in Messehallen), AktStR 2017, 275; Schneider/Redeker, Gewerbesteuerliche Hinzurechnung von Miet- und Pachtzinsen bei gemischten Verträgen, DB 2017, 1049; Schneider/Redeker, Hinzurechnung von Miet- und Pachtzinsen: Fiktives Anlagevermögen bei kurzzeitigen Anmietungen, DB 2017, 2254; Homuth, Zur gewerbesteuerlichen Hinzurechnung von Mietzinsen für die Ausstattung von Filmproduktionen, NWB 2018, 783; Mohr, Gewerbesteuerliche Hinzurechnung beim Hoteleinkauf – Befreiungsschlag für Reiseveranstalter?, Ubg 2018, 649; Adrian/Hahn, Gewerbesteuerliche Hinzurechnung von Mietzinsen bei Messeveranstaltungen, StuB 2019, 347; Haupt, Die Gretchenfrage der gewerbesteuerlichen Hinzurechnung aktivierungspflichtiger Mietzinsen, DStR 2019, 713; Hubert, Gewerbesteuerliche Risiken bei Leasing im Doppelstockmodell, StuB 2019, 697; Schimmele/Müller, Kritische Analyse der gewerbesteuerlichen Hinzurechnung von Aufwendungen für die Anmietung von Messeflächen, DStR 2019, 1673; Diffring/Saft, Wurden Vorteile des BMF-Schreibens zur Nutzungsdauer von Computerhard-/-software zur Dateneingabe und -verarbeitung durch das BFH-Urteil vom 12.11.2020 aufgehoben?, DB 2021, 3058; Kaminski, Hinzurechnung von Miet- und Pachtzinsen bei Herstellung von Wirtschaftsgütern, AktStR 2021, 753; Nöcker, Hinzurechnung von Finanzierungsentgelten bei der Gewerbesteuer, FR 2021, 861; Diffring/Anhalt, Gewerbesteuerliche Hinzurechnung von Aufwendungen für Sponsoring, FR 2022, 515; Kaminski, Aktuelle Rechtsprechung zur gewerbesteuerlichen Hinzurechnung von Miet- und Pachtzinsen bei Herstellung von Wirtschaftsgütern, Stbg 2022, 13; Mirbach/Thelen, Die gewerbesteuerliche Hinzurechnung von Miet- und Pachtzinsen im Fokus, NWB 2022, 2324; Mirbach/Werthebach, Zur gewerbesteuerlichen Hinzurechnung von Miet- und Pachtaufwendungen für Messestände – zugleich Anmerkung zu BFH III R 14/21 …, FR 2022, 781; Slaba/Wolters, Läuft die gewerbesteuerliche Hinzurechnungsvorschrift zu Miet- und Pachtaufwendungen künftig fast vollständig ins Leere?, DStR 2022, 1703;

Neugebauer, Gewerbesteuerliche Hinzurechnung von Wartungskosten bei Leasingraten, DB 2023, 547; Schneider, Die Gewerbesteuer, Rechtsschutz statt Reform, DStR 2023, 366; Fiege/Stoppek, Gewerbesteuerliche Hinzurechnung von Mietaufwendungen bei Dienstleistungsunternehmen, DB 2025, 899; Kaminski, Gewerbesteuerliche Hinzurechnung von Werbeaufwendungen, AktStR 2025, 311.

Übersicht

I. Allgemeines

1. Zweck

Auch diese **Vorschrift dient,** wie die Vorschriften des § 8 insgesamt, der Ermittlung des objektiven von den Verhältnissen des Inhabers zum GewBetrieb losgelösten GewErtrags. Durch die Hinzurechnung soll derjenige, der fremde Vermögensgegenstände in seinem Betrieb nutzt, dem selbstnutzenden Eigentümer entsprechender Wirtschaftsgüter gleichgestellt werden (Begr. zum GewStG RStBl. 1937, 693 (699); zur Finanzierungsneutralität BFH III R 22/16, BStBl. II 2020, 51; III R 38/17, BStBl. II 2022, 283). Anders als die Vorgängervorschrift (Nr. 7 aF) stellt die Nr. 1 Buchst. d nicht mehr darauf ab, ob die Zinsen **beim Empfänger** zur GewSt heranzuziehen sind; dadurch kann es zu Doppelbelastungen durch auf den Entgelten lastende GewSt kommen. Für die Hinzurechnung nur von ⅕ der Miet- und Pachtzinsen bestehen sachgerechte Gründe. Erfasst werden soll nur der Finanzierungsanteil, der den objektivierten GewErtrag nicht schmälern darf (BT-Drs. 16/4841, 80; zu Buchst. e: BFH IV R 55/10, BStBl. II 2017, 722). Diesen hat der Gesetzgeber notwendig typisierend mit 20 % angesetzt. 1

2. Höherrangiges Recht

a) Verfassungsrecht. Schon die Vorgängervorschrift § 8 Nr. 7 aF war **verfassungsrechtlich nicht zu beanstanden;** sie verstieß insb. nicht gegen Art. 3 GG (BFH I R 175/68, BStBl. II 1972, 22; I R 178/70, BStBl. II 1973, 148; I R 74/73, BStBl. II 1976, 721; I R 123/93, BStBl. II 1994, 810; BVerfG 1 BvR 67/73, HFR 1974, 498). Für die Neuregelungen des § 8 Nr. 1 Buchst. d, e und f gilt nichts anderes, da der Hinzurechnungsanteil deutlich abgesenkt ist (BFH I B 128/12, BStBl. II 2013, 30; I R 21/12, BStBl. II 2014, 531; I R 70/12, BStBl. II 2015, 289; VB nicht angenommen, BVerfG 1 BvR 2836/14, HFR 2016, 491). 2

Die höhere GewStBelastung des **mit gemieteten WG** wirtschaftenden Gewerbetreibenden stellt keinen Gleichheitsverstoß dar. Vielmehr fügen sich auch die Hinzurechnungsvorschriften des § 8 Nr. 1 Buchst. d und e folgerichtig in das Konzept einer ertragsorientierten Objektsteuer ein (BFH IV R 55/10, BStBl. II 2017, 722; III R 35/15, BStBl. II 2018, 662; III R 65/19, BStBl. II 2022, 454; III R 33/17, BFH/NV 2020, 781; FG Münster 10 K 2018/18 G, EFG 2024, 687, Rev. III R 24/23; Neumann Ubg 2018, 538; krit. Grünwald/Friz DStR 2012, 2106; Mirbach/Thelen NWB 2022, 2324; krit.; L.-E. Bodden FR 2024, 943).

Die **der Höhe nach unterschiedliche** Hinzurechnung nach § 8 Nr. 1 Buchst. d, e und f muss nicht einem strikten Gebot der Folgerichtigkeit genügen

(BFH III R 35/15, BStBl. II 2018, 622, VB 1 BvR 2150/18 nicht zur Entscheidung angenommen). Nunmehr mögliche Doppelbelastungen ändern nichts an der Verfassungsmäßigkeit der genannten Vorschriften, zumal für die Frage der Verfassungsmäßigkeit mE nur auf die Verhältnisse des von der Hinzurechnung betroffenen Stpfl. abzustellen ist (zu den einzelnen Verfahren → § 8 Nr. 1 Buchst. a Rn. 3).

Die **unterschiedliche Behandlung** von Mieten iZm mit selbst hergestellten immateriellen WG und sonstigen WG verstößt ebenfalls nicht gegen Art. 3 Abs. 1 GG (BFH III R 38/17, BStBl. II 2022, 283 mwN).

Härten bei gewerblichen **Zwischenvermietern,** die allein wegen der objektiv gegebenen Besonderheiten ihres Gewerbes bestehen, rechtfertigen **keine Billigkeitsmaßnahmen** (insb. § 163 AO; BFH I R 21/13, BStBl. II 2015, 293).

3 **b) Europarecht. Probleme,** die im Hinblick auf die Ausnahme von der Hinzurechnung nach § 8 Nr. 7 S. 2 Hs. 1 aF gemeinschaftsrechtlich bestanden (vgl. → § 8 Nr. 7 aF Rn. 3) sind bei § 8 Nr. 1 Buchst. d nF **nicht ersichtlich.**

3. Entstehung

4 Die Vorschrift ist eingeführt worden durch G. v. 14.8.2007 (BGBl. 2007 I 1917), mit dem gleichzeitig die Vorschrift des § 8 Nr. 7 aF aufgehoben worden ist. Sie ist – wie die Vorschriften des § 8 Nr. 1 nF insgesamt – erstmals ab EZ 2008 anzuwenden (§ 36 Abs. 5a, 5b aF). Die zu § 8 Nr. 7 aF entwickelten Grundsätze zu den Grundbegriffen Miete/Pacht, Miet-/Pachtzinsen und WG des AV sind auf die Vorschriften des § 8 Nr. 1 Buchst. d und e übertragbar (BFH I R 43/14, BFH/NV 2016, 232; III B 160/17, BFH/NV 2019, 40).

II. Miet- und Pachtverträge

1. Grundsatz

5 Nur Leistungen **aufgrund eines Miet- oder Pachtvertrages** sind Miet- oder Pachtzinsen. Zahlungen auf der Grundlage eines anders gearteten Rechtsverhältnisses sind nicht nach dieser Vorschrift hinzuzurechnen (vgl. BFH I R 85/71, BStBl. II 1973, 412, Lizenzgebühren; I R 188/79, BStBl. II 1984, 149, öffentlich-rechtliche Gebühren). Nicht erforderlich ist, dass der Abschluss eines Miet-/Pachtvertrags wirtschaftlich sinnvoll bzw. die Höhe der Miet-/Pachtzinsen angemessen ist (BFH I R 123/93, BStBl. II 1994, 810; I R 43/14, BFH/NV 2016, 232).

2. Begriff

6 **a) Maßgeblichkeit des BGB.** Die Vorschrift betrifft Nutzungen von WG aufgrund eines Rechts- und Nutzungsverhältnisses, das seinem **wesentlichen rechtlichen Gehalt** nach dem **Typus eines Miet- oder Pachtvertrages** iSd bürgerlichen Rechts entspricht (vgl. zu § 8 Nr. 7 aF: BFH I 50/55 U, BStBl. III 1957, 306; zu § 8 Nr. 1 Buchst. d: BFH I R 43/14, BFH/NV 2016, 232; III R 38/17, BStBl. II 2022, 283; III R 59/20, BStBl. II 2024, 70; III R 36/22; BStBl. II 2025, 88; Kaminski AktStR 2025, 31). Maßstab sind daher die Vorschriften der §§ 535 ff. und 581 ff. BGB. Dem wesentlichen Gehalt der hier niedergelegten Vertragstypen muss das Nutzungsverhältnis nicht nur wirtschaftlich, sondern rechtlich gleichstehen. Erforderlich ist bei der Miete die Einigung der Vertragspar-

teien auf die Überlassung einer **konkreten, zumindest bestimmbaren Mietsache** zum Gebrauch und die Verpflichtung des Vermieters sie im vertragsgemäßen Zustand zu erhalten (BFH III R 33/22, BStBl. II 2025, 318, zu HessFG 8 K 365/17, EFG 2022, 1913, best.). Für die Pacht gilt entsprechendes im Hinblick auf den Pachtgegenstand.

Entscheidend ist **nicht die Bezeichnung** als Mietvertrag oder Pachtvertrag, **sondern die Gleichartigkeit** mit den bezeichneten Vertragstypen (BFH IV R 192/71, BStBl. II 1976, 220). Daher kein Ausweichen durch **Vereinbarung ausländischen Rechts;** Hinzurechnung, wenn bei Anwendung deutschen Rechts das Verhältnis im Wesentlichen als Miet- oder Pachtverhältnis anzusehen wäre (BFH IV R 192/71, BStBl. II 1976, 220; BFH I R 57/15, BFH/NV 2017, 388; III R 59/20, BStBl. II 2024, 70). Mindesterfordernis ist daher die laufende Zahlung eines Entgelts für die Überlassung eines WG, bei der Miete zum Gebrauch des WG (§ 535 BGB) und bei der Pacht zusätzlich zum Genuss der Früchte, soweit sie nach den Regeln einer ordnungsmäßigen Wirtschaft als Ertrag anzusehen sind (§ 581 BGB; BFH I R 43/14, BFH/NV 2016, 232), sowie die Verpflichtung zur Rückgabe des Vertragsgegenstandes (§ 546 BGB). Maßgebend bei der Würdigung ist **nicht allein der Vertragstext,** sondern dessen **tatsächliche Durchführung** (BFH III R 56/20, BStBl. II 2023, 875; III R 5/22, BStBl. II 2023, 923; III R 59/20, BStBl. II 2024, 70; III R 36/22; BStBl. II 2025, 88; III R 33/22, BStBl. II 2025, 318).

Der **Ort der Belegenheit** des überlassenen WG ist nicht von Bedeutung, sodass auch eine **Nutzungsüberlassung im Ausland** von § 8 Nr. 1 Buchst. d und e erfasst wird (BFH I R 57/15, BFH/NV 2017, 388; III R 22/16, BStBl. II 2020, 51).

b) Überlassung zur Benutzung. aa) „Benutzung". Aus den **unterschiedlichen Begriffen** „Benutzung" in § 8 Nr. 1 Buchst. d (so schon § 8 Nr. 7 aF) und „Gebrauch" in § 535 BGB und § 581 BGB lassen sich keine Rechtsfolgen herleiten. Der Zusammenhang des Begriffs „Benutzung" mit Miet- und Pachtzinsen gibt ihm die Bedeutung von „Nutzungen" iSd § 100 BGB, also auch iSv Frucht einer Sache oder eines Rechts (BFH I R 178/70, BStBl. II 1973, 148). Auch die Überlassung an einen Dritten durch **Weitervermietung/-verpachtung** genügt. Abzustellen ist auf die Verhältnisse beim jeweiligen Mieter/Pächter; das weitere Schicksal der gemieteten/gepachteten Sache ist nicht von Bedeutung (BFH I R 70/12, BStBl. II 2015, 289; IV R 55/10, BStBl. II 2017, 722; I R 57/15, BStBl. II 2022, 273; BFH III R 59/20, BStBl. II 2024, 70; zum Leasing BFH III R 23/16, BStBl. II 2022, 80, Anm. Siegers HFR 2019, 491; Hubert StuB 2019, 697: Vermeidbarkeit durch **Organschaft** von Besitz- und Betriebs-Leasing-Ges). 7

bb) „Gebrauch". Erforderlich ist nicht die **Überlassung zum** freien, uneingeschränkten **Gebrauch;** vertragsgemäßer eingeschränkter Gebrauch genügt (BFH XI R 40/88, BStBl. II 1992, 741), ebenso ein kurzfristiges Mietverhältnis (BFH I R 123/93, BStBl. II 1994, 810; FG Köln 8 K 2752/92, EFG 1993, 732). Die Einräumung eines einfachen Nutzungsvorrangs bzw. Duldung der Nutzung genügt dem Begriff des Miet- oder Pachtvertrags nicht (BFH I R 188/79, BStBl. II 1984, 149), ebenso wenig die Begründung einer monopolartigen Stellung (RFH V 197/39, RStBl. 1940, 928; 1943, 508; BFH I 283/61 U, BStBl. III 1962, 476). 7a

7b **cc) Untermiete/-pacht.** Auch ein **Untermiet-/pachtvertrag** ist Miet-/Pachtvertrag iSd Vorschrift und nicht etwa Rechtsüberlassung iSv § 8 Nr. 1 Buchst. f nF (vgl. BFH III R 23/16, BStBl. II 2022, 80, zu FG BW 6 K 3007/15, EFG 2016, 1533, zum Leasing im Doppelstockmodell; FM Länder 2.7.2012, BStBl. I 2012, 654 Rn. 32).

3. Miet- und pachtfremde Elemente

8 **a) Wesensverschiedenheit.** Das Erfordernis der Gleichartigkeit mit den bürgerlich-rechtlichen Vertragstypen bedeutet, dass **wesentliche miet- und pachtfremde Elemente,** die den Vertrag einem anderen Typus zuordnen, der Annahme eines Miet- oder Pachtvertrages **entgegenstehen** (BFH I R 57/15, BStBl. II 2022, 273; III R 36/22; BStBl. II 2025, 88; Schneider/Redeker DB 2017, 1049). Abzugrenzen ist insbesondere gegen Werk-/Dienstvertrag, Geschäftsbesorgungsvertrag undVertrag eigener Art (zB BFH III R 5/22, BStBl. II 2023, 923). Daher keine Miete oder Pacht bei Überlassung („Leihe") von Profifußballern (vgl. BFH I R 86/07, BStBl. II. 2010, 120; Bley/Caro DStR 2017, 1512) und Zeitcharterverträgen mit ihrer wesentlichen Verpflichtung zur Gestellung der (Schiffs-) Mannschaft (BFH I 50/55 U, BStBl. III 1957, 306) im Gegensatz zu sog. Bare-Boat-Charter-Verträgen (BFH IV R 192/71, BStBl. II 1976, 220); ebenso wenig, wenn es den Parteien letztlich auf den Abschluss eines Kaufvertrages ankommt (BFH I 221/56 U, BStBl. III 1957, 445), wenn ein Messeteilnahmevertrag nicht auf die Überlassung einer Messefläche zur Nutzung, sondern auf die Teilnahme selbst gerichtet ist (FG Münster 10 K 1421/19 G, EFG 2022, 1919), wenn der Berechtigte zunächst wirtschaftlicher und später rechtlicher Eigentümer des Vertragsgegenstandes werden soll (BFH I 228/59 U, BStBl. III 1961, 328; VI 112/65, BStBl. III 1966, 599) und wenn der Gegenstand wegen Verbrauchs nach Ablauf des Nutzungsverhältnisses wirtschaftlich nicht zurückgegeben werden kann (BFH IV 429/62 U, BStBl. III 1964, 44).

Liegt – im Bereich der *Werbung* (analog wie digital) – der Schwerpunkt der vertraglich geschuldeten Leistung nicht im Überlassen einer bestimmten Werbefläche, sondern im Anbringen der Werbung an einem (nicht notwendig näher bestimmten) Standort, so liegt ein Werkvertrag vor. Das gilt insbesondere, wenn neben die Anbringungspflicht weitere erfolgsbezogene Leistungspflichten des Anbieters (zB Auswahl der Standorte, Reparaturen) treten (BFH III R 33/22, BStBl. II 2025, 318, zu HessFG 8 K 365/17, EFG 2022, 1913, best.). Ein *Sponsoringvertrag* enthält wesentliche mietfremde Elemente, auch soweit die Überlassung von Flächen in Sportstätten (Bande, Hallenboden, Wände) und Trikots zur Anbringung des Firmenlogos in Rede steht (BFH III R 5/22, BStBl. II 2023, 923, zu NdsFG 10 K 29/20, EFG 2022, 1132, aufgeh.; zust. Diffring/Anhalt FR 2022, 515: Vertrag eigener Art → Rn. 8b). Dagegen ist ein Vertrag über die Vermietung *angemieteter Ferienimmobilien* Mietvertrag und nicht Geschäftsbesorgungsvertrag (BFH III R 59/20, BStBl. II 2024, 70, zu FG BW 3 K 2762/19, EFG 2021, 559, best.).

8a **b) Untergeordnete Nebenabreden.** Abreden mit miet- und pachtfremden Elementen von **geringem Gewicht** schaden nicht, wenn das Verhältnis trotzdem einem Miet- oder Pachtvertrag gleichgeartet bleibt (BFH I R 74/73, BStBl. II 1976, 721); ebenso wenig die Vereinbarung, dass sich die Gegenleistung nach dem Maße der Fruchtziehung bestimmt (BFH IV 138/63, BStBl. II 1968, 11). In einem Sponsoringvertrag ist das Anbringen des vom Sponsor bereitgestellten

Firmenlogos durch den Vertragspartner keine untergeordnete (zudem trennbare) Nebenleistung (BFH III R 5/22, BStBl. II 2023, 923, zu NdsFG 10 K 29/20, EFG 2022, 1132, aufgeh.; zust. Diffring/Anhalt FR 2022, 515: Vertrag eigener Art, → Rn. 8b). In einem Vertrag über die Anmietung von Standflächen auf Wochenmärkten uÄ ist die Lieferung von Wasser und Strom zur Fertigung von Produkten (hier: Backwaren) durch den Veranstalter eine das Mietverhältnis nicht berührende Neben-Zusatzleistung (SächsFG 1 K 854/16, 21, EFG 2022, 1125, best. durch BFH III R 39/21, BStBl. II 2024, 67).

Nur wesentliche Abweichungen schaden (BFH I 174/60 S, BStBl. III 1965, 230 und I R 85/71, BStBl. II 1973, 412 für Lizenzverträge; I R 131/76, BStBl. II 1979, 47 für Gebrauch des Frachtstempels der DB; I R 113/79, BStBl. II 1984, 17 für know-how-Verträge; I R 188/79, BStBl. II 1984, 149 für Nutzungsvorrang). Daher ist auch ohne Besitz des Nutzenden ein Miet- und Pachtvertrag möglich, zB die Miete einer Kaianlage (BFH VIII R 261/81, BStBl. II 1986, 304), aber auch Werbeflächen auf Fahrzeugen (Bus, Taxi, FM Länder 2.7.2012, BStBl. I 2012, 654 Rn. 29; aA Schraut/Sillich BB 2013, 217). Erforderlich ist auch nicht, dass der Inhalt des Pachtverhältnisses zu den „eigentlichen Aufgaben" des Verpächters gehört (BFH I 367/61 U, BStBl. III 1965, 655 zur Überlassung einer Gaststätte durch die DB als Pacht).

Eine Verpachtung im Rahmen einer **Betriebsaufspaltung** bedeutet keine wesentliche Abweichung in dem vorbezeichneten Sinn. Sie bedingt nur eine Umqualifizierung der Einkünfte beim Verpächter, nicht aber eine Umqualifizierung des Rechtsverhältnisses. Daher ist die Vorschrift im Falle einer Betriebsaufspaltung anzuwenden (FG Münster XII 3620/89, EFG 1991, 271; ebenso BFH I R 10/89, BStBl. II 1991, 771), und zwar auch dann, wenn beide Betriebe im selben Ort liegen (FG BW 6 K 72/95, EFG 1997, 1034 rkr.). Entsprechendes gilt für die umgekehrte Betriebsaufspaltung (Fick BB 1993, 980).

c) Typenverschmelzung/Typenkombination. Das Vorliegen wesentlicher, **8b**
den Vertrag prägender miet- oder pachtfremder Elemente, bei einer sog. **Typenverschmelzung,** bedeutet, dass der Vertrag auch nicht in einzelnen Teilen oder Beziehungen als Miet- oder Pachtvertrag behandelt werden darf, weil und insoweit ein Vertrag eigener Art vorliegt (BFH III R 5/22, BStBl. II 2023, 923; III R 36/22; BStBl. II 2025, 88), zB Zeit-Chartervertrag (BFH I 50/55 U, BStBl. III 1957, 306), Vertrag über den Nutzungsvorrang an einer Kaianlage (BFH I R 188/79, BStBl. II 1984, 149) ein Systemleistungsvertrag über logistische Dienstleistungen einschließlich Überlassung von Mehrwegsteigen (BFH III R 56/20, BStBl. II 2023, 875, zu SchlHFG 1 K 55/16, EFG 2021, 294, insoweit best.), ein Sponsoringvertrag (→ Rn. 8) oder ein Vertrag über Anmietung und Austausch von Fußmatten. Geben allerdings die Miet-/Pachtelemente dem Vertrag das **Gepräge,** dann sind die Regeln des § 8 Nr. 1 Buchst. d, e (oder f) nF anzuwenden (FM Länder 2.7.2012, BStBl. I 2012, 654 Rn. 7, 32).

Hiervon zu unterscheiden ist die **Typenkombination.** Sie liegt vor, wenn in **8c**
einem einheitlichen Vertrag unterschiedliche und **rechtlich trennbare Hauptleistungspflichten** geregelt werden. Soweit dies der Fall ist, muss eine **Trennung** und unterschiedliche Sachbehandlung erfolgen. Das gilt auch, wenn beide Vertragsteile nach dem Willen der Parteien voneinander abhängig sein sollen, selbst wenn sich nur in ihrer Verbindung der Vertragszweck erreichen lässt; so bei Überlassung von Know-how und gleichzeitige Vermietung entsprechender Spezialmaschinen (BFH V 118/65, BStBl. II 1984, 17); ebenso bei Anmietung von Messe-

plätzen mit Angebot von technischen Nebenleistungen (BFH I R 57/15, BFH/NV 2017, 388, zu FG München 7 K 3250/12, EFG 2015, 1835: „exhibitor contract"), bei Anmietung von Logistikflächen (Lagerhallen) mit Lager-und Belieferungsleistungen (FG BW 10 K 953/22, EFG 2025, 1024, Rev. III R 39/24) und bei der Anbringung von Werbung an Bussen und Bahnen im öffentlichen Nahverkehr (FG BW 6 K 1753/20, EFG 2025, 1762, Rev. III R 36/24).

Von diesen Fragen zu unterscheiden ist das **Problem der Trennung von** hinzurechnungsfähigen **Entgeltteilen** innerhalb eines einheitlichen als Miete oder Pacht zu beurteilenden Rechtsverhältnisses (BFH I 70/60 S, BStBl. III 1966, 51 und I R 166/74, BStBl. II 1976, 717 zur Verpflichtung zur Erneuerung von Inventar und Waren), das allein nicht für eine Typenverschmelzung oder einen Vertrag sui generis spricht (FG Münster 9 K 1472/13 G, EFG 2016, 925; zur Beherbergung mit Verköstigung; krit. Klein DStR 2014, 1321; nachgehend BFH III R 22/16, BStBl. II 2020, 51, insoweit offen gelassen). Vergleiche iE → Rn. 19 ff., 24 ff.

Die Entscheidung ergeht zwar aufgrund der gesamten **tatsächlichen Umstände des Einzelfalles** (vgl. BFH III R 56/20, BStBl. II 2023, 875). Die **Würdigung des Vertrags** ist Rechtsanwendung. Deswegen darf der BFH eine unzutreffende Qualifikation richtigstellen (BFH III R 5/22, BFH/NV 2023, 923). Im Übrigen unterliegt sie revisionsrichterlicher Nachprüfung nur insoweit, als sie gegen Denkgesetze oder allgemeine Erfahrungssätze verstößt (BFH I R 57/15, BFH/NV 2017, 388 mwN; abweichend BFH V 118/65, BStBl. II 1968, 348; I R 72/72, BStBl. II 1974, 342).

8d **d) Öffentlich-rechtliche Verträge.** Sie können **Miet- und Pachtverträge** iSd Vorschrift sein (BFH I R 159/66, BStBl. II 1969, 439 für Kühlhausverträge; SchlHFG II 157/83 (III), EFG 1988, 83 für ein Seenutzungsrecht durch ein Schifffahrtsunternehmen, s. ABC → Rn. 30). Dagegen ist die Gewährung von öffentlichen Rechten innerhalb eines öffentlich-rechtlichen Rechtsverhältnisses gegen Zahlung von Gebühren auch dann nicht Miete oder Pacht, wenn sie in dieser Form hätte geregelt werden können (BFH I R I R 11/67, BStBl. II 1969, 417; FG Münster IX 774/84 G, EFG 1989, 474 für Wassernutzungsentgelte; BFH I R 188/79, BStBl. II 1984, 149; NdsFG VI 545/89, EFG 1996, 187). Rechtsüberlassungen solcher Art sind geregelt in § 8 Nr. 1 Buchst. f nF.

4. Sachlicher Anwendungsbereich

9 **Gegenstand von Miet- und Pachtverträgen** können materielle und immaterielle WG, Sachen und – an sich – Rechte sein, insb. Substanzausbeuterechte (BFH I R 74/73, BStBl. II 1976, 721), Konzessionen und Gerechtigkeiten (BFH IV 349/62 U, BStBl. III 1965, 293; SchlHFG II 157/83 (III), EFG 1988, 83), ein Geschäfts- bzw. Praxiswert oder Kunden- bzw. Mandantenstamm (BFH I R 52/93, BStBl. II 1994, 903; I R 134/94, BFH/NV 1997, 438; I R 128/95, BStBl. II 1997, 546) ebenso Gesamtheiten von Sachen und Rechten, wie etwa ein Unternehmen bzw. ein (Teil-)Betrieb (vgl. § 8 Nr. 7 S. 2 aF) oder eine Praxis (BFH IV R 29/91, BStBl. II 1993, 36 (40); I R 52/93, BStBl. II 1994, 903; I R 134/94, BFH/NV 1997, 438).

Ab EZ 2008 erfolgt jedoch durch die **Neuregelung** des **§ 8 Nr. 1 Buchst. f** eine gesonderte Hinzurechnung von (¼ der) Aufwendungen für die – befristete – Überlassung von Rechten. Diese Neuregelung erfordert mE *zwingend* eine **Abgrenzung** dahin, dass ab EZ 2008 Gegenstand von Miet- und Pachtverträgen iSd § 8 Nr. 1 Buchst. d nicht die **befristete Überlassung von Rechten** ist, auch wenn sie in dieser Rechtsform erfolgt.

5. Besonderheiten bei Gesellschaften und nahen Angehörigen

a) Gesellschaften. Entgelte aus Verträgen zwischen **Kapitalgesellschaft** und **Gesellschaftern** unterliegen der Hinzurechnung, auch bei Ein-Mann- und Familiengesellschaften und bei der KGaA Dies gilt indes nicht, soweit die Entgelte verdeckte Gewinnausschüttungen darstellen. Insofern ist die Gewinnermittlung zu berichtigen. Entgelte aus Verträgen zwischen **Personengesellschaften** und **Gesellschaftern** gehören nach § 15 Abs. 1 Nr. 2 EStG zu den gewerblichen Einkünften und sind nicht hinzuzurechnen. Doch unterliegen (die) Entgelte der Hinzurechnung, wenn der Gesellschafter das WG von einem Dritten zur Überlassung an die Personengesellschaft mietet und diese den Mietzins vereinbarungsgemäß unmittelbar an den Dritten zahlt (BFH VIII R 261/81, BStBl. II 1986, 304). Ist der Gewerbetreibende an einer vermögensverwaltenden Personengesellschaft beteiligt, von der das WG gemietet worden ist, so findet mE **keine** (teilweise) **Saldierung** der Entgelte mit den Einnahmen, an denen er beteiligt ist, statt. 10

b) Nahe Angehörige. Auch Entgelte aus Miet- und Pachtverträgen zwischen **nahen Angehörigen,** insb. Ehegatten, unterliegen der Hinzurechnung, sofern die einkommensteuerrechtlichen Erfordernisse für die Anerkennung des Vertragsverhältnisses beachtet sind. Es muss also ernsthaft vereinbart, insb. wie unter fremden Dritten üblich gestaltet, und tatsächlich durchgeführt worden sein (vgl. BFH IV R 4/04, BStBl. II 2007, 294). Anders sind die Entgelte schon nicht als Betriebsausgaben abziehbar (vgl. hierzu Loschelder in Schmidt EStG § 4 Rn. 520 „Angehörige"). 10a

III. Abgrenzung zu Liefer- und Kaufverträgen

1. Wirtschaftliches Eigentum

Eine Nutzungsüberlassung iSd Vorschrift liegt vor, wenn (auch) das **wirtschaftliche Eigentum beim Überlassenden** verbleibt (BFH VI 112/65, BStBl. III 1966, 599; I R 36/66, BStBl. II 1968, 478). Hierfür genügen Verpachtung in Teilverträgen (BFH I R 220/69, BStBl. II 1972, 433), Kündigungsrechte des Überlassenden und/oder die Vereinbarung von Mindestentschädigungen oder Preisklauseln (BFH I R 194/70, BStBl. II 1973, 264; I R 73/71, BStBl. II 1973, 266); ebenso der Einfluss auf den Förderbetrieb (zB in Folge der Verpflichtung des Abnehmers zu einer Mindestausbeute, BFH X B 52/08, BeckRS 2009, 25014794). 11

Das wirtschaftliche Eigentum ist **nicht beim Überlassenden** verblieben, wenn der Vertragsgegenstand nach der Nutzung nicht an ihn zurückzugeben ist (BFH VI 375/65, BStBl. III 1967, 226) oder sich durch die Nutzung verbraucht. In solchen Fällen liegt ein Ratenkauf vor (BFH IV 429/62 U, BStBl. III 1964, 44). Der in der Bilanzierung enthaltene Zinsanteil ist nach § 8 Nr. 1 Buchst. a hinzuzurechnen (ebenso Köster DStZ 2008, 703); vgl. dort → § 8 Nr. 1 Buchst. a Rn. 65. Vergleiche zu *Ausbeuteverträgen* → Rn. 12.

2. Ausbeuteverträge

12 **a) Kaufvertrag.** Ein Kaufvertrag liegt vor, wenn es sich um eine **einmalige Lieferung einer fest begrenzten Menge** handelt (BFH IV 186/56 U, BStBl. III 1957, 246; I 199/57 U, BStBl. III 1959, 5; IV 159/58 U, BStBl. III 1959, 294; IV 208/63, HFR 1965, 209; IX R 64/98, BFH/NV 2003, 1175). Gegen den Begriff der Lieferung spricht nicht allein der Umstand, dass der Ausbeuteberechtigte selbst tätig werden muss (vgl. BFH VI R 197/67, BStBl. II 1970, 210 mwN). Eine einmalige Lieferung liegt aber nicht vor, wenn jeweils festbegrenzte Mengen aufgrund einer sich wiederholenden Erlaubnis des Grundeigentümers auszubeuten sind (BFH I 142/61, HFR 1963, 26; I R 74/73, BStBl. II 1976, 721).

12a **b) Pachtvertrag. Regelmäßig** handelt es sich bei der zeitlich begrenzten Überlassung eines Grundstücks zur Ausbeute des darin lagernden Bodenschatzes zivil- und steuerrechtlich um einen **Pachtvertrag** (BFH IV R 54/09, BStBl. II 2012, 692). Das gilt insbes., wenn nach der Vertragsgestaltung nicht eine bestimmte Menge der Substanz zu liefern ist, sondern der Berechtigte auf eigene Gefahr Fruchtziehung treiben soll (BFH VI 169/59 S, BStBl. III 1961, 45; VI R 197/67, BStBl. II 1970, 210). Kennzeichnend hierfür sind laufende Entgeltszahlungen für eine zunächst unbestimmte Menge der Substanz, Ausschluss von Gewährleistungen, der Übergang des Besitzes am Grundstück auf den Berechtigten sowie insb. die Verpflichtung des Berechtigten, den Mutterboden abzutragen und später wieder aufzutragen (Rekultivierungsverpflichtung, BFH I R 74/73, BStBl. II 1976, 721). Liegen die letztbezeichneten Voraussetzungen vor, dann ist Pacht sogar dann gegeben, wenn die Entnahme einer bestimmten Kiesmenge zu einem festen Preis innerhalb einer bestimmten Zeit gewährt wird (FG Nürnberg III 239/69, EFG 1973, 210). Der Annahme eines Pachtverhältnisses steht nicht entgegen, dass die Abbauzeit kurz und das Entgelt nach abgebauter Menge bemessen ist (BFH VI 161/65, BStBl. III 1966, 364; VI 331/64, BStBl. II 1968, 30), ebenso wenig dass das Entgelt in einem einmaligen Betrag zu zahlen ist (BFH IV 208/63, HFR 1965, 209), nach netto verkauften Erzeugnissen bemessen wird und als „Kaufpreis“ bezeichnet wird (RFH III A 583/22, StuW 1924, 64). Ebenso unerheblich ist, ob die abgebaute Menge bereits von vornherein bestimmt ist – wie idR bei Sand – oder erst nach dem Abbau – wie idR bei Kies (BFH I R 74/73, BStBl. II 1976, 721).

3. Leasingverträge

13 Sie **können** nach allgemeinen Grundsätzen **Mietverträge darstellen** (vgl. BFH IV R 24/78, BStBl. II 1981, 481; VI R 105/84, BStBl. II 1987, 448). In der *Neufassung* der Vorschrift ist dies durch den Klammerzusatz „(einschließlich Leasingraten)“ klargestellt (BFH I R 29/16, BFH/NV 2019, 640, zu FG BW 6 K 3007/15, EFG 2016, 1533, best.). Erforderlich ist aber weiterhin trotz der typologischen Unterschiede (BFH III R 33/21, BStBl. II 2023, 879, zu NdsFG 6 K 10176/18, EFG 2022, 1129, best.) die Vergleichbarkeit des Leasingvertrages mit einem Miet-/Pachtvertrag, wie sich aus dem Textzusammenhang ergibt. Das setzt voraus, dass der Leasinggegenstand im **(wirtschaftlichen) Eigentum des Leasinggebers** bleibt und ihm nach der vereinbarten Zeit zurückzugeben ist (BFH IV R 24/78, BStBl. II 1981, 481; FG München 7 K 2239/16, EFG 2019, 787). Das ist mE auch dann möglich, wenn – wie üblich – dem Leasingnehmer eine Kaufoption eingeräumt ist. Es handelt sich nicht um ein in der Schwebe

befindliches Geschäft (anders ggf. beim Mietkauf, vgl. BFH III R 233/90, BStBl. II 1992, 182), weil von der Kaufoption durch eigenständige Rechtshandlung Gebrauch gemacht wird und die Gestaltung des zuvor bestehenden Nutzungsverhältnisses hiervon unberührt bleibt. **Anders** nur, wenn nach der gesamten Sachlage angenommen werden muss, dass es den Parteien nur auf den Abschluss des Kaufvertrages ankommt (BFH I 221/56 U, BStBl. III 1957, 445), was sich aus der Höhe, Fälligkeit und Dauer der „Mietzins"-Zahlungen ergeben kann, oder wenn die „Miet"dauer so bemessen ist, dass nach ihrem Ablauf der Leasinggegenstand wirtschaftlich nicht zurückzugeben ist (BFH IV 429/62 U, BStBl. III 1964, 44; IV R 144/66, BStBl. II 1970, 264; III R 74/97, BStBl. II 2001, 311; III R 130/95, BFH/NV 2001, 1041).

IV. Benutzung von beweglichen WG

1. Begriff des beweglichen Wirtschaftsguts

Die Vorschrift spricht nicht – wie § 8 Nr. 7 aF – von nicht in Grundbesitz „bestehenden" WG, sondern von **„beweglichen"** WG. Für die Abgrenzung ist mE schon wegen der unterschiedlichen Wortlaute und Begrifflichkeiten auf **§ 21 Abs. 1 Nr. 1 EStG** zurückzugreifen (**aA** EStR 7.1 Abs. 2; wohl auch FM Länder 2.7.2012, BStBl. I 2012, 654 Rn. 31 zu Schiffen; Nöcker in Lenski/Steinberg § 8 Nr. 1 Buchst. d Rn. 18). Das bedeutet, dass durch sie **nur körperliche, also materielle WG,** erfasst werden; bei ihnen darf es sich nicht um Grundstücke, Gebäude und deren (wesentlichen) Bestandteile (§ 94 BGB) sowie Zubehör (§§ 97 f. BGB) handeln. Betroffen sind aber Scheinbestandteile (Einbau nur zu vorübergehendem Zweck, § 95 BGB; hierzu BFH VI R 143/69, BStBl. II 1971, 157; VI R 157/68, BStBl. II 1971, 165), Flugzeuge (BFH I B 61/96, BStBl. II 1997, 466), nicht eingetragene Schiffe (aber → § 8 Nr. 1 Buchst. e Rn. 3), Betriebsvorrichtungen (vgl. BFH VIII R 261/81, BStBl. II 1986, 304) und andere in das Gebäude montierte Sachen (vgl. BFH I R 123/93, BStBl. II 1994, 810, Bestuhlung ua in einem Konzertsaal). In Betracht kommen auch Präsentationsleinwände und Trikots (NdsFG 10 K 29/20, EFG 2022, 1132, aber aufgeh. durch BFH III R 5/22, BStBl. II 2023, 923, wegen Sponsoring, → Rn. 8) sowie Teile von beweglichen Sachen, zB Fahrzeugflächen, zu Werbezwecken (vgl. BFH III R 33/22, BStBl. II 2025, 318, zu HessFG 8 K 365/17, EFG 2022, 1913, best.; FM Länder 2.7.2012, BStBl. I 2012, 654 Rn. 29). 14

Daher **keine Zurechnung** etwa bei Konzessionsabgaben für die Nutzung von Straßen, Wegen, Plätzen, Häfen und Kanälen usw; Hinzurechnung jedoch, wenn der Zins nur für die Nutzung von dort befindlichen Anlagen (Leitungen, Rohre, Schienen) gezahlt wird (vgl. FG Düsseldorf EFG 1959, 92). Bei einem gemischten Mietvertrag (nicht bei Typenverschmelzung, → Rn. 8b) ist Aufteilung erforderlich (vgl. → Rn. 24). Nicht bewegliches WG ist der *Bodenschatz* (vgl. hierzu → Rn. 30 „Ausbeuteverträge").

2. Immaterielle WG

Immaterielle WG (zB Geschäftswert, Kundenstamm, Konzessionen und sonstige Rechte) gehören nicht zu den beweglichen WG (vgl. BFH III R 7/86, BStBl. II 1987, 728; IV R 38/88, BStBl. II 1989, 1016; X R 26/09, BStBl. II 2011, 865; EStR 7.1 Abs. 1 und 2) und sind von der Vorschrift nicht betroffen. 15

Entgelte für sie unterliegen nur, sofern für Rechte (insb. Konzessionen, Nutzungsrechte, Lizenzen) gezahlt, der Hinzurechnung nach **§ 8 Nr. 1 Buchst. f.** Im Übrigen unterfallen sie mE keiner Hinzurechnung nach den Buchst. d–f der Nr. 1 nF. Sie sind aber **bedeutsam für die Abgrenzung** von Miet- und Pachtzinsen **bei Pachtung von Sachgesamtheiten** (→ Rn. 24 ff.). *Insofern* gilt für sie:

Sie sind **Gegenstand eines Miet- oder Pachtvertrages** nur, wenn sie durch die vertragliche Ausgestaltung hinreichend konkretisiert sind (vgl. grundsätzlich BFH II R 30/89, BStBl. II 1990, 569; I R 160/85, BStBl. II 1990, 913). Hierfür ist Mindesterfordernis, dass für das immaterielle WG ein von der Raumpacht klar abgegrenztes Nutzungsentgelt gezahlt wird (BFH IV 406/62 U, BStBl. III 1965, 414; I R 94/70, BStBl. II 1971, 28; VIII R 19/68, BStBl. II 1972, 62; R 179/70, BStBl. II 1972, 632; I R 113/79, BStBl. II 1984, 17). Bei der Verpachtung stehender GewBetriebe setzt sich der Zins idR aus mehreren Elementen zusammen, nämlich **(1.)** die reine Raummiete, **(2.)** die darüber hinaus gezahlte Raumpacht, **(3.)** Entgelt für die Benutzung der Betriebseinrichtung, **(4.)** Entgelt für die Überlassung des Geschäftswerts (BFH I R 246/72, BStBl. II 1975, 178).

15a Der **Ansatz eines Geschäftswerts** kommt daher nur in Betracht, wenn entweder die Vertragsparteien eine Aufteilung des Pachtzinses vorgenommen haben oder andere Umstände eine klare und eindeutige Aufteilung ermöglichen (BFH IV R 20/67, BStBl. II 1970, 726; I R 94/70, BStBl. II 1971, 28; III R 9/74, BStBl. II 1971, 677; I R 166/74, BStBl. II 1976, 717). Diese Voraussetzungen kann nach BFH I B 57/94, BFH/NV 1995, 822 ein Aktenvermerk erfüllen, in dem der steuerliche Berater des Pächters auf die Benutzung des bilanzierten Geschäftswerts entfallenden Teil des Pachtzinses beziffert hat. Eine Aufteilung durch die Vertragsparteien liegt noch nicht vor bei einer außerhalb des Vertrages vorgenommenen Schätzung des auf das immaterielle WG entfallenden Pachtanteils, finde sie vor (BFH VIII R 254/72, BStBl. II 1977, 667) oder nach Vertragsschluss statt (BFH VIII R 169/72, BStBl. II 1976, 463). Es liegt im Wesen der Verpachtung gewerblicher Räume, dass deren Überlassung bereits als unmittelbare Quelle von Erträgnissen eingeschätzt und bezahlt wird (BFH I R 94/70, BStBl. II 1971, 28). Daher stellt die einfache Differenz zwischen einem (umsatzabhängigen) Pachtzins insgesamt auf der einen Seite und einem (geschätzten) Pachtzins für Einrichtung sowie Raummiete auf der anderen Seite noch keine hinreichende Konkretisierung eines Geschäftswerts dar (BFH VIII R 169/72, BStBl. II 1976, 463); ebenso wenig, wenn in einem Pachtvertrag allein die Raumpacht hinreichend bestimmt ist (BFH I R 246/72, BStBl. II 1975, 178) oder bei Pacht von Inventar und Geschäftswert nur ein einheitlicher Pachtzins ohne erkennbare Merkmale für eine Abgrenzung vereinbart ist (BFH VIII R 254/72, BStBl. II 1977, 667), auch dann nicht, wenn ein einheitlich vereinbarter Pachtzins im Verhältnis zum Wert der überlassenen materiellen WG zu hoch erscheint (BFH VIII R 169/72, BStBl. II 1976, 463). Ist allerdings nach den Vereinbarungen eindeutig ein Zins auf das immaterielle WG zu zahlen, dann Konkretisierung auch, wenn er noch nicht klar festgelegt und nur im Wege der Schätzung, zB aus den Werten der materiellen WG, ableitbar ist (BFH I R 160/85, BStBl. II 1990, 913); auch dann, wenn es sich inzwischen verflüchtigt hat (BFH IV 145/63, HFR 1965, 171).

3. WG des Anlagevermögens

16 Das Tatbestandselement ist unscharf gefasst und nur **im übertragenen Sinne – fiktional – zu verstehen** (Schneider DStR 2023, 366). Gepachtete/gemietete

WG stehen im Eigentum eines anderen und sind daher nicht Vermögen, auch nicht AV, des Pächters. **Richtig gefasst** meint die Vorschrift: Stünden die WG im Eigentum des Pächters, dann müssten sie zu seinem AV gehören (zB BFH IV R 20/67, BStBl. II 1970, 726; VIII R 78/02, BStBl. II 2006, 58; III R 36/22; BStBl. II 2025, 88). Auch diese Fiktion dient der von den Hinzurechnungsvorschriften bezweckten Finanzierungsneutralität (BFH I R 57/15, BFH/NV 2017, 388; III R 22/16, BStBl. II 2020, 51). Für die Prüfung der Zuordnung zum AV/UV begründet die Vorschrift eine **voraussetzungslose Fiktion der Eigentümerstellung** des Nutzenden. Daher sind Fremdvergleich, Wahlmöglichkeiten oder Rentabilitätsüberlegungen unerheblich (BFH IV R 24/11, BStBl. II 2022, 276). Entsprechendes gilt bei Anmietung einer Teilfläche für die Frage, ob ein Eigentumserwerb überhaupt möglich (BFH III R 39/21, BStBl. II 2024, 67, zu SächsFG 1 K 854/21, EFG 2022, 1125, best.) oder finanzierbar gewesen wäre (BFH III R 59/20, BStBl. II 2024, 70, zu FG BW 3 K 2762/19, EFG 2021, 559, best.).

Für den **Begriff des AV** und die Abgrenzung zum UV sind die Grundsätze des EStG maßgebend; dh die WG müssen dem Betrieb **auf Dauer** bzw. **für längere Zeit zu dienen und nicht zum Verbrauch oder Verkauf bestimmt** sein (BFH I R 178/70, BStBl. II 1973, 148; I R 70/12, BStBl. II 2015, 289). „Auf Dauer" ist jedoch nicht als Zeitbegriff iSv „immer" zu verstehen; es genügt, dass das WG seiner Art nach ständig bzw. immer wieder im Betrieb gebraucht bzw. benötigt wird (BFH III R 38/17, BStBl. II 2022, 283; III R 56/20, BFH/NV 2023, 327). Werden WG wenigstens ihrer Art nach nicht ständig im Betrieb benötigt, gehören sie nach BFH zum **UV,** auch wenn bei angemieteten WG wegen der Rückgabepflicht ein Verbrauch oder Verkauf nicht in Betracht kommt (BFH III R 22/16, BStBl. II 2020, 51; Schneider/Redeker DB 2017, 2254; → Rn. 16b). Zur Beantwortung dieser Frage ist auf das Geschäftskonzept und nicht auf das Produkt abzustellen (BFH III R 28/24, DStR 2026, 1043) und darf nicht ein Vergleich mit Verhältnissen eines anders gearteten Betriebs angestellt werden (BFH III R 36/22; BStBl. II 2025, 88). Auch ist nicht auf die Sicht des Kunden abzustellen (BFH III R 28/24, DStR 2026, 1043). **AV** iSd Vorschrift sind demnach zB Maschinen, Geschäftseinrichtung, Werkzeuge und Gerätschaften. **UV** sind Bargeld, Bankguthaben, Waren- und Rohstoffe. Zu den immateriellen WG → Rn. 15.

Auch bei einem nur **kurzfristigen Miet- oder Pachtverhältnis** kommt daher 16a
ein WG des AV in Betracht. Weder der Wortlaut der Vorschrift noch ihr Zweck gebieten eine Unterscheidung zwischen einer kurzfristigen und einer langfristigen Anmietung (→ Rn. 16). Für ein WG des AV spricht insb. der Umstand, dass der Stpfl. WG, sei es **fortlaufend,** sei es einmalig **kurzfristig,** ggf. nur für einen Tag oder mehrere Tage, sogar nur Stunden mietet (BFH I R 178/70, BStBl. II 1973, 148, **Container;** BFH I R 178/70, BStBl. II 1994, 810, Inneneinrichtung bei **Konzertveranstaltungen;** BFH IV R 24/11, BStBl. II 2022, 276, Gebäude für Konzertveranstaltungen; Nöcker FR 2018, 506; krit. Kohlhaas FR 2011, 800; BFH III R 38/17, BStBl. II 2022, 283; → Rn. 16b, Ausstattungsgegenstände für **Filmproduktion;** hierzu Homuth NWB 2018, 783; BFH III R 56/20, BFH/NV 2023, 327, für die Lieferung **benötigte Steigen;** BFH III R 22/20, BFH/NV 2023, 716, zu FG Bln-Bbg 10 K 10184/17, EFG 2021, 662, wegen unzureichender Feststellungen aufgeh.; bewegl. u. unbewegl. Ausstattungsgegenstände für **Veranstaltungen/Events,** → Rn. 16b, → Rn. 16c); mE grds. auch bei Ausstellungsflächen bzw. einem **Messestand** (NdsFG 10 K 188/17, DStRE 2020, 152;

aber → Rn. 16b) oder bei **Standflächen auf Wochenmärkten** mit der (insgesamt dauerhaften) Funktion als Produktionsmittel für Backwaren (BFH III R 39/21, BStBl. II 2024, 67, zu SächsFG 1 K 854/16, 21, EFG 2022, 1125, best.).

Auch wenn – wie im Fall der gewerblichen **Zwischenvermietung** – das WG **weitervermietet** wird (BFH I R 70/12, BStBl. II 2015, 289; I R 21/13, BStBl. II 2015, 293, Hotels; ebenso BFH III R 35/15, BStBl. II 2018, 662, VB 1 BvR 2150/18 nicht zur Entscheidung angenommen; BFH IV R 55/10, BStBl. II 2017, 722, Wohnraum), kann AV gegeben sein, sogar dann, wenn es nach Beendigung der Untervermietung kurzfristig wieder an den Eigentümer zurückgelangt (BFH I R 178/70, BStBl. II 1973, 148). Das gilt (anders als zu → Rn. 16b) auch für langfristig und katalogmäßig **festgelegte Ferienimmobilien** zumindest gleicher Art, die der **Reiseveranstalter** idR jährlich im Voraus für die Saison des nächsten Jahres bestellt und zur Miete anbietet (BFH III R 59/20, BStBl. II 2024, 70, zu FG BW 3 K 2762/19, EFG 2021, 559, best.).

16b Jedoch sind die **Grenzen der Fiktion** zu beachten. Sie darf nicht weiter reichen, als es die Vorstellung eines das Miet-/Pachtverhältnis ersetzenden Eigentums gebietet, und nicht zur Fiktion von AV führen (BFH III R 22/16, BStBl. II 2020, 51). Insb. bei der Beurteilung von **kurzfristigen Miet-/Pachtverhältnissen** sind daher Geschäftsgegenstand und betriebliche Verhältnisse des Mieters/Pächters zu berücksichtigen (BFH I R 57/15, BFH/NV 2017, 388; IV R 24/11, BFH/NV 2017, 985; III R 14/21, BStBl. II 2022, 559; Kohlhaas DStR 2017, 1637). Abzustellen ist nach BFH – iSe Kontrollfrage – darauf, ob sich die betreffende Tätigkeit – das Eigentum des Mieters an dem WG unterstellt – wirtschaftlich sinnvoll nur ausüben lässt, wenn das Eigentum langfristig erworben wird. Das setzt voraus, dass der Mieter derartige WG **ständig für den Gebrauch** in seinem Betrieb benötigt (BFH I R 178/70, BStBl. II 1973, 148; III R 22/16, BStBl. II 2020, 51; Schneider/Redeker DB 2017, 2254). Das können dieselben WG oder nach Lage und Beschaffenheit austauschbare WG (hier: Hotelzimmer) sein (BFH III R 28/24, DStR 2026, 1043; III R 39/22; III R 3/23, DStR 2026, 1047). Das betrifft **nicht nur den Kernbereich** der Tätigkeit; Erfordernisse der **Werbung** genügen, insbesondere bei längerfristiger Nutzung gleichartiger Werbeträger (BFH III R 36/22; BStBl. II 2025, 88, zu FG BBbg 5 K 5101/20, EFG 2023, 273, aufgeh.; NdsFG 10 K 29/90, EFG 2022, 511, aus anderen Gründen aufgeh. durch BFH III R 5/22, BFH/NV 2023, 908).

16c **Anders** zu entscheiden ist nach BFH jedoch, wenn das WG zB iZm einem konkreten Produkt nur „flüchtig" benötigt wird (BFH I R 178/70, BStBl. II 1994, 810; III R 38/17, BStBl. II 2022, 283), zB bei einem reinen **Durchführungsunternehmen,** das nur aufgrund auftragsbezogener Weisung über Ort und Zeit durch Anmietung und Weitervermietung zB von **Messeständen** tätig wird (BFH I R 57/15, BStBl. II 2022, 273; ebenso Gerritzen/Matheis DStR 2013, 236; Kohlhaas DStR 2014, 296; Cech/Püschel Ubg 2015, 645; Kaminski AktStR 2017, 275). Auch für den **Endmieter,** der einen Messestand ohne festgelegten Standort oder nur gelegentlich (alle drei Jahre) bucht, gehört der Messestand nicht zum AV (BFH III R 14/21, BStBl. II 2022, 559, zu FG Münster 9 K 1816/16 G, best.; FG Düsseldorf 10 K 2517/17 G, Zerl, EFG 2019, 544, rkr.; hierzu Adrian/Hahn StuB 2019, 347; Schimmele/Müller DStR 2019, 1673); ebenso, wenn ein Stand nur an 10 Tagen im Jahr an verschiedenen Standorten gebraucht wird (BFH III R 35/21, BFH/NV 2023, 714, zu FG Münster 13 K 1122/19 G, EFG 2022, 169, best.). Zur Veranstaltung von *Events* BFH III R 22/20, BFH/NV 2023, 716.

Entsprechendes gilt für **Reiseveranstalter** von Pauschalreisen im Hinblick auf angemietete **Hotelzimmer** und bewegliche WG (BFH III R 22/16, BStBl. II 2020, 51, das fiktive Eigentum „verbrauche" sich, weil **eingebunden in das Produkt** Pauschalreise und wegen der sich wandelnden Markterfordernisse, mit deren Durchführung; FG Düsseldorf 3 K 2728/16 G, EFG 2018, 1816, rkr.; zust. Klein DStR 2014, 131; Kornwachs DStR 2017, 1568; Mohr Ubg 2018, 649; Graw EFG 2018, 1820), dem entsprechend für Veranstalter von **Konferenzen, Events** und **Ausflügen** im Hinblick auf Konferenzräume, Hotelzimmer, Konferenztechnik usw (FG BBbg 8 K 8027/21, EFG 2024, 1783, nachgehend wegen unzureichender Feststellungen aufgeh. durch BFH III R 28/24, DStR 2026, 1043), für auftragsbezogene **Übernachtungsmöglichkeiten für Arbeitnehmer** (SächsFG 4 K 737/19; 3 K 1352/20, nachgehend aufgeh. durch BFH III R 39/22; wiederum anders im Falle FG Bln-Bbg 8 K 8102/21, EFG 2023, 777, nachgehend aufgeh. durch BFH III R 3/23, DStR 2026, 1047: Anmietung wesentlich für Anwerbung von Personal), für mit dem Angebot wechselnden **Mehrwegsteigen** im **Obst- und Gemüsehandel** (SchlHFG 1 K 55/16, EFG 2021, 294, best. wegen Fehlens mietvertraglicher Elemente durch BFH III R 56/20, BStBl. II 2023, 875; aA FM LSA 46-G 1422-87) und möglicherweise für Ausstattungsgegenstände bei der **Filmproduktion** (BFH III R 38/17, BStBl. II 2022, 283), im Bereich der **Vermittlung von Werbeträgern** für die Überlassung eines sog. **Premiumstandortes** zur (kurzfristigen) Anbringung der Werbung (BFH III R 33/22, BStBl. II 2025, 318, zu HessFG 8 K 365/17, EFG 2022, 1913, best.; ähnlich FG Bln-Bbg 5 K 5101/20, EFG 2023, 273, wegen Fehlens hinreichender Feststellungen aufgeh durch BFH III R 36/22, BStBl. II 2025, 88).

In Fällen dieser Art ist die Annahme von (fiktivem) **UV nicht deswegen auszuschließen,** weil das WG wegen der Rückgabepflicht nie tatsächlich zum Verbrauch oder Verkauf bestimmt ist (BFH III R 22/16, BStBl. II 2020, 51; Sarrazin FR 2018, 176; aA Nöcker FR 2018, 506).

Insofern besteht Übereinstimmung dieser Entscheidungen mit der **Auffassung der FVerw;** hiernach unterbleibt bei bestimmten kurzfristigen Nutzungsüberlassungen (zB Hotelnutzung, Kfz-Mietvertrag) „aus Vereinfachungsgründen" die Hinzurechnung (FM Länder 2.7.2012, BStBl. I 2012, 654 Rn. 29b; LFD Thür G 1422 A-25-A 3.16; krit. Rödder DStR 2007, Beih. zu Nr. 40; Baldauf in Brandis/Heuermann § 8 Rn. 215). **16d**

Zur Hinzurechnung von Entgelten eines **Netzbetreibers** bzw. **-nutzers** im Bereich der Telekommunikation, Eisenbahn und Energie vgl. FM Länder 2.7.2012, BStBl. I 2012, 654 Rn. 29c–29e.

Stellungnahme. Unübersehbar ist mE, dass der IV. BFH-Senat einerseits und der I. sowie der III. BFH-Senat andererseits je unterschiedliche Ansätze verfolgen. Die Aussagen, das G verlange keine Prüfung, ob ein Erwerb des Anlageguts vorstellbar gewesen wäre (BFH IV R 24/11, BFH/NV 2017, 985), und die Grenzen der Eigentumsfiktion nach dem Maße des fiktiv ersetzten Miet-/Pachtverhältnisses nötigten zu der Frage, ob der Betrieb die gemieteten WG ständig zum Gebrauch benötige (die Hinweise in → Rn. 16b), stehen mE im diametralen Widerspruch zueinander (krit. auch Rengier NWB 2017, 1820; Schneider/Redeker DB 2017, 2254). Nach dem Ansatz der letztbezeichneten Entscheidungen wären mE auch die Konzertveranstalter-Entscheidungen und die Entscheidung zur Filmproduktion (→ Rn. 16a) anders zu entscheiden gewesen. ME sollte Abstand genommen werden von der Vorstellung der voraussetzungslosen Eigentumsfiktion und stattdessen die Frage vorgeschaltet werden, ob angesichts des **16e**

Geschäftsgegenstands und der betrieblichen Verhältnisse des Mieters/Pächters ein Eigentumserwerb anstelle der Miete/Pacht überhaupt in Betracht kommt (ähnlich Rode DB 2019, 876). Die unterschiedliche Zuordnung danach, ob das WG im Betrieb bereitgestellt wird (AV, Hinzurechnung) oder ob es außerhalb desselben für den Kunden bereitgestellt wird (so Nöcker FR 2021, 861), wird mE der oa Rspr. nicht gerecht. Die Ersetzung des (streitanfälligen) Kriteriums (fiktives) AV durch das der eigentumsunabhängigen wesentlichen Betriebsgrundlage (Mirbach/Werthebach FR 2022, 781) ist mE kein Bestimmtheitsgewinn.

4. Eigentum eines anderen

17 Die Formulierung ist ebenfalls unscharf. Der **Begriff des Eigentums** ist **weit auszulegen** (BFH IV 349/62 U, BStBl. III 1965, 293; VI 112/65, BStBl. III 1966, 599; I R 36/66, BStBl. II 1968, 478). Gemeint ist nicht nur das Eigentum an einer Sache (vgl. § 903 BGB), sondern auch die Inhaberschaft an Rechten (vgl. § 398 BGB; aber → Rn. 15 und § 8 Nr. 1 Buchst. f) ebenso wie der **Eigenbesitz** oder das **wirtschaftliche Eigentum** (§ 39 Abs. 2 Nr. 1 AO). Das WG muss also einem anderen zustehen (BFH I 367/61 U, BStBl. III 1965, 655; 349/62 U, BStBl. III 1965, 293). Förderzinsen für ein Ausbeuterecht im wirtschaftlichen Eigentum des Ausbeuteberechtigten unterlagen daher nach § 8 Nr. 7 aF nicht der Hinzurechnung (vgl. BFH I R 46/86, BStBl. II 1990, 388); ebenso wenig Entgelte für Wasserentnahme aufgrund von subjektiv-öffentlichen Wassernutzungsrechten, die dem Berechtigten verliehen worden sind (FG Münster IX 774/84 G, EFG 1989, 474). Auch bei „Sachdarlehen" kommt es mE darauf an, wem das bürgerl-rechtl. oder wirtschaftliche Eigentum zusteht; bleibt der Geber Eigentümer, dann Pacht, im Übrigen Darlehen.

Bei der **Substanzausbeute** liegt *Wirtschaftliches Eigentum* des Abbauberechtigten vor, wenn ihm durch langfristigen und bedingungsfreien Vertrag unter Ausschaltung der Verfügungen des Grundstückseigentümers die Befugnis zur vollen Ausbeute der vorhandenen abbaufähigen Mineralien übertragen ist (BFH III 242/50 S, BStBl. III 1960, 420; III 301/59 S, BStBl. III 1961, 122; VI 375/65, BStBl. III 1967, 226; III R 150/72, BStBl. II 1974, 504; I R 46/86, BStBl. II 1990, 388). Das ist nicht der Fall, wenn der Berechtigte das Recht ohne die Zustimmung des Verpflichteten nicht übertragen kann, wenn bei einer Vertragsverlängerung die Bedingungen gesondert ausgehandelt werden müssen oder die wirtschaftliche Bewegungsfreiheit des Berechtigten durch Kündigungsmöglichkeiten des Verpflichteten eingeschränkt wird. Dann wird – wie im Regelfall – das Mineralgewinnungsrecht dem Grundeigentümer zugerechnet (BFH II R 121/86, BStBl. II 1989, 963 mwN). Zum **Bergwerkseigentum** vgl. BFH I R 101/10, BStBl. II 2013, 165.

5. Benutzung im Betrieb

18 Dies bedeutet **nicht „tatsächlich gebrauchen"**. Der Begriff Benutzung ist weiter; er bezeichnet, wie sich mE aus dem Begriff des AV ergibt, die Bestimmung, dem Betrieb zu dienen. Ein konkreter (aktiver) Gebrauch ist jedoch nicht gefordert. Daher genügt auch das Bereithalten als Ersatz oder die Verhinderung der Nutzung durch die Konkurrenz (ähnlich Nöcker in Lenski/Steinberg § 8 Nr. 1 Buchst. d Rn. 30) oder die Nutzungsüberlassung durch Weitervermietung (BFH I R 178/70, BStBl. II 1973, 148; I R 70/12, BStBl. II 2015, 289; IV R 55/10, BStBl. II 2017, 722). Eine Benutzung liegt jedoch nicht (mehr) vor, wenn

das WG nicht (mehr) geeignet ist, dem Betrieb zu dienen, was sich insb. durch Stilllegung (bei Anlagen) oder Nichtausübung (bei Rechten) dokumentiert (Baldauf in Brandis/Heuermann § 8 Rn. 217). Eine andere Frage ist aber, ob in einem solchen Fall gleichwohl gezahlte Pachtzinsen nicht (mehr) hinzuzurechnen sind. Der Zweck der Vorschrift (→ Rn. 1) gebietet wohl eine weitere Auslegung in dem Sinne, dass Pachtzinsen hinzuzurechnen sind, wenn das WG genutzt wird, genutzt worden ist oder genutzt werden soll (vgl. zum inzwischen verflüchtigten immateriellen WG BFH IV 145/63, HFR 1965, 171).

V. Miet- und Pachtzinsen

1. Begriff

a) Wirtschaftliches Verständnis. Der **Begriff** der Miet- und Pachtzinsen ist **wirtschaftlich** und daher **weit zu verstehen** (BFH I R 43/14, BFH/NV 2016, 232; III B 160/17, BFH/NV 2019, 40). Hierin liegt keine Inkonsequenz gegenüber der begrifflichen Fassung des Miet- oder Pachtvertrages iSd Vorschrift, die nur an die rechtliche, nicht allein an die wirtschaftliche Vergleichbarkeit mit den Vertragstypen des BGB anknüpft. Durch die formale Vertragsgestaltung soll es nicht zu einer Ungleichbehandlung von Aufwendungen bei wirtschaftlich vergleichbaren Sachverhalten kommen (BFH IV R 192/71, BStBl. II 1976, 220; IV R 54/09, BStBl. II 2012, 692). Daher umfasst der Begriff **alle Leistungen,** die der Mieter oder Pächter **aufgrund Vertrags** gegenüber dem Vermieter oder Verpächter zu erbringen hat, die wirtschaftlich als Gegenleistung für die Nutzung des WG anzusehen sind und die ohne die vertragliche Verpflichtung nicht vom Mieter oder Pächter zu tragen wären (BFH IV R 192/71, BStBl. II 1976, 220). Dies sind sowohl laufende als auch nicht laufende Leistungen (BFH I R 123/93, BStBl. II 1994, 810), einschließlich einer Umsatzpacht (BFH 43/14, BFH/NV 2016, 232), „einmalige Entschädigungen" (BFH IV 122/58 U, BStBl. III 1960, 466), sowohl Barleistungen wie sonstige Vermögenswerte, die aufgrund des Nutzungsverhältnisses entschädigungslos auf den Verpächter übergehen (vgl. BFH VIII R 30/82, BStBl. II 1983, 755: auf fremdem Grund errichtetes Gebäude), insb. Mietereinbauten, Betriebsvorrichtungen, Maschinen, Zubehör; ferner neben den als Zinsen ausgewiesenen Zahlungen alle übernommenen Leistungen des Mieters oder Pächters, auch öffentlich-rechtlicher Art. 19

Allerdings findet eine **Angemessenheitsprüfung** für die vereinbarten Entgelte durch das FA nicht statt (BFH IV 145/63, HFR 1965, 171).

b) Gesetzliches Lastenverteilungssystem. Zahlungen des Mieters/Pächters sind nur insoweit Miet-/Pachtzinsen, als sie nach dem **gesetzlichen Lastenverteilungssystem** des BGB (zB §§ 535, 582 BGB) nicht ohnehin vom Mieter/Pächter zu tragen sind (BFH I 38/62 U, BStBl. III 1966, 53; IV R 192/71, BStBl. II 1976, 220; IV R 54/09, BStBl. II 2012, 692). Miet- oder Pachtzinsen sind daher Nebenleistungen des Mieters oder Pächters für die Instandhaltung des WG (BFH III B 160/17, BFH/NV 2019, 40; jedoch → Rn. 21), für die Erneuerung (so schon RFH I 398/40, RStBl. 1941, 292; I 251/41, RStBl. 1943, 508; BFH I 38/62 U, BStBl. III 1966, 53), den Ersatz wegen des Verschleißes und Versicherungen (BFH I B 136/07, BFH/NV 2008, 1197; FG RhPf 1 K 2461/11, DStR 2016, 8 zur Kaskoversicherung; krit. Schöneborn NWB 2015, 2737), sofern solche Nebenleistungen dem Mieter/Pächter allein aufgrund des Vertrages 20 überbürdet sind (BFH I R 166/74, BStBl. II 1976, 717; I B 136/07, BFH/NV 2008, 1197). Hierzu gehören mE auch die GrSt des Vermieters (BFH III R 65/19, BStBl. II 2022, 454; FM Länder 2.7.2012, BStBl. I 2012, 654 Rn. 29) sowie die Übernahme von dem Verpächter (hier: eines Stromversorgungsnetzes) obliegenden Konzessionsabgaben durch den Pächter (vgl. zur USt Hess FG 1 K 858/21, EFG 2025, 1632).

Der oa Grundsatz (→ Rn. 19) berücksichtigt, dass idR die Übernahme zusätzlicher Verpflichtungen durch den Mieter/Pächter bei der Bemessung eines niedrigeren Miet-/Pachtzinses berücksichtigt wird. Doch ist diese Betrachtung **einer Umkehrung nicht zugänglich:** gehen die vertraglichen Vereinbarungen über die Barmiete zulasten des Mieters über die gesetzliche Lastenverteilung hinaus, dann ist die hinzuzurechnende Barmiete nicht um den Differenzbetrag zu kürzen (BFH I B 34/98, BFH/NV 1999, 515). Dagegen unterliegt mE ein geringerer Betrag der Hinzurechnung, wenn der Vermieter oder Verpächter die gesetzlich dem Mieter oder Pächter obliegenden Erhaltungs- und Erneuerungsaufwendungen trägt.

21 **c) Andere Gründe. Nicht Entgelt** iSd Vorschrift sind reine **Betriebskosten,** zB für Strom, Heizung, Wasser (SächsFG 1 K 854/16, 21, EFG 2022, 1125, nachgehend BFH III R 39/21, BStBl. II 2024, 67; FM Länder 7.2.2012, BStBl. I 2012, 654 Rn. 29). Das Gleiche gilt für solche Aufwendungen, insb. Erhaltungs- oder Erneuerungsaufwendungen, zu denen der Mieter oder Pächter vertraglich *nicht verpflichtet* ist (NdsFG VIII 75/69, EFG 1973, 281) und die er allein im **eigenen betrieblichen Interesse** tätigt (BFH IV R 192/71, BStBl. II 1976, 220). Das gilt auch dann, wenn – wie im Fall der *Rekultivierung* – die Verpflichtung den Pächter wie einen selbst ausbeutenden Eigentümer aufgrund öffentlichen Rechts trifft (keine Hinzurechnung der Zuführung zur diesbezüglichen Rücklage; BFH IV R 54/09, BStBl. II 2012, 692; FG Düsseldorf IV/II 23/71 G, EFG 1978, 561; FG München 1 K 2836/06, EFG 2010, 585; aA FG Hmb II 98/66, EFG 1970, 246). Keine Hinzurechnung auch der von bestimmten luf Betrieben in den neuen Bundesländern nach § 40 GrStG geschuldeten GrSt LFD Thür G 1422 A-25-A 3.16).

22 **d) Verschleierte Pachtentgelte.** Auch solche **Leistungen, die** vertraglich **nicht als Miet-/Pachtentgelt erscheinen,** können wirtschaftlich betrachtet ein solches darstellen und sind hinzuzurechnen. Das gilt insbes., wenn für die Nutzung des WG kein Entgelt, wohl aber ein niedrigerer Preis für Lieferungen an den Vermieter oder Verpächter vereinbart wird (vgl. RFH RStBl. 1940, 851, jedoch mit abw. Ergebnis in einem Sonderfall). Entsprechendes gilt für die zusätzliche Übernahme von Darlehenszinsen des Verpächters durch den Pächter (FG Bln-Bbg 12 K 12192/07, EFG 2009, 212) und mE, wenn der Mieter/Pächter dem Vermieter/Verpächter ein „unverzinsliches Darlehen" mit der weiteren Vereinbarung gewährt, dass sich der Miet-/Pachtzins nach dem Maße der Rückzahlung des Darlehens erhöht: in der Höhe der verschleierten Schuldentgelte beim Vermieter/Verpächter (BFH IV R 13/66, BStBl. II 1973, 26) sind beim Mieter/Pächter Miet-/Pachtzinsen gegeben.

22a **e) Leasingverträge.** Für **Leasingverträge** gelten die entsprechenden Grundsätze. Aus der Formulierung „einschließlich Leasingraten" ergibt sich demgegenüber keine Einschränkung (**aA** wohl Sarrazin in Lenski/Steinberg § 8 Nr. 1 Buchst. d Rn. 30). Zu den Leasingraten gehören neben der formal im Vertrag als solche bestimmten Zahlung auch die dem Leasingnehmer überbürdeten Kosten für Instandhaltung, Instandsetzung, Wartung, Verwaltung, mE einschließlich Versicherungszahlungen, und umlagefähigen Betriebskosten (BFH III R 33/21, BStBl.II 2023, 879, zu NdsFG 6 K 10176/18, EFG 2022, 1129, best.; vgl. FG München 7 K 2239/16, EFG 2019, 787; Neugebauer DB 2023, 547).

2. Bezug zu Miet- oder Pachtgegenstand

Die Entgelte müssen sich auf einen **Miet-/Pachtgegenstand** iSd Vorschrift **beziehen,** also nicht auf unbewegliche WG (jetzt § 8 Nr. 1 Buchst. e) oder Rechte (jetzt § 8 Nr. 1 Buchst. f) und mE auch nicht auf sonstige immaterielle WG (vgl. → Rn. 15). Bei einem **einheitlichen Pachtvertrag** über Grundstücke, Gebäude und Betriebsvorrichtungen ist daher zum Zwecke der Hinzurechnung die **Aufteilung des Entgelts** geboten (vgl. → Rn. 24 ff.). Das galt schon für § 8 Nr. 7 aF, gilt aber wegen der unterschiedlichen Höhe der typisierten Finanzierungsanteile auch für die **ab EZ 2008** geltenden Vorschriften des **§ 8 Nr. 1 Buchst. d–f.** Bei zu einem einheitlichen Schätzpreis zu erfüllenden Erneuerungsverpflichtungen sind hinsichtlich des Inventars die Rechtsgrundsätze für Pachtverhältnisse und hinsichtlich des Warenlagers die Rechtsgrundsätze für sog. Warendarlehen (Dauerschulden) maßgebend (BFH I R 166/74, BStBl. II 1976, 717). 23

3. Aufteilung eines einheitlichen Entgelts

a) Verpachtung von Sachgesamtheiten. Werden **andere als nur bewegliche WG** mitverpachtet, also unbewegliche WG nach § 8 Nr. 1 Buchst. e nF, immaterielle WG und Rechte nach § 8 Nr. 1 Buchst. f nF, ist eine **Aufteilung des einheitlichen Entgelts** zum Zwecke der Hinzurechnung durchzuführen (zu § 8 Nr. 7 aF: BFH I 50/55 U, BStBl. III 1957, 306; IV 122/58 U, BStBl. III 1960, 466; VI 76/63 U, BStBl. III 1964, 557; VI 375/65, BStBl. III 1967, 226; I R 179/70, BStBl. II 1972, 632; VIII R 254/72, BStBl. II 1977, 667). Das gilt insb. für die Verpachtung von Betrieben oder bei Ausbeuteverträgen einschließlich Verpachtung von Grund und Boden. Bei Sandausbeute auf einem Ufergrundstück, durch die das Grundstück zerstört und Teil der Wasserfläche wird, entfällt jedoch der gesamte Pachtzins auf die Ausbeute (BFH VI 76/63 U, BStBl. III 1964, 557). Der Aufteilung unterliegen sämtliche Entgeltsbestandteile einschließlich der vom Pächter übernommenen Nebenverpflichtungen (→ Rn. 19 f.). Sind sie **unmittelbar zuzuordnen,** wie Erneuerungsverpflichtungen, dann sind sie Pachtentgelt für die Nutzung des betreffenden WG. Fehlen Anhaltspunkte für eine unmittelbare Zuordnung, dann sind die Pachtanteile zu **schätzen** (BFH I R 246/72, BStBl. II 1975, 178; VIII R 169/72, BStBl. II 1976, 463; VIII R 56/86, BFH/NV 1989, 126; I R 160/85, BStBl. II 1990, 913; A 53 Abs. 1 S. 14 f. GewStR 1998; FM Länder 2.7.2012, BStBl. I 2012, 654 Rn. 6). Als Schätzungsmaßstab kommen mE idR die Teilwerte der WG in Betracht. Weicht in Einzelfällen der Nutzungswert für den Pächter von dem Teilwert ab, dann soll (nach Nöcker in Lenski/Steinberg § 8 Nr. 1 Buchst. d Rn. 47,) auch das Verhältnis der Nutzungswerte für die Aufteilung in Betracht kommen; mE bedenklich, denn zum einen bestehen für eine solche Schätzung kaum brauchbare Anhaltspunkte, zum andern erfolgt die Lösung des Interessengegensatzes zwischen Pächter und Verpächter idR nach objektiven (intersubjektiven) Wertverhältnissen (wie Nöcker 24 in Lenski/Steinberg § 8 Nr. 1 Buchst. d Rn. 47 wohl BFH I R 160/85, BStBl. II 1990, 913, der auf die subjektiven Wertvorstellungen des Pächters hinweist).

25 **b) Abgrenzbare miet- oder pachtfremde Teile eines einheitlichen Vertrags.** Eine Aufteilung erfolgt auch, wenn Entgelte insofern **nicht Miet- oder Pachtzins iSd Vorschrift** sind. Solche Verhältnisse liegen vor bei einer Typenkombination (→ Rn. 8c), zB bei dem einheitlichen Vertrag über die Überlassung eines Know-how und der Verpachtung von Maschinen (BFH I R 133/79, BStBl. II 1984, 17), bei einem Vertrag über die Miete von Standflächen und Lieferung von Strom/Wasser. Die nicht Miet-/Pachtzins darstellenden Anteile sind ggf. im Wege der Schätzung zu ermitteln (SächsFG 1 K 854/16, 21, EFG 2022, 1125, nachgehend BFH III R 39/21, BStBl. II 2024, 67). Hinzuzurechnen sind nur die Entgeltanteile, die auf die Gebrauchsüberlassung entfallen (BFH III R 36/22; BStBl. II 2025, 88 mwN).

Bei der Verpflichtung zur Rückübertragung eines überlassenen Waren- bzw. Rohstofflagers wird der Pächter wirtschaftlicher Eigentümer der Lagerbestände. Die Rückgabeverpflichtung ist nicht Pachtentgelt, sondern (Dauer-)Schuld nach § 8 Nr. 1 aF bzw. Nr. 1 Buchst. a GewStG nF (BFH I R 166/74, BStBl. II 1976, 717). Für deren Ansatz ist nicht ein Schätzpreis, sondern der Buchwert maßgebend (BFH I 44/57 U, BStBl. III 1959, 197). Auch bei Betriebsverpachtungen mit Vereinbarung eines einheitlichen Schätzpreises für die zurückzugebenden Wirtschaftsgüter einschließlich Waren- und Rohstoffen ist daher eine Aufteilung erforderlich.

VI. Umfang der Hinzurechnung

1. Grundsatz

26 Wie bei allen Hinzurechnungstatbeständen werden auch bei § 8 Nr. 1 Buchst. d GewStG nF die Miet- und Pachtzinsen nur insoweit hinzugerechnet, als sie **bei der Ermittlung des Gewinns abgesetzt** worden sind (s. Einleitungssatz des § 8). Die Miet- und Pachtzinsen werden **mit** ⅕ (= 20 %) der **Hinzurechnung** (x ¼) zugrundgelegt. Das soll nach BT-Drs. 16/4841, 80 der Finanzierungsanteil sein, der dem Nettoertrag (Zahlbetrag abzgl. Wertverzehr der verpachteten WG) entspräche, jedoch der Höhe nach offenbar zu Unrecht anhand von Leasingmodellen berechnet worden ist (so Scheffer DB 2007, 874), im Ganzen aber nur steuerpolitisch erklärbar ist (ebenso Bergemann/Markl/Althof DStR 2007, 693 Fn. 26, 28).

Der vorbezeichnete **Hinzurechnungsbetrag wird halbiert** bei Anmietung von

(1) **Elektrofahrzeugen,** also solchen, die ganz oder überwiegend (mE zu über 50 %) aus mechanischen oder elektrochemischen Energiespeichern oder aus emissionsfrei betriebenen Energiewandlern gespeist werden, ggf. wohl auch Pedelecs, E-Bikes, Segways oder E-Scooter (zu den im Übrigen erforderlichen Nachweisen dürfen wir sicher eine umfangreiche Verwaltungsanweisung erwarten),

(2) extern aufladbaren **Hybridelektrofahrzeugen** mit einer Kohlendioxidemission von höchstens 50 Gramm/km (Nachweis durch die Übereinstimmungsbescheinigung lt. Anhang IX der Richtlinie 2007/46/EG oder lt. Art. 38 VO

(EU) Nr. 168/2013) oder einer Reichweite von 80 km bei ausschließlicher Nutzung der elektrischen Antriebsmaschine,

(3) bei **Fahrrädern,** die keine Elektrofahrzeuge sind. Tretroller dürften nicht hierher gehören (also mE).

Diese Vergünstigung ist anzuwenden auf Entgelte, die auf **nach dem 31.12.2019** abgeschlossenen Verträgen beruhen. Bei **vor dem 1.1.2025** abgeschlossenen Verträgen genügt statt der unter (2.) genannten **Reichweite** eine solche von 60 km (§ 36 Abs. 4 idF d. G. v. 12.12.2019 (BGBl. 2019 I 2451)).

2. Rückstellungen

ME unterliegen **auch Rückstellungen** (zB für Erneuerungen uÄ) unter den oa Voraussetzungen der Hinzurechnung (vgl. RFH I 398/40, RStBl. 1941, 292; 1943, 508 für Verpflichtung zur Bildung der Rückstellung von einem „Erneuerungsfond"). Bei der Bildung der Rückstellung handelt es sich um Aufwand für die in der Zukunft zu erbringenden Leistungen. Gestatten die Gewinnermittlungsvorschriften eine Berücksichtigung späteren Aufwands bereits in einem früheren Jahr, dann hat nach Sinn und Zweck der Vorschrift (→ Rn. 1) der gewstrechtliche Ausgleich bereits in diesem Jahr zu erfolgen (Baldauf in Brandis/Heuermann § 8 Rn. 213; **aA** NdsFG VIII 75/69, EFG 1973, 281 rkr.). 27

3. Rückzahlungen

Auch bei diesem Hinzurechnungstatbestand ist mE bei **Rückzahlung** des Miet-/Pachtzinses in einem späteren EZ der Gewinn aus GewBetrieb in diesem EZ um den Betrag zu kürzen, der in dem EZ der Hinzurechnung den GewErtrag erhöht hat (BFH I R 78/60 U, BStBl. III 1961, 280; I R 18/66, BStBl. III 1967, 187; GewStR 7.1 Abs. 1). Jedoch ist dieser Sachverhalt zu unterscheiden von der Rückberechnung von Miete aufgrund werkvertraglicher Leistungen des Mieters an den Vermieter (FG BW 10 K 953/22, EFG 2025, 1024, Rev. III R 39/24). 28

4. Herstellungskosten

Sind die Miet-/Pachtzinsen **bei den Herstellungskosten zu aktivieren,** sind sie nicht hinzuzurechnen, da es an einer Absetzung bei der Ermittlung des Gewinns fehlt. Die Situation ist vergleichbar mit der Problematik der Bauzeitzinsen (→ § 8 Nr. 1 Buchst. a Rn. 32). Betroffen sind **gleichermaßen** HK/AK für **Anlagevermögen** und **Umlaufvermögen** (BFH III R 24/18, BStBl. II 2022, 279, zu SchlHFG 1 K 243/15, EFG 2018, 1284, aufgeh.). Aus gleichheitsrechtlichen Gründen gilt Entsprechendes sowohl dann, wenn deswegen keine Aktivierung stattgefunden hat, weil das jeweilige Produkt im EZ des Aufwands bereits aus dem BV ausgeschieden ist, als auch, wenn am Bilanzstichtag die entsprechende Bilanzposition noch besteht und erst in einem späteren EZ aus dem BV ausscheidet (BFH IV R 31/18, BFH/NV 2021, 1367; zu FG Münster 4 K 493/17 G, EFG 2018, 1813, best.; ebenso FM Länder BStBl. I 2012, 654 idF v. 6.4.2022, BStBl. I 2022, 638). Entscheidend ist nicht der (tatsächliche) Buchungsvorgang, sondern die gesetzliche Einordnung (Nöcker FR 2021, 137). Eine Ausweitung dieser Grundsätze auf den Fall, dass Mietaufwendungen (für Arbeitnehmer) **in den Stundensatz einbezogen** werden (so SächsFG 4 K 737/19), ist mE nicht angezeigt; denn diese Art der Kalkulation ändert nichts an der Tatsache, dass die 29

Aufwendungen bei der Ermittlung des Gewinns abgesetzt werden. Zur Problematik bei **Dienstleistungsunternehmen** s. Fiege/Stoppek DB 2025, 899.

Miet- und Pachtzinsen für selbst hergestellte immaterielle WG des AV sind wegen des **Aktivierungsverbots des § 5 Abs. 2 EStG,** gleich ob im Jahr des Aufwands bereits aus dem BV ausgeschieden oder nicht, hinzuzurechnen (BFH III R 38/17, BStBl. II 2022, 283, zu FG Bln-Bbg 11 K/11196/17, EFG 2018, 225, aufgeh.; ebenso FM Länder BStBl. I 2022, 638).

Zur **Kritik** an den dargestellten Grundsätzen Haupt DStR 2019, 713; Kaminski AktStR 2021, 753; Diffring/Saft DB 2021, 3058; Trossen Ubg 2021, 601; Franke Ubg 2021, 602; Roser Ubg 2021, 604; Kaminski Stbg 2022, 13.

Zur abweichenden **Behandlung bei Anschaffungskosten** Slaba/Wolters DStR 2022, 1703.

VII. ABC der Miet- und Pachtzinsen

30 – **Anschlagtafeln.** Das Recht zur Anbringung von Anschlagtafeln führt nicht zur Hinzurechnung der Entgelte. Sie werden gezahlt für die über den Gemeingebrauch hinausgehende Nutzung öffentlichen Grundes. Ebenso keine Hinzurechnung, wenn Gegenstand der Vereinbarung das Recht zur ausschließlichen Nutzung ist. Die Gemeinde ist im Wesentlichen nur zur Unterlassung der Einräumung von gleichartigen Rechten an andere verpflichtet (BFH I 283/61 U, BStBl. III 1962, 476).

– **Apothekenpacht.** Verpachtet werden kann der Betrieb. Berechnung und Aufteilung der Zinsen nach allgemeinen Grundsätzen (hierzu BFH I R 160/85, BStBl. II 1990, 913).

– **Auffüllrecht,** kein eigenständiges von Grund und Boden gesondertes immaterielles WG (BFH I R 99/01, BStBl. II 2004, 519); zur Baugenehmigung zur Errichtung eines Zwischenlagers für Klärschlamm vgl. BFH IV R 27/01, BStBl. II 2003, 878.

– **Ausbeuteverträge.** Sie betreffen das Recht zur Ausnutzung von Bodenschätzen. Wirtschaftsgut ist idR das Ausbeuterecht, nicht das Grundstück (BFH I R 46/86, BStBl. II 1990, 388). Sie sind idR Pachtverträge (vgl. BFH IV R 54/09, BStBl. II 2012, 692); Hinzurechnung **ab EZ 2008** nach § 8 Nr. 1 Buchst. f. In Ausnahmefällen kann Kaufvertrag in Betracht kommen (→ Rn. 12); dann sind mE auch die Voraussetzungen des § 8 Nr. 1 Buchst. f nicht erfüllt. Betrifft der Pachtvertrag sowohl den Grund und Boden als auch das Vorkommen (das Ausbeuterecht), dann sind die Pachtzinsen zum Zweck der unterschiedlichen Hinzurechnung nach § 8 Nr. 1 Buchst. e und f notfalls im Wege der Schätzung aufzuteilen (BFH I R 74/73, BStBl. II 1976, 721 und die unter → Rn. 24 angegebene Rspr.). Steht das Ausbeuterecht (unabhängig von der Bodenpacht) im wirtschaftlichen Eigentum des Abbauberechtigten, dann auch nach neuem Recht keine Hinzurechnung der Förderzinsen (vgl. → Rn. 17).

– **Automatenaufstellvertrag** ist idR kein Miet-/Pachtvertrag (vgl. BFH X R 32/82, BFH/NV 1988, 331).

– **Bare-Boat-Charter-Verträge** sind idR Miet- bzw. Pachtverträge, weil sie keine miet-/pachtfremden Elemente enthalten (→ Rn. 8).

– **Bergwerkseigentum.** Kann Gegenstand eines Pachtvertrages über nicht in Grundbesitz bestehende WG sein. Zum wirtschaftlichen Eigentum des Abbauberechtigten vgl. BFH I R 101/10, BStBl. II 2013, 165. Die §§ 903 ff. BGB gelten, soweit sie sich auf das Oberflächeneigentum beziehen, nicht für Bergwerke (Herrler in Grüneberg BGB Überblick 3 vor § 873).

- **Betriebsvorrichtungen.** Sie sind estrechtlich bewegliche WG auch dann, wenn sie mit dem Grundstück fest verbunden sind. Werden sie vermietet, dann unterliegen die Zinsen der Hinzurechnung nach § 8 Nr. 1 Buchst. d (→ Rn. 14).
- **Bundeseisenbahnvermögen.** Überlassung von Gaststätten auf dem Bahngelände ist idR Pacht (BFH I 367/61 U, BStBl. III 1965, 655; I 358/62, HFR 1965, 275). Die Rechtsnatur einer Bahnhofsgaststätte steht der Hinzurechnung nicht entgegen (BFH I 367/61 U, BStBl. III 1965, 655). Die wegen der günstigen Lage höheren Entgelte führen ohne nähere Festlegung nicht zur hinreichenden Konkretisierung eines immateriellen WG (etwa Kundenstamm); ein hierauf entfallender Anteil der Pachtzinsen ist, wenn konkretisiert, nicht hinzuzurechnen (BFH IV R 20/67, BStBl. II 1970, 726).
- **Bundeswehrkantinen.** Siehe „Bundeseisenbahnvermögen".
- **Charterverträge.** Sie führen je nach der Gestaltung zur Hinzurechnung der Entgelte. Übernimmt der Verpflichtete auch die Gestellung der (Schiffs-, Flugzeug-)Besatzung im Rahmen von sog. „Zeitcharterverträgen", dann wegen dieses wesentlichen pachtfremden Elements keine Hinzurechnung (BFH I 50/55 U, BStBl. III 1957, 306) nach § 8 Nr. 1 Buchst. d. Übernimmt der Verpächter die Gestellung der Mannschaft nicht („Bare-Boat-Verträge"), dann wird Miete angenommen; daher Hinzurechnung (BFH IV R 192/71, BStBl. II 1976, 220).
- **Erbbauzinsen** sind bei unbebauten Grundstücken Entgelt für die Nutzung von Grund und Boden; bei bereits bebauten Grundstücken sind sie aufzuteilen in einen Kaufpreisanteil für die Übertragung des Eigentums an den aufstehenden Gebäuden (Hinzurechnung eines in den Kaufpreisraten enthaltenen Zinsanteils nach § 8 Nr. 1 Buchst. a!) und ein Entgelt für die Nutzung des Grund und Bodens (BFH I R 9/08, BStBl. II 2010, 560; Naujok/Bujotzek FR 2007, 882). Das Nutzungsentgelt ist nach § 8 Nr. 1 Buchst. e nF hinzuzurechnen (FM Länder 2.7.2012, BStBl. I 2012, 654 Rn. 26, 32).
- **Erneuerungsverpflichtungen.** Rückstellungen des Pächters hierfür gehören zum Pachtzins (RFH I 398/40, RStBl. 1941, 292). Denn eine gesetzliche Erneuerungsverpflichtung des Pächters besteht nicht (BFH IV R 192/71, BStBl. II 1976, 220; I R 166/74, BStBl. II 1976, 717).
- **Fährgerechtigkeiten.** Sie unterliegen nicht der GrundSt. Auf Ausübung der Gerechtigkeit gerichtete Verträge sind Pachtverträge (RG IV 31/37, JW 1937, 2106); die Hinzurechnung der Entgelte (zum alten Recht: BFH IV 349/62 U, BStBl. III 1965, 293) erfolgt mE **ab EZ 2008** nach § 8 Nr. 1 Buchst. f.
- **Filmleihverträge.** Verträge zwischen Verleihunternehmen und Kinoinhaber führen nicht zur Hinzurechnung, weil die Filme nicht AV des Kinoinhabers werden. Verträge zwischen Hersteller und Verleiher sind jedoch je nach Vertragsinhalt Miete oder Pacht; in Betracht kommt daher Hinzurechnung nach § 8 Nr. 1 Buchst. d oder Nr. 1 Buchst. f.
- **Flughäfen.** Zur Konkretisierung eines immateriellen Wirtschaftsguts vgl. „Bundeseisenbahnvermögen".
- **Frachtgeschäft** (auch Samtfrachtgeschäft) mit Überlassung von Güterwagen kann im letztgenannten Punkt Mietvertrag darstellen (BFH XI R 40/88, BStBl. II 1992, 741).

- **Franchising.** Der auf Überlassung von Schutzrechten (Namen, Marke, Patente, Gebrauchsmuster usw) gerichtete Vertrag enthält häufig Elemente, die nicht auf Rechtsüberlassung gerichtet sind (zB Know-how, Erfahrungen, Geheimnisse usw). Das Entgelt ist in einem solchen Fall – ggf. im Schätzungswege – aufzuteilen (FM Länder 2.7.2012, BStBl. I 2012, 654 Rn. 6).
- **Gaststätten.** Der Pächter einer Bahnhofs- oder Flughafengaststätte erfüllt nicht die Aufgabe der Bahn oder der Flughafengesellschaft. Die von ihm gezahlten Entgelte unterliegen der Hinzurechnung (BFH I 367/61 U, BStBl. III 1965, 655).
- **Gebühren.** Sie sind je nach Art der ihnen zugrundeliegenden öffentlich-rechtlichen Verhältnisse Pachtzinsen; dies insbes., wenn durch Vertrag die Nutzung öffentlicher Einrichtungen (zB Kühlhaus) überlassen wird (BFH I R 159/66, BStBl. II 1969, 439) oder eine über den Gemeingebrauch hinausgehende Nutzung öffentlich-rechtlicher Flächen zugelassen wird (BFH I R 11/67, BStBl. II 1969, 417). Wird die Nutzung durch öffentlich-rechtlichen Verwaltungsakt genehmigt, dann liegt jedoch keine Pacht vor (BFH I R 11/67, BStBl. II 1969, 417). In Betracht kommt je nach Gestaltung jedoch eine Rechtsüberlassung iSv § 8 Nr. 1 Buchst. f.
- **Geschäftswert.** *Ab EZ 2008* ist mE der auf den konkretisierten Geschäftswert entfallende Pachtanteil **weder nach § 8 Nr. 1 Buchst. d/e noch nach § 8 Nr. 1 Buchst. f** hinzuzurechnen. Vgl. zu allem → Rn. 15. Zur Rechtslage bis EZ 2007 s. Vorauflage.
- **Gesteigerter Gemeingebrauch.** Siehe „Nutzungsvorrang".
- **Gewerbeberechtigungen.** Sie können Gegenstand von Pachtverträgen sein; also auch Mineralgewinnungsrechte, Schankkonzessionen und -gerechtigkeiten, Fährgerechtigkeiten (vgl. „Fährgerechtigkeit"). **Ab EZ 2008** erfolgt die Hinzurechnung von Entgelten nach § 8 Nr. 1 Buchst. f.
- **Hafenbenutzung.** Die Überlassung einer bestimmten (Kai-)Anlage zur ausschließlichen und beständigen Nutzung ist Miete bzw. Pacht; also Hinzurechnung (BFH VIII R 345/82, BStBl. II 1986, 304). Ein Vertrag über die einfache Gewährung von Vorrang bei der Nutzung einer bestimmten Anlage allein ist kein Miet- oder Pachtvertrag; daher keine Hinzurechnung (BFH I R 188/79, BStBl. II 1984, 149). Auch nach neuem Recht **ab EZ 2008** erfolgt mE insofern keine Hinzurechnung, weil ein einfacher Nutzungsvorrang nicht Rechtsüberlassung iSv § 8 Nr. 1 Buchst. f ist.
- **Instandhaltungen.** Sie können unterschiedlich danach, ob ein Miet- oder Pachtvertrag vorliegt, als Nebenleistung zu den Pachtzinsen gehören. Nach § 588 BGB ist der Pächter zur laufenden Instandhaltung des Pachtgegenstandes verpflichtet. Die Übernahme durch den Pächter stellt keinen zusätzlichen Pachtzins dar. Dagegen hat die Übernahme durch den Mieter Entgeltcharakter, weil die Erhaltungspflicht nach § 535 BGB den Vermieter trifft. Allerdings kann in Betracht kommen, dass der Mieter die Instandhaltung im eigenbetrieblichen Interesse durchführt, obwohl er hierzu vertraglich nicht verpflichtet ist. Insoweit keine Hinzurechnung; ggf. Aufteilung (BFH IV R 192/71, BStBl. II 1976, 220).
- **Know-how.** Das Know-how kann zwar ein selbstständig bewertbares WG sein (BFH III 121/62 U, BStBl. III 1965, 219; III R 43/68, BStBl. II 1970, 373; II R 209/82, BStBl. II 1989, 82). Der Vertrag über die Lieferung von Know-how gegen Entgelt ist aber kein Pachtvertrag; daher keine Hinzurechnung nach

§ 8 Nr. 1 Buchst. d (BFH I R 113/79, BStBl. II 1984, 17). Mangels Überlassung eines Rechts mE auch **keine Hinzurechnung** nach § 8 Nr. 1 Buchst. f.
- **Konzessionen.** Siehe „Gewerbeberechtigungen“. Konzessionsabgaben konnten nach altem Recht Pachtzinsen nach § 8 Nr. 7 aF sein; **ab EZ 2008** Hinzurechnung nach § 8 Nr. 1 Buchst. f.
- **Kühlhauszellen.** Die entgeltliche Überlassung ist auch dann Miete/Pacht, wenn die Verpflichtung auch die Lieferung von Kälte umfasst (BFH I R 159/66, BStBl. II 1969, 439).
- **Kundenstamm.** Er kann ebenso wie der Geschäftswert Gegenstand eines selbstständigen Übertragungsgeschäfts und auch eines Pachtvertrages sein (BFH IV R 218/72, BStBl. II 1977, 595; I R 128/95, BStBl. II 1997, 546; III R 40/07, BStBl. II 2010, 609); er bedarf als immaterielles WG der Konkretisierung (vgl. „Geschäftswert“).
- **Leasingverträge** können Mietverträge iSd Vorschrift sein, vgl. → Rn. 13.
- **Lizenzverträge.** Sie enthalten im Wesentlichen pachtfremde Elemente und sind gewstrechtlich keine Pachtverträge. Daher nach altem Recht keine Hinzurechnung der Lizenzgebühren nach § 8 Nr. 7 aF (BFH I 96/59 S, BStBl. III 1960, 387; I 174/60 S, BStBl. III 1965, 230; I R 85/71, BStBl. III 1973, 412). Mietvertrag liegt jedoch vor, wenn der Lizenznehmer Gegenstände herstellt, diese durch sog. **antizipiertes Besitzkonstitut** in das Eigentum des Lizenzgebers übergehen und der Lizenznehmer sie nutzt (BFH I 122/63 U, BStBl. III 1966, 70; GewStH 8.1 Abs. 4). **Ab EZ 2008** Hinzurechnung der Lizenzgebühren nach § 8 Nr. 1 Buchst. f; in dem oa Sonderfall des antizipierten Besitzkonstituts müsste jedoch Abgrenzung nach den Grundsätzen in → Rn. 24 f. erfolgen.
- **Mandantenstamm** kann ebenso wie der Praxiswert Gegenstand eines selbstständigen Übertragungsgeschäfts und auch eines Pachtvertrages sein (BFH I R 128/95, BStBl. II 1997, 546). Vgl. zum Verhältnis zum Praxiswert BFH I R 52/93, BStBl. II 1994, 903, zur Konkretisierung und zum Recht **ab EZ 2008** s. „Geschäftswert“.
- **Mineralgewinnungsrecht.** Siehe „Ausbeuteverträge“.
- **Monopolverträge.** Sie sind keine Pachtverträge. Das Monopol gibt kein Recht auf Nutzung eines bestimmten Gegenstandes, sondern erschöpft sich in der Verpflichtung, keinem anderen Unternehmen Konkurrenzbetriebe zu gestatten (RFH V 197/39, RStBl. 1940, 928; 1943, 508, Elektrizitätsmonopol; vgl. auch BFH I 283/61 U, BStBl. III 1962, 476). ME handelt es sich auch **nicht um Rechtsüberlassung** iSv **§ 8 Nr. 1 Buchst. f.**
- **Mühlengerechtigkeiten.** Sie können wie alle Gewerbeberechtigungen Gegenstand von Pachtverträgen sein. **Ab EZ 2008** mE jedoch Hinzurechnung der Entgelte nach § 8 Nr. 1 Buchst. f nF.
- **Nutzungsvorrang.** Verträge hierüber sind nicht Miet- oder Pachtverträge (BFH I R 188/79, BStBl. II 1984, 149) und mE auch **nicht Rechtsüberlassung** iSv **§ 8 Nr. 1 Buchst. f.**
- **Öffentliches Recht.** Berechtigungen, die durch hoheitlichen Verwaltungsakt gegen Entgelt gewährt werden, führen nicht zu Miet- oder Pachtzinsen (BFH I R 11/67, BStBl. II 1969, 417; I R 188/79, BStBl. II 1984, 149). **Gegebenenfalls** handelt es sich um die Überlassung von Rechten nach **§ 8 Nr. 1 Buchst. f.** Anders kann es wiederum sein, wenn Rechte und Pflichten in die Form eines Vertrags gekleidet sind (vgl. „Gebühren“).
- **Patentüberlassung.** Siehe „Lizenzverträge“.

- **Praxiswert** kann ähnlich wie ein Geschäftswert Gegenstand eines Pachtvertrages sein (BFH IV R 29/91, BStBl. II 1993, 36 (40), auch zum Verhältnis zum Mandantenstamm; I R 52/93, BStBl. II 1994, 903; I R 134/94, BFH/NV 1997, 438); zur Konkretisierung und Rechtsfolge s. „Geschäftswert".
- **Rekultivierungsverpflichtungen.** Sie sind dann nicht als Nebenleistungen Teil der Pachtzinsen, wenn (auch) der Pächter aufgrund öffentlichen Rechts zur Rekultivierung verpflichtet war (→ Rn. 21). ME sind die Kosten daher auch nach neuem Recht **nicht Entgelte** für das Mineralgewinnungsrecht **nach § 8 Nr. 1 Buchst. f.**
- **Seenutzungsrecht.** Entgelte, die ein Schifffahrtsunternehmen an den Eigentümer eines Binnensees für die Erlaubnis leistet, den See mit Motorbooten zur Personenbeförderung gewerbs- und linienmäßig zu befahren, sind mE **ab EZ 2008** nach § 8 Nr. 1 Buchst. f hinzuzurechnen.
- **Software** kann ein immaterielles WG (BFH III R 7/86, BStBl. II 1987, 728; III R 147/86, BStBl. II 1987, 787; X R 26/09, BStBl. II 2011, 865 mwN; vgl. BMF 18.11.2005, BStBl. I 2005, 1025; Schmittmann StuB 2011, 718) oder – wenn sie nur allgemein zugängliche Daten enthält – materielles WG sein (BFH III R 49/83, BStBl. II 1988, 737) und ist mE fähig, Gegenstand eines Mietvertrages zu sein. Zu Trivialprogrammen EStR 5.5 Abs. 1 S. 2 f. (hierzu auch Schöneborn NWB 2012, 2952).
- **Steuerberaterpraxis.** Die entgeltliche Überlassung ist Miete/Pacht (BFH I R 134/94, BFH/NV 1997, 438).
- **Substanzausbeuteverträge.** Siehe „Ausbeuteverträge".
- **Torfvorkommen.** Abweichend zum alten Recht (vgl. NdsFG VI 55/78, EFG 1980, 299) gelten mE die Grundsätze zu den Ausbeuteverträgen.
- **Urheberrechtsverträge/Verlagsverträge. Ab EZ 2008** erfolgt die Hinzurechnung **nach § 8 Nr. 1 Buchst. f.** Doch auch insofern ist zu beachten, dass Autorenverträge wie Kaufverträge wirken können, weil dem Verleger das zeitlich unbeschränkte Nutzungsrecht am Werk übertragen wird. § 8 Nr. 1 Buchst. f setzt aber die „zeitlich befristete" Überlassung voraus (s. auch „Lizenzverträge").
- **Wassernutzungsrechte** aufgrund einer öffentlich-rechtlichen Verleihung beruhen nicht auf einem Miet- oder Pachtvertrag (BFH I R 11/67, BStBl. II 1969, 417). Eine Hinzurechnung der Entgelte hat mE ab EZ 2008 **nach § 8 Nr. 1 Buchst. f** zu erfolgen.

§ 8 Nr. 1 Buchst. e Hinzurechnungen (Miet- und Pachtzinsen)

Dem Gewinn aus Gewerbebetrieb (§ 7) werden folgende Beträge wieder hinzugerechnet, soweit sie bei der Ermittlung des Gewinns abgesetzt worden sind:

1. Ein Viertel der Summe aus

...

e) der Hälfte der Miet- und Pachtzinsen (einschließlich Leasingraten) für die Benutzung der unbeweglichen Wirtschaftsgüter des Anlagevermögens, die im Eigentum eines anderen stehen, und

...

Gewerbesteuer-Richtlinien 2009: GewStR 8.1 Abs. 4/GewStH 8.1 (4)

Literatur: Kohlhaas, Erhöhen alle Miet- und Pachtzinsen den Gewerbeertrag?, FR 2009, 381; Grünwald/Friz, Verfassungsrechtliche Zweifelsfragen bei der Hinzurechnung von Miet- und Pachtzinsen nach § 8 Nr. 1 Buchst. e GewStG bei gewerblichen Zwischenvermietern, DStR 2012, 2106; Kanzler, Ertragsteuerliche Behandlung von Erbbaurechten, NWB 2014, 1070; Klein, Gewerbesteuerliche Hinzurechnung von Hotelleistungen bei Reiseveranstaltern, DStR 2014, 1321; Kohlhaas, Das fiktive Anlagevermögen iSd § 8 Nr. 1 Buchst. e GewStG, DStR 2014, 296; Cech/Püschel, Die gewerbesteuerliche Hinzurechnung von Aufwendungen im Zusammenhang mit Messen und Ausstellungen, Ubg 2015, 645; Hübner, Die Hinzurechnung von Miet- und Pachtzinsen für Grundbesitz … und Art. 3 Abs. 1 GG, FR 2015, 351; Kohlhaas, Leistungsfähigkeit bei der Einkommensteuer und der Gewerbesteuer, DStR 2015, 2805; Schöneborn, Gewerbesteuerliche Hinzurechnung von Miet- und Pachtzinsen für Immobilien, NWB 2015, 2737; Kohlhaas, Hinzurechnung von Miet- und Pachtzinsen gem. § 8 Nr. 1 Buchst. e GewStG auch bei kurzfristiger Anmietung, DStR 2017, 1637; Kornwachs, Zur falschverstandenen Zivilrechtsakzessorietät von § 8 Nr. 1 Buchst. e GewStG am Beispiel des Reisevorleistungseinkaufs, DStR 2017, 1568; Kaminski, Gewerbesteuerliche Hinzurechnung von Mietzinsen (Entgelt für die Überlassung von Ausstellungsflächen in Messehallen), AktStR 2017, 275; Nöcker, Auch Teile von Gebäuden können fiktives Anlagevermögen iSd § 8 Nr. 1 Buchst. e GewStG sein – wenn sie gemietet oder gepachtet sind, FR 2018, 506; Sarrazin, Sind Teile von Gebäuden Anlagevermögen iSd § 8 Nr. 1 Buchst. e GewStG?, FR 2018, 176; Mirbach/Werthebach, Zur gewerbesteuerlichen Hinzurechnung von Miet- und Pachtaufwendungen für Messestände – zugleich Anmerkung zu BFH III R 14/21, FR 2022, 781; L.-E. Bodden, Die Hinzurechnung von Miet- und Pachtzinsen nach § 8 Nr. 1 Buchst. e GewStG – Systematische Einordnung und verfassungsrechtliche Würdigung im Lichte des Art. 3 Abs. 1 GG, FR 2024, 943; Kaminski, Gewerbesteuerliche Hinzurechnung von Aufwendungen für die Anmietung von Ferienimmobilien zur Weiterüberlassung an Reisende, AktStR 2024, 63; s. die Nachweise zu den übrigen Vorschriften des § 8 Nr. 1 nF.

Übersicht

I. Allgemeines

Die Vorschrift wurde durch G. v. 14.8.2007 (BGBl. 2007 I 1912) neu eingeführt. Ihr **Zweck** entspricht dem des § 8 Nr. 1 insgesamt. Auch bei ihr geht es um die Erfassung eines „Finanzierungsanteils“, hier in Gestalt der Miet- und Pachtzinsen, der den objektivierten GewErtrag nicht schmälern soll (vgl. BT-Drs. 16/4841, 80; → § 8 Nr. 1 Buchst. d Rn. 1). Für die Hinzurechnung nur von ½ der Miet- und Pachtzinsen bestehen sachgerechte Gründe (BFH IV R 55/10, BStBl. II 2017, 722, zu FG Köln 9 K 1022/10, EFG 2011, 561, best.). 1

Die Vorschrift ist abgesehen von den hier betroffenen **unbeweglichen Wirtschaftsgütern** und dem **höheren Finanzierungsanteil** inhaltlich kongruent mit § 8 Nr. 1 Buchst. d. Daher wird von diesen Besonderheiten abgesehen auf die **Erläuterungen zu § 8 Nr. 1 Buchst. d** verwiesen. Das betrifft insb. die Erläuterungen zur **Verfassungsmäßigkeit** und zum **Europarecht** (→ § 8 Nr. 1 Buchst. d Rn. 2 f.), zu Miet- und Pachtverträgen sowie den Abgrenzungen, zu immateriellen Wirtschaftsgütern, zum Anlagevermögen, zu Miet- und Pachtzinsen sowie den Abgrenzungen hierzu.

II. Unbewegliche Wirtschaftsgüter

1. Allgemeines

2 Die Vorschrift ist **nicht einfach** eine **Umkehrung** des § 8 Nr. 7 aF. War dort zur Erfassung der „nicht in Grundbesitz bestehenden WG" angesichts der Intention des § 8 Nr. 7 aF, Doppelbelastungen mit GewSt und GrundSt zu vermeiden, auf § 68 BewG aF abzustellen, ist dies mE angesichts des Wortlauts des § 8 Nr. 1 Buchst. e nicht ohne Weiteres möglich.

Der **Begriff** ist mE deckungsgleich mit dem **des EStG** (vgl. § 21 Abs. 1 S. 1 Nr. 1 EStG) sowie des BGB (§§ 94 ff.). Die Notwendigkeit der Anknüpfung hieran ergibt sich aus der systematischen Stellung des § 8, der eine Korrektur zu der nach estrechtlichen Grundsätzen erfolgten Gewinnermittlung (§ 7) enthält. Auch → § 8 Nr. 1 Buchst. d Rn. 14.

2. Einzelfälle

3 **Unbewegliche WG** sind demnach **Grundstücke,** dh abgegrenzte im Bestandsverzeichnis eines Grundbuchblatts eingetragene Teile der Erdoberfläche, sowie **deren Bestandteile,** also insb. Gebäude, Gebäudeteile, die sonstigen Bestandteile und das Zubehör; gleichermaßen rechtlich **gleichgestellte Rechte,** wie das ErbbauR, das Wohneigentum, Teileigentum, WohnungserbbauR und TeilerbbauR. Sonstige unbewegliche WG (EStR 7.1 Abs. 6) sind zB ein Bürocontainer auf festem Fundament (BFH III R 47/93, BStBl. II 1996, 613), Tankstellenüberdachung (BFH III R 26/99, BStBl. II 2001, 137), Bodenschätze sofern mit ihrer Aufschließung begonnen worden ist (BFH GrS 1/05, BStBl. II 2007, 508), Lagerhallen und sonstige Logistikflächen (FG BW 10 K 953/22, EFG 2025, 1024, Rev. III R 39/24), Ladeneinbauten (EStR 4.2 Abs. 3 Nr. 3), Dachausbauten (BMF 10.7.1996, BStBl. I 1996, 689 Rn. 9), sofern diese **keine Betriebsvorrichtungen/Scheinbestandteile** und damit bewegliche WG sind (BFH IV R 170/70, BStBl. II 1975, 531; → § 8 Nr. 1 Buchst. d Rn. 8).

Auch **Teilflächen** von Grundstücken bzw. Gebäuden, zB Ausstellungsflächen/Messestände (FG München 7 K 3250/12, EFG 2015, 1835, aus anderen Gründen aufgeh. durch BFH I R 57/15, BStBl. II 2022, 273; hierzu Kaminski AktStR 2017, 275), Standflächen auf Wochenmärkten uÄ (BFH III R 39/21, BStBl. II 2024, 67, zu SächsFG 1 K 854/21, EFG 2022, 1125, best.) oder Gebäudeteile bei Konzertveranstaltungen (BFH IV R 24/11, BStBl. II 2022, 276), Ferienimmobilien zur Weitervermietung an Reisende (BFH R 59/20, BStBl. II 2024, 70; Kaminski AktStR 2024, 63) und Filmproduktionen (BFH III R 38/17, BStBl. II 2022, 283, zu FG Bln-Bbg 11 K/11196/17, EFG 2018, 225, aufgeh.) zählen hierzu (Nöcker FR 2018, 506; krit. Sarrazin FR 2018, 176; zur Problematik auch → § 8 Nr. 1 Buchst. d Rn. 16 ff.). Nach § 21 Abs. 1 Nr. 1 EStG zählen zu den unbeweglichen WG schließlich in ein Schiffsregister **eingetragene Schiffe** sowie in die Luftfahrtrolle **eingetragene Flugzeuge** (hierzu BFH IX R 71/96, BStBl. II 2000, 467). **Dagegen** sind nach FM Länder 2.7.2012, BStBl. I 2012, 654 Rn. 31 Schiffe und Flugzeuge unterschiedslos bewegliche WG.

3. Substanzausbeute

Bodenschätze sind estrechtlich zwar unbewegliche WG (zur Konkretisierung BFH IV R 45/05, BStBl. II 2009, 449). Sie sind jedoch zu unterscheiden von den notwendigen Berechtigungen zu ihrer Gewinnung/Nutzung (BFH GrS 1/05, BStBl. II 2007, 508). Nach der Rspr. zu § 8 Nr. 7 aF ist bei Ausbeuteverträgen nicht das Grundstück, sondern das Ausbeuterecht WG und Gegenstand eines Pachtvertrages (BFH I R 46/86, BStBl. II 1990, 388; IV R 54/09, BStBl. II 2012, 692). Daher sind Entgelte für die Überlassung von Mineralgewinnungs- und sonstigen Substanzausbeuterechten mE nicht nach § 8 Nr. 1 Buchst. e, sondern nach § 8 Nr. 1 Buchst. f nF hinzuzurechnen. 4

Das gilt aber auch für solche Ausbeuteverträge, bei denen das Recht sich allein aus dem unbeschränkten Verfügungsrecht des Eigentümers ergibt (BFH I R 220/69, BStBl. II 1972, 433; I R 74/73, BStBl. II 1976, 721). Auch bei der Kies- und Sandausbeute an Flussufern entfällt der gesamte Pachtzins idR allein auf die Ausbeute (BFH VI 76/73 U, BStBl. III 1964, 557). Siehe auch GewStH 8.1 Abs. 5.

III. Umfang der Hinzurechnung

Auch bei diesem Hinzurechnungstatbestand werden Miet-/Pachtzinsen nur 5 insoweit erfasst, als sie **tatsächlich** bei der Ermittlung des Gewinns **abgesetzt** worden sind. Sie werden bis **einschließlich EZ 2009** mit 13/20, also 65 %, erfasst. Da nach dem Eingangssatz der Nr. 1 nur ¼ – vor Anwendung des Freibetrages – angesetzt wird, stehen für die Hinzurechnung nur 16,25 % zur Verfügung. Ab **EZ 2010** (G. v. 22.12.2009 (BGBl. 2009 I 3950)) werden 50 % der Miet- und Pachtzinsen (und hiervon 25 %) für die Hinzurechnung erfasst.

Auch bei der Bemessung des jeweils gültigen „Finanzierungsanteils" sind offenbar nur *steuerpolitische Erwägungen* maßgebend gewesen, zumal sich die Höhe des Finanzierungsanteils kaum durch Erfahrungen, ggf. gebündelt durch Statistiken, als Durchschnittsgröße belegen lässt (vgl. zur Korrektur des ursprünglichen Ansatzes Strahl DStR 2008, 9).

§ 8 Nr. 1 Buchst. f Hinzurechnungen (Befristete Nutzungsrechte)

Dem Gewinn aus Gewerbebetrieb (§ 7) werden folgende Beträge wieder hinzugerechnet, soweit sie bei der Ermittlung des Gewinns abgesetzt worden sind:

1. Ein Viertel der Summe aus

...

f) einem Viertel der Aufwendungen für die zeitlich befristete Überlassung von Rechten (insbesondere Konzessionen und Lizenzen, mit Ausnahme von Lizenzen, die ausschließlich dazu berechtigen, daraus abgeleitete Rechte Dritten zu überlassen). [2]Eine Hinzurechnung nach Satz 1 ist nicht vorzunehmen auf Aufwendungen, die nach § 25 des Künstlersozialversicherungsgesetzes Bemessungsgrundlage für die Künstlersozialabgabe sind,

...

Gewerbesteuer-Richtlinien 2009: GewStR 8.1 Abs. 5/GewStH 8.1 (5)

Literatur: Dörr/Fehling, Europarechtliche Aspekte der Unternehmensteuerreform 2008, NWB 2007, F 2, 9375; Redeker/Scholze/Wielenberg, Handels- und steuerrechtliche Bilanzierung von Emissionsrechten, StuW 2007, 251; Clemens/Laurent, Die gewerbesteuerliche Hinzurechnung von Lizenzzahlungen DStR 2008, 440; Hidien, § 8 Nr. 1 GewStG nF verstößt gegen die europäische Zins-/Lizenzgebühren-Richtlinie!, DStZ 2008, 131; Hidien, Gewerbesteuerliche Hinzurechnung von Know-how-Entgelten nach der Unternehmensteuerreform 2008?, DB 2008, 257; Schöneborn, Gewerbesteuerliche Hinzurechnung für die befristete Überlassung von Rechten, NWB 2012, 2952; Schöneborn, Durchleitungsrecht iSd § 8 Nr. 1 Buchst. f Satz 1 GewStG, NWB 2014, 3496; Pinkernell, Gewerbesteuerliche Hinzurechnung von Aufwendungen für die Nutzung von Internet-Plattformen und Software …, FR 2017, 20; Rapp, Die gewerbesteuerliche Hinzurechnung in Zusammenhang mit digitalen Services und Produkten, FR 2017, 563; Neumann, Verfassungskonformität gewerbesteuerlicher Hinzurechnungen – Sicht der Steuerberater, Ubg 2018, 538; Rode, Verfassungskonformität gewerbesteuerlicher Hinzurechnungen – Sicht der Richter, Ubg 2018, 537; Hubert, Zur Hinzurechnung transaktionsbezogener Zahlungen an Portalbetreiber von Computerreservierungssystemen, StuB 2019, 121; Hufnagel, Keine gewerbesteuerliche Hinzurechnung von Entgelten für Datenbanknutzung, BB 2019, 800; Wassermeyer, Keine Gewerbesteuerhinzurechnung bei Durchführung von Werbemaßnahmen, DStR 2019, 1446; Badde, Zur ertragsteuerlichen Beurteilung von Datenlizenzen, BB 2021, 2460; Diffring/Anhalt, Gewerbesteuerliche Hinzurechnung von Aufwendungen für Sponsoring, FR 2022, 515; Grams, Die gewerbesteuerliche Hinzurechnung von (Kabelweitersende-)Rechten oder: was ein Sendesignal mit einem Saatkorn verbindet …, Ubg 2023, 636; Heutz, Bedeutung und Umsetzung des sog. „Objektsteuerprinzips" im Rahmen des § 8 Nr. 1 Buchst. f GewStG …, StuW 2023, 260; Heutz/Pinkernell, Gewerbesteuerliche Hinzurechnung von Aufwendungen für Standardsoftware und Software as a Service (§ 8 Nr. 1 Buchst. f GewStG), DStR 2023, 2193; Wionzeck, Plädoyer für eine einschränkende Auslegung der gewerbesteuerlichen Aufwandshinzurechnung gem. § 8 Nr. 1 Buchst. f Satz 1 GewStG bei Namens- und Persönlichkeitsrechten, Ubg 2023, 99; sa die übrigen Nachweise zu § 8 Nr. 1 nF.

Übersicht

I. Allgemeines

1. Entstehung/Zweck

Dieser mWv EZ 2008 eingeführte **Hinzurechnungstatbestand,** mit dem der Gesetzgeber offenbar eine „Lücke" schließen wollte (Köster DStZ 2008, 703), betrifft Aufwendungen für die zeitlich befristete Überlassung von Rechten, insb. Konzessionen und Lizenzen. Ausgenommen sind Lizenzen, die ausschließlich dazu berechtigen, daraus abgeleitete Rechte an Dritte zu überlassen (sog. Vertriebslizenzen) sowie Aufwendungen, die nach § 25 des Künstlersozialversicherungsgesetzes Bemessungsgrundlage für die Künstlersozialabgabe sind. **1**

Die **Vorschrift dient** letztlich der **Verbreiterung der gewstrechtlichen Bemessungsgrundlage** ua durch **Vermeidung von Gewinnverlagerungen** im Konzern qua Lizenzzahlung (BT-Drs. 16/4831, 31). Zudem gilt auch für diesen Hinzurechnungstatbestand, dass die Aufwendungen für die befristete Überlassung von Rechten mit einem Finanzierungsanteil den „objektivierten" GewErtrag mindern (hierzu → Rn. 2); er wird als im nutzenden GewBetrieb erwirtschaftet behandelt (vgl. BT-Drs. 16/4841, 80; BFH I R 105/10, BFH/NV 2012, 996; III R 25/16, BFH/NV 2018, 1199; III R 39/17, BStBl. II 2020, 397; III R 2/21, BFH/NV 2022, 1386; IV R 37/18, BStBl. II 2023, 917; IV R 26/23, BFH/NV 2026, 714).

Wie in den anderen Hinzurechnungstatbeständen der Nr. 1 ist auch hier die Behandlung unabhängig davon, ob die Zahlungen beim Empfänger der GewSt unterliegen, sodass es zu **Mehrfachbelastungen** mit GewSt kommen kann.

2. Höherrangiges Recht

a) Verfassungsrecht. Die Vorschrift wird überwiegend als **verfassungsgemäß** eingestuft (BFH I B 128/12, BStBl. II 2013, 30 mwN), auch wenn sie wegen Verstoßes gegen das Prinzip der Besteuerung nach der Leistungsfähigkeit (objektives Nettoprinzip) im Schrifttum als **verfassungsrechtlich problematisch** angesehen wird (zB Thiel FR 2007, 729; Hey BB 2007, 1303; Derlien/Wittkowski DB 2008, 835). Die Zweifel bestehen mE zu Recht. Zwar ist es nach stRspr des BVerfG dem Gesetzgeber unbenommen, neue Steuerquellen zu finden, sofern die Besteuerung selbst nicht sachlich völlig ungerechtfertigt ist und das Willkürverbot des Art. 3 GG beachtet wird. Davon kann hier nicht ohne Weiteres ausgegangen werden. Die Entgelte für die Überlassung von Rechten enthalten idR keinen Finanzierungsanteil; das gilt für Konzessionen gleichermaßen wie für Lizenzen; der Eigentumserwerb (Rechtskauf) ist hier idR keine Alternative wie bei Miete/Pacht (Keß in Lenski/Steinberg § 8 Nr. 1 Buchst. f Rn. 5, 24; Rode Ubg 2018, 537; aA für Lizenzen Heutz StuW 2023, 260). Der Gedanke der **2**

Vorfinanzierung des Berechtigten durch den Überlassenden (so Clemens/Laurent DStR 2008, 440) ändert nichts daran, dass idR tatsächlich ein kalkulatorischer Zins für die Ersparnisaufwendungen nicht gezahlt wird (aA auch BFH I R 105/10, BFH/NV 2012, 996; Baldauf in Brandis/Heuermann § 8 Rn. 270, 306; Neumann Ubg 2018, 538: Möglichkeit des Kaufs unerheblich).

3 **b) Europarecht.** Zudem werden **europarechtliche Bedenken** wegen Verstoßes gegen die Zins-/Lizenz-Richtlinie (RL 2003/49/EG v. 3.6.2003, ABl. 2003 L 157, 49) geltend gemacht (zB Hidien DStZ 2008, 131; Dörr/Fehling NWB 30/2007, F 5, 9375; Kessler/Eicker/Schindler IStR 2004, 678). Doch dürften auch sie entsprechend EuGH C-397/09, BStBl. II 2012, 528 unbegründet sein, weil es sich bei § 8 Nr. 1 Buchst. f nF nicht um eine quellensteuerähnliche Abgabe handelt (ebenso FG Köln 13 K 1014/13, EFG 2016, 1718; nachgehend BFH I R 55/16, BFH/NV 2018, 1199; Kempf/Straubinger IStR 2005, 773; Keß in Lenski/Steinberg § 8 Nr. 1 Buchst. f Rn. 6).

II. Überlassung von Rechten

1. Begriff der Rechte

4 **a) Auslegung.** Hierfür ist mE ein **Rückgriff auf das EStG ungeeignet,** zumal dieses in § 21 Abs. 1 S. 1 Nr. 3 EStG und § 49 Abs. 1 Nr. 6, 9 dem Begriff „Rechte“ eine je unterschiedliche Tragweite zumisst. Die Auslegung hat mE aus dem inneren Zusammenhang der Vorschrift selbst zu erfolgen: nämlich danach, ob die jeweilige Position **einer befristeten Überlassung zugänglich** ist (ebenso Keß in Lenski/Steinberg § 8 Nr. 1 Buchst. f Rn. 13; Hidien DB 2008, 257).

5 **b) Eigenständiger Begriff.** Hiernach sind Rechte iSd Vorschrift **Immaterialgüterrechte,** also subjektive Rechte an unkörperlichen Gütern mit selbstständigem Vermögenswert, und hierbei im Wesentlichen **Beherrschungsrechte,** die eine Nutzungsbefugnis und eine geschützte Rechtsposition, ein entsprechendes Abwehrrecht enthalten (BFH I R 105/10, BFH/NV 2012, 996; III R 39/17, BStBl. II 2020, 397; III R 2/21, BStBl. II 2024, 477; FM Länder 2.7.2012, BStBl. I 2012, 654 Rn. 33). Das G enthält hierzu den Klammerzusatz „Konzessionen und Lizenzen“; bei jenen handelt es sich um öffentlich-rechtliche Genehmigungen idR zur Ausübung von (gewerblichen) Tätigkeiten, bei diesen um Befugnisse zur Nutzung geschützter Rechte oder Werte eines anderen (BFH III R 2/21, BStBl. II 2024, 477; IV R 37/18, BStBl. II 2023, 917). Der Begriff der Rechte ist enger als der des immateriellen WG; ungeschützte Positionen ohne Abwehrrecht werden nicht umfasst (BFH III R 33/22, BStBl. II 2025, 318; IV R 26/23, BFH/NV 2026, 714). Es geht mE also nicht nur um dingliche, absolute Nutzungsrechte (so aber Wionzeck Ubg 2023, 199).

2. Einzelfälle

6 **a) Rechte.** Es kann sich um **öffentlich-rechtliche** oder **privat-rechtliche** Befugnisse handeln, insbes. also das Urheberrecht (vgl. §§ 29, 31 UrhG; BFH III R 2/21, BStBl. II 2024, 477), Patentrechte (vgl. § 15 PatG), Gebrauchsmusterrechte (vgl. § 22 GebrMG), Markenrechte (vgl. § 30 MarkenG; zum „Maestro“-bezogenen Debit-Card-Fee FM LSA GewSt-Kartei ST § 8 GewStG Karte 31), Warenzeichenrechte (vgl. § 20 WZG, bis 31.12.1994), Sortenschutzrechte nach dem SortSchG

(BFH III R 39/17, BStBl. II 2020, 397), ebenso die Überlassung von Software mit geschützter Rechtsposition (FM Länder 2.7.2012, BStBl. I 2012, 654 Rn. 33), auch integriert in einen Franchisevertrag (BFH IV R 55/11, BStBl. II 2017, 725), ein Kabelweitersenderecht als urheberrechtlich geschütztes Recht an der Veröffentlichung eines Werks (BFH IV R 37/18, BStBl. II 2023, 917; hierzu Grams Ubg 2023, 636), ein Vereinslogo als urheberrechtlich geschützte Schöpfung (NdsFG 10 K 29/20, EFG 2022, 1132, aber → Rn. 8, → Rn. 14a) und mE auch die Einräumung des Exklusivrechts auf Werbung in einem bestimmten Bereich (ebenso Keß in Lenski/Steinberg § 8 Nr. 1 Buchst. f Rn. 22a), sofern es sich hierbei nicht um ein Nutzungsrecht an einer körperlichen Sache handelt; einschlägig dann § 8 Nr. 1 Buchst. d oder e (BFH III R 33/22, BStBl. II 2025, 318, zu HessFG 8 K 365/17, EFG 2022, 1913). Auch ein Namens- und Persönlichkeitsrecht, das seiner Natur nach ein Schutz- u. Abwehrrecht umfasst, ist mE Recht iSd Vorschrift, zumal es sich zur gewerblichen Nutzung eignet, also auch einen übertragbaren Wert beinhaltet (ebenso zB Keß in Lenski/Steinberg § 8 Nr. 1 Buchst. f Rn. 19; Hidien in Lippross/Seibel GewStG § 8 Rn. 142; Rode in WSMH § 8 Nr. 1 Buchst. f Rn. 20, 25; aA Wionzeck Ubg 2023, 99).

Hinzu kommen insbesondere **öffentlich-rechtliche Konzessionen,** zB Was- 6a
sernutzungsrecht (FG Bln-Bbg 11 K 11252/17, EFG 2023, 573, aufgehoben wegen unzureichender Feststellungen zum hier gegebenen DDR-Altrecht durch BFH IV R 26/23, BFH/NV 2026, 714). Eine Gestattung der nach Menge zu entgeltenden Entnahme von Grundwasser ist jedoch zu unterscheiden von der ohne Rechtsposition mit Abwehrrechten gegenüber Dritten eingeräumten Berechtigung zur nach konkreter Menge zu bezahlenden Entnahme von Wasser (FG Bbg 6 K 6104/15, EFG 2017, 741). In Betracht kommen zudem Güterverkehrsrecht, Emissionsrechte (vgl. BMF 6.12.2005, BStBl. I 2005, 1047; Redeker/Scholze/Wielenberg StuW 2007, 251), Konzessionen an Energieversorger für die Nutzung öffentlicher Verkehrsflächen (FM Länder 2.7.2012, BStBl. I 2012, 654 Rn. 33) und Erlaubnisse (BFH I R 105/10, BFH/NV 2012, 996 zum Glücksspiel).

b) Keine Rechte. Nicht Rechte iSd Vorschrift sind **ungeschützte Positio-** 7
nen ebenso wie **bloße tatsächliche Gegebenheiten,** Möglichkeiten, insbesondere Kenntnisse, zB Know-how (BFH IV R 55/11, BStBl. II 2017, 725; ebenso Hidien DB 2008, 257), ungeschützte Erfindungen, Geschäftschancen uÄ (BFH III R 25/16, BStBl. II 2024, 768; IV R 37/18, BStBl. II 2023, 917; Franke/Gageur BB 2008, 1708; Köster DStZ 2008, 703). Das gilt auch dann, wenn sie nach estrechtlichen Gesichtspunkten den insofern weiteren Begriff des immateriellen WG erfüllen, wie zB der Geschäfts- bzw. Praxiswert oder der Mandantenstamm. Entscheidend ist mE die mit einem entsprechenden **Abwehrrecht** verbundene Nutzungs- und Verwertungsbefugnis (BFH III R 25/16, BFH/NV 2018, 1199; FM Länder 2.7.2012, BStBl. I 2012, 654 Rn. 33). Ebenfalls nicht Recht iSd Vorschrift ist die Befugnis zur Nutzung des Grünen Punktes oder vergleichbarer Systeme nach der VerpackV, die Bundesfernstraßenmaut, die Rundfunkgebühr (FM Länder 2.7.2012, BStBl. I 2012, 654 Rn. 34), eine Straßensondernutzung (FG Bbg 6 K 6104/15, EFG 2017, 741), eine Sendelizenz (BFH IV R 37/18, unter Hinweis auf BFH IV R 13/18, BStBl. II 2022, 656) und wohl auch die Nutzungsmöglichkeit aus einem „Datenlizenzvertrag“ (Badde BB 2021, 2460) sowie die Überlassung einer Programmkopie von Standardsoftware und von Software as a Service (Heutz/Pinkernell DStR 2023, 2193).

Auch **Dienstleistungen** (gleich ob personell oder nichtpersonell) führen nicht 7a
zu einem (Abwehr)Recht iSd Vorschrift, da der Berechtigte aus dem Vertrag idR

keine Ansprüche ableiten kann, die über die Erfüllung der Verpflichtung zur Dienstleistung hinaus gehen, auch wenn der zugrundeliegende Vertrag die Umschreibung „Rechteübertragung" oder „Softwarenutzung" enthält. Das gilt etwa in der Reisebranche für die Nutzung eines Computer-Reservierungssystems auf einer dem Nutzenden zugänglich gemachten **Internetplattform** (BFH III R 25/16, BStBl. II 2024, 768), ebenso für die Zur-Verfügung-Stellung von Börsendaten auf Abruf über eine Datenbank durch einen Börseninformationsdienst (NdsFG 6 K 187/16, rkr.; Hufnagel BB 2019, 800) und für das Anbringen der Werbung an einem nicht näher bestimmten Standort als erfolgsbezogene Dienstleistung (BFH III R 33/22, BStBl. II 2025, 318, zu HessFG 8 K 365/17, EFG 2022, 1913, best.). Bei der Nutzung von **Internetplattformen überhaupt** ist daher zu unterscheiden, ob eine befristete Softwareüberlassung (zB Nutzung einer Programmkopie bei gleichzeitiger Nutzungsmöglichkeit in der Cloud) erfolgt (dann mE Hinzurechnung) oder ob nur der Bezug der Plattform-Dienstleistung oder gar ein Software-Kauf ermöglicht wird (hierzu Pinkernell FR 2017, 20; Rapp FR 2017, 563; Hubert StuB 2019, 121).

7b Werden im Rahmen eines **Geschäftsbesorgungsvertrages** über die **Nutzung von Werbeträgern** (zB durch Plakatanschlag) die dem Geschäftsherrn eigenen und in seiner „Verwaltung und Geschäftsführung" befindlichen Werbeträger dem ausübenden GewBetrieb zur Nutzung überlassen, so liegt hierin keine (eigenständige) Rechtsüberlassung (zB Nutzung der Werbeträger), etwa im Sinne einer Rechtspacht (FG RhPf 1 K 1362/15; hierzu Wassermeyer DStR 2019, 1446); mE stellt in einem solchen Fall die Überlassung nur eine notwendige Voraussetzung für die Geschäftsbesorgung dar.

3. Überlassung

8 **a) Allgemeines. Überlassung bezeichnet** die durch einen Rechtsakte erfolgende **Einräumung** oder **Übertragung** der Nutzungs- und/oder Verwertungsbefugnis **auf eine andere Person,** zB im Rahmen eines Lizenzvertrages (BFH III R 2/21, BStBl. II 2024, 477) oder eines Franchisevertrages (BFH IV R 55/11, BStBl. II 2017, 725 (Ls.)). Durch Überlassung nur einzelner Rechte für kurze Zeit kann die Hinzurechnung nicht vermieden werden (FM Länder 2.7.2012, BStBl. I 2012, 654 Rn. 33). Ist die Einräumung des Rechts untrennbarer Teil eines Geschäftsbesorgungsvertrags, scheidet die Hinzurechnung eines Entgelts für die Überlassung (hier: eines Vereinslogos) aus (BFH III R 5/22, BStBl. II 2023, 923; Wassermeyer DStR 2019, 1446). Auch die Überlassung selbst kann **öffentlich-rechtlicher** Natur sein, zB Glücksspiellizenzen an Spielbanken (BFH I R 105/10, BFH/NV 2012, 996; NdsFG 6 K 240/09, EFG 2011, 655), Konzessionen für die Nutzung öffentlicher Verkehrsflächen an Energieversorger. Eine Aufteilung des Entgelts auf die Überlassung von beweglichen und unbeweglichen WG kommt nicht mehr in Betracht (FM Länder 2.7.2012, BStBl. I 2012, 654 Rn. 35 f.). Für die Frage der Überlassung kommt es nicht darauf an, ob sie freiwillig oder aufgrund einer auch öffentlich-rechtlichen Verpflichtung erfolgt (BFH IV R 37/18). Betroffen sind mE auch Zwangslizenzen (§ 20 GebrMG; § 24 PatG).

9 **b) Befristung. aa) Keine Engültigkeit.** Nur eine **befristete** Überlassung des Rechts führt zur Hinzurechnung nach der Vorschrift. Erforderlich ist also eine zeitliche Begrenzung („zeitlich befristet" ist, worauf Baldauf in Brandis/Heuermann § 8 Rn. 278 hinweist, eine Tautologie). Befristet überlassen ist ein Recht,

wenn und soweit sein Verbleib bei dem Berechtigten ungewiss ist (BFH IV R 26/23, BFH/NV 2026, 714).

Eine endgültige Überlassung des Rechts führt nicht zur Hinzurechnung (BFH I R 105/10, BFH/NV 2012, 996; III R 39/17, BStBl. II 2020, 397; NdsFG 6 K 240/09, EFG 2011, 655). Das gilt insbesondere für eine Veräußerung (vgl. RegBegr BT-Drs. 16/4841, 80), aber auch für den **Übergang des wirtschaftlichen Eigentums,** wenn etwa das überlassene Recht nach Ablauf der Frist wertlos, „verbraucht" ist. Das ist etwa der Fall, wenn von vornherein feststeht, dass es für die Verwertung nur befristet interessant ist (vgl. BFH I R 64/99, BStBl. II 2003, 641 zu § 50a Abs. 4 Nr. 3 EStG; FM Länder 2.7.2012, BStBl. I 2012, 654 Rn. 37 ff., auch zu Verlags- und Lizenzverträgen). Aber auch wenn der Gegenstand der Berechtigung/Bewilligung durch die Nutzung verbraucht wird, wie bei der Bewilligung nach § 8 BBergG, kommt es nicht zur Hinzurechnung des hierfür entrichteten Entgelts (zur Förderabgabe nach § 31 BBergG FM LSA 46-G 1422-61). Bei einem Kabelweitersenderecht ist nicht in „atomisierender" Betrachtung auf die einzelne Sendung/das einzelne Werk, sondern auf die generelle Nutzungsbefugnis abzustellen, woraus sich die Befristung ergibt (BFH IV R 37/18).

bb) Dauer. Die **Dauer** der Befristung ist **unerheblich;** auch eine kurzfristige Überlassung ist relevant (NdsFG 10 K 29/20, EFG 2022, 1132, aber → Rn. 14a). Unschädlich ist, wenn bei Vertragsabschluss noch nicht feststeht, *wann* die Überlassung endet (BFH I R 54/75, BStBl. II 1978, 355). Entsprechendes gilt für das *„Ob"* der Befristung, sofern eine Kündigungsmöglichkeit oder eine auflösende Bedingung vereinbart ist (BFH I R 163/77, BStBl. II 1979, 757; I B 11/82, BStBl. II 1983, 367; IX R 57/99, BFH/NV 2003, 1311; FM Länder 2.7.2012, BStBl. I 2012, 654 Rn. 37). Befristung iSd Vorschrift liegt vor, soweit und solange der Verbleib beim Berechtigten nicht feststeht (BFH III R 39/17, BStBl. II 2020, 397), zB durch die Möglichkeit eines Widerrufs (BFH IV R 26/23, BFH/NV 2026, 714). Es genügt die **Bestimmbarkeit** der Befristung sowohl dem Grunde als auch der Dauer nach (ebenso Baldauf in Brandis/Heuermann § 8 Rn. 274), etwa wenn die Verwertungsrechte nur für eine bestimmte Anzahl von Verwertungshandlungen bestehen.

4. Vertriebslizenzen/Durchleitungsrechte

a) Grundsatz. Nicht erfasst werden nach dem ausdrücklichen Wortlaut der Vorschrift Lizenzen, die ausschließlich dazu berechtigen, daraus abgeleitete Rechte Dritten zu überlassen, also sog. **Vertriebslizenzen** (vgl. Fehling NWB 29/2007, F 5, 1617). Nach der Gesetzesbegründung sind die Entgelte für solche Lizenzen von der Hinzurechnung auszunehmen, weil der Lizenznehmer sie selbst nicht für seinen GewBetrieb nutzt und lediglich eine wirtschaftlich mit dem Handelsvertreter vergleichbare Stellung hat (BT-Drs. 16/4841, 80; BFH III R 2/21, BStBl. II 2024, 477; IV R 26/23, BFH/NV 2026, 714). Das gilt selbstredend **nicht für das letzte Glied der „Überlassungskette"** (BFH III R 39/17, BStBl. II 2020, 397, zu FG Münster 13 K 2554/15 G, F, EFG 2018, 144 best. zum Sortenschutzrecht); hierzu gehört nach FM Länder 2.7.2012, BStBl. I 2012, 654 Rn. 40, nicht das Vortragen, Aufführen oder Vorführen iSv § 19 UrhG. Daher auch keine Hinzurechnung von **GEMA-Gebühren** (LfSt Bay G 1422.1.1-34/4 St 31). **10**

Die Ausnahmeregelung ist auch auf **andere Rechte** anwendbar (FM Länder 2.7.2012, BStBl. I 2012, 654 Rn. 41), was mE schon aus Gründen einer konsequenten Durchführung einer Belastungsentscheidung des StGesetzgebers und aus Vereinfachungsgründen zur Vermeidung von Abgrenzungsschwierigkeiten sinnvoll ist. Ein Kabelweitersenderecht betrifft allein das Kabelunternehmen; auf die übertragenen Sendungen kommt es nicht an (BFH IV R 37/18, BStBl. II 2023, 917).

11 **b) Ausschließlichkeit.** Erforderlich ist die **ausschließliche Berechtigung** zur Rechtsübertragung. Dass bedeutet, dass die Lizenz zu keinem anderen Umgang mit dem Gegenstand des Rechts berechtigt, also *nur* zum *Vertrieb.* Der Gegenstand des Rechts (zB ein literarisches Werk, ein Spielfilm) darf nicht bearbeitet, verändert oder sonst verwertet/genutzt werden (BFH III R 39/17, BStBl. II 2020, 397; III R 2/21, BFH/NV 2022, 1386). Das Ausschließlichkeitserfordernis lässt sich nicht so umschiffen, dass lediglich die Selbstnutzung unzulässig sei, die aber durch die Veränderung des Gegenstandes der Lizenz ausgeschlossen sei; deswegen lasse sich ihm nicht zwingend ein Veränderungsverbot entnehmen (so aber FG Bln-Bbg 10 K 10003/19, EFG 2021, 666, aufgeh. durch BFH III R 2/21, BStBl. II 2024, 477). Vielmehr schadet auch ein **geringes Gewicht** der Bearbeitung (aA Schöneborn NWB 2014, 3496). Nicht schädlich sind lediglich Aktivitäten, die unmittelbar mit dem Vertrieb zusammenhängen, zB Übermittlung der Druckversion eines Manuskripts (BFH III R 2/21, BStBl. II 2024, 477; FM Länder 2.7.2012, BStBl. I 2012, 654 Rn. 40; Clemens/Laurent DStR 2008, 440) oder die Installation von Software auf Hardware (Ortmann-Babel/Zipfel BB 2007, 1869).

Insb. bei einer **Filmlizenz** ist die reine Vertriebslizenz von der Verwertungslizenz abzugrenzen (BFH III R 2/21, BStBl. II 2024, 477; zu FG Bln-Bbg 10 K 10003/19, EFG 2021, 666, aufgeh.). Übersetzungen und andere Bearbeitungen von der Qualität einer persönlichen geistigen Schöpfung werden wie ein selbstständiges Werk urheberrechtlich geschützt (§ 3 S. 1 UrhG). Bei vertonten Filmen bilden Bild- und Tonteil eine Werkeinheit, weswegen schon die Übersetzung und Synchronisierung zu einem eigenständigen urheberrechtlich geschützten Werk führen. Eine die Bearbeitung umfassende Lizenz ist daher keine reine Vertriebslizenz (BFH III R 2/21, BStBl. II 2024, 477).

Bei der Übertragung eines **Sortenschutzrechts** durch einen Sortenschutzinhaber an einen Saatguthersteller nutzt dieser die Lizenz zur Vermehrung des Saatguts zum Verkauf; auch insofern liegt keine reine Vertriebslizenz vor (BFH III R 39/17, BStBl. II 2020, 397).

11a Werden in einem **gemischten Vertrag** in Bezug auf **denselben Gegenstand** der Vertrieb *und* weitere Nutzungsrechte übertragen und wird ein **einheitliches Entgelt** vereinbart, ist dieses **in vollem Umfange hinzuzurechnen** (BFH III R 2/21, BFH/NV 2022, 1386, zu FG Bln-Bbg 10 K 10003/19, EFG 2021, 666, aufgeh.). In einer solchen Interessenlage empfehlen sich also getrennte Überlassungen durch eigenständige Verträge.

Beinhaltet ein gemischter Vertrag die Übertragung zum Zwecke des Vertriebs und weitere Rechtsübertragungen in Bezug auf **verschiedene Gegenstände,** ist ein einheitliches Entgelt **aufzuteilen** (vgl. → § 8 Rn. 5).

III. Aufwendungen für die Überlassung

1. Aufwendungen

12 Betroffen sind Aufwendungen **für eine befristete Überlassung.** ME gelten wegen des gleichen Wortlauts die schon zu Nr. 1 Buchst. a (dort → Rn. 6) abgehandelten Grundsätze. Gemeint sind Kosten, die im **weitesten Sinne Gegenleis-**

tung dafür sind, dass das Recht befristet überlassen wird (vgl. zur entsprechenden Problematik zu § 19 Abs. 1 EStG BFH VI R 80/10, BStBl. II 2011, 948). Ein unmittelbares Gegenleistungsverhältnis („synallagmatisch") im eigentlichen Sinn ist nicht erforderlich; sowohl finale („um zu nutzen") als auch kausale („weil genutzt wird") Aufwendungen werden erfasst (BFH I R 105/10, BFH/NV 2012, 996; IV R 37/18: Abgeltung eines Vergütungsanspruchs nach UrhG; BFH IV R 26/23, BFH/NV 2026, 714: Entgelt nach dem Maße der Grundwasserentnahme; aA Clemens in Deloitte § 8 Nr. 1 Buchst. f Rn. 39, 63: nur „Entgelt"). Das sind in erster Linie Lizenzzahlungen in einmaliger oder wiederkehrender Form, „Schutzgebühren" uÄ an denjenigen, der das Recht *berechtigterweise* überlassen hat; mE auch Vorbehaltszahlungen und Sicherheitsleistungen (Hinterlegung) nach § 37 VGG, weil damit die Nutzungsrechte als eingeräumt gelten (hierzu und zur Wirkung eines Vergleichs BFH IV R 37/18 zu Kabelweitersenderechten). Hierzu gehört – unabhängig von ihrer möglichen Qualifikation als Steuer iSv § 3 AO – auch eine Glücksspielabgabe, insofern sie faktisch untrennbar mit der Erteilung und dem Fortbestehen der Erlaubnis verbunden ist (BFH I R 105/10, BFH/NV 2012, 996; NdsFG 6 K 240/09, EFG 2011, 655; aA Clemens in Deloitte § 8 Nr. 1 Buchst. f Rn. 39, 63). Der Annahme einer Gegenleistung im oa Sinn steht auch nicht eine Verpflichtung des Empfängers zur Betätigung entgegen (BFH IV R 37/18 zum Belegungsregime bei Kabelweitersenderechten, „must carry").

Anderes gilt mE für weitere Kosten, die nur in einem **äußeren Zusammenhang** mit der Überlassung des Rechts stehen, etwa Beratungskosten und Vermittlungsprovisionen (aA Baldauf in Brandis/Heuermann § 8 Rn. 295). Es handelt sich hier nicht um Gegenleistungen „für" die Überlassung. Entsprechendes gilt auch für von Herstellern von Kopierern entrichtete Pauschalvergütungen nach § 54 UrhG (LFD Thür G 1422 A-25-A 3.16). Entsprechendes gilt mE für eine – wenn auch unbewusste – **Rechtsverletzung** durch „Überlassung" des Rechts, weil und soweit es am Tatbestand der Übertragung fehlt.

2. Tatsächliche Nutzung

Problematisch kann sein, ob die Hinzurechnung die **tatsächliche Nutzung** 13 **des Rechts** im GewBetrieb voraussetzt. ME ist dies jedoch nicht der Fall (ebenso Baldauf in Brandis/Heuermann § 8 Rn. 296). Zwar könnte der Sinn und Zweck der Vorschrift für eine dahingehende Auslegung sprechen, zumal Grundlage der Vorschrift die Vorstellung ist, dass der hinzugerechnete Finanzierungsanteil Aufwand für die Verstärkung des im Betrieb arbeitenden Kapitals ist. Insbesondere angesichts dessen könnte die Hinzurechnung dem Sinn und Zweck der Vorschrift etwa dann widersprechen, wenn sich das Recht inzwischen als nicht sinnvoll nutzbar oder sonst wertlos erwiesen hat. Andererseits stellt der Wortlaut der Vorschrift allein auf die Überlassung und nicht auf die Nutzung des Rechts ab. Auch bei den sonstigen vergleichbaren Hinzurechnungstatbeständen hängt, ähnlich wie schon zu § 8 Nr. 7 aF (→ § 8 Nr. 1 Buchst. d Rn. 7), die Hinzurechnung nicht von der tatsächlichen Nutzung ab.

IV. Umfang der Hinzurechnung

1. Tatsächlicher Abzug

Wie alle hinzuzurechnenden Aufwendungen muss der Aufwand **tatsächlich** 14 bei der Ermittlung des Gewinns **abgesetzt** worden sein. Der Hinzurechnung unterliegt jeder als Gegenleistung (auch im weiteren Sinne) für die Überlassung des Rechts anzusehende Aufwand. Das gilt mE auch für solche Leistungen, die nach der Ausgangslage an sich dem Überlassenden obliegen, die aber der Berechtigte mit Rücksicht auf die Überlassung übernimmt (→ § 8 Nr. 1 Buchst. d Rn. 20; Baldauf in Brandis/Heuermann § 8 Rn. 295; Keß in Lenski/Steinberg § 8 Nr. 1 Buchst. f Rn. 18).

14a Liegt ein **gemischter Vertrag** vor, wie etwa bei einem Franchisevertrag, ist zunächst festzustellen, ob eine Dienstleistung eine nicht ins Gewicht fallende Nebenleistung der Rechteüberlassung ist, dann Hinzurechnung des gesamten Entgelts (mit 25 % aus 25 %), oder ob umgekehrt die Rechteüberlassung gegenüber der Dienstleistung als Nebenleistung nicht ins Gewicht fällt, dann keine Hinzurechnung. Trifft beides nicht zu, ist der auf Überlassung gewerblicher Schutzrechte (→ Rn. 6) entfallende Teil des Entgelts hinzuzurechnen und **ggf. zu schätzen** (BFH IV R 55/11, BStBl. II 2017, 725 (Ls.); III R 25/16, BFH/NV 2018, 1199). Auch bei einem Sponsoringvertrag tritt die Rechteüberlassung (im Streitfall an einem Vereinslogo) zurück (BFH III R 5/22, BStBl. II 2023, 923 aE; Aufhebung von NdsFG 10 K 29/20, EFG 2022, 1132; ebenso Wassermeyer DStR 2019, 1446; Diffring/Anhalt FR 2022, 515).

2. Umfang

15 Erfasst werden ¼ **der Aufwendungen,** hinzugerechnet also nur 1⁄16 = 6,25 %. Auch in diesemZusammenhang gilt, dass der Ansatz des Finanzierungsanteils mit 25 % vom Gesetzgeber ohne Realitätsbezug nach rein fiskalischen Interessen griffweise erfolgt ist (siehe hierzu BT-Drs. 16/4841, 80; zur Kritik Bergemann/Markl/Althof DStR 2007, 693).

3. Saldierungsverbot

16 Es besteht mE ein absolutes **Saldierungsverbot.** Nach dem Wortlaut der Vorschrift sind die *Aufwendungen* und nicht der *Saldo der Aufwendungen* hinzuzurechnen (ähnlich Neu/Schiffers/Watermeyer GmbHR 2007, 421). Das G lässt mE auch keine Ausnahmen zu, wie bei der Hinzurechnung von Schuldentgelten nach § 8 Nr. 1 Buchst. a (→ § 8 Nr. 1 Buchst. a Rn. 5b). In jenem Zusammenhang ist denkbar, dass Kreditverhältnisse so miteinander verflochten sind, dass tatsächlich nur der Saldo von Forderung und Schuld das Betriebskapital verstärkt. Entsprechendes gilt für die Belastung des Ertrags durch den Saldo der Entgelte. Eine entsprechende Verflechtung ist mE bei der Übernahme einerseits und Überlassung von Lizenzen andererseits nicht denkbar (zT aA Baldauf in Brandis/Heuermann § 8 Rn. 307).

V. Ausnahme für Aufwendungen nach § 25 KSVG

1. Künstlersozialabgabe

17 **Nicht hinzuzurechnen** sind Aufwendungen, die nach § 25 KSVG Bemessungsgrundlage für die Künstlersozialabgabe sind. Der **Zweck dieser Ausnahmeregelung** besteht in der Freistellung bestimmter an Künstler und Publizisten geleisteter Entgelte von der GewSt. Grund für diese Ausnahmeregelung ist, dass nach Auffassung des Gesetzgebers die Stellung der Künstler und Publizisten im

unmittelbaren Verhältnis zu ihren Auftraggebern sozialversicherungsrechtlich mit dem Verhältnis zwischen Arbeitgeber und Arbeitnehmer vergleichbar sei und die vom Arbeitgeber an seine Arbeitnehmer gezahlten Entgelte nicht mehr der GewSt unterlägen (vgl. BT-Drs. 16/5491 zu Art. 3 Nr. 1 ÄndG).

2. Entgelt iSd § 25 KSVG

Entgelt nach § 25 Abs. 2 S. 1 KSVG ist alles, was der zur Abgabe Verpflichtete aufwendet, um das Werk oder die Leistung zu erhalten oder zu nutzen, abzüglich der in einer Rechnung oder Gutschrift gesondert ausgewiesenen Umsatzsteuer. Ebenfalls Entgelt ist nach § 25 Abs. 3 KSVG der Preis, der dem Künstler oder Publizisten aus der Veräußerung seines Werkes im Wege eines Kommissionsgeschäftes für seine eigene Leistung zusteht. **Nicht Entgelt** sind nach § 25 Abs. 2 S. 2 KSVG die Entgelte, die für urheberrechtliche Nutzungsrechte, sonstige Rechte des Urhebers oder Leistungsschutzrechte an Verwertungsgesellschaften (zB VG Wort, GEMA) sowie steuerfreie Aufwandsentschädigungen und Einnahmen aus nebenberuflichen Tätigkeiten als Übungsleiter, Ausbilder uÄ (§ 3 Nr. 26 EStG) erbracht werden. Nicht Entgelt ist auch die Künstlersozialabgabe selbst (Keß in Lenski/Steinberg § 8 Nr. 1 Buchst. f Rn. 22). Auch ist anzunehmen, dass sie zu den Aufwendungen „für" die zeitlich befristete Überlassung von Rechten gehört. Indes ist mE Baldauf (in Brandis/Heuermann § 8 Rn. 303) dahin zu folgen, dass der Sinn und Zweck der Ausnahmeregelung auch die Ausnahme der Künstlersozialabgabe von der Hinzurechnung erfordert. 18

Die **Bemessungsgrundlage** kann aufgrund eines zur Abwicklung der Vorgaben des KSVG eingesetzten und von der Sozialkasse nicht beanstandeten Verfahrens ermittelt werden (FM Länder 2.7.2012, BStBl. I 2012, 654 Rn. 43).

Umfang der Hinzurechnung/Freibetrag

§ 8 Nr. 1 Hinzurechnungen

Dem Gewinn aus Gewerbebetrieb (§ 7) werden folgende Beträge wieder hinzugerechnet, …

1. Ein Viertel der Summe aus … ***(Buchst. a–f),*** **soweit die Summe den Betrag von 200.000 EUR übersteigt;**

…

Übersicht

I. Allgemeines

1 Nach dem Anfangsteil und dem Schlussteil des § 8 Nr. 1 ist hinzuzurechnen **„Ein Viertel** der Summe aus" verschiedenen Arten von Finanzierungsentgelten, **„soweit die Summe** den Betrag von **200.000 EUR übersteigt".** Die Anhebung

des Freibetrags von bisher 100.000 EUR auf 200.000 EUR ist erfolgt durch das **Zweite Corona-Steuerhilfegesetz** v. 29.6.2020 (BGBl. 2020 I 1512), in Kraft getreten am 1.7.2020 (Art. 12 des Gesetzes). ME gilt der Freibetrag daher ab **EZ 2020.** Das bedeutet: Von der Summe der Finanzierungsentgelte (nicht von den einzelnen Finanzierungsentgelten) wird zunächst der Freibetrag von 200.000 EUR abgezogen und von dem übersteigenden Betrag ¼ hinzugerechnet (ebenso FM Länder 2.7.2012, BStBl. I 2012, 654 Rn. 44; Ortmann-Babel/Zipfel BB 2007, 1869; Baldauf in Brandis/Heuermann § 8 Rn. 311). Die Kritik richtete sich anfänglich auch dagegen, dass der Zweck des Freibetrages, kleinere und mittlere Unternehmen zu entlasten (BT-Drs. 16/4841, 80), bei Mittelbetrieben nicht hinreichend verwirklicht werde (Schaumburg/Rödder Unternehmensteuerreform 2008; Wendt FR 2007, 609; Neu/Schiffers/Watermeyer GmbHR 2007, 421).

Bei Hinzurechnung von negativen Finanzierungsentgelten ist der (positive) Freibetrag **kein negativer Freibetrag.** Er wird nicht spiegelbildlich angewendet mit der Wirkung, dass negative Hinzurechnungsbeträge von weniger als 100.000 EUR unberücksichtigt blieben (→ § 8 Rn. 4; s. BStBl. I 2008, 730).

II. Sachlicher und zeitlicher Anwendungsbereich

2 Der Freibetrag wird von Amts wegen für **jeden GewBetrieb** gewährt, und zwar je **einmal pro Wirtschaftsjahr,** dh auch dann, wenn in einem EZ mehrere Wj. enden (ebenso FM Länder 2.7.2012, BStBl. I 2012, 654 Rn. 46 f.; Baldauf in Brandis/Heuermann § 8 Rn. 312). Bei einem **Wechsel der Steuerschuldnerschaft** zwischen Einzelunternehmen und Mitunternehmerschaft im Laufe des EZ soll nach GewStR 8.1 Abs. 6 der Freibetrag den Steuerschuldnern zeitanteilig gewährt werden (ebenso Köster in Lenski/Steinberg § 8 Rn. 10); mE fraglich, weil der Ermittlung eines einheitlichen und zeitraumbezogen zuzuordnenden GewStMessbetrags für den EZ (vgl. GewStR 11.1 S. 2 ff.) widersprechend. Bei einer gewerblichen Betätigung der **öffentlichen Hand** durch Eigengesellschaften mit Spartentrennung ist nach BMF 12.11.2009, BStBl. I 2009, 1303 Rn. 96, der Freibetrag nur für Eigengesellschaften zu gewähren und auf die einzelnen Sparten im Verhältnis der auf sie entfallenden Hinzurechnungsbeträge aufzuteilen. Bei einer **Organschaft** wird der Freibetrag jedem Unternehmen bei der Ermittlung seines GewErtrages gewährt (FM Länder 2.7.2012, BStBl. I 2012, 654 Rn. 45). Im Falle der **Abwicklung/Insolvenz** ist für den nach § 16 GewStDV zu ermittelnden *einen* GewErtrag auch nur *ein* Freibetrag anzusetzen (FM Länder 2.7.2012, BStBl. I 2012, 654 Rn. 48). Zur Anwendung im Falle des § 7a, dort → Rn. 4, 7, 10.

III. Kein Vor- oder Rücktrag

3 Wird der Freibetrag in einem EZ nicht vollständig ausgeschöpft, kann der „verbleibende" Restbetrag in anderen EZ nicht genutzt werden; insofern ist in der Vorschrift **kein Vor- oder Rücktrag** des Freibetrages vorgesehen (ebenso Köster in Lenski/Steinberg § 8 Rn. 13).

§ 8 Nr. 2, 3 aF Hinzurechnungen *(aufgehoben)*

Zur Kommentierung vgl. die 6. Auflage.

§ 8 Nr. 4 Hinzurechnungen (KGaA-Anteile)

Dem Gewinn aus Gewerbebetrieb (§ 7) werden folgende Beträge wieder hinzugerechnet, soweit sie bei der Ermittlung des Gewinns abgesetzt worden sind:

…

4. die Gewinnanteile, die an persönlich haftende Gesellschafter einer Kommanditgesellschaft auf Aktien auf ihre nicht auf das Grundkapital gemachten Einlagen oder als Vergütung (Tantieme) für die Geschäftsführung verteilt worden sind;

…

Gewerbesteuer-Richtlinien 2009: GewStR 8.2/GewStH 8.2

Literatur: Schmincke/Heuel, § 8 Nr. 4 GewStG; Gewerbesteuerfalle bei der Kapitalgesellschaft & Co. KGaA, FR 2004, 861; Frotscher, Die KGaA als Organgesellschaft, Der Konzern 2005, 139; Kollruss, KGaA und Zinsschranke unter besonderer Berücksichtigung der Akquisitionsfinanzierung, BB 2007, 1988; Rohrer/Orth, Anwendung des Halbeinkünfteverfahrens auf der Ebene einer KGaA, BB 2007, 1594; Busch/Thieme, Behandlung von Pensionszusagen an persönlich haftenden Gesellschafter einer KGaA, FR 2008, 1137; Kühnel, Die Besteuerung der KGaA, StStud 2009, 508; Wassermeyer, Die Besteuerung des Gewinnanteils des persönlich haftenden Gesellschafters einer Kommanditgesellschaft auf Aktien, FS Streck 2011, 259; Kollruss, Zur Besteuerungsdogmatik der KGaA: Entwicklung des grundlegenden Besteuerungskonzepts, DStZ 2012, 650; Kollruss, Besteuerung der KGaA: Klärung der Besteuerungssystematik in fünf Stufen, BB 2012, 3178; Wissenschaftlicher Beirat Steuern Ernst&Young, Rechtsunsicherheit bei der Besteuerung der KGaA und ihrer persönlich haftenden Gesellschafter, DB 2014, 147; Hasselbach/Ebbinghaus, Die KGaA als Unternehmensform für den deutschen Mittelstand, DB 2015, 1269; Kollruss, KGaA-Besteuerungskonzept: Keine zwingende Betragsidentität zwischen § 9 Abs. 1 Nr. 1 KStG und § 15 Abs. 1 Nr. 3 EStG, StBp 2016, 41; Kollruss, Warum es keine Ergänzungsbilanz eines KGaA- Komplementärs gibt, FR 2016, 203; Krebbers-van Heek, Das Sonderbetriebsergebnis des KGaA-Komplementärs als zufälliger Gewerbeertrag, DK 2016, 384; Kusterer/Graf, Ertragsteuerliche Behandlung von Geschäftsführervergütungen einer KGaA bei Drittanstellung, DStR 2016, 2782; Farwick, Ergänzungsbilanzen für persönlich haftende Gesellschafter einer KGaA, StuB 2018, 11; Hageböke, Wo ist die Ergänzungsbilanz für den phG eine KGaA zu bilden? – Anm. zum BFH-Urt. I R 41/16, DK 2018, 136; Burek/Thoß, Besteuerung und Bilanzierung der Kommanditgesellschaft auf Aktien, StuB 2022, 167.

Übersicht

I. Allgemeines

1. Zweck

1 Die Vorschrift **bezweckt,** wie sämtliche Vorschriften des § 8, die Ermittlung des objektiven, von den Verhältnissen des Inhabers zum Betrieb losgelösten GewErtrags. Die KGaA weist Elemente einer Kapitalgesellschaft und einer Personengesellschaft auf (BFH I 186/64 U, BStBl. III 1965, 418; zu den Vor- und Nachteilen Kallmeyer DStR 1994, 977). **Handelsrechtliche Rechtsgrundlage** ist § 278 AktG. **Steuerlich** ist sie daher einerseits der KSt unterworfen und darf sie andererseits die Gewinnanteile wie Vergütungen des persönlich haftenden Gesellschafters nach § 9 Abs. 1 Nr. 1 KStG bei der Ermittlung des Einkommens abziehen. § 8 Nr. 4 stellt als „Spiegelbild" (BFH I 186/64 U, BStBl. III 1965, 418) sicher, dass diese Gewinnanteile mindestens einmal der GewSt unterliegen (BFH I R 235/81, BStBl. II 1986, 72; X R 6/05, BStBl. II 2008, 363).

Die Vorschrift ist **unabhängig** davon anzuwenden, ob der phG mit seinen Einkünften aus der KGaA **selbst der GewSt** unterliegt; ihre teleologische Einschränkung ist daher nicht angezeigt (BFH I R 102/06, BFH/NV 2010, 462; FG Köln 6 K 6170/03, EFG 2006, 1923; BFH I R 13/20, BStBl. II 2023, 913, zu FG München 13 K 1151/17, EFG 2020, 788, best.; Roser in Lenski/Steinberg § 8 Nr. 4 Rn. 17; Baldauf in Brandis/Heuermann § 8 Rn. 530). **Änderungsbedarf** sieht der Wissenschaftliche Beirat Steuern Ernst&Young DB 2014, 147; aA Kollruss DStZ 2012, 650; Kollruss BB 2012, 3178; FR 2016, 203.

2. Rechtsentwicklung

2 Die Vorschrift ließ **bis EZ 1990 Doppelbelastungen** zu (vgl. hierzu BFH I R 11/80, BStBl. II 1984, 381; I R 235/81, BStBl. II 1986, 72), die durch Einfügung des § 9 Nr. 2b ausgeschlossen wurden, wenngleich keine betragsmäßige Identität der nach § 9 Abs. 1 Nr. 1 KStG abgezogenen und nach § 8 Nr. 4 hinzugerechneten mit den nach § 9 Nr. 2b zu kürzenden Beträge bestehen muss (Kollruss BB 2012, 3178; Kollruss DStZ 2012, 650; Kollruss StBp 2016, 41: „reflektorischer Konnex"). Mit ihr sollte der GewErtrag der KGaA – in jeder Beteiligungsform – dem der Mitunternehmerschaft gleichgestellt werden, jedoch allein auf der Ebene des phG, nicht der KGaA selbst (BFH I R 102/06, BFH/NV 2010, 462). Zugleich wirkt § 8 Nr. 4 als **Zuordnungsnorm** dahin, dass die Gewinnanteile des phG allein bei der KGaA der GewSt unterliegen (vgl. BFH X R 6/05, BStBl. II 2008, 363; zum „KGaA-Modell" BFH I R 57/14, BFH/NV 2017, 423).

3. Verfassungsrecht

3 Verfassungsrechtliche Bedenken **ergeben sich nicht,** auch wenn bestimmte Verhältnisse im Einzelfall nicht der gesetzlichen Typisierung entsprechen. Das gilt auch, wenn sich Doppelbelastungen ergeben, zumal auf der Ebene des phG durch Einfügung des § 9 Nr. 2b ein Ausgleich geschaffen worden ist (BFH I R 102/06,

BFH/NV 2010, 462; I R 13/20, BStBl. II 2023, 913, zu FG München 13 K 1151/17, EFG 2020, 788, best.). Im Übrigen ist es den Beteiligten überlassen, ihr Handeln nach der gesetzlichen Typisierung auszurichten (vgl. BFH I 186/64 U, BStBl. III 1965, 418).

II. Persönlich haftende Gesellschafter einer KGaA

1. Handelsrecht

Betroffen sind nach § 278 Abs. 1 AktG die Gesellschafter der KGaA, die den Gesellschaftsgläubigern unbeschränkt haften. In diesem Sinne verwendet die Vorschrift (ebenso § 9 Abs. 1 Nr. 1 KStG) den Begriff (BFH I R 11/80, BStBl. II 1984, 381). Er muss nicht notwendig eine natürliche Person sein; **auch eine Kapitalgesellschaft,** insb. eine GmbH, kann phG sein (BGH II ZB 11/96, BGHZ 134, 392; BFH I R 32/86, BStBl. II 1991, 253; I R 102/06, BFH/NV 2010, 462). Dies eröffnet die Möglichkeit, eine GmbH oder GmbH & Co KG als Komplementärin an der KGaA zu beteiligen (vgl. BFH I R 13/20, BStBl. II 2023, 913, zu FG München 13 K 1151/17, EFG 2020, 788, best.). Damit dürfte der wesentlichste Nachteil der KGaA behoben sein. 4

2. Keine Mitunternehmerstellung

Der **phG ist idR nicht Mitunternehmer** iSv § 15 Abs. 1 Nr. 2 EStG; er ist auch nicht gesamthänderisch beteiligt (BFH X R 14/88, BStBl. II 1989, 881 unter 2c; II B 76/04, BFH/NV 2005, 1627; SchlHFG 5 K 136/07, EFG 2011, 2038). Die Vorschrift setzt dies auch nicht voraus. Er wird lediglich **wie** ein **Mitunternehmer** behandelt (BFH I R 11/80, BStBl. II 1984, 381; I R 235/81, BStBl. II 1986, 72; X R 14/88, BStBl. II 1989, 881; Rohrer/Orth BB 2007, 1594). Das körperschaftliche Element der KGaA steht trotz ihrer Hybridnatur der Annahme entgegen, der phG könne Mitunternehmer in ihr sein (zweifelnd Roser in Lenski/Steinberg § 8 Nr. 4 Rn. 7), zumal auch § 278 Abs. 2 AktG hauptsächlich die Organisationsverfassung der KGaA betrifft. KGaA und pHG stehen sich in gewstrechtlicher Sicht als eigenständige Rechtssubjekte gegenüber, worin auch die unterschiedliche gewstrechtliche Behandlung der Gewinnanteile und von Zahlungen aus einem anderen Zahlungsgrund (→ Rn. 9) gerechtfertigt ist (BFH X R 6/05, BStBl. II 2008, 363). 5

Die Hinzurechnung erfolgt auch, wenn der phG eine Kapitalgesellschaft ist, die die ihr obliegende Geschäftsführung der KGaA durch ihre Organe wahrnimmt und sich die ihr für diese entstandenen Aufwendungen von der KGaA ersetzen lässt (BFH I R 102/06, BFH/NV 2010, 462). Auch wenn der phG nur die Stellung eines Vorstandsmitglieds hat, erfolgt die Zurechnung (Roser in Lenski/Steinberg § 8 Nr. 4 Rn. 6; Baldauf in Brandis/Heuermann § 8 Rn. 534).

III. Umfang der Hinzurechnung

1. Grundsatz

Hinzuzurechnen sind **Gewinnanteile** auf Vermögenseinlagen, die nicht auf das Grundkapital getätigt worden sind. Der Gewinnanteil entsteht spätestens mit dem Bilanzstichtag des Wj., in dem er erwirtschaftet worden ist (vgl. BFH X R 6

14/88, BStBl. II 1989, 881; I R 42/11, BFH/NV 2013, 589). Der Höhe nach können sich Unterschiede zwischen der so genannten **transparenten** und so genannten **intransparenten Gewinnermittlung** ergeben (hierzu insb. Kollruss StBp 2016, 41; Drüen in HHR KStG § 9 Rn. 21 ff. mwN). Obwohl begrenzt auf die Anwendung des § 32c EStG bezogen, spricht mE nach BFH X R 6/05, BStBl. II 2008, 363 viel dafür, dass der BFH sich auf die intransparente Betrachtung festlegt, ausgenommen die Zulassung einer Ergänzungsbilanz für den phG (→ Rn. 6a). Auch die in gewissem Umfang bestehende Vergleichbarkeit der Stellung des phG mit dem atypisch stillen Gesellschafter gebietet keine durchgängige Transparenz der KGaA (hierzu Kollruss StBp 2016, 41; aA zB Drüen in HHR KStG § 9 Rn. 21 ff.; Roser in Lenski/Steinberg § 8 Nr. 4 Rn. 9; Rohrer/Orth BB 2007, 1594). Hinzuzurechnen ist auch ein **Verlustanteil,** wenn der Ansatz den Verlust aus Gewerbebetrieb gemindert oder den Gewinn erhöht hat (Baldauf in Brandis/Heuermann § 8 Rn. 538; Roser in Lenskii/Steinberg § 8 Nr. 4 Rn. 14); vgl. zu § 8 Nr. 1 Buchst. c BFH I R 4/14, BStBl. II 2017, 59; I R 15/15, BStBl. II 2017, 62. Auch in das **Ausland** gezahlte Vergütungen sind hinzuzurechnen (Roser in Lenski/Steinberg § 8 Nr. 4 Rn. 19).

6a Gewinnminderungen oder -erhöhungen, die sich aus einer **Ergänzungsbilanz** für den phG (zur Ablehnung einer solchen aus konzeptionellen Gründen insb. Kollruss FR 2016, 203) ergeben, wirken sich nicht auf den Gewinnanteil iSd Vorschrift aus. Die Ergänzungsbilanz des phG steht außerhalb des Anwendungsbereiches der Vorschrift. Sie stellt – wie § 9 Abs. 1 Nr. 1 KStG – nicht auf die Anteile des phG am Gesamtgewinn der KGaA ab, sondern auf den von der KGaA „verteilten" Gewinn, also auf eine Bezugsgröße, die durch die individuellen AK des phG nicht beeinflusst wird. Sie gehen ausschließlich in die Gewinnermittlung nach § 15 Abs. 1 S. 1 Nr. 3 EStG und in den GewErtrag des phG ein (BFH I R 41/16, BFH/NV 2017, 1548; offen gelassen in BFH I R 57/14, BFH/NV 2017, 23; hierzu Wacker DStR 2017, 197; krit. Hageböke DK 2018, 136). Das bedeutet auch, dass bei fehlender GewStPfl des phG Gewinnminderungen aus der Ergänzungsbilanz sich gewstlich nicht auswirken (BFH I R 32/86, BStBl. II 1991, 253; krit. Krebbers-van Heek DK 2016, 384).

6b Die Vorschrift knüpft an § 9 Abs. 1 Nr. 1 KStG, nicht an § 15 Abs. 1 Nr. 3 EStG an; die hinzuzurechnenden Gewinnanteile sind daher die **Bruttobeträge** (BFH I R 32/86, BStBl. II 1991, 253; I R 102/06, BFH/NV 2010, 462; hierzu auch Kollruss StBp 2016, 41). Es kommt auch nicht auf das Zufließen beim phG, sondern auf den **Abgang bei der KGaA** an (so schon Birkholz DStZ 1955, 23).

2. Einzelheiten

7 Zu den **Vergütungen** (Tantiemen) für die Geschäftsführung zählen alle Bezüge, die der phG für die gegenwärtige oder frühere Tätigkeit in der Gesellschaft erhält (BFH I R 32/86, BStBl. II 1991, 253) bzw. alle mit der Beschäftigung im Betrieb zusammenhängenden Vergütungen (RFH I 67/39, RStBl. 1940, 683), **unabhängig von der Festlegung in der Satzung** oder in einem gesonderten schuldrechtlichen Dienstvertrag (BFH I R 13/20, BStBl. II 2023, 913, zu FG München 13 K 1151/17, EFG 2020, 788, best.; FG Bln VI 62/72, EFG 1973, 280). Das setzt voraus, dass der phG seine Leistung in Zusammenhang mit seiner **Eingliederung in den Organismus des Betriebs** erbracht hat (RFH I 21/40, RStBl. 1940, 556), also als Vorstandsmitglied, Geschäftsführer oder Angestellter usw. Unter dieser Voraussetzung erfolgt die Hinzurechnung aller Aufwandspositio-

nen, die nach § 9 Abs. 1 Nr. 1 KStG abziehbar sind (BFH X R 14/88, BStBl. II 1989, 881) und bei der Ermittlung des Gewinns tatsächlich abgesetzt worden sind. Das ist **auch der Aufwendungsersatz,** den eine KGaA an die geschäftsführende Komplementär-GmbH für die Beschäftigung eines Geschäftsführers zahlt (vgl. BFH I R 32/86, BStBl. II 1991, 253; I R 102/06, BFH/NV 2010, 462; FG Münster 9 K 2420/14 G, EFG 2017, 1686; vgl. GewStH 8.2 S. 5; krit. Gosch DK 2017, 505). Nichts Anderes gilt für Vergütungen an den Geschäftsführer der Komplementär-GmbH einer GmbH & Co KG als phG, der bereits gesellschaftsrechtlich zur Geschäftsführung der KGaA berufen ist (abgekürzter Zahlungsweg unabhängig von der lohnsteuerlichen Behandlung: BFH I R 13/20, BStBl. II 2023, 913, zu FG München 13 K 1151/17, EFG 2020, 788, best.; aA zB Hasselbach/Ebbinghaus DB 2015, 1269), trotz eines unmittelbaren Anstellungsverhältnisses zwischen ihm und der KGaA (zur Problematik der Direktanstellung des Geschäftsführers bei der KGaA Gosch DK 2017, 505)

3. Keine Gewinnabhängigkeit

Es ist **unerheblich,** ob der phG **gewinnabhängige Vergütung** (Tantiemen) oder Gehalt wie ein Angestellter bezieht (RFH I 251/37, RStBl. 1938, 334; BFH I 186/64 U, BStBl. III 1965, 418; I R 11/80, BStBl. II 1984, 381). Auch **gewinnunabhängige,** insb. **feste Vergütungen** sind Teil des durch den Betrieb der KGaA insgesamt erzielten Gewinns (BFH I R 102/06, BFH/NV 2010, 462; FG Köln 6 K 6170/03, EFG 2006, 1923; aA Fischer DStR 1997, 1519: nur der als vGA zu behandelnde unangemessene Teil der Vergütung). Ebenfalls zu den Vergütungen gehören Haftungsvergütungen, da die Übernahme der Haftung gesellschaftsrechtlich veranlasst ist (Baldauf in Brandis/Heuermann § 8 Rn. 537; Roser in Lenski/Steinberg § 8 Nr. 4 Rn. 15), Abfindungen für die vorzeitige Auflösung eines Angestelltenverhältnisses, das Ruhegehalt (RFH I 251/37, RStBl. 1938, 334), Zuführungen zu den Rückstellungen für Pensionsanwartschaften (RFH I 67/39, RStBl. 1940, 683; 1941, 687; FG Bln-Bbg 8 K 6131/05, B; GewStR 8.2 S. 3; aA Busch/Thieme FR 2008, 1137). 8

4. Anderer Zahlungsgrund

Dagegen **keine Hinzurechnung** von Vergütungen für Leistungen als selbstständiger Gewerbetreibender oder Freiberufler (RFH I 60/41, RStBl. 1941, 756), ebenso wenig für die Hingabe von Darlehen oder die Überlassung von WG (BFH X R 14/88, BStBl. II 1989, 881; X R 6/05, BStBl. II 2008, 363; GewStR 8.2 S. 4; Roser in Lenski/Steinberg § 8 Nr. 4 Rn. 27; Burek/Thoß StuB 2022, 167); die Hinzurechnung nach anderen Vorschriften, insb. § 8 Nr. 1, bleibt jedoch unberührt. Dividenden auf Aktien sind nach § 9 Abs. 1 Nr. 1 KStG nicht abzusetzen. Sie unterliegen daher nicht der Hinzurechnung. Auflösungen von Pensionsrückstellungen erhöhen nicht den gewstpfl. Ertrag, soweit die Zuführungen bereits der Hinzurechnung unterlegen haben (RFH I 83/43, RStBl. 1944, 148; BFH I 278/60 U, BStBl. III 1961, 280). Nicht Vergütung ist Auslagenersatz für Aufwendungen im Interesse der Gesellschaft, wenn dessen lohnsteuerrechtliche Voraussetzungen vorliegen (BFH I 137/58 U, BStBl. III 1959, 430; I R 32/86, BStBl. II 1991, 253; I R 13/20, BStBl. II 2023, 913). 9

Auch Vergütungen an **andere Personen,** insb. nahe Angehörige des persönlich haftenden Gesellschafters oder von Aktionären, für Tätigkeiten im Dienste der

KGaA sind nicht hinzuzurechnen; anders nur, wenn eine den **verdeckten Gewinnausschüttungen** vergleichbare Sachlage besteht.

5. Aufwendungen

10 **Werbungskosten/Betriebsausgaben** des phG sind unbeachtlich. Sie sind iRd § 9 Nr. 2b zu berücksichtigen (BFH I R 102/06, BFH/NV 2010, 462; I R 13/20, BStBl. II 2023, 913; FG Köln 6 K 6170/03, EFG 2006, 1923). Daher mindern auch Aufwendungen im Zusammenhang mit der Übertragung der Geschäftsführung auf einen Fremdgeschäftsführer, insb. bei einer Kapitalgesellschaft, die Hinzurechnungsbeträge nicht (BFH I R 32/86, BStBl. II 1991, 253).

IV. Wirkungen

11 **Auch wenn sich** die Kürzung nach **§ 9 Nr. 2b** (zunächst) **nicht auswirkt,** weil der persönlich haftende Gesellschafter tatsächlich nicht mit GewSt belastet ist, die Kürzung also nur zu Verlustvorträgen führt („Gewerbesteuerfalle"), ist mE die Hinzurechnung durchzuführen; es ist **keine teleologische Reduktion** der Vorschrift angezeigt (BFH I R 13/20, BStBl. II 2023, 913; FG Köln 6 K 6170/03, EFG 2006, 1823; Roser in Lenski/Steinberg § 8 Nr. 4 Rn. 4; Baldauf in Brandis/Heuermann § 8 Rn. 530; **aA** Schmincke/Heuel FR 2004, 861; Kusterer/Graf DStR 2016, 2782).

Gleichwohl können **systembedingte Nachteile** im Vergleich zur (doppelstöckigen) Mitunternehmerschaft bestehen, zB wenn die KGaA nach § 8 Nr. 4 nicht, jedoch nach § 8 Nr. 1 Buchst. a hinzuzurechnende Darlehenszinsen an den persönlich haftenden Gesellschafter zahlt. Dieser kann sich im Gegensatz zum Mitunternehmer nicht nach § 9 Nr. 2, aber auch nicht nach § 9 Nr. 2b entlasten.

§ 8 Nr. 5 Hinzurechnungen (Begünstigte Gewinnanteile nach EStG/KStG)

Dem Gewinn aus Gewerbebetrieb (§ 7) werden folgende Beträge wieder hinzugerechnet, soweit sie bei der Ermittlung des Gewinns abgesetzt worden sind:

…

5. die nach § 3 Nr. 40 des Einkommensteuergesetzes oder § 8b Abs. 1 des Körperschaftsteuergesetzes außer Ansatz bleibenden Gewinnanteile (Dividenden) und die diesen gleichgestellten Bezüge und erhaltenen Leistungen aus Anteilen an einer Körperschaft, Personenvereinigung oder Vermögensmasse im Sinne des Körperschaftsteuergesetzes, soweit sie nicht die Voraussetzungen des § 9 Nr. 2a oder 7 erfüllen, nach Abzug der mit diesen Einnahmen, Bezügen und erhaltenen Leistungen in wirtschaftlichem Zusammenhang stehenden Betriebsausgaben, soweit sie nach § 3c Abs. 2 des Einkommensteuergesetzes und § 8b Abs. 5 und 10 des Körperschaftsteuergesetzes unberücksichtigt bleiben.

…

Literatur: Haas, Die Gewerbesteuerpflicht von Dividenden aus Streubesitz nach § 8 Nr. 5 GewStG …, DB 2002, 549; Kessler/Kahl, Gewerbesteuer auf Nicht-Schachteldividenden –

Ausgabe iSd § 3c EStG nF?, DB 2002, 1017; Linklaters Oppenhoff & Rädler, Steueränderungen zum 1.1.2002 im Unternehmensbereich, DB-Beilage Nr. 1/2002; Fischer, Wechselwirkungen zwischen Einkommen- und Körperschaftsteuer und der Gewerbesteuer bei Anteilen im Streubesitz …, DStR 2002, 610; Prinz/Simon, Kuriositäten und Ungereimtheiten des UntStFG: Ungewollte Abschaffung des gewerbesteuerlichen Schachtelprivilegs für Kapitalgesellschaften?, DStR 2002, 149; Ritzer/Stangl, Gesetzliche Neuerungen im Bereich der Gewerbesteuer, Inf 2002, 131; Rödder/Schumacher, Unternehmenssteuerfortentwicklungsgesetz: Wesentliche Änderungen …, DStR 2002, 105; Gröning/Siegmund, Aushöhlung des Objektsteuerprinzips der Gewerbesteuer: Dauerschuldzinsaufwendungen für Streubesitzbeteiligungen, DStR 2003, 617; Pyszka, Gewerbesteuerfreistellung von Dividenden und Einkünften aus der Veräußerung von Anteilen an Kapitalgesellschaften bei Bestehen einer atypisch stillen Beteiligung, DB 2003, 686; Körner, Gewerbeertragsbesteuerung von Mitunternehmerschaften, Inf 2004, 265; Kratzsch, Gewerbesteuerliche Hinzurechnungen/Kürzungen bei Sachverhalten, die unter das Halbeinkünfteverfahren fallen, StB 2005, 13; Starke, Gewerbesteuerliche Behandlung von Dividenden, FR 2005, 681; Kessler/Ortmann-Babel/Zipfel, Unternehmensteuerreform 2008: Die geplanten Änderungen im Überblick, BB 2007, 523; Kessler/Knörzer, Die Verschärfung der gewerbesteuerlichen Schachtelstrafe – erneute Diskriminierung inländischer Holdinggesellschaften?, IStR 2008, 121; Hils, Fragen zu § 8b KStG bei betrieblichen Fondsanlagen, DB 2009, 1151; Steinmüller, Die gewerbesteuerliche Hinzurechnung von Streubesitzdividenden aus einem Investmentvermögen, DStR 2009, 1564; Heurung/Engel/Seidel, Das DBA-Schachtelprivileg in Körperschaft- und Gewerbesteuer, DB 2010, 1551; Heuerung/Seidel/Pippart, Auslandseinkünfte aus Betriebsstätten und Kapitalgesellschaftsanteilen in der Gewerbesteuer, FS Krawitz 2010, 103; Schönfeld, Neues zum DBA-Schachtelprivileg oder: was bleibt von § 8 Nr. 5 GewStG und § 8b Abs. 5 KStG …, IStR 2010, 658; Stangl/Hageböke, Neues zur Anwendung des DBA-Schachtelprivilegs, Ubg 2010, 651; Bödecker, Hinzurechnung steuerfreier Dividenden, NWB 2010, 2777; Beckmann/Schanz, Gewerbesteuerliche Hinzurechnungen und Kürzungen im Zusammenhang mit Beteiligungserträgen, DB 2011, 954; Kessler/Dietrich, Wann ist eine Beteiligung eine Schachtelbeteiligung?, DStR 2012, 2101; Desens, Echter Vertrauensschutz bei „unechten" Rückwirkungen im Steuerrecht, FR 2013, 148; Scharfenberg, Grenzen der „unechten" Rückwirkung von Steuergesetzen nach der neueren Rspr. des BVerfG, DB 2013, 85Melkonyan/Kudert, Körperschaftsteuerliche Streubesitzdividenden im Kontext der Hinzurechnungsbesteuerung nach §§ 7 bis 14 AStG, Ubg 2015, 132; Haase/Dorn, Zum Zusammenspiel zwischen körperschaft- und gewerbesteuerlichem Schachtelprivileg bei Bezug über eine gewerbliche Personengesellschaft, DStR 2017, 134; Kraft/Hohage, Repatriierung von Drittstaatendividenden im Kapitalgesellschaftskonzern, IStR 2017, 381; Weiss, Zur gewerbesteuerlichen Behandlung von Doppelbelastungen, StuB 2018, 172; Brühl, Entwicklungen der gewerbesteuerlichen Behandlung von Erträgen ausländischer Tochter-Kapitalgesellschaften, BB 2019, 257; Jacobsen, EStG, KStG und GewStG nach der Anti Tax Avoidance Directive, DStZ 2021, 792; Schaumberger/Stößel, Schachtelprivilegien in Umwandlungsfällen von Kapitalgesellschaften am Beispiel der Verschmelzung, FR 2021, 773; Voß, Ein kursorischer Überblick über die ab 2022 geltenden Bestimmungen der Hinzurechnungsbesteuerung, DB 2021, 2793; Ludwig/Ruiner, Das nationale gewerbesteuerliche Schachtelprivileg, StB 2022, 7; Kollruss/Fornos/Euskirchen/Tran, Die ausländische (Familien-)Stiftung als Gestaltungsmöglichkeit zur Vermeidung der gewerbesteuerlichen Streubesitzdividendenbesteuerung, BB 2024, 2775.

Übersicht

I. Allgemeines

1 Nach der Konzeption des SteuerSenkG sollten das Freistellungsverfahren (§ 8b KStG) und das Halbeinkünfteverfahren (§ 3 Nr. 40 EStG) auch für die Ermittlung des GewErtrages gelten. Das hätte jedoch den Rahmen des in § 9 Nr. 2a und 7 Geregelten überschritten. Auf Initiative des BR wurde durch Einfügung des § 8 Nr. 5 die gewstrechtliche Begünstigung von Bezügen auf Schachtelerträge beschränkt (zu Einzelheiten Ritzer/Stangl Inf 2002, 131). Die **Vorschrift betrifft** daher die Erträge aus dem sog. **„Streubesitz“** (Rödder/Schumacher DStR 2002, 105; Linklaters Oppenhoff & Rädler DB-Beil. 1/2002; Stuhrmann NJW 2002, 638), dh aus Beteiligungen unter 15 % (aber → Rn. 4 aE).

1a Die Vorschrift wird **als unstimmig angesehen,** weil die Bezugnahme auf das Nichtvorliegen der Voraussetzungen des § 9 Nr. 2a und 7 die Begrenzung der Hinzurechnung auf den Streubesitz leer laufen lässt (BFH I R 12/13, BFH/NV 2014, 1402, zu SchlHFG 1 K 82/11, EFG 2013, 538; Haas DB 2002, 549; Prinz/Simon DStR 2002, 149; Nöcker in Lenski/Steinberg § 8 Nr. 5 Rn. 24; Baldauf in Brandis/Heuermann § 8 Rn. 575). Sie ist daher **so zu lesen,** dass sie abstrakt die Voraussetzung der §§ 9 Nr. 2a und 7 in Bezug nimmt und es hierbei nur auf die Beteiligungsart und -höhe ankommt; das Ansatzerfordernis des § 9 Nr. 2a S. 1 letzter Satzteil ist verzichtbar (BFH I B 62/11, BFH/NV 2012, 449; I R 44/13, BStBl. II 2015, 303; Gosch in Brandis/Heuermann § 9 Rn. 294). Alternativ lässt sich das Problem dadurch lösen, dass § 9 Nr. 2a bzw. Nr. 7 gedanklich um die Worte (nach „bei der Ermittlung des Gewinns“) „oder bei den Hinzurechnungen (§ 8)“ erweitert wird (Nöcker in Lenski/Steinberg § 8 Nr. 5 Rn. 22). Damit ist eine **Hinzurechnung ausgeschlossen,** wenn die Gewinnanteile die Voraussetzungen des § 9 Nr. 2a oder 7 erfüllen (BFH I R 43/18, BFH/NV 2022, 1383, zu HessFG 8 K 1279/16, EFG 2019, 199, best.).

1b Das **Verfehlen der Wechselwirkung** zwischen § 8 Nr. 5 einerseits und des § 9 Nr. 2a bzw. 7 andererseits durch fehlerhafte Sachverhaltsermittlung oder Rechtsanwendung seitens des FA kann nicht durch eine Änderung des falschen GewStMessbescheids nach § 174 AO korrigiert werden (FG Hmb 5 K 60/16, DStRK 2019, 133).

1c **Nicht (unmittelbar) anwendbar** ist die Vorschrift auf Gewinnabführungen in **Organschaftsfällen** (BFH I R 39/14, BStBl. II 2015, 1052). Für die Ermittlung des GewErtrags einer OG ist ab EZ 2017 § 7a GewStG einschlägig.

II. Bedeutung

Es handelt sich um **Gewinnanteile (Dividenden),** die nach § 3 Nr. 40 EStG bzw. § 8b KStG aus Gründen der Vermeidung einer Doppelbesteuerung steuerbefreit sind; diese **Befreiung** sollte sich **gewstlich nicht auswirken** (S. 1): die gewstliche Doppelbelastung (bei der ausschüttenden Körperschaft und beim empfangenden GewBetrieb) sollte nur bei Schachtelbeteiligungen iSv § 9 Nr. 2a und 7 (Stichtagsprinzip, BFH I B 62/11, BFH/NV 2012, 449; FG BW 3 K 1386/07, EFG 2010, 1714) vermieden werden (BFH I R 109/08, BFH/NV 2010, 1364) sowie – S. 2 – bei Gewinnanteilen, die der Hinzurechnungsbesteuerung nach dem AStG unterlegen haben (krit. Kesseler/Knörzer IStR 2008, 121). Nach allem hängt es von der Rechtsform des empfangenden Unternehmens und von der Beteiligungshöhe ab, ob und inwieweit die gewstliche Doppelbelastung vermieden wird (hierzu auch Ludwig/Ruiner StB 2022, 7). 2

Soweit **§ 3 Nr. 40 EStG** in Rede steht, sind **betroffen** nicht die Bezüge nach § 3 Nr. 40 Buchst. a–c, sondern nur die Bezüge nach § 3 Nr. 40 Buchst. d–i EStG (Prinz/Simon DStR 2002, 149). 3

Soweit **§ 8b Abs. 1 KStG** in Rede steht, ist (ab 1.3.2013) **§ 8b Abs. 4 KStG** zu beachten, wonach die KSt-Befreiung nach jener Vorschrift nicht anzuwenden ist, wenn zu Beginn des Kj. (strenges Stichtagsprinzip, FG Köln 10 K 1128/15, EFG 2016, 1542) die **Beteiligung unmittelbar weniger als 10 %** des Grund- oder Stammkapitals bzw. des Vermögen bzw. der Geschäftsguthaben beträgt. Bei einer *Wertpapierleihe* werden nach § 8b Abs. 4 S. 3 KStG für die Ermittlung der Beteiligungshöhe die Anteile der überlassenden Körperschaft zugerechnet. Maßgebend ist im Übrigen das *wirtschaftliche Eigentum* (BFH I R 50/19, BStBl. II 2024, 76, zu FG München 7 K 2605/17, EFG 2020, 856, best.). Auch insofern scheidet eine Hinzurechnung nach der Nr. 5 aus, weil die entsprechenden Bezüge im maßgeblichen Gewinn (§ 7) enthalten sind. Nur ein Streubesitz zwischen 10 und 15 % führt demnach zur Hinzurechnung (hierzu auch Ludwig/Ruiner StB 2022, 7). Zu beachten ist zudem **§ 8b Abs. 6 KStG,** wonach ua § 8b Abs. 1 KStG auch für die Bezüge gilt, die dem StPfl. im Rahmen des Gewinnanteils aus einer Mitunternehmerschaft zugerechnet werden (Zur mittelbaren Beteiligung über eine gewerbliche Personengesellschaft Haase/Dorn DStR 2017, 134).

Nicht anwendbar ist § 8b Abs. 1 KStG nach § 8b Abs. 7 KStG bei bestimmten Anteilen von Banken, Finanzdienstleistungsinstituten und Finanzunternehmen und nach § 8b Abs. 8 KStG bei bestimmten Anteilen von Lebens- und Krankenversicherungen, jeweils mit Ausnahme der Institute, auf die die sog. Mutter-Tochter-Richtlinie anzuwenden ist (§ 8b Abs. 9 KStG).

III. Voraussetzungen

1. Beteiligung

Die **Hinzurechnung erfolgt,** wenn die **Beteiligung** zu Beginn des EZ (unmittelbar und mittelbar) nicht mindestens 15 % (bis EZ 2007: 10 %) des Grund- oder Stammkapitals betragen hat. Maßgebend ist das wirtschaftliche Eigentum (→ Rn. 3). Es gilt strenges Stichtagsprinzip (BFH I R 44/13, BStBl. II 2015, 303; FG Köln 10 K 1128/15, EFG 2016, 1542). Das gilt auch für die Beteiligung an einer **ausländischen Gesellschaft,** die nach dem **Typenvergleich** einer deutschen KapGes entspricht (BFH I R 12/18, BStBl. II 2021, 875). 4

4a **Nicht hinzuzurechnen** sind Gewinne aus Anteilen an einer inländischen nicht steuerbefreiten Kapitalgesellschaft iSd § 2 Abs. 2, Kreditanstalt des öffentlichen Rechts, Erwerbs- und Wirtschaftsgenossenschaft oder einer Unternehmensbeteiligungsgesellschaft iSd § 3 Nr. 23, wenn die Beteiligung zum Beginn des EZ mindestens 15 % (bis EZ 2007: 10 %) des Grund- oder Stammkapitals beträgt; Entsprechendes gilt für die Beteiligung an einer doppelt ansässigen KapGes mit Geschäftsleitung im Inland (BFH I R 43/18, BFH/NV 2022, 1383, zu HessFG 8 K 1279/16, EFG 2019, 199, best.; → § 9 Nr. 2a Rn. 3) und für die Beteiligung an einer Kapitalgesellschaft mit Sitz und Geschäftsleitung im Ausland, wenn das Unternehmen am Nennkapital entsprechend beteiligt ist (→ § 9 Nr. 7 Rn. 1 ff.). Auch durch **Zwischenschaltung** einer ausländischen **Stiftung** ist die Hinzurechnung wohl vermeidbar (Kollruss/Fornos/Euskirchen/Tran BB 2024, 2775).

4b Die Beteiligung an einer unbeschränkt persönlich oder einer beschränkt persönlich (sachlich) **befreiten Kapitalgesellschaft** führt unabhängig von der Beteiligungshöhe zur Hinzurechnung von Gewinnausschüttungen (vgl. BFH I B 34/11, BFH/NV 2012, 1175; FG Nürnberg 1 K 1366/22, EFG 2025, 108, Rev. I R 12/24).

2. Zeitfragen

5 Es kommt auf den Stand der Beteiligung zu **Beginn des EZ** an. Die weitere Entwicklung der Beteiligung im Laufe des EZ ist, wenn das Wj. dem Kalenderjahr entspricht, für die Gewährung des Schachtelprivilegs nicht von Bedeutung. Unterjähriger Erwerb führt im Jahr des Erwerbs grundsätzlich zur Hinzurechnung (BFH I R 12/18, BStBl. II 2021, 875; s. aber die Erläuterungen zu § 9 Nr. 2a und Nr. 7). Wird eine GmbH erst im Laufe des Kalenderjahres gegründet (Eintragung ins HR) und besteht die Beteiligung (Erfüllung der Einlageverpflichtung) nicht schon zu diesem Zeitpunkt, sind die Voraussetzungen des § 9 Nr. 2a nicht erfüllt mit der Folge der Hinzurechnung nach § 8 Nr. 5; eine planwidrige Gesetzeslücke besteht nicht (FG BW 3 K 1386/07, EFG 2010, 1714). Wird mit der Gründung im Laufe des Kj. (= Beginn des ersten EZ, § 14 S. 3) die Beteiligung erworben, kommt es mE dagegen nicht zur Hinzurechnung (ebenso Schaumberger/Stößel FR 2021, 773).

Bei einem **abweichenden Wj.** kann eine Hinzurechnung trotz des Umstands vermieden werden, dass im Kalenderjahr der Ausschüttung (= Beginn des Wj.) die Beteiligung noch nicht besteht, wenn sie noch in diesem Kalenderjahr erworben wird (Schaumberger/Stößel FR 2021, 773). Andererseits kann sich trotz Erfüllung der Beteiligungsvoraussetzung im Kj. des Bezugs der Gewinnanteile deren GewStPfl. ergeben, wenn die Beteiligung nach dem Bezug und vor dem Beginn des EZ des Endes des Wj. (§ 10 Abs. 2) unter die 15 %-Marke gefallen ist (Nöcker in Lenski/Steinberg § 8 Nr. 5 Rn. 12).

3. DBA-Befreiung

6 Nicht erwähnt und **nicht hinzuzurechnen** sind die Gewinnanteile in den Fällen einer **DBA-Befreiung** unter der Voraussetzung einer Mindestbeteiligung. Sie bleiben zwar zunächst „nach § 3 Nr. 40 EStG oder § 8b Abs. 1 KStG außer Ansatz" (Auflösung der Tatbestands- und Rechtsfolgekonkurrenz zulasten des DBA-Schachtelprivilegs); doch bedeutet die Hinzurechnung, dass – wenn das DBA die GewSt umfasst – die abkommensrechtliche Freistellung wieder auflebt. Durch den Hinzurechnungsausschluss iVm § 9 Nr. 2a und 7 sowie Aussparung

des abkommensrechtlichen Privilegs des § 9 Nr. 8 wird ebenfalls deutlich, dass die Hinzurechnung abkommensrechtliche Freistellungen unberührt lässt (BFH I R 71/09, BStBl. II 2011, 129; ebenso Prinz/Simon DStR 2002, 149; Linklaters & Oppenhoff & Rädler DB-Beil. 2002, Nr. 1; Haas DB 2002, 549; Dallwitz/Mattern/Schnitger DStR 2007, 1697; zweifelnd Rödder/Schumacher DStR 2002, 105; Nöcker in Lenski/Steinberg § 8 Nr. 5 Rn. 26: § 8 Abs. 1 KStG gehe den DBA vor, also verbleibe es bei der Beschränkung der Hinzurechnung nach § 8 Nr. 5 iVm § 9 Nr. 7; zu den Konsequenzen der Rspr. Schönefeld IStR 2010, 658; Schön, Besteuerung von Streubesitzdividenden, JbFfSt 2008/2010, 66).

4. Andere Voraussetzungen der Kürzung

Hinzuzurechnen ist nach dem Wortlaut der Vorschrift an sich auch, wenn 7
eine **andere Voraussetzung der** jeweils einschlägigen **Kürzungsvorschrift** (§ 9 Nr. 2a oder Nr. 7) **nicht vorliegt.** So etwa, wenn – bei § 9 Nr. 7 – die Erträge der außerhalb der EU ansässigen Kapitalgesellschaft nicht direkt oder indirekt aus aktiven Tätigkeiten iSd § 8 Abs. 1 Nr. 1–6 AStG oder aus Beteiligungen iSd § 9 Nr. 7 S. 1 stammen. Allerdings würde dieses Ergebnis mit dem Zweck der Vorschrift kollidieren, nur den Streubesitz zu belasten. Liest man sie so, dass es nur auf die Höhe der Beteiligung ankommt (→ Rn. 1), ist bei Fehlen anderer Kürzungsvoraussetzungen kein Raum für die Hinzurechnung. S. aber zur Beteiligung an einer **stbefreiten Kapitalgesellschaft** → Rn. 4 aE.

5. Personengesellschaften/BgA

Die Hinzurechnung findet auch auf gewerbliche **Personengesellschaften** 8
Anwendung. Für sie sind die §§ 3 Nr. 40 EStG und 8b KStG bei der Ermittlung des Gewinns anzuwenden (§ 7 S. 4; BFH I R 95/05, BStBl. II 2007, 279; FG Köln 7 K 1000/04, EFG 2005, 1964, best). Die FVerw folgt dem auch für EZ vor 2004 (vgl. BMF 21.3.2007, BStBl. I 2007, 302; zust. Nöcker in Lenski/Steinberg § 8 Nr. 5 Rn. 9).

Entsprechendes gilt mE für einen **BgA** unter den Voraussetzungen in § 8b Abs. 6 S. 2 KStG.

(frei) 9

IV. Umfang der Hinzurechnung

1. Grundsatz

Betroffen sind nur **Dividenden** und **diesen gleichgestellte Bezüge,** die bei 10
der Gewinnermittlung (§ 7) nach § 3 Nr. 40 EStG und § 8b Abs. 1 KStG als steuerfrei behandelt wurden (40 % bzw. bis EZ 2007 50 %). Das gilt auch, wenn die ausschüttende Ges. wegen ihrer Tätigkeit von der Gewst befreit ist (BFH I B 34/11, BFH/NV 2012, 1175). Auch kommt es nicht darauf an, ob der Empfänger beschränkt oder unbeschränkt stpfl. ist.

Sind die Gewinnanteile nach § 3 Nr. 41 EStG außer Ansatz geblieben, unterbleibt die Hinzurechnung (Linklaters Oppenhoff & Rädler DB-Beil. 1/02; → Rn. 13). Entsprechendes gilt für **Veräußerungsgewinne,** die nach § 8b Abs. 2 KStG steuerfrei geblieben sind oder nach § 3 Nr. 40 EStG nur zu 40 % steuerbefreit sind (ebenso Nöcker in Lenski/Steinberg § 8 Nr. 5 Rn. 8, 10; Stuhrmann NJW 2002, 638 (643)).

2. Investmentfonds

11 Auch **Dividendenbezüge von Investmentfonds** waren nach der Rspr. hinzuzurechnen. Das ergab sich aus einer „eingeschränkten Rechtsgrundverweisung" auf § 8b Abs. 1 KStG; **§ 40 Abs. 2 KAGG aF,** der einem eingeschränkten Transparenzprinzip folgte, bestimmte lediglich die Reichweite der StBefreiung. Der Verweis auf die Rechtsfolgen des § 8b Abs. 1 KStG führte zur StBefreiung der Erträge des Anteilsinhabers, die durch die Hinzurechnung – dem Zweck des § 8 Nr. 5 entsprechend – wieder rückgängig gemacht wurde (BFH I R 109/08, BFH/NV 2010, 1364). Zum EZ der Erfassung der Dividenden BFH I R 38/19 (BFH/NV 2022, 334, zu FG München 6 K 1543/16, EFG 2019, 1608, best.). Durch die Regelung des **§ 2 Abs. 2 InvStG 2004 bis 31.12.2017** hat sich mE die Rechtslage nicht verändert (BFH I R 92/10, BStBl. II 2013, 486; NdsFG 6 K 59/15, EFG 2016, 832).

Eine Änderung der Rechtslage hat sich durch das **InvStG 2018** insofern ergeben, als auf Investmenterträge aus einem **Investmentfonds** § 3 Nr. 40 EStG und § 8b KStG nicht anwendbar sind (§ 16 Abs. 3 InvStG 2018). Entsprechendes gilt *grundsätzlich* für Investmenterträge aus einem **Spezial-Investmentfonds** (§ 34 Abs. 2 S. 2, § 45 Abs. 1 S. 1 InvStG 2018). Insoweit fehlt es mE jeweils an sachlichen Grundlagen und Tatbestandsvoraussetzungen für eine Hinzurechnung.

Anderes gilt mE bei Wahrnehmung der **Transparenzoption** nach § 30 Abs. 1 S. 2 InvStG 2018 durch den Spezial-Investmentfonds nach § 45 Abs. 1 S. 2 iVm § 26 Nr. 6 S. 2 InvStG 2018 (Ausschüttungen durch eine ImmobilienGes, ÖPP-ProjektGes und EEG-ErzeugungsGes) für kstpflichtige Anleger, wenn die rechnerische Beteiligung des Anlegers am Kapital der Gesellschaft die Voraussetzungen des § 9 Nr. 2a erfüllt. Auch insofern fehlt es aber an einer Tatbestandsvoraussetzung für die Hinzurechnung.

3. Nettobetrag

12 Hinzugerechnet wird nur der **Nettobetrag;** dh die mit den Dividenden und gleichgestellten Bezügen in Zusammenhang stehenden **Betriebsausgaben** sind entgegen § 3c Abs. 2 EStG bzw. § 8b Abs. 5 (5 % der stfreien Bezüge) und Abs. 10 KStG (Entgelte bei der Wertpapierleihe) abziehbar (vgl. BFH I R 76/06, BFH/NV 2008, 247; Starke FR 2005, 681). Übersteigen sie die Einnahmen, ist ein Negativbetrag anzusetzen. Das ergibt sich zwar nicht aus dem Wortlaut der Vorschrift („hinzugerechnet … Gewinnanteile … *nach* Abzug …"), mE aber aus ihrem Sinn und Zweck unter Einbeziehung des objektiven Nettoprinzips (iE ebenso Nöcker in Lenski/Steinberg § 8 Nr. 5 Rn. 13; **aA** Gröning/Siegmund DStR 2003, 617; Baldauf in Brandis/Heuermann § 8 Rn. 586 f.). Das gilt mE für BA nach § 3c Abs. 2 EStG auch insoweit, als es nicht zu den beabsichtigten (§ 3c Abs. 2 S. 7 EStG) Einnahmen oder BV-Mehrungen kommt (ebenso Nöcker in Lenski/Steinberg § 8 Nr. 5 Rn. 13).

Problematisch ist, ob allein wegen der diesbezüglichen Berücksichtigung Zinsaufwendungen iZm dem Streubesitz – bei Vorliegen der entsprechenden Voraussetzungen – als **Schuldentgelte** nach § 8 Nr. 1 Buchst. a hinzuzurechnen sind (hierzu Gröning/Siegmund DStR 2003, 617). ME steht dem die Ratio der Nr. 5 (Beschränkung der Hinzurechnung auf einen Nettobetrag) entgegen (Nöcker in Lenski/Steinberg § 8 Nr. 5 Rn. 14b; Kessler/Kahl DB 2002, 1017; **aA** Fischer DStR 2002, 610).

Teilwertabschreibungen (TWA), die nach **§ 8b Abs. 3 KStG** unberücksichtigt bleiben, gehören nicht zu den abziehbaren Ausgaben (BFH I R 76/06, BFH/NV 2008, 247). Nicht zuzustimmen ist der Auffassung, § 8 Nr. 5 sei zur Vermeidung eines Verstoßes gegen Art. 3 GG (Leistungsfähigkeitsprinzip) sowie eines Systembruchs und unter Heranziehung der Ggebungsmaterialien in **teleologischer Extension** dahin auszulegen, dass auch eine TWA den Hinzurechnungsbetrag kürzend zu berücksichtigen sei (BFH I R 88/15, BFH/NV 2018, 231; gegen FG Köln 10 K 410/14, EFG 2016, 218, aufgeh.; zur bisher in seiner Rspr. offen gelassenen Bedeutung des Leistungsfähigkeitsprinzips bei der GewSt s. insb. BVerfG 1 BvL 8/12, BStBl. II. 2016, 557). Bei einer **natürlichen Person** gilt mE trotz der Erwähnung des § 3c Abs. 2 EStG in § 8 Nr. 5 Hs. 4 GewStG nichts Anderes (so jedoch Nöcker in Lenski/Steinberg § 8 Nr. 5 Rn. 13; Weiss StuB 2018, 172), weil es sich bei der TWA um substanzbezogene Aufwendungen, nicht um BA handelt, die nach § 3c Abs. 2 EStG unberücksichtigt geblieben wären (BFH I R 76/06, BFH/NV 2008, 247; I R 88/15, BFH/NV 2018, 231).

Ebenfalls nicht zu berücksichtigen sind **ausländische Quellensteuern.** Sie sind nicht BA iSd § 8b Abs. 5 KStG, sondern lediglich nach § 10 Nr. 2 KStG außerbilanziell hinzuzurechnen (NdsFG 6 K 196/13, EFG 2015, 2200). Zur ausländischen Quellensteuer im Übrigen → § 1 Rn. 30a.

4. Gewinnausschüttungen nach § 3 Nr. 41 Buchst. a EStG

Sie **unterliegen** nach der ausdrücklichen Bestimmung des § 8 Nr. 5 S. 2 **bis** **13**
EZ 2021 einschließlich **nicht der Hinzurechnung** (Vermeidung der Doppelbelastung durch das AStG und das GewStG). Eine entsprechende Vorschrift fehlt im KStG angesichts der umfassenden Wirkung des § 8b Abs. 1 KStG, was für juristische Personen zu einer Hinzurechnung auch mit ASt belasteter Gewinnausschüttungen nach Abzug der „Schachtelstrafe" des § 8b Abs. 5 KStG führen würde (vgl. BFH I R 84/15, BStBl. II 2018, 492 mit umfangreichen Hinweisen zum Meinungsstand: kein Vorrang des § 3 Nr. 41 Buchst. a EStG vor § 8b Abs. 1 u. 5 KStG). Nach dem auch auf einen Gleichlauf der Hinzurechnung bei natürlichen und juristischen Personen abzielenden Zweck der Vorschrift und der angesichts des Verweises in S. 1 auf § 3 Nr. 40 EStG ansonsten unnötigen Regelung des S. 2 ist dies mE so zu verstehen, dass außer Ansatz bleibende Gewinnanteile iSd § 8b Abs. 1 KStG nicht hinzuzurechnen sind, soweit in ihnen Gewinnausschüttungen iSv § 3 Nr. 41 Buchst. a EStG enthalten sind (ebenso Haas DB 2002, 549; Nöcker in Lenski/Steinberg § 8 Nr. 5 Rn. 28; wenn auch mit anderer Begründung Bergmann in WSMH § 8 Nr. 5 Rn. 23: Vorrang des § 3 Nr. 41 Buchst. a EStG vor § 8b Abs. 1 KStG; krit. Melkonyan/Kudert Ubg 2015, 132: unmittelbare Freistellung in dieser Vorschrift vorzuziehen).

ME ist bei diesem Verständnis des § 8 Nr. 5 S. 2 auch die **„Schachtelstrafe"** des § 8b Abs. 5 KStG nicht hinzuzurechnen (aA Nöcker in Lenski/Steinberg § 8 Nr. 5 Rn. 4). Es wird empfohlen, darauf hinzuwirken, dass Dividenden innerhalb der Sieben-Jahres-Frist des § 41a EStG ausgeschüttet werden (zB Hielscher BB 2017, 2536).

Mit **Wirkung ab EZ 2022** ist der **Satz 2** des § 8 Nr. 5 **aufgehoben** worden **13a**
(G. v. 25.6.2021 (BGBl. 2021 I 2035)). Da mit demselben G. das Siebenjahreskonzept durch Gewährung der Kürzung von Gewinnausschüttungen nach § 11 Abs. 1 u. 2 AStG und Aufhebung des § 3 Nr. 41 Buchst. a EStG aufgegeben worden ist, sind die Bezüge nach § 11 Abs. 1 AStG unter der Voraussetzung nicht Teil des

GewErtrages, dass Hinzurechnungsbeträge nach § 10 Abs. 2 AStG der GewSt unterlegen haben (§ 11 Abs. 5 AStG; hierzu BT-Drs. 19/28652, 61, mit Beispiel). Einer besonderen Regelung über das Unterbleiben ihrer Hinzurechnung bedarf es daher nicht mehr (hierzu Jacobsen DStZ 2021, 792 (799)).

V. Zeitlicher Anwendungsbereich

14 Die Vorschrift war **erstmals ab EZ 2001** anzuwenden (§ 36 Abs. 6 GewStG 2001). Soweit hiervon auch Vorabausschüttungen betroffen waren, die **vor dem 11.12.2001** (Vorschlag des Vermittlungsausschusses) beschlossen und zugeflossen sind, ist die hierin liegende (echte) Rückwirkung **verfassungsrechtlich unzulässig** und **nichtig.** Für nach dem oa Stichtag ergehende (Vorab-)Ausschüttungen besteht lediglich eine unechte Rückwirkung, die zulässig ist (BVerfG 1 BvL 6/07, BStBl. II 2012, 932; hierzu Scharfenberg DB 2013, 85; Desens FR 2013, 148). Zudem hält der I. Senat des BFH § 36 Abs. 4 GewStG auch insoweit wegen Verstoßes gegen das Rückwirkungsverbot für verfassungswidrig, als er § 8 Nr. 5 GewStG auf **Ausschüttungen ausländischer KapGes** für anwendbar erklärt, die vor dem 12.12.2001 verbindlich beschlossen und der mit weniger als 10 % an der ausschüttenden Ges. beteiligten Körperschaft zugeflossen sind (Vorlagebeschluss BFH I R 36/23, I R 5/18, BStBl. II 2024, 836).

Die Anordnung der **rückwirkenden Anwendung** bei Auslandsbeteiligungen **im EZ 2001** (§ 36 Abs. 4 aF) ist mangels Ungleichbehandlung **kein Verstoß gegen Unionsrecht** (EuGH C-258/22, DStR 2023, 1417, zu BFH I R 5/18, BFH/NV 2022, 675, Vorlagebeschluss; vorhergehend Nds FG 6 K 145/16, EFG 2018, 1041; aA BFH I R 14/07, BStBl. II 2015, 349; hierzu jedoch NAnwErl FM Länder BStBl. I 2015, 260).

Die ab EZ 2001 geltende Fassung der Vorschrift bezog sich auf das Abzugsverbot des § 3c EStG insgesamt; die Beschränkung der Vorschrift auf § 3c Abs. 2 EStG konnte von § 36 Abs. 6 S. 1 aF umfasst werden, wonach § 8 Nr. 5 erstmals ab EZ 2001 anzuwenden ist. Indes regelt diese Vorschrift nur die *erstmalige* Anwendung, während sich der zeitliche Anwendungsbereich der *Neufassung* aus § 36 Abs. 6 S. 2 aF ergab, nämlich – in Übereinstimmung mit der Neufassung des § 8b Abs. 5 KStG – ab EZ 2004; eine Regelungslücke liegt hierin nicht (**aA** Nöcker in Lenski/Steinberg § 8 Nr. 5 Rn. 22). Die Einbeziehung des § 8b Abs. 10 KStG bei den nichtberücksichtigten Betriebsausgaben ist ab EZ 2007 anzuwenden (§ 36 Abs. 6 GewStG aF).

§ 8 Nr. 6 *(weggefallen)*

§ 8 Nr. 7 *(aufgehoben)*

§ 8 Nr. 7 aufgeh. durch G. v. 14.8.2007 (BGBl. 2007 I 1912) mWv EZ 2008; zur Kommentierung vgl. die 8. Auflage.

§ 8 Nr. 8 Hinzurechnungen (Mitunternehmer-Verlustanteile)

Dem Gewinn aus Gewerbebetrieb (§ 7) werden folgende Beträge wieder hinzugerechnet, soweit sie bei der Ermittlung des Gewinns abgesetzt worden sind:

…

8. [1]die Anteile am Verlust einer in- oder ausländischen offenen Handelsgesellschaft, einer Kommanditgesellschaft oder einer anderen Gesellschaft, bei der die Gesellschafter als Unternehmer (Mitunternehmer) des Gewerbebetriebs anzusehen sind. [2]Satz 1 ist bei Lebens- und Krankenversicherungsunternehmen nicht anzuwenden; für Pensionsfonds gilt Entsprechendes;

…

Gewerbesteuer-Richtlinien 2009: GewStR 8.4/GewStH 8.4

Literatur: Kromer, Ertragsteuerlich irrelevante Ausgliederungen von Unternehmensteilen bei Kapitalgesellschaften, DStR 2000, 2157; Berg/Trompeter, Ausgliederung im Treuhandmodell, FR 2003, 903; Stegemann, Treuhandmodell: Ertragsteuerliche Irrelevanz der zivilrechtlichen Existenz – Personengesellschaft als steuerliches Gestaltungsinstrument, Inf 2003, 629; Rödder, Gewerbesteuerliche Behandlung einer Personengesellschaft im Rahmen des sog. Treuhandmodells, DStR 2005, 955; Wild/Reinfeld, Das Treuhandmodell – Ein Modell ohne Zukunft?, DB 2005, 69; Kahle/Willner, Hinzurechnungsbesteuerung und Gewerbesteuer, Ubg 2017, 21; Gosch/Heckerodt, Die unendliche Geschichte der finalen Verluste, GmbHR 2021, 1248.

Übersicht

I. Allgemeines

Zweck der Vorschrift ist die **Vermeidung der doppelten Erfassung** der 1
Verluste von Mitunternehmerschaften, wenn die Anteile zu einem Betriebsvermögen gehören. Nach § 15 Abs. 3 EStG gilt die Tätigkeit von Mitunternehmerschaften stets und in vollem Umfang als GewBetrieb. Daher werden nur diese herangezogen. Die Gewinnanteile der Gesellschafter haben gewstrechtlich keine Relevanz, und zwar auch, wenn die Anteile zu einem BV gehören. Die Vorschrift dient also der Trennung der Verhältnisse von Gesellschaft und Gesellschafter durch Hinzurechnung der Verlustanteile unter der allgemeinen Voraussetzung des § 8, dass sie bei der Ermittlung des Gewinns abgesetzt worden sind. Ihr korrespondiert spiegelbildlich die Kürzungsvorschrift des § 9 Nr. 2.

II. Anwendungsbereich

Die Vorschrift *ist* **unabhängig davon** anzuwenden, **ob** die Mitunternehmer- 2
schaft der **GewSt** unterliegt; das gilt etwa für Verlustanteile aus einer Partenreederei, wenn diese noch keinen Gewerbebetrieb iSd GewStG ausübt (BFH IV R 319/84, BStBl. II 1987, 64; GewStH 8.4). Hinzugerechnet werden auch die Ver-

lustanteile an einer **ausländischen Mitunternehmerschaft** (BFH I R 13/14, BFH/NV 2016, 961). Nach ihrer ursprünglichen Fassung war der Anwendungsbereich der Vorschrift auf Anteile an inländischen Mitunternehmerschaften beschränkt (BFH VIII 16/65, BStBl. II 1972, 388; I R 248/71, BStBl. II 1974, 752). Dem entgegenzuwirken hat die Vorschrift durch G. v. 16.8.1977 (BGBl. 1977 I 1586) die gegenwärtige Fassung erhalten. Liegen die Voraussetzungen für eine **Organschaft** vor, haben § 8 Nr. 8 und § 9 Nr. 2 Vorrang (vgl. → § 2 Rn. 524).

EU-Recht, insb. die Niederlassungsfreiheit dürfte dem nicht entgegenstehen, da das GewStRecht darauf gerichtet ist, den GewErtrag symmetrisch um Gewinne (§ 9 Nr. 2) und um Verluste (8 Nr. 8) aus der Beteiligung an in- und ausländischen Mitunternehmerschaften zu bereinigen (BFH I R 13/14, BFH/NV 2016, 961 unter Hinweis auf EuGH C-686/13, IStR 2015, 557; Anm. Kippenberg IStR 2016, 431; ebenso Gosch/Heckerodt GmbHR 2021, 1248).

2a Die Hinzurechnungsvorschrift ist bei **Lebens- und Krankenversicherungsunternehmen** sowie **Pensionsfonds** ab **EZ 2021** nicht anzuwenden (§ 36 Abs. 1). Die mit G. v. 21.12.2021 (BGBl. 2020 I 3096) eingeführte Regelung ist Gegenstück zu § 9 Nr. 2 S. 3 (→ § 9 Nr. 2 Rn. 3). Durch die bisher bestehende Asymmetrie entstand eine Ungleichbehandlung gegenüber anderen Unternehmen, die Gewinne in den folgenden EZ kürzen können, während dies den bisher ausgeschlossenen Unternehmen verwehrt war. Der neue S. 2 beseitigt diese Ungleichbehandlung (BT-Drs. 19/22850, 104).

III. Anteil am Verlust einer Mitunternehmerschaft

1. Allgemeines

3 Betroffen ist nur der Anteil am Verlust einer **Gesellschaft iSd § 15 Abs. 3 EStG** (hierzu → § 2 Rn. 403 ff.), also nicht bei ausschließlicher Land- und Forstwirtschaft, mE grundsätzlich auch nicht bei einer Partnerschaftsgesellschaft, es sei denn, diese ist gewerblich „infiziert" (hierzu → § 2 Rn. 287, 424; ebenso Kratzsch in Lenski/Steinberg § 8 Nr. 8 Rn. 10) und idR auch nicht bei einer EWIV (→ § 2 Rn. 406; ähnlich Kratzsch in Lenski/Steinberg § 8 Nr. 8 Rn. 10: ausnahmsweise). Ebenso wenig betroffen ist eine KGaA, die trotz ihre hybriden Natur KapitalGes ist (§ 1 Abs. 1 Nr. 1 KStG).

Erfasst werden auch Verhältnisse von **doppelstöckigen Strukturen** (BFH I R 13/14, BFH/NV 2016, 961) sowie die Beteiligung an einer **atypischen stillen Gesellschaft** (BFH I R 20/93, BStBl. II 1994, 327 (331); I R 133/93, BStBl. II 1995, 171; I R 76/93, BStBl. II 1995, 794; I R 76/93, BFH/NV 1996, 504 jeweils mwN).

Besonderheiten bestehen bei **Treuhandverhältnissen** (vgl. hierzu allg. → § 2 Rn. 412 sowie BFH IV R 179/82, BStBl. II 1985, 247 und VIII R 83/84, DB 1988, 996). Im Fall der durch das „Treuhandmodell" verdeckten „Ein-Mann-Mitunternehmerschaft" (vgl. BFH IV R 26/07, BStBl. II 2010, 751) ist mE für die Anwendung des § 8 Nr. 8 kein Raum (ebenso Kratzsch in Lenski/Steinberg § 8 Nr. 8 Rn. 16 ff., 19).

Genügen kann mE auch die **Verpachtung eines GewBetriebs,** wenn die Mitunternehmerschaft keine Betriebsaufgabe erklärt hat (hierzu → § 2 Rn. 579), weil es auf ihre GewStPflicht nicht ankommt (ebenso Kratzsch in Lenski/Steinberg § 8 Nr. 8 Rn. 10).

Zur **Beteiligung einer juristischen Person** des öffentlichen Rechts an einer PersGes vgl. BMF BStBl. I 2017, 880, insb. Rn. 12; OFD Karlsruhe 14.6.2018, BeckVerw 436547, insb. Rn. 2.12.

2. GmbH & Co KG

Die Vorschrift ist auch anzuwenden bei der **Beteiligung einer KG** als einzige Kommanditistin an einer **GmbH & Co KG** (BFH IV R 56/80, BStBl. II 1984, 150). Die Hinzurechnung ist unter dem vom BFH inzwischen aufgegebenen Gesichtspunkt der gewstrechtlichen Unternehmenseinheit (BFH I R 95/76, BStBl. II 1980, 465) nicht zu vermeiden. Auch eine Organschaft kommt nicht in Betracht, weil die GmbH & Co. KG gewstrechtlich einer KapGes nicht gleichzustellen ist (BFH IV R 68/77, BStBl. II 1980, 658; IV R 25/79, BStBl. II 1982, 707). Beteiligungen der vorbezeichneten Art können nur dann zu einer Zusammenfassung der Betriebe führen, wenn der Stpfl. Alleinunternehmer der GmbH & Co. KG ist, weil die Komplementär-GmbH nicht Mitunternehmer ist (BFH IV R 56/80, BStBl. II 1984, 150); vgl. zum sog. „Treuhandmodell" → § 2 Rn. 412. Das ist aber nicht schon dann der Fall, wenn die GmbH Organgesellschaft der Beteiligungs-KG ist (BFH I R 143/75, BStBl. II 1978, 74; IV R 56/80, BStBl. II 1984, 150), denn die Organgesellschaft ist eigenständiges Subjekt der Gewinnermittlung (→ § 2 Rn. 518; BFH IV R 186/72, BStBl. II 1977, 301). Die Mitunternehmereigenschaft fehlt aber auch nicht deswegen, weil die GmbH am Verlust der Grund-KG nicht beteiligt ist, solange ihre handelsrechtliche Haftung besteht (BFH IV R 115/76, BStBl. II 1980, 336). 4

IV. Umfang der Hinzurechnung

Hinzugerechnet wird der nach den oa Grundsätzen ermittelte Verlustanteil, der bei der Ermittlung des Gewinns **tatsächlich abgesetzt** worden ist. Das gilt auch für gewstlich relevante Verluste (→ § 2 Rn. 4; → § 7 Rn. 27 ff.) aus der Veräußerung der Beteiligung (BFH I 78/61 S, BStBl. III 1962, 438) einschließlich Währungsverlusten (BFH I R 13/14, BFH/NV 2016, 961 zur Liquidation der Mitunternehmerschaft). Nicht in Betracht kommt eine Hinzurechnung von negativen Einkünften nach dem AStG, weil sie bereits nach diesem nicht zu einer Hinzurechnung führen (vgl. § 10 Abs. 1 S. 4 AStG); das dürfte auch für negative Einkünfte nach § 20 Abs. 2 AStG (vgl. § 7 S. 8) gelten (vgl. Kahle/Willner Ubg 2017, 21). 5

Eine Teilwertabschreibung auf die Beteiligung ist steuerrechtlich unzulässig, da diese nach der Spiegelbildtheorie einen Anteil an den Aktiva und Passiva abbildet (BFH I R 165/73, BStBl. III 1976, 73; I R 242/81, BStBl. II 1986, 333; Baldauf in Brandis/Heuermann § 8 Rn. 652). Sie ist – ohne Bindung an einen ESt-/KSt-Bescheid – bei der Ermittlung des Gewinns/Einkommens (§ 7) zu korrigieren und kommt daher auch für eine Hinzurechnung nicht in Betracht (BFH IV R 100/06, BFH/NV 2010, 2056).

§ 8 Nr. 9 Hinzurechnungen (Spenden)

Dem Gewinn aus Gewerbebetrieb (§ 7) werden folgende Beträge wieder hinzugerechnet, soweit sie bei der Ermittlung des Gewinns abgesetzt worden sind:

…

9. die Ausgaben im Sinne des § 9 Abs. 1 Nr. 2 des Körperschaftsteuergesetzes;

…

Gewerbesteuer-Richtlinien 2009: GewStR 8.5

Literatur: Thiel/Eversberg, Gesetz zur steuerlichen Förderung von Kunst, Kultur und Stiftung …, DB 1991, 118; Pauka, StÄndG 1992: Die Änderungen im Gewerbesteuerrecht, DB 1992, 1207; Schönwald, Berücksichtigung von Spenden bei der Gewerbesteuer, StStud 1998, 503; Schoor, Ermittlung des Gewerbeertrags ab 2004, BBK Fach 13, 4675; Eckmann, Spenden, LSW-Gruppe 4/298, 1-12; Wassermeyer, Liebhaberei und Spendenabzug bei der Einkommensermittlung im Körperschaftsteuerrecht, DB 2011, 1828; Weber, Wie können Unternehmen Steuerwirkungen bei Spendenentscheidungen nutzen?, StuW 2015, 237.

Übersicht

I. Allgemeines

1 Die Vorschrift dient der **Gleichstellung** von estpfl. und kstpfl. GewTreibenden. Die nach § 9 Abs. 1 Nr. 2 KStG abziehbaren Ausgaben (Spenden und Mitgliedsbeiträge) zur Förderung steuerbegünstigter Zwecke iSd §§ 52–54 AO mindern bei EStpfl. als Sonderausgaben nach § 10b EStG den Gewinn nicht. Kstpfl. GewTreibende einschließlich PersonenGes, an denen Körperschaften beteiligt sind, wären also gewstrechtlich ohne diesen Ausgleich besser gestellt als EStpfl. (zur Problematik des BA-Abzugs Wassermeyer DB 2011, 1828). Diesen Ausgleich stellt die Vorschrift her. Sie hat mit Wirkung durch das StÄndG 1992 (BGBl. 1992 I 297) eine Änderung erfahren. Das **ab EZ 1991** geltende und im Vergleich zu einer einfachen Klarstellung in § 9 Nr. 5 umständliche **Gesamtkonzept** zum Abzug von Spenden und Mitgliedsbeiträgen bedingt, dass die als Betriebsausgaben abgezogenen Spenden zunächst hinzuzurechnen sind und sodann nach § 9 Nr. 5 mit bestimmten Höchstbeträgen von der Summe des Gewinns und der Hinzurechnungen gekürzt werden (BT-Drs. 12/1108, 69; GewStR 8.5 S. 2). Zu den unterschiedlichen Steuerwirkungen der verschiedenen Spendenarten (Sachspende vs. Geldspende) Weber StuW 2015, 237.

II. Rechtslage ab EZ 1991/2007

2 Betroffen sind alle **Aufwendungen iSv § 9 Abs. 1 Nr. 2 KStG** ohne die vorher zu beachtenden Einschränkungen. Die Vorschrift betrifft alle Körperschaftsteuerpflichtigen. Sie hat aber **auch** Bedeutung **für Personengesellschaften,** an denen eine Kapitalgesellschaft beteiligt ist, und zwar dann, wenn die Spenden aus dem Gesamthandsvermögen der Personengesellschaft geleistet worden sind und anteilig auf den Gewinnanteil der Kapitalgesellschaft entfallen (Pauka DB 1992,

1207; Deloitte § 8 Nr. 9 Rn. 4; aA Kratzsch in Lenski/Steinberg § 8 Nr. 9 Rn. 12; Hölzerkopf in Bergemann/Wingler § 8 Rn. 496).

Durch **G. v. 10.10.2007** ist § 9 Abs. 1 Nr. 2 KStG in Übereinstimmung mit § 10b Abs. 1 EStG iRd Neuordnung des Gemeinnützigkeits- und Spendenrechts (§ 52 Abs. 2 AO; → § 3 Nr. 6 Rn. 14) neu gefasst worden. Neu geregelt sind die begünstigten Zwecke und die Höhe der abziehbaren/hinzuzurechnenden Aufwendungen, nicht jedoch das System der Ermittlung des GewErtrags (→ Rn. 1).

III. Umfang der Hinzurechnungen

Erfasst werden nach dem Einleitungssatz des § 8 die bei der Gewinnermittlung **tatsächlich abgesetzten** Beträge. Wurden einzelne Beträge zu Unrecht abgesetzt, ist die Gewinnermittlung (§ 7) zu korrigieren. Bei **Rückzahlung** von Zuwendungen in einem späteren EZ ist der Gewinn dieses EZ um den Betrag zu kürzen, soweit er nicht der Kürzung nach § 9 Nr. 5 den GewErtrag unterlegen hat (ebenso Baldauf in Brandis/Heuermann § 8 Rn. 673). 3

§ 8 Nr. 10 Hinzurechnungen (Ausschüttungsbedingte Gewinnminderungen)

Dem Gewinn aus Gewerbebetrieb (§ 7) werden folgende Beträge wieder hinzugerechnet, soweit sie bei der Ermittlung des Gewinns abgesetzt worden sind:

...

10. Gewinnminderungen, die

a) durch Ansatz des niedrigeren Teilwerts des Anteils an einer Körperschaft oder

b) durch Veräußerung oder Entnahme des Anteils an einer Körperschaft oder bei Auflösung oder Herabsetzung des Kapitals der Körperschaft

entstanden sind, soweit der Ansatz des niedrigeren Teilwerts oder die sonstige Gewinnminderung auf Gewinnausschüttungen der Körperschaft, um die der Gewerbeertrag nach § 9 Nr. 2a, 7 oder 8 zu kürzen ist, oder organschaftliche Gewinnabführungen der Körperschaft zurückzuführen ist;

...

Gewerbesteuer-Richtlinien 2009: GewStR 8.6/GewStH 8.6

Literatur: Dötsch/Buyer, Teilwertabschreibung auf Organbeteiligungen, DB 1991, 10; Breidenbach, Ausschüttungsbedingte Teilwertabschreibungen im Falle der gewerbesteuerlichen Organschaft, DB 1991, 2157; Schnädter § 8 Nr. 10 GewStG „sachgerecht"?, FR 1989, 576; Hönle, Systemwidrigkeiten beim mitgekauften Gewinn und der ausschüttungsbedingten Teilwertabschreibung, BB 1993, 252; Holzapfel, Vermeidung der gewerbesteuerlichen Mehrfachentlastung bei verlustbedingter Wertminderung im Falle der Organschaft, StWa 1995, 106 (146); Rödder/Momen, Gewerbesteuerliche Behandlung des Übernahmeverlustes bei Umwandlung einer Kapital- in eine Personengesellschaft, DStR 1996, 1799; Kohlhaas, Gewerbesteuerliche Behandlung der abführungsbedingten Teilwertabschreibung im Organkreis erneut auf dem Prüfstand, DStR 1998, 5; Kohlhaas, Die (unendliche) Geschichte der abführungsbedingten Teilwertabschreibung im gewerbesteuerlichen Organkreis, GmbHR

1999, 747; Kohlhaas, Teilwertabschreibungen im gewerbesteuerlichen Organkreis …, GmbHR 1999, 106 (704); Rogall, Ungereimtheiten bei der Gewerbesteuer im Zusammenhang mit Beteiligungen an Kapitalgesellschaften, DB 2004, 2176; Roser, Teilwertabschreibungen und andere Wertminderungen – das BMF als kreativer Ersatzgesetzgeber, GmbHR 2011, 841; Weiss, Zur gewerbesteuerlichen Behandlung von Doppelbelastungen, StuB 2018, 172; Weiss/Brühl/Becker, Gewerbesteuerwirksamkeit der steuerbilanziellen Wertaufholung der Beteiligung an einer Organgesellschaft, StuB 2018, 499.

Übersicht

I. Allgemeines

1. Gesetzeszweck

1 Nach der Vorstellung des Gesetzgebers (BT-Drs. 11/2157, 175) soll die Vorschrift ein **Gegenstück zum sog. gewstrechtlichen „Schachtelprivileg"** darstellen. Nach § 9 Nr. 2a, 7 und 8 wird bei der Ermittlung des GewErtrags der Gewinn um Gewinnausschüttungen aus „Schachtelbeteiligungen" (Beteiligungen von jetzt mindestens 15 %) an bestimmten Körperschaften gekürzt. Auf der Ausschüttung beruhende Teilwertabschreibungen oder – im Falle der Veräußerung der Anteile, der Auflösung der Körperschaft oder der Kapitalherabsetzung – Buchwertverluste des Anteilsinhabers sollen sich nach dem Willen des Gesetzgebers gewstrechtlich ebenso wenig auswirken wie die Gewinnausschüttungen selbst (Vermeidung einer Doppelentlastung, BFH IV R 35/01, BStBl. II 2004, 460; zur Rechtsentwicklung Kohlhaas DStR 1998, 5). Dagegen insb. Schnädter FR 1989, 576, der darauf hinweist, dass im Falle der Veräußerung einer Beteiligung bei vorhandenen ausschüttbaren Gewinnen durch § 9 Nr. 2a usw nicht nur eine Benachteiligung des Veräußerers, sondern – unter Einschluss von § 8 Nr. 10 – auch des Erwerbers eintritt, eine Folge fehlender Harmonisierung von Hinzurechnungs- u. Kürzungsvorschriften (Roser in Lenski/Steinberg § 8 Nr. 10 Rn. 3a). Wird die Beteiligung im Betriebsvermögen gehalten, so unterliegen die ausgeschütteten Reserven zweimal (beim Veräußerer und bei der Gesellschaft) der GewSt (Hönle BB 1993, 252; Herzig/Hötzel DB 1988, 2265; Breidenbach DB 1991, 2157). Bedenken gegen die **Verfassungsmäßigkeit** der Vorschrift dürften trotz allem nicht bestehen (BFH IV R 35/01, BStBl. II 2004, 460; **aA** Schnädter FR 1989, 576; Herzig/Hötzel DB 1988, 2265; Hönle BB 1993, 252). Für die

Abschaffung der Vorschrift aus steuersystematischen Gründen Rogall DB 2004, 2176.

Eine **umgekehrte Anwendung** der Vorschrift, etwa für den Fall einer nachfolgenden Wertaufholung (→ Rn. 8), verbietet sich aufgrund des GWortlauts und -Zwecks (BFH I R 9/15, BFH/NV 2017, 485, zu FG Köln 13 K 2447/11, EFG 2015, 665, best.; aA Wendt FR 2009, 543).

2. Organschaften

1a **Ab EZ 1999** werden von der Hinzurechnung auch auf **organschaftlichen Gewinnabführungen** beruhende Gewinnminderungen erfasst. Zweck ist die Sicherstellung der **Ertragsneutralität** der Gewinnabführungen **im Organkreis.** Organschaftliche Gewinnabführungen (ebenso Ausschüttungen) beeinflussen den Gewerbeertrag des Organkreises nicht (BFH I R 10/93, BStBl. II 1994, 768). Deshalb sollen auch Gewinnminderungen als Folgewirkungen organschaftlicher Gewinnabführungen den Gewerbeertrag des Organkreises nicht beeinflussen.

II. Inhalt

2 Hinzuzurechnen sind bei der Gewinnermittlung eingetretene Gewinnminderungen in drei Fällen:

- **Teilwertabschreibung** auf einen Anteil an einer Körperschaft,
- **Veräußerung** oder **Entnahme** des Anteils,
- **Auflösung** oder **Herabsetzung** des Kapitals der Körperschaft,

soweit die Gewinnminderung auf Gewinnausschüttungen der Körperschaft zurückzuführen ist und auf die Gewinnausschüttung § 9 Nr. 2a, 7 oder 8 angewendet wird. Weitere Voraussetzung ist, dass die Gewinnausschüttung nach dem 23.6.1988 erfolgt (§ 36 Abs. 4 aF).

III. Betroffene Schachtelbeteiligungen

3 Betroffen sind Beteiligungen an **nicht steuerbefreiten inländischen** Kapitalgesellschaften iSv § 2 Abs. 2, Kreditanstalten des öffentlichen Rechts, Erwerbs- und Wirtschaftsgenossenschaften oder einer Unternehmensbeteiligungsgesellschaft iSd § 3 Nr. 23 (vgl. § 9 Nr. 2a), an einer **ausländischen Kapitalgesellschaft** (vgl. § 9 Nr. 7) und an einer ausländischen Gesellschaft, bei denen die Gewinne nach einem DBA steuerbefreit sind (§ 9 Nr. 8). Bei Letzteren handelt es sich in Anbetracht der unterschiedlichen Begriffe in § 8 Nr. 10 (Körperschaft) und § 9 Nr. 8 (Gesellschaft) wohl ebenfalls um ausländische Kapitalgesellschaften.

IV. Gewinnausschüttungen

4 Es können **offene** wie **verdeckte Gewinnausschüttungen** sein (GewStR 8.6 S. 2). Sie erfolgen nach dem 23.6.1988 (§ 36 Abs. 4 aF), wenn bei der offenen Gewinnausschüttung der Gewinnverwendungsbeschluss nach diesem Zeitpunkt wirksam geworden ist (vgl. BT-Drs. 11/2529, 36), im Übrigen, wenn die Gewinnausschüttung zu aktivieren ist bzw. der Vermögensabfluss bei der Körperschaft erfolgt (vgl. § 27 Abs. 3 KStG aF). Die Vorschrift greift auch beim sog.

Kombinationsmodell im Zusammenhang mit der Umwandlung einer Kapital- in eine Personengesellschaft (Rödder/Momen DStR 1996, 1799).

Andere einer Teilwertabschreibung zugrundeliegende Umstände, etwa eine **Gewinnabführung,** fielen **zunächst nicht** unter die Vorschrift (FG RhPf 3 K 1315/91, EFG 1993, 333). Sie führt nicht zu einer Doppelentlastung, sondern lediglich zu einer Neutralisierung des Gewinns aus der Aufdeckung der stillen Reserven bei der abführenden Gesellschaft. Zur Regelung für *Organschaften* → Rn. 7.

V. Gewinnminderungen

1. Gründe

5 Die Gewinnminderungen müssen eingetreten sein durch

- **Teilwertabschreibungen** auf Anteile an den genannten Körperschaften (hierzu Kulosa in Schmidt EStG § 6 Rn. 286; Herzig/Hötzel DB 1988, 2265), also in Höhe des Betrages, um den infolge der Ausschüttung der Teilwert der Anteile unter den Buchwert fällt (vgl. BFH IV R 35/01, BStBl. II 2004, 460); Wertverluste von Gesellschafterdarlehen sind unbeachtlich, selbst wenn das Darlehen eigenkapitalersetzende Wirkung hat (ebenso Roser in Lenski/Steinberg § 8 Nr. 10 Rn. 10a). Jedoch soll (nach Roser in Lenski/Steinberg § 8 Nr. 10 Rn. 10b) die Anwendung des § 8 Nr. 10 bei bestimmten Anteilsscheinen an *Spezial-Investmentfonds* (kein Streubesitz) eröffnet sein; mE jedoch fraglich, weil die zu § 8 Nr. 5 ergangene BFH-Entscheidung (I R 109/08, BFH/NV 2010, 1364) mit einer eingeschränkten Rechtsgrundverweisung in § 40 Abs. 2 KAGG (jetzt § 45 Abs. 1 InvStG 2018) auf § 8b Abs. 1 KStG argumentiert;
- **Veräußerung des Anteils** vor der Teilwertabschreibung, wenn ein unter den Anschaffungskosten und damit unter dem Buchansatz liegender Verkaufserlös erzielt wird;
- **Entnahme des Anteils** vor der Teilwertabschreibung zu einem durch die Ausschüttung ermittelten Teilwert;
- **Auflösung** der Körperschaft; hierbei ist der Gewinn gemindert in der Höhe, in der die Auskehrung der Liquidationsrate, die eine Kürzung nach § 9 Nr. 2a zur Folge hat, zur Ausbuchung der Anteile an der Untergesellschaft beim Anteilseigner geführt hat; in dieser Höhe ist die Gewinnminderung zu erfassen und nicht nur dann und soweit der auf den Anteil entfallende Liquidationserlös geringer ist als der (abzuschreibende bzw. auszubuchende) Buchwert des Anteils (BFH IV R 35/01, BStBl. II 2004, 460);
- **Kapitalherabsetzung,** wenn die Kapitalrückzahlung an den Anteilseigner geringer ist als die wegen ihr eintretende Minderung des Buchwerts des Anteils;
- **Andere Gründe** (zB Verluste bei der Körperschaft) führen nicht zur Hinzurechnung (GewStR 8.6 S. 3).

2. Ursächlichkeit

5a **Zurückzuführen** auf die Gewinnausschüttung ist die Gewinnminderung, wenn und soweit sie unmittelbar auf ihr beruht. Sind andere Gründe für die Gewinnminderung ursächlich, kommt die Hinzurechnung nicht in Betracht (GewStR 8.6 S. 3). Erfolgt etwa im Jahre 01 eine Ausschüttung, ohne dass eine Teilwertabschreibung durchgeführt wird, und wird im Jahr 02 etwa ein Verlust erzielt mit der Folge einer Teilwertabschreibung zum 31.12.2002, dann ist diese Teilwertabschreibung bis zur Höhe des Verlusts nicht auf die Gewinnausschüttung zurückzuführen (Baldauf in Brandis/Heuermann § 8 Rn. 702; Roser in Lenski/Steinberg § 8 Nr. 10 Rn. 12). Kommen **mehrere Umstände,** darunter eine Gewinnausschüttung, als ursächlich für die Teilwertabschreibung in Betracht (zB Gewinnausschüttung aus 01 in 02 sowie Verlust in 02), dann ist nach GewStR 8.6 S. 4 davon auszugehen, dass die Gewinnminderung vorrangig auf diese anderen Gründe zurückzuführen ist. Meines Erachtens entspricht es dem Gesetzeszweck eher, durch Schätzung zu ermitteln, wie sich der Wert des Anteils ohne die Gewinnausschüttung entwickelt hätte (ebenso Baldauf in Brandis/Heuermann § 8 Rn. 703).

VI. Anwendung des § 9 Nr. 2a, 7 oder 8

Dieses Merkmal bedeutet **tatsächliche Kürzung** des Gewinns um die Gewinnausschüttung. Das Vorliegen der Voraussetzung für die Kürzung allein genügt nicht, wie sich aus dem Zweck der Hinzurechnung (→ Rn. 1) ergibt (Baldauf in Brandis/Heuermann § 8 Rn. 704; Roser in Lenski/Steinberg § 8 Nr. 10 Rn. 14). 6

Die **unzutreffende Kürzung** (ohne Vorliegen der Voraussetzungen des § 9 Nr. 2a, 7 oder 8) soll nach Baldauf in Brandis/Heuermann § 8 Rn. 704) der Hinzurechnung der Gewinnminderung nicht entgegenstehen. ME ist dem nicht zu folgen. Der Wortlaut der Vorschrift stellt eindeutig ab auf das Vorliegen der entsprechenden Voraussetzungen („… zu kürzen ist …"); sie hat nicht den Zweck, die unzutreffende Anwendung einer Kürzungsvorschrift zu korrigieren (ebenso Roser in Lenski/Steinberg § 8 Nr. 10 Rn. 14).

VII. Organschaft

Nach der Regelung **ab EZ 1999** sind auch auf **organschaftlichen Gewinnabführungen** beruhende Gewinnminderungen hinzuzurechnen (→ Rn. 1 aE). Das bedeutet, dass die Hinzurechnung schon bei der Ermittlung des Gewerbeertrags des Gewerbebetriebs durchzuführen ist, dessen Gewinn durch die Teilwertabschreibung auf die Beteiligung an der Organgesellschaft usw gemindert worden ist. Die Ertragsneutralität wird also nicht erst durch Korrektur des Ergebnisses des Organkreises **nach § 2 Abs. 2 S. 2 (→ § 2 Rn. 532)** erreicht. Für **organschaftliche Gewinnausschüttungen** ist § 8 Nr. 10 mE nur bis EZ 2001 entsprechend anwendbar, da bei einer nur gewstlichen Organschaft wirtschaftlich zwischen Gewinnabführung und Gewinnausschüttung im Organkreis kein Unterschied besteht (vgl. BFH I R 10/93, BStBl. II 1994, 768; ebenso Baldauf in Brandis/Heuermann § 8 Rn. 692; Roser in Lenski/Steinberg § 8 Nr. 10 Rn. 21). ME gilt das jedoch nicht für spätere EZ, da ab 2002 auch die gewstliche Organschaft einen GAV voraussetzt. Insofern sind wieder die Grundsätze von BFH I R 10/93, BStBl. II 1994, 768 anwendbar. 7

Auch für **vororganschaftliche Gewinnausschüttungen** kommt eine Teilwertabschreibung und damit unter der Voraussetzung der Anwendung des § 9 Nr. 2a, 7 oder 8 auch die Hinzurechnung der Gewinnminderung in Betracht (GewStR 8.6 S. 5; Roser in Lenski/Steinberg § 8 Nr. 10 Rn. 21; Baldauf in Brandis/Heuermann § 8 Rn. 692).

VIII. Nachfolgende Teilwertzuschreibungen

8 Die Hinzurechnung nach § 8 Nr. 10 hindert es nicht, eine **nachfolgende Teilwertzuschreibung** als den GewErtrag erhöhend zu erfassen; eine Kürzungsmöglichkeit besteht nicht. Auch eine Gesetzeslücke liegt nicht vor (BFH I R 19/08, BStBl. II 2010, 301; GewStR 8.6 S. 7). Gleiches gilt für eine **Wertaufholung** nach einer substanzorientierten Teilwertabschreibung (BFH I R 9/15, BFH/NV 2017, 485, FG Köln 13 K 2447/11, EFG 2015, 665). ME zutreffend, denn zwar liegt eine (periodenübergreifende) Doppelbelastung vor, jedoch fehlt es an einer Vorschrift, deren Zweck es ist, eine solche bei der gegebenen Sachlage zu verhindern (hierzu Gosch BFH/PR 2009, 99; Ott StuB 2009, 232; krit. Roser in Lenski/Steinberg § 8 Nr. 10 Rn. 17; Wendt FR 2009, 543; Weiss StuB 2018, 172; Weiss/Brühl/Becker StuB 2018, 499). Zudem fehlt im G eine materiellrechtliche Korrespondenz zwischen Teilwertab- und -zuschreibung, was die Vorschrift von § 8b Abs. 2 S. 4 KStG nF unterscheidet (FG Münster 9 K 1105/08 K, G, EFG 2009, 1051). Ob allein der Verstoß gegen das objektive Nettoprinzip insoweit zur Verfassungswidrigkeit der Vorschrift führt, erscheint zweifelhaft, zumal das BVerfG dessen Verfassungsrang selbst bei der ESt/KSt bisher ausdrücklich offengelassen hat (vgl. BVerfG 1 BvL 8/12, BStBl. II 2016, 557 unter B II 5).

§ 8 Nr. 11 *(weggefallen)*

§ 8 Nr. 12 Hinzurechnungen (Ausländische Steuern)

Dem Gewinn aus Gewerbebetrieb (§ 7) werden folgende Beträge wieder hinzugerechnet, soweit sie bei der Ermittlung des Gewinns abgesetzt worden sind:

...

12. ausländische Steuern, die nach § 34c des Einkommensteuergesetzes oder nach einer Bestimmung, die § 34c des Einkommensteuergesetzes für entsprechend anwendbar erklärt, bei der Ermittlung der Einkünfte abgezogen werden, soweit sie auf Gewinne oder Gewinnanteile entfallen, die bei der Ermittlung des Gewerbeertrags außer Ansatz gelassen oder nach § 9 gekürzt werden.

Übersicht

I. Inhalt der Vorschrift

1 Die Vorschrift sieht die **Hinzurechnung der ausländischen Steuern** in den Fällen vor, in denen die ausländischen Einkünfte, auf die die Steuer entfällt, entweder nicht im Gewinn enthalten sind oder bei der Gewerbeertragsermittlung vom Gewinn gekürzt werden.

II. Zweck der Vorschrift

Nach § 34c Abs. 2 EStG können die auf ausländische Einkünfte erhobenen Steuern bei der Einkünfteermittlung abgezogen werden. Sie sind Betriebsausgaben und mindern auch den Gewerbeertrag (§ 7). In Fällen, in denen die ausländischen Einkünfte nicht der GewSt unterliegen, zB weil es sich um Dividenden aus wesentlichen Beteiligungen handelt, die die Voraussetzungen für eine Kürzung bei der Gewerbeertragsermittlung nach § 9 Nr. 7 oder 8 erfüllen, würde als Folge der Änderung des EStG eine **zweifache Minderung** des Gewerbeertrags eintreten, nämlich einmal durch den Betriebsausgabenabzug der ausländischen Steuer und ein weiteres Mal durch die Kürzung der Dividende mit dem Bruttobetrag vom Gewinn. Aus diesem Grund sieht § 8 Nr. 12 in den oa Fällen die Hinzurechnung vor. 2

III. Einzelnes

Außer Ansatz gelassen werden Gewinne/Gewinnanteile, die auf eine ausländische BSt entfallen (→ § 2 Rn. 13; § 9 Nr. 3). Eine **Kürzung** kommt insb. nach § 9 Nr. 2, 7 oder 8 in Betracht, und zwar einschließlich der ausländischen Steuer (brutto). 3

Für den **Umfang der Hinzurechnung** genügt es, dass die ausländische Steuer mit den außer Ansatz gelassenen oder gekürzten Gewinn(anteil)en zusammenhängt. Eine betragsmäßige Begrenzung ergibt sich trotz des GWortlauts mE nicht. Andernfalls könnte es – wenn die Steuer höher ist als der betreffende Gewinn(anteil) – zu einer mehrfachen Berücksichtigung eines Teils der ausländischen Steuer kommen, was nach dem Zweck der Vorschrift vermieden werden soll (ebenso Keß in Lenski/Steinberg § 8 Nr. 12 Rn. 6; Pitzal in WSMH § 8 Nr. 12 Rn. 11; aA Braunagel in Bergemann/Wingler § 8 Rn. 516).

§ 8a *(aufgehoben)*

§ 8a aufgeh. durch G. v. 23.12.2003 (BGBl. 2003 I 660) mWv EZ 2004; zur Kommentierung vgl. die 8. Auflage.

§ 9 Kürzungen

Die Summe des Gewinns und der Hinzurechnungen wird gekürzt um

1. die im Erhebungszeitraum als Betriebsausgabe erfasste Grundsteuer für zum Betriebsvermögen des Unternehmers gehörenden Grundbesitz. [*bis EZ 2024:* 1,2 Prozent des Einheitswerts des zum Betriebsvermögen des Unternehmers gehörenden und nicht von der Grundsteuer befreiten Grundbesitzes; maßgebend ist der Einheitswert, der auf den letzten Feststellungszeitpunkt (Hauptfeststellungs-, Fortschreibungs- oder Nachfeststellungszeitpunkt) vor dem Ende des Erhebungszeitraums (§ 14) lautet.] [2]An Stelle der Kürzung nach Satz 1 tritt auf Antrag bei Unternehmen, die ausschließlich eigenen Grundbesitz oder neben eigenem Grundbesitz eigenes Kapitalvermögen verwalten und nutzen oder daneben Wohnungsbauten betreuen oder Einfamilienhäu-

ser, Zweifamilienhäuser oder Eigentumswohnungen im Sinne des Wohnungseigentumsgesetzes in der jeweils geltenden Fassung, errichten und veräußern, die Kürzung um den Teil des Gewerbeertrags, der auf die Verwaltung und Nutzung des eigenen Grundbesitzes entfällt. [3]Satz 2 gilt entsprechend, wenn

a) in Verbindung mit der Errichtung und Veräußerung von Eigentumswohnungen Teileigentum im Sinne des Wohnungseigentumsgesetzes errichtet und veräußert wird und das Gebäude zu mehr als 66 2/3 Prozent Wohnzwecken dient,

b) in Verbindung mit der Verwaltung und Nutzung des eigenen Grundbesitzes Einnahmen aus der Lieferung von Strom

aa) im Zusammenhang mit dem Betrieb von Anlagen zur Stromerzeugung aus erneuerbaren Energien im Sinne des § 3 Nr. 21 des Erneuerbare-Energien-Gesetzes oder

bb) aus dem Betrieb von Ladestationen für Elektrofahrzeuge oder Elektrofahrräder,

erzielt werden und diese Einnahmen im Wirtschaftsjahr nicht höher als 20 Prozent der Einnahmen aus der Gebrauchsüberlassung des Grundbesitzes sind; die Einnahmen im Sinne von Doppelbuchstabe aa dürfen nicht aus der Lieferung an Letztverbraucher stammen, es sei denn, diese sind Mieter des Anlagenbetreibers, oder

c) Einnahmen aus unmittelbaren Vertragsbeziehungen mit den Mietern des Grundbesitzes aus anderen als den in den Buchstaben a und b bezeichneten Tätigkeiten erzielt werden und diese Einnahmen im Wirtschaftsjahr nicht höher als 5 Prozent der Einnahmen aus der Gebrauchsüberlassung des Grundbesitzes sind.

[4]Betreut ein Unternehmen auch Wohnungsbauten oder veräußert es auch Einfamilienhäuser, Zweifamilienhäuser oder Eigentumswohnungen oder übt es auch Tätigkeiten im Sinne von Satz 3 Buchstabe b und c aus, so ist Voraussetzung für die Anwendung des Satzes 2, dass der Gewinn aus der Verwaltung und Nutzung des eigenen Grundbesitzes gesondert ermittelt wird. [5]Die Sätze 2 und 3 gelten nicht,

1. wenn der Grundbesitz ganz oder zum Teil dem Gewerbebetrieb eines Gesellschafters oder Genossen dient,

1a. soweit der Gewerbeertrag Vergütungen im Sinne des § 15 Absatz 1 Satz 1 Nummer 2 Satz 1 des Einkommensteuergesetzes enthält, die der Gesellschafter von der Gesellschaft für seine Tätigkeit im Dienst der Gesellschaft oder für die Hingabe von Darlehen oder für die Überlassung von Wirtschaftsgütern, mit Ausnahme der Überlassung von Grundbesitz, bezogen hat. [2]Satz 1 ist auch auf Vergütungen anzuwenden, die vor dem 19. Juni 2008 erstmals vereinbart worden sind, wenn die Vereinbarung nach diesem Zeitpunkt wesentlich geändert wird, oder

2. soweit der Gewerbeertrag Gewinne aus der Aufdeckung stiller Reserven aus dem Grundbesitz enthält, der innerhalb von drei Jahren vor der Aufdeckung der stillen Reserven zu einem unter dem Teilwert liegenden Wert in das Betriebsvermögen des aufdeckenden Gewerbebetriebs überführt oder übertragen worden ist, und soweit diese Gewinne auf bis zur Überführung oder Übertragung entstandenen stillen Reserven entfallen.

[6]Eine Kürzung nach den Sätzen 2 und 3 ist ausgeschlossen für den Teil des Gewerbeertrags, der auf Veräußerungs- oder Aufgabegewinne im Sinne des § 7 Satz 2 Nummer 2 und 3 entfällt;

2. **die Anteile am Gewinn einer in- oder ausländischen offenen Handelsgesellschaft, einer Kommanditgesellschaft oder einer anderen Gesellschaft, bei der die Gesellschafter als Unternehmer (Mitunternehmer) des Gewerbebetriebs anzusehen sind, wenn die Gewinnanteile bei der Ermittlung des Gewinns angesetzt worden sind. [2]Satz 1 ist nicht anzuwenden, soweit im Gewinnanteil Einkünfte im Sinne des § 7 Satz 7 und 8 enthalten sind. [3]Bei Lebens- und Krankenversicherungsunternehmen und Pensionsfonds ist Satz 1 auch auf die übrigen Gewinnanteile nicht anzuwenden. [4]Satz 2 ist nicht anzuwenden, soweit diese Einkünfte bereits bei einer den Anteil am Gewinn vermittelnden inländischen offenen Handelsgesellschaft, Kommanditgesellschaft oder anderen Gesellschaft, bei der die Gesellschafter als Unternehmer (Mitunternehmer) des Gewerbebetriebs anzusehen sind, Bestandteil des Gewerbeertrags waren. [5]Bei Lebens- und Krankenversicherungsunternehmen und Pensionsfonds ist Satz 4 auf Einkünfte im Sinne des § 7 Satz 8 nicht anzuwenden;**

2a. **die Gewinne aus Anteilen an einer nicht steuerbefreiten inländischen Kapitalgesellschaft im Sinne des § 2 Abs. 2, einer Kredit- oder Versicherungsanstalt des öffentlichen Rechts, einer Genossenschaften[1] oder einer Unternehmensbeteiligungsgesellschaft im Sinne des § 3 Nr. 23, wenn die Beteiligung zu Beginn des Erhebungszeitraums mindestens 15 Prozent des Grund- oder Stammkapitals beträgt und die Gewinnanteile bei Ermittlung des Gewinns (§ 7) angesetzt worden sind. [2]Ist ein Grund- oder Stammkapital nicht vorhanden, so ist die Beteiligung an dem Vermögen, bei Genossenschaften die Beteiligung an der Summe der Geschäftsguthaben, maßgebend. [3]Im unmittelbaren Zusammenhang mit Gewinnanteilen stehende Aufwendungen mindern den Kürzungsbetrag, soweit entsprechende Beteiligungserträge zu berücksichtigen sind; insoweit findet § 8 Nr. 1 keine Anwendung. [4]Nach § 8b Abs. 5 des Körperschaftsteuergesetzes nicht abziehbare Betriebsausgaben sind keine Gewinne aus Anteilen im Sinne des Satzes 1. [5]Satz 1 ist bei Lebens- und Krankenversicherungsunternehmen auf Gewinne aus Anteilen, die den Kapitalanlagen zuzurechnen sind, nicht anzuwenden; für Pensionsfonds gilt Entsprechendes;**

2b. **die nach § 8 Nr. 4 dem Gewerbeertrag einer Kommanditgesellschaft auf Aktien hinzugerechneten Gewinnanteile, wenn sie bei der Ermittlung des Gewinns (§ 7) angesetzt worden sind;**

3. **den Teil des Gewerbeertrags eines inländischen Unternehmens, der auf eine nicht im Inland belegene Betriebsstätte dieses Unternehmens entfällt; dies gilt nicht für Einkünfte im Sinne des § 7 Satz 7 und 8. [2]Bei Unternehmen, die ausschließlich den Betrieb von eigenen oder gecharterten Handelsschiffen im internationalen Verkehr zum Gegenstand haben, gelten 80 Prozent des Gewerbeertrags als auf eine nicht im Inland belegene Betriebsstätte entfallend. [3]Ist Gegenstand eines Betriebs nicht ausschließlich der Betrieb von Handelsschiffen**

---

[1] Richtig wohl: „Genossenschaft".

im internationalen Verkehr, so gelten 80 Prozent des Teils des Gewerbeertrags, der auf den Betrieb von Handelsschiffen im internationalen Verkehr entfällt, als auf eine nicht im Inland belegene Betriebsstätte entfallend; in diesem Fall ist Voraussetzung, dass dieser Teil gesondert ermittelt wird. [4]Handelsschiffe werden im internationalen Verkehr betrieben, wenn eigene oder gecharterte Handelsschiffe im Wirtschaftsjahr überwiegend zur Beförderung von Personen und Gütern im Verkehr mit oder zwischen ausländischen Häfen, innerhalb eines ausländischen Hafens oder zwischen einem ausländischen Hafen und der freien See eingesetzt werden. [5]Für die Anwendung der Sätze 2 bis 4 gilt § 5a Abs. 2 Satz 2 des Einkommensteuergesetzes entsprechend;

4. ***(aufgehoben)***

5. die aus den Mitteln des Gewerbebetriebs geleisteten Zuwendungen (Spenden und Mitgliedsbeiträge) zur Förderung steuerbegünstigter Zwecke im Sinne der §§ 52 bis 54 der Abgabenordnung bis zur Höhe von insgesamt 20 Prozent des um die Hinzurechnungen nach § 8 Nummer 9 erhöhten Gewinns aus Gewerbebetrieb (§ 7) oder 4 Promille der Summe der gesamten Umsätze und der im Wirtschaftsjahr aufgewendeten Löhne und Gehälter. [2]Voraussetzung für die Kürzung ist, dass diese Zuwendungen

a) an eine juristische Person des öffentlichen Rechts oder an eine öffentliche Dienststelle, die in einem Mitgliedstaat der Europäischen Union oder in einem Staat belegen ist, auf den das Abkommen über den Europäischen Wirtschaftsraum (EWR-Abkommen) Anwendung findet, oder

b) an eine nach § 5 Abs. 1 Nummer 9 des Körperschaftsteuergesetzes steuerbefreite Körperschaft, Personenvereinigung oder Vermögensmasse oder

c) an eine Körperschaft, Personenvereinigung oder Vermögensmasse, die in einem Mitgliedstaat der Europäischen Union oder in einem Staat belegen ist, auf den das Abkommen über den Europäischen Wirtschaftsraum (EWR-Abkommen) Anwendung findet, und die nach § 5 Abs. 1 Nummer 9 des Körperschaftsteuergesetzes in Verbindung mit § 5 Abs. 2 Nummer 2 zweiter Halbsatz des Körperschaftsteuergesetzes steuerbefreit wäre, wenn sie inländische Einkünfte erzielen würde,

geleistet werden (Zuwendungsempfänger). [3]Für nicht im Inland ansässige Zuwendungsempfänger nach Satz 2 ist weitere Voraussetzung, dass durch diese Staaten Amtshilfe und Unterstützung bei der Beitreibung geleistet werden. [4]Amtshilfe ist der Auskunftsaustausch im Sinne oder entsprechend der Amtshilferichtlinie gemäß § 2 Absatz 2 des EU-Amtshilfegesetzes. [5]Beitreibung ist die gegenseitige Unterstützung bei der Beitreibung von Forderungen im Sinne oder entsprechend der Beitreibungsrichtlinie einschließlich der in diesem Zusammenhang anzuwendenden Durchführungsbestimmungen in den für den jeweiligen Veranlagungszeitraum geltenden Fassungen oder eines entsprechenden Nachfolgerechtsaktes. [6]Werden die steuerbegünstigten Zwecke des Zuwendungsempfängers im Sinne von Satz 2 Buchstabe a nur im Ausland verwirklicht, ist für eine Kürzung

nach Satz 1 Voraussetzung, dass natürliche Personen, die ihren Wohnsitz oder ihren gewöhnlichen Aufenthalt im Geltungsbereich dieses Gesetzes haben, gefördert werden oder dass die Tätigkeit dieses Zuwendungsempfängers neben der Verwirklichung der steuerbegünstigten Zwecke auch zum Ansehen der Bundesrepublik Deutschland beitragen kann. [7]In die Kürzung nach Satz 1 sind auch Mitgliedsbeiträge an Körperschaften einzubeziehen, die Kunst und Kultur gemäß § 52 Absatz 2 Nummer 5 der Abgabenordnung fördern, soweit es sich nicht um Mitgliedsbeiträge nach Satz 12 Buchstabe b handelt, auch wenn den Mitgliedern Vergünstigungen gewährt werden. [8]Überschreiten die geleisteten Zuwendungen die Höchstsätze nach Satz 1, kann die Kürzung im Rahmen der Höchstsätze nach Satz 1 in den folgenden Erhebungszeiträumen vorgenommen werden. [9]Einzelunternehmen und Personengesellschaften können auf Antrag neben der Kürzung nach Satz 1 eine Kürzung um die im Erhebungszeitraum in das zu erhaltende Vermögen (Vermögensstock) einer Stiftung, die die Voraussetzungen der Sätze 2 bis 6 erfüllt, geleisteten Spenden in diesem und in den folgenden neun Erhebungszeiträumen bis zu einem Betrag von 1 Million Euro vornehmen. [10]Nicht abzugsfähig nach Satz 9 sind Spenden in das verbrauchbare Vermögen einer Stiftung. [11]Der besondere Kürzungsbetrag nach Satz 9 kann der Höhe nach innerhalb des Zehnjahreszeitraums nur einmal in Anspruch genommen werden. [12]Eine Kürzung nach den Sätzen 1 bis 10 ist ausgeschlossen, soweit auf die geleisteten Zuwendungen § 8 Absatz 3 des Körperschaftsteuergesetzes anzuwenden ist oder soweit Mitgliedsbeiträge an Körperschaften geleistet werden,

a) die den Sport (§ 52 Absatz 2 Satz 1 Nummer 21 der Abgabenordnung),

b) die kulturelle Betätigungen, die in erster Linie der Freizeitgestaltung dienen,

c) die Heimatpflege und Heimatkunde (§ 52 Absatz 2 Satz 1 Nummer 22 der Abgabenordnung),

d) die Zwecke im Sinne des § 52 Absatz 2 Satz 1 Nummer 23 der Abgabenordnung
fördern oder

e) deren Zweck nach § 52 Absatz 2 Satz 2 der Abgabenordnung für gemeinnützig erklärt worden ist, weil deren Zweck die Allgemeinheit auf materiellem, geistigem oder sittlichem Gebiet entsprechend einem Zweck nach den Buchstaben a bis d fördert.

[13]§ 10b Absatz 3 und 4 Satz 1 sowie § 10d Absatz 4 des Einkommensteuergesetzes und § 9 Absatz 2 S. 2 bis 5 und Absatz 3 Satz 1 des Körperschaftsteuergesetzes, sowie die einkommensteuerrechtlichen Vorschriften zur Abziehbarkeit von Zuwendungen gelten entsprechend. [14]Wer vorsätzlich oder grob fahrlässig eine unrichtige Bestätigung über Spenden und Mitgliedsbeiträge ausstellt oder veranlasst, dass entsprechende Zuwendungen nicht zu den in der Bestätigung angegebenen steuerbegünstigten Zwecken verwendet werden (Veranlasserhaftung), haftet für die entgangene Gewerbesteuer. [15]In den Fällen der Veranlasserhaftung ist vorrangig der Zuwendungsempfänger in Anspruch zu nehmen; die natürlichen Personen, die in diesen Fäl-

len für den Zuwendungsempfänger handeln, sind nur in Anspruch zu nehmen, wenn die entgangene Steuer nicht nach § 47 der Abgabenordnung erloschen ist und Vollstreckungsmaßnahmen gegen den Zuwendungsempfänger nicht erfolgreich sind; § 10b Absatz 4 Satz 5 des Einkommensteuergesetzes gilt entsprechend. [16]Der Haftungsbetrag ist mit 15 Prozent der Zuwendungen anzusetzen und fließt der für den Spendenempfänger zuständigen Gemeinde zu, die durch sinngemäße Anwendung des § 20 der Abgabenordnung bestimmt wird. [17]Der Haftungsbetrag wird durch Haftungsbescheid des Finanzamts festgesetzt; die Befugnis der Gemeinde zur Erhebung der entgangenen Gewerbesteuer bleibt unberührt. [18]§ 184 Abs. 3 der Abgabenordnung gilt sinngemäß.

6. *(weggefallen)*

7. die Gewinne aus Anteilen an einer Kapitalgesellschaft mit Geschäftsleitung und Sitz außerhalb des Geltungsbereichs dieses Gesetzes, wenn die Beteiligung zu Beginn des Erhebungszeitraums mindestens 15 Prozent des Nennkapitals beträgt und die Gewinnanteile bei der Ermittlung des Gewinns (§ 7) angesetzt worden sind. [2]§ 9 Nummer 2a Satz 3 bis 5 gilt entsprechend;

8. die Gewinne aus Anteilen an einer ausländischen Gesellschaft, die nach einem Abkommen zur Vermeidung der Doppelbesteuerung unter der Voraussetzung einer Mindestbeteiligung von der Gewerbesteuer befreit sind, wenn die Beteiligung mindestens 15 Prozent beträgt und die Gewinnanteile bei der Ermittlung des Gewinns (§ 7) angesetzt worden sind; ist in einem Abkommen zur Vermeidung der Doppelbesteuerung eine niedrigere Mindestbeteiligungsgrenze vereinbart, ist diese maßgebend. [2]§ 9 Nr. 2a Satz 3 gilt entsprechend. [3]§ 9 Nr. 2a Satz 4 gilt entsprechend. [4]Satz 1 ist bei Lebens- und Krankenversicherungsunternehmen auf Gewinne aus Anteilen, die den Kapitalanlagen zuzurechnen sind, nicht anzuwenden; für Pensionsfonds gilt Entsprechendes.

9. *(weggefallen)*

10. *(aufgehoben)*

Übersicht

I. Zwecke

1 Die Kürzungsvorschriften des § 9 dienen nach der gesetzgeberischen Intention der **Ermittlung des objektiven,** von den Beziehungen des Unternehmers zum Betrieb losgelösten **GewErtrags,** daneben jedoch auch sehr **eigenständigen Zwecken.** Einige Vorschriften sollen eine Doppelbelastung bestimmter Teile des GewErtrags mit GewErtragSt (Nr. 2, 2a, 4 aF) oder mit GrundSt (Nr. 1, auch → § 9 Nr. 1 Rn. 2b, 17), andere die Belastung ausländischer GewErträge mit

GewErtragSt vermeiden (Nr. 3, 7, 8); die übrigen Vorschriften (Nr. 5, 9) dienen je eigenen Zwecken.

Es besteht **jedoch kein Grundsatz** des Inhalts, eine Kürzung sei durchzuführen, weil es ohne sie zu einer **Doppelbelastung** kommt (BFH I R 19/08, BStBl. II 2010, 301; I R 88/15, BFH/NV 2018, 231). Es genügt auch unter verfassungsrechtlichen Aspekten, wenn es prinzipiell gelingt, gewstliche Belastungen durch auf einander abgestimmte Hinzurechnungen und Kürzungen zu vermeiden, was nicht in jedem Einzelfall gelingen muss (BFH I R 102/06, BFH/NV 2010, 462).

II. Numerus clausus

Die Aufzählung ist **abschließender Natur.** Daher finden nur die gesetzlich vorgesehenen Kürzungen statt (BFH IV R 182/77, BStBl. II 1981, 220, Veräußerung von SonderBV; I R 19/08, BStBl. II 2010, 301, Teilwertzuschreibung). Das System des GewStRechts erfordert auch keine Kürzung etwa um einen Unternehmerlohn (BVerfGE 40, 109 (117); 46, 224 (237); Steuerreformkommission, Schriftenreihe des BMF, Heft 17, Rn. 219), ebenso wenig wie es eine Doppelbelastung in nicht von den Vorschriften erfassten Fällen ausschließt (BFH I R 235/81, BStBl. II 1986, 72). 2

III. Rechtliche Wirkung

Die rechtliche Wirkung der Kürzung besteht in der **Minderung des GewErtrags** und der GewErtragSt. Ebenso aber wie es bei § 8 zu Hinzurechnungen von negativen Beträgen kommen kann, ist bei § 9 eine Kürzung um negative Beträge möglich, was im Ergebnis zu einer Erhöhung von GewErtrag und GewErtragSt führt. 3

IV. Wirtschaftliche Bedeutung

Die **gesamte wirtschaftliche Bedeutung** der Vorschrift ist **gering.** Im EZ 1966 betrug sie durchschnittlich nur 0,97 % des Gewinns nach § 7 (Schuhmacher StuW 1987, 111 (119); hierzu vor § 8 Nr. 1). Für den einzelnen Betrieb können sich jedoch – insb. bei § 9 Nr. 1 – erhebliche Auswirkungen ergeben mit der Folge, dass ein gewinnstarkes Unternehmen keine oder eine nur geringfügige GewSt zu zahlen hat (vgl. BFH X R 171/96, BStBl. II 1999, 450 (459), wo jedoch missverständlich von „ertragsstark" gesprochen wird). Eine Bestandsaufnahme auch insoweit und unter Berücksichtigung der Rechtsform findet sich bei Seer StuW 1993, 114. 4

§ 9 Nr. 1 Kürzungen (Grundbesitz)

Die Summe des Gewinns und der Hinzurechnungen wird gekürzt um

1. die im Erhebungszeitraum als Betriebsausgabe erfasste Grundsteuer für zum Betriebsvermögen des Unternehmers gehörenden Grundbesitz. [*bis EZ 2024:* 1,2 Prozent des Einheitswerts des zum Betriebsvermögen des Unternehmers gehörenden und nicht von der Grundsteuer

befreiten Grundbesitzes; maßgebend ist der Einheitswert, der auf den letzten Feststellungszeitpunkt (Hauptfeststellungs-, Fortschreibungs- oder Nachfeststellungszeitpunkt) vor dem Ende des Erhebungszeitraums (§ 14) lautet.] [2]An Stelle der Kürzung nach Satz 1 tritt auf Antrag bei Unternehmen, die ausschließlich eigenen Grundbesitz oder neben eigenem Grundbesitz eigenes Kapitalvermögen verwalten und nutzen oder daneben Wohnungsbauten betreuen oder Einfamilienhäuser, Zweifamilienhäuser oder Eigentumswohnungen im Sinne des Wohnungseigentumsgesetzes in der jeweils geltenden Fassung, errichten und veräußern, die Kürzung um den Teil des Gewerbeertrags, der auf die Verwaltung und Nutzung des eigenen Grundbesitzes entfällt. [3]Satz 2 gilt entsprechend, wenn

a) in Verbindung mit der Errichtung und Veräußerung von Eigentumswohnungen Teileigentum im Sinne des Wohnungseigentumsgesetzes errichtet und veräußert wird und das Gebäude zu mehr als 66 $^2/_3$ Prozent Wohnzwecken dient,

b) in Verbindung mit der Verwaltung und Nutzung des eigenen Grundbesitzes Einnahmen aus der Lieferung von Strom

aa) im Zusammenhang mit dem Betrieb von Anlagen zur Stromerzeugung aus erneuerbaren Energien im Sinne des § 3 Nr. 21 des Erneuerbare-Energien-Gesetzes oder

bb) aus dem Betrieb von Ladestationen für Elektrofahrzeuge oder Elektrofahrräder,

erzielt werden und diese Einnahmen im Wirtschaftsjahr nicht höher als 20 Prozent der Einnahmen aus der Gebrauchsüberlassung des Grundbesitzes sind; die Einnahmen im Sinne von Doppelbuchstabe aa dürfen nicht aus der Lieferung an Letztverbraucher stammen, es sei denn, diese sind Mieter des Anlagenbetreibers, oder

c) Einnahmen aus unmittelbaren Vertragsbeziehungen mit den Mietern des Grundbesitzes aus anderen als den in den Buchstaben a und b bezeichneten Tätigkeiten erzielt werden und diese Einnahmen im Wirtschaftsjahr nicht höher als 5 Prozent der Einnahmen aus der Gebrauchsüberlassung des Grundbesitzes sind.

[4]Betreut ein Unternehmen auch Wohnungsbauten oder veräußert es auch Einfamilienhäuser, Zweifamilienhäuser oder Eigentumswohnungen oder übt es auch Tätigkeiten im Sinne von Satz 3 Buchstabe b und c aus, so ist Voraussetzung für die Anwendung des Satzes 2, dass der Gewinn aus der Verwaltung und Nutzung des eigenen Grundbesitzes gesondert ermittelt wird. [5]Die Sätze 2 und 3 gelten nicht,

1. wenn der Grundbesitz ganz oder zum Teil dem Gewerbebetrieb eines Gesellschafters oder Genossen dient,

1a. soweit der Gewerbeertrag Vergütungen im Sinne des § 15 Abs. 1 S. 1 Nr. 2 S. 1 des Einkommensteuergesetzes enthält, die der Gesellschafter von der Gesellschaft für seine Tätigkeit im Dienst der Gesellschaft oder für die Hingabe von Darlehen oder für die Überlassung von Wirtschaftsgütern, mit Ausnahme der Überlassung von Grundbesitz, bezogen hat. [2]Satz 1 ist auch auf Vergütungen anzuwenden, die vor dem 19. Juni 2008 erstmals vereinbart worden sind, wenn die Vereinbarung nach diesem Zeitpunkt wesentlich geändert wird, oder

2. soweit der Gewerbeertrag Gewinne aus der Aufdeckung stiller Reserven aus dem Grundbesitz enthält, der innerhalb von drei Jahren vor der Aufdeckung der stillen Reserven zu einem unter dem Teilwert liegenden Wert in das Betriebsvermögen des aufdeckenden Gewerbebetriebs überführt oder übertragen worden ist, und soweit diese Gewinne auf bis zur Überführung oder Übertragung entstandenen stillen Reserven entfallen.

[6]Eine Kürzung nach den Sätzen 2 und 3 ist ausgeschlossen für den Teil des Gewerbeertrags, der auf Veräußerungs- oder Aufgabegewinne im Sinne des § 7 Satz 2 Nummer 2 und 3 entfällt;

…

Gewerbesteuer-Durchführungsverordnung

§ 16 GewStDV

[abgedruckt zu § 7 GewStG]

§ 20 GewStDV Grundbesitz

(1) [1]Die Frage, ob und inwieweit im Sinne des § 9 Nr. 1 des Gesetzes Grundbesitz zum Betriebsvermögen des Unternehmers gehört, ist nach den Vorschriften des Einkommensteuergesetzes oder des Körperschaftsteuergesetzes zu entscheiden. [2]Maßgebend ist dabei der Stand zu Beginn des Kalenderjahrs.

(2) Gehört der Grundbesitz nur zum Teil zum Betriebsvermögen im Sinne des Absatzes 1, so ist der Kürzung nach § 9 Nr. 1 des Gesetzes nur der entsprechende Teil des Einheitswerts zugrunde zu legen.

§ 21 GewStDV

(weggefallen)

Gewerbesteuer-Richtlinien 2009: GewStR 9.1/GewStH 9.1

FM Länder BStBl. I 2022, 958

Literatur: Hofbauer, Die gewerbe-(ertrag-)steuerliche Behandlung von Grundstücksunternehmen, DStR 1983, 598; Weßling, Nutzbarmachung der erweiterten Kürzung des Gewerbeertrages gem § 9 Nr. 1 S. 2 GewStG für gewerbliche Unternehmen mit eigenem Grundbesitz, DStR 1993, 266; E. Schmidt, Betriebsvorrichtungen als juristische Spielwiese, BB 1995, 1330; Salzmann, Gewerbesteuerliche Optimierung mit Hilfe der Abschirmwirkung von Kapitalgesellschaften, DStR 2000, 1329; Schlagheck, Zebragesellschaften und Gewerbesteuer, StBp 2000, 115; Voßkuhl/Zuschlag, Zum Umfang des Kürzungsbetrages nach § 9 Nr. 1 S. 2, 3 GewStG bei Kapitalerträgen, die im Rahmen der Verwaltung und Nutzung eigenen Grundbesitzes erzielt worden sind, FR 2002, 616; Jesse, Erweiterte Gewerbesteuerkürzung für Grundstücksverwaltungsunternehmen gem § 9 Nr. 1 S. 2 GewStG, FR 2004, 1085; Dieterlen/Käshammer, Erweiterte Gewerbesteuerkürzung nach § 9 Nr. 1 S. 2 GewStG bei Beteiligung an einer gewerblichen Personengesellschaft …, BB 2006, 1935; Klass, Zur Frage der Sicherheitengestellung im Zusammenhang mit der sog. erweiterten Gewerbesteuerkürzung, GmbHR 2006, 555; Bahns/Graw, Erweiterte gewerbesteuerliche Kürzung nach § 9 Nr. 1 S. 2 GewStG und Mitvermietung von Betriebsvorrichtungen, FR 2008, 257; Mensching/Tyarks, Der Ausschluss der erweiterten Kürzung nach § 9 Nr. 1 S. 5 Nr. 1a GewStG, DStR 2009, 2037; Schöneborn, Die erweiterte gewerbesteuerliche Kürzung, NWB 2010, 112; Lüking, Erweiterte Kürzung des Gewerbeertrags: Betriebsvorrichtungen und Nebenleistungen, BB 2011, 795; Schmid/Mertgen, Erweiterte Kürzung trotz Beteiligung an vermögensverwaltender Personengesellschaft, FR 2011, 468; Borggräfe/Schüppen, Das Zebraurteil zur erweiterten gewerbesteuerlichen Kürzung (§ 9 Nr. 1 GewStG), DB 2012, 1644; Glutsch/Meining, Erweiterte Kürzung des Gewerbeertrags bei Veräußerung eines Teil-Mitunternehmeranteils, GmbHR 2012, 62; Sanna, Die erweiterte Kürzung – Eine Standortbestimmung, DStR 2012, 1989; Sanna, Erweiterte Kürzung bei mittelbarem Grundbesitz, DStR 2012, 1365; Schlegel, Erweiterte Kürzung bei unterjährigem Verkauf des letzten Grundstücks, NWB 2012, 4223; Wolf, Gewerbesteuerliche Gestaltungsmöglichkeiten bei Immobilienvermietung zwischen verbundenen Unternehmen, StBp 2012, 149; Fröhlich, Erweiterte Kürzung bei Beteiligung an Zebra-Gesellschaften ..., DStR 2013, 377; Pyszka, Die erweiterte gewerbesteuerliche Kürzung bei Grundstücksgesellschaften im Konzern, GmbHR 2013, 132; Bodden, Erweiterte GewStKürzung bei Beteiligung an einer vermögensverwaltenden PersGes, DStR 2014, 2208; Neu/Hamacher, Die erweiterte Gewerbesteuerkürzung, DK 2014, 583; Wagner, Erweiterte Grundbesitzkürzung ... bei unterjährigem An- u Verkauf von Objekten, Ubg 2014, 183; Dräger, Die erweiterte GewSt-Kürzung ... und kein Ende, DB 2015, 1123; Glutsch/Meining, Erweiterte Kürzung ... beim Formwechsel einer GmbH in eine GmbH&Co KG mit anschließendem Verkauf des letzten Grundstücks, Ubg 2015, 405; Heß, Erweiterte gewerbesteuerliche Grundstückskürzung, NWB 2015, 528; Kohlhaas, Eigener Grundbesitz iSd § 9 Nr. 1 S. 2 ff. GewStG bei Zebragesellschaften, FR 2015, 397; Baltromejus, Ertragsteuerliche Aspekte des Betriebs eines Blockheizkraftwerks, NWB 2016, 172; Mroz, Merkmalübertragung bei der Betriebsaufspaltung, FR 2017, 476; Jansen/Lakenbrink/Mammen, Die erweiterte gewerbesteuerliche Kürzung bei der Veräußerung des letzten Grundstücks, FR 2018, 153; Broemel/Kölle, Erweiterte Gewerbesteuerkürzung nach Umstrukturierungen – Grenzen des Vergangenheitsbezugs, Ubg 2018, 431; Riedel/Korff, Zur erweiterten Kürzung nach § 9 Nr. 1 S. 2 GewStG bei Bauträgertätigkeit in gewerblichem Umfang, DB 2018, 1687; Alvermann, Keine Kürzung des Gewerbeertrags einer grundbesitzverwaltenden Kapitalgesellschaft bei Mitvermietung von Betriebsvorrichtungen, Ubg 2019, 594; Dorn, Aktuelle Brennpunkte der erweiterten Kürzung für Grundbesitz, NWB 2019, 1219; Korff/Erdem, Keine Anwendung der erweiterten Kürzung gem. § 9 Nr. 1 S. 2 GewStG bei Grundstücksverkäufen innerhalb von drei Jahren nach einem Formwechsel?, FR 2019, 1000; Messner, Erweiterte Gewerbesteuerkürzung, AktStR 2019, 299; Wagner, Grundbesitzkürzung nach § 9 Nr. 1 GewStG nach dem GrS-Beschluss v. 25.9.2018, DB 2019, 865; Märker, Keine Angst vor dem Fettabscheider – Gestaltunghinweise zum gewerbesteuerlichen Umgang mit Betriebsvorrichtungen in vermieteten Gewerbeimmobilien, DStZ 2020, 676; Bodden, Brennpunkte der erweiterten Gewerbesteuerkürzung gem. § 9 Nr. 1 S. 2 idF des Fondsstandortgesetzes, KÖSDI 2021, Nr. 9, 22409; Häsner/Preis/Weinhold, Neues zur gewerblichen Infektion – Schaffung weiterer Ausnahmen durch das FoStoG?, DStR 2021, 1798; Hörle, Erweiterte Grundstückskürzung bei Beteiligung an grundstücksverwaltenden Personengesellschaften, NWB 2021, 787; Jahn, Die erweiterte Kürzung für Grundbesitz iSd § 9 Nr. 1 S. 2 ff. GewStG nach FoStG, GEIG und in der aktuellen Rspr., SAM 2021, 170; Thomer/Hölkemeier/Lucks, Anwendung der erweiterten Gewerbesteuerkürzung auf Grundstücksunternehmen bei Veräußerung einer vermieteten Immobilie mitsamt mitvermieteter Betriebsvorrichtung aufgrund der Neuregelung des § 9 Nr. 1 S. 3 GewStG, BB 2021, 2455; Wagner, Gewerbesteuer: Erweiterte Grundbesitzkürzung und Stromlieferung- Photovoltaik, BHKW und Ladestationen für Elektroautos, Ubg 2020, 291; Wagner/Behrens, Bevorstehende Neuerungen der erweiterten Grundbesitzkürzung nach § 9 Nr. 1 S. 2 ff. GewStG, Ubg 2021, 275; Bräutigam/Spengel/Winter, Die gewerbesteuerliche Grundstückskürzung in Anbetracht der GrSt-Reform, DB 2022, 620; Broemel/Klein, Neue BFH-Rechtsprechung zur Betriebsaufspaltung und erweiterten gewerbesteuerlichen Kürzung: Teilweise Abkehr vom sog. Durchgriffsverbot, DStR 2022, 857; Dettmeier/Prodan, Elektrostationen und Ertragsteuern – Hochspannung oder Entspannung nach dem FoStoG?, FR 2022, 13; Groll/Rösen, Gewerblicher Grundstückshandel im Konzern, NWB 2022, 1418; Heil/Pupeter, Betriebsaufspaltung: Die GmbH wird auf der Besitzseite (etwas) transparenter, das Durchgriffsverbot wird infrage gestellt, DB 2022, 1091;Hoheisel/Sixt, Die erweiterte Grundbesitzkürzung in der Gewerbesteuer, StuB 2022, 641; Meding/Müller, Keine erweiterte Gewerbesteuerkürzung bei unterjährigem Erwerb des Grundstücks, NWB 2022, 1053; Pieske-Kontny, Die Kürzung des Gewerbeertrags bei Überschreiten der Drei-Objekt-Grenze, StBp 2022, 293; Rösen, Personelle Verflechtung bei mittelbarer Beteiligung, NWB 2022, 1290; Seifert, Erweiterte Kürzung des Gewerbeertrags, AktStR 2022, 579; Winkler, Ausschluss der erweiterten Gewerbesteuerkürzung bei nur mittelbarer Beteiligung an der Besitzpersonengesellschaft, BeSt 2022, 23; Schneider, Die Gewerbesteuer, Rechtsschutz statt Reform, DStR 2023, 366; Waadt/Seemaier, Erweiterte Gewerbesteuerkürzung bei entgeltlicher Mitüberlassung von mieterseitig nicht gewerblich genutzten „Betriebsvorrichtungen", DStR 2023, 169; Kracylo/Spingler, Erweiterte gewerbesteuerliche Kürzung bei unterjähriger Veräußerung des letzten Grundstücks und anschließender Liquidation der Kapitalgesellschaft, Ubg 2024, 581; Märker, Erweiterte Grundstückskürzung – die Top 5 der Betriebsvorrichtungen und wie mit ihnen umzugehen ist, DStR 2024, 743; Smentoch/Heinz, Versagung der erweiterten Kürzung im Organkreis beim sog. Weitervermietungsmodell, NWB 2024, 3525; Söffing, Die erweiterte gewerbesteuerliche Kürzung – § 9 Nr. 1 Satz 2 ff. in der Praxis, SAM 2024, 193; Weiss, Die erweiterte Kürzung nach § 9 Nr. 1 S. 2 ff. GewStG im grenzüberschreitenden Kontext, IStR 2024, 426; Bodden, Entwicklungen bei der erweiterten Gewerbesteuerkürzung nach § 9 Nr. 1 Satz 2 GewStG für Grundbesitzunternehmen, KÖSDI 2025, Nr. 4. 24180; Bräutigam/Spengel, „Immo-Box" – Eine kritische Analyse der (erweiterten) Grundstückskürzung nach § 9 Nr. 1 GewStG bei Kapitalgesellschaften, DB 2025, 2050; Degiorgis, Praxisprobleme gewerbesteuerlicher Hinzurechnungen und erweiterter Kürzungen, BB 2025, 2263; Fleck, Holdingmodell bei einer Immobilien-Kapitalgesellschaft, NWB 2025, 1394; Prinz, Relativierung des Durchgriffsverbots bei Kapitalgesellschaften im Rahmen einer Betriebsaufspaltung, FR 2025, 49.

Übersicht

I. Allgemeines

1. Wahlmöglichkeiten

Die Vorschrift enthält **zwei unterschiedliche Kürzungsmöglichkeiten** mit je unterschiedlichen Zwecksetzungen und – damit einhergehend – unterschiedlichen Voraussetzungen. Bei der Rechtsanwendung lässt sich die Teleologie der einen Vorschrift nicht auf die andere Vorschrift übertragen; sie folgen je eigenen Grundsätzen (zB BFH I R 17/99, BStBl. II 2001, 251; VIII R 5/03, BStBl. II 2005, 708; IV R 19/05, BStBl. II 2010, 985). 1

Es besteht ein **Wahlrecht** des Unternehmens, das durch den entsprechenden Antrag auf die sog. *„erweiterte Kürzung"* nach S. 2 ausgeübt wird (→ Rn. 32). Scheitert die beantragte Anwendung der erweiterten Kürzung vollständig, ist die Kürzung nach S. 1 durchzuführen (BFH I R 47/13, BFH/NV 2014, 1395).

Der **Begriff des Unternehmens** in Satz 2 dieser Vorschrift ist gleichbedeutend mit dem des Gewerbebetriebs iSd § 2 (BFH IV R 44/16, BFH/NV 2019, 1306; IV R 45/16, BFH/NV 2019, 1245). Auch die Formulierung „Betriebsvermögen des Unternehmers" in Satz 1 rekurriert mE hierauf.

2. Gestaltung

Die **pauschale Kürzung** nach S. 1 (bis EZ 2024) empfiehlt sich, wenn 2

- bei hohem EW und (relativ) geringem GewErtrag die pauschale Kürzung zu einem negativen und damit nach § 10a ausgleichsfähigen GewErtrag führt oder
- die pauschale Kürzung betragsmäßig größer ist als der nach S. 2 begünstigte GewErtrag. Entsprechendes gilt für die Regelung des Satzes 1 ab EZ 2025.

Die erweiterte Kürzung nach S. 2 empfiehlt sich
- bei einem positiven GewErtrag aus der Verwaltung und Nutzung eigenen Grundbesitzes,
- wenn dieser GewErtrag den pauschalen Kürzungsbetrag nach S. 1 übersteigt (zu allem Jonas/Müller DStR 1988, 623).

II. Die Kürzung nach Satz 1

1. Zwecke

2a **a) Vermeidung der Doppelbelastung. Ein Zweck** der Vorschrift ist die **Vermeidung der Doppelbelastung** von Grundbesitz mit GrundSt und GewSt (Begr. GewStG 1936 Nr. II 1 und 6 RStBl. 1937, 696; BFH VI 269/64, BStBl. III 1966, 316). Allerdings wurde dieses Ziel bis EZ 2024 bei Weitem nicht erreicht; zwischen 1991 und 2020 betrug die Entlastung zwischen 20 % und 14 % der GrundSt-Belastung (Bräutigam/Spengel/Winter DB 2022, 620).

Die **tatsächliche Belastung** des Grundbesitzes mit GrSt war bis EZ 2024 für den Anspruch auf Kürzung grundsätzlich **nicht von Bedeutung** (vgl. BFH I 115/65, BStBl. II 1972, 390). Der Billigkeitserlass der GrundSt (BFH I 61/50, BStBl. III 1951, 49), ihre Übernahme durch den Grundeigentümer beim Erbbaurecht (RFH I 149–42, RStBl. 1943, 283) oder durch den Mieter gem. § 556 Abs. 1 BGB iVm § 2 Nr. 1 BetrKV standen der Kürzung nicht entgegen. **Anders** war es jedoch, wenn nach der Gestaltung des Einzelfalles bereits vom Grundsatz her keine Belastung mit GrundSt in Frage kommt (BFH I 258/64, BStBl. II 1968, 65), wie bei *ausländischen* Grundstücken (ggf. Kürzung nach § 9 Nr. 3). Ab **EZ 2008** (vgl. § 36 Abs. 6a aF) war die Anwendbarkeit des § 9 Nr. 1 S. 1 ausdrücklich auf den **nicht von der Grundsteuer befreiten** Grundbesitz beschränkt.

2b **b) Angleichung.** Ein **zweiter Gesetzeszweck** bestand in einer nur gewissen **Angleichung** der GewStBelastung von Betrieben auf eigenem Grundbesitz mit Betrieben auf gemieteten/gepachteten Grundstücksteilen (BFH I R 63/01, BFH/NV 2003, 82; IV R 55/10, BStBl. II 2017, 722). Auch im Hinblick auf diesen zweiten Gesetzeszweck war die Minderung des Kürzungssatzes von zunächst 3 % auf schließlich 1,2 % des EW unbefriedigend (Roser in Lenski/Steinberg § 9 Nr. 1 Rn. 16). Hinzu kommt das Ungleichgewicht, das entsteht, wenn der Mieter des Grundbesitzes die GrundSt übernimmt (→ Rn. 2a).

Mit der **gültigen Fassung** des § 9 Nr. 1 S. 1 GewStG (→ Rn. 15) haben sich die vorstehenden Probleme erledigt. Unbeachtlich war und ist aber weiterhin, ob aus dem Grundbesitz ein (Gew)Ertrag erwirtschaftet wird.

2. Betroffener Grundbesitz

3 **a) Begriff.** Der innere Zusammenhang der S. 1 und 2 der Vorschrift bedingt, dass der Begriff des Grundbesitzes **einheitlich zu verstehen** ist (BFH I R 61/90, BStBl. II 1992, 628). Maßgebend ist der **bewertungsrechtliche Begriff** des Grundvermögens (§ 243 Abs. 1 BewG, zum insoweit inhaltsgleichen § 68 Abs. 1 BewG aF BFH I R 53/90, BStBl. II 1992, 738; IV R 19/05, BStBl. II 2010, 985; III R 36/15, BStBl. II 2019, 705, jeweils mwN). Daher gehören **zum Grundbesitz** auch das *ErbbauR* (BFH I 5/65, BStBl. II 1968, 353; IV R 11/98, BStBl. II 1999, 532; IV R 5/21, BStBl. II 2024, 845) und ein *UntererbbauR* (BFH

IV R 4/19, BStBl. II 2022, 87, zu FG Münster 8 K 3685/17 G, EFG 2019, 373, best). Um welche Art von Grundbesitz (zB Wohngebäude, Bürogebäude, luf Grundstücke) es sich handelt, ist mE ohne Bedeutung. Eine zugunsten eines Grundstücks an einem anderen Grundstück eingetragene *Grunddienstbarkeit* (§ 1018 BGB) ist Bestandteil des herrschenden Grundstücks/Erbbaurechts (BFH IV B 8/09, BFH/NV 2010, 464). Der belastete Grundstücksteil ist dennoch Teil des belasteten Grundstücks, das dem zivilrechtlichen/wirtschaftlichen Eigentümer zuzurechnen ist (BFH IV R 4/19, BStBl. II 2022, 87).

Nicht zum Grundbesitz gehören Bodenschätze (§ 243 Abs. 2 Nr. 1 BewG, zum insoweit inhaltsgleichen § 68 Abs. 2 Nr. 1 BewG aF BFH I R 53/90, BStBl. II 1992, 738), Betriebsvorrichtungen (§ 243 Abs. 2 Nr. 2 BewG, zum insoweit inhaltsgleichen § 68 Abs. 2 Nr. 2 BewG aF BFH I R 50/75, BStBl. II 1977, 778; I R 66/88, BStBl. II 1991, 249; IV R 18/91, BFH/NV 1994, 388; VIII R 68/98, BStBl. II 2001, 359; I R 24/01, BStBl. II 2003, 355), obligatorische Nutzungsrechte an fremdem Grund und Boden (BFH IV B 8/09, BFH/NV 2010, 464) und Mineralgewinnungsrechte (BFH I R 53/90, BStBl. II 1992, 738). Auch andere Wirtschaftsgüter sind nicht zu berücksichtigen (BFH VIII R 182/75, BStBl. II 1979, 399; III R 98/83, BStBl. II 1984, 805; III R 65/91, BFH/NV 1993, 431). Ein Sondernutzungsrecht eines Wohnungseigentümers ist nicht Grundbesitz, sondern dem Grundbesitz zuzuordnen, dessen Inhalt es abweichend von den Regeln des WEG bestimmt (BFH IV R 5/21, BStBl. II 2024, 845).

b) Betriebsvermögen. Voraussetzung der Kürzung nach Satz 1 (bis EZ 2024: um 1,2 % des EW des Grundbesitzes; ab EZ 2025: die als BA erfasste GrSt für den Grundbesitz) ist die **Zugehörigkeit** des Grundbesitzes **zum Betriebsvermögen.** Ein **Nichteigentümerbetrieb,** wie der Zwischenvermieter, ist daher nicht zur Kürzung berechtigt (vgl. BFH IV B 8/09, BFH/NV 2010, 464; IV R 55/10, BStBl. II 2017, 722). Die Zugehörigkeit ist nach § 20 Abs. 1 GewStDV nach den Vorschriften des EStG und KStG, nicht jedoch nach § 99 BewG, zu entscheiden (vgl. hierzu EStR 4.2 Abs. 7 ff.). **Grundbesitz im Ausland** ist mE schon deswegen nicht zu erfassen, weil er für die deutsche Einheitsbewertung und GrundSt irrelevant ist. 3a

3. Einzelgewerbetreibende

a) Notwendiges BV. aa) Allgemeines. Ein Grundstück gehört zum **notwendigen BV,** wenn es **ausschließlich und unmittelbar** für **eigenbetriebliche Zwecke** genutzt wird (BFH I R 111/73, BStBl. II 1975, 583). Die bilanzielle Behandlung allein ist kein hinreichendes Kriterium (vgl. BFH VIII 29/75, BStBl. II 1978, 330; EStR 4.2 Abs. 1 S. 2). Erforderlich ist Inanspruchnahme in einer Weise, die wirtschaftlich jede anders geartete Verwendung, insb. für private Zwecke (privates Wohnen), ausschließt (vgl. BFH X R 57/88, BStBl. II 1991, 829; XI R 32/01, BStBl. II 2005, 431); ebenso wenig genügt, dass das Grundstück mit betrieblichen Mitteln erworben worden ist oder als Sicherheit für betriebliche Mittel dient (BFH IV 304/63 S, BStBl. III 1964, 502). Dagegen BV, wenn es sich um ein Mietwohngrundstück für Arbeitnehmer handelt und betriebliche Gründe für die Vermietung vorliegen (BFH I R 73/74, BStBl. II 1977, 315) oder bei Verwendung als Belegschaftsheim bei einer nicht ins Gewicht fallenden privaten Nutzung, wenn die betriebliche Nutzung aus vom Unternehmen nicht zu beeinflussenden Gründen scheitert (BFH I R 6/73, BStBl. II 1976, 179). BV wird auch angenommen bei Erwerb und Veräußerung durch Immobilienmakler (BFH 4

IV 199/59, DB 1962, 1065), oder wenn ein Bauunternehmer das Grundstück für eine mehrjährige Vermietung erwirbt und bebaut, unter der Voraussetzung, dass seine Tätigkeit ausschließlich oder weitaus überwiegend im Bau von Wohnhäusern zum Zwecke eigener Vermietung besteht (BFH I 116/55 U, BStBl. III 1957, 17; I 69/58 U, BStBl. III 1959, 421). Insofern ist jedoch eine sorgfältige Prüfung angezeigt; die Vermietung allein ist kein Beweisanzeichen für oder gegen BV (BFH IV 106/57 U, BStBl. III 1960, 156). Die Erstellung des Gebäudes iRd Betriebes des Bauunternehmers macht dieses jedoch zum BV (BFH I 353/61 U, BStBl. III 1964, 552), ebenso der Erwerb und die rasche Veräußerung nach der Bebauung (BFH I R 225/73, BStBl. II 1975, 850).

bb) Gebäude auf fremdem Grund und Boden. Für ein Gebäude auf fremdem Grund und Boden ist die Kürzung nur zulässig, wenn das Gebäude dem Betriebsinhaber **wirtschaftlich zuzurechnen** ist (§ 39 Abs. 2 Nr. 1 AO; GewStR 9.1 Abs. 1 S. 6). Ist das nicht der Fall, dann ist die Zurechnung des Gebäudes zum BV auch aufgrund handels- und steuerrechtlicher Bilanzierungsvorschriften, wie sie für Bauten auf fremdem Grund und Boden aufgrund Nutzungsrechts gelten (Bilanzierung eines immateriellen Wirtschaftsguts, zB BFH IV R 30/88, BStBl. II 1990, 623), nicht möglich (BFH III R 65/91, BFH/NV 1993, 431).

5 **b) Anteilige Nutzung.** Bei nur **anteiliger betrieblicher Nutzung** gehört nur der auf das betrieblich genutzte Gebäude entfallende Anteil am Grund und Boden zum notwendigen BV (BFH I R 48/75, BStBl. II 1977, 388). Entsprechendes gilt, wenn nur ein Teil des auf dem Grundstück befindlichen Gebäudes betrieblich genutzt wird (BFH GrS 5/71, BStBl. II 1974, 132). Nur dieser Teil ist der Kürzung zugrunde zu legen (§ 20 Abs. 2 GewStDV). Für die Berechnung ist von dem anteiligen Einheitswert, ggf. von dem Verhältnis der Nutzflächen bzw. Rauminhalte, auszugehen (GewStR 9.1 Abs. 1 S. 7–9).

Liegen die Voraussetzungen für die Behandlung als notwendiges BV zu **mehr als 50 %** vor, dann kann auch der übrige Teil des Grundstücks als (gewillkürtes) BV behandelt werden (BFH GrS 5/71, BStBl. II 1974, 132; IV R 188/74, BStBl. II 1976, 663; I R 73/74, BStBl. II 1977, 315; EStR 4.2 Abs. 1). ME unterliegt in diesem Fall das gesamte Grundstück der Kürzung.

Ist der der betrieblichen Nutzung unterliegende Anteil am Grundstück dagegen nur von **untergeordneter Bedeutung,** dann braucht das Grundstück insgesamt nicht als BV behandelt zu werden. Von untergeordneter Bedeutung ist der betrieblich genutzte Grundstücksteil, wenn er weder mehr als ⅕ des Werts des ganzen Grundstücks noch mehr als 20.500 EUR beträgt (§ 8 EStDV; EStR 4.2 Abs. 8; hierzu BFH IV R 55/74, BStBl. II 1980, 5). Maßstab für das relative Wertverhältnis ist idR das Verhältnis der Nutzflächen. Ein Grundstücksteil ist mehr als 20.500 EUR wert, wenn der Teil des gemeinen Werts des ganzen Grundstücks, der nach dem Verhältnis der Nutzflächen auf den Grundstücksteil entfällt, 20.500 EUR übersteigt (EStR 4.2 Abs. 8 S. 3 und 4). Nach GewStR 9.1 Abs. 1 S. 4 unterliegt dieser Anteil gleichwohl der Kürzung (ebenso Roser in Lenski/Steinberg § 9 Nr. 1 Rn. 49 f.; Gosch in Brandis/Heuermann § 9 Rn. 23). ME ist diese Auffassung unzutreffend. Der Wortlaut der Vorschrift steht ihr entgegen. Der Zweck der Vorschrift hat demgegenüber nur Vorrang, wenn anders ein sinnwidriges und dem Gesamtplan des Gesetzgebers widersprechendes Ergebnis einträte (vgl. BFH IV R 175/79, BStBl. II 1984, 221). Das ist vorliegend nicht der

Fall, weil der GewTreibende die Wahlfreiheit hat, den Grundstücksteil als BV zu behandeln.

c) Miteigentum. Besteht nur **Miteigentum des GewTreibenden** an dem (ganz oder teilweise) betrieblich genutzten Grundstück, dann ist dieses (der betrieblich genutzte Teil) nur mit dem entsprechenden Miteigentumsanteil BV (BFH VI R 183/66, BStBl. II 1969, 233; IV R 60/89, BStBl. II 1994, 559; IV R 50/94, BStBl. II 1996, 193), es sei denn, er hat insofern wirtschaftliches Eigentum (§ 39 Abs. 2 Nr. 1 AO) oder er erweitert das Betriebsgebäude mit Zustimmung der übrigen Miteigentümer auf eigenen Namen und eigene Rechnung und nutzt es ausschließlich betrieblich. In diesem Fall ist nicht nur der ideelle Anteil, sondern sind die Herstellungskosten des neu errichteten Grundstücksteils insgesamt als BV zu aktivieren (BFH I R 217/75, BStBl. II 1978, 6; vgl. hierzu VIII R 74/77, BStBl. II 1980, 244; IV R 117/79, BStBl. II 1981, 68). **Bei Ehegatten** gelten dieselben Grundsätze (BFH I R 18/70, BStBl. II 1971, 643; IV R 160/73, BStBl. II 1978, 299), und zwar auch dann, wenn der Stpfl. den betrieblich genutzten Grundstücksteil bilanziell in vollem Umfang als BV behandelt hat (BFH VIII R 182/75, BStBl. II 1979, 399). Weder dieser Umstand noch die Stellung als Unternehmer und Ehegatte erlauben einen Rückschluss auf wirtschaftliches Eigentum (BFH III R 188/81, BStBl. II 1988, 493; III R 65/91, BFH/NV 1993, 431). 6

d) Gewillkürtes BV. Ein Grundstück darf als **gewillkürtes BV** behandelt werden, wenn es in einem gewissen objektiven Zusammenhang mit dem Betrieb steht und ihm **zu dienen und ihn zu fördern** geeignet und bestimmt ist (BFH VIII R 4/94, BStBl. II 1998, 461). Es darf einerseits nicht zum notwendigen BV gehören und andererseits das Gesamtbild der gewerblichen Betätigung nicht so verändern, dass es den Charakter von Vermögensverwaltung bekommt (BFH IV 167/64 U, BStBl. III 1965, 377). Voraussetzung ist weiter, dass das Grundstück in der **Buchführung und Bilanz** eindeutig als BV ausgewiesen ist. Die unter → Rn. 5 dargelegten Grundsätze zu Grundstücksteilen sind anzuwenden (BFH I R 48/75, BStBl. II 1977, 388). Der Wille des Stpfl., das Grundstück zum BV zu ziehen, muss klar erkennbar sein (BFH IV 102/59 U, BStBl. III 1961, 53). Bei einer Mitunternehmerschaft reicht das Interesse an einer Vereinfachung der Besteuerung und an einer einheitlichen Behandlung des Grundstücks (BFH VIII B 57/80, BStBl. II 1982, 526). Nimmt der Stpfl. das Grundstück in die Bilanz auf, behandelt er es aber iÜ nicht als BV (etwa durch reine Vermietung und Verpachtung), dann zählt Letzteres (BFH IV 102/59 U, BStBl. III 1961, 53). Jedoch nimmt die Einstellung der ordnungsgemäßen Buchführung nach Ausweis als BV dem Grundstück nicht den Charakter von BV; erforderlich ist vielmehr eine eindeutige Entnahmehandlung (→ Rn. 8). 7

Die vorstehenden Grundsätze gelten auch für Gewerbetreibende, die ihren Gewinn nach **§ 4 Abs. 3 EStG ermitteln** oder entgegen ihrer Verpflichtung keine Bücher führen und keine regelmäßigen Abschlüsse machen (BFH IV R 13/03, BStBl. II 2004, 985).

e) Entnahmen. Eine **Entnahme** ist eine **von dem Willen** des Stpfl., das Grundstück nicht mehr betrieblich zu nutzen, **getragene eindeutige Handlung,** mit der dieser Wille in die Tat umgesetzt wird. Sie erfolgt durch Erklärung gegenüber dem Finanzamt oder durch schlüssige Handlung (zB vollständige Änderung der Nutzung zu privaten Zwecken, BFH IV R 39/93, BFH/NV 1995, 8

873), etwa durch Bebauung zu privaten Wohnzwecken (BFH I R 48/75, BStBl. II 1977, 388; EStR 4.3 Abs. 3). Entsprechendes gilt für Gebäude- und Grundstücksteile (vgl. BFH I R 51/82, BStBl. II 1983, 365). Daher (noch) keine Entnahme, wenn es die Umstände des Falles als zweifelhaft erscheinen lassen, ob der Grundstücksteil auf Dauer privaten Zwecken dienen soll (BFH IV R 192/67, BStBl. II 1970, 754; IV R 93/70, BStBl. II 1974, 240).

4. Personengesellschaften

9 Grund und Boden sind nach vorstehenden Grundsätzen **ganz oder teilweise** (BFH I 147/57 U, BStBl. III 1958, 262) **als BV auszuweisen,** wenn sie **Gesamthandsvermögen** sind (BFH VI 185/64 U, BStBl. III 1965, 708) und nicht (nahezu) ausschließlich der privaten Lebensführung eines oder mehrerer Mitunternehmer dienen (BFH I R 194/71, BStBl. II 1973, 705; IV R 193/71, BStBl. II 1975, 804; IV R 125/76, BStBl. II 1980, 40; IV R 36/79, BStBl. II 1983, 459; EStR 4.2 Abs. 11). Das gilt auch für ein Grundstück im **Sonderbetriebsvermögen** eines Gesellschafters (BFH IV R 72/79, BStBl. II 1983, 215; IV R 79/06, BFH/NV 2009, 730; IV R 19/22, BStBl. II 2025, 271). Entsprechendes gilt mE, wenn ein Grundstücksteil dem Betrieb einer Personengesellschaft dient, aber im Eigentum einer nicht personenidentischen Gesamthandsgemeinschaft oder Bruchteilsgemeinschaft steht, wenn das Grundstück der Personengesellschaft nach § 39 Abs. 2 Nr. 2 AO zuzuordnen ist. Zum notwendigen BV rechnen die den Gesellschaftern zustehenden Anteile an dem Grundstück (BFH I 147/57 U, BStBl. III 1958, 262; I 29/61, HFR 1961, 270). Wird ein solches Grundstück nur anteilig betrieblich genutzt, dann gehören die Anteile der Gesellschafter mit dem betrieblich genutzten Teil zum BV (BFH I 147/57 U, BStBl. III 1958, 262). Der restliche Grundstücksteil kann nach obigen Grundsätzen (→ Rn. 7) gewillkürtes BV sein (BFH IV 419/62 U, BStBl. III 1965, 92; I R 210/73, BStBl. II 1976, 180; IV R 71/73, BStBl. II 1977, 150). Ein zulässigerweise als BV behandeltes Grundstück eines Einzelunternehmers (EStR 4.2 Abs. 9) verliert die Eigenschaft als BV dann nicht, wenn das Einzelunternehmen ohne das Grundstück in eine Personengesellschaft eingebracht wird, wenn die Gesellschafter hier wohnen und von hier aus die Geschäfte führen (BFH I R 97/78, BStBl. II 1983, 288).

5. Körperschaften

10 Bei **Kapitalgesellschaften** ist Grundvermögen **stets und in vollem Umfang** als **BV** auszuweisen, weil die Tätigkeit der Kapitalgesellschaft nach § 2 Abs. 2 stets und in vollem Umfang gewerbliche Tätigkeit ist (BFH I 115/65, BStBl. II 1972, 390). Eine Privatsphäre der Kapitalgesellschaft besteht nicht (vgl. BFH I R 32/06, BStBl. II 2007, 961). Auch Grundstücke, die zum Deckungsstock eines Versicherungsunternehmens in der Rechtsform einer Kapitalgesellschaft gehören, sind daher notwendiges BV (BFH I 115/65, BStBl. II 1972, 390). Bei **sonstigen Körperschaften** iSd § 1 Abs. 1 Nr. 4 und 5 KStG (Vereine, Stiftungen usw) gehört Grund und Boden zum BV, sofern diese Körperschaften einen **Betrieb gewerblicher Art** unterhalten und der Grund und Boden diesem unmittelbar dient.

6. Zeitfragen

11 Ob und inwieweit Grundbesitz zum BV gehört, ist nach **§ 20 Abs. 1 S. 2 GewStDV** nach den Verhältnissen **am 1.1. eines jeden EZ** zu entscheiden.

Es besteht **strenges Stichtagsprinzip** auch dann, wenn kurz nach dem 1.1. Grundbesitz veräußert wird (insoweit Kürzung) oder erworben wird (insoweit keine Kürzung; BFH IV R 51/00, BStBl. II 2002, 873). Die frühere Regelung des § 20 Abs. 1 S. 3 GewStDV, wonach bei Begründung der GewStpfl. im Laufe des EZ die Verhältnisse zu diesem Zeitpunkt maßgebend sind (vgl. hierzu BFH I 61/50 U, BStBl. III 1951, 49), besteht ab EZ 1986 nicht mehr. Dasselbe gilt für den früheren § 20 Abs. 1 S. 4 GewStDV, wonach beim Übergang eines Gew-Betriebes und Vereinigung mit einem bestehenden GewBetrieb die Kürzung nach Zwölfteln entsprechend der zeitlichen Zugehörigkeit zu diesem Betrieb durchzuführen war. Die bisher vorgesehene Zwölftelung unterbleibt. Entsprechendes gilt, wenn der für die Ermittlung des GewErtrages maßgebende Zeitraum mehr oder weniger als 12 Monate beträgt (Roser in Lenski/Steinberg § 9 Nr. 1 Rn. 76 ff.).

Die **Regelung** des § 20 Abs. 1 S. 2 GewStDV **ist bedenklich.** Ihr fehlt die Rechtsgrundlage, die sich auch nicht aus der Anknüpfung an den maßgeblichen EW ergibt (ebenso Gosch in Brandis/Heuermann § 9 Rn. 39; Roser in Lenski/Steinberg § 9 Nr. 1 Rn. 74).

7. Maßgeblichkeit des Einheitswerts (bis EZ 2024)

Maßgebend für die Kürzung von 1,2 % **ist der EW,** der **auf den letzten** 12
Feststellungszeitpunkt (Hauptfeststellungs-, Fortschreibungsfeststellungs-, Nachfeststellungs-Zeitpunkt) vor dem Ende des EZ (§ 14) lautet. Dieser Wert bleibt maßgebend, solange nicht durch Hauptfeststellung oder Fortschreibung ein neuer EW festgestellt wird. Ein höherer Wert, mit dem das Grundstück etwa im Anschluss an die DM-Eröffnungsbilanz eingestellt war, ist insofern unbeachtlich (BFH I 3/53 U, BStBl. III 1953, 202; I 120/53 U, BStBl. III 1954, 370). Der EW-Bescheid ist **Grundlagenbescheid** iSv §§ 171 Abs. 10, 175 Abs. 1 S. 1 Nr. 1 AO (BFH IV R 6/20, BFH/NV 2023, 1190). Wird er geändert, so hat auch ein geänderter GewStMessbescheid infolge des geänderten Kürzungsbetrages zu ergehen (GewStR 9.1 Abs. 3).

Ist ein EW nach § 132 Abs. 2 S. 1 BewG aF **noch nicht festgestellt,** kann im Vorgriff hierauf die Bemessungsgrundlage für die Kürzung **geschätzt** werden (FM Bbg 28.6.1994, DB 1994, 1494). Zur Bindung des Ersuchens des für die GewSt-Festsetzung zuständigen FA nach § 132 Abs. 2 S. 2 BewG aF für das Lagefinanzamt BFH II R 51/05, BFH/NV 2007, 652.

8. Bemessungsgrundlage (bis EZ 2024)

Bei Grundstücken (§ 70 BewG) sowie bei **Betriebsgrundstücken** (§ 99 Abs. 1 13
Nr. 1 BewG), die wie Grundvermögen bewertet werden, sind **140 %** des auf den Wertverhältnissen vom 1.1.1964 beruhenden EW anzusetzen (§ 121a BewG). Bei Grundstücken im **Zustand der Bebauung** ist nur der EW nach § 91 BewG aF, also der Wert für Grund und Boden und bereits bezugsfertige Gebäude, maßgebend (BFH VI 62/64, BStBl. III 1967, 353; I 258/64, BStBl. II 1968, 65). Besteht für den Unternehmer ein **Erbbaurecht,** dann ist der Kürzung nicht der Wert des Erbbaugrundstücks, sondern nur der Teil des EW zugrunde zu legen, der nach § 92 BewG aF auf ihn als Erbbauberechtigten entfällt (RFH I 12/41, RStBl. 1941, 884; 1943, 283; BFH I 5/65, BStBl. II 1968, 353; GewStH 9.1). Entsprechendes gilt bei **Teileigentum** nach dem WEG. Bei Betriebsgrundstücken, die losgelöst von ihrer Zugehörigkeit zu einem GewBetrieb wie **land- und forstwirtschaftliches Vermögen** bewertet werden würden (§ 99 Abs. 1 Nr. 2

BewG), sind dagegen nur 100 % des EW zugrunde zu legen. Gehört zum BV ein **verpachtetes landwirtschaftliches** Grundstück, dann ist die Kürzung nicht nur vom Verpächteranteil, sondern vom vollen EW vorzunehmen (BFH I 136/65, BStBl. II 1968, 479; GewStH 9.1).

13a Für das **Beitrittsgebiet** sind bei **Betriebsgrundstücken** die EW 1935 mit den in § 133 BewG aFgenannten Prozentsätzen anzusetzen (GewStR 9.1 Abs. 2 S. 3). Für **land- und forstwirtschaftliche Vermögen** im Beitrittsgebiet wird ein sog. **Ersatzwirtschaftswert** ermittelt (§§ 125 Abs. 2 und 126 Abs. 2 BewG aF). Im Falle der **Grundstückspacht** ist dieser bei der Bestimmung des Kürzungsbetrags im Verhältnis der eigenen Flächen zu den gepachteten Flächen anzusetzen (BFH III R 34/21, BStBl. II 2024, 128; s. auch BFH I R 63/01, BFH/NV 2003, 82; GewStR 9.1 Abs. 2 S. 5). Der Auffassung, als reiner Ertragswert sei er zunächst nach Gruppen von WG – einschließlich im Eigentum des StPfl. stehende Wirtschaftsgebäude und Betriebsmittel – aufzuteilen (so SächsFG 2 K 942/20, EFG 2022, 1053, aufgeh.), hat der BFH damit eine Absage erteilt. Für **Mietwohngrundstücke** im Beitrittsgebiet, für die zum 1.1.1991 kein Einheitswert festzustellen war (FM Länder 20.11.1990, BStBl. I 1990, 827) und für die eine Kürzung nach S. 1 in Betracht kommt, ist die Bemessungsgrundlage mit dem 50-fachen der bei einem Hebesatz von 300 % nach der Ersatzbemessungsgrundlage ermittelten Grundsteuer (§ 42 Abs. 2 GrStG) zu schätzen (FM MV IV 302-G 1425-2015/001-002).

9. Umfang der Kürzung nach S. 1 (bis EZ 2024)

14 **Gekürzt** wird um **1,2 % des EW** auf den letzten Feststellungszeitpunkt. Das gilt bei **Versicherungsunternehmen** auch für den **zum Deckungsstock** (Sicherungsvermögen) gehörenden Grundbesitz (BFH I 115/65, BStBl. II 1972, 390; GewStH 9.1).

Gehört ein Grundstück **nur anteilig** zum BV, dann ist der GewErtrag nur mit diesem Anteil des EW zu kürzen (§ 20 Abs. 2 GewStDV). Für die Ermittlung des Anteils kommt nach GewStR 9.1 Abs. 1 S. 8 das Verhältnis der Jahresrohmiete in Betracht; mE fraglich, weil dies ein Maßstab des Bewertungsrechts und nicht des Einkommensteuerrechts ist. Nach GewStR 9.1 Abs. 1 S. 9 kommt aber auch das Verhältnis der Nutzflächen oder des Rauminhalts in Betracht, wenn das Ergebnis den Verhältnissen des Einzelfalles besser entspricht. Diese Aufteilung ist allein sachgerecht (ebenso Gosch in Brandis/Heuermann § 9 Rn. 30; Roser in Lenski/Steinberg § 9 Nr. 1 Rn. 62). Bei Grundstücken, die infolge ihrer nur *untergeordneten betrieblichen Nutzung* nicht BV sind, kann mE keine Kürzung erfolgen (→ Rn. 5 aE). Bei einer **Aufteilung des EW** für das ErbbauR (ErbbauR weniger als 50 Jahre) Kürzung nur nach dem Teil des EW, der dem Berechtigten zugerechnet worden ist (RFH I 12/41, RStBl. 1941, 884). Bei partiell stpfl. **Vermietungsgenossenschaften** iSv § 3 Nr. 15 ist der EW des an Nichtmitglieder vermieteten Grundbesitzes zugrunde zu liegen (vgl. → § 3 Rn. 416).

10. Befreiung von der Grundsteuer (bis EZ 2024)

15 Die Beschränkung der Kürzung nach S. 1 **ab EZ 2008** (§ 36 Abs. 6a aF) auf den **nicht von der GrundSt befreiten Grundbesitz** bezog sich mE auf **gesetzliche Befreiungen** (§§ 3, 4 GrStG). Wird die GrundSt aus anderen Gründen nicht erhoben (zB EW null, Erlass, Verjährung, → Rn. 2a), hinderte dies die Kürzung nicht (FG Hmb 3 K 116/15, BeckRS 2015, 95528; GewStR 9.1 Abs. 1 S. 2 f.

11. Maßgeblichkeit der als BA erfassten Grundsteuer (ab EZ 2025)

Die durch G. v. 2.12.2024 mWv EZ 2025 eingeführte Regelung stellt auf die **tatsächlich als BA erfasste GrSt** für den betrieblichen Grundbesitz ab. **Grund für die Änderung** ist die Inkompatibilität der durch G. v. 26.11.2019 (BGBl.2019 I 1794) ab EZ 2025 vorgesehenen Fassung des § 9 Nr. 1 S. 1 GewStG, nach der die Kürzung 0,11 % des Grundsteuerwerts betragen sollte, mit der Änderung des GrStSystems. Die vorgesehene Änderung hätte etwa der Anpassung der GrSt-Messzahl nach dem künftigen Bundesmodell von bisher 3,5 % (§ 15 Abs. 1 GrStG aF) auf 0,31 % bzw. 0,34 % (§ 15 GrStG nF) entsprochen. Im rechnerischen Ergebnis aber wäre die Diskrepanz zwischen GrSt-Belastung und GewSt-Entlastung (→ Rn. 2a) verstärkt worden (Bräutigam/Spengel/Winter DB 2022, 620). **16**

Schwerer wog, dass diese Gesetzeslage **verfahrensmäßige Unklarheiten** bedingt hätte. Insbesondere in Bundesländern mit eigenen LandesGrStGesetzen, nach denen ausdrücklich keine Feststellung des Grundsteuerwerts (wie in §§ 219, 221 BewG) getroffen, sondern lediglich (wie zB nach § 6 Abs. 1 BayGrStG, § 6 Abs. 1 HmbGrStG) ein Äquivalenzwert festgestellt oder die Entsprechung von Äquivalenzbetrag und Grundsteuerwert (wie in § 1 S. 2 f. NdsGrStG) geregelt wird, wäre § 9 Nr. 1 S. 1 GewStG in der vorgesehenen Fassung ins Leere gelaufen. Mit der jetzigen Fassung des G wird also die (gleichmäßige) Anwendbarkeit des § 9 Nr. 1 S. 1 GewStG für alle Normadressaten im Bundesgebiet sicher gestellt (FinAusschuss BT-Drs. 20/13419, 220).

Die **Höhe der Kürzung** entspricht also der GrSt, die als BA „erfasst" ist. Diese Formulierung bezeichnet mE den sich aus der Gewinnermittlung des Betriebs für den jeweiligen EZ als gewinnmindernd gebuchten und in dem entsprechenden GewSt-Messbescheid zugrunde gelegten GrSt-Betrag. Das muss nicht die GrSt für diesen EZ sein, sondern die GrSt, die sich nach den Regeln der §§ 25 ff., 31 GrStG in diesem EZ ergibt. Die Einschätzung des FinA (BT-Drs. 20/13419, 220), die gewstlichen Kürzungsbeträge ergäben sich demnach in Abhängigkeit von den konkreten GrSt-Zahlungen des Betriebs, beruht mE daher auf einer interperiodischen Betrachtung. **16a**

III. Die erweiterte Kürzung nach den Sätzen 2–4

1. Zweck der Vorschrift

Ursprünglich bezweckte die erweiterte Kürzung, Grundstücksunternehmen in der Rechtsform einer Kapitalgesellschaft, die nur wegen ihrer Rechtsform gewstpfl. waren, den vermögensverwaltenden Personenunternehmen gleichzustellen (BFH VI 294/65, BStBl. III 1967, 559 zur Entstehungsgeschichte; I R 67/09, BStBl. II 2011, 367; X R 4/10, BStBl. II 2011, 887; GrS 2/16, BStBl. II 2019, 262; BFH III 23/23, BFH/NV 2026, 71). Gleichwohl ist **nicht die Begünstigung jeglicher Vermögensverwaltung** vorgesehen (BFH I R 53/90, BStBl. II 1992, 738; VIII R 39/05, BStBl. II 2006, 659). Stattdessen wurde die Vorschrift in **sachlicher Hinsicht erweitert** um die Zulässigkeit unschädlicher Nebentätigkeiten sowie in **persönlicher Hinsicht** auf Einzelunternehmen und Personengesellschaften. Die Berechtigung zur erweiterten Kürzung hängt also nicht von der Unternehmensform ab. **17**

Der **ursprüngliche Zweck** der Norm ist jedoch **nicht aufgegeben** (vgl. BFH VIII R 68/98, BStBl. II 2001, 359; VIII R 5/03, BStBl. II 2005, 778; IV R 19/05, BStBl. II 2010, 985). Sie ist daher nicht anzuwenden auf Unternehmen, deren Tätigkeiten als solche gewstpfl. sind (BFH I R 174/72, BStBl. II 1973, 686; I R 13/88, BStBl. II 1990, 1075) bzw. wenn die Grundstücksverwaltung/-nutzung die Grenze zur Gewerblichkeit überschreitet (BFH VIII R 68/98, BStBl. II 2001, 359; III R 12/22, BStBl. II 2025, 749). **Grundlegend zur Anwendung** der Vorschrift BFH I R 24/01, BStBl. II 2003, 355; VIII R 3/03, BStBl. II 2005, 778 (hierzu auch Schöneborn NWB 2010, 112; Sanna DStR 2012, 1989).

Die Vorschrift hat – insbesondere für (fast) ausschließlich immobilienhaltende KapitalGes – den Charakter einer **verfassungsrechtlich fragwürdigen** Steuerbefreiungsvorschrift (hierzu Roser in Lenski/Steinberg § 9 Nr. 1 Rn. 93 ff.; Bräutigam/Spengel/Winter DB 2022, 620; Bräutigam/Spengel DB 2025, 2050), auch wenn sie rechtstechnisch nicht als eine solche ausgestaltet ist (BFH X R 54/14, BStBl. II 2017, 529). Nach BVerfG 1 BvR 538/67, HFR 1969, 348; 1 BvR 2130/09, NJW 2010, 2116 und BFH I R 87/71, BStBl. II 1973, 410; I R 67/09, BStBl. II 2011, 367 ist die Norm verfassungsgemäß.

Zu den „Brennpunkten" der Vorschrift Bodden KÖSDI 2021, 22409; zu Gestaltungmöglichkeiten insbesondere mittels eines Holdingmodells Fleck NWB 2025, 1394.

2. Aufbau

17a Der innere **Aufbau der Sätze 2–4** kennzeichnet **drei Tätigkeitsgruppen** und die an sie geknüpften Rechtsfolgen:

- **Verwaltung und Nutzung von eigenem Grundbesitz** (→ Rn. 22 ff.) führt zur erweiterten Kürzung des hieraus bezogenen Ertrags;
- **privilegierte Nebentätigkeiten** (→ Rn. 27 ff.: Verwaltung und Nutzung von eigenem Kapitalvermögen, Betreuung von Wohnungsbauten, Errichtung und Veräußerung von EFH, ZFH oder ETW, Stromlieferungen, Vertragsbeziehungen mit den Mietern), die zwar nicht schädlich sind, deren Erträge aber nicht in die erweiterte Kürzung einbezogen werden (vgl. BFH I R 13/88, BStBl. II 1990, 1075);
- **sonstige Tätigkeiten,** die (wegen der Tatbestandselemente „ausschließlich", „neben" und „daneben") zu einem völligen Ausschluss der erweiterten Kürzung führen (vgl. BFH I R 13/88, BStBl. II 1990, 1075; → Rn. 22c, 23; zu den erforderlichen Überlegungen Jebens/Jebens BB 2002, 73; Heß NWB 2015, 528).

17b Die **Sätze 5 u. 6** kennzeichnen Ausschlusstatbestände, für die die erweiterte Kürzung ganz oder zum Teil ausgeschlossen ist:

- **Grundbesitz** dient dem Gesellschafter oder Genossen (→ Rn. 33);
- GewErtrag enthält **Vergütungen** iSd § 15 Abs. 1 S. 1 Nr. 2 S. 1 EStG (→ Rn. 34);
- GewErtrag enthält Gewinne aus der **Aufdeckung von stillen Reserven** (→ Rn. 35);
- **Veräußerungsgewinne** iSv § 7 S. 2 Nr. 2 u. 3 (→ Rn. 37b).

3. Begünstigte Unternehmen

18 **a) Formen.** Begünstigt sind **alle Unternehmensformen** (GewStR 9.2 Abs. 2 S. 1). Die Vorschrift gilt nicht nur für reine Grundstücksverwaltungsunter-

nehmen, sondern auch für nicht nach § 3 Nr. 2 oder § 3 Nr. 15 befreite Wohnungsunternehmen und -genossenschaften und **ausländische Gesellschaften** mit inländischer BSt (→ § 2 Rn. 13; hierzu Neyer BB 2012, 2606), sofern die nachfolgenden Voraussetzungen erfüllt sind. Hierbei kommt es nicht auf die Satzung, sondern auf die tatsächliche Tätigkeit an (BFH I 76/61 U, BStBl. III 1961, 469).

b) Tätigkeiten. Der Stpfl. muss die **Tätigkeitserfordernisse selbst** erfüllen; die Beteiligung an Gesellschaften, die die Voraussetzungen ihrerseits erfüllen, genügt nicht (FG Bln-Bbg 12 K 8540/05 B, DStRE 2010, 741). Übt der Stpfl. (GmbH iL) nach Veräußerung des letzten Grundstücks keine grundstücksverwaltende Tätigkeit mehr aus, steht ihm auch die erweiterte Kürzung nicht mehr zu (BFH I R 1/10, BFH/NV 2011, 841; zu Einzelheiten s. Bodden KÖSDI 2025, Nr. 4, 24180; Söffing SAM 2024, 193). **18a**

4. Besonderheiten bei Organschaften

a) Grundsatz. Bei **Organschaften** sind im Hinblick auf Voraussetzungen und Umfang der Kürzung die Verhältnisse **jeder Gesellschaft für sich** zu beurteilen; dh jede Gesellschaft kann unabhängig von der anderen für sich bestimmen, ob sie die Kürzung nach S. 1 oder S. 2 wählt. Erst nach der Kürzung (und anderen Kürzungen) erfolgt die Zusammenrechnung beim Organträger (BFH I R 21/67, BStBl. II 1969, 629). Liegen die Voraussetzungen beim Organträger vor, ist die erweiterte Kürzung nicht deswegen zu versagen, weil das Organ eine schädliche Tätigkeit ausübt (BFH I R 77/74, BStBl. II 1976, 431; Roser in Lenski/Steinberg, § 9 Rn. 190). **19**

b) Konzerninterne Vermietung. Bei einer Vermietung **ausschließlich zwischen zwei Organgesellschaften** desselben Organkreises ist die der Vermieterin gewährte Kürzung bei der Zusammenrechnung der Gewerbeerträge auf der Ebene des Organträgers nach allgemeinen Grundsätzen (→ § 2 Rn. 524a f.) zu korrigieren (BFH X R 4/10, BStBl. II 2011, 887; IV R 9/11, BFH/NV 2015, 227; Herbst GmbHR 2011, 1003; Wolf StBp 2012, 149; Demuth ZfIR 2015, 223; krit. Wendt FR 2011, 968; Hoffmann StuB 2011, 929; Pyszka GmbHR 2013, 132). Auf dieser Ebene haben sich Mietaufwand und -ertrag neutralisiert; die Tatsache, dass der Kürzungsbetrag hiermit nicht identisch ist, ist unerheblich, da er eine Teilmenge des Bruttoerlöses und kein aliud darstellt (insoweit aA Borberg/Lüking BB 2011, 2344). Das sog. „Durchgriffsverbot" ist nicht einschlägig; vielmehr entspricht der partielle Durchgriff der Konzeption des § 2 Abs. 2 S. 2 GewStG. Aus diesen Gründen ist auch bei einer nur mittelbaren Beteiligung (über eine Kapitalgesellschaft) der Organträgerin an der an sie vermietenden Organgesellschaft die dieser gewährte erweiterte Kürzung bei der Ermittlung des GewErtrags der Organträgerin wieder zu korrigieren. Unerheblich ist die Nutzung der im Organkreis angemieteten Immobilie für Geschäftsbeziehungen mit außerhalb des Organkreises stehenden Dritten (BFH X R 4/10, BStBl. II 2011, 887; IV R 9/11, BFH/NV 2015, 227). **19a**

Diese Grundsätze gelten abweichend von der in der Vorauflage vertretenen Auffassung auch im sog. **Weitervermietungsmodell,** also bei Weitervermietung des angemieteten Grundbesitzes an Dritte **außerhalb des Organkreises,** weil nur die Geschäftsbeziehungen zwischen den Organgesellschaften zu betrachten sind (BFH III R 41/22, BStBl. II 2024, 772, zu FG Düsseldorf 9 K 2833/21 G,

EFG 2023, 136, aufgeh.; Wagner in WSMH § 9 Nr. 1 Rn. 120a; Keß in Lenski/Steinberg § 2 Rn. 3770; Smentoch/Heinz NWB 2024, 3525).

5. Begriff des Grundbesitzes

20 Der innere Zusammenhang der S. 1 und 2 der Vorschrift bedingt ein **einheitliches Verständnis** des Begriffs **Grundbesitz,** der also auch hier **im bewertungsrechtlichen Sinn** (§ 243 BewG, an Stelle des § 68 BewG aF) zu verstehen ist (BFH I R 53/90, BStBl. II 1992, 738; IV R 19/05, BStBl. II 2010, 985; III R 36/15, BStBl. II 2019, 705; IV R 5/21, BStBl. II 2024, 845, IV R 19/22, BFH/NV 2025, 271, jeweils mwN; → **Rn. 3**).

Erfasst wird auch der **im Ausland belegene** Grundbesitz (vgl. BFH I R 46/07, BFH/NV 2008, 930; FG Hmb 2 K 54/13, EFG 2016, 747).

6. Eigener Grundbesitz

21 **a) Sachliche Zugehörigkeit.** Die Formulierung ist gleichbedeutend mit **„zum BV des Unternehmers gehörender Grundbesitz"** in S. 1 (BFH I R 61/90, BStBl. II 1992, 628, zur Beteiligung an *gewerblich geprägten* vermögensverwaltenden PersGes; BFH GrS 2/16, BStBl. II 2019, 262, zur Zebragesellschaft; BFH IV R 33/19, BStBl. II 2023, 927). Es genügt **SonderBV** des Gesellschafters einer PersGes (BFH IV R 19/22, BFH/NV 2025, 271). Ein **Nichteigentümerbetrieb,** wie der Zwischenvermieter, ist daher nicht zur Kürzung berechtigt (vgl. BFH IV B 8/09, BFH/NV 2010, 464; IV R 55/10, BStBl. II 2017, 722).

(1) Die **Frage der Zugehörigkeit** zum BV des Unternehmens ist nach den Vorschriften des EStG oder KStG zu entscheiden (§ 20 Abs. 1 GewStDV; BFH I R 201/78, BStBl. II 1982, 477; zu gewerblich tätigen Personengesellschaften vgl. BFH VIII R 353/82, BStBl. II 1988, 418; IV R 222/84, BStBl. II 1987, 553). Der Begriff schließt ein *Erbbaurecht* und ein *Untererbbaurecht* sowie das aufstehende Gebäude ein (→ Rn. 3; zum Wertansatz RFH I 12/41, RStBl. 1941, 884; BFH I 5/65, BStBl. II 1968, 353; GewStH 9.1). Insgesamt **genügt wirtschaftliches Eigentum** (BFH III R 34/17, BStBl. II 2020, 409; IV R 5/21, BStBl. II 2024, 845), das nach ertragsteuerlichen Grundsätzen **auch an Gebäudeteilen** möglich ist (FG Münster 9 K 2274/19 G, EFG 2021, 1567, nachgehend BFH III R 26/21, BFH/NV 2024, 1161).

(2) Das galt auch für Gebäude **auf fremdem Grund und Boden,** die nach dem Gesamtbild der Verhältnisse **im wirtschaftlichen Eigentum** des Unternehmers standen. Sie waren auch nach § 70 Abs. 3 BewG aF Grundbesitz iSd Bewertungsrechts und hatten nach § 94 BewG aF einen eigenen EW. Auch in diesen Fällen war wegen des eindeutigen Gesetzeswortlauts die erweiterte Kürzung vorzunehmen (vgl. BFH I R 18/70, BStBl. II 1971, 643; VIII R 182/75, BStBl. II 1979, 399). Nach der Neufassung des § 262 BewG ist jedoch der Gesamtwert für Grund und Boden und Gebäude dem Eigentümer von Grund und Boden zuzurechnen.

(3) Entsprechendes gilt für den Grundbesitz einer „rein" vermögensverwaltenden **Zebragesellschaft** (GbR), an der das Unternehmen beteiligt ist, weil das Gesamthandsvermögen dem mitunternehmerisch Beteiligten nach § 39 Abs. 2 Nr. 2 AO anteilig zugerechnet wird (BFH GrS 2/16, BStBl. II 2019, 262; nachgehend BFH IV R 9/19, IV R 26/14, BFH/NV 2019, 1242; IV R 11/19, IV R 27/14, BFH/NV 2019, 1242; III R 21/16, nv; hierzu zB Bodden BeSt 2019, 34; Messner AktStR 2019, 299; Weiss EStB 2019, 165; Nöcker FR 2019, 442;

Cremers FR 2019, 443). ME sind diese Grundsätze auch auf die Beteiligung an einer (ungeteilten) **Erbengemeinschaft** anzuwenden, wenn der Nachlass nur aus zu verwaltendem Grundvermögen besteht (aA HessFG 8 K 2580/11, BeckRS 2012, 96451; Rev. IV R 10/19 (IV R 24/12) mit Hauptsacheerledigung, Kosten FA).

(4) Nicht zum **eigenen BV** bei Beteiligung als Kommanditist gehört der Grundbesitz einer gewerblich tätigen (BFH I R 54/04, BFH/NV 2006, 1148) bzw. geprägten Personengesellschaft (BFH I R 61/90, BStBl. II 1992, 628). Auch der von der Gesellschaft **treuhänderisch verwaltete** Grundbesitz gehört nicht zu eigenem Grundbesitz, da er dem Treugeber zuzurechnen ist (§ 39 Abs. 2 Nr. 1 S. 2 AO; ebenso Roser in Lenski/Steinberg § 9 Nr. 1 Rn. 113).

b) Zeitfragen. (1) Es kommt **nicht** auf die Zugehörigkeit zum BV **zu einem bestimmten Stichtag** an (RFH VI 389/41, RStBl. 1942, 38; GewStR 9.2 Abs. 1 S. 4; ebenso Roser in Lenski/Steinberg § 9 Nr. 1 Rn. 121; **aA** Gosch in Brandis/Heuermann § 9 Rn. 67: offen gelassen von BFH I R 1/10, BFH/NV 2011, 841). § 20 Abs. 1 S. 2 GewStDV, der Geltung für S. 1 und S. 2 des § 9 Nr. 1 beansprucht, steht insofern weder mit Wortlaut noch mit Sinn und Zweck der Vorschrift in Einklang. Kann sich § 20 Abs. 1 S. 2 GewStDV im Hinblick auf § 9 Nr. 1 S. 1 – wenn auch nicht zwingend – noch auf den Stichtag bei der EW-Feststellung stützen, so ist dies bei § 9 Nr. 1 S. 2 nicht der Fall. Hier geht es nur um die Kürzung um bestimmte Grundstückserträge, für die es keiner Anknüpfung an die EW-Feststellung oder an einen bestimmten Stichtag bedarf; es muss genügen, dass die zu kürzenden Erträge auf der Nutzung des bestimmten Grundstücks beruhen. 21a

(2) Nach BFH I R 124/88, BStBl. II 1990, 76 muss der Grundbesitz **in dem EZ** zum BV gehören, **in dem die Kürzung erfolgt** (Stichwort: *Rücklage aus Veräußerungsgewinn;* → Rn. 37a). Diese Auffassung ist mE zu eng. Die Bezugnahme auf S. 1 besagt sowohl grammatikalisch als auch teleologisch nur, dass der in Rede stehende Ertragsteil aus der Verwaltung und Nutzung von zum eigenen BV gehörenden Grundbesitz stammen muss. Diese Voraussetzung ist auch bei der Auflösung der Rücklage in einem späteren EZ (Wirtschaftsjahr) erfüllt. Eine zeitliche Belastungskorrespondenz gibt das G nicht vor (BFH I R 17/99, BStBl. II 2001, 251).

(3) Ein **anderer Aspekt** ergibt sich lediglich bei **Erwerb des ersten** bzw. **Verkauf/Entnahme des letzten Betriebsgrundstücks** während des betreffenden EZ, allerdings aus Gründen des Ausschließlichkeitsgebots (→ Rn. 23 ff., 23d).

7. Verwaltung und Nutzung von eigenem Grundbesitz

a) Begriff. (1) Angesprochen ist **im Wesentlichen** die **Vermögensverwaltung** (→ § 2 Rn. 100 ff.), also der Einsatz von Grundbesitz zum Zwecke der **Fruchtziehung** aus zu erhaltender Substanz, insb. durch Vermietungs- und Verpachtungstätigkeit (BFH VIII R 60/02, BStBl. II 2006, 434; IV R 34/13, BStBl. II 2017, 175; IV R 4/19, BStBl. II 2022, 87; IV R 33/19, BStBl. II 2023, 927; BFH III R 12/22, BStBl. II 2025, 749, zu FG Bln-Bbg 8 K 8008/21, EFG 2022, 706, best.). Entscheidend ist nicht die Satzung oder eine sonstige Fixierung des Unternehmenszwecks, sondern die **tatsächliche Geschäftsführung** (BFH I 76/61 U, BStBl. III 1961, 469). Vermögensverwaltung in diesem Sinne bedeutet im Wesentlichen Verwendung für den eigenen Bedarf bzw. Vermietung und Verpachtung (RFH I 51/42, RStBl. 1942, 988). Hierzu gehört auch die Errichtung 22 von Neubauten im eigenen Namen und für eigene Rechnung zum Zwecke der Vermietung (BFH I R 21/67, BStBl. II 1969, 629); ebenso die Ausgabe von Erbbaurechten (BFH I 5/65, BStBl. II 1968, 353). Die Vorschrift knüpft nicht an die einkommensteuerrechtliche Qualifikation der Vermietung und Verpachtung an (BFH IV R 33/19, BStBl. II 2023, 927; IV R 5/21, BStBl. II 2024, 845; IV R 19/22, BFH/NV 2025, 271). Auch Begriffsbestimmungen im *REIT-Gesetz* (BGBl. 2007 I 914) sind mE angesichts des eigenen Regelungszwecks und der unterschiedlichen Zielsetzung für die Auslegung des § 9 Nr. 1 S. 2 nicht geeignet (aA Roser in Lenski/Steinberg § 9 Nr. 1 Rn. 147; Kaligin BB 2013, 414).

(2) Die Tätigkeit darf **nicht über** den **Rahmen einer Verwaltung und Nutzung** hinausgehen („ausschließlich"), insb. auch **nicht zT gewerblichen Charakter** annehmen (BFH I R 191/72, BStBl. II 1973, 260 zur Erstellung/Veräußerung von Wohngebäuden; I R 174/72, BStBl. II 1973, 686; IV R 97/72, BStBl. II 1973, 688, zur Betriebsaufspaltung, → Rn. 26; I R 214/75, BStBl. II 1977, 778 zum Brennstoffhandel; I R 61/96, BStBl. II 1998, 270, Risikoeinsatz des Grundbesitzes, → Rn. 22a; VIII R 68/98, BStBl. II 2001, 359 zur Mitvermietung von Betriebsvorrichtungen, → Rn. 24b f.; I R 61/96, BFH/NV 2008, 1359 zum Betrieb eines Schwimmbades; IV R 33/19, BStBl. II 2023, 927 zum Erhalt einer Schlusszahlung vor Überlassung des Mietobjekts). Die Grenze der Vermögensverwaltung zur Gewerblichkeit wird überschritten, wenn im Einzelfall besondere Umstände hinzutreten (→ Rn. 22b ff.), die der Tätigkeit als Ganzes das Gepräge einer gewerblichen Tätigkeit geben, hinter der die eigentliche Gebrauchsüberlassung in den Hintergrund tritt (BFH IV R 19/22, BFH/NV 2025, 271; III R 12/22, BStBl. II 2025, 749).

22a **b) Risikoeinsatz.** Nach BFH I R 61/96, BStBl. II 1998, 270 ist der **dingliche Einsatz des eigenen Grundbesitzes** für die Absicherung einer fremden Schuld (Bestellung einer Grundschuld) gegen Entgelt noch Vermögensverwaltung, obwohl es sich bei dieser speziellen Form der Grundstücksnutzung in Wirklichkeit um ein Risikogeschäft handelt, das dem Typus der auf Fruchtziehung gerichteten Tätigkeit fremd ist. Nach BFH VIII R 60/02, BStBl. II 2006, 434 gilt dies erst recht bei einem unentgeltlichen Einsatz, der an der Risikobehaftung nichts ändert und auch nicht auf Fruchtziehung gerichtet ist.

22b **c) Insbesondere Vermietung und Verpachtung. aa) Abgrenzungen.** Grundsätzlich ist bei **Vermietung und Verpachtung** Vermögensverwaltung anzunehmen, und zwar auch dann, wenn sie **in großem Umfang** erfolgt und nach kaufmännischen Gesichtspunkten durchgeführt wird (BFH I 53/60 S, BStBl. III 1961, 233; I R 7/79, BStBl. II 1983, 80; IV R 34/13, BStBl. II 2017, 175), selbst dann, wenn die aufstehenden Gebäude unter erheblichem Fremdkapitaleinsatz errichtet worden sind. Unerheblich ist, dass der Mieter auf dem gemieteten Grundstück einen GewBetrieb unterhalten will (BFH IV R 33/19, BStBl. II 2023, 927; IV R 19/22, BFH/NV 2025, 271). Auch die Vermietung einer Vielzahl von Objekten ist grundsätzlich Vermögensverwaltung (BFH IV 136/61 S, BStBl. III 1964, 364), ebenso wenn in einem Gebäude eine Vielzahl kleinerer Flächen (Läden, Stände) vermietet wird (BFH IV 141/60 U, BStBl. III 1964, 367). Doch können auch bei der Vermietung **besondere Umstände eine gewerbliche Tätigkeit begründen,** insb. wenn diese eine unternehmerische Organisation erfordern, die mit der Vermögensverwaltung idR nicht verbunden ist (BFH IV R 150/82, BStBl. II 1985, 211). Das betrifft etwa eine sich aus der Natur des Gegenstandes (Fremdenheim, Ferienwohnung, Parkhaus uÄ) ergebende kurzfristige Vermietung an häufig wechselnde Mieter (BFH VIII R 262/80, BStBl. II 1989, 291 Tennisplätze). Hierbei kann auch ein einziges Objekt genügen, etwa eine Ferienwohnung im Verband mit einer Vielzahl gleichartig genutzter Wohnungen einer einheitlichen Wohnanlage über eine Feriendienstorganisation genutzt wird (BFH III R 167/73, BStBl. II 1976, 728; III R 31/87, BStBl. II 1990, 383). Auch die Übernahme von unüblichen Sonderleistungen kann für die Gewerblichkeit sprechen, wobei nicht jede geringfügige Sonderleistung schädlich ist, sondern erst diejenige, die eine gewisse unternehmerische Organisation erfordert (BFH VIII 27/72, BStBl. II 1977, 244; VIII R 68/98, BStBl. II 2001, 359).

bb) Einzelheiten. (1) Nicht schädlich sind geringfügige **Zusatzleistungen** **22c**
bei der Vermietung einer Ferienwohnung (BFH III R 37/86, BFH/NV 1990, 36), die Zurverfügungstellung von Hauswänden zu Reklamezwecken (vgl. obiter dictum von FG Saarl 1 K 59/86, EFG 1988, 135, unter 5.), die Mitvermietung von Garagen (FG Bln VI 179/77, EFG 1978, 399), Zusatzleistungen im eigenen wirtschaftlichen Interesse des Vermieters, wie Pflege, Wartung, Reinigung, Bewachung und Versicherung des vermieteten Objekts, (BFH IV R 34/13, BStBl. II 2017, 175; IV R 19/22, BFH/NV 2025, 271) oder Leistungen eines Vermittlers (BFH IV R 10/18, BFH/NV 2020, 1055, zu FG MV 3 K 342/14, EFG 2018, 1172, aufgeh.), ebenso die einem Miteigentumsanteil entsprechende Verwaltung gemeinschaftlichen Grundbesitzes (BFH I 173/63, BStBl. III 1966, 253).

(2) Schädlich ist im Übrigen – ggf. je nach Objektart und -größe sowie räumlichen Gegebenheiten (vgl. BFH IV R 19/22, BFH/NV 2025, 271) – die Übernahme der Komplementärhaftung durch eine GmbH ohne Vermögensbeteiligung gegen Haftungsvergütung (BFH III R 53/20, BStBl. II 2023, 933), die treuhänderische Vermietung von beweglichen Gegenständen (FG BBbg 6 K 6040/22, EFG 2025, 1447, Rev. III R 27/25; hierzu Jahn SAM 2025, 106), die Übernahme der Reinigung oder von Vermittlungsleistungen (RFH I 149–42, RStBl. 1943, 283; BFH I 53/60 S, BStBl. III 1961, 233), die Bewachung (BFH IV 136/61 S, BStBl. III 1964, 364) und Umsetzung eines Sicherheitskonzepts im Interesse des Mieters (FG BBbg 8 K 8055/17, DStRE 2020, 859), die Verschaffung von Dienstleistungsverträgen gegen erhöhte Miete (BFH III R 26/21, BFH/NV 2024, 1161) sowie sonstige mit einem typischen Unternehmerrisiko verbundene Tätigkeiten (BFH IV 141/60 U, BStBl. III 1964, 367), wie die planmäßige Lieferung von elektrischem Strom (RFH I 4 83/38, RStBl. 1939, 578), die Vermietung und Einrichtung eines Arbeiterwohnheims (BFH IV R 196/71, BStBl. II 1973, 561; mE auch eines Altenheims), die Verwaltung fremden Grund und Bodens (FG Saarl 1 K 1284/10, EFG 2013, 385), auch durch eine Zwischenvermietung (FG Münster 13 K 391/23 G, EFG 2025, 1168), nicht jedoch die gemeinschaftliche Verwaltung eines gemeinschaftlichen Grundbesitzes (BFH I 173/63, BStBl. III 1966, 253; GrS 2/16, BStBl. II 2019, 262 unter Rn. 113); Ausnahme hierzu bei zwingend notwendigen Tätigkeiten (→ Rn. 24 f.; BFH IV R 4/19, BStBl. II 2022. 87). Diese Tätigkeiten sind nicht nur Verwaltung und Nutzung eigenen Grundbesitzes. Dabei ist unerheblich, ob der Stpfl. besondere Erfahrungen hat, sein Vermögen geschickt iS eines Gewerbebetriebes einzusetzen (BFH I 53/60 S, BStBl. III 1961, 233; vgl. iÜ → § 2 Rn. 100 ff.).

(3) Die **Verpachtung eines gewerblichen Betriebes** mit Einrichtung ist **grundsätzlich schädlich,** wenn bzw. weil nicht nur in Grundbesitz bestehendes Vermögen vermietet wird (RFH I 160/39, RStBl. 1939, 790; BFH VIII R 3/03, BStBl. II 2005, 778). **Kürzungsunschädlich** ist aber, wenn ausschließlich

Grundbesitz, der als dem Betrieb das Gepräge gebender Betriebsgegenstand anzusehen ist, vermietet wird. Das gilt auch, wenn es sich um die einzige wesentliche Betriebsgrundlage handelt, die es dem Verpächter ermöglicht, nach Beendigung der Überlassung den Betrieb fortzuführen (BFH IV R 5/21, BStBl. II 2024, 845, gegen FG Münster 14 K 3999/16 G, aufgeh.; IV R 19/22, BFH/NV 2025, 271, gegen FG Düsseldorf 2 K 2599/18 G, EFG 2022, 1392, aufgeh.; BFH IV R 31/23, BStBl. II 2026, 68, zu FG Düsseldorf 14 K 1307/22 G, F, EFG 2024, 311, insoweit best.).

22d **d) Veräußerung von Grundbesitz. (1)** Für ihre rechtliche Qualifikation ist **maßgebend, ob** die Veräußerung noch (letzter) Teil der auf **Fruchtziehung** aus zu erhaltender Substanz gerichteten Tätigkeit ist, was noch Vermögensverwaltung kennzeichnet (BFH I R 120/80, BStBl. II 1984, 137; I R 10/86, BStBl. II 1987, 603; FG Bln-Bbg 6 V 6140/10, EFG 2011, 453). Tritt dagegen die **Substanzverwertung durch Umschichtung** in den Vordergrund, liegt gewerblicher Grundstückshandel (→ § 2 Rn. 140 ff.) und nicht Vermögensverwaltung vor (BFH I R 179/68, BStBl. II 1972, 279; I R 191/72, BStBl. II 1973, 260; I R 153/71, BStBl. II 1973, 661; I R 23/73, BStBl. II 1975, 44; VIII R 46/84, BStBl. II 1988, 65; vgl. auch III B 47/99, BFH/NV 2000, 1451). Das gilt insbesondere bei Überschreiten der **Drei-Objekt-Grenze** (→ § 2 Rn. 148 ff.), auch bei einer Veräußerung uno actu und en bloc an nur einen Erwerber (BFH III R 12/22, BStBl. II 2025, 749, zu FG Bln-Bbg 8 K 8008/21, EFG 2022, 706, best.; abgrenzend zur Bedeutung der einzelnen Flurnummer FG BBbg 8 K 8183/21, EFG 2025, 404), aber auch **bei nur einem Objekt,** wenn der Veräußerer Arbeiten zur Baureifmachung und Erschließung veranlasst (FG Düsseldorf 14 K 1546/22 G, EFG 2024, 858; zur *Abgrenzung* FG Hmb 5 K 89/22, EFG 2023, 698: Anschaffung, über übliche Baumaßnahmen nicht hinausgehende Sanierung und Veräußerung eines Kaufhauses).

Zu fragen ist demnach, ob Verwaltung und Nutzung als Haupttätigkeit vorliegt, auf die sich das Grundstücksgeschäft wie ein Nebengeschäft günstig auswirkt (BFH XI R 47/98, BStBl. II 1971, 338; IV R 286/66, BStBl. II 1971, 465; I R 118/97, BStBl. II 2000, 28; III R 10/07, BFH/NV 2008, 538; I B 148/07, BFH/NV 2008, 542), etwa als Finanzierungsinstrument oder zur Abwendung einer drohenden Enteignung, ebenso ob zu einer erst nach Ablauf von fünf Jahren erfolgenden Veräußerung eines größeren Bestandes an Grundstücken ein unerwarteter besonderer Umstand (hier: frühzeitiger Tod des Gesellschafter-Geschäftsführers) geführt hat; die Branchennähe von Schwester-Gesellschaften ist unerheblich (BFH III R 14/23, BStBl. II 2025, 566, zu FG Münster 13 K 3367/20 G, EFG 2023, 1094, best.). Auch Gründung/Erwerb von mehreren TochterGes durch eine KapitalGes, deren Ausstattung mit je einem bereits bestehenden Mietgrundstück und schließlich Verkauf der TochterGes an die eigenen Gesellschafter/nahe stehenden Personen soll *mangels Marktteilnahme* unschädlich sein (FG BBbg 8 K 8162/21, EFG 2024, 56, Rev. III R 29/23; mE fraglich, weil das FG letztlich auf die Voraussetzungen des GewBetriebs abstellt).

Die Errichtung und Veräußerung von Wohnhäusern in einem Umfang, der dem eines nach seiner wirtschaftlichen und geschäftlichen Struktur eigenständigen Bauunternehmens entspricht, ist **schädlich** (BFH I R 99/78, BStBl. II 1980, 470), **es sei denn,** diese Tätigkeiten sind **ohne Gewinnerzielungsabsicht** (→ Rn. 23b) erfolgt (BFH I R 30/77, BStBl. II 1980, 662) oder es handelt sich um **EFH, ZFH** oder **ETW** (→ Rn. 30a).

(2) Nicht maßgebend ist nach der Rspr. (BFH III R 12/22, BStBl. II 2025, 749, zu FG Bln-Bbg 8 K 8008/21, EFG 2022, 706 best.) bei einer nur durch ihre Rechtsform gewstpfl. KapitalGes die **Nachhaltigkeit** (→ § 2 Rn. 60 ff.) der Veräußerungsgeschäfte (aA Vorauflage; FG Hmb 5 K 89/22, EFG 2023, 698). Das entspricht der Rspr. (BFH I R 56/07, BFH/NV 2008, 1359), wonach die Überschreitung der Vermögensverwaltung nicht das Vorliegen sämtlicher Tatbestandsmerkmale des § 15 Abs. 2 EStG erfordert (krit. Pieske-Kontny StBp 2022, 293; Groll/Rösen NWB 2022, 1418). Entsprechendes muss mE konsequenterweise für die Teilnahme am allgemeinen **Wirtschaftsverkehr/Marktteilnahme** gelten (aA FG BBbg 8 K 8162/21, EFG 2024, 56, Rev. III R 29/23).

Zum Verkauf des gesamten (noch vorhandenen) Grundbesitzes → Rn. 23d.

e) Immobilien-Leasing. Beim Immobilien-Leasing können die vorstehen- **22e** den Voraussetzungen erfüllt sein, wenn nach den allgemeinen Grundsätzen noch Verwaltung und Nutzung von eigenem Grundbesitz vorliegt. Hierbei ist es unschädlich, wenn Sonderleistungen von konzernmäßig verbundenen Unternehmen – Ausnahme: Betriebsaufspaltung (→ Rn. 26) – erbracht werden (vgl. BMF 4.11.1977, StEK GewStG § 9 Nr. 16; zur Aufspaltung auf Dienstleistung- und ObjektGes FM Bay 9.3.1981 – G 1422 – 18/108/8413; Roser in Lenski/Steinberg § 9 Nr. 1 Rn. 148 f.; Jesse FR 2004, 1085). Grundbedingung ist, dass die Gesellschaft **wirtschaftlicher Eigentümer** bleibt. Im Übrigen ist die Vorschrift nur anzuwenden, wenn die Rechtsbeziehung zwischen Leasinggeber und Leasingnehmer steuerrechtlich Vermietung und Verpachtung ist und insb. keine weiteren Sonderleistungen (→ Rn. 22c) erbracht werden. Sonderleistungen sind aber noch nicht unbedingt gegeben, wenn ein Gebäude nach den Wünschen des Interessenten und unter Einbeziehung besonderer Kenntnisse und Erfahrungen (Knowhow) errichtet wird. Dies entspricht der Rspr. zu Organschaften (→ Rn. 19 f.).

f) Zeitfragen. Für die Unterscheidung/Qualifikation, ob Sonderleistun- **22f** gen einen unschädlichen geringfügigen Umfang hatten, ist – im Unterschied zur Bestimmung des Maßes bei der Betreuung von Wohnbauten (→ Rn. 29 f.; hierzu BFH I R 185/70, BStBl. II 1972, 887) – nicht auf die Verhältnisse im einzelnen EZ, sondern im Wesentlichen auf die **Verhältnisse innerhalb eines Mehrjahreszeitraums** abzustellen (BFH I R 191/72, BStBl. II 1973, 260; I R 23/73, BStBl. II 1975, 44). Das gilt mE auch für **Liquidationsfälle** (hierzu Dornbusch SAM 2013, 11), weil insofern die Haupttätigkeit des Unternehmens in Rede steht.

8. Ausschließlichkeit

a) Bedeutung. Dieses Tatbestandsmerkmal ist umfassend, also **qualitativ,** **23** **quantitativ** und in **zeitlicher Hinsicht** zu verstehen (BFH I R 1/10, BFH/NV 2011, 841; I R 47/13, BFH/NV 2014, 1395; III R 36/15, BStBl. II 2019, 705; Dorn NWB 2019, 1219; Bodden KÖSDI 2025, Nr. 4, 24180; *krit.* Jesse FR 2004, 1085; Elßner SAM 2025, 2: zentraler Streitpunkt). Dies besagt, dass das Unternehmen in dem jeweiligen EZ in der Hauptsache eigenen Grundbesitz verwalten muss und neben den weiteren gesetzlich zugelassenen und den sonstigen (Neben-)Tätigkeiten (zwingend notwendige Tätigkeiten, → Rn. 24; Verwaltung von eigenem Kapitalvermögen, → Rn. 28; Betreuung von Wohnungsbauten, → Rn. 29; Errichtung und Veräußerung von Wohneigentum, → Rn. 30) **keine andere Tätigkeit** als die Grundstücksverwaltung (auch → Rn. 22 ff.) ausüben darf (BFH IV R 4/19, BStBl. II 2022, 87; IV R 19/22, BFH/NV 2025, 271). Das G knüpft die Begünstigung an enge tatbestandliche Erfordernisse; sind diese nicht erfüllt, ist sie nicht zu gewähren (BFH VIII R 3/03, BStBl. II 2005, 778; I R 67/09, BStBl. II 2011, 367). Schädlich ist insbesondere, wenn die Verwaltung u. Nutzung des eigenen Grundbesitzes die **Grenze zur Gewerblichkeit** überschreitet (BFH VIII R 68/98, BStBl. II 2001, 359; IV R 33/19, BStBl. II 2023, 927; IV R 19/22, BFH/NV 2025, 271). Bei ausländischen Unternehmen sollen auch **Aktivitäten im Ausland** von Bedeutung sein (FG Köln 13 K 843/20, EFG 2024, 1038, rkr.; Weiss IStR 2024, 426). Hieran bestehen mE im Hinblick auf den (ursprünglichen) Zweck der erweiterten Kürzung (→ Rn. 17) Bedenken.

23a **b) Keine Geringfügigkeitsgrenze.** Eine **Geringfügigkeitsgrenze** für nicht in → Rn. 23 bezeichnete Tätigkeiten **besteht nicht.** Insofern lässt die Vorschrift keinen Auslegungsspielraum (BFH I R 13/88, BStBl. II 1990, 1075; I R 56/07, BFH/NV 2008, 1359; IV B 157/09, BFH/NV 2011, 1392; III R 19/21, BStBl. II 2023, 84; III R 49/20, BStBl. II 2024, 126). *Vorübergehende Zweifel hieran* (BFH IV R 18/91, BFH/NV 1994, 338; VIII R 68/98, BStBl. II 2001, 359; IV S 7–10/01, BFH/NV 2002, 1052) hat der BFH bereits mit I R 24/01, BStBl. II 2003, 355 aufgegeben (vgl. hierzu BFH VIII R 39/05, BStBl. II 2006, 659; Jesse FR 2004, 1085: der die Ausgliederung von schädlichen Tätigkeiten empfiehlt). Diese Auslegung ist **verfassungsrechtlich unbedenklich** (BFH I R 24/01, BStBl. II 2003, 355; I R 54/04, BFH/NV 2006, 1148; I R 56/07, BFH/NV 2008, 1359).

Nach dieser **strengen Auslegung** ist auch die gewerbliche Beteiligung an einem **Weihnachtsmarkt an nur drei Tagen** im Advent schädlich, sogar dann, wenn der Gewinn für gemeinnützige Zwecke gespendet wird (BFH IV R 6/20, BFH/NV 2023, 1190, zu FG Münster 6 K 1384/18 G, F, EFG 2020, 539, best.); ebenso **nur ein Tag** fehlende Grundstücksverwaltung bei Verkauf des letzten Grundstücks „zu Beginn des 31.12." (BFH III R 1/23, BStBl. II 2025, 158).

23b **c) Gewinnerzielungsabsicht/Entgeltlichkeit. (1)** Zu der Frage, ob Ausschließlichkeit auch dann zu verneinen ist, wenn an sich schädliche Nebentätigkeiten oder Sonderleistungen **nicht mit Gewinnerzielungsabsicht** vorgenommen werden, ist mE die **Rspr. nicht eindeutig** (offen gelassen von BFH IV R 6/20, BFH/NV 2023, 1190). Für den Bau und die Veräußerung von Wohngebäuden wird ausgeführt, dass eine mangels Gewinnerzielungsabsicht nicht gewerbliche Veräußerungstätigkeit als unschädlich der Verwaltung von eigenem Grundbesitz zuzurechnen ist (BFH I R BFH I R 30/77, BStBl. II 1980, 662). Dagegen steht die Rspr., wonach es nicht entscheidend ist, ob die Tätigkeit alle Tatbestandsvoraussetzungen des § 15 Abs. 2 EStG erfüllt (BFH I R 56/07, BFH/NV 2008, 1359). Das schließt mE zutreffend ein, dass es auch auf Gewinnerzielungsabsicht nicht ankommt. Die Vorschrift unterscheidet nicht danach, ob durch die jeweilige Betätigung der Begriff des Gewerbebetriebs (§ 15 Abs. 2 EStG) erfüllt ist (BFH I R 61/90, BStBl. II 1992, 628; I R 53/90, BStBl. II 1992, 738; Gosch in Brandis/Heuermann § 9 Rn. 72 f.); im Gegenteil ist der abschließenden Aufzählung der unschädlichen Nebentätigkeiten zu entnehmen, dass jede weitere Betätigung zur Versagung der erweiterten Kürzung führt. Schädlich ist mE auf jeden Fall, wenn sich hinter der fehlenden Gewinnerzielung in Wirklichkeit eine **verdeckte Gewinnausschüttung** verbirgt (BFH I R 30/77, BStBl. II 1980, 662; FG Hmb II 192/87, EFG 1990, 439; FG Münster 13 K 391/23 G, EFG 2025, 1168).

(2) Ein Verstoß gegen das Gebot der Ausschließlichkeit ist unabhängig von der **Entgeltlichkeit** bzw. **Unentgeltlichkeit** der Nebentätigkeit schädlich (BFH III

23/23, BStBl. II 2026, 236, zu FG BW 6 K 878/22, EFG 2024, 682, best.; offen gelassen von BFH VIII R 60/02, BStBl. II 2006, 434; IV R 6/20, BFH/NV 2023, 1190; IV R 24/21, BFH/NV 2024, 769; zu einer anderen Konstellation verneint von BFH IV R 26/14, BStBl. II 2017, 202, Vorlagebeschluss; zust. FG Münster 10 K 1656/21 G, EFG 2025, 718, Rev. III R 11/25; Roser in Lenski/Steinberg § 9 Nr. 1 Rn. 126; Wagner in WSMH § 9 Rn. 40). Hierfür sprechen bereits der Wortlaut der Vorschrift sowie Normhistorie, -zweck und -systematik.

d) Zeitfragen. (1) Das Merkmal der Ausschließlichkeit muss **während des gesamten EZ** erfüllt sein (BFH I R 174/69, BStBl. II 1971, 338; I R 199/72, BStBl. II 1973, 563; I R 68/75, BStBl. II 1978, 505), bei **abgekürztem EZ** – bei unterjährigem Beginn oder Ende der GewStpfl – nur in diesem (BFH IV R 30/15, BFH/NV 2017, 1191; GewStR 9.2 Abs. 1 S. 3), und bei **abweichendem Gewinnermittlungszeitraum** in diesem (FG Saarl 535/66, EFG 1968, 141; Gosch in Brandis/Heuermann § 9 Rn. 76). Das bedeutet nicht, dass die Grundstücksverwaltung während dieses gesamten Zeitraums bestehen müsse, sie kann vorzeitig enden; aber wenn das Unternehmen tätig ist, muss die Haupttätigkeit darin bestehen (BFH I R 201/78, BStBl. II 1982, 477; I R 47/13, BFH/NV 2014, 1395). Daher ist es schädlich, wenn nach der Grundstücksverwaltung noch andere Tätigkeiten, zB die Verwaltung von eigenem Kapitalvermögen, ausgeführt werden (so auch FG Bln-Bbg 8 K 8210/15, EFG 2019, 1786; → Rn. 23d). **23c**

(2) Dabei macht es keinen Unterschied, ob die steuerschädliche Tätigkeit die Grundstücksnutzung selbst oder sonstige Zusatzleistungen betrifft (BFH I R 199/72, BStBl. II 1973, 563). Eine **zeitanteilige erweiterte Kürzung** ist **nicht zulässig** (FG Brem II 27/71, EFG 1972, 454). Wegen S. 5 der Vorschrift (→ Rn. 33 ff.) ist es aber auch schädlich, wenn das Grundstück nur für kurze Zeit im EZ dem GewBetrieb eines Gesellschafters dient (→ Rn. 33f). Auch reicht der Übergang von der gewerblichen zur grundstücksverwaltenden Tätigkeit während des EZ nicht aus (BFH I R 199/72, BStBl. II 1973, 563); ebenso wenig der umgekehrte Vorgang (→ Rn. 23d). Ggf. sind die Möglichkeiten einer Umstrukturierung nach UmwG/UmwStG zu prüfen (Broemel/Kölle Ubg 2018, 431). Zum An- und Verkauf von Objekten Wagner Ubg 2014, 183.

Für das Merkmal der Ausschließlichkeit kommt es also **nicht** auf die Verhältnisse während eines **Mehrjahreszeitraums** an (BFH I R 185/70, BStBl. II 1972, 887). Diese sind nur von Bedeutung für die Frage, ob wegen der Nachhaltigkeit von Grundstücksgeschäften die Tätigkeit in der Hauptsache als gewerbliche anzusehen ist (BFH I R 23/73, BStBl. II 1975, 44; I R 99/78, BStBl. II 1980, 470).

e) Veräußerung des letzten Grundstücks. An der ausschließlichen Verwaltung von eigenem Grundbesitz fehlt es, wenn das **letzte Grundstück** im vorhergehenden EZ **verkauft** worden ist bzw. im betreffenden EZ verkauft wird und das Unternehmen nur noch **anderweitige Tätigkeiten** ausübt (vgl. BFH I R 201/78, BStBl. II 1982, 477; I B 5/99, BFH/NV 2000, 79; I R 1/10, BFH/NV 2011, 841; III R 7/19, BFH/NV 2022, 242; krit. Schlegel NWB 2012, 4223). Das gilt auch für die Beschränkung auf die **Verwaltung von Kapitalvermögen** (FG Bln-Bbg 8 K 8210/15, EFG 2019, 1786), selbst wenn es aus dem Erlös gebildet worden ist (BFH I R 201/78, BStBl. II 1982, 477; VIII R 4/99, BFH/NV 2000, 1498; I R 47/13, BFH/NV 2014, 1395), und die Verwaltung von Forderungen gegenüber den Gesellschaftern nach der Veräußerung erfolgt (BFH I R 6/13, BFH/NV 2014, 1400). Es darf **keine zeitliche Lücke** entstehen, in der keine Verwaltung und Nutzung von Grundbesitz erfolgt (hierzu BFH I R **23d**

39/19, BStBl. II 2022, 683), und betrage die Lücke **nur einen Tag** (BFH III R 1/23, BStBl. II 2025, 158: Verkauf zu Beginn des 31.12.!; keine „technische" Ausnahme wie → Rn. 23e aE). Auch Maßnahmen zur Anbahnung des Erwerbs eines Ersatzgrundstücks zwecks Grundstücksverwaltung sind nicht Grundbesitzverwaltung (BFH I R 6/13, BFH/NV 2014, 1400; I R 47/13, BFH/NV 2014, 1395; FG RhPf 1 K 2605/10, EFG 2014, 153; FG Bln-Bbg 6 K 6276/17, EFG 2020, 791).

23e Die unterjährige Veräußerung des letzten Grundstücks ist **unschädlich,** wenn in unmittelbarem zeitlichen Zusammenhang damit die werbende **Tätigkeit eingestellt** und die **Ges. liquidiert** wird (FG Bln-Bbg 6 K 6111/11, EFG 2013, 1950; Kracylo/Spingler Ubg 2024, 581). Es genügt auch, wenn das Unternehmen wenige Tage vor der Veräußerung des letzten Grundstücks (Übergang von Besitz, Nutzen, Lasten) ein **Ersatzgrundstück** (ebenfalls mit Übergang von Besitz, Nutzen, Lasten) erwirbt (zum Formwechsel BFH I R 39/19, BStBl. II 2022, 683, zu FG Köln 13 K 2469/17, EFG 2019, 1697, best.). Hat das Unternehmen schon vor der Veräußerung des letzten Grundstücks einen Kaufvertrag über ein Ersatzgrundstück geschlossen, ist es nach FG München (7 K 1119/14, EFG 2016, 932) unschädlich, wenn Besitz, Nutzen und Lasten über dieses erst nach dem **Übergang von Besitz, Nutzen und Lasten** über jenes übergehen (nachgehend ohne Entscheidung über diese Frage BFH III R 21/16, BFH/NV 2020, 103).

ME genügt auch, wenn diese Ereignisse **taggleich** erfolgen. Ebenfalls unschädlich ist, wenn eine grundstücksverwaltende Gesellschaft liquidiert wird und im Rahmen dessen den gesamten Grundbesitz unter Auskehrung des Erlöses veräußert (so zur gewerblich geprägten PersGes BFH IV R 30/15, BFH/NV 2017, 1191, zu FG Bbg 6 K 6359/12, EFG 2015, 1468; zur GmbH Neyer DStR 1991, 537) trotz Bestehenbleibens unverzinslicher Forderungen. Unschädlich ist auch der **Verkauf** des einzigen (letzten) Grundstücks **am 31.12.** des nämlichen EZ um 23.59 Uhr (BFH I R 89/03, BStBl. II 2004, 1080). Zu den Gestaltungsvarianten Jansen/Lakenbrink/Mammen FR 2018, 153.

23f **f) Erwerb des ersten Grundstücks.** Auch der **unterjährige Erwerb** des ersten Grundstücks durch ein schon länger bestehendes und tätiges Unternehmen ist nicht ausreichend (BFH III R 7/19, BFH/NV 2022, 242, zu FG Bln-Bbg 8 K 8131/17, EFG 2019, 1221, best.; hierzu Behrens BB 2022, 479; Meding/Müller NWB 2022, 1053; krit. Brühl GmbHR 2019, 968); das gilt auch, wenn das **wirtschaftliche Eigentum** erst nach Beginn des EZ erlangt wird und das Unternehmen im Hinblick auf die (Um)Nutzung des zu erwerbenden Grundbesitzes tätig geworden ist (FG BBbg 8 K 8179/22, EFG 2025, 408, Rev. III R 40/24).

9. Zwingend notwendige „Nebentätigkeiten"

24 **a) Grundsatz. Unschädlich** sind solche „Nebentätigkeiten", die im Einzelfall **zwingend notwendig** bzw. **unentbehrlich** für eine **wirtschaftlich sinnvoll** gestaltete Grundstücksverwaltung und -nutzung sind (BFH I R 174/69, BStBl. II 1971, 338; VIII R 3/03, BStBl. II 2005, 778; IV R 4/19, BStBl. II 2022, 87; IV R 33/19, BStBl. II 2023, 927). Hierbei bedeuten diese Formulierungen nicht, dass das Nebengeschäft die einzig denkbare oder wenigstens wirtschaftlich sinnvollste Grundstücksnutzung darstellt (BFH IV R 31/23, BStBl. II 2026, 68; IV R 9/24, BFH/NV 2026, 129). Es handelt sich im engeren Sinne nicht um „ausnahmsweise" zugelassene unschädliche Nebentätigkeiten, sondern um eigenständige

Tätigkeiten, die **unmittelbar der Grundstücksverwaltung zuzuordnen** sind (zur Kritik an der Diktion des BFH und der hM Dettmeier/Prodan FR 2022, 13).

Doch gilt auch diesbezüglich ein **restriktives Verständnis** (vgl. BFH I R 24/01, BStBl. II 2003, 355). Ob das Geschäft zwingend erforderlich war, ist nach objektiven Gesichtspunkten des (Kapital- und Vermietungs-)Marktes, nicht nach den subjektiven Beziehungen des Unternehmers zu dem Geschäftspartner zu beurteilen (BFH I R 134/66, BStBl. II 1969, 664; III R 36/15, BStBl. II 2019, 705). Nicht zwingend notwendig ist das Geschäft, wenn die Grundstücksverwaltung auch ohne es zu etwa gleichen Bedingungen hätte durchgeführt werden können (nicht: wenn sie auch ohne das Nebengeschäft hätte durchgeführt werden können, zu beiden Formulierungen BFH IV R 31/23, BStBl. II 2026, 68, Rn. 35 u. 37, sowie BFH IV R 9/24, BFH/NV 2026, 129, Rn. 29 u. 31).

Es genügt nicht, dass es sich um eine lediglich zweckmäßige, in der Praxis häufig vorkommende Tätigkeit handelt (BFH I R 56/07, BFH/NV 2008, 1359). Es darf sich auch nicht um eine eigenständige **Tätigkeit von Gewicht** handeln (BFH I R 53/90, BStBl. II 1992, 738), insb. eine solche, die für sich gesehen gewerblicher Art ist (BFH IV R 18/91, BFH/NV 1994, 338). Das gilt insbesondere für die fremdnützige Vermietungstreuhand zugunsten einer anderen (hier: Schwester)Gesellschaft (FG BBbg 6 K 6040/22, (EFG 2025, 1447, Rev. III R 27/25). Ist ihr **Umfang gering,** steht sie der erweiterten Kürzung nicht entgegen (BFH IV R 4/19, BStBl. II 2022. 87; IV R 19/22, BFH/NV 2025, 271; IV R 31/23, BStBl. II 2026, 68).

Die FG postulieren insofern einen **unternehmerischen Beurteilungsspielraum,** seinen Grundbesitz wirtschaftlich sinnvoll am Markt anbieten zu können. Danach kommt es nicht darauf an, ob die Nebentätigkeit die einzig denkbare oder im Vergleich zu sämtlichen Alternativen wirtschaftlich sinnvollste Grundstücksnutzung ist (zB FG Düsseldorf 14 K 1037/22 G, F, EFG 2024, 311, nachgehend BFH IV R 31/23, BStBl. II 2026, 68; FG SchlH 1 K 134/22, EFG 2024, 1044, nachgehend BFH IV R 9/24, BFH/NV 2026, 129; FG Münster 10 K 1656/21 G, EFG 2025, 718, Rev. III R 11/25). Das ist zwar eine die gewerbliche Vermietungstätigkeit erleichternde Auslegung, bedeutet mE gleichwohl eine Aufweichung des eingangs zitierten Grundsatzes.

b) Einzelfälle. In Betracht kommen etwa die Grundstücksbevorratung und deren Finanzierung, die Beschaffung und Erschließung von Bauland für Vermietungszwecke, die Finanzierung der auf Vermietung gerichteten Bautätigkeit, die gelegentliche Grundstücksveräußerung (→ Rn. 22d), die Baulandumlegung uÄ (Hofbauer DStR 1983, 518), die Verwaltung von Mietkautionen ohne Gewinnerzielungsabsicht, die Hausmeisterei und Regiebetriebe für die eigene Grundstücksverwaltung, die Mitvermietung von Grundstücksflächen im Zusammenhang mit der Verwaltung eigener Grundstücke (FG München 13 K 2280/11, EFG 2014, 2069, aus anderen Gründen aufgeh. durch BFH X R 54/14, BFH/NV 2016, 1840), die Untervermietung von Garagen, wenn dies für die Vermietung von eigenem Grundbesitz Voraussetzung war (FG Bln VI 179/77, EFG 1978, 399), sowie die entgeltliche Überlassung einer im fremden Eigentum stehenden Halle zur Nutzung einer Grunddienstbarkeit in Gestalt eines Geh- und Fahrtrechts (BFH IV R 4/19, BStBl. II 2022, 87, zu FG Münster 8 K 3685/17 G, EFG 2019, 373), die Mitvermietung von im Gemeinschaftseigentum nach WEG stehenden Gebäudebestandteilen (BFH IV R 5/21, BStBl. II 2024, 845) und die Bodenver- **24a**

tiefung für eine Bremsprüfanlage sowie das Fundament für eine Werbeanlage einer Kfz-Werkstatt (FG Münster 14 K 2267/19 G, F). Nach BFH I R 134/66, BStBl. II 1969, 664 ist es unschädlich, wenn das Unternehmen für eine Bank öffentliche Gelder beschafft und Wertpapiere verkauft, um Kredite zu erlangen; mE unzutreffend, weil es sich um ein nicht zwingend erforderliches Geschäft eigener Qualität handelt (mE zutr. FG München 7 K 1341/07, EFG 2009, 1044, Schädlichkeit der entgeltlichen Weitergabe von Krediten an verbundene Unternehmen). Unschädliche Nebengeschäfte liegen im Übrigen vor, wenn ein Grundstücksverwaltungsunternehmen die Versorgung der Bewohner mit Kabelfernsehen sicherstellt (FG Bln-Bbg 12 K 6366/04 B, EFG 2008, 320), mit Fernwärme versorgt (FG Bln-Bbg 8 K 8045/19, EFG 2014, 1991) oder wegen der Verbilligung auch für andere Unternehmen Brennstoffe einkauft (vgl. BFH I R 21/70, BStBl. II 1970, 871), ohne gewerblich tätig zu sein (vgl. BFH I R 214/75, BStBl. II 1977, 776). Auch die Ablöse-/Schlussbetragszahlung nach streitbedingter vorzeitiger Beendigung eines zum Teil in Vollzug gesetzten Mietvertrages kann selbst dann noch zu den unschädliche Erträgen gehören, wenn sie zur Beendigung des Streits über Leistungsstörungen erfolgt und damit auch mögliche Schadensersatzansprüche zwischen beteiligten Unternehmen der Mietvertragsparteien erledigt sein sollen (BFH IV R 33/19, BStBl. II 2023, 927, zu FG Bln-Bbg 6 K 6170/18, EFG 2020, 393, best.). Auch die Mitvermietung von **Sondereinrichtungen zur Versorgung** der Mieter (zentrale Heizungsanlagen, Gartenanlagen uä) ist unschädlich.

Schädlich ist dagegen die Mitvermietung von nicht fest mit dem Gebäude verbundenen Betriebsvorrichtung (BFH III R 36/15, BStBl. II 2019, 705; IV R 31/23, BStBl. II 2026, 68 zu Einzelheiten → Rn. 24b). Entsprechendes gilt für das Halten von Oldtimer-Fahrzeugen (BFH III 23/23, BFH/NV 2026, 71, zu FG BW 6 K 878/22, EFG 2024, 682, best.).

24b **c) Insbesondere Betriebsvorrichtungen. aa) Allgemeines.** Die **(Mit-)Vermietung von Betriebsvorrichtungen,** die nach § 243 Abs. 2 S. 1 Nr. 2 BewG nicht zum Grundvermögen gehören, kann dem Ausschließlichkeitserfordernis entgegenstehen, auch wenn sie fest mit dem Grundstück verbunden sind (BFH IV R 31/23, BStBl. II 2026, 68; IV R 9/24, BFH/NV 2026, 129; krit. schon E. Schmidt BB 1995, 1330: juristische Spielwiese).

(1) Betriebsvorrichtungen sind Gegenstände, durch die das Gewerbe – ähnlich einer Maschine – unmittelbar betrieben wird; für die hiervon **abzugrenzenden Gebäudebestandteile** kommt es darauf an, ob die Vorrichtung für die allgemeine Nutzung des Gebäudes – unabhängig von dem darin ausgeübten Gewerbe – erforderlich ist (BFH III R 36/15, BStBl. II 2019, 705, Bierkellerkühlanlagen; III R 5/18, BFH/NV 2019, 1248, Lackierkabinen; BFH IV R 31/23, BStBl. II 2026, 68, Lastenaufzug; **zur Abgrenzung** BFH III R 90/69, BStBl. II 1971, 455, Rolltreppe, Personenaufzug; FG Münster 14 K 2267/19 G, F, Bodenvertiefung für Bremsprüfanlage, Fundament für Werbeanlage einer Kfz-Werkstatt; FG Düsseldorf 10 K 1672/20 G, EFG 2023, 651, Rolltore, zugehörige Rampen; FM Länder 5.6.2013, BStBl. I 2013, 734).

(2) Die **Mitvermietung** von Betriebsvorrichtungen ist **unschädlich, wenn** sie im oa Sinn (→ Rn. 24 f.) zwingend erforderlich sind (BFH VIII R 3/03, BStBl. II 2005, 778; I B 150/04, BFH/NV 2006, 609), insbesondere wenn die Betriebsvorrichtung zur typischen oder aus technischen bzw. baulichen Gründen vom Vermieter zu stellenden Infrastruktur gehört (BFH IV R 31/23, BStBl. II

2026, 68, zu FG Düsseldorf 14 K 1037/22 G, F, EFG 2024, 311, Lastenaufzug; BFH IV R 9/24, BFH/NV 2026, 129, zu FG SchlH 1 K 134/22, EFG 2024, 1044, Lastenaufzug; FG Münster 2 K 1046/22 G, DStRE 2025, 534, Rev. III R 33/25, Lastenaufzug) und sie daher die Vermietung des Grundbesitzes erst möglich macht (FG Münster 10 K 1656/21 G, EFG 2025, 718, Rev. III R 11/25, verankerte Hochregale). **Unschädlich ist auch** die Mitvermietung (-verpachtung) von Sondereinrichtungen für die Mieter und von notwendigen Sondereinrichtungen iRd allgemeinen Wohnungsbewirtschaftung, wie Licht-, Kraft-, Heizungs-, Brenn- und Wasser-, und Gartenanlagen sowie von Aufzügen, wenn sie notwendigerweise erfolgt, weil das Gebäude ohne sie nicht vermietet (verpachtet) werden kann (vgl. BFH VIII R 3/03, BStBl. II 2005, 778; III R 36/15, BStBl. II 2019, 705); mE auch für eine EDV-Verkabelung (hierzu Märker DStR 2024, 743). Das gilt ebenso für die Mitvermietung von Elevatoren, Redler, Kühlgebläse usw mit einem Silogebäude (BFH VIII R 48/05, NWB 2007, 15), für die Vermietung von geglättetem Hallenboden, Grube, Stahlkassette an eine Kfz-Prüfstelle (FG Düsseldorf 10 K 2800/20 G, EFG 2023, 1148), oder die Mitvermietung eines Fettabscheiders (Nds FG 3 K 232/24). Zu den Besonderheiten bei einer **Betriebsverpachtung** → Rn. 22b unter (3).

Maßgeblich sind die **Verhältnisse im jeweiligen EZ;** dass die Verhältnisse in einem anderen EZ abweichend zu bewerten sein können, ist für die Beurteilung in jenem unerheblich (BFH III R 36/17, BStBl. II 2020, 405).

Auch die Mitvermietung von WG, die nur wegen ihrer besonderen Nutzung durch den Mieter Betriebsvorrichtung sind, sog. **„neutrale" Gegenstände,** ist eine unschädliche Nebentätigkeit (BFH I R 50/75, BStBl. II 1977, 778, Bewegungsschwimmbad; bezweifelt und offen gelassen zB von BFH III R 36/15, BStBl. II 2019, 705). Ob dies auch bei nicht neutralen WG nur deswegen gilt, weil der Mieter die entsprechende gewerbliche Tätigkeit nicht betreibt, ist noch nicht entschieden, mE aber zu bejahen (ebenso Waadt/Seemaier DStR 2023, 169, mit Differenzierungen je nach der subjektiven Sicht des Vermieters).

(3) In anderen Fällen (→ Rn. 24c) ist die Mitvermietung von Betriebsvorrichtungen **schädlich.** Die vorstehenden Grundsätze dulden *keine Umkehrung* dahin, dass die Vermietung von Betriebsvorrichtungen sinnvoll nur mit dem Gebäude erfolgen könne und deswegen unschädlich sei (BFH IV B 157/09, BFH/NV 2011, 1392). Insbesondere, aber nicht nur bei nicht fest mit dem Gebäude verbundenen oder nachträglich eingebauten Betriebsvorrichtungen ist deren Mitvermietung schädlich (BFH IV R 18/91, BFH/NV 1994, 338, Krananlagen; VIII R 68/98, BStBl. II 2001, 359, Bareinrichtung; IV B 157/09, BFH/NV 2011, 1392, Warenhaus mit verschiedenen Betriebsvorrichtungen; III R 36/15, BStBl. II 2019, 705, Bierkellerkühlanlagen, Anm. Schmich/Streckenbach GmbHR 2019, 1139; krit. Behrens BB 2019, 2472; Ebber Ubg 2019, 600; BFH VIII R 39/05, BStBl. II 2006, 659; III R 5/18, BFH/NV 2019, 1248, Lackierkabinen; III R 6/18, BFH/NV 2019, 1250, Werkstatteinrichtung; III R 36/17, BStBl. II 2020, 405, Vorrichtungen einer Tankstelle; FG Düsseldorf 13 K 859/10 G, F, EFG 2014, 303, Hotelinventar; FG Hmb 2 K 76/22, DStRE 2025, 342, Paletten-Förderanlage bei Vorhandensein eines Lastenaufzugs). Das gilt auch, wenn die Betriebsvorrichtung nur einer von mehreren auf dem Grundstück betriebenen gewerblichen Tätigkeiten dient (BFH III R 36/17, BStBl. II 2020, 405), der Stpfl. mit seiner Leistung den Bereich der Verwaltung verlässt (BFH I R 56/07, BFH/NV 2008, 1359: Schwimmbad auch für Außenstehende) bzw. wenn die Gebäude und Vorrichtungen von vornherein auf die Zwecke des Nutzenden zugeschnitten sind (BFH I R 66/88, BStBl. II 1991, 249). Sind nach dem Mietvertrag (→ Rn. 24d) die Kosten für Betriebsvorrichtungen vom Mieter zu tragen, ist bei tatsächlichen Abweichungen hiervon im geringen Umfang nicht zwingend von einer schädlichen Mitvermietung auszugehen (BFH III R 34/17, BStBl. II 2020, 409). Auch **die Vorbereitung** der Vermietung von Grundbesitz mit Inventar für einen aufzunehmenden Gewerbebetrieb **führt nicht zur Schädlichkeit** (BFH I 76/61 U, BStBl. III 1961, 469; FG Bln-Bbg 6 K 6170/18, EFG 2020, 393, nachgehend BFH IV R 33/19, BStBl. II 2023, 927).

(4) Eine **Abmilderung** dieser einschränkenden Grundsätze ist durch die Einfügung des Satzes 3 Buchst. c erfolgt (→ Rn. 34g; Schneider DStR 2023, 366).

24c **bb) Keine Geringfügigkeitsgrenze.** Auch **für die Mitvermietung von Betriebsvorrichtungen** besteht **keine Geringfügigkeitsgrenze** (BFH VIII R 39/05, BStBl. II 2006, 659; III R 36/15, BStBl. II 2019, 705; III R 34/17, BStBl. II 2020, 409; IV R 31/23, BStBl. II 2026, 68). Sie ist zwar weiterhin diskutiert worden: Der BFH (VIII R 68/98, BStBl. II 2001, 359) hatte die *Grenze* bei einem auf die Betriebsvorrichtung entfallenden *Anteil am Erlös* aus der Vermietung des Grundbesitzes bzw. an den Herstellungskosten des vermieteten Grundbesitzes *von 10 %* gezogen (vgl. BFH IV R 18/91, BFH/NV 1994, 338; IV S 7-10/01, BFH/NV 2002, 1052), jedoch nicht auf Geringfügigkeit erkannt, wenn die Gesamtherstellungskosten der Betriebsvorrichtungen (ggf. zuzüglich weiterer mitvermieteter WG) den absoluten Betrag von 1 Mio. EUR übersteigen (BFH I B 150/04, BFH/NV 2006, 609; IV B 157/09, BFH/NV 2011, 1392; hierzu Mies/Behrends/Schumacher BB 2007, 810; Bahners/Graw FR 2008, 257). Daher war keine Geringfügigkeit anzunehmen, wenn die Betriebsvorrichtungen relativ (44 % der Anschaffungskosten) und in absoluten Zahlen (11,4 Mio. DM) ins Gewicht fallen (BFH I R 66/88, BStBl. II 1991, 249); ebenso wenig bei einem Herstellungs-/Anschaffungskostenanteil von 22 %, insb. wenn die Überlassung der Betriebsvorrichtung selbst Gegenstand der Vereinbarung zwischen den Vertragsparteien ist (BFH IV R 18/91, BFH/NV 1994, 338). Dagegen hält FG Münster 10 K 1656/21 G (EFG 2025, 718, Rev. III R 11/25) die Mitvermietung von Betriebsvorrichtungen als zwingend notwendige Nebentätigkeit in Anlehnung an § 9 Nr. 1 S. 3 Buchst. c GewStG (→ Rn. 30g) dann für gering, wenn ihre AK geringer sind als 5 % der GesamtAK.

24d **cc) Gegenstand des Mietvertrags.** Ob Betriebsvorrichtungen **Gegenstand eines Mietvertrages** sind, ist grundsätzlich nach **zivilrechtlichen Grundsätzen** zu beurteilen (hierzu Märker DStZ 2020, 676). Insbesondere ist ein **vertraglicher Ausschluss** von Betriebsvorrichtungen aus der Vermietung einer den Grundbesitz umfassenden Sachgesamtheit zivilrechtlich zulässig; ist er zivilrechtlich wirksam, ist er auch steuerrechtlich zu beachten (BFH III R 34/17, BStBl. II 2020, 409; IV R 24/21, BFH/NV 2024, 769, zugleich zum *Scheingeschäft*). Die Auslegung des Vertrags ist revisibles Recht (BFH IV R 5/21, BStBl. II 2024, 845, zur Mitvermietung einer „Waschstraße").

Soll die **Ersetzung** eines Mietvertrages über Betriebsvorrichtungen **durch ein Inventar-Pensionsgeschäft** für die Dauer der Hauptmiete (hier: über ein Hotel) erfolgen, ist zu berücksichtigen, dass ein wesentlicher Bestandteil des Grundstücks nicht ohne dieses übertragen werden kann, dass weiterhin ein **schädliches Nebengeschäft** vorliegt, wenn der Vermieter (wirtschaftlicher) Eigentümer der nicht wesentlichen Bestandteile bleibt und dass auch die Frage eines Scheingeschäfts zu prüfen ist (BFH IV R 24/21, BFH/NV 2024, 769, zu SchlHFG 4 K 36/20, EFG 2022, 54, aufgeh.).

Zur Frage der **Entgeltlichkeit/Unentgeltlichkeit** der Mitvermietung von Betriebsvorrichtungen gelten die Grundsätze in → Rn. 23b. Allerdings kann aus dem Fehlen einer Entgeltvereinbarung nicht geschlossen werden, dass die Nutzungsüberlassung unentgeltlich erfolgt. Ein Teil der Gesamtmiete kann auf die Betriebsvorrichtung entfallen, insbesondere wenn das Gebäude ohne sie nicht oder nur eingeschränkt nutzbar ist. Anders wohl bei ausdrücklicher Vereinbarung der Unentgeltlichkeit, weil der Mieter die Instandhaltung und ggf. Neuanschaffung zu tragen hat (FG Münster 10 K 1656/21 G, EFG 2025, 718, Rev. III R 11/25).

10. Schädliche Tätigkeiten

a) Weitere Einzelheiten. (1) Übt das Unternehmen (auch sonstige) **unzulässige Tätigkeiten** aus, dann ist die **Kürzung** nach S. 2 **insgesamt zu versagen,** darf also auch nicht anteilig für die der Vorschrift entsprechenden Tätigkeiten gewährt werden (BFH IV 183/65, BStBl. II 1968, 16; zur Vermietung einer Mineralwasserquelle BFH I R 53/90, BStBl. II 1992, 738; VIII R 39/05, BStBl. II 2006, 659; hierzu Lichtinghagen GmbH-Stpr 2011, 129; Lüking BB 2011, 795). Maßgeblich ist das tatsächliche Verhalten im EZ; **Vorbereitungen** für eine gewerbliche Tätigkeit im folgenden EZ sind nach BFH I 76/61 U, BStBl. III 1961, 469 unschädlich (→ Rn. 23b). 25

(2) Schädlich sind Nebentätigkeiten, wenn die Grundstücksverwaltung zu gleichen Bedingungen auch ohne sie hätte durchgeführt werden können (BFH III R 36/15, BStBl. II 2019, 705) und ggf. nur zweckmäßig sind. Das gilt insb. für die Übernahme von **sonstigen Sonderleistungen** und **Tätigkeiten gewerblichen Charakters** (→ Rn. 22c), wie zB Reinigungsleistungen, die nicht nur im eigenen Interesse (in einer fremden Immobilie) erbracht werden (BFH III R 49/20, BStBl. II 2024, 126, zu FG Bln-Bbg 8 K 8320/17, EFG 2020, 1629, best.). Schädlich ist auch die entgeltliche Vermietung zB eines Schwimmbades an Dritte/Nichtmieter (BFH I R 56/07, BFH/NV 2008, 1359) oder die entgeltliche Übernahme eines vom Mieter vorgegebenen Sicherheitskonzepts (FG Bln-Bbg 8 K 8055/17, DStRE 2020, 859). Das gilt ebenfalls für die Verwaltung von **fremdem Grundbesitz** (FG Saarl 1 K 1284/10, EFG 2013, 385), und zwar auch dann, wenn das Unternehmen nur Miteigentümer ist und sich mehr als es dem Miteigentumsanteil entspricht, an der Grundstücksverwaltung beteiligt (BFH I 173/63, BStBl. III 1966, 253; Kohlhaas FR 2015, 397).

(3) Entsprechendes gilt mE für die **Personalausleihe** etwa an verbundene Unternehmen, die zwecks Ausgliederung der schädlichen Geschäfte gegründet worden sind, oder für die Übernahme von **Sanierungs- und Erschließungsträgerschaften.** Schädlich ist auch die Produktion von **Solarstrom** und dessen Einspeisung in das allgemeine Stromnetz (FG Bln-Bbg 6 K 6181/08, EFG 2012, 959; zum Betrieb einer **Photovoltaikanlage** s. OFD Niedersachsen G 1425-50-St 251; Moorkamp StuB 2014, 61; aber → Rn. 30a), die Versorgung von Nachbargrundstücken mit Fernwärme (FG Bln-Bbg 8 K 8045/19, EFG 2019, 1993), der Verkauf von Strom, der durch den Betrieb eines **Blockheizkraftwerks** durch ein Wohnungsunternehmen anfällt; anders beim Betrieb des KW durch einen Contractor (FBeh Hmb O-1000-2015/002-52; hierzu Baltromejus NWB 2016, 172). Auch die gewerbliche Beteiligung an einem **Weihnachtsmarkt** an nur drei Tagen im Advent ist schädlich, sogar dann, wenn der Gewinn für gemeinnützige Zwecke gespendet wird (BFH IV R 6/20, BFH/NV 2023, 1190, zu FG Münster 6 K 1384/18 G, F, EFG 2020, 539, best.).

25a **b) Insbesondere Beteiligungen.** **(1)** Ob gesellschaftsrechtlich verbundene Unternehmen die Voraussetzungen der erweiterten Kürzung erfüllen, ist für jedes Unternehmen **gesondert zu prüfen** (BFH I R 61/90, BStBl. II 1992, 628; IV R 44/16, BStBl. II 2020, 24). **Schädlich** ist die **Beteiligung an einer gewerblichen Mitunternehmerschaft** als Komplementär oder Kommanditist oder stiller Gesellschafter (BFH VIII R 68/98, BStBl. II 2001, 359; VIII B 56/00, BFH/NV 2001, 817; I R 54/04, BFH/NV 2006, 1148; IV B 14/07, BFH/NV 2008, 821; FG Hmb 2 K 253/16, DStRE 2019, 1334; krit. Dieterlen/Käshammer BB 2006, 1935), ebenso wenn eine eigenen Grundbesitz verwaltende GmbH als Kommanditistin oder persönlich haftende Gesellschafterin an einer **gewerblich geprägten,** eigenes Grundvermögen verwaltenden GmbH & Co. KG beteiligt ist (BFH I R 61/90, BStBl. II 1992, 628; I R 24/01, BStBl. II 2003, 355; IV R 44/16, BStBl. II 2020, 24; IV R 45/16, BFH/NV 2019, 1245; hierzu Dräger DB 2015, 1123). Auch eine Beteiligung an einer **Erbengemeinschaft** ist nach HessFG 8 K 2580/11 (BeckRS 2012, 96451; Rev. V 10/19 mit Hauptsacheerledigung, KostenFA) schädlich; mE unzutreffend (→ Rn. 21).

(2) Unschädlich ist eine Beteiligung an einer nicht gewerblich geprägten, rein **vermögensverwaltenden GbR** also einer sog. **„Zebra"-Gesellschaft** (BFH GrS 2/16, BStBl. II 2019, 262; zum Vorlagebeschluss BFH IV R 26/14, BStBl. II 2017, 202, und gegen BFH I R 67/09, BStBl. II 2011, 367; nachgehend BFH IV R 9/19, IV R 26/14, BFH/NV 2019, 1242; IV R 11/19, IV R 27/14, BFH/NV 2019, 1243; III R 21/16, BFH/NV 2020, 103, hierzu zB Messner AktStR 2019, 299). Deren Gesamthandsvermögen wird dem mitunternehmerisch Beteiligten nach § 39 Abs. 2 Nr. 2 AO anteilig zugerechnet (zB BFH GrS 2/16, BStBl. II 2019, 262 mwN; hierzu Hörle NWB 2021, 787). ME reicht **allein die Umqualifizierung** der Einkünfte auf Ebene der beteiligten Ges. nicht für die Einordnung als schädliche Tätigkeit (ebenso Kohlhaas FR 2015, 397). **Anderes gilt** jedoch, wenn die GmbH **am Vermögen der KG nicht beteiligt** ist; sie nutzt insofern fremden Grund und Boden (BFH III R 53/20, BStBl. II 2023, 933).

(3) Für schädliche Beteiligungen besteht mE nach allgemeinen Grundsätzen (→ Rn. 23a) **keine Geringfügigkeitsgrenze,** etwa bei einer Zwergbeteiligung von 1 %. Auch ist zweifelhaft, ob die Beteiligung **Einkünfte vermittelt** haben muss, um schädlich zu sein (Roser in Lenski/Steinberg § 9 Rn. 125; Dieterlen/Käshammer BB 2006, 1935). Angesichts dessen, dass § 9 Nr. 1 S. 2 Aktivitätserfordernisse enthält, erscheint es konsequent, das bloße Halten einer ertragslosen Beteiligung als unschädlich anzusehen (so auch FG Bln-Bbg 6 K 6322/13, EFG 2014, 1420; vgl. zur Frage der „Abfärbung" → § 2 Rn. 428 aE).

25b Eine **GmbH-Beteiligung** führt mE nicht ohne Weiteres zu einem Verstoß gegen das Ausschließlichkeitsgebot, weil sie grundsätzlich zu Einkünften aus Kapitalvermögen (→ Rn. 28) führt (FG Köln 13 K 843/20, EFG 2024, 1038, rkr.), es sei denn, das Unternehmen betreibt über eine Holding planmäßig Unternehmenspolitik oder nimmt in anderer Weise entscheidenden Einfluss auf die Geschäftsführung der Kapitalgesellschaft (vgl. zum wirtschaftlichen Geschäftsbetrieb BFH I R 57/70, BStBl. II 1971, 753; I R 97/09, BFH/NV 2011, 312; KStR 4.1 Abs. 2 S. 3).

Das gilt mE auch, wenn die Beteiligungen im **SonderBV II** der Kommanditisten einer GmbH & Co KG gehalten werden. Der IV. BFH-Senat hat allein darauf abgestellt, dass nicht die PersGes die als SonderBV II behandelte Beteiligung des Gesellschafters „verwaltet" (BFH IV R 7/18, BFH/NV 2022, 377, zu HessFG 8 K 2233/15, EFG 2019, 762, aufgeh.).

c) Insbesondere Betriebsaufspaltung. Bei der Betriebsaufspaltung ist **zu unterscheiden:** 26

Ist das **Besitzunternehmen** ein **Einzelunternehmen oder** eine **Personengesellschaft,** dann ist eine in sachlicher Hinsicht gewerbliche Tätigkeit des Betriebsunternehmens auch für die Besitzgesellschaft schädlich. Sie betreibt nicht nur Vermögensverwaltung, sondern nimmt über die Zurverfügungstellung der Betriebseinrichtung, insbesondere von Grundbesitz, an die beherrschte Gesellschaft am allgemeinen Wirtschaftsverkehr teil (BFH I R 174/72, BStBl. II 1973, 686; IV R 97/72, BStBl. II 1973, 688; IV R 97/72, BStBl. II 1976, 750; I R 260/72, BStBl. II 1975, 266; IV R 8/90, BStBl. II 1992, 347; IV R 48/91, BFH/NV 1994, 265; VIII R 68/98, BStBl. II 2001, 359; VIII R 53/02, BFH/NV 2005, 1624; IV R 80/06, BFH/NV 2009, 1279). Das gilt auch, wenn die im Übrigen auch am Markt tätige BetriebsGes das Grundstück ausschließlich für Leistungen an die BesitzGes verwendet (BFH IV B 31/25, BFH/NV 2026, 598). Das Besitzunternehmen kann **nicht im Wege der Merkmalübertragung** die erweiterte Kürzung in Anspruch nehmen (BFH X R 54/14, BStBl. II 2017, 529, zu FG München 13 K 2280/11, EFG 2014, 2069, aufgeh.; krit. Mroz FR 2017, 476). Diese Grundsätze gelten auch im Falle einer **gewerblich geprägten PersGes** (vgl. BFH IV R 26/13, BStBl. II 2016, 408).

Entsprechendes gilt nach **Änderung der Rspr.** (→ § 2 Rn. 348) bei nur **mittelbarer Beherrschung der Besitzpersonengesellschaft** über eine KapGes durch den/die beherrschenden Gesellschafter der Betriebsgesellschaft (BFH IV R 7/18, BStBl. II 2022, 767; hierzu Winkler BeSt 2022, 23; Broemel/Klein DStR 2022, 857; krit. Heil/Pupeter DB 2022, 1091: Rückwirkungsproblematik; Rösen NWB 2022, 1290: Empfehlung der Umstrukturierung; Prinz FR 2025, 49: fehlende gesetzliche Grundlage). Aus **Vertrauensschutzgründen** wendet die **FVerw** diese Rspr. erst **ab EZ 2024** an (FM Länder 22.11.2022, BStBl. I 2022, 1528). 26a

Scheitert die Annahme einer Betriebsaufspaltung etwa wegen fehlender personeller Verflechtung, dann ist die erweiterte Kürzung möglich (vgl. BFH IV R 31/19, BStBl. II 2021, 768).

Ist **Besitzgesellschaft** eine **Kapitalgesellschaft,** dann ist der GewBetrieb der Betriebsgesellschaft unschädlich, wenn die Anteile an der BetriebskapitalGes den beherrschenden Gesellschaftern der BesitzGes zuzurechnen sind. Ein Durchgriff auf die Gesellschafter der Kapitalgesellschaft ist nicht zulässig (sog. **Durchgriffsverbot;** BVerfGE 13, 331 BStBl. III 1962, 500; BFH I R 199/75, BStBl. II 1979, 750; I R 111/78, BStBl. II 1980, 77; I R 180/82, BStBl. II 1987, 117; IV R 13/91, BStBl. II 1993, 134; X R 54/14, BStBl. II 2017, 529). 26b

Bei einer **umgekehrten Betriebsaufspaltung** (→ § 2 Rn. 350) ist die BesitzKapGes nicht originär gewerblich tätig, vielmehr beschränkt sich ihre Tätigkeit mangels Beherrschung der BetriebsGes auf die reine Vermietungstätigkeit. Auch insofern ist bezogen auf die Beherrschung der Betriebsgesellschaft durch die Besitzgesellschaft das Durchgriffsverbot zu beachten (BFH III R 13/23, BStBl. II 2024, 487, zu FG München 7 K 434/19, EFG 2023, 1152, best.; Bodden BeSt

2024, 28; Broemel/Wierenberg 2024, 1795; krit. Boer-Weber/Meyering/Znojek FR 2025, 393: Steuervermeidung durch konzerninterne Gestaltung).

Anders jedoch im Falle der **kapitalistischen Betriebsaufspaltung** (→ § 2 Rn. 349), weil wegen der Beherrschung der Betriebsgesellschaft durch die Besitz-Kapitalgesellschaft kraft eigenen Anteilsbesitzes das Durchgriffsverbot nicht gilt (BFH I B 136/11, BFH/NV 2012, 1176; I R 20/14, BFH/NV 2015, 1109; X R 54/14, BStBl. II 2017, 529; FG LSA 3 V 496/17, EFG 2019, 784). Eine Betriebsaufspaltung zwischen **Schwester-Kapitalgesellschaften** hat der BFH abgelehnt und die erweiterte Kürzung gewährt (BFH I R 111/78, BStBl. II 1980, 77; III S 42/92, BStBl. II 1993, 723; III R 45/92, BStBl. II 1995, 75; I B 136/11, BFH/NV 2012, 1176).

11. Neben der Grundverwaltung zugelassene Tätigkeiten

27 **a) Allgemeines.** Die berechtigten Unternehmen dürfen eigenes **Kapitalvermögen „neben"** eigenem Grundbesitz verwalten oder **„daneben" Wohnungsbauten** betreuen oder Einfamilienhäuser, Zweifamilienhäuser und Eigentumswohnungen errichten und veräußern. Die **Aufzählung ist abschließend** (BFH I R 13/88, BStBl. II 1990, 1075; VIII R 3/03, BStBl. II 2005, 778; IV R 4/19, BStBl. II 2022, 87; IV R 5/21, BStBl. II 2024, 845). Es handelt sich um Tätigkeiten, die bei einer (sonstigen) natürlichen Person zur GewStPfl führen (BFH VI 294/65, BStBl. III 1967, 559).

27a **b) Die Begriffe „neben" und „daneben". aa) Keine Gewichtung.** Die beiden Begriffe haben zunächst ein unterschiedliches Verständnis erfahren. In Bezug auf die Verwaltung von Kapitalvermögen musste die Verwaltung und Nutzung von eigenem Grundbesitz nicht die **Haupttätigkeit** sein (BFH IV R 235/67, BStBl. II 1972, 799), wohingegen dies im Verhältnis zu den zulässigen Immobiliengeschäften gefordert wurde (zB BFH I R 87/71, BStBl. II 1973, 410; I R 77/74, BStBl. II 1976, 431). Die Beschränkung der GewErtragskürzung auf den auf die Verwaltung und Nutzung des eigenen Grundbesitzes entfallenden GewErtrags ab dem EZ 1982 (G. v. 22.12.1981 (BGBl. 1981 I 1523)) hat dahin geführt, dass das nicht mehr gefordert wurde/wird. Auch in A 60 Abs. 1 Nr. 5 GewStR 1998 ist eine dahin gehende Einschränkung nicht enthalten. Die anderen Tätigkeiten dürfen allerdings nicht einen gewerblichen Charakter annehmen (BFH IV R 235/67, BStBl. II 1972, 799 zu Kapitalvermögen; BFH I R 99/78, BStBl. II 1980, 470 zur Errichtung und Veräußerung von Wohnbauten).

27b **bb) Gleichzeitigkeit.** Unabhängig hiervon bezeichnen die Begriffe „neben" und „daneben" das Verhältnis der **Gleichzeitigkeit** (→ Rn. 23). Es genügt nicht der Übergang von/zu der Verwaltung und Nutzung während des EZ bzw. Wj (so schon BFH IV R 235/67, BStBl. II 1972, 799; aA zB Jesse FR 2004, 1085 (1093)). Auch die Verwaltung von eigenem Kapitalvermögen nach der Verwaltung von eigenem Grundbesitz berechtigt nicht zur erweiterten Kürzung (→ Rn. 23c, 23d; Roser in Lenski/Steinberg § 9 Nr. 1 Rn. 106; aA zu Unrecht Hofbauer DStR 1965, 67; Schlegel NWB 2012, 4223). Eine **zeitanteilige Inanspruchnahme** der erweiterten Kürzung ist **nicht zulässig** (vgl. BFH I R 199/72, BStBl. II 1973, 563). Eine (schädliche) Änderung der Verhältnisse sollte daher stets zum Jahresende erfolgen (Neyer DStR 1991, 537; Behrens BB 2022, 479), wobei eine Bestimmung des Eintritts der Wirkungen eines ggf. erforderlichen Vertrags (zB Grundstücksverkauf) auf 1 Minute vor Jahresende unschädlich sein dürfte (vgl. BFH I R 89/03, BStBl. II 2004, 1080). Zu bedenken ist der Ratschlag, ggf. das Wj. umzustellen (Gosch in Brandis/Heuermann § 9 Rn. 76); allerdings ist dafür das – nicht gesicherte – Einverständnis des FA erforderlich (§ 4a Abs. 1 S. 1 Nr. 2 S. 2 EStG).

12. Verwaltung und Nutzung von eigenem Kapitalvermögen

a) Begriff. Der **Begriff des Kapitalvermögens** ergibt sich (nur) im Wesentlichen **aus § 20 EStG.** Im Unterschied hierzu muss sich nach § 9 Nr. 1 S. 2 die Verwaltung und Nutzung auf **eigenes Vermögen** beschränken. Fruchtziehung aus fremden Kapitalvermögensstücken (zB Wertpapiere) erfüllt nicht die Voraussetzungen der Vorschrift. Unschädlich ist dagegen, wenn die zur Einkünfteerzielung eingesetzten Mittel von dritter Seite beschafft sind (BFH IV R 235/67, BStBl. II 1972, 799). Die Verwaltung und Nutzung des eigenen Kapitalvermögens darf, für sich betrachtet, **nicht** eine ihrer Natur nach **gewerbliche Tätigkeit** darstellen (BFH IV R 235/67, BStBl. II 1972, 799; hierzu BFH I R 173/83, BStBl. II 1991, 66 und → § 2 Rn. 133 ff.). Sie muss nicht der Grundstücksverwaltung dienen und braucht ihrem Umfang nach nicht hinter der Nutzung von Grundbesitz zurücktreten (BFH IV R 235/67, BStBl. II 1972, 799; HessFG 8 K 2233/15, EFG 2019, 762, aus anderen Gründen von BFH IV R 7/18, BStBl. II 2022, 767 aufgeh.). Jedoch ist es schädlich, wenn das gesamte Grundvermögen veräußert und in nunmehr ausschließlich verwaltetem Kapitalvermögen angelegt wird (BFH I R 201/78, BStBl. II 1982, 477). Vergleiche zur thesaurierenden Immobilien-GmbH Kaligin BB 2013, 414. **28**

b) Einzelfälle. aa) Vermögensverwaltung. Die verzinsliche Anlage von (ggf. einem Rückforderungsvorbehalt unterliegenden) Mieterträgen gehört dazu (BFH IV R 19/05, BFH/NV 2008, 492). Beteiligungen an Kapitalgesellschaften auch im Rahmen von Organschaften sind grundsätzlich auch dann unschädlich, wenn die Tochtergesellschaft schädliche Tätigkeiten ausführt (zB FG München 7 V 1110/14, BeckRS 2014, 96070; aber → Rn. 19). Nicht schädlich ist mE die gelegentliche Zwischenfinanzierung im Rahmen der Baubetreuung oder die Hingabe von Kassenmitteln einer überdotierten Unterstützungskasse als Darlehen an das Trägerunternehmen (-el- DB 1977, 981). **28a**

bb) Keine Vermögensverwaltung. Nicht dazu gehören die entgeltliche **dingliche Belastung eigenen Grundbesitzes** sowie die entgeltliche Bürgschaftsübernahme zugunsten Dritter (FG Hmb II 192/87, EFG 1990, 439; **aA** zur Bestellung einer Grundschuld FG Hmb II 143/93, EFG 1997, 114, bestätigt mit anderer Begründung von BFH I R 61/96, BStBl. II 1998, 270). Angesichts des geringen Zinsertrages (2 % der Grundschuld) und des hohen Ausfallrisikos – nämlich mit dem beliehenen Grundvermögen – liegt trotz der möglichen Qualifikation der Einkünfte als solche aus Kapitalvermögen der im G angesprochene Typus der Verwaltung und Nutzung von Kapitalvermögen nicht vor. BFH I R 61/96, BStBl. II 1998, 270 und VIII R 60/02, BStBl. II 2006, 434 (zust. Klass GmbHR 2006, 555; Wendt FR 2006, 556; Witt/Tiede BB 2006, 873) nehmen jedoch **Verwaltung und Nutzung von Grundbesitz** an (hierzu → Rn. 22a). Gewinnlosigkeit nimmt dem Vorgang nicht seine Schädlichkeit, wenn sie auf einer vGA beruht (FG Nürnberg V 13/2000, EFG 2003, 791, aufgeh. durch BFH VIII R 60/02, BStBl. II 2006, 434). **28b**

Schädlich sind **Beteiligungen** an gewerblich tätigen Personengesellschaften (→ Rn. 25a), Spekulationsgeschäfte, bankähnliche Geschäfte, auch iZm der Ausgabe von Restkaufgeldern durch ein Wohnungsbauunternehmen; ebenso die Werbung iZm Darlehensgewährung sowie die Verwaltung fremden Kapitalvermögens (Hofbauer DStR 1983, 598 (606)); die Häufigkeit von Geschäftsvorfällen und die Kürze der Zeiträume beim Halten von Wertpapieren (BFH IV 139/63, BStBl. II 1968, 775). Auch die Aufnahme von Darlehen und die Weitergabe der Darlehensmittel an verbundene Unternehmen mit Zinsaufschlag ist nicht Kapitalvermögensverwaltung (FG München 7 K 1341/07, EFG 2009, 1044).

13. Betreuung von Wohnungsbauten

29 **a) Objektbezogene Erfordernisse. (1)** Die Betreuung von Wohnbauten betrifft dem Wortlaut nach Gebäude, die **ausschließlich Wohnzwecken** dienen, also auch EFH, ZFH und ETW. Betreuung von gewerblichen Grundstücken, insb. Bürohäuser, Fabrikations- und Lagerhäuser, ist schädlich. Auch bei **gemischt genutzten** Grundstücken nimmt die Rspr. (BFH IV R 32/18, BStBl. II 2021, 624, zu NdsFG 10 K 174/16, EFG 2019, 63, best.; zust. Gosch in Brandis/Heuermann § 9 Rn. 95; zweifelnd Roser in Lenski/Steinberg § 9 Nr. 1 Rn. 173) in Übereinstimmung mit der FVerw (zB LFD Thür G 1425 A-14-A 3.16) und in Abweichung von den GewStR vor 2010 (vgl. A 60 Abs. 1 Nr. 4 GewStR 1998) **keine unschädliche Nebentätigkeit** an. Nach den GewStR aaO genügte, dass die Gebäude zu mehr als 66 ⅔ Wohnzwecken dienten. Die unterschiedliche Behandlung der Betreuung von Wohnbauten und der Errichtung/Veräußerung von Teileigentum iVm ETW (S. 3), bei der 66 ⅔ Wohnzwecke ausreichen, ist – so der BFH IV R 32/18, BStBl. II 2021, 624 – systematisch und rechtshistorisch begründet.

(2) Die Qualität **„gemischt genutzt"** bestimmt sich nach BFH IV R 32/18, BStBl. II 2021, 624 danach, ob nach den jeweiligen gesetzlichen Vorschriften und den darauf fußenden Genehmigungen für das konkrete Gebäude sich in ihm für andere als für Wohnzwecke bestimmte Einheiten befinden. Danach ist es mE unschädlich, wenn bestimmte für Wohnzwecke vorgesehene Einheiten im Einzelfall tatsächlich als **Arbeitszimmer** genutzt werden (hierzu FG Bln-Bbg 8 K 8320/17, EFG 2020, 1629, von nachgehend BFH III R 49/20, BStBl. II 2024, 126 nicht aufgegriffen). Einer bestimmten Wohneinheit zugeordnete **PKW-Stellplätze** sind im Begriff „Wohnbauten" eingeschlossen (BFH IV R 32/18, BStBl. II 2021, 624).

29a **b) Der Begriff der Betreuung. (1)** Der Begriff umfasst zunächst die **Baubetreuung,** also die **Hilfe bei der Planung** *und* **Durchführung** eines Bauvorhabens in technischer, finanzieller und wirtschaftlicher Hinsicht sowie die **Bewirtschaftungsbetreuung** bereits fertiggestellter fremder Gebäude. Das gilt auch dann, wenn das/die Gebäude vom Grundstücksunternehmen **nicht selbst errichtet** worden ist/sind (vgl. BFH I R 8/02, BStBl. II 2004, 243; VIII R 3/03, BStBl. II 2005, 778; GewStH 9.2 Abs. 2; Roser in Lenski/Steinberg § 9 Nr. 1 Rn. 174; Gosch in Brandis/Heuermann § 9 Rn. 96). Zulässig ist somit **rechtsgeschäftliches und administratives Handeln** einschließlich der praktischen Betreuung vor Ort in Bezug auf die Wohnungsbauten (BFH III R 49/20, BStBl. II 2024, 126; FG Bln-Bbg (8 K 8045/19, DStRK 2020, 34), mE im Rahmen eines Dauerrechtsverhältnisses. Verwaltung und praktische Betreuung vor Ort müssen nicht in einer Hand liegen (BFH III R 49/20, DStR 2023, 1261). Unschädlich nach Wortlaut und Zweck des Gesetzes ist, dass die Betreuung gewerblichen Charakter hat (vgl. BFH I R 13/88, BStBl. II 1990, 1075; Roser in Lenski/Steinberg § 9 Nr. 1 Rn. 175). Die Vorschrift soll die Betreuung auch fremder Wohnungsbauten ermöglichen, aber sicherstellen, dass deren Erträge nicht trotz gewerblichen Charakters begünstigt werden (→ Rn. 37e).

(2) Die **Durchführung von Vorhaben,** insb. eines Bauvorhabens, **selbst** ist **nicht Baubetreuung** (missverständlich BFH I R 30/77, BStBl. II 1980, 622). Dagegen ist der Abschluss von Generalunternehmerverträgen (Bauherrenmodelle) mE unschädlich (hierzu Hofbauer DStR 1983, 598 (602); Gosch in Brandis/Heuermann § 9 Rn. 97).

Ebenso erfüllt die **Durchführung sonstiger Leistungen,** wie etwa **die Reinigung** eines Gebäudes allein (hierzu BFH III R 49/20, BStBl. II 2024, 126, zu FG Bln-Bbg 8 K 8320/17, EFG 2020, 1629, best.) und mE auch die einzelfallbezogene **Rechtsberatung,** nicht den Begriff der Wirtschaftsbetreuung. Das gilt auch für **Lieferungen** von zur Nutzung der Wohnungsbauten erforderlichen Gegenständen (zB Energie bzw. Energieträger) (FG Bln-Bbg 8 K 8045/19, EFG 2019, 1993, zur Fernwärme).

14. Errichtung und Veräußerung von EFH, ZFH oder ETW

Die **Begriffsbestimmungen** sind in Anlehnung an diejenigen **des BewG** zu **30**
treffen, ohne dass allerdings die Artfeststellung im EW-Bescheid für die Anwendung des § 9 Nr. 1 S. 2 bindend wäre (Roser in Lenski/Steinberg § 9 Nr. 1 Rn. 181; Gosch in Brandis/Heuermann § 9 Rn. 100). Ein EFH ist ein Wohngrundstück, das nur eine Wohnung enthält (§ 249 Abs. 2 BewG). Ein ZFH ist ein Wohngrundstück, das zwei Wohnungen enthält (§ 249 Abs. 3 BewG). Die Wohnung für das Hauspersonal ist jeweils nicht mitzurechnen. Dagegen bedeutet das Vorhandensein einer sonstigen weiteren Wohnung, dass der jeweilige Charakter als EFH oder ZFH verlorengeht. Eine ETW ist gekennzeichnet durch das Sondereigentum an der Wohnung iVm dem Miteigentumsanteil an dem gemeinschaftlichen Eigentum (§ 1 Abs. 2 WEG).

Die **Begriffe „errichten"** und **„veräußern"** bedeuten anders als in **30a**
→ Rn. 29a, dass das Unternehmen die Baumaßnahme selbst durchführen darf, und zwar zum Zwecke der Veräußerung. Bei Nichtveräußerung ist der Tatbestand der Verwaltung eigenen Grundbesitzes erfüllt (Jonas/Müller DStR 1988, 624). Auf die Reihenfolge der Errichtung und Veräußerung kommt es nicht an. Die Umwandlung von Wohngebäuden in ETW dürfte unschädlich sein, wenn die Wohngebäude selbst errichtet worden sind; anders jedoch, wenn sie erworben worden sind (Hofbauer DStR 1983, 598 (601)). Im Übrigen ist es auch hier unschädlich, dass die Errichtung und Veräußerung an sich eine **gewerbliche Aktivität,** zB einen gewerblichen Grundstückshandel, darstellt (BFH I R 13/88, BStBl. II 1990, 1075; FG Düsseldorf 9 K 3572/16 G, F, EFG 2018, 659; Roser in Lenski/Steinberg § 9 Nr. 1 Rn. 18; Gosch in Brandis/Heuermann § 9 Rn. 103; Riedel/Korff DB 2018, 1687). Daher dürfte auch die Tätigkeit als Bauträger unschädlich sein.

15. Unschädliche Betätigungen nach Satz 3

a) Teileigentum (Buchst. a). Die Ausnahme steht iZm der Errichtung und **30b**
Veräußerung von ETW (→ Rn. 30 f.). Die dortigen Voraussetzungen sind mE

auch für die Errichtung und Veräußerung von Teileigentum maßgebend. **Teileigentum (S. 3 Buchst. a)** ist das Sondereigentum an den nicht Wohnzwecken dienenden Räumen des Gebäudes und kann nur zusammen mit einem bestimmten Miteigentumsanteil begründet werden (§ 1 Abs. 3 WEG). Weitere Voraussetzung nach § 9 Nr. 1 S. 3 Buchst. b ist, dass das Gebäude, an dem Miteigentumsanteil und Sondereigentum bestehen, zu mehr als 66 ⅔ Prozent Wohnzwecken dient. **PKW-Stellplätze** dienen mE den Wohnzwecken (→ Rn. 29).

30c **b) Einnahmen aus Stromlieferung (Buchst. b). (1)** Auch bei diesen zulässigen Tätigkeiten handelt es sich mE um solche, die **nur „daneben“,** also neben der Grundbesitzverwaltung und -nutzung (→ Rn. 27a f.), ausgeübt werden dürfen und dementsprechend unschädlich sind. Allerdings bleibt **zuvor zu prüfen,** ob nicht in der einen oder anderen Möglichkeit der Zurverfügungstellung von Ladestationen, zB an den Mieter ohne Gewinnerzielungsabsicht, **originäre Grundbesitzverwaltung** vorliegt, zumal S. 3 Buchst. b keine verschärfende konstitutive Wirkung hat, sondern sich auf an sich gewerbliche Tätigkeiten beschränkt (Wagner/Behrens Ubg 2021, 275; Dettmeier/Prodan FR 2022, 13; iE ebenso Gosch in Brandis/Heuermann § 9 Rn. 103c). Dass mit dieser Vorschrift bei einer PersGes ein Ausnahmetatbestand für die Befreiung von der „Abfärbung“ normiert ist, lässt sich weder dem Wortlaut noch dem Sinn und Zweck der Vorschrift entnehmen (aA Roser in Lenski/Steinberg § 9 Nr. 1 Rn. 178a; Häsner/Preis/Weinhold DStR 2021, 1798). Im Einzelnen s. FM Länder BStBl. I 2022, 958.

(2) Voraussetzung ist, dass die Stromlieferung „in Verbindung mit“ der Grundstücksverwaltung und -nutzung erfolgt, also eine **objektive Beziehung zur Haupttätigkeit,** die schuldrechtlicher oder faktischer Natur sein kann, besteht. Nicht erforderlich ist angesichts der weiten Fassung der Vorschrift eine zwingend notwendige Beziehung iSd → Rn. 24 f. Vielmehr genügt mE eine wirtschaftlich zweckmäßige Verbindung. Die **prozentualen Unschädlichkeitsgrenzen** der Buchst. b und c (→ Rn. 30f und 30h) sind **getrennt voneinander zu prüfen;** nicht genutzte Prozentpunkte können nicht übertragen werden (FM Länder BStBl. I 2022, 958 Tz. 40).

30d **(zu aa)** Die **Lieferung von Strom** iZm **dem Betrieb von Anlagen** zur Stromerzeugung aus **erneuerbaren Energien.** Das sind nach § 3 Nr. 21 EEG **Wasserkraft** einschließlich der Wellen-, Gezeiten-, Salzgradienten- und Strömungsenergie, **Windenergie, solare Strahlungsenergie, Geothermie** und **Energie aus Biomasse** (nur ausnahmsweise ein BHKW, FM Länder BStBl. I 2022, 958 Tz. 11). Die Anlagen müssen nicht im Eigentum des Grundbesitzunternehmens stehen (FM Länder BStBl. I 2022, 958 Tz. 15). Den Einnahmen dürfen **nicht Lieferungen an Letztverbraucher** zugrundeliegen, mit Ausnahme der Mieter des Anlagenbetreibers/Grundbesitzunternehmen, auch von Wohneinheiten auf einem anderen Grundstück (FM Länder BStBl. I 2022, 958 Tz. 12). Direktvermarktung ist nicht Lieferung an Letztverbraucher (FM Länder BStBl. I 2022, 958 Tz. 13). Der Selbstverbrauch ist unschädlich (BT-Drs. 19/28868, 131; FM Länder BStBl. I 2022, 958 Tz. 16).

30e **(zu bb)** Die **Lieferung von Strom** aus dem **Betrieb von Ladestationen** für Elektrofahrzeuge und Elektrofahrräder. Gemeint sind offenbar alle Fahrzeuge, deren Stromspeichersystem für die Nutzung einer Ladestation in Betracht kommt. Die Lieferung muss nicht an Mieter erfolgen (FM Länder BStBl. I 2022,

958 Tz. 17). Streitig ist, ob bei Betrieb der Ladestation mit Anlagenstrom der **Ausschluss der Belieferung von Letztverbrauchern** anzuwenden ist (so Gosch in Brandis/Heuermann § 9 Rn. 103c; Roser in Lenski/Steinberg § 9 Nr. 1 Rn. 182b; Wagner/Behrens Ubg 2021, 273); mE ist das, da die Regelung in bb) einen eigenständigen Begünstigungstatbestand enthält, nicht der Fall (so wohl auch FM Länder BStBl. I 2022, 958 Tz. 20; Degiorgis BB 2025, 2263). Probleme bei der **Stellplatznutzung mit Ladestationen** erörtert Wagner Ubg 2021, 291.

Die **Einnahmen** dürfen (ab EZ 2023, vgl. § 36 Abs. 4b S. 2) **nicht höher als 20 %** der Einnahmen aus der Gebrauchsüberlassung des Grundbesitzes sein. Einnahmen aus der Veräußerung usw der Anlage sind einzubeziehen (FM Länder BStBl. I 2022, 958 Tz. 10). Kürzungsunschädlich sind Einnahmen aus der Versorgung der Mieter aufgrund eines Mieterstromvertrages, die auch dann zu gewährleisten ist, wenn kein Mieterstrom geliefert werden kann (§ 42a Abs. 2 S. 6 EnWG; BT-Drs. 19/28868, 131; FM Länder BStBl. I 2022, 958 Tz. 14). **„Einnahmen aus der Gebrauchsüberlassung"** als **Bezugsgröße** bezieht sich nicht auf ein einzelnes Grundstück, sondern auf die Überlassung insgesamt und die gesamten daraus fließenden Einnahmen (FM Länder BStBl. I 2022, 958 Tz. 6). Das gilt auch für partiell stpfl. Genossenschaften und Vereine iSd § 3 Nr. 15 (FM Länder BStBl. I 2022, 958 Tz. 31). **30f**

Nicht erfasst werden nach dem Wortlaut der Vorschrift Einnahmen aus der **Veräußerung von Grundbesitz** (FM Länder BStBl. I 2022, 958 Tz. 35; Roser in Lenski/Steinberg § 9 Nr. 1 Rn. 182c; Gosch in Brandis/Heuermann § 9 Rn. 103c; Wagner/Behrens Ubg 2021, 275). Im Falle der **Organschaft** sind die Verhältnisse für jedes verbundene Unternehmen gesondert zu prüfen (FM Länder BStBl. I 2022, 958 Tz. 9). „Einnahmen aus der Gebrauchsüberlassung" sind die vereinbarten Mieten/Pachten inkl. sämtlicher umlagefähiger Betriebskosten ohne USt (FM Länder BStBl. I 2022, 958 Tz. 30). Abzustellen ist im Übrigen auf die vertraglichen Sollmieten (FM Länder BStBl. I 2022, 958 Tz. 33 f.), weswegen Leerstände ohne Mietvertrag, nicht jedoch Zahlungsausfälle die Bezugsgröße mindern. Die Anwendung der Vorschrift erfordert fortlaufende Überwachung und Dokumentation der Einnahmen (Jahn SAM 2021, 170).

c) Vertragsbeziehungen mit Mietern. Die Vorschrift enthält eine **Abmilderung des Erfordernisses,** dass die zulässigen Tätigkeiten **„ausschließlich"** (hierzu → Rn. 23 ff.) ausgeübt werden (BT-Drs. 19/28868, 132; Hoheisel/Sixt StuB 2022, 641). Ab EZ 2021 sind Einnahmen aus unmittelbaren Vertragsbeziehungen mit Mietern des Grundbesitzes, mE auch mit Pächtern und dinglich Nutzungsberechtigten (ebenso Roser in Lenski/Steinberg § 9 Nr. 1 Rn. 182d), zulässig, die nicht höher sein dürfen als 5 % der Gebrauchsüberlassung des Grundbesitzes. Zum Mieter gehören auch dauerhaft in den Haushalt des Mieters aufgenommene Personen (Kinder, Ehe- u. Lebenspartner). Es kommt nicht darauf an, auf welchem Grundstück des Unternehmens die Mieter wohnen (FM Länder BStBl. I 2022, 958 Tz. 29). **30g**

Hauptanwendungsfall der Vorschrift dürfte die **Mitvermietung/-verpachtung von Betriebsvorrichtungen** (→ Rn. 24b f.) sein (im Übrigen FM Länder BStBl. I 2022, 958 Tz. 23 f.), für den die Freigrenze immer noch knapp bemessen sein dürfte (zum BHKW → Rn. 25; FM Länder BStBl. I 2022, 958 Tz. 25 ff.). Ob dem mit einer Aufteilung des Grundbesitzunternehmens auf zwei Gesellschaften abgeholfen werden kann, ist eine Frage der konkreten Vertragsgrundlagen und -beziehungen. Unabhängig hiervon ist die Veräußerung einer Immobilie mit Betriebsvorrichtungen mE nach den Grundsätzen zu → Rn. 22d u. → Rn. 24 einzuordnen (hierzu Thomer/Hölkemeier/Lucks BB 2021, 2455).

„Unmittelbare Vertragsbeziehungen" bedeutet mE, dass der den Einnahmen zugrundeliegende Vertrag mit dem Mieter selbst abgeschlossen ist; ein Vertrag etwa zugunsten Dritter oder eine sonstige mittelbare Überlassung genügt demnach nicht (Ausnahme für die Aufnahme von Ukraine-Flüchtlingen, FM Länder BStBl. I 2022, 335). Leistungen gewerblicher Art an andere Personen sind weiterhin begünstigungsschädlich (Dorn/Becker BB 2022, 984).

Die **unterjährige Beendigung** der Vertragsbeziehung ist mE unschädlich (aA Roser in Lenski/Steinberg § 9 Rn. 178; Degiorgis BB 2025, 2263), sofern im Übrigen das Erfordernis der Ausschließlichkeit gewahrt ist, von dem die Vorschrift lediglich eine Ausnahme darstellt

30h Zur Bezugsgröße **„Einnahmen aus der Gebrauchsüberlassung"** → Rn. 30d. **Nicht eingerechnet** werden die Einnahmen aus der Errichtung und Veräußerung von Teileigentum (Buchst. a, → Rn. 30f) und der Lieferung von Strom (Buchst. b, → Rn. 30c ff.). Entsprechendes gilt für die zwingend notwendigen Tätigkeiten (→ Rn. 23 ff.), da diese das Ausschließlichkeitsgebot ohnehin nicht tangieren und Buchst. c insofern keine Änderung beinhaltet (Wagner/Behrens Ubg 2021, 273; Roser in Lenski/Steinberg § 9 Nr. 1 Rn. 183; zweifelnd Gosch in Brandis/Heuermann § 9 Rn. 103b). Bei **Übersteigen der 5 %-Marke** im Übrigen wird die Verwaltung und Nutzung von Grundbesitz und Kapitalvermögen **nicht ausschließlich** durchgeführt. Das gilt auch für die Ausnahme von der Unmittelbarkeit bei der Aufnahme von **Ukraine-Flüchtlingen** (FM Länder BStBl. I 2022, 335; 2022, 1527).

16. Weitere Voraussetzungen für die Kürzung nach Satz 2

31 **a) Gesonderte Gewinnermittlung.** Bei Betreuung von Wohnungsbauten sowie Veräußerung und Errichtung von EFH, ZFH und ETW ist der Gewinn aus der Verwaltung/Nutzung von eigenem Grundbesitz **gesondert zu ermitteln** (S. 4). Das bedeutet mE eine eindeutige buchmäßige Zuordnung von Einnahmen und Ausgaben auf die verschiedenen Tätigkeiten. Fehlt es hieran, dann ist mE eine „Ermittlung" des hierauf entfallenden Gewinns durch **Schätzung** nicht zulässig. Anders darf nach dem Sinn der Vorschrift, eine klare Abgrenzung der begünstigten und nicht begünstigten Ertragsteile zu ermöglichen, mE (durch schätzende Zuordnung) nur dann verfahren werden, wenn ein Buchungsvorgang begünstigte und nicht begünstigte Aktivitäten betrifft (Roser in Lenski/Steinberg § 9 Nr. 1 Rn. 241). Ein Verstoß hiergegen führt mE zur Versagung der erweiterten Kürzung (ebenso Gosch in Brandis/Heuermann § 9 Rn. 119).

32 **b) Antrag.** Nur **auf Antrag** erfolgt die Kürzung nach S. 2. Er kann für jeden EZ, muss also nicht für mehrere Jahre gestellt werden. Er kann bis zur Bestandskraft des GewStMessbescheides gestellt und zurückgenommen werden (FG Bln VI 202/74, EFG 1975, 436 zur Außenprüfung). Wird der Antrag gestellt, kann im Falle seines Scheiterns die Kürzung nach S. 1 durchgeführt werden; das gilt mE nur für den Teil des Grundbesitzes, für den die erweiterte Kürzung nicht gewährt wird (vgl. BFH I R 47/13, BFH/NV 2014, 1395). Zur Frage von Treu und Glauben vgl. FG München II 102/71, EFG 1973, 338.

IV. Die Einschränkungen durch Sätze 5 und 6

1. Dem GewBetrieb des Gesellschafters/Genossen nicht dienen

a) Grundsatz. Der Grundbesitz **darf nicht** dem GewBetrieb des Gesellschafters/Genossen **dienen** (S. 5 Nr. 1). Die Vorschrift enthält eine systemgerechte Ausnahme von S. 2 (BFH I R 10/73, BStBl. II 1975, 268). Sie dient der Gleichstellung von Gewerbebetrieben kraft Rechtsform mit natürlichen Personen bzw. Personengesellschaften (BFH IV R 35/94, BStBl. II 1996, 76; IV R 11/98, BStBl. II 1999, 532, jeweils mwN), nicht jedoch einer Bevorzugung jener Gesellschaftsformen (BFH VIII R 77/93, BStBl. II 1999, 168). Erträge einer Kapitalgesellschaft sollen dann nicht begünstigt sein, wenn sie aus Grundbesitz erzielt werden, der ohne die Zwischenschaltung der Gesellschaft notwendiges BV des Gesellschafters darstellen würde, sie also der GewSt unterliegen würden (BFH I R 10/73, BStBl. II 1975, 268; IV R 51/00, BStBl. II 2002, 873; VIII R 60/02, BStBl. II 2006, 434; IV R 9/11, BFH/NV 2015, 227; III R 3/21, DStR 2022, 2146; III R 26/21, BFH/NV 2024, 1161). 33

Der **Umfang der Beteiligung** ist unerheblich (BFH IV R 34/03, BStBl. II 2005, 576: 5 %-Beteiligung einer Kommanditistin). Auch eine Bagatellbeteiligung (1 %) eines (im Urteilsfall am Vermögen sowie Gewinn/Verlust nicht beteiligten) persönlich haftenden Gesellschafters genügt (BFH IV R 36/07, BStBl. II 2010, 988). Und sogar der 1/6000-Anteil der Genossin einer Genossenschaft (BFH III R 19/21, BStBl. II 2023, 84). Der Erwägung, eine Bagatellgrenze bei einer 1 %-Beteiligung zu ziehen (BFH IV R 34/03, BStBl. II 2005, 576), sind die BFH-Senate aaO ausdrücklich nicht gefolgt. Zu den Problemen auch Neu/Hamacher DK 2014, 583.

Allerdings ist die Vorschrift im Wege der **teleologischen Reduktion** dahin auszulegen, dass die erweiterte Kürzung auch dann gewährt wird, wenn der nutzende GewBetrieb **nicht der GewSt** unterliegt bzw. mit seinen *gesamten* Erträgen von der GewSt **befreit** ist (BFH IV R 9/05, BStBl. II 2007, 893).

b) Mittelbare Beteiligung. Gesellschafter ist auch, wer nur **mittelbar über** eine **Personengesellschaft** an dem Grundstücksunternehmen beteiligt ist (BFH VIII R 77/93, BStBl. II 1999, 168; IV R 9/05, BStBl. II 2007, 893). Für die mittelbare Beteiligung **über** eine **Kapitalgesellschaft** gilt das wegen des „Durchgriffsverbots" nicht (BFH IV R 11/98, BStBl. II 1999, 532; IV R 7/18, BStBl. II 2022, 767; III R 13/23, BStBl. II 2024, 487; vgl. GewStH 9.2 Abs. 4). Entsprechend ist auch die Einbindung eines Gesellschafters und der nutzenden Gesellschaft in einen *Organkreis* einem „nutzenden Gesellschafter" iSd S. 5 nicht ohne Weiteres gleichzustellen (→ Rn. 19a; FG München 7 K 2699/03, EFG 2006, 578; vgl. FG Düsseldorf 15 K 361/83 G, EFG 1998, 379). Besteht jedoch an der beteiligten KapitalGes eine **atypische stille Beteiligung,** ist der Stille über die Mitunternehmerschaft mittelbar am Grundstücksunternehmen beteiligt (FG Köln 3 K 2322/21, EFG 2026, 36). 33a

c) Mittelbare Überlassung bei Vermietung an Mitunternehmerschaft. 33b
Die Vorschrift greift auch ein bei **Überlassung** des Grundbesitzes **an eine Mitunternehmerschaft,** an der der Gesellschafter beteiligt ist (BFH I 206/64, BStBl. II 1969, 738; I R 10/73, BStBl. II 1975, 268; VIII R 77/93, BStBl. II 1999, 168). Das gilt also schon dann, wenn auch nur ein Gesellschafter der GbR am überlassenden Grundbesitzunternehmen beteiligt ist; denn gewstrechtlich sind

die Gesellschafter Unternehmer (Mitunternehmer) des GewBetriebs der Mitunternehmerschaft (BFH III R 3/21, DStR 2022, 2146 mwN; hierzu Seifert AktStR 2022, 579). Es genügt also **mittelbares Dienen** (NdsFG VI E 51/70, EFG 1973, 605; FG Nürnberg V 320/75, EFG 1976, 520; Weßling DStR 1993, 266); ebenso wenn der Gesellschafter das Grundstück von einem „dazwischengeschalteten" Dritten mietet (FG Hmb 10 K 574/02, EFG 1987, 259). S. 5 ist daher anzuwenden, wenn die Mitunternehmerschaft auf dem Grundbesitz einen GewBetrieb unterhält (BFH I 206/64, BStBl. II 1969, 738).

Das gilt auch bei einer **geringfügigen Beteiligung** des Gesellschafters der vermietenden an der mietenden Gesellschaft (BFH IV R 34/03, BStBl. II 2005, 576); ebenso wenn der Gesellschafter zwar persönlich haftender Gesellschafter, jedoch nicht am Vermögen sowie Gewinn/Verlust beteiligt ist (BFH IV R 80/06, BFH/NV 2009, 1279); ebenso bei Beteiligung von 3 Personengesellschaftern von je 0,3 %, wenn diese zusammen 55 % Beteiligung an der Grundstücks-GmbH halten (BFH III R 3/21, DStR 2022, 2146, zu FG Münster 5 K 631/20 G, F, EFG 2021, 389, best.). Auch eine geringfügige Beteiligung kann eine große wirtschaftliche Bedeutung haben (vgl. BFH IV R 9/05, BStBl. II 2007, 893; Heuermann StBp 2005, 210). Der verfassungsmäßige Grundsatz der Verhältnismäßigkeit wird durch diese Rspr. nicht tangiert (BFH III R 3/21, DStR 2022, 2146 mwN).

ME greifen diese Grundsätze nicht ein, wenn im Rahmen einer **doppelstöckigen Personengesellschaft** ein Grundstück von der Obergesellschaft an einen an ihr nicht beteiligten Gesellschafter der Untergesellschaft überlassen wird (aA Weßling DStR 1993, 266).

33c **d) Keine mittelbare Überlassung bei Vermietung an Kapitalgesellschaft.** Besteht eine Beteiligung eines Gesellschafters am Gewerbebetrieb nur über eine **Kapitalgesellschaft,** dann ist die erweiterte Kürzung nicht ausgeschlossen **(Durchgriffsverbot).** Daher gelten die vorstehenden Grundsätze nicht im Falle der Vermietung durch eine aus 2 GmbH bestehenden GmbH & Co. KG an die Muttergesellschaft der Gesellschafterin (GmbH) der beiden GmbH (BFH IV R 11/98, BStBl. II 1999, 532; IV R 7/18, BStBl. II 2022, 767; zu HessFG 8 K 2233/15, EFG 2019, 762, aufgeh.; vgl. GewStH 9.2 Abs. 4; Salzmann DStR 2000, 1329). Entsprechendes gilt für eine GmbH, die an eine Schwester-GmbH vermietet (vgl. BFH IV R 9/11, BFH/NV 2015, 227), sowie für die Betriebsaufspaltung, wenn das Betriebsunternehmen eine Kapitalgesellschaft ist und sich die Besitzgesellschaft auf die bloße Vermietungstätigkeit beschränkt, ohne dass gewstrelevante Beziehungen zum Betrieb des Gesellschafters bestehen (BFH I R 111/78, BStBl. II 1980, 77; FG RhPf 1 K 2638/97, EFG 1999, 389). Wegen der sich hieraus ergebenden Unstimmigkeiten wird in der Literatur nach dem Sinn der Einschränkung durch S. 5 gefragt (zB Roser in Lenski/Steinberg § 9 Nr. 1 Rn. 211).

33d **e) Der Begriff „dienen".** Er ist der Begriffsbestimmung des (notwendigen) BV entlehnt. In ähnlicher Weise muss der Grundbesitz dem Gesellschafter dienen, ihm **von Nutzen sein,** ohne dass er in seinem Eigentum stehen oder von ihm gemietet/gepachtet sein muss (BFH I R 35, 36/92, BStBl. II 1994, 46; IV R 51/00, BStBl. II 2002, 873; III R 3/21, DStR 2022, 2146). In welcher Weise das Nutzungsverhältnis begründet wird (Miete, Pacht uÄ), ist unerheblich. Der Grundbesitz „dient" dem Gewerbebetrieb des Gesellschafters, wenn er von diesem genutzt wird (BFH I R 35, 36/92, BStBl. II 1994, 46; VIII R 77/93, BStBl. II

1999, 168) **als wäre er BV** (BFH IV R 51/00, BStBl. II 2002, 873; VIII R 60/02, BStBl. II 2006, 434; IV R 50/11, BStBl. II 2015, 597; zust. Witt/Tiede BB 2006, 873).

f) Einzelfälle zum „Dienen". (1) Dienen iSd Vorschrift **liegt vor,** wenn die GmbH auf dem Grundbesitz befindliche Wohnungen *an Arbeitnehmer vermietet* (BFH I R 10/73, BStBl. II 1975, 268; s. jedoch nächster Absatz); ebenso wenn das Wohnungsunternehmen wirtschaftlich und organisatorisch in das Unternehmen der Mehrheitsgesellschafterin *eingegliedert* ist (Organschaft) und ¾ des Wohnungsbestandes an Betriebsangehörige der Mehrheitsgesellschafterin vermietet (FG Düsseldorf 15 K 361/83 G, EFG 1988, 379; zweifelnd BFH IV S 7-10/01, BFH/NV 2002, 1052) oder wenn die Mietverträge an die Arbeitsverträge der Mieter mit dem Gesellschafter *gekoppelt* sind (FG RhPf 2 K 2681/89, EFG 1992, 550 bestätigt durch BFH I R 36/92, BStBl. II 1994, 46); entsprechend bei untrennbarer Koppelung von Mietverträgen mit Serviceleistungen durch eine beteiligungsidentische Gesellschaft in einer Seniorenresidenz (vgl. BFH III R 26/21, BFH/NV 2024, 1161, zu FG Münster 9 K 2274/19 G, FG 2021, 1567, best.), bei Verpachtung von Teilflächen einer Spielbank zum Betrieb einer Bar (BFH IV R 2/11, BStBl. II 2015, 565) und beim Betrieb einer Photovoltaikanlage (FG Münster 1V 508/24 G, EFG 2024, 1425). Das „Dienen" liegt auch vor, wenn das Grundvermögen (auch über die Beteiligung) einer Personengesellschaft zum *Deckungsstock* einer das Versicherungsgeschäft betreibenden Kapitalgesellschaft gehört, die an der Personengesellschaft beteiligt ist (BFH IV R 35/94, BStBl. II 1996, 76; OFD Frankfurt aM 11.6.1991, DB 1991, 2262). Das gilt auch, wenn der Grundbesitz zugunsten des Deckungsstock-Treuhänders *im Grundbuch gesperrt* ist und die Anteile an der Personengesellschaft in das Deckungsstockverzeichnis aufgenommen worden sind (BFH IV R 51/00, BStBl. II 2002, 873; FG Hmb VI 73/98, EFG 1999, 1148 rkr.), und in Entsprechung hierzu, wenn die Beteiligung am Grundstücksunternehmen – ohne dass es auf einen Sperrvermerk ankäme – zu einem *Sondervermögen* gehört, das ein beteiligtes Versicherungsunternehmen zur Bedeckung der Rückstellung für Beitragsrückerstattung gebildet hat und das ähnlichen Beschränkungen unterliegt (BFH IV R 50/11, BStBl. II 2015, 597). 33e

(2) Dienen liegt nicht vor, wenn lediglich *Sicherheiten* zugunsten des Gesellschafters am Grundbesitz bestellt werden (BFH VIII R 60/02, BStBl. II 2006, 434; Aufhebung von FG Nürnberg V 13/2000, EFG 2003, 791). Entsprechendes gilt, wenn dem Gesellschafter für seinen GewBetrieb ein *Erbbaurecht* eingeräumt wird (BFH I 5/65, BStBl. II 1968, 353). Ob das auch für andere dingliche Nutzungsrechte gilt, erscheint zumindest zweifelhaft. Überlässt das Unternehmen dem Gesellschafter ein dem Unternehmen zustehendes Erbbaurecht, dann greift S. 5 auf jeden Fall ein (BFH IV R 11/98, BStBl. II 1999, 532). Dienen liegt ebenfalls nicht vor, wenn das Grundstücksunternehmen ohne Koppelung an Arbeitsverträge wie unter fremden Dritten Wohnungen *an Arbeitnehmer* des Gesellschafters *vermietet* (FG Düsseldorf IX 115/71 G, EFG 1973, 80); ebenso wenig, wenn die Beteiligung des Gesellschafters der Besitzpersonengesellschaft an der Betriebsgesellschaft zum *SonderBV II* der Ersteren gehört (BFH IV R 7/18, BStBl. II 2022, 767).

g) Keine Geringfügigkeitsgrenze. Bei Überlassung des Grundstücks an den Gesellschafter wird die Kürzung auch versagt, wenn es **nur kurze Zeit** im EZ dem GewBetrieb des Gesellschafters dient (BFH I R 68/75, BStBl. II 1978, 505; FG Hmb II 214/68, EFG 1971, 598), und zwar auch dann, wenn es an einer 33f

Interessengleichheit zwischen Unternehmen und Gesellschafter fehlt (FG Bln VI 48/76, EFG 1977, 81).

Entsprechendes gilt, wenn dem Gesellschafter nur ein **ganz unwesentlicher Teil** des Grundbesitzes überlassen wird (BFH IV R 9/05, BStBl. II 2007, 893; GewStH 9.2 Abs. 4). Vielmehr ist jede noch so geringe Nutzung des Grundbesitzes im Interesse des Gesellschafters/Genossen schädlich (BFH III R 3/21, DStR 2022, 2146; III R 19/21, BStBl. II 2023, 84). Das entspricht dem Zweck der Gesetzesformulierung, Abgrenzungsschwierigkeiten zu vermeiden (Herlinghaus EFG 2005, 1149). Auch ist unklar, bei welcher Größenordnung ein ganz unwesentlicher Teil angenommen werden könnte; der RFH (RStBl. 1940, 38) hat bei 2 % des Grundbesitzes (200 m^2 aus 10.000 m^2 und etwa 3,5 % der Miete (3000 RM aus 84.800 RM) keinen ganz unwesentlichen Teil angenommen. Nach BFH IV R 9/05, BStBl. II 1978, 505 liegt keine unwesentliche Nutzung bei 6 % der Fläche und 10 % der Miete vor. Nach FG Düsseldorf 14 K 5604/01, EFG 2005, 1148 ist eine vermietete Fläche von 481 m^2, auch wenn relativ zur Gesamtfläche nur 1,68 %, und eine Miete von 126.636 DM im Jahr, auch wenn relativ zur Gesamtmiete nur 2,6 %, nicht ganz geringfügig.

2. Ausschluss für Vergütungen iSv § 15 Abs. 1 Nr. 2 S. 1 EStG

34 Die Vorschriften über die erweiterte Kürzung **„gelten nicht, soweit Sondervergütungen"** (§ 15 Abs. 1 Nr. 2 S. 1 EStG) im GewErtrag enthalten sind (S. 5 Nr. 1a, eingefügt durch JStG 2009, BGBl. 2008 I 2794).

Zweck der Vorschrift ist die Vermeidung von gesellschaftsrechtlichen Gestaltungen, die bewirken, dass bei einer (ggf. geringfügigen) Beteiligung eines gewerblich tätigen Vergütungsempfängers (zB Darlehensgebers) an einer grundstücksverwaltenden Personengesellschaft die Sondervergütungen in den Kürzungsbetrag einbezogen werden und gleichzeitig beim Vergütungsempfänger der Kürzung nach § 9 Nr. 2 unterliegen (wie im Falle des FG Düsseldorf 17 K 923/05 F, EFG 2007, 1696; vgl. FinA BT-Drs. 16/11108, 31). Die erweiterte Kürzung soll nur Sondervergütungen iZm der „Kerntätigkeit" der Gesellschaft erfassen (RegE BT-Drs. 16/10189, 73). Daher nimmt die Vorschrift Vergütungen für die **Überlassung von Grundbesitz** von der Beschränkung aus. Vergütungen für *weitere Leistungen* des Gesellschafters beschränken die erweiterte Kürzung auch dann, wenn sie iZm der Verwaltung und Nutzung des eigenen Grundbesitzes der Gesellschaft stehen.

34a Allerdings ist mE die Vorschrift insofern *unglücklich formuliert,* als sie nach ihrem Wortlaut die in Betracht kommenden **Sondervergütungen ausnahmslos** erfasst, auch wenn sie dem der Kürzung unterliegenden Teil des GewErtrags nicht zuzuordnen (→ Rn. 37b) sind. Nach Sinn und Zweck der Vorschrift sollten aber nur die Sondervergütungen, die dem der Kürzung unterliegenden Teil des GewErtrags zuzuordnen sind, den Kürzungsbetrag mindern (zu den Problemen der Vorschrift Mensching/Tyarks DStR 2009, 2037). Insofern ist mE eine **einschränkende Auslegung** der Vorschrift dahin angezeigt, dass nur die in dem nach S. 2 maßgeblichen Teil des GewErtrags enthaltenen Sondervergütungen (Ausnahme: Überlassung von Grundbesitz) die Kürzung beschränken (**aA** HessFG 8 K 291/18, EFG 2019, 1695).

Dagegen ist nach der Rspr. – anders als in → Rn. 33 – eine **teleologische Reduktion** der Vorschrift dahin nicht angezeigt, dass sie nicht anzuwenden ist, wenn der Gesellschafter mit den empfangenen Vergütungen nicht der GewSt unterliegt und die Kürzung nach § 9 Nr. 2 nicht in Anspruch nehmen kann (BFH IV R 25/20, BStBl. II 2023, 836, zu FG Düsseldorf 9 K 3300/18 G, F, EFG 2020, 1692, best.; BFH IV R 11/20, BStBl. II 2023, 830, zu FG Köln 12 K 1954/18, EFG 2021, 783, best.; zust. Gosch in Brandis/Heuermann § 9 Rn. 109c); mE zweifelhaft (ebenso Roser in Lenski/Steinberg § 9 Nr. 1 Rn. 213; Wagner in WSMH § 9 Nr. 1 Rn. 132).

Anwendbar ist die Vorschrift auf Vergütungen, die erstmals **nach dem 18.6.2008 vereinbart** worden sind; die wesentliche Änderung einer bestehenden Vereinbarung genügt (§ 9 Nr. 1 S. 5 Nr. 1a S. 2). Hierbei ist mE eine **wesentliche Änderung** anzunehmen, wenn sie wirtschaftlich einer neuen Vereinbarung gleichkommt (HessFG 8 K 291/18, EFG 2019, 1695), insb. die Vergütungshöhe oder die Verlängerung der Laufzeit einer bestehenden Vereinbarung betrifft. ME gehört auch die Vereinbarung über die Beteiligung des bis dahin nicht beteiligten Vergütungsempfängers an der Personengesellschaft hierzu, weil die Vergütung hierdurch erstmals den Charakter der Sondervergütung bekommt; dh auf sie ist nunmehr die Nr. 1a anzuwenden (BFH IV R 11/20; aA Roser in Lenski/Steinberg § 9 Nr. 1 Rn. 213). 34b

Keine wesentliche Änderung liegt vor bei einer bloßen **Ergänzung** oder **Konkretisierung** einer schon vor dem Stichtag mit Bindungswillen geschlossenen Vereinbarung (HessFG 8 K 291/18, EFG 2019, 1695).

3. Aufdeckung stiller Reserven aus dem Grundbesitz

Die Vorschriften über die erweiterte Kürzung **„gelten nicht, soweit der GewErtrag Gewinne aus der Aufdeckung stiller Reserven aus dem Grundbesitz enthält"**, wenn der Grundbesitz **innerhalb von drei Jahren** vor der Aufdeckung zu einem unter dem Teilwert liegenden Wert in das Betriebsvermögen des aufdeckenden GewBetriebs überführt oder übertragen worden ist (S. 5 Nr. 2, eingefügt durch G. v. 9.12.2004, BGBl. 2004 I 3310, ber. 3843, anzuwenden **ab EZ 2004**). 35

Zweck der Vorschrift ist zu verhindern, dass in Grundstücken enthaltene stille Reserven durch Überführung in oder Übertragung auf eine grundstücksverwaltende Gesellschaft zu einem unter dem Teilwert liegenden Wert (zB § 6 Abs. 5 S. 2 ff. EStG; § 24 UmwStG) und nachfolgende Veräußerung (→ Rn. 37a „Veräußerungsgewinne") dem gewerbesteuerlichen Zugriff entzogen werden (Körner Inf 2005, 139).

Voraussetzungen der Vorschrift sind: 35a

(1.) Überführung (Wechsel der BV-Zuordnung ohne Rechtsträgerwechsel) oder **Übertragung** (Übergang des (wirtschaftlichen) Eigentums durch Rechtsträgerwechsel) von Grundbesitz zu einem unter dem Teilwert liegenden Wert. Die genannten Begriffe orientieren sich nicht am estrechtlichen Verständnis und setzen nicht den tatsächlichen Übergang des wirtschaftlichen Eigentums voraus; vielmehr sind die Wertungen des § 4 Abs. 2 S. 3 UmwStG einzubeziehen (BFH I R 39/19, BStBl. II 2022, 683, zu FG Köln 13 K 2469/17, EFG 2019, 1697; zum Meinungsstand s. BFH aaO).

Die Vorschrift enthält keine Beschränkung im Hinblick auf die **Rechtsform** der übernehmenden Gesellschaft, sodass mE auch eine Kapitalgesellschaft in Betracht kommt (Dötsch/Pung DB 2005, 10; zweifelnd Roser in Lenski/Steinberg § 9 Nr. 1 Rn. 219). Auch der **identitätswahrende Formwechsel** von einer *KapGes zu einer GmbH & Co. KG* ist mE als Überführung relevant (nicht unmittelbar berührt von BFH I R 39/19, BStBl. II 2022, 683; aA FG Bln-Bbg 6 K 6283/15, EFG 2017, 744; Korff/Erdem FR 2019, 1000; zum Problem Glutsch/Meining Ubg 2015, 405). Bei einem identitätswahrenden Formwechsel von einer *GmbH & Co. KG in eine KapGes* ist die Besitzzeitanrechnung des § 4 Abs. 2 S. 3 UmwStG maßgebend; abzustellen ist auf den Zeitpunkt, zu dem der Grundbesitz in das BV der übertragenden Gesellschaft gelangt ist (BFH I R 39/19, BStBl. II 2022, 683, zu FG Köln 13 K 2469/17, EFG 2019, 1697, best.; hierzu Meding/Müller NWB 2019, 3048; Hoffmann GmbHR 2022, 648; Formel EStB 2022, 115).

(2.) Aufdeckung der stillen Reserven innerhalb von 3 Jahren nach Überführung/Übertragung (zu § 6 Abs. 5 S. 4 Hs. 2 Körner Inf 2005, 139); im Hinblick auf die Regelung des **§ 6 Abs. 5 S. 4 EStG** (Sperrfrist drei Jahre nach Abgabe der Steuererklärung) besteht mE nur eine **scheinbare Fristenkollision** (iE ebenso Gosch in Brandis/Heuermann § 9 Rn. 111; aA Roser in Lenski/Steinberg § 9 Nr. 1 Rn. 222). Zwar kann der Fall eintreten, dass estrechtlich erst nach Ablauf der gewstrechtlichen Sperrfrist der rückwirkende TW-Ansatz zu erfolgen hat. Doch lässt der Wortlaut des Satzes 5 Nr. 2 in diesem Fall **keine Beschränkung der erweiterten Kürzung** zu (iE ebenso Gosch in Brandis/Heuermann § 9 Rn. 111; Roser in Lenski/Steinberg § 9 Nr. 1 Rn. 222), auch wenn die an der Gesetzgebung beteiligten Personen diese Sachlage nicht bedacht haben sollten.

(3.) Entstehung (eines Teils) **der stillen Reserven** bis zur Überführung/Übertragung. Lässt sich also nicht feststellen oder zutreffend schätzen (was in der Praxis häufig der Fall sein wird), dass die stillen Reserven ganz oder zum Teil bis zu diesem Zeitpunkt entstanden sind, darf die Kürzung für den Gewinn aus ihrer Aufdeckung nicht unterbleiben.

35b Die **Feststellungslast** dürfte bei der FVerw liegen, zumal Gegenstand der Vorschrift die Belastung im Gefüge einer systemkonformen Begünstigung ist (ebenso Roser in Lenski/Steinberg § 9 Nr. 1 Rn. 220, auch zur Ratsamkeit einer Beweisvorsorge).

4. Veräußerungs- und Aufgabegewinne (Satz 6)

36 Für den Teil des GewErtrags, der auf Gewinne aus der **Veräußerung oder Aufgabe** von **Mitunternehmeranteilen** (§ 7 S. 2 Nr. 2) oder des **Anteils eines persönlich haftenden Gesellschafters einer KGaA** (§ 7 S. 2 Nr. 3) entfällt, ist die erweiterte Kürzung ebenfalls ausgeschlossen, soweit der Gewinn nicht auf eine natürliche Person als unmittelbar beteiligter Mitunternehmer entfällt. Es handelt sich also um die Veräußerung von Anteilen beteiligter Kapitalgesellschaften oder Personengesellschaften. Auch diese Vorschrift ist durch G. v. 9.12.2004 (BGBl. 2004 I 3310) eingefügt worden und ist **ab EZ 2004** anzuwenden (verfassungsgemäß nach FG Hmb 2 K 207/11, EFG 2013, 1065; nachgehend BFH IV R 14/13, BStBl. II 2017, 494).

Der Zweck des Satzes 6 ist zu verhindern, dass Kapital- oder Personengesellschaften Grundstücke zum Buchwert in eine grundstücksverwaltende Personengesellschaft einbringen und im Folgenden die dafür eingeräumten Gesellschaftsanteile mit Gewinn veräußern, der wegen der erweiterten Kürzung nicht der GewSt unterfallen würde (Begr. RegE BT-Drs. 15/3677, 38). Die Vorschrift hat aber angesichts der erforderlichen systematischen Auslegung des § 9 Nr. 1 S. 2 mit § 7 S. 2 nach der Rspr. **nur klarstellende Bedeutung** (BFH IV R 22/12, BStBl. II 2015, 606; Jesse FR 2004, 1085; Körner Inf 2005, 139; aA Roser in Lenski/

Steinberg § 9 Rn. 234; Schnitter in Frotscher/Drüen § 9 Rn. 99; Glutsch/Meining GmbHR 2012, 627).

Betroffen sind mE systemkonform mit § 7 S. 2 auch Grundstücksverwaltungsgesellschaften unter Beteiligung von Kapitalgesellschaften (Gosch in Brandis/Heuermann § 9 Rn. 113; zur Kritik Roser in Lenski/Steinberg § 9 Nr. 1 Rn. 226; Jestädt FR 2004, 1085). Privilegiert ist der Einzelunternehmer, der Mitunternehmeranteile nach der Einbringung von Grundstücken zu Buchwerten (§ 6 Abs. 5 S. 3 und 4 EStG) gewstfrei veräußern kann (§ 7 S. 2 Nr. 2). **36a**

Voraussetzung für die Beschränkung der Kürzung ist der Ansatz eines Veräußerungs- oder Aufgabegewinns nach **§ 7 S. 2 Nr. 2 oder 3.** Die GewStFolge aufgrund einer **anderen Vorschrift,** insb. § 18 Abs. 3 UmwStG, führt nicht zur Anwendung des Satzes 6 (ebenso Roser in Lenski/Steinberg § 9 Nr. 1 Rn. 228; Gosch in Brandis/Heuermann § 9 Rn. 112). Auch durch *Umwandlung* der Personengesellschaft in eine Kapitalgesellschaft (§ 25 UmwStG iVm § 20 UmwStG) ist die Rechtsfolge des Satzes 6 mE vermeidbar; allerdings sind die für S. 5 Nr. 2 erheblichen Sperrfristen zu beachten (Schimmelschmidt/Otto Stbg 2004, 457). **36b**

V. Umfang der Kürzung

1. Grundsatz

Die **Begünstigung besteht** in der Kürzung **nur um den Teil des GewErtrags,** der auf die Verwaltung und Nutzung des eigenen Grundbesitzes entfällt. Sie erfordert die Ermittlung des auf die Verwaltung/Nutzung entfallenden Teils des GewErtrags einschließlich der anteiligen Hinzurechnungen und Kürzungen (BFH I R 37/05, BFH/NV 2006, 810). Übt das Unternehmen – außer den zulässigen Nebentätigkeiten – noch **andere Tätigkeiten** aus, dann ist die Kürzung nach S. 2 insgesamt zu versagen, darf also auch nicht anteilig für die der Vorschrift entsprechenden Tätigkeiten gewährt werden (BFH IV 183/65, BStBl. II 1968, 16; I R 53/90, BStBl. II 1992, 738; VIII R 39/05, BStBl. II 2006, 659). **37**

2. Einzelheiten

Zum GewErtrag aus der Verwaltung von eigenem Grundbesitz gehören typischerweise die **Einkünfte aus Vermietung und Verpachtung** (BFH I R 61/96, BStBl. II 1998, 270), mE auch soweit hierin verdeckte Gewinnausschüttungen enthalten sind. Für **Sondervergütungen** an die Gesellschafter einer gewerblich geprägten PersGes für die Übernahme der Haftung, der Betreuung von Treugebern, der Platzierungsgarantie uÄ gilt dies – auch für Verhältnisse vor 19.6.2008 (→ Rn. 34) nicht (FG Hmb 2 K 54/13, EFG 2016, 747). Dagegen kann der außerordentliche Ertrag aus der Ausbuchung einer Darlehensverbindlichkeit nach der sog. Wurzeltheorie der Grundstücksverwaltung zuzuordnen sein (FG Bln-Bbg 6 K 6207/11, EFG 2014, 780). **37a**

a) Veräußerungsgewinne. Einzubeziehen in die Kürzung ist auch der Teil des GewErtrages, der auf die **zulässige Veräußerung** von Grundbesitz (→ Rn. 22d) entfällt (BFH I R 10/86, BStBl. II 1987, 603; I R 124/88, BStBl. II 1990, 76; I R 17/99, BStBl. II 2001, 251). Das folgt aus der Zugehörigkeit der (gelegentlichen) Veräußerung zur Verwaltung und Nutzung von eigenem Grundbesitz. Entspre- **37b**

chendes gilt mE für den **Übertragungsgewinn** aus der Umwandlung einer grundstücksverwaltenden GmbH auf eine natürliche Person bzw. eine Personengesellschaft, der sich aus der Aufdeckung der stillen Reserven in einer KG-Beteiligung ergibt; denn § 18 Abs. 1 UmwStG erweitert nicht die Steuerpflicht von Gewerbeerträgen (vgl. BFH I R 92/86, BStBl. II 1990, 699; ebenso Jesse FR 2004, 1085 (1097); Gosch in Brandis/Heuermann § 9 Rn. 117). Auch ein Veräußerungs- oder Aufgabegewinn nach § 18 Abs. 3 UmwStG kommt mE für eine Kürzung in Betracht (ebenso Roser in Lenski/Steinberg § 9 Nr. 1 Rn. 236; Gosch in Brandis/Heuermann § 9 Rn. 117; aA BMF 25.3.1998, BStBl. I 1998, 268 Rn. 18.08).

Der Gewinn aus der **Veräußerung/Aufgabe eines Mitunternehmeranteils** iSd § 7 Abs. 1 S. 2 Nr. 2 ist schon in EZ vor Einfügung des § 9 Nr. 1 S. 6 (→ Rn. 36) nicht in die Kürzung einzubeziehen; er ist nicht Ausfluss der grundstücksverwaltenden Tätigkeit, sondern der mitunternehmerischen Beteiligung; das gilt auch für die Veräußerung von **Mitunternehmer-Teilanteilen** (BFH IV R 14/13, BStBl. II 2017, 494; ebenso Gosch in Brandis/Heuermann § 9 Rn. 113; Schimmele EStB 2017, 101; Nöcker FR 2017, 542; aA Roser in Lenski/Steinberg § 9 Nr. 1 Rn. 234a; Glutsch/Meining GmbHR 2012, 627). Daher hat § 9 Nr. 1 S. 6 nach BFH nur klarstellende Bedeutung (BFH IV R 22/12, BStBl. II 2015, 606; krit. Wagner/Knipping GmbHR 2015, 613).

37c **b) § 6b-Rücklage.** Nach geänderter Auffassung des BFH (I R 17/99, BStBl. II 2001, 251 gegen I R 124/88, BStBl. II 1990, 76) unterliegt auch der Teil des Veräußerungsgewinns der Kürzung, der in eine **Rücklage nach § 6b EStG** eingestellt und in einem späteren EZ (Gewinnermittlungszeitraum) gewinnwirksam aufgelöst wird. Die Auffassung ist mE zutreffend (ebenso Roser in Lenski/Steinberg § 9 Nr. 1 Rn. 235; Gosch in Brandis/Heuermann § 9 Rn. 117; Gosch StuW 1992, 350). Sie entspricht dem Wortlaut der Vorschrift, der eine zeitliche Beschränkung nicht enthält (§ 20 Abs. 1 S. 2 GewStDV ist nicht einschlägig). Zudem entspricht sie dem Sinn und Zweck der Vorschrift des § 9 Nr. 1 insgesamt, realsteuerliche Doppelbelastungen des jeweiligen Gewinns zu vermeiden. Die Vergünstigung gilt aber nicht für den Gewinnzuschlag nach § 6b Abs. 7 EStG. Denn dieser ist wirtschaftlich Verzinsung des „gestundeten“ Veräußerungsgewinns und von diesem zu unterscheiden (BFH I R 17/99, BStBl. II 2001, 251).

37d **c) Zwingende Nebengeschäfte.** Zu kürzen ist mE auch der Ertragsanteil, der auf **zwingend notwendige Nebengeschäfte** (→ Rn. 24 f.) entfällt. Denn wenn diese schon erforderlich sind für die Grundbesitzverwaltung und -nutzung, dann sind sie Teil derselben, dann entfällt auch der aus ihnen bezogene Ertrag auf diese (GewStR 9.2 Abs. 3 iVm GewStR 9.2 Abs. 2 S. 3; unklar BFH I R 214/75, BStBl. II 1977, 776; ebenso aber Hofbauer DStR 1983, 598 (600) und wohl Bücker BB 1989, 1027; aA Gosch in Brandis/Heuermann § 9 Rn. 117).

37e **d) „Daneben“ zugelassene Tätigkeiten. Nicht einbezogen** werden **Erträge aus Kapitalvermögen,** auch wenn sie im Rahmen einer wirtschaftlich sinnvollen Verwaltung des eigenen Grundbesitzes anfallen (BFH IV S 7-10/01, BFH/NV 2002, 1052; FG Hmb II 212/75, EFG 1978, 454), zB aus der verzinslichen Anlage vereinnahmter Mieten (BFH I R 69/99, BStBl. II 2000, 355; IV R 19/05, BStBl. II 2010, 985; Köhler BB 2008, 543). Das Gleiche gilt für Erträge aus den **übrigen Nebentätigkeiten** (vgl. GewStR 9.2 Abs. 3). Das ergibt sich ohne Weiteres aus dem Wortlaut der Vorschrift. Nicht der Kürzung unterliegt der Teil des GewErtrags, der auf die Vermietung von Betriebsvorrichtungen entfällt, die diese Eigenschaft nur wegen der besonderen Grundstücksnutzung durch den Mieter aufweisen (BFH I R 50/75, BStBl. II 1977, 778).

3. Zuordnung

Für die Zuordnung von **Einnahmen und Ausgaben** zu den verschiedenen (zulässigen) Tätigkeiten ist eine gesonderte Gewinnermittlung nicht erforderlich. Es genügt eine Parallelwertung zu den estrechtlichen Grundsätzen zum einkünftebezogenen Veranlassungszusammenhang (BFH I R 37/05, BFH/NV 2006, 810; zum Rückgriff auf § 20 EStG BFH I R 69/99, BStBl. II 2000, 355; ebenso Voßkuhl/Zuschlag FR 2002, 616). Schuldentgelte etc sowie sonstige Aufwendungen sind – soweit möglich – direkt zuzuordnen (→ Rn. 31). Bei *Vermietungsgenossenschaften* iSv § 3 Nr. 15 wird der hiernach ermittelte Gewinn aus der (partiell) stpfl. Tätigkeit gekürzt (vgl. Jonas/Müller DStR 1988, 623; Bücker BB 1989, 1027 und die dortigen Rechenbeispiele). Abzuziehen sind auch Erbbauzinsen (BFH I 5/65, BStBl. II 1968, 353). 38

§ 9 Nr. 2 Kürzungen (Mitunternehmer-Gewinnanteile)

Die Summe des Gewinns und der Hinzurechnungen wird gekürzt um

…

2. die Anteile am Gewinn einer in- oder ausländischen offenen Handelsgesellschaft, einer Kommanditgesellschaft oder einer anderen Gesellschaft, bei der die Gesellschafter als Unternehmer (Mitunternehmer) des Gewerbebetriebs anzusehen sind, wenn die Gewinnanteile bei der Ermittlung des Gewinns angesetzt worden sind. [2]Satz 1 ist nicht anzuwenden, soweit im Gewinnanteil Einkünfte im Sinne des § 7 Satz 7 und 8 enthalten sind. [3]Bei Lebens- und Krankenversicherungsunternehmen und Pensionsfonds ist Satz 1 auch auf die übrigen Gewinnanteile nicht anzuwenden. [4]Satz 2 ist nicht anzuwenden, soweit diese Einkünfte bereits bei einer den Anteil am Gewinn vermittelnden inländischen offenen Handelsgesellschaft, Kommanditgesellschaft oder anderen Gesellschaft, bei der die Gesellschafter als Unternehmer (Mitunternehmer) des Gewerbebetriebs anzusehen sind, Bestandteil des Gewerbeertrags waren. [5]Bei Lebens- und Krankenversicherungsunternehmen und Pensionsfonds ist Satz 4 auf Einkünfte im Sinne des § 7 Satz 8 nicht anzuwenden;

…

Literatur: Lindwurm, Gewinnverteilung und Gewinnfeststellung bei der Kumulation von stillen Gesellschaften, DStR 2000, 53; Berg/Trompeter, Ausgliederung im Treuhandmodell, FR 2003, 903; Korn/Strahl, Steuervergünstigungsabbaugesetz: Übersicht und erste Beratungserkenntnisse, KÖSDI 2003, 13714, 13724; Stegemann, Treuhandmodell: Ertragsteuerliche Irrelevanz der zivilrechtlichen Existenz …, Inf 2003, 629; Rödder, Das Steuervergünstigungsabbaugesetz, DStR 2003, 805; Körner, Doppelte Gewerbesteuer auf Gewinne aus der Veräußerung von Anteilen an Mitunternehmerschaften durch Kapitalgesellschaften?, Inf 2004, 820; Welke, Gewerbesteuerliche Aspekte beim Bezug von Dividenden über eine zwischengeschaltete PersGes, GmbHR 2004, 1146; Neyer, Gewerbesteuer bei der Teilveräußerung eines Mitunternehmeranteils, BB 2005, 577; Rödder, Gewerbesteuerliche Behandlung einer Personengesellschaft im Rahmen des sog. Treuhandmodells …, DStR 2005, 955; Wild/Reinfeld, Das Treuhandmodell – ein Modell ohne Zukunft?, DB 2005, 69; Schiller, Erfassung von Schachteldividenden im Gewerbeertrag von Mitunternehmerschaften, DB 2006, 1127; Ludwig, Ermittlung des Gewerbeertrags aus der Veräußerung von Anteilen an mehrstöckigen Personengesellschaften, BB 2007, 2152; Suchanek, Anwendung von § 7 S. 2 Nr. 2 GewStG bei der Veräußerung von doppelstöckigen Mitunternehmerschaften, GmbHR 2007, 248; Adrian/Rautenstrauch/Sterner, Gewerbesteuer bei der Hinzurechnungsbesteuerung, DStR 2017, 1457; Ditz/Quilitzsch, Die Änderungen im internationalen Steuerrecht durch das Anti-BEPS-Umsetzungsgesetz, DStR 2017, 281; Kollruss, Hinzurechnungsbesteuerung: Overkill durch Kodifizierung einer allgemeinen gewerbesteuerlichen Erfassung?, IStR 2017, 522; Keilhoff/Sejdija, Das Lizenzmodell im Lichte der Verschärfungen bei der Gewerbesteuer, FR 2017, 653; Prinz, Neue BFH-Rechtsprechung zur gewerbesteuerlichen Behandlung einer Veräußerung doppelstöckiger Personengesellschaftsanteile, DB 2025, 2459.

Übersicht

I. Allgemeines

1 Die Vorschrift ist spiegelbildliches **Gegenstück** zu **§ 8 Nr. 8** (BFH I R 13/14, BFH/NV 2016, 961). Ihr **ursprünglicher Zweck** ist, die doppelte gewstliche Erfassung der Gewinne einer Personengesellschaft zu vermeiden. Der Gewinn einer PersGes ist regelmäßig bei deren GewErtrag zu erfassen; sofern jener anteilig in den gewerblichen Gewinn des Gesellschafters eingeht, ist er zu kürzen (BFH IV R 59/11, BFH/NV 2015, 520; IV R 44/16, BStBl. II 2020, 24; IV R 45/16, BFH/NV 2019, 1245). Die Anwendung der Vorschrift hängt jedoch nicht davon ab, dass der Gewinnanteil bei der Personengesellschaft tatsächlich der GewSt unterliegt (hierzu → Rn. 4).

Erweitert wurde die genannte Zielsetzung durch die auf wirtschaftspolitischen Gründen beruhende Einbeziehung von Anteilen an **ausländischen** Personengesellschaften ab EZ 1972 (§ 36 Abs. 2 idF des G. v. 16.8.1977 (BGBl. 1977 I 1586)). Nach BFH VIII 16/65, BStBl. II 1972, 388 und I R 248/71, BStBl. II 1974, 752 waren diese nach der bis EZ 1971 geltenden Fassung der Vorschrift weder in die Hinzurechnung nach § 8 Nr. 8 noch in die Kürzung nach § 9 Nr. 2 einbezogen. Durch die geänderte Fassung der Vorschrift sollte eine Gleichstellung mit wesentlichen Beteiligungen an ausländischen Kapitalgesellschaften erreicht werden (BT-Drs. VIII/292).

Liegen die Voraussetzungen für eine Organschaft vor, haben § 8 Nr. 8 und § 9 Nr. 2 Vorrang (→ § 2 Rn. 496a).

II. Mitunternehmerschaft iSd Vorschrift

1. Betroffene Unternehmen

Begünstigt sind Gewinnanteile aus Unternehmen, die einen Gewinn aus Gewerbebetrieb iSv § 15 Abs. 1 S. 1 Nr. 2 EStG erzielen (vgl. BFH I R 301/83, BStBl. II 1987, 816; Gosch in Brandis/Heuermann § 9 Rn. 133; Keß in Lenski/Steinberg § 9 Nr. 2 Rn. 11 ff.), also OHG, KG, atypische stille Gesellschaft (vgl. BFH I R 20/93, BStBl. II 1994, 327 (331); VIII R 54/93, BStBl. II 1995, 794; I R 76/93, BFH/NV 1996, 504; IV R 8/14, BStBl. II 2017, 538, jeweils mwN) sowie atypische stille Unterbeteiligungen (vgl. iE § 2 R. 418). Hierzu gehört auch die Beteiligung an einer Partenreederei (BFH I 32/61 U, BStBl. III 1961, 500; IV R 319/84, BStBl. II 1987, 64 mwN) und mE an einer gewerblich geprägten PersGes (vgl. BFH I R 54/04, BFH/NV 2006, 1148 unter II 3a aE; IV R 26/14, BFH/NV 2016, 1844 unter B IV 2b cc; Keß in Lenski/Steinberg § 9 Nr. 2 Rn. 15). 2

Bei **ausländischen** Personengesellschaften ist die Kürzung möglich, wenn sie ihrer Struktur nach mit einer Personengesellschaft nach deutschem Recht **vergleichbar** sind (vgl. BFH I 121/64, BStBl. II 1968, 695; I R 22/67, BStBl. II 1971, 74). Danach mögliche Konflikte bei der Einordnung als Kapital- oder Personengesellschaft werden idR durch DBA entschärft; im Übrigen gilt deutsches Rechtsverständnis (Gosch in Brandis/Heuermann § 9 Rn. 138; Keß in Lenski/Steinberg § 9 Nr. 2 Rn. 22).

2. Nicht betroffene Unternehmen

Meines Erachtens **nicht betroffen** ist die Beteiligung **an einer KGaA** (→ § 8 Nr. 4 Rn. 4), auch dann nicht, wenn eine juristische Person als Komplementärin fungiert. Sie ist in § 2 Abs. 2 gesondert neben den Mitunternehmerschaften nach § 15 Abs. 3 Nr. 1 EStG erwähnt. An dieser Behandlung ändert sich nichts durch die Doppelbelastung mit GewSt (BFH I R 235/81, BStBl. II 1986, 72). Es besteht kein Grundsatz, dass die Kürzung nur deswegen vorzunehmen ist, wenn es ohne sie zu einer Doppelbelastung kommt (BFH I R 164/68, BStBl. II 1972, 858). 3

Auf Anteile am Gewinn einer **optierenden Personengesellschaft** iSd § 2 Abs. 8 ist nicht diese Vorschrift, sondern § 9 Nr. 2a anzuwenden.

Auch die **Europäische Wirtschaftliche Interessenvereinigung** (EWIV) ist, obwohl einer OHG ähnlich, keine Mitunternehmerschaft (ebenso Keß in Lenski/Steinberg § 9 Nr. 2 Rn. 19; Gosch in Brandis/Heuermann § 9 Rn. 137; aA Schreiber in Deloitte § 9 Nr. 2 Rn. 19). Meines Erachtens ist auch grundsätzlich eine Beteiligung an einer **Partnerschaftsgesellschaft** nicht betroffen, es sei denn, diese ist gewerblich „infiziert" (hierzu → § 2 Rn. 287 ff.; ebenso Keß in Lenski/Steinberg § 9 Nr. 2 Rn. 17).

Zum Problem der **Alleinunternehmerschaft** des StPfl. bzw. zum **„Treuhandmodell"** vgl. → § 2 Rn. 412.

III. Gewerbesteuerpflicht der Mitunternehmerschaft

4 Die **GewStPfl. der Mitunternehmerschaft** (Grundgesellschaft) ist **nicht erforderlich** (BFH IV R 100/84, BStBl. II 1986, 527; IV R 319/84, BStBl. II 1987, 64; IV R 81/06, BStBl. II 2010, 974). Der insofern neutrale Wortlaut der Nr. 2 stellt hierauf nicht ab; auch besteht keine tatsächliche Verknüpfung wie zwischen § 9 Nr. 2b und § 8 Nr. 4. Vielmehr bestätigt die Einbeziehung von Anteilen am Gewinn ausländischer Mitunternehmerschaften in den Regelungsbereich dieses Ergebnis. In Betracht kommt mE auch eine **gewstbefreite** Personengesellschaft, dh die Befreiung würde auf den Gesellschafter durchschlagen; hieraus lassen sich jedoch keine Folgerungen für andere Kürzungsvorschriften, insb. § 9 Nr. 2b, herleiten (hierzu BFH I R 42/11, BFH/NV 2013, 589 zu FG Münster 9 K 1046/09 G F, EFG 2011, 2000, best.).

Die Mitunternehmerschaft muss aber **Einkünfte aus Gewerbebetrieb** iSv § 15 Abs. 1 S. 1 Nr. 2 Hs. 1 EStG erzielen. Das ergibt sich aus dem Zusatz „Unternehmer des Gewerbebetriebs", der über den sachlichen Bezug zu § 2 Abs. 1 S. 2 GewStG ua auf § 15 Abs. 1 S. 1 Nr. 2 Hs. 1 EStG verweist (vgl. BFH I 261/55 U, BStBl. III 1956, 6). Die Vorschrift gilt daher auch für **gewerblich geprägte** Personengesellschaften iSv § 15 Abs. 3 Nr. 2 EStG, nicht jedoch für sonstige rein vermögensverwaltende Gesellschaften (BFH IV R 31/83, BStBl. II 1985, 372; I R 301/83, BStBl. II 1987, 817; III R 62/97, BFH/NV 1999, 1067). **Ausländische** Mitunternehmerschaften müssen ebenso wenig einer der GewSt entsprechenden ausländischen Steuer unterliegen (BFH IV R 319/84, BStBl. II 1987, 64).

Nach allem ist die Kürzung auch zulässig, wenn der Stpfl. zu **weniger als 50 %** an der Mitunternehmerschaft beteiligt ist (keine Betriebsaufspaltung) und diese den Betrieb ohne Abgabe einer Betriebsaufgabeerklärung **an ihn verpachtet** (ebenso Gosch in Brandis/Heuermann § 9 Rn. 141; aA Keß in Lenski/Steinberg § 9 Nr. 2 Rn. 24). Eine andere Entscheidung wäre nur möglich, wenn die Rspr. die Verpachtung ohne Aufgabeerklärung einheitlich für das EStG und GewStG als Vermögensverwaltung ansehen würde (Gosch in Brandis/Heuermann § 9 Rn. 141).

IV. Beteiligung

5 Erforderlich aus der Natur der Sache ist die Zugehörigkeit der Beteiligung zum **Betriebsvermögen** des GewStpfl. und das Eingehen des (festgestellten) Gewinnanteils in dessen (StBilanz-)Gewinn (vgl. BFH I R 58/07, BFH/NV 2009, 1953; IV R 44/16, BStBl. II 2020, 24, unter II 2 b). **Unmittelbarkeit** der Beteiligung ist nicht erforderlich (Gosch in Brandis/Heuermann § 9 Rn. 145; Keß in Lenski/Steinberg § 9 Nr. 2 Rn. 28). Dies kann auch über einen Treuhänder der Fall sein (RFH I 410/37, RStBl. 1938, 428). Die **Höhe des Anteils** ist nicht von Bedeutung, ebenso wenig die **Dauer der Zugehörigkeit** innerhalb des EZ (ebenso Gosch in Brandis/Heuermann § 9 Rn. 141; Keß in Lenski/Steinberg § 9 Nr. 2 Rn. 27 f.).

Besteht bei der gewerblich tätigen oder geprägten PersGes eine **Beteiligung an einer KapGes,** unterliegt eine Dividende bei jener der Kürzung nach § 9 Nr. 2a bzw. Nr. 7; die in den Gewinn der PersGes eingegangene Dividende unterliegt beim PesGesellschafter der Kürzung nach § 9 Nr. 2 (ebenso Keß in Lenski/Steinberg § 9 Nr. 2 Rn. 9; Schreiber in Deloitte § 9 Nr. 2 Rn. 10). Zum Zusammenwirken mit § 8b KStG Welke GmbHR 2004, 1146.

Nicht zur Kürzung führen Zinsen, wenn die ihnen zugrundeliegende Forderung zum BV der KG gehört (FG Münster 15 K 52/19 G, EFG 2023, 279, NZB IV B 74/22).

V. Umfang der Kürzung

1. Grundsatz

6 Gekürzt wird um den **Anteil am Gewinn** der Mitunternehmerschaft, der den **Gewinn** des Stpfl. nach § 7 **erhöht** hat. Das gilt auch für eine gewerblich geprägte PersGes (BFH IV R 44/16, BStBl. II 2020, 24, unter II 2 b). Der Anteil am Gewinn ergibt sich regelmäßig aus der einheitlichen Gewinnfeststellung nach § 180 Abs. 1 Nr. 2 Buchst. a AO. Hierbei ist der **Begriff** „Anteil am Gewinn" identisch mit „Gewinnanteile" iSv § 15 Abs. 1 S. 1 Nr. 2 S. 1 EStG (vgl. BFH IV R 100/84, BStBl. II 1986, 527). Daher werden auch **Sondervergütungen** des Stpfl. (Gesellschafters) für die Leistung von Diensten, Hingabe von Darlehen und Überlassung von WG in die Kürzung einbezogen (BFH I R 301/83, BStBl. II 1987, 816; I R 15/89, BStBl. II 1991, 444).

2. Bestimmte Veräußerungsgewinne

6a Der Gewinn aus der **Veräußerung des Anteils** entsteht auf der Ebene der Mitunternehmerschaft; er war **bis EZ 2001** bereits beim Ansatz des nach § 7 zu ermittelnden Gewinns auszuscheiden und wurde von der Kürzungsvorschrift nicht erfasst (BFH I 78/61 S, BStBl. III 1962, 438; IV R 319/84, BStBl. II 1987, 64; VIII R 7/01, BStBl. II 2004, 754; VIII R 99/03, BFH/NV 2006, 608; X R 39/07, BFH/NV 2012, 16). Ab **EZ 2002** gilt Letzteres nur, soweit er auf eine natürliche Person als unmittelbar beteiligter Mitunternehmer entfällt (§ 7 S. 2). In anderen Fällen (Beteiligung einer Mitunternehmerschaft oder Kapitalgesellschaft) hat sich zwar nichts daran geändert, dass der Gewinn (GewErtrag) – entgegen dem Objektsteuerprinzip – auf der Ebene der Mitunternehmerschaft entsteht und bei ihr nach § 7 S. 2 zu erfassen ist (→ § 7 Rn. 90; GewStR 7.1 Abs. 3 S. 3 f.). Es ist mE aber nicht erkennbar, dass die Änderung insoweit nur die Ebene der Mitunternehmerschaft betrifft; nach der gesetzgeberischen Entscheidung ist der betroffene Gewinnanteil mE durch die Kürzung nach der Nr. 2 – also erst auf dieser Stufe – aus dem GewErtrag des beteiligten Unternehmens herauszunehmen (ebenso Gosch in Brandis/Heuermann § 9 Rn. 149; Neumayer/Bader GStB 2005, 386; Ludwig BB 2007, 2152). Nach **aA** erfolgt die Korrektur nach dem Objektsteuerprinzip bereits bei Anwendung des § 7 S. 1 (zB FG Brem 1 K 20/20, EFG 2023, 422, nachgehend BFH III R 38/22, BFH/NV 2026, 785 iE best.; Keß in Lenski/Steinberg § 9 Nr. 2 Rn. 32; Körner Inf 2004, 820, Suchanek GmbHR 2007, 248).

6b Die Veräußerung eines **Teils eines Mitunternehmeranteils** führt nach § 16 Abs. 1 S. 2 EStG zu einem laufenden Gewinn; er unterliegt daher auf der Ebene des Mitunternehmers der Kürzung nach der Nr. 2. Entsprechendes gilt iZm der Veräußerung/Aufgabe des Betriebs (§ 16 EStG) nach § 16 Abs. 2 S. 3 EStG, § 16 Abs. 3 S. 5 EStG, soweit bei **Veräußerungen** auf Seiten des **Erwerbers und Veräußerers dieselben Personen** Unternehmer oder Mitunternehmer sind, und nach § 24 Abs. 3 S. 3 UmwStG unter derselben Voraussetzung für die Einbringung von BV in eine PersGes (ebenso Gosch in Brandis/Heuermann § 9 Rn. 149; Keß in Lenski/Steinberg § 9 Nr. 2 Rn. 33; aA Neyer BB 2005, 577: Korrektur aufgrund des Objektsteuerprinzips).

Etwas anderes gilt bei der Veräußerung von **Anteilen an (Grundstücks-)Objektgesellschaften,** bei denen eine Gesamtbetrachtung auf der Ebene des Gesellschafters ergibt, dass die Drei-Objekt-Grenze für den gewerblichen Grundstückshandel überschritten ist; verfügt die Objektgesellschaft nicht über weiteres nennenswertes AV, sind die Anteilsveräußerungen auf der **Ebene des Gesellschafters** als Grundstückshandel zu werten, der Gewinn hieraus ist **laufender Gewinn,** auf den die Vorschrift nicht anzuwenden ist (BFH IV R 81/06, BStBl. II 2010, 974; X R 39/07, BFH/NV 2012, 16; krit. Behrens/Schmitt BB 2008, 2334; vgl. → § 2 Rn. 189, 204).

6c Betrifft eine Veräußerung den Anteil an der OberGes einer **doppelstöckigen Mitunternehmerschaft,** finden oa Vorgänge einheitlich auf der Ebene der OberGes ohne „Durchstockung" des Veräußerungsgewinns auf die Ebene der UnterGes statt (vgl. BFH I R 79/06, BFH/NV 2008, 729); auf der Ebene der UnterGes ergibt sich trotz § 15 Abs. 1 Nr. 2 S. 2 EStG auch dann kein Veräußerungsvorgang iSd § 7 S. 2, wenn ein Teil des Veräußerungspreises auf stille Reserven der UnterGes entfällt (BFH IV R 40/22, BStBl. II 2025, 603; zu FG München 2 K 1842/21, EFG 2022, 1862, best.; IV R 9/23, BStBl. II 2025, 610, zu FG Bremen 1 K 21/21 (5), EFG 2023, 1473, insoweit best.; Suchanek GmbHR 2007, 248; Prinz DB 2025, 2459; **aA** Ludwig BB 2007, 2152: anteiliger Veräußerungsgewinn bei der UnterGes). ME ist insofern auch die Kürzung nach Nr. 2 auf der Ebene der OberGes nicht möglich, sondern ggf. auf der Ebene des Obergesellschafters. Für teleologische Reduktion des § 7 S. 2 s. Suchanek GmbHR 2007, 248.

3. Umwandlungssteuerrecht

7 Im Falle des Vermögensübergangs von einer **KapitalGes auf eine PersGes** bzw. bei entsprechendem Formwechsel ist ein Übernahmegewinn/-verlust nach § 18 Abs. 2 UmwStG nicht zu erfassen. Allerdings unterliegt er nach § 18 Abs. 3 UmwStG der GewSt, wenn der Betrieb der PersGes innerhalb von fünf Jahren nach der Umwandlung aufgegeben/veräußert wird. Auf der Ebene des Mitunternehmers ist der entsprechende Anteil nach der Nr. 2 zu kürzen (ebenso Keß in Lenski/Steinberg § 9 Nr. 2 Rn. 34).

4. Aufwendungen

8 Im Zusammenhang mit einem Gewinnanteil stehende **Aufwendungen führen nicht zur Minderung** des Kürzungsanspruchs. Sie sind grundsätzlich bereits bei der einheitlichen Gewinnfeststellung bzw. GewErtragsermittlung der Personengesellschaft zu berücksichtigen und beeinflussen dort die Höhe des Gewinnanteils (vgl. BFH IV R 178/80, BStBl. II 1981, 621; Gosch in Brandis/Heuermann § 9 Rn. 150). Insofern ist die Sachlage nicht vergleichbar mit Aufwendungen im Zusammenhang mit Gewinnen aus Anteilen nach § 9 Nr. 2a, 7 und 8.

VI. Kürzungsausschlüsse

1. Einkünfte iSd § 7 S. 7 u. 8 (S. 2)

9 Die Kürzung unterbleibt nach Satz 2 für **Einkünfte iSd des § 7 S. 7 u. 8,** die im Gewinnanteil enthalten sind.

a) Nach **§ 7 S. 7** sind **Hinzurechnungsbeträge iSd § 10 Abs. 1 AStG** Einkünfte, die in einer inländische BSt anfallen (hierzu → § 7 Rn. 21; → § 9 Nr. 3 Rn. 4a). Der **Kürzungsausschluss** verhindert, dass die durch § 7 S. 7 beabsichtigte gewstliche Erfassung durch Zwischenschaltung einer ausländischen Mitunternehmerschaft mittels der bisher möglichen Kürzung nach Nr. 2 vereitelt wird (BT-Drs. 19/28652, 45). Für den Anteil am Gewinn **vermittelnde Beteiligungsketten** erhält **Nr. 2 S. 4** zur Vermeidung von Kaskadeneffekten die Kürzung, soweit die Einkünfte bei einer vermittelnden, dh der ersten inländischen Mitunternehmerschaft bereits Bestandteil des GewErtrags waren (BT-Drs. 19/28652, 45).

b) Nach **§ 7 S. 8** gelten **Einkünfte iSd § 20 Abs. 2 S. 1 AStG** (passive Einkünfte aus einer ausländischen BSt. des StPfl., die bei Fiktion als Zwischeneinkünfte stpfl. wären) als in einer inländischen BSt erzielt. Der mit **Wirkung ab EZ 2017** (G. v. 20.12.2016, BGBl. 2016 I 3000, Art. 16 Abs. 2a) geltende Kürzungsausschluss soll sicherstellen, dass die durch § 7 S. 8 erfassten Einkünfte, wenn über eine ausländische PersGes bezogen, nicht bei der GewErtragsermittlung des Beteiligten durch Kürzung nach Nr. 2 neutralisiert werden (krit. zB Adrian/Rautenstrauch/Sterner DStR 2017, 1457; Kollruss IStR 2017, 522). Auch dieser Kürzungsausschluss ist nach **Satz 4** nicht anwendbar **bei Beteiligungsketten,** soweit die Einkünfte bereits bei einer den Anteil am Gewinn vermittelnden, dh der ersten inländischen Mitunternehmerschaft im GewErtrag enthalten waren (vgl. schon RegBegr. BT-Drs. 18/9536, 59). 9a

Im Falle des **§ 7 S. 9** (Nichtanwendung des § 7 S. 8 bei **Substanznachweis** nach § 8 Abs. 2–4 AStG) ist mE der **Kürzungsausschluss nicht anzuwenden,** weil im Gewinnanteil keine Einkünfte iSd § 7 S. 8 „enthalten" sind (ebenso Keß in Lenski/Steinberg § 9 Nr. 2 Rn. 41; Pitzal in WSMH § 9 Nr. 2 Rn. 38; aA Gosch in Brandis/Heuermann § 9 Rn. 151c). 9b

Ob die genannten Bestimmungen geeignet sind, das in der Praxis verbreitete „Lizenzmodell" gewstrechtlich zu erfassen, hängt weitgehend von der Auslegung des § 20 Abs. 2 AStG ab (zum Problem Keilhoff/Sejdija FR 2017, 653).

2. Lebens-/Krankenversicherungsunternehmen u. Pensionsfonds

Seit EZ 2004 ist die Kürzung bei **Lebens-** und **Krankenversicherungsunternehmen** sowie bei **Pensionsfonds** grundsätzlich **ausgeschlossen.** Bei ihnen erhöhen (auch) Gewinne aus Anteilen an Personengesellschaften die Bemessungsgrundlage für die Zuführung zu Rückstellungen für Beitragsrückerstattungen (§ 21 Abs. 1 Nr. 1 KStG). Der hierdurch geminderte kstliche Gewinn ist Grundlage für die Ermittlung des GewErtrages (§ 7 S. 1). Einer Kürzung nach Nr. 2 zur Vermeidung einer gewstlichen Doppelbelastung bedarf es daher nicht mehr. Zudem wollte der Gesetzgeber strukturelle gewstliche Dauerverluste vermeiden und die bezeichneten Unternehmen stärker am GewStAufkommen beteiligen (BT-Drs. 15/1684, 9). 10

Daher bestimmte **§ 9 Nr. 2 S. 2** bis **EZ 2020** einen grundsätzlichen Ausschluss von der Kürzung nach Satz 1 für die bezeichneten Unternehmen. Diese Funktion hat nach der Änderung des Satzes 2 und Einfügung der Sätze 3–5 durch G. v. 25.6.2021 (BGBl. 2021 I 2035) der neue **Satz 3** übernommen, der bestimmt, dass zu den Kürzungsausschlüssen nach Satz 2 (→ Rn. 9) „Satz 1 auch für den übrigen Gewinnanteil nicht anzuwenden" ist.

10a Ergänzend bestimmt der neue **Satz 5,** dass Satz 4 (also die Erhaltung der Kürzungsmöglichkeit für „Einkünfte iSd § 7 S. 7 u. 8" bei Beteiligungsketten) **auf Einkünfte iSd des § 7 S. 8** (aber nur für diese) doch **nicht anzuwenden** ist. Dh für Einkünfte iSd des § 20 Abs. 2 S. 1 AStG verbleibt es auch im Falle der Zwischenschaltung einer ausländischen Mitunternehmerschaft bei dem Kürzungsausschluss des Satzes 2. Für **Einkünfte iSd des § 7 S. 7** verbleibt es auch im Falle einer Beteiligungskette bei der Kürzung, soweit diese Einkünfte bereits im GewErtrag einer vermittelnden Mitunternehmerschaft enthalten waren. Die steuerlich nach § 10 Abs. 1 AStG hinzugerechneten Einkünfte sind nicht Teil des handelsrechtlichen Gewinns und daher nicht Grundlage für die Bemessung der Rückstellung für die Beitragsrückerstattung (vgl. § 21 Abs. 1 Nr. 1 KStG)

§ 9 Nr. 2a Kürzungen (Schachtelbeteiligungen)

Die Summe des Gewinns und der Hinzurechnungen wird gekürzt um

…

2a. die Gewinne aus Anteilen an einer nicht steuerbefreiten inländischen Kapitalgesellschaft im Sinne des § 2 Abs. 2, einer Kredit- oder Versicherungsanstalt des öffentlichen Rechts, einer Genossenschaften[1] oder einer Unternehmensbeteiligungsgesellschaft im Sinne des § 3 Nr. 23, wenn die Beteiligung zu Beginn des Erhebungszeitraums mindestens 15 Prozent des Grund- oder Stammkapitals beträgt und die Gewinnanteile bei Ermittlung des Gewinns (§ 7) angesetzt worden sind. [2]Ist ein Grund- oder Stammkapital nicht vorhanden, so ist die Beteiligung an dem Vermögen, bei Genossenschaften die Beteiligung an der Summe der Geschäftsguthaben, maßgebend. [3]Im unmittelbaren Zusammenhang mit Gewinnanteilen stehende Aufwendungen mindern den Kürzungsbetrag, soweit entsprechende Beteiligungserträge zu berücksichtigen sind; insoweit findet § 8 Nr. 1 keine Anwendung. [4]Nach § 8b Abs. 5 des Körperschaftsteuergesetzes nicht abziehbare Betriebsausgaben sind keine Gewinne aus Anteilen im Sinne des Satzes 1. [5]Satz 1 ist bei Lebens- und Krankenversicherungsunternehmen auf Gewinne aus Anteilen, die den Kapitalanlagen zuzurechnen sind, nicht anzuwenden; für Pensionsfonds gilt Entsprechendes;

…

Gewerbesteuer-Richtlinien 2009: GewStR 9.3/GewStH 9.3

Literatur: Streck/Olbing, Auswirkungen der steuerlichen Rückwirkung auf die Schachtelprivilegien bei Einbringung einer KG in eine GmbH, BB 1994, 1830; Eckart/Kneip/Rieke, Aktuelle Fragen zur Gewerbesteuer nach Verabschiedung des Steuerentlastungsgesetzes 1999/2000/2001 …, Inf 1999, 227; Killinger, Berücksichtigung von Betriebsausgaben bei der Anwendung der Kürzungsvorschriften des § 9 Nr. 2a und 7 GewStG, BB 1999, 500; Lipke, Zur gewerbesteuerlichen Behandlung von Kosten bei sog. Schachtelerträgen, StBp 2000, 358; Grotherr, Gewerbesteuerliche Auswirkungen der mit steuerfreien Dividenden im Zusammenhang stehenden abzugsfähigen Betriebsausgaben, BB 2001, 597; Heurung/Möbus, Einkommensermittlung bei Organschaften: Gestaltungsmöglichkeiten bei Umwandlungen und grenzüberschreitenden Sachverhalten im Kontext der neueren Entwicklungen im Unternehmenssteuerrecht, BB 2003, 766; Lindemann, Gewerbesteuerliche Fragen bei inländischen

[1] **Richtig wohl: „Genossenschaft".**

Investmentfonds einschließlich Hedgefonds, DStZ 2003, 559; Reinhardt, Das BMF-Schreiben zur Anwendung des § 8b KStG und Auswirkungen auf die Gewerbesteuer, BB 2003, 1148; Körner, Gewerbeertragsbesteuerung von Mitunternehmerschaften, Inf 2004, 265; Rogall, Ungereimtheiten bei der Gewerbesteuer im Zusammenhang mit Beteiligungen an Kapitalgesellschaften, DB 2004, 2176; Kratzsch, Gewerbesteuerliche Hinzurechnungen/Kürzungen bei Sachverhalten, die unter das Halbeinkünfteverfahren fallen, StB 2005, 13; Starke, Gewerbesteuerliche Behandlung von Dividenden, FR 2005, 681; Grotherr, Außensteuerliche Bezüge im Entwurf des JStG 2007, RJW 2006, 898; Kollruss, Kein pauschales Abzugsverbot nach § 8b Abs. 5 KStG für GewSt-Zwecke bei Bezug von Schachteldividenden über eine Organgesellschaft, DStR 2006, 2291; Schroer/Starke, Die beteiligungshöhenunabhängige Schachtelprivilegierung in der GewSt nach Verschmelzungen, FR 2007, 488; Richter, Kritische Beurteilung der gewerbesteuerlichen Auswirkung von § 8b Abs. 5 KStG durch das JStG 2007, BB 2007, 751; Kessler/Knörzer, Die Verschärfung der gewerbesteuerlichen Schachtelstrafe – erneute Diskriminierung inländischer Holdinggesellschaften?, IStR 2008, 121; Kollruss, Gewerbesteuerrechtliche Schachtelprivilegien und doppelt ansässige Kapitalgesellschaften, StuW 2009, 346; Ott, Zur Besteuerung von Kapitalgesellschaften und deren Gesellschaftern, StuB 2009, 232; Elser/Dürrschmidt, Die deutsche Immobilien-GmbH mit Geschäftsleitung im Ausland, IStR 2010, 79; Seer/Krumm, Die Stichtagsregelung des gewerbesteuerlichen Schachtelprivilegs bei unterjähriger Einlage und Einbringung aus dem Privatvermögen, FR 2010, 677; Hageböke, Schachtelprivileg im gewstlichen Organkreis, Der Konzern 2014, 313; Kollruss, Europarechtswidrigkeit der gewerblichen Schachtelprivilegien bei doppelt ansässigen EU-Tochtergesellschaften, IStR 2014, 51; Mattern, Vorsicht bei Umwandlungsvorgängen mit dem gewerbesteuerlichen Schachtelprivileg!, DStR 2014, 2376; Pyszka/Nienhaus, Gewerbesteuerliches Schachtelprivileg bei Gewinnausschüttungen sowie vororganschaftliche Mehrabführungen an eine Organgesellschaft, DStR 2014, 1585; Kollruss, Verfassungswidrigkeit des gewstlichen Schachtelprivilegs bei doppelt ansässigen Tochtergesellschaften, FR 2015, 446; Meining, Sind doppelansässige EU-Kapitalgesellschaften inländische Kapitalgesellschaften iSd § 9 Nr. 2a GewStG?, GmbHR 2015, 1309; Suchanek/Hannweber, § 9 Nr. 2a GewStG als Gewerbesteuerfalle bei doppelt ansässigen Tochterkapitalgesellschaften in Zuzugsfällen?, Ubg 2016, 441; Haase/Dorn, Zum Zusammenspiel zwischen körperschaft- und gewerbesteuerlichem Schachtelprivileg bei Bezug über eine Personengesellschaft, DStR 2017, 134; Weiss/Brühl, Zur umfassenden Rechtsnachfolge beim Anteilstausch nach § 21 UmwStG, Ubg 2018, 22; Brühl, Entwicklung der gewerbesteuerlichen Behandlung von Erträgen ausländischer Tochter-Kapitalgesellschaften, FR 2019, 257; Eberhardt/Thomsen, Maßgeblicher Stichtag für das gewerbesteuerliche Schachtelprivileg bei abweichendem Wirtschaftsjahr, GmbHR 2020, 338; Kollruss, Gewerbesteuerliche Kürzungen bei Ausschüttungen ausländischer Gesellschaften – Grundlegende Dogmatik und Folgerungen, IStR 2021, 344; Schaumberger/Stößel, Schachtelprivilegien in Umwandlungsfällen von Kapitalgesellschaften am Beispiel der Verschmelzung, FR 2021, 773; Witt, Gewerbesteuerrechtliches Schachtelprivileg bei doppelt ansässigen Kapitalgesellschaften, HFR 2023, 66; Tetzlaff, Gewerbesteuerliches Schachtelprivileg bei Anteilstausch iSd § 21 UmwStG, NWB 2023, 1828; Liedgens/Neudenberger, Zur Reichweite der umwandlungssteuerrechtlichen Rechtsnachfolge bei unterjährigen Umstrukturierungen, Ubg 2024, 127; Menges, Unionsrechtliche und verfassungsrechtliche Grenzen des körperschaftsteuerlichen Schachtelprivilegs, Ubg 2025, 432.

Übersicht

I. Allgemeines

1. Zweck/Bedeutung der Vorschrift

1 Die Vorschrift dient (Ausnahme: Unternehmensbeteiligungsgesellschaften) der **Vermeidung der Doppelbelastung** ausgeschütteter Gewinne beim Anteilseigner und bei der Kapitalgesellschaft mit GewSt, nicht der Vermeidung der einmaligen Erhebung von GewSt auf Beteiligungseinkünfte (vgl. BFH IV R 35/01, BStBl. II 2004, 460; I R 16/04, BStBl. II 2005, 297; I R 104/04, BStBl. II 2006, 844; I R 29/17, BStBl. II 2020, 690; I R 43/18, BStBl. II 2024, 650). Daher ist die Vorschrift nicht anzuwenden auf Gewinne aus Anteilen an einer **stbefreiten Kapitalgesellschaft** (→ Rn. 2).

Ist die Kapitalgesellschaft nicht befreit, kommt es im Einzelfall nicht darauf an, dass bei der ausschüttenden Gesellschaft **tatsächlich GewSt** angefallen ist bzw. ob mit der (Nicht-)Anwendung der Vorschrift eine Doppelbelastung vermieden wird (Bergmann in WSMH § 9 Nr. 2a Rn. 2, zu AuslandsBSt bzw. Beteiligung an einer ausländ. PersGes). Anknüpfend an Kollruss (FR 2015, 446), der auf eine „abstrakte" Vorbelastung, also auch bei einer TochterKapGes ohne BSt im Inland abstellt, sollte mE überlegt werden, ob nicht zumindest für das Problem der doppelt ansässigen TochterGes bei der Auslegung des Tbm **„inländisch"** der Normzweck in den Hintergrund treten sollte. Dieses vor dem Hintergrund des Verständnisses der AEUV-Freiheiten, hier insb. der Kapitalverkehrsfreiheit (→ § 9 Nr. 7 Rn. 4), zur Vermeidung von inkonsequenten Begünstigungslücken (→ Rn. 3).

Bedeutung hat die Vorschrift darüber hinaus mittelbar **für die Auslegung** und Anwendung **des § 8 Nr. 5.** Zu der nach dem Wortlaut der Vorschriften gegebenen **Anwendungsproblematik** des § 9 Nr. 2a und des § 8 Nr. 5 → § 8 Nr. 5 Rn. 1.

2. Zur Rechtsentwicklung

1a Die Vorschrift betraf nach ihrer Einführung ab EZ 1962 nur sog. **Schachtelbeteiligungen** mit mindestens 25 % am Grund- oder Stammkapital. Dem hierdurch gegebenen Anreiz zur Aufstockung von Beteiligungen sollte durch die Herabsetzung der Beteiligungsgrenze auf 10 % begegnet werden (BT-Drs. 10/336, 22). Durch G. v. 14.8.2007 (BGBl. 2007 I 1912) ist die **Mindestbeteiligungsquote** mit Wirkung ab EZ 2008 (§ 36 Abs. 8 S. 6 aF) auf **15 %** angehoben worden (krit. Kessler/Knörzer IStR 2008, 121). Ein Verstoß gegen **Verfassungsrecht** liegt hierin nicht (BFH I R 12/13, BFH/NV 2014, 1402; BFH I R 29/17, BStBl. II 2020, 690, Vb 2 BvR 1832/20 nicht angenommen; hierzu Neblung EFG 2017, 1123; Karrenbrock/Engelhardt NWB 2017, 3327).

Nach Einführung des **Halb-/Teileinkünfteverfahrens** und des **Beteiligungsprivilegs** (§ 8b Abs. 1 und 4 KStG für juristische Personen; § 3 Nr. 40 EStG für natürliche Personen) ist die Vorschrift unmittelbar nur noch auf den stpfl. Teil (50 bzw. 60 %) der Gewinnanteile von natürlichen Personen anwendbar.

3. Unternehmensformen

2 Die Unternehmensform des **beteiligten Unternehmens** ist für die Berechtigung zur Kürzung ohne Bedeutung.

Das **Beteiligungsunternehmen** muss eine Kapitalgesellschaft iSd § 2 Abs. 2 (AG, KGaA, GmbH), eine Kreditanstalt des öffentlichen Rechts, eine Erwerbs- oder Wirtschaftsgenossenschaft, eine Unternehmensbeteiligungsgesellschaft und ab EZ 2008 auch eine Versicherungsanstalt des öffentlichen Rechts sein.

Das Beteiligungsunternehmen darf **nicht steuerbefreit** sein, sei es unbeschränkt persönlich oder beschränkt persönlich/sachlich (BFH I B 34/11, BFH/NV 2012, 1175; FG Nürnberg 1 K 1366/22, EFG 2025, 108, Rev. I R 12/24); nach ihrer ausdrücklichen Einbeziehung in die Kürzungsvorschrift betrifft das jedoch **nicht die Unternehmensbeteiligungsgesellschaften** (vgl. § 3 Nr. 23), bei denen der mit der GewStBefreiung verfolgte Zweck auch durch Anerkennung als Schachteluntergesellschaft befördert werden sollte (gewstliche Gleichstellung des beteiligten Unternehmens, BT-Drs. 10/4551, 32). **In anderen Fällen** wird der Vorteil auf der Ebene der KapGes auf der Ebene des Anteilseigners **rückgängig gemacht** (Bergmann in WSMH § 9 Nr. 2a Rn. 4).

Nicht schädlich ist dagegen die **Inanspruchnahme einer Kürzungsvorschrift** durch das Beteiligungsunternehmen, insbesondere der erweiterten Kürzung nach § 9 Nr. 1 S. 2, da insoweit schon rechtstechnisch keine Steuerbefreiung vorliegt (vgl. BFH X R 54/14, BStBl. II 2017, 529). Das dürfte auch für die Inanspruchnahme der Kürzung nach Nr. 2a bei **wechselseitigen Beteiligungen** gelten (ebenso Gosch in Brandis/Heuermann § 9 Rn. 164a; Roser in Lenski/Steinberg § 9 Nr. 2a Rn. 17a).

4. Anwendungsbereiche

3 **a) Inlandsbezug.** Die Vorschrift betrifft nur Gewinne aus Anteilen an **inländischen** KapitalGes; für KapitalGes mit Geschäftsleitung und Sitz im Ausland gilt § 9 Nr. 7. Grund der Einschränkung ist der Zweck der Vorschrift

(→ Rn. 1). Die Bestimmung „inländisch" ist **nicht definiert.** Es genügt entgegen dem Zweck der Vorschrift und trotz des strikten Inlandsbezugs der GewSt (→ § 2 Rn. 13) auf jeden Fall **die Geschäftsleitung** im Inland (vgl. §§ 10, 12 S. 2 Nr. 1 AO; so BFH I R 43/18, BStBl. II 2024, 650, zu HessFG 8 K 1279/16, EFG 2019, 199, best.; Bergmann in WSMH § 9 Nr. 2a Rn. 20; Suchanek/Hannweber Ubg 2016, 441; Brühl FR 2019, 257; Martini/Wargowske/Kratzsch Ugb 2022, 669; aA Roser in Lenski/Steinberg § 9 Nr. 2a Rn. 17; Gosch in Brandis/Heuermann § 9 Rn. 164; Kollruss StuW 2009, 346; FR 2015, 446).

ME sollte auch der **statuarische Sitz** im Inland genügen (offen gelassen von BFH I R 43/18, BStBl. II 2024, 650). Das kann – argumentum e contrario – ein Vergleich mit § 9 Nr. 7 (ausländische KapGes nur mit Sitz **und** Geschäftsleitung im Ausland) ergeben (vgl. BFH I R 43/18, BStBl. II 2024, 650). Hierfür sprechen mE auch teleologische Gründe, da es keinen Sinn macht, eine Beteiligung an einer KapitalGes ohne jeden Inlandsbezug nach der Nr. 7 zu begünstigen, an einer doppelt ansässigen KapitalGes ggf. nicht. Umso weniger als auch die Nr. 2a durch die Änderung der Nr. 7 mit der weitgehenden Angleichung an die Nr. 2a in einem neuen Regelungszusammenhang erscheint, der mE auf eine umfassende Begünstigung von Schachtelbeteiligungen angelegt ist (s. auch Meining GmbHR 2015, 1309; Sundheimer DB 2022, 2699; Witt HFR 2023, 66). Die einschränkenden Auffassungen führen zudem zu einer verfassungsrechtlich fragwürdigen Begünstigungslücke (hierzu Kollruss FR 2015, 446; Kollruss IStR 2021, 344).

Konsequenz dieser Auffassung ist die **Begünstigung** in dem Umfang wie in der Nr. 7 **ohne Beschränkung auf** Gewinnanteile, die auf eine **inländische BSt** der TochterGes entfallen (hierzu Roser in Lenski/Steinberg § 9 Nr. 2a Rn. 16; Schnitter in Frotscher/Drüen § 9 Rn. 133a; Meining GmbHR 2015, 1309; aA Gosch in Brandis/Heuermann § 9 Rn. 164)

3a Bei einer **Gründung im Ausland** ist eine **Typenentsprechung** mit einer KapitalGes nach deutschem Recht erforderlich (ebenso für eine belgische BVBA BFH I R 43/18, BFH/NV 2022, 1383, zu HessFG 8 K 1279/16, EFG 2019, 199, best.; Suchanek/Hannweber Ubg 2016, 441). Zur **EU-KapitalGes** vgl. FM Länder BStBl. I 2005, 727: keine Eintragung in das deutsche HR erforderlich (Meining GmbHR 2015, 1309).

3b ME gilt das Erfordernis des Inlandsbezugs auch für die ausdrücklich genannten **anderen Beteiligungsunternehmen,** trotz des insoweit offenen Wortlauts der Vorschrift. Für die UnternehmensbeteiligungsGes ergibt sich dies (auch) aus dem inneren Zusammenhang mit der Befreiungsvorschrift des § 3 Nr. 23. Für die weiteren Unternehmensarten, Kredit- und Versicherungsanstalt des öffentlichen Rechts sowie Erwerbs- und Wirtschaftsgenossenschaft kann mE nach dem Zweck und der Ausgestaltung der Vorschrift im Übrigen nichts Anderes gelten (zum Teil aA Roser in Lenski/Steinberg § 9 Nr. 2a Rn. 19).

3c **b) Sonstiges.** Die Vorschrift findet auch Anwendung bei **Betriebsaufspaltungen** (Veigel DB 1987, 2222) und **vororganschaftlichen Gewinnausschüttungen** (BFH I R 73/01, BStBl. II 2003, 354). Auch bei einer **GmbH & Co. KG** kann mE die Kürzung für die von dem Kommanditisten im SonderBV gehaltenen Anteile an der Komplementär-GmbH gewährt werden, gleichviel ob die GmbH als Mitunternehmerin beteiligt ist oder nicht. Zur **Organschaft** → Rn. 8b.

5. Beteiligung

a) Grundsatz. Anteile iSd Vorschrift sind nur solche, die eine **kapitalmäßige Beteiligung** am Grund- oder Stammkapital **einer (anderen) KapitalGes** vermitteln; eigene Anteile genügen nicht (ebenso Roser in Lenski/Steinberg § 9 Nr. 2a Rn. 15a). Ist ein Stammkapital nicht vorhanden, tritt an dessen Stelle das Gesellschaftsvermögen, bei Erwerbs- und Wirtschaftsgenossenschaften die Summe der Geschäftsguthaben (→ Rn. 4b). Auf die Beteiligung an Gewinn und Verlust kommt es nicht an, ebenso wenig darauf, ob die Beteiligung Mitgliedschaftsrechte, insb. Stimmrechte, begründet (BFH I R 12/13, BFH/NV 2014, 1402, zu SchlHFG 1 K 82/11, EFG 2013, 538, best.; FG Hmb 1 K 87/15, EFG 2017, 1117, nachgehend BFH I R 29/17, BStBl. II 2020, 690, best.). Das strikte Abstellen auf die Beteiligung am Grund- oder Stammkapital bedeutet mE jedoch, dass **Genussrechte** als mezzanine Finanzinstrumente nicht einbeziehen sind, auch soweit sie einen (idR nur schuldrechtlichen) Anspruch auf Liquidationserlös beinhalten (aA Roser in Lenski/Steinberg § 9 Nr. 2a Rn. 25; Bergmann in WSMH § 9 Nr. 2a Rn. 29; Schönfeld DStR 2013, 937; Haisch/Helios DB 2013, 724; auch → Rn. 4a); § 17 Abs. 1 S. 3 EStG steht dem angesichts seines abweichenden Gegenstands nicht entgegen. Entsprechendes gilt mE für **Anwartschaften** iS dieser Vorschrift. Auch ein **eigenkapitalersetzendes Darlehen** ieS, dh bei zwingendem Erfordernis einer Zuführung von Eigenkapital (vgl. § 32a GmbHG aF; BFH I R 135/74, BStBl. II 1976, 226), kann angesichts dessen, dass sie als eigenständiges Wirtschaftsgut neben der Beteiligung steht (vgl. BFH I R 52/08, BStBl. II 2009, 674), mE eine kapitalmäßige Beteiligung nicht begründen (aA wohl Roser in Lenski/Steinberg § 9 Nr. 2a Rn. 25a, 26a). 4

Die Beteiligung muss zum **Betriebsvermögen** des Stpfl. gehören und mindestens **15 % ab EZ 2008** am Grund- oder Stammkapital usw betragen (*verfassungsgemäß,* BFH I R 12/13, BFH/NV 2014, 1402). **Wechselseitige Beteiligungen** zwischen Ober- und Untergesellschaft sind **zulässig,** auch wenn durch die Inanspruchnahme der Kürzung keine GewErtragSt anfällt (ebenso Gosch in Brandis/Heuermann § 9 Rn. 164).

Die Beteiligung muss **nicht unmittelbar** bestehen (GewStR 9.3 S. 1). Es genügt jede Form der **mittelbaren** Beteiligung, etwa über einen Treuhänder oder in der Weise, dass der Stpfl. an einer Gesellschaft, die ihrerseits die Voraussetzungen erfüllt, in ausreichendem Maße beteiligt ist (zu § 9 Nr. 7 BFH I R 31/99, BStBl. II 2001, 685; Roser in Lenski/Steinberg § 9 Nr. 2a Rn. 27; Gosch in Brandis/Heuermann § 9 Rn. 172).

b) Berechnung. aa) Eigene Anteile/Eigenkapital. Bei der Berechnung sowohl des Grund- oder Stammkapitals wie des gehaltenen Anteils ist von einem um **Eigenanteile** der Untergesellschaft verminderten Nennkapital auszugehen (vgl. BFH IV R 138/69, BStBl. II 1971, 89), was zu einer relativen Erhöhung des Beteiligungsanteils führt. Will man – anders als in → Rn. 4 vertreten – die ausgegebenen **Genussscheine** berücksichtigen, muss das Grund- bzw. Stammkapital entsprechend erhöht werden; entsprechend ist bei Berücksichtigung von **verdecktem Eigenkapital** zu verfahren (Roser in Lenski/Steinberg § 9 Nr. 2a Rn. 25, 28; Gosch in Brandis/Heuermann § 9 Rn. 168). 4a

bb) Kein Grund- oder Stammkapital. Ist ein Grund- oder Stammkapital nicht vorhanden, wie bei Kreditanstalten und Versicherungsgesellschaften des öffentlichen Rechts, dann ist nach S. 2 die konkret zu ermittelnde **Beteiligung am** 4b

Vermögen oder – bei Genossenschaften – die Beteiligung an der **Summe der Geschäftsguthaben** maßgebend. Geschäftsguthaben sind die auf die statutenmäßigen Geschäftsanteile geleisteten tatsächlichen Einzahlungen, vermehrt um die gutgeschriebenen Gewinnanteile und vermindert um die Verlustanteile sowie Abhebungen, soweit dieser Betrag die Geschäftsanteile nicht übersteigt (§ 19 GenG).

4c **cc) Besonderheiten.** Sind **Inhaber** der Anteile **Gesellschafter einer Personengesellschaft** (auch KapitalGes) und gehören die Anteile zum notwendigen BV der Gesellschaft, dann sind die einzelnen Anteile bei der Ermittlung der Höhe der Beteiligung zusammenzurechnen (BFH IV R 139/67, BStBl. II 1968, 152; GewStR 9.3 S. 4; vgl. hierzu etwa Heurung/Möbus BB 2003, 766; Reinhardt BB 2003, 1148). Durch Zwischenschaltung einer PesGes können demnach **auch Streubesitzdividenden** von der Kürzung profitieren (Haase/Dorn DStR 2017, 134). Letzteres gilt nicht für die Gesellschafter einer Kapitalgesellschaft (RFH RStBl. 1934, 317).

Im Falle der **Organschaft** genügt es nach FG Köln 4 K 5914/97, EFG 2003, 946 (aus anderen Gründen aufgeh. durch BFH I R 1/03, nv), wenn der Organträger nur mit zusammengerechneten Beteiligungen seiner Organgesellschaften die nötige Beteiligungshöhe erreicht (ebenso wohl Roser in Lenski/Steinberg § 9 Nr. 2a Rn. 29); mE jedoch unzutreffend, weil dem Grundsatz der eigenständigen Ermittlung der GewErträge bei Organschaften (→ § 2 Rn. 518, 523 ff.) widersprechend (ebenso wohl Gosch in Brandis/Heuermann § 9 Rn. 172).

Im Fall der **Verschmelzung/Vermögensübertragung** der BeteiligungsGes auf eine andere Körperschaft (§§ 11 ff. UmwStG) treten die Anteile an der übernehmenden Körperschaft an die Stelle der Anteile an der übertragenden Körperschaft (§ 13 Abs. 2 S. 2 UmwStG). War die erforderliche Beteiligungsquote zum Beginn des EZ gegeben, geht sie demnach durch die nachfolgende Vermögensübertragung nicht verloren (Roser in Lenski/Steinberg § 9 Nr. 2a Rn. 33; Schroer/Starke FR 2007, 488).

6. Stichtagsprinzip

5 **a) Allgemeines. (1)** Es besteht **strenges Stichtagsprinzip** (BFH I R 44/13, BStBl. II 2015, 303; I R 12/18, BStBl. II 2021, 875), dh Veränderungen vor oder nach dem Beginn des EZ (1.1.) sind grundsätzlich nicht zu berücksichtigen (FG Hmb II 79/89, EFG 1992, 405; FG Köln 10 K 1128/15, EFG 2016, 1542). Bei **Beginn der Stpfl.** im EZ kommt es nach GewStR 9.3 S. 5 auf die Verhältnisse zum Zeitpunkt des Beginns der StPfl. an (abgekürzter EZ nach § 14 S. 3). Erfüllt jedoch der StPfl. seine Einlageverpflichtung erst einige Wochen nach der Eintragung der Gesellschaft in das HR, besteht die Beteiligung nicht zu Beginn des (abgekürzten) EZ (mit Konsequenzen für die Hinzurechnung nach § 8 Nr. 5; vgl. FG BW 3 K 1386/07, EFG 2010, 1714).

(2) Besteht ein **abweichendes Wj.,** kommt es mE trotz § 10 Abs. 2 aus systematischen (Gleichlauf mit § 10b Abs. 4 S. 2 KStG) und teleologischen Gründen (Klarheit der Rechtsfolgen bei Dividendenbezug) auf den EZ des Bezugs der Gewinnanteile an (aA Schaumberger/Stößel FR 2021, 773); insbesondere für den Fall der Anteilsveräußerung sollte eine beabsichtigte Ausschüttung auch im Hinblick auf den Ausschüttungsbeschluss (hierzu BFH IV R 24/15, BFH/NV 2019, 516) genau geplant sein (ebenso Eberhardt/Thomsen GmbHR 2020, 338).

(3) Eine erweiternde Auslegung dahin, dass das Stichtagserfordernis als „tatbestandliches Weniger“ durch **zeitraumbezogene Regelungen des UmwStG,**

insb. dessen § 4 Abs. 2 S. 3, im Rahmen einer „modifizierten Betrachtung des Dauerhaftigkeitskriteriums" ersetzt wird, ist nicht zulässig. Hiernach ist die Vorschrift des § 4 Abs. 2 S. 3 UmwStG nicht erfüllt; die Generalklausel des § 12 Abs. 3 Hs. 1 UmwStG tritt systematisch zurück (zum qualifizierten Anteilstausch BFH I R 44/13, BStBl. II 2015, 303 mwN zum Meinungsstand; zudem Gosch in Brandis/Heuermann § 9 Rn. 175; Nöcker FR 2014, 819). Dagegen die **aA** FG Düsseldorf (14 K 392/22 G, F, EFG 2023, 419), das sich auf den speziellen und für die Stichtagsbetrachtung nicht einschlägigen Anwendungsbereich des § 4 Abs. 3 S. 2 UmwStG und die begrenzte Wirkung der Verweisung in § 12 Abs. 3 Hs. 1 UmwStG beruft (ebenso Lenz/Adrian DB 2014, 2670; Mattern DStR 2014, 2376; Weiss/Brühl Ubg 2018, 22; Tetzlaff NWB 2023, 1828; Liedgens/Neudenberger Ubg 2024, 127; einen Verstoß gegen Art. 3 GG sieht Menges Ubg 2025, 432;). Hiergegen abermals unter Bestätigung von BFH I R 44/13 (BStBl. II 2015, 303) der I. BFH-Senat (I R 9/23, BStBl. II 2026, 468) im Anschluss an die zur Abgrenzung zwischen stichtagsbezogenen und zeitraumbezogenen Beteiligungserfordernissen (§ 9 Nr. 2a GewStG und § 14 Abs. 1 Nr. 1 S. 1 KStG) ergangenen BFH-Urteile I R 21/20 (BStBl. II 2024, 413, dort Rn. 50), I R 36/20 BStBl. II 2024, 419, dort Rn. 47), I R 40/20 (BStBl. II 2024, 434, dort Rn. 30) und I R 45/20 (BStBl. II 2024, 438, dort Rn. 29).

b) Rückwirkende Umwandlungen. Für **rückwirkende Umwandlungen** nach **§ 2 UmwStG** gilt mE: **(1.)** Die Verschmelzung der Untergesellschaft auf eine andere Kapitalgesellschaft wirkt auf den steuerlichen Übertragungszeitpunkt zurück; für die Anwendung des § 9 Nr. 2a hat dies mE Bedeutung, wenn die Verschmelzung der Obergesellschaft die erforderliche Quote vermittelt (**aA** Gosch in Brandis/Heuermann § 9 Rn. 175). Das gilt mE auch für den Fall, dass die Obergesellschaft eine Personengesellschaft ist (vgl. § 2 Abs. 2 UmwStG). **(2.)** Entsprechendes gilt mE auch für die Verschmelzung einer anderen Gesellschaft auf die Untergesellschaft. **(3.)** Wird die Untergesellschaft auf den bisherigen Anteilseigner verschmolzen (up-stream-merger), verändert dies rückwirkend die Beteiligungsverhältnisse beim Anteilseigner mit Konsequenzen für § 9 Nr. 2a. **(4.)** Wird der Anteilseigner (Obergesellschaft) auf eine andere Gesellschaft verschmolzen, kann dies entsprechend die Beteiligungsvoraussetzungen des § 9 Nr. 2a vermitteln (Streck/Olbing BB 1994, 1830; Gosch in Brandis/Heuermann § 9 Rn. 175). 5a

II. Umfang der Kürzung/Gewinne aus Anteilen

1. Begriff der Gewinnanteile

Nach hM entspricht der **Begriff** sachlich im Wesentlichen dem Begriff **„Gewinnanteile" iSv § 20 Abs. 1 Nr. 1 EStG** (BFH IV R 35/01, BStBl. II 2004, 460). Das sind alle aufgrund der gesellschaftsrechtlichen Beziehung bzw. dem Besitz der Anteile bezogenen wirtschaftlichen Vorteile, insb. Bardividenden, nicht jedoch aus sonstigen Gründen bezogene Vorteile (BFH I R 16/04, BStBl. II 2005, 297; I R 104/04, BFH/NV 2006, 1022). Es kommt nicht darauf an, in welche zivilrechtliche Form die Vorteilsgewährung gekleidet ist (BFH VIII R 70/02, BStBl. II 2005, 468). Bei **teilweiser GewStBefreiung** der ausschüttenden KapGes (zB nach § 3 Nr. 5, 8, 9, 12, 13, 15, 17 u. 20) erfolgt die Kürzung nach dem Verhältnis der stpfl. Gewinnanteile zum Gesamtgewinn der KapGes, erforderlichenfalls im Wege der Schätzung (GewStR 9.3 S. 6 f.). 6

Erforderlich ist ihr **Ansatz bei der Gewinnermittlung** des Gewinns (§ 7). Kein Raum für die Kürzung besteht daher im Hinblick auf die Vorschrift des § 8 Abs. 1 KStG sowie des § 3 Nr. 40 EStG („Halbeinkünfteverfahren").

6a Für Ausschüttungen von **Investmenterträgen** nach dem **InvStG aF** kommt, wenn die erforderliche Beteiligungsquote erreicht ist (vgl. § 1 Abs. 1b Nr. 7 InvStG 2004; BMF 18.8.2009, BStBl. I 2009, 931 Rn. 42), eine Kürzung in Betracht (vgl. BFH I R 92/10, BStBl. II 2013, 486).

Nach dem **InvStG 2018** ist mE zu differenzieren:

Ein **inländischer Investmentfonds** gilt nach § 6 Abs. 1 S. 1 InvStG 2018 als **Zweckvermögen** iSd § 1 Abs. 1 Nr. 5 KStG und nach § 15 Abs. 1 InvStG als **sonstige juristische Person** des privaten Rechts nach § 2 Abs. 3. Die Investmenterträge (nach § 16 Abs. 1 InvStG also Ausschüttungen nach § 2 Abs. 11 InvStG, Vorabpauschalen nach § 18 InvStG und Gewinne aus der Veräußerung von Investmentanteilen nach § 19 InvStG) sind mE mithin **keine Gewinne aus Anteilen** an einer KapitalGes, zumal für den Fonds keine Möglichkeit zur Transparenzoption besteht. Insofern dürfte der Ausschluss von § 3 Nr. 40 EStG und § 8b KStG in § 16 Abs. 3 InvStG deklaratorischen Charakters sein.

Anders bei einem **Spezial-Investmentfonds** nach §§ 25 ff. InvStG (ebenfalls Zweckvermögen iSd § 1 Abs. 1 Nr. 5 KStG), bei dem die Möglichkeit zur Transparenzoption besteht. Nimmt er sie wahr, gelten die Anleger als Gläubiger der inländischen Kapitaleinnahmen (§§ 30 Abs. 1 InvStG). Sie sind so zu behandeln, als ob ihnen die Beteiligungseinnahmen unmittelbar zugeflossen wären (§ 30 Abs. 1 S. 2, § 31 Abs. 1 InvStG). Erreicht die rechnerisch auf den Anleger entfallende Beteiligung die Quote von 15 %, kommt mE eine Kürzung um den Gewinnanteil in Betracht. Unterbleibt die Transparenzoption, besteht mE kein fiktiver Anteil des Anlegers an einer KapitalGes (anders ggf. nach § 45 Abs. 1 S. 2 InvStG für kstpfl. Anleger bei Anlage in ImmobilienGes, ÖPP-ProjektGes und EEG-ErzeugungsGes, wenn die rechnerische Beteiligung an der Ges. die Voraussetzung der Nr. 2a erfüllt).

2. Beispiele für Gewinnanteile

7 **a) Einzelfälle.** Erfasst werden **offene Ausschüttungen** aus dem handelsbilanzmäßig ausgewiesenen und nach außersteuerrechtlichen Vorschriften ermittelten Gewinn der Geschäftsjahre, die vor dem Eintritt in eine Liquidation enden (BFH I R 116/84, BStBl. II 1991, 372); das gilt auch für **inkongruente Gewinnausschüttungen** (vgl. BMF 4.9.2024, BStBl. I 2024, 1246). Zu den Gewinnen aus Anteilen gehören auch **verdeckte Gewinnausschüttungen** (Roser in Lenski/Steinberg § 9 Nr. 2a Rn. 41); daher Kürzung auch um den Gewinn, der durch ein zu niedrig verzinsliches Darlehen oder zu hohe Pachtentgelte der Betriebs-GmbH an die Besitzpersonengesellschaften entsteht. Entsprechendes gilt mE für die dem Anteilseigner als Kapitalerträge nach § 20 Abs. 1 S. 1 EStG zuzurechnenden **offenen Rücklagen** nach **§ 7 UmwStG nF;** es handelt sich um Einnahmen iSv § 20 Abs. 1 Nr. 1 EStG, also Gewinnanteile (ebenso Gosch in Brandis/Heuermann § 9 Rn. 181a; Gosch StBp 2000, 157).

7a **b) Liquidation.** Ebenfalls Gewinnanteile sind **Ausschüttungen** aus **Liquidationsgewinnen** (BFH VIII R 2/93, BStBl. II 1995, 705) sowie die **Liquidationsrate,** mit der das nach Abschluss der Liquidation verbliebene Reinvermögen an die Anteilseigner ausgekehrt wird, soweit bei den Ausschüttungen nicht Beträge aus dem Einlagenkonto iSd § 27 KStG als verwendet gelten (§ 20 Abs. 1 Nr. 1

S. 3 EStG; GewStH 9.3; vgl. zu § 30 Abs. 2 Nr. 4 KStG aF BFH X R 6/95, BStBl. II 1998, 25; IV R 35/01, BStBl. II 2004, 460) oder es sich nicht um Rückzahlung von Nennkapital handelt (§ 20 Abs. 1 Nr. 2 EStG).

Bei **Vermögensauskehrungen** nach Eintritt in das Liquidationsstadium ist Voraussetzung, dass sie in Vollzug eines Gewinnverteilungsbeschlusses geschehen, der sich auf ein vor dem Eintritt in das Abwicklungsstadium endendes Geschäftsjahr bezieht (BFH I R 116/84, BStBl. II 1991, 372).

3. Nicht Gewinnanteil darstellende Vorgänge

a) Einzelfälle. Der Gleichklang mit § 20 Abs. 1 Nr. 1 EStG bedeutet, dass **8** auch die Verwendungsfiktion des § 27 KStG 2001 zu beachten ist. Ausschüttungen, für die Beträge aus dem **steuerlichen Einlagekonto** als verwendet gelten, gehören nicht zu den Gewinnanteilen (§ 20 Abs. 1 Nr. 1 S. 3 EStG; BFH I R 16/04, BStBl. II 2005, 297 zum EK 04 iSd KStG 1977; GewStH 9.3), ebenso wenig den Beteiligungsbuchwert übersteigende Beteiligungserträge (FG Bln-Bbg 6 K 6310/11, EFG 2014, 1896).

Der Gewinn aus einer **Wertaufholung** (§ 6 Abs. 1 Nr. 2 S. 3 EStG) nach vorangegangener, insb. ausschüttungsbedingter, Teilwertabschreibung ist nicht Gewinnanteil iSd Vorschrift (BFH I R 19/08, BStBl. II 2010, 301; GewStR 9.3 S. 8; hierzu ua Gosch in Brandis/Heuermann § 9 Rn. 187; Gosch BFH/PR 2009, 99; Wendt FR 2009, 543). Entsprechendes gilt nach substanzorientierten Teilwertabschreibungen (BFH I R 9/15, BFH/NV 2017, 485, zu FG Köln 13 K 2447/11, EFG 2015, 665). **Anderer Ansicht** möglicherweise der 4. Senat des BFH (IV R 57/06, BStBl. II 2010, 646), der (in einem obiter dictum) bei Erfassung einer höheren Teilwertaufholung das objektive Nettoprinzip verletzt sieht.

Ebenfalls nicht zu den kürzungsfähigen Bezügen gehörte nach der Rspr. auch in EZ vor 2006 der **Hinzurechnungsbetrag nach § 8b Abs. 5 KStG** (BFH I R 53/06, BStBl. II 2007, 585). Durch G. v. 13.12.2006 (BGBl. 2006 I 2878) ist die Rechtslage in diesem Sinne geklärt, und zwar mW für EZ auch vor 2006 (§ 36 Abs. 8 S. 5 Hs. 2).

Nicht Gewinnanteil ist der **Hinzurechnungsbetrag nach §§ 7 ff. AStG** (zum Problem der Kürzung nach § 9 Nr. 3 → § 9 Nr. 3 Rn. 4; aA Schnitger IStR 2011, 328; Rödder/Liekenbrock Ubg 2013, 23).

b) Veräußerungs-/Übernahmegewinne. Auch Gewinne aus der **Veräußerung einer Beteiligung** werden von der Vorschrift nicht erfasst (BFH VIII R **8a** 3/70, BStBl. II 1972, 468; I R 217/69, BStBl. II 1972, 470; I R 154/81, BStBl. II 1985, 160; BMF 26.8.2003, BStBl. I 2003, 437 Rn. 29). Sie unterliegen (vorbehaltlich der Wirkungen des § 8b Abs. 2 KStG) der GewSt (BFH IV R 75/99, BFH/NV 2001, 1195), wenn sie nicht im Rahmen einer Betriebsaufgabe anfallen. Der Veräußerungsgewinn fällt beim Anteilseigner an und nicht bei der KapitalGes. Trotzdem wird die Rspr. mit dem Hinweis bezweifelt, dass der Veräußerungsgewinn einer Ausschüttung aller auf die Beteiligung entfallenden offenen Rücklagen und stillen Reserven gleichkommt (so im Anschluss an den BMF Roser in Lenski/Steinberg § 9 Nr. 7 Rn. 44; Bergmann in WSMH § 9 Nr. 2a Rn. 42).

Für **Übernahmegewinne** aus der Umwandlung einer GmbH auf ihren Alleingesellschafter gilt dies entsprechend, zumal Liquidation und Umwandlung angesichts der unterschiedlichen Steuerfolgen (vgl. § 18 Abs. 3 UmwStG) wirtschaftlich und strukturell nicht vergleichbar sind; insb. entsteht der Umwandlungsgewinn originär beim Gesellschafter (BFH XI R 48/99, BStBl. II 2002,

875). ME gilt dies für den Aufgabe-/Veräußerungsgewinn iSv § 18 Abs. 3 UmwStG entsprechend. Zur Doppelbelastung der Ausschüttung zuvor bezogener Gewinne einer Komplementär-GmbH an ihre Gesellschafter und Kommanditisten s. Dendorfer DB 1979, 812.

Anderes gilt für die Besteuerung offener Rücklagen **nach § 7 UmwStG,** die dort als fiktive Ausschüttung nach § 20 Abs. 1 Nr. 1 EStG fingiert wird. Für sie kommt die Kürzung nach § 9 Nr. 2a in Betracht (allg. Auffassung).

8b **c) Organschaft.** Die Vorschrift ist wegen des steuersystematischen Vorrangs des § 2 Abs. 2 S. 2 auf **organschaftliche Gewinnabführungen bzw. -ausschüttungen** nicht anzuwenden (→ § 2 Rn. 527; aA BT-Drs. 14/23, 258). Anders ist dies bei einer Ausschüttung von **vororganschaftlichen Gewinnen,** bei der sich die Sach- und Rechtslage in nichts von Ausschüttungen bei sonstigen Schachtelbeteiligungen unterscheidet (BFH I R 72/01, BStBl. II 2003, 354). Dem entspricht auch die Rechtslage bei sog. **vororganschaftlichen Mehrabführungen;** sie gelten nach § 14 Abs. 3 S. 1 KStG als Gewinnausschüttungen der OG an den OT. Da auch bei ihnen der Grund für die GewErtragskorrekturen nach § 2 Abs. 2 S. 2 (doppelte Erfassung des Ertrags im Organkreis) nicht besteht, ist mE auch bei ihnen die Kürzungsvorschrift anwendbar (ebenso Roser in Lenski/Steinberg § 9 Nr. 2a Rn. 45c). Auch bei **wechselseitigen Beteiligungen** ist die Anwendbarkeit der Vorschrift für die Gewinnausschüttung des OT an die OG nicht prinzipiell ausgeschlossen (vgl. FG Köln 10 K 1196/17, EFG 2024, 326).

Aus einer Schachtelbeteiligung **von einer OG bezogene Dividenden,** die an sich nach § 8b Abs. 1 KStG kstbefreit sind, unterlagen nach der Rspr. des I. BFH-Senats **bis einschließlich EZ 2016** gleichwohl der Kürzung, weil nach § 15 Abs. 1 Nr. 2 KStG die Befreiungsvorschrift nicht bei der Ermittlung des Einkommens der OG, sondern erst des OT anzuwenden ist (Bruttomethode). Das hatte zur Folge, dass der Kürzungsbetrag nicht um die 5%ige sog. Schachtelstrafe (→ Rn. 8 aE) zu vermindern ist. Da der Gewinnanteil bei der Zusammenrechnung der GewErträge beim OT infolge der Kürzung nicht mehr im GewErtrag der OG „enthalten" ist, erfolgt auch beim OT keine Hinzurechnung der Schachtelstrafe (BFH I R 39/14, BStBl. II 2015, 1052, zu FG Münster 10 K 1007/13 G, EFG 2014, 1511, best; Anm. ua Suchanek/Rüsch GmbHR 2015, 493; auch → § 2 Rn. 524a).

Natürlich folgte, was folgen musste: **Ab EZ 2017** ist die neu eingeführte **Vorschrift des § 7a** anzuwenden.

8c **d) Lebens- und Krankenversicherungsunternehmen sowie Pensionsfonds.** Für diese Unternehmen enthält S. 5 einen **Kürzungsausschluss** für Gewinne aus Anteilen, die den Kapitalanlagen zuzurechnen sind. Diese Vorschrift ist **ab EZ 2004** anzuwenden (§ 36 Abs. 7 aF). Vergleiche hierzu → § 9 Nr. 2 Rn. 10. Die Kapitalanteile der genannten Unternehmen werden für die KSt mit den Werten angesetzt, die für die Bemessung der Rückstellungen für Beitragsrückerstattungen maßgeblich sind. Damit gelten die in § 9 Nr. 2 Rn. 10 genannten Gründe iRd § 9 Nr. 2a für die aus solchen Kapitalanlagen bezogenen Gewinne.

4. Aufwendungen

9 **a) Allgemeines.** Im **unmittelbaren Zusammenhang mit Gewinnanteilen** stehende Aufwendungen **mindern den Kürzungsanspruch.** Die ausdrückliche Regelung in S. 3 des § 9 Nr. 2a stellt eine Korrektur der gegenteiligen Rspr. (BFH I R 104/04, BStBl. II 2006, 844; entgegen A 61 Abs. 1 S. 12 GewStR 1998) dar

(wie BFH: Gosch in Brandis/Heuermann § 9 Rn. 184; Killinger BB 1999, 500; Lipke StBp 2000, 338; Grotherr BB 2001, 597). Die Neuregelung befindet sich in Übereinstimmung mit dem Wortlaut der Vorschrift „Gewinne **aus** Anteilen", der anders als der „Gewinnanteil/Dividende" (vgl. § 20 Abs. 1 Nr. 1 EStG) nicht auf den Anteil *am* Gewinn der ausschüttenden Gesellschaft abhebt, sondern auf den Gewinn, der dem Empfänger *aus* dem Anteil verbleibt. Übereinstimmung besteht auch mit dem Zweck der Vorschrift, eine Doppelbelastung von Ertragsanteilen mit GewErtragSt zu vermeiden: denn ohne die Kürzungsvorschrift wäre nur der Nettobetrag der Gewinnanteile der Doppelbelastung ausgesetzt.

Eine **Hinzurechnung überschießender Aufwendungen** kommt jedoch nicht in Betracht („… soweit entsprechende Beteiligungserträge zu berücksichtigen sind …").

Konsequenterweise scheidet nach der Neuregelung eine Hinzurechnung von **Fremdfinanzierungsaufwendungen** nach **§ 8 Nr. 1** aus (in Übereinstimmung mit A 61 Abs. 1 S. 12 GewStR 1998).

b) Zeitlicher Anwendungsbereich. Nach FVerw 10.11.2006, BStBl. I 2006, 715 ist das Urteil BFH I R 104/04, BStBl. II 2006, 844 für **EZ vor 2006** anzuwenden. **Ab EZ 2006** (§ 36 Abs. 8 S. 5 Hs. 2 aF) ist die Vorschrift des S. 3 (→ Rn. 9) anzuwenden. **9a**

c) Sachlicher Anwendungsbereich. Problematisiert wird allerdings die Reichweite dieser Norm insofern, als nur die **durch die Erlangung/den Zufluss** ausgelösten Kosten als „unmittelbar zusammenhängend" verstanden werden (so Gosch in Brandis/Heuermann § 9 Rn. 184b; Roser in Lenski/Steinberg § 9 Nr. 2a Rn. 45; zweifelnd Bergmann in WSMH § 9 Nr. 2a Rn. 47). Doch ist mE das G insofern weiter gefasst, als es auf den (unmittelbaren) Zusammenhang „mit Gewinnanteilen", nicht nur mit deren Verfügbarkeit abstellt. Man wird aber annehmen müssen, dass der Gesetzgeber mit dieser Formulierung das allgemeine **Nettoprinzip** auch für die Nettodividende verwirklichen wollte. Angesprochen ist mE letztlich der estrechtliche Veranlassungsbegriff (vgl. § 4 Abs. 4 EStG). Hiernach stehen auch **Beteiligungsaufwendungen,** zB Schuldzinsen iZm einem Beteiligungserwerb, unmittelbar mit dem Gewinnanteil in Zusammenhang (uA FG Köln 13 K 954/20, Rev. I R 28/25. Allerdings ist die großzügige BFH-Rspr. zu § 17 EStG – WK auch ohne die Erwartung von Kapitalerträgen, zB BFH VIII R 2/02, BStBl. II 2004, 551 – angesichts des Bezugs zu Gewinnanteilen in der Kürzungsvorschrift nicht einschlägig. **9b**

Bei der **Zuordnung der Ausgaben** ist mE in erster Linie auf den wirtschaftlichen Zusammenhang mit der Beteiligung abzustellen. Soweit eine direkte Zuordnung nicht möglich ist, hat mE eine schätzungsweise Aufteilung zu erfolgen.

Zum Kürzungsbetrag nach § 8b Abs. 5 KStG → Rn. 8.

§ 9 Nr. 2b Kürzungen (KGaA-Gewinnanteile)

Die Summe des Gewinns und der Hinzurechnungen wird gekürzt um

…

2b. die nach § 8 Nr. 4 dem Gewerbeertrag einer Kommanditgesellschaft auf Aktien hinzugerechneten Gewinnanteile, wenn sie bei der Ermittlung des Gewinns (§ 7) angesetzt worden sind;

…

Literatur: Graf, Die Gewerbeertragsbesteuerung der Kapitalgesellschaft & Co. KG auf Aktien, DStR 1991, 1374; Gosch, Die Kommanditgesellschaft auf Aktien und die Gewerbesteuer, FR 1991, 345; Kollruss Gewerbesteuerliche Optimierung bei der GmbH & Co. KGaA, Inf 2003, 347; Schmincke/Heuel, § 8 Nr. 4 GewStG: Gewerbesteuerfalle bei der Kapitalgesellschaft & Co. KGaA, FR 2004, 861; Wassermeyer, Die Besteuerung des Gewinnanteils des persönlich haftenden Gesellschafters einer Kommanditgesellschaft auf Aktien, FS Streck 2011, 259; Hageböke, Zum Zeitpunkt der Aktivierung des Tantiemeanspruchs im Sonderbetriebsvermögen des phG einer KGaA …, DK 2014, 134.

Übersicht

I. Allgemeines

1. Zweck

1 Die Vorschrift **bezweckt** den **Abbau der Doppelbelastung von Gewinnanteilen,** die an persönlich haftende Gesellschafter einer KGaA auf ihre nicht auf das Grundkapital gemachten Einlagen oder als Vergütung (Tantieme) für die Geschäftsführung verteilt worden sind (hierzu BFH I R 102/06, BFH/NV 2010, 462; I R 13/20, BFH/NV 2023, 453). Da sie bei § 8 Nr. 4 hinzuzurechnen sind, müssen sie beim phG abgezogen werden. Damit wird der auf den phG entfallende Anteil am Gewinn iSd § 9 Abs. Nr. 1 KStG grundsätzlich bei der KGaA der GewSt unterworfen (BFH I R 41/16, BFH/NV 2017, 1548 mwN). Hierdurch wird der GewErtrag der KGaA – in jeder Beteiligungsform – dem der Mitunternehmerschaft gleichgestellt.

Ein **Gestaltungsmodell** zur Nutzbarmachung der Effekte dieser Vorschrift bei einer GmbH & Co. KGaA mittels Organschaft stellt Kollruss Inf 2003, 347 vor.

2. Begünstigter Personenkreis

1a Die Vorschrift ist im Wesentlichen **zugeschnitten auf eine KapitalGes** als phG, weil idR eine natürliche Person allein aufgrund dieser Funktion keinen Gewerbebetrieb begründet – auch wenn sie bei einer Beschränkung der KapitalGes auf diese Funktion im Regelfall (durch Anhäufung von nicht nutzbaren GewVerlusten) weitgehend leerläuft (FG Köln 6 K 6170/03, EFG 2006, 1923; FG München 13 K 1151/17, EFG 2020, 788, nachgehend BFH I R 13/20, BFH/NV 2023, 453; hierzu Schmincke/Heuel FR 2004, 861; Herlinghaus EFG 2006, 1925). Begünstigt sind aber auch natürliche und sonstige juristische Personen. Zeitpunkt der Begründung und Dauer der Beteiligung während des EZ sind nicht von Bedeutung.

Nicht begünstigt sind – wie bei § 8 Nr. 4 – Gewinnanteile, die der persönlich haftende Gesellschafter in seiner Eigenschaft als **Kommanditaktionär** erhalten hat (Pohl in HPS GewSt § 9 Nr. 2b Rn. 7.5).

II. Umfang der Kürzung

Die **Kürzung** erfolgt nach dem Wortlaut der Vorschrift: 2

(1.) In dem Maße, wie die Gewinnanteile (zum Begriff → § 8 Nr. 4 Rn. 7 f.) bei der KGaA **tatsächlich** hinzugerechnet worden sind (ebenso Gosch FR 1991, 345 (348)); unerheblich ist, ob die Hinzurechnung gesetzeskonform erfolgt ist; auch ist nicht erheblich, welche gewstlichen Folgen die Hinzurechnung bei der KGaA hatte (FG Münster 9 K 1046/09 G, F, EFG 2011, 427, best.; Roser in Lenski/Steinberg § 9 Nr. 2b Rn. 6; Gosch in Brandis/Heuermann § 9 Rn. 205). Ist die KGaA von der **GewSt befreit,** fehlt es an einer GewErtragsermittlung (mit Hinzurechnung nach § 8 Nr. 4); eine Doppelbelastung kann nicht eintreten (BFH I R 42/11, BFH/NV 2013, 589; FG Münster 9 K 1046/09 G, F, EFG 2011, 427). Zweck der Vorschrift ist nicht die Verhinderung der einmaligen Besteuerung der Gewinnanteile des persönlich haftenden Gesellschafters.

Es besteht also eine strikte **Abhängigkeit der Kürzung** von der Hinzurechnung nach § 8 Nr. 4, die im Falle einer Änderung bei der Hinzurechnung eine Änderung nach § 175 Abs. 1 Nr. 2 AO nach sich zieht (Gosch in Brandis/Heuermann § 9 Rn. 207; Roser in Lenski/Steinberg § 9 Nr. 2b Rn. 9). Dagegen dürfte der phG keinen Rechtsanspruch auf Hinzurechnung und auch **keine Rechtsbehelfsbefugnis** gegen den seiner Auffassung nach unzutreffenden GewStBescheid gegen die KGaA haben (ebenso Roser in Lenski/Steinberg § 9 Nr. 2b Rn. 9).

(2.) Wenn die Gewinnanteile bei der Ermittlung des Gewinns des persönlich haftenden Gesellschafters (FG Münster 9 K 1046/09 G, F, EFG 2011, 427), **angesetzt** worden sind. Diese Voraussetzung bedeutet, dass die Kürzung durch den Betrag **begrenzt** wird, mit dem die Gewinnanteile bei der Ermittlung des Gewinns des phG angesetzt worden sind. Die Vergütung ist nach GoB bereits in dem EZ als Ertrag zu erfassen, für das der phG sie bezieht (BFH I R 42/11, BFH/NV 2013, 589; FG Münster 9 K 1046/09 G, F, EFG 2011, 427), mE phasengleich mit der Passivierung bei der KGaA, weil Verbindlichkeit und Anspruch sowohl bei gewinnabhängigen als auch bei gewinnunabhängigen Vergütungen zeitgleich entstehen (hierzu Hageböke DK 2014, 134: nicht nach GoB, sondern nach dem Grundsatz der korrespondierenden Bilanzierung, § 15 Abs. 1 S. 1 Nr. 3 EStG).

Hinzugerechnet, und dementsprechend gekürzt, wird der **„Bruttobetrag"** (§ 8 Nr. 4 → Rn. 10), also nicht der um Aufwendungen des phG verminderte Betrag (ebenso Gosch FR 1991, 345). **Zur Ergänzungsbilanz** des phG → § 8 Nr. 4 Rn. 7.

§ 9 Nr. 3 Kürzungen (Ausländische Betriebsstätte)

Die Summe des Gewinns und der Hinzurechnungen wird gekürzt um

...

3. **den Teil des Gewerbeertrags eines inländischen Unternehmens, der auf eine nicht im Inland belegene Betriebsstätte dieses Unternehmens entfällt; dies gilt nicht für Einkünfte im Sinne des § 7 Satz 7 und 8. [2]Bei Unternehmen, die ausschließlich den Betrieb von eigenen oder gecharterten Handelsschiffen im internationalen Verkehr zum Gegenstand haben, gelten 80 Prozent des Gewerbeertrags als auf eine nicht im Inland belegene Betriebsstätte entfallend. [3]Ist Gegenstand eines**

Betriebs nicht ausschließlich der Betrieb von Handelsschiffen im internationalen Verkehr, so gelten 80 Prozent des Teils des Gewerbeertrags, der auf den Betrieb von Handelsschiffen im internationalen Verkehr entfällt, als auf eine nicht im Inland belegene Betriebsstätte entfallend; in diesem Fall ist Voraussetzung, dass dieser Teil gesondert ermittelt wird. [4]Handelsschiffe werden im internationalen Verkehr betrieben, wenn eigene oder gecharterte Handelsschiffe im Wirtschaftsjahr überwiegend zur Beförderung von Personen und Gütern im Verkehr mit oder zwischen ausländischen Häfen, innerhalb eines ausländischen Hafens oder zwischen einem ausländischen Hafen und der freien See eingesetzt werden. [5]Für die Anwendung der Sätze 2 bis 4 gilt § 5a Abs. 2 Satz 2 des Einkommensteuergesetzes entsprechend;

…

Gewerbesteuer-Richtlinien 2009: GewStR 9.4/GewStH 9.4

Literatur: Urbahns, Ertragsteuerliche Folgen eines Warenlagers im Ausland unter besonderer Beachtung des § 9 Nr. 3 GewStG, Inf 2003, 938; Rosenke/Liedtke, Anwendbarkeit der Kürzungen des § 9 Nr. 3 S. 2 ff. GewStG auf Veräußerungsgewinne von Mitunternehmeranteilen an Schifffahrtsunternehmen und auf die Gewinnhinzurechnungen durch einen Wechsel zur Tonnagebesteuerung nach § 5a Abs. 4 S. 3 EStG, FR 2007, 290; Suchanek, Anwendung von § 7 S. 2 Nr. 2 GewStG bei der Veräußerung von doppelstöckigen Mitunternehmerschaften, GmbHR 2008, 248; Roser, Umsetzung und Umfang der Verlustnutzung nach Marks&Spencer – Umsetzungsfragen in der Praxis, Ubg 2010, 30; Gebhardt/Quilitzsch, Berücksichtigung finaler Betriebsstättenverluste im Rahmen der Gewerbesteuer, FR 2011, 359; Kessler/Philipp, Zur gemeinschaftsrechtlichen Notwendigkeit der inländischen Berücksichtigung „finaler" Verluste aus EU-Betriebsstätten, IStR 2011, 865; Anger/Wagemann, Gewerbesteuerliche Kürzung des Hinzurechnungsbetrags nach § 10 Abs. 2 AStG, IWB 2015, 460; Becker/Loose, „Paukenschlag" des BFH: Keine Gewerbesteuerpflicht des Hinzurechnungsbetrags gemäß § 9 Nr. 3 GewStG …, Ubg 2015, 399; Hielscher/Beermann, Der Hinzurechnungsbetrag gem. § 10 AStG unterliegt nicht der Gewerbesteuer – die Folgen … für die Praxis, BB 2015, 2782; Gläser/Birk, Die Hinzurechnungsbesteuerung nach dem BFH-Urteil v. 11.3.2015 …, ISR 2015, 233; Kröger/Philipp, Keine Gewerbesteuerpflicht des Hinzurechnungsbetrags, DB 2015, 1432; Benz/Böhmer, Die Nichtanwendungsgesetze des RefE eines „Anti-Beps-Umsetzungsgesetzes", DB 2016, 1531; Haug, Erstes „Beps-Gesetz" und die Konsequenzen für das inländische Steuerrecht, DStZ 2016, 850; Weiss, Aktuelle Entwicklungen im Gewerbesteuerrecht (Teil I), EStB 2016, 460; Hesse/Frieburg, Änderungen des KStG und GewStG im Entwurf des AHRL-ÄndUmsG, GmbH-StB 2016, 271; Kraft, Der Hinzurechnungsbetrag als „inländische Einkünfte" – Anmerkung zum terminologischen und konzeptionellen Verständnis der obersten Finanzbehörden im Nichtanwendungserlass vom 14.12.2015, FR 2016, 237; Kollruss, Zum Verhältnis zwischen DBA-Recht und nationalem Steuerrecht …, IStR 2016, 419; Weiss, Gewerbesteuerliche Erfassung des Hinzurechnungsbetrags, IWB 2016, 126; Adrian/Rautenstrauch/Sterner, Gewerbesteuer bei der Hinzurechnungsbesteuerung, DStR 2017, 1457; Kollruss, Hinzurechnungsbesteuerung: Overkill durch Kodifizierung einer allgemeinen gewerbesteuerlichen Erfassung?, IStR 2017, 522; Schulz-Trieglaff, Die Auslegung des Betriebsstättenbegriffs in § 9 Nr. 3 GewStG, IStR 2017, 406; Gebhardt/Krüger, Neues zur GewSt auf den Hinzurechnungsbetrag, IWB 2019, 296; Heckerodt, Finale Betriebsstättenverluste; Kein Mythos, sondern Realität, IStR 2019, 171; Kahlenberg, Gewerbesteuerliche Implikationen der Hinzurechnungsbesteuerung, NWB 2018, 181; Kahlenberg/Weiss, Erste FG-Entscheidungen: Keine GewSt auf den Hinzurechnungsbetrag für sog. Altfälle! Gilt das auch für die aktuelle Rechtslage?, IStR 2019, 81; Pfitzner/Sundström/Guilbert, Ertragsteuerliche Folgen beim Rückwechsel aus der Tonnagebesteuerung, DStR 2019, 1031; Gosch/Heckerodt, Die unendliche Geschichte der „finalen" Verluste, GmbHR 2021, 1248;

Schulze-Triglaff, Finale Verluste: die lang ersehnte Vorlage an den EuGH, StuB 2021, 71 Haase/Nürnberg, Personallose Windpark-Betriebsstätten im Outbound-Fall, Ubg 2022, 130; Weiss, Die Aufteilung des Gewerbeertrags bei grenzüberschreitender Tätigkeit, IStR 2025, 54.

Übersicht

I. Allgemeines

1. Satz 1

a) Zweck. Die Vorschrift **bezweckt** die Vermeidung der ungerechtfertigten Belastung durch GewSt. **S. 1 Hs. 1** hatte mE **klarstellenden Charakter** (vgl. BFH VIII R 72/02, BStBl. II 2010, 828). Er ist Folge der Regelung in § 2 Abs. 1, wonach der GewSt jeder stehende GewBetrieb unterliegt, soweit er im Inland betrieben wird (→ § 2 Rn. 13). Das gilt mE nicht für **S. 1 Hs. 2,** der eine eigenständige Regelung für Einkünfte iSd **§ 7 S. 7 u. 8** enthält (hierzu → Rn. 2b, 4a), die den Zweck hat sicher zu stellen, dass eine Kürzung um die dort genannten Einkünfte unterbleibt, obwohl nach Auffassung des GGebers mit der Regelung der letztbezeichneten Bestimmungen der Regelungsbereich des § 9 Nr. 3 S. 1 nicht berührt wird (vgl. RegBegr. BT-Drs. 18/9536, 59, 61; gegen BFH I R 10/14, BStBl. II 2015, 1049; vgl. auch FG BW 6 K 1775/16, EFG 2019, 242, Rev. I R 28/18 erledigt durch Erledigung der Hauptsache). 1

Hiervon unabhängig wird die Auslegung nicht durch die Kürzungsmöglichkeit nach § 9 Nr. 7, für die kein Anwendungsvorrang besteht, beeinflusst (BFH I R 10/14, BStBl. II 2015, 1049).

1a **b) EU-Recht/DBA.** Durch die Vorschrift wird mE **EU-Recht** nur teilweise berührt. Die Regelung in **Satz 1** ist als kohärenter Teil des nach dem Territorialitätsprinzip ausgerichteten Referenzsystems GewSt **keine Beihilfe** iSv Art. 107 Abs. 1 AEUV. Eine Durchbrechung des Territorialitätsprinzip wird jedoch von der Rspr. aus Gründen der **Niederlassungsfreiheit** (Art. 54 AEUV) gefordert (zu „finalen“ BSt-Verlusten; BFH I R 107/09, BFH/NV 2010, 1744; → Rn. 4b). Die Regelung in **Satz 2 ff.** kommt mE angesichts ihres Zwecks der selektiven Stärkung der deutschen Seeschifffahrt (BT-Drs. 13/5952, 54) als Beihilfe iSv Art. 107 Abs. 1 AEUV in Betracht (aA BFH IV R 30/23, BFH/NV 2026, 790; offen gelassen von BFH I R 40/15, BStBl. II 2016, 537).

Die durch die Vorschrift gegebene Rechtslage kann nicht zu Ungunsten des Stpfl. durch **DBA** verändert werden, etwa durch Aufhebung des strukturellen Inlandsbezugs der GewSt. Das gilt insbesondere, wenn die Bundesrepublik nach dem DBA nicht gehindert wäre, bestimmte Einkünfte vollständig der GewSt zu unterwerfen (BFH I R 32/20, BStBl. II 2024, 875, zu FG Düsseldorf 9 K 1904/18 G, EFG 2020, 1325, aus anderen Gründen aufgeh.) oder wenn darin für bestimmte Betriebe das ausschließliche Besteuerungsrecht des Staates der Geschäftsleitung bestimmt ist (Roser in Lenski/Steinberg § 9 Nr. 3 Rn. 3; Gosch in Brandis/Heuermann § 9 Rn. 212). Umso mehr gilt dies für eine „Verständigung“ im Rahmen einer koordinierten Außenprüfung. Die Zuweisung des BSt-Besteuerungsrechts an die Bundesrepublik schließt die Anwendung des § 9 Nr. 3 ein. Jedoch kann die GewStPfl. durch DBA beschränkt werden (BFH I R 32/20, BStBl. II 2024, 875; vgl. die Zusammenstellung der gültigen DBA von BMF 17.1.2012, BStBl. I 2012, 108).

Zur Aufteilung → Rn. 4.

2. Sätze 2–5

1b Durch G. v. 20.12.1996 (BGBl. 1996 I 2049) sind die **S. 2–5** betreffend Handelsschiffe im internationalen Verkehr eingefügt worden, und zwar mit Wirkung ab EZ 1997. Ihr **Zweck** ist die Beseitigung einer systemwidrigen Belastung inländischer Seeschifffahrtsunternehmen, nicht jedoch von Binnenschifffahrtsunternehmen (vgl. FinA BT-Drs. 13/5952, 35). Durch G. v. 9.9.1998 (BGBl. 1998 I 2860) ist in S. 5 die Verweisung auf § 5a Abs. 2 S. 2 EStG eingeführt worden; sie ist ab EZ 1999 anzuwenden (genehmigt durch die EU-Kommission, vgl. BGBl. 1998 I 4023).

II. Ausländische Betriebsstätten

1. Unterhalten einer Betriebsstätte als Voraussetzung

2 Eine oder mehrere **ausländische Betriebsstätten** müssen unterhalten werden, und zwar in der Weise, dass sie dem inländischen GewBetrieb zugerechnet werden können. Im Ausland muss der Begriff der Betriebsstätte erfüllt sein. Betriebsstätte in diesem Sinne ist weder der Anteil an einer ausländischen Kapitalgesellschaft (BFH I R 154/81, BStBl. II 1985, 160) noch die Beteiligung an einer ausländi-

schen Personengesellschaft (Gosch in Brandis/Heuermann § 9 Rn. 218; Suchanek GmbHR 2008, 248); insofern Kürzung nur nach Nr. 7 bzw. 8 oder Nr. 2. Ebensowenig genügt die Ausübung der Tätigkeit oder ihre Verwertung im Ausland (BFH I R 200/67, BStBl. II 1971, 743; I R 248/71, BStBl. II 1974, 752; → § 2 Rn. 13). Die Vorschrift enthält ihrem Inhalt nach eine rechtssystematische Ergänzung zur Beschreibung und Begrenzung des Steuergegenstandes in § 2 Abs. 1 S. 1 und 3 (→ § 2 Rn. 13).

2. Begriff Betriebsstätte

a) Geltung des § 12 AO. Es gilt der **Betriebsstättenbegriff des § 12 AO** (hierzu → § 2 Rn. 610; vgl. BFH I R 10/14, BStBl. II 2015, 1049; I R 98/15, BFH/NV 2018, 497 – Fußball-Schiedsrichter), **nicht der** einschränkende Begriff der meisten **DBA** (BFH I R 50/15, BStBl. II 2017, 230; aA FG Köln 10 K 73/13, EFG 2015, 1558, aufgeh.; Hielscher BB 2015, 2088; Becker/Loose Ubg 2015, 520; Lüdicke IStR 2015, 770; Ham/Retzer DStR 2015, 2650; Kollruss IStR 2016, 419; Schulz-Trieglaff IStR 2017, 406). Das ergibt sich mE aus dem systematischen Zusammenhang des § 2 Abs. 1 S. 1, § 7 S. 1 und § 9 Nr. 3 (vgl. BFH I R 248/71, BStBl. II 1974, 752). Der BSt-Begriff der DBA gilt nur im Verhältnis zu dem jeweiligen Vertragsstaat zum Zwecke der Zuweisung des jeweiligen Besteuerungsrechts (vgl. BFH I R 50/15, BStBl. II 2017, 230; I R 72/16, BFH/NV 2021, 863; Roser in Lenski/Steinberg § 9 Nr. 3 Rn. 6; vgl. Gosch in Brandis/Heuermann § 9 Rn. 212 ff.). Diese Unterscheidung ist demnach auch dann durchzuführen, wenn sich dadurch eine „Besteuerungslücke" ergibt, wie im Fall des FG Köln 10 K 73/13, EFG 2015, 1558. Zur BSt-Problematik bei ausländischen **personallosen Windparks** Haase/Nürnberg Ubg 2022, 130. 2a

Ein Unternehmen, das nur im Inland eine Betriebsstätte unterhält, unterliegt (auch im Hinblick auf seine **im Ausland erbrachten Leistungen** mit dem gesamten GewErtrag der deutschen GewSt (BFH IV R 80/82, BStBl. II 1985, 405; FG Hmb 2 K 54/13, EFG 2016, 747; → § 2 Rn. 13). Auch die Sätze 2 ff. der Vorschrift modifizieren den oa maßgebenden Betriebsstättenbegriff nicht. Bei mehreren ausländischen Bauausführungen oder Montagen, die unabhängig voneinander nebeneinander bestehen oder unmittelbar zeitlich aufeinander folgen, besteht keine einheitliche **„Welt"-Betriebsstätte** (es kommt für jede einzelne Ausführung auf die Voraussetzungen des § 12 Nr. 8 AO an, FG Düsseldorf 10 K 580/85 G, EFG 1991, 290).

b) Betriebsstätte des Unternehmens. Allerdings bedurfte die Norm nach Ergehen von BFH I R 10/14 (BStBl. II 2015, 1049) einer Klarstellung dahin, dass es auf eine nicht im Inland belegene **BSt des Unternehmens** des StPfl. ankommt. Sie ist mit G. v. 20.12.2016 (BGBl. 2016 I 3000) **mit Wirkung ab EZ 2017** erfolgt (FG Köln 13 K 552/17, DStRE 2019, 1230); danach genügt es nicht, dass die Einkünfte in irgendeiner ausländischen BSt erzielt werden (RegBegr. BT-Drs. 18/9536, 59). 2b

Bis dahin war die allgemein gehaltene Formulierung des S. 1 nach der Rspr. des BFH dahin zu verstehen, dass es sich **nicht** um eine BSt **des gewstpfl. inländischen Unternehmens** handeln müsse (BFH I R 10/14, BStBl. II 2015, 1049; FG BW 6 K 1775/16, EFG 2019, 242; Rev. I R 28/18 erledigt durch Erledigung der Hauptsache; FG BW 6 K 2814/16, EFG 2019, 240; Rev. I R 29/18 erledigt durch Rücknahme der Revision; aA FG Düsseldorf 16 K 2513/12 G, EFG 2014, 304, aufgeh.; für offene Fälle **anzuwenden bis einschließlich**

EZ 2016: FM Länder BStBl. I 2021, 248), was mE aus Gründen des Zusammenhangs der Vorschriften der §§ 2 Abs. 1 und 7 S. 1 mit der Nr. 3 zweifelhaft ist (ebenso zB Kollruss GmbHR 2016, 633). Der auch hier vertretene **strikte Inlandsbezug** der GewSt (→ § 2 Rn. 13) fordert gerade wegen dieses Zusammenhangs nicht die abweichende Auslegung.

2c **c) Grenzüberschreitende Organschaften.** Ist ein **inländischer Organträger** an einer ausländischen **Organgesellschaft** beteiligt, wird zwar deren GewErtrag nach § 2 Abs. 2 S. 2 dem Organträger zugeordnet. Gleichwohl bedeutet dies mE nicht, dass er auf eine inländische BSt entfällt. In Anbetracht der faktischen und rechtlichen Selbstständigkeit der einzelnen Gesellschaften entfällt der GewErtrag des ausländischen Organs iS eines erweiterten Regelungsverständnisses auf eine nicht im Inland belegene BSt (Roser in Lenski/Steinberg § 9 Nr. 3 Rn. 8; aA Gosch in Brandis/Heuermann § 9 Rn. 218).

Ist ein **ausländischer Organträger** an einer **inländischen Organgesellschaft** beteiligt, entsteht weder eine die Nr. 3 berührende Konstellation noch die Gefahr der „Keinmalbesteuerung" (Erfordernis der Zuordnung seiner Beteiligung an der Organgesellschaft zu einer inländischen BSt des Organträgers, § 14 Abs. 1 Nr. 2 S. 4 KStG).

3. Rechtsfolge

3 Besteht eine **ausländische Betriebsstätte,** dann wird deswegen aber noch nicht der gesamte aus der ausländischen Tätigkeit herrührende GewErtrag der inländischen GewBesteuerung entzogen, sondern **nur der Teil,** der tatsächlich **auf sie entfällt** (BFH I R 200/67, BStBl. II 1971, 743; IV R 80/82, BStBl. II 1985, 405; Roser in Lenski/Steinberg § 9 Nr. 3 Rn. 12; Gosch in Brandis/Heuermann § 9 Rn. 217). Für Unternehmen mit Sitz im Ausland und Betriebsstätte im Inland wird entsprechend nur der GewErtrag der Besteuerung unterworfen, der tatsächlich mit der inländischen Betriebsstätte, nicht mit der gesamten inländischen Betätigung in Zusammenhang steht (BFH I 153/61 S, BStBl. III 1964, 165). Auf ausländische Betriebsstätten entfallen etwa Erträge aus der Tätigkeit des ständigen ausländischen Vertreters (BFH I R 35/70, BStBl. II 1972, 785). Bei Reiseunternehmen entfallen Hilfstätigkeiten der ausländischen Reiseleiter in Zusammenhang mit dem Flugtransport und der Hotelunterbringung nicht auf eine ausländische Betriebsstätte. Sie sind Hilfstätigkeiten der inländischen Betriebsstätte (vgl. HessFG VIII 32/73, EFG 1975, 586). Eine andere Entscheidung ist möglich bei der sonstigen Betreuung der Reisenden sowie bei der Veranstaltung von örtlichen Ausflügen, dürfte aber idR am Fehlen einer ausländischen BSt scheitern (BFH IV R 80/82, BStBl. II 1985, 405; hierzu Klein DStR 2014, 1321; → § 2 Rn. 13).

4. Umfang der Kürzung

4 **a) Allgemeines.** Der zur Kürzung anstehende Teil des GewErtrags muss **auf die ausländische Betriebsstätte entfallen** (→ Rn. 3). Das ist derjenige Teil des gesamten GewErtrags, der iRd Gesamtunternehmens durch die in der ausländischen Betriebsstätte ausgeübte oder ihr zuzurechnende unternehmerische Betätigung erzielt worden ist (BFH I R 200/67, BStBl. II 1971, 743). Das können mE auch vergebliche (fehlgeschlagene) Kosten sein, sofern auf das entsprechende Objekt bezogen (aA Gosch in Brandis/Heuermann § 9 Rn. 221). Ausgangsgröße (1. Ermittlungsstufe) ist nach § 7 S. 1 GewStG der nach EStG/KStG zu ermit-

telnde Gewinn. Auf dieser Stufe gehen aufgrund besonderer Vorschriften als steuerfrei behandelte Einkünfte nicht in den Gewerbeertrag ein. Zu eliminieren sind auch die auf die ausländischen Betriebsstätten entfallenden **Hinzurechnungen und Kürzungen** (vgl. OFD Kiel 16.6.1999, FR 1999, 866 = DStR 2000, 328).

Ein **Teil des GewErtrags** muss regelmäßig der **inländischen Geschäftsleitungs-Betriebsstätte** zugerechnet werden, und zwar auch dann, wenn der GewTreibende ganzjährig im Ausland Montagearbeiten durchführt (BFH I R 4/02, BFH/NV 2004, 83; zum umgekehrten Fall BFH III R 35/20, BStBl. II 2022, 844; Nürnberg Ubg 2022, 565). Für die **Aufteilung** ist der Charakter der GewSt als Objektsteuer zu berücksichtigen und damit die Fragestellung, an welchem Ort der überwiegende Teil der Wertschöpfung stattfindet; ein „Joint Audit" ist nicht bindend (BFH I R 32/20, BStBl. II 2024, 875, zu FG Düsseldorf 9 K 1904/18 G, EFG 2020, 1325, insoweit best.). Im Übrigen ist es nicht von Bedeutung, ob es sich um laufende Gewinne oder **Aufgabe- bzw. Veräußerungsgewinne** handelt (Behrens/Schmitt BB 2002, 860).

Zu Satz 1 Hs. 2: Hinzurechnungsbeträge nach § 10 Abs. 1 S. 1 AStG 4a sind nach **§ 7 S. 7** Einkünfte, die in einer inländischen BSt anfallen. Sie kommen bereits aufgrund dieser Zuordnung grundsätzlich nicht für eine Kürzung in Betracht. Eine Bezugnahme auf § 7 S. 7 enthielt § 9 Nr. 3 S. 1 zunächst nicht. Eine Ergänzung des Satz 1 Hs. 2 erfolgte erst durch das G. v. 25.6.2021, BGBl. 2021 I 2035 **mW** für Zuwendungen nach dem 31.1.2019. Ziel war/ist zu verhindern, dass über eine ausländische BSt. des Unternehmens erzielte Einkünfte nach § 7 S. 7 GewStG der Kürzung unterliegen (Reg.Begr. 19/28652, 45).

Die Bezugnahme auf § 7 S. 8 (G. v. 20.1.2016) betraf zunächst **Einkünfte nach § 20 Abs. 2 S. 1 AStG,** die nach **§ 7 S. 8** als in einer inländischen BSt erzielt gelten. Auch sie sind grundsätzlich bereits aufgrund dieser Fiktion der Kürzung nach § 9 Nr. 3 S. 1 nicht zugänglich (ebenso RegBegr. BT-Drs. 18/9536, 59, 61). Eigenständige Bedeutung hat S. 1 Hs. 2 für den Fall, dass die Beteiligung an der ausländischen Zwischengesellschaft einer ausländischen BSt des inländischen Unternehmens zuzuordnen ist (hierzu Herbst in WSMH § 9 Nr. 3 Rn. 33; Kollruss IStR 2017, 522). Dadurch wird mWv EZ 2017 sichergestellt, dass auch insoweit eine Kürzung nach § 9 Nr. 3 S. 1 unterbleibt (hierzu krit. Benz/Böhmer DB 2016, 1531; Hesse/Frieburg Gmbh-Stb 2016, 271; Haug DStZ 2016, 850; Weiss EStB 2016, 460; Adrian/Rautenstrauch/Sterner DStR 2017, 1457: Verletzung des Territorialitätsprinzips). Eine **weitere Änderung des § 7 S. 8 GewStG** (G. v. 2.12.2024, BGBl. I 2024 Nr, 387) erfasst nunmehr bestimmte in einer ausländischen BSt anfallende Einkünfte. Auch diesbezüglich ist der Bezug auf § 7 S. 8 GewStG sinnvoll, weil diese Vorschrift nur die Zuordnung zu den inländischen GewErträgen regelt, aber den Regelungsbereich des § 9 Nr. 3 GewStG nicht tangiert.

Diese gesetzgeberischen Aktivitäten begannen als **Reaktion auf die Rspr. des BFH** (I R 10/14, BStBl. II 2015, 1049). Nach diesem Urteil sind die stpfl. Zwischeneinkünfte (§ 7 Abs. 1 AStG) als solche einer ausländischen Betriebsstätte (→ Rn. 2b) zu qualifizieren, und zwar iS eines „erweiterten Regelungsverständnisses" (ebenso FG BW 6 K 1775/16, EFG 2019, 242; Rev. I R 28/18 erledigt durch Erledigung der Hauptsache; FG BW 6 K 2814/16, EFG 2019, 240; Rev. I R 29/18 erledigt durch Rücknahme der Revision; FG Köln 13 K 552/17, DStRE 2019, 1320; FG Münster 13 K 401/17, G, EFG 2021, 470; zust. Rödder/Schumacher DStR 2002, 105 (112); Rödder IStR 2009, 873; Schnitger IStR 2011, 328; Gläser/Birk ISR 2015, 233; Becker/Loose Ubg 2015, 399; Anger/

Wagemann IWB 2015, 460; Haase IStR 2015, 966; Kröger/Philipp DB 2015, 1432; Hielscher/Beermann BB 2015, 2782; Weiss IWB 2016, 126; Kraft FR 2016, 257; Gebhardt/Krüger IWB 2019, 296; Gosch in Brandis/Heuermann § 9 Rn. 218; **aA** FG Düsseldorf 16 K 2513/12 G, EFG 2014, 304, aufgeh.; Hagemann Ubg 2014, 706; Kramer IStR 2015, 696; Kollruss GmbHR 2016, 633). **Meines Erachtens** ist das Ergebnis der Entscheidung zweifelhaft, weil durch die Zurechnung die Wirkungen des korporationsrechtlichen Trennungsprinzips zwar tangiert, aber nicht aufgehoben werden; vielmehr stehen bezüglich derselben Auslandseinkünfte zwei selbstständige Steuersubjekte nebeneinander und berührt die Zurechnung allein die Ebene des Gesellschafters, dh der BSt, der die Beteiligung zuzuordnen ist, nicht die der ausländischen Gesellschaft (ebenso Kollruss GmbHR 2016, 633; Herbst in WSMH § 9 Nr. 3 Rn. 30). Dagegen stellen Kahlenberg/Weiss IStR 2019, 81 gar die Wirkung der neuen GFassung auch für EZ ab 2017 in Frage.

Das oa BFH-Urteil (BFH I R 10/14, BStBl. II 2015, 1049) ist für offene Fälle **anzuwenden bis einschließlich EZ 2016:** FM Länder BStBl. I 2021, 248, unter Aufhebung des NAnwErl BStBl. I 2015, 1090).

Von den Grundsätzen der vorbezeichneten Rspr. nicht erfasst sind Hinzurechnungsbeträge nach **§ 1 AStG,** weil diese allein im Inland angefallen sind (SächsFG 3 K 653/11, EFG 2016, 1328; aus anderen Gründen aufgeh. durch BFH I R 14/16, BFH/NV 2020, 1307).

4b **b) Negativer Gewerbeertrag.** In Betracht kommt auch ein dann zu einer **Hinzurechnung** führender **negativer GewErtragsteil** (BFH I R 200/67, BStBl. II 1971, 743; I R 248/71, BStBl. II 1974, 752; IV R 31/06, BStBl. II 2009, 142). Hierin verwirklicht sich eine spezielle **symmetrische Freistellung** von Betriebsergebnissen aus einer nicht im Inland belegenen BSt.

Nicht zum Zuge kommt die Vorschrift nach neuerer Rspr. für **„finale" Verluste** aus einer Betriebsstätte in einem DBA-Ausland. Für solche hatte die ältere Rspr. des I. BFH-Senats die Hinzurechnung nach der Vorschrift unter Hinweis auf die einschlägige EuGH-Rspr. zur Niederlassungsfreiheit (EuGH C-414/06, BStBl. II 2009, 692) versagt (BFH I R 107/09, BFH/NV 2010, 1744; aA FG Hmb 6 K 147/08, EFG 2010, 265, aufgeh.: trotz der ertragsteuerlichen Anerkennung des „finalen" Verlustes Anwendung des § 9 Nr. 3). Der strukturelle Inlandsbezug der GewSt stehe nicht entgegen, weil sowohl bei unilateraler als auch bei bilateraler Freistellung der Auslandseinkünfte diese prinzipiell symmetrisch abgeschirmt würden; die „finalen" Auslandsverluste sollten nicht *„im steuerlichen Niemandsland"* verschwinden.

Anders nunmehr BFH I R 35/22 (BStBl. II 2023, 761), der unter Hinweis auf EuGH C-538/20 (DStR 2022, 1993) entschieden hat, dass die Nichtabziehbarkeit finaler BSt-Verluste aus einem anderen Mitgliedstaat der EU, die aufgrund eines DBA auf der Basis der Symmetriethese von der inländischen Besteuerung freigestellt worden sind, nicht gegen die unionsrechtliche Niederlassungsfreiheit verstößt. Ausgangspunkt sei nach § 7 S. 1 GewStG der nach ESt- bzw. KSt-Recht zu ermittelnde Gewinn; die freigestellten Verluste seien daher von vornherein nicht Bestandteil des GewErtrags. Dieser Ausschluss des Verlustabzugs beruhe auf dem jeweiligen DBA und nicht auf einer Kürzung nach § 9 Nr. 3 GewStG. Das stattgebende Urteil des HessFG 4 K 385/17 (EFG 2018, 1876), das sich eben auf BFH I R 107/09 stützte, wurde aufgehoben, ohne dass eine Abgrenzung zu diesem erfolgte.

5. Durchführung der Kürzung

Grundsätzlich ist nach BFH I R 200/67, BStBl. II 1971, 743 und IV R 80/ **4c**
82, BStBl. II 1985, 405 der auf die ausländische Betriebsstätte entfallende Gewinnanteil aus der Buchführung zu entnehmen, und zwar unter der Annahme, dass die ausländische BSt eine gleiche oder ähnliche Tätigkeit unter gleichen oder ähnlichen Bedingungen entfaltet **(direkte Methode).** Nur soweit dies nicht möglich ist, muss aufgrund eindeutiger Unterlagen eine Schätzung durchgeführt werden **(indirekte Methode).** Bei vergleichbarem Lohn- und Preisniveau kann die entsprechende Anwendung der Zerlegungsvorschriften des § 29 in Frage kommen (BFH I R 200/67, BStBl. II 1971, 743; I R 32/20, BStBl. II 2024, 875, gegen FG Düsseldorf 9 K 1904/18 G, EFG 2020, 1325, das den Zerlegungsmaßstab für die Zwecke der Aufteilung untauglich erachtet; wie BFH GewStH 9.4; hierzu Weiss IStR 2025, 54; vgl. zur Berücksichtigung von Personalaufwand bei einer Fluggesellschaft FG Düsseldorf II 39/70 G, EFG 1978, 503). Werden sie angewendet, dann sollen Betriebseinnahmen und Betriebsausgaben auch dann nicht einer bestimmten Betriebsstätte zuzuordnen sein, wenn dies an sich möglich ist (Roser in Lenski/Steinberg § 9 Nr. 3 Rn. 12 f.; Herbst in WSMH § 9 Nr. 3 Rn. 27). ME sind stattdessen im Interesse der Ermittlung eines möglichst zutreffenden Ergebnisses eindeutig zurechenbare Ausgaben und Einnahmen vorweg abzurechnen und im Übrigen nach der indirekten Methode zu verfahren (Gosch in Brandis/Heuermann § 9 Rn. 222 f.). Bei Unternehmen mit Sitz im Ausland und Betriebsstätten im Inland (→ Rn. 3) ist entsprechend zu verfahren.

III. Betrieb von Handelsschiffen im internationalen Verkehr

1. Bedeutung der Sätze 2 ff.

Die Vorschriften enthalten eine **Fiktion der Herkunft** des GewErtrags beim **5**
Betrieb von Handelsschiffen im internationalen Verkehr als insgesamt bzw. teilweise auf eine ausländische Betriebsstätte entfallend. Insofern haben die Vorschriften der Sätze 2 ff. eine eigenständige **konstitutive Bedeutung** (BFH IV R 30/23, BFH/NV 2026, 790). Sie enthalten im Sinne des strukturellen Inlandsbezugs der GewSt eine Fiktion, aber – vorbehaltlich des Fehlens einer festen Beziehung zur Erdoberfläche (→ § 2 Rn. 617) – **keine Modifikation** des für die GewSt maßgebenden Begriffs der Betriebsstätte in § 12 AO (→ § 2 Rn. 610; BFH I R 40/15, BStBl. II 2016, 537; FG Hmb 6 K 102/08, EFG 2009, 1665), setzen also auch eine für den Begriff der BSt konstitutive Verfügungsmacht (→ § 2 Rn. 619 ff.) voraus (Nds FG 9 K 311/21, EFG 2024, 480, nachgehend jedoch BFH IV R 30/23, BFH/NV 2026, 790).

2. Handelsschiffe im internationalen Verkehr als Voraussetzung

a) Begriff. Das Tatbestandsmerkmal **Betrieb von Handelsschiffen im** **6**
internationalen Verkehr hat eine eigene, von § 5a Abs. 2 S. 1 EStG gelöste Bedeutung. Es liegt vor, wenn eigene oder gecharterte Handelsschiffe überwiegend zur Beförderung von Personen und Gütern im Verkehr mit oder zwischen ausländischen Häfen, innerhalb eines ausländischen Hafens oder zwischen einem ausländischen Hafen und der freien See eingesetzt werden (S. 3; vgl. hierzu BFH I R 163/87, BStBl. II 1990, 783).

6a Trotz der Konjunktion „und“ („Personen und Güter“) genügt die **ausschließliche Beförderung von Gütern** („und“ meint „oder“, BFH IV R 30/23, BFH/NV 2026, 790). Es muss sich aber um **Seeschiffe** handeln (BFH I R 60/14, BStBl. II 2017, 534; zust. Rauert JSR 2017, 6; aA FG Düsseldorf 12 K 1857/12 G, DStRE 2015, 1509, aufgeh.; zweifelnd Roser in Lenski/Steinberg § 9 Nr. 3 Rn. 23). Das ergibt zwar nicht der Wortlaut, aber der Zweck der Vorschrift (→ Rn. 1b) sowie ihr systematischer Zusammenhang mit § 5a Abs. 2 S. 1 EStG. Auf diesen wird in der Nr. 3 S. 5 zwar nicht verwiesen. Aber er schränkt die Anwendung des § 5a Abs. 2 S. 2 EStG auf Seeschiffe ein, was über die Verweisung in Nr. 3 S. 5 dem Zweck der Kürzungsvorschrift entsprechend auf diese durchschlägt. Auf die Eintragung in ein inländisches Seeschiffsregister und die Führung der deutschen Flagge kommt es – anders als in § 34 Abs. 4 S. 2 EStG aF – nicht an (vgl. BFH I R 181/76, BStBl. II 1980, 190).

6b Zu dem Betrieb iSd Vorschrift gehört auch die **Vercharterung,** wenn das Schiff **vom Vercharterer ausgerüstet** worden ist (s. den in Verweis genommenen § 5a Abs. 2 S. 2 EStG). Als ausgerüstet ist es anzusehen, wenn es betriebsbereit und mit einer Mannschaft versehen ist und deswegen zu Transportleistungen im internationalen Verkehr eingesetzt werden kann (BFH I R 40/15, BStBl. II 2016, 537).

Die Vorschrift ist **weit auszulegen** (BFH IV R 30/23, BFH/NV 2026, 790). Daher betrifft sie auch den **„Zweitvercharterer“** (BFH I R 40/15 gegen FG Hmb 6 K 220/14, EFG 2015, 1556, aufgeh.; aA auch Roser in Lenski/Steinberg § 9 Nr. 3 Rn. 28). Das ergibt sich aus § 5a Abs. 2 S. 2 EStG und aus Fiktion einer BSt, die bei einem ausgerüstet übernommenen Schiff nicht vorliegt (so auch der BFH I R 40/15; hierzu Felten/Grosser EStB 2016, 239). Bestimmte keine Verfügungsmacht iSd BSt-Begriffs vermittelnde **Formen der Charter** (Zeitcharter, Reisecharter, Slotcharter) sind trotzdem nach der oa weiten Auslegung Betrieb von Handelsschiffen iSd Vorschrift (BFH IV R 30/23, BFH/NV 2026, 790, zu Nds FG 9 K 311/21, EFG 2024, 480, aufgeh.).

Wird bei einer **doppelstöckigen Gesellschaft** der Betrieb nicht durch die Obergesellschaft selbst, sondern durch die Tochtergesellschaft betrieben, besteht keine Rechtsgrundlage für die Zurechnung der Tätigkeit zur Obergesellschaft (BFH IV R 9/23, BStBl. II 2025, 610).

7 **b) Einzelfälle.** Der **Abfalltransport** von einem ausländischen Hafen zur Verbrennung oder sonstigen Beseitigung **auf der offenen See** ist mE kein Betrieb von Handelsschiffen (vgl. BFH I S 17/83, BStBl. II 1984, 566). Entsprechendes gilt mE für **Küstenschiffe** auch dann, wenn sie gelegentlich Fahrten nach ausländischen Häfen durchführen sowie für **Bagger- und Bergungsschiffe, Taucher- und Fischereifahrzeuge** (Roser in Lenski/Steinberg § 9 Nr. 3 Rn. 23). Dagegen gehört der Einsatz als **Schleppschiff** zum Gütertransport (BFH I R 163/87, BStBl. II 1990, 783). Die **Vercharterung** ist nach § 5a Abs. 2 S. 2 EStG begünstigt (→ Rn. 6); Entsprechendes gilt für Neben- und Hilfsgeschäfte (BFH IV R 12/73, BStBl. II 1976, 710), einschließlich der **Veräußerung** des Handelsschiffs sowie der **Weitervercharterung** (→ Rn. 6). Eine sog. „bare-boat-charter“ genügt nicht (BFH IV R 170/83, BStBl. II 1986, 60; I R 40/15, BStBl. II 2016, 537). **Einkaufsfahrten** („Butterfahrten“) finden mE im internationalen Verkehr statt, wenn ein ausländischer Hafen angefahren wird, Aus- und Zusteigemöglichkeiten gegeben sind und die Liegezeit einen Landaufenthalt im Ausland zulässt.

3. Überwiegender Einsatz

Für das Merkmal **„überwiegend"** ist zunächst auf die Verhältnisse nach Indienststellung (BFH I R 181/76, BStBl. II 1980, 190; IV R 74/80, BStBl. II 1984, 155), im Übrigen auf die Verhältnisse im Wirtschaftsjahr abzustellen (so ausdrücklich S. 4). **Jedes Schiff** muss an **mehr als 50 %** der Gesamtreisetage des Wirtschaftsjahres im internationalen Verkehr eingesetzt sein (vgl. BFH I R 163/87, BStBl. II 1990, 783; FG Hmb II 48/85, EFG 1988, 25). Es genügt also nicht, wenn alle Schiffe zusammengenommen mehr als 50 % der Reisetage im internationalen Verkehr eingesetzt sind. Liegen die oa Voraussetzungen vor, dann werden **Leer-, Ballast-** und **Reparaturzeiten** dem internationalen Verkehr zugerechnet; es ist also nicht erheblich, dass/wenn das Schiff weniger als 50 % der Kalendertage im internationalen Verkehr eingesetzt wird (BFH I R 163/87, BStBl. II 1990, 783). 8

Die **Veräußerung des Schiffs** kann bei eigenem Betrieb durch das Unternehmen als Hilfsgeschäft begünstigt sein (§ 5a Abs. 2 S. 2 EStG); das setzt jedoch die (bei Betriebsbeginn) bestehende Absicht eines langfristigen, mindestens einjährigen, Betriebs voraus (BFH IV R 45/11, BStBl. II 2015, 296; zust. Nöcker FR 2014, 391). Hat das Unternehmen von vornherein den Verkauf beabsichtigt und hat es dieses bis zur Veräußerung als Handelsschiff **selbst betrieben,** unterfällt nur der anteilige GewErtrag (ohne den Veräußerungsgewinn) der Kürzung (BFH IV R 45/11, BStBl. II 2015, 296; IV R 45/13, BStBl. II 2014, 774). Das gilt auch bei noch so kurzer Dauer des Eigenbetriebs (BFH IV R 12/10, BStBl. II 2014, 1000; gegen FG Hmb 2 K 147/08, EFG 2010, 1116, insoweit aufgehoben; hierzu Dißars NWB 2014, 3614).

Nach der Veräußerung des von einem Ein-Schiff-Unternehmen bestellten, noch nicht fertiggestellten Schiffs und Übernahme anderweitiger Tätigkeiten ist Gegenstand des Unternehmens nicht der Betrieb von Handelsschiffen im internationalen Verkehr. Weder der Veräußerungsgewinn noch der nachfolgende laufende Gewinn unterliegen der Kürzung nach der Nr. 3 (FG Hmb 2 K 124/07, EFG 2009, 95.

4. Durchführung der Kürzung

a) Keine Tonnagebesteuerung. Der Gewinn darf **nicht nach § 5a EStG** ermittelt worden sein; ist er das jedoch, dann ist er nach § 7 S. 3 der (bereits um Hinzurechnungen nach § 8 vermehrte und um Kürzungen nach § 9 verminderte) GewErtrag; für die Anwendung der Nr. 3 S. 2 ist dann kein Raum (BFH VIII R 74/02, BFH/NV 2005, 2274; VIII R 72/02, BStBl. II 2010, 828, dieses zu Sondervergütungen iSv § 5a Abs. 4a S. 3 EStG). 9

Nach **neuerer Rspr.** jedoch **sollte das nicht gelten** für den Gewinn aus der Auflösung des Unterschiedsbetrags zwischen dem Buchwert und dem Teilwert von Anlagegütern nach **§ 5a Abs. 4 S. 3 EStG,** und zwar auch dann, wenn der StPfl. zur Gewinnermittlung nach §§ 4, 5 Abs. 1 EStG zurückoptiert hat (BFH IV R 35/16, BFH/NV 2019, 334, gegen FG Hmb 6 K 78/15, EFG 2016, 1785, aufgeh.; BFH IV R 40/16, BFH/NV 2019, 291, gegen FG Hmb 6 K 215/14, EFG 2016, 1456, aufgeh.; BFH IV R 41/16, BFH/NV 2019, 268, gegen FG Hmb 6 K 277/15, aufgeh.; so schon Rosenke/Liedtke FR 2007, 290; Dißars FR 2016, 395); dieses unter ausdrücklicher **Aufgabe der früheren Auffassung** (BFH IV R 92/05, BStBl. II 2008, 583; IV R 10/11, BStBl. II 2015, 300; GewStH 9.4). ME ist die neuere Rspr. zutreffend, weil die Vorschriften des § 5a

Abs. 4 S. 3 EStG nicht dem Besteuerungsregime des § 5a Abs. 1 EStG zuzuordnen sind (hierzu auch Nöcker FR 2019, 388; Pfitzner/Sundström/Guilbert DStR 2019, 1031).

Mit **Änderung des § 7 S. 3** (G. v. 12.12.2019, BGBl. 2019 I 2451) hat der Ggeber auch dieser Rspr. den Boden entzogen, und zwar insoweit, als nunmehr auch der nach § 5a EStG ermittelte **Gewinn einschließlich der Hinzurechnungen nach § 5a Abs. 4 und 4a EStG** als GewErtrag nach § 7 S. 1 gilt. Diese Fassung des § 7 S. 3 ist **rückwirkend ab EZ 2009** anzuwenden (§ 36 Abs. 3 idF des oa G.). Diese (echte) Rückwirkung ist angesichts der unklaren Rechtslage **verfassungsgemäß** (BFH IV B 9/20, BFH/NV 2020, 919; BFH IV R 22/23, BStBl. II 2024, 880, zu FG Hmb 3 K 181/20, EFG 2024, 679; FG Hmb 6 K 306/19, EFG 2021, 564, Rev. IV R 1/21).

9a **b) Ermittlung.** Die Ermittlung des jeweils der Kürzung unterliegenden **Gewerbeertrages** hat nach den **§§ 7–9,** jedoch ohne die Kürzung nach § 9 Nr. 3 (OFD Kiel 16.6.1999, DStR 2000, 328), zu erfolgen. In Betracht kommt auch hier ein zu einer **Hinzurechnung** führender **negativer GewErtragsteil,** was bedeutet, dass im Ergebnis 80 % des Fehlbetrags nicht zu berücksichtigen sind.

9b **c) Anwendung. aa) Ausschließlicher Betrieb.** Bei **ausschließlichem Betrieb** im internationalen Verkehr iSd Vorschrift ist der Gesamtgewerbeertrag begünstigt, dh 80 % hiervon sind abzuziehen, ohne dass eine nach Unternehmensbereichen gesonderte Ermittlung des Gewerbeertrages stattfände (vgl. BFH VIII R 269/81, BStBl. II 1986, 860).

9c **bb) Nicht ausschließlicher Betrieb.** Bei nicht ausschließlichem Betrieb im internationalen Verkehr sind 80 % des auf den Betrieb im internationalen Verkehr entfallenden Teils des GewErtrages begünstigt, dh dieser Teil des GewErtrages ist **gesondert zu ermitteln** (S. 3 Hs. 2). ME erfordert dies eine buchmäßige Zuordnung der Betriebseinnahmen und -ausgaben zu den verschiedenen Tätigkeitsbereichen, sofern diese möglich ist (direkte Methode; aA Gosch in Brandis/Heuermann § 9 Rn. 226). Eine **anteilige Zurechnung** erfolgt für nicht ausschließlich einem Tätigkeitsbereich zuzuordnende Einnahmen und Ausgaben (zB Löhne; Aufwendungen durch Leer-, Liege- und Reparaturzeiten) nach dem jeweiligen Geschäftsumfang (insb. dem Umsatz). Eine **Schätzung** des begünstigten Anteils an Stelle einer direkten Zuordnung genügt mE dem Wortlaut der – ansonsten überflüssigen – Vorschrift im Übrigen nicht (s. jedoch BFH IV R 45/11, BStBl. II 2014, 296). Dem steht nicht der Grundsatz entgegen, dass eine gesonderte Ermittlung des GewErtrages nach Unternehmensbereichen dem System des GewStRechts fremd ist (BFH I R 34/75, BStBl. II 1977, 251; VIII R 269/81, BStBl. II 1986, 860). Denn gefordert ist die Ermittlung nach S. 2 Hs. 2 lediglich in einer Hilfsrechnung.

9d **cc) Warenverkauf.** Warenverkauf auf Linienschiffen gehört mE zu den (begünstigten) Hilfs- und Nebengeschäften (vgl. BMF DStZ/E 1977, 37). Dagegen ist bei „Butterfahrten" mE zwischen (begünstigten) Beförderungsleistungen und (nicht begünstigtem) Warenverkauf zu unterscheiden. Ist eine **Fahrt am Bilanzstichtag** noch nicht beendet, dann sind die hierdurch verursachten Aufwendungen als Forderungen und die erhaltenen Frachtzahlungen als Anzahlungen auszuweisen (Tittel/Grothkopf StBp 1991, 117). Anteilig auf den Betrieb von Handelsschiffen entfallende GewVerluste sind von dem maßgeblichen GewErtrag insgesamt abzusetzen (BFH VIII R 269/81, BStBl. II 1986, 860).

§ 9 Nr. 4 *(aufgehoben)*

§ 9 Nr. 4 aufgeh. durch G. v. 14.8.2007 (BGBl. 2007 I 1912) mWv EZ 2007; zur Kommentierung vgl. die 8. Auflage.

§ 9 Nr. 5 Kürzungen (Spenden und Mitgliedsbeiträge)

Die Summe des Gewinns und der Hinzurechnungen wird gekürzt um …

5. die aus den Mitteln des Gewerbebetriebs geleisteten Zuwendungen (Spenden und Mitgliedsbeiträge) zur Förderung steuerbegünstigter Zwecke im Sinne der §§ 52 bis 54 der Abgabenordnung bis zur Höhe von insgesamt 20 Prozent des um die Hinzurechnungen nach § 8 Nummer 9 erhöhten Gewinns aus Gewerbebetrieb (§ 7) oder 4 Promille der Summe der gesamten Umsätze und der im Wirtschaftsjahr aufgewendeten Löhne und Gehälter. [2]Voraussetzung für die Kürzung ist, dass diese Zuwendungen

a) an eine juristische Person des öffentlichen Rechts oder an eine öffentliche Dienststelle, die in einem Mitgliedstaat der Europäischen Union oder in einem Staat belegen ist, auf den das Abkommen über den Europäischen Wirtschaftsraum (EWR-Abkommen) Anwendung findet, oder

b) an eine nach § 5 Absatz 1 Nummer 9 des Körperschaftsteuergesetzes steuerbefreite Körperschaft, Personenvereinigung oder Vermögensmasse oder

c) an eine Körperschaft, Personenvereinigung oder Vermögensmasse, die in einem Mitgliedstaat der Europäischen Union oder in einem Staat belegen ist, auf den das Abkommen über den Europäischen Wirtschaftsraum (EWR-Abkommen) Anwendung findet, und die nach § 5 Absatz 1 Nummer 9 des Körperschaftsteuergesetzes in Verbindung mit § 5 Absatz 2 Nummer 2 zweiter Halbsatz des Körperschaftsteuergesetzes steuerbefreit wäre, wenn sie inländische Einkünfte erzielen würde,

geleistet werden (Zuwendungsempfänger). [3]Für nicht im Inland ansässige Zuwendungsempfänger nach Satz 2 ist weitere Voraussetzung, dass durch diese Staaten Amtshilfe und Unterstützung bei der Beitreibung geleistet werden. [4]Amtshilfe ist der Auskunftsaustausch im Sinne oder entsprechend der Amtshilferichtlinie gemäß § 2 Abs. 2 des EU-Amtshilfegesetzes. [5]Beitreibung ist die gegenseitige Unterstützung bei der Beitreibung von Forderungen im Sinne oder entsprechend der Beitreibungsrichtlinie einschließlich der in diesem Zusammenhang anzuwendenden Durchführungsbestimmungen in den für den jeweiligen Veranlagungszeitraum geltenden Fassungen oder eines entsprechenden Nachfolgerechtsaktes. [6]Werden die steuerbegünstigten Zwecke des Zuwendungsempfängers im Sinne von Satz 2 Buchstabe a nur im Ausland verwirklicht, ist für eine Kürzung nach Satz 1 Voraussetzung, dass natürliche Personen, die ihren Wohnsitz oder ihren gewöhnlichen Aufenthalt im Geltungsbereich dieses Gesetzes haben, gefördert werden oder dass die Tätigkeit dieses Zuwendungsempfän-

gers neben der Verwirklichung der steuerbegünstigten Zwecke auch zum Ansehen der Bundesrepublik Deutschland beitragen kann. [7]In die Kürzung nach Satz 1 sind auch Mitgliedsbeiträge an Körperschaften einzubeziehen, die Kunst und Kultur gemäß § 52 Absatz 2 Nummer 5 der Abgabenordnung fördern, soweit es sich nicht um Mitgliedsbeiträge nach Satz 12 Buchstabe b handelt, auch wenn den Mitgliedern Vergünstigungen gewährt werden. [8]Überschreiten die geleisteten Zuwendungen die Höchstsätze nach Satz 1, kann die Kürzung im Rahmen der Höchstsätze nach Satz 1 in den folgenden Erhebungszeiträumen vorgenommen werden. [9]Einzelunternehmen und Personengesellschaften können auf Antrag neben der Kürzung nach Satz 1 eine Kürzung um die im Erhebungszeitraum in das zu erhaltende Vermögen (Vermögensstock) einer Stiftung, die die Voraussetzungen der Sätze 2 bis 6 erfüllt, geleisteten Spenden in diesem und in den folgenden neun Erhebungszeiträumen bis zu einem Betrag von 1 Million Euro vornehmen. [10]Nicht abzugsfähig nach Satz 9 sind Spenden in das verbrauchbare Vermögen einer Stiftung. [11]Der besondere Kürzungsbetrag nach Satz 9 kann der Höhe nach innerhalb des Zehnjahreszeitraums nur einmal in Anspruch genommen werden. [12]Eine Kürzung nach den Sätzen 1 bis 10 ist ausgeschlossen, soweit auf die geleisteten Zuwendungen § 8 Absatz 3 des Körperschaftsteuergesetzes anzuwenden ist oder soweit Mitgliedsbeiträge an Körperschaften geleistet werden,

a) die den Sport (§ 52 Absatz 2 Satz 1 Nummer 21 der Abgabenordnung),
b) die kulturelle Betätigungen, die in erster Linie der Freizeitgestaltung dienen,
c) die Heimatpflege und Heimatkunde (§ 52 Absatz 2 Satz 1 Nummer 22 der Abgabenordnung),
d) die Zwecke im Sinne des § 52 Absatz 2 Satz 1 Nummer 23 der Abgabenordnung

fördern oder

e) deren Zweck nach § 52 Absatz 2 Satz 2 der Abgabenordnung für gemeinnützig erklärt worden ist, weil deren Zweck die Allgemeinheit auf materiellem, geistigem oder sittlichem Gebiet entsprechend einem Zweck nach den Buchstaben a bis d fördert.

[13]§ 10b Absatz 3 und 4 Satz 1 sowie § 10d Absatz 4 des Einkommensteuergesetzes und § 9 Absatz 2 Satz 2 bis 5 und Absatz 3 Satz 1 des Körperschaftsteuergesetzes, sowie die einkommensteuerrechtlichen Vorschriften zur Abziehbarkeit von Zuwendungen gelten entsprechend. [14]Wer vorsätzlich oder grob fahrlässig eine unrichtige Bestätigung über Spenden und Mitgliedsbeiträge ausstellt oder veranlasst, dass entsprechende Zuwendungen nicht zu den in der Bestätigung angegebenen steuerbegünstigten Zwecken verwendet werden (Veranlasserhaftung), haftet für die entgangene Gewerbesteuer. [15]In den Fällen der Veranlasserhaftung ist vorrangig der Zuwendungsempfänger in Anspruch zu nehmen; die natürlichen Personen, die in diesen Fällen für den Zuwendungsempfänger handeln, sind nur in Anspruch zu nehmen, wenn die entgangene Steuer nicht nach § 47 der Abgabenordnung erloschen ist und Vollstreckungsmaßnahmen gegen den Zuwen-

dungsempfänger nicht erfolgreich sind; § 10b Absatz 4 Satz 5 des Einkommensteuergesetzes gilt entsprechend. [16]Der Haftungsbetrag ist mit 15 Prozent der Zuwendungen anzusetzen und fließt der für den Spendenempfänger zuständigen Gemeinde zu, die durch sinngemäße Anwendung des § 20 der Abgabenordnung bestimmt wird. [17]Der Haftungsbetrag wird durch Haftungsbescheid des Finanzamts festgesetzt; die Befugnis der Gemeinde zur Erhebung der entgangenen Gewerbesteuer bleibt unberührt. [18]§ 184 Absatz 3 der Abgabenordnung gilt sinngemäß.

…

Gewerbesteuer-Richtlinien 2009: GewStR 8.5

Literatur: Eickmann, Die Neuordnung des Spendenrechts ab 2000, Inf 2000, 97; Kümpel, Die Änderung des Spendenrechts ab 1.1.2000, FR 2000, 91; Hüttemann, Das Gesetz zur weiteren steuerlichen Förderung von Stiftungen, DB 2000, 1584; Jost, Spendenrecht 2000, DB 2000, 1248; Wallenhorst, Die Erhöhung des Spendenvolumens durch Zuwendungen in den Vermögensstock bei fiduziarischen Verbrauchsstiftungen, DStR 2002, 984; Schießl/Küpperfahrenberg, Steuerrechtliche Haftung der Vorstände von Vereinen und Verbänden, Risikovermeidungsstrategie, Versicherbarkeit, DStR 2006, 445; Fritz, Regierungsentwurf eines Gesetzes zur weiteren Stärkung des bürgerschaftlichen Engagements, BB 2007, 690; Hüttemann, Gesetz zur weiteren Stärkung des bürgerschaftlichen Engagements und seine Auswirkungen auf das Gemeinnützigkeits- und Spendenrecht, DB 2007, 2053; Krieger, Das Gesetz zur weiteren Stärkung des bürgerschaftlichen Engagements, DStZ 2007, 77; Richter/Eichler, Änderungen des Spendenrechts aufgrund des Gesetzes zur weiteren Stärkung des bürgerschaftlichen Engagements, FR 2007, 1037; Schauhoff/Kirchhain, Das Gesetz zur weiteren Stärkung des bürgerschaftlichen Engagements, DStR 2007, 1985; Tiedtke/Möllmann, Spenden und Stiften soll attraktiver werden …, DStR 2007, 509; Tiedtke/Szczesny, Zur steuerlichen Abzugsfähigkeit von Zuwendungen an einen Golfclub, FR 2007, 765; Drüen/Liedtke, Die Reform des Gemeinnützigkeits- und Zuwendungsrechts und seine europarechtliche Flanke, FR 2008, 1; Hüttemann, Die steuerliche Förderung gemeinnütziger Tätigkeiten im Ausland – Eine Frage des Ansehens?, DB 2008, 1061; Hüttemann/Helios, Abzugsfähigkeit von Direktspenden an gemeinnützige Einrichtungen im EU-Ausland, IStR 2008, 39; Tiedtke/Möllmann, Gemeinnützigkeit und Europäische Grundfreiheiten, DStZ 2008, 69; Möllmann, Haftungsfalle Ehrenamt, DStR 2009, 2125; Nolte, Das Spendenabzugsrecht, NWB 2009, 2236; Wachter, Kein Spendenabzug bei Zuwendungen an eine Vorstiftung, DStR 2009, 2469; Becker, Der Wegfall des gemeinnützigkeitsrechtlichen Status …, DStR 2010, 953; Geserich, Der Abzug von Auslandsspenden, NWB 2010, 1408; Hüttemann, Rechtsfragen des grenzüberschreitenden Spendenabzugs, IStR 2010, 118; Jachmann, Zivilgesellschaft und Steuern, FS J. Lang 2010, 295; Janssen, Verdeckte Gewinnausschüttung und Spendenabzug, DStZ 2010, 170; Schiffer/Pruns, Stiftung und Vorstiftung, NWB 2011, 1258; Wagner, Wider die These der verdeckten Gewinnausschüttung von Unternehmensspenden an gemeinnnützige Stiftungen, DStR 2010, 1594; Wörle-Himmel/Endres, Neue gesetzliche Regelungen im Vereinsrecht, DStR 2010, 759; Thömmes, Gemeinnützigkeit, JbFfSt 2010/2011, 39; Förster, Grenzüberschreitende Gemeinnützigkeit – Spenden schwer gemacht?, BB 2011, 663; Olbing, Die Berücksichtigung von Einkommen der Organgesellschaft bei dem Höchstbetrag für den Spendenabzug beim Organträger …, FS Streck 2011, 121; Droege, Europäisierung des Gemeinnützigkeitsrechts – der offene Steuerstaat im europäischen Gemeinwohlverbund, StuW 2012, 356; Hüttemann, Bessere Rahmenbedingungen für den Dritten Sektor, DB 2012, 2592; Jochum, Die Vermögensstockspende – deutscher Sonderweg oder europäisches Pionierstück, IStR 2012, 325; Rathke/Ritter, Die Spendenhaftung, NWB 2012, 3373; Seer, Der Einfluss des europäischen Steuerrechts auf die Beweislast, IWB 2012, 604; Sydow, Nachweispflichten in grenzüberschreitenden Sachverhalten, NWB 2012, 2842;

Schauhoff/Kirchhain, Steuer- u zivilrechtliche Neuerungen für gemeinnützige Körperschaften und deren Förderer, FR 2013, 301; Kirchhain, Immer wieder Ärger mit Auslandsspenden, IWB 2014, 421; Weber, Wie können Unternehmen Steuerwirkungen bei Spendenentscheidungen nutzen?, StuW 2015, 237; Weitemeyer/Bornemann, Problemstellungen gemeinnütziger Tätigkeit mit Auslandsbezug, FR 2016, 437; Gehm, Die Haftung bei unrichtigen Spendenbescheinigungen bzw. zweckwidriger Spendenverwendung, StBp 2018, 87; Schienke/Ohletz, Internationales Gemeinnützigkeits- und Spendenrecht unerwünscht?, BB 2018, 221; Urban, Aktive Kulturförderung als Gemeinnützigkeit zweiter Klasse, DStZ 2018, 22.

Übersicht

I. Zweck/Rechtsentwicklung

1. Allgemeines

Die Vorschrift ist eine **Regelung über die begrenzte Abziehbarkeit** von Zuwendungen zur Förderung steuerbegünstigter Zwecke iSd §§ 52–54 AO (→ § 3 Rn. 20, → § 3 Rn. 30 ff.) bei der GewSt und bewirkt in diesem Zusammenhang mit § 8 Nr. 9 eine Gleichstellung von EStPfl und KStPfl. Nach § 9 Abs. 1 Nr. 2 KStG können KStSubjekte ebenfalls Spenden und Mitgliedsbeiträge zur Förderung steuerbegünstigter Zwecke iSv §§ 52–54 AO (→ § 3 Rn. 20, → § 3 Rn. 30 ff.) in begrenztem Umfang bei der Ermittlung des Einkommens abziehen. Da bei EStPfl die Berücksichtigung solcher Aufwendungen nur bei den Sonderausgaben möglich ist, erfolgt durch die in § 8 Nr. 9 vorgesehene Hinzurechnung bei KStpfl und die (nachfolgende) Kürzung nach § 9 Nr. 5 die Gleichstellung. 1

2. Rechtsentwicklung

a) Die Anfänge. Die Vorschrift hat seit ihrem **erstmaligen Erlass** durch G. v. 27.12.1951 (BGBl. 1951 I 996) mehrere bedeutsame Änderungen erfahren. Ursprünglich wurden nur Ausgaben zur Förderung wissenschaftlicher Zwecke zur Kürzung zugelassen. Das entsprach aus Gründen der Gleichstellung von kstpfl und estpfl Steuersubjekten den frühesten Fassungen des § 8 Nr. 9, der eine Hinzurechnung der nach § 9 Nr. 3 KStG aF in begrenztem Umfang zum Abzug zugelassenen Aufwendungen (zur Förderung mildtätiger, kirchlicher, religiöser, wissenschaftlicher, staatspolitischer, anerkannter gemeinnütziger Zwecke sowie Spenden an politische Parteien) mit Ausnahme der Aufwendungen für wissenschaftliche Zwecke vorsah. Diese Systematik an sich verfolgten die beiden Vorschriften weiterhin. 1a

b) Bedeutungswandel. Ab EZ 1991 hat die Vorschrift durch das **StÄndG 1992** (BGBl. 1992 I 297) einen **Bedeutungswandel** erfahren. Da durch die 1b

Neufassung der Hinzurechnungsvorschrift des § 8 Nr. 9 (s. 3. Aufl.) unmittelbar eine gewstrechtliche Gleichstellung zwischen den GewStPflichtigen erreicht war, ging es in § 9 Nr. 5 nunmehr nur noch um die **sachliche Erweiterung des Spendenabzugs** (zur Rechtfertigung Jachmann FS Lang, 2010, 295). Erreicht wurde dies durch Einfügung eines Förderungskatalogs sowie Anknüpfung an § 10b Abs. 1 EStG und § 9 Abs. 1 Nr. 2 KStG. Die Vorschrift enthielt iSv **Verwaltungsvereinfachung** (Vermeidung von Kontrollmitteilungen usw; vgl. BR-Drs. 522/91, 69 f.) eigenständige Kürzungsmerkmale. Zudem brachte sie eine betragsmäßige Beschränkung des Spendenabzugs sowie eine Regelung des Großspendenabzugs (über 50.000 DM/25.565 EUR), eine **Vertrauensschutzregelung** sowie eine Regelung über die **Haftung des Ausstellers** einer unrichtigen Spendenbestätigung.

1c **c) Die folgende Entwicklung bis EZ 2006.** Durch **G. v. 28.4.1994** (BGBl. 1994 I 3267) erfolgte eine redaktionelle Anpassung an die Änderung der in Bezug genommenen Vorschrift des § 9 KStG durch G. v. 28.1.1994 (BGBl. 1994 I 207).

Durch **JStG 1996 v. 11.10.1995** BGBl. 1995 I 1250 wurden ab EZ 1996 die S. 3–5 ersetzt durch neue S. 3 und 4 (mit der Berücksichtigung von Großspenden für mildtätige Zwecke); die bisherigen S. 6–9 wurden S. 5–8.

Durch **StEntlG v. 24.3.1999** (BGBl. 1999 I 402) ist ab EZ 1999 der Kürzungsvortrag des S. 4 (bisher S. 3) in Übereinstimmung mit den Regelungen in § 10b Abs. 1 EStG und § 9 Abs. 1 Nr. 2 KStG von sieben auf sechs Jahre verkürzt worden.

Durch **G. v. 14.7.2000** (BGBl. 2000 I 1034) sind ab EZ 2000 die S. 3–8 zum Zwecke der Förderung von bestimmten Stiftungen eingefügt bzw. neugefasst worden, und zwar durch zusätzliche Abziehbarkeit von Spenden bis zu 40.000 DM (20.450 EUR) und von Spenden in den Vermögensstock anlässlich der Neugründung der Stiftung bis zu 600.000 DM (307.000 EUR) mit Verteilung auf zehn EZ.

1d **d) Neugestaltungen ab EZ 2007.** Durch **G. v. 10.10.2007** (BGBl. 2007 I 2332) erfolgte eine **Anpassung an das veränderte Grundkonzept des Gemeinnützigkeitsrechts** (Neufassung von § 52 AO) sowie an das Recht des Spendenabzugs (prinzipiell zust. Hüttemann DB 2007, 2053; Drüen/Liedtke FR 2008, 1). Erstmals eingefügt worden ist (zunächst als Satz 5, nunmehr als Satz 12) ein Kürzungsausschluss für bestimmte Mitgliedsbeiträge (→ Rn. 7a). Die neuen Bestimmungen gelten mWv **EZ 2007, sofern nicht** der Stpfl. für Aufwendungen in diesem EZ die Anwendung der bis 31.12.2006 geltenden Gesetzesfassung beantragt (§ 36 Abs. 8a aF).

Durch **G. v. 19.12.2008** (BGBl. 2008 I 2794) wurde der seinerzeitige S. 8 zur **vorrangigen Inanspruchnahme** des Zuwendungsempfängers in den Fällen der Veranlasserhaftung mWv EZ 2009 eingefügt.

Durch **G. v. 8.4.2010** (BGBl. 2010 I 1912) wurden die S. 2–6 in Nachvollzug der EuGH-Rspr. (zB EuGH C-386/04, DStR 2006, 1736 – Stauffer; C-318/07, BStBl. II 2010, 440 – Persche) zur Abziehbarkeit von **Auslandsspenden** (keine Zuwendung an bzw. Durchleitung über inländische Körperschaft) sowie S. 7 zur Abziehbarkeit **bestimmter Mitgliedsbeiträge** an Kunst und Kultur fördernde Körperschaften eingefügt mit differenzierten Wirkungsbestimmungen (EZ 2010 und früher). Die bisherigen S. 2–11 wurden S. 8–17.

Durch G. v. **21.3.2013** (BGBl. 2013 I 556) wurde ein neuer S. 10 zur Nichtabziehbarkeit von Spenden in das **„verbrauchbare Vermögen"** einer Stiftung eingefügt sowie die **Veranlasserhaftung entschärft** (→ Rn. 19); die bisherigen Sätze 10–17 werden Sätze 11–18.

Durch **G. v. 12.12.2019** ((BGBl. 2019 I 2451) ist der Kürzungsausschluss des Satzes 12 in Übereinstimmung mit § 10b Abs. 1 S. 8 EStG neu gefasst worden.

II. Voraussetzungen und Durchführung der Kürzung

1. Ausgaben

Der **Begriff der Zuwendungen** (Spenden und Mitgliedsbeiträge) bezeichnet 2
den **Abfluss von Gütern in Geld oder Geldeswert,** die zu einer endgültigen Belastung des Vermögens führen (zu § 10b EStG BFH X R 46/09, BStBl. II 2011, 685). Sie kann in der Weise geleistet werden, dass ein Geldbetrag an einen Dritten zur Erfüllung einer Schuld der begünstigten Körperschaft diesem gezahlt wird (BFH X R 37/19, BStBl. II 2021, 810). Zuwendungen von **Nutzungen und Leistungen** allein sind nicht Spenden (§ 10b Abs. 3 S. 1 EStG, § 9 Abs. 2 S. 2 KStG). Gleichwohl kann die Nutzungsüberlassung zu einer begünstigten Ausgabe führen, wenn nämlich dem Spender Ausgaben entstehen, die er dem Empfänger erspart (BFH X R 149/88, BStBl. II 1991, 70). Spenden können auch mit einer **Zweckbindung** versehen werden (BFH X R 37/19, BStBl. II 2021, 810, zur Unterbringung und Betreuung eines Hundes).

Aufwandspenden sind mE wie bisher nur (insoweit) zu berücksichtigen, wenn 2a
(als) die Aufwendungen beim Empfänger in derselben Höhe angefallen wären (BFH X R 119/90, BFH/NV 1994, 154; Einzelheiten bei BMF BStBl. I 2014, 1584; I 2016, 994). Zumindest in diesem Sinne müssen die Ausgaben unmittelbar beim Empfänger zugeflossen sein (BFH X R 154/88, BStBl. II 1990, 570 mwN). Außerdem müssen sie zu einer endgültigen wirtschaftlichen Belastung des Spenders geführt haben (BFH X R 191/87, BStBl. II 1991, 690). Im Übrigen sind Aufwendungen zugunsten einer zum Empfang steuerlich abziehbarer Zuwendungen berechtigten Körperschaft nur zu berücksichtigen, wenn aufgrund Vertrags oder Satzung ein Erstattungsanspruch besteht und auf die Erstattung verzichtet worden ist (BFH XI R 23/06, BFH/NV 2007, 2251; FG München 6 K 3583/07, EFG 2009, 1823); der Anspruch darf nicht unter der Bedingung des Verzichts eingeräumt worden sein (zu Einzelheiten BMF 7.6.1999, BStBl. I 1999, 591).

Die **Bewertung** erfolgt nach § 10b Abs. 3 S. 3 EStG grundsätzlich mit dem gemeinen Wert (§ 9 Abs. 2 BewG; hierzu BFH X R 17/85, BStBl. II 1989, 879; X R 17/20, BStBl. II 2023, 484), es sei denn, der Gegenstand ist unmittelbar vor der Zuwendung einem Betriebsvermögen entnommen worden; dann darf nach § 10b Abs. 3 S. 2 EStG der bei der Entnahme angesetzte Wert, also der Teilwert (§ 6 Abs. 1 Nr. 4 S. 1 EStG) oder wahlweise der Buchwert (§ 6 Abs. 1 Nr. 4 S. 4 EStG; hierzu FM MV 17.1.1994, DStR 1994, 323) nicht überschritten werden.

2. Aus Mitteln des GewBetriebs

Diese Voraussetzung bedeutet mE, dass die Ausgaben in der Buchführung als 3
Entnahme oder als **Betriebsausgaben** ausgewiesen sein müssen. Bei retrograder Betrachtung von der Buchführung zum Beleg muss sich der unmittelbare sachliche und zeitliche Zusammenhang von Vermögensabgang und begünstigter Zahlung ergeben. Unzulässig, weil mit dem Gesetzeswortlaut nicht in Einklang stehend, ist die Unterstellung eines solchen Zusammenhangs für den Fall, dass überhaupt

Entnahmen getätigt und Zahlungen des Betriebsinhabers zu dem begünstigten Zweck zu irgendeinem anderen Zeitpunkt im EZ geleistet werden (aA Roser in Lenski/Steinberg § 9 Nr. 5 Rn. 17 f.; Gosch in Brandis/Heuermann § 9 Rn. 243).

Abziehbar sind auch Zuwendungen einer (partiell) **steuerbefreiten Körperschaft,** die aus dem **wirtschaftlichen Geschäftsbetrieb** geleistet werden (BFH I R 117/88, BStBl. II 1991, 645), auch wenn es sich bei der Spendenempfängerin um eine TochterGes handelt (BFH I R 52/20, BStBl. II 2023, 501).

3. Uneigennützigkeit bzw. Unentgeltlichkeit/Freiwilligkeit

4 **a) Kein Gegenleistungsverhältnis.** Die Aufwendungen müssen **ohne** Bezug zu einer vertraglichen oder ähnlichen **Gegenleistung** erbracht worden sein. Das folgert die Rechtsprechung zutreffend aus der **Zweckbestimmung** der Aufwendungen (BFH I R 126/85, BStBl. II 1988, 220; I R 4/84, BStBl. II 1990, 237; I R 65/86, BStBl. II 1991, 258). Das gilt nicht nur für Spenden, sondern **auch für Mitgliedsbeiträge** (BFH I R 86/85, BStBl. II 1990, 550; vgl. KStR 8.11 Abs. 1); zum Problem der umgeleiteten Mitgliedsbeiträge vgl. BFH IX R 7/83, BStBl. II 1987, 414). „Gegenleistung" ist hierbei nicht im bürgerlich-rechtlichen Sinn zu verstehen; es genügt der **ursächliche Zusammenhang** mit einem wirtschaftlichen (BFH X R 4/11, BFH/NV 2015, 853; FG Bbg 9 K 9151/13, DStRE 2014, 840) und einem nicht-wirtschaftlichen Vorteil (BFH XI R 6/03, BStBl. II 2007, 8; zur Abgrenzung BFH X R 5/16, BStBl. II 2018, 651; X R 37/19, BStBl. II 2021, 810) auch bei **mittelbarem Zusammenhang** (BFH X R 4/11, BFH/NV 2015, 853), zB bei einer Zuwendung an die Kirchengemeinde des Gesellschafters einer KapitalGes (BFH I R 83/06, BFH/NV 2008, 988, gleichzeitig zur vGA) oder an eine auf dessen persönliche Belange zugeschnittene Stiftung (BFH I B 19/08, BFH/NV 2008, 1704). Auch **Sponsoring** und Sozio-Sponsoring führt nicht zur Annahme einer Spende, wenn der Sponsor einen Vorteil durch den Empfänger erwartet (BMF 31.12.1997, BStBl. I 1998, 21 Rn. 7). Eine Gegenleistung und keine Spende liegt vor, wenn ein Schulträger das **Schulgeld** so niedrig ansetzt, dass der normale Betrieb nur durch Zuwendungen von Eltern an einen Förderverein aufrechterhalten werden kann (BFH XI R 65/98, BStBl. II 2000, 65); ebensowenig bei einer **„Aufnahmespende"** (BFH XI R 6/03, BStBl. II 2007, 8; krit. Tiedtke/Szczesny FR 2007, 765). Zum sog. **Crowd-Funding** vgl. BMF BStBl. I 2018, 246.

4a An einem Vorteil fehlt es bei Gewährung eines Darlehens durch eine Stiftung an den Zuwendenden auch in zeitlichem Zusammenhang mit der Spende, wenn die Darlehensbedingungen einem Fremdvergleich standhalten und die tatsächliche Durchführung des Darlehensvertrags aus der Sicht des Zuwendenden keinen Zweifel am Fremdkapitalcharakter der Darlehensmittel aufwirft (BFH X R 4/22, BStBl. II 2023, 1037, gegen SächsFG 5 K 1378/19, EFG 2023, 119, aufgeh.). Denn zum Wesen einer Stiftung gehört die Ertrag bringende Kapitalanlage auch durch Gewährung von verzinslichen Darlehen (BFH X R 46/16, BFH/NV 2018, 717).

4b Für die Förderung von **Kunst und Kultur** regelt S. 7 nF (mWv EZ 2007) spezialgesetzlich die Abziehbarkeit von Mitgliedsbeiträgen auch bei **Gewährung von Vergünstigungen** für Mitglieder (zB verbilligte Eintrittskarten, Jahresgaben uÄ; LfSt Bay 8.11.2007, DStR 2007, 2164). Diese Regelung ist mE nicht auf andere Förderungszwecke zu übertragen.

b) Freiwilligkeit. Für die Leistung der Ausgaben darf **keine von außen auferlegte Rechtspflicht** bestanden haben (BFH VI R 23/71, BStBl. II 1974, 300; I R 126/90, BStBl. II 1992, 849), zB durch eine Auflage nach § 153a StPO (BFH X R 40/86, BStBl. II 1991, 234), ein **Vermächtnis** (BFH X R 107/91, BStBl. II 1993, 874; X R 75/94, BStBl. II 1997, 239), allerdings im Unterschied zur Schenkung unter Auflage (BFH X R 6/17, BStBl. II 2019, 318). Nicht abziehbar ist auch die **Pflichtspende** einer Sparkasse an ihren Gewährträger (BFH I R 126/90, BStBl. II 1992, 849; krit. zur Annahme von vGA in Spendenfällen Janssen DStZ 2010, 170) oder die in ihrer Satzung bestimmte Spende einer Stiftung (BFH I R 102/10, BStBl. II 2014, 484). Ebenfalls nicht freiwillig ist eine **„Aufnahmespende"**, ohne die ein Beitrittsinteressierter nicht (in den Verein) aufgenommen wird (BFH XI R 6/03, BStBl. II 2007, 8; BMF 20.10.1998, BStBl. I 1998, 1424; aA Tiedtke/Szcesny FR 2007, 765). 5

Eine ausgabenbezogene **freiwillig eingegangene Verpflichtung** schadet jedoch nicht (BFH I R 126/85, BStBl. II 1988, 220; I R 53/91, BStBl. II 1992, 748; X R 6/17, BStBl. II 2019, 318). Das gilt auch für Leistungen aufgrund einer Patronatserklärung (FG Münster 1 K 102/23, EFG 2026, 97). Allerdings ist im Einzelfall (zB „Vorschlag" des ArbG, Lohnbestandteile zu „spenden") die Freiwilligkeit mehr als fraglich (ebenso FVerw DStR 2003, 1299). Die freiwillig vorher ergangene **Zusage der Rückzahlung** von Entgelten (zB für den Übungsleiter) ist mE weniger eine Frage der Freiwilligkeit (so aber Heinicke in Schmidt EStG § 10b Rn. 20) als des Bestehens von Aufwendungen (→ Rn. 2). 5a

c) Abgrenzung/Motivation. Bei der **Abgrenzung** der nur beschränkt abziehbaren Spenden **von unbeschränkt abziehbaren BA** sind die **Beweggründe** des Leistenden für die Zuwendung entscheidend (vgl. BFH I R 126/85, BStBl. II 1988, 220; I R 4/84, BStBl. II 1990, 237; I R 65/86, BStBl. II 1991, 258). Ist das Motiv **zumindest überwiegend** die Förderung steuerbegünstigter Zwecke, sind die Aufwendungen im Rahmen des Spendenabzugs zu berücksichtigen. Dagegen kommt ein **unbeschränkter BA-Abzug** nur in Betracht, wenn durch die Aufwendungen auch wirtschaftliche Vorteile, zB Werbung, erstrebt werden (BFH I R 52/20, BStBl. II 2023, 501; BMF BStBl. I 1998, 212 Rn. 3). 6

Entsprechendes gilt für die **Abgrenzung von einer verdeckten Einlage** in eine gemeinnützige TochterGes. Entscheidend für die Annahme einer Spende ist auch insoweit, dass das Hauptmotiv des Zuwendenden die Förderung steuerbegünstigter Zwecke und nicht die Begründung einer gesellschaftsrechtlichen Finanzierungsbeziehung ist, auch wenn die finanzielle Stärkung der TochterGes sich als günstiger Nebeneffekt erweist. Maßgeblich für die Zuordnung ist ein Fremdvergleich, in dessen Rahmen der gemeinnützigkeitsrechtliche Hintergrund zu berücksichtigen ist (BFH I R 52/20, BStBl. II 2023, 501, zu FG RhPf 1 K 1264/19, EFG 2021, 481). Auch eine durch ein Näheverhältnis begründete **vGA** ist keine Spende; ausdrücklich geregelt in Satz 12 (→ Rn. 11).

Im Übrigen ist für die Annahme einer Spende grundsätzlich die **Motivation** des Spenders **unerheblich;** ihr objektiver Charakter ist entscheidend (FG Münster 9 K 3856/04 K F, EFG 2007, 1470). 6a

4. Förderung steuerbegünstigter Zwecke iSd §§ 52–54 AO

a) Grundsatz. Gemeinnützigkeits- und Spendenrecht weisen im Hinblick auf den Förderungszweck dem Grunde nach einen **Gleichklang** auf, der unterschiedliche Entscheidungen insofern vermeidet (was allerdings abweichende Wür- 7 digungen derselben Spende, zB zum Problem „Allgemeinheit" auf Seiten des Empfängers und zur Unentgeltlichkeit/Freiwilligkeit auf Seiten des Spenders, weiterhin zulässt). Besondere Fragen ergeben sich bei Spenden mit **konkreter Zweckbindung;** ist diese so ausgestaltet, dass der Empfänger damit nicht seine steuerbegünstigten Zwecke verfolgen/erfüllen könnte, so muss er die Spende ablehnen (BFH X R 37/19, BStBl. II 2021, 810).

7a **b) Die einzelnen steuerbegünstigten Zwecke.** Die Kürzung erfolgt um Ausgaben zur Förderung steuerbegünstgter Zwecke iSd §§ 52–54 AO. Das sind

- **gemeinnützige Zwecke** (§ 52 AO, → § 3 Rn. 30 ff.); jedoch ist die **Kürzung ausgeschlossen** für bestimmte Mitgliedsbeiträge (→ Rn. 11).
- **mildtätige Zwecke** (§ 53 AO; → § 3 Rn. 100 ff.),
- **kirchliche Zwecke** (§ 54 AO, → § 3 Rn. 110 ff.).

Nicht zu berücksichtigen sind Ausgaben zur Förderung **staatspolitischer Zwecke** und Mitgliedsbeiträge an **politische Parteien,** die in § 10b Abs. 2 EStG angesprochen sind. In Betracht kommen lediglich als gemeinnützig anerkannte Zwecke, wie zB die Förderung des demokratischen Staatswesens (§ 52 Abs. 2 Nr. 24 AO; → § 3 Rn. 93).

7b **c) Verwirklichung im Ausland.** Bei Verwirklichung der steuerbegünstigten Zwecke durch einen (ausländischen) Zuwendungsempfänger iSv → Rn. 8a (3.) ist nach S. 6 Voraussetzung entweder die **Förderung einer natürlichen Person** mit Wohnsitz/gewöhnlichem Aufenthaltsort **im Inland** oder die Eignung zu einem Beitrag zum **Ansehen der Bundesrepublik Deutschland** durch die Tätigkeit des Zuwendungsempfängers selbst, dh nicht der geförderten natürlichen Person (zur diesbezüglichen Eignung BFH X R 5/16, BStBl. II 2018, 651; hierzu AEAO zu § 51 Nr. 7; Weitemeyer/Bornemann FR 2016, 437). Mit der ersten Variante gemeint ist wohl die Förderung der eigentlichen Fördertätigkeit durch einen Inländer im Ausland (zB Entwicklungshilfe; s. BT-Drs. 16/11108, 11). Anwendung erstmals ab EZ 2010 (§ 36 Abs. 8b S. 4 aF). Zu Einzelheiten → § 3 Rn. 28 ff., → § 3 Rn. 39.

5. Spendenempfänger

8 **a) Grundsatz. Ab EZ 2007** kommen als **Spendenempfänger** in Betracht:
(1.) eine **juristische Person des öffentlichen Rechts** oder eine öffentliche Dienststelle in einem EU- bzw. EWR-Mitgliedsstaat (mE nicht die Schweiz trotz Anwendung der Kapitalverkehrsfreiheit),
(2.) eine **nach § 5 Abs. 1 Nr. 9 KStG befreite** Körperschaft, Personenvereinigung oder Vermögensmasse (BFH V R 40/18, BStBl. II 2021, 3 Rn. 19),
(3.) eine bei fiktiver inländischer Einkünfteerzielung nach **§ 5 Abs. 1 Nr. 9 KStG iVm § 5 Abs. 2 Nr. 2 Hs. 2 KStG fikiv steuerbefreite** Körperschaft, Personenvereinigung oder Vermögensmasse in einem **EU- bzw. EWR-Mitgliedsstaat** (mE nicht die Schweiz, s. oben; krit. zur nationalstaatlich gefassten Gemeinnützigkeit Hüttemann IStR 2010, 118; Förster BB 2011, 663; Droege StuW 2012, 256). Hierbei richtet sich die Beurteilung der Befreiung/Gemeinnützigkeit nach deutschem Recht (BFH I R 39/15, BFH/NV 2018, 611, zu FG BW 3 K 1766/13, IStR 2015, 701, best.; zum Nachweiserfordernis BStBl. II 2011, 559; hierzu Schienke/Ohletz BB 2018, 221); daher auch Beachtung des Gebots der Vermögensbindung (→ § 3 Rn. 204 ff.; BFH I R 16/12, BStBl. II 2014, 440; krit. Kirchhain IWB 2014, 421).

Bei **im Ausland belegenen Zuwendungsempfängern** ist Voraussetzung, dass der betreffende EU-/EWR-Staat bei einem tatsächlichen Ersuchen durch die deutschen Finanzbehörden Amtshilfe bzw. Unterstützung bei der Beitreibung (ab EZ 2013) gem. § 2 Abs. 2 des EU-Amtshilfegesetzes leistet. Zu den Begriffsbestimmungen und den jeweiligen Rechtsgrundlagen s. S. 4 und 5 der Vorschrift. Die Vorschrift ist mit **EU-Recht** (insb. Kapitalverkehrsfreiheit) kompatibel (BFH X R 20/22, BStBl. II 2026, 323, zu FG München 10 K 1766/20, DStRE 2023, 522, best.).

b) Sonstige Empfänger/Durchlaufspende. Eine **nicht als gemeinnützig anerkannte** Personenvereinigung, die dem anerkannten Zweck (zB Sport) dient, kann nicht Empfänger einer begünstigten Spende sein (BFH I R 20/05, BStBl. II 2007, 450); ebenso wenig eine **Stiftung vor ihrer Anerkennung** (BFH X R 36/11, BStBl. II 2015, 545). Das gilt auch für das Verfahren der sog. **Durchlaufspende,** dh die Leistung an den Letztempfänger erfolgt über eine juristische Person des öffentlichen Rechts oder eine öffentliche Dienststelle, die die zweckentsprechende Verwendung bestätigt (BFH I R 65/86, BStBl. II 1991, 258). Solche Durchlaufspenden sind weiterhin zulässig (zu den Einzelheiten R 10b.1 Abs. 2 EStR). Zuwendungen an nichtbegünstigte Mitglieder eines begünstigten Vereins sind jedoch keine Durchlaufspende (NdsFG 15 K 30331/06, DStRE 2010, 592, rkr.). 8a

6. Spendenbestätigung

a) Allgemeines. Die Berücksichtigung der Spende setzt die Vorlage einer **Bestätigung über Spenden** und **Mitgliedsbeiträge** voraus, wie sich aus dem in Bezug genommenen § 10b Abs. 4 S. 1 EStG ergibt (s. auch § 50 Abs. 1 EStDV). Sie ist **„unverzichtbar"** für den Abzug (BFH IX R 24/85, BStBl. II 1987, 850; X R 119/90, BFH/NV 1994, 154; X B 192/01, BFH/NV 2002, 1302). Sie ist eine notwendige, aber keine hinreichende Voraussetzung. Denn für den Abzug kommt es auf die mit der Bestätigung nachzuweisenden **tatsächlichen Verhältnisse** (→ Rn. 9a) an; das gilt insb. für die **zweckentsprechende Verwendung** der Spenden (BFH I R 63/91, BStBl. II 1992, 748), auch bei *Durchlaufspenden* (BFH I R 58/86, BStBl. II 1988, 215). Gerade der durch die Bescheinigung begründete Vertrauensschutz (→ Rn. 10) unterstreicht dies. Daher hat die Bestätigung nur die Bedeutung einer **Beweiserleichterung** im Rahmen der Feststellungslast (BFH X R 17/85, BStBl. II 1989, 879). Weitere Beweiserleichterungen geben **§ 50 Abs. 2 u. 4 EStDV.** Sammelbestätigungen sind zulässig (BMF 2.6.2000, BStBl. I 2000, 592 Rn. 6, mE nicht überholt). Für die **Mittelweitergabe nach § 58 Nr. 1 AO** (→ § 3 Rn. 168 ff.) ist eine Zuwendungsbestätigung mE nur erforderlich, wenn die Spende aus dem stpfl. wirtschaftlichen Geschäftsbetrieb erfolgt. 9

b) Nachweiserfordernisse. Nachzuweisen sind mit Hilfe der Bestätigung: 9a
(1.) Die Tatsache der **Zahlung** bzw. bei Sachspenden Abgabe des/der WG bzw. bei Aufwandsspenden die Spezifizierung der Leistung (BFH X R 154/08, BStBl. II 1990, 570; X R 119/90, BFH/NV 1994, 154; FVerw DB 2003, 2624); das gilt auch die zutreffende **Qualifikation als Spende** (BFH XI R 65/98, BStBl. II 2000, 65 zur entgeltlichen Leistung; XI R 30/01, BFH/NV 2002, 1029). Ist in der Bestätigung **irrig eine Sachspende** statt einer Geldspende angegeben, steht dies dem Spendenabzug nicht entgegen (BFH X R 37/19, BStBl. II 2021, 810).

(2.) Die **Zugehörigkeit** des Empfängers **zum begünstigten Personenkreis** (BFH VI R 167/77, BStBl. II 1981, 52). Das gilt auch für Spenden an einen Empfänger **im Ausland** (vgl. BFH I R 16/12, BStBl. II 2014, 440; FG Köln 13

K 3735/10, EFG 2014, 667, zur Spende an den Papst; krit. Kirchhain IWB 2014, 421; Einzelheiten BMF 16.5.2011, BStBl. I 2011, 559). War die bedachte Körperschaft im Zeitpunkt der Zahlung noch nicht als begünstigt anerkannt, ist die auf den Zeitpunkt der späteren Anerkennung erteilte Bestätigung unrichtig (BFH I R 20/05, BStBl. II 2007, 450); Entsprechendes gilt, wenn Zahlung und Bestätigung nach dem Widerruf der vorläufigen Bescheinigung der Gemeinnützigkeit erfolgen (vgl. FG Köln 10 K 975/07, EFG 2010, 1993, best. von BFH X R 32/10, BFH/NV 2012, 179; krit. Hüttemann FR 2012, 241).

(3.) Die **zweckentsprechende Verwendung** der Zuwendung. Sie ist (auflösende) **Bedingung** für den Abzug. Ist die Spende in einem späteren Jahr zurückgezahlt worden, wird die Bestätigung unrichtig (BFH VI R 72/73, BStBl. II 1976, 338). Entsprechendes gilt, wenn die Begünstigung der Körperschaft vor der Verwendung aufgehoben wird (BFH VI R 167/77, BStBl. II 1981, 52). Die Finanzierung von allgemeinen Verwaltungs- und Nebenkosten durch den Empfänger ist in einem angemessenen Rahmen zulässig (zur Spendenwerbung BFH XI B 128/98, BFH/NV 1999, 1055; XI B 130/98, BFH/NV 1999, 1089), nach BFH I R 60/01 (BFH/NV 2003, 1025) ohne absolute oder relative Obergrenze (**aA** AEAO zu § 55 Nr. 18 Abs. 1 Nr. 1: auch weniger als 50 % kann schädlich sein; vgl. auch → § 3 Rn. 118).

Nicht von Bedeutung ist – sofern die vorstehenden Voraussetzungen erfüllt sind – das zutreffende Datum der Spendenbestätigung (BFH X R 46/16, BFH/NV 2018, 717, zur Rückdatierung).

9b **c) Amtlich vorgeschriebener Vordruck/Datenübertragung.** Die Bestätigung über Spenden und Mitgliedsbeiträge sind vom **inländischen Empfänger** auf **amtlich vorgeschriebenem Vordruck** vom Spendenempfänger auszustellen (§ 50 Abs. 1 EStDV). BMF 30.8.2012, BStBl. I 2012, 884 hat hierzu in einer Neuauflage Vordrucke für verschiedene Konstellationen veröffentlicht. Abweichend hiervon kann der Zuwendungsempfänger aufgrund Vollmacht des Zuwendenden die Spendenbestätigung nach amtlich vorgeschriebenem Datensatz durch **Datenfernübertragung** nach Maßgabe der Steuerdaten-ÜbermittlungsVO übermitteln (§ 50 Abs. 1a EStDV mit weiteren Einzelheiten).

9c Bei einer **Auslandspende** kann Vorstehendes aus unionsrechtlichen Gründen nicht verlangt werden; es genügte daher, wenn die ausländische Körperschaft den Erhalt der Spende, die Verfolgung gemeinnütziger Zwecke durch sie und den ausschließlich zweckentsprechenden Einsatz der Spenden bescheinigt (Nachweis durch den Spender, BFH X R 7/13, BStBl. II 2015, 588; FG Münster 2 K 2608/09 E, EFG 2012, 1539).

Ab EZ 2025 darf nach § 50 Abs. 1 S. 3 EStDV der nicht im Inland ansässige Zuwendungsempfänger eine Zuwendungsbestätigung nur ausstellen, wenn er im Zuwendungsempfängerregister nach § 60b AO (→ § 3 Rn. 317) aufgenommen ist. Einzelheiten BMF LfSt Bay S 0170.1.1-3/8 St 31.

7. Vertrauensschutz

10 **a) Grundsatz.** Nach **Satz 13** der Vorschrift iVm § 10b Abs. 4 S. 1 EStG darf der **gutgläubige StPfl.** grundsätzlich auf die Richtigkeit der Spendenbestätigung vertrauen (zu den Risiken des Spenders Becker DStR 2010, 953). Die hierin zum Ausdruck kommende **Richtigkeitsgewähr** bezieht sich auf alle tatsächlichen Voraussetzungen für den Spendenabzug (→ Rn. 9a), insb. die Zahlung einschließlich der zutreffenden Qualifikation als Spende (BFH XI R 65/98, BStBl. II 2000,

65; XI R 30/01, BFH/NV 2002, 1029), die Zugehörigkeit des Empfängers zum begünstigten Personenkreis und die zweckentsprechende Verwendung der zugewendeten Mittel, mE jedoch **nicht** auf den Fall der **Rückzahlung** der Spende (vgl. BFH VI R 72/73, BStBl. II 1976, 338). Auch erfasst die Vorschrift nicht den Fall, dass die Spendenbescheinigung zwar falsch ist, aber der Sachverhalt, wäre er zutreffend ausgewiesen, ohnehin keinen Spendenabzug rechtfertigt (BFH I R 20/05, BStBl. II 2007, 450).

b) Ausnahmen. Kein Vertrauensschutz besteht in folgenden Fällen: **10a**

aa) Unlautere Mittel. Der StPfl. hat die Bestätigung durch **unlautere Mittel** oder **falsche Angaben** bewirkt. Das setzt Ursächlichkeit voraus. Handeln oder Unterlassen dritter Personen (zB Vertreter) können dem StPfl. zuzurechnen sein (BFH X R 143/88, BStBl. II 1991, 329). Unlautere Mittel sind insb. arglistige Täuschung, Drohung oder Bestechung (vgl. § 130 Abs. 2 Nr. 2 AO). Falsch sind Angaben, wenn sie in ihren wesentlichen, für die Bestätigung erheblichen Teilen objektiv unrichtig oder unvollständig waren; auf die Kenntnis des StPfl. kommt es in diesem Zusammenhang nicht an (vgl. § 130 Abs. 2 Nr. 3 AO, hierzu BFH I R 252/82, BStBl. II 1983, 699).

bb) Bekanntsein der Unrichtigkeit. Dem StPfl. war die **Unrichtigkeit** der **10b**
Bestätigung **bekannt** oder infolge **grober Fahrlässigkeit nicht bekannt.** Kenntnis bedeutet positives Wissen um die inhaltliche Unrichtigkeit der Bestätigung. Es genügt nicht das Wissen um die Begleitumstände der Bestätigung; er muss – wenn auch laienhaft – das Bewusstsein der Unrichtigkeit der in der Bestätigung enthaltenen Aussagen haben (→ Rn. 9a). Die Kenntnis von eingeschalteten **Hilfspersonen** ist dem Zuwendenden zuzurechnen (BFH X R 17/20, BStBl. II 2023, 484).

Zum Begriff der groben Fahrlässigkeit allgemein → Rn. 18b. Maßgebend sind auch hier die **individuellen Fähigkeiten.** Muss dem StPfl. hiernach – wenn auch laienhaft – klar sein, dass eine „Eintrittsspende" in einem Gegenleistungsverhältnis steht, genießt er keinen Vertrauensschutz (BFH XI B 132/01, BFH/NV 2003, 908; XI R 6/03, BStBl. II 2007, 8 zum Golfclub; krit. Tiedtke/Szczesny FR 2007, 765).

Maßgeblicher Zeitpunkt für die jeweilige Beurteilung ist der der Abgabe der Steuererklärung (BFH XI R 6/03, BStBl. II 2007, 8; OFD Frankfurt aM 15.12.2003, DStR 2004, 772).

8. Umfang der Kürzung (Sätze 1 und 2)

a) Allgemeines. Die Kürzung ist von vornherein beschränkt auf den Betrag, **11**
der **aus Mitteln des Betriebes** geleistet ist. Jedoch ist **nach S. 12** die **Kürzung ausgeschlossen,** soweit die Zuwendungen jeweils **vGA** (zB BFH I R 4/84, BStBl. II 1990, 237, „Spende" an Gewährsträger; BFH I R 16/18, BStBl. II 2022, 119, zur Stiftung als nahestehende Person; hierzu Meger StuB 2019, 194), **verdeckte Einlagen** (→ Rn. 6) oder **bestimmte offene Ausschüttungen** darstellen (§ 8 Abs. 3 KStG; zur Kritik Wagner DStR 2011, 1594). Ebenfalls nicht abziehbar sind bestimmte **Mitgliedsbeiträge** an Körperschaften, die die **Förderung des Sports** (§ 52 Abs. 2 Nr. 21 AO, → § 3 Rn. 74 ff.), kultureller Betätigungen, die in erster Linie der **Freizeitgestaltung** dienen, auch dann, wenn die Körperschaft noch einen in der Vorschrift nicht genannten Zweck fördert (zu Letzterem BFH X R 7/21, BStBl. II 2023, 178; zur Kritik Urban DStZ 2018,

22), der **Heimatpflege/-kunde** (§ 52 Abs. 2 Nr. 22 AO, → § 3 Rn. 83) sowie der nach § 52 Abs. 2 Nr. 23 AO **anerkannten Freizeitbetätigungen** (Tier-, Pflanzenzucht, Kleingärtnerei, Brauchtum/Karneval/Fastnacht/Fasching, Soldaten-/Reservistenbetreuung, Amateurfunken und Hundesport, → § 3 Rn. 84 ff.) bezwecken. Das gilt auch für nach § 52 Abs. 2 S. 2 AO für **gemeinnützig erklärte Zwecke,** die den vorgenannten Zwecken entsprechen (Anwendung für Zuwendungen nach dem 31.12.2019, § 36 Abs. 5 idF des G. v. 12.12.2019, BGBl. 2019 I 2451).

Im Übrigen (also nicht bei der Freizeitgestaltung dienenden kulturellen Betätigungen) sind nach S. 7 Mitgliedsbeiträge an Kunst und Kultur (§ 52 Abs. 2 Nr. 5 AO) fördernde Körperschaften auch dann abzuziehen, wenn den Mitgliedern Vergünstigungen gewährt werden.

11a **b) Kürzungshöchstbetrag. Ab EZ 2007** (aber → Rn. 1d) ist die Beschränkung auf einen absoluten Höchstbetrag entfallen. Es gelten die **relativen Höchstbeträge** nach S. 1, die bei einer **Organschaft** für den OT und die OGen selbstständig und ohne Zurechnung des Einkommens der OG beim OT zu ermitteln sind (zu § 10b EStG BFH XI R 95/97, BStBl. II 2003, 9; zu § 9 Abs. 1 Nr. 2 KStG FG Düsseldorf 6 K 3767/10 F, EFG 2012, 1876; aA Olbing FS Streck, 2011, 121).

Der Stpfl. hat ein **Wahlrecht** zwischen **zwei Alternativen** zur Berechnung des Kürzungshöchstbetrags:

- **20 % des** um die Hinzurechnung nach § 8 Nr. 9 erhöhten **Gewinns aus Gewerbebetrieb** (§ 7), also nicht des durch sonstige Hinzurechnungen und Kürzungen ermittelten GewErtrages; folglich bleibt auch der Verlustabzug (§ 10a) unberücksichtigt.
- **4 ‰** der Summe **der gesamten Umsätze** und der im Wirtschaftsjahr aufgewendeten **Löhne und Gehälter.** Das ist das Wirtschaftsjahr, das im EZ endet (§ 10 Abs. 2; ebenso Roser in Lenski/Steinberg § 9 Nr. 5 Rn. 27). Mit der Formulierung „Summe der gesamten Umsätze" knüpft die Vorschrift sowohl hinsichtlich des Begriffs „Umsatz" als auch hinsichtlich der Bemessung des Umsatzes an das UStrecht an; zur „Summe der gesamten Umsätze" gehören nicht nur die stpfl., sondern auch die stfreien Umsätze (vgl. BFH I R 151/93, BStBl. II 1997, 327).

Diese Bemessungssätze gelten gleichermaßen **für alle Förderungszwecke** (→ Rn. 7a). Da beide wahlweise zur Verfügung stehen, kann der StPfl. die für ihn **günstigere Methode** wählen (vgl. BFH I R 69/68, BStBl. II 1970, 349).

11b **c) Spendenvortrag.** Überschreiten die Zuwendungen diese Höchstbeträge, kann die Kürzung **in diesem betragsmäßigen Rahmen** in den folgenden EZ vorgenommen werden. Für den Spendenvortrag besteht **keine zeitliche Beschränkung** mehr. Ein **Spendenrücktrag** ist nach wie vor **nicht vorgesehen.** Kann sich die Großspende, etwa infolge Betriebsaufgabe, gewerbesteuerlich nicht mehr auswirken, ist ein **Steuererlass** nicht angezeigt (vgl. zu § 10b EStG BFH X B 12/11, BFH/NV 2012, 215).

9. Vermögensstockzuwendungen an Stiftungen

12 **a) Allgemeines.** Zuwendungen in den **Vermögensstock** (hierzu Hüttemann DB 2000, 1584; 2007, 2053; Jochum IStR 2012, 325) bzw. (ab EZ 2013) **„das zu erhaltende Vermögen"** (hierzu BMF 15.9.2014, BStBl. I 2014, 1278) einer

Stiftung (dh auch mehrerer Stiftungen) können **bis zu einem Betrag von 1 Mio. EUR** gesondert berücksichtigt werden, was verfassungsrechtliche Bedenken wegen ihrer Privilegierung auslöst (Tiedtke/Möllmann DStR 2007, 509). **Zuwendender** darf nur eine **natürliche Person** oder eine **Personengesellschaft** sein. Kapitalgesellschaften sind nicht genannt. **Zuwendungsempfänger** dürfen nur **Stiftungen** sein. Diese müssen die Voraussetzungen der Sätze 2–6 (→ Rn. 8–8b) erfüllen; zudem bedarf es der Anerkennung nach §§ 80 ff. BGB, da das Recht eine **„Vorstiftung"** nicht kennt (BFH X R 36/11, BStBl. II 2015, 545; FG BW 4 K 4080/09, DStRE 2012, 537, best.; Schiffer/Pruns NWB 2011, 1258; aA Wachter DStR 2009, 2469). Die Zuwendung muss **Zwecke iSd S. 1** betreffen. Zudem muss die finale **Zweckbestimmung des Zuwendenden** den Vermögensstock (ab EZ 2013) „das zu erhaltende Vermögen" betreffen (BMF 15.9.2014, BStBl. I 2014, 1278). Grundstockvermögen gehört idR zum zu erhaltenden Vermögen (hierzu BFH I B 36/11, BFH/NV 2011, 2013). Für die Kürzung kommt es mE bei Gutgläubigkeit des Spenders nicht darauf an, dass die Zuwendung von der Stiftung zweckentsprechend verwendet wird, da er insofern auf die Richtigkeit der Spendenbestätigung vertrauen darf (ohne eine solche erfolgt ohnehin die Kürzung nicht, → Rn. 9).

Ausdrücklich **nicht abzugsfähig** (ab EZ 2013) und daher nicht begünstigt 13
sind Spenden in das **verbrauchbare Vermögen** einer Stiftung (S. 10); wobei es unschädlich sein soll, wenn diese den vorübergehenden Verbrauch zulässt, und nur der nach der Zweckbestimmung endgültige Verbrauch schädlich sein soll (BT-Drs. 17/11316, 21; Hüttemann DB 2012, 2592; Schauhoff/Kirchhain FR 2013, 301).

b) Die Kürzung. aa) Antrag. Die Kürzung erfolgt nicht von Amts wegen, 14
sondern nur **auf Antrag,** auch **neben** der Kürzung nach den Sätzen 1–2, und zwar **im EZ der Zuwendung und in den folgenden neun EZ.** Die **Verteilung** steht im Belieben des Stpfl. ohne Antrag sind die Höchstbeträge des Satzes 1 anzuwenden. Der Stpfl. kann auch beantragen, nur einen Teil der Vermögensstockspende nach Satz 9, im Übrigen nach Satz 1 zu behandeln. Ein Wechsel zwischen den gewählten Abzugsarten ist nicht zulässig (BMF 18.12.2008, BStBl. I 2009, 16 Nr. 3).

bb) Zeitliche Beschränkung. Die Kürzung darf **innerhalb von zehn Jah-** 15
ren nur einmal in Anspruch genommen werden, wobei das Jahr der Zuwendung das erste Jahr darstellt. Wendet der StPfl. innerhalb der zehn Jahre eine **weitere Spende,** mit der der Betrag von 1 Mio. EUR überschritten wird zu, so beginnt ein weiterer Abzugszeitraum. Der Stpfl. ist aber mit dem den ersten Höchstbetrag übersteigenden Betrag mE bis zum Ablauf der Zehn-Jahres-Frist von der Kürzung ausgeschlossen. Nach deren Ablauf rechnet sich mE für den übersteigenden Betrag ein weiterer mit dem Zeitpunkt der zweiten Zahlung beginnender zehnjähriger Kürzungszeitraum (BMF 18.12.2008, BStBl. I 2009, 16 Nr. 3). Die Höchstbeträge übersteigende Beträge gehen mE in den allgemeinen Spendenabzug nach S. 1 über. Das gilt mE auch, wenn bereits die erste Spende den oa Betrag übersteigt. Zur **gesonderten Feststellung** des insoweit verbleibenden Kürzungsbetrages gelten die Ausführungen in → Rn. 16 entsprechend.

10. Gesonderte Feststellung

Über die Höhe des zum Schluss des EZ **verbleibenden Kürzungsbetrags** ist 16
nach S. 13 iVm § 10d Abs. 4 S. 1 EStG eine **gesonderte Feststellung** zu treffen.

Verbleibender Kürzungsbetrag ist der iRd GewErtragsermittlung nach „Verbrauch“ durch Spendenabzug nicht zum Abzug gelangte Zuwendungsbetrag, vermindert um die in den vorhergehenden EZ abgezogenen Beträge, vermehrt um den am Schluss des vorhergehenden EZ verbleibenden Kürzungsvortrag (zum Verhältnis von ESt-/KStBescheid und Feststellungsbescheid BFH I R 55/12, BFH/NV 2014, 903 mwN). Gegebenenfalls sind Feststellungen für **zwei verschiedene Spendenvorträge** zu treffen: über eine **normale Spende** nach S. 1 und 8 sowie über eine **Vermögensstockspende** (BMF 18.12.2008, BStBl. I 2009, 16 Nr. 4c). Zur Gestaltung der erforderlichen StErklärungsvordrucke Staats Stbg 2012, 166.

Feststellungsbescheide sind zu **erlassen, aufzuheben oder zu ändern,** soweit sich die betreffenden Beträge ändern (§ 10d Abs. 4 S. 4 EStG). Das gilt auch, wenn eine Änderung des GewStMessbescheids mangels steuerlicher Auswirkung unterbleibt (§ 10d Abs. 4 S. 5 EStG).

III. Haftung

1. Allgemeines

17 **a) Tatbestände.** Die S. 14–18 (ab EZ 2013) der Vorschrift beinhalten zwei Haftungstatbestände, eine **Verschuldenshaftung** des Ausstellers der Zuwendungsbestätigung und eine **Veranlasserhaftung** desjenigen, der die Spendenverwendung veranlasst (hierzu Gehm StBp 2018, 87). Die Vorschrift dient der Missbrauchsabwehr.

17a **b) Haftungsschuldner.** Einen der Haftungstatbestände erfüllen konnte mE ursprünglich – wie sich aus dem Wortlaut „wer vorsätzlich oder grob fahrlässig … ausstellt“ bzw. „… veranlasst …“ ergibt – nur eine natürliche, nicht auch eine juristische Person bzw. Dienststelle iSv § 49 EStDV aF (ebenso Jansen DStR 1990, 61; **aA** Gierlich FR 1991, 518; Oppermann/Peter DStZ 1998, 424). Mit der Einfügung von S. 8 durch G. v. 20.12.2008 (BGBl. 2008 I 2794) ab EZ 2009 – jetzt S. 14 – ist klargestellt, dass nach der Vorstellung des Gesetzgebers **auch die juristische Person** bzw. die als **Durchlaufstelle** fungierende Gebietskörperschaft die Haftungstatbestände erfüllen kann. Für Letztere besteht mE unabhängig hiervon die Haftung für den Amtsträger nach Art. 34 GG (BFH XI R 123/96, BStBl. II 2003, 128; FG München 16 K 3638/94, EFG 1997, 322).

Die Neuregelung des S. 2 für Auslandssachverhalte bedeutet, dass auch **Empfänger im EU-/EWR-Raum** der Haftung ausgesetzt sind.

17b **c) Zivilrechtliche Haftungsbegrenzung.** Die **Regelung des § 31a BGB** (BGBl. 2013 I 556, zuvor BGBl. 2009 I 3161) besteht zugunsten des ehrenamtlich Tätigen gegenüber dem Verein. Sie hat keine Bedeutung für die steuerrechtliche Haftung (ebenso Möllmann DStR 2009, 2125; Wörle-Himmel/Endres DStR 2010, 759).

2. Unrichtigkeit der Spendenbestätigung

18 **a) Allgemeines.** Die Unrichtigkeit der Zuwendungsbestätigung kann sich **ab EZ 2007** gem. dem Wortlaut des S. 7 auf **Spenden und Mitgliedsbeiträge** beziehen. Das Tatbestandsmerkmal bezieht sich auf den **objektiven Aussagegehalt,** sei es auf die (Höhe der) Zahlung selbst, den beabsichtigten Verwendungs-

zweck, auf die persönliche Freistellung/steuerbegünstigten Status des Spendenempfängers und den Zeitpunkt der Zuwendung (BFH XI R 65/98, BStBl. II 2000, 65; XI R 123/96, BStBl. II 2003, 128 zu § 10b Abs. 4 EStG), ebenso auf den Ausweis einer Gegenleistung als Spende (BFH XI R 65/98, BStBl. II 2000, 65; XI R 6/03, BStBl. II 2007, 8, zum Vertrauensschutz). Doch führt nicht jede Unrichtigkeit zur Verwerfung der Bestätigung (BFH X R 46/16, BFH/NV 2018, 717 zum Zeitpunkt der Zuwendung; BFH X R 37/19, BStBl. II 2021, 810, irrige Angabe einer Sachspende statt einer Geldspende).

b) Persönliche Begünstigung. Lag zum Zeitpunkt der Spende(nbestätigung) **18a** **weder eine Freistellung** des Letztempfängers **noch** eine vorläufige **Bescheinigung der Gemeinnützigkeit** (→ § 3 Rn. 308 ff.) vor, ist die Spendenbestätigung trotz des Umstandes unrichtig, dass die Spende tatsächlich dem begünstigten Zweck zugeführt wurde. Die insofern allgemein gehaltenen Ausführungen des BFH zur Spendenfehlverwendung (→ Rn. 19; zB BFH XI R 58/01, BStBl. II 2004, 352; XI R 39/03, BFH/NV 2005, 516; aA HessFG 4 K 8594/94, EFG 1998, 757), es komme auf die tatsächliche Verwendung für den begünstigten Zweck an, sind für die Frage der Unrichtigkeit der Spendenbestätigung nicht einschlägig; der Status der persönlichen Begünstigung muss in der Bestätigung angegeben werden (→ Rn. 9a).

c) Verschulden. Die Haftung des Ausstellers ergibt sich nur bei **Vorsatz oder** **18b** **grober Fahrlässigkeit** in Zusammenhang mit der unrichtigen Bestätigung. Hierbei bedeutet **Vorsatz** Wissen und Wollen der Tat, wobei ein sog. bedingter Vorsatz, also das Für-Möglich-Halten und In-Kauf-Nehmen der Pflichtverletzung ausreicht (zum Begriff vgl. BFH VIII R 52/69, BStBl. II 1973, 273; HHS AO § 370 Rn. 113). **Grobe Fahrlässigkeit** liegt vor, wenn der Aussteller die ihm persönlich zuzumutende Sorgfalt in ungewöhnlichem Maße bzw. in nicht entschuldbarer Weise verletzt. Maßgebend sind die *individuellen Fähigkeiten* (BFH XI R 42/00, BStBl. II 2001, 379; VI R 17/05, BStBl. II 2006, 806; Tipke/Kruse AO § 69 Rn. 9). Das ist insb. dann der Fall, wenn der Aussteller einer Bescheinigung über Durchlaufspenden nicht prüft, ob der letztempfangenden Körperschaft eine Freistellungsbescheid oder eine vorläufige Bescheinigung der Gemeinnützigkeit (→ § 3 Rn. 308 ff.) erteilt worden ist (BFH XI R 123/96, BStBl. II 2003, 128).

3. Verwendung zu nicht begünstigten Zwecken

a) Allgemeines. (1) Dieses Tatbestandsmerkmal begründet eine **Veranlasserhaftung** und setzte **(bis EZ 2012) kein Verschulden** voraus (BFH XI R 123/96, BStBl. II 2003, 128; ebenso Gosch in Brandis/Heuermann § 9 Rn. 268), und zwar in Abweichung von S. 9 aF, bei dem zu Beginn der 2. Alternative das Wort „wer" fehlte. Durch Einfügung des Wortes „wer" in – bisher – S. 13 Alt. 2 kam die Verschuldensunabhängigkeit der Haftung für die Mittelfehlverwendung unmittelbar zum Ausdruck. Ab **EZ 2013** (§ 36 Abs. 8b aE) ist wieder davon auszugehen, dass dieser Haftungstatbestand **verschuldensabhängig** ist (BFH X R 13/15, BStBl. II 2017, 1110). Denn durch G zur Stärkung des Ehrenamtes (BGBl. 2013 I 556) ist dieses „wer" wieder gestrichen worden (Entschärfung der Haftung, vgl. RegBegr. BT-Drs. 17/11316, 12). **19**

(2) Die **Beurteilung der Fehlverwendung** bestimmt sich nicht nach der tatsächlichen Rechtslage, sondern nach dem **Inhalt der Bestätigung** (BFH XI

R 39/03, BFH/NV 2005, 516). Sie **betrifft** daher jede Abweichung vom Inhalt der Spendenbestätigung, gleich worauf sie beruht: zB Satzungsänderungen, Unterschlagung, Einsatz für einen wirtschaftlichen Geschäftsbetrieb, überhöhten Einsatz für Mitgliederwerbung uÄ (vgl. BFH XI B 130/98, BFH/NV 1999, 1089), aber auch für andere gemeinnützige als die angegebenen Zwecke (so zutr. Heinicke in Schmidt EStG, 41. Aufl. 2022, § 10b Rn. 58). Entsprechendes gilt mE für Verstöße gegen das Gebot der satzungsgemäßen Geschäftsführung (§ 63 AO), die zu einer auch rückwirkenden Aufhebung des Gemeinnützigkeitsstatus führen können, wie im Falle von vGA aus den satzungsgemäß zu verwendenden Mitteln (vgl. BFH I R 59/09, BFH/NV 2011, 329), **nicht jedoch** bei **endgültiger Versagung** des Gemeinnützigkeitsstatus, sofern Spenden und Beiträge nur für den begünstigten Zweck verwendet worden sind (BFH XI R 58/01, BStBl. II 2004, 352; XI R 39/03, BFH/NV 2005, 516 zu § 10b Abs. 4 S. 2 EStG und § 48 Abs. 3 EStDV 1990 ff.; aA HessFG 4 K 8594/94, EFG 1998, 757). Auch die Angabe des Verwendungszwecks mit „Umweltschutz" ist nicht schon deswegen unrichtig, weil die Zweckerreichung noch mehrere Zwischenschritte erfordert (BFH X R 13/15, BStBl. II 2017, 1110).

19a **b) Einzelverfolgbarkeit.** Ungeklärt ist die Frage, ob die (Fehl-)Verwendung **einzeln verfolgbar** sein muss (so Gierlich FR 1991, 518; Wallenhorst DB 1991, 1410), was bei vielen kleinen Zuwendungen kaum möglich sein dürfte, oder ob eine geringere Summe begünstigter Verwendung im Vergleich zu dem in allen Spendenbestätigungen ausgewiesenen Gesamtbetrag ausreicht, was zu kaum lösbaren Schwierigkeiten im Zusammenhang mit den Verhältnissen der Spender führen dürfte (welche Spende? Bösgläubigkeit des Spenders? usw).

19b **c) Veranlasser.** In Betracht kommt die für die Verwendung im Einzelfall **maßgebende Person,** also idR ein Vorstandsmitglied, aber auch eine zur (zweckentsprechenden) Verwendung beauftragte Person oder sonstige Dritte, wie der Unterschlager. Auch die Empfängerkörperschaft ist Veranlasser iSd Vorschrift (→ Rn. 17a).

4. Haftung für die entgangene Gewerbesteuer

20 **a) Fiktion oder Haftungsbegrenzung?** Gemeint ist **nicht die konkret** die durch den Vorfall **entgangene GewSt.** Vielmehr ist nach S. 16 die Steuer **mit 15 %** anzusetzen. Damit scheint gemeint zu sein, dass die Haftung ohne Prüfung des Einzelfalles mit 15 % angesetzt wird, gleich ob tatsächlich ein Steuerausfall vorliegt oder nicht (so für § 10b EStG wohl BFH X R 13/15, BStBl. II 2017, 1110 Rn. 56); Heinicke in Schmidt, EStG, 41. Aufl. 2022, § 10b Rn. 60 f.). ME geht diese Auslegung jedoch zu weit (nur zum Teil ebenso Roser in Lenski/Steinberg § 9 Nr. 5 Rn. 50; Gosch in Brandis/Heuermann § 9 Rn. 269: Haftung nur dann, wenn überhaupt GewSt entgangen ist).

Haftung heißt Eintreten-Müssen für eine fremde Schuld; zwischen Haftung und Schuld besteht **Akzessorietät** insoweit, als die Haftungsschuld nicht höher sein kann als die Steuerschuld (Tipke/Kruse AO § 191 Rn. 3; Rathke/Ritter NWB 2012, 3373 zu § 10b EStG). Auch für die Haftung nach § 9 Nr. 5 muss Akzessorietät zu dem Steuerbetrag verlangt werden, auf den der Steuergläubiger allein wegen des Vorliegens der Spendenbestätigung verzichtet hat. Bei der weiteren Auslegung bekommt die Haftung – jedenfalls soweit tatsächlich kein Steuerausfall eingetreten ist – den Charakter einer **versteckten Strafe.** Als solche ist sie mE verfassungsrechtlich bedenklich, zumal vergleichbare Sachverhalte (kein Steuerausfall) ungleich behandelt werden; zB wenn der Spender und Steuerschuldner bösgläubig ist und den Steuerabzug nicht bekommt oder aber nicht bösgläubig ist und der Spendenabzug sich nicht auswirkt (GewErtrag bleibt unter dem Freibetrag, aber über 0 EUR). Der Gesichtspunkt der Verwaltungsvereinfachung kann nicht durchschlagen, weil sich – wenn die Erfüllung des Haftungstatbestandes im Übrigen feststeht – ohne große Mühe ermitteln lässt, ob und inwieweit ein Steuerausfall eingetreten ist. Daher kann mE die Regelung in S. 16 nur den Charakter einer Haftungsbegrenzung für den Fall eines höheren Steuerausfalls haben (zum Meinungsstreit Thiel/Eversberg DB 1990, 399; Wallenhorst DB 1991, 1410; Gierlich FR 1991, 518; Jansen DStR 1990, 61).

b) Durch den Vertrauensschutz entgangen? Nach der hM hängen **Haftung und Vertrauensschutz** zusammen (vgl. zu § 10b EStG Heinicke in Schmidt, EStG, 41. Aufl. 2022, § 10b Rn. 56 f.). Danach muss die Steuer durch den dem Spender gewährten Vertrauensschutz entgangen sein. Das ergibt sich mE aus dem Sinnzusammenhang und dem Zweck der Haftungsnormen: Anleitung des Ausstellers bzw. Verwenders zu größter Sorgfalt, weil der Abzug beim Spender zunächst auf der Bestätigung beruht und das FA mangels anderweitiger Erkenntnis von der entsprechenden Mittelverwendung ausgehen muss. Beim gutgläubigen Spender kommt hinzu, dass der Abzug nicht korrigiert werden kann. 21

Gleichwohl ist mE auch bei **Bösgläubigkeit des Spenders** der Haftungstatbestand erfüllt, ohne dass sich der als Haftender in Betracht Kommende endgültig „exkulpieren" könnte. Ist der Spendenabzug gewährt worden und kann bei späterer Erkenntnis der Bösgläubigkeit des Spenders die tatsächlich entgangene GewSt zB wegen Vermögensverfalls des Spenders bei ihm nicht erhoben bzw. beigetrieben werden, so ist mE der Haftungstatbestand erfüllt (aA OFD Frankfurt aM 15.12.2003, DStR 2004, 772; Heinicke in Schmidt, EStG, 41. Aufl. 2022, § 10b Rn. 56; Wallenhorst DB 1991, 1420).

c) Haftungsgläubiger. Der Haftungsbetrag fließt der für den **Spendenempfänger zuständigen Gemeinde** zu (jetzt S. 16). Auch diese Regelung mutet merkwürdig an. Grundgedanke der Haftung ist – auch wenn S. 16 nF dem nicht vollständig folgt – das Eintreten-Müssen für „die entgangene Steuer" (S. 14 nF, → Rn. 20). Die Steuer aber entgeht bestenfalls der/den für den Spender zuständigen Gemeinde(n). Gleichwohl bestimmt S. 16 nF völlig unsystematisch die Gemeinde des Spendenempfängers zum Haftungsgläubiger. Die **Zuständigkeit** bestimmt sich in sinngemäßer Anwendung des § 20 AO nach dem Ort der Geschäftsleitung, hilfsweise dem Sitz, hilfsweise der Lage des Vermögens und hilfsweise der überwiegenden Ausübung oder Verwendung der Tätigkeit. 22

5. Verfahren

a) Zuständigkeit/Festsetzungsfrist. Der Haftungsbetrag „wird durch Haftungsbescheid **des Finanzamts**" festgesetzt (S. 17 Hs. 1). Welches FA das ist, sagt die Vorschrift nicht. Größere Sachnähe zu den Verhältnissen des Spenders sowie gemeinte (wenn auch nicht erreichte) Verfahrensvereinfachung sprechen dafür, dass das Betriebsstättenfinanzamt des GewTreibenden, das auch für den Erlass des GewStMessbescheides zuständig ist (§ 14), gemeint ist (ebenso Gosch in Brandis/Heuermann § 9 Rn. 272). 23

Für den **Ablauf der Festsetzungsfrist** gilt § 10b Abs. 4 S. 5 EStG entsprechend: nicht vor Ablauf der für den EZ der Haftungsbegründung geschuldeten KSt – mE: GewSt – der Empfängerkörperschaft.

23a **b) Ermessen.** Für den Haftungsbescheid gilt die Vorschrift des **§ 191 AO.** Das bedeutet insb., dass das FA nur iRd **pflichtgemäßen Ermessens** handeln darf. Es muss also zunächst die tatbestandlichen Voraussetzungen für die Haftung prüfen (1. Stufe), sodann Erwägungen zum „ob" und „wer" der Inhaftungnahme anstellen und spätestens in der Einspruchsentscheidung zum Ausdruck bringen (BFH X R 36/15, BFH/NV 2017, 593mwN). Einwendungen aus der Akzessorietät der Haftungsschuld (→ Rn. 20), ggf. der Bösgläubigkeit des Zuwendenden (auch → Rn. 21) sind von Amts wegen zu beachten (§ 88 AO), nicht erst aufgrund von Einwendungen des Haftenden (so jedoch Gosch in Brandis/Heuermann § 9 Rn. 270). Eine bestimmte Reihenfolge der Inanspruchnahme besteht grundsätzlich nicht. Das FA hat einen weiten Spielraum; es genügt der Hinweis, dass **mehrere Haftungsschuldner nebeneinander** in Anspruch genommen werden (BFH XI B 130/98, BFH/NV 1999, 1089). Doch ist iRd Ermessens mE darauf Rücksicht zu nehmen, wer den größeren Einfluss auf die zur Haftung führende Gestaltung der Verhältnisse hatte.

23b Eine **innerorganisatorische Haftungsbegrenzung** (nicht jedoch Aufhebung der Haftung) kommt wie bei einem GmbH-Geschäftsführer (BFH VII R 4/98, BStBl. II 1998, 761) in Betracht für den Fall, dass ein Vorstand aufgrund interner Aufgabenverteilung bzw. -zuweisung für die haftungsbegründende Maßnahme nicht zuständig war. Das setzt jedoch voraus, dass klare (schriftliche) Vereinbarungen hierüber bestehen und die Wahrnehmung der den Verein treffenden Pflichten durch den anderen Funktionsträger überwacht wird (vgl. BFH VII R 46/02, BStBl. II 2003, 556; hierzu Schießl/Küpperfahrenberg DStR 2006, 445).

23c Für die Fälle der **Veranlasserhaftung** enthält S. 15 nF (bisher S. 13, zuvor S. 8 aF) eine spezielle Regelung, wonach **„vorrangig"** *der* **Zuwendungsempfänger** in Anspruch zu nehmen ist (Gehm StBp 2018, 87). Dagegen werden die für sie handelnden *natürlichen Personen* durch eine gesetzliche Haftungsbeschränkung insofern weitgehend geschützt, als nicht nur die „entgangene Steuer" nicht erloschen (§ 47 AO) sein darf, sondern auch Vollstreckungsmaßnahmen gegen den Zuwendungsempfänger nicht erfolgreich sind (zur Festsetzungsfrist s. § 9 Nr. 5 S. 15 Hs. 2 GewStG iVm § 10b Abs. 4 S. 5 EStG).

24 **c) Mitteilung der Haftung.** Die haftungsbegründenden Merkmale sind nach **S. 18 iVm § 184 Abs. 3 AO** der Gemeinde (des Spendenempfängers) mitzuteilen. Das sind insb. die Person des Haftungsschuldners und die Höhe der Haftungsschuld.

6. Erhebung der entgangenen Steuer

25 Die Befugnis der Gemeinde zur Erhebung der entgangenen GewSt bleibt nach S. 17 Hs. 2 unberührt. Das bedeutet mE lediglich, dass die Gemeinde, der die Steuer durch die Berücksichtigung der Spende entgangen ist (so der Gesetzeswortlaut), also die **Gemeinde des Spenders,** nicht gehindert ist, wenn Vertrauensschutz nicht gegeben ist (§ 10b Abs. 4 S. 1 EStG), die **entgangene Steuer** zu erheben. Das setzt den Erlass eines Änderungsbescheides über den GewSt-Messbetrag durch das FA voraus und bedeutet mE ggf., dass ein vorangegangener Haftungsbescheid aufzuheben/zu ändern ist (§ 175 Abs. 1 S. 1 Nr. 2 AO). Nach **aA**

macht die **Gemeinde des Spendenempfängers** nach Ergehen der Mitteilung die GewSt entsprechend dem Haftungsanspruch selbst geltend und erlässt das Zahlungsgebot (§ 219 AO); hierbei ist sie an den Inhalt des Haftungsbescheides gebunden (§§ 179 Abs. 1, 182 Abs. 1 AO; so Gosch in Brandis/Heuermann § 9 Rn. 270).

7. Verfassungsrecht

Grundsätzliche verfassungsrechtliche Bedenken im Hinblick auf das Verfahren dürften **nicht** bestehen. Insbesondere ist der Bund ermächtigt, durch Bundesgesetz eine von der generellen Verwaltungskompetenz der Gemeinden abweichende Zuständigkeit der Landesfinanzbehörden zu begründen, solange nur das Erhebungsrecht der Gemeinden unangetastet bleibt (ebenso Gosch in Brandis/Heuermann § 9 Rn. 275). 26

Im Hinblick auf die **Ausgestaltung im Einzelnen** ergeben sich mE Bedenken insb. gegen die Fassung des Haftungsbetrages als **versteckte Strafe** (→ Rn. 20).

§ 9 Nr. 6 (weggefallen)

§ 9 Nr. 7 Kürzungen (Zinsen)

Die Summe des Gewinns und der Hinzurechnungen wird gekürzt um

…

7. die Gewinne aus Anteilen an einer Kapitalgesellschaft mit Geschäftsleitung und Sitz außerhalb des Geltungsbereichs dieses Gesetzes, wenn die Beteiligung zu Beginn des Erhebungszeitraums mindestens 15 Prozent des Nennkapitals beträgt und die Gewinnanteile bei der Ermittlung des Gewinns (§ 7) angesetzt worden sind. [2]§ 9 Nummer 2a Satz 3 bis 5 gilt entsprechend;

Bis EZ 2019 bestand die folgende Fassung der Nr. 7:

7. die Gewinne aus Anteilen an einer Kapitalgesellschaft mit Geschäftsleitung und Sitz außerhalb des Geltungsbereichs dieses Gesetzes, an deren Nennkapital das Unternehmen seit Beginn des Erhebungszeitraums ununterbrochen mindestens zu 15 Prozent beteiligt ist (Tochtergesellschaft) und die ihre Bruttoerträge ausschließlich oder fast ausschließlich aus unter § 8 Abs. 1 Nr. 1 bis 6 des Außensteuergesetzes fallenden Tätigkeiten und aus Beteiligungen an Gesellschaften bezieht, an deren Nennkapital sie mindestens zu einem Viertel unmittelbar beteiligt ist, wenn die Beteiligungen ununterbrochen seit mindestens zwölf Monaten vor dem für die Ermittlung des Gewinns maßgebenden Abschlussstichtag bestehen und das Unternehmen nachweist, dass

1. diese Gesellschaften Geschäftsleitung und Sitz in demselben Staat wie die Tochtergesellschaft haben und ihre Bruttoerträge ausschließlich oder fast ausschließlich aus den unter § 8 Abs. 1 Nr. 1 bis 6 des Außensteuergesetzes fallenden Tätigkeiten beziehen oder

2. die Tochtergesellschaft die Beteiligungen in wirtschaftlichem Zusammenhang mit eigenen unter Absatz 1 Nr. 1 bis 6 fallenden Tätigkeiten hält und die Gesellschaft, an der die Beteiligung besteht, ihre Bruttoerträge ausschließlich oder fast ausschließlich aus solchen Tätigkeiten bezieht,

wenn die Gewinnanteile bei der Ermittlung des Gewinns (§ 7) angesetzt worden sind; das gilt auch für Gewinne aus Anteilen an einer Gesellschaft, die die in der Anlage 2 zum Einkommensteuergesetz genannten Voraussetzungen des Artikels 2 der Richtlinie 2011/96/EU des Rates vom 30. November 2011 über das gemeinsame Steuersystem der Mutter- und Tochtergesellschaften verschiedener Mitgliedstaaten (ABl. L 345 vom 29.12.2011, S. 8) erfüllt, weder Geschäftsleitung noch Sitz im Inland hat und an deren Nennkapital das Unternehmen zu Beginn des Erhebungszeitraums mindestens zu einem Zehntel beteiligt ist. ²§ 9 Nr. 2a Satz 3 gilt entsprechend. ³§ 9 Nummer 2a Satz 4 gilt entsprechend. ⁴Bezieht ein Unternehmen, das über eine Tochtergesellschaft mindestens zu 15 Prozent an einer Kapitalgesellschaft mit Geschäftsleitung und Sitz außerhalb des Geltungsbereichs dieses Gesetzes (Enkelgesellschaft) mittelbar beteiligt ist, in einem Wirtschaftsjahr Gewinne aus Anteilen an der Tochtergesellschaft und schüttet die Enkelgesellschaft zu einem Zeitpunkt, der in dieses Wirtschaftsjahr fällt, Gewinne an die Tochtergesellschaft aus, so gilt auf Antrag des Unternehmens das Gleiche für den Teil der von ihm bezogenen Gewinne, der der nach seiner mittelbaren Beteiligung auf das Unternehmen entfallenden Gewinnausschüttung der Enkelgesellschaft entspricht. ⁵Hat die Tochtergesellschaft in dem betreffenden Wirtschaftsjahr neben den Gewinnanteilen einer Enkelgesellschaft noch andere Erträge bezogen, so findet Satz 4 nur Anwendung für den Teil der Ausschüttung der Tochtergesellschaft, der dem Verhältnis dieser Gewinnanteile zu der Summe dieser Gewinnanteile und der übrigen Erträge entspricht, höchstens aber in Höhe des Betrags dieser Gewinnanteile. ⁶Die Anwendung des Satzes 4 setzt voraus, dass

1. *die Enkelgesellschaft in dem Wirtschaftsjahr, für das sie die Ausschüttung vorgenommen hat, ihre Bruttoerträge ausschließlich oder fast ausschließlich aus unter § 8 Abs. 1 Nr. 1 bis 6 des Außensteuergesetzes fallenden Tätigkeiten oder aus unter Satz 1 Nr. 1 fallenden Beteiligungen bezieht und*
2. *die Tochtergesellschaft unter den Voraussetzungen des Satzes 1 am Nennkapital der Enkelgesellschaft beteiligt ist.*

⁷Die Anwendung der vorstehenden Vorschriften setzt voraus, dass das Unternehmen alle Nachweise erbringt, insbesondere

1. *durch Vorlage sachdienlicher Unterlagen nachweist, dass die Tochtergesellschaft ihre Bruttoerträge ausschließlich oder fast ausschließlich aus unter § 8 Abs. 1 Nr. 1 bis 6 des Außensteuergesetzes fallenden Tätigkeiten oder aus unter Satz 1 Nr. 1 und 2 fallenden Beteiligungen bezieht,*
2. *durch Vorlage sachdienlicher Unterlagen nachweist, dass die Enkelgesellschaft ihre Bruttoerträge ausschließlich oder fast ausschließlich aus unter § 8 Abs. 1 Nr. 1 bis 6 des Außensteuergesetzes fallenden Tätigkeiten oder aus unter Satz 1 Nr. 1 fallenden Beteiligungen bezieht,*
3. *den ausschüttbaren Gewinn der Tochtergesellschaft oder Enkelgesellschaft durch Vorlage von Bilanzen und Erfolgsrechnungen nachweist; auf Verlangen sind diese Unterlagen mit dem im Staat der Geschäftsleitung oder des Sitzes vorgeschriebenen oder üblichen Prüfungsvermerk einer behördlich anerkannten Wirtschaftsprüfungsstelle oder einer vergleichbaren Stelle vorzulegen.*

⁸Die Sätze 1 bis 7 sind bei Lebens- und Krankenversicherungsunternehmen auf Gewinne aus Anteilen, die den Kapitalanlagen zuzurechnen sind, nicht anzuwenden; für Pensionsfonds gilt Entsprechendes;

…

Gewerbesteuer-Richtlinien 2009: GewStR 9.5/GewStH 9.5

Literatur: Baier/Schmid, Qualifikation der Verzinsung des Eigenkapitals einer brasilianischen Kapitalgesellschaft, IStR 2010, 20; Heurung/Seidel/Pippart, Auslandseinkünfte aus Betriebsstätten und Kapitalgesellschaftsanteilen in der Gewerbesteuer, FS Krawitz 2010, 103; Beckmann/Schanz, Gewerbesteuerliche Hinzurechnungen und Kürzungen im Zusammenhang mit Beteiligungserträgen, DB 2011, 954; Kempf/Gelsdorf, Umsetzung der Mutter-Tochter-Richtlinie in deutsches Steuerrecht – eine olle Kamelle?, IStR 2011, 173; Schnitger, Die Niederlande als Niedrigsteuerland iSd § 8 Abs. 3 AStG und die gewerbesteuerliche Kürzung des Hinzurechnungsbetrages, IStR 2011, 328; Ernst, Das gewerbesteuerliche Schachtelprivileg bei Umwandlungsvorgängen, Ubg 2012, 678; Kessler/Dietrich, Wann ist eine Beteiligung eine Schachtelbeteiligung?, DStR 2012, 2101; Rödder/Liekenbrock, Verstößt die gewerbesteuerliche Belastung des Hinzurechnungsbetrags iSd § 10 AStG gegen Europarecht?, Ubg 2013, 23; Kollruss, Europarechtswidrigkeit der gewerblichen Schachtelprivilegien bei doppelt ansässigen ausländischen EU-Tochtergesellschaften, IStR 2014, 51; Kollruss, Verfassungswidrigkeit des gewstlichen Schachtelprivilegs bei doppelt ansässigen Tochtergesellschaften, FR 2015, 446; Ungemach/Gehrmann/Rüffin, Gewerbesteuerliches Schachtelprivileg des § 9 Nr. 7 GewStG, DStZ 2018, 405; Brühl, Entwicklungen der gewerbesteuerlichen Behandlung von Erträgen ausländischer Tochter-Kapitalgesellschaften, FR 2019, 257; Cordes/Leonhardt, Das gewerbesteuerliche Schachtelprivileg im Drittstaatenfall – Bestandsaufnahme im Licht des Ländererlasses vom 25.1.2019 sowie des Referentenentwurfs zum JStG 2019, FR 2019, 651;Eberhardt, Pflicht zur Umsetzung der Mutter-Tochter-Richtlinie im Rahmen der GewSt, IStR 2019, 584; Kahlenberg/Korff, Zur geplanten Änderung des gewerbesteuerlichen Schachtelprivilegs im Rahmen des JStG-E 2019, IStR 2019, 447; Kollruss, Rücknahme der gewerbesteuerlichen Umsetzung der Mutter-Tochter-Richtlinie durch JStG-E 2019 wirkungslos?, WPg 2019, 1354; Eberhardt/Thomsen, Maßgeblicher Stichtag für das gewerbesteuerliche Schachtelprivileg bei abweichendem Wirtschaftsjahr, GmbHR 2020, 338; Kollruss, Gewerbesteuerliche Kürzungen bei Ausschüttungen ausländischer Gesellschaften – Grundlegende Dogmatik und Folgerungen. IStR 2021, 344; Liedgens/Neudenberger, Zur Reichweite der umwandlungssteuerrechtlichen Rechtsnachfolge bei unterjährigen Umstrukturierungen, Ubg 2024, 127; Franke/Kunert, Die Belastung von Dividenden mit Gewerbesteuer im Lichte der Mutter-Tochter-Richtlinie, NWB 2025, 2728; Menges, Unionsrechtliche und verfassungsrechtliche Grenzen des körperschaftsteuerlichen Schachtelprivilegs, Ubg 2025, 432.

Übersicht

I. Allgemeines

1. Zweck

1 Die Vorschrift **bezweckte** ursprünglich die Verbesserung der steuerlichen Rahmenbedingungen für Direktinvestitionen in ausländischen Tochtergesellschaften durch eine **beschränkte Gleichstellung** der ausländischen mit inländischen Schachtelbeteiligungen (§ 9 Nr. 2a) und eine Gleichstellung mit den nach § 9 Nr. 3 begünstigten Erträgen (BT-Drs. VI 2883, 21 f., 44). Im Ergebnis handelte es sich aber um eine **sachliche Steuerbefreiung,** da idR die Erträge der ausländischen Beteiligungsgesellschaft keiner GewSt unterliegen. Zur **Wirkungsweise ihrer aF** vgl. Ungemach/Gehrmann/Rüffin DStZ 2018, 405.

2. Rechtsentwicklung

2 Eingeführt wurde die Vorschrift durch G. v. 8.9.1972 (BGBl. 1972 I 1713) für eine ausländische Schachtelbeteiligung von seinerzeit 25 %, die ab EZ 1984 auf 10 % gesenkt (G. v. 22.12.1983, BGBl. 1983 I 1583) und ab **EZ 2008** auf 15 % heraufgesetzt wurde (G. v. 14.8.2007, BGBl. 2007 I 1912). Zur Umsetzung der sog. Mutter-Tochter-Richtlinie – MTR – (EG-RL Nr. 90/435/EWG v. 23.7.1990, ABl. 1990 L 225, 6; ab EZ 2013: RL 2011/96/EU des Rates v. 30.11.2011, ABl. 2011 L 345, 8) wurde durch das StÄndG 1992 (BGBl. 1992 I 297) dem Satz 1 ein 2. Halbsatz angefügt. Weitere Fassungen erhielt die Vorschrift durch G. v. 23.10.2000 (BGBl. 2000 I 1433: Übernahme des Regelungsgehalts des § 26 Abs. 2–5 KStG aF), G. v. 20.12.2001 (BGBl. 2001 I 3858: Übernahme der in § 8 Abs. 2 AStG aF genannten Voraussetzungen, insb. zur Landes- und zur Funktionsholding), G. v. 22.12.2003 (BGBl. 2003 I 2840: Ausschluss von Lebens- und Krankenversicherungsunternehmen sowie Pensionsfonds durch Anfügung v. Satz 6, zuletzt Satz 8), G. v. 13.12.2006 (BGBl. 2006 I 2878: zur Kürzung um den Nettobetrag), G. v. 14.8.2007 (BGBl. 2007 I 1912: Mindestbeteiligung 15 %), G. v. 20.12.2007 (BGBl. 2007 I 3150: stichtagsorientiertes Beteiligungserfordernis für EU-Gesellschaften) und G. v. 26.6.2013 (BGBl. 2013 I 1809: Anpassung an die Änderung der MTR).

Schließlich erfolgte nach dem **Verdikt des EuGH** (→ Rn. 4) die gegenwärtige **Neuregelung** durch G. v. 12.12.2019 (BGBl. 2019 I 2451) mit einer weitgehenden Anpassung der Kürzungsvoraussetzungen an die des § 9 Nr. 2a, allerdings nicht für alle noch offenen Fälle, sondern mit **Wirkung ab EZ 2020** (§ 36 Abs. 1 idF des oa G.). Die FVerw hatte schon zuvor die Reißleine gezogen und für alle noch offenen Fälle verfügt, dass – bis zum Ergehen einer gesetzlichen Neuregelung – die einschränkenden Voraussetzungen der Vorschrift entweder überhaupt nicht oder nur dann nicht anzuwenden sind, wenn sie eine Kürzung ausschließen würden (FM Länder BStBl. I 2019, 91, siehe hierzu bei den betreffenden Voraussetzungen). Insofern ist die Verw. **für die offenen Fälle ErsatzGgeber** geworden, mE allerdings mit nachfolgendem Einverständnis des Ggebers (vgl. den Hinweis in BR-Drs. 356/19, 153).

3. Verhältnis von Vorschriften

Die Kürzungsmöglichkeit der Nr. 7 hat keinen Einfluss auf die **Auslegung des § 9 Nr. 3** (kein Anwendungsvorrang); die Vorschriften betreffen bei unterschiedlichen Voraussetzungen je unterschiedliche Teilhaben an der ausländischen Gesellschaft, nämlich Gewinnanteile hier und – unbeschadet einer Zuordnung als Gewinnanteil nach § 20 Abs. 1 Nr. 1 EStG – Auslandseinkünfte dort (BFH I R 10/14, BStBl. II 2015, 1049). Anders verhält es sich angesichts der Normierung des doppelten Auslandsbezugs in Nr. 7 (→ Rn. 11) mit der **Auslegung des § 9 Nr. 2a** und dem dort verwendeten Begriff der inländischen KapitalGes (BFH I R 43/18, BFH/NV 2022, 1383; zum Metasystem Kollruss IStR 2021, 344;). 3

Zur jedenfalls nach dem Wortlaut der Vorschriften gegebenen **Anwendungsproblematik der Nr. 7** und **§ 8 Nr. 5** → § 8 Nr. 5 Rn. 1; zur gewstrechtlichen Wirkung abkommensrechtlicher Privilegien → § 8 Nr. 5 Rn. 6.

Bei Zusammentreffen mit abweichenden Vorschriften eines **DBA** sind die für den Stpfl. jeweils günstigeren Bestimmungen anzuwenden (GewStR 9.5 S. 7). Die **Auslegung** von DBA-Vorschriften lässt aber keine zwingenden Rückschlüsse auf die Auslegung der Begriffe des nationalen Außensteuerrechts zu (BFH I R 154/81, BStBl. II 1985, 160).

4. Höherrangiges Recht

a) EU-Recht. Zweifel im Hinblick auf das **Europäische Recht** bestanden insb. im Hinblick auf die **Niederlassungsfreiheit** (Art. 49 AEUV) insofern, als in § 9 Nr. 7 höhere Hürden (insb. (Beteiligungshöhe, Besitzzeit und Stichtag, höchstens dreistufiger Konzernaufbau, Aktivitätserfordernisse) für die Kürzung von ausländischen Erträgen aufgestellt waren als in § 9 Nr. 2a (so Bauschatz IStR 2002, 333 (341); Lüdicke IStR 2003, 188 (193); auch Gosch in Brandis/Heuermann § 9 Rn. 297). Der Zweck der Nr. 2a, Vermeidung von Doppelbelastungen mit GewSt, war als Rechtfertigung mE untauglich (EuGH C-347/04, BStBl. II 2007, 492; Rainer DStR 2007, 667). Zudem wurden diese Einschränkungen der Nr. 7 als Verstoß gegen die **Kapitalverkehrsfreiheit** angesehen (Roser in Lenski/Steinberg § 9 Nr. 7 Rn. 20a). 4

Der **EuGH** ist vorhersehbar dieser auch vom FG Münster (Vorlagebeschluss 9 K 3911/13 F, EFG 2017, 323) vertretenen Linie gefolgt und hat – **in einem Drittstaatenfall** – die im Vergleich zu § 9 Nr. 2a einschränkenden Tatbestandsvoraussetzungen der Vorschrift als **Verstoß gegen die Kapitalverkehrsfreiheit** (Art. 63 AEUV) beurteilt (EuGH C-685/16, BStBl. II 2019, 111). Hierbei hat er trotz der Geltung des § 9 Nr. 7 – wenn auch in verschiedenen Fassungen – seit 1973 die sog. „Stand-still-Klausel" des Art. 64 AEUV – Stichtag 31.12.1993 – nicht angewandt; Argument: Erhöhung des Beteiligungserfordernisses (von 10 % auf 15 %), Einführung der Netto- statt der Bruttodividende sowie des Halbeinkünfteverfahrens – wobei insb. im Hinblick auf Letzteres eine klare Subsumtion

(Beeinflussung des § 9 Nr. 7 hierdurch!?) wünschenswert gewesen wäre (ebenso Oertel Ubg 2018, 600).

5 **b) Verfassungsrecht.** Im Blickfeld steht das Erfordernis von **Geschäftsleitung und Sitz** im Ausland. Im Zusammenwirken mit § 9 Nr. 2a („inländische" KapitalGes) entstehe eine Begünstigungslücke für doppelt ansässige KapitalGes (territoriale Trennung von Geschäftsleitung und statuarischem Sitz, ggf. mit Hauptverwaltung), was einen Verstoß gegen den Gleichbehandlungsgrundsatz darstelle (insb. Kollruss FR 2015, 446). ME ist das Problem jedoch insofern zu lösen, als das Tatbestandselement „inländisch" in der Nr. 2a zugunsten der doppelt ansässigen KapitalGes auslegbar ist (hierzu auch → § 9 Nr. 2a Rn. 3).

II. Die Voraussetzungen

1. Die Beteiligung

6 **a) Allgemeines.** Die **Beteiligung** muss **mindestens 15 %** vom Nennkapital der ausländischen Gesellschaft betragen (so schon nach S. 1 Hs. 1 aF; krit. ua Kahlenberg/Korff IStR 2019, 447; Eberhardt IStR 2019, 584; Cordes/Leonhardt FR 2019, 651: Verstoß gegen MTR). Sie muss sich **im BV** des beteiligten Unternehmens befinden (vgl. BFH II R 186/80, BStBl. II 1987, 550). Nach BFH I R 31/99, BStBl. 2001, 685 (zu Satz 1 Hs. 1 aF) genügt auch eine **mittelbare Beteiligung** über eine PersGes (zust. GewStH 9.5; Roser in Lenski/Steinberg § 9 Nr. 7 Rn. 23). Dem ist mE für die nF, in der der Klammerzusatz „Tochtergesellschaft" nicht mehr enthalten ist, zuzustimmen.

Für Dividendenausschüttungen **bis EZ 2019** gilt das Erfordernis einer 15%igen Beteiligung nur **im Drittstaatenfall** (§ 9 Nr. 7 S. 1 Hs. 1 aF; hierzu FM Länder BStBl. I 2019, 91). Im **EU-Fall** bleibt es mE bei der 10%igen Beteiligung nach § 9 Nr. 7 S. 1 Hs. 2 aF (ebenso Cordes/Leonhardt FR 2019, 651).

7 **b) Stichtag statt Dauer.** Die Beteiligung muss **zu Beginn des EZ** bestanden haben. Daran hat sich trotz EuGH C-685/16, BStBl. II 2019, 111 wegen des Gleichlaufs mit § 9 Nr. 2a nichts geändert (BFH I R 12/18, BStBl. II 2021, 875; krit. weiterhin Menges Ubg 2025, 432; Franke/Kunert NWB 2025, 2728: Verstoß gegen die MRT). Damit ist lediglich das Erfordernis, dass die Mindestbeteiligung **ununterbrochen** bestanden haben muss (krit. Kempf/Gelsdorf IStR 2011, 173: Verstoß gegen die MTR; s. auch Kessler/Knörzer IStR 2008, 121; Kessler/Dietrich DStR 2012, 2101), überholt; auch insofern ist Gleichlauf mit § 9 Nr. 2a hergestellt. Für Ausschüttungen auf eine unterjährig erworbene Schachtelbeteiligung bleibt es bei der Hinzurechnung nach § 8 Nr. 5 GewStG (Liedgens/Neudenberger Ubg 2024, 127).

Bei **Beginn der StPfl. während des EZ** ist nach GewStR 9.3 S. 5 dieser Zeitpunkt maßgebend, weil ein abgekürzter EZ (§ 14 S. 3) besteht. Hierzu, zum **abweichenden Wj** und zur **Rechtsnachfolge nach UmwStG** bei einer unterjährigen Umstrukturierung → § 9 Nr. 2a Rn. 5.

7a Die Neufassung gilt **an sich ab EZ 2020** (→ Rn. 2 Abs. 2). Für alle **noch offenen Fälle** kommt es aber ebenfalls auf die Beteiligung zu Beginn des EZ an, wenn das Erfordernis ihrer Dauerhaftigkeit die Kürzung ausschließen würde (FM Länder BStBl. I 2019, 91). Damit bleibt es in offenen Fällen für GewTreibende mit Drittstaatendividenden möglich, sich bei bestimmten Umwandlungen (insb.

nach § 23 UmwStG) auf das zeitraumbezogene Kriterium des § 9 Nr. 7 S. 1 aF zu berufen und sich der Anwendung des § 4 Abs. 2 S. 3 UmwStG zu versichern (Kahlenberg/Korff IStR 2019, 155; Brühl FR 2019, 257).

c) Besonderheiten. Sind **Inhaber** der Anteile **Gesellschafter einer Personengesellschaft** (auch KapitalGes) und gehören die Anteile zum notwendigen BV der Gesellschaft, dann sind mE die einzelnen Anteile bei der Ermittlung der Höhe der Beteiligung zusammenzurechnen (GewStR 9.3 S. 4). Durch Zwischenschaltung einer PesGes können demnach **auch Streubesitzdividenden** von der Kürzung profitieren (Haase/Dorn DStR 2017, 134). Letzteres gilt nicht für die Gesellschafter einer Kapitalgesellschaft (RFH RStBl. 1934, 317). 8

Im Falle der **Organschaft** genügt es nach FG Köln 4 K 5914/97, EFG 2003, 946 (aus anderen Gründen aufgeh. durch BFH I R 1/03, nv), wenn der Organträger nur mit zusammengerechneten Beteiligungen seiner Organgesellschaften die nötige Beteiligungshöhe erreicht (ebenso wohl Roser in Lenski/Steinberg § 9 Nr. 2a Rn. 29); mE jedoch unzutreffend, weil dem Grundsatz der eigenständigen Ermittlung der GewErträge bei Organschaften (→ § 2 Rn. 518, 523 ff.) widersprechend (ebenso wohl Gosch in Brandis/Heuermann § 9 Rn. 172).

Im Fall der **Verschmelzung/Vermögensübertragung** der BeteiligungsGes auf eine andere Körperschaft (§§ 11 ff. UmwStG) treten die Anteile an der übernehmenden Körperschaft an die Stelle der Anteile an der übertragenden Körperschaft (§ 13 Abs. 2 S. 2 UmwStG). War die erforderliche Beteiligungsquote zum Beginn des EZ gegeben, geht sie demnach durch die nachfolgende Vermögensübertragung nicht verloren (Roser in Lenski/Steinberg § 9 Nr. 2a Rn. 33; Schroer/Starke FR 2007, 488).

2. Persönlicher Geltungsbereich

a) Rechtsform des beteiligten Unternehmens. Die **Rechtsform des beteiligten Unternehmens** ist für die Schachtelvergünstigung ohne Bedeutung, auch wenn die Vorschrift im Hinblick auf § 8b Abs. 1 KStG oder ein jeweiliges DBA praktisch nur für Einzelunternehmen und Personengesellschaften relevant ist. Auch **im Ausland ansässige** Unternehmen sind begünstigt, wenn sie im Inland eine BSt. unterhalten und die Beteiligung zum BV dieser BSt. zählt (zur Problematik vgl. BFH II R 186/80, BStBl. II 1987, 550). 9

b) Lebens- und Krankenversicherungsunternehmen sowie Pensionsfonds. Für solche Unternehmen enthält Satz 2 iVm § 9 Nr. 2a S. 5 – wie bisher – einen **Kürzungsausschluss** für Gewinne aus Anteilen, die den Kapitalanlagen zuzurechnen sind. Damit ist der Regelungsinhalt der Vorschrift durchgehend ab EZ 2004 anzuwenden (→ Rn. 2). Vgl. hierzu → § 9 Nr. 2 Rn. 3 und → § 9 Nr. 2a Rn. 8c. 10

3. Das Beteiligungsunternehmen

a) Auslandsbezug/Rechtsform. Die Gesellschaft iSv S. 1 Hs. 1 (Beteiligungsgesellschaft) muss **Geschäftsleitung und Sitz außerhalb** des Geltungsbereiches des GewStG haben (doppelter Auslandsbezug, vgl. BFH I R 43/18, BFH/NV 2022, 1383). Zudem muss sie dem Zweck der Vorschrift entsprechend einer deutschen Kapitalgesellschaft vergleichbar sein **(Typenvergleich;** hierzu BFH I R 12/18, BStBl. II 2021, 875 mwN). Auf das Bestehen einer Rechtspersönlichkeit 11 oder die steuerliche Behandlung im Ausland allein kommt es nicht an (Roser in Lenski/Steinberg § 9 Nr. 7 Rn. 23).

12 **b) Mutter-Tochter-Richtlinie.** Für **EU-Fälle bis EZ 2019** erforderte die aF der Vorschrift für die Tochtergesellschaft die Erfüllung der Voraussetzungen des Art. 2 MTR (Anlage 2 zum EStG). Diese Voraussetzung wird durch FM Länder (BStBl. I 2019, 91) nicht tangiert. Betroffen sind im Wesentlichen Anforderungen an die *Rechtsform* (Kapital- und vergleichbare Gesellschaftsformen der EU), die *Ansässigkeit* in einem EU-Staat und die *Besteuerung* (Körperschaft- oder ähnliche Steuer).

4. Keine weiteren Voraussetzungen

13 **Unerheblich** sind nach der nF
- die **Tätigkeiten,** aus denen die Bruttoerträge der Tochtergesellschaft stammen durften (Abs. 1 Hs. 1 aF).
- die **Beteiligungen,** aus denen die Bruttoerträge der Tochtergesellschaft stammen durften (Abs. 1 Hs. aF).

Das gilt jeweils auch für alle noch **offenen Fälle** (FM Länder BStBl. I 2019, 91; → Rn. 2). Obsolet ist damit auch die Streitfrage, wie die Formulierung der aF „ausschließlich oder fast ausschließlich" zu verstehen ist (10. Aufl. § 9 Nr. 7, Rn. 10a) sowie das Erfordernis der zeitlichen Kongruenz zwischen Tätigkeit und Entstehung des ausgeschütteten Gewinns (10. Aufl. § 9 Nr. 7, Rn. 11).

5. Insbesondere Enkelgesellschaft

14 **Ab EZ 2020** besteht nach der Neufassung **keine Sonderregelung** für Ausschüttungen durch eine Enkelgesellschaft, wie nach § 9 Nr. 7 S. 4–7 aF. Damit kommt eine Berücksichtigung solcher Ausschüttungen ab EZ 2020 mE grundsätzlich nicht in Betracht. Eine Ausnahme besteht mE nur, wenn das Unternehmen neben der mittelbaren Beteiligung noch eine unmittelbare Beteiligung an der Enkelgesellschaft hält, und diese unmittelbar an das Mutterunternehmen ausschüttet.

15 **Für die offenen Fälle,** also Ausschüttungen durch die Enkelgesellschaft und solche der Tochtergesellschaft im nämlichen EZ, bleibt es demnach bei den Vorschriften des § 9 Nr. 7 aF (10. Aufl. § 9 Nr. 7 Rn. 12 ff.). Allerdings sind nach FM Länder (BStBl. I 2019, 91) die „besonderen Voraussetzungen" für diese über die Tochtergesellschaft bezogenen Gewinnanteile „nicht anzuwenden". ME ist diese Anweisung dahin zu verstehen, dass zwar die **Beteiligungsquoten** (15 % Beteiligung der Mutter an der Tochter, 15 % mittelbare Beteiligung der Mutter über die Tochter an der Enkelin, 15 % Beteiligung der Tochter an der Enkelin) gegeben sein müssen (§ 9 Nr. 7 S. 4 u. 6 aF), wobei die Beteiligungsquote der Mutter an der Enkelin nicht allein durch Zusammenrechnung einer mittelbaren und einer unmittelbaren Beteiligung erreicht werden darf (10. Aufl. § 9 Nr. 7, Rn. 12). Allerdings gilt auch insoweit die Anweisung FM Länder (BStBl. I 2019, 91), wonach auf die Beteiligungsquote zu Beginn des EZ abzustellen ist, wenn nach den in § 9 Nr. 7 aF normierten Beteiligungsvoraussetzungen die Kürzung ausgeschlossen wäre.

Auch die Voraussetzung, dass die jeweiligen **Ausschüttungen in dem nämlichen EZ** erfolgt sein müssen (jahresgleiche Weiterausschüttung), ist mE ebenfalls zu beachten (10. Aufl. § 9 Nr. 7, Rn. 13).

Dagegen sind mE **nicht anzuwenden** die Voraussetzungen des § 9 Nr. 7 S. 6 Nr. 1 aF, nämlich dass die Enkelin in dem Wj, für das sie die Ausschüttung vorgenommen hat, ihre Bruttoerträge fast ausschließlich aus **Tätigkeiten** iSd § 8 Abs. 1 Nr. 1–6 AStG oder aus **Beteiligungen** iSd § 9 Nr. 7 S. 1 Nr. 1 bezogen hat.

III. Kürzung

1. Grundsatz

Zum **Begriff** des **Gewinns aus Anteilen** vgl. grds. → § 9 Nr. 2a Rn. 6 f. **16**
Die Kürzung betrifft nur die Gewinnanteile nach Satz 1 und Satz 4, die bei der Ermittlung des Gewinns nach § 7 angesetzt worden sind. Hieran fehlt es, wenn der Stpfl. ein Schachtelprivileg nach **DBA** in Anspruch genommen hat (BFH I R 95/05, BStBl. II 2007, 279; I R 30/05, BFH/NV 2006, 1659). Auch → Rn. 3.

Die **Kürzung nach Satz 1** erfolgt **von Amts wegen** ohne Antrag. Nur die **Kürzung nach Satz 4 aF** bedarf eines **ausdrücklichen Antrags.**

2. Gewinn

a) Einzelfälle. Zu den Gewinnen gehören auch **verdeckte Gewinnausschüttungen** sowie **Zinsen auf das Eigenkapital** nach dem brasilianischen G **17**
Nr. 9249/95 bzw. 9430/96 (BFH I R 6, 8/11, BStBl. II 2013, 111; FG Nürnberg 1 K 1958/2008, IStR 2011, 234; Baier/Schmid IStR 2010, 20; Hengeler-Mueller FR 2012, 1177). Auch der **Aufstockungsbetrag nach § 12 AStG** war nach Auffassung von BFH I R 4/05 (BStBl. II 2006, 555) einzubeziehen; mE überholt (→ § 9 Nr. 3 Rn. 4a). Zur **Liquidationsrate** → § 9 Nr. 2a Rn. 7a.

Gewinn iSd Vorschrift ist **nicht** der Gewinn aus der **Veräußerung** von Anteilen (BFH I R 217/69, BStBl. II 1972, 470; VIII R 3/70, BStBl. II 1972, 368; I R 154/81, BStBl. II 1985, 160); er fällt beim Anteilseigner an und nicht bei der KapitalGes. Im Übrigen ist zu bezweifeln, dass der Veräußerungsgewinn einer Ausschüttung aller auf die Beteiligung entfallenden offenen Rücklagen und stillen Reserven gleichkommt (so im Anschluss an den BMF Roser in Lenski/Steinberg § 9 Nr. 7 Rn. 24g) und damit – was wohl gemeint ist – eine Kumulierung vorweggenommener Gewinnanteile darstellt. Nicht Gewinnanteil ist der **Hinzurechnungsbetrag nach §§ 7 ff. AStG** (hierzu ebenfalls → § 9 Nr. 3 Rn. 4a; aA Schnitger IStR 2011, 328; Rödder/Liekenbrock Ubg 2013, 23). Zu **Wertaufholungen** → § 9 Nr. 2a Rn. 8). Zu **Teilwertabschreibungen** iZm der Ausschüttung vgl. § 9 Nr. 2a → Rn. 8 und § 8 Nr. 10.

b) Organschaft. Die Vorschrift ist wegen des steuersystematischen Vorrangs **17a**
des § 2 Abs. 2 S. 2 auf **organschaftliche Gewinnabführungen bzw. -ausschüttungen** nicht anzuwenden (→ § 2 Rn. 527; aA BT-Drs. 14/23, 258). Anders ist dies bei einer Ausschüttung von **vororganschaftlichen Gewinnen,** bei der sich die Sach- und Rechtslage in nichts von Ausschüttungen bei sonstigen Schachtelbeteiligungen unterscheidet (BFH I R 72/01, BStBl. II 2003, 354). Dem entspricht auch die Rechtslage bei sog. **vororganschaftlichen Mehrabführungen;** sie gelten nach § 14 Abs. 3 S. 1 KStG als Gewinnausschüttungen der OG an den OT. Da auch bei ihnen der Grund für die GewErtragskorrekturen nach § 2 Abs. 2 S. 2 (doppelte Erfassung des Ertrags im Organkreis) nicht besteht, ist mE auch bei ihnen die Kürzungsvorschrift anwendbar (ebenso Roser in Lenski/Steinberg § 9 Nr. 2a Rn. 45c).

Aus einer Schachtelbeteiligung **von einer OG bezogene Dividenden,** die **17b**
an sich nach § 8b Abs. 1 KStG kstbefreit sind, unterliegen nach neuerer Rspr. des

BFH gleichwohl der Kürzung, weil nach § 15 Abs. 1 Nr. 2 KStG die Befreiungsvorschrift nicht bei der Ermittlung des Einkommens der OG, sondern erst des OT anzuwenden ist (Bruttomethode) – mit der Folge, dass der Kürzungsbetrag nicht um die 5%ige sog. Schachtelstrafe nach § 8b Abs. 5 KStG zu vermindern ist; da dieser Gewinnanteil bei der Zusammenrechnung der GewErträge beim OT infolge der Kürzung im GewErtrag der OG nicht mehr „enthalten" ist, erfolgt auch beim OT keine Hinzurechnung der Schachtelstrafe (BFH I R 39/14, BStBl. II 2015, 1052, zu FG Münster 10 K 1007/13 G, EFG 2014, 1511, best.; auch → § 2 Rn. 524a).

Natürlich folgte, was folgen musste: **Ab EZ 2017** ist die neu eingeführte Vorschrift des § 7a anzuwenden (→ § 7a Rn. 1 ff.).

3. Aufwendungen

18 Im (unmittelbaren) Zusammenhang mit dem Bezug der Schachteldividenden stehende Aufwendungen mindern **ab EZ 2006** den Kürzungsbetrag (§ 9 Nr. 7 S. 2 iVm § 9 Nr. 2a S. 3 Hs. 1 idF des G. v. 13.12.2006, BGBl. 2006 I 2878; Reaktion auf BFH I R 104/04, BStBl. II 2006, 844; I R 30/05, BFH/NV 2006, 1659). **Überschießende Aufwendungen** werden jedoch nicht hinzugerechnet (→ § 9 Nr. 2a Rn. 9). Auch eine Hinzurechnung **nach § 8 Nr. 1 aF** bzw. **§ 8 Nr. 1 Buchst. a nF** scheidet aus (§ 9 Nr. 7 S. 2 iVm § 9 Nr. 2a S. 3 Hs. 2).

Zu den fiktiven Aufwendungen nach **§ 8b Abs. 5 KStG** → § 9 Nr. 2a Rn. 8 aE. Die Frage ist jedoch durch Einfügung des S. 3 mW auch für EZ vor 2006 (§ 36 Abs. 8 S. 5 Hs. 2 idF des JStG 2007) geklärt.

4. Kürzung nach Satz 4 aF

19 Zunächst → Rn. 14 f. Bei **anderen Erträgen** der Tochtergesellschaft neben den Gewinnanteilen der Enkelgesellschaft unterliegt nur der Teil der Ausschüttung der Tochtergesellschaft der Kürzung, der dem Verhältnis der Gewinnanteile zu der Summe der Gewinnanteile und der übrigen Erträge entspricht, höchstens aber in Höhe des Betrages der Gewinnanteile (§ 9 Nr. 7 S. 5 aF).

Beispiel:

Die Mutter ist mit 40 % an der Tochter, diese ist mit 50 % an der Enkelin beteiligt. Die Mutter ist mittelbar mit 20 % an der Enkelin beteiligt. Diese schüttet 2 Mio. aus, hiervon 1 Mio. an die Tochter. Diese hat noch sonstige Erträge von 600.000 EUR und schüttet 1 Mio. aus, hiervon 400.000 EUR an die Mutter. Deren Anteil an der Ausschüttung durch die Enkelin beträgt 400.000 EUR. Nach Nr. 7 S. 5 aF kann sie aber nur 1 Mio.: 1,6 Mio. = 5/8 von 400.000 EUR = 250.000 EUR abziehen.

§ 9 Nr. 8 Kürzungen

Die Summe des Gewinns und der Hinzurechnungen wird gekürzt um …

8. die Gewinne aus Anteilen an einer ausländischen Gesellschaft, die nach einem Abkommen zur Vermeidung der Doppelbesteuerung unter der Voraussetzung einer Mindestbeteiligung von der Gewerbesteuer befreit sind, wenn die Beteiligung mindestens 15 Prozent beträgt und die Gewinnanteile bei der Ermittlung des Gewinns (§ 7) angesetzt worden sind; ist in einem Abkommen zur Vermeidung der Doppelbesteu-

erung eine niedrigere Mindestbeteiligungsgrenze vereinbart, ist diese maßgebend. [2]§ 9 Nr. 2a Satz 3 gilt entsprechend. [3]§ 9 Nr. 2a Satz 4 gilt entsprechend. [4]Satz 1 ist bei Lebens- und Krankenversicherungsunternehmen auf Gewinne aus Anteilen, die den Kapitalanlagen zuzurechnen sind, nicht anzuwenden; für Pensionsfonds gilt Entsprechendes.

...

Gewerbesteuer-Richtlinien 2009: GewStR 9.5/GewStH 9.5

Literatur: Jochimsen/Zinowsky, DBA-Schachtelprivileg und Gewerbesteuer im Organschaftsfall, DStR 2015, 1999; Grotherr, Gewerbesteuerliche Auswirkungen der mit steuerlichen Dividenden in Zusammenhang stehenden nicht abzugsfähigen Betriebsausgaben, BB 2001, 597; Hageböke, Schachtelprivileg im gewerbesteuerlichen Organkreis, Der Konzern 2014, 313.

Übersicht

I. Allgemeines

1. Zweck

Die durch G. v. 22.12.1983 (BGBl. 1983 I 1583) eingefügte Vorschrift ist eine Ergänzung zu und Harmonisierung mit § 9 Nr. 2a und Nr. 7. Ist in einem DBA eine höhere Schachtelgrenze vorgesehen, so soll sie für gewerbesteuerliche Zwecke in Entsprechung zu den letztgenannten Vorschriften ab **EZ 2008** ebenfalls nur **15 %** betragen. 1

2. Verhältnis zu anderen Vorschriften

Die Kürzungsmöglichkeit der Nr. 8 hat – ebenso wie der Nr. 7 (→ § 9 Nr. 7 Rn. 3) – keinen Einfluss auf die **Auslegung des § 9 Nr. 3** (kein Anwendungsvorrang); die Vorschriften betreffen bei unterschiedlichen Voraussetzungen je unterschiedliche Teilhaben an der ausländischen Gesellschaft, nämlich Gewinnanteile hier und – unbeschadet einer Zuordnung als Gewinnanteil nach § 20 Abs. 1 Nr. 1 EStG – Auslandseinkünfte dort (BFH I R 10/14, BStBl. II 2015, 1049; hierzu zB Hagemann Ubg 2014, 706; Quilitzsch ISR 2015, 276; Schnorberger/Dust/Golz IStR 2014, 271). 1a

Das **Verhältnis** der Vorschrift **zu § 8 Nr. 5** ist ein anderes als das der §§ 9 Nr. 2a und Nr. 7. Da jene Vorschrift die Nr. 8 nicht erwähnt, wird mittelbar deutlich, dass abkommensrechtliche Privilegien durch die Hinzurechnung nicht berührt werden (BFH I R 71/09, BStBl. II 2011, 129). 1b

3. „Ausländische" Gesellschaft

1c Anders als § 9 Nr. 7 enthält die Nr. 8 nicht das Erfordernis von Geschäftsleitung und Sitz im Ausland. Begünstigt sind hier Gewinne aus Anteilen an einer **„ausländischen"** Gesellschaft. Diese Voraussetzung ist nicht definiert. Sie ergibt sich mE aus dem jeweils anzuwendenden DBA, ggf. also Sitz und/oder Geschäftsleitung im Ausland (vgl. Art. 4 OECD-MA).

II. Rechtsformen

2 Die Rechtsform der **ausländischen Gesellschaft** ist nach dem Wortlaut der Vorschrift **nicht beschränkt** auf ausländische Kapitalgesellschaften. Sie verwendet auch nicht den Begriff der ausländischen Gesellschaft in § 7 Abs. 1 AStG, also Körperschaften, Personenvereinigungen oder Vermögensmassen iSd § 1 Abs. 1 KStG. Daher können auch Gewinne aus Anteilen an ausländischen **Personengesellschaften** der Kürzung unterliegen (ebenso Roser in Lenski/Steinberg § 9 Nr. 8 Rn. 2). **Maßgebend** ist der Geltungsbereich des jeweiligen **DBA.**

Die Rechtsform des **inländischen Unternehmens** ist grundsätzlich ohne Bedeutung. Jedoch wird eine Schachtelvergünstigung in einem DBA regelmäßig nur Körperschaften gewährt, deren Erträge aus Beteiligungen an anderen Körperschaften bereits nach § 8b Abs. 1 KStG iVm § 7 S. 1 GewStG außer Ansatz bleiben.

III. Beteiligung

3 **Beteiligungen** an einer **ausländischen Gesellschaft** (→ Rn. 2) **ab EZ 2008** in Höhe von **mindestens 15 %.** Ist in dem **DBA** eine **niedrigere Mindestbeteiligung** vereinbart, so ist diese maßgebend; ist eine höhere Mindestbeteiligung festgelegt, ist die der Nr. 8 maßgebend (vgl. GewStR 9.5 S. 7; Roser in Lenski/Steinberg § 9 Nr. 8 Rn. 5). Die in dem DBA etwa festgelegten weiteren persönlichen und sachlichen Voraussetzungen für die Freistellung (zB Aktivitätsvoraussetzungen) bleiben hiervon unberührt (GewStR 9.5 S. 9). Ein bestimmter **Stichtag** oder eine **Mindestdauer** der Beteiligung ist im G nicht vorgesehen. Die Anforderungen im Einzelnen richten sich mE nach dem DBA; unabhängig davon dürfte eine Beteiligung in der Mindesthöhe während des Wj. bis zum Gewinnbezug genügen.

Welche **Art der Beteiligung** vorliegen muss, ergibt sich nicht aus § 9 Nr. 8, sondern notwendig aus dem jeweiligen DBA (Gosch in Brandis/Heuermann § 9 Rn. 344; Roser in Lenski/Steinberg § 9 Nr. 8 Rn. 3). Die Beteiligung muss sich aber – wie üblich – **im BV** des deutschen GewBetriebs befinden. Zudem müssen die Gewinnanteile bei der Ermittlung des Gewinns angesetzt worden sein.

IV. Voraussetzungen der Kürzung

4 Bestehen **nach dem jeweiligen DBA** weitere sachliche und/oder persönliche Voraussetzungen für die Befreiung, sind diese auch für die Kürzung maßgebend (GewStR 9.5 S. 9; Sarrazin in Lenski/Steinberg § 9 Nr. 8 Rn. 5).

Erforderlich ist der **Ansatz** der Gewinnanteile **in der Gewinnermittlung.** Es genügt nicht der Ansatz im GewErtrag durch Hinzurechnung nach § 8 Nr. 5

(ebenso Roser in Lenski/Steinberg § 9 Nr. 8 Rn. 4). Gehört allerdings auch die GewSt zum Regelungsbereich eines DBA, so lebt dessen Privilegierung – zunächst verdrängt durch § 8b Abs. 1 KStG – nach Hinzurechnung gem. § 8 Nr. 5 wieder auf, mit der Konsequenz, dass die Hinzurechnung zu unterbleiben hat (BFH I R 71/09, BStBl. II 2011, 129).

V. Umfang der Kürzung

Es gelten die Grundsätze zu § 9 Nr. 7 (→ § 9 Nr. 7 Rn. 17 ff.) und § 9 Nr. 2a (→ § 9 Nr. 2a Rn. 8 ff.). Zur **Einschränkung durch § 7a nF** s. dort; zur Anwendung von BFH I R 39/14 (BStBl. II 2015, 1052) s. Hageböke DK 2014, 313; Jochimsen/Zinowski DStR 2015, 1999. 5

Zum **Kürzungsausschluss** bei **Lebens-** und **Krankenversicherungsunternehmen** sowie **Pensionsfonds** → § 9 Nr. 2 Rn. 3 und → § 9 Nr. 2a Rn. 8c.

§ 9 Nr. 10 Kürzungen *(aufgehoben)*

§ 9 Nr. 10 aufgeh. durch G. v. 23.12.2003 (BGBl. 2003 I 2922) mWv EZ 2004.

§ 10 Maßgebender Gewerbeertrag

(1) **Maßgebend ist der Gewerbeertrag, der in dem Erhebungszeitraum bezogen worden ist, für den der Steuermessbetrag (§ 14) festgesetzt wird.**

(2) **Weicht bei Unternehmen, die Bücher nach den Vorschriften des Handelsgesetzbuchs zu führen verpflichtet sind, das Wirtschaftsjahr, für das sie regelmäßig Abschlüsse machen, vom Kalenderjahr ab, so gilt der Gewerbeertrag als in dem Erhebungszeitraum bezogen, in dem das Wirtschaftsjahr endet.**

Literatur: Lüders/Meyer-Kessel, Gewerbeertragsteuer bei Unternehmen mit vom Kalenderjahr abweichendem Wirtschaftsjahr, DStR 1991, 141; Pauka, Erwiderung hierzu, DStR 1991, 143; Lüders/Meyer-Kessel, Gewerbesteuer bei Unternehmen mit vom Kalenderjahr abweichendem Wirtschaftsjahr, DStR 1991, 703; Wohltmann, Körperschaftsteuer und Gewerbesteuer in der Liquidation, NWB 2009, 950; Wälzholz, GmbH-StB 2011, 117; Sarrazin, Erhebungszeitraum zwei Steuerschuldner? – Schuldner der Gewerbesteuer bei einem Wechsel der Rechtsform im Laufe des Jahres, FR 2021, 276.

Übersicht

I. Allgemeines

1. Grundsatz

1 Die Vorschrift beruht auf dem System der Gegenwartsbesteuerung mit dem Kalenderjahr als EZ (§ 14 S. 2; Prinzip der Jahresbesteuerung). Sie setzt einen stehenden GewBetrieb voraus (vgl. SchlHFG IV 370/96, EFG 1997, 550).

2. Zur Entstehung

2 Durch G. v. 26.7.1957 (BGBl. 1957 I 848) erhielt Abs. 2 seine bis einschließlich 1985 geltende Fassung, wonach bei Unternehmen mit abw. Wirtschaftsjahr der GewErtrag als in dem EZ bezogen gilt, in dem das Wirtschaftsjahr endet. Abs. 3 S. 1 erhielt ebenfalls seine bis 1985 einschließlich geltende Fassung (Umrechnung des GewErtrags auf einen Jahresbetrag). Durch G. v. 13.7.1961 (BGBl. 1961 I 981) wurde Abs. 3 S. 2 angefügt (Ausnahmen von der Umrechnung). Durch G. v. 19.12.1985 (BGBl. 1985 I 2436) wurden Abs. 1 neu gefasst und Abs. 2 S. 2 sowie Abs. 3 ersatzlos gestrichen, jeweils mit Wirkung ab EZ 1986. Mit der Streichung des Wortes „einheitliche" durch G. v. 29.10.1997 (BGBl. 1997 I 2590) zur Anpassung an den Wegfall der GewKapSt ab EZ 1998 erhielt die Vorschrift ihre jetzige Fassung.

II. Maßgebender Gewerbeertrag

1. Begriff

3 **a) Grundsatz. Absatz 1** enthält eine Bestimmung des Begriffs des **maßgebenden GewErtrags** (zum Begriff des GewErtrags → § 6 Rn. 1, 4 ff.). Ab 1986 bezeichnet sie damit den GewErtrag, der in dem EZ bezogen worden ist, für den der StMessbetrag festgesetzt wird. Damit wird der Grundsatz aufgegeben, dass der GewBetrieb während der gesamten Zeit seines Bestehens, dh von der Eröffnung bis zur Einstellung mit einem GewErtrag, der der Dauer seiner Stpfl. im Kalenderjahr entspricht, zur GewSt herangezogen wird (Begr. RegE, BT-Drs. 10/1636, 69). Zugleich wird klargestellt, dass bei Unternehmen mit dem Kalenderjahr als Wirtschaftsjahr der Bemessungszeitraum für den GewErtrag und der EZ für die GewSt übereinstimmen.

Die Definition des maßgebenden GewErtrags ist auch von Bedeutung im Fall des **Steuerschuldnerwechsels** bei **gleichbleibender sachlicher GewSt-Pflicht,** zB bei Anwachsung des Gesellschaftsvermögens einer PersGes auf den letzten verbliebenen Gesellschafter durch Ausscheiden der übrigen Gesellschafter während des EZ. Maßgebend ist der eine im gesamten EZ erzielte GewErtrag, basierend auf den Gewinnen der PersGes und des fortführenden Einzelunternehmens, auf dessen Grundlage ein einheitlicher GewStMessbetrag zu ermitteln und durch Erlass zweier GewStMessbescheide auf mehrere StSchuldner aufzuteilen ist

(BFH IV R 8/16, BStBl. II 2018, 484). Zum umgekehrten Fall der Einbringung eines Einzelunternehmens in eine PersGes BFH III R 36/85 (BStBl. II 1989, 664); IV R 133/90 (BStBl. II 1995, 791). Zu ungelösten Fragen Sarrazin FR 2021, 276.

b) Abgekürzter EZ. § 10 Abs. 1 ist auch anzuwenden, wenn die **sachliche GewStPfl. nicht während eines ganzen Kalenderjahres** besteht. In diesem Fall besteht nach § 14 S. 3 ein abgekürzter EZ (→ § 14 Rn. 9). 4

Enden zwei Wirtschaftsjahre in Folge der Umstellung (→ Rn. 8) auf ein weiteres abw. Wj. (zB von Ende 30.6. auf 30.9) **in demselben EZ,** dann sind die Ergebnisse beider Wj. zusammenzurechnen. Bei einem Wechsel der Steuerschuldnerschaft durch **Begründung einer Organschaft** auf den Beginn des neuen Wj. sind die Ergebnisse der in diesem EZ endenden Wj. gemäß dem Wechsel der Steuerschuldnerschaft unterschiedlich zuzuordnen; auch im Falle einer neu begründeten mehrstöckigen Organschaft (FG München 15 V 2468/99, EFG 2000, 92).

2. Sonderregelung nach § 16 Abs. 1 GewStDV

Für in **Abwicklung** befindliche **Unternehmen iSd § 2 Abs. 2 GewStG** 5 (Europäische Gesellschaften, Kapitalgesellschaften, Genossenschaften, einschließlich Europäische Genossenschaften, Versicherungs- und Pensionsfondsvereine auf Gegenseitigkeit) ist der GewErtrag, der während der Abwicklung entstanden ist, auf die Jahre der Abwicklung zu verteilen. Für diesen **gesamten Zeitraum** wird, ggf. unter Berücksichtigung des verbleibenden Fehlbetrags (§ 10a) des letzten EZ vor Beginn des Abwicklungszeitraums, also **nur ein GewErtrag** ermittelt und den einzelnen EZ des Abwicklungszeitraums zugewiesen wird (vgl. BFH I R 35/12, BStBl. II 2013, 508; Wohltmann NWB 2009, 950; zweifelnd Wälzholz gmbhstb 2011, 117). **Abwicklungszeitraum** ist der Zeitraum vom Beginn bis zum Ende der Abwicklung. Beginnt die Abwicklung im Laufe des Wirtschaftsjahrs, so ist grundsätzlich für die Zeit vom Schluss des vorangegangenen Wirtschaftsjahrs bis zum Beginn der Abwicklung ein Rumpfwirtschaftsjahr zu bilden, das nicht in den Abwicklungszeitraum einzubeziehen ist (BFH I R 233/71, BStBl. II 1974, 692). Wird ein Rumpfwirtschaftsjahr nicht gebildet, dann beginnt der Abwicklungszeitraum am Schluss des vorangegangenen Wirtschaftsjahrs.

Die **Verteilung** des im Abwicklungszeitraum erzielten GewErtrags auf die einzelnen Jahre erfolgt nach dem Verhältnis, in dem die Zahl der Kalendermonate, in denen im einzelnen Jahr die StPfl. bestanden hat, zu der Gesamtzahl der Kalendermonate des Abwicklungszeitraums steht (ebenso noch GewStR 7.1 (8) S. 4). Nach § 16 Abs. 2 GewStDV gilt die entsprechende Regelung für **alle GewBetriebe,** wenn über das Vermögen des Unternehmens das Insolvenzverfahren eröffnet worden ist (vgl. hierzu RFH I 40/40, RStBl. 1940, 476).

3. Abweichendes Wirtschaftsjahr

a) Grundsatz. Absatz 2 enthält eine abw. Regelung für Unternehmen mit 6 **abweichendem Wirtschaftsjahr** (Zeitraum, für das sie regelmäßig Abschlüsse machen). Danach gilt der GewErtrag als **in dem EZ bezogen,** in dem das Wirtschaftsjahr endet. Mit Ablauf des abw. Wj. steht der im EZ erzielte Gewerbeertrag grundsätzlich fest. Der Ablauf des EZ ist eine aufschiebende Bedingung für die Entstehung der auf diesen Gewerbeertrag entfallenden GewSt (→ § 18

Rn. 1 ff.; hierzu FG Düsseldorf 10 K 686/20, EFG 2022, 1847, best. durch BFH IV R 21/22, BStBl. II 2025, 727). In diesem EZ wird der GewErtrag des Wirtschaftsjahres ungeteilt der GewSt unterworfen (vgl. BFH IV R 59/16, BFH/NV 2020, 282). Daher ist auch bei Hinzurechnungen nach § 8 und Kürzungen nach § 9 keine Aufteilung vorzunehmen (zu Dauerschuldzinsen vgl. FG Hmb II 238/86, EFG 1989, 420). **Veränderungen** beim Gewinn oder dem GewErtrag zwischen dem Ende des abweichenden Wj. und des Kj. werden dem nächsten EZ zugewiesen (BFH IV R 21/22, BStBl. II 2025, 727). Trotzdem ist mE für die Gewährung der Schachtelvergünstigung nach § 9 Nr. 2a, 7 auf den EZ des **Dividendenbezugs** abzustellen (→ § 9 Nr. 2a Rn. 5).

Der GewErtrag des im EZ endenden abw. Wirtschaftsjahres ist auch ohne Umrechnung der **Zerlegung** zugrunde zu legen (BFH I R 19/92, BStBl. II 1993, 679; vgl. auch VIII R 45/90, BFH/NV 1993, 191 sowie FG Münster 6 K 3166/88 G, EFG 1992, 292). Entsprechendes gilt für die **Verlustfeststellung** nach § 10a (→ § 10a Rn. 116; BFH IV R 13/20, BFH/NV 2022, 1393).

Die **Bestimmung des abw. Wirtschaftsjahres** erfolgt nicht schon durch die Einreichung einer Eröffnungsbilanz, sondern frühestens mit dem ersten Abschluss (vgl. BFH IV R 307/84, BFH/NV 1990, 632). Die Vorschrift gilt auch für den Ertrag eines **Rumpfwirtschaftsjahres,** weil sie die Rechtsfolge nicht auf die Wirtschaftsjahre beschränkt, für die regelmäßig Abschlüsse gemacht werden.

7 **b) Buchführungspflicht.** Die Vorschrift ist **nur anwendbar** für Unternehmen, die **Bücher nach den Vorschriften des HGB** zu führen verpflichtet sind; Buchführungspflichten **nach anderen Vorschriften** sind **unbeachtlich** (ebenso Roser in Lenski/Steinberg § 10 Rn. 16 aE). Die Vorschrift ist inhaltsgleich mit § 7 Abs. 4 S. 2 KStG und weiter als § 4a Abs. 1 S. 2 Nr. 2 EStG, wo es auf die Eintragung im HR ankommt. Praktisch relevant dürfte diese Unterscheidung kaum werden, weil die Betriebseröffnung mit abw. Wirtschaftsjahr nach § 4a Abs. 1 S. 1 Nr. 2 S. 1 EStG nur durch im HR eingetragene Gewerbebetriebe und die Umstellung auf ein abw. Wirtschaftsjahr nur im Einvernehmen mit dem FA erfolgen darf. Ob § 7, der für die Ermittlung des Gewinns auf das Einkommen in dem dem EZ entsprechenden VZ abstellt, eine insofern vereinheitlichende Funktion zukommt (Roser in Lenski/Steinberg § 10 Rn. 8; Baldauf in Brandis/Heuermann § 10 Rn. 7), ist daher eher theoretischer Natur.

Zur **Führung von Büchern** nach Vorschriften des HGB sind **verpflichtet:** Vollkaufleute mit einem Handelsgewerbe iSv § 1 HGB oder deren Firma nach § 2 oder § 3 Abs. 2 HGB ins HR eingetragen ist (vgl. § 238 Abs. 1 HGB); dazu Handelsgesellschaften (§ 6 HGB), also OHG (§ 105 HGB), KG (§ 161 HGB), AG (§ 1 AktG), KG auf Aktien (§ 278 AktG); GmbH (§ 13 Abs. 3 GmbHG), Erwerbs- und Wirtschaftsgenossenschaften (§ 17 Abs. 2 GenG) und die großen Versicherungsvereine auf Gegenseitigkeit (§ 53 VAG).

8 **c) Umstellung.** Die Umstellung auf ein vom Kalenderjahr **abw. Wirtschaftsjahr** darf nur im Einvernehmen mit dem FA erfolgen (§ 4a Abs. 1 Nr. 2 EStG; § 7 Abs. 4 KStG). Dieses ist vor der Umstellung herzustellen. Durch die Umstellung auf ein abw. Wirtschaftsjahr kann eine **GewSt-„Pause“** eintreten (Corsten ZKF 1988, 41). Die Auswirkungen lassen sich aber durch die Notwendigkeit, die Zustimmung des FA zur Umstellung (ggf. konkludent, vgl. BFH IV R 13/10, BStBl. II 2015, 226) herbeizuführen, begrenzen (ebenso Roser in Lenski/Steinberg § 10 Rn. 10). Denn im Rahmen seines pflichtgemäßen Ermessens darf es nur gewichtige wirtschaftliche, sich aus der Betriebsorganisation ergebende Gründe

berücksichtigen (vgl. BFH I R 141/72, BStBl. II 1974, 238; IV R 149/76, BStBl. II 1981, 50). Die Umstellung auf ein mit dem Kalenderjahr übereinstimmendes Wirtschaftsjahr bedarf nicht der Zustimmung des FA. Ebenso wenig ist sie für die Wahl des abw. Wirtschaftsjahres bei der Neugründung erforderlich (BFH I R 244/74, BStBl. II 1977, 561).

§ 10a Gewerbeverlust

[1]Der maßgebende Gewerbeertrag wird bis zu einem Betrag in Höhe von 1 Million Euro um die Fehlbeträge gekürzt, die sich bei der Ermittlung des maßgebenden Gewerbeertrags für die vorangegangenen Erhebungszeiträume nach den Vorschriften der §§ 7 bis 10 ergeben haben, soweit die Fehlbeträge nicht bei der Ermittlung des Gewerbeertrags für die vorangegangenen Erhebungszeiträume berücksichtigt worden sind. [2]Der 1 Million Euro übersteigende maßgebende Gewerbeertrag ist bis zu 60 Prozent um nach Satz 1 nicht berücksichtigte Fehlbeträge der vorangegangenen Erhebungszeiträume zu kürzen. [3]Im Fall des § 2 Abs. 2 Satz 2 kann die Organgesellschaft den maßgebenden Gewerbeertrag nicht um Fehlbeträge kürzen, die sich vor dem rechtswirksamen Abschluss des Gewinnabführungsvertrags ergeben haben. [4]Bei einer Mitunternehmerschaft ist der sich für die Mitunternehmerschaft insgesamt ergebende Fehlbetrag den Mitunternehmern entsprechend dem sich aus dem Gesellschaftsvertrag ergebenden allgemeinen Gewinnverteilungsschlüssel zuzurechnen; Vorabgewinnanteile sind nicht zu berücksichtigen. [5]Für den Abzug der den Mitunternehmern zugerechneten Fehlbeträge nach Maßgabe der Sätze 1 und 2 ist der sich für die Mitunternehmerschaft insgesamt ergebende maßgebende Gewerbeertrag sowie der Höchstbetrag nach Satz 1 den Mitunternehmern entsprechend dem sich aus dem Gesellschaftsvertrag für das Abzugsjahr ergebenden allgemeinen Gewinnverteilungsschlüssel zuzurechnen; Vorabgewinnanteile sind nicht zu berücksichtigen. [6]Die Höhe der vortragsfähigen Fehlbeträge ist gesondert festzustellen. [7]Vortragsfähige Fehlbeträge sind die nach der Kürzung des maßgebenden Gewerbeertrags nach Satz 1 und 2 zum Schluss des Erhebungszeitraums verbleibenden Fehlbeträge. [8]Im Fall des § 2 Abs. 5 kann der andere Unternehmer den maßgebenden Gewerbeertrag nicht um die Fehlbeträge kürzen, die sich bei der Ermittlung des maßgebenden Gewerbeertrags des übergegangenen Unternehmens ergeben haben. [9]§ 8 Abs. 8 und 9 Satz 5 bis 8 des Körperschaftsteuergesetzes ist entsprechend anzuwenden. [10]Auf die Fehlbeträge ist § 8c des Körperschaftsteuergesetzes entsprechend anzuwenden; dies gilt auch für den Fehlbetrag einer Mitunternehmerschaft, soweit dieser

1. einer Körperschaft unmittelbar oder
2. einer Mitunternehmerschaft, soweit an dieser eine Körperschaft unmittelbar oder mittelbar über eine oder mehrere Personengesellschaften beteiligt ist,

zuzurechnen ist. [11]Auf die Fehlbeträge ist § 8d des Körperschaftsteuergesetzes entsprechend anzuwenden, wenn ein fortführungsgebundener Verlustvortrag nach § 8d des Körperschaftsteuergesetzes gesondert festgestellt worden ist. [12]Unterbleibt eine Feststellung nach § 8d Absatz 1 Satz 8 des Körperschaftsteuergesetzes, weil keine nicht genutzten Verluste nach

§ 8c Absatz 1 Satz 1 des Körperschaftsteuergesetzes vorliegen, ist auf Antrag auf die Fehlbeträge § 8d des Körperschaftsteuergesetzes entsprechend anzuwenden; für die Form und die Frist dieses Antrags gilt § 8d Absatz 1 Satz 5 des Körperschaftsteuergesetzes entsprechend.

Gewerbesteuer-Richtlinien 2009: GewStR 10a.1–10a.4/GewStH 10a.1–10a.4

Literatur (Auswahl): Patt/Stimpel, Verlustverwertung im Rahmen einer gewerbesteuerlichen Organschaft, FR 2000, 705; Prinz/Ommerborn, Nochmals: Verwaltungsseitige „Organschaftsfalle" zu Recht beseitigt (Erwiderung zu Patt/Stimpel), FR 2000, 708; Gosch, Erneut zum gewerbesteuerlichen Verlustabzug, StBp 2001, 80; Gosch, Zum Vortrag von Gewerbeverlusten bei doppelstöckigen Mitunternehmerschaften, StBp 2001, 24; Meyer, Verlustnutzung nach Identitätswechsel, BB 2001, 173; Wendt, Gewerbesteuerlicher Verlustvortrag bei doppelstöckiger Personengesellschaft, FR 2001, 79; Dötsch/Pung, Die Neuerungen bei der Körperschaftsteuer und bei der Gewerbesteuer durch das Steuergesetzgebungspaket vom Dezember 2003, DB 2004, 151; Forst/Frings, Die neue Mindestbesteuerung ab 1.1.2004 – Möglichkeiten zur optimalen Nutzung von Verlustvorträgen, EStB 2004, 80; Herzig/Wagner, Mindestbesteuerung durch die Begrenzung der Verrechnung von Verlustvorträgen, WPg 2004, 53; Intemann/Nacke, Verlustverrechnung nach den Steueränderungen für 2003/2004, DStR 2004, 1149; Weber-Grellet, Mindestbesteuerung/Verlustverrechnung, Stbg 2004, 75; Lang/Englisch, Zur Verfassungswidrigkeit der neuen Mindestbesteuerung, StuW 2005, 3; Orth, Organschaft und Anwachsung, DStR 2005, 1629; Prinz/Hick, Transfer gewerbesteuerlicher Verlustabzüge einer Personengesellschaft durch Anwachsung auf eine Organgesellschaft, GmbHR 2006, 841; Thill, Der Übergang von Verlustvorträgen bei Anwachsung einer Personengesellschaft auf eine Kapitalgesellschaft, FR 2006, 407; Zerhusen, Überblick über den Verlustvortrag nach § 10a GewStG, Inf 2006, 737; Dötsch/Pung, JStG 2007: Die Änderungen des KStG und des GewStG, DB 2007, 11; Günther, Gewerbesteuerlichen Verlustabzug bei Personengesellschaften optimal nutzen, GStB 2007, 281; Behrendt/Arjes, Gewerbesteuerliche Unternehmeridentität bei Verschmelzung von Kapitalgesellschaften, DStR 2008, 811; Loose/Suck, Die Bindungswirkung des § 10a GewStG im Rahmen von Gesellschafterwechseln bei Personengesellschaften, FR 2008, 864; Oenings, Gewerbesteuerliche Verlustverrechnung – Unternehmeridentität iSd § 10a GewStG bei atypisch stiller Gesellschaft, DStR 2008, 279; Kleinheisterkamp, Gewerbeverlust und Zinsvortrag bei Übergang und Aufgabe von Teilbetrieben, FR 2009, 522; Lempenau, Gesetzgebung: Steuergesetzgeber contra Steuerbürger?, DStR 2009 Nr. 8, VI; Onert/Hobser, Gewerbesteuerliche Verluste bei Mitunternehmerschaften, EStB 2009, 404; Ropold/Freck, Die Anwachsung als rechtliches und steuerliches Gestaltungsinstrument, GmbHR 2009, 1076; Heinz/Wilke, Sicherung der Verlustverwertung im Unternehmenskonzern durch Einschaltung von Personengesellschaften, GmbHR 2010, 360; Patt, Einbringung betrieblicher Einheiten durch Kapitalgesellschaften, EStB 2010, 146; Schießl, Gewerbesteuerliche Fehlbeträge bei Verschmelzung und Auf- bzw. Abspaltung von Kapitalgesellschaften, StuB 2010, 17; Desens, Der Verlust von Verlustvorträgen nach der Mindestbesteuerung, FR 2011, 745; Dorenkamp, Für einen haushaltsverträglichen Einstieg in den Ausstieg aus der Mindestbesteuerung und gegen eine Verfristung von Verlustvorträgen, FR 2011, 733; Klemt, Die Entsorgung steuerlicher Altlasten – Rückkehr zum zeitlich beschränkten Verlustvortrag verfassungsrechtlich zulässig?, DStR 2011, 1686; Schöneborn, Gewerbeverluste gem. § 10a GewStG bei Personengesellschaften, NWB 2011, 366; Esterer/Bartelt, Einordnung ausgewählter Verlustnutzungsregelungen in die Steuersystematik – Kritische Analyse von sog. Mantelkaufregelung und Mindestgewinnbesteuerung, Ubg 2012, 383; Klomp, Rechtsschutz im Zusammenhang mit der verfassungskonformen Auslegung der sog. Mindestbesteuerung bei Kapitalgesellschaften, GmbHR 2012, 675; Roser, Neueste Entwicklungen bei der Gewerbesteuer, gmbhstb 2013, 53; Schöneborn, Das Merkmal der Unternehmensidentität bei gewerblichen Verlusten, NWB 2013, 863; Rogge, Wegfall des gewerbesteuerlichen Verlustvortrags wegen fehlender Unternehmensidentität, DB 2015, 1182; Keller, Grundsatzentscheidung zur Unternehmensidentität bei einer gewerblich geprägten Personengesellschaft, StuB 2018, 350; Stegemann, Aktuelle Brennpunkte beim Verlustabzug nach § 10a GewStG bei Personengesellschaften, GStB 2018, 171; Steger/Raible, Aktuelle Entwicklungen in der Rechtsprechung zum Verlustabzug nach § 10a GewStG bei Personengesellschaften, DStR 2018, 287; Suchanek, Übergang des Gewerbeverlustes nach § 10a GewStG von einer Kapital- auf eine Personengesellschaft, FR 2019, 645; Kleinheisterkamp, Nutzung von Gewerbeverlusten bei (Teil-)Betriebsübergang auf Personengesellschaften …, Ubg 2020, 397; Suchanek, Zur Reichweite der Gewerbebetriebsfiktion des § 2 Abs. 2 S. 1 GewStG für die Unternehmensidentität beim Übergang des Gewerbeverlusts nach § 10a GewStG, Ubg 2020, 57; Görgen, Verlustnutzung des mitunternehmerschaftlichen Gewerbebetriebs iSd § 10a GewStG – Unternehmensidentität, DStZ 2021, 759; Suchanek, Vorliegen der Unternehmensidentität bei Einbringung des Betriebs im Ganzen durch eine Kapital- in eine Personengesellschaft, FR 2021, 122; Suchanek/Rüsch, Gewerbesteuerliche Unternehmensidentität (§ 10a GewStG) bei unterschiedlichenTätigkeiten von Personengesellschaften, DB 2021, 807; Suchanek, Vorliegen der Unternehmensidentität bei Einbringung des Betriebs im Ganzen durch eine Kapital- in eine Personengesellschaft, FR 2022, 122; Krohn, Einbringungsbedingter Übergang des Gewerbeverlustes von einer Kapitalgesellschaft auf eine Personengesellschaft, AktStR 2024, 291; Bischoff, Die Relevanz der Unternehmensidentität für die Verrechnung gewerbesteuerrechtlicher Verlustvorträge bei Kapitalgesellschaften …, FR 2025, 66; Lenhart/Horstmann, Zur Mindestgewinnbesteuerung und erstmaligen verfassungsgerichtlichen Anerkennung qualifizierter Fiskalzwecke, DStR 2025, 2394; Lüdicke, Mindestgewinnbesteuerung: Die BVerfG-Entscheidung und ihre Folgen …, DB 2025, 2254; Reinhard, Verluste der GmbH & atypisch Still im Lichte der neuen Rechtsprechung, Ubg 2025, 336.

Übersicht

A. Allgemeines

I. Zweck

1 Die Vorschrift dient in Durchbrechung des auch im GewStG angelegten Prinzips der Abschnittsbesteuerung einem **abschnittsübergreifenden Nettoprinzip** (vgl. BFH I R 62/86, BStBl. II 1990, 1083). Sie wird als *Fiskalzwecknorm* angesehen (Kleinheisterkamp in Lenski/Steinberg § 10a Rn. 2, 4), was mE angesichts ihrer Orientierung an den Interessen der gewerblichen Wirtschaft nur für ihre Beschränkungen zutrifft (kein Verlustrücktrag; zeitliche Streckung bzw. teilweise Verhinderung der Verrechnung durch Ansatz von Höchstbeträgen usw). Sie ist mE dem Grundgedanken nach eine *Sozialzwecknorm,* die mit dem Objektsteuerprinzip durchaus vereinbar ist (aA RFH IV A 33/35, RFHE 38, 120, der jedoch mit dem Äquivalenzgedanken argumentiert hat).

II. Zur Entstehung

2 Das GewStG 1936 (RGBl. 1936, 979) enthielt keine Regelung über den Abzug von Verlusten früherer EZ. Der Verlustabzug wurde **erstmals durch RMF**-Erlass (RStBl. 1939, 849) und sodann durch die 3. GewStDV (RGBl. 1940, 284) für

buchführende GewTreibende möglich gemacht, und zwar im Wege des Vortrags auf die beiden folgenden EZ. Diese Regelung wurde als § 10a unter Verlängerung des Vortragszeitraums auf drei Jahre in das **GewStG 1951** (BGBl. 1951 I 996) übernommen. Durch G. v. 16.12.1954 (BGBl. 1954 I 373) wurde der Vortragszeitraum auf fünf Jahre verlängert. Mit G. v. 13.7.1961 (BGBl. 1961 I 981) wurde der Verlustabzug für die Fälle des § 2 Abs. 5 gestrichen. **Bis zum EZ 1974** einschließlich war die Vorschrift nur anzuwenden auf GewTreibende, die den Gewinn nach § 5 EStG aufgrund **ordnungsmäßiger Buchführung** ermittelten. Durch G. v. 21.12.1974 (BGBl. 1974 I 3656) ist dieses Erfordernis fortgefallen. Durch G. v. 19.12.1985 (BGBl. 1985 I 2436) sind die Worte „bei Gewerbetreibenden, die den Gewinn nach § 5 des Einkommensteuergesetzes ermitteln" gestrichen worden. Weitere erhebliche Änderungen brachte das StRefG v. 25.7.1988 (BGBl. 1988 I 1093): Die zeitliche Beschränkung der Vortragsfähigkeit von Fehlbeträgen ist aufgehoben worden; der damalige Satz 2 (jetzt Satz 6) bestimmt, dass die vortragsfähigen Fehlbeträge gesondert festzustellen sind; der damalige Satz 4 (jetzt Satz 10) schließt durch **Verweisung auf § 8 Abs. 4 KStG** den Verlustvortrag in Fällen des **„Mantelkaufs"** aus. Mit Änderung des Satzes 1 und Einfügung der neuen Sätze 2 und 3 durch das GewStÄndG v. 23.12.2003 (BGBl. 2003 I 2922) ist die Mindestbesteuerung (Beschränkung der Kürzung auf einen Betrag von 1 Mio. EUR und darüber hinaus 60 % der nicht ausgeglichenen Fehlbeträge) eingeführt worden; der Abzug vororganschaftlicher Fehlbeträge ist vollständig ausgeschlossen worden.

Durch **JStG 2007** v. 13.12.2006 (BGBl. 2006 I 2878) ist durch Einfügung der Sätze 4 u. 5 festgeschrieben worden, dass bei **Mitunternehmerschaften** die Zurechnung des maßgebenden Fehlbetrags sowie – für den Abzug – des maßgebenden GewErtrags auf die Mitunternehmer nach dem **Gewinnverteilungsschlüssel** ohne Berücksichtigung von Vorabgewinnanteilen zu erfolgen hat (mW für 2007 und frühere EZ, § 36 Abs. 1 und 9 aF). Durch **G. v. 14.8.2007** (BGBl. 2007 I 1912) ist der Verweis auf § 8 Abs. 4 KStG für Zwecke des **„Mantelkaufs"** an den neu geschaffenen **§ 8c KStG** angepasst worden. Durch G. v. 20.12.2007 (BGBl. 2007 I 3150) wurde in einem neuen Satz 7 der Begriff der vortragsfähigen Fehlbeträge bestimmt. Durch JStG 2009 v. 19.12.2008 (BGBl. 2008 I 2794) ist in einem neuen Satz 9 die entsprechende Anwendbarkeit von § 8 Abs. 8 und 9 S. 5–7 KStG (→ Rn. 89a), im neugefassten Satz 10 die entsprechende Anwendbarkeit von § 8c KStG auch auf Mitunternehmerschaften, an denen eine Körperschaft unmittelbar oder mittelbar beteiligt ist, geregelt worden. Durch G. v. 21.12.2020 (BGBl. 2020 I 3096) sind die Sätze 11 u. 12 über die entsprechende Anwendung des **fortführungsgebundenen Verlustvortrags** nach § 8d KStG angefügt worden.

III. Personale und sachliche Elemente/Grundsatz

Die Vorschrift nimmt im System der GewSt eine **gewisse Sonderstellung** 3
ein. Sie bringt nach einer ursprünglich von der BFH-Rspr. getragenen Mindermeinung und aufgrund der klarstellenden Regelung der Sätze 4 u. 5 (G. v. 13.12.2006 (BGBl. 2006 I 2878)) **personale Elemente** in die als Objektsteuer gedachte GewSt und stellt sie gleichrangig neben unternehmensbezogene Elemente (BFH GrS 3/92, BStBl. II 1993, 616; IV R 137/91, BStBl. II 1994, 477). Einerseits erfordert sie nach Auffassung des BFH **Unternehmeridentität**

(→ Rn. 90 ff.). Andererseits setzt der Abzug des GewVerlusts, aus dem Objektsteuercharakter der GewSt folgend, **Unternehmensidentität** voraus (stRspr, zB BFH IV R 353/60 U, BStBl. III 1961, 65; I R 165/80, BStBl. II 1985, 403; X R 20/89, BStBl. II 1991, 25; IV R 31/1, BStBl. II 2017, 482; IV R 59/16, BStBl. II 2020, 147), was nach der Rspr. allerdings nicht immer für KapGes und sonstige Körperschaften galt (hierzu → Rn. 25). Die Berücksichtigung von Verlusten setzt demnach voraus, dass der Verlust während des Bestehens eines Gewerbebetriebes entstanden ist, für den die sachliche GewStPfl. (→ § 2 Rn. 565 ff.) bestanden hatte (→ Rn. 7). Das schließt nicht aus, dass bei Wegfall der GewStPfl. wegen eines persönlichen Befreiungsgrundes und Wiederaufleben der GewStPfl. die Unternehmer- und Unternehmensidentität erhalten bleibt (BFH I R 92/98, BStBl. II 1999, 733). Entscheidend ist, dass Unternehmeridentität und Unternehmensidentität in dem Zeitraum zwischen Verlustentstehungsjahr und Anrechnungsjahr **ununterbrochen bestanden** haben (BFH IV R 3/09, BStBl. II 2013, 176; IV R 59/16, BStBl. II 2020, 147; Suchanek/Rüsch DB 2021, 807).

IV. Zeitfragen

4 Die Vorschrift betrifft grundsätzlich **nicht** einen Verlustausgleich **innerhalb des Wirtschaftsjahres,** für das der maßgebende GewErtrag (§ 10a) einheitlich zu ermitteln ist. Das gilt sowohl für einen Mitunternehmerwechsel (vgl. BFH VIII R 41/95, BStBl. II 1997, 179; IV R 90/05, BFH/NV 2009, 843) sowie für die Einbringung eines Unternehmens in eine Personengesellschaft (BFH VIII R 84/90, BStBl. II 1994, 764). Zum **Teilbetrieb** → Rn. 14; zum **unterjährigen Verlustausgleich** bei Anwendung des **§ 8c KStG** bei einem schädlichen Beteiligungserwerb im Laufe des Wirtschaftsjahres → Rn. 74, bei einem Unternehmerwechsel → Rn. 113b.

V. Kein Verlustrücktrag

5 Einen dem § 10d EStG entsprechenden **Verlustrücktrag** kennt das GewStG nicht. Die finanzielle Schutzbedürftigkeit insbesondere kleinerer Gemeinden mit wenigen großen Steuerzahlern verbot die Übernahme der nach dem Bericht des Finanzausschusses (BT-Drs. 7/4604, 3) für jenen Verlustrücktrag maßgebenden Gedanken. Auch in neueren Gesetzgebungsvorhaben ist der Gedanke des Verlustrücktrags bei der GewSt nicht aufgegriffen worden (vgl. BT-Drs. 10/716, 4); hiergegen bestehen schon wegen der unterschiedlichen Auswirkungen von Rück- und Vortrag **keine** begründeten **verfassungsrechtlichen Bedenken** (BFH I R 62/86, BStBl. II 1990, 1083; III R 84/89, BFH/NV 1991, 766; vgl. zu § 10d EStG BVerfG 1 BvR 318/88, DStR 1991, 1278). Nimmt ein Veranlagungsbeamter trotzdem irrtümlich einen Verlustrücktrag vor, weil er einen um Verlustrückträge nach § 10d EStG geminderten einkommensteuerlichen Gewinn als Basisgröße für die Ermittlung des GewErtrags ansetzt, so liegt nach HessFG (8 K 4342/89, EFG 1991, 363) keine zur Berichtigung führende offenbare Unrichtigkeit vor.

VI. Gewerbeverlust

1. Begriff

Der **Begriff des GewVerlusts** ergibt sich aus der Vorschrift als „die Fehlbeträge …, die sich bei der Ermittlung des maßgebenden Gewerbeertrags für die vorangegangenen Erhebungszeiträume … ergeben haben". Der maßgebende GewErtrag ist der des § 10 (→ § 10 Rn. 3). Vortragsfähiger Fehlbetrag ist demnach nur ein für vorangegangene EZ **insgesamt** ermittelter Fehlbetrag, nicht etwa ein während eines laufenden EZ auf die Zeit vor oder nach einem Gesellschafterwechsel entfallender (Teil-)Fehlbetrag (BFH VIII R 41/95, BStBl. II 1997, 179; IV R 90/05, BFH/NV 2009, 843). Der GewVerlust unterscheidet sich vom Verlust bei der ESt und KSt wie der Gewinn vom GewErtrag; dh er bezeichnet die Fehlbeträge, die sich nach den entsprechenden Hinzurechnungen und Kürzungen ergeben haben. Trotz eines einkommensteuerlichen Gewinns kann sich also ein GewVerlust ergeben und umgekehrt. Berücksichtigt werden darf nur der **im Inland entstandene** Verlust (§ 2 Abs. 1; Ausnahme: **„finaler" Betriebsstätten-Verlust,** → § 9 Nr. 3 Rn. 4a). **§ 15a EStG** hat – da keine Gewinnermittlungsvorschrift – für den Verlustabzug nach § 10a keine Bedeutung (BFH VIII R 39/97, BFH/NV 1997, 857). 6

2. Vorweggenommene Verluste

Das GewStRecht berücksichtigt **keine vorweggenommenen Verluste.** Der GewVerlust setzt das Bestehen eines GewBetriebs voraus. Vorher kann ein (abzugsfähiger) Gewerbeverlust nicht entstehen (BFH IV R 107/74, BStBl. II 1978, 23; IV R 8/97, BStBl. II 1998, 478; IV R 52/09, BStBl. II 2011, 929; IV R 13/20, BFH/NV 2022, 1393; → § 2 Rn. 566). Das ergibt sich bei der GewSt aus ihrem Objektsteuercharakter (BFH IV 262/60, HFR 1961, 52; IV R 107/74, BStBl. II 1978, 23; IV R 52/09, BStBl. II 2011, 929; Kleinheisterkamp in Lenski/Steinberg § 10a Rn. 349). 7

Nicht vorweggenommen sind Verluste im **gewerblichen Grundstückshandel,** die durch Erwerb und Bebauung entstanden sind, weil der Gewerbebetrieb hiermit und nicht erst mit der Veräußerung beginnt (FG Saarl 1 K 152/91, EFG 1992, 407; 1 K 1284/10, EFG 2013, 385; → § 2 Rn. 201, 569); entsprechend für die **(Schiffs)Baukosten** eines nicht auf Betreiben, sondern Veräußerung des Schiffs gerichteten Betriebs (BFH IV R 45/11, BStBl. II 2015, 296; IV R 12/10, BFH/NV 2015, 678) sowie für Entwicklungskosten eines **Entwicklungs- und Herstellungsbetriebs** (FG Nürnberg 3 K 1635/12, BeckRS 2013, 96206).

(frei) 8, 9

B. Voraussetzungen für den Verlustabzug

I. Unternehmensidentität

1. Allgemeines

a) Begriff. (1) Unternehmensidentität bedeutet, dass der im Anrechnungsjahr bestehende **Gewerbebetrieb,** dessen GewErtrag gekürzt werden soll, **der-** 10

selbe sein muss wie der Betrieb, der den Fehlbetrag (Verlust) erwirtschaftet hat (stRspr, zB BFH I R 165/80, BStBl. II 1985, 403; VIII R 84/90, BStBl. II 1994, 764; IV R 31/13, BStBl. II 2017, 482; IV R 2/14, BStBl. II 2017, 1138; IV R 59/16, BStBl. II 2020, 147; hierzu Suchanek Ubg 2020, 57). Das Erfordernis ergibt sich aus dem Charakter der GewSt als Objektsteuer (BFH IV 666/55 U, BStBl. III 1958, 210; IV R 165/76, BStBl. II 1977, 666; I S 3/81, BStBl. II 1981, 748; III R 35/17, BStBl. II 2019, 407). Die **Identität** muss zwischen Verlustentstehungsjahr und Anrechnungsjahr **ununterbrochen** bestanden haben (→ Rn. 3 aE). Ist das nicht der Fall, reicht es nicht aus, wenn der GewBetrieb zum Ende des Anrechnungsjahres wieder mit dem des Verlustentstehungsjahres identisch ist (BFH IV R 59/16, BStBl. II 2020, 147). Mit dem Ende der sachlichen StPfl. (Ausnahme: persönlicher Befreiungsgrund, hierzu → Rn. 3 aE) kann die Unternehmensidentität nicht mehr gegeben sein (BFH IV R 31/13, BStBl. II 2017, 482; IV R 2/14, BStBl. II 2017, 1138).

(2) Unter **GewBetrieb** ist in diesem Zusammenhang **die tatsächlich ausgeübte Betätigung** zu verstehen (BFH IV R 2/14, BStBl. II 2017, 1138; IV R 59/16, BStBl. II 2020, 147). Wer in diesem Sinn gleichzeitig oder nacheinander **mehrere GewBetriebe** unterhält (→ § 2 Rn. 16 ff.), kann den GewErtrag des einen Betriebes nicht um die Verluste des anderen Betriebes kürzen. Dabei ist es unerheblich, dass der Unternehmer gleichzeitig Steuerschuldner der mehreren GewBetriebe ist (BFH I R 16/66, BStBl. II 1969, 169). Das gilt nicht, wenn sich mehrere Betätigungen als ein einheitlicher Gewerbebetrieb darstellen (vgl. BFH X R 130/87, BStBl. II 1989, 901).

(3) **Unternehmensidentität setzt** auf jeden Fall **Unternehmeridentität voraus;** daher darf der GewErtrag einer GmbH & Co. KG nicht mit dem GewVerlust einer nur aus natürlichen Personen bestehenden KG ausgeglichen werden (BFH IV R 194/71, BStBl. II 1972, 794), ebenso wenig die Verluste aus SonderBV bei einer KG mit GewErträgen aus einem Einzelunternehmen (FG Hmb 2 K 140/11, EFG 2013, 389; vgl. aber → Rn. 20 ff., → Rn. 25 und → Rn. 40).

10a Die Frage, ob bei Übergang des Betriebs einer PersGes auf eine KapGes durch Anwachsung/Verschmelzung die **Unternehmensidentität durch Fortführung** des verlustverursachenden Betriebs **bis zur völligen Verrechnung** der Verluste gegeben sein muss (so FG Nürnberg 1 K 1229/14, EFG 2017, 929) oder nur im Zeitpunkt der Anwachsung/Verschmelzung (so FG Düsseldorf 11 K 3637/09 F, EFG 2011, 477; SächsFG 5 K 114/19, EFG 2022, 848; FG München 6 K 1787/19; zust. zB Weiss DStR 2022, 1785), hat der BFH (XI R 2/23, BStBl. II 2025, 862, zu FG München 6 K 1787/19, best.) im Sinne der letztgenannten Auffassung entschieden. Das gilt hiernach zumindest für den Fall, dass der GewBetrieb der PersGes zum Zeitpunkt des Verlustübergangs nicht (vollständig) beendet ist. Grundlage für diese Entscheidung ist die Rspr. zum einheitlichen GewBetrieb einer KapitalGes nach § 2 Abs. 2 S. 1 GewStG (→ § 2 Rn. 468). Hiernach geht ein durch Anwachsung von einer PersGes übergegangener Verlustvortrag nicht durch Weiterveräußerung im Wege eines Asset Deals verloren (BFH III R 30/21, BStBl. II 2025, 56, zu Sächs. FG 5 K 114/19, EFG 2022, 848, best.). ME ist gleichwohl der erstbezeichneten Auffassung zu folgen. Der Hinweis auf die Einheitlichkeit des GewBetriebs der KapGes lässt den Umstand unberührt, dass in den entschiedenen Fällen im Zeitpunkt der Verrechnung die KapGes nicht das Unternehmen ist, das die Verluste erzielt hat (hierzu → Rn. 10; ähnlich Kleinheisterkamp in Lenski/Steinberg § 10a Rn. 36; Suchanek/Hesse in WSMH § 10a

Rn. 78, 87; Suchanek Ubg 2020, 57; Bischoff FR 2025, 66). Er beinhaltet einen argumentativen Ebenentausch.

b) Mehrere gewerbliche Betätigungen. Übt ein Unternehmer mehrere gewerbliche Betätigungen aus, dann beurteilt sich die Unternehmensidentität nach dem **Gesamtbild der Verhältnisse** unter Berücksichtigung der Verkehrsanschauung nach wirtschaftlichen Gesichtspunkten (zB BFH VIII R 149/81, BStBl. II 1983, 278; IV R 8/17, BStBl. II 2020, 401). Von Bedeutung ist hierbei der **sachliche Zusammenhang,** insb. die Gleichartigkeit der Betätigung (die jedoch nicht entscheidend sein muss, BFH VIII R 294/84, BFH/NV 1990, 261), des Kunden- und Lieferantenkreises, der Arbeitnehmerschaft, der Geschäftsleitung und der Betriebsstätten sowie der Umfang und die Zusammensetzung des Aktivvermögens. Unter Berücksichtigung dieser im Hinblick auf die Besonderheiten des Einzelfalles zu gewichtenden Merkmale muss ein **wirtschaftlicher, finanzieller** oder **organisatorischer Zusammenhang** bestehen (BFH IV 353/60 U, BStBl. III 1961, 65; IV 340/64, BStBl. II 1968, 688; IV R 165/76, BStBl. II 1977, 666; IV R 26/73, BStBl. II 1978, 348; IV R 137/91, BStBl. II 1994, 477; VIII R 84/90, BStBl. II 1994, 764; IV R 86/05, BStBl. II 2012, 145; IV R 34/10, BStBl. II 2017, 233, IV R 2/14, BStBl. II 2017, 1138; IV R 8/17, BStBl. II 2020, 401). Zu diesen Kriterien → **§ 2 Rn. 16 ff.** 11

Diese Kriterien gelten im gleichen Maße für mehrere Betätigungen, **die nacheinander oder gleichzeitig** ausgeführt werden (BFH IV 353/60 U, BStBl. III 1961, 65; IV R 177/80, BStBl. II 1983, 425). Allerdings kann auch bei **völliger Verschiedenheit** von gleichzeitig oder nacheinander ausgeübten Betätigungen ein einheitliches Unternehmen vorliegen, wenn die Bereiche im vorbezeichneten Sinne finanziell, wirtschaftlich oder organisatorisch zusammenhängen (zB BFH VIII R 310/83, BStBl. II 1986, 719; im Übrigen → § 2 Rn. 23). Bei **nacheinander ausgeübten Tätigkeiten** kann es eine Rolle spielen, ob **wesentliche Betriebsgrundlagen** mit erheblichen stillen Reserven überführt werden; jedoch nicht allein entscheidend, sondern nur im Rahmen der Würdigung der Gesamtumstände (BFH IV R 8/17, BStBl. II 2020, 401; IV R 6/19, BFH/NV 2022, 991). 11a

c) Strukturelle Anpassungen. Betriebsbedingte, auch **strukturelle Anpassungen** an veränderte wirtschaftliche Verhältnisse stehen der Annahme einer identischen Tätigkeit nicht entgegen (BFH IV R 177/80, BStBl. II 1983, 425; VIII R 94/90, BStBl. II 1994, 764; Schöneborn NWB 2013, 863); das gilt umso mehr bei einer bloß partiellen Veränderung (Erweiterung) des Warensortiments (vgl. BFH IV R 133/90, BStBl. II 1995, 791). Solange der nämliche StGegenstand – ggf. verkleinert – fortbesteht, liegt kein vollständiger Fortfall der Unternehmensidentität vor (BFH IV R 31/13, BStBl. II 2017, 482; IV R 2/14, BStBl. II 2017, 1138). Die Unbeachtlichkeit der Veränderung solcher struktur- bzw. verlegungsbedingten Veränderungen knüpft der BFH an die Voraussetzung, dass der neue und der alte Betrieb bei wirtschaftlicher Betrachtungsweise identisch sind (vgl. BFH VIII R 30/05, BStBl. II 2007, 723 mwN). Dies gilt insb. für die Geschäftsleitung; dem Umfang des Aktivvermögens und dessen Finanzierung ist nicht unbedingt entscheidendes Gewicht beizumessen (BFH IV R 177/80, BStBl. II 1983, 425). 12

Veränderungen bei der **Gewichtung der Bewertungskriterien** können eintreten bei Veränderungen infolge eines (völligen oder teilweisen) Unternehmerwechsels oder eines wesentlichen Strukturwandels (Verschmelzung, Branchenwechsel, Diversifikation; vgl. BFH VIII R 94/90, BStBl. II 1994, 764; Übergang von Produktions- zum Verpachtungsbetrieb und zurück, vgl. BFH IV R 59/16, BStBl. II 2020, 147).

Allerdings sind die vom BFH erzielten Ergebnisse nicht immer überzeugend: zB Unternehmensidentität bei Veräußerung des Betriebsgrundstücks an Dritte und des beweglichen AV an eine selbst produzierende Schwestergesellschaft, die bisher Abnehmerin war; diese übernimmt die bisherige Produktion mit nur einem Teil der Arbeitnehmer (BFH VIII R 16/01, BFH/NV 2003, 81).

13 **d) Betriebsverlegung/-unterbrechung.** Im Falle einer Betriebsverlegung gilt Entsprechendes. Es **können, müssen aber nicht verschiedene** nacheinander geführte GewBetriebe sein. Entscheidend sind die oa Merkmale (BFH VIII R 16/01, BFH/NV 2003, 81). Eine große Entfernung zwischen den Betriebsstellen spricht dabei für die Uneinheitlichkeit, zumal die sachlich-organisatorischen Mittel sowie die Kundenkreise unterschiedliche sein dürfte; dann genügt auch die Zugehörigkeit zur selben Unternehmensgruppe oder ein im Wesentlichen gleich lautender Franchisevertrag nicht für die Einheitlichkeit des GewBetriebes (BFH VIII R 30/05, BStBl. II 2007, 723).

Betriebsunterbrechungen, wie etwa bei **Saisonbetrieben,** Renovierungen, Ferien uÄ führen nicht zum Verlust der Unternehmensidentität (vgl. BFH IV R 31/13, BStBl. II 2017, 482; zu Einzelheiten → § 2 Rn. 577).

14 **e) Teilbetriebe.** Unterhält ein GewTreibender **mehrere Teilbetriebe,** ist ein intraperiodischer Verlustausgleich zulässig, solange sie ihm zuzurechnen sind. Mit der Veräußerung/Aufgabe eines Teilbetriebes geht jedoch der auf diesen entfallende Verlustvortrag wegen seiner weitgehenden Verselbstständigung unter (BFH IV R 86/05, BStBl. II 2012, 145 sowie obiter dictum in BFH IV R 2/14, BStBl. II 2017, 1138). Diese Entscheidung wird angesichts ihrer fragwürdigen Herleitung aus der GewStFreiheit eines Veräußerungs-/Aufgabegewinns und ihrer inneren Widersprüchlichkeit zu Recht kritisiert (zB Salzmann DStR 2008, 2016; Kleinheisterkamp FR 2009, 522; Roser EStB 2012, 461; Suchanek/Hesse in WSMH § 10a Rn. 52; aA zB Schnitter in Frotscher/Drüen § 10a Rn. 59).

Zudem stellt sich die Frage nach der **zutreffenden Ermittlung** der auf die Teilbetriebe entfallenden Verluste (direkte, indirekte Methode, Schätzung; hierzu Salzmann DStR 2008, 2016; Schöneborn NWB 2013, 863). Offen ist auch die **Reihenfolge** des intraperiodischen Verlustausgleichs, da diese wieder Auswirkungen auf den Verlustuntergang durch Veräußerung/Aufgabe des veräußerten/aufgegebenen Teilbetriebs hat. Es muss wohl die für den Unternehmer günstigste Reihenfolge gewählt werden (Suchanek/Hesse in WSMH § 10a Rn. 56).

Liegt ein **unterjähriges Ereignis** vor, sollte ein bis zu diesem Zeitpunkt erwirtschafteter Gewinn mit einem auf den Teilbetrieb entfallenden Verlustvortrag verrechnet werden können (vgl. BFH IV R 90/05, BFH/NV 2009, 843; ebenso zB Suchanek/Hesse in WSMH § 10a Rn. 58; Drüen in Brandis/Heuermann § 10a Rn. 56; aA Schöneborn NWB 2013, 863).

15 **f) Betriebsaufspaltung.** Bei Begründung einer **Betriebsaufspaltung** geht mE ein Fehlbetrag des bisherigen Betriebs unter, weil durch Übergang zur Verpachtungstätigkeit die Unternehmensidentität nicht gewahrt ist; das gilt mE auch für eine mitunternehmerische Betriebsaufspaltung (zudem keine Unternehmensidentität bei der BetriebsGes; zT aA Suchanek/Hesse in WSMH § 10a Rn. 83 f.). **Im Weiteren** besteht die Unternehmensidentität der BesitzGes so lange fort, wie

sie mit der nämlichen BetriebskapitalGes sachlich und persönlich verflochten bleibt (BFH IV R 59/16, BStBl. II 2020, 147; hierzu Binnewies/Mehlhaf GmbHR 2020, 385; Weiss EStB 2020, 78). Im Übrigen kann Unternehmensidentität auch dann gegeben sein, wenn die Gesellschafter der Besitz-Personengesellschaft (GbR) ihre Anteile in eine KG einbringen, die in den Pachtvertrag eintritt, auch wenn sie Besitzgesellschaft iR einer weiteren Betriebsaufspaltung ist und die Verwaltungstätigkeit nicht mehr vom Sitz der GbR ausgeht (BFH IV R 137/91, BStBl. II 1994, 477).

Bei einer **Rückumwandlung der Betriebs-GmbH** auf die Besitzpersonengesellschaft kann der Verlust der Letzteren geltend gemacht werden (BFH IV 340/64, BStBl. II 1968, 688); dagegen geht der Verlust der Betriebs-GmbH mit der Rückumwandlung unter. Auch bei der Anwachsung eines Betriebsunternehmens zum Besitzunternehmen bleibt die Unternehmensidentität für Letzteres gewahrt, auch wenn in der Folge eine weitere Betriebsaufspaltung begründet wird (NdsFG IX 836/89, EFG 1995, 230 rkr.).

g) Organschaften. Das Erfordernis der Unternehmensidentität ist im Falle einer Organschaft allein im Hinblick auf den **Organträger,** nicht (auch) der OrganGes zu beurteilen (vgl. BFH I R 183/85, BStBl. II 1990, 916; IV R 31/13, BStBl. II 2017, 482; IV R 2/14, BStBl. II 2017, 1138); Einzelheiten → Rn. 106 ff. **16**

(frei) **17–19**

2. Personengesellschaften

a) Grundsatz. Bei **Personengesellschaften,** gleich ob **gewerblich tätig** oder **gewerblich geprägt** (BFH IV R 2/14, BStBl. II 2017, 1138; IV R 59/16, BStBl. II 2020, 147; Keller StuB 2018, 350) sind die vorstehenden Grundsätze nach der Rspr. mE in eingeschränktem Maße anzuwenden (Überblick bei Stegemann GStB 2018, 171; Steger/Raible DStR 2018, 287). Dabei spielt offenbar der mit StRBereinigungsG eingeführte § 15 Abs. 3 EStG eine gewisse Rolle. Das bedeutet, dass der BFH für die **Gleichzeitigkeit** verschiedenartiger Tätigkeiten einer PersGes von einem einheitlichen GewBetrieb und damit auch von **Unternehmensgleichheit** ausgeht (zB BFH IV R 31/13, BStBl. II 2017, 482; IV R 2/14, BStBl. II 2017, 1138; Ausnahme Teilbetrieb, hierzu → Rn. 14). Das bedeutet, dass einer PersGes, die eine von mehreren Tätigkeiten einstellt oder eine weitere aufnimmt, der interperiodische Verlustausgleich im vollen Umfang erhalten bleibt (BFH XI R 60/89, BFH/NV 1994, 899). **20**

Im Übrigen, also für das **Nacheinander,** stellt der BFH für die Unternehmensidentität auch einer PersGes auf die Art der werbenden Tätigkeit ab. Hiernach nimmt die PersGes mit Einstellung ihrer bisherigen werbenden Tätigkeit und Aufnahme einer bei wirtschaftlicher Betrachtung nach der Verkehrsauffassung anders gearteten Tätigkeit einen wirtschaftlich nicht identischen GewBetrieb auf (BFH IV R 165/76, BStBl. II 1977, 666; VIII R 30/05, BStBl. II 2007, 723; IV R 31/13, BStBl. II 2017, 482; IV R 2/14, BStBl. II 2017, 1138 für den Übergang von einer originär gewerblichen zu einer gewerblich geprägten PersGes; BFH IV R 8/17, BStBl. II 2020, 401, für den Wechsel von produktiver zur verpachtenden Tätigkeit; BFH IV R 59/16, BStBl. II 2020, 147, zur Wiederaufnahme der produktiven Tätigkeit; BFH IV R 6/19, BFH/NV 2022, 991, zum Wechsel von der Produktion zum bloßen Halten von Beteiligungen), wenn nicht ein (gewisser) organisatorischer Zusammenhang bleibt (IV R 177/80, BStBl. II 1983, 425, **20a**

Wechsel vom Großrestaurant zur Imbissstube!). Auch hier steht die **Überführung einer wesentlichen BG** in den „neuen" Tätigkeitsbereich der Einstellung des bisherigen Betriebs nicht entgegen (BFH IV R 8/17, BStBl. II 2020, 401; IV R 6/19, BFH/NV 2022, 991; zur – befürworteten – Anwendung auf die Veräußerung eines Teilbetriebs → Rn. 14; Suchanek FR 2022, 773 (778)). **Vorbereitungshandlungen** für die Wiederaufnahme der originär gewerblichen Tätigkeit allein rechtfertigen nicht den Schluss, diese habe ununterbrochen bestanden (vgl. BFH IV R 2/14, BStBl. II 2017, 1138). Zur Problematik im Übrigen auch Suchanek/Rüsch DB 2021, 807.

20b **ME** ist die vorbezeichnete Rspr. in sich **nicht stimmig.** Aus § 15 Abs. 3 Nr. 1 EStG ergibt sich nicht, dass eine PersG gleichzeitig nur einen GewBetrieb iSd Unternehmensgleichheit haben kann (aA die hM, zB Kleinheisterkamp in Lenski/Steinberg § 10a Rn. 25, 28; Suchanek/Hesse in WSMH § 10a Rn. 65 ff.; Wingler in Bergemann/Wingler § 10a Rn. 52; Schnitter in Frotscher/Drüen § 10a Rn. 58; Brauer/Sonnenschein in Deloitte § 10a Rn. 96, 111; Drüen in Brandis/Heuermann § 10a Rn. 56; Gosch StBp 1994, 149). Konsequenterweise müsste auch der (fliegende) Wechsel zu einer anders gearteten Tätigkeit unter der nämlichen Organisationsform auch der nämliche GewBetrieb sein, was der BFH gerade in der neueren Rspr. verneint. Die Ausnahmerechtsprechung zum Teilbetrieb erscheint endgültig inkonsequent, denn Verlustabzug und Verlustausgleich erfordern gleichermaßen die Einheit des GewBetriebs bzw. der Unternehmensidentität.

21 **b) Beteiligungen.** Mehrere Betriebe liegen vor bei der **Beteiligung eines Einzelunternehmers** an einer **Mitunternehmerschaft:** kein Abzug der Verluste bei dieser vom Gewerbeertrag beim Einzelunternehmen (BFH I R 16/66, BStBl. II 1969, 169; FG Hmb 2 K 140/11, EFG 2013, 389). Zum **Treuhandmodell** s. jedoch BFH IV R 26/07, BStBl. II 2010, 751.

Begründet der Inhaber eines Handelsgewerbes an seinem Betrieb eine **atypisch stille Beteiligung** (Mitunternehmerschaft → § 2 Rn. 414 ff.), besteht zwischen dem Betrieb vor und nach der Begründung Unternehmensidentität. Der vortragsfähige Verlust des Inhabers kann mit dem Betrag von dem GewErtrag der stillen Gesellschaft abgezogen werden, der nach deren Gewinnverteilungsschlüssel auf den Inhaber entfällt (BFH IV R 34/10, BStBl. II 2017, 233). Entsprechendes gilt mE für die atypisch stille Beteiligung an einer PersGes, die Inhaberin eines Handelsgewerbes ist (hierzu BFH IV R 8/14, BStBl. II 2017, 538).

Mehrere Gewerbebetriebe bestehen jedoch, wenn und soweit der Stille nur an bestimmten Geschäftsbereichen des Handelsgewerbes beteiligt ist (BFH I R 109/94, BStBl. II 1998, 685). Verluste des GewBetriebs sind mit GewErträgen der stillen Gesellschaften nicht verrechenbar.

22 **c) Beteiligungsidentische Personengesellschaften.** Bei ihnen kann der Verlust der einen Gesellschaft nicht bei der anderen Gesellschaft abgezogen werden; es liegen **verschiedene Gewerbebetriebe** vor (→ § 2 Rn. 27 ff.). Veräußert jedoch eine Gesellschaft ihr Betriebsgrundstück an einen Dritten und das gesamte bewegliche Anlagevermögen an eine Schwestergesellschaft, die die Betätigung (Produktion) mit einem Teil des Personals (weiter) betreibt, besteht nach BFH Unternehmensidentität (BFH VIII R 16/01, BFH/NV 2003, 81; aA FG Münster 3 K 1251/99 G F, EFG 2001, 649, aufgeh.).

23 **d) Übertragungsvorgänge.** Nach hM besteht das **Erfordernis der Fortführung** des Betriebs in seiner bisherigen sachlichen Ausprägung iRd aufnehmenden

Gesellschaft/des aufnehmenden Betriebs. Die Tätigkeit der aufgenommenen Gesellschaft muss sich iRd aufnehmenden Gesellschaft durch die Gleichartigkeit sowie wirtschaftlich, organisatorisch und finanziell als Fortsetzung der bisherigen Tätigkeit darstellen. Erforderlich ist aber weder ein abgegrenzter Betriebsteil, gar ein Teilbetrieb, im aufnehmenden Betrieb noch dessen Prägung durch den aufgenommenen Betrieb (vgl. BFH VIII 84/90, BStBl. II 1994, 764; VIII R 16/01, BFH/NV 2003, 81). Bei Anwachsung des Betriebsunternehmens auf das Besitzunternehmen iRd **Beendigung einer Betriebsaufspaltung** und Weiterverpachtung iR einer weiteren Betriebsaufspaltung nimmt das NdsFG IX 836/89 (EFG 1995, 230) Unternehmensidentität an (auch → Rn. 23c).

Zum Erfordernis der Fortführung des Betriebs → Rn. 10a.

aa) Ausscheiden des vorletzten Gesellschafters. Bei Ausscheiden des vor- 23a
letzten Gesellschafters aus einer gewerblich tätigen Personengesellschaft kann bei Fortführung des Betriebs durch den Verbleibenden (Einzelunternehmer, Kapitalgesellschaft) Unternehmensidentität gegeben sein (BFH I R 165/80, BStBl. II 1985, 403). Die Verlustnutzung durch den verbleibenden Gesellschafter (Rechtsnachfolger) kann jedoch nicht früher erfolgen als die Rechtsvorgängerin (PersGes) sie hätte geltend machen können (BFH I R 85/79, BStBl. II 1983, 427; FG München 7 K 363/24, EFG 2024, 1935). Zum Erfordernis der Fortführung des Betriebs → Rn. 10a.

bb) Einbringung. Bei Einbringung eines **Einzelunternehmens in eine** 23b
Personengesellschaft kann für den bisherigen Einzelunternehmer und das bisherige Einzelunternehmen Identität gegeben sein (BFH GrS 3/92, BStBl. II 1993, 616; IV R 34/10, BStBl. II 2017, 233). Nur für die neu eintretenden Gesellschafter kommt es zu einer (teilweisen) Neugründung (BFH IV 293/64, BStBl. III 1967, 185; IV R 26/73, BStBl. II 1978, 348; IV R 133/90, BStBl. II 1995, 791). Verändert sich dagegen mit der Neugründung der sachliche Bestand des Unternehmens, wie im Falle des Übergangs vom Kaufhaus zum Immobilienbüro (BFH IV R 165/76, BStBl. II 1977, 666), dann ist Unternehmensidentität zu verneinen.

Im Falle der Einbringung von **Gesellschaftsanteilen** an einer Besitz-GbR in 23c
eine KG, die die Verpachtung iR einer Betriebsaufspaltung fortführt, kann die Unternehmensidentität auch dann gegeben sein, wenn die KG Besitzgesellschaft iR einer weiteren Betriebsaufspaltung ist und wenn die Verwaltungstätigkeit nicht mehr vom Sitz der GbR ausgeht (BFH IV R 137/91, BStBl. II 1994, 477).

Die **Übertragung** des Gewerbebetriebs **auf eine Kapitalgesellschaft,** an der 23d
auch Gesellschafter der Personengesellschaft beteiligt sind, führt zum vollständigen Fortfall der Unternehmensidentität (vgl. BFH IV B 108/07, ZSteu 2009, R 854). Das gilt mE auch für die **Option zur Körperschaftsbesteuerung** nach § 1a KStG (vgl. § 1a Abs. 2 KStG iVm § 25 iVm § 23 Abs. 5 UmwStG; ebenso Brühl/Weiss DStR 2021, 1617; Görgen DStZ 2021, 759; → § 2 Rn. 656).

Bringt umgekehrt eine KapitalGes ihren Betrieb in eine PersGes ein, liegt 23e
nach neuerer Rspr. Unternehmensidentität vor (BFH IV R 26/21, BStBl. II 2025, 51; zu FG Köln 3 K 2815/16, EFG 2022, 951, best.; hierzu Krohn AktStR. 2024, 291; Suchanek FR 2024, 447). Die Entscheidung schränkt die seit BFH I R 202/82, BStBl. II 1987, 308 (zum „Mantelkauf") vorherrschende Auffassung ein, wonach die Unternehmensidentität der KapitalGes unabhängig von ihrer wirtschaftlichen Identität in ihrer Rechtsform bestehe (§ 2 Abs. 2; hierzu auch → § 2 Rn. 468): im Fall der Einbringung existiere die fortbestehende und nur die Betei-

ligung verwaltende KapitalGes als gewerbesteuerlich leere Hülle (was allerdings in den „Mantelkauf"fällen regelmäßig der Fall war/ist). Daher sind zum Zwecke des Verlustübergangs bei der Einbringung nicht die rechtliche Identität der KapitalGes, sondern doch Merkmale ihrer Tätigkeit selbst (wirtschaftlicher, finanzieller und organisatorischer Art) als Vergleichsgrößen zur Bestimmung der Unternehmensidentität von Belang (ebenso Kleinheisterkamp in Lenski/Steinberg § 10a Rn. 41; Suchanek/Hesse in WSMH § 10a Rn. 90; aA Wendt FR 2019, 663). Der Fehlbetrag würde sonst bei der Kapitalgesellschaftshülle „in der Luft hängen". Gut abgehangen sollte er nur beim „Mantelkauf" dort genutzt werden, im Fall der Einbringung jedoch bei der übernehmenden PersGes.

Auch bei **Einbringung in eine atypisch stille Ges.** ist mE Unternehmensidentität gegeben, weil die KapGes Inhaberin des gleichen Betriebs bleibt (FG Münster 14 K 2364/21, G, F, EFG 2022, 254; nachgehend BFH IV R 25/21, BFH/NV 2024, 679, aufgeh.; hierzu Suchanek FR 2021, 122; Pflügler GStB 2022, 158; Reinhard Ubg 2025, 336).

23f Für den Fall der Übertragung im Wege der **Ausgliederung nach § 123 Abs. 3 Nr. 1 UmwG** auf eine PersGes (§ 18 UmwStG ist nicht anwendbar), liegt nach BFH bei **fehlender Beschränkung auf die Verwaltung der Mitunternehmerstellung** bei der KG wohl keine Unternehmensidentität vor (BFH III 35/17, BStBl. II 2019, 407, gegen FG BW 10 K 3703/14, EFG 2017, 1604, aufgeh.; FM NRW 27.1.2012, FR 2012, 238; krit. Suchanek FR 2019, 645; Krauß DB 2019, 2488). Daraus lässt sich die Auffassung herleiten, dass Unternehmensidentität für den Fall der Beschränkung auf die Verwaltung der Mitunternehmerstellung bei der PersGes besteht (BFH IV R 26/21, BStBl. II 2025, 51 zu FG Köln 3 K 2815/16, EFG 2022, 951, best., für die Einbringung einer BSt durch eine amerikanische LLC; nur iE zust. Weiss IStR 2022, 301; Tiedchen EFG 2022, 957).

23g **cc) Verschmelzung.** Bei der **Verschmelzung von Personengesellschaften** ist erforderlich und hinreichend die Fortführung (Identität) des Betriebs der Verlustgesellschaft in der aufnehmenden Gesellschaft, wenn an dieser alle Gesellschafter der Verlustgesellschaft beteiligt sind (BFH VIII R 84/90, BStBl. II 1994, 764). Wird eine Betriebsaufspaltung durch eine **übertragende Umwandlung** der Betriebs-GmbH auf die Besitz-OHG beendet, nimmt der BFH bei Fortführung des Betriebs durch Letztere Unternehmensidentität an (BFH IV 340/64, BStBl. II 1968, 688).

Bei der **Verschmelzung einer GmbH,** an der eine KG atypisch still beteiligt ist, auf die KG muss Unternehmensidentität zwischen dem GewBetrieb der GmbH vor der Verschmelzung und dem GewBetrieb der KG nach der Verschmelzung bestehen. Der auf die KG entfallende Verlustanteil ist von dieser nutzbar, sofern durch Fortführung des Handelsgewerbes Unternehmensidentität besteht. Im Übrigen geht mangels Unternehmeridentität der Gewerbeverlust insoweit unter, wie er nach der gesellschaftsinternen Verteilung auf die verschmolzene GmbH entfiel (BFH IV R 38/09, BStBl. II 2013, 958).

24 **dd) Realteilung.** Bei einer **Realteilung** ist erforderlich, dass der auf den Gesellschafter übergehende Betriebsteil ein Teilbetrieb war und sich der anteilige Verlust ihm aus der Buchführung zuordnen lässt (BFH X R 20/89, BStBl. II 1991, 25; hierzu GewStR 10a 3 Abs. 3 S. 9 Nr. 7). Bei einer sonstigen Übertragung des Gewerbebetriebs einer OHG auf die bisherigen Gesellschafter wird der Abzug der Verluste der OHG bei diesen mangels Unternehmensidentität nicht zugelassen (BFH I R 93/69, BStBl. II 1971, 147). Das gilt auch, wenn der übernehmende

Gesellschafter eine GmbH ist (BFH I R 175/80, BStBl. II 1985, 403). Teilweise **aA** und für die Anerkennung einer „partiellen Unternehmensidentität" Kleinheisterkamp in Lenski/Steinberg § 10a Rn. 40.

3. Körperschaften

a) Rechtslage bis EZ 1989 bzw. 1988. Nach BFH I R 202/82, BStBl. II 1987, 308; I R 318-319/83, BStBl. II 1987, 310 (zust. Kleinheisterkamp in Lenski/Steinberg § 10a Rn. 29; Suchanek/Hesse in WSMH § 10a Rn. 78; Brauer/Sonnenschein in Deloitte § 10a Rn. 103; Schnitter in Frotscher/Drüen § 10a Rn. 65) ist **bei Kapitalgesellschaften** und sonstigen Körperschaften bei einer Änderung der gewerblichen Betätigung das **sachliche Weiterbestehen** des Unternehmens, also der wirtschaftliche, finanzielle oder organisatorische Zusammenhang, **nicht von Bedeutung** (vgl. auch BFH I R 18/08, BFH/NV 2010, 941). Dies sei zwangsläufig Folge der weiten Definition des Gewerbebetriebs in § 2 Abs. 2 (und 3), wonach die Tätigkeit einer Kapitalgesellschaft (usw) sowie einer sonstigen juristischen Person des privaten Rechts und der nichtrechtsfähigen Vereine stets und in vollem Umfang als GewBetrieb gilt (anders und mE zutreffend noch BFH I R 137/71, BStBl. II 1974, 181; I R 165/80, BStBl. II 1985, 403). Das Urteil BFH I R 318-319/83, BStBl. II 1987, 310 betrifft insb. Die Fälle des sog. **„Mantelkaufs",** also wenn die Kapitalgesellschaft ihre bisherigen Vermögenswerte im Wesentlichen verloren hat und durch Zuführung von Mitteln der Neugesellschafter wirtschaftlich neu belebt wird; entgegen A 68 Abs. 6 S. 7 GewStR 1984 war nach BFH kein Missbrauch anzunehmen (BFH I R 202/82, BStBl. II 1987, 308). **ME** war der geänderten Rspr. **nicht zuzustimmen.** Aus § 2 Abs. 2 lässt sich nur entnehmen, dass auch bei einer Änderung der Betätigung stets ein GewBetrieb der Kapitalgesellschaft vorliegt, nicht jedoch, dass dies dasselbe Unternehmen/derselbe Gewerbebetrieb ist. Auch bei Kapitalgesellschaften ist daher wegen des Objektsteuercharakters der GewSt auf die Tätigkeit selbst, verkörpert im persönlichen, sachlichen und organisatorischen Substrat, abzustellen (vgl. BFH IV R 26/21, BStBl. II 2025, 51 zu FG Köln 3 K 2815/16, EFG 2022, 951, best.; FG München 15 K 15181/85, EFG 1991, 272; Drüen in Brandis/Heuermann § 10a Rn. 60). 25

b) Rechtslage ab EZ 1989 bzw. 1988. Konsequenz der oa Änderung der Rspr. war zunächst der Erlass des **§ 8 Abs. 4 KStG** (StRefG v. 25.7.1988 (BGBl. 1988 I 1093)). Ziel war es, den vor der Änderung der Rspr. bestehenden Rechtszustand wiederherzustellen, dh den Verlustabzug auch bei Körperschaften letztlich an die Voraussetzung der Unternehmensidentität zu knüpfen und beim Verkauf lediglich eines **Verlustmantels** zu versagen (BT-Drs. 11/2157, 171; BFH I R 81/02, BStBl. II 2004, 614; I R 61/01, BStBl. II 2004, 616). Maßgebliches Kriterium und *„Voraussetzung für den Verlustabzug"* war folgerichtig die **wirtschaftliche Identität** der Körperschaft. 26

Diese Regelung wurde **abgelöst durch § 8c KStG** (eingefügt durch G. v. 14.8.2007, BGBl. 2007 I 1912; Einzelheiten → Rn. 45 ff.), mit dem diese systemkonforme Verknüpfung aufgegeben worden ist. Die wirtschaftliche Identität und damit die Unternehmensidentität als maßgebliches Kriterium für den Verlustabzug hat damit ausgedient (→ Rn. 31 ff.). 27

Der **Anwendungszeitraum** für die beiden Vorschriften lief für einige EZ **parallel;** entscheidend waren die tatsächlichen Verhältnisse (→ Rn. 71 ff.).

(frei) **28, 29**

II. § 8c KStG im Einzelnen

30 **§ 10a S. 10 Hs. 1** (zunächst S. 9 idF des G. v. 14.8.2007, BGBl. 2007 I 1912) verweist nunmehr auf **§ 8c KStG** und bestimmt dessen **Anwendung im GewStRecht** (FM Länder 29.11.2017, BStBl. I 2017, 1643), obwohl seine Konzeption mit der des GewStR nicht abgestimmt ist (Suchanek/Rüsch DStZ 2014, 871). § 10a S. 10 Hs. 1 ist nicht rechtsformneutral; er dient der Eingrenzung der Unternehmensidentität **ausschließlich von Körperschaften** (BFH IV R 29/18, BStBl. II 2021, 722); im Gegensatz zu § 10a S. 10 Hs. 2, der **Mitunternehmerschaften** betrifft (→ Rn. 121 ff.).

§ 8c Abs. 1 u. 2 KStG lauten:

§ 8c KStG Verlustabzug bei Körperschaften

(1) [1]Werden innerhalb von fünf Jahren mittelbar oder unmittelbar mehr als 50 Prozent des gezeichneten Kapitals, der Mitgliedschaftsrechte, der Beteiligungsrechte oder der Stimmrechte an einer Körperschaft an einen Erwerber oder diesem nahe stehende Personen übertragen oder liegt ein vergleichbarer Sachverhalt vor (schädlicher Beteiligungserwerb), sind bis zum schädlichen Beteiligungserwerb nicht ausgeglichene oder abgezogene negative Einkünfte (nicht genutzte Verluste) vollständig nicht mehr abziehbar. [2]Als ein Erwerber im Sinne des Satzes 1 gilt auch eine Gruppe von Erwerbern mit gleichgerichteten Interessen. [3]Eine Kapitalerhöhung steht der Übertragung des gezeichneten Kapitals gleich, soweit sie zu einer Veränderung der Beteiligungsquoten am Kapital der Körperschaft führt. [4]Ein schädlicher Beteiligungserwerb liegt nicht vor, wenn

1. **an dem übertragenden Rechtsträger der Erwerber zu 100 Prozent mittelbar oder unmittelbar beteiligt ist und der Erwerber eine natürliche oder juristische Person oder eine Personenhandelsgesellschaft ist,**
2. **an dem übernehmenden Rechtsträger der Veräußerer zu 100 Prozent mittelbar oder unmittelbar beteiligt ist und der Veräußerer eine natürliche oder juristische Person oder eine Personenhandelsgesellschaft ist oder**
3. **an dem übertragenden und an dem übernehmenden Rechtsträger dieselbe natürliche oder juristische Person oder dieselbe Personenhandelsgesellschaft zu jeweils 100 Prozent mittelbar oder unmittelbar beteiligt ist.**

[5]Ein nicht abziehbarer nicht genutzter Verlust kann abweichend von Satz 1 abgezogen werden, soweit er die gesamten zum Zeitpunkt des schädlichen Beteiligungserwerbs vorhandenen im Inland steuerpflichtigen stillen Reserven des Betriebsvermögens der Körperschaft nicht übersteigt. [6]Stille Reserven im Sinne des Satzes 5 sind der Unterschiedsbetrag zwischen dem in der steuerlichen Gewinnermittlung ausgewiesenen Eigenkapital und dem auf dieses Eigenkapital jeweils entfallenden gemeinen Wert der Anteile an der Körperschaft, soweit diese im Inland steuerpflichtig sind. [7]Ist das Eigenkapital der Körperschaft negativ, sind stille Reserven im Sinne des Satzes 5 der Unterschiedsbetrag zwischen dem in der steuerlichen Gewinnermittlung ausgewiesenen Eigenkapital und dem diesem Anteil entsprechenden gemeinen Wert des Betriebsvermögens der Körperschaft. [8]Bei der Ermittlung der stillen Reserven ist nur das Betriebsvermögen zu berücksichtigen, das der Körperschaft ohne steuerrechtliche Rückwirkung, insbesondere ohne Anwendung des § 2 Absatz 1 des Umwandlungssteuergesetzes, zuzurechnen ist.

…

(2) § 3a Absatz 3 des Einkommensteuergesetzes ist auf verbleibende nicht genutzte Verluste anzuwenden, die sich nach einer Anwendung des Absatzes 1 ergeben.

Verwaltungsanweisung: BMF 28.11.2017, BStBl. II 2017, 1645.

Literatur (Auswahl): Beußer, Die Verlustabzugsbeschränkung gem. § 8c KStG im Unternehmensteuerreformgesetz 2008, DB 2007, 1549; Eickhorst, Auswirkungen der Unternehmensteuerreform 2008 auf Krisenunternehmen und ihre Sanierung, BB 2007, 1707; Hans, Unternehmensteuerreform 2008: Kritik der Neuregelung über die Nutzung körperschaftsteuerlicher Verluste (§ 8c KStG), FR 2007, 775; Hey, Verletzung fundamentaler Besteuerungsprinzipien durch die Gegenfinanzierungsmaßnahmen des Unternehmensteuerreformgesetzes 2008, BB 2007, 1303; B. Lang, Die Neuregelung der Verlustabzugsbeschränkung gem. § 8c KStG durch das Unternehmensteuerreformgesetz 2008, DStZ 2007, 652; Neumann/Stimpel, Ausgewählte Zweifelsfragen zur neuen Verlustabzugsbeschränkung nach § 8c KStG, GmbHR 2007, 1194; Neyer, Verlustnutzung nach Anteilsübertragung: Die Neuregelung des Mantelkaufs durch § 8c KStG nF, BB 2007, 1415; Suchanek/Herbst, Unternehmensteuerreform 2008: Fatale Wirkungen des neuen § 8c KStG zur Verlustnutzung bei Körperschaften und der Auslaufvorschrift zu § 8 Abs. 4 KStG, FR 2007, 863; Viskorf/Michel, Stimmrechtsübertragungen und vergleichbare Sachverhalte im Rahmen des § 8c KStG, DB 2007, 2561; Schaumburg/Rödder, Unternehmensteuerreform 2008, 2007; Wiese, Der Untergang des Verlust- und Zinsvortrages bei Körperschaften, DStR 2007, 741; Altrichter-Herzberg, Untergang der steuerlichen Verlustvorträge nach § 8c KStG …, GmbHR 2008, 857; Breuninger/Schade, Entwurf eines BMF-Schreibens zu § 8c KStG – „Verlustvernichtung" ohne Ende?, Ubg 2008, 261; Dötsch/Pung, § 8c KStG: Verlustabzugsbeschränkungen für Körperschaften, DB 2008, 1703; Lenz, Der neue § 8c KStG aus Unternehmenssicht, Ubg 2008, 24; B. Lang BMF-Schreiben zur Verlustabzugsbeschränkung für Körperschaften (§ 8c KStG) vom 4.7.2008, DStZ 2008, 549; Rödder/Möhlenbrock, Die Neuregelung des § 8c KStG betreffend Verluste von Kapitalgesellschaften bei Beteiligungserwerben, Ubg 2008, 595; Roser, Verlust- (und Zins-) Nutzung nach § 8c KStG, DStR 2008, 77; Roser, Verlustabzüge nach § 8c KStG – ein ernüchterndes Anwendungsschreiben, DStR 2008, 1561; Schick/Franz, Verlustnutzung bei Umwandlungen trotz § 8c KStG?, DB 2008, 1987; Schwedhelm, Die Neuregelung des Mantelkaufs in § 8c KStG – verfassungs- und steuersystematische Würdigung, GmHR 2008, 404; Sistermann/Brinkmann, Verlustuntergang aufgrund konzerninterner Umstrukturierungen, DStR 2008, 897; van Lishaut, Grenzfragen zum „Mantelkauf" (§ 8c KStG), FR 2008, 789; Sistermann/Brinkmann, Verlustabzugsbeschränkungen nach § 8c KStG …, BB 2008, 1928; Suchanek, Verlustabzugsbeschränkung für Körperschaften …, GmbHR 2008, 292; Wild/Sustmann/Papke, Gefährdet § 8c KStG bei einem Börsengang die steuerlichen Verlustvorträge der emittierenden Gesellschaft?, DStR 2008, 851; Dötsch, Verlustnutzung bei Körperschaften, FS Schaumburg 2009, 253; Drüen, Das Unternehmenssteuerrecht unter verfassungsrechtlicher Kontrolle – zur Gestaltungsfreiheit des Gesetzgebers zwischen Folgerichtigkeit und Systemwechsel, Ubg 2009, 23; Heger, dto, DStR 2009, Beih 34, 117; Hey, Körperschaft- und Gewerbesteuer und objektives Nettoprinzip, DStR 2009, Beih 34, 109; Hoffmann, Weitere Verlustvernichtung im JStG 2009, DStR 2009, 257; Kutt/Möllmann, Verlustnutzung bei unterjährigem Beteiligungserwerb, DB 2009, 2564; Neyer, Verlustnutzung nach Anteilsübertragung – Zum Umfang des Verlustverwertungsverbots gem. § 8c KStG, BB 2009, 415; Oenings, Verlustuntergang bei Anteilseignerwechsel – Ist die Neuregelung des Mantelkaufs in § 8c KStG verfassungswidrig?, FR 2009, 606; Pohl, Gesplittete Anteilsübertragung und § 8c KStG, GmbHR 2009, 132; Sistermann/Brinkmann, Rückwirkende Verlustnutzung nach dem JStG 2009, DStR 2008, 2455; Suchanek, Ertragsteuerliche Änderungen im JStG 2009 zur Verhinderung von Gestaltungen im Zusammenhang mit § 8c KStG … Ubg 2009, 178; Breuninger, Verlustvernichtung bei Anteilsübertragung, JbFfSt

2009/2010, 219; Altrichter-Herzberg, Steuerliche Verlustvorträge: Der Fünf-Jahres-Zeitraum iSd § 8c KStG, GmbHR 2010, 799; Eisgruber/Schaden, Vom Sinn und Zweck des § 8c KStG, Ubg 2010, 73; Heinz/Wilke, Sicherung der Verlustverwertung im Unternehmenskonzern durch Einschaltung von Personengesellschaften, GmbHR 2010, 360; Neyer, Verlustnutzung nach unterjährigem Beteiligungserwerb …, DStR 2010, 1600; Orth, Verbesserte Verlustverrechnungsmöglichkeiten, Ubg 2010, 169; Ernst, Neuordnung der Verlustnutzung nach Anteilseignerwechsel, IFSt Nr. 470 (2011); Neumann, Die Kapitalgesellschaft im Würgegriff des § 8c KStG, FS Streck 2011, 103; Roth, Verfassungswidrigkeit des § 8c KStG – Verrechnungsverbot bei (unterjährigem) Beteiligungserwerb, StBW 2011, 603; Stollenwerk/Scherff, Verwertung steuerlicher Verlustvorträge trotz schädlichen Beteiligungserwerbs, gmbhstb 2011, 76; Engelberth, Der Verlustabzug bei Körperschaften, NWB 2012, 1685; J. Lang, Verfassungswidrigkeit des § 8c KStG – eine Bestandsaufnahme, GmbHR 2012, 57; Neyer, Anteilsübertragungen im Konzern: Verlustverschonung vor Einführung der Konzernklausel, FR 2012, 858; Röder, Zur Verfassungswidrigkeit der Mindestbesteuerung (§ 10d Abs. 2 EStG) und der Beschränkung des Verlustabzugs nach § 8c KStG, StuW 2012, 18; Roth, Teleologische Reduktion des § 8c KStG bei mittelbaren Anteilsübertragungen, DB 2012, 1768; Goldacker/Heerdt, Die teleologische Auslegung des § 8c KStG als Missbrauchsvermeidungsvorschrift, Ubg 2013, 170; Hierstetter, Down-Stream-Merger im Konzern und § 8c KStG, BB Fallstudien 2013, 16; Brinkmann, § 8c KStG und Organschaft bei unterjähriger Anteilsveräußerung, StBp 2014, 193; Fuhrmann/Hoffmann, Anpassungsbedarf des BMF-Schreibens zu § 8c KStG, DB 2014, 738; Neumann, Überlegungen zum aktuellen Entwurf des BMF-Schreibens zu § 8c KStG, GmbHR 2014, 673; Schulz, Mehrere schädliche Beteiligungserwerbe iSd § 8c Abs. 1 S. 1 KStG innerhalb eines Wirtschaftsjahres, DB 2014, 2736; Suchanek/Rüsch, Gewerbesteuerliche Organschaft und Zinsschranke im Organschaftsfall, DStZ 2014, 871; Neyer, Verlustnutzung nach schädlichem Anteilserwerb: Sonderprobleme bei unterjähriger Anteilsübertragung, DStR 2015, 1777; Seer, Unterjähriger Beteiligungswechsel bei der Organschaft und Verlustabzugsbeschränkung nach § 8c Abs. 1 KStG, § 10a S. 10 GewStG, FR 2015, 729; Hinder/Hentschel, Der Erwerberkreis des § 8c KStG, GmbHR 2016, 16; Seer, Die Suche nach dem Rechtsgedanken des § 8c KStG (Verlustabzug), GmbHR 2016, 394; Suchanek/Rüsch, Die „nahestehende Person" bei § 8c KStG, WPg 2016, 173; Suchanek/Rüsch, § 8c KStG bei aufeinanderfolgenden Beteiligungserwerben, FR 2016, 260; Blumenberg/Crezelius, § 8c KStG nach der Entscheidung des BVerfG, DB 2017, 1405; Dreßler, § 8c Abs. 1 S. 2 KStG ist potenziell verfassungswidrig, DB 2017, 2629; Gosch, Nur ein paar Worte zu den Verlustabzugsbeschränkungen des § 8c KStG nach dem BVerfG-Verdikt, GmbHR 2017, 695; Ernst, Verlustabzugsverbot bei schädlichem Beteiligungserwerb (Erwerbergruppe), BB 2017, 1704;Kessler/Egelhof/Probst, Auswirkungen des BVerfG-Beschlusses v. 29.3.2017 auf § 8c Abs. 1 S. 1 KStG iVm § 8d KStG und § 8c Abs. 1 S. 1 KStG, DStR 2017, 1289; Schneider, §§ 8c und 8d KStG und die Entscheidung des BVerfG, StbJb 2017/2018, 139; Gläser/Zöller, Neues BMF-Schreiben zu § 8c KStG – Was lange währt, wird endlich gut?, BB 2018, 87; Kaminski, Neuregelungen beim § 8c KStG infolge des BMF-Schreibens vom 28.11.2017, Stbg 2018, 203; Neumann/Heuser, Neues BMF-Schreiben zu § 8c KStG, GmbHR 2018, 21; Neyer, Verlustuntergang und Verlustrettung bei unterjähriger Anteilsübertragung, DStR 2018, 2245; Schneider/Bleifeld/Butler, Verlustabzugsbeschränkung für Korperschaften: Das neue BMF-Schreiben vom 28.11.2017, DB 2018, 464; Sommer/Sediqi, Ausgewählte Aspekte des aktualiserten BMF-Schreibens zu § 8c KStG, FR 2018, 67; Suchanek/Rüsch, Verlustabzugsbeschränkungen für Körperschaften: Das neue BMF-Schreiben zu § 8c KStG und die gleichlautenden Erlasse zu § 10 S. 10 GewStG, Ubg 2018, 10; Weiss/Brühl, Neues BMF-Schreiben zu § 8c KStG, DStZ 2018, 451; Ott, Verlustnutzung durch Verschmelzung von Kapitalgesellschaften, DStZ 2018, 524; Ettinger, Fehlbeträge nach § 10a GewStG bei Umwandlungen, StBp 2019, 263; Förster/Hechtner, Neue gesetzliche Rahmenbedingungen im Sanierungssteuerrecht, DB 2019, 10; Linz, Beteiligungserwerb an einer Verlust-GmbH: Problemfall Erwerbergruppe und andere Aspekte, GStB 2019, 339; Pohl, Gesetzliche Umsetzung des Sanierungserlasses, gmbhstb 2019, 135; Suchanek/Rüsch, Zur „Genese" des § 8c

KStG durch das UStAVermG und den Auswirkungen der „Neuregelung" auf § 8d KStG, GmbHR 2019, 456; Kahsnitz, Neues zum steuerlichen Verlustabzug – im Lichte von §§ 8c, 8d KStG, KÖSDI 2021, 22286; Moritz/Probst, Untergang gewerbesteuerlicher Verlustvorträge bei Einbringung von Mitunternehmeranteilen in eine Kapitalgesellschft, Ubg 2022, 481; Tetzlaff, Schädlicher Beteiligungserwerb iSd § 8c KStG nur bei change of control?, NWB 2024, 652; Demleitner/Fischer, Verlustnutzung im Konzern, DB 2025, 2259.

1. Allgemeines

a) Ursprünglicher Zweck. (1) Die Vorschrift ist eine **Abkehr** von dem Grundsatz der Abhängigkeit des Verlustabzugs **von der wirtschaftlichen Identität** der Körperschaft (Beußer DB 2007, 1549; Kußmaul/Richter/Tcherveniachki GmbHR 2008, 1009; Roser DStR 2008, 77; Dötsch/Pung DB 2008, 1703; zur Rechtsentwicklung Kahsnitz KÖSDI 2021, 22286). Herausgekommen ist eine Vorschrift zur **Verlustabzugsbeschränkung** bzw. **-vernichtung** im Rahmen einer rein personenbezogenen Betrachtung (zB Breuninger/Schade Ubg 2008, 261). Nach dem Wortlaut des **§ 8c Abs. 1 S. 1 KStG** geht es **nicht** um die **Voraussetzungen für den Verlustabzug,** sondern um den **Verlust des Verlustabzugs,** deutlich zutage tretend durch die **ursprüngliche Fassung** des **§ 8c Abs. 1 S. 1 aF,** wonach bereits die Übertragung einer Beteiligung von mehr als 25 % bis zu 50 % zu einer quotalen Versagung des Verlustabzugs führte, und das – zunächst – ohne eine Konzern-, Stille-Reserven- und/oder Sanierungsklausel – eine Regelung, die nach eigener Erkenntnis des Ggebers „aus wirtschaftlichen Erwägungen nicht gerechtfertigt und aus steuersystematischer Sicht nicht erforderlich erscheint" (BReg BR-Drs. 544/16, 7). Nach BT-Drs. 16/4841, 75 f. diene § 8c KStG der Vereinfachung gegenüber § 8 Abs. 4 KStG aF. Zudem verändere sich die *wirtschaftliche Identität* aufgrund des **„schädlichen Beteiligungserwerb"** durch das *wirtschaftliche Engagement* des neuen Anteilseigners. Diese „Begründung" hat indessen keinerlei Tatsachengrundlage, weil nicht die Veränderung des wirtschaftlichen Engagements – wenn sie denn vorliegt – Einfluss auf die *wirtschaftliche Identität* einer Körperschaft hat, diese vielmehr durch ihren Unternehmensgegenstand und ihr verfügbares BV bestimmt wird (vgl. BVerfG 2 BvL 6/11, BStBl. II 2017, 1082 Rn. 133; BFH I R 61/01, BStBl. II 2004, 616; I R 87/07, BFH/NV 2008, 2129; Neyer BB 2007, 1415; B. Lang DStZ 2007, 652). 31

(2) Auch ein **Missbrauchsverhinderungszweck** ist mE angesichts der Ausgestaltung der Norm **nicht erkennbar** (BFH I R 2/18, BStBl. II 2021, 580). Auf keinen Fall ist Zweck des § 8c KStG eine Annäherung an die **transparente Besteuerung** von PersGes (BVerfG 2 BvL 6/11, BStBl. II 2017, 1082 Rn. 147; BFH IV R 29/18, BStBl. II 2021, 722).

(3) Tatsächlich ging es daher wohl um den Abbau bzw. die **Vernichtung von Verlustvorträgen,** über die die Kapitalgesellschaften bundesweit iHv 380 Mrd. EUR verfügten; nicht zufällig erfolgte diese Regelung zusammen mit dem Abbau von Verlustvortragsregelungen im UmwStG idF des SEStEG, was auf eine rein *fiskalische Motivation* dieser Regelungen, jedoch nicht auf den Vollzug eines *„wertneutralen Gedankens"* (so van Lishaut FR 2008, 789) hindeutet (zB Suchanek/Herbst FR 2007, 863; Wiese DStR 2007, 741; Breuninger/Schade Ubg 2008, 261; Sistermann/Brinkmann BB 2008, 1928; Breuninger StbJb 2010/2011, 303). Allerdings wird das tatsächliche Steueraufkommen aus der Verlustvernichtung auf wenige 100 Mio. EUR, der gesamt- und betriebswirtschaftliche Kollateralschaden jedoch sehr hoch eingeschätzt (Franz IFSt Nr. 470). Insb. wirkt § 8c KStG –

ähnlich § 3a EStG – als spezielles Restrukturierungshemmnis, weil die Steuerfolgen des Wegfalls der Verlustvorträge dem zu restrukturierenden Unternehmen dringend benötigte Liquidität entziehen.

32 **b) Konzern-, Stille-Reserverven-, Sanierungsklausel/fortführungsgebundene Verschonung.** Mit der **Einführung** einer **Konzernklausel** (§ 8c Abs. 1 S. 5 KStG; → Rn. 75 ff.), einer **Stille-Reserven-Klausel** (§ 8c Abs. 1 S. 6–9; G. v. 22.12.2009 (BGBl. 2009 I 3950) und v. 8.12.2010, BGBl. 2010 I 1768; → Rn. 85 ff.) und der **Sanierungsklausel** (§ 8c Abs. 1a KStG; G. v. 16.7.2009 (BGBl. 2009 I 1959); → Rn. 95 ff.) ist die Vorschrift als fiskalistische Verlustvernichtungsnorm entschärft worden.

Einen weiteren Schritt zur Entschärfung des § 8c KStG (mit Tücken) stellt die antragsgebundene Verschonung des **fortführungsgebundenen Verlustvortrags** durch den mit G. v. 20.12.2016 (BGBl. 2016 I 2998) eingeführten und auch bei der GewBesteuerung anzuwendenden § 8d KStG dar (→ Rn. 100 ff.).

33 **c) Persönlicher Anwendungsbereich.** Die Vorschrift bezieht sich auf den „Verlustabzug bei Körperschaften" und befasst sich mit der *„Übertragung"* von Kapital (-Anteilen), Mitgliedschafts-, Beteiligungs- und Stimmrechten sowie vergleichbaren Sachverhalten. Dadurch wird mE der **persönliche Anwendungsbereich** insofern **erheblich eingeschränkt,** als Anstalten und Stiftungen, bei denen es sich um Vermögensmassen handelt (NdsFG 6 K 31/09, EFG 2010, 577; bestätigt von BFH I R 112/09, BFH/NV 2011, 1194: kein verschmelzungsfähiger Rechtsträger), und Vereine nicht betroffen sind, weil es (zudem) eine **Übertragung von Mitgliedschafts- oder Beteiligungsrechten** nicht gibt, und zwar weder ieS noch als vergleichbaren Sachverhalt (iE ebenso zB B. Lang DStZ 2008, 549; Suchanek GmbHR 2008, 292; Sistermann/Brinkmann BB 2008, 1928; Weiss/Brühl DStZ 2018, 451; Suchanek/Rüsch Ubg 2018, 10; Lang in Bott/Walter KStG § 8c Rn. 16.3; Kleinheisterkamp in Lenski/Steinberg § 10a Rn. 108; **aA** BMF 28.11.2017, BStBl. I 2017, 1645 Rn. 1, 7; für einen vergleichbaren Sachverhalt van Lishaut FR 2008, 789). In Betracht kommt mE aber eine **optierende PersGes** nach § 1a KStG.

34 **d) Verfassungsrechtliches.** Das **BVerfG** (2 BvL 6/11, BStBl. II 2017, 1082) hat – einer Vielzahl von Stimmen in der Literatur (vgl. → 10. Aufl. § 10a Rn. 46c) folgend – die Vorschrift des § 8c Abs. 1 S. 1 KStG in ihrer ursprünglichen Fassung und ihren nachfolgenden Fassungen bis zum Inkrafttreten des G. v. 20.12.2016 (BGBl. 2016 I 2998) insoweit als **mit Art. 3 GG unvereinbar** erklärt, als **bei einer KapitalGes** ein Beteiligungserwerb von mehr als 25 % zu einer **quotalen Versagung des Verlustabzugs** führte. Begründet wird dies mit einem Verstoß gegen das **Willkürverbot.** Ein einleuchtender Grund für die Differenzierung (Abweichung vom **Trennungsprinzip**) ergebe sich weder aus der Anknüpfung an die Vorgängerregelung des § 8 Abs. 4 KStG aF noch aus dem Gedanken der Missbrauchsbekämpfung noch dem der wirtschaftlichen Identität noch der Unternehmeridentität; der rein fikalische Zweck komme als Rechtfertigung nicht in Betracht.

Allerdings bestehen auch im Hinblick auf die Neufassung des § 8c KStG (→ Rn. 35) die nämlichen **verfassungsrechtlichen Bedenken,** die auch zur Verwerfung des § 8c Abs. 1 S. 1 KStG aF geführt haben (zB FG Hmb 2 K 245/17, EFG 2017, 1906, *Vorlagebeschluss,* BVerfG 2 BvL 19/17; FG Düsseldorf 12 V 1531/18 A (G, F), EFG 2019, 379; OVG NRW 14 B 961/18, KStZ 2019,

37; Kessler/Egelhof/Probst DStR 2017, 1289; Dreßler DB 2017, 2629; Gosch GmbHR 2017, 695; aA Kahsnitz KÖSDI 2021, 22286). Das gilt mE trotz der Einführung des § 8d KStG (→ Rn. 100 ff.), zumal angesichts seiner strikten Voraussetzungen der Erhalt des jeweiligen Verlustvortrags höchst gefährdet ist (zB Suchanek FR 2017, 577 (587); Blumenberg/Crezelius DB 2017, 1405; Schneider StbJb 2017/2018, 139; Moritz/Helios BB 2018, 343; Förster/Hechtner DB 2019, 10; Rödder FR 2025, 201). **Im Rechtsbehelfsverfahren** gegen einen belastenden Bescheid kann **AdV** gewährt werden (BFH I B 74/22 (AdV), BStBl. II 2024, 912; FG Hmb 2 V 20/18, EFG 2018, 1128; hiergegen BMF 20.11.2024, BStBl. I 2024, 1640; krit. Suchanek/Rüsch FR 2025, 117).

e) Gegenwärtige Fassung des § 8c Abs. 1 S. 1 KStG. § 8c Abs. 1 S. 1 KStG 35
nF bestimmt nur noch den vollständigen Untergang nicht genutzter Verluste bei einer **Anteilsübertragung von mehr als 50 %** (schädlicher Beteiligungserwerb). Die Bestimmung einer quotalen Verlustvernichtung ist damit entfallen. In dieser Fasssung ist die Vorschrift rückwirkend ab EZ 2008 und für Anteilsübertragungen nach dem 31.12.2007 anwendbar (§ 34 Abs. 6 S. 1 KStG). Auch ohne besondere Anwendungsregelung für das GewStG (jetzt § 10a S. 11) schlägt dies mE nach **§ 10a S. 10 Hs. 1** auf die GewSt durch.

2. Schädlicher Beteiligungserwerb als Voraussetzung

a) Begriff. Ein schädlicher Beteiligungserwerb wird in Abs. 1 S. 1 ausdrücklich 36
als **Übertragung von mehr als 50 %** des gezeichneten **Kapitals,** der **Mitgliedschaftsrechte,** der **Beteiligungsrechte** oder der **Stimmrechte** an einer Körperschaft definiert.

Ausreichend ist der Erwerb von Rechten auch nur **einer der** im Gesetz **genannten Arten.** Eine **teleologische Reduktion** in dem Sinne, dass die erworbene Rechtsposition einen entsprechenden Einfluss auf die Beherrschung der Gesellschaft gewähren müsse („change of control"), erscheint angesichts des ausgesprochenen Fiskalzwecks der Norm insofern nicht möglich. War allerdings der Erwerber bereits vor dem Erwerb mit über 50 % der Anteile beherrschend an der Körperschaft beteiligt, ist eine teleologische Reduktion dahin angezeigt, dass kein schädlicher Beteiligungserwerb vorliegt (FG Münster 9 K 2166/21 K,G,F, EFG 2023, 1644, Rev. I R 53/23, jedoch ausgesetzt bis zur BVerfG-Entscheidung 2 BvL 19/17, → Rn. 34; zust. Tetzlaff NWB 2024, 652).

Werden **zugleich Anteile und Rechte** bzw. **mehrere Rechte** übertragen, ist nach BMF 28.11.2017, BStBl. I 2017, 1645 Rn. 5 die Übertragung maßgebend, die die weitestgehende Anwendung des § 8c KStG erlaubt (krit. Roser DStR 2008, 1561). Das ist zwar unglücklich, weil tendenziös ausgedrückt, ist aber im Kern insofern richtig, als es um die Erfüllung des jeweiligen Tatbestandsmerkmals geht.

Auf die **Motive des Anteilserwerbs** kommt es – mE jedoch mit Ausnahme der Interessengleichrichtung bei einer Erwerbergruppe (→ Rn. 55) – nicht an. Daher sind auch **zwangsweise** Anteilserwerbe, zB Pflichtgebot nach §§ 29 Abs. 2, § 35 Abs. 2 WpÜG (van Lishaut FR 2008, 789; **aA** Beußer DB 2007, 1549), oder ein **unfreiwilliger** Anteilserwerb, etwa wenn andere Gesellschafter an einer Kapitalerhöhung nicht teilnehmen und der Erwerber durch Übernahme die Schädlichkeitsgrenze überschreitet (van Lishaut FR 2008, 789), einzubeziehen.

Der Erwerb der schädlichen Beteiligung kann auch **unentgeltlich** erfolgen, ausgenommen die **Erbfolge,** die unentgeltliche **vorweggenommenen Erb-**

folge zwischen nahen Angehörigen und die unentgeltliche **Erbauseinandersetzung** (BMF BStBl. I 2017, 1645 Rn. 4).

37 **b) Kapitalanteile. Hauptanwendungsfall** ist mE die Übertragung von **Kapitalanteilen.** Gemeint sein kann hiermit sinnvollerweise zB die durch Aktien, GmbH-Geschäftsanteilen oÄ verkörperte Beteiligung am **Grundkapital** einer AG bzw. **Stammkapital** einer GmbH. Nach BMF 28.11.2017, BStBl. I 2017, 1645 Rn. 5, ist die Übertragung von Stimmrechten nicht erforderlich; das ist mE, auch wenn das G eine solche nicht verlangt, wegen fehlender Auswirkungen auf das wirtschaftliche Engagement nicht zutreffend (→ Rn. 46). Daher genügen **Vorzugsaktien** (→ Rn. 62) mE nicht (ebenso Neumann gmbhstb 2007, 249; Beußer DB 2007, 1549; Zerwas/Fröhlich DStR 2007, 1933; B. Lang DStZ 2007, 652; Breuninger/Schade Ubg 2008, 261; Viskorf/Michel DB 2007, 2561; Lenz Ubg 2008, 21; **aA** BMF 28.11.2017, BStBl. I 2017, 1645 Rn. 5; Rödder DStR 2007, Heft 40, Beiheft 13; Dötsch/Pung DB 2008, 1703; Kleinheisterkamp in Lenski/Steinberg § 10a Rn. 113). Der Erwerb **eigener Anteile** ist zu berücksichtigen, wenn sich hierdurch die Beteiligungsquoten ändern (BMF 28.11.2017, BStBl. I 2017, 1645 Rn. 7); im Übrigen sind sie mE zur Ermittlung der Beteiligungsquote vom Nennkapital abzuziehen (vgl. BFH I R 1/23, BFH/NV 2026, 78; Suchanek in HHR KStG § 8c Rn. 23; Brandis in Brandis/Heuermann KStG § 8c Rn. 45).

38 **c) Mitgliedschaftsrechte.** Die **Bedeutung** des Hinweises auf sie ist **unklar.** In der Regel sind hiermit Rechte an Vereinen und Personenvereinigungen, insb. Individualrechte bezogen auf die Gesellschafterversammlung (Teilnahmerecht, Stimmrecht und Anfechtungsrecht) gemeint. Mitgliedschaftsrechte an **Vereinen** und **Personenvereinigungen** sind grds. nicht übertragbar (§ 38 S. 1, § 719 Abs. 1 BGB), sodass der Wechsel von Vereinsmitgliedern weder einen Grundfall noch einen vergleichbaren Sachverhalt darstellen kann (vgl. Roser DStR 2008, 77; Lang DStZ 2008, 549). Die **aA,** die unter Mitgliedschaftsrechten alle Stimm-, Teilnahme-, Informations- und Kontrollrechte sowie Vermögensrechte verstehen möchte (zB Hans FR 2007, 775), lässt nicht deutlich werden, inwieweit diese Rechte eine eigenständige Bedeutung im Hinblick auf die Kapitalbeteiligung haben. Das gilt mE auch insoweit, als angenommen wird, der Gesetzgeber habe mit der Erwähnung der Mitgliedschaftsrechte die Anwendbarkeit des § 8c KStG auf **andere** Körperschaften (zB **Genossenschaften, wirtschaftliche Vereine)** abdecken wollen (vgl. Neyer BB 2007, 1415). Denn bei Genossenschaften wird die Mitgliedschaft entweder durch Teilnahme am Gründungsvorgang oder durch schriftliche Beitrittserklärung mit Zustimmung des Vorstands erworben.

39 **d) Beteiligungsrechte.** Auch ihr **Begriff** ist **unklar,** zumal er keine eigenständige gesellschaftsrechtliche Relevanz hat (ebenso Hans FR 2007, 775; Neumann gmbhstb 2007, 249; Roser DStR 2008, 77) und im Hinblick auf die Quote kaum fassbar ist (vgl. Dötsch/Pung DB 2008, 1703). Die Anwendung auf **Genussrechte** scheitert mE aus demselben Grund (Kleinheisterkamp in Lenski/Steinberg § 10a Rn. 111; **aA** BMF 28.11.2017, BStBl. I 2017, 1645 Rn. 7). Für ein Verständnis von Beteiligungs- und Mitgliedsrechten als Bezugsgrößen für Körperschaften, die nicht Kapitalgesellschaften sind, jedoch zB Suchanek GmbHR 2008, 292; Meisel/Bokeloh BB 2008, 808; Sistermann/Brinkmann BB 2008, 1928.

40 **e) Stimmrechte.** Ebenso **zweifelhaft** ist die Nennung von Stimmrechten in der Vorschrift, und zwar schon deswegen, weil sie idR nicht gesondert übertragen

werden können und eine dauerhafte Trennung von Stimmrecht und Stammrecht nach der hM im Handelsrecht zur Nichtigkeit der „Übertragung" führt (vgl. BGHZ 48, 163 = NJW 1967, 1963; Roser DStR 2008, 77; Viskorf/Michel DB 2007, 2561). Der Gesetzgeber hat wohl die Übertragung von Anteilen mit Schaffung von Mehrstimmrechtsanteilen sowie Stimmbindungs- bzw. Verzichtsvereinbarungen gemeint (hierzu Viskorf/Michel DB 2007, 2561; Dötsch/Pung DB 2007, 1703; Sistermann/Brinkmann BB 2008, 1928). Im Übrigen kommt in Betracht, ihre Erwähnung als Ausdruck für vergleichbare Sachverhalte oder sonst als flankierende Maßnahme anzusehen (vgl. Suchanek in HHR KStG § 8c Rn. 24).

f) Vermögens- und Pfandrechte. Nicht ausreichend sind mE rein **vermögensrechtliche Beteiligungen,** wie partiarische Darlehen, Genussrechte sowie stille (Unter-)Beteiligungen (typisch und atypisch), zumal der Stille zwar am Handelsgewerbe, *nicht* aber am *Kapital* beteiligt ist (§ 230 HGB). Ebensowenig fallen Optionen und sonstige Bezugsrechte unter die Norm (B. Lang DStZ 2007, 652; van Lishaut FR 2008, 789). Das gilt auch für die Stellung des **persönlich haftenden Gesellschafters** einer **KGaA** (ebenso Roser DStR 2008, 1561; Meiisel/Bokeloh BB 2008, 808) sowie die dingliche Belastung (zB Pfandrecht) eines Vollrechts (Dötsch in DJPW KStG § 8c Rn. 44 f.). 41

3. Erwerber

a) Begriff. Erwerber kann eine **natürliche** oder **juristische Person** sein; in Betracht kommt auch eine **Personengesellschaft** (vgl. BFH I R 81/02, BStBl. II 2004, 614: ertragsteuerliche Transparenz ist unbeachtlich); bei vermögensverwaltenden Personengesellschaften anteilige Zurechnung nach § 39 Abs. 2 Nr. 2 AO (BMF 28.11.2017, BStBl. I 2017, 1645 Rn. 25; Lang DStZ 2007, 652). Das gilt auch für **Altgesellschafter** (Beußer DB 2007, 1540). 42

An **„einen" Erwerber** muss die Übertragung erfolgt sein; **mehrere** Erwerber werden grds. **nicht** zusammengezählt. Etwas anderes gilt nach der Vorschrift für **nahestehende Personen** (→ Rn. 43) und eine **Erwerbergruppe** (→ Rn. 44). BMF 18.11.2017, BStBl. I 2017, 1645 Rn. 3, 27 führt als Oberbegriff den **„Erwerberkreis"** an: Erwerber mit nahestehenden Angehörigen sowie Personen mit gleichgerichteten Interessen; das will wohl besagen, dass BMF 28.11.2017, BStBl. I 2017, 1645 Rn. 3 mit „Erwerberkreis" auch einen einzelnen Erwerber meint, wenn weitere in Frage kommende Personen nicht vorhanden sind.

Die **Person des Übertragenden** ist ohne Bedeutung; dh es genügt, wenn mehrere Gesellschafter Anteile an einen Erwerber(kreis) übertragen (Dötsch/Pung DB 2008, 1703).

b) Nahestehende Personen. Hierbei gelten nach BMF die Merkmale wie bei der **vGA** nach § 8 Abs. 3 KStG; dh es genügt **jede tatsächliche oder rechtliche Beziehung** des Erwerbers zu einem anderen Erwerber (BMF 28.11.2017, BStBl. I 2017, 1645 Rn. 26, mit Hinweis auf KStH 8.5; zust. Neumann gmbhstb 2007, 251; B. Lang DStZ 2007, 652; Suchanek/Herbst FR 2007, 863; Sistermann/Brinkmann BB 2008, 1928), also ua nahe Angehörige (§ 15 AO) ebenso wie Organ- und Konzerngesellschaften sowie deren Gesellschafter. **Andere Auffassungen** stellen ab auf die Grundsätze des § 1 Abs. 2 AStG (Hans FR 2007, 775; Zerwas/Fröhlich DStR 2007, 1933; Hinder/Hentschel GmbHR 2016, 16); auf eine gesellschaftsrechtliche Verbundenheit, nicht auf Familienangehörigkeit 43 wegen Art. 6 GG (Suchanek in HHR KStG § 8c Rn. 26; Suchanek/Rüsch WPg 2016, 173); nur formales Vertreten der Interessen des eigentlichen Erwerbers durch die anderen Personen (Kleinheisterkamp in Lenski/Steinberg § 10a Rn. 129; Frotscher in Frotscher/Maas KStG § 8c Rn. 49 f.); fraglich, da ohne eindeutige Abgrenzung zu Abs. 1 S. 2 (→ Rn. 55).

Der **maßgebliche Zeitpunkt** der Beurteilung des Nahestehens ist mE der des/der jeweiligen Erwerbs/Erwerbe (BMF 28.11.2017, BStBl. I 2017, 1645 Rn. 26; ebenso van Lishaut FR 2008, 789; Meiisel/Bokeloh BB 2008, 508; Roser DStR 2008, 1561; Dötsch/Pung DB 2008, 1703; Sistermann/Brinkmann BB 2008, 1928).

44 **c) Erwerbergruppe mit gleichgerichteten Interessen.** Die Erfassung der Erwerbergruppe dient der **Abwehr des Missbrauchs** zum Zwecke der Erhaltung der Verlustnutzung, ursprünglich insb. der Verhinderung der sog. **„Quartettlösung"** (BT-Drs. 16/5491, 22; BFH I R 30/15, BStBl. II 2017, 921). Denn eine Erwerbergruppe **gilt als ein Erwerber.** Es besteht eine gewisse Überschneidung mit → Rn. 43, wobei jedoch auch **fremde Dritte** in Betracht kommen (vgl. BFH I R 30/15, BStBl. II 2017, 921), mE auch Gesellschafter einer vermögensverwaltenden Personengesellschaft trotz anteiliger Zurechnung (aA Sistermann/Brinkmann BB 2008, 1928).

44a Der Tatbestand des § 8c Abs. 1 S. 1 KStG muss seinen Regelungszweck – erfasst werden soll die Änderung der wirtschaftlichen Identität durch das wirtschaftliche Engagement des/der neuen Anteilseigner/s – in sich aufnehmen. **Gleichgerichtete Interessen** liegen demnach vor, wenn die Erwerber **verbindliche Abreden** spätestens im Erwerbszeitpunkt mit dem Ziel getroffen haben, gemeinsam „als Gruppe" maßgeblichen Einfluss auf die VerlustGes auszuüben; die einfache Möglichkeit hierzu genügt nicht (BFH I R 30/15, BStBl. II 2017, 291, zu NdsFG 6 K 424/13, EFG 2015, 1297, best.; hierzu zB Ernst BB 2017, 1704; Haskamp DStR 2015, 1593; Linz GStB 2019, 339). Nach BMF genügt gleichwohl eine Abstimmung ohne Vertrag oder eine gemeinsame Zweckverfolgung iSd § 705 BGB, die jedoch nicht erforderlich ist. Auch müsse sich die Abstimmung (unter Hinweis auf KStH 36) nicht auf die Ausnutzung des Verlustvortrags richten (BMF 28.11.2017, BStBl. I 2017, 1645 Rn. 28).

44b **Dagegen** jedoch die überwiegende **Auffassung in der Litereratur,** wonach allgemeine gleichlaufende Interessen (Wertsteigerung; Dividendenausschüttungen uÄ) nicht gleichgerichtete Interessen iSd Vorschrift kennzeichnen (vgl. Sistermann/Brinkmann DStR 2008, 897; Sistermann/Brinkmann BB 2008, 1928; Suchanek/Herbst FR 2007, 863; Meiisel/Bokeloh BB 2008, 808; Dötsch/Pung DB 2008, 1703; van Lishaut FR 2008, 789; Hinder/Hentschel GmbHR 2015, 16; Neumann/Heuser GmbHR 2018, 21). ME können auch solche Interessen schädlich sein, wenn sie aufgrund verbindlicher Abreden auf eine gemeinsame Beherrschung/Einflussnahme hinauslaufen (zB Interesse an einer Verschmelzung, hierzu Lang in Bott/Walter KStG § 8c Rn. 84.5). Entscheidend sind die Umstände des Einzellfalles. Als Abreden in Betracht kommt neben **Stimmrechtsvereinbarungen** und **Konsortialverträgen** (BFH I R 30/15, BStBl. II 2017, 291, zu NdsFG 6 K 424/13, EFG 2015, 1297; ebenso FG Köln 10 K 2695/15, EFG 2020, 732, die hier nicht vorlagen) zB der Zusammenschluss einer **Investorengruppe** in einer vermögensverwaltenden Personengesellschaft (Honert/Obser BB 2009, 1161; Elicker/Zillmer BB 2009, 2620; Bron FR 2010, 208; Felten DStR 2010, 1261).

Das G. geht mE von einer Zusammenrechnung der Erwerbe auch dann aus, wenn sie zu **verschiedenen Zeitpunkten** erfolgen (ebenso Zerwas/Fröhlich DStR 2007, 1933; aA Neumann gmbhstb 2007, 249). Das erfordert mE eine Vereinbarung aller Erwerber spätestens zum Zeitpunkt des letzten zur Überschreitung der 50 %-Grenze führenden Erwerbs. **44c**

Dass sich **retrospektiv Schlüsse** auf die entsprechenden Vereinbarungen der Erwerbergruppe aufgrund von abgestimmten Handlungen iZm der einvernehmlichen Beherrschung der Gesellschaft ziehen lassen (so BT-Drs. 16/5491, 53; BMF 28.11.2017, BStBl. I 2017, 1645 Rn. 28; krit. zB Lang DStZ 2007, 652; Neyer BB 2007, 1415), erscheint nicht ausgeschlossen. Allerdings dürfte angesichts der beim FA liegenden **Feststellungslast** (BFH I R 30/15, BStBl. II 2017, 291; Schneider/Bleifeld DB 2018, 464) die vom BMF 28.11.2017, BStBl. I 2017, 1645 angeführte Indizwirkung idR nicht genügen. Ein Indiz ist kein Beweis.

4. Übertragungsvorgang

a) Begriff. Übertragung iSd Vorschrift ist **jeder formale Rechtsakt,** durch den die Kapitalanteile bzw. -rechte auf eine andere Person übergehen, also Abtretung, entgeltliche und unentgeltliche Veräußerung, zB Schenkung, ggf. Begründung einer stillen Ges. mit der MutterKapGes (Reinhard Ubg 2025, 336). Wenn für die Übertragung (zivilrechtlich) der Übergang des Eigentums erforderlich ist, ist auf den Übergang des **wirtschaftlichen Eigentums** abzustellen (BMF 28.11.2017, BStBl. I 2017, 1645 Rn. 6, 13; aA Kleinheisterkamp in Lenski/Steinberg § 10a Rn. 115, mE zu Unrecht, da das Abstellen auch auf das wirtschaftliche Eigentum nicht der zivilrechtlichen Betrachtungsweise widerspricht). Meines Erachtens sind die Grundsätze zu § 8 Abs. 4 KStG aF (→ Rn. 32a) anzuwenden. **45**

Auch **Stimmrechtszurechnungen** kraft Gesetzes (zB § 22 WpHG) sind mE nicht Übertragung iSd Vorschrift, ebenso wenig eine bloß *formale* zivilrechtliche oder eine treuhänderische Übertragung (B. Lang DStR 2008, 549; Sistermann/Brinkmann DStR 2008, 897). Ein **Formwechsel** iSv § 190 UmwG bewirkt keine (mittelbare) Übertragung der Anteile.

b) Umwandlungsrecht. Auch **umwandlungsrechtliche Vorgänge,** zB Verschmelzung, Umwandlung, Einbringung und Spaltung, können einschlägig sein, wenn damit eine Änderung der Beteiligungsquoten einhergeht (vgl. FG Bln-Bbg 8 K 8311/10, DStRE 2012, 1189, Rev. I R 5/19, ausgesetzt bis zur BVerfG-Entscheidung 2 BvL 19/17; BMF 28.11.2017, BStBl. I 2017, 1645 Rn. 7; Ettinger StBp 2019, 263; krit. Schick/Franz DB 2008, 1987). Werden die (auch mittelbaren) Beteiligungsquoten insb. bei Verschmelzung der Gewinn-SchwesterGes auf die VerlustGes nicht verändert, dürfte kein Erwerbsvorgang vorliegen (vgl. BFH I R 25/12, BFH/NV 2014, 904; Lüdicke DStR 2015, 746; Ott DStZ 2018, 524). Nicht erwähnt ist in BMF 28.11.2017, BStBl. I 2017, 1645 der **Anteilstausch,** was mE jedoch nicht den Schluss zulässt, dass er aus der Sicht der FVerw als identitätswahrend (BFH I D 1/57 S, BStBl. III 1959, 30) nicht erfasst werden soll (aA Roser DStR 2008, 1561), sondern einen Grundfall darstellt (van Lishaut FR 2008, 789). Für die Unschädlichkeit von Verschmelzungen auf die Verlust-Mutter, auf Schwestergesellschaften und auf die Verlust-Tochter (up-, side- und downstream-merger), wenn keine Kapitalerhöhung erfolgt, Sistermann/Brinkmann BB 2008, 1928. **46**

47 **c) Kapitalerhöhung. Erfasst wird** kraft ausdrücklicher gesetzlicher Bestimmung (§ 8c Abs. 1 S. 3 KStG) **auch** eine **Kapitalerhöhung,** und zwar auf der Ebene der Verlustgesellschaft ebenso wie auf der Ebene der unmittelbar oder mittelbar beteiligten Gesellschaft (BMF 28.11.2017, BStBl. I 2017, 1645 Rn. 10; **aA** nach dem Wortlaut zutreffend Sistermann/Brinkmann BB 2008, 1928, jedoch dürfte zumindest ein vergleichbarer Fall vorliegen), wenn eine zumindest 50%ige Veränderung der Beteiligungsquoten an der Verlustgesellschaft die Folge ist (ebenso Sistermann/Brinkmann DStR 2008, 897; B. Lang DStZ 2007, 625; Schick/Franz DB 2008, 1897). Das gilt auch, wenn ein Gesellschafter eine **höhere Beteiligung** an der Erhöhung erhält, als ihm nach seiner Einlage rechnerisch zustünde (vgl. Neumann/Stimpel GmbHR 2007, 1194) sowie bei einer **disquotalen Kapitalerhöhung** unter den bisherigen Gesellschaftern. Wird aber bei einem bestehenden Erwerberkreis die Kapitalerhöhung nur von einem **Teil des Erwerberkreises** übernommen (zB 2 x 26 %, bezogen auf das Kapital nach der Erhöhung), liegt mE kein schädlicher Beteiligungserwerb vor, weil der Erwerberkreis als solches vor und nach der Kapitalerhöhung mit insgesamt 100 % beteiligt ist (ähnlich Lang in Bott/Walter KStG § 8c Rn. 91.1); allein auf diesen kommt es nach § 8c Abs. 1 S. 2 KStG an. Erfolgt die **Kapitalerhöhung nach einer Anteilsübertragung,** dann sind mE die Veränderungen der Quoten dem Gesetzeszweck entsprechend (wirtschaftliches Engagement!) bezogen auf das Kapital nach dessen Erhöhung zu bestimmen (ebenfalls Anwendung von BMF 28.11.2017, BStBl. I 2017, 1645 Rn. 9).

Eine Kapitalerhöhung bezieht sich nach dem Wortlaut des G auf das **gezeichnete Kapital;** eine entsprechende Anwendung auf die übrigen dort genannten Rechte kommt – entgegen BMF 28.11.2017, BStBl. I 2017, 1645 Rn. 9 – mE nicht unmittelbar in Betracht (ebenso Sistermann/Brinkmann BB 2008, 1928; für eine Behandlung als vergleichbarer Sachverhalt Kleinheisterkamp in Lenski/Steinberg § 10a Rn. 160).

48 **d) Erbfolge.** Ein Erwerb durch eine **natürliche Person** mittels **Erbfolge** bzw. unentgeltliche **Erbauseinandersetzung** gehört nicht dazu. Das gilt nach BMF 28.11.2017, BStBl. I 2017, 1645 Rn. 4 auch für die **vorweggenommene Erbfolge** zwischen Angehörigen iSv § 15 AO (aA FG Münster 9 K 3478/13 F, EFG 2016, 412, Rev. I R 6/16 unzulässig; Neumann GmbHR 2014, 673; Rengers EFG 2016, 416; Chuchra/Dorn/Schwarz DStR 2016, 1404), jedoch dann nicht, wenn in auch nur geringem Umfang entgeltlich (aA Thonemann DB 2008, 2156). Wird eine entfernt verwandte Person oder eine nicht natürliche Person durch vorweggenommene Erbfolge begünstigt, nimmt der BMF 28.11.2017, BStBl. I 2017, 1645 offenbar einen Erwerb iSd Vorschrift vor, was im Hinblick auf die Veränderung des wirtschaftlichen Engagements unstimmig ist (zu Recht krit. Weiss/Brühl DStZ 2018, 451; Gläser/Zöller BB 2018, 87).

49 **e) Dauer der Inhaberschaft.** Die Dauer der Inhaberschaft nach der Übertragung ist nach dem Wortlaut der Vorschrift an sich nicht von Bedeutung; jedoch ist mE im Wege der **teleologischen Reduktion** eine Einschränkung zB im Fall des **Börsengangs** für den Zwischenerwerb von Aktien bei der Emissionsbank geboten (ebenso BMF 28.11.2017, BStBl. I 2017, 1645 Rn. 6; für eine Ausnahme beim Zwischenerwerb aus anderen abwicklungstechnischen Gründen Roser DB 2008, 1561), obwohl die Bank ggf. auch wirtschaftliches Eigentum erlangt (hierzu Sustmann/Papke DStR 2008, 851). Das gilt jedoch nicht, wenn die Bank die Aktien letztlich in ihren eigenen Bestand übernimmt (van Lishaut FR 2008, 789).

f) Weiterübertragung des nämlichen Anteils. aa) Grundsatz. Auch die **Weiterübertragung derselben Beteiligung** (des **„nämlichen"** Anteils) löste nach der vom BVerfG (2 BvL 6/11, BStBl. II 2017, 1082) verworfenen Fassung des § 8c Abs. 1 S. 1 KStG dessen Folge aus, wenn und soweit sie je Erwerberkreis die Grenze des schädlichen Beteiligungserwerbs übersteigt; zwei Erwerbe des nämlichen Anteils wurden also je einmal gezählt und nicht zusammengerechnet (BMF 28.11.2017, BStBl. I 2017, 1645 Rn. 22). Jede Übertragung des nämlichen Anteils löste ggf. einen eigenen Fünf-Jahres-Zeitraum aus (zB Schulz DB 2014, 2736). 50

Infolge der **Änderung des § 8c Abs. 1 KStG** aufgrund des oa BVerfG-Beschlusses ist mE **diese Anweisung obsolet,** weil nunmehr ein schädlicher Beteiligungserwerb zur vollständigen Versagung des Verlustabzugs führt und weitere Übertragungen des nämlichen Anteils sich insoweit nicht mehr auswirken können. Beträgt der übertragene Anteil weniger als 50 %, bewirkt auch seine mehrfache Übertragung, sei es innerhalb oder außerhalb eines Erwerberkreises, mangels Zusammenrechnung nicht, dass die Schädlichkeitsgrenze überschritten wird. Erst wenn dieser Anteil zusammen mit einem zusätzlichen Anteil weiter übertragen und dadurch die 50 %-Marke überschritten wird, geht der Verlustvortrag unter.

bb) Wiederholter Erwerb. Nach BMF 28.11.2017 (BStBl. I 2017, 1645 Rn. 23) stellt die **Übertragung** von Anteilen **auf eine Person** in dem Umfang, in dem diese bereits in einem früheren Zeitpunkt an der VerlustGes beteiligt war, eine mehrfache Übertragung nämlicher Anteile dar. Sie ist also gesondert zu berücksichtigen (Auslösung eines neuen 5-Jahres-Zeitraums), mE jedoch nicht mit den früheren Erwerben zu addieren. Diese Übertragung ist nur schädlich, wenn sie als solche die 50 %-Grenze übersteigt (vgl. BFM 28.11.2017, BStBl. I 2017, 1645 Rn. 23 und den dortigen Hinweis auf die Rn. 22; Lang in Bott/Walter KStG § 8c Rn. 82.3 ff.; aA wohl Neumann/Heuser GmbHR 2018, 21; Suchanek/Rüsch Ubg 2018, 10). 50a

5. Höhe der Übertragung

a) Grundsatz. Maßgebend ist nach dem Wortlaut der Vorschrift an sich nur die **Höhe der Übertragung,** jedoch **nicht der Beteiligung des Erwerbers.** Allerdings sollte im Rahmen einer teleologischen Auslegung gefordert werden, dass dieser durch die Übertragungen irgendwann einen **Anteilsbestand von mehr als 50 %** innehatte, was bei gestreckten Anteilsübertragungen auf ihn und **zwischenzeitlichen Veräußerungen** durch ihn relevant ist **(Bestandsbetrachtung;** ebenso NdsFG 6 K 51/10, EFG 2012, 2311, rkr.; Suchanek in HHR KStG § 8c Rn. 23; Rödder/Möhlenbrock Ubg 2008, 595; Adrian BB 2012, 2995; Ubg 2013, 8; Neumann/Heuser GmbHR 2018, 21). BMF 28.11.2017, BStBl. I 2017, 1645 enthält hierzu keine ausdrückliche Regelung. Allerdings lässt sich mE dessen Rn. 23 nutzbar machen: Hat zB der Erwerber einer 30%igen Beteiligung diese innerhalb von fünf Jahren verkauft und wieder erworben, werden diese Erwerbe nicht zusammengezählt, sodass kein schädlicher Beteiligungserwerb vorliegt. 51

Der **maßgebliche Prozentsatz** bezieht sich grds. auf die Art des übertragenen Rechts, also bei Kapitalanteilen (zB Aktien) auf das gezeichnete Kapital (zB Nennkapital), bei Mitgliedschafts- und Beteiligungsrechten sowie bei Stimmrechten auf den Gesamtbestand an solchen Rechten. **Eigene Anteile** der Körperschaft sind abzuziehen bzw. nur zu berücksichtigen, wenn sich durch den Erwerb die Beteili- 51a gungsquote ändert (BMF 28.11.2017, BStBl. I 2017, 1645 Rn. 7; allg. Auffassung).

52 **b) Vorzugsaktien.** Bei Erwerb von **Stamm- und Vorzugsaktien** ist nach BMF 28.11.2017, BStBl. I 2017, 1645 Rn. 8 „im Regelfall" **für die Stammaktien** auf das **stimmberechtigte Kapital** und für die **Vorzugsaktien** auf das **gesamte Stammkapital** abzustellen, mE unzutreffend (→ Rn. 48; iE ebenso zB Kussmaul/Richter/Tcherveniachki GmbHR 2008, 1009; Meiisel/Bokeloh BB 2008, 808; Roser DStR 2008, 1561; Suchanek GmbHR 2008, 292; wie BMF Sistermann/Brinkmann BB 2008, 1928). Immerhin werden nach BMF 28.11.2017, BStBl. I 2017, 1645 **verschiedene Quoten nicht addiert.**

Sonstige disquotale Vorzugsrechte (Beteiligungs-, Mitgliedschaftsrechte) sind mE neben Kapitalanteilen irrelevant (ebenso Kleinheisterkamp in Lenski/Steinberg § 10a Rn. 145 aF).

53 **c) Kapitalerhöhung.** Bei einer Kapitalerhöhung ist mE die **Quote nach der Erhöhung** mit der *vor* der Erhöhung abzugleichen (wohl ebenso BMF 28.11.2017, BStBl. I 2017, 1645 Rn. 9); hierbei sind bei einem Erwerberkreis die Quotenveränderungen zusammenzurechnen. Bei einem **Zusammentreffen** von Kapitalerhöhung und Anteilsübertragung gilt mE Entsprechendes (**aA** Brandis in Brandis/Heuermann KStG § 8c Rn. 46). Lag vor der Erhöhung bereits eine schädliche Übertragung vor, werden ihre Folgen durch das Ergebnis der Erhöhung nicht beseitigt (ebenso Kleinheisterkamp in Lenski/Steinberg § 10a Rn. 164 aF; Frotscher in Frotscher/Maas KStG § 8c Rn. 97; für eine **einheitliche ex-post-Betrachtung** B. Lang DStZ 2007, 652; 2008, 549).

6. Mittelbare Beteiligungen

54 **a) Grundsatz. aa) Schädlichkeit nach der aF.** Eine nur **mittelbare Übertragung** ist der unmittelbaren Übertragung gleichgestellt. Nach BMF 28.11.2017, BStBl. I 2017, 1645 Rn. 11 ist grds. **jede Übertragung innerhalb einer Beteiligungskette** ebenfalls geeignet für einen schädlichen Beteiligungserwerb. Zugrundezulegen ist die auf die VerlustGes durchgerechnete (Veränderung der) Beteiligungsquote. Hierdurch werden erhebliche praktische Schwierigkeiten bei der Erfassung und Überwachung von Beteiligungsverhältnissen und ihrer Änderung begründet.

54a **bb) Teleologische Reduktion/Verfassungskonforme Auslegung.** Zudem stellte sich die Frage, ob unabhängig von der Existenz einer **Konzernklausel** (hierzu → Rn. 75 ff.) eine sich auf die Beteiligungsverhältnisse auf der höheren Stufe nicht auswirkende Veränderung auf einer unteren Stufe einer Beteiligungskette vom Sinn der Vorschrift erfasst wird (so BMF 28.11.2017, BStBl. I 2017, 1645 Rn. 11; verneinend insb. Ballwieser/Frase BB 2009, 1502; krit. auch Lenz/Ribbrock BB 2007, 587; Dörfler/Wittkowski GmbHR 2007, 513; Sedemund/Fischenich BB 2008, 535; Dieterlen/Winkler GmbHR 2007, 815; Wiese DStR 2007, 741; Neyer BB 2007, 1415; Beußer DB 2007, 1549; Suchanek/Herbst FR 2007, 863; Kussmaul/Richter/Tcherveniachki GmbHR 2008, 1009; Breuninger/Schade Ubg 2008, 261). Das gilt insb. für eine die Quote nicht verändernde **Verkürzung** oder **Verlängerung der Beteiligungskette.** Fraglich ist schon, ob ein solcher Fall vom Wortlaut der Vorschrift überhaupt erfasst ist; denn auf der übergeordneten Ebene, auf die es wegen der Frage des wirtschaftlichen Engagements mE ankommt, findet keine mittelbare Übertragung von Anteilen usw statt

(Kleinheisterkamp in Lenski/Steinberg § 10a Rn. 122 aF). Davon abgesehen war in einem solchen Fall die Möglichkeit einer **teleologischen Reduktion** (Stichwort: wirtschaftliches Engagement) eröffnet (so FG Bbg 8 K 8311/10, DStRE 2012, 1189; Rev. I R 5/19, ausgesetzt bis zur BVerfG-Entscheidung 2 BvL 19/17; B. Lang DStZ 2007, 652; Suchanek/Herbst FR 2007, 863; Rödder DStR 2007, Beih. 40, 13; Dieterlen/Winkler GmbHR 2007, 815; Blumenberg/Benz S. 180; Neumann gmbhstb 2007, 249; Neumann/Stimpel GmbHR 2007, 1194; Schick/Franz DB 2008, 1987; Lenz Ubg 2008, 24; Meiisel/Bokeloh BB 2008, 808; Roser DStR 2008, 1561; Sistermann/Brinkmann BB 2008, 1928; Neu/Schiffers/Watermeyer GmbHR 2008, 421; B. Lang DStZ 2008, 549; van Lishaut FR 2008, 789; Roth DB 2012, 1768; Neyer BB 2012, 615; FR 2012, 858; GmbHR 2014, 734; Karl BB 2012, 1329).

Mit der **Einfügung der Konzernklausel** des § 8c Abs. 1 S. 5 KStG durch G. v. 22.12.2009 (BGBl. 2009 I 3950) mit Wirkung für Erwerbe nach dem 31.12.2009 hat der Gesetzgeber allerdings die Streitfrage mittelbar auch für Erwerbe vor dem 1.1.2010 im Sinne des BMF entschieden. **54b**

Ein anderer Ansatz ist eine **verfassungskonforme Auslegung** der Vorschrift dahin, dass sich die wirtschaftliche Identität der (Unter)Gesellschaft nicht ändert, wenn lediglich die Beteiligungskette verkürzt wird und die Konzernmutter im Ergebnis mit denselben mittelbaren Beteiligungsquoten mittelbare Gesellschafterin der VerlustGes bleibt (FG Düsseldorf 6 K 3339/12 K, F, EFG 2015, 768, rkr.; zust. Karl GmbHR 2015, 722; Graw EFG 2015, 770; Hinder GmbHR 2015, 742; nur iE zust. Lüdicke DStR 2015, 746: Verschmelzungen kein Erwerbsvorgang, → Rn. 57).

b) Beteiligungsstufen. Ohne die Lösung in → Rn. 64 ist grundsätzlich die **Veränderung auf jeder Stufe** noch so weit oben beachtlich, sofern sie sich mit der entsprechend durchgerechneten Quote auswirkt, was im Extremfall auch eine 10. Stufe sein kann (so B. Lang DStR 2008, 549; van Lishaut FR 2008, 789). Entsprechendes gilt für eine mittelbare Kapitalerhöhung (B. Lang DStZ 2007, 652). **55**

Umgekehrt ist eine unmittelbare Übertragung auf der unteren Stufe gleichwohl zu beachten, auch wenn sich hierdurch die Beteiligungsverhältnisse auf der höheren Stufe (mittelbar) nicht verändern (BT-Drs. 16/4841, 76; BMF 28.11.2017, BStBl. I 2017, 1645 Rn. 11).

c) Umfang der Übertragung. aa) Durchrechnung. Zum Zwecke der *Ermittlung* des Anteils bei einer mittelbaren Übertragung sind die Beteiligungs- und Übertragungsquoten **„durchzurechnen"** (BT-Drs. 16/4841, 76; BMF 28.11.2017, BStBl. I 2017, 1645 Rn. 12). **56**

Beispiel:

Die A-AG hält 50 % an B-GmbH, diese 80 % an V-GmbH; die Übertragung von 25 % der Anteile durch die A-AG bedeutet eine mittelbare Übertragung von 20 % an der V-GmbH.

Das gilt auch dann, wenn im Einzelfall eine unmittelbare Übertragung der Anteile an einer **vermittelnden Gesellschaft** die Schädlichkeitsgrenze nicht übersteigt und nur durch Zusammenrechnung mit mittelbaren Beteiligungen, ggf. über eine divergierende Beteiligungskette, an der Verlust-Untergesellschaft die mittelbaren Übertragungen die Schädlichkeitsgrenze übersteigen (ebenso Kleinheisterkamp in Lenski/Steinberg § 10a Rn. 147 aF; aA zB Suchanek in HHR KStG § 8c Rn. 23; Suchanek/Herbst FR 2007, 863; van Lishaut FR 2008, 789).

Beispiel (nach Suchanek in HHR KStG § 8c Rn. 23):

Veräußerer hält 100 % an G, die 40 % an M und 70 % an E hält; M und E halten ihrerseits jeweils 50 % an U. Bei M und U bestehen Verlustvorträge. Veräußerer überträgt 100 % an Erwerber.

Bei G und E findet ein unerheblicher, bei M kein schädlicher Beteiligungserwerb statt (Übertragung von nur 40 %). Dagegen findet auf der Ebene von U mittelbar ein schädlicher Beteiligungserwerb statt: 40 % x 50 % + 70 % x 50 % = 55 %.

Bei **unterschiedlichen Beteiligungsrechten** auf den verschiedenen Stufen ist mE nicht nur im Hinblick auf ein gleichartiges Recht, sondern im Hinblick auf alle im G genannten Beteiligungsrechte durchzurechnen, weil sie jeweils für einen schädlichen Beteiligungserwerb in Betracht kommen (aA Kleinheisterkamp in Lenski/Steinberg § 10a Rn. 148 aF).

57 **bb) Additionsgebot.** Unabhängig voneinander erfolgende **unmittelbare und mittelbare** Übertragungen sind grds. **zusammenzurechnen** (zB Suchanek in HHR KStG § 8c Rn. 23; Neumann/Stimpel GmbHR 2007, 1194). Wird durch eine unmittelbare Anteilsübertragung eine mittelbare Anteilsübertragung **gleichzeitig ausgelöst,** so ist für die Rechtswirkung nur die unmittelbare Anteilsübertragung zu berücksichtigen; sie ist nicht mit der rechnerischen mittelbaren Anteilsübertragung zu addieren (Dötsch/Pung DB 2008, 1703 (1710)). Dh der Tatbestand des G ist insoweit zu reduzieren, dass es auf die mittelbare Anteilsübertragung nur insoweit ankommt, als keine diese erst vermittelnde unmittelbare Anteilsübertragung vorliegt.

Bei einer der unmittelbaren Übertragung **nachfolgenden mittelbaren Übertragung** ist diese mE ohne Berücksichtigung der unmittelbaren Übertragung durchzurechnen.

Beispiel (nach Suchanek in HHR KStG § 8c Rn. 23):

A hält 80 % an M, diese hält 50 % an V. M erwirbt weitere 20 % an V; darauf A weitere 10 % an M.

Der unmittelbare Erwerb von M an V (20 %) wird voll erfasst. Der mittelbare Erwerb von A (10 %) jedoch ohne die vorherige Erhöhung der Anteile der M an V, weil diese sonst doppelt berücksichtigt würde, also nur mit 10 % x 50 % = 5 %.

58 **d) Personengesellschaft.** Auch der **Gesellschafterwechsel** einer **Personengesellschaft** kann zu einer mittelbaren Anteilsveräußerung führen, wenn die Anteile zum Gesamthandsvermögen der Gesellschaft gehören; Entsprechendes gilt bei einem Wechsel der Anteile vom SonderBV ins Gesamthandsvermögen und umgekehrt (BFH I R 81/02, BStBl. II 2004, 614; BMF 28.11.2017, BStBl. I 2017, 1645 Rn. 11; Beußer DB 2007, 1549). Eine **Anwachsung** hat mE diese Wirkung ebenfalls, bei vermögensverwaltenden Personengesellschaften trotz der anteiligen Zurechnung nach § 39 Abs. 2 S. 2 AO (aA Roser DStR 2008, 1561; Dieterlen/Winkler GmbHR 2007, 815; Sistermann/Brinkmann BB 2008, 1928). Befinden sich die Anteile im SonderBV des ausscheidenden Gesellschafters, dann führt mE der Gesellschafterwechsel nicht zu einer mittelbaren Übertragung (ebenso Lang DStZ 2008, 549).

7. Zeitfragen

59 **a) Zeitpunkt des Beteiligungserwerbs.** Meines Erachtens ist dies der der **zivilrechtlichen Wirksamkeit** des Rechtsgeschäfts/Vorgangs, ggf. – wenn

bestimmbar – der des Übergangs des *wirtschaftlichen Eigentums* (BMF 28.11.2017, BStBl. I 2017, 1645 Rn. 13). Das gilt nach BMF 28.11.2017, BStBl. I 2017, 1645 Rn. 15 auch für Fälle der **Umwandlung;** ein steuerlicher *Rückbezug* nach § 2 UmwStG scheidet danach aus (**aA** Schumacher/Hageböke DB 2008, 493; Lenz Ubg 2008, 24; Schick/Franz DB 2008, 1987; Meiisel/Bokeloh DB 2008, 808; Sistermann/Brinkmann DStR 2008, 897; BB 2008, 1928; **aA** für die Verschmelzung der Verlustgesellschaft auf den Anteilserwerber Dötsch/Pung DB 2008, 1703). Doch kann sich diese Regelung auch günstig für den Erwerber auswirken (van Lishaut FR 2008, 789).

Bei einer **Kapitalerhöhung** ist maßgebend die Eintragung ins Handelsregister (BFH VIII R 49/04, BStBl. II 2006, 746; BMF 28.11.2017, BStBl. I 2017, 1645 Rn. 14).

b) Fünf-Jahres-Fristen. aa) Erster schädlicher Erwerb. Der **Zeitrahmen** von jeweils **fünf Jahren** wird abgesteckt durch die **erste Übertragung an einen Erwerber/Erwerberkreis.** Die Fristbestimmung bezeichnet **Zeitjahre;** die jeweilige Frist endet taggenau nach fünf Jahren (Lang DStZ 2007, 652; 2008, 549): zB A überträgt an C am 1.4.01 40 %; B an C am 30.3.03 12 %; die Frist beginnt am 1.4.01 (vgl. BT-Drs. 16/4841, 76: **„retrospektive Betrachtung";** BMF 28.11.2017, BStBl. I 2017, 1645 Rn. 17). Die insoweit erfassten Erwerbe (zB 12 % vom 30.3.03) können bei weiteren Erwerben (zB 40 % am 30.3.07) nicht noch einmal für den Fortfall eines (weiteren)Verlustabzugs berücksichtigt werden (BT-Drs. 16/4841, 769; BMF 28.11.2017, BStBl. I 2017, 1645 Rn. 20; → Rn. 71). 60

Allerdings werden nach BMF zur Ermittlung des schädlichen Beteiligungserwerbs **alle Erwerbe eines Erwerberkreises** innerhalb von fünf Jahren **zusammengefasst** (BMF 28.11.2017, BStBl. I 2017, 1645 Rn. 16; sog. **Additionsmethode**). Zur **Bestandsbetrachtung** bei einer zwischenzeitlich möglichen Weiterübertragung durch diesen Erwerber → Rn. 51.

bb) Nachfolgender schädlicher Erwerb. Im Übrigen eröffnet eine **nachfolgende Übertragung** für jeden „Erwerberkreis" einen neuen „Übertragungszeitraum" bzw. „Beobachtungszeitraum" für weitere Verlustabzüge. Das gilt auch nach Überschreiten der 50 %-Grenze unabhängig vom Vorhandensein eines nichtgenutzten Verlustvortrags (BMF 28.11.2017, BStBl. I 2017, 1645 Rn. 20; Beußer DB 2007, 1549; Neumann gmbhstb 2007, 249). 60a

cc) Mehrere Erwerbe je Erwerberkreis. Nach BMF 28.11.2017, BStBl. I 2017, 1645 Rn. 19 gilt eine **Mehrzahl von Erwerben** durch einen **Erwerberkreis** als **ein Erwerb,** wenn ihnen ein **Gesamtplan** zugrunde liegt; ein solcher wird vermutet, wenn die Erwerbe **innerhalb eines Jahres erfolgen** (hierzu auch B. Lang DStZ 2008, 549). Jedoch erscheint sehr fraglich, ob hierdurch eine **Umkehr der Beweislast** bestimmt werden kann (krit. zB Roser DStR 2008, 1561; Dötsch/Pung DB 2008, 1703). Das gilt umso mehr, als das BMF diese Regelung offenbar auch für die Verlängerung des 5-Jahres-Zeitraums anwenden will (zweifelnd auch van Lishaut FR 2008, 789). 60b

Das **Verhältnis von** BMF 28.11.2017, BStBl. I 2017, 1645 Rn. 19 zur → Rn. 16 (→ Rn. 60) ist mE uneindeutig. Nach → Rn. 16 müssen Erwerbe am 1.1.01 (zB 26 % an A) und 31.12.05 (zB 26 % an die Ehefrau von A) zusammengefasst werden zu *einem schädlichen Beteiligungserwerb,* nach BMF 28.11.2017, BStBl. I 2017, 1645 Rn. 19 jedoch nicht ohne Weiteres. Möglicherweise meint der BMF 28.11.2017, BStBl. I 2017, 1645, dass (Abwandlung: am 1.1.2001 25 %, am 31.12.2005 25 %, und am 1.6.2006 weitere 5 % durch A) die letzten beiden Erwerbe zu **einem Erwerb** zusammengefasst werden müssten mit der Folge, dass – zurückbezogen auf den 31.12.2005 – insgesamt 30 %, somit insgesamt 55 %, übertragen wären. Das allerdings wäre ein klarer Verstoß gegen den Wortlaut des § 8c KStG.

8. Rechtsfolgen

61 **a) Grundsatz.** Die Verlustkürzung tritt mE – wie bisher – unabhängig davon ein, ob eine **einstufige** oder eine **mehrstufige** (diese innerhalb von fünf Jahren) Übertragung erfolgt, also erst wenn mit einem zweiten oder weiteren Erwerb die 50 %-Grenze überschritten ist. Dieser weitere Erwerb ist mit den vorherigen Erwerben zu einem schädlichen Beteiligungserwerb zusammenzufassen. Der Verlustabzug ist **vollständig zu versagen** (BMF 28.11.2017, BStBl. I 2017, 1645 Rn. 21), jedoch in der Höhe des zu diesem *späteren* Zeitpunkt vorhandenen Verlustvortrags (BMF 28.11.2017, BStBl. I 2017, 1645 Rn. 30); eine Rückbeziehung auf den Zeitpunkt der ersten der zum schädlichen Beteiligungserwerb führenden Übertragungen sieht das G. nicht vor (Dötsch/Pung DB 2008, 1703).

Die strikte Rechtsfolge kann ggf. durch Einsatz eines **Forderungsverzichts mit Besserungsabrede** als „loss refresher") vor dem schädlichen Ereignis vermieden werden, zumal der BFH (I R 23/11, BFH/NV 2012, 1901) Gestaltungen dieser Art zu § 8 Abs. 4 KStG aF (Stichwort „Mantelkauf") nicht als Rechtsmissbrauch eingestuft hat (hierzu Ott GStG 2025, 26, krit. Leibner/Dötsch in DPM § 8c Rn. 205).

Unabhängig hiervon ist § 8c **körperschaftsteuerrechlich** auf verrechenbare Verluste nach **§ 15a EStG nicht anwendbar,** die einer **KapitalGes als Mitunternehmerin** einer KG zugerechnet werden, da § 8c KStG nur Verluste der Körperschaft betrifft (BFH IV R 27/21, BFH/NV 2024, 1017, zu FG Köln 1 K 2563/17, EFG 2022, 700, best., gegen BMF 28.11.2027, BStBl. I 2017, 1645, Rn. 2). **Gewstrechtlich** ist die Spezialnorm des **§ 10a S. 10 Hs. 2** (→ Rn. 155) zu beachten.

61a Bei einer **Organschaft** ist nach BMF 28.11.2017, BStBl. I 2017, 1645 Rn. 37 die Verlustabzugsbeschränkung auf Ebene des OT und der OG getrennt zu ermitteln. Das gilt auch für die Stille-Reserven-Verschonungsregel (BMF 28.11.2017, BStBl. I 2017, 1645 Rn. 59; aA Haase/Nürnberg Ubg 2024, 53).

Tritt der schädliche Beteiligungserwerb beim **Organträger** ein, soll die Verlustabzugsbeschränkung auch das noch nicht zugerechnete anteilige **Organeinkommen** betreffen, soweit bei der OG mittelbar ein schädlicher Beteiligungserwerb eintritt.

62 **b) Sanktionsverbrauch.** Die zum schädlichen Beteiligungserwerb führenden **Erwerbe** sind mE **verbraucht.** Das gilt nach dem klaren Wortlaut der Vorschrift auch dann, wenn bei Überschreiten der 50 %-Marke **kein Verlustvortrag** vorhanden ist; es beginnt ein neuer 5-Jahres-Zeitraum (BMF 28.11.2017, BStBl. I 2017, 1645 Rn. 20 S. 4). Auch eine – dann verlustuntergangsorientierte – „retrospektive Betrachtung" (BT-Drs. 16/4841, 76) ist nicht angezeigt.

Beispiel:

Übertragung von 30 % am 1.1.01 und Übertragung von weiteren 25 % am 1.1.04. Es besteht kein Verlustvortrag. Eine dritte Übertragung von 30 % erfolgt am 1.1.07 bei einem nunmehr bestehenden Verlustvortrag. ME ist nach den ersten beiden Übertragungen von zusammen 55 % der Tatbestand abgeschlossen. Es beginnt ein neuer 5-Jahres-Zeitraum; die Übertragungen 2 u. 3 dürfen nicht zusammengerechnet werden mit der Folge eines Verlustuntergangs, auch wenn aus der Sicht 1.1.07 retrospektiv 55 % innerhalb eines Fünf-Jahres-Zeitraums übertragen worden sind.

c) Vorhandensein von Verlustvorträgen. Auf das **Vorhandensein** von **nicht genutzten Verlustvorträgen** zum Zeitpunkt/zu den Zeitpunkten der früheren Erwerbe kommt es für die Anwendung des Satzes 1 nicht an (BMF 28.11.2017, BStBl. I 2017, 1645 Rn. 17 S. 2). Entscheidend ist nach dem Wortlaut der Vorschrift allein die Lage zum Zeitpunkt des schädlichen Beteiligungserwerbs (BMF 28.11.2017, BStBl. I 2017, 1645 Rn. 24). Daher geht der Verlustvortrag auch dann verloren, wenn erst die Übertragung eines **Zwerganteils** zum schädlichen Beteiligungserwerb führt (Sistermann/Brinkmann DStR 2008, 897; krit. zB Neyer BB 2007, 1415; B. Lang DStZ 2007, 652) Eine Lösung bestünde in der **teleologischen Reduktion** der Vorschrift dahin, dass als schädliche Beteiligungserwerbe nur solche Übertragungen angesehen werden, die während des Bestehens eines Verlustvortrags (Verlustphase) stattfinden (so Altrichter/Herzberg GmbHR 2008, 857; Altrichter/Herzberg GmbHR 2010, 799). 63

d) Maßgeblicher Verlustvortrag. Maßgeblich ist zunächst der **zum Schluss des EZ** vor dem schädlichen Erwerb festgestellte Vortrag; hinzu kommt der bis zum Erwerb (unterjährig) aufgelaufene Verlust (→ Rn. 65 f.). Bei **mehrstufigen Übertragungen** ist das der bis zur **letzten** die Schädlichkeitsgrenze übersteigenden Übertragung aufgelaufene Verlust, was zu vom Zweck der Vorschrift nicht gedeckten Verwerfungen führen kann. 64

Beispiel:

In 02 Übertragung von 50 % an einer Gewinn GmbH; in 05 Übertragung von 5 %, nachdem in 03 und 04 Verluste eingetreten sind: nach dem Wortlaut der Vorschrift geht der Verlustvortrag zum 31.12.2004 unter.

Dem entspricht BMF 28.11.2017, BStBl. I 2017, 1645 Rn. 24, wonach zum Zeitpunkt des ersten Erwerbs noch kein Verlust vorhanden sein muss (hierzu krit. zB Neyer BB 2007, 1415; B. Lang DStZ 2007, 652; Beußer DB 2007, 1549; Altrichter-Herzberg GmbHR 2008, 857; Altrichter-Herzberg GmbHR 2010, 799). Ähnlich ist mE das Ergebnis, wenn die erste Übertragung nicht eine Gewinn-, sondern eine Verlust-GmbH betrifft.

e) Unterjährige Ereignisse. Erfolgt der schädliche Beteiligungserwerb **im Laufe eines Wirtschaftsjahres,** so gilt aus teleologischen Gründen **kstrechtlich** die oa Rechtsfolge nach BFH I R 1/23 (BFH/NV 2026, 78, zum kstlichen Verlustrücktrag; gegen BMF 28.11.2017, BStBl. I 2017, 1645 Rn. 31, 33; zust. Suchanek/Rüsch FR 2026, 38) nicht für den bis zu diesem Zeitpunkt **erzielten Verlust** (hierzu zB Neumann gmbhstb 2007, 249; Neyer BB 2007, 1415; DStR 2015, 1777; B. Lang DStZ 2007, 652; Dötsch/Pung DB 2008, 1703; Suchanek/Trinkaus FR 2014, 889). Der auf das Ende des vorangegangenen VZ festgestellte **Verlustvortrag bleibt abziehbar, soweit** bis zum schädlichen Beteiligungserwerb ein **positiver GdE** erzielt wird (BFH I R 14/11, BStBl. II 2012, 360; IV R 27/21, BFH/NV 2024, 1017; zust. ua Neyer StuB 2012, 312; Neyer DStR 2011, 654; Suchanek GmbHR 2012, 412), auch wenn der im gesamten VZ erzielte GdE niedriger ist als jener. 65

Davon abgesehen ist nach der BMF-Auffassung eine **Aufteilung des Jahresergebnisses** nach wirtschaftlichen Gesichtspunkten, sei es durch einen **Zwischenabschluss** auf den Zeitpunkt des schädlichen Beteiligungserwerbs und getrennte Einkommensermittlungen, sei es durch sachlich und wirtschaftlich begründete **Schätzung** (betriebswirtschaftlich auswertend oder zeitanteilig) angezeigt, womit die Körperschaft ein Wahlrecht hat (BMF 28.11.2017, BStBl. I 2017, 1645 Rn. 35, hierzu Gläser/Zöller BB 2018, 87; Suchanek/Rüsch Ubg 2018, 10; Kaminski StBp 2018, 203; Neyer DStR 2018, 2245).

66 **Gewstrechtlich** bedeutet die Bezugnahme des § 10a S. 10 Hs. 1 auf § 8c KStG nach Auffassung des BMF ebenfalls, dass ein bis zum Zeitpunkt des schädlichen Beteiligungserwerbs **im Laufe eines Wirtschaftsjahres** erzielter GewVerlust nicht abziehbar ist. Das hätte nach BMF 28.11.2017 (BStBl. I 2017, 1645 Rn. 35) auch für die GewSt die Notwendigkeit der Aufteilung zur Folge (BMF 29.11.2017, BStBl. I 2017, 1643). Diese Auffassung ist **mE zweifelhaft,** weil § 10a unter der Überschrift „Gewerbeverlust" ausschließlich Fehlbeträge betrifft; das sind die nach § 10a S. 6 u. 7 **auf den Schluss des jeweiligen EZ** festzustellenden. Insofern ist § 8c KStG nicht mit § 10a abgestimmt (hierzu zB Seer FR 2015, 729; Fuhrmann/Hoffmann DB 2014, 738; Suchanek/Hesse in WSMH § 10a Rn. 239; Kleinheisterkanp in Lenski/Steinberg § 10a Rn. 371 aF; aA zB Schnitter in Frotscher/Drüen § 10a Rn. 96; Brinkmann StBp 2014, 193). Verlorengehen können nach einem schädlichen Beteiligungserwerb mE nur die zum Schluss des vorangegangenen EZ festgestellten Fehlbeträge. Der in dem EZ des schädlichen Beteiligungserwerbs bis dahin erzielte Verlust ist, da nicht Fehlbetrag iSd Vorschrift, weiterhin nutzbar. Ein statt dessen erzielter GewErtrag kann mit dem nicht genutzten Verlust verrechnet werden; jedoch erst nach Verrechnung mit ggf. nach dem Beteiligungswechsel entstandenen Verlusten dieses EZ (vgl. BFH IV R 90/05, BFH/NV 2009, 843).

67 Bei einem **unterjährigen Beteiligungserwerb beim OT** sind nach BMF 28.11.2017, BStBl. I 2017, 1645, Rn. 37 S. 3 die negativen Einkommen der OT und der OG vor der Zurechnung auf der Ebene der je einzelnen Ges. entsprechend der o.a. (→ Rn. 65) Ergebnisaufteilung zu kürzen (ebenso zB Brinkmann StBp 2014, 193); BMF 28.11.2017, BStBl. I 2017, 1645 Rn. 33 S. 2 (Verrechnung gem. BFH I R 14/11, BStBl. II 2012, 360) sei nicht anzuwenden. Eine unterjährige Ergebniskonsolidierung scheidet nach dieser Auffassung aus.

ME widerspricht diese Auffassung dem Gedanken der **kstrechtlichen Einheitsbetrachtung** des Organkreises nach § 14 Abs. 1 S. 1 KStG. Die dort normierte Einkommenszurechnung bewirkt, dass bei der OG keine organschaftlichen Verluste zur Verrechnung vorhanden sind (so selbst der BMF 28.11.2017, BStBl. I 2017, 1645 Rn. 38). Dass die mit dem schädlichen Beteiligungserwerb eintretende Zäsur eine andere Betrachtung erforderte, lässt sich dem G. nicht entnehmen. Somit sollte diesbezüglich das aufgrund „Zwischenkonsolidierung" ermittelte anteilige Gesamteinkommen des Organkreises maßgebend sein **(iE ebenso** FG Düsseldorf 6 K 1772/20, K, G, F, EFG 2025, 1102, Rev. I R 11/25; Benz Ubg 2011, 772; Ernst DB 2012, 1006; Suchanek GmbHR 2012, 412; FR 2013. 349; Neumann GmbHR 2014, 673, Adrian/Weiler BB 2014, 1303; Seer FR 2015, 729; Weiss/Brühl DStZ 2018, 451 (458); **aA** BMF 28.11.2017, BStBl. I 2017, 1645 Rn. 33; Lang in Bott/Walter § 8c Rn. 77.7; Leibner/Dötsch in DPM § 8c Rn. 195; Brinkmann StBp 2014, 193; Demleitner/Fischer DB 2025, 2259; zur Problematik und dem Behelf der Umstellung auf ein abweichendes Wj. vgl. FG Münster 10 K 864/21 AO, EFG 2024, 2065, Rev. I R 20/24). Unabhängig hiervon ist ein bis zum schädlichen Beteiligungserwerb erzielter **Gewinn der OG** entsprechend BFH I R 14/11, BStBl. II 2012, 360 zu verrechnen (OFD Ffm 5.8.2025 G 1427 A-00022-0357-St5-St 501, einschränkend zu BMF 28.11.2017, BStBl. I 2017, 1645 Rn. 38).

Für die GewSt kommt hinzu, dass mE auch diesbezüglich eine Anwendung der Auffassung des BMF auf die GewSt an der Grundkonzeption des § 10a S. 10 und den Grundsätzen der GewErtragsermittlung im Organkreis („gebrochene Einheitstheorie", → § 2 Rn. 518) scheitert (ebenso FG Düsseldorf 6 K 1772/20, K, G, F, EFG 2025, 1102, Rev. I R 11/25; Adrian/Weiler BB 2014, 1303; Seer FR 2015, 729; aA Brinkmann StBp 2014, 193). Auf den laufenden Verlust bis zum schädlichen Beteiligungserwerb ist mE § 8c KStG nicht anzuwenden. Findet der unterjährige **Beteiligungserwerb bei der OG** statt, fließt mE der in diesem EZ bis dahin erzielte Verlust in das dem OT zuzurechnende Jahresergebnis ein. **67a**

9. Vergleichbarer Sachverhalt

a) Allgemeines. Ein **vergleichbarer Sachverhalt** kann nach § 8c Abs. 1 S. 1 KStG **zu denselben Rechtsfolgen** führen wie die Übertragung. Es handelt sich um einen unscharfen **unbestimmten Rechtsbegriff** (hierzu krit. zB Wiese DStR 2007, 741; Beußer DB 2007, 1549; Schwedhelm GmbHR 2008, 404; B. Lang DStZ 2008, 549; Suchanek GmbHR 2008, 292; Sistermann/Brinkmann DStR 2008, 897; BB 2008, 1928). In Übertragung der Rspr.-Grundsätze zu § 8 Abs. 4 KStG (→ Rn. 41) liegt er vor, wenn einem Dritten eine dem Erwerb der Anteile, Mitgliedschafts-, Beteiligungs- und Stimmrechte **vergleichbare Rechtsposition** bzw. ein **vergleichbarer Einfluss** eingeräumt wird (vgl. Suchanek/Herbst FR 2007, 863; Meiisel/Bokeloh BB 2008, 808; van Lishaut FR 2008, 789). Die Position muss mE – wie bei der Übertragung – geeignet sein, eine Änderung des wirtschaftlichen Engagements bzw. des Einflusses des (neuen) Anteilsinhabers zu tragen (zB Suchanek GmbHR 2008, 292; Suchanek/Herbst FR 2007, 863). Angezeigt ist nicht ein Typenvergleich, sondern ein **Einzelvergleich** mit einem der gesetzlich genannten Fälle **unter Beachtung der gesetzlichen Quote;** hierbei können – mE jedoch nur in engen Grenzen – auch *schuldrechtliche Verträge* ausreichen (van Lishaut FR 2008, 789). **68**

b) Positivbeispiele. Nach BMF 28.11.2017, BStBl. I 2017, 1645 Rn. 7 genügen: **69**

- der Erwerb von **Genussscheinen** iSd § 8 Abs. 3 S. 2 KStG (angesichts der Stimmrechtslosigkeit mE zu weit; B. Lang DStZ 2008, 549; Breuninger/Schade Ubg 2008, 261; Meiisel/Bokeloh BB 2008, 808; Suchanek GmbHR 2008, 292; **zust.** jedoch Dötsch/Pung DB 2008, 1703; van Lishaut FR 2008, 789; Sistermann/Brinkmann BB 2008, 1928);
- **Stimmrechtsvereinbarungen,** Stimmrechtsbindungen, Stimmrechtsverzicht; soweit Letzterer gesellschaftsrechtlch überhaupt zulässig ist, ist er bereits im gesetzlichen Tatbestand erfasst. Im Übrigen liegen lediglich Indizien für eine Interessengleichrichtung vor. In Betracht kommt mE auch Änderung der Mehrheitsbestimmungen iZm der Übertragung von Anteilen zugunsten des Erwerbers (**aA** Viskorf/Michel DB 2007, 2562; Blumenberg/Benz S. 176; B. Lang DStZ 2008, 549; Suchanek GmbHR 2008, 292; Neu/Schiffers/Watermeier GmbHR 2008, 421; Sistermann/Brinkmann BB 2008, 1928). **Nicht genügt** eine **Poolung** oder eine nicht auf Dauer angelegte bzw. jederzeit kündbare

Vereinbarung (ebenso van Lishaut FR 2008, 789; **aA** Honert/Obser BB 2009, 1161; Richter/Escher FR 2011, 760);

- die **Umwandlung** auf eine Verlustgesellschaft, wenn durch die Umwandlung ein Beteiligungserwerb durch einen Erwerberkreis stattfindet (mE ggf. schon im Grundtatbestand erfasst; hierzu Schick/Franz DB 2008, 1987; krit. auch Sistermann/Brinkmann DStR 2008, 898, BB 2008, 1928);
- die **Einbringung** eines Betriebs, Teilbetriebs oder Mitunternehmeranteils, wenn durch die Einbringung ein Beteiligungserwerb am übernehmenden Rechtsträger durch einen Erwerberkreis stattfindet;
- die **Fusion** von **Anstalten des öffentlichen Rechts,** wenn hierdurch bei der aufnehmenden Anstalt des öffentlichen Rechts mit nicht genutzten Verlusten ein Träger „Beteiligungsrechte" an der Anstalt (hinzu) erwirbt (mE schon nicht im persönlichen Anwendungsbereich, → Rn. 46b; Suchanek in HHR KStG § 8c Rn. 30);
- der **Erwerb eigener Anteile,** wenn sich hierdurch die Beteiligungsquoten ändern (**aA** Lang DStZ 2007, 652; Sistermann/Brinkmann DStR 2008, 898; BB 2008, 1928);
- die **Kapitalherabsetzung,** mit der eine Änderung der Beteiligungsquoten einhergeht (zust. Dötsch/Pung DB 2008, 1703); mE ebenso die Einziehung von Geschäftsanteilen (ebenso zB Meyer BB 2007, 1415; **aA** Beußer DB 2007, 1549);
- auch die **Kombination** verschiedener Sachverhalte kann hiernach insgesamt zu einem schädlichen Beteiligungserwerb führen (Hinweis auf BFH I R 18/02, BStBl. II 2004, 468; hierzu krit. wegen Unbestimmtheit: Breuninger/Schade Ubg 2008, 261; Dötsch/Pung DB 2008, 1703; Sistermann/Brinkmann BB 2008, 1928). Nur **iZm einer Anteilsübertragung** kommen mE in Betracht: Einräumung/Wechsel einer atypischen Beteiligung, Gewährung von Darlehen, Gewährung von Optionen zum Anteilserwerb und die Verpfändung von Anteilen (vgl. hierzu B. Lang DStR 2008, 549; van Lishaut FR 2008, 789).

70 **c) Negativbeispiele. Nicht ausreichend** ist mE die Übertragung von **Mitwirkungsrechten** außerhalb der Stimmrechte, soweit dies möglich ist (hierzu Viskorf/Michel DB 2007, 2561) oder eine rein **vermögensrechtliche Position** (ebenso Beußer DB 2007, 1549). Das betrifft insb. **Bezugsrechte** (ebenso Neu/Schiffers/Watermeyer GmbHR 2008, 421; B. Lang DStZ 2008, 549; Meiisel/Bokeloh BB 2008, 808; van Lishaut FR 2008, 789), den Erwerb/die Stärkung der Stellung des persönlich haftenden Gesellschafters der **KGaA** (B. Lang DStZ 2008, 549; Kollruss/Weißert/Ilin DStR 2009, 88; zweifelnd van Lishaut FR 2008, 789: abhängig vom wirtschaftlichen Engagement) sowie der Ein- und Austritt von **Vereinsmitgliedern,** zumal ein solcher Vorgang auch nicht im entferntesten einer Übertragung ähnlich ist (aA van Lishaut FR 2008, 789).

Ebenfalls kein vergleichbarer Sachverhalt ist mE der **Formwechsel** des Anteilseigners nach § 190 UmwG, der **Wechsel der Tätigkeit** einer Personengesellschaft von der gewerblichen Tätigkeit zur Vermögensverwaltung (zB B. Lang DStR 2008, 549; van Lishaut FR 2008, 789), Abschluss eines **Beherrschungsvertrages** (Suchanek in HHR KStG § 8c Rn. 30), Ausgabe von lediglich die Stellung eines Kapitalgebers verbriefenden **Finanzinstrumenten** oder die Begründung einer **atypischen stillen Gesellschaft,** auch für den Anteilseigner (Suchanek in HHR KStG § 8c Rn. 30; differenzierend Breuninger/Ernst GmbHR 2010, 561). Ebenfalls kein vergleichbarer Fall liegt vor bei einem **Forde-**

rungsverzicht mit Besserungsschein und Abtretung der Besserungsanwartschaft an den Anteilserwerber (vgl. BFH I R 23/11, BFH/NV 2012, 1901, gegen BMF 2.12.2003, BStBl. I 2003, 648 Nr. 2d). Zur „Verlustkonservierung" auch unter Geltung des § 8c KStG vgl. Dörr/Eggert NWB 2013, 22.

10. Zeitlicher Geltungsbereich

§ 10a S. 10 idF der JStG 2009 (BGBl. 2008 I 2794) ist **erstmals** auf schädliche Beteiligungserwerbe nach dem 28.11.2008, S. 9 idF des G. v. 14.8.2007 (BGBl. 2007 I 1912) – jeweils iVm § 8c KStG – ist erstmals ab EZ 2008 und auf Anteilsübertragungen nach dem 31.12.2007 anzuwenden (§ 36 Abs. 9 S. 6). Das gilt auch bei einem *abweichenden Wj.* (BMF 28.11.2017, BStBl. I 2017, 1645 Rn. 35). Allerdings ist **§ 8 Abs. 4 KStG** idF v. 2001 letztmals **neben § 8c KStG** anzuwenden, wenn mehr als die Hälfte der Anteile an einer *Kapitalgesellschaft* innerhalb eines Zeitraums von 5 Jahren, der vor dem 1.1.2008 beginnt, übertragen werden und der Verlust der wirtschaftlichen Identität vor dem 1.1.2013 eintritt (§ 36 Abs. 9 S. 2 GewStG). 71

Das letztbezeichnete Tatbestandsmerkmal ist nach den Rechtsgrundsätzen zu § 8 Abs. 4 KStG zu beantworten, wobei der **Dissens zwischen BMF 2.8.2007, BStBl. I 2007, 624** (Zuführung von neuem BV innerhalb von zwei Jahren nach der schädlichen Anteilsübertragung) **und BFH I R 8/05, BStBl. II 2007, 602** (regelmäßig eine Zeitspanne von nur einem Jahr) zu beachten ist. Letztlich wird es mE auf die Rspr. des BFH ankommen, zumal bereits der Übertragungszeitraum mit 5 Jahren eine weitere Streckung des Verlusts der wirtschaftlichen Identität schon aus Gründen der Rechtssicherheit verbietet. Die Übergangsvorschrift bestimmt also lediglich eine **zeitlich-sachliche Grenze,** bis zu der Vorgänge, die vor dem 1.1.2008 mit einer Anteilsübertragung begonnen haben, unter der Geltung des § 8 Abs. 4 KStG zusammenzufassen sind (ebenso Neumann/Stimpel GmbHR 2007, 1194; Zerwas/Fröhlich DStR 2007, 1933; B. Lang DStZ 2007, 652). **Anteile sind** offenbar (vgl. die Rspr. zu § 8 Abs. 4 KStG) nur **unmittelbare Beteiligungen** und zwar ausschließlich an *Kapitalgesellschaften*. **Übertragungen** sind für die Anwendung des § 8c KStG nur solche *nach* dem 31.12.2007, *nicht* auch *vor* dem 1.1.2008. Das Miteinander der beiden Übergangsvorschriften bedeutet, dass es im Zeitraum vom 1.1.2008 bis 31.12.2012 durchaus zum Verlust der wirtschaftlichen Identität und damit des Verlustvortrags kommen kann, wenn die Voraussetzungen des § 8c KStG in diesem Zeitraum nicht vorliegen (Anteilsübertragungen ganz oder zum Teil *vor* dem 1.1.2008, Zuführung von überwiegend neuem BV *nach* dem 31.12.2007). Gegebenenfalls kann dies auch erst in einem dem quotalen Fortfall des Verlustvortrags folgenden EZ eintreten, zB wenn im EZ 2007 25 % und im EZ 2008 26 % der Anteile übertragen werden und im EZ 2009 überwiegend neues BV zugeführt wird; vgl. auch das Bsp. in BMF 28.11.2017, BStBl. I 2017, 1645 Rn. 38). Meines Erachtens kommt es umgekehrt zum Fortfall des Verlustvortrags, wenn stattdessen im EZ 2008 51 % der Anteile übertragen werden. Kommt es zu einem Vortragsverlust nach § 8 Abs. 4 KStG, ist weiterhin die **Sanierungsklausel des § 8 Abs. 4 S. 3 KStG** zu prüfen und ggf. bis 31.12.2017 zu überwachen (BMF 28.11.2017, BStBl. I 2017, 1645 Rn. 37; ebenso Neumann gmbhstb 2007, 249; Neumann/Stimpel GmbHR 2007, 1194; B. Lang DStZ 2007, 652; Suchanek/Herbst FR 2007, 863).

(frei) **72–74**

11. Ausnahme Konzernklausel (§ 8c Abs. 1 S. 5 KStG)

75 **Literatur:** Busch, Die Verlustvernichtung im Konzern, JbFfSt 2008/2009, 223; Ballwieser/Frase, Zur (Un-)Anwendbarkeit von § 8c KStG bei konzerninternen Umstrukturierungen …, BB 2009, 1502; Bien/Wagner, Erleichterungen bei der Verlustabzugsbeschränkung … nach dem Wachstumsbeschleunigungsgesetz, BB 2009, 2627; Dörr, § 8c KStG wird saniert, NWB 2009, 2050; Forst/Busch/Kubiak, Verlustnutzung innerhalb einer Unternehmensgruppe, EStB 2009, 361; Jacobsen, Die Generierung und Koordination steuerlicher Teilgestaltungen iRd Umstrukturierung von Unternehmen, BB 2009, 1955; Sistermann/Brinkmann, Wachstumsbeschleunigungsgesetz: Die Änderungen bei der Mantelkaufregelung, DStR 2009, 2633; Rödder, Gebotene Entschärfungen; Verlustuntergang und § 8c KStG, JbFfSt 2009/2010, 141; Bien/Wagner, Die Konzernklausel des § 8c KStG, BB 2010, 923; Busch/Spiekermann, Die Konzernklausel des § 8c Abs. 1 S. 5 KStG, EStB 2010, 260; Cortez/Brucker, Änderungen der Verlustabzugsbeschränkungsregelung des § 8c KStG durch das Wachstumsbeschleunigungsgesetz v. 22.12.2009, BB 2010, 734; Dörr, Wachstumsbeschleunigung durch den neuen § 8c KStG, NWB 2010, 184; Drüen, Systemfortschritte im Unternehmenssteuerrecht durch das Wachstumsbeschleunigungsgesetz?, Ubg 2010, 543; Franz, Enge oder weite Auslegung der „Konzernklausel" in § 8c Abs. 1 S. 5 KStG, BB 2010, 991; Fey/Neyer, Erleichterungen bei der Mantelkaufnorm des § 8c KStG durch das Wachstumsbeschleunigungsgesetz, StuB 2010, 47; Haßa/Gosmann, Zweifelsfragen zu Konzernklausel und Verschonungsregel des § 8c KStG, DB 2010, 1198; B. Lang, Die Neufassung von § 8c Abs. 1 KStG durch das Wachstumsbeschleunigungsgesetz, Der Konzern 2010, 35; Neyer, Verlustnutzung nach Anteilsübertragung: Anwendung der neuen Verschonungsregeln auf Konzernsachverhalte, DB 2010, 1055; Neyer, Die Konzernklausel für den Verlustabzug, GmbHR 2010, 1132; Orth, Verbesserte Verlustverrechnungsmöglichkeiten, Ubg 2010, 169; Ortmann-Babel/Zipfel, Praxisfälle zur neuen Konzernklausel in § 8c KStG, SteuK 2010, 109; Rödder, Perspektiven der Unternehmensbesteuerung …, Ubg 2010, 162; Scheipers/Linn, Änderungen des § 8c KStG durch das Wachstumsbeschleunigungsgesetz, Ubg 2010, 8; Scheunemann/Dennisen/Behrens, Steuerliche Änderungen durch das Wachstumsbeschleunigungsgesetz, BB 2010, 23; Schneider/Roderburg, Beratungsrelevante Änderungen durch das Wachstumsbeschleunigungsgesetz, FR 2010, 58; Suchanek, Die Änderungen des § 8c KStG durch das Wachstumsbeschleunigungsgesetz, StBW 2010, 25; Wittkowski/Hielscher, Änderungen des § 8c KStG durch das Wachstumsbeschleunigungsgesetz, DB 2010, 11; Hötzel, Die neue Konzernklausel in § 8c KStG, JbFfSt 2010/2011, 131; Wagner, Zweifelsfragen zur Anwendbarkeit der Konzernklausel des § 8c KStG, PIStB 2011, 45; Adrian, Die neue Konzernklausel des § 8c Abs. 1 S. 5 KStG, Ubg 2015, 288; Unterberg, Anpassung der Konzernklausel des § 8c KStG durch das StÄndG 2015, GmbHR 2015, 1190; Gohr/Richter, Rückwirkende Erweiterung der Konzernklausel des § 8c KStG durch das StÄndG 2015, DB 2016, 127; Suchanek/Hesse, Die Konzernklausel nach § 8c Abs. 1 S. 5 KStG in der Fassung des StÄndG 2015, DStZ 2016, 27.

75a **a) Allgemeines.** Nach der rückwirkenden Neufassung des **§ 8c Abs. 1 S. 4 (ex-5) KStG** (StÄndG 2015, BGBl. 2015 I 1834) liegt **kein schädlicher Beteiligungserwerb** vor, wenn

(1) an dem **übertragenden Rechtsträger** der **Erwerber** zu 100 % mittelbar oder unmittelbar beteiligt ist und der Erwerber eine natürliche oder juristische Person oder eine Personenhandelsgesellschaft ist (Erwerb von TochterGes, Verkürzung der Beteiligungskette),

(2) an dem **übernehmenden Rechtsträger** der **Veräußerer** zu 100 % mittelbar oder unmittelbar beteiligt ist und der Veräußerer eine natürliche oder juristische Person oder eine Personenhandelsgesellschaft ist oder (Veräußerungen von BeteiligungsGes, Verlängerung der Beteiligungskette),

(3) an dem **übertragenden und dem übernehmenden Rechtsträger** dieselbe natürliche oder juristische Person oder dieselbe Personenhandelsgesellschaft zu jeweils 100 % mittelbar oder unmittelbar beteiligt ist.

Zweck der Vorschrift ist die Verschonung von Umstrukturierungen ausschließlich innerhalb eines Konzerns, die eine Verschiebung von Verlusten auf Dritte ausschließen (BT-Drs. 17/15, 19). Die Vorschrift ist eingefügt worden durch das Wachstumsbeschleunigungsgesetz v. 22.12.2009 (BGBl. 2009 I 3950) mit Wirkung für schädliche Beteiligungserwerbe nach dem 31.12.2009. Die **Erweiterung der Vorschrift** durch Einfügung der Alternativen (1) u. (2) dient der Einbeziehung von Veräußerungen und Erwerben durch die Konzernspitze; ein **dreistufiger Konzernaufbau** ist damit nicht mehr vonnöten. Zudem werden Erwerbe/Veräußerungen von PersonenHandels-Ges. (nicht der sonstigen steuerlichen Mitunternehmerschaft, Gohr/Richter DB 2016, 127) in allen Varianten berücksichtigt (vgl. BR-Begr. BT-Drs. 18/3158, 28; hierzu zB Adrian Ubg 2015, 288; Unterberg GmbHR 2015, 1190); weiterhin verfassungsrechtliche Zweifel bei Suchanek/Hesse DStZ 2016, 27. **76**

Es handelt sich um eine **abschließende Aufzählung** von Tatbestandsalternativen, die nicht kumulativ vorliegen müssen (Adrian Ubg 2015, 288). Nicht genannte konzerninterne Vorgänge, insbesondere solche mit noch so geringen Minderheitsbeteiligungen, führen nicht zu einer Verschonung vom Verlustuntergang. Allerdings deuten die Begriffe „Erwerber" und „Veräußerer" keine Einschränkung der Konzernklausel auf bestimmte Übertragungsvorgänge an; vielmehr sind **alle Vorgänge begünstigt,** die auch zu einem schädlichen Beteiligungserwerb führen können (im Einzelnen BMF 28.11.2017, BStBl. I 2017, 1645 Rn. 40; allg. Auffassung, zB Neumann/Heuser GmbHR 2018, 21; Weiss/Brühl DStZ 2018, 451). **77**

b) Voraussetzungen. aa) Rechtsträger. Der **Begriff** bezeichnet eine Person, einschließlich Personenhandelsgesellschaften sowie Vermögensmassen, die Rechtsinhaber sein und das betreffende Recht übertragen bzw. übernehmen kann. Bei einer vermögensverwaltenden Personengesellschaft kommt die Rechtsform der OHG oder KG kraft Eintragung in das HR in Betracht (hierzu aber Suchanek/Rüsch Ubg 2018, 10). Im Übrigen ist zum Zwecke der Besteuerung (§ 39 Abs. 2 Nr. 2 AO) auf die Gesellschafter abzustellen (vgl. BMF 28.11.2017, BStBl. I 2017, 1645 Rn. 25; Kleinheisterkamp in Lenski/Steinberg § 10a Rn. 184b aF), was mE eine Anwendung der Konzernklausel in allen drei Varianten ausschließt. **78**

Zudem ist nach dem Wortlaut der Vorschrift erforderlich, dass an ihnen **eine andere Person „beteiligt"** sein kann. „Rechtsträger" ist nach der Vorstellung des Gesetzgebers daher nur die die (ggf. mittelbare) Beteiligung **vermittelnde juristische Person** bzw. **Gesellschaft.** Eine **natürliche Person** kommt hierfür mE nicht in Betracht (ebenso zB Wittkowski/Hielscher DB 2010, 11 Sistermann/Brinkmann DStR 2009, 2633; Bien/Wagner BB 2009, 2627; B. Lang DK 2010, 35; aA Suchanek in HHR KStG § 8c Rn. 48; Kleinheisterkamp in Lenski/Steinberg § 10a Rn. 184c aF). Die Vorstellung, dass auch die Übertragung zwischen natürlichen Personen begünstigt sei, widerspricht mE dem Wortlaut und dem Zweck der Vorschrift (→ Rn. 81). Zur **Konzernspitze** → Rn. 79.

bb) Beteiligte Person. Auch insofern ist mE **begrifflich** die **Fähigkeit zur Rechtsinhaberschaft** (Beteiligung) erforderlich, erfüllbar durch jede natürliche oder juristische Person sowie durch **Personenhandelsgesellschaften** (OHG, KG); abzustellen ist mE auf eine handelsrechtliche Betrachtungsweise. Zur **vermögensverwaltenden Personengesellschaft** → Rn. 82. Sonstige steuerliche Mitunternehmerschaften kommen nicht in Betracht. Die Beteiligung muss sich zu 100 % im Gesamthandsvermögen der Gesellschaft befinden. Die Zusammen- **79**

rechnung mit Anteilen im Sonderbetriebsvermögen ist nicht gewollt (BT-Drs. 18/4902, 54).

Nach der Neufassung der Vorschrift ist eine Übertragung unter Beteiligung der **Konzernspitze** ebenfalls begünstigt, zumal die ersten beiden Alternativen hierauf zugeschnitten sind (allg. Auffassung, zB Lang in Bott/Walter KStG § 8c Rn. 112.3). Allerdings ist de lege lata eine Abwärtsverschmelzung der Konzernspitze nicht begünstigt (hierzu Gohr/Richter DB 2016, 127).

79a Soweit es sich in → Rn. 81 Nr. (3) um **„dieselbe Person"** handeln muss, ist nur **eine einzelne Person** (Einzahl) angesprochenn. Dass ggf. an dieser Person mehrere andere Personen beteiligt sind, ist nach Wortlaut und Zweck der Vorschrift unerheblich; die beteiligte Person muss also nicht die Konzernspitze sein (ebenso Suchanek in HHR KStG § 8c Rn. 49). Ist eine Mehrheit von Personen Veräußerer von 100 % Anteilen zB an der VerlustGes und gleichzeitig an der übernehmenden (Kapital)Ges. zu 100 % beteiligt, liegen die Voraussetzungen weder der Nr. (2) noch der Nr. (3) vor.

79b Eine **Interessengruppe** iSd S. 2 kommt als Beteiligte mE ebenfalls nicht in Betracht. Denn S. 4 verweist ausdrücklich nur auf S. 1 und nicht auch auf S. 2; eine planwidrige Regelungslücke liegt nicht vor (FG Düsseldorf 12 V 1531/18 A (G, F), EFG 2019, 379; Lang in Bott/Walter KStG § 8c Rn. 113.4; Franz BB 2010, 991; Kleinheisterkamp in Lenski/Steinberg § 10a Rn. 184 aF). Allerdings soll nach FM SchlH 5.4.2018, BeckVerw 355267 im **Hinblick auf die Nr. (3)** anderes gelten, wenn die Voraussetzungen der Konzernklausel bezogen auf jeden einzelnen Erwerber erfüllt sind – was mE schon deswegen gegen den Wortlaut der Nr. (3) verstößt, weil dort nicht von „Erwerber", sondern von „Person" bzw. „Personenhandelsgesellschaft" die Rede ist (hierzu auch Ott DStZ 2018, 524).

80 **cc) 100%ige Beteiligung.** Das Erfordernis der 100%igen Beteiligung betrifft **nicht Beteiligungsverhältnisse an der Verlustkörperschaft** (BMF 28.11.2017, BStBl. I 2017, 45; Scheipers/Linn Ubg 2010, 8; Lang in Bott/Walter KStG § 8c Rn. 116.1). **Von Bedeutung** sind allein die **Rechtsträger.** Dort schließt jede Beteiligung eines Minderheitgesellschafters die Anwendung der Konzernklausel aus. Begünstigt sind ausschließlich konzerninterne Umstrukturierungen, bei denen jede Verschiebung von Verlusten auf Dritte ausgeschlossen ist (G-Entwurf BT-Drs. 17/15, 19). Es besteht keine Bagatellgrenze (zB Gohr/Richter DB 2016, 127; Kaminski Stbg 2018, 203). Daher ist jede noch so **geringe Abweichung schädlich.**

80a Maßgebend ist bei **Körperschaften** mE die Beteiligung am Stamm- bzw. Nennkapital und, nur wo solches nicht vorhanden ist, an Beteiligungs- oder Mitgliedschaftsrechten, am Vermögen bzw. Geschäftsguthaben (allgM, zB Frey/Mückl GmbHR 2010, 71; Dörr NWB 2010, 184; Franz BB 2010, 991; Kleinheisterkamp in Lenski/Steinberg § 10a Rn. 184k). Die Beteiligung weiterer Personen an Genussrechten dürfte unschädlich sein (Suchanek in HHR KStG § 8c Rn. 47; Kleinheisterkamp in Lenski/Steinberg § 10a Rn. 184m aF; aA Frotscher in Frotscher/Maas KStG § 8c Rn. 121). Besteht die Beteiligung an einer oder über eine Personengesellschaft, ist entscheidend die vermögensmäßige Beteiligung (Unschädlichkeit der Beteiligung eines am Vermögen nicht beteiligten Gesellschafters, Wittkowski/Hielscher DB 2010, 11; Scheunemann/Dennisen/Behrens BB 2010, 23; Bien/Wagner BB 2010, 923; Franz BB 2010, 991; Kleinheisterkamp in Lenski/Steinberg § 10a Rn. 184o) bzw. am Eigenkapital (Suchanek in HHR KStG § 8c Rn. 47).

Mittelbare und unmittelbare Beteiligungen auf der sog. Zurechnungsebene (Beteiligung am übertragenden bzw. übernehmenden Rechtsträger) sind mE **zusammenzurechnen** (BMF 28.11.2017, BStBl. I 2017, 1645 Rn. 44). Es wäre zweckwidrig, „oder" ausschließend und nicht kumulativ zu verstehen (ebenso Wittkowski/Hielscher DB 2010, 11; Frey/Mückl GmbHR 2010, 71; Franz BB 2010, 991). **80b**

dd) Zeitfragen. Nach dem Wortlaut des S. 3 muss die erforderliche Beteiligung (nur) zum Zeitpunkt des (ansonsten) **schädlichen Beteiligungserwerbs** bestehen; bei **gestreckten Erwerben** wäre dies der Zeitpunkt der Übertragung, durch den die Quote von 50 % überschritten wird. Nach BMF (28.11.2017, BStBl. I 2017, 1645 Rn. 47 f.) sind in Übereinstimmung mit der hM – dem Gesetzeszweck entsprechend – für jeden der Teilerwerbe die Voraussetzungem der Konzernklausel gesondert zu prüfen. Erfüllen einzelne Teilerwerbe diese Voraussetzungen, sind sie weder bei der Ermittlung der schädlichen Grenze noch bei der Berechnung des 5-Jahres-Zeitraums einzubeziehen; vorangegangene oder folgende Erwerbe, die die Voraussetzungen des S. 3 nicht erfüllen, sind zu berücksichtigen (ebenso zB Lang DK 2010, 35; Dörr NWB 2010, 184; Franz BB 2010, 991; Suchanek/Hesse DStZ 2016, 27; Gohr/Richter DB 2016, 127). **81**

Abzustellen ist mE auch hier auf das **wirtschaftliche Eigentum,** nicht auf die zivilrechtliche Wirksamkeit oder gar eine (umwandlungs)steuerliche Rückwirkung (zT aA Kleinheisterkamp in Lenski/Steinberg § 10a Rn. 184o aF; Frotscher in Frotscher/Drüen KStG § 10a Rn. 14 ff., 17; Franz BB 2010, 991).

c) Rechtsfolge. Die Rechtsfolge besteht in der **Unschädlichkeit** eines ansonsten schädlichen Beteiligungserwerbs. Das betrifft mE bei **gestreckten Erwerben** nicht nur denjenigen, durch den die Schädlichkeitsgrenze des S. 1 überschritten wird (→ Rn. 81). **82**

Infolge der Rückwirkung der geltenden G-Fassung (→ Rn. 75) konnten/können entsprechende Erwerbe in den Genuss der Konzernklausel gelangen, sofern die entsprechenden Steuer/Festsetzungsbescheide **verfahrensrechtlich** noch offen waren/sind. Das gilt auch für Teilerwerbe unterhalb der Schädlichkeitsschwelle. Sie können aber auch als sog. „Zählerwerbe" unabhängig vom formellen Verfahrensrecht unberücksichtigt bleiben (Unterberg GmbHR 2015, 1190; Lang in Bott/Walter KStG § 8c Rn. 126).

(frei) **83, 84**

12. Stille-Reserven-Verschonungsregel

Literatur: Pott/Wittkoski, Fortführung steuerlicher Verlustvorträge trotz § 8c KStG in Höhe übergehender stiller Reserven …, StuW 2009, 139; Cortez/Brucker, Änderungen der Verlustabzugsbeschränkungsregelung des § 8c KStG durch das Wachstumsbeschleunigungsgesetz v. 22.12.2009, BB 2010, 734; Fey/Neyer, Erleichterungen bei der Mantelkaufnorm des § 8c KStG durch das Wachstumsbeschleunigungsgesetz, StuB 2010, 47; B. Lang, Die Neufassung des § 8c Abs. 1 KStG durch das Wachstumsbeschleunigungsgesetz, Der Konzern 2010, 35; Rödder/v. Freeden, Stille Reserven für Zwecke des § 8c KStG bei unmittelbarem und zugleich mittelbarem (mehrstöckigen) Beteiligungserwerb, Ubg 2010, 551; Roser, Quantitative Verlusterhaltung nach § 8c Abs. 1 S. 6–8 KStG, EStB 2010, 265; Orth, Verbesserte Verlustverrechnungsmöglichkeiten, Ubg 2010, 169; Schneider/Roderburg, Beratungsrelevante Änderungen durch das Wachstumsbeschleunigungsgesetz, FR 2010, 58; Suchanek, Die Änderungen des § 8c KStG durch das Wachstumsbeschleunigungsgesetz, StBW 2010, 25; Wagner, § 8c KStG: Verschonungsregeln bei stillen Reserven, DB 2010, 2751; Hötzel/Pilz, **85**

Die neue Stille-Reserven-Klausel in § 8c KStG und zur Ermittlung des gemeinen Werts der Anteile, JbFfSt 2010/2011, 150; Brinkmann, Die Stille-Reserven-Klausel des § 8c KStG … , Ubg 2011, 94; Suchanek/Jansen, Änderungen bei der Stille-Reserven-Klausel durch das JStG 2010, GmbHR 2011, 174; Schnitger/Rometzki, Das Verschonungspotenzial des § 8c Abs. 1 S. 6 bis 9 …, Ubg 2013, 1; Temme/Richter, Erwerb einer Vorratsgesellschaft mit Gründungsverlusten, NWB 2015, 1631; Klönne/Sauer/Schroer, Ermittlung der stillen Reserven nach § 8c KStG bei negativem Eigenkaoital, DB 2016, 1393; Olbing, Was nutzt das neue BMF-Schreiben v. 28.11.2017 zu § 8c KStG?, gmbhstb 2018, 54; Dube/Schilling, Sicherung von Verlustvorträgen iSd §§ 8c, 8d KStG, DB 2019, 212; Dube/Schilling, Ermittlung der stillen Reserven des BV von Körperschaften mit negativem Eigenkapital iSd §§ 8c, 8d KStG – Analyse alternativer Wertkonzepte, DB 2019, 1223; Große, Unternehmensbewertung und Stille-Reserven-Klausel nach § 8c Abs. 1 S. 5 KStG nF, WPg 2019, 1000; Haase/Nürnberg, Die Stille-Reserven-Klausel des § 8c KStG in Fällen der ertragsteuerlichen Organschaft. Ein Praxisfall, Ubg 2024, 53; sa Literatur vor → Rn. 81.

85a **a) Allgemeines.** Nach **§ 8c Abs. 1 S. 5 KStG** kann ein nach S. 1 an sich nicht abziehbarer **Verlust abgezogen** werden, soweit er die gesamten zum Zeitpunkt des schädlichen Beteiligungserwerbs vorhandenen im Inland **stpfl. stillen Reserven** (→ Rn. 85a) des BV der Körperschaft nicht übersteigt.

Zweck der Vorschrift ist die Verschonung des Verlustvortrags insoweit, als in Höhe der stillen Reserven kein zusätzliches Verlustverrechnungspotenzial übergeht (BT-Drs. 17/15, 19), also ein (missbräuchlicher) Mantelkauf nicht vorliegt, bzw. weil die stillen Reserven auch vor dem schädlichen Beteiligungserwerb hätten realisiert und mit bestehenden Verlusten verrechnet werden können (vgl. Rödder/v. Freeden Ubg 2010, 551; Sistermann/Brinkmann DStR 2010, 2633; Bien/Wagner BB 2010, 2627; krit. zur Gesetzgebungstechnik Suchanek StBW 2010, 25). Sie wurde ebenfalls durch das Wachstumsbeschleunigungsgesetz v. 22.12.2009 (BGBl. 2009 I 3950) eingeführt und ist erstmals auf schädliche Beteiligungserwerbe nach dem 31.12.2009 anwendbar.

85b Die Stille-Reserven-Verschonungsregel ist mE nach ihrem Wortlaut **nach der Anwendung der Konzernklausel** anzuwenden, weil sich erst in deren Rahmen ein nicht abziehbarer Verlust ergibt (BMF 28.11.2017, BStBl. I 2017, 1645 Rn. 49); krit. zu diesem Schreiben Olbing gmbhstb 2018, 54). ME gilt Entsprechendes für die **Sanierungsklausel,** weil sich erst bei ihrer Anwendung die Unbeachtlichkeit eines Beteiligungserwerbs und damit die Verlustabzugsbeschränkung ergibt (ebenso Lang in Bott/Walter KStG § 8c Rn. 129.2; aA Sistermann/Brinkmann DStR 2009, 2633).

86 **b) Tatbestandsmerkmale. aa) Stille Reserven.** Stille Reserven iSd Vorschrift sind **nach S. 6** der **Unterschiedsbetrag** zwischen dem gesamten EK lt. steuerlicher Gewinnermittlung und dem auf dieses entfallenden gemeinen Wert der im Inland stpfl. Anteile an der Körperschaft (krit. Dube/Schilling DB 2019, 212). Ist das **Ergebnis** negativ, bildet der Unterschiedsbetrag die stillen Reserven ab; ist es gleich null oder positiv, sind keine stillen Reserven vorhanden. FG Köln (FG Köln 10 K 2695/15, EFG 2020, 732) orientiert sich zur Vermeidung eines ungewollten Normüberhangs an der **Differenz zwischen dem Nennwert und dem Kaufpreis** der übertragenen Anteile. Zum **negativen EK** → Rn. 89.

87 **bb) Stille Reserven der Verlustkörperschaft.** Stille Reserven sind die der **Verlustkörperschaft,** wie sich aus dem Textzusammenhang mit S. 1 ergibt (so auch BT-Drs. 17/3549, 25, zu Nr. 4 Buchst. b, letzter Absatz). Das kann uU auch eine VorratsGes sein (Temme/Richter NWB 2015, 1631).

Fällt bei **mehrstufigen Beteiligungen** der unmittelbare (schädliche) Beteiligungserwerb mit einem **mittelbaren schädlichen Beteiligungserwerb** zusammen, ist eine mehrstufige Ermittlung der stillen Reserven erforderlich. Nach der Gesetzesbegründung (BT-Drs. 17/15, 19) darf die Summe der in den Tochterkapitalgesellschaften ermittelten stillen Reserven nicht höher sein als die im Kaufpreis bzw. dem Unternehmenswert der erworbenen Muttergesellschaft enthaltenen stillen Reserven. Diese Beschränkung kommt im Gesetzeswortlaut jedoch nicht zum Ausdruck (krit. zB Sistermann/Brinkmann DStR 2009, 2633; Scheipers/Linn Ubg 2010, 8; Rödder/v. Freeden Ubg 2010, 551).

Nach **BMF** (28.11.2017, BStBl. I 2017, 1645 Rn. 58) sind die Tatbestandsvoraussetzungen der Stille-Reserven-Klausel grundsätzlich **für jede VerlustGes** gesondert zu prüfen. Maßgeblich für die Ermittlung der stillen Reserven der einzelnen VerlustGes ist hiernach grundsätzlich **das für die OberGes gezahlte** Entgelt. Ggf. könne der StPfl. stattdessen die stillen Reserven durch Vorlage einer Unternehmensbewertung nachweisen, was mE in Anwendung der Grundsätze zu → Rn. 85c durch die Schwierigkeit, den Kaufpreis sachgerecht auf die einzelnen Ges. aufzuteilen, gerechtfertigt sein kann (ebenso Lang in Bott/Walter KStG § 8c Rn. 132). Das bedingt eine Verlustverschonung bei der (jeweiligen) VerlustGes nach den allgemeinen Grundsätzen (→ Rn. 85). **87a**

Auch in **Organschaftsfällen** (OT ist VerlustGes) verlangt der BMF (28.11.2017, BStBl. I 2017, 1645, Rn. 59 f.). die gesonderte Prüfung für jede einzelne Gesellschaft; danach sind stille Reserven in der OG beim OT nicht zu berücksichtigen. Damit gerät die FVerw in Widerspruch zu ihrer Anweisung zu § 8 Abs. 4 KStG aF (→ Rn. 36g). Das ist misslich, weil/soweit nicht der OT, sondern die OG über erhebliche stille Reserven verfügt. Hintergrund ist die Überlegung, dass der OT die Anteile an der OG nach § 8b Abs. 2, 3 S. 1 KStG zu 95% steuerfrei veräußern könnte. **Dagegen die hM,** die ein Abstellen auf die stillen Reserven nicht in den Anteilen, sondern in den WG der OGen selbst fordert (zB Frey/Mückl AG 2009, 866; Sistermann/Brinkmann DStR 2009, 2633; Bien/Wagner BB 2009, 2627; Lang DK 2010, 35; Suchanek/Rüsch DStZ 2014, 419 (426); Ritzer/Stangl DStR 2014, 977 (985); Gläser/Zöller BB 2018, 87; Schneider/Bleifeld/Butler DB 2018, 464; Haase/Nürnberg Ubg 2024, 53; Lang in Bott/Walter KStG § 8c Rn. 136.1). **87b**

Der Grundsatz der gesonderten Prüfung von stillen Reserven gilt auch, wenn eine **Beteiligung an einer Mitunternehmerschaft** besteht. Sie ist ein eigenständiges GewSt-Subjekt, sodass bei Anwendung des § 10a S. 10 GewStG iVm § 8c KStG stille Reserven auf ihrer Ebene nicht auf der Ebene der Körperschaft berücksichtigt werden können (FM Länder 29.11.2017, BStBl. I 2017, 1643; Abweichung von der kstlichen Behandlung, hierzu BMF 28.11.2017, BStBl. I 2017, 1645 Rn. 54). **87c**

cc) Gemeiner Wert der Anteile. Bei einem entgeltlichen Erwerb **entspricht** der gemeine Wert der Anteile **grundsätzlich dem Entgelt** (vgl. § 9 Abs. 2 BewG). Nur wenn der Kaufpreis aufgrund gesellschaftsrechtlicher Veranlassung unangemessen erscheint oder der gemeine Wert sich aus anderen Gründen nicht aus dem Entgelt ableiten lässt (zB bei konzerninternen Umstrukturierungen), ist er durch **Unternehmensbewertung** (Ertragsaussichten oder einer anderen anerkannten, auch im gewöhnlichen Geschäftsverkehr für nicht steuerliche Zwecke üblichen Methode) zu ermitteln (vgl. § 11 Abs. 2 S. 2 BewG). Es besteht also ein Vorrang der Ableitung aus dem Kaufpreis vor der Unternehmensbewertung; **88**

es besteht insofern **kein Wahlrecht** (FG Köln 10 K 85/15, DStRK 2017, 38; Rev. I R 4/19, ausgesetzt bis zur BVerfG-Entscheidung 2 BvL 19/17; BMF 28.11.2017, BStBl. I 2017, 1645 Rn. 50 mwN). Ggf. kommt aber bei der Ableitung aus dem Kaufpreis eine Minderung um einen Zuschlag für die Verlustnutzung in Betracht (zB Frotscher in Frotscher/Drüen KStG § 8c Rn. 135).

89 **dd) Negatives EK.** Ist das **EK negativ,** sind **nach S. 7** stille Reserven der Unterschiedsbetrag zwischen dem gesamten EK lt. steuerlicher Gewinnermittlung und dem gemeinen Wert des BV der Körperschaft.

Es kommt auf den Wert des BV auf der Grundlage einer Unternehmensbewertung, mE einer Einzelbewertung aller, auch der nicht bilanzierten WG an (BT-Drs. 17/3549, 25; Wagner DB 2010, 2751; Suchanek/Jansen GmbHR 2011, 174; aA Klönne/Sauer/Schroer DB 2016, 1393; Dube/Schilling DB 2019, 212; DB 2019, 1223; s. auch Große WPg 2019, 1000); eine – wenn auch schematische – Ableitung aus einem Anteilskaufpreis kommt nicht in Betracht (BMF 28.1.2017, BStBl. I 2017, 1645 Rn. 56).

90 **ee) Inländische Steuerpflicht. „Im Inland stpfl."** (vgl. § 8c Abs. 1 S. 5) bezeichnet mE nicht (nur) das grundsätzliche Bestehen des deutschen Besteuerungsrechts, was sich für *Zwecke der GewSt* bereits aus dem *Territorialitätsprinzip* ergibt (hierzu Wittkowski/Hielscher DB 2010, 11; Dörr NWB 2010, 184; Haßa/Gosmann DB 2010, 1198). Vielmehr wird (zusätzlich) das Fehlen einer Steuerfreistellung für den Fall der Veräußerung gefordert (ebenso Kleinheisterkamp in Lenski/Steinberg § 10a Rn. 199j; Dötsch in DJPW KStG § 8c Rn. 7f; Frotscher in Frotscher/Maas KStG § 8c Rn. 139 f.; aA Sistermann/Brinkmann DStR 2009, 2633; Bien/Wagner BB 2009, 2627; Scheunemann/Dennisen/Behrens BB 2010, 23 hierzu Schnitger/Rometzki Ubg 2013, 1). Das gilt insb. für stille Reserven aus **stfrei gestellten Beteiligungen** an KapitalGes (vgl. § 8b Abs. 2 KStG; hierzu BT-Drs. 17/15, 19; BMF 28.11.2017, BStBl. I 2017, 1645 Rn. 52) einschließlich von Streubesitz iSv § 8b Abs. 4 KStG (krit. Bien/Wagner BB 2009, 2627; Gläser/Zöller BB 2018, 87; für eine Berücksichtigung von nur „technisch" stbefreiten Veräußerungsgewinnen, zB § 8b Abs. 2 KStG, Suchanek in HHR KStG § 8c Rn. 57). Nicht schlüssig erscheint jedoch der Ausschluss auch in Höhe der nicht abziehbaren fiktiven BA iHv 5 % nach § 8b Abs. 3 S. 1 KStG (krit. zB Schneider/Bleifeld/Butler DB 2018, 464). Auch **sperrfristbehaftete Anteile** iSv §§ 20, 22 Abs. 1 UmwStG sind nicht zu berücksichtigen (BMF 28.11.2017, BStBl. I 2017, 1645 Rn. 52). StPfl. sind dagegen stille Reserven aus Anteilen, auf die **§ 8b Abs. 7 oder 8 KStG** anzuwenden ist, sowie aus einbringungsgeborenen Anteilen.

91 **ff) Zeitfragen.** Maßgebend ist nach dem Wortlaut der Vorschrift der **Zeitpunkt des schädlichen Beteiligungserwerbs,** auch im Falle einer gestaffelten Übertragung (→ Rn. 83b; ebenso Wagner DB 2010, 275; Hötzel JbFfStR 2010/2011, 150; Suchanek in HHR KStG § 8c Rn. 54).

91a Eine **steuerliche Rückwirkung** kommt nicht in Betracht (§ 8c Abs. 1 S. 8 KStG). Das gilt insb. für Umwandlungsvorgänge (§ 2 UmwStG). Maßgebend ist mE auch insoweit der Erwerb des wirtschaftlichen Eigentums (vgl. BMF 28.11.2017, BStBl. I 2017, 1645 Rn. 15), der bei beurkundungs- und eintragungsbedürftigen Vorgängen mE bereits mit der notariellen Beurkundung und Antrag auf HR-Eintragung gegeben ist. Rückwirkende Vorgänge **vor dem schädlichen Beteiligungserwerb** sind mE grundsätzlich von der Regelung nicht betroffen (ebenso Lang in Bott/Walter KStG § 8c Rn. 140; Sistermann/

Brinkmann DStR 2009, 2633). Das muss mE auch dann gelten, wenn die Umwandlung im Hinblick auf die Anteilsübertragung geschehen ist; ein Missbrauch kommt nicht ohne Weiteres in Betracht.

Bei **unterjährigem Beteiligungserwerb** ist das EK durch Erstellung einer Zwischenbilanz (Frey/Mückl GmbHR 2010, 71; Schneider/Roderburg FR 2010, 58; Dörr NWB 2010, 184) oder eine andere wirtschaftlich begründete Methode, zB die Fortschreibung der Vorjahres-EK (ähnlich Neyer DStR 2010, 1600), oder eine Schätzung zu ermitteln (vgl. BMF 28.11.2017, BStBl. I 2017, 1645 Rn. 57; hierzu Bien/Wagner BB 2009, 2627; Sistermann/Brinkmann DStR 2009, 2633; Scheipers/Linn Ubg 2010, 8). **91b**

Bei einer **Kapitalerhöhung** durch **Einbringung/Verschmelzung** ist mE das zugeführte BV bei der Berechnung der im Zeitpunkt des schädlichen Beteiligungserwerbs vorhandenen stillen Reserven nicht einzubeziehen. Ihre Berücksichtigung würde dem Zweck der Sätze 6–8 widersprechen (ebenso Möhlenbrock JbFfSt 2010/2011, 165; Dötsch in DJPW KStG § 8c Rn. 76k; aA Roser EStB 2010, 265; Hötzel JbFfSt 2010/2011, 150; Gosch JbFfSt 2010/2011, 167; Suchanek in HHR KStG § 8c Rn. 54; Kleinheisterkamp in Lenski/Steinberg § 10a Rn. 199o) **91c**

c) Rechtsfolge. Der **Verlustabzug** bleibt in Höhe des Betrages **zulässig,** die der nicht genutzte Verlust die **gesamten stillen Reserven** der Körperschaft **nicht übersteigt.** Nur der übersteigende Verlustvortrag geht verloren. **92**

Beispiel:

Die V-GmbH verfügt über ein EK von 100 und einen Verlustvortrag von 300. Die E-GmbH erwirbt einen 75%igen Anteil für 150.

Der Verlust ist nach S. 1 an sich iHv 300 nicht abziehbar. Der gemeine Wert der auf das ausgewiesene EK entfallende Wert der Anteile an der Körperschaft beträgt 150 x 4/3 = 200. Die gesamten stillen Reserven betragen demnach 100 (200 ./. 100). In dieser Höhe bleibt der Verlustabzug erhalten.

Gleichwohl tritt **keine Änderung der Qualifikation** als schädlicher Beteiligungserwerb ein; auch der Sanktionsverbrauch (→ Rn. 71) bleibt daher mE erhalten.

Für verbleibende nicht genutzte Verluste nach Anwendung des § 8c Abs. 1 KStG bestimmt **§ 8c Abs. 2 KStG** die **entsprechende Anwendung des § 3a Abs. 3 EStG.** ME bedeutet dies für Zwecke der GewSt eine Anwendung nur über die Koppelungsnorm des § 7b, zumal die entsprechende Anwendung von § 8c KStG (§ 10a S. 10 Hs. 1) nur eine entsprechende gewstrechtliche Anwendung des § 3a Abs. 3 EStG (§ 8c Abs. 2 KStG) erfordert, dies eben gemäß § 7b Abs. 2. **92a**

Dessen Voraussetzungen allerdings sind **enger als die der Sanierungsklausel,** da jene einen Sanierungserlass betreffen, der in § 8c Abs. 1a KStG nicht erforderlich ist. Gleichwohl sind Gestaltungen denkbar, in denen beide Vorschriften einschlägig sind (Ortmann-Babel/Bolik/Gageur DStR 2009, 2173; Förster/Hechtner DB 2019, 10). Das bedeutet mE einen **Anwendungsvorrang** des § 7b GewStG iVm § 3a Abs. 3 EStG (vgl. BT-Drs. 18/12128, 34; Pohl gmbhstb 2019, 135) vor der Sanierungsklausel mit der Folge, dass insoweit die Unbeachtlichkeit von Beteiligungserwerben zum Zwecke der Sanierung nicht greift, als die Verlustverrechnung nach jenen Vorschriften zur Anwendung kommt.

Liegen daneben die Voraussetzungen für die Anwendung der **Stille-Reserven-Klausel** vor, so hat diese Anwendungsvorrang vor § 7b GewStG iVm § 3a Abs. 3

EStG (dieser erst nach Anwendung des § 8c Abs. 1 KStG!). Zu den hieraus folgenden Überlegungen Förster/Hechtner DB 2019, 10

93, 94 *(frei)*

13. Sanierungsklausel (§ 8c Abs. 1a KStG)

95 **(1a) [1]Für die Anwendung des Absatzes 1 ist ein Beteiligungserwerb zum Zweck der Sanierung des Geschäftsbetriebs der Körperschaft unbeachtlich. [2]Sanierung ist eine Maßnahme, die darauf gerichtet ist, die Zahlungsunfähigkeit oder Überschuldung zu verhindern oder zu beseitigen und zugleich die wesentlichen Betriebsstrukturen zu erhalten.**

[3]Die Erhaltung der wesentlichen Betriebsstrukturen setzt voraus, dass

1. **die Körperschaft eine geschlossene Betriebsvereinbarung mit einer Arbeitsplatzregelung befolgt oder**
2. **die Summe der maßgebenden jährlichen Lohnsummen der Körperschaft innerhalb von fünf Jahren nach dem Beteiligungserwerb 400 Prozent der Ausgangslohnsumme nicht unterschreitet; § 13a Absatz 1 Satz 3 und 4 und Absatz 4 des Erbschaftsteuer- und Schenkungsteuergesetzes in der Fassung des Gesetzes vom 24. Dezember 2008 (BGBl. I S. 3018) gilt sinngemäß; oder**
3. **der Körperschaft durch Einlagen wesentliches Betriebsvermögen zugeführt wird. [2]Eine wesentliche Betriebsvermögenszuführung liegt vor, wenn der Körperschaft innerhalb von zwölf Monaten nach dem Beteiligungserwerb neues Betriebsvermögen zugeführt wird, das mindestens 25 Prozent des in der Steuerbilanz zum Schluss des vorangehenden Wirtschaftsjahrs enthaltenen Aktivvermögens entspricht. [3]Wird nur ein Anteil an der Körperschaft erworben, ist nur der entsprechende Anteil des Aktivvermögens zuzuführen. [4]Der Erlass von Verbindlichkeiten durch den Erwerber oder eine diesem nahestehende Person steht der Zuführung neuen Betriebsvermögens gleich, soweit die Verbindlichkeiten werthaltig sind. [5]Leistungen der Kapitalgesellschaft, die innerhalb von drei Jahren nach der Zuführung des neuen Betriebsvermögens erfolgen, mindern den Wert des zugeführten Betriebsvermögens. [6]Wird dadurch die erforderliche Zuführung nicht mehr erreicht, ist Satz 1 nicht mehr anzuwenden.**

[4]Keine Sanierung liegt vor, wenn die Körperschaft ihren Geschäftsbetrieb im Zeitpunkt des Beteiligungserwerbs im Wesentlichen eingestellt hat oder nach dem Beteiligungserwerb ein Branchenwechsel innerhalb eines Zeitraums von fünf Jahren erfolgt.

Verwaltungsanweisung: BMF 29.4.2026, BStBl. I 2026, 824.

Literatur: Fey/Neyer, Entschärfung der Mantelkaufregelung für Sanierungsfälle, DB 2009, 1368; Frotscher, Wenn die Wirklichkeit die Steuerpolitik einholt, Stbg 2009, H9, M1; Hallerbach, Änderungen der Unternehmensbesteuerung durch das BürgerEntlG Krankenversicherung, StuB 2009, 576; Imschweiler/Geimer, Einführung einer Sanierungsklausel in § 8c KStG, EStB 2009, 324; B. Lang, Die neue Sanierungsklausel in § 8c KStG, DStZ 2009, 751; Mückl/Remplik, Die Sanierungsklausel gem. § 8c Abs. 1a KStG nF, FR 2009, 689; Neyer, Sanierungsprivileg gem. § 8c Abs. 1a KStG, BB 2009, 2284; Ortmann-Babel/Bolik/Gageur, Mantelkauf: Passt nicht, immer noch zu weit!, DStR 2009, 2173; Roser, Auslegungsfragen zur Sanierungsklausel des § 8c KStG, FR 2009, 937; Seewald, Sanierungsklausel: Die Rückausnahme von der Ausnahme, DB 2009, H 33 I; Sistermann/Brinkmann, Die neue Sanierungsklausel in § 8c KStG, DStR 2009, 1453; Suchanek/Herbst, Die neue Sanierungsklausel gemäß § 8c Abs. 1a KStG nF, Ubg 2009, 525; Trossen, Die neue Sanierungsklausel des § 8c Abs. 1a KStG, gmbhstb 2009, 227; Ziegenhagen/Thewes, Die neue Sanierungsklausel in § 8c Abs. 1a KStG, BB 2009, 2116; de Weerth, Die Sanierungsklausel des § 8c KStG und europäisches Beihilferecht, DB 2010, 1205; Fey/Neyer, Erleichterungen bei der Mantelkaufnorm des § 8c KStG durch das WBG, StuB 2010, 47; Suchanek, Die Änderungen des § 8c KStG durch das WBG, StBW 2010, 25; Europäische Kommission, Bestimmungen des KStG über den steuerlichen Verlustvortrag – Sanierungsklausel, NZI 2010, 518; Blumenberg, dto, DB 2011, Beilage zu Heft 9, 21; Breuninger/Ernst, § 8c KStG im „Zangengriff" von Europa- und Verfassungsrecht, GmbHR 2011, 673; Herzig, Sanierungsklausel als unzulässige Beihilfe?, DB 2011, H 8, M1 Jochum, Systemfragen zu Mantelkauf und Sanierungsklausel, FR 2011, 497; Marquardt, Die Möglichkeit der Verlustverrechnung als selektive Begünstigung sanierungsbedürftiger Unternehmen?, IStR 2011, 445; Musil, dto, DB 2011, Beilage zu Heft 9, 19; Rädler, Verstößt die deutsche Sanierungsklausel gegen europäisches Beihilferecht?, DB 2011, Beilage zu Heft 9, 17; Welling, dto, DB 2011, Beilage zu Heft 9, 23; Blumenberg/Haisch, Die unionsrechtliche Beihilfeproblematik des § 8c Abs. 1a KStG, FR 2012, 12; Klemt, Richtungsentscheidungen für Europa – lässt das Beihilferecht die Sanierungsklausel in § 8c Abs. 1a KStG zu?, DStR 2013, 1057; de Weerth, EuG zur „Sanierungsklausel" des § 8c Abs. 1a KStG: …, DB 2016, 682; Holtmann, Staatliche Beihilfen: EuG bestätigt Beihilfenqualität der Sanierungsklausel, EWS 2016, 61; Olbing, EuG qualifiziert die Sanierungsklausel als unionsrechtwidrige Beihilfe, AG 2016, 325; Förster/Hechtner, Neue gesetzliche Rahmenbedingungen im Sanierugssteuerrecht, DB 2019, 10; Hinder/Hentschel, Luxemburger Bestätigung für Beihilferechtswidrigkeit der Sanierungsklausel, GmbHR 2016, 345; Pohl, Gesetzliche Umsetzung des Sanierungserlasses, gmbhstb 2019, 135; Weiss, Zur Anwendung der Sanierungsklausel des § 8c Abs. 1a KStG, StuB 2019, 309; Denninger/v. Grundherr, Praktische Hinweise zur Verlustrettung durch die Sanierungsklausel, DB 2024, 3062; Binnewies/Sommer, Sanierungsklausel des § 8c Abs. 1a KStG, AG 2025, 850; Rittler/Küpker/Hemmerich/Kohler, Sanierungssteuerrecht: Wesentliche Entwicklungen im Lichte jüngster BFH-Rspr. und des Entwurfs eines BMF-Schreibens zur Sanierungsklausel des § 8c Abs. 1a KStG, BB 2025, 1303.

a) Allgemeines. Die Vorschrift wurde eingefügt durch G. v. 16.7.2009 (BGBl. 2009 I 1959) mW für **Anteilsübertragungen nach dem 31.12.2007** und vor dem 1.1.2010, die letztbezeichnete Beschränkung ist durch G. v. 22.12.2009 (BGBl. 2009 I 3950) aufgehoben worden. Ihr **Zweck** ist, das freiwillige Engagement des Neugesellschafters vergleichbar dem insolvenzrechtlichen Sanierungsprivileg zu belohnen (BT-Drs. 16/13429, 50). **95a**

Allerdings wurde die **Anwendung** der Vorschrift **zunächst suspendiert,** nachdem die **EU-Kommission** sie als **Beihilfe** eingestuft und für **mit dem EU-Binnenmarkt unvereinbar** erklärt hatte (26.1.2011 – K (2011) 275). **Klagen** von betroffenen Unternehmen hatte das EuG in erster Instanz als **unbegründet** abgewiesen (zB EuG T-620/11, DStR 2016, 390; T 287/11, ABl. 2016 C 98, 27; zust. wohl Olbing AG 2016, 325; Holtmann EWS 2016, 61), nicht zur Kenntnis nehmend, dass die Sanierungsklausel eine dem Grundgedanken des § 8c KStG – nicht dem Motiv des Ggebers bei Erlass des § 8c KStG bzw. des § 8c Abs. 1a KStG – inhärente systemkonforme Ausnahme darstellt (Rückkehr zum Normalzustand als Referenzsystem, krit. de Weerth DB 2016, 682; Roth EWiR 2016, 319; Hinder/Hentschel GmbHR 2016, 345).

Der **EuGH** hat schließlich in mehreren Entscheidungen (zB C 203/16 P, IStR 2018, 552) die Rechtsverhältnisse (Bestimmung des Referenzsystems) zurechtgerückt und die **Unvereinbarkeitserklärung** der EU-Kommission für **nichtig** erklärt. Zwar ist die Beihilfefrage im Hinblick auf die Sanierungsklausel noch nicht endgültig entschieden; doch ist mE angesichts der Herausarbeitung des zutreffenden Refenzsystems durch den EuGH ein erneuter Vorstoß der Kommission unwahrscheinlich (allg. Meinung, vgl. nur Förster/Hechtner DB 2019, 10, mwN).

Damit ist der Weg zur **Anwendung der Vorschrift** frei, und zwar erstmals **ab EZ 2008** und auf **Anteilsübertragungen nach dem 31.12.2007** (§ 34 Abs. 6 S. 3 KStG), was mE auf § 10a S. 10 Hs. 1 durchschlägt. Diese Rückwirkung betrifft jedoch nur offene, ggf. unter Nachprüfungsvorbehalt entschiedene Fälle.

96 **b) Voraussetzungen. aa) Beteiligungserwerb zum Zweck der Sanierung.** „Beteiligungserwerb" ist **jeder Beteiligungserwerb** iSd Satzes 1 (→ Rn. 47 ff., 56 ff.), einschließlich vergleichbarer Sachverhalte → Rn. 76 ff.), also **nicht nur** der **schädliche Beteiligungserwerb** (ebenso OFD Nordrhein-Westfalen 20.12.2018, DB 2019, 26 Rn. 2). Zum erwarteten BMF-Schreiben Binnewies/Sommer AG 2025, 850; Rittler/Küpker/Hemmerich/Kohler BB 2025, 1303.

96a Erfolgt ein **mittelbarer Beteiligungserwerb** zur Sanierung **auf der Ebene der OberGes,** können auch die dadurch ausgelösten mittelbaren Erwerbe auf Ebene der jeweiligen UnterGes begünstigt sein. Erforderlich ist danach, dass jede Körperschaft, die den Verlustvortrag erhalten will, saniert wird (BT-Drs. 16/13429, 51). Ist die **Verlustkörperschaft** an anderen Gesellschaften **beteiligt,** ist nach der FVerw die Vorschrift bei jeder unmittelbar oder mittelbar betroffenen Körperschaft anzuwenden; dh auch die nachgeschalteten Gesellschaften müssen saniert werden (vgl. OFD Nordrhein-Westfalen 20.12.2018, DB 2019, 26 Rn. 8: je eigenständige Prüfung; Fey/Neyer DB 2009, 2068). Erfolgt der Anteilserwerb auf Ebene der OberGes dort zum Zwecke der Sanierung, ist die UnterGes aber nicht sanierungsbedürftig, tritt bei ihr die Verlustabzugsbeschränkung ein (krit. zB Altrichter-Herzberg GmbHR 2009, 466).

96b Der Grundsatz der gesonderten Prüfung gilt mE auch in dem Fall, dass auf Ebene der **OberGes ein schädlicher Beteiligungserwerb** erfolgt und **nur die Untergesellschaft sanierungsbedürftig** ist. Liegen die übrigen Voraussetzungen der Sanierungsklausel bei ihr vor, ist mE der auf Ebene der OberGes stattfindende schädliche Beteiligungserwerb auf Ebene der UnterGes unschädlich (BT-Drs. 16/13429, 51; ebenso Altrichter-Herzberg GmbHR 2009, 466; Ortmann-Babel/Bolik/Gageur DStR 2009, 2173). Umgekehrt verliert die Untergesellschaft, die ebenfalls sanierungsbedürftig ist, ihren Verlustvortag, wenn die übrigen Maßnahmen bei ihr nicht stattfinden (BT-Drs. 16/13429, 51; Sistermann/Brinkmann DStR 2009, 1453).

Unzutreffend mE daher für den Fall einer **Organschaft** OFD Nordrhein-Westfalen (20.12.2018, DB 2019, 26 Rn. 9), die auf die Sanierungsvoraussetzungen im gesamten Organkreis abstellt und insoweit mit dem Gesetzeswortlaut in Konflikt gerät.

Entsprechendes gilt für die **Beteiligung** der Körperschaft **an** einer **Personengesellschaft** (OFD Nordrhein-Westfalen 20.12.2018, DB 2019, 26 Rn. 10; hiergegen zutr. Kleinheisterkamp in Lenski/Steinberg § 10a Rn. 200v aF).

97 **bb) Sanierung.** Sanierung iSd Vorschrift ist **begrifflich** eine Maßnahme zur Verhinderung oder Beseitigung der Zahlungsunfähigkeit oder Überschuldung und der Erhaltung der wesentlichen Betriebsstrukturen.

(1.) **Zahlungsunfähigkeit** und **Überschuldung** sind mE Begriffe des Insolvenzrechts (vgl. BT-Drs. 16/13429, 50). Sie bestimmen konkret die **Sanie-**

rungsbedürftigkeit; dh ohne die tatbestandsmäßigen Maßnahmen ist die Erhaltung der für eine dauerhafte rentable und ertragsfähige Unternehmensführung nach kaufmännischen Grundsätzen erforderliche Betriebssubstanz nicht möglich; vielmehr muss in absehbarer Zeit mit dem Eintritt von Zahlungsunfähigkeit und Überschuldung zu rechnen sein (vgl. BFH IV R 11/01, BStBl. II 2002, 854; hierzu Neumann/Stimpel DK 2009, 409; Kleinheisterkamp in Lenski/Steinberg § 10a Rn. 200e; Suchanek/Herbst Ubg 2009, 525; Breuninger/Ernst GmbHR 2010, 561). Allerdings sollte insb. der Begriff der Überschuldung nach **Insolvenzrecht nicht schematisch** subsumiert werden. Sanierungsbedürftigkeit kann mE auch dann gegeben sein, wenn die Vermögenswerte der VerlustGes die Verbindlichkeiten nicht mehr abdecken und eine günstige Fortführungsprognse (§ 19 Abs. 2 S. 1 InsO) nur unter Ansatz der Verlustnutzugsmöglichkeit auch nach dem Beteiligungserwerb gerechtfertigt ist (vgl. Sistermann/Brinkmann DStR 2009, 1453). **Vor dem Beginn der Krise** jedenfalls ist ein Beteiligungserwerb nicht begünstigt (vgl. BT-Drs. 16/13429, 77; OFD Nordrhein-Westfalen 20.12.2018, DB 2019, 26 Rn. 4; Lang in Bott/Walter KStG § 8c Rn. 159).

(2.) **Sanierungsfähigkeit** der Körperschaft muss gegeben sein; dh ihr Zustand der Art sein, dass bestimmte Maßnahmen noch einen Erfolg versprechen können. Der Betrieb muss noch ein erhaltenswerter Faktor des Wirtschaftslebens sein (vgl. FG Köln 13 K 6016/00, EFG 2001, 991, zu § 8 Abs. 4 KStG aF).

(3.) **Sanierungseignung.** Die Maßnahmen müssen nach Einschätzung eines sachkundigen Dritten – am besten aufgrund eines **Sanierungsplans** (BT-Drs. 16/13429, 76) – objektiv geeignet sein, die Körperschaft nachhaltig aus der Krise zu führen. Auf den **Sanierungserfolg** der Maßnahmen kommt es dann nicht an (vgl. BT-Drs. 16/13429, 50 f.).

(4.) **Sanierungsabsicht** muss – mE **im Zeitpunkt** des jeweiligen, nicht nur des schädlichen Beteiligungserwerbs – gegeben sein. Das heißt dieser und die nachfolgenden Maßnahmen müssen auch subjektiv dem Sanierungsziel dienen. Die Sanierungsabsicht ergibt sich mE allerdings objektiv aus der Sanierungsbedürftigkeit und Sanierungseignung. Auch insoweit ist ein Sanierungsplan hilfreich (Förster/Hechtner DB 2019, 10; Lang in Bott/Walter KStG § 8c Rn. 148).

cc) Erhaltung der wesentlichen Betriebsstrukturen. Die hierauf gerichte- 98
ten Maßnahmen müssen mE in einem **sachlichen und zeitlichen Zusammenhang** mit dem schädlichen Beteiligungserwerb stehen. Dh sie müssen alsbald, mE **innerhalb eines Jahres,** nach diesem ergriffen werden (zutr. OFD Rheinland 30.3.2010, DStR 2010, 929 Rn. 7). Angesichts der Anforderungen im Einzelnen ist die Anwendung der Sanierungsklausel durchaus risikobehaftet (Weiss StuB 2019, 309; zur Unklarheit des Tatbestands Rittler/Küpker/Hemmerich/Kohler BB 2025, 1303).

Legaldefinition des Tatbestandsmerkmals in **drei Alternativen,** die **wahlweise** zur Verfügung stehen:

(Nr. 1) Befolgung einer Betriebsvereinbarung mit Arbeitsplatzregelung. 98a
Existenz eines Betriebsrats und Abschluss der Betriebsvereinbarung mit diesem ist erforderlich (vgl. § 77 Abs. 2 S. 1 BetrVG; ebenso Lang in Bott/Walter KStG § 8c Rn. 167). Kleine KapitalGes ohne Betriebrat (§ 1 BetrVG) sind demnach an sich von dieser Alternative ausgeschlossen. Nach OFD Nordrhein-Westfalen

(20.12.2018, DB 2019, 26 Rn. 13) genügt jedoch, wenn 50 % der AN in dem betroffenen Betriebsbereich tätig sind, die folglich einvernehmlich einen für sie handelnden Bevollmächtigten bestellen müssten. Ein Sozialplan kann mE genügen (Mückl/Remplik FR 2009, 689), wenn in Form einer (Betriebs)Vereinbarung festgelegt, nicht jedoch ein Tarifvertrag (zT aA OFD Nordrhein-Westfalen 20.12.2018, DB 2019, 26 Rn. 13; Dörr NWB 2010, 184).

Nach OFD Nordrhein-Westfalen (20.12.2018, DB 2019, 26 Rn. 15) sollte die **Vereinbarung nach** dem **Beteiligungserwerb** abgeschlossen werden, sonst ggf. Anschlussvereinbarung (aA Ortmann-Babel/Bolik/Gageur DStR 2009, 2173: ggf. auch vor Beteiligungserwerb, mE zutreffend). Dass die **Vereinbarung durchgeführt** werden muss, ergibt sich aus dem Wortlaut des G. („Befolgung").

Über den **Inhalt der Arbeitsplatzregelung** schweigt das G, was zu Unsicherheiten führt (Denninger/v. Grundherr DB 2024, 3062). Nach OFD Nordrhein-Westfalen (20.12.2018, DB 2019, 2601 Rn. 13) kommt es daher auf den **Umfang der Erhaltung** von Arbeitsplätzen nicht an. ME gibt auch die Alternative (2) keinen Hinweis auf die möglichen Vorstellungen des Gesetzgebers, nämlich Erhaltung von **etwa 80 %** der bei Beteiligungserwerb bestehenden Arbeitsplätze, weil auch ein tief greifender Arbeitsplatzabbau zu einer Sanierungsmaßnahme gehören kann (BT-Drs. 16/13429, 51). Auf der anderen Seite kann mE dem Zweck der Vorschrift mit einer Regelung über einen weitgehenden Arbeitsplatzabbau allein nicht Genüge getan sein; daher ist mE die Erhaltung von 50 % der Arbeitsplätze zu fordern.

98b **(Nr. 2) Nichtunterschreiten von 400 % der Lohnsumme** nach Beteiligungserwerb **innerhalb von fünf Jahren.** Die Vorschrift enthält einen Verweis auf § 13a Abs. 1 S. 3 u. 4, Abs. 4 ErbStG (aF!), der von BT-Drs. 16/13429, 51 als Vereinfachung gefeiert wird, was (nur) für die Arbeit des Gesetzgebers richtig ist. Es fragt sich aber, ob der Verweis der Problematik einer Sanierungsbegünstigung genügt.

Der **Zeitraum** beginnt mit dem ersten Beteiligungserwerb iSd Satzes 1. Das kann bei gestaffeltem schädlichen Erwerb den Lohnsummenvergleich für alle Erwerbe erforderlich machen (Sistermann/Brinkmann DStR 2009, 1453; Kleinheisterkamp in Lenski/Steinberg § 10a Rn. 200k aF). In der Regel wird es genügen, nur einen Erwerb als unbeachtlich aufzuweisen.

Bemessungsgrundlage ist der Durchschnitt der letzten fünf Jahre (§ 13a Abs. 1 S. 3 ErbStG idF des G. v. 24.12.2008, BGBl. 2008 I 3018) vor dem beachtlichen Erwerb. Beträgt die **Ausgangssumme Null** (was bei einem Fünf-Jahres-Durchschnitt kaum der Fall sein dürfte) oder beschäftigt die Körperschaft **nicht mehr als zehn AN,** gilt die Ausnahme des § 13a Abs. 1 S. 4 ErbStG von den Voraussetzungen des Verschonungsabschlags (§ 13 Abs. 1 S. 2 ErbStG) sinngemäß. Nach der Verweisungslogik bedeutet das, dass in dieser Alternative der Lohnsummenvergleich für die angesprochenen Kleinbetriebe nicht Voraussetzung ist. Trotzdem ist nach der hM die Körperschaft dann auf die Möglichkeiten der Nr. (1) oder (3) verwiesen (FG Düsseldorf 6 K 2095/22 K,G,F, EFG 2024, 697, Rev. I R 9/24; OFD NRW 20.12.2018, S 2745 a-2015/0011-St 135; Neumann/Stimpel DK 2009, 409; Altrichter-Herzberg GmbHR 2009, 466; Mückl/Remplik FR 2009, 689; Sistermann/Brinkmann DStR 2009, 1453; Lang in Bott/Walter KStG § 8c Rn. 175), was mit der Verweisungslogik nicht übereinstimmt. Konsequent ist daher die Auffassung, dass für die Kleinbetriebe die Erhaltung der wesentlichen Betriebsstrukturen insgesamt nicht erforderlich ist (so Trossen gmbhstb 2009, 227; Fey/Neyer DB 2009, 1368).

Maßgebend sind **die Verhältnisse** – so der eindeutige Wortlaut – der zu sanierenden Körperschaft insgesamt, **nicht nur bestimmter Betriebsteile.** ME ist die Vorschrift jedoch teleologisch zu reduzieren, wenn innerhalb der Fünf-Jahres-Frist vor dem Beteiligungserwerb *Betriebsteile veräußert oder eingestellt* worden sind; denn nur im Hinblick auf den verbliebenen Betrieb kann Sanierungsbedürftigkeit und -absicht bestehen (iE ebenso Sistermann/Brinkmann DStR 2009, 1453). Bei **Beteiligungen** von **mehr als 25 %** an EU- bzw. EWR-Gesellschaften sind auch die Lohnsummen der Untergesellschaften mit dem entsprechenden Anteil in den Vergleich einzubeziehen (§ 13a Abs. 4 ErbStG), eine kontraproduktive Vorschrift insofern, als die Veräußerung von Beteiligungen zu einem tragfähigen Sanierungskonzept gehören kann (iE ebenso Ortmann-Babel/Bolik/Gageur DStR 2009, 2173).

(Nr. 3) Zuführung von wesentlichem BV durch Einlagen. Erforderlich **98c** ist die Zuführung von BV iHv **25 %** des in der StBilanz des vorangegangenen Wj. enthaltenen Aktivvermögens **bzw.** (bei nur anteiligem Erwerb) **des entsprechenden Anteils** (zB bei einem Erwerb eines 60%igen Anteils, also Zuführung iHv 15 % des Vergleichsvermögens).

(a) „Einlagen" sind – wie der Gesamtzusammenhang der Vorschrift ergibt – die des Erwerbers, ggf. von nahestehenden Personen (auch Gesellschaften), nicht auch der Altgesellschafter (OFD Nordrhein-Westfalen 20.3.2018, DB 2019, 26 Rn. 26; Mückl/Remplik FR 2009, 689; Neyer BB 2009, 2284; aA Kleinheisterkamp in Lenski/Steinberg § 10a Rn. 200l); mE jedoch bei einer abgestimmten Maßnahme. Auf eine gegenständliche Betrachtung kommt es nicht an (Lang in Bott/Walter KStG § 8c Rn. 186). Auch der Übergang von Vermögen auf die Verlustkörperschaft iR einer **Verschmelzung, Auf- oder Abspaltung** wird einer Einlage der Erhöhung des stl. EK gleichgestellt (OFD Nordrhein-Westfalen 20.12.2018, DB 2019, 26 Rn. 22; differenzierend Kleinheisterkamp in Lenski/Steinberg § 10a Rn. 200l: nicht bei Verschmelzung der Tochter auf die Verlust-Mutter).

(b) Der **Erlass einer werthaltigen Verbindlichkeit** durch den Erwerber oder eine nahestehende Person steht einer Einlage gleich (Nr. 3 S. 4), mE jedoch nicht bei Erlass gegen Besserungsschein im Falle des Wiederaufleben innerhalb von drei Jahren (s. (c)).

(c) Die **erforderliche Höhe** der Einlage bestimmt sich mE nach dem **Teilwert des Aktivvermögens.** Zwar lässt sich der gesetzliche Bezug auf die StBilanz dahin deuten, dass der Buchwert gemeint ist; doch wird das dem Begünstigungszweck (Sanierung durch wesentliche BV-Zufuhr) nicht gerecht (ebenso zB Dötsch in DJPW KStG § 8c Rn. 124; Neumann/Stimpel DK 2009, 409; Lang DStZ 2009, 751; aA zB Suchanek/Herbst Ubg 2009, 525; Mückl/Remplik FR 2009, 689; Kleinheisterkamp in Lenski/Steinberg § 10a Rn. 200l). Der Bezug auf die StBilanz dient danach nur der Klarstellung, dass nicht-bilanzierte WG nicht zu berücksichtigen sind.

Die **Bewertung der Einlage** hat mE ebenfalls, und zwar ohne Berücksichtigung von Sondervorschriften zB des UmwStG, einheitlich mit dem **Teilwert** zu erfolgen (§ 6 Abs. 1 Nr. 5 EStG; OFD Nordrhein-Westfalen 20.12.2018, DB 2019, 26 Rn. 23; Neyer BB 2010, 1055; **aA** zB Mückl/Remplik FR 2009, 689; Suchanek/Herbst Ubg 2009, 525: gemeiner Wert).

(d) Zeitfragen. Die BV-Zuführung muss **innerhalb von 12 Monaten** taggenau, nach dem jeweiligen, mE nicht nur dem letztlich schädlichen Beteiligungserwerb erfolgen; denn die Sanierungsklausel betrifft jeden Beteiligungserwerb

(→ Rn. 87a; ebenso Kleinheisterkamp in Lenski/Steinberg § 10a Rn. 200l aF; aA OFD Nordrhein-Westfalen 20.12.2018, DB 2019, 26 Rn. 27; Neyer BB 2009, 2284; Dötsch in DJPW KStG § 8c Rn. 124: Bezugszeitpunkt ist nur der schädliche Beteiligungserwerb). Die hier vertretene Lösung bedeutet, dass ein nach S. 1 noch unschädlicher Erwerb (zB 48 % am 1.1.2001) bei einer BV-Zuführung innerhalb von zwölf Monaten selbst dann unbeachtlich ist, wenn nach dem schädlichen Beteiligungserwerb (3 % am 1.7.2005) keine BV-Zuführung erfolgt.

Zuführungszeitpunkt ist mE der des **tatsächlichen Zugangs** bzw. **Zuflusses;** die Bilanzierungsfähigkeit (zB ausstehende Einlagen) allein dürfte daher nicht ausreichen (ebenso OFD Nordrhein-Westfalen 20.3.2018, DB 2019, 26 Rn. 24; Neyer BB 2009, 2284; aA Mückl/Remplik FR 2009, 689; Kleinheisterkamp in Lenski/Steinberg § 10a Rn. 200l). Nach dem den § 8 Abs. 4 KStG aF und § 8c KStG beherrschenden Grundsatz dürfte es im Übrigen (bei Sacheinlagen) auf die **zivilrechtliche Wirksamkeit,** ggf. den Erwerb des **wirtschaftlichen Eigentums** ankommen (ebenso Kleinheisterkamp in Lenski/Steinberg § 10a Rn. 200l). Eine stl. Rückwirkung (insb. in Umwandlungsfällen) ist, da zweckwidrig, mE nicht zu berücksichtigen (OFD Nordrhein-Westfalen 20.12.2018, DB 2019, 26 Rn. 25; aA Kleinheisterkamp in Lenski/Steinberg § 10a Rn. 200l). Bei einer **Kapitalerhöhung** ist maßgebend grundsätzlich die Eintragung im HR. Es ist aber unschädlich, wenn die Einlage schon vorher, nach dem Erhöhungsbeschluss, geleistet worden ist; sie ist jedoch nicht in die Vergleichsgrundlage zum vorangegangenen Bilanzstichtag einzubeziehen (OFD Nordrhein-Westfalen 20.12.2018, DB 2019, 26 Rn. 28; allgM).

(e) Leistungen der Körperschaft innerhalb eines **Drei-Jahres-Zeitraums** nach der BV-Zuführung mindern den Wert des zugeführten BV (Nr. 3 S. 5). Hierzu zählen etwa vGA und Ausschüttungen auf Genussrechte (§ 8 Abs. 3 S. 2 KStG), Mehrabführungen nach § 14 Abs. 3 KStG, Kapitalrückzahlungen (vgl. Mückl/Remplik FR 2009, 689; Lang DStZ 2009, 751; Ortmann-Babel/Bolik/Gageur DStR 2009, 2173). Auch insoweit erfolgt die Berechnung des Zeitintervalls taggenau. Wird durch solche Leistungen die erforderliche Zuführung von 25 % (ggf. anteilig) unterschritten, entfällt die Unbeachtlichkeit des entsprechenden Beteiligungserwerbs (§ 8c Abs. 1a S. 3 Nr. 3 S. 6). Ggf. liegt ein rückwirkendes Ereignis iSv § 175 Abs. 1 Nr. 2 AO vor (Lang in Bott/Walter KStG § 8c Rn. 192; Trossen gmbhstb 2009, 227).

Als schädlich gelten auch **Leistungen an den Altgesellschafter** (BT-Drs. 16/13429, 51; OFD Nordrhein-Westfalen 20.12.2018, DB 2019, 26 Rn. 29; Kleinheisterkamp in Lenski/Steinberg § 10a Rn. 200l; Lang DStZ 2009, 751). ME sollte das nur gelten, wenn er mit dem Neugesellschafter abgestimmt beachtliche Einlagen erbracht hat (vgl. (a)). Insofern hat mE der innere Zusammenhang der Nr. 3 (Bestimmung der Höhe der Einlage) Vorrang vor dem auf Nachhaltigkeit gerichteten Zweck des Abs. 1a.

99 **dd) Sanierungshindernde Vorgänge.** Keine Sanierung liegt nach **§ 8c Abs. 1a S. 4 KStG** vor bei **Einstellung des Geschäftsbetriebs** bis zum Beteiligungserwerb oder bei **Branchenwechsel** innerhalb von fünf Jahren danach. Zum maßgeblichen Beteiligungserwerb → Rn. 87a.

(1.) **Einstellung des Geschäftsbetriebs.** Für die Auslegung des Begriffs „Geschäftsbetrieb" und des Tatbestandsmerkmals „Einstellung des Geschäftsbetriebs" sind mE die zu § 8d KStG geltenden Grundsätze (→ Rn. 88c, 88e) anzuwenden. Eine eigenständige normspezifische Auslegung ist mE wegen des systematischen Zusammenhangs nicht geboten. Damit bedeutet Einstellung die **Beendigung der werbenden Tätigkeit,** wobei eine vollständige Beendigung nicht erforderlich ist; es genügt eine nur „unwesentliche" Fortsetzung der (ursprünglichen) Tätigkeit (zu § 8d KStG BT-Drs. 544/16, 8f.). Bereits zu § 8 Abs. 4 KStG aF setzte die Einstellung des Geschäftsbetriebs das Fehlen einer nennenswerten werbenden Tätigkeit voraus (vgl. BFH I R 9/06, BStBl. II 2008, 988). Der nachfolgende Beteiligungserwerb markiert insoweit eine wirtschaftliche Neugründung (vgl. BT-Drs. 16/13429, 51, Hinweis auf BGH II ZB 4/02, DStR 2003, 1887). Eine Betriebsaufspaltung dürfte unschädlich sein; dagegen bedeutet eine Betriebsverpachtung Einstellung des bisherigen Geschäftsbetriebs (vgl. BMF 16.4.1999, BStBl. I 1999, 455 Rn. 20).

(2.) **Branchenwechsel** bedeutet, die Körperschaft knüpft in wirtschaftlich gewichtbarer Weise nicht an die bisherige Tätigkeit an (→ Rn. 40). Bestimmend ist mE nicht die Veränderung des **satzungsmäßigen Unternehmensgenstandes,** sondern allein der tatsächlich durchgeführte Geschäftsbetrieb (zur diesbezüglichen Abgrenzung vgl. FG Hmb 3 K 65/08, EFG 2010, 1727), für den das vorhandene BV im Wesentlichen nicht mehr verwendbar ist, nicht jedoch der Kundenstamm (aA Kleinheisterkamp in Lenski/Steinberg § 10a Rn. 200p). Ein Branchenwechsel liegt daher vor, wenn nach dem Gesamtbild der wirtschaftlichen Verhältnisse (vgl. BMF 16.4.1999, BStBl. I 1999, 455 Rn. 13, 15) eine wesentliche Veränderung der den verlustverursachenden Geschäftsbetrieb kennzeichnenden qualitativen Merkmale (vgl. § 8d Abs. 1 S. 3 u. 4 KStG) eingetreten ist. *Nicht anwendbar* sind mE die Grundsätze von BMF 16.4.1999, BStBl. I 1999, 455 Rn. 18f. zum Strukturwandel (→ Rn. 43c aE), weil es dort um die Frage geht, unter welchen Voraussetzungen der Branchenwechsel eine Einstellung des Geschäftsbetriebs darstellt, dagegen in § 8c Abs. 1a S. 4 KStG der Branchenwechsel alternativ zur Einstellung als schädlich angegeben ist (aA Lang in Bott/Walter KStG § 8c Rn. 202).

c) Rechtsfolge. Der **jeweilige** in Sanierungsabsicht vorgenommene **Beteiligungserwerb** ist für die Anwendung des Abs. 1 S. 1 **unbeachtlich;** er zählt nicht mit (vgl. OFD Nordrhein-Westfalen 20.12.2018, DB 2019, 26 Rn. 2; allgM). 99a

14. Verschonung des fortführungsgebundenen Verlustvortrags

§ 10 S. 10 idF des G. v. 20.12.2016 (BGBl. 2016 I 2998) verweist auch auf den neu eingeführten § 8d KStG. 100

§ 8d KStG Fortführungsgebundener Verlustvortrag

(1) [1]§ 8c ist nach einem schädlichen Beteiligungserwerb auf Antrag nicht anzuwenden, wenn die Körperschaft seit ihrer Gründung oder zumindest seit dem Beginn des dritten Veranlagungszeitraums, der dem Veranlagungszeitraum nach Satz 5 vorausgeht, ausschließlich denselben Geschäftsbetrieb unterhält und in diesem Zeitraum bis zum Schluss des Veranlagungszeitraums des schädlichen Beteiligungserwerbs kein Ereignis im Sinne von Absatz 2 stattgefunden hat. [2]Satz 1 gilt nicht:

1. für Verluste aus der Zeit vor einer Einstellung oder Ruhendstellung des Geschäftsbetriebs oder

2. wenn die Körperschaft zu Beginn des dritten Veranlagungszeitraums, der dem Veranlagungszeitraum nach Satz 5 vorausgeht, Organträger oder an einer Mitunternehmerschaft beteiligt ist.

[3]Ein Geschäftsbetrieb umfasst die von einer einheitlichen Gewinnerzielungsabsicht getragenen, nachhaltigen, sich gegenseitig ergänzenden und fördernden Betätigungen der Körperschaft und bestimmt sich nach qualitativen Merkmalen in einer Gesamtbetrachtung. [4]Qualitative Merkmale sind insbesondere die angebotenen Dienstleistungen oder Produkte, der Kunden- und Lieferantenkreis, die bedienten Märkte und die Qualifikation der Arbeitnehmer. [5]Der Antrag ist in der Steuererklärung für die Veranlagung des Veranlagungszeitraums zu stellen, in den der schädliche Beteiligungserwerb fällt. [6]Der Verlustvortrag, der zum Schluss des Veranlagungszeitraums verbleibt, in den der schädliche Beteiligungserwerb fällt, wird zum fortführungsgebundenen Verlust (fortführungsgebundener Verlustvortrag). [7]Dieser ist gesondert auszuweisen und festzustellen; § 10d Absatz 4 des Einkommensteuergesetzes gilt entsprechend. [8]Der fortführungsgebundene Verlustvortrag ist vor dem nach § 10d Absatz 4 des Einkommensteuergesetzes festgestellten Verlustvortrag abzuziehen. [9]Satz 8 gilt bei Anwendung des § 3a Absatz 3 des Einkommensteuergesetzes entsprechend.

(2) [1]Wird der Geschäftsbetrieb im Sinne des Absatzes 1 eingestellt, geht der nach Absatz 1 zuletzt festgestellte fortführungsgebundene Verlustvortrag unter; § 8c Absatz 1 Satz 5 bis 8 gilt bezogen auf die zum Schluss des vorangegangenen Veranlagungszeitraums vorhandenen stillen Reserven entsprechend. [2]Gleiches gilt, wenn

1. der Geschäftsbetrieb ruhend gestellt wird,
2. der Geschäftsbetrieb einer andersartigen Zweckbestimmung zugeführt wird,
3. die Körperschaft einen zusätzlichen Geschäftsbetrieb aufnimmt,
4. die Körperschaft sich an einer Mitunternehmerschaft beteiligt,
5. die Körperschaft die Stellung eines Organträgers im Sinne des § 14 Absatz 1 einnimmt oder
6. auf die Körperschaft Wirtschaftsgüter übertragen werden, die sie zu einem geringeren als dem gemeinenWert ansetzt.

Verwaltungsanweisung: BMF 18.3.2021, BStBl. I 2021, 363.

Literatur: Bakeberg/Krüger, Gesetzentwurf zur Weiterentwicklung der steuerlichen Verlustverrechnung von Körperschaften: eine erste Analyse von § 8d KStG-E, BB 2016, 2967; Bergmann/Süß, Neues zum Verlustuntergang: Erste Überlegungen zum Entwurf eines § 8d KStG, DStR 2016, 2185; Dreßler/Rogall, Regierungsentwurf zur Einführung des § 8d KStG, DB 2016, 2375; Frey/Thürmer, Erste Anmerkungen und Vorschläge zur Konzeption des „fortführungsgebundenen" Verlustvortrags, GmbHR 2016, 1083; Geberth, RegE eines „Gesetzes zur Weiterentwicklung der steuerlichen Verlustverrechnung bei Körperschaften", DB 2016, Heft 37, M5; Keilhoff/Risse, Unzureichende Umsetzung der Intentionen des Gesetzgebers im neuen § 8d KStG-E, FR 2016, 1085; Ortmann-Babel/Bolik, Verlustrettung durch fortführungsgebundenen Verlustvortrag nach § 8d KStG, DB 2016, 2985; Scholz/Riedel, Zum fortführungsgebundenen Verlustvortrag gem. § 8d KStG-E bei Umstrukturierungen, DB 2016, 2562 Dörr/Reisich/Plum, Fortführungsgebundener Verlustvortrag nach § 8d KStG, NWB 2017, 496; Förster/v. Cölln, Die Neuregelung des § 8d KStG beim schädlichen Beteiligungserwerb, DStR 2017, 8; Mirbach, Themen – Erweiterung der Verlustnutzung bei Kapitalgesellschaften, KÖSDI 2017, 20330; Neumann/Heuser, § 8d KStG – Weiterentwicklung der körperschaftsteuerlichen Verlustverrechnung für eng begrenzte Sonderfälle, GmbHR 2017, 281; Neyer, Der neue § 8d KStG: Verlustretter mit Schwachstellen, BB 2017, 415; Niemeyer/Lemmen, Umbruch der Verlustnutzung durch den fortführungsgebundenen Verlustvortrag?, DStZ 2017, 679; Noël, Der fortführungsgebundene Verlustvortrag gem. § 8d KStG, gmbhstb 2017, 86; Pauli, Verfassungswidrigkeit des § 8c Abs. 1 S. 1 KStG nach Einführung des § 8d KStG?…, FR 2017, 663; Schwedhelm/Olbing/Binnewies, Aktuelles Steuerrecht rund um die GmbH zum Jahreswechsel 20017/2018, GmbHR 2017, 1289; Suchanek/Rüsch, Update zu § 8d KStG: Die Änderungen im verabschiedeten Gesetz, Ubg 2017, 7; Zinowski/Jochimsen, Ausweitung der Verlustverrechnungsmöglichkeiten bei Körperschaften – Neues Steitpotenzial durch § 8d KStG-E, StBp 2017, 35; Schneider, §§ 8c und 8d KStG und die Entscheidung des BVerfG, StbJb 2017/2018, 139; Heerdt, Die Rücknahme des Antrags nach § 8d Abs. 1 S. 5 KStG, DStR 2018, 653; Herkens, Die Form des Antrags auf Anwendung des fortführungsgebundenen Verlustvortrags nach § 8d KStG bei schädlichem Beteiligungserwerb, GmbHR 2018, 405; Kusch, Der Geschäftsbetrieb des § 8d KStG, NWB 2018, 930; Moritz/Helios, § 8c KStG – Quo Vadis?, BB 2018, 343; Ott, Verlustnutzung durch Verschmelzung von Kapitalgesellschaften, DStZ 2018, 524; Pohl, Zweifelsfragen zu § 8d KStG im Kontext der Organschaft, BB 2018, 796; Suchanek/Rüsch, Zweifelsfragen bei § 8d KStG, GmbHR 2018, 57; Braun/Koop, § 8d KStG aus der Sicht von Start-ups – Analyse der Schädlichkeit eines Pivots, DStR 2019, 1422; Heerdt/Mühling, Mittel und Wege aus einem fortführungsgebundenen Verlustvortrag nach Abschaffung des quotalen Verlustuntergangs …, FR 2019, 208; Herkens, Der Antrag nach § 8d KStG, gmbhstb 2019, 81; Pohl, Gesetzliche Umsetzung des Sanierungserlasses, gmbhstb 2019, 135; Engelen/Heider, Fortführungsgebundener Verlustvortrag nach § 8d KStG – Entwurf eines BMF-Scheibens, DB 2020, 2536; Adrian/Hahn, Fortführungsgebundener Verlustvortrag nach § 8d KStG, StuB 2021, 349; Feldgen, Quo vadis fortführungsgebundener Verlustvortrag, DStZ 2021, 443; Kusch, Das BMF-Schreiben zu § 8d KStG, NWB 2021, 1947; Neumann/Höffer, Änderung des § 10a GewStG durch das JStG 2020 mit dem Ziel einer entsprechenden Anwendbarkeit des § 8d KStG bei der Gewerbesteuer, GmbHR 2021, 247; Neumann/Höffer, Das Anwendungsschreiben zu § 8d KStG vom 18.3.2021 – alle Zweifel ausgeräumt?, GmbHR 2021, 413; Suchanek/Rüsch, Fortführungsgebundener Verlustvortrag: Das BMF-Schreiben v. 18.3.2021 zu § 8d KStG, Ubg 2021, 181; Suchanek/Rüsch, Fortführunsgebundener Verlustvortrag: die Neuregelung von § 10a S. 12 durch das JStG 2020 für die gewerbesteuerliche Anwendung von § 8d KStG, FR 2021, 194; Zöller/Augenstein, Fortführungsgebundener Verlustvortrag: Voraussetzungen für einen Antrag nach § 8d KStG und der Begriff des „Geschäftsbetriebs" im Lichte des finalen BMF-Schreibens v. 18.3.2021, BB 2021, 2903; Binnewies/Mehlhaf, Anwendungsfragen beim fortführungsgebundenen Verlustvortrag nach § 8d KStG, DStR 2022, 1244; Badde, Zum Erfordernis ausschließlich desselben Geschäftsbetriebs iSd § 8d Abs. 1 S. 1 KStG bei im vergangenheitsbezogenen Beobachtungszeitraum neu gegründeten Gesellschaften und Vorratsgesellschaften, Ubg 2024, 200; Wangler/Wölbert, Verlustabzug nach § 8c und § 8d KStG und sich daraus ergebende Gestaltungsoptionen, NWB 2024, 3516 (3594).

a) Allgemeines. Die Vorschrift dient der **Milderung der Verlustvernichtungsvorschrift** des § 8c KStG (→ Rn. 45 ff.), deren restriktive Wirkung „aus wirtschaftlichen Erwägungen nicht gerechtfertigt und aus steuersystematischer Sicht nicht erforderlich erscheint" (BReg BR-Drs. 544/16, 7; Feldgen DStZ 2021, 443). Kernpunkt ist die **Berücksichtigung qualitativer Elemente** des als Begriff neu eingeführten **„Geschäftsbetriebs"**, auf dessen Kontinuität abgestellt wird. Ob hierin eine Beschränkung des § 8c KStG auf Missbrauchsfälle liegt (so Frey/Thürmer GmbHR 2016, 1083), muss angesichts der engen Voraussetzungen und erheblichen Risiken der Vorschrift bezweifelt werden. Ihre den positiv zu wertenden steuerlichen und volkswirtschaftlichen Zielsetzungen (BReg BR- 101

Drs. 544/16, 9) konträr zuwiderlaufende Ausgestaltung kann auch den redlichen Investor abschrecken oder unvorhersehbar nachteilig treffen (zB Korn SteuK 2016, 399; Dreßler/Rogall DB 2016, 2375; Zinowski/Jochimsen StBp 2017, 35; Schneider StbJb 2017/2018, 139: „Fallbeilmethode"). Bei der Auslegung im Einzelfall wird daher stets der Zweck des § 8d KStG zu berücksichtigen sein, nämlich in volkswirtschaftlich sinnvoller Weise die Zuführung von neuem Kapital in einen vorhandenen Geschäftsbetrieb zu erleichtern, aber Missbrauch zu verhindern (BT-Drs. 544/16, 9).

Die **Bedeutung** des § 8d KStG (entsprechend) liegt darin, dass § 8c KStG (entsprechend) nicht zur Anwendung kommt, wenn nach § 8d Abs. 1 S. 7 KStG (entsprechend) ein fortführungsgebundener Fehlbetrag festgestellt wird.

101a **Europarechtlich** begegnet sie mE keinen Bedenken, da die Erhaltung des Verlustvortrags ihr genereller Regelungszweck ist (ebenso Henze ISR 2016, 397 (402); zweifelnd Förster/Cölln DStR 2017, 8) und sie somit im selben Referenzrahmen wie § 8c Abs. 1a KStG (→ Rn. 87).

Verfassungsrechtliche Bedenken werden insb. im Hinblick auf die Verlustuntergangstatbestände des Abs. 2 Nr. 3–6 (unzulässige Typisierung durch überschießende Tendenz) geltend gemacht (zB Roth FR 2017, 663; Niemeyer/Lemmen DStZ 2017, 679; Moritz/Helios BB 2018, 343).

102 **b) Voraussetzungen. aa) Formell: Antragserfordernis.** Anzuwenden ist § 8d KStG **nur auf Antrag.** Das G. bezeichnet **kein Fristende,** sondern belässt es bei der Regelung, dass der Antrag **in der Steuererklärung** für den VZ (EZ) des schädlichen Beteiligungserwerbs (→ Rn. 47 ff.; zum **abw. Wj.** BMF BStBl. I 2021, 363 Rn. 9; Neumann/Höffer GmbHR 2021, 413; Suchanek/Rüsch Ubg 2021, 181) zu stellen ist. ME ist diese Voraussetzung zu eng. Wenn erst zu einem späteren Zeitpunkt (zB Außenprüfung mit nachfolgenden Rechtsbehelfen; später Verstoß gegen Erfordernisse der Sanierungsklausel) ggf. entgegen der Auffassung des Stpfl. ein schädlicher Beteiligungserwerb anzunehmen ist, muss auch der Zeitpunkt der Kenntnisnahme hiervon für die Antragstellung ausreichen (zur Diskussion vgl. die ausführlichen Angaben bei Suchanek/Rüsch in HHR KStG § 8d Rn. 41).

Im **Hinblick auf die offene Frist** genügt ein Antrag mit Abgabe einer **geänderten Steuererklärung** im Einspruchsverfahren (FG Köln 10 V 1706/18, DStRE 2020, 338) bzw. bis zur **materiellen Bestandskraft** des erstmaligen KSt-Bescheids (hier: des GewSt-Messbescheids) oder Verlustfeststellungsbescheids für den betreffenden EZ (NdsFG 6 K 356/18, EFG 2020, 735, rkr.) bzw. eines den schädlichen Beteiligungserwerb erstmalig berücksichtigenden Änderungsbescheids (BMF BStBl. I 2021, 363 Rn. 7 ff.). Das sollte mE entsprechen gelten, wenn sich **andere Bezugsgrößen** (zB stille Reserven, Höhe der nicht genutzten Verluste) durch eine Außenprüfung maßgeblich ändern, sodass sich erstmalig eine Antragstellung auswirken würde.

102a Hierbei ergibt sich jedoch das weitere Problem, dass mit dem Gesetzeswortlaut auch eine **Formvorschrift** angesprochen ist, der ein einfaches Antragsschreiben nicht genügt (Herkens gmbhstb 2019, 81; aA Zinowsky/Jochimsen StBp 2017, 35), ggf. aber eine geänderte Steuererklärung (so BMF BStBl. I 2021, 363 Rn. 10; ThürFG 1 K 348/18, EFG 2018, 1907, rkr.; Suchanek/Rüsch in HHR KStG § 8d Rn. 41; krit. Engelen/Heider DB 2020, 2536: bei einem nachzuholenden Antrag eine nicht begründete Förmelei).

102b Nach der Vorstellung der BReg (BR-Drs. 544/16, 8) ist der Antrag nur **einheitlich für die GewSt und KSt** zu stellen. Letzteres kam im G. (usrpünglich

S. 10) jedoch nicht zum Ausdruck; auch § 10a S. 11 nF normiert lediglich die zwingende entsprechende Anwendung des § 8d KStG unter der **Voraussetzung der Feststellung** eines fortführungsgebundenen Verlustvortrags nach § 8d KStG, also **bei der KSt** (hierzu Drüen in Brandis/Heuermann § 10a Rn. 90). Diese Abhängigkeit macht aber nur Sinn, wenn sowohl kstlich als auch gewstlich die Voraussetzungen für die Feststellung nach § 8d KStG vorliegen. Im Übrigen ist sie systemwidrig, **da bekanntlich gewstliche Fehlbeträge in ihrer Entstehung und Höhe idR keine Kongruenz mit** kstlichen Verlusten aufweisen. Damit konnte es nach der ursprünglichen Fassung trotz Vorliegens der Voraussetzungen des § 8d KStG (entsprechend) zu einem Untergang von Fehlbeträgen nur deswegen kommen, weil kstlich kein fortführungsgebundener Verlustvortrag festzustellen war (krit. zB Suchanek/Rüsch Ubg 2017, 7; Suchanek/Rüsch GmbHR 2018, 57; Neumann/Heuser GmbHR 2017, 281).

Der Ggeber hat auf diese Problematik mit der **Neufassung des S. 10** und der **Einfügung der S. 11 und 12** reagiert (G. v. 21.12.2020, BGBl. 2020 I 3096) und damit eine entsprechende Anwendung des § 8d KStG auf Antrag möglich gemacht, auch wenn eine Feststellung (nach § 8d S. 8 KStG) wegen Fehlens nicht genutzter Verluste unterbleibt. **102c**

Grundvoraussetzung für den Antrag ist das Bestehen eines **schädlichen Beteiligungserwerbs** iSv § 8c KStG. Hieran fehlt es bei Eingreifen der Konzernklausel (→ Rn. 75) und bei der (unentgeltlichen) Erbfolge einschließlich einer unentgeltlichen Erbauseinandersetzung (zT aA FG Münster 9 K 3478/13 F, EFG 2016, 412; Neumann/Heuser GmbHR 2021, 21; Suchanek/Rüsch Ubg 2021, 181), nicht jedoch bei Eingreifen der Stille-Reserven-Klausel (→ Rn. 85; hierzu BMF BStBl. I 2021, 363 Rn. 6: ggf. **Wahlrecht**). Auch soweit die Sanierungsklausel (→ Rn. 95) Anwendung findet, ist nicht von einem schädlichen Beteilgungserwerb auszugehen (BMF BStBl. I 2021, 363 Rn. 5; hierzu Suchanek/Rüsch Ubg 2021, 181 und in HHR KStG § 8d Rn. 21: faktisches Wahlrecht), denn die Unbeachtlichkeit des jeweiligen (Zähl-)Erwerbs führt dazu, dass die Schädlichkeitsschwelle insoweit nicht erreicht wird. **103**

Liegen in einem EZ **mehrere Beteiligungserwerbe** vor, soll der Antrag einheitlich für alle Beteiligungserwerbe gestellt werden, die die Rechtsfolgen des § 8c KStG auslösen (BMF BStBl. I 2021, 363 Rn. 4).

Der Antrag ist nach dem GWortlaut **nicht abhängig** davon, ob die Anwendung des § 8c KStG zu einem Verlustuntergang führt oder nicht (ebenso Dreßler/Rogall DB 2016, 2375). **Inhaltlich** ist der Antrag sinnvollerweise zu richten auf die **Nichtanwendung des § 8c KStG** insgesamt (Neyer BB 2017, 415). Der dahingehende GWortlaut eröffnet **nicht** die Möglichkeit einer Verschonung **nur des Teils der Verluste,** der bei Anwendung des § 8c KStG unterginge, zB bei Anwendung der Stille-Reserven-Klausel (→ Rn. 85 ff.; ebenso Suchanek/Rüsch in HHR KStG § 8d Rn. 21; zweifelnd Frey/Thürmer GmbHR 2016, 1083). **103a**

Die **Rücknahme eines Antrags** auf Anwendung des § 8d KStG ist bis zum Eintritt der Bestandskraft des entsprechenden Festsetzungs-/Feststellungsbescheids möglich, da es sich nicht um ein selbstständiges Gestaltungsrecht, sondern lediglich um ein rechtstechnisches Instrumentarium zur Verfahrenseinleitung handelt (zB Suchanek/Rüsch GmbHR 2018, 57; Heerdt DStR 2018, 653; Neyer BB 2017, 415; aA zB Förster/v. Cölln DStR 2017, 8; Noël gmbhstb 2017, 86; Neumann/Heuser GmbHR 2017, 281; Herkens GmbHR 2018, 405: ggf. Anfechtung nach §§ 119 BGB). Nach BMF BStBl. I 2021, 363 Rn. 11 Erfordernis einer **berichtigten KSt-Erklärung!** **103b**

In den seltenen Fällen, die nach Inkrafttreten des G. v. 20.12.2016 (BGBl. 2016 I 2998) und trotz der Entscheidung des BVerfG 2 BvL 6/11 (BStBl. II 2017, 1082) Feststellungsbescheide über den fortführungsgebundenen Verlustvortrag auf der Grundlage des § 8c Abs. 1 S. 1 KStG aF bestandskräftig geworden sind, besteht mE keine Möglichkeit mehr, mit **Rücknahme** oder **Widerruf** des Antrags auf Feststellung der Bindungswirkung des Feststellungsbescheids zu entgehen (Förster/Hechtner DB 2019, 10; Suchanek/Rüsch GmbHR 2019, 456; aA Heerdt/Mühling FR 2019, 208).

104 **bb) Materiell: Geschäftsbetrieb.** Der **Begriff des Geschäftsbetriebs** ist zentraler Anknüpfungspunkt für den fortführungsgebundenen Verlustvortrag (BReg BR-Drs. 544/16, 8; Zöller/Augenstein BB 2021, 2903). Der **Fortbestand der wirtschaftlichen Identität** durch Unterhalten desselben Geschäftsbetriebs in den bezeichneten Zeiträumen ist faktische und normative Grundlage für den fortführungsgebundenen Verlustvortrag (Neumann/Höffer GmbHR 2021, 413). Es handelt sich trotz der umrisshaften Definition in S. 3 u. 4 um einen **unbestimmten Rechtsbegriff** (ebenso Pauli FR 2017, 663; Moritz/Helios BB 2018, 343). Seine Definition ist mE jedoch weder klar noch sachgerecht. Eindeutig ist noch nach Abs. 1 S. 3, dass es sich um eine oder mehrere von einer einheitlichen Gewinnerzielungsabsicht (→ § 2 Rn. 73 ff.) getragene nachhaltige (→ § 2 Rn. 60 ff.) Tätigkeiten (mE jeglicher Art) handeln muss und dass sich die Betätigungen gegenseitig ergänzen und fördern müssen (→ § 2 Rn. 20). Zudem bestimmt er sich nicht nach quantitativen (zB Umfang des BV), sondern in einer **Gesamtbetrachtung** allein **nach qualitativen Merkmalen,** was als Berücksichtigung der wirtschaftlichen Betätigung gedeutet wird (Bergmann/Süß DStR 2016, 2185). Allerdings lässt der GText offen, in welchem Bezug die genannten Merkmale zueinander stehen sollen, insb. welches Merkmal oder welches zueinander bestehende Verhältnis den Geschäftsbetrieb als solches prägen soll.

104a Die **Auslegung** des Begriffs hat **normspezifisch** nach den in § 8d Abs. 1 S. 3 u. 4 KStG aufgestellten Merkmale zu erfolgen (vgl. BFH III R 30/21, BStBl. II 2025, 56, Rn. 34 f.); eine Anknüpfung an die Grundsätze zur Abgrenzung des GewBetriebs (→ § 2 Rn. 16) der Unternehmensidentität (→ Rn. 20) oder etwa gar der Segmentierung zur Ermittlung der Gewinnerzielungsabsicht (→ § 2 Rn. 94) ist mE ungeeignet (einschränkend auch Suchanek/Rüsch Ubg 2021, 181; aA BMF BStBl. I 2021, 363 Rn. 18; Kleinheisterkamp in Lenski/Steinberg § 10a Rn. 207a aF; Förster/v. Cölln DStR 2017, 8; Kusch NWB 2018, 930; 2021, 1947). Insb. sind **organisatorische und sachliche Zusammenhänge** für Zwecke des § 8d KStG nur im Sinne der gegenseitigen Ergänzung und Förderung **von Bedeutung** (ähnlich Suchanek/Rüsch in HHR KStG § 8d Rn. 23).

104b Sachgerechte Merkmale in diesem Sinne sind von den im G – **nicht abschließend** – genannten mE in erster Linie die angebotenen **Dienstleistungen oder Produkte;** also **allein die Art** derselben und **nicht die Größenordnung** des Angebots bzw. der Produktion („Kern der Betätigung": BMF BStBl. I 2021, 363 Rn. 19; zu Zweifeln auch Adrian/Hahn StuB 2021, 349). Meines Erachtens nicht angemessen ist die Anknüpfung an den **Kunden- und Lieferantenkreis.** Was den (Geschäfts)Betrieb als solchen ausmacht, bestimmt sich mE nicht nach solchen Außenkontakten, sondern nach innerbetrieblichen Gegebenheiten, allen voran den Unternehmensgegenstand. Er bleibt bei gleichbleibenden Produkten im nämlichen Umfang derselbe Betrieb, auch wenn – etwa aus Gründen der Zahlungsmoral – der Kundenkreis oder – etwa wegen besserer Lieferbedingungen – der Lieferantenkreis weitgehend ausgetauscht wird. Für die **bedienten Märkte** gilt nichts Anderes. Auch die **Qualifikation der ArbN** besagt für das Sosein des Geschäftsbetriebs mE wenig bis nichts. Meines Erachtens ist es auch dann derselbe, wenn bei gleichbleibender Produktpalette und gleichbleibenden Lieferantenkreis sich – etwa wegen veränderter Produktionsverfahren oder durch „Outsourcen" – die Zusammensetzung von qualifizierten und weniger qualifizierten ArbN ändert. Zudem bleibt völlig unklar, wie der Hinweis auf die Qualifikation zu verstehen sein soll, als Verhältnis von qualifizierten zu weniger qualifizierten ArbN oder auf die fachliche Ausrichtung insb. der qualifizierten ArbN (ebenso Frey/Thürmer GmbHR 2016, 1085).

Unabhängig hiervon umfasst mE das im Singular gesetzte Tatbestandsmerkmal **104c** **„Geschäftsbetrieb"** – wie sich aus S. 3 u. 4 ergibt – auch die **Ausübung mehrerer verschiedenartiger Tätigkeiten,** sofern sie sich gegenseitig ergänzen und fördern (ebenso Bergmann/Süß DStR 2016, 2185; Zinowski/Jochimsen StBp 2017, 35; Suchanek/Rüsch GmbHR 2018, 57; Suchanek/Rüsch Ubg 2021, 181), insb. zur Erzielung von wesentlichen Synergieeffekten; ein nur mittelbarer Zusammenhang soll nicht genügen (BMF BStBl. I 2021, 363 Rn. 21 ff.).

Mehrere Geschäftsbetriebe lägen demnach nur vor, wenn sich diese Tätig- **105** keiten **nicht gegenseitig ergänzen und fördern** (s. S. 3 der Vorschrift). Jedoch befände sich diese Definition im Widerspruch zu der gängigen Auffassung, wonach **jede KapitalGes nur einen einheitlichen Geschäftsbetrieb** hat (vgl. BMF 16.4.1999, BStBl. I 1999, 455 Rn. 8; zur Unklarheit auch Schwedhelm/Olbing/Binnewies GmbHR 2017, 1289).

ME ist die Äußerung in S. 3 daher nur als **Abgrenzungsbestimmung für das Gleichbleiben** nach S. 1 (→ Rn. 106) zu verstehen: Ist zu den 3 Jahre vor der Antragstellung bestehenden eine weitere, nicht fördernde/ergänzende Betätigung hinzugekommen, soll insofern eine Verrechnung der Verluste aus den verschiedenen Bereichen nicht möglich sein (BR-Drs. 544/16, 8). Bestanden nach der hier vertretenen Auffassung des S. 3 von Anfang an „mehrere Geschäftsbetriebe", ist dies mE unschädlich, weil es sich insgesamt um dieselben Aktivitäten handelt (so mE zutreffend Mirbach KÖSDI 2017, 20330; Suchanek/Rüsch Ubg 2021, 181 sowie in HHR KStG § 8d Rn. 23, 34; Binnewies/Mehlhaf DStR 2022, 1244; zur Problematik zB Förster/v. Cölln DStR 2017, 8; Zinowsky/Jochimsen StBp 2017, 35; Wangler/Wölbert NWB 2024, 3516 einerseits; Bakeberg/Krüger BB 2016, 2967 andererseits).

AA aber BMF BStBl. I 2021, 363 Rn. 20: tätigkeitsbezogener Begriff; **mehrere Geschäftsbetriebe** (bei qualitativer Abhebung) – mit Ausnahme wirtschaftlich geringfügiger Betätigungen (BMF BStBl. I 2021, 363 Rn. 24) – **eröffnen nicht** den Anwendungbereich des § 8d KStG (ebenso FG Düsseldorf 6 K 17772/20, K,G,F, EFG 2025, 1102, Rev. I R 11/25; zust. Neumann/Höffer GmbHR 2021, 413), was mE das G. nicht hergibt!

cc) Unterhalten ausschließlich desselben Geschäftsbetriebs. Wie diese **106** Voraussetzung zu verstehen sein soll, ist schon – aber nicht nur – wegen der vorstehenden Unklarheiten dem G nicht zu entnehmen (Fey/Thürmer GmbHR 2016, 1083). Auch insofern ist die Auslegung normspezifisch vorzunehmen (ebenso Suchanek/Rüsch in HHR KStG § 8d Rn. 23). Das **Unterhalten des Geschäftsbetriebs beginnt** mit dem erstmaligen Einsatz von Sachmitteln und Personal im Sinne einer wirtschaftlichen Betätigung. Eine wirtschaftlich nicht tätige Vorratsgesellschaft hat mE keinen Geschäftsbetrieb iSd Vorschrift (Badde Ubg 2024, 200).

Eindeutig scheint demnach („ausschließlich"), dass es in der Folge **keine wesentlichen Veränderungen** bei den **qualitativen Merkmalen** gegeben haben darf, wie etwa bei einem **Branchenwechsel** („Wertschöpfungskorrektur": BMF BStBl. I 2021, 363 Rn. 19; Pauli FR 2017, 663). Auch eine Mantelgesellschaft ohne Tätigkeit kann mE das Erfordernis nicht ohne Weiteres erfüllen. **Quantitative Veränderungen** sind mE nur schädlich, wenn sie qualitativ das Gesamtbild des Geschäftsbetriebs wesentlich verändern (aA Suchanek/Rüsch in HHR KStG § 8d Rn. 40 mwN). Das ist bei einer **Einschränkung** des Leistungsspektrums mE zB der Fall, wenn ein Produktions- und Handelsbetrieb die Produktion auf einen Bruchteil (10 %) herunterfährt und stattdessen mit zugekaufter Ware handelt. Entsprechendes gilt mE, wenn ein Handelsbetrieb seinen **Filialhandel** (fast) völlig aufgibt und stattdessen einen **Onlinehandel** etabliert (zweifelnd Dreßler/Rogall DStR 2016, 2185); denn betroffen ist hierdurch nicht nur der bediente Markt (Kundenkreis), sondern das Dienstleistungs-/Produktspektrum sowie die personelle Binnenstruktur des Betriebs. Die einfache Fortführung der bisherigen Tätigkeit **in einem untergeordneten Umfang** sollte dagegen noch keine wesentliche Änderung darstellen (Förster/v. Cölln DStR 2017, 8; Pauli FR 2017, 663; hierzu auch → Rn. 107).

106a Dagegen ist die **Erweiterung** des bisherigen Leistungsangebots im Rahmen einer dynamischen Entwicklung (BMF BStBl. I 2021, 363 Rn. 19) insb. Bei Start-ups (auch um ein Mehrfaches) bei Gleichbleiben des Geschäftsgegenstandes, also ohne Aufnahme weiterer Tätigkeiten mE unschädlich („volkswirtschaftlich sinnvoll"). Das gilt auch für die Aufnahme **ergänzender und fördernder** Tätigkeiten, die mE aber einen engen Bezug zum bisherigen Geschäftsgegenstand haben müssen. Soweit danach eine **quantitative Erweiterung** des bisherigen Angebots unschädlich ist, sollte mE eine damit einhergehende Veränderung im **Lieferanten-/Kundenkreis** oder bei der **Qualifikation** der Arbeitnehmer nicht ins Gewicht fallen (→ Rn. 104b).

Die **Aufnahme weiterer Tätigkeiten („Diversifizierung")** dürfte dagegen, auch wenn betriebs- und volkswirtschaftlich sinnvoll, nach § 8d Abs. 2 S. 2 Nr. 3 KStG (→ Rn. 88h) schädlich sein (zweifelnd Fey/Thürmer GmbHR 2016, 1083; Dörr/Reisich/Plum NWB 2017, 496). Entsprechendes gilt mE für **Umstrukturierungen** insb. Durch Umwandlungsvorgänge (ebenso zur Einstellung Suchanek/Rüsch in HHR KStG § 8d Rn. 29).

107 **dd) Keine Einstellung des Geschäftsbetriebs (§ 8d Abs. 1 S. 2 Nr. 1, Abs. 2 S. 1 KStG).** Das Erfordernis des ausschließlichen Unterhaltens desselben Geschäftsbetriebs hat zur Konsequenz das Erfordernis, dass **keine Einstellung** des Geschäftsbetriebs stattgefunden haben darf. Auch eine Einstellung mit späterer Wiederaufnahme ist schädlich (wie auch das Ruhendstellen, → Rn. 88 f.). Erforderlich ist also eine ununterbrochene Fortführung des Geschäftsbetriebs. Bestehen **mehrere Tätigkeitsbereiche** in einem einheitlichen Geschäftsbetrieb (→ Rn. 104c), muss nicht jede dieser Betätigungen fortgeführt worden sein; es genügt, wenn zumindest eine maßgebliche Tätigkeit verbleibt (BMF BStBl. I 2021, 363 Rn. 65). Bestehen dagegen **mehrere Geschäftsbetriebe,** muss mE jeder fortgeführt worden sein bzw. werden (§ 8d Abs. 2 S. 1 KStG; ebenso Suchanek/Rüsch in HHR KStG § 8d Rn. 29; aA Ortmann-Babel/Bolik DB 2016, 2984; nur mit dem entsprechenden Anteil schädlich; abermals aA BMF BStBl. I 2021, 363 Rn. 24, → Rn. 88c aE).

107a Eine **Einstellung** ist nach Breg (BT-Drs. 544/16, 8 f.) nach den allgemeinen Grundsätzen einer Betriebsaufgabe (vgl. → § 2 Rn. 568), also der **Beendigung**

der werbenden Tätigkeit, gegeben, wobei eine vollständige Beendigung nicht erforderlich sei; es genüge eine nur „unwesentliche" Fortsetzung der (ursprünglichen) Tätigkeit (so auch BMF BStBl. I 2021, 363 Rn. 63 f.: Reduzierung um mehr als 90 % oder Verbleib nur der wirtschaftlich nicht ins Gewicht fallenden Aktivität; vgl. → Rn. 106). Zwar ist diese Auffssung nicht G. geworden und ihm auch nicht zu entnehmen (zB Förster/v. Cölln DStR 2017, 8; Schwedhelm/Olbing/Binnewies GmbHR 2017, 1289; Suchanek/Rüsch Ubg 2021, 181). Doch steht der Annahme der Einstellung nicht entgegen, dass der Steuergegenstand KapitalGes selbst mit der Einstellung der werbenden Tätigkeit noch nicht beendet ist (→ § 2 Rn. 474). Sie muss also „wirtschaftlich aktiv" bleiben mit einer „ins Gewicht fallenden" (bisherigen) Tätigkeit (vgl. BFH I R 9/06, BStBl. II 2008, 988). Zu Umstrukturierungen → Rn. 106a aE). Soweit danach eine quantitative Einschränkung oder Erweiterung des bisherigen Angebots unschädlich ist, sollte mE eine damit einhergehende Veränderung im Lieferanten-/Kundenkreis oder Qualifikation der Arbeitnehmer nicht ins Gewicht fallen (→ Rn. 104b).

Zur (fehlenden) Wirkung eines **Umwandlungsvorgangs,** insbesondere einer Verschmelzung, vgl. Scholz/Riedel DB 2016, 2562 (2564); Neumann/Höffer GmbHR 2021, 413 (425).

ee) Kein Ruhendstellen des Geschäftsbetriebs (§ 8d Abs. 1 S. 2 Nr. 1, Abs. 2 S. 2 Nr. 1 KStG). Auch dieses Erfordernis ist Konsequenz aus der Voraussetzung des ausschließlichen Unterhaltens desselben Geschäftsbetriebs, insb. Zur Vermeidung „zweckwidriger Gestaltungen". Ein **Ruhendstellen** nimmt der RegE bei jeder Unterbrechung über einen – wohl auch – kurzen Zeitraum („zeitweise") an. Entsprechendes gilt für eine Betriebsverpachtung (Breg BT-Drs. 544/16, 9). Damit fordert das G. letztlich eine ununterbrochene Fortführung des Geschäftsbetriebs in der Weise wie zu Beginn des vorgelagerten Beobachtungszeitraums (BR-Drs. 544/16, 9; krit. Ortmann-Babel/Bolik DB 2016, 2984; Dörr/Reisich/Plum NWB 2017, 496). **Unschädlich** sind von vornherein **nur vorübergehende** Betriebsschließungen, insbesondere solche, die iSd § 2 Abs. 4 in der Art des Betriebs begründet sind, zB bei Saisonbetrieben (→ § 2 Rn. 577), oder aufgrund behördlicher Anordnung, Krankheit, Renovierung uÄ erfolgen (BMF BStBl. I 2021, 363 Rn. 26 ff.). Auch die vorübergehende Aufgabe einer BSt in Deutschland durch eine im Ausland weiterhin tätige ausländische Gesellschaft ist unschädlich (FM SchlH 8.6.2023 VI 313-S 2745b-001, DB 2023, 1571). 108

Auch hier gilt mE, dass bei Bestehen **mehrerer Geschäftsbetriebe** (→ Rn. 105) jede dieser Betätigungen fortgeführt worden sein (§ 8d Abs. 1 S. 2 Nr. 1) bzw. werden muss (§ 8d Abs. 2 S. 1 KStG; ebenso Suchanek/Rüsch in HHR KStG § 8d Rn. 31; aA Ortmann-Babel/Bolik DB 2016, 2984; nur mit dem entsprechenden Anteil schädlich; abermals aA BMF BStBl. I 2021, 363 Rn. 24, → Rn. 105 aE). Bestehen dagegen **mehrere Tätigkeitsbereiche** in einem einheitlichen Geschäftsbetrieb (→ Rn. 105b), muss nicht jede dieser Betätigungen fortgeführt worden sein; es genügt, wenn zumindest eine maßgebliche Tätigkeit verbleibt (BMF BStBl. I 2021, 363 Rn. 30, 65). 108a

ff) Keine andersartige Zweckbestimmung (§ 8d Abs. 2 S. 2 Nr. 2 KStG). Der Geschäftsbetrieb darf einer **anderen Zweckbestimmung** nicht zugeführt worden sein bzw. werden. Gemeint ist offenbar eine wesentlich abweichende Ausrichtung des Dienstleistungs- bzw. Produktspektrums, insb. einhergehend mit einer Änderung des bedienten/zu bedienenden Marktes. Eine solche liegt insb. vor bei einer Änderung des **satzungsmäßigen Unternehmensgen-** 109

standes, aber auch bei einem nur tatsächlichen **„Branchenwechsel"** (BReg BR-Drs. 544/16, 8 f.; BMF BStBl. I 2021, 363 Rn. 31 f.; aA Suchanek/Rüsch Ubg 2021, 181: erst im Zeitpunkt der tatsächlichen Änderung; zur diesbezüglichen Abgrenzung vgl. FG Hmb 3 K 65/08, EFG 2010, 1727). Auch für einen bei Start-ups nicht unüblichen „Kurswechsel" der Geschäftspolitik **(sog. Pivots)** können sich Probleme ergeben (Braun/Kopp DStR 2019, 1422). Dagegen ist ein **Strukturwandel** zur Anpassung an veränderte wirtschaftliche und gesellschaftliche Rahmenbedingungen bei Bestehen eines Sach- und Förderzusammenhangs mit der bisherigen Betätigung nicht schädlich (BMF BStBl. I 2021, 363 Rn. 32).

110 **gg) Kein zusätzlicher Geschäftsbetrieb (§ 8d Abs. 2 S. 2 Nr. 3 KStG).** Die Körperschaft darf einen zusätzlichen Geschäftsbetrieb nicht aufnehmen. Gemeint ist mE ein weiterer Unternehmensgegestand zur **Erweiterung des Leistungsspektrums** durch „Diversifizierung" (also Handel nicht nur mit Kohle, sondern zusätzlich auch mit Wein). Nach der Definition in Abs. 1 S. 3 (→ Rn. 105) ist ein zusätzlicher Geschäftsbetrieb mE gegeben mit der Aufnahme einer weiteren Tätigkeit, die die bisher ausgeübten nicht ergänzt oder fördert. Das gilt auch für die wesentliche Ausweitung einer zunächst wirtschaftlich nicht ins Gewicht fallenden Betätigung (BMF BStBl. I 2021, 363 Rn. 34). Nicht erforderlich ist, dass mit dem zusätzlichen Betrieb eine Verlustverrechnung möglich wäre (BMF BStBl. I 2021, 363 Rn. 36; aA für eine BSt. Im Ausland Suchanek/Rüsch Ubg 2021, 181).

Problematisch an dieser Ausschlussvorschrift ist, dass sie sich als **Anpassungs- und Strukturierungshemmnis** erweisen kann, zB wenn sich eine entsprechende Marktchance ergeben würde, dem Geschäftsbetrieb mit einer Diversifizierungsmaßnahme aufzuhelfen (ähnlich auch Bergmann/Süß DStR 2016, 2185; Frey/Thürmer GmbHR 2016, 1083). Unabhängig hiervon gilt der Ausschluss mE auch, wenn die Körperschaft von Anfang an mehrere Geschäftsbetriebe (→ Rn. 105) unterhalten hat (ebenso Suchanek/Rüsch in HHR KStG § 8d Rn. 58). Jedoch ist eine weitere mit der bisherigen Tätigkeit **in einem Sach- und Förderzusammenhang stehende Betätigung,** wie jede organische Veränderung eines wachsenden Unternehmens, nicht Aufnahme eines zusätzlichen Geschäftsbetriebs (BMF BStBl. I 2021, 363 Rn. 33).

110a ME ist es noch nicht schädlich, wenn **nur satzungsmäßig** ein zusätzlicher Geschäftsbetrieb vorgesehen wird. „Aufnimmt" bedeutet mE, dass der zusätzliche Betrieb **tatsächlich ins Werk gesetzt** worden ist. Umgekehrt ist es mE schädlich, wenn der neue Geschäftsbetrieb vom bisherigen Satzungszweck umfasst wird, aber bisher tatsächlich noch nicht existiert hat (aA Frey/Thürmer GmbHR 2016, 1083).

Zudem muss ein zusätzlicher Geschäftsbetrieb mE nicht die Merkmale eines **Teilbetriebs** (vgl. → § 2 Rn. 17) erfüllen, also zumindest als selbstständig und unabhängig ausgestaltet sein (so jedoch Frey/Thürmer GmbHR 2016, 1083). Im Gegenteil kann der eine Geschäftsbetrieb mehrere Teilbetriebe umfassen (ebenso Bergmann/Süß DStR 2016, 2185). Zur **Übertragung eines Teilbetriebs** BMF BStBl. I 2021, 363 Rn. 35. Die Gründung einer TochterKapGes mit Ausführung abweichender Betätigungen dort sollte unschädlich sein, sofern die Körperschaft ihre bisherige Tätigkeit weiter verfolgt (ebenso Suchanek/Rüsch in HHR KStG § 8d Rn. 58).

In Betracht kommt mE eine **teleologische Reduktion** des § 8d KStG insoweit, als eine Verlustverrechnung mit dem Ergebnis des zusätzlichen Geschäftsbetriebs nicht möglich ist, etwa wenn der zusätzliche Geschäftsbetrieb in einem DBA-Ausland ohne Besteuerung in Deutschland gegründet wird (ebenso Frey/Thürmer GmbHR 2016, 1083).

hh) Keine Beteiligung an einer Mitunternehmerschaft (§ 8d Abs. 1 S. 2 Nr. 2, Abs. 2 S. 2 Nr. 4 KStG). Diese Bestimmungen sind **für die GewSt** wegen der Regelungen in § 8 Nr. 8 u. § 9 Nr. 2 ohnehin **unerheblich** und sollen angesichts ihrer – **gewerbesteuerlich – überschießenden Tendenz** im Zuge einer nur entsprechenden Anwendung des § 8d KStG (§ 10a S. 11 f. GewStG) nicht anzuwenden sein (FG Düsseldorf 9 K 382/23 G,F, EFG 2024, 868, Rev. I R 17/24; krit. Rüsch GmbHR 2024, 668). Sie dienen im Übrigen ebenfalls der Vermeidung zweckwidriger Gestaltungen (BReg BT-Drs. 544/16, 9). Aber auch insofern haben sie eine überschießende Tendenz, da es genügt hätte, eine Verlustverrechnung mit Gewinnen aus der Mitunternehmerschaft **kstrechtlich** auszuschließen (zB Bergman/Süß DStR 2016, 2185; Frey/Thürmer GmbHR 2016, 1083; Suchanek/Rüsch Ubg 2021, 181). Für die Tatsache, dass auch geringfügige Mitunternehmerbeteiligungen erfasst werden, gilt dies mE nicht gleichermaßen, da auch solche ein ins Gewicht fallendes Verrechnungspotenzial erbringen können. Zur Beteiligung an einer Mitunternehmerschaft (auch eine stille Gesellschaft) im Übrigen s. BMF BStBl. I 2021, 363 Rn. 37 ff. 111

ii) Keine Stellung als Organträger (§ 8d Abs. 1 S. 2 Nr. 2, Abs. 2 S. 2 Nr. 5 KStG). Die Körperschaft darf zu Beginn des dritten VZ (EZ) vor dem VZ (EZ) des schädlichen Beteiligungserwerbs **nicht Organträger** (OT; → § 2 Rn. 490 ff., 501) gewesen sein und nach dem Zeitpunkt, auf den erstmals ein fortführungsgebundener Verlustvortrag festgestellt worden ist, nicht die Stellung als OT einnehmen, auch nicht im Rahmen einer **Organschaftskette** (FG Düsseldorf 6 K 1772/20 K,G,F, EFG 2025, 1102, Rev. I R 11/25; Neumann/Höffer GmbHR 2021, 413). Die Stellung allein als **OG ist dagegen unschädlich** (BMF BStBl. I 2021, 363 Rn. 41). Diese Bestimmungen dienen ebenfalls der Vermeidung zweckwidriger Gestaltungen (BReg BT-Drs. 544/16, 9), haben aber eine **überschießende Tendenz,** weil der vorgelagerte Beobachtungszeitraum eine rechtzeitige Schaffung der erforderlichen Voraussetzungen kaum möglich macht (ebenso Suchanek/Rüsch in HHR KStG § 8d Rn. 32) und vororganschaftliche Verluste ohnehin nicht betroffen sein können. ME hätte es auch hier genügt, eine Verlustverrechnung mit Gewinen der OG auszuschließen (zB Bergman/Süß DStR 2016, 2185; Frey/Thürmer GmbHR 2016, 1083). Dennoch ist eine **teleologische Reduktion** nach FG Düsseldorf (6 K 1772/20 K,G,F, EFG 2025, 1102, Rev. I R 11/25) nicht angezeigt. 112

Für den Fall einer **„verunglückten Organschaft"** (zB Kündigung des GAV aus nicht wichtigem Grund → § 2 Rn. 517) ist mE die Anwendung von § 8d KStG durch Nachholung des Antrags (wieder) eröffnet (zB Keilhoff/Risse FR 2016, 1085; Förster/v. Cölln DStR 2017, 8). Entsprechendes gilt für die Nichtanerkennung einer Organschaft (BMF BStBl. I 2021, 363 Rn. 41). 112a

jj) Keine Übertragung von WG unter dem gemeinen Wert (§ 8d Abs. 2 S. Nr. 6 KStG). Die Bestimmung dient ebenfalls der Vermeidung zweckwidriger Gestaltungen, etwa die **steuerneutrale Übertragung** von WG auf die VerlustGes (zB nach § 20 Abs. 1 S. 1 UmwStG; BMF BStBl. I 2021, 363 Rn. 43) mit dem Ziel der späteren Aufdeckung der stillen Reserven und Verrechnung der entsprechenden Gewinne mit dem fortführungsgebundenen Verlustvortrag (hierzu Frey/ 113

Thürmer GmbHR 2016, 1083). Auch wenn die Vorschrift nur die Übertragung von WG anspricht, dürfte auch die Übertragung von Betrieben, Teilbetrieben und Mitunternehmeranteilen durch Einbringung, Verschmelzung oder Spaltung betroffen sein (zB Scholz/Riedel DB 2016, 2562; Förster/v. Cölln DStR 2017, 8; Ott DStZ 2018, 524). Maßgebend ist allein der **Wertansatz bei der Verlust-Ges,** nicht beim übertragenden Rechtsträger. Die Vorschrift reflektiert insb. Tatbestände nach § 6 Abs. 6 S. 2 u. 3 EStG, § 12 Abs. 1 S. 1 UmwStG sowie § 20 Abs. 2 UmwStG (Suchanek/Rüsch in HHR KStG § 8d Rn. 61).

Die Vorschrift stellt **gesetzeszweckwidrig** ab auf diese Übertragung, die nicht unbedingt missbräuchlich geschehen muss; stattdessen hätte ein Verrechnungsausschluss mit diesen späteren Gewinnen aus der Aufdeckung der stillen Reserven genügt (ähnl. Frey/Thürmer GmbHR 2016, 1083). Ein weiteres Manko ist mE das **Fehlen einer Geringfügigkeitsgrenze.**

113a Ein Verstoß gegen die Vorschrift liegt nicht vor, wenn es bei einem **Sperrfristverstoß** nach § 22 Abs. 1 oder 2 UmwStG innerhalb eines Zeitjahres nach dem Übertragungsstichtag zu einem rückwirkenden Ansatz des gemeinen Werts (Einbringungsgewinn I oder II) kommt (BMF BStBl. I 2021, 363 Rn. 44; krit. Neumann/Höffer GmbHR 2021, 413). Für den bei einer **(verdeckten) Einlage** anzusetzenden **Teilwert** ist ohne Prüfuung davon auszugehen, dass er dem gemeinen Wert entspricht (BMF BStBl. I 2021, 363 Rn. 45).

114 **c) Zeitfragen.** Der **maßgebende Zeitraum,** in dem kein schädliches Ereignis stattgefunden haben darf, **beginnt** mit dem **dritten EZ vor dem EZ,** in den der schädliche Beteiligungserwerb fällt (Neyer BB 2017, 415; Engelen/Bärsch DK 2017, 22). Daher kann es – bei einem solchen erst kurz vor Jahresende – auf **fast vier Jahre** ankommen. Ist die Körperschaft erst während dieses Zeitraums **existent geworden** (formgültiger Abschluss des notariellen Gesellschaftsvertrages, BMF BStBl. I 2021, 363 Rn. 14 f.), kommt es auf den Zeitraum seit ihrem Beginn an; Ausnahme: Vorratsgesellschaft oder sonst tätigkeitslose Gesellschaft (→ Rn. 106). Für ein **abw. Wj.** stellt BMF BStBl. I 2021, 363 Rn. 15 unzutreffend auf Zeitjahre vor dem Wj. des schädlichen Beteiligungserwerbs ab (hierzu Suchanek/Rüsch Ubg 2021, 181).

114a Dieser **vorgelagerte Beobachtungszeitraum endet** mit dem Ende des EZ nach dem schädlichen Beteiligungserwerb, da § 8d Abs. 1 S. 1 KStG darauf abstellt, dass bis zum Schluss des VZ kein Ereignis iSd Abs. 2 stattgefunden hat (zB Lang in Bott/Walter KStG § 8d Rn. 24; Neumann/Heuser GmbHR 2017, 281; aA Suchanek/Rüsch in HHR KStG § 8d Rn. 24 ff., der einen Beobachtungszeitraum II im VZ/EZ des schädlichen Beteiligungserwerbs postuliert).

114b Der **weitere Beobachtungszeitraum,** die Voraussetzungen des Abs. 2 reflektierend, endet mE erst mit der vollständigen Verrechnung des fortführungsgebundenen Verlustvortrags; was sich daraus ergibt, dass das G. keine Höchstdauer nennt (ebenso Suchanek/Rüsch in HHR KStG § 8d Rn. 51; Dreßler/Rogall DB 2016, 2375). Da die Vorschrift auch insoweit ein Anpassungs- und Strukturierungshemmnis darstellt, erscheint – de lege ferenda- eine Begrenzung erforderlich, wobei sich auch insoweit eine Fünf-Jahres-Regelung, wie in § 8 Abs. 4 S. 3 KStG aF, § 15 Abs. 2 S. 4 UmwStG, anbietet (Frey/Thürmer GmbHR 2016, 1083; Bergmann/Süß DStR 2016, 2185).

115 **d) Rechtsfolgen. aa) Vorliegen der Voraussetzungen.** Sind die Voraussetzungen der Vorschrift erfüllt und tritt bis zum Ende des VZ des schädlichen Beteiligungserwerbs kein schädliches Ereignis nach § 8d Abs. 2 KStG ein, ist § 8c

KStG einschließlich der Stille-Reserven-Klausel nicht anzuwenden (BMF BStBl. I 2021, 363 Rn. 49). Der bestehende **Verlustvortrag bleibt verrechenbar.** Das betrift mE nicht nur den Verlustvortrag der letzten drei EZ vor dem EZ des schädlichen Ereignisses, sondern den **gesamten Verlustvortrag** der Körperschaft, der vor dem schädlichen Beteiligungserwerb bestand. Der zum Schluss des EZ des schädlichen Beteiligungserwerbs verbleibende Verlustvortrag wird nunmehr zum „fortführungsgebundenen Verlustvortrag"; er ist gesondert auszuweisen und festzustellen (§ 8d Abs. 1 S. 6 und 7 KStG). Ein Verlust zwischen Gründung der Gesellschaft und Beginn des Geschäftsbetriebs ist mE nicht begünstigt (ebenso Badde Ubg 2024, 200). Zum **abweichenden Wj.** BMF BStBl. I 2021, 363 Rn. 54; krit. Neumann/Höffer GmbHR 2021, 413.

Für die GewSt gelten diese Rechtsfolgen zwingend, „wenn ein fortführungsgebundener **Verlustvortrag nach § 8d KStG gesondert festgestellt** worden ist". **Unterbleibt eine Feststellung** nach § 8d Abs. 1 S. 8 (!) KStG, weil keine nicht genutzten Verlustvorträge nach § 8c Abs. 1 S. 1 KStG vorliegen, ist auf Antrag **§ 8d KStG entsprechend anzuwenden;** für die Form und Frist des Antrags gilt § 8d Abs. 1 S. 5 KStG entsprechend (→ Rn. 102 ff.). **115a**

Die nach § 10a S. 11 entsprechende Anwendung bedeutet für die **Verwendungsreihenfolge** nach § 8d Abs. 1 S. 9 KStG, dass der „fortführungsgebundene Verlustvortrag" vor den nach **§ 7b Abs. 2** iVm den dort benannten Positionen aus **§ 3a Abs. 3 EStG** abzuziehen ist (hierzu Pohl gmbhstb 2019, 135). Anwendbar sind die letztgenannten Vorschriften grundsätzlich ab EZ 2017 – G. v. 11.12.2018, BGBl. 2018 I 2338; bei Antrag auf Steuerfreiheit von Sanierungserträgen vor 7.2.2017 – § 52 Abs. 4a S. 3 EStG – ab EZ 2016 – hierzu → Rn. 88p).

Ein **weiterer schädlicher Beteiligungserwerb** nach Feststellung des fortführungsgebundenen Verlustvortrags löst eine weitere Möglichkeit der Anwendung des § 8d KStG aus (BMF BStBl. I 2021, 363 Rn. 72 f.; krit. Suchanek/Rüsch Ubg 2021, 181: abschirmende Wirkung des § 8d Abs. 2 KStG). Zum Miteinander von schädlichem Beteiligungserwerb und schädlichem Ereignis vgl. BMF BStBl. I 2021, 363 Rn. 76 f. **115b**

Für einen **während des Bestehens** einer **Organschaft** entstehenden Verlust der OG ist § 8d KStG vor der Zusammenfassung beim OT (→ § 2 Rn. 524) auf der Ebene der OG anzuwenden. Der Verlust der OG geht trotz des (mittelbaren) schädlichen Beteiligungserwerbs nicht unter und wird auf der Ebene des OT ungekürzt zur Zusammenfassung verwendet. Ein beim OT hieraus verbleibender Verlustvortrag ist nicht fortführungsgebunden (BMF BStBl. I 2021, 363 Rn. 61). Ein **vororganschaftlicher Verlust** ist gesondert auszuweisen und festzustellen und kann nach den allgemeinen Regeln (→ Rn. 138 f.) frühestens nach Beendigung der Organschaft verrechnet werden (BMF BStBl. I 2021, 363 Rn. 60). **115c**

bb) Fehlende Voraussetzungen. Tritt ein **schädliches Ereignis** im **vorgelagerten Beobachtungszeitaum** (bis zum Schluss des EZ des schädlichen Beteiligunserwerbs) ein, kommt § 8d KStG nicht zur Anwendung (BMF BStBl. I 2021, 363 Rn. 49). Der Verlustvortrag der Körperschaft geht nach den Regeln des § 8c KStG ganz unter. Eine **Rückgängigmachung** der schädlichen Handlung (Wiederaufnahme des Geschäftsbetriebs, Beendigung einer Mitunternehmerbeteiligung usw) ist nach dem Wortlaut der Vorschrift („… stattgefunden hat") unbehelflich. Bestehen **Verluste vor und nach** Einstellung oder Ruhendstellung, setzt das BMF unterschiedliche Rechtsfolgen an: für Verluste vor dem Ereignis **116**

§ 8c KStG, für Verluste danach § 8d KStG (BMF BStBl. I 2021, 363 Rn. 46; hierzu krit. Suchanek/Rüsch Ubg 2021, 181).

116a Ist der Verlust durch **mehrere** vor Beginn des vorgelagerten Beobachtungszeitraums unterhaltene **Geschäftsbetriebe** entstanden und ist seit Beginn dieses Zeitraums nur noch ein Geschäftsbetrieb geführt worden, ist der Verlust sachgerecht zuzuordnen; widrigenfalls geht er unter (BMF BStBl. I 2021, 363 Rn. 51; mE zu Unrecht, → Rn. 105). In beiden Fällen soll eine widerlegliche Vermutung für die **Zugehörigkeit von stillen Reserven** zu dem fortgeführten Geschäftsbetrieb gehören (BMF BStBl. I 2021, 363 Rn. 52; im Übrigen → Rn. 116b).

116b Tritt ein schädliches Ereignis **nach dem EZ des schädlichen Beteiligungserwerbs** ein, bedeutet dies, dass zunächst die Rechtsfolgen des § 8d Abs. 1 KStG (→ Rn. 115 f.) eintreten. Ein zunächst festgestellter fortführungsgebundener Verlustvortrag wird bis zum Eintritt des schädlichen Beteiligungserwerbs verrechnet. Erst der danach verbliebene und **zuletzt festgestellte Verlustvortrag geht vollständig unter.** Auch eine Rückgängigmachung der schädlichen Maßnahmen, zB durch Wiederaufnahme des Geschäftsbetriebs, führt nach dem Gesetzeswortlauf nicht zu einem Wiederauftauchen des untergegangenen Verlustvortrags. Der Untergang betrifft jedoch nicht (sozusagen rückwirkend) den ursprünglich vorhandenen Verlustvortrag.

116c Eine **Verschonung** besteht allerdings, soweit die Körperschaft über **stille Reserven** verfügt; hierzu bestimmt § 8d Abs. 2 S. 1 Hs. 2 KStG ausdrücklich die entsprechende Anwendung des § 8c Abs. 1 S. 5 ff. KStG (→ Rn. 85 ff.). Nur in Höhe des Differenzbetrages zwischen Verlustvortrag und stillen Reserven geht jener unter; in Höhe der stillen Reserven ist er festzustellen, jedoch nicht als fortführungsgebunden (BMF BStBl. I 2021, 363 Rn. 68). Maßgebend sind ausdrücklich die stillen Reserven, die zum Schluss des EZ vor dem schädlichen Ereignis vorhanden waren (BMF BStBl. I 2021, 363 Rn. 69).

117 Für den Anwender **problematisch** kann nach allem die **Abwägung** sein, welche der von den §§ 8c und 8d KStG angebotenen Wege der Verlustverschonung einzuschlagen ist (zu diesbezüglichen Gestaltungsüberlegungen Wangler/Wölbert NWB 2024, 3594). Das gilt insb. für die Stille-Reserven-Klausel (→ Rn. 85 ff.), die anzuwenden dann vorteilhaft sein kann, wenn die stillen Reserven nicht für eine vollständige Verlustverschonung ausreichen. Auch die Sanierungsklausel (→ Rn. 95 ff.) kann zu Problemen führen, weil sie langfristig zu erfüllende Erfordernisse aufstellt. Denn nach dem bisherigen Erkenntnisstand erscheint nicht gesichert, dass – kommt es hier zu einem späteren Verstoß – der Antrag auf Anwendung des § 8d noch gestellt werden kann (hierzu → Rn. 102 ff.). Auch im Übrigen sollte der Anwender, bevor er den Antrag stellt, die Risiken genau abwägen, insb. danach, ob ggf. in naher Zukunft schädliche Ereignisse zu erwarten sind.

118 **e) Zeitlicher Geltungsbereich.** Die Vorschrift ist nach § 36 Abs. 2d idF des G. v. 27.6.2017 (BGBl. 2017 I 2074) erstmals anwendbar auf schädliche Beteiligungserwerbe, die nach dem 31.12.2015 erfolgten; das gilt auch für abw. Wj. (BMF BStBl. I 2021, 363 Rn. 80). Damit beginnt bei einem gestaffelten Beteiligungserwerb der Beobachtungszeitraum ggf. am 1.1.2013 (§ 8d Abs. 1 S. 1 KStG; vgl. zur KSt § 34 Abs. 6a KStG). Allerdings kann nach BMF § 8d KStG trotz einer früheren Einstellung oder Ruhendstellung für Verluste in Anspruch genommen werden, die nach dem 31.12.2015 entstanden sind (BMF BStBl. I 2021, 363 Rn. 79).

III. Betriebe der öffentlichen Hand

Literatur: Bracksiek, Die Neuregelung des steuerlichen Querverbunds durch das JStG 2009, FR 2009, 15; Leippe/Baldauf, Änderungen beim kommunalen Querverbund nach dem JStG 2009, DStZ 2009, 67; Leippe, Der kommunale steuerliche Querverbund im JStG 2009, ZKF 2009, 81; Weitemeyer, Verdeckte Gewinnausschüttungen bei der öffentlichen Hand nach dem JStG 2009 und die Schranken des europäischen Beihilferechts, FR 2009, 1; Hölzer, Kommunaler Querverbund: Spartenrechnung, Gleichartigkeit von Versorgungs- und Verkehrsbetrieben und Beihilferecht, DB 2021, 2378.

Verwaltungsanweisung: BMF BStBl. I 2009, 1303 unter D, E 6. U. G I.

1. Zusammengefasste Betriebe gewerblicher Art (ab EZ 2009)

Nach **S. 9** ist **§ 8 Abs. 8 KStG** und die dort für **zusammengefasste BgA** 119
geregelte **Einschränkung der Verlustnutzung** entsprechend anzuwenden (hierzu Weitemeyer FR 2009, 1). Hiernach gilt: **(1.)** *§ 10d EStG* ist auf *den BgA* anzuwenden, *der sich* durch die Zusammenfassung *ergibt;* **(2.)** *der Abzug* der von den *einzelnen* BgA *nicht ausgeglichenen* Verluste – gemeint sind mE auch die *nicht abgezogenen* Verluste – beim *zusammengefassten* Betrieb ist unzulässig; **(3.)** ein *Verlustrücktrag* vom zusammengefassten Betrieb auf die einzelnen BgA ist – bei der GewSt selbstredend – unzulässig; **(4.)** ein *vor Zusammenfassung festgestellter Verlust* eines einzelnen Betriebs kann bei diesem *nach* Beendigung *der Zusammenfassung* abgezogen werden (Bezug auf § 10d EStG); **(5.)** bei *gleichartigen Betrieben* gelten die Einschränkungen der Nr. *(2)–(4)* nicht; dh bei ihnen kann ein nicht ausgeglichener/abgezogener Verlust der Einzelbetriebe auch beim zusammengefassten Betrieb abgezogen werden; für § 10a kann dies jedoch – entgegen der in der Nichtanwendung der in Nr. *(3)* enthaltenen Regelung – nach allg. Grundsätzen (→ Rn. 5) *nicht* zu einem *Verlustrücktrag* führen; das Tatbestandsmerkmal der Gleichartigkeit ist hierbei mE angesichts der eigenständigen Kodifikation in § 4 Abs. 6 KStG enger auszulegen als bisher durch den BFH insb. zu Versorgungsbetrieben (hierzu Weitemeyer FR 2009, 1 (9); Bracksiek FR 2009, 15); iÜ fällt auch die Zusammenfassung zusammengefasster BgA unter die Regelung (BT-Drs. 16/11108, 33); **(6.)** ggf. ist bei einem zusammengefassten BgA § 3a Abs. 3 S. 3 EStG auf die in Nr. *(4)* genannten Verlustvorträge anzuwenden. Vgl. zur Systematik der Verlustverrechnung bei BgA und KapGes BFH V R 51/20 (BFH/NV 2024, 1092, Rn. 42).

2. Kapitalgesellschaften der öffentlichen Hand

Nach **S. 9** ist auch **§ 8 Abs. 9 S. 5–8 KStG** mit der Regelung der Verlustnut- 119a
zung bei der **Spartentrennung** des § 8 Abs. 9 KStG entsprechend anzuwenden (hierzu Weitemeyer FR 2009, 1; Bracksiek FR 2009, 15). Diese Verweisung ist mit § 7 S. 5 GewStG (→ § 7 Rn. 18 f.) zur Unterteilung und getrennten GewErtragsermittlung verschiedener Sparten sowie Unzulässigkeit eines Verlustausgleichs zwischen verschiedenen Sparten zusammen zu lesen. Betroffen sind hiernach KapitalGes von juristischen Personen des öffentlichen Rechts mit Dauerverlusten (§ 8 Abs. 7 S. 1 Nr. 2 KStG). Für jede ihrer Sparten ist der GewErtrag getrennt zu ermitteln. Die Aufnahme einer weiteren, nicht gleichartigen Sparte führt zu einer gesonderten Sparte (hierzu BFH V R 2/24, BFH/NV 2024, 1099), wobei der Begriff der Gleichartigkeit dem des § 4 Abs. 6 S. 1 Nr. 1 KStG entspricht

(BFH V R 51/20, BFH/NV 2024, 1092, zugleich zur Ungleichartigkeit von bestimmten *Versorgungs- und Verkehrsbetrieben;* hierzu aA Hölzer DB 2021, 2378). Eine **Verlustverrechnung** ist nur mit GewErträgen derselben Sparte zulässig (§ 8 Abs. 9 S. 5 KStG). Zudem enthalten die in Bezug genommenen Vorschriften Regelungen für das Vorliegen/Nichtvorliegen der vorgenannten Voraussetzungen ab einem Zeitpunkt innerhalb eines EZ (§ 8 Abs. 9 S. 6 f. KStG). Der am Schluss eines EZ verbleibende negative GewErtrag ist unter Berücksichtigung der Regelungen des § 10d Abs. 4 EStG gesondert festzustellen (§ 8 Abs. 9 S. 8 KStG). Hierbei besteht *strikte Bindung* an die der Festsetzung des GewStMessbescheids zugrundeliegenden Besteuerungsgrundlagen (BFH V R 51/20, BFH/NV 2024, 1092). Diese Vorschriften sind im Falle einer *Organschaft* bei Dauerverlustgeschäften einer OG auf Ebene des OT anzuwenden (BFH I R 41/17, BStBl. II 2021, 872).

Die Bezugnahme ist mE aus materiell-rechtlichen Gründen missglückt. Denn **(1.)** der Verlust einer Sparte mindert „die positiven Gesamtbeträge der Einkünfte" (hier: GewErtrag) des *unmittelbar vorangegangenen* und der folgenden EZ derselben Sparte (S. 5); ein **Verlustrücktrag** aber ist ein gewstrechtliches Unding (→ Rn. 5) und sollte nicht mit einem – möglicherweise nicht durchdachten – Querverweis eingeführt werden; **(2.)** entfallen die Voraussetzungen des § 8 Abs. 7 S. 1 Nr. 2 S. 2 KStG (insb. Mehrheitsbeteiligung der öffentlichen Hand; ggf. Dauerverlusttätigkeit), entfallen auch die nicht ausgeglichenen/abgezogenen Verluste sowie Verlustvorträge aus Dauerverlustsparten; **(3.)** treten die Voraussetzungen wie zu Nr. *(2)* erst innerhalb eines EZ ein, kann ein *bis* zu diesem Zeitpunkt entstandener Verlust abgezogen werden, ein verbleibender Verlust ist der Sparte ohne Dauerverlust zuzuordnen.

IV. Unternehmeridentität

Literatur: Loose/Suck, Die Bindungswirkung des § 10a GewStG im Rahmen von Gesellschafterwechseln bei Personengesellschaften, FR 2008, 864; Oenings, Gewerbesteuerliche Verlustverrechnung – Unternehmeridentität iSd § 10a GewStG bei atypisch stiller Gesellschaft, DStR 2008, 279; Onert/Hobser, Gewerbesteuerliche Verluste bei Mitunternehmerschaften, EStB 2009, 404; Brandenberg, Besteuerung der Personengesellschaften – unpraktikabel und realitätsfremd, FR 2010, 731; Hierstetter, (Mit)Unternehmeridentität bei Verschmelzung bzw. Spaltung einer Kapitalgesellschaft, DB 2010, 1081; Stümper, Das Schicksal steuerlicher Verlustvorträge in Anwachsungsfällen, GmbHR 2010, 129; Schöneborn, Gewerbeverluste gem. § 10a GewStG bei Personengesellschaften, NWB 2011, 366; Suchanek, Übergang des Gewerbeverlustes nach § 10a GewStG von einer Kapital- auf eine Personengesellschaft, FR 2012, 296; Kupfer/Göller/Leibner, Droht der Untergang von Gewerbeverlusten nach § 10a GewStg bei Mitunternehmerschaften?, Ubg 2014, 361; Suchanek/Trinkaus, Gewerbesteuerlicher Verlustuntergang innerhalb doppelstöckiger Personengesellschaften …, Ubg 2014, 495; Maetz, Ausgewählte ertragsteuerliche Problemkreise bei atypischen Unterbeteiligungen, DStR 2015, 1844; Suchanek, Übergang des Gewerbeverlusts nach § 10a GewStG von einer Kapital- auf eine Personengesellschaft (§ 10a GewStG), FR 2019, 645; Fehn/Fehn, Die Verfassungswidrigkeit der Definitivbesteuerung, Stbg 2021, 239; Förster, Problembereiche bei der unterjährigen Veräußerung von Mitunternehmeranteilen, DB 2021, 303; Neumann/Höffer, Änderung des § 10a GewStG durch das JStG 2020 mit dem Ziel einer entsprechenden Anwendbarkeit des § 8d KStG bei der Gewerbesteuer, GmbHR 2021, 247; Pflügler, Gewerbesteuer: Untergang eines Gewerbeverlusts bei Wechsel in der Mitunternehmerschaft, GStB 2021, 332; Suchanek/Rüsch, Fortführunsgebundener Verlustvortrag: die Neuregelung von § 10a S. 12 durch das JStG 2020, für die gewerbesteuerliche Anwendung von § 8d KStG,

FR 2021, 194; Suchanek/Rüsch, Zur notwendign Neuausrichtung des Konzepts der gewerbesteuerlichen Unternehmeridentität im Anwendungsbereich von § 10a GewStG, FR 2021, 576; Ott, Verlustnutzung durch Verschmelzung einer Gewinn- auf eine Verlustkapitalgesellschaft, DStZ 2021, 801; Krauß, Gewerbesteuerliche Verlustverrechnung und Unternehmeridentität bei doppelstöckigen Personengesellschaften – Aktuelle Entwicklungen, DStR 2022, 1289; Moritz/Probst, Untergang gewerbesteuerlicher Verlustvorträge bei Einbringung von Mitunternehmeranteilen in Kapitalgesellschaften, Ubg 2022, 481; Suchanek, Gewerbesteuerliche Organschaft und Verlust der Unternehmeridentität, FR 2024, 118.

1. Allgemeines

Unternehmeridentität bedeutet nach stRspr, dass der Unternehmer, der die Kürzung in Anspruch nimmt, derselbe ist, der den Fehlbetrag (Verlust) getragen hat (BFH IV 666/55 U, BStBl. III 1958, 210; IV R 59/07, BFH/NV 2010, 1492; IV R 34/10, BFH/NV 2014, 1303; IV R 2/14, BStBl. II 2017, 1138; IV R 29/18, BStBl. II 2021, 722). Sie muss **ununterbrochen** vorliegen, sodass auch eine kürzestfristige Unterbrechung – auch für eine „logische Sekunde" – zum Verlust des Verlustabzugs führt (BFH IV R 3/09, BStBl. II 2013, 176). 120

Die **in Vorauflagen vertretene aA** zum Erfordernis der Unternehmeridentität als dem Objektsteuercharakter der GewSt entgegenstehend ist inzwischen überholt (→ Rn. 3). Zwar ergab und ergibt es sich für den Sonderfall des Übergangs des GewBetriebs im Ganzen (§ 2 Abs. 5) unmittelbar aus dem Gesetz (§ 10a S. 8, früher S. 3, hierzu BFH VIII R 269/81, BStBl. II 1986, 860; IV R 117/88, BStBl. II 1990, 436). Gegen die Herleitung des Erfordernisses der Unternehmeridentität allein aus diesen Vorschriften auch für andere Fälle (zB BFH GrS 3/92, BStBl. II 1993, 616; VIII R 160/86, BStBl. II 1994, 331; VIII R 84/90, BStBl. II 1994, 764; VIII R 4/88, BFH/NV 1994, 573; IV R 59/07, BFH/NV 2010, 1492) bestanden schon deswegen methodische Bedenken, weil sich aus der Regelung eines Sonderfalles ableiten lässt, dass die geregelte Rechtsfolge (hier: des § 10a S. 8, früher S. 3) in anderen Fällen eben nicht eintreten soll. Auch die Gesetzesmaterialien (BT-Drs. 3/2573, 25 f.) lassen erkennen, dass S. 8 (früher S. 3) dem Charakter der GewSt entsprechend eine objektbezogene Beschränkung bezweckt hat. Schließlich steht der Wortlaut des S. 1 („maßgebender Gewerbeertrag", hierzu § 10 Abs. 1) dem Erfordernis der Unternehmeridentität entgegen (aA BFH GrS 3/92, BStBl. II 1993, 616; IV B 133/95, BStBl. II 1997, 82). Auch die Aufhebung der Beschränkung des Verlustabzugs auf die „Gewerbetreibenden" mit ordnungsgemäßer Buchführung, auf die der BFH zur Begründung seiner Rspr. ursprünglich auch abgestellt hatte (BFH I R 85/79, BStBl. II 1983, 427; VIII R 312/82, BStBl. II 1985, 334; GrS 3/92, BStBl. II 1990, 916 mwN), durch das StBerG 1986 v. 14.12.1985 (BGBl. 1985 I 2436), hat in der Rspr. keinen Niederschlag gefunden. Der BFH hielt trotz massiver Kritik in Rspr. und Lit. (hierzu die Vorauflagen) an dem Erfordernis der Unternehmeridentität fest. Lediglich der mE zutreffend als tätigkeitsbezogen verstandene GewBetrieb-Begriff (→ § 2 Rn. 1) konnte mE das vom BFH vertretene Ergebnis („Träger des gewerbesteuerlichen Verlustabzugs") tragen.

Mit der Einfügung der S. 4 und 5 über die **Verlustverrechnung bei Mitunternehmerschaften** durch G. v. 13.12.2006 (BGBl. 2006 I 2878) **ab EZ 2007** (und früher) hat sich die Sachlage jedoch insoweit geändert, als nunmehr eine (letztlich) ausdrückliche gesetzliche Grundlage besteht, auf die sich das Erfordernis der (Mit-)Unternehmeridentität stützen lässt.

2. Einzelunternehmen

121 **a) Wechsel im Einzelunternehmen.** Bei einem **Wechsel des Einzelunternehmers** durch Übertragung des Betriebs auf einen anderen Unternehmer, sei es eine fremde PersonenGes oder eine KapitalGes, steht der bisherige Verlustvortrag nach S. 8 iVm § 2 Abs. 5 nicht für einen Verlustausgleich durch den anderen Unternehmer zur Verfügung. Hierbei ist ohne Bedeutung, ob der Wechsel entgeltlich oder unentgeltlich, ob der Wechsel unter Lebenden oder durch Erbfolge eingetreten ist und ob es sich hierbei um eine gesetzliche oder testamentarische Erbfolge oder um eine vorweggenommene Erbfolge handelt (vgl. BFH I 139/57 U, BStBl. III 1958, 426; I 120/60 S, BStBl. III 1961, 357; IV 173/64 S, BStBl. III 1965, 115; GrS 3/92, BStBl. II 1993, 616).

122 **b) Vereinigung von Betrieben.** Bei einer Vereinigung von Betrieben **personenverschiedener Unternehmer** geht der Verlust des übergegangenen Betriebes unter; der des übernehmenden Betriebes bleibt bestehen, sofern die Unternehmensidentität bejaht werden kann (vgl. für Rückgängigmachung einer Betriebsaufspaltung → Rn. 15, → Rn. 23).

3. Mitunternehmerschaften

123 **a) Allgemeines.** Bei **Personengesellschaften** und sonstigen **Mitunternehmerschaften** ist der einzelne Mitunternehmer **Subjekt der Einkünfteerzielung** (vgl. → § 2 Rn. 400). Danach ist Unternehmer nicht die Mitunternehmerschaft als solche, sondern jeder einzelne Gesellschafter als Mitunternehmer (BFH IV R 26/73, BStBl. II 1978, 348; IV R 117/88, BStBl. II 1990, 436; IV R 116/88, BFH/NV 1991, 112; GrS 3/92, BStBl. II 1993, 616). Er ist nach der in → Rn. 90 dargestellten Rspr. sachlich gewstpfl. und **Träger des gewstlichen Verlustabzugs** (BFH GrS 3/92, BStBl. II 1993, 616; IV R 90/05, BFH/NV 2009, 843). Diese Rspr. ist durch Einfügung der **Verlustverrechnungsvorschriften** der **Sätze 4 und 5** ab EZ 2007 (→ Rn. 90 aE) durch den Gesetzgeber bestätigt worden.

123a Danach gilt der **Grundsatz:** Fehlbeträge der Mitunternehmerschaft können im EZ der Entstehung des GewErtrags (Anrechnungsjahr) nur insoweit berücksichtigt werden, als der betreffende Gesellschafter im Verlustentstehungsjahr Mitunternehmer war und im Anrechnungsjahr noch beteiligt ist (vgl. BFH IV R 117/88, BStBl. II 1990, 436; zu einzelnen Fallgestaltungen Kupfer/Göller/Leibner Ubg 2014, 361). Danach ist es mE höchst zweifelhaft, ob sich GewVerluste durch eine **stufenweise Veränderung** des Gesellschafterbestandes „retten" lassen (abl. OFD Köln 12.5.1998, DStR 1998, 1472; hierzu Pyszka DStR 1995, 1825; 1997, 1073; Herzig/Förster/Förster DStR 1996, 1025; **aA** Weßling Inf 1994, 686; 1995, 489; 1997, 167; Madauß StBp 1998, 331).

123b Wesentlich ist jedoch: **Mitunternehmeridentität** erfordert **nicht Beteiligungsidentität.** Eine ggf. gesellschaftsinterne Veränderung bei den Beteiligungsverhältnissen bedeutet nicht Verlust des Verlustvortrags, sondern lediglich eine Veränderung beim Anteil des zu kürzenden GewErtrags (BFH VIII R 96/04, BFH/NV 2009, 885). Diese Grundsätze führen zu nachfolgend (→ Rn. 94–101) dargestellten Ergebnissen.

124 **b) Personenidentische Mitunternehmerschaften.** Bei **personenidentischen Mitunternehmerschaften** ist insoweit Unternehmeridentität anzunehmen, als ein/mehrere Gesellschafter an beiden Personengesellschaften beteilig ist/

sind (BFH GrS 3/92, BStBl. II 1993, 616). Das gilt auch für die Umwandlung ebenso wie für die Einbringung des Betriebs einer Personengesellschaft in eine Personengesellschaft anderer Rechtsform (BFH IV R 137/91, BStBl. II 1994, 477) sowie bei der Verschmelzung von zwei gesellschafteridentischen Personengesellschaften (BFH VIII R 84/90, BStBl. II 1994, 764).

Im **Sonderfall,** dass Komplementär und Kommanditist gleichzeitig aus einer zweigliedrigen KG 1 *ausscheiden* bzw. den Kommanditanteil an eine KG 2 *abtreten,* an der der Kommanditist zu 100 % beteiligt ist, geht der Verlustvortrag der KG 1 vollständig verloren, weil die KG 2 für eine „logische Sekunde" unmittelbar an der KG 1 beteiligt gewesen ist (BFH IV R 3/09, BStBl. II 2013, 176; best. vom FG München 10 K 1965/06, DStRE 2010, 420; zur nur mittelbaren Beteiligung → Rn. 98).

c) Wechsel zum letzten Gesellschafter. Bei **Ausscheiden des vorletzten** **125**
Mitunternehmers aus einer Mitunternehmerschaft liegt insofern kein Unternehmerwechsel vor, als der verbleibende Gesellschafter den Betrieb **als Einzelunternehmer fortführt** (GewStR 10a.3 Abs. 3 S. 9 Nr. 4). Der Einzelunternehmer darf den GewVerlust der Gesellschaft mit dem Anteil abziehen, der unter Zugrundelegung des Gewinnverteilungsschlüssels auf ihn entfiel (BFH IV 666/55 U, BStBl. III 1958, 210; IV R 26/73, BStBl. II 1978, 348; VIII R 269/81, BFH/NV 1986, 696; IV R 116/88, BFH/NV 1991, 112; IV R 117/88, BStBl. II 1990, 436; GrS 3/92, BStBl. II 1993, 616). Entsprechendes gilt, wenn ein zum **Gesamtgut von Ehegatten** gehörender Betrieb von einem Ehegatten fortgeführt wird (BFH I R 153/70, BStBl. II 1972, 775). Auch wenn der übernehmende Gesellschafter eine **Kapitalgesellschaft** ist (BFH I R 16/66, BStBl. II 1983, 427; I R 165/80, BStBl. II 1985, 403) sowie im Fall der **Verschmelzung** einer Personengesellschaft auf einen Gesellschafter (GewStR 10a.3 Abs. 3 S. 9 Nr. 4) bzw. der Verschmelzung der letzten beiden Gesellschafter (FG Düsseldorf 11 K 3637/09 F, EFG 2011, 477) sind diese Grundsätze anzuwenden.

Der anteilige **GewVerlust des ausgeschiedenen Mitunternehmers** darf selbst dann nicht beim Verbleibenden berücksichtigt werden, wenn sich dieser bürgerlich-rechtlich verpflichtet hat, die Verluste zu übernehmen (BFH I R 85/79, BStBl. II 1983, 427).

Bei einer **Aufteilung einer Personengesellschaft** auf mehrere Einzelunter- **125a**
nehmer bleibt die Unternehmeridentität, nicht jedoch die Unternehmensidentität erhalten; daher keine Berücksichtigung des GewVerlustes der Gesellschaft (BFH I R 93/69, BStBl. II 1971, 147); anders jedoch, wenn und soweit ein Gesellschafter im Wege der **Realteilung** einen Teilbetrieb übernimmt und sich die Zuordnung der Verluste aus der Buchführung ergibt (BFH X R 20/89, BStBl. II 1991, 25; GewStR 10a.3 Abs. 3 S. 9 Nr. 7).

d) Wechsel vom Einzelunternehmen zur Mitunternehmerschaft. Bei **126**
einem Wechsel von einem Einzelunternehmen zur Mitunternehmerschaft, auch in Einbringungsfällen, gilt: Der (frühere) **Einzelunternehmer bleibt insoweit Unternehmer** des GewBetriebs, als er am Gewinn der Personengesellschaft beteiligt ist (BFH IV R 26/73, BStBl. II 1978, 348; V R 117/88, BStBl. II 1990, 436; GrS 3/92, BStBl. II 1993, 613; IV R 116/88, BFH/NV 1991, 112). § 24 Abs. 4 UmwStG nF steht nicht entgegen (kein Verweis auf § 23 Abs. 5 UmwStG). Der Verlust kann nur bis zu dem Betrag berücksichtigt werden, der von dem GewErtrag der Personengesellschaft nach ihrem Verteilungsschlüssel auf den früheren Einzelunternehmer entfällt, sofern der Schlüssel nicht von außerbetrieblichen

Erwägungen, etwa nur zur Verrechnung des Verlustes, beeinflusst ist (BFH IV R 26/73, BStBl. II 1978, 348). Er muss den Beiträgen der Gesellschafter an der Erreichung des Gesellschaftszwecks entsprechen.

127 **e) Gesellschafterwechsel in der Personengesellschaft.** Bei einem Gesellschafterwechsel in der Personengesellschaft kommt es zu einem **teilweisen Unternehmerwechsel** (vgl. BFH IV R 26/73, BStBl. II 1978, 348 und GrS 3/92, BStBl. II 1993, 616; hierzu Pflügler GStB 221, 332). Das gilt jedoch – von der Anwendung des § 8c KStG abgesehen (→ Rn. 30 ff.) – nicht für einen Gesellschafterwechsel in der beteiligten KapitalGes. Demnach ist zu unterscheiden:

127a **aa) Ersatzloses Ausscheiden.** Bei **Ausscheiden** eines Gesellschafters **ohne Hinzutreten eines anderen Gesellschafters** geht sein Anteil am seinerzeitigen GewVerlust unter (BFH IV R 29/18, BStBl. II 2021, 722); die verbleibenden Gesellschafter können den Verlust der Gesellschaft nur insoweit berücksichtigen, als sie im Jahr seiner Entstehung daran beteiligt waren (BFH VIII R 4/88, BFH/NV 1994, 573; IV R 133/90, BStBl. II 1995, 791; VIII R 96/04, BFH/NV 2006, 885; IV R 90/05, BFH/NV 2009, 843; IV R 34/10, BFH/NV 2014. 1303; hierzu Wingler BB 1998, 2087). Der Verlust des ausgeschiedenen Gesellschafters ist auch dann nicht zu berücksichtigen, wenn die verbleibenden Gesellschafter bürgerlich-rechtlich zu der Übernahme verpflichtet sind (BFH I R 85/79, BStBl. II 1983, 427). Es ist unerheblich, ob das Ausscheiden zu einer Anwachsung (§ 738 BGB) führt oder auf einer Anteilsübertragung beruht bzw. ob diese entgeltlich oder unentgeltlich erfolgt (BFH IV R 117/88, BStBl. II 1990, 436; VIII R 160/86, BStBl. II 1994, 331). Es gibt **kein Wiederaufleben des Verlustvortrags,** auch für den Fall nicht, dass der ausgeschiedene Gesellschafter wieder der Gesellschaft beitritt (BFH IV R 11/08, BFH/NV 2011, 1750).

Der Verlustvortrag geht auch unter beim **Tod eines Gesellschafters** und sogar dann, wenn die verbliebenen Gesellschafter dessen Erben sind (BFH I 139/57 U, BStBl. III 1958, 426; VI 272/63, BStBl. III 1966, 374; IV R 116/88, BFH/NV 1991, 112; VIII R 160/86, BStBl. II 1994, 331; VIII B 70/96, BFH/NV 1997, 897; Nds FG 9 K 309/21, EFG 2025, 725, Rev. IV R 14/24).

127b **bb) Ausscheiden und Eintritt.** Bei **Ausscheiden** eines Gesellschafters und **Eintritt eines neuen Gesellschafters** können die übrigen Gesellschafter nur ihren Anteil des Verlustentstehungsjahres berücksichtigen, und zwar bis zu dem Betrag, der vom GewErtrag des Anrechnungsjahres auf sie entfällt (vgl. BFH VIII R 269/81, BFH/NV 1986, 696; VIII R 41/95, BStBl. II 1997, 178). Wird ein Kommanditanteil von einer KapGes A (hier: im Wege der **Abspaltung nach § 123 Abs. 2 Nr. 1 UmwG**) auf eine andere KapGes B übertragen, entfällt der auf A entfallende Verlustvortrag vollständig; die §§ 19 UmwStG und 10a S. 10 Hs. 1 GewStG gelten nicht für Fehlbeträge der Mitunternehmerschaft (BFH IV R 29/18, BStBl. II 2021, 722, zu FG Düsseldorf 2 K 2170/16 F, EFG 2018, 1666, best.; zur **Ausgliederung nach § 123 Abs. 3 Nr. UmwStG** → Rn. 23b). Ein Gesellschafterwechsel liegt auch vor, wenn bei einer **Organschaft** der OT (Obergesellschaft) seine Anteile an der PersGes auf das Organ überträgt (BFH I 237/61 U, BStBl. III 1963, 188).

127c **cc) Übertragung eines Teilanteils.** Die Übertragung von Teilanteilen auf einen anderen Gesellschafter führt nicht zu einem teilweisen Fortfall des Verlustvortrags, sondern lediglich zu einer **Änderung des Anteils** am zu kürzenden GewErtrag (FG Brem 1 94 188 K1, EFG 1995, 586 rkr.; Weßling Inf 1995, 489).

dd) Eintritt eines zusätzlichen Mitunternehmers. Wird lediglich ein Gesellschafter zusätzlich aufgenommen, so ist der Verlust nur bis zur Höhe des **auf die Altgesellschafter entfallenden** anteiligen GewErtrags des Anrechnungsjahres zu berücksichtigen (vgl. BFH IV R 137/91, BStBl. II 1994, 477; VIII R 84/90, BStBl. II 1994, 764 unter II. 2. e aa). **127d**

f) Weitere Einzelfälle. aa) Wechsel zur mittelbaren Beteiligung. Ein **schädlicher Gesellschafterwechsel** liegt auch vor, wenn ein Gesellschafter seine unmittelbare Beteiligung aufgibt und sich über eine Obergesellschaft **nur mittelbar beteiligt** (BFH VIII B 74/99, BStBl. II 1999, 794; IV R 69/99, BStBl. II 2001, 731; IV R 90/05, BFH/NV 2009, 843; IV R 3/09, BStBl. II 2013, 176). Das gilt auch, wenn der ausgeschiedene Gesellschafter über eine **Organgesellschaft mittelbar** an der Personengesellschaft beteiligt bleibt (BFH VIII R 1/00, BStBl. II 2001, 114; Anm. Wendt FR 2001, 253). Das soll auch dann gelten, wenn die doppelstöckige Gesellschaft nur für eine **„logische Sekunde"** bestanden hat (BFH IV R 3/09, BStBl. II 2013, 176; Rodewald GmbHR 2013, 207; mE zu eng, da in dem entschiedenen Fall Identität des Trägers des Verlusts bestand). **128**

bb) Verschmelzung von Kapitalgesellschaften. Die **Verschmelzung** einer beteiligten KapitalGes auf eine nicht beteiligte KapitalGes ist mE angesichts des Untergangs der aufgenommenen Kapitalgesellschaft als Rechtsperson Unternehmerwechsel. Der Verlustabzug bei der PersGes mindert sich um den nach § 10a S. 4 u. 5 auf die verschmolzene KapitalGes entfallenden Betrag (GewStR 10a.3 Abs. 3 Nr. 6); § 19 Abs. 2 iVm § 12 Abs. 3 u. § 4 Abs. 2 S. 2 UmwStG sind nicht anwendbar; denn § 19 UmwStG betrifft nur den *eigenen* GewVerlust der übertragenden Kapitalgesellschaft (so für die **Abspaltung** BFH IV R 29/18, BStBl. II 2021, 722; Fey StuB 2021, 358; aA Kleinheisterkamp in Lenski/Steinberg § 10a Rn. 74; Behrendt/Arjes DStR 2008, 811; Hierstetter DB 2010, 1089). **128a**

Bei Übergang des Unternehmens der PersGes auf eine beteiligte GmbH durch **Verschmelzung der zwei beteiligten GmbH** wird kein Unternehmerwechsel iSd § 2 Abs. 5 GewStG angenommen mit der Folge, dass die verbleibende GmbH den Verlustvortrag der KG nutzen kann (FG Düsseldorf 11 K 3637/09 F, EFG 2011, 477).

cc) Betriebsübertragung. Bei einer Betriebsübertragung **auf eine andere Personengesellschaft,** an der kein Gesellschafter der übertragenden Gesellschaft beteiligt ist, liegt ebenso ein vollständiger Unternehmerwechsel (§ 2 Abs. 5) vor (BFH GrS 3/92, BStBl. II 1993, 616) wie bei einem Ausscheiden aller Gesellschafter aus der das Unternehmen fortführenden Gesellschaft (BFH VIII R 41/95, BStBl. II 1997, 179). Entsprechendes gilt bei einer Übertragung auf einen bisher an der Mitunternehmerschaft **nicht beteiligten Einzelunternehmer** (→ Rn. 121). **128b**

Bei der **Verschmelzung von zwei PersonenGes** kommt – Unternehmensidentität vorausgesetzt (→ Rn. 23c) – Unternehmeridentität nach dem Maße der Beteiligung der Gesellschafter der übertragenden an der übernehmenden Gesellschaft in Betracht (BFH VIII R 84/90, BStBl. II 1994, 764). Jedoch kann bei einer rückwirkenden Verschmelzung der im Verschmelzungsjahr bis zum steuerlichen Übertragungsstichtag durch die übertragende Gesellschaft erzielte Verlust nicht mit einem GewErtrag der übernehmenden Gesellschaft verrechnet werden (BFH IV R 7/21, BFH/NV 2024, 798, zu NdsFG 7 K 11255/17, EFG 2022, 208, best.). **128c**

128d Bei der **Einbringung** eines Betriebs/einer BSt. **durch eine KapGes** in eine PersGes kann – Unternehmensidentität (→ Rn. 23b) vorausgesetzt – eine anteilige Verlustverrechnung erfolgen (BFH IV R 26/21, BStBl. II 2025, 51, zu FG Köln 3 K 2815/16, EFG 2022, 951, best.).

Umgekehrt geht bei **Verschmelzung/Formwechsel** einer PersGes in eine KapGes die Unternehmeridentität verloren (§ 23 Abs. 5 UmwStG; R 10a 3 (3) S. 4 GewStR). Bei **Einbringung** eines Mitunternehmeranteils **in eine KapGes** geht der Verlustvortrag des Einbringenden verloren (R 10a 3 Abs. 3 S. 9 Nr. 3 GewStR; Moritz/Probst Ubg 2022, 481).

129 **g) Unterjähriger Wechsel.** Ein unterjähriger Wechsel liegt vor, wenn die **Änderung vor Ablauf des 31.12.** eintritt. Das ist nicht der Fall, wenn sie nach der zugrunde liegenden Vereinbarung „mit Wirkung zum Ablauf des 31.12." erfolgt (Sächs FG 5 K 773/21, EFG 2025, 1223, Rev. IV R 4/25).

Der unterjährige Wechsel führt nicht zu einem abgekürzten EZ iSv § 14 Abs. 3, weil/wenn der Betrieb fortgeführt wird. Bis zum Ausscheiden eines Gesellschafters entstandene **Gewinne** sind **vorrangig intraperiodisch** mit etwaigen nach dem Ausscheiden entstandenen Verlusten innerhalb desselben EZ zu verrechnen (BFH VIII R 41/85, BStBl. II 1997, 179; IV R 90/05, BFH/NV 2009, 843). Entsprechendes gilt für bis zum Ausscheiden entstandene **Verluste** und nachfolgenden Gewinne (GewStR 10a 3 Abs. 3 S. 9 Nr. 9; ebenso Suchanek FR 2024, 118; **aA** jedoch FG Münster 11 K 2517/21 G, EFG 2023, 852). Der **Fehlbetrag/GewErtrag** des entsprechenden EZ ist **aufzuteilen,** nach der Rspr. aufgrund einer separaten Ermittlung (BFH IV R 90/05, BFH/NV 2009, 843), nach GewStR 10a 3 Abs. 3 S. 9 Nr. 9 jedoch zeitanteilig, sofern dies nicht zu offensichtlich unzutreffenden Ergebnissen führt (hierzu Förster DB 2021, 303), und vorrangig zu verrechnen. **§ 18 steht dem nicht entgegen,** weil diese Vorschrift nur den *Zeitpunkt* des Entstehens der GewSt betrifft.

Der nach dieser vorrangigen Verrechnung verbleibende positive GewErtrag der PersGes kann um Verluste der früheren EZ gekürzt werden. (BFH IV R 90/05, BFH/NV 2009, 843; hierzu Honert/Obser EStB 2009, 404).

Zum maßgebenden kürzungsfähigen GewErtrag gehört mE auch der vom Ausscheidenden erzielte **Veräußerungs-/Aufgabegewinn** iSv § 7 S. 2 (Kleinheisterkamp in Lenski/Steinberg § 10a Rn. 368; Füger/Rieger DStR 2002, 933; Günkel/Levedag FR 2004, 261).

130 **h) Atypische stille Gesellschaft.** Bei der atypischen stillen Gesellschaft sind die **vorstehenden Grundsätze anzuwenden** (BFH I R 109/94, BStBl. II 1998, 685; IV R 90/05, BFH/NV 2009, 843; IV R 34/10, BFH/NV 2014, 1303; Oenings DStR 2008, 279; für eine Übertragung der Grundsätze dieses Urteils auf die Einbringung eines Mitunternehmeranteils Suchanek/Trinkaus Ubg 2014, 495). **Personelle Veränderungen** auf Seiten der still Beteiligten beeinflussen daher den Verlustvortrag bzw. verrechenbaren GewErtrag (Kleinheisterkamp in Lenski/Steinberg § 10a Rn. 76; Maetz DStR 2015, 1844). Beteiligen sich **mehrere Personen,** ist zu prüfen, ob eine *einheitliche* Mitunternehmerschaft oder mehrere Mitunternehmerschaften vorliegen (→ § 2 Rn. 30 f.). Im letztgenannten Fall ist mE der Verlustvortrag entsprechend den unterschiedlichen Geschäftszwecken aufzuteilen und danach entsprechend der Unternehmeridentität zu verrechnen.

Wird eine **GmbH als Betriebsinhaber** auf die beteiligte KG **verschmolzen,** geht der auf sie entfallende Verlustvortrag unter (vgl. BFH IV R 38/09, BStBl. II

2013, 958 unter 4). Die Beteiligung an einer KG führt mE zur Anwendung der Grundsätze zur doppelstöckigen Gesellschaft (→ Rn. 101).

i) Doppelstöckige Personengesellschaft. Ist an einer Personengesellschaft (KG) A eine andere B als Kommanditistin beteiligt, dann ist **diese selbst** (nicht ihre Gesellschafter) **Mitunternehmerin** der A (BFH GrS 7/89, BStBl. II 1991, 691; GrS 3/92, BStBl. II 1993, 616; zur **prinzipiellen Kritik** an diesem Konzept und der Notwendigkeit einer Neuausrichtung Suchanek/Rüsch FR 2021, 576); ein Verlustabzug des Obergesellschafters kommt nur in dessen SonderBVBereich in Betracht (IV R 59/97, BFH/NV 2010, 1492). Nach § 15 Abs. 3 Nr. 1 EStG ist eine Differenzierung nach der Tätigkeit der Obergesellschaft nicht zulässig (entgegen BFH IX R 53/01, BStBl. II 2005, 383). **131**

Ein **Gesellschafterwechsel bei B** führt daher nicht zu einem Unternehmerwechsel bei A (BFH I S 3/81, BStBl. II 1981, 748; VIII R 312/82, BStBl. II 1985, 334; IV R 59/07, BFH/NV 2010, 1492; R 10a 3 Abs. 3 S. 9 Nr. 8 S. 2 GewStR). Entsprechendes gilt mE für eine KG und atypisch Still im Fall eines Gesellschafterwechsels bei der KG (Schumacher DStR 1998, 841; Kleinheisterkamp in Lenski/Steinberg § 10a Rn. 76), zumal auch insoweit eine doppelstöckige Struktur vorliegt (vgl. BFH IV R 34/10, BStBl. II 2017, 233). Aus § 15 Abs. 1 S. 1 Nr. 2 S. 2 EStG ergibt sich nichts anderes (lediglich Gleichstellung des Obergesellschafters im Hinblick auf Sondervergütungen: BFH IV R 69/99, BStBl. II 2001, 731; IV R 90/05, BFH/NV 2009, 843; IV R 59/07, BFH/NV 2010, 1492). **131a**

Tritt an die Stelle eines Gesellschafters eine **andere Personengesellschaft B** in die weiterbestehende Personengesellschaft A ein, dann treten die in → Rn. 127 dargestellten Rechtsfolgen auch dann ein, wenn der ausgeschiedene Gesellschafter an der B beteiligt ist (BFH VIII R 41/95, BStBl. II 1997, 179; VIII B 74/99, BStBl. II 1999, 794; IV R 69/99, BStBl. II 2001, 731; **aA** Bordewin DStR 1995, 313; 1996, 1594; Herzig/Förster/Förster DStR 1996, 1025: dem mittelbar beteiligten Gesellschafter bleibe sein Anteil am Verlustabzug erhalten). Entsprechendes gilt bei einem Wechsel von der unmittelbaren zur mittelbaren Beteiligung (→ Rn. 128). **131b**

Bei **Begründung einer KG & Still** mit einem Kommanditisten ist nach BFH die Verrechnung des Fehlbetrags der KG mit dem GewErtrag der Stillen (UnterGes) insoweit möglich, als er auf die KG und damit auf deren damalige Gesellschafter **mittelbar entfällt** (BFH IV R 34/10, BStBl. II 2017, 233; NAnwErl FM Länder BStBl. I 2021, 1074; krit. Krauß DStR 2022, 1289); der BFH wendet hierbei – mE mit den vorstehenden Grundsätzen nicht vereinbar – die Grundsätze zu → Rn. 126 an. Der Unterschied besteht jedoch darin, dass in den in → Rn. 126 angesprochenen Fällen der bisherige Einzelunternehmer unmittelbarer (Mit)Unternehmer bleibt, im Fall BFH IV R 34/10, BStBl. II 2017, 233 dagegen die bisherigen unmittelbaren (Mit)Unternehmer nur mittelbare (Mit)Unternehmer geworden sind. **131c**

Findet **bei der Obergesellschaft** (GmbH & Co. KG) eine **Verschmelzung** der einzigen Kommanditistin auf die Komplementärin als einzige verbliebene Gesellschafterin statt, kommt es zur Vollbeendigung der KG; der auf die Obergesellschaft entfallende Verlustanteil geht unter (vgl. BFH IV R 59/07, BFH/NV 2010, 1492 zu § 12 Abs. 3 UmwStG 1995). Entsprechendes gilt bei der Verschmelzung der MutterGes auf die TochterGes (BFH IV R 29/13, BFH/NV 2016, 1489). **132**

Bei einem **Formwechsel** der Obergesellschaft **in eine KapGes** und umgekehrt ist weiterhin von der Unternehmeridentität bei der Untergesellschaft auszugehen (vgl. SchlHFG 2 K 41/16, EFG 2016, 1977; GewStR 10a.3 Abs. 3 Nr. 8 S. 5).

132a Bei einer **Anwachsung der Obergesellschaft** auf ihren verbleibenden Gesellschafter ist der Verlustabzug der Untergesellschaft um den auf die Obergesellschaft entfallenden Verlustabzug zu kürzen (GewStR 10a. 3 Abs. 3 Nr. 8 S. 4). Im Fall der **Anwachsung der Tochter**- auf die Muttergesellschaft liegt ein Unternehmerwechsel iSd § 2 Abs. 5 GewStG vor; deswegen geht der Verlustvortrag der Tochter vollständig unter (FG München 7 K 1197/19, EFG 2023, 1581, Rev. I R 48/23; Kleinheisterkamp in Lenski/Steinberg § 10a Rn. 61; Krauß DStR 2022, 1289). Nach aA kann die Mutter einen auf sie entfallenden Fehlbetrag der Tochter weiterhin nutzen (GewStR 10a.3 Abs. 3 Nr. 8 S. 6; Suchanek/Rüsch FR 2021, 576).

4. Körperschaften/Betriebe gewerblicher Art

133 **a) Grundsatz.** Bei Körperschaften ist Unternehmerin als Trägerin des Verlustvortrags diese selbst. **Veränderungen im Gesellschafterbestand** bzw. bei den Anteilseignern sind daher für den Verlustabzug **grundsätzlich ohne Bedeutung.** Ausnahmen bestehen nach § 10a S. 10 Hs. 1 im Hinblick auf schädliche Beteiligungserwerbe iSv § 8c KStG, die wie eine Veränderung der Unternehmensidentität behandelt werden (→ Rn. 30 ff.), und nach § 10a S. 10 Hs. 2 im Hinblick auf den (teilweisen) Verlustuntergang bei Mitunternehmerschaften durch schädlichen Beteiligungserwerb bei beteiligten Körperschaften. (→ Rn. 155 ff.). Dagegen galten bei **Einbringung eines Betriebes,** Teilbetriebes oder Mitunternehmeranteils in eine Personengesellschaft nach § 24 UmwStG aF die Grundsätze zu → Rn. 23b (A 68 Abs. 4 S. 6 GewStR aF). Hieran hält die FVerw nicht mehr fest; danach verbleibt der Verlustvortrag bei der Körperschaft (FM NRW FR 2012, 238; **aA** FG Münster 14 K 2364/21 G, F, EFG 2022, 254, nachgehend BFH IV R 25/21, BFH/NV 2024, 679 aufgeh.: kein Unternehmerwechsel; Suchanek FR 2012, 296).

Kein Unternehmerwechsel lag – und liegt – vor bei der sog. **formwechselnden Umwandlung** nach §§ 190 ff. UmwG von und zu einer Körperschaft (A 68 Abs. 4 S. 1 GewStR aF; GewStR 10a.3 Abs. 4 S. 1), nicht jedoch bei Umwandlungen auf Personengesellschaften und Partnerschaftsgesellschaften (vgl. § 191 Abs. 2 UmwG).

134 **b) Sonderregelungen nach dem UmwStG.** Bei einem **Vermögensübergang auf** eine **Personengesellschaft** kann diese die Fehlbeträge der übertragenden Körperschaft nicht nutzen (§ 18 Abs. 1 S. 2 UmwStG; **aA** Oenings DStR 2008, 279). Das gilt auch für einen **Formwechsel** sowie eine **Spaltung** (GewStR 10a.3 Abs. 4 S. 5 Hs. 1; Kleinheisterkamp in Lenski/Steinberg § 10a Rn. 87); bei der **Abspaltung** von Vermögen **auf eine Personengesellschaft** mindert sich der Fehlbetrag der fortbestehenden Körperschaft anteilig (§ 16 UmwStG iVm §§ 15 Abs. 3, 18 Abs. 1 S. 1 UmwStG; GewStR 10a 3 Abs. 4 S. 5 Hs. 2). Bei einer Abspaltung auf eine **andere Körperschaft** verbleibt der Fehlbetrag nach §§ 19 Abs. 2, 15 Abs. 3 UmwStG im Verhältnis des gemeinen Werts des bei der Verlustgesellschaft verbleibenden Vermögens bei dieser und geht iÜ verloren (vgl. GewStR 10a.3 Abs. 4 S. 4 f.). Bei einer **Ausgliederung** (§ 123 Abs. 3 UmwG) des operativen Geschäfts auf eine KG bleibt der GewVerlust jedenfalls dann bei

der KapGes und geht nicht auf die KG über, wenn sich die KapGes fortan nicht nur auf die Verwaltung ihrer Mitunternehmerstellung bei der KG beschränkt (BFH III R 35/17, BStBl. II 2019, 407; ohne diese Beschränkung GewStR 10a 3 Abs. 4 S. 6). Anderes gilt nach BFH (IV R 26/21, BStBl. II 2025, 51, zu FG Köln 3 K 2815/16, EFG 2022, 951, best.) bei Beschränkung der KapGes auf die Verwaltung ihrer Mitunternehmerstellung.

Bei einem **Formwechsel** in eine **andere Körperschaft** bleibt der Verlustvortrag erhalten (GewStR 10a.3 Abs. 4 S. 1); bei einem **Vermögensübergang** (Verschmelzung) geht er nach §§ 19 Abs. 2, 12 Abs. 3, 4 Abs. 2 S. 2 UmwStG verloren (GewStR 10a.3 Abs. 4 S. 2; anders für das UmwStG 1995 BFH I R 13/11, BFH/NV 2012, 1271; I R 57/17, BFH/NV 2021, 357), ebenso bei einer Aufspaltung nach § 123 Abs. 1 UmwG (GewStR 10a 3 Abs. 4 S. 3). 134a

Bei **Einbringung eines Betriebs** oder Teilbetriebs **in eine Kapitalgesellschaft** kann der maßgebende GewErtrag der übernehmenden Gesellschaft nicht um die Fehlbeträge des Einbringenden gekürzt werden (BFH GrS 3/92, BStBl. II 1993, 616; IV B 108/07, ZSteu 2009, R 854). 134b

Bei **Verschmelzung** einer **„Gewinngesellschaft"** auf eine **„Verlustgesellschaft"** stehen § 12 Abs. 3 iVm § 4 Abs. 2 S. 2 UmwStG, da nicht einschlägig, der Verlustnutzung durch Letztere im Rückwirkungszeitraum nicht entgegen (gleichzeitig zum – nicht gegebenen – Missbrauch: BFH I R 2/18, BStBl. II 2021, 580, zu HessFG 4 K 127/15, EFG 2018, 486, best.). Der Ausschluss durch § 2 Abs. 4 S. 3 UmwStG betrifft jedoch auch die GewSt (BFH I R 48/20, DStR 2023, 1469, zu FG Bln-Bbg 10 K 10192/19, EFG 2021, 507 mwN, aufgeh.). In Frage kommen Seitwärts- und Abwärtsverschmelzung; jedoch ist immer die Möglichkeit des Verlustuntergangs durch § 8c KStG (iVm S. 10) zu beachten (hierzu Ott DStZ 2021, 801). 134c

c) Betriebe gewerblicher Art. (1) Bei einer **Zusammenfassung** von Betrieben gewerblicher Art (BgA) galt das Erfordernis der Unternehmeridentität entsprechend. Die Trägerkörperschaft ist Steuersubjekt wegen jedes einzelnen BgA. Daraus folgte, dass ein Verlustvortrag nur insoweit zulässig war, als der Verlust durch dieselbe Tätigkeit entstanden war wie der um ihn zu mindernde Gewerbeertrag (vgl. BFH I R 74/89, BStBl. II 1992, 432). Ab **EZ 2009** ist S. 9 nF zu beachten (→ Rn. 89). 135

(2) Geht ein BgA nach LandesR im Wege der „Gesamtrechtsnachfolge" **auf eine Anstalt des öffentlichen Rechts** über, liegt ein Betriebsübergang im Ganzen vor. Es besteht keine Unternehmeridentität. Das UmwStG ist auf einen solchen Vorgang nicht anwendbar (BFH I R 112/09, BFH/NV 2011, 1194; NdsFG 6 K 31/09, EFG 2010, 577).

5. Organschaften

Literatur: Rödder, Verlustvortrag im Organkreis, DStR 2001, 780; Urbahns, Die gewerbesteuerliche Organschaft unter besonderer Berücksichtigung der Verlustverrechnung, Inf 2001, 581; Suchanek, Gewerbesteuerliche Organschaft und Verlust der Unternehmeridentität, FR 2024, 118.

a) Allgemeines. Der Grundsatz, dass der Verlustvortrag **Unternehmer- und Unternehmensidentität** voraussetzt, gilt auch **für organschaftlich verbundene** Unternehmen (BFH XI R 47/89, BStBl. II 1992, 630; VIII R 1/00, BStBl. II 2001, 114; zu den sich hieraus ergebenden Aspekten bei der Planung 136

Urbahns Inf 2001, 581). Zudem sind die Grundsätze über die **zweistufige GewErtragsermittlung** im Organkreis (→ § 2 Rn. 523) zu beachten.

137 **b) Innerorganschaftliche Verluste. Im Organkreis entstandene** Verluste kann **während des Bestehens** der Organschaft **nur der Organträger** abziehen und zwar durch Zusammenfassung der GewErträge der zum Organkreis gehörenden Gesellschaften. Verbleibt ein Fehlbetrag, dann steht dieser dem Organträger zu (BFH IV R 17/68, BStBl. II 1972, 582). Die Anwendung des § 10a erfolgt nach der BFH-Rspr. auf der zweiten Stufe der GewErtragsermittlung (BFH I R 158/87, BFH/NV 1991, 116).

Nach dem **unterjährigen Ausscheiden** von (nicht allen) Gesellschaftern aus der OT-PersGes steht deren, ggf. nach intraperiodischer Verrechnung (→ Rn. 129) verbleibender, Verlustanteil dieses EZ nicht mehr zur Verrechnung mit GewErträgen der OG dieses EZ zur Verfügung (FG Münster 11 K 2517/21 G, EFG 2023, 852; zweifelhaft, da es sich insoweit nicht um einen Fehlbetrag iSd Vorschrift handelt; hierzu → Rn. 66; ebenfalls aA Suchanek FR 2024, 118).

137a Diese Grundsätze gelten auch **nach Beendigung der Organschaft,** dh das Organ kann nicht verbrauchte Fehlbeträge (soweit sie ihm rechnerisch überhaupt zugeordnet werden könnten) nicht „mitnehmen" (BFH I R 183/85, BStBl. II 1990, 916; I R 79/98, BFH/NV 1991, 116; I R 1/04, BStBl. II 2006, 549). Da das **Ergebnis** des Organkreises **beim Organträger** durch Zusammenfassung der getrennt ermittelten Ergebnisse der einzelnen Gesellschaften errechnet wird (BFH VIII R 1/00, BStBl. II 2001, 114), lediglich bereinigt durch evtl. Doppelbelastungen und -entlastungen (BFH VIII R 54/93, BStBl. II 1995, 794; I R 79/98, BFH/NV 2000, 745), besteht materiell-rechtlich kein gemeinsamer GewErtrag aller Unternehmen des Organkreises, sondern nur ein GewErtrag des Organträgers. Für die Festsetzung des GewStMessbetrages ist nur dieses Gesamtergebnis maßgebend (stRspr, vgl. BFH VIII R 1/00, BStBl. II 2001, 114). Die Einzelergebnisse der Organgesellschaft und damit auch deren **Fehlbeträge gehen auf den Organträger** über; diese können nur von ihm abgesetzt werden (BFH IV R 72/06, BFH/NV 2009, 791; IV R 2/14, BStBl. II 2017, 1138). Damit kann künftig **nur ein Fehlbetrag,** nämlich der **des Organträgers,** von Interesse sein.

138 **c) Vororganschaftliche Verluste. aa) Organgesellschaft.** Für die Organgesellschaft besteht **ab EZ 2004** (G. v. 23.12.2003, BGBl. 2003 I 2922) die verschärfende Bestimmung des Satz 3, dass sie ihren eigenen GewErtrag – während des Bestehens der Organschaft – nicht um Fehlbeträge kürzen darf, die sich vor dem rechtswirksamen Abschluss des Gewinnabführungsvertrags ergeben haben **(vororganschaftliche Fehlbeträge).** Ob mit dieser Formulierung tatsächlich der Zeitpunkt des Wirksamwerdens des Vertrags (durch Eintragung in das HR) gemeint ist (so BMF 10.11.2005, BStBl. I 2005, 1038 Rn. 25; Dötsch/Pung DB 2004, 151; Dötsch DB 2005, 2541), erscheint zumindest zweifelhaft (zB Drüen in Brandis/Heuermann § 10a Rn. 94). ME ist daher der Anteil des GewVerlusts, der auf die Zeit nach dem Abschluss – auch *unterjährig* – entfällt, kein vororganschaftlicher Verlust iSd Vorschrift (im Ergebnis ebenso Walter GmbHR 2005, 456; Sauter/Heurung/Klübenspies BB 2005, 1304; Rautenstrauch/Adrian DB 2005, 1018; Kleinheisterkamp in Lenski/Steinberg § 10a Rn. 334; aA im Hinblick auf eine unterjährige Aufteilung der Fehlbeträge Suchanek/Hesse in WSMH § 10a Rn. 164).

Wie auch immer, „eingefrorene" vororganschaftliche Fehlbeträge kann das Organ erst **nach Beendigung der Organschaft** unter der Voraussetzung der

Unternehmens- und Unternehmeridentität bzw. der wirtschaftlichen Identität abziehen (vgl. BFH I R 92/98, BStBl. II 1999, 733; zu Gestaltungsüberlegungen Demleitner/Fischer DB 2025, 2259). Das gilt mE auch für andere außerorganschaftliche Verluste, die zwar nach dem Abschluss des GAV übergegangen (zB durch Anwachsen einer Personengesellschaft), aber bereits früher entstanden sind; denn § 10a S. 3 stellt auf den Zeitraum ab, in dem die Verluste entstanden sind. Für die nach dem rechtswirksamen Abschluss entstandenen und übergehenden Verluste ist die Vorschrift nicht einschlägig (Prinz/Hick GmbHR 2006, 841; Kleinheisterkamp in Lenski/Steinberg § 10a Rn. 335).

bb) Organträger. Die Frage, ob **vororganschaftliche Verluste des Organträgers** von einem positiven GewErtrag des Organs abziehbar sind, hat der BFH noch nicht entschieden (offen gelassen in BFH VIII R 1/00, BStBl. II 2001, 114; zust. Ländererlass 14.12.1999, BStBl. I 1999, 1134; Suchanek/Hesse in WSMH § 10a Rn. 159; Kleinheisterkamp in Lenski/Steinberg § 10a Rn. 332; Prinz/Ommerborn FR 1999, 993; FR 2000, 708; vgl. auch Eckart/Kneip/Rieke Inf 1999, 225; Rödder DStR 2001, 780; ablehnend Patt/Stimpel FR 2000, 705). Meines Erachtens sollte die Kürzung zulässig sein, weil die sachliche und persönliche Stpfl. den Organträger trifft und der GewErtrag des Organs durch die organschaftliche Zurechnung Bestandteil des GewErtrags des OT wird. Auch in einem **mehrstufigen Organkreis** lässt die FVerw (vgl. OFD Kiel 6.1.2000, DStR 2000, 823; OFD Hannover 7.10.2003, DStR 2003, 1836) die Verrechnung mit eigenen vororganschaftlichen Verlusten des Organträgers mit der Maßgabe zu, dass die Verrechnung stufenweise nach der tatsächlichen Eingliederung erfolgt. 139

d) Andere außerorganschaftliche Verluste des Organs. Betroffen sind in erster Linie **Verluste einer Personengesellschaft,** die durch **Anwachsung** auf das Organ übergehen. Für sie gilt mE das in → Rn. 108 f. Ausgeführte entsprechend. Sie sind nach der eingeschränkten Einheitstheorie nur auf der ersten Stufe der GewErtragsermittlung der Organgesellschaft zu erfassen (BFH I R 183/85, BStBl. II 1990, 916; I R 158/87, BFH/NV 1991, 116; vgl. zu allem GewStR 10a.4); eine unmittelbare Verrechnung mit Gewinnen des Organträgers ist nicht zulässig. Nicht durch Anwachsung übergegangene Verluste einer Personengesellschaft, an der das Organ beteiligt ist, erreichen nicht einmal diese erste Ermittlungsphase (BFH VIII R 54/93, BStBl. II 1995, 794; VIII R 1/00, BStBl. II 2001, 114). 140

V. Durchführung des Verlustabzugs

1. Ermittlung des GewErtrags/-Fehlbetrags

a) Ausgangsgrößen. Auszugehen ist vom *GewErtrag/GewVerlust,* der während des Bestehns der **sachlichen GewStPfl** erzielt worden (hierzu → § 2 Rn. 565) und nach den §§ 7–9 zu ermitteln ist (GewStR 10a.1). Einnahmen (Gewinne), die einer **sachlichen Steuerbefreiung** unterliegen, sind nicht mit dem ohne sie entstandenen abziehbaren Verlust desselben oder eines anderen EZ zu verrechnen. Dies gilt insb. für (ehemals) steuerfreie Sanierungsgewinne (§ 3 Nr. 66 aF EStG; BFH I 41/58 S, BStBl. III 1959, 366), steuerfreie Zinseinnahmen (§ 3a EStG aF; BFH I 276/61 S, BStBl. III 1963, 464), ausländische Schachteldividenden sowie steuerfreie Veräußerungsgewinne (BFH GrS 2/67, BStBl. II 1968, 141

666; VI R 41/66, BStBl. II 1969, 102). Zwar sind die letztbezeichneten Entscheidungen zur ESt und KSt ergangen. Doch dürfte auch bei der GewSt nicht anders zu verfahren sein. Gewinne aus der **Veräußerung/Aufgabe eines GewBetriebs** bzw. **Mitunternehmeranteils** gehören (ab EZ 2002) nach § 7 S. 2 zum GewErtrag, soweit er nicht auf eine natürliche Person als unmittelbar beteiligter Mitunternehmer entfällt.

142 **b) Steuervergünstigungen.** Bestand eine **persönliche Steuerbefreiung,** kann ein **in dieser Zeit entstandener Verlust** nicht mit Gewinnen nach Beendigung der Befreiung verrechnet werden, und zwar auch dann nicht, wenn die Steuerbefreiung aus Billigkeitsgründen gewährt worden ist (aA Drüen in Brandis/Heuermann § 10a Rn. 105). Etwas anderes kann mE nur gelten, wenn sich durch eine abw. Steuerfestsetzung aus Billigkeitsgründen (§ 163 AO, zB Nichtansatz einer Besteuerungsgrundlage) ein GewVerlust ergeben hat. Ein **vor der Befreiung entstandener Verlust** kann, sofern Unternehmensidentität besteht (BFH I R 92/98, BStBl. II 1999, 733), nach Wegfall der Befreiung verrechnet werden.

142a Bei Tätigkeiten, für die eine **ermäßigte StMesszahl** gilt, findet eine Aufteilung auch dann nicht statt, wenn der Betrieb auch nicht begünstigte Tätigkeiten ausübt. Das gilt etwa für **Wasserkraftwerke,** die steuerbegünstigte Anlagen (VO v. 26.10.1944, RGBl. 1944 I 278, RStBl. 1944, 667, geänd. durch G. v. 14.12.1984 (BGBl. 1984 I 1493), BStBl. I 1984, 659) und nicht steuerbegünstigte Anlagen betreiben. Sie haben den GewErtrag, die Fehlbeträge nach § 10a und den GewStMessbetrag zusammen, dh ohne Aufteilung auf steuerbegünstigte und nicht steuerbegünstigte Anlagen zu ermitteln. Nur wenn sich danach eine positive Zahl ergibt, ist zu prüfen, inwieweit der einheitliche GewStMessbetrag auf die begünstigten und nicht begünstigten Anlagen entfällt (BFH I R 34/75, BStBl. II 1977, 251; Kleinheisterkamp in Lenski/Steinberg § 10a Rn. 350).

142b **Bewertungswahlrechte** wie Sonderabschreibungen sind bei der Ermittlung des GewVerlusts in vollem Umfang und nicht nur zeitanteilig zu berücksichtigen, wenn die GewStPflicht nicht während des ganzen ESt-Veranlagungszeitraums bestanden hat (BFH VIII R 271/81, BStBl. II 1986, 528).

2. Abzug

143 **a) Von Amts wegen.** Der maßgebende GewErtrag wird um die genannten Fehlbeträge von Amts wegen gekürzt, soweit diese nicht schon in den vier vorherigen Jahren berücksichtigt worden sind. Es besteht also **kein Wahlrecht.** Über die Möglichkeit der Verlustnutzung ist nicht im Jahr der Entstehung, sondern in dem der Kürzung zu entscheiden (BFH IV R 59/07, BFH/NV 2010, 1492; zum Verfahren → Rn. 116 ff.). Für die tatsächliche Berücksichtigung ist ohne Bedeutung, ob von den Erträgen GewSt zu zahlen ist. Dh **auch** wenn diese **unter den Freibeträgen** des § 11 Abs. 1 liegen, können GewVerluste berücksichtigt werden, solange sie durch positive Erträge gedeckt sind (BFH IV 250/57 U, BStBl. III 1958, 134). Für den Abzug bestehen **keine zeitlichen Beschränkungen** (vgl. BFH X R 102/89, BStBl. II 1991, 477).

143a **b) Reihenfolge.** Das G sieht **keine bestimmte Reihenfolge** für den Abzug von Fehlbeträgen aus verschiedenen EZ vor. Die Frage kann insb. noch eine Rolle spielen beim Übergang von Fehlbeträgen zB auf eine Schwesterpersonengesellschaft, die über eigene Fehlbeträge verfügt, sofern man der Auffassung folgt, dass der übernommene Betrieb mindestens bis zum Verbrauch der übernommenen

Fehlbeträge fortzuführen ist (→ Rn. 23). Es dürfte mE Spielraum für ein Wahlrecht des Stpfl. iS einer Meistbegünstigung bestehen (Wienands GmbHR 1999, 462; Kleinheisterkamp in Lenski/Steinberg § 10a Rn. 357; **aA** Brauer/Sonnenschein in Deloitte § 10a Rn. 113: Abzug nach der zeitlichen Reihenfolge des Entstehens).

c) Verlustuntergang. Ausgeschlossen sind Fehlbeträge aus EZ vor einem Unternehmenswechsel, auch wenn Unternehmeridentität besteht, bzw. bei einem (partiellen) Unternehmerwechsel (→ Rn. 10 ff.). Bei einem **unterjährigen Ereignis** kann insoweit nur noch eine Verrechnung mit einem positiven GewErtrag des ggf. abgekürzten EZ (bei einem Unternehmenswechsel bzw. vollständigen Unternehmerwechsel) oder (bei einem partiellen Unternehmerwechsel) mit dem positiven GewErtrag bis zum partiellen Unternehmerwechsel, dieses jedoch nur nach dessen vorheriger Verrechnung mit einem nachfolgenden Verlust bis zum Ende des EZ, erfolgen. Soweit er hierfür nicht genutzt werden kann, fällt er weg (vgl. BFH IV R 90/05, BFH/NV 2009, 843; IV R 8/17, BStBl. II 2020, 401, → Rn. 129). 143b

3. Mindestbesteuerung

a) Bedeutung. Ab EZ 2004 (G. v. 23.12.2003 (BGBl. 2003 I 2922)) besteht eine **betragsmäßige Beschränkung.** Hiernach erfolgt die Kürzung in zwei Schritten: zunächst wird der maßgebende GewErtrag nur bis zu einem **Sockelbetrag von 1 Mio. EUR** um bisher nicht ausgeglichene Fehlbeträge der vorangegangenen EZ gekürzt; sodann wird der GewErtrag, der den Betrag von 1 Mio. EUR übersteigt, bis zu einem Anteil von 60 % um im ersten Schritt nicht berücksichtigte Fehlbeträge gekürzt. Die Angabe 60 % bezieht sich also nicht auf den gesamten GewErtrag, sondern nur auf den 1 Mio. EUR übersteigenden Betrag. Die Regelung, die der **Stetigkeit der Gemeindeeinnahmen** dient (BT-Drs. 15/1517, 19; hierzu Dötsch DStZ 2003, 25; krit. Dorenkamp FR 2011, 733; Esterer/Bartelt Ubg 2012, 383), ist ein Einschnitt in das *abschnittsübergreifende Nettoprinzip* (hierzu → Rn. 1). Zur Berücksichtigung bei **Mitunternehmerschaften** → Rn. 152. 144

Die Regelung bedeutet idR keine Vernichtung von nicht ausgeglichenen Verlustvorträgen (hierzu Wiese/Klass GmbHR 2003, 1031; Roser gmbhstb 2013, 53), sondern lediglich die **zeitliche Streckung** des Verlustausgleichs. Sie hat aber bei Beendigung des Unternehmens sowie Veränderungen bei der Unternehmer- oder der wirtschaftlichen Identität die Folge, dass ein nicht genutzter Verlustvortrag endgültig verfällt – sog. **Definitiveffekt.** Unabhängig hiervon tritt eine Belastung des jeweiligen Unternehmens mit GewSt auch dann ein, wenn nach einer Verlustperiode insgesamt noch kein positiver GewErtrag erzielt worden ist. Der hiermit verbundene negative wirtschaftliche Effekt wird noch verschärft, wenn ein hoher Anteil von Hinzurechnungen im maßgeblichen GewErtrag enthalten ist (Herzig/Wagner WPg 2004, 53: Investitionshemmnis bei risikobehafteten Unternehmen; krit. auch Lüdicke DB 2025, 2254: Markteintrittsbarriere insbesondere für forschende Unternehmen). Hiernach ist eine Neuordnung des Verlustabzugs erstrebenswert (hierzu Klemt DStR 2011, 1686). 144a

In der **Abwicklung** und **Insolvenz** (§ 16 GewStDV) wird der **Sockelbetrag nur einmal** gewährt (vgl. zu § 11 KStG BFH I R 35/12, BStBl. II 2013, 508, gegen FG Düsseldorf 6 K 2199/09, EFG 2012, 1387, aufgeh.). 144b

145 **b) Verfassungsrecht.** Trotz dieser nachteiligen Wirkungen unterliegt die Vorschrift angesichts des vom BVerfG abermals betonten weiten gesetzgeberischen Gestaltungsspielraums **keinen verfassungsrechtlichen Bedenken,** zumal in diesem Bereich erforderliche Abwägungen zwischen materieller Steuergerechtigkeit und Rechts- sowie Aufkommenssicherheit erkennbar sind. Zudem sind die nachteiligen Folgen nicht typische, vom Gesetzgeber zulässigerweise in Kauf genommene Nebenfolgen des Gesetzeszwecks und führt die Möglichkeit des späteren Verlustausgleichs nicht zu einem unzulässigen Eingriff in eine grundrechtlich geschützte Vermögensposition (BVerfG 2 BvL 19/14, DStR 2025, 2000; so schon BFH VIII B 179/05, BFH/NV 2006, 1150; IV R 36/10, BStBl. II 2013, 498; I R 9/11, BStBl. II 2013, 512; BFH IV R 43/10, BFH/NV 2013, 408; sowie für das Ausscheiden eines Mitunternehmers FG München 8 V 1588/08, EFG 2008, 1736 rkr.; HessFG 8 V 938/10, EFG 2010, 1811).

145a **Auch im Übrigen** ist die Vorschrift **verfassungsgemäß** (BVerfG 2 BvL 19/14, DStR 2025, 2000). Das betrifft insbesondere die **verfassungsrechtlichen Bedenken** des BFH, wenn der Verlust des Verlustvortrags aus **rechtlichen Gründen** eintritt (BFH I R 49/10, BStBl. II 2011, 826, zu § 10d Abs. 2 S. 1 EStG; hierzu Desens FR 2011, 745; Roser gmbhstb 2013, 53; Boller/Franke NWB 2013, 668) bzw. wenn der Verlustabzug und damit die Nettoertragsbesteuerung **in seinem/ihrem „Kernbereich" tangiert** wird (BFH I R 9/11, BStBl. II 2013, 512; anders wohl BFH IV R 36/10, BStBl. II 2013, 498), insb. **Definitiveffekte** eintreten (BFH I R 59/12, BStBl. II 2014, 1016: Vorlagebeschluss, Fortsetzung des Rev.-Verfahrens jetzt unter I R 20/25; ebenso FG Münster 13 V 235/189 G, EFG 2019, 1123; Gosch BFH/PR 2014, 390; Ernst BB 2014, 2536; Henningfeld DB 2014, 2198; Fehn/Fehn Stbg 2021, 239). Die Regelung – so das BVerfG – ist nicht gleichheitswidrig und angesichts ihrer Rechtfertigung durch sachliche Gründe nicht willkürlich. Auch dränge sich eine Alternative zu ihrer typisierenden Ausgestaltung nicht auf. Offen geblieben sind der verfassungsrechtliche Stellenwert des objektiven Nettoprinzips und quantitative Anforderungen an das Ziel der Verstetigung von Staatseinnahmen (krit. auch Horstmann/Lenhart DStR 2025, 2394).

145b **c) Billigkeitsmaßnahmen.** Die **zeitliche Streckung** des Verlustabzugs allein ist mE **nicht sachlich unbillig** iSv §§ 163, 227 AO. Auch **der endgültige Verlust** des Verlustvortrags (zB bei Betriebsbeendigung) kennzeichnet mE **keine sachliche Unbilligkeit,** weil der Gesetzgeber die nachteiligen Folgen der Regelung auch für diese Fälle bedacht haben muss, sie also den Wertungen des Ggebers entsprechen (so zu § 10d Abs. 2 EStG BFH XI R 33/16, BStBl. II 2019, 258; aA FG München 8 V 1588/08, EFG 2008, 1736; FG Bln-Bbg 6 K 6216/06, EFG 2010, 1576). Ein Erlass aus sachlichen Gründen käme daher einer strukturellen Gesetzeskorrektur gleich (BVerwG 9 C10.14, BVerwGE 151, 255).

Kein endgültiger Verlust des Verlustvortrags liegt vor bei erheblichen Grundstückswerten mit unklaren stillen Reserven (FG Bln-Bbg 12 K 12179/09, DStRE 2013, 413; nachgehend BFH I R 59/12, BStBl. II 2014, 1016, Vorlagebeschluss zu BVerfG 2 BvL 19/14; Fortsetzung des Rev.-Verfahrens jetzt unter I R 20/25). Zuvor hatte BFH IV R 29/10 (BStBl. II 2013, 505, Aufh. v. FG Bln-Bbg 6 K 6216/06, EFG 2010, 1576; krit. Roser gmbhstb 2013, 53) die Frage der sachlichen Unbilligkeit offen gelassen, weil die Stpfl. selbst zum Entstehen eines außerordentlichen GewErtrags (durch Forderungsverzicht ihrer Gläubiger) beigetragen habe.

Die Möglichkeit einer **persönlichen Billigkeitsentscheidung** bleibt davon unberührt, wenn die Definitivbesteuerung den Stpfl. unverhältnismäßig und unzumutbar benachteiligt. (BFH IV R 60/11, BFH/NV 2013, 410, zu FG Hmb 1 K 208/10, EFG 2012, 434, best.).

Die Frage der **Verfassungsmäßigkeit der Norm** ist jedenfalls **nicht Gegenstand** des (auch verfassungs)rechtlichen Verfahrens über die Billigkeitsmaßnahme (BVerfG 1 BvR 1103/15, HFR 2017, 544).

4. Verfahren

a) Gesonderte Feststellung. Der **vortragsfähige Verlust** wird **gesondert festgestellt** (S. 6). Das bedeutet: noch nicht berücksichtigte Fehlbeträge können in einem folgenden EZ nur abgezogen werden, wenn sie der Höhe nach gesondert festgestellt worden sind (BFH IV R 109/06, BFH/NV 2010, 2056 unter 3a). 146

Das G ist auf eine **lückenlose Fortschreibung** der vortragsfähigen Fehlbeträge hin angelegt; hierbei ist es unerheblich, wann die Verluste entstanden sind. Die gesonderten Feststellungen haben daher so lange zu erfolgen, wie sich nach Verrechnung mit positiven GewErträgen noch ein Fehlbetrag ergibt (BFH I R 92/98, BStBl. II 1999, 733; Kleinheisterkamp in Lenski/Steinberg § 10a Rn. 382; Drüen in Brandis/Heuermann § 10a Rn. 49). Hierbei hat ein Verlustabzug auch dann zu erfolgen, wenn der (positive) GewErtrag unter dem Freibetrag des § 11 Abs. 1 S. 3 Nr. 1 GewStG liegt (BFH IV R 31/23, BStBl. II 2026, 68, Rn. 60; R 10a 1 Abs. 3 GewStR).

Die **Verlustfeststellung** erfolgt **auf den 31.12.** des jeweiligen Jahres; das gilt **auch bei einem abweichenden Wj.** (BFH IV R 13/20, BFH/NV 2022, 1393)

b) Gegenstand der Feststellung. Festgestellt wird daher die Höhe des jeweiligen Verlustbetrags, der Verbrauch des vortragsfähigen GewVerlusts und die steuerliche Abzugsfähigkeit dieses Betrags nach Maßgabe der im Feststellungszeitpunkt geltenden Rechtslage für das spätere Abzugsjahr, also ihre steuerliche „Wertigkeit" („abgeschichtete" Grundlagenentscheidung; BFH I R 18/02, BStBl. II 2004, 468; I R 112/03, BStBl. II 2004, 1085; FG Düsseldorf 12 V 1531/18 A (G, F), EFG 2019.379). Ausgangspunkt ist zunächst die selbstständige ohne Bindung an den GewStMessbescheid des abgelaufenen EZ erfolgende **Prüfung der sachlichen GewStpflicht** (→ Rn. 118a). 147

Im Feststellungsbescheid auf den **Feststellungszeitpunkt des EZ,** in dem ein **maßgebliches Ereignis** stattgefunden hat, und nicht erst im nachfolgenden GewStMessbescheid oder gar einem nachfolgenden Feststellungsbescheid sind daher alle Umstände zu berücksichtigen, die materiell-rechtlich während des laufenden EZ bis zum Feststellungszeitpunkt zu einem (anteiligen) **Untergang des vortragsfähigen Fehlbetrags** (GewVerlusts) geführt haben. Dazu gehört auch der Verlust der wirtschaftlichen Identität nach § 8 Abs. 4 KStG aF (BFH I R 13/16, BStBl. II 2019, 632) oder der (anteilige) Wegfall der Unternehmensidentität (BFH IV R 31/13, BStBl. II 2017, 482; IV R 2/14, BStBl. II 2017, 1138; IV R 59/16, BStBl. II 2020, 147; aA FG Köln 10 K 1830/10, EFG 2012, 1291). 147a

Nicht festgestellt wird der **Anteil des einzelnen Mitunternehmers** (vgl. BFH IV R 11/08, BStBl. II 2011, 903; FG MV 30.1.2008, DStRE 2008, 947; Loose/Suck FR 2008, 864). Sein Ausscheiden ist bei der Fortentwicklung des festzustellenden Fehlbetrags zu berücksichtigen. Geschieht das nicht, ergeben sich Bindungswirkungen aus dem materiell-rechtlich fehlerhaften, aber bestandskräftigen Feststellungsbescheid bei der Verlustverrechnung im Anrechnungsjahr (BFH IV R 11/08, BStBl. II 2011, 903). 147b

148 **c) Bindungswirkung.** Der **Feststellungsbescheid ist Grundlagenbescheid** iSv § 182 AO für den GewStMessbescheid des Folgejahres (BFH I R 92/88, BStBl. II 1999, 733; IV R 100/06, BFH/NV 2010, 2056); dieser ist Grundlagenbescheid für den Verlustfeststellungsbescheid des Folgejahres (BFH VIII R 96/04, BFH/NV 2006, 885; III R 12/13, BStBl. II 2016, 420; IV R 25/21, BFH/NV 2024, 679). Das gilt auch für die zulässige Verlustnutzung durch einen weiteren GewBetrieb (BFH XI R 2/23, BStBl. II 2025, 862, zu FG München 6 K 1787/19, best.). Für die Berücksichtigung eines **erstmaligen GewVerlusts** im GewStMessbescheid bedarf es keiner Feststellung (FG Münster 11 K 2517/21 G, EFG 2023, 852).

Der **Umfang der Bindungswirkung** bestimmt sich grds. nach dem Verfügungssatz (Tenor), ua im Hinblick auf die Höhe und die steuerliche Abziehbarkeit des Verlustvortrages (BFH I R 95/04, BStBl. II 2015, 612 mwN). Das gilt **auch im Falle seiner Unrichtigkeit** (BFH IV R 11/08, BStBl. II 2011, 903; IV R 59/16, BStBl. II 2020, 147): Wird der vortragsfähige GewVerlust im Feststellungsbescheid zu Unrecht nicht (anteilig) gekürzt, kann er ggf. entgegen der materiellen Rechtslage allein aus verfahrenrechtlichen Gründen im Abzugsjahr nutzbar sein (BFH IV R 31/13, BStBl. II 2017, 482). Die Bindungswirkung erstreckt sich aber **nicht auf künftige Umstände** (BFH IV R 38/09, BStBl. II 2013, 958).

148a Die im Feststellungsbescheid getroffenen Entscheidungen sind nur durch **Anfechtung** des Feststellungsbescheides, nicht (auch) des GewStMessbescheides des Folgejahres angreifbar (vgl. BFH I R 8/05, BStBl. II 2007, 602; IV R 100/06, BFH/NV 2010, 2056). Eine **Durchbrechung der Bindungswirkung** kommt nur in Betracht, wenn sich die gesetzlichen Voraussetzungen für den Verlustabzug ändern (BFH I R 18/02, BStBl. II 2004, 468; OFD Magdeburg 19.7.2004, DStR 2004, 1806).

Allerdings hat eine **Änderung** des Feststellungsbescheids **nach § 35b** zu erfolgen, wenn sich der GewVerlust eines der Vorjahre oder des lfd. EZ ändert (vgl. BFH I R 77/00, BFH/NV 2001, 1293; FG München 7 K 843/10, EFG 2012, 1181), und zwar auch dann, wenn eine Änderung des Messbescheids mangels steuerlicher Auswirkung nicht erfolgt (vgl. Orth StuW 1996, 317).

148b Der **GewStMessbescheid** des FeststellungsEZ ist **formal kein Grundlagenbescheid** für den Verlustfeststellungsbescheid dieses EZ; gleichwohl wird über die Regelung des **§ 35b Abs. 2 S. 2** idF des G. v. 8.12.2010 (BGBl. 2010 I 1768) eine inhaltliche Bindung des Letzteren an den Ersteren erreicht; dadurch wird dieser im Ergebnis wie ein Grundlagenbescheid behandelt (BFH IV R 27/19, BStBl. II 2023, 1112; IV R 23/22, BFH/NV 2025, 686; IV R 27/22, BStBl. II 2025, 697). Daher sind im Feststellungsverfahren die Besteuerungsgrundlagen (BFH: „Einkünfte") dieses EZ nicht eigenständig zu ermitteln (BFH XI R 50/17, BStBl. II 2018, 752; IV R 7/20, BFH/NV 2021, 1206; III R 23/16, BStBl. II 2022, 80; IV R 33/18, BFH/NV 2022, 911). Will der StPfl. die Feststellung eines höheren Verlustvortrags erreichen, muss er den GewStMessbetrag angreifen; ohne dies wird im Rahmen der Begründetheit eines Rechtsmittels gegen den Folgebescheid nur noch geprüft, ob überhaupt eine Bindungswirkung besteht (BFH IV R 27/22, BStBl. II 2025, 697).

Der (vorgebliche) **Übergang** des vortragsfähigen GewVerlusts auf einen **anderen Rechtsträger** muss daher in dessen GewStMessbescheid für den EZ berücksichtigt werden, in dem der Übergang erfolgen soll (BFH IV R 25/21, BFH/NV 2024, 679).

Jedoch ist trotz § 35b Abs. 2 S. 2 der GewStMessbescheid **nicht Grundlagenbescheid** für den Feststellungsbescheid **dieses EZ,** soweit das Merkmal der sachlichen Stpfl. (keine Besteuerungsgrundlage!) für die Frage der Unternehmensidentität bedeutsam ist (BFH IV R 31/13, BStBl. II 2017, 482; IV R 59/16, BStBl. II 2020, 147; IV R 13/20, BStBl. II 2024, 121).

d) Bekanntgabe. Bekanntzugeben ist der Feststellungsbescheid an den **Schuldner der GewSt** (§ 5). In **Organschaftsfällen** ist dies der Organträger auf jeden Fall dann, wenn organschaftliche Verluste des Organs festzustellen sind. Aber auch bei **vororganschaftlichen Verlusten** *bis EZ 2003* ist zumindest eine Ausfertigung des Bescheids dem Organträger bekannt zu geben, weil über die Verlustverrechnung beim Organ der GewErtrag des Organträgers beeinflusst wird (vgl. FM Bbg 30.3.1992, DB 1992, 919). Zur **örtlichen Zuständigkeit** vgl. FM Bay 20.10.1993, DB 1993, 2262; FM Bbg 13.10.1993, FR 1993, 821 und → § 35b Rn. 8. *Ab EZ 2004* entstandene vororganschaftliche Verluste der Organgesellschaft sind nur dieser gegenüber festzustellen, da sie sich nur bei ihr im Falle der Beendigung der Organschaft auswirken können. 149

5. Abzug bei Mitunternehmerschaften

a) Grundsatz. Mit **Einfügung der Sätze 4 u. 5** durch G. v. 13.12.2006 (BGBl. 2006 I 2878) hat der Gesetzgeber die Auffassung der FVerw vom mitunternehmerbezogenen Verlustabzug festgeschrieben. Danach ist zunächst maßgebend, dass **überhaupt ein Fehlbetrag** der Personengesellschaft vorliegt (BFH VIII R 41/95, BStBl. II 1997, 179). Es findet aber **ab EZ 2007** Zurechnung des GewVerlusts (Entstehungsjahr) und des GewErtrags (Anrechnungsjahr) statt, jedoch **nur** *nach dem* **Gewinnverteilungsschlüssel** (BFH IV R 4/06, BStBl. II 2008, 140; IV R 11/08, BStBl. II 2011, 903). Das bedeutet, dass trotz Verbleibens eines Gesellschafters ohne Beteiligung an GuV bei einem Gesellschafterwechsel der Verlustvortrag vollständig verloren geht (vgl. BFH VIII R 41/95, BStBl. II 1997, 179 unter 3.). Bei einer **atypisch stillen Ges.** ist die Beachtung des Gewinnverteilungsschlüssels unabhängig von der Einforderung der vom Stillen bedungenen Einlage (SächsFG 8 K 170/13, GmbHR 2014, 726). 150

b) Verfahren. Verfahrensmäßig erfordert die Verlustverrechnung bei **Mitunternehmerschaften** also eine auf den einzelnen Mitunternehmer bezogene Berechnung, bei der die Verrechnung jeweils für den einzelnen Mitunternehmer vorzunehmen ist. Die Ergebnisse der einzelnen Verrechnung sind – in einem 2. Schritt – zum GewErtrag der Mitunternehmerschaft zusammenzufassen (BFH IV R 11/08, BStBl. II 2011, 903). Insofern hat sich gegenüber der Rechtslage vor Einfügung der Sätze 4 u. 5 nichts geändert. 151

Die **Verlustfeststellung** selbst hat sich an diesen Grundsätzen zu orientieren: bei **Ausscheiden eines Gesellschafters** im Verlustentstehungsjahr oder zu dessen Ende steht fest, dass dessen Verlustanteil für eine Verrechnung in einem nachfolgenden EZ nicht mehr in Betracht kommt; der auf ihn entfallende Verlustanteil ist für Zwecke der Feststellung auf das Ende des Verlustentstehungsjahres **herauszurechnen;** der verbleibende Verlustabzug ist entsprechend niedriger festzustellen.

Bei einem **abweichenden Wj.** Sind nur die Ereignisse bis zu dessen in den EZ der Feststellung fallendes Ende zu berücksichtigen (BFH IV R 59/07, BFH/NV 2010, 1492). Geschieht das nicht und wird der Feststellungsbescheid bestandskräftig, steht der überhöhte Verlustabzug den verbliebenen Gesellschaftern nach dem Verhältnis ihrer Beteiligung im Verlustentstehungsjahr zur Verlustverrechnung zur Verfügung (BFH IV R 11/08, BStBl. II 2011, 903).

152 **c) Höchstbeträge.** Die vorstehenden Grundsätze gelten auch für die **Höchstbeträge** *der S. 1 und 2* **(Mindestbesteuerung).** ME schreibt S. 5 insofern eindeutig die zeitanteilige Aufteilung des Höchstbetrags auf die Mitunternehmer nach dem Verhältnis des Gewinnverteilungsschlüssels vor (ebenso FG BW 1 K 3691/15, EFG 2017, 1183, aufgeh. aus anderen Gründen von BFH IV R 8/17, BStBl. II 2020, 401); eine verursachungsgerechte Aufteilung steht mE im Widerspruch zum GWortlaut (Förster DB 2021, 303). Auch eine Deckelung des Verlustabzugs erst nach der Zusammenfassung der auf die Mitunternehmer entfallenden Verlustabzüge (vgl. hierzu Kleinheisterkamp in Lenski/Steinberg § 10a Rn. 366f aF) wird dem Wortlaut der Vorschrift nicht gerecht. Das kann im Einzelfall zur Folge haben, dass – insb. bei einem Gesellschafterwechsel nach der Verlustentstehung – ebenfalls Verrechnungsmöglichkeiten zunächst ungenutzt bleiben müssen, ggf. ganz verloren gehen.

153 **d) Vorabgewinn. „Vorabgewinnanteile"** sind nicht zu berücksichtigen. Das gilt für die Ermittlung des Fehlbetrags wie für den zu kürzenden Gewerbeertrag (Sätze 4 u. 5, jeweils Hs. 2). Unklar ist die Bedeutung dieser Bestimmungen (gewinnunabhängige Gewinnanteile?, Sondervergütungen?). Meines Erachtens handelt es sich schon rein sprachlich um eine Klarstellung dahin, dass allein der Gewinnverteilungsschlüssel (ein Prozentsatz am Gewinn/Verlust) maßgeblich ist und **jeder Gewinnvorab** außer Betracht zu lassen ist, nicht aber um eine Erweiterung der Einschränkung durch die jeweiligen Hs. 1 (vgl. zu § 35 Abs. 2 EStG BFH IV B 109/08, BStBl. II 2010, 116; IV B 114/11, BFH/NV 2012, 1440; FG Bln-Bbg 6 K 1332/03 B, EFG 2008, 219; Kleinheisterkamp in Lenski/Steinberg § 10a Rn. 359; aA BMF 24.2.2009, BStBl. I 2009, 440 Rn. 23).

154 **e) Rückwirkung.** Die in § 36 Abs. 9 aF angeordnete **Rückwirkung** der S. 4 und 5 unterliegt – soweit sie im Einzelfall belastend wirkt – **verfassungsrechtlichen** Bedenken (BFH IV R 59/05, BFH/NV 2007, 2334; IV R 4/06, BStBl. II 2008, 140; ebenso Kleinheisterkamp in Lenski/Steinberg § 10a Rn. 362 aF); allein wegen der unterschiedlichen Auffassungen von BFH und BMF musste der Stpfl. nicht mit einer rückwirkenden Regelung rechnen. Der BFH hat jedoch die Vorlagen (BFH IV R 59/05, BFH/NV 2007, 2334; IV R 4/06, BStBl. II 2008, 140) wegen Abhilfe durch die FÄ zurückgezogen (vgl. BFH IV R 59/05, BFH/NV 2007, 2334; IV R 4/06, BStBl. II 2008, 140).

6. Beteiligung einer Körperschaft an Personengesellschaft (S. 10 Hs. 2 ff.)

155 **a) Grundsatz.** Ist der Fehlbetrag der Mitunternehmerschaft einer Körperschaft **unmittelbar** oder **mittelbar** über eine **Beteiligung an einer Mitunternehmerschaft** (auch mehrstöckig) zuzurechnen (§ 10a S. 4; → Rn. 120a ff.), so ist für schädliche Beteiligungserwerbe **nach dem 28.11.2008** (§ 36 Abs. 9 S. 10 aF) *insoweit* **§ 8c KStG** (→ Rn. 30 ff.) anzuwenden. Es handelt sich um eine **Rechtsgrundverweisung,** nicht um eine Rechtsfolgenverweisung; Voraussetzung ist mE, dass die KapGes im **Zeitpunkt der Entstehung** des Verlustvortrags an der Mitunternehmerschaft bereits unmittelbar oder mittelbar **beteiligt** war. Nicht erfasst ist die **Übertragung von Mitunternehmeranteilen** durch eine

Körperschaft auf eine andere Körperschaft (BFH IV R 29/18, BStBl. II 2021, 722, zu FG Düsseldorf 2 K 2170/16 F, EFG 2018, 1666, best.); ebenso wenig die **Einbringung** von (auch doppelstöckigen) Mitunternehmeranteilen in eine KapGes (ebenso Moritz/Probst Ubg 2022, 481).

Bedeutung: Die Vorschrift dient der Verhinderung von Ausweichgestaltungen **155a** zur Rettung des gewstrechtlichen Verlustvortrags durch Einbringung des GewBetriebs von der KapGes in eine TochterPersGes (BT-Drs. 16/10494, 20). In dem Maße, in dem bei der Körperschaft aufgrund schädlichen Beteiligungserwerbs (→ Rn. 47 ff.) ein Verlust des Verlustvortrags (→ Rn. 90 ff.) eintritt, geht auch auf der Ebene der Mitunternehmerschaft der anteilige GewVerlust unter (GewStR 10a.1 Abs. 3 S. 5 f.). Das G. behandelt also den schädlichen Beteiligungserwerb in Abweichung von den zur doppelstöckigen Mitunternehmerschaft geltenden Grundsätzen (→ Rn. 131 ff.) wie einen Unternehmerwechsel in der Mitunternehmerschaft (→ Rn. 127 ff.) mit der oa Rechtsfolge (vgl. BT-Drs. 16/11108, 30). Auf den Wechsel von Gesellschaftern in der Mitunternehmerschaft selbst ist die Vorschrift auch dann nicht anzuwenden, wenn es sich bei jenen um Kapitalgesellschaften handelt (BFH IV R 29/18, BStBl. II 2021, 722, zu FG Düsseldorf 2 K 2170/16 F, EFG 2018, 1666; Nds FG 9 K 309/21, EFG 2025, 725, zur Stille-Reserven-Klausel, Rev. IV R 14/24).

Es ist also von dem schädlichen Beteiligungswechsel in der Körperschaft auf **155b** die Auswirkungen auf der Ebene der Mitunternehmerschaft **„durchzurechnen“** (GewStH 10a.3 (3); ebenso Beinert/Benecke Ubg 2009, 169; Honert/Obser EStB 2010, 404; **aA** Suchanek Ubg 2009, 178; Hoffmann DStR 2009, 257: Verlustuntergang iHd Beteiligung der Obergesellschaft an der Untergesellschaft; weitere **aA** Brauer/Sonnenschein in Deloitte § 10a Rn. 158f: mittelbarer Erwerb von mindestens 25 % bei der Untergesellschaft erforderlich). Zur hier vertretenen Auffassung folgende

Beispiele:

1. Ist die Körperschaft *unmittelbar* zu 50 % an der Mitunternehmerschaft mit einem Verlustvortrag von 100 beteiligt und werden bei ihr innerhalb von 5 Jahren 51 % der Anteile übertragen (§ 8c Abs. 1 S. 2 KStG), so geht der ihr zuzurechnende Verlustanteil von 50 vollständig unter (§ 10a S. 4).

2. An einer Mitunternehmerschaft mit Verlust 100 ist eine weitere Mitunternehmerschaft beteiligt, auf die nach Gewinnverteilungsschlüssel 50 % entfallen, und an dieser eine Kapitalgesellschaft, auf die hier nach Gewinnverteilungsschlüssel 40 % entfallen; bei der Kapitalgesellschaft findet ein schädlicher Beteiligungserwerb von 30 % (§ 8 Abs. 1 S. 1 KStG) statt. Es geht folgender Anteil am Gewerbeverlust bei der Verlustgesellschaft unter: 100 × 50 % × 40 % × 30 % = 6 %.

Im Gegensatz zur kstrechtlichen Rechtsfolge (→ Rn. 61) ist auch ein bei der Mitunternehmerschaft vorhandener **Verlust nach § 15a EStG** insoweit betroffen, als er in die Feststellung des vortragsfähigen Gewerbeverlusts der Mitunternehmerschaft eingeht (hierzu BFH VIII R 39/97, BFH/NV 1997, 857). Im Falle des schädlichen Beteiligungserwerbs geht er ebenfalls unter (BFH IV R 27/21, BFH/NV 2024, 1017, Rn. 51).

b) Mehrfache Übertragung des nämlichen Anteils. Bei ihm tritt trotz der **156** Grundsätze in → Rn. 60a mE **keine wiederholte Minderung** des Verlustvortrags ein (so jedoch v. Schöneborn NWB 2011, 366). Die Anordnung in S. 10 hat als Rechtsgrundverweisung ihre Funktion als gesetzlich fingierter Mitunternehmerwechsel in der Mitunternehmerschaft, bei dem der Verlust nur insoweit verloren geht, als der den Verlust tragende Mitunternehmer nicht (mehr) beteiligt ist (ebenso Kleinheisterkamp in Lenski/Steinberg § 10a Rn. 81).

157 **c) Anwendung der Konzernklausel.** ME bedeutet der Charakter der Vorschrift als Rechtsgrundverweisung auch hier, dass auf die Beteiligungen an der Körperschaft selbst abzustellen ist. Deren Beteiligung an einer Mitunternehmerschaft wird von der Vorschrift nicht erfasst (BFH IV R 29/18, BStBl. II 2021, 722, zu FG Düsseldorf 2 K 2170/16 F, EFG 2018, 1666).

158 **d) Anwendung der Verschonungsregeln. ME** ist auch insoweit auf die **Verhältnisse bei der Körperschaft** abzustellen, als der auf sie durchgerechnete Verlustanteil die **stillen Reserven der Körperschaft** nicht übersteigen darf (Nds FG 9 K 309/21, EFG 2025, 725, Rev. IV R 14/24; aA Kleinheisterkamp in Lenski/Steinberg § 10a Rn. 84s: maßgebend sind die Verhältnisse bei der Mitunternehmerschaft).

159 **e) Anwendung der Sanierungsklausel.** Auch diesbezüglich ist ein systematischer Zusammenhang mit den Tatbestandsvoraussetzungen des § 8c Abs. 1 S. 1 und 2 KStG gegeben; dh es müssen die **Sanierungsvoraussetzungen für die Körperschaft,** im Hinblick auf die mittelbar oder unmittelbar eine Beteiligung übertragen wird, gegeben sein (ebenso Suchanek/Herbst Ubg 2009, 525; aA OFD Münster 30.3.2010, DStR 2010, 929 Rn. 11; diff. Kleinheisterkamp in Lenski/Steinberg § 10a Rn. 84d).

160 **f) Entsprechende Anwendung des § 8d KStG (§ 10a S. 11 ff.).** Auf die Fehlbeträge ist **mWv auch vor EZ 2020 § 8d KStG entsprechend** anzuwenden, wenn ein fortführungsgebundener Verlustvortrag nach § 8d KStG gesondert festgestellt worden ist (§ 10a S. 11 idF d. G. v. 21.12.2020, BGBl. 2020 I 3096; zur Problematik → Rn. 118). Auch diese Vorschrift ist nicht anwendbar auf Mitunternehmerschaften, an denen keine Körperschaften unmittelbar oder mittelbar beteiligt sind (Nds FG 9 k 309/21, EFG 2025, 725, Rev. IV R 14/24)

Unterbleibt eine Feststellung nach § 8d Abs. 1 S. 8 (gemeint ist wohl S. 7!) KStG, weil keine nicht genutzten Verluste nach § 8c Abs. 1 S. 1 KStG vorliegen, ist **auf Antrag** § 8d KStG **entsprechend anzuwenden;** für die Form und Frist dieses Antrags gilt § 8d Abs. 1 S. 5 KStG (→ Rn. 100 ff.) entsprechend. Das bedeutet, **andere Gründe** für das Unterbleiben der Feststellung nach § 8d Abs. 1 S. 7 KStG **berechtigen nicht** zu einem eigenständigen gewerbesteuerlichen Antrag (ebenso Neumann/Höffer GmbHR 2021, 247), was wegen des Auseinanderfallens der Bezugszeitpunkte in § 8c Abs. 1 S. 1 KStG und § 8d Abs. 1 S. 6 KStG zu einem nach Sinn und Zweck der Vorschrift nicht gerechtfertigten **Ausschluss des eigenständigen Antragsrechts** führen kann (Suchanek/Rüsch FR 2021, 194: extensive Auslegung).

Diese Regelung betrifft allein die Fehlbeträge der Körperschaft, jedoch **nicht die Fehlbeträge der Mitunternehmerschaft,** denn nach dem Ausschlusstatbestand des § 8d Abs. 1 S. 2 Nr. 2 u. Abs. 2 S. 2 Nr. 4 KStG greift die Suspendierung des § 8c KStG nicht ein, wenn sich die Körperschaft an einer Mitunternehmerschaft beteiligt (ebenso Neumann/Höffer GmbHR 2021, 247; Suchanek/Rüsch FR 2021, 194).

§ 11 Steuermesszahl und Steuermessbetrag

(1) **[1]Bei der Berechnung der Gewerbesteuer ist von einem Steuermessbetrag auszugehen. [2]Dieser ist durch Anwendung eines Prozentsatzes**

(Steuermesszahl) auf den Gewerbeertrag zu ermitteln. [3]Der Gewerbeertrag ist auf volle 100 Euro nach unten abzurunden und

1. **bei natürlichen Personen sowie bei Personengesellschaften um einen Freibetrag in Höhe von 24 500 Euro,**
2. **bei Unternehmen im Sinne des § 2 Abs. 3 und des § 3 Nr. 5, 6, 8, 9, 15, 17, 21, 26, 27, 28 und 29 sowie bei Unternehmen von juristischen Personen des öffentlichen Rechts um einen Freibetrag in Höhe von 5 000 Euro,**

höchstens jedoch in Höhe des abgerundeten Gewerbeertrags, zu kürzen.

(2) **Die Steuermesszahl für den Gewerbeertrag beträgt 3,5 Prozent.**

(3) **[1]Die Steuermesszahl ermäßigt sich auf 56 Prozent bei Hausgewerbetreibenden und ihnen nach § 1 Abs. 2 Buchstabe b und d des Heimarbeitsgesetzes in der im Bundesgesetzblatt Teil III, Gliederungsnummer 804–1, veröffentlichten bereinigten Fassung, zuletzt geändert durch Artikel 4 des Gesetzes vom 13. Juli 1988 (BGBl. I S. 1034), gleichgestellten Personen. [2]Das Gleiche gilt für die nach § 1 Abs. 2 Buchstabe c des Heimarbeitsgesetzes gleichgestellten Personen, deren Entgelte (§ 10 Abs. 1 des Umsatzsteuergesetzes) aus der Tätigkeit unmittelbar für den Absatzmarkt im Erhebungszeitraum 25 000 Euro nicht übersteigen.**

Gewerbesteuer-Durchführungsverordnung

§ 22 GewStDV Hausgewerbetreibende und ihnen gleichgestellte Personen

[1]Betreibt ein Hausgewerbetreibender oder eine ihm gleichgestellte Person noch eine andere gewerbliche Tätigkeit und sind beide Tätigkeiten als eine Einheit anzusehen, so ist § 11 Abs. 3 des Gesetzes nur anzuwenden, wenn die andere Tätigkeit nicht überwiegt. [2]Die Vergünstigung gilt in diesem Fall für den gesamten Gewerbeertrag.

***§§ 23, 24** (weggefallen)*

Gewerbesteuer-Richtlinien 2009: GewStR 11.1, 11.2/GewStH 11.1, 11.2

Literatur: Lindwurm, Gewinnverteilung und Gewinnfeststellung bei Kumulation von stillen Gesellschaften, DStR 2000, 53; Bauschatz, Verunglückte Trading-Stock-Struktur, DStZ 2009, 582; Kanzler, Vervielfältigung des Gewerbesteuerfreibetrags durch Flucht in die Scheinselbstständigkeit – kein einfaches Gestaltungsmodell, FR 2009, 1140; Schulze zur Wiesche, Innengesellschaften an einzelnen Geschäftszweigen eines Unternehmens als selbstständige Mitunternehmerschaft, DStZ 2009, 873; Schulze zur Wiesche, Die GmbH & Still in der aktuellen Rechtsprechung, DB 2011, 1477; Richter, Grenz- und Differenzsteuersätze der Ertragsteuern 2016, BB 2016, 1884; Frieling/Meyer, Stille Beteiligung und Unterbeteiligung als Gestaltungsinstrumente von Familienunternehmen, DB 2020, 569; Sarrazin, Ein Erhebungszeitraum zwei Steuerschuldner? – Schuldner der GewSt bei einem Wechsel der Rechtsform im Laufe des Jahres, FR 2021, 276.

Übersicht

I. Allgemeines

1. Bedeutung der Vorschrift

1 **a) Funktion.** Der **GewStMessbetrag** bildet die Grundlage für die Erhebung der GewSt durch die hebeberechtigte Gemeinde (§ 16). Er wird durch das FA festgesetzt, und zwar durch **Anwendung der StMesszahl** auf den abgerundeten GewErtrag (§ 11 Abs. 1). Die GewStMesszahl ist **ab EZ 2008** wieder ein **fester Prozentsatz.** Ab EZ 1998 ist der GewErtrag alleinige Besteuerungsgrundlage (§ 6), demzufolge ist nur noch von **einem** Steuermessbetrag, nämlich dem nach dem GewErtrag, auszugehen.

1a **b) Tarifvorschrift.** Die Vorschrift ist demnach eine **reine Tarifvorschrift,** die an die Besteuerungsgrundlage Gewerbeertrag anknüpft (BFH VIII R 269/81, BStBl. II 1986, 860; Gosch in Brandis/Heuermann § 11 Rn. 4, 8). Sie ist keine Kürzungsvorschrift ieS, auch wenn bei den Freibeträgen (→ Rn. 4) von „Kürzung“ die Rede ist und sie zum Teil wie eine Kürzungsvorschrift wirkt. Die Kürzungsvorschriften (§ 9) dienen der Ermittlung des GewErtrags; die Tarifvorschriften bestimmen, wie die StMesszahl auf den hierfür maßgebenden GewErtrag anzuwenden ist. Die Unterscheidung hat insb. Bedeutung für die Verhältnisse bei Organschaften (→ Rn. 10).

c) Reformdiskussion. Dem **Vorschlag,** den Unternehmerlohn durch Kürzung nach § 9 bei der Ermittlung des GewErtrags zu berücksichtigen, ist mE wegen des Objektsteuercharakters der GewSt nicht zu folgen (aA Sarrazin in Lenski/Steinberg § 11 Rn. 9). Dem ist die Berücksichtigung eines fiktiven, gar von betrieblichen Größen abhängigen Unternehmerlohns fremd (vgl. BVerfG 1 BvR 528/72, BVerfGE 40, 109 (117); 1 BvR 15/75, BVerfGE 46, 224 (237); StRefKommission, Schriftenreihe des BMF, Heft 17, Rn. 219). 1b

2. Zur Entstehung

Die Vorschrift ist seit Erlass des GewStG häufig geändert worden. Die wichtigsten Änderungen der letzten rd. 35 Jahre waren: 2

- G. v. 16.8.1977 (BGBl. 1977 I 1586): Aufgabe des Staffeltarifs nach § 11 Abs. 2 und Einführung einer einheitlichen GewStMesszahl von 5 %, bei Hausgewerbetreibenden und gleichgestellten Personen von 2,5 % (für den Betrieb von Handelsschiffen gilt diese gem. G. v. 18.7.1974 (BGBl. 1974 I 1489) ab EZ 1974), sowie Einführung des Freibetrages für natürliche Personen und Personengesellschaften nach § 11 Abs. 1 (seinerzeit 24.000 DM) ab EZ 1978;
- G. v. 30.11.1978 (BGBl. 1978 I 1849): Anhebung des allgemeinen Freibetrages auf 36.000 DM sowie Einführung einer Freigrenze von 5.000 DM für wirtschaftliche Geschäftsbetriebe bestimmter juristischer Personen nach § 11 Abs. 6 aF ab EZ 1980; die Heraufsetzung des Freibetrages hat den Realsteuercharakter der GewSt nachhaltig verändert. Im Jahr 1981 zahlten nur noch 30 % aller gewstpfl. Betriebe GewSt nach dem GewErtrag (nur 16 % zahlten GewSt nach dem GewKapital);
- G. v. 26.8.1981 (BGBl. 1981 I 537): Streichung der bis dahin geltenden ermäßigten GewStMesszahl für Sparkassen, Kreditgenossenschaften und Zentralkassen ab EZ 1981;
- G. v. 19.12.1985 (BGBl. 1985 I 2436): Streichung der Ermäßigungsvorschrift des § 11 Abs. 6 ab EZ 1986;
- G. v. 18.12.1989 (BGBl. 1989 I 2212): Streichung des Abs. 5 aF sowie Neufassung des Abs. 1 S. 3 unter Umwandlung der Freigrenze von 5.000 DM des Abs. 5 aF in einen Freibetrag von 7.500 DM und Anpassung des Katalogs der begünstigten Körperschaften an die zwischenzeitlichen Änderungen des § 3;
- G. v. 22.12.1989 (BGBl. 1989 I 2408): Erstreckung der oa Freibetragsregelung auf Genossenschaften nach § 3 Nr. 8;
- G. v. 24.6.1991 (BGBl. 1991 I 1322): Schaffung eines Staffeltarifs für Gewerbebetriebe von natürlichen Personen und Personengesellschaften, die im EZ überwiegend die Geschäftsleitung im Beitrittsgebiet hatten, für die EZ 1991 und 1992;
- G. v. 25.2.1992 (BGBl. 1992 I 297): Erhöhung des Freibetrags auf 48.000 DM, erneute Einführung des Staffeltarifs und Fortfall der Steuerermäßigung für Handelsschiffe im internationalen Verkehr ab EZ 1993;
- G. v. 29.10.1997 (BGBl. 1997 I 2590): Streichung der Wörter „nach dem Gewerbeertrag" als Folgeänderung nach der Abschaffung der GewKapitalSt ab EZ 1998 durch dieses Gesetz;
- G. v. 16.7.1998 (BGBl. 1998 I 1842): Erstreckung der Freibetragsregelung auf Entschädigungs- und Sicherungseinrichtungen nach § 3 Nr. 21;
- G. v. 22.12.1999 (BGBl. 1999 I 2601): Erstreckung der Freibetragsregelung auf Gesamthafenbetriebe, Versorgungszusammenschlüsse, Arbeitsgemeinschaften

Medizinischer Dienst und bestimmte Arbeitsgemeinschaften der Tarifvertragsparteien;

- G. v. 19.12.2000 (BGBl. 2000 I 1790): Umstellung der DM-Beträge auf Euro-Beträge;
- G. v. 20.12.2001 (BGBl. 2001 I 3955): Aufhebung der GewStMessbetragssonderregelung des § 11 Abs. 4 für das ZDF ab EZ 2001; entsprechende Änderungen in § 7 S. 2 GewStG iVm § 8 Abs. 1 S. 2 KStG: Übernahme der Regelung für alle inländischen öffentlich-rechtliche Rundfunkanstalten;
- G. v. 29.12.2003 (BGBl. 2003 I 3076): Verringerung der Ermäßigung nach § 11 Abs. 3 S. 1 von 50 % auf 56 %;
- G. v. 14.8.2007 (BGBl. 2007 I 1912): Umstellung von einem Staffeltarif auf eine einheitliche Steuermesszahl;
- G. v. 17.3.2009 (BGBl. 2009 I 550): Erhöhung des Freibetrags nach § 11 Abs. 1 S. 3 Nr. 2 von 3.900 EUR auf 5.000 EUR.

II. Durchführung

1. Grundsatz

3 Die Festsetzung des **GewStMessbetrags** nach Abs. 1 ist ein Zwischenschritt vor der Festsetzung der GewSt durch die Gemeinden. Er darf **nicht negativ** sein, beträgt also mindestens 0 EUR. Denn nach Abs. 1 S. 3 erfolgt eine Kürzung um den Freibetrag nur bis zur Höhe des (abgerundeten) GewErtrags. Vor Berechnung des GewStMessbetrags ist der GewErtrag auf 100 volle EUR nach unten abzurunden (Abs. 1 S. 3).

Die **GewSt bestimmt sich** demnach als Produkt aus abgerundeten und um den Freibetrag gekürzten GewErtrag, StMesszahl und Hebesatz (hierzu Richter BB 2016, 1884).

2. Freibetrag bei natürlichen Personen und Personengesellschaften

4 **a) Zur Höhe.** Der **Freibetrag** wird **nach der Abrundung** durch **Kürzung vom GewErtrag** iHv **24.500 EUR,** gewährt (Abs. 1 S. 3 Nr. 1), und zwar **nach Anwendung des Verlustabzugs** nach § 10a GewStG (BFH IV R 31/23, BStBl. II 2026, 68). Die Freibetragsregelung bedeutet, dass ein GewStMessbetrag nur für GewErträge von mindestens 24.600 EUR festzusetzen ist. Sie bedeutet jedoch nicht, dass von der **Ermittlung des konkreten GewErtrags** ohne Weiteres abgesehen werden kann, wenn der positive GewErtrag niedriger ist als der Freibetrag. Denn ein etwa vorhandener vortragsfähiger GewVerlust wird auch dann verrechnet und verbraucht, wenn der positive GewErtrag unter dem Freibetrag liegt (BFH IV R 31/23, BStBl. II 2026, 68). Die Anwendung des Freibetrags selbst darf nicht zu einem (etwa nach § 10a zu berücksichtigenden) GewVerlust führen.

4a **b) Fiktiver Unternehmerlohn.** Die **Rechtfertigung** für diese Begünstigung bestand ursprünglich darin, dass Körperschaften ihren GewErtrag durch Zahlung von Geschäftsführergehältern mindern können; daher mE kein Verstoß gegen den Gleichheitssatz (Art. 3 GG; ebenso Stephani in Lenski/Steinberg § 11 Rn. 4; Gosch in Brandis/Heuermann § 11 Rn. 9). Der Freibetrag berücksichtigt somit typisierend einen **fiktiven Unternehmerlohn** (vgl. BFH IV R 47/05, BStBl. II 2008, 200; IV R 73/06, BStBl. II 2010, 40).

Es handelt sich um eine **zulässige Typisierung.** Folge hiervon ist ua, dass **bei Personengesellschaften keine Vervielfältigung** des Freibetrags um die Zahl der beteiligten Mitunternehmer möglich ist (BFH I R 127/93, BStBl. II 1995, 764). Auf der anderen Seite ist der Freibetrag auch bei einer **stillen Beteiligung an einer Kapitalgesellschaft** ebenso zu gewähren wie bei einer OHG/KG, an der **nur Kapitalgesellschaften beteiligt** sind. Trotz der sich aus dem Zweck der Freibetragsregelung hiergegen richtenden Bedenken handelt es sich um die wortgetreue Rechtsfolge einer zulässigen Typisierung, die der Gesetzgeber im Interesse der mittelständischen GmbH & Co. KG (BT-Drs. 14/443, 40) hingenommen hat (BFH IV R 47/05, BStBl. II 2008, 200). Die Begünstigung gilt jedoch **nicht** für eine **KGaA** (BFH I 186/64 U, BStBl. III 1965, 418).

c) Keine weiteren Funktionen. Die Freibetragsregelung hat an sich **keine weitere Funktion.** Dennoch dient sie nach der neueren Rspr. der Orientierung im Hinblick auf eine **Geringfügigkeitsgrenze** für unschädliche gewerbliche Betätigungen im Rahmen der Abfärberegelung (vgl. hierzu § 15 Abs. 3 Nr. 1 EStG; → § 2 Rn. 287, 428). Auch hat der Freibetrag **keinen Bezug zu bestimmten Bestandteilen** des GewErtrags (Ausnahme: Aufteilung, → Rn. 6b), was eine fiktive Zuordnung zB bei Anwendung des § 35 EStG zur Folge haben kann (zur Tonnagebesteuerung nach § 5a EStG: BFH IV R 27/11, BStBl. II 2015, 278; Nöcker FR 2015, 426). 4b

3. Insbesondere atypische stille Gesellschaft

a) Grundsatz. Begünstigt ist auch eine **atypische stille Gesellschaft,** denn sie ist trotz Fehlens der subjektiven GewStPflicht (BFH VIII R 364/83, BStBl. II 1986, 311) sachlich gewstpfl. (→ § 2 Rn. 414 ff.). Das gilt unabhängig davon, ob die Beteiligung einer natürlichen Person an einer Personengesellschaft (vgl. BFH IV R 73/06, BStBl. II 2010, 40) oder einer Kapitalgesellschaft (BFH I R 20/93, BStBl. II 1994, 327; I R 127/93, BStBl. II 1995, 764) oder einer Kapitalgesellschaft an einer anderen besteht (BFH IV R 47/05, BStBl. II 2008, 200; Frieling/Meyer DB 2020, 569). 5

b) Segmentierung. Ist eine stille Beteiligung nur an **einzelnen Geschäftsbereichen/Unternehmensteilen** des Handelsgewerbes gewollt, müssen diese eine in sich geschlossene, von anderen Teilen unabhängige und auf (ein) bestimmte(s) Projekt(e) bezogene Einheit bilden (BFH X R 108/91, BStBl. II 1994, 96). Hierfür ist nicht ausreichend, dass die Mitunternehmerstellung bei mehreren stillen Gesellschaftern nicht auf einer einheitlichen (mehrgliedrigen) Vereinbarung, sondern auf mehreren (zweigliedrigen) Vereinbarungen beruht (BFH I R 127/93, BStBl. II 1995, 764). Auch genügt nicht eine auf einzelne Tätigkeiten bezogene Gewinnvereinbarung oder die Akquisition durch einen Gesellschafter. Entscheidend ist für die Abgrenzung, ob insgesamt ein gemeinsamer Unternehmensverbund gewollt ist oder eigenständige Gesellschaftszwecke verfolgt werden (vgl. BFH I R 109/94, BStBl. II 1998, 685; IV R 73/06, BStBl. II 2010, 40; Schulze zur Wiesche DStZ 2009, 873; DB 2011, 1477; krit. Lindwurm DStR 2000, 53; Bauschatz DStZ 2009, 582). Zu den *Folgen einer* geglückten *Segmentierung* → Rn. 6a. 5a

4. Betriebs-/Unternehmensbezogenheit

6 **a) Grundsatz.** Der **Freibetrag** ist ebenso wie der Abrundungsbetrag **gewerbebetriebs-/unternehmensbezogen** zu gewähren. Er ist, wenn eine natürliche Person mehrere eigenständige Betriebe unterhält, in voller Höhe **für jeden einzelnen Betrieb** anzusetzen (BFH I R 127/93, BStBl. II 1995, 764; IV R 133/90, BStBl. II 1995, 791; IV R 73/06, BStBl. II 2010, 40; X R 36/10, BFH/NV 2013, 252; Sarrazin in Lenski/Steinberg § 11 Rn. 12). Entsprechendes gilt für persönlich verflochtene, aber selbstständig tätige gewerbliche (Schwester-)Personengesellschaften (BFH I R 95/76, BStBl. II 1980, 465; IV R 73/93, BStBl. II 1995, 589); iÜ kann eine Personengesellschaft jeweils zur nämlichen Zeit nur einen Gewerbebetrieb, nacheinander aber mehrere Gewerbebetriebe unterhalten (→ § 2 Rn. 26 zur Unternehmensgleichheit → § 10a Rn. 20). Zur **Organschaft** → Rn. 10.

6a **b) Atypische stille Gesellschaft.** Für atypisch stille Gesellschaften bedingt die Unternehmensbezogenheit von Freibetrag und Abrundungsbetrag, dass sie auch dann **nur einmal** gewährt werden, wenn an dem Unternehmen mehrere natürliche Personen aufgrund mehrerer Gesellschaftsverträge als atypische stille Gesellschafter beteiligt sind (BFH I R 127/93, BStBl. II 1995, 764).

Ist die **Segmentierung** allerdings geglückt (hierzu → Rn. 5a), dann ist der Freibetrag für jede Innengesellschaft (jeden Geschäftsbereich) in voller Höhe zu gewähren (vgl. BFH I R 109/94, BStBl. II 1998, 685; IV R 73/06, BStBl. II 2010, 40; GewStH 11.1; Stephani in Lenski/Steinberg § 11 Rn. 19).

6b **c) Weitere Einzelheiten.** Aus der Unternehmensbezogenheit von Freibetrag (und Abrundungsbetrag) folgt, dass der Freibetrag nach der **Einbringung eines GewBetriebs** (Einzelunternehmen) **in eine Personengesellschaft** während des EZ **nur einmal** gewährt werden kann, wenn die Unternehmensgleichheit (hierzu → § 2 Rn. 26 ff.; → § 10a Rn. 20 ff.) gewahrt bleibt. Unter dieser Voraussetzung ist der **GewStMessbetrag einheitlich** für den gesamten EZ (§ 10) zu ermitteln, und zwar durch Addition der in den verschiedenen Rechtsformen erzielten GewErträge und einem einheitlichen Abzug des Abrundungsbetrags und des Freibetrags sowie Anwendung der StMesszahl auf diesen gekürzten einheitlichen GewErtrag. Entsprechend § 5 ist der auf die verschiedenen StSchuldner entfallende GewStMessbetrag durch **Aufteilung** festzusetzen (BFH IV R 133/91, BStBl. II 1995, 791).

Entsprechendes gilt **im umgekehrten Fall** der Fortführung des Gewerbebetriebs einer Personengesellschaft durch einen Gesellschafter (BFH IV R 8/16, BStBl. II 2018, 484, zu SächsFG 8 K 863/14, EFG 2016, 1107, best.; FG BW 6 K 141/91, EFG 1994, 496 rkr.).

Die **Aufteilung** selbst hat dem Objektsteuercharakter der GewSt entsprechend nicht zeitanteilig, sondern **nach dem Verhältnis der GewErträge,** die jeweils von dem Einzelunternehmer und der PersGes erzielt worden sind, zu erfolgen (BFH IV R 8/16, BStBl. II 2018, 484, zu SächsFG 8 K 863/14, EFG 2016, 1107, best.; FG BW 6 K 141/91, EFG 1994, 496; Gosch in Brandis/Heuermann § 11 Rn. 11; für eine **zeitanteilige** Aufteilung FG Münster 13 K 3543/04 G, EFG 2008, 31; GewStR 11.1 S. 3 ff.; aA Sarrazin in Lenski/Steinberg § 11 Rn. 21; Sarrazin FR 2021, 276: nur *ein* StSchuldner). Allerdings erscheint es inkonsequent, den jeweils festzusetzenden GewStMessbeträgen die tatsächlich erzielten GewErträge (§ 7) zugrundezulegen, die Teil-Freibeträge jedoch zeitanteilig zu bestimmen; was zu deutlichen Missverhältnissen führen kann (s. die vom BFH IV R 8/16 und vom SächsFG 8 K 863/14 sowie FG BW 6 K 141/91 entschiedenen Fälle).

Das hat zur Folge, dass der Freibetrag den verschiedenen StSchuldnern im Ergebnis nur **anteilig** nach Maßgabe des Verhältnisses der Teil-GewErträge gewährt wird.

Zur **Innengesellschaft,** insb. **atypisch stille Gesellschaft,** → Rn. 7.

5. Zeitfragen

Der Freibetrag ist bei **Betriebseröffnung** oder **-schließung im Laufe des EZ** 7
in voller Höhe zu gewähren (BT-Drs. 10/1636, 69; GewStR 11.1 S. 2; Sarrazin in Lenski/Steinberg § 11 Rn. 4 aE). Das gilt auch für den Fall, dass eine **atypisch stille Gesellschaft** (hier: am GewBetrieb einer GmbH) unterjährig begründet wird. Die Begründung wirkt wie eine Einbringung nach § 24 UmwStG (→ § 2 Rn. 414). Gleichwohl liegt mE keine Unternehmensidentität vor (→ § 10a Rn. 23b). Zwar bleibt Schuldner der GewSt der Inhaber des Betriebs, doch wird für die Dauer des Bestehens der stillen Gesellschaft das Unternehmen ertragsteuerlich ihr zugeordnet (BFH IV R 8/14, BStBl. II 2017, 538; IV R 38/15, BStBl. II 2018, 587). Objekt der sachlichen StPfl. ist bezogen auf diesen Betrieb nunmehr die stille Gesellschaft. Es haben zwei GewStMessbescheide zu ergehen (→ § 2 Rn. 1 ff.), damit steht ihr ab unterjähriger Begründung der volle Freibetrag zu, ohne dass der GmbH ein (ggf. anteiliger) Freibetrag zu gewähren wäre (BFH III R 68/18, BStBl. II 2021, 869, zu FG Münster 10 K 4079/16 G, EFG 2019, 127, best.; aA Sarrazin in Lenski/Steinberg § 11 Rn. 22).

Lediglich für den **Wechsel der Steuerschuldnerschaft** zwischen Einzelunternehmen und Personengesellschaft findet eine Aufteilung des GewStMessbetrags und folglich auch des Freibetrags statt (hierzu → Rn. 6b).

6. Bestimmte juristische Personen

Bei den in Abs. 1 S. 3 Nr. 2 bezeichneten juristischen Personen beträgt der 8
Freibetrag *ab EZ 2009* **5.000 EUR.** Er wird ebenfalls gewährt durch Kürzung nach Abrundung (Abs. 1 S. 3 Nr. 2). **Nicht in den Genuss** des Freibetrags **kommen** die in Abs. 1 S. 3 nicht genannten **juristischen Personen des § 2 Abs. 2.**

Die Vorschrift betrifft durch **abschließende Aufzählung:**

(1.) Unternehmer iSv § 2 Abs. 3; das sind sonstige juristische Personen des privaten Rechts, insb. rechtsfähige Vereine (§§ 21 ff. BGB), privatrechtliche Stiftungen und Anstalten mit eigener Rechtspersönlichkeit (§§ 80 ff. BGB) und nichtrechtsfähige Vereine, soweit sie einen Geschäftsbetrieb unterhalten;

(2.) Gewerbebetriebe von Hauberg-, Wald-, Forst- und Laubgenossenschaften, wenn sie über den Rahmen eines Nebenbetriebs hinausgehen (§ 3 Nr. 5);

(3.) wirtschaftliche Geschäftsbetriebe gemeinnütziger, mildtätiger oder kirchlicher Körperschaften (§ 3 Nr. 6);

(4.) Erwerbs- und Wirtschaftsgenossenschaften sowie Vereine iSd § 15 Abs. 1 Nr. 4 KStG (land- und forstwirtschaftliche Vereine), die an sich von der KSt befreit sind (§ 3 Nr. 8), soweit sie der GewSt unterliegen;

(5.) rechtsfähige Pensions-, Sterbe-, Kranken- und Unterstützungskassen, die dem Grunde nach unter die Befreiungsvorschrift des § 5 Abs. 1 Nr. 3 KStG fallen, wenn sie für einen EZ die Voraussetzungen für eine Steuerbefreiung nicht erfüllen (§ 3 Nr. 9);

(6.) Erwerbs- und Wirtschaftsgenossenschaften sowie Vereine iSd § 5 Abs. 1 Nr. 10 KStG (Vermietungs- uä Genossenschaften und Vereine), die an sich von der KSt befreit sind (§ 3 Nr. 15), soweit sie der GewSt unterliegen;
(7.) anerkannte gemeinnützige Siedlungsunternehmen iSd Reichssiedlungsgesetzes und der Bodenreformgesetze der Länder (§ 3 Nr. 17), soweit sie der GewSt unterliegen;
(8.) Entschädigungs- und Sicherungseinrichtungen iSd § 5 Abs. 1 Nr. 16 KStG, die an sich von der KSt befreit sind (§ 3 Nr. 21), soweit sie der GewSt unterliegen;
(9.) Gesamthafenbetriebe iSd G über die Schaffung eines besonderen Arbeitgebers für Hafenarbeiter, soweit von der KSt befreit (§ 3 Nr. 26);
(10.) Versorgungszusammenschlüsse iSv § 5 Abs. 1 Nr. 20 KStG, soweit von der KSt befreit (§ 3 Nr. 27);
(11.) Arbeitsgemeinschaften Medizinischer Dienst der Krankenversicherung und der Medizinische Dienst der Spitzenverbände der Krankenkassen, soweit von der KSt befreit (§ 3 Nr. 28);
(12.) bestimmte gemeinsame Einrichtungen der Tarifvertragsparteien iSv § 5 Abs. 1 Nr. 22 KStG (§ 3 Nr. 29);
(13.) Unternehmen von juristischen Personen des öffentlichen Rechts, und zwar für jeden BgA gesondert (vgl. FG Münster 13 K 3663/18 K, G, EFG 2021, 1140; ebenso Stephani in Lenski/Steinberg § 11 Rn. 24). Allerdings steht den in der Rechtsform von **Kapitalgesellschaften** betriebenen Unternehmen von Körperschaften des öffentlichen Rechts der Freibetrag nicht zu (FG Münster 9 K 219/95 G, EFG 1997, 1452 rkr.; ebenso Stephani in Lenski/Steinberg § 11 Rn. 24). Das Gesetz enthält zwar keine Unterscheidung nach der **Rechtsform.** Die Privilegierung solcher Unternehmen gegenüber den nach § 2 Abs. 2 in vollem Umfang gewstpfl. Unternehmen verstieße mE aber gegen Art. 3 GG.

8a Auch im Übrigen ist die **Auswahl** der begünstigten Unternehmen aus dem Katalog des § 3 **willkürlich.** Gründe für den Steuervorteil, den die begünstigten Unternehmen im Vergleich zu den übrigen Unternehmen des § 3 haben, sind nicht ersichtlich. Aber auch im Verhältnis zu anderen Gewerbebetrieben bestehen keine Gründe für den Steuervorteil; das umso weniger, als der Gesetzgeber durch die Versagung der Steuerbefreiung für bestimmte Tätigkeiten oder Geschäftsbetriebe des Katalogs des § 3 den Umstand unterstrichen hat, dass sie mit sonstigen Gewerbebetrieben vergleichbar sind (ähnlich Sarrazin in Lenski/Steinberg § 11 Rn. 24; Gosch in Brandis/Heuermann § 11 Rn. 12d), was besonders deutlich wird etwa bei Festveranstaltungen (wirtschaftlichen Geschäftsbetrieben) von gemeinnützigen Vereinen.

7. Die Steuermesszahl (Grundsatz)

9 **a) Allgemeines.** Die **StMesszahl** ist ein **Prozentsatz** des um den Abrundungs- und den Freibetrag geminderten GewErtrags (Abs. 1 S. 2 und 3). Sie beträgt nach § 11 Abs. 2 **ab EZ 2008** einheitlich **für alle Unternehmensformen 3,5 %** (G. v. 14.8.2007 (BGBl. 2007 I 1912)).

9a **b) Rechtslage bis EZ 2007.** Von **EZ 1993 bis EZ 2007** galt **für natürliche Personen und Personengesellschaften** ein **Staffeltarif** mit 0 % bis zu einem GewErtrag von 24.599 EUR (48.099 DM) und 1, 2, 3 und 4 % für jeden darüber liegenden Teilbetrag von 12.000 EUR (24.000 DM) sowie 5 % für alle weiteren, über 72.599 EUR (144.099 DM) liegenden Beträge. Die damit verbundene GewStErsparnis war nicht unerheblich. Sie betrug bei einem GewErtrag von 160.000 DM und einem Hebesatz von 400 % 10.000 DM (vgl. Pauka DB 1992, 1207).

Für **alle anderen GewBetriebe** galt ein fester Hundertsatz von 5 %, auch für eine *KGaA;* also keine Anwendung der GewStMesszahl für natürliche Personen auf den persönlich haftenden Gesellschafter und nur im Übrigen der GewStMesszahl für Körperschaften, da das einheitliche Unternehmen der GewSt unterliegt (BFH I 186/64 U, BStBl. III 1965, 418).

8. Organverhältnisse

Bei **Organschaften** sind die GewErträge für das beherrschende Unternehmen 10
und die Organgesellschaft getrennt zu ermitteln und **auf der Ebene des OT** zusammen zu rechnen (→ § 2 Rn. 518, 523 ff.). Aus der Summe ist der GewStMessbetrag für den GewErtrag des gesamten Unternehmens zu ermitteln. § 11 als Tarifvorschrift ist **anzuwenden auf diesen zusammengerechneten GewErtrag** des OT. Die *GewStMesszahl* wird daher auf dessen Ebene nach der Zusammenrechnung, Abrundung und Abzug des Freibetrages angewandt (ebenso Schulze in WSMH § 11 Rn. 30). Ist dies ein Einzelunternehmen oder eine Personengesellschaft, so ist der Freibetrag nach Abs. 1 Nr. 1 zu berücksichtigen, und zwar auch dann, wenn das Organ eine Kapitalgesellschaft ist. In einem Fall des Abs. 1 Nr. 2 ist der Freibetrag nur einmal zu gewähren, und zwar auch dann, wenn die Organgesellschaft ebenfalls ein Unternehmen iS dieser Vorschrift ist.

III. Besonderheiten bei Hausgewerbetreibenden

1. Allgemeines

Bei **Hausgewerbetreibenden** (Abs. 3) **ermäßigt sich** die GewStMesszahl auf 11
56 % der Sätze für natürliche Personen, und zwar ohne Rücksicht auf die Höhe des GewErtrags. Die Vorschrift bedient sich einer Verweisung auf arbeitsrechtliche Tatbestände und Begriffe und knüpft folglich unmittelbar an das Heimarbeitsgesetz (HAG v. 14.3.1951 (BGBl. 1951 I 191), zuletzt geändert durch G. v. 16.9.2022 (BGBl. 2022 I 1454)) an (BFH I R 67/80, BStBl. II 1984, 534; III R 223/83, BStBl. II 1987, 719; X R 61/99, BStBl. II 2003, 31).

2. Begriffe

a) Hausgewerbetreibende. Hausgewerbetreibender ist nach **§ 2 Abs. 2** 11a
HAG, wer in eigener Arbeitsstätte (Wohnung oder Betriebsstätte) mit nicht mehr als zwei fremden Hilfskräften (Arbeitnehmer des Hausgewerbetreibenden, § 2 Abs. 6 HAG) im Auftrag von Gewerbetreibenden oder Zwischenmeistern Waren herstellt, bearbeitet oder verpackt, wobei er selbst wesentlich am Stück mitarbeitet, jedoch die Verwertung der Arbeitsergebnisse dem unmittelbar oder mittelbar auftraggebenden Gewerbetreibenden überlässt. Das HAG stellt einen bestimmten Personenkreis wegen wirtschaftlicher Abhängigkeit mit existenzgefährdendem Charakter unter Schutz (vgl. BFH I R 67/80, BStBl. II 1984, 534; X R 61/99, BStBl. II 2003, 31 sowie FG BW 5 K 365/93, EFG 1996, 37: Betreiben einer Tankstelle kein Hausgewerbe).

11b **aa) Eigene Arbeitsstätte.** Die eigene Arbeitsstätte kann auch in einer **Betriebsstätte** bestehen, die dem **Auftraggeber** gehört. Sie muss aber dem Hausgewerbetreibenden zur ausschließlichen Benutzung überlassen bleiben und tatsächlich ausschließlich von ihm benutzt werden (BFH I 226/59 U, BStBl. III 1960, 160). An einer eigenen Arbeitsstätte fehlt es, wenn der GewTreibende ausschließlich Montagearbeiten in fremden Räumen oder auf Baustellen des Auftraggebers ausführt (FG BW II K 23/85, EFG 1989, 303).

11c **bb) Fremde Hilfskraft.** Fremde Hilfskraft ist nach § 2 Abs. 6 HAG, wer als **Arbeitnehmer** eines Hausgewerbetreibenden **oder** nach § 1 Abs. 2 Buchst. b und c HAG als **Gleichgestellter** in deren Arbeitsstätte beschäftigt ist. Das können Vollzeitbeschäftigte, aber auch aushilfsweise Beschäftigte sein. Letztere werden bei der Bemessung der Zahl der Beschäftigten im vollen Umfang einbezogen (BFH III R 223/83, BStBl. II 1987, 719). „Fremde Hilfskraft" kann auch ein aufgrund Arbeitsvertrages beschäftigter, mit dem Hausgewerbetreibenden in häuslicher Gemeinschaft lebender naher Angehöriger sein (BFH X R 61/99, BStBl. II 2003, 31; die aA von BFH V 96/56 S, BStBl. III 1956, 343 ist damit überholt). Diese Rspr. gründet zutreffend auf der Erwägung, dass ein Arbeitsvertrag mit in häuslicher Gemeinschaft mit ihm zusammen lebenden Angehörigen dieselben Rechte und Pflichten begründet wie ein Arbeitsvertrag mit fremden Dritten. Eine andere Auffassung würde dem Schutzgedanken des HAG ebenso wenig gerecht wie dem Gebot der Wettbewerbsgleichheit. Nahe Angehörige in häuslicher Gemeinschaft mit dem Hausgewerbetreibenden sind nur dann keine „fremde Hilfskraft", wenn sie ihre Arbeitsleistung auf familienrechtlicher Grundlage erbringen (BFH X R 61/99, BStBl. II 2003, 31).

11d Die Voraussetzung der Beschäftigung von **nicht mehr als zwei fremden Hilfskräften** bezieht sich auf einen Dauerzustand bei normaler Beschäftigungslage; ein vorübergehender Einsatz von mehr als zwei fremden Hilfskräften aus besonderem Anlass schadet nicht (BFH I R 67/80, BStBl. II 1984, 534), wohl aber der dauernde Einsatz von mehr als zwei fremden Hilfskräften, selbst wenn deren zeitliche Arbeitsleistung nicht über die von zwei Kräften hinausgeht (BFH III R 223/83, BStBl. II 1987, 719). An Stelle der zwei Hilfskräfte können auch **zwei Heimarbeiter** beschäftigt werden (§ 2 Abs. 2 S. 1 HAG).

11e **cc) Arbeit für den Absatzmarkt.** Arbeit für den Absatzmarkt liegt vor, wenn die Arbeiten nicht für den auftraggebenden GewTreibenden, sondern für Dritte erbracht werden, insb. wenn der GewTreibende zu selbst festgelegten Konditionen an einen nicht beschränkten, nahezu ausschließlich aus Händlern bestehenden Abnehmerkreis liefert (FG BW II K 86/86, EFG 1991, 38).

Sie ist **vorübergehend,** wenn die Arbeitszeit hierfür bei 10 % der Gesamtarbeitszeit der im Betrieb Tätigen liegt. Geringfügige Überschreitungen schaden auch dann nicht, wenn sie zwar ständig, von ihrem Umfang her aber stets nur nebenbei erbracht werden (BFH IV 100/60 U, BStBl. III 1965, 66); 13,1 % der Gesamtarbeitszeit sind jedoch zu viel (BFH VIII R 11/69, BStBl. II 1975, 265). Die Vorschrift begünstigt den Hausgewerbetreibenden wegen seiner wirtschaftlichen Abhängigkeit vom Auftraggeber. Daher erscheint es sinnvoller, das Merkmal „vorübergehend" durch Umsatzvergleich statt durch Zeitvergleich zu bestimmen (ebenso Gosch in Brandis/Heuermann § 11 Rn. 23 mwN).

Mitarbeit am Stück ist die körperliche Arbeit am Produkt, insb. in kleineren Betrieben, nicht jedoch allein die kaufmännische oder unternehmerische Tätigkeit (BFH IV 186/65, BStBl. II 1972, 385); der Einsatz von Maschinen in bescheidenem Umfang ist nicht von vornherein ausgeschlossen (FG BW II K 86/86, EFG 1991, 38 rkr.).

b) Heimarbeiter. Heimarbeiter ist nach **§ 2 Abs. 1 HAG,** wer in selbst gewählter Arbeitsstätte (eigene Wohnung oder selbst gewählte Betriebsstätte) allein oder mit Familienangehörigen im Auftrag von Gewerbetreibenden oder Zwischenmeistern gewerblich arbeitet, jedoch die Verwertung der Arbeitsergebnisse dem unmittelbar oder mittelbar auftraggebenden Gewerbetreibenden überlässt. Beschafft der Heimarbeiter die Roh- oder Hilfsstoffe selbst, so wird dadurch seine Eigenschaft als Heimarbeiter nicht beeinträchtigt. Der Heimarbeiter selbst ist nichtselbstständig tätig, wenn er kein Unternehmerrisiko trägt (BFH I R 17/78, BStBl. II 1980, 303). Im Übrigen kommt GewStPfl. in Betracht (BFH VI 183/59 S, BStBl. III 1962, 37). Bei gewstpfl. Heimarbeitern ist mE die Tarifvorschrift des Abs. 3 entsprechend anzuwenden, weil insofern eine Regelungslücke vorliegt (ebenso Gosch in Brandis/Heuermann § 11 Rn. 28). Die **Abgrenzung** zum Hausgewerbetreibenden im Einzelfall ist mitunter schwierig, insb. wenn dieser keine Hilfskräfte beschäftigt (→ § 2 Rn. 59 „Hausgewerbetreibender"). 12

c) Hausgewerbetreibenden gleichgestellte Personen. Bei den gleichgestellten Personen **ermäßigt** sich die Steuermesszahl ebenfalls auf **56 %.** Die Vorschrift unterscheidet zwei Gruppen: 13

(1.) *die nach § 1 Abs. 2 Buchst. b und d HAG gleichgestellten Personen; das sind Hausgewerbetreibende, die mit mehr als zwei fremden Hilfskräften (§ 2 Abs. 2 HAG, zum Begriff → Rn. 11a) oder Heimarbeitern (§ 2 Abs. 1 HAG) arbeiten (§ 1 Abs. 2 Buchst. b HAG), sowie Zwischenmeister (§ 1 Abs. 2 Buchst. d HAG).*
Zwischenmeister ist, wer lediglich als Mittelsperson die ihm von dem GewTreibenden übertragenen Arbeiten an Hausgewerbetreibende oder Heimarbeiter weitergibt (§ 2 Abs. 3 HAG), also auch organisiert und kontrolliert, dh Funktionen der Auftraggeber ausübt (BFH V 27/59, HFR 1961, 186 mwN). Er darf die Waren vor der Vergabe von Arbeiten nicht selbst bearbeiten; dh er muss ganze Arbeit vergeben. Wer nur Teilarbeit vergibt, ist nicht Zwischenmeister (BFH IV 186/65, BStBl. II 1972, 385). Allerdings braucht er nicht ausschließlich als Mittelsperson aufzutreten (BFH V 27/59, BStBl. III 1967, 741), dh er muss nicht alle ihm übertragenen Arbeiten an Heimarbeiter oder Hausgewerbetreibende weiterleiten (BFH V 96/56 S, BStBl. III 1956, 343).
Ist bei diesen Personen die Gleichstellung erfolgt, so ist für sie die ermäßigte GewStMesszahl unabhängig von der Höhe der Entgelte am Absatzmarkt zu gewähren. Dies gilt auch, wenn jemand nach § 1 Abs. 2 Buchst. b HAG gleichgestellt und gleichzeitig als Zwischenmeister tätig ist, ohne eine andere gewerbliche Tätigkeit auszuüben (BFH I 98/60 U, BStBl. III 1963, 144; IV 154/61 U, BStBl. III 1963, 146);

(2.) *die nach § 1 Abs. 2 Buchst. c HAG gleichgestellten Personen. Das sind andere im Lohnauftrag arbeitende Gewerbetreibende, die infolge ihrer wirtschaftlichen Abhängigkeit eine ähnliche Stellung wie Hausgewerbetreibende einnehmen. Auch bei ihnen wird die Gleichstellung wegen der sozialen und wirtschaftlichen Schutzbedürftigkeit ausgesprochen (§ 1 Abs. 2 HAG).* 13a
Als Hausgewerbetreibende und gleichgestellte Personen sind auch Zusammenschlüsse solcher Personen zu behandeln (BFH I 226/59 U, BStBl. III 1960, 160; IV 186/65, BStBl. II 1972, 385). Dann müssen jedoch alle Betroffenen Hausgewerbetreibende, Heimarbeiter oder gleichgestellte Personen sein, insbes. am Stück (→ Rn. 11a unter cc)) mitarbeiten.

Die Gleichstellung erfolgt in allen Fällen durch widerrufliche Entscheidung der zuständigen Heimarbeiterausschüsse nach Anhörung der Beteiligten (§ 1 Abs. 4 HAG). Sie bedarf der Zustimmung der zuständigen Arbeitsbehörde. Sie ist im Bundesanzeiger zu veröffentlichen, es sei denn, sie betrifft nur bestimmte Einzelpersonen. Ist kein Heimarbeiterausschuss vorhanden, dann ist für die Gleichstellung die Arbeitsbehörde nach Anhörung der Beteiligten unter Mitwirkung der Gewerkschaften und der Vereinigung der Auftraggeber zuständig. Die Gleichstellung ist für die GewSt bindend (FG Düsseldorf 8 K 4496/93 G, EFG 1997, 1254 rkr.). Die Finanzbehörden haben im Hinblick auf die Voraussetzungen für die Gleichstellung kein Nachprüfungsrecht (BFH IV 100/60 U, BStBl. III 1963, 66; I 98/60 U, BStBl. III 1963, 144). Voraussetzung für die Anwendung der ermäßigten GewStMesszahl bei dieser Gruppe der Gleichgestellten ist, dass die Entgelte aus Tätigkeiten unmittelbar für den Absatzmarkt (hierzu → Rn. 11a unter cc)) eine Grenze von 25.000 EUR nicht übersteigen. Wird die Grenze überschritten, dann entfällt die Ermäßigung für den gesamten GewErtrag dieses EZ, und zwar auch, wenn die höheren allgemeinen Umsätze nach der Gleichstellungsverfügung zugelassen werden. Erfüllt eine gleichgestellte Person zum Teil auch die Voraussetzungen eines Hausgewerbetreibenden und lassen sich die Bereiche nicht trennen, dann wird die Vergünstigung insgesamt nicht gewährt, falls die Entgelte aus Tätigkeiten für den allgemeinen Absatzmarkt 25.000 EUR überschreiten (BFH I 98/60 U, BStBl. III 1963, 144; IV 154/61 U, BStBl. III 1963, 146).

3. Andere Tätigkeiten

14 Nach **§ 22 GewStDV** kann neben der Tätigkeit als Hausgewerbetreibender, Zwischenmeister und gleichgestellte Personen noch eine **weitere gewerbliche Tätigkeit** ausgeübt werden, ohne dass die Begünstigung des § 11 Abs. 3 entfällt. Sie gilt dann für den gesamten Gewerbeertrag. Voraussetzung: beide Tätigkeiten sind als Einheit anzusehen (→ § 2 Rn. 16 ff.) und die andere Tätigkeit überwiegt nicht. Meines Erachtens sollte allein darauf abgestellt werden, ob trotz der zusätzlichen Tätigkeit noch Schutzbedürftigkeit gegeben ist.

Abschnitt III.

§§ 12, 13 *(weggefallen)*

Abschnitt IV. Steuermessbetrag

§ 14 Festsetzung des Steuermessbetrags

[1]Der Steuermessbetrag wird für den Erhebungszeitraum nach dessen Ablauf festgesetzt. [2]Erhebungszeitraum ist das Kalenderjahr. [3]Besteht die Gewerbesteuerpflicht nicht während eines ganzen Kalenderjahrs, so tritt an die Stelle des Kalenderjahrs der Zeitraum der Steuerpflicht (abgekürzter Erhebungszeitraum).

Gewerbesteuer-Richtlinien 2009: GewStR 14.1; GewStH 14.1

Übersicht

I. Allgemeines

Die Vorschrift betrifft das **Messbetragsverfahren,** das dem Verfahren zur Festsetzung der GewSt vorgeschaltet ist. Weitere Regelungen zum Messbetragsverfahren enthält § 184 AO. Der GewSt-Messbescheid ist Grundlagenbescheid (§ 171 Abs. 10 AO) für den GewSt-Bescheid (§ 16 Abs. 1), den Zerlegungsbescheid (§ 28) und den Zuteilungsbescheid (§ 190 AO; → § 4 Rn. 6 ff.). 1

Bis EZ 1997 wurden die Steuermessbeträge nach dem Gewerbeertrag und dem Gewerbekapital ermittelt; durch ihre Zusammenrechnung zu einem einheitlichen Steuermessbetrag im GewSt-Messbescheid verloren sie ihre selbstständige Bedeutung. Nur der einheitliche Steuermessbetrag war anfechtbar, es trat keine getrennte Bestandskraft der Messbeträge ein. **Ab EZ 1998** ist für den Steuermessbetrag nur noch der Gewerbeertrag von Bedeutung.

Bei **Organschaftsverhältnissen** sind die Gewerbeerträge – nicht die Messbeträge – der verbundenen Unternehmen getrennt zu ermitteln, aber dann beim Organträger zusammenzufassen. Denn die Organgesellschaft gilt nach § 2 Abs. 2 als Betriebsstätte des Organträgers (→ § 2 Rn. 488). Gegenüber der Organgesellschaft, deren Gewinn in vollem Umfang dem Organträger zugerechnet wird, wird kein GewSt-Messbetrag festgesetzt (BFH I R 44/95, BStBl. II 1997, 181).

Das geltende Gewerbesteuerrecht folgt der sog. **Gegenwartsbesteuerung.** Der Gewerbeertrag geht von dem für den EZ maßgebenden Gewinn aus (§ 7). Nach dem GewStG 1936 war Bemessungszeitraum das jeweils vorangegangene Jahr.

Erhebungszeitraum ist das Kalenderjahr. Bei Beginn oder Ende der Steuerpflicht während des Kalenderjahrs ist EZ der Zeitraum der Steuerpflicht (abgekürzter EZ). Nach Ablauf des EZ, auch des abgekürzten, wird der Steuermessbetrag festgesetzt.

II. Gewerbesteuermessbescheid

1. Zuständigkeit

2 Den GewSt-Messbescheid erlässt das Finanzamt (§§ 184, 155 AO). **Örtlich zuständig** ist das Betriebs-FA (§ 22 Abs. 1 S. 1 AO, § 18 Abs. 1 Nr. 2 AO), das auch für den Erlass von Verlustfeststellungsbescheiden zuständig ist (→ § 35b Rn. 14). Das ist das FA, in dessen Bezirk sich die Geschäftsleitung des Gewerbebetriebs befindet, oder – mangels Geschäftsleitung im Inland – das FA, in dessen Bezirk eine bzw. die wirtschaftlich bedeutendste Betriebsstätte unterhalten wird. Bei „reinen" Reisegewerbebetrieben ist das FA zuständig, in dessen Bezirk sich der Mittelpunkt der gewerblichen Betätigung befindet (GewStR 1.3 Abs. 1 S. 2). Die örtliche Unzuständigkeit eines FA ist nach § 127 AO noch kein Aufhebungsgrund (BFH I R 88/02, BStBl. II 2004, 751). Zur Bekanntgabe des Messbescheids durch Gemeinden → Rn. 6, zur Aufgabenverteilung zwischen Gemeinde und FA → § 4 Rn. 6.

2. Inhalt

3 Nach § 184 Abs. 1 S. 2 AO hat das FA im Steuermessbescheid über die **persönliche** und die **sachliche Steuerpflicht** zu entscheiden. Die persönliche Steuerpflicht betrifft die Steuerschuldnerschaft (→ § 5 Rn. 1), die sachliche die Frage, welcher Betrieb Steuergegenstand ist (BFH IV R 31/13, BStBl. II 2017, 482). Der Messbescheid hat bindende Wirkung (§ 182 Abs. 1 AO) für den GewSt-Bescheid, entfaltet also Bindungswirkung für die Festsetzung der GewSt (BFH IV R 22/23, DStR 2024, 2472). Einwendungen gegen den Gewerbeertrag sind daher im Rechtsbehelf gegen den Messbescheid und nicht gegen den GewSt-Bescheid geltend zu machen (BFH I R 301/83, BStBl. II 1987, 816). Es gelten die §§ 155, 157 AO, auch wenn der Messbescheid kein Steuerbescheid ist (§ 184 Abs. 1 S. 3 AO). Die Bezeichnung des **Steuerschuldners** entspricht regelmäßig der des Bescheidadressaten. Der Steuergegenstand (Gewerbebetrieb), für den der Bescheid gilt, muss sich bei mehreren gewerbesteuerlich selbstständigen Betrieben eines Gewerbetreibenden eindeutig aus dem GewSt-Messbescheid ergeben, ggf. durch Auslegung, zB aus der verwendeten Steuernummer, die in den Vorjahren für einen bestimmten Betrieb verwendet wurde. Die eindeutige Angabe des Steuergegenstandes ohne Verwechselungsgefahr gehört zu den Mindestanforderungen eines inhaltlich hinreichend bestimmten GewSt-Messbescheids; anderenfalls droht die Nichtigkeit des Bescheids (BFH X R 38/11, BFH/NV 2013, 1125). Zur Organschaft → Rn. 1. Nach Auffassung des FG Berlin-Brandenburg (10 K 10106/23, DStR 2026, 524; Rev. BFH I R 2/26) soll im Messbetragsverfahren auch über die – gesetzlich nicht vorgesehene (s. dazu → § 7 Rn. 22) – Anrechnung ausländischer Steuern auf die GewSt entschieden werden (Faber in BeckOK GewStG § 14 Rn. 63).

4 Nach früherer Rechtsprechung des BFH zählte auch die **Steuergläubigerschaft** zum notwendigen Inhalt des GewSt-Messbescheids. Teilweise wurde angenommen, die auch den Steuerschuldner bindende Feststellung der hebeberechtigten Gemeinde folge daraus, dass das FA nach § 184 Abs. 3 AO dieser Gemeinde

den Inhalt des Steuermessbescheids mitzuteilen habe (BFH I R 151/80, BStBl. II 1985, 607; I R 117/84, BStBl. II 1985, 650). Auch das BVerwG sah die Nennung der hebeberechtigten Gemeinde im Messbescheid als Verwaltungsakt an (BVerwG 8 B 161/97, KStZ 1999, 34, unter Bezugnahme auf die frühere BFH-Rspr.; ebenso OVG RhPf A 11239/03, KStZ 2004, 79). Nach geänderter BFH-Rspr. (BFH I R 88/02, BStBl. II 2004, 751) ist die Bestimmung der hebeberechtigten Gemeinde jedoch nicht Bestandteil des GewSt-Messbescheides (→ § 4 Rn. 7). Und die Mitteilung nach § 184 Abs. 3 AO ist kein Verwaltungsakt, sondern eine verwaltungsinterne Maßnahme (BFH I R 85/13, BStBl. II 2016, 479; Boeker in HHS AO § 184 Rn. 90). Seit dem EZ 2025 erfolgen die Mitteilungen an die Gemeinden durch Bereitstellung zum Abruf (§ 184 Abs. 3 S. 2 AO, § 122a AO).

Auch wenn der GewSt-Messbescheid kein Steuerbescheid ist, sind wegen seiner 5
sachlichen Nähe zu Steuerbescheiden nach § 184 Abs. 1 S. 3 AO die **Vorschriften über die Durchführung der Besteuerung** auf Steuermessbescheide sinngemäß anzuwenden (Boeker in HHS AO § 184 Rn. 47; Stalbold in Desens/Tappe § 14 Rn. 19 ff.). Dazu gehören zunächst die §§ 137–217 AO des Vierten Teils der AO „Durchführung der Besteuerung", aber auch die §§ 85 ff., 118–133 AO (Brandis in Tipke/Kruse AO § 184 Rn. 5). Somit hat das FA auch die Möglichkeit, den GewSt-Messbescheid nach § 164 AO unter den Vorbehalt der Nachprüfung zu stellen oder nach § 165 AO vorläufig zu erlassen. Die Festsetzungsfrist nach §§ 169 ff. AO ist zu beachten (auch → § 5 Rn. 25). Der Verweis in § 184 Abs. 1 S. 3 AO auf die Besteuerungsvorschriften gilt für GewSt-Messbescheide allerdings nicht uneingeschränkt (Brandis in Tipke/Kruse AO § 184 Rn. 5; vgl. BFH X R 1/12, BStBl. II 2016, 567, zu § 171 Abs. 14 AO (→ Rn. 8), offen gelassen zu § 181 Abs. 5 AO). § 184 Abs. 1 S. 4 AO verweist nämlich bei GewSt-Messbescheiden nur auf § 182 Abs. 1 AO, sodass die §§ 179–183a AO nicht ohne Weiteres unmittelbar anwendbar sind. Dies schließt eine sinngemäße Anwendung im Einzelfall aber nicht aus (Boeker in HHS AO § 184 Rn. 50b; krit. Stalbold in Desens/Tappe § 14 Rn. 21). § 182 Abs. 2 AO (Rechtsnachfolge) gilt nicht für den GewSt-Messbescheid (§ 184 Abs. 1 S. 4 AO; s. Boeker in HHS AO § 184 Rn. 51). Gegenüber dem Rechtsnachfolger entfaltet der GewSt-Messbescheid keine Bindungswirkung. Dies stimmt überein mit § 2 Abs. 5. Danach gilt bei einem Unternehmerwechsel der Gewerbebetrieb durch den bisherigen Unternehmer als eingestellt. Hinsichtlich der **Bescheidänderung** gelten die §§ 172 ff. AO. Zu **Billigkeitsmaßnahmen** → § 1 Rn. 45 f. Der **Streitwert** im Verfahren über den Messbetrag richtet sich nach der Höhe der GewSt (Gerten in Schmitz-Herscheidt/Zapf BeckOK FGO § 139 Rn. 793).

3. Bekanntgabe

Die Bekanntgabe des Gewerbesteuermessbescheids erfolgt in der Praxis zT 6
durch die **Gemeinden,** denen das FA die für den Steuerpflichtigen bestimmte Ausfertigung des Bescheids übermittelt (GewStR 1.4 Abs. 2 S. 2) oder die erforderlichen Daten der GewSt-Messbescheide überlässt. Die Kritik an diesem Verfahren wäre nicht aus Gründen des Steuergeheimnisses (FG BW 5 K 176/85, EFG 1986, 306 rkr.; Hammer DStR 1982, 98), sondern allenfalls damit gerechtfertigt, dass gesetzliche Zuständigkeiten für die Bekanntgabe nach § 122 AO bestehen müssen. Es wird aber genügen, wenn das zuständige FA diese Bekanntgabe zwar nicht selbst durchführt, aber in die Wege leitet. Die Gemeinde handelt dabei nur als Botin (so auch Stalbold in Desens/Tappe § 14 Rn. 31). Dagegen soll nach

BFH I R 28/88, BStBl. II 1991, 244 die Gemeinde GewSt-Messbescheide (auch kombinierte) nicht nur nicht herstellen, sondern auch in eigener Verantwortung nicht bekannt geben dürfen, wenn hierfür keine **landesrechtliche Grundlage** besteht (vgl. hierzu Nachweise bei Brandis in Tipke/Kruse AO § 184 Rn. 14; Faber in BeckOK GewStG § 14 Rn. 41.1 sowie bei Boeker in HHS AO § 184 Rn. 42; krit. zur Entscheidung des BFH Schnitter in Frotscher/Drüen § 14 Rn. 22). Ein Bescheid, der trotz Fehlens einer solchen Grundlage erlassen worden ist, ist jedoch nicht nichtig (BFH I R 28/88, BStBl. II 1991, 244). BFH XI B 69/92, BStBl. II 1993, 263 nimmt die Heilung einer fehlerhaften Bekanntgabe dann an, wenn die Einspruchsentscheidung ordnungsgemäß bekanntgegeben wurde (Boeker in HHS AO § 184 Rn. 43). Für Einspruchsentscheidungen besorgen allerdings die FÄ die nach § 366 AO vorgeschriebene Bekanntgabe selbst. Die gesetzlich zur Bekanntgabe befugte Gemeinde darf jedenfalls das Bescheiddatum einfügen (FG BW XII 683/85, EFG 1989, 327 rkr., auch zum kombinierten Verspätungszuschlag). Zur Frage der „Herstellung“ von GewSt-Messbescheiden durch Gemeinden s. Boeker in HHS AO § 184 Rn. 44 (formell rechtswidrig; aA GewStRL 1.4 Abs. 1 S. 2). Zur (fehlenden) Rechtsbehelfsbefugnis der Gemeinden → § 4 Rn. 10, zur Bekanntgabe an eine vollbeendete GbR → § 5 Rn. 32.

4. Bindungswirkung

7 Die im Steuermessbescheid getroffenen Feststellungen sind für den **GewSt-Bescheid bindend** (§ 184 Abs. 1 AO iVm § 182 Abs. 1 AO). Er ist Grundlagenbescheid iSd § 171 Abs. 10 AO (BFH I R 111/98, BFH/NV 2000, 346; Überblick über die Bindungswirkungen auf bzw. von GewSt-Messbescheide(n) bei Faber in BeckOK GewStG § 14 Rn. 71 ff.). Nach Eröffnung des **Insolvenzverfahrens** darf ein GewSt-Messbescheid nicht mehr ergehen; vielmehr ist die Steuerforderung zur Insolvenztabelle anzumelden (BFH I R 11/97, BStBl. II 1998, 428; → § 7 Rn. 52 ff.). Zu diesem Zweck teilen die FÄ den Gemeinden den Messbetrag formlos mit. Verneint das FA in einem Einkommensteuerbescheid einen bestehenden Gewerbebetrieb, so ist es gleichwohl nicht gehindert, einen GewSt-Messbescheid für den fraglichen Zeitraum zu erlassen (GewStH 14.1). In Ausnahmefällen kann dieses Recht jedoch verwirkt sein (→ § 5 Rn. 26). Auch für die Aussetzung der Vollziehung ist der Einkommensteuerbescheid nicht als Grundlagenbescheid für den GewSt-Messbescheid zu behandeln (BFH VIII B 1/66, BStBl. II 1994, 300). Wird die Vollziehung des angefochtenen Einkommensteuerbescheids wegen strittiger gewerblicher Einkünfte ausgesetzt, so ist auch ein Antrag auf Aussetzung des bestandskräftigen GewSt-Messbescheids statthaft (vgl. → § 35b Rn. 11). Der GewSt-Messbescheid hat Tatbestandswirkung für die Mitgliedschaft in der IHK (§ 2 Abs. 1 IHKG). Diese Wirkung kommt einem Bescheid, der auf 0 EUR lautet, jedoch nicht zu (BVerwG 8 C 23/10, NVwZ 2011, 1390; dazu näher Faber in BeckOK GewStG § 14 Rn. 72). Zur Rechtsbehelfsbefugnis der Gemeinden → § 4 Rn. 10, zur Beschwer bei Nullfestsetzung → § 35b Rn. 16.

5. Verjährung

8 Die Festsetzungsfrist für den GewSt-Messbescheid beginnt mit Ablauf des Kalenderjahres, in dem die GewSt-Erklärung (§ 14a) eingereicht wird, spätestens jedoch mit Ablauf des dritten Kalenderjahres, das auf das Kalenderjahr folgt, in dem die GewSt entstanden ist (§ 170 Abs. 2 S. 1 Nr. 1 AO). Nach Ablauf der Verjährungsfrist darf ein GewSt-Messbescheid nicht mehr erlassen, aufgehoben oder geändert wer-

den. Die §§ 169 ff. AO gelten entsprechend (§ 184 Abs. 1 S. 3 AO), dh der Messbescheid muss vor Ablauf der Verjährungsfrist den Bereich des zuständigen FA verlassen haben bzw. bei elektronischer Bekanntgabe (§ 122a AO) zum Abruf bereitgestellt worden sein (§ 169 Abs. 1 S. 3 Nr. 1 AO). Übersendet die Gemeinde den Bescheid (→ Rn. 6), so muss er deren Bereich vor Fristablauf verlassen haben (BFH GrS 2/01, BStBl. II 2003, 548). Die Ablaufhemmung nach § 171 Abs. 14 AO ist auf den GewSt-Messbescheid nicht anwendbar, da es sich hierbei um einen Grundlagenbescheid handelt (BFH X R 1/12, BStBl. II 2016, 567). In dem Urteil wurde offen gelassen, ob § 181 Abs. 5 S. 1 AO entsprechend anwendbar ist; dies ist zu bejahen (s. Boeker in HHS AO § 184 Rn. 50e). Die Mitteilung an die Gemeinde nach § 184 Abs. 3 AO hat als Verwaltungsinternum (→ Rn. 4) auf den Ablauf der Festsetzungsfrist keinen Einfluss. Zur Verwirkung → § 5 Rn. 26.

III. Erhebungszeitraum

EZ ist grundsätzlich das Kalenderjahr (§ 14 S. 2). Bei abweichendem Wirt- 9
schaftsjahr gilt der Gewinn nach § 10 Abs. 2 als in dem EZ bezogen, in dem das Wirtschaftsjahr endet. Besteht die Gewerbesteuerpflicht nicht während des ganzen Jahres, so tritt an die Stelle des Kalenderjahres der Zeitraum der Steuerpflicht als **abgekürzter Erhebungszeitraum** (§ 14 S. 3). Die GewSt-Pflicht iSd § 14 S. 3 knüpft an den Steuergegenstand gemäß § 2 an, und zwar ausschließlich an die sachliche Steuerpflicht und nicht an die persönliche Steuerpflicht (§ 5). Der GewSt-Messbetrag ist danach für das Kalenderjahr als Erhebungszeitraum festzusetzen, wenn die sachliche Steuerpflicht während des Kalenderjahrs fortbesteht, und für einen abgekürzten Erhebungszeitraum, wenn die sachliche Steuerpflicht nur für diesen Zeitraum bestanden hat (BFH IV R 9/23, DStRE 2025, 1237). Der abgekürzte Erhebungszeitraum betrifft also Fälle, in denen die GewSt-Pflicht im Lauf eines Kalenderjahres beginnt oder endet, zB beim Unternehmerwechsel (§ 2 Abs. 5 iVm § 5 Abs. 2) oder auch dann, wenn eine gewerblich geprägte Personengesellschaft ihre werbende Tätigkeit einstellt (BFH IV R 30/15, BFH/NV 2017, 1191) oder wenn der bisherige Gewerbebetrieb eingestellt und ein neuer in Gang gesetzt wird (BFH IV R 8/17, BStBl. II 2020, 401). Ein abgekürzter Erhebungszeitraum ist auch zu bilden, wenn sich ein atypisch stiller Gesellschafter nur für einen unterjährigen Zeitraum an einer Personengesellschaft beteiligt, sodass der Gewerbebetrieb für die Dauer des Bestehens der atypisch stillen Gesellschaft dieser zugeordnet wird und mithin zwei unterschiedliche Gewerbebetriebe in dem Kalenderjahr bestehen (BFH IV R 9/23, DStRE 2025, 1237). Die sachliche Steuerpflicht besteht fort, wenn eine Mitunternehmerschaft im Wege der Anwachsung auf einen (einzigen) Mitunternehmer übergeht. Auch wenn in derartigen Fällen kein abgekürzter EZ vorliegt, müssen dennoch wegen des Wechsels der Steuerschuldnerschaft zwei Messbescheide ergehen (→ § 5 Rn. 15; Stalbold in Desens/Tappe § 14 Rn. 15). Nach Ablauf des EZ, auch des abgekürzten, wird der Steuermessbetrag festgesetzt. Bei einem abgekürzten Erhebungszeitraum muss damit nicht bis zum Ende des Kalenderjahres gewartet werden (GewStR 14.1 S. 4). Der Steuermessbetrag ist erforderlichenfalls auf volle Euro nach unten abzurunden (GewStR 14.1 S. 3). Die Voraussetzungen der sog. erweiterten Kürzung nach § 9 Nr. 1 S. 2 sind (nur) für den abgekürzten EZ zu prüfen (BFH IV R 30/15, BFH/NV 2017, 1191). Nach § 19 Abs. 3 S. 3 kann das FA noch während des laufenden EZ für Vorauszahlungszwecke einen Messbescheid erlassen.

IV. Pauschale Gewerbesteueranrechnung

10 Der durch GewSt-Messbescheid festgesetzte Messbetrag ist Ausgangspunkt für die pauschale Anrechnung der GewSt auf die Einkommensteuer nach **§ 35 EStG.** Bei gewerbetreibenden Einzelunternehmern und bei Mitunternehmern wird die auf die gewerblichen Einkünfte entfallende Einkommensteuer um das Vierfache des festgesetzten (anteiligen) GewSt-Messbetrags gemindert. Bei Einzelunternehmern sind der GewSt-Messbescheid und der GewSt-Bescheid Grundlagenbescheide für die Ermäßigung ihrer ESt nach § 35 EStG. Bei Mitunternehmerschaften ist ein zusätzliches Feststellungsverfahren erforderlich, bei dem der auf die einzelnen Mitunternehmer entfallende Anteil am GewSt-Messbetrag und an der tatsächlich zu zahlenden GewSt durch das für die gesonderte Feststellung der Einkünfte zuständige FA (§ 35 Abs. 3 S. 1 EStG) gesondert und einheitlich festgestellt werden (§ 35 Abs. 2 S. 1 EStG). Der Anteil des Mitunternehmers am GewSt-Messbetrag richtet sich dabei nach dem allgemeinen Gewinnverteilungsschlüssel; Vorabgewinnanteile sind nicht zu berücksichtigen (§ 35 Abs. 2 S. 2 EStG). Maßgeblich ist der Gesellschafterbestand am Ende des (kalenderjahrgleichen oder abweichenden) Wirtschaftsjahres (BFH IV R 21/22, DStR 2025, 1268 im Anschluss an BFH IV R 5/14, BStBl. II 2016, 875: Stichtagsprinzip). Die Festsetzung ihres Anteils an dem GewSt-Messbetrag nach § 35 Abs. 2 EStG ist bei Mitunternehmern ein Grundlagenbescheid für die Ermäßigung ihrer ESt nach § 35 Abs. 1 EStG. Davon zu unterscheiden ist das Gewinnfeststellungsverfahren der über die Mitunternehmerschaft erzielten Einkünfte für Zwecke der ESt. Einwendungen des Mitunternehmers einer Personengesellschaft gegen die vom FA für Zwecke der Anrechnung festgestellten Besteuerungsgrundlagen können daher nur im Feststellungsverfahren nach § 35 Abs. 3 EStG und nicht im Gewinnfeststellungsverfahren vorgebracht werden (BFH IV R 30/13, BStBl. II 2019, 591). Der Anrechnungshöchstbetrag (§ 35 Abs. 1 S. 5 EStG) ist betriebsbezogen zu ermitteln (BFH X R 62/14, BStBl. II 2019, 244). Das gilt auch für mehrstöckige Mitunternehmerschaften (BFH X R 12/15, BStBl. II 2019, 249). Zu den Einzelheiten der GewSt-Anrechnung s. BMF 3.11.2016, BStBl. I 2016, 1187, geändert durch BMF 17.4.2019, BStBl. I 2019, 459 und BMF 24.5.2025, BStBl. I 2025, 649).

V. Steuermessbetrag (Übersicht)

11 **Gewerbeertrag:**

	Gewinn aus Gewerbebetrieb (§ 7)
+	Hinzurechnungen (§ 8)
./.	Kürzungen (§ 9)
=	Gewerbeertrag (Abrundung auf volle 100 EUR, § 11 Abs. 1)
./.	Freibetrag (24.500 EUR bzw. 5.000 EUR; § 11 Abs. 1)
=	Steuerpflichtiger Gewerbeertrag
×	Steuermesszahl (3,5 %; § 11 Abs. 2)
=	Steuermessbetrag (§ 14)

Der Steuermessbetrag, multipliziert mit dem Hebesatz (§ 16), ergibt die Gewerbesteuer.

§ 14a Steuererklärungspflicht

[1]Der Steuerschuldner (§ 5) hat für steuerpflichtige Gewerbebetriebe eine Erklärung zur Festsetzung des Steuermessbetrags und in den Fällen des § 28 außerdem eine Zerlegungserklärung nach amtlich vorgeschriebenem Datensatz über die amtlich bestimmte Schnittstelle elektronisch zu übermitteln. [2]Auf Antrag kann die Finanzbehörde zur Vermeidung unbilliger Härten auf eine elektronische Übermittlung verzichten; in diesem Fall ist die Erklärung nach amtlich vorgeschriebenem Vordruck abzugeben und vom Steuerschuldner oder von den in § 34 der Abgabenordnung bezeichneten Personen eigenhändig zu unterschreiben.

Gewerbesteuer-Durchführungsverordnung

§ 25 GewStDV Gewerbesteuererklärung

(1) Eine Gewerbesteuererklärung ist abzugeben

1. *für alle gewerbesteuerpflichtigen Unternehmen, deren Gewerbeertrag im Erhebungszeitraum den Betrag von 24 500 Euro überstiegen hat;*
2. *für Kapitalgesellschaften (Aktiengesellschaften, Kommanditgesellschaften auf Aktien, Gesellschaften mit beschränkter Haftung), wenn sie nicht von der Gewerbesteuer befreit sind;*
3. *für Genossenschaften einschließlich Europäischer Genossenschaften und für Versicherungsvereine auf Gegenseitigkeit, wenn sie nicht von der Gewerbesteuer befreit sind. [2]Für sonstige juristische Personen des privaten Rechts und für Vereine ohne Rechtspersönlichkeit ist eine Gewerbesteuererklärung nur abzugeben, soweit diese Unternehmen einen wirtschaftlichen Geschäftsbetrieb – ausgenommen Land- und Forstwirtschaft – unterhalten, dessen Gewerbeertrag im Erhebungszeitraum den Betrag von 5000 Euro überstiegen hat;*
4. *für Unternehmen von juristischen Personen des öffentlichen Rechts, wenn sie als stehende Gewerbebetriebe anzusehen sind und ihr Gewerbeertrag im Erhebungszeitraum den Betrag von 5000 Euro überstiegen hat;*
5. *für Unternehmen im Sinne des § 3 Nr. 5, 6, 8, 9, 15, 17, 21, 26, 27, 28 und 29 des Gesetzes nur, wenn sie neben der von der Gewerbesteuer befreiten Tätigkeit auch eine der Gewerbesteuer unterliegende Tätigkeit ausgeübt haben und ihr steuerpflichtiger Gewerbeertrag im Erhebungszeitraum den Betrag von 5000 Euro überstiegen hat;*
6. *für Unternehmen, für die zum Schluss des vorangegangenen Erhebungszeitraums vortragsfähige Fehlbeträge gesondert festgestellt worden sind;*
7. *für alle gewerbesteuerpflichtigen Unternehmen, für die vom Finanzamt eine Gewerbesteuererklärung besonders verlangt wird.*

(2) [1]Die Steuererklärung ist spätestens an dem von den obersten Finanzbehörden der Länder bestimmten Zeitpunkt abzugeben. [2]Das Recht des Finanzamts, schon vor diesem Zeitpunkt Angaben zu verlangen, die für die Besteuerung von Bedeutung sind, bleibt unberührt.

Übersicht

I. Entstehungsgeschichte und zeitlicher Anwendungsbereich

1 § 14a wurde durch das Steuerbereinigungsgesetz 1985 v. 14.12.1984 (BGBl. 1984 I 1493) eingeführt. Damit sollte eine ausdrückliche Rechtsgrundlage für die Pflicht zur Abgabe einer Steuererklärung im Gesetz vorgesehen werden. Bis dahin bestand für die Gewerbesteuererklärung eine spezielle Regelung lediglich in § 25 GewStDV. Mit Wirkung ab EZ 2011 ist die GewSt-Erklärung grundsätzlich in elektronischer Form abzugeben (StBürokratieAbbG v. 20.12.2008 (BGBl. 2008 I 2850)). Aufgrund des ModBestVerfG v. 18.7.2016 (BGBl. 2016 I 1679) ergaben sich ua Änderungen hinsichtlich der Frist zur Abgabe der GewSt-Erklärung sowie der Zerlegungserklärung. Durch das JStG 2024 v. 2.12.2024 (BGBl. I Nr. 387) wurde festgelegt, dass die Übermittlung der Erklärungen durch Nutzung der amtlich bestimmten Schnittstelle zu erfolgen hat (§ 14a S. 1; s. auch § 87b Abs. 2 AO).

II. Erklärungspflicht

2 Erklärungspflichtig ist nach § 14a S. 1 der Steuerschuldner (§ 5). An seiner Stelle handeln bei gesetzlicher Vertretung natürlicher oder juristischer Personen sowie rechtsfähiger Personenvereinigungen die gesetzlichen Vertreter, bei Vermögensmassen die Geschäftsführer und bei nichtrechtsfähigen Personenvereinigungen die anderen in § 34 AO genannten Personen, also Gesellschafter, Mitglieder oder Gemeinschafter. Beim Unternehmensverbund in der Form einer **Organschaft** ist der Organträger als Steuerschuldner (→ § 5 Rn. 14) zur Abgabe der Steuererklärung verpflichtet, und zwar auch für jede Organgesellschaft. Bei der **Betriebsaufspaltung** trifft die Erklärungspflicht die jeweiligen Gesellschaften oder Gemeinschaften, weil nicht nur eine getrennte Ermittlung der Besteuerungsgrundlagen erforderlich ist, sondern auch mehrere Steuerschuldner existieren (BFH IV R 19/82, BStBl. II 1985, 199). Für die atypisch stille Gesellschaft sind vom Inhaber des Handelsgewerbes zwei Steuererklärungen abzugeben, weil es sich um zwei selbstständige Steuergegenstände handelt; Steuerschuldner ist nur der Inhaber des Handelsgewerbes (BFH IV R 8/14, BStBl. II 2017, 538; auch → § 5 Rn. 10). Hat ein Unternehmer **mehrere Gewerbebetriebe,** ist für jeden einzelnen Betrieb eine GewSt-Erklärung abzugeben (vgl. BFH III R 45/08, BStBl. II 2011, 673). Stellt sich erst nachträglich, etwa nach dem Verkauf eines vierten Objekts, das Vorliegen eines **gewerblichen Grundstückshandels** heraus, so bestand dennoch von Anfang an, dh nach Verkauf des ersten Objekts, die Pflicht zur Abgabe einer GewSt-Erklärung, sodass bei einer Pflichtverletzung der Beginn der Festsetzungsfrist nach § 170 Abs. 2 S. 1 Nr. 1 AO iVm § 184 Abs. 1 S. 3 AO hinausgeschoben ist (BFH III R 1/05, BStBl. II 2007, 375).

III. Form der Erklärung

3 Ab **EZ 2011** ist die Übermittlung der Steuererklärung in **elektronischer Form** der Regelfall. Dazu ist die amtlich bestimmte Schnittstelle zu nutzen. Die

Abgabe in **Papierform** auf Antrag ist nur möglich, wenn die Finanzbehörde wegen unbilliger Härte darauf verzichtet (§ 14a S. 2). Dies ist anzunehmen, wenn eine Steuererklärung durch Datenfernübertragung wirtschaftlich oder persönlich unzumutbar ist (§ 150 Abs. 8 S. 1 AO; s. auch BFH XI R 33/09, BStBl. II 2012, 477). Dies ist insb. der Fall, wenn die Schaffung der technischen Voraussetzungen nur mit einem nicht unerheblichen finanziellen Aufwand möglich wäre oder wenn der Stpfl. nach seinen individuellen Kenntnissen und Fähigkeiten nicht oder nur eingeschränkt in der Lage ist, die Möglichkeiten der Datenfernübertragung zu nutzen (§ 150 Abs. 8 S. 2 AO). In einem derartigen Fall besteht kein Ermessensspielraum der Finanzbehörde (BFH XI R 33/09, BStBl. II 2012, 477). Die Übergabe eines Datenträgers (CD oder USB-Stick) genügt nicht (BFH I B 133/14, BFH/NV 2016, 72). Verfassungsrechtliche Bedenken gegen die Verpflichtung zur Abgabe der Steuererklärung in elektronischer Form bestehen nicht (BFH XI R 33/09, BStBl. II 2012, 477; I B 133/14, BFH/NV 2016, 72). Wird die Erklärung auf Papier abgegeben, obwohl die Verpflichtung zur elektronischen Übermittlung bestand, so ist darin eine Pflichtverletzung zu sehen, die die Festsetzung eines Verspätungszuschlags (§ 14b) rechtfertigen kann. Allerdings besteht für das FA im Regelfall kein Anlass, die Besteuerungsgrundlagen abweichend vom Inhalt der auf Papier abgegebenen Erklärung zu schätzen (§ 162 AO).

Eine auf Papier abgegebene Steuererklärung ist **eigenhändig** zu unterschreiben. Blankounterschriften und dergleichen genügen diesem Erfordernis nicht (BFH VI R 80/81, BStBl. II 1984, 13; VI R 16/82, BStBl. II 1984, 436). Eine Stellvertretung bei der Unterschriftenleistung ist nur unter den Voraussetzungen des § 150 Abs. 3 AO statthaft. Wird die Steuererklärung ausnahmsweise auf Papier abgegeben, ist sie nach (nicht: auf) amtlich vorgeschriebenem Vordruck abzugeben.

IV. Erklärungsfristen

Die Erklärungen iSd § 14a S. 1 (GewSt-Erklärung und ggf. Zerlegungserklärung) sind vom Steuerschuldner (→ Rn. 2) grds. bis zum 31.7. nach Ablauf des Jahres, für das die Erklärung abzugeben ist, einzureichen (§ 149 Abs. 2 S. 1 AO idF des ModBestVerfG v. 18.7.2016 (BGBl. 2016 I 1679). Für steuerlich vertretene Stpfl. wird diese Frist für die Erklärungen iSd § 14a S. 1 generell bis Ende Februar des zweiten auf den EZ folgenden Jahres verlängert (§ 149 Abs. 3 Nr. 3 AO). Diese Abgabefristen gelten erstmals für Besteuerungszeiträume, die nach dem 31.12.2017 beginnen (Art. 97 § 10a Abs. 4 S. 1 EGAO), dh **erstmals für den EZ 2018** (vorher galten kürzere Fristen: 31.5. bzw. 31.12.). Die neuen Abgabefristen wurden aufgrund der Belastungen durch die Corona-Pandemie vorübergehend verlängert: So galt die neue Juli-Frist nicht für die Besteuerungszeiträume 2020 bis 2023 (s. verlängerte Fristen gemäß Art. 97 § 36 Abs. 3 Nr. 3 EGAO). Und die neue Februar-Frist galt nicht für die Besteuerungszeiträume 2019 bis 2024 (s. verlängerte Fristen gemäß Art. 97 § 36 Abs. 1, Abs. 3 Nr. 1 EGAO; für den EZ 2024 lief die Frist bis Ende April 2026). Nach Ablauf dieser Übergangszeiträume greift wieder die eingangs dargestellte neue Rechtslage. Die Erklärungen iSd § 14a S. 1 für den EZ 2025 sind also für steuerlich vertretene Stpfl. bis Ende Februar 2027 einzureichen. Beim unterjährigen Unternehmerwechsel (→ § 5 Rn. 15), der den Erlass von zwei Messbescheiden erfordert, kann das FA den Messbetrag bereits nach Ablauf des ersten, vor dem Wechsel liegenden Zeitraums festsetzen, 4 wenn es nach § 25 Abs. 2 S. 2 GewStDV zur Abgabe der Steuererklärung aufgefordert hat.

V. Betroffene Steuergegenstände

5 Die von der Erklärungspflicht betroffenen Steuergegenstände bezeichnet § 25 Abs. 1 GewStDV. Zu den in § 25 Abs. 1 Nr. 2 GewStDV genannten Kapitalgesellschaften gehören auch Europäische Gesellschaften iSd § 2 Abs. 2 S. 1 (Baldauf in Brandis/Heuermann § 14a Rn. 3). Ein Überschreiten der Freibeträge für den Gewerbeertrag (24.500 EUR für natürliche Personen oder Personengesellschaften, § 11 Abs. 1 S. 3 Nr. 1) löst die Abgabepflicht aus (§ 25 Abs. 1 Nr. 1 GewStDV). Kapitalgesellschaften sind – sofern sie nicht gewerbesteuerbefreit sind – zur Erklärungsabgabe verpflichtet, ebenso die Genossenschaften (einschließlich der Europäischen Genossenschaften) und Versicherungsvereine auf Gegenseitigkeit. Für die sonstigen juristischen Personen des privaten Rechts und die Vereine ohne Rechtspersönlichkeit wird auf den Freibetrag des § 11 Abs. 1 S. 3 Nr. 2 in Höhe von 5.000 EUR abgehoben. Dasselbe gilt für Unternehmen von juristischen Personen des öffentlichen Rechts und nach § 25 Abs. 1 Nr. 5 GewStDV für teilweise von der GewSt befreite Unternehmen, soweit sie daneben eine gewerbesteuerpflichtige Tätigkeit ausüben. Außerdem ist für alle gewerbesteuerpflichtigen Unternehmen eine Erklärung abzugeben, für die dies vom FA besonders verlangt wird (§ 25 Abs. 1 Nr. 7 GewStDV, Ermessensentscheidung). Vollständig von der GewSt befreite Gewerbetreibende brauchen keine Erklärung einzureichen, sofern sie nicht vom FA hierzu aufgefordert werden. Bei Unsicherheit darüber, ob ein Betrieb seiner Art nach der GewSt unterliegt, ist eine GewSt-Erklärung auf Aufforderung des FA abzugeben (§ 184 Abs. 1 S. 3 AO, § 149 Abs. 1 S. 2 AO). In **Zerlegungsfällen** (§ 28) hat der Steuerschuldner zusätzlich eine Zerlegungserklärung abzugeben. In dieser sind die Gemeinden anzugeben, in denen der Steuerpflichtige Betriebsstätten unterhalten hat, darüber hinaus Angaben zum Zerlegungsmaßstab, im Regelfall die auf die einzelnen Betriebsstätten entfallenden Arbeitslöhne (§ 29 Abs. 1 Nr. 1).

§ 14b Verspätungszuschlag

[1]Ein nach § 152 der Abgabenordnung zu entrichtender Verspätungszuschlag fließt der Gemeinde zu. [2]Sind mehrere Gemeinden an der Gewerbesteuer beteiligt, so fließt der Verspätungszuschlag der Gemeinde zu, in der sich die Geschäftsleitung am Ende des Erhebungszeitraums befindet. [3]Befindet sich die Geschäftsleitung im Ausland, so fließt der Verspätungszuschlag der Gemeinde zu, in der sich die wirtschaftlich bedeutendste Betriebsstätte befindet. [4]Auf den Verspätungszuschlag ist der Hebesatz der Gemeinde nicht anzuwenden.

Übersicht

I. Entstehungsgeschichte

Die Vorschrift wurde durch das SteuerbereinigungsG v. 14.12.1984 (BGBl. 1984 I 1493) mit Wirkung ab dem EZ 1984 in das Gesetz aufgenommen. Die „Ertragshoheit" der Gemeinde für den Verspätungszuschlag sollte damit eine gesicherte Rechtsgrundlage aufweisen. Der inhaltsgleiche § 26 Abs. 2 GewStDV aF stand im Widerspruch zu der höherrangigen Regelung in § 3 Abs. 4 Nr. 2 AO (BT-Drs. 10/1636, 70). 1

II. Zweck

Die Vorschrift regelt, welcher Gemeinde der Verspätungszuschlag (§ 152 AO) zufließt. Er ist, wie auch der Säumniszuschlag, ein **Druckmittel** eigener Art. Er dient weder seinem Nebenzweck noch seinem Hauptzweck nach der Erzielung von Einnahmen der öffentlichen Hand (BFH VI R 268/80, BStBl. II 1983, 489 zu Säumniszuschlägen; BFH VI B 108/04, BFH/NV 2005, 1003), vielmehr soll er den geordneten Gang der Veranlagung gewährleisten (s. Rosenke in BeckOK AO § 152 Rn. 1). Er wird vom FA festgesetzt, wenn der Steuerpflichtige die Erklärung zur Festsetzung des Messbetrags oder die Zerlegungserklärung gemäß § 14a nicht oder nicht rechtzeitig abgegeben hat (zu den Abgabefristen → § 14a Rn. 4). Aufgrund der Änderung durch das JStG 1996 v. 11.10.1995 (BStBl. I 1995, 1250) wird der Verspätungszuschlag bei der **Beteiligung mehrerer Gemeinden** an der Gewerbesteuer nicht mehr der Gemeinde mit dem größten Zerlegungsanteil zugewiesen, sondern derjenigen Gemeinde, in der sich die **Geschäftsleitung** (§ 10 AO) am Ende des EZ befindet (S. 2). Der Verspätungszuschlag wird somit nicht auf mehrere Gemeinden aufgeteilt. Befindet sich die Geschäftsleitung im Ausland, so fließt er der Gemeinde zu, in der sich die wirtschaftlich bedeutendste Betriebsstätte befindet (S. 3). Dies richtet sich nach der Ertragskraft. Der Hebesatz ist auf den Verspätungszuschlag nicht anzuwenden (S. 4), da sich das Hebesatzrecht nicht darauf bezieht. Diese Klarstellung im Gesetz erschien nötig, weil der Zuschlag regelmäßig vom FA zusammen mit dem Steuermessbetrag festgesetzt wird (§ 152 Abs. 11 S. 1 AO). 2

III. Verfahrensrecht

Verfahrensrechtliches regelt § 152 AO; § 14b trifft keine hiervon abweichende Regelung. Die Vorschrift des § 152 AO wurde durch das ModBestVerfG v. 18.7.2016 (BGBl. 2016 I 1679) grundlegend geändert. Ob ein Zuschlag festgesetzt wird, ist – abgesehen von den Fällen des § 152 Abs. 2 und 3 AO – eine Ermessensentscheidung (s. § 152 Abs. 1 S. 1 AO). Bei einem Überschreiten des Abgabezeitpunkts um **mehr als 14 Monate** ist nach § 152 Abs. 2 Nr. 1 AO zwingend ein Verspätungszuschlag festzusetzen; eine Ermessensausübung findet in diesen Fällen nicht statt, was aber etwaigen Billigkeitsmaßnahmen nicht entgegensteht. Die genannte Frist von 14 Monaten galt aufgrund der Belastungen durch die Corona-Pandemie nicht für die Besteuerungszeiträume 2020–2024 (s. die verlängerten Fristen gemäß Art. 97 § 36 Abs. 3 Nr. 5 EGAO). Das Ermessen ist nach § 152 Abs. 1, 6 AO auszuüben, wenn ein Zuschlag festgesetzt werden soll und der 3

Zeitraum von 14 Monaten noch nicht überschritten ist. In diesen Fällen ist von einer Festsetzung abzusehen, wenn der Erklärungspflichtige glaubhaft macht, dass die Verspätung entschuldbar ist (§ 152 Abs. 1 S. 2 AO). Mit dem Verspätungszuschlag belastet wird der Erklärungspflichtige (→ § 14a Rn. 2), also der Steuerschuldner der GewSt, also zB die Personengesellschaft oder Kapitalgesellschaft selbst, nicht die für sie handelnden Personen (s. Rosenke in BeckOK AO § 152 Rn. 462 f.). Der Verspätungszuschlag kann also gegen die Gesellschaft oder ausnahmsweise (s. dazu Rosenke in BeckOK AO § 152 Rn. 470 ff.) auch gegen die Vertreter festgesetzt werden (BFH IV R 127/89, BStBl. II 1991, 675). Bei mehreren Erklärungspflichtigen besteht ein Auswahlermessen (§ 152 Abs. 4 AO), das von der Finanzbehörde auszuüben ist.

4 Der Verspätungszuschlag wird vom FA festgesetzt. Diese Festsetzung soll mit dem GewSt-Messbescheid oder mit dem Zerlegungsbescheid verbunden werden (§ 152 Abs. 11 S. 1 AO). Das FA teilt ihn der Gemeinde nach § 184 Abs. 3 AO mit (Ausnahme: Stadtstaaten; zur Mitteilung → § 4 Rn. 7). Ab dem EZ 2025 erfolgen die Mitteilungen an die Gemeinden durch Bereitstellung zum Abruf (§ 184 Abs. 3 S. 2 AO). Die Gemeinde erlässt das Leistungsgebot (§ 254 Abs. 1 AO), sie ist auch für die Erhebung und Vollstreckung des Verspätungszuschlags zuständig.

5 Der Zuschlag für verspätet abgegebene Erklärungen zur Festsetzung des GewSt-Messbetrags und für Zerlegungserklärungen ist in Höhe von 25 EUR für jeden angefangenen Monat der eingetretenen Verspätung festzusetzen (§ 152 Abs. 6 AO). Wird die Erklärung nicht abgegeben, ist der Zuschlag bis zum Tag des Wirksamwerdens der erstmaligen Steuerfestsetzung zu berechnen (§ 152 Abs. 9 S. 2 AO). Für Erklärungen iSd § 14a S. 1 (GewSt-Erklärung und Zerlegungserklärung) ist also im Falle der verspäteten Abgabe ein fester Monatsbetrag vorgesehen. Daher ändert eine spätere **Änderung** nichts an der Höhe des Verspätungszuschlags. Ist der Messbescheid allerdings **aufzuheben,** so ist auch die Festsetzung des Zuschlags aufzuheben (§ 152 Abs. 12 S. 1 AO, als Korrekturvorschrift lex specialis zu § 130 AO, s. Rätke in Klein AO § 152 Rn. 85).

§ 15 Pauschfestsetzung

Wird die Einkommensteuer oder die Körperschaftsteuer in einem Pauschbetrag festgesetzt, so kann die für die Festsetzung zuständige Behörde im Einvernehmen mit der Landesregierung oder der von ihr bestimmten Behörde auch den Steuermessbetrag in einem Pauschbetrag festsetzen.

Gewerbesteuer-Richtlinien 2009: GewStR 15.1

Übersicht

I. Regelungszusammenhang

Nach seinem Regelungszusammenhang ist § 15 keine eigenständige Grundlage für die Pauschalierung des GewSt-Messbetrags, sondern setzt die pauschale Festsetzung der ESt oder KSt voraus (ebenso Schnitter in Frotscher/Drüen § 15 Rn. 3). Dies lassen die §§ 34c Abs. 5, 50 Abs. 4 EStG sowie § 26 Abs. 1 S. 1 Nr. 1 KStG zu. Eine Pauschfestsetzung nach § 15 ist eine Ermessensentscheidung, allerdings ist das Ermessen vorgeprägt, wenn bereits die ESt/KSt in einem Pauschbetrag festgesetzt worden ist (ebenso Schenke in Desens/Tappe § 15 Rn. 81), was wiederum eine vorherige Ermessensentscheidung voraussetzt (s. §§ 34c Abs. 5, 50 Abs. 4 EStG, § 26 Abs. 1 S. 1 Nr. 1 KStG). § 15 erfasst einerseits beschränkt Steuerpflichtige (→ Rn. 2) und andererseits unbeschränkt Steuerpflichtige mit ausländischen Einkünften (→ Rn. 3), hat aber aufgrund gewerbesteuerrechtlicher Besonderheiten einen noch geringeren Anwendungsbereich als die in Bezug genommenen einkommen- und körperschaftsteuerrechtlichen Vorschriften über die pauschale Steuerfestsetzung. Die Pauschfestsetzung nach § 15 ist daher selten (Schulze in WSMH § 15 Rn. 2). 1

II. Beschränkte Einkommensteuerpflicht

Bei beschränkt Stpfl. kann die ESt/KSt ganz oder zum Teil erlassen oder in einem Pauschbetrag festgesetzt werden, wenn dies im besonderen öffentlichen Interesse liegt; dies kann insb. bei kulturellen oder sportlichen Veranstaltungen zu bejahen sein (§ 50 Abs. 4 EStG). Die Anwendung des § 15 setzt weiter voraus, dass überhaupt eine inländische Betriebsstätte begründet wird (Schulze in WSMH § 15 Rn. 15; Schenke in Desens/Tappe § 15 Rn. 53). Der auf nicht im Inland gelegene Betriebsstätten entfallende Gewerbeertrag ist ohnehin nicht steuerpflichtig (§ 9 Nr. 3). Inländische Betriebsstätten von Unternehmen, deren Geschäftsleitung sich im Ausland befinden, sind ferner unter den Voraussetzungen des § 2 Abs. 6 bereits von der GewSt freigestellt (→ § 2 Rn. 644). 2

III. Ausländische Einkünfte

Die in GewStR 15.1 angesprochene Pauschalierung der auf ausländische Einkünfte entfallenden ESt (§ 34c Abs. 5 EStG) und KSt (§ 26 Abs. 1 S. 1 Nr. 1 KStG) ist hinsichtlich ihrer Übertragung auf die GewSt zweifelhaft. 3

Für die 2. Alternative des § 34c Abs. 5 EStG (besonders schwierige Anwendung des § 34c Abs. 1 EStG zur Anrechnung der ausländischen Steuer) gibt es im GewStRecht keine Entsprechung. Ein Anrechnungsverfahren ist hier grds. nicht vorgesehen (s. aber → § 7 Rn. 22; → § 14 Rn. 3). § 15 ist dann nur in den Fällen der Pauschalierung aus volkswirtschaftlichen Gründen (§ 34c Abs. 5 EStG, § 26 Abs. 1 S. 1 Nr. 1 KStG) anwendbar (ebenso Baldauf in Brandis/Heuermann § 15 Rn. 6; Schulze in WSMH § 15 Rn. 14). Ausländische Einkünfte iSd § 34c Abs. 5 EStG iVm § 34d EStG sind in § 9 Nr. 2, 3, 7 und 8 und § 8 Nr. 8 hinsichtlich des gewerbesteuerrechtlichen Gewerbeertrags berücksichtigt. Insoweit besteht für eine gewerbesteuerrechtliche Pauschalierung kein Bedarf. § 15 soll die Tätigkeit inländischer Unternehmen ua in Nicht-DBA-Ländern fördern (vgl. auch den sog. **Pauschalierungserlass,** BMF 10.4.1984, BStBl. I 1984, 252, letzterer für die KSt aufgehoben ab 2004, s. BMF 24.11.2003, BStBl. I 2003, 747). Der subventionsähnliche Charakter gestattet es, den Begriff „ausländische Einkünfte" des ESt-Rechts in die Besteuerungsgrundlagen der GewSt umzusetzen. Tatbestandlich denkbar ist dies zwar nicht für die ohnehin ausgenommenen Erträge der ausländischen Betriebsstätten eines inländischen Unternehmens, wohl aber zB für Beteiligungserträge und -werte, die nicht unter § 9 Nr. 7 fallen.

IV. Verfahrensrecht

4 §§ 34c Abs. 5, 50 Abs. 4 EStG und § 26 Abs. 1 S. 1 Nr. 1 KStG sind Ermessensvorschriften (vgl. zu § 34c Abs. 5 – früher Abs. 3 – BVerfG 2 BvL 2/75, BStBl. II 1978, 548), ebenso hängt die Pauschalierung nach § 15 von einer Ermessensausübung ab. Diese ist nach § 102 FGO nur eingeschränkt nachprüfbar. Die Landesregierung oder die von ihr bestimmte Behörde müssen ihr Einvernehmen mit einer Pauschfestsetzung des GewSt-Messbetrags erteilen. Das BMF muss seine Zustimmung zu einer Maßnahme nach §§ 34c Abs. 5, 50 Abs. 4 EStG und § 26 Abs. 1 S. 1 Nr. 1 KStG erteilen (mehrstufiger VA). Diese gilt als erteilt, wenn die Voraussetzungen des sog. Pauschalierungserlasses eingehalten sind (BMF 10.4.1984, BStBl. I 1984, 252 Ziffer 1). Die Gemeinde ist am Verfahren nicht beteiligt (→ § 4 Rn. 10).

Kommt es nachträglich durch eine geänderte Entscheidung zu einer Pauschalierung der ESt bzw. KSt, so muss das FA von Amts wegen in die Prüfung des § 15 eintreten. Die verfahrensrechtliche Grundlage für die Änderung des GewSt-Messbescheids bietet dann § 35b.

Ist die GewSt für mehrere Jahre nachzuholen, so müssen für die einzelnen Jahre getrennte pauschalierte GewSt-Messbeträge festgesetzt werden (GewStR 15.1 S. 3). Steuervereinbarungen über die Erhebung der Gewerbesteuer sind nach zutreffender hM unzulässig (→ § 4 Rn. 12). Sie werden auch nicht durch § 15 gestattet (s. Baldauf in Brandis/Heuermann § 15 Rn. 3).

Abschnitt V. Entstehung, Festsetzung und Erhebung der Steuer

§ 16 Hebesatz

(1) **Die Steuer wird aufgrund des Steuermessbetrags (§ 14) mit einem Prozentsatz (Hebesatz) festgesetzt und erhoben, der von der hebeberechtigten Gemeinde (§§ 4, 35a) zu bestimmen ist.**

(2) **Der Hebesatz kann für ein Kalenderjahr oder mehrere Kalenderjahre festgesetzt werden.**

(3) **[1]Der Beschluss über die Festsetzung oder Änderung des Hebesatzes ist bis zum 30. Juni eines Kalenderjahrs mit Wirkung vom Beginn dieses Kalenderjahrs zu fassen. [2]Nach diesem Zeitpunkt kann der Beschluss über die Festsetzung des Hebesatzes gefasst werden, wenn der Hebesatz die Höhe der letzten Festsetzung nicht überschreitet.**

(4) **[1]Der Hebesatz muss für alle in der Gemeinde vorhandenen Unternehmen der gleiche sein. [2]Er beträgt 200 Prozent [ab EZ 2027: 280 Prozent], wenn die Gemeinde nicht einen höheren Hebesatz bestimmt hat. [3]Wird das Gebiet von Gemeinden geändert, so kann die Landesregierung oder die von ihr bestimmte Stelle für die von der Änderung betroffenen Gebietsteile auf eine bestimmte Zeit verschiedene Hebesätze zulassen. [4]In den Fällen des Satzes 3 sind die §§ 28 bis 34 mit der Maßgabe anzuwenden, dass an die Stelle mehrerer Gemeinden die Gebietsteile der Gemeinde mit verschiedenen Hebesätzen treten.**

(5) **In welchem Verhältnis die Hebesätze für die Grundsteuer der Betriebe der Land- und Forstwirtschaft, für die Grundsteuer der Grundstücke und für die Gewerbesteuer zueinander stehen müssen, welche Höchstsätze nicht überschritten werden dürfen und inwieweit mit Genehmigung der Gemeindeaufsichtsbehörde Ausnahmen zugelassen werden können, bleibt einer landesrechtlichen Regelung vorbehalten.**

Gewerbesteuer-Richtlinien 2009: GewStH 16.1

Literatur: Flies, Entspricht die im Laufe eines Kalenderjahres angeordnete Erhöhung der Hebesätze der Gewerbesteuer dem Grundgesetz?, FR 1994, 248; Behrendt, Hebesatzautonomie und Standortentscheidung, StB 1996, 296; Rödel, Änderungen im Bereich der Gewerbesteuer durch das Steuervergünstigungsabbaugesetz, Inf 2003, 740; Wälz/Süß, Verfassungswidrigkeit der gewerbesteuerlichen Änderungen durch das Steuervergünstigungsabbaugesetz?, DStR 2003, 1637; Hidien, Staatliche Gewerbesteuerpflicht und gemeindliches Gewerbesteuerertragsrecht, ZKF 2004, 29; Otting, Verfassungsrechtliche Grenzen der Bestimmung des Gewerbesteuerhebesatzes durch Bundesgesetz, DB 2004, 1222; B. Schmidt, Auswirkungen des GewStÄndG auf Unternehmen und die Gewerbesteuer-Hebesätze der Gemeinden, StuB 2004, 249; Selmer/Hummel, Verfassungsgerechte Pflicht der Gemeinden zur Erhebung von GewSt?, NVwZ 2006, 14; Broer, Internationale Gewinnverlagerungen – eine empirische Untersuchung von steuerlichen Anreizen und Aufkommenseffekten am Beispiel Deutschlands, StuW 2010, 110; Brüning, Zur Reanimation der Staatsaufsicht über die Kommunalwirtschaft, DÖV 2010, 553; Kußmaul/Weiler, Die Berücksichtigung von Steuern in der Investitionsrechnung, StB 2011, 115; Scheffler, Interstaatliche Erfolgszuordnung als Instrument der Steuerplanung, Ubg 2011, 262; Vöcking, Kommt die hebesatzintegrierte GewerbeStMesszahl iVm der Einkommensteuerentlastung einer Rückführung des GewErtrags auf gewinnabhängige Elemente entgegen?, Stbg 2014, 16; Lange, Der Kampf um die Hebesätze, NVwZ 2015, 695; Blumers, Beiträge GewSt – Minimierung bei hohen Hebesätzen, Ubg 2021, 711; Blumers, GewSt-Hebesätze steigen überdurchschnittlich …, BB 2021, 2006; Marx, Möglichkeiten und Grenzen der Gestaltung von Gewerbesteuerhebesätzen, DStR 2021, 2720; Haase, Die Gewerbesteueroase ist tot. Es lebe die Gewerbesteueroase, Ubg 2024, 477; Neugebauer, Kommunaler Steuerwettbewerb und die erweiterte Gewerbesteuerkürzung, DB 2024, 2511; Kaminski, Aktuelle Anmerkungen zur Gewerbesteuerpflicht, Stbg 2025, 304.

Übersicht

I. Allgemeines

1 Die Vorschrift **konkretisiert Art. 106 Abs. 6 S. 2 GG,** wonach den Gemeinden das Recht einzuräumen ist, die Hebesätze der RealSt im Rahmen der Gesetze festzusetzen. Durch G. v. 29.10.1997 (BGBl. 1997 I 2590) ist Abs. 1 an die Aufhebung der GewKapSt ab EZ 1998 durch dieses G angepasst worden. Die Festlegung eines Mindesthebesatzes durch Einfügung von S. 2 in Abs. 4 erfolgte mWv EZ 2004 durch G. v. 23.12.2003 (BGBl. 2003 I 2922). Zur Ergänzung der Ausnahme-

regelung in Abs. 4 S. 1 wurde mWv EZ 2009 ein S. 4 angefügt durch JStG 2009 (BGBl. 2008 I 2794).

II. Anwendung des Hebesatzes

1. Festsetzung und Erhebung

a) Grundsatz. Die **Festsetzung der GewSt** bestimmt den zweiten Verfahrensabschnitt der GewBesteuerung. Sie erfolgt durch **Anwendung eines Hebesatzes** (Prozentsatzes) auf den GewStMessbetrag oder den der Gemeinde hieran zustehenden Zerlegungsanteil. Der Hebesatz hat die Funktion eines Steuersatzes. Die den Hebesatz regelnde Satzungsbestimmung der Gemeinde (→ Rn. 10 ff.) hat iVm § 16 die Funktion einer **Tarifvorschrift.** Hieraus ergibt sich, dass die Festsetzung des GewStMessbetrags selbst nicht zu einer (verfassungsrechtlich unzulässigen) **Überbesteuerung** führen kann (BFH IV B 91/04, BStBl. II 2005, 647; III B 170/06, BFH/NV 2010, 237). Bei der Anwendung ist die sog. KleinbetragsVO v. 19.12.2000 (BGBl. 2000 I 1790 (1805), BStBl. I 2001, 3 (18)), insb. § 2, zu beachten. Zur **GewStBelastung** iZm mit den jeweiligen Hebesätzen und Vorstellung von einer hebesatzintegrierten GewStMesszahl Vöcking Stbg 2014, 16. 2

b) Zuständigkeit. Die Festsetzung und Erhebung ist **grundsätzlich** eine **Angelegenheit der Gemeinde** (vgl. §§ 1, 16 Abs. 1; Übertragung durch LandesG gem. Art. 108 Abs. 4 S. 2 GG). Sie ist nicht zuständig für den GewStMessbetrag betreffende Entscheidungen, wie zB über den Antrag, ausländische QuellenSt anzurechnen (BVerwG 9 B 23/14, HFR 2014, 1117; HessVGH 5 A 329/12, DStRE 2015, 420; zum Problem der Anrechnung selbst Becker/Loose IStR 2012, 57; Weiss gmbhstb 2015, 63). Die **hebeberechtigte Gemeinde** wird **nicht durch den GewStMessbescheid** (→ Rn. 3) bestimmt (BFH I R 88/02, BStBl. II 2004, 751; IV B 64/11, BFH/NV 2013, 512; IV R 3/19, BFH/NV 2023, 1206). Die Hebeberechtigung entfällt nicht durch die Verlegung der Betriebsstätte nach Ablauf des EZ (BFH III S 12/15, BFH/NV 2015, 1421). 2a

Die **Gemeinde erlässt** aufgrund des ihr vom FA übersandten GewStMessbescheids oder – im Falle der Zerlegung – der Zerlegungsmitteilung den GewStBescheid. Ist die Festsetzung und Erhebung der GewSt nach § 5 Abs. 2 GewStÄndG **den FÄ übertragen,** wie in Hamburg, Bremen und Berlin, so erlässt das FA auch den GewStBescheid, der äußerlich mit dem GewStMessbescheid verbunden werden kann. 2b

2. Zum Verfahren

a) GewStBescheid als Folgebescheid. Der GewStBescheid ist StBescheid iSv § 155 AO. Er ist **Folgebescheid** des GewStMessbescheids iSv § 182 Abs. 1 AO (vgl. § 184 Abs. 1 S. 4 AO). Die Festsetzung des GewStMessbetrags (bzw. des auf die Gemeinde entfallenden Zerlegungsanteils) ist bindend für den GewStBescheid (vgl. OVG NRW 14 B 961/18, KStZ 2019, 37). Das bedeutet ua, dass die Gemeinde nach dem Grundsatz der Gesetzmäßigkeit der Verwaltung (Art. 20 Abs. 3 GG) einen **GewStBescheid erlassen oder ändern** muss, wenn ein GewStMessbescheid ergangen oder geändert worden ist (vgl. BFH I R 151/80, BStBl. II 1985, 607; I B 54/96, BStBl. II 1997, 136; I R 11/98, BFH/NV 2000, 3

346; Gosch in Brandis/Heuermann § 16 Rn. 35). Der GewStMessbescheid ist bei der Festsetzung der GewSt auch dann zugrunde zu legen, wenn er noch nicht bestandskräftig ist (§ 182 Abs. 1 S. 1 AO). Wird der GewStMessbetrag geändert, so ist der GewStBescheid auch dann zu ändern, wenn er bereits bestandskräftig ist (vgl. § 175 Abs. 1 S. 1 Nr. 1 AO). Ergeht eine **AdV** über den GewStMessbescheid, so hat die Gemeinde auch den GewStBescheid von der Vollziehung auszusetzen (vgl. OVG LSA 2 M 114/09, NVwZ-RR 2010, 53)

3a **b) Bekanntgabe.** Als StBescheid iSv § 155 AO ist der GewStBescheid nach § 122 Abs. 1 AO demjenigen **bekannt zu geben,** für den er **bestimmt** ist oder der von ihm betroffen wird. Das ist auf jeden Fall der Steuerschuldner iSv § 5. Außerdem ist anzugeben, wer die Steuer schuldet (vgl. § 157 Abs. 1 S. 2 AO). Ist dies eine **PersGes,** dann ist der GewStBescheid an sie zu adressieren; das gilt auch bei Bestehen einer InnenGes zwischen ihr und einer natürlichen Person. Bei **PersonenhandelsGes** erfordert dies die Angabe der Firma (BFH VIII R 32/90, BStBl. II 1998, 480), bei deren Änderung macht die Nennung der älteren den Bescheid nicht unbestimmt (BFH IV R 89/05, BFH/NV 2008, 1984). Veränderungen im Gesellschafterbestand verändern die Adressatenstellung der Gesellschaft nicht, solange sie nicht zivilrechtlich voll beendet ist (BFH IV R 6/14, BStBl. II 2017, 1053). Letzteres ist ua der Fall mit Ausscheiden des vorletzten Gesellschafters aus einer PersGes; Schuldner der GewSt wird der das Unternehmen als Einzelunternehmer (ggf. auch eine KapitalGes) fortführende Gesellschafter (vgl. IV R 91/05, BFH/NV 2008, 1289; BVerwG 8 C 10/10, BVerwGE 140, 142). Zur Bekanntgabe an eine aufgelöste KG BayVGH 4 ZB 16.1971, nv. Bei **sonstigen PersGes** ist grundsätzlich die Angabe aller Gesellschafter erforderlich (BFH II 65/63, BStBl. II 190, 598); jedoch genügt auch die Angabe der Bezeichnung, unter der sie sich am Rechtsverkehr beteiligen (zB BFH II R 103/84, BStBl. II 1987, 325). Zur fehlerhaften Bezeichnung einer Personengesellschaft als Steuerschuldner im GewStMessverfahren vgl. BFH VIII R 260/84, BStBl. II 1987, 768. Zu weiteren Einzelheiten s. Güroff in Gosch AO/FGO § 119 Rn. 6 ff., Güroff in Gosch AO/FGO § 157 Rn. 11 ff.

3. Rechtsbehelfe

4 **a) Besteuerungsgrundlagen.** Aus der Grundlagenfunktion des (positiven) GewStMessbescheids folgt, dass der Stpfl. begründete **Einwendungen** gegen die StPfl. und den Ansatz von Besteuerungsgrundlagen (GewErtrag und bis EZ 1997 GewKapital) sowie gegen den (einheitlichen) GewStMessbetrag nur durch **Anfechtung des GewStMessbescheids** geltend machen kann (vgl. § 42 FGO, § 351 Abs. 2 AO; BVerwG 7 C 56/78, HFR 1981, 285; BFH I R 301/83, BStBl. II 1987, 816; FG Bln-Bbg 12 V 12208/11, EFG 2012, 1465; OVG Saarl 1 B 72/21, ZKF 2022, 283; zur eingeschränkten Bedeutung eines auf 0 lautenden GewStMessbescheids vgl. BVerwG 8 C 23/10, HFR 2011, 1390 mwN). Das gilt jedoch nicht ohne Weiteres für den **Haftungsschuldner** nach § 75 AO, zumal er nicht durch den GewStMessbescheid beschwert wird (BVerfG 2 BvR 1157/93, BStBl. II 1997, 415, gegen BVerwG 8 C 20.90, NJW 1993, 2453: Verletzung des rechtlichen Gehörs).

Der **Streitwert** im Klageverfahren gegen den GewStMessbetrag bemisst sich nach dem streitigen Messbetrag multipliziert mit dem jeweiligen Hebesatz (BFH VIII E 3/11, BFH/NV 2012, 60).

b) GewStFestsetzung. Obliegt den Gemeinden die Festsetzung und Erhebung der GewSt (→ Rn. 2a), dann sind **Widerspruch** nach § 68 VwGO (soweit in dem betreffenden Bundesland nicht abgeschafft, → § 1 Rn. 50) und bei Erfolglosigkeit **Klage,** Berufung und Revision vor den Gerichten der Verwaltungsgerichtsbarkeit nach §§ 40, 132 ff. VwGO statthaft. Obliegt die Festsetzung und Erhebung den FÄ, dann sind Einspruch nach § 347 AO und Klage sowie Revision vor den Gerichten der Finanzgerichtsbarkeit nach §§ 40, 115 ff. FGO statthaft (BFH IV 11/54 U, BStBl. III 1957, 421). Wird eine pflichtgemäß zu gewährende **Folge-AdV** (→ Rn. 3) nicht gewährt, so ist ein Antrag auf einstweilige Anordnung nach § 123 VwGO zulässig (OVG LSA 2 M 114/09, NVwZ-RR 2010, 53). 4a

Richtet sich der GewStBescheid **gegen eine PersonenGes** als Inhaltadressatin, dann sind die Gesellschafter mangels Beschwer nicht klagebefugt; das gilt auch dann, wenn der Bescheid ihnen bekanntgegeben worden ist (VG D'dorf 25 K 76720, ZKF 2021, 94). 4b

Ein rechtskräftiger Insolvenzplan und die Aufhebung des **Insolvenzverfahrens** hindern die Kommune nicht an der Festsetzung von GewSt und von Nachzahlungszinsen. Insoweit ist der Insolvenzschuldner auf Einwendungen im Erhebungsverfahren und das Verlangen eines Abrechnungsbescheids verwiesen (VG Göttingen 2 A 648/13) 4c

4. Verjährung

Es gelten die Vorschriften der AO (vgl. § 1 Abs. 2 Nr. 4 und 5 AO) über die **Festsetzungsverjährung** (§§ 169 ff. AO) und die **Zahlungsverjährung** (§§ 228 ff. AO). Nach Ablauf der Festsetzungsfrist darf die GewSt nicht mehr festgesetzt werden. Die Frist beginnt mit Ablauf des Kalenderjahres, in dem die GewStErklärung eingereicht worden ist oder – wenn die Erklärung nicht eingereicht worden ist – mit Ablauf des dritten dem Kalenderjahr der Entstehung der GewSt folgenden Kalenderjahres (§ 170 Abs. 2 S. 1 Nr. 1 AO). 5

Die **Festsetzungsfrist** beträgt grundsätzlich 4 Jahre (§ 169 Abs. 2 S. 1 Nr. 2 AO), bei hinterzogener GewSt (§ 370 AO) zehn Jahre und bei leichtfertig verkürzter GewSt (§ 378 AO) fünf Jahre (§ 169 Abs. 2 S. 2 AO). Die Frist läuft nach § 171 Abs. 10 AO nicht vor Ablauf von zwei Jahren nach Bekanntgabe des GewStMessbescheids (Grundlagenbescheid) ab. Entsprechendes gilt bei einer Änderung des GewStMessbescheids durch das FA oder das FG. Der Eintritt der Verjährung bedeutet insoweit Erlöschen des StSchuldverhältnisses (§ 47 AO) und ist von Amts wegen zu beachten. Ein gleichwohl erlassener GewStBescheid ist aber nicht nichtig, sondern nur rechtswidrig und muss nach den Grundsätzen zu → Rn. 4a angefochten werden. 5a

Die **Zahlungsverjährungsfrist** beträgt grundsätzlich 5 Jahre (§ 228 S. 2 AO). Sie beginnt grundsätzlich mit Ablauf des Kalenderjahres, in dem der Anspruch erstmals fällig geworden ist (§ 229 Abs. 1 AO). Sind GewSt-Vorauszahlungen festgesetzt worden, bezieht sich § 229 Abs. 1 AO nicht auf diese, sondern auf den **nach § 16 Abs. 1 festgesetzten GewSt-Anspruch.** Erst mit Ablauf des Kalenderjahres seiner Fälligstellung (§ 20 Abs. 2) beginnt die Zahlungsverjährungsfrist. Das hat seinen Grund im Zweck der §§ 228 ff. AO, nach Ablauf der Frist endgültig Rechtssicherheit über Zahlungspflichten bzw. Erstattungsansprüche herzustellen, und befindet sich in Übereinstimmung mit der Fälligkeitsregelung des § 20 Abs. 2 (OVG NRW 14 B 44/19, KStZ 2019, 119). 5b

5. Beitreibung und Niederschlagung

6 Obliegt die Festsetzung und Erhebung der GewSt den Gemeinden, dann richtet sich die Beitreibung und Niederschlagung nach **landesrechtlichen Vorschriften,** nicht nach der AO. Deren Regeln gelten für alle Steuern nur, soweit sie durch Bundes- oder Landesfinanzbehörden verwaltet werden (§ 1 S. 1 AO). Für RealSt, soweit ihre Verwaltung den Gemeinden übertragen ist, bestimmt § 1 Nr. 2 AO nur ausdrücklich bezeichnete Teile bzw. Einzelvorschriften der AO als entsprechend anwendbar; der 6. Teil (Vollstreckung einschließlich der Niederschlagung, § 261 AO) gehört nicht dazu. Sind dagegen die FÄ zuständig (→ Rn. 2), dann gelten die Vorschriften der AO, insb. §§ 249 ff. AO und § 261 AO.

6. Stundung

7 Zu beachten sind die Vorschriften des **§ 222 AO** (vgl. § 1 Abs. 2 Nr. 5 AO). Danach können die Finanzbehörden Ansprüche aus dem Steuerschuldverhältnis ganz oder teilweise stunden, wenn die Einziehung bei Fälligkeit eine **erhebliche Härte** für den Schuldner bedeuten würde und der Anspruch durch die Stundung nicht gefährdet erscheint. Die Stundung soll idR nur auf Antrag und gegen Sicherheitsleistung gewährt werden. **Kein Stundungsgrund** ist die Tatsache, dass der Stpfl. ein Rechtsmittel gegen den GewStMessbescheid führt, auf dessen günstigen Ausgang er setzt (VG Gelsenkirchen 5 L 1358/11, BeckRS 2012, 46022); anders kann zu entscheiden sein, wenn der eingezogene Betrag mit an Sicherheit grenzender Wahrscheinlichkeit alsbald zu erstatten wäre (BFH I R 149/85, BFH/NV 1991, 14).

Zuständig ist die Behörde, die für die Festsetzung und Erhebung der GewSt zuständig ist (→ Rn. 2). Vgl. zu den Stundungsgrundsätzen iE die einschlägige Kommentarliteratur zur AO, insb. HHS; Tipke/Kruse; Koch/Scholtz; Klein.

Wird die GewSt gestundet, so sind nach § 234 Abs. 1 AO **Stundungszinsen** zu erheben. Allerdings kann auch hierauf verzichtet werden, wenn die Einziehung nach Lage des einzelnen Falles unbillig wäre (vgl. im Einzelnen hierzu die oa Kommentarliteratur). Die Stundungszinsen stehen der steuerberechtigten Gemeinde zu (§ 3 Abs. 4 S. 2 AO).

Obliegt der Gemeinde die Festsetzung und Erhebung der GewSt, dann kann auch sie für die Bearbeitung eines Stundungsantrags **keine Gebühr** erheben; eine solche ist für die Erhebung staatlich verwalteter Steuern grundsätzlich nicht vorgesehen (BVerwG 8 C 89/84, KStZ 1986, 191).

7. Erlass

8 **a) Grundsatz.** Es gelten die Vorschriften des **§ 227 AO** (vgl. § 1 Abs. 2 Nr. 5 AO). Danach können die Finanzbehörden Ansprüche aus dem Steuerschuldverhältnis ganz oder zum Teil erlassen, wenn deren **Einziehung** nach Lage des einzelnen Falles **unbillig** wäre; unter den gleichen Voraussetzungen können bereits entrichtete Beträge erstattet oder angerechnet werden. Die Unbilligkeit kann sich aus der Natur der Sache, dh aus einer vom Gesetzgeber nicht gewollten Benachteiligung des einzelnen Stpfl. (zB BVerwG VII C 18.76, BB 1978, 795; 7 B 128/78, HFR 1981, 239; 8 C 162/81, BStBl. II 1984, 244), oder aus persönlichen und wirtschaftlichen Gründen ergeben (BVerwG VII C 193.57, BVerwGE 9, 238 (240); 8 C 42/88, DVBl. 1990, 1405). Zu den Ermessensgrundsätzen sowie zur – eingeschränkten – Möglichkeit, einen bestandskräftigen StBescheid

inhaltlich-sachlich im Rahmen des Erlassverfahrens zu korrigieren, vgl. BVerwG 8 C 42/88, NJW 1991, 1073

Die Vorschrift gibt der Gemeinde **nicht das Recht,** an Stelle einer vom Gesetzgeber unterlassenen sozial- oder wirtschaftspolitischen Maßnahme die gesetzlich geschuldete GewSt ganz oder teilweise **nicht zu erheben** (BFH I 255/62 U, BStBl. III 1964, 589; IV R 34/69, BStBl. II 1970, 696); das gilt auch, wenn der GewBetrieb nur geringe Gewinne bzw. einen GewErtrag nur durch Anwendung von Hinzurechnungsvorschriften erzielt (BVerwG VII B 40.77, KStZ 1977, 218; 8 C 49/82, HFR 1984, 302); ebenso wenig besteht ein Erlassgrund, wenn der Hebesatz in der Nachbargemeinde niedriger ist (BVerwG VII C 7.74, BB 1976, 456). Zur – nicht abstrakt-generell zu beantwortenden – Frage des Erlasses wegen Fehlens eines Verlustausgleichs nach § 10a vgl. BVerwG 11 B 57/99, BeckRS 2000, 31353083. 8a

b) Zuständigkeit/Verfahren. Zuständig ist die **Gemeinde/Behörde,** der die Erhebung der GewSt obliegt. Hierbei ist die Gemeinde nicht an einen vom FA ausgesprochenen Billigkeitserlass (zB von USt) gebunden (BVerwG 8 C 42/88, NJW 1991, 1073). Allerdings sind die Finanzbehörden nach § 184 Abs. 2 AO zur abweichenden Festsetzung des GewStMessbetrags aus Billigkeitsgründen nach § 163 AO befugt, soweit hierfür in einer allgemeinen Verwaltungsvorschrift der Bundesregierung oder einer der obersten Landesfinanzbehörden Richtlinien aufgestellt worden sind (→ § 1 Rn. 46). 8b

Für den Erlass ist ein **Antrag nicht erforderlich.** Wird ein solcher gestellt, so ist er nicht fristgebunden. Nach höchstrichterlicher Rspr. (BFH V 181/57 U, BStBl. III 1958, 248; II R 8/76, BStBl. II 1981, 82; BVerwG 8 C 43/82, StRK AO 77, § 227 R 25) soll jedoch die unangemessene Verzögerung der Antragstellung (über die Verjährungsfristen für die StFestsetzung hinaus) zur Verwirkung des Anspruchs auf ermessensfehlerfreie Billigkeitsentscheidung führen. Das ist mE zweifelhaft, denn die Behörde ist unabhängig von einem Antrag zu jeder Zeit zu einer Prüfung von Amts wegen aufgerufen. Im Übrigen könnte eine Verwirkung mE bestenfalls bei sachlichen, nicht jedoch bei persönlichen Billigkeitsgründen eintreten.

Vgl. zu den Erlassgrundsätzen im Übrigen die einschlägige Kommentarliteratur (→ Rn. 7).

8. Säumniszuschläge

Säumniszuschläge sind nach **§ 240 Abs. 1 AO** Folgen einer verspäteten Zahlung (vgl. BVerwG 8 C 31/96, HFR 2000, 225). Sie fließen nach § 3 Abs. 4 S. 2 AO der verwaltenden Körperschaft zu. 9

III. Der Hebesatz

1. Festsetzung des Hebesatzes

a) Grundsatz. Die Festsetzung des Hebesatzes ist **Schaffung von materiellem Steuerrecht** (BVerfG 1 BvR 33/64, BVerfGE 21, 54; BFH VI 318/67, BStBl. II 1970, 20). Sie kann nach Abs. 2 für ein oder mehrere Kalenderjahre erfolgen (zu den Gestaltungsmöglichkeiten der Gemeinden Marx DStR 2021, 2720). Die Festsetzung erfolgt idR durch Haushaltssatzung der Gemeinde. Auch 10 eine besondere Hebesatz-Satzung ist wohl zulässig, zumal die Gemeindeordnungen der einzelnen Länder keine Verpflichtung mehr enthalten, die Hebesätze durch Haushaltssatzung festzulegen (OVG NRW 22 A 57/89, NVwZ 1991, 1208 = ZKF 1991, 36). Bei der Beratung und Abstimmung ist ein Gemeinderatsmitglied nicht deswegen ausgeschlossen, weil es selbst gewstpfl. ist (vgl. zur GrundSt BayVGH 243 IV 74, KStZ 1976, 150 = DÖV 1976, 752).

10a **b) Frist für Beschlussfassung.** Der **Beschluss** ist nach Abs. 3 **bis 30.6.** mit Wirkung vom Beginn dieses Kalenderjahres zu fassen; nach diesem Termin ist er nur zulässig, wenn er die Höhe der letzten Festsetzung nicht überschreitet. Für eine **erstmalige Festsetzung** gelten diese Fristen somit nicht; sie ist auch noch nach Ablauf des Kalenderjahres zulässig (BVerwG VII C 44.68, BStBl. II 1971, 443; Beutel in Lenski/Steinberg § 16 Rn. 42; aA Gosch in Brandis/Heuermann § 16 Rn. 21). Die Vorschrift bedeutet, dass der Hebesatz grundsätzlich für das Kalenderjahr festzusetzen ist, wobei der Festsetzungszeitraum auch mehrere Kalenderjahre umfassen kann.

10b Die **rückwirkende Festsetzung** des GewStHebesatzes erst im Laufe des EZ ist verfassungsgemäß (BVerfG 2 BvR 2/60, BVerfGE 13, 279; BFH VI R 118/67, BStBl. II 1970, 20; BVerwG VII C 44.68, BStBl. II 1971, 443; krit. Flies FR 1994, 248: nur bei einer maßvollen Erhöhung). **Krit.** auch Beutel (Beutel in Lenski/Steinberg § 16 Rn. 43), der auf die nach neuerer Rspr. des BVerfG erhöhte Prüfungsdichte für eine StFestsetzung mit unechter Rückwirkung hinweist (zB BVerfG 2 BvL 13/05, BStBl. II 2011, 76; 1 BvL 6/07, BStBl. II 2012, 932). Hiernach muss bei einer Gesamtabwägung zwischen dem enttäuschten Vertrauen des Normadressaten und der Dringlichkeit der Gründe für die Rechtsänderung die Grenze der Zumutbarkeit gewahrt bleiben. Allerdings fragt sich, ob bei einer (ändernden) Festsetzung vor Jahresmitte überhaupt von einem enttäuschten Vertrauen gesprochen werden kann (s. die oa ältere Rspr.). Zuzustimmen ist ihm mE jedenfalls, dass dies bei einer maßvollen Erhöhung nicht der Fall ist.

10c Die **Genehmigung** durch die Genehmigungsbehörde und **Bekanntmachung** der Satzung ist **nicht fristgebunden** (BVerwG 7 B 143/79, HFR 1980, 156). Eine verfassungskonforme Auslegung ergibt mE aber, dass die Vorschrift den Schutzzweck nur erfüllen kann, wenn der zeitliche Zusammenhang zwischen Beschlussfassung und Bekanntmachung gewahrt bleibt (aA Beutel in Lenski/Steinberg § 16 Rn. 44). Die Vorschrift des Abs. 3 bezweckt eine Lösung des Konflikts zwischen den Interessen der Gemeinde an einem gewissen Spielraum bei der Finanzplanung und dem Vertrauensschutz des Bürgers in die Vorhersehbarkeit und nur eingeschränkte Rückwirkung von belastenden Normen.

2. Höhe des Hebesatzes

11 **a) Grundsatz.** Bei der Bestimmung des Hebesatzes der Höhe nach sind die Gemeinden **grundsätzlich frei** (BVerfG 2 BvR 2185, 2189/04, BVerfGE 125, 141; BFH VI 318/67, BStBl. II 1970, 20). Insbesondere ist der Landesgesetzgeber nicht befugt, die Hebesatzfestsetzung der Höhe nach von der Ausschöpfung anderer Einnahmequellen abhängig zu machen (BVerwG 8 C 32/90, KStZ 1993, 193; hierzu Lange NVwZ 2015, 695; auch → Rn. 12). Doch darf die Gemeinde ihr **Normsetzungsermessen nicht überschreiten** und völlig **willkürliche Hebesätze** festsetzen; die kommunale Finanzautonomie schließt nicht aus, im Wege der **staatlichen Kommunalaufsicht** die RealSt-Hebesätze **zu beanstanden.** Das gilt zB, wenn ein wirtschaftlich in keinem Fall mehr vertretbarer und nicht

im Rahmen einer ordnungsgemäßen Verwaltung liegender Verbrauch öffentlicher Mittel festzustellen ist (HessVGH KStZ 1964, 109; BayVGH 243 IV 74, BayVBl. 1976, 341), oder wenn sich die Gemeinde in einer anhaltenden Haushaltsnotlage befindet und das von ihr vorgelegte Haushaltssicherungskonzept nicht erkennen lässt, wie die mit einer Senkung der Hebesätze verbundenen Einnahmeverluste hinreichend verlässlich ausgeglichen werden sollen (BVerwG 8 C 43/09, BVerwGE 138, 89; vorsichtig Brüning DÖV 2010, 553). Ausnahmsweise – wenn die Kommune keine Bereitschaft zur Umsetzung ihrer Handlungsmöglichkeiten innerhalb gesetzlicher Fristen zeigt – kann die Kommunalaufsicht **konkrete Vorgaben** zur Bemessung des Hebesatzes machen (VG Magdeburg 9 B 176/14, BeckRS 2015, 40850).

b) Einzelheiten. Darüber hinaus ist das Hebesatzrecht durch das sich aus Art. 20 Abs. 1 GG ergebende Gebot **sozialer Steuerpolitik** begrenzt (zur LohnsummenSt BFH IV R 161, 162/75, BStBl. II 1977, 512; zur GrundSt FG Bln 2 K 2386/02, EFG 2005, 390; allgemein zB BVerfG 2 BvL 3/66 ua, BVerfGE 27, 111). Ein weitergehendes Gebot, die StPfl. möglichst zu schonen, besteht ebenso wenig wie eine Verpflichtung, den Hebesatz bei steigendem Steueraufkommen zu senken (BayVGH 243 IV 74, BayVBl. 1976, 341 = KStZ 1976, 150 = DÖV 1976, 752). Der Landesgesetzgeber hat daher keine Kompetenz, die Bemessung der Hebesätze an die Ausschöpfung des Gebührenrahmens für besondere Leistungen der Gemeinden zu binden (BVerwG 8 C 32/90, KStZ 1993, 193, auch zur **beschränkten Wirkung des Subsidiaritätsprinzips** nach GO). **12**

Die Gemeinde muss zur Wahrung von Art. 12 GG nur **Erdrosselungswirkungen vermeiden,** dh sie darf die StPfl. nicht durch Geldleistungspflichten übermäßig belasten und die Vermögensverhältnisse grundlegend beeinträchtigen (zB BVerfG 1 BvR 51/69 ua, BVerfGE 38, 61 mwN). Das aber ist nicht schon dann der Fall, wenn einzelne Stpfl. die Steuer nicht tragen können, sondern erst, wenn die Mehrheit der Stpfl. bzw. der **durchschnittliche GewStpfl.** die GewSt unter normalen Umständen nicht aufbringen kann; denn Art. 12 GG gewährleistet keinen Bestandsschutz für die Fortsetzung einer unwirtschaftlichen Betriebsführung (vgl. BVerfG 1 BvL 22/67, BVerfGE 31, 8; BVerwG VII C 84.57, BVerwGE 6, 247 (268); 10 C 5/04, BVerwGE 123, 218; BFH II R 47/95, BStBl. II 1996, 538). Es besteht **keine unmittelbare Äquivalenzverknüpfung.** Im Übrigen ergibt sich eine gewisse Beschränkung aus der Regelung des Abs. 5. Für eine Beschränkung des Hebesatzrechts tritt insb. ein InstFSt Brief 206. Sie würde aber eine Änderung von Verfassungsrecht erfordern, weil eine Beschränkung des Hebesatzrechts gegen Art. 28 Abs. 2 S. 3 GG und Art. 106 Abs. 6 S. 2 GG verstieße (vgl. BVerfG 1 BvR 33/64, BVerfGE 21, 54; grds. 2 BvR 2185, 2189/04, BVerfGE 125, 141 = BFH/NV 2010, 793). **12a**

Zur **betriebswirtschaftlichen Bedeutung** des Hebesatzes für Überlegungen zur Steueroptimierung durch Verlagerung von betrieblichen Funktionen in Gemeinden mit niedrigen Steuersätzen Broer StuW 2010, 110; Kußmaul/Weiler StB 2022, 115; Scheffler Ubg 2011, 266. Zur **Minimierung der GewSt** durch Vermeidung von BSt. in Gemeinden mit hohen Hebesätzen Blumers Ubg 2021, 711; BB 2021, 2006. **12b**

c) Mindesthebesatz. Ab **EZ 2004** sieht **Abs. 4 S. 2** einen Mindesthebesatz von **200 %** vor, **ab EZ 2027 280 %** (9. G zur Änderung von Vorschriften im StBerRecht sowie im StRecht), was einer Steuermehrbelastung von 2,8 % entspricht (Kaminski Stbg 2025, 304). Die Vorschrift dient der Vermeidung eines **13**

„Steuerwettbewerbs" (zunächst: eines Nullsteuerwettbewerbs), der geeignet war, durch „gravierende regionale Verwerfungen" (BT-Drs. 15/1517, 19), also Bildung von „Steueroasen", dem Grundsatz der **Finanzautonomie** der Gemeinden – jedenfalls soweit die Einnahmeseite betroffen ist – den Boden zu entziehen (→ § 1 Rn. 16). Die Sinnhaftigkeit der Regelung wird jedoch durchaus bezweifelt (zB Neugebauer DB 2024, 2511, ua mit dem Vorschlag eines Maximalhebesatzes; Haase Ubg 2024, 477).

Ebenso wie die bisherige Regelung verstößt die Neuregelung (auch unter Einschluss der nach § 1 bestehenden Verpflichtung zur Erhebung der GewSt) nicht gegen **Verfassungsrecht,** insb. gegen die Art. 28 Abs. 2 S. 3 GG und Art. 106 Abs. 6 S. 2 GG (BVerfG 2 BvR 2185, 2189/04, BVerfGE 125, 141 = BFH/NV 2010, 793; ebenso Beutel in Lenski/Steinberg § 16 Rn. 29; Schmidt StuB 2004, 249; Hidien ZKF 2004, 29; Selmer/Hummel NVwZ 2006, 14; **aA** Wälz/Süß DStR 2003, 1637; Rödel Inf 2003, 740; Otting DB 2004, 1222). Die bezeichneten GG-Artikel garantieren nicht die Möglichkeit des Verzichts auf die GewStErhebung und stehen insofern der Beschränkung des kommunalen Hebesatzrechts nicht entgegen. Die (konkurrierende) Gesetzgebungskompetenz des Bundes ergibt sich aus Art. 105 Abs. 2 GG iVm Art. 72 Abs. 2 GG.

13a Ebenso wenig bestehen mE Zweifel, ob die Regelung ihren Zweck insb. im Hinblick auf das **„Ob" der Hebesatzfestsetzung** erreichen kann (so jedoch Gosch in Brandis/Heurmann § 16 Rn. 16). Denn die Pflicht zur Festsetzung eines Hebesatzes ergibt sich aus der Pflicht zur Erhebung der GewSt (§ 1). Bleibt die Gemeinde untätig, muss die Rechtsaufsicht tätig werden (→ Rn. 11, ebenso Otting DB 2004, 1222).

14 **d) Gleichheit des Hebesatzes. aa) Grundsatz.** Der Hebesatz muss nach **Abs. 4 S. 1** für alle in der Gemeinde vorhandenen Unternehmen **der gleiche** sein. Das bedeutet, dass der geltende Hebesatz bindend für alle GewBetriebe der Gemeinde ist.

14a **bb) Ausnahme bei Neugliederung. S. 3** enthält hierzu **Ausnahmen** für die **Neugliederung** von Gemeindegebieten. Die Landesregierung oder die von ihr bestimmte Stelle kann in diesem Fall die Geltung unterschiedlicher Hebesätze nur zulassen, nicht aber selbst bestimmen. Zuständig bleibt weiterhin die Gemeinde. Die Vorschrift schließt eine Erhöhung des Hebesatzes für das bisherige Gebiet der aufnehmenden Gemeinde nicht aus, wenn dessen Hebesatz bei der Eingliederung bereits höher war als der der eingegliederten Gemeinde (BVerwG 8 B 210/81, ZKF 1982, 32; zust. Beutel in Lenski/Steinberg § 16 Rn. 38 unter Hinweis auf die Finanzautonomie der Gemeinden). Meines Erachtens fraglich, eine zusätzliche Spreizung der Hebesätze an Stelle einer maßvollen Anhebung immer noch unterschiedlich hoher Hebesätze ist sach- und ermessenswidrig; S. 3 enthält für eng begrenzte Fälle in einem eng begrenzten Rahmen eine Ausnahme von S. 1, der auch für die Auslegung des S. 3 Bedeutung hat.

Hiervon abgesehen dürfen abweichende Hebesätze **nur lokal,** jedoch **nicht personal** bestimmt werden. Es ist also nicht zulässig, für die bei der Neugliederung bereits vorhandenen Unternehmen einen (höheren) Hebesatz festzusetzen und die neu gegründeten GewBetriebe hiervon auszunehmen.

14b **cc) Zerlegungsgrundsätze.** Zur Durchführung der oa Ausnahmeregelung bestimmt ein **neuer S. 4** die entsprechende **Anwendung der §§ 28–34** mit der Maßgabe, dass an die Stelle mehrerer Gemeinden die Gebietsteile mit verschiedenen Hebesätzen treten. Die Bestimmung unterschiedlicher Hebesätze würde leerlaufen, wenn die bisherige Zerlegung für die Betriebsstätten in den (bisher) mehreren Gemeinden unberücksichtigt bliebe. Dem trägt die Neuregelung ab EZ 2009 Rechnung, obwohl die Ausnahmeregelung schon seit Erlass des § 4 Abs. 1 EGRealStG v. 1.12.1936 (RGBl. 1936, 961), transformiert durch G. v. 17.4.1974 (BGBl. 1974 I 949), besteht.

3. Landesrechtliche Regelungen

Koppelungsvorschriften zum Verhältnis der Hebesätze für die GrundSt und GewSt, zur Bestimmung der Höchstsätze und zu den zulässigen Ausnahmen bleiben nach Abs. 5 einer jeweiligen landesrechtlichen Regelung vorbehalten (zur Rechtsentwicklung Glier DGStZ 1975, 146). Die Koppelung der Hebesätze an die Höhe der Einnahmen der Gemeinde nach dem landesrechtlichen Kommunalabgabengesetz fällt nicht hierunter. **„Höchstsätze"** bezeichnet lediglich eine zahlenmäßige Begrenzung der zulässigen Hebesätze (BVerwG 8 C 32/90, KStZ 1993, 193; hierzu Lange NVwZ 2015, 695). Der Erlass solcher Vorschriften hat im Übrigen keinen Einfluss auf die Rechtmäßigkeit der Festsetzung des GewStMessbetrags (NdsFG VII 103/72, EFG 1976, 198). 15

4. Rechtsbehelfe

Die Hebesatzvorschrift (Satzung) der Gemeinde kann unmittelbar nur in den Bundesländern angefochten werden, in denen **Landesrecht** ein Verfahren der **abstrakten Normenkontrolle** vorsieht (vgl. NdsOVG IX C 1/77, OVGE 34, 470). Derzeit ist dies nur in Berlin, Hamburg und Nordrhein-Westfalen nicht der Fall (Gosch in Brandis/Heuermann § 16 Rn. 31 mwN). Im Übrigen kann der Steuerschuldner Einwendungen gegen den Hebesatz im Verfahren gegen den GewStBescheid erheben (HessVGH KStZ 1964, 103; NdsOVG VII OVG A 4/69, DB 1969, 1088; Gosch in Brandis/Heuermann § 16 Rn. 31; Tipke/Kruse AO § 184 Rn. 10). Die Anerkennung dieser Möglichkeit verdient den Vorzug, weil die Genehmigung der Hebesatz-Satzung durch die Genehmigungsbehörde nicht anfechtbar ist (BVerwG VII C 44.68, BStBl. II 1971, 443). 16

§ 17 (weggefallen)

§ 18 Entstehung der Steuer

Die Gewerbesteuer entsteht, soweit es sich nicht um Vorauszahlungen (§ 21) handelt, mit Ablauf des Erhebungszeitraums, für den die Festsetzung vorgenommen wird.

Literatur: Hein, Überlegungen zur Entstehung des steuerrechtlichen Erstattungsanspruchs, DStR 1990, 301; Dreßler/Oenings, Chancen und Risiken der Gewerbesteueranrechnung bei unterjährigem Gesellschafterwechsel, DStR 2017, 625; Gläser/Zöller, Die Verteilung des Gewerbesteuer-Messbetrags nach § 35 EStG bei unterjährigem Gesellschafterwechsel, BB 2017, 987; Hautkappe/Linnemann, Der Zeitpunkt des Gesellschafterwechsels als steuerliches Gestaltungsinstrument, DB 2018, 1178; Förster, Problembereiche bei der unterjährigen Veräußerung von Mitunternehmeranteilen, DB 2021, 303; Sarrazin, Ein Erhebungszeitraum zwei Steuerschuldner? – Schuldner der GewSt bei einem Wechsel der Rechtsform im Laufe des Jahres, FR 2021, 276.

Übersicht

I. Allgemeines

1 Die Vorschrift ist eine **Konkretisierung** der Blankettnorm **des § 38 AO.** Hiernach entstehen Ansprüche aus dem Steuerschuldverhältnis, sobald der Tatbestand verwirklicht ist, an den das G die Leistungspflicht knüpft. Der Begriff des Tatbestandes in § 38 AO bezeichnet die Gesamtheit der in den einzelnen Steuergesetzen enthaltenen Voraussetzungen, bei deren tatsächlichen Vorliegen der Anspruch entsteht. Die Vorschrift des § 18 erweitert demnach die in den §§ 1–16 enthaltenen sachlichen Voraussetzungen (ua Bestehen eines inländischen GewBetriebs, Nichtvorliegen einer Befreiung, Erzielung eines bestimmten GewErtrags einschließlich Hinzurechnungen) um die zeitliche Voraussetzung des Ablaufs des EZ.

II. Entstehung kraft Gesetzes

2 Die **Entstehung der GewSt ist zwingend** an die Verwirklichung der sachlichen und zeitlichen Voraussetzungen der Vorschrift geknüpft – Ausnahme: die Vorauszahlungen nach § 21. Entstehung bedeutet, dass der **Steueranspruch erstmalig existent** wird. Diese Rechtsfolge ist unabhängig von dem Willen des Stpfl., den Anspruch zu verwirklichen (Drüen in Tipke/Kruse AO § 38 Rn. 2). Ein Irrtum ist daher insoweit unbeachtlich. Entsprechendes gilt für Steuervereinbarungen. Der Stpfl. kann sich nicht wirksam zur Zahlung von nach dem G nicht geschuldeten Steuern verpflichten (vgl. zu GrSt/EWBV BFH III 31/60 U, BStBl. III 1962, 241); ebenso wenig darf die Gemeinde auf die Erhebung geschuldeter Steuern verzichten (vgl. BFH I 255/62 U, BStBl. III 1964, 589; IV R 34/69, BStBl. II 1970, 696).

3 Entstehung kraft Gesetzes besagt weiter, dass der einmal **verwirklichte StAnspruch unabänderlich** ist; Rückgängigmachungen, Rückbeziehungen, Rückdatierungen tatsächlicher oder rechtlicher Verhältnisse lassen ihn unberührt (BFH I R 227/79, BStBl. II 1973, 287; VIII R 15/80, BStBl. II 1983, 736; Drüen in Tipke/Kruse AO § 38 Rn. 5), und zwar auch bei öffentlich-rechtlichen Rechtsverhältnissen (FG RhPf EFG 1984, 122).

4 Entstehung kraft Gesetzes besagt weiter, dass der StAnspruch **unabhängig von seiner Festsetzung** entsteht (**„materielle Rechtsgrundtheorie"**, vgl. BFH VII R 86/88, BStBl. II 1990, 523; VG München M 10 K 15.5124; Drüen in Tipke/Kruse AO § 38 Rn. 10; Schuster in HHS AO § 38 Rn. 76; Baldauf in Brandis/Heuermann § 18 Rn. 6 ff.; Nöcker in Lenski/Steinberg § 14; aA Kirchhof NJW 1985, 2978, *„formelle Rechtsgrundtheorie"*). Diese wirkt nur **deklaratorisch** (BFH I 108/52 S, BStBl. III 1954, 26). Konstitutive Wirkungen hat die Festsetzung nach den Grundsätzen über die formelle Bestandskraft, soweit durch den Bescheid eine nicht entstandene St. festgesetzt wird (Baldauf in Brandis/Heuermann § 18 Rn. 11). Konstitutive Wirkungen hat der Bescheid auch im

Hinblick auf steuerliche Nebenleistungen, insb. Verspätungszuschläge. Sie entstehen als Folge einer Ermessensentscheidung des FA nach § 152 Abs. 1 und 2 AO erst durch den Bescheid (Drüen in Tipke/Kruse AO § 38 Rn. 1).

Bis zum Entstehen des Steueranspruchs ist der Gesetzgeber zur **Veränderung seiner gesetzlichen Grundlagen** auch für den zurückliegenden Zeitraum im EZ berechtigt (vgl. BVerfG 1 BvL 6/07, BStBl. II 2012, 932 zu § 8 Nr. 5 GewStG iVm § 8b KStG; BFH I B 87/06, BStBl. II 2005, 143 zu § 28 Abs. 1 Nr. 4 aF). 5

Auch im Falle der **Abwicklung** und **Insolvenz** entsteht die GewSt mit Ablauf des EZ. Besonderheiten bestehen lediglich bei der Ermittlung des GewErtrags. Sie erfolgt einheitlich für den Abwicklungszeitraum und ist ratierlich auf die Jahre des Abwicklungszeitraums zu verteilen (§ 16 GewStDV; BFH I R 35/12, BStBl. II 2013, 508; FG Hmb 5 K 53/15, EFG 1971 rkr.; Einzelheiten → § 7 Rn. 51). Am Zeitpunkt der Entstehung der GewSt ändert sich dadurch nichts. Das Ende der Abwicklung kann ein rückwirkendes Ereignis sein, wenn der Abwicklungszeitraum mehrere Kj. umfasst und für das eine oder andere Kj. bereits GewStMessbescheide ergangen waren (FG Hmb 5 K 53/15, EFG 2016, 1971). 6

Der **Ablauf des EZ** tritt regelmäßig ein mit dem Ende des Kj (§ 14 S. 2 GewStG; BFH IV R 22/23, BStBl. II 2024, 880, Rn. 31). Das gilt auch für ein **abweichendes Wj** (BFH IV R 21/22, BStBl. II 2025, 727; → § 10 Rn. 6). In Betracht kommt jedoch auch ein **abgekürzter EZ** iSd § 14 S. 3, wenn die GewStPfl. nicht während des gesamten Kj. besteht (zu Einzelheiten → § 14 Rn. 9). Um einen solchen geht es jedoch nicht bei einem bloßen **Rechtsformwechsel** im Laufe des Kj. (EZ). Gleichwohl sind BFH (IV R 8/16, BStBl. II 2018, 484) und FVerw (R 11.1 S. 6 GewStR) der Auffassung, dass bei einem Rechtsformwechsel zwei StSchuldner vorhanden sind, auf die die StSchuld einschließlich des Freibetrages nach § 11 Abs. 1 S. 3 Nr. 1) aufzuteilen ist, obwohl nach dem Wortlaut des § 18 zum Zeitpunkt des Formwechsels die StSchuld noch nicht entstanden war. Hiergegen mit beachtlichen Gründen Sarrazin FR 2021, 276. 6a

III. Bedeutung

Der Regelungsgehalt der Vorschrift ist bedeutsam für **Folgewirkungen** des Entstehens, insb. für die Gesamtrechtsnachfolge (§ 45 AO; vgl. BayVGH 4 CS 19.717, nv), für die Haftung (§§ 48, 69 ff., 192 AO; vgl. BVerwG 8 B 143/97, BStBl. II 1997, 782; 9 C 11/14, BStBl. II 2016, 33), für die Festsetzungsverjährung (§§ 169, 170 AO; vgl. BFH III R 1/05, BStBl. II 2007, 375, unter II 4c; FG Düsseldorf 2 K 3400/18 G, EFG 2022, 1260; SächsOVG 5 A 898/10, nv), für die Aufrechnung (§ 226 AO; vgl. AG Erfurt 6 C 3153/13, KKZ 2015, 214; zur Aufrechnung in der Insolvenz jedoch FG Bln-Bbg 6 K 6229/15, EFG 2017, 809; zur Verrechnungsvereinbarung BayVGH 4 BV 15.1540, BayVBl. 2017, 600), den Arrest (§ 224 AO), für Insolvenzfragen (hierzu FG Bln-Bbg 12 K 6165/05, EFG 2010, 774), aber auch für die Berücksichtigung der Schuld in der Steuerbilanz sowie bei der Einheitsbewertung. 7

Auch für den **Erstattungsanspruch** gilt die in der Vorschrift umgesetzte „materielle Rechtsgrundtheorie". Das bedeutet, dass der Erstattungsanspruch mit Ablauf des EZ auch ohne jegliches Verwaltungshandeln in Höhe der Überzahlung entsteht (BFH VIII R 58/77, BStBl. II 1979, 639; VII R 109/93, BFH/NV 1994, 839; BVerwG 8 B 112/84, KStZ 1985, 93). Ab diesem Zeitpunkt kann verpfändet, 8 gepfändet, aufgerechnet oder abgetreten werden (BFH VIII R 58/77, BStBl. II 1979, 639; VII R 109/93, BFH/NV 1994, 839; NdsFG XV 335/91, EFG 1994, 264; VG Stuttgart 10 K 2902/16, NZI 2018, 30).

9 Für die **ESt-Ermäßigung** nach § 35 Abs. 1 Nr. 2, Abs. 2 EStG ist – auch im Hinblick auf einen Veräußerungsgewinn – kein Anteil **des unterjährig ausgeschiedenen Mitunternehmers** am GewStMessbetrag der fortbestehenden Mitunternehmerschaft als Schuldnerin der GewSt festzustellen (BFH IV R 5/14, BStBl. II 2016, 875; IV R 48/12, BFH/NV 2016, 1024; nunmehr zust. BMF 3.11.2016, BStBl. I 2016, 1187 Rn. 28). Maßgebend ist das Ende des Wj. Besteht ein abw. Wj., so ist der zeitliche Bezugspunkt stets dessen Ende (BFH IV R 21/22, BStBl. II 2025, 727, zu FG Düsseldorf 10 K 686/20 F, EFG 2022, 1847, best.; zum Problem Dreßler/Oenings DStR 2017, 625; Gläser/Zöller BB 2017, 987; Hautkappe/Linnemann DB 2018, 1178; Förster DB 2021, 303).

§ 19 Vorauszahlungen

(1) [1]**Der Steuerschuldner hat am 15. Februar, 15. Mai, 15. August und 15. November Vorauszahlungen zu entrichten.** [2]**Gewerbetreibende, deren Wirtschaftsjahr vom Kalenderjahr abweicht, haben die Vorauszahlungen während des Wirtschaftsjahrs zu entrichten, das im Erhebungszeitraum endet.** [3]**Satz 2 gilt nur, wenn der Gewerbebetrieb nach dem 31. Dezember 1985 gegründet worden oder infolge Wegfalls eines Befreiungsgrundes in die Steuerpflicht eingetreten ist oder das Wirtschaftsjahr nach diesem Zeitpunkt auf einen vom Kalenderjahr abweichenden Zeitraum umgestellt worden ist.**

(2) **Jede Vorauszahlung beträgt grundsätzlich ein Viertel der Steuer, die sich bei der letzten Veranlagung ergeben hat.**

(3) [1]**Die Gemeinde kann die Vorauszahlungen der Steuer anpassen, die sich für den Erhebungszeitraum (§ 14) voraussichtlich ergeben wird.** [2]**Die Anpassung kann bis zum Ende des 15. auf den Erhebungszeitraum folgenden Kalendermonats vorgenommen werden; bei einer nachträglichen Erhöhung der Vorauszahlungen ist der Erhöhungsbetrag innerhalb eines Monats nach Bekanntgabe des Vorauszahlungsbescheids zu entrichten.** [3]**Das Finanzamt kann bis zum Ende des 15. auf den Erhebungszeitraum folgenden Kalendermonats für Zwecke der Gewerbesteuer-Vorauszahlungen den Steuermessbetrag festsetzen, der sich voraussichtlich ergeben wird.** [4]**An diese Festsetzung ist die Gemeinde bei der Anpassung der Vorauszahlungen nach den Sätzen 1 und 2 gebunden.**

(4) **Wird im Laufe des Erhebungszeitraums ein Gewerbebetrieb neu gegründet oder tritt ein bereits bestehender Gewerbebetrieb infolge Wegfalls des Befreiungsgrundes in die Steuerpflicht ein, so gilt für die erstmalige Festsetzung der Vorauszahlungen Absatz 3 entsprechend.**

(5) [1]**Die einzelne Vorauszahlung ist auf den nächsten vollen Betrag in Euro nach unten abzurunden.** [2]**Sie wird nur festgesetzt, wenn sie mindestens 50 Euro beträgt.**

Gewerbesteuer-Durchführungsverordnung

§ 29 GewStDV Anpassung und erstmalige Festsetzung der Vorauszahlungen

(1) [1]Setzt das Finanzamt nach § 19 Abs. 3 Satz 3 des Gesetzes einen Steuermessbetrag für Zwecke der Gewerbesteuer-Vorauszahlungen fest, so braucht ein

Zerlegungsbescheid nicht erteilt zu werden. [2]Die hebeberechtigten Gemeinden können an dem Steuermessbetrag in demselben Verhältnis beteiligt werden, nach dem die Zerlegungsanteile in dem unmittelbar vorangegangenen Zerlegungsbescheid festgesetzt sind. [3]Das Finanzamt hat in diesem Fall gleichzeitig mit der Festsetzung des Steuermessbetrags den hebeberechtigten Gemeinden mitzuteilen

1. *den Prozentsatz, um den sich der Steuermessbetrag gegenüber dem in der Mitteilung über die Zerlegung (§ 188 Abs. 1 der Abgabenordnung) angegebenen Steuermessbetrag erhöht oder ermäßigt, oder den Zerlegungsanteil,*
2. *den Erhebungszeitraum, für den die Änderung erstmals gilt.*

(2) [1]In den Fällen des § 19 Abs. 4 des Gesetzes hat das Finanzamt erforderlichenfalls den Steuermessbetrag für Zwecke der Gewerbesteuer-Vorauszahlungen zu zerlegen. [2]Das Gleiche gilt in den Fällen des § 19 Abs. 3 des Gesetzes, wenn an den Vorauszahlungen nicht dieselben Gemeinden beteiligt sind, die nach dem unmittelbar vorangegangenen Zerlegungsbescheid beteiligt waren. [3]Bei der Zerlegung sind die mutmaßlichen Arbeitslöhne des Erhebungszeitraums anzusetzen, für den die Festsetzung der Vorauszahlungen erstmals gilt.

§ 30 GewStDV Verlegung von Betriebsstätten

[1]Wird eine Betriebsstätte in eine andere Gemeinde verlegt, so sind die Vorauszahlungen in dieser Gemeinde von dem auf die Verlegung folgenden Fälligkeitstag ab zu entrichten. [2]Das gilt nicht, wenn in der Gemeinde, aus der die Betriebsstätte verlegt wird, mindestens eine Betriebsstätte des Unternehmens bestehen bleibt.

***§§ 31–33 GewStDV** (weggefallen)*

Gewerbesteuer-Richtlinien 2009: GewStR 19.1, 19.2/GewStH 19.1, 19.2

Literatur: Irnich/Borggräfe, Die Steuererhebungspraxis nach Abschaffung der Gewerbekapitalsteuer ist gesetzwidrig, BB 1998, 561; Schiffers, Der Anpassung der Steuervorauszahlungen als Mittel zur Schonung der Liquidität, Stbg 2009, 341; Kolbe, Wachstumsbeschleunigungsgesetz, BBK 2010, 102.

Übersicht

I. Allgemeines

1 **Zweck** der Vorschrift ist zum einen die **Sicherung der Gemeindefinanzen** durch stetige Steuerzahlungen unabhängig vom Stand der Veranlagung. Zum anderen dient die Vorschrift allgemein der Vermeidung von Schwierigkeiten, die sich durch die Zusammenballung von Steuerzahlungen aufgrund einer Veranlagung ergeben können. Die Vorauszahlungen sind dem Charakter nach **Abschlagszahlungen** auf die endgültige StSchuld. Das Vorauszahlungssystem entspricht dem des EStG und KStG (**verfassungsgemäß,** vgl. BFH VIII R 11/09, BStBl. II 2012, 329). Dies gilt insbesondere für die Möglichkeit, die Vorauszahlungen noch nach Ablauf des EZ, für den sie geleistet werden (ab EZ 1990: bis zum Ende des 15. dem EZ folgenden Kalendermonat), anzupassen (vgl. § 37 Abs. 4 EStG).

Eine Besonderheit besteht in dem **Zusammenwirken** von **FA** und **Gemeinde** auch im Hinblick auf die Vorauszahlungen. Nach § 19 Abs. 3 S. 3 kann das FA auch für Zwecke der Vorauszahlungen einen GewStMessbetrag festsetzen (→ Rn. 5 f.). Die Vorschrift wird ergänzt durch § 20 (Abrechnung) und § 21 (Entstehung).

Zur Stellung der Vorauszahlungen im **Insolvenzverfahren** vgl. FG Bln-Bbg 12 K 6165/05 B, EFG 2010, 774.

II. Festsetzung der Vorauszahlungen

1. Grundsatz nach Abs. 1

2 Nach **Abs. 1 S. 1** hat der StSchuldner am **15.2., 15.5., 15.8.** und **15.11.** Vorauszahlungen zu entrichten. Die Vorauszahlungsschuld bedarf mE zu ihrer **Entstehung der Festsetzung** durch StBescheid (§§ 155, 157 AO) der Gemeinde (arg.: § 19 Abs. 5 S. 2). Aus § 21 ergibt sich mE nichts anderes (→ § 21 Rn. 2; aA VG München M 10 S 16.4193; Nöcker in Lenski/Steinberg § 19 Rn. 11). Die Gemeinde darf grds. keine anderen **Vorauszahlungstermine** festsetzen (vgl. zur ESt: BFH IV R 241/80, BStBl. II 1982, 105; aA ebenfalls VG München M 10 S 16.4193). Sie bestimmen zugleich die **Fälligkeit** der jeweiligen Vorauszahlungsschuld. **Ausnahme** Anpassung nach Abs. 3 (→ Rn. 4, 5).

2. Abweichendes Wirtschaftsjahr

2a Nach **Abs. 1 S. 2** gilt für bestimmte Unternehmen mit abweichendem Wj. eine Sonderregelung. Hiernach haben diese Gewerbetreibenden die Vorauszahlungen während des Wj. zu entrichten, das im EZ endet. Hierbei ist zu beachten, dass in einem EZ mehrere Wj. enden können, etwa wenn sich ein Rumpfwirtschaftsjahr anschließt. In diesem Fall sind für den EZ die Vorauszahlungen innerhalb aller im EZ endenden Wj. zu entrichten. Die Vorauszahlungstermine ändern sich hierbei jedoch in keinem Fall. Endet die Stpfl. in dem EZ vor dem Ende des Wj., dann sind die Vorauszahlungen dem EZ zuzurechnen, in dem das Wj. endet (Baldauf in Brandis/Heuermann § 19 Rn. 22).

Die Vorschrift ist **nach Abs. 1 S. 3** nur dann anzuwenden, wenn
- der Gewerbebetrieb nach dem 31.12.1985 gegründet worden ist oder
- der Gewerbebetrieb infolge Wegfalls eines Befreiungsgrundes nach diesem Zeitpunkt in die GewStpfl. eingetreten ist oder
- der GewBetrieb nach diesem Zeitpunkt auf ein vom Kalenderjahr abw. Wj. umgestellt worden ist.

Mit der Regelung sollte erreicht werden, dass nur die GewBetriebe erfasst werden, die wegen des abw. Wj. eine Steuerpause erreicht hätten (BT-Drs. 11/2226, 24).

3. Zuständigkeit

Die Festsetzung der Vorauszahlungen erfolgt **durch die Gemeinde** (arg.: § 19 **2b**
Abs. 3 S. 1), sofern ihr die Verwaltung der GewSt nach Art. 108 Abs. 4 GG übertragen ist (hierzu § 5 Abs. 1 GewStÄndG).

III. Höhe der Vorauszahlungen

1. Grundsatz

Nach Absatz 2 beträgt die Vorauszahlung grundsätzlich **¼ der Steuer,** die sich **3**
bei **der letzten Veranlagung** ergeben hat. Das gilt auch für Zerlegungsfälle (§§ 28 ff.). Letzte Veranlagung ist die Veranlagung, die dem EZ der **Vorauszahlung zeitlich am nächsten** liegt (GewStR 19.1 S. 8). Trotz ihres Wortlauts („grundsätzlich") hat die Vorschrift **zwingenden Charakter.** Das gilt insbesondere für die Viertelung der Vorauszahlungen in gleich hohe Raten (Sarrazin in Lenski/Steinberg § 19 Rn. 22). Die durch die Gesetzesformulierung zugelassenen **Ausnahmen** beziehen sich mE auf die Anpassung der Vorauszahlungen während und nach Ablauf des EZ (Abs. 3; → Rn. 4) sowie auf die Bemessungsgrundlage für den Eintritt (Wiedereintritt) in die StPfl. (Abs. 4). Hat das FA aber für einen anderen EZ einen Messbescheid zum Zwecke der Vorauszahlungen erlassen (→ Rn. 5 f.), wird dieser durch die letzte Veranlagung nicht obsolet, sondern behält seine Bindungswirkung (OVG NRW 14 A 759/13, ZKF 2015, 115).

Festsetzungen **für mehrere EZ** sind zulässig; ggf. mit der Folge, dass es bei der nächsten Veranlagung idR zu Anpassungen kommen wird.

2. Erhöhung

Auch eine **Erhöhung der Vorauszahlungen** durch einen vor dem entspre- **3a**
chenden Vorauszahlungszeitpunkt erlassenen GewSt-(Vorauszahlungs-)Bescheid ist ohne Einhaltung einer Frist zulässig (ebenso Baldauf in Brandis/Heuermann § 19 Rn. 9; zur ESt: BFH IV R 241/80, BStBl. II 1982, 105).

3. Mindestbetrag

Die (einzelne) Vorauszahlung ist auf einen vollen Euro-Betrag nach unten abzu- **3b**
runden. Sie wird nur festgesetzt, wenn sie **mindestens 50 EUR** beträgt. Vergleiche im Übrigen GewStR 19.1.

IV. Anpassung der Vorauszahlungen

1. Grundsatz

4 Nach **Abs. 3 S. 1** kann die **Gemeinde** die Vorauszahlungen der GewSt **anpassen,** die sich für den EZ voraussichtlich ergeben wird. Bei Unternehmen mit abw. Wj. kann die Anpassung bereits ab Beginn desselben erfolgen (Baldauf in Brandis/Heuermann § 19 Rn. 23; Sarrazin in Lenski/Steinberg § 19 Rn. 12 ff.). Der Grundsatz der **Viertelung** der Vorauszahlungen **gilt** bei deren Anpassung **nicht** (BVerwG 8 C 33/86, BStBl. II 1987, 698).

Nach **Abs. 3 S. 2** kann eine **nachträgliche Anpassung** bis zum Ende des **15.** auf den EZ folgenden Kalendermonats erfolgen. Hierbei ist es der Gemeinde überlassen, in welchem Monat des nachfolgenden EZ dies geschieht. Sinn der Vorschrift ist, die tatsächliche GewStZahlung in den EZ (möglichst nahe an den EZ) zu verlegen, für den sie gezahlt wird. **Auf Antrag** des StPfl. erfolgt die Anpassung für die EZ 2019 bis 2021 bis zum Ende des 21., für den EZ 2022 des 20., für den EZ 2023 des 18. und für den EZ 2024 des 17. Kalendermonats (§ 36 Abs. 5b idF des G. v. 19.6.2022, BGBl. 2022 I 911).

2. Grundlage der Anpassung

4a Grundlage ist die **voraussichtliche Entwicklung** der endgültigen StSchuld, wobei die bereits vorhandene StErklärung von Bedeutung sein kann (vgl. aber zur ESt: BFH VIII B 69/75, BStBl. II 1977, 33). Im Übrigen kann eine Schätzung (§ 162 Abs. 1 S. 2 AO) erfolgen, für die wegen der Vorläufigkeit nur ein summarisch ermittelter Sachverhalt zugrunde zu legen ist (Baldauf in Brandis/Heuermann § 19 Rn. 18 unter Hinweis auf BFH IV R 81/79, BStBl. II 1982, 446).

Nach Ablauf des EZ sind Vorauszahlungen nicht mehr festzusetzen oder anzupassen, wenn **bereits ein GewStBescheid** ergangen ist; ab diesem Zeitpunkt ist er alleinige Grundlage für die Erhebung der GewSt (BFH V R 146/83, BStBl. II 1985, 370; VII B 134/85, BStBl. II 1986, 752; Baldauf in Brandis/Heuermann § 19 Rn. 12).

3. Pflichtgemäßes Ermessen

4b Die Anpassungen sind nach ihrem „Ob" und „Wie" **Ermessensentscheidungen** („kann"). Das gilt für die S. 1 und 2. Die Entscheidung der Gemeinde unterliegt jedoch einer **Ermessensschrumpfung,** wenn die bisher festgesetzten Vorauszahlungen voraussichtlich wesentlich zu hoch festgesetzt sind. In diesem Fall muss die Gemeinde mE anpassen (ebenso OVG RhPf 6 A 107/84, ZKF 1985, 134; offen gelassen von BVerwG 8 C 33/86, BStBl. II 1987, 698); maßgebend ist mE das Verhältnis der bisher festgesetzten Vorauszahlungen und der glaubhaft gemachten Höhe der endgültigen GewStSchuld (ebenso Baldauf in Brandis/Heuermann § 19 Rn. 11).

4. Durchführung

4c Auch die Art der Durchführung einer nachträglichen Anpassung steht im Ermessen der Gemeinde (vgl. BVerwG 8 C 33/86, BStBl. II 1987, 698; VG Leipzig 6 L 1224/15, BeckRS 2016, 48136). Meines Erachtens ist insoweit § 37 Abs. 4 EStG entsprechend anzuwenden. Demnach ist bei einer nachträglichen

Erhöhung die letzte Vorauszahlung des EZ anzupassen. § 19 Abs. 2 steht dem nicht entgegen, weil die Vorauszahlung nur „grundsätzlich" ein Viertel der Bemessungsgrundlage beträgt (→ Rn. 3). Erfolgt die Anpassung nach dem 15.11. des betroffenen EZ, kommt es zu einer **fünften Vorauszahlung** (vgl. BVerwG 8 C 33/86, BStBl. II 1987, 698).

Bei einer **Herabsetzung** der Vorauszahlungen während des laufenden EZ und nach dessen Ablauf sind zunächst die jeweils letzten Vorauszahlungen in dem Umfang herabzusetzen, bis das voraussichtliche GewStSoll erreicht ist; die übrigen Vorauszahlungen bleiben bestehen. Die geleisteten Vorauszahlungen sind mit dem neuen Vorauszahlungssoll zu verrechnen und ggf. zu erstatten (OVG NRW 3 A 618/84, BB 1986, 1347; dagegen insb. Langel DB 1987, 196: aus § 18 folge die Pflicht zur gleichmäßigen rückwirkenden Minderung der Vorauszahlungen; mE unzutreffend, weil Gegenstand des § 18 nicht die Entstehung der Vorauszahlungen ist).

5. Zahlungspflicht

Bei einer **Erhöhung** der Vorauszahlungen **nach Ablauf des EZ** ist der Erhöhungsbetrag innerhalb eines Monats zu entrichten (S. 2 Hs. 2). Dies gilt mE gleichermaßen für die Anpassung nach dem 15.11. des laufenden EZ und für Anpassungen bis zum Ende des 15. Kalendermonats nach Ablauf des EZ. **4d**

Die Herabsetzung der Vorauszahlungen hat im Übrigen keinen Einfluss auf **Säumniszuschläge** für verspätet gezahlte Vorauszahlungen (vgl. § 240 Abs. 1 S. 4 AO; hierzu OVG NRW II A 510/69, KStZ 1972, 180 = DB 1972, 828).

Zur **Zahlungsverjährung** nach §§ 228 ff. AO → § 16 Rn. 5.

V. Verfahren

1. Messbetrag zum Zwecke der Vorauszahlungen

a) Grundsatz. Nach **Abs. 3 S. 3** kann das **Finanzamt** bis zum Ende des 15. auf den EZ folgenden Kalendermonats den **GewStMessbetrag** für die Zwecke der Vorauszahlungen festsetzen. Die Möglichkeit besteht für die erstmalige Festsetzung wie für die Anpassung der Vorauszahlungen, denn der Messbetrag kann auch für den vorangegangenen EZ festgesetzt werden. Auch hier gelten auf Antrag des StPfl. die in § 36 Abs. 5b genannten Fristen (→ Rn. 4). **5**

Es besteht **pflichtgemäßes Ermessen** (→ Rn. 4b). Die Vorschrift nennt aber **keine Grenze** für die Anpassung durch die FÄ; nach GewStR 19.2 Abs. 1 S. 4–7 soll das FA die Anpassung im Zuge der Anpassung der ESt- und KSt-Vorauszahlungen vornehmen, wenn sich der GewStMessbetrag entweder um mehr als ⅕, mindestens 10 EUR, oder um mehr als 500 EUR ändert. Zur Bearbeitung von Anträgen auf Herabsetzung des GewStMessbetrags für Zwecke der Vorauszahlung im Zusammenhang mit der **Corona-Krise** FM Länder 9.12.2021 (BStBl. I 2021, 2478); zur Berücksichtigung von gestiegenen Energiekosten als Folge des **russischen Überfalls** auf die Ukraine FM Länder 20.10.2022 (BStBl. I 2022, 1450).

b) Beschränkte Bindungswirkung. Der Messbescheid für Vorauszahlungszwecke ist **Grundlagenbescheid** unter dem **Vorbehalt der Nachprüfung** (BFH I B 87/04, BStBl. II 2005, 143). Ist er bestandskräftig, dann fehlt das Rechtsschutzbedürfnis für einen Antrag auf AdV (FG Hmb II 117/97, EFG 1997, 1454). **5a**

Die Gemeinde ist **„bei der Anpassung"** der Vorauszahlungen an die Messbetragsfestsetzung nach S. 3 **gebunden** (S. 4; OVG NRW 14 A 759/13, ZKF 2015,

115). Das bedeutet Bindungswirkung aber **nur insoweit,** als die Gemeinde überhaupt die Anpassung vornehmen will und vornimmt. Der Messbescheid für Zwecke der Anpassung **ersetzt nicht** die **Ermessensentscheidung der Gemeinde** über das „ob" der Anpassung. Eine Bindungswirkung besteht also nicht, wenn die Gemeinde keine Anpassung vornehmen will (Baldauf in Brandis/Heuermann § 19 Rn. 19). Das ergibt sich aus der Bezugnahme auf die „Anpassung ... nach den Sätzen 1 und 2".

2. Zerlegungsbescheid

5b Über den GewStMessbetrag zum Zwecke der (Anpassung der) Vorauszahlung wird ein **Zerlegungsbescheid** (Bescheid unter Vorbehalt der Nachprüfung, BFH I B 87/04, BStBl. II 2005, 143) nur erteilt, wenn an den Vorauszahlungen nicht dieselben Gemeinden beteiligt sind wie an dem GewStMessbetrag nach dem unmittelbar vorangegangenen Zerlegungsbescheid (§ 29 Abs. 2 S. 2 GewStDV). Bei der Zerlegung sind die **mutmaßlichen Arbeitslöhne** des EZ anzusetzen, für den die Festsetzung der Vorauszahlungen erstmals gilt (§ 29 Abs. 2 S. 3 GewStDV).

Sind **dieselben Gemeinden** beteiligt, dann sind sie dies in demselben Verhältnis wie nach dem letzten Zerlegungsbescheid. In diesem Fall teilt das FA nach seinem Ermessen den Gemeinden nach § 29 Abs. 1 GewStDV nur den Prozentsatz der Anpassung oder den neuen Zerlegungsanteil mit (vgl. hierzu GewStR 19.2 Abs. 2). Zur Aufgabenteilung zwischen FA und Gemeinde bei der Anpassung der Vorauszahlungen vgl. GewStR 19.2 Abs. 4. Die dortige **„Anweisung"** an die Gemeinden, insbesondere bei der Anpassung Zurückhaltung bis zur Festsetzung eines GewStMessbetrags zum Zwecke der Vorauszahlungen zu üben, ist jedoch **rechtsunverbindlich** (ebenso Sarrazin in Lenski/Steinberg § 19 Rn. 7; aA Baldauf in Brandis/Heuermann § 19 Rn. 10). Allerdings haben die Gemeinden mE kein eigenes Prüfungsrecht, sondern nur ein Teilnahmerecht bei Außenprüfungen (§ 21 Abs. 3 FVG).

3. Erstmalige Festsetzung der Vorauszahlung

6 **Nach Abs. 4** kann das FA bei Eintritt in die StPfl. (Hinweis auf Abs. 3) einen **GewStMessbetrag** zum Zwecke der Vorauszahlungen nach den Grundsätzen zu → Rn. 4 ff. erlassen; auch insoweit besteht **pflichtgemäßes Ermessen** des FA. Erlässt das FA einen Messbescheid zum Zwecke der Vorauszahlung, ist die Gemeinde bei der Festsetzung der Vorauszahlungen gebunden. Denn nach Abs. 1 „hat" der StSchuldner Vorauszahlungen zu entrichten. Insofern besteht ein Unterschied zur Anpassung von Vorauszahlungen.

Erlässt das FA **keinen Messbescheid** zum Zwecke der Vorauszahlung, dann kann die Gemeinde die Vorauszahlungen auch ohne Messbescheid festsetzen. In diesem Fall muss sich die Gemeinde die notwendigen Angaben vom Stpfl. oder vom FA beschaffen. Gelingt dies nicht, ist sie zur *Schätzung* befugt (OVG NRW 25.8.1967, DGStZ 1967, 101). Bei **abw. Wj** kann die erste Vorauszahlung bereits für einen Termin vor Beginn des ersten EZ festgesetzt werden (→ Rn. 2a).

4. Verlegung der Betriebsstätte

7 Wird eine **Betriebsstätte** in eine andere Gemeinde **verlegt,** so sind die Vorauszahlungen in dieser Gemeinde von dem auf die Verlegung folgenden Fälligkeitstag ab zu entrichten. Das gilt nicht, wenn in der Gemeinde, aus der die Betriebsstätte verlegt wird, mindestens eine Betriebsstätte des Unternehmens bestehen bleibt (§ 30 GewStDV). Eine Aufteilung der Vorauszahlungen findet auch in diesem Fall nicht statt. Etwas anderes gilt mE jedoch, wenn das FA für Zwecke der Vorauszahlungen einen (geänderten) GewStMessbescheid mit Zerlegungsbescheid (→ Rn. 5b) erteilt (§ 29 Abs. 2 S. 2 GewStDV).

5. Rechtsbehelfe

8 Gegen die **Vorauszahlungsbescheide** ist bei Festsetzung **durch die Gemeinde** ggf. Widerspruch nach der VwGO zulässig (→ § 1 Rn. 36 ff.); bei Erfolglosigkeit des Widerspruchs ist der Verwaltungsrechtsweg zum Verwaltungsgericht eröffnet (BFH I B 18/71, BStBl. II 1971, 738). In den Stadtstaaten ist der Einspruch nach § 347 Abs. 1 AO gegeben. Gegen den **GewStMessbescheid** für Zwecke der GewStVorauszahlungen ist ebenfalls Einspruch zulässig, danach Klage vor dem FG. Ergeht während des Klageverfahrens ein GewStMessbescheid für den EZ, dann wird dieser nach § 68 FGO Gegenstand des Klageverfahrens (BFH VIII R 198/84, BStBl. II 1987, 28). Gegen die Zerlegung für Zwecke der Vorauszahlungen können sowohl der Stpfl. als auch die Gemeinde Einspruch einlegen (§ 347 Abs. 1 AO).

§ 20 Abrechnung über die Vorauszahlungen

(1) **Die für einen Erhebungszeitraum (§ 14) entrichteten Vorauszahlungen werden auf die Steuerschuld für diesen Erhebungszeitraum angerechnet.**

(2) **Ist die Steuerschuld größer als die Summe der anzurechnenden Vorauszahlungen, so ist der Unterschiedsbetrag, soweit er den im Erhebungszeitraum und nach § 19 Abs. 3 Satz 2 nach Ablauf des Erhebungszeitraums fällig gewordenen, aber nicht entrichteten Vorauszahlungen entspricht, sofort, im Übrigen innerhalb eines Monats nach Bekanntgabe des Steuerbescheids zu entrichten (Abschlusszahlung).**

(3) **Ist die Steuerschuld kleiner als die Summe der anzurechnenden Vorauszahlungen, so wird der Unterschiedsbetrag nach Bekanntgabe des Steuerbescheids durch Aufrechnung oder Zurückzahlung ausgeglichen.**

Literatur: Siegert, Das Verhältnis An- und Abrechnungsteil und Leistungsgebot zum Abrechnungsbescheid, DB 1997, 2398.

Übersicht

I. Allgemeines

1 Die Vorschrift regelt die Grundsätze des **Abrechnungsverfahrens** nach Ergehen des GewStBescheides bei vorheriger Festsetzung von Vorauszahlungen. Gleichzeitig enthält sie die **Begriffsbestimmung** der sog. **Abschlusszahlung**

sowie die Grundsätze für die Bestimmung der Fälligkeit der Abschlusszahlung und ihrer Umkehrung, des **Erstattungsanspruchs.** Aus ihr ergibt sich der Grundsatz, dass die Gemeinde die Vorauszahlungen behalten darf, soweit sie vom Steueranspruch gedeckt sind (FG Bln-Bbg 12 K 6165/05 B, EFG 2010, 774).

Die Vorschrift ist durch G. v. 29.10.1997 (BGBl. 1997 I 2590) in Abs. 1 an die Aufhebung der GewKapSt durch dieses G. angepasst worden.

II. Grundsatz der Anrechnung

2 **Abs. 1** enthält den an sich selbstverständlichen Grundsatz, dass (nur) die tatsächlich entrichteten Vorauszahlungen (vgl. BFH VIII B 31/80, BStBl. II 1981, 767) auf die Steuerschuld **angerechnet** werden. Hierbei handelt es sich nur um eine kassentechnische Anweisung. Die Bestimmung der Abschlusszahlung und die Formulierung des Leistungsgebots (Art. 23 BayVwZVG; § 254 Abs. 1 S. 1 AO) bleibt von der tatsächlichen Entrichtung der Vorauszahlungen unberührt (→ Rn. 3).

2a Verfahrensrechtlich ist die idR im Steuerbescheid enthaltene Verfügung über die Anrechnung kein Teil der StFestsetzung, sondern ein **eigenständiger VA,** für den die Berichtigungsvorschriften der §§ 130 ff. AO, ggf. des § 182 Abs. 1 S. 2 Hs. 2 AO iVm § 175 Abs. 1 S. 1 Nr. 1 AO gelten (vgl. BFH VII R 43/07, BStBl. II 2009, 344; VII R 28/12, BFH/NV 2014, 339; VII R 68/11, BStBl. II 2016, 115) und der im Übrigen gegenüber einem Abrechnungsbescheids iSv § 218 Abs. 2 AO Bindungswirkung entfaltet (BFH VII R 100/96, BStBl. II 1997, 787; **aA** BFH I R 123/91, BStBl. II 1994, 147; Siegert DB 1997, 2398); vgl. zur Problematik auch BFH VII B 47/15, BFH/NV 2016, 1428.

III. Begriff der Abschlusszahlung/Fälligkeit

3 **Abs. 2** regelt unter der Klammerdefinition **„Abschlusszahlung"** die Zahlungspflichten und -fristen des StSchuldners (§ 5) nach Ergehen des GewStBescheids (→ § 16 Rn. 3) für den Fall, dass die StSchuld für den EZ größer ist als die Summe der anzurechnenden Vorauszahlungen. Anzurechnen sind die vom StSchuldner tatsächlich entrichteten Vorauszahlungen (Abs. 1). Der **Unterschiedsbetrag,** also einschließlich der rückständigen Vorauszahlungen, kennzeichnet die Höhe der insgesamt fällig werdenden Abschlusszahlung (zur ESt BFH VIII B 31/80, BStBl. II 1981, 767; VII R 32, 33/99, BStBl. II 2001, 133; ebenso Baldauf in Brandis/Heuermann § 20 Rn. 6; Nöcker in Lenski/Steinberg § 20 Rn. 11; Schiffers in WSMH § 20 Rn. 10). Die Fälligkeiten selbst richten sich danach, ob eine im EZ oder ggf. nach dessen Ablauf (§ 19 Abs. 3 S. 2; → § 19 Rn. 4c) fällige Vorauszahlungsschuld noch offen ist. Ist dies der Fall, ist die Abschlusszahlung nach Bekanntgabe des GewStBescheids in Höhe der **offenen Vorauszahlungsschuld sofort fällig.** Nur der **darüber hinausgehende** Betrag ist **innerhalb eines Monats** nach Bekanntgabe zu entrichten.

3a Die **Vorauszahlungsschuld** selbst als durch die Festsetzung/Nichtfestsetzung der GewSt für den EZ **auflösend bedingte StSchuld** (vgl. zur VSt BFH III R 79/77, BStBl. II 1979, 461) entfällt mit dem Erlass des GewStBescheids. Die zugrundeliegenden Vorauszahlungsbescheide sind iSv § 124 Abs. 2 AO „auf andere Weise erledigt" (zutreffend Nöcker in Lenski/Steinberg § 20 Rn. 11). Damit ist nunmehr der GewStBescheid alleinige Grundlage auch für die Einbehaltung der Vorauszahlungsbeträge (BFH GrS 3/93, BStBl. II 1995, 730). Auf dieser

Grundlage können sie auf die GewSt angerechnet werden. Die Anforderung der nicht beglichenen Schuld mit sofortiger Fälligkeit wird vom Regelungsgehalt des GewStBescheids und der Anrechnungsverfügung mitumfasst (BFH VIII B 31/80, BStBl. II 1981, 767).

3b Für die **Zahlungsverjährung** ergibt sich aus vorstehenden Grundsätzen: Soweit Vorauszahlungen fällig geworden, aber nicht entrichtet sind, wird die Abschlusszahlung mit Bekanntgabe des GewStBescheids fällig (→ Rn. 3 aE); die Frist für die Zahlungsverjährung beginnt mit Ablauf des Kj., in dem der GewStBescheid bekanntgegeben worden ist. Sind die fällig gewordenen Vorauszahlungen entrichtet worden, beginnt insoweit, also für sie, keine Frist für die Zahlungsverjährung. Die Gemeinde setzt in diesem Fall nur den Unterschiedsbetrag zwischen der GewStSchuld und den anzurechnenden Vorauszahlungen an; nur dieser wird innerhalb eines Monats nach Bekanntgabe des GewStBescheids fällig mit der Folge des Beginns der Zahlungsverjährung mit Ablauf dieses Kj. (§ 229 Abs. 1 S. 1 AO; hierzu OVG NRW 14 B 44/19, KStZ 2019, 119).

3c In Abweichung zur Fälligkeitsbestimmung nach Abs. 2 werden im Fall der **Insolvenz** bereits entstandene GewStForderungen mit der Eröffnung des Insolvenzverfahrens fällig (vgl. BFH VII R 45/03, BStBl. II 2004, 815; AG Erfurt 6 C 3153/13, KKZ 2015, 214).

IV. Erstattungsanspruch/Fälligkeit

4 **Nach Abs. 3** ist der **Unterschiedsbetrag** zwischen den anzurechnenden Vorauszahlungen und der niedrigeren Steuerschuld nach Bekanntgabe des Steuerbescheides durch Aufrechnung oder Zurückzahlung **auszugleichen** (hierzu FM Sachs 3.4.1996, BB 1996, 1208). Hierdurch kennzeichnet die Vorschrift den GewStErstattungsanspruch und dessen Fälligkeit, dh den Zeitpunkt, ab dem er geltend gemacht werden kann. Das ist der Zeitpunkt der Bekanntgabe des Steuerbescheides (BVerwG 8 B 112/84, KStZ 1985, 93). Ergeht kein Steuerbescheid (etwa weil der Betrieb nicht der GewSt unterliegt oder die Gemeinde nicht hebeberechtigt ist), dann wird der Erstattungsanspruch fällig mit Ergehen eines Bescheides, der dieser Sachlage Rechnung trägt (Nöcker in Lenski/Steinberg § 20 Rn. 15; Baldauf in Brandis/Heuermann § 20 Rn. 8).

4a Hiervon zu unterscheiden ist der Zeitpunkt des **Entstehens des Erstattungsanspruchs.** Als Umkehrung des Steueranspruchs entsteht dieser mit Ablauf des EZ, für den die Vorauszahlungen entrichtet worden sind (BFH VIII R 58/77, BStBl. II 1979, 639; VII R 109/93, BFH/NV 1994, 839; BVerwG 8 B 112/84, KStZ 1985, 93); denn zu diesem Zeitpunkt entsteht die GewSt (§ 18). Etwas anderes gilt nur für den Teil der nach dem EZ überzahlten Vorauszahlung; der entsprechende Erstattungsanspruch entsteht erst mit der Zahlung (Nöcker in Lenski/Steinberg § 20 Rn. 15; Baldauf in Brandis/Heuermann § 20 Rn. 7).

4b **Unberührt bleiben** zuvor entstandene **Säumniszuschläge.** Auch wenn letztlich die GewStSchuld niedriger ausfällt als die Summe der festgesetzten Vorauszahlungen, so bleiben die Folgen der Nichtzahlung fälliger Vorauszahlungen bestehen (§ 240 Abs. 1 S. 4 AO; vgl. BVerwG VII C 25/72, BStBl. II 1974, 279).

§ 21 Entstehung der Vorauszahlungen

Die Vorauszahlungen auf die Gewerbesteuer entstehen mit Beginn des Kalendervierteljahrs, in dem die Vorauszahlungen zu entrichten sind,

oder, wenn die Steuerpflicht erst im Laufe des Kalendervierteljahrs begründet wird, mit Begründung der Steuerpflicht.

Übersicht

I. Allgemeines

1 Die Vorschrift füllt die Blankettnorm des § 38 AO aus und regelt das Entstehen der Vorauszahlungen grundsätzlich mit **Beginn des Kalender-Vierteljahres,** in dem sie zu entrichten sind. Eine Ausnahme besteht bei Begründung der Stpfl. im Kalendervierteljahr. In diesem Fall entsteht die Vorauszahlung erst mit Beginn der StPfl. Die Fälligkeit der entstandenen Vorauszahlungen behandelt § 19 Abs. 1 (→ § 19 Rn. 2).

II. Entstehen und Festsetzung

2 Im Unterschied zur GewSt insgesamt (vgl. die Erläuterungen zu § 18) bedeutet die Regelung des § 21, dass Vorauszahlungen **nicht unabhängig von** ihrer **Festsetzung** entstehen. Vielmehr besagt die Bestimmung „zu entrichten sind", dass die Entstehung der Vorauszahlungen (am 1. des Kalendervierteljahres) abhängig ist von ihrer Festsetzung und der entsprechenden Fälligkeitsbestimmung (15. des Folgemonats; § 19 Abs. 1). Auch ist die einmal entstandene Vorauszahlung, wie sich aus § 19 Abs. 3 ergibt, nicht unabänderlich.

III. Bedeutung

3 Die unterschiedlichen Zeitpunkte (1. des Kalendervierteljahres; 15. des Folgemonats) haben **Bedeutung** ua **für die Beendigung der Stpfl.** zwischen Beginn des Kalendervierteljahres und dem 15. des Folgemonats. In diesem Fall bleibt die Pflicht zur Entrichtung der Vorauszahlung mit der bezeichneten Fälligkeit bestehen.

Im **Insolvenzverfahren** sind Vorauszahlungen eines Kalendervierteljahres auch dann Verbindlichkeiten der Insolvenzmasse (§ 35 InsO), wenn das Verfahren während des Kalendervierteljahres, für das sie zu leisten sind, eröffnet wird (FG Bln-Bbg 12 K 6165/05 B, EFG 2010, 774; Nöcker in Lenski/Steinberg § 21 Rn. 6).

§§ 22 bis 27 *(weggefallen)*

Abschnitt VI. Zerlegung

§ 28 Allgemeines

(1) [1]Sind im Erhebungszeitraum Betriebsstätten zur Ausübung des Gewerbes in mehreren Gemeinden unterhalten worden, so ist der Steuermessbetrag in die auf die einzelnen Gemeinden entfallenden Anteile (Zerlegungsanteile) zu zerlegen. [2]Das gilt auch in den Fällen, in denen eine Betriebsstätte sich über mehrere Gemeinden erstreckt hat oder eine Betriebsstätte innerhalb eines Erhebungszeitraums von einer Gemeinde in eine andere Gemeinde verlegt worden ist.

(2) [1]Bei der Zerlegung sind die Gemeinden nicht zu berücksichtigen, in denen
1. **Verkehrsunternehmen lediglich Gleisanlagen unterhalten,**
2. **sich nur Anlagen befinden, die der Weiterleitung fester, flüssiger oder gasförmiger Stoffe sowie elektrischer Energie dienen, ohne dass diese dort abgegeben werden,**
3. **Bergbauunternehmen keine oberirdischen Anlagen haben, in welchen eine gewerbliche Tätigkeit entfaltet wird.**
4. ***(aufgehoben)***

[2]Dies gilt nicht, wenn dadurch auf keine Gemeinde ein Zerlegungsanteil oder der Steuermessbetrag entfallen würde.

Gewerbesteuer-Richtlinien 2009: GewStR 28.1/GewStH 28.1

Literatur: Lohmeyer, Die Zerlegung von Steuermessbeträgen, KStZ 1990, 86; Blasweiler, Ist die Gewerbesteuerzerlegung tatsächlich verfassungswidrig?, DB 1996, 1648; Förster, Die Änderungen durch das StVergAbG bei der Einkommensteuer und Körperschaftsteuer, DB 2003, 899; Mattern/Schnitger, Die neue Hinzurechnungsbesteuerung des GewStG, DStR 2003, 1321 (1377); Olbrich, Ist die Gewerbesteuerzerlegung verfassungswidrig?, DB 1996, 958 (1649); Rödder/Schumacher, Das StVergAbG, DStR 2003, 805; Rödel, Änderungen im Bereich der Gewerbesteuer durch das StVergAbG, Inf 2003, 740; Wälz/Süß, Verfassungswidrigkeit der gewerbesteuerlichen Änderungen durch das StVergAbG, DStR 2003, 1637 Otting, Verfassungsrechtliche Grenzen der Bestimmung des GewStG durch Bundesgesetz, DB 2004, 1222; Hidien/Rodenhäuser, Der Rechtsbegriff der mehrgemeindlichen Betriebsstätte … und seine Anwendung auf großtechnische Netzwerke …, DStZ 2007, 689; Dietrich/Krakowiak, Deutschland – ein Paradies für Kapitalgesellschaften?, DStR 2009, 661; Urbahns, Optimierte Zerlegung des Gewerbesteuermessbetrags, StuB 2010, 425; Scheffler, Innerstaatliche Erfolgszuordnung als Instrument der Steuerplanung, Ubg 2011, 262; Felten/Löhr, Mehrere Geschäftsleitungsbetriebsstätten bei mehreren Geschäftsführern, EStB 2015, 122; Steinhauff, Mehrere Geschäftsleitungsbetriebsstätten bei mehreren Geschäftsführern mit gleichwertigen Aufgaben, StBW 2015, 283; Heurung/Ferdinand/Gilson, Die Behandlung mehrgemeindlicher Betriebsstätten im Rahmen des Gewerbesteuergesetzes, BB 2019, 411; Pieske-Kontny, Der Betriebsstättenbegriff für Zwecke der Gewerbesteuerzerlegung, StBp 2021, 16.

Übersicht

I. Grundsatz der Zerlegung

1. Allgemeines

1 **a) Zweck.** Die Zerlegung ist ein verfahrensrechtlich **selbständiger Teil der GewStFestsetzung.** Der abschließend ergehende Zerlegungsbescheid (→ Rn. 12 ff.) ist ein zerlegter GewStMessbescheid, der das Verhältnis des StPfl zum StGläubiger regelt (BFH VIII R 33/90, BStBl. II 1992, 869). Das Verfahren ist eine **Konsequenz des** dem GewStG zugrunde liegenden **Äquivalenzprinzips.** Die Gemeinden sollen einen finanziellen Ausgleich für die Lasten erhalten, die ihnen durch die Betriebsstätte erwachsen (BFH IV R 30/11, BStBl. II 2015, 601). Daraus folgt, dass nicht nur die Gemeinde etwa der Geschäftsleitung, sondern alle Gemeinden, die durch den GewBetrieb Belastungen ausgesetzt sind, anteilig auf den einheitlichen Messbetrag GewSt erheben können (vgl. BFH I R 376/83, BStBl. II 1988, 201). Diesem Zweck dient das in den folgenden Vorschriften beschriebene und geregelte Zerlegungsverfahren. Dagegen hat das Zerlegungsverfahren **nicht** die Funktion eines kommunalen **Finanzausgleichs** (BFH IV R 114/73, BStBl. II 1976, 123; VIII R 45/90, BFH/NV 1993, 191; I R 23/06, BStBl. II 2007, 836; IV B 27/20, BFH/NV 2021, 538).

Die zum Teil deutlichen Hebesatzunterschiede machen es gerade im Fall der Zerlegung bei der **GewStPlanung** möglich, durch differenzierende Gestaltungen **Steuersparpotenzial** zu nutzen (hierzu zB Dietrich/Krakowiak DStR 2009, 661; Urbahns StuB 2010, 425; Scheffler Ubg 2011, 262).

Angesichts ihres Zwecks und der Notwendigkeit der Typisierung ist die Zerlegung mE **verfassungsgemäß.** Das betrifft auch die Tatsache, dass angesichts des Zerlegungsmaßstabs (§ 29) die GewStBelastung höher sein kann als bei Besteuerung in der Gemeinde, in der der GewErtrag erwirtschaftet worden ist, sowie bei Verlegung von BSt. oder Begründung einer Organschaft (Blasweiler DB 1996, 1648; aA Olbrich DB 1996, 958 (1649)).

Einen **Zerlegungsausschluss für bestimmte Anlagen** enthält Abs. 2 (→ Rn. 6)

b) Notwendigkeit. Die Zerlegung ist erforderlich, weil der einheitliche **GewStMessbetrag für den gesamten GewBetrieb** und nicht für die jeweilige BSt. festgesetzt wird. Der auf die einzelne Gemeinde entfallende Anteil ist einheitlich zu ermitteln. **Anknüpfungspunkt** für die Zerlegung sind hierbei die vom StPfl. im EZ „zur Ausübung des Gewerbes" **unterhaltenen Betriebsstätten** (Abs. 1; vgl. BFH III S 12/15, BFH/NV 2015, 1421 unter II 2b bb; IV R 30/11, BStBl. II 2015, 601). Mit dieser Formulierung knüpft das G. an die Bestimmung des StGegenstandes nach § 2 Abs. 1 S. 1 an. 1a

Unterhält ein Unternehmer **mehrere GewBetriebe,** so ist wie beim Erlass des GewStMessbescheids zwischen den einzelnen StGegenständen zu differenzieren. So kann für eine KapitalGes, die an einer PersGes (hier: mit Betrieb eines Gasnetzes) beteiligt ist und daneben einen eigenen Gewerbebetrieb (hier: Gasversorgung) unterhält, wegen ihrer Mitunternehmerstellung kein Zurechnungszusammenhang zu den BSt. des Gewerbebetriebs der PersGes hergestellt werden (BFH III R 8/19, BStBl. II 2021, 627).

Es besteht zwar **Bindungswirkung** des GewStMessbescheid für den GewStBescheid im Hinblick auf die Bestimmung des EZ (BFH IV R 30/11, BStBl. II 2015, 601), jedoch **keine Bindungswirkung** für die Bestimmung der hebeberechtigten Gemeinde (BFH I R 88/02, BStBl. II 2004, 751; IV B 64/11, BFH/NV 2013, 512).

c) Kein Rechtsanspruch. Es bestehen keine Rechtsansprüche auf Beteiligung an dem einheitlichen GewStMessbetrag durch Zuweisung eines Zerlegungsanteils trotz des klaren Wortlauts („ist … auf die einzelnen Gemeinden … zu zerlegen"). Das gilt insb. bei geringer Bedeutung einer im Bereich der Gemeinde liegenden BSt. (BFH I B 49/58 U, BStBl. III 1958, 379). 1b

Unterhält der StPfl. **mehrere BSt** in verschiedenen Gemeinden und werden nicht in allen (auch mehrgemeindlichen) BSt Arbeitslöhne (→ § 29) gezahlt, führt dies dazu, dass für die BSt ohne Arbeitslöhne kein Zerlegungsanteil gewährt wird (BFH IV R 21/21, BFH/NV 2024, 1156; BFH IV R 22/21 nv).

2. Zerlegungsanteil

a) Begriff. Absatz 1 beschreibt den Grundsatz der Zerlegung sowie den Begriff des Zerlegungsanteils. Der Zerlegungsanteil ist Grundlage für die Ermittlung des GewStAnspruchs der berechtigten Gemeinde durch **Anwendung des Hebesatzes** (§ 16). 2

Der **Zerlegungsanteil** ist der Anteil, der im Wege der Zerlegung, also der verhältnismäßigen Aufteilung (vgl. § 29 Abs. 1) auf die jeweilige Gemeinde entfällt, in der im EZ eine Betriebsstätte zur Ausübung des Gewerbes unterhalten worden ist (vgl. BFH VIII R 270/81, BFH/NV 1988, 735). Hierbei ist **„im EZ"** gleichbedeutend mit **„im Laufe des EZ".** Es ist nicht erforderlich, dass die BSt. zu einem bestimmten Zeitpunkt oder über eine gewisse (Mindest-)Dauer im Bereich der jeweiligen Gemeinde bestanden hat (BFH I R 49/06, BFH/NV 2007, 2346; Baldauf in Brandis/Heuermann § 28 Rn. 10). Daher erfolgt eine Zerlegung auch bei einer Verlegung einer BSt. (auch des Sitzes) im Lauf des EZ (§ 28 Abs. 1 S. 2 Alt. 2; BFH I R 18/08, BFH/NV 2010, 941).

2a **b) Abweichendes Wirtschaftsjahr/Organschaft.** Auch im Fall des **abweichenden Wirtschaftsjahres** kommt es auf das Bestehen einer BSt. irgendwann im EZ an, **auch** wenn diese erst **nach Ablauf des Wirtschaftsjahres** im EZ seiner Beendigung begründet worden ist. Das gilt selbst im Falle der **Begründung einer Organschaft** in einem erst nach Ablauf des EZ endenden abw. Wj. Zwar mag es sinnvoll erscheinen, bei der Zerlegung nur auf die Verhältnisse des Wj. abzustellen, dessen GewErtrag der Zerlegung zugrunde liegt. Doch spricht auch der Umstand, dass die GewSt eine Steuer des EZ ist, dem § 10 Abs. 2 das Ergebnis des abw. Wj. zuordnet, ebenfalls für eine wortgetreue Auslegung (ebenso BFH I R 19/92, BStBl. II 1993, 679; VIII R 45/90, BFH/NV 1993, 191).

2b **c) Eingemeindung.** Die Zerlegung ist auch durchzuführen, wenn im Falle einer Eingemeindung die aufnehmende Gemeinde die Hebesätze der aufgenommenen Gemeinde fortführt (→ § 16 Rn. 11c; OFD Erfurt 17.3.1995, FR 1995, 356).

II. Betriebsstätten in mehreren Gemeinden

1. Begriff der Betriebsstätte

3 Der **Begriff** ist grds. **inhaltsgleich** mit dem Begriff des **§ 12 AO** (BFH X R 174/96, BStBl. II 2001, 734; IV R 29/02, BStBl. II 2004, 602; I R 56/08, BStBl. II 2010, 492; I R 18/08, BFH/NV 2010, 941; IV R 30/11, BStBl. II 2015, 601; III R 8/19, BStBl. II 2021, 627; IV R 21/21, BFH/NV 2024, 1156; IV R 5/22, BStBl. II 2025, 596; vgl. hierzu insb. → **§ 2 Rn. 610 ff.;** Pieske-Kontny StBp 2021, 16; krit. und für eine funktionale Ausdifferenzierung Hidien/Rodenhäuser DStZ 2007, 689). Der Status als ständiger Vertreter iSv § 13 AO allein reicht nicht für die Einordnung als BSt (BFH III R 3/19, BFH/NV 2020, 708; krit. Weiss GmbHR 2010, 618 (621)). Allerdings kann sich mE nach allgemeinen Grundsätzen ergeben, dass das Unternehmen in den Räumen des ständigen Vertreters eine BSt unterhält, insb. durch eine gesicherte Rechtsposition auf ihre Nutzung (→ § 2 Rn. 619) und eine dort stattfindende eigene nachhaltige Unternehmenstätigkeit (unmittelbares Dienen, → § 2 Rn. 622).

3a **a) Feste Geschäftseinrichtung.** BSt. bezeichnet eine **örtlich feste Geschäftseinrichtung** oder Anlage, die der Tätigkeit des Unternehmens dient. Nicht erforderlich sind besondere Räumlichkeiten oder Vorrichtungen, ebenso wenig ein auf Dauer angelegter Bezug zu einem bestimmten Teil der Erdoberfläche (BFH I R 128/73, BStBl. II 1975, 203; I R 80-81/91, BStBl. II 1993, 462). Es genügt eine mechanische Verbindung durch eine bewegliche Einrichtung, zB ein Imbissstand im Caravan (vgl. iE → § 2 Rn. 614 ff.), ebenso ein Container (BFH I R 138/97, BStBl. II 1999, 437; IV R 29/02, BStBl. II 2004, 602), nicht jedoch ein Milchlieferfahrzeug (RFH RStBl. 1942, 469), ein Taxi ohne festen Standplatz (BFH IV 319/60 U, BStBl. III 1963, 38) oder ein einmal für vier Wochen im Jahr unterhaltener Verkaufsstand auf einem (Weihnachts-)Markt (BFH I R 12/02, BStBl. II 2004, 396).

b) Verfügungsmacht. Voraussetzung ist weiter eine gewisse **nicht nur vorübergehende Verfügungsmacht** über die Einrichtung (BFH I R 77/88, BStBl. II 1990, 166; III R 76/03, BStBl. II 2006, 84; I R 84/05, BStBl. II 2007, 94), die sich aus dem Eigentum oder sonstigen Umständen (zB unentgeltliche Überlassung) ergeben kann (BFH I R 87/72, BStBl. II 1974, 327), wenn die zugrunde liegende **Rechtsposition** dem Gewerbetreibenden nicht ohne Weiteres entzogen werden kann. Die bloße Nutzungsmöglichkeit ohne Rechtsposition genügt nicht (BFH IV R 168/72, BStBl. II 1976, 365; I R 189/79, BStBl. II 1982, 624; X S 10/87, BFH/NV 1988, 124); ebenso wenig kurzfristige Tätigkeiten. Neben der zeitlichen Komponente erforderlich sind Umstände, die auf eine örtliche **Verfestigung/Verwurzelung** der Tätigkeit schließen lassen (→ § 2 Rn. 619 ff., insb. BFH I R 30/07, BStBl. II 2008, 922; III R 35/20, BStBl. II 2022, 844; IV R 5/22, BStBl. II 2025, 596). Diese manifestiert sich idR durch die Tätigkeit des Unternehmers selbst, seiner Arbeitnehmer, fremden weisungsabhängigen Personals, von Subunternehmern oder – ausnahmsweise – einer vollautomatisch arbeitenden Geschäftseinrichtung (BFH III R 8/19, BStBl. II 2021, 627; IV R 5/22, BStBl. II 2025, 596). 3b

Der *Kehrbezirk eines Bezirkskaminkehrermeisters* ist daher keine BSt. (BFH X R 174/96, BStBl. II 2001, 734); ebenso wenig die *vom Arbeitgeber genutzten Wohnräume* (auch Kellerräume und Garagen) des Arbeitnehmers trotz der Ausstattung mit den notwendigen Einrichtungen durch den Arbeitgeber, wenn die jederzeitige Verfügungsmacht des Arbeitgebers über diese Räume nicht unbestritten ist (BFH I B 80/97, BFH/NV 1999, 665), und die von Mineralölunternehmen verpachteten Tankstellen (BFH III R 76/03, BStBl. II 2006, 84; I R 84/05, BStBl. II 2007, 94, (→ § 2 Rn. 618)).

c) Dauernde Tätigkeiten/Ausübung des Gewerbes. Schließlich ist erforderlich, dass sich in der Anlage **dauernde Tätigkeiten,** wenn auch bloße Hilfstätigkeiten oder andere unwesentliche Tätigkeiten, zur **unmittelbaren Ausübung des Gewerbes** vollziehen (BFH IV R 168/72, BStBl. II 1976, 365; I R 226/75, BStBl. II 1976, 111; II R 12/92, BStBl. II 1997, 12; FG Düsseldorf 14 K 2779/14 G, EFG 2017, 586). Auch ein *Lagerplatz* oder *Abstellplatz* (zB für LKW) stellt eine BSt. dar (BFH IV R 49/77, BStBl. II 1981, 538), ebenso die *Lärmmessstation* eines Flughafenbetreibers (BFH I R 56/08, BStBl. II 2010, 492). **Ruhende oder stillgelegte** Anlagen begründen keine BSt. iSd Vorschrift (BFH I B 14/62 U, BStBl. III 1963, 156; IV R 49/77, BStBl. II 1981, 538); ebenso wenig *Haltestellen* für einen Linienverkehr mit Kfz (BayVGH 4 B 86.02555, DÖV 1988, 695), *Basisstationen* beim Mobilfunk (OFD Hannover 14.4.1999, DB 1999, 1141; OFD Frankfurt aM 8.8.2000 FR 2000, 1059) oder *Hausmülltonnen* bei einem Mülltransportunternehmen (BFH VIII R 270/81, BFH/NV 1988, 735). 3c

ME ist die Formulierung „dauernde Tätigkeiten“ so zu verstehen, dass sie lediglich auf die Dauer gesehen, also **nicht notwendig ununterbrochen** stattfinden müssen. Auch vorübergehend ruhende Anlagen, etwa die eines *Saisonbetriebes,* stellen auch für die Dauer des Ruhens BSt. dar (Sarrazin in Lenski/Steinberg § 28

Rn. 16). Daher kann wohl auch ein *Auslieferungslager* eine BSt. darstellen (ebenso Sarrazin in Lenski/Steinberg § 28 Rn. 16); BFH I B 47/49 S, BStBl. III 1960, 386 hat hierüber nicht entschieden.

Verpachtete Betriebe begründen keine BSt. des Verpächters (BFH I B 148/59 U, BStBl. III 1960, 468; I B 223/61 S, BStBl. III 1962, 477). Das gilt auch für *Betriebsaufspaltungen* (BFH VI B 31/63, BStBl. III 1966, 598). Dagegen sind **gemietete oder gepachtete** Anlagen bei Ausübung von dem GewBetrieb dienenden Tätigkeiten BSt.

Keine Betriebsstätten sind dem GewBetrieb **mittelbar dienende** Einrichtungen wie Wohngebäude, Gemeinschaftsräume und sonstige Sozialeinrichtungen der Arbeitnehmer (vgl. BFH I B 222/59 U, BStBl. III 1961, 52; BayVGH 4 B 86.02555, DÖV 1988, 695; ebenso Sarrazin in Lenski/Steinberg § 28 Rn. 19; aA Tipke/Kruse AO § 12 Rn. 9; Baldauf in Brandis/Heuermann § 28 Rn. 12; HessFG VIII 326/78, EFG 1983, 34; auch → § 2 Rn. 622).

3d **d) Geschäftsleitung/Organschaft.** Zur Stätte der **Geschäftsleitung,** die sich für Kapital- und Personengesellschaften nach einheitlichen Grundsätzen bestimmt vgl. BFH IV R 58/95, BStBl. II 1998, 86; IV R 29/02, BStBl. II 2004, 602; zur Mehrheit von GeschäftsleitungsBSt. vgl. BFH IV R 30/11, BStBl. II 2015, 601 (hierzu → § 2 Rn. 628).

3e Als BSt. des **Organträgers** gelten nach § 2 Abs. 2 S. 2 die (Betriebsstätten der) Organgesellschaften; sie nehmen an der Zerlegung des GewStMessbetrags des OT teil (vgl. BFH I R 19/92, BStBl. II 1993, 679; VIII R 45/90, BFH/NV 1993, 191), sofern in ihren BSt gem. § 29 Arbeitnehmer beschäftigt und Arbeitslöhne gezahlt worden sind (hierzu BFH I R 23/06, BStBl. II 2007, 836).

2. Mehrgemeindliche Betriebsstätten

4 Nach **Abs. 1 S. 2 Alt. 1** findet eine Zerlegung auch statt, wenn sich eine BSt. **über mehrere Gemeinden** erstreckt (zu den Einzelheiten vgl. die Erläuterungen zu § 30). Die Vorschrift kann bei Vorhandensein mehrerer Betriebsstätten in verschiedenen Gemeinden dazu führen, dass eine **mehrfache Zerlegung** durchzuführen ist, wenn (zumindest) eine BSt. eine mehrgemeindliche ist, nämlich die Zerlegung auf die einzelnen BSt. nach §§ 28, 29 (Hauptzerlegung) und die Zerlegung des auf die mehrgemeindliche BSt. entfallenden Betrags auf die beteiligten Gemeinden nach § 30 (Unterzerlegung; FG Düsseldorf 14 K 2779/14 G, EFG 2017, 586).

3. Verlegung von Betriebsstätten

5 Eine Zerlegung findet nach **Abs. 1 S. 2 Alt. 2** auch statt bei der **Verlegung** einer BSt. von einer Gemeinde in eine andere. Verlegung bedeutet Auflösung des Bestandes einer BSt. in einem Maße, dass dort betriebliche Tätigkeiten nicht mehr stattfinden (können), und Aufbau einer entsprechenden BSt. in einer anderen Gemeinde. Auch der **Wechsel eines Händlerbezirks** – selbst unter Beibehaltung desselben Auftraggebers – stellt eine Betriebsverlegung (mit der Folge der Zerlegung) dar (BFH X S 24/96, BFH/NV 1997, 376).

Keine Verlegung, sondern Neugründung liegt vor, wenn **nur Teile** der BSt. herausgelöst werden, ohne dass diese ihren Charakter verliert, und in einer weiteren Gemeinde zum Aufbau einer weiteren BSt. verwendet werden. Für die Zerlegung hat dies jedoch keine Auswirkungen, weil es nicht auf einen bestimmten Stichtag oder eine bestimmte Zeitdauer des Bestehens im EZ ankommt.

Bei **Bauausführung und Montage** (§ 12 S. 2 Nr. 8 AO) liegt nach BFH VI R 56/76, BStBl. II 1979, 479 eine BSt. nicht vor, wenn die Bauausführung innerhalb einer Gemeinde kürzer als sechs Monate dauert; eine Zusammenrechnung als mehrgemeindliche BSt. ist nicht zulässig. Wie BFH auch GewStR 28.1 Abs. 1 S. 5 f., jedoch mit dem methodisch fragwürdigen Ausweg der entsprechenden Anwendung des § 28 Abs. 2 S. 2 (zust. Sarrazin in Lenski/Steinberg § 28 Rn. 13). Meines Erachtens ist dem nicht zu folgen. Der vorrangige Ordnungsgesichtspunkt ist der der BSt, die bei Überschreiten der Sechs-Monats-Frist vorliegt (§ 12 S. 2 Nr. 8 AO). Die Tatsache, dass das erforderliche Zeitelement sich in mehreren Gemeinden erfüllt, führt zu einem Anwendungsfall der §§ 28 Abs. 1 S. 2, 30.

4. Ausnahmen vom Anknüpfungspunkt Betriebsstätte

a) Grundsatz. Ausnahmen enthält **Abs. 2.** Die Norm enthält lediglich einen Zerlegungsausschluss; für nicht betroffenen Gemeinden enthält sie keine Zerlegungsberechtigung (BFH IV R 21/21, BFH/NV 2024, 1156). Danach sind bei der Zerlegung die Gemeinden nicht zu berücksichtigen, in denen sich folgende Unternehmen bzw. Anlagen befinden, und zwar auch dann, wenn sie Teil einer **mehrgemeindlichen BSt** sind (BFH IV R 21/21, BFH/NV 2024, 1156; aA Sarrazin in Lenski/Steinberg § 28 Rn. 31; Leister in WSMH § 28 Rn. 50): 6

(S. 1 Nr. 1) es werden von Verkehrsunternehmen lediglich **Gleisanlagen** unterhalten. Verkehrsunternehmen sind solche Unternehmen, die Menschen und Güter gegen Entgelt von einem Ort zu einem anderen Ort befördern; nicht hierher gehören daher Werksbahnen oder Teststrecken. 6a

(S. 1 Nr. 2) Anlagen, die der **Weiterleitung** fester, flüssiger oder gasförmiger Stoffe sowie elektrischer Energie dienen, ohne dass diese dort abgegeben werden. Bei **Abgabe der Stoffe/Energie** wird der Ausnahmetatbestand nicht verwirklicht (BFH IV R 21/21, BFH/NV 2024, 1156; mit Abgrenzung zur missdeutbaren Äußerung von BFH IV R 2/21, BStBl. II 2024, 481). Abgabe in diesem Sinne ist die Übernahme der Stoffe oder Energie aus der Anlage durch einen Dritten (BFH I B 61/63, BStBl. III 1966, 567). Das übermittelnde Unternehmen muss nicht der Veräußerer sein (BFH I B 270/63, BStBl. II 1968, 40). Ein maschinell gesteuertes Pump- und Umspannwerk uÄ geht über die Weiterleitung hinaus und stellt Ausübung des Gewerbes iSd Vorschrift dar (vgl. BFH I R 227/75, BStBl. II 1978, 160); ebenso eine mit Personal besetzte Verdichterstation zum Weitertransport (BFH IV R 2/21, BStBl. II 2024, 481, zu HessFG 8 K 1734/13, best.; BFH IV R 3/21, BFH/NV 2024, 667, zu HessFG 8 K 2444/13, EFG 2021, 2006, best.; IV R 4/21, BFH/NV 2024, 673, zu HessFG 8 K 705/19, best.). Eine Gasausspeisestelle eines als Organ des Gaslieferanten fungierenden Netzbetreibers in die lokalen Netze der Regionalversorger genügt nicht (FG Düsseldorf 14 K 2779/14 G, EFG 2017, 586). Zu Windkraftanlagen vgl. § 29 Abs. 1 Nr. 2 und → § 29 Rn. 9 ff. sowie → § 33 Rn. 6. Im Übrigen ist es unerheblich, ob die Leitungen unterirdisch oder oberirdisch verlaufen (BFH I R 226/75, BStBl. II 1978, 111); 6b

(Satz 1 Nr. 3) Bergbauunternehmen keine oberirdischen Anlagen haben, in welchen eine gewerbliche Tätigkeit entfaltet wird; betroffen ist also ausschließlich das Unterhalten von Untertage-Anlagen sowie von oberirdischen Anlagen, in denen sich 6c keine gewerbliche Tätigkeit entfaltet, wie Wohnungen und Sozialeinrichtungen (zu diesen → Rn. 3c; ebenso Sarrazin in Lenski/Steinberg § 28 Rn. 28);

7 Der Ggeber geht in Übereinstimmung mit der oa Rspr. (vgl. auch III R 8/19, BStBl. II 2021, 627) typisierend davon aus, dass es sich bei den bezeichneten Einrichtungen um **BSt.** handelt, die jedoch **nicht „zur Ausübung des Gewerbes … unterhalten"** werden (hiergegen mit guten Gründen, zB Verstoß gegen das Äquivalenzprinzip, Sarrazin in Lenski/Steinberg § 28 Rn. 29). Diese Einschränkungen gelten jedoch nach dem Wortlaut der Vorschrift und ihrer systematischen Stellung („Allgemeines") auch, soweit eine **mehrgemeindliche BSt.** betroffen ist (FG Düsseldorf 14 K 2779/14 G, EFG 2017, 586; aA Sarrazin in Lenski/Steinberg § 28 Rn. 31). Ihr Sinn und Zweck besteht darin, diejenigen Gemeinden nicht in die Zerlegung einzubeziehen, auf deren Grund die BSt. nicht zur (dauernden) „Ausübung des Gewerbes … unterhalten" wird (vgl. BFH I R 226/75, BStBl. II 1978, 111; hierzu auch Heurung/Ferdinand/Gilson BB 2019, 411). Insoweit hat die Vorschrift mE klarstellenden Charakter.

8 **b) Rückausnahme.** Diese Ausnahmen kommen jedoch nach **§ 28 Abs. 2 S. 2** dann nicht zur Anwendung, wenn dadurch auf **keine Gemeinde ein Zerlegungsanteil** oder einheitlicher GewStMessbetrag entfallen würde.

9 *(frei)*

III. Zerlegungsverfahren

1. Anzuwendende Vorschriften

10 Das Verfahren richtet sich nach den **§§ 185–189 AO.** Nach § 185 AO sind die für die Ermittlung und Festsetzung der StMessbeträge geltenden Vorschriften entsprechend anzuwenden, insb. über die Amtsermittlung, die Verwaltungsakte, die Steuerfestsetzung und über deren Aufhebung und Änderung (BFH I R 83/94, BStBl. II 1996, 509; VIII R 13/97, BStBl. II 1999, 542). Zur Durchführung ist nach § 22 Abs. 1 AO das BetriebsstättenFA **örtlich zuständig.**

2. Amtsverfahren

10a Nach §§ 85 ff. AO, insb. **§ 88 AO,** ist das Zerlegungsverfahren ein **von Amts wegen** durchzuführendes Verfahren. Unabhängig hiervon können die Beteiligten die Durchführung eines Zerlegungsverfahrens beantragen. Es gilt Untersuchungsmaxime. Die Finanzbehörden haben den Sachverhalt zu ermitteln (§ 88 AO). Ist dies nicht oder nicht vollständig möglich, können die Grundlagen der Zerlegung geschätzt werden (§ 162 AO). Die **steuerberechtigten Gemeinden** haben ein Recht auf Auskunft sowie auf Akteneinsicht durch ihre Amtsträger (nicht durch einen bevollmächtigten Rechtsanwalt, FG Düsseldorf 18 K 3888/96 AO, EFG 1998, 1555) bei den Finanzbehörden (§ 187 AO), nicht jedoch wenn der Messbetrag 0 EUR beträgt (BFH I R 111/98, BFH/NV 2000, 346).

Zuständig für das Zerlegungsverfahren ist nach § 22 AO das **BetriebsstättenFA.**

3. Beteiligte

11 Am Zerlegungsverfahren beteiligt sind **der Stpfl.** und **die Gemeinde,** der ein Anteil am GewStMessbetrag zugeteilt worden ist oder die einen Anteil bean-

sprucht (§ 186 AO; vgl. BFH III R 286/84, BFH/NV 1990, 56; I R 12/02, BFH/NV 2003, 636; I B 50/12, BFH/NV 2012, 920), bzw., sofern in einem **Bundesland** mangels Untergliederung keine Gemeinde besteht (Art. 106 Abs. 6 S. 3 GG), wie in Berlin und Hamburg, dieses selbst. In anderen Fällen, etwa bei gemeindefreie Gebieten (→ § 4 Rn. 3), dürfen die den Gemeinden zustehenden Befugnisse nicht durch Rechtsverordnung auf ein Bundesland übertragen werden. Beteiligt ist/sind die Gemeinde/n, in der sich eine BSt des GewBetriebs befindet (vgl. BFH IV R 5/22, BStBl. II 2025, 596).

Der **hebeberechtigte Beteiligte** ergibt sich nicht (bindend) aus dem GewStBescheid. Vielmehr ist sie eigenständig im Zusammenhang mit dem Erlass des GewStBescheids/Zerlegungsbescheids/Zuteilungsbescheids zu bestimmen (BFH I R 88/02, BStBl. II 2004, 751; IV B 64/11, BFH/NV 2013, 512).

Im Falle der **Änderung von Gemeindegebieten** ist bei einer Eingemeindung die Zerlegung bis zum Zeitpunkt der Eingemeindung durchzuführen; die Mitteilung hierüber ist an die neue Gemeinde als Rechtsnachfolgerin der untergegangenen Gemeinde zu adressieren. Im Falle des § 16 Abs. 4 S. 3 (Zulassung verschiedener Hebesätze in den neuen Gemeindeteilen) sind die Zerlegungsvorschriften mit der Maßgabe anzuwenden, dass an die Stelle verschiedener Gemeinden die Gebietsteile der Gemeinde mit verschiedenen Hebesätzen treten (hierzu FM LSA 46-G 1450-26).

Betriebsstätten **außerhalb des Geltungsbereichs** des GewStG werden nicht berücksichtigt (GewStR 28.1 Abs. 3).

4. Zerlegungsbescheid

a) Allgemeines. Über die Zerlegung ergeht ein **Zerlegungsbescheid,** der 12
den Beteiligten bekannt zu geben ist, soweit sie betroffen sind. Der Bescheid muss **für die Beteiligten einheitlich** ergehen (BFH I R 60/93, BFH/NV 1995, 484); das gilt auch, wenn – bei Vorhandensein (auch) einer mehrgemeindlichen BSt. – eine Haupt- und Unterzerlegung stattfindet (BFH I R 227/75, BStBl. II 1978, 164). Der Bescheid kann unter dem Vorbehalt der Nachprüfung (§ 164 AO) oder im Hinblick auf einzelne Punkte vorläufig (§ 165 AO) ergehen. Auch solche **Nebenbestimmungen** sind allen am Zerlegungsverfahren Beteiligten bekannt zu geben (BFH I R 83/94, BStBl. II 1996, 509). Wird ein Zerlegungsbescheid zum Zwecke der Vorauszahlung (§ 19 Abs. 3 S. 3) erlassen, steht dieser unter dem Vorbehalt der Nachprüfung (BFH I B 87/04, BStBl. II 1985, 143).

b) Inhalt. Es gilt **§ 188 AO.** Der Zerlegungsbescheid muss die Höhe des zu 12a
zerlegenden Messbetrages angeben und bestimmen, welche Anteile den beteiligten steuerberechtigten Gemeinden zugeteilt werden. Er muss die Zerlegungsgrundlagen angeben (§ 188 AO). Macht eine Gemeinde zu Unrecht einen Zerlegungsanteil geltend, muss dieser Antrag ausdrücklich zurückgewiesen werden (arg. § 189 Abs. 1 S. 1 AO).

c) Grundlagen-/Folgebescheid. Der GewStMessbescheid ist Grundlagen- 12b
bescheid für den **Zerlegungsbescheid** als **Folgebescheid** (§ 171 Abs. 10 AO) und für diesen **bindend,** jedoch nur im Hinblick auf den Messbetrag, den EZ und den StSchuldner, nicht jedoch im Hinblick auf den StBerechtigten (BFH I R 84/98, BStBl. II 2001, 3; V R 2/24, BFH/NV 2024, 1099). Daher ist etwa über das Vorliegen einer Organschaft im GewStMessbescheid und nicht im Zerle-

gungsbescheid zu entscheiden (BFH IV R 100/85, BStBl. II 1988, 456; VIII R 45/90, BFH/NV 1993, 191).

Gleichzeitig ist der Zerlegungsbescheid **Grundlagenbescheid** bei der Festsetzung der GewSt (vgl. BFH IV R 1/91, BStBl. II 1993, 828).

5. Änderung der Zerlegung

13 **a) Allgemeines.** Die **Bestandskraft** eines Zerlegungsbescheids erstreckt sich auf den festgestellten Zerlegungsanteil **nur nach seinem Betrag,** nicht auf den angewendeten Zerlegungsmaßstab. Er unterliegt neben der **Spezialvorschrift des § 189 AO** (→ Rn. 13a) den allgemeinen Änderungsvorschriften insb. des **§ 173 und § 175 AO.**

Daher muss nach § 175 Abs. Nr. 1 AO (iVm §§ 185, 184 Abs. 1 S. 3 AO) bei einer **Änderung des GewStMessbescheids** auch eine Änderung des Zerlegungsbescheids erfolgen (BFH VIII R 33/90, BStBl.II 1992, 869; VIII R 13/97, BStBl. II 1999, 542; X R 49/08, BFH/NV 2010, 2225). Nach § 173 Abs. 1 AO ist der Zerlegungsbescheid zu ändern, wenn Tatsachen bekannt werden, die zu einer höheren bzw. niedrigeren Steuer führen.

Hierbei sind jedoch die Besonderheiten des Zerlegungsverfahrens zu beachten, insb. der Umstand, dass sich aus der Änderung bei einem Beteiligten (idR gegenläufige) Folgeänderungen bei anderen Beteiligten ergeben. Deswegen ist eine Differenzierung zwischen der Änderung zu Gunsten und zu Ungunsten nicht vorzunehmen, sofern die neue Tatsache zu einer Änderung des Zerlegungsanteils führt, dies ohne Rücksicht auf ein grobes Verschulden des Stpfl. oder etwaige Ermittlungsmängel des FA (BFH IV R 22/21, Rn. 19). Zudem können bei einer Änderung des Zerlegungsbescheids nach diesen Vorschriften alle materiell-rechtlichen Fehler des Erstbescheids – soweit die Änderung reicht (§ 177 AO) – zugunsten wie zu Ungunsten der Gemeinde berichtigt werden (BFH VIII R 33/90, BStBl. II 1992, 869; VIII R 13/97, BStBl. II 1999, 542).

13a **b) Änderung nach § 189 AO. aa) Nichtberücksichtigung.** Ist der Anspruch eines Steuerberechtigten auf einen Anteil am StMessbetrag **nicht berücksichtigt** und auch **nicht zurückgewiesen** worden, so wird nach **§ 189 S. 1 AO** die Zerlegung von Amts wegen oder auf Antrag geändert oder nachgeholt. Das gilt aber nur für den Fall, dass eine Gemeinde **überhaupt nicht** berücksichtigt, nicht aber, wenn sie lediglich mit einem unzutreffenden Anteil berücksichtigt worden ist (BFH VIII R 42/02, BFH/NV 2006, 498). Die Vorschrift enthält eine **Spezialregelung** nur für Fälle der Nichtberücksichtigung; für andere Fallgestaltungen sind die übrigen Änderungsvorschriften der AO anwendbar (vgl. BFH VIII R 33/90, BStBl. II 1992, 869; VIII R 45/90, BFH/NV 1993, 191; FG München 7 K 863/10, EFG 2019, 581). Als Spezialregelung hat sie **Vorrang vor** den Vorschriften über die **Festsetzungsverjährung** (BFH I R 84/98, BStBl. II 2001, 3).

13b **bb) Unanfechtbare Zerlegungsbescheide.** Änderungen unanfechtbarer Zerlegungsbescheide gegenüber den an dem Zerlegungsverfahren bereits beteiligten Steuerberechtigten können nach **§ 189 S. 2 AO** bei der **Änderung der Zerlegung nur insoweit** vorgenommen werden, als sie sich aus der nachträglichen Berücksichtigung des bisher übergangenen Steuerberechtigten ergeben. Sonstige Fehler bei der bisherigen Zerlegung dürfen also nicht berichtigt werden. Das gilt auch für die Berücksichtigung einer an sich nicht berechtigten Gemeinde; eine

Korrektur der Zerlegungsbescheide gegenüber den übrigen Beteiligten erfolgt nur im Hinblick auf die zusätzliche Berücksichtigung der bisher übergangenen Gemeinde (also kein einfacher Austausch, BFH I R 60/93, BFH/NV 1995, 484).

cc) Erhöhung des GewStMessbetrags. Berücksichtigt das FA bei der Änderung aber gleichzeitig eine Erhöhung des GewStMessbetrages, so kann der Differenzbetrag nach einem auch unter den bisherigen Zerlegungsbeteiligten geänderten Verhältnis zerlegt werden (FG Düsseldorf 17 K 57/83 G, EFG 1992, 550; NdsFG 10 K 129/19, EFG 2023, 215). Die Gemeinde, die einen höheren Zerlegungsanteil (Maßstab) erstreiten will, als ihr im geänderten Zerlegungsbescheid zugebilligt ist, muss sich entgegenhalten lassen, dass sie einen gegenüber dem Erstbescheid betragsmäßig höheren Anteil erhalten hat und deswegen nicht beschwert ist (§ 351 Abs. 1 AO; FG Nürnberg V 468/92, EFG 1996, 286). **13c**

c) Änderungssperre. aa) Frist. Nach **§ 189 S. 3 AO** unterbleibt eine Änderung oder Nachholung der Zerlegung, wenn **ein Jahr vergangen** ist, seitdem der StMessbescheid unanfechtbar geworden ist, es sei denn, dass der übergangene Steuerberechtigte die Änderung oder Nachholung der Zerlegung vor Ablauf des Jahres beantragt hatte (hierzu BFH VIII R 33/90, BStBl. II 1992, 869; IV R 30/11, BStBl. II 2015, 601). Maßgebend hierbei ist der endgültige, nicht ein unter Nachprüfungsvorbehalt stehender oder ein vorläufiger GewStMessbescheid (BFH IV B 288/55 U, BStBl. III 1957, 178; I B 7/58 U, BStBl. III 1959, 106). Gleichwohl greift die Änderungssperre nicht ein, wenn die Gemeinde den Anspruch schon vor Erlass des GewStMessbescheids erhoben hat (FG München 7 K 863/10, mAnm Forchhammer EFG 2019, 581). Nur für den übergangenen Steuerberechtigten, der den Antrag gestellt hat, wirkt dieser Antrag (BFH I R 19/92, BStBl. II 1993, 679; VIII R 45/90, BFH/NV 1993, 191). Ein Antrag des GewStSchuldners genügt nicht (BFH I R 1/00, BStBl. II 2001, 769). Darf der GewStMessbetrag nicht mehr zerlegt werden, ist – wenn zunächst nur eine (nicht mehrgemeindliche) BSt bekannt geworden ist – diejenige hebeberechtigte Gemeinde zur Festsetzung und Erhebung der gesamten GewSt berechtigt, der das FA den Inhalt des GewStMescheids nach § 184 Abs. 3 mitgeteilt hat (OVG NRW 14 B 1121/18, KStZ 2019, 90). **14**

Wird der Antrag rechtzeitig gestellt, wirkt er auch **für künftige EZ** (NdsFG 11 K 306/04, EFG 2007, 1804).

bb) Einzelheiten zur Jahresfrist. Die **Frist** gilt **auch für** Fälle, in denen keine geänderte, sondern eine **erstmalige Zerlegung** vorzunehmen ist (RFH VI B 19/41, RStBl. 1942, 25; BFH IV B 288/55 U, BStBl. III 1957, 178). Vor Fristablauf kommt es auf den Zeitpunkt der Antragstellung nicht an; es genügt, dass überhaupt ein Antrag gestellt worden ist (BFH IV R 10/73, BStBl. II 1978, 120). Nach der Rspr. **beginnt die Frist neu** zu laufen, wenn wegen **Änderung des StMessbetrags** eine Folgeänderung des Zerlegungsbescheides nach § 175 Abs. 1 Nr. 1 AO zu erfolgen hat (BFH I R 84/98, BStBl. II 2001, 3; GewStR 28.1 Abs. 2 S. 5; Sarrazin in Lenski/Steinberg § 28 Rn. 43). ME ist dem nicht zuzustimmen. Der Sinn der Änderungssperre des § 189 S. 3 AO besteht insb. darin, innerhalb einer kurz bemessenen Ausschlussfrist den Kreis der Steuerberechtigten im Interesse der Planungssicherheit für die begünstigten Gemeinden abschließend zu begrenzen (vgl. BFH I R 19/92, BStBl. II 1993, 679; I R 84/98, BStBl. II 2001, 3). Wegen der ggf. schwerwiegenden Einwirkung durch eine nachträgliche Berücksichtigung weiterer Gemeinden gewährt das G einen zeitlich **14a**

gestaffelten **Bestandsschutz** (BFH VIII R 33/90, BStBl. II 1992, 869; VIII R 42/02, BFH/NV 2006, 498).

14b **cc) Wiedereinsetzung.** Eine andere Frage ist, ob bei bestimmten Veränderungen der für die Zerlegung maßgebenden Verhältnisse (Verlegung der einzigen BSt.; Hinzutreten weiterer BSt. in bisher nicht berechtigten Gemeinden) **Wiedereinsetzung** wegen Versäumung der Frist des § 189 S. 3 AO gewährt werden kann. OFD Koblenz (DB 1990, 2501) bejaht dies, und zwar wohl für die bisher allein berechtigte Gemeinde. Dem ist mE nicht zuzustimmen. Die Frist des § 189 S. 3 AO ist eine Antragsfrist allein des übergangenen Steuerberechtigten (BFH I R 19/92, BStBl. II 1993, 679; VIII R 45/90, BFH/NV 1993, 191). Der übergangene Steuerberechtigte aber ist in den bezeichneten Fällen die bisher nicht berechtigte Gemeinde, die wiederum von der Veränderung der Verhältnisse idR sofort Kenntnis erlangt.

6. Zuteilungsbescheid

15 Ist ein StMessbetrag in voller Höhe **nur einem Steuerberechtigten** zuzuteilen, besteht aber Streit darüber, welchem Steuerberechtigten der StMessbetrag zusteht, so entscheidet die Finanzbehörde nach **§ 190 AO** auf Antrag eines Beteiligten durch **Zuteilungsbescheid.** Das gilt auch, wenn sich alle Beteiligten darüber einig sind, dass nur einer Gemeinde der GewStMessbetrag in voller Höhe zusteht, jedoch nicht darüber, welcher (FG Bln-Bbg 4 V 4019/23, EFG 2023, 849). Die für das Zerlegungsverfahren geltenden Vorschriften sind entsprechend anzuwenden, jedoch mit der Maßgabe, dass im Zuteilungsverfahren die Behörde auf Antrag eines jeden Beteiligten tätig werden muss (vgl. BFH I R 1/00, BStBl. II 2001, 769).

7. Rechtsbehelfe

16 Gegen den Zerlegungsbescheid ist **Einspruch** nach § 347 AO gegeben. Er kann von dem nach § 186 AO (→ Rn. 11) Beteiligten erhoben werden. Geltendmachung von **Beschwer** ist erforderlich (§ 350 AO; hierzu BFH I R 1/85, BStBl. II 1988, 463; III R 286/84, BFH/NV 1990, 56). Einwendungen gegen den Messbetrag als solchen sind nicht zulässig (§ 351 Abs. 2 AO; BFH V R 2/24, BFH/NV 2024, 1099); Entsprechendes gilt für einen Antrag auf **AdV** durch die Gemeinde gegen einen (geänderten) GewStMessbescheid (BFH I B 54/96, BStBl. II 1997, 136). Auch ein Antrag der Gemeinde auf AdV des angefochtenen Zerlegungsbescheids ist nicht statthaft (BFH IV B 50/21 (AdV), BFH/NV 2022, 819).

Bei **Änderungsbescheiden** ist der Einspruch nur so weit zulässig, wie die Änderung reicht (§ 351 Abs. 1 AO). Hat sich der Zerlegungsanteil (Maßstab) der Gemeinde erhöht, dann ist ihre Klagebefugnis auf den Unterschiedsbetrag zwischen ihrem Antrag und dem höheren Zerlegungsbetrag beschränkt (BFH VIII R 13/97, BStBl. II 1999, 542).

Diejenigen **Beteiligten,** die nicht Einspruch bzw. Klage erhoben haben, sind im Einspruchsverfahren **hinzuzuziehen** (§ 360 Abs. 3 AO) bzw. im Klageverfahren **beizuladen** (§ 60 Abs. 3 FGO; vgl. BFH IV R 179/71, BStBl. II 1975, 828; I R 226/75, BStBl. II 1978, 111; I R 60/93, BFH/NV 1995, 484; I B 13/14, BFH/NV 2015, 1695), es sei denn, durch das Verfahren werden ihre **Belange nicht berührt.** Das ist beim **StSchuldner** der Fall, wenn die streitenden Gemeinden den gleichen Hebesatz anwenden (BFH IV R 51/72, BStBl. II 1978, 140; III R 286/56, BFH/NV 1990, 56; FG Nürnberg 4 K 1962/2008, EFG 2011, 559). Übergangene **Gemeinden,** die nicht innerhalb der Jahresfrist des § 189 S. 3 AO den Änderungsantrag stellen (→ Rn. 14), sind nicht Beteiligte und daher nicht beizuladen (vgl. BFH VIII R 45/90, BFH/NV 1993, 191).

Eine **unterlassene Hinzuziehung** im Einspruchsverfahren wird durch die Beiladung im Klageverfahren geheilt (BFH VIII R 62/85, BStBl. II 1989, 359; I R 8/98, BFH/NV 2000, 579).

§ 29 Zerlegungsmaßstab

(1) Zerlegungsmaßstab ist

1. vorbehaltlich der Nummern 2 und 3 das Verhältnis, in dem die Summe der Arbeitslöhne, die an die bei allen Betriebsstätten (§ 28) beschäftigten Arbeitnehmer gezahlt worden sind, zu den Arbeitslöhnen steht, die an die bei den Betriebsstätten der einzelnen Gemeinden beschäftigten Arbeitnehmer gezahlt worden sind;

2. bei Betrieben, die ausschließlich Anlagen zur Erzeugung von Strom und anderen Energieträgern sowie Wärme aus Windenergie und solarer Strahlungsenergie betreiben,

a) vorbehaltlich des Buchstabens b zu einem Zehntel das in Nummer 1 bezeichnete Verhältnis und zu neun Zehnteln das Verhältnis, in dem die Summe der installierten Leistung im Sinne von § 3 Nummer 31 des Erneuerbare-Energien-Gesetzes in allen Betriebsstätten (§ 28) zur installierten Leistung in den einzelnen Betriebsstätten steht,

b) für die Erhebungszeiträume 2021 bis 2023 bei Betrieben, die ausschließlich Anlagen zur Erzeugung von Strom und anderen Energieträgern sowie Wärme aus solarer Strahlungsenergie betreiben,

aa) für den auf Neuanlagen im Sinne von Satz 3 entfallenden Anteil am Steuermessbetrag zu einem Zehntel das in Nummer 1 bezeichnete Verhältnis und zu neun Zehnteln das Verhältnis, in dem die Summe der installierten Leistung im Sinne von § 3 Nummer 31 des Erneuerbare-Energien-Gesetzes in allen Betriebsstätten (§ 28) zur installierten Leistung in den einzelnen Betriebsstätten steht, und

bb) für den auf die übrigen Anlagen im Sinne von Satz 4 entfallenden Anteil am Steuermessbetrag das in Nummer 1 bezeichnete Verhältnis.

[2]Der auf Neuanlagen und auf übrige Anlagen jeweils entfallende Anteil am Steuermessbetrag ermittelt sich aus dem Verhältnis, in dem

aa) die Summe der installierten Leistung im Sinne von § 3 Nummer 31 des Erneuerbare-Energien-Gesetzes für Neuanlagen und

bb) die Summe der installierten Leistung im Sinne von § 3 Nummer 31 des Erneuerbare-Energien-Gesetzes für die übrigen Anlagen

zur gesamten installierten Leistung im Sinne von § 3 Nummer 31 des Erneuerbare-Energien-Gesetzes des Betriebs steht. [3]Neuanla-

gen sind Anlagen, die nach dem 30. Juni 2013 zur Erzeugung von Strom und anderen Energieträgern sowie Wärme aus solarer Strahlungsenergie genehmigt wurden. [4]Die übrigen Anlagen sind Anlagen, die nicht unter Satz 3 fallen;

3. **bei Betrieben, die ausschließlich Energiespeicheranlagen im Sinne des § 3 Nummer 15d des Energiewirtschaftsgesetzes betreiben, zu einem Zehntel das in Nummer 1 bezeichnete Verhältnis und zu neun Zehnteln das Verhältnis, in dem die Summe der installierten Leistung in allen Betriebsstätten (§ 28) zur installierten Leistung in den einzelnen Betriebsstätten steht.**

(2) **Bei der Zerlegung nach Absatz 1 sind die Arbeitslöhne anzusetzen, die in den Betriebsstätten der beteiligten Gemeinden (§ 28) während des Erhebungszeitraums (§ 14) erzielt oder gezahlt worden sind.**

(3) **Bei Ermittlung der Verhältniszahlen sind die Arbeitslöhne auf volle 1000 Euro abzurunden.**

Gewerbesteuer-Richtlinien 2009: GewStR 29.1/GewStH 29.1

Literatur: Meier, Zum gewerbesteuerlichen Zerlegungsmaßstab beim Betrieb von Windkraftanlagen, FR 2006, 538, Trossen, Zerlegung der Gewerbesteuer bei Windkraftanlagen, DStZ 2006, 836; Dietrich/Krakowiak, Deutschland – ein Paradies für Kapitalgesellschaften, DStR 2009, 661; Kronawitter, Zerlegung des Gewerbesteuermessbetrags eines Solarparkbetreibers, ZKF 2009, 269; Siebert/Kindel, Gewerbesteueraufteilung bei Windkraftanlagen-Betreibermodellen, FR 2009, 613; Wischott/Krohn/Nogens, Steuerliche Risiken und Gestaltungsmöglichkeiten beim Erwerb und Betrieb von Windkraftanlagen, DStR 2009, 1737; Urbahns, Optimierte Zerlegung des Gewerbesteuermessbetrags, StuB 2010, 425; Scheffler, Innerstaatliche Erfolgszuordnung als Instrument der Steuerplanung, Ubg 2011, 262; Behrendt/Wischott/Krüger, Zielgerichtete Ausgestaltung der Gewerbesteuerzerlegung bei Wind- und Solarparks, BB 2012, 2723; Markus/Maurer, Windenergie und Gewerbesteuer, NVwZ 2012, 604; Meier, Ungleichbehandlungen bei der gewerbesteuerlichen Veranlagung von Anlagen zur Erzeugung erneuerbarer Energien iRd § 29 Abs. 1 Nr. 2 GewStG?, FR 2012, 1072; Stöbener/Gach, Photovoltaik einmal anders – Der gewerbesteuerliche Zerlegungsmaßstab bei Solaranlagen, DStR 2012, 1376; Waldhoff/Engler, Die Küste im deutschen Ertragsteuerrecht – am Beispiel der Besteuerung von Offshore-Energieerzeugung, FR 2012, 254; Waffenschmidt, Rücken- oder Gegenwind; Gewerbesteuerliche Fragen bei Windparks, FR 2013, 268; Moorkamp, Photovoltaikanlagen im Gewerbesteuerrecht, StuB 2014, 61; Elxnat/Schilling, Gewerbesteuerzerlegung bei Wind- und Solarenergieanlagen, StG 2015, 519; Schill, Der Arbeitnehmerbegriff im Kontext der innerstaatlichen Betriebsstätte für die Zwecke der GewStZerlegung, KStZ 2016, 1; Eichfelder/Zander, Gewerbesteuerzerlegung und Steuervermeidung: Gestaltungsmöglichkeiten der Unternehmen und Prüfungsmöglichkeiten der Verwaltung, DStR 2018, 1313; Heurung/Ferdinand/Gilson, Die Behandlung mehrgemeindlicher Betriebsstätten im Rahmen des Gewerbesteuergesetzes, BB 2019, 411; Keuthen/Suchanek, Zuordnung von Mitarbeitern im Homeoffice im Rahmen der Zerlegung nach § 29 Abs. 1 Nr. 1 GewStG, FR 2024, 263.

Übersicht

I. Allgemeines

1. Grundsatz

Die Vorschrift enthält den **Zerlegungsmaßstab** für den Regelfall der Zerlegung des einheitlichen GewStMessbetrags bei BSt., die keine mehrgemeindlichen BSt. iSv § 28 Abs. 1 S. 2 und § 30 sind. **Grundsätzlich** ist das **Verhältnis der Arbeitslöhne** maßgebend; in welcher BSt. der GewErtrag maßgeblich erwirtschaftet worden ist, ist unerheblich. Wird in (einer BSt.) der Gemeinde mangels Beschäftigung von Arbeitnehmern **kein Arbeitslohn** gezahlt, steht der Gemeinde **kein Zerlegungsanteil** zu (vgl. BFH I R 23/06, BStBl. II 2007, 836; HessFG 8 K 700/21, nv); **Ausnahme** Windkraft- und Solaranlagen (Abs. 1 Nr. 2, → Rn. 9 ff.). 1

Die **Lastenverursachung** durch die einzelne BSt. für die Gemeinde kommt durch das Verhältnis der Arbeitslöhne nicht unmittelbar zum Ausdruck. Das ist jedoch unschädlich, weil das Äquivalenzprinzip nur eine pauschale Rechtfertigung für die GewSt darstellt, die konkrete Lastenverursachung ohnehin nicht feststellbar ist und daher nicht Voraussetzung/Bemessungsgrundlage der GewSt sein kann (vgl. BVerfG 1 BvR 15/75, BStBl. II 1978, 125). Da sich die tatsächlich durch die BSt. verursachten Gemeindelasten nicht oder – wenn überhaupt – nur unter erheblichem Aufwand und auch dann nur ungenau werden feststellen lassen, hat sich der Ggeber bewusst für einen **indirekten und groben Maßstab** entschieden (BFH VIII 45/90, BFH/NV 1993, 191; IV R 30/11, BStBl. II 2015, 601). Auch 1a werden sich kaum andere Maßstäbe finden lassen, die – notwendig typisierend – dem Äquivalenzprinzip eher gerecht werden; insbesondere ist das Betriebsergebnis kein sachgerechter Maßstab (BFH IV 114/73, BStBl. II 1976, 123; I R 23/06, BStBl. II 2007, 836; I R 18/08, BFH/NV 2010, 941). **In der Praxis** allerdings lassen sich zutreffende, aber unerwünschte Ergebnisse durch von der Verwaltung kaum überprüfbare **Gestaltungsmöglichkeiten** unschwer vermeiden (Eichfelder/Zander DStR 2018, 1313).

Trotz möglicher Verwerfungen für den einzelnen Betrieb, aber auch für die Gemeinden, ist die Vorschrift mE im Hinblick auf die Bedeutung der BSt. für den Betrieb und die auf sie entfallenden GewStBelastungen **verfassungsgemäß** (hierzu auch → § 28 Rn. 1).

2. Ausnahmen

1b In Ausnahmefällen kann **bei Unbilligkeit** durch Anwendung der Maßstäbe des § 29 die Zerlegung nach einem die tatsächlichen Verhältnisse berücksichtigenden Maßstab erfolgen (§ 33; hierzu BFH I B 49/58, BStBl. III 1958, 379). Sie ist aber nur bei einer eindeutigen Unbilligkeit **von erheblichem Gewicht** gerechtfertigt, die auf der Zerlegung selbst beruht und die sich aus dem groben Maßstab des § 29 allgemein ergebende Unbilligkeit übertrifft (vgl. BFH I B 49/58 U, BStBl. III 1958, 379; I R 19/92, BStBl. II 1993, 679; I R 23/06, BStBl. II 2007, 836; I R 56/08, BStBl. II 2010, 492 (iE → § 33 Rn. 2 ff.).

II. Allgemeiner Zerlegungsmaßstab (Abs. 1 Nr. 1)

1. Grundsatz

2 Zu zerlegen ist bis **EZ 2008** (§ 36 Abs. 1 aF) **ausschließlich** in dem **Verhältnis,** in dem die Summe **der Arbeitslöhne** in allen Betriebsstätten zu der Summe der Arbeitslöhne in den Betriebsstätten der einzelnen Gemeinden steht. Hierbei kommt es darauf an, dass der Arbeitnehmer in der jeweiligen BSt. tatsächlich beschäftigt ist und dass die Arbeitslöhne in der jeweiligen BSt. tatsächlich gezahlt worden sind (Abs. 2). Werden überhaupt **keine Arbeitslöhne** gezahlt, ist dieser Maßstab (selbstredend) von vornherein ungeeignet (BFH I R 1/93, BStBl. II 1995, 175; I R 23/06, BStBl. II 2007, 836). In Betracht kommt dann die entsprechende Anwendung von § 33. Anderes gilt für den **fiktiven Unternehmerlohn** nach § 31 Abs. 5 (BFH IV B 164/64 U, BStBl. III 1965, 69 zu § 31 Nr. 2 aF).

Die Zerlegung nach dem Verhältnis der Arbeitslöhne erfolgt auch dann, wenn der GewErtrag im Wesentlichen auf der **Veräußerung des Unternehmensvermögens** zu Beginn des EZ beruht (BFH I R 49/06, BFH/NV 2007, 2346 unter Bestätigung von FG BW 6 K 420/02, EFG 2006, 1348).

2a Ab **EZ 2009** besteht für bestimmte Anlagen zur Erzeugung von Energie bzw. Wärme aus solarer Strahlungsenergie ein eigenständiger Zerlegungsmaßstab mit Anteilen aus dem Verhältnis der Arbeitslöhne und Anteilen aus dem Verhältnis der installierten Leistungen (→ Rn. 9 ff.).

2. Begriff des Arbeitnehmers

3 **a) Maßgeblichkeit des ESt-/LSt-Rechts. aa) Arbeitnehmerbegriff.** Der Arbeitnehmerbegriff ist im Wesentlichen der des **ESt/LSt-Rechts** (hierzu Schill

KStZ 2016, 1). Nach **§ 1 LStDV** sind Arbeitnehmer Personen, die im öffentlichen oder privaten Dienst angestellt oder beschäftigt sind und die aus diesem Dienstverhältnis Arbeitslohn beziehen. Ein Dienstverhältnis liegt vor, wenn der Angestellte dem Arbeitgeber seine Arbeitskraft schuldet. Dies ist dann der Fall, wenn die tätige Person in der Betätigung ihres geschäftlichen Willens unter der Leitung des Arbeitgebers steht oder im geschäftlichen Organismus des Arbeitgebers dessen Weisungen zu folgen verpflichtet ist.

bb) Eigenständiger Begriff. Diese Definition beschreibt in zutreffender Auslegung des Gesetzes einen **eigenständigen steuerrechtlichen Begriff** des Arbeitnehmers (BFH VI R 29/72, BStBl. II 1975, 520). Der Begriff des Arbeitnehmers ist kein feststehender Begriff. Er beschreibt einen **offenen Typus,** der sich nicht durch Aufzählung bestimmter Merkmale abschließend gewinnen lässt (zB BFH VIII R 34/08, BFH/NV 2011, 585 mwN; iÜ → § 2 Rn. 55 ff.). Entscheidend ist stets das Gesamtbild der objektiven Umstände nach ihrer tatsächlichen Durchführung im Einzelfall. Hierbei kommt es nicht so sehr auf das Auftreten nach außen, sondern auf das Innenverhältnis an (BFH VIII R 52/77, BStBl. II 1979, 414). In allen Fällen kann Arbeitnehmer **nur eine natürliche Person** sein. Geschäftsfähigkeit ist nicht erforderlich.

b) Abgrenzungen. Abgrenzungsprobleme gibt es insb. im Hinblick auf **3a**
die Beschäftigung von Personen, bei denen selbst die Ausübung eines GewBetriebs iSv § 15 EStG (etwa Handelsvertreter, hierzu BFH V R 150/66, BStBl. II 1970, 474) oder eines Freiberufs iSv § 18 EStG (etwa Künstler oder Musiker, hierzu BFH IV R 118/72, BStBl. II 1973, 636; VI R 80/74, BStBl. II 1977, 178) in Betracht kommt. Maßgebliche **Abgrenzungskriterien** sind in solchen Fällen vor allem die Eingliederung in den Betrieb des Auftraggebers, die Weisungsgebundenheit in Bezug auf Zeit und Ort der Arbeitsleistung, das Bestehen von Unternehmerrisiko und/oder -initiative sowie maßgeblicher Einfluss auf die Gestaltung der zu erbringenden Leistung. Vergleiche iE Krüger in Schmidt EStG § 19 Rn. 4 ff. und 26.

3. Gegenwärtiges Dienstverhältnis

Im Unterschied zu § 1 LStDV muss für Zwecke der Zerlegung ein **gegenwär-** **4**
tiges Dienstverhältnis bestehen. Das ergibt sich daraus, dass nach Nr. 1 der Vorschrift nur Arbeitslöhne für „beschäftigte Arbeitnehmer" zu erfassen sind und nach § 31 Abs. 1 Arbeitslöhne grundsätzlich die Vergütungen iSv § 19 Abs. 1 S. 1 Nr. 1 EStG darstellen und die Bezüge und Vorteile aus früheren Dienstleistungen iSv § 19 Abs. 1 S. 1 Nr. 2 EStG nicht einzubeziehen sind. *Ruhegehaltsempfänger* und *Rechtsnachfolger* eines Arbeitnehmers sind demnach keine Arbeitnehmer iSd Vorschrift. Entsprechendes gilt für bereits *ausgeschiedene Arbeitnehmer,* an die rückständiger Lohn für Zeiträume außerhalb des EZ gezahlt wird. Auch ausscheidende Arbeitnehmer, die – aus welchem Grund auch immer – eine *Abfindung* für in Zukunft entgehenden Arbeitslohn erhalten, beziehen diese nicht für ein gegenwärtiges Dienstverhältnis. Auch diese Bezüge gehören somit nicht zur Grundlage des Zerlegungsmaßstabs (ebenso Sarrazin in Lenski/Steinberg § 31 Rn. 20).

4. Eigene Arbeitnehmer

a) Grundsatz. Arbeitnehmer iSd Vorschrift sind nur Personen, die in einem **5**
Dienstverhältnis zu dem **Unternehmen** stehen, für das der zu zerlegende Mess-

betrag festgesetzt worden ist (BFH I R 16/90, BFH/NV 1992, 836; IV R 29/02, BStBl. II 2004, 602). Voraussetzung hierfür ist nicht der Abschluss eines Arbeitsvertrages (BFH I R 64/98, BStBl. II 2000, 41). Vielmehr ist die Frage der Zugehörigkeit nach wirtschaftlichen Gesichtspunkten zu entscheiden – sofern diese die Annahme eines Dienstverhältnisses tragen können. Jedoch sind allein wirtschaftliche Gesichtspunkte nicht geeignet, ein bestehendes Dienstverhältnis zu überlagern, wie zB beim Geschäftsführer einer **Komplementär-GmbH** als Geschäftsführerin einer GmbH & Co. KG: jener ist der GmbH zuzuordnen (BHF IV R 30/11, BStBl. II 2015, 601).

Sind **Anstellungs- und Beschäftigungsunternehmen nicht identisch,** dann sind die Arbeitnehmer dem Beschäftigungsunternehmen zuzurechnen, wenn **(1.)** dort der vertragliche und tatsächliche Tätigkeitsbereich liegt, **(2.)** die Arbeitnehmer in dessen geschäftlichen Organismus eingegliedert und weisungsgebunden sind und **(3.)** dem Anstellungsunternehmen vom Beschäftigungsunternehmen lediglich die Lohnaufwendungen ohne Verwaltungskosten oder gar einen Gewinnaufschlag erstattet werden, gleich ob im Voraus oder nachträglich (vgl. BFH IV R 29/02, BStBl. II 2004, 602; IV R 42/03, BFH/NV 2004, 1291; IV R 30/11, BStBl. II 2015, 601). Liegen diese Voraussetzungen nicht vor, ist der Arbeitnehmer dem Anstellungsunternehmen zuzurechnen (SchlHFG 1 K 73/06, EFG 2011, 1911, aus anderen Gründen aufgeh. durch BFH IV R 30/11; FG München 6 K 2407/15, EFG 2019, 376, aus anderen Gründen aufgeh. durch BFH III R 3/19, BFH/NV 2020, 708; hierzu Weiss/Brühl GmbHR 2019, 618 (621)).

Beispiel:

Kontrahiert demnach ein Unternehmen (A) mit Arbeitnehmern im eigenen Namen, aber für Rechnung und zur Erledigung von Arbeiten eines anderen Unternehmens (B), dann gehören die Arbeitnehmer diesem Unternehmen (B) an, wenn dieses die Arbeitslöhne zu entrichten hat, aber (A) als Erfüllungsgehilfe die Auszahlung übernimmt (BFH I B 23/57 U, BStBl. III 1958, 182 zu Verhältnissen im „Gesamthafenbetrieb"). Entsprechendes gilt, wenn (B) die Lohnaufwendungen, die (A) getragen hat, diesem erstattet (vgl. BFH IV R 29/02, BStBl. II 2004, 602; Anm. Kempermann FR 2004, 760). Die wirtschaftlichen Gegebenheiten entsprechen dem in BFH I B 23/57 U, BStBl. III 1958, 182 entschiedenen Fall.

5a **b) Arbeitnehmerüberlassung.** Bei der Arbeitnehmerüberlassung („Leiharbeitsverhältnis") liegt kein Arbeitsverhältnis zum entleihenden Unternehmen, sondern zum Verleiher vor, wenn der Überlassung ein echter auf Gewinnerzielung gerichteter Arbeitnehmerverleih zugrundeliegt (BFH IV R 42/03, BFH/NV 2004, 1291). Das ist anzunehmen, wenn der Entleiher nicht Löhne unmittelbar an die bei ihm beschäftigten Arbeitnehmer, sondern Entgelt für die Überlassung an den Verleiher zahlt, idR zuzüglich Verwaltungskosten und Gewinnaufschlag (vgl. BFH IV R 29/02, BStBl. II 2004, 602). Allerdings kann bei überwiegender oder sogar ausschließlicher Beschäftigung von Leiharbeitnehmern nur in bestimmten Betriebsstätten ein nach § 33 zu korrigierendes unbilliges Ergebnis vorliegen (BFH I R 16/90, BFH/NV 1992, 836). Entsprechendes gilt für Beschäftigung von **Strafgefangenen** (BFH StRK GewStG § 24 R 3).

5. Beschäftigung in einer Betriebsstätte

6 **a) Grundsatz.** Die Vorschrift normiert den Grundsatz der **Zuordnung des Arbeitnehmers** zu der BSt/dem Ort der tatsächlichen Arbeitsleistung. Das

bedeutet, dass es – im Hinblick auf die Notwendigkeit der Zerlegung – keinen „betriebsstättenlosen Arbeitnehmer" gibt (BFH I R 18/08, BFH/NV 2010, 941).

Ist der GewStMessbetrag **zwischen** einer **einzelgemeindlichen** BSt und einer **mehrgemeindlichen BSt** zu zerlegen und wird in der mehrgemeindlichen BSt kein Arbeitslohn gezahlt, steht der mehrgemeindlichen BSt ohne dort beschäftigte Arbeitnehmer kein Zerlegungsanteil zu (BFH IV R 21/21, BFH/NV 2024, 1156, zu FG Düsseldorf 3 K 3280/17 G, EFG 2022, 788, in der Sache best.; IV R 22/21, zu FG Düsseldorf 3 K 2050/17 G, BB 2022, 1316, best.)

b) Vollständige Zuordnung. Zudem wird die Vorschrift nach allgM dahin ausgelegt, dass eine alleinige, vollständige Zuordnung des Arbeitslohns zu einer BSt. **nur** erfolgt, wenn der Arbeitnehmer seine Tätigkeit tatsächlich *ganz oder weitaus überwiegend* – mE zu mindestens 90 % – in/von der BSt. (aus) ausübt (BFH I R 376/83, BStBl. II 1988, 201; III R 286/84, BFH/NV 1990, 56; NdsFG 10 K 129/19, EFG 2023, 215); auf die (ggf. abweichende) wirtschaftliche Zurechnung der Tätigkeit zu einer anderen BSt. kommt es nicht an (BFH I R 102/04, BFH/NV 2007, 270). **Gelegentliche Tätigkeiten** von ganz untergeordneter Bedeutung in einer anderen BSt. haben keinen Einfluss auf die Zuordnung seines Lohns. **6a**

c) Anteilige Zuordnung. Eine anteilige Zuordnung erfolgt, wenn der Arbeitnehmer in nicht unwesentlichem Umfang in anderen Betriebsstätten beschäftigt ist; dann ist der Lohn entsprechend aufzuteilen (BFH III R 286/84, BFH/NV 1990, 56; FG Münster IV-IX 4489/80 G, EFG 1985, 137; NdsFG 10 K 129/19, EFG 2023, 215). Die Tätigkeit an einem von sechs Wochentagen in einer BSt. ist nicht unwesentlich; daher Aufteilung des Arbeitslohns und Zerlegung nach dem Regelmaßstab (BFH III R 286/84, BFH/NV 1990, 56; FG Münster IV-IX 4489/80 G, EFG 1985, 137, best.). **6b**

d) Einzelfälle zur Zuordnung. Ein auf häufig **wechselnden Einsatzstellen** tätiger Arbeitnehmer kann der BSt. der Geschäftsleitung (§ 10 AO; zum Begriff → § 2 Rn. 628) zuzuordnen sein (vgl. BFH I 25/56 U, BStBl. III 1956, 386). Ein **ständig auswärts,** nicht in einer BSt. beschäftigter Arbeitnehmer ist hiernach der (den) Betriebsstätte(n) zuzuordnen, mit der er durch die Art der Tätigkeit verbunden ist (vgl. BFH I 25/56, BStBl. III 1956, 386). Die Wohnsitzzugehörigkeit des Arbeitnehmers hat keinen Einfluss. Bei **LKW-Fahrern** ist mE der regelmäßige Standort der Fahrzeuge, an dem sie abgestellt und gewartet werden, maßgebend. Von hier aus werden die Fahrten angetreten, auch wenn die Fahrzeuge in anderen Betriebsstätten beladen werden; anders nur wenn auch hier die Arbeitszeit ins Gewicht fällt. Bei **(Hochsee-)Schiffsmannschaften** sind die Arbeitnehmer während der Fahrt idR dem Sitz der Geschäftsleitung (Reederei) zuzuordnen (RFH I 169/39, RStBl. 1940, 445), es sei denn, es besteht eine wesentliche Verknüpfung der Tätigkeit während des Aufenthalts in einem Hafen mit einer bestimmten Schiffsanlegestelle; dann ist der hierauf entfallende Lohn dieser BSt. zuzurechnen (BFH I R 376/83, BStBl. II 1988, 201). Bei **Binnen- und Küstenschifffahrtsbetrieben,** die eine feste örtliche Anlage oder Einrichtung zur Ausübung des Gewerbes nicht unterhalten, sind die Arbeitnehmer der (fiktiven) BSt. des Orts zuzuordnen, der als Heimathafen (Heimatort) im Schiffsregister eingetragen ist (§ 6 GewStDV). Für **fliegendes Personal** gilt das zu (Hochsee-)Schiffsmannschaften Ausgeführte entsprechend (BFH I R 18/08, BFH/NV 2010, 941). Das **Homeoffice** der dort tätigen Arbeitnehmer dürfte regelmäßig keine BSt des **6c**

Unternehmens darstellen; daher sollte mE die Zuordnung zu der BSt mit der organisatorisch größten Nähe (regelmäßiger Arbeitsplatz, unmittelbarer Vorgesetzter, Geschäftsleitung) erfolgen (hierzu Keuthen/Suchanek FR 2024, 263).

6. Begriff des Arbeitslohns

7 Vergleiche hierzu § 31 und die dortigen Erläuterungen.

7. Maßgebliche Beträge (Absatz 2)

8 **Maßgeblich** sind nach **Abs. 2** die **Arbeitslöhne,** die **in dem EZ** erzielt oder gezahlt worden sind. Bei der Ermittlung der Verhältniszahlen sind die Arbeitslöhne auf volle 1.000 EUR abzurunden **(Abs. 3).** Dies gilt auch für Unternehmen mit **abw. Wj.** Für sie sind die Beträge des EZ anzusetzen, in dem der GewErtrag nach § 10 Abs. 2 als bezogen gilt. Eine Umrechnung auf einen Jahresbetrag findet in keinem Fall statt. Der Wortlaut der Vorschrift nennt ausdrücklich den EZ. Seine Anwendung führt nicht zu einem so sinnwidrigen Ergebnis, dass hiervon abzusehen wäre. Zwar besteht ein innerer Zusammenhang zwischen dem zu zerlegenden GewErtrag und den im Wj. erzielten bzw. gezahlten Bemessungsbeträgen. Doch ist die GewSt eine Steuer des EZ, dem § 10 Abs. 2 das Ergebnis des Wj. zuordnet. Daher ist es jedenfalls nicht völlig sinnwidrig, auf die im EZ erzielten bzw. gezahlten Bemessungsbeträge auch im Falle des abw. Wj. abzustellen (BFH I R 19/92, BStBl. II 1993, 679; VIII R 45/02, BFH/NV 1993, 191).

III. Besonderheiten bei Windkraft- und Solaranlagen (Abs. 1 Nr. 2)

1. Allgemeines

9 Als Reaktion auf die BFH-Entscheidung I R 23/06, BStBl. II 2007, 836 (→ § 33 Rn. 4), wonach auch bei Windkraftanlagen der Zerlegungsmaßstab des § 29 Abs. 1 nicht zu unbilligen Ergebnissen führe, hat der Gesetzgeber zunächst nur für Betriebe, die Anlagen zur Erzeugung von Windenergie betreiben, aus umweltpolitischen Gründen **mWv EZ 2009** einen **eigenen Zerlegungsmaßstab** eingeführt (G. v. 19.12.2008, BGBl. 2008 I 2794; BT-Drs. 16/11108, 30). Der sachliche Anwendungsbereich und der Maßstab wurden seitdem **mehrfach verändert** (→ Rn. 10 ff.).

Zweck der besonderen Zerlegungsmaßstäbe ist die Beteiligung der Standortgemeinden der jeweiligen technischen Anlagen, in denen idR keine Arbeitslöhne gezahlt werden, am Gewerbesteuermessbetrag. Sie soll die Akzeptanz der energiepolitischen Maßnahmen mit ihren Eingriffen in das Orts- bzw. Landschaftsbild und die Bereitschaft zum Ausweis der für die technischen Anlagen erforderlichen Flächen erhöhen (hierzu RegE BT-Drs. 20/12780, 142).

2. Sachlicher Anwendungsbereich

10 Nach der in → Rn. 9 bezeichneten Fassung des **§ 29 Abs. 1 Nr. 2 Buchst. a** wurde nur zu 3/10 das Verhältnis der in den einzelnen Betriebsstätten gezahlten Arbeitslöhne, zu 7/10 das Verhältnis der Summe der Sachanlagen zu den Sachanlagen in den einzelnen Betriebsstätten, jedoch ohne Betriebs- und Geschäftsausstat-

tung, Anzahlungen und Anlagen im Bau, angesetzt (krit. hierzu Behrendt/Wischott/Krüger BB 2012, 2723; Waffenschmidt FR 2013, 268; zur Problematik der Zuweisung von Zerlegungsanteilen nicht nur nach § 4 Abs. 2 bei sog. **Offshore-Anlagen** Waldhoff/Engler FR 2012, 254; Markus/Maurer NVwZ 2012, 604).

Diese Fassung galt bis **einschließlich EZ 2013** und betraf ausdrücklich **allein Windkraftanlagen.** Erfasst wurden nicht andere Anlagen zur alternativen Gewinnung von *„erneuerbarer Energie"* (BFH IV B 27/20, BFH/NV 2021, 538 zu Solaranlagen; Meier FR 2012, 1072). Für sie kam günstigstenfalls eine Einigung nach § 33 Abs. 2 in Betracht (ebenso Kronawitter ZKF 2009, 269).

Ab EZ 2014 wurde die Vorschrift auf „Anlagen zur Erzeugung von Strom und anderen Energieträgern sowie Wärme aus **Windenergie und solarer Strahlungsenergie** im Sinne des § 3 Nr. 3 EEG" ausgedehnt (G. v. 26.6.2013, BGBl. 2013 I 1809). **10a**

Zudem enthielt § 36 Abs. 9d aF für Betriebe, die **ausschließlich** Anlagen zur Energieerzeugung aus **solarer Strahlungsenergie** betreiben, für die **EZ 2014–2023** eine nach Neuanlagen (s. dort (3)) und den übrigen Anlagen differenzierende Anwendungsregelung.

Die letztbezeichnete Anwendungsregelung wurde mit G. v. 25.7.2014 (BGBl. 2014 I 1266) nach § 29 Abs. 1 Nr. 2 Buchst. b übernommen. Nur **für Neuanlagen** zur ausschließlichen Erzeugung solarer Strahlungsenergie (Genehmigung nach dem 30.6.2013, Abs. 1 Nr. 2 Buchst. b S. 3) gilt hiernach derselbe Maßstab wie nach Abs. 1 Nr. 2 Buchst. a (Abs. 2 Buchst. b Doppelbuchst. aa), für die **übrigen Anlagen** der Maßstab des Abs. 1 Nr. 1 (Abs. 1 Nr. 2 Buchst. b Doppelbuchst. bb). Letzteres gilt auch für **ausschließlich betriebene Solaranlagen** älteren Datums (ebenso FG Hmb 2 K 2/17, DStRK 2019, 144; Schulze in Lenski/Steinberg § 29 Rn. 24). Betreibt das Unternehmen **daneben andere** Formen der Erzeugung erneuerbarer Energie iSd Nr. 2, gilt **ab EZ 2014** auch für Solaranlagen älteren Datums der Maßstab der Nr. 2 Buchst. a (ebenso Schulze in Lenski/Steinberg § 29 Rn. 58). **10b**

Schließlich ist § 29 Abs. 1 Nr. 2 durch G. v. 3.6.2021 (BGBl. 2021 I 1498) **mWv EZ 2021 neu gefasst** worden. Er bestimmt nunmehr bei gleichbleibenden Voraussetzungen, dass der **Zerlegungsmaßstab** sich nicht aus dem Verhältnis von Sachanlagen, sondern aus dem **Verhältnis der installierten Leistung** im Sinne von § 3 Nr. 31 EEG ergibt (hierzu → Rn. 13 ff.). Letzteres gilt ceteris paribus auch für die **Altanlagen** und die **Neuanlagen** für die ausschließliche Erzeugung von solarer Strahlungsenergie (→ Rn. 10b). **10c**

Für **Energiespeicheranlagen** allgemein bestand bis EZ 2024 keine eigenständige Zerlegungsregel. Lediglich für den Betrieb von **Batteriegroßspeicheranlagen** bestimmte der gleichlautende Ländererlass v. 13.11.2023 (BStBl. I 2023, 1968), dass sie begünstigte Anlagen des § 29 Abs. 1 Nr. 2 GewStG (also für „Grünstrom") darstellten und die Anwendung der dort geregelten Zerlegung eröffnen. Durch die Einfügung des § 29 Abs. 1 Nr. 3 GewStG (→ Rn. 15) mWv EZ 2025 durch G. v. 2.1.2024 (BGBl. I 2024 Nr. 387) ist diese Regelung überholt. **10d**

3. Ausschließlichkeit als Voraussetzung?

Mit Wirkung **ab EZ 2014** ist abweichend von der bis 2013 geltenden GFassung eindeutig vorgeschrieben, dass Abs. 2 Nr. 2 nur für solche Betriebe anwendbar ist, die **ausschließlich** die entsprechenden Anlagen **betreiben** (krit. Elxnat/Schil- **11** ling StG 2015, 519: sinnvoll sei „fast ausschließlich"). Abzustellen ist auf den **gesamten Betrieb.** Dieser darf **keine andere Tätigkeit** ausüben als die Erzeugung von „grüner" Energie. Das gilt ab EZ 2025 auch für den Betrieb von Energiespeicheranlagen (→ Rn. 15 ff.).

Das Erfordernis kann sich **unterschiedlich nach der Rechtsform** des Betreibers auswirken. Bei einem **Einzelunternehmen** kann eine andere gewerbliche Tätigkeit durchaus einen eigenständigen GewBetrieb bedeuten (→ § 2 Rn. 25 „Photovoltaikanlage"), was dem Erfordernis genügt. Dagegen kann eine **PersonenGes** in der Regel gleichzeitig nur einen einzigen GewBetrieb haben, für eine Trennung bedarf es der Gründung einer zweiten (personenidentischen) Ges. (→ § 2 Rn. 27 f.). Bei einer **KapitalGes** (§ 2 Abs. 2) ist in der Regel die gesamte Tätigkeit ein einziger GewBetrieb (→ § 2 Rn. 456). Diese Gegebenheiten lassen sich flexibel zur Vermeidung des ggf. unerwünschten Zerlegungsmaßstabs einsetzen.

11a Zudem ist mE der **unmittelbare Betrieb** unabdingbares Erfordernis. Bei einem sog. **gespaltenen Investitionsmodell** ist **nur** der **Erzeugerbetrieb,** nicht hingegen der Netzverteilerbetrieb erfasst (ebenso Schulze in Lenski/Steinberg § 29 Rn. 52; aA Siebert/Kindel FR 2009, 613). Auch die Herstellung von Windkraft- und Solaranlagen genügt nicht (ebenso Sarrazin in Lenski/Steinberg § 29 Rn. 50).

Trotz des auf **kumulative Tätigkeiten** hindeutenden Wortlauts („Erzeugung von Strom **und** anderen Energieträgern") genügt mE nach Sinn und Zweck der Vorschrift die Erzeugung nur einer der beiden Energieträger (ebenso Schulze in Lenski/Steinberg § 29 Rn. 47).

11b **„Betreiben"** bedeutet mE, dass die Anlagen in Betrieb, also **regelmäßig aktiv** sind. Vorbereitungshandlungen, Bau, Probeläufe oder umgekehrt die Stilllegung von Anlagen sind nicht Betreiben iSd Vorschrift. Vorübergehendes Abschalten, zB für Reparatur- oder Wartungszwecke ist mE unschädlich (ebenso Baldauf in Brandis/Heuermann § 29 Rn. 19; Saathoff in WSMH § 29 Rn. 23; s. auch § 3 Nr. 31 EEG). Das gilt mE auch für **KapitalGes** trotz der GewBetriebsfiktion des § 2 Abs. 2 (ebenso Baldauf in Brandis/Heuermann § 29 Rn. 19; aA Schulze in Lenski/Steinberg § 29 Rn. 50; Saathoff in WSMH § 29 Rn. 23), von der mE schon nicht ohne Weiteres auf das Vorliegen einer BSt geschlossen werden kann. Auch bei einer KapitalGes erfordert eine solche eine nachhaltige unternehmensbezogene Tätigkeit (→ § 2 Rn. 622). Das gilt umso mehr für das Erfordernis des „Betreibens". Fehlt es hieran, ist der StGegenstand der KapitalGes aber noch nicht beendet (hierzu → § 2 Rn. 474), ist das BV einer anderen BSt (mE der Geschäftsleitung, § 12 Abs. 1 S. 2 Nr. 1 AO; → § 2 Rn. 628) zuzurechnen (vgl. zur mehrgemeindlichen BSt die Ausführungen in BFH I R 226/75, BStBl. II 1978, 111).

4. Durchführung bis EZ 2020

12 **a) Zuordnungen.** Das für die Verhältnisrechnung (→ Rn. 10) **maßgebende Sachanlagevermögen** (→ Rn. 12a) musste nicht einer Standort-BSt zuzuordnen sein. Erfasst wurde das Sachanlagevermögen von allen BSt; dazu gehören kann auch die Geschäftsleitungs-BSt (ebenso Sarrazin in Lenski/Steinberg § 29 Rn. 67).

Für die Abgrenzung bei **Neuanlagen** (→ Rn. 10b) bestimmte Nr. 2 S. 2, dass der entsprechende Anteil am GewStMessbetrag sich nach dem Verhältnis der

Summe des den jeweiligen Anlagen zuzurechnenden Sachanlagevermögens zum gesamten maßgebenden Sachanlagevermögen des Betriebs bestimmt. Das beinhaltete letztlich, dass jegliches neben den neuen Solaranlagen bestehende Sachanlagevermögen, auch das einer Geschäftsleitungs-BSt., nicht den Neuanlagen zugeordnet wurde.

Nach dieser **in einem ersten Schritt** durchzuführenden Verhältnisrechnung war **in einem zweiten Schritt** die Zerlegung nach Abs. 1 Buchst. b Doppelbuchst. aa (für Neuanlagen) und nach Abs. 1 Buchst. b Doppelbuchst. bb iVm mit Abs. 1 Nr. 1 (für die übrigen Anlagen) durchzuführen. Zur Neufassung → Rn. 13 ff.

b) Sachanlagevermögen. Durch die Herausnahme der Betriebs- und Geschäftsausstattung, der geleisteten Anzahlungen und der Anlagen im Bau **aus dem Sachanlagevermögen** (vgl. § 266 Abs. 2 A II HGB) **werden erfasst** Grundstücke, grundstücksgleiche Rechte, Gebäude, Maschinen und ähnliche Anlagen **(„maßgebendes Sachanlagevermögen"),** insb. die Windkraft- und Solaranlagen selbst. Abzustellen ist auf die **steuerlich maßgeblichen Werte** unter Berücksichtigung der AfA (AfA-Tabellen BMF 15.12.2000, BStBl. I 2000, 1532 Tz. 3.1.5, 3.1.6, 3.1.7). Die betriebsgewöhnliche Nutzungsdauer beträgt für Windkraftanlagen 16 Jahre, von Photovoltaikanlagen 20 Jahre und von thermischen Solaranlagen zehn Jahre (vgl. BMF 15.12.2000, BStBl. I 2000, 1532 Rn. 3.1.5–3.1.7). Zur gewstlichen Durchführung der AfA bei Windkraftanlgen s. BFH IV R 52/09, BStBl. II 2011, 929. 12a

c) Zerlegungsfolgen. Die **Zerlegung** nach dem vorgeschriebenen Maßstab kann dahin führen, dass der Sitzgemeinde der gesamte auf den Arbeitslohn und der/den Standortgemeinde/n der gesamte auf die Sachanlagen entfallende Zerlegungsanteil entfällt. Gehören allein zur Geschäftsleitungs-BSt Grundstücke und haben sich bei den Solarenergie/Windkraftanlagen bereits hohe Abschreibungen ergeben, kann das zur Folge haben, dass nur die Geschäftsleitungsgemeinde von der Zerlegung profitiert und die eine oder andere Standortgemeinde keinen oder nur einen geringen Zerlegungsanteil zugewiesen bekommt. Entsprechendes kann sich im Verhältnis der Standortgemeinden untereinander durch unterschiedliches Alter der Anlagen und entsprechend unterschiedliche Abschreibungen auf sie ergeben (zweifelnd Sarrazin in Lenski/Steinberg § 29 Rn. 69 f.). Daher erschien es angebracht, den Zerlegungsanteil für die Standortgemeinden nach anderen Kriterien zu bemessen, wie zB nach der Wirkleistung („installierte Leistung", Elxnat/Schilling StG 2015, 519), was mit der Neufassung der Vorschrift schließlich geschah (→ Rn. 13). 12b

5. Durchführung ab EZ 2021 bis EZ 2023

Maßgeblichkeit der installierten Leistung. Ab EZ 2021 ist **maßgeblich** nicht mehr das Sachanlagevermögen, sondern die **installierte Leistung** iSv § 3 Nr. 31 EEG. Das ist die elektrische **Wirkleistung,** die eine Anlage bei bestimmungsgemäßem Betrieb ohne zeitliche Einschränkungen unbeschadet kurzfristiger geringfügiger Abweichungen technisch erbringen kann. Sie unterliegt daher keinen jährlichen Veränderungen, was der Ggeber offenbar als vorteilhaft angesehen hat (BT-Drs. 19/28868, 132). 13

Im **Grundsatz** (§ 29 Abs. 1 Nr. 2 Buchst. a) ist der GewStMessbetrag mit 10 % nach dem Verhältnis der Summe der Arbeitslöhne in allen BSt. zu den 13a

Arbeitslöhnen in den BSt. der einzelnen Gemeinden aufzuteilen und mit 90 % nach dem Verhältnis der Summe der installierten Leistung in allen BSt. zur je in den einzelnen BSt. installierten Leistung aufzuteilen.

Beispiel:

Der GewStMessbetrag sei 100. Nur in der Geschäftsleitungs-BSt. A werden Arbeitslöhne gezahlt. Es bestehen zwei Windkraftanlagen B u. C mit installierten Leistungen von 9 und 6 sowie eine Solaranlage D mit einer installierten Leistung von 3.

Der GewStMessbetrag entfällt mit 10 allein auf A, weil in B, C u. D kein Arbeitslohn gezahlt wird (→ Rn. 1). Der Restbetrag von 90 wird mit 90/18 pro Leistungseinheit, also 45, 30 und 15 auf B, C und D verteilt.

13b Bei einem **ausschließlichen Betrieb von Solaranlagen** (§ 29 Abs. 1 Nr. 2 Buchst. b) ist in einem **ersten Schritt** der auf die Neuanlagen (Genehmigung nach dem 30.6.2013) und die übrigen Anlagen entfallende Anteil am GewStMessbetrag zu ermitteln (§ 29 Abs. 1 Nr. 2 Buchst. b S. 2); in einem **zweiten Schritt** erfolgt für **Neuanlagen** eine Verteilung nach dem in → Rn. 13a dargestellten Muster (§ 29 Abs. 1 Nr. 2 Buchst. b Doppelbuchst. aa) und für die **übrigen Anlagen** nach dem Verhältnis der jeweils gezahlten Arbeitslöhne (§ 29 Abs. 1 Nr. 2 Buchst. b Doppelbuchst. bb). Hierbei ist abweichend von der bis einschließlich EZ 2021 geltenden Rechtslage davon auszugehen, dass es sich bei den „übrigen Anlagen", die nach Abs. 1 Nr. 2 Buchst. b S. 4 definitionsgemäß nicht unter S. 3 (Definition der „Neuanlagen") fallen, ausschließlich um Solaranlagen älteren Datums handelt (ebenso Schulze in Lenski/Steinberg § 29 Rn. 57).

13c Hierbei sind die Bestimmungen der Doppelbuchst. aa und bb mE so zu verstehen, dass auf den jeweiligen Anteil am GewStMessbetrag der jeweils vorgegebene Maßstab der **Nr. 1 auch dann** anzuwenden ist, wenn **in der BSt. der Anlage** selbst **kein Arbeitslohn** gezahlt wird und dies nur zB in der Geschäftsleitungs-BSt. geschieht. Die mE missverständliche Formulierung „für den auf Neuanlagen … entfallenden Anteil …" lässt sich allerdings auch so lesen, dass „das in Nummer 1 bezeichnete Verhältnis …" die in der BSt. der Neuanlage selbst gezahlten Löhne betrifft (Entsprechendes gilt für die übrigen Anlagen). Das würde aber idR bedeuten, dass auf keine BSt. ein nach Arbeitslöhnen zu bemessender Anteil entfiele, weil grundsätzlich in den BSt. der (Alt- und Neu-)Anlagen kein Arbeitslohn gezahlt wird. Auch auf die Geschäftsleitungs-BSt. würde kein Anteil entfallen, weil die Anwendung des Buchst. a („vorbehaltlich des Buchst. b") ausgeschlossen ist. Das ist mE nicht Zweck der Vorschrift. Neuanlagen und übrige Anlagen sind daher auch in Bezug auf die Anwendung der Nr. 1 nur insoweit von Bedeutung, als es um die Bemessung der unterschiedlich zu zerlegenden Anteile am GewStMessbetrag geht.

14 *(frei)*

IV. Besonderheiten bei Energiespeicheranlagen (Abs. 1 Nr. 3)

15 Mit JStG 2024 ist **mWv EZ 2025** ein weiterer **besonderer Zerlegungsmaßstab** für den Betrieb von **Energiespeicheranlagen** „iSd § 3 Nr. 15d EnWG" (jetzt § 3 Nr. 36 EnWG) eingeführt worden. Es handelt sich um **Anlagen in einem Elektrizitätsnetz,** mit der die endgültige Nutzung der elektrischen Energie auf einen späteren Zeitpunkt als den ihrer Erzeugung verschoben wird oder mit der die Umwandlung elektrischer Energie in eine speicherbare Energieform, die Speicherung solcher Energie und ihre anschließende Rückumwandlung in elektrische Energie oder Nutzung als ein anderer Energieträger erfolgt.

Auch diesbezüglich ist Zweck der Einführung dieses weiteren besonderen Zer- **15a** legungsmaßstabs die Erhöhung der Akzeptanz der energiepolitischen Maßnahmen, zumal erfahrungsgemäß die mit den genannten Energiespeichern neben den o.a. (→ Rn. 9) Eingriffen verbundenen Lärmemissionen sich hemmend auf die Bereitschaft zum Ausweis der benötigten Flächen ausgewirkt haben. Dies umso mehr, als diese Anlagen nach dem von der Bundesnetzagentur entwickelten Netzentwicklungsplan systemisch unerlässlich für das Energiesystem sind, und zwar ohne Unterscheidung nach „Grünstrom" und „Graustrom" (zu allem RegE BT-Drs. 20/12780, 142).

Folglich besteht nach dem GWortlaut **kein Unterschied** danach, **wo** der **15b** gespeicherte Strom (nicht notwendig vor Ort) und (im Unterschied zum gleichlautenden Ländererlass v. 13.11.2023, BStBl. I 2023, 1968, → Rn. 10d) **wie** („grün" oder „grau") er erzeugt worden ist. Zudem spielt es keine Rolle, **nach welchem Verfahren** (zB Kondensator, Batterie, Akkumulator, Pumpspeicherkraftwerk) die Speicheranlage arbeitet.

Es besteht somit mE kein Anlass Batteriegroßspeicheranlagen weiterhin nach § 29 Abs. 2 Nr. 2 GewStG (→ Rn. 13 ff.) zu behandeln (ebenso Schulze in Lenski/Steinberg § 29 Rn. 81; aA Saathoff in WSMH § 29 Rn. 33d).

Voraussetzung für die Anwendung des besonderen Maßstabs ist das **aus-** **15c** **schließliche Betreiben** (hierzu zunächst → Rn. 11 u. → Rn. 11b) von Energiespeicheranlagen. Auch die Erzeugung von „grüner" Energie ist demnach schädlich. Da auch dort die Ausschließlichkeit Voraussetzung ist, bedeutet das gleichzeitige Erzeugen von „grüner" Energie und Betreiben einer Energiespeicheranlage, dass weder der Zerlegungsmaßstab des § 29 Abs. 1 Nr. 2 GewStG noch der des § 29 Abs. 1 Nr. 3 GewStG anzuwenden ist (Schulze in Lenski/Steinberg § 29 Rn. 83; Saathoff in WSMH § 29 Rn. 33d). Der energiepolitische Sinn dieser rigiden Konsequenz ist auch aus der GBegründung (BT-Drs. 20/12780, 142) nicht ohne Weiteres ersichtlich, wenn man davon absieht, dass bei einer Berücksichtigung von Anlagen zur Erzeugung und zur Speicherung von Energie der Teiler von 90 % größer und damit der Gemeindeanteil kleiner wird.

Die **Ermittlung des Maßstabs** selbst entspricht den Vorgaben des § 29 Abs. 1 **15d** Nr. 2 Buchst. a GewStG. → Rn. 13 u. → Rn. 13b. Der Begriff der „installierten Leistung" dürfte auch für § 29 Abs. 1 Nr. 3 GewStG dem des § 3 Nr. 31 EEG entsprechen (Schulze in Lenski/Steinberg § 29 Rn. 87; Saathoff in WSMH § 29 Rn. 33e), auch wenn er angesichts der unterschiedlichen Ausrichtung von EEG (erneuerbare Energie und Grubengas) und EnWG (Speicher allgemein) in der Nr. 3 nicht angesprochen ist. Er betrifft die elektrische Leistung als Dauerleistung, die dem Netz entnommen wird, um elektrische Arbeit zu verrichten. Maßgebend ist die Herstellerangabe im Datenblatt des Speichers.

§ 30 Zerlegung bei mehrgemeindlichen Betriebsstätten

Erstreckt sich die Betriebsstätte auf mehrere Gemeinden, so ist der Steuermessbetrag oder Zerlegungsanteil auf die Gemeinden zu zerlegen, auf die sich die Betriebsstätte erstreckt, und zwar nach der Lage der örtlichen Verhältnisse unter Berücksichtigung der durch das Vorhandensein der Betriebsstätte erwachsenden Gemeindelasten.

Gewerbesteuer-Richtlinien 2009: GewStR 30.1/GewStH 30.1

Literatur: Offerhaus/Althof, Gewerbesteuerzerlegung bei mehrgemeindlichen Betriebsstätten am Beispiel eines Großflughafens, FR 2006, 623; Hidien/Rodenhäuser, Der Rechtsbegriff der mehrgemeindlichen Betriebsstätte … und seine Anwendung auf großtechnische Netzwerke …, DStZ 2007, 689; Dietrich/Krakowiak, Deutschland – ein Paradies für Kapitalgesellschaften?, DStR 2009, 661; Heine, Zerlegung des Gewerbesteuermessbetrages eines Flughafenbetreibers unter Berücksichtigung der in den angrenzenden Gemeinden unterhaltenen Einrichtungen zur Messung des Fluglärms, KStZ 2009, 181; Spohn/Peter, Rechtsprechung im Rückwärtsgang? – Lärmmessstationen eines Verkehrsflughafens begründen keine mehrgemeindliche Betriebsstätte, DStR 2010, 1017; Reinke, Gewerbesteuerzerlegung – ungerechte Ergebnisse und was Kommunen dagegen tun können, ZKF 2016, 182; Reinke, Gewerbesteuerzerlegung bei sog. mehrgemeindlichen Betriebsstätten, NWB 2016, 2862; Heurung/Ferdinand/Gilson, Die Behandlung mehrgemeindlicher Betriebsstätten im Rahmen des Gewerbesteuergesetzes, BB 2019, 411; Pieske-Kontny, Die mehrgemeindliche Betriebsstätte im GewSt-Recht, StBp 2021, 95.

Übersicht

I. Allgemeines

1. Zweck

1 Die Vorschrift bezweckt als **Ausnahmevorschrift** den **zwischengemeindlichen Ausgleich** bei Vorhandensein einer mehrgemeindlichen Betriebsstätte. Sie ist eine auch in § 28 Abs. 1 S. 2 niedergelegte notwendige Konsequenz aus dem allgemeinen Zerlegungsgrundsatz. Da eine Betriebsstätte sich über Gebiete in

mehreren Gemeinden erstrecken kann, muss auch insoweit ein Ausgleich gefunden werden, und zwar im Wege der **Zerlegung des GewStMessbetrags oder des Zerlegungsanteils.** Jedoch setzt die Vorschrift nicht voraus, dass durch die mehrgemeindliche Betriebsstätte einer der beteiligten Gemeinden **bestimmte Lasten** entstehen; die Lasten haben nur Bedeutung für den Zerlegungsmaßstab (BFH I R 275/83, BStBl. II 1988, 292).

Gleichwohl haben die beteiligten Gemeinden **keinen Rechtsanspruch** auf einen Zerlegungsanteil (→ § 28 Rn. 1b). Zudem darf die Anwendung der Ausnahmevorschrift nicht zum Regelfall der Zerlegung werden, weswegen bei Fehlen eines räumlichen Zusammenhangs ein **strenger Maßstab** für die Annahme eines engen betrieblichen Zusammenhangs anzulegen ist (BFH I R 56/08, BStBl. II 2010, 492; IV R 21/21, BFH/NV 2024, 1156), woran es in der Praxis jedoch oft fehlt.

2. Verfahren

Die Vorschrift bedingt eine **zweistufige Zerlegung,** wenn ein GewBetrieb mehrere auch mehrgemeindliche BSt in verschiedenen Gemeinden unterhält. Zunächst erfolgt als **Hauptzerlegung** die Verteilung des GewStMessbetrags auf die verschiedenen BSt-Gemeinden. Für die mehrgemeindliche(n) BSt erfolgt in einer **zweiten Zerlegung** (Unterzerlegung) die Zerlegung des Zerlegungsanteils, der nach Maßgabe des GewStMessbetrags (→ § 28 Rn. 4) über den nach § 29 ermittelten Zerlegungsanteil auf die mehrgemeindliche BSt entfällt (BFH IV R 2/21, BStBl. II 2024, 481; IV R 3/21, BFH/NV 2024, 667; IV R 4/21, BFH/NV 2024, 673). Beide Zerlegungen erfolgen jedoch in einem **einheitlichen Verfahren** durch nur einen einzigen Zerlegungsbescheid (BFH I R 227/75, BStBl. II 1978, 160). 1a

Die Vorschrift gibt dem FA **kein Ermessen** (BFH I B 31/86, BFH/NV 1987, 394). Im Rahmen des Zerlegungsverfahrens ist zu prüfen, ob ein Betriebsteil eine selbstständige BSt oder Teil einer mehrgemeindlichen BSt ist, weil hiervon der anzuwendende Maßstab abhängt. Die nach Arbeitslohn (§ 29) bzw. örtlichen Verhältnissen (§ 30) eintretenden Ergebnisse können erheblich voneinander abweichen.

Im **Klageverfahren** genügt es, wenn die eine Zerlegung nach § 30 beanspruchende Gemeinde **geltend macht,** sie sei zu Unrecht (mE: mit nachteiligen Folgen im Hinblick auf den Zerlegungsanteil) an der Zerlegung nach § 30 nicht beteiligt worden (BFH I R 275/83, BStBl. II 1988, 292) oder ihr stehe ein höherer Zerlegungsanteil zu (BFH IV R 2/21, BStBl. II 2024, 481; IV R 3/21, BFH/NV 2024, 667; IV R 4/21, BFH/NV 2024, 673). Zur Beiladung auch des StPfl. vgl. BFH I B 13/14, BFH/NV 2015, 1695.

II. Mehrgemeindliche Betriebsstätte

1. Begriff

a) Allgemeines. Mehrgemeindlich ist die Betriebsstätte (zum Begriff vgl. § 12 AO sowie → § 2 Rn. 610 ff. und → § 28 Rn. 2), wenn sie sich **über mehrere Gemeinden erstreckt.** Das ist der Fall, wenn die auf verschiedenen Gemeindegebieten liegenden Anlagen eine geschlossene wirtschaftliche, betriebliche Einheit bilden (BFH I B 249/62 U, BStBl. II 1968, 40; I R 227/75, BStBl. II 1978, 160); zudem müssen **nach der Rspr.** die in den einzelnen Gemeinden liegenden **Teile je** 2

für sich die **Merkmale einer Betriebsstätte** erfüllen (BFH I R 275/83, BStBl. II 1988, 292; VIII R 270/81, BFH/NV 1988, 735; X R 174/96, BStBl. II 2001, 734; mE zweifelhaft, → Rn. 4). Die einzelne(n) Geschäftseinrichtung(en) muss (müssen) Teil der übergeordneten Einheit Betrieb sein (BFH VIII R 13/97, BStBl. II 1999, 542). Das gilt nach der Rspr. **auch für KapGes** (BFH I R 226/75, BStBl. II 1978, 111; aA GewStH 30.1 „Allgemeines"). Allerdings kann für eine KapGes, die an einer PersonenGes (hier: mit Betrieb eines Gasnetzes) beteiligt ist und daneben einen eigenen Gewerbebetrieb (hier: Gasversorgung) unterhält, wegen ihrer Mitunternehmerstellung kein Zurechnungszusammenhang zu den BSt. des Gewerbebetriebs der PersGes hergestellt werden (BFH III R 8/19, BStBl. II 2021, 627).

2a **b) Verbindende Elemente.** Die Einheit kann nach der Rspr. hergestellt werden durch einen **räumlichen und betrieblichen Zusammenhang;** wobei der betriebliche durch einen **technischen, wirtschaftlichen und organisatorischen** Zusammenhang gekennzeichnet ist (RFH I 328/39, RStBl. 1940, 714, Elektrizitätswerk; BFH I B 186/53 U, BStBl. III 1954, 372, Wasserwerk und Kanal; I B 118/65, BStBl. II 1968, 827, Straßenbahnbetrieb; I R 179/72, BStBl. II 1974, 427, Raffinerie/Tanklager; I R 227/75, BStBl. II 1978, 160, Mineralölunternehmen; I R 56/08, BStBl. II 2010, 492, Lärmmessstationen; FG Köln 2 K 6440/03, EFG 2007, 372 rkr. zum Leitungsnetz der Telekom; s. auch die Darstellung bei Pieske-Kontny StBp 2021, 95).

Diese **verbindenden Elemente** müssen nach der Rspr. grundsätzlich **kumulativ** vorliegen. Doch könne in „bestimmten Unternehmen" der räumliche Zusammenhang bei einer besonders engen wirtschaftlichen, technischen und organisatorischen Verbindung in den Hintergrund treten (zB BFH I R 227/75, BStBl. II 1978, 160; I R 58/91, BFH/NV 1992, 766; I R 56/08, BStBl. II 2010, 492; IV R 21/21, BFH/NV 2024, 1156).

Grundsätzlich gilt jedoch, dass bei **Fehlen eines der verbindenden Elemente** die Zerlegung nach § 29 durchzuführen ist, weil die unverbundenen Teile mehrere selbstständige BSt bilden (Schnitter in Frotscher/Drüen § 30 Rn. 11).

2b **c) Kritik.** Die Rspr. des BFH ist mE schon **im Ansatz verfehlt.** „Sich erstrecken" bezeichnet „Ausdehnung". Daher beschreibt der Gesetzeswortlaut („… auf die Bezirke mehrerer Gemeinden *erstreckt* …"; ähnlich Hidien/Rodenhäuser DStZ 2007, 689 (699 f.)) den Typus einer **räumlichen Einheit,** die in dem unmittelbaren Zusammenhang auf der Erdoberfläche oder darunter besteht, wobei es mE darauf ankommt, dass auch der unterirdische Raum zum Zwecke betrieblicher Tätigkeiten begehbar ist (wie zB in Bergwerken). In der Regel wird bei einem so verstandenen räumlichen Zusammenhang auch der betriebliche Zusammenhang gegeben sein, wenn auch nicht kumulativ und deutlich ausgeprägt. In zutreffender Abweichung zur herrschenden Rspr. s. nur BFH VIII R 270/81, BFH/NV 1988, 735: Mehrgemeindliche Betriebsstätte als einheitliches Ganzes, als wirtschaftliche geschlossene Einheit, die sich räumlich über mehrere Gemeinden erstreckt.

2. Die Verbindungsmerkmale im Einzelnen

3 **a) Räumlicher Zusammenhang. aa) Erdoberfläche.** Der räumliche Zusammenhang wird **grds. durch die Erdoberfläche** hergestellt werden (vgl. BFH I B 403/61, BStBl. III 1965, 113; I R 56/08, BStBl. II 2010, 492). Denkbar ist auch die unterirdische Erstreckung durch begehbare Räume, wie Tunnel, Bergwerksstollen, Speicherseen uÄ (ebenso Sarrazin in Lenski/Steinberg § 30

Rn. 13). Bei **Elektrizitätsunternehmen** „tritt … der räumliche Zusammenhang in den Hintergrund. Er kann auch durch Kabelleitungen hergestellt werden." (BFH I B 249/62 U, BStBl. III 1966, 40; I B 270/63, BStBl. II 1968, 40); Entsprechendes gilt nach der Rspr. für Rohrleitungen der **Mineralölunternehmen** (BFH I R 197/72, BStBl. II 1974, 427; I R 54/72, BStBl. II 1975, 42; I R 227/75, BStBl. II 1978, 160) und **Gasversorgungsunternehmen** mit Verdichter- und Abgabestationen (BFH IV R 2/21, BStBl. II 2024, 481, zu HessFG 8 K 1734/14, best.; BFH IV R 3/21, BFH/NV 2024, 667, zu Hess FG 8 K 2444/13, EFG 2021, 2006, best.; BFH IV R 4/21, BFH/NV 2024, 673, zu Hess FG 8 K 705/19, best.) sowie für Unternehmen der **Telekommunikation** (FG Köln 2 K 6440/03, EFG 2007, 372). ME ist es jedoch offensichtlich, dass es sich hierbei nicht um räumliche, sondern um technische Zusammenhänge handelt – mit der Folge, dass es sich bei den jeweiligen Anlagen um selbstständige, nicht um mehrgemeindliche BSt. gehandelt hat. Zutreffend iE FG Düsseldorf (3 K 3280/17 G, EFG 2022, 788), das die vorstehende Rspr. nicht auf den **Betrieb eines Rohrleitungsnetzes** überträgt; zudem fehle es an einer Verbindung der Hauptverwaltung mit dem Rohrnetz (von BFH IV R 21/21, BFH/NV 2024, 1156 mit einer abweichenden Gewichtung der Begründung in der Sache best.; s. auch BFH IV R 22/21 nv).

Nur bei Vorliegen ganz besonderer Umstände soll **trotz räumlichen Zusammenhangs** keine mehrgemeindliche Betriebsstätte anzunehmen sein, offenbar wenn es am organisatorischen, technischen und wirtschaftlichen Zusammenhang fehlt (vgl. die jeweils nicht entscheidungserheblichen obiter dicta in BFH I B 34/50 U, BStBl. III 1951, 124; I B 403/61 U, BStBl. III 1965, 113). Nach der hier vertretenen Auffassung (→ Rn. 2b), ist dies selbst dann unzutreffend, wenn in den räumlich zusammenhängenden Grundstücksteilen verschiedenartige Tätigkeiten ausgeführt werden.

bb) Beförderungsunternehmen. Bei einem **Straßenbahnunternehmen** auf den Gebieten von Nachbargemeinden besteht der räumliche Zusammenhang, weil sich die eigentliche Betriebstätigkeit über die Gemeindegrenzen hinweg auf eigenen betrieblichen Anlagen abspielt (BFH I B 118/65, BStBl. II 1968, 827). Nur in einem solchen eng begrenzten Rahmen erscheint der Satz, in besonderen Fällen könne der räumliche Zusammenhang zurücktreten, zulässig (zumal er nicht völlig verschwindet, wie in den Fällen, in denen eine Verbindung nur durch technische Anlagen besteht). Für ein **Omnibusunternehmen** gilt dies trotz Beförderungstätigkeit in Nachbargemeinden deswegen nicht, weil es an der eigenen einheitlichen Betriebsanlage fehlt (BFH I B 118/65, BStBl. II 1968, 827). Entsprechendes gilt mE für **andere Beförderungstätigkeiten** ohne eigene Anlagen auf öffentlichen Flächen (anders RFH I 473/38, RStBl. 1939, 1056, für einen Fährbetrieb: räumlicher Zusammenhang durch die öffentliche Wasserstraße!). **3a**

cc) Trennende Elemente. Der räumliche Zusammenhang wird ohne Weiteres **nicht unterbrochen** durch **trennende Elemente,** zB wenn sich auf der Grenze zweier benachbarter Grundstücke eine innerbetriebliche Mauer (mit Durchbrüchen) befindet (BFH I B 218/56 U, BStBl. III 1958, 261). Bestehen keine begehbaren Verbindungen, dann ist mE jedoch der räumliche Zusammenhang unterbrochen. Entsprechendes gilt mE, wenn sich zwischen den Grundstück(steil)en etwa Wasserläufe, Bahndämme, Straßen usw befinden; nach der Verkehrsanschauung ist allerdings trotzdem eine einheitliche Betriebsstätte **3b**

gegeben, wenn durch entsprechende Vorrichtungen (Überbrückungen usw) eine Verbindung bereits geschaffen ist (BFH I B 58/53, BeckRS 1954, 21009070).

4 **b) Technischer Zusammenhang. aa) Technische Anlagen.** Der technische Zusammenhang wird hergestellt durch technische Anlagen, mittels derer die gewerbliche Tätigkeit ganz oder zum Teil ausgeführt wird. In der Regel wird es sich um Anlagen handeln, durch die das Zusammenwirken räumlich getrennter Betriebsteile ermöglicht wird, die also insbesondere dem Transport dienen. In Frage kommen Schienen einer Straßenbahn (RFH I 1101/39, RStBl. 1939, 755; BFH I B 118/65, BStBl. II 1968, 827) sowie auch ohne räumlichen Zusammenhang eine Schiffsverbindung (RFH I 473/38, RStBl. 1939, 1056, fraglich, → Rn. 2b, → Rn. 3), unterirdische Rohrleitungen zB von Mineralölunternehmen (BFH I R 197/72, BStBl. II 1974, 427; I R 54/72, BStBl. II 1975, 42, hier als räumliche Verbindung eingeordnet), ein Wasserkanal eines Wasserwerks (BFH I B 186/53, BStBl. III 1954, 372), durch Leitungen mit oberirdischen Anlagen verbundene unterirdische Porenspeicher (FG Hmb VI 181/02, EFG 2005, 804 rkr.), Kabel und Transformatoren eines Elektrizitätswerks, bei denen es – wegen der „Besonderheiten der Elektrizitätswirtschaft" – nicht auf das Eigentum des Unternehmens an den Anlagen ankommen soll (BFH I B 249/62 U, BStBl. III 1966, 40; I B 270/63, BStBl. II 1968, 40), sowie das Leitungsnetz der Telekom (FG Köln 2 K 6440/03, EFG 2007, 372 rkr.).

Hat das Unternehmen **verschiedene Betriebszweige,** wird ein technischer Zusammenhang durch die jeweiligen Anlagen (Netzleitungen, Gas-, Wasser-, Fernwärmeleitungen) nur zwischen den „einschlägigen" Betriebsteilen hergestellt (BFH I R 58/91, BFH/NV 1992, 766 zum kommunalen Eigenbetrieb).

Bei **fehlender Beteiligung** einer Betriebsstätte (zB der Geschäftsleitung) **an der technischen Steuerung** der Anlage und Beschränkung auf sie betreffende Entscheidungen, ist insofern keine technische Verbindung iSd Rspr. gegeben (BFH I R 227/75, BStBl. II 1978, 160).

4a **bb) Eigentum.** Grundsätzlich müssen die verbindenden **Anlagen im Eigentum** des Unternehmens stehen. Es genügt nicht, dass ein Zusammenhang allein durch öffentliche Straßen (BFH I B 118/65, BStBl. II 1968, 827, Busunternehmen) oder öffentliche Versorgungs- bzw. Kommunikationseinrichtungen hergestellt wird (BFH I R 56/08, BStBl. II 2010, 492, zu Lärmmessstationen; Heine KStZ 2009, 181; **aA** Offerhaus/Althof FR 2006, 623; Spohn/Peter DStR 2010, 1013). **Anderes** soll jedoch bei der **Elektrizitätswirtschaft** gelten für eine gemeinsame Energieversorgungsanlage (Netzleitung; BFH I B 249/62 U, BStBl. III 1966, 40; I B 270/63, BStBl. II 1968, 40); **abermals anders** für die Stau- u. Wehranlagen eines Wasserwerks BFH I B 14/62 (BStBl. III 1963, 156).

4b **cc) Gleisanlagen/Weiterleitung/Bergbau.** Die nach § 28 Abs. 2 S. 1 von der Zerlegung ausgeschlossenen Anlagen (→ § 28 Rn. 6) nehmen auch an einer Zerlegung nach § 30 nicht teil (FG Düsseldorf 14 K 2779/14 G, EFG 2017, 586; aA Sarrazin in Lenski/Steinberg § 28 Rn. 29a). Das betrifft das bloße Unterhalten von Gleisanlagen durch Verkehrsunternehmen, das bloße Vorhandensein von **Leitungen** zur **ausschließlichen Weiterleitung** von festen, flüssigen oder gasförmigen Stoffen sowie elektrischer Energie und Bergbauunternehmen, die in einem

Gemeindegebiet keine oberirdische Anlagen mit Entfaltung einer gewerblichen Tätigkeit unterhalten.

c) Wirtschaftlicher Zusammenhang. Er wird bereits dann angenommen, wenn die Unterhaltung der Betriebsanlagen unter mehreren denkbaren Möglichkeiten ein **sinnvolles Mittel** ist, den (wirtschaftlichen) Zweck der Betriebsanlage zu erfüllen, dass also dieser Zweck nicht erreicht werden könnte, wenn die Unterhaltung der Anlage ersatzlos wegfiele (BFH I R 179/72, BStBl. II 1974, 427). Nicht verfolgt hat der BFH eine Äußerung von BFH I B 31/59 U (BStBl. III 1961, 8), die so zu verstehen sein kann, als käme es auf die wirtschaftliche Notwendigkeit der Anlage an. Gelegentlich – insb. bei Elektrizitätsunternehmen, allerdings die drei Aspekte „wirtschaftlich, organisatorisch und technisch" zusammenfassend – taucht das Argument der fehlenden Autarkie auf (zB BFH I B 249/62 U, BStBl. III 1966, 40), womit freilich der Begriff der mehrgemeindlichen Betriebsstätte endgültig verwischt wird. 5

d) Organisatorischer Zusammenhang. Es genügt mE ein **sinnvolles Abgestimmtsein** der verschiedenen Organisationseinheiten und Betriebsabläufe aufeinander (ähnlich dem wirtschaftlichen Zusammenhang). Dieses Element wird in der Rspr. idR auch nicht gesondert geprüft. 6

3. Tätigkeit in allen Gemeinden

Nach der Rspr. sollen solche verbundenen Betriebsteile keine mehrgemeindliche Betriebsstätte bilden, in denen **keine dauernde gewerbliche Tätigkeit** ausgeübt wird (vgl. BFH I R 226/75, BStBl. II 1978, 111; VIII R 270/81, BFH/NV 1988, 735; I R 275/83, BStBl. II 1988, 292; X R 174/96, BStBl. II 2001, 734; Sarrazin in Lenski/Steinberg § 30 Rn. 10: **„Teilbetriebsstätte";** Hidien/Rodenhäuser DStZ 2007, 689, mE angesichts des auch von ihnen geforderten räumlichen Zusammenhangs nicht konsequent). Begründet wird dies mit dem Zweck der Vorschrift, dem die Beteiligung einer – angeblich – nicht belasteten Gemeinde an der Zerlegung widerspreche (krit. auch Reinke ZKF 2016, 182). Meines Erachtens verstößt gerade diese Auffassung gegen den Wortlaut und den Zweck der Vorschrift. Sie verkennt, dass nicht das Gemeindegebiet, sondern die Betriebsstätte der die jeweilige Einheit kennzeichnende Ordnungsbegriff ist. Der **Zweck der Vorschrift** aber wird **durch den Zerlegungsmaßstab** verwirklicht. Es ist nicht Funktion des Begriffs der mehrgemeindlichen Betriebsstätte, bereits auf der Ebene der Subsumtion unter diesen Begriff über die (Nicht-)Beteiligung einer – möglicherweise – belasteten Gemeinde zu entscheiden. Die **tatsächliche Nichtbelastung** wird auf der zweiten Ebene, der **Ermittlung/Anwendung des Zerlegungsmaßstabs,** berücksichtigt. 7

Liegt überhaupt eine Betriebsstätte vor, deren Grundstücke sich zusammenhängend in mehrere Gemeindegebiete erstrecken, so ist, auch ohne dass Tätigkeiten in allen Gemeindegebieten ausgeübt werden, eine mehrgemeindliche Betriebsstätte gegeben. Dem nähern sich mE die Entscheidungen, wonach eine **Verkehrsanbindung** über ein Gemeindegebiet auch ohne betriebliche Tätigkeiten (BFH VIII R 13/97, BStBl. II 1999, 542) und **Lagerflächen für Abraum** unabhängig von der tatsächlichen (dauerhaften) Nutzung (FG Nürnberg 4 K 1962/2008, EFG 2011, 559) eine mehrgemeindliche Betriebsstätte vermitteln. 8

(frei) 9

III. Zerlegungsmaßstab

1. Grundsatz

10 **a) Unbestimmte Rechtsbegriffe.** Es besteht **kein fester Maßstab;** vielmehr wird er mit **unbestimmten Rechtsbegriffen** nur grob umschrieben (BFH I R 275/83, BStBl. II 1988, 292; IV R 2/21, BStBl. II 2024, 481; IV R 3/21, BFH/NV 2024, 667; IV R 4/21, BFH/NV 2024, 673). Zu zerlegen ist nach Lage der **örtlichen Verhältnisse** unter Berücksichtigung der durch das Vorhandensein der Betriebsstätte erwachsenden **Gemeindelasten.** Die Regelung berücksichtigt mE den Umstand, dass (→ Rn. 4) in einzelnen Teilen einer mehrgemeindlichen Betriebsstätte keine oder nur vorübergehende Tätigkeiten stattfinden, daher dort **kein Arbeitslohn** gezahlt wird und gleichwohl Gemeindelasten anfallen. Trotz ihrer allgemeinen Fassung enthält die Vorschrift eine **abschließende Aufzählung** der in Betracht kommenden Umstände.

10a **Andere Umstände,** etwa die finanzielle Lage oder innere Struktur der Gemeinde (vgl. BFH I B 240/62, I B 241/62, BStBl. III 1967, 324), sind nicht zu berücksichtigen, ebenso wenig innere *Verhältnisse beim Unternehmen,* wie etwa die Arbeitslöhne oder die in den einzelnen Gemeindegebieten erbrachten Leistungen (aA für die Abgabe von Strom durch ein Elektrizitätswerk RFH I 328/39, RStBl. 1940, 714; nicht mehr für annehmbar erachtet von FG BW 12 K 60/97, EFG 1998, 503, von BFH I R 8/98, BFH/NV 2000, 579 aus formellen Gründen aufgehoben; auch → Rn. 7b). Auch iRd § 30 gilt mE der Grundsatz, dass das Zerlegungsverfahren nicht die Funktion eines *kommunalen Finanzausgleichs* hat (→ § 28 Rn. 1). Demnach kann der hier anzuwendende Maßstab dahin führen, dass beteiligte Gemeinden keinen Anteil erhalten (vgl. FG Hmb VI 181/02, EFG 2005, 804 rkr.).

11 **b) Kein Ermessen.** Auch im Hinblick auf den Zerlegungsmaßstab räumt die Vorschrift der Finanzbehörde kein Ermessen ein (BFH I B 31/86, BFH/NV 1987, 394). Die weite Fassung der Vorschrift kennzeichnet lediglich eine hiervon zu unterscheidende **Schätzungsbefugnis** mit einem weiten Entscheidungsspielraum. Hierbei hat die Finanzbehörde pflichtgemäß die in Betracht kommenden Einzelfallmaßstäbe mit dem Ziel zu ermitteln, dem Verhältnis der entstandenen Lasten mit einem Höchstmaß an Wahrscheinlichkeit nahezukommen. Die in Betracht kommenden **Faktoren** sind nach den Umständen des Einzelfalles zu **gewichten** (BFH IV R 2/21, BStBl. II 2024, 481, zu Hess FG 8 K 1734/14; BFH IV R 3/21, BFH/NV 2024, 667, zu HessFG 8 K 2444/13, EFG 2021, 2006; BFH IV R 4/21, BFH/NV 2024, 673, zu HessFG 8 K 705/19; FG Köln 2 K 6440/03, EFG 2007, 372 rkr. mwN).

11a Der Ansatz unterliegt voller **tat- und revisionsrichterlicher Nachprüfung** (§§ 76 Abs. 1 S. 1 und 96 Abs. 1 S. 1 FGO; vgl. BFH I B 31/86, BFH/NV 1987, 394; zT aA FG RhPf 2 K 2681/89, EFG 1992, 550; nur eingeschränkter Überprüfungsspielraum im Hinblick auf eine grobe Verkennung der örtlichen Verhältnisse). Auch wenn das Gesetz nur einen rohen Maßstab vorschreibt, besteht kein Anlass, bessere Erkenntnisse im Rechtsbehelfsverfahren nur dann durchgreifen zu lassen, wenn die Finanzbehörde die zu beurteilenden Verhältnisse gröblich verkannt hat (so jedoch BFH I B 186/53 U, BStBl. III 1954, 372).

2. Die örtlichen Verhältnisse

12 Sie sind gekennzeichnet durch die **Lage der einzelnen Teile** der Betriebsstätte in Beziehung zum Gemeindegebiet sowie das Verhältnis des von dem Teil der Betriebsstätte in Anspruch genommenen Gemeindegebiets zum gesamten Gemeindegebiet. In Betracht kommt bei einem Elektrizitätsunternehmen die Menge des örtlich abgegeben Stroms, bei Gasversorgungsunternehmen die Menge des örtlich abgegebenen Gases (von BFH IV R 2/21, BStBl. II 2024, 481; IV R 3/21, BFH/NV 2024, 667; IV R 4/21, BFH/NV 2024, 673 den typisierten Gemeindelasten zugeordnet). In Betracht kommen zudem der **Wert der betrieblichen Anlagen** der jeweiligen Betriebsstätten und die durch die Gemeinde – bezogen auf die **Arbeitnehmerschaft** und die schulpflichtigen Kinder – zur Verfügung zu stellende **Infrastruktur** (Sarrazin in Lenski/Steinberg § 30 Rn. 25). Entscheidend sind im Wesentlichen jedoch die durch die jeweiligen Betriebsstätten nach den örtlichen Verhältnisse ausgelösten Folgelasten der Gemeinde (vgl. BFH I R 54/72, BStBl. II 1975, 42).

3. Die Gemeindelasten

13 **a) Allgemeines.** Die Gemeindelasten müssen **durch** das Vorhandensein der **Betriebsstätten erwachsen** sein. Auch insoweit ist nur eine grobe Schätzung möglich, sodass die Lasten nur schematisch angesetzt werden können (BFH IV R 2/21, BStBl. II 2024, 481; IV R 3/21, BFH/NV 2024, 667; IV R 4/21, BFH/NV 2024, 673). Belastungen, die die Gemeinde **für die Ansiedlung** der Betriebsstätte auf sich genommen hat, können nicht angesetzt werden (BFH I B 403/61 U, BStBl. III 1965, 113; aA Baldauf in Brandis/Heuermann § 30 Rn. 13); anders mE jedoch, soweit es sich um Dauerlasten handelt, die nach der Ansiedlung entstanden sind.

13a **b) Bezug zum Betriebsstättenteil. Problematisch** ist, ob nur die Lasten anzusetzen sind, die von dem im jeweiligen Gemeindegebiet belegenen Teil der Betriebsstätte ausgehen, oder die durch die Betriebsstätte insgesamt für die Gemeinde entstehenden Lasten. Für die erste Alternative RFH RStBl. 1939, 1025 (mE nicht zutreffend, auch wenn es richtig ist, dass die Gemeinde insoweit nicht an einer Zerlegung teilnimmt, als Arbeitnehmer einer gemeindefremden Betriebsstätte in ihrem Gebiet wohnen); anders zu Recht BFH I B 34/50 U, BStBl. III 1951, 124, wonach auf die Lasten durch die Betriebsstätte insgesamt abzustellen ist (ebenso BFH I B 170/54, BeckRS 1956, 21009035). Weder Wortlaut noch Zweck der Vorschrift sehen die oa Differenzierung vor.

13b **c) Einzelheiten.** Als **Lasten** kommen insb. in Betracht Bau und Unterhalt von *Verkehrsverbindungen, Wohnungen, öffentlichen Verwaltungs- und Versorgungseinrichtungen, Schulen, Krankenhäusern, Einrichtungen der Daseinsvorsorge* usw, und zwar im Verhältnis der BSt.-Arbeitnehmer mit Familienangehörigen zu den insgesamt diese Einrichtungen nutzenden Einwohnern, mE nicht nur zu den übrigen Arbeitnehmern (persönliche Faktoren, Heurung/Ferdinand/Gilson BB 2019, 411).

Als Faktoren kommen insb. in Betracht die Anzahl der in der Gemeinde *wohnenden Arbeitnehmer* einschließlich der *Schulkinder* (RFH I 328/39, RStBl. 1940, 714) sowie Größe und Wert der *Betriebsanlagen,* sofern nicht durch die Arbeitnehmer bereits berücksichtigt (RFH I 473/38, RStBl. 1939, 1056; BFH I B 403/61 U, BStBl. III 1965, 113; I R 275/83, BStBl. II 1988, 292), die Kosten der von ihnen beanspruchten *Verkehrs-, Versorgungs- und Entsorgungsanbindungen* (vgl. BFH I B 186/53 U, BStBl. III 1954, 372), bei Elektrizitätsunternehmen auch die *Stromabgabe* in die einzelne Gemeinde (RFH I 328/39, RStBl. 1940, 714; BFH I R 275/83, BStBl. II 1988, 292) und bei Gasversorgungsunternehmen die Gasabgabemenge (BFH IV R 2/21, BStBl. II 2024, 481, zu HessFG 8 K 1734/14; BFH IV R 3/21, BFH/NV 2024, 667, zu Hess FG 8 K 2444/13, EFG 2021, 2006; BFH IV R 4/21, BFH/NV 2024, 673, zu Hess FG 8 K 705/19).

13c **Nicht zu berücksichtigen** sind Lasten durch sich ansiedelnde *Zulieferbetriebe,* weil diese bereits durch deren GewSt erfasst sind. Ebenso wenig sind zu berücksichtigen reale, sich nicht durch Gegenmaßnahmen auf den Gemeindehaushalt auswirkende *Umweltbelastungen* (Lärm-, Schadstoffimmissionen), Bauschutzbeschränkungen uÄ (BFH I R 23/06, BStBl. II 2007, 836; **aA** FG BW 12 K 60/97, EFG 1998, 503; FG RhPf 4 K 3182/97, EFG 1999, 1149; Offerhaus/Althof FR 2006, 623).

Entstehen für eine Gemeinde keine Lasten dadurch, dass Arbeitnehmer der Betriebsstätte in ihr wohnen, so hat dies noch nicht zur Folge, dass sie keinen Zerlegungsanteil erhält (so inzwischen auch BFH I R 275/83, BStBl. II 1988, 292; FG Köln 2 K 6464/03, EFG 2007, 372 rkr. zum Leitungsnetz der Telekom; aA noch BFH I R 54/72, BStBl. II 1975, 42).

4. Ermittlung und Aufteilung der Gemeindelasten

14 Eine **betragsmäßige Ermittlung** der tatsächlich durch die Betriebsstätten anfallenden Lasten ist in der Regel nicht möglich. Es bleibt im Einzelfall nur die Aufteilung **nach Art einer Schätzung** im Wege der Abwägung aller Interessen (BFH I B 186/53 U, BStBl. III 1954, 372). In der Praxis wird der GewStMessbetrag quotenmäßig nach der Bedeutung (Gewichtung) der in Betracht kommenden verschiedenen Faktoren aufgeteilt und innerhalb der Quoten eine Aufteilung nach Maßgabe der Gemeindelasten durchgeführt (vgl. RFH I 473/38, RStBl. 1939, 1056; I 328/39, RStBl. 1940, 714; BFH I B 186/53 U, BStBl. III 1954, 372; I B 218/56 U, BStBl. III 1958, 261). So kann etwa dem „persönlichen" **Faktor Arbeitnehmer** und dem „sachlichen" **Faktor Betriebsanlagen** gleiches Gewicht zugemessen werden (BFH I B 403/61 U, BStBl. III 1965, 113); ebenso, aber an Stelle der Betriebsanlagen die **örtlich abgegebene Menge** des weitergeleiteten Gases (BFH IV R 2/21, BStBl. II 2024, 481, zu HessFG 8 K 1734/14; BFH IV R 3/21, BFH/NV 2024, 667, zu Hess FG 8 K 2444/13, EFG 2021, 2006; BFH IV R 4/21, BFH/NV 2024, 673, zu Hess FG 8 K 705/19).

14a Ein **Beispiel für** eine mögliche **quotenmäßige Aufteilung** findet sich bei Heurung/Ferdinand/Gilson BB 2019, 411 (415). Letztlich bleibt bei allem Bemühen um eine quotenmäßige Differenzierung jede Zerlegung wegen der schwer greifbaren Auswirkungen der BSt auf die Verhältnisse der Gemeinde mit Fragezeichen versehen (vgl. FG BW 12 K 60/97, EFG 1998, 503; Heurung/Ferdinand/Gilson BB 2019, 411 (416)). Ein Ausweg bietet sich insb. durch das Bemühen um eine **Einigung nach § 33 Abs. 2** (Reinke NWB 2016, 2862; Reinke ZKF 2016, 182).

§ 31 Begriff der Arbeitslöhne für die Zerlegung

(1) [1]**Arbeitslöhne sind vorbehaltlich der Absätze 2 bis 5 die Vergütungen im Sinne des § 19 Abs. 1 Nr. 1 des Einkommensteuergesetzes, soweit sie**

nicht durch andere Rechtsvorschriften von der Einkommensteuer befreit sind. [2]Zuschläge für Mehrarbeit und für Sonntags-, Feiertags- und Nachtarbeit gehören unbeschadet der einkommensteuerlichen Behandlung zu den Arbeitslöhnen.

(2) **Zu den Arbeitslöhnen gehören nicht Vergütungen, die an Personen gezahlt worden sind, die zu ihrer Berufsausbildung beschäftigt werden.**

(3) **In den Fällen einer Befreiung von der Gewerbesteuer bleiben die Vergütungen an solche Arbeitnehmer außer Ansatz, die nicht ausschließlich oder überwiegend in dem steuerpflichtigen Betrieb oder Teil des Betriebs tätig sind.**

(4) **[1]Nach dem Gewinn berechnete einmalige Vergütungen (z. B. Tantiemen, Gratifikationen) sind nicht anzusetzen. [2]Das Gleiche gilt für sonstige Vergütungen, soweit sie bei dem einzelnen Arbeitnehmer 50 000 Euro übersteigen.**

(5) **Bei Unternehmen, die nicht von einer juristischen Person betrieben werden, sind für die im Betrieb tätigen Unternehmer (Mitunternehmer) insgesamt 25 000 Euro jährlich anzusetzen.**

Gewerbesteuer-Richtlinien 2009: GewStR 31.1/GewStH 31.1

Literatur: Kloubert, Was ist Arbeitslohn, FR 2000, 46; Urbahns, Optimierte Zerlegung des Gewerbesteuermessbetrags, StuB 2010, 425; Eichfelder/Zander, Gewerbesteuerzerlegung und Steuervermeidung: Gestaltungsmöglichkeiten der Unternehmen und Prüfungsmöglichkeiten der Verwaltung, DStR 2018, 1313; Heine, Zerlegung der GewSt: Unbilliges Ergebnis durch Kurzarbeitergeld?, FR 2021, 159.

Übersicht

I. Allgemeines

Die Vorschrift bestimmt den **Begriff der Arbeitslöhne** für Zwecke der Zerlegung. Hierbei legt sie den estrechtlichen Begriff zu Grunde, nimmt jedoch im 1

Hinblick auf bestimmte Beträge vom EStRecht abweichende **Differenzierungen** insofern vor, als nach Auffassung des Gesetzgebers die Zerlegung von GewSt eine eigenständige Zuordnung erfordert. Die Vorschrift ist verfassungskonform (BFH IV R 153/84, BStBl. II 1988, 191). Sie ist durch G. v. 16.7.1998 (BGBl. 1998 I 1842) in Abs. 3 geändert worden mit Aufnahme der durch dasselbe Gesetz neu geregelten Entschädigungs- und Sicherungseinrichtungen nach § 3 Nr. 21 in den Katalog der beschränkt steuerpflichtigen Körperschaften.

II. Begriff der Arbeitslöhne

1. Grundsatz

2 **a) Gegenwärtiges Dienstverhältnis. Arbeitslöhne** sind grds. die Vergütungen iSd § 19 Abs. 1 S. 1 Nr. 1 EStG. Hiermit kennzeichnet die Vorschrift jeweils die Bruttolöhne. Mit der Ausklammerung der Bezüge und Vorteile aus früheren Dienstleistungen nach § 19 Abs. 1 S. 1 Nr. 2 EStG wird verdeutlicht, dass nur **Bezüge aus gegenwärtigen Dienstleistungen** zu den Arbeitslöhnen iSd Vorschrift zählen (vgl. hierzu → § 29 Rn. 4). § 2 Abs. 1 LStDV erläutert in zutreffender Auslegung (BFH VI R 150/75, BStBl. II 1978, 239) den Begriff des Arbeitslohns als **alle Einnahmen aus dem Dienstverhältnis,** die dem Arbeitnehmer zufließen (zum Zufluss → Rn. 2a aE). Es ist unerheblich, ob es sich um laufende oder einmalige Bezüge bzw. um besondere Zuwendungen handelt.

Nicht Arbeitslohn iSd der Vorschrift sind **ab EZ 2015** bestimmte Zuwendungen des Arbeitgebers an den Arbeitnehmer anlässlich von sog. **Betriebsveranstaltungen,** die bis EZ 2014 einschließlich nach der höchstrichterlichen Rspr. Arbeitslohn iSd § 19 Abs. 1 S. 1 Nr. 1 EStG sein konnten (hierzu etwa BFH VI R 94/10, BStBl. II 2015, 186). Durch G. v. 22.12.2014 ist jedoch die Besteuerung von Zuwendungen bei Betriebsveranstaltungen in **§ 19 Abs. 1 S. 1 Nr. 1a EStG** gesetzlich geregelt worden (hierzu BMF 14.10.2015, BStBl. I 2015, 832 mit problematischem Verständnis zum Normverhältnis zu § 19 Abs. 1 Nr. 1 – mE Spezialität und diesen ausschließend – sowie ebenso problematischer Auslegung des Tatbestandsmerkmals „gesellschaftlicher Charakter"). Damit scheiden sie als für die Zerlegung zu berücksichtigender Arbeitslohn ebenso aus wie bestimmte Zuwendungen des Arbeitgebers für die **betriebliche Altersversorgung** nach § 19 Abs. 1 S. 1 Nr. 3 EStG.

2a **b) Einnahmen.** Einnahmen sind alle **Güter in Geld oder Geldeswert.** Der Arbeitnehmer muss also bereichert sein (BFH VI R 150/75, BStBl. II 1978, 239). Das ist auch bei Sachbezügen, dh unentgeltlich oder verbilligt überlassenen Sachwerten möglich. Hierbei hängt die Bereicherung nicht davon ab, dass der Arbeitnehmer die Zuwendung auch in Geld umsetzen kann (daher auch Arbeitslohn bei verbilligt überlassenen Mahlzeiten). Unerheblich ist grds. auch, ob der Arbeitnehmer den verbilligt überlassenen Sachwert sich auch anderweitig angeschafft hätte.

Nicht bereichert ist der Arbeitnehmer durch sog. **Annehmlichkeiten.** Mit diesem Begriff kennzeichnet die Rechtsprechung Vorteile, die die Arbeitsbedingungen ieS, dh die Art und Weise der Erbringung der Arbeitsleistung, betreffen (zB Waschräume, Erholungsräume einschließlich Sportstätten, aber auch Getränke bei bestimmten verarbeitenden Berufen). Ebenfalls nicht bereichert ist der Arbeitnehmer bei **Auslagenersatz** und anderen **durchlaufenden Geldern,** die der

Arbeitnehmer vom Arbeitgeber erhält, um sie für ihn auszugeben (BFH VI 68/65, BStBl. II 1970, 69), jedoch nur bei Vorliegen einer genauen Einzelabrechnung über die Verausgabung der empfangenen Beträge (BFH VI R 28/73, BStBl. II 1976, 134).

Bereicherung liegt dagegen vor beim sog. **Werbungskostenersatz,** dh bei Zuwendungen des Arbeitgebers zum Ausgleich von Aufwendungen des Arbeitnehmers iZm der Erbringung seiner Dienstleistung (zB das Waschgeld eines Kaminkehrers, BFH VI 197/60 U, BStBl. III 1962, 50). Die in der Rechtspraxis häufig zugelassene „Saldierung" hat schon keine Grundlage im EStG; noch weniger darf sie bei der Ermittlung der Arbeitslöhne nach §§ 28 ff. durchgeführt werden.

Es muss ein **Zufluss** von Geld oder Geldeswert beim Arbeitnehmer stattgefunden haben. Zufluss erfordert die Möglichkeit, wirtschaftlich über den Geldeswert **zu verfügen** (BFH VI R 19/03, BStBl. II 2006, 832; VI R 47/02, BFH/NV 2007, 1876). Das ist ua der Fall bei Barzahlung, Überweisung auf ein Konto des Arbeitnehmers, Zahlung durch einen gedeckten Scheck, aber auch durch Gutschrift in den Büchern des Arbeitgebers, wenn dadurch zum Ausdruck gebracht wird, dass der Betrag dem Arbeitnehmer abredegemäß zur Verfügung steht, und der Arbeitnehmer ohne Zutun des Arbeitgebers den Leistungserfolg herbeiführt (vgl. BFH VIII R 221/80, BStBl. II 1984, 480; VIII R 40/08, BFH/NV 2011, 592), ebenso bei freiwilliger Umwandlung in ein Darlehen (vgl. BFH VIII R 97/79, BStBl. II 1983, 295) oder bei **Zahlung an einen Dritten** bei Vorliegen einer Lohnverwendungsabrede (konstitutive Verwendungsauflage, BFH XI R 18/98, BStBl. II 1999, 98) oder sonst für Rechnung des Arbeitnehmers, wenn dieser einen Anspruch gegen den Dritten erwirbt (vgl. BFH III R 32/93, BStBl. II 1994, 179; VI R 47/02, BFH/NV 2007, 1876). Eine anderweitige **Verfügungsbeschränkung** (zB bei Pfändung des Bankkontos) steht dem Zufluss nicht entgegen (vgl. BFH VI R 66/03, BStBl. II 2008, 375), ebenso wenig bei Zahlungen an einen rechtlich selbstständigen Pensionsfonds der Mangel der Unverfallbarkeit des Anspruchs (BFH III R 32/93, BStBl. II 1994, 179; VI R 47/02, BFH/NV 2007, 1876).

Nicht genügt die Einräumung eines Anspruchs allein (BFH VI R 124/99, BStBl. II 2005, 766; VI R 165/01, BStBl. II 2005, 890), ebenso wenig eine Gutschrift, wenn der Arbeitnehmer über den gutgeschriebenen Betrag selbstständig (noch) nicht verfügen kann (BFH VI R 124/77, BStBl. II 1982, 469), ebenso wenig die Zahlung an einen Dritten, durch die der Arbeitnehmer keinen eigenen Anspruch gegen diesen erwirbt (vgl. BFH I 3/59 U, BStBl. III 1960, 73 zu Zahlungen des Arbeitgebers an Ausgleichskassen).

c) Veranlassung durch das Dienstverhältnis. Ein Zufluss von Gütern im 2b
Geldeswert ist nur dann Arbeitslohn, wenn er **durch das Dienstverhältnis veranlasst** ist (BFH VI R 75/79, BStBl. II 1983, 39; hierzu Kloubert FR 2000, 46), dh im **weitesten Sinn eine Gegenleistung** für die Zurverfügungstellung der individuellen Arbeitskraft darstellt (BFH VI R 25/05, BStBl. II 2009, 382; VI R 80/10, BFH/NV 2011, 1952). Das ist nicht der Fall, wenn die Leistungen im zumindest weitaus überwiegenden eigenbetrieblichen Interesse des Arbeitgebers erfolgen. Das kann angenommen werden bei Verschaffung von Vorsorgeuntersuchungen für Arbeitnehmer in Schlüsselstellungen (BFH VI R 75/79, BStBl. II 1983, 39) oder bei üblichen Zuwendungen im Rahmen von Betriebsveranstaltungen zum Zwecke der Verbesserung des Arbeitsklimas (BFH VI R 170/82,

BStBl. II 1985, 529). Dagegen gehören zum Arbeitslohn die sog. Gelegenheitsgeschenke (BFH VI R 26/82, BStBl. II 1985, 641). Vorteile aus vom Arbeitsverhältnis unabhängigen **Sonderrechtsbeziehungen** sind nicht durch jenes veranlasst (vgl. BFH VI R 69/06, BStBl. II 2010, 69; VI R 12/08, BStBl. II 2010, 1069; IX R 43/15, BStBl. II 2017, 790). Vorteile, die der Arbeitnehmer nur **bei Gelegenheit der Dienstleistung** erhält, sind mE nicht Arbeitslohn; sie beruhen auf der Ausnutzung nur einer Gelegenheit zum eigenen Vorteil aus Eigenmacht oder mit Hilfe von Dritten und geschehen ohne Willen und Zutun des Arbeitgebers (aA Krüger in Schmidt EStG § 19 Rn. 25; FG RhPf 6 K 129/87, DStZ 1992, 54 zu Fundgeldern mit abl. Anm. Krüger DStZ 1992, 55).

Auch **Leistungen durch Dritte** können Arbeitslohn sein, wenn der Dritte erkennbar die Arbeitsleistungen des Arbeitnehmers entlohnen will (BFH VIII R 109/76, BStBl. II 1981, 707; VI R 64/11, BStBl. II 2015, 184); bedeutsam insb. für die in → § 29 Rn. 5 f. geschilderten Fallgestaltungen. Dagegen gehört **Kurzarbeitergeld,** da nicht für die Arbeitsleistung, sondern als Lohnersatzleistung gezahlt, nicht zum Arbeitslohn (ebenso Sarrazin in Lenski/Steinberg § 30 Rn. 16; Heine FR 2021, 159).

Auch **Leistungen an Dritte** (insb. Angehörige des Arbeitnehmers) können durch das Arbeitsverhältnis veranlasst sein (BFH VI R 74/76, BStBl. II 1979, 390 zu Betriebsveranstaltungen).

Siehe zum Begriff des Arbeitslohns im Übrigen Krüger in Schmidt EStG § 19 Rn. 16 ff., 50, zur tatsächlichen Zahlung → § 29 Rn. 5 f.

2c **d) Mitunternehmerschaften.** Zu den Arbeitslöhnen gehören können insb. auch **Bezüge von Ehegatten** des Mitunternehmers, von stillen Gesellschaftern, von persönlich haftenden Gesellschaftern einer KGaA, von Gesellschaftern von Kapitalgesellschaften, soweit sie für eine Beschäftigung im Betrieb bezahlt werden. **Nicht** zum Arbeitslohn gehört dagegen die **Tätigkeitsvergütung des Mitunternehmers** iSv § 15 Abs. 1 S. 1 Nr. 2 EStG.

2d **e) Lohnsteuerpauschalierung.** Macht der Arbeitgeber von der Möglichkeit der **Pauschalierung der Lohnsteuer** in besonderen Fällen Gebrauch, dann ist die von ihm übernommene Lohnsteuer zwar ein geldwerter Vorteil (§ 40 Abs. 1 S. 2 EStG); sie gehört jedoch nicht zum Arbeitslohn iSv § 19 Abs. 1 S. 1 Nr. 1 EStG (BFH IV R 83/76, BStBl. II 1980, 127; VI R 4/87, BStBl. II 1994, 194; hierzu OFD Berlin 9.9.1994, DStR 1994, 1692).

2. Abfindungen/Altersteilzeit

3 **Abfindungen** wegen der **Auflösung eines Dienstverhältnisses** gehören zwar grds. zum Arbeitslohn, wenn auch nach § 3 Nr. 9 EStG aF zT steuerbefreit (zB BFH III R 133/78, BStBl. II 1982, 305 mwN). Sie sind mE jedoch unabhängig hiervon nach § 29 Abs. 1 nicht in die Zerlegung einzubeziehen (ebenso Sarrazin in Lenski/Steinberg § 31 Rn. 20). Der dortigen Formulierung „Arbeitslöhne … an die … beschäftigten Arbeitnehmer" sowie dem Zweck der Vorschrift, mit dem Arbeitslohn einen Parameter für die Belastung der Gemeinden zu setzen, ist zu entnehmen, dass der Arbeitslohn für die tatsächliche Beschäftigung gezahlt werden muss. Das ist bei Abfindungen wegen der Auflösung eines Dienstverhältnisses nicht der Fall.

3a Bei in der **Altersteilzeit** Beschäftigten ist nach GewStR 31.1 Abs. 4 wie folgt zu verfahren:

- Aufstockungszahlungen des Arbeitgebers nach § 3 Abs. 1 Nr. 1 ATG werden nicht als Arbeitslohn behandelt;
- der Ausgleichsanspruch des Arbeitgebers nach § 4 ATG mindert nicht die zu berücksichtigenden Arbeitslöhne;
- Zuführungen zu Rückstellungen für Löhne in der Freistellungsphase werden nicht als Arbeitslöhne behandelt;
- Vergütungen in der Freistellungsphase sind Arbeitslöhne.

3. Befreiungen von der ESt

a) Rechtsvorschriften. Befreiungen der Arbeitslöhne **von der ESt** durch andere Rechtsvorschriften sind auch bei der Zerlegung zu beachten. Rechtsvorschriften sind Gesetze, insb. § 3 EStG, Doppelbesteuerungsabkommen sowie Durchführungsverordnungen (insb. LStDV), soweit sie sich im Rahmen der gesetzlichen Ermächtigung halten, nicht hingegen die (LSt-)Richtlinien; Letztere schon deswegen nicht, weil die für die dortigen systemwidrigen Steuerbefreiungen behaupteten Zwecke (insb. Vereinfachung) andere sind als der mit der Erfassung der Arbeitslöhne für die Zerlegung erstrebte (aA GewStR 31.1 Abs. 1 S. 1; Baldauf in Brandis/Heuermann § 31 Rn. 3; differenzierend Sarrazin in Lenski/Steinberg § 31 Rn. 25: soweit zutreffende Auslegung). Rechtsvorschriften sind auch Verordnungen aus der Zeit vor Erlass des GG (BFH I 109/52 U, BStBl. III 1953, 258; IV 556/55 U, BStBl. III 1957, 148). 4

b) Beispiele für Befreiungen. In Betracht kommen **insbesondere Befreiungen nach § 3 EStG,** und hier die Nr. 4 (Überlassung von Berufskleidung), Nr. 11 (Beihilfen), Nr. 12, 13, 16, 26 (Aufwandsentschädigungen, Reise-, Verpflegungskostenersatz), Nr. 28 (Leistungen nach ATG), Nr. 30 (Werkzeuggeld), Nr. 32 (Sammelbeförderung), Nr. 33 (Kinderbetreuung), Nr. 45 (Telekommunikationsgeräte, PC), Nr. 50 (Auslagenersatz, durchlaufende Gelder), Nr. 51 (Trinkgelder), Nr. 62 (Zukunftssicherungsleistungen) und Nr. 64 (Zuschläge für Auslandstätigkeit). Steuerfrei sind auch die Arbeitnehmer-Sparzulagen (§ 13 Abs. 3 des 5. VermBG), nicht dagegen vermögenswirksame Leistungen (§ 2 Abs. 6 des 5. VermBG). 4a

Nicht zu den Befreiungen gehören unabhängig von ihrer estrechtlichen Behandlung (§ 3b EStG) Zuschläge für Mehrarbeit, Sonntags-, Feiertags- und Nachtarbeit (§ 31 Abs. 1 S. 2). Entsprechendes gilt für den Teil des Arbeitslohns, der aufgrund der Tarifstruktur der Steuertabellen steuerfrei bleibt (Grundfreibetrag, BFH I 262/54 U, BStBl. III 1956, 130; I R 240/71, BStBl. II 1972, 910), ebenso wenig die Beträge (Werbungskosten, Sonderausgaben insb. Beiträge zur Sozialversicherung), die der Arbeitnehmer bei seiner Besteuerung abziehen darf.

4. Vergütungen an Auszubildende

Sie sind nach Abs. 2 **freigestellt.** Voraussetzung ist allein die **Beschäftigung zur Ausbildung.** Hierbei kommt es weder auf die Höhe der Bezüge noch darauf an, ob die Ausbildung aufgrund eines schriftlichen Ausbildungsvertrages erfolgt (BT-Drs. 8/555, 28); Letzteres jedoch dann, wenn nach der einschlägigen Ausbildungsvorschrift der Abschluss eines schriftlichen Ausbildungsvertrages vorgesehen ist. Das gilt auch für Praktikanten, sog. Junggrade in der Seeschifffahrt und Neubergleute (GewStR 31.1 Abs. 2 S. 3). 5

5. Befreiung von der Gewerbesteuer

6 **Bis EZ 2024** erfolgte exklusiv bei **Körperschaften** iSv **§ 3 Nr. 5, 6, 8, 9, 12, 13, 15, 17, 21, 26, 27, 28 und 29** (vgl. die Erläuterungen dort) der Ansatz der Löhne bei einer BSt nur, wenn der Arbeitnehmer zumindest überwiegend im stpfl. Betrieb oder Teil des Betriebs tätig war/ist.

Ab EZ 2025 betrifft diese Einschränkung **alle Fälle einer Befreiung** von der GewSt (s. hierzu die Ausführungen zu § 3), da nach dem Normzweck nicht ersichtlich ist, warum Arbeitslöhne nur bei bestimmten Befreiungsvorschriften außer Ansatz bleiben sollen (FinA BT-Drs. 20/13419, 221). Die vorbezeichnete Voraussetzung liegt mE vor, wenn der Arbeitnehmer **im jeweiligen EZ** zu mehr als 50 % seiner Arbeitszeit im stpfl. Betrieb oder Teil des Betriebs tätig ist. Bereits dann ist sein Arbeitslohn vollständig bei der Summe der Arbeitslöhne (→ § 29 Rn. 2) zu erfassen. Die Zuordnung erfolgt mE ausschließlich **nach Zeitanteilen.** Das gilt mE auch, wenn die Tätigkeit des Arbeitnehmers in den verschiedenen Bereichen unterschiedlicher Qualität ist und unterschiedlich entgolten wird. Der Wortlaut der Vorschrift verbietet auch in diesem Fall, auf das Verhältnis der Vergütungen abzustellen (Markl in Bergemann/Wingler § 31 Rn. 5; aA Schulze in Lenski/Steinberg § 31 Rn. 49; Baldauf in Brandis/Heuermann § 31 Rn. 7).

6. Nach dem Gewinn berechnete einmalige Vergütungen

7 Sie sind nach Abs. 4 S. 1 **nicht einzubeziehen.** Die Vorschrift bezweckt, die Bevorzugung der Gemeinde des Sitzes der Geschäftsleitung zu vermeiden. Unabdingbare Voraussetzung ist **Berechnung nach Gewinn,** und zwar nach den Grundsätzen des EStRechts oder KStRechts. Die Vorschrift nennt als Beispiele die **Tantiemen** und die **Gratifikationen.** Zu erfassen sind also übliche Weihnachtszuwendungen, die nicht nach dem Gewinn berechnet werden. Entsprechendes gilt für sonstige Sonderzuwendungen, wie Prämien und Boni, die als Gegenleistung für besondere Leistungen des Arbeitnehmers gezahlt werden.

Einmaligkeit bedeutet, dass es sich um eine **Sonderleistung** aus besonderem Anlass handeln muss, die grds. in einem Betrag zu zahlen ist; doch dürften Ratenzahlungen zulässig sein, solange sich dahinter nicht Vereinbarungen und Durchführung von gewinnabhängigen laufenden Vergütungen verbergen. **Wiederholungen** von Sonderleistungen sind zulässig, jedoch nur wenn die Beziehung zu einem anderen besonderen Anlass erkennbar ist. Auch insoweit dürfen sich hinter den Wiederholungszahlungen nicht laufende Zahlungen verbergen, wie etwa bei monatlichen Zuwendungen für das Erreichen eines bestimmten Monatsergebnisses.

7. Vergütungen über 50.000 EUR

8 Sie sind **„soweit"** – also mit dem übersteigenden Teilbetrag – nach Abs. 4 S. 2 ebenfalls **nicht einzubeziehen.** Zum Zweck der Vorschrift → Rn. 7. Gemeint ist der Gesamtbetrag der an einen Arbeitnehmer gezahlten „sonstigen" Vergütungen, die also nicht als einmalige Sonderleistung nach dem Gewinn berechnet werden (Abs. 4 S. 1), insb. Gehälter (Arbeitslöhne, GewStR 31.1 Abs. 2 S. 1) und sonstige Sonderzuwendungen. Betroffen sind Löhne für **alle Arbeitnehmer** (ebenso Sarrazin in Lenski/Steinberg § 31 Rn. 53). Bei einem **Wechsel des Arbeitnehmers** zu einer anderen Betriebsstätte bzw. einem anderen Unternehmen eines Organkreises während des EZ setzt die FVerw den Kappungsbetrag

nur einmal an (vgl. FM BW 19.11.1979, StEK GewStG § 31 Nr. 2), mE vor dem Hintergrund des § 29 Abs. 1 Nr. 1 („… bei den Betriebsstätten der *einzelnen Gemeinden* … gezahlt worden sind") unzutreffend.

8. Unternehmervergütungen

Sie sind nach Abs. 5 für die **im Betrieb tätigen (Mit-)Unternehmer** „insgesamt", also **nur einmal,** iHv **25.000 EUR** anzusetzen. Die Vorschrift **bezweckt** zu vermeiden, dass auf einzelne Gemeinden kein Zerlegungsanteil entfällt, wenn in den Betriebsstätten **allein (Mit-)Unternehmer** tätig sind und in anderen Betriebsstätten allein Arbeitnehmer (RFH VI B 1/39, RStBl. 1939, 730; BFH IV R 153/84, BStBl. II 1988, 191; IV R 30/11, BStBl. II 2015, 601). Daraus ergibt sich, dass die Zerlegung auch dann nach den fiktiven Unternehmerlöhnen vorzunehmen ist, wenn in keiner der BSt Arbeitslöhne an Arbeitnehmer gezahlt werden (BFH IV B 59/16, BFH/NV 2018, 229). 9

Unebenheiten der Betragsregelung hat der Gesetzgeber im Interesse eines einfachen Aufteilungsmaßstabs in Kauf genommen, zumal die Mitarbeit des (Mit-)Unternehmers kaum jemals genau zu bewerten ist (BFH I R 105/68, BStBl. II 1970, 607; IV R 30/11, BStBl. II 2015, 601). Sie führen nicht zu einer Zerlegung nach § 33 (BFH IV R 29/02, BStBl. II 2004, 602). Die Vorschrift verstößt nicht gegen den Gleichheitssatz des Art. 3 GG (BFH IV R 153/84, BStBl. II 1988, 191).

Ist der (Mit-)Unternehmer **in mehreren Betriebsstätten** verschiedener Gemeinden **geschäftsleitend tätig,** so ist der Betrag nach den Grundsätzen zu → § 29 Rn. 6 auf diese Betriebsstätten nach dem Verhältnis seiner Mitwirkung **aufzuteilen.** Diese mehrfache Betätigung ist Voraussetzung für die Teilnahme des (alleinigen) fiktiven Unternehmerlohns an der Zerlegung (FG Düsseldorf 8 K 2364/19 G); es muss sich aber jeweils um *geschäftsleitende Tätigkeiten* handeln (BFH IV B 164/64 U, BStBl. III 1965, 69; IV B 59/16, BFH/NV 2018, 229), die übliche Aufsicht als Vorgesetzter genügt nicht (RFH VI B 1/39, RStBl. 1939, 730). 9a

Die Vorschrift ist **unternehmensbezogen auszulegen;** das Ausschlusskriterium „juristische Person" bezieht sich auf die Rechtsnatur des Unternehmens, nicht der daran beteiligten Mitunternehmer. Daher ist sie auch anzuwenden, wenn das Unternehmen von einer Mitunternehmerschaft (KG) betrieben wird, deren Mitunternehmer juristische Personen sind und/oder die **Geschäftsleitung von** einer **(Komplementär-)Kapitalgesellschaft** (durch die zu ihrer Vertretung berechtigte Person) durchgeführt wird. Das von ihr an den Geschäftsführer gezahlte Gehalt ist ihr zuzurechnen und ggf. bei der Zerlegung ihres GewStMessbetrags zu berücksichtigen (BFH IV R 29/02, BStBl. II 2004, 602; IV R 30/11, BStBl. II 2015, 601, zu SchlHFG 1 K 73/06, EFG 2011, 1911, aus anderen Gründen aufgeh.; FG Hmb 2 K 2/17, DStRK 2019, 144; Baldauf in Brandis/Heuermann § 31 Rn. 10; Steinhauff StBW 2015, 298). Der fiktive (Mit-)Unternehmerlohn ist auch dann anzusetzen, wenn aus dem Vermögen der Kapitalgesellschaft kein Arbeitslohn gezahlt wird, weil ein Fremdgeschäftsführer von einer anderen Kapitalgesellschaft angestellt worden ist (SchlHFG 2 V 193/08, EFG 2009, 429; 2 V 196/08, EFG 2009, 682). 9b

§ 32 (weggefallen)

§ 33 Zerlegung in besonderen Fällen

(1) [1]**Führt die Zerlegung nach den §§ 28 bis 31 zu einem offenbar unbilligen Ergebnis, so ist nach einem Maßstab zu zerlegen, der die tatsächlichen Verhältnisse besser berücksichtigt.** [2]**In dem Zerlegungsbescheid hat das Finanzamt darauf hinzuweisen, dass bei der Zerlegung Satz 1 angewendet worden ist.**

(2) **Einigen sich die Gemeinden mit dem Steuerschuldner über die Zerlegung, so ist der Steuermessbetrag nach Maßgabe der Einigung zu zerlegen.**

Gewerbesteuer-Richtlinien 2009: GewStR 33.1/GewStH 33.1

Literatur: Blasweiler, Ist die Gewerbesteuerzerlegung tatsächlich verfassungswidrig?, DB 1996, 1648; Olbrich, Ist die Gewerbesteuerzerlegung verfassungswidrig?, DB 1996, 958 u 1649; N. Meier, Zum gewerbesteuerlichen Zerlegungsmaßstab beim Betrieb von Windkraftanlagen, FR 2006, 538; Trossen, Zerlegung der Gewerbesteuer bei Windkraftanlagen, DStZ 2006, 836; Urbahns, Optimierte Zerlegung des Gewerbesteuermessbetrags, StuB 2010, 425; N. Meier, Führt das Vorliegen eines Sanierungsgewinns zum besonderen Zerlegungsmaßstab des § 33 GewStG?, FR 2014, 930; N. Meier, Fehlende Zahlung von Arbeitslöhnen in GewSt-Zerlegungsfällen – Lösung über § 33 GewStG?, FR 2014, 1020; Heine, Zerlegung der Gewerbesteuer: Unbilliges Ergebnis durch Kurzarbeitergeld?, FR 2021, 159; sa Nachweise zu § 29.

Übersicht

I. Allgemeines

1. Zweck/Bedeutung

1 Es handelt sich um eine **Ausnahmevorschrift** der ausgleichenden Gerechtigkeit. Sie erlaubt die Anwendung eines abweichenden Zerlegungsmaßstabs, wenn die Zerlegung nach den Vorschriften der §§ 28–31 zu einem **„offenbar unbilligen Ergebnis“** führt (Abs. 1) oder die beteiligten Gemeinden sich mit dem Steuerschuldner **abweichend einigen** (Abs. 2).

Abs. 1 ist aber iZm dem groben Zerlegungsmaßstab des § 29 (→ § 29 Rn. 1a) zu sehen, der seiner Natur nach regelmäßig „unbillige" Ergebnisse zeitigt. **Nicht Zweck** ist es, solche im System liegenden Ungereimtheiten (→ Rn. 2) oder die Folgen des ertragsteuerlichen **Realisationsprinzips** (hoher Veräußerungsgewinn) und der **Abschnittsbesteuerung** auszugleichen (BFH I R 49/06, BFH/NV 2007, 2346; I R 15/08, BFH/NV 2010, 941). Insofern kann ggf. die Einigung nach Abs. 2 zum Zuge kommen.

Die Anwendung mE nicht nur des Abs. 1 darf nicht den **Grundsatz** durchbrechen, dass der **GewStMessbetrag die unangreifbare Grundlage** des Zerlegungsverfahrens bildet (RFH VI 236/42, RStBl. 1942, 908). Auf keinen Fall dürfen Ungereimtheiten ausgeglichen werden, die in anderen Vorschriften als den Zerlegungsvorschriften begründet sind. Insb. darf der Kreis der nach § 28 zu berücksichtigenden Gemeinden nicht erweitert werden; auch in der die Zerlegung nach § 33 beanspruchenden Gemeinde muss eine **Betriebsstätte** vorhanden sein (BFH I R 376/83, BStBl. II 1988, 201; VIII R 270/81, BFH/NV 1988, 735).

2. Kein Ermessen

Es handelt sich um eine **zwingende Vorschrift** insoweit, als die Finanzbehörden einen anderen Maßstab zu suchen haben, wenn ansonsten das unbillige Ergebnis iSv Abs. 1 eintritt bzw. wenn eine Einigung nach Abs. 2 zustande kommt. Hierbei ist ihnen **kein Beurteilungsspielraum** und auch kein Ermessen eingeräumt (FG Hmb 2 K 2/17, DStRK 2019, 144). **1a**

II. Offenbar unbilliges Ergebnis

1. Grundsatz

„Offenbare Unbilligkeit" ist ein **unbestimmter Rechtsbegriff,** der durch die Finanzbehörden lediglich nach Art einer Schätzung (insb. im Hinblick auf die nicht berücksichtigten Lasten) zu füllen ist. Ihre Wertung ist im vollen Umfang durch die Gerichte **nachprüfbar.** Entsprechendes gilt für die Wahl des abweichenden Maßstabs (vgl. GmS-OGB 3/70, BStBl. II 1972, 603; BFH I R 376/83, BStBl. II 1988, 201; I R 18/08, BFH/NV 2010, 941; Schulze in Lenski/Steinberg § 33 Rn. 5). **2**

Aus der dargestellten Funktion ergibt sich, dass die Vorschrift **restriktiv auszulegen** ist (BFH I B 31/69 U, BStBl. III 1961, 8). Sie betrifft nur **besondere Ausnahmefälle,** nicht jedoch die allgemeinen, im System liegenden Ungereimtheiten (RFH I 94/39, RStBl. 1940, 264; 1940, 283; BFH I B 87/64, BStBl. II 1968, 185; I R 56/08, BStBl. II 2010, 492).

Nur die Verhältnisse des **jeweiligen Zerlegungsfalles** sind für die Frage der offenbaren Unbilligkeit zu würdigen. Unerheblich ist dabei, ob die bei Anwendung des allgemeinen Zerlegungsmaßstabs zurückstehende Gemeinde anderweitig einen gewissen Ausgleich erzielen kann (BFH I R 16/90, BFH/NV 1992, 836), oder dass für die Gemeinde durch Unternehmensansammlungen eine Zusammenballung von Kosten eintritt (BFH I B 240, 241/62, BStBl. III 1967, 324).

2. Begriff

a) Textorientierung. Ein **offenbar unbilliges Ergebnis** iSd Vorschrift liegt daher vor, wenn einem oder mehreren Beteiligten bei objektiver Beurteilung **3**

nicht zugemutet werden kann, das nach den Vorschriften der §§ 28–31 ermittelte Zerlegungsergebnis hinzunehmen. Das ist der Fall, wenn die Ungereimtheit **erheblich ins Gewicht** fällt und **atypisch** ist (BFH IV R 114/73, BStBl. II 1976, 123; I R 376/83, BStBl. II 1988, 201; I R 19/92, BStBl. II 1993, 679; VIII R 45/90, BFH/NV 1993, 191; I R 102/04, BStBl. II 2007, 836), also die allgemeinen im System liegenden Ungereimtheiten offensichtlich übertroffen werden (BFH I R 16/90, BFH/NV 1992, 836; I R 102/04, BFH/NV 2007, 270; I R 56/08, BStBl. II 2010, 492). Erforderlich ist, dass von den Regelfällen wesensverschiedene Besonderheiten des Einzelfalles nach den Vorschriften der §§ 29 und 30 nicht hinreichend berücksichtigt werden können, sodass ein **deutliches Missverhältnis** zwischen dem Anteil der den einzelnen Gemeinden unmittelbar durch die Betriebsstätte erwachsenen Lasten und dem ihnen zugewiesenen Zerlegungsanteil besteht (BFH I R 102/04, BStBl. II 2007, 836). **Abweichungen geringerer Bedeutung,** etwa eine ungleichmäßige Verteilung des Messbetrages in lediglich absoluten Beträgen, sind ebenso wenig von Bedeutung (zB BFH I B 387/62 U, BStBl. III 1965, 668; I K 1/93, BStBl. II 1995, 175), wie Fragen des **materiellen GewStRechts** (RFH VI 236/42, RStBl. 1942, 908).

3a **b) Abweichung vom Gesetzestext.** Allerdings formuliert die Rspr. seit BFH I R 16/90 (BFH/NV 1992, 836) missverständlich und unnötig eine einschränkende Abweichung vom Wortlaut der Vorschrift suggerierend, **nicht jedes offenbar unbillige Ergebnis** rechtfertige eine Zerlegung nach einem abweichenden Maßstab, sondern lediglich eine eindeutige Unbilligkeit von erheblichem Gewicht (vgl. zudem BFH I R 19/92, BStBl. II 1993, 679; vgl. auch BFH I R 23/06, BStBl. II 2007, 836; I R 56/08, BStBl. II 2010, 492; I R 18/08, BFH/NV 2010, 941). Ein **schwarzer Rappen** also.

Zutreffend noch die **ältere Rspr. des BFH,** die den Begriff der offenbaren Unbilligkeit durch die Elemente „von erheblichem Gewicht" – und ggf. „atypischem Ergebnis" – gekennzeichnet ausgelegt hat (vgl. BFH I B 49/58 U, BStBl. III 1958, 379; I B 47/59 S, BStBl. III 1960, 386; I B 240, 241/62, BStBl. III 1967, 324; I B 84/67, BStBl. II 1968, 185; IV R 114/73, BStBl. II 1976, 123; I R 376/83, BStBl. II 1988, 201; VIII R 45/90, BFH/NV 1993, 191). **Im Ergebnis** bestehen mE jedoch **keine Unterschiede.**

Demgegenüber stand die **Rspr. des RFH,** der mit Erwägungen zur (einfachen) Billigkeit in atypischen Einzelfällen eine von § 29 abweichende Zerlegung begründete, wenn durch die Zerlegung nach Arbeitslöhnen ohne **Differenzierung hinsichtlich des Betriebszweiges,** in dem sie entstanden waren, die Lasten nicht entsprechend berücksichtigt wurden (RFH VI B 6/38, RStBl. 1938, 910; I 311/38, RStBl. 1939, 542; 1939, 730; I 169/39, RStBl. 1940, 445).

3. Einzelheiten

4 **a) Offenbare Unbilligkeit.** Sie **wurde angenommen,** wenn der Gemeinde durch eine Betriebsstätte hohe Lasten durch das Wohnen von **Arbeitnehmern** entstehen, die durch den Zerlegungsmaßstab nicht berücksichtigt werden (BFH I R 376/83, BStBl. II 1988, 201), weil dort **keine Arbeitslöhne gezahlt** werden (RFH VI 236/42, RStBl. 1942, 908; aber → Rn. 4a).

Wesentlich ist, dass die Gemeinde durch die Zerlegung allein nach dem **Maßstab der Arbeitslöhne zu kurz** käme (RFH VI 395/38, RStBl. 1938, 910; 1939, 550). Das gilt auch, wenn in der Betriebsstätte, für die hohe Folgekosten entstehen, auf Dauer und **ausschließlich Leiharbeitnehmer** an Stelle von selbstbeschäftigten Arbeitnehmern eingesetzt werden, ohne dass Löhne unmittelbar an diese ausgezahlt werden (BFH I R 16/90, BFH/NV 1992, 836; → Rn. 5).

Ähnliches gilt bei der gewerblichen Vermietung von **Ferienwohnungen,** wenn die Verwaltung einem Dritten übertragen ist und die Tätigkeit des Vermieters sich auf eine Art Vermögensverwaltung beschränkt (NdsFG V 12/79, EFG 1981, 639).

Ein **Sonderfall,** der jedoch schon begrifflich kein unbilliges Ergebnis zeitigen kann, besteht, wenn wegen **Fehlens von Arbeitslöhnen** überhaupt der nach § 29 vorgesehene **Zerlegungsmaßstab nicht anwendbar** ist (BFH I K 1/93, BStBl. II 1995, 175; I R 23/06, BStBl. II 2007, 836; I R 18/08, BFH/NV 2010, 941; I R 56/08, BStBl. II 2010, 492; N. Meier FR 2014, 1020).

b) Keine offenbare Unbilligkeit. Nicht (erheblich) ins Gewicht fällt, **4a**

– wenn – ohne ausschließlichen Einsatz von Leiharbeitnehmern (→ Rn. 4) – im Gebiet einer Gemeinde in der Betriebsstätte **keine Arbeitslöhne** angefallen sind und deswegen ihr Zerlegungsanteil 0 EUR beträgt, ohne dass erhebliche Belastungsunterschiede zu erkennen sind (BFH I B 387/62 U, BStBl. III 1965, 668; I B 87/64, BStBl. II 1968, 185; I R 56/08, BStBl. II 2010, 492; I R 18/08, BFH/NV 2010, 941), auch wenn Wartungsarbeiten an der Betriebsstätte **(Windkraftanlage)** von beauftragten Unternehmen durchgeführt werden (BFH I R 23/06, BStBl. II 2007, 836; hierzu ab EZ 2009 § 29 Abs. 1 Nr. 2); mE entsprechend für **Solar/Photovoltaikanlagen** (hierzu BFH IV B 27/20, BFH/NV 2021, 538; FG Hmb 2 K 2/17, DStRK 2019, 144; Kronawitter ZKF 2009, 269), für **Rohrleitungen** (BFH IV R 21/21, BFH/NV 2024, 1156; IV R 22/21), auch eines Gasversorgungsunternehmens (BFH IV R 3/21, BFH/NV 2024, 667; IV R 2/21, BStBl. II 2024, 481; IV R 4/21, BFH/NV 2024, 673), und für **Brunnenanlagen** (FG Saarl 1 K 1213/04, BeckRS 2008, 26026027);
– wenn eine Gemeinde mit einer **BSt. geringer Bedeutung** unberücksichtigt bleibt (BFH I B 49/58 U, BStBl. III 1958, 379);
– wenn zwischen Betriebsstätten in Gemeinden mit unterschiedlichen Hebesätzen ein krasses **Missverhältnis** von **Arbeitslöhnen** und den dort erzielten **GewErträgen** besteht (vgl. die Diskussion zwischen Olbrich DB 1996, 958; Olbrich DB 1996, 1649 und Blasweiler DB 1996, 1648), denn das BSt-Ergebnis besagt nichts über die Belastung der Gemeinde durch die betreffende BSt (vgl. BFH I R 18/08, BFH/NV 2010, 941);
– dass Besonderheiten bei **Versicherungs-, Bank- und Kreditunternehmen** bestehen (BFH I R 102/04, BFH/NV 2007, 270);
– dass **gemeindespezifischer Aufwand** (zB Getränkesteuer) im „Betriebsstättenertrag" enthalten ist (FG Hmb I 423/86, EFG 1991, 746);
– dass bei einem **abw. Wj** für den maßgebenden GewErtrag teilweise ein anderer Zeitraum zugrunde zu legen ist als für den Zerlegungsmaßstab (BFH VIII R 45/90, BFH/NV 1993, 191);
– dass ein **Veräußerungserlös** den wesentlichen Teil des GewErtrags des betreffenden EZ ausmacht (BFH I R 49/06, BFH/NV 2007, 2346);
– dass bestimmte Besonderheiten in der **Struktur oder im Finanzgebaren** der Gemeinde gegeben sind, die mit dem Vorhandensein der Betriebsstätte in keinem Zusammenhang stehen (RFH I 207/40, RStBl. 1940, 828);
– dass bei Bestehen eines **Organverhältnisses** die Steuereinnahmen der Sitzgemeinde der Organgesellschaft niedriger ausfallen als bei der selbstständigen

Besteuerung der Organgesellschaft (BFH I B 240, 241/62, BStBl. III 1967, 324; IV R 114/73, BStBl. II 1976, 123; I R 19/92, BStBl. II 1993, 679; VIII R 45/90, BFH/NV 1993, 191); das gilt auch für Kredite des Organträges betreffende Sanierungsgewinne (zB N. Meier FR 2014, 930);
- dass die Betriebsstätte einen verhältnismäßig **großen Teil des Gemeindegebiets** beansprucht (BFH IV R 114/73, BStBl. II 1976, 123) bzw. Auswirkungen auf die **allgemeine Lebensqualität** für die Einwohner (zB Geräuschimmissionen, Beeinträchtigung des Landschaftsbildes, touristische Attraktivität der Gemeinde) verursacht, die – wenn überhaupt – mittelbar Folgen für den Gemeindehaushalt haben (BFH I R 23/06, BStBl. II 2007, 836, Windkraftanlage; FG Hmb 2 K 2/17, DStRK 2019, 144, Photovoltaikanlage);
- dass in einer BSt. nur ein **Handelsvertreter,** jedoch kein Arbeitnehmer beschäftigt ist (BFH I B 47/59 S, BStBl. III 1960, 386; HessFG 8 K 700/21, nv);
- dass in einer (mehrgemeindlichen) BSt keine Arbeitslöhne gezahlt werden und die Gemeinde durch die BSt keine besonderen Lasten zu tragen hatte (BFH IV R 21/21, BFH/NV 2024, 1156);
- mE auch wenn **Kurzarbeitergeld** auch in erheblichem Umfang (zB während der Pandemie) nicht als Arbeitslohn berücksichtigt wird (zum Problem Heine FR 2021, 159).

4. Ersatzmaßstab

5 Der Ersatzmaßstab muss die in Geld ausgedrückten **Gemeindelasten** deutlich besser berücksichtigen als die Zerlegung nach § 29. In Betracht kommen insb. die Betriebseinnahmen (Umsätze, BFH I K 1/93, BStBl. II 1995, 175; NdsFG V 12/79, EFG 1981, 639), betriebsstättenbezogene Aufwendungen (N. Meier FR 2014, 1020), Zeitanteile (jedoch fraglich, BFH I K 1/93, BStBl. II 1995, 175) und andere Umstände, wie Stromeinnahmen, Abgabemengen von Strom, Anlagenwerte, Grundstücksflächen, Arbeitsstunden, Miete für Betriebsmittel (vgl. OFD Magdeburg 25.8.2014, DB 2014, 2258). Dagegen ist das BSt-Ergebnis kein sachgerechter Maßstab, da es nichts über die Belastung der Gemeinde durch die betreffende BSt besagt (BFH I R 18/08, BFH/NV 2010, 941).

Möglich ist auch eine weitergehende Aufteilung, wie etwa (vor BFH I R 23/06, BStBl. II 2007, 836 und Einführung des § 29 Abs. 1 Nr. 2) bei **Windkraftanlagen** nach OFD Düsseldorf DB 2004, 733: 50 % des Messbetrages im Verhältnis der Arbeitslöhne und 50 % im Verhältnis der Anlagevermögen nach Steuerbilanzwerten (krit. N. Meier FR 2006, 538; Trossen DStZ 2006, 836).

Bei dauerhaftem Einsatz von **Leiharbeitskräften** kommt die Bemessung nach den Verhältnissen der durch das überlassende Unternehmen gezahlten „reinen" Löhne in Betracht (BFH I R 16/90, BFH/NV 1992, 836; zu Geschäftsführungs- und **ProduktionsGes** FG München 6 K 2407/15, EFG 2019, 376, aus anderen Gründen aufgeh. durch BFH III R 3/19, DStR 2010, 920).

5. Zum Verfahren

6 Den **Nachweis** hat die Gemeinde, die sich benachteiligt fühlt, durch entsprechende Unterlagen (BFH I B 47/59 S, BStBl. III 1963, 386) zu führen. Allgemeine Erwägungen über die Kapitalintensität des einen und Lohnintensität des anderen Betriebes genügen nicht (RFH VI 236/42, RStBl. 1942, 908). Ebenso verbietet sich eine pauschale Betrachtung oder eine nicht auf Unterlagen gegründete

Behauptung zu den mit dem Betrieb einhergehenden Gemeindelasten (BFH I R 23/06, BStBl. II 2007, 836; N. Meier FR 2006, 538; Trossen DStZ 2006, 836). Entscheidend sind die konkreten Verhältnisse des Einzelfalls (BFH I B 171/05, BFH/NV 2006, 1692).

Der **Zerlegungsbescheid** muss nach Abs. 1 S. 2 den **Hinweis** darauf enthalten, dass anstelle des regelmäßigen Zerlegungsmaßstabs ein **abweichender Zerlegungsmaßstab** nach Abs. 1 S. 1 angewandt worden ist. Es handelt sich um einen notwendigen Bestandteil der Begründung iSv § 122 Abs. 1 AO. Sein Fehlen bewirkt, dass die Versäumung der Einspruchsfrist als nicht verschuldet gilt (§ 126 Abs. 3 S. 1 AO; hierzu FG München 7 K 863/10, EFG 2019, 581).

Wer eine Zerlegung nach § 33 begehrt, muss im **Klageverfahren** darlegen, durch die Zerlegung nach § 29 beschwert und in seinen Rechten verletzt zu sein (vgl. BFH I R 54/72, BStBl. II 1975, 42; I R 376/83, BStBl. II 1988, 201).

III. Zerlegung bei Einigung der Beteiligten (Abs. 2)

1. Allgemeines

Die Vorschrift hat **zwingenden Charakter.** 7

Ihrer **Rechtsnatur** nach ist die Einigung eine Vereinbarung eigener Art, die einer tatsächlichen Verständigung ähnlich ist (BFH I B 118/65, BStBl. II 1968, 827; I R 58/91, BFH/NV 1992, 766; VIII R 13/97, BStBl. II 1999, 542; IV R 21/21, BFH/NV 2024, 1156; BFH IV R 22/21). Nach **aA** ist sie ein öffentlich-rechtlicher Vertrag (FG Köln I (XII) 1/77, EFG 1983, 362; Baldauf in Brandis/Heuermann § 33 Rn. 11). Dagegen spricht mE jedoch der Umstand, dass ihre Umsetzung noch den vom FA zu erlassenden Verwaltungsakt erfordert. Sie bedarf mE daher nicht der Schriftform (§ 57 VwVfG analog; aA Baldauf in Brandis/Heuermann § 33 Rn. 11).

2. Voraussetzungen

Gegenstand der Einigung kann nur die **Zerlegung** sein, nicht jedoch die Frage, ob mehrere BSt (§ 28) vorliegen oder eine mehrgemeindliche BSt (§ 30) anzunehmen ist. 8

Beteiligte an der Einigung können neben dem **Steuerschuldner** nur die **erhebungsberechtigten Gemeinden** sein; es müssen **alle Gemeinden** mit BSt teilnehmen. Hat nur eine an sich berechtigte Gemeinde nicht teilgenommen, entfaltet die Einigung keine Bindungswirkung. Eine Gemeinde, die zu Unrecht (zB mangels Betriebsstätte im Gemeindegebiet) einen Zerlegungsanteil begehrt, kann nicht Beteiligte der Einigung sein (zu allem BFH IV R 21/21, BFH/NV 2024, 1156; BFH IV R 22/21), da die Erhebung/Nichterhebung von GewSt nicht verhandelbar ist (→ § 1 Rn. 17).

Nicht Voraussetzung für die Zerlegung aufgrund Einigung ist das Vorliegen der Voraussetzungen des § 30 (mehrgemeindliche Betriebsstätte) oder des § 33 Abs. 1 (offenbar unbilliges Ergebnis); die Einigung hat **Befriedungsfunktion** und ist daher **auch in anderen Fällen** anzuwenden (vgl. BFH I B 118/65, BStBl. II 1968, 827; GewStR 33.1 Abs. 2; LfSt Bay DB 2008, 2380; ebenso Sarrazin in Lenski/Steinberg § 33 Rn. 16; aA Baldauf in Brandis/Heuermann § 33 Rn. 10: nur bei unbilligem Ergebnis).

Die Einigung ist mE auch zulässig/beachtlich **nach Eintritt der Bestandskraft** eines schon zuvor erlassenen Zerlegungsbescheides. Da die Vorschrift die Zulässigkeit/Beachtlichkeit der Einigung insofern nicht beschränkt, ist das allgemeine Abgabenrecht anzuwenden; eine nachträgliche Vereinbarung stellt angesichts der von ihr ausgehenden prinzipiellen Bindungswirkung ein Ereignis mit Wirkung für die Vergangenheit iSd § 175 Abs. 1 S. 1 Nr. 2 AO dar (ebenso Baldauf in Brandis/Heuermann § 33 Rn. 14; **aA** Schulze in Lenski/Steinberg § 32 Rn. 28).

3. Bindungswirkung

9 Das **FA ist** an die Einigung **gebunden** und hat ihr zu folgen. Auch die Beteiligten sind an ihre Einigung gebunden; der hierauf ergehende Bescheid kann jedoch mit der Begründung angefochten werden, dass er der Einigung nicht entspreche (BFH I B 118/65, BStBl. II 1968, 827).

Zeitlich gilt die Einigung im Zweifel nur **für den jeweiligen EZ** (BFH VIII R 13/97, BStBl. II 1999, 542; **aA** Baldauf in Brandis/Heuermann § 33 Rn. 13: auf unbestimmte Zeit und nur aufgrund wesentlicher Veränderungen für die Zukunft kündbar). Meines Erachtens ist der Auffassung des BFH schon deswegen zu folgen, weil der Gesamtzusammenhang der Vorschrift auf den einzelnen EZ abstellt und es nicht im Sinn der Befriedungsfunktion einer Einigung über die Zerlegung sein kann, dass der jeweilige Beteiligte die Unsicherheit in Kauf nehmen muss, ob ggf. das FG seiner Auffassung von seiner Berechtigung zur Kündigung der Einigung folgt.

§ 34 Kleinbeträge

(1) [1]**Übersteigt der Steuermessbetrag nicht den Betrag von 10 Euro, so ist er in voller Höhe der Gemeinde zuzuweisen, in der sich die Geschäftsleitung befindet.** [2]**Befindet sich die Geschäftsleitung im Ausland, so ist der Steuermessbetrag der Gemeinde zuzuweisen, in der sich die wirtschaftlich bedeutendste der zu berücksichtigenden Betriebsstätten befindet.**

(2) [1]**Übersteigt der Steuermessbetrag zwar den Betrag von 10 Euro, würde aber nach den Zerlegungsvorschriften einer Gemeinde ein Zerlegungsanteil von nicht mehr als 10 Euro zuzuweisen sein, so ist dieser Anteil der Gemeinde zuzuweisen, in der sich die Geschäftsleitung befindet.** [2]**Absatz 1 Satz 2 ist entsprechend anzuwenden.**

(3) [1]**Wird der Zerlegungsbescheid geändert oder berichtigt, würde sich dabei aber der Zerlegungsanteil einer Gemeinde um nicht mehr als 10 Euro erhöhen oder ermäßigen, so ist der Betrag der Erhöhung oder Ermäßigung bei dem Zerlegungsanteil der Gemeinde zu berücksichtigen, in der sich die Geschäftsleitung befindet.** [2]**Absatz 1 Satz 2 ist entsprechend anzuwenden.**

Gewerbesteuer-Durchführungsverordnung

§ 34 GewStDV Kleinbeträge bei Verlegung der Geschäftsleitung

Hat das Unternehmen die Geschäftsleitung im Laufe des Erhebungszeitraums in eine andere Gemeinde verlegt, so ist der Kleinbetrag der Gemeinde zuzuweisen, in der sich die Geschäftsleitung am Ende des Erhebungszeitraums befindet.

Gewerbesteuer-Richtlinien 2009: GewStR 34.1

Übersicht

I. Allgemeines

1 Die Vorschrift dient der **Verwaltungsvereinfachung.** Vermieden werden soll, dass einer Vielzahl von Gemeinden mit geringsten Anteilen am GewStMessbetrag Zerlegungsbescheide zuzustellen sind und dass diese Gemeinden womöglich noch Rechtsmittelverfahren betreiben.

II. Messbetrag (Absatz 1)

2 Ein **GewStMessbetrag bis einschließlich 10 EUR** steht grds. der Gemeinde der Geschäftsleitung zu. Befindet diese sich im Ausland, dann der Gemeinde der wirtschaftlich bedeutendsten Betriebsstätte, die nach Umfang und Wert der Gebäude und Betriebseinrichtungen, aber auch nach Umfang der in ihr ablaufenden Geschäftsvorfälle als die für den GewBetrieb wichtigste (nach der Geschäftsleitung) anzusehen ist (§ 18 Abs. 1 Nr. 2 AO).

III. Zerlegungsanteil (Absatz 2)

3 Übersteigt der **Zerlegungsanteil für eine Gemeinde** den Betrag von 10 EUR nicht, dann Zuweisung an die Gemeinde der Geschäftsleitung. Befindet diese sich im Ausland, dann an die Gemeinde der bedeutendsten Betriebsstätte (→ Rn. 2).

IV. Änderung oder Berichtigung des Zerlegungsanteils (Absatz 3)

4 Bei **Veränderungen des Zerlegungsanteils** einer Gemeinde nach oben oder unten bis zu 10 EUR einschließlich ist dieser Betrag nur bei der Änderung des Zerlegungsbescheids für die Gemeinde der Geschäftsleitung zu berücksichtigen. Die Vorschrift erfasst **alle Änderungen,** auf welcher rechtlichen oder tatsächlichen Grundlage auch immer (vgl. BFH VIII R 33/90, BStBl. II 1992, 869). „Zerlegungsanteil einer Gemeinde" ist mE der Anteil, der der Gemeinde tatsächlich zugewiesen ist (aA OFD Frankfurt aM 21.7.1994, DB 1994, 1901: der für sie berechnete, wenn auch der Gemeinde der Geschäftsleitung zugewiesene Anteil). Würde sich bei der Gemeinde der Geschäftsleitung durch eine Minderung ein negativer GewStMessbetrag ergeben, dann mindert sich dieser nur auf 0 EUR (GewStR 34.1), weil das GewStG keinen negativen GewStMessbetrag kennt. Nur soweit er zu einem negativen Messbetrag führen würde, bleibt der Änderungsbetrag also unbeachtlich und ist auch nicht bei der Gemeinde anzusetzen, für die die Änderung des Zerlegungsan-

teils nicht mehr als 10 EUR betragen hat. Von der Zuweisung des Änderungsbetrages auf die Gemeinde der Geschäftsleitung ist in solchen Fällen nicht gänzlich abzusehen (aA FM NRW 23.4.1981, DStR 1981, 349). Ist die Geschäftsleitung während des EZ verlegt worden, dann gilt § 34 GewStDV.

Die **Vorschriften** des Abs. 2 und des Abs. 3 sind **unabhängig** voneinander anzuwenden. Das bedeutet, dass bei einer zulässigen Minderung des Zerlegungsanteils nach Abs. 3 der auf diese Gemeinde entfallende Zerlegungsanteil auf die Gemeinde der Geschäftsleitung überwiesen wird, wenn er nicht mehr als 10 EUR beträgt.

§ 35 (weggefallen)

Abschnitt VII. Gewerbesteuer der Reisegewerbebetriebe

§ 35a Gewerbesteuer der Reisegewerbebetriebe

(1) Der Gewerbesteuer unterliegen auch die Reisegewerbebetriebe, soweit sie im Inland betrieben werden.

(2) [1]Reisegewerbebetrieb im Sinne dieses Gesetzes ist ein Gewerbebetrieb, dessen Inhaber nach den Vorschriften der Gewerbeordnung und den dazugehörigen Ausführungsbestimmungen einer Reisegewerbekarte bedarf. [2]Wird im Rahmen eines einheitlichen Gewerbebetriebs sowohl ein stehendes Gewerbe als auch ein Reisegewerbe betrieben, so ist der Betrieb in vollem Umfang als stehendes Gewerbe zu behandeln.

(3) Hebeberechtigt ist die Gemeinde, in der sich der Mittelpunkt der gewerblichen Tätigkeit befindet.

(4) Ist im Laufe des Erhebungszeitraums der Mittelpunkt der gewerblichen Tätigkeit von einer Gemeinde in eine andere Gemeinde verlegt worden, so hat das Finanzamt den Steuermessbetrag nach den zeitlichen Anteilen (Kalendermonaten) auf die beteiligten Gemeinden zu zerlegen.

Gewerbesteuer-Durchführungsverordnung

§ 35 GewStDV Reisegewerbebetriebe

(1) [1]Der Mittelpunkt der gewerblichen Tätigkeit befindet sich in der Gemeinde, von der aus die gewerbliche Tätigkeit vorwiegend ausgeübt wird. [2]Das ist in der Regel die Gemeinde, in der sich der Wohnsitz des Reisegewerbetreibenden befindet. [3]In Ausnahmefällen ist Mittelpunkt eine auswärtige Gemeinde, wenn die gewerbliche Tätigkeit von dieser Gemeinde (zB von einem Büro oder Warenlager) aus vorwiegend ausgeübt wird. [4]Ist der Mittelpunkt der gewerblichen Tätigkeit nicht feststellbar, so ist die Gemeinde hebeberechtigt, in der der Unternehmer polizeilich gemeldet oder meldepflichtig ist.

(2) Eine Zerlegung des Steuermessbetrags auf die Gemeinden, in denen das Gewerbe ausgeübt worden ist, unterbleibt.

(3) [1]Der Steuermessbetrag ist im Fall des § 35a Abs. 4 des Gesetzes nach dem Anteil der Kalendermonate auf die hebeberechtigten Gemeinden zu zerlegen. [2]Kalendermonate, in denen die Steuerpflicht nur während eines Teils bestanden hat, sind voll zu rechnen. [3]Der Anteil für den Kalendermonat, in dem der Mittelpunkt der gewerblichen Tätigkeit verlegt worden ist, ist der Gemeinde zuzuteilen, in der sich der Mittelpunkt in diesem Kalendermonat die längste Zeit befunden hat.

Gewerbesteuer-Richtlinien 2009: GewStR 35a.1; GewStH 35a.1

Übersicht

I. Begriff des Reisegewerbes

1 Das GewStG unterscheidet zwischen stehendem Gewerbebetrieb (§ 2 Abs. 1 S. 1) und den Reisegewerbetreibenden. Bei Letzteren gehen die besonderen Regelungen des § 35a den allgemeinen Bestimmungen vor. Grund für die eigenständige Regelung sind Besonderheiten bei der Hebeberechtigung (→ Rn. 5) und Zerlegung (→ Rn. 6; s. Oellerich in BeckOK GewStG § 35a Rn. 2). Nach der gesetzlichen Definition des § 35a Abs. 2 ist ein Reisegewerbebetrieb ein Gewerbebetrieb, dessen Inhaber nach den Vorschriften der GewO und den Ausführungsbestimmungen dazu einer Reisegewerbekarte bedarf.

Die Regelung über Reisegewerbebetriebe hat das frühere Wandergewerbesteuergesetz abgelöst, das bis Ende 1942 gegolten hatte (Gesetz über die Besteuerung des Wandergewerbes v. 10.12.1937, RGBl. 1937 I 1348). § 55 GewO spricht nach dem ÄnderungsG v. 5.2.1960 (BGBl. 1960 I 61) dementsprechend nicht mehr vom Wandergewerbeschein, sondern von der Reisegewerbekarte. Nach Streichung der Regelung über den Blindenwaren-Vertriebsausweis in § 55 Abs. 1 Nr. 4 GewO aF entfiel aufgrund einer Änderung durch das JStG 2010 (BGBl. 2010 I 1768) auch die entsprechende Gesetzesverweisung in Abs. 1. Seither ist auch der Vertrieb von Blindenwaren ein Reisegewerbe.

Das Erfordernis der Reisegewerbekarte regelt § 55 GewO:

§ 55 GewO Reisegewerbekarte

(1) Ein Reisegewerbe betreibt, wer gewerbsmäßig ohne vorhergehende Bestellung außerhalb seiner gewerblichen Niederlassung (§ 4 Absatz 3) oder ohne eine solche zu haben

1. Waren feilbietet oder Bestellungen aufsucht (vertreibt) oder ankauft, Leistungen anbietet oder Bestellungen auf Leistungen aufsucht oder

2. unterhaltende Tätigkeiten als Schausteller oder nach Schaustellerart ausübt.

(2) Wer ein Reisegewerbe betreiben will, bedarf der Erlaubnis (Reisegewerbekarte).

(3) Die Reisegewerbekarte kann inhaltlich beschränkt, mit einer Befristung erteilt und mit Auflagen verbunden werden, soweit dies zum Schutze der Allgemeinheit oder der Verbraucher erforderlich ist; unter denselben Voraussetzungen ist auch die nachträgliche Aufnahme, Änderung und Ergänzung von Auflagen zulässig.

2 Zahlreiche **Ausnahmen** vom Erfordernis der Reisegewerbekarte regeln §§ 55a und § 55b GewO (zB behördlich erlaubtes Feilbieten von Waren bei Messen, Ausstellungen und öffentlichen Festen, Vertrieb von selbstgewonnenen Erzeugnissen aus Land- und Forstwirtschaft, Gemüse-, Obst- und Gartenbau, Geflügelzucht, Imkerei, Jagd und Fischerei, erlaubte Abgabe von Milch und Milcherzeugnissen, Ausübung des Reisegewerbes in der Gemeinde des eigenen Wohnsitzes oder der eigenen gewerblichen Niederlassung, sofern die Gemeinde nicht mehr als 10.000 Einwohner zählt, Versicherungs-, Bauspar- und Finanzanlagenvermittler, Feilbieten von Druckwerken an öffentlichen Orten). Die FVerw stellt grundsätzlich darauf ab, ob der Steuerpflichtige für den EZ oder einen Teil davon eine **Reisegewerbekarte** erworben hat (GewStR 35a.1 S. 6), obwohl es nach dem Wortlaut von Abs. 2 S. 1 darauf ankommt, ob der Gewerbetreibende eine solche benötigt (Oellerich in BeckOK GewStG § 35a Rn. 140). Wer für sein Reisege-

werbe keiner Erlaubnis bedarf, betreibt kein Reisegewerbe, sondern einen stehenden Gewerbebetrieb (s. auch Oellerich in BeckOK GewStG § 35a Rn. 185), und zwar auch dann, wenn er tatsächlich im Besitz einer Reisegewerbekarte ist. Das gewerberechtliche Erfordernis einer Reisegewerbekarte soll wegen der diesem Gewerbe eigenen „Verflüchtigungsgefahr" zumindest reflexartig auch das steuerliche Interesse an einem gleichmäßigen Gesetzesvollzug schützen (so Oellerich in BeckOK GewStG § 35a Rn. 138a).

Für das Reisegewerbe setzt das Gesetz zunächst einen Gewerbebetrieb iSv § 2 Abs. 1 S. 2 voraus. Das Gesetz stellt sodann auf das Erfordernis einer Reisegewerbekarte – und nicht auf eine Betriebsstätte (→ Rn. 4) – ab und knüpft damit an die GewO an. Der Besitz einer solchen Karte bietet allein noch keinen hinreichenden Grund dafür, dass der Betreffende einen Reisegewerbebetrieb unterhält. Denn auch derjenige, der als unselbstständig Tätiger iSv § 55 GewO Waren feilbietet, ankauft, Warenbestellungen entgegennimmt oder ähnliche Leistungen anbietet, bedarf einer Reisegewerbekarte. Es fehlt dann jedoch am Merkmal der **persönlichen Selbstständigkeit** (vgl. GewStR 35a.1 S. 4). Derjenige, der nicht selbstständige Reisegewerbekarteninhaber beschäftigt, unterhält selbst nur dann ein Reisegewerbe, wenn er eine solche Karte besitzt und in erheblichem Umfang in eigener Person tätig wird (→ Rn. 2). Reisegewerbetreibende sind beispielsweise selbstständige Hausierer, Schausteller und die Betreiber mobiler Verkaufsstände, wie etwa Eisverkäufer. Nach der Neufassung des § 55 Abs. 1 Nr. 1 GewO mWv 14.9.2007 (BGBl. 2007 I 2246) muss das Reisegewerbe nicht mehr in eigener Person betrieben werden. Daher kann auch eine Kapitalgesellschaft ein solches Gewerbe unterhalten (Oellerich in BeckOK GewStG § 35a Rn. 148; zur früheren Rechtslage s. BFH I 317/61 U, BStBl. III 1963, 148). Bei „reinen" Reisegewerbebetrieben ist das FA zuständig, in dessen Bezirk sich der Mittelpunkt der gewerblichen Tätigkeit befindet (GewStR 1.3 Abs. 1 S. 2). 3

II. Einheitlicher Betrieb

Den stehenden Gewerbebetrieb bestimmt § 1 GewStDV als Gewerbebetrieb, der kein Reisegewerbe iSd § 35a Abs. 2 ist. Der Gewerbebetrieb setzt nach § 2 Abs. 1 S. 2 GewStG iVm § 15 Abs. 2 EStG begrifflich keine Betriebsstätte voraus. Diese stellt für den stehenden Gewerbebetrieb lediglich den Inlandsbezug her und begründet damit die Steuerpflicht im Inland nach § 2 Abs. 1 S. 1, 3 („soweit er im Inland betrieben wird"). Damit macht eine vorhandene Betriebsstätte den selbstständigen Inhaber einer Reisegewerbekarte noch nicht zum Unternehmer eines stehenden Gewerbebetriebs. Die fehlende Betriebsstätte ist also nicht Merkmal des Reisegewerbebetriebes, sondern das Erfordernis einer Reisegewerbekarte (→ Rn. 1). Die Betriebsstätte ist lediglich für den Reisegewerbebetrieb gewerbesteuerrechtlich bedeutungslos. Wird ein Unternehmer als Reisegewerbetreibender tätig und unterhält er gleichzeitig einen stehenden Gewerbebetrieb, so richtet sich die Einheitlichkeit oder Eigenständigkeit der Betriebsteile nach allgemeinen Kriterien. Es kommt deshalb auf die organisatorischen, wirtschaftlichen und finanziellen Beziehungen zwischen den beiden Betätigungen an (vgl. BFH X R 36/10, BFH/NV 2013, 252; dazu Specker in BeckOK GewStG § 2 Rn. 1251 ff.). Wenn nach diesen Kriterien ein einheitlicher Gewerbebetrieb vorliegt und in dessen Rahmen sowohl ein **stehendes Gewerbe** als auch ein **Reisegewerbe** betrieben wird, so ist der 4

Betrieb in vollem Umfang als stehendes Gewerbe zu behandeln (Abs. 2 S. 2). Wird ein Unternehmer als Reisegewerbetreibender, zB als Eisverkäufer, tätig und beschäftigt er im entsprechenden Straßenhandel auch Angestellte, die im Besitz einer Reisegewerbekarte sind, so führt dies nach Abs. 2 S. 2 für sich gesehen noch nicht zu einem stehenden Gewerbebetrieb. Abs. 2 S. 1 enthält keine Regelungen dafür, in welchem Umfang ein Reisegewerbetreibender Angestellte beschäftigen darf, wenn er selbst reisend tätig wird. Ein Reisegewerbe liegt in solchen Fällen dann vor, wenn die reisende Tätigkeit des Geschäftsinhabers noch von ausschlaggebender Bedeutung ist. Dabei kommt es auf das Gesamtbild der Verhältnisse an (BFH I R 201/79, BeckRS 1983, 05143).

III. Hebeberechtigung

5 Hebeberechtigt ist die Gemeinde, in der sich der Mittelpunkt der gewerblichen Tätigkeit befindet (Abs. 3). Das ist die Gemeinde, von der aus die gewerbliche Tätigkeit vorwiegend ausgeübt wird, dh regelmäßig die Wohnsitzgemeinde (§ 35 Abs. 1 S. 2 GewStDV). In Ausnahmefällen kann der Mittelpunkt aber auch in einer auswärtigen Gemeinde liegen, wenn die gewerbliche Tätigkeit von dort, zB von einem Büro oder Warenlager, ausgeübt wird. Hilfsweise ist die Gemeinde hebeberechtigt, in der der Unternehmer polizeilich gemeldet oder meldepflichtig ist (§ 35 Abs. 1 S. 3, 4 GewStDV). Auf das Bestehen einer Betriebsstätte kommt es nicht an (→ Rn. 4). Bei juristischen Personen ist auf den Ort der Geschäftsleitung (§ 10 AO) abzustellen (Oellerich in BeckOK GewStG § 35a Rn. 233). Der Mittelpunkt der gewerblichen Tätigkeit im Inland bewirkt nicht, dass der Steuerpflichtige auch mit seiner Tätigkeit im Ausland der inländischen Gewerbesteuerpflicht unterliegt (Baldauf in Brandis/Heuermann § 35a Rn. 12). Der Gewerbeertrag ist vielmehr wirtschaftlich – im Zweifel nach dem Verhältnis der inländischen und ausländischen Einnahmen – auf das Inland und Ausland zu verteilen (Analogie zu § 9 Nr. 3 S. 1). Auch wenn sich der Mittelpunkt der gewerblichen Tätigkeit im Ausland befindet, schließt dies die GewSt-Pflicht für die im Inland ausgeübten Tätigkeiten nicht aus; auf Sitz, Wohnsitz oder dergleichen kommt es dabei nicht an (Oellerich in BeckOK GewStG § 35a Rn. 106, 114). Im Inland betrieben wird der Reisegewerbebetrieb, wenn der Inhaber des Betriebs seine Reisegewerbetätigkeit im Inland ausübt (Baldauf in Brandis/Heuermann § 35a Rn. 12).

6 Da auf eine Betriebsstättenbesteuerung verzichtet wird (→ Rn. 4), findet nach § 35 Abs. 2 GewStDV auch grundsätzlich **keine Zerlegung** statt auf die Gemeinden, in denen das Gewerbe ausgeübt wird. Sie ist nur dann vorgesehen, wenn im Laufe eines EZ der Mittelpunkt der gewerblichen Tätigkeit von einer Gemeinde in eine andere verlegt wird (Abs. 4). Der einheitliche Steuermessbetrag ist nach vollen Kalendermonaten auf die hebeberechtigten Gemeinden zu zerlegen. Dabei ist der Anteil für den Kalendermonat, in dem der Wechsel stattfindet, der Gemeinde zuzuteilen, in der sich der Mittelpunkt in diesem Kalendermonat die längste Zeit befunden hat (Abs. 4, § 35 Abs. 3 S. 3 GewStDV); bei einem Wechsel zur Monatsmitte ist je zur Hälfte aufzuteilen.

Für die ausnahmsweise erforderliche Zerlegung gelten die allgemeinen verfahrensrechtlichen Grundsätze (→ § 28 Rn. 9 f.). Hinsichtlich des Hebesatzes bestehen keine Besonderheiten. Er stimmt mit demjenigen überein, der in der betreffenden Gemeinde auch für die stehenden Gewerbebetriebe gilt.

Abschnitt VIII. Änderung des Gewerbesteuermessbescheids von Amts wegen

§ 35b Änderung des Gewerbesteuermessbescheids von Amts wegen

(1) [1]Der Gewerbesteuermessbescheid oder Verlustfeststellungsbescheid ist von Amts wegen aufzuheben oder zu ändern, wenn der Einkommensteuerbescheid, der Körperschaftsteuerbescheid oder ein Feststellungsbescheid aufgehoben oder geändert wird und die Aufhebung oder Änderung den Gewinn aus Gewerbebetrieb berührt. [2]Die Änderung des Gewinns aus Gewerbebetrieb ist insoweit zu berücksichtigen, als sie die Höhe des Gewerbeertrags oder des vortragsfähigen Gewerbeverlustes beeinflusst. [3]§ 171 Abs. 10 der Abgabenordnung gilt sinngemäß.

(2) [1]Zuständig für die Feststellung des vortragsfähigen Gewerbeverlustes ist das für den Erlass des Gewerbesteuermessbescheids zuständige Finanzamt. [2]Bei der Feststellung des vortragsfähigen Gewerbeverlustes sind die Besteuerungsgrundlagen so zu berücksichtigen, wie sie der Festsetzung des Steuermessbetrags für den Erhebungszeitraum, auf dessen Schluss der vortragsfähige Gewerbeverlust festgestellt wird, zugrunde gelegt worden sind; § 171 Absatz 10, § 175 Absatz 1 Satz 1 Nummer 1 und § 351 Absatz 2 der Abgabenordnung sowie § 42 der Finanzgerichtsordnung gelten entsprechend. [3]Die Besteuerungsgrundlagen dürfen bei der Feststellung nur insoweit abweichend von Satz 2 berücksichtigt werden, wie die Aufhebung, Änderung oder Berichtigung des Gewerbesteuermessbescheids ausschließlich mangels Auswirkung auf die Höhe des festzusetzenden Steuermessbetrags unterbleibt. [4]Die Feststellungsfrist endet nicht, bevor die Festsetzungsfrist für den Erhebungszeitraum abgelaufen ist, auf dessen Schluss der vortragsfähige Gewerbeverlust gesondert festzustellen ist; § 181 Abs. 5 der Abgabenordnung ist nur anzuwenden, wenn die zuständige Finanzbehörde die Feststellung des vortragsfähigen Gewerbeverlustes pflichtwidrig unterlassen hat.

Gewerbesteuer-Richtlinien 2009: GewStR 35b.1; GewStH 35b.1

Übersicht

I. Allgemeines

1. Eigenständige Ertragsermittlung

1 Die Gewerbeertragsermittlung nach § 7 erfolgt materiell-rechtlich eigenständig (→ § 7 Rn. 1). Auch verfahrensrechtlich bilden die ergangenen Einkommensteuer-, Körperschaftsteuer- und Gewinnfeststellungsbescheide jeweils keinen eigentlichen Grundlagenbescheid iSd § 175 Abs. 1 S. 1 Nr. 1 AO. Dies ist ein Zugeständnis an die materiell-rechtliche Ausgangslage, bei der in Ausnahmefällen einkommensteuerrechtlich und gewerbesteuerrechtlich Abweichungen beim gewerblichen Gewinn möglich sind (→ § 7 Rn. 2). So gesehen bilden weder der Einkommensteuer- noch der Körperschaftsteuerbescheid und auch nicht der Gewinnfeststellungsbescheid (einheitlich und/oder gesondert) einen Grundlagenbescheid iSd § 171 Abs. 10 AO (BFH III R 31/87, BStBl. II 1990, 383). Der GewSt-Messbescheid ist neben dem Einkommensteuer-, Körperschaftsteuer- oder Feststellungsbescheid anfechtbar (BFH I 252/64, BStBl. II 1970, 257). Aus § 7 ergibt sich das Recht des Steuerpflichtigen, eine von der ESt unabhängige Prüfung des Gewerbeertrags zu verlangen und mit denselben Einwendungen wie bei der ESt gegen die Höhe des Gewerbeertrags vorzugehen (BFH X B 154/07, BFH/NV 2008, 1361). Obwohl dasselbe materielle Recht gilt, besteht mangels gesetzlicher Anordnung weder eine formelle noch materielle Bindung zwischen einkommensteuerlicher und gewerbesteuerlicher Beurteilung (Brühl in BeckOK GewStG § 35b Rn. 20 f.).

2 § 35b enthält eine selbstständige Rechtsgrundlage für die Aufhebung und Änderung von GewSt-Messbescheiden und Verlustfeststellungsbescheiden. In **gewissem Umfang** gelten **aufgehobene** oder **geänderte** Einkommensteuer-, Körperschaftsteuer- und Feststellungsbescheide als **Grundlagenbescheide** für den GewSt-Messbescheid (nicht umgekehrt: BFH I R 115/84, BFH/NV 1989, 482). So findet für die Verjährungsvorschriften § 171 Abs. 10 AO entsprechende Anwendung (Abs. 1 S. 3; s. BFH X R 1/08, BStBl. II 2010, 771). Die Festsetzungsfrist für den GewSt-Messbescheid endet daher nicht vor Ablauf von zwei Jahren nach Bekanntgabe der „Grundlagenbescheide" (BFH X R 11/19, BFH/NV 2020, 573). § 35b dient der **Verfahrensvereinfachung** (BFH IV R 11/20, BeckRS 2023, 15170), durch die eine Verdoppelung des Rechtsbehelfsverfahrens (zB gegen den Einkommensteuer-Änderungsbescheid und den GewSt-Messbescheid) vermieden und der FinBeh die Möglichkeit eingeräumt werden soll, den GewSt-Messbescheid an die Korrekturen bei der ESt und der KSt anzupassen (BFH X R 14/03, BStBl. II 2005, 184; X R 59/01, BStBl. II 2004, 901; Schenke in Desens/Tappe § 35b Rn. 2). Dies greift allerdings nur, wenn gegen beide Bescheide dieselben materiell-rechtlichen Einwendungen bestehen. Die Norm erlaubt daher nur eine **punktuelle Änderung** des GewSt-Messbescheids bzw. des Verlustfeststellungsbescheids ohne eine „Wiederaufrollung" des Steuerfalls insgesamt (BFH IV R 11/20, BeckRS 2023, 15170; → Rn. 10). § 35b entlastet die Steuerpflichtigen und ihre Berater also nicht (generell) von der Prüfung, ob eine eigenständige Anfechtung des GewSt-Messbescheids angezeigt ist. Aus Sicht des

Steuerpflichtigen kann daher auf eine Anfechtung des GewSt-Messbescheids nur verzichtet werden, wenn Klarheit über die Anwendung des § 35b besteht (→ Rn. 4; s. auch Brühl in BeckOK GewStG § 35b Rn. 8, 103). Anderenfalls sollte der GewSt-Messbescheid selbständig angefochten werden. Das Rechtsschutzbedürfnis dafür fehlt nicht etwa wegen § 35b Abs. 1 (Kontny in WSMH § 35b Rn. 15). Im Übrigen ist, wenn die Bescheide unter einem Vorbehalt der Nachprüfung (§ 164 AO) stehen, die jederzeitige Änderung der Bescheide in vollem Umfang möglich (Specker in BeckOK AO § 164 Rn. 110 ff.). Diese Umstände schwächen die Bedeutung des § 35b für das Ziel der Verfahrensvereinfachung deutlich ab. Allerdings liegt der Zweck des § 35b nicht nur in der Verfahrensvereinfachung. Wenn der Gesetzgeber ein System mehrerer Ertragsteuern mit im Wesentlichen identischen Besteuerungsgrundlagen schafft, sollte es nicht zum Nachteil des Steuerpflichtigen gereichen, wenn dieser sich wegen derselben materiell-rechtlichen Einwendungen zunächst nur gegen den „Grundlagenbescheid" richtet. § 35b Abs. 1 dient daher auch dem effektiven Rechtsschutz. Bei der Auslegung der Norm sind die Aspekte der Rechtsmittelsicherheit und der Rechtsmittelklarheit zu berücksichtigen (vgl. BFH X R 59/01, BStBl. II 2004, 901). Dieser Normzweck wird aber aufgrund des eingeschränkten Anwendungsbereichs des § 35b und der daraus resultierenden Unsicherheiten nur unzureichend erreicht.

Unter Hinweis auf die Entstehungsgeschichte hat der BFH § 35b trotz des 3
geänderten Wortlauts ursprünglich als „eng begrenzte Änderungsvorschrift" so ausgelegt, dass sie nur eingreift, wenn die Aufhebung oder Änderung des Einkommensteuerbescheids mit einer Änderung speziell der Höhe des Gewinns aus Gewerbebetrieb verbunden ist (BFH XI R 28/98, BStBl. II 1999, 475 unter Hinweis auf die ständige Rspr.). Der Wortlaut des Abs. 1 S. 1 verlangt aber lediglich, dass die Änderung **„den Gewinn aus Gewerbebetrieb berührt".** Der BFH hat seine Rspr. daher geändert (BFH X R 59/01, BStBl. II 2004, 901) und Einkommen- oder Körperschaftsteuerbescheid de facto einem **Grundlagenbescheid** noch **weiter angenähert:** Hiernach ist eine Änderung nach § 35b auch dann vorzunehmen, wenn zB im geänderten Einkommensteuerbescheid Einkünfte nicht mehr als gewerbliche, sondern als solche aus selbstständiger Arbeit qualifiziert werden (Abweichung von BFH XI R 28/98, BStBl. II 1999, 475, der der XI. Senat zugestimmt hat). Die Änderungsvorschrift ist somit nicht nur dann anwendbar, wenn gewerbliche Einkünfte der Höhe nach streitig sind, sondern auch dann, wenn dem Grunde nach Streit besteht über die Zuordnung zu den Einkünften aus Gewerbebetrieb (s. auch Baldauf in Brandis/Heuermann § 35b Rn. 22). Entsprechendes gilt, wenn ein gewerblicher Gewinn einkommensteuerrechtlich nicht mehr als laufender Gewinn, sondern als Veräußerungs- oder Aufgabegewinn beurteilt wird, oder umgekehrt (BFH X R 14/03, BStBl. II 2005, 184; s. auch Kontny in WSMH § 35b Rn. 22). § 35b ist hiernach nicht mehr als eng begrenzte Änderungsvorschrift auszulegen (so noch BFH XI R 28/98, BStBl. II 1999, 475), sondern als **selbstständige Rechtsgrundlage** zur Änderung oder Aufhebung von GewSt-Messbescheiden und Verlustfeststellungsbescheiden. Auch bei der Ausübung des Ermessens über eine Verfahrensaussetzung nach § 74 FGO ist zu berücksichtigen, dass ESt-, KSt- oder Feststellungsbescheide de facto Grundlagenfunktion haben (BFH X B 163/09, BFH/NV 2010, 2082).

2. Verhältnis zu anderen Korrekturvorschriften

Im Hinblick auf den Zweck des § 35b (→ Rn. 2) ist davon auszugehen, dass 4
§ 35b grundsätzlich neben anderen Korrekturvorschriften anwendbar ist. Eine

andere Frage ist, ob auf § 35b zurückgegriffen werden muss, wenn bereits andere, insbesondere weiter gefasste Korrekturvorschriften greifen. Wenn daher angenommen wird, die Änderung nach § 164 Abs. 2 AO gehe derjenigen nach § 35b vor (GewStR 35b.1 Abs. 1 S. 3), ist dem allein aus praktischer Sicht zuzustimmen. Konkurrieren die gesetzlichen Befugnisse für die Änderungsbescheide, so ist die Frage nach dem Vorrang oder Nachrang iÜ akademischer Natur. Denn das FA kann die zutreffende, dh vorrangige Änderungsnorm im Rechtsbehelfsverfahren gegen den angefochtenen Bescheid nachschieben. Allgemein ist es unschädlich, wenn sich das FA auf eine unzutreffende Korrekturvorschrift beruft, sofern eine andere Korrekturvorschrift einschlägig ist. Das FA kann deshalb einen Einspruch gegen einen GewSt-Messbescheid durch Anwendung des § 35b erledigen (aA Kontny in WSMH § 35b Rn. 16). Aus der Sicht des StPfl. ist es ratsam, sich bei der Einlegung eines Einspruchs gegen einen ESt/KSt-Bescheid nicht immer darauf zu verlassen, dass eine Änderung der gewerblichen Einkünfte auch zu einer Änderung des GewSt-Messbescheids führen wird (s. hierzu Hendricks/Hildebrand Ubg 2018, 473; → Rn. 2). Hat zB der Einspruch gegen einen ESt-Bescheid deshalb keinen Erfolg, weil eine Minderung der gewerblichen Einkünfte durch eine anderweitige Änderung der Besteuerungsgrundlagen nach § 177 AO kompensiert wird, so liegt keine Änderung des ESt-Bescheids vor, der eine Änderung des GewSt-Messbescheids nach § 35b Abs. 1 rechtfertigen könnte (→ Rn. 7). Auch ist denkbar, dass ein Rechtsbehelf gegen einen ESt-/KSt-Bescheid aus verfahrensrechtlichen Gründen Erfolg hat und dieser Erfolg nicht auf die GewSt durchschlägt.

II. Aufhebung/Änderung nach Abs. 1

4a § 35b Abs. 1 kommt zur Anwendung, wenn (1.) der Einkommensteuer-, der Körperschaftsteuer- oder der Feststellungsbescheid aufgehoben oder geändert wird, (2.) die Aufhebung oder Änderung des Bescheids die Höhe des Gewinns aus Gewerbebetrieb berührt und (3.) diese Aufhebung oder Änderung die Höhe des Gewerbeertrags beeinflusst (GewStR 35b.1 Abs. 1 S. 4). Liegen diese Voraussetzungen vor, ist der GewSt-Messbescheid bzw. der Verlustfeststellungsbescheid von Amts wegen (also ohne Ermessen der FBeh und ohne Antrag des Stpfl.) aufzuheben oder zu ändern (Anpassungszwang), sodass die Bestandskraft dieser Bescheide (punktuell) durchbrochen wird (s. Brühl in BeckOK GewStG § 35b Rn. 143 f.).

1. Aufhebung/Änderung des „Grundlagenbescheids"

5 Die – von Amts wegen vorzunehmende – Änderung des GewSt-Messbescheids nach dieser Vorschrift erfordert ua, dass der Einkommensteuer-, der Körperschaftsteuer- oder ein Feststellungsbescheid **aufgehoben** oder **geändert** worden ist. Auf welche Rechtsgrundlage die Aufhebung oder Änderung gestützt wird, ist unerheblich; auch eine Berichtigung nach § 129 AO ist ausreichend (GewStR 35b.1 Abs. 1 S. 6). Wird der GewSt-Messbescheid **vor Änderung** der bezeichneten Bescheide korrigiert, stellt dies einen Verfahrensfehler dar, der jedoch mit Ergehen des geänderten Einkommensteuer-, Körperschaftsteuer- oder Feststellungsbescheids bis zum Abschluss des Rechtsbehelfsverfahrens geheilt wird (FG München 1 K 83/00, EFG 2000, 1272 rkr.). Anders können die Verhältnisse liegen, wenn die Beteiligten über die Wirksamkeit des Bescheids (§ 124 AO) streiten, zB darüber, ob der Bescheid dem Steuerpflichtigen bekannt gegeben

worden ist. Wird ein unwirksamer durch einen wirksamen Bescheid ersetzt und wird dabei der gewerbliche Gewinn berührt, so ist nach § 35b auch der GewSt-Messbescheid zu ändern. Zwar ist ein nicht bekannt gegebener Bescheid nicht existent (§ 124 AO). Der Gesetzeswortlaut in Abs. 1 ist aber unter Berücksichtigung des Normzwecks (→ Rn. 2) dahin zu verstehen, dass seine Rechtsfolgen auch dann eintreten, wenn der ursprüngliche Einkommensteuer-, Körperschaftsteuer- oder Feststellungsbescheid aus Gründen der Rechtsscheinbeseitigung aufgehoben wird (ebenso Baldauf in Brandis/Heuermann § 35b Rn. 20; aA Kontny in WSMH § 35b Rn. 19; Brühl in BeckOK GewStG § 35b Rn. 103) oder Gegenstand einer Feststellungsklage nach § 41 Abs. 1 FGO wird (vgl. BVerwG 8 C 127.84, BStBl. II 1987, 472). Würde man die Berichtigung in einem solchen Fall versagen, so würde der Steuerpflichtige durch die möglicherweise erst vom Gericht festgestellte Unwirksamkeit des Bescheids überrascht und in seinem Rechtsschutz beeinträchtigt, weil er auf die Anwendbarkeit des § 35b vertraut hat (aA für § 35b idF des EGAO 1977 BFH I R 28/88, BStBl. II 1991, 244). Abs. 1 ist dagegen nicht einschlägig, wenn ein Einkommensteuer- oder Feststellungsbescheid nicht aufgehoben oder geändert, sondern **erstmals** erlassen wird und die Festsetzungsfrist für einen GewSt-Messbescheid bereits abgelaufen ist (BFH IV R 99/06, BStBl. II 2010, 593; Brühl in BeckOK GewStG § 35b Rn. 102).

2. Gewinnänderung/Berührung des Gewinns aus Gewerbebetrieb

Weitere Voraussetzung ist, dass die Änderung der in Abs. 1 S. 1 erwähnten 6
Bescheide oder ihre Aufhebung den **Gewinn aus Gewerbebetrieb** berührt. Das ist grundsätzlich der Fall, wenn die Änderung Auswirkungen auf die Höhe des gewerblichen Gewinns hat (Kontny in WSMH § 35b Rn. 21). Dies kann auch bei einer Bescheidaufhebung der Fall sein (BFH X R 48/91, BStBl. II 1992, 351). Beanstandet ein StPfl. nicht den gewerblichen Gewinn, sondern andere Besteuerungsgrundlagen wie etwa Hinzurechnungen oder Kürzungen nach §§ 8, 9, so muss er sich von vornherein für die Anfechtung des GewSt-Messbescheids entscheiden (Hendricks/Hildebrand Ubg 2018, 473). Solche gewerbesteuerrechtlichen Eigenheiten sind für die Frage der Änderungsbefugnis nach § 35b Abs. 1 ohne Bedeutung (Brühl in BeckOK GewStG § 35b Rn. 124). § 35b Abs. 1 ermöglicht, die Erhöhung oder Minderung des gewerblichen Gewinns im ESt-/KSt- oder Feststellungsbescheid durch eine Erhöhung oder Minderung des Gewerbeertrags im GewSt-Messbescheid nachzuvollziehen, nicht aber eine Korrektur von Rechtsfehlern, um zB Erträge erstmals der GewSt zu unterwerfen oder eine fehlerhafte erweiterte Kürzung einzuschränken (BFH IV R 11/20, BeckRS 2023, 15170). Eine Gewinnänderung liegt auch dann vor, wenn sich der Gewinn auf der Ebene der Organgesellschaft geändert hat, sodass der GewSt-Messbescheid des Organträgers nach § 35b Abs. 1 geändert werden kann (BFH I R 29/09, BStBl. II 2010, 644; s. Teiche DStR 2013, 2197). Der Gewerbeertrag ist verfahrensrechtlich selbstständig zu ermitteln, wenn ein ESt-Bescheid lediglich aus verfahrensrechtlichen Gründen (zB wegen Verjährung) aufgehoben wird (BFH X R 36/06, BStBl. II 2010, 171; aA Brühl in BeckOK GewStG § 35b Rn. 178; Baldauf in Brandis/Heuermann § 35b Rn. 22).

Die Änderung des gewerblichen Gewinns muss nicht immer eine Änderung 7
des Einkommensteuerbescheids zur Folge haben. Ohne eine Änderung/Aufhebung des ESt/KSt-Bescheids sind jedoch die Tatbestandsvoraussetzungen des

§ 35b Abs. 1 nicht erfüllt (Kontny in WSMH § 35b Rn. 18; Brühl in BeckOK GewStG § 35b Rn. 105; → Rn. 5). Das FA hat die **Kompensationsmöglichkeit** nach § 177 AO zu berücksichtigen. So kann eine Gewinnminderung um 300 durch eine betragsgleiche Sonderausgabenkürzung ausgeglichen werden. Eine Saldierung kann auch in der Weise eintreten, dass eine Gewinnerhöhung im Betrieb A durch eine Gewinnminderung im Betrieb B desselben Stpfl. ausgeglichen und der gesamte gewerbliche Gewinn im Einkommensteuerbescheid unverändert bleibt. Die Änderung nach § 35b läuft dann leer (Brühl in BeckOK GewStG § 35b Rn. 176). Das Ergebnis der Bescheidänderung (Aufhebung) muss allerdings mit Blick auf den Gewerbeertrag (also für Zwecke der GewSt) gesehen werden (auch zum Normzweck → Rn. 2). Wird zB im Verfahren über die einheitliche Gewinnfeststellung ein bisher als laufender Gewinn bezeichneter Teil des unverändert gebliebenen Gesamtgewinns als Veräußerungsgewinn beurteilt und umgekehrt (→ Rn. 3), so ist nach § 35b eine Folgeänderung durchzuführen (BFH X R 14/03, BStBl. II 2005, 184). Wird der Einkommensteuerbescheid zu Ungunsten des Stpfl., zB nach § 173 Abs. 1 Nr. 1 AO, geändert und beseitigt das FA im Zuge dieser Änderung einen Rechtsfehler zugunsten des Stpfl., der den gewerblichen Gewinn berührt, so ist nach § 35b Abs. 1 auch der Gewerbeertrag entsprechend zu mindern. Die Vorschrift setzt nicht voraus, dass die in ihrem S. 1 genannten Bescheide zu einer Verminderung der Einkommensteuer bzw. Körperschaftsteuer führen. Geht es in einem Verfahren zB wegen Einkommensteuer nicht um die Höhe des gewerblichen Gewinns, sondern um die Qualifikation als Einkünfte aus Gewerbebetrieb, greift § 35b nach geänderter Rspr. ebenfalls (BFH X R 59/01, BStBl. II 2004, 901; Brühl in BeckOK GewStG § 35b Rn. 125; → Rn. 3). Der GewSt-Messbescheid ist also auch zu ändern, wenn im ESt-Änderungsbescheid Einkünfte aus Gewerbebetrieb in solche einer anderen Einkunftsart oder in solche aus einer nicht steuerbaren Tätigkeit (zB Liebhaberei, private Veräußerungsgeschäfte) umqualifiziert werden.

8 Ein auf 0 EUR lautender ESt-/KSt-Bescheid kann nicht mit der Begründung angefochten werden, der gewerbliche Gewinn sei zu hoch angesetzt worden und dies habe Auswirkungen auf die Gewerbesteuer (BFH VII B 65/69, BStBl. II 1971, 586). Dem entspricht es, dass für die Streitwertbemessung im Einkommensteuer- oder Körperschaftsteuerverfahren oder im Verfahren über die gesonderte Feststellung Folgewirkungen hinsichtlich der Gewerbesteuer außer Betracht bleiben müssen (BFH IV R 60/67, BStBl. II 1968, 62).

3. Auswirkung auf den Gewerbesteuermessbescheid

9 Die Änderung nach § 35b setzt weiter voraus, dass die **Höhe des Gewerbeertrags „beeinflusst"** wird (§ 35b Abs. 1 S. 2). Zwischen Abs. 1 S. 1 und 2 besteht also ein Zusammenhang dahin, dass die den Gewinn aus Gewerbebetrieb „berührende" Änderung oder Aufhebung den Gewerbeertrag des GewSt-Messbescheids oder den vortragsfähigen Gewerbeverlust beeinflusst. Das ist der Fall, wenn eine Wechselwirkung zwischen den Einkünften aus Gewerbebetrieb und dem Gewerbeertrag besteht, also grundsätzlich bei allen Einwendungen, die sich wegen der Anknüpfung in § 7 auf beide Größen auswirken. Dies gilt auch für den Fall der Bescheidaufhebung, soweit eine Wechselwirkung mit dem Gewerbeertrag vorliegt. Die Änderung des Gewinns aus Gewerbebetrieb „beeinflusst" aber dann nicht die Höhe des Gewerbeertrags, wenn sie auf verfahrens- oder materiellrechtlichen Erwägungen beruht, die allein für die Festsetzung der ESt/KSt von

Bedeutung sind (s. auch Schenke in Desens/Tappe § 35b Rn. 77). Eine Wechselwirkung besteht zB nicht, wenn der ESt-Bescheid aus Gründen der Verjährung aufgehoben wird. Nach BFH X R 48/91, BStBl. II 1992, 351 beseitigt die Aufhebung des ESt-Bescheids die Bestandskraft des GewSt-Messbescheids gemäß § 35b nur mit der Folge, dass der Gewerbeertrag nunmehr selbstständig zu ermitteln ist; das FA kann dann neu über den Gewerbeertrag entscheiden (aA Kontny in WSMH § 35b Rn. 30; Schenke in Desens/Tappe § 35b Rn. 77); die Aufhebung des ESt-Bescheids führt in diesem Fall also nicht zwangsläufig zu einer Aufhebung auch des GewSt-Messbescheids. Grundsätzlich unbeeinträchtigt von einer Folgeänderung wegen des veränderten gewerblichen Gewinns bleiben die Hinzurechnungen und Kürzungen nach §§ 8 und 9 (keine Wechselwirkung; → Rn. 6). Dies gilt indessen nicht für solche, die unmittelbar nach Grund und Höhe von der Gewinnänderung berührt werden (BFH IV R 11/20, BeckRS 2023, 15170; I 175/64 S, BStBl. III 1965, 228; Woerner DStZ 1966, 358 (359); Brühl in BeckOK GewStG § 35b Rn. 175; GewStR 35b.1 Abs. 2 S. 3). So können beispielsweise Schuldzinsen, die nachträglich als Betriebsausgaben zu berücksichtigen sind, nach § 8 Nr. 1 wieder hinzugerechnet werden (Kontny in WSMH § 35b Rn. 27; aA Baldauf in Brandis/Heuermann § 35b Rn. 24).

4. Berichtigung von Rechtsfehlern

Diese punktuelle Folgeberichtigung nach § 35b hindert indessen nicht eine beschränkte Wiederaufrollung nach § 177 AO (Berichtigung von Rechtsfehlern; s. auch Kontny in WSMH § 35b Rn. 28). Der unanfechtbar gewordene GewSt-Messbetrag ist nach § 351 Abs. 1 AO dergestalt zu berücksichtigen, dass der Stpfl. in einem Einspruchsverfahren gegen den nach § 35b folgeberichtigten GewSt-Messbescheid nur die Herabsetzung auf den bisherigen Messbetrag erreichen kann (s. auch Kontny in WSMH § 35b Rn. 29). Entsprechendes gilt auch für § 177 AO. Auch das FA kann bei einer Folgeberichtigung zugunsten des Stpfl. Rechtsfehler gegenrechnen (beschränkte Wiederaufrollung). Eine weitergehende Änderung ist nur möglich, wenn sie auf andere gesetzliche Tatbestände, wie etwa § 173 AO, gestützt werden kann (auch → Rn. 2). **10**

Wird der Einkommensteuerbescheid sowohl nach § 173 Abs. 1 Nr. 1 AO zu Ungunsten als auch nach Nr. 2 dieser Vorschrift zugunsten des Steuerpflichtigen geändert und ist jeweils der gewerbliche Gewinn desselben Betriebs betroffen, so ist der Ausgleich mit Rechtsfehlern zugunsten des Steuerpflichtigen, etwa wegen unterlassener Kürzungen nach § 9, zweifelhaft.

Beispiel:

Der Gewinn aus Gewerbebetrieb ist bei der ESt-Veranlagung um 1.000 EUR zu erhöhen und aus einem anderen Grund um 700 EUR zu vermindern. Der Steuerpflichtige beanstandet im Einspruchsverfahren gegen die Folgeänderung nach § 35b Abs. 1 unterlassene Kürzungen iHv 800 EUR.

Guth/Ling (DStZ 1984, 394 (397)) sehen hier zwei äußerlich in einem Bescheid zusammengefasste Änderungen nach § 173 Abs. 1 Nr. 1 bzw. Nr. 2 AO. Sie sehen es deshalb als statthaft an, dass der Steuerpflichtige den Rechtsfehler von 800 EUR mit der Gewinnerhöhung von 1.000 EUR verrechnet und der Gewerbeertrag insgesamt um 500 EUR vermindert wird. Saldiert man dagegen die Gewinnveränderungen vorher, so ist das Ergebnis der Rechtsfehlerbereinigung von 800 EUR dem Saldo von 300 EUR gegenüber zu stellen und führt lediglich zum Ausgleich des Erhöhungsbetrags. Für die erstgenannte Lösung spricht, dass das FA für den Beispielsfall in Nr. 1 und Nr. 2 des § 173 Abs. 1 AO eigenständige Änderungstatbestände hat. Dagegen spricht allerdings, dass das FA bei einer getrennt gesehenen Folgeänderung zugunsten des Steuerpflichtigen (./. 700 EUR) eine Rechtsfehlerbereinigung mit insgesamt 1.000 EUR entgegenhalten kann. Auch der Gesetzeswortlaut (§ 35b Abs. 1 S. 2: „Änderung des Gewinns") spricht für ein **zusammengefasstes Ergebnis** ohne Rücksicht darauf, dass die Änderung des Einkommensteuerbescheids auf mehrere gesetzliche Tatbestände gestützt wird. In der Mehrzahl der Fälle werden die neuen Tatsachen nach § 173 Abs. 1 Nr. 1 und 2 AO auch für den GewSt-Messbescheid gelten, sodass sich bei diesem eine eigenständige Saldierung der beiden Gewinnveränderungen mit dem Saldo 300 ergibt, dem ein Rechtsfehler mit dem Wert 800 EUR gegenübersteht (Ausgleich der Erhöhung von 300 EUR).

5. Weitere verfahrensrechtliche Fragen

11 Für den **vorläufigen Rechtsschutz** (→ § 1 Rn. 47) werden die angefochtenen Einkommensteuer-, Körperschaftsteuer- oder Feststellungsbescheide wie Grundlagenbescheide behandelt. Ihre Aussetzung der Vollziehung hat wegen § 35b Abs. 1 auch die Aussetzung der Vollziehung des bestandskräftigen GewSt-Messbescheids zur Folge (BFH I B 1/66, BStBl. III 1966, 651), und zwar hinsichtlich des Betrags, in dessen Höhe sich eine Änderung des ESt-, KSt- oder Feststellungsbescheids auswirken würde (BFH I S 8/79, BStBl. II 1980, 104). Einem eigenständigen AdV-Antrag in Sachen GewSt-Messbescheid fehlt aber nicht das Rechtsschutzbedürfnis (BFH VIII B 107/93, BStBl. II 1994, 300). Dies gilt auch hinsichtlich der Qualifizierung eines Teilgewinns als Veräußerungs- oder als laufender Gewinn (BFH IV B 72/74, BStBl. II 1977, 367). Deshalb ist auch ein AdV-Antrag zum BFH wegen eines GewSt-Messbescheides zulässig, wenn die Revision nur wegen der Einkommensteuersache anhängig ist (BFH I S 1/00, BFH/NV 2000, 1350). Der BFH ist in einem solchen Fall das „Gericht der Hauptsache" iSd § 69 Abs. 3 S. 1 FGO (BFH X S 49, 56/13, BFH/NV 2014, 728). Bei der AdV eines Verlustfeststellungsbescheids beruht die Folgeaussetzung auf § 361 Abs. 3 S. 1 AO bzw. § 69 Abs. 2 S. 4 FGO.

12 ESt- und GewSt-Messbescheid werden von der **Rechtskraftwirkung** des § 110 Abs. 1 S. 1 FGO in der Weise erfasst, dass die Entscheidung in einer Einkommensteuersache ein rechtskräftiges Urteil in einem Rechtsstreit über einen GewSt-Messbetrag nicht nach § 35b außer Kraft setzen kann (BFH I S 8/79, BStBl. II 1980, 104; BVerwG 9 B 72/15, BFH/NV 2016, 1423). Dies erfordert allerdings, dass das Gericht bereits in der GewSt-Messbetragssache über die gleiche Streitfrage zu entscheiden hatte.

13 Auch bei einem Streit über die Gewinnhöhe ist die Rechtskraftwirkung des § 110 Abs. 1 FGO zu beachten. Kommt danach § 35b deshalb nicht zur Anwendung, weil das FG über *denselben Sachverhalt* sowohl in der Einkommensteuerwie auch in der Gewerbesteuersache entschieden, der Stpfl. aber Revision nur wegen der Einkommensteuersache eingelegt hat, so kann die Vollziehung der bestandskräftigen GewSt-Messbescheide nicht ausgesetzt werden (BFH I S 8/79, BStBl. II 1980, 104). Ein GewSt-Messbescheid war nicht Grundlagenbescheid für die Tarifbegrenzung nach § 32c EStG aF (BFH III R 12/14, BStBl. II 2016, 818).

III. Verlustfeststellungsbescheid (Abs. 2)

1. Zuständiges Finanzamt

Abs. 2 S. 1 begründet die Zuständigkeit desjenigen FA für die Feststellung des vortragsfähigen Gewerbeverlusts, welches auch für den Erlass des GewSt-Messbescheids zuständig ist (→ § 14 Rn. 2). Dies ist das Betriebsfinanzamt. In Organschaftsfällen ist das für den Organträger zuständige Finanzamt das zuständige Feststellungsfinanzamt, wenn die Geschäftsleitung der Organgesellschaft durch den Organträger in maßgeblicher Weise beeinflusst wird (FM Bay. 20.10.1993, BeckVerw 027035 (koord. Ländererlass)). 14

2. Bindungswirkung

Der Verlustfeststellungsbescheid ist – auch wenn er mit dem GewSt-Messbescheid verbunden ist – ein eigenständiger Bescheid. In dem Verlustfeststellungsbescheid ist die Höhe der vortragsfähigen Fehlbeträge gesondert festzustellen (§ 10a S. 6). Er ist **Grundlagenbescheid** für den GewSt-Messbescheid des Folgejahres und für den Verlustfeststellungsbescheid des Folgejahres (→ § 10a Rn. 148) und regelt, welche Fehlbeträge bis zu welchem EZ verbraucht sind und welche nicht bzw. welche durch Zuschreibung neu hinzugekommen sind. Keine Grundlagenfunktion hat er hinsichtlich der für die Verlustverrechnung bedeutsamen Frage der Unternehmensidentität (BFH IV R 59/16, BFH/NV 2020, 282). Ab EZ 04 wurde der Verlustvortrag beschränkt (§ 10a S. 1 und 2, Mindestbesteuerung). Eine Abzugsbeschränkung besteht auch hinsichtlich der Verluste einer Organgesellschaft, die auf die Zeit vor dem Abschluss eines Gewinnabführungsvertrages entfallen (§ 10a S. 3; s. BMF 10.11.2005, BStBl. I 2005, 1038 Rn. 25). Der Verlustfeststellungsbescheid ergeht für den EZ des jeweiligen GewSt-Messbescheids mit Verrechnung oder Zuschreibung von Fehlbeträgen. Wird für die zurückliegenden Erhebungszeiträume der Verlustfeststellungsbescheid geändert, so sind spätere Verlustfeststellungsbescheide und – soweit veranlasst (Messbetrag > 0) – auch die GewSt-Messbescheide zu ändern. Bindungswirkung entfaltet der Verlustfeststellungsbescheid nicht nur hinsichtlich der verrechneten Fehlbeträge, sondern auch für das festgestellte Verlustvolumen. Wegen der Feststellungswirkung kann das Verlustvolumen nicht jederzeit neu überprüft werden, vielmehr kann es für den EZ des Verlustfeststellungsbescheids nur aufgrund von Korrekturvorschriften geändert oder für weitere Erhebungszeiträume durch weitere Verrechnung oder Fehlbetragszuschreibung in weiteren Verlustfeststellungsbescheiden fortgeschrieben werden (s. Thüringer FG 3 K 868/11, EFG 2014, 1459, rkr.). Weil der Verlustfeststellungsbescheid Grundlagenbescheid iSd § 175 Abs. 1 Nr. 1 AO ist, muss der GewSt-Messbescheid auf seiner Grundlage geändert werden, selbst wenn sich der vortragbare Fehlbetrag neu ergibt und deshalb erstmals ein Verlustfeststellungsbescheid ergeht. Hinsichtlich des übrigen Bescheidinhalts gelten die allgemeinen Regeln. Dies bedeutet, der Steuerschuldner und der Betrieb müssen dem Bescheid entnommen werden können (→ § 14 Rn. 3). Über nur partiell vortragbare Fehlbeträge, zB im Falle der Betriebseinbringung, ist nach Verrechnung ebenfalls im Verlustfeststellungsbescheid zu entscheiden (Baldauf in Brandis/Heuermann § 35b Rn. 44). Die Klage gegen einen Folgebescheid, der mit Einwänden begründet wird, die den Grundlagenbescheid betreffen, ist unbegründet, nicht unzulässig (BFH I R 13/16, BStBl. II 2019, 632). 15

3. Erlass, Änderung und Aufhebung

16 § 35b Abs. 2 S. 2–4 gleichen § 10d Abs. 4 S. 4–6 EStG. **Abs. 2 S. 2** sieht in seiner jetzigen Fassung eine Verknüpfung zwischen GewSt-Messbescheid einerseits und Verlustfeststellungsbescheid andererseits dergestalt vor, dass der Verlust für das Verlustentstehungsjahr in der Höhe festzustellen ist, in der er sich bei Ermittlung des Gewerbeertrags ausgewirkt hat. Mit dieser Regelung wird – entsprechend § 10d Abs. 4 S. 4 EStG – eine inhaltliche Bindung des Verlustfeststellungsbescheids an den GewSt-Messbescheid erreicht, obwohl der GewSt-Messbescheid kein Grundlagenbescheid dafür ist (s. auch Kontny in WSMH § 35b Rn. 39; Schenke in Desens/Tappe § 35b Rn. 111, 115: „Quasi-Grundlagenbescheid" und „Quasi-Folgebescheid"). Der Erlass wie die Änderung des jeweiligen Verlustfeststellungsbescheids über den verbleibenden Verlustvortrag bzw. Fehlbetrag sind danach von der Reichweite der verfahrensrechtlichen Änderungsmöglichkeit der Steuerfestsetzung bzw. des Messbescheids im Verlustentstehungsjahr abhängig (BFH XI R 50/17, BStBl. II 2018, 752; Brühl in BeckOK GewStG § 35b Rn. 275). Im Verfahren über den Verlustfeststellungsbescheid ist der Gewinn/Verlust aus Gewerbebetrieb daher nicht eigenständig zu ermitteln (BFH III R 23/16, DStR 2019, 981; IV R 7/20, BeckRS 2021, 21007). Die durch das JStG 2010 (BGBl. 2010 I 1768) bedingten Änderungen des Abs. 2 S. 2 und 3 waren eine Reaktion auf BFH IX R 70/06, BStBl. II 2009, 897. In dem Urteil hatte der BFH entschieden, dass ein verbleibender Verlustvortrag auch dann erstmals festgestellt werden darf, wenn der ESt-Bescheid für das Verlustfeststellungsjahr bestandskräftig geworden ist, obwohl in dem Bescheid Verluste zu Unrecht nicht berücksichtigt worden sind. Die Neuregelung soll verhindern, dass nach längerer Zeit nach Bestandskraft des „Grundlagenbescheids" erstmals Gründe für den Erlass eines Verlustfeststellungsbescheids vorgebracht werden (Kontny in WSMH § 35b Rn. 42). Sie gilt erstmals für Verluste, für die nach dem 13.12.2010 eine Erklärung zur Feststellung des vortragsfähigen Gewerbeverlustes abgegeben worden ist (§ 36 Abs. 10 S. 1 aF; BFH IV R 14/25, DStR 2026, 216; BFH IV R 4/17, BStBl. II 2020, 710). Stellt sich nach jetziger Rechtslage nachträglich heraus, dass ein Verlust in einem nicht mehr änderbaren GewSt-Messbescheid zu Unrecht nicht berücksichtigt worden ist, so kann auch kein erstmaliger Verlustfeststellungsbescheid mehr ergehen (siehe entsprechend § 10d Abs. 4 S. 4 und 5 EStG). Ändert sich der Gewerbeertrag und damit der Verlustverbrauch, so ist auch der Verlustfeststellungsbescheid von Amts wegen zu ändern, auch wegen geänderter Hinzurechnungen und Kürzungen (GewStR 35b.1 Abs. 2 S. 3). Das Gesetz misst den Besteuerungsgrundlagen in Abs. 2 S. 2 – Verweisung auf § 171 Abs. 10, § 175 Abs. 1 S. 1 Nr. 1 und § 351 Abs. 2 AO – Grundlagenfunktion zu (vgl. Meyer/Ball DStR 2011, 345), obwohl GewSt-Messbescheide und Verlustfeststellungsbescheide keine Grundlagen- und Folgebescheide im eigentlichen Sinne sind (BFH XI R 50/17, BStBl. II 2018, 752). Besteuerungsgrundlagen sind der Gewerbeertrag (§ 6) und die Fehlbeträge nach § 10a S. 1 (BFH IV R 31/23, DStR 2025, 2835; BFH IV R 31/13, BStBl. II 2017, 482). Der **Gewerbeertrag** eines EZ hat – neben den festgestellten Fehlbeträgen nach § 10a S. 1 – folglich **Grundlagenfunktion für die Verlustfeststellung** auf das Ende dieses EZ. Der Verlustvortrag ist somit nicht eigenständig zu ermitteln (BFH I R 79/15, BStBl. II 2019, 173; III R 23/16, DStR 2019, 981). Wegen der Bindungswirkung können Einwendungen, die die Besteuerungsgrundlagen betreffen, nicht mehr im Ver-

fahren wegen der Feststellung des vortragsfähigen Gewerbeverlusts geltend gemacht werden (BFH IV R 14/25, DStR 2026, 216). Die Klage dagegen bleibt zulässig, im Rahmen der Begründetheit ist aber nur noch zu prüfen, ob und inwieweit eine Bindungswirkung eingetreten ist (BFH IV R 31/23, DStR 2025, 2835). Aus diesem Grund kann und muss auch ein auf Null lautender GewSt-Messbescheid angefochten werden, wenn der Steuerpflichtige der Ansicht ist, der Gewerbeverlust sei höher als vom FA angenommen (BFH IV R 31/23, DStR 2025, 2835; BFH IV R 25/21, BeckRS 2024, 8252; BFH I R 71/16, BStBl. II 2019, 493; III R 56/20, DStR 2023, 26; Brühl in BeckOK GewStG § 35b Rn. 290; aA war FG Bln-Bbg 8 K 8168/20, BeckRS 2022, 15315, aufgehoben durch BFH XI R 18/22, BeckRS 2024, 22668). Ist ein Verlust im GewSt-Messbescheid nicht berücksichtigt worden, kommt dies im Verlustfeststellungsbescheid ebensowenig in Betracht; denn der GewSt-Messbescheid entfaltet insoweit eine negative Bindungswirkung (vgl. BFH XI R 18/22, BeckRS 2024, 22668). Auch die Aufhebung eines Messbescheids mit einer Nullfestsetzung beschwert den Steuerpflichtigen, weil dadurch die Bindungswirkung für den Verlustfeststellungsbescheid entfällt (BFH IV R 43/16, BFH/NV 2020, 511; Brühl in BeckOK GewStG § 35b Rn. 349). Die Verlustfeststellung ist wiederum Ausgangspunkt und Grundlagenbescheid für den Verlustverbrauch und die Verlustfeststellung auf den Schluss des darauf folgenden EZ (→ Rn. 15). Ist ein GewSt-Messbescheid, in dem ein geringerer Gewerbeverlust als der vom StPfl. begehrte berücksichtigt wurde, in Bestandskraft erwachsen, so kommt eine Änderung des Verlustfeststellungsbescheids nur dann in Betracht, wenn der GewSt-Messbescheid noch verfahrensrechtlich korrigiert werden kann (BFH XI R 50/17, BStBl. II 2018, 752). Das Merkmal der sachlichen Gewerbesteuerpflicht ist aber keine Besteuerungsgrundlage iSd § 35b Abs. 2 S. 2; der GewSt-Messbescheid entfaltet insoweit keine Bindungswirkung für den Verlustfeststellungsbescheid (BFH IV R 23/22, BeckRS 2025, 7820; BFH IV R 13/20, DStR 2022, 2202; Kontny in WSMH § 35b Rn. 41). Keine Grundlagenfunktion besteht daher hinsichtlich der Frage, ob die sachliche Steuerpflicht im Verlauf eines EZ begonnen hat oder weggefallen ist; dies ist im Verlustfeststellungsverfahren selbstständig zu prüfen (BFH IV R 31/13, BStBl. II 2017, 482).

Ist der Messbetrag für einen EZ trotz einer Änderung des Gewerbeertrags **17** nicht zu korrigieren, zB weil der Gewerbeertrag bereits auf 0 EUR lautet und der Gewerbeverlust für diesen EZ höher ist als zunächst angenommen, so kann die Verlustfeststellung für diesen EZ nach **Abs. 2 S. 3 geändert** werden, ohne dass es einer vorherigen Korrektur des Messbescheids bedarf. Liegt ein solcher Fall vor, so müssen darüber hinaus die verfahrensrechtlichen Voraussetzungen für eine Änderung des Messbescheids dennoch gegeben sein. Denn die Änderung bzw. Aufhebung des GewSt-Messbescheids muss „ausschließlich" mangels Auswirkung auf die Höhe des Steuermessbetrags unterblieben sein – und nicht zusätzlich aus anderen Gründen (s. Brühl in BeckOK GewStG § 35b Rn. 288 f. mit berechtigter Kritik). Dies gefährdet aber den Rechtsschutz des Stpfl., wenn er allein den Verlustfeststellungsbescheid angefochten hat (Schenke in Desens/Tappe § 35b Rn. 119, 161: Anfechtungsfalle; s. auch Brühl in BeckOK GewStG § 35b Rn. 289). Aus Vorsicht ist daher auch der GewSt-Messbescheid (Nullbescheid) anzufechten (Schenke in Desens/Tappe § 35b Rn. 161). Ein Feststellungsbescheid mit einem höheren Verlustvortrag kann nach Abs. 2 S. 3 nicht ergehen, wenn zB den Steuerpflichtigen grobes Verschulden daran trifft, dass der höhere Verlust erst nachträglich bekannt geworden ist (§ 173 Abs. 1 Nr. 2

AO). Erlässt das FA einen GewSt-Messbescheid, durch den zwar nicht der Messbetrag geändert wird, jedoch der (negative) Ertrag, und erlässt es zugleich einen geänderten Verlustfeststellungsbescheid, so muss sich der StPfl, wenn er einen höheren Verlust begehrt, gegen den GewSt-Messbescheid wenden, da in diesem Fall keine Aufhebung/Änderung/Berichtigung iSv Abs. 2 S. 3 unterblieben ist.

18 Im Gegensatz zur Änderungsvorschrift des Abs. 1 wird nach Abs. 2 nicht nur ein geänderter gewerblicher **Gewinn** berücksichtigt, wie er sich nach dem EStG oder KStG ergibt, sondern der geänderte **Gewerbeertrag** (§ 7) und damit auch geänderte Kürzungen und Hinzurechnungen (§§ 8, 9) und die sich daraus ergebende Veränderung der Fehlbeträge des betreffenden EZ. Besteuerungsgrundlagen in diesem Sinne sind solche nach § 157 Abs. 2 AO, zu denen auch die abziehbaren Fehlbeträge iSv § 10a gehören (BFH I R 77/00, BFH/NV 2001, 1293). Die Änderung erfolgt unabhängig davon, ob die Besteuerungsgrundlagen sich aus tatsächlichen oder rechtlichen Gründen ändern (s. auch Brühl in BeckOK GewStG § 35b Rn. 308).

19 Den **erstmaligen Erlass** eines Verlustfeststellungsbescheids regelt § 10a S. 6. Er ist uE danach auch dann möglich, wenn der GewSt-Messbetrag zunächst 0 EUR beträgt, weil der Gewerbeertrag durch den Freibetrag nach § 11 Abs. 1 S. 3 Nr. 1 auf 0 EUR vermindert wird, später der Einkommensteuerbescheid mit dem Ergebnis nach § 15 EStG auf ./. 100.000 EUR geändert wird mit der Folge, dass eine Änderung des GewSt-Messbescheids mangels geänderten Einkommensteuerbescheids unterbleibt, aber erstmals ein Fehlbetrag nach § 10a festzustellen ist.

4. Feststellungsverjährung

20 Durch das JStG 2007 (BGBl. 2006 I 2878) wurde **Abs. 2 S. 4** angefügt und die Feststellungsfrist für den Verlustfeststellungsbescheid an die Festsetzungsfrist für den Messbescheid gekoppelt. Die Frist für eine Verlustfeststellung auf das Ende eines EZ endet nicht, bevor die Festsetzungsfrist für diesen EZ abgelaufen ist. Ist die Feststellungsfrist abgelaufen, so würde § 181 Abs. 5 AO eigentlich eine Nachholung der Feststellung ermöglichen, weil die Feststellung für die Festsetzung der Messbeträge für spätere Jahre von Bedeutung ist. Das hätte zur Folge, dass die Feststellungsfrist für die Verlustfeststellung nicht endet und keine Festsetzungsverjährung eintritt (Kontny in WSMH § 35b Rn. 45). Eine Nachholung der Feststellung nach § 181 Abs. 5 AO scheidet nach S. 4 nur dann nicht aus, wenn das FA eine Verlustfeststellung pflichtwidrig unterlassen hat (s. BT-Drs. 16/2712, 43 (44)). Das Unterlassen ist pflichtwidrig, wenn das FA Kenntnis vom Verlust hatte, etwa durch eine Verlustfeststellungserklärung des Stpfl. (Brühl in BeckOK GewStG § 35b Rn. 327; ähnlich Baldauf in Brandis/Heuermann § 35b Rn. 12). Die Vorschrift ist anwendbar, wenn das FA pflichtwidrig noch keinen Verlustfeststellungsbescheid erlassen hat; sie ist nicht einschlägig, wenn bereits ein – inhaltlich unrichtiger – Feststellungsbescheid existiert (BFH I R 5/13, BStBl. II 2016, 353). Wertet das FA Prüfungsfeststellungen nicht aus, so ist dies pflichtwidrig.

Abschnitt IX. Durchführung

§ 35c Ermächtigung

(1) **Die Bundesregierung wird ermächtigt, mit Zustimmung des Bundesrates**

1. zur Durchführung des Gewerbesteuergesetzes Rechtsverordnungen zu erlassen
   a) über die Abgrenzung der Steuerpflicht,
   b) über die Ermittlung des Gewerbeertrags,
   c) über die Festsetzung der Steuermessbeträge, soweit dies zur Wahrung der Gleichmäßigkeit der Besteuerung und zur Vermeidung von Unbilligkeiten in Härtefällen erforderlich ist,
   d) über die Zerlegung des Steuermessbetrags,
   e) über die Abgabe von Steuererklärungen unter Berücksichtigung von Freibeträgen und Freigrenzen;

2. Vorschriften durch Rechtsverordnung zu erlassen
   a) über die sich aus der Aufhebung oder Änderung von Vorschriften dieses Gesetzes ergebenden Rechtsfolgen, soweit dies zur Wahrung der Gleichmäßigkeit bei der Besteuerung oder zur Beseitigung von Unbilligkeiten in Härtefällen erforderlich ist,
   b) *(weggefallen)*
   c) über die Steuerbefreiung der Einnehmer einer staatlichen Lotterie,
   d) über die Steuerbefreiung bei bestimmten kleineren Versicherungsvereinen auf Gegenseitigkeit im Sinne des § 210 des Versicherungsaufsichtsgesetzes, wenn sie von der Körperschaftsteuer befreit sind,
   e) über die Beschränkung der Hinzurechnung von Entgelten für Schulden und ihnen gleichgestellte Beträge (§ 8 Nr. 1 Buchstabe a) bei Kreditinstituten nach dem Verhältnis des Eigenkapitals zu Teilen der Aktivposten und bei Gewerbebetrieben, die nachweislich ausschließlich unmittelbar oder mittelbar Kredite oder Kreditrisiken, die einem Kreditinstitut oder einem in § 3 Nr. 2 genannten Gewerbebetrieb aus Bankgeschäften entstanden sind, erwerben und Schuldtitel zur Refinanzierung des Kaufpreises für den Erwerb solcher Kredite oder zur Refinanzierung von für die Risikoübernahmen zu stellenden Sicherheiten ausgeben,
   f) über die Beschränkung der Hinzurechnung von Entgelten für Schulden und ihnen gleichgestellte Beträge (§ 8 Nummer 1 Buchstabe a) bei
      aa) Finanzdienstleistungsinstituten, soweit sie Finanzdienstleistungen im Sinne des § 1 Absatz 1a Satz 2 des Kreditwesengesetzes tätigen,
      bb) Zahlungsinstituten, soweit sie Zahlungsdienste im Sinne des § 1 Absatz 1 Satz 2 Nummer 3 Buchstabe b und Nummer 6 des Zahlungsdiensteaufsichtsgesetzes erbringen,
      cc) Wertpapierinstituten, soweit sie Wertpapierdienstleistungen, Wertpapiernebendienstleistungen und Nebengeschäfte im

Sinne des § 2 Absatz 2 bis 4 des Wertpapierinstitutsgesetzes erbringen.

[2]Voraussetzung für die Umsetzung von Satz 1 ist, dass die Umsätze des Finanzdienstleistungsinstituts zu mindestens 50 Prozent auf Finanzdienstleistungen, die Umsätze der Wertpapierinstitute zu mindestens 50 Prozent auf Wertpapierdienstleistungen, Wertpapiernebendienstleistungen und Nebengeschäfte und die Umsätze des Zahlungsinstituts zu mindestens 50 Prozent auf Zahlungsdienste entfallen,

g) über die Festsetzung abweichender Vorauszahlungstermine.

(2) **Das Bundesministerium der Finanzen wird ermächtigt, den Wortlaut dieses Gesetzes und der zu diesem Gesetz erlassenen Rechtsverordnungen in der jeweils geltenden Fassung satzweise nummeriert mit neuem Datum und in neuer Paragrafenfolge bekannt zu machen und dabei Unstimmigkeiten im Wortlaut zu beseitigen.**

1 **Abs. 1** ist die **Ermächtigungsgrundlage** für die Bundesregierung (Abs. 2 richtet sich an das Bundesministerium der Finanzen) für den Erlass verschiedener Rechtsverordnungen, die Gesetze im materiellen Sinn darstellen. Sie bedürfen der Zustimmung des Bundesrates (Art. 80 Abs. 2 GG iVm Art. 105 Abs. 3 GG) und binden die Rechtsanwender wie formelle Gesetze. Die Ermächtigung in § 35c muss als nachkonstitutionelles Recht den Erfordernissen des Art. 80 GG genügen. Inhalt, Zweck und Ausmaß, dh die Tendenz des Gesetzes oder das gesetzgeberische Programm, müssen sich aus der Ermächtigungsnorm selbst ergeben (vgl. BFH XI R 87/92, BStBl. II 1994, 587). Gerichte haben die Verwerfungskompetenz für Rechtsverordnungen nur bei festgestellter Gesetzwidrigkeit (Verstoß gegen höherrangiges Recht). Gelangt ein Gericht dagegen zur Verfassungswidrigkeit der Ermächtigungsnorm selbst wegen eines angenommenen Verstoßes gegen Art. 80 Abs. 1 GG, so hat es bei nachkonstitutionellem Bundesrecht nach Art. 100 GG die Entscheidung des BVerfG einzuholen. Die Ermächtigungsgrundlagen in § 35c Abs. 1 Nr. 1 zum Erlass von Verordnungen zur Durchführung des GewStG sind sehr allgemein gehalten, und so können Zweifel daran aufkommen, ob Art. 80 Abs. 1 GG ausreichend beachtet wurde (s. Wendt in WSMH § 35c Rn. 10). Ein Rechtsmittel darauf zu stützen, dürfte gleichwohl wenig erfolgversprechend sein. Die Rspr. des BFH legt großzügige Maßstäbe an. Abs. 1 Nr. 2 Buchst. e bildet danach eine ausreichende Ermächtigungsnorm für § 19 GewStDV (BFH VIII R 257/81, BFH/NV 1987, 391). Diese Norm hat der Gesetzgeber allerdings inzwischen selbst geändert (sog. Legislativverordnung, s. BFH III R 55/20, DStRE 2024, 528). Auch ist zu berücksichtigen, dass manche Durchführungsbestimmungen der GewStDV nur deklaratorischen Charakter haben und Rechtsprechungsgrundsätze wiedergeben (zB §§ 1, 2, 4 GewStDV). Abs. 1 Nr. 2 ermächtigt detailliert zum Erlass sonstiger Verordnungen für Sonderfälle. Nicht von allen Ermächtigungen hat die Bundesregierung Gebrauch gemacht (s. Wendt in WSMH § 35c Rn. 10 ff.).

2 **Ermächtigung nach Abs. 2.** Durch das StBereinG 1999 v. 22.12.1999 (BGBl. 1999 I 2601) wurde mWv **EZ 2000** durch den neu eingefügten Abs. 2 das BMF ermächtigt, den Wortlaut des GewStG und der dazu erlassenen Rechtsverordnungen in der jeweils geltenden Fassung bekannt zu machen. Hierbei dürfen das Datum des Gesetzes oder der Verordnung, die Reihenfolge der Paragrafen und die Nummerierung ihrer einzelnen Sätze angepasst sowie Unstimmigkeiten

des Wortlauts beseitigt werden. Es handelt sich also um technische Änderungen (Wendt in WSMH § 35c Rn. 19). Materielle Änderungen sind nicht zulässig. Von der Ermächtigung wurde zuletzt durch die Bekanntmachung v. 15.10.2002 (BGBl. 2002 I 4167) Gebrauch gemacht.

Abschnitt X. Schlussvorschriften

§ 36 Zeitlicher Anwendungsbereich

(1) Die vorstehende Fassung dieses Gesetzes ist, soweit in den folgenden Absätzen nichts anderes bestimmt ist, erstmals für den Erhebungszeitraum 2021 anzuwenden.

(2) [1]§ 3 Nummer 1 in der Fassung des Artikels 8 des Gesetzes vom 12. Dezember 2019 (BGBl. I S. 2451) ist erstmals für den Erhebungszeitraum 2019 anzuwenden. [2]§ 3 Nummer 2 ist für die Investitionsbank Sachsen-Anhalt erstmals für den Erhebungszeitraum 2023 anzuwenden. [3]Die Steuerbefreiung nach § 3 Nummer 2 in der bis zum 20. Dezember 2022 geltenden Fassung ist für die Investitionsbank Sachsen-Anhalt – Anstalt der Norddeutschen Landesbank – Girozentrale – letztmalig für den Erhebungszeitraum 2023 anzuwenden. [4]§ 3 Nummer 2 ist für die DEG – Deutsche Investitions- und Entwicklungsgesellschaft mbH erstmals für den Erhebungszeitraum 2024 anzuwenden. [5]§ 3 Nummer 12 in der Fassung des Artikels 9 des Gesetzes vom 12. Dezember 2019 (BGBl. I S. 2451) ist erstmals für den Erhebungszeitraum 2025 anzuwenden. [6]§ 3 Nummer 13 in der Fassung des Artikels 8 des Gesetzes vom 12. Dezember 2019 (BGBl. I S. 2451) ist erstmals für den Erhebungszeitraum 2015 anzuwenden. [7]§ 3 Nummer 24 in der Fassung des Artikels 8 des Gesetzes vom 12. Dezember 2019 (BGBl. I S. 2451) ist erstmals für den Erhebungszeitraum 2019 anzuwenden. [8]§ 3 Nummer 32 in der Fassung des Artikels 8 des Gesetzes vom 12. Dezember 2019 (BGBl. I S. 2451) ist erstmals für den Erhebungszeitraum 2019 anzuwenden. [9]§ 3 Nummer 32 in der Fassung des Artikels 10 des Gesetzes vom 16. Dezember 2022 (BGBl. I S. 2294) ist erstmals für den Erhebungszeitraum 2022 anzuwenden.

(3) [1]§ 7 Satz 3 in der durch Artikel 8 des Gesetzes vom 12. Dezember 2019 (BGBl. I S. 2451) geänderten Fassung ist erstmals für den Erhebungszeitraum 2009 anzuwenden. [2]Für den Erhebungszeitraum 2008 ist § 7 Satz 3 in folgender Fassung anzuwenden:

**„Der nach § 5a des Einkommensteuergesetzes ermittelte Gewinn einschließlich der Hinzurechnungen nach § 5a Absatz 4 und 4a des Einkommensteuergesetzes und das nach § 8 Absatz 1 Satz 2 des Körperschaftsteuergesetzes ermittelte Einkommen gelten als Gewerbeertrag nach Satz 1."
[3]§ 7 Satz 7 in der Fassung des Artikels 16 des Gesetzes vom 20. Dezember 2016 (BGBl. I S. 3000) ist erstmals für den Erhebungszeitraum 2017 anzuwenden. [4]§ 7 Satz 8 in der Fassung des Artikels 9 des Gesetzes vom 2. Dezember 2024 (BGBl. 2024 I Nr. 387) ist auch für Erhebungszeiträume vor 2024 anzuwenden.**

(3a) § 7b Absatz 2 Satz 4 in der Fassung des Artikels 10 des Gesetzes vom 16. Dezember 2022 (BGBl. I S. 2294) ist erstmals für den Erhebungszeitraum 2023 anzuwenden.

(4) [1]§ 8 Nummer 1 Buchstabe d Satz 2 ist nur auf Entgelte anzuwenden, die auf Verträgen beruhen, die nach dem 31. Dezember 2019 abgeschlossen worden sind. [2]Dabei ist bei Verträgen, die vor dem 1. Januar 2025

abgeschlossen werden, statt einer Reichweite von 80 Kilometern eine Reichweite von 60 Kilometern ausreichend. [3]§ 8 Nummer 1 Buchstabe d Satz 2 ist letztmals für den Erhebungszeitraum 2030 anzuwenden.

(4a) **§ 8 Nummer 5 in der Fassung des Artikels 3 des Gesetzes vom 25. Juni 2021 (BGBl. I S. 2035) ist erstmals für den Erhebungszeitraum 2022 anzuwenden.**

(4b) **[1]§ 9 Nummer 1 Satz 1 in der Fassung des Artikels 9 des Gesetzes vom 2. Dezember 2024 (BGBl. 2024 I Nr. 387) ist erstmals für den Erhebungszeitraum 2025 anzuwenden. [2]§ 9 Nummer 1 Satz 3 Buchstabe b in der Fassung des Artikels 19 des Gesetzes vom 27. März 2024 (BGBl. 2024 I Nr. 108) ist erstmals für den Erhebungszeitraum 2023 anzuwenden.**

(5) **[1]§ 9 Nummer 3 Satz 1 erster Halbsatz in der Fassung des Artikels 16 des Gesetzes vom 20. Dezember 2016 (BGBl. I S. 3000) ist erstmals für den Erhebungszeitraum 2017 anzuwenden. [2]§ 9 Nummer 5 Satz 12 in der Fassung des Artikels 8 des Gesetzes vom 12. Dezember 2019 (BGBl. I S. 2451) ist erstmals für Zuwendungen anzuwenden, die nach dem 31. Dezember 2019 geleistet werden.**

(5a) **§ 10a in der Fassung des Artikels 9 des Gesetzes vom 21. Dezember 2020 (BGBl. I S. 3096) ist auch für Erhebungszeiträume vor 2020 anzuwenden.**

(5b) **§ 16 Absatz 4 Satz 2 in der Fassung des *Artikels* 7[1] des Gesetzes vom 29. Juni 2026 (BGBl. 2026 I Nr. 197) ist erstmals für den Erhebungszeitraum 2027 anzuwenden.**

(5c) **§ 19 Absatz 3 Satz 2 und 3 ist auf Antrag des Steuerpflichtigen mit der Maßgabe anzuwenden, dass für die Erhebungszeiträume 2019 bis 2021 der 21. Kalendermonat, für den Erhebungszeitraum 2022 der 20. Kalendermonat, für den Erhebungszeitraum 2023 der 18. Kalendermonat und für den Erhebungszeitraum 2024 der 17. Kalendermonat an die Stelle des 15. Kalendermonats tritt.**

(5d) **§ 29 Absatz 1 Nummer 3 und § 31 Absatz 3 in der jeweiligen Fassung des Artikels 9 des Gesetzes vom 2. Dezember 2024 (BGBl. 2024 I Nr. 387) sind erstmals für den Erhebungszeitraum 2025 anzuwenden.**

(6) **§ 35c Absatz 1 Nummer 2 Buchstabe f Satz 1 Doppelbuchstabe bb in der Fassung des Artikels 8 des Gesetzes vom 12. Dezember 2019 (BGBl. I S. 2451) ist erstmals für den Erhebungszeitraum 2018 anzuwenden.**

Gewerbesteuer-Durchführungsverordnung

§ 36 GewStDV Zeitlicher Anwendungsbereich

[1]Die vorstehende Fassung dieser Verordnung ist erstmals für den Erhebungszeitraum 2021 anzuwenden. [2]§ 20 Absatz 2 in der Fassung der Bekanntmachung vom 15. Oktober 2002 (BGBl. I S. 4180) ist letztmalig für den Erhebungszeitraum 2024 anzuwenden.

Seit dem JStG 2009 v. 19.12.2008 (BGBl. 2008 I 2794) wurde das GewStG durch folgende Gesetze geändert (chronologische Reihenfolge): 1

---

[1] **Richtig wohl: „Artikels 8".**

Das **3. MittelstEntlG** v. 17.3.2009 (BGBl. 2009 I 550) brachte eine Anhebung des Freibetrags in § 11 Abs. 1 S. 3 Nr. 2 von 3.900 EUR auf 5.000 EUR sowie eine entsprechende Anpassung in § 25 Abs. 1 Nr. 3 GewStDV. Aufgrund des **WachstBeschlG** v. 22.12.2009 (BGBl. 2009 I 3950) wurde die Hinzurechnung von Miet- und Pachtzinsen für unbewegliche Wirtschaftsgüter von 13/20 auf ½ vermindert. Durch das **EU-VorgabenG** v. 8.4.2010 (BGBl. 2010 I 386) wurden die geänderten einkommensteuerlichen Regelungen zum Spendenabzug in § 9 Nr. 5 in das GewStG übernommen; außerdem wurde an § 19 GewStDV ein Abs. 4 angefügt (keine Hinzurechnung von Schuldzinsen bei bestimmten Finanzdienstleistungsinstituten). Das **JStG 2010** v. 8.12.2010 (BGBl. 2010 I 1768) brachte in § 3 Nr. 2 eine Änderung bei den steuerbefreiten Kreditinstituten; § 10a S. 9 schuf die Voraussetzungen für die Verlustfeststellung bei kommunalen Querverbünden, in § 11 Abs. 3 S. 1 wurde der Abschlag auf die Messzahl bei Hausgewerbetreibenden angepasst, § 35a Abs. 2 an die Änderung des § 55 GewO. § 35b Abs. 2 wurde dahin präzisiert, dass nachträglich erklärte Verluste nur noch dann festzustellen sind, wenn der entsprechende GewSt-Messbescheid noch geändert werden könnte. Durch das **BeitrRLUmsG** v. 7.12.2011 (BGBl. 2011 I 2592) wurde § 9 Nr. 5 S. 5 redaktionell angepasst. Das G zur Änderung und Vereinfachung der **Unternehmensbesteuerung und des steuerlichen Reisekostenrechts** v. 20.2.2013 (BGBl. 2013 I 285) passte die Verweisung in § 2 Abs. 2 an die geänderten Regelungen zur Organschaft im KStG an. Das **Ehrenamtsstärkungs G** v. 21.3.2013 (BGBl. 2013 I 556) enthält in § 9 Nr. 5 Änderungen zur Kürzung bei Spenden an Stiftungen. Das **AmtshilfeRLUmsG** v. 26.6.2013 (BGBl. 2013 I 1809) brachte im Wesentlichen Änderungen beim Zerlegungsmaßstab für Anlagen von Wind- und Solarenergie (§ 29 Abs. 1 Nr. 2). Aufgrund des **KroatAnpG** v. 25.7.2014 (BGBl. 2014 I 1266) gehört die ausschließliche Wirtschaftszone, soweit dort Energieerzeugungsanlagen betrieben werden, zum Inland. Außerdem wurde die Regelung des zeitlichen Anwendungsbereichs in § 36 stark gestrafft. Aus diesem Grund wurde § 9 Nr. 1 S. 5 Nr. 1a neu gefasst und erhielt eine Übergangsregelung. Durch das **ZollKodexAnpG** v. 22.12.2014 (BGBl. 2014 I 2417) wurde in § 3 Nr. 31 eine neue Steuerbefreiung eingeführt (Global Legal Entity Identifier Stiftung). Das Gesetz zur **Modernisierung der Finanzaufsicht über Versicherungen** v. 1.4.2015 (BGBl. 2015 I 434) brachte in § 35c Abs. 1 Nr. 2 Buchst. d eine Verordnungsermächtigungen hinsichtlich bestimmter kleinerer Versicherungsvereine auf Gegenseitigkeit (§ 36 Abs. 3). Durch das **StÄndG 2015** v. 2.11.2015 (BGBl. 2015 I 1834) erhielt § 2 Abs. 7 (Inlandsbegriff) eine Neufassung, und zwar hinsichtlich der ausschließlichen Wirtschaftszone (§ 2 Abs. 7 Nr. 1) und des Anteils am Festlandsockel (§ 2 Abs. 7 Nr. 2). Das **VerlustVerrKöG** v. 20.12.2016 (BGBl. 2016 I 2998) brachte in § 10a S. 10 die gewerbesteuerrechtliche Angleichung an die Neuregelung der Verlustverrechnung im KStG (s. § 36 Abs. 2c). Durch das **BEPS-UmsG** v. 20.12.2016 (BGBl. 2016 I 3000) wurden in § 7 die Sätze 7–9 hinzugefügt, durch die die gewerbesteuerliche Erfassung von Hinzurechnungsbeträgen nach dem AStG sichergestellt werden soll (→ § 7 Rn. 21, 22). Darüber hinaus wurde ein § 7a eingefügt, der als Reaktion auf BFH I R 39/14 (BStBl. II 2015, 1052) die Ermittlung des Gewerbeertrags einer Organgesellschaft neu regelt. In § 4 Abs. 2 S. 2 wurde der Verweis auf § 2 Abs. 7 redaktionell angepasst. Das **PSG III** v. 23.12.2016 (BGBl. 2016 I 3191) brachte eine redaktionelle Anpassung des § 3 Nr. 20 Buchst. c. Die durch das **SchädlStPraktG** v. 27.6.2017 (BGBl. 2017 I 2074) eingeführten Änderungen waren ebenfalls eine Reaktion des Gesetzgebers auf BFH-Rechtsprechung. Der Große Senat hatte den sog. Sanierungserlass für rechtswidrig erklärt (GrS 1/15, BStBl. II 2017, 393). Die Einfügung des § 7b schuf eine neue Rechtsgrundlage für die Steuerfreiheit von Sanierungsgewinnen. Das „**JStG 2018**" v. 11.12.2018 (BGBl. 2018 I 2338) brachte redaktionelle Anpassungen der Steuerbefreiungen des § 3 und eine Ergänzung des § 36 Abs. 2c (Übergangsregelung zum Sanierungsgewinn). Das **GrStRefG** v. 26.11.2019 (BGBl. 2019 I 1794) ändert ab EZ 2025 den § 9 Nr. 1 S. 1. Durch das **„JStG 2019"** v. 12.12.2019 (BGBl. 2019 I 2451) wurden gewerbesteuerliche Änderungen vorgenommen, die mit der Begünstigung kleinerer Solaranlagen sowie mit der steuerlichen Förderung der Elektromobilität zusammenhängen (§ 3 Nr. 32, § 8 Nr. 1 Buchst. d S. 2), ebenso wurden Steuerbefreiungen des § 3 redaktionell angepasst. Durch § 7 S. 3 wurde (rückwirkend) klargestellt, dass zur Fiktion des Gewerbeertrags auch der Unterschiedsbetrag nach § 5a Abs. 4 EStG gehört (entgegen BFH IV R 35/16, DStRE 2019, 265). In § 9 Nr. 5 S. 12 Buchst. e wurde die Kürzung für Zwecke ausgeschlossen, die nach § 52 Abs. 2 S. 2 AO für gemeinnützig erklärt worden sind. Außerdem wurden als Reaktion auf EuGH C-685/16, BStBl. II 2019, 111 die einschränkenden Tatbestandsvoraussetzungen der Kürzung bei ausländischen Kapitalgesellschaften im vorherigen § 9 Nr. 7 S. 1 gestrichen, der Wortlaut der Kürzungsvorschrift wurde stark gekürzt. Durch das **Corona-StHilfeG II** v. 29.6.2020 (BGBl. 2020 I 1512) wurde der Freibetrag nach § 8 Nr. 1 von 100.000 EUR auf 200.000 EUR verdoppelt. Das **WEMoG** v. 16.10.2020 (BGBl. 2020 I 2187) brachte lediglich eine Änderung des Verweises in § 9 Nr. 1 S. 2 auf das Wohnungseigentumsgesetz mit sich. Durch das **JStG 2020** v. 21.12.2020 (BGBl. 2020 I 3096) wurde in § 10a S. 10–12 die Anwendung von § 8c KStG und § 8d KStG auf den Gewerbeverlust klargestellt. Der neu eingeführte § 8 Nr. 8 S. 2 schließt die Hinzurechnung der Anteile am Verlust einer in- oder ausländischen Mitunternehmerschaft (§ 8 Nr. 8 S. 1) für Lebens- und Krankenversicherungsunternehmen und Pensionsfonds aus. Außerdem wurde ein redaktionelles Versehen in § 9 Nr. 5 S. 7 korrigiert. Durch das Gesetz zur **Umsetzung der Richtlinie (EU) 2019/2034** über die Beaufsichtigung von Wertpapierinstituten v. 12.5.2021 (BGBl. 2021 I 990) wurde § 35c Abs. 1 Nr. 2 Buchst. f Doppelbuchst. cc als Folgeänderung zur Einführung des Wertpapierinstitutsgesetzes (WpIG) mit dem neuen Wertpapierinstitutsbegriff eingefügt. Das **FoStoG** v. 3.6.2021 (BGBl. 2021 I 1498) führte im Rahmen der erweiterten Kürzung für Immobilienunternehmen zu einer Neufassung der Sätze 3 und 4 in § 9 Nr. 1 und damit zur Ausweitung erlaubter Nebentätigkeiten (Stromerzeugung aus erneuerbaren Energien und Betrieb von Ladestationen) sowie zur Einfügung von Bagatellgrenzen für an sich begünstigungsschädliche Nebenleistungen an Mieter. Außerdem wurde § 29 Abs. 1 Nr. 2 über den Zerlegungsmaßstab bei Windkraft- und Solaranlagen neu gefasst. Durch das **ATADUmsG** v. 25.6.2021 (BGBl. 2021 I 2035) wurde infolge einer Änderung des AStG in § 7 S. 9 der Verweis auf das AStG redaktionell angepasst. In § 8 Nr. 5 wurde S. 2 aufgehoben als Folgeänderung zur Aufhebung des § 3 Nr. 41 EStG, auf den sich S. 2 bezog. Im Rahmen der Kürzung für Anteile am Gewinn von Mitunternehmerschaften wurde § 9 Nr. 2 S. 2 durch die Sätze 2–5 geändert bzw. ergänzt. In § 9 Nr. 3 S. 1 wurde der Verweis auf § 7 S. 7 und 8 ausgedehnt. Ergänzend zur Einführung der Option zur Körperschaftsbesteuerung für Personengesellschaften in § 1a KStG wurde durch das Gesetz zur **Modernisierung des Körperschaftsteuerrechts** v. 25.6.2021 (BGBl. 2021 I 2050) § 2 Abs. 8 angefügt, damit die optierenden Personengesellschaften auch für Zwecke der GewSt als Kapitalgesellschaften gelten. Durch das **Vierte Corona-**

Steuerhilfegesetz v. 19.6.2022 (BGBl. 2022 I 911) wurde § 36 Abs. 5b (jetzt 5c) neu gefasst, um die Fristen für die Anpassung von GewSt-Vorauszahlungen zu verlängern (→ Rn. 11). Das **JStG 2022** v. 16.12.2022 (BGBl. 2022 I 2294) brachte neben der Änderung des § 3 Nr. 2 infolge der rechtlichen Verselbstständigung der Investitionsbank Sachsen-Anhalt eine Anhebung des Größenmerkmals der steuerbefreiten Solaranlagen von 10 kW/h auf 30 kW/h in § 3 Nr. 32; allerdings dient diese GewSt-Befreiung nunmehr ausschließlich dazu, eine IHK-Mitgliedschaft kleiner Solaranlagebetreiber zu verhindern (s. BT-Drs. 20/4729, 145). In § 7b (Sonderregelung für Sanierungserträge) wurde S. 4 neu gefasst. Mit dem **Kreditzweitmarktförderungsgesetz** v. 22.12.2023 (BGBl. 2023 I Nr. 411) ist in § 2 Abs. 3 der Begriff der Vereine ohne Rechtspersönlichkeit an die Stelle der nichtrechtsfähigen Vereine getreten, um die vereinsrechtliche Änderung in § 54 BGB nachzuvollziehen. Das **Wachstumschancengesetz** v. 27.3.2024 (BGBl. 2024 I Nr. 108) hat für die erweiterte Grundstückskürzung in § 9 Nr. 1 S. 3 Buchst. b die Unschädlichkeitsgrenze für Einnahmen aus der Lieferung von Strom von 10 % auf 20 % der Vermietungseinnahmen angehoben, um Anreize für den Ausbau der Solarstromerzeugung zu schaffen, mit einer Anwendungsregelung in § 36 Abs. 4b. Das **JStG 2024** v. 2.12.2024 (BGBl. 2024 I Nr. 387) hat neben einer Ergänzung des Katalogs der Steuerbefreiungen in § 3 Nr. 2 die Sätze 8 und 9 in § 7 durch einen neu gefassten S. 8 ersetzt, um klarzustellen, dass passive ausländische Betriebsstätten-Einkünfte als in einer inländischen Betriebsstätte erzielt gelten; zugleich wurde § 7 S. 9 wegen des neuen Verweises auf §§ 7 ff. AStG überflüssig (zur Rückwirkung → Rn. 5). Die „einfache Grundbesitzkürzung" in § 9 Nr. 1 S. 1 wurde dahingehend geändert, dass eine Kürzung um die tatsächlich im EZ als Betriebsausgabe erfasste Grundsteuer erfolgt, ganz unabhängig von Grundstückswerten und dem jeweils einschlägigen Grundsteuermodell. In § 14a S. 1 wurde klargestellt, dass für die elektronische Übermittlung der Steuererklärungen die amtliche Schnittstelle zu nutzen ist. In § 29 Abs. 1 wurde in Gestalt der Nr. 3 eine besondere Zerlegungsregel für Betreiber von Energiespeicheranlagen aufgenommen, um die Akzeptanz in den Standortgemeinden zu erhöhen. In § 31 Abs. 3 wurde der Katalog einzeln aufgeführter Steuerbefreiungen durch einen allgemeinen Bezug auf die GewSt-Befreiungen ersetzt, um die in gewerbesteuerfreien Bereichen gezahlten Arbeitslöhne einheitlich von der Berücksichtigung bei der Zerlegung des Gewerbesteuermessbetrags auszunehmen. Schließlich wurden in § 36 Abs. 3 S. 4, Abs. 4b und Abs. 5c (jetzt 5d) neue zeitliche Anwendungsregelungen aufgenommen. Das **Gesetz für dringliche Änderungen im Finanzmarkt- und Steuerbereich** v. 28.2.2025 (BGBl. 2025 I Nr. 69) hat endlich die DEG – Deutsche Investitions- und Entwicklungsgesellschaft mbH in den Katalog der Steuerbefreiungen in § 3 Nr. 2 aufgenommen, versehen mit einer eigenen Anwendungsregelung in § 36 Abs. 2 S. 4.

2 **Vor diesen Änderungen** war das GewStG zuletzt durch das **JStG 2009** v. 19.12.2008 (BGBl. 2008 I 2794) in größerem Umfang geändert worden. § 7 enthält seither eine Verweisung auf die Regelungen zum sog. kommunalen Querverbund sowie auf die Behandlung von Vorwegvergütungen im DBA-Recht. In § 9 Nr. 1 S. 5 wurde eine Nr. 1a eingeführt, die Steuergestaltungen iZm der erweiterten Kürzung für Grundstücksunternehmen verhindern soll. In § 29 wurde ein besonderer Zerlegungsmaßstab bei Windenergieanlagen eingeführt. Außerdem wurde in § 9 Nr. 5 ein S. 8 angefügt, der den Vorrang der Inanspruchnahme des Zuwendungsempfängers bei der Veranlasserhaftung im Spendenrecht regelt. Durch das **SteuerbürokratieabbauG** v. 20.12.2008 (BGBl. 2008 I 2850) wurde

in § 14a die grds. Verpflichtung zur Abgabe der Steuererklärung in elektronischer Form ab EZ 2011 eingeführt. Zuvor war das GewStG durch das **MoRaKG** v. 12.8.2008 (BGBl. 2008 I 1672) geändert worden, und zwar in § 3 Nr. 23 und in § 36 Abs. 9. Durch das **JStG 2008** v. 20.12.2007 (BGBl. 2007 I 3150) war der Begriff des Inlands in § 2 Abs. 7 Nr. 1 konkretisiert worden (Festlandsockel, der zur Nutzung erneuerbarer Energien dient). Auch wurde § 8 Nr. 1 Buchst. e geändert, der erst durch das UntStRefG eingeführt worden war (Absenkung des Finanzierungsanteils von Mieten und Pachten für unbewegliche Wirtschaftsgüter von 75 % auf 65 %). Durch das **Gesetz zur weiteren Stärkung des bürgerschaftlichen Engagements** v. 10.10.2007 (BGBl. 2007 I 2332) war das GewStG an das geänderte Spendenrecht angepasst worden. Grundlegende Änderungen traten durch das **UntStRefG** v. 17.8.2007 (BGBl. 2007 I 1912) mWv 1.1.2008 ein. Die wichtigsten: Die Gewerbesteuermesszahl wurde von 5 auf 3,5 % abgesenkt. Die GewSt ist nicht mehr als Betriebsausgabe abziehbar (§ 4 Abs. 5b EStG). Die Hinzurechnung von Schulden ist nicht mehr auf Dauerschulden beschränkt, vielmehr wurde § 8 Nr. 1 zu einer umfassenden Hinzurechnungsvorschrift ausgebaut, unabhängig von der Rechtsnatur der Schuld. Die Hinzurechnung von Renten und dauernden Lasten (§ 8 Nr. 1 Buchst. b) setzt nicht mehr voraus, dass die Verpflichtung iZm der Gründung oder dem Erwerb des Betriebs begründet wurde. Bei Miet- und Pachtzinsen einschließlich Leasingraten für bewegliche Wirtschaftsgüter beträgt die Hinzurechnung 5 %, für unbewegliche Wirtschaftsgüter 16,25 % (ein Viertel von 65 %, letzterer Prozentsatz festgelegt durch das JStG 2008). Neu ist die Hinzurechnung für die zeitlich befristete Überlassung von Rechten (§ 8 Nr. 1 Buchst. f). Für alle Hinzurechnungen gibt es nunmehr einen Freibetrag von 100.000 EUR. Das Korrespondenzprinzip in § 8 Nr. 3 aF (Hinzurechnung von Gewinnanteilen des stillen Gesellschafters beim Leistenden bei gewstlicher Erfassung beim Empfänger) ist entfallen. In § 9 Nr. 2a und 7 wurde die Beteiligungsgrenze von 10 % auf 15 % angehoben. Der Staffeltarif des § 11 Abs. 2 Nr. 1 aF ist weggefallen. Der Faktor zur Anrechnung der GewSt nach § 35 EStG wurde von 1,8 auf 3,8 erhöht (§ 35 Abs. 1 EStG), der ESt-Ermäßigungsbetrag wurde auf die tatsächlich zu zahlende GewSt beschränkt. Im **JStG 2007** v. 13.12.2006 (BGBl. 2006 I 2878) wurde die Kürzungsvorschrift des § 9 Nr. 2a geändert (Reaktion auf BFH I R 104/04, BStBl. II 2006, 844). Außerdem wurde geregelt, dass fiktive nicht abziehbare Betriebsausgaben nach § 8b Abs. 5 KStG nicht zur Kürzung führen (§ 9 Nr. 2a S. 4). Neu geregelt wurde weiterhin die Zuweisung von Verlusten an Mitunternehmer in § 10a. Die hierfür vorgesehene Rückwirkung (§ 36 Abs. 9) auf EZ vor 2007 ist nach BFH IV R 4/06, BStBl. II 2008, 140 sowie IV R 59/05, BFH/NV 2007, 2334 nicht verfassungskonform. Weiterhin wurde in § 35b Abs. 2 S. 4 die Feststellungsfrist für Verluste an die Festsetzungsfrist für den maßgeblichen EZ gekoppelt. Durch das **SEStEG** v. 7.12.2006 (BGBl. 2006 I 2782) wurden Europäische Gesellschaften/Genossenschaften in den Katalog des § 2 Abs. 2 aufgenommen. Durch das **Gesetz zu dem Dritten Zusatzprotokoll zum DBA Niederlande** v. 15.12.2004 (BGBl. 2004 II 1653) wurde das Besteuerungsrecht auf solche zum Ausland gehörenden Gebiete ausgedehnt, die in einem DBA als grenzüberschreitendes Gewerbegebiet bestimmt sind (§ 2 Abs. 7 Nr. 2, § 4 Abs. 3). Diese Gesetzesänderung wurde nicht in eine Übergangsvorschrift des § 36 aufgenommen. Sie gilt mWv EZ 2004 (Abs. 1). Durch das **EURLUmsG** v. 9.12.2004 (BGBl. 2004 I 3310) wurde in dem ab EZ 2004 anwendbaren § 7 S. 4 ausdrücklich klargestellt, dass das Halbeinkünfteverfahren bei Mitunternehmerschaften auch gewstlich durchschlägt (→ § 7 Rn. 16). Weiterhin wurde der Katalog der durch § 3 Nr. 2 steuerbefreiten Geldinstitute ergänzt und aktualisiert sowie mit § 9 Nr. 1 S. 5 Nr. 2 eine Regelung zur Vermeidung von Konstruktionen geschaffen, durch die der Gewinn aus der Aufdeckung von stillen Reserven in Grundstücken, die zum Buchwert eingebracht worden sind, durch die Kürzung nach § 9 Nr. 1 S. 2 und 3 kompensiert wird. Ebenso wurde die Kürzung in § 9 Nr. 1 S. 5 ausgeschlossen für den Teil des Gewerbeertrages, der auf Veräußerungs- oder Aufgabegewinne iSd § 7 S. 2 Nr. 2 und 3 entfällt. Durch das **RVOrgG** v. 9.12.2004 (BGBl. 2004 I 3242) wurde die Befreiungsvorschrift des § 3 Nr. 11 redaktionell an die Neuordnung der Rentenversicherung angepasst. Sowohl im EURLUmsG als auch im RVOrgV wurde die entsprechende Übergangsvorschrift aufgrund eines Redaktionsversehens jeweils als Abs. 3a in § 36 eingefügt. Durch das **GewStÄndG** v. 23.12.2003 (BGBl. 2003 I 2922) wurde ab EZ 2004 die Verpflichtung zur Erhebung von GewSt eingeführt. Die Bekämpfung von Niedrigsteuergebieten wurde mWv EZ 2004 umgestellt durch Einführung eines Mindeststeuersatzes von 200 % (§ 16 Abs. 4), die davor geltenden Regelungen (§§ 8a, 9 Nr. 2 S. 1 Hs. 2, 28 Abs. 2 Nr. 4) entfielen. Ebenfalls ab EZ 2004 wurde die Kürzung für Fremdkapitalzinsen nach § 8a KStG gestrichen; weiterhin wurde in § 9 Nr. 10 der Verlustvortrag nach § 10a eingeschränkt. Im **HBeglG 2004** v. 29.12.2003 (BGBl. 2003 I 3076) wurde die Minderung der Steuermesszahl für Hausgewerbetreibende (§ 11 Abs. 3) auf 56 % abgeändert (zuvor 50 %). Durch das **Gesetz zur Einordnung des Sozialhilferechts in das Sozialgesetzbuch** v. 27.12.2003 (BGBl. 2003 I 3022) wurde § 3 Nr. 20 Buchst. c redaktionell angepasst (Aufhebung des BSHG). Im **ProtErklG** v. 22.12.2003 (BGBl. 2003 I 2840) wurden für Lebens- und Krankenversicherungen sowie Pensionsfonds die Kürzungsmöglichkeiten nach § 9 Nr. 2, 2a, 7 und 8 beschränkt bzw. gestrichen, und zwar mWv EZ 2004 (§ 36 Abs. 7 S. 1). Wurde ein Antrag nach § 34 Abs. 7 S. 8 Nr. 2 KStG gestellt, gelten die Änderungen ab EZ 2001, bei abweichendem Wirtschaftsjahr ab EZ 2002 (§ 36 Abs. 7 S. 2). Das **StÄndG 2003** v. 15.12.2003 (BGBl. 2003 I 2645) enthält Aktualisierungen der Aufzählung der in § 3 Nr. 2 aufgeführten Geldinstitute. Das **Förderbankneustrukturierungs G** v. 15.8.2003 (BGBl. 2003 I 1657) strich in § 3 Nr. 2 die Deutsche Ausgleichsbank. Mit dem **KleinUntFG** v. 31.7.2003 (BGBl. 2003 I 1550) wurde mWv EZ 2003 die Hinzurechnung von Dauerschuldzinsen bei Gewerbebetrieben eingeschränkt, deren Geschäftstätigkeit ausschließlich im Ankauf von Krediten/Kreditrisiken von Kreditinstituten unter Ausgabe von Schuldtiteln zur Refinanzierung besteht (§ 19 Abs. 3 Nr. 2 GewStDV, § 35c Abs. 1 Nr. 2 Buchst. e GewStG). Durch das **StVergAbG** v. 16.5.2003 (BGBl. 2003 I 660) wurde § 2 Abs. 2 S. 3 mWv EZ 2003 aufgehoben und damit die Mehrmütterorganschaft abgeschafft. Außerdem wurden in §§ 8a, 9 Nr. 2 sowie § 28 Abs. 2 S. 1 Regelungen zur Bekämpfung der Niedrigbesteuerung eingeführt, die bald darauf wieder aufgehoben wurden **(GewStÄndG v. 23.12.2003 (BGBl. 2003 I 2922)).** Unter dem Datum des 15.10.2002 wurden das GewStG sowie die GewStDV in der damals jeweils geltenden Fassung neu bekannt gemacht (BGBl. 2002 I 4167 bzw. 2002 I 4180). Zu früheren Fassungen des GewStG s. 5. Aufl.

3 Nach **Abs. 1** gilt das GewStG in seiner gegenwärtigen Fassung erstmals für den EZ 2021. Abweichungen ergeben sich aus den Abs. 2–6.

4 In **Abs. 2** ist für einzelne Steuerfreistellungen nach § 3 ein früheres Inkrafttreten vorgesehen (EZ 2015 sowie EZ 2019), was allerdings unproblematisch ist, da es sich nicht um Belastungen für den Steuerpflichtigen, sondern um redaktionelle Anpassungen sowie um die erstmalige Freistellung kleinerer Solaranlagen handelt

(§ 3 Nr. 32). Für einzelne weitere Steuerfreistellungen nach § 3 ist ein späteres Inkrafttreten vorgesehen (EZ 2022, EZ 2023, EZ 2024 bzw. EZ 2025).

Abs. 3 sieht (in S. 1 und 2) die rückwirkende Anwendung des geänderten § 7 S. 3 vor, durch den bewirkt werden soll, dass auch der Gewinn aus der Auflösung des Unterschiedsbetrags nach § 5a Abs. 4 S. 3 EStG zum fiktiven Gewerbeertrag nach § 7 S. 3 zählt. Der BFH hatte unter Aufgabe seiner bisherigen Rechtsprechung durch Urteil IV R 35/16, DStRE 2019, 265 entschieden, dass der Gewinn aus der Auflösung des Unterschiedsbetrags nicht von der Fiktion des Gewerbeertrags nach § 7 S. 3 aF erfasst wurde, sondern bereits von § 7 S. 1. Die Rechtsprechungsänderung hatte zur Folge, dass bei Vorliegen der weiteren Voraussetzungen die Kürzung nach § 9 Nr. 3 S. 2 in Anspruch genommen werden konnte (s. BT-Drs. 19/14909, 49). Abs. 3 S. 1 sieht eine Rückwirkung des § 7 S. 3 nF bis einschließlich EZ 2009 vor. Die Gesetzesbegründung spricht von einer „Klarstellung". Es handelt sich um eine verfassungsrechtlich zulässige echte Rückwirkung/Rückbewirkung von Rechtsfolgen, da die Gesetzesänderung auf eine Rechtsprechungsänderung reagiert und zuvor kein Vertrauenstatbestand geschaffen worden war (zutreffend BFH IV R 22/23, DStR 2024, 2472; → § 7 Rn. 14). Die Rückwirkung gilt auch für den EZ 2008, für den Abs. 3 S. 2 nur wegen abweichender Verweisungsnorm (§ 8 Abs. 1 S. 2 KStG) eine andere Fassung hat. **Abs. 3 S. 3** stellt nachträglich klar, dass der durch das BEPS-UmsG v. 20.12.2016 (BGBl. 2016 I 3000) angefügte § 7 S. 7 erstmals ab EZ 2017 anzuwenden war, wie es auch der hier zuvor vertretenen Auffassung entspricht (s. Selder in Glanegger/Güroff, 10. Auflage 2021, GewStG § 36 Rn. 8). § 7 S. 7 war ursprünglich – anders als der zeitgleich angehängte § 7 S. 8 – in § 36 aF nicht erwähnt worden. Dies gab Anlass zu Diskussionen über die mögliche Anwendung bereits ab dem EZ 2016 (s. Hörster NWB 2017, 22 (40); → § 7 Rn. 21), was eine unzulässige (echte) Rückwirkung gewesen wäre (Adrian/Rautenstrauch/Sterner DStR 2017, 1457). Für § 7 S. 8 war dagegen in § 36 Abs. 2a aF die erstmalige Anwendung ab EZ 2017 geregelt. **Abs. 3 S. 4** sieht die rückwirkende Anwendung des durch das JStG 2024 v. 2.12.2024 (BGBl. 2024 I Nr. 387) geänderten § 7 S. 8 (S. 9 wurde aufgehoben) auch für EZ vor 2024 vor. Dadurch gelten passive ausländische Betriebsstätten-Einkünfte als in einer inländischen Betriebsstätte erzielt, ohne dass mit der Neuformulierung von § 7 S. 8 und der Aufhebung von § 7 S. 9 inhaltliche Änderungen verbunden sind. Die durch S. 4 angeordnete Rückwirkung ist daher unproblematisch (→ § 7 Rn. 22). **5**

Abs. 3a sieht die erstmalige Anwendung des geänderten § 7b Abs. 2 S. 4 ab EZ 2023 vor. Zur erstmaligen Anwendung des § 7b → Rn. 14. **6**

Die verminderte Hinzurechnung von Mietzinsen und Leasingraten für Elektrofahrzeuge, Hybridfahrzeuge und Fahrräder (§ 8 Nr. 1 Buchst. d S. 2 nF) gilt nach **Abs. 4** für Fahrzeuge, für die der jeweilige Mietvertrag nach dem 31.12.2019 abgeschlossen worden ist. Hat ein Hybridfahrzeug statt der gesetzlich vorgesehenen Reichweite von 80 Kilometern nur eine solche von 60, ist dies bei Verträgen, die vor EZ 2025 abgeschlossen werden, unschädlich. Die eher symbolische Begünstigung der Elektromobilität – Hinzurechnung von 1/40 statt 1/20 der Miet-/Leasingzahlungen – soll nach EZ 2030 auslaufen (Abs. 4 S. 3). **7**

Abs. 4a sieht die erstmalige Anwendung des geänderten § 8 Nr. 5 (Aufhebung des S. 2 als Folgeänderung zur Aufhebung des § 3 Nr. 41 EStG, auf den sich S. 2 bezog) ab EZ 2022 vor. **8**

Abs. 4b S. 1 sieht die erstmalige Anwendung des geänderten § 9 Nr. 1 S. 1 („einfache Grundbesitzkürzung") mit dem Inkrafttreten der Grundsteuerreform **9**

ab EZ 2025 vor. **Abs. 4b S. 2** ordnet die erstmalige Anwendung des § 9 Nr. 1 S. 3 Buchst. b (Anhebung der für die erweiterte Grundstückskürzung geltenden Unschädlichkeitsgrenze für Einnahmen aus der Lieferung von Strom) ab dem EZ 2023 an. Die Rückwirkung ist unproblematisch, da der Anwendungsbereich der erweiterten Kürzung ausgedehnt wird. **Abs. 5 S. 1** stellt nachträglich klar, dass der geänderte § 9 Nr. 3 S. 1 Hs. 1 erstmals ab EZ 2017 anzuwenden war. Durch **Abs. 5 S. 2** wird klargestellt, dass für das Inkrafttreten der geänderten Kürzungsvorschrift für Spenden (§ 9 Nr. 5 S. 12) ab EZ 2020 auf den Zeitpunkt abzustellen ist, zu dem Zuwendungen geleistet werden.

10 **Abs. 5a** stellt klar, dass der durch Gesetz v. 21.12.2020 (BGBl. 2020 I 3096) geänderte § 10a auch für EZ vor 2020 anzuwenden ist. Dies betrifft die Anwendung von § 8c KStG und § 8d KStG auf den Gewerbeverlust.

10a **Abs. 5b** bestimmt für die erstmalige Anwendung des auf 280 % erhöhten Mindesthebesatzes (§ 16 Abs. 4 S. 2) den EZ 2027.

11 **Abs. 5c** sieht für die EZ 2019–2024 die Verlängerung der Frist vor, bis zu der die Vorauszahlungen auf die GewSt durch die Gemeinde angepasst werden können (s. § 19 Abs. 3 S. 2). Parallel zu der Verlängerung der Erklärungsfristen (→ § 14a Rn. 4) sollen im Zuge dessen auch Vorauszahlungen länger angepasst werden können. Auf Antrag des Steuerpflichtigen verlängert sich die Frist für die EZ 2019–2021 bis zum Ende des 21. auf den EZ folgenden Kalendermonats. Für die EZ 2022/2023/2024 sind jeweils reduzierte Fristen bis zum Ende des 20./18./17. Kalendermonats vorgesehen. Dies gilt auch für die Möglichkeit des FA, für Zwecke der GewSt-Vorauszahlungen den voraussichtlichen GewSt-Messbetrag festzusetzen (§ 19 Abs. 3 S. 3). Ab EZ 2025 gilt wieder die in § 19 Abs. 3 vorgesehene Frist von 15 Monaten.

12 **Abs. 5d** sieht die erstmalige Anwendung des neu eingefügten § 29 Abs. 1 Nr. 3 (besonderer Zerlegungsmaßstab für Energiespeicheranlagen) und des geänderten § 31 Abs. 3 (Nichtberücksichtigung der Arbeitslöhne in steuerfreien Bereichen bei der Zerlegung) ab dem EZ 2025 vor. **Abs. 6** sieht die erstmalige Anwendung des durch Gesetz v. 12.12.2019 (BGBl. 2019 I 2451) geänderten § 35c Abs. 1 Nr. 2 Buchst. f S. 1 Doppelbuchst. bb (Beschränkung der Hinzurechnung von Entgelten für Schulden bei Zahlungsdienstleistern) ab dem EZ 2018 vor.

13 **Abs. 2b aF** betraf die erstmalige Anwendung des „Nichtanwendungsgesetzes" (§ 7a) zu BFH I R 39/14 (BStBl. II 2015, 1052). Die Nichtanwendung der dort genannten Kürzungsvorschriften betrifft Gewinnanteile, die nach dem 31.12.2016 zufließen.

14 Auch **Abs. 2c aF** hing mit der Reaktion des Gesetzgebers auf BFH-Rechtsprechung zusammen. Der Große Senat des BFH hatte den sog. Sanierungserlass als rechtswidrig angesehen (GrS 1/15, BStBl. II 2017, 393). Als Reaktion hierauf führte der Gesetzgeber durch das SchädlStPraktG v. 27.6.2017 (BGBl. 2017 I 2074) die Vorschrift des § 7b neu ein. Abs. 2c aF stellte auf den 8.2.2017 (Veröffentlichung des Beschlusses des Großen Senats) als Stichtag ab. Nach Abs. 2c S. 2 aF war bei einem Schuldenerlass nach dem Stichtag die Anwendung des § 7b ausgeschlossen, wenn aus Gründen des Vertrauensschutzes Billigkeitsmaßnahmen (§ 163 Abs. 1 S. 2, §§ 222, 227 AO) zu gewähren sind. Eine solche Billigkeitsmaßnahme ist von der Gemeinde zu treffen (LfSt Bay 11.2.2019, DStR 2019, 627). Die Stichtagsregelung wurde durch Anfügung eines S. 3 an Abs. 2c aF durch das „JStG 2018" v. 11.12.2018 (BGBl. 2018 I 2338) entschärft. Auf Antrag kann § 7b nunmehr auch auf Altfälle angewandt werden. Die Stellung des Antrags ist ein rückwirkendes Ereignis iSd § 175 Abs. 1 S. 1 Nr. 2 AO (BFH IV R 1/22, DStR

2025, 337, ebenso zu § 52 Abs. 4a S. 3 EStG; dazu → § 7b Rn. 1b). Der BFH betont zugleich, dass Abs. 2c aF als Anwendungsregelung für § 7b nach allgemeinen Grundsätzen fortgilt, auch wenn Abs. 2c aF bereits durch das „JStG 2019" v. 12.12.2019 (BGBl. 2019 I 2451) wieder aufgehoben wurde.

Für **EZ vor 2015** ist bei den einzelnen Regelungen des GewStG mit Hilfe der Anwendungsvorschriften zu prüfen, für welchen Zeitraum sie Wirkung entfalten. Die umfangreichen Anwendungsvorschriften, die in früheren Fassungen des § 36 enthalten waren, sind seit 31.7.2014 größtenteils entfallen (KroatienAnpG v. 25.7.2014 (BGBl. 2014 I 1266)). Zur Fortgeltung bereits aufgehobener Anwendungsregelungen in § 36 s. Brühl in BeckOK GewStG § 36 Rn. 20; → Rn. 14. 15

§ 37 (weggefallen)

Sachregister

Die fett gedruckten Zahlen bezeichnen die Paragraphen des Gewerbesteuergesetzes, die mageren Zahlen die Randnummern.